GOETHE-HANDBUCH

Band 3

GOETHE HANDBUCH

in vier Bänden

Herausgegeben von Bernd Witte,
Theo Buck, Hans-Dietrich Dahnke,
Regine Otto und Peter Schmidt (†)

Redaktion: Ulrike Bardt,
Carina Janßen, Petra Oberhauser,
Christoph Schumacher
und Vera Viehöver

*Gefördert durch
die Fritz Thyssen Stiftung
und die Stiftung Weimarer Klassik*

GOETHE HANDBUCH

Band 3

Prosaschriften

Herausgegeben von
Bernd Witte und Peter Schmidt (†).
Die naturwissenschaftlichen
Schriften von Gernot Böhme

Verlag J.B. Metzler
Stuttgart · Weimar

Für die Bereitstellung der Vorlagen zu den Illustrationen dieses Bandes sind wir dem Goethe-Museum Düsseldorf und seinem Direktor, Prof. Dr. Volkmar Hansen, ebenso wie dem Leiter der Soemmerring-Edition und -Forschungsstelle, Dr. Manfred Wenzel, zu Dank verpflichtet.

Gedruckt auf säure- und chlorfreiem, alterungsbeständigem Papier

ISBN 3-476-01445-2
Gesamtwerk: ISBN 3-476-00923-8

© 1997 J.B. Metzlersche Verlagsbuchhandlung
und Carl Ernst Poeschel Verlag GmbH in Stuttgart
Satz: Typomedia Satztechnik GmbH, Ostfildern
Druck und Bindung: Franz Spiegel Buch GmbH, Ulm
Printed in Germany

Verlag J.B. Metzler Stuttgart · Weimar

Die Deutsche Bibliothek – CIP-Einheitsaufnahme

Goethe, Johann Wolfgang von:
Goethe-Handbuch : in vier Bänden / hrsg. von Bernd Witte ... – Stuttgart ; Weimar : Metzler
   ISBN 3-476-00923-8

Bd. 3. Prosaschriften / hrsg. von Bernd Witte ... – 1997
   ISBN 3-476-01445-2

Inhaltsverzeichnis

Hinweise für Benutzer

Verantwortlich für den Inhalt der einzelnen Artikel ist der jeweilige Autor.

Formale Gestaltung der Artikel

Der Name »Johann Wolfgang von Goethe« wird in den Artikeln »G.« bzw. im Genitiv »G.s« abgekürzt. Auch in Wortzusammensetzungen wird »Goethe« abgekürzt (z.B. G.-Forschung). Ein genaues Verzeichnis aller Abkürzungen findet sich auf S. XII. Alle Werktitel sowie alle Binnentitel erscheinen kursiv; bei Gedichten ohne Titel erscheint die erste Zeile kursiv als Titel. Titel von musikalischen Werken und Werken der bildenden Kunst erscheinen ebenfalls kursiv. Titel von Goethes Werken können in Kurzform genannt werden, z.B. *Campagne, Tasso, Lehrjahre, Dichtung und Wahrheit, Divan*.

Zur Unterteilung größerer Texte in Sinnabschnitte dienen Zwischenüberschriften. Bei kürzeren Artikeln werden Sinnabschnitte durch eine Leerzeile gekennzeichnet.

Vornamen werden nur bei der ersten Erwähnung einer Person innerhalb eines Artikels genannt. Bei eindeutig bekannten Personen (Schiller, Hegel etc.) erübrigt sich der Vorname. Bei Frauen und im Falle von Verwechslungsmöglichkeiten wird der Vorname immer gesetzt.

Bei Verweisen auf Autoren von Sekundärliteratur wird der Vorname nicht genannt, d.h. (vgl. Weimar) und nicht (vgl. Klaus Weimar). Die Titel erscheinen in der Bibliographie.

Zitierweise

Die Goethe-Texte sind nach den gängigen Ausgaben zitiert. Die Entscheidung, nach welcher Ausgabe der jeweilige Text zitiert wird, wird vom Autor gefällt und innerhalb des Artikels begründet. Ein Verzeichnis der Siglierungen findet sich auf S. IXf.

Häufig genannte Werke der Sekundärliteratur (z.B. Conrady) sind ebenfalls sigliert. Im Artikel und in der Bibliographie erscheint dann lediglich ein Kürzel in Kapitälchen (Conrady), in der Regel mit Band- und Seitenangaben. Ein Verzeichnis dieser Siglierungen findet sich auf S. Xf.

Zitate werden in doppelte, Zitate innerhalb von Zitaten in einfache Anführungszeichen gesetzt. Vom zitierten Autor veranlaßte Hervorhebungen in den Zitaten werden im Druck durch Sperrung wiedergegeben.

Hervorhebungen des zitierenden Autors werden über die Kursivierung hinaus durch die Angabe »[Hv. v. Vf.]« kenntlich gemacht.

Einfügungen des Artikelautors stehen in ekkigen Klammern und werden folgendermaßen gekennzeichnet: [. . . ; d. Vf.].

Wo wiederholt und ohne Verwechslungsmöglichkeit aus dem selben Text zitiert wird, folgt nach dem vollständigen Stellennachweis beim ersten Zitat im folgenden nur noch die Angabe der Seitenzahl(en) bzw. Vers-, Akt- oder Szenenzahl(en).

Die benutzten Ausgaben werden diplomatisch getreu zitiert. Flexionsänderungen in Zitaten werden nicht gekennzeichnet.

Briefe werden ausschließlich mit Datum und Adressat belegt. Zitiert wird hierbei in der Regel nach der Weimarer Ausgabe. Der Briefwechsel Goethe – Zelter wird nach der Münchner Ausgabe zitiert, der Briefwechsel Goethe – Schiller nach der Schiller-Nationalausgabe.

Die Gespräche mit Eckermann werden mit (Eckermann, Datierung) nachgewiesen, die Gespräche mit dem Kanzler von Müller mit (von Müller, Datierung).

Tagebucheintragungen werden in der Regel nach der Weimarer Ausgabe zitiert.

Die *Tag- und Jahreshefte* werden nur mit Angabe des Datums zitiert (*Tag- und Jahreshefte*, Jahreszahl).

Auf zeitgenössische nicht-G.sche Quellen und auf die Forschungsliteratur wird in den Artikeln durch einen Hinweis auf den Namen des Autors und die entsprechenden Seitenzahlen verwiesen, z.B. (Gundolf, S. 375). Alle zitierten Titel erscheinen in der Bibliographie.

Bibliographie

An den Artikel schließt sich eine alphabetisch geordnete Bibliographie an. Diese enthält die im Artikel zitierten Werke und eine Auswahl weiterer Titel der Forschungsliteratur.

Kommentare werden in der Artikel-Bibliographie nur aufgeführt, wenn sie vorher im Text erscheinen oder keine andere Sekundärliteratur existiert.

Siglenliste

I. AUSGABEN

a) Goethe-Ausgaben

ALH	Goethe's Werke. Vollständige Ausgabe letzter Hand. 40 Bde. Stuttgart, Tübingen 1827–1830. Ergänzt durch: Goethe's Nachgelassene Werke. Hg. von Johann Peter Eckermann und Friedrich Wilhelm Riemer. Bd. 1–20 [Bd. 41–60 der Ausgabe letzter Hand]. Stuttgart, Tübingen 1832–1842.
AS	Goethes Amtliche Schriften. Veröffentlichung des Staatsarchivs Weimar. Goethes Tätigkeit im Geheimen Consilium. 5 Bde. Weimar 1950–1987.
BA	Goethe: Poetische Werke. Kunsttheoretische Schriften und Übersetzungen. 22 Bde. Berlin, Weimar 1960–1978.
FA	Johann Wolfgang Goethe: Sämtliche Werke. Briefe, Tagebücher und Gespräche. 40 Bde. Hg. von Hendrik Birus u.a. Frankfurt/M. 1987ff.
GA	Johann Wolfgang von Goethe: Gedenkausgabe der Werke, Briefe und Gespräche. Hg. von Ernst Beutler. 24 Bde. u. 3 Ergänzungsbde. Zürich 1948–1971.
HA	Goethes Werke. Hamburger Ausgabe in 14 Bänden. Hg. von Erich Trunz. Hamburg 1948–1964.
HAB	Goethes Briefe. Hamburger Ausgabe. Textkritisch durchgesehen und mit Anmerkungen versehen von Karl Robert Mandelkow. 4 Bde. Hamburg 1962–67. Ergänzungsbände: Briefe an Goethe. 2 Bde. Hg. von Karl Robert Mandelkow. München 1965–69.
JA	Goethes sämtliche Werke. Jubiläumsausgabe. Hg. von Eduard von der Hellen. 40 Bde. und Registerband. Stuttgart, Berlin 1902–1912.
JG Fischer-Lamberg	Der junge Goethe. Neu bearbeitete Ausgabe in fünf Bänden. Hg. von Hanna Fischer-Lamberg. Berlin 1963–1973. Registerband 1974.
JG Morris	Der junge Goethe. Neue Ausgabe in 6 Bänden. Hg. von Max Morris. Leipzig 1909–1912.
LA	Goethe. Die Schriften zur Naturwissenschaft. Vollständige mit Erläuterungen versehene Ausgabe im Auftrage der Deutschen Akademie der Naturforscher. Leopoldina. Begr. von Lothar Wolf und Wilhelm Troll. Hg. von Dorothea Kuhn und Wolf von Engelhardt. 17 Text- und 11 Kommentarbde. Weimar 1947ff.
MA	Johann Wolfgang Goethe: Sämtliche Werke nach Epochen seines Schaffens. Münchner Ausgabe. Hg. von Karl Richter in Zusammenarbeit mit Herbert G. Göpfert, Norbert Miller und Gerhard Sauder. München 1985ff.
WA	Goethes Werke. Hg. im Auftrage der Großherzogin Sophie von Sachsen. 143 Bde. Weimar 1887–1919. Nachdruck München 1987. [nebst] Bd. 144–146: Nachträge und Register zur IV. Abt.: Briefe. Hg. von Paul Raabe. Bd. 1–3. München 1990.

b) Sonstige Ausgaben

DHA	Heinrich Heine: Historisch-kritische Gesamtausgabe der Werke. Hg. von Manfred Windfuhr. Düsseldorf 1975ff.

HSW   Herders Sämmtliche Werke. Hg. von Bernhard Suphan. 33 Bde. Berlin
              1877–1913.
KA   Kritische Friedrich-Schlegel-Ausgabe. Eingeleitet und hg. von Ernst Behler.
              35 Bde. München, Paderborn, Wien 1979ff.
SNA   Schillers Werke. Nationalausgabe. 1940 begründet von Julius Petersen. Fort-
              geführt von Lieselotte Blumenthal, Benno von Wiese, Siegfried Seidel. Hg.
              im Auftrag der Stiftung Weimarer Klassik und des Schiller-Nationalmuseums
              in Marbach von Norbert Oellers. 43 Bde. Weimar 1943ff.

II. GOETHE IN SELBSTZEUGNISSEN

Eckermann   Johann Peter Eckermann: Gespräche mit Goethe in den letzten Jahren seines
              Lebens. Hg. von Heinz Schlaffer. München 1986 (MA 19).
Gespräche   Goethes Gespräche. Eine Sammlung zeitgenössischer Berichte aus seinem
              Umgang auf Grund der Ausgabe und des Nachlasses von Flodoard Freiherrn
              von Biedermann ergänzt und hg. von Wolfgang Herwig. 4 Bde. Zürich, Stutt-
              gart 1965–1984.
GRÄF   Hans Gerhard Gräf: Goethe über seine Dichtungen. Versuch einer Sammlung
              aller Äußerungen des Dichters über seine poetischen Werke. 9 Bde. Frank-
              furt/M. 1901–1914
GRUMACH   Goethe. Begegnungen und Gespräche. Hg. von Ernst Grumach und Renate
              Grumach. Berlin 1965ff.
von Müller   Kanzler Friedrich von Müller: Unterhaltungen mit Goethe. Mit Anmerkungen
              versehen und herausgegeben von Renate Grumach. Weimar 1959.

III. SIGLIERTE EINZELWERKE

BEUTLER   Ernst Beutler: Essays um Goethe. Bremen 1957.
CONRADY   Karl Otto Conrady: Goethe. Leben und Werk. 2 Bde. Königstein/Ts.
              1982–1985.
Corpus   Gerhard Femmel: Corpus der Goethezeichnungen. 7 Bde. Leipzig
              1958–1973.
DWb   Deutsches Wörterbuch. Begr. von Jacob und Wilhelm Grimm. 33 Bde. Leipzig
              1854–1962. Nachdruck München 1984.
EISSLER   Kurt R. Eissler: Goethe. Eine psychoanalytische Studie. 1775–1786. 2 Bde.
              Basel, Frankfurt/M. 1983–1985.
GUNDOLF   Friedrich Gundolf: Goethe. Berlin 1916.
HwbA   Hanns Bächtold-Stäubli (Hg.): Handwörterbuch des deutschen Aberglaubens.
              10 Bde. Berlin, Leipzig 1927–1942.
MuR   Goethe: Maximen und Reflexionen. Hg. von Max Hecker. Weimar 1907.
STAIGER   Emil Staiger: Goethe. 3 Bde. Zürich 1952–1959.

ZASTRAU   Alfred Zastrau (Hg.): Goethe-Handbuch. Goethe, seine Welt und seine Zeit in
                Werk und Wirkung. Bd 1.: Stuttgart 1961, Bd. 4: 1956.
ZEITLER   Julius Zeitler (Hg.): Goethe-Handbuch. 3 Bde. Stuttgart 1916–1918.
ZIMMERMANN   Rolf Christian Zimmermann: Das Weltbild des jungen Goethe. Studien zur
                hermetischen Tradition des deutschen 18. Jahrhunderts. Interpretation und
                Dokumentation. 2 Bde. München 1969–1979.

V. ZEITSCHRIFTEN

ALZ.   Allgemeine Literatur-Zeitung
AfPhilos.   Archiv für Philosophie
Archiv.   Archiv für das Studium der neueren Sprachen und Literaturen
BJbG.   Basis. Jahrbuch für Germanistik
ChrWGV.   Chronik des Wiener Goethe-Vereins
DD.   Diskussion Deutsch
DU.   Der Deutschunterricht
DVjs.   Deutsche Vierteljahrsschrift für Literaturwissenschaft und Geistesgeschichte
EG.   Etudes Germaniques
GLL.   German Life and Letters
GN.   Germanic Notes
GoetheJb.   Goethe-Jahrbuch
GoetheJbWien.   Jahrbuch des Wiener Goethe-Vereins
GoetheYb.   Goethe Yearbook
GQu.   The German Quarterly
GRM.   Germanisch-romanische Monatsschrift
IASL.   Internationales Archiv für Sozialgeschichte der deutschen Literatur
JALZ.   Jenaische Allgemeine Literatur-Zeitung
JbAkadWissGöt-   Jahrbuch der Akademie der Wissenschaften Göttingen
tingen.
JbDASprD.   Deutsche Akademie für Sprache und Dichtung Darmstadt. Jahrbuch
JbFDtHochst.   Jahrbuch des Freien Deutschen Hochstifts
JbGG.   Jahrbuch der Goethe-Gesellschaft
JbSK.   Jahrbuch der Sammlung Kippenberg
JEGP.   Journal of English and Germanic Philology
KuA.   Ueber Kunst und Alterthum
LenzJb.   Lenz-Jahrbuch. Sturm- und Drang-Studien
LGS.   London German Studies
LWU.   Literatur in Wissenschaft und Unterricht
MLN.   Modern Language Notes
MLQu.   Modern Language Quarterly
OGS.   Oxford German Studies
PEGS.   Publications of the English Goethe Society
PMLA.   Publications of the Modern Language Association of America
Poetica.   Poetica. Zeitschrift für Sprach- und Literaturwissenschaft
PreußJbb.   Preußische Jahrbücher

SchillerJb.	Schiller-Jahrbuch/ Jahrbuch der deutschen Schiller-Gesellschaft
SchrGG.	Schriften der Goethe-Gesellschaft
WB.	Weimarer Beiträge
WW.	Wirkendes Wort
ZfdA.	Zeitschrift für deutsches Altertum und deutsche Literatur
ZfDkde.	Zeitschrift für Deutschkunde
ZfdPh.	Zeitschrift für deutsche Philologie
ZfdU.	Zeitschrift für den Unterricht

VI. ABKÜRZUNGEN

a.a.O.	am angegebenen Ort	Vf.	Verfasser
Aufl.	Auflage	Vol./vol.	Volumen/volume
Bd.	Band	vollst.	vollständig
Bde.	Bände	zit.	zitiert
begr.	begründet	z.T.	zum Teil
ders./dies.	derselbe/dieselbe		
Diss.	Dissertation		
durchges.	durchgesehen		
ebd.	ebenda		
eingel.	eingeleitet		
Fs.	Festschrift		
G.	Goethe		
GHB.	Goethe-Handbuch		
GSA	Goethe- und Schiller-Archiv		
Hg.	Herausgeber(in)/Herausgegeben		
Hs./hs.	Handschrift/handschriftlich		
Hv.	Hervorhebung		
Jb.	Jahrbuch		
Jh.	Jahrhundert		
Kap.	Kapitel		
Komm.	Kommentar		
Ms.	Manuskript		
N.F.	Neue Folge		
o.g.	oben genannt		
o.J.	ohne Jahr		
o.O.	ohne Ort		
Sp.	Spalte		
Str.	Strophe		
Tsd.	Tausend		
u.ä.	und ähnliche(s)		
u.a.	unter anderem, unter anderen		
u.a.m.	und andere(s) mehr		
u.ö.	und öfter		
v.	vom, von		
V.	Vers		

Autorenverzeichnis

Apel, Friedmar (Paderborn)	Ueber Kunst und Alterthum
Bahr, Ehrhard (Los Angeles)	Wilhelm Meisters Wanderjahre oder die Entsagenden
Basfeld, Martin (Heidelberg)	Zur Farbenlehre
Bauschinger, Sigrid (Amherst)	Unterhaltungen deutscher Ausgewanderten
Becker, Hans Joachim (Heidelberg)	Über die Metamorphose der Pflanzen – Morphologische Schriften
	Principes de Philosophie Zoologique
Bolz, Norbert (Essen)	Die Wahlverwandtschaften
Frank, Hilmar (Berlin)	Einfache Nachahmung der Natur, Manier, Styl
	Philipp Hackert
	Anzeigen, Kritiken, Rezensionen zur bildenden Kunst
Golz, Jochen (Weimar)	Tagebücher
Greif, Stefan (Paderborn)	Ueber Kunst und Alterthum
Hausmann, Frank-Rutger (Freiburg i. Br.)	Benvenuto Cellini
Jacobs, Jürgen (Wuppertal)	Maximen und Reflexionen
Jeßing, Benedikt (Bochum)	Dichtung und Wahrheit
	Goethe als Briefschreiber
Kemper, Dirk (Hildesheim)	Propyläen
	Polygnots Gemählde
Koopmann, Helmut (Augsburg)	Goethe als Prosaschriftsteller
	Erzählfragmente
	Zum Schäkespears Tag
	Brief des Pastors zu*** an den neuen Pastor zu***. Aus dem Französischen
	Regeln für Schauspieler
	Deutsches Theater / Über das deutsche Theater
	Anzeigen und Rezensionen
Krebs, Roland (Paris)	Diderots Versuch über die Malerei
	Rameaus Neffe
Kremer, Detlef (Bielefeld)	Von deutscher Baukunst
Mattenklott, Gert (Berlin)	Die Leiden des jungen Werthers
Müller, Klaus-Detlef (Tübingen)	Briefe aus der Schweiz
Neubauer, John (Amsterdam)	Zur Morphologie
	Physikalische Preis-Aufgabe der Petersburger Akademie der Wissenschaften 1827
Nisbet, Hugh Barr (Cambridge)	Versuch einer Witterungslehre
Oellers, Norbert (Bonn)	Der Briefwechsel zwischen Schiller und Goethe
Otto, Regine (Weimar)	Novelle
Pestalozzi, Karl (Basel)	Physiognomische Fragmente
Saine, Thomas P. (Irvine)	Campagne in Frankreich 1792 / Belagerung von Mainz

Schönborn, Sibylle (Düsseldorf)	Tag- und Jahreshefte
	Biographische Einzelnheiten
	(Autobiographische Einzelheiten)
Schulz, Gerhard (Melbourne)	Litterarischer Sansculottismus
Steiner, Uwe (Berlin)	Wilhelm Meisters Lehrjahre
Ueding, Gert (Tübingen)	Goethes Reden und Ansprachen
Voßkamp, Wilhelm (Köln)	Wilhelm Meisters theatralische Sendung
	Skizzen zu einer Schilderung Winckelmanns
Wahl, Volker (Weimar)	Amtliche Schriften
Wells, Georg Albert (St. Albans)	Bergbau in Ilmenau und Ansichten über
	Gebirgsbildung
	Über den Granit – Schriften zur Gestaltung
	der Erdrinde
Wenzel, Manfred (Gießen)	Versuch aus der vergleichenden Knochenlehre
	daß der Zwischenkieferknochen der obern
	Kinnlade dem Menschen mit den übrigen Tie-
	ren gemein sei – Osteologische Schriften
	Beiträge zur Optik und Schriften zur
	Farbenlehre vor 1810
	Zur Naturwissenschaft überhaupt
Wild, Reiner (Mannheim)	Italienische Reise
Zehm, Edith (München)	Briefwechsel mit Carl Friedrich Zelter
Zingraf, Peter (Bonn)	Goethe als Übersetzer

Goethe als Prosaschriftsteller

Allgemeine Charakteristika des Prosawerks

Kein anderer Autor des 18. und 19. Jhs. hat ein umfangreicheres, stärker differenziertes und thematisch weiter verzweigtes Prosawerk hinterlassen als G. Die Spannweite dieses Werks reicht von den Romanen und Erzählungen über seine autobiographischen Schriften bis hin zu seinen Briefen, von theoretischen Arbeiten zu Literatur, Theater, Kunst bis hin zu umfangreichen Beiträgen zur Naturwissenschaft, von Reden und Ansprachen bis zu Maximen und Reflexionen, von Prosaübersetzungen bis hin zu den Zeugnissen einer umfangreichen Rezensionstätigkeit. Dieser ungeheuren Breite seines Prosawerkes entspricht eine Vielfalt an Funktionen, Absichten und Zwecken: die Romane und Erzählungen wollen unterhalten und gleichzeitig belehren, die autobiographischen Schriften reichen von spontanen Berichterstattungen über Reiseschilderungen bis hin zu Stellungnahmen zu zeitgenössischen politischen Ereignissen, sie erstrecken sich von spät geschriebenen Rechenschaftsberichten über sich selbst bis zu scheinbar unpersönlich gegebenen Notizen zum Tage und zum Weltlauf überhaupt. Das riesige Briefwerk kennt die Briefwechsel mit einzelnen Autoren, die sich zum Teil über Jahre, ja über Jahrzehnte hinziehen, es kennt aber auch den flüchtigen Gelegenheitsbrief, die programmatische Äußerung in literarischen, künstlerischen oder naturwissenschaftlichen Grundfragen und die Diskussion über physikalische Tagesprobleme. Es umfaßt Liebesbriefe, herzlich-persönliche Briefe an Freunde und Gedanken zu Grundproblemen der Dichtung. Die Schriften zur Kunst enthalten generelle Stellungnahmen zur Geschichte der Kunst wie auch manifestartige Bemerkungen zu einzelnen Fragen; die Schriften zur Naturwissenschaft erstrecken sich von kleinen Beiträgen bis hin zu grundsätzlichen Abhandlungen. Sie beschäftigen sich mit erdgeschichtlichen Phänomenen, morphologischen Studien und medizingeschichtlichen Funden, mit Problemen der Geologie, Studien zur Farbenlehre wie mit meteorologischen Fragen, mit zoologischen Prinzipien und physikalischen Preisaufgaben. Nimmt man noch die nicht geringe Zahl seiner amtlichen Schriften, die Reden und Ansprachen sowie die große Menge von Zeitungs- und Zeitschriftenbeiträgen hinzu, so wird ein Kosmos sichtbar, dem man seinen universalgenialischen Charakter nicht absprechen kann.

Zur besonderen Eigenart dieses riesigen Prosawerks gehört es, daß es sich zwar relativ streng und ohne größere Bruchzonen in einzelne Zugehörigkeiten gliedern läßt. Aber die G.-Forschung hat schon sehr früh erkannt, daß etwa kleinere Schriften aus der Farbenlehre nicht nur über den engen fachlichen Rahmen hinaus grundsätzliche entoptische Einsichten präsentieren, sondern naturwissenschaftliche Feststellungen auch dichtungstheoretische Relevanz haben können. Umgekehrt sind kunsttheoretische Schriften zuweilen mit Aussagen bestückt, die in das naturwissenschaftliche Terrain reichen. Autobiographische Darstellungen enthalten nicht nur Lebenserfahrungen, sondern ebenfalls Bemerkungen zur Kunstgesetzlichkeit literarischer Gattungen oder kunsthistorische Zeugnisse; in Tagebüchern und Briefen finden sich zentrale Gedanken zur Ästhetik, hinter einzelnen Rezensionen wird eine Gesamtvorstellung von Wesen und Aufgaben der Kunst sichtbar, in Reden sind wirkungsgeschichtliche Überlegungen angesiedelt, in Schriften zur Biologie solche zur Kulturgeschichte der Menschheit, während sich in morphologischen Schriften gleichsam existenzphilosophische Einsichten auskristallisieren können.

Manche Äußerungen zur Zeit und zum Tage haben Grundsatzcharakter; grundsätzliche Feststellungen sind in der Regel aber immer auch auf einen bestimmten Einzelfall zu beziehen. In Briefen finden sich umfangreiche Personalcharakteristiken, in naturwissenschaftliche Schriften zur Geschichte der Pflanzen sind erkenntnistheoretische Grundsätze eingesprengt, die jede Art von Leben überhaupt betreffen. G. hat sich einerseits dessen befleißigt, was als Toleranzdenken das ausgehende 18. Jh. in seinen Auseinandersetzungen und Umorientierungen besonders auszeichnet, und er hat auf der anderen Seite als Rezensent zuweilen eine durchaus diktatorische Stellung noch zu einer Zeit eingenommen, als der Kritiker nicht mehr ein philosophischer Halbgott war. In autobiographischen wie in fiktiven Werken spiegelt sich darüber hinaus das Selbstverständnis der deutschen Bürgerlichkeit gegen Ausgang des 18. Jhs. In Rezensionen und scheinbar flüchtig hingeworfenen Maximen und Reflexionen kündigt sich aber auch schon das Zeitalter eines verstärkten Individualismus und der Verlust überpersönlicher Ordnungsprinzipien an.

Grenzüberschreitungen sind ein Charakteristikum der G.schen Prosa, und wenn dafür auch in der Geschichte der Literatur des 18. Jhs., in der Popularphilosophie und in naturwissenschaftlichen Arbeiten der Zeit bereits der Grund gelegt worden war, so sind G.s Schriften nicht auf ihren engeren Gedankenstand konfiniert. Das verleiht auch kleineren Texten eine Beziehungsvielfalt, wie sie im späten 18. und frühen 19. Jh. alles andere als die Regel ist. Es gehört zu G.s unveränderlicher Signatur als Prosaschriftsteller, daß das Ganze mehr als bei anderen Autoren der Zeit im Einzelnen anwesend ist und das Einzelne wiederum vielfach das Allgemeine mitenthält und mitbespricht. Darin mag noch ein Stück Darstellungs- und Erkenntnisstrategie des 18. Jhs. stecken: Ganz ähnlich hatte Lessing das Wesen der Fabel definiert, wenn er ihr die Fähigkeit zusprach, das Besondere im Allgemeinen beispielhaft-anschaulich repräsentieren zu können. Ein gutes Beispiel für derartige Grenzüberschreitungen liefert der kleine, aber bedeutende Aufsatz über *Einfache Nachahmung der Natur, Manier, Styl*. Hier werden malerische Unterscheidungskriterien entworfen, aber sie sind nicht nur auf die Malerei gemünzt: Hinter den wenigen Seiten dieser Schrift zur bildenden Kunst verbirgt sich ein

poetologisches Grundgesetz, das G. in ähnlicher Form auch anderswo benannt und beschrieben hat. In den Bemerkungen *Von deutscher Baukunst* ist wiederum alles grundsätzlich Wichtige über Kunst an sich und nicht nur über architektonische Gesetzmäßigkeiten gesagt: Grenzüberschreitungen auch hier.

Umgekehrt gilt eine Schrift wie die *Über die Metamorphose der Pflanzen* als Schlüsselwerk, das die philosophische Idee der Metamorphose verfolgt und selbstverständlich nicht nur auf die Pflanzenwelt, sondern auf Entwicklungsprozesse überhaupt im Bereich der menschlichen Kulturgeschichte wie im Leben eines Einzelnen bezogen ist. Auch ein kleiner Text wie der über *Wiederholte Spiegelungen* ist ein erzählpoetischer Schlüsseltext, da er nicht nur ein naturwissenschaftliches Phänomen aus dem Bereich der Optik beschreibt, sondern gleichzeitig damit auf Darstellungsprinzipien der Dichtung verweist. Was hier für einzelne Schriften festgestellt wird, gilt nicht weniger für wichtige Begriffe der G.schen Darstellungskunst und Weltphilosophie überhaupt. Metamorphose ist gleichzeitig ein Grundbegriff der Entwicklung von Leben und eine dichtungstheoretische Ordnungsvorstellung. Ähnliches gilt für den Begriff des Organismus, für den der Steigerung, der Polarität, der Systole bzw. Diastole. Lebensprinzipien als Dichtungsprinzipien, poetologische Grundsätze als Kurzformeln für Welterfahrungskategorien: Diese Interferenz von universalen Weltprinzipien und anwendungsbezogenen und kunstspartenorientierten Leitvorstellungen ist charakteristisch für G.s Prosa.

Schreiben als »Erfahrungswissenschaft«

Die Eigentümlichkeit des G.schen Denkens bringt es mit sich, daß es sich in zentralen Begriffen oder auch Begriffspaaren auskristallisiert. Einige wurden schon genannt; zu ihnen gesellt sich etwa noch der Begriff der »Erfahrung«, der nicht nur ein Modus der Welterfassung ist, sondern der insofern seinen prosaischen Niederschlag hat, als Erfahrung auch im Darstellen und somit auch beim Lesen G.scher Prosatexte eine entscheidende Rolle spielt: Eine Erfahrung wird vollzogen, aber nicht als Ergebnis vorausgesetzt. Dementsprechend führen gerade im Bereich der literarischen Theorie, der Theaterarbeiten, der Kunstabhandlungen und auch der Schriften zur Naturwissenschaft G.s Texte in einen immer nachvollziehbaren Problemzusammenhang ein, und zwar so, daß nicht allein die rationale Überzeugung des Lesers das Ziel des Schreibens bleibt. Vielmehr ist es G.s Absicht, ihn quasi von selbst zur Einsicht zu bringen. Erkenntnis soll dem Leser nicht aufoktroyiert werden, er soll sie im Vollzug des Lesens selbst erfahren. So ist denn auch das argumentative Überzeugen-Wollen nicht G.s Sache. Er versucht, die Dinge selbst sprechen zu lassen, um auf diese Weise die Einsichtsfähigkeit eines aufgeklärten Lesers zu nutzen, der sich seinem Autor jederzeit anvertrauen kann – und da der nicht seine subjektive Einsicht zu verbreiten trachtet, sondern sich dem Gang der Dinge selbst überläßt, wird Erfahrung zum Prozeß innerer Einsichtnahme und Teilnahme. So wie Karl Philipp Moritz seine psychologischen Beobachtungen als »Erfahrungsseelenkunde« vertrat, so ist für G. Erfahrung eine gleichsam existentielle Kategorie, die ihm auch als Schriftsteller so wichtig ist, daß er den Leser unbedingt daran teilhaben lassen will: durch ein behutsames Vor-Augen-Stellen eines Vorgangs, eines Gegenstandes, einer Erinnerung. So wollen G.s Schriften denn auch nichts beweisen, was nicht gleichsam aus sich selbst heraus beweisfähig und beweiskräftig wäre. Die Erfahrung überzeugt auf andere Weise als mit logischen Schlüssen oder vorausgesetzten Kenntnissen. Sie kommt nur in seltenen Fällen als überraschende Einsicht, sie ist meist gebunden an Vorgänge und Entwicklungen, die ihre eigene Folgerichtigkeit haben und die am Ende dann in eine Einsicht münden, die Widerspruch ausschließt. Ob es sich nun um biologische Rhythmen handelt oder um entwicklungsgeschichtliche Abläufe, ob

ein naturwissenschaftliches Gesetz mitgeteilt werden soll oder die Entstehungsgeschichte eines Kunstwerkes so zu verdeutlichen ist, daß die Qualitäten des Objektes überzeugen: Erfahrung ist *der* Modus der Weltaneignung schlechthin und nicht zuletzt auch die Erkenntnisweise naturwissenschaftlicher Vorgänge: wir haben es hier in der Tat mit einem Schlüsselbegriff G.s zu tun.

Erfahrung ist dabei von relativ hoher sinnlicher Qualität; der Begriff ist nicht mit »Erkenntnis an sich« gleichzusetzen oder doch nur so weit mit ihm identisch, als sich Erkenntnis auf Erfahrung gründet. Für die darstellende Tätigkeit G.s bedeutet das, daß die Überzeugungskraft eines Vorgangs oder einer Erkenntnis gleichsam in die Sache selbst oder in objektivierbare Vorgänge gelegt ist. Mit anderen Worten: G. bedient sich in der Regel entwickelnder Darstellungen, versucht, soviel wie möglich, die Dinge, die Natur aus sich heraus sprechen zu lassen, um auf diese Weise Einsicht auch für den Leser zu befördern. Setzungen und philosophische Voraussetzungen, Lehrsätze und Systeme sind nicht seine Sache. Das bedeutet weiterhin ein Schreiben in kleinen Schritten, in der Regel ein allmähliches Heranführen des Lesers an den Gegenstand, um den es geht, und daraus erklärt sich die relative Behutsamkeit der Überzeugungsarbeit. Eile oder überstürzte Beweissicherung ist kein Kennzeichen der G.schen Prosa. Ihr Ideal ist erreicht, wenn sich ein Phänomen, ein Vorgang gleichsam von selbst darstellt. Das hat Folgen bis in die Syntax G.s hinein. Das Schreiben in komplizierten Verschachtelungen liefe der Absicht des Autors, den Leser am Vorgang der Erfahrung teilnehmen zu lassen, völlig zuwider. Es gibt auch keine Staffelung der Prosa in Ergebnis-Sätze und in untergeordnete Argumentationshilfen. Der ruhige Fluß der Gedanken entspricht den Vorstellungen, die G. sich vom Wirken der Erfahrung und von den Bahnen der Erkenntnis überhaupt macht. So geht es G. denn auch weniger um Feststellungen als vielmehr darum, den Leser in einer vorsichtig verfahrenden Sprache dahin zu bringen, daß er Feststellungen selbst machen kann. Mit zunehmendem Alter hat G.

sich freilich auch so zu äußern verstanden, daß
er seine eigenen Lebenserfahrungen von vornherein in die Darstellung von Problemen oder
in das Erörtern von Zentralbegriffen mitein-
brachte. Aber er hielt diese nicht für singulär,
weshalb Spezialkenntnisse zum Verständnis
einer derartigen »Voraussetzung« in G.s Darstellungen nie notwendig sind. Beruft er sich
doch auf einen Erfahrungsschatz, der zum Bereich menschlicher Erfahrungen überhaupt
gehört.

Ein solches Schreiben, das sich im wesentlichen auf die behutsame Darlegung von Vorgängen oder die Nachzeichnung von Gegenständen beschränkt, ist nicht neu; aber es
weicht vom gängigen Verfahren naturwissenschaftlicher Darstellungen des 18. Jhs. ab.
Zwar gründet es sich wie jene auf den Glauben
an die allgemeine Einsichtsfähigkeit des Menschen wie auch auf die Überzeugung, daß der
Mensch zur Bildung vorherbestimmt und damit lernfähig sei. Aber die Darstellung von
Erfahrungen ist nicht vorrangig Sache naturwissenschaftlichen Denkens des 18. Jhs.; die
enge Verflechtung der Naturwissenschaften
mit der Philosophie und der sich auf ein philosophisches Vorverständnis gründende Wissensstand hatten zur Folge, daß gerade im Bereich der Naturwissenschaften ein Vorgang
eher zu bestätigen hat, was ohnehin gesetzt ist,
als daß er von sich aus zu Ergebnissen führen
könnte, die erst aufgrund einer Demonstration
erschlossen werden. Besonders medizinische
Schriften der 80er und 90er Jahre des 18. Jhs.
zeigen, wie sehr das naturwissenschaftliche
Denken damals auf die Bestätigung vorausge-
setzter Annahmen hin orientiert ist. G. hingegen steht auch als Naturforscher in einer anderen Tradition: der nämlich einer sich zunehmend auf Anschauung und Demonstration
ad oculos gründenden popularwissenschaftli-
chen Schriftstellerei, die in Verbindung mit
den Erziehungsideen des mittleren 18. Jhs.
von der Einsichtsfähigkeit des Menschen in
fremde Vorgänge lebt.

Die mittleren Jahrzehnte des 18. Jhs. vertrauten bereits auf die Überzeugungskraft einer sinnlichen Erfahrung. Die Vermittlung
derartiger Erfahrungen war denn auch eine

Möglichkeit, das Schreiben zu rechtfertigen.
Das Aufkommen der Physiognomik bei Lavater, die Darstellung religiöser Einsichten als
Erfahrungsvorgänge, die Vorstellung, daß man
antike Kunstwerke auf sich wirken lassen
müsse und sie derartig »erfahren« könne, das
alles prägt das popularphilosophische Schreiben in der zweiten Hälfte des 18. Jhs. Hinter
alledem steht die Vorstellung von einer nahezu
unbegrenzten Aufnahmefähigkeit des Menschen für Anschauung, die zur Erfahrung wird
und sich in Erkenntnis auskristallisieren kann.
Dazu gehört ferner die Annahme, daß Erfahrungen mitteilbar und übertragbar seien:
Ohne sie wäre eine Darstellung eigener Erfahrungen ganz sinnlos und könnte allenfalls der
Selbstvergewisserung dienen. Das Mitfühlen,
Miterkennen-Können, die Überzeugung überhaupt von der Transfermöglichkeit menschlicher Erlebnisse und Einsichten ist dabei weniger durch die Aufklärung des frühen 18. Jhs.
als vielmehr durch die gefühls- und empfin-
dungsorientierte Darstellung menschlicher
Vorgänge von etwa 1740 an vorbereitet worden. G. als Autor nutzt das; er kennt denn auch
kein Spezialpublikum, formuliert nicht für
Kunsttheoretiker allein und auch nicht für Naturwissenschaftler, sondern ist geradezu popu-
lärwissenschaftlich orientiert: Er schreibt so,
daß jeder, der lesen kann und einer Einsichtnahme fähig ist, ihn versteht. Damit steht er in
der Tradition eines Denkens, das keinen eso-
terischen Anspruch hat und für das Allgemein-
verständlichkeit im Sinne einer freien Zugänglichkeit für jedermann oberstes Prinzip
gewesen ist. Wenn G. überzeugen will, so demonstriert er, und er tut das in den Bahnen,
die dem damaligen Publikum durchaus vertraut waren.

Das erklärt zu einem guten Teil auch die
fehlende Systematik gerade in den Bereichen
seines Prosawerks, in denen man system-
artiges und systemorientiertes Denken und
Schreiben erwarten würde: also in den kunsttheoretischen bzw. in den naturwissenschaftlichen Bereichen. Das läßt seine Prosaschriften
in ihrem Schreibduktus als durchgängig einfach, leicht verständlich und bequem nachvollziehbar erscheinen. Aber in einem Zeitalter,

das wie kein anderes auf Belehrung aus war, ist ein solches Schreiben für ein Verständnis von »Erfahrungen« unerläßlich. G. war sich sicherlich nicht in sehr hohem Maße bewußt, daß Erfahrungen auch täuschen und zu falschen Schlußfolgerungen veranlassen können. Seine Überlegungen zur *Farbenlehre* dokumentieren das hinreichend. Aber er hätte an seinem Glauben an die Einsichtsfähigkeit des Menschen wie auch an die Lehrbefähigung der Natur verzweifeln müssen, hätte er nicht auf das vertraut, was als »Erfahrung« sein Prosawerk stärker als sein im engeren Sinne poetisches Werk durchzieht. Nachvollziehbarkeit ist ein wichtiges Kriterium nicht nur für Erfolg und Nichterfolg, sondern auch für richtiges oder falsches Schreiben. Das verleiht den G.schen Darstellungen zuweilen den Hauch einer Simplizität, die dem Gegenstand scheinbar nicht gerecht wird. Aber zur Vermittlung von Erfahrungen gehört die allen mögliche Einsicht in die beschriebenen Vorgänge. Sie müssen aus sich heraus erklären – und so will G.s Prosa vor allem im kunsttheoretischen und naturwissenschaftlichen Bereich aus sich heraus überzeugen, durch ein behutsames Vorgehen, durch eine dem gebildeten Leser vertraute Sprache, durch das Vermeiden überraschender Sprünge, ja sogar durch den Mangel an fest formulierbaren »Ergebnissen«. Die Erfahrung ist hinreichende Beweisführung an sich; die Ergebnisse müssen wie selbstverständlich in die Augen springen und bedürfen keiner weiteren Fundamentierung.

Alles das gibt G.s Prosa ihren scheinbar langsamen Gang. Dieses Sprechen-Lassen der Erfahrung selbst, das langsame Hineinführen des Lesers in einen Sachverhalt, der vorsichtig ausgebreitet werden muß, damit er aus sich heraus überzeuge, also dieses Umsetzen der Erfahrung in einen literarischen Darstellungsstil führt zu einer Form der Erkenntnis, die sich nur selten in Lehrsätzen äußert, meist hingegen in anderer Form: nämlich in einer Begrifflichkeit, die nicht nur Ziel des Erfahrungsprozesses ist, sondern die auch am Ende eines Schreibprozesses steht und der Erfahrung ihren tieferen Sinn abgewinnt. Anders formuliert: Die Erfahrung kulminiert nicht

etwa in Definitionen oder Gesetzen, sondern in der Regel in zentralen Begriffen, die abstrakt klingen, aber tatsächlich nur das Resultat der hier beschriebenen Erfahrungsvorgänge sind.

Ein solcher Begriff ist etwa der des Ideals. Das Ideal »an sich« gilt nichts, es ist nicht aus der Transzendentalphilosophie abzuleiten und präsentiert sich G. niemals in seiner Abstraktheit. Ein Ideal muß anschaulich werden, um überzeugen zu können. So läßt sich das Ideal des Lebens nicht beschreiben, wohl aber kann ein Leben beschrieben werden, das seine Idealität aus sich heraus zum Ausdruck bringt. Auch eine ideale Verhaltensweise wird bei G. in seinen Prosaschriften nicht abstrakt-theoretisch formuliert, sondern wird als Beispiel vor Augen geführt, um dahinter das erkennen zu lassen, was als »Ideal« zu verstehen ist. Das Ideal kann, mit anderen Worten, eigentlich nur gezeigt werden, und der deiktische Grundzug des G.schen Schreibens wird einem solchen Begriff gegenüber deutlicher noch als bei anderen. Die Idealität eines griechischen Kunstwerkes kann ebenfalls nur anschauend erkannt werden; das Ideal ist nicht aus sich heraus beschreib- oder definierbar. Um es zu erkennen, bedarf es wieder jener behutsamen Annäherung, die sich auch im Prosastil G.s als vorsichtiges Sich-Heranschreiben, als Umkreisen und Verdeutlichen eines Gegenstands oder einer Lebensform ausprägt. Ideale Verhältnisse, wie sie etwa *Herrmann und Dorothea* vorführt, sind allein über das Gegenständliche vermittelbar, wollen und können also nur in ihrer anschaulichen Wahrheit beschrieben und erkannt sein. So läßt sich vom »Ideal schöner Menschlichkeit« etwa nur sprechen, wenn es anhand konkreter Phänomene demonstrierbar ist.

Auch das hängt mit Schreibtraditionen des 18. Jhs. zusammen, nämlich mit der großen Bedeutung allegorischen Sprechens und Darstellens. G. hat zwar später das Symbol sehr viel höher gestellt als die Allegorie, aber er hat dennoch Teil an einer Form des bildhaften bzw. allegorisierenden Schreibens, das auf die Darstellung abstrakter Werte durch anschaulich-sinnliche Vorgänge und Figurationen aus ist.

Seit Winckelmanns *Versuch über die Allegorie* ist Schönheit am sichersten erfahrbar in der Betrachtung griechischer Plastiken, und bildhaft dargestellte Vorgänge können am ehesten demonstrieren, was es mit der Idealität bestimmter Lebensformen oder Verhaltensweisen auf sich hat. Schönheit kann auch bei Schiller nur anschauend erkannt werden, im Bild der Göttin Venus enthüllt sie sich in einer Unmittelbarkeit, an die eine deduktiv-reflektierende Darstellung niemals herankommen könnte. Einige der Schillerschen Balladen schildern anschaulich und in (scheinbar) der Wirklichkeit nachgebildeten Situationen die Idealität bestimmter Verhaltensweisen – etwa die der Freundschaft. In den letzten Jahrzehnten des 18. Jhs. ist in der philosophisch-literarischen Darstellung ein Ideal zwar auch begrifflich hier und da zureichend zu benennen, aber seine Überzeugungskraft bekommt es nur in der Darstellung sinnlich erfaßbarer Zustände und Verhaltensweisen. So ist etwa auch die Diskussion um den Begriff des Erhabenen immer an Beispiele gebunden, die mehr sind als bloße Demonstrationshilfen: Sie sollen ein Ideal gegenständlich machen.

Das philosophische Denken ist im ausgehenden 18. Jh. immer noch ein Denken in Bildern, es bedarf der Vergegenständlichung und der Sichtbarkeit, um überzeugen zu können. Daß sich aus diesem Gegeneinander von sinnlicher Vorstellung und abstrakter Erkenntnis auch Spannungen entwickeln können, daß die sinnliche Erkenntnis nicht immer leistet, was die Darstellung des Ideals von ihr erfordert oder daß umgekehrt ein Ideal nicht aus dem hervorgehen kann, was anschaulich wird, das liegt auf der Hand und gehört zu den Gefahren eines solchen Denkens in Bildern. Doch G. ist von derartigen Schwierigkeiten weitgehend verschont geblieben und hat sich bei der Vermittlung des Ideals, wo immer es auch begegnen mochte, einer Praxis bedient, die eine Diskrepanz zwischen Anschaulichkeit und dem dahinter zu verdeutlichenden Ideal – anders als gelegentlich bei Schiller – in der Regel gar nicht erst aufkommen ließ.

G.s erzählerische Prosa

Für den Leser der G.schen Prosa hat das Folgen. Die hinter den Vorgängen verankerte Begrifflichkeit will aus den Bildern herausgelesen werden; umgekehrt sollen die Bilder für Begriffe und »Ideen« so transparent sein, daß es keine Schwierigkeiten macht, sie zu erkennen – das Ideal des schönen Lebens etwa kann nur am Beispiel vorgestellt werden, aber es darf dabei nicht in Vordergründigkeiten untergehen. Für die *Wahlverwandtschaften* bedeutet das, daß dieser für das Geschehen so zentrale Begriff als solcher erkannt werden muß, nicht in der unreflektierten Rezeption des Erzählflusses verschüttet werden darf; für *Wilhelm Meisters Lehrjahre* hat es zur Folge, daß »Bildung«, zentrales Thema des ganzen Romans, zwar mit Leben und Anschaulichkeit gefüllt werden, aber als »Idee« präsent bleiben muß. So erzählt G. gewissermaßen um einen Begriff herum, der als solcher nie sichtbar werden kann und der dennoch das Geschehen bestimmt. Transparenz auf ein hinter den Geschehnissen und Personen liegendes Urbild, auf ein Ideal hin ist eine der Bedingungen, die der Autor schreibend zu beachten und die der Leser entsprechend zu vergegenwärtigen hat. Anders gesagt: Das Exemplarische von Vorgängen muß erkennbar sein, sonst ist eine Schilderung verfehlt. Gerade der Roman als ein mit großen Flächen arbeitendes Erzählpanorama bedarf einer solchen hintergründigen Durchstrukturierung nach Begriffen. Gelegentlich mag freilich noch so etwas wie ein aufklärerischer Lehrsatz durch das Erzählen hindurchschimmern. Das gilt etwa für die *Wahlverwandtschaften*, denn der Bedeutungsgehalt des Begriffes erschließt sich erst aus dem Verständnis eines chemischen Vorgangs. Aber G. ist dann doch kühn genug gewesen, den chemischen Lehrsatz in einen Begriff zu verwandeln, und dieser Begriff verdeutlicht ein Ideal, das freilich, hier wie auch in den anderen Romanen und Erzählungen, immer nur erzählend vorgebracht werden kann, niemals als solches.

G. hat im Gespräch mit Eckermann am 6.5.

1827 selbst auf den idealen Gehalt, also auf das begriffliche Substrat hinter diesem Roman aufmerksam gemacht. Es sei zwar nicht seine Art, als Dichter »nach Verkörperung von etwas A b s t r a c t e m zu streben«, und wenn er einmal »irgendeine Idee« habe darstellen wollen, so habe er es in » k l e i n e n Gedichten« getan. Aber dann hat er zugegeben, daß er sich bewußt gewesen sei, in den *Wahlverwandtschaften* »nach Darstellung einer durchgreifenden Idee« gearbeitet zu haben. Der Roman sei dadurch »für den Verstand faßlich geworden«.

Nun ist G. freilich kein aufklärerischer Schriftsteller, der gleichsam allegorisch verfährt, also einen abstrakten Bedeutungsgehalt sinnlich anschaulich macht. Er hat vielmehr wiederholt von seiner symbolischen Darstellungsweise gesprochen und Riemer gegenüber am 28.8. 1808 bemerkt: »seine Idee bei dem neuen Roman *Die Wahlverwandtschaften* sei: sociale Verhältnisse und die Conflicte derselben symbolisch gefaßt darzustellen« (HA 6, S. 620). Also schon ein ideelles Substrat, das aber niemals als solches zur Sprache kommt. G. hat auf Kritik an den *Wahlverwandtschaften*, die darauf hinauslief, daß man »keinen Kampf des Sittlichen mit der Neigung sehe«, sehr geschickt entgegnet, daß er diesen Kampf »hinter die Scene verlegt« habe (HA 6, S. 622).

Spuren dieser symbolischen Darstellungsweise, die das ideelle Substrat enthüllend-verhüllend preisgibt, ohne daß das auf Kosten der anschaulich-sinnlichen Darstellung geschieht, finden sich in G.s Erzählprosa überall, bereits von den *Leiden des jungen Werthers* an. Auch dort geht es schon um Wahlverwandtschaften, für die G. freilich damals noch nicht diesen Begriff zur Verfügung hatte. So direkt sich Werther auch über seine Liebesgefühle ausspricht – was er fühlt, wird in den Naturdarstellungen erst eigentlich zum Ausdruck gebracht. Noch deutlicher wird Werthers Situation, wenn er sich beim Gesellschaftstanz verwirrt und zwischen das »unrechte Paar« kommt, »daß alles drunter und drüber ging, und Lottens ganze Gegenwart und Zerren und Ziehen nöthig war, um es schnell wieder in Ordnung zu bringen« (WA I, 19, S. 34). Die Tanzverwirrung ist kein Zufall; Werther reagiert damit auf die für ihn nun endgültige Feststellung, daß Lotte mit Albert »so gut als verlobt« sei (WA I, 19, S. 33). In der kurzen Schilderung des sich verwirrenden Tanzes wird das Substrat des ganzen Romans deutlich: eine sich verwirrende Liebesbeziehung, für die in dieser Welt kein Raum ist. Das mag noch keine Idee im streng philosophischen Sinne sein, aber es ist doch das Thema dieses Romans, das hier auf sinnfällige Weise vor Augen geführt wird. Symbolische Konkretisationen der Wertherschen Gefühlslage finden sich auch gegen Ende des Romans, wenn es etwa im Zweiten Buch am 4. September heißt: »Wie die Natur sich zum Herbste neigt, wird es Herbst in mir und um mich her. Meine Blätter werden gelb und schon sind die Blätter der benachbarten Bäume abgefallen« (WA I, 19, S. 115). Wenn »die herrlichen Nußbäume« umgehauen werden (WA I, 19, S. 121), wenn Ossian in Werthers Herzen den Homer verdrängt (WA I, 19, S. 124), dann sind auch das symbolische Korrelationen zu seinem sich verdüsternden Lebensgefühl.

G. wird später die Technik der symbolischen Darstellung bestimmter Leitideen virtuos ausbilden. In *Wilhelm Meisters Lehrjahre* wird sehr viel deutlicher als im *Werther* die eine entscheidende Idee des Romans ausgesprochen, wenn Wilhelm Meister selbst seinem Freunde erklärt: »Daß ich dir's mit Einem Worte sage, mich selbst, ganz wie ich da bin, auszubilden, das war dunkel von Jugend auf mein Wunsch und meine Absicht« (WA I, 22, S. 149). Es ließe sich auch sagen: Eben dieses ist die »Idee«, die sich im Roman dann auf vielfache Weise anschaulich verdeutlicht. Daß sich mit dieser Formel nicht die Essenz des ganzen Romans begreifen läßt, steht auf einem anderen Blatt. *Wilhelm Meisters Lehrjahre* wird gerade dadurch geprägt, daß in den einzelnen Büchern des Romans wechselnde »Ideen« dem Geschehen zugrunde liegen. Mag man das Sechste Buch des Romans auch als Versuch G.s sehen, den Begriff der Selbstbestimmung nicht mehr in seiner produktiven, sondern in seiner zerstörerischen Qualität zu zeigen, so ist doch gleichzeitig damit die Erkenntnis verbunden, daß der Satz: »ich folge mit Freiheit meinen Gesinnungen, und weiß so wenig von Einschränkung als von Reue« (WA I, 22, S. 356), immer noch das Programm der Wilhelm Meisterschen Lebenssicht enthält. Am Ende freilich wird nur zu deutlich, daß dieser Bildungsweg im Nichts enden muß, genauer: in völliger Isolation und im Tod. Auch dem Sechsten Buch dieses Romans liegt also eine »Idee« zugrunde, und sie unterscheidet sich prinzipiell nicht von der der ersten fünf Bücher, aber sie zeigt sich nun in ihrer Gefährlichkeit und mißverständlichen Auslegung, nicht etwa als bloße Variation des bis dahin Gesagten.

Es gehört zur Eigenart dieses Romans, daß seine »Ideen« wechseln oder vielmehr: sich im Sinne einer Steigerung ablösen. Die Ablösung von der Idee der Selbstbestimmung – die eine Urforderung der Aufklärung ist und die von Schiller wenige Jahre zuvor gerühmt worden war, als er sagte, daß noch kein höheres Wort als das Kantische »Bestimme Dich aus Dir selbst« ausgesprochen sei – wird hier wieder aufgenommen, um widerlegt zu werden. Zunächst stellt Wilhelm fest: »Man kann die Erfahrung nicht früh genug machen, wie entbehrlich man in der Welt ist. Welche wichtige Personen glauben wir zu sein! Wir denken allein den Kreis zu beleben, in welchem wir wirken; in unserer Abwesenheit muß, bilden wir uns ein, Leben, Nahrung und Athem stokken, und die Lücke, die entsteht, wird kaum bemerkt, sie füllt sich so geschwind wieder aus, ja sie wird oft nur der Platz, wo nicht für etwas Besseres, doch für etwas Angenehmeres« (WA I, 23, S. 89). Das ist gegen die Adelsprätentionen Wilhelms gesagt, aber es bahnt auch den Weg zu der folgenden wichtigen, alles Geschehen tragenden »Idee«: der der Sozialisation. Das ist zugleich der Entschluß zu einer idealen Bürgerlichkeit, aber nicht nur in dem Sinne, daß Wilhelm Meister zwangsläufig von seinen Allüren als Schauspieler geheilt wird. Darin ist zugleich ein Stück Entwicklungsgeschichte des 18. Jhs. enthalten, das von der Adelsimitation an seinen Anfängen bis zum Entschluß zu einer idealen Bürgerlichkeit besteht, in der sich auch der Teil des Adels eingeschlossen weiß, der später »Reformadel« heißt.

Alles das läuft auf eine Sinngebung des Erzählten durch eine dahinterliegende Schicht hinaus, die den Einzelheiten erst ihre jeweilige Bedeutung verleiht. Nicht, daß die Realität diaphan würde, wie etwa später im klassisch-modernen Roman des 20. Jhs. Aber sie bekommt ihren Bedeutungsgehalt erst durch Zentralideen, die nicht nur den Gang des Ganzen steuern, sondern auf die auch Einzelheiten bezogen sind – das Kunstwerk wird zum vielgliedrigen Organismus um einen ideellen Kern, der durchaus nicht verrätselt, sondern an den Höhe- und Wendepunkten der Romane und Erzählungen deutlich genug sichtbar ist.

Das alles rückt *Wilhelm Meisters Lehrjahre* nahe an die Erzählprosa der Aufklärung heran, obwohl G.s Absicht dahin zielt, die entscheidende Lebensmaxime der Aufklärung zu widerlegen. Aber G. kennt zumindest in diesem Roman gleichsam eine Art des »doppelten Schreibens«. Sinngehalt und Status des jeweils Erzählten im Romanganzen werden auch auf quasi symbolische Weise verdeutlicht. G. hat sich in seiner klassischen Erzählprosa über seine »Erkenntnis«-Sätze hinaus scheinbar simpler, in Wirklichkeit jedoch höchst bedeutungsvoller Zeichen und Konstellationen bedient, um gleichsam in Form von Spiegelungen den Gehalt des Ganzen oder auch einzelner Teile seines Erzählwerks zusätzlich zu verdeutlichen.

Zu diesen symbolträchtigen Vorgängen gehört etwa die Puppenspielszene schon zu Beginn des Romans. Die Figurenkonstellation von Jonathan, dem Propheten Samuel und David ist nicht nur ein Hinweis auf die Bedeutung des Theaters für Wilhelm, sondern stellt auch Beziehungen her zu den Personen des Romans; nicht nur in dem Sinne, daß das Spielerische der Verhältnisse hier verdeutlicht wird, sondern auch in jenem, daß Eigenschaften und Charakterzüge der mythisch-religiösen Figuren Identifikationshilfen abgeben für die Gestalten des Romans, ja daß diese sich mit jenen identifizieren, soweit das einer Romanfigur mit einem mythischen Vorbild möglich ist. Hier werden die Personenbezüge, wird die Figurenkonfiguration an einem spielerischen Beispiel deutlich, das dennoch tief in das Selbstverständnis und in die erklärten Absichten der Romanfiguren hineinreicht. Natürlich ist diese in der Puppenhaftigkeit der dargestellten Propheten und Helden des biblischen Altertums spielerisch symbolisierte Aussage nicht für den gesamten Roman bezeichnend, wohl aber für jenen Teil, in dem Wilhelm mit dem Theater zu tun hat. Nicht nur, daß sich hier die geheimen Absichten und Identitäten der Romanfiguren spiegeln, diese erhalten mit ihrem Tun auch ihren vorgezeichneten Sinn durch eben jenes historische oder mythische Beispiel, das aufgrund des Vorbildcharakters, des Exemplarischen jener biblisch-mythischen Vorgänge zur Nachfolge zwingt.

Bilder leisten die symbolische Repräsentanz dessen, was als »Idee«, Grundgedanke oder Thema hinter dem Erzählen steht. In *Wilhelm Meisters Lehrjahre* ist es auch das Bild vom kranken Königssohn, das nicht nur einzelne Stationen der Erzählung akzentuiert, sondern zugleich den Status des Helden verdeutlicht. Das Bild vom kranken Königssohn begegnet erstmals im Ersten Buch, aber es taucht erneut in der Mitte und am Ende des Romans auf, liefert also Bezugspunkte im Erzählfluß, die nicht nur für die Tektonik des Romans bedeutsam sind, sondern auch für die Sinnbezüge, die mit diesem Bild verbunden sind. Liebessehnsucht und Identifikationswünsche mit dem Vorbild Hamlet spiegeln sich darin ebenso wie Vergangenheit und Zukunft Wilhelms, seine Irritationen und – sit venia verbo – seine Heilung. Auch zwischen dem kranken Königssohn und Wilhelm gibt es so etwas wie eine Wahlverwandtschaft. Man wird der Bedeutung dieses Bildes vom kranken Königssohn nicht gerecht, sieht man darin nur ein gelegentlich wiederkehrendes Motiv. Aber es ist auch keine Allegorie, sondern ein symbolisch zu verstehendes Analogon. Wo immer das Bild vom kranken Königssohn im Roman auftaucht, macht es nicht nur auf eine dahinterliegende Idee aufmerksam, sondern auch auf den »Zusammenhang« (WA I, 21, S. 20), also auf den Erzählkosmos, der in diesem Bild verdeutlicht, konzentriert und anschaulich wird.

G.s Roman ist gerade in der Beziehungsvielfalt, die sich in Bildern und Analogien auskristallisiert, ohne Vorbild. Der Roman bewegt sich weit jenseits aufgeklärter Lehrhaftigkeit, so wie er weit jenseits einer bloß realistischen Sphäre angesiedelt ist. Wenn man den Roman auch durchaus als Zeitroman lesen kann, so ist das, was an zeitgenössischem Kolorit, an kontemporärer Wirklichkeit dort berichtet wird, doch immer von »Ideen«, grundsätzlichen Erwägungen und Einsichten gesteuert, die dem Einzelnen erst seine Bedeutung jenseits alles bloß Realistischen geben. Daß es mit der Darstellung vordergründiger Begebenheiten nicht getan war, haben auch die Zeitgenossen sehr gut verstanden. Schiller sprach von einer »Hauptidee« (an G., 19. 11. 1796), und die Zahl derer, die »Bildung« als das zentrale Thema des Romans ausmachten, ist Legion. »Bildung« ist aber nicht ein eindeutig zu fixierendes Ziel, sondern kennt eine Reihe von Mutationen. Bildung ist, mit anderen Worten, ein Prozeß. In den *Tag- und Jahresheften. Bis 1786* hat G. später das Prozeßartige dieses Vorgangs und auch das Unbestimmte der Annäherungen an das Ideal ausführlicher dargestellt, als er schrieb: »Die Anfänge *Wilhelm Meisters* [...] entsprangen aus einem dunkeln Vorgefühl der großen Wahrheit: daß der Mensch oft etwas versuchen möchte, wozu ihm Anlage von der Natur versagt ist, unternehmen und ausüben möchte, wozu ihm Fertigkeit nicht werden kann; ein inneres Gefühl warnt ihn abzustehen, er kann aber mit sich nicht in's Klare kommen, und wird auf falschem Wege zu falschem Zwecke getrieben, ohne daß er weiß wie es zugeht. Hiezu kann alles gerechnet werden, was man falsche Tendenz, Dilettantismus usw. genannt hat. Geht ihm hierüber von Zeit zu Zeit ein halbes Licht auf, so entsteht ein Gefühl das an Verzweiflung gränzt, und doch läßt er sich wieder gelegentlich von der Welle, nur halb widerstrebend, fortreißen. Gar viele vergeuden hiedurch den schönsten Theil ihres Lebens, und verfallen zuletzt in wundersamen Trübsinn. Und doch ist es möglich, daß alle die falschen Schritte zu einem unschätzbaren Guten hinführen: eine Ahnung, die sich im Wilhelm Meister immer mehr entfaltet, aufklärt und bestätigt, ja sich zuletzt mit klaren Worten ausspricht: ›Du kommst mir vor wie Saul, der Sohn Kis, der ausging seines Vaters Eselinnen zu suchen, und ein Königreich fand.‹« (WA I, 35, S. 8).

Von diesem dunklen Vorgefühl her und von der Ahnung dessen, was das Ziel, bzw. die »Idee«, sein kann, erweisen sich die vielen Unklarheiten in G.s Roman als beabsichtigte. Eine Idee wie die der Bildung steht nicht von Anfang an scharf konturiert vor den Augen dessen, der sich ihr unterworfen hat. Sie gewinnt erst allmählich an Deutlichkeit, ist zunächst nicht viel mehr als eine Ahnung, die sich aber dann aufhellt und bestätigt, so daß am Schluß die dargestellte Wirklichkeit dann doch diaphan wird und rückblickend der Strom des Erzählens sich als eine Bewegung auf dieses letztlich zu erreichende Ziel hin erklärt. Dieser Vorgang ist mit Begriffen wie Allegorie, Symbol, Hauptidee nur unzureichend zu erfassen. Der Erzählfluß des *Wilhelm Meister* gleicht darin, daß er nicht definitiv ein klares Ziel ansteuert, sondern von Umwegen und Verblendungen, von Irrfahrten und falschen Versuchen handelt, bis das Ziel erreicht ist, auf verblüffende Weise der Erzählform von Thomas Manns *Zauberberg*, der ebenfalls keine Lehren verkündet, obwohl der Aufenthalt des Helden in Davos eine siebenjährige Reise mit Bildungscharakter ist. So gilt auch für G.s Bildungsroman das Wort von Paul Klee: »Kunst gibt nicht das Sichtbare wieder, sondern macht sichtbar«.

Theoretische Äußerungen zum »symbolischen Schreiben«

G. selbst hat sich nie eindeutig über Maximen oder Techniken seines Schreibens ausgesprochen. Es gibt nur einige Äußerungen, die ersatzweise zur Verdeutlichung dessen dienen könnten, was die Erzählprosa selbst sehr viel klarer zu erkennen gibt. In der kleinen Schrift *Einfache Nachahmung der Natur, Manier, Styl*, die eigentlich auf Malerei und bildende

Kunst bezogen ist, ist in der Charakteristik des »Stils« davon die Rede, daß er »auf den tiefsten Grundfesten der Erkenntniß, auf dem Wesen der Dinge« ruhe, »in so fern uns erlaubt ist es in sichtbaren und greiflichen Gestalten zu erkennen« (WA I, 47, S. 80). Das »Wesen der Dinge«: dem entspricht im Erzählbereich in etwa die »Idee« oder die »Hauptidee«, von der Schiller sprach, aber da diese niemals direkt in Erscheinung treten kann, muß sie, wie im Roman, »in sichtbaren und greiflichen Gestalten zu erkennen« sein. Das heißt aber auch: es geht nicht um Selbstdarstellung oder Bekenntnisse, sondern um das Verdeutlichen grundsätzlicher Gegebenheiten. Was diese ausmacht, läßt G. freilich häufig im unklaren. In der *Einleitung in die Propyläen* heißt es: »Der echte gesetzgebende Künstler strebt nach Kunstwahrheit, der gesetzlose, der einem blinden Trieb folgt, nach Naturwirklichkeit; durch jenen wird die Kunst zum höchsten Gipfel, durch diesen auf ihre niedrigste Stufe gebracht« (WA I, 47, S. 23). Der Satz enthält eine Absage an allen vordergründigen Realismus, macht aber zugleich deutlich, daß die Darstellung der »Kunstwahrheit« nicht jedermanns Sache sei. Es sind offenbar unter der Wirklichkeit verborgene Gesetze, Wahrheiten und »Ideen«, die nur dort zum Ausdruck gebracht werden können, wo die Oberfläche der Realität durchstoßen wird. G. hat in dem kleinen Dialog *Über Wahrheit und Wahrscheinlichkeit der Kunstwerke* streng zwischen dem »Kunstwerk« und dem »Naturwerk« unterschieden, unterschieden auch zwischen dem »Kunstwahren« und dem »Naturwahren« (WA I, 47, S. 262). Zum Charakter des Kunstwerks gehört, daß »die zerstreuten Gegenstände in eins gefaßt, und selbst die gemeinsten in ihrer Bedeutung und Würde aufgenommen werden« (WA I, 47, S. 265) – und dadurch unterscheidet sich das vollkommene Kunstwerk vom Werk der Natur.

In gewissem Sinne kulminiert G.s Vorstellung von der Notwendigkeit eines für »Ideen« durchlässigen Stiles in seiner Symboltheorie, wie er sie in seinen *Maximen und Reflexionen* ausgesprochen hat. Dort heißt es: »Die Symbolik verwandelt die Erscheinung in Idee, die

Idee in ein Bild, und so, daß die Idee im Bild immer unendlich wirksam und unerreichbar bleibt und, selbst in allen Sprachen ausgesprochen, doch unaussprechlich bliebe« (MuR, 1113). Darin wird zum Ausdruck gebracht, daß ein Wechselbezug besteht zwischen Erscheinung und Idee, zwischen der vordergründigen Realität und dem ihr zugrunde liegenden »Sinn«. Die Schreibkunst nun muß zwischen Erscheinung und Idee vermitteln, aber nicht in der Form, daß Idee und Erscheinung identisch werden, sondern vielmehr so, daß hinter der Erscheinung die Idee bewußt undeutlich geahnt werden kann. Dies aus der Überzeugung heraus, daß Ideen letztlich nicht darstellungsfähig sind, sondern nur annäherungsweise verdeutlicht werden können, sich also einer vollständigen Übersetzung ins Bild entziehen. So haben wir auch das Bild vom kranken Königssohn in *Wilhelm Meisters Lehrjahre* zu verstehen: deutlich und doch zugleich undeutlich verweist es auf einen Zusammenhang, der durch die Begebenheiten nicht hergestellt werden kann, der sich aber dann erschließt, wenn über das Symbol – hier also das Bild vom kranken Königssohn – ein ideelles Substrat zu erkennen ist. Wenn der Roman Lehren enthält, dann in der Form, daß die Welt der Erscheinungen derart auf symbolische Weise auf einen Bereich der »Ideen« bezogen scheint, der den Erscheinungen erst ihren Sinn gibt, – womit freilich nicht die volle Ausdeutbarkeit der Erscheinungen gemeint ist, ebensowenig die lückenlose Übersetzung einer Idee in eine Erscheinung. Zum Wesen der Idee gehört G.s Anschauung zufolge Unendlichkeit, Unerreichbarkeit, Unaussprechlichkeit. So kann ein Symbol nur ersatzweise und annäherungsweise das zum Ausdruck bringen, was im eigentlichen Wortsinn anschaulich werden kann.

G. hat dieser Maxime später noch eine andere nachgestellt: »Das ist die wahre Symbolik, wo das Besondere das Allgemeinere repräsentirt, nicht als Traum und Schatten, sondern als lebendig-augenblickliche Offenbarung des Unerforschlichen« (MuR, 314). Wie läßt sich Unerforschliches offenbaren? Wohl nur in der Weise, daß die »Idee« momentan,

spontan, in Erscheinung tritt –, soweit sie dieses kann. Um die Besonderheit der symbolischen Repräsentation einer »Idee« zu bewahren, hat G. kontrastiv das Wesen der Allegorie definiert: »Die Allegorie verwandelt die Erscheinung in einen Begriff, den Begriff in ein Bild, doch so, daß der Begriff im Bilde immer noch begränzt und vollständig zu halten und zu haben und an demselben auszusprechen sei« (MuR, 1112). Begriffe also lassen sich vollständig visualisieren, da hier eine Mechanik des quid-pro-quo eintritt; eine allegorische Darstellung liegt deswegen immer im Bereich des Kalkulablen, kennt nicht jene Dunkelzone, die mit der symbolischen Darstellung verbunden ist. Ein Begriff ist im Bild erreichbar, eine »Idee« auch im Symbol unerreichbar: Die Allegorie steht für die Endlichkeit, das Symbol für die Unendlichkeit des Erzählens. Überträgt man G.s Bestimmungen auf seinen eigenen Erzählstil, so wird man für seine Romane sagen müssen, daß er dort, wo Erscheinungen für Dahinterliegendes diaphan werden, sich eines symbolischen Erzählstils bedient, für den die Differenz von Vordergrund und hintergründigem Sinn ebenso charakteristisch ist wie die Einsicht, daß jener Sinn nie völlig erschöpfend in der Realität dargestellt werden kann.

Es wäre einseitig, wollte man hierin G. lediglich als einen Schriftsteller der Aufklärung sehen. Anders gesagt: G.s Romane und Erzählungen haben alles andere als missionarischen Charakter. Sie wollen nicht in dem Sinne belehren, daß sie eine aufgeklärte Philosophie verkünden. G. erfüllt vor allem mit seinen großen Romanen nicht das Programm einer ästhetischen Erziehung, wie Schiller es 1793/94 gefordert hatte. Auf der anderen Seite ist nicht zu übersehen, daß G. einer Lehre folgt, die im 18. Jh. weit verbreitet war: der vom Zeichensystem der Natur. Sie geht davon aus, daß alles natürlich Sichtbare gleichsam Chiffrencharakter habe, da es auf inhärente Ideen zurückverweise. Die Natur sei letztlich nach »Ideen«, also nach Grundprinzipien entworfen, könne nur von dorther verstanden werden und erfülle umgekehrt auch nur die Aufgabe, das Gedanken- bzw. Ideensystem auf eben jene symbolische Weise zu verdeutlichen, von der G.s Maxime handelt.

Derart dualistische Überlegungen sind Kernbestand der aufklärerischen Philosophie nicht nur in Deutschland. Sie gehen bis auf Leibniz und dessen Vorstellungen zurück, daß das Gebäude des Universums auf einem vernünftigen Plan Gottes basiere, daß die Gesetze der Natur Chiffren einer höheren Geistersprache seien, Zeichen zu einem Bezeichneten, das für einen planvollen Zusammenhang aller Dinge im Bereich einer quasi geistigen Ordnung stehe. Überlegungen dieser Art sind im 18. Jh. vielfach geäußert worden; von besonderem Einfluß waren Adam Fergusons *Grundsätze der Moralphilosophie*, wo erkenntnistheoretisch Zeichen und Bezeichnetes streng voneinander getrennt sind. Nicht weniger weit verbreitet waren Vorstellungen vom Spiegelcharakter der Welt; sie gehen bis in den Neuplatonismus zurück, finden sich bei Leibniz, etwa in seiner *Metaphysischen Abhandlung* von 1680, wiederholt beispielsweise in seinem Briefwechsel mit De Volder, und in seiner Schrift *Die Vernunftprinzipien der Natur und der Gnade* aus dem Jahre 1714, nicht weniger deutlich aber auch in seiner *Monadologie*. Dieser Lehre zufolge sind die erkennbaren »Substanzen« verschiedenartige »Spiegel der Schönheit des Universums [...], wobei nichts leer, unfruchtbar, unbebaut und ohne Perzeption verbleibt« (SNA 21, S. 166f.).

G. hat derartige Überlegungen natürlich gekannt, ist ihnen freilich weder in theologischer noch in erkenntnistheoretischer Hinsicht streng gefolgt. Er hat weder von Leibniz die Idee übernommen, daß das Universum Ausdruck eines geordneten Planes Gottes sei, noch akzeptiert er den Gedanken, daß das Sichtbare allein Spiegel der Schönheit des Universums sei. Leibniz' Vorstellungen sind insofern bei G. säkularisiert worden, als an die Stelle des Planes Gottes die Natur getreten ist, die ihre eigene Sprache spricht, die in ihren Gegenständen anschaulich wird und die dennoch zugleich einem Bauprinzip gleicht, das alle Gegenstände mitbestimmt hat, eben in diesem Sinne »Ideen« enthält.

»Ideen« in *Wilhelm Meisters Lehrjahre*

G. ist dabei im Grunde genommen aber ein sehr realistischer Erzähler. Seine Prosa kennt keine philosophisch-intellektuellen Höhenflüge, abstrakte Philosopheme finden sich dort ebensowenig wie erkenntnistheoretische Lehren. Was immer an Erkenntnissen sichtbar wird, ist in sich folgerichtig, in einfacher und verständlicher Sprache ausgesprochen, vom Handlungszusammenhang der Romane und Erzählungen her unmittelbar einsichtig. Aber dennoch ist der Bezug zu einer Hinterwelt der »Ideen« fast immer hergestellt, wenn auch nicht durchlaufend im Strome des Erzählens. Es gibt gleichsam Gelenkstellen in seinem Erzählwerk, die einen Blick freigeben auf etwas hinter der Realität Liegendes, auch wenn es nicht immer »Ideen« im streng philosophischen Sinne sind, sondern oft nur Lebenseinsichten, die ihre Evidenz aber ebenso durch das Erzählen wie durch die schlußfolgernde Form bekommen, in der diese Einsichten dem Leser präsentiert werden. In *Wilhelm Meisters Lehrjahre* sind es einige an zentraler Stelle positionierte Briefe und Gespräche, die fast immer einen gewissen Bekenntnischarakter haben, so wie jener Brief Wilhelms an seinen Jugendfreund Werner, in dem er gesteht, daß Selbstverwirklichung sein eigentliches Lebensziel sei. Hier wird die Essenz des Romans bezeichnenderweise »mit e i n e m Wort« ausgedrückt; und das geschieht nicht als monologisches Bekenntnis zu sich selbst, sondern als Versuch, die eigene Rolle in der Welt zu charakterisieren, also sich abzugrenzen gegen andere Lebensmöglichkeiten, um sich auf diese Weise auf die eigene zu konzentrieren.

Das dritte Kapitel des Fünften Buches von *Wilhelm Meisters Lehrjahre* ist außerordentlich aufschlußreich dafür, wie zentrale Einsichten, also »Ideen« in einem allgemeineren Sinne, dem Leser vermittelt werden. Erklärungen, wie Wilhelm sie dort gibt, sind dabei, so sehr sie die eigene Lebensformel zu entschlüsseln versuchen, nie auf das Individuum allein bezogen, das derart nach sich selbst sucht. Vielmehr ist die Konzentration auf sich selbst erst Folge einer allgemeineren Betrachtung, die entweder, wie hier, kulturgeschichtliche Linien nachzeichnen kann oder die die Position des eigenen Ich im Netzwerk der sozialen Verhältnisse, die den Roman bestimmen, zu ermitteln versuchen.

Dabei ist nicht unwichtig, daß solche großräumigeren Erklärungen in historischer oder auch in sozialer Hinsicht eben einem anderen gegeben werden, der im Brief zunächst nur ein imaginäres Gegenüber ist, dessen Position aber ebenfalls dazu dient, die eigene Stellung einzugrenzen. Im Falle Wilhelms ist es nicht nur die Abgrenzung der eigenen Rolle und Individualität gegenüber anderen Ständen, also vor allem dem Adel gegenüber, sondern auch ein Versuch, in sehr abgekürzter Form jenen Teil der Sozialgeschichte des Bürgertums im 18. Jh. mitzubeschreiben, der mit der Nachahmung adeliger Lebensformen und Verhaltensweisen begann und der schließlich dazu führte, diese Formen als inadäquat für die eigene Existenzsicherung zu erkennen. Dabei geht es darum, die eigene Person und Rolle zunächst einmal zu objektivieren, also generell von dem »Bürger« oder dem »Edelmann« zu sprechen. Anders gesagt: Der Rückbezug der eigenen Individualität auf generelle Grenzen, Möglichkeiten und Gefahren eines Standes wird ausgelotet. Das geht nicht auf Kosten einer Gesellschaftsschicht, sondern geschieht in einem quasi objektiven Vergleich zwischen den Ständen, hier also zwischen Adel und Bürgertum.

Erst von dieser Generalisierung her ist es dann möglich, die eigene Rolle und die eigenen Möglichkeiten einzukreisen. Sie beginnt in diesem Falle mit der Einsicht Wilhelms in seine eigene Neigung – und die geht dahin, zu »jener harmonischen Ausbildung« seiner Natur zu finden, die ihm seine Geburt versagt habe (WA I, 22, S. 151). Die Selbsterkenntnis bleibt jedoch nicht bei der Bewußtmachung der bislang eigentlich eher verborgenen eigenen Wünsche stehen, sondern führt zu einer Versöhnung dieser Wünsche mit den objektiven Gegebenheiten, die die Gesellschaft für Wilhelm bereithält. Die Einsicht in die eige-

nen Möglichkeiten, Fähigkeiten und in die Notwendigkeit der Entschlüsse endet denn auch nicht mit einer Eulogie auf sich selbst, sondern mit einer allgemeinen Formel, deren Gültigkeit Wilhelm für sich akzeptiert: »Auf den Bretern erscheint der gebildete Mensch so gut persönlich in seinem Glanz, als in den obern Classen; Geist und Körper müssen bei jeder Bemühung gleichen Schritt gehen, und ich werde da so gut sein und scheinen können, als irgend anderswo« (WA I, 22, S. 152). Für Wilhelm ist das zugleich ein Sprung über die Grenzen seines Standes hinweg, der dem Bürger eigentlich nicht erlaubt ist. Aber da er hierfür die Erkenntnis dessen, was er ist und was ihm möglich ist, als Voraussetzung hat, ist dieser Sprung aus seiner Sicht jedenfalls legitim.

Der Leser bekommt nicht den geringsten Zweifel an der Aufrichtigkeit seines Vorhabens und an der Berechtigung seiner Entschlüsse. Wenn hier auch noch nichts im Sinne jener »Ideen« sichtbar geworden sein mag, von denen G. in seiner Maxime spricht, so ist doch so etwas wie die Formel seines Wesens erkennbar, gebrochen freilich durch die Subjektivität der eigenen Perspektive. Es ist dennoch eine Gelenkstelle des Romans: Hier laufen die Fäden zusammen, die vorher so verstreut schienen, hier wird der Generalnenner der eigenen Existenz bloßgelegt, verbunden mit einer ebenso offenen wie klarsichtigen Diskussion über die eigenen Möglichkeiten und Wünsche. Hinter alledem steht die Vorstellung, daß Ausbildung zu dem, was die Natur dem Einzelnen vorschreibt, nicht nur möglich, sondern auch notwendig ist. Einsichten dieser Art sind weder für Wilhelm noch für den Erzähler und erst recht nicht für G. diskussionswürdige Themen, sondern haben den Charakter von unverrückbaren Feststellungen – wenn sie denn verändert werden sollten, so kann das nur auf der Ebene der sich verändernden Fakten und der damit verbundenen erneuten Einsichten geschehen. Hier wird zugleich etwas vom Rigorismus der G.schen Einsichten sichtbar, die ein Deuteln und Infragestellen im Grunde genommen nicht zulassen – so wenig es die *Maximen und Reflexionen* tun, die von Zweifeln an der Richtigkeit der eigenen Erkenntnis frei sind. Wenn gelegentlich einmal eine Frage gestellt werden sollte, so ist sie denn meist nur rhetorischer Natur – Einsichten und Rückbezüge der Realität auf jene andere Schicht der »Ideen« lassen ein Diskutieren darüber und erst recht ein Problematisieren im Grunde nirgendwo und niemals zu. Wilhelm spricht sich auch ganz deutlich darüber aus, wenn er seinem Jugendfreund schreibt: »Disputire mit mir nicht darüber; denn eh' du mir schreibst, ist der Schritt schon geschehen« (ebd.). Die Unbeirrbarkeit seines Tuns ist nicht ein Beleg für seine Starrsinnigkeit, sondern Ausdruck der Richtigkeit seiner Einsicht, Zeichen auch seiner Erkenntnisfähigkeit, die nicht durch Selbstzweifel getrübt ist.

Natürlich handelt es sich nicht um »Ideen« in jenem Sinne, in dem in den *Maximen und Reflexionen* von ihnen die Rede war. Aber etwas dem doch Vergleichbares ist hier genannt; und auf vergleichbare Weise erkennt Wilhelm das Erkannte für unbezweifelbar richtig. G. mag darin durchaus noch Aufklärer sein, daß er Zweifel an dem einmal für richtig Gehaltenen eigentlich niemandem zugesteht. Das gilt hier um so mehr, als Wilhelm zwar für Veränderungen empfänglich ist, aber niemals vorher und nachher in diesem Roman sich selbst in Frage gestellt hat. Das war, von der Geschichte des Romans her gesehen, in größerem Maße erst in Romanen der deutschen Frühromantik üblich. Charakteristischer ist auch, daß das einmal Erkannte sofort in die Tat umgesetzt wird. Wir lesen im Roman: »Der Brief war kaum abgeschickt, als Wilhelm auf der Stelle Wort hielt und zu Serlo's und der übrigen großen Verwunderung sich auf einmal erklärte: daß er sich zum Schauspieler widme und einen Contract auf billige Bedingungen eingehen wolle« (WA I, 22, S. 153). Natürlich lassen sich »Ideen« nicht in dieser Form realisieren. Aber eigene Einsichten können zu Erfahrungen umgeformt werden, und es bedarf dieser Rückversicherung in der Realität auch, um den Wechselbezug zwischen »Ideen« oder, in diesem Falle, von Lebenseinsicht und Wirklichkeit zu garantieren. Wie bedeutungsvoll im übrigen dieser Entschluß zur Umsetzung des

Erkannten in die Wirklichkeit ist, zeigt sich am Ende des Kapitels. Dort ist auf vielleicht etwas überraschende Weise von einer »unerklärlichen Verknüpfung von Ideen« die Rede, und indem das Numinose dieser Ideenwelt, das Unauslotbare und nur ungefähr zu Beschreibende darin, eben in diesem »Unerklärlichen« sichtbar wird, erweist sich zugleich, daß im Hintergrund tatsächlich »Ideen« ihre Rolle spielen.

Freilich sind auch hier mit »Ideen« keine philosophischen Einsichten gemeint, sondern etwas ganz anderes: »Ideen« haben hier sehr viel mehr Urbildcharakter. In diesem Fall entsteht vor Wilhelms »Einbildungskraft« in dem Moment, als er den Vertrag unterschreibt, »das Bild jenes Waldplatzes, wo er verwundet in Philinens Schoß gelegen. Auf einem Schimmel kam die liebenswürdige Amazone aus den Büschen, nahte sich ihm und stieg ab. Ihr menschenfreundliches Bemühen hieß sie gehen und kommen; endlich stand sie vor ihm. Das Kleid fiel von ihren Schultern; ihr Gesicht, ihre Gestalt fing an zu glänzen und sie verschwand. So schrieb er seinen Namen nur mechanisch hin, ohne zu wissen was er that« (WA I, 22, S. 153f.). Also keine philosophische Erkenntnis, sondern eine Rückerinnerung auf ein Bild der Erfahrung hin, das hier aber gleichsam zum Urbild geworden ist und das ihn in seinem Entschluß von einer Instanz her, die ebenso unbezweifelbar wie unangreifbar ist, nur bestätigen kann. Diese Textstelle gibt zugleich zu erkennen, wie sehr an solchen Gelenkstellen eines Romans sich die über weite Strecken hin verborgenen Fäden zusammenfügen, und zwar nicht so sehr in Wirklichkeit als vielmehr in Wilhelms »Einbildungskraft«: Einbildungskraft ist denn auch der Ort, an dem »Ideen« sich nicht nur verknüpfen können, sondern überhaupt erst erscheinen; Einbildungskraft ist jene Region des Geistes, von dem her sich alle Begebenheiten zu einem sinnvollen Ganzen ordnen und wo sich die geheimen Vernetzungen ganz unterschiedlicher Situationen, Begegnungen und Erkenntnisstadien ergeben. Derartige Verknüpfungen sind »unerklärlich«, und das heißt: sie sind nicht auf rationale Weise ermittelbar, sind auch nicht das Produkt eigenen Nachdenkens, sondern entwickeln sich ebenso momentan wie zwingend. Sie lassen aber erkennen, daß die Ereignisse gesteuert sind, hier von einem Plan, dessen Konturen Wilhelm freilich noch nicht sichtbar geworden sind, der sich aber zunehmend stärker im Romangeschehen als solcher enthüllen wird und der die Lebensreise Wilhelms lenkt, bis er selbst, am Ende des Romans, zu voller Erkenntnis dieses Plans gekommen ist. Es ist die Gesellschaft vom Turm, die die Fäden nicht nur der äußeren Handlung zusammenhält.

Das Besondere und das Allgemeine in den *Wanderjahren*

Im zweiten Teil des Romans, in den *Wanderjahren*, werden an verschiedenen Gelenkstellen des Erzählwerks wiederum »Ideen« im G.schen Sinne deutlich, und wenn sich diese »Ideen« zunächst auch noch in quasi subjektiver Form finden, nämlich in Lenardos Tagebuch, das einzelne Lebensmaximen festhält (WA I, 25.1, S. 227 ff.), so ist schon die Tatsache der Notate in einem Tagebuch bedeutungsvoll, da hier das Diarium jene Stelle einnimmt, die in den *Lehrjahren* die Briefe an den Freund hatten. Betrachtungen im Sinne dessen, daß sich in ihnen die eigentliche Essenz des Romanes findet und gleichzeitig auch etwas, was auf »Ideen« im Hintergrund verweist, finden sich in den *Wanderjahren* wiederholt. So stoßen wir im Zweiten Buch auf »Betrachtungen im Sinne der Wanderer«, in denen Äußerungen allgemeinster Natur zum Menschen, zur Welt, zur Lebenskunst aufgezeichnet sind. Auch diese sind nicht »Ideen« im kantischen Sinne, wohl aber enthalten sie Verhaltensregeln und Einsichten in Kunst, Leben und Zeit, die insgesamt auf jenes Stratum verweisen, das entweder hinter den Erscheinungen verborgen ist oder sich durch den Gang der Erzählung hinter ihnen aufbaut. Wenn auch dieser Roman als Ganzes keine Lehren gibt, so bilden derartige Betrachtun-

gen doch insgesamt einen Fundus an Einsichten, die gewissermaßen das Fazit aus dem ziehen, was der Roman darstellt.

Dabei sind auch jene Einsichten, die etwas »an sich« betreffen, durchaus nicht zeitlos, – so finden sich Bemerkungen über Dampfmaschinen und über das Papiergeld, also über Phänomene der späten G.-Zeit, die damals die Gemüter bewegten. Im Grunde sind es in den Roman eingesprengte »Maximen und Reflexionen«, also Beobachtungen zum Weltlauf, unsystematisch und aphoristisch vorgebracht, aber dennoch auf das Urteilsvermögen des Lesers bezogen. Zwar hat G. an einer Stelle notiert: »Man suche nur nichts hinter den Phänomenen; sie selbst sind die Lehre« (WA II, 11, S. 131), aber das ist zunächst einmal auf die Phänomene gemünzt und eher eine Absage an eine hintergründige Philosophie, als daß es die Qualität der hier vorgetragenen philosophischen Einsichten aufheben würde. Der Erzähler möchte den Konnex zwischen den Phänomenen und dem, was daraus zu folgern ist, so eng wie möglich halten, und aus dieser Überlegung heraus ist wohl auch zu verstehen, wenn es heißt: »Das Höchste wäre, zu begreifen, daß alles Faktische schon Theorie ist« (ebd.). Die Erkenntnisqualitäten liegen in den Phänomenen selbst, wollen und dürfen nicht von außen herangetragen werden; so können denn auch nur die Phänomene, kann die Realität die Einsichten vermitteln, die hier gleichsam von den Vorgängen, die sie ausgelöst haben, abstrahiert, aber deswegen nicht weltfern oder realitätsfremd formuliert sind.

Eine ähnliche Funktion haben die Notizen »Aus Makariens Archiv«. Auch sie sind eine Lebenslehre in Einzelteilen, sind Aphorismen zur Weltweisheit, quasi in Lehrsätze gebracht, die freilich nicht aus sich heraus bewiesen werden können und auch nicht bewiesen werden sollen. Der Romanzusammenhang erst macht Erkenntnisse möglich. Unzugänglich, völlig überraschend oder hermetisch in sich verschlossen ist so gut wie kein Aphorismus aus dieser G.schen Sammlung. Verborgene Beziehungen ergeben sich zweifellos zu den Gesprächen mit Eckermann, die ähnliche Maximen bringen, freilich nicht in jener pointierten

Form, in der sie in »Makariens Archiv« begegnen. Dabei sind die Aphorismen so gehalten, daß sie nicht um jeden Preis belehren wollen; sie sind vielmehr als Auskristallisationen jener Vorgänge zu verstehen, von denen der Roman handelt. Freilich überschreiten sie auch wiederum den Spielraum, den der Roman setzt, da von Literatur und Philosophie, von zeitgenössischen Phänomenen und Kulturfragen in einem sehr viel größeren Ausmaß die Rede ist, als das der Roman von sich aus nahelegen würde. Als Grundbefindlichkeit bleibt aber festzuhalten, daß die Aphorismen und Aperçus letztlich in einem ideellen Zusammenhang mit dem stehen, was der Roman schildert. So kann man in ihnen am Ende doch jene »Ideen« erkennen, von deren Umsetzung die Erzählvorgänge handeln. Für die Aphorismen gilt im ganzen das, was in den »Betrachtungen im Sinne der Wanderer« steht: »Das Allgemeine und Besondere fallen zusammen; das Besondere ist das Allgemeine, unter verschiedenen Bedingungen erscheinend« (WA II, 11, S. 129).

Für G.s Erzählprosa ist das Allgemeine die entscheidende Schicht, der die einzelnen Begebenheiten zuzuordnen sind. Um diesen Konnex herzustellen, hat G. in den *Wanderjahren* nicht nur die Gestalten des Romans in eine eigentümliche Konfiguration gebracht – Montan, den Abbé, den Maler, Joseph, Lenardo, Felix –, sondern er hat auch ganze Bilderreihen konstruiert und in das Romangeschehen einen Novellenzyklus integriert, der eigentlich den Romanzusammenhang sprengen müßte, ihn de facto aber nur um so deutlicher sichtbar werden läßt. Der Roman tendiert dazu, sich selbst aufzulösen. Zwar kann man die Novellen jeweils als Einzelerzählungen lesen, aber der Roman erfüllt im Grunde genommen die Bedingungen, die Karl Gutzkow später an ihn gestellt hat, als er vom »Roman des Nebeneinander« sprach. Es versteht sich von selbst, daß eine solche Erzählweise ein streng kontinuierliches Erzählen ausschließt. Zuweilen wird aus dem Nebeneinander auch ein ganz bewußtes Gegeneinander, und von einem Entschluß G.s, »diese alles gegeneinander zu arbeiten« (HA 8, S. 582), wissen wir aus den Stichwor-

ten, die sich in einem Schema zu den *Wanderjahren* und insbesondere zum Zweiten Buch finden. Dieses Gegeneinander gilt für alles: für die Landschaften, in denen der Roman spielt, für die geselligen Gruppen, für die zentralen Figuren. So ist der Philanthrop der naturfrommen Heiligen gegenübergestellt, eine ideale Familie dem Einsamen, dem orientierungslosen Jugendlichen Felix, der Vater, Wilhelm, als Arzt. Kaleidoskopartig erscheinen die Bilder und die Figuren in einem steten Wechsel, und es sind wiederum die Maximen und die Reflexionen, die erst eine Erkenntnis-Einheit stiften. Daß der Sinn nicht in den Begebenheiten, sondern dahinter liegt, dem erkennenden Leser erst sich enthüllt, hat G. selbst im übrigen einmal in einem Brief angedeutet, als er schrieb: »Da sich gar manches unserer Erfahrungen nicht rund aussprechen und direct mittheilen läßt, so habe ich seit langem das Mittel gewählt durch einander gegenüber gestellte und sich gleichsam in einander abspiegelnde Gebilde den geheimeren Sinn dem Aufmerkenden zu offenbaren« (an Carl Ludwig Iken, 27.9. 1827). G. bedient sich hier also einer Technik, die er theoretisch, wenn auch in bezug auf die Entoptik, in seinem kleinen Essay über *Wiederholte Spiegelungen* dargestellt hat.

»Wiederholte Spiegelungen«

G.s Aufsatz bezieht sich auf die Schrift *Wallfahrt nach Sesenheim*, die ein später Besucher Sesenheims, der Bonner Professor Näke, niedergeschrieben hatte. G. bekam sie zugesandt und dankte dafür mit diesem Aufsatz. Im Zentrum steht die Beobachtung, daß Spiegelungen ein Bild unter bestimmten Umständen leuchtender und klarer erscheinen lassen, – eine Einsicht, die G. auch auf seine eigenen Lebenserfahrungen und deren Reflexe in seinem Bewußtsein überträgt. Er bezieht sich in dieser kurzen Schrift auf seine Sesenheimer Erlebnisse, sieht sie »im Innern« (WA I, 42.2, S. 56) gespiegelt, und so kann er »aus Trümmern von

Dasein und Überlieferung sich eine zweite Gegenwart« verschaffen, das längst Vergangene »wieder in der Seele des alten Liebhabers nochmals abspiegeln und demselben eine holde, werthe, belebende Gegenwart lieblich erneuern« (WA I, 42.2, S. 57). Was sich hier als Versuch darstellt, einen Erinnerungsvorgang zu skizzieren und zugleich zu analysieren, liefert zugleich so etwas wie einen Schlüssel zum Verständnis der G.schen Prosakunst, wie sie sich in seinen Romanen und Erzählungen präsentiert. Zwar sind die hier erwähnten »Spiegelungen« solche quer durch die Zeiten hindurch; aber mit dem Prinzip der wiederholten Spiegelung arbeitet G. auch in *Wilhelm Meisters Lehrjahren* und seiner Fortsetzung. Nicht nur, daß sich in beiden Romanen ein Symbolzusammenhang herstellt; die zentrale Idee der *Lehrjahre* und der *Wanderjahre* spiegelt sich in verschiedenen Lebensläufen und in den gegenübergestellten Charakteren, die die beiden Romane bevölkern. Auch die eingestreuten Novellen haben in diesem Sinne ihre spezifische Spiegelfunktion.

Die eigentlichen Spannungsbögen stellen sich denn auch zwischen diesen Spiegelbildern her; die Romane sind nicht final orientiert, sondern bewegen sich in diesem vielfältigen Bereich von Konfigurationen und Oppositionen, von Spiegelbildern und Kontrafakturen, die allesamt gleichsam ein Bild des Lebens in seiner Vielgestaltigkeit abgeben sollen. Zwar gilt *Wilhelm Meisters Lehrjahre* vor allem als Entwicklungsroman, aber eine Entwicklung findet in ihm nicht primär in jenem Sinne statt, daß Wilhelm sich auf ein Ziel hin entwickeln müsse. Vielmehr wechseln die Ziele; Wilhelm schlägt Wege ein, die sich zwar nachträglich als Irrwege erweisen, aber im Grunde genommen hat jeder Lebensabschnitt doch seine eigene Gesetzlichkeit, die erst dadurch relativiert wird, daß andere Lebensmöglichkeiten sich auftun. Verständlich, daß dieses nicht gleichzeitig geschieht, sondern im Nacheinander. Aber bezeichnenderweise spielt die Zeit als Motor dieser Entwicklung eine höchst untergeordnete Rolle. Weil dem ganz im Sinne des Aufsatzes über *Wiederholte Spiegelungen* so ist, kann auch Erinnertes und

Gegenwärtiges gleichsam auf derselben Realitätsstufe figurieren. Das Erinnerte unterscheidet sich bestenfalls graduell, aber nicht in seinem Wirklichkeitsgehalt von dem, was realiter den Helden umgibt. Spiegelungen tun sich gerade dort auf, wo Erinnertes in das Gegenwärtige hineingerät. So stellt sich am Ende ein schwebender Zusammenhang her zwischen den verschiedenen Teilen dieses Romans und zwischen den unterschiedlichen Figuren, die aber immer in irgendeiner Form konfiguriert sind und nicht etwa wahllos oder gar sinnlos den Raum der Erzählung bevölkern.

Dabei sind die vorgestellten Figuren und Situationen durchaus nicht nur individueller, einmaliger und unverwechselbarer Natur; im gleichen Maße, in dem den Gestalten dieser Romane etwas Typisches zukommt, sind auch die Situationen typisch, weil sie übertragbar sind oder doch zumindest allgemeine Rückschlüsse zulassen. Man muß die Gestalten der Romane nicht unbedingt als Typen des Lebens begreifen, aber die Figuren, gemischt aus Erfahrung und Intuition, treten so wenig zufällig auf, wie sie selbst zufälliger Natur sind. Sie sind kleine Teile eines großen Erzählmosaiks, das bewußt durchkomponiert ist und dessen Kompositionsprinzip nicht das einer raschen Entwicklung von unbedarften Anfängen zu einem gloriosen Schluß hin ist, sondern das vielmehr mit Kontrasten arbeitet, um Einzelvorgänge zu charakterisieren und durch die Kontrastwirkung hindurch glaubwürdig zu machen. Das ist am deutlichsten vielleicht in den *Lehrjahren* zu beobachten, wo Wilhelm und Werner derart kontrastive Lebensmöglichkeiten und Verhaltensweisen verkörpern; aber auch Kontrafakturen wie die Geschichte von der pilgernden Törin und die des Mannes von fünfzig Jahren enthalten Kontrastgeschichten, die das Bild des Lebens, wie es sich hier entwickelt, gleichermaßen mitbestimmen.

Hinter diesem Prinzip wiederholter Spiegelungen, aussageträchtiger Konfigurationen und bedeutungsvoller Kontrafakturen baut sich allmählich das auf, was man als den philosophischen Zusammenhang aller Dinge, als das eigentliche Band bezeichnen könnte, das die diversen Teile des Romans und die so unterschiedlichen Perspektiven zusammenhält: Und das ist eben jenes Stratum, das als gleichsam philosophisches Kondensat sich immer wieder in den Lebenswahrheiten, Verallgemeinerungen und Welteinsichten ausspricht, wie sie uns in »Makariens Archiv« oder auch in »Ottiliens Tagebuch« in den *Wahlverwandtschaften* begegnen. Mag der ideelle Zusammenhang bisweilen auch locker und kaum mehr zu erkennen sein, so stellt er sich doch als das eigentliche Ergebnis des Erzählens dar. Es bestimmt die Kunst dieser Erzählprosa, daß Einzelheiten derart einen höheren Zusammenhang gewinnen. So sehr G. immer der Realist geblieben ist, der im Vordergründigen nie nur einen verwerfenswerten Trug, einen bloßen Schein von Wirklichkeit gesehen hat, so sehr ist er doch auf der anderen Seite in seinen Erzählungen und Romanen bestrebt gewesen, an das Wirkliche und das wirklich Erfahrene jene Einsichten zu knüpfen, die erst den Zusammenhang des Ganzen garantieren.

Verständlich, daß sich die Neigung zu allgemeinen, fast redensartlich vorgetragenen Einsichten im Alter verstärkt. G.s Distanz zu den Erfahrungen dieser Welt ist größer geworden, sein Wunsch, das Weltgeschehen zu kommentieren, gewachsen. Aber auf der anderen Seite ist dieses philosophische Stratum in nahezu allen Romanen und Erzählungen präsent. Gegen das Erreichen eines spezifischen Altersstils spricht auch, daß G. gerade in den *Wanderjahren* durchaus zeitgenössische Erfahrungen in seine Betrachtungen miteingehen läßt, sich also über Veränderungen in seiner Umwelt deutlich ausläßt, ohne auf den Anspruch, Allgemeineres zu sagen, zu verzichten. Andererseits fehlt den Altersbetrachtungen, wie sie uns in den *Wanderjahren* am Schluß begegnen, jenes Element, das sehr häufig als Element eines Altersstils gelten muß: ein eifernder Ton, eine rigorose Kritik, eine wachsende Unfähigkeit, Gegenstände, Werte und Aussagen gegeneinander abgrenzen zu können. G.s Prosa zeigt eine gegensätzliche Entwicklung: Sie führt zu eher temperierten Erkenntnissen, ist auf Ausgleich bedacht, vermeidet Radikalismen, ist in ihrem Kommen

tarbereich nicht eingeschränkt auf die üblicherweise schmaler werdenden Interessen an der Gegenwart. Zum G.schen Altersstil gehört bestenfalls eine gewisse Zeitlosigkeit der Einsichten. Aber die ist nicht so zu verstehen, daß völlig unabhängig von Raum und Zeit Gedanken an sich geäußert würden. Dort, wo Lebensregeln, Welterfahrungen und Tageseinsichten formuliert werden, sind sie vielmehr so gehalten, daß sie eigentlich für jedermann gelten können und auch gelten sollen. Anders gesagt: Der generalisierende Zug der G.schen Erkenntnisse nimmt zweifellos zu, ohne daß der Zeitbezug dadurch verloren ginge. Die Dimensionen seines Denkens vergrößern sich eher, und seine Sprache vermeidet bewußt Dunkelheiten und Verallgemeinerungen, die nicht mehr nachvollziehbar sind. So stehen Konkretes und Abstraktes in einem wohlausgewogenen Verhältnis, Einfälle und Beobachtungen halten sich die Waage; und wenn auch die Tagesereignisse nur in sehr reduzierter Form und auch nur selten begegnen, so ist ihre Präsenz doch ein Zeichen dafür, daß es nicht völlig ins Weltabgewandte hineingeht.

G. ist in diesem Sinne bis in sein Alterswerk hinein ein Wanderer geblieben, der sich nicht auf Fixpunkte seiner Erfahrung oder seiner Erkenntnis festlegt, sondern der aus seinen Beobachtungen lebt, die zu Erfahrungen umgeschmolzen werden. Jeder Leser merkt freilich, daß es auch dunkle Stellen in diesen Erzählzusammenhängen gibt, denen gelegentlich ein Erklärungszusammenhang fehlt. Das ist freilich nicht lebensunwahr, sondern erklärt sich aus G.s Einsicht in die Dunkelheiten, die zum Leben schlechthin und also auch zu einzelnen Lebensläufen gehören. In »Makariens Archiv« findet sich als erster Satz: »Die Geheimnisse der Lebenspfade darf und kann man nicht offenbaren; es gibt Steine des Anstoßes, über die ein jeder Wanderer stolpern muß. Der Poet aber deutet auf die Stelle hin« (MuR, 617). Daß dieses Hindeuten nicht unbedingt mit Explikation und Analyse verbunden sein muß, versteht sich von selbst. G. hätte es wohl als Verstoß gegen die Lebenswirklichkeit empfunden, hätte er die Lebensläufe seiner Figuren, deren Begegnungen, ihre Konfigura tionen so rationalisiert, wie das die frühe Aufklärung gefordert hatte. Die Vorstellung, daß sich auch in den Lebenspfaden Geheimnisse und Dunkelzonen finden, deckt sich im übrigen mit seiner Vorstellung vom Wesen des Symbols, das auch nicht völlig aufklären kann.

Die Aphorismen, Aperçus und Maximen, die Sprüche und die Reflexionen bilden ein Gegengewicht zu diesen Undeutlichkeiten des Lebens und der in den Lebenszusammenhang verwobenen Gestalten seiner Romane und Erzählungen. Was im Erzählbereich des Romans Geheimnis bleiben soll, wird zwar auch in ihnen nicht ausgesprochen. Aber in ihnen werden Folgerungen gezogen, werden die Einsichten stabilisiert, die sich hin und wieder schon im Verlauf des Erzählens für den Leser ergeben haben. An diesen Stellen überschreiten die Romane – und das gilt besonders für *Wilhelm Meisters Wanderjahre* – auch die traditionellen Grenzen der Erzählkunst. Nicht nur, daß einzelne Aphorismen, etwa die aus »Ottiliens Tagebuche« oder auch die aus »Makariens Archiv« völlig aus sich heraus verständlich sind; sie begegnen auch in den *Maximen und Reflexionen*, sind also dort aus ihrem Erzählzusammenhang herausgelöst, ohne daß sie an Bedeutung oder Einsichtsfähigkeit verlören. So verknüpfen sich vor allem die späten Romane auch auf diese Weise mit dem »Sein«, sind Lebensbücher, deren Wahrheit und Überzeugungskraft dort sichtbar werden, wo sich Schlüsse aus den dargestellten Vorgängen herausdestillieren lassen.

Tendenzen zur Auflösung der Romanform gab es in den Jahrzehnten, in denen G. Romane schrieb, vielfach: Der Roman konnte nicht nur zum »dramatischen Roman« mutieren, sondern er wurde auch zu einem Gefäß, das an sich erzählfremde Elemente aufnehmen konnte: Lyrik, Betrachtungen, Autobiographien oder auch, wie im Falle der *Lehrjahre*, »Bekenntnisse«. Aber die entscheidende Leistung war wohl die Grenzüberschreitung nach außen hin, die Vermischung von Fiktion und wirklicher Lebenserfahrung. Dieser fast unmerkliche Übergang von der Dichtung in das Leben ist vielleicht die eigentliche Leistung des Romanciers G., der so den Roman an das wirkliche Dasein annäherte, ohne daß er damit den Rang des Romans und seine Eigengesetzlichkeit aufgehoben hätte. Auch hier gilt: Die Sprache der Romanfiktion ist dort, wo es um jene philosophischen Einsichten geht, zugleich die Sprache der allgemeinen Welterkenntnis. Sprachliche Besonderheiten, eine elaborierte Dichtersprache gibt es dort nicht, wo Lebenswahrheiten ausgesprochen werden; auch nicht verbale Dunkelheiten, die das Verständnis innerhalb des Romans wie auch in jenen Partien erschwert hätte, die den Roman ins wirkliche Leben hinüberspiegeln.

Auf dieses Ziel hin, den Roman nicht als hermetisches Bauwerk erscheinen zu lassen, ist G.s Sprache orientiert. Sie ist, weil es dem Autor um Erkenntnis geht, mit relativ wenig Bildmaterial ausgestattet, da dieses einer weiteren Interpretation bedürfte, die aber nicht Sache der allgemeinen Erkenntnis sein kann. Dabei ist G. alles andere als ein platter Aufklärer, hat sich gelegentlich sogar gegen die »sogenannte Aufklärung« gewandt (MuR, 958). Andererseits ist seine Prosasprache im erzählerischen Werk durchaus auf Aufklärung in einem allgemeineren Sinne ausgerichtet: Er will verständlich machen, wenn auch nicht auf dogmatische Weise, will zur Einsicht bringen, was in den Bereich dessen gehört, zu dem Lebenswahrheiten zählen. Daß er dabei die Form des Aphorismus oder des Aperçus nutzt, ist alles andere als zufällig. Darin spricht sich ein starker Protest gegen alles Systematische aus, nicht zuletzt aus der Einsicht heraus, daß das Leben sich nicht systematisieren lasse und deshalb auch die gedankliche wie sprachliche Bewältigung unsystematisch verfahren müsse. Aber vor allem ist für seinen Sprachstil charakteristisch, daß Aufklärung nicht über den Verstand allein kommen darf. So sind auch seine Aphorismen in der Regel auf Erfahrungen gegründet, vermeiden die Spekulation, ziehen eine Summe aus dem Selbsterlebten und sind damit auch dem Nacherleben durch seine Leser zugänglich. Der Mitteilungscharakter seiner Erfahrungen bringt es mit sich, daß Überraschungseffekte fehlen. So wenig G. seine Vorstellungen deduktiv ableitet, so selten sind momentane, plötzliche Erkenntnisse. Er vertraut auf die allmähliche Überzeugungskraft des Erlebten und des Nachzuerlebenden, auch darauf, daß der Leser imstande ist, eine Einsicht, die er ihm in sprachlich zugänglicher, unverschnörkelter Form präsentiert, nachzuvollziehen. Die Überzeugungskraft wohnt nicht in seiner Sprache, sondern in den Erfahrungen, die er gemacht hat und die er sprachlich nur umzusetzen versucht: in eine jedermann verständliche Prosa, die weitaus mehr erklärenden als überzeugungsartigen Charakter hat.

Die Voraussetzungen, die G. als Prosaschriftsteller an die Vorkenntnisse oder an die kulturelle Bildung seiner Leser macht, sind gering, nicht, weil er nicht auf diese vertrauen würde, sondern weil er, da er Lebenswahrheiten formulieren will, auch ohne ein solches kulturelles Hintergrundwissen zugänglich und verständlich sein will. So fehlen denn historische Ausflüge ebenso wie Rekurse auf Literaturkenntnisse, G. schreibt nicht für Auserwählte, sondern für jedermann, der sich auf diese unauffällige Weise lesend bilden möchte oder der auch nur das in ihm selbst Angesammelte bewußt gemacht haben will. Da er diesem Zweck alles andere unterordnet, verzichtet er auch auf Geistreichigkeiten und Witz. Gerade seine Aphorismen kennen sehr häufig keine Pointe, geben sich äußerlich anspruchslos, glänzen nicht durch ausgefeilte Formulierungen oder ausgefallene Vergleiche. Anders gesagt: Die Person des Aphoristikers tritt nahezu völlig hinter die Einsichten zurück, die er vermitteln möchte. Daß dieser Sprachstil auch heute noch mühelos verstanden wird, zeigt, daß G. mit seinem Konzept der Übermittlung seiner Lebenseinsichten einen fast schon zeitlosen Erfolg hatte.

Die Prosa der naturwissenschaftlichen Schriften

G. hat auch seine naturwissenschaftlichen Schriften in einer Sprache geschrieben, die der seiner Erzählwerke auf verblüffende Weise gleicht. Es gehört zu den Legenden der Wirkungsgeschichte, daß G., wenn er als Naturforscher arbeitete und schrieb, sich ganz anderer Ausdrucksformen bedient habe, die wenig mit denen des Erzählers gemein hätten. Das Gegenteil ist richtig: G.s naturwissenschaftliche Schriften sind nach den gleichen Prinzipien verfaßt wie seine erzählerischen Werke. Er hält auch als Naturwissenschaftler an dem Grundprinzip fest, das seine Erzählwerke bestimmt: die Realität ist Ausdrucksform von Wahrheiten, Gesetzen oder »Ideen«, die hinter dieser Realität liegen, die aber nicht an sich erkannt werden können, sondern nur in und mit Hilfe der Wirklichkeit. Diese bedarf – wie die erzählerische Materie – umgekehrt der Übersetzung, der Analyse und der Deutung. G. spricht freilich nicht von »Wirklichkeit« oder von »Realität«, sondern im Bereich der Naturwissenschaften von »Natur«. Natur ist dabei ein universaler Bereich, der allgemeiner Betrachtung zugänglich ist; G. hat prinzipiell keinen Unterschied gemacht zwischen der Farbenlehre und der Geologie, zwischen Morphologie und Paläontologie, zwischen Optik und Anatomie, zwischen Mechanik und Mathematik. Alle diese Bereiche der Naturwissenschaft waren für ihn nicht Spezialwissenschaften, sondern Sparten der Naturforschung überhaupt. Das erleichterte den Zugang zu den verschiedenen Sektionen der Naturwissenschaft, das konnte auch den Dilettanten – der Begriff im Sinne des 18. Jhs. verstanden – ermuntern, Naturforschung zu treiben.

G. sah offenbar schon die Gefahr einer Zersplitterung der einzelnen Fachgebiete der Naturwissenschaften, hat aber versucht, dem entgegenzuwirken. In seinem Bericht über die *Belagerung von Mainz* erwähnt er einen Aufsatz, den er während der Belagerung geschrieben habe, und berichtet seinem Freund und

Schwager Schlosser, »wie eine Gesellschaft verschiedenartiger Männer zusammen arbeiten und jeder von seiner Seite mit eingreifen könnte, um ein so schwieriges und weitläufiges Unternehmen fördern zu helfen. Ich hatte den Philosophen, den Physiker, Mathematiker, Mahler, Mechaniker, Färber und Gott weiß wen alles in Anspruch genommen« (WA I, 33, S. 327). Er wollte alle diese Naturforscher an seiner Farbenlehre beteiligen. Wenn aus diesem Plan für die *Farbenlehre* auch nichts wurde, so ist er doch charakteristisch für die grundsätzlich sachübergreifende Betrachtung der Natur in einer noch nicht hochspezialisierten Zeit. G. repräsentiert in gewissem Sinne noch jenes Zeitalter der Naturwissenschaft, in dem ganzheitliches Denken und damit auch eine allgemeine Sprache selbstverständlich waren.

Allerdings bedienten sich die Naturwissenschaften ohnehin im allgemeinen nicht einer elaborierten, selbst dem gebildeten Leser unzugänglichen Fachsprache. Sie waren noch in G.s Zeit nur teilweise experimentell orientiert, vielfach jedoch von philosophischen Spekulationen abhängig, die selbst das, was an ihnen Erfahrungswissenschaft war, steuerten. Ein Titel wie Schillers *Philosophie der Physiologie* ist charakteristisch für den Zusammenhang von philosophischer und naturwissenschaftlicher Arbeit und den Einbezug philosophischer Betrachtungen in die Naturforschung. Das bedeutete, daß auch die Experimentalforschung theoriebefrachtet war. Hinter Einzelbeobachtungen mußte ein erkenntnistheoretisches Substrat sichtbar werden, sollten jene vor der Theorie Bestand haben. Nur zu häufig mußten Experimente das erfüllen, was sich die Theorie von ihnen versprach – und nicht umgekehrt. Die Geschichte der *Farbenlehre* zeigt, wie hartnäckig G. an dieser Leitvorstellung festhielt, obwohl das naturwissenschaftlich gesicherte Beweismaterial ihm und seinen Thesen in vielen Punkten widersprach.

An vielen G.schen Schriften, vor allen Dingen an den kleineren Aufsätzen, wird sichtbar, wie stark seine Naturbetrachtung philosophisch fundiert war und wie sehr er generelle Gesetze, Strukturen und Verhältnisse auch in den Einzelerscheinungen wirksam sah. Wie allgemein freilich die Prinzipien waren, nach denen er Naturforschung zu treiben gedachte und die er umgekehrt in der Natur wirksam sah, zeigen etwa einige Bemerkungen, die er gelegentlich zur Naturforschung überhaupt gemacht hat; sie stammen wahrscheinlich vom 2. 10. 1805 (vgl. WA II, 11, S. 350), gelten aber wohl für seine Naturbetrachtung ganz allgemein. G. versucht, Naturphänomene denkerisch-philosophisch zu durchdringen, und notiert dazu: »Zwei Forderungen entstehn in uns bei Betrachtung der Naturerscheinungen: die Erscheinungen selbst vollständig kennen zu lernen, und uns dieselben durch Nachdenken anzueignen« (WA II, 11, S. 164). Es ist ihm natürlich nicht um eine bloße Bestandsaufnahme von Naturphänomenen zu tun, sondern um deren – auch sprachliche – Charakteristik und Einordnung in einen größeren Zusammenhang. Seine Aneignungsmethode, die nicht nur eine solche des Erkennens, sondern auch der sprachlichen Vergegenwärtigung des Erkannten ist, hat er mit den Sätzen charakterisiert: »Wenn wir einen Gegenstand in allen seinen Theilen übersehen, recht fassen und ihn im Geiste wieder hervorbringen können; so dürfen wir sagen, daß wir ihn im eigentlichen und höhern Sinne anschauen, daß er uns angehöre, daß wir darüber eine gewisse Herrschaft erlangen. Und so führt uns das Besondere immer zum Allgemeinen, das Allgemeine zum Besondern. Beide wirken bei jeder Betrachtung, jedem Vortrag durcheinander« (ebd.).

Aus dieser »Methodendiskussion« folgt, daß die Phänomene der Natur gedanklich reproduziert werden müssen, sollen sie sprechend werden. Der Begriff der »Herrschaft« ist allerdings nicht so mißzuverstehen, daß damit etwa eine Verfügungsgewalt des Erkennenden über das Erkannte gemeint sei oder ein Beherrschen der Natur im üblichen Sinne, sondern vielmehr so, daß durch die gedankliche und auch sprachliche Bewältigung Herrschaft im Sinne einer Erkenntnis, eines Sich-Versicherns und einer zutreffenden Bewertung erlangt ist. So sehr auf der einen Seite der Begriff der Anschauung für G. dominant bleibt, da auch Erkenntnis und Rekonstruktion ja noch zur »Anschauung« gehören, so sehr wird auf der anderen Seite doch deutlich, daß eben hier jene Schicht des Allgemeinen angesprochen ist, die auch in den Erzählwerken begegnete. Dort war es die Schicht der »Ideen«, hier ist es eine Schicht der Gesetzmäßigkeiten und Grundsätzlichkeiten, die G.s Naturerkenntnis und auch die sprachliche Darstellung des Erkannten bestimmt. Er hat das Erkenntnisraster im folgenden noch deutlicher ausformuliert und auf das »Allgemeine« hingewiesen, das die Einordnung und Bewertung, also die »Herrschaft« über die Naturphänomene erleichtern und eigentlich auch erst ermöglichen solle.

Zu dem »Allgemeinen« rechnet er: »Dualität der Erscheinung als Gegensatz: / Wir und die Gegenstände, / Licht und Finsterniß, / Leib und Seele, / Zwei Seelen, / Geist und Materie, / Gott und die Welt, / Gedanke und Ausdehnung, / Ideales und Reales, / Sinnlichkeit und Vernunft, / Phantasie und Verstand, / Sein und Sehnsucht. // Zwei Körperhälften / Rechts und Links, / Athemholen. / Physische Erfahrung: / Magnet« (WA II, 11, S. 164f.). Das ist weniger eine kategoriale Ordnung, noch weniger ein System. Aber es wird deutlich, daß G. von einer dualistischen Weltvorstellung ausgeht, die tief in die Schicht jenes »Allgemeinen« hineinreicht. Anders gesagt. Er operiert mit Polaritäten, und dieses Denken in Polaritäten ist wahrscheinlich der bemerkenswerteste Zug seiner Naturerkenntnis und auch der Sprache, die er dort spricht. Es handelt sich, wie unschwer zu sehen ist, nicht um naturwissenschaftliche Kategorien, sondern um solche der allgemeinen Welterfahrung, wie sie jedermann verständlich und andererseits doch auf einer Abstraktionsebene angesiedelt sind, deren Konkretisierung von Fall zu Fall unterschiedlich aussehen kann.

Entscheidende Veränderungen in G.s Naturanschauung lassen sich von seiner Sprache her nicht konstatieren. G. hat relativ früh, offensichtlich schon in den 80er Jahren, mit voller Absicht das Geheimnisvoll-Unzugängliche der Natur betont. Wenn er auf der einen Seite von ihren unwandelbaren Gesetzen sprach (WA II, 11, S. 6), so hat sie für ihn doch etwas Numinoses behalten. Die Gegensätze, die er in seinem Bericht über die *Belagerung von Mainz* aufführt, sind letztlich nicht unumstößliche Erkenntniskategorien oder Modalitäten des Wirkens, sondern allenfalls Versuche, das an sich unbegreifliche Wirken der Natur mit Hilfe solcher Gegensätze sichtbar zu machen. In einem ausdrücklich »Fragment« genannten Aufsatz *Die Natur* aus dem Anfang der 80er Jahre – der neuerdings freilich Christian Tobler zugeschrieben wird; G. hat das Fragment später offensichtlich von Tobler übernommen – ist die Natur in ihrer Allmacht, aber auch in ihrer Unzugänglichkeit deutlich beschrieben: »Natur! Wir sind von ihr umgeben und umschlungen – unvermögend aus ihr herauszutreten, und unvermögend tiefer in sie hinein zu kommen. [...] Wir leben mitten in ihr, und sind ihr fremde. Sie spricht unaufhörlich mit uns, und verräth uns ihr Geheimniß nicht. Wir wirken beständig auf sie, und haben doch keine Gewalt über sie« (WA II, 11, S. 5). Die Paradoxien der Naturbetrachtung G.s ziehen sich durch den ganzen Aufsatz hindurch. Selbst wo die Natur in ihrer Totalität beschworen wird, ist sie letztlich doch nur annäherungsweise darzustellen, und das bedeutet: Auch die Sprache muß vor ihr dort versagen, wo sie sich jeglicher Reflexion entzieht. Die Sphäre des Geheimnisvollen ist verbaliter nicht zu durchstoßen.

Um die Natur aber dennoch erkennen und darstellen zu können, bedient G. sich einiger Grundbegriffe, mit deren Hilfe er sowohl der Anschauungskraft genügen wie auch der Abstraktion dienen kann. Er hat dem Aufsatz über die Natur später eine »Erläuterung« beigefügt, die dem pantheistisch anmutenden Aufsatz einen etwas abstrakteren Rahmen gibt. Als die »zwei großen Triebräder aller Natur« nennt er die Begriffe »Polarität« und »Steigerung« (WA II, 11, S. 11), und damit sind zwei entscheidende Kategorien für sein Naturverständnis und für sein sprachliches Darstellungsziel in den Naturbetrachtungen ausgesprochen. Diese beiden Begriffe, Polarität und Steigerung, entsprechen jenen »Ideen«, die hinter den vordergründigen Erzählabschnitten der großen Romane stehen. Es handelt sich bei ihnen aber nicht um Abstracta, die keine Entsprechung in der Wirklichkeit hätten. G. hat hinzugefügt, daß der Begriff der »Polarität« der Materie angehörig sei, »insofern sie materiell« sei, daß »Steigerung« hingegen auf die Materie bezogen sei, »insofern wir sie geistig denken« (ebd.). Die Materie, so hat er ebenfalls hinzugesetzt, sei »in immerwährendem Anziehen und Abstoßen« zu begreifen. Wenn sie aber geistig gedacht werde, dann sei sie »in immerstrebendem Aufsteigen« zu begreifen. Und seine Überlegungen enden vorerst mit dem Satz: »Weil aber die Materie nie ohne Geist, der Geist nie ohne Materie existirt und wirksam sein kann, so vermag auch die Materie sich zu steigern, so wie sich's der Geist nicht nehmen läßt, anzuziehen und abzustoßen« (ebd.).

Aus kaum einem anderen Aufsatz G.s geht deutlicher hervor, wie sehr Geist und Materie aufeinander bezogen sind und wie sehr damit eine Abstraktion nie als Trennung von der Realität verstanden werden darf, sondern nur als Versuch, diese begrifflich zu läutern und auf eine höhere Verständnisebene zu bringen. Umgekehrt ist der »Geist«, sind die »Ideen« ohne Konkretisation nicht existent. So hat denn auch seine naturwissenschaftliche Sprache gewissermaßen die Schwebe zu halten zwischen Konkretisation und Abstraktion, und das heißt: Einzelphänomene sind immer nur so zu präsentieren, daß sie auf etwas Allgemeineres verweisen. Aber nach eben diesem Prinzip hat G. auch seine Romane organisiert und das Erzählen von Einzelheiten immer mit dem Versuch verbunden, ein Ganzes zu zeigen – durch Symbole, durch prägnante und gleichsam beispielhafte Situationen, durch bedeutungsvolle Konfigurationen. Basis für die Herstellung dieser Zusammenhänge ist einerseits der naturwissenschaftliche Versuch, andererseits sein Bemühen, den Versuch nicht als Einzelphänomen, sondern als Teil einer großen Ereigniskette und eines Sinnzusammenhanges zu begreifen.

Charakteristisch dafür ist ein kleiner Aufsatz aus dem Jahre 1793 mit dem Titel *Der Versuch als Vermittler von Object und Subject*, der bereits 1792 entstanden ist. In ihm will G. zeigen, wie sich Erkenntnis nur durch die Verbindung einzelner Versuche mit einem Ganzen herstellen kann. Er schreibt: »In der lebendigen Natur geschieht nichts, was nicht in einer Verbindung mit dem Ganzen stehe, und wenn uns die Erfahrungen nur isolirt e r s c h e i n e n, wenn wir die Versuche nur als isolirte Facta anzusehen haben, so wird dadurch nicht gesagt, daß sie isolirt s e i e n« (WA II, 11, S. 31f.). Bei den Naturbetrachtungen ist allerdings nicht nur zu beachten, daß die Einzelphänomene in einen Gesamtzusammenhang hineingehören, sondern daß die Natur selbst aus Kräften und Gegenkräften, aus Wirkung und Gegenwirkung besteht. Bei der Untersuchung einzelner Phänomene zählen also nicht Argumente, sondern die »Darlegungen« (WA II, 11, S. 34): G. opponiert gegen eine Beweisführung mit Hilfe von Argumenten, die hypothetisch bleiben müssen, und plädiert für Versuchsreihen, die allein »Erfahrungen der höheren Art« ausbilden können (WA II, 11, S. 35). Erfahrungen dieser Art sind am Ende immer einsichtig und unzweideutig. Das hat auch für die sprachliche Darstellung Folgen, denn G. erklärt: »Diese [die einzelnen Versuche; d. Vf.] lassen sich durch kurze und faßliche Sätze aussprechen, neben einander stellen, und wie sie nach und nach ausgebildet worden, können sie geordnet und in ein solches Verhältniß gebracht werden, daß sie so gut als mathematische Sätze entweder einzeln oder zusammengenommen unerschütterlich stehen« (WA II, 11, S. 11).

Der Aufsatz zeigt, daß Grundprinzipien der G.schen Darstellungsweise auch für den Bereich der Naturwissenschaften gelten. Beschreibung und Darstellung, das Sammeln von Einzelergebnissen und die Ordnung dieser Ergebnisse zu einem Ganzen, die Demonstration, auch als sprachliche Demonstration, und das Sprechen-Lassen der Dinge sind entscheidende Voraussetzungen dafür, daß die Einzelphänomene so miteinander verbunden werden können, daß »ein Ganzes« daraus entstehen kann, das der menschlichen Vorstellungsart »mehr oder weniger bequem und angenehm sei« (WA II, 11, S. 36). Für den Darstellungsstil folgt daraus nahezu zwingend, daß auf das Sammeln einzelner Beobachtungen eine Auswertung zu erfolgen habe, die einen geistigen Zusammenhang herstellt.

Das Problem des Verhältnisses von Einzelbeobachtung und genereller Schlußfolgerung hat G. zeitlebens beschäftigt, und er ist auch immer wieder darauf zu sprechen gekommen. Aus der Zusammenarbeit mit Schiller entstand am 15. 1. 1798 der kleine Aufsatz *Erfahrung und Wissenschaft*. Thema sind wiederum die »Facta«, die isoliert und gesetzlos zu sein scheinen, die aber vom »Naturforscher« analysiert und geordnet werden wollen, »um ein reines constantes Phänomen zu erhalten« (WA II, 11, S. 38). Eben dieses aber ist schon »eine Art von Ideal« (ebd.). Was G. hier beschreibt, ist gewissermaßen die Versuchsanordnung, mit der er zu naturwissenschaftlichen Erkenntnissen zu kommen gewillt ist: Phänomene werden auf ihre Konstanz und Konsequenz hin betrachtet, und lassen sie beides erkennen, so liegt es nahe, eine Gesetzmäßigkeit anzunehmen und ein Gesetz daraus zu folgern. Widerlegt die Empirie diese Gesetzlichkeit, so sieht sich G. genötigt, sich »einen höhern Standpunct« zu suchen (WA II, 11, S. 39). Nur so lassen sich die Gegenstände in ihrer Allgemeinheit erkennen, nur so wird auch eine leitende Schicht hinter den Einzelerscheinungen sichtbar.

G. hat sich dagegen gewehrt, dieses Verfahren »speculativ« zu nennen, sondern hat dafür den Begriff der »anschauenden Urtheilskraft« geprägt (WA II, 11, S. 54). Den Erkenntnisgang seiner Überlegungen und die Eigentümlichkeit ihrer sprachlichen Demonstration hat er in einem Satz beschrieben, als er feststellte, »daß wir uns, durch das Anschauen einer immer schaffenden Natur, zur geistigen Theilnahme an ihren Productionen würdig« machen (WA II, 11, S. 55). Anders gesagt: aus den Einzelphänomenen muß sich »jenes Urbildliche, Typische« erstellen lassen, das den einzelnen Begebenheiten und Phänomenen erst ihre inhärente Gesetzmäßigkeit verleiht. »Idee und Erfahrung« müssen miteinander verbunden werden (WA II, 11, S. 57). G.

spricht an anderer Stelle auch einmal von seinem »g e g e n s t ä n d l i c h e n   D e n k e n« (WA II, 11, S. 60). Er hat im übrigen – und das ist der beste Hinweis auf die Gleichartigkeit seines erzählerischen und seines naturwissenschaftlichen Denkens und Schreibens – darauf aufmerksam gemacht, daß er ein historisches Ereignis wie die Französische Revolution gewissermaßen fortzudenken gewünscht habe, »ohne den Muth mich im Einzelnen der Ausführung zu widmen« (WA II, 11, S. 62). Er setzte hinzu: »Wend' ich mich nun zu dem g e g e n s t ä n d l i c h e n   D e n k e n, das man mir zugesteht, so find' ich, daß ich eben dasselbe Verfahren auch bei naturhistorischen Gegenständen zu beobachten genöthigt war«. In seinem Aufsatz *Bedeutende Förderniß durch ein einziges geistreiches Wort* hat G. gewissermaßen eine Grundformel für sein naturwissenschaftliches und poetisches Schreiben und Sprechen geliefert, als er feststellte, »daß mein ganzes Verfahren auf dem A b l e i t e n beruhe; ich raste nicht bis ich einen prägnanten Punct finde, von dem sich vieles ableiten läßt oder vielmehr der vieles freiwillig aus sich hervorbringt und mir entgegen trägt, da ich denn im Bemühen und Empfangen vorsichtig und treu zu Werke gehe« (WA II, 11, S. 63). In sprachlicher Hinsicht bedeutet das: Ein Phänomen muß dargestellt werden, aber doch immer so, daß es gleichsam in seiner Idealität erscheint. Allein so ist Erkenntnis, Einsicht in Zusammenhänge möglich.

Es gibt einige weitere deutliche Belege dafür, daß G.s Erzählprosa sich nicht wesentlich von der Prosa seiner naturwissenschaftlichen Arbeiten unterscheidet. *Analyse und Synthese* ist ein Aufsatz überschrieben, der ein weiteres Prinzip G.s benennt, nach dem er auch erzählerisch zu schreiben pflegte – für ihn waren die im Titel genannten Begriffe »das Leben der Wissenschaft« schlechthin (WA II, 11, S. 70). Hier begegnet ebenfalls der Begriff der »verdoppelten Spiegelung« (ebd.), der der immer deutlicheren Erhellung von Phänomenen dient. Es heißt in dem Aufsatz: »Vor allem sollte der Analytiker untersuchen oder vielmehr sein Augenmerk dahin richten, ob er denn wirklich mit einer geheimnißvollen Synthese zu thun habe, oder ob das, womit er sich beschäftigt, nur eine Aggregation sei, ein Nebeneinander, ein Miteinander, oder wie das alles modificirt werden könnte« (WA II, 11, S. 72). Auch der Roman liefert mehr als nur eine Analyse, denn er will – und das gilt für die Altersromane ganz besonders – ebenfalls zu einer Synthese kommen, der das Geheimnisvolle nicht fehlt. So gilt für das erzählende Darstellen, was für Geologie und Meteorologie, für Chemie und die Farbenlehre gilt – und umgekehrt.

Auch die Naturwissenschaft ist auf Erkenntnis des Allgemeinen aus, so wie das Allgemeine, grundsätzliche Wahrheiten und Einsichten, hinter jedem Erzählwerk von Rang stehen. Das wird vielleicht nirgendwo deutlicher als dort, wo G. in einzelnen Betrachtungen und Aphorismen seine naturwissenschaftlichen Einsichten festhält. Diese Aphorismen unterscheiden sich vielfach weder in der Thematik noch in der Generalisierung von jenen Aperçus und Aphorismen, Maximen und Reflexionen, wie sie uns in *Wilhelm Meisters Wanderjahre* begegnen. In der Natur wie im erzählerischen Kosmos sind identische Kräfte wirksam, gelten letztlich gleiche Gesetze, sind Materie und Form zu bewältigen, gibt es »Polarisation« und »Decompositionen« (WA II, 11, S. 110), und die Geschichte der einzelnen Wissenschaften liefert für G. parallele oder doch zumindest ähnliche Erfahrungen (WA II, 11, S. 117). Die Zahl dieser Aphorismen spricht für ihre Bedeutung. Sie mischen sich, wie schon im literarischen Bereich, mit Lebenseinsichten überhaupt, enthalten auch Kritik an der Unzugänglichkeit der Wissenschaften: »Die Deutschen, und sie nicht allein, besitzen die Gabe die Wissenschaften unzugänglich zu machen« (WA II, 11, S. 134). Befreiung aus Irrtümern: das ist das Ziel der Naturwissenschaften, könnte als Maxime aber auch über Wilhelm Meisters Lebensreise stehen. Für die Naturwissenschaften trifft das zu, was G. an anderer Stelle über das Symbol sagte: die Rubrik »Symbolik« versucht, den Symbolbegriff auf naturwissenschaftliche Phänomene und Denkweisen zu übertragen. Es gehe hier wie dort um die »innern Verhältnisse der Natur« (WA II,

11, S. 167). Und da auch die Darstellung naturwissenschaftlicher Phänomene letztlich ein Sprachphänomen ist, kann der Naturforscher G. hier vom Dichter G. am stärksten profitieren. Für beide Bereiche gilt, was er in »Symbolik« ausspricht: »Im gemeinen Leben kommen wir mit der Sprache nothdürftig fort, weil wir nur oberflächliche Verhältnisse bezeichnen. Sobald von tiefern Verhältnissen die Rede ist, tritt sogleich eine andre Sprache ein, die poetische« (ebd.). Und diese poetische Sprache hat dann einzusetzen, wenn »wir von innern Verhältnissen der Natur sprechen wollen« (ebd.). Kaum etwas anderes könnte deutlicher die Gleichartigkeit der Erkenntnisvorgänge, die Ähnlichkeit der Prosakunst im erzählerischen und im naturwissenschaftlichen Bereich bezeichnen als diese Feststellung.

Anschauen und Begreifen: die *Farbenlehre*

G. hat auch in seinen großen Arbeiten, etwa in der *Farbenlehre*, die Sprache der Natur als Sprache des Geistes verstanden, den Zusammenhang aller Dinge betont und selbst dann, wenn er nur »Materialien« anbot, dazu aufgefordert, aus der stückweisen Präsentation dieser Materialien auf das Ganze zu schließen. Zu diesem Ganzen gehören »ausführliche historische Untersuchungen und Vorarbeiten« (WA II, 1, S. XV). Für seine *Farbenlehre* gilt, was auch für sein Romanwerk, insbesondere für die späteren Romane gilt: »Erfahrungen solle man ohne irgend ein theoretisches Band vortragen, und dem Leser, dem Schüler überlassen, sich selbst nach Belieben irgend eine Überzeugung zu bilden. Denn das bloße Anblicken einer Sache kann uns nicht fördern. Jedes Ansehen geht über in ein Betrachten, jedes Betrachten in ein Sinnen, jedes Sinnen in ein Verknüpfen, und so kann man sagen, daß wir schon bei jedem aufmerksamen Blick in die Welt theoretisiren. Dieses aber mit Bewußtsein, mit Selbstkenntniß, mit Freiheit, und um uns eines gewagten Wortes zu bedienen, mit Ironie zu thun und vorzunehmen, eine solche Gewandtheit ist nöthig, wenn die Abstraction, vor der wir uns fürchten, unschädlich, und das Erfahrungsresultat, das wir hoffen, recht lebendig und nützlich werden soll« (WA II, 1, S. XII).

G. formuliert hier nichts Geringeres als ein naturwissenschaftliches Erkenntnisprinzip, das zugleich auch sein Darstellungsprinzip ist. Es gilt gleichermaßen für sein poetisches Erzählen. Überhaupt nimmt er seine naturwissenschaftlichen Schriften zum Anlaß, seine Erfahrungsgrundsätze und seinen Beobachtungsgang grundsätzlich zu fixieren. Er hat noch einmal, und zwar in seiner »Einleitung« in die *Farbenlehre*, zu seinem Verfahren Stellung genommen, das gleichzeitig von seiner Absicht zeugt, sich gegen jede Systematisierung von oben her, also jede rein deduktive Darstellung von Naturgeschehnissen zu verwahren. Deshalb hat er allgemeine theoretische Ansichten, denen dann die Phänomene sich fügen mußten, verworfen, und stattdessen gefordert, »das Einzelne kennen zu lernen und ein Ganzes zu erbauen« (WA II, 1, S. XXIX). G. spricht auch von der großen Mannigfaltigkeit der Gegenstände, die auf den Betrachter eindringen und die ihn zwingen, »zu sondern, zu unterscheiden und wieder zusammenzustellen; wodurch zuletzt eine Ordnung entsteht, die sich mit mehr oder weniger Zufriedenheit übersehen läßt« (ebd.). Die Ordnung des Ganzen ist also nicht ein vorgegebenes Schema, sondern das Ergebnis einer Sammel- und Kombinationstätigkeit, die die den Dingen inhärente Ordnung gleichsam zur Erkenntnis des Betrachters bringt. G. appelliert dabei an ein ihm quasi gleichgesonnenes Publikum, spricht von einem »wir«, von »unseren« Erfahrungen und den allen sich zwangsläufig darbietenden Erklärungsmöglichkeiten. Da die Natur nach »allgemeinen Naturformeln« organisiert ist, können Naturphänomene – etwa die Farbe – so auch »am besten angeschaut und begriffen werden« (WA II, 1, S. XXXIII).

Anschauen und Begreifen: Das sind die Elementarvorgänge der Erkenntnis überhaupt, und daß erst etwas angeschaut werden müsse,

was begriffen werden wolle, gehört zu G.s Erkenntnisverfahren schlechthin. Dabei ist die Anschauung auf die »Phänomene« an sich aus. Diese sollen dort betrachtet werden, »wo sie bloß erscheinen und sind, und wo sich nichts weiter an ihnen erklären läßt« (WA II, 1, S. XXXVI). Das Begreifen ist der Versuch einer Gliederung und einer Sinngebung, die freilich nicht diktatorisch mit den Gegenständen verfährt: G. spricht von der »leicht übersehbaren Ordnung« (ebd.), also einem groben Klassifikationsmuster, dem sich die Phänomene nicht entziehen können und das andererseits jedem unvoreingenommenen Betrachter zugänglich sein soll. Und so wendet er sich an den Philosophen und den Arzt, an den Physiker und den Chemiker, an den Mathematiker und den Techniker. Dahinter steht bei ihm die Überzeugung, daß die Überzeugungskraft einer Theorie sich über kurz oder lang von selbst präsentieren werde. Und es entspricht seiner Lebensnähe und Orientierung am Wirklichen, daß er dem »echten Praktiker«, dem »Fabricanten« (WA II, 1, S. XXXIX), ein rascheres und intensiveres Erkenntnisvermögen als anderen zuspricht. Der, so G., »empfindet viel geschwinder das Hohle, das Falsche einer Theorie, als der Gelehrte, dem zuletzt die hergebrachten Worte für baare Münze gelten, als der Mathematiker, dessen Formel immer noch richtig bleibt, wenn auch die Unterlage nicht zu ihr paßt, auf die sie angewendet worden« (ebd.). Der Theorievorbehalt G.s geht so weit, daß er im Theoretischen »eigentlich nur die Grundzüge« angedeutet wissen will, während alles Praktische dominieren soll (WA II, 1, S. XL).

G. ist ein behutsamer und zurückhaltender Führer durch das Reich der Farben, und er hat seine Erkenntnisse in aphorismusartige Abschnitte gegliedert, um so etwa die »physiologischen Farben« zu bestimmen. Experimentelle Vorstellungen spielen dabei eine nicht unbedeutende Rolle, aber entscheidend ist nicht eine Versuchsanordnung, sondern das sich jedem vernünftigen Betrachter eigentlich von selbst entwickelnde Ergebnis. Eigene Erfahrungen werden gerne eingebracht, gelten aber nur dann etwas, wenn allgemeine Erkenntnisse damit zu verbinden sind. Der Umkreis der G.schen Experimente, die zum Teil allerdings nur gedankliche Experimente sind, ist außerordentlich groß, er betrifft Alltägliches, aber auch außergewöhnliche Begebenheiten, über die er freimütig berichtet. Er hat in allen seinen Bemerkungen auf eigene Wertungen völlig verzichtet und die Phänomene gewissermaßen selbst sprechen lassen, um zu überzeugen.

Dabei ist nicht das im einzelnen Gesehene wichtig, sondern »die Gesetze des Sehens« (WA II, 1, S. 28). Absicht seiner aphoristischen Bemerkungen ist, »den ganzen Kreis der Beobachtungen durchlaufen« zu haben (WA II, 1, S. 29), um die Elemente in ihrer Verbindung, in ihrer »Totalität« zu zeigen. Dabei wird der Leser durchaus zu eigenen Experimenten aufgefordert. Der Anteil eigener Erfahrungen ist auch im folgenden nicht vermindert, sondern wird gleichwertig neben unpersönliche Naturexperimente gestellt. Zu erforschen ist überall die den Naturphänomenen und Naturvorgängen immanente Gesetzlichkeit, und wenn diese erkannt wird, so ist auch die Methode richtig gewesen. Auch medizinische Erfahrungen sind eingeblendet, dienen aber nur zur Stütze seiner optischen Überlegungen. Seine Schematisierungen erschöpfen sich in dem Aufstellen von »Klassen«; der eigene Gedankengang ist wichtiger als die Systematisierung der Erfahrungen, und G. ist in dem »didaktischen Theil« seiner *Farbenlehre* bemüht, dem Leser den Weg in seine eigenen Überlegungen so leicht wie möglich zu machen.

Seine Einsichten und Erkundungszüge enden dort, wo er über ein »abgeleitetes Phänomen« an »Urphänomene« gerät. Diese Urphänomene sind dadurch bestimmt, daß »nichts in der Erscheinung über ihnen liegt, sie aber dagegen völlig geeignet sind, daß man stufenweise, wie wir vorhin hinaufgestiegen, von ihnen herab bis zu dem gemeinsten Falle der täglichen Erfahrung niedersteigen kann« (WA II, 1, S. 72). Für den Naturforscher im Sinne G.s sind hier jedoch zugleich die Grenzen der Erkenntnis erreicht: »Der Naturforscher lasse die Urphänomene in ihrer ewigen Ruhe und Herrlichkeit dastehen, der Philo-

soph nehme sie in seine Region auf, und er wird finden, daß ihm nicht in einzelnen Fällen, allgemeinen Rubriken, Meinungen und Hypothesen, sondern im Grund- und Urphänomen ein würdiger Stoff zu weiterer Behandlung und Bearbeitung überliefert werde« (WA II, 1, S. 73f.). Auch der Naturforscher kann nicht tiefer vordringen als bis zu den Urphänomenen, und selbst dort, wo sie sich verbinden oder wiederholen, variieren oder konzentriert darbieten, wird auch für ihn alles »immer wieder auf ihre ursprüngliche Einfalt zurückgeführt werden können« (WA II, 11, S. 83).

G. bemüht sich sehr, seine Erkenntnis experimentell oder auch durch Einsicht in Elementarvorgänge der Natur zu begründen. Folgerungen zieht er nur aus dem Erörterten, Ergebnisse stellen sich auf quasi natürliche Weise ein. Aus »subjektiven Versuchen« (WA II, 1, S. 138) ergeben sich »Ableitungen«, die, da die Versuche nahezu ausnahmslos nicht kritisch überprüft werden, »keiner weitläufigen Ausführung mehr« bedürfen (ebd.). Wissenschaftliche Gegenproben und veränderte Versuchsanordnungen sind bei ihm nicht vorgesehen, sind aber auch im Bereich der damaligen Naturwissenschaft nicht üblich. Wohl reflektiert G. seinen eigenen Gedankengang. Er hält in seiner aphoristischen Erkenntnisfolge von Zeit zu Zeit inne, um seine Leser und sich des richtigen Weges zu vergewissern, daher auch die Ausführlichkeit seiner Überlegungen. Er rechtfertigt seine »größere Umständlichkeit«, da er sich nur »theils auf die innre Nothwendigkeit der abzuhandelnden Materie« bezieht, teilweise aber auch »auf das Bedürfniß der Zeit, in welcher der Vortrag geschieht« (WA II, 11, S. 150). Darin deutet sich die Opposition gegen Newton und dessen Farbenlehre an. Für die Erkenntniswege aber ist jene erste Feststellung viel wichtiger, daß nämlich die abzuhandelnde Materie gewissermaßen eine innere Notwendigkeit enthalte, die durch den Interpreten und Naturforscher nur ans Licht gebracht werden müsse. G.s Angriffe auf Newton bzw. der Versuch, seine eigene Farbenlehre als rechtmäßig zu etablieren, erklären wohl auch den überaus starken Einbezug des potentiellen Lesers. Im übrigen aber vertraut er auf die Überzeugungskraft der Phänomene selbst. Andere Autoren wie etwa Lichtenberg werden nur sparsam angeführt, obwohl es durchaus Stil der Zeit war, sich auf wissenschaftliche Autoritäten oder ersatzweise auch auf große Autoren des eigenen Jahrhunderts zu berufen.

G.s Wissenschaftsprosa, wenn man sie denn einmal so nennen darf, will allgemein verständlich sein, und sie will darüber hinaus verschiedene Fachdisziplinen wieder miteinander vereinen. Vom Physiker fordert er, daß er auch philosophische Bildung habe, vom Philosophen, daß er sich auch »auf den physischen Kreis« verstehe (WA II, 1, S. 286). Als Erkenntnismodus gilt für den Physiker das »Anschauen«, das dann erst zu Begriffen führen kann. Vom Philosophen ist »Einsicht in jene Endpuncte, wo das Einzelne zusammentrifft« verlangt (ebd.), für den Physiker, daß er sich von der Welt unterscheide, aber »mit ihr wieder im höhern Sinne zusammen zu treten« habe (WA II, 1, S. 285). Erkennt ein Physiker das, was G. »Urphänomen« nennt, »so ist er geborgen und der Philosoph mit ihm« (WA II, 1, S. 287). Der Philosoph hingegen entnimmt dem Physiker die Kenntnis der Phänomene, die »Erscheinungen«, wie sie »gar in empirischen Fällen zerstreut und verworren vor die Sinne« treten, und so wie der Physiker seinen Blick zum Ganzen richtet, so der Philosoph seinen Blick »in's Einzelne« (ebd.). Das sind im Zeitalter G.s keine revolutionären Vorstellungen, aber sie beleuchten andererseits doch auch G.s Absicht, Philosophie und Physik, also Natur- und Geisteswissenschaft intensiver als üblich auf eine Weise anzunähern, die beiden gerecht wird und die dennoch jeweils das eine vom anderen profitieren läßt. Ähnliche Querverbindungen hat er zwischen dem Mathematiker und dem Physiker, dem »Färber«, der ein praktisches Verhältnis zu Farben hat, und dem Theoretiker, als dem Widerpart des Praktikers, dem Physiologen und dem Pathologen geschildert.

Vielleicht wird G.s Anteil am Denken des 18. Jhs. nirgendwo anders deutlicher als hier. Hinter seinen naturwissenschaftlichen Erörterungen steht die Vorstellung vom Zusammenhang allen Seins, die letztlich auf Leibniz zurückgeht, die aber auch für G.s aufs Praktische hin orientierte Naturwissenschaft bedeutungsvoll ist. Indirekt spricht sich hier auch G.s Widerwille gegen die Formelsprache der Naturwissenschaft aus. Formeln, so G., »behalten immer etwas Rohes. Sie verwandlen das Lebendige in ein Todtes; sie tödten das innre Leben, um von außen ein unzulängliches heranzubringen« (WA II, 1, S. 303). Auf der anderen Seite hat G. zu seinen naturwissenschaftlichen Erörterungen, wie er sie im »didaktischen Theil« der *Farbenlehre* präsentiert, das gleiche gesagt wie zu seinem erzählerischen Werk: daß die Sprache nämlich beidemale auf ähnliche Weise verfahre. Es heißt in seiner »Schlußbetrachtung«: »Man bedenkt niemals genug, daß eine Sprache eigentlich nur symbolisch, nur bildlich sei und die Gegenstände niemals unmittelbar, sondern nur im Widerschein ausdrücke« (WA II, 1, S. 302). Die Sprache kann, mit anderen Worten, nur undeutlich an die Phänomene selbst heran; sie ist ein Abglanz, reflektiert die Dinge, kann also immer nur als symbolisch verstanden werden. Hier spielt wie im erzählerischen Werk die alte Lehre von der Differenz zwischen dem Zeichen und dem Bezeichneten mit hinein.

Sprache ist im Grunde genommen immer und überall nur »Zeichensprache« (WA II, 1, S. 305), aber der Naturforscher hat dabei die gleiche Aufgabe wie der Erzähler: nämlich »die elementaren Naturphänomene nach unsrer Weise an einander zu knüpfen, und dadurch dasjenige deutlicher zu machen, was hier nur im Allgemeinen, und vielleicht nicht bestimmt genug ausgesprochen worden« (WA II, 1, S. 306). G.s Grundvorstellung, daß hinter der Vereinzelung der Phänomene ein Allgemeines sichtbar werden müsse, spricht sich hier mindestens so deutlich aus wie in seinen Aphorismen und Reflexionen zur Literatur. In seinen naturwissenschaftlichen Maximen und Reflexionen heißt es: »Was ist das Allgemeine? / Der einzelne Fall. / Was ist das Besondere? / Millionen Fälle« (WA II, 11, S. 127). G. hat bekanntlich seinem didaktischen Teil der *Farbenlehre* einen »polemischen

Teil« folgen lassen – ein ausführlicher Versuch, Newtons Farbenlehre auf die Weise zu widerlegen, die er auch bei der Charakteristik seiner eigenen Farbenlehre nutzte: also in einzelnen »Sätzen«, wobei er Newton den Vorwurf macht, daß er nicht von den Phänomenen, sondern von einer vorgefaßten Theorie ausgegangen sei. Newton habe, so G., seinen Vortrag »advocatenmäßig mißbraucht, indem er das, was erst eingeführt, abgeleitet, erklärt, bewiesen werden sollte, schon als bekannt annimmt, und sodann aus der großen Masse der Phänomene nur diejenigen heraussucht, welche scheinbar und nothdürftig zu dem einmal Ausgesprochenen passen« (WA II, 2, S. 3).

Hinter der Auseinandersetzung um die Farbenlehre steht also aus der Sicht G.s auch eine Auseinandersetzung um naturwissenschaftlich akzeptable Methoden. Ausgangspunkt aller naturwissenschaftlichen Überlegungen dürfen, so G., nicht »Definitionen und Axiome« sein (WA II, 2, S. 5) – sie entbehren der Anschaulichkeit und der experimentellen Absicherung. Vorwürfe gegen Newton sind immer wieder eingestreut, wenn es etwa heißt: »Er legt in seine Einheit schon die Mannichfaltigkeit, die er heraus bringen will« (WA II, 2, S. 11). Newton habe, so ein weiterer Vorwurf, alles getan, um seinen Leser »im Dunkeln oder Halbdunkeln zu erhalten« (WA II, 2, S. 15). Sein Urteil über Newton ist denn auch vernichtend: »Daß Newton aus lauter falschen Prämissen keine wahre Folgerung ziehen konnte, versteht sich von selbst. Daß er durch seine zehn Experimente nichts bewiesen, darin sind gewiß alle aufmerksame Leser mit uns einig« (WA II, 2, S. 132).

G. hat auch in anderen naturwissenschaftlichen Schriften die Einheit von Anschauung und Erkennen, von Naturwissenschaft und Geisteswissenschaft betont. In seiner Arbeit *Zur Morphologie* ist das Credo seines Kunstbegriffs, der weitgehend mit seinem Naturbegriff identisch ist, noch einmal niedergelegt, wenn er sagt, daß im Menschen zu allen Zeiten ein Trieb gewesen sei, »die lebendigen Bildungen als solche zu erkennen, ihre äußern sichtbaren, greiflichen Theile im Zusammenhange zu erfassen, sie als Andeutungen des Innern aufzunehmen und so das Ganze in der Anschauung gewissermaßen zu beherrschen« (WA II, 6, S. 8f.). Die Teile sind nur verständlich aus dem Zusammenhang, verständlich auch nur als Emanationen eines Inneren: das gilt für die Naturwissenschaften gleichermaßen wie für sein erzählerisches Werk.

Idee und Erfahrung sind Grundbegriffe auch seiner morphologischen Schrift (WA II, 6, S. 12), und Anschauung bestimmt hier ebenfalls den Weg seiner Forschungen. Die entscheidende Erkenntnis ist die von der »Metamorphose« der Lebewesen. Wiederum versucht G. das Grundgesetz einer unablässigen Wandlung in einzelnen »Sätzen« zu beschreiben. Oberstes Prinzip und Forderung seines Denkens ist es, »der Natur auf ihren Schritten so bedachtsam als möglich« zu folgen (WA II, 6, S. 71). Auch in seiner *Morphologie* verfährt er aphoristisch, auch hier sind die Aphorismen zur Morphologie so geformt, daß sie auch in den *Maximen und Reflexionen* zur Kunst und zur Literatur stehen könnten. Wie das naturwissenschaftliche Aperçu zu lesen sei, hat G. in einer Bemerkung über das Aperçu selbst gesagt: »Alles wahre Apperçu kömmt aus einer Folge und bringt Folge. Es ist ein Mittelglied einer großen produktiv aufsteigenden Kette« (WA II, 6, S. 222). Daß es sich dabei nicht um homogene Glieder handelt, sondern daß G. die einzelnen Teile immer miteinander in Beziehung setzt, geht aus einem anderen Grundbekenntnis hervor, das er zu Beginn von *Erster Entwurf einer allgemeinen Einleitung in die vergleichende Anatomie, ausgehend von der Osteologie* 1795 niedergeschrieben hat: »Naturgeschichte beruht überhaupt auf Vergleichung« (WA II, 8, S. 7). G. hat sich in seinen eigenen Arbeiten daran fast immer gehalten und daraus seine Erkenntnis zu gewinnen gesucht. Im übrigen hat er die Forderung beherzigt, die in der »Anzeige und Übersicht« zur *Farbenlehre* steht, »man solle sich treu an die Phänomene halten und eine Sammlung derselben naturgemäß aufstellen« (WA II, 4, S. 388).

Im ganzen ist G. allerdings kaum über aperçuhafte Annäherungen an naturwissenschaftliche Phänomene hinausgekommen; die allgemeinen Ideen, die er seinen Beobachtungen zugrunde legte, waren Begriffe, in denen sich ihm das Wesen der Natur am deutlichsten ausdrückte: Systole und Diastole, Metamorphose und Steigerung, Polarität und Vergleich, Wahlverwandtschaft, Spiegelung, Entwicklung. Gerade die Allgemeinheit seiner Grundbegriffe ließ eine Übertragung auf Philosophie und Literatur ohne weiteres zu. Wissenschaft und Dichtung basieren auch darin auf ähnlichen Erkenntnisweisen und Darstellungsmodi. Für den Dichter und den Naturforscher gilt die Maxime, die G. als allgemeine Gesetzlichkeit formulierte: »Was in die Erscheinung tritt, muß sich trennen, um nur zu erscheinen. Das Getrennte sucht sich wieder, und es kann sich wieder finden und vereinigen; im niedern Sinne, indem es sich nur mit seinem Entgegengestellten vermischt, mit demselben zusammentritt, wobei die Erscheinung Null oder wenigstens gleichgültig wird. Die Vereinigung kann aber auch im höhern Sinne geschehen, in dem das Getrennte sich zuerst steigert und durch die Verbindung der gesteigerten Seiten ein Drittes, Neues, Höheres, Unerwartetes hervorbringt« (WA II, 11, S. 166).

G. als Tagebuchschreiber

G. hat sein Leben lang Tagebuch geführt, vom 15.6. 1775 an bis zum 16.3. 1832, also über nahezu 60 Jahre hin. Die Prosa seiner Tagebücher ist naturgemäß anders als die seiner Erzählwerke und die seiner naturwissenschaftlichen Schriften. Seine Tagebücher enthalten Notate in Reisetagebüchern und alltägliche Bestandsaufnahmen, Rechenschaftsberichte, die er im Schreiben sich selbst gegenüber ablegte, und Darstellungen eigener Erlebnisse, Bemerkungen zu »Oberaufsichtlichem« (14.3. 1832), wie G. seine amtlichen Pflichten in seinem letzten Lebensjahr hin und wieder bezeichnete, und die Kondensate von Gesprächen, aber auch in telegrammartiger Form Daten, Namen, Lokalitäten. Sie bringen Unwichtiges (»Früh gekegelt«; 2.10. 1776), und Gedanken »zu den allerhöchsten Betrach-

tungen« (7.3. 1832), die Kunst betreffend. Manche Eintragungen gelten den zahllosen Besuchern, aber gelegentlich gewähren sie auch »eine schöne freye Übersicht schon über die verworrenen Tagesprobleme« (4.2. 1832). Sie erwähnen »Betrachtungen über Zusammenhang der allgemeinen Phänomene« (2.2. 1832), aber notiert ist auch: »Lang geschlafen« (13.10. 1776). Es gibt also, mit anderen Worten, nichts, was nicht auch in den Tagebüchern vermerkt werden konnte – Einzelnes wechselt mit Allgemeinem ab, Oberflächlich-Belangloses mit philosophischen Einsichten und Lebenslehren: Die Tagebücher enthalten den Kosmos des G.schen Lebens, sowie er sich uns aus seiner Wirklichkeit heraus präsentiert.

Einige Tagebücher bringen Briefe, sind also kohärenter und sprechen auch Beziehungsvolles an – wie jene Notiz vom »Michälistag« 1786, in der es heißt: »Nach einem glücklich und wohl zugebrachten Tage, ist mir's immer eine unaussprechlich süße Empfindung wenn ich mich hinsetze dir zu schreiben« (29.9. 1786). Manchmal finden sich Zeichnungen, manchmal Berechnungen, Bemerkungen über Reisestrecken, über gefahrene Zeiten. Andere Notizen enthalten Äußerlichkeiten und oberflächliche Beobachtungen, so, wenn es im September 1786 heißt: »Braune wohl geöffnete Augen und sehr gut gezeichnete schwarze Augbrauen bey den Weibern sind mir aufgefallen und dagegen blonde Augbrauen und breite bey den Männern«. Dann wieder Bemerkungen »über den Einfluß der Barometrischen Höhe auf die Pflanzen« – ebenfalls im September 1786. Oder auch »Gedancken über die Witterung« – zur gleichen Zeit (9.9. 1786). Dazwischen Geologisches, Historisches – gerade die Reisetagebücher sind in vielem ergiebiger als die Tagesnotate, also als das üblicherweise Verzeichnete. G. notiert auch, was zum Tage gehörte, ohne besonders bemerkenswert zu sein: »Erhohlt getruncken gessen, die Zeit vergängelt« (11.12. 1777). Oder, am 25.7. 1777: »Geschwäzt«. Oder, noch gesteigerter: »Morgen verschwäzt verlesen verzecht« (9.7. 1777). Schon die ganz frühen Tagebücher lassen G.s Neigung zu Aphorismen erkennen, zu Sätzen über Leben und Welt, die auch 30 Jahre später hätten geäußert werden können, so etwa, wenn es aus der Schweiz 1775 heißt: »Es ist kein sichrer Mittel die Welt für Narrn zu halten als sich albern zu stellen«(15.6. 1775).

Natürlich notiert G. 1776 anderes als 1832. Die Spannweite ist verständlicherweise in den frühen Tagebüchern größer als später. Die Eintragung vom 30.10. 1775, in der er seinen Aufbruch von Frankfurt reflektiert, der ihn schließlich nach Weimar führen sollte, könnte den Anfang eines Romans bilden und ähnelt verblüffend dem späteren *Taugenichts* von Eichendorff. Der Text, den man als einen Entwurf auf einen Lebensbericht hin lesen könnte, verändert sich unmerklich, aber rapide in eine Huldigung auf Lili Schönemann: ein Liebesdialog mit einem unsichtbaren Du, das dennoch präsent ist. Und dann springt G. zu einem anderen Empfänger der Botschaften, adressiert Merck, den Bruder im Geiste, und die Frage, wozu das alles nun eigentlich geschehe, was der »politische, moralische, epische oder dramatische Zweck von diesem Allen« sei, diese Frage bleibt natürlich unbeantwortet. Es folgen Landschaftbeobachtungen, bis hin zum Schlußgeständnis: »Will ich doch allen Launen den Lauf lassen« (30.10. 1775).

Das ist ein unüblicher Tagebuchstil; im folgenden überwiegen die einfachen, sachbezogenen Notate. Tagesereignisse werden aufgezeichnet, oft in verkürzter, verknappter Form; Stimmungen kommen nur abbreviativ zur Sprache, wenn es etwa heißt: »Einsamkeit. Schweigen« (17.7. 1776), oder: »Trennung« (6.8. 1776). Gefühlsüberschwang ist nicht G.s Sache, und wenn, dann ist dieser Überschwang an ein Du adressiert, meist an ein imaginäres Du. Die Offenheit der Mitteilungen verblüfft immer wieder, auch die sich selbst gegenüber. So am 2.9. 1777: »Morgends Possen getrieben«. Vom Herzog ist ebenfalls gelegentlich die Rede – aber unpersönlich, unkritisch, ohne Standesbewußtseinsskrupel. Manchmal finden sich auch Personalcharakteristiken: »Knebel ist gut aber schwanckend, und zu gespannt bey Faullenzerey und Wollen ohne was anzugreifen« (Dezember 1778). Im Verlauf der Jahre nehmen kameralistische Notate zu, sieht G. sich stärker eingebunden in das Hofleben und das Verwaltungsdasein.

Das Tagebuch liefert freilich immer auch Gelegenheiten, Betrachtungen grundsätzlicher Natur anzustellen. So heißt es am 26.3. 1780: »Manichfaltige Gedancken und überlegungen, das Leben ist so geknüpft und die Schicksaale so unvermeidlich. Wundersam! ich habe so manches gethan was ich iezt nicht möchte gethan haben, und doch wenns nicht geschehen wäre, würde unentbehrliches Gute nicht entstanden seyn«. Auch die Unsicherheiten einer nicht unproblematischen Existenz werden an diesem Tage notiert: »Ich muss den Cirkel der sich in mir umdreht, von guten und bößen Tagen näher bemercken, Leidenschafften, Anhänglichkeit Trieb dies oder iens zu thun. Erfindung, Ausführung Ordnung alles wechselt, und hält einen regelmäsigen Kreis. Heiterkeit, Trübe, Stärcke, Elastizität, Schwäche, Gelassenheit, Begier eben so. Da ich sehr diät lebe wird der Gang nicht gestört und ich muss noch heraus kriegen in welcher Zeit und Ordnung ich mich um mich selbst bewege«. Hier hat man es gleichsam mit Gelenkstellen des Selbstverständnisses zu tun; das Tagebuch ist aber auch darin aufrichtig und beschönigt innere Turbulenzen nicht.

Eine auffällig geringe Rolle spielt die Literatur. Die Distanz zu seinem früheren Leben wird dort deutlich, wo er notiert: »d. 30 las meinen Werther seit er gedruckt ist das erstemal ganz und verwunderte mich« (30.4. 1780). Für das Nebeneinander sehr heterogener Tätigkeiten steht die Eintragung vom 1.11. 1780: »D. 1. früh Tasso. Rechnungen. Briefe. Kriegs Commiss«. Frau von Stein taucht auch immer wieder auf, mit einem verschlüsselten Zeichen, das »Sonne« bedeutet – in der Regel ohne Kommentare, G. berichtet nur Fakten. Der Tagebuchstil wird ausführlicher, als G. 1786 nach Italien aufbricht: nicht nur, weil er auf seiner Reise mehr erlebt, sondern weil er gewissermaßen sich selbst als Adressaten hat und dem Tagebuch und damit sich mitteilt, was vergewissernswert ist. Vom September 1786 an finden sich etwa auch »Gedancken über die Witterung« – Vorformen späterer Naturbetrachtungen und Naturforschungen. Das Anschauliche überwiegt, visuelle Eindrücke haben weiten Vorrang vor anderen. Gerade in den Italien-Beschreibungen wechselt der Tagebuchstil mit dem Briefstil: Adressat ist offensichtlich Frau von Stein, der er etwa berichtet, daß er an der *Iphigenie* geschrieben oder auch nicht weitergeschrieben habe. In die Reisebeschreibungen mischen sich freilich auch indirekte Zitate aus seinem Reiseführer ein; G. folgt schließlich einer Kavaliersroute, beschreibt die Kunstwerke, die er auf seiner Strecke sieht. Aber er schult auch seine ästhetischen Vorstellungen durch die Anschauung von weltlichen Bauten und von Tempeln, und eingesprengt sind immer wieder Betrachtungen über Naturerscheinungen wie etwa über den Vesuv.

Am Stil der Tagebücher wird sich auch in den 90er Jahren wenig ändern: G.s Reisen sind gut und ausführlich dokumentiert, dazwischen bleiben einzelne Jahre oft nur stichwortartig skizziert – nach Besuchern, nach abgeschickten Briefen. Der abkürzende Telegrammstil überwiegt, die Tagebücher bekommen etwas Kalenderartiges. Vieles ist als Diktat aufgenommen; das mag die Kürze der Mitteilungen zusätzlich erklären. Eigene Gedanken und Beobachtungen sind in der Minderzahl, ein gewisser Darstellungsschematismus ist unverkennbar. Die Tagebücher gleichen Bestandsaufnahmen, sind noch stärker als vorher auf Tagesereignisse und Fakten reduziert. G.s Neigung zum sehr formellen Umgang mit seiner Umgebung schlägt sich bis in das Tagebuch hinein nieder. Der Kurialstil nimmt zu: so ist immer von »Hr. H. Schiller« die Rede (21.2. 1801), und andere Notabilitäten werden ähnlich erwähnt. Der Herzog erscheint gelegentlich unter seinem Titel »Serenissimus« (21.–23.1. 1801), wird sonst als »Durchl.« apostrophiert. Ausführlicher werden nur Aufenthalte in Karlsbad kommentiert. Von 1806 an mehren sich Eintragungen zur Farbenlehre – die Auseinandersetzung mit Newton beginnt, schlägt aber im Detail nicht bis in das Tagebuch durch. Auch einzelne Experimente werden nur als solche verzeichnet, ohne daß sie genauer beschrieben würden. Gelegentlich finden sich beiläufige Bemerkungen zum Tage: »Sehr schöner Morgen« am 16.6. 1807, »Trüber und kalter Tag« am 22.6. 1807.

Auch im ersten Jahrzehnt des neuen Jahrhunderts überwiegen Notate über Personen, Vorgänge und Handlungen; Literatur taucht allenfalls in Stichworten auf und nur dann, wenn G. etwa an einem Drama gearbeitet hat. Nach 1810 werden die Notate dichter, ändern sich aber im Grundcharakter nicht. G. bedient sich vor allem während längerer Aufenthalte in Jena verschiedener Schreiber, etwa in den Jahren 1817 und 1818. Er hat viel diktiert, nachträglich aber eigenhändig ausgebessert. Die Dichte der Aufzeichnungen läßt immerhin erkennen, welcher Kosmos an Erscheinungen, Bekanntschaften, Aktivitäten G.s Dasein in diesen Jahren bestimmt. Wolkenlehre und Mineralienkunde, entoptische Studien und die Beschäftigung mit Kunst und Altertum, »Witterungskunde und Wolkenbildung« (1.7. 1820), eigene und fremde Arbeiten, Notizen über Zeichnungen und das Auflisten der geschriebenen Briefe: Die Tagesläufe gleichen sich, bezeugen auf der anderen Seite die überall fast ins Uferlose gewachsenen Interessen an Natur und Kunst, an Literatur und anderen Nationen. Dazwischen Aufzeichnungen wie aus einem Reiseführer, etwa von einer Reise nach Böhmen: »Die Herrschaft Hartenberg enthält 7 bis 8000 Einwohner, 2 Flecken, mehrere Dorfschaften und Bleystadt, ein jetzt nicht mehr ergiebiges Bergwerk, Glashütten, wo nur Fenstertafeln gefertigt werden, die Revenüen aus den starken, wohlgehegten Waldungen und der Bierbrauerey ansehnlich, auch ohngeachtet der Berghöhe recht schönen Feldbau« (28.8. 1821). Ähnlich lasen sich in den 80er Jahren die Schilderungen aus Italien, vielleicht ein wenig enthusiastischer gehalten, weil G. nicht nur als Registrator der Landschaften und Städte gereist war.

Aber solche Aufzeichnungen sind eher die Ausnahme und auf Reisebeobachtungen limitiert. Die übliche Eintragung hält fest, was am Tage geschah – und gibt zu erkennen, in welchem Ausmaß die Welt zu G. kam, wie groß andererseits aber auch sein Interesse an der Welt geblieben war. Die Dichte der Aufzeichnungen ist bis zum März 1832 erhalten. Für seine letzten Lebensjahre gilt nicht weniger das, was auch für die vorhergehenden Jahrzehnte seines Diariums galt: »Das mannichfaltig Vorliegende bedacht«. So steht es am 1.2. 1832 notiert. Wie nichts anderes zeugen die Tagebücher von einem tätigen Leben, wie es sich in der kühlen Prosa der Niederschriften unaufdringlich abzeichnet. Mit Kritik hat G. sehr zurückgehalten, sie vertrug sich nicht mit seiner Neigung zur Objektivität, die sich in den Tagebüchern mindestens so deutlich abzeichnet wie in seinen naturwissenschaftlichen Bemerkungen, wenn man von dem Streit mit Newton einmal absieht. Daß manches »Geschäftsmäßige« (25.12. 1831) die Emotionen hintanhält, darf nicht als Kaltherzigkeit gewertet werden. Das Tagebuch ist ein einziger großer Rechenschaftsbericht, ohne daß das tätige Leben dessen, der es hier beschreibt, einer Zensur unterworfen wäre. Was geschah, war richtig, wurde nicht kommentiert, sondern nur aufgezeichnet. Es war die Macht des Faktischen und der Wirklichkeit, die sich dort niederschlug. So mag für das gesamte Werk der Tagebücher gelten, was G. am 16.9. 1831 notierte: »Ich behielt das Nothwendigste immer im Auge«.

G. als Briefschreiber

In keinem anderen Bereich hat G.s Prosa eine größere Vielfalt an Nuancen, Ausdrucksformen und Abschattierungen gefunden als in seinem Briefwerk. Dieses liefert, alles in allem, einen vollständigen Kontrast zu seinen Tagebüchern, deren Prosastil uniform erscheint vor der unendlichen Vielfalt von Ausdrucksmöglichkeiten, wie sie seine Briefe bezeugen. Die Briefe enthalten seine direktesten, subtilsten Aussagen über sich und über andere, aber sie lassen auch erkennen, durch welche sprachliche Leistungskraft er mit Schwierigkeiten und Problemen fertig wurde, die er nicht zuletzt deswegen wohl bewältigen konnte, *weil* er schrieb. Indem er über sie schrieb, schrieb er sich nicht selten frei von ihnen. Es gibt keinen einheitlichen Briefstil bei G., sondern ständige Mutationen, eine unendliche Variabilität in seinen Feststellungen, Bekenntnissen, Überlegungen und Berichten. Dennoch: Hier schrieb die letztlich immer gleiche Persönlichkeit. In einem Brief an Johann Christian Kestner vom März 1774, also sehr früh, heißt es bezeichnenderweise: »Wenn ich manchmal deine alten Briefe ansehe, erstaune ich dass ich nach so mancherley Veränderungen noch derselbe binn«. Und derselbe ist er auch späterhin durch Jahrzehnte hindurch geblieben.

G. hat seine Jugendbriefe in einem Zeitalter geschrieben, das von der Empfindsamkeit und vom Sturm und Drang gleichermaßen geprägt war. Sie sind in einem oft atemlosen Stil gehalten, und sie sind unmittelbarer als nahezu alles, was er in dieser Zeit verfaßt hat. Die Briefe bringen relativ wenig an sachlichen Mitteilungen, sie sind gleichsam Gefühlsventile, spiegeln den jeweiligen Zustand der seelischen Verfassung aufs unmittelbarste. Manchmal sind sie erzählender Natur, berichten von Tagesbegebenheiten, reflektieren dabei aber immer die eigene Stimmung, enthalten oft auch Kommentare zu dem Beobachteten und Erlebten, und nicht selten fallen satirische Seitenhiebe auf das Berichtete. Die Empfindsamkeit bricht überall dort durch, wo es sonst nichts darzustellen gibt, und manche Briefe gleichen Kettenbriefen, da er zuweilen mehrfach, einmal sogar achtmal seinen Brief fortsetzt, indem er innerhalb desselben Briefes neu beginnt – mit Datum und Uhrzeit (an Ernst Wolfgang Behrisch, 10.–14.11. 1767). Mit dem Leipziger Freund Behrisch etwa hat sich ein stürmischer Dialog entwickelt, der teilweise von G.s Seite aus geradezu exklamatorisch geführt wird. So heißt es am 10.11. 1767, »Abends um 7 Uhr«: »Ha Behrisch da ist einer von den Augenblicken! Du bist weg, und das Papier ist nur eine kalte Zuflucht, gegen deine Arme. O Gott, Gott. – Laß mich nur erst wieder zu mir kommen. Behrisch, verflucht sey die Liebe. O sähst du mich, sähst du den elenden wie er raßt, der nicht weiß gegen wen er raßen soll, du würdest jammern. Freund, Freund! Warum hab ich nur Einen?« Hier sind Monolog und Dialog in eins geschmolzen, der Adressat ist ein Gegenüber und bleibt doch innerhalb dieses kurzen Briefes ständig präsent. In den Folgebriefen wechseln Erzählungen und Berichte, Gefühlsdarstellungen mit Bekenntnissen, Einsichten allgemeiner Natur – »Wir sind unsre eigne Teufel, wir vertreiben uns aus unserm Paradiese« (an Behrisch, 10.11. 1767) – mit erneuten Berichten über seine Gemütstemperaturen und die seelischen Irriationen. Natürlich sind auch Liebesberichte eingeschmolzen, einmal mit dem Zusatz: »Das ist eine Seeligkeit, um die man gern ein Fegfeuer aussteht« (an Behrisch, 11.11. 1767).

Der Schreiber dieser Briefe kann seine Gefühle nicht bei sich behalten, er öffnet sich seinem Freunde bis in sehr verschwiegene Zonen hinein – und doch ist alles verbalisiert. G.s Fähigkeit, seine Gefühle durchzumodulieren und ihnen Worte zu geben, zeugt von einer Sprachgewalt, die selbst in dieser Zeit für einen jungen Menschen ungewöhnlich ist. Man kann sich des Eindrucks nicht erwehren, als sei manches Gefühl nur evoziert, um darüber sprechen zu können – nicht ohne ein Gran Selbstironie gegen die eigene Person, etwa wenn er seine »unerschöpflichste Schwatzhaftigkeit« erwähnt (an Adam Friedrich Oeser, 14.2. 1769). G. führt eine zwangslose, manchmal auch leidenschaftliche Konversation mit seinem Gegenüber, wobei die Gefühlsvielfalt durchaus der Reichtum seiner Ausdrucksmöglichkeiten entspricht. »Ich scherze und allegorisire«, heißt es einmal in einem Brief (ebd.). Die relative Vielfalt seiner Bezeichnungen für den eigenen Schreibstil läßt erkennen, daß es ihm am Ende wohl weniger um die Darstellung eigener Erfahrungen als um ein Erproben seiner sprachlichen Ausdrucksfähigkeit gegangen ist.

Mit der Übersiedelung nach Frankfurt ändert sich der Briefton; die Zeit eines überschwenglichen Enthusiasmus und ungehemmter Gefühlsäußerungen geht ihrem Ende entgegen. Im Gegensatz zum Tagebuch enthalten die Briefe jetzt eine Fülle literarischer Mitteilungen und Reaktionen auf seine Lektüre. Gelegentlich kommt Sprachnot auf, etwa dann, wenn seine Sprache an ihre Grenzen gerät: »Ich komme doch wieder – ich fühle Sie können ihn tragen diesen zerstückten, stammeln-

den Ausdruck wenn das Bild des Unendlichen in uns wühlt«, schreibt er an Auguste Gräfin zu Stolberg Ende Januar 1775. Das Zitat belegt, daß neben dem neuerwachten Bewußtsein der eigenen Grenzen etwas vom Reichtum der ganz frühen Sprache bei G. durchaus lebendig geblieben ist. Noch einmal sprengt er jedoch die Grenzen seiner Ausdruckskraft bis zum fast nicht mehr Aussprechbaren hin – in seinen Liebesbriefen, vor allem in denen an Charlotte von Stein. Nirgendwo anders sind seine Gefühle so luzide in Sprache übersetzt wie hier, selbst in den kurzen Billetts und Reisebeschreibungen an sie.

G. hat eine außerordentlich große Zahl von Liebesbriefen an Frau von Stein geschrieben – im ganzen etwa 1700 Notizen, Berichte, Zettel und Briefe mit leidenschaftlichen Liebeserklärungen. Was wir über Frau von Stein wissen, wissen wir aus diesen Briefen, obwohl G. die Empfängerin selbst nirgendwo beschreibt – aber er beschreibt sich, seine Leidenschaft. Am Anfang wechselt das Du mit dem Sie; dann dominiert ein leidenschaftlicher Ton, in leidenschaftlicher Sprache. »Ich musste fort aber du sollst doch noch eine gute Nacht haben. Du Einzige die ich so lieben kann ohne dass mich's plagt – Und doch leb ich immer halb in Furcht – Nun mag's. All mein Vertrauen hast du, und sollst so Gott will auch nach und nach all meine Vertraulichkeit haben. O hätte meine Schwester einen Bruder irgend wie ich an dir eine Schwester habe. Denck an mich und drück deine Hand an die Lippen, denn du wirst Gusteln seine Ungezogenheiten nicht abgewöhnen, die werden nur mit seiner Unruhe und Liebe im Grab enden. Gute Nacht. Ich habe nun wieder auf der ganzen Redoute nur deine Augen gesehen – Und da ist mir die Mücke um's Licht eingefallen. Ade! Wunderbaar geht's mir seit dem gestrigen lesen. Morgen zu Pferd« – das ist einer der typischen Liebesbriefe, hier vom 24.2. 1776. Es gibt in diesen zahllosen Liebesbriefen kaum Wiederholungen, G.s Sprache ist von einer Dichte und Flexibilität, wie sie sich sonst nirgendwo in seinem Briefwerk finden. Die wenigen Briefe aus dieser Zeit an andere, etwa an Merck, sind sachlicher Natur, bringen Geschäftsmäßiges, auch Alltägliches, lassen nichts von inneren Bewegungen erkennen.

In der Regel sind die Mitteilungen an Charlotte von Stein knapp, enthalten kurze Reflexe auf Erlebtes, Andeutungen auf Kommendes, Verabredungen, aber viele kommen auch darin an die Qualität Wertherscher Leidenschaftsdarstellungen heran. Ausführlicher hat G. an Charlotte von Stein eigentlich nur von Reisen her geschrieben, etwa von der Reise in die Schweiz 1779, nicht als Tagesbericht, sondern um Charlotte gewissermaßen teilnehmen zu lassen an seinen Wegen und Wanderungen. Diese Briefe aus der Fremde sind in der seelischen Temperatur allerdings nicht so hochgradig wie jene aus der unmittelbaren Nachbarschaft Charlottes. Manche Billette enthalten nur Termine und Verabredungen – aber auch hier ist sehr häufig ein unverwechselbarer Satz an Charlotte hinzugefügt. G. wird nicht müde, auch noch nach Jahren seine leidenschaftliche Liebe zu erklären: »Meine Seele ist an dich fest gebunden, deine Liebe ist das schöne Licht aller meiner Tage, dein Beyfall ist mein bester Ruhm«, schreibt er am 29.10. 1781 an sie. Und so wird er noch oft schreiben, bekennt hin und wieder auch: »Seit meinem Erwachen bin ich mit dir beschäfftigt und muß dir einige Zeilen schreiben damit ich zu etwas andrem geschickt werde« (an Charlotte von Stein, 18.2. 1782). Und wenn er von Charlotte einmal ein Buch erbittet, dann bittet er etwa: »Schicke mir den Band von Rousseau. und ein Zeichen deiner Gunst« (an Charlotte von Stein, 19.2. 1782). Tagesbegebenheiten, Tagesnotizen mischen sich fast immer mit Liebeserklärungen. So schreibt er am 30.6. 1782: »Sage mir ein Wort das mich dir näher bringe, und daß ich wisse was du heute vorhast«. Zwischendurch, 1784, schreibt er ihr auch französische Briefe, und nicht selten schließen kurze Briefe wie jener vom 13.11. 1784 mit: »Adieu. sage mir ia bald daß du mich liebst«.

Die Gefühlsintensität dieser Beziehung, die wir aus den Briefen G.s an Frau von Stein rekonstruieren können, läßt über Jahre hin nicht nach, sie setzt sich selbst auf der italienischen Reise fort. Am 14.10. 1786 schreibt G. aus Venedig: »Wieder ein kleines Lebenszei-

chen von deinem Liebenden und ich hoffe und weiß Geliebtes«. Auch aus Rom heißt es noch: »Könnt ich doch meine Geliebteste, jedes gute, wahre, süße Wort der Liebe und Freundschafft auf dieses Blat faßen, dir sagen und versichern daß ich dir nah, ganz nah bin und daß ich mich nur um deinetwillen des Daseyns freue« (an Charlotte von Stein, 13.12. 1786). Damals fällt freilich schon ein Schatten auf die Beziehung, denn G. setzt hinzu: »Dein Zettelchen hat mich geschmerzt aber am meisten dadrum daß ich dir Schmerzen verursacht habe. Du willst mir schweigen? du willst die Zeugniße deiner Liebe zurücknehmen? Das kannst du nicht ohne viel zu leiden, und ich bin schuld daran. Doch vielleicht ist ein Brief von dir unterwegs der mich aufrichtet und tröstet, vielleicht ist mein Tagebuch angekommen und hat dich zur guten Stunde erfreut. Ich fahre fort dir zu schreiben dir das merckwürdigste zu melden und dich meiner Liebe zu versichern« (ebd.).

Das ist fast schon eine Vorwegnahme jener Schwierigkeiten, die 1789 aufkamen. G. versuchte zwar, die Krise, die Lebens- und Liebeskrise zu bewältigen und den Streitfall, sein Zusammenleben mit Christiane Vulpius, herunterzuspielen. Aber Charlotte wollte das nicht verzeihen. G. hat seinerseits betroffen reagiert und gestand ihr, »daß die Art wie du mich empfingst, wie mich andre nahmen, für mich äussert empfindlich war« (an Charlotte von Stein, 1.6. 1789). Er versucht in diesem nicht mehr leidenschaftlichen, aber doch aufrichtigen Brief sich gegen die stillen und ausgesprochenen Vorwürfe zu wehren. Doch der Bruch, die Katastrophe dieser Liebesbeziehung, zeichnet sich in aller Deutlichkeit ab: »Aber das gestehe ich gern, die Art wie du mich bißher behandelt hast, kann ich nicht erdulden. Wenn ich gesprächig war hast du mir die Lippen verschloßen, wenn ich mittheilend war hast du mich der Gleichgültigkeit, wenn ich für Freunde thätig war, der Kälte und Nachlässigkeit beschuldigt. Jede meiner Minen hast du kontrollirt, meine Bewegungen, meine Art zu seyn getadelt und mich immer *mal a mon aise* gesetzt. Wo sollte da Vertrauen und Offenheit gedeihen, wenn du mich mit vorsätzlicher Laune von dir stießest« (ebd.).

So leidenschaftlich und redegewaltig die Liebeserklärungen über viele Jahre hin waren, so wortkarg wird G. in seinen Abschiedsbriefen. G. bittet noch einmal um Vertrauen und Offenheit – aber er schreibt schon wie in einem Rückblick: »Ich habe kein größeres Glück gekannt als das Vertrauen gegen dich, das von jeher unbegränzt war, sobald ich es nicht mehr ausüben kann, bin ich ein andrer Mensch und muß in der Folge mich noch mehr verändern« (an Charlotte von Stein, 8.6. 1789). Das Ende dieses Briefes: kühl, redensartlich, sachlich in seinem Bericht über einiges Alltägliche. Es ist für lange Zeit der letzte Brief G.s in dieser Beziehung, Liebesbriefe folgen nicht. – Der nächste Liebesbrief ist ein im Ton ganz anderer: an Christiane Vulpius. Er klingt wie der Brief eines fürsorglichen Vaters, und wie groß der Abstand zu den Liebesbriefen an Frau von Stein ist, mag jener an Christiane Vulpius vom 17.8. 1792 zeigen, in dem es heißt: »Heute habe ich deinen Brief erhalten, meine liebe Kleine, und schreibe dir nun auch um dir wieder einmal zu sagen daß ich dich recht lieb habe und daß du mir an allen Enden und Ecken fehlst«. Und wenige Tage später: »Heute geh ich, liebe Kleine, von Franckfurt ab und nach Maynz« (an Christiane Vulpius, 21.8. 1792). Fürsorgliche Liebe spricht auch weiterhin aus seinen Briefen an Christiane: »Mein einziger Wunsch ist dich und den Kleinen wiederzusehen, man weiß gar nicht was man hat wenn man zusammen ist. Ich vermisse dich sehr und liebe dich von Herzen« (an Christiane Vulpius, 25.8. 1792). Oder auch, um die Konstanz seines Tones zu zeigen: »Du mußt, liebes Kind, bald wieder ein Briefchen von mir haben. Wir sind schon weiter in Franckreich, das Lager steht bey Verdün. [...] Um mich sey unbesorgt. Leb wohl ich liebe dich herzlich. Aus Paris bringe ich dir ein Krämchen mit das noch besser als ein Judenkrämchen seyn soll. Lebe recht wohl« (an Christiane Vulpius, 2.9. 1792). Die Sprache dieser Liebesbriefe, sofern man sie als solche bezeichnen will, ist gemäßigt, jede Exaltation fehlt, und sie ist deswegen formelhafter und nicht sonderlich ausdrucksvoll.

G.s Liebe zu Charlotte von Stein war eine Liebe, die sich in den Briefen äußerte – die zu Christiane Vulpius war in den Briefen invariabel, und Briefe, am Orte an Christiane geschickt, gab es nicht. Leidenschaftlichkeit kann man den Briefen an Christiane Vulpius deshalb sicherlich nicht zusprechen. Nicht untypisch ist der Brief vom 6.9. 1796, in dem es heißt: »Bringe ja deinen Haushalt recht in Ordnung und richte dich ein daß wir ein gut Stück des Octobers hier zubringen können«. Und am Ende dieses Briefes begegnen sich die beiden Geliebten, wenn es heißt: »Chokolade schicke mir auch. Grüße das Bübchen und schicke es fleißig zur Frau von Stein«. Erst 1796 schreibt G. noch einmal einen Brief an Charlotte von Stein, der Brief beginnt mit: »Sie erhalten, liebe Freundinn, ein ostensibles Blatt um es allenfalls der Herzoginn zu zeigen« – dann kommt Sachlich-Alltägliches. Und schließlich bittet er für seinen »armen Jungen, daß er sich Ihrer Gegenwart erfreuen und sich an Ihrem Anblick bilden dürfe. Ich kann nicht ohne Rührung daran dencken daß Sie ihm so wohl wollen« (an Charlotte von Stein, 7.9. 1796). Es folgen noch weitere Briefe, Belanglosigkeiten enthaltend – sie schließen mit dem konventionellen Wunsch »Leben Sie recht wohl« (an Charlotte von Stein, 29. od. 30.10. 1796). Die Beziehung war erloschen, die Sprache zu reiner Konventionalität erstarrt. G. hat nie wieder Briefe wie die früheren an Charlotte von Stein geschrieben.

G.s Briefwechsel wird danach umfangreicher, die Sprache aber im ganzen homogener. Von 1794 an spielen die Briefe eine immer wichtigere Rolle, insbesondere im Austausch mit Schiller. Die sachliche Gemeinschaft der »Klassiker« findet vor allem im Briefwechsel statt, nicht so sehr in gemeinsamen Schriften oder Publikationsvorhaben. Die eigenen Arbeiten drängen sich stark in den Vordergrund, auch die Diskussion darüber. Die Mitteilungen sind nüchtern, kühl und dennoch freundlich-vertraut, eine Geschäftskorrespondenz in litteris. G.s Briefton in den folgenden Jahren und Jahrzehnten – er bleibt allen gegenüber in der Regel freundlich distanziert, Christiane gegenüber fast väterlich besorgt und wenig wortreich. Distanz ist auch ein Merkmal seiner

Briefprosa anderen Empfängern gegenüber, und wenn früher die Briefe an den Herzog von Weimar von einer gewissen Vertraulichkeit und vom Mangel jeglicher Subordination zeugten, so ist Distanz das generelle Merkmal seiner Briefe auch an Carl August bis in seine späten Jahre hinein. Wenn gelegentlich noch einmal ein sehr kurzer Brief an Charlotte von Stein unterläuft, so ist er an die »verehrte Freundin« gerichtet und von fast erschreckend sachlicher Kürze (an Charlotte von Stein, 28.9. 1811).

Die Briefe G.s werden erst 1813 wieder ausführlicher. Er berichtet bis zur Umständlichkeit von seiner Abwesenheit. Die Beziehung zu Marianne von Willemer hat jedoch keinen brieflichen Niederschlag gefunden. G. verschließt jetzt sein Inneres in seinen Briefen, kommt auch im folgenden nicht darauf zu sprechen. Seine Prosa kühlt sich immer mehr ab, Gefühlsbewegungen werden kaum noch notiert und mitgeteilt. So wird auch in den Briefen ein gewisser Klassizismus des Stils deutlich. Die Briefe an Carl August werden oft mit »Königliche Hoheit« begonnen und beschlossen mit »untertänigst J.W. v. Goethe«. Auch später fehlen Rückblicke auf sein eigenes Leben auffällig, und wenn sich welche ergeben, dann ·sind es meist solche literarischer Natur. Der letzte Brief, den G. geschrieben hat, ist an Wilhelm von Humboldt gerichtet und stammt vom 17.3. 1832. Er enthält einen skeptischen Rückblick auf sein eigenes Werk, der sich mit einem pessimistischen Blick auf seine eigene Zeit verbindet. G. spricht von seiner »Abgeschlossenheit« und von den »sehr ernsten Scherzen« seines *Faust*. Dieser letzte Brief ist ein Dokument seiner Weltsicht in seinem Todesjahr, und wenn er auch seine »künftigen Leser« und deren »geneigte Einsicht« erwähnt, so ist das Fazit seines Lebens nicht nur in Bezug auf seine große Dichtung von Düsternis durchtränkt: »Der Tag aber ist wirklich so absurd und confus, daß ich mich überzeuge, meine redlichen, lange verfolgten Bemühungen um dieses seltsame Gebäu würden schlecht belohnt und an den Strand getrieben, wie ein Wrack in Trümmern daliegen und von dem Dünenschutt der Stunden zunächst über-

schüttet werden. Verwirrende Lehre zu verwirrtem Handel waltet über die Welt, und ich habe nichts angelegentlicher zu thun als dasjenige was an mir ist und geblieben ist wo möglich zu steigern und meine Eigenthümlichkeiten zu cohobiren, wie Sie es, würdiger Freund, auf Ihrer Burg ja auch bewerkstelligen«.

G.s Briefwerk übertrifft, was den Umfang angeht, sein dichterisches Prosawerk bei weitem. Übersieht man es im ganzen, wird man feststellen müssen, daß sich die Prosa seines Briefwerks analog zur Prosa seiner Dichtungen verhält: Der ebenso expressiven wie empfindsamen Sprache der Jugenddichtungen, vor allem des *Werther*, entsprechen seine überschwenglichen Jugendbriefe, dem jahrzehntelangen Alterswerk seiner Briefe entspricht der Spätstil seiner Prosaschriften. An Reichtum und Formenvielfalt, an Ausdruckskraft und Variationsfähigkeit steht die Prosasprache seiner Briefe der seines dichterischen Werkes also sicherlich nicht nach.

Nur einmal klafft die Sprache in den Briefen und die der Dichtungen weit auseinander: das ist die Zeit der Beziehung zu Frau von Stein. Unauffällige Spuren dieser Beziehung finden sich natürlich in der *Iphigenie*, sicherlich auch in *Torquato Tasso*. Aber die Identitäten reichen nicht weit. Die Sprache seiner Liebesbriefe, mag sie sich auch am Ende in gleichen oder ähnlichen Vorstellungen und Darstellungen erschöpfen, bleibt doch einzigartig und ohne Äquivalent in seinem übrigen Œuvre.

Autobiographisches

Daß G. auch über sich und sein Leben berichtete, ist angesichts der Repräsentativität seines Daseins nur zu verständlich. In gewissem Sinne ist zwar alles, was er als Dichter schrieb, autobiographisch, und seine Verehrer haben das auch immer gesehen. »Alle Gestalten einer Dichtung, mögen sie noch so feindlich gegeneinander gestellt sein, sind Emanationen des dichtenden Ich, und Goethe ist zugleich in Antonio und Tasso lebendig wie Turgenjew zugleich im Basarow und Paul Petrowitsch«, schrieb Thomas Mann in seinem frühen Aufsatz *Bilse und Ich* (Mann, S. 16). Aber G.s eigentliche autobiographische Schrift ist eine Prosaarbeit: *Dichtung und Wahrheit.*

G.s Selbstdarstellung ist ein Alterswerk. Die Autobiographie geht vermutlich auf einen Entschluß des Jahres 1808 zurück; 1809 hat er sich mit seinen Tagebüchern beschäftigt, und 1811 erschien bereits der erste Teil dieser Berichte »Aus meinem Leben«. Die Anregung zu diesem Unternehmen gab, so die Fiktion des Vorworts, der Brief eines Freundes, der einen Kommentar zu G.s Werken erbat, der »manches Räthsel« auflösen könne und überhaupt als »Nachhülfe« von Nutzen sein werde (WA I, 26, S. 4). G. möge, so bat der Freund, ihm seine »Dichtwerke in einer chronologischen Folge aufführen und sowohl die Lebens- und Gemüthszustände, die den Stoff dazu hergegeben, als auch die Beispiele, welche auf Sie gewirkt, nicht weniger die theoretischen Grundsätze, denen Sie gefolgt, in einem gewissen Zusammenhange vertrauen«. Aus dem erbetenen Kommentar aber wurde mehr, nämlich ein Lebensbericht, der einerseits ein Rechenschaftsbericht über sich selbst war, der auf der anderen Seite aber auch unendlich viel von der Zeit, die G. beschrieb, sichtbar machte. Es ging am Ende durchaus nicht mehr nur um »die innern Regungen, die äußern Einflüsse« (WA I, 26, S. 7), sondern um einen Selbsterkennungsprozeß, der den Autor in seinen mannigfaltigen Verknüpfungen mit der Welt zeigte. Über diesen Selbsterkenntnis- und Selbststilisierungsprozeß berichtet er: »So ward ich aus meinem engen Privatleben in die weite Welt gerückt, die Gestalten von hundert bedeutenden Menschen, welche näher oder entfernter auf mich eingewirkt, traten hervor; ja die ungeheuren Bewegungen des allgemeinen politischen Weltlaufs, die auf mich, wie auf die ganze Masse der Gleichzeitigen, den größten Einfluß gehabt, mußten vorzüglich beachtet werden. Denn dieses scheint die Hauptaufgabe der Biographie zu sein, den Menschen in seinen Zeitverhältnissen darzustellen, und zu zeigen, in wiefern ihm das Ganze widerstrebt, in wiefern es ihn begünstigt, wie er sich

eine Welt- und Menschenansicht daraus gebildet, und wie er sie, wenn er Künstler, Dichter, Schriftsteller ist, wieder nach außen abgespiegelt. Hierzu wird aber ein kaum Erreichbares gefordert, daß nämlich das Individuum sich und sein Jahrhundert kenne, sich, in wiefern es unter allen Umständen dasselbe geblieben, das Jahrhundert, als welches sowohl den Willigen als Unwilligen mit sich fortreißt, bestimmt und bildet, dergestalt, daß man wohl sagen kann, ein jeder, nur zehn Jahre früher oder später geboren, dürfte, was seine eigne Bildung und die Wirkung nach außen betrifft, ein ganz anderer geworden sein« (WA I, 26, S. 7 f.).

Wenn G. sein Vorhaben so beschreibt, wird freilich deutlich, daß er einer literarischen Form verpflichtet ist, die im 18. Jh. ein derartiges Schreiben bestimmte: den Memoiren. Gerade der Einbezug der Welt und der Zeit, die Darstellung der Wechselwirkung von Ich und Umwelt, ja die Spiegelung weltgeschichtlicher Begebenheiten im Reflex eines individuellen Bewußtseins kennzeichnen wie nichts anderes die Memoirenliteratur, die das 18. Jh. so sehr liebte und die damals eine außerordentliche Verbreitung kannte. Noch Schiller beteiligt sich an einem Memoirenunternehmen, das 45 Bände umfassen sollte. Natürlich ist der Selbsterkenntnisprozeß, der beim Schreiben einsetzt und das Schreiben trägt, nicht gering zu veranschlagen. Aber G. will gerade nicht nur sich selbst darstellen – das wäre die Aufgabe einer Literaturform, die eigentlich erst im 19. Jh. schärfere Konturen gewinnt, nämlich der Autobiographie, – sondern sich selbst im Kontext seiner Zeit. So ist denn auch *Dichtung und Wahrheit* keine Seelengeschichte, auch wenn seelische Bewegungen indirekt in die Darstellung miteingegangen sind. Daß diese seelengeschichtlichen Partien aber kaum an die Oberfläche kommen und nie dominant werden, hat im übrigen seine literarhistorischen Gründe: Derartige Seelengemälde waren Romanstoff, waren etwa von Karl Philipp Moritz in *Anton Reiser* abgehandelt worden. Einen guten Beleg dafür bietet G.s Werk selbst. Die »Bekenntnisse einer schönen Seele«, die schon vom Titel her verraten, daß es um die Geschichte seelischer Erfahrungen und Reifungsprozesse geht, sind von G. bekanntlich in *Wilhelm Meisters Lehrjahre* eingefügt worden, ohne daß die Geschichte der Susanne von Klettenberg, die als Vorlage diente, motivisch oder thematisch stärker in diesen Roman integriert worden wäre.

G.s Prosa ist gegenwartsbezogen, äußere Vorgänge spielen eine sehr viel größere Rolle als innere Erfahrungen, die bestenfalls am Rande mitgeteilt werden. G. will zeigen, wie er seine Existenz mit der Welt verknüpft hat. Er geht davon aus, daß das Individuum nicht etwa zum Resultat oder Spielball der von außen eindringenden Kräfte wird, sondern sich gleichbleibt – und als dieses sich gleichbleibende Ich hat er sich in *Dichtung und Wahrheit* beschrieben. Aber er hat zugleich gesehen, daß die Sogwirkung des Jahrhunderts auf das sich konstituierende Ich so ungeheuerlich war, daß dieses ganz anders geworden wäre, wäre es zu einer anderen Zeit in die Welt getreten. Daher setzt er den Einfluß der Umgebung, des Jahrhunderts, der Zeitverhältnisse so hoch an, daß auch von daher Seelengeschichtliches kaum eine Rolle spielt.

Das bestimmt auch den Erzählton seiner Memoiren. G. hat in einer für ihn charakteristischen Erzählprosa Unklarheiten und Längen ebenso vermieden wie Spekulationen und weitläufige Erklärungen; er hat über Ereignisse berichtet, und zwar immer so, daß nachvollziehbar ist, was ihn bewogen, geformt und ihm zu denken gegeben hat. Dahinter stehen bürgerlich-protestantische Vorstellungen vom Sinn eines tätigen Lebens, aber auch die Überzeugung, daß das Äußere, das Wirkliche an einem Menschenleben das Entscheidende sei und die Seele nicht etwa ein Eigenleben führe, das sich von anderen Gesetzen her bestimme als von denen, die auch sein äußeres Dasein regeln. G.s Ich reagiert eigentlich immer nur, und auch wenn er von Grunderfahrungen berichtet, dominiert noch die Realität. Allenfalls ist seine »Einbildungskraft« (WA I, 26, S. 248) ein Faktor, der sein Verhältnis zur Welt mitregelt. Großen Spielraum hat sie hier aber nicht. An die Stelle subtiler seelischer Erfahrungen tritt bei G. immer wieder Äußer-

liches: Erkenntnisse werden aus einer Sache, einer Erfahrung gezogen oder ergeben sich aus den Verhältnissen, die er beschreibt, gewissermaßen von selbst. So etwa beginnt das Fünfte Buch seiner Memoiren mit dem Satz: »Für alle Vögel gibt es Lockspeisen, und jeder Mensch wird auf seine eigene Art geleitet und verleitet« (WA I, 26, S. 261). Niemand wird an der Berechtigung dieses Satzes zweifeln, und daß er richtig ist, wird auch im folgenden demonstriert, wenn G. von seiner Verwicklung in ganz unerwartete Weltverhältnisse spricht.

Damit ist nicht gesagt, daß G.s *Dichtung und Wahrheit* gewissermaßen didaktische Prosa sei; vielmehr zeigt sich in dieser und vielen anderen Einsichten, wie sehr sich auch in G.s Lebenserzählung das Allgemeine mit dem Einzelnen verbindet, das eine durch das andere Sinn und Bedeutung erhält und die individuelle Begebenheit nicht zählen würde, wäre sie nicht vor einem weiteren Horizont zu lokalisieren. G.s Einsichten und seine Lebenserfahrungssätze werden dabei nur beiläufig eingestreut, und die erzählten Begebenheiten sind alles andere als bloße Exempel, die verdeutlichen sollen, was G. hier und da an generellen Feststellungen mitzuteilen für nötig erachtet. Gewiß ist das auch Altersstil; G. betrachtet Begebenheiten, die Jahrzehnte zurückliegen, erinnert sich ihrer und weiß das mannigfaltig Erlebte im erinnernden Schreiben zu ordnen. Dahinter steht freilich nicht das Bemühen, einen Lebensplan zu verdeutlichen, und auch nicht die Überzeugung, daß es so etwas wie ein höheres Leitendes gebe, eine allgemeine Weltordnung, der sich das Einzelleben, das er hier beschreibt, füge. G. hat sich hier also von aufklärerischen Vorstellungen, die von einer überpersönlichen, überzeitlichen Ordnung ausgehen, gründlich verabschiedet. Denn das Individuum ist aus den jeweiligen Welt- und Zeitbedingungen heraus bestimmt und mitbestimmt, und das betrifft nicht nur das einzelne Ich, sondern die Verhältnisse überhaupt. Charakteristisch für diese Ansicht ist etwa die Feststellung: »Weil nun in jeder Zeitepoche alles zusammenhängt, indem die herrschenden Meinungen und Gesinnungen sich auf die vielfachste Weise verzweigen, so befolgte man in der Rechtslehre nunmehr auch nach und nach alle diejenigen Maximen, nach welchen man Religion und Moral behandelte« (WA I, 28, S. 190). Das Zusammenhängen aller Dinge in einer Zeitepoche erklärt nicht nur den Lebensweg eines Einzelnen, sondern die Weltverhältnisse überhaupt. Freilich hat sich der Einzelne in den sich wandelnden Weltverhältnissen zu behaupten und muß innere Konstanz gewinnen, wenn er nicht zum Spielball der Ereignisse werden will.

G. hat aus solchen Grundeinstellungen heraus seine eigenen Folgerungen gezogen, und die zeugen letztlich von Lebenszugewandtheit, nicht etwa von Pessimismus oder gar Verzweiflung. Er hat dabei die Gefahren der Melancholie durchaus gesehen, soziale Vereinsamung als ein Übel erkannt, das letztlich zur Instabilität des Ich führen muß. Aber seine Maxime bleibt lebensfreundlich, und sie ist in ebenso einfacher wie verständlicher Sprache formuliert: »Alles Behagen am Leben ist auf eine regelmäßige Wiederkehr der äußeren Dinge gegründet. Der Wechsel von Tag und Nacht, der Jahreszeiten, der Blüthen und Früchte, und was uns sonst von Epoche zu Epoche entgegentritt, damit wir es genießen können und sollen, diese sind die eigentlichen Triebfedern des irdischen Lebens. Je offner wir für diese Genüsse sind, desto glücklicher fühlen wir uns; wälzt sich aber die Verschiedenheit dieser Erscheinungen vor uns auf und nieder, ohne daß wir daran Theil nehmen, sind wir gegen so holde Anerbietungen unempfänglich: dann tritt das größte Übel, die schwerste Krankheit ein, man betrachtet das Leben als eine ekelhafte Last« (WA I, 28, S. 209 f.).

Der Wechsel zwischen Individualerfahrung und Allgemeinerkenntnis ist nicht das Einzige, was G.s Prosa in *Dichtung und Wahrheit* mit seinem erzählerischen Werk verbindet. Es ist auch nicht nur der Erzählton dieser Memoiren, der dem Leser seinen Lebensbericht gelegentlich fast wie einen Roman erscheinen läßt. Hinter seinen Memoiren steht eine gleichsam symbolische Situation, ist der Versuch zu erkennen, daß Hin und Her der einzelnen Le-

bensabschnitte gewissermaßen in einem mythisch-symbolischen Bild zu verankern und zusammenzufassen, und wenn dieses symbolische Bild auch nichts zu tun hat mit »Ideen«, wie sie hinter den großen Romanen stehen, so ist die symbolische Konzentration der Vorgänge in ein eindrucksvolles Analogon doch das, was letztlich auch den inneren Zusammenhang der hier erzählten Lebensbegebenheiten stiftet.

So sehr die zwanzig Bücher von *Dichtung und Wahrheit* Lebensbericht in einem durchaus vordergründigen Sinne sind, da sie Äußerliches und Äußerlichkeiten beschreiben, die Vielfalt der Welt auf diese Weise sichtbar machen und auch die Reaktionsfähigkeit dessen, der sein Leben darstellt, immer wieder unter Beweis stellen, so sehr ist das Ende dieses Lebensberichtes alles andere als ein willkürlicher oder dekorativer Abschluß des Unternehmens. G. will zu einer italienischen Reise aufbrechen, zu der ihm der Vater schon die Reiseroute ausgesucht hat, aber Freunde und Freundinnen haben Pläne gemacht, um ihn zu binden. »Mein planloses Wesen konnte sich mit der Planmäßigkeit meiner Freundin nicht ganz vereinigen« (WA I, 29, S. 189), so beschreibt er die Gefahren, die ihm von einer allzu ordnungsbewußten Eingliederung ins Leben drohen können, und nicht zuletzt scheint ihm eine Trennung von Lili Schönemann angebracht zu sein. Allen Versuchen, ihn festzulegen, entgeht er mit den Worten Egmonts aus seinem eigenen Drama: »Wie von unsichtbaren Geistern gepeitscht, gehen die Sonnenpferde der Zeit mit unsers Schicksals leichtem Wagen durch, und uns bleibt nichts als, muthig gefaßt, die Zügel festzuhalten, und bald rechts, bald links, vom Steine hier, vom Sturze da, die Räder wegzulenken. Wohin es geht, wer weiß es? Erinnert er sich doch kaum, woher er kam« (WA I, 29, S. 192). G.s *Dichtung und Wahrheit* war ein einziger großer Versuch, sich daran zu erinnern, woher er kam – aber er hat hier, im Bild des Sonnenwagens, den Phöbus lenkt, ein symbolisches Äquivalent für sein eigenes Leben gefunden, und er hat zugleich, indem er aus seinem *Egmont* zitiert, die geheime Identität von Dichtung und Lebensbericht noch einmal bestätigt. Es wäre zu viel gesagt, wollte man feststellen, daß G.s autobiographische Prosa eine Fortsetzung seiner Dichtung mit anderen Mitteln und unter anderen Vorzeichen sei. Aber andererseits sind Dichtung und Lebensbericht auf so enge Weise miteinander verwoben, daß die Unterschiede in diesen Prosaschriften nicht grundsätzlicher, sondern nur gradueller Natur sind.

G. hat es nicht nur bei *Dichtung und Wahrheit* belassen, sondern im Alter, 1816/17 beginnend, erneut Aufzeichnungen verfaßt, die er *Tag- und Jahreshefte als Ergänzung meiner sonstigen Bekenntnisse* nannte. Er hat acht Jahre daran gearbeitet, die ersten Abschnitte, die ja schon durch *Dichtung und Wahrheit* beschrieben waren, sehr summarisch behandelt, aber dann, von den 90er Jahren an, ausführlich und gründlich berichtet. Grundlage waren seine Tagebücher, die er zunächst in Rubriken erweiterte und dann als seine Lebensdarstellung diktierte. Diese Darstellung ist noch stärker objektiviert als das Tagebuch, die Person G.s tritt stärker noch als in *Dichtung und Wahrheit* zurück, auch wenn er von sich und seinen Dichtungen spricht. Zeitgeschichte spielt andererseits in einem sehr viel höheren Maße als in den früheren autobiographischen Schriften eine Rolle.

G. hat hier seine Welt, seine Aufenthalte an verschiedenen Orten, seine Gesellschaften, seine Erfahrungen und seine Erlebnisse beschrieben. Wenn man hier auf der einen Seite den Wunsch erkennen mag, Lebensgeschichtliches festzuhalten, so auf der anderen Seite offensichtlich auch das Bemühen, Ordnung in die Erfahrung des eigenen Daseins zu bringen. Ein in sich stimmig komponiertes Gebilde sind die *Tag- und Jahreshefte* sicherlich nicht, eher ein vom Alter leicht verklärter Arbeits- und Lebensbericht, dem es an Höhepunkten ebenso mangelt wie an Niederungen. Die bei G. im Alter auch sonst zu bemerkende Neigung zur Versachlichung seiner Lebensdarstellung, zum Abrücken von Empfindungen und kritischen Infragestellungen macht sich hier immer deutlicher bemerkbar. Die Sache zählt und nicht die literarische Präsentation der Sache. So enden die *Tag- und Jahreshefte* denn

auch abrupt, bleiben Fragment – so wie anderes fragmentarisch geblieben ist, zum Beispiel der kurze Bericht »Aus meinem Leben«. In den weiteren Umkreis dieser *Tag- und Jahreshefte* gehören kleinere Notizen, so etwa über die »Erste Bekanntschaft mit Schiller«, über Kunstausstellungen, über Theateraufführungen, Erinnerungsberichte und Reden. Sie vermögen das Bild des Prosaisten G. nicht wesentlich zu erweitern oder zu verändern; alle diese biographischen Niederschriften, Erinnerungen und Berichte wollen verstanden sein als Teil einer großen Konfessionsliteratur, die freilich nie Bekenntnischarakter bekommt, sondern fast immer nur Berichterstattung sein will, nicht über ein großes Ich, sondern über eine Welt, wie sie sich dem Ich, das seinen beobachtenden Platz im Grunde genommen so gut wie nie verließ, darstellte.

Reiseberichte

Wie durchlässig die verschiedenen Prosaformen und Prosaarbeiten bei G. sind, zeigt sich an der Nähe der unterschiedlichen ›Textsorten‹. G.s Reiseprosa, etwa die *Italienische Reise*, unterscheidet sich, was einzelne Tagesberichte angeht, weder von Eintragungen in seinem Tagebuch noch von Briefen, die er aus Italien etwa an Charlotte von Stein schickte. Und in dem, was er berichtet, stehen die Reiseberichte der *Italienischen Reise* auf der anderen Seite den Berichten, die er in *Dichtung und Wahrheit* von sich und seiner Welt gibt, so nahe, daß sie als Fortsetzung des Lebensberichtes gelten können. Der erzählende Grundton seiner Reiseberichterstattung ist von der ersten Seite an gegeben. Es ist nicht redensartlich, wenn er am 11.9. 1786 in Trient notiert, daß er nun wieder imstande sei, »in meiner Erzählung fortzufahren« (WA I, 30, S. 31). Beschreibendes Erzählen ist der Grundgestus der G.schen Reiseberichte; daß G. dabei durchaus zeitgenössischen Reiseberichterstattungen folgt, mindert nicht die Farbigkeit seiner Erzählungen, und da es viel zu sehen gibt, sind eigene Betrachtungen in der Minderzahl, eigene Gefühle und Empfindungen immer an die Gegenstände gekoppelt, von denen er berichtet.

Es überwiegen meteorologische Beobachtungen, Landschaftsdarstellungen, Kunsteindrücke, Menschenschilderungen. Dabei mischt sich die Erfahrung der Fremde mit dem Bewußtsein der eigenen Herkunft und Standeszugehörigkeit, und was immer von dieser Fremde berichtet wird, wird gemildert und gemäßigt durch den G. eigenen Erzählton, der selbst ungewöhnliche Erfahrungen gleichsam einschmilzt in die Suada des eigenen Berichtes. Auch das Ungewöhnliche und Neue ist temperiert und kaum adäquat in seiner Einzigartigkeit beschrieben; bei aller Nähe zu dem von ihm beobachteten Geschehen bleibt G. als Berichterstatter doch auf Distanz. Als er etwa am 8. 10. 1786 zum erstenmal in seinem Leben das Meer sieht, hält sich seine beschreibende Begeisterung sehr in Grenzen. Er berichtet nach einer Fahrt über die Lagune zum Lido: »Wir stiegen aus und gingen quer über die Zunge. Ich hörte ein starkes Geräusch, es war das Meer, und ich sah es bald, es ging hoch gegen das Ufer, indem es sich zurückzog, es war um Mittag, Zeit der Ebbe. So habe ich denn auch das Meer mit Augen gesehen und bin auf der schönen Tenne, die es weichend zurückläßt, ihm nachgegangen. Da hätte ich mir die Kinder gewünscht, um der Muscheln willen; ich habe, selbst kindisch, ihrer genug aufgelesen« (WA I, 30, S. 137). Am Schluß setzt er freilich noch hinzu: »Das Meer ist doch ein großer Anblick! Ich will sehen, in einem Fischerkahn eine Fahrt zu thun; die Gondeln wagen sich nicht hinaus« (WA I, 30, S. 138).

Aber über die Mitteilung dieser Empfindung kommt G. nicht hinaus, Reisebeschreibungen sind in dieser Zeit nicht Gelegenheiten, eigene Gefühle ausführlich darzustellen. Der objektbezogene Blick G.s, dem alles Ungestaltete und Formlose ohnehin verdächtig war, hat sich mit diesen knappen Worten begnügt. Hier ist weder von einer Erfahrung des Elementarischen die Rede, noch von der Großartigkeit der Szenerie. G. beläßt es bei einem schriftlichen Ausruf, der letztlich nur eine Aller-

weltsfloskel beinhaltet. Die Erfahrungen des Ungeheuren – die macht G. erst in Rom, also angesichts von Menschenwerk und Stadtlandschaft. Dort trifft er »Spuren einer Herrlichkeit und einer Zerstörung, die beide über unsere Begriffe gehen« (WA I, 30, S. 206). Das einzigartige Ineinander des alten und des neuen Rom, das undurchdringliche Gemenge der »verschiedenen Epochen des Alten und Neuen« hat ihn viel mehr bewegt als der Anblick des Meeres in Venedig. Aber G. bedient sich auch hier einer temperierten Sprache und notiert: »Und dieses Ungeheure wirkt ganz ruhig auf uns ein, wenn wir in Rom hin und her eilen, um zu den höchsten Gegenständen zu gelangen. Anderer Orten muß man das Bedeutende aufsuchen, hier werden wir davon überdrängt und überfüllt. Wie man geht und steht, zeigt sich ein landschaftliches Bild aller Art und Weise, Paläste und Ruinen, Gärten und Wildniß, Fernen und Engen, Häuschen, Ställe, Triumphbögen und Säulen, oft alles zusammen so nah, daß es auf ein Blatt gebracht werden könnte. Man müßte mit tausend Griffeln schreiben, was soll hier eine Feder! und dann ist man Abends müde und erschöpft vom Schauen und Staunen« (WA I, 30, S. 206 f.). Nicht die Naturmonumente und Natureindrücke bewegen ihn, sondern die anschaulich gewordene Kulturgeschichte, der er in Rom begegnet.

Zuweilen bekommt der Reisebericht Briefcharakter und gelegentlich redet er sogar seine Adressaten an, so daß die Vermischung der verschiedenen Prosa-Arten vollkommen ist. Am Tag seiner Abreise von Rom notiert er: »Bei'm Aufräumen fallen mir einige eurer lieben Briefe in die Hand, und da treffe ich bei'm Durchlesen auf den Vorwurf, daß ich mir in meinen Briefen widerspreche. Das kann ich zwar nicht merken, denn was ich geschrieben habe, schicke ich gleich fort, es ist mir aber selbst sehr wahrscheinlich, denn ich werde von ungeheuern Mächten hin und wider geworfen, und da ist es wohl natürlich, daß ich nicht immer weiß, wo ich stehe« (WA I, 30, S. 278 f.). Und der Abschiedsbericht von Rom gleicht dem Ende seines Lebensberichtes in *Dichtung und Wahrheit* aufs deutlichste, wenn er von einem Fischer berichtet, dem das Licht des Leuchtturms wie ein bald hier bald dort närrisch auftauchendes Lichtchen leuchtet, und hinzusetzt: »Auch ich steure auf einem leidenschaftlich bewegten Meere dem Hafen zu, und halte die Gluth des Leuchtthurms nur scharf im Auge, wenn sie mir auch den Platz zu verändern scheint, so werde ich doch zuletzt am Ufer genesen« (WA I, 30, S. 279). Hier sind Reisebericht, Freundesbrief, Tagebucheintragung und Lebensbericht so ineinandergewoben, daß die Nähe aller dieser Prosaformen zueinander noch einmal wie in einem Brennpunkt deutlich wird.

Der zweite Teil der *Italienischen Reise* bestätigt das alles nur; G. berichtet gelegentlich so, als sei alles ohnehin nur brieflich an seine Freunde und Vertrauten gerichtet (WA I, 30, S. 92), und der Schluß der *Italienischen Reise*, die Schilderung des wiedererreichten Neapels, besteht aus Briefen an Herder – im Erzählton nicht zu unterscheiden von jenen Berichten, die vorher in der tagebuchartigen Chronik seiner Reise festgehalten sind. In der Beschreibung des römischen Karnevals im *Zweiten römischen Aufenthalt* von Juni 1787 bis April 1788 verselbständigt sich der Reisebericht sogar zu einem Panorama des römischen Lebens, wie es farbiger von G. nirgendwo sonst beschrieben worden ist.

Dabei bleibt alles Erlebte zwar durchaus auf das beschreibende Ich bezogen. Aber dieses Ich ist ein beobachtend-abwartendes Ich, das wortgewandt und flexibel registriert, was der Tag und das Geschehen bringen. Daß die römischen Aufenthalte für den Berichterstatter selbst gleichsam einen Reifeprozeß bedeuten, kommt nur gelegentlich zur Sprache, etwa dort, wo er davon berichtet, daß Gefühl und Einsicht ihn dazu bestimmten, »daß ich aus diesem Zustande noch völlig unreif mich entferne, auch daß ich nirgends solchen Raum und solche Ruhe für den Abschluß meiner Werke finden würde« (WA I, 32, S. 67). Vom inneren Reifungsprozeß ist im folgenden aber wenig die Rede. G. durchlebt ihn, indem er in Rom lebt. Wenn einige Abschnitte mit dem Stichwort »Bericht« überschrieben sind, so treffen sie das, was G. hier vorhat, nur zu gut.

Daß sich darin auch wieder »Correspondenz« findet, zeigt noch einmal die Mischnatur seiner *Italienischen Reise*. Angeschlossen sind auch noch »Fragmente eines Reisejournals« mit der Überschrift »Über Italien«. G. hat kaum irgendwo sonst eine fremde Welt persönlicher erlebt als in Italien; er hat kaum unpersönlicher darüber geschrieben als in seiner Reiseprosa über Italien.

Zur Reiseprosa gehören auch die *Campagne in Frankreich 1792* und die *Belagerung von Mainz*. G. hat beide Schriften 1821 niederzuschreiben begonnen. Auch diese beiden Arbeiten zeigen die außerordentlich große Nähe zu den Tagebüchern. G. erwähnt selbst, daß er aus diesen einen Auszug gemacht, »mehrere auf jene Epochen bezügliche Werke« gelesen (WA I, 36, S. 179) und alles miteinander verknüpft habe. Auch hier berichtet er im Zusammenhang mit der kriegerischen Kampagne gegen das revolutionäre Frankreich über Menschen, Orte und Gespräche. Offensichtlich hat er versucht, den Erinnerungen die Unmittelbarkeit und Frische der ursprünglichen Aufzeichnungen nicht zu nehmen. Er erzählt von sich und seinen Erfahrungen, aber auch hier wird die Geschichte nicht seine Geschichte, sondern ist die Geschichte des Feldzuges, den G. miterlebt hat. Teilweise ist die *Belagerung von Mainz* im kurzen Notatstil der Tagebücher gehalten (WA I, 33, S. 285), aber der größte Teil des Berichtes ist in zusammenhängender Prosa geschrieben. Eine »Betrachtung der Weltschicksale« (WA I, 33, S. 329) hat G. ausdrücklich nicht geben wollen, sondern aus seiner Perspektive berichtet, diese allerdings nie so dominant werden lassen, daß sich Verfälschungen und subjektive Verzeichnungen hätten einstellen können. Das Sujet bringt es mit sich, daß die Tagesbegebenheiten dominieren. Raum für Betrachtungen im Stile anderer Prosarbeiten gab es nicht.

Auch einige kleinere Arbeiten sind der Reiseprosa zuzurechnen: der Bericht über das *Sanct-Rochus-Fest zu Bingen*, *Im Rheingau Herbsttage*, *Kunst und Alterthum am Rhein und Main*. Der Bericht über Kunst und Altertum am Rhein und Main ist allerdings im strengen Sinne kein Reisebericht, sondern eine Sammlung von Stadtbeschreibungen und Betrachtungen zu dem, was die Städte an Kunst und Kunstwerken zu bieten hatten. Diese Schrift gehört eher zum Bereich der »Nachrichten«, also der weitgehend unpersönlichen Berichterstattung über Themen der Kunst. Eckermann hat aus dem Nachlaß G.s *Reise in die Schweiz 1797* bearbeitet. Diese Reisedarstellung ist weitgehend aus Briefen zusammengestellt und ist halb Reisetagebuch, halb Briefbericht. Auch sie demonstriert erneut, wie eng die verschiedenen Schilderungsebenen und Erzählmöglichkeiten nebeneinander liegen. Diese Aufzeichnungen G.s gehören im übrigen in den größeren Zusammenhang der zu Beginn des 19. Jhs. rasch anwachsenden Reiseliteratur, die ebenfalls vom persönlichen Bericht bis zur Sachbeschreibung, von der Reisenotiz bis zur Ortsschilderung reicht; auch in ihr dominiert das Ich, aber häufig auf entschiedenere und urteilsfreudigere Weise als bei G. So muß man in der Zurückhaltung der G.schen Reiseprosa nicht unbedingt die Signatur seiner Persönlichkeit erblicken. Berichte des ausgehenden 18. Jhs. haben in der Regel wenig von subjektiven Schilderungen, wie sie dann die Reiseliteratur des 19. Jhs. zunehmend stärker überschwemmen sollten.

Über Kunst, Literatur, Theater

G. hat sich nicht nur für seine eigene Autobiographie interessiert, sondern gleichermaßen für die Biographien anderer. Sein Interesse galt nicht nur Lebensdarstellungen überhaupt, sondern vor allem dem jeweiligen Lebensweg bedeutender Persönlichkeiten, besonders von Künstlern. Er hat die Biographie von Benvenuto Cellini übersetzt. Die Übersetzung wurde als Buchausgabe 1803 veröffentlicht. Als schmalere Arbeit erschien 1805 ein Aufsatz über Winckelmann unter dem Titel *Winckelmann und sein Jahrhundert. In Briefen und Aufsätzen herausgegeben von Goethe.* Grundlage waren Briefe Winckelmanns an Berendis; G. fügte der Edition der 27 Briefe eine Charak-

teristik Winckelmanns hinzu, die dessen Leben und Werk nach Kriterien wie »Gesellschaft«, »Fremde«, »Welt« zu charakterisieren versuchte. G. erweist sich hier als verständnisvoller Biograph, dem es gelingt, mit Hilfe einiger leitender Charakteristika Winckelmanns Dasein zu beschreiben.

Das Ineinander verschiedener Darstellungsformen zeigt sich ebenfalls in der Biographie von *Philipp Hackert,* die G. 1810 begann. Auch diese Prosaarbeit läßt eine für G. charakteristische Vermischung der Formen erkennen. Auf seine eigene kurze Skizze folgt das *Tagebuch einer Reise nach Sicilien* von Henry Knight, eines Reisegenossen von Philipp Hackert. Allerdings wäre es nicht angebracht, hier den Begriff der wiederholten Spiegelungen einzubringen. G. lag wohl eher an dokumentarischem Material. Die Arbeit blieb unvollendet.

Neben diesen großen Arbeiten hat G. zahlreiche kleinere Prosaschriften zur Kunst verfaßt, die im Gegensatz zu den autobiographisch orientierten Darstellungen so gut wie frei von persönlichen Zusätzen sind. Sie sind von einer grundsätzlichen Verehrung für die Kunst geprägt, und das heißt: Hinter allen steht die Ehrfurcht vor der griechischen Kunst, die, so meint G., bestenfalls annäherungsweise erreicht werden kann und immer als Telos dient. Für ihn ist es eine ständige Forderung, »daß wir uns so wenig als möglich vom classischen Boden entfernen« (WA I, 47, S. 6). Allgemeinheit, allgemeine Verbindlichkeit gehört zu seinen fundamentalen ästhetischen Grundsätzen. In seiner *Einleitung in die Propyläen,* die gleichsam ein klassisches Kunstprogramm entwirft, findet sich der Satz: »Was man irgend Allgemeines denkt oder leistet, gehört der Welt an« (WA I, 47, S. 9). Allgemeinheit zielt hier nicht auf den größten gemeinsamen Nenner, sondern ist im Gegensatz zu aller Subjektivität gemeint, die G. überall aus der Kunst verbannt wissen will. Allgemeinheit und Objektivität sind dann erreicht, wenn sich der Künstler an das ursprünglich und urtümlich Gegebene hält, nämlich an die Natur. Deshalb der für G.s Kunstschriften grundsätzlich verbindliche Satz: »Die vor-

nehmste Forderung, die an den Künstler gemacht wird, bleibt immer die: daß er sich an
die Natur halten, sie studiren, sie nachbilden,
etwas, das ihren Erscheinungen ähnlich ist,
hervorbringen solle« (WA I, 47, S. 11).

Damit redet G. jedoch nicht einem platten
Naturalismus das Wort. Natur ist hier, ganz
wie in den erzählenden Schriften, eine Allmacht hinter dem Sichtbaren und empirisch
Verständlichen, und G. hat in diesen Sätzen
vielleicht am deutlichsten gesagt, wie dieser
doppelte Naturbezug, also die Verpflichtung
auf das Reale und die Unterschichtung des
Dargestellten mit einem tieferen Sinn bzw. mit
»Ideen«, zu verstehen ist. Auch hinter den einzelnen optischen Erscheinungen sind, so G. in
seinen Schriften zur Farbenlehre, allgemeine
Gesetze verborgen, wird etwas von der Natur
des Lichts an sich sichtbar. Wie der Naturforscher durch die Einzelerfahrung hindurch
etwas Generelles erkennen soll, so hat der
Künstler, der bildende allzumal, die Natur
nicht bloß abzubilden, sondern den verborgenen eigentlichen Sinn von Naturgeschehnissen und Naturphänomenen so darzustellen,
daß mehr sichtbar wird als das Vordergründige
der Erscheinungen.

G.s Forderung an den Künstler, die grundsätzlich gemeint ist, lautet: »Alles was wir um
uns her gewahr werden, ist nur roher Stoff,
und wenn sich das schon selten genug ereignet, daß ein Künstler durch Instinct und Geschmack, durch Übung und Versuche, dahin
gelangt, daß er den Dingen ihre äußere schöne Seite abzugewinnen, aus dem vorhandenen Guten das Beste auszuwählen, und wenigstens einen gefälligen Schein hervorzubringen
lernt; so ist es, besonders in der neuern Zeit,
noch viel seltner, daß ein Künstler sowohl in
die Tiefe der Gegenstände, als in die Tiefe
seines eignen Gemüths zu dringen vermag, um
in seinen Werken nicht bloß etwas leicht- und
oberflächlich Wirkendes, sondern wetteifernd
mit der Natur, etwas geistig Organisches hervorzubringen, und seinem Kunstwerk einen
solchen Gehalt, eine solche Form zu geben,
wodurch es natürlich zugleich und übernatürlich erscheint« (WA I, 47, S. 12). Das Natürliche und das Übernatürliche gleichermaßen:

dem entspricht etwa, in bezug auf seine Symboltheorie, die Erkenntnis der Realität und das
Durchdringen der Realität auf »Ideen«, auf etwas eigentlich Gemeintes hin. Es gilt, »das
Verborgene, Ruhende, das Fundament der Erscheinung sich einprägen, wenn man dasjenige wirklich schauen und nachahmen will,
was sich als ein schönes ungetrenntes Ganze in
lebendigen Wellen vor unserm Auge bewegt«
(WA I, 47, S. 13).

Das ist bei G. zwar in bezug auf den Menschen als den eigentlichen Gegenstand der bildenden Kunst gesagt, erläutert aber noch einmal seine Absicht, es nicht beim Vordergrün-
dig-Wirklichen zu belassen, sondern den Zusammenhang des Ganzen auch im Einzelnen
sichtbar zu machen. Für den den Menschen
abbildenden Künstler ist, so G., eine genauere
Kenntnis der einzelnen Teile unumgänglich –
aber er muß ihn zuletzt als »ein Ganzes« betrachten, »Überblick« haben, damit er imstande ist, »sich zu Ideen zu erheben und die
nahe Verwandtschaft entfernt scheinender
Dinge zu fassen« (WA I, 47, S. 14). Nirgendwo
könnte die Verwandtschaft und enge Nähe der
erzählenden Prosa G.s zu seinen Kunstbetrachtungen deutlicher zutage treten als in
derartigen Feststellungen, die für G. immer
auch den Rang von Forderungen an den Künstler haben. »Vergleichung«, gelegentlich auch
»ein Seitenblick« können nur dazu dienen, den
Zusammenhang des Ganzen sichtbar zu machen, und wenn wir vergleichen, zusammen-
schauen und einen Begriff von der Bildung
etwa organischer Naturen haben, so »erheben
wir uns über sie alle, um ihre Eigenschaften in
einem idealen Bilde zu erblicken« (ebd.). G.
empfiehlt das Studium der Natur nicht zuletzt
deswegen, weil Kunst und Natur nach gleichen
Gesetzen und Mechanismen verfahren, aber
auch hier kommt es nicht darauf an, einzelne
Phänomene zu studieren, sondern »sich von
allgemeinen Naturwirkungen einen Begriff zu
machen« (WA I, 47, S. 15). G. variiert diesen
Gedanken in der *Einleitung in die Propyläen*
immer wieder, um so die Notwendigkeit seiner
Darlegungen zu unterstreichen, spricht etwa
davon, »nicht ein Ganzes zu zerstücken, sondern aus mannichfaltigen Theilen endlich ein

Ganzen zusammenzusetzen« (WA I, 47, S. 16). Oder, in einer anderen Formulierung: »Der echte gesetzgebende Künstler strebt nach Kunstwahrheit, der gesetzlose, der einem blinden Trieb folgt, nach Naturwirklichkeit; durch jenen wird die Kunst zum höchsten Gipfel, durch diesen auf ihre niedrigste Stufe gebracht« (WA I, 47, S. 23).

G.s Forderungen gehen dahin, das Allgemeine, die »Ideen« darzustellen, aber dieses so, daß es »vor Augen« kommt (WA I, 47, S. 26 f.), und ähnliches gilt für das Verhältnis vom Ganzen zu den Teilen. Werden diese dargestellt, muß das Ganze sichtbar werden – das Ganze kann andererseits nur in Erscheinung treten, wenn es sich in Teilen gleichsam materialisiert. Seine Forderung lautet denn auch, daß der Kunstbetrachter, dem Vorgehen des Künstlers analog, zum Einzelnen »hinabsteigen« müsse, daß er aber schließlich durch den »sicheren Blick über das Ganze nach und nach reichlich entschädigt« werde (WA I, 47, S. 28). Eine gewisse Bipolarität ist in den G.schen Kunstanschauungen unverkennbar, aber die Gegensätzlichkeit von Individuellem und Allgemeinem, von der Realität und den dahinter liegenden »Ideen« ist nicht so zu verstehen, daß das eine das andere auszuschließen droht, sondern vielmehr in dem Sinne, daß das eine nur durch und mit Hilfe des anderen existieren kann. Alle diese Kontradiktionen bedingen einander. G. folgt damit einem Ordnungsdenken, das er aus seiner Naturbetrachtung gewonnen hat und das die Realität nicht für eine letzte Aussage hält, sondern für ein Bruchstück aus einem großen Zusammenhang, so wie er das in seinen naturwissenschaftlichen Schriften auch immer wieder festgestellt hat. Auch hier ist Leibniz' Denken unverkennbar noch wirksam.

Die zitierte Schrift G.s ist als Einleitung in ein Publikationsunternehmen gedacht, hat also gleichermaßen erklärenden wie werbenden Charakter, und wenn vom Einzelnen und vom Ganzen die Rede ist, so sind damit natürlich auch die verstreuten Arbeiten gemeint, die in den *Propyläen* zusammengefaßt werden wollen und die, auch wenn sie unterschiedliche Themen behandeln, als Ganzes gewürdigt werden sollen. Aber auf der anderen Seite ist die Einleitung in eine zu gründende Zeitschrift zugleich ein Versuch, eine Prosa zu schreiben, die der der *Maximen und Reflexionen* nahekommt: unpersönlich, lehrhaft, ohne gesetzmäßig zu wirken, eher betrachtend als diktierend, mit einer stets wiederholten Einladung an den Leser, ihm, dem Verfasser, in seinen Gedankengängen zu folgen. G.s Ästhetik besteht in einem sich entwickelnden Programm, ohne eindeutig fixierte Ziele, aber festgelegt auf Grundforderungen, die beherzigt werden müssen, will der Künstler als solcher vor der Welt und vor sich selbst bestehen.

Für die Prosa der kleineren G.schen Kunstarbeiten, der philosophischen Überlegungen und der literarischen Äußerungen ist charakteristisch, daß systematische Zusammenfassungen fehlen, daß auf der anderen Seite aber einzelne Passagen, einzelne Forderungen an den Künstler stets aus ihrem Zusammenhang herausgelöst und als Forderungen an sich gelesen werden können. G.s essayistische Prosa will aus sich selbst heraus überzeugen, vermeidet Beweise und beschränkt sich auf Einsichten, die so vorgebracht werden, daß sie ihre Überzeugungskraft gleichsam durch sich selbst gewinnen.

Charakteristisch ist denn auch ein Titel wie *Über bildende Kunst im Allgemeinen und Baukunst im Besondern* (WA I, 47, S. 53). Das Besondere und das Allgemeine miteinander in Beziehung zu setzen, es so zu verbinden, daß da eine nur durch das andere darstellbar und erkennbar ist, das betrachtet G. als »Nothwendiges« (WA I, 47, S. 55), und da er nicht Gesetze verkündigen will, drängt er doch immer wieder darauf, derart »Nothwendiges« dem Künstler vor Augen zu stellen und dem Publikum anzuempfehlen.

Der Grundcharakter seiner Darstellungen ist der der »Betrachtung«, die darauf abzielt, dem Leser einzuleuchten, und so finden sich denn in diesen kleineren Arbeiten keine unverständlichen oder aus dem Zusammenhang gerissenen Reflexionen und erst recht keine allgemeinen Diskussionen der Probleme, die G. anschneidet. Kritik und Selbstkritik sind im

Grunde genommen ausgeschaltet, aber auch jede Überredungskunst und Überzeugungsstrategie; zum Wesen der »Betrachtung« gehört weder das eine noch das andere, wohl aber eine Darstellung des an sich und aus sich heraus Selbstverständlichen, um die es G. in allen diesen kleinen Schriften geht. Dabei bedient er sich gelegentlich durchaus heterogener Beispiele, überspringt zuweilen auch »viele Jahrhunderte« (WA I, 47, S. 64), wechselt zwischen den Künsten hin und her, aber seiner Gesamtkonzeption von Kunst entsprechend ist das erlaubt und gehört zu seinem Darstellungsstil. Der Leser seiner Arbeiten soll den Gegenstand der Erörterung gleichsam mitbetrachten. G. führt ihn vorsichtig und dennoch nachdrücklich durch diesen Gegenstand hindurch. Es ist auffällig, wie häufig der Begriff »Betrachtung« in den kleineren kunsttheoretischen Schriften begegnet. Hier wird das Anschauliche ebenso angesprochen wie der Sinn, der aus der Betrachtung zu gewinnen ist. Beobachtungen und Nachdenken verbinden sich bei ihm zu dieser Kunstform der »Betrachtung«, die auf eine unauffällige, aber dennoch höchst nachdrückliche Information und Belehrung des Lesers aus ist.

»Betrachten« ließen sich vor allem Gegenstände und Themen der bildenden Kunst, und es ist sicherlich nicht zufällig, daß G. sich auch mit den Schriften anderer zur bildenden Kunst beschäftigt hat, etwa mit *Über die bildende Nachahmung des Schönen* von Karl Philipp Moritz. Dort fand G. übrigens gleiche Grundprinzipien und fundamentale Vorstellungen, wie er sie selbst entwickelt hatte. So heißt es etwa in der zusammenfassenden Darstellung dieser Schrift durch G.: »Jedes schöne Ganze der Kunst ist im kleinen ein Abdruck des höchsten Schönen, im Ganzen der Natur« (WA I, 47, S. 86). Oder auch: »Die bildende Kraft, durch ihre Individualität bestimmt, wählt einen Gegenstand, auf den sie den Abglanz des höchsten Schönen, das sich in ihr immer spiegelt, überträgt« (WA I, 47, S. 87). Die Spiegelung des Höchsten im Niedrigen, des Allgemeinen im Besonderen, des Ganzen in den Teilen, – verständlich, daß G. von einer »interessanten Schrift« (WA I, 47, S. 89) sprach. Kunst und

Natur waren auch bei Karl Philipp Moritz in engste Nachbarschaft gebracht, so daß G. bei ihm das finden konnte, was auch er als Ziel seiner Überlegungen ansah: »Ruhige Betrachtung der Natur und Kunst als eines einzigen großen Ganzen« (WA I, 47, S. 88). G. schließt seinen kleinen Aufsatz mit dem Hinweis: »Diese Betrachtung bewegt uns, den Verfasser hiermit aufzufordern, durch eine weitere Ausführung der hier vorgetragenen Satze sie mehrern Lesern anschaulich und sowohl auf die Werke der Dichtkunst als der bildenden Künste allgemein anwendbar zu machen« (WA I, 47, S. 90). Noch einmal wird die Austauschbarkeit der Gesetze in Hinsicht auf die Kunstarten und das Gemeinsame von Dichtkunst und bildender Kunst deutlich.

Die Teilnahme eines Kunstwerkes an einer höheren Welt, die Anwesenheit von »Ideen« in ihm führt dazu, daß es letztlich, wie ein dichterisches Werk, unauslotbar bleibt, so anschaulich es auch sein mag. G. hat in einer kleinen Schrift *Über Laokoon* darauf hingewiesen – der Gehalt dieser Feststellung deckt sich weitgehend mit dem, was er in den *Maximen und Reflexionen* über das Symbol gesagt hat, wenn er formuliert: »Ein echtes Kunstwerk bleibt, wie ein Naturwerk, für unsern Verstand immer unendlich; es wird angeschaut, empfunden; es wirkt, es kann aber nicht eigentlich erkannt, viel weniger sein Wesen, sein Verdienst mit Worten ausgesprochen werden« (WA I, 47, S. 101). Ein Kunstwerk, so stellt G. hier fest, läßt sich nicht einzeln besprechen; wenn man darüber handelt, »so ist es fast nöthig, von einer ganzen Kunst zu reden, denn es enthält sie ganz, und jeder kann, so viel in seinen Kräften steht, auch das Allgemeine aus einem solchen besondern Fall entwickeln« (ebd.). Die Gleichartigkeit von vollkommenem Kunstwerk und vollkommenem Naturwerk hat G. noch wiederholt betont, so in dem Gespräch *Über Wahrheit und Wahrscheinlichkeit der Kunstwerke* (WA I, 47, S. 265).

G.s kleinere Arbeiten zur bildenden Kunst und zur Malerei sind oftmals nur Bestandsaufnahmen, zeugen aber im ganzen von einer lebenslangen engen Beziehung zur Kunst. Sie haben keinen interpretierenden Charakter, sondern wollen beschreiben und darstellen, veranschaulichen und in Erinnerung rufen. Grundsätzliche Bemerkungen finden sich freilich hier und da eingestreut; Gesetze aber hat G. auch hier nicht formuliert, sondern eigentlich immer nur aus dem Beobachteten seine Schlüsse gezogen und darauf hingewiesen, daß hinter der Realität stets Allgemeines zu erkennen sei. Dabei geht es ihm eigentlich nirgendwo darum, etwa die plastische Kunst von der poetischen abzusondern (WA I, 49.2, S. 7). Lessings alte Streitfrage, wie er sie in seinem *Laokoon* so ausführlich diskutiert hatte, ist für G. obsolet geworden. Die einzelnen Künste sind für ihn nicht in ihrer Unterschiedlichkeit bemerkenswert, sondern darin, daß sie letztlich sich gleichen und auch eine gleiche Botschaft verkünden. Die inneren Gesetze der Natur, die zugleich die der Kunst sind, teilen sich auch ohne Explikation dem Betrachter oder Leser mit; so kann es denn nur darum gehen, die der Kunst inhärenten »Ideen« durch das betrachtende Beschreiben erkennbar zu machen.

G.s Prosa in seinen kleinen Arbeiten zur Literatur unterscheidet sich natürlich nicht von der zur Kunst und zur Wissenschaft – auch hier überwiegen Betrachtungen, die in Form von Feststellungen getroffen werden, und auch hier ist Selbstkritik in bezug auf das Geäußerte so gut wie nirgendwo eingebracht worden. Viele kleine Arbeiten sind Tageserzeugnisse, für Zeitschriften gedacht – allgemeine Gesetzlichkeiten werden darin nicht geäußert. Im übrigen unterscheidet sich selbst G.s amtliche Prosa bestenfalls graduell von seinen übrigen Prosawerken. Sofern es nicht um Anordnungen oder Feststellungen geht, haben die Zeugnisse seiner amtlichen Tätigkeit instruierenden, aufklärenden, gelegentlich sogar belehrenden Charakter. Hinter allen diesen Arbeiten sind natürlich keine »Ideen« zu vermuten. G. reagiert damit nur zu häufig auf »die Forderung des Tages« (HA 12, S. 518).

Gelegentlich freilich hält er nicht mit scharfer Kritik zurück; das betrifft vor allem seine Rezensionen. Aber das ist nicht eine von ihm persönlich zu verantwortende Ausnahmeerscheinung. Die Rolle des Kunstrichters war im ausgehenden 18. Jh. von scharfen Urteilen, teilweise sogar von Rechthaberei geprägt, zumal in Rezensionen immer auch Grundsätzliches mit zur Sprache kam. So sehr G. sich sonst der Wertungen enthält – in seinen Rezensionen wertet er, hat bereits in den *Frankfurter Gelehrten Anzeigen* mit großer Schärfe rezensiert und auch später über die von ihm besprochene Literatur immer auch zu Gericht gesessen.

Seine Rezensierpraxis unterscheidet sich darin nicht von der Schillers, die eher noch radikaler war. G.s Kritik ist allerdings im wesentlichen eine verstehende Kritik, oder in seiner Sprache, eine »productive«. In einem Nachtrag zu einer Rezension (*Graf Carmagnola*) hat er sich darüber ausgesprochen und gesagt: »Es gibt eine zerstörende Kritik und eine productive. Jene ist sehr leicht, denn man darf sich nur irgend einen Maßstab, irgend ein Musterbild, so bornirt sie auch seien, in Gedanken aufstellen, sodann aber kühnlich versichern: vorliegendes Kunstwerk passe nicht dazu, tauge deßwegen nichts, die Sache sei abgethan, und man dürfe ohne weiteres seine Forderung als unbefriedigt erklären; und so befreit man sich von aller Dankbarkeit gegen den Künstler. Die productive Kritik ist um ein gutes Theil schwerer; sie fragt: Was hat sich der Autor vorgesetzt? Ist dieser Vorsatz vernünftig und verständig? und in wie fern ist es gelungen, ihn auszuführen? Werden diese Fragen einsichtig und liebevoll beantwortet, so helfen wir dem Verfasser nach, welcher bei seinen ersten Arbeiten gewiß schon Vorschritte gethan und sich unserer Kritik entgegen gehoben hat« (WA I, 41.1, S. 345f.). Zwar drängt sich in G.s späten Kritiken, vor allem in denen der 20er Jahre, sein Ich als beurteilende Instanz immer stärker hervor, aber das bedeutet nicht unbedingt, daß persönliche und eigenwillige Urteile überwiegen. Denn auch diese ichbezogene Kritik ist noch eine verstehende, eine »productive« Kritik mit Allgemeinheitsanspruch, auch wenn G.s Kunstmaximen hier nicht mehr ausdrücklich zur Sprache kommen.

G. hat die Grundsätze seines Kritisierens

gewissermaßen internalisiert, er spricht stellvertretend für den Leser und Betrachter, zwingt diesem aber nicht sein Urteil auf. Freilich ist in der Zeit seiner späten Rezensionen die Ära der Grundbegriffe des Vollkommenen und des Schönen, wie die kritischen Rezensionsgrundsätze im Zeitalter der Aufklärung lauteten, zu Ende gegangen. Dennoch ist G.s späte Literaturkritik nicht publikumsbezogen, zumal er auch in seinen Bemerkungen zu Graf Carmagnola gefordert hatte, »daß man mehr um des Autors als des Publicums willen urtheilen müsse« (WA I, 47, S. 346). Und kritisch hat er hinzugefügt: »Tagtäglich sehen wir, daß ein Theaterstück, ein Roman ohne die mindeste Rücksicht auf Recensionen von Lesern und Leserinnen nach individuell eigenster Weise aufgenommen, gelobt, gescholten, an's Herz geschlossen oder vom Herzen ausgeschlossen werde, je nach dem das Kunstwerk mit irgend einer Persönlichkeit zufällig zusammentreffen mag« (ebd.). Von einer Rezeptionsästhetik kann bei G. nicht die Reise sein, aber auch der explikatorische Zug ist nicht sehr stark ausgeprägt. Rezensionen können eigentlich immer nur Hilfsdienste leisten, und G. hat zu bedenken gegeben, »daß ein echtes Kunstwerk sich selbst schon ankündigen, auslegen und vermitteln soll, welches keine verständige Prosa nachzuthun vermag« (WA I, 41.1, S. 211).

G. hat immer betont, daß das Wesentliche unsichtbar sei, wenngleich es sich, um es paradox zu formulieren, nur anschaulich darstellen könne. In seinen *Maximen und Reflexionen* heißt es einmal: »Was man Idee nennt: das, was immer zur Erscheinung kommt und daher als Gesetz aller Erscheinungen uns entgegentritt« (MuR, 1136). So hat es G.s Prosa in allen Sparten, in denen er sich ihrer bediente, wesentlich mit der Welt der Erscheinungen zu tun – im Bereich der Fiktion, im Bereich der Naturwissenschaften, im Bereich der Kunst. Um die Phänomene recht zu verstehen, bedurfte es der Darstellung, der Betrachtung, der Erläuterung – selten nur der Kritik, so gut wie nie der strafenden Ablehnung oder der völligen Verurteilung. G. entwickelt dabei seine Gedanken und Darstellungen nicht prozessual, wie sich

das in Schillers Denken findet. Bei ihm herrscht nicht die Entwicklung vor, sondern eher die Addition, das Zusammenfügen getrennter Beobachtungen, die dennoch auf etwas Gemeinsames hindeuten oder von einer gemeinsamen Basis her leben. Auch seine »Betrachtungen« gehen von einem zum anderen über, und wenn er in den größeren Arbeiten einem Leitfaden folgt, so ist doch auch dort die Addition – von Beobachtungen, von Gedanken, von romanhaften Szenen – das Grundprinzip seiner Prosa überhaupt. Er hat denn auch, von wenigen Jugendarbeiten, Jugendbriefen und den Liebesbriefen an Charlotte von Stein abgesehen, keine »aufgeregte« Prosa geschrieben, sondern eine stilistisch abgeklärte, von Extremismen freie Sprache gefunden, die nichts überspitzt, eher zu Verallgemeinerungen neigt. Es gibt in dieser Prosa so gut wie keine Dunkelheiten und keine hermetischen Gedankenführungen, auch kaum Gedankenexperimente und so gut wie nirgendwo Neologismen. Große und kühne Gedankenoperationen sind seine Sache nicht, das Anschauen oder anschauliche Darstellen, der von einem zum anderen hinübergehende Blick, prägt alles. Nur hin und wieder durchbricht eine Neigung zum Formulieren von Grundgegebenheiten und Verhaltensregeln allgemeiner Natur den ruhigen Fluß seiner Darstellung, ohne daß sich dadurch ein Bruch in seinem Schreiben ergäbe. G.s Prosa ist daher, wenn man sie kritisch betrachten wollte, in gewissem Sinne glanzlos, ihr fehlt das Einzigartige und Kühne, das Experimentelle und das Untergründige, aber sie ist dauerhaft. Viele seiner Prosaarbeiten sind Illustrationen zu einem fast beliebig klingenden Satz, der sich in den *Maximen und Reflexionen* findet: »Der lebendige begabte Geist, sich in praktischer Absicht an's Allernächste haltend, ist das Vorzüglichste auf Erden« (MuR, 1205).

Literatur:

Anton, Annette C.: Authentizität als Fiktion. Brief-kultur im 18. und 19. Jahrhundert. Stuttgart, Weimar 1995. – Atkins, Stuart Pratt: The apprentice novelist. Goethe's letters. 1765–1767. In: MLQ. 10 (1949), S. 290–306. – Barner, Wilfried u.a. (Hg.): ›Unser Commercium‹. Goethes und Schillers Literaturpoli-tik. Stuttgart 1984. – Binder, Wolfgang: Das ›offen-bare Geheimnis‹. Goethes Symbolverständnis. In: Benedetti, Gaetano u.a. (Hg.): Welt der Symbole. Göttingen 1988, S. 146–163. – Blackall, Eric A.: Goe-the and the Novel. Ithaca 1976. – Blessin, Stefan: Die Romane Goethes. Königstein 1979. – Böhler, Mi-chael: Naturwissenschaft und Dichtung bei Goethe. In: Wittkowski, Wolfgang (Hg.): Goethe im Kontext. Tübingen 1984, S. 313–340. – Böhme, Hartmut: Le-bendige Natur – Wissenschaftskritik, Naturfor-schung und allegorische Hermeneutik bei Goethe. In: DVjs. 60 (1986), S. 249–272. – Bräuning-Oktavio, Hermann: Goethes naturwissenschaftliche Schriften und die Freiheit von Forschung und Lehre. In: JbFDtHochst. (1982), S. 110–215. – Buchwald, Eber-hard: Über Goethes Farbenlehre. In: ders.: Fünf Ka-pitel Farbenlehre. Mosbach 1955, S. 116–144. – Clauss, Elke: Liebeskunst. Untersuchungen zum Liebesbrief im 18. Jahrhundert. Stuttgart 1993. – Curtius, Ernst Robert: Goethe als Kritiker. In: Mer-kur. 2 (1948), S. 333–355. – Fink, Karl J. u.a. (Hg.): Goethe as a Critic of Literature. New York 1984. – Haenelt, Karin: Studien zu Goethes literarischer Kritik. Frankfurt/M. 1985. – John, Johannes: Apho-ristik und Romankunst. Eine Studie zu Goethes Ro-manwerk. Rheinfelden 1987. – Koopmann, Helmut: Dichter, Kritiker, Publikum. Schillers und Goethes Rezensionen als Indikatoren einer sich wandelnden Literaturkritik. In: Barner, Wilfried u.a. (Hg.): ›Un-ser Commercium‹. Goethes und Schillers Literatur-politik. Stuttgart 1984, S. 79–106. – Koranyi, Ste-phan: Autobiographik und Wissenschaft im Denken Goethes. Bonn 1984. – Kuhn, Dorothea: Selbst, Na-tur, Welt. Modelle der Natur bei Goethe und seinen Zeitgenossen. In: Kimpel, Dieter u.a. (Hg.): Aller-hand Goethe. Frankfurt/M. 1985, S. 31–44. – Mann, Thomas: Bilse und ich. In: ders.: Gesammelte Werke in 13 Bänden. Bd. 10: Reden und Aufsätze 2. 2., durchges. Aufl. Frankfurt/M. 1974, S. 9–22. – Martini, Fritz: Goethes verschiedene Sprachen. In: EG. 22 (1967), S. 190–215. – Mühlher, Robert: Wort und Bild bei Goethe. In: Sprachkunst. 6 (1975). S. 207–223. – Reiss, Hans S.: Goethes Romane. Bern 1963. – Ribbat, Ernst: Goethe, der Erzähler. Varian-ten eines Themas. In: Cramer, Thomas (Hg.): Lite-ratur und Sprache im historischen Prozeß. Bd. 1. Tübingen 1983, S. 237–249. – Roethe, Gustav: Die Briefe des jungen Goethe. In: ders.: Goethe. Ge-sammelte Vorträge und Aufsätze. Berlin 1932, S. 25–48. – Schönherr, Hartmut R.: Einheit und Wer-den. Goethes Newtonpolemik als systematische Konsequenz seiner Naturkonzeption. Würzburg 1993. – Schweizer, Hans Rudolf: Goethe und das Problem der Sprache. Bern 1959. – Sommerhäuser, Hanspeter: Wie urteilt Goethe? Die ästhetischen Maßstäbe Goethes auf Grund seiner literarischen Rezensionen. Frankfurt/M. 1985. – Sørensen, Bengt A.: Altersstil und Symboltheorie. Zum Problem des Symbols und der Allegorie bei Goethe. In: GoetheJb. (1977), S. 69–85. – Träger, Christine: Novellistisches Erzählen bei Goethe. Berlin 1984. – Trunz, Erich: Goethes Altersstil. In: WW. 5 (1954/55), S. 134–139. – Wilkinson, Elizabeth M.: Goethe's letters. In: PEGS. N.S. 23 (1954), S. 121–125.

Helmut Koopmann

Die Leiden des jungen Werthers

Entstehung

Die erste Dichtung in deutscher Sprache, die Weltliteratur wurde, ist eng bis zur Verwechslung mit Ort, Zeit und Menschen ihrer Entstehungsgeschichte verbunden: eine Erfrischung und Umbildung der überkommenen Formensprache an zeitgenössischen, ja selbst privaten Stoffen und Themen. Im Rückblick auf die eigenen literarischen Anfänge aus der Perspektive von *Dichtung und Wahrheit* bringt G. im Zwölften und Dreizehnten Buch seiner Autobiographie viele Namen, Umstände und Empfindungen aus dem Umkreis seines *Werther* geradezu im Sinn einer Entschlüsselung zur Sprache, wenn er dort »nach und nach einiges zu eröffnen« (FA I, 14, S. 589) unternimmt.

Tatsächlich ist aber das Verhältnis von Entstehungsumständen und Werk komplizierter, als daß man etwa von einem Schlüsselroman sprechen dürfte. Der Autor erinnert sich an dieser Stelle nämlich auch an die fast planvolle Art und Weise, in der er – als zur Künstlerschaft entschlossener junger Autor – dem Mangel einer bloß historisch-philologischen Bildung durch Zuwendung zum gelebten Leben, Abhilfe zu schaffen gesucht habe. Denn vor allem habe ihn das Studium der Literaturgeschichte gelehrt, daß »Natur und Kunst nur durch Leben in Berührung« zu bringen sei (FA I, 14, S. 588). Dieses Leben ist hier das des Autors, der sich mit »der Natur« der ihn umgebenden Verhältnisse aufs innigste gemein macht. Darf man dem Zeugnis dieser Erinnerung folgen, so sind beide – Leben und Kunst G.s in diesen Jahren – Produkte einer wechselseitigen Erkundung und Spiegelung, wie er es an der zitierten Stelle geradezu programmatisch formuliert: »Und so blieb das Resultat von allem meinen Sinnen und Trachten jener alte Vorsatz, die innere und äußere Natur zu

erforschen, und in liebevoller Nachahmung sie eben selbst walten zu lassen« (ebd.).

Die enge Verbindung, in die hier Lebenswelt und dichterische Fiktion zueinander geraten, hat das Verständnis der *Leiden des jungen Werthers* von der zeitgenössischen Rezeption an bis heute bestimmt, bei Lesepublikum und Wissenschaft gleicherweise. Die Mitteilung der Entstehungsumstände betrifft im Fall dieses Romans insofern keineswegs nur ein literarhistorisch oder literatursoziologisch interessantes Umfeld, sondern sogleich auch eine Bedeutungsschicht des Werks selbst. Mit der weitgehenden Authentizität seiner realen Bezüge macht das Werk die Bedingungen seines eigenen Entstehens zum Thema, einschließlich der Besonderheiten seiner literarischen Form. Als der Roman erschien, galt er nicht nur als ein Beitrag zur zeitgenössischen Literatur, sondern auch als Lebensäußerung des Autors im Rahmen seiner persönlichen Verhältnisse.

Im Frühjahr 1772 verließ G., 23jährig, auf Anraten des Vaters die Frankfurter Anwaltskanzlei, um seine formale Qualifikation als Lizentiat der Rechte und promovierter Jurist durch ein Praktikum am Reichskammergericht in Wetzlar aufzuwerten. Er blieb dort von Mai bis September desselben Jahres. Den Abschied aus Frankfurt nahm er widerwillig und in mißmutiger Erwartung von Enge und Langeweile in der Kleinstadt an der Lahn. Welchen Eindruck der neue Kollege dort bei seiner Ankunft machte, geht aus einem Briefentwurf des Abgeordneten der Subdelegation für das Herzogtum Bremen, Johann Christian Kestner, hervor, der G. erstmals begegnet war, als dieser – »kein unbeträchtlicher Mensch« – im Gras unter einem Baum auf dem Rücken lag. In deutlicher Zurückhaltung gegenüber dem Frankfurter »Sohn eines sehr reichen Vaters«, der lieber Homer und Pindar studiere als seine Akten, schreibt Kestner über den Neuankömmling dennoch fasziniert: »Er hat sehr viel Talente, ist ein wahres Genie, und ein Mensch von Charakter; besitzt eine außerordentlich lebhafte Einbildungskraft, daher er sich meistens in Bildern und Gleichnissen ausdrückt. Er pflegt auch selbst zu sagen, daß er sich immer uneigentlich ausdrücke, niemals eigentlich ausdrücken könne: wenn er aber älter werde, hoffe er die Gedanken selbst, wie sie wären, zu denken und zu sagen. Er ist in allen seinen Affecten heftig, hat jedoch oft viel Gewalt über sich. Seine Denkungsart ist edel; von Vorurtheilen so viel frey, handelt er, wie es ihm einfällt, ohne sich darum zu bekümmern, ob es Andern gefällt, ob es Mode ist, ob es die Lebensart erlaubt. Aller Zwang ist ihm verhaßt. // Er liebt die Kinder und kann sich mit ihnen sehr beschäftigen. Er ist b i z a r r e und hat in seinem Betragen, seinem Aeußerlichen verschiedenes, das ihn unangenehm machen könnte. Aber bey Kindern, bey Frauenzimmern und vielen Andern ist er doch wohl angeschrieben. // Für das weibliche Geschlecht hat er sehr viele Hochachtung. // I n p r i n c i - p i i s ist er noch nicht fest, und strebt noch erst nach einem gewißen System. Um etwas davon zu sagen, so hält er viel von Jean-Jacques Rousseau, ist jedoch nicht ein blinder Anbeter von demselben. // Er ist nicht was man orthodox nennt. Jedoch nicht aus Stolz oder Caprice oder um etwas vorzustellen. Er äussert sich auch über gewisse Hauptmaterialien gegen Wenige; stört Andere nicht gern in ihren ruhigen Vorstellungen. // Er haßt zwar den Scepticismum, strebt nach Wahrheit und nach Determinirung über gewisse Hauptmaterien, glaubt auch schon über die wichtigsten determinirt. So viel ich es aber gemerckt, ist er es noch nicht. Er geht nicht in die Kirche, auch nicht zum Abendmahl, betet auch selten. Denn, sagt er, ich bin dazu nicht genug Lügner. Zuweilen ist er über gewisse Materien ruhig, zuweilen aber nichts weniger als das. Vor der Christlichen Religion hat er Hochachtung, nicht aber in der Gestalt, wie sie unsere Theologen vorstellen. // Er glaubt ein künftiges Leben, einen bessern Zustand. Er strebt nach Wahrheit, hält jedoch mehr vom Gefühl derselben, als von ihrer Demonstration. [...] Aus den schönen Wissenschaften und Künsten hat er sein Hauptwerck gemacht, oder vielmehr aus allen Wissenschaften, nur nicht den sogenannten Brodwissenschaften« (Kestner an seinen Freund August von Hennings, Herbst 1772).

Das detaillierte Bild Kestners läßt ahnen, welche Freude an der Selbstmitteilung der Portraitierte gehabt haben muß. Die Gespräche mit den neuen Kollegen und schnell gewonnenen Freunden sind nicht ihr einziger Ausdruck. Der von Kestner hervorgehobene subjektive Standpunkt, die Prägung durch Rousseau, die bilderreiche Sprache einer bewegten Einbildungskraft gehen auch in die kritisch-wissenschaftliche Arbeit G.s ein, die gerade in dessen Wetzlarer Zeit breiten Raum erhält. Lesend erschließt er sich in dieser Zeit einen neuen Kontinent, die Antike: »Armer Mensch, an dem der Kopf alles ist! Ich wohne jetzt in Pindar, und wenn die Herrlichkeit des Pallasts glücklich machte, müßt' ichs sein. [...] Seit ich nichts von Euch gehört habe, sind die Griechen mein einzig Studium. Zuerst schränkt' ich mich auf den Homer ein, dann um den Sokrates forsch' ich in Xenophon und Plato. Da gingen mir die Augen über meine Unwürdigkeit erst auf, gerieth an Theokrit und Anakreon, zuletzt zog mich was an Pindarn, wo ich noch hänge. Sonst hab' ich gar nichts gethan, und es geht bei mir noch alles entsetzlich durch einander« (an Herder, etwa 10.7. 1772). Neben der Lektüre vor allem der griechischen Klassiker schreibt G. für die soeben gegründeten *Frankfurter Gelehrten Anzeigen* rund ein Dutzend Rezensionen von literarischen oder auf Kunst und Literatur bezogenen Werken. Die philologischen Studien liefern immer wieder Muster und Auslegungsrahmen für die diversen Episoden der selbstverordneten Herzensbildung nach dem Leben.

Für deren Vertiefung ergab sich sehr bald nach der Ankunft in Wetzlar besondere Gelegenheit. Am 9.6. 1772 besuchte G. einen Ball im dörflichen Volpertshausen nahe Wetzlar. Die Teilnahme eines Großteils der Herren des Reichskammergerichts mit ihren Damen gab die Gelegenheit zur Bekanntschaft mit der informell verlobten Braut Kestners, der 19jährigen Charlotte Buff, zweitältester Tochter – von sechzehn Kindern – des Wetzlarer Ordensamtmanns Heinrich Adam Buff. Das Verhältnis war von G.s Seite sogleich schwärmerisch, so daß auf die Ballnacht in Volpertshausen schnell ein regelmäßiger Verkehr im Wetzlarer »Teutschen Haus« – dem historischen Deutschordenshaus – folgte, in dem Charlotte nach dem frühen Tod ihrer Mutter den Haushalt des Vaters und die Pflege ihrer jüngeren Geschwister besorgte.

Kestner, der in seiner Braut »nicht eigentlich eine sogenannte glänzende Beauté« sah (Kestner an Hennings, 18.11. 1772), fand diese und wohl auch sich selbst durch den spontanen Enthusiasmus des jungen Genies aus der großen Stadt und aus reicher Familie aufgewertet. Überdies war er von dessen unterhaltendem und temperamentvollem Wesen angezogen. So hat er die heikle Situation mit erstaunlicher Souveränität bestanden. Ein spontanes Verständnis der Voraussetzungen und Grenzen von G.s Leidenschaft mag dazu beigetragen haben, den rasch gewonnenen Hausfreund großmütig zu bewillkommnen. Kestner selbst hatte sich der Geliebten versprochen, als diese fünfzehnjährig war. Die früh gewünschte und zumindest informell und halböffentlich gewährte Versicherung bürgerlicher Verhältnisse stand in einem fast künstlich ausgestalteten diametralen Gegensatz zur Selbstdarstellung des jungen G. Wo Kestner an der Seriosität seiner beruflichen und erotischen Verbindlichkeit keinen Zweifel ließ, gab G. sich demonstrativ unstet, ein neuer »Ulyß« und jedenfalls »Wanderer«. Hatte er doch nicht lange vor seiner Ankunft in Wetzlar erst das Verhältnis zu Friederike Brion fluchtartig abgebrochen. Sich von einer Situation zur anderen rückhaltlos zu verschenken, konnte ihm umso leichter fallen, als die Überführung seiner Neigungen in irgendeine konventionelle und stabilere Form von vornherein und wie mythologisch oder schicksalshaft nicht in Frage kam. Eine förmliche Bewerbung G.s um Charlotte hatte Kestner nicht zu befürchten. Das wußten alle Beteiligten. Darauf jederzeit die Probe machen zu können, mag Kestner innere Sicherheit und äußere Souveränität gegeben haben. Beides hat er in Nähe und Distanz zu G. aufgeboten, ein kluger Teilhaber an einer Affäre, die schon in ihrem Vollzug zu gleichen Teilen dem Leben und der Literatur angehörte.

Tatsächlich scheint das riskante Spiel der beiden jungen Männer, ohne daß es einer förmlichen Verabredung bedurft hätte, nahezu restlos aufgegangen zu sein. Es beruhte nicht zuletzt darauf, daß Charlotte Buff mitspielte und sich nicht einfallen ließ, den Bewerbungen des Hausfreundes gegenüber mehr als empfindsame Freundschaft zu bezeugen. Derart strikt scheinen diese Regularien gegolten zu haben, daß schon ein Kuß für G., den Kestners Tagebuch in einem Eintrag vom 16.8. 1772 verzeichnet, als Verstoß bewertet worden und Spannungen hervorgebracht zu haben scheint, die G. am Ende mit seiner Abreise löste. Wie seiner selbst sicher sich Kestner letztlich doch in diesem Verhältnis gewesen ist, wird schon daran deutlich, daß er G. sogar den Streich, ihn im *Werther* als den Pedanten Albert zu portraitieren, mit nur gelinder Verstimmung nachgesehen hat. G. replizierte durchaus zurecht: »Wenn ich noch lebe, so bist dus dem ichs dancke – bist also nicht Albert« (an Kestner, 21.11. 1774). Die Trauringe für Kestners Ehebund mit Charlotte besorgte G., und Kestner würde seinen ersten Sohn, den er mit Charlotte hatte, u.a. Wolfgang nennen. Nach dem Fortgang aus Wetzlar blieb Kestner noch lange G.s vertrautester Briefpartner. Die Korrespondenz reicht bis 1798, also kurz vor Kestners Tod. Anders als Werther ist sein Autor nach Wetzlar höchstens für eine Stippvisite zurückgekehrt, und sein gelegentlich durchaus selbstironischer und spielerischer Ton in dieser Korrespondenz läßt deutlich werden, daß er über beträchtlich größere Selbstbeherrschung gebot als sein Held.

Daß dieses Dreiecksverhältnis zu den Entstehungsumständen des *Werther* gehört, erhellt bis zur Evidenz aus den bisher schon erwähnten Umständen. Kestner traf G. erstmals, als dieser in Garbenheim bei Wetzlar im Gras lag. Immer wieder bewährte sich dieses Dorf in der Folge als ein idyllischer Ausflugsort. Von dort bis nach Wahlheim im *Werther* ist es nur eine Silbe weit. – Daß der Ball in Volpertshausen zum Vorbild der am 24. Dezember geschilderten Begegnung Werthers mit Lotte im Roman gedient hat, bedarf keiner umständlichen Nachweis. Ja, eine umfangreiche Regionalforschung hat für den größeren Teil der Personen, Orte und Begebenheiten die wirkli-

»Werthers Leiden«. Zweite Scene (Kinderscene)
Kupferstich von L. Beyer nach Ramberg.
In: Minerva. Taschenbuch für das Jahr 1831

chen personalen, lokalen oder ereignishaften Anlässe ausfindig machen zu können gemeint, von G.s Wohnung auf dem Kornmarkt, der Wirtschaft in Wahlheim und dem G.-Brunnen über das Lotte-Zimmer bis zu einzelnen Gestalten, die sich bereits zu G.s Lebzeiten als Vorbilder für diese oder jene Romanfigur empfahlen. – Das Vergnügen des jungen G. an und mit Kindern in Szenen der im *Werther* beschriebenen Art ist außer durch den Roman selbst und durch Briefe auch durch Berichte von Zeitgenossen bezeugt. Ebenso gewiß ist die Nähe von G.s Homer-Lektüre zu der Werthers. Auch die dilettierende Neigung zur bildenden Kunst teilte der Autor in dieser Zeit mit seinem Helden. – Selbst daß der Roman als Briefroman einsinnig bleibt, indem er nur Werther zu Wort kommen läßt und keine Antwortbriefe gibt, findet zumindest im nachhinein Entsprechung im Leben. Von den Briefen, die G. mit Kestner und Charlotte Buff in dieser Zeit tauscht, sind nahezu ausnahmslos nur die Briefe G.s erhalten, der die Antworten vernichtet zu haben scheint. Doch erfahren wir aus dieser Korrespondenz immerhin, daß der Autor die Lizenzen, die das Brautpaar seines Romans dem stürmischen Verehrer gewährt, auch selbst und leibhaftig eingeräumt bekommen und genutzt hat, ohne den Bogen zu überspannen. Der Brief G.s an Kestner (mit einer Einlage an Charlotte) vom 10.9. 1772, mit dem er sich bei seinem durchaus vorausgeplanten und gerade nur in der Form improvisierten Abschluß der Wetzlarer Zeit nach Frankfurt verabschiedet, könnte nach Gehalt und Tonlage ebenso gut im *Werther* stehen, wie denn auch der Abschiedsbrief, der den ersten Teil des *Werther* schließt vom »10. September« datiert ist: »Er ist fort Kestner wenn Sie diesen Zettel kriegen, er ist fort. Geben Sie Lottchen innliegenden Zettel. Ich war sehr gefasst aber euer Gespräch hat mich aus einander gerissen. Ich kann Ihnen in dem Augenblick nichts sagen, als leben Sie wohl. Wäre ich einen Augenblick länger bey euch geblieben, ich hätte nicht gehalten. Nun binn ich allein, und morgen geh ich. O mein armer Kopf«. – [An Charlotte Buff:] »Wohl hoff ich wiederzukommen, aber Gott weis wann. Lotte wie war mirs bey deinem reden ums Herz da ich wusste es ist das letztemal dass ich Sie sehe. Nicht das letztemal, und doch geh ich morgen fort. Fort ist er. Welcher Geist brachte euch auf den Diskurs. Da ich alles sagen durfte was ich fühlte, ach mir wars um hienieden zu thun, um Ihre Hand die ich zum letztenmal küsste. Das Zimmer in das ich nicht wiederkehren werde, und der liebe Vater der mich zum letztenmal begleitete. Ich binn nun allein, und darf weinen, ich lasse euch glücklich, und gehe nicht aus euern Herzen. Und sehe euch wieder, aber nicht morgen ist nimmer. Sagen Sie meinen Buben er ist fort. Ich mag nicht weiter« (an Kestner [und an Charlotte Buff], 10.9. 1772).

An den melodramatisch vollzogenen Aufbruch, dem – anders als im Roman – keine anders als unverbindlich gesellige Rückkehr folgte, schloß sich wenige Tage später als nächste Station dieser selbstverordneten »Education sentimentale« avant la lettre ein Aufenthalt bei der Familie der Sophie von La Roche in Ehrenbreitstein an, deren älteste Tochter Maximiliane G.s Aufmerksamkeit sogleich fesselte: »eher klein als groß von Gestalt, niedlich gebaut; eine freie anmutige Bildung, die schwärzesten Augen und eine Gesichtsfarbe, die nicht reiner und blühender gedacht werden konnte« (FA I, 14, S. 609). Ihre Züge werden sich im *Werther* mit denen von Charlotte Buff überlagern. Mit ihr ging am inneren Sternenhimmel des »Wanderers« ein neues Gestirn auf: »Es ist eine sehr angenehme Empfindung, wenn sich eine neue Leidenschaft in uns zu regen anfängt, ehe die alte noch ganz verklungen ist. So sieht man bei untergehender Sonne gern auf der entgegengesetzten Seite den Mond aufgehn und erfreut sich an dem Doppelglanze der beiden Himmelslichter« (FA I, 14, S. 611).

Nach Frankfurt zurückgekehrt, erreichte G. durch einen Brief Kestners vom 2.11. 1772 die Nachricht vom Selbstmord eines der Kollegen aus der Wetzlarer Zeit, des Braunschweiger Legationssekretärs am Reichsgericht Carl Wilhelm Jerusalem, dessen Portrait sich ebenfalls im Zwölften Buch von *Dichtung und Wahrheit* findet. Kestners Brief ist detailreich. Er nennt die vermuteten Gründe der Tat, Berufssorgen und die unglückliche Leidenschaft zu einer verheirateten Frau; berichtet, daß Jerusalem sich unter einem Vorwand zwei Pistolen, darunter die Tatwaffe, von ihm selbst ausgeliehen habe; schildert das empfindsame Wesen und melancholische Temperament des Täters; gibt ausführlich Einzelheiten der Ausführung des Selbstmords, wie das Glas Wein zuvor, die Situation am Schreibtisch, die Bekleidung – »gestiefelt, im blauen Rock mit gelber Weste« – und die Windungen des auf den Boden gesunkenen Sterbenden; bemerkt schließlich auch Gotthold Ephraim Lessings *Emilia Galotti* »auf einem Pult am Fenster aufgeschlagen« und endet mit der Szene des Begräbnisses und dem Schlußsatz: »Kein Geistlicher hat ihn begleitet« (Kestner, S. 86–99).

G.s Reaktion auf Kestners Brief ist teilnahmsvoll und »herzlich interessiert« – »Der unglückliche Jerusalem [...] Der arme iunge!« (an Kestner, Anfang November 1772) –, doch verrät sie keine über derartige Äußerungen des Mitgefühls bzw. des Zorns auf den »verfluchten Pfaff sein Vater«, dessen verderblichen Einfluß G. das Unglück zuschreibt, hinausgehende Bestürzung des Empfängers. Jerusalem war von G. während der vier Monate in Wetzlar auch kaum wirklich wahrgenommen worden, während umgekehrt dieser in einem vertraulichen Brief Jerusalems an einen Freund als vormals Leipziger Geck und nun Frankfurter Zeitungsschreiber erscheint (Jerusalem an Johann Joachim Eschenburg, 18.7. 1772). Auf Kestners Bericht über den Selbstmord kommt G. erst ein gutes Jahr später zurück.

Anlaß war das komplizierte Verhältnis zu Maximiliane. Auch hier waren die Grenzen eng gezogen. Zu Beginn des Jahres 1774 hatte sie den über zwanzig Jahre älteren Frankfurter Kaufmann Peter Anton Brentano geheiratet und war nach Frankfurt gezogen. Der poetische Umgang im Haus der Sophie La Roche in Ehrenbreitstein fand damit endgültig seinen Abschluß, nicht aber die freundschaftliche Beziehung zu G. Es entstand auf diese Weise eine Konstellation mit Aspekten, die den Wetzlarer ähnelten. Maximiliane hatte den alltäglichen Pflichten der Hausfrau eines Geschäftsmannes

nachzukommen und jüngere Stiefkinder zu versorgen. G. fand sich auf unliebsame Weise in die Rolle eines Vertrauten versetzt, dessen empfindsame Unterhaltung für die Trivialität des banalen Alltags entschädigen sollte. Ohne den Grad von Heftigkeit zu erreichen wie seine Neigung zu Charlotte Buff, legte aber auch hier die Disproportion des Verhältnisses einen Entschluß und Einschnitt nahe. Der Roman sollte diese Zäsur vollziehen. – Die Forschung nach Baumaterialien zum *Werther* war auch für diese Frankfurter Episode ergiebig. Sie hat ergeben, daß so, wie Christian Kestner und Charlotte Buff für den ersten Teil bis zum 10.9. 1771 Pate standen, diese Funktion von da an Peter Anton Brentano und seiner Frau Maximiliane in Frankfurt am Main zufällt, während der Schluß sich auf die Nachrichten über Jerusalem stützt.

Der Autor von *Dichtung und Wahrheit* rückt den Abschied von Lotte, vor allem aber das verdrießliche »Halbverhältnis« zu Maximiliane und den Tod Jerusalems in sehr engen, auch zeitlichen Zusammenhang mit der Niederschrift des Werks, wohl auch um den Eindruck des leidenschaftlich eruptiven Reagierens auf seelische Erschütterungen zu verstärken. Das literaturhistorische Vorbild dazu könnte er bei Rousseau gefunden haben, der im Neunten Buch seiner *Confessions* die Entstehungsgeschichte seiner *Nouvelle Héloïse* (1761) auf ähnliche Weise beschreibt (vgl. dazu Maurer). Ein halbes Jahr vor der eigentlichen Niederschrift, vom 15.9. 1773, datiert ein Brief aus Frankfurt am Main an Kestner, in dem der Autor, im Kontext von Erinnerungen an die Wetzlarer Zeit und der Versicherung seiner Anhänglichkeit an Lotte und den Adressaten, mitteilt: »Jetzt arbeit ich einen Roman, es geht aber langsam« (an Kestner, 15.9. 1773). Tatsächlich hatte es zumindest einer längeren poetischen Inkubation bedurft, bis der Entschluß gereift und die Form gefunden war, in der die Erfahrungen, die der Autor in den letzten Jahren mit Liebe und Kunst gemacht hatte, angemessen aufgehoben waren.

Bei der philologischen Rekonstruktion der Entstehungsgeschichte des *Werther* ist – mit triftigen Argumenten und ebenfalls mit beträchtlichem Gewicht für das Verständnis der Dichtung im ganzen – von Wolfgang Kayser eine These formuliert worden, die G.s Entstehungsbericht in *Dichtung und Wahrheit* vollends in das Reich der Fiktionen eines älteren Mannes verweist, ja selbst die Erfahrungen »im nächsten Leben« des Autors für die Konzeption des Romans stark relativiert. Insbesondere, daß Jerusalems Selbstmord der entscheidende Anstoß gewesen sei, hält Kayser für eine Altersprojektion G.s, die sich ihm im Zusammenhang mit dem Suizid von Zelters Schwiegersohn 1812 gebildet habe, als er für dieses Werther-Schicksal die deutende Formulierung taedium vitae notierte. Nicht Lebensekel, so Kayser, sei aber in Wahrheit die Keimzelle für den *Werther* gewesen, sondern G.s Faszination durch die »einfache Form« des »Mythus vom Jüngling und jungen Mädchen«, wie er sie 1772 an versteckter Stelle – anläßlich einer Rezension der *Gedichte von einem polnischen Juden* in den *Frankfurter Gelehrten Anzeigen* in ein novellistisches Schema gefaßt habe (vgl. Kayser, S. 435ff.). In der Tat findet sich dort, überraschenderweise im Kontext eines Verrisses und in der Form einer Apostrophe an den »Genius unseres Vaterlandes«, die Hoffnung auf einen blühenden Jüngling »voller Jugendkraft und Munterkeit« ausgesprochen, der mit einigen Zügen von G.s späterer Dichter-Genien auch die Assoziation zu Eros aufweist. Auf eine Schilderung seines »flatterhaften« Wesens und seiner ebenso unbedenklichen wie unbedingten Liebesfähigkeit folgt dann die Vision der Lehrjahre seines Herzens: »Aber dann, *o Genius*! daß offenbar werde, nicht Fläche, Weichheit des Herzens sei an seiner Unbestimmtheit schuld, laß ihn ein Mädchen finden, seiner werth! Wenn ihn heiligere Gefühle aus dem Geschwirre der Gesellschaft in die Einsamkeit leiten, laß ihn auf seiner Wallfahrt ein Mädchen entdecken, deren Seele ganz Güte, zugleich mit einer Gestalt ganz Anmuth, sich in stillem Familienkreis häuslicher täthiger Liebe glücklich entfaltet hat; die Liebling, Freundin, Beistand ihrer Mutter, die zweite Mutter ihres Hauses ist, deren stets liebwirkende Seele jedes Herz unwiderstehlich an sich reißt, zu der Dichter und

Weise willig in die Schule gingen, mit Entzücken schauten eingeborne Tugend, mitgebornen Wohlstand und Grazie. Ja, wenn sie in Stunden einsamer Ruhe fühlt, daß ihr bei all dem Liebeverbreiten noch etwas fehlt, ein Herz, das jung und warm wie sie, mit ihr nach fernern verhülltern Seligkeiten dieser Welt ahnete, in dessen belebender Gesellschaft sie nach all den goldnen Aussichten von e w i - g e m B e i s a m m e n s e i n , d a u r e n d e r V e r e i n i g u n g , u n s t e r b l i c h w e b e n - d e r L i e b e fest angeschlossen hinstrebte. // Laß die beiden sich finden, bei'm ersten Nahen werden sie dunkel und mächtig ahnen, was jedes für einen Inbegriff von Glückseligkeit in dem andern ergreift, werden nimmer von einander lassen. Und dann lall' er ahnend und hoffend und genießend: // ›Was doch keiner mit Worten ausspricht, keiner mit Thränen, und keiner mit dem verweilenden vollen Blick, und der Seele drin.‹ // Wahrheit wird in seinen Liedern sein, und lebendige Schönheit, nicht bunte Seifenblasenideale, wie sie in hundert deutschen Gesängen herum wallen. Doch ob's solche Mädchen gibt ? Ob's solche Jünglinge geben kann?« (*Frankfurter Gelehrte Anzeigen*, 1. 9. 1772; WA I, 37, S. 224f.).

»Stil, Satzbau, ganze Perioden gleichen sich«, so hat Kayser zutreffend die Nähe dieser Miniatur zum *Werther* hervorgehoben (Kayser, S. 438) und sich der Frage zugewandt, wie aus dieser von ihm »Mythus« genannten literarischen Keimzelle schließlich der Roman entsteht. Mit Sicherheit trägt das Heranziehen der Rezension, in der schon G.s Zeitgenosse, der Arzt Johann Georg Zimmermann, vermeint hatte, auf Lotte gestoßen zu sein, dazu bei, die Vorstellung einer blitzartigen schöpferischen Inspiration anläßlich von Jerusalems Ende zu erschüttern.

Nichts läßt aber an der Richtigkeit der Erinnerung zweifeln, in der G. in *Dichtung und Wahrheit* die Niederschrift schildert: »Ich hatte mich äußerlich völlig isoliert, ja die Besuche meiner Freunde verbeten, und so legte ich auch innerlich alles beiseite, was nicht unmittelbar hierher gehörte. Dagegen faßte ich alles zusammen, was einigen Bezug auf meinen Vorsatz hatte, und wiederholte mir mein nächstes Leben, von dessen Inhalt ich noch keinen dichterischen Gebrauch gemacht hatte. Unter solchen Umständen, nach so langen und vielen geheimen Vorbereitungen, schrieb ich den ›Werther‹ in vier Wochen, ohne daß ein Schema des Ganzen oder die Behandlung eines Teils irgend vorher wäre zu Papier gebracht gewesen«. Umfangreiche Vorbereitungen und dennoch ein Arbeiten am Manuskript, dessen Umstände G. als geradezu nachtwandlerisch beschrieben hat, müssen sich durchaus nicht widersprechen. Es sind vielmehr Produktionsbedingungen, bei denen Planung, Recherche und Konzeption in ein schöpferisch gespanntes Verhältnis treten, indem die höchst rational betriebenen Vorarbeiten im Umschlagspunkt zur Niederschrift den Status eines literarisch Unbewußten erhalten, während die Intuition das Feld bestellt. Durchaus auch im Rückblick auf die eigene Frühzeit hat der Verfasser der *Geschichte der Farbenlehre* die folgende »Konfession« formuliert: »So hatte ich selbst gegen die Dichtkunst ein eignes wundersames Verhältnis, das bloß praktisch war, indem ich einen Gegenstand der mich ergriff, ein Muster das mich aufregte, einen Vorgänger der mich anzog, so lange in meinem innern Sinn trug und hegte, bis daraus etwas entstanden war, das als mein angesehen werden mochte und das ich, nachdem ich es Jahre lang im stillen ausgebildet, endlich auf einmal, gleichsam aus dem Stegreife und gewissermaßen instinktartig, auf das Papier fixierte« (FA I; 23.1, S. 969)

Drucke. Die zweite Fassung

Die unmittelbaren Vorbereitungen kamen im Januar 1774 an ihren Abschluß. Mit guten Gründen ist vermutet worden, daß dazu auch die Auswertung von Aufzeichnungen und Korrespondenzen aus den Wetzlarer Monaten gehörte, die der Autor als ungeschätzte Spuren später vernichtet habe (vgl. Flaschka, S. 48). Sollte es – ungeachtet der Versicherung G.s –, aus der Zeit der Vorbereitung oder Niederschrift umfangreichere schriftliche Vorstudien gegeben haben, so sind davon jedenfalls nur zwei undatierte Entwürfe vom Umfang etwa einer Seite, notiert auf zwei Blättern aus dem Besitz der Frau von Stein erhalten; ein Bruchstück des Vorworts und ein Fragment, das sich auf das Entleihen der Pistolen, also den Schluß, bezieht (WA I, 19, S. 310f.). Im Laufe des Februar entstand die erste Fassung. Anfang März 1774 scheint sie abgeschlossen gewesen zu sein. Die Anfrage des Leipziger Verlegers Weygand nach einem Manuskript noch für die Ostermesse kam zur gleichen Zeit. Mitte Juni konnte G. eine Abschrift nach Leipzig schikken, zwar für die Publikation im Frühjahr zu spät, doch rechtzeitig für die Michaelis-Messe im Herbst. Die ersten Exemplare des anonym erschienenen Romans konnte der Autor am 22.9. 1774 versenden.

Das dieser Ausgabe zugrunde liegende Manuskript ging ebenso verloren, wie es zwei Johann Kaspar Lavater und Charlotte von Stein überlassene Exemplare sind. Das erhöht den Wert des Faksimile-Drucks des Weygandschen Erstdrucks, den der Insel Verlag mit einem Beiheft von Walther Migge herausgebracht hat (Frankfurt/M. 1967). Auf dem Erstdruck bei Weygand beruhen die Ausgaben von Robert Petsch (erste und zweite Fassung, 1926); Hanna Fischer-Lamberg (1968) sowie der von Erna Merker bearbeitete Druck in der Akademie-Ausgabe (1954).

Außer dem ersten erschienen im selben Jahr 1774 noch zwei Nachdrucke mit Korrekturen einiger Druckfehler bei Weygand. Bereits 1775 druckt dieser eine »zweite ächte Auflage« mit kleinen Erweiterungen. Im ersten Buch ist der Brief vom 13. Juli um drei Zeilen ergänzt, deren Fortfall im Erstdruck auf ein Versehen des Setzers zurückzugehen scheint (vgl. FA I, 8, S. 966). Als erste wirkliche Erweiterungen sind je vier die Lektüre lenkende Verse anzusehen, die seit der zweiten Auflage den beiden Teilen des Romans als Motti voranstehen: »Jeder Jüngling sehnt sich so zu lieben, / Jedes Mädgen so geliebt zu seyn, / Ach, der heiligste von unsern Trieben, / Warum quillt aus ihm die grimme Pein?« und »Du beweinst, du liebst ihn, liebe Seele, / Rettest sein Gedächtnis von

Die Leiden
des
jungen Werthers.

Erster Theil.

Jeder Jüngling sehnt sich so zu lieben,
Jedes Mädgen so geliebt zu seyn,
Ach, der heiligste von unsern Trieben,
Warum quillt aus ihm die grimme Pein?

Zweyte ächte Auflage.

Leipzig,
in der Weygandschen Buchhandlung.
1775.

Die Leiden des jungen Werthers. Zweyte ächte Auflage.
Leipzig, 1775. – Titelblatt

der Schmach; / Sieh, dir winkt sein
Geist aus seiner Höhle: / S e i e i n M a n n ,
u n d f o l g e m i r n i c h t n a c h « (vgl. Titelblatt, S. 59).

Dem außerordentlichen buchhändlerischen
Erfolg entsprechend, der das Werk seit seinem
Erscheinen begleitete, verzeichnet das Jahr
1775 noch einen Raubdruck des *Werther* in
J. W. Goethes Schriften bei dem Berliner Buchhändler Christian Friedrich Himburg, dem
dieser 1777 und 1779 weitere Auflagen folgen
ließ. Der Himburgsche *Werther* gleicht den
Sprachgebrauch der Weygandschen Ausgabe
gelegentlich dem in Berlin üblichen an (vgl.
dazu die Hinweise der FA I, 8, S. 920f.). Darüber hinaus ist die Vermehrung der Druckfehler von einer Ausgabe zur nächsten bemerkenswert. Über die Druckgeschichte der ersten Fassung unterrichtet im einzelnen Bernhard Seuffert, der seinerseits für den Druck in
der Weimarer Ausgabe die zweite Fassung zugrunde gelegt hat (vgl. WA I, 19, S. 312–327).

In der Erwägung, den Roman für eine Neu-
auflage zu bearbeiten, die einige Zeit später
für den Druck in einer Ausgabe seiner sämtlichen Schriften bei Göschen aktuell wurde, ließ
G. 1782 die Ausgabe Himburgs von 1779, auf
die er auch für Geschenkexemplare zurückgriff, unter Beibehaltung des überwiegenden
Teils der gegenüber dem Erstdruck vorgenommenen Veränderungen abschreiben. In diese
Handschrift H trug der Autor die Varianten für
den Druck im ersten Band von *Goethe's Schriften* bei Göschen in Leipzig 1787 ein. An Knebel
schreibt er am 21. 11. 1782 zu diesem Vorhaben: »Meinen Werther hab ich durchgegangen
und lasse ihn wieder ins Manuscript schreiben, er kehrt in seiner Mutter Leib zurück du
sollst ihn nach seiner Wiedergeburt sehen. Da
ich sehr gesammlet bin, so fühle ich mich zu so
einer delikaten und gefährlichen Arbeit geschickt«.

Die bereits 1775 sichtbar werdende Distanz
G.s zu seinem Werk, das seit seinem Erscheinen durch die heftigsten sei's bestätigenden,
sei's polemischen Reaktionen, durch Bearbeitungen und Parodien, Übersetzungen und
Echos in anderen Künsten nicht nur L i t e r a -
t u r geschichte gemacht hatte, war keine zehn

Jahre später bereits so groß geworden, daß er
sich genötigt fühlte, in den Streit um *Werther*
einzugreifen. Noch immer spielte dabei auch
die Konstellation seiner persönlichen Verhältnisse zur Zeit der Werkentstehung hinein.

Bereits kurz nachdem G. seine ersten Exemplare des Romans verschickt hatte – darunter
zumindest zwei nach Wetzlar – denn Kestner
und Lotte sollten das Buch nach seinem
Wunsch unabhängig voneinander lesen und
beurteilen –, erhielt er von dem zu »Albert«
gewordenen Bräutigam Lottes einen im Ton
moderaten, aber doch deutlich verdrossenen
Kommentar: »Euer Werther würde mir großes
Vergnügen machen können, da er mich an
manche interessante Scene und Begebenheit
erinnern könnte. So aber, wie er da ist, hat er
mich, in gewissem Betracht, schlecht erbaut.
Ihr wißt, ich rede gern wie es mir ist. Ihr habt
zwar in jede Person etwas Fremdes gewebt,
oder mehrere in eine geschmolzen. Das ließ
ich schon gelten. Aber wenn Ihr bey dem Verweben und Zusammenschmelzen euer Herz
ein wenig mit rathen lassen; so würden die
würcklichen Personen, von denen ihr Züge
entlehnet, nicht dabey so prostituirt seyn« (zitiert nach Kestner, S. 220). Daß Albert zum
»Klotz« habe werden müssen, um ihm gegenüber das Licht des feurigen Werther umso heller strahlen zu lassen, findet Kestner nicht so
sehr aus moralischen Gründen abwegig, wie so
viele Kritiker des Werks, sondern aus gekränkter Eitelkeit ärgerlich.

In die Neufassung gehen deshalb nicht nur
die diversen Lektüren der Kritiker, Parodisten
und Nachfolge-Selbstmörder ein, sondern
auch die der Wetzlarer Vertrauten. An Kestner,
der für den inzwischen Geheimen Rat von G.
nun »mein guter Kestner« heißt, schreibt der
Autor aus Weimar versöhnlich: »Für eure
Langmuth alter und neuerer Zeiten danke ich
Euch, und für Euer gut Betragen gegen mich.
Ich habe in meinem Leben viele tolle Streiche
angefangen, sie kosten mich aber auch etwas.
[...] Ich habe in ruhigen Stunden meinen
Werther wieder vorgenommen, und denke,
ohne die Hand an das zu legen was so viel
Sensation gemacht hat, ihn noch einige Stufen
höher zu schrauben. Dabey war unter andern

meine Intention Alberten so zu stellen, daß ihn wohl der leidenschaftliche Jüngling, aber doch der Leser nicht verkennt. Dies wird den gewünschten und besten Effekt thun. Ich hoffe Ihr werdet zufrieden seyn« (an Kestner, 2.5. 1783).

Die neue, in vier Redaktionen erarbeitete Version beansprucht freilich nicht nur wegen der persönlichen Delikatesse G.s konzentrierte Aufmerksamkeit, wiewohl er beiläufig auch die Gelegenheit gern wahrnahm, den persönlich Pikierten aus der Wetzlarer Zeit Genugtuung zu schaffen. Von größerem Gewicht ist der Wunsch, das Verhältnis von Leidenschaft und Sittlichkeit zu vereindeutigen, ohne dabei die literarische Substanz des Werks aufs Spiel zu setzen. Die Transformation des Frühwerks in die Ausgabe der *Schriften* kommt insofern dem Einlesen einer literarischen Revolutionsschrift in den Kontext des Weimarer Bildungsprogramms gleich. Unter beratender Anteilnahme von Herder und Wieland, Bericht erstattend und um Gefallen werbend an den Herzog und Charlotte von Stein, wurde die Neufassung erarbeitet. Ein Brief vom 2.9. 1786 an Göschen meldete endlich den Vollzug und die Fertigstellung der mit großer Sorgfalt erarbeiteten Druckvorlage. Neben einer Modernisierung von Lautstand, Orthographie und Syntax sowie der Milderung ausfälliger Attributierungen des Adels kommen die wichtigsten Varianten durch diskret angedeutete Relativierungen von Werthers Enthusiasmus im ersten Teil, entscheidend aber durch Texterweiterungen im zweiten zustande. Hier hat G. vor allem die Geschichte des wahnsinnigen Schreibers ergänzt, die als bedeutungsvoll mahnende Parallele zu Werthers Schicksal erzählt wird. Mord und Verstörung erscheinen neben Werthers Selbstmord als weitere mögliche Konsequenzen des subjektiven Standpunkts, wie dieser denn in der Zweitfassung psychologisch motiviert und deutlich als eine Perspektive unter anderen möglichen ausgewiesen wird. Die Bearbeitung wertet insgesamt die Haltung Alberts auf Kosten Werthers und vor allem Lottes auf, die die Katastrophe spätestens beim Ausleihen der Pistolen ahnt, ohne sie beherzt zu verhindern.

Das druckfertige, heute in Weimar verwahrte Manuskript H trägt die Handschrift der Schreiber Philipp Friedrich Seidel und Georg Carl Vogel, dazu zahlreiche Korrekturen von G.s eigener Hand und einige derjenigen Herders (vgl. den Bericht Seufferts in WA IV, 6, S. 329–334). Seit dem Abdruck im ersten Band von *Goethe's Schriften* (Leipzig 1787) hat es mittel- oder unmittelbar als Textzeuge für die Neuausgabe bei Weygand von 1825, den von Seuffert besorgten Druck in der Weimarer Ausgabe von 1899, die Jubiläumsausgabe Eduards von der Hellen (1906), Robert Petschs Ausgabe im Bibliographischen Institut von 1926 sowie die Hamburger Ausgabe von Erich Trunz gedient.

Seit Petsch (1926) gibt es Paralleldrucke beider Fassungen, die übersichtlicher benutzbar sind als Seufferts historisch-kritische Edition der zweiten Fassung im Rahmen der Weimarer Ausgabe, die die erste Fassung in den umfangreichen Lesarten bietet. Im folgenden wird die Frankfurter Ausgabe zitiert, die mit geringen Abweichungen die erste Fassung als Version A nach der Ausgabe von Hanna Fischer-Lamberg (1968) und die zweite als B, nach der von Erna Merker für die Akademie-Ausgabe besorgten, nebeneinander enthält.

Interpretation: Stoff und Form

Jede neue Generation von *Werther*-Lesern wirft nach immer neuen oder anderen Entdeckungen von hineingeheimnisten Anspielungen, kompositionellen Kunstgriffen oder Zitaten die Frage nach dem Verhältnis von kolportiertem Stoff und Artistik auf. Sie ist bereits von den ersten Lesern des Werks, ist zu allererst von jenen gestellt worden, die sich aus guten Gründen als Vorbilder für die Personen der Erzählung sahen und ein Recht auf Ähnlichkeit zu haben meinten, wenn es dem Autor denn um Wahrheit zu tun wäre. Christian Kestner hat G. in diesem Sinn Vorhaltungen gemacht, weil er Lotte ihrem Verehrer gegenüber zu entgegenkommend und sich selbst in Albert zu pedantisch portraitiert fand. Den Autor selbst fand er in der Wirklichkeit viel größer als in seinem vermeintlichen Selbstportrait. G. hat darauf mit einem emphatischen Bekenntnis zur selbständigen Wirklichkeit seiner Personen geantwortet: »Werther muss – muss seyn! – Ihr fühlt i h n nicht ihr fühlt nur mich und euch, und was ihr angeklebt heisst – und truz euch – und andern – e i n g e w o b e n ist –« (an Kestner, 21. 11. 1774).

Eingewoben statt angeklebt – bereits diese von Kestner als Besonderheit des Autors registrierte Vorliebe, sich bildhaft auszudrücken, nimmt wiederum die Lizenz für eine eigene Wirklichkeit der sprachlichen Kunstform in Anspruch. Denn was gegenüber zusammengeklebten dokumentarischen Versatzstücken als ein gutes Webstück zu verstehen sei, entscheidet sich nicht durch abbildliche Qualitäten in Beziehung auf eine äußere Wirklichkeit, sondern in der analogen Übertragung textiler Eigenschaften auf eine Dichtung. Weben steht bei G. von hier an bis ins Spätwerk für Dichten. In erster Linie ist dabei wohl an die Struktur eines Gebildes zu denken, aus dem kein Faden entfernt werden könnte, ohne daß das Produkt versehrt wäre, d.h. eine innere Integrität, für welche die Generation des Sturm und Drang sonst gern auf das Bild eines Organismus zurückgriff. Daß G. diese am natürlichen Leben orientierte Vorstellung nicht genügte, als er Textur und Gewebe metaphorisch verknüpfte, ist ein Hinweis auf die hohe Schätzung des Artifiziellen bereits in den frühen 70er Jahren, als die Parolen seiner Generationsgenossen sich meist mit der Rückbildung des Künstlichen in Natur begnügen wollten. Konsistenz, Festigkeit und funktionale Brauchbarkeit, natürlich auch geschmackvolle Farbigkeit und dekorative Überzeugungskraft lassen sich darüber hinaus als Eigenschaften assoziieren. Gewebt statt geklebt soll der Roman sein, weil einzig auf diese Weise Werther zu dem Sein gelangen kann, das ihm sein Autor zugedacht hat, ein gedichtetes.

Andererseits besteht eine der Provokationen des Romans nicht zum geringsten darin, Rohstoff des zeitgenössischen Lebens zu enthalten und zugleich Anschluß an die ältesten Muster der literarischen Tradition zu finden. Roland Barthes hat dieses Spannungsverhältnis überzeugend als formbildende Dynamik des Werks erkannt, wenn er schreibt: »In den Briefen, die er seinem Freund Wilhelm schickt, schildert Werther im selben Atemzug die Ereignisse seines Lebens und die Folgen seiner Leidenschaft; es ist aber gerade die Literatur, die diese Mischung verlangt. Denn wenn ich selbst ein Tagebuch führe, so bestehen Zweifel daran, ob sich dieses Tagebuch auf E r e i g n i s s e im eigentlichen Sinn bezieht. Die Ereignisse des Liebeslebens sind derart belanglos, daß sie sich nur mit enormer Anstrengung auf die Ebene des Schreibens heben lassen […].« (Barthes, S. 70). In seinem Helden portraitiert G. jemanden, der an dieser Anstrengung scheitert. Sein Autor überlebt – nicht zuletzt, weil ihm gelingt, was Werther sich vergebens wünscht, die distanzierte Anschauung des Lebensrohstoffs als Kunst. Die Abspaltung von Anteilen des wirklichen Lebens und ihre Anschauung vermöge der ästhetischen Einbildungskraft ist das Geschäft des Künstlers. Im *Werther* wird sie darüber hinaus aber auch als eine Lebensfunktion zum Thema, deren Ausfall als eine »Krankheit zum Todte« erscheint (FA I, 8, S. 98). Dem gestaltenden Zugriff traut der Autor eine therapeutische Wirkung zu. Wie geläufig ihm dieser Gedanke nicht erst im Lebensrückblick war, sondern bereits in der Wetzlarer Zeit läßt seine Besprechung von Johann Georg Sulzers *Theorie der schönen Künste* (1771) für die *Frankfurter Gelehrten Anzeigen* erkennen.

Gegen Sulzers empfindsame Betulichkeit besteht G. dort auf einer Natur, »die ihre echten Kinder gegen die Schmerzen und Übel [abhärtet], die sie ihnen unablässig bereitet, so daß wir den den glücklichsten Menschen nennen können, der der stärkste wäre, dem Übel zu entgegnen, es von sich zu weisen und ihm zum Trutz den Gang seines Willens zu gehen«. Eben bei dieser Selbstermächtigung des Menschen gegen die Übermacht der Natur kommt ihm aber nun die Kunst zu Hilfe: »Was wir von Natur sehen, ist Kraft, die Kraft verschlingt, nichts gegenwärtig, alles vorübergehend, tausend Keime zertreten, jeden Augenblick tausend geboren, groß und bedeutend, mannichfaltig in's Unendliche; schön und häßlich, gut und bös, alles mit gleichem Rechte nebeneinander existirend. Und die Kunst ist gerade das Widerspiel; sie entspringt aus den Bemühungen des Individuums, sich gegen die zerstörende Kraft des Ganzen zu erhalten. Schon das Thier durch seine Kunsttriebe scheidet, verwahrt sich; der Mensch durch alle Zustände befestigt sich gegen die Natur« (*Frankfurter Gelehrte Anzeigen*, 1772; WA I, 37, S. 210). Das Vermögen der Kunst sieht G. – noch weit vor aller bürgerlich ausdifferenzierenden Professionalisierung – derart tief im Leben verankert, daß er es nicht einmal nur anthropologisch, sondern kreatürlich begründet.

Der *Werther* ist auf diese Theorie nicht bloß eine Anwendung auf den Autor selbst, er liefert auch deren poetische Durchführung und Kasuistik. In seinem Helden hat G. ein alter ego abgespalten und der Übermacht der Natur zum Opfer fallen lassen, der er selbst im Bündnis mit allen Künsten des Lebens und der Poesie getrotzt hat. Werther sei der junge G. selbst, minus die schöpferische Gabe, die diesem die Natur verliehen, hat Thomas Mann hierzu geschrieben (Mann 1941, S. 194). Im zeitlichen Umfeld und parallel zur Entstehung des *Werther* befestigen sich G.s Auffassungen über das Verhältnis von Stoff und Form, Leben und Kunst. Den Helden des Romans hat er als einen Möchtegern-Künstler gegeben, als einen Dilettanten. Als solcher steht er ohnmächtig auf der Seite des Lebens; eine Problematik, die G. auch in seinen späteren Romanen wieder beschäftigen wird, wie schließlich theoretisch auch in dem mit Schiller gemeinsam konzipierten Dilettantismus-Schema. Die Meisterschaft des Künstlers ist die spezielle Anwendung einer allgemeinen Lebenskunst, deren Bedeutung G., wie er aus Wetzlar an Herder schreibt, bei der Pindar-Lektüre aufgegangen ist. Herders Sottise aufnehmend, der G. einen Specht genannt hatte, um seine unstet und punktuell ansetzenden Interessen zu charakterisieren, schreibt dieser Mitte Juli 1772: »Auch hat mir endlich der gute Geist den Grund meines spechtischen Wesens entdeckt.

Ueber den Worten Pindars επικρατειν δυνασθαι ist mirs aufgegangen. Wenn du kühn im Wagen stehst, und vier neue Pferde wild unordentlich sich an deinen Zügeln bäumen, du ihre Kraft lenkst, den austretenden herbei, den aufbäumenden hinabpeitschest, und jagst und lenkst, und wendest, peitschest, hältst, und wieder ausjagst, bis alle sechzehn Füße in einem Takt ans Ziel tragen – das ist Meisterschaft, επικρατειν, Virtuosität. Wenn ich aber nun überall herumspaziert bin, überall nur dreingeguckt habe, nirgends zugegriffen. Drein greifen, packen ist das Wesen jeder Meisterschaft. Ihr habt das der Bildhauerei vindicirt, und ich finde, daß jeder Künstler, so lange seine Hände nicht plastisch arbeiten, nichts ist. Es ist alles so Blick bei Euch, sagtet Ihr mit oft. Jetzt versteh ichs, thue die Augen zu und tappe. Es muß gehn oder brechen. Seht, was ist das für ein Musicus, der auf sein Instrument sieht!« (an Herder, Mitte Juli 1772).

Meisterschaft als Vermögen zu plastischer Bildung verlangt nach einer Modellierung, deren Korrektiv nicht das Auge ist, sondern ein innerer Sinn. Dieser ist auch gemeint, wenn G. wiederholt davon spricht, wie er den Werther ziemlich unbewußt, »einem Nachtwandler ähnlich« niedergeschrieben habe. Neben Pindar ist es Homer, an den G. sich mit Emphase anschließen möchte. Dieser empfiehlt sich auch darum als Pate seiner Ästhetik, weil er, dessen plastisches Erzählen aus dem Schild des Achill eine Welt hervortreten lassen kann, als ein Blinder vorgestellt wird – wie übrigens auch Ossian, die Erfindung jenes jungen Hochlandschotten MacPherson, der aus der Bibel, gälischer Hochlandpoesie, Milton, Thomson und einigen anderen Ingredienzien das Epos des Nordens komponiert und als vorgeschichtliche trouvaille ausgegeben hatte. Einmal mehr tritt auch bei dieser Favorisierung des inneren Sinns anstelle des bloßen Hinschauens der Unterschied der Künstlerschaft, wie G. sie nun für sich selbst in Anspruch nehmen möchte, zu dem augenhaften Impressionismus hervor, wie er für den Dilettanten Werther charakteristisch ist. Werthers »Krankheit zum Todte«, so läßt sich schon im Heranziehen von G.s Kunstanschau-

ungen derselben Zeit erahnen, ist eine Unfähigkeit zur Form. So stirbt er denn nicht in
erster Linie für Charlotte Buff oder um ihret-
willen, sondern an der Überfülle eines inneren
Reichtums, unter deren ungestalter Last er zu-
sammenbricht. In durchaus kunstvoller Verwendung jenes Details, das G. über die Todesszene Jerusalems bekannt geworden war, hat
der Autor nun allerdings seinen Helden selbst
noch Vorsorge tragen lassen, daß sein Verstummen im Suizid endlich doch noch zu
Worte kommt. Auf dem Pult des Selbstmörders
liegt Lessings *Emilia Galotti* aufgeschlagen:
der Held ein Märtyrer, dessen Legende bereits
geschrieben steht. Der Leser ist aufgefordert,
Leben und Tod Werthers im Spiegel des bürgerlichen Trauerspiels zu sehen.

Die Interpretation des *Werther* als von Literatur über Literatur stellt das Werk in die Tradition des Ästhetizismus. Die Selbstinszenierung eines Lebens bis zum Tode und sein
Opfer als nicht zu überbietende Hyperbel poetischen Ausdrucks – das ist ein Schema, das
mit der weltliterarischen Tradition von Byron
über den Flamen Joris-Karl Huysmans bis zu
seiner Kritik beim jungen Hugo von Hofmannsthal immer wieder begegnet. Daß dies
auch die Struktur des ersten deutschen Werks
von weltliterarischer Bedeutung sei, diese Behauptung widerspricht nicht nur der sich mit
Werther identifizierenden oder ihn verurtei-
lenden zeitgenössischen Rezeption – man
denke etwa an Friedrich Nicolai und den durch
diesen eröffneten Streit um den *Werther*, der
bis in die Gegenwart noch andauert – diese
Interpretation verträgt sich auch schlecht mit
der Aura, die G. selbst diesem Werk verliehen
hat. Eine Beichte hat er es genannt und es als
den unmittelbaren Ausdruck gelebten Lebens,
als die jähe Eruption einer leidenschaftlich
bewegten Seele charakterisiert. An der hohen
formalen Verdichtung tritt aber nun auch im
einzelnen des Werks hervor, daß die Abspaltung und Verselbständigung der poetischen
Fiktion nicht bloß zum theoretischen Kunstprogramm G.s wird, sondern mit hoher Konsequenz auch zur inneren Logik des ersten
Werks, in dem er es anzuwenden unternimmt.
Aus seiner Versicherung, daß es kein schrift-

lich fixiertes Schema für den Roman gegeben
habe, darf der Schluß nicht gezogen werden,
es hätte das Werk kein solches Schema. Zur
Verdeutlichung des inneren Bauplans ist es
nützlich, die Aufmerksamkeit auf den Anfang
und den Schluß zu lenken, den Brief vom 10.
Mai und den Bericht von den Umständen des
Todes.

In dem ersten der Briefe scheint sich der
Überfluß des Lebens eingestellt zu haben. So
wie dort Natur empfunden und als nah und
allbeseelt geschildert wird, so hat Friedrich
Gottlieb Klopstock sie zuvor bedichtet und mit
ihm eine komplette Generation empfindsamer
Autoren seit der Mitte des 18. Jhs. Das son-
nenbeschienene Dampfen des Tals – ein Bild,
das G. besonders angezogen hat –, Strahlen
durch trocknes Waldgrün, der fallende Bach,
dergestalt wird Natur in ein faßliches Verhältnis gebracht und zugleich verklärt. Die mikro-
kosmische Welt der Würmchen und Mücken,
die makrokosmische mit dem Allmächtigen,
dies alles ist aus den Feiern der Natur, wie
Klopstocks Elegien sie vollziehen, vertraut. In
ihnen vergewissert sich die subjektive Empfindung ihrer Evokationskraft, die geradezu ritu-
ell erneuerte Andacht eines profanen Subjektivismus. Doch ginge die Interpretation gänzlich fehl, wenn sie Werthers Brief umstandslos
in diese Tradition auflösen würde. G. zitiert
sie nämlich, um sie umzubiegen. Indem die
gesamte idyllische Szene, indem der locus
amoenus der Naturandacht in einer langen dynamischen Periode von Konditionalsätzen
konzentriert ist, bezeichnet sie lediglich den
Anlaß für die Reflexion des Helden: »Ich bin so
glücklich, mein Bester, so ganz in dem Gefühle
von ruhigem Daseyn versunken, daß meine
Kunst darunter leidet. Ich könnte jetzt nicht
zeichnen, nicht einen Strich, und bin nie ein
größerer Mahler gewesen als in diesen Augenblicken. Wenn das liebe Thal um mich dampft,
und die hohe Sonne an der Oberfläche der
undurchdringlichen Finsterniß meines Waldes
ruht, und nur einzelne Strahlen sich in das
innere Heiligthum stehlen, ich dann im hohen
Grase am fallenden Bache liege, und näher an
der Erde tausend mannichfaltige Gräschen mir
merkwürdig werden; wenn ich das Wimmeln

der kleinen Welt zwischen Halmen, die unzähligen unergründlichen Gestalten der Würmchen, der Mückchen näher an meinem Herzen fühle, und fühle die Gegenwart des Allmächtigen, der uns nach seinem Bilde schuf, das Wehen des Allliebenden, der uns in ewiger Wonne schwebend trägt und erhält; mein Freund! wenns dann um meine Augen dämmert, und die Welt um mich her und der Himmel ganz in meiner Seele ruhn wie die Gestalt einer Geliebten; dann sehne ich mich oft und denke: ach könntest du das wieder ausdrücken, könntest du dem Papiere das einhauchen, was so voll, so warm in dir lebt, daß es würde der Spiegel deiner Seele, wie deine Seele ist der Spiegel des unendlichen Gottes! – Mein Freund – Aber ich gehe darüber zugrunde, ich erliege unter der Gewalt der Herrlichkeit dieser Erscheinungen« (FA I, 8, S. 15). All das also, was hier als Topos aus der literarischen Tradition der Empfindsamkeit skizziert wird, ist in die Wenn-Sätze eingegangen; wird so gewissermaßen aus der Tradition herbeigeholt, ehe der Autor auf sie mit seinen Dann-Sätzen reflexiv reagiert. Diese Reflexion aber nun geht auf Kunst, geht auf Literatur. Was Klopstock genügt hätte, die vollendete Natur als Inspiration seines poetischen Gesangs, das beschreibt G. als den Anlaß, aus dem der Held des eigenen Mangels sich bewußt wird, aus dem er erstmals und dies gleich am Eingang des Romans, dessen Ende antizipiert.

Denn wenn eben das Glücksgefühl Werthers am intensivsten ist, dann stellt sich das Sehnen ein, das er fürchtet, nicht stillen zu können. »Ach, könntest du das wieder ausdrücken, könntest du das dem Papiere einhauchen, was so voll, so warm in dir lebt« (ebd.). – Künstlerisches Bilden – Werther dilettiert im Zeichnen –, die ästhetische Form vermenschlicht für den Helden das Leben erst, das ihn ohne solche künstlerische Brustwehr, ohne ästhetisches Widerspiel, wie es in der Sulzer-Rezension hieß, überwältigen würde. Vor der Zerstörung durch die Gewalten des andrängenden Lebens wäre das Subjekt erst sicher, wenn ihm die künstlerische Mimesis, wenn ihm die Nachahmung dieses Lebens im Ausdruck gelingen würde. Nicht ein Leiden am

Leben fürchtet Werther, in dem er etwa vorahnend die bevorstehenden Schmerzen der Liebe ausmißt und nun fürchtet, nicht Lebensangst ist das Thema seiner ersten Gedanken, vielmehr ist die Unangemessenheit der künstlerischen Nachahmung – daß das Papier nicht zum Spiegel der Seele werden könnte –, ist das Unvermögen zu ästhetisch angemessner Repräsentation – »ach, könntest du das wieder ausdrücken« – der früheste Grund für seine Todesangst. Der Autor G., nachdem ihn die unbefriedigt gebliebene Liebe zu Charlotte Buff und der Verdruß bei Maximiliane bedrängten, konnte sich zurückziehen, um, wie er schreibt, »dichterischen Gebrauch vom eigenen Leben zu machen«. Die geheimrätliche Ausrucksweise G.s, die er bis ins hohe Alter beibehalten und nur selten noch ablegen wird, wenn er über sich spricht, geht hier auf signifikante Weise aus dem Stilgestus der Selbstdistanzierung hervor. Sein Held ist als Portraitist so wenig geschickt wie als Autor des eigenen Lebens. Von Lotte gelingt ihm allenfalls ein Schattenriß und wenn er an das Verfertigen des eigenen Romans geht, so mischen sich darin Blut und Tinte bis in die Schlußszene, weil sein Bestehen vor der Liebe an seinem Vermögen als Künstler hängt. Das ästhetische Gelingen, das Gerinnen des Lebens im Ausdruck seiner selbst, Bild- oder Wortmächtigkeit erst bannen das Überwältigende. Keinem Dichter der vorbürgerlichen Periode, keinem vor Rousseau und G., wäre es eingefallen, so zu denken. Daß das Subjekt die Festigkeit in sich selbst erst durch die künstlerische Mimesis des Lebendigen gewinnt, daß es audrücken kann und muß, wie es das Leben empfindet und mit diesem Ausdruck auch allererst selbstbewußt wird, dies ist eine Konstellation, die erst der bürgerlichen Gesellschaft zugehört. G. macht sich zu ihrem Anwalt, Werther aber zu ihrem Opfer.

Wie weit die Entfernung zwischen dessen Ansichten und denen seines dichterischen Gestalters – des Rezensenten der *Frankfurter Gelehrten Anzeigen* und Korrespondenten Herders – ist, läßt einmal mehr der Brief vom 30.5. 1771 erkennen, in dem Werther die unvermittelt gespiegelte Empfindung gegen ihre

Gestaltung in Kunstformen ausspielen zu können glaubt: »Ich habe heut eine Scene gehabt,
die, rein abgeschrieben die schönste Idylle von
der Welt gäbe; doch was soll Dichtung, Scene
und Idylle? muß es denn immer geboßelt seyn,
wenn wir Theil an einer Naturerscheinung
nehmen sollen?« (FA I, 8, S. 33). Der Satz ist in
die zweite Fassung neu eingefügt. Werthers
Geringschätzung des Geformten war G. für die
Charakterisierung seines Helden in der zweiten Fassung noch wichtiger geworden, die eigene Distanz noch größer. So läßt er dann unmittelbar auf dieses Lob der »rein abgeschrie-
benen« (ebd.), d.h. ungestalteten Idylle die
wichtigste Ergänzung der zweiten Fassung anschließen, einen ersten Teil der Erzählung von
dem Bauernburschen, dessen Geschichte diejenige Werthers, in ein anderes Milieu versetzt, spiegelt. Auch der Bauernbursche erliegt
dem Reiz einer schönen, für ihn unerreichbaren Frau, von der er schwärmt wie Werther.
An dieser Stelle erfährt man nur von der idyllischen Seite dieser Verehrung. Später stellt sich
heraus, daß die natürliche Anmut dieses Verhältnisses eine dunkle Abseite hat. Unvermögend, Distanz zu seiner aussichtslosen Neigung zu nehmen, enthüllt die bloße Natur des
Begehrenden nun auch ihre dämonische Seite.
Unfähig, ihr eine Form zu geben, die unter den
obwaltenden Umständen entsagend sein
müßte, will er die verehrte Frau vergewaltigen
und muß die Versuchung zu dieser jähen Rohheit aufs bitterste büßen.

Die Sterbeszene gibt der Frage nach dem
Verhältnis von roher Natur und den Formen
ihrer reflexiven Gestaltung ihre abschließende
Form. Sitzend am Schreibtisch habe er die Tat
vollbracht, so G., nachdem Werther den letzten Brief an Charlotte abgeschlossen hat. Die
Feder, mit der er noch eben geschrieben hat,
vertauscht der Held mit der Pistole, als wollte
er den Roman nun mit dieser Waffe zu Ende
schreiben. Was ihm mit der Feder nicht geglückt ist, wird ihm mit der Waffe nur noch
pantomimisch gelingen; daher die Vorsorge
der aufgeschlagenen *Emilia Galotti*. – Der
Held ist als Liebender zugrunde gegangen,
weil all seine Lebenskunst versagt hat. In der
Sterbeszene verdichtet G. nochmals die Züge,

die Werthers mißratene Künstlerschaft anzeigen. Den eigenen Tod inszeniert er nun – in
blau-gelber Montur und sorgfältigem Arrangement des Schauplatzes – wie ein Kunstwerk,
ein Dilettant bis zum letzten. Den Abschluß
seines Romans verfaßt er zwar nicht mit eigener Hand, doch hat er ihn vorsorglich an Lessing delegiert. Dergestalt behält Kunst zwar
das letzte Wort, aber nicht Werthers eigene.
Der selbstgeschriebene Abschiedsbrief wird
literarisch überboten durch das Pathos von
Emilias Opfertod, keine literarische Steigerung von Werthers eigenem Tod, sondern eine
durch diesen nicht mehr beeinflußbare Spiegelung in einer Dichtung.

Daß Werthers Liebe in der Gegenwart der
Liebenden zu keiner angemessenen Form finden kann und an eben dieser Gestaltlosigkeit
scheitert, umschreibt G. in der Erfindung immer neuer Formen der Unsagbarkeit, deren
Sinn zwar Werther selbst, nicht aber dem Leser verborgen bleibt. Nicht nur Anfang und
Ende des Romans erlauben diese Behauptung.
Auf noch andere Weise legt G. diesen Schluß
durch eine poetische Verfahrensweise nahe,
welche die Empfindung des Helden stets erst
in der Erinnerung des Schreibenden rund werden oder unter ferngestellten Bedingungen
der Zukunft erfüllt sein läßt. Wirkliche Fülle
gewinnt die Empfindung allenfalls erst in der
Reminiszenz des Briefschreibers und des Ta-
gebuchautors oder in dessen Ahnungen und
Wünschen. Das ist es denn auch, was den Roman an den Beginn einer Tradition rückt, die
zunächst durch die Namen Wilhelm Heinrich
Wackenroder und Johann Ludwig Tieck bezeichnet wird, der Geschichte des Ästhetizismus in der deutschen Literatur, und nicht nur
in der deutschen. – In einem Brief vom 27.11.
1792, schreibt Wackenroder an Tieck, indem
er sich an einen frohen Vormittag erinnert, den
er mit diesem verbracht hat: »Bei alledem bin
ich fest überzeugt, daß ich mir diesen Morgen
jetzt noch schöner vorstelle als er in der Tat
war. Und ich glaube, daß es mir mit allen meinen vergangenen angenehmen Schicksalen so
ging. In der Erinnerung sondert die Phantasie
alles Heterogene von selber ab, scheidet alles
stillschweigend aus, was nicht in den Haupt-

charakter des Bildes gehört und gibt uns für das immer noch mangelhafte individuelle Bild ein Ideal. Noch eigentlicher ist dies das Geschäft der Hoffnung. Überhaupt glaub ich, daß in der Welt nichts so schön sei, daß man sichs nicht noch schöner vorstellen könnte, und daß also der so gemeine Ausruf bei einer schönen Gegend: man kann sie sich nicht schöner vorstellen, grundfalsch ist«. Knapp zwanzig Jahre zuvor hat G. diese Form des Empfindens konfiguriert und ihr Gestalt und einen Namen gegeben: Werther.

Der Briefroman

Sentimentalische Anschauung der eigenen Empfindung, die reflexive Selbstvergewisserung erst, hebt den Liebeskummer des Bürgers Werther auf jenes Niveau, auf dem er bedeutend genug erscheint, um seine Mitteilung zu rechtfertigen. Das Mitgeteilte ist dann der Ort Nirgendwo, die Utopie von höchster Lebensintensität, wie sie stets schon war oder immer sein könnte, nie jedoch gegenwärtig ist. Wiederum knüpft G. hier an Rousseaus *Nouvelle Héloïse* an, auf die sich sein *Werther* auf analoge Weise bezieht wie *Dichtung und Wahrheit* auf die *Confessions*. In diesem Kontext ist eine Schlüsselszene in Rousseaus autobiographischem Liebesroman exemplarisch, auf deren Bedeutung G.s *Werther* eine kunstvoll ausgeführte Allegorie sein könnte. St. Preux schreibt einen Brief an die Geliebte, deren Eintreten er jeden Augenblick erwartet. Über den geschriebenen Apostrophen an die ferne versäumt er die Nähe der eben eingetretenen, um zunächst den Brief zu beenden – ein Dilettant der Liebe aus literarischer Verzückung; ein Dilettant der Kunst, weil er am Leben vorbeigeht. Der Brief ist wirklicher als die leibhaftige Leidenschaft, denn diese erfährt brieflich eine ekstatische Steigerung der Leidenschaft, hinter der die Wirklichkeit zurückbleibt. Seine Bedeutung liegt nicht in dem, was er darstellt oder mitteilt, sondern in seinem Vollzug.

Die einzigartige Stellung, die G.s erster Roman in der Geschichte des europäischen Briefromans einnimmt, hat hier ihren Grund. Als der *Werther* 1774 erscheint, hat dieser bereits eine zwar kurze, aber stattliche Geschichte. Er war in den Jahrzehnten zuvor weniger in Korrespondenz zu vermeintlichen Vorgängern, wie den *Epistolae* und *Heroides* des Ovid, den anonym erschienenen *Lettres Portugaises* oder den Briefen von Abaelard und Héloïse entstanden als vielmehr zu der üppigen Blüte des intimen Privatbriefs der Aufklärung. Dazu paßt, daß die Komposition des Romans aus Briefen im wesentlichen eine Form des 18. Jhs. ist, in dem seine wichtigsten Autoren lebten und seine typologischen Möglichkeiten erschlossen wurden. Durch die Bindung an den Privatbrief erhält der Briefroman eine Aura von Antikunst, mehr noch, er erlangt die Geltung einer Naturform von Kunst. Scheint der persönlich geschriebene und individuell adressierte Brief doch geradezu paradigmatisch die Möglichkeit zur Spontaneität und Unkonventionalität im Austausch von Empfindungen und Gedanken über Gott und Natur, Liebe und Freundschaft, Geburt und Tod anzubieten, die nun als Lebenswelt des schnell wachsenden bürgerlichen Mittelstandes erschlossen wird. Im Ensemble der Gattungspoetik steht der Briefroman außerhalb der hierarchisch gegliederten literarischen Ständeordnung, und seine Geltung als Antikunst findet auch darin ihren Ausdruck, daß seine Theorie in den Musterpoetiken des 18. Jhs. noch kaum bedacht wird, selbst dort nicht, wo der neue Roman immerhin zum Thema wird, wie bei Friedrich von Blanckenburg. Abgestoßen vom Relativismus der diversen Perspektiven der Korrespondenten hat dieser den Briefroman wenig geschätzt. In seinem *Versuch über den Roman* (1774) schreibt er: »Es dünkt mich nämlich, daß dieser Zusammenhang mit Wahrscheinlichkeit nicht anschauend erhalten werden kann, wenn die Personen selbst den Roman schreiben, das ist, wenn er in Briefen geschrieben ist. Die Personen sind, den Voraussetzungen des Dichters zu Folge, oft in zu großer Bewegung, als daß sie in sich selbst zurückkehren, Wirkung und Ursach gegen ein-

ander abwiegen, und das Wie bey dem Entstehn ihrer Begebenheiten so aufklären könnten, wie wir es sehen wollen« (Blanckenburg,
1744, S. 285).

So finden sich die poetologischen Empfehlungen für den Briefroman denn eher in den
Musterbriefstellern für den Hausgebrauch als
in der Fachliteratur der schönen Künste und
Wissenschaften. In den Briefstellern gilt der
Brief als freie Nachahmung des guten Gesprächs und darf alle Lizenzen in Anspruch
nehmen, die dem assoziativen Austausch von
Privatpersonen über Gegenstände gemeinsamen Interesses zugestanden werden, allen
voran Herzensangelegenheiten und die freie
Selbstmitteilung in individueller Sprache.

Die paradoxale Konjunktion von Einsamkeit
und Gesellschaft, die als ein Grundmuster der
Künste im 18. Jh. gelten kann, gibt dem Briefroman seine künstlerische Gestalt. Einsam ist
die Situation des Schreibenden und Lesenden,
eine willkommene Gelegenheit zur moralisch
und empfindsam räsonnierenden Selbstvergewisserung sowie zur Erweiterung und Potenzierung von Empfindungen, die ohne diese Situation unerschlossen bleiben würden. Im
Brief muß und darf »ich« gesagt werden, ohne
daß dem Schreibenden dabei jemand ins Wort
fällt. Zur Einsamkeit der Schreiber und Leser
steht die fingierte Geselligkeit der Korrespondenten in einem gespannt komplementären
Verhältnis. Das Netzwerk von Briefen, die zwischen zweien oder mehreren ausgetauscht
werden, ist en miniature ein Modell der in-
dividualisierten und intimisierten Gesellschaft, deren Vision die Autoren der Aufklärung propagieren. Der Austausch von Korrespondenzen über beliebige Räume und Zeiten,
ständische Hierarchien und gesellschaftliche
Abgründe hinweg, enthält die Utopie einer
universellen Mobilität und Entgrenzung.
Diese Form schmeichelt dem Leser. Den weiten Winkel seiner Lektüre, der die Flucht-
punkte diverser Korrespondenten überblickt
und integriert, hat niemand anders. Karl Robert Mandelkow hat das gesehen, wenn er
schreibt: »Der Leser wird im Briefroman zum
Fluchtpunkt der divergierenden Perspektiven.
Das aber heißt nichts anderes, als daß er in

einem gewissen Sinne diejenige Rolle übernimmt, die im epischen Erzählen der Erzähler
innehat. [...] Er bleibt jedoch, und das unterscheidet ihn wiederum vom echten Erzähler,
der Verführbarkeit und Irreleitung durch die
Selbsterzählung der Briefschreiber ausgesetzt.
Sey ein Mann und folge mir nicht nach: dieser
Motto-Vers, den Goethe der zweiten Auflage
seines Werther von 1775 vorausgeschickt hat,
trifft sehr genau ein wesentliches Problem
standortlosen Erzählens« (Mandelkow, S.
202f.).

Punkt für Punkt mußten diese Bestimmungen, wie sie seit Beginn des Jahrhunderts in
den Romanen von Samuel Richardson und
Rousseau, Christian Fürchtegott Gellert, Johann Timotheus Hermes und der Sophie la
Roche zur Ausprägung gelangt waren, G. entgegenkommen, als er eine Form für seinen
Werther suchte. Tatsächlich übernimmt er auch
wesentliche Elemente, wie die Themen einer
komplizierten Liebesbeziehung, des göttlichen Wirkens in der Natur, seiner Kritik der
Moral und des gesellschaftlichen Habitus in
der Gesellschaft des Adels und des Großbür-
gertums; intensiviert er die Selbstanalyse, wie
sie als Form der Konfliktlösung seit Richardson vertraut ist. Vielfach zollt er auch dem
Gestus von Antikunst Tribut, zu allererst mit
der genauen, zeitgenössische Authentizität beanspruchenden Datierung jedes einzelnen
Briefes, womit Richardson in der *Clarissa
Harlowe* und Hermes in *Sophiens Reise von
Memel nach Sachsen* schon vorangegangen
waren. Wie seitdem regelmäßig, wenn G. ein
bereits vorgeprägtes Genre benutzt, schafft er
aber auch dieses für seine Zwecke um. Als
Naturform der Kunst hatte sich der Briefroman auf problematische Weise zu einer universellen Großform entwickelt, indem er alle
Funktionen an sich gezogen hatte, die ehedem
die Moralischen Wochenschriften erfüllt hatten, von der Information und Dokumentation
über die pädagogische Belehrung bis zur be-
schaulichen Betrachtung. Bei Hermes kommt
es gar zu Briefen von 150 Seiten und Volumen
zwischen 2000 und 3600 Seiten. Dieser Tendenz entgegen verschlankt G. die Form, und er
lyrisiert sie.

Der geringe Umfang des Werks und sein Lyrismus stehen in engem Verhältnis zueinander. Denn die Verknappung kommt hier im wesentlichen nicht durch eine quantitative Beschränkung etwa der Zahl und narrativen Ausschmückung von Episoden zustande oder durch die Konzentration auf wenige Themen. Vielmehr tritt an die Stelle einer tendenziell extensiven Totalität des moralischen Lebens in seinen familiären und gesellschaftlichen Bezügen die intensive Totalität einer emphatischen Perspektivierung. Den Briefwechsel mehrerer Korrespondenten mit der naheliegenden Möglichkeit des Multiperspektivismus und damit auch Relativierung der Standpunkte hat G. durch einen isoliert monologisierenden Helden ersetzt. Bereits seinen Eigennamen hat G. in diesem Sinne mit Bedacht gewählt. Er ist von Werth oder Werder, einer Insel im Fluß, abgeleitet. Wer oder was Werther entgegensteht und ihm widerspricht – Albert etwa oder das Personal der Gesandtschaftsepisode –, erhält keine eigene Stimme, sondern kommt wiederum nur aus der Perspektive Werthers zur Sprache. Deren Brechung durch Ironie geschieht mit stilistischen und kompositionellen Mitteln, also ohne ausdrückliche erzählerische Repräsentation.

Es scheint Jean Paul gewesen zu sein, der als erster die Bedeutung erkannt hat, die in der Theorie des Romans dem Briefroman zukommt; der als erster auch der lyrischen Tendenz gewahr wurde, die – schon in Richardsons *Clarissa* gelegentlich latent – im *Werther* zur vollen Ausprägung gelangte. In seiner *Vorschule der Ästhetik* schreibt er: »Der Roman verliert an reiner Bildung unendlich durch die Weite seiner Form, in welcher fast alle Formen liegen und klappern können. Ursprünglich ist er episch; aber zuweilen erzählt statt des Autors der Held, zuweilen alle Mitspieler. Der Roman in Briefen, welche nur entweder längere Monologen oder längere Dialogen sind, gränzet in die dramatische Form hinein, ja wie in Werthers Leiden in die lyrische« (Jean Paul, S. 248). – Mit den *Leiden des jungen Werthers* erhält das Genre eine neue Dimension, die seinen Begriff bedeutend erweitert. Der *Werther* widerspricht der appellativen Voraussetzung, mit der seine Vorgänger die Form ausgestattet hatten, daß seine Korrespondenten sich symbolisch auf eine wirklich bestehende oder prinzipiell herstellbare Gesellschaft beziehen. Stattdessen unterminiert er das dialogische Modell, indem auf die Briefe des Helden angemessene Antworten nicht nur nicht gegeben werden, sondern auch kaum noch vorstellbar sind. Sie sind in der Tat lyrische Monologe und als Briefe nur noch deshalb verfaßt, um die Resonanzlosigkeit ihrer emphatisch geäußerten Subjektivität nur umso drastischer zur Geltung kommen zu lassen. Die Tagebuchform hätte diese Wirkung nicht haben können.

Hier läßt sich nun auch die Schwelle markieren, die etwa zwischen der *Pamela* (1741) oder *Clarissa* (1748) Richardsons, dessen Briefromane im 18. Jh. den literaturgeschichtlich größten Einfluß hatten, auf der einen, Rousseaus *Nouvelle Héloïse* und G.s *Werther* auf der anderen sichtbar wird. Richardson teilt mit den Heldinnen seiner Romane so zuverlässig wie mit seinen Leserinnen eine Botschaft, die der Tugend. Er führt vor, wodurch sie gefährdet und wie sie über diese Gefährdungen hinweg gerettet werden kann. Gewiß, das Verhältnis des Epikers zu seinem Stoff beginnt sich auch schon bei Richardson in Strategien des Erzählers zu diversifizieren, indem die Mehrzahl von Korrespondenten auch hier schon Ansätze der Gewebestruktur entstehen läßt, die sich G. später ausdrücklich wünschen wird. Aber wenn schon nicht narrativisch, so gibt es doch für Richardson noch immer einen stabilen moralischen Fluchtpunkt, der sich auf die eine oder andere Weise auch in der strategischen Fächerung der Erzählperspektive bemerkbar macht.

Für Rousseau und G. läßt sich das nicht mehr mit gleicher Sicherheit sagen. Julies Briefe, so hat Jacques Derrida nahegelegt, sind Supplemente eines Lebens, das anders nicht vorkommt als einzig in der Form, in der sie geschrieben sind (vgl. Derrida, S. 208ff.). Ihr Realitätsgrad ist dennoch höher als die Wirklichkeit, die sie durchqueren, ohne sie zu repräsentieren. Die Leidenschaft, die sie bezeugen, entsteht und erlischt in dem Medium, in dem sie sich bekundet. So bleibt hier keine

Botschaft übrig, die ablösbar wäre von der spezifischen Form und Bestand hätte ohne das
Medium.

Der Brief vom 29.7. 1772 reflektiert das
gleich zweifach, auf Bücher und auf das Briefeschreiben bezogen. Werther sieht sich als pas-
senderen Liebhaber Lottes als Albert: »Sie
wäre mit mir glücklicher geworden als mit
ihm! O er ist nicht der Mensch, die Wünsche
dieses Herzens alle zu füllen. Ein gewisser
Mangel an Fühlbarkeit, ein Mangel – nimm es,
wie du willst; daß sein Herz nicht sympathe-
tisch schlägt bey – oh! – bey der Stelle eines
lieben Buches, wo mein Herz und Lottens in
einem zusammen treffen; in hundert andern
Vorfällen, wenn es kommt daß unsere Empfindungen über eine Handlung eines dritten
laut werden. Lieber Wilhelm! – Zwar er liebt
sie von ganzer Seele, und so eine Liebe was
verdient die nicht – Ein unerträglicher Mensch
hat mich unterbrochen. Meine Tränen sind ge-
troknet. Ich bin zerstreut. Adieu Lieber!«
(FA I, 8, S. 157f.). – Anselm Haverkamp hat
zutreffend bemerkt, wie grund- und bodenlos
Werthers Liebe hier erscheint: »Der paren-
thetisch gesteigerte Trugschluß, Übereinstimmung der Herzen sei in gemeinsamem Lesen
zu erreichen und für ein gemeinsames Leben
genug, konnte entwaffnender nicht eingefä-
delt werden. [...] Mit der Tinte sind die Tränen getrocknet: Der Entzug des Schreibens
macht den Leerlauf der darin produzierten
Gefühle offensichtlich« (Haverkamp, S. 259).
Was das Leben miteinander nicht bringt, sollen gemeinsame Lektüre oder Empfindungen
über die »Handlung eines Dritten« suggerie-
ren; am Ende die Selbstvergewisserung des
Schreibenden, die wie vom Seil stürzt, sobald
die Wirklichkeit hereinbricht, hier in der Gestalt eines »unerträglichen«, d.h. nicht sym-
pathetisch empfindenden Menschen.

Daß keine Botschaft übrigbleibt, wenn das
Medium erlischt, darin kommt Werther mit
Julie überein, nicht aber G. mit Rousseau. G.s
Theorie des ästhetischen »Widerspiels« und
ihre Verankerung im Zwiespalt von Stoff und
Formgestalt lassen durchaus eine Botschaft
ausmachen, in der wir die bei mancher Gele-
genheit zu Tage tretende Auffassung des Au-

tors selbst erkennen können. Doch droht sie
durchkreuzt und unterminiert, übertönt und
diskreditiert zu werden durch die Gewalt des
Stoffs, wie sie sich in der Erzählung Werthers
mitteilt. Dessen Pathos beansprucht eine Geltung, die der Autor mit seinen wahrnehmungs-
lenkenden und moralisch bewertenden Sze-
narios bekanntlich nicht hat kontrollieren
können, wenn er es denn je ernsthaft versucht
hat. So gilt hier in der Tat für Rousseaus Julie
wie für Werther, was Paul de Man in seinen
Allegories of Reading beschreibt: »Every pathos of desire (regardless of whether it is valo-
rized positively or negatively) indicates that
the presence of desire replaces the absence of
identity and that, the more the text denies the
actual existence of a referent, real or ideal, and
the more fantastically fictional it becomes, the
more it becomes the representation of its own
pathos« (De Man, S. 198).

Der Leser, so läßt sich anläßlich dieser Beobachtungen hier schon sagen, ehe es an der
Wirkungsgeschichte des Werks zu Tage tritt,
erhält Möglichkeiten der Identifikation zur
Auswahl. Er mag sich mit dem Pathos Werthers identifizieren und sich im ernstesten Fall
»eine Kugel vor den Kopf« schießen wie dieser.
Er hat zum anderen aber auch die Möglichkeit,
den Roman allegorisch zu lesen, indem er den
Anweisungen folgt, die der Autor vorgesehen
hat, um Werthers Leiden als einen pathologischen Fall sui generis abzuspalten und aus der
Perspektive sei es eines unbedingten Lebens-
willens, sei es sittlicher Distanz zu beurteilen.
Freilich sind diese Lektüremöglichkeiten hier
nicht einfach im Sinn von Aspekten additiv
zusammengefügt, so daß noch immer ein statt-
liches Werk übrigbliebe, wenn der eine oder
andere ausfallen würde. Denn würde die
Formkraft hier gänzlich triumphieren, so
würde man doch von Formalismus sprechen
und gelangweilt sein, wenn nicht erfahrbar
wäre, wo sie ihr vitales Widerlager hätte, dessen Gewalt sie brechen will. Wären andererseits die distanzierenden Aspekte getilgt,
bliebe nicht vielmehr als das Rauschen eines
pubertären Liebeswahns. Dergestalt sind die
verschiedenen Lektüreangebote, wie sehr sie
sich auch überkreuzen und logisch ausschlie-

ßen, in ihrer Wirkung auf den Leser aneinander gebunden und konstituieren erst gemeinsam die künstlerische Besonderheit und Faszination der *Leiden des jungen Werthers*.

Was für die Form des Romans im Verhältnis zu dessen Stoff zu sehen ist, für das Auseinandertreten der Aspekte des Autors und Werthers, gilt auf analoge Weise auch noch einmal im Verhältnis dieses Helden zu sich selbst. So gibt das Reflexive, die Dynamik des Sentimentalischen, Werther erst jene gestalthafte Plastizität, die ihn als allegorische Personifikation einer Seelenlage erscheinen lassen, in dem Generationen von Lesern die ihre erkannten. Die Natur dieses Helden ist durchweg literarisch vermittelt, indem der räsonierende Briefschreiber sich selbst wahrnimmt und sich darin dem Leser vorführt. So ist der naive Enthusiast Werther ein Erzeugnis seiner sentimentalischen Selbstreflexion. Das Naive ist das Sentimentalische, so hat Peter Szondi eine Interpretation von Schillers berühmten Aufsatz pointiert (vgl. Szondi, Bd. 2, S. 59ff.). Werther ist keine Ausnahme, er ist ein Beleg. Denn nicht als ein handelnd Naiver, eins mit seinen Absichten und Wünschen, eines Wesens mit der Welt, in der er seine Ziele verfolgt, geht Werther seinen Weg, sondern als ein Interpret der eigenen Absichten, des eigenen Verhältnisses und des eigenen Verhaltens zur Welt. Sein Räsonieren begleitet weniger das Handeln, als daß es dieses ersetzt. Darin erst erfüllt sich sein Schicksal. G. läßt seinen Helden nicht an einem übermäßigen, übermächtigen Widerstand der Welt zugrunde gehen, an dem der Held zerbrechen würde. Vielmehr tritt an die Stelle einer entsprechenden Auseinandersetzung die Krankheit des Helden »zum Tode«. Der sentimentalische Held erfindet sich selbst ein zweites Mal. Er kreiert den naiven Doppelgänger, der er sein möchte, weil er in ihm »natürlich« werden will. Doch kann sich der enthusiastisch werbende Liebhaber, der naive Schwärmer und Freund der Natur von seinem schreibenden Erzeuger, dem Briefeschreiber Werther, nicht freimachen. Stets behält dieser Reflektierende, dieser Briefeschreiber, das letzte Wort; schließlich noch in der Todesszene, indem er Lessings

Emilia Galotti auf dem Pulte liegen läßt. Wäre Werther naiv, er hätte Albert »vor den Kopf« geschossen, nicht aber sich selbst. Doch erhält der Roman eben seine Form daraus, daß er der Roman eines Dilettanten der Liebe und der Kunst ist, weder als Liebhaber noch als Künstler also ein positiver Held.

Bei der Bearbeitung des Erstdrucks, vom Einrücken der distanzierenden Motti bis zur Aufwertung Alberts und dem Einfügen der Episode des Bauernburschen, hat G. den Helden eher noch schwächer werden lassen, zugleich aber das Gegengewicht auf Seiten der kritisch argumentierenden Reflexion stärker. Darin deutet sich eine Verschiebung gegenüber dem Erstdruck an. Die Negativität des Helden, sein Unvermögen als werbender oder entsagender Liebhaber, hat in der ersten Version kein irgendwie substantielles Argument moralischer oder philosophischer Art gegen sich, von dessen Standpunkt sich eine stabile Perspektive auf die Geschichte Werthers ergeben könnte. Um als Gewebe die Gediegenheit zu gewinnen, in der es die therapeutische Funktion erfüllen kann, die G. der Kunst zutraut, um als Form positiv werden zu können, kann das Werk an nicht viel mehr als eine Gesinnung zur Form appellieren, um der alles gebärenden und verschlingenden Natur Paroli zu bieten. Um so markanter tritt aber auch eine Absicht hervor, die später zugunsten belehrender Rezeptionslenkung abgeschwächt ist. Es ist der Wunsch des Autors, mit diesem Roman ein Monument der Natur zu errichten, ein Denkmal der Gewalt und »Herrlichkeit ihrer Erscheinung« wie es in dem Brief vom 10. Mai auch nahegelegt wird. Weil dieses Denkmal der Natur gilt und nicht etwas Charlotte Buff, weil es nicht die Liebeskünste des Helden feiern soll, sondern die All- und Übermacht der Natur, deshalb muß diese Natur als stärker gezeigt werden, muß er, der Held, ihr, der Natur, erliegen. Was also der Held für seine Liebe gewinnen würde, wenn er wie Tom Jones oder Berry Lyndon handeln würde, das müßte das Werk in seiner philosophischen Intention verlieren. Dieser Roman gewinnt seine Form als ein ins Epische, ins Romanhafte geweiteter Topos der Unsagbarkeit, der Unsagbarkeit der herrlichen Gewalt der Natur. Dieses Unsagbare ist die Natur, die als unendliche Empfindungskraft des ergriffenen Helden diesen zu ihrem Stenographen macht. An seinem Erliegen wird die Gewalt dieser Natur überhaupt erst meßbar. Die Kraft der Leidenschaft des Helden wäre gerade so groß wie Lotte schön ist, wenn sie an ihr ein Genügen finden würde. Doch soll die Kraft dieser Leidenschaft ja größer sein und allem Sichtbaren und Endlichen gegenüber überlegen. – Werther ist so wenig naiv wie sein Autor. Das ist die Bedingung dafür, daß die Evokation von Natur in diesem Roman als in einem von wenigen Beispielen der literarischen Empfindsamkeit und des Sturm und Drang in diesen Jahrzehnten gelingt. Roman eines sentimentalischen Künstlers ist das Werk also im Doppelsinn des objektivischen und des subjektivischen Genetivs.

Die Geschichte des Bauernburschen ist eine von dreien, in denen sich Werthers Leiden spiegeln. Anders als diese sind die beiden anderen Parallelgeschichten bereits schon in der ersten Fassung enthalten: die Geschichte der Selbstmörderin und die des wahnsinnigen Schreibers. Alle drei sind auf ähnliche Weise in die Haupthandlung integriert, objektiv in der Struktur ihrer Verlaufsform, wie der Leser sie wahrnehmen kann, und subjektiv in der Wahrnehmung des Helden. So endet bereits die Episode des Bauernburschen in objektiver Antizipation von Werthers Tod blutig. Die Schwelle des Hauses, »worauf die Nachbarskinder so oft gespielt hatten«, findet Werther »mit Blut besudelt«, die Tat des Eifersüchtigen, der den Nebenbuhler getötet hat: »Liebe und Treue [...] hatten sich in Gewalt und Mord verwandelt« (FA I, 8, S. 205). Dem Mörder aber ist nicht zu helfen. – In seiner Reaktion deutet der Held aber auch subjektiv antizipierend sein eigenes Geschick: »Du bist nicht zu retten Unglücklicher! ich sehe wohl daß wir nicht zu retten sind« (FA I, 8, S. 207). Hatte die erste Begegnung mit dem liebenden Bauernburschen Werther für sein eigenes Zusammentreffen mit Lotte vorbereitet, so deutet die neuerliche Begegnung auf den eigenen Tod voraus.

Die zweite Spiegelung Werthers ist die Geschichte der Selbstmörderin, einer Liebenden, die sich in dem Augenblick verlassen sieht, in dem sie ihre gesamte Liebessehnsucht auf »den Einzigen« gerichtet hat, der ihr Erfüllung geben könnte. Werther erzählt sie Albert, der kein Verständnis für Selbstmörder aufbringen zu können behauptet. In der Form ihrer erzählerischen Integration in die Haupthandlung aufgrund von objektiver und subjektiv reflektierter Koinzidenz ist die Episode parallel zu der des Bauernburschen, sodann aber auch zu der dritten Parallelerzählung angelegt, die von Wahnsinn aufgrund von übergroßer unerwiderter Liebe handelt. Wenig später erfährt der Leser, daß der Unglückliche ein unerhörter Liebhaber Lottes war, ein Schreiber ihres Vaters. Wiederum deutet Werther die Episode selbst: »Gott im Himmel! Hast du das zum Schiksaal der Menschen gemacht, daß sie nicht glüklich sind, als eh sie zu ihrem Verstande kommen, und wenn sie ihn wieder verliehren! Elender und auch wie beneid ich deinen Trübsinn, die Verwirrung deiner Sinne, in der du verschmachtest! Du gehst hoffnungsvoll aus, deiner Königin Blumen zu pflüken – im Winter – und traurest, da du keine findest, und begreifst nicht, warum du keine finden kannst. Und ich – und ich gehe ohne Hoffnung ohne Zwek heraus, und kehr wieder heim wie ich gekommen bin« (FA I, 8, S. 188). Sind diese Episoden tatsächlich, wie bisher nahegelegt, »Parallelhandlungen« zu der des Helden oder nicht vielmehr zu dieser kontrastiv? Parallelen sind sie aufgrund der Analogie des plots, kontrastiv allerdings aufgrund der Reflexionsform, in der sie gegeben sind. Denn im Unterschied zu Werther sind die Akteure der Nebenhandlungen »naiv«, d.h. sie vollziehen bewußtlos, was die Natur ihrer Affekte ihnen eingibt, seis zum Guten oder Bösen.

In der reichen Interpretationsliteratur zum *Werther* haben besonders Hans Egon Hass (1957) und Rolf Christian Zimmermann (1979) das reflexive Gewicht der Form gegenüber dem existentiellen Habitus Werthers selbst ins Spiel gebracht. Ulrich Fülleborn (1984) möchte demgegenüber auf der unverstellten Authentizität von Werthers »konkreter

Liebesbegegnung« und »unglücklicher personaler Liebe« bestehen, die er nicht als »sekundäres Vehikel« aufgefaßt sehen will, das dazu diene, den abstrakten Apriorismus einer modernen Seele erzählbar zu machen (Fülleborn, S. 24). Wie so oft, scheint mir auch hier eine falsche Alternative formuliert zu sein. Wie G. selbst sowohl mit seinem Helden wie mit sich als dem leidtragenden, aber auch sarkastisch kommentierenden Überlebenden identisch war, so wird die Wahrheit des existentiellen Gehalts, auf dem Fülleborn bestehen möchte, nicht dadurch geschmälert, daß sie nicht die einzige bleibt.

Der neue Ulyß

Zu diesem ersten Gesichtspunkt lassen sich weitere durch die Aufmerksamkeit für Motive gewinnen, an denen sich ebenfalls die Gewebequalität der literarischen Textur verifizieren läßt. So lohnt es sich, die Nachweise zu verfolgen, die den Helden als einen neuen Ulyß zeigen, den Roman über *die Leiden des jungen Werthers* als ein bürgerliches Epos in der Nachfolge der *Odyssee*. – Mit Dichtungen der literarischen Tradition ist der *Werther* nicht nur in dem allgemeinen Sinn verwoben, daß jeder neue Text seine Bedeutungen durch das Bestätigen und Variieren von Vorgängertexten gewinnt. Über diese stets implizierte Intertextualität hinaus, wie sie sich etwa an der Spiegelung *Werthers* in Rousseaus *Nouvelle Héloïse* ausmachen läßt oder in der Verwendung von Petrarcas Stereotypenschema für die weibliche Geliebte auf Lotte, hat G. seinen Helden ausdrücklich als einen Leser gegeben, um den sentimentalischen Charakter von dessen Gefühlswelt zu verdeutlichen. Eine innere Differenzierung erhält dieses Motiv, indem es analog zu Werthers »Krankheit zum Todte« variiert wird. Werthers Entwicklung als Leser beginnt bei Homer, führt über Klopstock und Goldsmith und endet bei Ossian. Daß der Autor damit weniger Lektüreempfehlungen geben als seinen Helden charakterisieren wollte,

hat er im Alter dem englischen Juristen Henry Crabb Robinson gegenüber deutlich gemacht, der festgestellt hatte, daß der Ossian-Kult nicht zum geringsten auf den *Werther* zurückgehe: »He smiled and said: Thats partly true; but it was never perceived by the critics that Werther praised Homer while he retained his senses, and Ossian when he was going mad« (GRÄF 1, 2, S. 687f.). Mit dieser Relativierung war G. übrigens Napoleon nicht fern. Bei dessen Überfahrt nach Ägypten waren Domestiken auf den Gedanken gekommen, ihm Ossian, das vermeintliche Pendant des Nordens zu Homer, vorzulesen; seine Reaktion: »Et vous appelez cela du sublime, vous autres poètes? Quelle difference de votre Homère à mon Ossian! Lisons un peu d'Ossian« (Van Tieghem, Bd. 2, S. 7).

Der Horizont von Werthers Homer-Lektüre ist durch die Neuentdeckung der *Iliade* durch den Abbé Hédelin d'Aubignac und hieran anknüpfende, von G. aufmerksam verfolgte Studien aus Frankreich und England vorgegeben, noch einige Zeit bevor die Übersetzungen der *Odyssee* von Johann Heinrich Voss (1781) und Jakob Bodmer (1788), vor allem aber Friedrich August Wolfs *Prolegomena ad Homerum* (1795) eine philologische Revolution des Homer-Verständnisses einleiteten. Wolf wird die personale Identität des Dichters Homer in Zweifel ziehen, damit aber auch generell die historischen Subjekte und ihre kollektiven Repräsentanten in den Mittelpunkt der Forschung rücken. G., der die deutschsprachige Homer-Lektüre der 70er Jahre u. a. durch den *Werther* mitgeprägt hat, formuliert ein anderes Interesse. Einmal mehr hat er im Zwölften Buch von *Dichtung und Wahrheit* den Kontext sichtbar gemacht, in den Werthers Assoziationen an den Epiker der alten Welt gehören: »Glücklich ist immer die Epoche einer Literatur, wenn große Werke der Vergangenheit wieder einmal auftauchen und an die Tagesordnung kommen, weil sie alsdann eine vollkommen frische Wirkung hervorbringen. Auch das Homerische Licht ging uns neu wieder auf, und zwar recht im Sinne der Zeit, die ein solches Erscheinen höchst begünstigte: denn das beständige Hinweisen auf Natur bewirkte zuletzt, daß man auch die Werke der Alten von dieser Seite betrachten lernte. Was mehrere Reisende zu Aufklärung der heiligen Schriften getan, leisteten andere für den Homer. Durch *Guys* ward man eingeleitet, *Wood* gab der Sache den Schwung. Eine Göttinger Rezension des anfangs sehr seltenen Originals machte uns mit der Absicht bekannt, und belehrte uns, wie weit sie ausgeführt worden. Wir sahen nun nicht mehr in jenen Gedichten ein angespanntes und aufgedunsenes Heldenwesen, sondern die abgespiegelte Wahrheit einer uralten Gegenwart, und suchten uns dieselbe möglichst heranzuziehen« (FA I, 14, S. 585).

Die »Wahrheit einer uralten Gegenwart«, damit ist das Stichwort gefallen, unter dem G.s Homer-Lektüre seit dem Sturm und Drang mit anderen Impulsen seiner Kunst-Auffassung korrespondiert. Denn so wie er ganz allgemein die Kunst als ein heilsames Widerspiel gegen die Natur selbst schon in einem Kunsttrieb von Tieren verankert sehen wollte, die ästhetische Kultur also im Grunde nicht als Gegensatz zur Natur, sondern als deren Anderes, so scheint ihm in der großen Literatur der alten Welt ein prinzipiell jederzeit aktualisierbares Potential bereit zu liegen, das in emphatischen Augenblicken empfundener Korrespondenz wieder zu Tage tritt. Wie wenig er auch auf die vulkanisch gewalttätigen Energien revolutionärer Umbrüche setzen mochte, wie sehr er auch »Neptunist« und also Evolutionist gewesen ist, so ist doch das Bild, das er sich von historischen Prozessen macht, keineswegs beschaulich. Vergleichbar dem Prozeß künstlerischer Produktivität, in dem – nach einer langen Latenz und Inkubation – die Werke plötzlich und wie im Nu geboren werden, so ist auch sein Bild von Literaturgeschichte durch jähe Brüche, ist durch Diskontinuität geprägt. Was dann einbricht, ist eine unberechenbare Zukunft, aber im Modus des Zitats einer unabgegoltenen Vergangenheit. So kommt im *Werther* Homer zur Geltung.

Die Erinnerung des Autors von *Dichtung und Wahrheit* könnte sich auf mehr berufen als auf Stimmungen. Wiederum in den *Frankfurter Gelehrten Anzeigen* von 1772, also unmittelbar im zeitlichen Zusammenhang des *Werther* hat G. den Aufsatz eines Altphilologen über Homer rezensiert, der auf Wolf vorausdeutet, indem er der historischen Szenerie und ihren Kollektiven mehr Beachtung schenkt als der Kunstform. G. zaust den Verfasser, indem er unter dem ehrwürdigen Talar seiner Fakultät die Altklugheit eines Stümpers entdeckt: besser unwissend als so belehrt. Nicht Trojas Geschichte sei der Stoff der *Ilias*, sondern der Kampf bei den Schiffen; nicht der griechischen Nation schmeichele Homer, sondern dem Achill; nicht die Rückkehr »der Griechen« sei das Thema der *Odyssee*, sondern die Heimkehr »eines einzigen, einzelnen, und noch dazu des abgelegensten der Griechen« (*Frankfurter Gelehrte Anzeigen*, 1772; WA I, 37, S. 201). Homer studieren, heißt die Geschichte gegen den Strich der Kollektive lesen. In manchem hat G. sich von seinem anderen Ich, hat er sich von *Werther* distanziert, hierin nicht.

Gleich am Eingang des Werks im Brief vom 13. Mai erfahren wir, daß Werther sich aller Bücher entledigt habe außer des Homer: »Du fragst, ob du mir meine Bücher schicken sollst? – Lieber, ich bitte dich um Gottes willen, laß mir sie vom Halse! Ich will nicht mehr geleitet, ermuntert, angefeuert seyn; braust dieses Herz doch genug aus sich selbst; ich brauche Wiegengesang und den habe ich in seiner Fülle gefunden in meinem Homer« (FA I, 8, S. 17). Dem späten Selbstkommentar entsprechend, der die Homer-Lektüre dem gesunden Werther, Ossian dagegen dem verstörten zuordnet, erscheint die Welt der Odyssee hier als heiter und besonnt. Ihre Lektüre interpretiert ihm den ersten Aufenthalt in Wahlheim, in das er einzukehren wünscht, wie Odysseus in Ithaka nach langer Irrfahrt: »So sehnt sich der unruhigste Vagabund zuletzt wieder nach seinem Vaterlande, und findet in seiner Hütte, an der Brust seiner Gattinn, dem Kreise seiner Kinder, in den Geschäften zu ihrer Erhaltung die Wonne, die er in der weiten Welt vergebens suchte« (FA I, 8, S. 57). Dann folgt die vielfach zitierte Passage: «Wenn ich des Morgens mit Sonnen-Aufgange hinaus gehe nach meinem Wahlheim und dort im

Wirthgarten mir meine Zuckererbsen selbst pflücke, mich hinsetze, sie abfädne und dazwischen in meinem Homer lese; wenn ich in der kleinen Küche mir einen Topf wähle, mir Butter aussteche, Schoten ans Feuer stelle, zudecke, und mich dazu setze, sie manchmal umzuschütteln: da fühl ich so lebhaft, wie die übermüthigen Freyer der Penelope Ochsen und Schweine schlachten, zerlegen und braten. Es ist nichts, das mich so mit einer stillen wahren Empfindung ausfüllte, als die Züge patriarchalischen Lebens, die ich Gott sey Dank ohne Affectation in meine Lebensart verweben kann« (FA I, 8, S. 59).

Anders als die Exklaven der philosophischen Landmänner und dörflichen Orte der Zurückgezogenheit von melancholischen Betrachtern außerhalb von Residenzen und Städten ist Wahlheim keine Heimstatt der Tugend und moralischer Aufrüstung. Die Heimstatt dieser Wanderer neuen Typs ist eine archaische und zugleich zukünftige Welt, die freilich den einzigen Mangel hat, nie gegenwärtig zu sein. Das Milieu, in dem sie sich präsentiert, ist patriarchalisch. G. hat Wert darauf gelegt. Das ist umso bemerkenswerter, als es keinen anderen deutschsprachigen Autor auf diesem literarischen Niveau gibt, dessen Bild vom Menschen Zeit seines Lebens so nachhaltig durch positive Erfahrungen mit Frauen bestimmt worden wäre. Horst Flaschka hat hierfür eine einleuchtende Erklärung gefunden: «Daß sich die Stürmer und Dränger fast alle in der einen oder anderen Form für die patriarchalische Ordnung begeisterten, lag daran, daß sich im Patriarchalismus, so wie ihn Möser vorgezeichnet hatte, die Freiheit des Individuums mit der Genielehre verband, insofern die vorausgesetzte natürliche Ordnung einen von Gesetz und Regel unbelasteten Freiraum für die geniale Persönlichkeit garantierte. So ist es verständlich, daß sich der Werther der Frühlingsbriefe im Vollbesitz eines genialischen Lebensgefühls nach der unverbildeten Welt des gleichsam zum antiken Patriarchen erhobenen Dichterfürsten Homer sehnt. In seiner politischen Relevanz hat das Sehnen nach dem Patriarchalismus als gesellschaftlichem System eine aristokratische Ten-

denz. Die Repräsentanten der von Werther bewunderten Homerischen Welt entstammen der Aristokratie. In der Genielehre des Sturm und Drang schlägt sich dieses aristokratische Element des Patriarchalismus in der Erhabenheit der genialen Persönlichkeit über den Durchschnitt der Mitmenschen nieder« (Flaschka, S. 151).

Homers Welt enthält für Werther, wie wohl auch für seinen Autor, die Naturformen der Gesellschaft. Daß Werther glauben kann, sie in Wahlheim gefunden zu haben, hat G. unverkennbar ironisiert, wenn er seinen Helden dort als einen Ausflügler zeichnet, der seinen Epiker im Duodezformat beim Kaffee liest. Nahezu alles ist in diesem Brief vom 26. Mai en miniature und im Diminutiv eingerichtet, vom Hüttchen am vertraulich heimlichen Plätzchen bis zum Tischchen, das er sich dort hinstellen läßt: »So vertraulich, so heimlich hab ich nicht leicht ein Plätzchen gefunden, und dahin laß ich mein Tischchen aus dem Wirtshause bringen und meinen Stuhl, trinke meinen Caffee da, und lese meinen Homer« (FA I, 8, S. 27). Demonstrativ unterstreicht die Wiederholung des Possessivpronomens bei jedem Requisit dieser avant la lettre biedermeierlich möblierten Idylle deren privaten Charakter. Im nächsten Brief geht es gleich so weiter. Er schildert den Müßiggänger beim Zeichnen – ironischerweise abermals – auf dem Gerät sitzend, mit dem die Bauern, denen er zuschaut, für gewöhnlich ihr Brot verdienen. »Ich saß [...] auf meinem Pfluge«, wird er eingeleitet, ehe dann die Mutter mit dem »Körbchen am Arm« erscheint, in dem das «irden Breipfännchen« verborgen ist, das sie gerade gekauft hat, um dem Kleinsten »ein Süppchen« kochen zu können (FA I, 8, S. 31).

Daß Werthers Blick willkürlich in seiner Beschränkung des Gesichtsfeldes, daß er in einem dilettantischen Sinn literarisch ist, hat sein Autor ebenso diskret, wie unübersehbar kenntlich gemacht. Wenn Werthers Stimmung kraftgenialisch ist, dann nimmt sein Blick auf das dörfliche Anwesen die Bewohner als gelassene Herren – »gelaßne Kerls« im Erstdruck – wahr, die nichts erschüttern soll, wenn sie »ihre Gartenhäuschen, Tulpenbeete und

Krautfelder« allzu ängstlich gegen die Leidenschaften der Genies zu befestigen suchen (FA I, 8, S. 29). Wenig später – im nächsten Brief schon, der den Schreiber in eher zärtlicher Laune zeigt – verklärt er das bäuerliche Leben, gerade weil es sich in dieser Einfriedung und Gedankenlosigkeit zeigt: »Ich sage dir, mein Schatz, wenn meine Sinnen gar nicht mehr halten wollen, so lindert all den Tumult der Anblick eines solchen Geschöpfs, das in glücklicher Gelassenheit den engen Kreis seines Daseyns hingeht, von einem Tage zum andern sich durchhilft, die Blätter abfallen sieht, und nichts dabey denkt, als daß der Winter kommt« (FA I, 8, S. 33). Werthers Antikisieren, so wird an der Sprunghaftigkeit und Abhängigkeit von seinen Stimmungen deutlich, ist so ernst nicht zu nehmen, wie er selbst es nahelegt, wenn er dasselbe Bild ganz gegensätzlich, immer aber mit der gleichen Emphase auffaßt. Heinz Schlaffer hat im Blick auf G.s diskrete Ironie von der »verräterischen Komposition« gesprochen, in der der Autor quasi als stummer Erzähler hinter dem Rücken sowohl des fiktiven Herausgebers wie Werthers selbst die Szene kommentiert, um auf diese Weise neben der »exoterischen« Version des Romans eine »esoterische« entstehen zu lassen. (Schlaffer, S. 215) Das mag unter der Bedingung gelten, daß »esoterisch« hier nicht »eigentlich« heißt. Entsprechend latent bleiben die Ironisierungen. Entlarvung, Demaskierung, Denunziation haben in diesem Roman weder einen Gegenstand noch sind sie stilistisch und als Habitus vertreten. Höchst kunstvoll erzeugt hier G. stattdessen eine Balance von emphatischem Ausdruck und Ironie, in der jedes am anderen seine Bedingung hat. Doppeldeutig ist dieses Überkreuzen emphatisch hergestellter und kompositionell relativierter Bedeutungen dann freilich allemal.

So wie eingangs Wahlheim von Werther als Wiederkehr der Welt Homers und Inbegriff archaischer Patriarchenzeit empfohlen, vom Leser aber zugleich als das Arrangement einer sentimentalischen Landpartie wahrgenommen wird, werden die pathetischen Homer-Zitate regelmäßig um ihre monarchische Dominanz gebracht. Ein anderes Mal in der Gesandtschaftsepisode des Briefes vom 15. März. Hier folgt die Homer-Lektüre dem Verweis aus der adligen Geselligkeit: «Ich strich mich sacht aus der vornehmen Gesellschaft, ging, setzte mich in ein Cabriolet, und fuhr nach M.... dort vom Hügel die Sonne untergehen zu sehen, und dabei in meinem Homer den herrlichen Gesang zu lesen, wie Ulyß von dem trefflichen Schweinhirten bewirthet wird. Das war alles gut« (FA I, 8, S. 143). Lesend wird Werther Bürger zweier Welten. Wenn er in der einen gekränkt wird, setzt er sich in ein Cabriolet und hält sich an der anderen schadlos. G. hatte einen Blick für die kompensatorischen Funktionen erträumter Heldentaten, wie Distelköpfen auf Bergeshöhen, am Leitfaden der großen mythologischen Literatur. Als Widerspiel der Natur hatte er die Kunst im Unterschied zu Sulzer gesehen, der sie als imitatio naturae und als deren Verschönerin begreifen wollte. Darüber hinaus wird die Kunst hier nun zum Rückzugsgebiet eines beschädigten Gemüts, das von den Beschwernissen gesellschaftlicher Verhältnisse, an denen es individuell nichts ändern kann, Entlastung findet. Wiederum ist es die Komposition, die das Geschehen hinter dem Rücken des Helden wortlos interpretiert.

Das bürgerliche Epos

Auf noch andere Weise gewinnt das epische Modell als Hintergrund und Kontrastfolie Bedeutung in den zahlreichen Bildern und Reflexionen, die Werther als dem Wanderer gelten. Sie sind für die Struktur des *Werther* bedeutungsvoller als das Zitat der idyllischen Wahlheimer vor der Stadt. Der Ort der Idylle wird später immerhin mit Moor und Heide Ossians vertauscht, rastlos aber bleibt Werther bis zum Schluß. Wiederum ist auch dieses Motiv nicht unvorbereitet im unmittelbaren Zusammenhang sowohl der Entstehung des Romans, als auch der Formierung der Erlebniswelt, auf welche dieser sich bezieht. Denn bereits vor der Begegnung mit Charlotte Buff datiert das Gedicht *Der Wanderer*, in dem die Konstellation der Wetzlarer Liebesverhältnisse so genau vorgezeichnet ist, als hätte sein Autor nach ihrem Urbild gesucht, als er nach Wahlheim pilgerte. Die Szene des Gedichts ist antikisch, eine Antizipation der geologischen und kulturgeschichtlichen Zwischenwelt der Phlegräischen Felder bei Neapel, die durch die Erwähnung von Cuma am Schluß bezeichnet wird. Seine Italienreise wird G. später wirklich dorthin führen. Doch auch literarisch ist er später mehrfach auf diese Landschaft zurückgekommen, zuletzt bei der Gestaltung der Schlußszene mit den Lemuren in der Sumpflandschaft des *Faust II*.

Ein Wanderer kehrt in einer Hütte ein. Eine junge Frau, die ein Kind hütet, weist ihm den Weg zu einem Brunnen. Die überwucherten Zeugen der Vergangenheit – ein Architrav, Inschriften, eines Tempels Trümmer – nimmt nur der Fremdling wahr, weil sie einer Kunstwelt zugehören, auf die seine moderne Seele ein Echo gibt, erkennt dagegen nicht die junge naive Wirtin, die ihm Obdach und eine Bleibe bietet, in Erwartung ihres Mannes. Sie ist ganz Natur, ohne einen Blick für die lange schon überwachsene Vergangenheit. Der Fremdling dagegen ist Sentimentaliker durch und durch. Die Botschaft der Natur versteht er nur, weil er sie aus dem tief gestaffelten Hintergrund der Geschichte erleuchtet findet. Das Naturrecht des Gastes schlägt er aus, um weiter zu wandern: »Leb wohl! / O leite meinen Gang, Natur! / Den Fremdlings-Reisetritt, / Den über Gräber / Heiliger Vergangenheit / Ich wandle. / Leit ihn zum Schutzort, / Vorm Nord gedeckt, / Und wo dem Mittagsstrahl / Ein Pappelwäldchen wehrt. / Und kehr ich dann / Am Abend heim zur Hütte, / Vergoldet vom letzten Sonnenstrahl, / Laß mich empfangen solch ein Weib, / Den Knaben auf dem Arm« (FA I, 2, S. 355f.).

Mehrfach erwähnt G. in seinen Briefen dieser Zeit das Gedicht, das ihm sein eigenes Lebensgefühl im Verhältnis zu Kunst und Liebe auszusprechen scheint. Leitmotivisch durchzieht das Wandern auch den *Werther*. Klaus Müller-Salget hat es bemerkt und als ein Beispiel für die kunstvolle Komposition des Romans angeführt (Müller-Salget, S. 317f.). Gleich der erste Satz des Helden in seinem Brief vom 4. Mai schlägt das Motiv an: »Wie froh bin ich, daß ich weg bin!« (FA I, 8, S. 11). Der Brief spricht von Leonore, der Freundin von ehedem, und er ist bereits aus der Stadt datiert, in der die künftige Geliebte lebt. Nach der Überschwemmung des Wahlheimer Tals und Werthers Blick in die wirbelnden Fluten fallen dann Werthers letzte Sätze, denen nur noch der Nachbericht des Herausgebers folgt: »Ich bin nirgends wohl, und überall wohl. Ich wünsche nichts, verlange nichts. Mir wärs besser ich gienge« (in der ersten Fassung als Brief vom 17. Dezember, FA I, 8, S. 196; in der zweiten datiert vom 14. Dezember als hinterlassenes Schriftstück, FA I, 8, S. 215). Anfang und Schluß sind im Bild des Weggehens spiegelbildlich aufeinander bezogen. War er am Anfang vor Leonores Liebe geflohen, die er nicht erwidern konnte, so flieht er nun als Liebender ohne Gegenliebe in den Tod.

Einer Flucht ähnelt auch der Aufbruch am Schluß des ersten Teils, als Werther sich der Anziehung durch Lotte zu entziehen versucht: »Ich muß fort! Ich danke dir, Wilhelm, daß du meinen wankenden Entschluß bestimmt hast. Schon vierzehn Tage gehe ich mit dem Gedanken um, sie zu verlassen. Ich muß fort!« Nur scheinbar vermeldet dann der erste Satz des zweiten Teils eine Ankunft: »Gestern sind wir hier angelangt« (FA I, 8, S. 125). Denn der Aufenthalt am Ort der Gesandtschaft bleibt auch nur wieder Episode, von Werther abermals fluchtartig abgebrochen. Von dort führt der Weg an den Ort der Kindheit, »eine Wallfahrt nach meiner Heimath mit aller Andacht eines Pilgrims vollendet«: »Ich ging den Fluß hinab, bis an einen gewissen Hof; das war sonst auch mein Weg, und die Plätzchen, wo wir Knaben uns übten, die meisten Sprünge der flachen Steine im Wasser hervorzubringen. Ich erinnerte mich so lebhaft, wenn ich manchmal stand und dem Wasser nachsah, mit wie wunderbaren Ahndungen ich es verfolgte, wie abentheuerlich ich mir die Gegenden vorstellte wo es nun hinflösse, und wie ich da so bald Gränzen meiner Vorstellungskraft fand; und doch mußte das weiter gehen, immer weiter, bis ich mich ganz in dem Anschauen einer unsichtbaren Ferne verlohr. – Sieh', mein Lieber, so beschränkt und so glücklich waren die herrlichen Altväter! so kindlich ihr Gefühl, ihre Dichtung! Wenn Ulyß von dem ungemeßnen Meer und von der unendlichen Erde spricht, das ist so wahr, menschlich, innig, eng und geheimnißvoll; Was hilft michs, daß ich jetzt mit jedem Schulknaben nachsagen kann, daß sie rund sey? Der Mensch braucht nur wenige Erdschollen, um drauf zu genießen, weniger, um drunter zu ruhen« (FA I, 8, S. 153). Dieser Szene am Fluß wird dann die nächtliche im überschwemmten Wahlheim korrespondieren, dessen Gartenlandschaft geflutet ist. Der kindliche Blick in die unsichtbare Ferne ist dann durch den Blick in den Abgrund ersetzt, mit dem Werther den Tod vorwegnimmt.

Die metaphorische Konjunktion des Wanderers mit dem Fluß gehört zu G.s festem Bildbestand für die Symbolisierung des Lebens. Sie ist zusätzlich durch Rousseaus Insel-Utopie aufgeladen, auf die G. – wie bereits in anderem Zusammenhang bemerkt – mit dem Namen Werthers anspielt. Auf den Gang an den Fluß der Kinderspiele folgt wenig später dann ein Satz, den G. mit dem Datum vom 16. Juli in der zweiten Fassung neu eingefügt hat: »Ja wohl bin ich nur ein Wandrer, ein Waller auf der Erde! Seyd ihr denn mehr?« (FA I, 8, S. 157) – Auch als am Ende der Epiker des rauhen Nordens den der mittelmeerisch heiteren Welt ablöst – »Ossian hat in meinem Herzen den Homer verdrängt« (Brief vom 12. Oktober; FA I, 8, S. 171) –, bricht die Motivkette des Wanderers, Pilgers und Irrfahrers nicht ab. Nun ist es nicht mehr Ulyß, mit dem Werther sich identifiziert, sondern der wandelnde graue Barde, der auf der weiten Heide die Fußstapfen der Väter sucht, und ach! ihre Grabsteine findet, »Fingals trefflicher Sohn«, der bald gewelkt sein und nach dem man vergeblich fragen wird, Ossian in Werthers Übersetzung. Als Homerischer Ulyß beginnend und als Ossianischer Barde endend, immer raschelt das Papier seiner Lektüren neben Werthers Leiden. Romanhaft verläuft demnach auch sein Lebensweg und keineswegs episch.

Die Stationen des äußeren Lebens sind in jedem wichtigen Sinn in die des inneren verlegt, bis zum Schluß. Eine andere Ruhe als die im Tod kann es für Werther nicht geben, weil sein Reich, und dies im Unterschied zu dem des Ulyß, nicht von dieser Welt ist. G. zitiert Homer und seine Odyssee, aber nur um der kontrastierenden Variation willen. Wahlheim, das traurige Nest, eine Bauernherberge, das Gebirge, der Ort seiner Heimat sind die Stationen von Werthers Reise. Doch bleiben die Berichte über die Reisewege kurz und ungenau, erzählen sie nichts von den Annehmlichkeiten und Beschwerden des Fahrenden. Die Zielorte der Wanderschaft sind vage nur gezeichnet, wenn nicht überhaupt nur mit einer Initiale, dann mit sprechenden Namen wie Wahlheim, das idyllische, oder auch sonst zugleich mit der Bedeutung, wie sie für das innere Leben des Helden haben. Die unendliche Erde der Irrfahrten des Ulyß im Homerischen Epos ist im bürgerlichen Roman Werthers vor Rilke schon zum »Weltinnenraum« geworden. Am Beginn steht die Gartenlandschaft von Wahlheim, in die Werther seine Wünsche und Erwartungen nach Ruhe, Frieden und Heiterkeit in Erinnerung an die überstandenen Wirrungen des Herzens bei dieser ersten Ankunft projiziert: »Bald werde ich Herr vom Garten seyn« (FA I, 8, S. 15). Am Schluß ist die Überschwemmung dieser Idylle eingetreten, vor der die Gärtnerei hatte schützen sollen, und die Szene ist so chaotisiert wie die Seele Werthers.

Nicht viel anders als mit den Orten ist es mit den Zeiten. G. hat sie durchweg in einem symbolischen Sinn verwendet, worauf bereits Frank G. Ryder (1964), Rolf Christian Zimmermann (1979, Bd. 2, S. 208–210) und Müller-Salget (1981, S. 326f.) hingewiesen haben. Die heiteren Briefe des ersten Teils fallen in den Frühling und Sommer, die verdüsterten des zweiten in den dunklen Teil des Jahres. Die Ausfahrt, um Lotte zum Ball zu holen, findet im Juni statt, die deprimierte Erinnerung an diese erste Ausfahrt am Stadttor ist auf den 4. August des darauf folgenden Jahres datiert. Auch Nebenhandlungen werden mit ihrem verheißungsvollen Teil im ersten Teil des

Jahres erzählt, mit dem betrüblichen Abschluß im zweiten. Von der Liebe des Bauernburschen erfährt man im Mai, von ihrem Scheitern im September; von den prächtigen Nußbäumen im Pfarrgarten im Juli, von ihrer Rodung ebenfalls im September. Der Schulmeisterstochter mit ihren vergnügten Kindern begegnet Werther erstmals im Mai; es ist August übers Jahr als er ihr das zweite Mal begegnet und dabei vom Tod des Jüngsten und der Verarmung der Familie erfährt. Ebenfalls im Wonnemond des Frühjahrs beginnt der erste Teil des Romans, der zweite schließt mit dem Tod des Helden im Dezember. Am 21. Juni, dem Tag der Sommersonnenwende, lebt Werther so glückliche Tage, wie sie Gott seinen Heiligen aufspart (FA I, 8, S. 55). Am 21. Dezember des Jahres darauf findet die über Leben und Tod endgültig entscheidende Begegnung Lottes mit Werther statt. Es ist der Tag der Wintersonnenwende. Charakteristisch aber auch, daß sich im ersten und zweiten Teil Monate überlagern. So wird zugleich auch deutlich, daß nicht die Jahreszeiten das Geschehen bestimmen, sondern daß sie ihr Licht aus der Seele Werthers erhalten.

Der Roman Werthers, die Geschichte seiner Leiden ist die Odyssee einer Seele auf der Suche nach sich selbst. Das Epos ist extensiv, der Roman intensiv. Für das Epos ist das Äußere nicht äußerlich, denn für den Helden ist die Eroberung der äußeren Welt wesentlich. Anders für den Helden des Romans. Die Orte seiner irdischen Irrfahrt sind bedeutungsvoll nur als Markierungen einer seelischen Topographie, deren Ausmessen recht eigentlich dem Gang der Handlung entspricht. Der Held wird geleitet vom Kompaß seiner Liebessehnsucht. Daß sie nicht erfüllt werden kann, daß die Wanderschaft abschüssig verläuft, ist dem Leser früher deutlich als dem Helden. Wenn Werther auf die Wanderschaft geht, so ist das ein Ausdruck seiner seelischen Unrast und »Krankheit zum Todte«, nicht etwa die Notwendigkeit zum Abenteuer. Der Brief vom 21. Juni spricht das in aller Deutlichkeit aus: »Lieber Wilhelm, ich habe allerley nachgedacht, über die Begier im Menschen sich auszubreiten, neue Entdeckungen zu machen, herumzuschweifen; und dann wieder über den inneren

Trieb, sich der Einschränkung willig zu ergeben, in dem Gleise der Gewohnheit so hinzufahren, und sich weder um Rechts noch um Links zu bekümmern. [...] es ist mit der Ferne, wie mit der Zukunft! Ein großes dämmerndes Ganze ruht vor unserer Seele, unsere Empfindung verschwimmt darin, wie unser Auge, und wir sehnen uns, ach! unser ganzes Wesen hinzugeben, uns mit aller Wonne eines einzigen, großen, herrlichen Gefühls ausfüllen zu lassen – Und ach! wenn wir hinzueilen, wenn das Dort nun Hier wird, ist alles vor wie nach, und wir stehen in unserer Armuth, in unserer Eingeschränktheit und unsere Seele lechzt nach entschlüpftem Labsale. // So sehnt sich der unruhigste Vagabund zuletzt wieder nach seinem Vaterlande, und findet in seiner Hütte, an der Brust seiner Gattin, in dem Kreise seiner Kinder, in den Geschäften zu ihrer Erhaltung, die Wonne, die er in der weiten Welt vergebens suchte« (FA I, 8, S. 57). Die geographische, die landschaftliche Ferne ist eine Dimension des inneren Lebens. Sie bedeutet Zukunft. Dieses Zukünftige liegt nicht im neuen Leben, sondern in der Hoffnung, die Seele zur Welt dehnen zu können. In die Ferne zu schweifen, ist dergestalt immer wieder Anlaß zur Einkehr in sich selbst, denn es wird draußen nichts entdeckt, was nicht im Inneren des Selbst erschlossen worden ist oder werden kann. Die Reisen des äußeren Lebens sind in diesem Sinn Ausschweifungen der Seele auf der Flucht vor sich selbst. Unterlassen werden können sie deshalb doch nicht.

Die Bewegung des Romans zwischen Glück und Unglück, Ausschweifung und Einkehr, Erleben und Reflexion, Dehnung und Kontraktion folgt in diesem Werk dem Rhythmus des Lebensmuskels. Die Kompositionsstruktur ist Allegorie auf sein Ausdehnen und Zusammenziehen, Allegorie auf den lebendigen Herzschlag oder auch das Atmen. Werther selbst ist es, der die Stichworte dazu nennt, etwa in seinem Brief vom 21. August: »Wie man eine Hand umwendet, ist es anders mit mir. [...] Wenn ich zum Tor hinaus gehe, den Weg, den ich zum erstenmal fuhr, Lotten zum Tanze zu hohlen, wie war das so ganz anders! Alles, alles ist vorüber gegangen! Kein Wink der vorigen Welt, kein Pulsschlag meines damaligen Gefühles« (FA I, 8, S. 159). Die Neigung des Helden, sich selbst zu beobachten, sein Sentimentalismus, steht zur Überschwemmung seines Seelenlebens durch seine katastrophenträchtige Triebnatur in einem Abhängigkeitsverhältnis kommunizierender Röhren. Sein Reflexionsvermögen nimmt ab, je höher die Fluten steigen. Er reflektiert, als würde er sich mit jedem Brief, den er schreibt, ein weiteres Mal den Puls fühlen – schließlich auch dazu zu schwach. Am Ende fühlt ihn der Arzt: »Als der Medicus zu dem Unglücklichen kam, fand er ihn an der Erde ohne Rettung, der Puls schlug, die Glieder waren alle gelähmt« (FA I, 8, S. 265).

Gleich beim ersten Mal einer geradezu programmatischen künstlerischen Mimesis am Lebensrohstoff ist G. so weit gegangen, wie seitdem erst wieder neuere Künstler, wenn sie, wie etwa in der musikalischen imitatio des Herzschlags, eine unmittelbare Orientierung ihrer Form am Rhythmus des Lebendigen versuchen. Die chimärische, die verhexende Wirkung, die der romantische Roman von hier, vom *Werther* aus, in der ersten Hälfte des 19. Jhs. ausstrahlt, geht auch auf diese Mimesis des Lebendigen zurück, vermöge derer im scheinbar Abstraktesten einer allegorisierenden Komposition der Rhythmus körperlichen Lebens abgebildet ist. Die reale Tendenz geht zu immer weiterer Reduktion von Darstellungen sinnenhaft plastischer Wirklichkeit, zur Entwertung von Bildhaftigkeit und Anschaulichkeit des Dargestellten, weil alle Suche nach Wahrheit sich auf die innere Gestalt richtet. Wo das Leben selbst in seinen wesentlichen Geschehnissen immer sinnenferner und abstrakter wird, können die Künste nicht halsstarrig an seiner Plastizität festhalten. – Die Erschließung des seelischen Lebens eröffnet dann freilich eine Welt im Innern des Subjekts, der gegenüber das äußere Leben in traurige Provinzen zerfällt. Das Leben am Hof, wie Werther es in der Gesandtschaftsepisode kennenlernt, erlebt er als ein Marionettentheater von historisch Überfälligem. Die Repräsentanten der alten, der feudalen Gesellschaft erscheinen als Menschen nur, wenn sie ihre ge-

sellschaftliche Repräsentationsrolle im Ancien Régime aufgeben, wie der Graf etwa, wenn er aus seiner konventionellen Rolle fällt. Auf dieser Bühne haben die Helden der romantischen Moderne, für die der *Werther* jenseits aller nationalliterarischen Epochendefinitionen steht, nichts zu suchen.

Der im *Werther* eingeschlagene Weg wählt – statt milieuhaften Realismus und die bildhafte Fiktion praller Lebensfülle – eine tendenziell naturalistische Repräsentation, in der physische Zeichen und deren literarische Ausdeutung unvermittelt zusammengespannt sind. Denn physiologischer Naturalismus und Literatur sind zugleich im Spiel, wenn Werther in seinen Entgrenzungs- und Verschmelzungsphantasien davon träumt, sich zu verströmen und zu verfließen. Klopstock ist dann ebenso gegenwärtig wie gestaute Sexualität. Denn neben Herzschlag und Atem gibt es im *Werther* noch ein drittes Motiv des nackten physiologischen Lebens, dessen Mimesis formprägend wird, die Kurve physischer Liebeserregung, der Werthers »Krankheit zum Todte« nachgebildet ist, von der ersten Sehnsucht bis hin zu den orgastischen Zuckungen und dem endlichen Ermatten in der Todesstunde; die ins Negative verstellte Vereinigung mit der unerreichbaren Geliebten, bei der Blut aus der offenen Schußwunde im Kopf des Selbstmörders fließt.

G.s Projektion des *Werther* auf den Hintergrund der Geschichte des Epos von Homer bis Ossian stellt das Pathos des epischen Erzählers zur Disposition von Stimmungen und Phantasien. Wenn Werther zu seinen Wanderungen als ein Ulyß des inneren Universums aufbricht, so ist dieses Niveaugefälle – bei aller diskreten Ironie – doch nicht prinzipiell parodistisch. Vom mockheroic poem, als welches man später den *Ulysses* von Joyce charakterisieren konnte, ist der *Werther* ebenso eindeutig unterschieden wie seine Christologie von einer schwarzen Messe. Daß G. aber stets auch an derartig krasse Provokationen gedacht hat, läßt sich bei vielen seiner Werke an den Paralipomena, unterschlagenen Lesarten und zurückgehaltenen Versionen erweisen, in denen häufig derbkomische – oft obszöne – Scherze den hohen Sinn des Textes auf der Schauseite im Abseits persiflieren. Die neuen Editionen etwa der *Faust*-Dramen unter Einfügung der früher fortgelassenen sexuellen oder analen Anspielungen, der Druck der *Römischen Elegien* einschließlich der »priapischen« läßt erkennen, daß das Erhabene und das Groteske zwei Seiten derselben Poetik sind. Ihre Bedeutungen im Hohen wie im Niederen erhalten ihre Ausprägung erst aus einem Bewußtsein, in dem die Gegenwärtigkeit des jeweils anderen latent ist.

So hat G. auch im Fall des *Werther* ein Blatt aus dem Entstehungskontext für aufbewahrenswert befunden, das – kurios genug – editorisch im Zusammenhang von *Hanswursts Hochzeit* (1775) mitgeteilt wird, wohin es allerdings der Tonart nach gehört: »Mir ist das liebe Wertherische Blut / Immer zu einem Probier hengst gut / Den lass ich mit meinem Weib spazieren / Vor ihren Augen sich abbranliren // [Spatium] // Und hinten drein komm ich bey Nacht / und vögle sie dass alles kracht / Sie schwaumelt oben in höhern Sphären / Lässt sich unten mit Marcks der Erde nähren / Das giebt Jungens Leibseelig brav / Allein macht ich wohl ein Schweinisch Schaf« (WA I, 38, S. 448).

Welches Gewicht Anspielungen auf eine gewählte Tradition erhalten, wie die hier behandelten auf Homers *Odyssee*, steht zur Disposition nicht nur des Helden, der als Korrespondent zugleich sein eigener Erzähler ist, sondern auch des Lesers. Denn der *Werther* enthält so vielerlei sich überlagernde motivische und metaphorische Texturen von jeweils so hohem Grad der Verdichtung, daß die Bedeutung jeder Episode mehrfach überdeterminiert ist. Der ungewöhnliche Reichtum von Interpretationen, die dieser Roman seit seiner Veröffentlichung gefunden hat, hat hierin seinen Gegenstand. Als entschiedener Modernisierungsschub in der Geschichte des Genres hat der *Werther* nicht gewirkt, indem er eine plastische Welt entworfen hätte, die den antiken Epen ebenbürtig wäre, sondern indem seine Form die Gründe zu poetischer Evidenz bringt, die einer einfachen Übertragung des antiken Modells auf die Verhältnisse der Moderne im Wege stehen. Der zumindest zweierlei Schriftsinn – erhaben oder grotesk, affirmativ oder ironisch, inneres oder äußeres Leben – läßt sich nicht zugunsten einer Alternative von zwei oder mehr Möglichkeiten auflösen, ohne den Charakter dieser Dichtung insgesamt zu verfehlen.

G.s *Werther* ist vor dem *Faust II* der erste und – im Unterschied zu seinem Spätwerk – der bis heute meistgelesene und einflußstärkste deutsche Beitrag auf dem Gebiet der Dichtung zu der Jahrhundertfrage nach Legitimität und Besonderheit der Moderne gegenüber der klassischen Modellkultur. Indem G. die Leiden Werthers als einen Roman konzipiert, indem er sie, in der Tradition des empfindsamen englischen, vor allem aber des französischen, durch Rousseau geprägten Romans, als Beichte in einem nach außen gewendeten inneren Monolog, indem er sie als den Briefroman einer sich unter dem Diktat seiner Empfindungen und Phantasien entwerfenden Seele gestaltet hat, fallen seine Antworten sehr viel radikaler aus als die theoretischen Anteile der zeitgenössischen deutschen Theoretiker der berühmten Querelle des Anciens et des Modernes.

Im Vergleich vor allem mit den besonders extrem gestikulierenden Beiträgen des jungen Herder, Jakob Michael Reinhold Lenz' oder Friedrich Schillers findet nur G. auf das Niveau der Diskussion, das vor allem Rousseau vorgegeben hatte. Fixiert auf Shakespeare, fasziniert durch die Lebensfülle in dessen Historien, haben die Dramatiker des Sturm und Drang das Recht der Neueren gegenüber der Antike bis zu dem Augenblick, als Friedrich Schlegel sich an dieser Diskussion beteiligt, stets im Rahmen einer dramaturgischen, einer Dramen-Theorie zu begründen versucht. Dieser prinzipielle Fehlgriff durch die Verkennung des Mediums, in dem die literarische Moderne sich vor allem entwirft, führt zu den künstlichsten Quadraturen des Kreises, wie Herder und Lenz sie mit ihrer theoretischen und praktischen Erfindung des epischen Theaters avant la lettre unternehmen. Denn die dramaturgischen Theoretiker müssen im Drama zur Geltung bringen, was mit weniger

Anstrengung und sehr viel weniger Künstlichkeit für den Roman zu erlangen war, die Ersetzung des äußeren Schicksals durch das Schicksal der Seele, die Verinnerlichung von Taten, Kollisionen und Katastrophen ohne die Drastik ereignisreicher Geschehnisse und sinnfälliger Handlungen. Während die deutschen Zeitgenossen G.s den Blick auf Shakespeare nicht lassen können, ohne daß doch ihre Innerlichkeit ihnen gestatten würde, ihm wirklich nachzufolgen, setzt G. mit dem *Werther* den Kontrapunkt zur Antike entschlossen im Roman und findet in der Odyssee des Seelenlebens die angemessenere literarische Form.

Sein Werther ist ein moderner Ulyß, aber nur gelegentlich. Entscheidend für G.s Replik auf die Antike ist nicht der Entwurf analoger Handlungen und Personen, sondern die Formgesinnung. Die Wahl des Romans als Genre ist von höherer Bedeutung als seine spezifische Ausstattung und Möblierung. Daß Werther sich sowohl mit Odysseus, wie auch mit Hiob und Christus vergleichen kann, ist für die Geschichte des Romans erheblicher geworden als der Klassizismus oder auch die christliche Gesinnung des Autors. Denn eben die Gesinnungen sind in Fluß geraten, und Werther kann sich in jeder einzelnen nur temporär bewähren. Daher seine Sprunghaftigkeit in der Abhängigkeit von Stimmungen. Können Unangemessenheit von seelischem Reichtum und außerweltlicher Armut als die Prämissen der Erfindung des modernen Romans im *Werther* genannt werden, so eröffnet G.s Roman mit der Entwicklung einer entsprechenden Form eine europäische, eine weltliterarische Tradition. Ihr früher Beginn in der deutschen Literatur hat paradoxerweise gerade die materielle, die ökonomisch-gesellschaftliche Nachzeitigkeit der deutschen Verhältnisse zur Bedingung. Denn Verinnerlichung, weltliterarisch erst formprägend, als das Bürgertum die Emanzipationsideale seiner Aufstiegsphase endgültig zu Grabe trägt, also in der ersten Hälfte des 19. Jhs., ist in der deutschen literarischen Entwicklung bereits die Konsequenz der materiellen Schwäche des Bürgertums im Kampf um die gesellschaftliche Hegemonie.

Die Stagnation in der gesamtgesellschaftlichen Entwicklung wird dergestalt zur Voraussetzung einer poetischen Avantgarde.

Ihre poetische Umsetzung verschiebt den Primat von der Darstellung, wie er ja gerade in den Briefromanen der englischen Tradition noch so eindrucksvoll herrscht, zum Primat des Ausdrucks. Denn auf der Wiedergabe des äußeren Lebens, seiner Schauplätze, seiner Handlungen, kann großes Gewicht nicht mehr liegen, nachdem das Bewußtsein der bürgerlichen Individuen es als den Schauplatz seines Lebens, als den Ort seiner Schicksale nicht mehr akzeptieren kann. So finden sich die Orte und Begebenheiten in Natur und Gesellschaft zu Anlässen bloß und zu Kristallisationskernen subjektiven Ausdrucks entwertet. Darstellung, das war das Kunstprinzip des Epos, Ausdruck wird dasjenige des modernen Romans. Zumindest wird es zum Stilprinzip jener Traditionsrichtung des Romans, die in den ökonomischen und politischen Institutionen der bürgerlich-kapitalistischen Gesellschaft so wenig eine Einlösung der subjektiven Ansprüche auf Glückseligkeit mehr sehen kann, wie in den Institutionen der alten, der feudalen Gesellschaft. In den epochalen Mustern des Desillusionsromans, wie sie später in den Gesellschaftsromanen von Honoré de Balzac und Gustave Flaubert zur Ausprägung gelangen, wird dieser Primat des Ausdrucks traditionsstiftend für den europäischen Desillusionsroman.

Doch G.s *Werther* bereits kündigt im Grunde den Frieden mit der bürgerlichen Gesellschaft auf, eher der Autor selbst ihn, vor allem in seinen Bildungsromanen zu schließen versucht hat. Kein Wunder, daß G. selbst sogar noch im Alter, aber auch die weltliterarische Nachfolgetradition auf dieses Frühwerk, auf den *Werther* immer wieder zurückgekommen ist. In der Mythologie des modernen Romans haben sich die Entwurzelten, haben sich Ulyß und Werther einen festen Platz sichern können, nicht etwa der Meister, der weltliterarisch ohne Echo geblieben ist. Avant la lettre widerspricht der Werther den versöhnenden Harmonisierungen des Bruchs und der Kämpfe zwischen Individuum und Gesellschaft von der Art, wie Hegel sie trocken nahelegt und der Bildungsroman sie wenigstens ästhetisch herbeizuführen gesucht hat. Seine Ansicht hat Hegel in den *Vorlesungen zur Ästhetik* formuliert: »Diese Kämpfe nun aber sind in der modernen Welt nichts Weiteres als die Lehrjahre, die Erziehung des Individuums an der vorhandenen Wirklichkeit, und erhalten dadurch ihren wahren Sinn. Denn das Ende solcher Lehrjahre besteht darin, daß sich das Subjekt die Hörner abläuft, mit seinem Wünschen und Meinen sich in die bestehenden Verhältnisse und die Vernünftigkeit derselben hineinbildet, in die Verkettung der Welt eintritt und in ihr sich einen angemessenen Standpunkt erwirbt« (Hegel, S. 220).

Nichts davon, vielmehr das Gegenteil von alledem gilt für den *Werther*. Nicht ästhetischer Nachvollzug der gesellschaftlich angeblich vollzogenen Versöhnung, nicht Darstellung einer prinzipiellen Angemessenheit von Subjekt und Objekt, jenseits angeblich nur akzidenteller, beiläufiger Entzweiungen und Dissonanzen, ist die Intention des *Werther*, sondern das Bestreiten der Möglichkeit eines angemessenen Standpunktes in der Gesellschaft. Werthers Reich ist nicht von dieser Welt und der Ausdruck, der das unmißverständlich macht, muß so exzentrisch wie nur irgend möglich ausfallen, so gänzlich ausfällig, daß er durch die Konventionen der bürgerlichen Gesellschaft auf gar keinen Fall mehr gestattet werden kann.

Die Werther-Fans haben das mißverstanden, wenn sie glaubten, daß es genüge, die Mode des blau-gelben Fracks zu kopieren, um die Nachfolge des Helden anzutreten. Die Intention des Modischen als einer Figur dieser exzentrischen, ästhetischen Opposition, ist erst begriffen und adäquat ausgedrückt im jeweiligen Dementi der gerade umgehenden konkreten Gestalten der Mode, im Überbieten dessen, was eben noch provozierend war: in der jedesmaligen neuen Erfindung. Mode ist eine der bürgerlichen Figuren, die Gesellschaftsjenseitigkeit symbolisieren soll. Es ist insofern kein Zufall, daß sie gerade in diesem Augenblick im *Werther* das erste Mal in einer so bedeutenden Figur, in einem so bedeutenden Bild auftaucht, als Gesellschaftsjenseitigkeit zur Chiffre eines kompletten Romans hat werden können. Mode ist Symbol dieses Jenseits der Gesellschaft geblieben, zumindest bis zu Stéphane Mallarmé, der Redakteur einer Modezeitschrift gewesen ist. – Eine andere dieser Figuren, in denen Gesellschaftsjenseitigkeit symbolisiert werden kann, ist für die Moderne Mythologie. Ihre Gestalten sind den Stimmungen entsprechend ebenso auswechselbar wie die der Mode: Ulyß oder auch Ossian, hier beide in einem Roman.

Die radikale Wende, die G.s Romane in der Kunstentwicklung seit dem 18. Jh. herbeiführen, besagt, daß der innere Reichtum und die seelische Differenziertheit der Subjekte in der äußeren Welt kein angemessenes Gegenüber finden können. Deshalb also der Griff zum Roman als der zeitgenössischen Form, die der Verinnerlichung am weitesten entgegenkommt.

Ossian und Christus

Als abenteuernder Wanderer ist Werther Ulyß; als unglücklich Gekränkter ein anderer Ossian, als Märtyrer seines Erdenweges trägt er Züge Christi. Homer ist der Pate des Liebessommers, Ossian und das Johannes-Evangelium werfen ihre Schatten über das sich anschließende Leidensjahr. Hätte G. den Helden allein als einen unglücklichen Verehrer geben wollen, den sein Liebeskummer in den Tod treibt; hätte er ihn darüber hinaus selbst auch noch als empfindsamen bürgerlichen Empörer gegen die Gesellschaft des Ancien Régime, als einen Sezessionisten porträtieren wollen, der sich von der repräsentativ erstarrten Leere der feudalen Gesellschaft absetzen will; beidemal hätte es der auratischen Überhöhungen durch die hohe mythologische personnage aus Antike und Neuzeit nicht bedurft. Tatsächlich sind diese pathetischen Assoziationen auch weitgehend unbeachtet geblieben oder unterbewertet worden, wo der Roman definitiv in der einen oder anderen Richtung gelesen wurde.

Zumindest für die erste Variante, die des Liebesromans, scheint G. selbst mit den Titelstrophen zur zweiten Auflage von 1775 die Anleitung zu geben: »Jeder Jüngling sehnt sich so zu lieben, / Jedes Mädgen so geliebt zu seyn, / Ach, der heiligste von unsern Trieben, / Warum quillt aus ihm die grimme Pein?« (vgl. Titelblatt, S. 59). Wenngleich nur kurze Zeit nach der Erstauflage geschrieben, ist zumindest die Akzentuierung des Liebes-Themas weniger eine Blicklenkung des Autors in eine Richtung, auf die das Lesepublikum sonst nicht gekommen wäre, als vielmehr das Eingehen auf eine Lektüre, die sofort bei Erscheinen des Werks die größte Publizität erlangt hatte. Liebesschmerz und Freitod bildeten den Blickfang. Herbert Schöffler, Jörg Ulrich Fechner (1982) und Horst Flaschka haben darauf aufmerksam gemacht, daß der Titel des Romans in der Erstauflage mit bestimmtem Artikel und im Plural »Die Leiden…« lautet, während sich der Autor in den Auflagen seit 1777 für die Variante ohne Artikel und hinsichtlich der Zahl zweideutig: »Leiden des jungen Werthers« entscheidet, die Lesart, die auch von der Weimarer Ausgabe geboten wird (vgl. Flaschka, S. 209f.). Daß es vor allem ein Leiden sei, das den Helden um Verstand und Leben bringt, ist die Überzeugung nicht nur eines breiten, an den Trivialroman gewöhnten Publikums, sondern auch literarisch hochgebildeter und prominenter Leser, deren Zeugnisse von Lessing und Novalis über Napoleon bis Thomas Mann reichen. Dieser hat Werther und Lotte dem Sternbild der großen Liebespaare von Laura und Petrarca, Paolo und Francesca, Romeo und Julia bis Abaelard und Héloïse zugeordnet (vgl. Mann 1941). Zuvor schon hatte Napoleon in seiner berühmten Begegnung mit G. am 2.10. 1808 in Erfurt sogar Anstoß daran genommen, daß der Dichter selbst diese klare Konzentration auf ein einziges Motiv zu hintertreiben scheint, wenn er mit der Gesandtschaftsepisode an entscheidender Stelle die Liebestragödie um ihr Gewicht bringe. Nach siebenmaliger Lektüre, so habe sich der Kaiser geäußert, habe er eine

ungünstige »Vermischung der Motive des gekränkten Ehrgeizes mit denen der leidenschaftlichen Liebe« zu bemerken: »Das ist nicht naturgemäss und schwächt bei dem Leser die Vorstellung von dem übermächtigen Einfluss, den die Liebe auf Werther gehabt. Warum haben Sie das getan?« Der Kanzler Müller, dem G. dieses Gespräch berichtet zu haben scheint, erinnert sich auch an dessen Antwort: G. fand die weitere Begründung dieses kaiserlichen Tadels so richtig und scharfsinnig, »dass er ihn späterhin oftmals gegen mich [Kanzler von Müller; d. Vf.] mit dem Gutachten eines kunstverständigen Kleidermachers verglich, der an einem angeblich ohne Naht gearbeiteten Aermel sobald die fein versteckte Naht entdeckt« (GRÄF 1, 2, S. 579f.).

Die Nahtstelle zu bemerken, ist Lesern in diesem Jahrhundert leichter gefallen, und die Forschung hat zunehmend mehr Gründe entdeckt, warum die Gesandtschaftsepisode obschon dem Handlungsverlauf nach ohne eine kausal determinierende Funktion dennoch eine Schlüsselstelle einzunehmen scheint. Hatte G. selbst doch noch in den Schlußpassagen des Werks, die auf den Freitod zusteuern, die Episode wieder in Erinnerung gebracht: »Den Verdruß, den er bey der Gesandtschaft gehabt, konnte er nicht vergessen. Er erwähnte dessen selten, doch wenn es auch auf die entfernteste Weise geschah, so konnte man fühlen, daß er seine Ehre dadurch unwiederbringlich gekränkt hielte« (FA I, 8, S. 210). – Von Georg Lukács (1936) über Arnold Hirsch (1958) bis Klaus R. Scherpe (1970) und Gerhard Kluge (1971) zieht sich ein Argumentationsstrang der *Werther*-Interpretation, in dem die Indizien gesellschaftsgeschichtlicher Prozesse mit besonderer Aufmerksamkeit bedacht, ja als die wichtigsten Spuren auf der Suche nach dem wesentlichen Sinn des Werks gesehen werden. Immer führt das zu einer gegenüber der älteren *Werther*-Forschung beträchtlichen Aufwertung der Gesandtschaftsepisode. Flaschka mißt ihr eine dramaturgisch entscheidende Bedeutung zu, wenn er schreibt: »Mit der Gesandtschaftsepisode als der Schilderung von Werthers zeitweiliger Tätigkeit in Diensten eines Gesandten hat G. in seinen Roman eine Dimension von gesellschaftlicher Brisanz eingebracht, die das Werk weit über den Rang eines realitätsfremden Seelenromans hinaushebt. Kompositionell entspricht der Gesandtschaftsepisode die Peripetie der Romanhandlung. In der Funktion eines Bindeglieds steht sie zwischen dem idyllisch gestimmten ersten und dem zunehmend düsteren, sich auf die Katastrophe hinbewegenden zweiten Teil und umfaßt die Briefe vom 20. Oktober 1771 bis zum 5. Mai 1772. Die zentralen Ereignisse während dieses Zeitraums sind die Auseinandersetzung Werthers mit dem Gesandten und sein Verweis aus der vornehmen Adelsgesellschaft im Hause des Grafen von C...« (Flaschka, S. 78).

In der Tat, zum Liebesleid des Helden scheinen hier Leiden an der bürgerlichen Profession zu kommen. Auf zwei Schauplätzen erfüllt sich das Schicksal des bürgerlichen Subjekts in den drei Jahrhunderten seiner Hegemonie, in der Liebe und im Beruf. An der Bedeutung des Eros im Widerspiel von subjektiver Entgrenzung und den Erfordernissen bürgerlicher Selbstbescheidung konnte es für den *Werther* nie einen Zweifel geben. Der bürgerliche Beruf scheint dagegen eine geringere Rolle zu spielen, zumindest quantitativ im Roman selbst, durchaus umstritten in qualitativer Hinsicht dagegen bei seinen Interpreten. Die Gesandtschaftsepisode wird in diesem Zusammenhang zum Prüfstein, obwohl sie nicht die einzige Stelle ist, wo es um Arbeit in ihren bürgerlichen Rhythmen und Zwängen geht. Gleich zu Beginn schon klagt Werther über den Mangel an Gesellschaft und findet ihn in der Absorption durch eine allgemeine leere Geschäftigkeit begründet: »Wenn Du fragst, wie die Leute hier sind? muß ich Dir sagen: wie überall! Es ist ein einförmig Ding ums Menschengeschlecht. Die meisten verarbeiten den grösten Theil der Zeit, um zu leben, und das Bisgen, das ihnen von Freyheit übrig bleibt, ängstigt sie so, daß sie alle Mittel aufsuchen, ums los zu werden. O Bestimmung des Menschen!« (FA I, 8, S. 18f.). Das ähnelt bereits sehr dem Bild der Tretmühle in der Mythologie des 20. Jhs., wo gearbeitet wird, um zu

leben, gelebt wird, um sich zur Arbeit zu rüsten. Die Gleichheit vor dem Zwang zur Erwerbstätigkeit, ein Ergebnis des Erlöschens ständischer Privilegien, produziert eine Einförmigkeit, die den Ansprüchen auf Selbstverwirklichung, mithin dem bürgerlichen Individualismus, keinen Raum gibt. Der wissenschaftlich gebildete Universitätsabsolvent kommt nicht besser davon als der pedantische Amtmann in einer Verwaltung. Das Studium der Antike unter der Anleitung von Johann Joachim Winckelmann, Sulzer und Christian Leberecht Heyne, wie es Werther in der Gestalt des »jungen V.« vor Augen steht, der gerade »von Akademien« kommt, provoziert seine Geringschätzung: »Ich ließ das gut seyn« (FA I, 8, S. 22). Daß es nicht die »thätigen und forschenden Kräfte« (ebd.) sind, die in den Universitäten gebildet werden, ist dem Helden unzweifelhaft. Wenn Werther als ein Müßiggänger gegeben ist, dann im Protest gegen Lebensformen, in denen die Person durch das Amt und ihre Bewährung durch professionelle Tüchtigkeit definiert ist. »Lumpenbeschäftigungen« oder vermeintliche »Riesenoperationen« gelten Werther als gleicherweise nichtig, wenn er sie der eigenen aus sich selbst gebildeten Welt vergleicht, selbst wenn diese nur die einzige Freiheit gewähren mag, sie selbstbestimmt zu verlassen (FA I, 8, S. 24).

Sorgfältig war G. aber auch hier darauf bedacht, das Zwielicht zu erhalten, in dem sich in diesem Roman selbst die vermeintlich gerechtesten Impulse zeigen. Werther ist ein Aussteiger, der seine rousseauistische Prinzipientreue mit einer Verkümmerung von Anlagen und Fertigkeiten bezahlen muß, deren Anwendung den Kompromiß verlangt hätte. So fraternisiert er zwar in utopischem Überschwang mit dem Volk und muß sich doch sagen, daß dabei die ihm eigene Produktivität brachliegt: »Aber eine rechte gute Art Volks! Wann ich mich manchmal vergesse, manchmal mit ihnen die Freuden genieße, die so den Menschen noch gewährt sind, an einem artig besetzten Tisch, mit aller Offen- und Treuherzigkeit sich herum zu spassen, eine Spazierfahrt, einen Tanz zur rechten Zeit anzuordnen und dergleichen, das thut eine ganz gute Würkung auf mich, nur muß mir nicht einfallen, daß noch so viele andere Kräfte in mir ruhen, die alle ungenutzt vermodern, und die ich sorgfältig verbergen muß. All das engt all das Herz so ein – Und doch! Misverstanden zu werden, ist das Schicksal von unser einem« (FA I, 8, S. 20). Dies eben ist die Einsatzstelle des Experiments in der Gesandtschaft, die Probe auf das Exempel eines bürgerlichen Berufs, in dem die ungenutzten Kräfte zur Anwendung kommen könnten.

Auf sein Scheitern bei dieser Gelegenheit – die Karriere »zum Geheimderath und Gesandten« (FA I, 8, S. 148) bricht ab, weil der bürgerliche Held die soziale Kränkung gelegentlich einer Geselligkeit von Adligen nicht verwinden kann – greift Werther ein letztes Mal zu seinem Homer, um Trost in der *Odyssee* zu suchen: der Episode der Bewirtung des Helden durch einen Schweinehirten. Der Trost verfliegt nach ein paar Stunden, und nicht als Ulyß setzt Werther danach seine Wanderung fort, sondern als ein anderer Ossian, sodann aber als bei seiner Wallfahrt ermattender Pilger.

Für diese Wendung ist das Verständnis des sozialen Inhalts wichtig, den das berufliche Scheitern für den Helden erhält. Die Vertreibung aus der Geselligkeit des Adels schließt ihn gleich zweifach aus: nicht nur aus der Gesellschaft der Leute von Stand, sondern zugleich auch aus der seinen, der bürgerlichen, deren Kompromiß mit dem Adel er für sich nicht gelten lassen will. Distanz bekunden nicht nur die bornierten Adligen, sondern auch die eigenen Standesgenossen. Dieser doppelten Front gegenüber hat der Held keinen Rückhalt in der realen Gesellschaft, worein er sich zurücklehnen könnte. Sie läßt ihn vielmehr radikal vereinsamen, wie es die monologische Reduktion des Briefromans und der damit einhergehende Lyrismus bereits hatten erkennen lassen. Albert etwa, dem Lebenstüchtigen, opponiert Werther nicht als Bürger gegen die untergehende Gesellschaft des Ancien Régime, sondern als individueller Mensch gegen gesellschaftliche Konvention schlechthin; analog in der Gesandtschaftsepisode.

So wird an beiden Leiden, dem Liebesschmerz und der gesellschaftlichen Kränkung, deutlich, daß das Unglück Werthers tiefer reicht, als die Anlässe nahelegen. Wäre es einzig der Kummer eines jungen Mannes, der das Mädchen seiner Wahl schon vergeben findet, warum hätte Werther nicht Trost bei dem »Fräulein v. B.« finden sollen, mit der er sich, einer zart fühlenden Seele, in der Zeit seiner Gesandtschaftstätigkeit anfreundet? Wäre es andererseits allein das Ärgernis, daß ein paar Honoratioren mit Standesdünkel unter sich bleiben wollen, welcher Gewinn sollte darin liegen, partout mit diesen Bornierten Umgang zu pflegen statt mit seinesgleichen? »Der Werther des Anfangs sollte über jene Kränkung in adeliger Gesellschaft nicht hinwegkommen, wie der junge, ehrgeizige, selbstgefällige Jerusalem sie nicht verwinden konnte? Er sollte sich nicht für immer davon befreien können, wie er es mit zunächst mit echt Wertherscher Gegenregung sofort vermag, indem er nachliest, wie zu Homers Zeiten König und Sauhirt zueinander sein konnten?« Schöffler hat diese Fragen gestellt und vermutet, daß die Antwort weniger durch psychologische Erwägungen über die Seele des Helden zu finden sei als in den metaphysischen Voraussetzungen einer entgötterten Welt (Schöffler, S. 61 f.). Tatsächlich sind beidemal die Ereignisse weniger Gründe für die Abschüssigkeit der Bahn, auf der Werther zu Tode kommt, als vielmehr Wegmarken oder Stationen, an denen sich ablesen läßt, wie es inwendig mit dem Helden steht. Es ist das immer gleiche Leiden, aber es hat viele Namen. Liebe und Beruf sind die populärsten. Um sein allgemein Menschliches, dieses natürliche Jenseits der gesellschaftlichen Entstellungen, ausdrücken zu können, muß der Held dargestellt werden, als wäre er nicht von dieser Welt, als fiele er selbst und einzig er nicht unter die Gesetze der bürgerlichen Gesellschaft.

Für deren Anschauung erfüllt diese Funktion seit der Romantik in erster Linie der Künstler. Allemal lobt in dieser Tradition nicht das Werk den Meister, sondern charakterisiert der Habitus den Wunsch nach der Kunst. Tatsächlich eröffnet der *Werther* in dieser Hinsicht eine Reihe, die über die Romane der Romantik und die *Éducation sentimentale* Flauberts bis zu Rilkes *Malte* und Thomas Manns *Dr. Faustus* reicht, die Künstlernovelle als ein eigenes Genre hier einmal außer Betracht gelassen. In G.s vorromantischem Roman erfährt die außerordentliche Existenz des vereinsamten Künstlers zunächst in der Beziehung auf die Homerische *Odyssee*, sodann auf die biblische Christologie mythologisch die Stabilisierung, derer sie in der realen Gesellschaft entbehren muß. Als konstant in der Ästhetik der Innerlichkeit hat sich die Beziehung der verschiedenen Prägungen dieser modernen Mythologie auf den großen Schmerzensmann, auf die abendländische Allegorie der nachantiken Einkehr erwiesen, auf Christus. Er ist das sakrale Urbild, von dessen Aura die profanen Liebesleiden Werthers ebenso verklärt sind wie sein Scheitern an der Gesellschaft, auch dies freilich nicht ohne jene chimärische Irritation, von der keine Bedeutung dieses Werkes frei bleibt.

Hinweise auf die Christologie durchziehen den Roman von Anfang bis Ende. Wenn Werther etwa mit den Kindern spielt, so in Erfüllung der »goldnen Worte des Lehrers der Menschen« (FA I, 8, S. 60), wie es in dem Brief vom 29. Juli heißt, also »Lasset die Kindlein zu mir kommen ...« (Matth. 18,3); ein anderes Mal, in seinem Streitgespräch mit Albert vom 12. August 1771 über die »Krankheit zum Todte« (FA I, 8, S. 98), ein leicht variiertes Zitat von Johannes 11,4; schließlich, wenn er sein ganzes Wesen »zwischen Seyn und Nichtseyn zittern« fühlt, wenn der Held sich nämlich anschickt, den Kelch seiner Leiden an die Lippen zu setzen, wie in der Metaphorik des Briefes vom 15. November, und er – aus Matthäus 27,46 zitierend – in die Worte ausbricht: »Mein Gott! Mein Gott! warum hast du mich verlassen?« (FA I, 8, S. 180). Daß Werther sich der Mühseligen und Beladenen, der Verworfenen und Sünder annimmt, zählt zu den weiteren unter zahlreichen mehr oder weniger wichtigen Anklängen.

Für die klerikalen Statthalter der Religion zur Zeit Werthers war dies die verwegenste Herausforderung des Helden. Die Auratisie-

rung der irdischen Geschlechtsliebe und ihrer Leiden durch das Zitat Christi. Und dies nicht etwa blasphemisch von dem artikulierten Bewußtsein eines Sakrilegs, wo die Schändung die Autorität des Geschändeten noch immer bestätigt und erneuert wie etwa in den Happenings von Aktionisten aus dem katholischen Kulturkreis des 20. Jhs.; nein, hier im *Werther* ist das Kreatürliche ganz ernst genommen, und buchstäblich wird von seiner, also der kreatürlichen Erlösung die Wirklichkeit der Eudämonie, der Glückseligkeit, erwartet und doch auch wieder ferngestellt als nicht von dieser Welt oder doch zumindest nicht im Bereich mehr dieser historischen Gesellschaft gelegen. Spiegel immanenter Antizipation hat Ernst Bloch solche Formen der Kunst einmal genannt, tendenzhaft utopischen Realismus (Bloch, Bd. 2., S. 915).

In seinem Zenit steht dieser Vorstellungskreis, wenn Werther sein Leiden in Erinnerung an den Opfertod Christi deutet: »Ist es da nicht die Stimme der ganz in sich gedrängten, sich selbst ermangelnden, und unaufhaltsam hinabstürzenden Creatur, in den innern Tiefen ihrer vergebens aufarbeitenden Kräfte zu knirschen: Mein Gott! Mein Gott warum hast du mich verlassen?« (FA I, 8, S. 180). In den deutlichsten Worten – in Anklängen an Johannes 15,12 – spricht dann der Brief vom 20. Dezember über den bevorstehenden Tod als einen Opfertod: »Es ist nicht Verzweiflung, es ist Gewißheit, daß ich ausgetragen habe, und daß ich mich opfere für Dich, ja Lotte, warum sollt ichs verschweigen: eins von uns dreyen muß hinweg, und das will ich seyn« (FA I, 8, S. 224). Wenig später dann – die Ossian-Lektüre liegt dazwischen – die Worte nach dem Johannes-Evangelium (14,28): »Ich gehe voran! Geh zu meinem Vater, zu deinem Vater« (FA I, 8, S. 250). Schöffler hat solche direkten oder mittelbaren Zitate der Evangelien, vor allem die Anspielungen auf Brot und Wein in der Sterbeszene, der Eucharistie und die Assoziationen an den Leidenskelch aus dem Johannesevangelium zusammengestellt, um seine Deutung zu erhärten, die Werthers Leiden als eine in ihrem Sinn verkehrte Erneuerung der Passionsgeschichte aus der religiösen Konstellation des späten 18. Jhs. liest. An die Stelle der Gottesliebe sei die der Geschlechter getreten. Deren Imperativ beanspruche aber nicht minder absolute Geltung wie zuvor die Gottesliebe, so daß das Leben nun auch durch irdischen Liebesschmerz bis zur Selbstpreisgabe entwertet werden kann. Christus erhielt den Kelch durch Gott, Werther erhält ihn durch Lotte, ein neues, ein profanes Evangelium, das aus dem vermeintlichen Schuldzusammenhang alles Lebendigen herausgetreten ist, ohne daß damit das Reich der Glückseligkeit angebrochen wäre: »Die Leiden des jungen Werther sind in unserer neuzeitlichen Geistesgeschichte der Urfall eines Leidens und Sterbens, in dem diesseitiger Wert entscheidet; ›die Leiden des jungen Werther‹ sind der erste deutsche Leidensbericht mit pantheisierender Gottesidee; sie sind somit die erste nichtdualistische Tragödie unserer Geistesentwicklung. Zum ersten Male wird Geschehen gezeichnet, das vernichtet und doch ohne Gegenspieler waltet, die erste Tragödie ohne Schuld, ohne Prinzip des Bösen« (Schöffler, S. 86).

Hier liegt die Anschlußstelle für eine reiche Auslegungstradition dieses Werks, die den Skandal einer Katastrophe ohne Schuldige nicht aushält. Wenn ein Unglück geschieht – und jederzeit wieder geschehen kann –, für das weder Gott noch die Welt zur Verantwortung gezogen werden können, scheint das Eudämonieprinzip ernstlich in Frage gestellt zu sein. Seine Karriere seit dem späten 18. Jh. – vor allem seit der Französischen Revolution – setzt den Maßstab des Fortschritts. Vor allem ein Ausweg hat sich angesichts von Kränkungen des optimistischen Weltbilds der Aufklärung mir ihrer Glücksverheißung für jedermann immer wieder angeboten: Pathologisierung. Davon soll gleich noch die Rede sein. Zunächst steht aber noch die Auslegung des Romans durch Schöffler zur Diskussion, die zu den gewichtigsten gehört, weil sie die geistes- und religionsgeschichtlichen Bedeutungen, die sie dem *Werther* zuweist, aus dem historischen Zusammenhang von G.s Wahrnehmungs- und Denkhorizont in den Jahrzehnten der Werkentstehung erhärtet. Weist Schöffler doch – neben den zahlreichen direkten und indirekten Anspielungen auf die Christologie vor allem des Johannes-Evangeliums – nach, in welchem Maße diese Auratisierung Werthers auch mit der pantheistischen, der pantragischen Freiheitsphilosophie zusammenhängt, die G. durch Giordano Bruno und dessen englische Rezeptionsgeschichte bekannt war. Die Freiheit, den Kerker des Lebens verlassen zu können, weil doch auch der freigewählte Tod nicht als luziferischer Sturz in ein Nichts verstanden werden muß, sondern als Rückkehr in die Allnatur deutbar ist, steht unter dem Doppelaspekt des Scheiterns, aber auch des Triumphs. Behauptet sich doch in der Freiheit des selbstgewählten Todes eine moralische Autonomie, die unter menschlichen Verhältnissen nicht zu überbieten oder sonstwie aus dem Felde zu schlagen ist. Sie steht offenkundig nicht mehr unter dem Zeichen des Kreuzes – aus dem Bericht über das Begräbnis Jerusalems übernimmt G. fast alle Einzelheiten bis in die Formulierungen hinein, nur die Erwähnung des vorangetragenen Kreuzes nicht –, dafür aber unter den Auspizien der Natur. Wie die Natur in Shakespeares *Tempest* und in der Dramatik des Sturm und Drang, so begleitet sie auch hier mit ihrer düstersten Jahreszeit die Verstörung des Helden: ein Leben, das sich selbst entzweit und die entzweiten gegeneinander treibt. Nicht Homer, sondern Ossian ist als Epiker der Moderne zugleich der Pate dieser Welt.

Kein Zweifel, daß diese Lektüre in einer vielfach verankerten Bedeutungsschicht des *Werther* ihren Gegenstand hat. Bezeichnend aber auch, daß Schöffler, der sie in die Interpretation des Werks eingeführt hat, umstürzlerisch neue Züge der Formgestalt auf Kosten dieser Verankerung in der Geistesgeschichte des 18. Jhs. zurücktreten läßt. So entwickelt er die künstlerische Gestalt nicht aus den Charakteristik des Romans, dessen moderne Form der *Werther* mitbegründet, sondern – als hätte er es mit einem der Trauerspiele des Sturm und Drang zu tun – aus der Dramaturgie des Märtyrerspiels mit seinen Faszinosa der selbstentzweiten Natur und des Opfers ohne Erlösung, kurz jener pantragischen profanen Metaphysik, von der die Autoren des deutschen Expressionismus und ihre germanistischen Interpreten im ersten Drittel des 20. Jhs. fasziniert waren. Daß der Roman nicht aus der seelischen Logik seines Helden, letztlich aber auch nicht aus der Logik seiner Form zu deuten sei, setzt Schöffler voraus, damit aber zugleich auch schon, daß er als Roman unverständlich bleiben würde, wenn man nicht die Religions- und Geistesgeschichte des späten 18. Jhs. hinzuziehen würde. Typisch romanhafte Züge des *Werther* treten aber damit zugunsten einer metaphysischen Logik zurück, die poetisch nicht so unerbittlich waltet, wie sie aus Gedanken folgen mag.

In der Logik der Romanform, einer Herausforderung der Gattungspoetik durch die Simulation von Naturverhältnissen, herrscht ein asymmetrisches Verhältnis zwischen der Welt in Gedanken und dem Leben. Daraus folgt auch, daß innerhalb desselben Werks verschiedene Ordnungen quasi im Widerstreit um die Sinngebung liegen: die Ableitung des Geschehens aus der Seele des Helden (Psychologie); die Konstruktion seiner Konflikte aus dem Potential gesellschaftlicher Widersprüche seiner Zeit (Gesellschafts- und Sozialgeschichte); die Herleitung seiner Handlungslogik aus den metaphysischen Verhältnissen der Zeit (Theologie und Geistesgeschichte); Deduktion aus Normenkonflikten zwischen Normalität und Devianz (Pathologie) – ein Ensemble von gleichzeitig um Vorherrschaft ringender Diskurse. Man bliebe damit noch immer im Reich der Vernunft und ihrer Chimären, würde sich der Roman nicht außerdem auch noch den Moden so bereitwillig öffnen und hätte er nicht so viel Verständnis für menschliche Schwächen wie diese, noch in den bedrängtesten Stunden des Lebens eine gute Figur abgeben zu wollen. Der blaue Frack mit den gelben Stiefeln steht für eine ansehnliche Palette von dinglichen und ideellen – mithin auch literarischen – Requisiten, aus deren Fundus Werther sich ausstattet. Schöffler hat mit den Parallelen zwischen Werther und Christus nichts entdeckt, worauf der Held dieses Romans nicht schon vor ihm gekommen wäre. Dieser selbst läßt sich in seiner Art zu sprechen die Analogien zu den Evangelien einfallen; legt mit Brot und Wein die Parallele zum Abendmahl nahe; spricht von Opfer, wo schon der Leser nicht mehr versteht, für wessen Erlösung. Mit anderen Worten, die Theologie stellt eine der vielen Bühnen, auf denen aufzutreten Werther die Wahl hat, und der Leser tut gut daran, sich dieser Version als einer unter anderen bewußt zu bleiben.

Rolf Christian Zimmermann hat dieses Verständnis wesentlich gefördert, wenn er zu bedenken gibt, daß jener Christus, den G. zugleich zu Werthers Paten und Widertäufer macht, durchaus keine Inkarnation der religiösen Orthodoxie seiner Zeit war, vielmehr eher den Empörergestalten der neuen Mythologie dieser Jahre – Prometheus und Dionysos – glich. Am Fragment gebliebenen *Ewigen Juden* aus der Entstehungszeit des *Werther* demonstriert er eine Auffassung Christi, die den Erlöser als Bruder und »Schicksalsgenossen« des Romanhelden, selbst einen Romantiker zeigt: »mit burlesken Charakteristika der Weltfremdheit, der Selbstvernachlässigung, der zweckvergessenen Verschwendung seiner selbst – als wäre er Werther!« (Zimmermann, Bd. 2, S. 181). So wird deutlich, daß die Verweise Werthers auf Christus erst angemessen zu verstehen sind, wenn man begreift, wie sehr das Verständnis Christi durch G. sich auf die Gestalt Werthers hin bewegt. Nur unter diesen Umständen wird man die christologische Aura um Werther nicht als konzedierende Rückversicherung an eine Tradition verstehen können, zu der die Bindungen locker geworden waren, sondern als die Neuschöpfung einer Sprache metaphysischer Verständigung aus dem Potential literarischer Vieldeutigkeit. Die Anspielungen auf Christus adeln den Helden, gewiß; sie sind aber auch ein Fingerzeig auf dessen Hybris, und nicht zuletzt bezeugen sie auch das Vermögen des dichterischen Erfinders zu Selbstdistanzierung und Ironie. Denn eben diese lebensweltliche, ja biographische Dimension bleibt doch bei der Begründung des Romans im Umkreis der anthropologischen Interessen der Zeit immer mit im Spiel, wenn das neue Epos in Reichweite zu sein scheint. Die Deutungen mit den Konstruktionen der Philosophie, Geistesgeschichte oder gewisser Diskurse im Hintergrund unterschätzen die Entschlossenheit der neuen Autorengeneration zur Inkonsequenz, ein trotziger basso ostinato der literarischen Avantgarden seit der europäischen Vorromantik.

Die Tradition des Petrarkismus

Zur literarischen Ausstattung Werthers gehört schließlich noch eine weitere Textur, deren Entdeckung und Entzifferung die Forschung einer Studie von Jörg Ulrich Fechner (1982) verdankt, Anleihen aus dem Liebessystem des Petrarkismus. Es sind zum Teil dieselben Motive, die – wie in der Christologie – auch in der erotischen Dichtung dieser Tradition wiederbegegnen. Das beginnt bereits mit G.s pluralischem Gebrauch von Leiden im Titel des Romans, den das Grimmsche Wörterbuch als im Deutschen erstmalig ausweist (DWb 6, Sp. 666 f.). »Das Reizsignal dieses neuen Wortes«, so Fechner, »schwankt zwischen ›dem erlittenen Leid‹ und den ›erfahrenen Leidenschaften‹ oder einer ›erfahrbaren Leidenschaftlichkeit‹ überhaupt. Die sprachliche Wendung ›die Leiden‹ stellt sich schon damit – und das gerade angesichts der thematischen Betonung der Liebe in Goethes Roman! – in jene Tradition, die in den romanischen Sprachen mit der Wendung der zumeist pluralen ›passions‹, ›passioni‹ oder ›pasiones‹ bezeichnet wird und die in zumindest mittelbarer Weise immer auch mit dem Liebessystem des Petrarkismus verknüpft ist« (Fechner, S. 341). Zu den vermittelnden Quellen zwischen der Literatur des 16. und der Aktualisierung einiger ihrer Motive und Themen im letzten Drittel des 18. Jhs. gehört die *Nouvelle Héloïse* Rousseaus mit ihrer ambivalenten Aufwertung privater Leiden und subjektiver Leidenschaftlichkeit in der Dialektik von Qual und Freuden, der Darstellung von Liebe als literarische Klage über ihre Verweigerung. Werthers »Krankheit zum Todte« zitiert in diesem Zusammenhang nicht nur das Johannes-Evangelium, sondern ineins

damit auch eine Liebesrhetorik, deren Spuren von der Sappho, Catull und Ovid, über Petrarca, Pierre Ronsard und Paul Fleming bis zu Rousseau und Klopstocks neupetrarkistischer Elegie *Petrarch und Laura* reichen. Ob und in welchem Umfang G. zur Zeit der Abfassung des *Werther* den *Canzoniere* kannte, ist ungewiß, deshalb aber auch weniger erheblich. Die Liebesrhetorik des Petrarkismus mit ihren Ambivalenzen, Antithesen und Oxymora; seine Motivik des Schwankens zwischen anbetender Verehrung und sinnlicher Hingabe, Sehnsucht nach Auflösung des hoffnungslosen Verhältnisses und Bewußtsein von rettungsloser Verfallenheit, des Sündenbewußtseins und des rechtfertigenden Einspruchs der Vernunft; schließlich die täuschende Erfüllung im Traum und die »bittersüße« Fetischisierung der dinglichen Zeichen; das Dreiecksverhältnis endlich, das im italienischen Petrarkismus als Cicisbeat vertraut ist – die Zuordnung eines täglichen Gefährten zu verheirateten Frauen mit allen situativen Möglichkeiten der Zweideutigkeit – Fechners Belege auf allen Ebenen literarischer Formung sind reichlich.

G.s Umgang mit der Formensprache des Petrarkismus ist vielfältig. Quasi hinter dem Rücken Werthers bedient er sich ihrer, wenn er in der zweiten Fassung die Episode des Bauernburschen einfügt, den seine unerwiderte Liebe zu der Witwe in den Wahnsinn und schließlich zum Mord treibt, die Ausführung eines bereits antiken Topos. Im Modus der Abwehr konventionellen, nämlich »bloß« rhetorisch gebildeten Sprechens wird der Petrarkismus assoziiert, wenn Werther seinem Briefpartner am 16. Junius 1771 das erste Zusammentreffen mit Lotte in den Klischees der Begegnung mit einem Engel schildert und sich dann mit dem Wahrhaftigkeitsanspruch des Sturm und Drang selbst korrigiert: »Das ist alles garstiges Gewäsche, was ich da von ihr sage, leidige Abstraktionen, die nicht einen Zug ihres Selbst ausdrücken« (FA I, 8, S. 36); ein anderes Mal – in der zweiten Fassung – sagt: »Ich witzle n i c h t [Konjektur von Fechner: statt der vermuteten Korruptele ›mich‹; d. Vf.] mit meinen Schmerzen herum; wenn ich mirs nachließe es gäbe eine ganze Litaney von Antithesen« (FA I, 8, S. 183). Eine weitere Variante im Umgang mit petrarkistischen Vorstellungen bietet Werthers Phantasieren über das Selbstopfer. Sofern es sich an der Christologie orientiert, sind seine Quellen schon erwähnt worden. Daß es aber die Geliebte ist, durch die er sich den Kelch gereicht sieht, entspricht den bittersüßen Liebesqualen des Petrarkismus eher als dem Johannes-Evangelium.

Wie im Literaturverständnis der Deutschen die Poetik des »Erlebnis«-Gedichts den Sinn für den artifiziellen Anteil auch und gerade an der lyrischen Dichtung nahezu hat verkümmern lassen, so hat das romantische Programm einer authentischen Sprache des Herzens, wie es durchaus zurecht mit dem *Werther* in Verbindung gebracht wird, zu einer Verkennung des Formenspiels geführt, das den Kontext für dieses Programm bildet. Werther findet sich von Literatur, Kunst und Philosophie umstellt. Ihre mythologische Personnage und ihre rhetorischen Figuren, Wahrnehmungsweisen und Denkformen verstricken ihn in ihre Klischees und Stereotypen. Damit soll nicht an das Selbstverständliche erinnert werden, daß G.s Roman, wie jede Dichtung, in vielerlei Beziehung zu Vorgängertexten steht. Für die Form dieses Romans bestimmend wird vielmehr, daß G. dieses Traditionsbewußtsein mit dem Anspruch seines Helden konfrontiert, das eigene unverwechselbare Selbst zur Sprache zu bringen. In Liebe, Beruf und Kunst scheitert das Vorhaben. Dieses Scheitern nimmt hier aber ironischerweise selbst die Form des konventionellen, hier indessen besonders vielfältig und erfinderisch ausgestalteten Topos der Unsagbarkeit an.

Der kranke Held

Nicht erst die Leser des *Werther*, denen daran gelegen war, einen Grund für das Unglück des Helden zu finden, wenn schon eine Schuld nicht festzustellen war, sind auf eine Krankheit Werthers als Ursache seiner Leiden verfallen.

Dem Autor selbst war diese Vorstellung durchaus nicht fern. Für die Geschichte des unglücklichen Jerusalem scheint er sich u.a. auch als für einen besonders interessanten Fall interessiert zu haben. Aus dem zeitlichen Umkreis der Entstehung datiert auch ein Gesprächsbericht des Schweizer Freundes Lavater, in dem es um das Verhältnis von Kunst und Moral geht. Eine moralische Verurteilung seines Helden – und deshalb des Romans insgesamt – habe G. mit einer Bemerkung über den Wert auch trauriger Beispiele zurückgewiesen: »H i s t o r i a m   m o r b i zuschreiben, ohne unten angeschriebene Lehren, a. b. c. d. – sagte mir einst G ö t h e, da ich ihm einige Bedenklichkeiten über seinen *Werther* ans Herz legte – ist tausendmal nützlicher, als alle noch so herrliche Sittenlehren. Geschichtlich oder Dichterisch dargestellt: ›Siehe das Ende dieser Krankheit ist Tod! Solcher Schwärmereyen Ziel ist Selbstmord!‹ Wers aus der Geschichte nicht lernt, der lernts gewiß aus der Lehre nicht« (Lavater, S. 128 f.). Aus späterer Zeit – dazwischen liegt etwa die Bekanntschaft mit Karl Philipp Moritz und dessen *Magazin zur Erfahrungsseelenkunde* (1783), somit auch eine zeittypische Schärfung des Blicks für Psychopathologie –, stammen sehr prinzipielle Äußerungen über das Verhältnis von Kunst und Krankheit Schiller gegenüber. Im Kontext von dessen Arbeiten am *Wallenstein* schreibt G.: «Die Poesie ist doch eigentlich auf die Darstellung des empyrisch pathologischen Zustandes des Menschen gegründet, und wer gesteht denn das jetzt wohl unter unsern fürtrefflichen Kennern und sogenannten Poeten?« (an Schiller, 25.11. 1797). Noch immer in diese Zeit gehört auch eine Äußerung, die einerseits auf Schillers Arbeit am *Wallenstein*, andererseits aber auf den Kontext der »Querelle des Anciens et des Modernes« anspielt: »Ich kann mir den Zustand Ihres Arbeitens recht gut denken. Ohne ein lebhaftes pathologisches Interesse ist es auch mir niemals gelungen irgend eine Tragische Situation zu bearbeiten und ich habe sie daher lieber vermieden als aufgesucht. Sollte es wohl auch einer von den Vorzügen der Alten gewesen seyn? daß das höchste pathetische auch nur ästhetisches

Spiel bey ihnen gewesen wäre, da bey uns die Naturwahrheit mit wirken muß um ein solches Werk hervorzubringen?« (an Schiller, 9.12. 1797). Das Mitwirken der »Naturwahrheit« verweist auf den Roman, wie der zitierten Äußerung sogleich auch eine Äußerung des Selbstzweifels folgt, jemals eine Tragödie schreiben zu können. Ohne sich »durch den bloßen Versuch« zu »zerstören«. Im Roman ist eine »historia morbi« nicht anstößig, denn im Zeitalter der Gattungspoetik läuft dieses Genre außer Konkurrenz der normativ definierten Formen, wie denn der *Werther* seinerseits überhaupt erst zum Anlaß geworden ist, den zeitgenössischen Kanon ästhetischer Würdeformen um den Roman zu ergänzen. In der Tragödie wäre es nötig gewesen, Werthers Schicksal im Widerstreit von Pflicht und Neigung, Wollen und Sollen, Leben und Sittlichkeit anzusiedeln und zu richten; nicht so im Roman. Im Verständnis der Zeit ist die Form für das Wunderbare und Exotische ebenso offen wie für die unordentlichen Geschichten, die das Leben schreibt. Die »historiae morbi« der Erfahrungsseelenkunde gehören hierher. Es entspricht dieser Logik, daß der Autor noch im Dreizehnten Buch von *Dichtung und Wahrheit* auch die Form des monologisierenden Briefromans aus der Psychopathologie seines Helden begründet, dessen Lebensüberdruß so sehr mit Einsamkeit verbunden sei, daß jedes Wort eines anderen eines zu viel sei.

»Krankheit zum Todte« nennt Werther selbst einen Zustand moralischen oder physischen Leidens, der über alles Maß stark sein kann, daß »die Natur so angegriffen wird, daß theils ihre Kräfte verzehrt, theils so ausser Würkung gesezt werden, daß sie sich nicht wieder aufzuhelfen, durch keine glükliche Revolution, den gewöhnlichen Umlauf des Lebens wieder herzustellen fähig ist« (FA I, 8, S. 98). Einen Selbstmörder seiner Tat wegen zu verurteilen, sei so ungerecht wie jemanden zu tadeln, der an einem bösartigen Fieber zugrunde gegangen sei. Einem Kranken ähnlich fühlt Werther sich aber seit den ersten Begegnungen mit Lotte: »Was Lotte einem Kranken seyn muß, fühl ich an meinem eignen armen Herzen, das übler dran ist als manches, das auf dem Siech-

bette verschmachtet« (FA I, 8, S. 60). Das Bild, das Werther von sich selber zeichnet, signiert der fiktive Herausgeber, wenn er für das Opfer dieser Krankheit Sympathie fordert: »Ihr könnt seinem Geist und seinem Charakter eure Bewunderung und Liebe, und seinem Schicksale eure Thränen nicht versagen« (FA I, 8, S. 10). Der selbstgewählte Tod, von der Orthodoxie als »Selbstmord« bezeichnet und in die Nachfolge Judas Ischariots gerückt und verurteilt – in der zeitgenössischen Publizistik auch vor dem *Werther* schon ein beliebtes Exempel für theologische und philosophische Auseinandersetzungen – wird hier als individuelle Konsequenz eines Unglücklichen zum Thema. Melancholie und Getriebensein, Schmerzlust und Todesverlangen, Wahnvorstellungen und Realitätsverlust könnten die Symptome und Diagnosen von Werthers Zuständen in der Sprache der zeitgenössischen oder aktuellen Mediziner heißen, und sie sind in der Wirkungsgeschichte dieses Romans auch sämtlich genannt worden, meist freilich, um als Krankheit auszugrenzen, was in das Bild eines normalen, glücksfähigen Menschen nicht zu passen scheint. Die Tendenz des Romans ist das nicht. Die über Werthers Handeln rechten wollten, finden sich bereits in dem vernünftelnden Pedanten Albert antizipiert.

Pathologische Aspekte, wie sie die zeitgenössische Pathographie der Melancholie in vielen Theorien und Fallberichten erläutern könnte (vgl. Schings), bietet nicht nur Werthers eigenes Schicksal. Zur Haupthandlung parallel hat G. Episoden angeordnet, die Werthers Leiden analog oder kontrastierend erläutern. Die Struktur ihrer Handlungen ist immer ähnlich. Junge, bürgerlich unauffällige und rechtschaffene Menschen sind durch irgendwelche Umstände ihres Lebens aus dem ruhigen Kurs ihres Daseins geraten, wenn eine Leidenschaft sich ihrer bemächtigt und ihre seelische Konstitution zerrüttet: die junge Selbstmörderin aus Liebesschmerz, »in die Enge gepreßt von der entsetzlichen Noth ihres Herzens« (FA I, 8, S. 100); der Bauernbursche auf dem Hof und der Schreiber im Dienst von Lottes Vater – der eine wird zum Mörder, der andere wird wahnsinnig – gleicherweise durch Liebesnot zerstört. Schuldhaftigkeit will Werther in keinem Fall gelten lassen, der Autor, wie der zitierte Brief an Schiller vermuten läßt, nicht minder. Jede dieser beigeordneten und in einem Fall auch erst später eingefügten Episoden könnte fortfallen, ohne daß der Roman in seiner Verlaufsstruktur gestört würde. Umso deutlicher tritt ihre Funktion hervor, die darin liegt, dem »Fall« Werthers als einer Krankengeschichte deutlichere Konturen und größeres Volumen zu geben.

Daß G. vermieden hat, die Form des Romans gänzlich im Sinne einer pathologischen Fallstudie festzulegen, ist bereits früher deutlich geworden. Stattdessen hat er alle Kunst aufgeboten, zwischen Soziologie und Pathographie, Theologie, Philosophie und literarischer Mythologie – von anderen Diskursen zu schweigen – ein Verhältnis der Balance herzustellen, in dem keine dieser Bedeutungen ganz abwegig und ausgeschlossen, aber auch keine determinierend wäre. Die zahlreichen Markierungen, die er für ein Verständnis der Personen und ihrer Schicksale im Sinn der zeitgenössischen Psychologie und Anthropologie angebracht hat, dienen denn auch nicht einer erkennungsdienstlichen Registrierung, wie wir heute, einschlägig belehrt, argwöhnen könnten, sondern, im Gegensatz zu den Techniken der Ausschließung, dazu, der moralischen Urteilssucht in den Arm zu fallen. Von »Krankheit zum Todte« zu sprechen, statt von Frevel und Leichtsinn, sollte von dem Legitimationsdruck, dem der neue Individualismus ausgesetzt war, entlasten. Wie sich in den Reaktionen auf den *Werther* schnell zeigen sollte, hatte G. von dieser Sucht durchaus zutreffende Vorstellungen, während die präventiv formulierten Argumente Werthers aus seinen Gesprächen mit Albert und Lotte nur mit Einschränkung Gehör fanden. Ein Zeitgenosse, Johann August Schlettwein, will Mitleid mit einem Unglücklichen zwar als Pflicht und göttliches Gebot gelten lassen. Bei dem Eindruck, daß das Unglück nicht von außen käme, sondern »blos aus boshaftem Eigensinn«, d.h. aus der Psyche des Unglücklichen selbst rühre, empfiehlt er allerdings äußerste Härte: »Wenn

dieses wäre, ich würde mich nicht beruhigen, diesen vorsätzlichen Feinden der Ordnung Vorwürfe entgegen zu stellen. Sie würden in meinen Augen wüthende Ungeheuer der menschlichen Gesellschaft seyn. Keine Vergebung! ich würde sie hassen, verfolgen, und im Fall daß sie ungeachtet aller Vorstellungen, gegen innere Ueberzeugung auf dem verderbenden Eigensinn beharren würden, aus Pflicht mein Leben nicht schonen, sie zu tödten« (Schlettwein, S. 2).

G.s Pathologisierung Werthers ist von anderer Art. Man kann sie als eine frühe Reaktion auf den mächtig gewordenen Eudämonieanspruch der Aufklärung verstehen. Am durchschnittlichen Glück der Bürger orientiert, hatte offenkundig bereits im letzten Drittel des 18. Jhs. auch in Deutschland schon eine Gesinnung an Boden gewonnen, für die das Glück der meisten eine Frage von Organisation, Technik und gutwilligem Entgegenkommen war. Werthers Polemik gegen diese Formen der Selbstbescheidung finden in der ersten Hälfte der 70er Jahre – und mit einiger Verspätung noch in Schillers *Räubern* – ein kräftiges Echo. Der Rückgriff auf die ambivalente Liebesrhetorik des Petrarkismus sollte die Neuartigkeit dieses Protests nicht verkennen lassen. Die Renaissance-Rhetorik der Leidenschaften dient als Camouflage für eine Attacke auf den Quietismus des Gefühlslebens, wie er dem jungen G. aus den *Moralischen Vorlesungen* des Leipziger Philosophieprofessors Gellert vertraut sein mochte. Erstmals in diesem Roman kommt für die Moderne von der Vorromantik bis in unsere Zeit eine Unterscheidung zur Sprache, mit der sich die Künste in zunehmenden Gegensatz zur übrigen Wirklichkeit der Gesellschaft bringen. Während von hier an, über die Amerikanischen Verfassungen und die Französische Revolution bis in die Demokratien des 20. Jhs., immer gewisser und zuverlässiger erreichbar zu werden scheint, worin das Glück der meisten besteht, distanzieren sich die Künste zunehmend von den wirklichkeitsmächtigen Visionen der liberalen Demokratien. Werthers Glück und Unglück ist durch praktische Handhabungen weder zu befördern noch zu verhindern. Es liegt auf einem Feld, das die Eudämonie-Programme der Aufklärung nicht erreichen. Krankheit ist hier die schützende Chiffre für eine Besonderheit, deren Glückspotential durch keine Programme verallgemeinert, deren Gefährdung durch keine Sozialtechnik ausgeschlossen werden kann. Von hier an beginnen die bürgerliche Öffentlichkeit und die Künste über das vermeintlich Gleiche verschiedene Sprachen zu sprechen. Daß der *Werther* als erstes Werk der deutschen Literaturgeschichte Weltliteratur wurde und es bis heute geblieben ist, hängt auch mit der grundlegenden Teilhabe an diesem Schisma zusammen.

Wirkung

G.s erster Roman, obschon hermetisch codiert durch private Anlässe, bezogen auf Ereignisse von regionaler Bedeutung, kompliziert durch Stellungnahmen zu zeitgenössischen Diskussionen, vollgesogen mit Lektüren, hat doch vom Datum seines Erscheinens an internationale Resonanz bei einem breiten Lesepublikum gefunden. Daß seine kirchlichen und weltlichen Kritiker das Werk auf den Index setzten und verteufelten, daß sie darin – wie der Hamburger Hauptpastor Johann Melchior Goeze (1775) – die Verherrlichung des Ehebruchs und Entschuldigung des Selbstmords zu finden vermeinten, daß sie die Religion verlästert und bürgerliche Tüchtigkeit verspottet sahen, hat sich nicht als Barriere bewährt, sondern als Schub für einen beispiellosen Publikumserfolg ausgewirkt.

Bereits für die ersten fünf Jahre nach Erscheinen beläuft sich die Schätzung verkaufter Exemplare auf etwa 10.000 Stück. Für diesen großen buchhändlerischen Erfolg gab es einige Bedingungen, die nicht allein für den *Werther* galten, ihm aber besonders zugute kamen. Zwischen 1740 und 1800 fällt der Anteil der Predigts-, Andachts- und religiösen Erbauungsliteratur von rund 20% auf etwa 5% an der Buchproduktion, während sich der Anstieg fiktionaler Literatur – insbesondere des Romans

– im selben Zeitraum nahezu umgekehrt proportional (von 3% auf 12%) erhöht. Dieser Umschichtungsprozeß begünstigt Literatur, die einerseits die Erbauungs- und Orientierungsfunktionen der religiösen Literatur – wenngleich mit anderen Inhalten – erfüllt und andererseits auch Qualitäten bietet, nach denen das schnell wachsende neue Lesepublikum des Mittelstandes fragt: zeitgemäße Stoffe und Themen etwa, hoher Realitätsgehalt und Unterhaltungswert. Seit Richardson und Gellert kommen Briefromane dieser Nachfrage in besonderem Maße entgegen (vgl. hierzu sowie zu den statistischen Angaben die Zusammenstellung bei Jäger, S. 389–409). Ihre Form exponiert Identifikationsfiguren und ermöglicht die Verständigung über attraktive Themen des bürgerlichen Alltags, wie Liebesdinge, Ehe- und Familienprobleme, moralische Fragen im Spiegel von Generationskonflikten, Aufsteigersorgen und Berufsorientierung auf dem Niveau von Gesprächsäußerungen. Unter jedem dieser Gesichtspunkte ist der *Werther* attraktiv.

Über das gehobene zahlungskräftigere Publikum des Buchmarkts hinaus bildet sich parallel zum sprunghaften Anwachsen der Romanproduktion eine frühe Form von Massenpublikum, auf das sich Leihbibliotheken einstellen, deren Zahl im deutschsprachigen Bereich man bis 1800 auf etwa 200 schätzt. Sie bieten populären Lesestoff mit drastischen und womöglich erotisch reizvollen Handlungen. Daß der *Werther* auch für dieses Publikum ein gewisses Potential bereithielt, legt eine Volksbuchfassung nahe, die zuletzt 1806 aufgelegt wurde. Eine zweite Popularitätswelle in den späten 80er und 90er Jahren – nach der ersten, die auf das Erscheinungsjahr 1774 folgt – hat man u.a. auch auf diese Leihbibliotheken und Lesegesellschaften mit ihrer Multiplikation von Lesern aus unteren Volksschichten in Verbindung gebracht (vgl. Jäger, S. 399).

Dieser buchhändlerische Erfolg wird von einer Industrie modischer Artikel im Werther-Stil begleitet und verstärkt: blauer Frack und gelbe Weste, der breitkrempige runde Hut, Sammeltassen, Fächer, Bonbonnieren, Tapeten und Stickereien mit Werther-Motiven er-

Friedrich Nicolai: Freuden des jungen Werthers. 1775 – Titelblatt

geben eine stattliche Ausstattung für ostentative Bekundungen der Sympathie unterhalb der Schwelle, es dem Helden nachzutun. Da es aber auch zu Freitoden à la mode du Werther kam, sah sich der Autor in der zweiten Auflage zu einem ausdrücklichen Überlebens-Appell vor dem Beginn des zweiten Teils genötigt: »Sey ein Mann, und folge mir nicht nach« (WA I, 19, S. 388).

Die Reaktion auf dem engeren Feld der Literaturverhältnisse war bei der jüngeren Generation vielfach enthusiastisch. Stellvertretend für eine Vielzahl von Äußerungen aus der Generation des Sturm und Drang zwischen Lenz und Moritz kann die Rezension von Christian Daniel Schubart vom Dezember 1774 in seiner *Deutschen Chronik* mit ihrer Hommage an G. stehen: »Laß Dich herzlich umarmen, oder, da du mir zu hoch stehst, deine Knie umfassen, du Gewaltiger, der Du, nach dem großmächtigsten Shakespear, fast allein vermagst mein Herz von Grund auf zu erschüttern«. Mit Wohlwollen, wenn nicht Zustimmung, reagierten zunächst auch eine Reihe zeitgenössischer Rezensenten in eher traditionellen Zeitungen und Zeitschriften. Ein jäher Anstieg der Polemiken ist aber in dem Augenblick zu verzeichnen, in dem deutlich wurde, daß der *Werther* in das traditionelle – vorwiegend weibliche – Publikum der moraldidaktischen und erbauenden Literatur sowohl orthodoxer wie aufklärerisch reformierter Provenienz einbrach. Von hier an datiert eine erbitterte Gegnerschaft nicht nur der religiösen Orthodoxie unter der Führung des Hamburger Hauptpastors Goeze (*Kurze aber nothwendige Erinnerungen über die Leiden des jungen Werthers . . .* , Hamburg 1775), die bis zum zeitweiligen Verbot des Romans in einigen Ländern reichte (vgl. hierzu Jäger u. Scherpe). Nicht durchweg verwerfende, eher skeptische oder spöttische Stellungnahmen reichen von Nicolai, Lessing und Moses Mendelssohn bis zu Garve und Georg Christoph Lichtenberg.

Die Flut von Stellungnahmen pro und contra, von Satiren, Sottisen und Bearbeitungen, die hauptsächlich durch die skandalträchtigen Themen Selbstmord aus Liebesschmerz und erotisches Dreieck auflief, hat sich noch während des 18. Jhs. verlaufen. Nur einige wenige aus der Vielzahl, die in der germanistischen Forschung nachgewiesen wurden (vgl. die Zusammenstellung bei Scherpe, S. 15, Anm. 8), haben eigenen literarischen Wert, wie die Parodie von Friedrich Nicolai mit dem Titel *Freuden des jungen Werthers* (1775), das Prosafragment *Der Waldbruder, ein Pendant zu Werthers Leiden* (1776) von Lenz und der Roman von Johann Martin Miller *Siegwart, eine Klostergeschichte* (1776). Zu länger anhaltender Bedeutung sind einige Repliken aus dem Ausland gelangt, zu denen *Ultime lettere di Jacopo Ortis* (1802) von Ugo Foscolo, *Obermann* (1804) von Etienne Pivert de Senancourt und Lord Byrons *Manfred* (1817) gehören. Sie alle empfinden Verwandtschaft mit Werthers »Krankheit zum Todte«, deren Motive sie in den Weltschmerz und Pessimismus der Romantik einbringen.

Die Geschichte der Illustrationen beginnt mit den Kupfern von Johann Wilhelm Meil und Daniel Nikolaus Chodowiecki zur 2. Auflage von 1775 sowie einem Dutzend Aquarellen von Johann David Schubert, die 1787/88 als Vorlagen für die Übertragung auf Porzellan der Meißner Manufaktur entstanden, und vererbt nahezu mit Wilhelm von Kaulbachs *Goethe-Gallerie* (1857–1864). Der Höhepunkt liegt hier deutlich bereits im 18. Jh. mit einer Fülle von Kupfern für die zahlreichen Auflagen des Romans und die Almanache der Zeit, während für das 20. Jh. – im Unterschied etwa zum *Faust* oder dem lyrischen Werk G.s – kaum mehr Beispiele zu verzeichnen sind. Für diesen markanten Unterschied der Resonanz in Bildender Kunst einerseits, Literatur der Folgezeit andererseits, hat man geltend gemacht, daß mit dem Abflauen des Interesses am Stoff zugunsten der Verlagerung auf das Pathos der Sprachform die Künstler zu wenig bildfähige Motive fanden (vgl. Pfeiffer).

Unter den Vertonungen taucht die Oper *Werther* (1886; Uraufführung 1891 in Weimar) von Jules Massenet gelegentlich noch auf französischen Spielplänen auf. – A. Calmette (*Werther*, Frankreich 1910), Max Ophüls (*Werther*, Frankreich 1938) und Karl Heinz Schroth (*Begegnung mit Werther*, Deutschland 1949) haben den Stoff verfilmt. Das vorläufig letzte Echo mit Beachtung durch ein größeres Lesepublikum sind die *Die neuen Leiden des jungen W.* (1972) von Ulrich Plenzdorf, der den Stoff in den Jargon des neuen Subjektivismus dieser Jahre transformiert, dabei durchaus behutsam mit dem petrarkistischen Erbteil verfahrend, wie Fechner dankbar festgestellt hat (Fechner, S. 342f.).

Die ältere literaturwissenschaftliche Forschung hat weitgehend lückenlos ein umfangreiches Wissen über die biographischen Umstände der Entstehungsgeschichte zusammengetragen. Das Verständnis der literarischen Form dieses Romans und damit auch seines Ortes in der Literaturgeschichte ist über die gesamte Spanne dieser Forschung seit ihren Anfängen nicht im entferntesten mit gleichem Erfolg gefördert worden. Mit Friedrich von Blanckenburgs Rezension des *Werther* in der *Neuen Bibliothek der schönen Wissenschaften und der freyen Künste* (Leipzig 1775) gibt es zwar schnell eine durchaus geistesgegenwärtige philologische Reaktion, nämlich einen Versuch, diesem Roman im Rahmen der aufgeklärten Gattungspoetik gerecht zu werden. Doch absorbierte über die längere Zeit auch der wissenschaftlichen Rezeptionsgeschichte der Stoff und seine Nähe zur Vita des Dichters die Aufmerksamkeit in einem solchen Maße, daß die ästhetische Würdigung unter dem Gesichtspunkt dieser Literatur als Kunst lange nahezu ausblieb.

Das gilt, obschon eingeschränkt, auch noch für so aufmerksame und verständnisvolle Beiträge wie den von Schöffler (1938). Das vermeidbare Defizit dieser Philologie kommt dadurch zustande, daß sie die kunstphilosophisch argumentierende Forschung etwa des frühen Lukács in seiner *Theorie des Romans* (1920) oder Walter Benjamins in seinem Buch über den *Ursprung des deutschen Trauerspiels* (1928) ignoriert. So hätte die Lektüre Lukács' Schöffler auf die Theorie des Ungarn über den romantischen Desillusionsroman und seinen empfindsamen Apriorismus, hätte die Kenntnis von Benjamins Buch Schöffler auf die Tradition »untragischer« Dramen ohne Schuldzuweisung seit dem Barock einschließlich

ihres vorromantischen und expressionistischen Nachlebens aufmerksam machen können.

Dennoch markiert Schöfflers Essay in seinem Anspruch, mit der geistesgeschichtlichen Signatur auch die Formgestalt des Werks zu erfassen, einen Wendepunkt in der *Werther*-Forschung. In seiner Folge, bzw. in Auseinandersetzung mit ihm, entstehen die Interpretationen von Wolfgang Kayser (1941), Hans Egon Hass (1957) und Rolf Christian Zimmermann (1979), flankiert und ergänzt durch Studien wie die von Karl Robert Mandelkow (1960), Victor Lange (1964), Jörg Ulrich Fechner (1982) und Arthur Henkel (1990). In Anbetracht des temporären und insgesamt abnehmenden Interesses, mit dem ein späteres Lesepublikum den seinerzeit skandalierenden Stoffen, Themen und Problemen folgt, verdienen literaturwissenschaftliche Forschungen besondere Aufmerksamkeit, die die unverminderte Gegenwärtigkeit der Dichtung jenseits der Attraktivität des Stoffes, den sie mit anderen, längst vergessenen Quellen teilt, zu erklären suchen. Die zitierten Titel widmen sich dieser Aufgabe unter unterschiedlichen Voraussetzungen und mit verschiedenen Interessen. Sie kommen aber darin überein, daß sie das Potential von »imitatio naturae«, d.h. von Stoffen, Themen und Problemen im realistischen Wahrnehmungshorizont des 18. Jhs., zurücktreten lassen und ihr Augenmerk darauf richten, warum der *Werther* ungeachtet solcher Bindungen auch noch die zeitgenössische Gegenwart faszinieren kann. Hinsichtlich dieser Fragestellung ist die Aufmerksamkeit für einen thematischen Grundbestand (Liebe, Tod, Natur) ebenso wichtig wie die kunstvoll – durch Ironie (Hass 1957; Schlaffer 1978; Grathoff 1984) – bewahrte Indifferenz gegenüber meinungshaft dogmatischen Festlegungen zugunsten einer zwischen verschiedenen Optionen ausbalancierten Gestalt.

In einem mehr oder minder deutlich markierten Spannungsverhältnis zu dieser Interpretationskultur stehen Auslegungen des Romans, die sich an die historischen Konflikte und ihre Bedeutung für die Gegenwart halten. Im Unterschied zu der zuvor genannten Gruppierung von Interpreten, die den Stoffen und Themen gegenüber Distanz bewahren, kommen hier Interpretationen in Betracht, die ihr Augenmerk auf soziologisch und gesellschaftsgeschichtlich erhebliche Themen und Motive richten, zu allererst auf die Gesandtschaftsepisode. Hier ist die marxistische Interpretationslinie mit ihren Ablegern zu nennen, angefangen mit Lukács (1947) über Hirsch (1958) und Peter Müller (1969) bis zu Scherpe (1970) sowie Gert Mattenklott und Scherpe (1974). Davon unabhängig entstehen wichtige Studien, in denen die frühe biographische Forschung unter psychologischen und psychoanalytischen Aspekten Fortsetzung findet: die weit ausholende Monographie von Kurt R. Eissler (1963) etwa, deren Anamnese G.s Verhältnis zu seiner Schwester besonders beachtet, oder der Aufsatz von Reinhart Meyer-Kalkus (1977), in dem individuelle Psychose und Gesellschaftsgeschichte ineinander projiziert erscheinen.

Politische Hysterie und methodischer Dogmatismus während der 60er und 70er Jahre haben verhindert, diese für sich jeweils ergebnisreichen Untersuchungen in ein komplexes Verständnis des *Werther* als einer Dichtung zu integrieren. Dergestalt blieben Formbeschreibung, Ideologiekritik und Psychoanalyse dieser Dichtung voneinander isoliert, ja mehr noch, sie wurden gegeneinander ausgespielt, statt in ihrer Komplementarität erkannt zu werden.

Literatur:

Alewyn, Richard: Klopstock! In: Euphorion. 73 (1979), S. 357–364. – Atkins, Stuart: J.C. Lavater and Goethe. Problems of Psychology and Theology in *Die Leiden des jungen Werthers*. In: PMLA. 63 (1948), S. 520–576. – Ders.: The Testament of Werther in Poetry and Drama. Cambridge (Mass.) 1949. – Barthes, Roland: Fragmente einer Sprache der Liebe. Frankfurt/M. ²1984. – Bennett, Benjamin: Goethes *Werther.* Double Perspective and the Game of Life. In: GQu. 53 (1980), S. 64–81. – Beutler, Ernst: Wertherfragen. 1. Das ertrunkene Mädchen. 2. Religiöse Hintergründe. 3. Frankfurter Szenerie. In: Viermonatsschrift der Goethe-Gesellschaft. 5 (1940) S. 138–160. – Bickelmann, Ingeborg: Goethes *Werther* im Urteil des 19. Jahrhunderts. (Romantik bis Naturalismus 1830–1880). Gelnhausen 1937. – Blanckenburg, Friedrich von: *Die Leiden des jungen Werthers.* In: Neue Bibliothek der schönen Wissenschaften und der freyen Künste. 18 (1775), St. 1, S. 46–95. Wieder in: Blumenthal, Hermann: Karl Philipp Moritz und Goethes *Werther.* In: Zeitschrift für Ästhetik und allgemeine Kunstwissenschaft. 30 (1936), S. 28–64. – Ders.: Versuch über den Roman. Leipzig, Liegnietz 1774. – Blumenthal, Hermann (Hg.): Zeitgenössische Rezensionen und Urteile über Goethes *Götz* und *Werther.* Berlin 1935, S. 41–128. – Ders.: Ein neues Wertherbild? In: Viermonatsschrift der Goethe-Gesellschaft. 5 (1940), S. 315–320. – Braun, Julius W. (Hg.): Goethe im Urtheile seiner Zeitgenossen. Zeitungskritiken, Berichte, Notizen Goethe und seine Werke betreffend, aus den Jahren 1773–1786. Bd. 1. Berlin 1883. – Brinkmann, Richard: Goethes *Werther* und Gottfried Arnolds *Kirchen und Ketzerhistorie.* Zur Genese und Aporie des modernen Individualitätsbegriffs. In: Dürr, Volker u.a. (Hg.): Versuche zu Goethe. Fs. Erich Heller. Heidelberg 1976, S. 167–189. – Brüggemann, Fritz: *Werthers Leiden,* eine Analyse. In: ders.: Die Ironie als entwicklungsgeschichtliches Moment. Ein Beitrag zur Vorgeschichte der deutschen Romantik. Jena 1909, S. 39–56. – Buch, Hans Christoph (Hg.): *Die Leiden des jungen Werther.* Ein unklassischer Klassiker. Neu hg. mit Dokumenten und Materialien, Wertheriana und Wertheriaden. Berlin 1982. – Buhr, Gerhard: Goethe – *Die Leiden des jungen Werthers* und der Roman des Sturm und Drang. In: Koopmann, Helmut (Hg.): Handbuch des deutschen Romans. Düsseldorf 1983, S. 226–243. – Burger, Heinz Otto: Die Geschichte der unvergnügten Seele. Ein Entwurf. In: DVjs. 34 (1960), S. 1–20. – Butler, Elizabeth M.: The Element of Time in Goethes *Werther* and Kafkas *Prozeß.* In: GLL. N. S. 12 (1958/59), S. 248–258. – Codicils to The Testament of Werther in Poetry and Drama. In: Nethersole, Reingard (Hg.): Literatur als Dialog. Fs. Karl Tober. Johannesburg 1979, S. 195–206. – De Man, Paul: Allegories of Reading. New Haven 1979. – Derrida, Jacques: De la grammatologie. Paris 1967. – Düntzer, Heinrich: Goethes »Lotte« und die *Leiden des jungen Werther's.* Nebst einer Uebersicht der Werther Literatur. In: ders.: Zu Goethes Jubelfeier. Studien zu Goethes Werken. Elberfeld, Iserlohn 1849, S. 89–209. – Eibl, Karl: Die Entstehung der Poesie. Frankfurt/M. 1995, S. 113–139. – Eissler. – Fechner, Jörg Ulrich: Die alten Leiden des jungen Werthers. Goethes Roman in petrarkistischer Sicht. In: Arcadia. 17 (1982), S. 1–15. – Fittbogen, Gottfried: Die Charaktere in den beiden Fassungen von *Werthers Leiden.* In: Euphorion. 17 (1910), S. 556–582. – Flaschka, Horst: Goethes *Werther.* Werkkontextuelle Deskription und Analyse. München 1987. – Forster, Leonard: Werthers Reading of

Emilia Galotti. In: PEGS. N.S. 27 (1958), S. 33–45. – Frankfurter Gelehrte Anzeigen vom Jahr 1772. Deutsche Litteraturdenkmale des 18. Jahrhunderts. In Neudrucken hg. von Bernhard Seuffert. Stuttgart 1883. – Friedenthal, Richard: Goethe, sein Leben und seine Zeit. München 1963, S. 116–164. – Fülleborn, Ulrich: *Werther – Hyperion – Malte Laurids Brigge.* Prosalyrik und Roman. In: Krogoll, Johannes u.a. (Hg.): Studien zur deutschen Literatur. Fs. Adolf Beck. Heidelberg 1979, S. 86–102. – Ders.: *Die Leiden des jungen Werthers* zwischen aufklärerischer Sozialethik und Büchners Mitleidspoesie. In: Wittkowski, Wolfgang (Hg.): Goethe im Kontext. Kunst und Humanität, Naturwissenschaft und Politik von der Aufklärung bis zur Restauration. Tübingen 1984, S. 20–34. – Gerhard, Melitta: Die Bauerburschenepisode im *Werther.* In: Zeitschrift für Ästhetik und allgemeine Kunstwissenschaft. 11 (1916), S. 61–74. – Göres, Jörn (Hg.): *Die Leiden des jungen Werthers.* Goethes Roman im Spiegel seiner Zeit. Eine Ausstellung des Goethe-Museums Düsseldorf. [Ausstellungskatalog]. Düsseldorf 1972. – Graber, Gustav Hans: Goethes *Werther.* Versuch einer tiefenpsychologischen Pathographie. In: Acta psychotherapeutica, psychosomatica et orthopaedagogica. 6 (1958), S. 120–136. – Graefe, Johanna: Die Religion in den *Leiden des jungen Werther.* Eine Untersuchung auf Grund des Wortbestandes. In: GoetheJb. N.F. (1958), S. 72–98. – Graham, Ilse: Goethes eigener Werther. Eines Künstlers Wahrheit über seine Dichtung. In: SchillerJb. 18 (1974), S. 268–303. – Grathoff, Dirk: Der Pflug, die Nußbäume und der Bauerbursche. Natur im thematischen Gefüge des *Werther*-Romans. In: GoetheJb. 101 (1984), S. 55–75. – GUNDOLF, S. 162–184. – H[einemann], O. von (Hg.): Elf Briefe von Jerusalem [1767–1772, an Eschenburg]. In: Im neuen Reich. 4 (1874), Nr. 25, S. 970ff. – Hass, Hans Egon: *Werther*-Studie. In: Alewyn [u.a.] (Hg.): Gestaltprobleme der Dichtung. Fs. Günther Müller. Bonn 1957, S. 83–125. – Haverkamp, Anselm: Illusion und Empathie. Die Struktur der »teilnehmenden Lektüre« in den Leiden Werthers. In: Lämmert, Eberhard (Hg.): Erzählforschung. Symposion Bad Harzburg 1980. Stuttgart 1982, S. 243–268. – Hegel, Georg Wilhelm Friedrich: Taschenbuchausgabe der Werke Hegels. Bd. 14: Vorlesungen zur Ästhetik 2. Frankfurt/M. 1970. – Henkel, Arthur: Wie Napoleon den Werther las. In: Heidelberger Jahrbücher. 34 (1990), S. 1–17. – Herbst, Wilhelm: Goethe in Wetzlar. 1772. Vier Monate aus des Dichters Jugendleben. Gotha 1881. – Herrmann, Hans Peter (Hg.): Goethes *Werther*: Kritik und Forschung. Darmstadt 1994. – Hertling, Gunter H.: Die *Werther*-Kritik im Meinungsstreit der Spätaufklärer. In: GQu. 36 (1963), S. 403–413. – Heun, Hans Georg: Der Satzbau in der Prosa des jungen Goethe. Leipzig 1930. Nachdruck New York

1967, bes. S. 104–119. – Hillebrand, Karl: Die Werther-Krankheit in Europa. In: ders.: Culturgeschichtliches. Aus dem Nachlasse. Hg. von Jessie Hillebrand. Berlin 1885, S. 102–142. – Hirsch, Arnold: *Die Leiden des jungen Werthers.* Ein bürgerliches Schicksal im absolutistischen Staat. In: EG. 13 (1958), S. 229–250. – Hoffmeister, Gerhart: Krankheit zum Tode. Bemerkungen zu Goethes *Werther,* Foscolos *Jacopo Ortis* und André Gides *André Walter.* In: ders. (Hg.): Goethezeit. Studien zur Rezeption Goethes und seiner Zeitgenossen. Fs. Stuart Atkins. Bern, München 1981, S. S. 81–90. – Hohendahl, Peter Uwe: Empfindsamkeit und gesellschaftliches Bewußtsein. Zur Soziologie des empfindsamen Romans am Beispiel von *La vie de Marianne, Clarissa, Fräulein von Sternheim* und *Werther.* In: SchillerJb. 16 (1972), S. 176–207. – Hünich, Fritz Adolf (Hg.): Wertherschriften. Leipzig 1924. – Ders.: Die deutschen Werther-Gedichte. In: JbSK. 1 (1921), S. 181–254. – Jäger, Georg (Hg.): Die Leiden des alten und neuen Werther. Kommentare, Abbildungen, Materialien zu Goethes *Leiden des jungen Werthers* und Plenzdorfs *Neue Leiden des jungen W.* [...]. München 1984. – Ders.: Die Wertherwirkung. Ein rezeptionsästhetischer Modellfall. In: Müller-Seidel, Walter [u.a.] (Hg.): Historizität in Sprach- und Literaturwissenschaft. Stuttgarter Germanistentag 1972. München 1974, S. 389–409. – Jean Paul: Vorschule der Ästhetik. Hg. u. kommentiert von Norbert Miller. München 1963. – Jerusalem, Karl Wilhelm: Philosophische Aufsätze (1776). Mit G.E. Lessings Vorrede und Zusätzen. Neu hg. von Paul Beer. Berlin 1900. – Jost, François: Littérature et suicide. De Werther à Madame Bovary. In: Revue de Littérature comparée. 42 (1968), S. 161–198. – Kaempfer, Wolfgang: Das Ich und der Tod in Goethes *Werther.* In: Recherches Germaniques. 9 (1979), S. 55–79. – Karthaus, Ulrich: Zweihundert Jahre *Werther.* In: Giessener Universitätsblätter. 2 (1975), S. 61–82. – Kayser, Wolfgang: Die Entstehung von Goethes *Werther.* In: DVjs. 19 (1941), S. 430–457. Wieder in: ders.: Kunst und Spiel. Fünf Goethe-Studien. Göttingen 1961, S. 5–29. – Kestner, A[ugust] (Hg.): Goethe und Werther. Briefe Goethes, meistens aus seiner Jugendzeit, mit erläuternden Documenten. Hg. von A[ugust] Kestner. Stuttgart, Tübingen 1854. – Kluge, Gerhard: Die Leiden des jungen Werthers in der Residenz. Vorschlag zur Interpretation einiger Werther-Briefe. In: Euphorion. 65 (1971), S. 115–131. – Kurz, Gerhard: Werther als Künstler. In: Anton, Herbert (Hg.): Invaliden des Apoll. Motive und Mythen des Dichterleids. München 1982. – Lange, Victor: Die Sprache als Erzählform in Goethes *Werther.* In: Müller-Seidel, Walter u.a. (Hg.): Formenwandel. Fs. für Paul Böckmann. Hamburg 1964, S. 261–272. – Lauterbach, Martin: Das Verhältnis der zweiten zur ersten Ausgabe von

Werthers Leiden. Straßburg 1910. – Lavater, Johann Kaspar: Vermischte Schriften. Bd. 2. Winterthur 1781. – Leibfried, Erwin: Goethes *Werther* als Leser von Lessings *Emilia Galotti.* In: Grabes, Herbert (Hg.): Text – Leser – Bedeutung. Untersuchungen zur Interaktion von Text und Leser. Grossen Linden 1977, S. 145–156. – Lukács, Georg: *Die Leiden des jungen Werther.* [1936]. In: ders.: Goethe und seine Zeit. Bern 1947, S. 17–30. – Maelsaeke, Dirk van: Experimentelle Romane der Goethezeit: Der Weimarer *Werther,* Stendhals *Le Rouge et le Noir* und Tiecks *William Lovell.* In. Acta Germanica. 10 (1977), S. 213–243. – Mandelkow, Karl Robert: Goethe im Urteil seiner Kritiker. Dokumente zur Wirkungsgeschichte Goethes in Deutschland [1773–1982]. 4 Bde. München 1975–1984. – Mann, Thomas: Goethes *Werther.* In: Schirokauer, Arno u.a. (Hg.): Corona. [Fs. Samuel Singer]. Durham (North Carolina) 1941, S. 186–201. – Marcuse Herbert: Der deutsche Künstlerroman [von K. Ph. Moritz bis Th. Mann]. Diss. Freiburg/Br. 1922. (Masch.). Erstveröff. in: ders.: Schriften. Bd. 1. Frankfurt/M. 1978, S. 7–344. – Maurer, Karl: Die verschleierten Konfessionen. Zur Entstehungsgeschichte von Goethes *Werther* (*Dichtung und Wahrheit,* 12. und 13. Buch). In: Gutenbrunner [u.a.] (Hg.): Die Wissenschaft von deutscher Sprache und Dichtung. Methoden, Probleme, Aufgaben. Fs. Friedrich Maurer. Stuttgart 1963, S. 424–437. – Meyer-Kalkus, Reinhart: Werthers Krankheit zum Tode. Pathologie und Familie in der Empfindsamkeit. In: Kittler, Friedrich A. u.a. (Hg.): Urszenen. Literaturwissenschaft als Diskursanalyse und Diskurskritik. Frankfurt/M. 1977, S. 76–138. – Meyer-Krentler, Eckhardt: Kalte Abstraktion gegen versengte Einbildung. Destruktion und Restauration aufklärerischer Harmoniemodelle in Goethes *Leiden* und Nicolais *Freuden des jungen Werthers.* In: DVjs. 56 (1982), S. 65–91. – Miller, Norbert: Goethes *Werther* und der Briefroman. In: ders.: Der empfindsame Erzähler. Untersuchungen an Romananfängen des 18. Jahrhunderts. München 1968, S. 138–214. – Müller, Peter: Zeitkritik und Utopie in Goethes *Werther.* Berlin 1969, ²1983. – Müller-Salget, Klaus: Zur Struktur von Goethes *Werther.* In: ZfdPh. 100 (1981), S. 527–544. – Nollau, Alfred: Das literarische Publikum des jungen Goethe von 1770 bis zur Übersiedlung nach Weimar. Weimar 1935. – Paulin, Roger: Wir werden uns wieder sehn. On a Theme in *Werther.* In: PEGS. N.S. 50(1980), S. 55–78. – Pfeiffer, Wolfgang (Hg.): Die Wertherillustrationen des Johann David Schubert. Weimar 1933. – Pütz, Peter: Werthers Leiden an der Literatur. In: Lillyman, William J. (Hg.): Goethes Narrative Fiction. The Irvine Goethe Symposium. Berlin, New York 1983, S. 55–68. – Reuter, Hans-Heinrich: Der gekreuzigte Prometheus: Goethes Roman *Die Leiden des jungen Werthers.* In: GoetheJb. 89

(1972), S. 86–115. – Rieß, Gertrud: Die beiden Fassungen von Goethes *Die Leiden des jungen Werthers.* Eine stilpsychologische Untersuchung. Breslau 1924. – Rothmann, Kurt: War Goethes Werther ein Revolutionär? Auseinandersetzung mit Georg Lukács. In: The University of Dayton Review. 9 (1972), S. 77–90. – Ryder, Frank G.: Season, Day and Hour-Time as Metaphor in Goethes *Werther.* In: The Journal of English and Germanic Philology. 63 (1964), S. 389–407. – Saine, Thomas P.: Passion and Aggression. The Meaning of Werthers Last Letter. In: Orbis Litterarum. 35 (1980), S. 327–356. – Scherpe, Klaus R.: Natürlichkeit und Produktivität im Gegensatz zur bürgerlichen Gesellschaft. Die literarische Opposition des Sturm und Drang – Johann Wolfgang Goethes *Werther.* In: Mattenklott, Gert/Scherpe, Klaus R.: Westberliner Projekt: Grundkurs 18. Jahrhundert (Analysen). Kronberg/Ts. 1976, S. 189–207. – Ders.: Werther und Wertherwirkung. Zum Syndrom bürgerlicher Gesellschaftsordnung im 18. Jahrhundert. (Anhang: Vier Wertherschriften aus dem Jahre 1775 in Faksimile). Bad Homburg 1970, Wiesbaden ⁵1980. – Schings, Hans-Jürgen: Melancholie und Aufklärung. Melancholiker und ihre Kritiker in Erfahrungsseelenkunde und Literatur des 18. Jahrhunderts. Stuttgart 1977. – Schlaffer, Heinz: Exoterik und Esoterik in Goethes Roman. In: GoetheJb. 95 (1978), S. 212–228. – Schlettwein, Johann August: Werther in der Hölle. Holla 1775. – Schmidt, Erich: Richardson, Rousseau und Goethe. Ein Beitrag zur Geschichte des Romans im 18. Jahrhundert. Jena 1875. – Schmidt, Hartmut: Goethes *Werther* als Schule der Leidenschaften. Werther-Rezensionen im Horizont der Populärästhetik um 1775. In: Insel-Almanach auf das Jahr 1973. Frankfurt/M. 1972, S. 70–122. – Schmiedt, Helmut: Woran scheitert Werther? In: Poetica. 11 (1979), S. 83–104. – Schöffler, Herbert: *Die Leiden des jungen Werther.* Ihr geistesgeschichtlicher Hintergrund. Frankfurt/M. 1938. – Schubart, Christian Daniel: Deutsche Chronik 1774–77. Hg. von Hans Krauss. Heidelberg 1975. – Schultz, Werner: Goethes Werther-Erlebnis und der moderne Nihilismus. In Archiv für Kulturgeschichte. 44 (1962), S. 227–251. – Seuffert, Bernhard: Skizze der Textgeschichte von Goethes *Werther.* In: GoetheJb. 21 (1900), S. 246–251. – STAIGER, Bd. 1, S. 147–173. – Staroste, Wolfgang: Werthers Krankheit zum Tode. Zum Aufbau des epischen Vorgangs in Goethes *Werther.* [Um 1961]. In: ders.: Raum und Realität in dichterischer Gestaltung. Studien zu Goethe und Kafka. Hg. von Gotthart Wunberg. Heidelberg 1971, S. 73–88. – Storz, Gerhard: Der Roman *Die Leiden des jungen Werthers.* In: ders.: Goethe-Vigilien, oder Versuche in der Kunst, Dichtung zu verstehen. Stuttgart 1953, S. 19–41. – Strich, Fritz: Goethe und die Weltliteratur. Bern 1946, S. 179–193. – Stückrath, Jörn: Johann Wolfgang Goethe, *Die Leiden des jungen Werthers*. In: Lehmann, Jakob (Hg.): Deutsche Romane von Grimmelshausen bis Walser. Interpretationen [...]. Königstein/Ts. 1982, S. 27–47. – Szondi, Peter: Schriften 2. Frankfurt/M. 1977. – The Poems of Ossian. Transl. by James Macpherson. Vol. 2. Leipsic 1840. – Thorlby, Anthony: From What Did Goethe Save Himself in *Werther*? In: Dürr, Volker u.a. (Hg.): Versuche zu Goethe. Fs. Erich Heller. Heidelberg 1976, S. 150–166. – Tieghem, van: Ossian en France. Paris 1917. – Vaget, Hans Rudolf: *Die Leiden des jungen Werthers*. In: Lützeler, Paul Michael u.a. (Hg.): Goethes Erzählwerk. Interpretationen. Stuttgart 1985, S. 37–72. – Voss, Ernst Theodor: Erzählprobleme des Briefromans, dargestellt an vier Beispielen des 18. Jahrhunderts (La Roche, Goethe, Hermes, Wieland). Diss. Bonn 1958. – Wackenroder, Wilhelm Heinrich: Werke und Briefe 2. Hg. von Friedrich von der Leyen. Jena 1910. – Wagenknecht, Christian: *Werthers Leiden*. Der Roman als Krankengeschichte. In: Text & Kontext. 5 (1977), H. 2, S. 3–14. – Waniek, Erdman: Werther lesen und Werther als Leser. In: GoetheYb. 1 (1982), S. 51–92. – Wapnewski, Peter: Zweihundert Jahre *Werthers Leiden* oder: Dem war nicht zu helfen. In: Merkur. 29 (1975), S. 530–544. – Welz, Dieter: Der Weimarer *Werther*. Studien zur Sinnstruktur des *Werther*-Romans. Bonn 1973. – Wittkowski, Georg: Chodowieckis Werther-Bilder. In: Zeitschrift für Bücherfreunde. 2 (1888/89), H. 4, S. 153–162. – Wörterbuch zu Goethes *Werther*. Begr. von Erna Merkel [...], fortgeführt und vollendet von Isabel Engel. Berlin [Ost] 1966. – Zabel, Hermann: Goethes *Werther* – eine weltliche Passionsgeschichte. Anmerkungen zur Interpretation literarischer Werke in ihrem Verhältnis zur biblischen Tradition. In: Zeitschrift für Religions- und Geistesgeschichte. 24 (1972), S. 57–69. – ZIMMERMANN, Bd. 1 u. 2. – Zons, Reimar S.: Ein Riß durch die Ewigkeit. Landschaft in *Werther* und *Lenz*. In: literatur für leser. (1981), S. 65–78.

Gert Mattenklott

Wilhelm Meisters theatralische Sendung

Entstehung

G.s Romanfragment *Wilhelm Meisters theatralische Sendung* ist im Zusammenhang mit *Die Leiden des jungen Werthers* und einer intensiven Beschäftigung mit dem Theater und dem Drama entstanden. Die Bedeutung von G.s dramatischer Produktion für sein damaliges Leben läßt ihn 1775 ausrufen: »O wenn ich jetzt nicht dramas schriebe ich ging' zugrund« (FA I, 4, S. 646). 1776 – ein Jahr nach seiner Ankunft in Weimar – übernahm G. die Leitung des Liebhabertheaters, dessen Uraufführung der *Iphigenie* einen Höhepunkt im Theaterleben Weimars darstellte.

Der Schwerpunkt der Entstehung der *Theatralischen Sendung* liegt in der Zeit zwischen 1777 bis zum Beginn von G.s Reise nach Italien 1786. Allerdings hatte G. sich bereits Anfang der 70er Jahre – im Zusammenhang mit unterschiedlichen Formen des Theaters und im Anschluß an den *Werther* mit der *Theatralischen Sendung* beschäftigt. Dabei spielt die Shakespeare-Begeisterung – seit seiner Rede *Zum Shäkespears-Tag* – eine besondere Rolle. Zudem vertiefte sich für ihn der Zwiespalt zwischen dem bürgerlichen Beruf als Jurist – seit dem Beginn der Weimarer Zeit im politischen Dienst – und der dichterischen Berufung immer mehr. So schreibt er im Juli 1773 an Johann Christian Kestner: »Und so träume ich denn und gängle durchs Leben, führe garstige Prozesse, schreibe Dramata und Romanen und dergleichen«.

Der erste Nachweis für die Arbeit G.s am *Wilhelm Meister* findet sich im Tagebuch unter dem 16.2.1777: »Zu Seckend[orf] Schrötern mit ihr gessen, zu Wieland viel geschwäzzt. In Garten dicktirt an W. Meister. Eingeschlafen«. In den folgenden Jahren ist dann sowohl in G.s Tagebuch als auch in seinen Briefen wiederholt von der Arbeit am *Wilhelm Meister* die

Rede. So heißt es etwa in einem Brief an Charlotte von Stein vom 31.10. 1777: »Gestern Abend hab ich einen Salto mortale über drey fatale Capitel meines Romans gemacht vor denen ich schon so lang scheue, nun da die hinter mir liegen hoff ich den ersten Theil bald ganz zu produziren«.

Zwischen Mitte 1778 und Anfang Februar 1780 finden sich keine Äußerungen zum *Wilhelm Meister*. Erst danach nahm G. offensichtlich seine Beschäftigung mit dem Roman wieder auf. In einem Brief an Charlotte von Stein vom 5.6.1780 heißt es dann: »Ich wollt gern Geld drum geben wenn das Capitel von Wilhelm Meister aufgeschrieben wär; aber man brächte mich eher zu einem Sprung durchs Feuer. Dicktiren könnt ichs noch allenfalls, wenn ich nur immer einen Reiseschreiber bey mir hätte. Zwischen so einer Stunde wo die Dinge so lebendig in mir werden, und meinem Zustand in diesem Augenblick wo ich iezt schreibe ist ein Unterschied wie Traum und Wachen«. Von da an läßt sich die Entstehung des *Meister*-Romans anhand des Briefwechsels mit Charlotte von Stein und Karl Ludwig von Knebel im einzelnen rekonstruieren. In einem Brief an Charlotte von Stein vom 24.6. 1782 spricht G. etwa von seinem »geliebten dramatischen Ebenbilde«. Einige Monate später betont er, daß er eigentlich »zum Schriftsteller gebohren [sei]. Es gewährt mir eine reinere Freude als iemals wenn ich etwas nach meinen Gedancken gut geschrieben habe« (an Charlotte von Stein, 10.8. 1782).

Im Verlauf der Arbeit am *Wilhelm Meister* schickte G. Teile des Manuskripts an Knebel und an seine Mutter. In einem Brief an Knebel vom 3.7. 1783 heißt es etwa: »Ich selbst habe auch keinen Genuß daran, diese Schrifft ist weder in ruhigen Stimmungen geschrieben, noch habe ich nachher wieder einen Augenblick gefunden, sie im ganzen zu übersehen. Und selten daß ein Leser bestimmt sagen kann was ihm wohlgethan hat. Das vierte Buch ist zur Hälfte fertig. Vielleicht ruckt die andre Hälfte bald nach, alsdenn sollst du es bald haben. Schicke aber doch die drey Bücher die in deinen Händen sind meiner Mutter, sie und andre, denen ich's angekündigt, warten sehn-

lich darauf«. An seine Mutter schreibt er am 7.12. 1783: »Ehstens erhalten Sie das vierte Buch von M e i s t e r n den ich Ihnen zu der übrigen dramatischen Liebhaberey bestens empfehle [...]. Wenn Sie es [das Tiefurter Journal; d. Vf.] genug haben schicken Sie es nach Zürich an Frau Schulthes. So auch das 4te Buch W i l h e l m M e i s t e r s« (an Katharina Elisabeth Goethe, 7.12. 1783).

Am Ende des Jahres 1783 ist vom vorläufigen Abschluß des Romans die Rede, und am 3.9. 1785 heißt es in einem Brief an Charlotte von Stein: »Könnte ich nur indessen meinen Wilhelm ausschreiben! das Buch wenigstens, ich habe das Werck sehr lieb, nicht wie es ist, sondern wie es werden kann«. Allerdings finden sich dann auch während der Italienischen Reise vom 3.9. 1786 bis 18.6. 1788 Hinweise auf eine weitere Beschäftigung G.s mit dem *Wilhelm Meister*. Abgeschlossen wird das Projekt indes nicht; mit dem vierzehnten Kapitel des Sechsten Buches bricht der Roman vorläufig ab. Für die weitere Beschäftigung und spätere konzeptuelle Umarbeitung des Romans dürfte die Begegnung mit Karl Philipp Moritz im Herbst 1786 in Rom eine wichtige Rolle gespielt haben. Vermutlich hat dessen Theaterroman *Anton Reiser* zu einer kritischeren Beurteilung der Theaterleidenschaft Wilhelm Meisters beigetragen. In den Tagebucheintragungen und Briefen G.s aus Italien ist vor allem von der Arbeit am *Egmont*, dem *Tasso* und *Faust* die Rede. Auffallend sind Äußerungen zum *Wilhelm Meister*, die auch auf autobiographische Aspekte hinweisen. So schreibt G. an Herzog Carl August am 10.2.1787 aus Rom: »Die große Arbeit die noch erfordert wird ihn [*Wilhelm Meister*; d. Vf.] zu endigen und ihn zu einem Gantzen zu schreiben wird nur durch solche theilnehmende Aufmunterungen überwindlich. Ich habe das wunderbarste vor. Ich möchte ihn endigen mit dem Eintritt ins vierzigste Jahr, da muß er auch geschrieben seyn«. In der *Italienischen Reise* findet sich unter dem 5.7. 1787 die Bemerkung: »Ich habe über allerlei Kunst so viel Gelegenheit zu denken, daß mein ›Wilhelm Meister‹ recht anschwillt. Nun sollen aber die alten Sachen voraus weg; ich bin alt genug, und wenn ich noch etwas machen will, darf ich mich nicht säumen. Wie Du Dir leicht denken kannst, hab' ich hundert neue Dinge im Kopfe, es kommt nicht aufs Denken, es kommt aufs M a c h e n an« (FA I, 15.1, S. 392). Zwar hatte G. Herzog Carl August in einem Brief vom 16.2. 1788 aus Rom versprochen, daß er den *Wilhelm Meister* abschließen werde, aber dieser Plan ließ sich nicht verwirklichen, so daß die Beschäftigung mit dem Roman erst 1791 wieder aufgenommen wurde.

Textlage

Der Text der *Theatralischen Sendung* ist nur in Abschriften erhalten. Die fertiggestellten Bücher des Romans wurden 1783 bis 1785 abgeschrieben und von G. an eine Züricher Freundin, Barbara Schulthes, und an seine Mutter geschickt. Barbara Schultheß hatte er während seiner ersten Schweizer Reise 1775 durch Johann Kaspar Lavater kennengelernt. Sie und ihre Tochter schrieben die vorliegende Fassung des *Wilhelm Meister* ab. Die Tagebuchaufzeichnungen der jüngeren Barbara Schultheß geben darüber Auskunft. So schreibt sie am 10.9. 1783: »Diesen Abend erhielt Mama von *Wilhelm Meister* – Ach herrlich – aber sie will mir heut nichts mehr zeigen – leider«. Oder am 18. [13.?] 4.1784: »Diesen Abend kam ein herrliches Pack von Goethe, ein Theil *Wilhelm*, o der war mir entzückend, oh herrlich! herrlich!«

Die Tagebuchaufzeichnungen dokumentieren, daß die Abschrift der Bücher eins bis fünf in der Zeit vom Herbst 1783 bis 1785 entstanden ist. Da das Sechste Buch erst im November 1785 fertig wurde, dauerte die Abschrift dieses Buchs bis in das Jahr 1786. Die Vorlage wurde offensichtlich mit dem Wunsch abgeschrieben, auch nach deren Rücksendung eine Kopie davon in Zürich zu behalten.

Erst 1909 wurde die Abschrift der *Theatralischen Sendung*, die im Besitz der Familie Schultheß blieb, von dem Züricher Gymnasiallehrer Gustav Billeter entdeckt, dem sie ein Schüler übergeben hatte. Die Handschrift

ist vollständig und gut erhalten. Der größere Teil stammt von der älteren Frau Schultheß (Buch 1 bis 2, Kapitel 7 [bis zur Mitte]; Buch 4, Kapitel 1; Buch 5 und 6); von der jüngeren Frau Schultheß sind das Zweite Buch, Kapitel 7 [Schluß], das Dritte Buch und das Vierte Buch, Kapitel 2–16 überliefert.

Unmittelbar nachdem die Abschrift der *Theatralischen Sendung* wiederentdeckt worden war, veröffentlichte Billeter einzelne Teile aus dem Werk unter dem Titel *Goethe. Wilhelm Meisters Theatralische Sendung. Mitteilungen über die wiedergefundene erste Fassung von Wilhelm Meisters Lehrjahren von Dr. Gustav Billeter* (Zürich 1910). Die erste vollständige Ausgabe veröffentlichte Harry Maync im Cotta-Verlag, Stuttgart und Berlin 1911. Die erste historisch-kritische Ausgabe erschien im Rahmen der Ersten Abteilung der Weimarer Ausgabe, herausgegeben von Harry Maync, Weimar 1911 (Bd. 51 und 52). Grundlage für diesen Artikel ist die Frankfurter Ausgabe (FA I, 9, S. 9–354), die auf der Ausgabe des Akademie-Verlags aus den Jahren 1957 und 1960 basiert. In dieser hat Renate Fischer-Lamberg die Überlieferung und die Lesarten des Textes sorgfältig dokumentiert. Der leichteren Zugänglichkeit wegen wird nach der Frankfurter Ausgabe zitiert. Zu den geringfügigen Abweichungen gegenüber der Akademie-Ausgabe vgl. FA I, 9, S. 1128–1133.

Roman und Theater

Obwohl die *Theatralische Sendung* Fragment geblieben ist und in den *Lehrjahren* in symbolisierender Weise weitergeführt wird, »ist dieser Torso von 1782 mehr als jenes andere majestätische Werk von 1796« (Hugo von Hofmannsthal) ein eigenständiger und in sich vollendeter Roman. In ihm bereitet sich jene erzählerische Darstellung des modernen Subjekts vor, die in den *Lehrjahren* und *Wanderjahren* in selbstreflexiv gesteigerter Form weitergeführt wird. Dem *Werther* verwandt, geht es um das Verhältnis des einzelnen zur Welt im Sinne eines Erfahrungs- und Wahrnehmungsprozesses. Im Unterschied zu den *Leiden des jungen Werthers* stellt G. im *Ur-Meister* das Streben zur Welt als Form der Selbstgestaltung des Subjekts in den Mittelpunkt. Im Versuch, glücklich zu sein, setzt sich das ebenso neugierige wie vagierende und wiederkehrende Subjekt ganz unbefangen der Welt aus und erprobt zugleich Möglichkeiten, praktisch in sie einzugreifen. Kein Wort kommt an wichtigen Stellen des Romans so häufig vor wie »Glück«; immer zeigt das Glück – im Sinne der überlieferten Fortuna-Lehre – sowohl die gute (bona Fortuna) als auch die schlechte Seite (mala Fortuna). Das gute Glück festzuhalten, kann nur bedingt gelingen, denn Glück bedeutet immer zugleich Glückswechsel.

Im Mittelpunkt der *Theatralischen Sendung* steht ein Individuum, das danach strebt, Dichter zu werden, so daß hier jene Künstlerproblematik thematisiert wird, die im *Tasso* ihren prononciertesten Ausdruck gefunden hat. Zwischen Werther und Tasso nimmt Wilhelm Meister die mittlere Position des suchenden und strebenden Subjekts ein. Die erzählerische Darstellung des suchenden und strebenden Subjekts erfolgt im Medium jener Literaturgattung, die als »bürgerliche Epopöe« historisch zum ersten Mal ihre Ranggleichheit mit dem Epos beansprucht. Gegenüber den »öffentlichen Thaten und Begebenheiten«, die im Epos dargestellt werden, erzählt der Roman von den »Handlungen und Empfindungen des Menschen« – wie Friedrich von Blanckenburg in seinem *Versuch über den Roman* 1774 programmatisch formuliert. Er weist damit dem bürgerlichen Roman seine ästhetische und gesellschaftsgeschichtliche Funktion zu. Im Roman gehe es um das »Seyn des Menschen, seinen inneren Zustand« und nicht um die »Thaten des Bürgers«, von denen das Epos handle. Im Mittelpunkt des neuen ›bürgerlichen‹ Romans steht deshalb für Blanckenburg die innere Geschichte eines Menschen mit seinen »Denkungs- und Empfindungskräften« und jene Geschichte des »Werdens«, die die inneren Veränderungen der einzelnen Romanfiguren Schritt für Schritt nachzeichnet und deren Folgewirkungen für die äußeren Begebenheiten thematisiert.

G.s *Theatralische Sendung* setzt diese inzwischen erreichte Stufe der poetologischen Emanzipation des ›neuen‹ Romans voraus. Es handelt sich um eine Mischung unterschiedlicher Formen des europäischen Aufklärungsromans. Neben den Traditionen des empfindsamen Romans – etwa Oliver Goldsmiths *The Vicar of Wakefield* oder Lawrence Sternes *Tristram Shandy* – und des Erziehungsromans – vor allem François Fénelons *Télémaque* – spielen Formen des komischen Romans – Paul Scarrons *Roman comique* oder Henry Fieldings *Tom Jones* – und Ausprägungen des Theater- und Liebesromans eine zentrale Rolle. Hinzu kommen Diskussionen über das zeitgenössische Theater, über Dramaturgie und Dramentheorie, die sich auf Debatten und Diskurse seit Gottsched beziehen.

Stilbildend für die *Theatralische Sendung* ist insbesondere das *Don Quichote*-Modell des Cervantes, weil hier – ähnlich wie im *Tasso* – die »Disproportion des Talents mit dem Leben« thematisiert werden kann. Durchgehend ist die Läuterung und Desillusionierung des ›Helden‹ das Ergebnis jenes Erfahrungsprozesses, den das Subjekt durchläuft. Die literarisch-ikonographische Textur läßt sich unter dem Aspekt der fortschreitenden Desillusionierung entziffern. Ähnlich wie Don Sylvio in Wielands Roman *Der Sieg der Natur über die Schwärmerey oder die Abenteuer des Don Sylvio von Rosalva* (1764) begleitet und beobachtet der Erzähler die Mittelpunktsfigur auf seinem durch Irrtümer bestimmten Weg der Glücksuche. Der Leser wird an dieser Suche beteiligt und selbst in den Prozeß der zunehmenden Desillusionierung hineingezogen. Diese durchaus auch didaktischen Züge des Romans werden durch eine Tendenz zum Lyrischen ausbalanciert. Von den elf Liedern, die in die späteren *Lehrjahre* aufgenommen worden sind, finden sich bereits acht in der *Theatralischen Sendung*. Dadurch entsteht mittels literarischer Verkettungen des Nebeneinander und einer auf die Wirklichkeit des 18. Jhs. bezogenen ›realistischen‹ Darstellung eine an musikalische Strukturen erinnernde Komposition.

Die den Roman vornehmlich bestimmenden Diskurse beziehen sich auf das Theater. Sowohl die zeitgenössische praktische Theatersituation als auch die theoretische Diskussion spielen für die Konzeption der *Theatralischen Sendung* eine zentrale Rolle. Seit Johann Elias Schlegels *Gedanken zur Aufnahme des dänischen Theaters* (1747) stand die Theaterdiskussion in Deutschland weitgehend im Zeichen der Versuche, ein d e u t s c h e s Nationaltheater zu gründen. Lessing hat in einer am Ende seiner *Hamburgischen Dramaturgie* geäußerten Bemerkung seine Skepsis gegenüber diesen Bemühungen festhalten: »Über den gutherzigen Einfall, den Deutschen ein Nationaltheater zu verschaffen, da wir Deutschen noch keine Nation sind«. Konnte das Theater als Bildungsinstitution und »öffentliche Anstalt des Staats« (Schiller) die nicht vorhandene nationale Identität in Deutschland ersetzen? Oder war die Schaffung der deutschen Nation erst die Voraussetzung für ein solches Nationaltheater? In der *Theatralischen Sendung* lassen sich eine Vielzahl von Parallelen zur zeitgenössischen Diskussion bei Lessing, Herder oder Lenz beobachten. Daß dabei unter dramen- und theatertheoretischen Aspekten der paradigmatische Wechsel vom klassizistischen französischen und Gottschedschen Theater zum Drama Shakespeares die wichtigste Rolle spielt, liegt auf der Hand. Dieser Wechsel wird zum Hauptthema nicht nur der *Theatralischen Sendung*, sondern auch der *Lehrjahre*.

Der gescheiterte Versuch, 1767/68 in Hamburg ein erstes deutsches Nationaltheater zu gründen, hat die Zeitgenossen aufs heftigste erregt. Spätere Versuche, andere Nationaltheater in Wien (1776) oder Mannheim (1779) einzurichten, wurden ebenso mit größter Aufmerksamkeit wahrgenommen. Allerdings blieben die Wanderbühnen vorherrschend; ihre Zahl wird im Heiligen Römischen Reich Deutscher Nation 1770 auf etwa 30 mit 1000 Wanderschauspielern und Wanderschauspielerinnen geschätzt.

G. hat sich nicht nur seit frühester Zeit mit dem Theater beschäftigt, sondern nach seinem Wechsel nach Weimar unmittelbare Erfahrungen mit der Theaterwirklichkeit machen können. Für die Wandertruppen, wie die von Theophilus Doebbelin, Heinrich Gottfried Koch oder Abel Seyler, war Weimar ein beliebter Spielort geworden. Nachdem G. seit 1776 für das Liebhabertheater zuständig war, beteiligte er sich als Schauspieler, Regisseur und auch als Theaterdichter an den Aufführungen. Seit 1784 konnte die »Deutsche Schauspielergesellschaft des Directors Joseph Bellomo« für Weimar gewonnen werden, die bis zur Bildung eines neuen Hoftheaters 1791 unter G.s Leitung blieb.

Wichtig ist darüber hinaus, daß seit 1784 eine Reihe von Shakespeare-Aufführungen in Weimar stattfanden. 1785 spielte Bellomo den *Hamlet*, und dies war die erste Gelegenheit für G., dieses Stück auf der Bühne zu erleben. Sehr wahrscheinlich ist es, daß G. gerade durch diese Aufführung zu seinen Hamlet-Studien angeregt worden ist, die vor allem im Sechsten Buch der *Theatralischen Sendung* eine wichtige Rolle spielen. Die vielfach apostrophierte »Theatromanie« des 18. Jhs. bildet deshalb – parallel etwa zu Moritz' *Anton Reiser* – die unmittelbare Folie für G.s *Theatralische Sendung*.

Indes wäre es verfehlt, G.s Roman allein unter dem Aspekt des »Theaterromans« zu betrachten. Die *Theatralische Sendung* liefert zugleich das literarische Medium, um das zeitgenössische Theaterwesen zwischen 1740 und 1780 als soziale Welt zu charakterisieren. Lessing hat in Anlehnung an Diderot bemerkt: »Die Komödianten wegen ihrer persönlichen Sitten angreifen, hieße allen Ständen zuleibe wollen«. Soziale Kritik ist gerade im Milieu des Theaterlebens möglich. Paul Rilla hat zu Recht darauf hingewiesen, daß etwa die lockeren Sitten in der Theaterwelt durch bürgerliche Schwächen motiviert seien; die Lebensgeschichten Wilhelms, Madame Melinas und Aurelies könnten als Ausflucht vor den bürgerlichen Zuständen bezeichnet werden.

Strukturanalyse und Beschreibung

Die erzählerische Struktur der *Theatralischen Sendung* ist durch eine Dreistufigkeit charakterisiert. In der ersten Phase wird von Wilhelm Meisters Herkunft und seinem ›Abschied‹ vom Elternhaus und bürgerlichen Stand erzählt. In der schwärmerischen Projektion vom idealen Theaterspiel leuchtet das Bild einer Gegenwelt zum beengten Bürgerhaus auf. Auf einer zweiten Stufe läßt der Erzähler den Protagonisten während einer abenteuerlichen Handelsreise die konkrete Theaterwelt der Wanderbühnen und des Schauspielerdaseins erleben. Die Erfahrungen mit der Theaterwirklichkeit sind zugleich Erprobungen des Selbst in der Begegnung mit unterschiedlichen Personen. In einer dritten Erzählphase, die den Höhepunkt bildet, kommt es zu einer Selbstreflexion Wilhelm Meisters im Spiegel der Shakespeare-Lektüre und zu einer intensiven Annäherung an die Hamlet-Figur. Der sich über einen Prozeß der zunehmenden Desillusionierung vorbereitende Schritt zur Selbstbetrachtung setzt eine Distanz mittels Selbstbeobachtung voraus. Erst auf dieser Stufe ist eine vorläufige Entscheidung für das Theater möglich. Die Vision von der »schönen Amazone« am Ende des Romans weist zudem über die Theaterwelt hinaus und lenkt den Blick von der *Theatralischen Sendung* hin zu den *Lehrjahren*.

Innerhalb der einzelnen Stufen läßt sich eine Steigerung im erzählerischen Ablauf des Romans beobachten. Sie ist bestimmt durch eine zunehmende Selbst- und Welterfahrung des Subjekts angesichts der wechselhaften Glücksfälle, mit denen der Protagonist konfrontiert wird. Ein souveräner, mit dem Leser dialogisierender Erzähler lenkt das literarische Spiel und greift immer wieder unmittelbar in das Romangeschehen ein. So kann der Protagonist Wilhelm Meister zum imaginären Partner der Leserin und des Lesers werden. Anreden wie »unser Freund« oder »unser Wilhelm« zeugen von dem Versuch, den Leser in das kommunikative Spiel einzubeziehen. Es ist stets durch Engagement und Distanz charakterisiert, nicht auf Identifikation angelegt.

Der Titel des Romans hat sogleich zu Deutungen Anlaß gegeben. ›Wilhelm‹ wurde stets mit William Shakespeare in Zusammenhang gebracht; ›Meister‹ könnte auf eine künftige Meisterschaft der Mittelpunktsfigur hinweisen, wenn nicht ein ironischer Unterton mitschwänge. G. hat im Zusammenhang mit den *Lehrjahren* in einem Brief an Schiller vom 7. 12. 1794 von »Wilhelm Schüler« gesprochen. Die Formulierung *Theatralische Sendung* läßt sich zwar auf Wilhelms eingebildete oder tatsächliche Berufung zum Theater und seine Mission, ein deutsches Nationaltheater zu begründen, beziehen, aber zugleich wird diese Formulierung in eine ironische Schwebe gebracht.

Das bestätigt der Romananfang, wenn – in der Erzählweise des europäischen Aufklärungsromans – möglichst genaue Zeit- und Ortsangaben (40er Jahre des 18. Jhs. in einer »mittleren Reichsstadt«) die ›Wahrheit‹ des Erzählten zu beglaubigen suchen und die Schilderung der Herkunft des Protagonisten aus handelsbürgerlichem Milieu deutliche Distanz erkennen läßt. Die Mittelpunktsfigur des Romans wird von Beginn an in eine Spannung zwischen Herkunft und Hoffnung versetzt. Die bürgerliche Familie, aus der Wilhelm Meister stammt, zeigt das Eingeschränkte einer Existenz, der er sich nur durch die Flucht in hoffnungsvolle Gegenwelten entziehen kann. Solche Spielräume der Phantasie »voller Hoffnungen, Drang und Ahndung« (FA I, 9, S. 15) bilden schon früh jene Puppenspiele, die den kleinen Wilhelm Meister in eine andere Welt entfliehen lassen. Damit sind zugleich Hoffnungsperspektiven verknüpft, die für die gesamte Konstellation des Romans entscheidend sind. Die alttestamentarische Geschichte von David und Goliath wird früh ins »Schauspiel umgebildet«, und in der Lektüre von Tassos *Befreitem Jerusalem* erscheinen zum ersten Mal von nun an im Roman durchgehend präsente, archetypische Motive. Die im Theater aufgebaute Gegenwelt weist eine durch Bilder konstruierte und im europäischen Gedächtnis verankerte Struktur auf. Das Theater kann sowohl zum Fluchtraum als auch zum »Heilort« werden. Die Flucht aus den beengten bürger-

lichen Verhältnissen als Abschied von den Eltern korrespondiert mit der Hoffnung auf einen Idealort, von dem Wilhelm Meister
glaubt, daß er für ihn nur das Theater sein
kann. Er möchte ein vollkommener Schauspieler und zugleich Schöpfer eines künftigen Nationaltheaters werden und damit »Einfluß
[...] auf die Bildung einer Nation und der
Welt« (FA I, 9, S. 46) nehmen. Daß dieser
Wunschtraum, der die dichterische Phantasie
und Produktion beflügelt, enttäuschbar ist,
wird zunächst nur vorsichtig angedeutet. Erst
die Konfrontation mit der Theaterpraxis läßt
die schwärmerische Phantasie als das durchschauen, was sie von Anfang an ist: notwendige Flucht und beflügelnder Tagtraum.

Der besondere Kunstgriff G.s in der ersten
Erzählphase der *Theatralischen Sendung* besteht darin, daß der Traum vom Theater mit
dem Traum von Liebe gekoppelt ist. Im Kontrast zwischen den unerfreulichen Ehezwistig-
keiten der Eltern und Wilhelm Meisters leidenschaftlicher Liebe zu Mariane läßt sich erst
das höchste Lebensglück des jungen Protagonisten darstellen. Beides, Theater und Liebe,
sind gerade in ihrer größten Hoffnung enttäuschbar. Diese Ent-Täuschung wird vom Erzähler zunächst in der Liebesgeschichte vergegenwärtigt. Die notwendige Desillusionierung in der Theaterwelt bleibt der zweiten
Erzählphase des Romans vorbehalten.

Diese knüpft an die unerfüllte Liebeshoffnung Wilhelm Meisters an, dessen Liebes-
»Krankheit« und ihre Genesung auf die heilen-
den Kräfte der eigenen Natur verweisen. Zugleich wird in der an Antoine-François Pré-
vosts *Manon Lescaut* erinnernden Geschichte
Melinas Wilhelms eigene Liebesgeschichte
gespiegelt. Die Vermittlerrolle, die er übernehmen kann, deutet in melancholischer Erinnerung zugleich eine Möglichkeit der selbst-
distanzierenden Verarbeitung an.

Die Absicht Wilhelms, zum Reformator des
deutschen Theaterlebens zu werden, vergegenwärtigt der Erzähler im Medium des traditionellen Abenteuerromans, in dem Wilhelm
Meister auf eine Geschäftsreise geschickt
wird, die ihn in immer neuen Episoden in das
zeitgenössische Theaterleben verwickelt. Obwohl mit dem »Einkassieren verschiedener
Schuldposten« beschäftigt, gestaltet sich Wilhelms Reise als eine Abfolge von unterschiedlichen Probesituationen, in denen die Vorstellungen und hohen Erwartungen vom Theater
mit der Theaterpraxis konfrontiert werden.
Nach dem Kennenlernen einer Laienspiel-
gruppe, einer Akrobaten-, Gaukler- und Seil-
tänzertruppe gelangt Wilhelm in eine Theater-
gesellschaft, deren Prinzipalin in vielem an
die berühmte Neuberin erinnert. »Wilhelm
Meister« wird zum »Wilhelm Geselle«, in dem
er Schritt für Schritt in die Probleme der Wanderbühnen des 18. Jhs. eingeführt wird. Permanente Geldsorgen, persönliche Eitelkeiten
und Intrigen der Schauspieler und Schauspielerinnen oder Zugeständnisse zugunsten eines
niederen Publikumsgeschmacks stellen Wilhelms Theaterschwärmerei immer wieder auf
harte Proben. Der Erzähler des Romans läßt
seinen Protagonisten – wie Cervantes den Don
Quichote – allerdings unbeirrbar gegen die
Wirklichkeit der Theaterpraxis ankämpfen,
die – wie in einem Brennpunkt – die soziale
Wirklichkeit des Theaterlebens im 18. Jh. un-
beschönigt reflektiert.

Wilhelm, so macht die zweite Stufe der
Theatralischen Sendung deutlich, lebt in einem Widerspruch: Das zeitweilige Schauspie-
lerglück ebenso wie das Glück des Dichters
wird mit den Einschränkungen und Verhin-
derungen eben dieses Glücks konfrontiert.
Unbefangenes Glück im Theaterrausch oder
im Genuß, Mittelpunkt der Theaterwelt zu
sein, erscheint etwa bei der Aufführung des
von Wilhelm geschriebenen eigenen Stücks
Belsazar. Sein unbefangenes Wahrnehmen und
Genießen entspricht einem traumwandleri-
schen Dahinschlendern durch die Welt des bo-
hèmehaften Theaterlebens. Fasziniert ist Wilhelm insbesondere von der geheimnisvollen
Mignon, einem ebenso mädchen- wie knaben-
haften androgynen Menschen, dem Wilhelm
in väterlicher Zuneigung zugetan ist. Dem korrespondiert Philine »mit einem unglaublichen
Leichtsinne« (FA I, 9, S. 209). Beide Figuren
machen den unüberbrückbaren Abstand zu
Wilhelms bürgerlicher Welt und Herkunft
deutlich. Unversehens – obwohl noch schwan-

kend zwischen Bürger- und Theaterwelt – ist Wilhelm bereits »in einen neuen Stand aufgenommen und eingeweiht« (FA I, 9, S. 239). Allerdings ist dies dem »alte[n] Hoffer« (FA I, 9, S. 162) noch nicht bewußt geworden, da er »noch nicht Zeit gehabt zu sich selbst zu kommen« (FA I, 9, S. 238).

Dies geschieht erst auf einer dritten Stufe – vorbereitet im Fünften Buch und zuende geführt am Schluß des Sechsten Buchs, in dem der Roman abbricht. Im Mittelpunkt der dritten Erzählphase steht die erzählerische Vergegenwärtigung von Wilhelms Nachdenken über sich selbst. Der Erzähler macht diese Zäsur im letzten Kapitel des Vierten und im ersten Kapitel des Fünften Buchs deutlich, indem er einerseits in der Er-Form und andererseits in der Ich-Form kommentierend und den Lebensweg Wilhelms beurteilend hervortritt. Die Erzählerbeobachtung des Geschehens bereitet die Selbstbeobachtung des Protagonisten vor. Diese vollzieht sich unter Rückgriff auf Vorangehendes in Abwägung der unterschiedlichen Lebensformen, die Wilhelm kennengelernt hat, und im Kontrast zur handelsbürgerlichen Sphäre des künftigen Schwagers Werner. Zugleich unterzieht Wilhelm das Theatermilieu selbst einer distanzierenden Betrachtung, indem er Möglichkeiten der glücklichen Selbstverwirklichung im Theaterspiel und in der Bindung an Philine, Mignon und den Harfner mit den wenig erfreulichen Realitäten der ›beinah‹ schlecht zu nennenden Schauspielergesellschaft vergleicht. Darüber hinaus klingt die Problematik des Theaters und des Theaterspielens zum ersten Mal im Roman an. Die Pluralisierung des Ich als Mittel der Ich-Findung und Selbstwerdung macht darauf aufmerksam, daß die Identitätsbildung des Subjekts im Medium der Nicht-Identität – als notwendige Verstellung im Schauspiel – stattfindet. Der Ort der möglichen Selbstverwirklichung in der ästhetischen Welt des Theaters wird so im Kontext der sozialen Voraussetzungen und Bedingungen relativiert.

Diese Form der erzählerischen Selbstreflexion läßt auch die Einsicht des Protagonisten zu, daß seine gegenwärtige Existenz einem Geflecht »aus Seide und grobem Hanfe«

gleicht (ebd.). Dies veranlaßt ihn indes nicht, »alles mit einander durchzuschneiden« (ebd.) und zu jenen bürgerlichen Geschäften zurückzukehren, um derentwillen er seine Reise ursprünglich angetreten hatte. Wilhelms Neigung zum Theater hat ein Übergewicht gewonnen, weil hier trotz aller Enttäuschungen die eigentliche Lebensaufgabe und »Mission« erblickt wird.

Ablesbar ist dies auch an einer veränderten begrifflichen Charakterisierung von Wilhelms Lebensplan und Lebensziel. Das im Roman vorherrschende Reden vom Lebensglück wird ergänzt und ersetzt durch Hinweise auf Wilhelms »Laufbahn« und »Bestimmung«; es ist auch die Rede davon, sich »völlig aus zu bilden« (FA I, 9, S. 242). Daß dies mit einer Veränderung des sozialen Milieus verbunden ist – die Theatergruppe wird in ein gräfliches Schloß eingeladen und der Adel tritt für eine Weile in den Vordergrund –, macht auf den sich ankündigenden Blickwechsel in der Fremd- und Selbstbeobachtung von Wilhelm Meisters Lebenslauf aufmerksam: »Welcher Vorteil für ihn, daß er alle Anlage hat, sich in diesem neuen Klima völlig aus zu bilden [...]. Es wird in den höhern Klassen nicht an Männern fehlen die ihn zurechte weisen, die es ihm klar machen, daß die Natur eines Menschen nicht schlimmer verschoben werden kann, als wenn er sich einer zufälligen Leidenschaft für niedrige Gegenstände überläßt; wenn er einer dunkeln Anhänglichkeit an eine Gesellschaft, deren Glieder nicht von der Art seines Wesens sind, nachgibt« (ebd.).

Aber auch gegenüber der Adelswelt können – ähnlich wie im Theater – die hohen Erwartungen nicht erfüllt werden. Die elende Beherbergung im Schloß ist nur ein Indiz für die Desillusionierung des Adelsmilieus mit dem Ergebnis, daß Wilhelm anfängt »zu wittern, daß es in der Welt anders zugehe, als er sich's gedacht« (FA I, 9, S. 271).

Die »Welt« läßt der Erzähler Wilhelm paradoxerweise nicht mittels genauer Einsicht in die Herkunftswelt des Bürgertums oder in die – wenn auch nur begrenzt erfahrbare – Theater- und Adelswelt kennenlernen, sondern durch die Entdeckung Shakespeares. Die Lektüre seiner Dramen regt Wilhelm an, sich künftig in die äußere, wirkliche Welt einzumischen, um Erfahrungen zu sammeln, die er in eigenen Theaterstücken auf der Bühne an das Publikum weitergeben kann. Der Kosmos der Shakespeareschen Dramen gilt als Universum der Welterfahrung und Selbsterkenntnis. Das Studium des *Hamlet* und insbesondere die Annäherung an die Hamlet-Figur ermöglichen eine gesteigerte Selbstwahrnehmung und Selbstinterpretation. Sie stehen im Zeichen von dessen exemplarischer Identifikations- und Projektionsfunktion: »Auch die Last der tiefen Schwermut war er geneigt auf sich zu nehmen, und die Übung der Rolle verschlang sich dergestalt in sein einsames Leben, daß endlich er und Hamlet eine Person zu werden anfingen« (FA I, 9, S. 316).

Diese aus der Figurenperspektive Wilhelms geschilderte Annäherung rückt der Erzähler in eine ironisch schwebende Perspektive, die damit die Emphase Wilhelms deutlich macht. Moderne Subjektivität wird so hier bereits in einer doppelten Optik vergegenwärtigt. Im Medium der Hamlet-Figur findet die gesteigerte Selbstreflexion in der *Theatralischen Sendung* ihren Höhepunkt.

Sie wird ergänzt durch die Charakterisierung der Ophelia-Darstellerin Aurelie und ihres tragischen Schicksals. So wie die *Theatralische Sendung* im ersten Teil eine Parallelgeschichte zu Wilhelms unglücklicher Liebesgeschichte in der Melina-Episode einblendet, so bildet die Geschichte Aureliens am Schluß des Romans eine zusätzliche Spiegelungsmöglichkeit. Die Korrespondenz zwischen Theater und Liebe wird so auf einer dritten Stufe des Romans wieder aufgenommen und im Blick auf die bisher zurückgelegte Lebensreise Wilhelm Meisters thematisiert: »War es dann bloß Liebe zu Mariannen die mich an's Theater fesselte? oder war es die Liebe der Kunst, die mich an sie fester knüpfte? war jene Aussicht jener Ausweg nach dem Theater bloß einem unordentlichen unruhigen Menschen willkommen, der ein Leben fortzusetzen wünschte, das ihm die Verhältnisse der bürgerlichen Welt nicht gestatteten, oder, war es alles anders, reiner, würdiger?« (FA I, 9, S. 353).

Daß der Roman eher mit Fragen als mit Antworten abschließt, darf nicht darüber hinwegtäuschen, daß sich Wilhelm nicht mehr am Scheideweg, sondern bereits am »Ziel« befindet, und daß das Theater seine »Sendung« ist. Allerdings fällt der Protagonist »in ein stilles Nachsinnen« (FA I, 9, S. 354), als er das Angebot des Theaterdirektors Serlo, des Bruders der Aurelie, annimmt. Wenn die Entscheidung schließlich fürs Theater fällt, um andere »glücklich [zu] machen«, so verdeutlicht doch diese zögerliche Entscheidung – »Ja, dann« –, daß die Suche nach individuellem Glück eine hohe Stufe erreicht hat, aber nicht abgeschlossen ist.

Die *Theatralische Sendung* thematisiert dies anhand der »liebenswürdigen Amazone«, die Wilhelm nach dem Überfall auf die Theatergruppe als rettender Engel und als »Heilige« erschienen war: »Auf einem Schimmel kam die liebenswürdige Amazone aus den Büschen, nahte sich ihm, stieg ab, ihr menschenfreundliches Bemühen hieß sie gehen und kommen, sie stand, das Kleid fiel von ihren Schultern, und deckte den Verwundeten, ihr Gesicht, ihre Gestalt glänzte wieder auf, und verschwand« (ebd.).

Mit diesen seinen Schlußsätzen nimmt das Romanfragment im Bild der »schönen Amazone« ein Motiv des Anfangs wieder auf – in der Anspielung auf Chlorinde aus Tassos *Gerusalemme liberata*. Durch solche erzählerischen Korrespondenzen und strukturellen Verweisungen bildet die *Theatralische Sendung* eine ästhetische Einheit, auch wenn sie Fragment geblieben ist.

Zur Rezeption und Forschung

Nach der Wiederentdeckung der *Theatralischen Sendung* durch Billeter 1910 hat die Rezeption dieses Fragments vornehmlich im Schatten der *Lehrjahre* gestanden, und erst im Verlauf der Wirkungsgeschichte bildet sich mehr und mehr eine Diskussion über die Eigenständigkeit des *Ur-Meister* heraus. Diese

Eigenständigkeit wird dann vor allem in der Besonderheit des Theaterromans gesehen. Schon die frühen Arbeiten von Harry Maync, Albert Köster oder Max Herrmann liefern genaue Analysen jener Romantradition, auf die sich G. bezieht, hauptsächlich im Blick auf den ›roman comique‹. Hervorgehoben wird allerdings auch die Nähe der *Theatralischen Sendung* zur zeitgenössischen Theaterdiskussion und Theaterpraxis, wobei die Frage des deutschen Nationaltheaters im Mittelpunkt steht. Schließlich setzt sehr früh eine Diskussion über die diskursive Verarbeitung der Shakespeare-Rezeption, vor allem des *Hamlet*, in der *Theatralischen Sendung* ein, die sich bis in die aktuelle Forschungsdiskussion weiterverfolgen läßt (vgl. Roberts, Köpke, Greiner).

Das Betonen der Eigenständigkeit des Theaterromans wird früh auch im Zusammenhang mit der Situation des europäischen Aufklärungsromans thematisiert. Hugo von Hofmannsthal hat damit bereits 1911 eine Rezeptions- und Forschungstradition begründet, die sich in den meisten Arbeiten zur *Theatralischen Sendung* wiederfindet. Hofmannsthals Feststellung »So ist die Basis dieses wie jedes bedeutenden Werkes Aneignung, selbstverständliche Aneignung in einem großen Geist und originalem Sinne« (S. 74) zielt einerseits auf die Verbindungen zu Autoren wie Cervantes, Samuel Richardson, Goldsmith und Sterne und andererseits auf die Abgrenzung gegenüber dem drei Jahre vor der *Theatralischen Sendung* erschienenen *Leiden des jungen Werthers*. Friedrich Gundolf hat – unter Anknüpfung an Hofmannsthal – die Besonderheit der *Theatralischen Sendung* im Roman der »Selbstgestaltung« gesehen und damit als Gegenstück zum *Werther*-Roman interpretiert.

In der neueren Forschung zur *Theatralischen Sendung* läßt sich einerseits eine sozialgeschichtliche Richtung ausmachen, die die Darstellung der Theaterwelt in der *Sendung* als Analyse der sozialen Wirklichkeit und zugleich als Kritik des handelsbürgerlichen Milieus versteht (vgl. Rilla), andererseits wird – den Hinweis G.s auf seine »Pseudokonfession« aufnehmend – das Autobiographisch-Psychologische betont. Besonders prominent ist hier

die Interpretation von Kurt Robert Eissler, der in seiner psychoanalytischen Studie insbesondere in der *Theatralischen Sendung* eine große Nähe zwischen Wilhelm Meister und G. erblickt: »In anderer Hinsicht haben wir hier ein Selbst vor uns, das weniger dem realen Selbst des Autors gleicht, sondern eher seinem virtuellen Selbst, ein Selbst, das den Wünschen, Träumen, Sehnsüchten und Illusionen des Autors näher steht als der Persönlichkeit, die in der Realität agiert und sich durchsetzt. Dieses virtuelle Selbst, das sich im Roman als wirklich präsentiert, war auch ein realer Teil der wirklichen Persönlichkeit« (EISSLER, Bd. 2., S. 812). Die Differenzierungen, die Eissler vornimmt, stehen im Kontext anderer Untersuchungen, die – etwa in bezug auf die *Hamlet*-Interpretation – Zusammenhänge zwischen Literaturwissenschaft und Psychoanalyse produktiv zu machen suchen (vgl. Roberts, Greiner).

Genauer zu untersuchen bleiben noch die in der *Theatralischen Sendung* beobachtbaren erzählerischen Verfahren und narrativen Verknüpfungstechniken. Zu analysieren ist jene ›Ordnung des Textes‹, die durch intertextuelle Verweise und Anspielungen charakterisiert ist. Das ikonographisch-literarische Textgewebe der *Theatralischen Sendung* offenbart eine eigentümliche, durch spezifische Kombinationsregeln und Integrationsmodi ausgezeichnete Struktur. Diese läßt sich auf der makrostrukturellen Ebene einerseits als Gattungsmischung charakterisieren und andererseits als Form der Mehrstimmigkeit. Theaterroman, Roman comique, empfindsamer Roman, Erziehungsroman und Spielarten des biographischen Erzählens bilden die Hauptelemente intertextueller Praktiken, die nicht auf die Probleme von ›Einflüssen‹ reduziert werden können. Das literarische Mittel ist vielmehr ein dialogisches Verfahren, das die unterschiedlichen Gattungen und Diskurse in einen spannungsreichen, nicht immer kohärenten, aber stets ›anschlußfähigen‹ Zusammenhang bringt.

Dies gelingt sowohl mittels leitender Konzepte als auch mittels einzelner Hauptreferenzen. Dazu gehört in exemplarischer Weise die stete – unmittelbare oder mittelbare – Anspielung auf Cervantes' *Don Quijote*. Die diesem – für die europäische Literatur der Neuzeit paradigmatischen – Roman zugrundeliegende Spannung zwischen phantastischem Lebensentwurf und notwendiger Desillusionierung liefert das Modell für die Entfaltung von Lebensläufen in der konfliktreichen Auseinandersetzung des jeweiligen Protagonisten mit gesellschaftlicher Realität. Wilhelm Meister befindet sich in der Tradition jener ebenso lernbereiten wie irrtumsanfälligen ›Helden‹, deren Imaginationsfähigkeit und Lernbereitschaft in der sozialen Umwelt auf harte Proben gestellt werden.

Das Medium und den Ort der Phantasie bildet – im Unterschied zu Don Quijotes Ritterromanen und Don Sylvios Feenmärchen – das zeitgenössische Theater des 18. Jhs. Dieser Kunstgriff ist die Ursache für jenen »Realismus«, der der *Theatralischen Sendung* immer wieder attestiert wird. Die detailreiche Schilderung der Theatersituation zwischen 1740 und 1780 und die Konfrontation des utopischen Bildes vom Theater im Kopf des Protagonisten mit der Tatsächlichkeit der gegebenen Verhältnisse liefert sowohl Einblicke in das soziale Gefüge des 18. Jhs. als auch Einsichten in den Prozeß individueller Erfahrung mittels zunehmender Desillusionierung der sich selbst auferlegten »theatralischen Sendung«. Das Zitieren aus Shakespeares *Hamlet*, dramentheoretischen Traktaten oder biographischen Lebensgeschichten zeitgenössischer Schauspieler und Theaterdirektoren erzeugt dabei eine Diskursvielfalt, die sich nicht im Anspielungsreichtum erschöpft, sondern eine dialogische Vielstimmigkeit zur Folge hat. Die Referenztexte werden weiter- oder umgeschrieben und in ein Textgewebe eingewoben, das die Referenzen zwar erkennen läßt, aber zugleich in eine ironische Distanz rückt. Das gilt sowohl auf der Ebene der einzelnen Texte als auch auf der der zugrundegelegten Gattungsmodelle.

Die Hauptreferenz des Cervantischen Romans ist auch dann noch wahrnehmbar, wenn man sich die spannungsreiche Doppelheit der *Theatralischen Sendung* in der Tendenz zum

Biographischen einerseits und der Neigung zum Lustspielhaften, Glücks- und Zufallsbedingten andererseits vor Augen führt. Das Erbe des Schelmen- und Abenteuerromans mit seinen unterschiedlichen Variationen und Anreicherungen ist der Ort – und Gegenpol – für die Selbstentdeckung und Selbstdarstellung des Individuums Wilhelm Meister. Biographie und Lustspiel bilden zwei Pole des sich herausbildenden neuen ›bürgerlichen‹ Romans im 18. Jh. Johann Carl Wezel hat 1780 in seiner romanpoetologischen Vorrede zu *Herrmann und Ulrike* darauf aufmerksam gemacht, »daß man diese Dichtungsart [den Roman; d. Vf.] dadurch aus der Verachtung und zur Vollkommenheit bringen könne, wenn man sie auf der einen Seite der Biographie und auf der anderen dem Lustspiele näherte: so würde die wahre bürgerliche Epopee entstehen, was eigentlich der Roman seyn soll« (Bd. 1, S. III). Die Annäherung an das biographische Modell ist in der *Theatralischen Sendung* ebenso unübersehbar wie die an das Lustspielhafte. »Charakter« und »Fabel« (Paul Ricoeur) befinden sich noch im Einklang, wenn auch die Vorliebe für das Lebensgeschichtliche bereits eine Richtung andeutet, die in G.s *Lehrjahren* ihren Höhepunkt findet und sich in der Kanonisierung des ›Bildungsromans‹ – weitgehend als Rezeptionsgeschichte der *Lehrjahre* – fortsetzt. Der Grund mag darin liegen, daß Wilhelm Meister von Anfang an als Künstlerfigur angelegt ist, und noch, oder gerade, in seinem Dilettantismus ein »Sendungs«-Bewußtsein bewahrt, das der Leser mit ironischer Distanz, aber zugleich mit anteilnehmender Sympathie beobachten kann. Im Unterschied zu Werthers Unfähigkeit zur künstlerischen Produktion bleibt Wilhelm Meister – trotz aller Enttäuschungen – tätig als Schauspieler, Dramaturg und Stückeschreiber. Sein Lernprozeß heißt Rollenspiel, nicht Selbstzerstörung als ›Krankheit zum Tode‹.

Hierin zeigt sich, daß die *Theatralische Sendung* von den *Lehrjahren* so weit nicht entfernt ist, wie es im Blick auf die unterschiedlichen Romanschlüsse scheinen könnte. Wilhelm Meister gehört – im Gegensatz zum Werther – zu jenen Protagonisten, die unter

Anspielung auf Shakespeares *Hamlet* ihr Tätigsein zwar stets problematisieren, aber dennoch nur im Medium des Handelns lernen. Sie befinden sich im »Werden« (Friedrich von Blanckenburg) bzw. auf der »Suche« (Georg Lukács) und repräsentieren damit einen Typus des selbstreflexiven, ›modernen‹ Individuums.

Blickt man auf die ›Lebenswelt‹ des Wilhelm Meister der *Theatralischen Sendung*, so fällt das Zufallsbedingte deutlich ins Gewicht, umso mehr als ›Glück‹ und ›Unglück‹ die zentralen Wahrnehmungskriterien des Protagonisten und maßgebliche Beobachtungskategorien des Erzählers sind. Das Lustspielhafte verdankt sich weitgehend jenem Episodischen und Abenteuerlichen, durch das der ›Roman comique‹ charakterisiert war. Das Theatermilieu ist der Kreuzungspunkt von Komödiantischem und der Schelmenromantradition. Die von Friedrich von Blanckenburg geforderte strenge Kausalität der Handlungsabfolgen wird in der *Theatralischen Sendung* eher im Sinne Wezels als Wahrscheinlichmachen des Ungewöhnlichen interpretiert: »Der Dichter schildert das Ungewöhnliche, es liege nun in dem Grade der Anspannung bey Leidenschaften und Handlungen, oder in der Verknüpfung der Begebenheiten und ihrer Richtung zu Einem Zwecke; und dies Ungewöhnliche wird poetisch wahrscheinlich, wenn die Leidenschaften durch hinlänglich starke Ursachen zu einem solchen Grade angespannt werden, wenn die vorhergehende Begebenheit hinlänglich stark ist, die folgende hervorzubringen oder die Summe aller hinlänglich stark ist, den Zweck zu bewirken, auf welchen sie gerichtet sind« (Vorrede zu *Herrmann und Ulrike*; Bd. 1, S. IV). Das Ungewöhnliche wahrscheinlich zu machen, gelingt dem Erzähler der *Theatralischen Sendung* auch deshalb, weil er seinen Protagonisten über das Unerwartete und Zufällige des Geschehens – gerade gegen Ende des Romans – reflektieren läßt: »Alles geschieht gleichsam bloß zufällig, und ohne mein Zutun, und doch alles wie ich mir es ehemals ausgedacht, wie ich mir's vorgesetzt. Sehr sonderbar!« (FA I, 9, S. 352). Die Selbstreflexion des Individuums läßt sich zu-gleich als immanente poetische Selbstreflexion des Romans lesen. Die zurückgelegte Lebensreise, die Wilhelm Meister als ebenso unwahrscheinlich wie glücklich erscheint, hat – wie der Schluß der *Lehrjahre* – etwas Märchenhaftes, »Sonderbares«.

Hinzu kommt der Fragmentcharakter der *Theatralischen Sendung*. Ein »Roman«, hat Hugo von Hofmannsthal formuliert, sei »dieser Torso von 1782 mehr als jenes andere majestätische Werk von 1796«. Und: »Wie vieles mehr wird uns hier gezeigt, gegeben, was dort nur angedeutet, geheimen höheren Zwecken aufgeopfert war« (S. 75f.). Der Symbolstruktur der *Lehrjahre* entspricht der Fragmentcharakter der *Theatralischen Sendung*. In beiden Fällen sind dem Leser Spielräume der wiederholten und wiederholenden Lektüre eröffnet. Der inneren Dialogizität der Texte entspricht die Möglichkeit des Leser-Dialogs. Eindeutige Lektüren sind schon deshalb auszuschließen, weil der Leser im Lesevollzug an der Reflexion des Erzählers und des Protagonisten auf unterschiedliche Weise teilnimmt. Als Teilnehmer ist er aber zugleich auch Beobachter. Die frühromantische Lesart des Fragments läßt den »Torso« der *Theatralischen Sendung* zudem auch unter Gesichtspunkten der ›Moderne‹ betrachten: Doppel- und Mehrfachkodierungen sind exemplarisch für einen Roman, dessen Textgewebe sowohl auf zurückliegendes als auch auf zukünftiges Schreiben verweist.

Literatur:

EISSLER, Bd. 2, S. 801–837. – Greiner, Bernhard: Puppenspiel und Hamlet-Nachfolge. Wilhelm Meisters ›Aufgabe‹ der theatralischen Sendung. In: Euphorion. 83 (1989), S. 281–296. – GUNDOLF, S. 335–362. – Herrmann, Max: *Wilhelm Meisters theatralische Sendung*. In: Neues Archiv für Theatergeschichte. 2 (1930), S. 127–162. – Hofmannsthal, Hugo von: *Wilhelm Meister* in der Urform (1911). In: ders.: Gesammelte Werke in Einzelausgaben. Prosa III. Frankfurt/M. 1953, S. 70–80. – Köpke, Wulf: *Wilhelm Meisters theatralische Sendung*. In: Lützeler, Paul u.a. (Hg.): G.s Erzählwerk. Interpretationen. Stuttgart 1985, S. 73–102. – Köster, Albert: *Wilhelm Meisters theatralische Sendung*. In: ZfdU. 26 (1912), S. 209–233. – Little, David: Conflicting Models of Development in: *Wilhelm Meisters theatralische Sendung.* In: Ettwood, Dirk u. a. (Hg.): Fs. Lionel Thomas. Hall 1980, S. 21–34. – Maync, Harry: Einleitung. In: *Wilhelm Meisters theatralische Sendung.* Stuttgart, Berlin 1911, S. VII–XXXIX. – Reiss, Hans: *Wilhelm Meisters theatralische Sendung – Ernst oder Ironie?* In: SchillerJb. 11 (1967), S. 268–296. – Rilla, Paul: *Wilhelm Meisters theatralische Sendung.* In: ders.: Essays. Berlin 1955, S. 125–132. – Selbmann, Rolf: Theater im Roman. Studien zum Strukturwandel des deutschen Bildungsromans. München 1981. – STAIGER, Bd. 1, S. 426–475. – Steiner, Jacob: Goethes *Wilhelm Meister.* Sprache und Stilwandel. Stuttgart ²1966. – Voßkamp, Komm. in FA I, 9, S. 1127–1225. – Wezel, Johann Carl: Herrmann und Ulrike. Ein komischer Roman. Faksimiledruck nach der Ausgabe von 1780. Mit einem Nachwort von Eva D. Becker. 4 Bde. Stuttgart 1971.

Wilhelm Voßkamp

Wilhelm Meisters Lehrjahre

Von der *Theatralischen Sendung* zu den *Lehrjahren*

»In Garten dictirt an W. Meister. Eingeschlafen.« So lautet die Tagebuchnotiz vom 16.2. 1777, in der G. seinen Roman zum ersten Mal erwähnt. Fast zwanzig Jahre wird es dauern, bis der Leser im Ersten Buch von *Wilhelm Meisters Lehrjahren* eine Szene vorgeführt bekommt, die vieldeutig an die Tagebuchnotiz erinnert. Gleichermaßen verzaubert von der Nähe der Geliebten wie von der Kindheitserinnerung an das Puppentheater, ist der Titelheld blind für die ihn umgebende Realität: »Mariane, vom Schlaf überwältigt, lehnte sich an ihren Geliebten, der sie fest an sich drückte«, während er mit der Erzählung seiner »Lieblingsmaterie« fortfährt (FA I, 9, S. 381).

Knapp ein Jahr nach der ersten Erwähnung des Romans konnte G. das erste von acht zunächst geplanten Büchern Knebel zur Begutachtung übersenden. Über diese »kotyledonenartigen« Anfänge gelangte er jedoch in der Folgezeit nicht hinaus, und die »fernere Entwickelung und Bildung zieht sich durch viele Jahre«, wie G. rückblickend lakonisch in den *Tag- und Jahresheften bis 1780* notierte. Mit ihren zahlreichen Unterbrechungen, sporadischen Diktaten und Skizzen ist die Genese des Romans in der ersten Phase bis zum Aufbruch nach Italien ein getreues Reversbild des strengen und gewagten Exerzitiums, dem sich G. mit seiner Übersiedlung nach Weimar unterworfen hatte. In dem »stillen Rückblick aufs Leben«, den G. an seinem 30. Geburtstag dem Tagebuch anvertraute, wird der intendierte Bruch mit der Vergangenheit deutlich, der sich in der Entscheidung für Weimar und den Hof nach außen hin deutlich genug manifestiert. Zwar wagt er »die Zeit dass ich im Treiben der Welt bin seit 75 Oktbr.« (Tagebuch, 7.8. 1779) noch nicht zu übersehen. Um so dezidierter fällt das Verdikt über die eigene, in ihrer Abgeschlossenheit vor Augen stehende Jugendzeit aus, in deren Verwirrungen sich dem Tagebuchschreiber ex negativo seine zukünftige Bestimmung abzeichnet. Die »Idee des reinen«, von der an gleicher Stelle die Rede ist, umreißt das Ziel der Selbsterziehung, die in der Person der Frau von Stein ihren Fixstern fand. In einer eigentümlichen Mischung aus Zutrauen und Sorge, aus Vertrauen auf die Leitung durch ein »tiefes Schicksaal« und ahnungsvollem Wissen um das »rechte Maas« (an Lavater, 25.–30.8. 1776), kommt das Lebensgefühl der ersten Weimarer Jahre zum Ausdruck. In vielfältigen Anspielungen wird die Nähe zum Religiösen gesucht. Das Spektrum reicht von dem im Tagebuch niedergeschriebenen Gebet an das »heilige Schicksaal« (November 1777) bis zu der auffallend häufigen Beschwörung alttestamentarischer Bilder, wobei sich mit Jakobs Kampf mit dem »unerkannten Engel« (Gen. 32, 24ff.) eine besonders glückliche Metapher der Selbstauslegung anbietet (Tagebuch, 25.7. 1779).

Rückblickend hat G. in der *Campagne in Frankreich* das »zu viel Sinnens« (Tagebuch,

15.12. 1778) nicht nur als »leidige Selbstquälerei« stigmatisiert, sondern geradezu als ein Übel dargestellt, von dem er sich damals zu befreien gesucht habe. Von den Gefahren melancholischer Innerlichkeit handeln die *Lehrjahre* nicht weniger als der *Werther*, mit dem G. sich damals erneut beschäftigte. Eine weitere zentrale Erfahrung der ersten Weimarer Jahre dürfte in den Roman Eingang gefunden haben: »Meine Schriftstellerey subordinirt sich dem Leben [...]. Geschrieben liegt noch viel, [...] Plane habe ich auch genug, zur Ausführung aber fehlt mir Sammlung und lange Weile«, heißt es in einem Brief, in dem zunächst die Aufgaben des »Geheimderaths« mit ihren Anforderungen an Ordnung, Präzision und Geschwindigkeit Erwähnung finden (an Kestner, 14.5. 1780). Andererseits gibt ihm ein Diktat am »Wilhelm« die Gewißheit: »Eigentlich bin ich zum Schriftsteller gebohren« (an Charlotte von Stein, 10.8. 1782).

Als im November 1785 endlich das unter selbstgesetztem Termindruck fristgemäß abgeschlossene Sechste Buch des Romans vorlag, der unterdes den Titel *Wilhelm Meisters Theatralische Sendung* erhalten hatte, ist von Freude ebenso die Rede wie von Sorge und Mühe. Denn »wenn man so genau weis was man will, ist man in der Ausführung niemals mit sich selbst zufrieden« (an Charlotte von Stein, 11.11. 1785). Zwar mache auch das soeben beendete Sechste Buch »für sich ein Ganzes« aus, aber wenn es so fort gehe, so G. gegenüber Frau von Stein, »werden wir alt zusammen eh wir dieses Kunstwerck vollendet sehn«. Wie weit sich G. von Fertigstellung und Vollendung gleichermaßen entfernt sah, unterstreicht der sich auf weitere sechs Bücher beziehende Plan zur Fortsetzung, von dem im Dezember desselben Jahres die Rede ist. In der Zwischenzeit schienen die Konflikte und Anspannungen, die sich in der Entstehungsgeschichte des Romans deutlich genug spiegeln, ihrem Höhepunkt zugetrieben zu sein. Als G. im September 1786 fluchtartig nach Italien aufbrach, hinterließ er mit der *Theatralischen Sendung* ein Fragment, das sich in dieser Gestalt durch eine glückliche Fügung der Nachwelt erhalten hat, die es erst 1910 entdeckte.

Wie bereits die Änderung des Titels signalisiert, handelt es sich bei den *Lehrjahren* nicht einfach um eine Fortsetzung, sondern vielmehr um eine grundlegende Umarbeitung des Fragments, das erst in dieser revidierten Gestalt in den nahezu ein Jahrzehnt später wieder in Angriff genommenen Roman integriert wird. Die *Theatralische Sendung* und der Erfahrungsschatz des ersten Weimarer Jahrzehnts bilden gleichsam das Ferment der *Lehrjahre*. Zwar markierte die Italienreise erneut einen nicht nur biographisch, sondern auch künstlerisch einschneidenden Bruch; aber dennoch blieben aus der ersten Weimarer Zeit genügend Anknüpfungspunkte. Die hier begonnenen naturwissenschaftlichen Forschungen erhielten gerade in Italien Auftrieb und behaupteten auch weiterhin einen eminenten Stellenwert im Gesamtschaffen. In den ersten Jahren nach der Rückkehr aus Italien drängten sie die poetische Produktion zeitweise sogar in den Hintergrund. Seit der Mitte der 80er Jahre ergaben sich von der Naturbetrachtung aus vielfach Querverbindungen zu philosophischen Studien, in deren Zentrum die im Gedankenaustausch mit Johann Gottfried Herder und Friedrich Heinrich Jacobi sich vollziehende Beschäftigung mit Spinoza steht. In den berühmten, auf die spinozistische »Scientia intuitiva« sich berufenden Worten an die Adresse Jacobis, ihn habe »Gott mit der Metaphisick gestraft und [...] einen Pfal ins Fleisch gesezt, mich dagegen mit der Phisick gesegnet, damit mir es im Anschauen seiner Wercke wohl werde« (an Jacobi, 5.5. 1786), findet diese Allianz von philosophischem und naturwissenschaftlichem Interesse einen pointierten Ausdruck. Für die Entstehung der *Lehrjahre* fällt ihre Erneuerung im Zeichen der Kantischen Philosophie besonders ins Gewicht, die G. selbst wiederholt ausdrücklich an den Anfang seiner näheren Bekanntschaft mit Schiller gestellt hat. Mit Blick auf die erste von G. selbst veranstaltete, im Sommer 1786 mit dem Verleger Göschen vertraglich vereinbarte Gesamtausgabe seiner Schriften wird man aber auch sein von Eckermann kolportiertes Verdikt relativieren müssen, in poeticis sei in den ersten Weimarer Jahren »nichts Poetisches von Bedeutung hervorgebracht« worden (Eckermann, 10.2. 1829). Zwar war Weniges vollendet, Immenses aber begonnen worden. Der *Wilhelm Meister* allerdings konnte in dieser vorläufigen Bilanz der bisherigen Produktion nicht als Aktivposten verbucht werden.

Eine Fortführung des Romans in Italien schien G. von vornherein ausgeschlossen zu haben. Zu eng war er mit den Weimarer Verhältnissen verwoben, die seine Erwähnung denn auch jeweils mit heraufbeschwor. Unter den wenigen ihm geltenden Notizen hat sich die folgende, auf 1788 zu datierende erhalten: »Wilhelm der eine unbedingte Existenz führt, in höchster Freyheit lebt bedingt sich solche immer mehr, eben weil er frey und ohne Rücksichten handelt« (WA I, 21, S. 331). An diese Einsicht in die Dialektik der Freiheit schließt sich unmittelbar eine Liste von Verhaltensmaßregeln für die Rückkehr nach Weimar an (WA I, 32, S. 460). Im selben Jahr zog G. in einem Brief an den Herzog ein vorläufiges Fazit seiner Reise: »Die Hauptabsicht meiner Reise war: mich von den phisisch moralischen Übeln zu heilen die mich in Deutschland quälten und mich zuletzt unbrauchbar machten; sodann den heisen Durst nach wahrer Kunst zu stillen, das erste ist mir ziemlich das letzte ganz geglückt« (an Herzog Carl August, 25.1. 1788). Wiederholt, so G., sei seine Existenz in Italien »auf eine wahre Wilhelmiade hinausgelaufen«; jedoch habe ihn der Genuß uneingeschränkter Freiheit »aus manchen Träumen geweckt«. Mit dem psychologischen Roman *Anton Reiser* und in der Person seines Verfassers Karl Philipp Moritz, den er im November 1786 in Rom kennenlernte, standen G. die biographischen, geistigen und künstlerischen Möglichkeiten seines eigenen Romans, die er in seiner Korrespondenz spielerisch erprobte, eindringlich vor Augen. »Er ist wie ein jüngerer Bruder von mir, von derselben Art, nur da vom Schicksal verwahrlost und beschädigt, wo ich begünstigt und vorgezogen bin«, heißt es in einem Brief über Moritz und ergänzend: »Das machte mir einen sonderbaren Rückblick in mich selbst« (an Charlotte von Stein, 14.12. 1786). Aber in Moritz fand nicht nur die retro-

spektiv im Vergleich mit dem *Anton Reiser* sich aufdrängende Welt der *Theatralischen Sendung*, sondern zugleich auch die vorausweisende, dem klassischen Formwillen zugeneigte Seite G.s einen gleichgesinnten, zudem theoretisch ausgewiesenen Partner. In Fragen der bildenden Kunst wurde ihm der Sachverstand des Malers und Kunstgelehrten Heinrich Meyer über die italienische Zeit hinaus unverzichtbar. Moritz und Meyer trugen auf ihre Weise zu jener »großen Erneuerung« nicht nur des Kunstsinns, sondern auch des moralischen Sinnes (an Charlotte von Stein, 23.12. 1786) bei. Im Falle der Kunstauffassung stützte sie sich auf eine fortan bestimmend bleibende Einsicht in das Verhältnis von Natur und Kunst, in dem wiederum Kunstanschauung und Naturforschung einander auf das glücklichste berührten und ergänzten. Zwar fand G. in Italien keine Zeit für seinen Roman; aber deshalb sollte die italienische Zeit doch für den Roman nicht verloren sein. Das Versprechen, daß zuletzt »alles im Wilhelm gefaßt und geschlossen« werde (WA I, 32, S. 104), gab er den in Weimar zurückgebliebenen Freunden schon 1787 in einem jener »ostensiblen« Briefe, die später in die *Italienische Reise* Eingang fanden.

»Kaum war ich in das weimarische Leben und die dortigen Verhältnisse, bezüglich auf Geschäfte, Studien und literarische Arbeiten, wieder eingerichtet, als sich die französische Revolution entwickelte und die Aufmerksamkeit aller Welt auf sich zog« (*Tag- und Jahreshefte 1789*). Die Wiedereinrichtung des Heimgekehrten gestaltete sich indes schwieriger, als es diese im Alter gezogene Bilanz ahnen läßt. Die persönlichen Verhältnisse hatten sich seit dem unabwendbaren Bruch mit Frau von Stein, der Lebensgemeinschaft mit Christiane Vulpius und schließlich der Geburt des Sohnes im Revolutionsjahr 1789 grundlegend gewandelt. Die Belastung durch die in der Bilanz erwähnten »Geschäfte«, also die amtlichen Aufgaben G.s, erwies sich als erträglicher, seit der Herzog ihn von vielen früheren Verpflichtungen und Ämtern entband. Mit der Übernahme der Leitung des künftigen Weimarer Hoftheaters am 17.1. 1791 ist ein zwar be-

deutender, aber die amtliche Inanspruch-
nahme bei weitem nicht erschöpfender Part
benannt. Über Art und Stellenwert der »Studien« geben die *Tag- und Jahreshefte* an anderer Stelle verläßlich Auskunft, wenn es für
das Jahr 1790 heißt, »ich fühlte mich bei'm
Betrachten der Natur, bei'm Studium einer
weitumhergreifenden Wissenschaft für den
Mangel an Kunstleben einigermaßen entschädigt«. Es war das Jahr der Niederschrift und
Publikation der Schrift über die *Metamorphose der Pflanzen* und des Beginns der zunehmend Aufmerksamkeit, Zeit und Energie
beanspruchenden Studien und Arbeiten zur
Farbenlehre. Wiederum wurden die naturwissenschaftlichen Studien von philosophischen
begleitet, so etwa im Herbst 1790 von der Beschäftigung mit der *Kritik der Urteilskraft,*
über die Christian Gottfried Körner in einem
Brief vom 6. 10. 1790 an Schiller berichtet. Was
die »literarischen Arbeiten« anbelangt, so sah
sich G., wie er in einem Brief schreibt, »mehr
als jemals zur Naturwissenschaft [getrieben],
und mich wundert nur daß in dem prosaischen
Deutschland noch ein Wölkchen Poesie über
meinem Scheitel schweben bleibt« (an Knebel,
9. 7. 1790). In der Tat ist für die Zeit bis zur
Wiederaufnahme des *Wilhelm Meister* keine
größere poetische Arbeit zu verzeichnen.

Die revolutionären Ereignisse trafen in G.
auf einen eher widerwilligen, zwischen Depression und Verdruß schwankenden Zeitzeugen. Nach einer dem säkularen Ereignis unmittelbar gerecht werdenden Äußerung sucht
man selbst in der *Campagne in Frankreich*
oder der *Belagerung von Mainz* vergebens.
Stattdessen wirbt G. andernorts um Verständnis dafür, daß er sich an den Studien zur *Farbenlehre* »wie an einem Balken im Schiffbruch« festhielt, – hatte er doch »nun zwei
Jahre unmittelbar und persönlich das fürchterliche Zusammenbrechen aller Verhältnisse erlebt« (*Tag- und Jahreshefte 1793*). Der Roman
bezeugt diese historische Krisenerfahrung,
ohne daß das auslösende Ereignis zum unmittelbaren Gegenstand wird. Die *Lehrjahre*
führen ihren Protagonisten aus der Welt des
Theaters in die von sozialer Tätigkeit und Verantwortung geprägte Welt der Turmgesell-

schaft. Damit macht sich im Roman ein Thema
geltend, das mit der Erfahrung der Französischen Revolution ebenso unausweichlich verbunden ist, wie seine Entstehungsgeschichte
mit dem historischen Ereignis.

Die *Lehrjahre* in der »Werkstatt«

Erst in der ersten Hälfte des Jahres 1791 ist in
Briefen von einer offenbar nur halbherzigen
und bald wieder abgebrochenen Wiederaufnahme des Romans die Rede. Zwei Jahre später findet sich in einem vermutlich während
der Teilnahme an der Belagerung von Mainz
benutzten Notizbuch eine Disposition, in der
die Protagonisten des *Wilhelm Meister* knapp
charakterisiert werden. Das »Spucken des garstigen Gespenstes, das man Genius der Zeit
nennt« (an Meyer, 17. 7. 1794), trug schließlich
das Seine dazu, daß G. sich zuletzt wieder
seinem »alten Roman« zuwandte. »Man muß
sich mit Gewalt an etwas heften«, – mit diesen
Worten teilt er Knebel seinen Entschluß mit
(an Knebel, 7. 12. 1793). Dieses Mal sollten
der Ankündigung zügig Taten folgen. Getreu
der Einsicht, daß »Nothwendigkeit [...] der
beste Rathgeber« ist (*Tag- und Jahreshefte
1794*), bot G. dem Berliner Verleger Unger den
noch unabgeschlossenen Roman an, der die
für G. äußerst günstigen Konditionen im April
1794 akzeptierte. Noch kannte Unger nicht
einmal den Titel; aber es wird wohl die Erinnerung an den epochalen Erfolg des letzten
Romans aus der Feder G.s gewesen sein, die
ihn veranlaßte, der folgenden Einschätzung
Ausdruck zu geben: »Das Publikum ist zwar
itzt ganz für die Politik gestimmt, aber nur e i n
G o e t h e kann diese Stimmung verändern, u.
alles wird begierig Ihren Roman ergreifen u.
politische Werke auf die Seite legen« (an G.,
10. 5. 1794). Noch im selben Monat konnte G.
Herder melden, daß das Erste Buch des Romans umgeschrieben sei. Es bedürfe nur noch
einiger Federstriche, um »als eine Pseudo con-
fession mir vom Herzen und Halse zu kommen« (an Herder, Mai 1794).

Epochale Bedeutung sollte ein anderes Ereignis erlangen. Wenn G. jenes denkwürdige Gespräch mit Schiller im Juli 1794 später ausdrücklich ein *Glückliches Ereignis* genannt hat, so ist dabei nicht nur an das Zustandekommen des »Dichterbundes« zu denken, sondern ausdrücklich an dessen Ermöglichung durch die Begegnung im Zeichen eines naturwissenschaftlich-philosophischen Gedankenaustausches, der zuletzt auch die Basis der poetisch-ästhetischen Zusammenarbeit abgeben sollte. Im Juni bereits hatte G. Schillers Einladung zur Mitarbeit an den *Horen* angenommen. Nicht zuletzt dürfte die dort verkündete programmatische Absicht, dem »allverfolgenden Dämon der Staatskritik« eine entschiedene Absage zu erteilen und »die politisch geteilte Welt unter der Fahne der Wahrheit und Schönheit wieder zu vereinigen« (*Ankündigung der Horen*; SNA 22, S. 106), dazu beigetragen haben, daß G. seine bisherige Reserve gegenüber Schiller schließlich aufgab. In Schillers monumentalem Brief vom 23.8. 1794 durfte er sich zudem auf eine Weise bestätigt sehen, die ihn die zukünftige Zusammenarbeit zuversichtlich ins Auge fassen ließ. Allerdings konnte er Schillers Bitte um Überlassung des *Wilhelm Meister* zum Abdruck in den *Horen* zu seinem ausdrücklichem Bedauern nicht entsprechen, da der Vertrag mit Unger bereits geschlossen war. Wenn jedoch aus der Entstehungs- und Rezeptionsgeschichte der *Lehrjahre* der Name Schillers nicht wegzudenken ist, dann weil G. sich entschloß, ihn auf einzigartige Weise an der Entstehung des Romans teilnehmen zu lassen. »Seinen Roman«, so berichtet Schiller an Körner, »will er mir bandweise mitteilen; und dann soll ich ihm allemal schreiben, was in dem künftigen stehen müsste, und wie es sich verwickeln und entwickeln werde. Er will dann von dieser anticipierenden Critik Gebrauch machen, ehe er den neuen Band in den Druck giebt« (9.10. 1794). Schon im August 1794 war das Erste Buch jener »problematischen Composition« im Druck, über die G. mit Blick auf die langwierige Entstehungsgeschichte bemerkt, daß er »im eigentlichsten Sinne jetzt nur der Herausgeber« sei (an Schiller, 27.8. 1794). Bereits

im Dezember erhielt G. die Fahnen, die sogleich an Schiller weitergeschickt wurden: »Endlich kommt das erste Buch von Wilhelm Schüler, der, ich weiß nicht wie, den Nahmen Meister erwischt hat. Leider werden Sie die Beyden ersten Bücher nur sehen wenn das Erz ihnen schon die bleibende Form gegeben, demohngeachtet sagen Sie mir Ihre offne Meynung, sagen Sie mir was man wünscht und erwartet. Die folgenden werden Sie noch im biegsamen Manuscript sehen und mir Ihren freundschaftlichen Rath nicht versagen« (an Schiller, 6.12. 1794). Als im Januar 1795 der erste, die beiden ersten Bücher umfassende Band von *Wilhelm Meisters Lehrjahre* erschien, las Schiller bereits das Manuskript des Dritten Buches.

Schillers Kritik mußte G. um so wertvoller sein, als sich mit dem Erscheinen des ersten Bandes Vorboten der Aufnahme durch das breitere Publikum einstellten, zu dessen Fürsprecher sich Jacobi in allzu bezeichnender Weise gemacht hatte (vgl. Jacobi an G., 18.2. 1795). Jacobis Monita finden denn auch in Schillers Worten ihre von G. geforderte grundsätzliche Zurückweisung: »Jacobi ist einer von denen, die in den Darstellungen des Dichters nur ihre Ideen suchen [...], es ist völlig unmöglich, daß man einander versteht. Sobald mir einer merken läßt, daß ihm in poetischen Darstellungen irgend etwas näher anliegt als die innre Nothwendigkeit und Wahrheit so gebe ich ihn auf« (an G., 1.3. 1795).

Bis zum Abschluß des Vierten Buches im Februar, das gemeinsam mit dem Dritten als zweiter Band Ostern 1795 vorlag, fungierte G. in der Tat insofern als »Herausgeber« seines Romans, als er für die Niederschrift der ersten vier Bücher und einiger Kapitel des Fünften Buches der *Lehrjahre* noch auf den Fundus der sechs Bücher der *Theatralischen Sendung* zurückgreifen konnte. Von nun an war eine andere Arbeitsweise erforderlich. Bereits im Februar 1795 war das Schema zum Fünften und Sechsten Buch ausgearbeitet. Im März sah G. sich in der rechten Stimmung, »das religiose Buch« seines Romans auszuarbeiten, das ihn zudem »ganz unvermuthet« in seiner Arbeit sehr förderte, »indem es vor und rückwärts

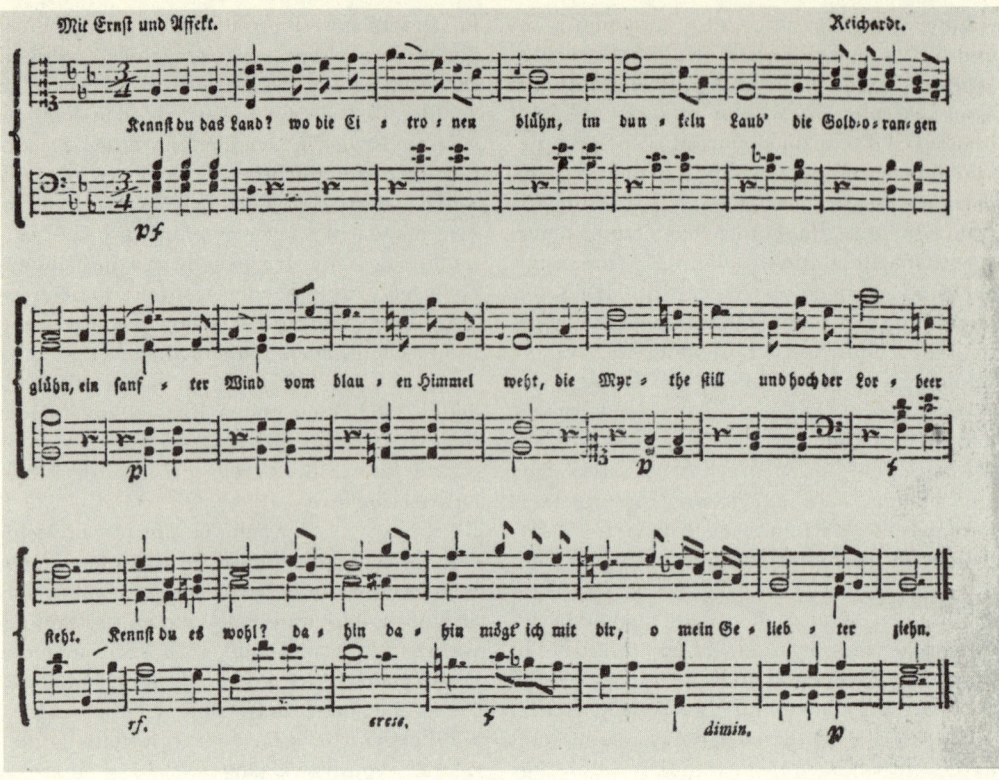

»Kennst du das Land, wo die Citronen blühn«: Die ersten beiden Strophen des Liedes stehen mit dem Erlebnis von Landschaft und Architektur in und um Vicenza in unmittelbarem Zusammenhang.

weißt und indem es begränzt zugleich leitet und führt« (an Schiller, 18.3. 1795). Der konzeptuellen Schlüsselstellung der *Bekenntnisse einer schönen Seele* Rechnung tragend, unterbrach G. die bisherige sukzessive Niederschrift des Romans. Mitte Mai erfuhr Schiller, daß das Sechste Buch abgeschlossen und G. »nun das fünfte Buch in Ordnung zu bringen« suchte (an Schiller, 16.5. 1795). Während das Sechste Buch zunächst weiterhin bei G. verblieb, erhielt Schiller am 11. Juni das Fünfte. Bald darauf folgte das Sechste und im August schließlich konnte G. Schillers eindringlicher Würdigung des Sechsten Buches entnehmen, daß es ihm gelungen sei, »glücklich vor der Klippe vorbeiygeschifft« zu sein (an Schiller, 18.8. 1795). Noch mußte jedoch der die Verbindung zu den folgenden Büchern herstellende Schluß des Buches ausgearbeitet werden, bevor es im Oktober an den Verlag abgeschickt wurde. Im November 1795 erschien der dritte Band. Hieß es noch im Oktober über die folgenden Bücher, daß »das meiste [...] schon geschrieben und fertig« sei (an Schiller, 3.10. 1795), so rückte der ersehnte Abschluß des Romans dennoch ins Ungewisse.

Fast hat es den Anschein, als wirkten sich die durch Konzeption und Ausarbeitung eingegangenen Zwänge nunmehr hemmend auf die Weiterarbeit aus. Andererseits war es schließlich gerade die von Schiller als Kriterium einer kritischen Beurteilung einzig akzeptierte »innre Notwendigkeit«, die den Roman voranbrachte. »Dieser letzte Band«, berichtet G. über die wieder aufgenommene Arbeit, »mußte sich nothwendig selbst machen oder er konnte gar nicht fertig werden, und die Ausarbeitung drängt sich mir jetzt recht auf, und der lange zusammengetragene und gestellte Holzstoß fängt endlich an zu brennen« (an Schiller, 15.12. 1795). Zwar war das Siebte Buch schon im Januar fertig, aber der mit Unger vereinbarte Zeitplan war gründlich durcheinander geraten und die Fertigstellung noch im Frühjahr 1796 nicht abzusehen. Der Roman, so G. an Unger, sei unter allen seinen Arbeiten »die obligateste und in mehr als Einem Sinn die schwerste«; damit sie gelinge, bedürfe es »freylich Zeit und Stimmung« (7.3.

1796). Im Juni 1796 endlich war es soweit. Mit den Worten: »Meine ganze Zuversicht ruht auf Ihren Forderungen und Ihrer Absolution« (an Schiller, 25.6. 1796), wurde das letzte Buch zur abschließenden Beurteilung an Schiller übersandt.

Mit den nun folgenden Briefen Schillers, die zunächst das Achte Buch, dann aber den ganzen Roman kritisch würdigen, geht die Entstehungsgeschichte der *Lehrjahre* in die Rezeptionsgeschichte über. Denn die Einwände Schillers sind sicher bedeutender in dem, was sie nicht über den Roman vermochten, als in dem, was sie unmittelbar erreichten. G. selbst hat die Bedeutung Schillers stets betont. So leitet er etwa seine Antwort auf dessen ersten Lektüreeindruck mit der Bemerkung ein, daß Schiller seinen Einfluß auf den Roman nicht verkennen werde, »denn gewiß ohne unser Verhältniß hätte ich das Ganze kaum, wenigstens nicht auf diese Weise, zu Stande bringen können« (an Schiller, 7.7. 1796). Die sich anschließende Bitte: »Fahren Sie fort, mich mit meinem eigenen Werke bekannt zu machen«, signalisiert jedoch nicht nur Zustimmung. Mit den Eigentümlichkeiten der eigenen Autorschaft bekannt zu werden, schließt nicht notwendig die Bereitschaft zur Aufgabe derselben ein. Nur »in so fern es mir möglich ist« (an Schiller, 9.7. 1796), mag G. den freilich gerechten Wünschen Schillers entgegenkommen. Das Entgegenkommen findet seine Grenze in G.s Hinweis auf einen »gewissen realistischen Tic, durch den ich meine Existenz, meine Handlungen, meine Schriften den Menschen aus den Augen zu rücken behaglich finde« (ebd.). Der Kritik gegenüber bleibt ein unantastbarer Bereich gewahrt, auch wenn ihr ironisch Konzessionen gemacht werden: »Es ist keine Frage, daß die scheinbaren, von mir ausgesprochenen Resultate viel beschränkter sind als der Inhalt des Werkes, und ich komme mir vor wie einer, der, nachdem er viel und große Zahlen über einander gestellt, endlich muthwillig selbst Additionsfehler machte, um die letzte Summe aus Gott weiß was für einer Grille zu verringern« (ebd.). Im August 1794 hatte Schiller in seinem den Briefwechsel eröffnenden Schreiben enthusiastisch bekannt: »Mir fehlte das Objekt, der Körper, zu mehreren speculativischen Ideen, und Sie brachten mich auf die Spur davon« (Schiller an G., 23.8. 1794). Fast genau zwei Jahre später beendet G. die zuletzt auf der Stelle tretende Debatte über den Roman, indem er auf Schillers Wendung zurückgreift: »Ich habe zu Ihren Ideen Körper nach meiner Art gefunden, ob Sie jene geistigen Wesen in ihrer irdischen Gestalt wieder kennen werden, weiß ich nicht« (an Schiller, 10.8. 1796). Ein abschließender Blick ins Manuskript blieb Schiller verwehrt. »Das achte Buch des Romans soll noch von hier abgehen, damit, was mir gelungen seyn möchte, Sie im Druck überrasche, und was daran ermangeln mag, uns Unterhaltungen für künftige Stunden gewähre« (an Schiller, 16.8. 1796). Im Oktober 1796 konnte der letzte Band von *Wilhelm Meisters Lehrjahren* erscheinen.

»Seit sechs Jahren hatte ich Ernst gemacht diese frühe Conception auszubilden, zurecht zu stellen und dem Drucke nach und nach zu übergeben« (*Tag- und Jahreshefte 1796*). Datiert man die Entstehungsgeschichte des *Wilhelm Meister* auf jene »frühe Conception« zurück, an die G. bei seinem Rückblick in den *Tag- und Jahresheften* nicht von ungefähr erinnert, so sind den sechs Jahren noch gut zweimal sechs hinzuzufügen. Für G. jedenfalls stellte sich der Roman als »eine der incalculabelsten Productionen« dar (*Tag- und Jahreshefte 1796*), für deren Beurteilung ihm »beinahe selbst der Maßstab« fehle. Dennoch herrscht auch im Falle des *Wilhelm Meister* an Selbstauslegungen kein Mangel. Aber auch hier gilt Walter Benjamins an den *Wahlverwandtschaften* gewonnene Einsicht, daß es vergebene Mühe sei, das Verständnis des Romans »aus des Dichters eigenen Worten darüber erschließen zu wollen« (Benjamin. Bd. 1.1, S. 145).

Zur Druckgeschichte

Die *Lehrjahre* sind vollständig nur in Drucken überliefert. Einzig vom Siebten Buch hat sich in Schillers Besitz eine Handschrift erhalten. Die Handschrift (H) ist von G.s Schreiber Geist offenbar nach Diktat angefertigt und von G. eigenhändig korrigiert worden. Daneben existieren Einzelhandschriften des in diesem Buch (Kap. 9) enthaltenen Lehrbriefs. Da die Verleger damals üblicherweise die Druckvorlagen nicht an die Autoren zurücksandten, war G. gezwungen, für die auf die Erstausgabe bei Unger in Berlin (Ausgabe N von 1795–1796) folgenden Neudrucke des Romans auf den jeweils letzten Druck zurückzugreifen. Zu G.s Lebzeiten sind weitere Drucke im Rahmen der Werkausgaben von 1806 (A), 1816 (B) und schließlich 1828/1830 (C) erschienen, die von G. und seinen Mitarbeitern unterschiedlich sorgfältig revidiert wurden.

Für die neuere Druckgeschichte des Romans kommt der Ausgabe letzter Hand (C^1: Taschenbuchausgabe von 1828 bzw. C^3: Oktavausgabe von 1830) besondere Bedeutung zu. Die Herausgeber der Weimarer Ausgabe sahen in ihr das »Vermächtnis« G.s, in dem »er selbst die Norm« für den Druck seiner Werke gegeben habe (WA I, 1, S. XIX). Die meisten modernen Ausgaben der *Lehrjahre* gehen auf die Weimarer Ausgabe zurück und damit also indirekt auf die Ausgabe letzter Hand. Nach der Entdeckung der *Theatralischen Sendung* im Jahre 1910 (Erstdruck 1911), von deren Verlust noch die Ausgabe der *Lehrjahre* im Rahmen der Weimarer Ausgabe ausging, haben sich Versuche, den Text einer an der vermeintlichen Urfassung orientierten Revision zu unterziehen, wie sie etwa die Festausgabe von 1926 vornimmt, nicht durchsetzen können. Vielmehr ist nach überwiegender Auffassung der Textkritik davon auszugehen, daß mit der von G. vorgenommenen Umarbeitung der *Theatralischen Sendung* in Gestalt der *Lehrjahre* ein Text entstanden ist, der gegenüber der *Theatralischen Sendung* absolute Eigenständigkeit und Originalität beanspruchen darf. So bietet etwa die weitverbreitete Hamburger Ausgabe die *Lehrjahre* in einem verläßlichen, wiederum »im Wesentlichen auf dem Text der WA beruhenden« (HA 5, S. 807) Druck.

Erst die Münchner und die Frankfurter Ausgabe haben in der Editionsgeschichte der Werke G.s und damit auch der *Lehrjahre* einen den Prinzipien der Weimarer Ausgabe entgegengesetzten Weg eingeschlagen. Beide Ausgaben legen den Erstdruck (N) zugrunde, jedoch ohne die Vorlage diplomatisch getreu zu reproduzieren. Während der Editionsbericht in der Frankfurter Ausgabe von »erheblichen Abweichungen« zwischen N und C^1/C^3 spricht (FA I, 9, S. 1226), konstatiert die Münchner Ausgabe zwar zahlreiche Textunterschiede, kommt jedoch zu dem Ergebnis, daß sie »inhaltlich [...] nur in den seltensten Fällen ins Gewicht« fallen (MA 5, S. 706). Im folgenden wird nach der Frankfurter Ausgabe zitiert, weil in ihr im Vergleich mit der Münchner Ausgabe der umfangreichere Variantenapparat geboten wird.

Klassischer Stil und ironische Komposition

»Das Schauspiel dauerte sehr lange« (FA I, 9, S. 359). Dieser lakonische Satz steht am Beginn eines voluminösen Romans, an dessen Ende der Titelheld sich nur ungern an die Zeiten seiner Begeisterung für das Schauspiel erinnern lassen mag. In dem biblischen Vergleich Wilhelms mit Saul, dem Sohn Kis, »der ausging, seines Vaters Eselinnen zu suchen, und ein Königreich fand« (FA I, 9, S. 992), sind »jene Zeiten« (ebd.) in Friedrichs Worten jedoch nicht nur rückblickend gerechtfertigt, sondern zugleich auch bildhaft gegenwärtig. Mit der Figur und der Geschichte des Königs Saul hatte der junge Wilhelm Meister auf dem Puppentheater Bekanntschaft gemacht (FA I, 9, S. 364). Erinnert auf diese Weise das Ende des Romans die Anfänge der Theaterbegeisterung, so gedenkt Wilhelm auch der untrennbar mit der »Lieblingsmaterie« (FA I, 9, S. 381) verbundenen Liebe zu Mariane, der er mehr

als ein Vorgefühl jenes Glückes verdankt, von dem er am Ende sagt, daß er es nicht verdiene und »mit nichts in der Welt vertauschen möchte« (FA I, 9, S. 992). Dennoch prägt sich in der Komposition der *Lehrjahre* deutlich eine Zweiteilung aus. Während die Welt des Theaters und die Kunst in den ersten fünf Büchern thematisch im Vordergrund stehen, dominieren weltanschauliche und soziale Themen die letzten Bücher.

Hatte der Fragment gebliebene erste Entwurf die Frage unbeantwortet gelassen, ob die theatralische Sendung ihre Erfüllung auf oder jenseits der Bühne gefunden haben würde, markiert bereits die Erzählhaltung der *Lehrjahre* von Beginn an eine größere Distanz zum Geschehen insgesamt und so auch zur Welt des Theaters. Nicht von ungefähr ist der erste Satz der *Lehrjahre* aus der Perspektive der alten Barbara gesprochen. Die Sorgen des Alltags bilden den nur für Wilhelm nicht spürbaren Kontrast zu seiner erinnerungstrunkenen Erzählung vom Puppenspiel in den ersten Kapiteln. Wie denn überhaupt Kindheit und Jugend, die in der *Theatralischen Sendung* noch sukzessive erzählt wurden, in den *Lehrjahren* zum Gegenstand der Erinnerung des Helden geworden sind. Der raisonnierend und kommentierend über seinem Helden und den Ereignissen stehende Erzähler ist in den *Lehrjahren* in den Hintergrund getreten, um einer diffizilen Komposition Platz zu machen, die der Aufmerksamkeit des Lesers einiges zumutet.

Nicht immer liegen die Dinge so offen zutage wie im Falle der Abgesandten der Turmgesellschaft, deren Auftritte den ganzen Roman durchziehen, bis die Übergabe des Lehrbriefes manches Licht in ihr rätselhaftes Treiben bringt und schließlich Jarno den Spuk beiseite wischt (FA I, 9, S. 929). Verborgener sind die Bezüge, die unter der Oberfläche der Handlung gestiftet werden. So treten etwa die weiblichen Hauptfiguren des Romans im Zeichen des Androgyne-Motivs in eine vieldeutige motivische Beziehung: Als »weibliches Offizierchen« (FA I, 9, S. 359) fliegt Mariane ihrem Geliebten in die Arme, über Mignon kann Wilhelm sich nicht einig werden, »ob er sie für einen Knaben oder für ein Mädchen erklären sollte« (FA I, 9, S. 444), als »schöne Amazone« erscheint Natalie dem Verwundeten (FA I, 9, S. 589), und auch Therese, die Jarno gesprächsweise »eine wahre Amazone« (FA I, 9, S. 816) nennt, gehört in diesen Motivkreis. Er hat ein Wilhelm vertrautes literarisches Vorbild in der »Mannweiblichkeit« der edlen und heldenmütigen Chlorinde aus Tassos *Das befreite Jerusalem* (FA I, 9, S. 378), deren traurige Geschichte seine kindliche Einbildungskraft nachdrücklich beschäftigt. Es ist das Motiv unglücklich-unerfüllter Liebe, das die Erinnerung an Tassos Heldin gemeinsam mit der Vision der schönen Amazone in die Nähe des Bildes vom kranken Königssohn rückt, an das sich, wie es bei dieser Gelegenheit heißt, alle Jugendträume Wilhelms knüpfen (FA I, 9, S. 598). Im Sujet dieses Bildes, das zunächst von Wilhelm (FA I, 9, S. 422) und später von Friedrich (FA I, 9, S. 987f.) beschrieben wird, sind aber nicht nur Bilder des Unglücks kodifiziert, sondern ebenso solche der Heilung und des Glücks, in denen das Romangeschehen sich spiegelt.

Man hat in der ausgewogenen, maßvollen, auf Einheitlichkeit und Harmonie bedachten Sprache der *Lehrjahre*, im symbolischen Verweisungscharakter und in der strengen Verknüpfung der Motive, mit deren Hilfe die ›realistisch‹ erzählte Handlung überformt und distanziert wird, wesentliche Elemente eines »klassischen Stils« (Rasch, S. 89) aufgewiesen, dem sich der Roman, ungeachtet seiner gattungsmäßigen Unzugehörigkeit zum antiken Formenkanon, annähere. Andererseits erinnert die Beschreibung der strukturellen Besonderheiten der *Lehrjahre* im Begriff der »ironischen Komposition« (Hass, S. 140) mit größerem Nachdruck jenes Moment, das gerade diesen Roman nicht nur in den Augen seiner frühromantischen Leser als ein modernes Kunstwerk erscheinen läßt.

Der Theaterroman

Thematisch steht in den ersten fünf Büchern, für die G. noch auf den Materialfundus der *Theatralischen Sendung* zurückgreifen konnte, die Welt des Theaters im Zentrum. Die ersten Kapitel führen den Protagonisten als einen jungen Mann ein, der im Begriff ist, sein Elternhaus zu verlassen, um auf der Bühne sein Glück zu suchen. Während dieser Traum in der Geliebten ein nur allzu verführerisches Unterpfand hat, findet die bürgerliche Welt des elterlichen Handelshauses im Jugendfreund Werner einen zwar durchaus beredten, aber im Kontrast zu Mariane doch naturgemäß nüchternen Sachwalter. Immerhin bleibt Werner die von Schiller gerühmte »apologie des Handels« (an G., 9.12. 1794; vgl. FA I, 9, S. 388–392) vorbehalten, in der die parodistisch anmutende Poetisierung der Wirklichkeit ein Schlaglicht auf Wilhelms realitätsfremden poetischen Dilettantismus wirft. Nicht zufällig nähert sich Wilhelms Wirklichkeitsbetrachtung unversehens derjenigen Werners, als er sich später erneut (FA I, 9, S. 641f.) vor die Wahl zwischen Theater und bürgerlichem Erwerbsleben gestellt sieht, deren poetische Vorentscheidung in dem allegorischen Gedicht vom »Jüngling am Scheidewege« (FA I, 9, S. 383) Werner so vehement bestritten hatte. Aber weder Werners Intervention noch die Konfrontation mit der desillusionierenden Wirklichkeit des Schauspielerdaseins vermögen Wilhelm aus den »höheren Regionen« (FA I, 9, S. 386), in denen er auf den Flügeln seiner Einbildungskraft schwebt, auf den Boden des väterlichen Geschäfts zurückzuholen. Sein Entschluß steht fest, und in seinen Träumen sieht er sich bereits als »Schöpfer eines künftigen National-Theaters« (ebd.).

Knapp zehn Jahre vor dem ersten Diktat am *Wilhelm Meister* schien dieser Traum von einem ortsfesten, finanziell unabhängigen, den »Geist der Nation« (Schiller: *Was kann eine gute stehende Schaubühne eigentlich wirken?* SNA 20, S. 99) repräsentierenden und mit entsprechenden Stücken auszustattenden Theater wahr geworden zu sein. In Hamburg wurde 1767 ein Nationaltheater gegründet. Aber bereits nach einem Jahr mußte Lessing, der das Unternehmen mit seiner *Hamburgischen Dramaturgie* begleitet hatte, sein Scheitern konstatieren. Dennoch lebte die Idee fort. Das Mannheimer »Hof- und Nationaltheater«, auf dem der junge Schiller sie in den Jahren 1782–84 verfocht, gehört ebenso in die Reihe der Realisierungsversuche wie das 1791 gegründete Weimarer Hoftheater, dessen Intendanz G. übernahm. Die *Lehrjahre* tragen neben den hochfliegenden ethisch-kulturpädagogischen Ansprüchen des Nationaltheater-Gedankens auch seinen sozialen und ästhetischen Implikationen Rechnung. Noch auf Wilhelms dramaturgisches Konzept der *Hamlet*-Inszenierung wirkt er sich nachhaltig aus. Stand schon nach der ersten Lektüre sein Plan fest, das »lechzende Publikum« seines Vaterlandes mit der Dichtung Shakespeares vertraut zu machen (FA I, 9, S. 553), so weist er zugleich jede Konzession an den Publikumsgeschmack zurück. Dem großen Publikum dürfe man nur »schmeicheln um es zu bessern, um es künftig aufzuklären« (FA I, 9, S. 683).

Während Wilhelm wenigstens kurzfristig Erfolg beschieden ist, verdeutlicht Aurelies langjährige Schauspielerfahrung das Problematische, um nicht zu sagen Aporetische der Nationaltheater-Konzeption. Als Schauspielerin scheitert sie an einem Dilemma, das Schiller 1782 prägnant resümiert: »Bevor das Publikum für seine Bühne gebildet ist, dörfte wohl schwerlich die Bühne ihr Publikum bilden« (*Über das gegenwärtige teutsche Theater*; SNA 20, S. 82). Das hindert ihn freilich nicht daran, 1784 nunmehr im Zeichen der Idee des Nationaltheaters der Bühne genau das Pensum aufzuerlegen, an dem er sie zwei Jahre zuvor noch scheitern sah: »... wenn wir es erlebten, eine Nationalbühne zu haben, so würden wir auch eine Nation« (*Was kann eine gute stehende Schaubühne eigentlich wirken?*; SNA 20, S. 99). Zur Zeit der Ausarbeitung der *Lehrjahre* war Schillers Schaubühnen-Rede bereits Teil der Geschichte der Nationaltheater-Idee. Wenn Aurelie in den *Lehrjahren* zuletzt zu der Einsicht gelangt, daß »unter der großen Masse eine Menge von Anlagen, Kräften und Fähigkeiten verteilt sei, die durch günstige Umstände entwickelt, durch vorzügliche Menschen zu einem gemeinsamen Endzwecke geleitet werden können« (FA I, 9, S. 628f.), so denkt sie dabei weniger an das Theater als vielmehr an Lothario. Wilhelms späterer Abschied vom Theater bereitet sich in einer Weise vor, die einer Bankrott-Erklärung seiner ›theatralischen Sendung‹ vor der Realität des Theaters gleichkommt. Melina begleitet seine Pläne, den Etat durch die Einrichtung einer Oper aufzubessern, mit Spott über Wilhelms »Anmaßung das Publikum zu bilden, statt sich von ihm bilden zu lassen« (FA I, 9, S. 721). Bis diese Entwicklung Wilhelm den Abschied von der Bühne erleichtern wird, ist es noch ein langer Weg. Am Ende des Ersten Buches ist es nicht das Theater, sondern das tragische Ende seiner Liebesgeschichte, das seine theatralische Laufbahn zunächst in weite Ferne rückt.

Szenen des Schmerzes und der Verzweiflung stehen am Anfang und am Ende des Zweiten Buches. Es beginnt mit dem Rückblick auf die Leiden, die Wilhelm nach seiner Trennung von der vermeintlich untreuen Geliebten durchleidet. Es endet mit dem von Tränen und allen Anzeichen heftigsten körperlichen Schmerzes begleiteten Anfall, mit dem Mignon auf die Ankündigung von Wilhelms Fortgang reagiert. Und im arithmetisch zentralen siebten Kapitel erhält Wilhelm Nachricht von Mariane, die »alle seine alten Wunden« wieder aufreißen ließ (FA I, 9, S. 468). Die lange noch mit Hoffnung und zuletzt mit Trauer verbundene Erinnerung an sie begleitet Wilhelm durch den ganzen Roman. Während der Erzähler lediglich vom Ausmaß der Schmerzen und des Leids berichten kann, kommt, was sich der diskursiven Sprache entzieht, in den Liedern Mignons und des Harfners unmittelbar und getreu zur Sprache.

Wie Musik und Tanz sind diese Lieder Medien des Ausdrucks vorrationaler Erfahrung. Ihre Symbolik weist in die Sphäre des Todes, der das Schicksal dieser beiden Figuren ebenso wie dasjenige Marianes besiegelt. In der lyrischen Sprache und im geheimnisvollen Äußeren Mignons und des Harfners nimmt somit eine Gegenwelt innerhalb des Romans Gestalt an, die, so fremd sie letztlich bleibt, doch mit seiner Motivstruktur subtil vermittelt ist. Auf dieser Ebene des Romans ist Mignon einerseits mit Mariane verbunden, mit deren von Wilhelm aufbewahrten »Reliquien« (FA I, 9, S. 584 u. S. 726) sie sich schmücken darf, andererseits mit der schönen Amazone, in deren Armen sie stirbt. Sie weiß intuitiv um die Herkunft des kleinen Felix, Marianes und Wilhelms Sohn, den sie in ihre Obhut nimmt und der schließlich entscheidenden Anteil daran hat, daß Natalie nicht nur Wilhelms Unglück, sondern zuletzt auch sein Glück teilt (FA I, 9, S. 984f. u. S. 991). Demgegenüber bleibt eine Aura des Unversöhnlichen und Geheimnisvollen um Mignon und den Harfner, die auch der Marchese mit seinem Bericht nicht zu zerstreuen vermag, so daß Jean Paul zutreffend von einem »geistigen Abgrund« gesprochen hat, »der zum Glück so tief ist, daß die nachher hineingelassenen Leitern aus Stammbäumen viel zu kurz ausfallen« (Jean Paul, S. 45).

Das Theater und der ihm geltende Enthusiasmus scheinen zu Beginn des Zweiten Buches Wilhelms Trauerarbeit zum Opfer zu fallen. Die Einsicht in den eigenen Dilettantismus – den »Fehlschluß von seinen Wünschen auf seine Kräfte« (FA I, 9, S. 434) –, der er mit dem Autodafé seiner dichterischen Versuche auch Taten folgen läßt, hat jedoch eine um so unbedingtere Apotheose des wahren Dichters zur Kehrseite. Sobald er mit der Welt des Theaters erneut in Berührung kommt, wird auch seine Leidenschaft neu entfacht. Die Möglichkeit, »seine Lieblingsneigung hegen, gleichsam verstohlen seine Wünsche befriedigen, und ohne sich einen Zweck vorzusetzen, seinen alten Träumen nachschleichen« (FA I, 9, S. 497) zu können, hält ihn schon bald länger als billig in der Gesellschaft der Schauspieler um Philine fest. Wenn zuletzt eine Fehleinschätzung seiner Entschlußkraft ihn der Erfüllung seiner Wünsche näherbringt, so haben erotische Reize daran nicht unerheblichen Anteil. In einem Augenblick, in dem »eine unwiderstehliche Neigung« (FA I, 9, S. 489) ihn zu Philine hinüberzieht, hat er mit dem Kredit, den er Melina für den Erwerb der

theatralischen Gerätschaft gewährt, auch sich selbst dem Theater verschrieben.

Erotische Augenblicke bestimmen auch weiterhin Wilhelm Meisters theatralische Laufbahn. Die »Augen der Gräfin«, denen Wilhelm zu Beginn des Dritten Buches begegnet, erblicken in ihm den zum ersten Liebhaber qualifizierten Schauspieler (FA I, 9, S. 509), als der er sich ihr später in überraschender Weise erweisen wird. Konnten die »schönen Augen der Gräfin« ihn schon leicht dazu verführen, »gegen sein poetisches Gewissen zu handeln«, so kapituliert bald auch sein »bürgerliches Gewissen« vor ihnen, und Wilhelm erklärt sich bereit, die Bühne als Schauspieler zu betreten (FA I, 9, S. 529).

Mit dem Hinweis auf die »ungeheure Kluft der Geburt und des Standes«, über die hinweg »bedeutende Blicke« zwischen Wilhelm und der Gräfin gewechselt werden (FA I, 9, S. 536), ist das neben dem Theater zentrale Thema des Dritten Buches genannt. Die vornehme und reiche Welt, in die Wilhelm während seines Aufenthaltes auf dem gräflichen Schloß eintritt, ist die repräsentative Öffentlichkeit eines feudalaristokratischen Hofes. Der Bürgersohn hat Recht und Unrecht zugleich, wenn er seine Erwartungen am Vorbild des Theaters ausrichtet. Seine Lobrede auf den Adel nämlich (FA I, 9, S. 512f.) hat ihre unschwer erkennbaren Wurzeln in seiner Verehrung für Racine, die er überdies mit dem Prinzen zu teilen glaubt (FA I, 9, S. 538). Wilhelm hat mit seinem Vorurteil Recht, insofern das Theater im Rahmen der höfischen Gesellschaft in der Tat einen bedeutenden Stellenwert hat. Die Vorliebe des Prinzen für das französische Theater und das allegorische Vorspiel, das zu seinen Ehren aufgeführt wird, verweisen jedoch auf eine ungebrochene Tradition, die das Theater in den Dienst repräsentativer Öffentlichkeit stellt. Ebenso wie Wilhelm die für das höfische Leben entscheidende repräsentative Funktion des Theaters verkennt, verstößt er bei Gelegenheit seiner Unterredung mit dem Prinzen gegen die ihm unbekannten, derselben Konvention verpflichteten Regeln geselliger Konversation. So erhofft er sich denn zu Unrecht von einem höfischen Publikum Aufschluß über sein Talent zum Theater (FA I, 9, S. 523), und den Verdruß darüber, daß seine »anhaltenden Bemühungen des erwünschtesten Beifalls« entbehren (FA I, 9, S. 535), hat er seinen eigenen falschen Prämissen zuzuschreiben.

Jarnos Wort von den »hohlen Nüssen«, mit denen Wilhelm »um hohle Nüsse« spiele (ebd.), wird dieser sich später nach Maßgabe seiner alten Theaterträume auslegen, die ja nicht nur einem anderen Publikum, sondern auch einem anderen Theater – und anderen Stücken – galten. Seine Ahnung, »daß es in der Welt anders zugehe, als er sich es gedacht« (FA I, 9, S. 540), bleibt zunächst recht vage. Statt ihn zu ernüchtern, hat die Berührung mit der Welt des vornehmen Anstandes seine Bewunderung für sie eher noch erhöht. Nach wie vor ist die »Einbildungskraft« (ebd.) das bevorzugte Organ, durch das er die Welt betrachtet. So bewirkt denn auch die Poesie – und nicht die Welt, von der er sich mit den ihm von Jarno überlassenen Büchern in die Einsamkeit der hintersten Zimmer des alten Schlosses zurückzieht – eine Erschütterung in seinem Inneren, die ihn die wirkliche Welt in einem neuen, kaum jedoch nüchterneren Licht erblicken läßt.

In Wilhelm Meisters Begegnung mit Shakespeare vergegenwärtigen die *Lehrjahre* die wichtigsten Etappen der Shakespeare-Rezeption in Deutschland, der sie mit ihrer Analyse des *Hamlet* zudem ein bedeutendes Kapitel hinzufügen. Jarnos erste Erwähnung des englischen Dichters gegenüber Wilhelm zeigt diesen noch ganz in den Doktrinen des französischen Klassizismus befangen. Indes reicht der bloße Lektüreeindruck aus, um die Autorität der normativen Aufklärungspoetik mit ihren Maßstäben der vraisemblance und bienséance zu untergraben und ihrem Verdikt gegen die Shakespeareschen »Ungeheuer« (FA I, 9, S. 539) den Boden zu entziehen. »Genius«, »Natur« und »Schicksal« (FA I, 9, S. 552) – das sind die nicht zufällig gewählten Stichwörter, in denen sich Wilhelm bei nächster Gelegenheit Jarno als Überläufer in das Lager der Stürmer und Dränger zu erkennen gibt.

Wilhelm Meisters Shakespeare-Erlebnis ist nicht nur literarhistorisch, sondern auch biographisch einschlägig. In den Passagen, in denen die *Lehrjahre* schildern, wie der Protagonist in der Shakespeareschen Welt »lebte und webte« (FA I, 9, S. 545), klingt sachlich und stilistisch die Begeisterung und Verehrung nach, der G. selbst 1771 in seinem Sendschreiben *Zum Schäkespears Tag* Ausdruck verliehen hatte. Ebenso wie G. liest Wilhelm Meister die Dramen Shakespeares in der »geistvollen« Wielandschen Prosaübersetzung (FA I, 9, S. 666), unter deren bis ins Formale wirksamem Einfluß der *Götz von Berlichingen* entstand. Die im Vierten und Fünften Buch zum beherrschenden Thema avancierende Inszenierung des *Hamlet* schließlich vergegenwärtigt das entscheidende theatergeschichtliche Ereignis der deutschen Shakespeare-Rezeption. In den Andeutungen Serlos klingen noch die sowohl bühnentechnisch als auch in Rücksichten auf das Publikum begründeten Bedenken (FA I, 9, S. 607) an, die die Aufführung eines Shakespeare-Dramas in Deutschland lange Zeit verhinderten. Schließlich reüssierte Friedrich Ludwig Schröder, den noch die *Theatralische Sendung* unschwer als das historische Vorbild Serlos erkennen läßt, 1776 mit einer Inszenierung des *Hamlet* in Hamburg, deren triumphaler Erfolg Shakespeare zum Durchbruch auf dem deutschen Theater verhalf.

Das Vierte und Fünfte Buch der *Lehrjahre* zeigen den Protagonisten im Begriff, seine theatralische Sendung zu erfüllen. Als Dramaturg, Regisseur und vor allem als Schauspieler sieht sich Wilhelm an Serlos Theater auf unverhoffte Weise am Ziel der Hoffnungen und Wünsche, in denen sich ursprünglich das Theater mit der Geliebten verband. »War es denn bloß Liebe zu Marianen, die mich ans Theater fesselte? oder war es Liebe zur Kunst, die mich an das Mädchen festknüpfte?« (FA I, 9, S. 642) Zum Zeitpunkt dieses Rückblicks hat seine Shakespeare-Begeisterung im *Hamlet* längst ihr bevorzugtes Objekt gefunden und sich an ihm zur reflektierten ästhetischen Kritik geläutert.

Der »nothwendige Gang des Ganzen« (*Zum Schäkespears Tag*; WA I, 37, S. 133), in dem der Sturm und Drang das Geheimnis sich selbst unerschöpflicher Genialität eher beschwor denn erkannte, wird in Wilhelms Analysen des Dramas nunmehr weitaus nüchterner betrachtet. Dabei hat die Kategorie der ästhetischen Totalität nicht an Bedeutung verloren, zugleich aber an Bestimmtheit gewonnen. In Wilhelms Forderungen, eine Rolle nicht an sich, sondern »im Zusammenhange mit dem Stück zu betrachten« (FA I, 9, S. 578), die Interpretation an der Harmonie und »Vollkommenheit« des Kunstwerks auszurichten (FA I, 9, S. 610) sowie den Eigentümlichkeiten der Gattung Rechnung zu tragen, wie sie das Gespräch über Drama und Roman (FA I, 9, S. 675 f.) zu bestimmen sucht, bereitet der Roman auch seine eigene Kritik vor.

Die Bedeutung der zahlreichen Gespräche über den *Hamlet* erschöpft sich aber durchaus nicht in ihrer ästhetischen und kritischen Relevanz. Nicht weniger bedeutungsvoll sind die inhaltlichen und motivischen Verknüpfungen zwischen Drama und Roman. Der Selbstbetrug, zu dem, wie der Erzähler bemerkt, Wilhelm »eine fast unüberwindliche Neigung spürte« (FA I, 9, S. 571), kommt in seinem kaum verhohlenen Stolz auf die Namenspatenschaft mit dem verehrten Dichter und in seiner Identifikation mit dem Prinzen Harry aus *König Heinrich der Vierte* ebenso zum Ausdruck wie in seiner Beschäftigung mit dem *Hamlet*. Er erkennt, wie Aurelie sagt, »die Wahrheit im Bilde« (FA I, 9, S. 621) – aber nicht, wie zu ergänzen ist, ihren Reflex in der Wirklichkeit. So schlägt sich sein bei dieser Gelegenheit selbstkritisch so genanntes »schülerhaftes Wesen« (ebd.) auch in seiner *Hamlet*-Interpretation nieder, ohne daß diese deshalb an ästhetischem Gewicht verlöre. Vielmehr scheint der Roman sich seine Einsichten auf einer höheren Ebene zu eigen zu machen. Das Schicksal der Ophelia, das Wilhelm hellsichtig analysiert, spiegelt das Unglück Aurelies ebenso wie dasjenige Marianes. Subtiler noch macht der Roman vom Tod des Vaters Gebrauch, der im Drama dem Helden eine tragische Entscheidung auferlegt, während er ihn im Roman zwar auch vor eine Entscheidung, aber durchaus vor keine tragische stellt.

Nicht Tragik, sondern Ironie waltet über Wilhelms Handeln. Der Brief, in dem er seinem Freund Werner seine Entscheidung für das Theater und gegen das bürgerliche Leben verkündet, wird bald durch die Ereignisse widerlegt werden. Noch auf dem Schloß hatte das Geldgeschenk des Grafen seinen Schauspielerstolz mit seinem bürgerlichen Gewissen versöhnt (FA I, 9, S. 567), und bei der Abfassung des fiktiven Reisejournals war er nicht von ungefähr beinahe seiner eigenen Suggestion erlegen (FA I, 9, S. 640). Der Kreis schließt sich, wenn er in einem zweiten Brief an Werner seinen Entschluß widerruft und nunmehr die Sorge seinem Vermögen gilt (FA I, 9, S. 869 f.), das er damals dem Freund anvertraut hatte (FA I, 9, S. 660).

Wie in den vorigen Büchern sind auch im Vierten und Fünften Buch Erinnerungen und Antizipationen zu einer dichten Textur verknüpft. Nicht zuletzt dieses Beziehungsgeflecht verleiht dem Auftritt der »schönen Amazone« in der kompositorischen Mitte des Romans seinen eminenten Stellenwert. Fortan werden sich alle Jugendträume Wilhelms an den »unauslöschlichen Eindruck« knüpfen, den diese Begebenheit in seinem Gemüt hinterlassen hat (FA I, 9, S. 598). Vergangenheit und Zukunft verbinden sich ihm nunmehr in einer träumenden Sehnsucht, der einmal mehr ein Lied Ausdruck verleiht, das Mignon und der Harfner gemeinsam singen (FA I, 9, S. 603 f.).

Obwohl die Geschichte Wilhelm Meisters mit ihren Verwicklungen und den Versuchen des Helden, sich über ihren weiteren Verlauf Klarheit zu verschaffen, nach wie vor das Hauptinteresse ausmacht, wird die Aufmerksamkeit des Lesers doch zugleich auch auf andere Lebensläufe gerichtet. Das gilt zunächst für Laertes, Serlo und Aurelie, sodann für die Stiftsdame und später auch für Therese sowie für Mignon und den Harfner, deren Lebensgeschichten der Roman teils aus erster, teils aus zweiter Hand mehr oder weniger ausführlich berichtet. Sie rücken zwar Wilhelms weitere Entwicklung nicht aus dem Zentrum, stellen sie aber in einen erweiterten Kontext. Nicht zufällig stehen selbstkritische Betrachtungen Wilhelms am Anfang und am Ende von

Aurelies Lebensbeichte. Im Kontrast zu dieser inneren Handlung findet das Romangeschehen mit der erfolgreichen Premiere des *Hamlet* und der Erscheinung des Geistes seinen theatralischen Höhepunkt und treibt in der anschließenden Feier mit Mignons Mänadentanz sowie dem nächtlichen Besuch, den Wilhelm »wegzustoßen nicht Mut hatte« (FA I, 9, S. 696), und der Wahnsinnstat des Harfners ihrem exzessiven Finale zu. Damit findet zugleich der Theaterroman sein Ende. Im folgenden, den *Bekenntnissen einer schönen Seele* gewidmeten Sechsten Buch wird das äußere Geschehen vorübergehend ganz in den Hintergrund treten.

Der Gesellschaftsroman

In der Reihe der autobiographischen Erzählungen und Reflexionen kommt den Aufzeichnungen der Stiftsdame nicht nur aufgrund des entstehungsgeschichtlich exponierten Stellenwerts des Sechsten Buches eine besondere Bedeutung zu. Vor dem Hintergrund der unglücklichen Liebe Aurelies hatten sich Person und Denkweise Lotharios nur schemenhaft abgehoben. Demgegenüber finden die Überzeugungen des Oheims in den Betrachtungen der schönen Seele ein bei aller fühlbaren Reserviertheit durchaus angemessenes Medium der Darstellung. Wie die weltliche Gesinnung der Turmgesellschaft sich zunächst in der religiösen Atmosphäre der *Bekenntnisse* spiegelt, so findet umgekehrt das Manuskript Aufnahme durch den Turm. Nur unter der Voraussetzung einer entsprechenden Duldung und Nachsicht werden die *Bekenntnisse* ihre Wirkung auf den Leser ebensowenig verfehlen wie auf Wilhelm, Aurelie und Natalie.

Mit dem Titel, den der Arzt dem Manuskript verleiht, sind religiöse und weltliche Implikationen verbunden. Diätetische Gesichtspunkte begründen die Wertschätzung, die der Medikus sowohl der Stiftsdame als auch ihrem Vermächtnis entgegenbringt. So warnt er jene vor den Gefahren religiöser Introspektion und lenkt ihre Aufmerksamkeit erfolgreich auf die Wahrnehmung der Außenwelt (FA I, 9, S. 788). Andererseits vermag er das heftige und trotzige Wesen der überspannten Aurelie durch das Beispiel der schönen Seele zu lindern, die »bei einer nicht ganz herzustellenden kränklichen Anlage« (FA I, 9, S. 719) in ihrer religiösen Gesinnung ihr Glück und ihre Seelenruhe gefunden hatte. Mit seiner Überzeugung, daß »tätig zu sein [...] des Menschen erste Bestimmung« (FA I, 9, S. 788) sei, konfrontiert der Medikus die schöne Seele mit einer grundlegenden Maxime der Turmgesellschaft. Sie wird Wilhelm an Jarnos rätselhafte Worte erinnern, der ihn zu Beginn seiner theatralischen Laufbahn gemahnt hatte, er möge »den Vorsatz nicht fahren [lassen], in ein tätiges Leben überzugehen« (FA I, 9, S. 553).

»Eine sehr schwache Gesundheit, vielleicht zu viel Beschäftigung mit sich selbst, und dabei eine sittliche und religiöse Ängstlichkeit« ließen, Natalie zufolge, ihre Tante »das der Welt nicht sein, was sie unter andern Umständen hätte werden können« (FA I, 9, S. 897). Leitmotivisch ist den *Bekenntnissen* der Vergleich mit der »Schnecke, die sich in ihr Haus zieht« (FA I, 9, S. 728), vorangestellt. Die Erinnerung an G.s eigene Auseinandersetzung mit dem Übel des »zu viel Sinnens« (Tagebuch, 15. 12. 1778) ist um so weniger von der Hand zu weisen, als die Bezüge des Sechsten Buches der *Lehrjahre* zu seiner eigenen Biographie unbestritten sind. Wie in *Dichtung und Wahrheit* (WA I, 27, S. 199) nachzulesen, konnte G. während der Ausarbeitung auf die Unterhaltungen und Briefe der »edlen Freundin« Susanna Katharina von Klettenberg zurückgreifen, die ihn in den Frankfurter Krisen- und Krankheitsmonaten 1768/69 mit der religiösen Vorstellungswelt des Pietismus bekannt gemacht hatte. Am Ende dieser Annäherung steht freilich G.s Bekenntnis zu einem für den »Privatgebrauch« pelagianisch modifizierten Christentum, das der Forderung nach einer geregelten und »zum Nutzen anderer« gebrauchten »Tätigkeit« (WA I, 28, S. 305 f.) genügt und die Distanz zur Brüdergemeine ebenso wie zur Kirche insgesamt zum Ausdruck bringt.

Als ein authentisches Stück religiöser Autobiographie sind die *Bekenntnisse* zugleich
auch ein Dokument weiblicher Sozialisation
im 18. Jh. Die von Wilhelm an der Stiftsdame
bewunderte »Selbstständigkeit ihrer Natur«
(FA I, 9, S. 898) muß vor dem Hintergrund der
Anfechtungen gewürdigt werden, denen die
Verfasserin etwa in den Anspielungen über die
»gelehrten Weiber« (FA I, 9, S. 736) ausgesetzt
ist und die ihre religiöse Gesinnung in einem
nicht allein religiösen Licht erscheinen läßt.
Vor allem aber sind die *Bekenntnisse* Teil eines
Romans, für dessen Protagonisten die von G.
andernorts notierte »Bemerkung« gilt, daß sie
als Leser »eine eigene psychologische Rech-
nungsoperation zu machen [haben] um aus
solchen Datis ein wahres Facit heraus zu ziehen« (an Lavater, 4. 10. 1782).

Nicht zufällig fordert in den *Lehrjahren* gerade Natalie in diesem Sinne dazu auf, in ihrer
Tante durchaus ein Vorbild zu erkennen, jedoch »nicht zum Nachahmen, sondern zum
Nachstreben« (FA I, 9, S. 898). Natalie nämlich
wird zuletzt der »Ehrenname« einer »schönen
Seele« zugesprochen, den sie nach dem Bekunden ihres Bruders mehr verdiene »als
unsre edle Tante selbst« (FA I, 9, S. 990f.). Die
Verfasserin der *Bekenntnisse* sah sich bereits
selber durch ihre Nichte beschämt, mit der sie
mehr als eine nur physiognomische Ähnlichkeit verbindet (FA I, 9, S. 790). Die entscheidende Differenz wird in ihrer abschließenden
Selbstcharakteristik deutlich, in der die Anspielung auf Schillers Definition der schönen
Seele als der gelungenen Harmonie von Sinnlichkeit und Vernunft, von Pflicht und Neigung
unüberhörbar ist. Während aber die Stiftsdame weiß, wem sie »dieses Glück schuldig«
ist, und sich in Demut vor ihrem Gott verneigt
(FA I, 9, S. 793), hatte es Schiller zur Bedingung seiner Auffassung der schönen Seele gemacht, daß »sie selbst [...] niemals um die
Schönheit ihres Handelns« wissen dürfe (*Über
Anmut und Würde*; SNA 20, S. 287). Was die
Stiftsdame an ihrer Nichte zu bewundern, ja zu
verehren sich genötigt sieht, ist damit auf das
genaueste bezeichnet. G.s Vorhaben, »die
christliche Religion in ihrem reinsten Sinne
[...] in einer folgenden Generation« erschei-

nen zu lassen (an Schiller, 18. 8. 1795), scheint
somit wenigstens im Falle Natalies Schillers
Vorstellung einer ästhetischen Überwindung
des Christentums zu folgen. Im Kreise der
Turmgesellschaft bleibt die Stellung der
Schwester Lotharios so exponiert wie ihre Person irreal. Der Idee ihres Bruders jedenfalls,
»zusammen auf eine würdige Weise tätig [zu]
sein«, dient sie als ein zwar unerreichbares,
aber dennoch »lebhaftes Beispiel« (FA I, 9,
S. 990).

Mit Lotharios sozialreformatorischen Plänen, in denen die von den Mitgliedern vielfältig variierte und individuell durchaus unterschiedlich akzentuierte Idee des logenhaften
Geheimbundes ihre prononcierteste Gestalt
gewinnt, setzen die beiden abschließenden
Bücher des Romans einen neuen Akzent. Bereits im Gespräch mit Aurelie hatte es Wilhelm als einen Mangel empfunden, daß sich
die Augen seines Geistes von Jugend auf
»mehr nach Innen als nach Außen gerichtet«
(FA I, 9, S. 621) hätten. Umgekehrt steht sein
Abschied vom Theater, dem die Regie des Erzählers im nächsten Kapitel die Aufnahme in
den Kreis der geheimnisvollen Gesellschaft folgen läßt, ganz im Zeichen eines neu erwachten
Interesses für die »äußeren Verhältnisse« (FA I,
9, S. 870). Der dem Jugendfreund und Widersacher Werner brieflich mitgeteilte Entschluß
allerdings, sich mit Männern zu verbinden,
»deren Umgang mich, in jedem Sinne, zu einer
reinen und sichern Tätigkeit führen muß«,
bleibt bis zum Ende des Romans irreversibel,
wenn auch in den Konsequenzen vage.

Während sich das Interesse Wilhelms dem
tätigen Leben zuwendet, erscheint sein Akti-
onskreis im Vergleich mit den ersten Büchern
eher eingeschränkt. Insgesamt werden die
letzten Bücher von einer Atmosphäre beherrscht, in der sich Motive der Ankunft und
des Aufbruchs durchdringen. Schon zu Beginn
des Siebten Buches wähnt sich der in eine
symbolträchtige Landschaft versetzte Wilhelm
»einer Heimat näher [...], nach der unser Be-
stes, Innerstes ungedultig hinstrebt« (FA I, 9,
S. 797). Die von Kindesbeinen an vertrauten
Bilder aus der Sammlung des Großvaters empfangen ihn im Hause des Oheims, in dem er

mit Natalie gleichzeitig die erhoffte Erfüllung seiner Herzensneigung findet. In der geschäftlichen Verbindung Lotharios mit Werner schließt sich für Wilhelm ein weiterer Kreis, an dessen Peripherie sich die Erinnerung an das Elternhaus mit der Mahnung an die eigenen Vaterpflichten verknüpft. Die Aufklärung über Felix bringt ihm zugleich die schmerzliche Gewißheit über den Tod Marianes. Je mehr die Sorge um den Sohn in den Vordergrund tritt, desto weiter rücken Mignon und der Harfner aus dem Gesichtskreis, deren Schicksal mit Wilhelms Hinwendung zu der geheimnisvollen Gesellschaft besiegelt ist.

Aber auch die Turmgesellschaft befindet sich in einem Umbruch, dessen Dynamik sich in dem Schloß andeutet, das Wilhelm sogleich für Lotharios Wohnung hält. Das »wunderliche Gebäude« (FA I, 9, S. 799), das aus einer unregelmäßigen Ansammlung von alten und neuen Gebäudeteilen besteht, dokumentiert in seiner Architektur einen Sieg der Ökonomie über die Tradition. Insbesondere richtet sich Wilhelms durch den Argwohn Lydies (FA I, 9, S. 839 f.) geschärftes Interesse auf den »alten Turm« (FA I, 9, S. 871), in dem sich sodann seine Initiation in den neuen Freundeskreis vollziehen wird und der als Aufbewahrungsort der Rollen mit den Lehrjahren dient. Kurze Zeit später wird Jarno Wilhelms anhaltendes Mißtrauen mit der Bemerkung zu zerstreuen suchen, daß alles, was er im Turm gesehen habe, »eigentlich nur noch Reliquien von einem jugendlichen Unternehmen [sind], bei dem es anfangs den meisten Eingeweihten großer Ernst war, und über das nun alle gelegentlich nur lächeln« (FA I, 9, S. 928). Novalis hat deshalb den »Widerspruch«, in dem sich der »Thurm in Lotharios Schlosse [...] mit demselben« befindet (Novalis, S. 806), als ein Symbol für die Unvereinbarkeit des Wunderbaren mit dem Ökonomischen gedeutet. Als Prophet des von Novalis schließlich zum Grund seiner Ablehnung der *Lehrjahre* gemachten »Evangeliums der Oeconomie« (Novalis, S. 807) muß Lothario angesehen werden. Seinen Plänen zur Agrarreform, zur Abschaffung des Lehnswesens und seinem Staatsverständnis liegen die Ideen der *Declaration of Independence* von 1776 zugrunde, für die er im amerikanischen Unabhängigkeitskrieg gekämpft hat. Sein Motto: » h i e r, o d e r n i r g e n d s i s t A m e r i k a!« (FA I, 9, S. 808) erweist ihn als einen Idealisten, den die Realität zum Pragmatiker, politisch gesprochen: zum Reformer gemacht hat. Die Kritik an seinem gräflichen Schwager gilt nicht primär dessen religiösem Wahn, sondern vielmehr der darin zum Ausdruck kommenden Perversion des sozialen Auftrags, in dem Lothario die historische raison d'être seines Standes erkennt. Andererseits ist er zu sehr Citoyen, um mit dem Bourgeois Werner mehr als nur ökonomische Interessen gemein zu haben. Die sozialen Ideen Lotharios und die Auswanderungspläne der Turmgesellschaft, in denen sich eine Art »Kapitalversicherung auf Gegenseitigkeit für den Fall von Revolutionsschäden« (Radbruch, S. 106) kristallisiert, sind die Antwort der *Lehrjahre* auf die ihre Entstehung begleitenden revolutionären Umwälzungen in Frankreich. Zwar wird die Handlung der *Lehrjahre* in die Zeit vor 1789 verlegt; damit gerät die Französische Revolution jedoch keineswegs aus dem Blickfeld. Sie ist der unterschwellig allzu deutlich spürbare Terminus ad quem der Gespräche und sozialreformatorischen Überlegungen insbesondere in den letzten Büchern des Romans. Die *Lehrjahre* stellen insofern einen paradoxen Versuch dar, »dieses schrecklichste aller Ereignisse [...] dichterisch zu gewältigen« (MA 12, S. 308), als sie seine Vermeidbarkeit imaginieren. Auf diese Weise zeichnet sich in den Reformplänen der Turmgesellschaft eine rückwärtsgewandte utopische Alternative zum faktischen Verlauf der Geschichte ab.

Dieser Hintergrund sowie der Tod Mignons und der Freitod des Harfners verleihen den letzten Büchern des Romans einen eher nüchternen, illusionslosen Zug. Dazu trägt auch bei, daß die Kunst ihren zentralen Stellenwert verloren und ihre Funktion sich geändert hat. Lothario hat sowenig wie seine künftige Gattin Therese ein Interesse an ihr, geschweige denn ein Organ für sie. In der Gemäldesammlung des Oheims werden die Kunstwerke zu Gegenständen theoretischer Erörterungen, deren

Franz Ludwig Catel: »Philine auf ihrem Bett sitzend«.
Tuschfederzeichnung 1799

Einsichten die »zusammentreffende Kunst« (FA I, 9, S. 920) im Saal der Vergangenheit spiegelt. Kunstgeschichtliches und handwerkliches Wissen sind für den Oheim unabdingbare Voraussetzungen, um den »Wert und die Würde eines Kunstwerks« (FA I, 9, S. 780) beurteilen zu können. Entsprechend fordert der Marchese vom Künstler Ausbildung seines Talentes und Kompromißlosigkeit gegenüber dem Publikum, das sich seinerseits in der Betrachtung der Kunstwerke über seine armseligen Bedürfnisse zum »wahren Kunstgenusse« (FA I, 9, S. 954) erheben soll. Während sich von hier aus Verbindungen zu Wilhelms theatralischer Sendung immerhin denken lassen, stehen der Harfner, Mignon und ihre Kunst dieser Gedankenwelt fremd gegenüber. Auch wenn Mignons Leichnam seine letzte Ruhestätte im Saal der Vergangenheit findet, bleibt der schroffe Gegensatz zwischen dem » G e - d e n k e z u l e b e n« (FA I, 9, S. 920) und dem »So laßt mich scheinen bis ich werde« (FA I, 9, S. 895), zwischen dem Vermächtnis des Oheims und dem Abschiedsgesang Mignons. Entsprechend hatte sie Bemühungen um ihre Bildung zurückgewiesen. Sie sei »gebildet genug, [...] um zu lieben und zu trauern« (FA I, 9, S. 866), erklärt sie Wilhelm, der es sich zum Ziel gesetzt hat, »mich selbst, ganz wie ich da bin, auszubilden« (FA I, 9, S. 657).

Hat er dieses Ziel am Ende des Romans erreicht? Sind am Ende der *Lehrjahre* Wilhelm Meisters Lehrjahre zu ihrem Abschluß gekommen? Am Ende des Siebten Buches jedenfalls scheint der Befund eindeutig: Wilhelm erhält seinen Lehrbrief aus der Hand des Abbé und mit der Bestätigung seiner Vaterschaft zugleich die Verkündigung, daß seine Lehrjahre »vorüber« seien (FA I, 9, S. 876). Aber schon zu Beginn des Achten Buches will es Wilhelm scheinen, als fange »seine eigene Bildung erst« an (FA I, 9, S. 877). Die Vertiefung in seine eigene, im Turm aufbewahrte Lebensgeschichte führt zu dem Heiratsantrag an Therese, der sich kurze Zeit später als Irrtum erweist. Der von Jarnos Erläuterungen begleitete Vortrag des Lehrbriefes stürzt ihn noch mehr in Verwirrung, ja geradezu in Verzweiflung. Wilhelms resignativer Opferbereit-

schaft gegenüber besteht Jarno im Sinne der Turmgesellschaft auf der Forderung individueller und rationaler Autonomie: »Es ist Ihre Sache, zu prüfen und zu wählen« (FA I, 9, S. 934). »Sein Verstand hat mich gewählt, [...] sein Herz fordert Natalien, und mein Verstand wird seinem Herzen zu Hülfe kommen« (FA I, 9, S. 990) – nur von ferne erinnern Thereses Worte an Mignons Einsicht, die die Vernunft grausam und das Herz besser genannt hatte (FA I, 9, S. 867). Thereses verständige Hilfe besteht darin, alles seinen Gang gehen zu lassen. Auf diese Weise befördert sie, nicht anders als der Arzt im Falle des kranken Königssohnes, vielleicht nicht Wilhelms Bildung, aber auf jeden Fall sein Glück.

Die Rezeption

Mit dem berühmten 216. Athenäumsfragment: »Die Französische Revolution, Fichtes Wissenschaftslehre, und Goethes ›Meister‹ sind die größten Tendenzen des Zeitalters« (KA II, S. 198), begrüßt Friedrich Schlegel 1798 den G.schen Roman als ein im emphatischen Sinn zeitgenössisches Werk. In ihm erfüllt sich für die literarische Avantgarde um 1800 sowohl das historische als auch das philosophische Gebot der Stunde. Nicht in der Diagnose, wohl aber in den aus ihr gezogenen theoretischen und programmatischen Konsequenzen unterscheiden sich die Erörterungen des Romans im Umkreis der *Horen* und der Frühromantik. Im besonderen Maße ist die Herausforderung, der die zeitgenössische Rezeption gerecht zu werden versucht, an die Gattungsproblematik gebunden, die ihrerseits den Begriff der Bildung in das Zentrum der philosophischen und ästhetischen Erörterungen rückt.

Mit dem Begriff ›Bildungsroman‹, der in der Diskussion um den *Wilhelm Meister* geprägt wurde und als dessen Paradigma der Roman in der Folge figurierte, hinterließ die frühe Kritik der literaturwissenschaftlichen Forschung ein Stichwort, das die Beschäftigung mit den *Lehrjahren* lange Zeit fast ausschließlich beherrschte. Als Muster einer Gattung wurde den *Lehrjahren* zunehmend normative Geltung zugesprochen, die aber im Zuge ihrer literaturhistorischen Überprüfung als selbst historisch erkannt und relativiert wurde. Auf diese Weise avancierte der Roman zu einem zentralen Gegenstand nicht nur der G.-Philologie, sondern der deutschen Literaturwissenschaft überhaupt, an dem sich ihre Geschichte exemplarisch studieren läßt. Als Bildungsroman ist der *Wilhelm Meister* aber eben nicht nur ein Studienobjekt der Literaturwissenschaft, sondern ein Beispiel, das auf dem Gebiet des deutschen Romans bis auf den heutigen Tag Schule macht.

Schiller und die Rezeption im Umkreis der *Horen*

Nicht ohne Bitterkeit hat G. sich gerade am Beispiel des *Wilhelm Meister* Rechenschaft über die Konstellationen abgelegt, durch die seine Position als Autor seit der Rückkehr aus Italien bestimmt war. Die zunehmende Entfremdung vom Publikum, wie sie bereits der buchhändlerische Mißerfolg der Ausgabe seiner Schriften von 1787–90 signalisierte, fand zunächst in Schiller ein entscheidendes Gegengewicht. Dies um so mehr, als der in den *Horen* gemeinsam unternommene Versuch, die Isolation zu überwinden, sich im nachhinein als Mittel ihrer Institutionalisierung erwies. Mit dem *Wilhelm Meister*, so G. rückblickend in einem Brief, sei es ihm schlimm ergangen: »Die Puppen waren den Gebildeten zu gering, die Comödianten den Gentleman zu schlechte Gesellschaft, die Mädchen zu lose; hauptsächlich aber hieß es, e s s e y k e i n W e r t h e r. Und ich weiß wirklich nicht, was ohne die Schillerische Anregung aus mir geworden wäre« (an Schultz, 10.1. 1829).

Der Vergleich mit dem *Werther* ist in der Tat ein Topos der Popularkritik, in dem zugleich der Erwartungshorizont des großen Publikums zum Ausdruck kommt. Auch G.s Hinweis auf die Gebildeten unter den Verächtern des *Wil-*

helm Meister war durchaus nicht aus der Luft gegriffen. Moralische Bedenken hatte schon frühzeitig, nämlich nach der Lektüre des ersten Bandes, Jacobi erhoben. Sein Eindruck, »daß ein gewisser unsauberer Geist darin herrsche« (Jacobi an G., 18.2. 1795), wird von Herder bestätigt, wenn dieser bekennt, daß ihm »die Mariannen u. Philinen, diese ganze Wirthschaft [...] verhaßt« sei (an Gräfin von Baudissin, vor Mai 1795).

Von ganz anderer Qualität ist demgegenüber das ursprünglich auf nicht weniger als »4 Monate« veranschlagte Unternehmen einer »würdigen und wahrhaft aesthetischen Schätzung des ganzen Kunstwerks« (Schiller an G., 2.7. 1796), in dem Schiller seine die Entstehung des Romans begleitende Kritik gipfeln lassen wollte. Die sechs Briefe, in denen diese Ankündigung im Laufe des Juli 1796 vorläufige Gestalt annahm, haben in der Rezeption des *Wilhelm Meister* eine nachhaltige Wirkung gehabt. »Soviel ist indeß gewiß«, hatte es in dem Schreiben geheißen, in dem Schiller sich für die Übersendung des ersten Bandes des Romans bedankt, »der Dichter ist der einzige wahre M e n s c h, und der beßte Philosoph ist nur eine Carricatur gegen ihn« (Schiller an G., 7.1. 1795.) Gleichwohl kommt in dieser Hochschätzung des Dichters philosophische Einsicht zum Ausdruck. Sie gründet in jener »Metaphysik des Schönen«, auf die Schiller im folgenden Absatz seines Schreibens explizit verweist.

Gemeint sind die Briefe zehn bis sechzehn der Abhandlung *Über die ästhetische Erziehung des Menschen*, in deren Zentrum die transzendental-anthropologische Ableitung des Spieltriebs steht. Erst vor dem Hintergrund der auf diesem Wege eingelösten Aufgabenstellung, »die Schönheit [...] als eine nothwendige Bedingung der Menschheit« (SNA 20, S. 340) aufzuzeigen, wird verständlich, inwiefern der Dichter als der einzig wahre Mensch gelten darf. Und wie es einer Metaphysik des Schönen bedarf, um dem Dichter das Prädikat wahrer Menschheit zuzusprechen, so weiß allererst eine ästhetische Betrachtung die Vollendung eines Kunstwerks wahrhaft zu würdigen. Somit kommt in Schillers Auseinandersetzung mit den *Lehrjahren* ein Verständnis von Poesie zum Ausdruck, in das die Reflexion auf die philosophischen und historischen Bedingungen ihrer Möglichkeit Eingang gefunden hat. Es ist ein explizit modernes Dichtertum, zu dem sich Schiller damit bekennt und das er in seiner parallel zur Entstehung des *Wilhelm Meister* niedergeschriebenen großen Abhandlung *Über naive und sentimentalische Dichtung* in seiner spezifischen Differenz zur Antike geschichtsphilosophisch legitimiert. In seinen Briefen über die *Lehrjahre* bezeichnet Schiller den Protagonisten des Romans dementsprechend als einen »sentimentalischen Charakter« (Schiller an G., 9.[-11.]7.1796) und knüpft somit für die Analyse der ihm im Sommer 1796 vorliegenden abschließenden Bücher des Romans an seine theoretischen Überlegungen an. Gilt ihm doch der *Wilhelm Meister* dort als ein Beispiel, an dem zu beobachten ist, wie verschieden sich der sentimentalische Charakter jeweils in der Entgegensetzung von »poetisirendem Geist« und »nüchternem Gemeinsinn«, von »Idealem« und »Wirklichem« spezifiziert (SNA 20, S. 460).

In der diesen Hinweisen folgenden ästhetischen Einschätzung des Romans, die Schiller im Juli 1796 in Angriff nahm, stand die Gattungsproblematik zunächst eher im Hintergrund. Zwar mußte der Prosaroman einer in Gattungsfragen nach wie vor am klassischen Formenkanon orientierten Ästhetik, die ihm im Versepos Homers das Formideal des Epischen als Maßstab entgegenstellte, prinzipiell defizitär erscheinen. Dieser Vergleich erhielt jedoch erst Aktualität, als mit dem Erscheinen von G.s *Hermann und Dorothea* das Gelingen eines modernen Epos außer Frage stand und Schiller »die Stimme eines Homerischen Rhapsoden in dieser neuen politisch rhetorischen Welt« (an G., 20.10. 1797) vernahm. »Die Form des Meisters, wie überhaupt jede Romanform, ist schlechterdings unpoetisch, sie liegt ganz nur im Gebiete des Verstandes«, notiert er bei dieser Gelegenheit rückblickend über die *Lehrjahre*. Diese Dominanz des rationalen Kalküls über die reine poetische Form führe schließlich dazu, daß, so Schiller, »mich

der Meister aus der wirklichen Welt nicht ganz herausläßt«. Neben der fehlenden Formstrenge gelten die Bedenken der Tendenz des Romans zur Verwischung der Gattungsgrenzen, wie sie Schiller in seiner Bemerkung registriert, es sei »offenbar zuviel von der Tragödie im Meister«. Erst die frühromantische Kritik wird diese Vorbehalte zu Kriterien ihrer Wertschätzung des Romans – und zumal des *Wilhelm Meister* – erheben.

In den Briefen von 1796 gipfelt Schillers Kritik in der Forderung nach einer Konkretisierung des philosophischen Gehalts der *Lehrjahre*, in der von ihm scherzhaft so genannten »Grille« einer »etwas deutlicheren Pronunciation der HauptIdee« (an G., 19.10. 1796). Diese Idee, in der Schiller auch seine Analyse der Figuren des Romans fundiert, zeichnet sich ihm in der »a e s t h e t i s c h e n R i c h - t u n g« (an G., 9.[-11.]7.1796) des ganzen Romans ab. Im Falle des Protagonisten der *Lehrjahre* nämlich spezifiziert sich der Konflikt von Ideal und Wirklichkeit, den er seiner Analyse des sentimentalischen Charakters in der Abhandlung *Über naive und sentimentalische Dichtung* zugrunde gelegt hatte, in einer ästhetischen Lösung. Wilhelm Meister trete, so Schiller, »von einem leeren und unbestimmten Ideal in ein bestimmtes thätiges Leben, aber ohne die idealisierende Kraft dabei einzubüßen« (an G., 8.7. 1796). In diesem Sinne sieht er ihn am Ende des Romans auf einem »Wege, der zu einer endlosen Vollkommenheit führet«, und geht also davon aus, daß seine Lehrjahre zu ihrem Ende gekommen sind. Dieser Befund bestätigt sich ihm in der Analyse der konzeptuellen Anlage des Romans, bei der seine Explikation des »I d e e n Innhalts« von der Annahme ausgeht, daß »L e h r j a h r e [...] ein Verhältnißbegriff« sind, die ihr »Correlatum, die M e i s t e r s c h a f t«, fordern (an G., 8.7. 1796). Diese Überlegung zielt indes nicht, wie G. vermutet, »auf eine Fortsetzung des Werks« (an Schiller, 12.7. 1796), sondern in ihr drückt sich im Gegenteil die Überzeugung Schillers aus, daß die *Lehrjahre* in der Idee der Meisterschaft ihr organisierendes Telos gefunden haben. Die Mängel, die er rügt, betreffen ausdrücklich »nur die Darstellung der Idee; an der Idee selbst bleibt gar nichts zu wünschen übrig« (an G., 8. 7. 1796).

In G.s Reaktion verwandelt sich die von Schiller beklagte philosophische Not des Romans unversehens in eine poetische Tugend seines Dichters. Zuletzt, so G. in ironischer Verteidigung seiner dichterischen Eigenheit, werde er Schiller bitten, »mit einigen kecken Pinselstrichen, das noch selbst hinzuzufügen, was ich, durch die sonderbarste Nathurnothwendigkeit gebunden, nicht auszusprechen vermag« (an Schiller, 9. 7. 1796). Nicht um die Verleugnung der »poetischen Individualität« G.s aber geht es Schiller, sondern einzig darum, in deren Grenzen den Ideen-Inhalt zur Darstellung zu bringen. Mit diesem von ihm unterstellten Ideen-Gehalt verpflichtet Schiller die *Lehrjahre* mit wachsender Bestimmtheit auf das Programm einer ästhetischen Überwindung des Kantischen Kritizismus, das er in seinen theoretischen Schriften ins Werk gesetzt hatte. So erscheint die »in unserm spekulativischen Zeitalter« (Schiller an G., 9. [-11.] 7.1796) erstaunliche Ignoranz gegenüber der Philosophie im *Wilhelm Meister* zuletzt dadurch gerechtfertigt, daß die ästhetische Richtung des Romans die Tröstungen der Metaphysik suspendiere: »Nur wenn sich das Sinnliche und das Moralische im Menschen feindlich entgegen streben, muss bey der reinen Vernunft Hülfe gesucht werden« (ebd.). In dem Stoßseufzer, in dem diese Überlegung gipfelt, findet Schillers Auseinandersetzung mit den *Lehrjahren* nicht nur ihren konzentriertesten Ausdruck, sondern zugleich auch die Bezeichnung ihrer Grenze: »Könnte ich nur in Ihre Denkweise dasjenige einkleiden, was ich im Reich der Schatten und in den aesthetischen Briefen, der meinigen gemäß, ausgesprochen habe, so wollten wir sehr bald einig seyn« (ebd.).

Schillers Auseinandersetzung mit den *Lehrjahren* gelangte erst 1828/29 mit der Publikation des Briefwechsels an die Öffentlichkeit. Da er selbst die geplante Rezension des Romans nie geschrieben hat, erlangte der auf sein Betreiben hin erfolgte Abdruck des ursprünglich an ihn gerichteten Briefes Körners vom November 1796 in den *Horen* repräsentative

Bedeutung. Körners Deutung des Romans erkauft ihre Kohärenz auf Kosten jener Differenziertheit, die die ihre Grenzen reflektierende Kritik Schillers auszeichnet. Der ›Horenbrief‹ geht vom Gelingen dessen aus, was Schiller vergebens als Desiderat geltend gemacht hatte. Das kommt in den Sätzen zum Ausdruck, die die Quintessenz der Körnerschen Deutung enthalten und in denen die Insistenz Schillers auf der ästhetischen Richtung des Romans noch nachklingt: »Die Einheit des Ganzen denke ich mir als die Darstellung einer schönen menschlichen Natur, die sich durch die Zusammenwirkung ihrer innern Anlagen und äussern Verhältnisse allmählich ausbildet. Das Ziel dieser Ausbildung ist ein vollendetes G l e i c h g e w i c h t – Harmonie mit Freyheit« (Körner, S. 108). Daraus folgt für Körner die unbedingte Zentralstellung des Titelhelden. Zugleich ist in seiner Lesart die folgenreiche Deutung der »Bildung« des Protagonisten im Sinne einer stufenweisen, mit der Vollendung des Werks abgeschlossenen Höherentwicklung angelegt, der die Personen und Ereignisse unter funktionalen Gesichtspunkten zugeordnet werden.

Gegen Körners Auslegung hat in unmittelbarer Erwiderung Wilhelm von Humboldt mit gewichtigen Einwänden protestiert. Für ihn liegt der Vorzug der *Lehrjahre* vor allen anderen Romanen darin, daß G. die Individualität seines Protagonisten nahezu unbestimmt lasse. In Verbindung mit der Relativierung der Zentralstellung des Helden bahnt sich mit Humboldts Deutung in der Rezeption des *Wilhelm Meister* eine Verabschiedung der Romanpoetik Blanckenburgscher Observanz an, die mit ihrem Festhalten an der Identifikationsmöglichkeit mit dem Helden eine zentrale Kategorie aufklärerischer Wirkungspoetik geltend gemacht hatte. Humboldt wirft jedoch nicht nur die Frage nach den Lehrjahren des Helden auf, sondern auch die nach der Vollendung des Werks. Allerdings, so Humboldt an die Adresse Körners, könne von einer Vollendung des Romans keine Rede sein, »wenn M e i s t e r s L e h r j a h r e M e i s t e r s v ö l l i g e A u s b i l d u n g, E r z i e h u n g heißen sollte« (an Schiller, 24. 11. 1796). Stattdessen möchte er von der Vollendung des Werkes nur unter der Voraussetzung sprechen, daß es am Ende seinen Helden gewissermaßen am Anfang zeige: »Meister hat nun die Kunst des Lebens inne, er hat nun begriffen, daß man, um etwas zu haben, eins ergreifen und das andere dem opfern muß« (ebd.). Dagegen hat sich, weniger um Körner zu verteidigen, als um seine eigene Deutung ins rechte Licht zu setzen, ausdrücklich noch einmal Schiller gewandt: »Wenn nicht wirklich die Menschheit, nach ihrem ganzen Gehalt, in dem Meister hervorgerufen und ins Spiel gesetzt ist, so ist der Roman nicht fertig« (an G., 28. 11. 1796).

Die romantische Kritik: Friedrich Schlegel und Novalis

Die zeitgenössische Rezeption erreicht ihren Höhepunkt mit Friedrich Schlegels Aufsatz *Über Goethes Meister*, der 1798 im *Athenäum* erscheint. Im *Wilhelm Meister* findet die frühromantische Theoriebildung, die sich wiederholt enthusiastisch auf G. berufen hatte, ihre im emphatischen Sinne ›kritische‹ Bewährungsprobe. Körners ›Horenbrief‹, dessen Beurteilung des Romans Schlegel »zu oberflächlich und unreif« nennt und dem er eine »Linnéisierende Zerlegung des lebendigen Ganzen« vorwirft (KA I, S. 46), wird an einem hohen theoretischen Anspruch gemessen. Noch ohne Beziehung auf die *Lehrjahre* hatte Schlegel in *Göthe. Ein Fragment* die Poesie G.s als »die Morgenröte echter Kunst und reiner Schönheit« (KA I, S. 260) begrüßt und ihr zugute gehalten, die »Aussicht auf eine ganz neue Stufe der ästhetischen Bildung« (KA I, S. 262) zu eröffnen. Als Schlegel 1800 im *Gespräch über die Poesie* das bis dahin vorliegende Werk G.s überschaut, liegt diese Standortbestimmung sowohl seiner Unterscheidung der verschiedenen Schaffensepochen als auch seinem Verständnis des *Wilhelm Meister* zugrunde. Insofern er den Roman keiner einzelnen Epoche zuordnet, sondern in ihm »den ganzen Geist des Dichters« (KA II, S. 342) of-

fenbart findet, repräsentieren die *Lehrjahre* paradigmatisch jene von G. erlangte Höhe der Kunst, »welche zum erstenmal die ganze Poesie der Alten und der Modernen umfaßt, und den Kern eines ewigen Fortschreitens enthält« (KA II, S. 347).

Ist mit diesen Überlegungen, die als Fortsetzung des Fragment gebliebenen Athenäums-Aufsatzes von 1798 zu lesen sind, die geschichtsphilosophische Bedeutung des *Wilhelm Meister* akzentuiert, so verdeutlicht der *Brief über den Roman*, in welcher Weise sich für die frühromantische Theorie gerade in diesem Roman Anschauung und Begriff in einmaliger Weise durchdringen. Unter der Voraussetzung, daß das Romantische für Schlegel »nicht sowohl eine Gattung [...] als ein Element der Poesie« ist (KA II, S. 335), kann ›romantisch‹ nur der Roman heißen, der im traditionellen Sinne kein Roman ist. Zum Werk wird der so verstandene Roman, den Schlegel sich nicht anders denken kann als »gemischt aus Erzählung, Gesang und andern Formen«, durch die Beziehung der Komposition auf eine »höhere Einheit«, einen »geistigen Zentralpunkt« (KA II, S. 336). In der Konsequenz dieser Auffassung von einem sich selbst transzendierenden Werk liegt die Forderung nach einer Theorie des Romans, die »selbst ein Roman sein« würde (KA II, S. 337). In wohlkalkulierter Ambiguität bleibt offen, ob der *Wilhelm Meister* oder aber Schlegels Aufsatz *Über Goethes Meister* (KA II, S. 126–146), den er scherzhaft als seinen »Übermeister« bezeichnet hat, diese Forderung erfüllt. Sie führt aber jedenfalls in das Zentrum der frühromantischen Auffassung, die in der Kritik weniger eine Beurteilung als vielmehr eine Form der Vollendung des Werks durch die Entfaltung der in ihm angelegten (Selbst-)Reflexion erblickt.

Dementsprechend weist Schlegel jeden Versuch einer Beurteilung des *Wilhelm Meister* nach traditionellen Gattungsmerkmalen kategorisch zurück. G.s Roman ist aber nicht nur ein Buch, »welches man nur aus sich selbst verstehen lernen kann«, sondern eben auch »eins von den Büchern, welche sich selbst beurteilen« (KA II, S. 133). Das verdeutlicht Schlegel in der als »poetische Kritik« gewürdigten Auseinandersetzung mit dem *Hamlet* im Vierten und Fünften Buch, in der der Roman Medium und Gegenstand der Kritik zugleich ist. Auf diese Weise löst der *Wilhelm Meister* den Anspruch der im 238. Athenäumsfragment sogenannten »Transzendentalpoesie« exemplarisch ein, »überall zugleich Poesie und Poesie der Poesie zu sein« (KA II, S. 204). Bereits in der Analyse des Ersten Buches konkretisiert sich dieses Apriori der Schlegelschen Kritik. Lebenskunst und Kunstlehre spiegeln sich wechselseitig, wenn der erste Abschnitt der Lehrjahre des Helden begleitet wird von dem poetischen Vortrag einer »nicht unvollständigen Kunstlehre« (KA II, S. 131), wie sie Schlegel in den mannigfachen Berührungen Wilhelms mit der Welt der Kunst und des Theaters Gestalt annehmen sieht. In diesem Wechselspiel wird die Ironie, »die über dem ganzen Werke schwebt« (KA II, S. 137) und im besonderen Maße dem Helden gilt (KA II, S. 133), zum entscheidenden Darstellungsprinzip. Bis das Werk die Höhe erreicht, »auf der vielleicht die Kunst eine Wissenschaft und das Leben eine Kunst sein wird« (KA II, S. 128), durchläuft es im Vierten und Fünften Buch das Stadium der Krisis; die Lehrjahre der Lebenskunst zeigen den Helden an einem Scheidepunkt (vgl. KA II, S. 141), und die historische Philosophie der Kunst ist mit dem *Hamlet* in der Moderne und also der Roman auf der Stufe der Selbstreflexion angekommen.

Damit wird die Person Wilhelms zur Nebensache. Zwar bescheinigt Schlegel ihm ausdrücklich das Ende seiner Lehrjahre; aber aus allen Erziehungsanstalten sieht er nichts herauskommen, als »bescheidne Liebenswürdigkeit« (KA II, S. 144). Aus der Perspektive der letzten Bücher werde denn auch klar, daß »nicht dieser oder jener Mensch erzogen« werden sollte, »sondern die Natur, die Bildung selbst sollte in mannichfachen Beispielen dargestellt« werden (KA II, S. 143). Die »gediegnen Resultate einer Philosophie«, zu deren Organ der Roman in der Schlußbetrachtung avanciert, resümiert Schlegel im Begriff der »Lebenskunstlehre« (KA II, S. 144). Offenbar spielt dieser Schlußakkord auf den spekula-

tiven Kontext an, den schon der Studiumsaufsatz unter Berufung auf G. in seiner Vision der mit einer »großen, moralischen Revolution« einhergehenden, »ganz neuen Stufe der ästhetischen Bildung« geltend gemacht hatte (KA I, S. 262). Diese Auffassung findet sich in der als Fortsetzung der Kritik von 1798 gedachten Betrachtung des *Wilhelm Meister* im *Gespräch über die Poesie* affirmiert, wenn G. dort als der »Stifter und das Haupt einer neuen Poesie« (KA II, S. 347) gefeiert wird. Sofern diese neue Poesie nach Maßgabe des 116. Athenäumsfragmentes als »progressive Universalpoesie« zu definieren ist, deren Bestimmung es ist, »alle getrennten Gattungen der Poesie zu vereinigen und die Poesie mit der Philosophie und Rhetorik in Berührung zu setzen« sowie »das Leben und die Gesellschaft poetisch« zu machen (KA II, S. 182) – erfüllt der *Wilhelm Meister* diese Forderung zumindest der »Tendenz« nach.

In diesem von seiner Kritik der *Lehrjahre* eröffneten weiten Horizont erschien Schlegel der Untergang Mignons und des Harfners, der »heiligen Familie der Naturpoesie« (KA II, S. 146) notwendig und gerechtfertigt. Im Namen der »Naturpoësie«, des »Wunderbaren« und des »Romantischen« (Novalis, S. 800) legte zwei Jahre später Friedrich von Hardenberg polemischen Protest gegen den *Wilhelm Meister* ein. Die oppositionelle, gegen die bald vorherrschende harmonisierende Lesart der *Lehrjahre* gerichtete Rezeption wird sich – selten in der Sache, dafür aber um so mehr in ihrem Anliegen – zu Recht immer wieder auf Novalis berufen. Dazu hat nicht zuletzt die von Ludwig Tieck zu verantwortende willkürliche Auswahl und tendenziöse Redaktion der G.-Notizen Hardenbergs in der von Tieck und Friedrich Schlegel besorgten Werkauswahl von 1802 beigetragen.

Der gegen die *Lehrjahre* gerichtete Vorwurf des »künstlerischen Atheïsmus« (Novalis, S. 801) und die Charakterisierung des Romans als eines »Candide, gegen die Poësie gerichtet« (Novalis, S. 807), stehen jedoch am Ende einer mehr als zweijährigen, in privaten Aufzeichnungen geführten intensiven Auseinandersetzung mit dem Roman, die eine fast kultische

G.-Verehrung zum Ausgangspunkt hatte. Wie Tagebuchaufzeichnungen aus den Jahren 1796/97 belegen, steht die erste, stark identifikatorisch geprägte Lektüre der *Lehrjahre* ganz im Zeichen einer existentiellen Krisenbewältigung. Aber bereits das Fragment *Über Goethe* (Novalis, S. 412–414) von 1798 dokumentiert eine differenzierte Wertschätzung des Romans und der Dichtkunst seines Autors. In durchaus positiv gemeintem Sinne wird der *Wilhelm Meister* als »ein Kunstproduct – ein Werck des Verstandes« (Novalis, S. 413) charakterisiert. Wie schon für Schlegel – und cum grano salis für Schiller – wird auch für Novalis G.s Roman zum Vorbild einer verstandesgeleiteten, produktiven Aneignung der Antike durch die Moderne. Gleichwohl beschließt Novalis seine Aufzeichnung mit der programmatischen Einsicht: »Göthe wird und muß übertroffen werden« (Novalis, S. 414). Damit erhält der *Wilhelm Meister* auch für ihn einen in der zeitgenössischen Literatur zwar herausragenden, mit Blick auf ihre künftige Entwicklung aber lediglich relativen Stellenwert.

Das schließt jedoch nicht aus, daß Novalis die Philosophie und Moral der *Lehrjahre* noch 1798 »romantisch« nennt und dies damit begründet, daß in dem Roman »das Gemeinste [...] wie das Wichtigste, mit romantischer Ironie angesehn und dargestellt« wird (Novalis, S. 561). Auch wenn er in seinen Aufzeichnungen zu Beginn des Jahres 1800, in denen die Bewunderung in bis zur Polemik gesteigerte Antipathie umgeschlagen ist, dem *Wilhelm Meister* ausdrücklich eine poetische Darstellung zugute hält, so enthüllt sich ihm nun »die Oeconomische Natur [als; d. Vf.] die Wahre – Ü b r i g b l e i b e n d e« (Novalis, S. 806). Dieses Urteil belegt indes weniger einen Sinneswandel als vielmehr eine Verschiebung der Gewichte innerhalb einer sich im Grunde treu bleibenden Gesinnung. Das Verdikt über den *Wilhelm Meister* aber spricht der Autor des *Heinrich von Ofterdingen*, – des Romans, mit dem Novalis sein Vorbild durch einen Gegenentwurf überbieten wollte. Auch wenn der – letztlich unerfüllt gebliebene – Wunsch, das Buch im Verlag Unger und dort »ganz in der Gestalt des W[ilhlem] M[eister] gedruckt zu

sehen« (August Wilhelm Schlegel an Tieck, 30.6. 1801), durch ihn selbst nicht bezeugt ist, so besteht doch an der antagonistischen Nähe der Konzeptionen kein Zweifel. »Das Ganze soll eine Apotheose der Poësie seyn«, heißt es über den *Ofterdingen* zu Beginn eines Briefes an Tieck, in dem Novalis sodann auf den *Wilhelm Meister* zu sprechen kommt. Unbegreiflich erscheint ihm nun, wie er so lange habe blind sein können. Soviel er auch aus dem Roman gelernt habe, so »odiös« sei doch im Grunde das ganze Buch, und deutlich sehe er nun »die große Kunst, mit der die Poësie durch sich selbst im Meister vernichtet« werde (Novalis an Tieck, 23.2. 1800). Damit sind die Grundlinien bezeichnet, die die freilich nicht geschriebene Rezension des *Wilhelm Meister*, wie sie Novalis Tieck gegenüber ins Auge faßt, zu einem »völligen Gegenstück zu Fridrichs [Schlegels; d. Vf.] Aufsatz« hätte werden lassen.

Als Schlegel 1808 bei Gelegenheit seiner großangelegten Rezension von G.s Werken den *Wilhelm Meister* bespricht, verbindet er die Metakritik an der G.-Kritik des inzwischen verstorbenen Freundes mit einer Relativierung der eigenen, in der Rezension von 1798 zum Ausdruck kommenden ästhetisch-revolutionären Begeisterung. Der Vorwurf, G. nehme Partei für den »kalten Verstand« und gebe seinem Roman eine »durchaus antipoetische Richtung« (KA III, S. 130), sei nicht ohne Einschränkung wahr. Vielmehr stehe »als ein Mittleres zwischen Gefühl und Verstand« (ebd.), sie beide umfassend, die ästhetische Bildung im Zentrum der *Lehrjahre*. Auch wenn dieser Begriff im Roman mißverständlich bleibe, so sei er doch keinesfalls gegen die Poesie gerichtet. Zwar liest sich das Zwischenresümee, das den *Wilhelm Meister* als einen Roman »gegen das Romantische« charakterisiert, »der uns auf dem Umweg des Modernen [...] zum Antiken zurückführt« (KA III, S. 131), wie eine Affirmation der noch vor zehn Jahren begrüßten Zeitgenossenschaft. Aber die Moderne, die Schlegel jetzt dem Romantischen entgegensetzt, erscheint ihm ebensowenig begrüßenswert wie das Romantische revolutionär: »Der ›Meister‹ [...] in seiner Verbindung und Vermischung von darstellender Kunst und Künstler-Ansicht und Bildung gehört durchaus der modernen Poesie an, die von der romantischen wesentlich geschieden, und wie durch eine große Kluft getrennt ist« (KA III, S. 138). Mit einem eindeutig negativen Vorzeichen wird Schlegel diese Diagnose allerdings erst in seinen Wiener Vorlesungen von 1812 versehen.

Die *Lehrjahre* als Bildungsroman

Mit der Bezeichnung der *Lehrjahre* als ›Bildungsroman‹ findet zwar ein neuer Begriff, kaum aber eine neue Einsicht Eingang in die Rezeption. Vielmehr resümiert und pointiert der Begriff ursprünglich die Körnersche Lesart des Romans. Entsprechend lassen sich im Streit um das Verständnis des *Wilhelm Meister* als Bildungsroman die schon in der zeitgenössischen Rezeption vorgezeichneten Kontroversen wiedererkennen. Wurde ursprünglich die Modernität des Romans als Provokation empfunden, so später seine Kanonisierung im Zeichen von ›Bildung‹ und ›Klassik‹.

Noch für den Inaugurator des Begriffs, Karl Morgenstern, der in seinem Vortrag *Ueber das Wesen des Bildungsromans* von 1820 den *Wilhelm Meister* als das Muster der Gattung vorstellt – »aus unserer Zeit für unsere Zeit« – (zitiert nach Selbmann, S. 71), verbinden sich in G.s Roman Zeitgemäßheit und Vorbildlichkeit. Auch wenn Morgensterns Arbeiten zunächst gänzlich unbeachtet geblieben sind, versammelt seine Definition doch alle für die spätere Diskussion entscheidenden Merkmale. Dabei darf die Originalität der Begriffsbildung nicht den Blick für ihre durchaus konventionellen romantheoretischen Prämissen trüben. Die angekündigte Überwindung von Friedrich von Blanckenburgs *Versuch über den Roman* reduziert sich nämlich im wesentlichen darauf, daß Morgenstern die von Blanckenburg in das Zentrum seiner Poetologie des Romans gestellte »innre Geschichte« des Helden für den Bildungsroman reserviert. Ganz

im Geist eines aufgeklärten, auf Horaz sich berufenden Dichtungsbegriffs insistiert er sodann darauf, daß der Bildungsroman Bildung »zugleich darstellen und erteilen soll« (Morgenstern nach Selbmann, S. 64). Dargestellt wird die als Stufengang sich vollziehende Bildung eines Helden, der sich im Zusammenwirken innerer Anlagen und äußerer Verhältnisse bis zu einer gewissen Stufe der Vollendung ausbildet. Nicht zufällig sieht Morgenstern die darzustellende und zu befördernde »allgemeine harmonische Ausbildung des Reinmenschlichen« (ebd.) im *Wilhelm Meister* paradigmatisch realisiert. Wie nämlich die Definition des Bildungsromans in Blanckenburgs *Versuch* ihre romantheoretischen Prämissen findet, so findet sie ihre stofflichen in Körners ›Horenbrief‹, den Morgensterns Vortrag denn auch seitenlang paraphrasiert. Zuletzt aber beglaubigt sich die Vorbildlichkeit des *Wilhelm Meister* für Morgenstern durch die Person seines Autors, der in *Dichtung und Wahrheit* seine eigene Biographie als Bildungsroman lesbar und also seinen Bildungsroman auf sein gelebtes Leben hin transparent macht. Es bleibt der späteren G.-Forschung vorbehalten, diesen ursprünglich romantheoretisch begründeten biographischen Ansatz wahlweise ins Monumentale zu steigern oder ins Alltägliche zu banalisieren – bis hin zu jenen Auswüchsen, die es dem Leser ermöglichen, »wenn nicht sich in Goethe zurecht, so gewiß einen kleinen Goethe in sich selbst vorzufinden« (Benjamin, Bd. 3, S. 339).

Nicht so sehr die Biographie als vielmehr der zeit- und ideengeschichtlich fundierte ›Erlebnis‹-Begriff steht im Hintergrund von Wilhelm Diltheys Definition des Bildungsromans, die die Literaturwissenschaft lange Zeit an den Anfang ihrer Beschäftigung mit den Romanen stellte, »welche die Schule des Wilhelm Meister ausmachen« (Dilthey, S. 282). Sie weicht zwar in der Typologie nicht wesentlich von derjenigen Morgensterns ab. Aber in Diltheys Perspektive, die den *Wilhelm Meister* ebenso wie den *Ofterdingen* und den *Hyperion* einbegreift, ist mit der Einsicht in die Konfliktualität des Zusammenspiels von inneren Anlagen und äußeren Einflüßen, von Individuum und Gesellschaft, zugleich der im Bildungsroman angestrebte harmonische Ausgleich problematisch geworden. In seiner Rede vom Kampf »mit den harten Realitäten der Welt« (Dilthey, S. 272), in denen der Held des Bildungsromans heranreift, sich selbst findet und schließlich »seiner Aufgabe in der Welt gewiß wird« (ebd.), folgt Dilthey offenbar Hegel.

In den *Vorlesungen über die Ästhetik* hatte Hegel den Konflikt zwischen der »Poesie des Herzens und der entgegenstehenden Prosa der Verhältnisse« als für das Romanhafte grundlegend betrachtet und die daraus sich ergebenden Kämpfe als »Lehrjahre« bezeichnet, als eine »Erziehung des Individuums an der vorhandenen Wirklichkeit«, die darin bestehe, »daß sich das Subjekt die Hörner abläuft« und sich schließlich »in die bestehenden Verhältnisse und die Vernünftigkeit derselben hineinbildet« (Hegel, Bd. 15, S. 393 u. Bd. 14, S. 220). Auch wenn nicht sicher ist, ob G.s Romantitel bei der berühmten Formulierung Pate gestanden hat, so hat doch die von Dilthey im einschlägigen Kontext aufgegriffene Konfliktzeichnung eine nachhaltige Wirkung auf die Rezeption der *Lehrjahre* als Bildungsroman gehabt. Hegels fast zynisch anmutende Denunziation der romanhaften Konfliktlösung gehorcht der Logik eines Versöhnungsbegriffs, der dem Bereich der Kunst insgesamt eine nur vorläufige, in der philosophischen Spekulation aufgehobene Form der Darstellung des Absoluten reserviert. Dieser spekulative Kontext bleibt in Diltheys geistesgeschichtlicher Standortbestimmung des Bildungsromans ausgespart. Für ihn spricht sich in den Bildungsromanen und zumal im *Wilhelm Meister* der »Individualismus einer Kultur aus, die auf die Interessensphäre des Privatlebens eingeschränkt ist« (Dilthey, S. 272). Aber am Ende der geglückten Bildung der »Persönlichkeit« stellt sich der Konflikt erneut. Einer allzu optimistischen Lesart hält Dilthey die Beobachtung entgegen, daß die Bildungsromane ihren Helden meist nur bis dahin führten, »wo er wirken und in die Welt eingreifen soll« (Dilthey, S. 279).

Hatte schon Morgenstern insbesondere auf Wielands *Geschichte des Agathon* als Vorläufer des als Bildungsroman verstandenen *Wilhelm Meister* hingewiesen, so stellte Dilthey ihm bereits eine ganze Reihe typologisch verwandter Romane an die Seite. Dabei erweist sich seine Gattungsdefinition als flexibel genug, so durchaus heterogene Werke wie Tiecks *Franz Sternbalds Wanderungen*, Hardenbergs *Heinrich von Ofterdingen*, Hölderlins *Hyperion* sowie den *Hesperus*, den *Titan* und die *Flegeljahre* Jean Pauls in einem Atemzug zu nennen und schließlich mit dem eher beiläufigen Hinweis auf Kellers *Grünen Heinrich* die Gattungstradition bis in das 19. Jh. zu verlängern. Seitdem ist die Zahl der deutschen Romanciers Legion, die explizit oder implizit in die Schule des *Wilhelm Meister* gegangen sind. Im 19. Jh., in dem der Roman das Drama als repräsentative Gattung ablöste, erfuhr auch der Bildungsroman eine Vielzahl unterschiedlicher Ausprägungen, deren Problemlösungen zwischen Desillusionierung und Trivialisierung als den in der Gattung angelegten Möglichkeiten schwanken. Neben Kellers *Grünem Heinrich*, Immermanns *Epigonen* und Stifters *Nachsommer* führen die einschlägigen Darstellungen auch Freytags Bestseller *Soll und Haben* an. Nicht immer haben die Autoren die Schülerschaft so bereitwillig für sich in Anspruch genommen wie Thomas Mann, der ebenso traditionsbewußt wie selbstironisch seinen *Zauberberg* als eine Art »Bildungsgeschichte und Wilhelm Meisteriade« (an Arthur Schnitzler, 4. 11. 1922) bezeichnete. Spätestens im 20. Jh. und erst recht in den Bildungsromanen Thomas Manns – für die neben dem *Zauberberg* auf die *Joseph*-Tetralogie und den *Felix Krull* zu verweisen ist – erreichte der Bildungsroman das Stadium seiner ästhetischen Selbstreflexion. Dennoch läßt sich seine Spur bis in die Gegenwart verfolgen: Sie führt über Günter Grass' *Blechtrommel* und Peter Handkes *Der Kurze Brief zum langen Abschied* zu Botho Strauß' *Der junge Mann*.

Auch die internationale Rezeption des *Wilhelm Meister* ist eng mit der Diskussion um den Bildungsroman verbunden. So lassen sich in der französischen Romanliteratur des 19. Jhs. etwa Stendhals *Le Rouge et le Noir*,

Balzacs *Illusions perdues* und Flauberts *Éducation sentimentale* durchaus als ›Erziehungsgeschichten der Helden an der vorhandenen Wirklichkeit‹ lesen. Der unübersehbaren Affinität zur gattungstypischen Ausgangskonstellation steht jedoch eine eher untypische Konfliktlösung entgegen. Wenn überhaupt, so handelt es sich bei allen genannten Beispielen um gescheiterte Brüder des *Wilhelm Meister*: weniger um Bildungs- als vielmehr um Desillusionsromane. Demgegenüber hat man unter Hinweis auf die einflußreiche Übersetzung des *Wilhelm Meister* durch Thomas Carlyle (1824) für die englische Romanliteratur eine von G.s Roman angestoßene Tradition des Bildungsromans geltend gemacht, die sich – unter teilweise expliziter Berufung auf das Vorbild – von Carlyles *Sartor Resartus* über Charles Dikkens' *David Copperfield* bis zu James Joyces *Portrait of the Artist as a Young Man* ziehen läßt (vgl. Jacobs, S. 154–166).

Die neuere Forschung

Die sich auf Dilthey berufende Forschung hat weniger den historischen als vielmehr den typologischen Momenten der Gattung Beachtung geschenkt. In der Auffassung des Bildungsromans als einer typisch deutschen Form gehen beide Momente sodann eine eher fragwürdige Verbindung ein. Jedenfalls konnte Kurt May auf eine lange und im Kern unangefochtene Tradition zurückblicken, als er 1957 dazu aufforderte, erneut darüber nachzudenken, ob *Wilhelm Meisters Lehrjahre* »überhaupt« und »in welchem Sinn« ein Bildungsroman sei. Seine Untersuchung kommt zu dem Ergebnis, daß die *Lehrjahre* »jedenfalls kein Bildungsroman im Sinn des klassischen Humanismus und seiner harmonischen und universalen Humanitätsidee« seien (May, S. 33). Stattdessen zeichne sich in den letzten Büchern, mit Nachdruck zumal in Jarnos Kommentar des Lehrbriefes (FA I, 9, S. 932f.), ein Bildungsideal ab, in dem ethisch-praktische und soziale Momente dominieren und das

schließlich in der Entsagungsidee der *Wanderjahre* entfaltet werde – May hätte sich auf Humboldt berufen können, dessen Protest gegen Körners ›Horenbrief‹ sein Aufsatz reinszeniert.

Ohne auf die von May vorgeschlagene Modifikation des Bildungsziels einzugehen, unterstreicht Fritz Martinis Studie über den Ursprung des Bildungsromanbegriffs bei Morgenstern die historische Bedingtheit der Form und relativiert damit zugleich die dem *Wilhelm Meister* unterstellte exemplarische Geltung. Wenige Jahre später plädiert Lothar Köhn in seinem großangelegten Forschungsbericht dafür, den Begriffen »Entwicklungs«- und »Bildungsroman« lediglich heuristischen Wert beizumessen. Auf seine Überlegung, daß ein richtiges Verständnis der Begriffe immerhin »einen Komplex interpretatorischer Zugänge« (Köhn, S. 630) erfasse, auf die zu verzichten nicht angebracht wäre, hat sodann Jürgen Jacobs die Probe gemacht. Seine Überprüfung des überkommenen Begriffs an einer Reihe von Werken führt ihn zu der Auffassung des Bildungsromans als einer »unerfüllten Gattung« (Jacobs 1972, S. 271). Was seine Interpretation bereits am klassischen Muster der Gattung aufzeigt, nämlich die Fragwürdigkeit der in der Gattung konstitutiv angelegten »runden Lösung« (Jacobs 1972, S. 278), bestätigen erst recht die jüngeren Brüder des *Wilhelm Meister* (vgl. Jacobs 1972, S. 271–278).

Jacobs konnte bereits auf eine fest etablierte Gegentradition zur konventionellen Lesart des Romans verweisen, die ihren Stammvater mutatis mutandis in Novalis hat. Zu den herausragenden Vertretern dieses Rezeptionsstranges zählt Georg Lukács, der den *Lehrjahren* einen prominenten Platz in seinem »geschichtsphilosophischen Versuch über die Formen der großen Epik« einräumt. Im theoretisch ambitionierten Rahmen einer polemischen Anknüpfung an die Problemvorgaben der Hegelschen Ästhetik, vor dem Hintergrund einer intimen Kenntnis der Schillerschen Argumente und schließlich einer subtilen Abwägung der Kritik des Novalis hat sein Verständnis des *Wilhelm Meister* als »Erziehungsroman« die Einsicht in die Brüchigkeit seiner ästhetischen Faktur zur Voraussetzung. Läßt sich der geschichtsphilosophische Standort mit der Formel einer zwar für »problematisch aber möglich« (Lukács 1974, S. 117) gehaltenen Versöhnung von Innerlichkeit und Welt bezeichnen, so sind Ironie und eine utopische Gesinnung des Dichters die romantypischen Sachwalter eines äußerst prekären ästhetischen Gelingens.

Eben das Gelingen des *Wilhelm Meister* als Bildungsroman hat seit Novalis niemand mit vergleichbarem polemischen Scharfsinn so infrage gestellt wie Karl Schlechta. Es tut dem sachlichen Gewicht seines Einspruchs gegen die konventionelle Lesart keinen Abbruch, wenn man für die grelle Beleuchtung, in die seine Interpretation die Turmgesellschaft rückt, den durch Nietzsche geschärften Blick für die nihilistischen Tendenzen der Moderne mitverantwortlich macht. Es hat einige Zeit gedauert, bis Schlechtas Kritik die ihr zustehende Beachtung durch die Forschung gefunden hat, wie sie der wichtige Aufsatz von Hans Eichner dokumentiert, der nicht zufällig auch den Athenäumsaufsatz Friedrich Schlegels wieder ins Gedächtnis ruft. Mit Hannelore Schlaffers Monographie zu den *Lehr- und Wanderjahren* hat Schlechtas Sprengung des traditionellen Rezeptionskanons in der jüngeren Forschung eine äußerst fruchtbare Nachwirkung gezeigt. Schlaffer folgt seiner These vom Untergang der existentiellen Kunstauffassung Mignons und des Harfners in der rationalen und ökonomischen Sphäre des Turms, um sodann die Aufmerksamkeit auf die mythischen Bilder zu lenken, in denen die Romane die »Erinnerung an das Verlorene, an Leid, Tod, Vergänglichkeit des Einzelnen, als ein verborgenes Wissen gegenwärtig« halten (Schlaffer, S. 12).

Wie produktiv eine Abkehr von der auf den Bildungsroman verengten Deutungsperspektive sein kann, hat nicht zuletzt die sozialgeschichtlich ausgerichtete Forschung nachdrücklich vor Augen geführt. Sie verdankt ihren entscheidenden Anstoß einer 1936 entstandenen Studie von Lukács, mit der dieser eine Art marxistisches Palimpsest seiner frü-

heren Überlegungen zu den *Lehrjahren* vorlegte. Lukács stellt den Roman in den Kontext der Auseinandersetzung mit der Französischen Revolution, deren »plebejische« Methoden G. zwar ablehne, deren gesellschaftliche und menschliche Inhalte aber mit dem humanistischen Bildungsideal der Weimarer Klassik durchaus übereinstimmten. Zugleich habe der Widerspruch zwischen den Idealen des Humanismus und der Realität der bürgerlichen Gesellschaft zur Konzeption der Turmgesellschaft als einer »Insel«, einer »Keimzelle der allmählichen Umwandlung« geführt, in deren Zeichen der Roman bereits utopisch über den Rahmen der bestehenden Gesellschaftsordnung hinausweise (Lukács 1967, S. 36).

Auch wenn Lukács' Deutung in der Folge nicht ohne Widerspruch geblieben ist, gab sie doch die entscheidenden Stichworte der Auseinandersetzung vor. So liest Giuliano Baioni die *Lehrjahre* als den bedeutendsten dichterischen Ausdruck einer von G. inaugurierten »ästhetischen Restauration« angesichts der als Bedrohung empfundenen revolutionären Ereignisse und betont gegen Lukács den restaurativen, an feudalem Landbesitz orientierten Charakter der Turmgesellschaft (Baioni, S. 338). Demgegenüber weist Dieter Borchmeyer auf die Verabschiedung des am humanistisch-aristokratischen Bild des »uomo universale« orientierten Bildungsideals in den letzten Büchern der *Lehrjahre* hin und macht auf die Nähe der Reformpläne der Turmgesellschaft zu den späteren Stein-Hardenbergschen Reformen aufmerksam (Borchmeyer, S. 200 u. S. 184). Schließlich hat Rolf-Peter Janz, der in G.s Roman den Entwurf einer auf die Harmonisierung des Klassengegensatzes von Adel und Bürgertum zielenden Gesellschaft angelegt sieht und dementsprechend die Turmgesellschaft als »aristokratische Sozietät« deutet, deren »Programmatik wesentlich bürgerlich ist« (Janz, S. 338), in der Forschung vielfach Zustimmung gefunden.

Einen interessanten Neuansatz legte Stefan Blessin vor, dessen Deutung der *Lehrjahre* sich von der These einer »Strukturhomologie« zwischen dem vom Zufall dirigierten Hand-

Franz Ludwig Catel: »Nach dem Überfall im Walde«.
Tuschzeichnung 1799

lungsverlauf des Romans und den ökono-
misch-sozialen Gesetzmäßigkeiten leiten läßt,
wie sie die Geschichtsphilosophie Kants und
vor allem die klassische Nationalökonomie des
Liberalismus in der bürgerlichen Gesellschaft
nachzuweisen suchen (Blessin, S. 14). Sozialgeschichtlich orientierte Studien haben die
Forschungsdiskussion auch in jüngster Zeit
beschäftigt. Wenn sie sich auch weiterhin im
Rahmen der skizzierten Problemvorgaben bewegen, so sind ihre Antworten auf die tradierten Fragen doch differenzierter geworden und
haben vielfach die Verbindungen zu anderen
Forschungsansätzen erfolgreich hergestellt.
Das gilt für Bernd Wittes Rückführung des
Gesellschaftsmodells der *Lehrjahre* auf die
»Transformation formaler Strukturen des ästhetischen in inhaltliche Kategorien des politischen Diskurses« (Witte, S. 124) und schließlich für Wilhelm Voßkamps Diskussion der
Lehrjahre im Rahmen der Utopieforschung.

Bei Ulrich Stadler verbindet sich die soziologische mit einer psychoanalytischen Deutung: die antirevolutionäre Botschaft der
Lehrjahre hat ihre Urszene in der unterlas-
senen ödipalen Revolte Wilhelm Meisters, die
ihrerseits sowohl im Bild vom kranken Königssohn als auch im *Hamlet* präfiguriert ist.
Kurt R. Eisslers monumentale psychoanalytische Studie hatte die *Theatralische Sendung*
ins Zentrum gerückt. Inzwischen liegt mit Per
Øhrgaards Monographie auch zu den *Lehrjahren* eine psychoanalytisch orientierte, nar-
zißmustheoretisch fundierte Monographie
vor.

Auch wenn die Bildungsromanproblematik
nicht mehr zu den zentralen Themen der neueren Forschung zählt, so fehlt es dennoch nicht
an neueren Arbeiten, die, wie etwa die Studie
Albert Bergers, den ästhetischen Anspruch der
Lehrjahre vor diesem Hintergrund eingelöst
finden oder, wie Klaus-Dieter Sorg, diese Einlösung bestreiten. Im Gegensatz dazu be-
schreitet Friedrich A. Kittler mit seiner dis-
kursanalytischen Arbeit *Über die Sozialisation
Wilhelm Meisters* neue Wege. Ihm geht es
darum, am Text der *Lehrjahre* »die epochale
Transfiguration des familialen Diskurssystems
ansichtig« zu machen, »die tiefer ist als die

politischen Umwälzungen der Epoche« (Kittler, S. 7). Die Entstehung der bürgerlichen
Kleinfamilie, deren Produkt das produktive
Individuum ist, rekonstruiert Kittler exemplarisch an der Umarbeitung der *Theatralischen
Sendung* zu den *Lehrjahren*, die er als einen
für die Sozialisation des Helden entscheidenden »Wandel von patrilinear-konjugaler zu ma-
trilinear-sozialisierender Familie« dechiffriert
(Kittler, S. 22). Mit einem methodisch an Michel Foucault und Jacques Lacan geschulten
Ansatz versucht auch Jochen Hörisch G.s Roman gegen den Strich der etablierten Deu-
tungstraditionen zu lesen; ihm gelingt es, Momente glückhafter Selbsterfahrung aufzuspüren, die sich eben nicht im Ideal gelungener
Bildung, sondern in den Lücken des im Bildungsroman als irreversibel dargestellten Zi-
vilisationsprozesses eröffnen. Auch in der mit
eher konventionellen Methoden arbeitenden
Forschung vollzieht sich der Abschied vom Paradigma »Bildungsroman«. So plädiert Hans-
Jürgen Schings, der mit seinen materialreichen Studien neue Einblicke in das ideen- und
motivgeschichtlich verbürgte Gestaltungsprinzip der *Lehrjahre* eröffnet hat, dafür, den
Begriff auf sich beruhen zu lassen und verweist
den Leser stattdessen auf die vom Roman
selbst angebotenen Kategorien: »Heilung, Lebenskunst, Glück« (Schings, Komm. in MA 5,
S. 643).

Bildungskonzeptionen

»Daß ich dir's mit Einem Worte sage, mich
selbst, ganz wie ich da bin, auszubilden, das
war dunkel von Jugend auf mein Wunsch und
meine Absicht« (FA I, 9, S. 657). Jedenfalls in
der Deutungsgeschichte der *Lehrjahre* hat
Wilhelms Wort an die Adresse seines Jugendfreundes Werner nachhaltigen Widerhall gefunden. Nicht wenige Leser werden erstaunt
sein, es nicht am Beginn des Romans zu finden, sondern in seiner Mitte. Dennoch ist die
ostentative Entschiedenheit Wilhelms weniger eine Folge reiflicher Überlegung als viel-

mehr ein Effekt situativer Polemik. Noch kurz zuvor hatte ihn die Nachricht vom Tode seines Vaters in einen Zustand versetzt, in dem er sich immer mehr von der erstrebten »heilsamen Einheit« entfernt fand und es seinen Leidenschaften um so leichter war, »ihn über das was er zu tun hatte nur noch mehr zu verwirren« (FA I, 9, S. 652). Am Scheideweg zwischen ökonomischer Vernunft und theatralischer Sendung bewirkt erst Werners lustiges Bekenntnis zum unbeschränkten Besitzstreben die vom »heimlichen Geist des Widerspruchs« (FA I, 9, S. 656) getriebene Parteinahme Wilhelms für die entgegengesetzte Seite.

Das Bildungsideal, das er in seiner Erwiderung darlegt, steht im Einklang mit den Forderungen, die seine Analyse des *Hamlet*-Dramas entwickelt. Seine Leitmotive: Autonomie (»mich selbst« [FA I, 9, S. 657]), Totalität (»ganz, wie ich da bin« [ebd.]) und Harmonie (»harmonische Ausbildung meiner Natur« [FA I, 9, S. 659]) sind weniger ethischer denn ästhetischer Provenienz. Insofern bedingen Bildung und Theater einander inniger noch, als es Wilhelm bewußt ist. Die Bühne ist mehr als nur die Kompensation der sozialen Herkunft, die ihn an der Realisierung seines argumentativ am höfischen Ideal repräsentativer Öffentlichkeit orientierten Bildungswunsches hindert. Die Erfahrungen auf dem gräflichen Schloß haben ihm längst gezeigt, wie wenig der Adel seinen Idealvorstellungen entspricht. Jarno, dessen Wort von den »hohlen Nüssen« (FA I, 9, S. 535) gleichermaßen seinen adligen Standesgenossen und ihren ästhetischen Idealen galt, tritt denn auch als Fürsprecher Shakespeares vor Wilhelm. Auf der Bühne, wo Wilhelm sodann mit seiner Hamlet-Inszenierung reüssiert, findet er nicht eigentlich einen Ersatz für das antiquierte Ideal repräsentativer Öffentlichkeit, sondern er ersetzt es, indem er es ästhetisch umformt. Das Theater gilt ihm zugleich als Mittel und als Zweck der Bildung. Wie die Ausbildung von Geist und Geschmack für ihn »nur auf dem Theater zu finden ist«, so erscheint »auf den Brettern [...] der gebildete Mensch so gut persönlich in seinem Glanz als in den obern Klassen« (FA I, 9, S. 659). Der pauschale Rekurs auf die »Verfassung

der Gesellschaft« in diesem Zusammenhang dient ihm allein dazu, das ästhetische Bildungskonzept als legitimen Anspruch des Individuums zu akzentuieren. Damit ist er seinem vermeintlichen Widersacher Werner näher, als er glaubt. Sein trotziger Entschluß, zunächst an sich selbst zu denken, dürfte durchaus Werners Zustimmung finden, der seinem Geschäftspartner Lothario später versichert, daß er in seinem Leben »nie an den Staat gedacht habe« (FA I, 9, S. 887). Wilhelms Position erweist sich weniger als Negation derjenigen Werners denn als ihre Kehrseite. So verschmäht er weder die gelegentlichen Segnungen des von Werner verwalteten gemeinsamen Vermögens noch mag er sich über die »herrschenden Vorurteile« hinwegsetzen, die ihn vielmehr zur Änderung seines Namens veranlassen (FA I, 9, S. 660). Hatte vor der Niederschrift des Briefes der heimliche Geist des Widerspruchs seine Hand im Spiel, so sind es an deren Ende nicht weniger heimlich vertraute Mächte, die die Unterzeichnung des Kontraktes mit dem fingierten Namen begleiten. Während Wilhelm mechanisch schreibt, reinszeniert seine Einbildungskraft »durch eine unerklärliche Verknüpfung von Ideen« die Begegnung mit der schönen Amazone (FA I, 9, S. 660).

Nicht nur der unmittelbare Kontext gibt Veranlassung, an der Verbindlichkeit der Bildungsidee Wilhelms zu zweifeln. Schon während der Initiationsszene im Turm mag er selbst nicht ausschließen, daß er »da Bildung suchte, wo keine zu finden war« (FA I, 9, S. 873). Die Zweifel gelten aber nicht nur dem Mittel, sondern auch dem Ziel der Bildung. Der Lehrbrief und erst recht Jarnos Kommentar nämlich lassen sich als ein Widerruf seines im Brief an Werner entwickelten Ideals lesen. Den Erläuterungen Jarnos gemäß, bezieht sich die erste Hälfte des Lehrbriefs auf die »Ausbildung des Kunstsinnes«, während die zweite vom Leben handelt (FA I, 9, S. 929). Von Kunst ist zu Beginn des Lehrbriefs in Anlehnung an den berühmten Aphorismus des Hippokrates: »Vita brevis, ars longa« – allerdings zunächst in einem umfassenden Sinne – die Rede.

Im Griechischen bezeichnet ›techne‹, lateinisch ›ars‹, den Inbegriff des auf praktische Fertigkeiten gerichteten Wissens. Der ständig wachsenden Masse dieses Wissens gegenüber erweist sich das Leben des einzelnen als zu kurz. Wie die folgenden Überlegungen zur Nachahmung und zur Lehre zeigen, schließt sich der Lehrbrief einer bestimmten Auslegung des Aphorismus an. Er betont die Tradierbarkeit des Wissens, mit der schon die antike Exegese gegen die nicht selten vertretene skeptizistische Lesart des als dunkel geltenden Ausspruchs argumentiert hatte. Noch im Zeitalter der Aufklärung besteht die Aktualität der Schriften des Hippokrates für G. darin, daß sie einem auf Erfahrung gegründeten Welt- und Wissenschaftsverständnis als leuchtendes Beispiel dafür gelten konnten, »wie der Mensch die Welt anschauen und das Gesehene, ohne sich selbst hinein zu mischen, überliefern sollte« (*Dichtung und Wahrheit*, WA I, 28, S. 339). Da wir aber, wie es an gleicher Stelle heißt, »nicht sehen können wie die Griechen, und [...] niemals wie sie dichten, bilden und heilen können«, legt auch der Lehrbrief – nunmehr explizit dem »Künstler« – die Einsicht nahe, daß »nur Ein Teil der Kunst [...] gelehrt werden« könne (FA I, 9, S. 874). Später wird Natalie dazu auffordern, in der Verfasserin der *Bekenntnisse* ein Vorbild »nicht zum Nachahmen, sondern zum Nachstreben« (FA I, 9, S. 898) zu sehen. Entsprechend verlangt der Lehrbrief von der echten Lehre des Künstlers, daß sie durch seine Tat »den Sinn« aufschließen solle. Mit dieser tätigen Nachahmung wird er seinem Schüler zum Vorbild, der sich dem Meister dadurch nähert, daß er lernt, »aus dem Bekannten das Unbekannte« zu entwickeln (FA I, 9, S. 875; vgl. *Wilhelm Meisters Wanderjahre. Aus Makariens Archiv*; FA I, 10, S. 724f.).

Während Wilhelm in seiner »Neigung zur Dichtkunst« (FA I, 9, S. 659) geradezu die Garantin seiner Bildung erblickt, legt der Lehrbrief nahe, auch diese Kunst aus dem umfassenden Horizont der ›techne‹ zu verstehen. Den Sinn für die Bedeutung der ›techne‹ zu schärfen, ist das leitende Interesse der in diesem Teil des Lehrbriefs verhandelten »Ausbildung des Kunstsinnes«. Damit werden die Differenzen zu Wilhelms ästhetischem Bildungskonzept greifbar. Bildung ist nicht Entwicklung eines inneren Besitzes, sondern produktive Anverwandlung eines Vorhandenen. Im Zentrum steht nicht das auf seine Authentizität sich berufende, sondern das im Kontinuum der Tradition als Teil der Menschheit sich erfahrende Individuum. Diese Grundgedanken beherrschen auch den zweiten, dem Leben geltenden Teil des Lehrbriefs. Am nachdrücklichsten kommt dies in den Sentenzen zum Ausdruck, die zugleich den maximalen Gegensatz zu Wilhelms Ideal markieren: »Nur alle Menschen machen die Menschheit aus, nur alle Kräfte zusammengenommen die Welt« (FA I, 9, S. 932). Im Anschluß an ein grundlegendes Theorem der Geschichtsphilosophie Kants begreift der Lehrbrief die Menschheit als eine über den Antagonismus der partikularen Interessen sich herstellende, dynamische Totalität. Die Menschheit, nicht das einzelne Individuum, ist das Subjekt der Bildung; folglich stellt sich ihr Ideal auch »nicht in Einem, sondern in vielen« dar (FA I, 9, S. 933). Mit seiner Einschränkung der zentralen Stellung der (schönen) Kunst, seiner Betonung des Handwerklichen, der Tätigkeit, des Historischen und des Sozialen resümiert der Lehrbrief stichwortartig das Selbstverständnis der Turmgesellschaft.

Aber auch der Lehrbrief bleibt vom heimlichen Geist des Widerspruchs nicht verschont. Wie der Brief Werners, trifft auch Jarnos Erläuterung auf einen durch die Ereignisse einmal mehr verwirrten, leidenschaftlich und verdrießlich gestimmten Adressaten, zu dessen Unmut die fühlbar folgenlos gebliebene feierliche Erklärung des Endes seiner Lehrjahre nicht unerheblich beigetragen hat. Und ähnlich wie die Vision der Amazone sich einer rational nicht faßbaren Logik verdankte, bezeugt Wilhelms abschließende Bemerkung auf »alle die klugen und guten Worte Jarno's« (FA I, 9, S. 935) eine den rationalen Diskurs unterlaufende Schlagfertigkeit: »Ich dächte man überließe die Liebhaberei, Heiraten zu stiften, Personen die sich lieb haben« (ebd.). Der Schluß des Romans wird ihm Recht geben. Unabhängig von allen Planungen und programmatischen Bekundungen darf er sich schließlich glücklich schätzen. Sogar Jarno, in dem die auf planende Vernunft setzenden Weisheiten des Lehrbriefs einen sachkundigen Exegeten haben, macht dem Irrationalen überraschende Konzessionen. Angesichts der Verwirrung, die Wilhelm beklagt, scheinen auch ihm die Sentenzen wenig hilfreich: Das »gute Glück mag uns wieder heraushelfen« (FA I, 9, S. 930), lautet sein Bescheid, bevor er sich unverdrossen wieder dem Lehrbrief zuwendet. Nicht anders als im Falle des Briefes an Werner, wird dessen Aussage nicht gänzlich dementiert, aber doch durch eine ihrer Ratio zuwiderlaufende Logik entscheidend relativiert. Sie eröffnet einen Kontext jenseits des Antagonimus der beiden Bildungsauffassungen. Was Wilhelm im Namen von Bildung sich vornimmt, erlangt er nicht und was er erlangt, mag er sich nicht als Verdienst zuschreiben. Im Verlauf der Handlung allerdings scheinen sich mit seinem Abschied vom Theater die Gewichte zugunsten der Turmgesellschaft zu verschieben. Am Ende jedoch triumphiert der Glücksanspruch des Individuums wider alle Vernunft über die geschichtsphilosophisch legitimierte Hegemonie der vielen über den einzelnen.

Die Auffassung der *Lehrjahre* als Bildungsroman versucht nicht zuletzt der Tatsache Rechnung zu tragen, daß in der langwierigen Entstehungsgeschichte des Romans der Theaterroman durch eine umfassendere Konzeption abgelöst wurde. Auch Deutungen, die die *Lehrjahre* in die Tradition der Schwärmer- und Dilettantismuskritik einrücken, wie sie in der zeitgenössischen Literatur durch die Romane Wielands und Moritz' prominent vertreten ist, gehen von diesem Befund aus. In beiden Fällen ist damit aber eine Zentralstellung des Protagonisten unterstellt, die die *Lehrjahre* ebensowenig durchhalten wie sie die Bereitstellung von Kriterien verweigern, an denen der Erfolg der Therapie oder eben der gelungene Abschluß des Bildungsprozesses zu bemessen wäre.

Sucht man nach einem Gegenstand, der sowohl in der ursprünglichen als auch in der endgültigen Konzeption durchgängiges Interesse beansprucht, dann ist es die Kunst. Nicht zufällig spielt sie in beiden Bildungsentwürfen eine bedeutende Rolle. Es bedeutet keine Widerlegung, sondern vielmehr eine Bestätigung dieser Auffassung, wenn sowohl der Lehrbrief als auch die letzten Bücher des Romans insgesamt einen veränderten Stellenwert der Kunst dokumentieren. Die Kunst ist der Sachgehalt der *Lehrjahre*. Daß der Roman diesen Sachgehalt in Gestalt der Frage nach dem Schicksal der Kunst behandelt, bezeugt seinen historischen Standort und zugleich seinen Anspruch auf Aktualität.

Das Schicksal der Kunst

Die Kunst begegnet in den *Lehrjahren* in unterschiedlichen Ausprägungen, deren extreme Pole durch Mignon und den Harfner auf der einen sowie den Oheim und die Turmgesellschaft auf der anderen Seite markiert werden. Zwischen diesen Extremen eröffnet sich die Welt des Theaters, in der Wilhelm zunächst die Erfüllung seiner Sendung sucht. Friedrich Schlegel hat als erster auf die »Naturgeschichte des Schönen« (KA II, S. 132) aufmerksam gemacht, die dem Roman, jenseits der durch das Schicksal des Helden und die Verflechtung der Motive gestifteten Einheit, eine untergründige Kohärenz verleiht. G.s polemische Bemerkung im Gespräch mit dem Kanzler von Müller, er habe den Roman des Charakters Mignons wegen geschrieben (von Müller, 29.5. 1814), läßt sich auf diese Beobachtung beziehen.

Als »Rätsel« (FA I, 9, S. 451) bei ihrem ersten Auftritt vorgestellt, ist dieses Prädikat sowohl auf ihre Person als auch auf ihre Kunstfertigkeiten zu beziehen. Im Lichte ihrer zuletzt aufgeklärten Herkunft erschließt sich Wilhelm zwar »manches Lied, manches Wort dieses guten Kindes« (FA I, 9, S. 902). Von dieser Aufklärung aber bleibt unberührt, daß Lieder, Musik und Tanz für sie und den Harfner genuine und ausschließliche Formen der Mitteilung sind. »Sie sprach noch immer sehr gebrochen deutsch«, heißt es über Mignon, »und nur wenn sie den Mund zum Singen auftat, wenn sie die Zither rührte, schien sie sich des einzigen Organs zu bedienen, wodurch sie ihr Innerstes aufschließen und mitteilen konnte« (FA I, 9, S. 626).

Die Gegenstände der Lieder: Einsamkeit, Sehnsucht, Leid und Schicksal bezeichnen die Grenzen des Verstandes ebenso wie Gesang und Rezitation die der diskursiven Sprache. Wiederholt sieht sich der Erzähler genötigt, die Untauglichkeit seiner Mittel einzugestehen, das im Lied Ausgedrückte in der Prosa des Romans wiederzugeben. Die Übersetzungsprobleme, mit denen Wilhelm bei der Aufzeichnung des ursprünglich in italienischer Sprache vorgetragenen Italien-Lieds konfrontiert wird, betreffen nicht nur die Differenz der Sprachen und die Originalität der Wendungen, sondern mehr noch die »kindliche Unschuld des Ausdrucks« und den unvergleichlichen »Reiz der Melodie« (FA I, 9, S. 504). Und auch bei Gelegenheit des Besuches Wilhelms beim Harfner resigniert der Erzähler davor, »die Anmut der seltsamen Unterredung« ausdrücken zu können (FA I, 9, S. 493). Das im Gedicht formulierte Schweigegebot Mignons (FA I, 9, S. 726 f.) ist beredter als die ihm unmittelbar folgenden wortreichen *Bekenntnisse einer schönen Seele*, deren Verfasserin übrigens dem Kreis der »Stillen im Lande« (FA I, 9, S. 762) zugehört. Andererseits stellt der Erzähler selbst die Verbindung zur pietistischen, erbaulichen Liederpredigt her, um die Wirkung des Gesanges zu schildern, mit dem der Harfner Empfindung und Einbildungskraft seines Gastes bewegt (FA I, 9, S. 493).

Die religiösen Assoziationen, die die Lieder erwecken, werden nur unzureichend durch den Hinweis auf die religiöse Atmosphäre erklärt, die die Herkunft der beiden Figuren prägt. Religiöses, Kultisches steht am Ursprung der Poesie, der Kunst selbst. Auf diese Genealogie spielt der Topos vom Dichter als dem »Lehrer, Wahrsager, Freund der Götter und der Menschen« (FA I, 9, S. 435) an, den Wilhelm gelegentlich aufgreift. Seine mit Enthusiasmus, aber auch im geheimen Wissen

um ihre Unzeitgemäßheit vorgetragene Apotheose des Dichters antizipiert den Gesang des Harfners und die Umstände seiner Aufnahme durch die Tischgesellschaft (FA I, 9, S. 483 f.). In die Urgründe der Kunst weist auch Mignons Ausgelassenheit nach der Premierenfeier. »Bis zur Wut lustig« rast sie, das Tamburin schlagend um den Tisch, »einer Mänade ähnlich, deren wilde und beinah unmögliche Stellungen uns auf alten Monumenten noch oft in Erstaunen setzen« (FA I, 9, S. 695). Während die Schauspieler weinselig die erfolgreiche Aufführung des Trauerspiels feiern, in dem die Moderne ein melancholisches Abbild ihrer selbst findet, erinnert Mignons bacchantischer Exzeß an den kultischen Ursprung der Tragödie. Auf der Folie des Dionysos-Mythos erhalten die Attribute der Szene und manche der Person Mignons anspielungsreichen Sinn. Nicht zufällig vermischen sich in ihnen die musikalischen und tänzerisch-rhythmischen Keimzellen des tragischen Dithyrambus mit den ekstatisch-orgiastischen Ausschweifungen der den Weingott begleitenden Mänaden. Mit durch den Mythos gestifteter Konsequenz endet der Abend, der mit einem Weingelage begann, in einer Nacht, in der sich der Biß in Wilhelms Arm nur allzu gut auf den Kuß reimt, der seinen Mund verschließt (FA I, 9, S. 696).

Wilhelms Traum vom Dichterberuf wird in der Gestalt des Harfners zum Alptraum. Unheilbarer Wahnsinn vertritt die Stelle der gottgesandten Mania und soziale Isolation bezeichnet den Preis der Erwähltheit. Nur partiell und vorübergehend eröffnet das Theater Mignon und ihm eine Zuflucht. Auch für Wilhelm bedeutet die Welt des Schauspiels nicht zuletzt eine Möglichkeit, der Prosa des bürgerlichen Alltags zu entkommen. Zu diesem eher existenziellen Aspekt seiner theatralischen Sendung, wie sie noch einmal in seiner Shakespeare-Lektüre und in seiner identifikatorisch-spielerischen Auseinandersetzung mit dem Werk des Namenspaten zum Ausdruck kommt, hat Mignon, worauf der Erzähler dezent hinweist (FA I, 9, S. 545 bzw. S. 574), unmittelbar Zugang. Dem Schauspiel selbst und erst recht der Bühne steht sie ablehnend gegenüber. So weigert sie sich, den Eiertanz, wie von Wilhelm gewünscht, auf der Bühne zu tanzen und möchte bei dieser Gelegenheit ihn selbst auch »von den Brettern« fernhalten (FA I, 9, S. 532). Wenig später versucht sie, ihm bei der Unterschrift unter den Kontrakt mit Serlo die Hand wegzuziehen (FA I, 9, S. 660f.). So nahe sie Wilhelm bei seiner Lektüre ist, so fern steht sie den theoretischen und dramaturgischen Erörterungen des *Hamlet*. In diesen Gesprächen jedoch bildet Wilhelm ein Kunstverständnis aus, das ihn für die »zusammentreffende Kunst« (FA I, 9, S. 920) des Saales der Vergangenheit empfänglich macht und ihm ermöglicht, sofern er »sichs in theatralische Terminologie« übersetzt (FA I, 9, S. 953), verstehend an den Kunstgesprächen teilzunehmen, die der Marchese mit dem Abbé führt.

Der Grad der gesellschaftlichen Akzeptanz bezeichnet am sichtbarsten die Trennungslinie dieser Kunstauffassung zur ungeformten und ursprünglichen Gestalt der Kunst, wie Mignon sie repräsentiert. Eine tiefergehende Demarkationslinie betrifft die zugleich hellsichtigen und todverbundenen Kräfte des Unbewußten. Während sie Mignon ungeleitet und (selbst-)zerstörerisch beherrschen, gelingt dem ästhetischen Schein wenn schon nicht ihre Versöhnung, so doch ihre Darstellung. Bezeichnend genug gelten die Gespräche über *Hamlet* weniger dem Gegenstand des Dramas als seiner Darstellung im Drama. Andeutungsweise werden in diesen Zusammenhängen Schichten des künstlerischen Selbstverständnisses G.s absehbar, die höchst bedrohliche Mächte am Ursprung der klassizistischen Doktrin erahnen lassen.

Die soziale Tolerierung der Kunst ändert jedoch nichts an ihrer Marginalisierung in einer Gesellschaft, in der der ökonomische Nutzen das herrschende Prinzip ist. Für Werner ist die Erinnerung an das Puppenspiel mit der Freude an dem finanziellen Vorteil verbunden, den er von Wilhelms »theatralischen Feldzügen« zog »wie Lieferanten vom Kriege« (FA I, 9, S. 388). Allenfalls die erfahrungsgemäß als Kehrseite des bürgerlichen Erwerbslebens anfallende »so manche leere Zeit« (FA I, 9, S. 434) möchte er der Beschäftigung mit der Kunst reservie-

ren. Es ist diese Depotenzierung der Kunst zur unverbindlichen Freizeitbeschäftigung, die im gleichen Atemzug den Bildungswert des Reisens preist (FA I, 9, S. 655f.), die Wilhelms instinktiven und um so heftigeren Widerspruch provoziert. Aber auch dieser Widerspruch trägt das Stigma der historischen Stunde, gegen die er rebelliert. Das unzeitgemäße Ideal der repräsentativen Öffentlichkeit und die Aporie der Nationaltheater-Idee verdeutlichen dies unerbittlich.

Den Befund, daß die Zeiten der Kunst nicht günstig sind, bestätigt auch das Schicksal der Kunstsammlung des Großvaters, mit der Wilhelm aufwächst. Zu Recht hat Schiller in ihr eine »mitspielende Person« erkannt (an G., 28.6. 1796). Von Wilhelms Vater verkauft, um den Erlös gewinnbringend zu investieren, findet der kunstbegeisterte Enkel sie an einem würdigen Ort wieder. Die in der Initiationsszene aufgeworfene und von Wilhelm irritiert aufgegriffene Frage nach ihrem Verbleib (FA I, 9, S. 872f.) läßt sich als die Frage des Romans nach dem Schicksal der Kunst unter den Bedingungen der Moderne reformulieren. Die Frage lenkt die Aufmerksamkeit auf die Turmgesellschaft, die nicht nur der Sammlung des Großvaters eine Heimstatt gibt, sondern im Saal der Vergangenheit auch die letzte Ruhestätte Mignons bereithält.

Als Sammler, der Liebe zur Kunst mit großem Sachverstand vereint, ist der Oheim ein Geistesverwandter des Großvaters. An seiner Kunstauffassung ist nicht allein die Korrektur bemerkenswert, die er an Wilhelms Ideal einer harmonischen Ausbildung vornimmt, indem er es in den Kontext einer durch »Entschiedenheit und Folge« bestimmten tätigen Zuwendung zur Welt stellt (FA I, 9, S. 778). Nicht übersehen werden sollte daneben der defensive Zug, der seine Überlegungen entscheidend charakterisiert. Weit entfernt, die Menschen zu tadeln, versucht er vielmehr die »verwickelte Lage, in der sie sich befinden« (ebd.), kulturkritisch zu diagnostizieren. Die großen Städte, die Zeitungslektüre und das Phänomen des Tourismus sind die exemplarisch herausgegriffenen Symptome, an denen sich ihm eine Kultur der Zerstreuung bezeugt,

die der Aufnahme wahrer Kunst extrem ungünstig ist. Entsprechend gehen die Betrachtungen des Marchese von der Beobachtung
aus, »daß vortreffliche Kunstwerke in der neuern Zeit so selten seien« (FA I, 9, S. 953). Die
Ursache erkennt er in der allzu bereitwilligen,
den Zeitumständen geschuldeten Akkomoda-
tion des Künstlers an den Publikumsgeschmack, der ihm seine Mittelmäßigkeit mit
Geld und Lob honoriert. Durch diese wechselseitige Nivellierung von Künstler und Publikum stabilisiert sich ein Zustand, bei dem man
»wenig Lust an der Gegenwart, und für die
Zukunft wenig Hoffnung« (FA I, 9, S. 954) hat.
In der Abkehr von der Gegenwart, im Studium
der Geschichte der Kunst sowie ihrer handwerklichen Voraussetzungen sieht deshalb der
Oheim (FA I, 9, S. 780) das Gebot der Stunde.
So ist die Kunst im Umkreis des Turms kein
Gegenstand der Ausübung, sondern einer der
Betrachtung. An die Stelle des Theaters tritt in
den letzten Büchern der *Lehrjahre* die bil-
dende Kunst; an die Stelle der öffentlichen
Bühne das private Kabinett.

Sinnfälliger Ausdruck dieses Wandels ist
der Saal der Vergangenheit. Er gehört zum
Haus des verstorbenen Oheims wie der Turm
zu Lotharios wunderlichem Schloß. In der Architektur der Gebäude spiegelt sich der Geist
ihrer Bewohner. Die »reinste, schönste, würdigste Baukunst« (FA I, 9, S. 896), die Wilhelm
im Haus des Oheims vorfindet, läßt ihn zugleich in Natalie die »würdige Priesterin«
(FA I, 9, S. 899) dieses »Tempels« (ebd.) erkennen. Entsprechend ist die unregelmäßige Anlage von Lotharios Wohnung ein getreues
Spiegelbild seiner von Jarno gepriesenen dynamischen, zugleich destruktiven und konstruktiven Tatkraft (FA I, 9, S. 954). Während
jedoch das in dem geheimnisvollen Turm aufbewahrte »Archiv unserer Weltkenntnis« (FA I,
9, S. 930) von den Mitgliedern der Turmgesellschaft als Reliquie längst überwundener Anfänge belächelt wird, ist der Saal der Vergangenheit durchaus auf Dauer angelegt.

Vergangenes ist in ihm nicht nur aufbe-
wahrt, sondern der Vergangenheit entwunden.
Schon beim Eintritt erweist sich die erwartete
Totengruft als eine Stätte des Lebens. Wie die

Pictura eines Emblems in der Subscriptio ihre
Auslegung findet, so die Architektur des Saales in der Mahnung des Oheims: »Gedenke zu
leben«. Eine ungleich intensivere Botschaft
empfängt Wilhelm indes von den »unzähligen
Bildern« (FA I, 9, S. 921), die dem Saal den
Charakter eines Museums verleihen. In Wilhelms tastenden Versuchen, seinen Eindruck
zu beschreiben, werden die Umrisse eines der
klassizistischen Kunsttheorie entsprechenden
Begriffs ästhetischer Erfahrung absehbar, dem
Schiller als eine seiner entscheidenden Bestimmungen die Fähigkeit zuerkennt, »die
Zeit i n d e r Z e i t aufzuheben« (SNA 20,
S. 353). Noch in der absichtsvollen Paradoxie
der theoretischen Formel klingt die Schwierigkeit einer diskursiven Beschreibung des Eindrucks nach, von dem Wilhelm sich keine Rechenschaft zu geben vermag. Wie schon im
Falle der Lieder Mignons stößt der Prosaerzähler auch hier an die Grenzen seiner Kunst.
Im Irrealis bringt er zum Ausdruck, was ihm
realiter auszudrücken versagt ist: »Und gewiß!
könnten wir beschreiben« – was eben nicht zu
beschreiben ist –, »so würden wir den Leser an
einen Ort versetzen, von dem er sich sobald
nicht zu entfernen wünschte« (FA I, 9, S. 922).
Aber weder dem Leser noch dem Protagonisten ist es vergönnt, zu verweilen. An seinen
Kommentar anschließend, lenkt der Erzähler
den Blick auf den Sarkophag und ruft mit der
Erinnerung an den Erbauer des Saales auch
dessen Memento ins Gedächtnis.

Im Kreise der Turmgesellschaft entgeht die
Beschäftigung mit der Kunst nicht dem Primat
der tätigen Zuwendung zum Leben, wie sie
Lotharios Zukunftsplanung beispielhaft vorführt. Vor diesem Hintergrund erscheinen der
Rückzug der Kunst ins Private und ihre Historisierung nur allzu folgerichtig. Kunstgeschichte soll jedoch ästhetische Erfahrung
nicht ersetzen, sondern allererst ermöglichen.
Sie wird denn Wilhelm auch erst in der zeitlichen und räumlichen Distanz des Saales der
Vergangenheit zuteil. Der Saal bezeugt somit
auf seine Weise die Unumkehrbarkeit einer
Entwicklung, in deren Zeichen sich schließlich auch die scheinbar so schroff entgegengesetzten Welten des Oheims und Mignons ein-

ander annähern. In dem schön gearbeiteten Sarkophag im Saal der Vergangenheit nimmt »jenes feste Haus« Gestalt an, von dem Mignon in ihrem Abschiedsgesang spricht (FA I, 9, S. 895). Als vom Oheim geliebtes »Werk des Altertums« (FA I, 9, S. 922) erinnert der Sarkophag die antiken und mythologischen Attribute, vor deren Hintergrund Mignons Gestalt sich abzeichnet. Und nicht zufällig lenkt Natalie Wilhelms Aufmerksamkeit auf die musikalischen Vorlieben des Oheims und die entsprechenden Vorkehrungen im Saal; gelten doch die Exequien, bei deren Feier sie zur Geltung kommen werden, einem Wesen, das in seinem Innersten von Musik durchdrungen ist. G.s Wort von der Architektur als einer »verstummten Tonkunst« (MuR, 1133), die den verhallenden orgiastischen Tönen in ihrer maßvollen Harmonie bleibende Gestalt verleiht, liest sich wie ein nachträglicher Kommentar zu einer der Schlüsselszenen der Lehrjahre.

Die Exequien erfüllen mit der Aufbahrung Mignons in ihren Engelskleidern und der mit allen Mitteln ärztlicher Kunst bewerkstelligten Konservierung des entseelten Körpers das Geheiß ihres Abschiedsgesangs, dessen Anfangszeilen lauten: »So laßt mich scheinen, bis ich werde, / Zieht mir das weiße Kleid nicht aus!« Mit dem »schönen Gebild der Vergangenheit« (FA I, 9, S. 895), das die Exequien dem Marmor anvertrauen, bewahren sie das Vermächtnis Mignons. Zugleich reinszenieren sie die Botschaft des Saals der Vergangenheit: Dem kunstvoll erhaltenen »Schein des Lebens« (FA I, 9, S. 958) nämlich tritt die Mahnung zur Rückkehr ins Leben an die Seite, die der Wechselgesang beschwörend erinnert.

In Gestalt eines Leichenbegängnisses wird das Schicksal der Kunst noch einmal vor Augen geführt. Galt bisher die Aufmerksamkeit primär den veränderten Bedingungen der Kunstrezeption, so lenkt Mignons Vermächtnis den Blick nunmehr auf die Bedingungen der Kunstproduktion in einer Gegenwart, der die Kunst zum Opfer zu fallen droht. Der schöne Schein, den Mignon zurückläßt, wird zum Reservat der ursprünglichen, ungeformten und destruktiven Gewalten, deren Erinnerung ihre Gestalt und ihre Lieder in den Lehrjahren wachhielten. Diese Gewalten stehen ebenso am historischen Ursprung der Kunst, wie sie in jedem künstlerischen Produktionsprozeß erneut zu bewältigen sind. Zu Recht hat Benjamin deshalb Mignon als eine der »Goetheschen Schutzgöttinnen des schönen Scheins« bezeichnet (Benjamin, Bd. 3, S. 415).

In den Lehrjahren wird der schöne Schein zum Gegenstand der Kunst und die Prosa zum Medium seiner poetischen Reflexion. So sieht sich der Prosaerzähler sowohl bei seinem Versuch, die Wirkung der Lieder Mignons wiederzugeben als auch bei seinem Versuch, den Eindruck des Saales der Vergangenheit zu schildern, veranlaßt, an die Grenzen seiner Kunst zu erinnern. Die Prosa wird ihm zu Medium, nicht den schönen Schein zu erzeugen, sondern auf die Bedingungen seiner Erzeugung aufmerksam zu machen.

»Denn die Zeit des Schönen ist vorüber, nur die Noth und das strenge Bedürfniß erfordern unsre Tage« (WA III, 1, S. 266). Diese Einsicht hält eine nicht in die Italienische Reise aufgenommene Notiz aus dem Reisetagebuch von 1786 fest. Ein Jahr nach dem Abschluß des Wilhelm Meister beschreibt G. anläßlich eines Besuchs in seiner Geburtsstadt das dortige Großstadtpublikum: »Es lebt in einem beständigen Taumel von Erwerben und Verzehren, und das was wir Stimmung nennen, läßt sich weder hervorbringen noch mittheilen, alle Vergnügungen, selbst das Theater, sollen nur zerstreuen und die große Neigung des lesenden Publicums zu Journalen und Romanen entsteht eben daher, weil jene immer und diese meist Zerstreuung in die Zerstreuung bringen« (an Schiller, 9.8. 1797). Gerade als Roman machen die Lehrjahre die Probe auf diese illusionslose Zustandsbeschreibung, in der die Poesie, »so unbequem wie eine treue Liebhaberinn« (ebd.), ihr Anliegen vergeblich dem Publikum nahezubringen sucht.

G.s Roman ist aber nicht nur eine Reflexion auf die Unzeitgemäßheit der Poesie, sondern zugleich auch der Versuch, sie unter diesen Bedingungen zurückzugewinnen. Die Lehrjahre enden weder mit den Exequien Mignons noch mit der Verleihung des Lehrbriefes an den Helden, sondern damit, daß Wilhelm

Meister ein ihm selbst kaum faßbares Glück erlangt, das er »mit nichts in der Welt vertauschen möchte«. Mit diesem ebenso überraschenden wie glücklichen Ende entspricht der Roman den konventionell an die Gattung herangetragenen Erwartungen in einer Weise, die schon das Mißbehagen Schillers auf den Plan rief. Der Roman mache nicht unproblematische Anleihen beim Epos. Wenn G. zum Zwecke der geheimen Führung Wilhelms die Turmgesellschaft einerseits einer Art deus ex machina annähere, sie andererseits aber zu einer bloßen Grille erkläre, nehme er die Hilfe des im Epos durchaus legitimierbaren nur in Anspruch, um sie in seinem Roman gleich wieder zu dementieren (an G., 8.7. 1796). Die Einwände lassen das Ausmaß der künstlerischen Herausforderung ahnen, auf die G. in seinem Roman eine Antwort finden mußte. Schiller trifft wohl das Entscheidende, wenn er später seine Kritik in der Bemerkung resümiert, daß »die Form des Meisters, wie überhaupt jede Romanform [...] schlechterdings nicht poetisch« sei, weil sie »ganz nur im Gebiete des Verstandes« liege (an G., 20.10. 1797).

Die damit angesprochene äußerst diffizile Kalkulation der künstlerischen Faktur der *Lehrjahre*, die sich in der Ironie des Handlungsverlaufs ebenso wie in der ironischen Relativierung der eben nur scheinbar verbindlichen Bildungskonzeptionen geltend macht, ist indes nur ein Reflex des Sachgehaltes dieses Romans. Die ironische Struktur, die zum entscheidenden Garanten des künstlerischen Gelingens wird, bezeugt das Schicksal der Kunst, von der der Roman handelt, noch durch die Art und Weise, wie er es behandelt. »Gerade seine Unvollkommenheit hat mir am meisten Mühe gemacht« (an Schiller, 30.10. 1797), hat G. rückblickend über seinen Roman gesagt. Diese Unvollkommenheit gilt es als Signatur der ästhetischen und historischen Notwendigkeit der *Lehrjahre* zu begreifen.

Literatur:

Baioni, Giuliano: *Märchen – Wilhelm Meisters Lehrjahre – Hermann und Dorothea*. Zur Gesellschaftsidee der deutschen Klassik. In: GoetheJb. 92 (1975), S. 73–127. – Benjamin, Walter: Gesammelte Schriften. Hg. von Rolf Tiedeman u.a. Bd. 1. Frankfurt/M. 1974 u. Bd. 3, Frankfurt/M. 1972. – Berger, Albert: Ästhetik und Bildungsroman. Goethes *Wilhelm Meisters Lehrjahre*. Wien 1977. – Blessin, Stefan: Die Romane Goethes. Königstein/Ts. 1979. – Borchmeyer, Dieter: Höfische Gesellschaft und Französische Revolution bei Goethe. Adliges und bürgerliches Wertsystem im Urteil der Weimarer Klassik. Kronberg/Ts. 1977. – Dilthey, Wilhelm: Friedrich Hölderlin. In: ders.: Das Erlebnis und die Dichtung. Lessing, Goethe, Novalis, Hölderlin. Vier Aufsätze (1906). Göttingen [15]1970, S. 242–317. – Ders.: Leben Schleiermachers. Bd. 1, Berlin 1870. – Eichner, Hans: Zur Deutung von *Wilhelm Meisters Lehrjahren*. In: JbFDtHochst. (1966), S. 166–196. – Eissler, Bd. 2, S. 817–1054. – Emrich, Wilhelm: Die Symbolik von *Faust II*. Sinn und Vorformen (1943). Königstein/Ts. [5]1981. – Gille, Klaus F.: *Wilhelm Meister* im Urteil seiner Zeitgenossen. Ein Beitrag zur Wirkungsgeschichte Goethes. Assen 1971. – Ders. (Hg.): Goethes *Wilhelm Meister*. Zur Rezeptionsgeschichte der *Lehr- und Wanderjahre*. Königstein/Ts. 1979. – Hass, Hans-Egon: Goethe. *Wilhelm Meisters Lehrjahre*. In: Wiese, Benno von (Hg.): Der deutsche Roman. Vom Barock bis zur Gegenwart. Bd. 1. Düsseldorf 1963, S. 132–210. – Hegel, Georg Wilhelm Friedrich: Vorlesungen über die Ästhetik. In: ders.: Werke. Auf der Grundlage der Werke von 1832–1845 neu edierte Ausgabe. Hg. v. Eva Moldenhauer u.a. Bde. 13–15. Frankfurt/M. 1970. – Hörisch, Jochen: Glück und Lücke in *Wilhelm Meisters Lehrjahre*. In: ders.: Gott, Geld und Glück. Zur Logik der Liebe in den Bildungsromanen Goethes, Kellers und Thomas Manns. Frankfurt/M. 1983, S. 30–99. – Jacobs, Jürgen: Wilhelm Meister und seine Brüder. Untersuchungen zum deutschen Bildungsroman. München 1972. – Ders./Krause, Markus: Der deutsche Bildungsroman. Gattungsgeschichte vom 18. bis zum 20. Jahrhundert. München 1989. – Janz, Rolf-Peter: Zum sozialen Gehalt der *Lehrjahre*. In: Literaturwissenschaft und Geschichtsphilosophie. Fs. Wilhelm Emrich. Berlin, New York 1975, S. 320–340. – Jean Paul: Vorschule der Ästhetik. § 5. In: ders.: Werke. Hg. von Norbert Miller. Bd. 5. München [4]1980. – Kittler, Friedrich A.: Über die Sozialisation Wilhelm Meisters. In: Kaiser, Gerhard/Kittler, Friedrich A.: Dichtung als Sozialisationsspiel. Studien zu Goethe und Gottfried Keller. Göttingen 1978, S. 13–124. – Köhn, Lothar: Entwicklungs- und Bildungsroman. Ein Forschungsbericht. In: DVjs. 42 (1968), S. 427–473 u. S. 590–632.

– Körner, Christian Gottfried: Ueber *Wilhelm Meisters Lehrjahre* (aus einem Brief an den Herausgeber der Horen). In: Die Horen (1796), 12. Stück, S. 105–116. Nachdruck Darmstadt 1959. – Krolop, Kurt: Geteiltes Publikum, geteilte Publizität: *Wilhelm Meister* im Vorfeld des *Athenäums* (1795–1797). In: Dahnke, Hans-Dietrich u.a. (Hg.): Debatten und Kontroversen. Literarische Auseinandersetzungen in Deutschland am Ende des 18. Jahrhunderts. Bd. 1. Berlin, Weimar 1989, S. 270–384. – Lukács, Georg: Die Theorie des Romans. Ein geschichtsphilosophischer Versuch über die Formen der großen Epik (1920). Neuwied, Berlin ²1974, S. 117–128. – Ders.: *Wilhelm Meisters Lehrjahre* (1936). In: ders.: Faust und Faustus. Vom Drama der Menschengattung zur Tragödie der modernen Kunst. Ausgewählte Schriften. Bd 2. Reinbek 1967, S. 30–46. – Martini, Fritz: Der Bildungsroman. Zur Geschichte des Wortes und der Theorie. In: DVjs. 35 (1961), S. 44–63. – May, Kurt: *Wilhelm Meisters Lehrjahre*, ein Bildungsroman? In: DVjs. 31 (1957), S. 1–37. – Morgenstern, Karl: Ueber das Wesen des Bildungsromans (1820). In: Selbmann (Hg.) 1988, S. 55–73. – Novalis: Werke, Tagebücher und Briefe Friedrich von Hardenbergs. Hg. von Hans-Joachim Mähl und Richard Samuel. Bd. 2. München 1978. – Øhrgaard, Per: Die Genesung des Narcissus. Eine Studie zu Goethe: *Wilhelm Meisters Lehrjahre*. Kopenhagen 1978. – Radbruch, Gustav: Wilhelm Meisters sozialistische Sendung. In: ders.: Gestalten und Gedanken. Acht Studien. Leipzig 1944. – Rasch, Wolfdietrich: Die klassische Erzählkunst Goethes. In: Steffen, Hans (Hg.): Formkräfte der deutschen Dichtung. Vom Barock bis zur Gegenwart. Göttingen 1963, S. 81–99. – Reed, Terence James: Revolution und Rücknahme: *Wilhelm Meisters Lehrjahre* im Kontext der Französischen Revolution. In: Goethe-Jb. 107 (1990), S. 27–43. – Schings, Hans-Jürgen: Agathon – Anton Reiser – Wilhelm Meister. Zur Pathogenese des modernen Subjekts im Bildungsroman. In: Wittkowski, Wolfgang (Hg.): Goethe im Kontext. Ein Symposion. Tübingen 1984, S. 43–68. – Ders., Komm. in MA 5, S. 613–856. – Ders.: Natalie und die Lehre des +++. Zur Rezeption Spinozas in *Wilhelm Meisters Lehrjahren*. In: JbWGV. 89/91 (1985/87), S. 37–88. – Ders.: Wilhelm Meisters schöne Amazone. In: SchillerJb. 29 (1985), S. 141–206. – Schlaffer, Hannelore: *Wilhelm Meister*. Das Ende der Kunst und die Wiederkehr des Mythos. Stuttgart 1980. – Schlechta, Karl: Goethes *Wilhelm Meister* (1953). Frankfurt/M. 1985. – Schlegel, Friedrich: Über Goethes Meister (1798). In: KA II, S. 126–146. – Selbmann, Rolf: Der deutsche Bildungsroman. Stuttgart 1984. – Ders. (Hg.): Zur Geschichte des deutschen Bildungsromans. Darmstadt 1988. – Sorg, Klaus-Dieter: Gebrochene Teleologie. Studien zum Bildungsroman von Goethe bis Thomas Mann. Heidelberg 1983, S. 57–100. – Stadler, Ulrich: Wilhelm Meisters unterlassene Revolte. Individuelle Geschichte und Gesellschaftsgeschichte in Goethes *Lehrjahren*. In: Euphorion. 74 (1980), S. 360–374. – Staiger, Emil (Hg.): Der Briefwechsel zwischen Schiller und Goethe. Frankfurt/M. 1966. – Voßkamp, Wilhelm: Utopie und Utopiekritik in Goethes Romanen *Wilhelm Meisters Lehrjahre* und *Wilhelm Meisters Wanderjahre*. In: ders. (Hg.): Utopieforschung. Interdisziplinäre Studien zur neuzeitlichen Utopie. Bd. 3. Stuttgart 1982, S. 227–249. – Witte, Bernd: Die schöne Gesellschaft als symbolisches Kunstwerk. Über den antirevolutionären Ursprung des Bildungsromans. In: Juni. 3 (1989) Nr. 2–3, S. 116–132.

Uwe Steiner

Die Wahlverwandtschaften

Entstehung und zeitgenössische Rezeption

In seiner *Geschichte der deutschen Literatur im 18. Jahrhundert* hat Hermann Hettner G.s *Wahlverwandtschaften* eine »prädestinierte fatalistische Naturverzauberung« (S. 713) vorgeworfen. Dieses Urteil resümiert das Unbehagen, ja den Widerwillen, den dieser Roman, neben größter Bewunderung, bei den Zeitgenossen provoziert hat. Der Maler Friedrich Müller nennt die Personen des Romans »hochadliges Zigeunergesindel« (zitiert nach Rösch, S. 24), und Eichendorff wirft G. eine »Seligsprechung dissoluter Gefühle« (S. 83) vor. Gemeinsam ist all diesen Formulierungen des Unbehagens der Lektüreeindruck, G. habe die Geschichte im Ungeist des Determinismus geschrieben – ob er nun ›unchristlich‹ genannt wird wie von Eichendorff, oder ›materialistisch‹ wie von Heinrich Jung-Stilling. So heißt es in einem prägnanten Brief Friedrich Heinrich Jacobis vom 12.1.1810 an den Philosophieprofessor Friedrich Köppen: »Dieses

Goethesche Werk ist durch und durch materialistisch oder, wie Schelling sich ausdrückt, rein physiologisch. Was mich vollends empört, ist die scheinbare Verwandlung am Ende der Fleischlichkeit in Geistigkeit; man dürfte sagen: die Himmelfahrt der bösen Lust«.

Wir kommen auf die skandalösen Inhalte, an denen sich derartige Kritik entzündet hat, noch im einzelnen zu sprechen. Wichtig ist zunächst nur, daß das Unbehagen der zeitgenössischen Leser zumindest offen läßt, ob G. womöglich die Signatur seines Zeitalters getroffen hat – d.h., ob das Unbehagen der Leser eines an der eigenen Kultur gewesen ist. »Der Roman«, schreibt Schelling einmal, »soll ein Spiegel der Welt, des Zeitalters wenigstens, seyn, und so zur partiellen Mythologie werden« (S. 372). Wir können heute rückblickend sagen, daß *Die Wahlverwandtschaften* dieses Pensum genau erfüllt haben. Das neue Werk seines größten Dichters hatte das Publikum vexiert: fasziniert und abgestoßen zugleich. »Kopfscheu, dumpf, wie geschlagen stand es vor einem Werke, in dem es nur die Hilfe aus den Wirrnissen des eigenen Lebens suchen zu sollen meinte«, heißt es in der dann neue Maßstäbe des Verständnisses setzenden Interpretation Walter Benjamins (S. 141). Auch die folgenden Lesegenerationen blieben verwirrt. Die spröde Anonymität der *Wahlverwandtschaften* erschien den Jungdeutschen als Mangel an Volkstümlichkeit. So urteilt Gustav Kühne in seinem *Literarischen Zodiacus für Zeit und Leben*: »Mit diesem Werke brach Goethe förmlich mit seinem Volke« (zitiert nach Dietze, S. 94). Ähnlich hat es, im letzten Drittel des 19. Jhs., noch Herman Grimm gesehen: *Die Wahlverwandtschaften* seien anachronistisch, falsch adressiert. »Goethe schrieb für ein Publikum, das schon nicht mehr da war« (S. 439).

Diesem Roman gingen entscheidende Veränderungen im Leben G.s voraus. Nur mühsam überstand er 1801 eine schwere Krankheit, um 1805 erneut schwer zu erkranken. Dazwischen erstreckte sich eine Phase der Depression und stark gedrosselten Produktivität. 1803 starb Herder, 1805 Schiller, 1808 G.s Mutter. 1806 wird – eine Folgelast der Schlacht

von Jena und Auerstedt – Weimar von den napoleonischen Truppen besetzt und geplündert; und G. heiratete nach siebzehnjährigem Zögern Christiane Vulpius, die Mutter seines Sohnes. Daß all dies G. zur schmerzlichen Anerkennung des Realen in seiner Eigenmacht gezwungen habe, hat man vielfach und zurecht bemerkt. Nicht zufällig gebraucht er seither den Begriff »dämonisch« zur Weltbeschreibung.

So deutlich diese Zusammenhänge sind, so schwer, ja unmöglich ist es doch, die Entstehungsgeschichte der *Wahlverwandtschaften* zu rekonstruieren, denn G. hat offenbar mit Bedacht alle Vorarbeiten zu diesem Roman vernichtet. Er wollte wohl in diesem Falle alle Spuren löschen, die eine Deutung aus der Genesis des Werks ermöglicht hätten. Sicher ist nur, daß *Die Wahlverwandtschaften* im Kontext des Unternehmens entstanden, *Wilhelm Meisters Lehrjahre* fortzusetzen. Und in der Tat findet sich im zweiten Kapitel des Zweiten Buches der *Lehrjahre* eine Bestimmung des Dichteramtes, die sich als genaue Antizipation der Haltung des Erzählers der *Wahlverwandtschaften* lesen läßt: »Er sieht das Gewirre der Leidenschaften, Familien und Reiche sich zwecklos bewegen, er sieht die unauflöslichen Rätsel der Mißverständnisse, denen oft nur ein einsylbiges Wort zur Entwicklung fehlt, unsäglich verderbliche Verwirrungen verursachen« (MA 5, S. 81 f.). *Die Wahlverwandtschaften* waren als Novelle im Zyklus der *Wanderjahre* geplant, wuchsen sich aber schon Ende 1807 über das Novellenschema hinweg zum Roman aus. Im Oktober 1809 wurde der Erstdruck in zwei Bänden bei Cotta publiziert. Er muß als die einzige authentische Textgrundlage angesehen werden, da G. den späteren Drucken in den verschiedenen Werkausgaben (A: 1810, Bd. 13; B: 1817, Bd. 14; C[1]: 1828, Bd. 17; C: 1830, Bd. 17) »wenig Aufmerksamkeit geschenkt zu haben scheint« (WA I, 20, S. 419). Die neueren Ausgaben gehen denn auch auf den Erstdruck zurück, allerdings bei behutsamer Modernisierung der Textgestalt. Im folgenden wird das Werk nach der Münchner Ausgabe (MA 9) zitiert, die den Text des Erstdrucks bringt und im Variantenapparat die Ab-

Urania. Taschenbuch für Damen auf das Jahr 1813:
»Häuslicher Verein im traulichen Zimmer beym Lesen«.
Kupferstich zu Goethe's Wahlverwandtschaften von H. Schmidt

weichungen von der Akademieausgabe (1952–1966) anzeigt.

Karl Wilhelm Ferdinand Solger bemerkt schon im Erscheinungsjahre: »In diesem Roman ist, wie im alten Epos, alles was die Zeit Bedeutendes und Besonderes hat, enthalten, und nach einigen Jahrhunderten würde man sich hieraus ein vollkommenes Bild von unserm jetzigen täglichen Leben entwerfen können« (S. 182f.). Und in einem Brief von Friedrich Carl von Savigny an Georg Friedrich Creuzer vom 24.10. 1809 heißt es über *Die Wahlverwandtschaften*: »Es ist der großartigste Blick auf diese verwirrte Zeit«. Dieser Einschätzung scheint zunächst der erste Lektüreeindruck zu widersprechen, denn der Schauplatz des Romans bleibt anonym, der Zeitpunkt vage – ja selbst die Namen der Personen scheinen auf ein Minimum der Indikation reduziert. Und es bedarf schon umständlicher Rekonstruktionen wie der von Stuart Atkins, um heute erkennen zu lassen, daß etwa die Arbeitslosigkeit des Hauptmanns ein Resultat des Reichsdeputationshauptschlusses vom 23.2. 1803 und daß es der folgende Krieg gegen Napoleon ist, der Eduard die Gelegenheit gibt, sein Soldatenschicksal als Entscheidung über Liebesangelegenheiten zu interpretieren.

Der Schematismus des Romans

G. begreift aber gerade die Anonymität des Schauplatzes und die Namenlosigkeit der Figuren als Signatur seines Zeitalters. So notiert er in seinen *Tag- und Jahresheften* für das Jahr 1806, die Zeit sei »wieder bei den Elementen angelangt«. Wenn es nun in den *Wahlverwandtschaften* von der auf einem Kahn treibenden Ottilie heißt: »Von allem abgesondert schwebt sie auf dem treulosen, unzugänglichen Elemente« (MA 9, S. 497), so dient hier der Grundbegriff von Natur als absolute Metapher der Geschichte. Denn die Elemente, so G. in seiner *Witterungslehre*, »die Elemente sind die Willkür selbst zu nennen« (WA II, 12,

S. 103). Solche Säkularisierungen von Geschichte und Geschichten im mythischen Raum der Naturgewalten begegnen in G.s Werk vielfach. Vor allem *Die Wahlverwandtschaften* sind durch eine Fülle apotropäischer Konstruktionen gekennzeichnet, mit denen sich G. eine bedrohliche politische Wirklichkeit vom Leibe hält – »mythische Schemata der Entängstigung« nennt sie Bernhard Buschendorf (S. 42) im Anschluß an Hans Blumenbergs *Arbeit am Mythos* sehr prägnant.

Die Säkularisierung von Geschichte in mythischen Naturschemata verschränkt an sich unvereinbare Perspektiven der Weltdarstellung. Das antike Bildungsideal der Kalokagathie ist unwiederbringlich verloren. Denn längst gehören die Wahrheit der Natur, die Schönheit der Kunst und das sittlich Gute unterschiedlichen Wertsphären an. Daraus resultieren die meisten hermeneutischen Rätsel der *Wahlverwandtschaften*. G. ist sich dessen bewußt gewesen. So heißt es in einer seiner *Maximen und Reflexionen*: »Wir sind naturforschend Pantheisten, dichtend Polytheisten, sittlich Monotheisten« (MuR, 807). Eine noch klarere Formulierung dieses theologischen Tripels findet sich in einem Brief an Friedrich Heinrich Jacobi vom 6.1. 1813: »Ich für mich kann, bei den mannigfaltigen Richtungen meines Wesens, nicht an einer Denkweise genug haben; als Dichter und Künstler bin ich Polytheist, Pantheist hingegen als Naturforscher, und eins so entschieden als das andre. Bedarf ich eines Gottes für meine Persönlichkeit, als sittlicher Mensch, so ist dafür auch schon gesorgt. Die himmlischen und irdischen Dinge sind ein so weites Reich, daß die Organe aller Wesen zusammen es nur erfassen mögen«.

Alle Probleme der Interpretation entstehen an den Stellen des Übergangs von einer in die andere Sphäre; diese Stellen sind durch Symbole und Anthropomorphismen markiert. Nun präsentieren *Die Wahlverwandtschaften*, wie noch zu zeigen sein wird, die d i c h t e r i s c h e Darstellung eines s i t t l i c h e n Problems im Schema eines integralen N a t u r begriffs. So durchdringen sich drei verschiedene Weltfassungen. G.s Friedrich Wilhelm Riemer gegenüber geäußerte Grundidee, »soziale Verhältnisse und die Konflicte derselben symbolisch gefaßt darzustellen« (MA 9, S. 1215), führt deshalb von Anfang an in verrätselte, ja hermetische Strukturen: Alles in den *Wahlverwandtschaften* Dargestellte erscheint in einer Art Geheimniszustand; und alles von G. in den Roman ›hinein versteckte‹ ist doch auch ein »offenbares Geheimnis«. In einem Gespräch mit Riemer vom 24.7. 1809 bemerkt er: »Die sittlichen Symbole in den Naturwissenschaften [...] sind geistreicher und lassen sich eher mit Poesie, ja mit Sozietät verbinden, als alle übrigen, die ja auch, selbst die mathematischen, nur anthropomorphisch sind, nur daß jene dem Gemüt, diese dem Verstande angehören« (MA 9, S. 1216).

Man kann die *Wahlverwandtschaften* deshalb als dialektisches Spiel zwischen Hermetik und Hermeneutik begreifen. Seine Neigung zur Selbstverrätselung hat G. vielfach einbekannt. So erklärt er in einem Brief an Schiller vom 9.7. 1796 seine Lust inkognito zu reisen aus einem »realistischen Tic«, der ihn immer wieder dazu treibe, »mich zwischen mich selbst und zwischen meine eigne Erscheinung [zu] stellen«. Dem entspreche auf der Ebene der dichterischen Gestaltung seine »perverse Manier«, den entfalteten Gehalt eines Werks nicht resultathaft in »letzten bedeutenden Worten« auszusprechen; er könne, »durch die sonderbarste Naturnotwendigkeit gebunden«, das Entscheidende nicht unmittelbar ausdrükken. So steigert G.s Sprachskepsis seine Sprachvirtuosität oft ins Hermetische, und er erfreut sich der Provokation durch »paradoxe Sätze, ironisches Begegnen« (WA I, 33, S. 328). In einem Brief an die Erbprinzessin Karoline von Mecklenburg vom 2.7. 1814 erwähnt Charlotte von Schiller diese Eigenart G.s, in alle seine Sätze Widersprüche einzubauen, »daß man alles deuten konnte, wie man es wollte«. G. hat also die Sorge um orthodoxes Verständnis stets düpiert. Geradezu planvoll operiert er im Medium der Polysemie, und man kann ihm mit Blumenberg durchaus die antihermeneutische Absicht unterstellen, »die Adressaten seiner Aussprüche, im weitesten Sinne sein Publikum, vor deren Vieldeutigkeit gerade dort unaufgeklärt stehenzu-lassen, wo für ihn Wesentliches mitgeteilt werden sollte« (S. 577).

So stehen einem angemessenen Verständnis von G.s *Wahlverwandtschaften* gleich mehrere Hindernisse im Weg: zum einen die Zerstörung der Vorarbeiten, auf die sich eine genetische Analyse stützen könnte, als die entschiedendste Form der Selbstverrätselung; sodann die ›dumpfe‹ Reaktion der Zeitgenossen, die einen Schleier des Moralismus über das Werk gebreitet hat; und schließlich G.s Selbstinterpretation, die er listig durch eine Art Authentifikation freundlich-nichtssagender Deutungen wie etwa der Bernhard Rudolf Abekens orchestriert hat. Benjamin bemerkt dazu radikal: »Das Verständnis der Wahlverwandtschaften aus des Dichters eigenen Worten darüber erschließen zu wollen, ist vergebene Mühe. Gerade sie sind ja dazu bestimmt, der Kritik den Zugang zu verlegen« (S. 145).

Eine kunstvolle Abwesenheit von Sinn ist es, die als der eigentliche Effekt der Haltung des Erzählers dem Romangeschehen seine Kohärenz verleiht. Die eingeschaltete, formreine Novelle zeigt nicht etwa den im Roman verschlossenen Sinn, sondern fungiert als eine Miniatur, die der Abwesenheit von Sinn ein technisches Gleichnis stellt. In ihrer Geschlossenheit ist die Novelle eines der Kästchen des Romans, die alle Gräber des Geheimnisses sind, das einzige aber, in das der Leser eindringen darf. In der Novelle wird der Schein des Einfachen durchschaubar, mit dem G.s Prosa die Reflexionen seiner Erzähltechnik kunstvoll überblendet. Von hier fällt Licht auf den Anfang der *Wahlverwandtschaften*, der die Krise des Scheins anzeigt, indem der Erzähler die fiktionale Setzung der Formimmanenz eines Romans in ihrer Gewaltsamkeit vorführt: »Eduard – so nennen wir [...]« (MA 9, S. 286). Die Ignoranz, mit der Friedrich Spielhagen auf diese souveräne Eröffnungsgebärde des Erzählers reagiert hat, ist lehrreich. Spielhagen hält die Formel »so nennen wir« für ein sprachliches Versehen, eine »gänzlich überflüssige Notiz«, und verbessert den Romananfang in der Absicht, »dem Altmeister und seinem Werke einen Dienst zu erweisen« derart: »Eduard hatte in seiner Baumschule [...]«

(S. 92). Was Spielhagen als lapsus linguae erschien, ist aber nichts anderes als die hochbewußte Ironie des Erzählers. Dieser rechtfertigt nämlich die Härte des Eingriffs in einer ausdrücklichen Selbstreflexion des poetischen Verfahrens – gerade unter Hinweis auf das allgemeine Leben. Der »Kunstgriff des Dichters« (MA 9, S. 402) schaltet wie das alltägliche Schicksal. Die ästhetische Konstruktion ähnelt der Kontingenz des Realen um so mehr, je ferner sie einem immanenten Sinn rückt. Wenn der erste Satz aus Ottilies Tagebuch das Romanende wörtlich vorwegnimmt, so zeigt sich, daß sich die magische Kohärenz der *Wahlverwandtschaften* nicht der Handlung, sondern der Erzähltechnik verdankt.

Georg Simmel bemerkt einmal sehr schön: »Die Goetheschen Romane laufen innerhalb der Kategorie des ›Erzählers‹ ab« (S. 156). Damit ist gemeint, daß G. mit hohem Bewußtsein auf den Realismus einer autonomen Figurenentwicklung verzichtet. Die Geschichte der *Wahlverwandtschaften* wird – in jedem Augenblick für den Leser fühlbar – erzählt. Man könnte sagen: Kants Einheit der Apperzeption findet hier eine poetische Entsprechung. Simmel nennt das auch »Vorgetragensein der Gestalt durch den Gestalter« (S. 154). An diese feine Beobachtung schließt dann Benjamin seine Formdeutung an. Der Roman war nicht nur ursprünglich als Novelle angelegt, sondern bewahrt durch sein ›Vorgetragensein‹ Spuren der Novellenform. Zugleich gewinnt er seine Formeinheit durch das antithetische Spiegelungsverhältnis zur eingeschalteten »Musternovelle«. Deshalb stellen die *Wahlverwandtschaften* für Benjamin eine »Grenzform« dar: »So sehr sich also in den Wahlverwandtschaften die Form des Romans selbst betont, eben diese Betonung und dieses Übermaß von Typus und Kontur verrät sie als novellistisch« (S. 168).

Die Hermetik der *Wahlverwandtschaften* und G.s Selbstverrätselung entsprechen genau seinen Anstrengungen, die Spuren der Entstehung des Werks zu verwischen. Stefan Blessin bemerkt hierzu: »Mit der mangelnden Bereitschaft, die Kommunikation über ein Werk herzustellen, das des Interesses der Leser, aber

nicht ihres Verständnisses sicher ist, wiederholt und bekräftigt Goethe die in dem Werk selbst angelegte Rätselhaftigkeit und Verschlossenheit« (S. 14). Ähnlich konstatiert auch Heinz Schlaffer eine »Dominanz hermetischer Formen« (S. 220). Sie haben einen Doppeleffekt: Einmal provozieren sie bis auf unsere Tage die unterschiedlichsten Auslegungen des Werks. Zum anderen homogenisieren sie den historischen und gesellschaftlichen Stoff – man könnte kritisch sagen: sie nivellieren ihn bis zur Darstellbarkeit. Dazu verhilft eben jene ›naturwissenschaftliche‹ Symbolik, der das Werk seinen Titel verdankt – G. übernahm ihn aus Hein Tabors Übersetzung des 1775 erschienenen Werks von Torbern Bergman *De attractionibus electivis*. »Was uns als substantiell verschieden gilt: linguistische Systeme, chemische Gesetze, mythologische Ordnungen, psychische Konflikte, soziale Verhältnisse, deutet Goethe als analoge Phänomene e i n e s Wesens« (Schlaffer, S. 220).

Diese Interpretation wird von G.s Selbstanzeige des Romans gestützt. Sie exponiert den Begriff der Wahlverwandtschaften als ethisches Gleichnis innerhalb der Naturwissenschaften, das der Roman nun in einer Art hermeneutischer Rückverwandlung auf einen »sittlichen Fall« anwende. G. legitimiert diese Sphärenübergänge damit, daß »doch überall nur e i n e Natur« sei (MA 9, S. 285). Doch diese e i n e Natur ist längst nicht mehr harmonisch, sondern »dämonisch«, eben in sich widersprüchlich, denn sie muß als mythisches Schema auch die katastrophischen Einbrüche von Krieg und gesellschaftlicher Revolution umfassen. Deshalb deutet Schlaffer das Dämonische als G.s Formel des Kompromisses »zwischen den neuen historischen Erfahrungen, die er nicht leugnen konnte, und seinem hermetischen Interpretationsrahmen, den er nicht sprengen wollte« (S. 221).

All das muß mitbedacht werden, um einen späten, unscheinbaren hermeneutischen Hinweis G.s aus einem Gespräch mit Eckermann vom 9. 2. 1830 angemessen zu verstehen: In den *Wahlverwandtschaften* stecke »mehr, als irgend jemand bei einmaligem Lesen aufzunehmen im Stande wäre«. Die Aufforderung, mehrmals zu lesen, weist den Weg aus der Hermetik in die Hermeneutik – und er ist dem Werk selbst eingestaltet. Denn allen Deutungen des Romans präludieren Deutungen im Roman. Das hat Blessin sehr klar gesehen: »Es wird im Werk kein Ereignis geschildert, das nicht seitens der Romanfiguren von Interpretationen und Prognosen begleitet würde« (S. 51). Das heißt aber, daß G. die Deutung der Geschichte dieser selbst integriert hat. Souverän impliziert und formt der Roman seinen Leser; er macht »die Interpretation der dargestellten Ereignisse als ein gegenständliches Moment der Handlung sichtbar«. Jede Deutung des Werks muß deshalb von dem Sachverhalt ausgehen, daß das Geschehen selbst von seiner Deutung mitbestimmt wird. Zurecht spricht Blessin »von einem immer schon vorgängigen Verstehen aufgrund der Spiegelungen« (Blessin, S. 99).

Die Dämonie der e i n e n Natur äußert sich auf dieser lebenshermeneutischen Ebene als Alltäglichkeit des Mißverständnisses. Und das gilt sowohl für die Figuren des Romans als auch für seine Leser. Eine Tagebuchnotiz Ottilies lautet: »Niemand würde viel in Gesellschaften sprechen, wenn er sich bewußt wäre, wie oft er die andern mißversteht« (MA 9, S. 425). Das heißt aber, daß kommunikatives Handeln in Mißverständnissen fundiert ist und auf sie reagiert. Nach diesem Prinzip des normalen Mißverstehens bilden sich die Figurenkonstellationen und Beobachtungsmuster des Romans. Denn gerade weil sie sich in ihrer wechselseitigen Wahrnehmung mißverstehen, überspinnen die Personen jede Szene mit einem Deutungsnetz, in das schließlich auch der Interpret des Romans, der Beobachter dieser Beobachtungen, eingefangen wird. Willy Michel hat die Verschränkung der Interpretation des Romans mit dem Prozeß der interpersonellen Wahrnehmungen in ihm genau beschrieben: »In dem Maße, wie auf der Figurenebene ein immer dichter und übergreifender werdendes Verweisungsgeflecht von Verstehensmomenten erkennbar wird, erfährt der Leseprozeß eine immanente hermeneutische Steuerung. Die Verstehensprozesse zwischen den Figuren lenken auch die Verstehensprozesse des Lesers« (S. 204).

Am 5. 11. 1809 schreibt Johann Friedrich Rochlitz an G., er bewundere an der Komposition der *Wahlverwandtschaften* vor allem, »daß die Personen nur in Gruppen einander entgegengestellt sind; daß nun die Teile jeder Gruppe, wie billig, einander nicht wenig verwandt, und doch so weit, so sicher, so consequent geschieden sind, ja auch in dieser Verschiedenheit wieder so geistreich unter sich gruppiert erscheinen«. Die Formulierung ist ein sensibler, aber etwas umständlicher Versuch, die Metapher zu entfalten, die dem Roman seinen Titel gibt. Meist haben dann die Interpreten ihrerseits zu Metaphern gegriffen, um die absolute Metapher »Wahlverwandtschaft« in ihrem Funktionssinn verständlich zu machen. So nennt Thomas Mann die Personen des Romans »ebenmäßig angeordnete und durcheinander bewegte Schachfiguren einer hohen Gedankenpartie« (Mann, zitiert nach Rösch, S. 154).

So nahe dieser Vergleich chemischer und strategischer Kombinatorik zu liegen scheint, so problematisch dürfte er doch schon G. erschienen sein. Ganz offenbar soll die chemische Gleichnisrede eine komplexere Dynamik zwischenmenschlicher Beziehungen modellieren, als dies in den Schemata von Karten- und Schachspiel je möglich wäre. In einem Brief an Schiller vom 23. 10. 1799 kritisiert G. die Dramen Claude Prosper Jolyot Crébillons in eben diesem Sinne: »Er behandelt die Leidenschaften wie Chartenbilder die man durch einander mischen, ausspielen, wieder mischen und wieder ausspielen kann, ohne daß sie sich im geringsten verändern. Es ist keine Spur von der zarten chemischen Verwandtschaft, wodurch sie sich anziehen und abstoßen, vereinigen, neutralisieren, sich wieder scheiden und herstellen«. Diese zarten chemischen Verwandtschaftsverhältnisse will G.s Roman darstellen. Sein – nach Wilhelm Emrichs genauem Wort – »kompositorisches Bedeutungsgewebe« (S. 52) ist Resultat einer hochkomplexen Erzähltechnik, die – unter der Oberfläche einer antiromantisch, ja zuweilen szientifisch anmutenden Erzählweise – vor allem mit den Schemata der Spiegelung, Symmetrie, paarweisen Verdopplung und Wiederholung operiert.

riert. Das zeigt schon die Gliederung des Romans in zwei Teile von jeweils achtzehn Kapiteln. Friedrich Nemec nennt »Symmetrie, zerstörte Symmetrie und verheimlichte Symmetrie« (S. 73) als Bauprinzipien des Romans. Derartige Schematismen stützen den Lektüreeindruck, die Figuren seien weniger Handlungsträger als Schicksalsreagentien; als stelle der Roman nicht Personen mit ihren Leidenschaften dar, sondern Leidenschaften, die sich der Personen bemächtigen. So bemerkt Friedrich Gundolf zurecht, G.s Ordnung des Begehrens sei fast »in mathematischen Formeln aussprechbar« (S. 553).

Die Beschreibung einzelner Ereignisse ist in einer so allgemeinen Sprache gehalten, daß Figuren und Leser analoge Szenen darin spiegeln können. Die kunstvoll arrangierte Duplizität der Ereignisse provoziert dann ihre Deutung. Charlottes an Ottilie gerichtete Lehre etwa, »es begegne den Menschen in ihrem Leben oft Ähnliches auf ähnliche Weise und immer in bedeutenden Augenblicken« (MA 9, S. 501), scheint das traurige Ende der Geschichte nur zu bestätigen: »zum zweitenmal widerfährt mir dasselbige« (ebd.). Diese Technik der »bedeutenden Wiederkehr feiner Einzelheiten«, die latente Bedeutungsschichten in ein und derselben Erzählgebärde zugleich freilegt und verstellt, hat Gundolf als Spannungsprinzip der *Wahlverwandtschaften* erkannt: »In der Tat ist das zarte Vorbereiten und Zurückdeuten, die ›Verzahnung‹ der kleinen Einzelheiten, die steigernden Verdoppelungen, die symptomatische Ausbeutung jeder Erfindung, die symmetrische Festlegung auch des Unscheinbarsten in keinem Werk weiter getrieben als hier« (S. 561).

G. hat seine Erzählschemata aber durch Inversionen und Verkehrungen noch weiter kompliziert. So korrespondieren die in den Roman eingestreuten Maximen und Reflexionen tatsächlich mit dem späteren Geschehensablauf – doch meist so, daß sie durch diesen dementiert werden. Ähnliches gilt auch für die eingeschaltete Novelle, deren Strukturzusammenhang mit dem Roman Alfred Gilbert Steer im Blick auf die Entstehungsgeschichte der *Wahlverwandtschaften* auf die prägnante Formel gebracht hat: »the novella-expanded-into-a-novel has itself acquired a new, subordinate novella« (S. 222). Die gesamte Handlung des Romans spiegelt sich monadologisch in der Novelle – aber mit deutlich umgekehrten Vorzeichen.

Von der Romanhandlung dementiert werden aber nicht nur die Spruchweisheiten ihrer Figuren, sondern auch die Souveränität des eingestalteten, wenn auch nur selten ›sichtbaren‹ Erzählers. Immer wieder scheint er sich dem Wissensstand und der Perspektive des Lesers anzupassen – als ob G. sein Werk der hermeneutischen Dekomposition – man könnte auch sagen: Dekonstruktion – freigeben wollte. Das zeigt schon die bereits zitierte auktoriale Gebärde, die den Roman eröffnet: »Eduard – so nennen wir [...]«. Denn sehr bald wird ja deutlich, daß Eduard eigentlich Otto heißt und sich selbst umbenannt hat.

G.s Schematismus des Romans, die eingesetzten Darstellungsformen und die Perspektive des Erzählers sind also nicht kongruent. Gerade deshalb können unterschiedliche Rhythmen des Erzählens nebeneinander bestehen, ohne den Lese-Eindruck einer vollständig homogenen Darstellung zu stören. Die von Paul Stöcklein benannte »vernichtende Sachlichkeit« (S. 217) des Romans kennt Passagen beschwörenden Beschreibens ebenso wie das Staccato des historischen Präsens – Kurt May spricht sehr schön von »Erzählstößen« (S. 266). Zugleich aber erweist sich G. immer wieder als Meister des kleinsten Übergangs – er war stolz auf die technisch induzierte ›Unaufhaltsamkeit‹, mit der das Geschehen auf die Katastrophe zutreibt; die leisen, unscheinbaren Übergänge ins Verhängnis. Wenige Leser haben das so präzise registriert wie Charlotte von Schiller, die in einem Brief an Johann Friedrich Cotta vom 27. 10. 1809 an den *Wahlverwandtschaften* rühmt, wie »durch die leisesten Berührungen und Anklänge die größten Resultate erfolgen«. Naturwissenschaftler nennen das heute Butterfly-effect. In einer der *Maximen und Reflexionen* des Nachlasses über Natur und Naturwissenschaft bemerkt G. hierzu: »Man gedenke der leichten Erregbarkeit aller Wesen, wie der mindeste

Wechsel eine Bedingung, jeder Hauch gleich in den Körpern Polarität manifestiert, die eigentlich in ihnen allen schlummert« (MuR, 1254). Diese Gesetzmäßigkeit bestätigt sich im Geschehen der *Wahlverwandtschaften* immer wieder. Und ein Kommentar des Erzählers charakterisiert diesen Butterfly-effect so prägnant, daß man ihn als Motto des ganzen Romans lesen könnte: »Wie den Glücklichen jeder Nebenumstand zu begünstigen, jedes Ungefähr mit emporzuheben scheint; so mögen sich auch gern die kleinsten Vorfälle zur Kränkung, zum Verderben des Unglücklichen vereinigen« (MA 9, S. 528).

G.s Erzählkunst des kleinsten Übergangs suggeriert dem Leser eine Welt, in der alles mit allem in Beziehung steht. Die Sprache der *Wahlverwandtschaften* stellt Handlungen weniger dar, als daß sie sie ins Bild versetzt. Der Roman – so das wichtigste Ergebnis von Hennig Brinkmanns Sprachanalyse der *Wahlverwandtschaften* – »sucht das Simultane, nicht den Prozeß. Nicht Nebenordnung oder Unterordnung, sondern Zuordnung ist sein Merkmal« (S. 245). Blessin hat darin einen Formeffekt der G.schen Spiegelungstechnik erkannt: »Das Verfahren wechselseitiger Spiegelung zergliedert den sukzessiven Ereignisablauf in eine Reihe stehender Bilder« (S. 42).

Für diese Spiegelungstechnik gibt es eine bedeutsame ›kommunikationstheoretische‹ Begründung. Denn derartige Darstellungsformen wie auch die von G. bevorzugt gebrauchte rhetorische Figur der Litotes verleihen den *Wahlverwandtschaften* ja etwas Indirektes. Das ist aber nicht nur ein genauer Ausdruck der Sorge der Figuren des Romans, sich gegen die Zudringlichkeit von allem Unmittelbaren zu schützen. Es ist vor allem aber Ausdruck von G.s Sorge um die Mitteilbarkeit wesentlicher Erfahrungen. So heißt es in einem Brief an Carl Jacob Ludwig Iken vom 27.9. 1827: »Da sich gar manches unserer Erfahrungen nicht rund aussprechen und direct mittheilen läßt, so habe ich seit langem das Mittel gewählt, durch einander gegenüber gestellte und sich gleichsam in einander abspiegelnde Gebilde den geheimeren Sinn dem Aufmerkenden zu offenbaren«.

Vor dem Hintergrund dieser Theorie der indirekten Mitteilung erscheint auch die Einschätzung unzutreffend, der zweite Teil des Romans sei – am rigide durchschematisierten ersten Teil gemessen – formlos. G. hat offenbar selbst mit derartigen Einschätzungen gerechnet. Vorsorglich schreibt er in einem Brief vom 22.8. 1809 an seinen Verleger Cotta: »Es ist alles dergestalt in einander gearbeitet, daß ich nichts davon abgelöst wünschte, auch selbst das nicht, was im zweyten Theil hie und da für sich zu bestehen scheint.« Deshalb scheint es angemessener, im Rekurs auf Wölfflins kunstgeschichtliche Grundbegriffe den ersten Teil der *Wahlverwandtschaften* als lineare, tektonisch geschlossene Form zu charakterisieren, den zweiten Teil aber als malerisch offene. Daß Ottilie als Hauptfigur des zweiten Teils erscheint, ist also ein Formeffekt. Denn im Gegensatz zum Prinzip der paarweisen Koordination im ersten Teil, ordnet G. das Geschehen des zweiten Teils durch strikte Subordination unter Ottilie. Dieser Formeffekt hat schon Solger veranlaßt zu behaupten, Ottilie sei »das ganze Verhältnis« (S. 184).

Nun ist der Schematismus eines konstruktiven Leitgedankens für G.s Kompositionsweise keineswegs charakteristisch. Vielmehr galt ihm ›Inkommensurabilität‹ stets als Siegel poetischer Qualität. So nennt er in einem Gespräch mit Eckermann vom 6.5. 1827 die *Wahlverwandtschaften* sein einziges größeres Werk, das als »Darstellung einer durchgreifenden Idee« verstanden werden könne. Das darf nicht im Sinne des Idealismus mißverstanden werden. Benjamin hat zurecht betont, daß es sich um eine technische Idee handelt – mit anderen Worten: um einen Konstruktionsplan. Dabei ist die Skepsis, die G. selbst gegenüber der Möglichkeit hegte, ein größeres Werk als Darstellung einer Idee zu gestalten, wohlbegründet. Georg Lukács hat sie in seiner Interpretation der *Wahlverwandtschaften* mit einem kritischen Begriff der Allegorie expliziert: »Die Beziehung einer Gestalt auf ein Problem kann niemals deren ganze Lebensfülle in sich aufnehmen, und jedes Ereignis der Lebenssphäre muß sich zum Problem allegorisch verhalten. Wohl vermag die hohe

Kunst G.s [...] alles in Bezug auf das zentrale Problem abzutönen und abzuwägen, aber selbst die von vorneherein in die engen Kanäle des Problems geleiteten Seelen können sich hier nicht zum wirklichen Dasein ausleben« (S. 50f.). Gerade die extreme Stimmigkeit des Romans weckt bei distanzierteren Lesern Zweifel an seinem Gehalt. Raimar Zons resümiert sie prägnant: »Wenn so viel stimmt, wird das Gefühl fast untrüglich, es stimme gar nichts; das Spiel sei gar kein Spiel, sondern ein Spiel mit dem Spiel und also der reine Betrug« (S. 330).

Das Gesetz des Begehrens

In seiner Schrift über Gott hat Herder dessen Ökonomie auf einfache Regeln gebracht, deren eine die ›durchgreifende Idee‹ von G.s *Wahlverwandtschaften* genau bestimmt: »Der Chemiker veranstaltet nichts als Hochzeiten und Trennungen; die Natur zeigt allenthalben Verwandtschaften, Freundschaften, Feindschaften auf die reichste innigste Weise. In ihr findet sich, was sich einander liebet; daher die Naturlehre selbst nicht umhingekonnt hat eine Wahl-Anziehung bei den Verbindungen der Körper anzunehmen« (HSW 16, S. 558). G. bedient sich nun dieses Anthropomorphismus' naturwissenschaftlicher Begriffe und wendet sie auf einen ›sittlichen Fall‹ an. Das heißt aber: Er wendet eine Metapher, indem er sie noch einmal metaphorisiert, in ihre Ursprungssphäre zurück. Durch diese Potenzierung entsteht aber nicht Eindeutigkeit, sondern eine unendliche Spiegelung von sozialen und Naturverhältnissen ineinander. Gedeckt wird dieses Verfahren von G.s Begriff der e i - n e n Natur.

Schon 1796 findet sich in seinen Vorträgen über die ersten drei Kapitel des Entwurfs einer allgemeinen Einleitung in die vergleichende Anatomie eine präzise Bestimmung der durchgreifenden Idee, die dann *Die Wahlverwandtschaften* schematisieren wird: »So vereinen und trennen sich die einfachen Stoffe, zwar nicht nach Willkür, aber doch mit großer Mannigfaltigkeit, und die Teile der Körper, welche wir unorganisch nennen, sind, ohngeachtet ihrer Anneigung zu sich selbst, doch immer wie in einer suspendierten Gleichgültigkeit, indem die nächste, nähere oder stärkere Verwandtschaft sie aus dem vorigen Zusammenhange reißt und einen neuen Körper darstellt.« G. bemerkt nun, daß die derart sich manifestierenden Verhältnisse »wie eine Art von Neigung aussehen, deßwegen die Chemiker auch ihnen die Ehre einer Wahl bei solchen Verwandtschaften zuschreiben« (WA II, 8, S. 79).

Im Zentrum des vierten Kapitels des ersten Teils steht ein Gespräch über die Wahlverwandtschaften, die dem Roman seinen Titel geben. Zunächst werden natürliche Verhältnisse von Selbstbezug und Beziehung zum anderen erläutert, dann wird die Funktion von »Mittelgliedern«, die verbinden, was sich abweist, mit den Sitten und Gesetzen der Gesellschaft verglichen. Doch, so Eduard, »die Verwandtschaften werden erst interessant, wenn sie Scheidungen bewirken« (MA 9, S. 317). Der Begriff ›Wahlverwandtschaft‹ impliziert nämlich, daß ein Verhältnis einem anderen vorgezogen, dieses also getrennt wird. Charlotte, die schon empfindlich auf den chemischen Begriff der Scheidung reagiert hat, erkennt nun sogleich die Gefahr, die den sozialen Verhältnissen durch die Chemie der Leidenschaften droht – daß nämlich »eine innige unauflöslich scheinende Verbindung zweier Wesen, durch gelegentliche Zugesellung eines Dritten, aufgehoben« werde (MA 9, S. 318). Doch ihre Sorge wird zunächst durch das chemische Modell eines »Vereinigens gleichsam übers Kreuz« (ebd.) beschwichtigt: Ein Viertes tritt hinzu und verbindet sich mit dem freigewordenen Teil. Schließlich formalisiert der Hauptmann die Logik der Wahlverwandtschaft durch die Buchstaben A, B, C und D, die dann spielerisch mit den Anwesenden identifiziert werden.

Daß der Ausdruck ›Wahlverwandtschaft‹ als Euphemismus, als ironische Beschreibung des gemeinten Sachverhalts begriffen werden muß, haben viele Interpreten betont. So bemerkt Steer: »The characters think they are playing with chemical symbols, while the author is all the while manipulating them, for this is what almost happens in the plot« (S. 39). In diesem Sinne unterstreicht auch Schlaffer: »Nicht Wahl, sondern ein Gesetz bestimmt die Konstellation der Figuren« (S. 213). Doch der kritische Gehalt solcher Beobachtungen ist problematisch, denn G. selbst hat sie dem Roman eingestaltet: Charlotte stellt den Sinn des Begriffs ›Wahl‹ in solchen Verhältnissen explizit in Abrede und ersetzt ihn durch den Begriff ›Naturnotwendigkeit‹, also Gesetz: »So scheint mir die Wahl bloß in den Händen des Chemikers zu liegen, der diese Wesen zusammenbringt. Sind sie aber einmal beisammen, dann gnade ihnen Gott!« (MA 9, S. 317). Die Disjunktion Wahl oder Gesetz scheint im Falle der *Wahlverwandtschaften* nicht bündig. Von Riemers Hand ist ein Schema des ersten Teils der Romanhandlung überliefert, indem das sechste Kapitel so beschrieben wird: »Ottilie kommt. / Die beiden Frauen schließen sich aneinander / Die beiden Männer handeln immerfort gemeinsam / Größeres Parkwesen in Bewegung gebracht / Dadurch Annäherung Charlottens zum Hauptmann / Eduard schließt sich an Ottilien« (MA 6, S. 1213). Der Schematismus der *Wahlverwandtschaften* ist hier rein durchgehalten. Am entschiedendsten manifestiert sich die Chemie der Leidenschaften im Verhältnis zwischen Eduard und Ottilie. Zu der Liebesszene des zwölften Kapitels bemerkt der Erzähler: »Wer das andere zuerst ergriffen, wäre nicht zu unterscheiden gewesen« (MA 9, S. 366). Diese Subjektlosigkeit und Simultaneität des Geschehens entspricht präzise der Logik der Wahlverwandtschaften, wie sie der Hauptmann entwickelt hatte: Die Umgruppierung der Paare vollzieht sich, »ohne daß man sagen kann, wer das andere zuerst verlassen, wer sich mit dem andern zuerst wieder verbunden habe« (MA 9, S. 319).

Im siebzehnten Kapitel des zweiten Teils wird die Beziehung zwischen Eduard und Ottilie dann auf den Aristophanes-Mythos des Platonischen *Symposion* abgebildet. Das Geschehen vollzieht sich in einer »seligen Notwendigkeit« (MA 9, S. 517), die das Wollen der Personen als ein Müssen erweist. Die Lieben-

den stehen im wechselseitigen Bann einer »magischen Anziehungskraft« (ebd.); sie sind eigentlich gar nicht mehr zwei, sondern »nur Ein Mensch im bewußtlosen vollkommnen Behagen« des »reinen Zusammenseins« (ebd.). Zur Erläuterung dieser magischen Anziehungskraft bemüht G. dann in einem Gespräch mit Eckermann vom 7. 10. 1827 noch ein anderes ›naturwissenschaftliches‹ Schema: »Wir haben Alle etwas von elektrischen und magnetischen Kräften in uns, und üben, wie der Magnet selber, eine anziehende und abstoßende Gewalt aus«. G. hat beim Gebrauch derartiger Schemata aber nie das Bewußtsein ihrer Metaphorizität verloren. In einem Brief an Carl Friedrich Zelter vom 19.3. 1827 etwa vergleicht er menschliche Tätigkeit mit der Monade, um gleich entschuldigend einzuräumen, die Metapher sei nichts als Ausdruck der Anstrengung, Begriffe für Sachverhalte zu finden, die nicht auf Begriffe zu bringen sind: Man habe stets »in solchen Sprecharten sich mitzuteilen versucht, da wo die Vernunft nicht hinreichte und wo man doch die Unvernunft nicht wollte walten lassen«. Metaphern und Schemata sollen vor Irrationalismus schützen.

Auf dem nach der chemischen Metapher geordneten Schauplatz der *Wahlverwandtschaften* gewinnt jede Figur ihre eigentümliche Bestimmtheit in der Beziehung auf ihr jeweils Anderes und tritt im Spiel des Begehrens als diese Differenz auf. Dabei gewinnen die Figuren Kontur in dem Maß ihrer Selbstdarstellung durch Liebesverhältnisse. So heißt es in einem Brief G.s an Graf Friedrich von Reinhard vom 28.8. 1807: »Die Synthese der Neigung ist es eigentlich, die alles lebendig macht«. Denn sie neigt sich immer auch dem zu – Gebärde des Nachgebens und der Entkrampfung –, was die Goethezeit Natur im Subjekt nannte. »Erotomorphism« (MA 17, S. 937) hat G. die verwandelnde Wirkung der Neigung genannt. Im bürgerlichen Leben zerschellt sie an den Formen, an den Gegenständen des Denkens wird sie zur Erkenntnisutopie. So umschreibt das Gleichnis vom roten »Faden der Neigung« (MA 9, S. 410) die eigentümliche Einheit eines Tagebuchs als ein Archiv des verstummten Lebens.

Die Chemie, der Magnetismus der Leidenschaften beherrscht aber nicht nur die Leidenschaftlichen, sondern gerade auch die Selbstbeherrschten. Der Erzähler legt sogar nahe, daß die Neigung im Schatten von Rationalität und Konvention noch ›gefährlicher‹ wächst als unter der Sonne der Leidenschaft; schon bald heißt die Beziehung des Hauptmanns zu Charlotte ›unwiderstehlich‹ und ›fesselnd‹. Deshalb denkt Eduard, der dies entdeckt, ganz konsequent und in der Logik der Wahlverwandtschaften: »Alle Teile brauchten nur in das zu willigen was sie wünschten; eine Scheidung war gewiß zu erlangen; eine baldige Verbindung sollte folgen« (MA 9, S. 492).

Selbst die Vorgeschichte der Romanhandlung scheint schon von der Logik der Wahlverwandtschaften bestimmt. Daß, wie Charlotte in jenem Gespräch bemerkt, die »Zugesellung« eines Dritten oft eine »unauflöslich scheinende Verbindung« (MA 9, S. 318) aufhebt, trifft offenbar auf ihre eigene erste Ehe zu. Denn ursprünglich bildeten Eduard und Charlotte »ein wahrhaft prädestiniertes Paar«, das der erste Ehemann Charlottes dann »auseinander sprengte« (MA 9, S. 355). Denselben Effekt hat später, zumindest in der Deutung Eduards, die »Zugesellung«, d.h. die Geburt des Kindes Otto: »Es trennt mich von meiner Gattin und meine Gattin von mir, wie es uns hätte verbinden sollen« (MA 9, S. 495). Das scheint das tragische Resultat der Tatsache zu sein, daß das Buchstabenspiel der Wahlverwandtschaftsformel von den Beteiligten nicht erschöpft wird. Friedrich Kittler hat das sehr genau erkannt: »An der Stelle, wo das Verhältnis zwischen Hauptmann und Ottilie ins Spiel käme, klafft ein Loch in der scheinbar erschöpfenden Kombinatorik der *Wahlverwandtschaften*. Vor ihrem Eintritt ins Schloß warnt zwar Charlotte vor möglichen Liebesabenteuern zwischen den zweien; aber wenn sie dann monatelang beieinander sind, wechseln Hauptmann und Ottilie keine Silbe. Ihren Verkehr gibt es nur stumm und verkörpert: als Kind mit seinen Gesichtszügen und ihren schwarzen Augen« (S. 261).

Auch in diesem Zusammenhang erweist sich die eingeschaltete Novelle wieder als antithetische Spiegelung des Romans. Es ist die Geschichte einer leidenschaftlichen Neigung »unter der Form des Widerstebens« (MA 9, S. 477). Die Katastrophe vollzieht sich nicht als stummes, unaufhörliches Verhängnis, sondern als heilsame Krisis, als Erwachen aus dem Schlaf der Gewohnheit. Benjamin hat daraus ein dialektisches Grundschema der *Wahlverwandtschaften* abgeleitet: These des Mythos – Antithese der Erlösung – Synthese der Hoffnung. »Den mythischen Motiven des Romans entsprechen jene der Novelle als Motive der Erlösung« (S. 171). Bedeutsam ist dabei offenbar die Funktion des Sprechens, denn in der Novelle macht ein »ausgesprochenes Anerkennen« das »Verkennen« (MA 9, S. 477) wieder gut.

Der *Wilhelm Meister*-Zyklus kann insgesamt als Beschreibung möglicher »Liebesverwicklungen« verstanden werden. Doch nirgendwo sind die Laboratoriumsbedingungen einer solchen Beschreibung genauer erfüllt als in den *Wahlverwandtschaften*. In dem schon erwähnten Brief an Schiller hat G. ja klar gemacht, daß es nicht genügt, die Chemie der Leidenschaften wie Crébillon auf ein Kartenspiel zu reduzieren. Die ›zarten chemischen Verwandtschaften‹ des Begehrens verlangen eine komplexere Experimentalanordnung. Leidenschaften unter Laboratoriumsbedingungen besagen zunächst einmal: Wichtiger als die Gestalten sind ihre Beziehungen. Ludwig Börne hat das kritisch vermerkt: »Goethes chemischer Roman gibt uns Prozesse und keine Produkte. Ottilien ausgenommen, die das wahre caput mortuum bildet, handelt alles, ohne daß eine Handlung erscheint« (S. 204). Und in der Tat stellt sich das Geschehen des Romans als eine Serie chemischer Umgruppierungen dar, die nicht in handlungsförmigen Schritten, sondern jeweils auf einen Schlag und simultan erfolgen. Was geschieht, scheint weniger Handlung als Emergenz zu sein. Die Personen hängen zwar eng zusammen, erscheinen aber nie als Ganzes, sondern zerfallen stets in gegenstrebige Paare. »Nur Umgruppierung, nicht tiefere Einheit ist deshalb das Resultat des Geschehens. Zusammenhang, aber ohne Mitte« (S. 214), bemerkt Schlaffer zu Recht.

Urania. Taschenbuch für Damen auf das Jahr 1813:
»Ottilie mit dem Säugling im schwankenden Kahne«.
Titelkupfer von H. Schmidt

Schon Benjamin hat es als Schlüssel zum Verständnis des Werkes bezeichnet, die Hauptfiguren nicht in ihrer individuellen Unterschiedlichkeit, sondern in ihrer paarweisen Antithetik zu den Repoussoir-Figuren der Novelle zu begreifen. »Die Gestalten der Haupterzählung haben ihren Gegensatz weniger als Einzelne denn als Paare« (S. 175). In diesem Zusammenhang ist eine Beobachtung Rudolf Kassners aufschlußreich. Er hat die *Wahlverwandtschaften* als Formparadigma einer neuartigen Verknüpfung des Typischen und des Realistischen gedeutet. Um 1800 beginnt der Realismus selbst, an die Stelle der traditionellen Typen Konfigurationen zu setzen. Wie das Schicksal traditionelle Typen präge, so führe die moderne Freiheit zu Konfigurationen. Dieser Begriff soll poetologische Formen charakterisieren, in denen die alten Typen »wie aufgebrochen erscheinen. Typen sind zu, so wie geometrische Figuren: Kreis oder Dreieck zu sind. Eduard und Ottilie, die zusammen eine Konfiguration bilden, sind gegeneinander geöffnet« (Kassner, S. 191).

Die Geschichte der *Wahlverwandtschaften* beginnt ausdrücklich mit einem »Versuch« (MA 9, S. 296). Charlotte, vor allem aber Eduard geht das Risiko ein, die idyllische Zweierbeziehung durch die Dazwischenkunft eines Dritten und Vierten der Chemie der Leidenschaften auszusetzen. Diese Szene findet im elften Kapitel des zweiten Teils eine genaue Parallele; dort beharrt der Begleiter des Lords auf seinen »Versuchen«, welche »Bezüge und Verwandtschaften unorganischer Wesen untereinander, organischer gegen sie und abermals untereinander [...] offenbaren« (MA 9, S. 484) sollen. Aus eben solchen Offenbarungen aber setzt sich G.s Roman zusammen. Er anonymisiert Landschaft und Geschichte so gründlich, daß der Roman als Experimentalanordnung mit den reinen Einheiten von Ort, Zeit und Figurenspiel operieren kann. In Keith Dicksons Worten: »Die psychologische ›Chemie‹ der ›Wahlverwandtschaften‹ wird den genauesten laboratorischen Bedingungen eines roman expérimental unterworfen« (S. 326). Als Wilhelm Bölsche am Ende des 19. Jhs. G.s *Wahlverwandtschaften* im Lich-

te moderner Naturwissenschaft darstellte, konnte er diesen Roman deshalb als Erstling des eigentlichen, modernen Realismus feiern: »Die Wahlverwandtschaften geben bereits einen vollkommenen Spiegel ab für den von Zola so getauften Experimentalroman, und man kann im Einzelnen bei sorgfältiger Analyse alle Vorzüge und Gefahren dieser ins Gebiet der Naturwissenschaft hinübergreifenden exakt psychologischen Dichtungsart an dem alten Buche so genau aufweisen, als gehöre es zeitlich zu den neuesten Erzeugnissen des Büchermarktes« (S. 1331).

Man wird heute von G.s Experimentalroman etwas vorsichtiger sagen können: Das ist keine Naturwissenschaft, aber auch von keiner Naturwissenschaft zu erreichen. G. geht es um ein soziales Experiment, in dem Instrument und Untersuchungsgegenstand identisch sind: Menschenwesen in Wechselbeziehung. Hier zeigt sich, warum G. die umständliche Transposition seiner durchgreifenden Idee aus dem Chemischen zu ihrem ›geistigen‹ Ursprung vorgenommen hat. Es geht ihm nämlich um eine exakte experimentelle Darstellung des naturwissenschaftlich Undarstellbaren – sozialer Verhältnisse unterm Gesetz des Begehrens. In der Beilage seines Briefs an Zelter vom 22.6.1808 heißt es: »Der Mensch an sich selbst, insofern er sich seiner gesunden Sinne bedient, ist der größte und genaueste physicalische Apparat den es geben kann. Und das ist eben das größte Unheil der neuern Physik daß man die Experimente gleichsam vom Menschen abgesondert hat, und blos in dem was künstliche Instrumente zeigen die Natur erkennen, ja was sie leisten kann dadurch beschränken und beweisen will.«

G. folgt in den *Wahlverwandtschaften* dem poetischen Verfahren, mit Hilfe eines Schemas den Schauplatz einer Spezifikation zu eröffnen, oder Schema und Ereignis, allgemeine Reflexion und höchst spezifizierte Individualität zu konfrontieren. So sind G.s Interpreten zumeist der von diesem selbst gelegten Spur gefolgt, die *Wahlverwandtschaften* seien als Anwendung des Anthropomorphismus sittlicher Symbole in den Naturwissenschaften auf gesellschaftliche Verhältnisse zu lesen. Diese

Lesart verkennt, wie sich Mensch, Gesetz, Natur und Gesellschaft im Medium des Sprachlichen verknüpfen. Was in dessen Ordnung nicht Raum findet, Leidenschaftliches, staut G. hinter die Sprachszene zurück. Die vornehm gewahrte Kontinuität der äußeren Form, die dem Roman das Souveräne verleiht, spiegelt die Fassade des dargestellten Lebens, die der Erzähler mit jedem Wort zu stützen scheint, um die Erosion des Alltags, die Aushöhlung der symbolischen Ordnung in eine Lebensgeschichte zu verwandeln. Sehr schön charakterisiert Ludwig Tieck diesen Vorgang als »Maskenspiel häuslichen Glücks« (S. 163).

Die Wirksamkeit und Bindungskraft des Symbolischen ist erschlafft, die Rituale laufen leer – das ist der gemeinsame Nenner von Grundsteinlegung und Richtfest, Taufe und Friedhofsästhetik. David E. Wellbery sieht, gestützt auf die Psychoanalyse Jacques Lacans, in diesen Erosionsprozessen die eigentliche Dynamik des Romans: »Der geschichtlich-kulturelle Vorgang, den die Wahlverwandtschaften inszenieren, läßt sich als der Zusammenbruch des Symbolischen, als dessen Desorganisation verstehen. Es handelt sich im Roman um die Auflösung eines verbindlichen Allgemeinen« (S. 292).

Das Spiel der Namen

Eine der wichtigsten Einsichten von Eberhard Lämmerts kleiner Studie über G.s empirischen Beitrag zur Romantheorie zeigt, daß das Romangeschehen ohne Bösewicht auskommt. Das heißt poetologisch: G.s Erzählkunst steht seit *Wilhelm Meisters Lehrjahren* im Zeichen einer entschiedenen »Abkehr von der Intrige« (Lämmert, S. 18). Für diese These sind die *Wahlverwandtschaften* in der Tat das experimentum crucis, denn die Chemie der Leidenschaften legt die Intrige nahe. So zutreffend Lämmerts Befund, so erstaunlich und befremdend ist aber seine Anschlußüberlegung, die den Gewinn aus dem Verzicht auf die Form der Intrige gerade im Blick auf die *Wahlverwandt-*

schaften benennen will: »Aus bloß gegensätzlichen werden so in vollem Sinne verschiedene Menschen, die auch in der gegenseitigen Berührung oder Verletzung noch die Würde einer unverwechselbaren Personalität behalten« (S. 18).

Nüchterner Textlektüre hält dieses Urteil nicht stand. Gundolf, der hier schärfer gesehen hat, bemerkt während seiner Darstellung der Figur Ottilie scheinbar beiläufig: »Wären die Wahlverwandtschaften nicht geschrieben, unser Schatz von Menschenbildern würde nicht sehr verringert, ohne Eduard und den Major, ohne Charlotte, Mittler, Luciane; wir würden ihresgleichen auch sonst begegnet sein. Noch unbestimmter und allgemeiner sind die mit Bedacht namenlosen Berufsmenschen: Gehilfe, Architekt, Gärtner« (S. 570). Diese Beobachtung bestätigt zunächst zweierlei: einmal die von G. mit Bedacht inszenierte, laboratoriumsartige Anonymität des Schauplatzes; sodann den Vorrang der Beziehungen vor den Personen. Und doch bildet diese Sparsamkeit der Namen nur den Hintergrund eines raffiniert durchkomponierten Spiels der Namen und Buchstaben.

Wir hatten schon erwähnt, daß der Roman mit einer Gebärde auktorialer Souveränität beginnt, die sich doch schon bald als problematisch erweist: »Eduard – so nennen wir [...]« (MA 9, S. 286). Denn es zeigt sich ja, daß es ein Baron namens Otto ist, der sich selbst Eduard genannt hat, um sich, so die Begründung, von einem befreundeten Otto zu unterscheiden, der dann im Roman aber auch nicht unter seinem Taufnamen, sondern als Hauptmann auftritt. Daß dieser dann ausgerechnet am Namenstag Ottos ins Schloß kommt, ist schon ein Stück ›alchimistischer‹ Inszenierung, zumal sogleich Eduards Abneigung erwähnt wird, seine Geburts- und Namenstage zu feiern. So suggeriert der Erzähler dem Leser des Romans von Anfang an, was er bei Gelegenheit des Namens ›Mittler‹ nahelegt – nämlich »auf Namensbedeutungen abergläubisch« (MA 9, S. 299) zu sein. Gerade vor dem Hintergrund einer allgemeinen Anonymität gewinnt das Spiel der Namen eine unwiderstehliche Bedeutsamkeit. Steer resümiert: »Names, with their meanings and implications, form a framework that penetrates every part of the work, and at the same time explains and illuminates a number of basic matters« (S. 34). Wie G. ›Schicksal‹ über das Spiel der Namen und Buchstaben steuert, wird am Beispiel des Glases deutlich, das aus Eduards Jugend stammt und in das »die Buchstaben E und O in sehr zierlicher Verschlingung eingeschnitten« sind (MA 9, S. 346). Es wird verschiedentlich als glückliches Zeichen und von Eduard als Vordeutung auf die gewünschte Verbindung mit Ottilie gedeutet, wandelt sich aber rasch in ein Symbol des Verhängnisses. Das Kelchglas mit der E/O-Gravur erweist sich nicht nur als falscher Prophet, sondern zuletzt auch als unecht und »untergeschoben« (MA 9, S. 528).

Das Zentrum dieser alchimistischen Inszenierungen bildet aber die Namensverwandtschaft der Hauptfiguren in der Identität des Namens Otto: Eduard = Otto, Hauptmann = Otto, das Kind Otto, Ottilie, Charlotte. Der Effekt der Namensverwandtschaft ist nun, daß der Knabe Otto zwar das Kind von Eduard und Charlotte ist, aber aussieht, als ob es das Kind Ottilies und des Hauptmanns sei. Nemec hat diesen Zusammenhang sehr fein ausgedeutet: »Der Name, der für den Hauptmann nicht gebraucht wird, und den Eduard ersetzt, wird im Knaben wieder offenbar. Er ist der lebendige Stellvertreter der Verhältnisse, die Verkörperung der Gemeinsamkeiten der Personen« (S. 57).

Bei der Geburt des Knaben ist der leibhafte Vater nicht anwesend und kann deshalb den Namen nicht bestimmen. Mittler, der die destruktive Kraft des guten Rats verkörpert, rät, das Kind Otto zu nennen: »Es konnte keinen andern Namen führen als den Namen des Vaters und des Freundes« (MA 9, S. 461). Der an der Namengebung unbeteiligte Eduard wird die Taufe auf den »beiderseitigen Namen Otto« (MA 9, S. 493) dann als glückliches Zeichen seines Wunsches deuten, Charlotte nach der Logik der Wahlverwandtschaften mit dem Hauptmann=Major=Otto verbunden zu sehen.

Diese Namens- und Buchstabenalchimie hat Schlaffer ins Zentrum seiner Interpretation der Wahlverwandtschaften gestellt: »Gelingt es, das Spiel der Buchstaben mit dem Spiel der Namen zu durchflechten, so kann die Interpretation die ›chemische Gleichnisrede zu ihrem geistigen Ursprunge zurückführen‹. Nichts leistet den Übergang von der Alchimie zum ›geistigen Ursprung‹ besser als der kabbalistisch-poetische Charakter ihrer chemischen Buchstaben und Namen. Sie bezeichnen die toten, bedeutungslosen Elemente der Natur und binden sie zugleich an Form und Geist der bedeutungtragenden Sprache. Die literarische Alchimie der Buchstaben und Namen vermittelt also die chemische Parabel zum Menschlichen, von dem der Roman handelt, und zum Kunstwerk, das dieser Roman ist« (S. 215).

Das Schicksal des Knaben Otto scheint ganz und gar von der Namens- und Buchstabenalchimie bestimmt. Vor dem Hintergrund der Tableaux, die als Gesellschaftsspiele im zweiten Teil des Romans eine wichtige Rolle spielen, kann man das Kind selbst als lebendes Bild begreifen: Es verdankt sein Leben Eduard und Charlotte und erweist sich doch als Bild Ottilies und des Hauptmanns. Ottilie bemerkt die dämonische Ähnlichkeit gleich nach der Geburt, der Hauptmann = Major muß sie vor der Leiche erfahren: »Bei dem dunklen Schein einer Kerze erblickte er, nicht ohne geheimes Grausen, sein erstarrtes Ebenbild« (MA 9, S. 499).

Der Bildbegriff fokussiert die Tendenzen der Wahlverwandtschaften, die Lebensverhältnisse zu ästhetisieren. Die Edelleute arrangieren und inszenieren das Alltägliche stilvoll. So sorgte etwa Charlotte dafür, daß der Besucher ihrer Mooshütte »die verschiedenen Bilder, welche die Landschaft gleichsam im Rahmen zeigten, auf einen Blick übersehen konnte« (MA 9, S. 287). Ähnlich stilisierend ist ihr Verhältnis zu den Toten – der Friedhof wird zum ästhetischen Projekt.

Die Verschränkung von Leben und Bild thematisiert G.s Roman vielfach. So drängt Eduard Ottilie, ein Miniaturbild ihres Vaters von ihrer Brust zu entfernen, das er offensichtlich als tabuisierende Macht erfährt – ein Bild drängt sich ins Leben. Wichtiger noch wird aber der umgekehrte Vorgang: Leben drängt

sich ins Bild und erstarrt zum Bild; in »natürlicher Bildnerei« (MA 9, S. 433) ahmen die
Edelleute malerische Stellungen nach. Das
Gesellschaftsspiel, in lebenden Bildern berühmte Gemälde nachzustellen, in dem sich
die ›luziferische‹ Luciane zunächst besonders
hervortut, um dann doch vor der ›himmlischen‹ Performanz Ottilies – jenseits aller
Kunst – zu verblassen, präsentiert »die Wirklichkeit als Bild« (MA 9, S. 444). Das Leben im
Bild ist aber – nach der ersten mitgeteilten
Tagebucheintragung Ottilies – ein Bild des Lebens nach dem Tode.

Diese Metapher erwächst aus einer Erwägung, die zwei extreme Kommunikationssitua-
tionen ineinander spiegelt. Die eine ist klar
und bekannt: Man unterhält sich mit einem
Bild, um die Entfernung eines Abwesenden
oder Toten zu überbrücken. Dann heißt es in
Ottilies Tagebuch aber, in genauer Inversion
dieser Unterhaltung mit einem Bild, weiter:
»›Man unterhält sich manchmal mit einem gegenwärtigen Menschen als mit einem Bilde. Er
braucht nicht zu sprechen, uns nicht anzusehen, sich nicht mit uns zu beschäftigen: [...]
daß er sich eben bloß zu uns wie ein Bild
verhält‹« (MA 9, S. 411). Eben diese Unterhaltung mit einem anderen als mit einem Bild ist
aber das Schema der Kommunikation zwischen Eduard und Ottilie, das Geheimnis ihres
Begehrens. Es ist ja die Pointe des ersten Zusammenseins der vier Hauptpersonen, daß Ottilie überhaupt nicht an dem Gespräch teilnimmt, von Eduard aber als »unterhalten-
des Mädchen« (MA 9, S. 325) wahrgenommen
wird; er hat sich mit ihr als einem Bild unterhalten.

Derart komplexe und indirekte Kommuni-
kationsverhältnisse begegnen in den *Wahlverwandtschaften* vielfach. Das gilt insbesondere
für die Darstellung Ottilies. Zum einen ist sie
der Hauptgegenstand einer Vielzahl von Briefen, die das Geschehen des Romans kreuzen
und mitzubestimmen scheinen. Zum anderen
sind dem zweiten Teil des Romans Maximen
und Reflexionen aus Ottilies Tagebuch eingefügt, von denen der Erzähler selbst anmerkt,
daß sie sie irgendwo abgeschrieben haben
muß. Ottilie wird also durch die Selektionen

charakterisiert, mit denen sie abstrakte Sentenzen anderer aufs eigene Erleben bezieht.

Das Tagebuch ist ein spiegelndes Medium,
jene Briefe dagegen bezeichnen schicksalhafte
Wendepunkte des Geschehens. In der ungestörten Idylle des Schlosses gesteht Eduard
seinen entscheidenden Wunsch – nämlich die
Dazwischenkunft eines Dritten –, er bricht
sein Schweigen, weil der Postbote drängt.
Auch der spätere Abschiedsbrief an Charlotte
hat Eduard weniger zum Autor, als daß er von
ihm Besitz ergriffe: »Aber der Brief war geschrieben« (MA 9, S. 387). Er wird zum Medium der Fehlleistungen. So überstürzt sich
das Schreiben schon im Postskriptum, das
Charlotte der Einladung an den Hauptmann
hinzufügen muß: »Sie verunstaltete das Papier
zuletzt mit einem Tintenfleck, der sie ärgerlich machte und nur größer wurde, indem sie
ihn wegwischen wollte« (MA 9, S. 301).

Briefe als Medium der Störung und Verstörung – das ist das eine. Sodann erweist sich der
Brief als Medium der Realitätsvermeidung:
Man kommuniziert, ohne etwas zu sagen. Stehen einige Briefe im Zeichen von Drängen,
Hast und Eile, so unterstehen andere einer
unentschiedenen, aufschiebenden Höflichkeit, die nahelegt »lieber Nichts zu schreiben,
als nicht zu schreiben« (MA 9, S. 292). Derartige Realitätsvermeidung wird bei Eduard, getragen von einer ›durcharbeitenden‹ Phantasie, schließlich zum geschlossenen postali-
schen System der Liebe: »Ich schreibe süße
zutrauliche Briefe in ihrem Namen an mich;
ich antworte ihr und verwahre die Blätter zusammen« (MA 9, S. 395 f.).

»Anstalten« und »Veranstaltung« sind die in
den *Wahlverwandtschaften* vorherrschenden
Termini eines Ästhetizismus. Schlagend evident wird dies an den lebenden Bildern, die
vom Divertissement bis zur Transfiguration
das Kunstbedürfnis der Edelleute befriedigen.
Gelebte Bilder symbolisieren Soziales: Schönheit im Stillstand. G. selbst hat nicht nur Kupferstiche jenes Nicolas Poussin besessen, dessen Darstellung von Ahasverus und Esther in
den *Wahlverwandtschaften* nachgestellt wird,
sondern, in späten Jahren, solchen Darstellu-
gen Tribut gezollt.

Man kann nicht sagen, daß die Edelleute in den *Wahlverwandtschaften* das Verhältnis von Bild und Leben beherrschen. Ihnen verwandelt sich das Wirkliche zum Schein des Scheins. Und wo der Schein am schönsten ist, darf geschichtliches Leben nicht störend dazwischen kommen; deshalb hält die Schöne des Bildes »den Ausdruck ihres Angesichts« (MA 9, S. 435) verborgen. Das lebendige Bild überflügelt das ästhetische, dem es nachgestellt ist, wie die höhere Falschheit des Musizierens von Eduard und Ottilie die Komposition, die sie entstellen: weil die Kunstwerke leben möchten. Wenn schließlich Ottilie zur Figur »der göttlichen Mutter« mit dem Kind in der Krippe erstarrt (MA 9, S. 443), steht G.s Paradoxon des lebenden Bildes auf der Spitze. In Ottilie erscheint lebendige Wirklichkeit als Bild einer religiösen Urszene. Wellbery hat das religiöse Urbild der Jungfrau/Mutter denn auch als Schlüssel zum Verständnis Ottilies bezeichnet. Das Begehren richtet sich auf sie ja nicht als weiblichen Körper, sondern als Bild der idealen Mutter: »Dem Feld der symbolisch organisierten Körper entrückt, bleibt der begehrten Frau nur die problematische Existenzweise eines Bildes, in der ja Ottilie schließlich ganz aufgeht« (Wellbery, S. 297). Wie in den lebenden Bildern Leben in Malerei übergeht, so transzendiert in diese, nach Benjamins Einsicht, auch das Epische bei der Darstellung Ottilies. Im Motiv der »Bilder-Szenen« reflektiert G. demnach die eigene Beschwörungstechnik: Der Bildcharakter der Tableaus ist so scheinhaft wie die lebendige Schönheit, die im Roman erscheint.

Blumenberg hat eindringlich gezeigt, wie schwer es nach der deutschen Krise von 1806 für G. geworden ist, der ästhetische und naturgeschichtliche Zuschauer des politischen Zeitlaufs zu bleiben. Die *Wahlverwandtschaften* setzen diese Problematik in Szene – nämlich in der Geschichte vom Dammbruch. Die Zuschauer der Feierlichkeiten erleiden Schiffbruch auf nur scheinbar festem Lande; der Boden gibt nach, die Sicherheit der ästhetischen Distanz erweist sich als trügerisch. Wenn in der Novelle »das Schiff strandet«, ohne zu brechen (MA 9, S. 480), ist das ein Bild der Rettung, die jene Distanz aufhebt. Und umgekehrt ist niemand rettungsloser dem Schiffbruch ausgesetzt als die Sekuritätsbedürftigen auf ihrem hermetischen Landsitz. Eine Eintragung aus dem Jahre 1806 belegt, wie politisch G. diese Metapher meinte: »Die Interims-Hoffnungen mit denen wir uns philisterhaft schon manche Jahre hingehalten, wurden so abermals im gegenwärtigen genährt. Zwar brannte die Welt in allen Ecken und Enden, Europa hatte eine andere Gestalt genommen, zu Lande und See gingen Städte und Flotten zu Trümmern, aber das mittlere, das nördliche Deutschland genoß noch eines gewissen fieberhaften Friedens, in welchem wir uns einer problematischen Sicherheit hingaben« (*Tag- und Jahreshefte 1806*).

Je problematischer die politische Sicherheit, desto heimatloser das feudale Wohnen, zu dem sich die Figuren auf dem Landsitz nicht versammeln, sondern konstellieren. Denn sie leben nicht eigentlich an einem Ort, der eine Versammlung möglich machte, sondern in einem schönen Raum, der immer nur Anblicke bietet. Wenn es eine spezifische Leistung des Mythos ist, Zeit in Raum zu verwandeln, so kann man G.s Schema der *Wahlverwandtschaften* mythisch nennen. Die Figuren verlieren die Zeit – genauer: ihr Leben verliert das zeitliche Maß. Nicht umsonst heißt es von der sonst so besonnen scheinenden Charlotte, als sie an die Trennung vom Hauptmann denkt: »Sie verwünschte die totenhafte Zeit« (MA 9, S. 362). Und auch dieser, die zweite Verkörperung der Rationalität im Wahlverwandtschaftenspiel, verliert das Maß der Zeit: Er vergißt, seine Uhr aufzuziehen. Der Erzähler läßt keinen Zweifel an der symptomatischen Bedeutung dieses Vergessens: »daß die Zeit anfange ihnen gleichgültig zu werden« (MA 9, S. 333). Nichts zeigt deutlicher als dieses Mißverhältnis zur Zeit, wie brüchig die Vernunft ist, die Charlotte und der Hauptmann gegen die Chemie des Begehrens ins Feld führen. Und G.s Roman macht deutlich: Gerade dieses Mißverhältnis zur Zeit ist zeitparadigmatisch. Sehr schön hat Jürgen Kolbe die »Sünde der Zeit an der Zeit als tragendes Motiv« (S. 38) der *Wahlverwandtschaften* herausgearbeitet.

Das Gefühl der Zeitlosigkeit, das vom Roman ausgeht, verdankt sich einer Ästhetisierung des konkreten Ortes im abstrakten Raum. Diesen räumt nicht eine Grenze des Wohnens ein, sondern es wird ein Rahmen erstellt, der die Landschaft ins Bild entfernt. So verwischt die ästhetische Distanz des Anblicks die Prägung des Lebens durch den Ort; das Wohnen verliert seine Selbstverständlichkeit. Mit artifiziellen Konstruktionen des Daseins versuchen Charlotte und Eduard, »der verruchten kalten Welt« (MA 9, S. 491) eine Idylle abzutrotzen. An deren Peripherie nur erscheint Geschichte als Krieg – nicht als politisches Ereignis, sondern Erlebnismöglichkeit des Vergessens. Es sind andere Mächte, die die Idylle stören, ja zerstören. 1802 hat G. die Voß'schen Gedichte rezensiert und gefragt, ob dieses heitere Leben in sanfter Natur nicht »öfter von außen bestürmt, verletzt und zu leidenschaftlicher Bewegung aufgeregt« werde (WA I, 40, S. 270). Eben dies geschieht dann in den *Wahlverwandtschaften*, und man wird sagen können, daß die Verletzung der Idylle so sehr von außen kommt, wie sie selbstverschuldet ist.

Lehrreich ist hier die Differenz der *Wahlverwandtschaften* zu *Wilhelm Meisters Lehrjahren*. Erstaunlich hellsichtig bemerkt schon die zeitgenössische Kritik Karl Ernst Schubarths, daß in den *Wahlverwandtschaften* »jener äußerlich gesicherte Zustand, den herzustellen und zu bewirken die mäßigende Tendenz des Meisters ist, als unzulänglich dargestellt wird, wenn der Mensch in Absicht der innern ideellen, man darf sagen, der heiligen Gränzen seiner Natur schwankt. Denn auch die Wahlverwandtschaften beginnen mit ökonomischen Anstalten, mit Anstalten einer schönen Anordnung der Außenwelt« (S. 469 f.) – doch sie schlägt niemandem zum Segen an. Diese präzise Beobachtung läßt sich durch Überlegungen stützen, die G. selbst schon im Zusammenhang seiner Vorarbeiten zur *Novelle* angestellt hat. In einem Brief an Schiller vom 22.4. 1797, in dem G. einen poetologischen Vorrang des Wie vor dem Was einer Geschichte unterstreicht, heißt es von der Handlung, »daß große Anstalten gemacht werden, daß man viele Kräfte mit Verstand und Klug-

heit in Bewegung setzt, daß aber die Entwicklung auf eine Weise geschieht, die den Anstalten ganz entgegen ist und auf einem ganz unerwarteten jedoch natürlichen Wege«. Das trifft genau so für die Geschichte der *Wahlverwandtschaften* zu.

Was die Ästhetik der Lust- und Nostalgiebauten auf dem Landsitz im Innersten erschüttert, ist ihre Nutzlosigkeit – Todesarchitektur wider Willen. Mit jeder ästhetischen Gebärde, die den Tod bannen soll, bauen diese Menschen fort am eigenen Mausoleum. Ottilie bemerkt, daß ihre Blumendekors einem Ort gelten, »der wenn er nicht bloß eine Künstlergrille bleiben, wenn er zu irgend etwas genutzt werden sollte, nur zu einer gemeinsamen Grabstätte geeignet schien« (MA 9, S. 415 f.). Wer den Tod ästhetisiert, dem gerät alles Schmückende, Schöne sepulkral. Steer hat in diesem Zusammenhang darauf aufmerksam gemacht, daß in den *Wahlverwandtschaften* trotz oder gerade wegen des vorwaltenden Ästhetizismus keine wirklichen Künstler auftreten. Für Parkidylle, Friedhofsdesign und lebende Bilder gilt gleichermaßen: »They are imitations of imitations and thus characterize the superficial lack of insight, the inability to understand either art or reality, of the society that delighted in them and made them into a modish favorite« (Steer, S. 199). Die von G. und Schiller gemeinsam verfaßte Notiz über den Dilettantismus hat diesen Ästhetizismus ohne Kunst auf die kritische Formel gebracht: »Was dem Dilettanten eigentlich abgeht, ist Architektonik im höchsten Sinne« (GA 14, S. 754). Ihm fehlt die konstitutive Kraft und er läßt sich deshalb vom Stoff verzehren. Der Dilettant ist der Sklave des Zeitgemäßen, und, so Gerhard Baumanns genaue Diagnose, »verfehlt damit gleichermaßen die Gegenwart wie seinen Gegenstand« (S. 96).

Gesprächskultur

Alles, was in den *Wahlverwandtschaften* geschieht, ist gerade gut genug, um Anlaß zur Kommunikation zu sein. Und die geselligen Gespräche finden scheinbar allein deshalb statt, um Gespräche folgen zu lassen. Gelegentlich erwähnt der Erzähler das »Publikum« jenseits des Schlosses, das die »leidenschaftlichen Vorfälle« (MA 9, S. 461) der edlen Gesellschaft zum Stoff seines Geredes depotenziere. Den Gegenpol bildet der Diskurs der guten Gesellschaft selbst. So heißt es vom Besuch des Grafen und der Baronesse: »Das Gespräch war lebhaft und abwechselnd, wie denn in Gegenwart solcher Personen alles und nichts zu interessieren scheint. Man [...] schweifte mit mutwilligem Behagen über hohe und mittlere Weltverhältnisse hin« (MA 9, S. 351). Diese Gesprächskultur entfaltet sich also unter der Bedingung, daß niemand mehr als »billig« auf Themen und Meinungen insistiert.

Ob in der großen oder in der kleinen Welt: Alles geschieht, damit Beobachter in Reflexionsstellung darüber reden können. Solger hat darin die Signatur seiner Zeit erkannt: »Es ist heut zu Tage fast kein anderes Mittel da, auf Menschen zu wirken und in höherem Sinne in der menschlichen Gesellschaft gesellig zu leben, als eben das Privatgespräch und die Reflexionen darin. [...] Ja diese Reflexionen sind eigentlich das wahre Leben, das wir führen« (S. 183). Das ist scharf gesehen. Und doch verkennt Solger die Ambivalenz, in die G. die Maximen und Reflexionen des Romans getaucht hat: Die schönsten Gedanken werden am Romangeschehen zuschanden. Nicht zuletzt dafür steht die Gestalt Mittlers ein. Seine Rede ist bodenlos und endlos human; weil sie auf die sozialen und moralischen Sachverhalte nicht konstitutiv auftrifft, muß sie gewaltsam von außen unterbrochen werden – sei's durch das Posthorn, sei's durch den Tod. Zu seinem Lob der bürgerlichen Ehe bemerkt der Erzähler voller Hohn: »So sprach er lebhaft und hätte wohl noch lange fortgesprochen« (MA 9, S. 350).

Was Solgers schöne Beobachtung der Reflexionskultur um 1800 verkennt, ist das Artifizielle, Zwanghafte der Kommunikation in guter Gesellschaft. Auf diesen Aspekt hat Peter Suhrkamp dann in aller Deutlichkeit hingewiesen: »Etwas Praktisches zu besprechen; einen Wunsch zu äußern; rechtzeitig eine Warnung zu geben oder eine notwendige Aufklärung, eine Zurechtweisung; einen Sachverhalt mitzuteilen; ja zu einer Sache sich mit einem einfachen Ja oder Nein zu stellen – davor besteht eine auffällige Scheu, es geschieht nur nach Überwindung von inneren Widerständen und mit äußerster Diskretion« (S. 194).

Nichts charakterisiert die Figuren des Romans genauer als ihr Verhältnis zum gesprochenen Wort. Gleich zu Beginn bemerkt Eduard halb scherzhaft, Eheleute müßten »sich manchmal streiten«, um »was von einander« zu erfahren (MA 9, S. 294). Als dann aber – angesichts des offenbar gewordenen Liebesverhältnisses zwischen Eduard und Ottilie (im sechzehnten Kapitel des ersten Teils) – Charlotte einmal Klartext spricht, heißt es von Eduard, daß er »die offne reine Sprache seiner Gattin nicht zu erwiedern vermochte« (MA 9, S. 384). Charlotte mahnt zur Besonnenheit und »Vorsicht« (ebd.) qua Voraussicht; Eduard vermeidet die Antwort und will abwarten. Der Erzähler aber läßt keinen Zweifel daran, daß die vermiedene Antwort nur die »Verstellung« einer geheimen Entscheidung ist (ebd.). Charlotte drängt auf eine offene Entscheidung – deshalb spricht und fordert sie Klartext. Doch: »Ein ausgesprochnes Wort ist fürchterlich, wenn es das auf einmal ausspricht, was das Herz lange sich erlaubt hat« (MA 9, S. 385). Deshalb antwortet Eduard ausweichend, stimmt er zum Schein zu. Das heißt aber: er widerspricht »nicht unmittelbar« (ebd.) – und das genügt Charlotte, eine Entscheidung zu treffen. So erweist sich das ganze Gespräch als Kaskade von halb gewollten, halb ungewollten Mißverständnissen.

Die kommunikative Grundkonstellation scheint klar: Charlotte spricht und fordert Klartext, Eduard antwortet ausweichend und sucht Aufschub. Daß er »die liebevolle Sprache seiner Frau für ausgedacht, künstlich und planmäßig« hält (MA 9, S. 385 f.), scheint also zunächst nur eine Projektion seiner eigenen Unaufrichtigkeit zu sein. Doch der Roman kompliziert den Sachverhalt dadurch, daß er mehrfach Klartext selbst als Schein entlarvt. So heißt es schon während der ersten Gespräche der Eheleute: »Charlotte, so aufrichtig sie zu sprechen schien, verhehlte doch etwas« (MA 9, S. 297). Derart läßt der Erzähler vermuten, gerade die Sprachgebärde der Aufrichtigkeit könne sich als besonders hartnäckiges Mittel der (Selbst-)Täuschung erweisen.

Insbesondere die besonnene, fein kultivierte Charlotte trifft häufig auf Grenzen der Mitteilbarkeit – und die entsprechende Nötigung, ihre »Sorgen [...] für sich durchzuarbeiten« (MA 9, S. 413). Das gilt vor allem für ihr Verhältnis zu Ottilie. Auch hier unterliegt die Kommunikationsstruktur des Geschehens der Eigenlogik der *Wahlverwandtschaften*. Charlotte möchte ja mit Ottilie über deren gefährliches Verhältnis zu Eduard sprechen, aber sie spürt mit jedem Wort, daß sie damit zugleich ihr geheimes Verhältnis zum Hauptmann berührt. Sie muß erfahren: Die Chemie der Leidenschaften läßt sich längst nicht mehr auf das unschickliche Verhältnis zweier Personen reduzieren, das man dann ›besonnen‹ zur Sprache bringen könnte. »Sie sucht sich darüber im Allgemeinen auszudrücken; das Allgemeine paßt auch auf den eignen Zustand, den sie auszusprechen scheut. Ein jeder Wink, den sie Ottilien geben will, deutet zurück in ihr eignes Herz« (MA 9, S. 374).

Daraus resultieren vermeidende, verschweigende Gepräche; denn Charlottes Besonnenheit wacht stets über die Grenzen des Schicklichen. Das gilt zumal für ihr Verhältnis zu Ottilie, das ja nicht nur eines der Konkurrenz, sondern auch eines der Erziehung ist. Beide Verhältnisse, das der Pädagogik und das der Wahlverwandtschaft, kreuzen sich gefährlich im Thema des Gesprächs, das der Graf führt: die Ehe auf Zeit. Wichtig ist für unseren Zusammenhang zunächst, daß Charlotte versucht, »um Ottiliens willen«, also aus pädagogischer Rücksicht, »das Gespräch abzulenken«, weil eben »nichts gefährlicher sei, als ein allzufreies Gespräch« (MA 9, S. 352f.) über komplexe moralische Fragestellungen. Diese pädagogische Vorsicht resultiert dann aber angesichts einer Situation, die der in jenem liberalen Gespräch über die Ehe geschilderten sehr verwandt ist, in Sprachlosigkeit. Nicht daß es – daran läßt der Erzähler keinen Zweifel – im Verhältnis zwischen Charlotte und Ottilie an »Vernunft« und »gutem Willen« fehlte: »Ihre Unterhaltungen waren vermeidend. Manchmal mochte man gern etwas nur halb verstehen, öfters wurde aber doch ein Ausdruck, wo nicht durch den Verstand wenigstens durch die Empfindung mißdeutet. Man fürchtete sich zu verletzen, und gerade die Furcht war am ersten verletzbar und verletzte am ersten« (MA 9, S. 504).

Wie Gespräche um so freier gelingen, je weniger das Herz daran teilhat, so erweist sich das Verhalten der Romanfiguren als um so schicklicher, je unsittlicher es ist. Ursprünglich sittlich begründet sei jede Form der Höflichkeit, notiert Ottilies Tagebuch einmal – um dem Leser des Romans doch nur zu entdecken, daß der formvollendeten Höflichkeit der Figuren dieser ethische Boden entzogen ist. Das macht die Formen dem Wunsch verfügbar. Höflichkeit ist die Form, die der Wunsch in einem Spiel von freiem Sprechen und Verschweigen, Schein und Geständnis annimmt. Sie ist der Königsweg der Selbstverkennung, die vor Gewalt schützt. Und weil sich alles Begehren vor der Besonnenheit ausweisen muß, führt alle Verantwortung den Wunsch als Konterbande mit sich.

Nun erweist G. ohne Ironie die Höflichkeit als Schutz des Zivilisierten vor dem offenen Wort in der Ausflucht, die das Gespräch nicht als Aussprache anerkennt, sondern in ihm den Schein von Verständigung stiftet. So schließt sich über allem Entscheidenden sprachlose Innerlichkeit wie ein Kästchen. In der Agonie des Sprechens räumen die Figuren Schritt für Schritt den Schauplatz der Sprache, und G. läßt nun auf diesem Natur erscheinen. Als Leidenschaft spricht Natur aus G.s Figuren. Der Roman ist fern davon, an ihnen ethisch Maß zu nehmen. Die Affektmodulation mißlingt und setzt die Leidenschaften, die einmal der bürgerlichen Zivilisation Gegenstand einer sittlichen Bearbeitung waren, frei ins Spiel der eigenen Kräfte, dessen Name der Romantitel nennt.

Nun zeigt sich aber das Verwandtschaftsspiel der Leidenschaften im Roman strengsten zivilisatorischen Rahmenbedingungen, einer Apparatur höflicher Disziplinierung unterworfen, die sich auf der Schauseite des Geschehens als veranstaltete Erscheinung des Humanen ausprägt. So fordert Charlotte, die stets das Beste opfert, um ein Stück des Guten zu genießen, nun zum Besten aller ein Opfer: Ottilie. Ihm entspricht und es rechtfertigt Disziplin als Opfer im eigenen Innern: »Wir müssen [...] unsre eigenen Hofmeister« sein (MA 9, S. 384). Wie über dem Besten liegt über den Extremen, die vielleicht die Entscheidung bringen, ein gesellschaftliches Tabu: »ein Äußerstes« wagen, heißt für Charlotte, sich »lächerlich« machen (ebd.).

So gewaltsam die Rechtfertigung des Opfers als Disziplin, so problematisch ist seine Verklärung im Bild der Entsagung. Zu dieser Auffassung hat Solgers Diktum über die Liebe Ottilies beigetragen, sie selbst sei »das ganze Verhältnis« (S. 184), woraus zwingend zu folgen scheint, daß Entsagung die Liebe vollkommen und gerade die Abwesenheit des anderen das Verhältnis rein mache. Daß Ottilie »niemals einem anderen anzugehören« sich entscheidet (MA 9, S. 466), heißt nicht, daß sie Eduard entsagt. Im Verlust hält sie ihn fest und verweigert die Ablösung vom Geliebten. In seiner Abwesenheit übt sie den melancholischen Todeskult ein.

Immer wieder erweist sich die »Macht der Besonnenheit« (MA 9, S. 389) als Ohnmacht vor der Leidenschaft. Intersubjektivität in Worte zu fassen, zur Sprache zu bringen, heißt weniger Verständnis als Mißverständnis auf Dauer zu stellen. Das rührt daher, daß Mitteilung und Verstehen gänzlich verschiedene Selektionsleistungen sind, deren Einheit unwahrscheinlich ist. Eine Notiz aus Ottilies Tagebuch macht das sehr schön deutlich und lehrt, daß sich gesellschaftliche Kommunikation im Medium des Mißverständnisses vollzieht: »›Sich mitzuteilen ist Natur; Mitgeteiltes aufzunehmen, wie es gegeben wird, ist Bildung.‹ ›Niemand würde viel in Gesellschaften

sprechen, wenn er sich bewußt wäre, wie oft er die andern mißversteht.‹ [...] ›Jedes ausgesprochene Wort erregt den Gegensinn‹« (MA 9, S. 425).

Ottilie selbst verkörpert das Mißtrauen gegenüber der Verständigungsmacht des Wortes. So bedient sie sich um etwas abzulehnen einer »unwiderstehlichen Gebärde«; um Eduard zu entsagen, fällt sie in ein »furchtbares Schweigen«. Und in diesem Zusammenhang gewinnt auch die Beobachtung ihren guten Sinn, Ottilie sei, wenn sie französisch spreche, »gesprächiger« als in ihrer Muttersprache: »Hier sagte sie oft mehr, als sie zu wollen schien« (MA 9, S. 325). Die fremde Sprache ist offenbar das Inkognito einer ganz anderen, in der Bewußtsein und Begehren, Worte und Leidenschaften nicht mehr spröde auseinanderweisen. Diese Kommunikationsutopie auszusprechen bleibt Eduard vorbehalten. Vor der sterbenden Ottilie kniend nimmt er die Verheißung des Erzählers vorweg, die den Roman beschließt: das gemeinsame Erwachen am Jüngsten Tag – »da werden wir mit andern Sprachen reden!« (MA 9, S. 523).

Willkür und Zufall

Der erste Teil der *Wahlverwandtschaften* endet mit der Ankündigung des Erzählers, durchs Medium des Tagebuchs Einblick in Ottilies Inneres zu geben. Das wird auch deshalb zur erzähltechnischen Notwendigkeit, weil Ottilie – nach der Eröffnung von Charlottes Schwangerschaft – »nichts weiter zu sagen« hat: Sie »ging in sich zurück« (MA 9, S. 401). Ihr späterer Brief an die Freunde, der den Entschluß der Entsagung mit einem »Ordensgelübde« besiegelt, wiederholt diese Formeln: »Nun habe ich nichts mehr zu sagen. [...] Beruft keine Mittelsperson! Dringt nicht in mich, [...] mein Innres überlaßt mir selbst!« (MA 9, S. 516). Diese Rückkehr in sich bis zum Verstummen, ja bis zum Tod ist eine Extremform des Selbstbezugs. Eine keusche Tiefinnerlichkeit attestiert Solger Ottilie deshalb, die sie schließlich an die Wirklichkeit des Geschehens »herausgeben« müsse – und das ist tödlich. »Sie kann ihre eigene innere Macht nur noch dazu anwenden, sich durch sich selbst zu vernichten. So ist es gründlich durchgeführt« (Solger, S. 179).

Von pathologischen Formen des Selbstbezugs berichtet G.s Roman allenthalben. So bemerkt der Erzähler schon in einer allgemeinen Reflexion, daß gerade in Situationen, wo Menschen Rat und kommunikativen Beistand nötig hätten, »sich die einzelnen auf sich selbst zurückziehen«, sich gegen die anderen verstellen und »für sich« (MA 9, S. 503) handeln. Auch der Startmechanismus der Novelle ist pathologischer Selbstbezug; von dem »wunderlichen Verhältnis« des Widerwillens der Nachbarskinder gegeneinander heißt es, beide seien »in sich selbst gewendet« (MA 9, S. 474). Hier resultiert der Widerstreit aus Ähnlichkeit. Das zunächst trügerisch harmonische Verhältnis zwischen Eduard und Charlotte dagegen ist eines des komplementären Selbstbezugs. Das Arrangement des Schloßidylls ist ja, so Charlottes zunächst rätselhafte Formel, unternommen worden, »bloß damit wir uns selbst leben« (MA 9, S. 290). Zu diesem Verhältnis bemerkt Horst Turk: »Wollte man das Gesetz der Wahlverwandtschaft auf Charlotte und Eduard anwenden, so hängen sie beide durch ein wechselseitiges Sich-Bedürfen ihres einander entgegengesetzten Selbstbezuges zusammen« (S. 209).

Und in der Tat stellt der Selbstbezug ein fundamentales Moment der Logik der Wahlverwandtschaft dar. In diese Logik führt der Hauptmann ja mit der Bemerkung ein, alle »Naturwesen« hätten einen »Bezug auf sich selbst« (MA 9, S. 314). Solger hat das als Grundstruktur des ganzen Romans verstanden: Alles gehe von Individualitäten aus, die »immer einseitiger werden«. Und gerade das verleihe dem Roman seine zeitparadigmatische Geltung, denn Individualität sei die Signatur der modernen Welt. Für Solger ist die Liebe nur das Medium, in dem sich die Individualität als Schicksal des Menschen ausformt: »Es kann also heut zu Tage jeder seinen Gott nur in sich selbst finden«. Die anderen

kann er nur beobachten. Das sind für Solger aber die Grundbedingungen der aktuellen ästhetischen Spitzenproduktion: des ›tragischen Romans‹. »Wer seine Individualität falsch versteht [...], der geht unter« (S. 178).

Selbstbezug steht aber in dialektischem Verhältnis zum Fremdbezug, der Beziehung auf andere in der Gesellschaft. Und diese kann wiederum im Selbstbezug gespiegelt werden als ›innere Gesselligkeit‹. Doch wie läßt sich dieser Zusammenhang poetisch darstellen? Am 28.8.1808 hat Friedrich Wilhelm Riemer in seinem Tagebuch die wohl bedeutendste Definition jener ›durchgreifenden Idee‹ des Romans festgehalten: »Sociale Verhältnisse und die Conflicte derselben symbolisch gefaßt darzustellen«. Daß sie symbolisch gefaßt werden sollen, schließt jede direkte Abspiegelung der sozialen Verhältnisse aus. Sie werden, so Willy Michels zutreffende Beobachtung, »auch nicht ursächlich ergründet, wie man schlecht aktualisierend mißverstehen könnte. Vielmehr gehen sie in die poetischen Konstellationen ein, in das ›gesellige Leben‹ der Figuren« (S. 195).

Man kann drei Niveaus der sozialen Romanverhältnisse unterscheiden: Selbstbezug, »innre Gesselligkeit mit Neigung« – also die wahlverwandtschaftlich synthetisierten Freunde – und die »größere Gesellschaft« (MA 9, S. 347) als Emissär der Außenwelt. Sie beziehen sich aufeinander, indem sie sich stören und ›unangenehm unterbrechen‹. Die den ganzen Roman durchherrschende Verlaufsfigur solcher Störungen ist der Auftritt eines Dritten. Steer bemerkt hierzu: »From one point of view the entire novel might be looked on as a compilation of the complications that can ensue in a stable relationship from the introduction of a third person, first the Hauptmann and then Ottilie. This is also clearly the case when Mittler (note the name) is introduced« (S. 47).

Bei seinem ersten Auftritt weigert sich Mittler, darüber zu diskutieren, ob es ratsam sei, die Zweierbeziehung Eduard/Charlotte durch die ständige Anwesenheit eines Dritten zu belasten. Durch diese Weigerung fällt Mittler aber selbst als »ein Dritter« auf, der jene Beziehung, die »nicht ganz im Gleichgewicht steht«, noch weiter verwirrt (MA 9, S. 300). Immerhin schließt Charlotte aus der Verweigerung des Ratschlags etwas Prinzipielles: Die Irritation von Intimverhältnissen durch Dritte produziert »neue Verhältnisse«, über die man nichts voraussagen und deren Effekte man den Beteiligten kaum »zurechnen« kann (ebd.).

Gerade die aufgeklärte, bewußte Charlotte beurteilt in dieser Frage die Macht von Bewußtsein und Aufklärung skeptisch; sie folgt dem Gefühl und einer Ahnung, wenn sie vor dem »gewählten Hinzutritt einer neuen Person« warnt: »Nichts ist bedeutender in jedem Zustande, als die Dazwischenkunft eines Dritten« (MA 9, S. 292). Zunächst leugnet Eduard diese Gefahr unter Hinweis auf das aufgeklärte Bewußtsein der Ehegatten. Doch nach dem Hinzutritt des Dritten, nämlich des Hauptmanns, hebt Eduard die erneut vorgebrachten Bedenken seiner Frau – daß »eine innige, unauflöslich scheinende Verbindung zweier Wesen durch gelegentliche Zugesellung eines dritten aufgehoben« werden könne (MA 9, S. 318) – in der Logik der Wahlverwandtschaft auf. Er leugnet die Gefahr der Auflösung nicht mehr, sondern deutet sie in die Möglichkeit einer Rekombination um: Es bedürfe nur des Hinzutritts einer vierten Person, damit niemand »leer ausgehe« (ebd.).

Doch die »Dazwischenkunft eines Dritten«, also des Hauptmanns, löst nicht nur die Verbindung des Paares Eduard/Charlotte, sondern verändert auch Eduards Selbstbezug. Er erlebt es als Befreiung durch Ich-Verdoppelung; genauer: Eduard (= Otto) identifiziert sich mit dem Hauptmann (= Otto) als einem zweiten Ich. Befreiend ist dies deshalb, weil Eduard die vom bürgerlichen Leben geforderte Unterscheidung von Leben und Geschäft stets mißlungen war. »Jetzt wurde es ihm leicht, da [...] ein zweites Ich die Sonderung bewirkte, in die das eine Ich nicht immer sich spalten mag« (MA 9, S. 310). Man wird zusammenfassend sagen können: Es fehlt den Betroffenen nicht an Bewußtsein, zumindest nicht an Gespür dafür, wie empfindlich das Gleichgewicht ihrer Verhältnisse durch das Erscheinen Dritter gestört, ja ins Unabsehbare

verschoben wird. Was die Figuren aber zu scheinbar willenlosen Agenten einer solchen Dynamik macht, ist ihre Unfähigkeit, autonom und besonnen zu entscheiden. So gilt eine Bemerkung des Erzählers aus dem siebten Kapitel des zweiten Teils für das gesamte Romangeschehen: »Doch wäre man zu keinem Entschluß gekommen, kein Schritt wäre geschehen, hätte nicht ein unvermuteter Besuch auch hier eine besondere Anregung gegeben, wie denn die Erscheinung von bedeutenden Menschen in irgend einem Kreise niemals ohne Folgen bleiben kann« (MA 9, S. 453).

Entscheidungen, die aus der Unfähigkeit zur Entscheidung resultieren, markieren die Schicksalslinie vor allem Eduards. Schon den ersten Entschluß, seiner Frau den Wunsch zu entdecken, einen Dritten, den Hauptmann, ans Schloß zu rufen, faßt er, weil der Postbote drängt. Im folgenden Streitgespräch versucht er, wie erwähnt, die Ängste Charlottes durch einen Appell ans aufgeklärte Bewußtsein zu mindern. Doch gerade aufgeklärtes Bewußtsein würde hier ja zur Besonnenheit mahnen, nichts zu überstürzen – und eben dies tut Charlotte. Doch für Eduard gibt es die Zeitdimension der Besonnenheit nicht; ihm zerfällt das Problem in Wechselrede und kontingenten Entschluß. Deshalb werde man sich »immer übereilen. [...] Es kommt auf den Entschluß an, und da wär' es wirklich das Beste, wir gäben ihn dem Los anheim« (MA 9, S. 292).

Wette, Würfelspiel und Los ermöglichen Entscheidungen ohne Subjekt. Entscheidungsunfähigkeit und Überstürzung sind Komplementärphänomene. Derart reduziert Eduard die komplexen Intim- und Sozialverhältnisse auf simple Wahlsituationen. Kopf oder Zahl: »Nur zwischen Elend und Genuß habe ich zu wählen« (MA 9, S. 398). Und auch Gespräche haben nur den Effekt, ihn entschieden fühlen zu lassen, wie er entscheiden soll. Deshalb erweist sich, wozu er glaubt sich entschließen zu sollen, stets als das, wozu er ohnehin entschlossen ist.

Subjektlos ist auch die Entscheidung seiner Wahlverwandten Ottilie, ihm zu entsagen. Ihr Entschluß ist nichts als die Einwilligung, nachdem sie aus ihrer »Bahn geschritten« ist, einer »neuen Bahn« zu folgen, die ihr von der Stimme Charlottes »vorgezeichnet« wurde (MA 9, S. 502); in einer Art somnambulischem Zustand hört sie die Rede Charlottes und erhebt sie zum »Gesetz« (ebd.) ihres Lebens. Hier wie überall im Geschehen der *Wahlverwandtschaften* tritt Subjektivität zurück; scheinbar Handelnde werden getrieben. Insofern trifft Theodor Fontane nur die Oberfläche von Kultiviertheit und Gesittung, wenn er den Figuren einen »feinen Individualismus« bescheinigt (S. 274). Schicksal enrollt sich im Schein von Individualität. Auch das macht der Stakkato-Stil des Erzählers großartig deutlich. So heißt es von Eduard: »Er dachte, er überlegte, oder vielmehr, er dachte, er überlegte nicht; er wünschte, er wollte nur. [...] Er widerstand nicht, er mußte« (MA 9, S. 510).

»Er wollte nur« – diese Formel ist bedeutungsvoll. Vier Jahre nach den *Wahlverwandtschaften* bestimmt G. in *Shakespeare und kein Ende* die spezifische Differenz neuerer Dichtungen als »Unverhältniß [...] zwischen Wollen und Vollbringen« (WA I, 41.1, S. 59). Bedenkt man, daß vor allem Eduard immer wieder Fragen des Willens und der Entscheidung an Spiele knüpft, so liest sich G.s Vergleich von Dichtung und Kartenspiel wie eine Interpretation der *Wahlverwandtschaften*. Spielregel und Zufall verhalten sich zu den Fähigkeiten des Spielers wie das Schicksal zum Willen. Das wäre trivial, würde G. nun nicht zwischen ›antiken‹ und ›modernen‹ Spielen unterscheiden. Das antike Spiel verläuft als Beschränkung von Zufall und Wollen. Der Spieler vermag nichts über die je ausgegebenen Karten und Gegenspieler und steuert durch »eine lange Reihe von Zufällen [...], ohne ihnen ausweichen zu können« (WA I, 41.1, S. 60). Das moderne Spiel dagegen räumt dem Wollen viel größere Spielräume ein: »Ich kann die Karten, die mir zufallen, verläugnen, in verschiedenem Sinne gelten lassen, halb oder ganz verwerfen, vom Glück Hülfe rufen, ja durch ein umgekehrtes Verfahren aus den schlechtesten Blättern den größten Vorteil ziehen, und so gleichen diese Art Spiele vollkommen der modernen Denk- und Dichtart« (ebd.). Mit diesem Vergleich macht G. aber

auch deutlich, daß die Begriffe des Tragischen und des Schicksals allenfalls in uneigentlichem Sinne auf moderne Weltverhältnisse angewandt werden können. Die *Wahlverwandtschaften* lassen in jeder Szene das Vakuum spüren, das durch die Entmächtigung des antiken Sollens entstanden ist. Die Emanzipation von seinem Despotismus hat ihren Preis. Den benennt die Formel »er wollte nur«: die Ambivalenz der Freiheit. So heißt es vom Wollen der modernen Menschen in unüberbietbarer G.scher Prägnanz: Es »ist frei, scheint frei und begünstigt den einzelnen. Daher ist das Wollen schmeichlerisch und mußte sich der Menschen bemächtigen, sobald sie es kennen lernten. Es ist der Gott der neuern Zeit« (WA I, 41.1, S. 61).

Daß Solger G.s *Wahlverwandtschaften* als höchstes Exemplar des zeitparadigmatischen, nämlich ›tragischen‹ Romans rühmen konnte, hängt offenbar an dieser merkwürdigen Verschränkung höchster Individualität und unwiderstehlicher Schicksalhaftigkeit. Zur Erklärung mag die Beobachtung hilfreich sein, daß es stets kompetente Leser gab, die den Roman langweilig fanden. Wir teilen diese Einschätzung nicht, begreifen sie aber als Symptom des grundlegenden Sachverhalts, daß G. soziale Effekte der Langeweile darstellen wollte. Achim von Arnim spricht diesbezüglich in einem Brief vom 5. 11. 1809 an Bettina von Brentano von einer »Langeweile des unbeschäftigten, unbethätigten Glückes«. Und auch die harten Worte Friedrich Maximilian Klingers in einem Brief an Georg Heinrich Ludwig Nicolovius vom 6. 7. 1810 treffen bei aller Überzeichnung doch einen entscheidenden Sachverhalt: der Roman präsentiere Figuren, »die aus Müßiggang – nicht handeln – sondern sich kitzeln, um leben zu können«.

In der Tat gewinnt der Beobachter des Geschehens den Eindruck, Müßiggang mache für Schicksalhaftes anfällig. Entsprechend scheinen die am Rand des Geschehens auftauchenden Personen mit bürgerlichem Beruf gegen das Verhängnis immun zu sein. Über diese Züchtung von Schicksal unter Bedingungen adeliger Arbeitsenthobenheit heißt es bei Steer sehr prägnant: »Passions develop in a hot-house atmosphere in the island of idleness; the characters are caught in a series of webs that force their feelings into strange forms« (S. 228).

Damit wird aber die von Solger in Umlauf gebrachte Interpretation als ›tragischer Roman‹ problematisch. Sie hat sich rezeptionsgeschichtlich zu einer der hartnäckigsten Deutungsschablonen verselbständigt. So heißt es etwa bei Fritz Martini, »daß in den ›Wahlverwandtschaften‹ zum ersten Male das Tragische in den Roman eingestaltet wurde« (S. 221). Derartige Deutungen erliegen der Suggestion des *Wahlverwandtschaften*-Begriffs, es gäbe eine Wissenschaft des Fatalen. Dem Romangeschehen sehr viel näher rückt Werner Schwans behutsame Formel vom »Gesetz der entgleitenden Balance«. Diese Formel gebraucht einen nach der fünfjährigen Lebenskrise einrastenden, neuen Schlüsselbegriff G.s, in dem er Abschied vom ästhetischen Titanentum nimmt – Blumenberg spricht sehr prägnant vom »Verzicht auf das Prometheische durch den Gedanken der Balance« (S. 574). Die *Wahlverwandtschaften* zeigen, daß dieser neue Gedanke nicht in die alten Lebensformen umzusetzen ist.

Solger leitet den Begriff des Schicksals, der die Interpretation als ›tragischer Roman‹ begründen soll, unmittelbar aus dem *Wahlverwandtschaften*-Begriff ab: »Das Schicksal [...], welches alles hervorbringt, ist [...] die allgemeine Verwandtschaft der Natur mit sich selbst«. Und: »Der Mensch hat jetzt kein anderes Geschick als die Liebe« (S. 178 ff.). Liebe wird demnach als Naturvollzug und dieser als Schicksal begriffen. Genau das hat bei späteren Interpreten Zweifel am ›Tragischen‹ des Romans geweckt. So kann Burckhard Lindner, im Anschluß an Benjamin, sehr schön zeigen, wie »Geschick [...] im Rahmen des Schicklichen« (S. 38) nicht als unwiderstehlicher Naturvollzug, sondern aus Versäumnis und Verstummen resultiert: Katastrophen aus höflicher, formvollendeter Selbstverkennung. Schon Karl Gutzkow hat die *Wahlverwandtschaften* in diesem Sinne als »Roman der Inkonvenienzen« (S. 233) aus angestrengter Schicklichkeit gedeutet.

Skeptisch gegenüber der beliebten Interpretation als ›tragischer Roman‹ stimmt also die Scheinbarkeit des Schicksalsvollzugs. G. macht deutlich, daß es sich um zufällig wiederholte Zufälle handelt, die von den Figuren des Romans in Schicksalszeichen umgedeutet werden: Willkürlich disponiert vor allem Eduard über den Zufall, um je und je eine Maxime des Handelns zu gewinnen, das seinen Wünschen entspricht. Daß G. hiermit einen Lebensstil der Moderne charakterisieren will, erhellt aus der Figur des Lords, der während Eduards langer Abwesenheit zu Besuch aufs Schloß kommt. Sein Lebensstil erfüllt in objektiver Ironie die philosophische Sehnsucht der Romantik, »überall zu Hause zu sein« (MA 9, S. 471) – ein ständig improvisierendes Leben des Weltreisenden, der wie in der »Oper« zwischen wandelnden Dekorationen herumschweift; er hat Abschied von den Gewohnheiten genommen und sich in bewußte Abhängigkeit »von der willkürlichsten Zufälligkeit« (MA 9, S. 473) begeben. Das klingt zunächst wie ein Oxymoron, markiert aber eine geschichtliche Schwellenerfahrung. Daß er mit seinem scheinbaren Gegenbegriff Zufall verknüpft werden kann, zeigt nach Blessins genauer Beobachtung, daß der Begriff Willkür »zur Zeit Goethes in einem Bedeutungswandel steht und in einem doppelten Sinne verwendet wird: als freier Wille und als rücksichtslose Eigenmächtigkeit« (Blessin, S. 80). Man könnte also sagen: Willkürliche Zufälligkeit ist G.s kritischer Begriff für den spezifisch modernen Spielraum des Handelns. Vielleicht war das der Sinn der Bemerkung von Madame de Staël in einem Brief an Wilhelm von Humboldt vom 6.3.1810, G. versuche in den *Wahlverwandtschaften* »en tout l'empire du hasard« zu charakterisieren.

Mythischer Zerfall der Ehe

Benjamin hat erkannt, daß G. diejenigen Interpretationen der *Wahlverwandtschaften* als authentisch anerkannt hat, die »das Humane betonen, das die Dichtung so planvoll zur

Schau stellt« (S. 143). Die dargestellte Humanität der Figuren ist demnach Fassade. Und in
der Tat scheint die Bildung und Dezenz, welche die Schloßgesellschaft bekundet, einer Lösung ihrer Probleme gerade im Wege zu stehen. »Weniger Zögern möchte Freiheit, weniger Schweigen möchte Klarheit, weniger
Nachsicht die Entscheidung bringen« (Benjamin, S. 131). Das ist eine der zentralen Beobachtungen Benjamins: Das Humane des Romangeschehens ist bloße Oberfläche, trügerische Erscheinung, hinter der sich als Wesen
die Mächte des Mythos verbergen. Nur zum
Schein hat Bildung die mythischen Kräfte bewältigt. Doch die humanistisch gebildeten,
edel zivilisierten Figuren haben in ihrem
hochgezüchteten Gefühl für das Schickliche
das Gefühl für das Sittliche verloren: »Fühlend
doch taub, sehend doch stumm gehen sie ihren
Weg. Taub gegen Gott und stumm gegen die
Welt. Rechenschaft mißlingt ihnen nicht durch
ihr Handeln sondern durch ihr Sein. Sie verstummen« (Benjamin, S. 134).

Diese Deutung bedarf ihrerseits der Deutung. Benjamin geht davon aus, daß ein Entschluß nur dann sittlich sein kann, wenn er
sprachliche Gestalt angenommen hat. Deshalb
sind Verschweigen und Verstummen für ihn
Symptome des Scheiterns und der Verblen-
dung. Demnach ist es für das Verständnis der
Wahlverwandtschaften fundamental, zwischen
der Scheinfreiheit der Wahl und der wahrhaft
sittlichen, von Sprache erhellten Entscheidung zu differenzieren. Diese Unterscheidung
spiegelt sich wiederum im antithetischen Verhältnis von Roman und Novelle. Wie G. Humanität als Fassade entlarvt, so erweist sich
vor dem Hintergrund des rettenden Entschlus-
ses, in dem die Novelle gipfelt, die Wahl-Frei-
heit der Romanfiguren als Schein. Benjamin
resümiert: »Das chimärische Freiheitsstreben
ist es, das über die Gestalten des Romans das
Schicksal heraufbeschwört. Die Liebenden in
der Novelle stehen jenseits von beiden und
ihre mutige Entschließung genügt, ein Schicksal zu zerreißen, das sich über ihnen ballen,
und eine Freiheit zu durchschauen, die sie in
das Nichts der Wahl herabziehn wollte« (Benjamin, S. 170).

Benjamins Maßstäbe setzende Interpretation von 1924 sieht nicht nur die *Wahlverwandtschaften*, sondern G. selbst im Bann mythischer Mächte. Als Symptome dafür gelten
ihm G.s Unfähigkeit, Kritik zu ertragen, und
vor allem natürlich seine neopagane Verehrung einer allumfassenden Natur. Auch wenn
man heute weiß, daß das in den 80er Jahren
verfaßte orphische Fragment *Die Natur* von
Christof Tobler aus dem Schweizer Kreise um
Johann Kaspar Lavater stammt, so ist doch G.s
spätes Bekenntnis zu ihm ernst zu nehmen. In
einem Brief an den Kanzler Friedrich von Müller vom 24.5. 1828 nennt G. das Fragment
einen »Komparativ« zum Superlativ seiner späteren Metamorphosenlehre. Und in der Tat
läßt sich an diesem Fragment am besten ablesen, was Benjamin als Bann des Mythischen
bezeichnet: »Natur! Wir sind von ihr umgeben
und umschlungen – unvermögend aus ihr herauszutreten, und unvermögend tiefer in sie
hinein zu kommen. [...] Man gehorcht ihren
Gesetzen, auch wenn man ihnen widerstrebt;
man wirkt mit ihr, auch wenn man gegen sie
wirken will« (GA 16, S. 921 u. S. 924).

Eben diese Natur meldet sich in den *Wahlverwandtschaften* mit mythischer Macht; dafür steht vor allem das katastrophische Geschehen um den umgestalteten Lustsee – das
Wasser erweist sich als chaotisches, uner-
gründliches und todbringendes Element. Natur zeigt sich, so Benjamins präzise Formel,
»unter Menschenhänden übermenschlich«.
Das heißt aber, daß die ästhetische Inszenierung der Natur zur Parkidylle diese nur scheinbar beherrscht. »Die Menschen selber müssen
die Naturgewalt bekunden. Denn sie sind ihr
nirgends entwachsen« (Benjamin, S. 133).
Auch dafür ist die Gestalt Ottilies paradigmatisch. Sie ist Opfer mythischer Natur nicht nur,
sofern sie das Kind Otto in den dämonisch
erscheinenden See fallen läßt; sondern ihr eigener Tod erscheint wie die Sühne einer verletzten mythischen Satzung, d.h. als Opfertod.

G. hat keine Mühen der Selbstdeutung gescheut, um diese antiidealistischen Motive der
Wahlverwandtschaften seinen Zeitgenossen zu
verschleiern. Er möchte glauben machen, Sitt-

lichkeit sei darstellungslos anwesend als abwesende, also »hinter die Szene verlegt«. Und das Schicksal soll als die ästhetische Maske der »sittlichen Natur« erscheinen, die die Entfesselung der Sinnlichkeit »bestraft«. Denn nur G.s nachträgliche Interpretation des Schicksals als Strafe rettet die Idee der ethischen Freiheit im Tod. Deshalb kann Benjamin mit Recht von den *Wahlverwandtschaften* sagen: »Das Mythische ist der Sachgehalt dieses Buches: als ein mythisches Schattenspiel in Kostümen des Goetheschen Zeitalters erscheint sein Inhalt« (S. 140 f.).

Doch nicht in den Katastrophen am Lustsee, nicht einmal in Ottilies Opfertod manifestiert sich der Bann mythischer Mächte am deutlichsten, sondern in der Auflösung des Ehebandes zwischen Eduard und Charlotte. Bei Gundolf heißt es bündig: »Die Ehe ist in diesem Roman nicht das Hauptproblem, sondern nur der Schnittpunkt der Hauptprozesse« (S. 565). Auch Benjamin hat mit größtem Nachdruck darauf hingewiesen, daß die *Wahlverwandtschaften* kein Eheroman sind: Nicht die Ehe ist Gegenstand des Romans, sondern ihre Zerfallsprodukte. Mit anderen Worten: G. erzählt nicht, wie eine Ehe zerbricht, sondern wie sich die Lebensvollzüge im Kräftefeld ihrer Auflösung verwandeln. Er zeigt die Kräfte, die aus der Ehe in ihrem Zerfall hervorgehen. »Dieses aber sind freilich die mythischen Gewalten des Rechts und die Ehe ist in ihnen nur Vollstreckung eines Unterganges, den sie nicht verhängt. Denn nur darum ist ihre Auflösung verderblich, weil nicht höchste Mächte sie erwirken. Und allein in diesem aufgestörten Unheil liegt das unentrinnbar Grauenvolle des Vollzugs« (Benjamin, S. 130). Diese Deutung macht auch dann einen guten Sinn, wenn man Benjamins theologische Prämissen nicht teilt.

In den *Wahlverwandtschaften* zeigt die Scheinfreiheit der Wahl ein Extrem der konjugalen Familie an: Wo im Ehebund die freie Wahl der Person dominiert, gewinnt die Ehe den Vorrang in der familiären Institution und entkoppelt sich vom Segen der Eltern. G. führt nun im Roman die Inkommensurabilität dreier Ordnungen vor Augen: die Blutsverwandtschaft des Familienclans, die konjuga-le Familie mit ihrem Primat der Ehe und die Wahlverwandtschaft des Begehrens. Die Blutsverwandtschaft bildet einen Clan, die Ehe eine Institution, das Begehren einen neuen Körper. Treten im Roman nun diese Ordnungen auseinander, so bestärken sie sich im homogenen Medium der Liebe, von der die Novelle berichtet: Die Eltern geben den Segen und die Ehe erscheint als Siegel der erfüllten Wünsche. Die Ehe ist in Roman und Novelle also wiederum antithetisch gestaltet. Während Eduard den Versuch, »vorwärts oder rückwärts zu greifen [...] einen Wahn« nennen muß (MA 9, S. 488), heißt es von der geretteten Liebenden der Novelle, sie sei »doppelt verwandelt, vorwärts und rückwärts« (MA 9, S. 477). Nicht daß im Märchen gelänge, was im bürgerlichen Leben scheitern muß. Aber in der Novelle macht die Ehe die alte Verkennung gut, im Roman dagegen ist die Ehe – »Torheit« nennt sie Eduard (MA 9, S. 488) – selbst die Verkennung.

Um zu begreifen, was um 1800 mit dem Zerfall einer Ehe auf dem Spiele steht, ist es lehrreich, noch einmal auf Stimmen des 19. Jhs. zu hören. In aller wünschenswerten Deutlichkeit definiert etwa Karl August Böttiger das Sakrament der Ehe als »Kitt des Bürgervereins«, und sensibel spürt er in den *Wahlverwandtschaften* schon Konsequenzen jener heillosen Profanation, die die Ehe nur noch als »bürgerlichen Contract« nach Preußischem Landrecht begreift (S. 181). Auch Dichter, deren handwerklich-technische Kompetenz außer Frage steht, wie etwa Friedrich Hebbel, haben die *Wahlverwandtschaften* in diesem Sinne als Roman einer profanierten Ehe verkannt. In seinem 1844 geschriebenen Vorwort zur *Maria Magdalena* wirft er G. vor, »daß er, einem zerstreuten Zergliederer nicht unähnlich, der, statt eines wirklichen Körpers, ein Automat auf das anatomische Theater brächte, eine von Haus aus nichtige, ja unsittliche Ehe, wie die zwischen Eduard und Charlotte, zum Mittelpunkt seiner Darstellung machte« (S. 309). Diese phänomenologisch durchaus wertvolle Beobachtung verkennt eben gerade, daß G. nicht das Schwanken einer Ehe, sondern die Effekte ihres unwiderruflichen Zerfalls beschreibt.

Um so erstaunlicher und befremdlicher klingt in diesem Zusammenhang die Notiz Fontanes, »daß sämtliche Personen über den Ehepunkt sehr aufgeklärt, in einem schönen Sinne frei denken« (S. 273). Derartige Urteile erliegen selbst dem schönen Schein von Humanität, den die *Wahlverwandtschaften* verbreiten.

Am 19.10. 1823 bemerkt G. in einem Gespräch mit dem Kanzler von Müller, »fast alle Gesetze seien Synthesen des Unmöglichen, z.B. das Institut der Ehe«. Unmöglich ist es offenbar, mit Hilfe von Gesetzen dem komplexen System des Begehrens, den dynamischen Rekonfigurationen nach der Chemie der Leidenschaften Ordnung aufzuprägen. In der Ehe reflektiert sich für G. also ein prinzipielles Problem sozialer Komplexität. So heißt es in einem Brief an Schiller vom 5.7. 1802: »Es geht mit allen Geschäften wie mit der Ehe, man denkt wunder was man zu Stande gebracht habe, wenn man copuliert ist und nun geht der Teufel erst recht los. Das macht weil nichts in der Welt einzeln steht und irgend ein Wirksames, nicht als ein Ende, sondern als ein Anfang betrachtet werden muß«. Das Leben ist für G. der Inbegriff von Bezügen – deshalb hat er ja Spinozas Kritik der Endursachen und Kants Begriff einer Zweckmäßigkeit ohne Zweck enthusiastisch begrüßt. Eben dieses Leben in Bezügen macht aber die Ehe zur Synthese des Unmöglichen und erweist den Ehebruch als Einbruch unbezwinglicher Natur ins Zivilisationsgeschehen. G. sieht im Ehebruch eine unaufhebbare Lockung und deshalb in der Ehe eine unmögliche, aber notwendige Vereinigung. Am 29.1. 1830 schreibt er an Zelter, »daß ich, in meinen Wahlverwandtschaften, die innige wahre Katharsis so rein und vollkommen als möglich abzuschließen bemüht war; deshalb bild ich mir aber nicht ein, irgend ein hübscher Mann könne dadurch von dem Gelüst nach eines andern Weib zu blicken gereinigt werden. Das sechste Gebot, welches, schon in der Wüste, dem Elohim-Jehova so nöthig schien, daß er es, mit eigenen Fingern, in Granittafeln einschnitt, wird in unsern löschpapiernen Katechismen immerfort aufrecht zu halten nöthig sein«.

Im elften Kapitel des ersten Teils der *Wahl-*

verwandtschaften wird eine Ehe gebrochen, die längst zerfallen war, indem diese Ehe gerade geschlechtlich vollzogen wird – der Ehebruch findet doppelt in der Phantasie der Gatten statt. Eduard betritt in Gedanken an Ottilie das Schlafzimmer seiner Frau; »Eine sonderbare Verwechslung ging in seiner Seele vor« (MA 9, S. 362). Charlotte hört, ja halluziniert »des Hauptmanns Gestalt« (MA 9, S. 363); im Verkehr mit der »Luftgestalt des Freundes« (ebd.) wünscht sie den Gatten weg. Nun »behauptete die Einbildungskraft ihre Rechte über das Wirkliche: Eduard hielt nur Ottilien in seinen Armen, Charlotten schwebte der Hauptmann näher oder ferner vor der Seele« (MA 9, S. 364).

Der Ehebruch ist also nur phantasiert – doch gerade das hat die Zeitgenossen in ihrem moralischen Urteil irritiert. So bemerkt Jean Paul in einem Brief an Karl Ludwig von Knebel vom 24.3. 1810 über die *Wahlverwandtschaften*, daß ihm »das ideale Ehebrechen darin nicht gefällt. Reelles wäre viel sittlicher«. Jean Pauls Unbehagen ahnt, daß sich die Dämonie des Vollzugs dem Umstand verdankt, daß das in der Phantasie entfesselte Begehren sich im Schutz äußerlich gewahrter Form entfalten kann. Zwar flieht Eduard vom Schloß; zwar entsagt ihm Ottilie; zwar bleiben Charlotte und der Hauptmann besonnen – doch hinter dem Dekor des Humanen entspinnt sich ein tödlicher Kampf zwischen dem ›Recht der Einbildungskraft‹ und dem ebenso ›ungeheuren Recht des Gegenwärtigen‹. Bei G. heißt es in anderem Zusammenhang einmal: »Was hilft es, die Sinnlichkeit zu zähmen, den Verstand zu bilden, der Vernunft ihre Herrschaft zu sichern: die Einbildungskraft lauert als der mächtigste Feind, sie hat von Natur einen unwiderstehlichen Trieb zum Absurden, der selbst in gebildeten Menschen mächtig wirkt« (MA 14, S. 163).

Der doppelt eingebildete Ehebruch in den *Wahlverwandtschaften* bricht also nicht den bürgerlichen Ehevertrag, der – nach Kants grandioser Formulierung im § 24 der *Metaphysik der Sitten* – »den wechselseitigen Gebrauch, den ein Mensch von eines anderen Geschlechtsorganen und Vermögen macht«,

regelt (Bd. 8, S. 389). Es geht vielmehr um die
dämonischen Effekte der Phantasie. Vielleicht
kannte G. jene Stelle aus Kants Anthropologie
in pragmatischer Hinsicht, die zeigt, was geschieht, wenn Phantasie ins Kraftfeld der Leidenschaft gerät: Sie wird »durch die Abwesenheit des Gegenstandes mehr belebt als durch
die Gegenwart«; das Begehren wird unwiderstehlich. »Diese Krankheit, als Wirkung einer
dichtenden Einbildungskraft, ist unheilbar:
außer durch die Ehe. Denn diese ist Wahrheit«
(Kant, Bd. 12, S. 483f., B 89).

G.s *Wahlverwandtschaften* machen die genaue Gegenrechnung auf. Der kategorische
Imperativ, das aus der Pflicht geborene Gesetz,
vor dem alle Neigungen verstummen, vermag
es eben nicht, die Chemie der Leidenschaften
zu beherrschen. Kants Ethik ist so erhaben wie
unrealistisch – blind für die Größe des »sittlich
Abnormsten« und unwissend um jene Mächte,
die der Romantitel beim Namen nennen will.
Kants Person, die der Idee der Persönlichkeit
unterworfen wird, ist ein Homunkulus der
Ethik. Das hat G. schon Mitte August 1805 in
einem Gespräch mit Karl Ernst von Hagen klar
ausgesprochen: »Der kantische Imperativ setzt
die Menschen autonomisch und autokratisch
voraus, in welchen die Leidenschaften kaum
entstehen, viel weniger siegen können« (GRU-
MACH, Bd. 5, S. 642). In den *Wahlverwandtschaften* verkörpert die Gestalt Mittlers eine
populistische Verfallsform der Kantischen
Ethik, die von naiven Lesers vielfach mit G.s
eigener Auffassung verwechselt worden ist.
Über Mittlers Versuche, der Dynamik des Ehe-
verfalls durch abstrakte Maximen bürgerlicher
Sittlichkeit Einhalt zu gebieten, bemerkt
Stöcklein trocken: »Dieser Schäferhund der
Gesittung beißt gutmütig eifrig die Ausbrechenden zurück« (S. 232). Das Romangeschehen zeigt deutlich, daß Mittler mit seinen ethischen Versatzstücken wider Willen als Be-
schleuniger des Zerfalls wirkt. Auch diese
Dialektik hat G. prägnanter als seine Interpreten formuliert: »Der gewöhnliche moralische Maßstab kann bei solchen Verhältnissen
sehr unmoralisch auftreten« (GRÄF, 1, S. 433).

Ottilie: die Heilige als Hexe

»Wenn das Zitat Ottilies Tagebuch charakterisiert, dann muß das Zitieren zum Wesen Ottilies gehören« (Nemec, S. 151). Wenn diese
Beobachtung Nemecs zutrifft, muß es aber
möglich sein, die Bedeutung der Gestalt Ottilies aus ihren Tagebucheintragungen zu bestimmen. Berühmt geworden ist die folgende:
»›Alles Vollkommene in seiner Art muß über
seine Art hinausgehen, es muß etwas anderes
unvergleichbares werden. In manchen Tönen
ist die Nachtigall noch Vogel; dann steigt sie
über ihre Klasse hinüber und scheint jedem
Gefiederten andeuten zu wollen, was eigentlich singen heiße‹« (MA 9, S. 467). Voreilige
Interpreten haben das gerne als Formel für die
Heiligung Ottilies zitiert. Bei Lichte betrachtet, beschreibt G. hier ein Phänomen extremer
Metamorphose. So heißt es ganz entsprechend
in seiner Studie *Zur Morphologie*: »Die Natur
überschreitet die Grenze die sie sich selbst
gesetzt hat, aber sie erreicht dadurch eine andere Vollkommenheit, deswegen wir wohltun
uns hier so spät als möglich negativer Ausdrücke zu bedienen. Die Alten sagten taras,
prodigium, monstrum, ein Wunderzeichen,
bedeutungsvoll, aller Aufmerksamkeit wert«.
Steer hat es gewagt, Ottilies Heiligkeit in diesem Sinne auf die Bedeutsamkeit des ›Mon-
strösen‹ zu reduzieren. Und noch einen Schritt
weiter ist Albrecht Schöne in seiner Deutung
des *Faust II* gegangen: »Gretchen als Hexe?«
(S. 178) lautet seine keineswegs rhetorische
Frage. Schöne hat zeigen können, wie tief G.
das Rettende in den Satanskult verstrickt sein
läßt. Der unbefangene Leser kann das – Stichwort: Magnetismus – auch für die Figur der
Ottilie konstatieren. Wenn G. sie denn als Heilige gestaltet hat, so doch auch als Hexe.

Die Gewaltsamkeit dieses Verhältnisses
konnte den Interpreten nicht verborgen bleiben, doch zumeist wurde sie in eine Qualität
dargestellter Innerlichkeit umgedeutet. Zu
den stabilsten Deutungslegenden gehört Solgers Bild von der »so tief innerlichen Ottilie,
die ihr keusches Inneres herausgeben muß«
(S. 179); die Macht dieser Innerlichkeit be-

Urania. Taschenbuch für Damen auf das Jahr 1813: »Der Sarg Ottiliens«.
Kupferstich zu Goethe's Wahlverwandtschaften von Meyer.

währt sich dann in der rigorosen Selbstvernichtung. Ähnlich argumentiert dann auch Hebbel. In einer Art ästhetischer Theodizee rechtfertigt er Ottilies Tod als »für alle Zeiten unerreichbares Meisterstück« G.scher Gestaltungskunst, »da die himmlische Schönheit einer so ganz innerlichen Natur sich nicht in einem ruhigen, sondern nur im allergewaltsamsten Zustande aufdecken konnte« (S. 328).

Diese Interpretationslegende hat meistens eine zweite im Gefolge. Niemand hat sie naiver formuliert als Oskar Walzel, der G.s Selbstdeutungen für bare Münze genommen hat. So mißversteht Walzel G.s Sarkasmus – Blumenberg spricht zurecht von der »grimmigen Ironie« (S. 593) dieser Wendung –, er könne kein Heide sein, da er doch Ottilie habe verhungern lassen, als Ausdruck lauterer Christlichkeit. Und entsprechend interpretiert er Ottilies Tod als triumphalen Sieg »strenger Sittlichkeit«: »Ottilie stirbt als Märtyrerin, Ottilie gemahnt an die Gestalten Giottos und Masaccios, weil Goethe hier einmal das Evangelium der Entsagung, der Askese verkündet hat« (Walzel, S. 60f.). Doch die Entsagung ist Schein. Horst Turk hat sehr schön gezeigt, daß die Tötung des Kindes das Bild sprengt, in das der Erzähler Ottilie versetzt hat und dem viele Interpreten der *Wahlverwandtschaften* verhaftet bleiben. »Die Erweckung Ottilies zur ›Tat‹ der Kindestötung bedeutet die Abnabelung des Geschöpfs vom Wort des Dichters. Durch die Tat widerlegt Ottilie wirklich und wesentlich das Bild, das sie vorstellt, und das die Sprache, wenn sie es sagt, nur bedeutet« (S. 221).

Psychoanalytische Deutungen haben Ottilies Anorexie als den psychischen Effekt einer traumatischen Entwöhnung interpretiert. Diesen Schmerz, der im Leben nicht aufhört sich geltend zu machen, besänftigt das Muttergefühl im Stillen und Anschauen des Kindes. Die Szene findet sich ausdrücklich in den *Wahlverwandtschaften*, doch sie steht im Zeichen der dämonischen Ähnlichkeit des kleinen Otto mit Ottilie. Die Waise nun fixiert sich selbst im und als Kind, wo sie im Kind sich selbst wiederfinden muß. So wandelt sich die ursprünglich heilsame Mutterimago zum Todesfaktor:

Im scheinbar schicksalhaften Tod des kleinen Otto wiederholt Ottilie das traumatisierende Schicksal der Entwöhnung. Und weil sie diese nie erträgt, breitet sich der Schein von Entsagung aus. Es gibt eine Bemerkung Freuds über gewisse Zwangskranke, die den Figuren der *Wahlverwandtschaften* nahe auf den Leib rückt: »Ihr wesentlicher Charakter ist, daß sie der Entscheidung zumal in Liebessachen unfähig sind. So lauern sie in jedem Lebenskonflikt auf den Tod einer für sie bedeutsamen, zumeist einer geliebten Person« (S. 94). Es entspricht genau diesem neurotischen Schema, wenn Ottilie sagt: »Eigentlich will das Schicksal meinen eigenen Wunsch [...] wieder in den Weg bringen« (MA 9, S. 500). Die Befriedigung über den Tod des Kindes läßt auf einen Todeswunsch schließen.

Im toten Otto kehrt der verdrängte Wunsch wieder, aber entstellt. Wenn Ottilie den ertrunkenen Otto gen Himmel hebt, hat sie nicht nur das ›falsche‹ Kind real getötet, sondern auch das ›eigene‹ imaginär geboren. Das Schicksal erfüllt den Wunsch, aber so, daß wir nicht mehr Subjekt des Wunsches sind – »um uns etwas über unsere Wünsche geben zu können« (MA 9, S. 468). Der Wunsch kehrt im Schicksal als erfüllter wieder, aber er scheint zur fremden Macht entstellt. Vor diesem Hintergrund wird es unmöglich, Ottilie als die Hauptgestalt der *Wahlverwandtschaften* zu deuten. Schon Gundolf hatte bestritten, daß sie »der Hauptgehalt« des Romans sei (S. 569). Gerade mit ihrem Nichthandeln und Verstummen markiert sie aber das eigentliche Problem. Insofern hat Nemecs These doch einen guten Sinn: »Ottilie ist der verborgene Held« (S. 281).

Kreative Rezeption

Selbstverständlich gab und gibt es nicht nur eine literaturwissenschaftliche und theoretische Auseinandersetzung mit den *Wahlverwandtschaften*, sondern auch eine gewissermaßen praktische: Der Einfluß dieses Romans auf die Romanproduktion im 19. und 20. Jh. ist nicht zu unterschätzen. Was das 19. Jh. angeht, so ist die Resonanz der *Wahlverwandtschaften* in der Romanproduktion Fontanes vielleicht besonders hervorzuheben. Denn anders, als es bei dessen gemeinhin dem ›Realismus‹ zugeschlagenen Werk zu erwarten wäre, gibt es in diesem, wie Kolbe gezeigt hat, deutliche Anlehnungen an den Roman G.s. Für *Effi Briest* beispielsweise gilt dies auf zwei Ebenen. Zum einen auf der Ebene des Motivationsgefüges, das von einem vielschichtigen Naturmächtigen (Motiv des Spuks, Motivik des Wassers), wenn nicht beherrscht, so doch keineswegs unerheblich beeinflußt wird. Zum anderen bewegt sich die Reflexion der Lösung des im Roman aufgebauten Problemzusammenhangs in den Bahnen derjenigen Rezeptionstradition, die das ›Tragische‹ der *Wahlverwandtschaften* betont – sei es, daß es demjenigen droht, der nicht ›entsagen‹ will, sei es, daß die Alternative von Entsagung und tragischen Konsequenzen selbst tragische Züge hat. Darüber ist aber nicht zu übersehen, daß sich selbst in dieser Tradition die Auffassung des ›Tragischen‹ wandelt, wenn »die Natur als das den Menschen bestimmende Zentrum abgelöst wird durch die Geschichtlichkeit, welche die Konstellationen von Gesellschaft und Zeit unter sich ständig wandelnden Prämissen begreifen läßt« (Kolbe, S. 180).

In einer Reflexion auf die Entstehungsgeschichte des *Tod in Venedig* notiert Thomas Mann: »Ein Gleichgewicht von Sinnlichkeit und Sittlichkeit wurde angestrebt, wie ich es in den ›Wahlverwandtschaften‹ ideal vollendet fand, die ich während der Arbeit am T.i.V., wenn ich recht erinnere, fünf mal gelesen habe« (Mann 1961, Bd. 1, S. 176). Und als sich in der Zeit der Arbeit am *Zauberberg* die Herstellung dieses Gleichgewichts als immer schwieriger darstellte, ließ sich Mann erneut von den *Wahlverwandtschaften* die Richtung weisen, in der für ihn die Lösung zu suchen war. Die *Wahlverwandtschaften* gaben für das, was er als das Menschheitsproblem von Naturgebundenheit und geistiger Freiheit ansah, eine exemplarische Lösung. So stellt er in seinem Nachwort zu der *Wahlverwandtschaften*-

Ausgabe von 1925 fest: »Die ›Wahlverwandtschaften‹ sind höchste Dichtung in ihrer Einheit von Gestalt und Gedanke. Sie s i n d im Künstlerischen wahrhaftig, was sie im Ideellen darstellen: Naturvergeistigung, ›sittliche Kultur‹. Von jeher war Kunst die große Künderin des dritten Reiches; Kunst ist das Vorbild der Menschheit; und der Dichter, im Bunde gleichermaßen mit beiden Mächten, Natur und Geist, ist wohl der Menschheit Meister zu nennen« (Mann 1960, S. 185f.). Konkret leistet dies die Kunst (des Romans), indem sie vom Wert einer »erzieherischen Entsagungspflicht« (Mann 1960, S. 181) überzeugt. Dabei vereint das »integrative Bewußtsein« Manns (Kolbe, S. 206) – den Bund von Geist und Natur vor Augen – die Tradition des Bildungsromans mit der der *Wahlverwandtschaften*. Denn wie im Titel der *Wanderjahre* mit den »Entsagenden« ein Motiv der *Wahlverwandtschaften* angesprochen ist, so wird das Entsagungsmotiv der *Wahlverwandtschaften* eben als »erzieherische [!] Entsagungspflicht« gedeutet.

Ein Zitat aus Thomas Manns Reflexionen zum *Doktor Faustus* dient Helmut Heißenbüttel als Motto für sein Roman-Projekt *D'Alemberts Ende.* »Geradezu spektakulär« (Bornscheuer, S. 220) aber ist Heißenbüttels Zitieren der *Wahlverwandtschaften* nach Umfang und Art, vor allem aus den ersten beiden Kapiteln des ersten und dem Schlußkapitel des zweiten Teils. Sinn solcher Zitation und der damit implizierten Projektion von Figuren der *Wahlverwandtschaften* auf solche des Roman-Projekts, die ihrerseits den Typus des modernen Intellektuellen repräsentieren sollen, ist nach Heißenbüttels eigenen Worten eine »Satire auf den Überbau. Durchgeführt am Beispiel Bundesrepublik Juli 1968« (zitiert nach Bornscheuer, S. 216). Dabei dient der satirischen Charakterisierung dieses Intellektualismus nicht nur der Inhalt des Zitierten, sondern mehr noch der Hang zum Zitieren selbst. Sofern dies aber auf Heißenbüttel so gut zutrifft wie auf seine Figuren, kann man entweder von einer Selbstimplikation des Satirikers bzw. der Unkritisierbarkeit der Intellektuellen durch Intellektuelle sprechen – oder von einem Mißlingen der satirischen Absicht. Letztere Sicht liegt im gleichen Maße näher, in dem den Figuren des G.-Romans ›sittliches‹ oder ›tragisches‹ Gewicht beilegt wird. Die relative Nichtigkeit der intellektuellen (Selbst-) Satire zeigt sich für Lothar Bornscheuer in dem Umstand, daß Heißenbüttel Figuren der *Wahlverwandtschaften* erst intellektualistisch verzeichnen muß, um sie für seine Zwecke gleichsam zu neutralisieren. So zeige insbesondere das Zitat der Figur des Hauptmanns in der d'Alemberts den entscheidenden Unterschied: Dem unter seiner Untätigkeit leidenden Hauptmann muß erst – im verzeichnenden Zitat – »die für Goethes Roman so wichtige Perspektive« des Handelns (Bornscheuer, S. 221) genommen werden, um reibungslos im satirischen Sprachspiel fungieren zu können. Je geringer man jedoch umgekehrt das ›sittliche‹, ›tragische‹ Gewicht des G.-Romans veranschlagt, desto legitimer nimmt sich Heißenbüttels Rückgriff aus. In der Linie von Benjamins Deutung der *Wahlverwandtschaften*-Figuren scheint es durchaus möglich, schon in ihnen die ›Intellektuellen‹ zu sehen, die Gegenstand und Medium des Heißenbüttelschen Projekts sind.

Literatur:

Atkins, Stuart: Die *Wahlverwandtschaften*. Novel of German Classicism. In: GQu. 53 (1980), Nr. 1, S. 1–45. – Benjamin, Walter: Goethes *Wahlverwandtschaften*. In: ders.: Gesammelte Schriften. Bd. 1. Frankfurt/M. 1974. – Blessin, Stefan: Erzählerstruktur und Leserhandlung. Zur Theorie der literarischen Kommunikation am Beispiel von Goethes *Wahlverwandtschaften*. Heidelberg 1974. – Blumenberg, Hans: Arbeit am Mythos. Frankfurt/M. 1979. – Bölsche, Wilhelm: Goethes *Wahlverwandtschaften* im Lichte moderner Naturwissenschaft. In: Die Gesellschaft. (1889). Nachdruck Nendeln/Liechtenstein 1970, Bd. 5.2, S. 1330–1340. – Börne, Ludwig: Aphorismus. In: Härtl (Hg.), S. 204. – Böttiger, Karl August: Ueber Göthe's *Wahlverwandtschaften*. In: Härtl (Hg.), S. 107–109. – Bolz, Norbert (Hg.): Goethes *Wahlverwandtschaften*. Hildesheim 1981. – Bornscheuer, Lothar: »Wahlverwandtes«. In: BJbG. 4 (1973), S. 201ff. – Brinkmann, Hennig: Zur Sprache der *Wahlverwandtschaften*. In: Rösch (Hg.), S. 236–262. – Buschendorf, Bernhard: Goethes mythische Denkform. Frankfurt/M. 1986. – Dickson,

Keith: Raumverdichtung in den *Wahlverwandtschaften*. In: Rösch (Hg.), S. 325–359. – Dietze, Walter: Junges Deutschland und deutsche Klassik. Berlin 1957. – Eichendorff, Joseph von: Der deutsche Roman. Paderborn ²1856. – Emrich, Wilhelm: Protest und Verheißung. Frankfurt 1960. – Fontane, Theodor: Aufsätze zur Literatur. Frankfurt/M., Berlin 1979. – Freud, Siegmund: Studienausgabe. Bd. 7. Frankfurt/M. 1973. – GRÄF, Bd. 1. – Grimm, Herman: Goethe. Berlin ³1882. – GUNDOLF, S. 548–576. – Gutzkow, Karl: Wally, die Zweiflerin. Nebst einer Folge von Streitschriften. Jena 1905. – Härtl, Heinz (Hg.): Die *Wahlverwandtschaften*. Eine Dokumentation der Wirkung. Weinheim 1983. – Hebbel, Friedrich: Werke. Dramen I. München 1963. – HSW, Bd. 16. – Hettner, Hermann: Geschichte der deutschen Literatur im 18. Jahrhundert. Bd. 2. Berlin ²1979. – Kant, Immanuel: Werkausgabe. Hg. von Wilhelm Weischedel. Bd. 8 u. 12. Frankfurt/M. 1968. – Kassner, Rudolf: Das neunzehnte Jahrhundert. Erlenbach-Zürich 1947. – Kittler, Friedrich: Ottilie Hauptmann. In: Bolz (Hg.), S. 260–275. – Kolbe, Jürgen: Goethes *Wahlverwandtschaften* und der Roman des 19. Jahrhunderts. Stuttgart 1968. – Lämmert, Eberhard: Goethes empirischer Beitrag zur Romantheorie. In: Lützeler, Paul Michael (Hg.): Goethes Erzählwerk. Interpretationen. Stuttgart 1985, S. 9–36. – Lindner, Burckhardt: Goethes *Wahlverwandtschaften* und die Kritik der mythischen Verfassung der bürgerlichen Gesellschaft. In: Bolz (Hg.), S. 23–44. – Lukács, Georg: Die Theorie des Romans. Neuwied, Berlin 1963. – Mann, Thomas: Briefe 1889–1936. Hg. von Erika Mann. Frankfurt/M. 1961. – Ders.: Gesammelte Werke. 12 Bände. Bd. 9. Frankfurt/M. 1960. – Ders.: Zu Goethes *Wahlverwandtschaften*. In: Rösch (Hg.), S. 149–180. – Martini, Fritz: Drama und Roman im 19. Jahrhundert. In: Gestaltprobleme der Dichtung. Fs. Günther Müller. Bonn 1957, S. 207–237. – May, Kurt: Goethes *Wahlverwandtschaften* als tragischer Roman. In: Rösch (Hg.), S. 263–271. – Michel, Willy: Interpersonelle Wahrnehmungen als immanenter Verstehensprozeß in Goethes *Wahlverwandtschaften*. Mit einer Einleitung zu Goethes hermeneutischen Anschauungen. In: Bolz (Hg.), S. 192–207. – Nemec, Friedrich: Die Ökonomie der *Wahlverwandtschaften*. München 1973. – Rösch, Ewald (Hg.): Goethes Roman Die *Wahlverwandtschaften*. Darmstadt 1975. – Schelling, Friedrich Wilhelm Joseph: Werke. 3. Ergänzungsband. Hg. von Manfred Schröter. München 1965. – Schlaffer, Heinz: Namen und Buchstaben. In: Bolz (Hg.), S. 211–229. – Schöne, Albrecht: Götterzeichen Liebeszauber Satanskult. München 1982. – Schubarth, Karl Ernst: In Beurtheilung Goethe's, mit Beziehung auf verwandte Litteratur und Kunst. Bd. 2. Breslau ²1820. – Schwan, Werner: Goethes *Wahlverwandtschaften*. München

1983. – Simmel, Georg: Goethe. Leipzig ²1917. – Solger, Karl Wilhelm Ferdinand: Nachgelassene Schriften. Bd. 1. Hg. von Ludwig Tieck. Heidelberg 1973. – Spielhagen, Friedrich: Neue Beiträge zur Theorie und Technik der Epik und Dramatik. Leipzig 1898. – Steer, Alfred Gilbert: Goethe's *Elective Affinities*. Heidelberg 1990. – Stöcklein, Paul: Stil und Geist der *Wahlverwandtschaften*. In: Rösch (Hg.), S. 215–235. – Suhrkamp, Peter: Goethes *Wahlverwandtschaften*. In: Rösch (Hg.), S. 192–214. – Tieck, Ludwig: Kritische Schriften. Bd. 2. Leipzig 1848. – Turk, Horst: Goethes *Wahlverwandtschaften*: der doppelte Ehebruch durch Phantasie. In: Kittler, Friedrich/Turk, Horst: Urszenen. Frankfurt/M. 1977, S. 203–222. – Walzel, Oskar: Goethes *Wahlverwandtschaften* im Rahmen ihrer Zeit. In: Rösch (Hg.), S. 35–64. – Wellbery, David E.: *Die Wahlverwandtschaften*. In: Goethes Erzählwerk – Interpretationen. Stuttgart 1985, S. 291–318. – Zons, Raimar: Ein Denkmal vergangener Zeiten. In: Bolz (Hg.), S. 329–352.

Norbert Bolz

Wilhelm Meisters Wanderjahre oder die Entsagenden

Entstehungsgeschichte und Textlage

Aufgrund der verwickelten Entstehungs- und Druckgeschichte mit zwei Fassungen von 1821 und 1829, die sich erheblich unterscheiden, gab es lange Zeit keine zuverlässige textkritische Ausgabe des Romans. Bei der Weimarer Ausgabe wurde von den Herausgebern die Entscheidung getroffen, die von Eckermann für die zweite Fassung des Romans zusammengestellten Texte auszulassen. Dabei handelt es sich um die beiden Aphorismen-Sammlungen *Betrachtungen im Sinne der Wanderer* und *Aus Makariens Archiv* sowie die Gedichte *Vermächtnis* und *Im ernsten Beinhaus war's*. Man

berief sich auf einen Auftrag G.s, bei der Herausgabe seines Nachlasses den Roman »ohne die Einzelheiten [...] in zwei Bände zusammenzurücken« (WA I, 25.2, S. XXIV). Diesen Auftrag hat Eckermann in der Quartausgabe von 1837 befolgt, und in dieser Form wurde der Roman seither in allen Einzeldrucken und Ausgaben herausgegeben. So auch in den Bänden 24 und 25 der Weimarer Ausgabe von 1894. Erst 1949 hat man die ausgelassenen Texte der zweiten Fassung von 1829 wieder in den Roman aufgenommen. Den Anfang machte die Artemis – Gedenkausgabe mit dem Band acht, herausgegeben von Gerhard Küntzel im Jahr 1949. Dieser Praxis folgte Erich Trunz mit Band acht der Hamburger Ausgabe von 1950. Seit 1989 liegen beide Fassungen des Romans in der Frankfurter und Münchner Ausgabe vor. Als Textgrundlage für die zweite Fassung der *Wanderjahre* von 1829 verwenden beide Ausgaben die »Taschenausgabe« der Ausgabe letzter Hand. Dabei ist der Frankfurter Ausgabe wegen der größeren Auswahl der Paralipomena und Quellen der Vorzug zu geben. Sie bildet die Textgrundlage der folgenden Ausführungen.

Der Titel der *Lehrjahre* schließt die Begriffe der »Wander-« und »Meisterjahre« ein. Den Plan zu einer solchen Roman-Trilogie vertrat G. einmal im Gespräch vom 8.6. 1821 mit Kanzler Friedrich von Müller, doch kam dieser Plan nicht zur Ausführung. Allerdings hatte G. bereits vor Abschluß der *Lehrjahre* in einem Brief an Schiller vom 12.7. 1796 »eine Fortsetzung des Werks« erwogen: »Über den Roman müssen wir nun nothwendig mündlich conferiren. [...] Bey jenem wird die Hauptfrage seyn: wo sich die L e h r j a h r e schließen, die eigentlich gegeben werden sollen, und in wie fern man Absicht hat, künftig die Figuren etwa noch einmal auftreten zu lassen. Ihr heutiger Brief deutet mir eigentlich auf eine Fortsetzung des Werks, wozu ich denn auch wohl Idee und Lust habe, doch davon eben mündlich. Was rückwärts nothwendig ist muß g e t h a n werden, sowie man vorwärts d e u t e n muß, aber es müssen Verzahnungen stehen bleiben, die, so gut wie der Plan selbst, auf eine weitere Fortsetzung deuten«. Mit dem

Motiv der Reise, die im letzten Kapitel der *Lehrjahre* angekündigt wird, ist eine solche »Verzahnung« gegeben, aber zwei Jahre später scheint sich die Konzeption geändert zu haben, denn am 3.2. 1798 berichtet G. an Schiller, daß er »etwa ein halb Dutzend Märchen und Geschichten im Sinne« habe, die er »als den zweyten Theil der Unterhaltungen [s]einer Ausgewanderten« bearbeiten und in der Folge seiner Schriften herausgeben wolle. Das Modell einer Novellensammlung erhält Vorrang, doch die geplanten Texte werden einem anderen Werk zugewiesen, nämlich einer geplanten, aber nie durchgeführten Fortsetzung der *Unterhaltungen deutscher Ausgewanderten* von 1795. Um die These der Weiterführung der *Lehrjahre* um diese Zeit aufrechtzuerhalten, wird man darauf schließen müssen, daß die Fortsetzung der *Unterhaltungen* und der *Lehrjahre* zu dieser Zeit parallel nebeneinander herlaufen. In diesem Zusammenhang wird bereits am 4.2. 1797 in einem Brief an Schiller der Titel des Märchens *Die neue Melusine* erwähnt. Zwei Jahre später – in einem Brief an Johann Heinrich Meyer vom 10.5. 1799 – erkundigt sich G. nach der gewöhnlichen »Suite von Gemählden wenn die Geschichte des heiligen Josephs des Pflegevaters vorgestellt wird«. Diese Geschichte bildet den Anfang der *Wanderjahre* sowohl in der ersten Fassung von 1821 wie auch in der zweiten Fassung von 1829. Nach Gerhard Neumann und Hans-Georg Dewitz kann man mit diesem Brief die Entstehungsgeschichte der *Wanderjahre* »im engeren Sinne beginnen lassen« (Komm. in FA I, 10, S. 781), denn damit ist die erste entscheidende Motivserie der beiden ersten Kapitel des Romans bereits vor 1800 belegt.

Aber auch das Modell eines Briefromans erscheint noch als Möglichkeit der Fortsetzung. Dem Brief an seinen Verleger Johann Friedrich Cotta über den Plan seiner Zeitschrift *Propyläen* vom 27./28.5. 1798 fügte G. eine Liste über geplante Arbeiten bei, »die theils fertig, theils, mehr oder weniger, in kurzer Zeit zu redigiren und auszuarbeiten sind«. Dabei nennt G. unter der Nr. 16: »Briefe eines Reisenden und seines Zöglings, unter romantischen Nahmen, sich an Wilhelm Meister an-

schließend«. Aus dieser Zeit stammt auch das älteste erhaltene Paralipomenon zu einer Weiterführung der *Lehrjahre*, das zwei Briefe Jarnos an Therese und Friedrich enthält und auf eine Fortsetzung der *Lehrjahre* als Briefroman schließen läßt (FA I, 10, S. 839–843).

Vom Beginn der Niederschrift bis zum Abschluß der ersten Fassung

Das Datum der ersten Niederschrift ist in G.s Tagebucheintragung vom 17.5. 1807 festgehalten: »Morgens um 1/2 7 Uhr angefangen, von Wilhelm Meisters Wanderjahren das erste Capitel zu dictiren«. Am 18.5. 1807 heißt es: »Um 1/2 7 Uhr in den Wanderjahren fortgefahren mit dem 2. Capitel«. Am 19. Mai: »Um 7 Uhr das dritte Capitel ›Die Heimsuchung‹ dictirt«. 20. Mai: »Um acht Uhr das vierte Capitel ›Der Lilienstängel‹«. 21. Mai: »Um 7 Uhr ›Die neue Melusine‹ diktirt«. In den folgenden zehn Wochen, während seines Aufenthaltes in Karlsbad, arbeitete G. zügig an den einzelnen Erzählungen. Am 5.8. 1807 wird die Übersetzung der französischen Novelle *La Folle en pélerinage*, G.s Vorlage zur *Pilgernden Törin*, im Tagebuch vermerkt. Dabei kommen zusätzlich zur *Neuen Melusine* und *Sanct Joseph der Zweite* die folgenden Novellen hinzu: *Die pilgernde Törin*, *Das nußbraune Mädchen*, *Der Mann von funfzig Jahren*, *Die gefährliche Wette* sowie *Die Wahlverwandtschaften*, die damals noch als Novelle für die *Wanderjahre* konzipiert waren. Werkgeschichtlich von Bedeutung ist G.s Lektüre im April/Mai 1807, die aus Rahmenerzählungen größeren Umfangs besteht: Boccaccios *Decameron*, das *Heptameron* der Margarete von Navarra, Antoine de la Sales *Cent nouvelles nouvelles*, *Tausend und eine Nacht* sowie seine eigenen *Unterhaltungen deutscher Ausgewanderten*. Mit diesen Rahmenerzählungen ist der Formtypus des Novellenzyklus bezeichnet, der zu diesem Zeitpunkt das Vorbild für die *Wanderjahre* abgibt.

Der Name der *Wahlverwandtschaften* fällt

erst im folgenden Jahr und zwar am 11.4. 1808, doch steht er noch im Zusammenhang mit den übrigen Novellen der *Wanderjahre*. Auf der Reise von Jena nach Karlsbad im Mai 1807 hielt G. unterwegs Motive zu den *Wanderjahren* fest, die vielleicht auch für die *Wahlverwandtschaften* als eine ursprünglich für die *Wanderjahre* bestimmte Erzählung verwertet worden sind. Die *Wahlverwandtschaften* wurden später zum selbständigen Roman erweitert. Für die *Wahlverwandtschaften* fällt das Wort Roman zum ersten Mal im Gespräch mit Friedrich Wilhelm Riemer am 28.8. 1808; am 12.5. 1809 verwendet G. das Wort zum ersten Mal in einem Brief an Christiane und erwähnt gleichzeitig den bevorstehenden Druck, der im Oktober 1809 abgeschlossen wird. Der Erstdruck der *Wahlverwandtschaften* erschien 1809 und wurde von einigen Lesern, wie z.B. Jacob und Wilhelm Grimm, zunächst als Fortsetzung der *Lehrjahre* begrüßt, denn das war der Roman, den man um diese Zeit von G. erwartete.

Während sich G.s Arbeit zwischen 1808 und 1809 auf die *Wahlverwandtschaften* konzentrierte, gerieten die *Wanderjahre* in den Hintergrund. Erst Ende November 1809 nahm G. das Gespräch »über neue Motive zu dem Roman der *Wanderjahre*« wieder auf (mit Riemer am 23.11. 1809). In einem Brief an Charlotte von Schiller vom 24.11. 1809 hoffte er auf Belebung seines Mutes, »zu Ostern den ersten Theil der Wanderjahre herauszugeben«. G.s Sommeraufenthalt in Karlsbad im Jahre 1810 war wiederum den *Wanderjahren* gewidmet: »3. [Juni] [...] Wanderjahre. Lenardo's Bekenntnisse. [...] 4. [...] Nachher Wanderjahre: Besuch bei Valerinen [Figur der Wanderjahre]. [...] 5. [...] Ging den ganzen Morgen spazieren, die neuen Capitel der Wanderjahre überdenkend. [...] 6. [...] Die neuen Capitel der Wanderjahre durchgedacht. [...] 12. [...] Den Tag über besonders an die Wanderjahre gedacht«.

Dieser Arbeitsperiode ging der Briefwechsel mit Heinrich Meyer voraus, in dem G. dem schweizerischen Kunstfreund am 13.4. 1810 für seine Darstellung der Schweizer Baumwollindustrie dankte, die er im Auftrag von G.

ausgeführt hatte: »Vor allen Dingen seyn Sie mir schönstens gegrüßt und gelobt für die fortgesetzte technische Beschreibung. Ich brenne vor Ungeduld mich damit bekannt zu machen, und das was ich mir dabey vorgesetzt, auszuführen. Ich hoffe, es soll uns zu besonderer Vergnüglichkeit gedeihen«. Am 3.5. 1810 schreibt G. an Meyer: »Ich habe diese Tage nach Ihrer Anleitung die Baumwolle gut studirt, und suche nun einen hinlänglichen realen Zettel zu einem poetischen Einschlag vorzubereiten. Sollten Ihnen noch irgend locale, individuelle, persönliche Züge einfallen, deren Ihr Aufsatz sehr schöne enthält, so beschenken Sie mich damit. Ihr Garnhändler z.E. ist eine treffliche Person, die mir sehr zu Statten kommt«. G. scheint das Thema der Baumwollindustrie schon damals in den Roman aufnehmen zu wollen, doch wird das Motiv erst in der zweiten Fassung von 1829 verwendet. Die Meyersche Beschreibung der »Baumwollen Manufactur« gehört zu den erhaltenen Quellen der *Wanderjahre*, die G. fast wörtlich übernimmt (vgl. FA I, 10, S. 879–888).

Am 16.11. 1810 mußte G. seinem Verleger Cotta gestehen, daß »über [sein] Wandern die *Wanderjahre* in's Stocken gerathen« seien: »Doch denke ich, ein glücklicher Anstoß soll bald einen entschiedenen Entschluß hervorbringen, und dann wird alles wieder im Gange und, wenn das Glück gut ist, bald am Ende seyn«. Im folgenden Jahr kam es zu einem ähnlichen Geständnis mit demselben Wortspiel in einem Brief an den Schriftsteller und Kritiker Johann Friedrich Rochlitz vom 11.9. 1811: »*Wilhelm Meisters Wanderjahre* durchzuführen haben mich meine eigenen Wanderungen abgehalten«. In Cottas *Taschenbuch für Damen auf das Jahr 1810* hatte G. 1809 anläßlich der Vorveröffentlichung der Novelle *Sanct Joseph der Zweite* den Arbeitstitel seines neuen Romans bekanntgegeben: »Wilhelm Meisters Wanderjahre. Erstes Buch«. Am Schluß des ersten Kapitels ist die Bemerkung angefügt: »Hier folgt im Orginal ein Brief an Natalien, wodurch die Wanderjahre eingeleitet und an die Lehrjahre angeknüpft werden« (GRÄF 1, 2, S. 702 u. S. 899). Mit Ausnahme der Ergänzung des Briefes an Natalie erfolgte keinerlei Änderung an dieser Reihenfolge der Kapitel bis zur ersten Fassung von 1821.

Zwischen 1809 und 1812 enthalten die Tagebücher zahlreiche Notizen über die Entstehung einzelner Erzählungen, die auch bei Hofe vorgelesen wurden. In den folgenden Jahren wurden die *Wanderjahre* dem Leserpublikum durch Einzelveröffentlichung dieser Erzählungen in Cottas *Damenkalender* weiterhin in Erinnerung gehalten. Diesem Zweck diente auch eine »Auskunft über *Wilhelm Meisters Wanderjahre*«, die G. im *Morgenblatt für gebildete Stände* vom 1.6. 1815 veröffentlichte: »Als ich die *Wanderjahre Wilhelm Meisters* ankündigte [1809 im *Taschenbuch für Damen auf das Jahr 1810*], stand die Arbeit gerade auf dem Punkte, wo, um sie zu beenden, nur ein Entschluß nötig ist. Diesen hatte ich mit gutem Mut gefaßt; aber bald darauf durch innere und äußere Umstände gestört, konnte er bisher nicht wieder zu völliger Kraft gelangen«. So wurden 1816 *Die neue Melusine*, 1817 *Der Mann von funfzig Jahren* und schließlich 1818 *Die neue Melusine (Beschluß)* in den jeweiligen Damenkalendern auf das folgende Jahre veröffentlicht. Zwischen 1811 und 1814 wurde die Fortsetzung des Plans zu den *Wanderjahren* wegen der Arbeit an *Dichtung und Wahrheit* zurückgestellt.

Erst 1820 setzte wieder eine intensive Arbeitsperiode für die *Wanderjahre* ein, die mit der Konzeption der Novelle *Verräther sein selbst* (später: *Wer ist der Verräter?*) Ende Mai 1820 eingeleitet wurde und dann ihre Fortsetzung in der Durchsicht und Revision des Manuskripts vom Oktober 1820 bis Mai 1821 fand. Am 19.10. 1820 heißt es im Tagebuch: »Abends und Nachts die Wanderjahre und was sonst«. Am 21. Oktober heißt es: »Wilhelm Meisters Wanderjahre. Alte und neue Schemas«. Am 9. November wird zum ersten Mal die Pädagogische Provinz erwähnt. Am 10. November heißt es im Tagebuch: »Wanderjahre von Fol. 48–100 in's Reine gebracht und sodann weiter fortgefahren. Das nußbraune Mädchen 2. Theil, überhaupt das Ganze vorgenommen«. Einen Monat später schrieb G. an Sulpiz Boisserée am 9.12. 1820: »Der Druck von W i l h e l m M e i s t e r s W a n d e r j a h -

r e n wird nun auch angefangen. Es kommt mir sehr wunderbar vor, ein zwanzigjähriges Manuscript, an das ich bisher kaum gerührt, redigirend abzuschließen. Es erscheint mir als ein wiederkehrender Geist, freylich jugendlicher und liebenswürdiger als der jetzige Autor und die jetzige Zeit«. Der Druck der Fassung von 1821 verlief nahezu parallel mit der Abfassung und Revision der Schlußkapitel. Der größte Teil des Romans war bereits im Druck, bevor der Schlußtext im Manuskript vorlag. Lenardos Schlußrede wurde am 7.5. 1821 diktiert. Die Reinschrift des siebzehnten und letzten Kapitels einschließlich der Schlußrede erfolgte am 8.5. 1821, als G. bereits die Korrekturfahnen der vorletzten Kapitel in Händen hielt. Zwei Wochen später verzeichnete G.s Tagebuch vom 22.5. 1821: »Erstes Exemplar von den Wanderjahren geheftet«.

Nach Neumann und Dewitz ergeben sich vier Arbeitsphasen an der ersten Fassung der *Wanderjahre*: die erste Phase von 1796–1807 setzt mit der Ausarbeitung des Konzepts ein; die zweite Phase von 1807–1811 besteht aus der Niederschrift des ersten Teils und Schemata für den zweiten Teil; die dritte Phase von 1811–1818 bildet eine Arbeitspause mit gelegentlichen Unterbrechungen, besonders zur Schematisierung des zweiten Teils; die vierte Phase von 1819–1821 führt schließlich zur schriftlichen Ausarbeitung der ersten Fassung von 1821, die im Untertitel *Ein Roman/von/ Goethe./ Erster Theil* lautet (vgl. Komm. in FA I, 10, S. 789f.).

Um diese Zeit beschäftigte sich G. bereits mit der Weiterführung und Beendigung des Romans, wie die folgende Tagebuchstelle vom 26.1. 1821 anzeigt: »Wanderjahre. Die notwendigen Fortsetzungen durchgedacht und schematisirt«. Dazu gehören die Fortsetzungen zu den Novellen *Das nußbraune Mädchen* und *Der Mann von funfzig Jahren*, die in der zweiten Fassung von 1829 in die Romanhandlung einmünden.

Mitte Juni 1821 wurden die ersten Widmungsexemplare an Freunde und Bekannte versandt. In G.s Begleitbriefen verbirgt sich hinter dem Topos der affektierten Bescheidenheit seine Sehnsucht nach Anerkennung und

Wilhelm Meisters

Wanderjahre

oder

Die Entsagenden.

———

Ein Roman

von

Goethe.

———

Erster Theil.

———

Stuttgard und Tübingen,
in der Cotta'schen Buchhandlung.
1821.

Teilnahme an seinem Werk. Boisserée dankte er am 23.7. 1821 für die »freundliche Aufnahme [seines] Wanderers« mit den Worten: »Wenn dieses Werkchen auch nicht aus Einem Stücke ist, so finden Sie doch solches gewiß in Einem Sinne«. Und an den katholischen Theologen und Gymnasialprofessor Joseph Stanislaus Zauper schrieb G. am 7.9. 1821, indem er Kritik vorwegnahm und zu widerlegen suchte: »Daß Sie Ihre Ungeduld bey'm Wiederlesen der W a n d e r j a h r e gezügelt haben, freut mich sehr. Zusammenhang, Ziel und Zweck liegt innerhalb des Büchleins selbst; ist es nicht aus Einem Stück, so ist es doch aus Einem Sinn, und dieß war eben die Aufgabe: mehrere fremdartige, äußere Ereignisse dem Gefühl als übereinstimmend entgegen zu bringen«. Es handelt sich dabei um Rezeptionssteuerung, denn Zauper hatte im selben Jahr das Manuskript seines zweiten G.-Buches *Studien über Goethe* (Wien 1822) geschickt. G.s Antwortbrief wurde in dem veröffentlichten Werk abgedruckt. Der Brief an Boisserée vom 23.7. 1821, in dem G. u.a. vom »folgenden Bande« spricht, läßt darauf schließen, daß er plante, den zweiten Teil unmittelbar folgen zu lassen, doch dazu sollte es nicht kommen.

Die zweite Fassung der Wanderjahre

Kurz vor der Veröffentlichung der ersten Fassung erschien in Quedlinburg und Leipzig ein anonymer Roman unter dem Titel *Wilhelm Meisters Wanderjahre*. Als Verfasser stellte sich später der protestantische Pfarrer Friedrich Wilhelm Pustkuchen aus Lemgo heraus, der seine Fortsetzung der G.schen *Lehrjahre* als eine Kritik an G.s Auffassungen von Bildung, Kunst, Moral und Religion angelegt hatte. Aufgrund der Ankündigung von 1809 war G.s Arbeit an einer Fortsetzung der *Lehrjahre* unter dem Arbeitstitel *Wilhelm Meisters Wanderjahre* bekannt, so daß sich Pustkuchen diesen Titel aneignen konnte. Sein Roman, der in fünf Teilen und zwei Beilagen zwischen 1821

und 1828 erschien, enthielt sämtliche Elemente der negativen G.-Kritik um 1800 und war in seinen gesellschaftlichen und politischen Ansichten vom Denken der Restaurationszeit bestimmt. Für G. selbst erwiesen sich die »falschen *Wanderjahre*« sozusagen als »Schrittmacher« (Gille 1971, S. 253) zu seinem eigenen Roman, den er seit 1821 in ständiger Konkurrenz zu Pustkuchens Roman in Fortsetzungen zu erweitern und umzuarbeiten suchte. Gleichzeitig war G. zwischen 1821 und 1827 damit beschäftigt, sich in zahlreichen Invektiven gegen Pustkuchen zu erwehren. Dazu dienten ihm die *Zahmen Xenien* dieser Jahre. Obwohl G. die folgende Invektive nicht veröffentlicht hat, gelangte sie doch zu seinen Lebzeiten durch die *Zeitung für elegante Welt* in abweichender Form an die Öffentlichkeit. »›Was will von Quedlinburg heraus, / Ein zweiter Wanderer traben!‹ / Hat doch der Wallfisch [sic] seine Laus, / Muß ich auch meine haben« (WA I, 5.1, S. 187). Neumann und Dewitz meinen, daß »das fast gleichzeitige Erscheinen von Pustkuchens falschen *Wanderjahren* [...] als ursächlich angesehen werden [darf], daß die weitere Veröffentlichung von G.s Roman zunächst unterbleibt« (Komm. in FA I, 10, S. 790).

Die wichtigste Arbeitsperiode an der zweiten Fassung der *Wanderjahre* fällt in die Jahre 1825 bis 1828, in denen G. außerdem durch das »Hauptgeschäft« des *Faust II* in Anspruch genommen war. In den Jahren 1823/24 wurde einiges fortgesetzt und fortgeschrieben. Doch am 28.6. 1825 verzeichnet G.s Tagebuch die endgültige Wiederaufnahme der Arbeit, die mit einer Neukonzeption verbunden ist: »Einiges dictirt zum zweyten Bande der Wanderjahre. [...] Beschäftigung, die Wanderjahre in zwey Theile zu trennen; auch die noch ungedruckten Vorarbeiten zu redigiren«. Am 29.6. 1825 heißt es: »Die Wanderjahre neu schematisirt«, am 30. Juni: »Ich überlegte und schematisirte weiter an den Wanderjahren«. In diesen Junitagen 1825 nahm G. eine Neukonzeption des Romans vor, indem er nicht einfach einen zweiten Teil an den ersten von 1821 anfügte, sondern die Stoffmasse der ersten Fassung auf den Umfang des Gesamtromans verteilte und den Rest des Romans, ungefähr die Hälfte der Schlußfassung, neu schrieb. Diese Arbeit erfolgte innerhalb der nächsten vier Jahre, wobei die Hauptarbeit auf die letzten sechs Monate von September 1828 bis März 1829 entfiel. In einer »Anzeige der sämtlichen Werke« vom 1.2. 1826, die auf die Pustkuchenschen *Wanderjahre* Bezug nimmt, kündigte G. die Neufassung der Struktur des Werks an: »Die wunderlichen Schicksale, welche dies Büchlein bei seinem ersten Auftreten [durch Pustkuchens Kokurrenzunternehmen; d. Vf.] erfahren mußte, gaben dem Verfasser guten Humor und Lust genug, dieser Produktion neue, doppelte Aufmerksamkeit zu schenken. Es unterhielt ihn, das Werklein von Grund aufzulösen und wieder neu aufzubauen, so daß nun in einem ganz anderen dasselbe wieder erscheinen wird« (WA I, 42.1, S. 112). Mit Recht stellen Neumann und Dewitz den Entschluß zur Neustrukturierung der *Wanderjahre* in den Zusammenhang mit den Vorbereitungen zur Ausgabe letzter Hand: »Goethe verzichtete nämlich auf eine weitere Einzelpublikation des Romans und faßte statt dessen den Plan, die kompletten *Wanderjahre* als Bestandteil der ›Ausgabe letzter Hand‹ zu veröffentlichen« (Komm. in FA I, 10, S. 792).

Laut Tagebuch begann G. am 30.6. 1826, »die Wanderjahre von vorn herein zu lesen«. Im Juli 1826 ließ er die alte Fassung abschreiben und die noch offen stehenden Lücken der neuen Arbeitsfassung mit blauem Papier ergänzen. Am 16.7. 1826 übergab er seinem Sekretär Johann August Friedrich John »den Anfang der Wanderjahre zur Reinschrift«. Im Gespräch mit Eckermann hat G. später seine Verfahrensweise erklärt: »Um den vorhandenen Stoff besser zu benutzen, habe ich den ersten Teil ganz aufgelöset und werde nun so durch Vermischung des Alten und Neuen zwei Teile bilden. Ich lasse nun das Gedruckte ganz abschreiben; die Stellen, wo ich Neues auszuführen habe, sind angemerkt, und wenn der Schreibende an ein solches Zeichen kommt, so diktiere ich weiter und bin auf diese Weise genötigt, die Arbeit nicht ins Stocken geraten zu lassen«. Eines Tages erfährt Eckermann von G.: »Das Gedruckte der *Wanderjahre* ist nun ganz abgeschrieben; die Stellen, die ich noch neu zu machen habe, sind mit blauem Papier ausgefüllt, so daß ich sinnlich vor Augen habe, was noch zu tun ist. Sowie ich nun vorrücke, verschwinden die blauen Stellen immer mehr, und ich habe daran meine Freude« (15.1. 1827).

In ähnlichem Sinne schreibt G. an Boisserée am 30.12. 1826, wobei die neue Struktur rein äußerlich als Erweiterung des Werks auf zwei Bände bezeichnet wird: »Übrigens werde ich im nächsten Vierteljahr [...] dann an einer zwar angenehmen, aber doch bedenklichen Arbeit fortfahren, d.h., an der Sonderung, Rekonstruktion, Ausarbeitung und Abrundung der zwei Bände *Wanderjahre*. Es gibt ein wunderliches Opus, muß es aber auch werden nach den seltsamen Schicksalen, die es erdulden müssen«. Am 17.2. 1827 kann G. Boisserée berichten: »Die *Wanderjahre* rücken auch zu, und es ist wunderbar genug, daß dieses Werklein nicht eher zustande kommen konnte«. Am 24. Mai schreibt er an Zelter: »Der zweite Theil der Wanderjahre ist abgeschlossen; nur weniger Binsen bedarf es um den Straußkranz völlig zusammenzuheften, und das thäte am Ende auch jeder gute Geist, das Einzelne auf- und anfassend, und vielleicht besser«.

Aber erst am 22.6. 1827 heißt es im Tagebuch: »Der Wanderjahre 2. Theil angefangen«. In den restlichen Junitagen erfolgen fast täglich Eintragungen zu den *Wanderjahren*, während sich im Juli nur noch vereinzelte Hinweise finden, im August und September fast gar keine. Das »Hauptgeschäft« (*Faust II*) wird vorgeschoben. Im folgenden Jahr verzeichnet das Tagebuch am 13.9. 1828 einen Neuanfang: »Wieder-Angriff der Wanderjahre«. Von da an bringt das Tagebuch fast täglich Notizen über den Fortschritt der Arbeit bis zum 19.3. 1829. Der Entschluß zur Dreiteilung des Romans erfolgte im Laufe des Jahres 1828. Im Winterhalbjahr 1828/29 schloß G. die Umarbeitung der *Wanderjahre* für die Bände 21 bis 23 der Ausgabe letzter Hand termingerecht ab. In dieser Zeit bezieht sich nach Trunz das Wort »Hauptgeschäft« in den Tagebüchern ausschließlich auf die *Wanderjahre*.

Die Entstehung der zweiten Fassung läßt

sich aufgrund des Tagebuchs bis in die Einzelheiten rekonstruieren. Man kann dabei G.s Verfahrensweise verfolgen, die aus den folgenden Arbeitsgängen besteht: Schemata, von denen fast achtzig überliefert sind (WA I, 25.2, S. 207–293), Diktat, Reinschrift (»Mundum«) durch die Sekretäre Johann August Friedrich John und Johann Christian Schuchardt, Durchsicht durch die Professoren Carl Wilhelm Göttling und Friedrich Wilhelm Riemer, erneute Korrektur und abschließende Reinschrift.

Während für die erste Fassung mit Ausnahme der Novellen in Cottas Damenkalendern keine Druckvorlagen erhalten sind, ist die Überlieferung für die zweite Fassung im Vergleich dazu als umfangreich zu bezeichnen. Außer 174 Einzelhandschriften gibt es den Handschriftenkomplex H[1] (»Wilhelm Meisters Wanderjahre Erster Theil Neue Bearbeitung 1825«) sowie das Druckmanuskript H, das aus der Reinschrift des gesamten Romans in der zweiten Fassung von der Hand der Sekretäre John und Schuchardt besteht. Diese Handschrift diente als Satzvorlage für die Taschenausgabe der Ausgabe letzter Hand, Bde. 21 bis 23, von 1829 (vgl. WA I, 25.2, S. IX-XIII; FA I, 10, S. 988–1000).

Außer den Tagebüchern geben die Handschriften Aufschlüsse über Entstehungsdaten: mehrere der Schemata und Manuskriptstücke sind datiert. Im Januar 1829 kündigte G. das Erscheinen der *Wanderjahre* »in der neuen Form« für Ostern an (an Christoph Ludwig Friedrich Schultz und Carl Friedrich Zelter, 10. u. 18.1. 1829). Das Manuskript der letzten Kapitel der *Wanderjahre* wurde am 11. Februar an Wilhelm Reichel, Cottas Drucker in Augsburg, abgesandt. Mit dem 12. Februar ist die Abschrift des Gedichtes *Vermächtnis*, das am Ende des Zweiten Buches steht, im Tagebuch datiert. Das Gedicht auf Schillers Schädel (*Im ernsten Beinhaus war's*), das vom September 1826 stammt, wird am Ende der *Wanderjahre* zum ersten Mal abgedruckt. Ende Februar 1829 erfolgte der Abschluß des Gesamtromans in der zweiten Fassung. Im März kam die Aphorismensammlung *Aus Makariens Archiv* hinzu. Die Tagebucheintragungen vom 14. und

15.3. 1829 verzeichnen die Abschrift und Versendung der Aphorismen an Reichel in Augsburg. Am 19. März erfolgte die letzte Eintragung, die die Absendung des letzten Briefes hinsichtlich der *Wanderjahre* an Reichel registriert. Darin autorisiert G. die Position der Aphorismensammlung *Aus Makariens Archiv* am »Ende des dritten Bandes [Band 23] der Wanderjahre«.

Die Entstehungsgeschichte der Aphorismensammlungen

Die beiden Aphorismensammlungen der zweiten Fassung und die beiden am Ende des Zweiten bzw. Dritten Buches angefügten Schlußgedichte *Vermächtnis* und *Im ernsten Beinhaus war's* haben ihre eigene Werkgeschichte. Der Grund für die Einschaltung der Aphorismen scheint zunächst rein äußerlich gewesen zu sein. Bei der Neukonzeption der Ausgabe letzter Hand aufgrund der Zweiteilung des fünften Bandes der Gedichte im Jahre 1827 wurde eine neue Bandeinteilung nötig, die für die zweite Fassung der *Wanderjahre* anstelle der ursprünglich vorgesehenen zwei Bände (Bde. 17–18) eine Erweiterung auf drei Bände erforderte. Der Roman wurde jetzt auf die Bände 21 bis 23 verteilt. Dabei stellte sich heraus, daß die drei Bände nicht den vorgesehenen Seitenumfang aufwiesen. Deshalb entschloß sich G. nach Aussage von Johann Peter Eckermann, ihn zur Redaktion der Aphorismen heranzuziehen, um die Lücken der *Wanderjahre* zu füllen. Im Gespräch vom 15.5. 1831 erklärte er, daß die Spruchsammlungen, genau genommen, nicht dahin gehörten, aber man dadurch für den Augenblick über eine große Verlegenheit hinauskomme und zugleich den Vorteil habe, »durch dieses Vehikel eine Masse sehr bedeutender Dinge schicklich in die Welt zu bringen«. Danach erfolgte die Einschaltung der Aphorismen lediglich aus drucktechnischen und nicht aus künstlerischen Gründen. Der Briefwechsel mit Reichel, dem Drucker des Cotta-Verlages in Augsburg, bestätigt diese

Interpretation. Am 14.2. 1829 kündigte G. die am 11. Februar erfolgte Absendung des dritten Bandes mit dem folgenden Zusatz an: »Das Wenige, was daran, so wie an dem zweiten, noch mangelt, wird nächstens erfolgen«. Am 21. Februar gingen die *Betrachtungen im Sinne der Wanderer* mit der »fahrenden Post« ab, damit »der XXII. Band das rechte Maaß zu den übrigen« erlange. Am 4.3. 1829 sandte G. noch einen Nachtrag zum ersten Band (Bd. 21), »da er gar zu mager ausgefallen ist«. Aufgrund der »weitläufigen Hand« des Schreibers hatte er sich in der Seitenzahl getäuscht und meinte daher: »Kommen noch einige Bogen hinzu, so setzt er [Bd. 21] sich, sowohl was das Äußere als das Innere betrifft, mit den folgenden [Bde. 22–23] eher in's Gleiche«. Auf Reichels Mitteilung, daß der Band 21 schon ausgedruckt sei und die nachgesendete Aphorismensammlung nur noch am Ende des Bandes 23 angefügt werden könne, fügte sich G. den produktionsbedingten Vorstellungen und Wünschen des Verlegers »um so lieber, als der letzte Band auch nicht stark ist und es hauptsächlich darauf ankommt, daß diese übersendeten Aphorismen mit gegenwärtiger Lieferung in's Publikum treten« (an Reichel, 19.3. 1829).

Gleichzeitig spricht G. aber von einem inneren Zusammenhang der Aphorismen mit dem Roman und rechtfertigt ihre Position mit künstlerischen Argumenten, wenn er am 2.5. 1829 an Reichel schreibt: »Am Schluß desselben und im Zusammenhang mit dem Ganzen finden sie [die Aphorismen] erst ihre Deutung«. Eckermanns Behauptung vom 15.5. 1831, daß die Aphorismensammlungen und die beiden sich daran anschließenden Gedichte lediglich aus Mangel an Seitenumfang eingeschaltet wurden, ist sicherlich falsch. Zumindest eine der beiden Spruchsammlungen war bereits in G.s Plänen von 1828 ausdrücklich vorgesehen. Dort heißt es im Schema zu Kapitel zehn des Ersten Buches nach Wilhelms Einführung bei Makarie: »Auszug aus den Collectaneen (NB. Hieraus ein besonderes Heft zu bilden wie solches eingetragen werden kann)« (WA I, 25.2, S. 221). Das für die Interpretation wichtige Archiv-Konzept und der Archiv-Be-

griff stammen aus derselben Zeit, wie sich einem anschließenden Schema entnehmen läßt. Dort heißt es: »Wunsch das gestern Vorgelesene nochmals durchsehen zu können. Gewährt indem ihn [Wilhelm] Angela ins Archiv führt« (WA I, 25.2, S. 224).

In der Druckgeschichte der *Wanderjahre* hat sich Eckermanns Ansicht jedoch insofern als folgenreich erwiesen, als er unter Berufung auf das Gespräch mit G. in der Quartausgabe von G.s Werken von 1837 die Aphorismensammlungen und Schlußgedichte aus dem Zusammenhang des Romans herauslöste. In sämtlichen weiteren Ausgaben der *Wanderjahre*, einschließlich der Weimarer Ausgabe, ist man Eckermanns Autorität gefolgt. Bereits 1913 hat Max Wundt in einem Anhang zu seinem Buch *Goethes Wilhelm Meister und die Entwicklung des modernen Lebensideals* Eckermanns Angaben in Frage gestellt und erklärt, daß die Aphorismen und Gedichte »stilistisch und inhaltlich einen integrierenden Bestandteil des Romans bilden« (S. 509). Doch erst 1949 wurde mit der Eckermann-Tradition in der Artemis-Gedenkausgabe und 1950 in der Hamburger Ausgabe gebrochen.

Im Juni 1829 begann die Versendung von Exemplaren an Freunde und Bekannte. G.s Briefe sind mit ähnlichen Formen der schriftstellerischen *captatio benevolentiae* wie bei der ersten Fassung von 1821 versehen. Im Brief an Zelter vom 5.6. 1829 nennt er das Werk bei der Übersendung »das neuste Geschlinge der Wanderjahre«. An Boisserée schreibt er am 2.9. 1829: »Dem einsichtigen Leser bleibt Ernst und Sorgfalt nicht verborgen, womit ich diesen zweyten Versuch, so disparate Elemente zu vereinigen, angefaßt und durchgeführt, und ich muß mich glücklich schätzen wenn Ihnen ein so bedenkliches Unternehmen einigermaßen gelungen erscheint. Es ist wohl keine Frage, daß man das Werk noch reicher ausstatten, lakonisch behandelte Stellen ausführlicher hätte hervorheben können, allein man muß zu endigen wissen. [...] An Stoff und Gehalt fehlt es nicht, und ich kann froh seyn, daß Sie für die Form ein so rühmliches Gleichnis gefunden haben«. Boisserée hatte das Werk »einen Ariost in ungebundener Rede« genannt. An den Schriftsteller Johann Friedrich Rochlitz schreibt G. am 28. 7. 1829: »Eine Arbeit wie diese, die sich selbst als collektiv ankündigt, indem sie gewissermaßen nur zum Verband der disparatesten Einzelheiten unternommen zu seyn scheint, erlaubt, ja fordert mehr als eine andere daß jeder sich zueigne was ihm gemäß ist«. Und am 23. 11. 1829 schreibt er an dieselbe Adresse: »Mit solchem Büchlein aber ist es wie mit dem Leben selbst: es findet sich in dem Complex des Ganzen Nothwendiges und Zufälliges, Vorgesetztes und Angeschlossenes, bald gelungen, bald vereitelt, wodurch es eine Art von Unendlichkeit erhält, die sich in verständige und vernünftige Worte nicht durchaus fassen noch einschließen läßt. [...] Das Büchlein verläugnet seinen collektiven Ursprung nicht, erlaubt und fordert mehr als jedes andere die Theilnahme an hervortretenden Einzelheiten«. Im Gespräch mit Kanzler von Müller am 18. 2. 1830 fällt schließlich das Wort »Aggregat« zur Bezeichnung der Struktur der *Wanderjahre*, indem G. sich gegen Rochlitz' »alberne Idee« verwehrt, »das Ganze systematisch construiren und analysiren zu wollen. Das sei rein unmöglich, das Buch gebe sich nur für ein Aggregat aus«.

Erzählmodelle und Vorbilder

Bei den *Wanderjahren* in der Fassung von 1821 und 1829 handelt es sich um zwei Romane, die in der Konzeption als deutlich zu unterscheidende Werke anzusehen sind. Die erste Fassung läßt sich noch als traditionelle Fortsetzung der *Lehrjahre*, sei es als Reise- und Briefroman oder als Novellenzyklus oder Kombination von beiden, bezeichnen. Doch mit der zweiten Fassung erfolgt der Schritt zum Archivroman, der das Werk so modern erscheinen läßt, daß Hermann Broch darin den Grundstein zum modernen Roman gelegt sehen wollte. Man braucht nicht mit Broch übereinzustimmen, um zu erkennen, daß G. unter der Hand ein Werk entstanden war, dessen »Aggregat«-Struktur er nur mit größter Schwierigkeit seinen Zeitgenossen zu erklären wußte. Seine apologetischen Selbstkommentare und Bitten um »geneigte Teilnahme« verweisen auf das »Inkommensurable« oder »Inkalkulable der Produktion«, zu der ihm »fast selbst der Schlüssel fehlt«, wie G. im Gespräch mit Eckermann vom 18. 1. 1825 bemerkt. Den Begriff des »Inkommensurablen« hat G. in der Periode seiner Spätwerke verwendet, um anzuzeigen, daß ihm in der Konzeption etwas gelungen ist, was er in seiner Tragweite zwar erahnt, aber noch nicht völlig abzusehen weiß. Daher oft auch die Aufforderung an den »echten Leser« zu weitgehender Auslegungsfreiheit (z. B. an Zelter, 19. 10. 1821). Die Schwer-, wenn nicht gar Unverständlichkeit der *Wanderjahre* ist durch die Rezeptionsgeschichte dokumentiert. Bis zur Mitte des 20. Jhs. reicht die Kette der Mißverständnisse und Fehlinterpretationen des Romans, von dem es bis 1949 noch nicht einmal eine zuverlässige Textedition gab. Mit Ausnahme der frühsozialistischen Deutungen von 1832 bis 1852 und des Joyce-Aufsatzes von Broch aus dem Jahr 1936 wurde die »vorauseilende Realität« des Romans, wie Broch die Modernität der *Wanderjahre* charakterisiert hat, erst in den Arbeiten nach 1950 erkannt.

Die Frankfurter und die Münchner Ausgabe enthalten ausführliche Synopsen zur ersten und zweiten Fassung der *Wanderjahre* (FA I, 10, S. 1273–1289; MA 17, S. 1066–1079; davor bereits Gräf 1, 2, S. 904–908), die genaue Information über die Verteilung des Erzählstoffes, Auslassungen, Fortführungen und Erweiterungen, bzw. völlig Neues vermitteln. Doch G. hat zur Zeit der ersten Fassung bereits manches geplant, was erst in der zweiten Fassung nachzuweisen ist. Darüber geben die Schemata nur unzureichend Auskunft. Erst mit einer historisch-kritischen Ausgabe der *Wanderjahre*, die dem Stand der modernen Editionspraxis genügt, besteht Hoffnung, daß sich die Entstehungsgeschichte zuverlässig rekonstruieren läßt. Gerhard Neumann hat eine solche Ausgabe »zu den schwierigsten und dringendsten Desideraten der Goethe-Philologie« gezählt. Der Herausgeber der Weimarer Ausgabe sei an dem Versuch gescheitert, »diese genetische Dimension des Romans aufzuhellen« (Komm. in FA I, 10, S. 970).

Die erste Fassung von 1821

Die erste Fassung fällt dadurch auf, daß sie mit zwei Einleitungsgedichten beginnt und erst auf dem dritten Blatt den folgenden Titel aufweist: »Wilhelm Meisters/ Wanderjahre/ oder/ Die Entsagenden./ Ein Roman/ von/ Goethe./ Erster Theil./ Stuttgard und Tübingen,/ in der Cotta'schen Buchhandlung./ 1821./«. Darauf folgen fünf weitere Gedichte auf unpaginierten Seiten, und erst auf der neunten Seite beginnt das erste Kapitel. Diese Textanordnung war so ungewöhnlich, daß später geheftete Exemplare des Erstdrucks der ersten Fassung von dieser Anordnung abgewichen sind (Exemplare in der Landesbibliothek Stuttgart und in den Special Collections, Research Library, University of California, Los Angeles). Diese Abweichung mit der Titelseite auf dem ersten Blatt, die bisher bibliographisch nicht festgehalten worden ist, doch von der Artemis-Gedenkausgabe befolgt wird, ist wohl auf einen Bindefehler zurückzuführen. Im Wiener Paralleldruck von 1821 (*Goethe's Werke*, Bd. 26) gibt es eine dritte Variante für die Anordnung der Gedichte, die hier ebenfalls, wie in den verhefteten Exemplaren der ersten Fassung, auf die Titelseite folgen (Goedeke, IV, 3, S. 434). Die Gedichte der ersten Fassung wurden später in den *West-östlichen Divan* sowie die Gesammelten Gedichte übernommen.

Die erste Fassung umfaßt achtzehn Kapitel ohne Bucheinteilung. Sie beginnt mit der Geschichte *Sanct Joseph der Zweite*, die G. bereits 1809 im *Taschenbuch für Damen auf das Jahr 1810* unter dem Titel *Wilhelm Meisters Wanderjahre. Erstes Buch* veröffentlicht hatte. Im ersten Kapitel gibt Wilhelm die Bedingungen seiner Wanderschaft an: »Nicht drei Tage soll ich unter Einem Dache bleiben. Keine Herberge soll ich verlassen, ohne daß ich mich

wenigstens eine Meile von ihr entferne. Diese Gebote sind wahrhaft geeignet, meine Jahre zu Wanderjahren zu machen und zu verhindern, daß auch nicht die geringste Versuchung des Ansiedelns bei mir sich finde« (FA I, 10, S. 24). Damit ist die »Grundkonstellation des Geschehens wie der Problemstellung« der ersten Fassung im wesentlichen bereits gegeben (Neumann/Dewitz, Komm. in FA I, 10, S. 970). Sie beruht, wie Neumann und Dewitz sie treffend charakterisiert haben, auf »dem Gedanken der Wanderschaft« (ebd.), der durch die Geschichte der Haupt- und Titelfigur Wilhelm Meister und dessen Begegnungen dargestellt wird. Am Anfang seiner Wanderschaft wird Wilhelm Meister von seinem Sohn Felix begleitet und trifft auf Jarno, den vormaligen Hofmann aus den *Lehrjahren*, der hier als Bergbauexperte unter dem Namen Montan – lat. montanus = »zum Berg gehörig, in den Bergen wohnend« – figuriert. Während Felix in einer Lehranstalt, der sogenannten Pädagogischen Provinz, untergebracht wird, macht Wilhelm die Bekanntschaft von Lenardo, einem jungen Baron, der in der ersten Fassung als Gegenfigur zu Wilhelm fungiert. Neumann und Dewitz haben die kontrastive Gemeinsamkeit zwischen Wilhelm und Lenardo als »Lebenswege zweier Männer zu der geliebten Frau« bezeichnet (ebd.). Beide sind zu den »Entsagenden« zu rechnen, wie der Doppeltitel der ersten und zweiten Fassung lautet. Die Entsagung bezeugt sich darin, daß Wilhelms Geliebte, Natalie, lediglich als Briefpartnerin figuriert und er nie mit ihr zusammentrifft. An einer Stelle erblickt Wilhelm sie auf einem gegenüberliegenden Felsgipfel. Während er Natalie durch ein Fernrohr beobachtet, droht er abzustürzen, aber eine hilfreiche Hand ergreift ihn und entreißt ihn »zugleich der Gefahr, wie dem schönsten Glück« (FA I, 10, S. 164). Ähnlich Lenardo, der auf der Suche nach dem »nußbraunen Mädchen« ist, der Tochter eines Pächters, der von Lenardos Oheim »zwar mit Recht, doch mit ziemlicher Härte« vertrieben worden ist. Lenardo ist ihr schuldhaft verbunden, weil er versprochen hatte, sich für sie und ihre Familie bei seinem Oheim einzusetzen, es aber in der Eile des

Aufbruchs zu seiner Kavalierstour versäumt hatte. Wilhelm findet das »nußbraune Mädchen«, doch glaubt er, Lenardo mit Beschwichtigungen besser zu dienen, als wenn er ihm ihren Aufenthaltsort mitteilt (FA I, 10, S. 104). Später findet Lenardo das »nußbraune Mädchen« selbst, aber sein Tagebuch, das darüber Aufschluß geben könnte, wird nicht mitgeteilt (FA I, 10, S. 216). Auch bei ihm bleibt eine Vereinigung mit der geliebten Frau erzählerisch unbezeugt.

Außer Lenardo kommt eine Reihe von neuen Figuren hinzu, denen Wilhelm auf seiner Wanderschaft begegnet oder die in den eingeschalteten Novellen erwähnt werden. Zu den neuen Figuren gehören u.a. der Oheim, die Tante, Hersilie, Juliette, die Aufseher und Obern der Pädagogischen Provinz und die Mitglieder des Wandererbundes, sowie die typologischen Figuren, denen Wilhelm am Anfang des Romans begegnet: der Zimmermann Joseph, dessen Frau Marie und ihre Kinder. Unter den Kapitelüberschriften *Die Flucht nach Ägypten*, *Sanct Joseph der Zweite*, *Die Heimsuchung* und *Der Lilienstengel* bilden diese Personen eine in die Romanhandlung integrierte Novellenbegebenheit.

Besondere Aufmerksamkeit verdienen diejenigen Figuren, die durch Novellen-Lektüre von Romanpersonen vorgestellt und später in die Romanhandlung eingeführt werden, wie z.B. die Personen aus *Das nußbraune Mädchen* oder *Der Mann von funfzig Jahren*. Lenardos Suche nach der geliebten Frau wird zunächst in Form eines an Natalie übersandten Briefwechsels vermittelt, der Hersilie, Juliette und die Tante einführt, dann aber in personaler Erzählperspektive mit Wilhelm und Lenardo als Protagonisten fortgesetzt wird. Die Geschichte des *Manns von funfzig Jahren* erfährt Wilhelm durch die Lektüre des ersten Teils der Novelle. Anschließend begegnet er den weiblichen Figuren der Hilarie und der Schönen Witwe am Lago Maggiore, als er mit einem jungen Maler Mignons Heimat aufsucht. Während die Protagonisten gefährlichen Leidenschaften ausgesetzt sind, doch die Prüfung des Entsagens bestehen, wird der Rest der Novelle, der über die Kraft zur Entsagung

Aufschluß geben könnte, nicht mitgeteilt. Die Novelle erhält damit etwas von einem »offenen Experimentalmodell«, das »von Hersilie strategisch eingesetzt«, zu einem »Inzitament für Wilhelms Lebensgeschichte, zur Bestimmungshilfe für seinen künftigen Lebensweg« wird, wie Neumann sehr treffend formuliert hat (Komm. in FA I, 10, S. 974). Bei den übrigen Novellen, wie z.B. *Die neue Melusine*, *Die Pilgernde Törin*, oder *Wo stickt der Verräter?*, gibt es weder diese Verschränkung von Novellen- und Romanhandlung noch den Abbruch oder die Vorenthaltung der Geschichte. Bei ihnen kommt lediglich ihrer Position im Rahmen der Romanhandlung Bedeutung zu.

Die verschiedenen Personengruppen sind mit bestimmten Gesellschaftsbereichen verbunden, mit denen Wilhelm in Berührung kommt und die den Sinn seiner Wanderschaft ausmachen. Davon gibt es in der ersten Fassung den Bereich Sankt Josephs des Zweiten, den Bereich Montans, den Bereich des Oheims und des Sammlers, den Bereich der Pädagogischen Provinz und schließlich den Bereich des Wandererbundes. Sankt Joseph der Zweite stellt die Möglichkeit einer naiv gläubigen Nachfolge der biblischen Vorbilder in der Kunst dar. Montan vertritt den Naturbereich der Bergwelt, das Landgut des Oheims die Aufklärung und das städtische Haus des Sammlers den Kulturbereich der Kunstgegenstände und Antiquitäten. Die Pädagogische Provinz steht für die Erziehung zur Weltfrömmigkeit in Form der drei Ehrfurchten und der Wanderbund schließlich für eine neue Form der Gesellschaft, in der die Definition der Mitglieder nicht mehr im Sinne des Bürgertums des 18. Jhs. ausschließlich an den Grundbesitz gebunden ist, sondern an die Arbeit. In seiner Abschiedsrede kommt Lenardo zu der für die damalige Zeit radikalen Schlußfolgerung: »Wenn das was der Mensch besitzt von großem Wert ist, so muß man demjenigen was er tut und leistet noch einen größern zuschreiben. Wir mögen daher bei völligem Überschauen den Grundbesitz als einen kleineren Teil der uns verliehenen Güter betrachten. Die meisten und höchsten derselben bestehen aber eigentlich [...] in demjenigen was durchs bewegte Leben gewonnen wird« (FA I, 10, S. 251).

Anschließend trifft Wilhelm auf den Wandererbund und lernt dessen Lebensform und Organisation kennen. Am Ende der ersten Fassung kommen auch die übrigen Personen der *Lehrjahre*, wie Lothario, Werner, der Abbé oder Friedrich wieder zum Vorschein. Wilhelm erfährt, daß alle Personen der *Lehrjahre* für den Wandererbund tätig sind. Besonders in der Reise in Mignons Heimat und im Vortrag ihres Italienliedes *Kennst du das Land? wo die Zitronen blühn* zeigt sich etwas von der Selbstreflexion des Romans auf sich selbst, indem der Leser ausdrücklich auf den Schluß des vorausgegangenen Romans der *Lehrjahre* verwiesen wird. Der Malerfreund, mit dem Wilhelm diese »Wallfahrt« unternimmt, zeigt ihm eine Reihe von aquarellierten Landschaftsblättern mit Mignon im Vordergrund, die er nach der Lektüre der *Lehrjahre* gezeichnet hat. Er begibt sich mit Wilhelm auf die Reise, um das »Knaben-Mädchen« der *Lehrjahre* in den »Umgebungen worin sie gelebt der Natur nachzubilden [...] und so ihr Bild, das in allen zarten Herzen lebt, auch dem Sinne des Auges hervorzurufen« (FA I, 10, S. 129).

Die Motivstruktur der ersten Fassung beruht auf dem Kästchen-und-Schlüssel-Motiv, das weitgehend auf das traditionelle Geheimnis des Schauer- oder Abenteuerromans beschränkt bleibt, und dem isolierten Fernrohr-Motiv, das die entfernte, doch intensive Verbindung zur geliebten Frau repräsentiert, als der Protagonist Natalie auf einem gegenüberliegenden Felsgipfel durch ein Fernrohr erblickt.

Als traditionelle Erzählinstanz des Romans im 18. Jh. ist ein auktorialer Erzähler zu erwarten. Die *Lehrjahre* von 1795/96 sind ein auktorialer Roman. Doch in der ersten Fassung der *Wanderjahre* wird die Autorität der auktorialen Erzählinstanz durch die Einführung von personalen Erzählsituationen und durch die Einschaltung eines Herausgebers unterminiert. Der fiktive Herausgeber, der ebenfalls eine traditionelle Figur im Roman des 18. Jhs. darstellt, wenn man z.B. an G.s *Werther*-Roman denkt, wird mit einem höheren Maß von Realität versehen: durch Hinweise auf die Entstehungsgeschichte des Romans – so verweist der fiktive Herausgeber auf die »seit zwanzig Jahren verspätete« Herausgabe dieser Bände (FA I, 10, S. 127), durch redaktionelle Zwischenbemerkungen, durch den Vortrag der Novellentexte aus Lenardos Archiv sowie durch »Rückhalt [Zurückhaltung von Information; d. Vf.] und Geheimnis«, die »einem Büchlein wie dem unsrigen [...] gar wohl ziemen mag« (FA I, 10, S. 198). Zur erhöhten Realität des Herausgebers gehört ferner die autobiographische Verankerung des Romans in den Einleitungsgedichten. Durch diese Gedichte wird der Roman als Teil der G.schen Biographie hingestellt: »Die Wanderjahre sind nun angetreten«. Doch entzieht sich der Autor der Festlegung auf eine individuelle Person: »Wüßte kaum genau zu sagen / Ob ich es noch selber bin«, wenn auch in der Widmung an die Schwiegertochter »Ottilien von Goethe« auf familiäre Beziehungen angespielt wird: »Ehe wir nun weiter schreiten / Halte still und sieh Dich um« (FA I, 10, S. 15). Da der zweite Teil der ersten Fassung nicht vorliegt, bleibt jedes abschließende Urteil über die Erzählinstanz spekulativ. Es ist schwer zu sagen, ob die zweite Fassung hier bereits in der Struktur angelegt ist oder ob die Umfunktionierung der Erzählinstanz erst in der zweiten Fassung erfolgte. Die Neuverteilung des Stoffes im Juni 1825 und G.s Schemata von 1825/26, die beide Fassungen im Vergleich gegenüberstellen (vgl. Paralipomena in WA I, 25.2, S. 209–215), lassen auf das letztere schließen.

Die erste Fassung schließt mit Lenardos Abschiedsrede über das Wandern und das Ethos des Nützlichen ab, wobei der Grundbesitz relativiert und der Arbeit ein höherer Wert zugeschrieben wird. Die Wanderergesellschaft wird als »Weltbund« verstanden, Gesellschaft als »höchstes Bedürfnis« bezeichnet: »Alle brauchbare Menschen sollen im Bezug unter einander stehen«. Zu den Pflichten der Wanderer werden Toleranz der Religionen und Regierungsformen sowie »Sittlichkeit ohne Pedanterie und Strenge« gerechnet (FA I, 10, S. 257f.). Die erste Fassung endet mit den Versen des Wanderlieds *Bleibe nicht am Boden heften*.

Die zweite Fassung von 1829

In der zweiten Fassung, die im Rahmen von G.s Werken der vollständigen Ausgabe letzter Hand als Bände 21 bis 23 im Jahr 1829 erschien, wird der Doppeltitel *Wilhelm Meisters / Wanderjahre / oder / die Entsagenden* beibehalten, doch die Gattungs- und Verfasserbezeichnung entfällt als überflüssig. Der Roman besteht aus drei Büchern und den zusätzlichen Aphorismensammlungen im Anschluß an das Zweite und Dritte Buch: *Betrachtungen im Sinne der Wanderer / Kunst, Ethisches, Natur* und *Aus Makariens Archiv* nebst den angefügten Gedichten *Vermächtnis* und *Im ernsten Beinhaus war's*. Der Roman endet mit dem prosaischen Schlußsatz: »(Ist fortzusetzen.)«. An eingeschalteten Novellen kommen neu hinzu: der Schwank *Die gefährliche Wette* und die Novelle *Nicht zu weit*, während die folgenden Novellen ergänzt und abgeschlossen werden: *Der Mann von funfzig Jahren* und *Das nußbraune Mädchen*, dessen Geschichte mit *Lenardo's Tagebuch* fortgesetzt und vollendet wird. Die Geschichte des *Mannes von funfzig Jahren* stellt jetzt mit der Liebe-Überkreuz-Struktur und der daraus entstandenen Entsagung ein geschlossenes Modell für die Romanpersonen dar. Die Thematik der Entsagung wird durch die Schöne Witwe und Hilarie in die Romanhandlung überführt, indem sie in der Idylle am Lago Maggiore mit Wilhelm zusammentreffen und sich im Sinne des Romantitels als »Entsagende« bewähren. Drei Novellen der ersten Fassung erhalten eine neue Position und damit neue Bedeutung im Rahmen der Romanhandlung: *Das nußbraune Mädchen* wird auf zwei Kapitel (I, 4 und I, 11) verteilt und der Titel dem zweiten Teil (I, 11) zugewiesen; *Die pilgernde Törin* wird aus dem Erzählbereich der Auswanderer am Ende des Romans in den Bereich des Oheims am Anfang verlegt; ebenso die Novelle *Wo stickt der Verräter?* mit leicht verändertem Titel *Wo ist der Verräter?* Damit erfolgt eine Problematisierung der sich anbahnenden Liebesverhältnisse am Anfang des Romans, indem die Novellen Konstellationen und Gefühlslagen der handelnden Romanfiguren widerspiegeln. Als weiterer zusätzlicher Novellentext der zweiten Fassung wäre die »Fischerknaben«-Episode zu erwähnen, die den Anlaß zu Wilhelm Meisters Berufswahl zum Wundarzt bildet. In einem Brief an Natalie erzählt Wilhelm dieses Kindheitserlebnis von erster Liebe und Freundschaft und vom Tod durch Ertrinken, das die lang verdrängte Motivation zu seinem medizinischen Studium abgibt.

Wie die erste setzt auch die zweite Fassung mit *Sanct Joseph der Zweite* ein. Die Bedingungen der Wanderschaft bleiben dieselben, ebenso der Grundgedanke der Wanderschaft. Doch das Ziel der Wanderschaft erfährt eine Änderung. Während in der ersten Fassung das Auswandern als »Grille« bezeichnet, die Motivation dazu als »betrügliche Hoffnung eines bessern Zustandes« verdächtigt und »auf alles Auswandern Verzicht« getan wird, um sich dem Wandern zu widmen (FA I, 10, S. 199), setzt sich im Verlauf der zweiten Fassung das bereits in den *Lehrjahren* erwähnte Projekt zur Auswanderung nach Amerika durch, dem ein zweites Projekt zur Binnenwanderung zur Seite gestellt wird. Der Kreis um die Turmgesellschaft der *Lehrjahre* und die neugewonnenen Freunde wie Lenardo und ein großer Teil des Wandererbundes bereiten sich auf die Auswanderung nach Amerika vor. Den übrigen Mitgliedern des Wanderbundes, die dem »vaterländischen Grund und Boden auch fernerhin angehören« wollen, wird die Gelegenheit zur europäischen Kolonisation »auf mehrere Jahre« angeboten (FA I, 10, S. 673f.). Dieses Projekt erinnert an die Siedlungspolitik Friedrich II. von Preußen und der Kaiserin Maria Theresia in Rußland und Bessarabien.

Wilhelms Begleitung durch Felix erfährt eine Erweiterung. Zwar wird Felix auch hier zum Aufenthalt in die Pädagogische Provinz gebracht. Doch der Sohn wird in der zweiten Fassung zu Wilhelms Nebenbuhler um Hersilie. Am Ende des Romans wird Wilhelm als Wundarzt zum »erkennenden und erkannten Retter« seines Sohnes (FA I, 10, S. 745). In der Versöhnungsszene von Vater und Sohn wird das Bild der göttlichen Zwillingsbrüder Kastor und Pollux beschworen. Mit der Herstellung des Erzählzusammenhangs zu Hersilie wird die Figur des Sohnes mit dem Bereich der Liebe verbunden und der Vermittlung von Erfahrung, Wissen und Liebe von der Generation der Väter auf die der Söhne, die sich gegenseitig als Brudergestalten erkennen. Eine Spiegelung dieses Verhältnisses zwischen Vater und Sohn findet sich in der Fortsetzung der Novelle *Der Mann von funfzig Jahren*, in der ebenfalls Vater und Sohn um dieselbe Frau werben. Ebenso erfährt Hersilie eine Aufwertung in der Romanhandlung als Alkmene-Figur zwischen Wilhelm und Felix und als Kontrastfigur zu Hilarie in *Der Mann von funfzig Jahren*.

Lenardos Wanderschaft erfährt ihre vollständige Darstellung durch die Wiedergabe von *Lenardo's Tagebuch* im Dritten Buch, das auch über die Wiederbegegnung mit dem nußbraunen Mädchen berichtet. Doch Lenardos Bedeutung als Kontrastfigur wird durch die Einführung von Odoard relativiert, der in seiner Vorgeschichte, der Novelle *Nicht zu weit*, eine tragische Form von Entsagung erlebt und im Gegensatz zu Lenardo das Projekt der Binnenwanderung betreibt. Wie Neumann sagt, stellen Lenardo und Odoard »Repräsentanten zweier konkurrierender Identifikationsprinzipien [dar], der Auswanderung einerseits, der Kolonisation der heimischen Territorien andererseits« (Komm. in FA I, 10, S. 981).

Zu den wichtigsten neuen Figuren der zweiten Fassung gehört außer Odoard sicherlich Makarie, die wohl kühnste Gestalt des G.schen Spätwerks. Als Tante im Briefwechsel der ersten Fassung tritt sie nun als »Ursybille«, »Heilige« und »höheres Wesen« auf (FA I, 10, S. 325, S. 725 u. S. 732). Die »würdige Tante« wird als »Schutzgeist der Familie« betrachtet: »In krankem Verfall des Körpers, in blühender Gesundheit des Geistes« wird sie geschildert, »als wenn die Stimme einer unsichtbar gewordenen Ursybille rein göttliche Worte über die menschlichen Dinge ganz einfach aussprächse« (FA I, 10, S. 325). Bei Wilhelms Ankunft in ihrem »Bezirk« übernimmt sie den Vorsitz am Frühstückstisch. Interessiert hört sie dem wissenschaftlichen Vortrag des Astronomen zu, und fürsorglich kümmert sie sich darum, daß

Felix sich inzwischen nicht langweilt. Sie ist Familienbeichtigerin. Alle Seelen, »die sich selbst verloren haben, sich wiederzufinden wünschten und nicht wissen wo«, wenden sich an sie (FA I, 10, S. 493). Sie vermittelt klärend zwischen den verwirrten Paaren. Unter ihrer Einwirkung werden die Ehen geschlossen, die den Roman abrunden.

Zugleich aber stellt sich heraus, daß sie ein Stern ist und einen Teil des Sonnensystems darstellt. Makarie trägt »nicht sowohl das ganze Sonnensystem in sich«, sondern sie bewegt »sich vielmehr geistig als ein integrierender Teil darin« (FA I, 10, S. 391). Auf der einen Seite wird Makarie als gute, alte Tante im Rollstuhl realistisch geschildert, auf der andern Seite als »Heilige« in den Geheimnisbereich der Traum- und Märchendichtung entrückt. Während Wilhelm von ihrer Apotheose als Morgenstern in einer Szene träumt, die an Raffaels Sixtinische Madonna erinnert (FA I, 10, S. 386), berechnet der Astronom Makariens Sternenbahn mathematisch genau: »Seine Calculs [werden] auf eine unglaubliche Weise durch ihre Aussagen bestätigt« (FA I, 10, S. 391). Der Makarienmythos wird als Wahrheit in einem verschlossenen Fach mit der Inschrift »Makariens Eigenheiten« in deren Archiv verwahrt und als Dichtung nach einem nicht ganz authentischen Gedächtnisbericht aus dem Archiv ausgegeben. Der Redaktor beruft sich auf einen anonymen Aufsatz und erklärt zum Problem von Dichtung und Wahrheit: »Dem sei aber, wie ihm wolle, so wird hier schon so viel mitgeteilt, um Nachdenken zu erregen und Aufmerksamkeit zu empfehlen, ob nicht irgendwo schon etwas Ähnliches oder sich Annäherndes bemerkt und verzeichnet worden« (FA I, 10, S. 733). Aber auch der anonyme Autor des Aufsatzes, dessen Inhalt der Redaktor mit kritischer Zurückhaltung mitteilt, meldet einen Vorbehalt an, indem er von diesem Inhalt sagt, daß man ihn »auszusprechen kaum wagen darf«. Mitten im Berichte hält er inne mit der Bemerkung: »Hier aber wagen wir nicht, weiter zu gehen; denn das Unglaubliche verliert seinen Wert, wenn man es näher im Einzelnen beschauen will. Doch sagen wir so viel« (FA I, 10, S. 736). Es folgt dann die Beschreibung, wie Makarie, die alle Widersprüche unwidersprüchlich zum Selbst der Person vereinigt, sich über das Irdische hinausgesteigert hat, sich im Sonnensystem bewegt und auf ihrer Planetenbahn im »unendlichen Raum dem Saturn entgegen« strebt: »Dorthin folgt ihr keine Einbildungskraft, aber wir hoffen daß eine solche Entelechie sich nicht ganz aus unserm Sonnensystem entfernen, sondern wenn sie an die Grenzen desselben gelangt ist, sich wieder zurücksehnen werde, um zu Gunsten unsrer Urenkel in das irdische Leben und Wohltun wieder einzuwirken«. In der Hoffnung, daß Makarie als kosmische »Liebe ... von oben« in das irdische Leben eingreifen möge, distanziert sich der Redaktor dann noch einmal abschließend von dem Bericht, indem er um Verzeihung für »diese ätherische Dichtung« bittet (FA I, 10, S. 737). Es ist charakteristisch für die Erzählstruktur der zweiten Fassung, daß Makarie in diesem eingeschalteten Gedächtnisprotokoll unter wiederholten und gesteigerten Vorbehalten als siderische Heilige der Realitätsebene entrückt und zugleich wieder als gute, alte Tante in den Raum ihres praktischen Wirkens zurückgeholt wird. Im Vergleich zu *Faust II* nimmt Makarie in der zweiten Fassung der *Wanderjahre* die Position der »Liebe [...] von oben« ein, die hier nicht in christ-katholischer, sondern kosmischer Form auftritt. Selbst wenn der Makarienmythos nur als Fiktion innerhalb der Realität des Romans zu bewerten ist, so hat, nach Aussage des Redaktors, dieses »einem Roman wohl ziemende Märchen« für skeptische Pesonen wie Montan und den Astronomen doch noch immer den Wert, daß man es »als Gleichnis des Wünschenswertesten betrachten dürfte« (FA I, 10, S. 729). Mit diesem für die Erzählhaltung des Romans typischen Konjunktiv wird deutlich, wie der Makarienmythos in seiner Glaubwürdigkeit als Text in der Schwebe gehalten und seine Wirksamkeit gerade dadurch bewahrt wird, daß seine zu belächelnde Märchenhaftigkeit durchaus zugestanden wird.

Im Vergleich zu Makarie sind die übrigen der neu hinzukommenden Personen von peripherer Bedeutung – Angela, der Astronom, die Gesteinsfühlerin, der junge »Gehülfe« und die übrigen Personen aus der Heimindustrie der Spinner und Weber. Eine Ausnahme bildet Susanne-Nachodine oder die Schöne-Gute, wie das nußbraune Mädchen jetzt genannt wird, das schließlich in der zweiten Fassung als Lenardos wiedergefundene Geliebte auftritt. Außerdem wird den bekannten Personen aus den *Lehrjahren* größere Bedeutung und Wirksamkeit eingeräumt: neben Lothario, Friedrich und dem Abbé kommen auch Philine und Lydie bei der Vorbereitung zur Auswanderung nach Amerika zur Geltung.

Zu den Gesellschaftsbereichen, die für den Sinn von Wilhelms Wanderschaft wichtig werden, kommen in der zweiten Fassung noch die folgenden Welten hinzu: der Bereich Makaries und der in *Lenardo's Tagebuch* im technischen Detail dargestellte Bereich der Baumwollindustrie, der durch die industrielle Revolution bedroht ist. Außerdem sind noch Wilhelms Ausbildung zum Wundarzt und der Wert anatomischer Modelle beim medizinischen Studium sowie das Projekt der amerikanischen Utopie, dem ein europäisches Projekt zur Seite gestellt wird, als neue Bereice der zweiten Fassung zu erwähnen. Die amerikanische Utopie wird ähnlich wie die »ätherische Dichtung« von Makaries Position im Sonnensystem als unzuverlässig überlieferter Text vorgelegt. Es handelt sich um die »Quintessenz« eines Gesprächs zwischen Wilhelm Meister und Friedrich, der nicht als zuverlässiger Informant gilt. Die lakonisch mitgeteilten »Resultate« werden vom Redaktor als »ergiebige[r] Text zu grenzenloser Ausführung« hingestellt, wobei die negativen Züge des institutionellen Antisemitismus und der vierundzwanzigstündigen Polizeiüberwachung sowie Strafjustiz mit Deportation und Zwangsenteignung besonders ins Gewicht fallen. Von den übrigen Bereichen der ersten Fassung wird die Welt des Oheims um wesentliche Züge erweitert, und der Wandererbund wird im Hinblick auf die amerikanische Utopie in einen Auswandererbund verwandelt, dem das Projekt der europäischen Binnenwanderung unter Odoards Leitung zur Seite gestellt wird.

Motivstruktur

Die zweite Fassung weist eine höchst durchkonstruierte Motivstruktur auf, die als »der interessanteste Bereich der Umarbeitung« bezeichnet worden» ist (Komm. in FA I, 10, S. 976). Das Kästchen-Motiv gehört zu den wichtigsten des Romans. Wie in der ersten Fassung wird es von Felix gefunden und beim Sammler verwahrt, doch in der zweiten Fassung wird es mit Hersilie in Verbindung gebracht. Das Kästchen und der wiedergefundene Schlüssel stellen das Geheimnis der Liebe zwischen Felix und Hersilie dar (Emrich, S. 61). Der Schlüssel ist das einzige abgebildete Zeichen in einem G.schen Roman (FA I, 10, S. 599), und man hat es u.a. mit G.schen Phallus-Zeichnungen in Verbindung gebracht (Steer, S. 129–138). Daraus erklären sich Felix vergeblicher Versuch, das Kästchen zu öffnen, und seine Verzweiflung beim vermeintlichen Abbrechen des Schlüssels, das fast simultan mit Hersilies Zurückweisung seiner Umarmung erfolgt. Daß der Bruch nicht rauh, sondern glatt ist und beide Schlüsselhälften magnetisch verbunden sind, verweist mit der Symbolik des Motivs auf eine positive Zukunft dieser Liebesbeziehung. Felix wirft sich auf sein Pferd mit der Absicht, in die Welt zu reiten, «bis [er] umkomme» (FA I, 10, S. 742), doch rettet ihn Wilhelm als Vater und Nebenbuhler und erweist sich damit als mythologisch präfigurierte Zwillingsbruderfigur (Kastor und Pollux).

Das Kästchen ist jedoch nicht isoliert zu betrachten, sondern mit den übrigen Kästchenmotiven des Romans in Verbindung zu bringen, so daß die durchkomponierte Motivstruktur des Romans erkennbar wird. Arthur Henkel hat darauf verwiesen, daß das Märchen *Die neue Melusine* in III, 6 mit einem Abschnitt über Schlüsselchen und Schatulle – oder Kästchen, wie es auch genannt wird – abschließt und das nächste Kapitel der Romanhandlung (III, 7), das aus einem Brief von Hersilie an Wilhelm besteht, mit einem Hinweis auf Schlüsselchen und Kästchen in Hersilies Händen beginnt. So geraten »in der behutsamen Kontrapunktik des alten Dichters, das Melusinemärchen und die Hersiliengeschichte in einen geheimen Bezug« (Henkel, S. 90). In der *Neuen Melusine* erkennt der Barbier, der männliche Protagonist des Märchens, das Geheimnis des Kästchens, und die Entdeckung führt zum Bruch mit der Geliebten. Im Fall von Felix und Hersilie bleibt das Geheimnis bewahrt, und so erweist sich der Bruch als nicht endgültig. Auch das Toilettenkästchen in der Novelle *Der Mann von funfzig Jahren* ist mit einem Geheimnis verbunden: dem Geheimnis der Verjüngung (vgl. Dane, S. 135–161). Das Geheimnis übt in allen drei Fällen erotische Anziehungskraft aus und fordert die Entsagung, es in seiner Unerschlossenheit zu respektieren. Außerdem stiften Kästchen geheime Verbindungen. In der Novelle *Wer ist der Verräter?* schürt der Nebenbuhler Lucidors Eifersucht, indem er ihm von einem Juwelenkästchen erzählt, das er dem Schwiegervater als Geschenk für die zukünftige Braut heimlich zugesteckt habe. Diese Funktion wird in der Beziehung zwischen dem Major und der Schönen Witwe *In der Mann von funfzig Jahren* der Brieftasche zugewiesen, die auch eine Art Kästchen darstellt. Mit der selbstgefertigten Brieftasche überreicht die Schöne Witwe dem Major etwas von ihrem »Eigensten [...] vielfach und unaussprechlich« (FA I, 10, S. 457). Der Major findet sich seinerseits durch den Gegenstand der Brieftasche »zuletzt nicht ohne Verlegenheit in ein angenehmes Verhältnis verflochten« (FA I, 10, S. 460). Auch Hersilie arbeitet an einer Brieftasche, »ohne deutlichst zu wissen, wer es haben soll, Vater oder Sohn, aber gewiß einer von beiden«. Es handelt sich um eine Widerspiegelung des Dreiecksverhältnisses in *Der Mann von funfzig Jahren* und *Die pilgernde Törin*. In einem impulsiven Entschluß entscheidet sich Hersilie und sendet die Brieftasche an den Sohn, doch bleibt sie in tiefer Verwirrung zurück, die sie ausgerechnet dem Vater in einem Brief beichtet (vgl. FA I, 10, S. 538ff.).

Schließlich enthalten und bewahren die Kästchen wichtige Erinnerungen. Diese Funktion erhält die Instrumententasche des Wundarztes aus den *Lehrjahren*, ebenfalls eine Art

Kästchen oder Brieftasche. Die Instrumententasche, die Wilhelm als Fetisch mit sich herumträgt, erinnert ihn an seine erste Begegnung mit Natalie, als sie ihm als Amazone in den *Lehrjahren* erschien, und hält in ihm das schmerzliche Andenken an den Fischerknaben und seinen verdrängten Berufswunsch wach. So ergibt sich aus der indirekten Verbindung der einzelnen Kästchen untereinander ein Netz von Motivbeziehungen, das zunächst ironisch widersprüchlich und zufällig erscheint, doch nach dem G.schen Kompositionsprinzip der »wiederholten Spiegelung« ein großes Maß von Sinnfälligkeit und Schlüssigkeit aufweist. Dagegen erscheint das Fernrohr-Motiv, das in der zweiten Fassung in Makaries Bereich verlegt wird, fast isoliert, wenn man es nicht mit den Folgen der industriellen Revolution im Bereich der Baumwollindustrie in Verbindung setzt, wozu das an beiden Stellen erwähnte Wort vom bedrohlichen »Maschinenwesen« berechtigt.

Entsagung

Die programmatische Bedeutung der Entsagung wird durch den Doppeltitel des Romans angekündigt. Die Thematik kommt im Lernen und Lehren der Entsagung durch die Figuren des Romans zum Ausdruck. Der Begriff der Entsagung ist bei G. sowohl philosophisch und ethisch als auch historisch bestimmt. Es handelt sich dabei weder um einen Notbehelf noch um die Resignation, die für den Roman des 19. Jhs. wichtig wird. Die Forschung hat nachgewiesen, daß die Entsagung bei G. weder Stoizismus noch Askese ist, wenn auch nicht die Rede sein kann von einem »Glück der Entsagung«. Aber von einem »Elend der Entsagung« bei G. zu sprechen (Degering), ist sicherlich eine Übertreibung in entgegengesetzter Richtung, denn G. versteht die Entsagung in einem Hegelschen Sinne als historisch notwendig. Der Entsagungsbegriff ist bei G. aus dem italienischen Aufenthalt und dem zweiten Weimarer Jahrzehnt, das unter dem Eindruck

der Französischen Revolution steht, hervorgegangen. Die Entwicklung des Entsagungsbegriffs gehört, wie Helmut Brandt erläutert hat, »zu den wirklich fruchtbaren Folgen, wenn nicht der Revolution, so doch der G.schen Auseinandersetzung mit ihr« (S. 198). Danach hat G. erkannt, daß sich die historische Entwicklung nicht aufhalten läßt, sondern daß ihr sogar eine gewisse Gesetzmäßigkeit unterliegt. Er nimmt die Emanzipation der bürgerlichen Gesellschaft des 19. Jhs. vorweg, ohne sich mit ihr zu identifizieren oder sie als positiv zu propagieren.

In mancher Hinsicht entspricht sein Bild der sich entwickelnden Gesellschaft dem Hegelschen Entwurf der bürgerlichen Gesellschaft in den *Grundlinien der Philosophie des Rechts* von 1821. Doch scheint es, daß G.s Reaktion auf diese Entwicklung keineweg eindeutig affirmativ, sondern vielmehr kritisch ist. Die zukünftige Gesellschaft ist als eine der Entsagenden zu verstehen. Mit der Thematik der Entsagung sucht G. die in der literarischen Fiktion dargestellten Alternativen kreativ zu bewältigen. Dazu gehören die europäische Kolonisation, die amerikanische Emigration und die industrielle Revolution. Anhand der Figuren und Episoden des Romans läßt sich die Entsagung auf eine einfache Formel bringen: Sie beginnt zunächst immer als Verzicht und führt schließlich zu einem Ausgleich und womöglich zu einem Gewinn auf anderer Ebene. Besonders offensichtlich ist die Entsagung im Bereich des Eros dargestellt, wo sie durch den Verzicht auf den Besitz der geliebten Person zunächst rein physisch bedingt ist. Henkel hat dafür die Formel »Liebe ohne Besitz« geprägt. Doch die Entsagung führt oft zu einem psychischen Ausgleich, der weder Resignation noch Aufgabe bedeutet, sondern Fortsetzung und »Steigerung« im G.schen Sinne. Damit wird die Entsagung ironisch auch wieder zu einer »Liebe mit Besitz«.

Als Titelheld hat sich Wilhelm Meister als erster durch das Gelübde der Wanderjahre zum zeitweiligen Verzicht auf Natalie verpflichtet, die ihm am Ende der *Lehrjahre* zur Frau versprochen war. Mit der Auflage, »nicht drei Tage [...] unter Einem Dache« zu bleiben

GOETHE
Der Mann von 50 Jahren

mit Zeichnungen von

Max Liebermann

Verlegt bei Bruno Cassirer
Berlin 1922

und keine Herberge zu verlassen, ohne daß er sich »wenigstens eine Meile von ihr entferne« (FA I, 10, S. 268), reist Wilhelm mit seinem Sohn Felix durch die Romanlandschaft. Das Hauptziel der Emigration nach Amerika bleibt bis zum Ende des Romans unbestimmt und verschwommen im Hintergrund. Von größerer Bedeutung sind die Zwischenstationen, die sich aus der Reisesituation ergeben: das Landgut des Oheims, der Bereich der Makarie, die Pädagogische Provinz und Wilhelms Ausbildung als Wundarzt. Zum Zweck des medizinischen Studiums wird Wilhelm seiner Wanderpflicht entbunden, doch die physische Trennung von Natalie wird nicht aufgehoben. Selbst am Ende unterbleibt die für die heliodorische Romanstruktur konventionelle Wiedervereinigung. Es heißt lediglich, daß Natalie mit den übrigen Mitgliedern der Turmgesellschaft »schon wirklich zur See« nach Amerika gegangen ist (FA I, 10, S. 720). Doch durch Boten und Briefe ist Wilhelm um so intensiver mit Natalie verbunden, so daß ihm schließlich in seinem letzten Brief die Lebensbeichte und Befreiung vom Trauma des ertrunkenen Fischerknaben gelingt, indem er seine Berufung zum Wundarzt erkennt und sich zu dieser Ausbildung entschließt. Aus der räumlichen Distanz zu Natalie vermag Wilhelm den Verlust des Jugendfreunds, dem eine schuldhaft erotische Verwicklung zugrunde liegt, zu bewältigen, sich seiner eigenen Identität zu versichern und das Verhältnis zu Natalie neuzugestalten, so daß sich im Sinne der Entsagung jetzt das Gefühl bei ihm einstellt, der geliebten Frau wirklich wert zu sein.

Dieser Gewinn auf einer neuen Ebene läßt sich kaum mit den traditionellen Vorstellungen von Glück oder Elend erfassen, wie auch die Parallelgeschichte von Lenardo, der adligen Gegenfigur zu Wilhelm, beweist. Durch sein ethisches Versagen ist er zu einem ähnlichen Wanderleben wie Wilhelm verpflichtet. Er hofft, die geliebte Frau wiederzufinden und sich ihrer wert zu erweisen. Doch von dieser leidenschaftlichen Suche wird ihm im Zeichen der Entsagung abgeraten, damit er über der Privatsehnsucht seine Verantwortung gegenüber »dem großen Lebensgeschäfte«, der Aus-

wanderung nach Amerika, nicht vernachlässige. Lenardo vermag jedoch, wie aus seinem Tagebuch ersichtlich wird, Auftrag und Sehnsucht zu vereinigen, so daß er die geliebte Frau als Fabrikantin bei den Spinnern und Webern wiederfindet, die er zur Auswanderung anwerben soll. Aufgrund einer früheren Heirat und des Gebots der Geschwisterliebe, das der Vater ihnen auferlegt (vgl. FA I, 10, S. 717), unterbleibt eine nähere Verbindung von Lenardo und Susanne, – sie erweisen sich als musterhaft Entsagende –, obwohl eine Verbindung für die weitere Zukunft nicht ausgeschlossen ist. Wie bei Wilhelm und Natalie wird im Zeichen der Entsagung eine Wiedervereinigung jenseits der Grenzen des Romans in Aussicht gestellt. Die Struktur des heliodorischen Romans wird aufgehoben und wiederum bestätigt, indem der Redaktor von Lenardo berichtet, daß jener sich in dem Unternehmen der Auswanderung nach Amerika bestärkt fühlte durch den Gedanken, die geliebte Frau dereinst, wenn er in Amerika Fuß gefaßt, »hinüber zu berufen, wo nicht gar selbst abzuholen« (FA I, 10, S. 733).

Ähnliche Entsagungsmuster finden sich in den übrigen Erzähleinheiten und in den eingeschalteten Novellen. In *Der Mann von funfzig Jahren* verzichtet der Titelheld zugunsten seines Sohnes Flavio auf den Besitz der geliebten Nichte Hilarie, während er die Hand der Schönen Witwe gewinnt, die zuvor den Sohn als zu stürmischen Liebhaber abgewiesen hat. Zurückweisung und schmerzhafter Verzicht führen in dieser Liebe überkreuz schließlich zu konkretem Besitz. Doch bei dem jüngeren Paar erscheint die Entsagung nicht als Steigerung, sondern als deutliche Nivellierung ihrer Persönlichkeit. Flavios dichterische Versuche stellen sich als Dilettantismus heraus, während die von Hilarie zunächst sehr schwergenommene Neigungsänderung am Ende des Romans als »allzu große Leichtigkeit« gedeutet wird (FA I, 10, S. 721).

Nicht allen Romanfiguren gelingt der Schritt zur Entsagung im positiven Sinne: bei der pilgernden Törin der gleichnamigen Erzählung, bei dem Barbier als Erzähler des Melusinen-Märchens und bei Odoard bleibt es beim schmerzlichen Verzicht. Odoards mißlungene Entsagung hindert ihn jedoch nicht an der Ausführung des Projekts der europäischen Binnenwanderung. Die einzigen Figuren, die außerhalb des Bannkreises der Entsagung zu stehen scheinen, sind Felix und Hersilie. Trotz des leidenschaftlichen Abbruchs ihrer Beziehung am Ende des Romans ist durch das Schlüsselmotiv, das als semiotisches Zeichen im Text abgebildet wird, die Hoffnung zu einer Verbindung ohne Entsagung gegeben, wenn ihnen auch Schmerz und Verzweiflung nicht erspart bleiben. Die besondere Bedeutung des Schlüsselmotivs wird dadurch erhöht, daß es das einzige semiotische Zeichen in G.s fiktionaler Prosa darstellt.

In kodifizierter Form findet sich die Entsagung auf dem sogenannten »Blatt« in Wilhelms Mahnbrief an Nachodine-Susanne. Dort wird die Bedingtheit des Menschen auf dreifache Weise definiert: erstens existentiell, zweitens erkenntnistheoretisch und drittens ethisch-metaphysisch. Das »Blatt« ist von zentraler Bedeutung für den Roman und stellt gleichsam ein Pendant zu Kants drei Kritiken dar: Jeder Mensch ist erstens »immerfort bedingt, begrenzt in seiner Stellung«, zweitens gelangt er »im allgemeinen zu keiner Klarheit«, und drittens wird er auf die »Beachtung der Pflicht des Tages« verwiesen, um »eine richtige Stellung gegen das Erhabene« zu gewinnen (FA I, 10, S. 709 f.). In diesem pragmatisch agnostischen Sinne werden die Menschen der *Wanderjahre* als »die Entsagenden« definiert und auf ein Handeln nach dem Vorbild der praktischen Vernunft verpflichtet.

Erzählstruktur und Archivroman

Mit der zweiten Fassung erfolgt der Schritt zum Archivroman. Der auktoriale Erzähler des Romans im 18. Jh., wie er in den *Lehrjahren* auftritt, ist bereits in der ersten Fassung von 1821 durch die Aufteilung seiner Funktion in einen personalen Erzähler und einen Herausgeber abgelöst. In der zweiten Fassung wird

die Aufhebung der Autorität der Erzählinstanz zum wichtigsten formalen und inhaltlichen Merkmal der *Wanderjahre*. Es geht um »das Verschwinden der ›Verantwortung‹ der Autorschaft für die Erzählbarkeit des Subjekts, die zunehmende Verselbständigung der Teile des Erzählten«, wie Neumann und Dewitz es genannt haben (Komm. in FA I, 10, S. 982f.). Zur Analyse der komplexen Erzählstruktur der zweiten Fassung erweist sich das von Trunz 1950 vorgelegte Interpretationsmodell von Rahmenerzählung und Novellen als nicht mehr ausreichend. Für sie ist das Modell des Archivromans, entwickelt 1968 von Volker Neuhaus, ergiebiger. Damit läßt sich z.B. der Übergang einzelner Novellen in die Rahmenhandlung weitaus adäquater erklären. Wie Neuhaus in seinem grundlegenden Aufsatz zeigt, liegen in Makaries Archiv und im Archiv des Auswandererbundes die gesammelten Erzählungen, Berichte, Aufzeichnungen, Tagebücher, Briefe und Reden von ungefähr zwanzig fiktionalen Personen vor. Dazu kommen noch die Aphorismen aus den beiden Sammlungen *Betrachtungen im Sinne der Wanderer* und *Aus Makariens Archiv* sowie die beiden philosophischen Lehrgedichte. Diese Texte werden vom »Redakteur« (FA I, 10, S. 530) zum Zweck der Herstellung der Fiktion des Romans vorgelegt, denn um einen solchen handelt es sich, wie den Lesern ausdrücklich in einem selbstreflektierenden Gattungshinweis versichert wird: »Unsere Freunde haben einen Roman in die Hand genommen« (FA I, 10, S. 381). Wie Neuhaus sagt: » R o m a n wird das Werk gerade in dieser Redaktion, Kunstwerk im Gegensatz zur Wirklichkeit« (S. 17). Im Anschluß an Neuhaus hat Klaus Detlef Müller gezeigt, daß die Herausgeberfiktion in den *Wanderjahren* im Gegensatz zum Roman des 18. Jhs. verwendet wird, wo sie zur Beglaubigung der »Wahrheit« der fiktiven Geschichte dient, wie z.B. in Wielands *Geschichte des Agathon* oder in den *Leiden des jungen Werthers*. Statt dessen ist dem Herausgeber in den *Wanderjahren* die Aufgabe zugewiesen, die Fiktion des Romans herzustellen. Dabei wird ihm zwar keine auktoriale, aber doch eine redaktionelle Verantwortung für die erzähltech nische Anordnung und Verwendung der einzelnen Textsorten übertragen (vgl. Müller, S. 280f.).

Das Problem der *Wanderjahre* in der zweiten Fassung besteht darin, daß die Herausgeberfiktion zwar durchgängig angelegt ist, aber erst verhältnismäßig spät zu erkennen gegeben wird. Erst am Ende des Ersten Buches erfolgt der erste eindeutig redaktionelle Eingriff. Frühere Einmischungen und Kommentare könnten auf die traditionelle Figur eines auktorialen Erzählers zurückgehen. Im Vergleich dazu gibt sich der Herausgeber bei Wieland oder im *Werther* sofort im Vorwort zu erkennen. Für die ersten zehn Kapitel der zweiten Fassung ist die Herausgeberfunktion nur rückwirkend zu erschließen. Sobald jedoch dieser erste Eingriff des Redakteurs im zehnten Kapitel erfolgt, ist seine Verantwortung nicht zu verkennen.

So schaltet er sich z.B. ein, um dem Leser die Lektüre eines bei Makarie vorgetragenen Aufsatzes über Mathematik zu ersparen und ihn wieder der Spannung der literarischen Fiktion zu überlassen. Bei der Einführung der Novelle *Der Mann von funfzig Jahren* werden redaktionelle Gründe für »einen fortlaufenden Vortrag« anstelle des stückhaften Erzählens geltend gemacht, ohne daß sie jedoch genau befolgt werden. Der Ablauf der erzählten Zeit zwischen Wilhelms erstem und zweitem Besuch in der Pädagogischen Provinz wird durch eine redaktionelle Zwischenrede markiert, die sich sogar auf die »typographische Einrichtung« des Romans einläßt. Bei der Diskussion der Gefahren des Theaters für die Zöglinge der Pädagogischen Provinz mischt sich der Redakteur mit Unwillen ein. Ohne damit aber Erzählzeit für seine eigenen Ansichten zu beanspruchen, verweist der Redakteur auf den Fortgang der fiktionalen Handlung.

Die redaktionelle Verarbeitung von Texten ist ebenfalls nicht auf den ersten Blick erkenntlich. Der Auftakt der *Wanderjahre* unter den typologischen Titeln *Die Flucht nach Ägypten* und *Sanct Joseph der Zweite* erweist sich erst im Rückblick als fiktionelle Umarbeitung von Wilhelms Tagebuch aus der Ich-Erzählsituation in die personale Darstellung. Einen Hinweis darauf erhält der Leser lediglich durch die eingeschalteten Briefe von Wilhelm an Natalie in I, 1 und I, 4 (vgl. Neuhaus, S. 18ff.; Müller, S. 280; Vaget, S. 145). Bei Odoards Erzählung *Nicht zu weit*, die als Aufzeichnung fremder Hand angekündigt wird, ist die redaktionelle Bearbeitung offensichtlich, da sich der Herausgeber »die Rechte des epischen Dichters« anmaßt, der die Handlung auf Ich-Erzählsituationen der Protagonisten verteilt. Neumann und Dewitz charakterisieren diese äußerst komplexe Novellenstruktur als »Pluralität« und »Facettierung« der Erzählinstanzen (Komm. in FA I, 10, S. 1216–1230).

Zwei der wichtigsten Texte der zweiten Fassung, die amerikanische Utopie und die »ätherische Dichtung« von Makaries Position im Sonnensystem erhalten ihre Wertigkeit durch redaktionelle Anmerkungen. Der Redakteur entschuldigt sich, die amerikanische Utopie lediglich als »Quintessenz« eines Gesprächs zwischen Wilhelm Meister und Friedrich vorzulegen. Die »ätherische Dichtung«, die Makaries Person und Wesen erklären soll, wird als »ein Blatt aus unsern Archiven« mitgeteilt, das nicht ganz authentisch ist. Mit dem Zugeständnis der Fiktionalität des Textes wird ihm aber zumindest die Wertigkeit eines positiven Gleichnisses oder Vorbilds gesichert.

Gegen Ende des Romans häufen sich die redaktionellen Eingriffe. Der Romanschluß stellt den Herausgeber vor besondere Probleme, »da die Pflicht des Mitteilens, Darstellens, Ausführens und Zusammenziehens immer schwieriger wird«. Er entschließt sich zu einer Art von Simultandarstellung, um dasjenige, »was [er] damals gewußt und erfahren, ferner auch das was später zu [seiner] Kenntnis kam, zusammen zu fassen und in diesem Sinne das übernommene ernste Geschäft eines treuen Referenten getrost abzuschließen« (FA I, 10, S. 720).

Die Funktion des Lesers im Archivroman

Die Herausgebertechnik stellt nur einen Teil der Archivfiktion dar. Aufgrund des Verzichts auf erzählerische Integration und auktoriale Sinngebung ist der andere Teil der Fiktionsherstellung dem – wie Wolfgang Iser ihn genannt hat – »impliziten Leser« zugewiesen. Die Archivfiktion erfordert seine aktive Mitarbeit (Müller, S. 283). Die Anforderungen, die an die Vorstellungskraft des Lesers der *Wanderjahre* gestellt werden, gehen über die Normen der Erzählkunst des 18. Jhs. hinaus. Mit Recht bezeichnet Hans Rudolf Vaget die *Wanderjahre* als »Leseexerzitium« (S. 142). Durch den Verzicht auf Deutungsvorgaben wird eine realistische Form der Textaneignung gewonnen, die der empirischen Wirklichkeitserfahrung des Lesers entspricht. Die verschiedenen Textsorten konfrontieren den Leser mit Fakten und Bewußtseinsvorgängen, über die er sich Gewißheit verschaffen muß, um zum Verständnis des Romans zu gelangen. Auf den Leser der zweiten Fassung trifft zu, was Iser von den Textstrategien im Roman des 20. Jhs. gesagt hat: »Der Leser soll sich der Art seines Wahrnehmens, der Form seiner passiven Synthesen zum Herstellen von Konsistenz, ja des Funktionierens seiner Reflexion bewußt werden« (S. 10). Die Voraussetzung dafür ist in den *Wanderjahren* gegeben, insofern es nicht mehr um das vordergründige Erzählen von Geschichten geht, sondern um die Erfassung der durch die Archivfiktion hergestellten Realitätsschichten und Bewußtseinsvorgänge. Die Disparatheit der Archivtexte zwingt den Leser zur Herstellung von Sinnzusammenhängen, die aufgrund der komplizierten Überlieferung der vom Redakteur vorgelegten Textsorten nach ständiger Überprüfung verlangen.

Mit dem Auftakt des Romans setzt die Irritation des Lesers ein. Zu seinem Befremden erfährt er aus Wilhelms zweitem Brief, daß die soeben personal erzählte Geschichte *Sanct Joseph der Zweite* von Wilhelm für Natalie aufgeschrieben und hier und da verändert wurde. Damit wird der Leser aufgefordert, die Ver-

schiebungen der Erzählperspektive zu bedenken, die durch die doppelte Bearbeitung der originalen Ich-Erzählung hervorgerufen wird. Diese Irritation findet ihre Fortsetzung in der geheimnistuerischen Erwähnung von Wilhelms Fetisch im Gespräch mit Jarno-Montan. Erst neunzehn Kapitel später wird der Leser in einem Brief von Wilhelm an Natalie darüber aufgeklärt, daß es sich um das Besteck des Wundarztes aus den *Lehrjahren* handelt, das Wilhelm als Talisman erworben hat und daß ihn nun seinen »eigentlichen Beruf erkennen« läßt (FA I, 10, S. 553f.). In diesem Brief an Natalie, der Wilhelms bruchstückhaftes Erzählen und die Bindung des Kindheitserlebnisses vom Fischerknaben an ein triviales Objekt thematisiert, erfolgt die Analyse des verdrängten Traumas. Eine ähnliche Rolle wie das Besteck des Wundarztes spielt das schon erwähnte geheimnisvolle Kästchen, das mitsamt dem Schlüssel die Funktion besitzt, die Entwicklung der Beziehung zwischen Felix und Hersilie zu verzeichnen. Indem der Inhalt des Kästchens dem Leser vorenthalten bleibt, wird seine Kombinationsgabe zu Spekulationen über die Geschlechterbeziehung angereizt. Für diese Formen der Leserirritation durch Überlagerung von Erzählinstanzen und Rezeptionsschichtungen, durch Aufhebung der linearen Erzählung und Vorenthaltung von Informationen führt Heidi Gidion zahlreiche Beispiele an (vgl. Gidion, S. 106–125).

Zur traditionellen Lesererwartung gehörten das Gleichgewicht von Leserfreiheit und Lesersteuerung. Während bei den Anmerkungen zur amerikanischen Utopie und zur Makarien-Dichtung das Bemühen des Redakteurs um das traditionelle Gleichgewicht erkennbar bleibt, ist es bei den beiden Aphorismensammlungen zugunsten der Leserfreiheit aufgehoben. Hier handelt es sich im wahrsten Sinne des Wortes um Texte zu »grenzenloser Ausführung« (FA I, 10, S. 687). Durch die Aphorismensammlungen wird der lineare Prozeß der Romanlektüre durch den diskontinuierlichen der Aphorismenlektüre unterbrochen bzw. abgelöst. Die Aphorismen erfordern vom Leser die Fähigkeit, die Gedankensprünge ihres Inhalts und ihrer Anordnung mitzumachen. Während die übrigen Romantexte trotz der zur Simultaneität neigenden Archivfiktion an die fortschreitende Handlung gebunden bleiben, stellen die Aphorismensammlungen so etwas wie »koexistierende Kompositionen« dar, um einen Begriff aus Lessings *Laokoon* zu gebrauchen. Im Sinne der rhetorischen Sentenzen der Antike, die auch in Sammlungen zusammengestellt wurden, werden dem Leser psychologische Erfahrungen, Lebensregeln sowie naturwissenschaftliche, ästhetische und philosophische Erkenntnisse zu »grenzenloser Ausführung« bereitgestellt. Einige Aphorismen stimmen fast genau mit Aussagen der Romanhandlung überein. Der Verzicht auf Integration wird mit einem Gewinn erkauft: in diesem Fall mit einem Maximum an Leserfreiheit, nämlich der bei Laurence Sterne bewunderten »Sagazität und Penetration«, die bei dem Autor des *Tristram Shandy*, wie es in einem Aphorismus aus *Makariens Archiv* heißt, »grenzenlos« sind (FA I, 10, S. 771, Nr. 164). Benjamin Bennett hat deshalb von einer »Gemeinde der Leser« gesprochen, die sich aufgrund der neuen Lesefreiheit zu subversiver Lektüre konstituiert. Dazu wird ein »Gesellschaftsvertrag« der Leser bemüht, der die Mitglieder zu radikaler Ironie verpflichte (Bennett, S. 14–63 u. S. 307–326).

G.s Bezeichnung »Aggregat«, – das heißt Zusammenstellung von Einzelteilen, die ein Ganzes ausmachen –, erweist sich als zutreffende Charakterisierung der Struktur der *Wanderjahre* (Gespräch mit Kanzler von Müller, 18.2. 1830). Der damit verbundenen Anforderung an den Leser ist sich G. bewußt, wie die Briefe aus der Entstehungsgeschichte zeigen. Bereits während der Arbeit an den *Lehrjahren* hat er darauf verwiesen, daß der Leser »manches nach der Intention zu suppliren« habe (an Schiller, 26.6. 1796). Mit den *Wanderjahren* werden diese Anforderungen beträchtlich erhöht. G. weiß wohl, daß den Lesern vieles rätselhaft bleiben werde, doch hofft er, daß »der echte Leser [...] das alles schon wieder herausfühlen und -denken« werde (an Zelter, 19.10. 1821).

Rezeption: Die falschen *Wanderjahre*

Die Rezeption der ersten Fassung ist durch die anonyme Veröffentlichung der »falschen *Wanderjahre*« von Pustkuchen bestimmt, die unmittelbar vor G.s Roman erschienen. Da Pustkuchen seine Fortsetzung der *Lehrjahre* zum »Vehikel seiner Goethekritik« machte (Gille 1971, S. 216), kam es zu keiner objektiven Diskussion des G.schen Romans. Die öffentliche Kritik und Meinung solidarisierten sich entweder mit oder gegen G., bzw. spalteten sich in ein Lager der G.-Apologeten und der G.-Gegner auf. Die Rezeption der *Wanderjahre* ist so mit der seit 1806 einsetzenden der G.-Kritik verbunden, die das Leben des Autors zum Prüfstein machte und den Dichter als öffentlichen Sachwalter der Interessen der Nation betrachtete. Zu dem Phänomen der biographischen Kritik hat G. selbst beigetragen, indem er besonders seit *Dichtung und Wahrheit*, seiner Autobiographie, die seit 1811 erscheint, sein eigenes Leben als eine dem Kunstwerk ähnliche, geschlossene Form darstellte.

Daraus ergibt sich natürlich die Frage nach der positiven oder negativen Wirkung dieser Form von »organisiertem Leben«. Die Frühromantik antwortete darauf mit dem Geniekult um G., der ihn zum »Statthalter des poetischen Geistes auf Erden« (Novalis) erklärte. Doch mit der späteren Romantik setzte um 1808 eine Distanzierung von G. und seinem »Heidentum« ein. Dahinter verbarg sich Kritik an der klassischen Ästhetik und der damit angeblich verbundenen sittlichen Haltlosigkeit und Ablehnung des christlichen Glaubens. Diese Kritk steigerte sich in der Phase der Befreiungskriege zur nationalistischen Opposition. Die ästhetische und moralische Kritik fiel mit der politischen zusammen. Dieser Angriffspunkt ergab sich aus der politischen Situation Deutschlands unter der Herrschaft Napoleons von 1806 bis 1813 und der Restauration nach dem Wiener Kongreß 1814/1815. Die Literatur wurde zur »Trösterin eines zerdrückten Volkes« (Immermann, zitiert nach Mandelkow, S. 66), und G. wurde neben Schiller als erster Dichter der Nation reklamiert. Bei G.s Faszination für Napoleon und seinen unzeitgemäßen Vorbehalten gegenüber der nationalen Befreiungsbewegung sind die einsetzende Enttäuschung und politische Opposition zu G. nicht überraschend.

Pustkuchens »falsche *Wanderjahre*« stellen in G.s Rezeptionsgeschichte ein »Sammelbecken jahrzehntelanger gängiger Goethekritik« dar (Gille 1971, S. 221). Der anonyme Roman, dessen Verfasser sich erst 1824 öffentlich zu seinem Werk bekannte, bildet den Anfang der G.-Opposition der 20er Jahre. Im Vergleich dazu ist die Einstellung des Jungen Deutschland zu G. eher ambivalent. In der *Romantischen Schule* von 1835 hat Heine mit satirischen Anspielungen auf die französische Übersetzung seines Namens den Autor der »falschen *Wanderjahre*« als Vertreter der orthodoxen Opposition bloßgestellt: »Pustkuchen, was auf französisch *omlette soufflée* heißt, ein Name welcher auch sein ganzes Wesen bezeichnete. Es war nichts anders als der alte pietistische Sauerteig, der sich ästhetisch aufgeblasen hatte« (DHA 8.1, S. 151). Es zeigt sich, daß G. mit Ausnahme von Ludwig Börne vom Jungen Deutschland mehr verehrt als angegriffen wurde, was allerdings Mißverständnisse der *Wanderjahre* – wie bei Theodor Mundt – nicht ausschließt.

Pustkuchens Roman erschien in den Jahren 1821 bis 1828 in fünf Teilen und zwei »Beilagen«: *Wilhelm Meisters Tagebuch* (1822) und *Gedanken einer frommen Gräfin* (1822). (Zu den bibliographischen Daten vgl. Goedeke, IV, 3, S. 436 und X, S. 324ff.) Es gibt einen von Ludwig Geiger besorgten Neudruck der falschen *Wanderjahre* (Berlin 1913), der auf der verbesserten Auflage von 1823 beruht. Die Erstauflage ist der literarhistorischen Beurteilung von Pustkuchen zugrundegelegt, die Klaus F. Gille vorgelegt hat (1971, S. 215–222). Wie die Frankfurter und Münchner Ausgaben von G.s *Wanderjahren* zeigen, hat die Forschung die Ergebnisse von Gilles Analyse übernommen. Es besteht Konsens, daß die falschen *Wanderjahre* »keine Parodie von G.s Altersroman« sind (Gille 1971, S. 216), sondern eine Fortsetzung der *Lehrjahre* durch einen

anderen Autor, der G.s Ankündigung der *Wanderjahre* zum Anlaß einer G.-Kritik in Form eines Romans nimmt. Dabei spekuliert die anonyme Publikation wohl auch auf den finanziellen Erfolg, der mit dem Namen G.s verbunden ist, denn das Leserpublikum von 1821 wartete schon seit Jahren auf die Veröffentlichung der G.schen *Wanderjahre*.

Die Handlung von Pustkuchens Roman schließt sich direkt an G.s *Lehrjahre* an: nach dem Aufenthalt im Bereich von Natalie und der Turmgesellschaft kommt Wilhelm auf seiner Wanderschaft auf ein Schloß. Die beiden ersten Teile des Romans sind diesem Aufenthalt gewidmet. Danach setzt Wilhelm seine Wanderung fort und wird nach einer Reihe von Abenteuern schließlich seßhaft (vgl. Gille 1971, S. 217). Pustkuchen geht in seiner Kritik von der Plan- und Ziellosigkeit von Wilhelms bisherigem Lebensgang und der Ergebnislosigkeit seiner Bildungsbemühungen bei der Turmgesellschaft aus. Die Turmgesellschaft wird wegen ihrer Schulmeisterei und Mystifikationen kritisiert. Die Verbindung mit Natalie wird als ein »unwürdiges Kompensationsgeschäft« hingestellt, »dessen Konsequenzen Natalie dadurch für sich mildert, daß sie ihren Verlobten auf Reisen schickt«. Pustkuchen nennt G.s Roman »›Pseudo-Lehrjahre‹, in denen der Held ›zwar wandert aber nicht lernt‹« (ebd.). Mit diesem Einwand greift Pustkuchen auf Argumente der Popularkritik an den *Lehrjahren* zurück. Auch das moralische Argument gegen die *Lehrjahre* taucht hier auf. Doch Pustkuchen begnügt sich nicht mit der Wiederaufnahme der Klischees der *Lehrjahre*-Kritik, sondern unternimmt es, Wilhelm einem seiner Ansicht nach positiven Ziel zuzuführen. Pustkuchen etabliert ihn »als Sachverständigen für Kunstfragen in einer schöngeistig-dilettierenden Gesellschaft und erhebt ihn schließlich zum Hofdichter« (ebd.). Diese Gesellschaft trägt, wie Gille nachweist, biedermeierliche Züge, da sie vom Ideal des Ständestaats der Restauration bestimmt ist. G.s Reformadel gibt nicht mehr das Vorbild ab. Die Aufhebung der Standesschichten durch Mesalliancen, die Schiller an den *Lehrjahren* hervorgehoben hatte, wird bei Pustkuchen als

Angriff auf die Gesellschaftsordnung der Restauration verstanden. Auch Pustkuchens Frauenideal ist biedermeierlich: der aristokratischen Natalie wird als neue Figur eine »schlichte und gemütvolle Matilde« gegenübergestellt (Gille 1971, S. 218f.).

Zur Kritik am Helden und seiner Gesellschaft kommt als dritter Themenkomplex die Kritik an G.s Ästhetik hinzu. Kunst ist für Pustkuchen, wie er selbst formuliert, »Prophetin und Priesterin des Geistigen und Göttlichen« (Pustkuchen, Bd. I.1, S. 147). Mit seiner Ablehnung einer subjektiven Formästhetik ist Pustkuchen in die Tradition der objektiven Gehaltsästhetik zu stellen, die die Aufgabe der Kunst in der Darstellung des Wahren, Guten und Schönen sieht und moralische Wirkung von ihr erwartet. Gegen G., der in Pustkuchens Roman im negativen Vergleich zu Schiller erwähnt wird, wird der Vorwurf erhoben, daß er aufgrund seiner formellen Bildung das »Talent« gehabt habe, »bei jeder Tonveränderung glücklich und folgsam einzustimmen«, das heißt also ein Modedichter sei. Den technischen Fertigkeiten entspreche der Mangel an innerer sittlicher Bildung. Eine der Romanfiguren Pustkuchens nennt G. einen »poetischen Geistes-Läugner« und erklärt dazu: »Denn was, das von Menschen je verehrt und bewundert wurde, finden Sie in Göthe's Schriften als heilig durchgängig erkannt und dargestellt? Nicht die Ideen des Glaubens, nicht den höchsten Gedanken, nicht die ewige Bestimmung des Menschen, nicht die Frömmigkeit, Wahrheit, Gerechtigkeit, nicht die reine Liebe, die geistige Kraft, den treuen Muth, nicht einmal die Ideen, welche den einzelnen Ständen der Menschheit zur Grundform liegen. [...] Alles Unsichtbare ist ein Chaos geworden, worinn unter Irrthümern und Schmutz einzelne Reste des Göttlichen umher treiben, und nur die Form steht fest« (Pustkuchen, Bd. 1.1, S. 165ff.). G.s Mangel besteht für Pustkuchen in der Abwesenheit eindeutig positiver religiöser und moralischer Charaktere und Aussagen in seinen Werken. G.s Gestalten fehlte es »an einem eigentlichen Charakter, an innern Gesetzen, an Treue und Consequenz« (Pustkuchen, Bd. 1.1, S. 140ff.).

Wilhelm Meister wird zur Reihe der Schwächlinge G.s gerechnet. Aus seinen Dramen- und Romanfiguren zieht Pustkuchen Rückschlüsse auf den Autor und dessen Persönlichkeit. Voller Enttäuschung erklärt die Wilhelm Meister-Figur der falschen *Wanderjahre*, daß von dem Edlen und Hohen in der Menschheit »in Goethen keine Spur ist« (Pustkuchen, Bd. 1.1, S. 211). Es wird G. vorgeworfen, daß es ihm »an einem festen innern Mittelpunkte« fehle (Pustkuchen, Bd. 1.1, S. 239) – ein Argument, das aus dem Arsenal der Romantiker stammt, nämlich aus Friedrich Schlegels Wiener Vorlesungen von 1812.

Pustkuchens Erfolg wird von Gille zum Teil damit erklärt, daß die Zeitgenossen die falschen *Wanderjahre* zunächst als berechtigte Zurückweisung des panegyrischen G.-Kults von Carl Ernst Schubarth verstanden, wie er in dessen Monographie zum Ausdruck kommt. Doch Pustkuchens Angriffe gehen darüber hinaus, wie es die Verteidigungsschriften von Karl Immermann, Johann Ludwig Tieck und Friedrich de la Motte-Fouqué beweisen, die keineswegs ins Lager der G.-Apologeten gehören. In seinem *Brief an einen Freund über die Falschen Wanderjahre Wilhelm Meisters* von 1823 spricht Immermann dem »Pseudoverfasser« jegliches Talent ab. Seine Romancharaktere werden als »wesenlose Karikaturen« abgelehnt. Sein Angriff auf die »schwächende, sittenvergiftende Wirkung« von G.s Werken und deren umoralischen Hauptcharakteren begegnet Immermann mit dem Einwand, daß Dichtung nicht dazu da sei, »Hinz und Kunz tugendhaft zu machen, sondern daß sie um ihrer selbst willen zwischen Erde und Himmel mit Geisterschritten wandle« (zitiert nach Mandelkow, S. 354). Immermann rechnet G.s Werke zum »Schatz der klassischen Dichtungen«, um den sich das Volk als »ein Heiligtum« kümmern müsse, »da die Sprache fast das einzige Band ist, was die verschiednen deutschen Stämme zusammenhält« (zitiert nach Mandelkow, S. 357). Mit seinem nationalistischen Hinweis auf die Geltung der deutschen Sprache und G.s Platz darin verwirft Immermann das Urteil des anonymen Autors: »So lange deutsche Zunge redet, darf uns um Goethen nicht bange sein, und der phantastische Angriff des Anonymen hätte gar nicht verdient, beleuchtet zu werden« (ebd.).

Tiecks G.-Verteidigung erfolgt im fiktionalen Rahmen seiner Novelle *Die Verlobung*, die im *Berliner Taschenkalender* von 1823 veröffentlicht wurde. Dort wendet sich der Protagonist Brandenstein gegen die frömmelnde Heuchelei im öffentlichen Diskurs: »Ich könnte denn wohl noch bemerken, daß dieser geistliche Schwindel sich auffallend genug mit einem politischen verbindet, und daß diese kranke Stimmung, die sich über ganz Deutschland verbreitet, es einem überaus verwirrten und schwachen Buch möglich gemacht hat, den Beifallsruf einer Menge zu erwerben, die nun erst beurkundet, wie wenig sie je unsern großen Dichter faßte, als sie ihm zujauchzte. Es kann als ein Frevel gegen diesen großen Mann erscheinen, wenn man es nicht lieber lächerlich finden will, daß man ihm so schulmeisternd mit Glaubensfragen nahe rückt, daß man Immoralität und Mangel an Idee seinen Werken vorwirft, weil er sich nie zu den armen Bedürfnissen dieses Wortführers herabgelassen hat. Daß alles dies möglich gewesen ist, hat mir gezeigt, wie wenig wahre Bildung bei uns noch Wurzel gefaßt hat, und wie leicht es daher Schwindlern wird, mit halbwahren Begriffen die schreiende Menge zu verwirren« (Tieck, S. 145f.). Zum Beschluß dieser Rede bestätigt eine andere Novellenfigur, daß es sich um G. und die sogenannten »unächten Wanderjahre« handelt.

Pustkuchens Angriff löst bei Tieck und seinen Zeitgenossen einen Solidarisierungseffekt aus, so daß sie sich über ihre literarischen Differenzen mit G. hinaus zur Verteidigung der Freiheit der Kunst aufgerufen sehen. Im Vergleich dazu erweisen sich Fouqués zwei Gedichte an den anonymen Autor der falschen *Wanderjahre* von 1822 eher ambivalent, da sie nach Gille eher auf einen Ausgleich zwischen den beiden Autoren der *Wanderjahre*-Romane von 1821 angelegt sind (vgl. Gille 1971, S. 235f.).

Bei den Zeitschriftenrezensionen der falschen *Wanderjahre* hat Gille die folgende Gruppenbildung festgestellt: 1. die gelehrten Literaturzeitungen der Aufklärung, die G.s Partei ergreifen und die Angriffe des anonymen Autors zurückweisen: die *Jenaische Allgemeine Literatur-Zeitung*, die *Leipziger Literatur-Zeitung*, das *Allgemeine Repertorium der neuesten in- und ausländischen Literatur* und die *Heidelberger Jahrbücher*, die nach einem Redaktionswechsel ab 1818 keinen romantischen Standpunkt mehr vertreten; 2. die Zeitschriften, die zwar zum Lager der G.-Gegner gehören, aber sich nicht mit dem anonymen Autor und seinen Argumenten identifizieren: die *Allgemeine Literatur-Zeitung* in Halle, das *Literatur-Blatt* zu Cottas *Morgenblatt für gebildete Stände* und die *Jahrbücher der Literatur* in Wien, das maßgebliche Organ der Wiener Romantik; und 3. das *Literarische Conversations-Blatt* aus dem Brockhaus-Verlag, das gegensätzliche Stellungnahmen abdruckt und als offenes Forum der G.-Diskussion anzusehen ist. Gille faßt die Reaktionen unter vier Hauptgesichtspunkten zusammen: 1. Pustkuchens Roman als Korrektiv der Schubartschen G.-Panegyrik; 2. Anerkennung der formalen Qualitäten und der originellen Form der Kritik; 3. G.-Kritik, die teilweise wegen ihrer Frömmelei abgelehnt wird, aber auch Zuspruch von Rezensenten findet, die G. als areligiösen Modeschriftsteller hinstellen; und 4. Pustkuchens Ästhetik, die von den gelehrten Literaturzeitungen verworfen, doch von den *Wiener Jahrbüchern zur Literatur* u.a.m. ernsthaft diskutiert wird (Gille 1971, S. 222–229).

Die Rezeption der *Wanderjahre* von 1821

Die öffentliche Kritik der G.schen *Wanderjahre* in der ersten Fassung zeichnet sich dadurch aus, daß eine Reihe gelehrter Zeitschriften keinerlei Stellung nimmt, was womöglich auf ihr kritisches Engagement gegen Pustkuchen zurückzuführen ist. Dafür reagieren die populären Zeitschriften sowie die G.-Gegner Friedrich Karl Julius Schütz und Friedrich

Glover (Pseudonym für den Juristen Christian Heinrich Gottlieb Köchy und den Braunschweiger Buchhändler Johann Heinrich Christoph Vogler) in ihren Büchern umso ausführlicher auf die erste Fassung. Nach Gille lassen sich vier Gruppen von Rezensionen bzw. Kritikern feststellen: 1. die oberflächlichen Rezensionen, die sich mit Inhaltsangaben oder G.-Panegyrik begnügen; 2. die Gruppe der eingehenden Analysen, zu deren Verfassern Varnhagen von Ense, Karl Förster und Adalbert Bortholomäus Kayßler gehören, denen G. öffentlich dankt und die damit den Rang autorisierter Interpretationen erhalten; 3. die Rezensionen von G.-Gegnern, unter denen besonders Schütz mit seinem Buch *Göthe und Pustkuchen, oder über die beiden Wanderjahre Wilhelm Meister's und ihre Verfasser, Ein Beitrag zur Geschichte der deutschen Poesie und Poetik* (Halle 1823 [1822]) und Adolph Müllner, der Redakteur des *Literatur-Blattes* zum Cottaschen *Morgenblatt für gebildete Stände,* zu erwähnen sind; und 4. die Reaktionen auf Schütz' Buch, unter denen besonders Friedrich Wähner heraussteht.

In der ersten Gruppe werden die Novellen im allgemeinen gelobt, doch die Form des Werkes und der Ideengehalt kritisiert. So werden die *Wanderjahre* z.B. im *Allgemeinen Repertorium der neuesten in- und ausländischen Literatur* von 1821 »weniger für ein organisches Ganzes und eher für das [erklärt], was die italienischen Theater Pasticcio nennen – gerade herausgesagt: für eine Sammlung enger verbundener oder locker aneinander gehangener fragmentarischer Artikel zu einer Fortsetzung der Lehrjahre« (zitiert nach Gille 1971, S. 254). Als Verfasser dieser Kritik wird der G.-Korrespondent Friedrich Rochlitz identifiziert. Ähnlich urteilt 1822 der Kritiker der *Leipziger Literatur-Zeitung,* der den Roman mit »den zusammenhanglosen Bildern einer magischen Laterne« vergleicht (ebd.). Rochlitz versteht die Pädagogische Provinz als Gegenmittel gegen Zeitkrankheiten, während der Kritiker der *Leipziger Literatur-Zeitung* sich an Einzelheiten stößt, wie z.B. G.s Ansicht und Darstellung der drei Ehrfurchten in der Pädagogischen Provinz, die nach Ansicht

des Resenzenten »manches Kopfschütteln und manchen Widerspruch« bei den Zeitgenossen erregen werden. Der romantisch-katholische Rezensent Wilhelm von Schütz betrachtet in seinem 1821 im *Literarischen Conversations-Blatt* abgedruckten *Briefwechsel über die zweifache Erscheinung von Wilhelm Meister's Wanderjahren* die G.sche Fassung als Kritik am Zeitgeist, wobei er u.a. auch die Fiktivität des Redakteurs und die antiromantische Tendenz wahrnimmt.

Die in die zweite Gruppe eingereihten Rezensenten werden von G. öffentlich anerkannt. Am 21.3. 1822 erscheint seine *Geneigte Theilnahme an den Wanderjahren* in Cottas *Morgenblatt* und anschließend in seiner eigenen Zeitschrift *Kunst und Alterthum* (Bd. 3.3 [1822]; WA I, 41.1, S. 366–369). Darin nennt G. drei Rezensenten, die »das Problem [seines] Lebens, an dem [er] selbst noch irre werden könnte, vor der Nation so klar und rein aufgelös't« hätten: Varnhagen von Ense, »ein[en] Ungenannten« im *Literarischen Conversations-Blatt* und den Theologen und Gymnasialprofessor Kayßler aus Breslau. Karl August Varnhagen von Ense veröffentlichte 1821 in der Zeitschrift *Der Gesellschafter* seine *Bruchstücke aus wirklich gewechselten Briefen, Bemerkungen, aus geselligem Verkehr hervorgerufen,* in denen er einzelne Korrespondenten zu Wort kommen läßt. Unter den fiktiven Namen lassen sich Rahel Varnhagen, deren Bruder Ludwig Robert, Wilhelm Neumann, Mitautor eines Doppelromans der Berliner Romantik, Adelbert von Chamisso und der spätere Philosophieprofessor Immanuel Hermann Fichte identifizieren. Der Briefwechsel konzentriert sich auf G.s *Wanderjahre* als zeitkritisches und programmatisches Werk. Der Unterschied zwischen Literatur und Wissenschaft wird aufgehoben und der Roman als Darstellung eines dialektischen Prozesses verstanden, der den Feudalismus ablösen und zur einer allgemeinen gesellschaftlichen Harmonie führen wird: »Zur Besiegung des nächsten größten europäischen Weltübels [...] muß aller materielle Besitz unverhältnismäßig leiden. Grund und Boden, rohe Produkte, müssen übermäßig tief im

Preise fallen. Selbst das weniger materielle Gold muß, je größer das Kapital, desto mehr seinen Werth dadurch verlieren, daß es nicht sicher und nur mit sehr geringem Vortheil unter zu bringen ist. Das Reale hingegen, welches man auch das Ideale nennt, Fleiß, Regsamkeit, Industrie, Talent, Erfindungskraft, bewegliche Geistigkeit, müssen für lange Zeit ein unverhältnismäßiges und alles Bestehende störendes Übergewicht über Grund und Boden, rohe Produkte und Kapitale gewinnen [...] Alsdann – nach diesem Durchgangs-Zustande – kann erst ein richtiges Verhältniß der vielfachen und dann richtigen Besitzthümer sich nach und nach bilden« (zitiert nach Fambach, S. 256). Man hat hier bereits Ansätze zur »sozialistischen Deutung« der *Wanderjahre* gesehen, die Varnhagens späteren Aufsatz von 1832 über den Roman und die Wilhelm-Meister-Kritik der 40er Jahre vorwegnehmen.

Bei dem von G. erwähnten »Ungenannten« im *Literarischen Conversationsblatt* von 1821 handelt es sich nach Gille um den Dresdener Professor für deutsche Sprache und Literatur und der Moral Förster, der später auch den G.-Artikel für die *Neue Folge des Brockhaus' schen Conversationslexikons* von 1823 verfaßte. Försters werkimmanente Kritik der ersten Fassung konzentriert sich auf Form und Gehalt. Das Verhältnis von Rahmen und Novelle wird zunächst formal als Gegenüberstellung und Spiegelung verstanden. So findet Förster z.B. in einer der Novellen »im Kleinen denselben Gegensatz wieder, in welchen das pädagogische Ländchen mit seinen stehenden Formen und die wunderliche Gesellschaft der Wanderer im Großen gegenüber gestellt sind«. Zum Gehalt des Werkes erklärt der »Ungenannte« bei Erwähnung der Pädagogischen Provinz, daß es sich hier um eine »gleichsam in das Leben eingeführte Idee« handle, die die Intentionen der Turmgesellschaft aus den *Lehrjahren* weiterführe (zitiert nach MA 17, S. 1035f.). Gille bewertet diese Rezension als »bedeutendste Leistung der zeitgenössischen Rezeption der *Wanderjahre*« (1971, S. 264). Als dritter von G. erwähnter Kritiker vergleicht Kayßler in seiner 1821 unter dem Titel *Fragment aus Platons und Göthes Pädagogik*

veröffentlichten Einladungsschrift des Königlichen Friedrichs-Gymnasium in Breslau die pädagogischen Utopien der beiden und nimmt damit G.s Entwurf »das Stigma der Exzentrizität« (ebd.). Das hindert Kayßler nicht, G. Entfernung vom Christenthum und heidnischen Ästhetizismus vorzuwerfen, doch G. hat in seiner »Geneigten Theilnahme« diese Gegensätze heruntergespielt.

Von G. nicht erwähnt wird der böhmische Prämonstratenser und Gymnasialprofessor Joseph Stanislaus Zauper, der G. 1821 das Manuskript seines zweiten G.-Buches *Studien über Goethe* zusandte und von G. einen zustimmenden Brief über dessen Ausführungen zur ersten Fassung erhielt. Darin rechtfertigt Zauper die Form der ersten Fassung als Widerspiegelung des Lebens, jener wirklichen Wanderschaft, die in ihren Begegnungen »eben so wenig Zusammenhang« besitze. Der Rezensent tröstet sich mit der naiven Versicherung, daß der Autor »schon den Zusammenhang deutlich im Geiste hat« (zitiert nach Gille 1971, S. 266).

Zur dritten Gruppe der Rezensenten gehört der G.-Gegner Schütz mit seinem fast 500 Seiten umfassenden Pamphlet über G. und Pustkuchen, das sich im Titel insofern als irreführend erweist, als es sich ausschließlich mit G. befaßt und die Auseinandersetzung mit Pustkuchen auf einen unbestimmten Zeitpunkt verschiebt. Der erste Teil des Werkes ist ein Verriß der ersten Fassung, der zweite Teil ein Abdruck von G.s Aufsatz *Geneigte Teilnahme* mit einem negativen Kommentar von 38 Seiten; der dritte Teil enthält den Nachdruck von zeitgenössischen Rezensionen, die mit Glossen und Anmerkungen versehen sind, und der vierte Teil besteht aus Rezensionen der *Lehrjahre*, auf deren Grundlage Schütz sich »Über die Tendenz von Göthe's Wilhelm Meister überhaupt« ausläßt (vgl. Gille 1971, S. 267). Schütz nennt die erste Fassung eine »unzusammenhängende, formlose *Dichtung*, die, nur das offenbarste Bruchstück eines Romans, aus den barockesten und heterogensten, selbst wieder nur fragmentarischen [...] Einzelheiten [...] zusammengewürfelt ist« (zitiert nach MA 17, S. 1032). G. wird vorgeworfen, daß er trotz jahrelanger Arbeit an dem Roman »kein bedeutenderes poetisches Kunstwerk entwickelt hat«. Er hätte das Werk nicht mit der Titelbezeichnung »Roman«, sondern mit »Faszikel« oder »Materialien, Ideen Entwürfe usw. *zu* einer Fortsetzung seines *Wilhelm Meister*« versehen sollen. Schütz betrachtet es als Zumutung, daß man sich »ein Fragment einer Sammlung von Fragmenten als einen *Roman* verkaufen lassen soll«, und geht so weit, daß er G. beschuldigt, sich »an der Kunst und an seiner Nation vergangen zu haben«. »Statt *Entsagende* zu schreiben, [hätte er] lieber selbst den *Entsagenden* gemacht« und die Zeit besser »auf die Vollendung seiner *Selbstbiographie* [*Dichtung und Wahrheit*; d. Vf.], die leider auch Fragment zu bleiben scheint, verwendet«. Auch der Titel wird polemisch in Frage gestellt: »So versteht es sich doch wohl, daß alle Wanderjahre Wilhelms ebensogut auch immer noch *Lehrjahre* sein müssen, als seine Lehrjahre, wie bekannt, auch schon *Wanderjahre* sind«. Außerdem bemängelt Schütz die Beschränkung auf die »handwerksmäßige Bildung des Menschen« (zitiert nach MA 17, S. 1033f.). Dabei spielt er den »Göthe des achtzehnten Jahrhunderts« als »jugendlichen Genius« gegen den Greis des 19. Jhs. aus und nimmt damit das G.-Bild Ludwig Tiecks und des Jungen Deutschlands vorweg. Außer Adolph Müllner, dem Redakteur von Cottas *Literaturblatt*, der dieselbe Position wie Schütz vertritt, allerdings geistvoller (vgl. MA 17, S. 1031f.), ist zu dieser Gruppe noch die unter dem Pseudonym Friedrich Glover veröffentlichte Schmähschrift *Goethe als Mensch und Schriftsteller* (1823, [2]1824) zu rechnen. Im Epilog der zweiten Auflage gehen die Verfasser auch auf die *Wanderjahre* ein, die sie in Bausch und Bogen verurteilen: »Wer Lust hat, diesen Unsinn näher kennen zu lernen, der nehme das Opus zur Hand« (zitiert nach Gille 1971, S. 273).

In der vierten Gruppe erweist sich der ehemalige Dessauer Pastor und Altphilologe Friedrich Wähner, der in Wien lebt und Schütz' Buch 1823 in der Literaturzeitschrift *Hermes* bespricht, als historisch bemerkenswert. Wähner verwirft Schütz' Kritik als »gro-be[n] Materialismus« und sieht in den *Lehrjahren* und ihrer Fortsetzung »ein Ganzes der Lebensführung mitgetheilt«: »Denn Kunst, Wissenschaft, Religion und Staat, deren Wesen und Wirken bald vereinzelt, bald verbunden in aufsteigender Linie hervortritt, bilden zusammen den Inbegriff einer würdigen Menschheit, sind diese selbst«. Verständisreich erklärt er die Form des Werkes als Kompromiß des Autors zwischen Lesererwartung und Altersstil. Die Novellen betrachtet er in ihrer Funktion als »Fabeln«, die »für eine gewisse wesentliche Beziehung erfunden oder doch eingefügt sind, ohne daß sie den Schlüssel des Verständnisses in einer ausdrücklichen Nutzanwendung mit sich führen« (zitiert nach Gille 1971, S. 276). Neu ist das von Wähner entwickelte Verständnis für den symbolischen Charakter des Werkes, den er an den Ehrfurchtsgebärden und den übrigen Einrichtungen der Pädagogischen Provinz erläutert (Gille 1971, S. 275f.).

Die Rezeption der ersten Fassung wird mit Achim von Arnims Erzählung *Wunder über Wunder* als Parodie der Pädagogischen Provinz beschlossen. Die Erzählung erscheint 1826 als Teil der Sammlung *Landhausleben* und stellt eine Kritik der Welt der *Wanderjahre* aus der Perspektive der entzauberten Welt der Restaurationszeit dar.

Im ganzen erweist sich die Rezeptionsgeschichte der ersten Fassung als höchst zwiespältig, schon aufgrund der falschen *Wanderjahre* von Pustkuchen. Einige Leser kaufen Pustkuchens Roman in der Meinung, den G.schen in den Händen zu halten, und verwundern sich über die »bösartige Kritik« (Charlotte von Stein an Karl Ludwig von Knebel, 6.8. 1821). Hinzu kommt G.s Altersstil, mit dem das Publikum zum ersten Mal in unvermittelter Form konfrontiert wird. Beim *West-östlichen Divan* war die Form noch durch das orientalische Vorbild und durch die beigefügten *Noten und Abhandlungen zu besserem Verständniß* vermittelt. In der ersten Fassung der *Wanderjahre* begegnet das Publikum dem G.schen Altersstil zum ersten Mal unvermittelt und in einer Gattung, die sich zum Teil auf Leseerwartungen der Trivialliteratur stützt.

Damit sind Irritation und Enttäuschung der Leser nahezu vorprogrammiert, obwohl sie sich noch durch den Hinweis auf die Fortsetzung im zweiten Teil in Grenzen halten. Dieses apologetische Argument kann bei der zweiten Fassung nicht mehr geltend gemacht werden.

Die Rezeption der *Wanderjahre* von 1829

Die Rezeption der zweiten Fassung ist in der Breitenwirkung schwächer, doch zeichnet sie sich durch drei wichtige zeitgenössische Rezensionen von Gustav Heinrich Hotho, Varnhagen von Ense und Theodor Mundt aus. Der Hegelschüler und Professor der Philosophie Hotho veröffentlichte seine Besprechung 1829/30 in den *Jahrbüchern für wissenschaftliche Kritik*, dem kritischen Organ der Hegelianer. Im Rückgriff auf Hegels Epostheorie in der *Ästhetik*, wo der Roman als »moderne b ü r g e r l i c h e Epopöe« definiert ist, gewinnt Hotho einen Ansatz, der es ihm ermöglicht, die *Wanderjahre* als bürgerliches Epos zu verstehen. Hotho erkennt drei Hauptelemente der Darstellung, die einen inneren Zusammenhang aufweisen: 1. »die Beschreibung des so zweckmäßig eingerichteten und verwalteten ländlichen Besitztums, der pädagogischen Provinz und des großen Bundes«, 2. die »persönlichen Charaktere mit ihren Irrungen und Leidenschaften« und 3. die Novellen. Mit Hegels Auffassung vom Konflikt zwischen der »Poesie des Herzens« und der »entgegenstehenden Prosa der Verhältnisse« übernimmt Hotho ein Begriffspaar, mit dem er die poetische Substanz für die *Wanderjahre* inmitten des prosaischen Weltzustandes reklamieren kann. G.s Stellung als Autor wird von Hotho deutlich erkannt: »Dem poetischen Geschäft, dies Mannichfaltige zu einem Kunstwerk zu vereinen, erteilt er selber den Namen einer schwierigen mit höchstem Ernste unternommenen Redaktion«. Hotho zufolge sieht der Redaktor der *Wanderjahre* »die ihm von der

Muse […] anvertrauten Güter gleichsam als ein fremdes Eigentum und sich als einen Besitzer an, der sich des Besitzes nur unter der schweren Bedingung zu erfreuen habe, das Anvertraute zuletzt künstlerisch zu einem Ganzen vereint allen Mitlebenden als Gemeingut darzubringen« (zitiert nach Fambach, S. 314–366; Teilabdruck: MA 17, S. 1038–1044). Hothos Rezension reicht in ihrer Bedeutung über das 19. Jh. hinaus und ist in ihrer Relevanz im 20. Jh. wiederentdeckt worden.

Mit Mundts Rezension in den *Blättern für literarische Unterhaltung* vom 21. bis 23.9. 1830 kommt die Jungdeutsche Opposition zu Wort. Die G.sche Dichtung wird als vergangen und veraltet abgelehnt: »Wir gehören […] einer neuen Dichterschule an und haben uns jetzt vor manchem Element der Göthe'schen Poesie, als vor einem gefährlichen, in der That zu hüten«. Dabei werden die üblichen Klischees gegen die *Wanderjahre* geltend gemacht. Die zweite Fassung wird als Fragment aufgefaßt: »Es ist zusammengetragenes Material, mitunter treffliches Bauholz zu einem didaktischen Roman«. Deshalb nenne der Dichter sich selbst »ganz passend *Redakteur* des Werkes; denn nur als solcher, nicht als schaffender und weiterbildender *Dichter*, hat er die letzte Hand an die *Wanderjahre* gelegt«. Der Stil sei meist nur als »Stil eines Kompilators« zu bezeichnen: »nach der schönen Prosa der *Lehrjahre* sehnen wir uns hier vergeblich«. Die von Hotho vertretene Auffassung, daß es sich um »ein *vollendetes*, überaus tiefsinniges und in jeder Hinsicht bedeutendes *Kunstwerk*« handle, wird ausdrücklich zurückgewiesen. »Die ökonomischen, technischen, und landwirtschaftlichen, haushälterischen und handwerkszünftigen Darstellungen« werden kritisiert, da sie »den Roman zu tief und rettungslos in die Prosa hineingestürzt« hätten. Gille spricht von einer »Verdrängung von Verfassung und Maschine«, die so weit geht, daß die Kritik diese nicht nur als poetische Stoffe ablehnt, sondern sogar ihre Aktualität bestreitet (1971, S. 302). Mundt stößt sich an der Thematik der *Wanderjahre*: »Denn was, ums Himmels willen, hätte daraus werden sollen? Ein landwirtschaftlich-, ökonomisch-, didaktisch-allegorischer Roman!« In dieser Antwort dokumentiert sich ein idealistischer Ästhetizismus, der für die Jungdeutschen nicht untypisch ist. Deshalb führt Mundt auch die angeblich fragmentarische Form auf die seiner Ansicht nach unpoetische Thematik zurück: »Denn die Poesie kann so etwas gar nicht ausführen« (zitiert nach Mandelkow, Bd. 1, S. 452–462; Teilabdruck: MA 17, S. 1044–1049). Mit seiner Weigerung, die *Wanderjahre* als Kunstwerk anzuerkennen, versäumt Mundt zugleich, sich mit der im Roman gestellten Problematik der industriellen Revolution, der Wirtschaft und der Bevölkerungs- und Auswanderungspolitik auseinanderzusetzen.

Als letzter ist Varnhagens Aufsatz *Im Sinne der Wanderer* erschienen, der 1832 im letzten Heft von G.s Zeitschrift *Ueber Kunst und Alterthum* veröffentlicht wurde, dessen Erscheinen der Herausgeber aber nicht mehr erlebte. Im Gegensatz zu Mundt weist Varnhagen auf die soziale Thematik der *Wanderjahre* als zukunftsweisend hin, auf »die reiche Aussicht einer in Arbeit und Bildung fortschreitenden Menschheit, deren höchsten Ausdruck wir zuletzt allerdings wieder auf die zweifache Textformel zurückführen mögen: Im Irdischen für jedes ihrer Mitglieder einen richtigen Antheil am Besitze und Genusse der vorhandenen Güter zu gewähren, im Geistes- und Gemüthsleben aber, bei so vielem Unmöglichen, welches ewig versagt bleiben muß, das versagte Mögliche aus den zerbrechbaren Fesseln zu befreien« (zitiert nach FA I, 10, S. 913). Gille hat auf den Saint-Simonismus als Basis von Varnhagens sozialpolitischen Betrachtungen verwiesen: »In sehr verhüllter From bezeugt der liberale Adlige in den letzten beiden Abschnitten seines Aufsatzes die Faszination und die Hoffnung, die von der neuen französischen Lehre auf die fortschrittlichen Zeitgenossen ausgingen« (1971, S. 308).

Die »sozialistische« Wilhelm-Meister-Deutung

Mit seiner Zuordnung des Romans zum Saint-Simonismus wird Varnhagen zum Begründer der »sozialistischen« Wilhelm-Meister-Deutung. Gille zufolge basieren auf Varnhagens Interpretation der *Wanderjahre* die Schriften von Karl Rosenkranz, Karl Grün, Ferdinand Gregorovius, Hermann Hettner und Alexander Jung, in denen G. als sozialer oder sozialistischer Dichter dargestellt wird und die *Wanderjahre* als wichtiges Beweismittel für diese Charakterisierung herangezogen werden (vgl. Gille 1971, S. 310f.).

Die »sozialistische« Deutung der 40er und 50er Jahre gehört zu der produktiven Rezeptionsphase der *Wanderjahre* im 19. Jh., in der die von Mundt versäumte Auseinandersetzung und Aktualisierung der Thematik im Zeichen des Sozialismus erfolgt. In seinem Buch *Göthe und seine Werke* von 1847 übernimmt der Hegelianer Rosenkranz den Begriff »Sozialroman« zur Bezeichung von G.s Romanen und würdigt besonders die *Wanderjahre* im Hinblick auf die Technologie (Maschinenwesen) und die Besitzfrage, die er von G. im Sinne der politischen Emanzipation des Bürger- und des Handwerkertums gelöst sieht. Der Rosenkranz-Schüler Gregorovius geht einen Schritt weiter, wie der Titel seiner Monographie *Göthe's Wilhelm Meister in seinen socialistischen Elementen entwickelt* von 1849 (^{2}1855) zeigt. Als besondere Leistung stellt er heraus, daß G. den Begriff der Arbeit überhaupt in den Mittelpunkt gestellt und »die a r b e i t e n d e Klasse selbst zu einer intelligenten« erhoben hat. Die eigentlich marginale Gestalt des Sankt Christoph, »des eigentlichen P r o l e t a - r i e r s«, verkörpere die »Erlösung des Knechtmenschen durch die heilige Gottesidee der Arbeit«. Die G.schen Prämissen seien »die F r e i - h e i t der Arbeit und die Beteiligung a l l e r an der Arbeit«. Im Auswandererlied entdeckt Gregorovius »das Bewußtsein von der Weltbefreiung und Welterlösung überhaupt durch die Arbeit. Denn darf man sie mit den Socialisten h e i l i g nennen, so sei es weniger darum, weil sie ein göttlich mitgebornes *Recht* des Menschen ist, als weil sie ihn e r l ö s t« (vgl. Gille 1971, S. 159–163).

Der Literarhistoriker Hettner hält in seinem Essay *Goethe und der Socialismus* von 1852, der aus einer Rezension von Gregorovius' Monographie besteht, daran fest, daß G. aufgrund der *Wanderjahre* »in der Tat der erste deutsche Socialist genannt werden muß« (zitiert nach Mandelkow, Bd. 2, S. 385). Der dem Jungen Deutschland nahestehende Publizist Jung spricht in seiner Interpretation *Göthe's Wanderjahre und die wichtigsten Fragen des 19. Jahrhunderts* (Mainz 1854) von einem »organisierten Kultus der Arbeit und Feier«, der » d a s   g r o ß e   E r b e   d e r   Z u k u n f t   s e i n [wird], ein Erbe welches in den [...] *Wanderjahren* wie nirgend anders angelegt ist«. Affirmativ hinsichtlich des Maschinenwesens erklärt Jung die Zukunft als »die Zukunft der *Wanderjahre*« (zitiert nach Mandelkow, Bd. 2, S. 423). Bei diesen Arbeiten der sozialistischen G.-Deutung ist der apologetisch religiöse Ton zu berücksichtigen, wie z.B. bei Gregorovius. Die Autoren sind vom französischen Frühsozialismus beeinflußt und distanzieren sich vom revolutionären Sozialismus. Diese Problematik wird besonders deutlich bei Karl Grün, dessen Buch *Ueber Göthe vom menschlichen Standpunkte* (Darmstadt 1846) von Friedrich Engels in einer Rezension von 1847 scharf angegriffen wurde, weil es u.a. Wilhelm Meister zum Kommunisten erklärte. Damit wird nach Engels der Klassenstandpunkt eines revolutionären Sozialismus zugunsten eines abstrakten Humanitätsideals aufgegeben, das sich bei genauerer Untersuchung als das Ideal des deutschen Kleinbürgers entlarve. Danach stützte Grün »seine eigene Borniertheit auf die Autorität des, oft noch entstellten, Goethe«. Für Engels ist Grüns Dank an G. »die bitterste Rache, die die beleidigte Geschichte über den größten deutschen Dichter verhängen konnte« (zitiert nach Mandelkow, Bd. 2, S. 294–309).

Kritik am Altersstil

In den Literaturgeschichten der Zeit herrscht die negative Kritik vor. Georg Gottfried Gervinus erklärt 1842 in seiner *Geschichte der poetischen National-Literatur der Deutschen*, daß G. in den *Wanderjahren* nicht mehr gewagt habe, zu schildern, was die Sache verlangte: »Weder die Novellen an sich haben irgendeinen bedeutenden Wert, noch auch der Faden, der um sie geschlungen ist« (Gervinus, Bd. 5, S. 271). Auch Hettner spricht in seiner *Literaturgeschichte des 18. Jahrhunderts* (1856–1870) davon, daß die *Wanderjahre* »künstlerisch [...] überall die Spuren der Altersschwäche« zeigen (Hettner, Bd. 2, S. 735), während Wilhelm Scherer in seiner Literaturgeschichte von 1886 das Urteil abgibt: »Das Ganze aber ist kein Buch, sondern bietet nur Materialien zu einem Buch« (Scherer, Bd. 2, S. 528). In seiner G.-Biographie von 1903 beklagt Albert Bielschowsky, daß G. verzichtet habe, »den Roman als Kunstwerk zu geben« (zitiert nach Scherer, Bd. 2, S. 517).

Erst mit Max Wundts Monographie *Goethes Wilhelm Meister und die Entwicklung des modernen Lebensideals* (Berlin, Leipzig 1913) kommt es wieder zu einem positiven Verständnis, das sich auf den humanitätsphilosophischen Ideengehalt der beiden Romane konzentriert. Dieser gründet sich in den *Wanderjahren* in der »Totalität der Lebensansicht« (S. 357) sowie in der Entsagung, »dem Verzicht auf die volle Verwirklichung des alten Ideals eines reinen Menschentums«, den »die Welt« dem Menschen »auch gegen seinen Willen aufzwingt« (Wundt, S. 476f.). Unter dem Gesichtspunkt des modernen Lebensideals rechtfertigt Wundt die *Wanderjahre* als einen Roman, der nicht mehr das »unmittelbare Leben« gibt, »sondern das Leben als einen Gegenstand der Betrachtung, vor dem sich Dichter und Leser zusammenfinden« (Wundt, S. 351). Damit werde die Idee des schönen Menschen der klassischen Naturanschauung und Ethik wie bei den *Lehrjahren* in den Mittelpunkt gerückt, wie es das Schlußbild des Romans zeige (Wundt, S. 484). Die Thematik des Romans wird auf das Problem der Bildung und individuellen Ethik verlagert, das sich für die weitere geistesgeschichtliche Wilhelm-Meister-Deutung von Wilhelm Flitner bis zu Karl Viëtor grundlegend erweist.

Die literarhistorische G.-Kritik des 20. Jhs. schließt sich den überlieferten Vorurteilen gegen den Roman an. Selbst ein Außenseiter wie Friedrich Gundolf läßt in seiner monumentalischen G.-Biographie von 1916 die *Wanderjahre* nur als »Weisheitsbuch« gelten (S. 714) und bezeichnet sie als Roman verfehlt, da sie »nicht nur stofflich, sondern auch technisch langweilig« seien (S. 716). Eduard Spranger spricht 1930 in einem Aufsatz über den psychologischen Perspektivismus im Roman davon, daß G.s Unternehmen in den *Wanderjahren* gescheitert sei und man schon bei der äußeren Komposition von Versagen sprechen müsse. Noch 1953 bedeuten für Hermann August Korff die *Wanderjahre* im Vergleich zu den *Lehrjahren* keinen prinzipiellen Fortschritt: »Diese scheinbare Anknüpfung an den großen Roman seiner klassischen Zeit führt nicht nur irre, sondern erweckt auch falsche Erwartungen, in denen sich der Leser bei der Lektüre alsdann notwendig getäuscht sehen muß« (Korff IV, S. 640). Sämtliche negativen Klischees der Rezeptionsgeschichte der *Wanderjahre* werden in Emil Staigers G.-Biographie noch einmal wiederholt. Dort heißt es: »An ein organisches Gebilde, klassische Mannigfaltigkeit und Einheit ist da nicht zu denken«. Als ein »Kunstwerk als solches« seien die *Wanderjahre* nicht zu retten. Wie bereits im 19. Jh. ist die Rede vom »Sammelbecken« oder »Gefäß«, in dem G. alles mögliche unterzubringen gedachte (STAIGER, Bd. 3, S. 128–178). Bis zur Mitte des 20. Jhs. wartet die Rezeption der *Wanderjahre* »mit einer kompakten Kontinuität des Mißverstehens« auf (Mayer, S. 91). Dazu gehört auch die Aktualisierung im Dienste der nationalsozialistischen Ideologie, wie sie Kurt Hildebrandt, ein Mitglied des George-Kreises, in seinem Buch *Goethe. Seine Weltweisheit im Gesamtwerk* 1941 vorlegte: Felix als »Bild des schönen leiblichen Menschen« muß »ausgebildet werden als dienendes tätiges Glied des Volkes, das Volk muß durch-

gegliederter Organismus werden« (zitiert nach Gille 1979, S. 242).

Die positive Wende in der *Wanderjahre*-Kritik

Die Neuorientierung der *Wanderjahre*-Forschung erfolgte um 1950 mit der Herausgabe des Romans in der Artemis- und der Hamburger Ausgabe. Dieser Wende gingen die Studien von Deli Fischer-Hartmann (1941) und Ernst Friedrich von Monroy (1943) voraus, deren Resultate nach dem Kriege durch Erich Trunz, dessen Schüler sie waren, ihren Eingang in den Kommentar der Hamburger Ausgabe und die wissenschaftliche Diskussion fanden. Indem sich diese beiden Arbeiten der 40er Jahre auf die Form des Romans konzentrieren, sind sie zur »inneren Emigration« der Germanistik dieser Zeit zu rechnen. Fischer-Hartmann zeigt, daß in der Spiegelungstechnik die grundlegende Erzählstrategie des Romans zu erblicken ist, und verwendet dafür die Formel von der »inneren Einheit innerhalb der offenen Form« – einer Einheit, die sie primär durch die »einheitliche Weltschau des alten Goethe« gewährleistet sieht (Fischer-Hartmann, S. 112). Monroy stellt in seinem Aufsatz *Zur Form der Novelle in G.s Wanderjahren* fest, daß die Novellen »als Teile eines Zyklus im Rahmen des Gesamtromans zu begreifen« sind (Monroy, S. 18), daß also den Beziehungen zwischen Novellen und Rahmen eine sinnkonstituierende Funktion zukommt.

Mit der Edition der *Wanderjahre* im Rahmen der Hamburger Ausgabe und der Einführung des Begriffs des G.schen Altersstils machte die Trunz-Schule Epoche (Vaget 1983, S. 139). Mit der Definition des Altersstils (Trunz, Komm. in HA 8, S. 529–533) setzte sich die inzwischen kanonische Auffassung durch, daß die *Wanderjahre* neben dem *West-östlichen Divan* und *Faust II* zu G.s Alters- oder Spätwerk gehören (vgl. Trunz, Komm. in HA 8, S. 527), nicht allein aufgrund ihres Gehalts, sondern besonders aufgrund ihrer Form. Dazu tragen besonders die Aufsätze von Claude David über *G.s Wanderjahre als symbolische Dichtung* und von Wilhelm Emrich über *Das Problem der Symbolinterpretation* bei.

Die darauffolgende Rezeptionsphase, die mit dem Ende der 60er Jahre einsetzt und die Forschungslage der 70er und 80er Jahre bestimmt, ist zutreffend mit dem Begriff der »Inthronisation des Lesers« charakterisiert (Vaget 1983, S. 139). Sie zeichnet sich durch eine Abkehr von dem Trunzschen Modell und eine Hinwendung zur Erforschung der Romanstruktur und der damit verbundenen Funktion des Lesers aus. Damit ist ein Paradigmenwechsel gegeben. Während das Erkenntnisinteresse der Trunz-Schule weitgehend vom Inhalt bestimmt war, verlagerte es sich Ende der 60er Jahre auf die Struktur. Diese Ablösung von den *Wanderjahren* als »Weisheitsbuch« (Trunz, Komm. in HA 8, S. 527) vollzog sich allmählich und war nicht als offener Bruch mit der Trunz-Schule wahrzunehmen. Manfred Karnick knüpft in seiner Studie *Wilhelm Meisters Wanderjahre oder die Kunst des Mittelbaren* (1968) an das von Fischer-Hartmann und Trunz geltend gemachte Spiegelungsverfahren an, aber er sieht es nicht als Ausdruck der Altersweisheit, sondern als Problematisierung der Mitteilung. Danach geht es in den *Wanderjahren* weniger um das Mitgeteilte als um das Mitteilen. Während bei Trunz der Schwerpunkt auf der Weltanschauung des alten G. liegt, die im Roman als verschlüsseltes Bekenntnis mitgeteilt wird, wird bei Karnick den Grundwerten dieses Bekenntnisses die Verbindlichkeit abgesprochen. In der Struktur des Romans als »Spiegel einer offenverschlossenen Mitteilungshaltung« stellen sich die »Bezüge zum Leser« dar (Karnick, S. 186–190), und was als G.s »endgültiges Vermächtnis« erscheint, ist dem Leser zur Auswahl, Deutung und Entscheidung überlassen: »Der Leser hat die Wahl« (Karnick, S. 189).

Mit anderen Argumenten wendet sich Volker Neuhaus gegen das Trunzsche Modell, indem er die schon vorher bemerkte Archivfiktion in den Mittelpunkt seiner Strukturanalyse stellt. Dabei gelingt ihm der Nachweis, daß sämtliche Erzähleinheiten, einschließlich der scheinbar auktorialen des sogenannten Rahmens, als Bestandteile zweier Archive anzusetzen sind und diese Fiktion als das konsequent angewandte »Erzählprinzip« der *Wanderjahre* aufzufassen ist: »Alle Teile des Romans werden so in Eigenverantwortung der verschiedensten Personen erzählt, ohne eine übergeordnete auktoriale Verantwortung. Die einzelnen Perspektiven ergänzen sich, verstärken sich oder heben sich auf. Aus allen spricht der Autor, und in keiner seiner Figuren bekommen wir ihn zu fassen, daß wir sagen können: Das ist die Meinung Goethes« (Neuhaus, S. 25). Mit dem Modell der Archivfiktion ist der Paradigmawechsel in der Forschungsgeschichte der *Wanderjahre* vollzogen: das Modell von Neuhaus erfaßt die Struktur des Romans adäquater als das Trunzsche Modell.

Zur Ablösung des Trunzschen Modells trugen ferner die Untersuchungen von Bernd Peschken, Heidi Gidion, Ehrhard Bahr, Jane Brown, Klaus-Detlef Müller und Hans Rudolf Vaget bei. Peschken erfaßt die Struktur des Romans als ein Geflecht von fünf mehrfach unterteilten »Erzählsträngen«, die er nach Geschehnissen um die Hauptpersonen bezeichnet: Erzählstrang Wilhelm, Montan, Lenardo, Odoard und Makarie. Die Erzählstränge können sich durch das ganze Werk ziehen und durch mehrere Erzählabschnitte hindurchführen. Sie werden von Peschken im Längsschnitt durch den Roman aufgedeckt. Dadurch wird die Unterscheidung nach Haupterzählung und Einlagen bedeutungslos (vgl. Peschken, S. 10f.). Heidi Gidion wendet sich ebenfalls gegen das Modell einer Rahmenstruktur, indem sie zeigt, daß sich der Metamorphose-Begriff aus G.s morphologischen Forschungen nicht dazu eignet, eine harmonische Ganzheit des Romans zu reklamieren. Sie konzentriert sich vielmehr auf das stückhafte Erzählen, die Sprunghaftigkeit des Romangeschehens und die Kontinuität im stückhaft Erzählten. Schließlich macht sie zum ersten Mal Ernst mit der These, die *Wanderjahre* als modernen Roman zu betrachten. Sie belegt, daß die *Wanderjahre* »antizipierend« an Strukturmerkmalen und einigen bevorzugten Themen des modernen Romans teilhaben (Gidion, S. 139).

Aus der Perspektive des Obscuritas-Begriffs der klassischen Rhetorik stellt Bahr das Trunzsche Modell in Frage, indem er zeigt, daß Erzählzusammenhänge verdunkelt, Widersprüche konstruiert und Aussagen ironisch in der Schwebe gehalten werden. Dabei erhält die G.sche Spiegelungstechnik die Funktion, den Leser zu verunsichern und ein abschließendes Urteil zurückzustellen. Bei dieser Erzählstrategie werden gerade die wichtigsten Stellen des Romans, also die Pädagogische Provinz, Makarie und die amerikanische Utopie, ironisiert und verlieren dadurch den Schein der Verbindlichkeit (vgl. Bahr 1972). In seinen anderen Arbeiten konzentriert sich Bahr auf die Rolle des Lesers, indem er die *Wanderjahre* als experimentellen Roman untersucht (1971/1972), geht auf den »revolutionären Realismus« im Sinne von Roman Jakobson ein (1983) und weist aufgrund der Funktion des impliziten Lesers im Anschluß an Wolfgang Iser Textstrategien des modernen Romans in den *Wanderjahren* nach (1985). Dabei spricht er von einer »Poetik der Entsagung« und verweist auf Hegels Totalitätsbegriff bei dessen Diskussion der »modernen bürgerlichen Epopöe«. Im Vergleich der Sachprosa in Lenardos Tagebuch mit einer Textstelle bei James Joyce überprüft Bahr außerdem die These von Broch, daß G. mit den *Wanderjahren* den Grundstein des modernen Romans im Stil des *Ulysses* von 1922 gelegt hat, ohne jedoch den Nachweis eines Einflusses erbringen zu können (1985).

In ihrer Untersuchung der Novellenzyklen bei G. geht Jane Brown von den *Unterhaltungen deutscher Ausgewanderten* aus und findet in den *Wanderjahren* eine Auflösung dieser Form zu einem System »von ständig wechselnden, doch stets ironischen Beziehungen zwischen den einzelnen Elementen des Romans« (Brown, S. 3). Damit ist nach Brown das Wesen der Leserwahrnehmung und das daraus resultierende Problem der Möglichkeit didaktischer Dichtung verbunden. Als neuen Gesichtspunkt führt Brown unter dem Begriff der Parodie die Intertextualität der *Wanderjahre* in die Diskussion ein, indem sie auf die Verweisstruktur zu den *Lehrjahren* sowie zu Werken

von Johann Karl August Musäus, August von Kotzebue, Matthew Prior, Laurence Sterne, Johann Bernhard Basedow, Johann Heinrich Campe und Oliver Goldsmith aufmerksam macht.

Müller, dem es um die implizite Romanpoetik in den *Wanderjahren* geht, knüpft an Neuhaus' grundlegenden Aufsatz von 1968 an, indem er die Herausgeberpflicht des Redaktors nicht nur in der bloßen Zusammenstellung und Ordnung des Materials sieht, sondern vor allem »in seiner Integration unter dem ästhetischen Gesichtspunkt romanhafter Komposition« (S. 280). Das legitimiere den Redaktor einerseits zur Umformung des Vorgefundenen, andererseits zur Anstellung von Nachforschungen: »Aufgabe des Redaktors ist mithin die Umformung des vorliegenden Materials zum ästhetischen Gebilde«. Insofern erweisen sich auch seine Einmischungen als »Bestandteile einer Romanpoetik« (Müller, S. 281). Diese erzählerische Integration zu einer »Totalität« der »Formen der Schriftlichkeit« (Müller, S. 284) untersucht Müller für den Bereich der Sachprosa am Beispiel von Lenardos Tagebuch. Daran schließt sich Vaget mit seinem Aufsatz von 1983 an, in dem er den Roman als »Leseexerzitium« (S. 142–145) interpretiert und aus G.s »Aggregat«-Bezeichnung die Absicht herleitet, daß es dem Autor darum gehe, sein Werk gegen falsche Erwartungen in Schutz zu nehmen und den Leser »aus seinen Lesegewohnheiten herauszulocken« (Vaget, S. 143). Bei der Diskussion der inhaltlichen Aspekte wählt Vaget die Bezeichnung »Winterreise«, um auf die Warnsignale des Romans aufmerksam zu machen (Vaget, S. 157–160). Danach leben »die *Wanderjahre* als Kunstwerk von dem Einspruch gegen ihre eigenen Weisheiten. Als Weisheitsbuch erklären sie sich selbst für ungültig« (Vaget, S. 158). Die Lebenswanderung wird zu einer »Winterreise«, und auch die Utopien sieht Vaget »in winterlichem Gelände angesiedelt« (Vaget, S. 159). Im Vergleich dazu schießt Thomas Degering mit seiner Ideologiekritik an der Forschung über das Ziel hinaus, indem er G. eine Antizipation der Diagnosen von Karl Marx zuschreibt. Degering verwehrt sich zwar gegen den Vorwurf eines »Marxismus avant la lettre«, aber in seiner Untersuchung zieht er nicht nur die frühmarxschen Schriften heran, sondern auch *Das Kapital* von 1867–1894.

Eine Entschlüsselung der Sinnstruktur unternimmt Hannelore Schlaffer, indem sie in beiden Wilhelm-Meister-Romanen den Subtext mythologischer Anspielungen herausarbeitet, den G. durch die Verwendung der Vossianischen Antonomasie hergestellt hat. In den *Wanderjahren* werden Flavio mit Orest, Hilarie mit Psyche, die Schöne Witwe mit Arachne, Hersilie mit Alkmene, der junge Maler mit Orpheus, Susanne mit Penelope, Wilhelm mit Diogenes, Felix mit dem »unbewußten Ulyß« und schließlich beide, Vater und Sohn, mit Kastor und Pollux verglichen oder gleichgesetzt. Diese mythologische Tiefenstruktur verleihe dem Roman den Charakter der »Diaphanie«. Die Absicht, die G. dabei zugeschrieben wird, daß seine Phantasie im Roman die Poesie rette, »die durch ihn verloren ging« (Schlaffer, S. 13), ist allerdings nicht nachweisbar und führt dazu, daß Schlaffer im Gegensatz zur Forschung (Emrich, Gideon, Vaget, Bahr) G.s Romankonzeption »antimodern« nennt (Schlaffer, S. 198).

Eine Radikalisierung der Ironie-Forschung zu den *Wanderjahren* stellt Bennetts Buch *Beyond Theorie: Eighteenth-Century German Literature and the Poetics of Irony* von 1993 dar, indem der Roman als »Reinterpretation der Geschichte der ironischen Erzählkunst des 18. Jhs. (Fielding, Sterne, Voltaire, Diderot, Wieland und Goethe selbst)« verstanden wird (Bennett, S. 14). Bennett geht von einer subversiven Ironie des Lesens aus, die dazu führe, daß man die amerikanische Utopie der *Wanderjahre*, insbesondere die Ausschließung der Juden, gegen den Strich lesen müsse, d. h., als Identifikation der Leser mit den Juden. Das Verfahren der ironischen Subversivität läuft nach Bennetts Ansicht darauf hinaus, daß »*nur* die Juden als Zeichen für die wirkliche Lesergemeinde« fungieren könnten (Bennett, S. 62). So produktiv dieser Ansatz für den Kanon der deutschen Literatur des 18. Jhs. ist, besonders mit den von Bennet herausgestellten Implikationen für die Vorgeschichte des

Holocaust, die einen Bruch anstelle von Kontinuität bedeuten, so entbehrt dieser Ansatz doch der Unausweichlichkeit der Logik, die er für seine Interpretation beansprucht. Bei der zugestandenen Pluralität des Lesens, selbst wenn Lesen als sozialer Akt verstanden wird, kann diese Lesart nur eine unter vielen sein.

Historische Fragestellungen

Mit der Frage nach der historischen Dimension der *Wanderjahre* befassen sich am eingehendsten Stefan Blessin und Anneliese Klingenberg. Dabei geht Blessin von einem differenzierten marxistischen Erklärungsmodell aus, wonach in den *Wanderjahren* die bürgerliche Sphäre der »Produktion und Organisation der Arbeit« zur Darstellung komme. Dabei wird eine Art Homologie zwischen der industriellen Revolution zu Anfang des 19. Jhs. und der Struktur des Romans sowie eine »Verschränkung von Individual- und Universalgeschichte« angesetzt (Blessin, S. 185). Die von Blessin nach dem vorgegebenen Hegelschen und Marxschen Modell herausgearbeitete Geschichtlichkeit bleibt weitgehend abstrakt und ist von der Forschung nicht hinreichend aufgearbeitet worden. Im Gegensatz dazu behandelt Klingenberg die historischen Quellen von G.s Kenntnissen und seiner Verarbeitung der pädagogischen und ökonomischen Theorien seiner Zeit. Sie verweist auf G.s großes Interesse an dem Tagebuch der Nord-Amerika-Reise des Prinzen Bernhard von Sachsen-Weimar-Eisenach in den Jahren 1825 bis 1826, das 1828 in Weimar gedruckt wurde und zur Umorientierung des Wandererbundes der ersten Fassung zur Auswanderung nach Amerika in der zweiten Fassung geführt haben mag (zuletzt dazu: Waltraud Maierhofer 1995). G. hat Teile des Reisejournals übernommen: Einzelheiten der Siedlungen »Economy« des Württembergers Georg Rapp und »New Harmony« des Engländers Robert Owen im amerikanischen und europäischen Siedlungsplan sowie die Verbindung zwischen der neuen Siedlung und der

Pädagogischen Provinz. Maierhofer hat außerdem strukturelle Ähnlichkeiten zwischen den *Wanderjahren* und dem *Reisejournal des Herzogs Bernhard von Sachsen-Weimar-Eisenach durch Nordamerika in den Jahren 1825 und 1826*, hrsg. in zwei Teilen von H. Luden (Weimar 1828), aufgezeigt (vgl. Maierhofer, S. 509–518).

Außerdem haben die Vorstellungen der französischen Physiokraten und die ökonomischen Theorien von Adam Smith, dessen Hauptwerk seit 1776/1778 in deutscher Übersetzung vorlag, eine große Rolle als Quellenmaterial gespielt, wie Klingenberg ausgeführt hat. Hinsichtlich der Form beruft sich Klingenberg auf die Romandefinition der Hegelschen Ästhetik (S. 11).

Einen weiteren Schritt zur Historisierung hat Waltraud Maierhofer bereits 1990 unternommen, indem sie die *Wanderjahre* mit anderen zeitgenössischen Romanen, nämlich mit Immermanns *Epigonen* von 1836 und Karl Gutzkows *Ritter vom Geiste* (1850/51), verglichen hat. Dieser Ansatz ist überzeugender als der Vergleich mit Heinrich Heines *Ideen: Das Buch Le Grand* von 1826 und Georg Büchners *Lenz* von 1835 bei Bahr (1983). Während die Forschung dazu tendiert, die *Wanderjahre* ausschließlich im Rahmen des G.schen Roman- oder Alterswerkes zu behandeln, löst Maierhofer den Roman aus dieser forschungsbedingten Isolation heraus und stellt ihn in den Zusammenhang der Romangeschichte des 19. Jhs., wo er eigentlich hingehört. In einem romantypologischen Vergleich der *Wanderjahre* mit den beiden Zeitromanen von Immermann und Gutzkow werden die Entsprechungen in Erzählintention, Romanform, Figurenkonzeption und anderen Strukturelementen aufgezeigt. Dabei erweist sich Gutzkows Theorie vom »Roman des Nebeneinander«, die er im Vorwort zu den *Rittern vom Geiste* entwirft, besonders produktiv. Der »Roman des Nebeneinander« stellt einen Formtypus des Zeitromans dar, der mit seiner Gleichzeitigkeit und Mehrsträngigkeit spezifisch für das 19. Jh. ist. G.s *Wanderjahre* erweisen sich darin der zeitgenössischen Literatur zum Teil überlegen, besonders was die Erfassung der Zeitgeschichte, der ökonomischen und geschichtlichen Probleme sowie den Roman als soziologische Zeitdiagnose betrifft. Mit dieser historisierenden Analyse, die ihre Kriterien aus bewußtseinsgeschichtlichen Kontinuitäten der Restaurationszeit bezieht, wird die Antizipationsthese, wie sie von Broch aufgestellt worden ist, zurückgewiesen. Das bedeutet nicht, daß es in G.s. Roman keinerlei vorausweisende Gedanken hinsichtlich des geschichtlichen Prozesses gibt. Im Gegenteil, in »alternden Formen« zeigen sich nach Maierhofer »zugleich Ansätze neuer Entwicklungen und vorbereitende Elemente; die Restaurationszeit ist so gesehen nicht nur eine Spätzeit, sondern auch eine experimentierende Frühzeit, eine ›Inkubationszeit‹ [Broch] für neue Bewußtseinsprozesse« (Maierhofer 1990, S. 235).

Bei der berechtigten Hinwendung zur konsequenten Historisierung sind jedoch die Anregungen, die sich für die *Wanderjahre*-Forschung besonders von der Theorie des modernen Romans ergeben, nicht außer acht zu lassen. Neumann und Dewitz verwenden mit Erfolg den Begriff des semiotischen Romans für die *Wanderjahre* (Komm. in FA I, 10, S. 955–963) und problematisieren die Autorschaft im Sinne von Michel Foucaults Begriff der »Autorfunktion« (vgl. Neumann/Dewitz, Komm. in FA I, 10, S. 964f.). Wie sich nachweisen läßt, wird in den *Wanderjahren* »die Verantwortung für das Erzählte auf verschiedene Instanzen [verteilt], eine gesicherte Autorfunktion nicht mehr in Szene« gesetzt (Neumann/Dewitz, Komm. in FA I, 10, S. 964). Doch da die Antizipationsthese nicht mehr ohne Vorbehalt vertretbar ist, bedürfen solche Befunde der Historisierung. Damit zeichnet sich in der Forschungslage ein erneuter Paradigmawechsel in Richtung z.B. auf Michel Foucaults »archäologische« Diskursanalyse ab.

Deutungsaspekte: Gesellschaft und Entsagung

Die sich für die *Wanderjahre* ergebenden Deutungsaspekte beziehen sich sowohl auf die Personen des Romans als auch auf die Bereiche oder Welten der Wanderschaft und die damit thematisierten Probleme. Dazu kommt das im Doppeltitel angekündigte Thema der Entsagung.

In den *Wanderjahren* ist Wilhelm Meister nicht mehr der Hauptheld des Romans, sondern er ist Mitglied des Auswandererbundes, in den auch die Turmgesellschaft und die »Sozietät« der *Lehrjahre* überführt worden sind. Der Auswandererbund ist als eine Mischung von geheimer Gesellschaft und pietistischem Kolonistenunternehmen konzipiert. Die Mitglieder verzichten auf eine individuelle Universalbildung und damit auf eine Lebensaktivität, die sich im 19. Jh. als notwendig dilettantisch erweist (vgl. Vaget 1983, S. 15). An die Stelle der Universalbildung treten praktische Berufe. Nach Erich Trunz sind die *Wanderjahre* »ein Roman ohne einzelne Helden, sein ›Held‹ sind die großen Gemeinschaften und ihre führenden Geister« (Komm. in HA 8, S. 552). Eberhard Lämmert spricht von einem neuen Romanhelden: »Geselliger Bund statt Einzelfigur« (S. 25). Nach Trunz handelt es sich um einen Zeitroman und zugleich um den ersten sozialen Roman (Komm. in HA 8, S. 551). Lämmert sieht in der Übertragung der Protagonistenrolle auf den Auswandererbund die »Vorwegnahme des Gesellschaftsromans«, wie er von Fontane ausgebildet wird (S. 32–35). Walter Müller-Seidel, der die Erzählform um die dargestellten Wissenschaftsformen ergänzt sieht, spricht von einem »Wissenschaftsroman« (S. 135). Waltraud Maierhofer zieht Gutzkows Begriff des »Roman des Nebeneinander«, der für das 19. Jh. spezifisch ist, zur Kennzeichnung heran. Manche möchten den Wechsel der damit verbundenen Erzählperspektive bereits auf das Sechste Buch der *Lehrjahre* zurückdatieren (vgl. Berger, S. 137ff.; Lämmert, S. 27–32). Doch es besteht Einigkeit darüber, daß mit den *Wanderjahren*

die Darstellung der Romanwirklichkeit eine Multiperspektivität des Erzählens erfordert, um die einzelnen Mitglieder des Bundes einzuführen und vorzustellen. Dazu bedarf es einer Reihe von Lebensgeschichten. Diese Funktion erfüllen nach dem Konsens der Forschung die eingeschalteten Novellen und die anderen durch den Redaktor vermittelten Textsorten (Tagebuch, Brief, Essay, Aphorismus, Gedicht). Dabei wird allgemein das Prinzip der Spiegelung als Erzählstrategie geltend gemacht, das G. in seinem Brief an Carl Jacob Ludwig Iken vom 27.9. 1827 erläutert, allerdings im Zusammenhang mit dem Helena-Akt im *Faust II*.

Für das im Doppeltitel des Romans angegebene Thema ist Arthur Henkels Monographie *Entsagung* von 1954 grundlegend. Für Henkel, der die Entsagung in einen geistesgeschichtlichen Bezug zu Spinoza stellt, ist diese Haltung »weniger eine Reihe von bewußt vollzogenen Akten des Verzichts oder eine von außen gebietende Forderung als vielmehr eine höhere Weise des Selbstverständnisses, die freie Anerkennung der wahren Lage des gebildeten, seiner Stellung im Kosmos gewahrgewordenen Ich« (Henkel, S. 28f.). Wilhelm Meister partizipierte »zu allermeist« als Entsagender an der Titelthematik. Der stoisch-asketische Zug seiner Reisevorschriften erfahre eine Milderung in dem Gedanken, daß seine Entsagungsreise »eine Wanderschaft für die geliebte Frau sein soll« (Henkel, S. 31). Henkel prägt dafür die Formel »Liebe ohne Besitz«, die auch auf die anderen Charaktere – Montan, Lenardo, Odoard und die Novellenfiguren – angewendet wird. Doch Henkel räumt ein, daß ein völliger Verzicht auf Natalie nicht anzunehmen sei (Henkel, S. 33). Wilhelms Berufswahl zum Wundarzt wird als »drastische Selbstbeschränkung seiner Anlagen« interpretiert (Henkel, S. 39). Zugleich wird auf die an diesem Beruf sich beweisende »Dialektik der Entsagung« verwiesen, die auf ein positives Moment hinausläuft: die Rettung des Sohns im Schlußkapitel.

In der von Henkel ausgearbeiteten »Entsagungslehre« der *Wanderjahre* geht es »um die Einfügung, das Normative, selbst auf die Gefahr des Mittelmaßes hin. Verwirklichte Ordnung ist wichtiger als Originalität – Brauchbarkeit des spezialisiert Könnenden wichtiger als der ›Vollkommene‹« (Henkel, S. 149). Als Ausnahme gilt Makarie. Als »Heilige« der *Wanderjahre* wird ihr Vollkommenheit als »höchste Stufe der Entsagung« zugestanden (ebd.). Im Gegensatz zu Henkels Harmonisierung bemüht sich Peschken um die Vermittlung von Einsichten in die die Ambiguität der Entsagung, während Bahr auf die Ironisierung verweist, die den erotischen Verzicht zum Teil wieder aufhebt und auf »Liebe mit Besitz« hinausläuft (Bahr 1972, S. 123f.).

Im Anschluß an Gert Mattenklott, der das Milieu der *Wanderjahre* mit dem des »bürgerlich-kapitalistischen des 19. Jahrhunderts« identifiziert (S. 296), versucht Degering Entsagung als historische Kategorie zu begründen. Dieser Versuch zur Historisierung ist zu begrüßen, doch wird mit dem Rückgriff auf Marx ein Diskurs zur Erklärung bemüht, der rund zwanzig bis dreißig Jahre später liegt. Bei aller Kritik, die mit dem G.schen Entsagungsbegriff verbunden ist, läßt sich Degerings These der *Wanderjahre* als »antizipierende Poetisierung« von Marx (S. 3) und des daraus abzuleitenden Elends historisch nicht rechtfertigen. Auch auf diesem Gebiet sind Antizipationsthesen zurückzuweisen. Es ist historisch vertretbar, von Tendenzen zu sprechen, die G. erkannt haben mag, anstelle der Zustände, die er antizipiert haben soll.

Bürgerliche Gesellschaft: Arbeit und Bildung

Das antinomische Verhältnis von Privatmensch und Staatsbürger, das im Konzept des Auswandererbundes angesprochen wird, bleibt als Problem der bürgerlichen Gesellschaft auf die beiden Modelle der Geheimgesellschaften des 18. Jhs. und der europäischen Kolonistengesellschaften beschränkt. Im Auswandererbund gelingt den Mitgliedern die Organisation eines freiwilligen Sozialverbandes,

der Freizügigkeit und individuelle Lebensgestaltung mit arbeitsteiligem Leistungswillen und -beitrag zum Gemeinwesen verbindet. Nach Lämmert erzählt G.s Romankunst in den *Wanderjahren* »den Sozialroman derer, die der puren Selbstverwirklichung entsagten, um sie unter den Bedingungen einer Genossenschaft, die sie selbst konstituieren, als deren freie Bürger neu zu praktizieren« (S. 30). Dabei übersehen Lämmert und vor ihm Trunz und Henkel die bereits von Heidi Gideon (1969) und später Bahr (1972 und öfter), Mattenklott (1980), Degering (1982), Adolf Muschg (1982) und Vaget (1983) herausgestellten negativen Züge der amerikanischen Utopie: institutioneller Antisemitismus sowie polizeistaatliche Überwachung und Strafjustiz mit Deportation und Zwangsenteignung. Adolf Muschg verspürt hier sogar einen »Hauch von Gulag« (S. 114), während Bennett die Utopie mit subversiver Ironie gegen den Strich zu lesen und damit auf eine Leseridentifikation mit den ausgeschlossenen Juden zu kommen sucht: die *Wanderjahre* als »neue Heilige Schrift der Menschheit« (S. 14–63).

Daß für die amerikanische Utopie das Modell der Geheimgesellschaften des 18. Jhs. im Verbund mit dem der Kolonistengesellschaften gewählt wird, sollte nicht überraschen, aber der damit verbundene Vermittlungsvorschlag reicht über Hegels Rechtsphilosophie nicht hinaus. Noch weniger als in den *Lehrjahren*, in denen von der Abschaffung des Lehnswesens, einem modernen Besitztumsbegriff und Steuerabgaben die Rede ist, kommt in den *Wanderjahren* der moderne Staat ins Blickfeld. Auf keinen Fall deckt sich der vorgelegte Vermittlungsvorschlag mit den Marxschen Vorstellungen eines Gemeinwesens mit Gemeinwirtschaft und Gemeinbesitz. In den *Wanderjahren* sind die Begriffe von Besitz, Eigentum, Familie und Ehe noch im Sinne der bürgerlichen Gesellschaft gesichert. Amerikanische Utopie und europäisches Siedlungsprojekt dienen ihrer Erhaltung.

Überraschend innovativ ist dagegen die Einführung des Begriffs der Arbeit in Lenardos Rede vor dem Auswandererbund. Obwohl Arbeit im 19. Jh. zur »Substanz des Lebens der bürgerlichen Gesellschaft« (Löwith, S. 287) wird, ist die Einführung des Begriffs im Roman von den Zeitgenossen, auch von den Jungdeutschen, mit Befremden abgelehnt worden. Erst mit Rosenkranz und der »sozialistischen« G.-Deutung kommt es ab 1847 zu einer angemessenen Würdigung. Gregorovius hebt 1849 hervor, daß G. »aber die A r b e i t überhaupt adelt«. Arbeit wird in den *Wanderjahren* im positiven Sinne als Leistung verstanden, nicht etwa als Not oder Mühsal oder gar als Lohn der Sünde. Arbeit wird als Begriff der Gegenwart dem traditionellen Begriff des Grundbesitzes gegenübergestellt. Dieser wird nicht abgeschafft, sondern der Arbeit, d.h. dem, »was der Mensch [...] tut und leistet«, wird ein größerer Wert zugeschrieben. Dieser Arbeitsbegriff läßt sich auf Adam Smith zurückführen (Fink u.a., Komm. in MA 17, S. 1213) und deckt sich mit der Auffassung Hegels, der in der Arbeit keine einzelne wirtschaftliche Tätigkeit sieht, sondern die Art und Weise, wie der Mensch sich selbst produziert und damit seine Welt formiert.

Dieser positive Arbeitsbegriff in den *Wanderjahren* hat nichts mit der Arbeit bei Karl Marx als Selbstentfremdung des Menschen in einer ihm nicht zu eigenen Welt zu tun. Nach Blessin sind die *Wanderjahre* »der Roman der sich entfaltenden Produktivkräfte« (S. 112). Aus G.s historischer Perspektive, die vom Beginn der industriellen Revolution bestimmt ist, läßt sich die Deformation des Marktes noch durch qualitative Einflußnahme regulieren. Die prognostizierbare allgemeine Gefahr des »überhandnehmenden Maschinenwesens« bleibt auf Einzelfälle, wie z.B. die Heimindustrie der Spinner und Weber, beschränkt (Blessin, S. 155). Die Einrichtung einer Fabrik am Ende des Romans wird nicht als Unglück dargestellt. Von den Bewohnern des Tales heißt es, daß sie »auf eine andere lebhaftere Weise beschäftigt werden« (FA I, 10, S. 731). Dagegen sieht Degering, der die *Wanderjahre* als G.s Kritik der Arbeitsteilung im Kapitalismus interpretiert, in der Figur des Sankt Christoph die geistige und körperliche Verkrüppelung des Arbeiters dargestellt (S. 81–86).

Zur Arbeit gehört die moderne Mobilität, die im Roman allerdings nicht beim Namen genannt wird. Sie wird in Lenardos Rede über das Wandern und den Weltbund der Auswanderer angesprochen. Das »Wanderer-Ideal« soll zur Sicherung des Besitzes dienen und gegen die Folgen der Revolution, der politischen und vor allem der industriellen, schützen, doch spielt es dieser doppelten Bedrohung faktisch in die Hand. Adolf Muschg, der das »Wanderer-Ideal« als Mittel gegen die »Entfremdung der modernen Industriegesellschaft« gedeutet hat, weist jedoch zugleich darauf hin, daß es in Form der »vollkommenen Mobilität« die Voraussetzungen der Entfremdung fördert. Wenn das »Wanderer-Ideal« seinen Zweck erreichen soll, »einen neuen Bund der Ungebundenen« zu begründen, so erfordere die damit verbundene Gesellschaftsutopie die Anwendung von Zwang und Gewalt: »Dem forcierten Idyll des Knaben-Instituts [Pädagogische Provinz; d. Vf.] entspricht die zensierte Freiheit der neuen Kolonien« (Muschg, S. 115).

Ähnlich wie die Arbeit stellt auch die für das 19. Jh. charakteristische Bildung ein Problem dar, das mit der Pädagogischen Provinz und Wilhelm Meisters Ausbildung zum Wundarzt im Roman ausführlich thematisiert wird. Auch hier reagiert die zeitgenössische Rezeption zum Teil mit Befremden über die »Mystifikationen«, doch bald setzt sich die ernsthafte Auseinandersetzung auf breiter Front durch. Das historische Vorbild der Pädagogischen Provinz hat man mit dem von Philipp Emanuel Fellenberg begründeten »Erziehungsinstitut für Söhne höherer Stände« in Hofwyl bei Bern identifiziert. Zwei Söhne des Herzogs Carl August mit der Schauspielerin Caroline Jagemann wurden 1817 und 1818 in das Fellenbergsche Institut aufgenommen. Aus G.s Briefwechsel mit Fellenberg ist die Programmschrift des Instituts erhalten mit Unterstreichungen vermutlich von G.s Hand. Darin wird der Ausdruck »pädagogische Republik« verwendet und das Prinzip einer einseitigen Ausbildung von Fähigkeiten gerechtfertigt.

Während G.s Abweichung von der Konzeption der Fellenbergschen Erziehungsanstalten bald festgestellt worden ist, hat Anneliese

Klingenberg außerdem noch andere Vorbilder aus der preußischen Bildungsreform zwischen 1810 und 1820 geltend gemacht (S. 59–70). Die geistesgeschichtlich orientierte Sekundärliteratur von Wundt (1913) über Eduard Spranger (1942) und Flitner (1947) bis zu Arthur Henkels Monographie von 1954 ist hinsichtlich der Pädagogischen Provinz affirmativ und sieht in der »Bildung des Menschen zur Totalität der Menschheit überhaupt« (Wundt, S. 387) Werte des deutschen Idealismus, die G. in seinem Werk bewahrt (Wundt, S. 440f.). Eine Ausnahme bildet Karl Schlechta mit seiner *Wilhelm Meister*-Monographie von 1953, der unter der Einseitigkeit der Ausbildung einen tiefen Seelenschaden wahrnimmt. Erst bei Peschken (1968) und Bahr (1972) wird auf das ironische Licht aufmerksam gemacht, das vom Text her auf die Pädagogische Provinz fällt. Das Erziehungssystem wird ironisch in Frage gestellt durch den Zögling Felix, der unbeeindruckt und unberührt aus diesem Institut hervorgeht. Degering (1982), der hier ebenfalls Antizipation ansetzt, sieht in der Pädagogischen Provinz G.s Anschauung »zur (furchterregenden, aber nicht unwirklichlichen) Vision einer Gesellschaft [erweitert], die ihren Mitgliedern keinerlei Spielraum, geschweige denn Raum zur Entfaltung mehr gewährt. Daß der Mensch in der bürgerlichen Gesellschaft von Anbeginn seines Lebens einem lückenlosen Lenkungs- und Kontrollsystem unterworfen ist, das ihn abrichtet bzw. zurichtet [...], hat Goethe in dem Entwurf einer gesamtgesellschaftlichen, ja weltweiten Anstalt prognostiziert« (S. 312). Degerings Aktualisierung basiert auf Parallelen zu negativen Aspekten der modernen Schulpsychologie und stellt sich mit der These der Prognostizierung selbst in Frage.

Während Wilhelms Berufswahl zum Wundarzt von Wundt noch im Zeichen der klassischen Naturanschauung und der damit verbundenen Schönheit des menschlichen Leibes abgehandelt wird (S. 483f.), betrachtet Arthur Henkel Wilhelms Entschluß zu diesem Beruf als »drastische Selbstbeschränkung seiner Anlagen« (S. 39). Karl Schlechta, der sich vor allem auf das Kindheitserlebnis vom ertrunkenen Fischerknaben konzentriert, sieht darin eine Entscheidung, die gegen die seiner Ansicht nach lebensfeindliche Turmgesellschaft getroffen wird. Die homosexuellen Elemente der Fischerknaben-Episode, die zu Wilhelms Berufswahl führen, identifiziert K. R. Eissler vom Standpunkt der Psychoanalyse (vgl. Eissler, Bd. 2, S. 1448–1457). Für Blessin stellt der Wundarztberuf den Weg zur sozialen Integration aufgrund einer praktischen Tätigkeit dar, während Degering aufgrund von Textanalyse zu dem Schluß kommt, daß mit der Berufswahl zum Wundarzt eine Absage an die Welt der Kranken erfolgt. Als »Reparateur der beschädigten Arbeitskraft« sei der Wundarzt nur für die Gesunden da, die sich bei der Arbeit verletzten (S. 200–203).

In der Sekundärliteratur zu den *Wanderjahren* ist vielfach darauf verwiesen worden, daß Wundärzte als sogenannte Handwerkschirurgen zur Ausbildung kein Universitätsstudium zu absolvieren brauchten und deshalb wenig Ansehen in der bürgerlichen Gesellschaft besaßen. Walter Müller-Seidel argumentiert mit dem Hinweis auf einschlägige sozialgeschichtliche Literatur, daß es mit dem ständischen Ansehen des Wundarztes nicht so schlecht stand. Er ordnet Wilhelms Berufswahl in eine »Tätigkeit des Helfens und Heilens« ein, die symbolisch für das stehe, »was schon in den *Lehrjahren* als Bildung für andere über alles geschätzt war«. Für Müller-Seidel in seiner von Wilhelm Dilthey ausgehenden Interpretation ist mit Wilhelms Berufswahl »die höchste Bildungsstufe erreicht, die man sich denken kann« (S. 130). Doch bei Anwendung der Diltheyschen Definition des Bildungsromans bleibt das Problem der im Text eindeutig bezeichneten Spezialisierung im Gegensatz zur Universalbildung unberücksichtigt. Die Ausbildung als Wundarzt macht Wilhelm zum »nützlichen« und »nötigen Glied« der Auswanderergesellschaft (FA I, 10, S. 556). Sein medizinischer Studiengang und das Thema der ›plastischen Anatomie‹ (FA I, 10, S. 602–608) bedürfen noch größerer Aufmerksamkeit von seiten der Forschung, besonders im Hinblick auf das Verhältnis von Medizin und Literatur im späten 18. und frühen 19. Jh. Das Schlußbild des Romans stellt eine eindeutige Aufwertung des Berufes dar. Wilhelm wird das Glück zuteil, das soeben erlernte Handwerk zur Rettung seines Sohnes anzuwenden.

Religion und Säkularisierung

Die mit der zunehmenden Säkularisierung des Christentums problematisierte Humanität und Christlichkeit des 19. Jhs. werden in den *Wanderjahren* von den drei Ehrfurchten und dem Bereich mit der Darstellung der drei Religionen im Inneren der Pädagogischen Provinz thematisiert. Nach Wundt hat G. »mit tiefem Bedacht [...] die Lehre der Ehrfurcht der Welt der Arbeit, in welche diese Knaben hineinwachsen sollen, als Leitstern vorangesetzt« (S. 393). Sie diene als Gegenkraft zu der veräußerlichten Tätigkeit der Arbeit. Mit der Lehre von den drei Ehrfurchten tritt nach Wundt die Religion in den Mittelpunkt des Bildungsgedankens. Nach Flitner besteht der Inbegriff des Religiösen, wie er den drei Ehrfurchten zu entnehmen ist, aus dem Verhältnis zur Menschlichkeit des Menschen: »Er liegt in der Möglichkeit, bedeutsam zu leben« (S. 255). Für Trunz ist die Ehrfurcht »auf der Grenze zwischen Göttlich und Irdisch«. Für ihn gehört Ehrfurcht dahin, »wo man nicht das Göttliche schlechthin erkennt, sondern dessen Abglanz« (Komm. in HA 8, S. 542). Während Peschken die Ehrfurchtslehre allegorisch auf die Weltreligionen bezogen sieht (S. 65), interpretiert Christian Wagenknecht sie im Hinblick auf die Symbolik der Freimaurerlogen. Für Degering ist sie Bestandteil einer ideologischen Erziehung, die die Zöglinge manipuliert und zu bürgerlichen Wirtschaftssubjekten abrichtet (S. 314–329). Die Kommentare der neueren Ausgaben konzentrieren sich auf die historischen Quellen: Augustinus, daneben aber die Tradition ähnlicher griechischer, jüdischer und christlicher Gedanken von Pythagoras und Cicero sowie vom Hohenlied bis zum christlichen Mittelalter (Neumann/Dewitz, Komm. in FA I, 10, S. 1101; Fink u. a., Komm. in MA 17, S. 1138 f.).

Die in den »Heiligtümern«, den Galerien des achteckigen Gebäudes im Inneren der Pädagogischen Provinz, dargestellten drei Religionen werden historisch und kritisch gesehen, wie es entsprechend der Religionsphilosophie von Lessing bis Hegel zu erwarten ist. Die drei Religionen bringen die »wahre Religion« hervor: aus den drei Ehrfurchten entspringt im Sinne des Ideals der Persönlichkeit »die oberste Ehrfurcht: die Ehrfurcht vor sich selbst« (FA I, 10, S. 423). Das von G. dargelegte dreistufige Schema einer ethnischen, philosophischen und christlichen Religion, das sowohl den drei Ehrfurchten als auch dem christlichen Credo entspricht, wird an der Stelle durchbrochen, wo es um die christliche Passion geht (vgl. Komm. in HA 8, S. 605). Über Christi Leiden und Tod wird ein »Schleier« gezogen. Daß die Zöglinge »nur zu gewissen Zeiten des Jahres« und »den Stufen ihrer Bildung gemäß«, zur historischen und sinnlichen Belehrung in die Heiligtümer geführt werden (FA I, 10, S. 419), verweist auf die historisierenden und kritischen Elemente dieser Religionsaneignung, die ihrer Absicht nach eine Kritik der positiven Religionen, insbesondere der christlichen Religion, darstellt.

Die sinnliche Darstellung der Religionen ist darauf angelegt, »musterhafte Ereignisse« für das ganze Leben der Zöglinge zur Verfügung zu stellen (FA I, 10, S. 391). Dazu wird die Überlieferung von den Erziehern kritisch durchsondert und aufbereitet. Das Resultat ist eine Überführung der Religion in praktische Ethik. Wundt übernimmt dieses Resultat unbesehen, wenn er die »höchste Religion« (G.s »oberste Ehrfurcht«) mit dem »höchsten Ideale der Humanität« in Übereinstimmung bringt (S. 397). Dagegen spricht Flitner von einer »Verlegenheit«, in der G. bis zuletzt blieb, wenn er seinen religiösen Standpunkt mit der »Theologie des Kreuzes« zu verbinden suchte (S. 260). Trunz sieht in den Grußgebärden »Gesten der Goetheschen weltlichen Religiosität« und verwendet zur Kennzeichnung Diltheys Begriff vom »religiös-universalistischen Theismus« (Komm. in HA 8, S. 608 u. S. 611).

In Peschkens Strukturanalyse der Pädagogischen Provinz hat die Religion die Funktion der Allegorie, »die die Wirklichkeit postulierend übersteigt«, doch im Roman der Rückbeziehung auf die Wirklichkeit bedarf (S. 68). Vom Standpunkt der Manipulation kritisiert Degering den »Mittelcharakter« der Religionsdarstellungen in den »Heiligtümern« (S. 333).

Außerdem gehört zu diesem Themenbereich der im Roman verwendete Begriff der »Weltfrömmigkeit«, die die pietistische »Hausfrömmigkeit« in Zukunft ersetzen müsse. Die traditionelle Hausfrömmigkeit reiche nicht mehr hin, schreibt der Abbé an Wilhelm. Die Mitglieder der Auswanderergesellschaft »müssen [ihre] redlich menschlichen Gesinnungen in einen praktischen Bezug in's Weite setzen, und nicht nur [ihre] Nächsten fördern, sondern zugleich die ganze Menschheit mitnehmen« (FA I, 10, S. 514). Damit ist ein weiterer Schritt zur Säkularisierung bezeichnet.

Hinsichtlich Makaries besteht Konsens der Forschung. Für alle Deutungen von Wundt bis sogar zu Degering stellt Makarie den Höhepunkt in der Darstellung des Religiösen dar. Wie viele andere hat Eduard Spranger die Doppelstellung der Makariengestalt im Universum betont und als Grundzug ihres Wesens die Zweiheit des Irdischen und des Himmlischen hervorgehoben (Spranger, S. 192–206). Man hat bei ihr auch von Mystik gesprochen, doch Hans Joachim Schrimpf hat überzeugend dargelegt, daß es sich hier nicht um einen ekstatischen Aufschwung handelt, »der die Welt entwertet hinter sich zurückläßt und in welchem der Mensch, sich aufgebend, sich ins All auflöst«, sondern um die Erfahrung des Unendlichen im Endlichen (S. 316). Bahr hat dafür den Begriff »mystische Ironie« eingeführt, deren G. sich bediene, wenn es um Geheimnis und Offenbarung geht (Bahr 1972, S. 129), und Makarie in Analogie zu *Faust II* als kosmische »Liebe [...] von oben« interpretiert (Bahr 1972, S. 128). Muschg nennt sie dagegen eine »zweideutige und ordnungswidrige Heilige, eher geeignet, den Gedanken an eine zuverlässige Ordnung der Dinge zu verspielen als zu befestigen« (Muschg, S. 116). Für die Deutungsaspekte der *Wanderjahre* er-

gibt sich auch hier das Gebot zur Historisierung und »archäologischen« Diskursanalyse im Sinne von Michel Foucault, ausgehend von der philosophischen Kritik der christlichen Religion zu Anfang des 19. Jhs.

Man hat von der Desintegration der Erzählformen in den *Wanderjahren* gesprochen, aber G.s letzter Roman geht darüber hinaus. Er deutet auf ein Phänomen, das Foucault als »Verschwinden« oder »Tod des Autors« bezeichnet hat. Adolf Muschg hat auf dasselbe Phänomen verwiesen, wenn er davon spricht, daß der Autor nicht zu fixieren sei. Wie die Figuren des Romans wandert »der Autor [...] selbst«: »Sein Diskurs ist überall bereit zum Exkurs. Er gibt zu erkennen, daß er nicht für seine Figuren haftet, ihre Wege nach eigenem Belieben mitgeht und sie stehenläßt, wenn er ihrer im Augenblick nicht bedarf oder keine Lust mehr zu ihnen hat. Der Vertrag, der ihn an sie bindet, gehorcht nicht mehr den Regeln und Fiktionen des klassischen Romans« (S. 117). Diese Analyse läßt noch zu, daß der Autor mit seiner Erzähler- oder Redakteursfigur mitsamt der Archivfiktion über seine Geschichte verfügt. Doch Muschg beläßt es nicht bei dieser Analyse, sondern führt darüber hinaus, indem er erklärt, daß der Erzähler aufhöre, »seine Autorität über den Stoff zu bezeugen« (ebd.). Die Erzählerfigur deute dem Leser an, »daß sie n i c h t über ihre Geschichte verfügt«. Muschg spricht von einer »Unfreiheit« der Erzählerfigur, »das Ganze mitzuteilen« (S. 119).

Es handelt sich bei den *Wanderjahren* also nicht darum, daß G. im Lauf der langen Entstehungsgeschichte des Romans die Übersicht über die Handlungsstränge verlor und aus der Not eine Tugend machte, indem er sie mit Hilfe der Archivfiktion erzähltechnisch unter Dach und Fach zu bringen suchte. Er erinnert in seinem Roman vielmehr an die Vielfalt der Diskurse. Dazu gehören Brief, Gespräch, Rede, Novelle, Märchen, Schwank, Gesang, Gedicht, Tagebuch, Sachprosa, Aphorismus, usw. Unter dem Andrang dieser Diskurse verschwindet der Autor, indem er auf Erzählpositionen verzichtet und sich jeglicher Festlegung entzieht. Statt einer Romanhandlung geht es um die Vorlage von Archivtexten – Diskursen –, die vom Leser zu integrieren sind. Der Erzähler kommt dem Leser dabei kaum zur Hilfe, sondern verweist ihn auf den Mangel an Autorität. Indem der Autor den Schein der Textherrschaft aufgibt, erfolgt das von Foucault angesprochene »Zurücktreten des Autors«. Es spielt keine Rolle mehr, wer spricht. Dem Leser ist der Text »zu grenzenloser Ausführung« überlassen (FA I, 10, S. 687). Die offene Form ist mit der Altersschwäche des Autors oder der Entstehungsgeschichte nicht hinreichend erklärt. Wie Muschg sagt, »die Offenheit des Autors für neue Erfahrungen hat eine andere Entstehungsgeschichte nicht zugelassen. [...] Was gegen die Form spricht, wird in sie hineingenommen« (S. 126). Anstelle von subversiver Ironie setzt er eine dekonstituierende Ironie an (ebd.). Der Schein der Einheitlichkeit des Kunstwerks wird in den *Wanderjahren* zugunsten einer Offenheit gegenüber den Diskursen destabilisiert, die an Foucaults »Gleichgültigkeit als ethisches Prinzip« erinnert und zu Zeitgenossenschaft und Zeitwiderstand verpflichtet.

Literatur:

Anonymus [Johann Friedrich Wilhelm Pustkuchen-Glanzow]: *Wilhelm Meisters Wanderjahre*. Theil I u. II. Quedlinburg, Leipzig 1821. – Bahr, Ehrhard: Die Ironie im Spätwerk Goethes: diese sehr ernsten Scherze. Studien zum *West-östlichen Divan*, zu den *Wanderjahren* und zu *Faust II*. Berlin 1972. – Ders.: Goethe's *Wanderjahre* as an Experimental Novel. In: Mosaic. 5 (1971/72), H. 3, S. 61–71. – Ders.: Realismus und Totalität. *Wilhelm Meisters Wanderjahre* als Roman des 19. Jahrhunderts. In: Thunecke, Jörg (Hg.): Formen realistischer Dichtkunst. Fs. Charlotte Jolles. Nottingham 1979, S. 88–92. – Ders.: Revolutionary Realism in Goethe's *Wanderjahre*. In: Lillyman, William J. (Hg.): Goethe's Narrative Fiction. The Irvine Goethe Symposium. Berlin, New York 1983, S. 161–175. – Ders.: *Wilhelm Meisters Wanderjahre oder die Entsagenden* (1821/1829). In: Lützeler, Paul Michael u.a. (Hg.): Goethes Erzählwerk. Interpretationen. Stuttgart 1985, S. 363–395. – Ders.: *Wilhelm Meisters Wanderjahre oder die Entsagenden* (1821–1829). From Bildungsroman to Archival Novel. In: Hardin, James N. (Hg.): Reflection and Action. Essays on the Bildungsroman. Columbia, South Carolina 1991, S. 163–194. – Bennett, Benjamin: Beyond Theory: Eighteenth-Century German Literature and the Poetics of Irony. Ithaca, London 1993. – Berger, Albert: Ästhetik und Bildungsroman. Wien 1977. – Blessin, Stefan: Die Romane Goethes. Königstein/Ts. 1979. – Ders.: Goethes Romane. Aufbruch in die Moderne. Paderborn, München 1996. – Brandt, Helmut: Entsagung und Französische Revolution: Goethes Prokurator- und Ferdinand-Novelle in weiterführender Betrachtung. In: Chiarini, Paolo: Deutsche Klassik und Revolution. Rom 1981, S. 195–227. – Broch, Hermann: James Joyce und die Gegenwart. In: ders.: Kommentierte Werkausgabe. Hg. von Paul Michael Lützeler Bd. 9.1: Schriften zur Literatur 1: Kritik. Frankfurt/M. 1975, S. 63–91. – Brown, Jane K.: Goethe's Cyclical Narratives: Die *Unterhaltungen deutscher Ausgewanderten* und *Wilhelm Meisters Wanderjahre*. Chapel Hill, North Carolina 1975. – Bunzel, Wolfgang: ›Das ist eine heillose Manier, dieses Fragmente-Auftischen‹: die Vorabdrucke einzelner Abschnitte aus Goethes *Wanderjahren* in Cottas *Taschenbuch für Damen*. In: JbFDtHochst. (1992), S. 36–68. – Dane, Gesa: Die heilsame Toilette: Kosmetik und Bildung in Goethes *Der Mann von funfzig Jahren*. Göttingen 1994. – David, Claude: Goethes *Wanderjahre* als symbolische Dichtung. In: Sinn und Form. 8 (1956), S. 113–128. – Degering, Thomas: Das Elend der Entsagung. Goethes *Wilhelm Meisters Wanderjahre*. Bonn 1982. – Eissler, Bd. 2. – Emrich, Wilhelm: Das Problem der Symbolinterpretation im Hinblick auf Goethes *Wanderjahre*. In: DVjs. 26 (1952), S. 331–352. Wieder in: ders.: Protest und Verheißung. Frankfurt/M., Bonn ²1963, S. 48–66. – Fambach, Oscar: Goethe und seine Kritiker. Düsseldorf 1953. – Fink u.a., Komm. in MA 17, S. 1080–1217. – Fischer-Hartmann, Deli: Goethes Altersroman. Studien über die innere Einheit von *Wilhelm Meisters Wanderjahren*, Halle 1941. – Flitner, Wilhelm: Goethe im Spätwerk. Bremen ²1957. – Gervinus, Georg Gottfried: Neuere Geschichte der poetischen National-Literatur der Deutschen. Geschichte der deutschen Dichtung. Bd. 5. Leipzig 1842. – Gidion, Heidi: Zur Darstellungsweise von Goethes *Wilhelm Meisters Wanderjahre*. Göttingen 1969. – Gilg, André: *Wilhelm Meisters Wanderjahre* und ihre Symbole. Zürich 1954. – Gille, Klaus F.: *Wilhelm Meister* im Urteil der Zeitgenossen. Assen 1971. – Ders. (Hg.): Goethes Wilhelm Meister. Zur Rezeptionsgeschichte der *Lehr-* und *Wanderjahre*. Königstein/Ts. 1979. – Godeke, Karl: Grundriß zur Geschichte der deutschen Dichtung. Aus den Quellen. 3. neu bearb. Aufl., Bd. IV, 3. Abteilung. Dresden 1912. – Gräf, Bd. 1, 2, S. 859–1071. – Gregorovius, Ferdinand: Göthe's *Wilhelm Meister* in seinen socialistischen Elementen entwickelt. Königsberg 1849. – Gundolf, S. 714–743. – Henkel, Arthur: Entsagung. Eine Studie zu Goethes Altersroman. Tübingen ²1964. – Hettner, Hermann: Geschichte der deutschen Literatur im achtzehnten Jahrhundert. 2 Bde. Berlin, Weimar 1979. – Iser, Wolfgang: Der implizite Leser. München 1972. – Karnick, Manfred: *Wilhelm Meisters Wanderjahre* oder die Kunst des Mittelbaren. Studien zum Problem der Verständigung in Goethes Altersepoche. München 1968. – Klingenberg, Anneliese: Goethes Roman *Wilhelm Meisters Wanderjahre oder die Entsagenden*. Berlin 1972. – Korff, Hermann August: Geist der Goethezeit. IV. Teil (1966). Darmstadt 1977. – Kriegsleder, Wynfried: Wilhelm Meisters Amerika. Das Bild der Vereinigten Staaten in den *Wanderjahren*. In: JbWGV. 95 (1991), S. 15–31. – Lämmert, Eberhard: Goethes empirischer Beitrag zur Romantheorie. In: Lützeler, Paul Michael (Hg.): Goethes Erzählwerk. Interpretationen. Stuttgart 1985, S. 9–35. – Löwith, Karl: Von Hegel zu Nietzsche. Der revolutionäre Bruch im Denken des neunzehnten Jahrhunderts. Frankfurt/M. 1969. – Maierhofer, Waltraud: Perspektivenwechsel. Zu *Wilhelm Meisters Wanderjahren* und dem amerikanischen Reisetagebuch Bernhards von Sachsen-Weimar-Eisenach. In: Zeitschrift für Germanistik. N. F. 3 (1995), S. 508–522. – Dies.: *Wilhelm Meisters Wanderjahre* und der Roman des Nebeneinander. Bielefeld 1990. – Mandelkow, Karl Robert (Hg.): Goethe im Urteil seiner Kritiker. Dokumente zur Wirkungsgeschichte Goethes in Deutschland. 1773–1982. 4 Bde. München 1975–1984. – Mattenklott, Gert: Der späte Goethe. In: Glaser, Horst Albert: Deutsche Literatur. Eine Sozialgeschichte. Bd. 6. Reinbek 1983, S. 284–300. – Mayer, Hans: Goethe. Ein Versuch über den Erfolg. Frankfurt/M. 1973. – Monroy, Ernst Friedrich: Zur Form der Novelle in *Wilhelm Meisters Wanderjahre*. In: GRM. 31 (1943), S. 1–19. – Müller, Klaus Detlef: Lenardos Tagebuch. Zum Romanbegriff in Goethes *Wilhelm Meisters Wanderjahre*. In: DVjs. 53 (1979), S. 275–299. – Müller-Seidel, Walter: Dichtung und Medizin in Goethes Denken. Über Wilhelm Meister und seine Ausbildung zum Wundarzt. In: Gawoll, Hans-Jürgen u. a. (Hg.): Idealismus mit Folgen: Die Epochenschwelle um 1800 in Kunst und Wissenschaft. Fs. Otto Pöggeler. München 1994, S. 107–137. – Muschg, Adolf: ›Bis zum Durchsichtigen gebildet.‹ *Wilhelm Meisters Wanderjahre*. In: ders.: Goethe als Emigrant. Frankfurt/M. 1986, S. 105–143. – Neu-

haus, Volker: Die Archivfiktion in *Wilhelm Meisters Wanderjahren*. In: Euphorion. 62 (1968), S. 13–27. – Neumann/Dewitz, Komm. in FA I, 10, S. 775–1306. – Peschken, Bernd: Entsagung in *Wilhelm Meisters Wanderjahren*. Bonn 1968. – Schädel, Christian Hartmut: Metamorphose und Erscheinungsformen des Menschseins in *Wilhelm Meisters Wanderjahren*. Zur geistigen und künstlerischen Einheit des Goetheschen Romans. Marburg 1969. – Scherer, Wilhelm: Geschichte der deutschen Litteratur. Berlin ¹⁰1905. – Schlaffer, Hannelore: *Wilhelm Meister*. Das Ende der Kunst und die Wiederkehr des Mythos. Stuttgart 1980. – Schrimpf, Hans Joachim: Das Weltbild des späten Goethe. Stuttgart 1956. – Schubarth, Carl Ernst: Zur Beurtheilung Goethe's. Breslau ²1820. – Spranger, Eduard: Die sittliche Astrologie der Makarie in *Wilhelm Meisters Wanderjahren*. Goethes Weltanschauung. Wiesbaden 1949. – Staiger, Bd. 3, S. 128–178. – Steer, Alfred Gilbert: Goethe's Science in the Structure of *Wanderjahre*. Athens, Georgia 1979. – Tieck, Ludwig: Ludwig Tieck's Schriften. Bd. 17. Berlin 1844. – Trunz, Komm. in HA 8, S. 527–608. – Vaget, Hans Rudolf: Johann Wolfgang Goethe: *Wilhelm Meisters Wanderjahre* (1829). In: Lützeler, Paul Michael (Hg.): Romane und Erzählungen zwischen Romantik und Realismus. Neue Interpretationen. Stuttgart 1983, S. 136–164. – Ders.: Goethe the Novelist: On the Coherence of His Fiction. In: Lillyman, William J. (Hg.): Goethe's Narrative Fiction. Berlin 1983, S. 1–20. – Wagenknecht, Christian: Goethes »Ehrfurchten« und die Symbolik der Loge. In: ZfdPh. 84 (1965), S. 34–57. – Waidson, Herbert M.: Death by Water: or, the Childhood of Wilhelm Meister. In: Modern Language Review. 56 (1961), S. 44–53. – Wergin, Ulrich: Einzelnes und Allgemeines. Die ästhetische Virulenz eines geschichtsphilosophischen Problems. Untersucht am Sprachstil von Goethes Roman *Wilhelm Meisters Wanderjahre oder die Entsagenden*. Heidelberg 1980. – Wundt, Max: Goethes *Wilhelm Meister* und die Entwicklung des modernen Lebensideals. Berlin, Leipzig 1913. – Zenker, Markus: Zu Goethes Erzählweise versteckter Bezüge in *Wilhelm Meisters Wanderjahre oder die Entsagenden*. Würzburg 1990.

Ehrhard Bahr

Unterhaltungen deutscher Ausgewanderten

Entstehung und zeitgeschichtlicher Hintergrund

»Die Horen. Einladung zur Mitarbeit. Unter diesem Titel wird mit dem Anfang des Jahrs 1795 eine Monatsschrift erscheinen, zu deren Verfertigung eine Gesellschaft bekannter Gelehrten sich vereinigt hat. Sie wird sich über alles verbreiten, was mit Geschmack und philosophischem Geiste behandelt werden kann, und also sowohl philosophischen Untersuchungen als historischen und poetischen Darstellungen offenstehen. Alles, was entweder bloß den gelehrten Leser interessieren oder was bloß den nichtgelehrten befriedigen kann, wird davon ausgeschlossen sein; vorzüglich aber und unbedingt wird sie sich alles verbieten, was sich auf Staatsreligion und politische Verfassung bezieht. Man widmet sich der schönen Welt zum Unterricht und zur Bildung, und der gelehrten zu einer freien Forschung der Wahrheit und zu einem fruchtbaren Umtausch der Ideen; und indem man bemüht sein wird, die Wissenschaft selbst, durch den innern Gehalt, zu bereichern, hofft man zugleich den Kreis der Leser durch die Form zu erweitern« (SNA 22, S. 103). Diese Einladung vom 13.6. 1794, unterzeichnet von Friedrich Schiller, Hofrat und Professor zu Jena, erhielt G. mit dem ersten Brief, den Schiller an ihn gerichtet hat und der das gleiche Datum trägt. Das Schreiben mit der Anrede »Hochwohlgebohrner Herr, hochzuverehrender Herr Geheimer Rath« (ebd.) ist von größtem Respekt geprägt und macht deutlich, daß Schiller Wohl und Wehe der neuen Zeitschrift von G.s Beitritt zu der ihn »unbegrenzt hochschätzenden Gesellschaft« abhängig machte. Er versichert G.: »Mit größter Bereitwilligkeit unterwerfen wir uns allen Bedingungen unter welchen Sie uns denselben zusagen wollen« (ebd.). Zu der Gesellschaft »bekannter Gelehrter« gehörten außer Schiller zwei Jenenser Professoren, der Philosoph Johann Gottlieb Fichte und der Historiker Carl Ludwig Woltmann sowie der von 1794 bis 1795 in Jena lebende Wilhelm von Humboldt. Die Bedingungen für die Mitarbeit, die später vertraglich festgelegt wurden, nannten ein für G. bestimmtes Höchsthonorar von acht Louisd'or, während das niedrigste drei und das Durchschnittshonorar fünf Louisd'or betrug. Die Beiträge in den *Horen* erschienen anonym, was G. sehr gelegen kam.

Die Einladung zur Mitarbeit an den *Horen* bedeutete für G. demnach nicht nur den ersten Kontakt mit Schiller, der bereits sieben Jahre zuvor in das Weimar benachbarte Jena gekommen war, sondern auch die erste Verbindung mit dem Buchhändler Johann Friedrich Cotta, der in die sorgfältig hergestellte Zeitschrift einiges investierte, weil er sich davon auch den Gewinn wichtiger Autoren für seinen noch im Anfangsstadium befindlichen Verlag versprach. Darin hatte er sich nicht getäuscht. Er wurde der Verleger G.s wie überhaupt der bedeutendste Verleger der G.-Zeit, und von den Mitarbeitern der *Horen* gewann er Hölderlin und Jean Paul als Verlagsautoren.

G. stand dem Unternehmen zunächst distanziert gegenüber. Er antwortete Schiller zwar am 24.6. 1794 mit liebenswürdiger Höflichkeit: »Ich werde mit Freuden und von ganzem Herzen von der Gesellschaft seyn«. Der folgende Satz muß aber ernüchternd auf Schiller gewirkt haben: »Sollte unter meinen ungedruckten Sachen sich etwas finden das zu einer solchen Sammlung zweckmäßig wäre, so theile ich es gerne mit«.

Die rege Korrespondenz zwischen G. und Schiller in den folgenden Wochen und Monaten läßt allerdings nicht auf Distanz schließen. Im Gegenteil, sie enthält den bedeutenden Brief Schillers vom 23.8. 1794, in welchem er seinen »TotalEindruck« von G.s Ideen schildert und den G. am 27. August als angenehmstes Geburtstagsgeschenk bezeichnet, »in welchem Sie, mit freundschaftlicher Hand, die Summe meiner Existenz ziehen und mich, durch Ihre Teilnahme, zu einem emsigern und lebhafteren Gebrauch meiner Kräfte aufmuntern«.

Es folgt die Einladung an Schiller zu einem Besuch in G.s Haus in Weimar, während der Hof nach Eisenach geht und G. über seine Zeit verfügen kann. Während dieser »vierzehntägigen Conferenz«, wie G. das Zusammensein in seinem Brief vom 1.10. 1794 nennt, mögen auch *Horen*-Pläne besprochen worden sein. Wichtiger, auch für diese, ist jedoch, daß G. und Schiller in der Folgezeit immer eindrücklicher von ihrem wechselseitigen Verständnis sprechen, auch wenn sie sich des großen Unterschieds ihrer Naturen bewußt sind. Der Besuch Schillers hatte G. klar werden lassen, »daß wir in Principien einig sind und daß die Kreise unsers Empfindens, Denckens und Wirckens theils coincidiren, theils sich berühren« (an Schiller, 1.10. 1794).

Zu den Gesprächsthemen während der »vierzehntägigen Conferenz« gehörten sicher auch die Projekte, mit welchen beide Autoren zu dieser Zeit beschäftigt waren. G. hatte 1794 die Arbeit an seinem Roman *Wilhelm Meisters Lehrjahre* wieder aufgenommen und stellte bis zum Juli 1795 die ersten sechs Bücher fertig. Schiller hatte gehofft, das Werk in den *Horen* veröffentlichen zu können, aber es war dem Verleger Unger versprochen. Er selbst war mit der Rekonstruktion seiner durch einen Brand in Kopenhagen verlorenen Briefe an den Wohltäter Herzog Friedrich Christian von Schleswig-Holstein-Augustenburg beschäftigt, die er in den *Horen* veröffentlichen wollte und die als Briefe *Über die ästhetische Erziehung des Menschen* zu seinem ästhetischen Hauptwerk wurden. Am 20.10. 1794 schrieb er an G.: »Hier mache ich denn also den Anfang, den Tanz der Horen zu beginnen, und sende Ihnen, was von meinen Briefen an den Prinzen für das erste Stück bestimmt ist«. Im weiteren wies er darauf hin, daß sein *Horen*-Debut keine »Captatio benevolentiae« darstelle, er das Publikum aber nicht schonender habe behandeln können und auf G.s Verständnis hoffe. »Ich habe über den politischen Jammer noch nie eine Feder angesetzt, und was ich in diesen Briefen davon sagte, geschah bloß um in alle Ewigkeit nichts mehr davon zu sagen« (ebd.).

Der »politische Jammer«, von dem trotz der politischen Abstinenz gelobenden Einladung zur Mitarbeit an den *Horen* in den *Ästhetischen Briefen* die Rede ist, bezieht sich natürlich auf die Französische Revolution und ihre Folgen, welche Deutschland in diesen Jahren gewaltig erschütterten. Im Vorjahr waren Ludwig XVI. und Marie Antoinette hingerichtet worden, und seither stand die Guillotine nicht mehr still. Danton, Hébert, Robespierre waren bereits tot. Dennoch errangen die französischen Heere seit Jahren Sieg auf Sieg. Im Herbst 1792 waren Worms, Speyer, Mainz und Frankfurt besetzt worden. Ein Flüchtlingsstrom hatte sich daraufhin nach Deutschland in Bewegung gesetzt. G. hatte im gleichen Jahr Herzog Carl August begleitet, der als preußischer Offizier auf alliierter Seite kämpfte. Im nächsten Jahr nahmen beide an der Belagerung von Mainz teil. Inzwischen rebellierten die polnischen Untertanen Preußens. Da Friedrich Wilhelm III. einen Zweifrontenkrieg vermeiden wollte, kam es im April 1795 zu einem Vertrag zwischen Preußen und der französischen Republik, die daraufhin das linke Rheinufer besetzen konnte.

Dies ist der zeitgeschichtliche Hintergrund, vor dem Schillers Zeitschrift entstand. G. hatte für das erste »Stück« (Januar 1795), wie die Hefte genannt wurden, neben dem Gedicht *Erste Epistel* einen Beitrag geliefert, der sich ebenfalls nicht verbietet, »was sich auf Staatsreligion und politische Verfassung« bezieht: den Beginn der *Unterhaltungen deutscher Ausgewanderten*. »Hier schicke ich das Manuscript und wünsche, daß ich das rechte Maas und den gehörigen Ton möge getroffen haben«. So der Begleitbrief vom 27.11. 1794, in dem der Verfasser seine Vorfreude auf die Arbeit ausdrückt, die er offenbar als Erholung nach dem *Wilhelm Meister* betrachtet: »Zu den kleinen Erzählungen habe ich große Lust, nach der Last die einem so ein pseudo epos als der Roman ist auflegt« (ebd.). G.s Beitrag führt in den Rahmen einer Erzählsammlung ein, in welchem eine kleine Gesellschaft vom linken Rheinufer auf ihre rechtsrheinischen Besitzungen geflohener deutscher Flüchtlinge beschließt, einander Geschichten zu erzählen. Die weiteren Folgen der *Unterhaltungen* erschienen schnell hintereinander im zweiten, vierten, siebten, neunten und zehnten Stück des ersten Jahrgangs der *Horen* (Februar bis Oktober 1795).

Von der Rahmenhandlung und den Erzählungen hat sich keine Handschrift erhalten. Da Schiller bemüht war, G.s Manuskript vor Eingriffen bei Cotta zu schützen, ist anzunehmen, daß die Druckfassung der *Horen* nicht entscheidend von der Handschrift abweicht. 1808 erschienen die *Unterhaltungen*, von G. selbst für den Druck durchgesehen, im zwölften Band der Ausgabe der *Werke* bei Cotta. Desgleichen in der Ausgabe letzter Hand, ebenfalls bei Cotta, 1828.

Die Druckfassungen der *Unterhaltungen* in den wichtigen G.-Ausgaben, beginnend mit der Weimarer Ausgabe 1895 bis zur Hamburger Ausgabe von Erich Trunz 1951, haben durch die Korrektur von Orthographie, Interpunktion und Druckfehlern Varianten – darunter neue Druckfehler – entstehen lassen. Diese sind jedoch unerheblich, wie der Variantenapparat der historisch-kritischen Akademie-Ausgabe zeigt. Allerdings fügt noch die Hamburger Ausgabe dem Text Anführungszeichen hinzu und nimmt Eingriffe in Interpunktion und Orthographie vor. Die beiden jüngsten Ausgaben (MA 4.1, hg. von Reiner Wild, und FA I, 9, hg. von Wilhelm Voßkamp und Herbert Jaumann) gehen auf die Erstdrucke der Texte im ersten Jahrgang der *Horen* zurück und revidieren daher die späteren Herausgebereingriffe. Allerdings haben auch sie sich noch nicht von dem Prinzip der »behutsamen Modernisierung/Normalisierung« (FA I, 9, S. 1505) freigemacht.

Wenn hier der Frankfurter Ausgabe der Vorzug gegeben wird, so deshalb, weil sie durch ihre gründliche Kommentierung die *Unterhaltungen* am besten erschließt. Sie liefert einen ausführlichen Zeilenkommentar unter Einbeziehung älterer Kommentare und neuer Forschungsergebnisse und bietet auf diese Weise die umfassendsten Sacherläuterungen. Sie macht auch die Quellen G.s zugänglich und zitiert seine französischen Vorlagen im Wortlaut. Weiterhin dokumentiert sie die Entstehungs- und Wirkungsgeschichte gründlich.

Rahmenhandlung und Erzählungen

Die Rahmenhandlung setzt auf dem rechtsrheinischen Landsitz der Baronesse von C. ein. Durch die Erwähnung der Belagerung von Mainz ist sie auf das Jahr 1793 festzulegen. G. schöpfte für diesen Teil seiner *Unterhaltungen* aus eigener Erfahrung, wie die Schilderung seines Besuchs in Pempelfort auf der Rückkehr von der Campagne in Frankreich 1772 zeigt. Dort war er im November im Haus des Freundes Friedrich Jacobi in eine Gesellschaft geraten, in der, ohne Nachricht vom Kriegsverlauf, das alliierte Heer »von der Erde verschlungen« schien und »jedermann in eine gräßliche Leere hineinblickend [...] von Furcht und Ängsten gepeinigt« war (FA I, 16, S. 516). Das nahe Düsseldorf war von Flüchtlingen überfüllt. Von Friedrich Melchior Grimm, mit Diderot der Herausgeber der *Correspondances littéraires*, und Frau von Bueil weiß G. zu berichten, daß sie bei einem Apotheker unterkamen; »das Naturalienkabinett diente zum Schlafzimmer, Affen, Papageien und andres Getier belauschten den Morgenschlaf der liebenswürdigsten Dame« (FA I, 16, S. 524). G. befand sich nach den Kriegserlebnissen in schlechter Verfassung, was er, ohne Schonung sich selbst gegenüber, in seinen zwanzig Jahre später niedergeschriebenen Erinnerungen zugibt. Zum Widerspruch geneigt, im »Dünkel des Rechthabens« (FA I, 16, S. 518) befangen, Streitgespräche durch »gewaltsame Paradoxe« (FA I, 16, S. 521) auf die Spitze treibend, beschwor er Zerwürfnisse herauf. Die Spannungen wurden noch verstärkt, weil in dem geselligen Kreis sich niemand für die Projekte interessierte, an welchen G. gerade arbeitete. So hatte er, um sich von den Revolutionsschrecken »einigermaßen zu zerstreuen« (FA I, 16, S. 516) den Roman *Reise der Söhne Megaprazons* begonnen. Niemand in Pempelfort war nach einer kurzen Lesung G.s davon erbaut. G. hingegen fühlte sich nicht imstande, aus seiner *Iphigenie* vorzulesen oder auch nur einer Lesung daraus zuzuhören. Sophokles' *Ödipus auf Kolonos* war seinem »gegen Kunst, Natur und Welt gewendeten, durch eine schreckliche Campagne verhärteten Sinn ganz unerträglich« (FA I, 16, S. 517). Auch G.s Naturbetrachtungen stießen nicht auf Interesse, man hielt sie für einen »grillenhaften Irrtum« (FA I, 16, S. 519), und er kommt zu dem Fazit: »Man kann sich keinen isoliertern Menschen denken als ich damals war und lange Zeit blieb« (FA I, 16, S. 520).

Dennoch bewährte sich in dem Kreis um Jacobi, in dem die verschiedensten geistigen Strömungen der Zeit Aufnahme fanden, Diderot zu Gast gewesen war und die zum Katholizismus übergetretene fromme Fürstin Gallitzin verkehrte, die gesellige Umgangsform auch jetzt. Eine »wechselseitige Verehrung und Schonung« (FA I, 16, S. 517) herrschte, und G. vermied, von seinem *Groß-Cophta* zu sprechen, von dem er wußte, daß er die Freunde verletzt hatte. »Wie mit einem Zauberstäbchen jedoch konnte ich sogleich alle böse Geister vertreiben wenn ich von Italien zu erzählen anfing« (FA I, 16, S. 521). So bleibt die Erinnerung an das gastfreie Haus auch in Zeiten der Krise eine freundliche und seine Geselligkeit vorbildlich.

In den *Unterhaltungen* finden sich die »Ausgewanderten« in einer ähnlichen Situation wie G. im Kreis um Jacobi. Es wird erzählt, daß die Baronesse von C. ihre linksrheinischen Besitzungen überstürzt verlassen mußte und sich nun als »Führerin einer kleinen Carawane« (FA I, 9, S. 995) zwar in vertrauter Umgebung, aber dennoch in einer von Aufregung und Furcht gekennzeichneten Situation befindet. Ihre Angehörigen sind von unterschiedlichem Temperament und Charakter. Die Tocher Luise, deren Bräutigam in der alliierten Armee kämpft, ist von herrischer Natur und von den Ereignissen am meisten mitgenommen, der älteste Sohn Friedrich dagegen besonnen und organisatorisch begabt. Der Vetter Karl wiederum, ein »von der blendenden Schönheit« (FA I, 9, S. 997) der Freiheit Verführter, bekennt sich zur Revolution. Ein jüngerer Sohn, weitere Verwandte und Bedienstete vervollständigen die Gruppe, deren eigentlichen Mittelpunkt neben der Baronesse ein alter, der Familie seit langem verbundener Geistlicher bildet.

Jeder aus dieser Gruppe, so meint die Baronesse, habe seine Fehler mit ins Exil genommen. Das wird überdeutlich, als ein alter Freund, der ebenfalls auf der Flucht befindliche »Geheimerat« von S., mit seiner Familie erscheint. Zwischen ihm, einem verdienten, dem alten System zugetanen Beamten, und Vetter Karl kommt es zu einem immer heftigeren politischen Streitgespräch, in dem beide die Kontrolle verlieren. Der Geheimerat hofft, daß nach der Befreiung von Mainz die »Clubbisten« – Mitglieder des Mainzer Jacobinerklubs, die dort eine Republik nach französischem Muster gründen wollten – gehängt würden. Karl dagegen wünscht der Guillotine »auch in Deutschland eine gesegnete Ernte« (FA I, 9, S. 1004). Nach weiteren beleidigenden Äußerungen Karls verläßt der Geheimerat mit den Seinen die soeben gefundene Zufluchtsstätte, in der seine Frau mit ihrer seit der Jugend eng verbundenen Freundin, der Baronesse, wieder zusammengeführt worden war.

Im folgenden Dialog zwischen dem zerknirschten Karl und der zur Verzeihung bereiten Baronesse läßt G. sie das ästhetische Programm der *Unterhaltungen* proklamieren, das dem der Einladung zur Mitarbeit an den *Horen* entspricht. Schon vor dem Zusammenstoß zwischen Karl und dem Geheimerat hatte sie erkannt, daß in Krisensituationen wie dieser Unparteilichkeit und Verträglichkeit in besonderem Maß zu üben seien. Jetzt fordert sie, aus den Gesprächen ihrer Mitflüchtlinge »gänzlich alle Unterhaltung über das Interesse des Tages« (FA I, 9, S. 1009) zu verbannen und stattdessen die »gesellige Bildung« (FA I, 9, S. 1008) wieder zur Norm zu erheben, nach der es sich »im Namen der gemeinsten Höflichkeit« (ebd.) verbietet, Mitmenschen zu verletzen. Sie wünscht daher, nur in Gesprächen Übereindenkender politische Überzeugungen zu äußern und im geselligen Kreis Unterhaltungen über ferne Länder, Geschichte, Literatur und Natur zu führen.

An diesem Punkt erscheint der alte Geistliche. Von den Ereignissen unterrichtet, bietet er seine Unterstützung des ästhetischen Programms der Baronin an, indem er Erzählungen vorzutragen verspricht über »Empfindungen, wodurch Männer und Frauen verbunden oder entzweiet, glücklich oder unglücklich gemacht, öfters aber verwirrt als aufgeklärt werden« (FA I, 9, S. 1014). Das wird auf den nächsten Abend und, da G. durch Unterbrechungen die Spannung zu erhöhen liebte, auf das nächste *Horen*-Stück verschoben.

Es erschien im Februar 1795 (2. Stück) und enthielt vier Geschichten aus den *Unterhaltungen deutscher Ausgewanderten*, die alle der menschlichen Neigung folgen, sich vom Wunderbaren faszinieren zu lassen. Der Abbé beginnt zu erzählen, und zwar, wie G. in Pempelfort, von Italien, wo er gelebt und die Sängerin Antonelli gekannt hat. Man nahm lange an, G. habe sich für diese Geschichte einer mündlich überlieferten Vorlage bedient, denn die Memoiren der französischen Schauspielerin Hippolyte Clairon, die von 1765 bis 1782 am Hof des Markgrafen von Anspach in Bayreuth lebte, erschienen erst 1798 auf deutsch, 1799 auf französisch. Theodore Ziolkowski vermutete als erster eine schriftliche Quelle G.s, denn seine genauen Textvergleiche ergaben verblüffende Übereinstimmungen mit einem Brief Hippolyte Clairons an Jacob-Henri Meister, welcher allerdings auch erst 1799 im Druck erschien, von dem Ziolkowski aber annehmen mußte, daß G. ihn kannte. Inzwischen wurde jedoch durch Ernst Fedor Hoffmann die schriftliche Vorlage G.s entdeckt und zwar in der von Grimm begründeten und von Meister weitergeführten *Correspondance Littéraire*, einem handschriftlich vervielfältigten Informationsdienst, auf den vor allem die Hocharistokratie abonniert war, darunter Prinz August von Gotha. Die etwa zwölf Abonnenten lasen in der fortschrittlichen, aber antirevolutionär eingestellten *Correspondance* Neuigkeiten aus Kultur und Wissenschaft, wie man sie sich in den Pariser Salons der Zeit erzählte. In der zweiten Nummer (1794) war die Geschichte der Mlle. Clairon wiedergegeben worden.

G. fragte am 5.12.1794 bei Schiller an, ob ihm »etwas von einer G e s p e n s t e r m ä ß i - g e n M y s t i f i c a t i o n s G e s c h i c h t e bekannt sey welche vor vielen Jahren Mdlle.

C l a i r o n begegnet seyn soll?« Falls sie noch nicht im Druck erschienen sei, wolle er sie liefern, »und wir fingen so recht vom u n - g l a u b l i c h e n an, welches uns sogleich ein unendliches Zutrauen erwerben würde«. Von Schiller beruhigt, schrieb G. die Geschichte noch im Dezember nieder.

Die Sängerin Antonelli war eine überaus schöne Frau, die durch ihre Erfolge beim Publikum und ihren vielen Verehrern nicht aus der Fassung gebracht wurde. Sie erkannte, »daß ein Liebhaber, der in einem gewissen Sinne dem Weibe alles ist« (FA I, 9, S. 1018), sich oft in Notfällen als unfähig erweist. Deshalb wählt sie sich einen verständigen jungen Handelsmann aus Genua zum Freund, der »keine Anforderung eines Liebhabers« (FA I, 9, S. 1019) an sie stellen durfte. Er verliebt sich dennoch in sie, und sie gibt seinem Werben nach. Kaum vom Freund zum Geliebten aufgerückt, wird er launisch, und ihre Neigung für ihn erkaltet. Vor Schmerz wird er krank. Die Sängerin sorgt für ihn und unterstützt ihn sogar finanziell. Schließlich verlangt er von ihr, daß sie ihre Karriere aufgebe und nur noch für ihn lebe. Das ist der unabhängigen Frau unmöglich, und sie beendet das Verhältnis. Der Genueser lebt noch einige Jahre in großer Zurückgezogenheit. Von seinem Sterbebett schickt er dreimal nach der Sängerin mit der Bitte, sie möge ihn noch ein letztes Mal sehen. Dreimal lehnt sie ab. Nach seinem Tod wird sie eineinhalb Jahre von fürchterlichen Geräuschen verfolgt, die sie und ihre Begleiter mehrmals in Ohnmacht fallen lassen. Diese werden durch Klatschen abgelöst, das sich endlich in angenehmste Klänge verwandelt, ehe auch sie sich verflüchtigen. Der Abbé hatte sich selbst um eine Erklärung dieser »wunderbaren Geschichte« bemüht und in Neapel dem Genueser nachgeforscht. Dabei war ihm erzählt worden, dieser sei mit den Worten »auch nach meinem Tod soll sie vor mir keine Ruhe haben« verschieden (FA I, 9, S. 1028).

G. hat in seiner Fassung nicht nur den Schauplatz von Paris nach Neapel verlegt und die Schauspielerin Clairon in die Sängerin Antonelli verwandelt, sondern vor allem den Akzent auf die Gespenstergeschichte gelegt, die nun die Hälfte des Ganzen ausmacht. Dieser Aspekt interessiert auch die Zuhörer am meisten, die sich sofort fragen, ob die Geschichte denn wahr sei, worauf der weise Abbé entgegnet, »sie müsse wahr sein, wenn sie interessant sein solle: denn für eine erfundene Geschichte habe sie wenig Verdienst« (FA I, 9, S. 1027). Schließlich will der ältere Sohn der Baronesse lieber selber eine Geistergeschichte erzählen, statt weiter zu rätseln.

Es ist die Geschichte vom Klopfgeist. G. kannte sie, weil sie drei Jahre vor der Niederschrift der *Unterhaltungen* in Weimar kursierte. Es handelt sich dabei um die Anekdote von einer jungen Waise, die in einem dem Erzähler Fritz persönlich bekannten Schloß der Dame des Hauses als Kammermädchen dient. Als sich die ersten Freier um sie bewerben, zeigt sie kein Interesse. Danach wird sie ständig von Klopfgeräuschen aus dem Boden verfolgt, was wiederum den Herrn des Hauses so erbost, daß er droht, das junge Mädchen mit einer Hetzpeitsche zu Tode zu prügeln, falls sich das Klopfen noch einmal hören lasse. Darauf verstummt der Klopfgeist, und das Mädchen bleibt abgezehrt und selbst einem Geist gleich zurück.

Wieder ergehen sich die Zuhörer in Vermutungen über die Wahrscheinlichkeit der Geschichte, werden aber durch zwei Ereignisse erschreckt. Ein lauter Knall durchhallt das Haus, und man entdeckt, daß der gewölbte Deckel eines Schreibtischs »von Röntchens bester Arbeit« gesprungen ist (FA I, 9, S. 1030). Gleich darauf zeigt der von Flammen erhellte Nachthimmel einen Brand auf dem benachbarten Gut der Tante an, und man erinnert sich, daß dort das Gegenstück zu dem soeben zersprungenen Schreibtisch steht. Wieder ist die Neigung der Anwesenden, diese »wunderbare« Erscheinung rational zu erklären, unübersehbar. Man prüft das Barometer, vermißt ein Hygrometer und konstruiert eine »Sympathie« (FA I, 9, S. 1032) zwischen Werken, die vom selben Künstler aus dem Holz eines Stammes gefertigt sind. Die Erzähllust wird durch diese Spekulationen jedoch nicht gemindert, und so gibt Vetter Karl eine Geschichte aus den Memoiren des französischen Marschalls Bas-

sompierre zum Besten. G. hatte dieses Werk im Winter 1794/95 aus der Herzoglichen Bibliothek in Weimar entliehen. Er fertigte zunächst eine Übersetzung der Episode mit der schönen Krämerin an, die er dann als Vorlage für die von Karl vorgetragene Erzählung benutzte.

Karl berichtet, wie Bassompierre, in der ersten Person von einer jungen Frau, die den Marschall, jedesmal wenn er an ihrem Laden in Paris vorbeikommt, aufs höflichste grüßt und ihm so lang wie möglich nachsieht. Auf Erkundigung eines seiner Bediensteten erklärt sie sich bereit, den Marschall unter der Bedingung zu treffen, daß sie mit ihm eine Nacht verbringen dürfe. Er bestellt sie in ein zweifelhaftes Haus, nicht ohne es mit eigenen Matratzen und Decken ausstatten zu lassen, denn in Paris ist die Pest ausgebrochen. In der Erinnerung an diese Nacht gesteht der Marschall, niemals »ein zierlicheres Weib gekannt, noch von irgend einer mehr Vergnügen genossen« zu haben (FA I, 9, S. 1034). Ein zweites Treffen wird vereinbart. Diesmal bestimmt jedoch die schöne Krämerin den Ort. Nachdem sie das erste Mal aus Leidenschaft, aber freiwillig in das üble Haus gekommen war, müsse sie sich selbst für eine Dirne halten, wenn sie dahin zurückkehre. Außer ihrem Mann und dem Marschall habe sie bisher keinem gehört. Zwei Tage später findet der Marschall am vereinbarten Ort fremde Leute, die Bettstroh verbrennen, und sieht im Feuerschein zwei nackte Körper auf einem Tisch ausgestreckt, die soeben von Totengräbern abgeholt werden. Auch diese Geschichte bleibt für den Erzähler Bassompierre wie für die Zuhörer rätselhaft. Weder erfährt er, wer die Toten waren, noch kann er jemals eine Spur der schönen Krämerin wiederfinden.

G. hat seine Vorlage nur sehr wenig, aber dennoch entscheidend verändert, wie neben Ziolkowski vor allem Werner Kraft gezeigt hat; denn er mußte die Sprache des Kriegs- und Frauenhelden Bassompierre und die der ihre Leidenschaft aufs offenste bekennenden schönen Krämerin für den Kreis der Baronesse, die bezeichnenderweise an diesem Abend nicht anwesend ist, akzeptabel machen.

Die düstere Geschichte ist nicht dazu angetan, einen Abend geselliger Unterhaltung ausklingen zu lassen. Deshalb erzählt Karl noch eine Episode aus den Memoiren Bassompierres, die sich in dessen Familie zugetragen hatte. Einer seiner Vorfahren trifft sich zwei Jahre lang allwöchentlich mit seiner Geliebten in einem Sommerhaus, während er seine Frau in dem Glauben läßt, er sei auf der Jagd. Als sie eines Nachts das Paar dort in tiefem Schlaf findet, weckt sie die Liebenden nicht, sondern breitet ihren Schleier über die Füße der Schlafenden. Beim Erwachen bricht die Geliebte in Klagen aus und nimmt für immer von ihrem Liebhaber Abschied, nicht ohne drei kleine Geschenke für seine Töchter zurückzulassen. Diese haben seither allen, die sie besaßen, Glück gebracht.

Diese Geschichte erinnert Luise an das Märchen von der schönen Melusine, das G. ebenfalls nacherzählt und in die *Wanderjahre* aufgenommen hat. Der Schwebezustand zwischen Wirklichkeit und Wahrscheinlichkeit in der auf andere Art »wunderbaren« Schleiergeschichte wird dadurch in die Rahmenerzählung übertragen, daß Friedrich mitteilt, in seiner Familie habe sich »ein ähnlicher Talisman« erhalten (FA I, 9, S. 1037), den nur der älteste Sohn unter strengstem Stillschweigen besitzen dürfe. Damit endet der erste Erzählabend mit einem weiteren Spannungsmoment.

Als die *Unterhaltungen* im vierten Stück der *Horen* (April 1794) ihre Fortsetzung finden, ist die Baronesse im Kreis der Zuhörer anwesend und erklärt, welche Art von Geschichten sie liebt: solche mit wenigen Personen, beschränkter Handlung und mäßigem Tempo, in welchen »die Menschen erscheinen wie man sie gern mag, nicht vollkommen, aber gut, nicht außerordentlich, aber interessant und liebenswürdig« (FA I, 9, S. 1038). Dieser Satz enthält – wie Gerhard Neumann nachgewiesen hat – G.s früheste Definition der Novelle als literarische Gattung, die in der deutschen Literatur zum ersten Mal in den *Unterhaltungen deutscher Ausgewanderten* erscheint.

Der alte Geistliche, der am nächsten Morgen den Reigen der Erzählungen fortsetzt, trägt eine Geschichte vor, deren Vorlage aus den *Cent Nouvelles nouvelles* stammt, einer französischen Novellensammlung von 1462. In der »Geschichte vom Prokurator« entschließt sich ein reicher italienischer Kaufmann und Seefahrer erst spät zur Ehe. Obwohl er das schönste, erst sechzehnjährige Mädchen der Stadt heiratet, zieht es ihn doch wieder aufs Meer. Ehe er sich nach Alexandrien einschifft, erlaubt er seiner Frau, sich während seiner Abwesenheit einen Liebhaber zu nehmen, denn »in ihrem Alter, bei ihrer Konstitution wäre es töricht zu hoffen, daß sie sich der Freuden der Liebe enthalten könnte« (FA I, 9, S. 1042). Es dürfe nur keiner dieser »jungen seidnen Herrn« sein (ebd.), die schon jetzt vor ihrem Fenster promenierten und ihn der Lächerlichkeit preisgeben würden. Die junge Frau empfindet zwar den Vorschlag ihres Mannes als Zumutung und, alleingelassen, beachtet sie ihre vielen Verehrer nicht. Aber ein junger, als ebenso tugendhaft wie klug gerühmter Rechtsgelehrter, den sie täglich züchtig an ihrem Haus vorbeiwandeln sieht, hat es ihr angetan. Sie bittet ihn zu sich und erklärt sich ihm. Der Prokurator dankt für ihr Vertrauen, bekennt jedoch, ihre Wünsche noch nicht erfüllen zu können. Er habe während einer schweren Krankheit ein Gelübde abgelegt und ein Jahr allem Genuß abgeschworen. Zwei Monate müsse er noch ausharren. Wenn sie aber seine Bürde teilen wolle, so wäre beider Glück nach kurzer Zeit vollkommen.

Die Schöne geht darauf ein, lebt nur von Wasser und Brot, schläft auf hartem Lager und wird immer schwächer. Die seltenen Besuche des Prokurators lassen sie aber durchhalten, bis sie, kurz vor Ablauf der Frist, keiner weiteren Ermunterung bedarf. Sie ist von ihrer Leidenschaft genesen und dankt dem Prokurator, daß er sie sich selbst wiedergegeben habe. »Sie haben mich fühlen lassen, daß außer der Neigung noch etwas in uns ist, das ihr das Gleichgewicht halten kann, daß wir fähig sind, jedem gewohnten Gut zu entsagen und selbst unsre heißesten Wünsche von uns zu entfernen« (FA I, 9, S. 1056). Sie empfiehlt ihm außerdem, in der Öffentlichkeit so zu wirken, wie er es im Privaten getan habe und verspricht, daß er den Namen »Vater des Vaterlands« verdienen werde (FA I, 9, S. 1057). G. hat in diesem Fall eine entscheidende Änderung gegenüber der Vorlage vorgenommen, indem er den Verzicht der jungen Frau ganz aus ihrer eigenen Erkenntnis sich entwickeln läßt. Schiller, der irrtümlich Boccaccios *Decamerone* als Quelle angenommen hatte, zeigte sich in seinem Brief an G. vom 20.3. 1795 erfreut über diese Wendung: »Ich hätte mich nicht zufriedengeben können, wenn Sie hier das Original nicht verlassen hätten. Wenn ich mich nehmlich anders recht erinnere, so entscheidet beym Boccaz bloß die zeitig erfolgte Rückkehr des Alten das Glück der Kur«.

Erst im Juli 1793, im siebten Stück der *Horen*, erfuhren die Leser die Reaktion der Zuhörer auf die »Geschichte vom Prokurator«. Die Baronesse gibt ihr »den Ehrentitel einer moralischen Erzählung« und möchte mehr von dieser Art hören (FA I, 9, S. 1057). Der Abbé meint aber, sie sei insofern die erste und letzte moralische Geschichte, weil sie alle dasselbe erzählten. Er gerät daraufhin in einen Disput mit der unduldsamen Luise, in dessen Verlauf er einen strengen kantischen Maßstab an den Begriff »moralisch« anlegt und nur die g e g e n die eigene Neigung vollzogene Handlung als moralisch anerkennen will. Auf Wunsch der Baronesse erzählt er dann eine Parallelgeschichte, die, wiederum auf Wunsch Luises, im heimatlichen Milieu spielt.

Die »Ferdinand Geschichte« ist außer dem die *Unterhaltungen* abschließenden *Märchen* die einzige, die G. frei erfunden hat. Luise wünschte sie außerdem als »Familiengemälde« (FA I, 9, S. 1059), die Bezeichnung für eine populäre Gattung zeitgenössischer Dramen, wie sie u.a. Denis Diderot, August Wilhelm Iffland und Friedrich Ludwig Schröder schrieben. Ferdinand, ein junger Kaufmannssohn, ist in die schöne, reiche Ottilie verliebt und entwendet seinem Vater Geld, um in der Gesellschaft glänzen und opulente Geschenke geben zu können. Vor einer längeren Abwesenheit Ottilies verloben sich beide heimlich. Allein zurückgeblieben, kommt Ferdinand sein Vergehen zu Bewußtsein. Während er bisher seinem lebensfrohen und etwas nachlässigen Vater neidisch nacheiferte, regt sich nun die von der venünftigen, sparsamen Mutter ererbte Veranlagung. Er beschließt, das gestohlene Geld zurückzuerstatten. Auf einer Geschäftsreise gelingt es ihm bald, die Summe durch Sparsamkeit und Geschick zusammenzubringen. Vor seiner Rückkehr hat der Vater allerdings den Diebstahl entdeckt und droht Familie und Bediensteten eine Untersuchungsaktion an. Die Mutter, die inzwischen von der Verlobung erfahren hat, reimt sich die ganze Sache zusammen und stellt Ferdinand zur Rede, der gesteht. Nach Auflösung weiterer Mißverständnisse bringt sie alles ins Reine, und Ferdinand erwartet hoffnungsvoll die Rückkehr Ottilies.

Soweit lasen die *Horen*-Leser im siebten Stück. Im neunten äußert sich Luise sehr zufrieden. Ihrer Meinung nach wird nämlich in der »Ferdinand Geschichte« gezeigt, wie Entsagung oft durch äußere Umstände und nicht durch innere Wünsche bewirkt werde. Karl hingegen klagt darüber, daß den Menschen überhaupt Entsagung auferlegt wird. Es wäre doch viel besser, die Dinge, welchen man entsagen müsse, überhaupt nicht zu kennen.

Das Ende der Ferdinand-Geschichte, das der Abbé auf ausdrücklichen Wunsch noch erzählt, läuft auch auf Entsagung hinaus. Nicht nur löst Ottilie die Verlobung. Ferdinand heiratet »das gute natürliche Mädchen« (FA I, 9, S. 1079), das er auf seiner Reise kennengelernt hatte und das bezeichnenderweise nicht ausdrücklich als »schön« bezeichnet wird, und gründet eine große Familie. Als Familienvater hat ihn der Abbé persönlich kennengelernt und weiß zu berichten, Ferdinands »ganze Erziehung bestand gewissermaßen darin, daß seine Kinder sich gleichsam aus dem Stegreife etwas mußten versagen können« (ebd.).

Das *Märchen*

Die mit Beifall aufgenommene Geschichte erweckt unter den Zuhörern den Wunsch nach etwas ganz anderem. Soeben hat man festgestellt, daß der Schreibtisch wirklich in dem Moment zersprang, als sein Zwillingsstück verbrannte. Auch gute Nachrichten von Luises Verlobtem regen die Phantasie an. Deshalb bittet Karl den Geistlichen um ein Märchen, das ganz von der Einbildungskraft regiert wird, die »nur wie eine Musik auf uns selbst spielen« soll (FA I, 9, S. 1081). So wie in dieser Formulierung die Wirkung der Phantasie auf den schöpferischen Prozeß ins Bild gefaßt ist, hat man sich auch G. beim Schreiben des *Märchens* vorzustellen. Ohne Plan folgt er nicht einem vorgezeichneten Weg, sondern der von ihren Flügeln getragenen Einbildungskraft auf ihren »wunderlichsten Bahnen« (ebd.).

Mit welcher Lust G. sich während seines Aufenthalts in Karlsbad im August 1795 ans Märchenerzählen machte, ist seinem Brief an Schiller vom 26.9. 1795 zu entnehmen, mit dem er ihm eine neue Abschrift des Textes schickte: »Wie ich in dieser letzten unruhigen Zeit meine Tonne gewälzt habe wird Ihnen, werther Mann, aus beyliegendem bekannt werden. Selig sind die da Mährchen schreiben, denn Mährchen sind a l'ordre du jour. Der Landgraf von Darmstadt ist mit 200 Pferden in Eisenach angelangt und die dortigen Emigrirten drohen sich auf uns zu repliiren, der Churfürst von Aschaffenburg wird in Erfurt erwartet. / Ach! warum steht der Tempel nicht am Flusse! / Ach! warum ist die Brücke nicht gebaut!«

Das *Märchen* setzt an dem »großen Flusse« (FA I, 9, S. 1082) ein, den drei lustige Irrlichter im Boot eines Fährmanns überqueren. Sie entlohnen ihn mit Gold, das er nicht annehmen darf und in eine Kluft wirft. Dort findet es »die schöne grüne Schlange« (FA I, 9, S. 1083), die es frißt und daraufhin zu leuchten beginnt. Sie trifft auf die Irrlichter, die auf der Suche nach der »schönen Lilie« sind, aber nicht mehr über den Fluß zurückkönnen, denn die Fähre verkehrt nur in einer Richtung (vgl. FA I,

9, S. 1085). Um die Mittagszeit kann die Schlange eine Brücke bilden, abends erfüllt der Schatten des dort lebenden, gefährlichen Riesen diese Funktion.

Zunächst erkundet die Schlange die Felsenkluft und sieht im Licht ihres Körpers vier Königsstatuen aus Gold, Silber, Erz und eine aus den drei Metallen gemischte. Ein alter Mann mit einer Lampe kommt hinzu. Er ist der Wahrer von drei Geheimnissen, um das vierte weiß die Schlange. Sie scheinen bald offenbar zu werden, denn der Alte verkündet: »Es ist an der Zeit!« (FA I, 9, S. 1089). In seiner Hütte findet er seine Frau, die von den Irrlichtern heimgesucht wurde, wobei diese ihren Mops in Onyx verwandelt haben. Er schickt sie zur schönen Lilie, die bald erlöst werden wird.

Mit Hilfe der Schlange gelangt die Frau nach weiteren Unglücksfällen ans andere Ufer. Ihre Hand, die sie in den Fluß tauchen mußte, ist schwarz geworden und verkümmert. Ein sehr schöner, trauriger Jüngling hat sich ihr angeschlossen, der die Lilie liebt. Diese sitzt, Klagelieder singend, in ihrem Garten, denn alles Lebendige, das sie berührt, muß sterben. So auch der Jüngling, der sich in ihre Arme stürzt. In ihrer Verzweiflung tröstet sie der hinzugekommene Alte mit dem Versprechen, daß das Zusammenwirken aller, die ihre Pflicht tun, ein allgemeines Glück herbeiführen werde.

Die Schlange tut mehr als das. Wieder bildet sie die Brücke, diesmal für den Trauerzug mit dem toten Jüngling. Am anderen Ufer legt sie sich im Kreis um ihn, und ihr Leben geht in seinen Körper ein, während sie in Edelsteine zerfällt. Darauf begeben sich alle in die Felsenkluft, die nach oben steigt und als Tempel neben dem Fluß zu stehen kommt. Die Hütte des Fährmanns ist zum Altar geworden. Der goldene König, der Weisheit, der silberne, der schönen Schein und der eherne, der Gewalt bedeutet, statten den Jüngling mit Eichenkranz, Zepter und Schwert aus, während der zusammengesetzte König, dem die Irrlichter das Gold abgeleckt haben, in sich zusammensinkt. Beim Anblick Lilies kommt der Prinz zur Erkenntnis der vierten Kraft, die die drei soeben auf ihn übertragenen übersteigt und für die es keines Symbols bedarf. Der Alte weist auf sie mit den Worten: »Die Liebe herrscht nicht, aber sie bildet und das ist mehr« (FA I, 9, S. 1111). Indessen hat sich auf dem Fundament der Edelsteine eine herrliche Brücke gebildet. Der Riese erstarrt im Vorhof des Tempels zu einer Statue, und Brücke und Tempel werden von einer großen, geschäftigen Volksmenge belebt.

Damit endet nicht nur das *Märchen*, sondern auch die ganze Erzählsammlung. G. hat es sich versagt, die Zuhörer des Abbés ihre Kommentare zu dem zuletzt Gehörten abgeben zu lassen. Auch für das *Märchen* hatte G. keine Vorlage. Ein Erlebnis G.s am Saale-Ufer bei Jena wird in einem anonymen Bericht als auslösendes Moment für die Dichtung genannt. G. habe dort bei einem Abendspaziergang im »Paradies« am anderen Ufer eine schöne Frau in weißem Kleid und buntem Turban, umgeben von anderen Frauen, beobachtet, die mit wunderschöner Stimme sang. In der Nähe wohnte ein alter Fährmann, der an diesem Abend einige lachende, den Kahn schaukelnde Studenten übersetzte.

Die Rezeption der Zeitgenossen

Die Rezeption der *Unterhaltungen deutscher Ausgewanderten* bei den Lesern der *Horen* war – wie die der ganzen Zeitschrift – keineswegs positiv. Stellvertretend mag hier Charlotte von Steins Reaktion nach Lektüre des zweiten Hefts zitiert werden, deren Brief vom 19.2. 1794 an Schillers Frau zu entnehmen ist: »Dem Goethe scheint's gar nicht mehr Ernst um's Schreiben zu sein, daß er die bekannte Geschichte der Mademoiselle Clairon, die er nach Italien transportiert, die vom Klopfen, welche mir vor drei Jahren Herr von Pannewitz erzählte [...] gut genug zum Inhalt eines so respektablen Journals wie die *Horen* hält«.

Der Herausgeber Schiller erhielt von vielen Seiten kritische, ja vernichtende Urteile. »Aber was meint denn Goethe eigentlich mit seinen Unterhaltungen?« fragte Christian

Gottfried Körner am 8.5. 1795. Das erste Stück war ihm begreiflich, das zweite interessierte noch, zum dritten wußte er nichts mehr zu sagen: »Und was soll daraus werden, wenn es noch immer decrescendo geht?« Wilhelm von Humboldt berichtet am 17.7. 1795: »Die Unterhaltungen mißfallen durchaus und total, auch der Procurator. Man klagt im Ganzen über Mangel an Leichtigkeit«.

Auch nachdem die *Unterhaltungen* abgeschlossen waren, dauerte die Kritik an. »Ist das ehrlich? heißt das strenges Stillschweigen über das Lieblingsthema des Tages, über Krieg, politische Meinungen und Staatskritik beobachten? Alle Beziehungen auf den jetzigen Weltlauf, auf die nächsten Erwartungen der Menschheit vermeiden?« fragte Johann Friedrich Reichardt in seiner Rezension der *Horen* im ersten Heft der Zeitschrift *Deutschland* (Januar 1796). Außerdem warf er G. vor, »für den Adel und Adelsstolz« zu sprechen. Von den deutschen Lesern hätte G. dagegen eine sehr geringe Meinung, wenn er glaube, sie durch leere Gespenstergeschichten von dem »wahren großen Interesse der Menschheitsgeschichte abziehen zu können« (ebd.).

August Wilhelm Schlegel verfuhr in der Jenaer *Allgemeinen Literatur-Zeitung* vom 6.1. 1796 ebenfalls streng, wenn auch gerechter, mit der Erzählsammlung. Er sah sie als »leichte angenehme Erholung«, bemerkte in den Gesprächen jedoch einen Widerspruch, indem sie das nahebrächten, wovon man sich entfernen wolle, die Politik. Aber das Übel, meint Schlegel, müsse eben noch einmal geschildert werden, um es ganz zu durchschauen. Danach erfreuten Vernunft und Witz den Leser. Das *Märchen* nannte er das »lieblichste,« das je vom Himmel »auf die dürre Erde herabgefallen ist«.

Das *Märchen* hat in der Tat seit seiner Entstehung die Leser fasziniert und zu einer Flut von Auslegungen angeregt. Jede seiner achtzehn Figuren war von G. als ein Rätsel für Rätselliebende gedacht. Schiller hatte G. am 29.8. 1795 nach Erhalt des Manuskripts geschrieben: »Das Mährchen ist bunt und lustig genug, und ich finde die Idee, deren Sie einmal erwähnten, ›das gegenseitige Hülfleisten

der Kräfte und das Zurückweisen aufeinander«, recht artig ausgeführt. Meiner Frau hat
es viel Vergnügen gemacht; sie findet es im
Voltairischen Geschmack, und ich muß ihr
Recht geben«. Darauf hatte G. geantwortet:
»Wenn nur Einer von den hundert Kobolden
des Alten von Ferney drinne spuckt; so bin ich
schon zufrieden« (an Schiller, 7.9. 1795). Viele
Leser verlangten auch von G. selbst eine Interpretation, so Prinz August von Gotha, der in
dem anonymen Verfasser niemand andern als
den Evangelisten Johannes vermutete, was
wiederum Schiller sehr amüsierte. »Es ist
prächtig, daß der scharfsinnige Prinz sich in
den mystischen Sinn des Märchens so recht
verbissen hat. Hoffentlich lassen Sie ihn eine
Weile zappeln« schrieb er am 17.12. 1795 an G.
Dieser teilte dem Prinzen vier Tage später mit,
er wolle erst, wenn er »99 Vorgänger« vor sich
sehe, seine eigene Erklärung veröffentlichen.
Die Dichtung, »welche nur ein so frevelhaftes
Zeitalter als das unsrige für ein Mährchen aus-
geben kann«, trage »alle Kennzeichen einer
Weissagung« und beziehe sich auf Vergangenes, Gegenwärtiges und Zukünftiges. G. interessierte sich aber durchaus für die Aus-
legungen anderer. Noch 1816 legte er eine
Tabelle an, in die er die Erkenntnisse von
drei Personen, eine davon wahrscheinlich
Charlotte von Kalb, eintrug (vgl. FA I, 9,
S. 1115–1119).

Selbst Humboldt, wiederum von anderen
um eine Erklärung des Märchens gebeten,
hatte sich in einem langen Brief an G. vom 9.2.
1796 zunächst um eine Definition der Mär-
chengattung und dann um eine Deutung bemüht. G. antwortete ihm am 27.5. 1796: »Es
war freilich eine schwere Aufgabe, zugleich
bedeutend und deutungslos zu sein. Ich habe
noch ein anderes [Märchen; d.Vf.] im Sinne,
das aber, gerade umgekehrt, ganz allegorisch
werden soll«. Dieses Gegenstück zum *Märchen* hat G. nicht mehr geschrieben. Das entmutigende Echo auf die *Unterhaltungen* wie
die *Horen* überhaupt wirkte sich nicht günstig
aus. Auch Schiller hat die geplante Überarbeitung der *Ästhetischen Briefe* für eine Buch-
veröffentlichung unterlassen, und die *Horen*,
in welchen G. u.a. die *Römischen Elegien* und

die Übersetzung des *Benvenuto Cellini* zum
ersten Mal erscheinen ließ, wurden ab Juni
1798 eingestellt.

Die Rezeption in der Forschungsliteratur

In der Forschung wurden *Die Unterhaltungen*
lange als ein Nebenwerk G.s angesehen. Sie
hat sich zunächst auf die Quellen der einzelnen
Geschichten konzentriert, sie isoliert von einander und von der Rahmenhandlung betrachtet und dieser so gut wie keine Beachtung geschenkt. Dafür wurde das *Märchen*, ebenfalls
in den meisten Fällen als Einzeldichtung, um
so ausführlicher kommentiert. Von der Quel-
lenforschung weiterführend, konnte sich zunächst kein Kommentator zu einem positiven
Urteil über die *Unterhaltungen* durchringen.
Man sah sie als das äußerst schwache Produkt
eines Autors, der nicht im Vollbesitz seiner
Kräfte war. Ihre Erscheinungsweise in Fortsetzungen wurde ebenfalls als Grund dafür angegeben, daß sie nicht zu einem künstlerisch
durchgeformten Ganzen gedeihen konnten.
G.s unverhohlene Freude an erotischen Details in den Erzählungen gab bis zum Ende des
19. Jhs. zu manchem kleinen Seitenhieb Anlaß.

Mit Oskar Walzels Kommentar in der Fest-
Ausgabe von 1926 setzte eine stärkere Differenzierung in der Betrachtung der *Unterhaltungen* ein. Auch er bezeichnet die vier ersten
Erzählungen als bloße Anekdoten und schenkt
der Rahmenhandlung nur im Hinblick auf die
Baronesse und ihre Forderungen an die Ge-
schichtenerzähler Beachtung. Aber er zieht
wichtige Verbindungen zwischen der Erzählsammlung und Schillers Sittenlehre, die er
auch im Märchen wirksam sieht. Walzel richtet seine Aufmerksamkeit vor allem auf die
Novelle von Ferdinand und Ottilie, deren Stoff
aus der Welt des Familiengemäldes von Iffland
und Kotzebue genommen sei und die Schwierigkeit bezeuge, »aus bürgerlicher Umwelt Er-
fundenes vorzubringen, das nicht auf Schritt

und Tritt bekannte Einzelheiten weist« (Walzel, S. 32).

Von nun an erregten sowohl die Einzelerzählungen wie auch das Gesamtgefüge der *Unterhaltungen* das Forscherinteresse. Bereits 1934 hatte Kraft in einer unübertroffenen Studie die Geschichte von der schönen Krämerin von ihrer Basssompierre-Quelle über die Version G.s zu der Hofmannsthals verfolgt und die *Unterhaltungen* als ein »höchst wichtiges« Produkt des Übergangs bezeichnet. Für Kraft läßt G. den »Kampf zwischen Konvention und Natur« zugunsten der Natur ausgehen, nicht mehr fähig, wie Dante zu sagen, was er verschweigt, und wohl ahnend, »daß, wo Seele ist, es keine Psychologie geben dürfe« (Kraft, S. 484).

In den 50er Jahren lenkte die verstärkt einsetzende Novellenforschung die Aufmerksamkeit selbstverständlich auch auf das Werk, mit dem die deutsche Novelle ihren Anfang nahm. Dazu trug zunächst 1951 der Kommentar von Trunz in der von ihm edierten Hamburger Ausgabe bei. Der Unterschied zu den Kommentaren früherer Ausgaben ist frappant. Trunz nennt die Gesamtkonzeption »klar« und die einzelnen Novellen »formvollendet erzählt«. Vor allem weist er darauf hin, daß G. hier etwas völlig Neues in die deutsche Literatur einführt: »die knappen, schlanken Erzählungen, sich drehend um eine Wendung, die Licht wirft auf einen ganzen Menschen, ein ganzes Leben« (Trunz, Komm. in HA 6, S. 602).

Die Novellenforschung der 50er Jahre führte zu den Arbeiten von Josef Kunz und Johannes Klein. Letzterer führt das bessere Verständnis für die *Unterhaltungen* auf die Tatsache zurück, daß sie jetzt gegen »ihre weltgeschichtlichen Hintergründe gesehen« wurden (S. 62). Auch Kunz erkennt, daß die Krise der Französischen Revolution, die diesen Hintergrund bildet, mannigfaltige Verschränkungen zwischen Rahmenhandlung und Erzählungen zur Folge hat.

Die Revolutionsthematik in den *Unterhaltungen* rückte seit dem Ende der 60er Jahre immer mehr in den Mittelpunkt der Forschung. Gleichzeitig erfuhr die gesamte Erzählsammlung eine deutliche Aufwertung. Joachim Müller bezeichnet sie 1969 ausdrück-

lich nicht mehr als Nebenwerk und Unterhaltungsliteratur. Er geht G.s Einstellung zur Revolution von dem ebenfalls in den *Horen* erschienenen Aufsatz *Literarischer Sansculottismus* bis zu Äußerungen in den Gesprächen mit Eckermann nach und rückt das seit den ersten Kritiken immer wieder verlautete Fehlurteil über G. als Revolutionsfeind zurecht: G. wolle, so seine These, in den *Unterhaltungen* gerade nicht als Befürworter einer antirevolutionären Haltung gelten.

In diesem Punkt widersprach ihm Wulf Segebrecht entschieden, der 1975 zu dem Schluß kam, G. als Parteigänger der Gegenrevolution führe in den *Unterhaltungen* eine durch die leidige Politik ungesellig gewordene Gesellschaft vor. »Und im gleichen Sinne erscheint auch die zunehmende Poetisierung des Erzählens, da sie eine zunehmende Distanz der Gesellschaft vom Politischen anzeigt, als eine zunehmende Politisierung der guten Gesellschaft. Die Poesie ist ein politisches Mittel einer Gesellschaft, die sich für gut hält« (Segebrecht, S. 312). Während Müller die Figur des Geheimerats, den G. den Rückzug antreten läßt, als Beweis für G.s Absicht anführt, nicht als antirevolutionär gelten zu wollen, sieht Segebrecht darin das genaue Gegenteil. Indem G. »formal Schillers Einwürfen folgte und die postrevolutionäre Position stärkte«, habe er gewußt, »daß er damit den antirevolutionären Sinn des Ganzen nur noch verdeutlichen konnte, was er sich denn auch nicht entgehen ließ« (Segebrecht, S. 313).

Diesem Befund widerspricht Bernd Bräutigam überzeugend, wenn er 1975 die *Unterhaltungen* nicht nur in Zusammenhang mit der Revolutionsthematik bringt, sondern auch und vor allem mit Schillers Konzept der »ästhetischen Erziehung«. Er sieht den *Horen*-Herausgeber noch immer von den »Zielvorstellungen der Revolution« begeistert (Bräutigam, S. 511), obwohl dieser sich von den Mitteln, mit welchen sie inzwischen erreicht werden sollten, voll Ekel abwenden mußte. Daher entwickele Schiller in den *Ästhetischen Briefen* ein Programm, das zu einer harmonischen Einheit der Gesellschaft führen sollte. Laut Bräutigam stellt G. dieses Programm in den

Unterhaltungen zur Diskussion, indem er Bildungsabsicht und Bildungserfolg miteinander kontrastiert und die Rezeption der einzelnen Erzählungen durch die Ausgewanderten analysiert. Danach komme G. zu dem Schluß, daß Schillers Bildungsplan in und an der kleinen Gesellschaft gescheitert sei, die auch durch Poesie keine Vollendung ihrer Geselligkeit erreichen könne.

Bräutigam lenkt die Aufmerksamkeit ebenfalls auf den »Aufeinanderprall« von Revolution und Restauration, wie er sich in den Figuren Karls und des Geheimerats zeigt, und sieht in dessen Weggang »das unerhörte Ereignis der Rahmenhandlung« (Bräutigam, S. 518). Die Restauration als Erzeugnis der Revolution sei dieser innerlich verwandt und nicht die Lösung des Problems, die auch G. nicht gewußt habe. Der Auszug des Geheimerats bedeute allerdings den Traditionsverlust, den die Revolution mit sich gebracht und den G. beklagt habe. In den *Unterhaltungen* stelle auch er ein Erziehungsprogramm vor, das aber im Gegensatz zu dem Schillers ein pragmatisches sei, das der Entsagung.

Eine neue Perspektive eröffnet Jane K. Browns 1975 erschienene Studie über G.s Erzählzyklen, in der sie die *Unterhaltungen* im Zusammenhang mit den *Wanderjahren* diskutiert. Auch sie sieht in der Darstellung der Französischen Revolution als Bedrohung der gesellschaftlichen Ordnung den Anlaß zu den *Unterhaltungen* und geht aufs genaueste, allerdings unter Auslassung der Bassompierre-Geschichten, den komplexen Beziehungen zwischen Erzählungen und Rahmenhandlung nach, »which make it possible to appreciate the interplay of contradictory tendencies and elusive parody in Goethe's work« (Brown, S. 4). Die Beziehungen zwischen Rahmen- und Novellenfiguren werden sogar noch bis ins *Märchen* verfolgt, in dem Brown den Verjüngungsprozeß der Gesellschaft und ihre Rettung aus der Unordnung durch gemeinsame Anstrengung und Selbstaufopferung als Parallelhandlungen zu den *Unterhaltungen* erkennt.

Daß die Entsagungsthematik in historischem Zusammenhang zu sehen ist, hat Helmut Brandt 1978 an der Prokurator- und der Ferdinand-Novelle demonstriert. Er verweist auf G.s fünf Maximen zur Französischen Revolution über die sich wechselseitig ausschließenden Kategorien von Freiheit und Gleichheit, die zwischen beiden Novellen entstanden. Da für G. die Gesellschaft auf Gleichheit gegründet ist, ist dem Menschen Freiheit nur als sittliche Freiheit gegeben, die er selber trägt. Daher das Thema der Novellen: »Wer unter Menschen Freiheit erlangen oder behaupten will, muß entsagen« (Brandt, S. 209). Er müsse sich dabei auch politische Abstinenz auferlegen können, eine Forderung, die die soziale Sicht deutlich einenge, die aber dem von G. erkannten Grundproblem entspringe, daß die Menschenrechte wie das der Freiheit und bürgerliche Verkaufs- und Produktionsformen auseinanderfallen.

Rolf Geißler formuliert 1979 noch radikaler, wenn er feststellt: »Erzählt wird zur Überwindung des Politischen« (S. 39). Die Einsicht, gesellige Bildung könne ihre kommunikative Funktion nur dann erfüllen, wenn sie sich aus dem Streit der Meinungen heraushalte, stelle »einen Grundschritt zur Entwicklung klassischer Ästhetik« (Geißler, S. 41) dar. Daß diese Ästhetik einen »progressiven Sinn des Phantastischen in der Literatur« freizulegen vermag, hat Jürgen Söring entdeckt, indem er die am ersten Abend erzählten Geschichten und Anekdoten »als Reflex der epochalen Erschütterungen durch die Große Französische Revolution und damit als Artikulation eines sich wandelnden Welt- und Wirklichkeitsverständnisses« (S. 566) begreift.

Dem Vergleich bzw. der »Auseinandersetzung G.s mit Schiller« in den *Unterhaltungen* gelten mehrere jüngere Arbeiten. Gerhard Neumann sieht G. in den *Unterhaltungen* die Frage der Literatur des 19. und 20. Jhs. stellen, die Frage, wie sich Liebe in Ökonomie umrechnen lasse. Neumanns Vergleich von Schillers *Verbrechen aus verlorener Ehre* mit G.s Erzählungen gilt den Novellen einer Zeit, in der die Selbsterfahrung des Menschen durch umwälzende politische und soziale Veränderungen geprägt wurde, zu deren Charakterisierung Neumann auch die Theorien Michel Foucaults heranzieht. In den Novellen

Schillers und G.s entdeckt er drei Grundvorstellungen. Sie zeigen erstens Identifikationsvorgänge in Krisensituationen, zweitens Kommunikationsvorgänge, die nach den Gesetzen des Tauschs von Qualität in Quantität, Geld in Moral, Ökonomie in Liebe und umgekehrt verlaufen. Drittens demonstrieren sie die Bedrohung des Subjekts durch die Gewalt sozialer Redeordnung und die Bedrohung der Kommunikation durch Tauschgesetze. All dies mache neue Erzählformen notwendig.

In den Rahmenunterhaltungen, so Neumann, wird durch die »Rede-Regel«, die Rede von Liebe und Politik und damit der private vom öffentlichen Bereich getrennt. Die Liebesgeschichten vollziehen parallel dazu die Trennung von Liebe und Ökonomie, indem sie den Menschen in das Konfliktfeld des »liebenden Sich-Schenkens« und der ökonomischen Tauschstrukturen stellen (Neumann, S. 448). Neumann bietet im folgenden zwei Lesarten der *Unterhaltungen* an, eine »oberflächliche«, in der die Einheit des Subjekts von der Erfahrung her naturwissenschaftlich (in den Gespenstergeschichten), von der Beziehung her ökonomisch (in den Liebesgeschichten) und aus der »Umrechnung in die abstrakte Wertformel des Geldes« (in den Kaufmannsgeschichten) definiert wird (Neumann, S. 450). Die zweite Lesart »in tieferem Sinn« erkennt in den *Unterhaltungen* den Versuch, das durch die Trennung von Liebe und Politik »gespaltene Subjekt« mit sich selbst zu versöhnen (Neumann, S. 451). Dadurch werden Aufbau und Verknüpfung von Rahmen und Erzählungen bestimmt als dreimalige Diskussion apolitischer sozialer Ordnungsmöglichkeiten: der naturwissenschaftlichen, der mann-weiblichen Kommunikation und der ökonomischen.

Ebenfalls 1984 stellt Bernd Witte die unterschiedlichen Haltungen, Absichten und Methoden G.s und Schillers in den *Unterhaltungen* und den Briefen *Über die ästhetische Erziehung* heraus. Der Praktiker G. will nicht belehren, sagt Witte, sondern bessern. Er gebe keine Metaphysik des Schönen, sondern schaue dem Künstler bei seinem Bildungswerk zu. Für ihn entscheide Erfahrung, was schön sei, nicht der »reine Vernunftbegriff der Schönheit« (Witte, S. 473), dem der Theoretiker Schiller in idealistischer Selbsttäuschung erliege. Diese Erfahrung könne nur der Künstler machen, was sich am Versagen der Emigranten bei der Interpretation der Erzählungen erweist und, noch deutlicher, im *Märchen*, das alles, was in den *Unterhaltungen* negativ ist, ins Positive wendet. Witte ist einer der wenigen Interpreten, die die *Unterhaltungen* und das *Märchen* als Einheit betrachten, sehr zum Gewinn für das Verständnis beider. Das *Märchen* als Schluß- und Gipfelpunkt der *Unterhaltungen* lege zugleich den stärksten Widerspruch gegen Schillers »anthropologische Theorien« ein. »Das freie Spiel der Einbildungskraft im *Märchen* dient nicht der ästhetischen Erziehung des Menschen, sondern der Selbstverständigung des Dichters über sein eigenes Tun« (S. 482).

Der Widerspruch zwischen Schillers ästhetischem Erziehungsprogramm und G.s literarischer Praxis, wie er sich in den gleichzeitigen Veröffentlichungen beider in den *Horen* zu erkennen gibt, wird 1987 von Ulrich Gaier als eine bewußt von G. formulierte Kampfansage gesehen, eine Ansicht, der sich bisher kein weiterer Interpret anschließen konnte. Er nennt die *Unterhaltungen* eine »satirische Antithese zu Schillers Ästhetischen Briefen I–IX« (Gaier, S. 207) und will in den *Horen* ein intellektuelles Ringen beobachten, in dem jeder der beiden Kontrahenten den anderen auf seine Seite ziehen möchte. G. wolle Schiller dabei »entidealisieren«. Das sei ihm aber nicht durch theoretische Erörterungen möglich. Er greife daher zur Satire, dem Mittel, mit dem er von jeher Einseitigkeit bekämpft habe. Gaier stellt Brief für Brief den gleichzeitig veröffentlichten Teilen der *Unterhaltungen* gegenüber und untersucht diese auf Parallelen oder Gegensätze in Aussagen und narrativen Strukturen. Dabei stößt er immer wieder auf G.s vermeintliche Ablehnung solcher Vorstellungen und Methoden Schillers, die in abstrakten, subjektiven Idealismus zurückführen. Schiller sehe in der Natur bloß sinnlichen Stoff. G. sehe, dem diametral entgegengesetzt, im menschlichen Geist einen Teil der Natur. Deshalb sei dem Menschen bei G. auch die Versöhnung mit der Natur möglich.

Die Rezeption des *Märchens*

Bei ihrem ersten Erscheinen wurden die Rahmenhandlung und die Erzählungen der *Unterhaltungen deutscher Ausgewanderten* von vielen Seiten als unkünstlerisch abgelehnt und später in der Forschung lange als unbedeutend abgetan. Mit dem *Märchen* war das von Anfang an ganz anders. Da es eine Fülle von Einzeluntersuchungen hervorgerufen hat, sei hier ein knapper Überblick über die Literatur zum *Märchen* gegeben, deren Vielfalt schier überwältigt. Sie reicht von biographisch-geschichtlichen Ansätzen über psychologische, neuidealistische, ästhetische, anthroposophische, alchimistische Interpretationen bis hin zu Stellungnahmen von Georg Brandes und Friedrich Gundolf, die jede Möglichkeit einer Interpretation verneinen. Hans Mayer bemerkt zurecht, man könne eine Ideologiegeschichte der Germanistik am Beispiel der Kommentare zum *Märchen* illustrieren.

Im Gegensatz zu den Erzählungen hat das *Märchen* schon immer die Dichter inspiriert. Novalis zitiert den Aufruf des Alten mit der Lampe, »Es ist an der Zeit!«, in dem Gedicht *Blumen* und läßt im neunten Kapitel des *Heinrich von Ofterdingen* ein ebenfalls schwer zu enträtselndes Märchen erzählen, in dem Liebe und Poesie als erlösende Kräfte wirken. Tieck diskutiert in seinem *Phantasus* die Märchen G.s und Novalis', und Hofmannsthal, Novalis' Definition des *Märchens* als »erzählte Oper« aufnehmend, sagt darüber: »Wäre es eine Oper, es wäre leicht die vollkommenste aller Erfindungen, die jemals der Musik gedient haben« (S. 444). Zuletzt hat Peter Handke seine von G.s *Märchen* inspirierte Erzählung *Abwesenheit* ebenfalls *Ein Märchen* genannt.

Wie alle große Dichtung regte auch das *Märchen* zur Parodie an. Im *Mücken-Almanach für das Jahr 1797* erschienen mehrere Epigramme, darunter: »Rechtfertigung (eingesandt von den deutschen Ausgewanderten). Mährchen und Liebesgeschichten erzählen die Ammen und Liebchen; / Wir sind rechtliche Leut', sprechen auch niemand in Schlaf«.

Obwohl die Leser des *Märchens* an dieser Dichtung stets die in völliger Freiheit sich bewegende Phantasie des Erzählers gerühmt haben, suchten sie diese doch in ihren oft ebenfalls phantastischen Auslegungen an der Wirklichkeit gleichsam festzubinden. Diese wurde zunächst als die zeitgenössische Situation begriffen, in der die *Unterhaltungen* stattfinden. So sah bereits Novalis in der Lilie die Königin Luise von Preußen. Andere dagegen identifizierten in ihr die Freiheit. Der Fluß wurde als der Rhein, der Riese als »Symbol der Zollschranken« und die Brücke als das des Freihandels, für den sich der Reichtum in Gestalt der Schlange opfert, gedeutet. Mehrere andere Interpreten begriffen das *Märchen* als politisch-nationales Glaubensbekenntnis des Dichters an eine sich bald vollziehende Verjüngung Deutschlands, die sich in der Reichsgründung zu erkennen geben würde und die G. demnach vorausgesehen habe. Aus amerikanischer Perspektive wurde in der am Schluß des *Märchens* verherrlichten bildenden Liebe das Prinzip demokratischer Selbstverwaltung entdeckt. Im Widerspruch dazu steht die nationalistische Deutung von Elise Elösser, die 1906 das *Märchen* als »Resümee des Zeitalters der grossen Volksbewegungen« interpretierte (S. 58). Da wird der Fährmann zum zielbewußten Führer, die Irrlichter sind Volksaufrührer und verbreiten »Schrecken vor der roten Konsequenz«, und das Glück eines Volkes liegt in Recht und Raum »zu landgewinnender Arbeit auf der Grundlage des Ackerbaus« (Elösser, S. 60)

Schon früh, so von Max Morris, wurde das *Märchen* auf die nächste Umgebung G.s bezogen, in welcher der Dichter mit seinem Zauberstab Konflikte löst und Harmonie herstellt. In der verjüngten und geheilten alten Frau sei demnach Christiane Vulpius zu erkennen, die bei Hof nicht willkommen war; in der Vermählung des Prinzen mit Lilie wird die unglückliche Ehe des Herzogs und der Herzogin in eine glückliche verwandelt und in der Figur des Riesen das gefährliche Frankreich unschädlich gemacht.

Von den allegorischen zu den symbolischen Deutungen fortschreitend, hat vor allem Camilla Lucerna zwischen 1910 und 1959 in zwei

Büchern und mehreren Aufsätzen den Interpreten von G.s Rätseldichtung neue Anregungen gegeben. Sie bezeichnet die Dichtung als »Gleichnis« des Werdens und der Weltverjüngung. Den Schlüssel zum *Märchen* findet sie in der Brücke, die sich selbst erbaut und erhält.

Für Friedrich Ohly dagegen ist das *Märchen* 1962 eine Offenbarung, in die römische und biblische Erfahrungen seines Erzählers eingegangen und aufs Wunderbarste miteinander verschlungen sind. So gleicht der Tempel, wie die genaue Darstellung der topographischen Verhältnisse zeigt, der nach dem Vorbild des Pantheon gestalteten Peterskirche, wie überhaupt der Schauplatz des *Märchens* und seine Landschaft römischen Charakter tragen. Mit dem Aufbruch in eine neue Zeit, den das *Märchen* zweifellos verkünde, stelle G., so Ohly, die Zeitwende Roms und »diese selbst als Mythos der geschichtlichen Verwandlung an der Schwelle in die neue Zukunft« dar (S. 159).

Die Vielfalt der Interpretationsansätze zur Auslegung des *Märchens* wird seit den 60er Jahren immer größer. Schließlich mehren sich auch die Untersuchungen, die das *Märchen* nicht isoliert von den *Unterhaltungen* und ihrem zeitgeschichtlichen Kontext einerseits und dem Bezug auf Schillers *Ästhetische Briefe* andererseits betrachten. Zu ersteren gehört Hans Mayer, der das *Märchen* als »Parabel der Revolution« versteht, in der die Revolution endlich überwunden werde. Gonthier-Louis Fink deutet jedoch jenseits der Hinweise und Reaktionen G.s auf das Zeitgeschehen auch auf die Aufnahme von Freimaurerriten, zahllosen Anspielungen auf die Naturwissenschaft und Themen und Motive aus der Alchimie im Märchentext hin. Nach ihm scheinen nur die Jenaer Romantiker das *Märchen* verstanden zu haben, weil sie den gleichen Gegensatz von »universal gedachter Erneuerung und hermetischer Sprachgestaltung aufwiesen« (Fink, S. 122).

So wie Rahmen und Erzählungen der *Unterhaltungen* verschiedentlich als Antwort oder gar Satire G.s auf Schillers *Ästhetische Briefe* begriffen wurden, so auch das *Märchen*. Peter Pfaff bietet 1977 eine allegorische Deutung, nach der G. auf Schillers Trennung von Rea-

lem und Idealem zunächst scheinbar eingehe und die Schlange, »ein ziemlich deutsches Tier«, mittels des zweifelhaften Geschenks der Irrlichter die Vergangenheit erhellen lasse. Aber die Konzentration auf das Ideal – der für den Jüngling tödliche Kuß – verursache nur Unglück, und der Alte mit der Lampe müsse die Gesellschaft zurück zur Wirklichkeit führen. So entwickle das *Märchen* sein Thema einer natürlich und geschichtlich bedingten Vernunft im Widerspruch zu Schiller.

Katharina Mommsen, die zunächst im *Märchen* zahlreiche Motive aus *1001 Nacht* ausmacht, erkennt in G.s Dichtung und Schillers *Ästhetischen Briefen* den utopischen Charakter beider und also eine fundamentale Übereinstimmung zwischen dem dichterischen und dem philosophischen Werk. Unter Heranziehung der *Ersten Epistel* G.s, des Gedichts, das Schiller an den Anfang des ersten *Horen*-Stücks gestellt hatte und das ebenfalls ein Märchen erzählt, versteht sie das *Märchen* als »Nachwort« zu den Briefen »des Inhalts: alles philosophische Bemühen Schillers um Veredelung und Erneuerung der Menschheit ist *Märchen*, muß *Utopie* bleiben« (Mommsen, S. 250).

Die polaren Gegensätze Ideal und Wirklichkeit, Verstand und Einbildungskraft, Natur und Kunst sind in der Märchendichtung versöhnt, bei Schiller bleiben sie getrennt, wie Witte feststellt, der ebenfalls von einer »Auseinandersetzung« G.s mit Schiller spricht. Während Schiller seine Hoffnung auf die ästhetische Erziehung des Menschen setze, halte G. sie für unerreichbar und stelle ihr das ästhetische Bildungsideal des Schriftstellers gegenüber. Eine neue ästhetische Ordnung werde es erst durch das »Selbstopfer des Dichters« geben, der, wie die Schlange, auf das »Auskosten des eigenen Lebens zugunsten der Produktion des Kunstwerks« verzichtet (Witte, S. 480).

Im Grunde hat die Diskussion über die Frage, ob das *Märchen* symbolisch oder allegorisch gedeutet werden soll, nie aufgehört. Das zeigt auch die Diskussion über einen Aufsatz von Günter Niggl aus dem Jahr 1986, der die allegorischen Deutungen unbefriedigend nennt, weil sie nie das Ganze, sondern nur Einzelheiten erklären können. Wenn man jedoch weiterhin im *Märchen* G.s Antwort auf die Französische Revolution erblicken will, kann man ein allgemeines »Allegorieverbot« nicht gelten lassen. Der historische Kontext läßt sich auch herstellen, ohne enge allegorische Bezüge zwischen einzelnen Figuren und Phänomenen im *Märchen* einerseits und historischen Personen und Fakten andererseits zu postulieren. Niggl sieht im Märchen das Bild der »Erneuerung der kulturellen und politischen Welt dank der wachsenden Einsicht des Menschen in die Notwendigkeit eines gemeinsamen [...] Handelns« (S. 101). Anregungen für die Vision der Erneuerung im Schlußbild des *Märchens* führt Niggl auf den Propheten Daniel und, wie schon Ohly, auf die *Geheime Offenbarung* zurück.

Deutungsaspekte

Welches Fazit ist aus der Fülle der teils einander so ausdrücklich widersprechenden Kommentare zu den *Unterhaltungen deutscher Ausgewanderten* zu ziehen? Sind sie als ein Haupt- oder Nebenwerk G.s zu betrachten? Nimmt G. darin Stellung gegen Schiller oder strebt er gemeinsam mit diesem nach dem gleichen Ziel? Bieten die *Unterhaltungen* ein Beispiel für die ablehnende Haltung G.s gegenüber der Französischen Revolution oder ist in dem Werk auch Verständnis für ihre Ideale und ihre Anhänger zu erkennen? Wie ist es überhaupt mit der Einheit des Werkes und mit seiner Bedeutung für G. selbst bestellt?

Es ist begreiflich, daß die *Unterhaltungen* gegenüber den *Lehrjahren*, mit welchen sie von G.s Zeitgenossen, sehr zu ihrem Nachteil, verglichen wurden, als Nebenwerk erscheinen mußten. Heute jedoch steht außer Zweifel, daß ihnen schon allein durch ihre Stellung am Anfang der deutschen Novellenliteratur große Bedeutung zukommt. G.s Bemerkungen zu seiner *Novelle* in den Gesprächen mit Eckermann, die zur Definition dieser Gattung ge-

worden sind, werden in den Vorstellungen einer zu geselliger Bildung beitragenden Erzählkunst der Baronesse in den *Unterhaltungen* vorbereitet.

Daß G. zu den *Horen* auf seine – Schiller in mancher Hinsicht durchaus entgegengesetzte – Weise beitragen würde, hat dieser von vornherein gewußt. Hatte er doch in dem »Geburtstagsbrief« vom 23.7. 1794 eine Charakterisierung G.s gegeben, in der er ihn als eine ihm selbst entgegengesetzte Natur sieht und als ein Genie bezeichnet, in dessen richtiger Intuition »alles und weit vollständiger« liege, »was die Analysis mühsam sucht, [...] Geister Ihrer Art wißen daher selten, wie weit sie gedrungen sind, und wie wenig Ursache sie haben, von der Philosophie zu borgen, die nur von Ihnen lernen kann«. Auch G. wußte, »daß wir [Schiller und er; d. Vf.] nämlich an wichtigen Gegenständen ein gleiches Interesse haben und daß wir, indem wir von ganz verschiedenen Seiten auf die selben losgehen, doch bey denselben in grader Richtung zusammentreffen, und uns zu unsrer wechselseitigen Zufriedenheit darüber unterhalten können« (Briefkonzept an Schiller, zwischen 8. und 19.10. 1794).

Einer dieser Gegenstände war die Französische Revolution mit ihren Folgen, die auch für G. den »politischen Jammer« bedeuteten, als die sie Schiller bezeichnet hatte. Unterschiedlichere Standpunkte als die, von welchen Schiller in den *Ästhetischen Briefen* und G. in den *Unterhaltungen* auf diesen Jammer losgingen, kann man sich kaum denken. Die »wechselseitige Zufriedenheit« über ihre jeweiligen Versuche wurde zwar von späteren Interpreten bezweifelt, wenn nicht gar bestritten, aber dem ist doch entgegenzuhalten, daß das Verhältnis zwischen G. und Schiller durch das *Horen*-Unternehmen nicht gelitten hat. Im Gegenteil, ihre »Unterhaltung«, wie sie in der Zeitschrift und dem sie begleitenden Briefwechsel geführt wurde, kann als beispielhaft bezeichnet werden im Gegensatz zu jener, welche die Ausgewanderten abbrechen müssen, wollen sie als zivilisierte Gesellschaft weiterbestehen.

In den *Unterhaltungen* zeigt sich G. wie Schiller von der Revolution und dem, was sie heraufbeschwor, besonders in den das deutsche und französische Gebiet verwüstenden Koalitionskriegen, aufs tiefste erschüttert. Unmittelbar war diese Erschütterung während des Aufenthalts in Pempelfort zu spüren gewesen, den G. in der *Campagne in Frankreich* beschrieben hat, als er unfähig war, eigene Dichtungen aus früheren Jahren vorzulesen oder anzuhören. Indirekt wirkt sie in die *Unterhaltungen* ein, in welchen G. mit einer neuen Form des Erzählens experimentiert.

G. als Verteidiger des Ancien régime zu bezeichnen, wäre eine Verdrehung der Tatsachen. Oft genug hatte er sich, stets in satirischer Form, dagegen ausgesprochen, am deutlichsten 1791 im *Groß-Cophta*. Auch ist in den *Unterhaltungen* unübersehbar, wie sehr sich G. bemüht, den Anhängern der Revolutionsidee Gerechtigkeit widerfahren zu lassen. Ihr Vertreter, Vetter Karl, wird trotz seiner Radikalität als äußerst gewinnend beschrieben. Er ist nicht nur jung, schön und leidenschaftlich, sondern auch im besten Sinne fortschrittlich. Hoher Stand bedeutet ihm nichts, Glücksgüter sind ihm entbehrlich. Daß der Geheimerat zur Abreise gezwungen wird, mag diesem zwar das Mitgefühl mancher Leser sichern, mehr allerdings fühlen sie mit seiner Frau und der Baronesse. Keineswegs aber mindert das die Sympathien für Karl, dessen Zerknirschung ob des von ihm verursachten Unglücks zusammen mit dem Verschwinden seines Antagonisten den »Wendepunkt« der Rahmenhandlung bildet. Erst durch Karls Einsicht wird ja die Einübung in gesellige Bildung nach den Vorstellungen der Baronin möglich.

G. wählte für Rahmen und Erzählungen Figuren und Stoffe, die Weltoffenheit demonstrieren und gleichsam ein Stück wenn nicht Welt- so doch europäischer Literatur bilden. Schon die sich unterhaltenden Personen sind entweder weitgereist und in anderen Kulturen bewandert wie der Abbé, oder sie zeigen großes Interesse an fremden Ländern und Literaturen wie die Baronesse, nicht zu reden von Karl, dem die »Neu-Franken« näher stehen als viele seiner deutschen Landsleute. Es ist bezeichnend, daß die am wenigsten sympathische Luise, die bereits Schiller ziemlich unerträglich fand, mit ihrem provinziell begrenzten Horizont von dem Abbé eine Geschichte fordert, die Geist und Herz bilden solle, und das könne eben nur eine »einheimische« sein. »Muß denn alles in Italien und Sicilien geschehen? Sind denn Neapel, Palermo und Smyrna die einzigen Orte, wo etwas Interessantes vorgehen kann?« fragt sie (FA I, 9, S. 1059). Die Geschichte von Ferdinand und Ottilie, die der Abbé daraufhin erzählt, ist die einzige außer der Anekdote vom Klopfgeist, die in heimischem Milieu spielt. Schon zum Rahmen, den G. hier in die deutsche Literatur einführt, hat er sich von Boccaccio anregen lassen, gibt ihm aber eine ungleich größere Bedeutung. Alle anderen Geschichten haben ihre Quelle in der französischen Literatur und ihren Schauplatz in Frankreich oder Italien. Das *Märchen* spielt ebenfalls nicht im deutschen Märchenwald, sondern in »Utopien«.

Die unprätentiösesten Erzählungen werden, wie Witte feststellt, mit »anspruchslosem Erzählgestus« und in »scheinbar unverbindlichem Plauderton« vorgetragen und stehen dadurch in deutlichstem Gegensatz zu Schillers Pathos. Damit will G. jedoch vor allem »ein unendliches Zutrauen« bei seinen Lesern erwerben, so in seinem Brief an Schiller vom 5.12.1794. Witte sieht dahinter »eine tiefe Skepsis in Bezug auf die Wirkmöglichkeit des Schriftstellers« (S. 463). Diese Skepsis verbirgt G. wiederum hinter seiner ironischen Behandlung der Ausgewanderten, in welchen er sich gleichsam sein Publikum erfindet. Schließlich ist der Autor mit seinen Erzählfiguren nicht identisch. Am ehesten stimmt er wohl mit dem Abbé überein, dem er durchaus programmatische Äußerungen über seine Sammlung von Geschichten in den Mund legt, »die noch einen reineren, schönern Reiz haben, als den Reiz der Neuheit. Manche die durch eine geistreiche Wendung uns immer zu erheitern Anspruch machen, manche die uns die menschliche Natur und ihre innere Verborgenheiten auf einen Augenblick eröffnen, andere wieder, deren sonderbare Albernheiten uns ergötzen« (FA I, 9, S. 1013). Der Abbé erzählt seine Geschichten mit der ironischen Distanz dessen, der schon lange gelebt und manches gesehen hat. Fritz und Karl hingegen erzählen gleichsam verwundert die rätselhaften Geschichten vom Klopfgeist und von Marschall Bassompierre, für die es keine Erklärung gibt, während der Abbé aus persönlicher Erfahrung spricht und seinen jeweiligen Erzählgegenstand souverän beherrscht und beim Erzählen des *Märchens* seine Phantasie in absoluter Freiheit walten läßt.

Bezeichnenderweise erzählen die beiden Frauen, die Baronesse und ihre Tochter, nichts. Hier folgt G. dem abendländischen Topos des Erzählers und Sängers, der von alters her der Weitgereiste und Erfahrene war und daher männlich sein mußte. Dennoch, und das ist das Meisterhafte an den *Unterhaltungen*, erscheint die Baronesse von Anfang an als die zentrale Figur. Bei ihr laufen alle Fäden zusammen, sie ist das ausgleichende Element, und sie spricht die bedeutendsten Worte darüber, was G. mit den *Unterhaltungen* bezwekken wollte: seine ästhetische Erziehung, die sich in dem Begriff »gesellige Bildung« zusammenfassen läßt. Diese wiederum ist nur möglich durch das Zurücknehmen eigener Wünsche zum Wohl anderer.

Das verbindet die Geschichten einschließlich des *Märchens* untereinander und mit der Rahmenhandlung: »Könnt ihr an euch selbst nicht so arbeiten, und ihr euch mäßig und vernünftig gegen diejenigen betragen, die euch im Grunde nichts nehmen, nichts rauben wollen?« fragt sie (FA I, 9, S. 1006). Dieses An-sich-Arbeiten erfordert aber nicht, daß man sich mit Gewalt in die Zucht nehmen muß, wie der Hofmeister vorschlägt. Die Baronesse sieht darin eine durchaus männliche Reaktion: »Wie leicht doch Männer sich überreden können, besonders in diesem Punkte! Das Wort Herrschaft ist ihnen ein so angenehmes Wort [...]. Ich wüßte auch keinen, der auch nur der geringsten Entsagung fähig wäre« (ebd.).

Damit ist das Schlüsselwort der *Unterhaltungen* gefallen. Entsagen müssen alle, die Ausgewanderten wie die Figuren in den Geschichten, im großen wie im kleinen. Wenn sie es nicht können, bedeutet das ihren Untergang. Die Baronesse gibt selbst ein Beispiel,

denn auch sie gerät in Erregung: »Fordern will ich künftig von euch, befehlen will ich in meinem Hause« (FA I, 9, S. 1007). Dann aber mildert sie ihre Sprache, »indem sie sich zusammen nahm« (ebd.); und aus dem Befehl wird die Bitte um gesellige Bildung.

Sie will damit nicht sagen, der Verzicht auf das Gespräch über politische Tagesereignisse in geselligem Kreis bedeute einen Verzicht auf das Interesse am Weltgeschehen oder gar eine eigene Meinung darüber. Die Baronesse sieht aber nach dem soeben Vorgefallenen keine andere Lösung als die, sich der politischen Debatte in Gegenwart Andersdenkender zu enthalten, ganz wie es Schillers *Horen*-Programm gefordert hatte. Und so wie sich die Baronesse zusammenzunehmen weiß, tut es Karl. Auch der Abbé zeigt mit geradezu heiligmäßiger Geduld der unausstehlichen Luise gegenüber, daß er sich zusammennehmen kann, und am Schluß kann es sogar Luise bis zu einem gewissen Grad.

Die Erzählungen selbst geben in ihrer sorgfältig komponierten Abfolge Beispiele für das lebensnotwendige Sich-Zusammennehmen und die zur Befreiung führende Entsagung. Weil weder die Sängerin Antonelli noch ihr Liebhaber den entsagenden Verzicht auf ihre Wünsche leisten können, ist ihm ein trauriges Ende und ihr seine Rache gewiß. Die schöne Krämerin dagegen geht »jede Bedingung« ein (FA I, 9, S. 1034), um ihre Liebe zu erfüllen, der sie nicht entsagen kann. Nach diesen antithetischen Geschichten breitet die Frau des Ahnherrn Bassompierre den schönen Schleier der Entsagung und Versöhnung über ihren untreuen Mann und seine Geliebte, und diese, das Zeichen verstehend, entsagt ihm fortan. Selbst noch die nach der ersten Geschichte eingeschobene Anekdote läßt an einen nicht zur Entsagung fähigen Freier denken, der ein junges, nicht heiratswilliges Mädchen als klopfender Geist verfolgt.

Die einander gegenübergestellten Novellen vom Prokurator und von Ferdinand, die als einzige der Geschichten diese Bezeichnung verdienen, nehmen das Thema der Entsagung da auf, wo es die Schleiergeschichte gelassen hatte, auf einer moralischen Ebene. Die junge

Frau des Kaufmanns nimmt sich geradezu heroisch zusammen und gelangt dadurch zu der Erkenntnis, »daß wir fähig sind, jedem gewohnten Gut zu entsagen [...], wenn wir uns erst mit dem guten und mächtigen Ich bekannt gemacht haben, das so still und ruhig in uns wohnt« (FA I, 9, S. 1056). In der Geschichte Ferdinands ist ihr ein männliches Entsagungsmodell gegenübergestellt, das geradezu »karikaturhafte Züge« annimmt (Bräutigam, S. 534).

Das die *Unterhaltungen* krönende *Märchen* enthält ebenfalls – darüber sind sich alle Interpreten einig – eine Apotheose der Entsagung in Gestalt der Schlange, die durch Aufopferung ihres Lebens nicht nur den Jüngling vom Tod auferweckt und Lilie von ihrem todbringenden Fluch erlöst. Durch die Verwandlung ihres in Stücke zerfallenen Leibes in eine Brücke ermöglicht sie auch die Verbindung zweier Flußufer und damit den harmonischen Verkehr nicht nur einer kleinen Gesellschaft, sondern der Völker.

»Märchen: das uns unmögliche Begebenheiten unter möglichen oder unmöglichen Bedingungen als möglich darstellt«, definiert G. in den *Maximen und Reflexionen* (MuR, 1046). Seine Definition des Romans, »der uns mögliche Begebenheiten unter unmöglichen oder beinahe unmöglichen Bedingungen als wirklich darstellt« (MuR, 1047), trifft auf die Erzählungen zu. Der Schritt vom Wirklichen zum Möglichen, den G. in den *Unterhaltungen* tut, ist von weittragender Bedeutung für ihn selber wie für seine Leser. Die Reaktionen seines fiktiven Publikums auf das *Märchen* hat sich G. zwar zu erfinden erspart, aber die Anregung, die von diesem phantasievollsten seiner Werke ausgegangen ist, war darum um so größer. Über das als wirklich Dargestellte könnten die Zuhörer in ihren Unterhaltungen lang und breit diskutieren. Über das Mögliche sollten sie und ihre Leser sich ihren Gedanken und ihrer eigenen Phantasie überlassen. Auch darin zeigt sich, daß die *Unterhaltungen* und, darin eingebettet, die Erzählungen und das *Märchen*, ein Ganzes bilden und sich wechselseitig erhellen.

Literatur:

Brandt, Helmut: Entsagung und französische Revolution. Goethes Prokurator- und Ferdinandnovelle in weiterführender Betrachtung. In: Chiarini, Paolo u. a. (Hg.): Deutsche Klassik und Revolution. Rom 1978, S. 195–227. – Bräutigam, Bernd: Die ästhetische Erziehung der deutschen Ausgewanderten. In: ZfdPh. 96 (1977), S. 508–539. – Brown, Jane K.: Goethe's Cyclical Narratives. Die *Unterhaltungen deutscher Ausgewanderten* and *Wilhelm Meisters Wanderjahre*. Chapel Hill 1975. – Elösser, Elise: Goethes *Märchen*. Versuch einer Deutung. In: Euphorion. 13 (1906), S. 58–71. – Fink, Gonthier-Louis: Das *Märchen*. Goethes Auseinandersetzung mit seiner Zeit. In: GoetheJb. N.F. 33 (1971), S. 96–122. – Gaier, Ulrich: Soziale Bildung gegen ästhetische Erziehung. Goethes Rahmen der *Unterhaltungen deutscher Ausgewanderten* als satirische Antithese zu Schillers *Ästhetischen Briefen* I-IX. In: Bachmaier, Helmut u. a. (Hg.): Poetische Autonomie? Zur Wechselwirkung von Dichtung und Philosophie in der Epoche Goethes und Hölderlins. Stuttgart 1987, S. 202–272. – Geißler, Rolf: Zur Einheit in Goethes *Unterhaltungen deutscher Ausgewanderten*. In: literatur für leser. 1 (1977), S. 33–44. – Hoffmann, Ernst Fedor: Die Geschichte von der Sängerin Antonelli in Goethes *Unterhaltungen* und ihre Quelle in der *Correspondance Littéraire*. In: GoetheJb. 102 (1985), S. 105–143. – Hofmannsthal, Hugo von: Einleitung zu einem Band von Goethes Werken, enthaltend die Singspiele und Opern. In: ders.: Gesammelte Werke, Reden und Aufsätze. Bd. 1. Frankfurt/M. 1979 – Klein, Johannes: Geschichte der deutschen Novelle von Goethe bis zur Gegenwart. Wiesbaden 1960. – Kraft, Werner: Von Bassompierre zu Hofmannsthal. Zur Geschichte eines Novellenmotivs. In: Revue de la Littérature Comparée. 15 (1935), S. 481–490; 694–725. – Kunz, Josef: Die deutsche Novelle zwischen Klassik und Romantik. Berlin 1966. – Lucerna, Camilla: Goethes Rätselmärchen. Eine Betrachtung. In: Euphorion. 53 (1959), S. 41–60. – Mayer, Hans: Das *Märchen*: Goethe und Gerhart Hauptmann. In: Müller, Joachim (Hg.): Gestaltung und Umgestaltung. Fs. Hermann Korff. Leipzig 1951, S. 92–107. – Meyer von Waldeck, Friedrich: Goethe's Märchendichtungen. Heidelberg 1879. – Mommsen, Katharina: »Märchen des Utopien«. Goethes *Märchen* und Schillers *Ästhetische Briefe*. In: Brummack, Jürgen u. a. (Hg.): Literaturwissenschaft und Geistesgeschichte. Fs. Richard Brinkmann. Tübingen 1981, S. 244–257. – Dies.: Goethe und 1001 Nacht. Berlin 1960. – Morris, Max: Herzogin Luise von Weimar in Goethes Dichtungen. In: ders.: Goethe-Studien. 2 Bde. Berlin 1902, Bd. 2, S. 1–73. – Müller, Joachim: Zur Entstehung der deutschen Novelle. Die Rahmenhandlung in Goethes *Unterhaltungen deutscher Ausgewanderten* und die Thematik der französischen Revolution. In: Kreuzer, Helmut u.a. (Hg.): Gestaltungsgeschichte und Gesellschaftsgeschichte. Fs. Fritz Martini. Stuttgart 1969, S. 152–175. – Neumann, Gerhard: Die Anfänge der deutschen Novellistik. Schillers *Verbrechen aus verlorener Ehre* und Goethes *Unterhaltungen deutscher Ausgewanderten*. In: Barner, Wilfried u.a. (Hg.): Unser Commercium. Goethes und Schillers Literaturpolitik. Stuttgart 1984, S. 433–460. – Niggl, Günter: Verantwortliches Handeln als Utopie? Überlegungen zu Goethes »Märchen«. In: Wittkowski, Wolfgang (Hg.): Verantwortung und Utopie. Zur Literatur der Goethezeit. Tübingen 1988, S. 91–108. – Ohly, Friedrich: Römisches und Biblisches in Goethes *Märchen*. In: ZfdA. 91 (1961/62), S. 147–166. – Pfaff, Peter: Das Horen-Märchen. Eine Replik Goethes auf Schillers *Briefe über die ästhetische Erziehung*. In: Anton, Herbert u.a. (Hg.): Geist und Zeichen. Fs. Arthur Henkel. Heidelberg 1977, S. 320–332. – Segebrecht, Wulf: Geselligkeit und Gesellschaft. Überlegungen zur Situation des Erzählens im geselligen Raum. In: GRM. 25 (1975), S. 306–322. – SNA 22. – Söring, Jürgen: Die Verwirrung und das Wunderbare in Goethes *Unterhaltungen deutscher Ausgewanderten*. In: ZfdPh. 100 (1981) S. 544–559. – Trunz, Komm. in HA 6, S. 599–618. – Walzel, Oskar: Einleitung. In: Goethes Werke. Festausgabe. Bd. 14. Leipzig o.J., S. 29–42. – Witte, Bernd: Das Opfer der Schlange. Zur Auseinandersetzung Goethes mit Schiller in den *Unterhaltungen deutscher Ausgewanderten* und im *Märchen*. In: Barner, Wilfried u.a. (Hg.): Unser Commercium. Goethes und Schillers Literaturpolitik. Stuttgart 1984, S. 461–484. – Ziolkowski, Theodore: Goethes *Unterhaltungen deutscher Ausgewanderten*: A Reappraisal. In: Monatshefte. 50 (1958), S. 57–74.

Sigrid Bauschinger

Novelle

Entstehung und Publikation

Die *Novelle* entstand zwischen Anfang Oktober 1826 und Anfang März 1828. Die Ausarbeitung ist hauptsächlich durch G.s Tagebücher dokumentiert: Der raschen, zusammenhängenden Niederschrift (4.–22.10. 1826) folgten kleinere Änderungen und Durchsicht (19.–20.11. 1826), wenig später neuerliche »Retouche« im Austausch mit Eckermann und »Abschluß« (11.–31.1., 13.–25.2. 1827). Am 18.9. 1827 wurde die Aufnahme des Werkes in die Ausgabe letzter Hand beschlossen. Die letzte Redaktion fand im Januar und Februar 1828 statt, das Druckmanuskript wurde am 15.2. 1828 nach Augsburg gesandt. Die Frage des Geschäftsführers der Cottaschen Druckerei nach dem endgültigen Titel beantwortete G. am 4.3. 1828 mit der Erklärung: »Die Überschrift der kleinen Erzählung [...] heisse ganz einfach: *Novelle*. Ich habe Ursache, das Wort E i n e nicht davorzusetzen« (an Wilhelm Reichel, 4.3. 1828). Zuvor war von der »wunderbaren Jagd«, der »Jagdgeschichte« und dem »romantischen Jagdstück« die Rede (Tagebuch, 4. u. 8.10. 1826, 11.1. 1827); mehrmals findet sich, ohne Hervorhebung, nur das Stichwort »Novelle«. Zur Ostermesse 1828 erschien das Werk im fünfzehnten Band der Ausgabe letzter Hand. Der Wiedergabe des Erstdrucks in der Weimarer Ausgabe (WA I, 18, S. 315–348) folgt der vorliegende Artikel (zur Überlieferung vgl. Hahn und Praschek).

Die knappe Entstehungszeit täuscht insofern, als die *Novelle* zu denjenigen Werken gehört, deren stoffliche und ästhetische Problematik G. jahrzehntelang mit sich herumtrug: Zwischen April und Juni 1797 hatte er mit Schiller und Wilhelm von Humboldt die Gattungsgesetze von Epos und Drama erörtert und dabei bereits den Plan zu einem Versepos entworfen, das »Die Jagd« heißen sollte (Schiller an G., 26.6. 1797) und im Rückblick als »ein neues episch-romantisches Gedicht« bezeichnet wurde (*Tag- und Jahreshefte 1797*). Es kam nicht zustande. Die Publikation seines Briefwechsels mit Schiller vorbereitend, prüfte G. Anfang Oktober 1826 »Ältere Aufsätze und Schemata« (Tagebuch, 2.–8.11. 1826). Das dabei gesuchte und zunächst wiedergefundene ausführliche Schema zu jenem Entwurf von 1797 ist nicht überliefert.

Über Stoff und Fabel des Plans berichtete Wilhelm von Humboldt seiner Frau brieflich am 7.4. 1797: Das Sujet sei »aus höhern Ständen« genommen, es handle sich um eine »Jagdpartie«, um einen »deutschen Erbprinzen«, um Gespräche »über den Krieg, über das Schicksal der Staaten usw.«, Feuer entstehe auf einem kleinstädtischen Jahrmarkt, wilde Tiere brächen aus, und »die heroische Handlung dieses epischen Gedichts« sei »nun eigentlich die Bekämpfung dieser Tiere«. Schiller sprach, mündliche Mitteilungen rekapitulierend, von der »Löwen und Tieger-Geschichte«, von »Fürstlichen Personen und Jägern«, »Ritterfiguren«, »vornehmem Stand« (an G., 26.6. 1797; vgl. an Schiller, 27.6. 1797: »meine Tieger und Löwen«). Sujet und Personal waren also bereits bestimmt. G. wollte allerdings auch in diesem Fall möglichst wenig vorab preisgeben, lieber nur »im allgemeinen über die Materie« verhandeln und »Gegenstand« wie »Idee« erst »im Stillen« abwartend prüfen (an Schiller, 28.4. 1797).

Welche Form dem proponierten Stoff anstünde, war der eigentliche Diskussionsgegenstand jenes Frühsommers. Rasch kamen bei den grundsätzlichen Erörterungen Zweifel auf, ob das Sujet – Schiller nannte es nordisch, feudalisch, romantisch, modern (an G., 26.6. 1797) – sich überhaupt für ein Hexameterepos nach klassisch-antikem Muster eigne oder ob es nicht besser in die Strophen- und Reimstruktur der Ballade zu fügen sei. G. erwog die Argumente – und zog sich zurück. Rückblickend stellte er fest: »Der Plan war in allen seinen Theilen durchgedacht, den ich unglücklicherweise meinen Freunden nicht verhehlte. Sie riethen mir ab, und es betrübt mich noch daß ich ihnen Folge leistete: denn der Dichter allein kann wissen was in einem Gegenstande liegt, und was er für Reiz und Anmuth daraus entwickeln könne« (*Tag- und Jahreshefte 1797*).

Die unerhörte Begebenheit

Bei der Wiederaufnahme des Plans erinnerte sich G. an den hinderlichen Diskurs. Am 22.10. 1826 schrieb er an Wilhelm von Humboldt: »Damals riethen Sie mir die Bearbeitung ab, und ich unterließ sie; jetzt, bey'm Untersuchen alter Papiere, finde ich den Plan wieder und enthalte mich nicht, ihn prosaisch auszuführen, da es denn für eine Novelle gelten mag, eine Rubrik, unter welcher gar vieles wunderliche Zeug cursirt«. Die Schlußwendung verweist auch auf die Novellen-»Rubrik« aktueller Taschenbuchproduktion, die G. selbst bereits für Publikationen genutzt hatte. Der eher relativierenden Äußerung steht des Dichters anderthalb Jahre später endgültig verfügte Entscheidung für den lakonisch auf Exemplarisches deutenden Titel der ehemaligen »Löwen und Tiger-Geschichte« allerdings einigermaßen schroff gegenüber.

G.s definitorische Aussagen zum Genre Novelle bieten eine Formel an, die Exzeptionalität gegen Beliebigkeit setzt. Im Unterschied zu den Parallelfällen *Das Märchen* und *Ballade* kommt in der *Novelle* die Definition selbst zur Sprache, und zwar dreifach: Zuerst nennt Honorio den Brand auf dem Markt aus der Ferne einen »unerwartet außerordentlichen Fall« (WA I, 18, S. 330); nach der Tötung des Tigers sieht sich der Fürst mit dem an dieser Stelle nur in Resultaten sichtbaren »seltsamen unerhörten Ereigniß« konfrontiert (WA I, 18, S. 337); schließlich »beengt« den alten Jäger der »seltene menschliche Fall« – das Kind ist auf dem Wege zum Löwen (WA I, 18, S. 346).

Gegenüber diesen abgestuften Bezeichnungen, die auf unterschiedliche Vorgänge und Situationen sowie auf verschiedenartige Blickwinkel und Gefühlszustände bezogen sind, besitzt die von Eckermann überlieferte Formulierung eindeutig definitorischen Charakter. Im Anschluß an die Erörterung des noch festzulegenden Titels heißt es unter dem 29.1. 1827: »›Wissen Sie was‹, sagte Goethe, ›wir wollen es die Novelle nennen; denn was ist eine Novelle anders als eine sich ereignete, unerhörte Begebenheit. Dies ist der eigentliche Begriff, und so vieles, was in Deutschland unter dem Titel Novelle geht, ist gar keine Novelle, sondern bloß Erzählung oder was Sie sonst wollen.‹«

Das von Eckermann als wörtliche Rede Mitgeteilte ist für die Novellentheorie der Folgezeit kanonisch geworden: teils als geschichtslose Norm für erzählende Prosa, die den Namen Novelle verdiene, teils als Basis und Vergleichswert für die historische Erörterung anderer Erzählweisen und -formen – und dies, obwohl jene Aussage, sieht man genau hin, gar nicht eine bestimmte Erzählweise oder -form bezeichnet, sondern im Wortsinne eine bestimmte Art von exzeptioneller Novität als Stoff. Hält man sich an die dem poetischen Text eingeschriebenen Siglen, die jener Definition nahestehen, so ergibt sich zunächst die Frage, wann und wodurch das unerwartete Außerordentliche, seltsame Unerhörte, seltene Menschliche – Fall oder Ereignis – denn eigentlich eintrete und welche Entscheidungen daraus folgen.

Die erste Entscheidungssituation wird durch den Brand verursacht, da im Tumult die Raubtiere ausbrechen. Die Tötung des Tigers repräsentiert Rettung durch Gewalt als einzige erkennbare Chance in lebensbedrohender Gefahr. Diese Entscheidung trifft Honorio; zugleich entscheidet sich damit sein Leben: Seine Neigung zur Fürstin wird offenbar, das Entsagungsthema klingt erstmals an. Nachdem der hinzugekommene Schausteller vom Ausbruch des Löwen berichtet hat, wird eine neue Entscheidung notwendig: Daß die Gefahr fortbestehe, wird von den Schaustellern bestritten. Das Kind beginnt zu musizieren, die beschwichtigende Wirkung auf die Gemüter setzt ein. Die Entscheidung trifft unter diesem Eindruck der Fürst. Er ordnet Sicherheitsvorkehrungen an, in deren Schutz erprobt werden kann, ob der Löwe wirklich zahm ist. Das »seltsame unerhörte Ereigniß« eröffnet jetzt alternative Möglichkeiten. An die Stelle der zuvor gewählten Anwendung von Gewalt kann das Experiment der Gewaltlosigkeit treten.

Als Metapher für die Gewaltbereitschaft des menschlichen Wesens dient in der *Novelle* die Jagd. Thema und Wortfeld sind im Text direkt und vermittelt überall bedeutungsvoll präsent. Gleich am Anfang werden die Vorbereitungen zu einer Jagd beschrieben. Zugleich ist angedeutet, daß der Fürst nur zögernd der »Versuchung« nachgibt, die Staatsgeschäfte durch einen »Kriegszug« gegen die »friedlichen Bewohner« der Wälder zu unterbrechen (WA I, 18, S. 316). Honorio verzichtet zwar im Dienst der Fürstin »willig« auf die Teilnahme an der »sonst so ersehnten Jagd« (WA I, 18, S. 324), kann aber seine in ritterlicher Spielübung an »Türkenkopf« und »Mohrenhaupt« erprobte Kriegs- und Beutelust befriedigen, als er den Tiger erlegt, wobei er das Fell schonen möchte, das ihm immerhin als »unschuldigeres Triumphzeichen« gilt als »die Waffen erschlagener Feinde« (WA I, 18, S. 333f.). Auch der alte Jäger hätte gern Gelegenheit gehabt, das Fell des Löwen zu erbeuten. Und wenn die Schausteller für Schonung plädieren, ist immerhin mit zu veranschlagen, daß die Tiere ihren Lebensunterhalt ausmachen. Nur für den Fürst-Oheim gilt es offenbar als unausgesprochene Selbstverständlichkeit, an derlei »Kriegszügen« nicht teilzunehmen.

Jagdlust als Metapher für den aggressiven Wesenszug des Menschen: Der Dichter setzt diesen Motivkomplex mit Nachdruck ins Bild. Überwindung der Aggressivität in sittlich verantwortlichem Entschluß: Das Gewicht solcher Entscheidung lassen die in der *Novelle* angewandten poetischen Mittel unmißverständlich erkennen. In der Rede des Mannes noch beziehungsvoll als »Herr und mächtiger Jäger« angesprochen (WA I, 18, S. 337), nutzt der Fürst seine »militärischen Erfahrungen« für Präventivmaßnahmen und gibt so, unter dem Eindruck der Rede und des Liedes, der Möglichkeit zu friedlicher Bewältigung der Gefahr eine Chance (WA I, 18, S. 339).

Ist dies zugleich der »seltene menschliche Fall«? Gewiß insofern, als es eine exzeptionelle Entscheidung ist. Auch die plastische Ausarbeitung des Gruppenbildes, in dessen Rahmen sie sich vollzieht, hebt sie eindrucksvoll über das Vorhergegangene hinaus. Dennoch scheint uns das eigentliche, im sensationellen Plot der Tigerjagd zunächst bloß äußerlich gegebene Außerordentliche, Seltsame und

Unerhörte erst in demjenigen poetische Realität zu gewinnen, was G. »das Ideelle«, »die Blume« des Werkes genannt haben soll (Eckermann, 18.1. 1827): in der gewaltlos Frieden stiftenden Wirkung der Kunst. Das Schema von 1826 sah für diese Schlußszene vor: »Idyllische Darstellung« (WA I, 18, S. 488).

Perspektiven von Zeit, Raum und Sozietät

Der auf die ästhetische Diskussion der 90er Jahre zurückverweisende schwerwiegende Terminus hängt eng zusammen mit der ostentativ-kunstvollen Ökonomie dieses Textes. Sie beruht auf der qualitativen Integration des quantitativen Kalküls, indem das alltägliche Faktische der poetischen Realisation des Unerhörten dienstbar gemacht wird, das schließlich »idyllische Darstellung« erfährt. Jene Integration betrifft mehrere Ebenen.

So wird der Ablauf der Zeit durch den Wechsel der Beleuchtung und den ihr jeweils adäquaten, bedeutungsvollen Stimmungswandel deutlich vorgeführt. Frühnebel und Morgensonne begleiten das Geschehen bis zur Wahrnehmung des Feuers in der scheinbar harmonischen »heiteren Stille« des Mittags: Der durch den trügerisch-panischen Moment hervorgerufene Eindruck, daß »gar nichts Widerwärtiges in der Welt sein könne« (WA I, 18, S. 329), wird durch den »unerwartet außerordentlichen Fall« des Brandes augenblicklich widerlegt, indem sich die Heiterkeit »umnebelt« und alles einen »wunderbaren bänglichen Anschein« annimmt (WA I, 18, S. 332). Daß diese Stelle auf die Zeile genau die Mitte des Textes ausmacht, ist als Indiz dafür angesehen worden, daß hier der Wendepunkt liege, an dem sich das Werk – im Sinne der Novellentheorie Ludwig Tiecks – unerwartet völlig umkehrt. Erst am Übergang zur Schlußszene wird die chronologisch-meteorologische Siglierung fortgesetzt: Die untergehende Sonne bescheint Honorio – unverkennbar ist durch den »nach Abend«, auf die Neue Welt gerichte-

ten Blick das Entsagungsthema wieder aufgenommen. Schließlich fallen die »letzten Strahlen der Sonne« auf den Knaben, der den Löwen in den Burghof führt und sich – »wie verklärt« – niedersetzt, um sein Lied zu wiederholen (WA I, 18, S. 347). Das zunächst optisch begründete Motiv der Verklärung – die Sonne fällt durch eine Lücke in der Burgruine auf das Kind und leuchtet so einen Sektor aus der abendlichen Dämmerung heraus – vermittelt in der letzten Prosapassage die Realität des Bildes mit dem mythischen Potential, das dem Werk eignet.

Die erzählerisch vorgegebene »Einheit der Zeit« wird allerdings mehrmals durch Rückblicke durchbrochen. Das hat mit anderen Elementen der Textstruktur zu tun, insbesondere mit der Konstitution des Raumes und der Sozietät durch »wiederholte Spiegelung«. Die wechselnde Optik hat dabei vorrangig den Zweck, lokale und soziale Realität in ihrer Beziehung aufeinander »sichtbar« zu machen sowie den Durchblick auf die ideellen Konsequenzen des Werkes zu öffnen. Daß G. der Präzisierung des Räumlichen in diesem Fall ganz besondere Aufmerksamkeit zuwandte, bezeugen auch das Gesamtschema und zahlreiche Varianten in den überlieferten Handschriften (vgl. Atkins, Praschek 1965).

Exemplarisch läßt sich der Perspektivenwechsel als Mittel zur »bedeutenden« Raumdarstellung an den Aussagen über die Stammburg und über Stadt und Markt verfolgen. Angesichts der Burg werden die »alten Spuren längst verschwundener Menschenkraft« mit der »ewig lebenden und fortwirkenden Natur« konfrontiert (WA I, 18, S. 319), das Alte dem Neuen, das starre, unnachgiebige »Unzerstörliche« dem frischen, schmiegsamen »Unwiderstehlichen« gegenübergestellt und das nur scheinbar von Thema und Geschehen ablenkende Begriffspaar »Natur und Kunst« in die perspektivenreiche Betrachtung einbezogen (WA I, 18, S. 321).

Gleich zu Beginn erhält der Text sozialhistorische Kontur: »Des Fürsten Vater hatte noch den Zeitpunct erlebt und genutzt, wo es deutlich wurde, daß alle Staatsglieder in gleicher Betriebsamkeit ihre Tage zubringen, in

gleichem Wirken und Schaffen, jeder nach seiner Art, erst gewinnen und dann genießen
sollte« (WA I, 18, S. 315 f.). Daß man »mehr
empfange als gebe«, wird angesichts von Stadt
und Markt als »Summe des ganzen Staatshaushaltes, so wie der kleinsten häuslichen Wirthschaft« geradezu proklamiert (WA I, 18, S.
323). In mehreren Untersuchungen ist erörtert
worden, inwieweit die Französische Revolution und ihre Folgen sowie aufgeklärter Ab-
solutismus nach weimarischem Maß – beide
im Lichte jahrzehntelanger Erfahrung G.s und
seines daraus erwachsenen Gesellschafts- und
Geschichtsverständnisses – am Ende der 20er
Jahre in diese so komprimierte wie entschiedene Formulierung eines Staatsideals einmün-
deten (vgl. Beutler, Borchmeyer, Brummack,
Jäger, Staiger). Diese realhistorischen Zusammenhänge zu bestreiten (Clouser, S. 28),
dürfte ebenso auf Mißverständnis beruhen wie
die je unterschiedlich argumentierende Auslegung der *Novelle* als Option für eine bestimmte
alleinseligmachende Staatsform (vgl. Baumgart, Becker, Hahn). Der Text steht jeder Aus-
schließlichkeit entgegen. An der Peripherie
der hier beschriebenen scheinbar heilen Welt
sind Außenseiter angesiedelt, wilde Tiere vor-
führend. Sie »verkörpern« gleichsam die Gefährdung, die auch durch die vom Beginn des
Textes an mitredende Feuer-Metapher stets
gegenwärtig gehalten wird.

Die Ansichten der Landschaft, in der die
Novelle angesiedelt ist, sind ebenfalls in wech-
selnder, kunstvoll abgestufter Perspektive dargestellt und fungieren im Geschehen sowohl
retardierend als vorausdeutend. Der sehr aufmerksame Leser wird die demonstrative Ab-
sichtlichkeit, mit der der Dichter in diesem
Werk seine Methode gleichsam vorführt, als
Aufforderung verstehen, alle Einzelheiten dieser Struktur zugleich als essentielle Elemente
des Werkes zu begreifen. Das Jagd-Motiv
nimmt in dieser Gesamtstruktur eine dominierende Stellung ein; es korrespondiert zudem
vielfältig mit den anderen besonders markanten Faktoren. Die in jedem Detail bedeutungsvolle Skala des Zeitablaufs und des atmosphärischen Stimmungswandels mit ihren Siglen
für den illusorischen Charakter einer nach

menschlichem Maß wohlgeordneten Welt –
die abgestufte Veranschaulichung des Raumes
mit ihrer Annäherung an die Problematik der
Beziehungen zwischen Altem und Neuem – die
mehrfache Spiegelung der Sozietät und des sie
tragenden »Staatshaushaltes« – die allmähliche Dechiffrierung der Gefahr mittels der Feu-
ermetapher und der gleichsam vom reißeri-
schen Gemälde in die Realität springenden
Bestien: Alle diese leitmotivisch funktionie-
renden, durch variierende Wiederholung in
permanente Bewegung gebrachten Faktoren
sind auf den Konflikt zwischen harmonischem
Anschein und bedrohlicher Realität bezogen
und konstituieren gemeinsam den Kern des
Werkes.

Sprache und Traditionen

Leicht ist festzustellen, daß der Erzähler nur
selten einredet. Dem auktorialen Imperfekt
(»man [...] sah«, »ließen sich erkennen«; WA
I, 18, S. 315) tritt an diesen wenigen Stellen
das den Leser einbeziehende Präsens zur
Seite: Eine Aussicht weckt Verlangen nach
weiterem, »wie es uns [...] zu geschehen
pflegt« (WA I, 18, S. 327); auf dem Plateau
trifft die Frau auf die »Gruppe [...], die wir
kennen« (WA I, 18, S. 335); den Inhalt ihrer
Klage »dürfen wir nicht verhehlen« (WA I, 18,
S. 336) und der Wiederholung des Liedes können »wir uns auch nicht entziehen« (WA I, 18,
S. 347). Mehr oder weniger eindeutig ist dabei
stets zugleich der Pluralis maiestatis im Spiel.
Die so überdeutlich auf Demonstration von
Ruhe und Distanz bedachte Erzählhaltung legt
die Frage nahe, ob sie nicht auch mittelbar den
gewaltsam andringenden Geschehnissen däm-
mend oder doch beruhigend entgegenstehen
soll, gleichsam als Ausdrucksmittel, das der
angestrebten sanften Befriedung der Gefahr
am besten angemessen wäre. Auf anderer
Ebene ist wohl auch die typisierende Benennung der Personen dem Distanzbedürfnis zuzurechnen. Um so aussagekräftiger sind die

beiden Fälle, in denen sprechende Namen verwendet werden: Friedrich und Honorio.

Die unter der geglätteten Sprach-Oberfläche spürbare Bewegung hat zuerst Kurt May als Konstituens dafür angesehen, daß der Gehalt dieses Werkes »poetisch wirklich« werden konnte (S. 283). Er arbeitete drei Sphären heraus, die in dialektischem Dreischritt zusammenspielen, und man kann dieser Analyse folgen, wenn man sie nicht schematisch versteht. Zuerst überwiegt, bis zur Mitte des Textes, statische Beschreibung. Mit dem Einschnitt durch den Ausbruch des Feuers treten energisch-dynamische Elemente in den Vordergrund. Schließlich wird die Leidenschaftlichkeit des Mittelteils in die Sprache der Schaustellerfamilie übertragen, wobei zugleich – abgestuft in der »natürlichen Sprache« und den »gewaltsamen Ausbrüchen« der Frau (WA I, 18, S. 336), dem »anständigen« und »natürlichen Enthusiasmus« des Mannes (WA I, 18, S. 342), dem »beschwichtigenden« Lied des Kindes (vgl. WA I, 18, S. 343) – neue, überhöhende Elemente und das jetzt hauptsächlich im Kommentar des Erzählers erneuerte Objektivierungsbedürfnis des Anfangs zusammengeführt sind. Als Hauptmerkmale erscheinen: in der ersten Hälfte abwägende Doppelungen mit zur Betulichkeit tendierendem, auch retardierendem Effekt, durchsetzt mit Maximen; parataktisches Tempo mit zahlreichen beschleunigenden Präsenspartizipien im Mittelteil; schließlich das Zusammenwirken dieser Elemente mit aus mehrgleisiger Tradition gespeister Bildlichkeit, die dem Gestus und dem Tenor der Rede des Schaustellers wie dem Lied und dem Schlußbild ihren exzeptionellen Charakter gibt.

Es ist intensiv untersucht worden, welche Traditionen in welcher Weise in Wechselbeziehung mit Stoff, Motivik und Bildlichkeit auf die Sprache der Novelle einwirkten. Eine Hauptrolle spielten dabei orientalische Überlieferungen, beginnend mit Anregungen aus Tausend und einer Nacht, die bis ins Detail zu verfolgen sind (vgl. Mommsen). Zur Erschließung dieser Zusammenhänge hat Herman Meyer das meiste beigetragen, insbesondere anhand des »Morgenländischen«, das die Schaustellerfamilie repräsentiert. Äußerlich sind die Fremden zwar durch ihre exotische Erwerbstätigkeit und durch ihre »bunt und seltsam« auffallende Kleidung (WA I, 18, S. 335) als Outsider ohne ethno- oder geographische Merkmale charakterisiert. In ihrem sprachlichen Ausdruck jedoch ist das »Morgenländische« vergegenwärtigt, auf alttestamentliche Traditionen gegründet. Darauf hat am stärksten Herders umfangreiches Werk Vom Geist der Ebräischen Poesie (1782/83) eingewirkt. G. beschäftigte sich in der ersten Inkubationszeit der »Löwen und Tieger-Geschichte« damit, im Zusammenhang mit Bibelstudien, in denen seine schon in der Kindheit angelegte Hinwendung zu dieser Überlieferung aktiviert wurde. Darin ist eine gewichtige, die stofflichen Oberflächenverbindungen zwischen altem Plan und späterem Text weit übertreffende Bestätigung dafür zu sehen, daß sich die Novelle – wie G. 1829 bekannte – tatsächlich »vom tiefsten Grunde« seines »Wesens losgelöst« hat (an Schultz, 10. 1. 1829).

Das im Frühjahr 1797 erneuerte und vertiefte Studium der »Hebraischen Alterthümer« (vgl. WA III, 2, S. 64, S. 67 u. S. 70) dürfte G. vor allem erinnert haben an das von Herder geprägte Verständnis der alttestamentlichen Texte als Zeugnisse menschlicher Erfahrung, die formuliert sei in einer menschlichen Sprache als dem Werkzeug der »ältesten, einfältigsten, vielleicht herzlichsten Poesie der Erde« (HSW 11, S. 225 u. S. 221). Meyer hat detailliert nachgewiesen, wie Herders Ebräische Poesie vom stofflich-motivischen bis zum sprachlich-grammatischen Bestand des »Morgenländischen« in der Novelle mit- und nachwirkte (Meyer 1973, S. 17–27 u. S. 40–52). Das gilt für die Gottesrede zum Lob der Schöpfung und der Weltordnung aus dem Buch Hiob gleichermaßen wie für das die Sprache der Fremden einheitlich bestimmende hymnische Präsens und den bis ins Detail durchgehaltenen stilistischen Parallelismus ihrer Reden und Verse.

Das Alte Testament ist auch in denjenigen Passagen und Details der Novelle präsent, die der ideellen Vervollständigung der Bilder oder der metaphorischen Anreicherung der Ideen dienen. Für die Besänftigung des Raubtiers haben die Legende von Daniel in der Löwengrube sowie die apokryphen Texte vom Gebet des Asarja und von den drei Männern im Feuerofen solche Funktion. In den Apokryphen ist es der Gesang, der die Lebensgefahr überwindet, während der Daniel der kanonischen Überlieferung dadurch gerettet wird, daß der Engel Gottes den Löwen den Rachen zuhält. Die Leitmotive im Lied des Knaben evozieren den Durchzug der Israeliten durch das Rote Meer und die Friedensvisionen des Propheten Jesaja – »Löwen sollen Lämmer werden« –, die an der Rede des Mannes ebenfalls Anteil haben.

Um schmückendes Zitatmosaik handelt es sich bei alledem ebensowenig wie bei den anderen im weitesten Sinne antiken Überlieferungen, die in die *Novelle* hineinwirkten. Das zur Bekräftigung des friedlich erworbenen Vertrauens beigebrachte Dornauszieher-Motiv läßt sich auf mehrere lateinische Quellen zurückführen. Umfassendere Bedeutung kommt den Vorstellungen zu, die sich mit Pan und Orpheus verbinden. Pan wird am Scheitelpunkt der *Novelle* und des Tages apostrophiert. Die Balance dieses ambivalenten Augenblicks, während dessen »alle Natur« den Atem anhält, wird durch konjunktivisch-ahnungsvolle Erwägungen sofort in Frage gestellt und ist nur von kurzer Dauer. Am Schluß des Werkes ermöglicht Musik den Ausgleich des »panischen« Schreckens. Pan galt auch als der Erfinder der Hirtenflöte, die zur Besänftigung der Tiere diente. Am engsten und umfassendsten jedoch verbinden sich die Vorstellungen von der Allgewalt der Musik seit jeher mit dem Mythos von Orpheus (vgl. Eckermann, 15.3. 1831; Meyer 1973, S. 28, S. 71 u. S. 87–89).

Natur und Kunst

Die Integration dieses mythischen Potentials dient nicht zuletzt der poetischen Formulierung der Beziehungen zwischen Natur und Kunst als eines fundamentalen Problems. In den naturwissenschaftlichen und ästhetischen, historischen und ethischen Grundüberzeugungen des alten G. ist dieses Thema direkt oder mittelbar überall präsent. Verbindungen der *Novelle* mit G.s seit den 80er Jahren entwickelten geologischen Auffassungen, mit der komplizierten morphologischen Fundierung seiner Metamorphoselehre, mit dem Konflikt zwischen solcher Naturanschauung und den zeitgenössischen Naturwissenschaften wurden wiederholt untersucht (zusammengefaßt bei Klingenberg). Desgleichen erfuhr die nicht bloß chronologische, sondern vor allem substantielle Nähe der *Novelle* zu *Wilhelm Meisters Wanderjahren* und zum zweiten Teil des *Faust*, speziell zum Helena-Akt, in der Forschungsliteratur Berücksichtigung (vgl. Klingenberg, Träger, Meyer 1973).

In Klage, Rede und Lied – den je eigenständig strukturierten und zugleich miteinander verschränkten »Äußerungen« der Schaustellerfamilie – treffen die handlungsbestimmten und die übergreifenden Leitthemen mit den Traditionsbezügen in spezifischer Sprach- und Stilgebung zusammen. Zuerst stellt die Frau in ihrer leidenschaftlichen Klage um den Tiger die durch Zähmung erreichte Friedfertigkeit und Nützlichkeit der scheinbar gefahrbringenden Natur als Tatsache hin. Diesem Präludium, das nicht zuletzt den morgenländisch-exotischen Charakter des Auftritts ins Bild und zur »natürlichen Sprache« bringt (vgl. Cheesman), folgt die Rede des Mannes. Sie ist in freie Rhythmen gefaßt, läßt mannigfache Bezüge zur »ebräischen Poesie« erkennen und hebt sich in Gedankenführung, Bildstruktur und Rededuktus von der Sprache der übrigen Figuren entscheidend ab. Diese hymnisch-pathetische Tonart kommt so an keiner anderen Stelle der G.schen Werke vor. Sie ermöglicht hier die Durchdringung von Naturgemäßem und aus Enthusiasmus geschöpfter Rede-Kunst. Thema der Rede ist der Lobpreis der Schöpfung und des göttlichen Schöpfers. Der dauerhaft feste und doch lebendig wandelbare Fels steht stellvertretend für die Weisheit aller Gotteswerke, der gesamten Natur einschließlich der in ihr wirksamen zerstörerischen Kräfte. Das hier durch wenige prägnante Exempel präsentierte monistische Weltbild gewinnt Verbindlichkeit durch das gleichsam deklarierende Präsens der Rede. Dennoch verselbständigt sich das Ideelle nirgendwo. Sämtliche faktischen Details sind unmittelbar auch auf die Realität des Standorts der Gruppe bezogen. Und energisch lenken die Schlußsätze zurück zur Handlung, zur Konfrontation des bedingt-beherrschenden Menschen mit der bedingt-beherrschbaren Naturgewalt des wilden Tieres. Das Ende der Rede evoziert das Bild von Daniel in der Löwengrube und den »frommen Gesang«, der die Gefahr überwindet.

Die diffizile Balance zwischen »ewiger« Natureinheit als gefahrvoller Realität und »frommer« Kunst als mit dem Menschen in jene Einheit eingeschlossenem potentiellem Schutz wird mit der Erinnerung an die Legende zunächst rhetorisch hergestellt. Das Flötenspiel und der alsbaldige kunstvoll abgestufte Übergang vom gesprochenen zum gesungenen Wort transponieren das legendäre Vor-Bild in die erzählte Gegenwart. In der »heulenden« (vgl. WA I, 18, S. 335) Klage der Frau spielt Musik noch keine Rolle. Das Flötenspiel beginnt mit dem Eintreffen des Fürsten und seines Gefolges, leitet zur Rede des Mannes über und begleitet sie. Danach singt der Knabe die erste Strophe, der Vater übernimmt die Flöte, an der variierenden zweiten Strophe beteiligt sich die Frau, die dritte Strophe singen die drei gemeinsam, »mit Kraft und Erhebung« (WA I, 18, S. 343). Die »beschwichtigende« (vgl. ebd.) Wirkung der Flöte und des Liedes, an den Menschen erprobt, kann sich nunmehr nach letzten Zurüstungen bei der Befriedung des Löwen bewähren. Die vierte Strophe kommt erst jetzt, als letztes Wort, hinzu.

G.s Tagebuch bezeugt, daß die Strophen schon bei Beginn der Ausarbeitung der *Novelle* entstanden sind: »Kleines Gedicht zum Abschluß der projectirten Novelle«, hieß es bereits unter dem 10. 10. 1826, nachdem erst am Vortag die »Ausführung« der »Jagd« begonnen worden war. Organisation und Ausgang der Dichtung lagen demnach von vornherein fest. Und die Wirkung der Strophen, in denen »frommer Sinn und Melodie« die »sanften frommen Lieder« (WA I, 18, S. 348 u. S. 342) hervorbringen, ist zugleich ihr Thema. Die psalmodierende Verschiebung der Verse, die den Strophen eine Art offener Bewegtheit bewahrt, läßt den Knaben als Dichter-Sänger erscheinen, nicht als Vermittler fixierter Poesie. Die im weiteren Sinne bewegende Wirkung seines Gesangs weist auf das Orpheus-Motiv. Zugleich wird mythisch und mythologisch bezogene »Naturpoesie« als historisch-konkretes Artefakt erkennbar. Natur und Kunst scheinen eine ideale Verbindung eingegangen zu sein, die ihren Zweck erfüllt, indem sie das Ziel des Werkes erreichbar macht.

Für G.s *Novelle* als erzählerisches Werk bedeutet der Übergang zur Lyrik den gleichzeitigen Verzicht auf einen in stilistischem und übertragenem Sinne prosaischen Schluß. Es wird nicht zu Ende erzählt. Eckermann, der den Text als erster kennenlernte, fragte auch als erster, ob dieser »Ausgang« nicht zu »einsam, zu ideal, zu lyrisch« wäre und ob nicht »wenigstens einige der übrigen Figuren« hätten »wieder hervortreten und, das Ganze abschließend, dem Ende mehr Breite geben sollen« (Eckermann, 18. 1. 1827). Die unter dem gleichen Datum aufgezeichneten Antworten betreffen sowohl den Inhalt als auch die Form des Werkes: Da doch »alles abgetan« war, hatten die Personen nichts mehr zu tun oder zu sagen, und »ein ideeller, ja lyrischer Schluß« war unausweichlich, denn »nach der pathetischen Rede des Mannes, die schon poetische Prosa ist, mußte eine Steigerung kommen, ich mußte zur lyrischen Poesie, ja zum Liede selbst übergehen«. Die in der deutschen Prosa des 18. Jhs. nicht ungewöhnliche, von G. seit *Wilhelm Meisters theatralischer Sendung* praktizierte Verbindung erzählender und lyrischer Formen trat hier in eine neue Qualität ein: Dem Lied sind Formulierung und Realisierung des Themas übertragen – in ähnlicher Weise wie etwa gleichzeitig in Eichendorffs Novelle *Aus dem Leben eines Taugenichts*.

Utopie und Idylle

Im Gespräch über den »lyrischen Schluß« findet sich auch die vielzitierte G.sche Aussage: »Zu zeigen, wie das Unbändige, Unüberwindliche oft besser durch Liebe und Frömmigkeit als durch Gewalt bezwungen werde, war die Aufgabe dieser Novelle, und dieses schöne Ziel, welches sich im Kinde und Löwen darstellt, reizte mich zur Ausführung. Dies ist das Ideelle, dies die Blume«. Bleibt die Frage nach dem Anteil von Utopie an dieser Zielsetzung und nach dem Anteil des Idyllischen an der Ausführung.

Liebe und Frömmigkeit stehen gegen Gefährdung und Gewalt. Die Begriffe bezeichnen Grunderfahrungen und -bedingungen menschlicher Existenz, sofern man »Frömmigkeit« im Sinne der vierzehnten Strophe aus der Marienbader *Elegie* von 1823 als vertrauensvolle Hingabe an ein übergeordnetes, unbekanntes, reines Wesen versteht. Die vom Auftreten des Schaustellers an dominierenden »Zitate« aus mythologischer und mythischer Tradition haben die besonders häufig mit den *Wahlverwandtschaften* und dem Schluß des *Faust* verknüpften Fragen nach religiösem oder säkularisierendem Umgang G.s mit solchem »Material« auch auf die *Novelle* gelenkt. Man kann sich beim Versuch einer Antwort der am detailliertesten von Herman Meyer und Jürgen Brummack begründeten Ansicht anschließen, daß es sich auch in der *Novelle* um eine umfassende weltanschauliche und ästhetische Umfunktionierung jenes Materials handelt. Es führt auch in diesem Zusammenhang irre, die dezidierte Nichtchristlichkeit des Dichters (an Lavater, 29.7.1782) in Atheismus zu übersetzen. Pantheistische Elemente sind unübersehbar, am deutlichsten im Lob der all-weisen Schöpfung in der Rede des Mannes. Im ästhetischen Bereich wird so auf kompliziertem Wege Kunst, in Gestalt von Poesie und Musik, zum Medium nicht allein des Entwurfs einer Utopie, sondern zugleich zum Medium ihrer Erfüllung. Es ist nicht Gewaltlosigkeit an sich – für deren Durchsetzung man sich verschiedenartige Mittel ausdenken könnte –, sondern

es sind die »sanften frommen Lieder«, auf die ideale Einheit von »Gott und Kunst, Frömmigkeit und Glück« gegründet (WA I, 18, S. 346), die den Entschluß zu Gewaltlosigkeit herbeiführen und deren Wirkungsmacht erweisen.

Diese »unerhörte Begebenheit« hätte nicht die geringste Wahrscheinlichkeit für sich, wenn sie als Exempel und Beweis dafür gelten sollte, daß durch Kunst repräsentierte und vermittelte Friedfertigkeit unbedingt und generell so »unerhört« zu wirken vermöge. Auch der sittlich-verantwortliche, Schutzmaßnahmen einbeziehende Entschluß, die friedliche Alternative zu erproben, ist gedichtete Ausnahme. Wie jede Utopie, so ist auch diese aller historischen Erfahrung wesentlich entgegengesetzt. Durchaus ist die *Novelle* vom Wissen um diesen Gegensatz geprägt (vgl. Fritz, Swales). Die Symptome sittlich-sozialer und elementarer Gefährdung reichen von den ersten Anspielungen auf die Jagdlust des Menschen und auf das Feuer bis zur Benennung des Sachverhalts, daß auch die gezähmte Naturgewalt Gefahrlosigkeit nicht garantiere – noch beim Dornausziehen ist von der »gräulichen Tatze des Unthiers« die Rede (WA I, 18, S. 347). Und die behutsam angedeutete Zuneigung zwischen der Fürstin und Honorio muß »aufgehoben« werden in »Entsagung« – deren Preis in diesem Spätwerk allerdings kaum angedeutet ist.

Das gesellschaftlich-staatsökonomische Ideal, das der *Novelle* eingeschrieben ist, scheint den gleichen Gefahren ausgesetzt zu sein, da es auf ideal denkende und handelnde Individuen angewiesen ist. In diesem Betracht konnte und kann der zurückhaltende Text allerdings in besonders hohem Maße kontrovers interpretiert werden. So hat man, teils in Zusammenhang mit der Beziehung auf die Französische Revolution und ihre Folgen einschließlich der Illusionen über Fürstenerziehung, entschieden restaurative Tendenzen des Werkes konstatiert, wobei die Bemühungen um die Konservierung der alten Stammburg gelegentlich direkt auf die politischen Verhältnisse in Deutschland gegen Ende des ersten Drittels des 19. Jhs. und auf G.s Stellung in und zu diesen Verhältnissen bezogen wurden (vgl. Jäger, Zagari). Es finden sich für beide geschichtlichen Bezüge Argumente, die bedenkenswert sind, solange man sie nicht verabsolutiert.

Am Schluß der *Novelle* steht die Utopie von Kunst als dem einzigen Medium, mit dessen Hilfe der Mensch die existentielle, nicht zuletzt durch die ihm wesenseigene Aggressivität verursachte Gefährdung seiner Art bannen könne. In einem fragmentarischen Schema zur *Novelle* findet sich für Ziel und Ergebnis dieses Vorgangs das christlich-eschatologische Kennwort »Erlösung« (WA I, 18, S. 488). Um den auch in diesem Sinne utopischen Vorgang poetisch zu realisieren, zog der Dichter Phänomene heran, die ihrerseits nicht der erfahrbaren Realität angehören. Sie lassen sich subsumieren unter die ästhetische Kategorie, mit der das vollständige Schema endet: »Idyllische Darstellung«.

Zum Grundbestand des Idyllischen gehören seit der Antike das Prinzip der Verklärung sowie Vorstellungen von paradiesisch-konfliktlosem Zusammenleben von Mensch und Natur. Am Ende der *Novelle* stehen die »Verklärung« eines Kindes zum »Überwinder« und die Fiktion, nicht allein der sich selbst sittlich beherrschende Mensch, sondern sogar ein Raubtier könne als ein »dem eigenen friedlichen Willen Anheimgegebener« an der angestrebten Harmonie mitwirken (WA I, 18, S. 348). Unter diesen imaginären Bedingungen kann die Vision »Löwen sollen Lämmer werden« im Vorausgriff der Dichtung als mögliche Wirklichkeit ausgegeben werden (ebd.).

Im Briefwechsel mit Schiller, bei dessen Durchsicht G. auf den alten Plan zu der »Löwen und Tieger-Geschichte« stieß, war auch das Idyllische zur Sprache gekommen, dessen Definition im Zentrum der kulturphilosophischen Ästhetik stand, die Schiller in den 90er Jahren ausarbeitete. Schiller setzte dem auf verlorene harmonische Zustände eines vergangenen Goldenen Zeitalters zurückweisenden idyllischen Genre, wie es die antike Bukolik und neuere Schäferdichtung vorführten, die idyllische »Empfindungsweise« und »Dichtungsweise« des modernen, »sentimentalischen« Dichters entgegen, der Harmonie als

»letztes Ziel« und höchste »Idee« einer Kultur der Zukunft vorwegnehmen solle: »Dem Menschen, der in der Kultur begriffen ist, liegt also unendlich viel daran, von der Ausführbarkeit jener Idee in der Sinnenwelt, von der möglichen Realität jenes Zustandes eine sinnliche Bekräftigung zu erhalten, und da die wirkliche Erfahrung, weit entfernt diesen Glauben zu nähren, ihn vielmehr beständig widerlegt, so kömmt auch hier, wie in so vielen andern Fällen, das Dichtungsvermögen der Vernunft zu Hülfe, um jene Idee zur Anschauung zu bringen und in einem einzelnen Fall zu verwirklichen« (*Idylle*; SNA 20, S. 466 u. S. 468).

Es ist sehr wahrscheinlich, daß diese Gedankengänge mitspielten, als G. den alten Plan wieder aufnahm. Idyllisch ist der Schluß der *Novelle* auch im traditionellen bildlichen Sinne: ein vor jeder Störung geschützter Bezirk, altes Bauwerk durch frischen Pflanzenwuchs zugleich durchbrochen und zusammengehalten, Kind und Löwe in der Abendsonne, die Hirtenflöte, Arkadien. Malerische Darstellungen wie etwa Wilhelm Tischbeins Idyllen, denen G. zu Beginn der 20er Jahre lyrische und prosaische Beschreibungen gewidmet hatte, stehen dem nahe. Auf die Höhe der utopisch-idyllischen »Idee« gelangt diese Bildlichkeit durch das »unerhörte Ereigniß« der »Aufhebung« von Gefahr in Harmonie durch Kunst.

Wirkungen und Auslegungen

Aus den überlieferten Reaktionen der zeitgenössischen, überwiegend affirmativ »anmuthig theilnehmenden« Leser (Tagebuch, 19.1. 1828), deren Leben zumindest im allgemeinen im gleichen historischen Erfahrungsraum verlief wie das des Dichters, ist nicht zu erkennen, ob sie die dem Werk innewohnende Differenz zwischen Idylle und Wirklichkeit überhaupt bemerkten. In den wenigen öffentlichen Reaktionen diente die bewundernde Zustimmung vor allem der Verteidigung des Dichters gegen G.-Kritiker aller Art. So pries ein Anonymus die *Novelle* als das »frömmste Gedicht dieser Zeit« und vollendetes Gegenstück zur »Zerlumptheit« einer von Ironie und Hohn geprägten Gegenwartsliteratur (*Blätter für literarische Unterhaltung*, Nr. 13, 13.1. 1834, S. 54). Die *Novelle* wurde bis zum Ende des Jahrhunderts in Deutschland niemals als selbständiger Text gedruckt. Auch mehrere Übersetzungen – die erste, von Thomas Carlyle, erschien 1832 unter dem irreführenden Titel *Fragment* – wurden kaum beachtet. Der Verbreiterung des öffentlichen Interesses dürfte auch die Tatsache entgegengewirkt haben, daß der Erstdruck in der schwer verkäuflichen Ausgabe letzter Hand das Publikum von dem neuen Text eher fernhielt.

Dem spezifischen Kunst-Charakter dieses Werkes, den Eckermann als »geheimes Gewebe« einer »höheren Wirklichkeit« zur Mahnung an das »ungläubige neunzehnte Jahrhundert« adressiert sah (10. u. 15.3. 1831), fragten die Zeitgenossen nicht nach. Bei wissenschaftlich orientierten Betrachtern der Folgezeit rief die *Novelle* sehr unterschiedliche, überwiegend unvereinbare Urteile hervor.

Die zuerst von Georg Gottfried Gervinus ausgesprochene Behauptung, G.s Spätwerke dokumentierten das Versiegen seines dichterischen Vermögens – der Literaturhistoriker tat die *Novelle* 1842 als »unsäglich geringfügige Produktion« eines ermüdeten Alten ab (S. 720f.) –, galt weithin als berechtigt. So wurden denn auch zunächst ausschließlich stoffliche Einzelfragen erörtert, wobei man die Suche nach lokalen Modellen besonders intensiv betrieb. Nur selten kamen gesellschaftliche und historisch-politische Aspekte zur Sprache. Und als Friedrich Gundolf endlich den Stil der *Novelle* in die Auslegung einbezog, wirkte das auf G.s gesamtes Spätwerk gemünzte Verdikt der Vorgänger noch immer mit: Der Kritik am als Formalität verkannten »Kalkül« des Details erschien selbst das »Wunder« des Schlusses lediglich als mechanisches »Kunstmotiv«, das mit Hilfe einer »ausgespitzten Technik« nur dazu gedient habe, ein »letztes Muster für Goethes alexandrinische Gattungspoesie« hervorzudrechseln (GUNDOLF, S. 473f.). Erst in den 20er und 30er Jahren des 20. Jhs. leiteten

einige ausbaufähige Erkenntnisse über die Bildlichkeit und die Sprachstruktur des Textes eine neue Phase der Erschließung ein. Und die seit dem Ende der 30er Jahre intensivierte wissenschaftliche Hinwendung zu G.s Alterswerken zeitigte anhand der *Novelle* besonders signifikante Ergebnisse, wobei sich ein Kanon von Fragen herausbildete, die einzeln oder verknüpft immer wieder aufgenommen und teils kontrovers beantwortet wurden. Das Geflecht ist hier nur anzudeuten.

Als »Held« des Werkes und damit als Träger der »Botschaft« wurden Honorio, der Fürst, die Fürstin oder das singende Kind angesehen (vgl. Klingenberg, Staroste, Thieberger, Wäsche). Die Mittel, mit denen G. Zeit, Raum und Landschaft als Konstituenten des Geschehens herstellt, wurden poetologisch und historisch untersucht (vgl. Meyer 1957). Die Antworten auf die Frage, wie der Text insgesamt strukturiert und wie diese Struktur ästhetisch zu bewerten sei, bewegen sich in Extremen: vorsätzlicher Edelkitsch, penetrante Schönheit, sublime Symbolik (vgl. Klingenberg, Schlaffer, Schumann, Zagari; grundlegend Meyer 1957). Die exemplarische Verbindlichkeit und die genregeschichtliche Reichweite des Titels wurden übereinstimmend anerkannt, dem Werk ein entsprechend prominenter Platz in G.s Novellistik insgesamt zugesprochen (vgl. Brummack, Keller, Klingenberg, Träger). Das komplexe Interesse daran, wie der Dichter seine Auffassungen von Natur und Geschichte hier mit orientalisch-antiken Traditionen amalgamierte (vgl. Becker, Meyer 1973) und ob die *Novelle* per se oder in Abhängigkeit vom zweiten Teil des *Faust* als Summe G.scher Welt-, Natur- und Kunstanschauung zu begreifen sei (vgl. Klingenberg), mündete in die Frage nach den weltanschaulich-religiösen und historisch-sozialen Konsequenzen des Gehaltes – christliche Erlösung oder säkulare Utopie, konkret nachrevolutionäre oder überzeitlich gefährdete Sozietät – und danach, ob humane Befriedung, gewaltlose Bändigung existentieller Gefahr hier durch Kunst geleistet werde oder ob Kunst die einzige Möglichkeit zu solchem Überwinden und daher mit ihm identisch sei (vgl. Beutler,

Borchmeyer, Clouser, Jacobs, Jäger, Kaiser, Swales, Steer).

Inzwischen beträgt der Umfang der wissenschaftlichen Literatur über die *Novelle* ein Vielfaches des schmalen Textes von 1828. Der qualitative Ertrag dieser Zeugnisse und Deutungen aus reichlich anderthalb Jahrhunderten ist überwiegend respektabel und bedenkenswert. Eine in neueren Publikationen auffällig exponierte Tendenz rückte ein spezielles Rezeptionsproblem in den Vordergrund, das die methodologischen Grenzen der Literaturwissenschaft berührt. Wiederholt wurde in den letzten Jahren, mehr oder weniger strikt, die Ansicht vorgetragen, daß – auch – G.s *Novelle* ohne umfassende Kenntnis anderer G.scher Werke, seiner Dichtungen, naturwissenschaftlichen und ästhetischen Schriften, Tagebücher und Briefe nicht verstehbar sei und daß mithin diese Prosa sich wohl der wissenschaftlichen Analyse, kaum aber dem Leser erschließe, der sich mit dem bloßen Text begnüge (vgl. Klingenberg, Schlaffer, Träger). Solche Aussagen scheinen Rezeption zumindest tendenziell weniger zu befördern als vielmehr zu verstellen oder gar abzuschneiden. Zweifellos gehört G.s *Novelle* zu den besonders »anstrengenden« Werken. Jedoch sollte der legitime wissenschaftliche Anspruch nicht zur Sekretierung seines Gegenstandes führen. Zutrauen in die substantiell-genuine Wirkungsfähigkeit des poetischen Textes – ohne rigorosen Verzicht auf verwandte Zeugen oder bereits gewonnene Erkenntnisse und ohne Rückzug in enthistorisierende Immanenz – ist wohl unerläßlich, selbst oder gerade in Verbindung mit dem Bewußtsein, daß weder auf diesem noch auf einem anderen Wege ein Generalschlüssel zu finden ist. Neuere Einzelausgaben der *Novelle* demonstrieren variable Möglichkeiten, Verständnisbarrieren bereits durch zurückhaltende Kommentierung abzubauen.

Reaktionen von Schriftstellern des 20. Jhs. auf G.s *Novelle* galten ausschließlich dem Kernthema – der Überwindung von Gewalt durch Kunst – und dokumentieren, vor dem Hintergrund einschneidender Gewalt-Erfahrung, die provokative Inkommensurabilität des Werkes in einer Rezeptionsskala, die von verzweifelt-höhnischer Absage bis zu therapeutisch wirksamer Dankbarkeit reicht. Friedrich Nietzsche bekannte noch 1888, die »Löwen-Novelle« habe seinen »Begriff« und »Geschmack ›Goethe‹« zuerst und »ein für alle Mal« geprägt: »Eine verklärt-reine Herbstlichkeit [...], eine Oktober-Sonne bis ins Geistigste hinauf; etwas Goldenes und Versüßendes, etwas Mildes, nicht Marmor – das nenne ich Goethisch« (Nietzsche, Abt. 8, Bd. 3, S. 446). Gottfried Benn bezog sich auf eine diametral anders gerichtete Äußerung Nietzsches, als er die Provokation schilderte, die er durch die *Novelle* erfuhr. Unter Berufung auf die Verse »Gott der Verfängliche / Ist Dichter-Erschleichniss« aus Nietzsches Gedicht *An Goethe* (1887; Nietzsche, Abt. 5, Bd. 2, S. 323) schrieb Benn am 17. 1. 1936 an einen Freund: »Ist nicht vielleicht diese Novelle etwas lächerlich? [...] wirkt das nicht alles wie *Karikatur*? [...] wilde Tiere brechen aus einer Menagerie aus *und alles verläuft harmonisch!* Das Säuseln eines Knaben besänftigt die Natur«. Als »Trick« erscheint ihm die »infernalische Greisenbeschwörung«, daß der Löwe als ein – wie der Text postuliert – »dem eigenen friedlichen Willen Anheimgegebener« an der Idylle mitwirke. »Es muss nur ein Knabe mit der Flöte kommen! Sehr richtig! Aber er kommt eben nicht. Wir sehn ihn nicht kommen. Geschwätz! Narrheit! Geheimratsbehaglichkeit« – und auch für den Stil gelte, bei »Wattierung der Worte und der Structur«: »Gigantisch das Ganze, aber f a u l!« Und schließlich schrieb Benn, das Gefährdungsbewußtsein, von dem die *Novelle* durchdrungen ist, sehr wohl spürend: »Eigentlich ein Hund, dieser Goethe. Er wusste doch, dass er Schwindel treibt und dass er rein aus eigenem Ruhebedürfnis und Fernhaltungsdrang von allem Dämonischen so schrieb [...] abgefeimt!« Im Essay *Weinhaus Wolf* (1937) trieb er die Absage an jenen »Trick« der Friedfertigkeit noch stärker in die historische Verallgemeinerung. Im Brief vom Vorjahr hatte es geheißen: »Führt das nicht zurück auf eine Stufe, die wohl einmal war, vielleicht, aber für uns verloren ist und u n s e r Lebenssinn ist, dass es verloren i s t« – im Essay lautet die Absage an die Utopie vom Goldenen Zeitalter: »Eine Menagerie fängt Feuer, die Buden brennen ab, die Tiger brechen aus, die Löwen sind los – und alles verläuft harmonisch – Nein, diese Epoche war vorbei, diese Erde abgebrannt, von Blitzen enthäutet, wund, heute bissen die Tiger« (Benn 1967, S. 16f.). Weniger aggressiv, aber das Werk gleichfalls kritisch mit »unseren Tagen« konfrontierend, folgerte André Gide 1940 aus der »unglaublichen (einer glückseligen) Albernheit« und Künstlichkeit der *Novelle*: »Goethe hätte sie in unseren Tagen nicht schreiben können« (S. 66f.). Solche aus Leiden erwachsenen Negationen sind mit ebenso konkreter positiver Erfahrung zu konfrontieren: Als Emigrant – »nachts in Hollywood [...] man war schlaflos« – las der Regisseur Max Ophüls die *Novelle* zum ersten Mal. Er berichtete etwa ein Jahrzehnt später: »Und während dieser Tage brannte drüben in Europa meine Heimatstadt, wußte ich nicht mehr von meinen Freunden oder Verwandten, ob sie in den Konzentrationslagern oder in den Armeen je diese Zeit überleben würden, und in einer solchen Nacht klang durch den Alpdruck dieses mörderischen Unsinns die Stimme des Kindes, das die Flöte spielt [...] und dem Löwen den Dorn aus der Tatze zieht. Diese Stimme sagt: ›Blankes Schwert erstarrt im Hiebe. Wundertätig ist die Liebe.‹ Und alle anderen Stimmen, während ich das las, klangen mit [...] ich glaubte, ich hörte Goethe selbst lesen. Vorlesen. Und da wurde ich ruhig, und ich geriet wieder in mein Gleichgewicht« (Interview, 3.1. 1955). Ophüls erläuterte mit diesem Bekenntnis seine Hörspielbearbeitung der *Novelle* (Erstsendung 18.4. 1954). In dieser nicht unproblematischen, unter Verlust dem Genre verpflichteten Version erfuhr das Werk eine Verbreitung, die seine Wirkungsmöglichkeiten im traditionellen Medium quantitativ weit übertraf.

Literatur:

Anonymus: *Das Kind mit dem Löwen*. Novelle von Göthe. In: Blätter für literarische Unterhaltung. Nr. 13, 13.1. 1834, S. 54. – Atkins, Stuart: Goethe's *Novelle* as a Pictorial Narrative. In: Mahlendorf, Ursula u.a. (Hg.): Poetry Poetics Translation. Fs. Richard Exner. Würzburg 1994, S. 73–81. – Baumgart, Hermann: Goethes *Weissagungen des Bakis* und die *Novelle* – zwei symbolische Bekenntnisse des Dichters. Halle 1886. – Becker, Jochen: ›Amor vincit omnia‹: on the closing image of Goethe's *Novelle*. In: Simiolus. Netherlands quarterly for the history of art. 18 (1988), S. 134–156. – Benn, Gottfried: Weinhaus Wolf und andere Prosa. Frankfurt/M. 1967, S. 16f. – Ders.: Briefe an F.W. Oelze. 1932–1945. Wiesbaden, München 1977, S. 102–104. – Beutler, Ernst: Ursprung und Gehalt von Goethes *Novelle*. In: DVjs. 16 (1938), S. 324–352. – Borchmeyer, Dieter: Höfische Gesellschaft und Französische Revolution bei Goethe. Adliges und bürgerliches Wertsystem der Weimarer Klassik. Kronberg/Ts. 1977, S. 333–350. – Brummack, Jürgen: ›Blankes Schwert erstarrt im Hiebe‹. Eine motivgeschichtliche Bemerkung zu Goethes *Novelle*. In: Hundsnurscher, Franz u.a. (Hg.): ›Getempert und gemischet‹. Fs. Wolfgang Mohr. Göppingen 1972, S. 355–376, bes. S. 356. – Cheesman, Tom: Goethe's *Novelle*, or: The Underside of High Literature. In: ders.: The Shocking Ballad Picture Show. Oxford/Providence 1994, S. 161–188. – Clouser, Robin: Ideas of Utopia in Goethe's *Novelle*. In: PEGS. 49 (1979), S. 1–44. – Fritz, Horst: Die Utopie der Versöhnung. Goethe: *Novelle*. In: ders.: Instrumentelle Vernunft als Gegenstand von Literatur. München 1982. – Gervinus, Georg Gottfried: Geschichte der poetischen National-Literatur der Deutschen. Teil 5. Leipzig 1842, S. 720f. – Gide, André: Tagebuch 1939–1942. München 1949. – GUNDOLF, S. 743f. – Hahn, Karl-Heinz: Aus der Werkstatt deutscher Dichter. Goethe. Schiller. Heine. Halle 1963, S. 131–193. – HSW 11, S. 213–466. – Jacobs, Jürgen: ›Löwen sollen Lämmer werden‹. Zu Goethes *Novelle*. In: Literarische Utopie-Entwürfe. Hg. von Hiltrud Gnüg. Frankfurt/M. 1982, S. 187–195. – Jäger, Hans-Wolf: Politische Metaphorik im Jakobinismus und im Vormärz. Stuttgart 1971, S. 76–78. – Kaiser, Gerhard: Zur Aktualität Goethes. Kunst und Gesellschaft in seiner *Novelle*. In: SchillerJb. 29 (1985), S. 248–265. – Keller, Werner: Johann Wolfgang Goethe. In: Polheim, Karl Konrad (Hg.): Handbuch der deutschen Erzählung. Düsseldorf 1981, S. 82–90 u. S. 566–568. – Klingenberg, Anneliese: Goethes *Novelle* und *Faust II*. Zur Problematik Goethescher Symbolik im Spätwerk. In: Impulse. 10 (1987), S. 75–124. – May, Kurt: Goethes *Novelle*. In: Euphorion. 33 (1932), S. 277–299. – Meyer, Herman: Raumgestaltung und Raumsymbolik in der Erzählkunst. In: Studium Generale. 10 (1957), S. 620–630; zit. nach dem Wiederabdruck in: ders.: Zarte Empirie. Studien zur Literaturgeschichte. Stuttgart 1963, S. 40–46. – Ders.: Natürlicher Enthusiasmus. Das Morgenländische in Goethes *Novelle*. Heidelberg 1973, S. 57f. – Mommsen, Katharina (Hg.): Goethe, Johann Wolfgang: Novellen. Frankfurt/M. 1979, S. 283–287. – Nietzsche, Friedrich: Werke. Hg. von Giorgio Colli und Mazzino Montinari. Abt. 8, Bd. 3. Berlin, New York 1972 u. Abt. 5, Bd. 2. Berlin, New York 1973. – [Ophüls, Max]: *Novelle*. Johann Wolfgang von Goethe. Regie: Max Ophüls. Cotta's Hörbühne. Hörspiele. 1959; mit Interview vom 3.1. 1955. Stuttgart 1986. – Otto, Regine: Johann Wolfgang Goethe: *Novelle*. In: Leistner, Bernd (Hg.): Deutsche Erzählungen der frühen Restaurationszeit. Studien zu ausgewählten Texten. Tübingen 1995, S. 26–65. – Praschek, Helmut: Zur Entstehungsgeschichte der *Novelle* von Goethe. In: Forschungen und Fortschritte. 35 (1961), S. 302–306. – Ders.: Bemerkungen zu Goethes Arbeitsweise im Bereich seiner Erzählungen. In: Scheibe, Siegfried u.a: Goethe-Studien. Berlin 1965, S. 97–122. – Schlaffer, Hannelore (Hg.): Johann Wolfgang Goethe. Erzählungen. Stuttgart 1980, S. 354–368. – Schumann, Detlev W.: Mensch und Natur in Goethes *Novelle*. In: Dichtung und Deutung. Fs. Hans M. Wolff. Hg. von Karl S. Guthke. Bern, München 1961, S. 131–142. – SNA 20. – Staiger, Emil: Goethe. *Novelle*. In: Trivium. 1 (1942), S. 4–30. – Staroste, Wolfgang: Die Darstellung der Realität in Goethes *Novelle*. In: Neophilologus. 44 (1960), S. 322–333. – Steer, A. G.: Goethe's *Novelle* as a document of its time. In: DVjs. 50 (1976), S. 414–433. – Swales, Martin: The threatened society. Some remarks on Goethe's *Novelle*. In: PEGS. 38 (1968), S. 43–68. – Sydow, Anna von (Hg.): Wilhelm und Caroline von Humboldt in ihren Briefen. Bd. 2. Berlin 1907, S. 37. – Thieberger, Richard: Die Fürstin als Heldin in Goethes *Novelle*. In: ders.: Gedanken über Dichter und Dichtungen. Frankfurt/M. 1982. – Träger, Christine: Novellistisches Erzählen bei Goethe. Berlin, Weimar 1984, S. 223–242. – Wäsche, Erwin: Honorio und der Löwe. Studie über Goethes *Novelle*. Säckingen 1947. – Zagari, Luciano: Sovramondo melodrammatico e pericolo estetizzante nell'ultimo Goethe. A proposito della *Novelle*. In: ders.: Studi di letteratura tedesca dell'Ottocento. Rom 1965, S. 81–119.

Regine Otto

Erzählfragmente

Die Zahl der Erzählfragmente G.s ist, gemessen an seinem gesamten Œuvre, sehr gering. G. hat nicht nur außerordentlich ökonomisch gearbeitet, sondern auch nach Möglichkeit beendet, was er angefangen hatte, und das gilt für sein erzählerisches Werk mehr noch als für die übrigen literarischen Gattungen. Und mit einer einzigen Ausnahme beschränken sich die Erzählfragmente auf sehr wenige Seiten, sind also über den Rang von Expositionen oder Skizzen im Grunde nicht hinausgekommen. Sie gehören – auch das ist für G.s wirtschaftlichen Umgang mit seinen Texten bezeichnend – vor allem in seine Frühzeit; im Alter ist er noch haushälterischer mit seinen Texten gewesen als je zuvor.

Frühe Romanentwürfe

Von einem ersten Romanplan, einem Briefroman, berichtet *Dichtung und Wahrheit*. Briefromane waren seit Samuel Richardsons *Pamela or Virtue Rewarded* (1740) und seit Jean-Jacques Rousseaus *Nouvelle Héloïse* (1759) auch in Deutschland bekannt geworden und erfreuten sich seit Christian Fürchtegott Gellerts *Das Leben der schwedischen Gräfinn von G.* (1747/48) wachsender Beliebtheit. G. hatte offenbar auch vor, einen Briefroman zu schreiben, freilich nicht aus sentimentalen Gründen: Er berichtet in *Dichtung und Wahrheit*, daß er quasi pädagogische Absichten gehabt habe. Er sei es müde gewesen, für das Erlernen von Fremdsprachen Beispiele immer aus Grammatiken oder Beispielsammlungen zu nehmen: »Ich kam daher auf den Gedanken alles mit einmal abzuthun, und erfand einen Roman von sechs bis sieben Geschwistern, die von einander entfernt und in der Welt zerstreut sich wechselseitig Nachricht von ihren Zuständen und Empfindungen mittheilen. Der älteste Bruder gibt in gutem Deutsch Bericht von allerlei Gegenständen und Ereignissen seiner Reise. Die Schwester, in einem frauenzimmerlichen Stil, mit lauter Puncten und in kurzen Sätzen, ungefähr wie nachher Siegwart geschrieben wurde, erwidert bald ihm, bald den andern Geschwistern, was sie theils von häuslichen Verhältnissen, theils von Herzensangelegenheiten zu erzählen hat. Ein Bruder studirt Theologie und schreibt ein sehr förmliches Latein, dem er manchmal ein griechisches Postscript hinzufügt. Einem folgenden, in Hamburg als Handlungsdiener angestellt, ward natürlich die englische Correspondenz zu Theil, so wie einem jüngern der sich in Marseille aufhielt, die französische. Zum Italiänischen fand sich ein Musicus auf seinem ersten Ausflug in die Welt, und der jüngste, eine Art von naseweisem Nestquackelchen, hatte, da ihm die übrigen Sprachen abgeschnitten waren, sich auf's Judendeutsch gelegt, und brachte durch seine schrecklichen Chiffern die Übrigen in Verzweiflung, und die Eltern über den guten Einfall zum Lachen« (WA I, 26, S. 195f.). Offenbar handelte es sich nicht nur um einen Plan, eine gedankliche Erfindung, sondern tatsächlich um Niederschriften. G. berichtet, daß er sich auch mit der Geographie der Gegenden, woher die Briefe kamen, vertraut gemacht, »allerlei Menschlichkeiten« hinzuerfunden habe, und fährt fort: »Auf diese Weise wurden meine Exercitienbücher viel voluminöser; der Vater war zufriedener, und ich ward eher gewahr was mir an eigenem Vorrath und an Fertigkeiten abging« (WA I, 26, S. 196).

Erhalten hat sich von diesem »Roman von sechs bis sieben Geschwistern«, von dem wir nicht wissen, wie weit er damals tatsächlich niedergeschrieben worden war, überhaupt nichts. Im ursprünglichen Schema zu *Dichtung und Wahrheit* aus dem Jahre 1809 findet sich unter »1750« nur vermerkt: »Roman in mehreren Sprachen. Einleitung Englisch Judenteutsch Hebräisch. Alter Rector« (WA I, 26, S. 349). Die Jahreszahl »1750« ist natürlich nicht als Entstehungsdatum zu interpretieren, aber als Hinweis auf den Roman nicht unwichtig, weil sie ebenfalls dafür spricht, daß dieser Roman keine flüchtige Erfindung gewesen ist.

Eine Verbindung des in *Dichtung und Wahrheit* erwähnten Abschnitts des Romans in »Judenteutsch« zu der »Judenpredigt« (WA I, 37, S. 59f.) besteht offenbar nicht.

Ein weiteres unausgeführt gebliebenes Romanprojekt ist ebenfalls aus G.s Jugendzeit überliefert. Erich Schmidt hat das Fragment ursprünglich mit G.s Leipziger Aufenthalt in Verbindung gebracht und einen Frankfurter Ursprung angenommen, aber Jakob Minor und August Sauer haben dieses Fragment in die Straßburger Zeit datiert (vgl. WA I, 38, S. 223). Es handelt sich wiederum um einen Briefroman; erhalten ist ein erster Brief »Arianne an Wetty« (WA I, 37, S. 61f.) und daran anschließend ein weiterer Brief, den ein ungenannter Verfasser an seine »zärtliche Freundinn« (WA I, 37, S. 63) schreibt – vermutlich an die »Arianne« des ersten Briefes. Vorausgegangen ist entweder ein nicht mehr erhaltener Brief von Wetty oder ein von ihr mitgeteiltes Schreiben von Walter (vgl. WA I, 38, S. 223). Der erste Brief geht über »Empfindungen« und über »Liebe«; das in diesem Zusammenhang gebrauchte Bild vom Einatmen und Aushauchen taucht bei G. später in dem Bild von den zweierlei Gnaden beim Atemholen wieder auf. Die gefühlvollen Reflexionen über die Liebe sind Ausdruck der Empfindsamkeit – nicht zufällig ist vom »zärtlichen Herzen« die Rede (WA I, 37, S. 62). Im Hintergrund steht der Gegensatz von Schein und Sein, von dem, was den Augen gefällt, und dem »Gefühl«. Sonderlich klare Konturen bekommt diese kurze Liebesphilosophie jedoch nicht.

Der zweite Brief ist offenbar von einem enttäuschten Liebhaber an Wetty, die sich mit Walter verbunden hat, gerichtet. Der Schwärmerei des ersten Briefes entspricht die Verzweiflung dieses folgenden; der Schreiber spricht davon, daß er von »Nelly« verlassen worden sei: »Manche Trähne, manches Lied hat mich mein Unglück gekostet« (WA I, 37, S. 64). Der abgewiesene Liebhaber erinnert sich an ein »kleines Stübgen, das so offt der Zeuge unsrer seeligen Trunckenheit war« (WA I, 37, S. 65) und urteilt vom Standpunkt seines augenblicklichen Unglücks über die Leidenschaft seines glücklicheren Konkurrenten. Schließlich aber übt er sich in Entsagung – ein Thema, das G. später noch wiederholt durchspielen wird.

Die erhaltenen Bruchstücke sind zu unvollständig, als daß man etwas über den Gang des Romans sagen könnte. Schwärmerei und schmerzvoller Verzicht sind die beiden Gegenpole, die hier zur Sprache kommen. In manchem sind die Gefühlswelten der *Leiden des jungen Werthers* vorweggenommen. Gedankliche Stringenz wird man in den Briefen nicht suchen – hier verbalisieren sich zwei Stimmungen, Liebeshoffnung und Liebesenttäuschung. G. folgt mit dem Fragment der Mode der Briefromane; eine wirklich eigene Sprache kann man diesem *Fragment eines Romans in Briefen* kaum zugestehen. Das Manuskript, das sich unter Briefen im Nachlaß der Charlotte von Stein befand, wurde erstmals 1846 von Adolf Schöll gedruckt (vgl. dazu WA I, 38, S. 223).

Ein weiteres Fragment G.s ist mit *Der Hausball* überschrieben. Unter diesem Titel erschien mit dem Zusatz »Eine Erzählung v. V*.« 1781 in Wien eine kurze Geschichte. G. hat durch Philipp Seidel einen Auszug daraus erstellen lassen, den er überarbeitet hat (vgl. WA I, 18, S. 491). Die Handschrift von Seidels Hand hat sich mit Korrekturen von G. erhalten; der erste Druck findet sich in der Ausgabe von Karl Gustav Hempel (Bd. 5, S. 272–275).

Die Einführung »An den Leser« liefert den Rahmen für die folgende Geschichte: G. berichtet, daß deren Inhalt »lustig und unterhaltend genug scheint, um unsern Lesern im Auszuge mitgetheilt zu werden« (WA I, 18, S. 351). Die Erzählung behandelt den von einem Hauswirt auf Subskription, d.h. durch vorherigen Verkauf von Eintrittskarten zu finanzierenden Ball. Das Auftreten eines Wucherers, dem der Hauswirt Geld schuldet, scheint das Vorhaben zunichte zu machen; der Hauswirt, durch den Wucherer und die Rückzahlung an ihn um sein Geld gebracht, verkauft mehr Billetts, als er verantworten kann, versetzt einen Rock und versucht, die angekündigte Mahlzeit doch noch vorzubereiten. Ein brennender Herd hindert ihn erneut daran, die Ballvorbereitungen zu verfolgen,

und die Geschichte endet vorläufig mit dem Bericht über eine Ohnmacht des Hausherrn, der auf diese Weise der häuslichen Tragödie entflieht.

Die von G. durchgesehene und hier und da verbesserte Geschichte hat eigentlich eher anekdotenhaften Charakter; sie enthält indirekt freilich auch die Aufforderung, die Grenzen der bürgerlichen Welt nicht zu überschreiten, um deren »behagliches [...] Leben« nicht zu gefährden (WA I, 18, S. 352). Denn die Geschichte des »Unglücklichen« ist nicht über ihn verhängt, sondern letztlich von ihm selbst verschuldet, und eine gewisse unbürgerliche Hybris treibt alles auf die Katastrophe hin. G. hat offenbar Gefallen gefunden an der aberwitzigen Häufung von unglücklichen Zufällen; ein enger Zusammenhang zwischen der Vorrede und deren Lob auf die Regierung Josephs II. und der im folgenden erzählten Geschichte besteht jedoch nicht. Allenfalls könnte daraus der Wunsch abgelesen werden, daß dem Kaiser eben das an Glück beschert sein möge, was dem armen Hauswirt in der folgenden Geschichte fehlt. Darauf deutet auch der Brief G.s an Karl Ludwig von Knebel vom 3. 12. 1781 hin, in dem es heißt: »Von dem Kaiser denke ich auch wie du. Wenn ihm das Glük will und ihn sein Genius nicht verläßt, so ist er gemacht viel ohne Schwerdtstreich zu erobern« (WA IV, 5, S. 228f.).

Die *Reise der Söhne Megaprazons*

Das einzige größere Romanfragment, das von G. überliefert ist, ist mit *Reise der Söhne Megaprazons* überschrieben. Die Handschrift (im GSA) ist zum größten Teil von G.s Hand; einige Partien sind auch von Johann Georg Paul Goetze niedergeschrieben worden, vermutlich nach dem Diktat G.s. Das Fragment ist erstmals 1837 in *Goethe's poetische und prosaische Werke in zwei Bänden* (Stuttgart und Tübingen, Verlag der J. G. Cotta'schen Buchhandlung, Bd. 2.1) veröffentlicht worden. Die Handschrift des G.- und Schiller-

Archivs enthält von Kräuters Hand die Über-schrift: *Reise der Söhne Megaprazons vid. Aus meinem Leben Abth. 2. Bd. 5 pag.* Diese Notiz bezieht sich auf eine Stelle aus G.s *Campagne in Frankreich 1792*, die ursprünglich als fünf-ter Teil der zweiten Abteilung *Aus meinem Leben* erschienen war. Kräuter hat diesen Zu-satz wohl 1822 gemacht, als er ein Reperto-rium der G.schen Handschriften zusammen-stellte. Die Fassung des Titels ist also offenbar von G. legitimiert worden.

Über die Entstehung der *Reise der Söhne Megaprazons* sind wir durch eben jene Bemer-kung in der *Campagne in Frankreich 1792* un-terrichtet, auf die Kräuter auf dem Umschlag hingewiesen hatte, in dem sich die Hand-schrift dieses Erzählfragments befand. Es heißt an dieser Stelle unter der Überschrift »Pempelfort, November 1792«: »Ich hatte seit der Revolution, mich von dem wilden Wesen einigermaßen zu zerstreuen, ein wunderbares Werk begonnen, eine Reise von sieben Brü-dern verschiedener Art, jeder nach seiner Weise dem Bunde dienend, durchaus abenteu-erlich und mährchenhaft, verworren, Aussicht und Absicht verbergend, ein Gleichniß unsers eignen Zustandes. Man verlangte eine Vorle-sung, ich ließ mich nicht viel bitten und rückte mit meinen Heften hervor; aber ich bedurfte auch nur wenig Zeit um zu bemerken daß nie-mand davon erbaut sei. Ich ließ daher meine wandernde Familie in irgend einem Hafen und mein weiteres Manuscript auf sich selbst be-ruhen« (WA I, 33, S. 191). Mit diesen Bemer-kungen ist nicht nur die Entstehungszeit fest-gelegt, sondern auch die Absicht der Erzäh-lung: Sie sollte ein Spiegel der Zeit sein, und sie sollte von der Revolution wegführen. Wie G. über die Französische Revolution und die Folgen gedacht hat, wissen wir: Wenige Seiten zuvor spricht er vom »Unheil der französischen Staatsumwälzung«, das sich immer weiter ver-breite (WA I, 33, S. 189).

Der Roman, von dem zwei Kapitel nieder-geschrieben worden sind, gehört gleicherma-ßen zum Typus des Reise- und des Abenteu-erromans. Er berichtet von einer Seereise, die sechs Brüder unternehmen, die im Auftrage ihres Vaters, Megaprazons, Inseln wiederent-decken sollen, die sein »Urgroßvater Panta-gruel theils besucht, theils entdeckt hat« (WA I, 18, S. 363). Im Zeitalter der Entdek-kungsreisen sollen die von niemandem sonst wiedergefundenen Inseln noch einmal besucht werden, ein Brief des Vaters, den dieser den Söhnen mitgegeben hat, soll die Söhne bei ihrer Suche anleiten. Das zweite Kapitel be-richtet von der Entdeckung zweier Inseln, ei-ner glücklichen und einer unglücklichen, die auf der Karte, die ihnen der Vater mitgegeben hat, allerdings vertauscht erscheinen. Wäh-rend die Brüder auf die glückliche Insel zu-segeln, die aber auf der Karte als unglücklich verzeichnet ist, entsteht unter ihnen Streit, der nur durch die Dazwischenkunft eines Frem-den, der mit seinem Schiff bei den Brüdern angelegt hat, und dessen »Flasche Madera« beigelegt wird. An diese Begebenheit schließt sich der Bericht des »Papimane« an, der von der glücklichen Insel der Papimanen stammt, und der berichtet von einer dritten Insel, der »Insel der Monarchomanen« (WA I, 18, S. 377), die sich nach einem Vulkanausbruch in drei Teile gespalten habe und nun auf dem Meer umhergetrieben werde. Die Brüder be-schließen, diese Insel, die am Horizont auf-taucht, zu besuchen, geraten dort auf der Su-che nach einer Schatzkammer in ein Schloß – auch von einem weiblichen Geschöpf in dem Palast ist die Rede. Die Geschichte bricht ab, als die Brüder eine geheime Tür entdecken, die in das Innere des Schlosses zu führen scheint.

G. folgt mit diesem Roman nicht nur einer Mode der Unterhaltungsliteratur im 17. und 18. Jh., sondern ist offenbar, wie ja Hinweise im Text bezeugen, direkt angeregt worden: Megaprazon ist der Urenkel Pantagruels, jener Figur des François Rabelais, der auch schon zu der glücklichen Insel der Papimanen und der unglücklichen Insel der Papefiguen gereist war. G. war allerdings wohl nicht direkt auf Rabelais gestoßen, sondern hat wahrschein-lich einen 1791 in Paris erschienenen Band von Pierre Ginguené erhalten. Dessen Titel lautet *De l'autorité de Rabelais dans la révolution présente et dans la constitution civile du clergé.* Dort findet sich am Schluß des 10. Kapitels auch die Vorstellung, daß im Gegensatz zu Pantagruels Aufzeichnungen Papimanien stark zurückgegangen und Papifiguren vorangekommen sei (vgl. JA 16, S. XLIII f.). Über Pantagruels Reise hat G. vermutlich in einer Bearbeitung von Levin Christian Sander (1785–1787 nach Fischart) gelesen (vgl. ebd.). Wie beliebt Reisen in verzauberte Länder waren, zeigt eine Sammelausgabe, die in 39 Bänden 1787–1789 in Paris erschienen ist: *Voyages imaginaires, romanesques, merveilleux, allégoriques*. Die eigentlichen Anregungen aber kamen von Rabelais.

Eine untergründige Beziehung mag bestanden haben zu dem Roman, von dem G. in *Dichtung und Wahrheit* berichtet hat, jenem frühen Briefroman, in dem die Geschwister in verschiedene Länder ziehen und in verschiedenen Sprachen berichten. Aber das eigentliche Thema ist natürlich die Französische Revolution. Die Geschichte hat zweifellos stark allegorische Züge; so sind die Inseln der Papimanen und der Papifiguren symbolische Orte, die den katholischen Süden und den protestantischen Norden vorstellen sollen, aber schon die Vertauschung der Namen auf der Landkarte des Vaters ist nicht ohne tieferen Sinn: das fruchtbare Land ist nicht das Land der Frommen, sondern ein papstfeindliches Land – während das päpstliche Eiland nur »ungeheure Steinmassen« zu bieten hat (WA I, 18, S. 369). Hier wird offenbar G.s Kritik am Papsttum deutlich-undeutlich ausgesprochen. Allegorisch ist auch die Insel der »Monarchomanen«: Die Insel steht offenbar für Frankreich, »die Residenz, ein Wunder der Welt, war auf dem Vorgebirge angelegt, und alle Künste hatten sich vereinigt dieses Gebäude zu verherrlichen« (WA I, 18, S. 377) – offenbar ein symbolisches Bild der Stadt Paris. Hinweise auf Paris und Frankreich finden sich auch in den folgenden Zeilen: »Sahet ihr seine Gebäude, so glaubtet ihr alle Tempel der Götter wären hier symmetrisch zusammengestellt, um alle Völker zu einer Wallfahrt hierher einzuladen. Betrachtet ihr seine Gipfel und Zinnen, so mußtet ihr denken die Riesen hätten hier zum zweitenmal Anstalt gemacht den Himmel zu ersteigen; man konnte es eine

Stadt, ja man konnte es ein Reich nennen. Hier thronte der König in seiner Herrlichkeit, und niemand schien ihm auf der ganzen Erde gleich zu sein« (WA I, 18, S. 377f.). Auch die folgende Beschreibung der beiden anderen Inselteile spricht für eine allegorische Deutung. Der Einbruch der Französischen Revolution wird, wie das in der Literatur der Zeit sehr häufig geschah, im Bild eines Vulkanausbruchs geschildert: »Diese paradiesische Glückseligkeit ward auf eine Weise gestört die höchst unerwartet war, ob man sie gleich längst hätte vermuthen sollen. Es war den Naturforschern bekannt, daß die Insel vor alten Zeiten durch die Gewalt des unterirdischen Feuers sich aus dem Meer emporgehoben hatte. So viel Jahre auch vorüber sein mochten, fanden sich doch noch häufige Spuren ihres alten Zustandes: Schlacken, Bimsstein, warme Quellen und dergleichen Kennzeichen mehr; auch mußte die Insel von innerlichen Erschütterungen oft vieles leiden. Man sah hier und dort an der Erde bei Tage Dünste schweben, bei Nacht Feuer hüpfen, und der lebhafte Charakter der Einwohner ließ auf die feurigen Eigenschaften des Bodens ganz natürlich schließen« (WA I, 18, S. 379). Der Vulkanausbruch – im übertragenen Sinne: die Revolution – zerstörte dieses fabelhafte Reich; die Teile trieben auf die anderen Inseln zu; man fürchtete, daß sie an der Küste von Papimanien stranden würden; aber sie – so wird weiter berichtet – schwämmen weiter im offenen Meer umher und würden »von allen Stürmen wie ein Schiff ohne Steuer hin- und wiedergetrieben« (WA I, 18, S. 380). Auch das Bild vom richtungslos auf dem Meer treibenden Schiff ist zwar barocken Ursprungs, taucht aber in Beschreibungen der Revolutionszeit wiederholt auf.

G. hat darüber hinaus die Verwirrungen der Zeit auch im Streit der Brüder verdeutlicht, der keine andere Ursache hat, als daß sie vom »Zeitfieber« ergriffen seien. Als sie von dieser Krankheit geheilt sind, fragt einer der Brüder den hinzugekommenen Fremden: »Sind wir krank gewesen? [...] das ist doch sonderbar. – Ich kann Sie versichern, versetzte der fremde Schiffer, Sie waren vollkommen angesteckt, ich traf Sie in einer heftigen Krisis. – Und was für eine Krankheit wäre es denn gewesen? fragte Alciphron, ich verstehe mich doch auch ein wenig auf die Medicin. – Es ist das Zeitfieber, sagte der Fremde, das einige auch das Fieber der Zeit nennen und glauben sich noch bestimmter auszudrücken; andere nennen es das Zeitungsfieber, denen ich auch nicht entgegen sein will. Es ist eine böse ansteckende Krankheit, die sich sogar durch die Luft mittheilt, ich wollte wetten Sie haben sie gestern Abend in der Atmosphäre der schwimmenden Inseln gefangen. – Was sind denn die Symptome dieses Übels? fragte Alciphron. – Sie sind sonderbar und traurig genug, versetzte der Fremde: der Mensch vergißt sogleich seine nächsten Verhältnisse, er mißkennt seine wahrsten, seine klarsten Vortheile, er opfert alles, ja seine Neigungen und Leidenschaften einer Meinung auf, die nun zur größten Leidenschaft wird. Kommt man nicht bald zu Hülfe, so hält es gewöhnlich sehr schwer, so setzt sich die Meinung im Kopfe fest und wird gleichsam die Achse um die sich der blinde Wahnsinn herumdreht. Nun vergißt der Mensch die Geschäfte die sonst den Seinigen und dem Staate nutzen, er sieht Vater und Mutter, Brüder und Schwestern nicht mehr. Ihr, die ihr so friedfertige, vernünftige Menschen schienet, ehe ihr in der Falle waret – – –« (WA I, 18, S. 375f.).

Die Revolution erscheint hier also als Krankheit und Wahnsinn. G. hat sich mehrfach so geäußert. 1793 hatte G. *Der Bürgergeneral* geschrieben – eine Revolutionsposse, in der die Vertreter des Neuen lächerlich gemacht wurden. In den gleichen Zusammenhang gehört G.s »politisches Drama« *Die Aufgeregten*, ebenfalls von 1793. Vorgänge im revolutionären Frankreich selbst stellt das Dramenfragment *Das Mädchen von Oberkirch* von 1795/96 dar. G.s Revolutionskritik kulminiert später in *Die natürliche Tochter*, die 1803 beendet wurde. In einem Schema zu *Die natürliche Tochter* hat G. notiert: »nach seinem Sinne leben ist gemein, / Der Edle strebt nach Ordnung und Gesetz« (WA I, 10, S. 444). Und dort findet sich zur Charakteristik der Revolution auch: »Aufgelöste Bande. der letzten Form. Die Masse wird absolut. Vertreibt die Schwan-

kenden. Erdrückt die Widerstrebenden. Erniedrigt das Hohe. Erhöhet das Niedrige. Um es wieder zu erniedrigen« (ebd.). Dieses gedachte G. in einer »Fortsetzung« darzustellen.

In diesen größeren Zusammenhang ist das Fragment *Reise der Söhne Megaprazons* zu stellen. G. charakterisiert die Folgen der Revolution so: »Ein wilder Schwindel ergriff die Brüder, von ihrer Sanftmuth und Verträglichkeit erschien keine Spur mehr in ihrem Betragen« (WA I, 18, S. 373). Als Gegenstück sind dann die *Unterhaltungen deutscher Ausgewanderten* aus dem Jahre 1795 zu sehen: es sind Fluchtgeschichten im doppelten Sinne, da sie den Weg aus der Zeit in Zerstreuung und Unterhaltung bedeuten, zugleich aber auch den Ausweg aus den Wirnissen der Zeit durch die Kunst weisen wollen, so insbesondere im *Märchen*, das die *Unterhaltungen* beschließt. Ähnlich allegorische Darstellungen des Revolutionsgeschehens und seiner Folgen finden sich bei Kleist in *Das Erdbeben in Chili* und bei Eichendorff in *Das Schloß Dürande*.

Eine völlig eindeutige Auflösung der allegorischen Bilder und Figuren ist in dem Fragment von der *Reise der Söhne Megaprazons* freilich nicht möglich. G. hat aber ohnehin wohl keinen Roman schreiben wollen, der völlig allegorisch zu entschlüsseln gewesen wäre. Dazu ist zu vieles nur angedeutet, und dazu ist die Übertragung der hier erzählten Vorgänge auf die politischen Verhältnisse zu fragmentarisch.

Literatur:
Bersier, Gabrielle: *Reise der Söhne Megaprazons.* Goethe, Rabelais und die Französische Revolution. In: Wittkowski, Wolfgang (Hg.): Goethe im Kontext. Tübingen 1984, S. 230–240. – Fink, Gonthier-Louis: ›Nachlese‹ zu Goethes *Die Reise der Söhne Megaprazons.* In: SchillerJb. 34 (1990), S. 257–279. – Müller-Seidel, Walter: Auswanderungen in Goethes dichterischer Welt. Zur Geschichte einer sozialen Frage. In: JbWGV. 81–83 (1977–1979), S. 159–183. – Praschek, Helmut: Goethes Fragmente *Die Reise der Söhne Megaprazons.* Entstehung, Überlieferung und Interpretation. In: Holzhauer, Helmut (Hg.): Studien zur Goethe-Zeit. Fs. Lieselotte Blumenthal. Weimar 1968, S. 313–318. – Schöll, Adolf: Briefe und Aufsätze von Goethe aus den Jahren 1766 bis 1786. Weimar 1846 [1857]. – Seuffert, Bernhard: Die schwimmenden Inseln im Megaprazon. In: GoetheJb. 17 (1896), S. 234–236.

Helmut Koopmann

Briefe aus der Schweiz

G. ist dreimal in die Schweiz gereist: 1775 mit den Brüdern Stolberg und dem Grafen Haugwitz, 1779 mit dem Herzog Carl August und dem Kammerherrn Moritz von Wedel, 1797, um Johann Heinrich Meyer in Stäfa zu treffen. Von allen drei Reisen sind Zeugnisse überliefert, die jedoch im Vorfeld der geplanten Reisebeschreibungen verblieben. Allenfalls die Schilderung der ersten Schweizerreise in *Dichtung und Wahrheit* (18. und 19. Buch) kann als abgeschlossen gelten. Hier hat G. auf der Grundlage des *Reisetagebuchs Juni 1775* einen distanzierten Bericht verfaßt, der die Unmittelbarkeit der jugendlich bewegten Aufzeichnungen aufhebt. Die Materialien zur dritten Schweizerreise sind in einer stark redigierten Fassung von Eckermann aus dem Nachlaß herausgegeben worden. Von der zweiten Reise liegt eine (fragmentarische) Darstellung in den *Briefen aus der Schweiz* vor, die zunächst für den privaten Gebrauch im Freundeskreis verfaßt und auf Schillers Betreiben eher zufällig 1796 in den *Horen* veröffentlicht wurde.

Entstehung und Druckgeschichte

Am 30.7. 1779 notiert G. im Tagebuch das Projekt einer Reise nach Frankfurt, am 2. August erwähnt er ein Gespräch mit dem Herzog Carl August über die »Ideen einer Reise, die ich vornehmen muss wie die Weinhändler auf ihre Art«. Das Reiseverlangen steht im Zusammenhang mit einem kritischen »Rückblick aufs Leben« (Tagebuch, 7.8. 1779), ähnlich wie später der Entschluß zur Italienischen Reise, und verweist auf eine innere Unrast: »Bewegung ist mir ewig nötig« (Tagebuch, 31.8. 1779). Offenbar entschloß sich der Herzog spontan, den Freund zu begleiten, denn am 9. August teilte G. der Mutter unter dem Siegel der Verschwiegenheit – »Hier vermuthet noch niemand nichts« – mit: »Der Herzog hat Lust den schönen Herbst am Rein zu geniesen, ich würde mit ihm gehen und der Cammerherr Wedel. wir würden bey Euch einkehren wenige Tage da bleiben [...] dann auf dem Wasser weiter gehn. Dann zurück kommen und bey euch unsre Städte aufschlagen um von da die Nachbaarschafft zu besuchen«. In einem Brief von Mitte August erhielt die Mutter genaue Anweisungen, wie die Gäste im Vaterhaus unterzubringen seien. Da der Herzog ein Zusammentreffen mit seinen Verwandten auf der Messe vermeiden wollte, war eine Reise auf dem Main und Rhein vorgesehen, bevor G. sich den Frankfurter Freunden und Bekannten zeigen und der Herzog seine Verwandten in Darmstadt besuchen wollte.

Am 6.9. 1779 verlieh Carl August dem Freund den Titel eines Geheimen Rates. G. betrat damit »mit dem 30ten Jahre die höchste Ehrenstufe die ein bürger in Teutschland erreichen kan« (an Charlotte von Stein, 7.9. 1779). Einige Tage später, am 11. September, brach die Gesellschaft auf. Außer Carl August, G. und Wedel gehörten ihr noch G.s Diener Philipp Seidel, der Kammerdiener Johann Konrad Wagner und der Reitknecht Hermann Blochberg an. Eisenach und Kassel, wo G. mit Johann Georg Forster zusammentraf, waren die ersten Reisestationen. Auf halbem Wege zwischen Friedberg und Frankfurt wurde der Entschluß gefaßt, in die Schweiz zu reisen, statt, wie ursprünglich vorgesehen, nach Düsseldorf (vgl. Carl August an die Herzogin Anna Amalia, 16.10. 1779). Nach vier Tagen in G.s elterlichem Hause erreichte die Reisegesellschaft über Heidelberg, Speyer, Rheinzabern, von wo G. einen Abstecher nach Sesenheim machte, um Friederike Brion wiederzusehen, Straßburg, wo er mit Lili Schönemann zusammentraf, Emmendingen, wo er den Schwager Johann Georg Schlosser besuchte, am 1. Oktober Basel.

In der Schweiz hielten sich die Reisenden bis zum 8.12. 1779 auf. In den *Briefen aus der Schweiz* sind nur der Weg von Basel nach Münster (Moutier) im Birstal am 3. Oktober, der Ritt durch das Joux-Tal bis nach Genf (24.–26. Oktober) und die vorwinterliche Besteigung des Gotthard von Genf durch das Wallis und über den Furka-Paß (3.–13. November) dargestellt. Man muß sich vergegenwärtigen, was alles ungeschildert bleibt: die Wanderungen auf den Spuren Rousseaus am Bieler See (Ile de St. Pierre) und die Fahrt auf dem Genfer See (Vevey), die Eindrücke der Städte (Basel, Bern, Genf, Lausanne, Luzern, Zürich), die Begegnung mit der schönen Madame Branconi, der Eindruck des Staubbacher Wasserfalls, der G. zu seinem Gedicht *Gesang der Geister über den Wassern* inspirierte, der Abstieg vom Gotthard auf den Spuren der ersten Schweizerreise, der Aufenthalt in Zürich und der intensive und herzliche Umgang mit Lavater und seinem Kreis. Am 24.11.1779 schrieb G. an Frau von Stein: »Die Bekanntschafft von Lavatern ist für den Herzog und mich was ich gehofft habe, Siegel und oberste Spizze der ganzen Reise, und eine Weide an Himmelsbrod wovon man lange gute Folgen spüren wird. [...] Er ist der beste grösste weiseste innigste aller sterblichen und unsterblichen Menschen die ich kenne«. Schließlich fehlen auch der Eindruck des Rheinfalls bei Schaffhausen und die Darstellung der Rückreise, die über Konstanz, Tübingen, Stuttgart, wo man einer Verleihung der Preise der Hohen Karls-Schule u.a. an Schiller beiwohnte, Karlsruhe, Mannheim, wo es zu einer Begegnung mit Dalberg und Iffland kam, Frankfurt und Darmstadt am 14.1.1780 nach Weimar führte.

Seine Reiseeindrücke hielt G. in Briefen an Frau von Stein fest. Zeitweilig schrieb er ein ›rückläufiges Tagebuch‹. Dann veranlaßte er den Diener Philipp Seidel, seine eigenen Tagebuchnotizen abzuschreiben und ergänzte sie durch Erläuterungen und Kommentare. Ferner machte er sich Notizen als Grundlage für ein Diktat an Seidel. Die Briefe und Aufzeichnungen an Frau von Stein waren zugleich für den Weimarer Freundeskreis bestimmt, und G. veranlaßte ihre Mitteilung. Immer wieder verwies er auf die Vorläufigkeit und Unvollständigkeit der Berichte und auf geplante Ergänzungen und Vervollständigungen. In Luzern begann er mit dem Diktat eines »sehr eiligen Tagesregisters« (an Charlotte von Stein, Mitte

November 1779) der Reise durch die Savoyer Eisgebirge, das die Strecke von Genf bis Martinach schildert.

Im Februar/März 1780 erbat er von Frau von Stein seine brieflichen Mitteilungen, um sie zur Reisebeschreibung auszuarbeiten. Außerdem entlieh er vom Herzog Carl August Teile von dessen Tagebuch, das zusammen mit seinen flüchtigen Tagebuchaufzeichnungen vom November 1779 – der Brief an Frau von Stein vom 24. November erwähnt »Zettelgen« – Grundlage für die Schilderung der Wanderung von Martinach auf den Gotthard ist. Am 27.3. 1780 las er Charlotte von Stein, Louise von Werthern, Sophie von Schardt und Karl Ludwig von Knebel, am 1. April Corona Schröter und Wilhelmine Probst aus der Reisebeschreibung vor. Am 2. April folgte eine Lesung bei der Herzogin Anna Amalia in Gegenwart Christoph Martin Wielands. Darüber berichtet G. in einem Brief an Johann Heinrich Merck vom 7.4. 1780: »Der wichtigste Theil unserer Schweizerreise ist aus einzelnen im Moment geschriebenen Blättchen und Briefen, durch eine lebhafte Erinnerung komponirt. Wieland deklarirt es für ein Poëma. Ich habe aber noch weit mehr damit vor und wenn es mir glückt, so will ich mit diesem Garn viele Vögel fangen«.

Wielands Eindruck ist in einem Brief an Merck vom 16.4. 1780 festgehalten: »Seine Beschreibung ihres Zugs durch *Wallis* über die *Furka* und *St. Gotthard* womit er uns vor kurzem bei der Herzogin Mutter regalirt hat, ist mir in ihrer Art so lieb als Xenophon's *Anabasis*. Es war auch ein eigentlicher Feldzug gegen alle Elemente, die sich ihnen entgegenstellten. Das Ding ist eines von seinen meisterhaftesten Producten, und mit dem ihm eigenen großen Sinn gedacht und geschrieben. [...] Es ist ein wahres Poëm so versteckt auch die Kunst ist. [...] Das opus ist noch nicht ganz fertig, und nach dem, was er mich hat merken lassen, wird er noch viel Interessantes theils einschieben, theils hinzuthun. Es bleibt aber vor der Hand, wie natürlich, Manuscript für Freunde«.

Trotz dieses freundlichen Echos war G. mit dem Text unzufrieden. Am 16.10. 1780 schrieb er Maria von Branconi: »Wie ich Ihnen meine Schweizer Briefe wollte abschreiben lassen, fand ich sie noch so mangelhafft dass ich es aufschieben musste. Sobald als möglich will ich sie noch einmal durchsehn, und sie sollen Ihnen an einem Winterabende aufwarten«. Eine weitere Bearbeitung unterblieb jedoch. 1781 schickte G. die Handschrift an den Prinzen August von Sachsen-Gotha, zwei Jahre später an den Fürsten von Dessau. 1782 ließ er sie für Frau von Stein und vermutlich auch für die Herzogin Amalia noch einmal abschreiben. Die Handschriften kursierten im Freundeskreis.

Im Frühjahr 1796 war G. in Verlegenheit wegen eines Beitrags zu den *Horen*, den er Schiller zugesagt hatte. Bei dieser Gelegenheit erinnerte er sich an das Manuskript der *Briefe aus der Schweiz* und schrieb am 12.2. 1796 an Schiller: »Da ich zum dritten Stücke noch nichts zu liefern weiß; habe ich meine alten Papiere durchgesehen, und darinne wunderliches Zeug, aber meist individuelles und momentanes gefunden, daß es nicht zu brauchen ist. Um wenigstens meinen guten Willen zu zeigen, schicke ich hier eine sehr subjective Schweitzerreiße. Urtheilen Sie in wie fern etwas zu brauchen ist, vielleicht wenn man noch irgend ein leidenschäftliches Mährchen dazu erfände, so könnte es gehen«. Am 13.2. 1796 kam er noch einmal auf dieses Angebot zurück: »Vielleicht könnte man aus der Schweitzerreise, die ich Ihnen gestern schickte, die einzelnen ausführlichen Tableaus, zum Beyspiel das Münsterthal, die Aussicht vom Jura pp herausziehen und ohne Zusammenhang hinstellen«.

Der Hinweis auf das zu erfindende »leidenschäftliche Mährchen« bezieht sich auf den Plan, der in der *Ersten Abteilung* ausgeführt wurde. Mit der Niederschrift begann G., wie dem Tagebuch zu entnehmen ist, am 18.2. 1796: »Fing an zu dictiren an Werthers Reise«. Schiller veröffentlichte die *Zweite Abteilung* der *Briefe aus der Schweiz* im achten Stück der *Horen* (1796) unter dem Titel *Briefe auf einer Reise nach dem Gotthardt* in einer gekürzten und stark redigierten Fassung. Am 23.10. 1796 schrieb er an G.: »Ihre Schweizer-

Briefe interessieren jeden, der sie ließt, und ich bin ordentlich froh, daß ich Ihnen diese habe abjagen können. Es ist auch wahr, sie geben ein ungemein lebendiges Bild der Gegenwart, aus der sie floßen, und, ohne ein kunstmäßiges Entstehen, stellen sie sich recht natürlich und geschickt in ein Ganzes zusammen«.

Über die Entstehung der *Ersten Abteilung*, die teilweise auf Aufzeichnungen der ersten Schweizer Reise von 1775 beruht, ist nichts bekannt. 1807 ging G. das Manuskript mit Riemer durch, um es für den Druck im elften Band seiner Werkausgabe bei Cotta vorzubereiten. Riemer notiert: »G. wollte im Werther'schen Geschmack eine Reisebeschreibung durch die Schweiz liefern und die Briefe unter Mehrere vertheilen, um objectiv zu werden«. Im Neunzehnten Buch von *Dichtung und Wahrheit* schreibt G.: »In dem Fragment von Werthers Reisen, welches in dem XVI. Bande meiner Werke neuerlich wieder mit abgedruckt ist, habe ich diesen Gegensatz der schweizerischen löblichen Ordnung und gesetzlichen Beschränkung mit einem solchen im jugendlichen Wahn geforderten Naturleben zu schildern gesucht. Weil man aber alles was der Dichter unbewunden darstellt gleich als entschiedene Meinung, als didaktischen Tadel aufzunehmen pflegt; so waren die Schweitzer deshalb sehr unwillig und ich unterließ die intentionierte Fortsetzung, welche das Herankommen Werthers bis zur Epoche, wo seine Leiden geschildert sind, einigermaßen darstellen und dadurch gewiß den Menschenkenner willkommen sein sollten« (FA I, 14, S. 815f.).

Die Redaktion beider Abteilungen für die erste Ausgabe der Werke bei Cotta erfolgte vom 2. bis 4.5. 1807. Für die *Zweite Abteilung* wurde nicht der *Horen*-Druck, sondern die diesem zugrundeliegende Handschrift verwendet. Dieser erste vollständige Druck des Werks erschien im elften Band von *Goethe's Werken* (Tübingen 1808).

Der durchgesehene Text dieser Ausgabe liegt dem Wiederabdruck im zwölften Band der Werkausgabe bei Cotta (Tübingen 1817) zugrunde, auf den die Ausgabe letzter Hand

(ALH 16, 1828) zurückgreift. Hier erfolgten die bekannten Normalisierungen und Normierungen durch Göttling, die zwar von G. autorisiert, jedoch ohne seine Mitwirkung durchgeführt wurden. Die Ausgabe letzter Hand ist Textgrundlage für die Weimarer Ausgabe (WA I, 19, 1899), die jedoch auf der Grundlage der Handschriften und der früheren Drucke konjiziert.

Der zuverlässigste Text liegt in der ersten bei Cotta erschienenen Werkausgabe von 1808 vor: Hier ist nicht mit Eingriffen und Entstellungen von dritter Hand zu rechnen, die alle späteren Ausgaben bestimmen. Dieser Text liegt auch den neuesten Ausgaben zugrunde: der Münchner Ausgabe (MA 4.1, 1988 und MA 2.2, 1987) sowie der Frankfurter Ausgabe (FA I, 16, 1994), nach der im folgenden zitiert wird.

Die *Briefe aus der Schweiz* als literarisches Werk: Deutungsaspekte

Die beiden Abteilungen der *Briefe aus der Schweiz* haben einen ganz unterschiedlichen Charakter. Gemeinsam ist ihnen nur die Briefform, die aber in der *Zweiten Abteilung* kontinuierlich zum Reisetagebuch aufgehoben wird. Die *Erste Abteilung* ist fiktiv, tendiert zum »leidenschäftlichen Mährchen«, das G. Schiller in Aussicht gestellt hatte, und folgt dem Typus der empfindsamen Reise, der Erfahrung von Subjektivität in der Wahrnehmung von Gegenständlichkeit. Die *Zweite Abteilung* ist hingegen die leichte Überarbeitung eines authentischen Reiseberichts, der freilich von Anfang an für ein breiteres Publikum bestimmt war und sich deshalb der Vorerwartung einer dichterischen Wiedergabe des Erlebten stellt. Da die Entstehung der *Ersten Abteilung* im Dunkeln liegt, ist nicht zu entscheiden, ob Schiller sie zum Zeitpunkt der Erstveröffentlichung in den *Horen* nicht kannte oder nicht mochte; unzweideutig aber ist, daß G. zum Zeitpunkt der von ihm verantworteten ersten

Ausgabe an stets beide Abteilungen zusammen und stets gemeinsam mit dem *Werther* in einem Band veröffentlichte, eine Praxis, der auch noch die Weimarer Ausgabe folgt. Ein pedantisches und puristisches Gattungs- und Textsortenverständnis hat aber dazu geführt, daß in den Ausgaben des 20. Jhs. nicht nur der Zusammenhang mit dem *Werther*, sondern auch die Verbindung der beiden Abteilungen meist gelöst wurde. Das bedeutet eine verkürzte und einseitige Rezeptionsvorgabe.

G.s Anordnung macht zunächst deutlich, daß auch die *Zweite Abteilung* nicht nur ein authentischer und biographisch belegbarer Reisebericht, sondern ein Stück Literatur ist, ganz wie Wieland das sogleich bemerkt hatte. Aus diesem Grunde ist es sinnvoll, daß die Schweiz als Gegenstand der Erfahrung einer literarischen Figur eingeführt wird, einer Figur allerdings, die von den Zeitgenossen als ebenso authentisch wie fiktiv verstanden wurde: der Figur Werthers, als des Protagonisten der Erlebnismöglichkeiten einer Generation. Das wiederum bedeutet, daß die Natureindrücke und Naturerfahrungen der *Zweiten Abteilung* – darum handelt es sich bei der Schilderung im wesentlichen – auf der kontrastierenden Folie der Wertherschen Naturerlebnisse gelesen werden können. Damit wird eine neue, veränderte Wahrnehmungsform deutlich, die sich von der gesteigerten Empfindsamkeit des Sturm und Drang entfernt und in ihrer Objektivität und Vermitteltheit mit einer realen Gegenständlichkeit jenen ›Realismus‹ vorbereitet, den G. in der *Campagne in Frankreich* als Ergebnis der Erfahrungen seiner *Italienischen Reise* festhält (vgl. FA I, 16, S. 516).

Der Werther der Ersten Abteilung ist fasziniert von den »erhabenen unvergleichlichen Naturszenen« (FA I, 16, S. 21) der Furka und des Gotthardt, nimmt eine Natur wahr, »die durch eine ewige stumme Notwendigkeit besteht, die unbedürftig gefühllos und göttlich ist« (ebd.), aber er vermag sie nicht zu schildern. Gegenstand seiner Briefe ist die leere und substanzlose Gesellschaftlichkeit und Geselligkeit, die sich auch in der Schweiz nicht von der seiner vorigen Umgebung unterscheidet und den Mangel an Tätigkeit schmerzlich bewußt macht. Die im Naturkreislauf befangene Arbeit der Bauern weckt Ekel, während die Lebensform des Handwerkers utopisch verklärt wird: »Er ist nur eine Stufe über dem Tier und ist ein ganzer Mensch« (ebd.). Werther hingegen erfährt sich als Dilettant, der die Natur in der Perspektive der Kunst erfährt und beide verfehlt: »Was ist denn das, dieses sonderbare Streben von der Kunst zur Natur, von der Natur zur Kunst zurück?« (FA I, 16, S. 19). Seine Existenz und auch seine Einschätzung der Gesellschaft erhellen sich durch die Erfahrung der Liebe, die in den abschließenden Partien zu einer sinnlichen Erfahrung des nackten menschlichen Körpers als eines vermeintlichen Gegenstands der Kunst hinführt: »Meine Freude, meine Neigung [konnte; d. Vf.] bis jetzt nur solchen Kunstwerken gelten [...], deren natürliche Gegenstände mir bekannt waren, die ich mit meinen Erfahrungen vergleichen konnte« (FA I, 16, S. 25). Der nackt im See badende Freund – eine Reminiszenz an die Brüder Stolberg auf der ersten Schweizer Reise – und die nackte Schöne in einem Genfer öffentlichen Haus werden als mythologische Gestalten, also im Gegenstandsbereich der bildenden Kunst, wahrgenommen, eine sublimierte Form der Sinnlichkeit. Mit der Thematisierung des Verhältnisses von Kunst und Natur ist ›Werthers Reise‹ auch ein Beitrag zur ästhetischen Theorie im Vorfeld der Klassik.

Die in *Dichtung und Wahrheit* erwähnte Empörung der Schweizer über die Kritik ihrer »löblichen Ordnung und gesetzlichen Beschränkung« ist nicht nachweisbar, und so mag denn auch die »intentionierte Fortsetzung« eher fingiert sein als einen wirklichen Plan bezeichnen.

Die *Zweite Abteilung* der *Briefe aus der Schweiz* hat einen ganz anderen Charakter als die *Erste Abteilung*, so daß die Zusammenstellung und die Publikation unter einem Titel Befremden und Unverständnis hervorgerufen haben. Sinnvoll sind sie aber in dem von G. gewählten Publikationszusammenhang. Die fiktive Gestalt Werthers vermittelt eine reale Erfahrung der Schweiz, so daß das empfind-

sam-subjektive Naturerlebnis des Romans mit der wirklichen Erfahrung des Erhabenen einer großartigen Naturlandschaft in der *Zweiten Abteilung* der *Briefe* in eine kontrastierende Korrespondenz tritt. Damit wird zugleich die autobiographische Grundlage der Schweizer Reise ins Literarische erweitert und aufgehoben und Wielands Eindruck bestätigt, daß die Reiseschilderung auch ein »Poema« ist. Voraussetzung hierfür ist der Charakter des *Werther* als Erlebnisdichtung, an die G. in einem Brief an Frau von Stein vom 2.11. 1779 im Kontext der Schweizer Reise erinnert: »Dass man bey den Franzosen auch von meinem Werther b e z a u b e r t ist hätt ich mir nicht vermuthet, man macht mir viel Complimente, und ich versichre dagegen dass es mir unerwartet ist, man fragt mich ob ich nicht mehr dergleichen schriebe, und ich sage: Gott möge mich behüten, dass ich nicht ie wieder in den Fall komme, einen zu schreiben und schreiben zu können«.

An die Stelle des autobiographisch vermittelten Erlebnisses tritt die autobiographisch begründete Erfahrung. Der Bericht der *Zweiten Abteilung* ist dreigeteilt, wobei sich durch die Datierung deutliche Zäsuren ergeben. Auf den Ritt durch das Birstal (FA I, 16, S. 32–34) folgen die Exkursion in den französischen Jura (FA I, 16, S. 34–43) und schließlich die Reise durch Savoyen und das Wallis zum Gotthard (FA I, 16, S. 44–88). Die drei Abschnitte haben eine wachsende Länge und steigern das Spektakuläre der Natureindrücke und die Schwierigkeit der Reise bis hin zu der verwegenen und abenteuerlichen vorwinterlichen Besteigung des Gotthard.

Schon am Anfang steht der Hinweis auf die Erlebnisform, bedeutsam, weil bereits angesichts der vergleichsweise weniger grandiosen Eindrücke des lieblichen Birstals formuliert: »Mir machte der Zug durch diese Enge eine große ruhige Empfindung. Das Erhabene gibt der Seele die schöne Ruhe, sie wird ganz dadurch ausgefüllt, fühlt sich so groß als sie sein kann. Wie herrlich ist ein solches reines Gefühl, wenn es bis gegen den Rand steigt ohne überzulaufen. Mein Auge und meine Seele konnten die Gegenstände fassen, und da ich rein war, diese Empfindung nirgends falsch widerstieß; so würkten sie was sie sollten. Vergleicht man solch ein Gefühl mit jenem, wenn wir uns mühselig im Kleinen umtreiben, alles aufbieten, diesem so viel als möglich zu borgen und aufzuflicken, und unserm Geist durch seine eigne Kreatur Freude und Futter zu bereiten; so sieht man erst wie ein armseliger Behelf es ist« (FA I, 16, S. 33).

Das Gefühl des Erhabenen, das G. in den Briefen an Frau von Stein wiederholt thematisiert, etwa auch angesichts des Staubbacher Wasserfalls, und über das er »einen starcken Dialog« mit Lavater erwähnt (an Charlotte von Stein, 7.12. 1779), ist im vorkantischen Sinne als ästhetische Kategorie gemeint: Es vermittelt den Eindruck von Schönheit, Vollkommenheit und Größe in der sinnlichen Wahrnehmung grandioser Natureindrücke und beinhaltet eine gegenständliche Orientierung. Die Wahrnehmung ist noch ästhetisch, liegt dem wissenschaftlichen Interesse an Geologie, Mineralogie, Morphologie und optischen Erscheinungen voraus, die für die Aufzeichnungen der dritten Schweizer Reise bestimmend sind, bewegt sich aber etwa im Interesse an der Wolkenbildung schon auf diese Sichtweise hin. Im dritten, dem ausführlichsten Teil der Schilderung kommt das Moment des Gefährlichen und Abenteuerlichen hinzu: Erst die Billigung des berühmten Genfer Naturforschers Horace Bénédict de Saussure, der als zweiter den Mont Blanc bestiegen hatte, läßt das Wagnis kalkulierbar erscheinen. Gleichwohl wird die erhabene Natur immer noch als auf tödliche Weise bedrohlich erfahren.

Auffällig und von G. ausdrücklich festgehalten ist der Verzicht auf die Schilderung des Zusammentreffens mit bedeutenden Zeitgenossen, die es im Reiseprogramm durchaus gegeben hat. Die Konzentration auf das Landschaftliche verleiht der Darstellung Geschlossenheit, obwohl keineswegs alle einschlägigen Erfahrungen und nach den vorhandenen Zeugnissen nicht nur die bedeutendsten gestaltet sind.

Auf dem Gotthard stellt sich für G. abermals, wie schon 1775, die Frage einer Weiterreise nach Italien. Sie wird nicht in der Reiseschilderung, wohl aber im Brief an Frau von Stein vom 13.11. 1779 angesprochen: »Auch iezt reizt mich Italien nicht. Dass dem Herzog diese Reise nichts nüzzen würde iezzo, dass es nicht gut wäre länger von Hause zu bleiben, dass ich Euch wiedersehen werde, alles wendet mein Auge zum zweitenmal vom gelobten Lande ab, ohne das zu sehen ich hoffentlich nicht sterben werde«.

Rezeption und Forschungslage

In der nicht sehr lebhaften Forschungsdiskussion werden die *Briefe aus der Schweiz* fast ausnahmslos als autobiographische Schrift gelesen. Das bedeutet eine Beschränkung auf die *Zweite Abteilung*, die in den großen Ausgaben seit etwa einem Jahrhundert getrennt von der *Ersten Abteilung* unter den Autobiographica publiziert wird, während die *Erste Abteilung* als ›journalistisches Verlegenheitsprodukt‹ unter der Kleinen Prosa versteckt wird. Die biographisch wichtigen Reisestationen und die Begegnungen mit anderen Personen müssen aus anderen Quellen, vor allem aus den Briefen und dem Tagebuch sowie aus den Zeugnissen Dritter extrapoliert werden. Nur hier ist etwa G.s Sorge und Verärgerung über den Leichtsinn des Herzogs in einer fremden und nicht ungefährlichen Natur belegt (an Charlotte von Stein, 14.10. 1779). Die häufig anzutreffende Unterstellung, es handle sich um eine planvoll organisierte Bildungsreise zum Abschluß der Erziehung des Herzogs, übersieht zudem das Improvisierte des Reiseplans, auf das schon Wilhelm Bode beiläufig hingewiesen hatte. So hat G. sich auch erst unterwegs brieflich an Lavater gewandt (8.10. 1779) und ihn gebeten, ihm in Bern, Lausanne, Genf, Luzern und Zug Persönlichkeiten zu nennen, die kennenzulernen sich lohne. Es kann also keine Rede davon sein, daß er gezielt eine bürgerliche Bildungsreise im Gegensatz zu einer adeligen Kavalierstour organisiert hätte.

Einig ist sich die Forschung über die Bedeutung der *Briefe aus der Schweiz* als Zeugnis für das Entstehen der gegenständlichen Interessen G.s und den Weg zum Objektivismus des Klassischen. Wichtig ist der Nachweis von Hans Wahl, daß G. für die Reise von Martinach zum Gotthard das Tagebuch des Herzogs Carl August benutzt hat. Wahl hat auch die sehr instruktiven Briefe Carl Augusts an die Herzogin Louise veröffentlicht, die G.s Schilderung im biographischen Sinne ergänzen und vervollständigen. Hinweise, die sich nur am Rande oder gar nicht auf den Text der *Briefe aus der Schweiz* beziehen, enthalten die Arbeiten von Julia Gauss über *Goethe und die Genfer Naturforscher* und von Kurt R. Eissler über die ›Branconi-Episode‹.

Die *Erste Abteilung* der *Briefe aus der Schweiz* wird in den wenigen vorliegenden Untersuchungen fast durchgängig ohne jeden Bezug zur *Zweiten Abteilung* als ein Werk eigener Art gedeutet, das zwar auf Momente des *Werther*-Romans zurückgeht, sich jedoch auch von ihm entfernt. Franz L. Müller hat frühe Ansätze zusammenfassend weitergeführt und Substanzschichten von 1775, 1779 und 1796 unterschieden, wobei die Beweisführung mangels Quellen spekulativ ist. Als eine ironische Kritik der Empfindsamkeit liest Werner Vordtriede ›Werthers Reise‹. Sie stehe im »Mittelpunkt von Goethes Ästhetik« (S. 219), indem sie zeige, wie die Unfähigkeit einer Unterscheidung von Natur und Kunst jede Möglichkeit zur Wahrnehmung und zum Genuß verhindere. Als durchgängige Lebenshaltung führe die Empfindsamkeit zu einer totalen Begriffsverwirrung, die in einer Orientierungslosigkeit ende. Werther solle nicht, wie schon Oskar Walzel angenommen habe, als Dilettant, sondern als empfindsamer Mensch dargestellt werden. Als »eins der unbekanntesten poetischen Werke Goethes« (S. 108), dessen künstlerischer Wert gleichwohl durchaus nicht gering sei, hat Manfred Link die ›Wertheriade‹ gewürdigt. Er versteht sie als ein aufschlußreiches Zeugnis für die Überwindung des Irrationalismus, als Reisenovelle in der Tradition von Sternes *Empfindsamer Reise*, in der der Autor des *Werther* alle ›Wertheriaden‹ aus klassischer Haltung ad absurdum führe.

Die Gattungsbezeichnung im Titel sei ebenso irreführend wie der späte Hinweis auf den fragmentarischen Charakter – tatsächlich werde ein empfindsam angelegtes Erlebnis rational-ironisch gebrochen. Auf die ästhetische und ästhetikgeschichtliche Bedeutung der *Ersten Abteilung*, die schon in den vorausgegangenen Untersuchungen beiläufig angesprochen wurde, geht Rudolf Vaget entschieden und mit Nachdruck ein. Er sieht in dem kleinen Werk einen wichtigen erzählerischen Beitrag zu dem von G. auch theoretisch reflektierten Problem des Dilettantismus als einer verfehlten ästhetischen Haltung. Die *Briefe* hätten in einer »sinnvollen, zielstrebigen Komposition [...] ihr eigenes literarisches Recht als ein prägnantes novellistisches Miniaturbild eines Dilettanten« (S. 80 u. S. 84). Werthers anfängliche Erlebnisschwäche erkläre sich aus dem beschränkten Ideal der einfachen Nachahmung, die den höchsten und eigentlichen Gegenstand bildender Kunst, den Menschen, aus dem Auge verloren habe. Erst der ironisch-pointierte Novellenschluß gebe einen Ausblick auf das höhere Kunstideal des Stils. Aus dem Gesichtspunkt der klassischen Ästhetik werde damit der Geist des Sturm und Drang aufgehoben.

Mit der entschiedenen Aufwertung von ›Werthers Reisen‹ zur novellistisch-ironischen Vermittlung grundlegender ästhetischer Positionen G.s ist die Frage nach dem Zusammenhang der beiden Abteilungen der *Briefe aus der Schweiz* noch nicht beantwortet. Er ergibt sich, wenn man die Zusammenstellung als Dokumentation eines Übergangs von der empfindsam-subjektiven zu einer objektiv-gegenstandsorientierten Wahrnehmung von Natur und Wirklichkeit liest.

Literatur:

Binder, Wolfgang: Die Schweiz in Goethes Werk. Zürich 1979. – Bode, Wilhelm: Goethes Schweizer Reisen. Leipzig 1922. – Briefe des Herzogs Carl August an die Herzogin Louise von der Schweizerreise, mitgeteilt von Hans Wahl. In: JbGG. 11 (1925), S. 112–138. – Eissler, Kurt R.: Die Branconi-Episode. In: Sinn und Form. 42 (1990), S. 147–168. – Gauss, Julia: Goethe und die Genfer Naturforscher. In:

JbFDtHochst. (1978), S. 28–46. – Hiebel, Friedrich: Goethe und die Schweiz. Dornach 1982. – Huegli, Jean: Goethe en Suisse. In: EG. 4 (1949), S. 253–267. – Link, Manfred: Goethes Wertheriade *Briefe aus der Schweiz. Erste Abteilung.* In: Doitsu Bungaku. 32 (1964), S. 107–120. – Müller, Franz L.: Quellen und Redaktion von ›Werthers Reise‹. In: Euphorion. 8 (1909), Ergänzungsheft, S. 103–115. – Ruetz, Michael u.a (Hg.): Mit Goethe in der Schweiz. Zürich, München 1979. – Strich, Fritz: Goethe und die Schweiz. Zürich 1949. – Vaget, Hans Rudolf: Goethes *Briefe aus der Schweiz. Erste Abteilung.* Zum Problem des Dilettantismus in Goethes Ästhetik. In: JbWGV. 70 (1966), S. 66–84. – Vordtriede, Werner: Kunst und Natur in Werthers Schweizerreise. In: Monatshefte. 41 (1949), S. 218–224. – Wahl, Hans: Carl Augusts Tagebuch, eine ›Quelle‹ zu Goethes *Briefen aus der Schweiz.* Funde und Forschungen. In: Funde und Forschungen. Fs. Julius Wahle. Leipzig 1921, S. 180–192. – Wolf, Eugen: Goethe und die Schweizer Landschaft. In: Besondere Beilage des Staats-Anzeigers für Württemberg. (1931), S. 124–133.

Klaus-Detlef Müller

Dichtung und Wahrheit

Entstehung, Quellen, Textgeschichte

In dem fingierten Brief eines Freundes, den G. zu Beginn des Vorwortes vor das Erste Buch von *Dichtung und Wahrheit* setzt, wird mit Blick auf die zwischen 1806 und 1810 im Verlage Cotta erschienene dreizehnbändige Ausgabe seiner Werke konstatiert, daß »diese Produktionen immer unzusammenhängend« blieben und nicht, was der teilnehmende Leser gerne hätte, erlaubten, »sich daraus [...] ein Bild des Autors und seines Talents« zu entwerfen (FA I, 14, S. 11). Damit wird mit der vorliegenden Werkausgabe der Anlaß zu den autobiographischen Projekten angegeben, die

von 1809 an die literarische Produktion G.s mehr oder weniger kontinuierlich begleiten. Gleichzeitig ergibt sich aus dem vorgeschalteten Brief die vorläufig zentrale Absicht, die die autobiographische Produktion leitete: die Einheit des eigenen Werks zu konstruieren und dadurch die Identität des Individuums zu konstituieren, das dessen Urheber ist.

Der Zeitpunkt, an dem G. seine autobiographischen Arbeiten aufnahm, stellt einen markanten Epochenabschnitt in Leben und Werk dar. Er hatte mittlerweile sein 60. Lebensjahr erreicht – galt also aus der eigenen und der Perspektive seiner Zeitgenossen als reichlich alt (vgl. etwa die Briefe an Carl August im November 1806 und an Nicolovius am 20.10. 1811). Nach dem frühen Tode Schillers 1805 und spätestens mit den *Wahlverwandtschaften*, die 1810 als dreizehnter Band der Werkausgabe hinzugefügt wurden, mußte die Periode klassizistischer Kunstprojekte und -produktionen als endgültig vergangen betrachtet werden. Die Eroberung Europas durch Napoleon stellte den gesamten Kontinent an einen dramatischen Umbruchspunkt. G. war sich selbst historisch geworden.

Der erste Teil von *Dichtung und Wahrheit,* ein erstes Schema ist datiert vom 12.10. 1809, erschien im Jahre 1811 unter dem Obertitel *Aus meinem Leben. Teil 1* bei Cotta in Stuttgart. Er beinhaltete die ersten fünf Bücher. Der zweite Teil wurde im Jahr darauf veröffentlicht, der dritte dann 1814: Die Abfassung der ersten fünfzehn Bücher von *Dichtung und Wahrheit,* die die Zeit von G.s Geburt bis zum Jahre 1772 darstellen, bildete die schriftstellerische Hauptaufgabe dieser Jahre. Nach dem Abschluß des dritten Teils hat G. die Weiterführung des großen autobiographischen Projekts zunächst hintangestellt. 1817 scheinen die Arbeiten daran völlig zu stocken. Teile aus der geplanten Gesamtdarstellung werden als eigenständige autobiographische Texte veröffentlicht: Die *Italienische Reise (Aus meinem Leben. 2. Abteilung. 1. und 2. Teil,* 1816/17) erzählt stilisierend die ästhetische Neugeburt angesichts der italienischen Kunst- und Antike-Erfahrungen; die *Campagne in Frankreich* und die *Belagerung von Mainz* werden

1822 als fünfter Teil der 2. Abteilung des Fragment gebliebenen autobiographischen Großprojektes publiziert.

Ergänzungen zu dieser bruchstückhaften Darstellung des eigenen Lebens wurden später in die Ausgabe letzter Hand eingefügt, ohne jedoch die Lücken im chronologischen Kontinuum schließen zu können: 1829 ließ G. als 29. Band der Ausgabe letzter Hand den *Zweiten Römischen Aufenthalt* und 1830 als 31. und 32. Band die sehr viel knapper berichtenden oder protokollierenden *Tag- und Jahreshefte als Ergänzung meiner sonstigen Bekenntnisse* publizieren, die den Zeitraum von 1749 bis 1822 annalistisch behandeln. In den letzten Jahren seines Lebens machte er sich schließlich an die Ausarbeitung des vierten Teils von *Dichtung und Wahrheit*, der die Bücher sechzehn bis zwanzig umfaßt und den Zeitraum von 1772 bis 1775 darstellt. Es gelang ihm jedoch nicht mehr, diese Arbeit vor seinem Tod vollständig abzuschließen, so daß der Text in einer vorläufigen Fassung liegen blieb und, von Johann Peter Eckermann für die Publikation bearbeitet, erst 1833 aus dem Nachlaß herausgegeben wurde.

Aus dieser Entstehungs- und Publikationsgeschichte erklären sich die Probleme, mit denen sich die Herstellung eines ›authentischen‹ Textes von *Dichtung und Wahrheit* konfrontiert sieht. Bei der Vorbereitung der Ausgabe letzter Hand plante G., die vorliegenden drei Bände von *Dichtung und Wahrheit* von einem klassischen Philologen redaktionell überarbeiten zu lassen. Er übertrug diese Arbeit schließlich Johann Friedrich August Göttling, wobei er dem Jenenser Philologen weitgehende Vollmacht gab, den Text »a) die Rechtschreibung betreffend; b) die Flexion; c) Schreiben der aus fremden Sprachen entlehnten Wörter; e) Interpunktion« zu redigieren (an Göttling, 12.3. 1825). Dennoch kann man dessen zahlreiche Änderungen gegenüber dem Text der Erstausgaben nicht als vom Autor im einzelnen autorisiert ansehen. Dies gilt insbesondere auf dem Gebiet der Zeichensetzung, für deren sparsame Handhabung gemäß der eigenen Praxis G. Göttling gegenüber plädiert hatte, in die der Philologe jedoch massiv normierend eingriff.

Den Text des vierten Teils, der bei G.s Tod nur in einer nicht gänzlich abgeschlossenen Manuskriptform vorlag, haben die Nachlaßverwalter Johann Peter Eckermann und Friedrich Wilhelm Riemer für die Drucklegung des achten Bandes der Nachgelassenen Werke vielfach überarbeitet, wobei sie unvollständig gebliebene Satzkonstruktionen ergänzten und ganze Textpassagen neu formulierten. Als erster hat Siegfried Scheibe diese Zusammenhänge im einzelnen untersucht und konsequenterweise in der Akademie-Ausgabe (1970/1974) für den ersten, zweiten und dritten Teil die Erstdrucke zur Grundlage seines edierten Textes gemacht, während er im vierten Teil auf G.s erhalten gebliebenes Originalmanuskript zurückgeht und so die Redaktion durch die Nachlaßverwalter rückgängig macht. Auf seiner grundlegenden editorischen Leistung bauen die neueren kritischen Ausgaben auf. Im folgenden wird der Text nach der von Klaus Detlef Müller verantworteten Edition in der Frankfurter Ausgabe (FA I, 14) zitiert, in der der von Scheibe konstituierte Text einer erneuten kritischen Revision unterzogen wurde.

Dichtung und Wahrheit stellt lediglich die Geschichte des jungen G. dar: Die Erzählung reicht von der eigenen Geburt bis zur ›Flucht‹ aus Frankfurt nach Weimar. Der Titel der Autobiographie weist deutlich auf deren grundsätzlich dichterische Machart hin: Er problematisiert die Abbildbarkeit lebendiger Geschichte als ›Wahrheit‹ überhaupt – und behauptet forsch die Konstitution der biographischen Identität als Dichtung. Diese wird damit nicht zum Gegenteil biographischer Wahrheit, sondern zu deren Konstitutionsbedingung: »›Dichtung‹ ist somit keinesfalls ›Erfindung‹; sie ist das Element, das eine eigene Wirklichkeit, nämlich ›höhere Tendenzen‹ und das ›Grundwahre‹, aus den bloßen Fakten entbindet und in der Darstellung anwesend sein läßt« (Lüders, S. 404). Damit hebt G. seine Autobiographie einerseits ab von den Fakten anhäufenden Vorläufertexten und etabliert sie gleichzeitig als *literarische* Gattung, andererseits realisiert er aber lediglich explizit den grundsätzlichen Status autobiographischen Schreibens: Es stellt nicht eigene Identität gleichsam objektiv dar, sondern ›erschreibt‹ sie als spezifische Identität mit dem Zielpunkt der Schreibgegenwart.

Gerade diese literarische Qualität des autobiographischen Schreibens mag es wohl sein, die in *Dichtung und Wahrheit* »jene Souveränität einer ordnenden Deutung der Lebensfakten« hervorbringt, »die hier zum einzigen Male ermöglicht hat, das konkrete Bild der eigenen Geschichte zu einem symbolischen Spiegel des menschlichen Lebens überhaupt zu gestalten« (Niggl, S. 167). Erst im biographisch reflektierenden Schreiben konstituiert sich der Sinn eines Lebens, der nicht mehr fraglos gegeben ist. Die Autobiographie, als schreibend erwirkte Konstitution biographischer Identität, als ›Erschreibnis‹, wird zum Roman. *Dichtung und Wahrheit* ist somit ein poetisches Kunstwerk, das als Ganzes den Lebenssinn eines einmaligen Individuums zu fassen sucht und das in allen seinen Teilen auf dieses große Ganze bezogen bleibt, in jedem sinnlichen Detail des erzählten Lebens dessen Entwicklungsgesetz vergegenwärtigen will. Indem es so die Bildungsgeschichte des Autors als eines exemplarischen Individuums vorführt, soll es als symbolischer Bildungsroman zur Identitätsfindung des Lesers beitragen – ein Bildungsroman, der allerdings in eine schwerwiegende und für die Abfassung wie auch für die Gestalt der letzten Bücher entscheidende konzeptionelle Krise gerät: Das dichterisch gesetzte symbolische Sinnordnungszentrum der biographischen Darstellung wird, wie in einer abschließenden Deutung zu zeigen sein wird, spätestens im Vierten Buch ersetzt durch ein anderes, in vieler Hinsicht gegenläufiges Modell – Symptom der Krise, in die die autobiographische Sinnstiftung gerät.

G.s Autobiographie ist, über diese dichterische Faktur des Textes weit hinaus, mehr als kontinuierlich erzählter Lebensbericht, der bloß den privaten Lebenslauf eines Individuums wiedergäbe. Sie ist zugleich der Entwurf einer enzyklopädischen Geschichte des 18. Jhs., der es darum geht, »den Menschen in seinen Zeitverhältnissen darzustellen, und zu zeigen, in wiefern ihm das Ganze widerstrebt,

in wiefern es ihn begünstigt, wie er sich eine Welt- und Menschenansicht daraus gebildet, und wie er sie, wenn er Künstler, Dichter, Schriftsteller ist, wieder nach außen abgespiegelt«, und die deshalb nicht nur die zeitgenössische Kultur-, Literatur- und Kunstgeschichte miteinbezieht, sondern auch »die ungeheuren Bewegungen des allgemeinen politischen Weltlaufs« berücksichtigt (FA I, 14, S. 13). G. nennt in seinem Vorwort dieses hochgesteckte und von ihm zum ersten Mal formulierte Ziel einer individualistischen und zugleich ganzheitlichen Geschichtsschreibung »ein kaum Erreichbares«, da es erfordere, »daß nämlich das Individuum sich und sein Jahrhundert kenne, sich, in wiefern es unter allen Umständen dasselbe geblieben, das Jahrhundert, als welches sowohl den willigen als unwilligen mit sich fortreißt, bestimmt und bildet« (ebd.). Enzyklopädisch-ganzheitliche Darstellung ist allerdings nicht Selbstzweck, vielmehr ist die Fülle der mannigfachen Einflüsse auf den Einzelnen absolut bestimmend für die Ausbildung seiner Individualität – mit anderen Worten: Der historische Ort des Einzelnen relativiert seine biographische Identität: »Ein Jeder, nur zehn Jahre früher oder später geboren, dürfte, was seine eigene Bildung und die Wirkung nach außen betrifft, ein ganz anderer geworden sein« (FA I, 14, S. 13f.).

Der selbstgesetzten Forderung nach diesem ›kaum Erreichbaren‹ hat G. jedoch durch Befragung von Zeitzeugen und durch ein umfassendes Quellenstudium, von dem der Ausleihkatalog der Weimarer Herzoglichen Bibliothek beredtes Zeugnis ablegt, nachzukommen gesucht. Die junge Frankfurterin Bettina Brentano bittet er etwa am 25. 10. 1810 um ausführliche schriftliche Gedächtnisprotokolle jener »Märchen und Anekdoten«, die G.s mittlerweile verstorbene Mutter ihr gegenüber über seine jüngste Kindheit erzählt hatte; die ausführliche Schilderung der Stadt Frankfurt im Ersten Buch speist sich mitnichten nur aus der Erinnerung an die Kindertage, vielmehr werden die bei der Frankfurtreise 1797 gemachten Eindrücke mit vielfältigen aus Literaturstudien exerpierten Informationen kunstvoll vermischt: So werden beispielsweise die Darstellung des Pfeiffer-Gerichts, die Stadtansichten und Detailschilderungen wie auch die Skizzen über Frankfurter Kunst und Künstler im Ersten Buch Bänden aus der eigenen oder der herzoglichen Bibliothek entnommen und der notwendig fragmentarischen Kindheitserinnerung beigemischt. Die Stellenkommentare aller neueren kritischen Ausgaben listen ausführlich die mannigfachen Quellen des Textes auf. – So ist *Dichtung und Wahrheit* ein hochgelehrtes historisches Werk geworden, das die Materialien einer Geschichte des 18. Jhs. aus der Perspektive und von den Erfahrungen des alten G. her konstruiert und gleichzeitig mit der eigenen Lebens- und Werkgeschichte zusammenhält. Die Zentralperspektive jedoch, die G. durchhält, ist die der radikal aufgefaßten Historizität des Erzählten: Die Welt des 18. Jh., d.h. die der eigenen Herkunft, Jugend und maßgeblichen Schaffenszeit, ist endgültig versunken.

Aus der komplexen Vermischung von historischer Quellenarbeit, geschichtlicher Darstellung, biographischer Erinnerung und poetischer Überformung resultiert für das Werk insgesamt eine durchkomponierte Großstruktur, in der die einzelnen Abschnitte und Episoden aufeinander verweisen und sich gegenseitig erhellen; darüber hinaus aber trägt jedes einzelne der zwanzig Bücher seine eigenständige und unverwechselbare Physiognomie, die es zunächst zur Anschauung zu bringen gilt, um die Zielintention der autobiographischen Sinnstiftung G.s überhaupt sichtbar zu machen. Sodann soll, auf dem Hintergrund sowohl der Gattungsgeschichte der Autobiographie als auch des literaturgeschichtlichen Kontextes von *Dichtung und Wahrheit*, die spezifisch l i t e r a r i s c h e Gestalt dieser Autobiographie als einer erzählerischen Identitätskonstitution in Form eines symbolischen Entwicklungsromans herausgearbeitet werden.

Die Bücher

Exposition: Erstes Buch

Schon der Beginn des Ersten Buches stellt eine Sinnhaftigkeit und Bedeutsamkeit des jungen G.schen Lebens heraus, die ihm hier noch passiv zukommen. Nach dem lakonischen Einleitungssatz – »Am 28. August 1749, Mittags mit dem Glockenschlage zwölf, kam ich in *Frankfurt am Main* auf die Welt« (FA I, 14, S. 15) – folgt in breiter Darlegung die astrologische Position des Geburtstermins. Schon der Auftakt dieser Passage betont die positiven, glückhaften Auspizien, unter denen dieses Leben beginnt: »Die Konstellation war glücklich; die Sonne stand im Zeichen der Jungfrau, und kulminierte für den Tag« (ebd.) – mit der Aufbietung der Sonne als begünstigendem Zentralstern wird symbolisch schon die durchgängige Selbststilisierung G.s als apollinischer Künstler vorweggenommen, der an die Stelle des in der barocken Emblematik als Sonne erscheinenden Fürsten tritt. Abweichend von der faktischen Geburtsstunde mittags zwischen zwölf und eins verlegt G. die eigene Geburt auf den Zeitpunkt des exakten Sonnenhöchststandes. Sogleich wird das Ich in eine komplexe Subjekt-Welt-Beziehung eingesetzt, die die Stelle weit über die bloße Geburt des Helden bedeutsam macht; der Text beginnt mit »einer freundlichen Zustimmung der Natur zu einer Existenz, die diese selbst nicht zu erzwingen vermag« (Blumenberg, S. 120). Gerade der Widerstand des Mondes – im Kontext des astrologischen Bildes – nämlich führt zur ersten öffentlichen Wirkung des kleinen G.: Die Ungeschicklichkeit der Hebamme, die ihn erst »für tot« geboren werden ließ, führte zur intensiveren Geburtshilfeausbildung und Pflege des Gesundheitswesens, was der Großvater und Schultheiß Johann Wolfgang Textor zu veranlassen wußte. »Goethe gewinnt im Augenblick seiner Geburt schon Verbindung zur Welt – zur Stadt Frankfurt –, seine erste ›Wirkung nach außen‹ ist eine humane und über die Gegenwart und seine Lebenssphäre hinausreichende« (Schnur, S. 38). »Noch ohne eigenes Verdienst, aber doch schon vorausdeutend auf das Gute, das in der Folge von diesem Kinde ausgehen sollte und in dem sich das Glück, das die Sterne versprachen, manifestiert, [werden] gleich am Beginn [...] so entscheidende Züge des Selbstporträts, die Verbundenheit mit der Welt und das Wirken auf die Menschen, vorausgebildet« (Lüders, S. 405). *Wirkung* eines Individuums wird hiermit schon von Anfang an als zentraler Darstellungsgegenstand der Autobiographie exponiert, wie *Dichtung und Wahrheit* sie selbst versteht: »Und davon sollte in der Geschichte, vorzüglich aber in der Biographie die Rede sein: denn nicht in sofern der Mensch etwas zurückläßt, sondern in sofern er wirkt und genießt und andere zu wirken und zu genießen anregt, bleibt er von Bedeutung« (FA I, 14, S. 303).

Wenn in dieser Eingangspassage ein astrologischer Glaube allenfalls ironisch gebrochen zitiert wird, so ist doch bedeutsam an diesem Auftakt, daß über dieses Motiv das Thema der Naturgebundenheit menschlicher Existenz, möglicherweise sogar deren Verwiesenheit auf naturhafte Gesetzmäßigkeiten angespielt wird, die dem rationalen Verstand inkommensurabel sind – die aber, weit über die Geburtsstunde hinaus, etwa als Entwicklungsgesetze, die Ausbildung des jeweiligen Individuums leiten. Plausibel erscheint diese Deutung im Lichte der ersten Stanze der 1817 geschriebenen *Urworte. Orphisch*: »Wie an dem Tag, der dich der Welt verliehen, / Die Sonne stand zum Gruße der Planeten, / Bist alsobald und fort und fort gediehen / Nach dem Gesetz, wonach du angetreten« (WA I, 3, S. 95). Wieder erscheint das Bild der Sonne, und zwar in Verbindung mit der Gesetzmäßigkeit, der der Fortgang des Lebens folge; das Sonnenbild und der Titel der Strophe, *Dämon*, setzen von hier aus den Beginn der autobiographischen Darstellung mit der ausführlich behandelten Begrifflichkeit des Dämonischen am Ende des Zwanzigsten Buches von *Dichtung und Wahrheit* in Verbindung, wo G. sein nach Weimar fliehendes historisches Ich mit den Worten Egmonts rufen läßt: »Kind, Kind! nicht weiter!

Wie von unsichtbaren Geistern gepeitscht gehen die Sonnenpferde der Zeit mit unsers Schicksals leichtem Wagen durch« (FA I, 14, S. 852). Ringkompositorisch und dennoch kontrastierend auf den Anfang bezogen, erscheint so die positiv eingeführte Naturgesetzlichkeit, unter der das eigene Leben begann, von »einer der moralischen Weltordnung wo nicht entgegengesetzten, doch sie durchkreuzenden Macht« unterlaufen (FA I, 14, S. 841). – Der Schlußvers der ersten Stanze der *Urworte*, ganz im Lichte des Sonnenbildes und der Naturgesetze, faßt begrifflich genau das, was G. in Analogie zum Wachstum aller Lebewesen als Gesetz der menschlichen Natur ansieht und was zugleich das Bildungsgesetz des Individuums und die poetische Gestalt des Textes in *Dichtung und Wahrheit* bestimmt: »Geprägte Form die lebend sich entwickelt« (WA I, 3, S. 95). Biographie erscheint also als naturgesetzlich determinierte, aber komplex mit den Wirkungsbeziehungen zu und von der Umwelt und Zeit vermittelte Metamorphose.

Entsprechend dieser Leitvorstellung von biographischer Entwicklung werden schon im Ersten Buch ›Keime‹ für später erst auszuprägende Eigenschaften, Fertigkeiten, Charakterzüge und Erfahrungen gelegt. Der Text eröffnet hier ein reiches Panorama der das Kind prägenden Eindrücke: in der Familie, durch die Großmutter Goethe, die den Kindern ein Puppentheater schenkt, und die hoheitlichen Figuren des bürgermeisterlichen Großelternpaares Textor. Die dominierende Erziehergestalt des Vaters mit seinen Kunst- und Naturaliensammlungen und seiner umfangreichen Bibliothek wird ins Blickfeld des Lesers gerückt, wobei G. dessen überwältigenden Einfluß auf die Gestaltung seines »künftigen Jugendganges« betont (FA I, 14, S. 40); das Verhältnis zum Vater bleibt für die gesamte Darstellung in *Dichtung und Wahrheit* ein wichtiges Thema, die Emanzipation des Sohnes von der Vaterfigur und dessen Lebensentwürfen für die eigenen Kinder mündet schließlich in die vom Vater aufs schärfste abgelehnte Abreise nach Weimar. Väterlicher Unterricht und Privaterziehung im Hause werden kontrastiert durch die kunstvoll eingearbeitete – nämlich die unruhige Zeit des Hausumbaus überspringende – Schilderung der noch mittelalterlichen Stadt Frankfurt mit ihren zunftgemäßen und reichsstädtischen Zeremonien, den Kaiserkrönungen, den engen Gassen und Straßen, den Messen und städtischen wie ländlichen Festen. Der sehnsüchtige Blick des Kindes aus dem väterlichen Hause über die Gartenmauern und Stadtbegrenzungen hinweg ins Freie präfiguriert schon hier die späteren Isolationserfahrungen des dichterischen Subjekts: »So erregte dies frühzeitig in mir ein Gefühl der Einsamkeit und einer daraus entspringenden Sehnsucht, das dem von der Natur in mich gelegten Ernsten und Ahndungsvollen entsprechend, seinen Einfluß gar bald und in der Folge noch deutlicher zeigte« (FA I, 14, S. 18).

Vermittelt sowohl über die väterliche Bibliothek als auch über jene in den Straßen umherziehenden Händler erscheint die literarische Sozialisation des Kindes – die selbstbestimmt über die ›Kinderbücher‹ von Comenius und die Chroniken hinausging: Paradigmatisch stehen Ovids *Metamorphosen* für die antike Literatur, Fénelons *Télémaque* als frühester Bildungsroman für die klassische französische Literatur, *Robinson Crusoe* und die *Insel Felsenburg* für die Anfänge einer bürgerlichen Prosaliteratur und die auf den Straßen als Groschenhefte gehandelten Volksbücher von Eulenspiegel, der schönen Magelone und vom Doktor Faust für populäre Lesestoffe. Literarische Sozialisation aber heißt schon hier im Ersten Buch produktive Aneignung literarischer Muster – zumindest wenn man dem Erzähler Glauben schenken darf bei seiner Behauptung, er sei schon zur Zeit des ersten Unterrichts »von der rhetorischen Behandlung der Aufgaben zu der poetischen« übergegangen und habe »von ihm selbst verfertigte Verse« vorlegen können (FA I, 14, S. 40).

Im Hinblick auf auszubildende poetische Anlagen wiegen jedoch schwerer die Prädispositionen zu Auffassungsgabe und Einbildungskraft, mit denen G. das erzählte kindliche Ich ausgestattet sieht: Zu einer »gewissen Neigung zum Altertümlichen« trat bei dem Knaben »noch eine andre Lust, bloß mensch-

liche Zustände in ihrer Mannigfaltigkeit und Natürlichkeit, ohne weitern Anspruch auf Interesse oder Schönheit, zu erfassen« (FA I, 14, S. 24), »schnelles Ergreifen, Verarbeiten und Festhalten« zeichnen das Kind aus (FA I, 14, S. 38): »So war mein junges Gehirn schnell genug mit einer Masse von Bildern und Begebenheiten, von bedeutenden und wunderbaren Gestalten und Ereignissen angefüllt, und ich konnte niemals lange Weile haben, indem ich mich immerfort beschäftigte, diesen Erwerb zu verarbeiten, zu wiederholen, wieder hervorzubringen« (FA I, 14, S. 41f.). Die frühe Ablehnung der Grammatik präfiguriert schon die regelstürmende und sich autonom setzende Individualität des Sturm und Drang-Autors: »Die Grammatik mißfiel mir, weil ich sie nur als ein willkürliches Gesetz ansah; die Regeln schienen mir lächerlich, weil sie durch so viele Ausnahmen aufgehoben wurden, die ich alle wieder besonders lernen sollte« (FA I, 14, S. 38f.). Die durch diese naturgegebenen Dispositionen – Gedächtnis, Kombinationslust und Einbildungskraft – als ebenso naturhaft bestimmte »innere Entwicklung, die eine entschiedene Richtung genommen hatte« (FA I, 14, S. 45), wurde lediglich durch Kinderkrankheiten – oder väterliche Arbeitsgebote zeitweise aufgehalten.

Der Bereich der familialen, häuslichen und städtischen Sphäre – den der sehnsüchtige Blick des Kindes über die Stadtbegrenzungen hinaus schon verließ – wird in Richtung auf die neben der Literatur zweite zentrale Instanz verlassen: die Natur. Der Blick in die Gärten und fruchtbaren Ebenen um Frankfurt zeigt dies ebenso an wie die Schilderung der gärtnerischen Arbeit des Großvaters Textor vor den Toren der Stadt. Die schöne, vom Menschen geformte Natur, die dem Kind zum »sehnsüchtigen Aufenthalt« wird, wird scharf kontrastiert durch das »außerordentliche Weltereignis« des Erdbebens von Lissabon 1755, in dem die zürnende, ungebändigte Natur sich als »Dämon des Schreckens« erweist (FA I, 14, S. 37). Einerseits werden, so berichtet der Erzähler, durch die furchterregenden Berichte aus Portugal die Fundamente einer kindlich sicher geglaubten christlichen Reli-

Ansicht des Frankfurter Römerbergs mit der Nicolai-Kirche. Kolorierter Kupferstich von Friedrich Wilhelm Delkeskamp

gion aufs äußerste erschüttert, andererseits aber wird damit der Natur, als der im Eingang des Ersten Buches so stilisierten und sich schon in den ersten Lebensjahren wiederholt äußernden gesetzgebenden und determinierenden Macht, neben ihren positiven, wohltuenden Zügen die entgegengesetzte, zerstörerisch-dämonische Seite eingeschrieben: »so behauptet von allen Seiten die Natur ihre schrankenlose Willkür« (FA I, 14, S. 36). Konsequent erscheint die Hinwendung des Kindes zu einer selbst erfundenen »Naturreligion«, deren kompliziertes Ritual die Schlußszene des Ersten Buches schildert, konsequent auch in der erzählerischen Komposition dieses Buches, insofern die Natur, als lebensbestimmende Gesetzlichkeit exponiert und als Gegenstand religiöser Verehrung schließlich stilisiert, den Rahmen bildet für die familiale, städtische, historische und ästhetisch-literarische Sozialisation G.s.

Zweites Buch

G. läßt das Zweite Buch einsetzen – nach einer sentenziösen Reflexion über die bürgerlich-behäbige Friedenszeit, in der seine früheste Kindheit verging, – mit dem Beginn des Siebenjährigen Krieges 1756, »welcher auf die nächsten sieben Jahre meines Lebens auch großen Einfluß haben sollte« (FA I, 14, S. 53). Die Wirkung der Epoche auf das Individuum wird explizit gemacht, wie später die des Individuums auf die Epoche. Die unmittelbaren Folgen des Krieges für die häusliche und familiäre Situation sind, im Gegensatz zu der späteren französischen Besatzung und Einquartierung, zunächst gewissermaßen parteipolitischer Natur: Textors stehen auf österreichischer, der Vater aber auf preußisch-›fritzischer‹ Seite. Der Familienstreit, der dem Knaben die sonntäglichen Besuche im Haus des Stadtschultheißen verleidet, bleibt aber nicht als bloße Anekdote aus einer wirren Zeit stehen, sondern erhält den Status einer Keimzelle für eine spätere Erfahrung des

Dichters G. Die Ungerechtigkeit der österreichischen Partei gegenüber der zu Ehrerbietung verpflichtenden Gestalt Friedrichs II. läßt das Kind »die Gerechtigkeit des Publikums« bezweifeln, wie kurz zuvor jenes Erdbeben die Güte des christlichen Gottes (FA I, 14, S. 55). Die kurrenten Ehrabschneidereien beider Seiten interpretiert der Erzähler mit deutlich auf literarische Rezeptionsvorgänge bezogener Terminologie: »Bedenke ich es aber jetzt genauer, so finde ich hier den Keim der Nichtachtung, ja der Verachtung des Publikums, die mir eine ganze Zeit meines Lebens anhing und nur spät durch Einsicht und Bildung ins Gleiche gebracht werden konnte« (FA I, 14, S. 56).

In diese Periode seiner Kindheit, begünstigt durch die kriegsbedingte Verwiesenheit der Kinder auf das schützende Haus, legt der Erzähler drei wesentliche Entwicklungsschritte auf dem Weg zur dichterischen Identität: (Puppen-)Theaterspiel, Erzählen und dessen unmittelbare Wirkung und die Lektüre des Klopstockschen *Messias*. Das Puppenspiel, vom Knaben als Theaterdirektor, Dekorateur und Sprecher selbst mit Kulissen, Kostümen und Stücken ausgestattet, habe »auf sehr mannigfaltige Weise [...] das Erfindungs- und Darstellungsvermögen, die Einbildungskraft und eine gewisse Technik geübt und gefördert, wie es vielleicht auf keinem andern Wege, in so kurzer Zeit, in einem so engen Raume, mit so wenigem Aufwand hätte geschehen können« (FA I, 14, S. 57).

Zentral aber für die Konturierung der dichterischen Identität ist die Erzählung des »Knabenmärchens« *Der Neue Paris*, die das ganze Zweite Buch dominiert. Eingebunden in die Schilderung des kindlichen, puppentheaterspielenden Freundeskreises, wird das Märchen als eine der willkürlich extemporierten Phantasieerzählungen des Knaben »in eigner Person« (FA I, 14, S. 58) angekündigt, dem allerdings das kindliche Genie schon die Fiktion einer tragenden Authentizität unterlegen konnte: »Wenn ich nicht nach und nach, meinem Naturell gemäß, diese Luftgestalten und Windbeuteleien zu kunstmäßigen Darstellungen hätte verarbeiten lernen; so wären solche aufschneiderische Anfänge gewiß nicht ohne schlimme Folgen für mich geblieben« (ebd.). Was hier noch schillert zwischen erlaubter Phantasieerzählung und aufschneidender Lüge, wird durch die unmittelbar sich anschließende sentenziöse Reflexion des Erzählers zur generellen Bestimmung des Fiktionalen als Kennzeichen literarischer Texte, die auktorial vom Leser verlangte ›willing suspension of disbelief‹ (Coleridge) – die sich schon in jenen kindlichen ›Mystifikationen‹ angekündigt habe: »Betrachtet man diesen Trieb recht genau, so möchte man in ihm diejenige Anmaßung erkennen, womit der Dichter selbst das Unwahrscheinlichste gebieterisch ausspricht, und von einem Jeden fordert, er solle dasjenige für wirklich erkennen, was ihm, dem Erfinder, auf irgend eine Weise als wahr erscheinen konnte« (FA I, 14, S. 58).

Das Knabenmärchen selbst, laut Tagebucheintragungen erst 1811 diktiert, bezieht möglicherweise durchaus authentische Motive der erinnerten kindlichen Phantasien mit ein und stellt, wie die in Sesenheim erzählte *Neue Melusine*, eine kunstvolle Kontrafaktur eines älteren Stoffes dar. Es dient aber an dieser Stelle der biographischen Erzählung, über eine mögliche symbolische Bedeutung in Richtung auf gesellschaftliche wie präsexuell-libidinöse Sozialisation hinaus, dem qualitativen Aufweis der überlegenen Einbildungskraft des Knaben, die gepaart sei mit einem ausführlichen mythologischen Wissen, das der Phantasie in freier Kombinatorik zur Verfügung stehe. Der großzügige und freie Umgang etwa mit dem antiken Mythos stellt von *Prometheus* bis zu den *Helena*-Szenen eine wesentliche literarisch-ästhetische Verfahrensweise G.s dar, die hier in der kindlichen Phantasie vorweggenommen wird.

Einerseits wird deutlich die von allem Anfang an grundgelegte dichterische Identität behauptet, vorbereitet, im Kleinen schon gezeigt und an phantasievollen Produktionen angeblich des Kindes vorgeführt; jedoch »der innere Ernst, mit dem ich schon früh mich und die Welt betrachtete« (FA I, 14, S. 74), verleitet dazu, auch schwerer Wiegendes und Ernstes aufzufassen, zu sammeln und zu bearbeiten:

»Solche wie manche andre Dinge baute ich mir in meinem kindischen Kopfe zusammen, und übte frühzeitig genug jenes moderne Dichter-Talent, welches durch eine abenteuerliche Verknüpfung der bedeutenden Zustände des menschlichen Lebens sich die Teilnahme der ganzen kultivierten Welt zu verschaffen weiß« (FA I, 14, S. 79f.). Die durch die glückbegünstigte Geburtsstunde nach einem inneren Naturgesetz sich entwickelnde Individualität des Dichters G. läßt hier schon die Fähigkeiten aufscheinen, die späterhin die Produktion und Konstitution von Weltliteratur ermöglichen.

Die Schilderung der ins weltgeschichtliche Ereignis des Siebenjährigen Krieges eingebundenen eigenen Kindheitsgeschichte, deren wesentlicher Darstellungsgegenstand die fortschreitende Entfaltung poetischer und imaginativer Anlagen ist, wird einerseits orientiert auf eine grundsätzliche didaktische Intention autobiographischen Schreibens: »Denn das ist ja eben das Lehrreiche solcher sittlichen Mitteilungen, daß der Mensch erfahre, wie es andern ergangen, und was auch er vom Leben zu erwarten habe, und daß er, es mag sich ereignen was will, bedenke, dieses widerfahre ihm als Menschen und nicht als einem besonders Glücklichen oder Unglücklichen« (FA I, 14, S. 76f.). Die eigene biographische Identität wird tendenziell zum Gattungsparadigma stilisiert.

Das Zweite Buch mündet, scheinbar zurückkommend auf die zu Beginn angesprochenen, nunmehr vom Krieg betroffenen bürgerlichen Verhältnisse, in einige eingeschaltete biographische Skizzen über herausragende Bürger Frankfurts aus dem Umfeld der Familie (Johann Friedrich von Uffenbach, Heinrich Jakob von Häckel, Johann Michael von Loen, Dr. Johann Philipp Orth, die Ochsensteins, die Senckenbergs und Friedrich Carl von Moser), die in ihren Wirkungen etwa auf G.s Vater oder hinsichtlich ihrer Kunst- und Naturalienkabinette dargestellt werden. Ein Detail über einen der Ochsensteinischen Brüder bildet allerdings einen Motivkern, der den Schluß des *Werther*-Romans vorwegzunehmen scheint; seine testamentarische Verfügung, »morgens früh, ganz im Stillen und ohne Begleitung und

Gefolg, von Handwerksleuten zu Grabe gebracht« zu werden, wird zu einem »der frühern
Symptome jener Gesinnungen von Demut und
Gleichstellung« stilisiert, die, an Friedrich II.,
dem Kaiser Joseph und dem französischen Kö-
nigspaar festzumachen, »von obenherein« in
»so unerwartete Wirkungen« wie den Sansculottismus ausgeschlagen seien (FA I, 14, S. 86;
vgl. das entsprechende Paralipomenon, FA I,
14, S. 890f.). Neben der eigenen Biographie
werden auch Sitten- und Weltgeschichte auf
keimartig angelegte, erst später wirksam gewordene Anlagen hin abgeklopft.

Das Zentralmotiv poetischer Selbstausbil-
dung und literarischer Sozialisation bildet
wiederum den bedeutsamen Abschluß des
Zweiten Buches: Unmittelbar auf die erwähnten biographischen Skizzen erfolgt die erste
Nennung des Namens Klopstock, dessen »so
natürlich ausgedrückten und doch so schön
veredelten frommen Gefühle, diese gefällige
Sprache, wenn man sie auch nur für harmonische Prosa gelten ließ« (FA I, 14, S. 90) auf das
kindliche Gemüt eine große Wirkung tun –
gerade auch weil der *Messias* aus der Bibliothek des Vaters ausgeschlossen war und stets
heimlich, über einen Freund der Familie, ins
Haus gebracht werden mußte. Mit Friedrich
Gottlieb Klopstock, dessen Texte die Kinder
emphatisch auffassen, lernen und rezitieren –
wie die das Buch abschließende Anekdote zur
Anschauung bringt – nennt *Dichtung und
Wahrheit*, explizit in Abgrenzung zu den vom
Vater bevorzugten anakreontischen und idyllischen Texten der Gegenwartsliteratur, das wesentliche zeitgenössische Vorbild für die poetische Sprache des jungen G.

Drittes Buch

Den äußeren Rahmen für das Dritte Buch bildet die nach der Besetzung Frankfurts durch
die Franzosen im Jahre 1759 erfolgte Einquartierung des französischen Königsleutnants
Graf Thoranc. Abseits von der immer wieder
episodisch skizzierten schroffen Abweisung

dieses Hausgastes durch den Vater, den fami-
lieninternen Streitigkeiten um diesen Gast
und der daraus resultierenden tumultuarischen Szene, die schließlich mit zur Beendigung der über zweijährigen Einquartierung
beiträgt, stellt gerade der französische Graf
diejenige Figur dar, über die die ästhetische,
literarische und poetologische Sozialisation
des nunmehr jugendlichen G. vermittelt wird.

Das Kunstinteresse des Grafen bringt G. mit
der Kunstszene Frankfurts und der umliegenden Städte in Berührung, was in Hinsicht sowohl auf die künstlerischen Darstellungstech-
niken und Genres als auch die weitgestreuten
abgebildeten Gegenstände als Bildungserfahrung erinnert wird. Er habe sich, so G., schnell
»den Ruhm erworben, daß ich gleich zu sagen
wisse, was irgend ein historisches Bild vorstelle, es sei nun aus der biblischen oder der
Profangeschichte oder aus der Mythologie genommen« (FA I, 14, S. 100). Wirkung zeigt der
jugendliche Mythologe, indem er selber die
Maler zu Darstellung bestimmter Gegenstände anregt; im Zusammenhang mit diesen
künstlerischen wie mythologischen Beschäfti-
gungen liegt ebenfalls ein Keim späterer poetischer Produktionen verborgen: »Ich erinnere
mich noch, daß ich einen umständlichen Aufsatz verfertigte, worin ich zwölf Bilder beschrieb, welche die Geschichte Josephs darstellen sollten« (ebd.) – der spätere Plan eines
Josephs-Roman wie die für die *Wanderjahre*
verfaßte *Josephs*-Novelle erscheinen schon
hier antizipiert.

Aufgrund der ihm ›angebornen Gabe‹, »daß
ich leicht den Schall und Klang einer Sprache,
ihre Bewegung, ihren Akzent, den Ton und
was sonst von äußern Eigentümlichkeiten, fassen konnte« (FA I, 14, S. 101), eröffnete sich
für G. nicht nur die Möglichkeit des unproblematischen Umgangs mit den französischen
›Gästen‹, sondern vor allem die Möglichkeit
einer stärkeren Anteilnahme am mit den Be-
satzern nach Frankfurt gelangten französischen Theater. Der vom Vater verbotene häufige Besuch von Komödie und Tragödie, »zu
einer Zeit [...], wo nach Denis Diderots
Grundsätzen und Beispielen die natürlichste
Natürlichkeit auf der Bühne gefordert, und

eine vollkommene Täuschung als das eigentliche Ziel der theatralischen Kunst angegeben wurde« (FA I, 14, S. 106), führte zu einer umfassenden Kenntnis der dramatischen Literatur vor allem des französischen Klassizismus, dessen Werke G. in der väterlichen Bibliothek vorfand und die er lesend und auswendig lernend sich nochmals aneignete: »Ich hatte nun bald den ganzen Kursus der französischen Bühne durchgemacht« (FA I, 14, S. 119; vgl. FA I, 14, S. 102).

Über diese rezeptive Aneignung der dramatischen Genres hinaus ermöglichte der Kontakt zum Grafen Thoranc und zum französischen Theater die sowohl produktive als auch poetologisch-theoretische Aneignung. »Und wie ich als Kind den Terenz nachzuahmen wagte: so verfehlte ich nunmehr nicht als Knabe, bei einem viel lebhafter dringenden Anlaß, auch die französischen Formen nach meinem Vermögen und Unvermögen zu wiederholen. Es wurden damals einige halb mythologische, halb allegorische Stücke im Geschmack des Piron gegeben; sie hatten etwas von der Parodie und gefielen sehr [...]. Und da mir dergleichen Elemente aus Ovids Verwandlungen und Pomey's Pantheon Mythicum sehr häufig im Kopfe herum summten, so hatte ich bald ein solches Stückchen in meiner Phantasie zusammengestellt, wovon ich nur so viel zu sagen weiß, daß die Szene ländlich war, daß es aber doch darin weder an Königstöchtern, noch Prinzen, noch Göttern fehlte« (FA I, 14, S. 119).

Über die Diskussion der selbstproduzierten Szenen mit einem französischen Freunde gelangt der zwölfjährige G. zu den Bestimmungen der aristotelischen Poetik: »Er hatte mir schon öfter von den drei Einheiten des Aristoteles, von der Regelmäßigkeit der französischen Bühne, von der Wahrscheinlichkeit, von der Harmonie der Verse und allem was daran hängt« erzählt (FA I, 14, S. 120), hatte ebenso auf englische und deutsche Dramen polemisch verwiesen, so daß G. sich zum Versuch genötigt sah, in die theoretischen Abhandlungen der französischen Klassizisten selbst hineinzuschauen. Die strenge Regelhaftigkeit – die nebenbei die eigene Produktion in einem

schlechten Lichte erscheinen ließ – habe er aber schnell als »theoretische Salbaderei des vorigen Jahrhunderts« empfunden, »je mehr ich zu bemerken glaubte, daß die Autoren selbst, welche vortreffliche Sachen hervorbrachten, wenn sie darüber zu reden anfingen, wenn sie den Grund ihres Handelns angaben, wenn sie sich verteidigen, entschuldigen, beschönigen wollten, doch auch nicht immer den rechten Fleck zu treffen wußten« (FA I, 14, S. 121f.). Dieser anti-aristotelische, vor allem aber anti-theoretische Impuls wird in der autobiographischen Perspektive als ›Keim‹ einerseits der späteren regelumstürzenden Sturm und Drang-Ästhetik angelegt, andererseits jedoch hauptsächlich zur Vorwegnahme der in gewissem Sinne theoriefeindlichen Position G.s gemacht, den es als Theater- und Dramen-Praktiker immer eher zum »lebendig Vorhandenen« drängte (vgl. ebd.).

Viertes Buch

Zentraler Gegenstand des Vierten Buches ist die fast enzyklopädisch zu nennende Ausbildung, die G. durch väterlichen Unterricht und Stunden bei verschiedenen Privatlehrern genießt. Neben Mathematik, Architektur, Zeichnen und Musik sind es vor allem naturwissenschaftliche Gegenstände, die den Jugendlichen reizen: »Schon seit meinen frühsten Zeiten fühlte ich einen Untersuchungstrieb gegen natürliche Dinge« (FA I, 14, S. 131). Die späteren naturwissenschaftlichen Arbeiten werden so als realisierte naturhafte Anlagen gedeutet. Im kindlichen Umgang mit den Naturgegenständen sieht G. bestimmte Ausformungen naturwissenschaftlicher Forschung vorgebildet: »Ich erinnere mich, daß ich als Kind Blumen zerpflückt, um zu sehen, wie die Blätter in den Kelch, oder auch Vögel gerupft, um zu beobachten, wie die Federn in die Flügel eingefügt waren. Ist doch Kindern dieses nicht zu verdenken, da ja selbst Naturforscher öfter durch Trennen und Sondern als durch Vereinigen und Verknüpfen, mehr durch Töten als durch

Beleben, sich zu unterrichten glauben« (ebd.). Eigene ›Forschungen‹ mit Magnetstein und die Faszination angesichts einer Elektrisiermaschine schließen sich den unterrichtlichen Anregungen an – ebenso wie die leidvolleren Erfahrungen mit dem väterlichen Versuch einer hauseigenen Seidenzucht.

Das Ausbildungsmotiv fortsetzend gelangt das Buch zur Sprachausbildung, die, vom Vater forciert und von äußeren Umständen begünstigt, sowohl die klassischen Sprachen und das Hebräische als auch die modernen Verkehrs- und Bildungssprachen umfaßt. Die Bildungsanforderungen des Vaters selbstbildend und dichterisch-produktiv umsetzend, schreibt der Jugendliche »einen Roman von sechs bis sieben Geschwistern, die von einander entfernt und in der Welt zerstreut sich wechselseitig Nachricht von ihren Zuständen und Empfindungen mitteilen. [...] Für diese wunderliche Form suchte ich mir einigen Gehalt, indem ich die Geographie der Gegenden, wo meine Geschöpfe sich aufhielten, studierte, und zu jenen trockenen Lokalitäten allerlei Menschlichkeiten hinzu erfand, die mit dem Charakter der Personen und ihrer Beschäftigung einige Verwandtschaft hatten. Auf diese Weise wurden meine Exerzitienbücher viel voluminöser; der Vater war zufriedener, und ich ward eher gewahr, was mir an eigenem Vorrat und an Fertigkeiten abging« (FA I, 14, S. 137f.). Die selbstgesetzte Aufgabe, einen Briefroman in gutem Deutsch sowie in ›frauenzimmerlichem Styl‹, in Englisch, Französisch, Italienisch, Lateinisch, Griechisch und Jiddisch zu verfassen, macht aus der Ausbildung prinzipiell die Selbstbildung, zu der Ausbildung nur anregen könne.

Verschärft tritt dieses Motiv im Anschluß an den Hebräischunterricht beim Frankfurter Rektor Albrecht wieder auf. An die Darstellung des Studiums der ältesten Dokumente, die in dieser Sprache überliefert sind, wird eine weitausholende Paraphrase der biblisch überlieferten Urgeschichte des Menschengeschlechts angeschlossen, die allerdings zum Urbild der Menschheitsgeschichte überhaupt stilisiert wird. In ihr seien idyllische Zustände von heroischen abgelöst worden, familienge-

schichtliche Zusammenhänge schließlich in die Ableitung einer mittelalterlich anmutenden Ständelehre gemündet, und Mythisches und Magisches habe noch seinen sozusagen naturhaften Sitz im Leben gehabt. Zielpunkt aber dieser zunächst fast unmotiviert eingeschobenen ausführlichen Passage ist der Held des nächsten Romanprojekts: Joseph. Der Drang der Beschäftigung mit der hebräischen Sprache und den Gegenständen der Vorgeschichte zum poetisch Produktiven wird vorab als gleichsam schicksalhafte Bestimmung bezeichnet: »Der Mensch mag sich wenden wohin er will, er mag unternehmen was es auch sei, stets wird er auf jenen Weg wieder zurückkehren, den ihm die Natur einmal vorgezeichnet hat« – den Weg der dichterischen Umsetzung jener »lebhafteren Vorstellung in meiner Einbildungskraft«, die der Unterricht bewirkte (FA I, 14, S. 143). Gerade die selbstauferlegte poetische Erarbeitung der Gegenstände erscheint als einzige Möglichkeit, autobiographisch-erzählerisch darzustellen, wie das eigene jugendliche Ich »bei meinem zerstreuten Leben, bei meinem zerstückelten Lernen, dennoch meinen Geist, meine Gefühle auf einen Punkt zu einer stillen Wirkung versammelte« (FA I, 14, S. 155).

Die Bearbeitung des Joseph-Stoffes läßt das junge Dichter-Ich poetologische Überlegungen zu möglichen dramatischen oder epischen Versmaßen anstellen, allein es gelangt zur Einsicht, »eine prosaische Behandlung« sei »sehr bequem«. »Nun suchte ich die Charaktere zu sondern und auszumalen, und durch Einschaltung von Inzidenzien und Episoden die alte einfache Geschichte zu einem neuen und selbständigen Werke zu machen«, es habe der Ausarbeitung allerdings an ›Gehalt‹ gemangelt, da »dieser uns nur durch das Gewahrwerden der Erfahrung selbst entspringen könne« (FA I, 14, S. 156). Die Abfassung des ›Romans‹ wird, eine spätere Praxis früh vorwegnehmend, einem Mündel der Familie, das »sich eine flüchtige leserliche Hand erworben« hatte, diktiert: »Ich fand es nicht minder bequem, in der Zwischenzeit alles was mir flüchtig durch den Kopf ging, von einer fremden Hand auf dem Papier fixiert zu sehen, und meine Erfindungs-

und Nachahmungsgabe wuchs mit der Leichtigkeit des Auffassens und Aufbewahrens« (FA I, 14, S. 157). Die gleichzeitige Praxis des Nachschreibens der jeweiligen Sonntagspredigten ergänzt die Übung. – Die Fertigstellung des voluminös angewachsenen »Werkes« führt zu ersten sichtbaren Autorschaftserfahrungen und -inszenierungen. Die zu unterschiedlichsten Gelegenheiten im Familien- oder bürgerlichen Freundeskreise verfertigten Gelegenheitsgedichte, »eine gute Anzahl sogenannter anakreontischer Gedichte« und »geistlicher Oden« samt dem »Joseph«, sollten unter dem Titel *Vermischte Gedichte* in Quart gebunden werden, »welches mir sehr wohl gefiel, weil ich dadurch im Stillen bekannte und berühmte Autoren nachzuahmen Gelegenheit fand« (FA I, 14, S. 157f.). Der Quartband findet Beifall bei seinem Publikum, vor allem beim Vater, der diese Selbstlernübungen des Sohnes höchlich fördert.

Der siebensprachige Briefroman und der *Joseph* bilden das Sinnzentrum des Vierten Buches, indem sie anschaulich machen, welche Tendenz G. der seine Ausbildung vollendenden literarisch-poetischen Selbstbildung zuschreibt. Schließlich kommt das Buch wieder auf Ausbildungsaspekte – Fechten und Reiten, studienvorbereitende Jurisprudenz-Lektionen, die G. schon in die historische Welt des *Götz* führen – und weitergehende Eindrücke der Stadt zu sprechen – Steine und Mineralien, Gemälde und Kunsthandwerk, Gärten und Judenstadt –, an die sich noch biographische Miniaturen über einige Frankfurter Originale anschließen. Den Schlußpunkt aber bildet ein Doppelakzent, der sowohl das eigene, vom Glück begünstigte Leben als auch die immer deutlicher Kontur zeigende dichterische Identität hervorhebt. Den biographisch skizzierten Frankfurter Bekannten der Familie schreibt G. zu, daß ein jeder von ihnen »an mir, als an einem geliebten Sohne, sein Wohlgefallen zu vermehren, indem er an mir sein moralisches Ebenbild herzustellen trachtete« (FA I, 14, S. 179). Die älteren Mentoren der Jugend werden zu Gottvater-Gestalten stilisiert, das autobiographisch erinnerte und exzeptionelle Ich aber zur Christus-Postfigura-

tion. – Zum Schluß dieses Buches und konsequent sowohl aus der Ausbildungsmotivik als auch aus der Schilderung der schriftstellerischen Projekte abgeleitet, steht der kindliche Berufswunsch ›Dichter‹: »Was mich betrifft, so hatte ich auch wohl im Sinne, etwas Außerordentliches hervorzubringen; worin es aber bestehen könne, wollte mir nicht deutlich werden. Wie man jedoch eher an den Lohn denkt, den man erhalten möchte, als an das Verdienst, das man sich erwerben sollte; so leugne ich nicht, daß, wenn ich an ein wünschenswertes Glück dachte, dieses mir am reizendsten in der Gestalt des Lorbeerkranzes erschien, der den Dichter zu zieren geflochten ist« (FA I, 14, S. 180).

Fünftes Buch

Hatte das Zweite Buch an den Beispielen des Puppentheaters, des kunstvollen »Knabenmärchens« und der ersten Klopstock-Rezeption das Motiv der phantasievoll-produktiven literarischen Sozialisation aus dem Ersten Buche in verschiedene Bereiche der Poesie fortgeführt, das Dritte hingegen sich ganz der rezeptiven, produktiven und theoretisch-poetologischen Aneignung des Dramatischen zugewendet und das Vierte die Produktion von Romanen als Selbstbildungsinstrument mit der Zielorientierung auf die Dichterexistenz hin geschildert – und dies alles im engeren Kreise des Elternhauses –, versetzt das Fünfte Buch nun lyrische Poesie, Dramatik und Roman ins größere gesellschaftliche Leben. Umgekehrt werden allerdings auch die individuellen Privatheits- und Geschichts-Erlebnisse literarisiert, zu Theater und Roman überformt.

Nach dem mehrmaligen Aufweis der mittlerweile bekannten poetischen Fertigkeit G.s – anekdotenhaft als jugendlicher Wettstreit erzählt (vgl. FA I, 14, S. 182) – beginnt der ›Gretchen-Roman‹, den das Fünfte Buch kunstvoll mit der Schilderung der Kaiserkrönung verquickt. Ausgangspunkt dieses ›Romans‹ sind Scherze und Mystifikationen der Bekannten

G.s, in die er selber als wesentlicher Akteur einbezogen wird. Es gilt verschiedentlich, an Stelle eines Dritten eine fingierte und möglichst poetisch versifizierte Liebesepistel zu verfassen und diesen damit in mehr oder minder arge Verlegenheit zu setzen. Der Liebesbrief als Intrigenbrief ist literarisches Motiv sowohl in der Prosa als auch in der dramatischen Literatur des 18. Jhs. Im Zusammenhang mit der Vorbereitung einer solchen scherzhaften Intrige führt G. die Figur Gretchens ein, die die von G. verfaßte »poetische Epistel [...] gar hold und anmutig« vorliest, sich aber sogleich wünscht, sie sei »zu einem wahren Gebrauch bestimmt« (FA I, 14, S. 187). Das erzählte jugendliche Ich wähnt sogleich hinter der Stimme Gretchens die innere Anteilnahme an dem Brief – und seinem Autor. Die so resultierende ›erste Liebe‹ G.s ist also eingebettet in ein Spiel von Schein und Täuschung, das, selbst als literarisches Motiv präfiguriert, ja ohnehin notwendiges Charakteristikum dramatischer wie erzählerischer Fiktion ist; es bleibt dabei ganz gleichgültig, ob es überhaupt eine historisch-biographische Entsprechung zur Gretchenfigur gegeben hat. Die Hinweise, die Bettina Brentano gibt, sind da höchst zweifelhaft (vgl. FA I, 14, S. 1119). Gretchen ist ganz Figur des Romans, den das Fünfte Buch bildet.

Und romanhaft schließt die Gretchen-Episode auch: Nach der Kaiserkrönung, als man »den größten Teil der Nacht im Gefühl von Freundschaft, Liebe und Neigung auf das Heiterste und Glücklichste« verbracht hatte, in einer märchenhaften Welt sich wähnend, »wo man die krystallnen Gefäße vom Baume bricht, die sich mit dem gewünschten Wein sogleich füllen, und wo man Früchte schüttelt, die sich in jede beliebige Speise verwandeln« (FA I, 14, S. 229), kommt die tatsächlich bös gewordene Intrige zum Vorschein, die sich im Umfeld der Freunde bis in die höhere politische Sphäre hinein ausgesponnen hat. Die Reaktion des jugendlichen Helden in Ansehung des möglichen Unglücks, das die Freundin betrifft, ist in höchstem Sinne pathetisch: »Alle diese Vorstellungen drängten sich lebhaft hintereinander vor meiner Seele, schärften und spornten

meinen Schmerz, so daß ich mir vor Jammer nicht zu helfen wußte, mich die Länge lang auf die Erde warf, und den Fußboden mit meinen Tränen benetzte« (FA I, 14, S. 234). Der krankhafte Zustand, in den der Held gerät, nimmt das pathologisch-überempfindsame Werthersyndrom vorweg: »Ich empfand nun keine Zufriedenheit, als im Wiederkäuen meines Elends und in der tausendfachen imaginären Vervielfältigung desselben. Meine ganze Erfindungsgabe, meine Poesie und Rhetorik hatten sich auf diesen kranken Fleck geworfen, und drohten, gerade durch diese Lebensgewalt, Leib und Seele in eine unheilbare Krankheit zu verwickeln« (FA I, 14, S. 235f.). Schließlich reflektiert der Text die vergangene Episode und die vermutete traurige Gegenwart als »den seltsamsten Roman von traurigen Ereignissen und einer unvermeidlich tragischen Katastrophe« unter dem Begriff des Prosagenres (FA I, 14, 236).

Kunstreich eingeflochten in den Gretchen-›Roman‹ ist das historische »Theater« der Kaiserkrönung am 3.4. 1764: Der Jugendliche, vom Vater immer wieder angehalten, erzählerisch-protokollierend den historischen Tag festzuhalten, berichtet Gretchen über die Vorbereitungen und Hintergründe. Das zu Hause erworbene Wissen über frühere Krönungen und Zeremonialordnungen wird erzählerisch ausgebreitet oder angesichts der Feierlichkeiten benannt. Die bildliche Rede aber, die der Autobiograph dem erzählten jugendlichen Ich hierbei zuschreibt, ist bestimmend für die gesamte Krönungsdarstellung: »Ich verglich nicht unschicklich diese Feierlichkeiten und Funktionen mit einem Schauspiel, wo der Vorhang nach Belieben heruntergelassen würde, indessen die Schauspieler fortspielten, dann werde er wieder aufgezogen und der Zuschauer könne an jenen Verhandlungen einigermaßen wieder Teil nehmen« (FA I, 14, S. 205). Der theatralische Blick auf das hochzeremonielle Wesen läßt den Betrachter »das ganze Gemein-Wesen mit einem Blick überschauen« (FA I, 14, S. 206f.), das ›theatrum ceremoniale‹ wird damit zum Symbol für das aus der Perspektive des Schreibenden mittlerweile versunkene Zeitalter des Heiligen Römischen Reiches. Die Darstellung und Deutung der Feierlichkeiten »als ein überlegtes Kunstwerk« (FA I, 14, S. 208), als dramatische Inszenierung, wird allerdings noch viel deutlicher im Blick auf deren ›Rezeption‹: Am Beispiel der Krönung Franz I. in Frankfurt, der mit seiner Gemahlin Maria Theresia als liebendes Ehepaar vor die Menge tritt, führt der Erzähler diese Wirkung aus: »Da die Großen nun auch einmal Menschen sind, so denkt sie der Bürger, wenn er sie lieben will, als seines Gleichen, und das kann er am füglichsten, wenn er sie als liebende Gatten, als zärtliche Eltern, als anhängliche Geschwister, als treue Freunde sich vorstellen darf« (FA I, 14, S. 213 f.; vgl. S. 220 f.). Nach Maßgabe der Ästhetik des bürgerlichen Trauerspiels erscheinen auch die adligen Standespersonen als gemischte Charaktere, die durch ihren gemäßigten Mittelzustand dem Identifikationswunsch des Zuschauers entgegenkommen. Die solcherart theatralische Inszenierung der Kaiserkrönung als symbolisches Welttheater erscheint aber im Falle Josephs II. durchaus karikaturhaft gebrochen: »Der junge König [...] schleppte sich in den ungeheuren Gewandstücken mit den Kleinodien Carls des großen, wie in einer Verkleidung einher [...]. Die Krone, welche man sehr hatte füttern müssen, stand wie ein übergreifendes Dach vom Kopf ab« (FA I, 14, S. 223). Das Täuschende an der theatralischen Inszenierung des politischen Symbols wird offenbar, die symbolischen Formen des Alten Reiches erscheinen zu groß für die Gegenwart, haben sich überlebt und sind, so die resignierte Perspektive des schreibenden G., in die Geschichte versunkene Vergangenheit (vgl. dazu Beetz, S. 586 ff.; Müller, Komm. in FA I, 14, S. 1118).

Sechstes Buch

Der Beginn des Sechsten Buches setzt die Nachwirkungen jenes traurigen Romans fort, der das Fünfte bestimmte. Zur kontrollierten Genesung des jugendlichen Helden, der die schmerzhaften Erfahrungen ständig wiederholt, wird ihm ein Aufseher beigegeben. Die Desillusion über die Rolle Gretchens in dem Roman öffnet den Blick weit über die Stadtgrenzen hinaus: In der biographischen Chronologie dient das Sechste Buch zur Vorbereitung der Abreise nach Leipzig und der Darstellung des ersten dortigen Semesters. Darüber hinaus aber werden, gleichsam wiederum als poetische ›Keime‹, spätere ästhetische Erfahrungen vormodelliert oder angedeutet, die Berufs- oder Identitätsperspektive, die angesichts des beginnenden Studiums virulent wird, erörtert und nicht zuletzt die Leipziger Weiterbildung in den Schönen Wissenschaften und die Fortführung der literarischen Sozialisation geschildert, die sich schließlich tendenziell zu poetologischer Reflexion und Literaturkritik ›auf der Höhe der Zeit‹ ausweitet.

Gemeinsam mit dem Aufseher unternimmt der genesende Jüngling lange Ausflüge »in die Wälder und, indem ich die einförmigen Fichten floh, sucht' ich jene schönen belaubten Haine, [...] wo die ältesten Eichen und Buchen einen herrlich großen, beschatteten Raum bildeten« (FA I, 14, S. 244 f.). Der Aufenthalt in der freien Natur wird ihm, wie Werther, zu Balsam für das kranke Herz, die Natur selbst zum innersten Heiligtum: »O! warum liegt dieser köstliche Platz nicht in tiefer Wildnis, warum dürfen wir nicht einen Zaun umher führen, ihn und uns zu heiligen und von der Welt abzusondern! Gewiß es ist keine schönere Gottesverehrung als die, zu der man kein Bild bedarf, die bloß aus dem Wechselgespräch mit der Natur in unserem Busen entspringt!« (FA I, 14, S. 245). Wie hier die pantheistisch beeinflußte religiöse Besetzung der Natur, ist auch das Motiv des dilettierenden Zeichnens, mit dem der junge G. hier erstmals produktiv in Kontakt kommt (vgl. FA I, 14, S. 246 u. S. 249), eine in der autobiographischen Faktur zum Motiv stilisierte Vorausdeutung auf den *Werther*-Roman – oder umgekehrt: Die autobiographisch konstruierend erzählte Heilung von verletzter Fremd- und Eigenliebe wird hier, romanhaft wiederum, mit den Darstellungsmustern des empfindsamen

Romans – dessen Höhepunkt gewiß der *Werther* war – erzählerisch realisiert.

Die Charakterisierung der Schwester Cornelia, die den immer noch Trauernden wieder ins Haus zieht, leitet über zu den Landpartien einer größeren Gruppe junger Leute, die einerseits durch scherzhafte Beziehungsspiele, andererseits aber auch durch poetische Produktionen G.s gestaltet werden. Die entstehende Gelegenheitsdichtung im gefälligen Stil der deutschen Anakreontik unterzieht der Erzähler aber der bitteren historischen Kritik: Die vor allem in Deutschland, zunächst mit Blick auf die Literatur vor 1770 zu beobachtende Fixierung der literarischen Produktion auf die Nachahmung als kanonisch erachteter Vorbilder – Anakreon, Theokrit, Vergil – verdecke die literarhistorischen Originale und ersticke neue (vgl. FA I, 14, S. 261). Die Hinwendung des jugendlichen G. zu den »herrlichen Originalproduktionen« (FA I, 14, S. 262) der Alten ist daraufhin ganz konsequent und bereitet nebenhin die eigenen, noch zu erwartenden ›Originalproduktionen‹ *Götz* und *Werther* vor. Nicht Nachahmung oder Nachbildung nämlich der längst verdeckten literarischen Vorbilder wird hier zum Ausweis dichterischen Selbstbewußtseins, mit dem der Jugendliche sich in die Reihe zeitgenössischer literarischer Größen einrückt, sondern poetische Originalproduktion, die gleichsam ohne Arbeit und Regel, instinktmäßig und naturhaft geschieht: »Zwar machte mir jederzeit die poetische Nachbildung dessen was ich an mir selbst, an Anderen und an der Natur gewahr geworden, das größte Vergnügen. Ich tat es mit immer wachsender Leichtigkeit, weil es aus Instinkt geschah und keine Kritik mich irre gemacht hatte; und wenn ich auch meinen Produktionen nicht recht traute, so konnte ich sie wohl als fehlerhaft, aber nicht als ganz verwerflich ansehen. Ward mir dieses oder jenes daran getadelt, so blieb es doch im Stillen meine Überzeugung, daß es nach und nach immer besser werden müßte, und daß ich wohl einmal neben Hagedorn, Gellert und anderen solchen Männern mit Ehre dürfte genannt werden« (FA I, 14, S. 264).

Dem Wunsch nach den Schönen Wissenschaften, die die dichterischen Absichten realisieren helfen würden und aufs Beste in Göttingen zu studieren wären, steht der väterliche Zwang zum Jurastudium entgegen. Dieser mündet in die Reise nach Leipzig, die zu allererst die auffällige Differenz zwischen der mittlerweile als zu eng erfahrenen altdeutschen Stadt Frankfurt und dem modernen Handelsplatz Leipzig vor Augen führt, in dem dann der altfränkisch gekleidete und mit starkem hessischen Akzent sprechende G. deutlich von den moderneren Mitstudenten mit französischem Geschmack absticht, eine Schilderung, die in eine sentenziös-satirische Kritik der deutschen Universitätslandschaft mündet (vgl. FA I, 14, S. 276ff.). Der dortige Mentor, der Juraprofessor Johann Gottlob Böhme, ein erklärter Feind der Schönen Wissenschaften, kann nicht verhindern, daß seine Gemahlin den jungen Schützling unter ihre literarische Obhut nimmt, der unter Vernachlässigung der Jurisprudenz vor allem bei Christian Fürchtegott Gellert hört.

In Konsequenz der schon oben zitierten Kritik der literarische Vorbilder nachahmenden und »nachäffenden Poeten«, die angeregt durch »das Gottschedische Gewässer [...] die deutsche Welt mit einer wahren Sündflut überschwemmt« hätten und deren Zeichen die »Nachahmung des Seichten, Wäßrigen« sei, überzieht Madame Böhme auch die lyrischen Produktionen G.s scharfer und desillusionierender Kritik (FA I, 14, S. 279). Gellerts Beurteilungen der Aufsätze des Studenten tun ein Übriges: »Die Verse behandelte er nur als eine traurige Zugabe, und was das Schlimmste war, selbst meine Prose fand wenig Gnade vor seinen Augen: denn ich pflegte, nach meiner alten Weise, immer einen kleinen Roman zum Grunde zu legen, den ich in Briefen auszuführen liebte. Die Gegenstände waren leidenschaftlich, der Styl ging über die gewöhnliche Prose hinaus« (FA I, 14, S. 280f.). Jenseits der Kritik wird hier schon die literarische Machart des *Werther* angedeutet.

Der Motivstrang der Naturreligion und -begeisterung wird mit Blick auf die meist aus der medizinischen Fakultät oder naturwissenschaftlichen Fächern stammenden Mitstudenten am Mittagstisch präziser in Richtung auf die Naturwissenschaft, ihre Methoden und Terminologie fortgeführt – eine vorläufige Umorientierung des Interesses, die, im Verein mit der Desillusion über die eigene dichterische Produktion, zu einem großangelegten Autodafé führt: »Nach einiger Zeit und nach manchem Kampfe warf ich jedoch eine so große Verachtung auf meine begonnenen und geendigten Arbeiten, daß ich eines Tags Poesie und Prose, Plane, Skizzen und Entwürfe sämtlich zugleich auf dem Küchenherd verbrannte« (FA I, 14, S. 282). Der Höhepunkt des Sechsten Buches, die Heilung des autobiographischen Helden durch Natur, Geselligkeit und Kunst, wird also zum Ende hin durch die zunächst von außen herangetragene Kritik an seinen Dichtungen, schließlich aber in der symbolischen Selbstverbrennung des jugendlichen Dichters scheinbar resignierend kontrastiert.

Siebentes Buch

Die Aporie, in die die sich entwickelnde dichterische Identität G.s am Ende des vorigen Buches geraten zu sein scheint, wird in der großangelegten Darstellung »über den Zustand der deutschen Literatur jener Zeit« (FA I, 14, S. 283) zur Aporie eben dieser Literatur ausgeweitet. Die zeitgenössische Literatur wird ganz subjektiv perspektiviert: »wie sie sich zu mir verhielt« (ebd.). Ausgehend von der historischen Verwiesenheit der Deutschen auf den Gebrauch sowohl der lateinischen als auch der französischen Sprache in Wissenschaft, Literatur und Gesellschaft, aus der »eine durch fremde Worte, Wortbildungen und Wendungen verunzierte Sprache« resultierte (FA I, 14, S. 284), liefert G. einen knappen Überblick über die mittelmäßige ›Satire‹ auf die Literatur, geht dann aber ausführlich auf die ›Kritik‹ ein, ein Begriff, der hier ästhetische Theorie und Poetik meint.

Über Johann Christoph Gottscheds Gelehrsamkeits- und Lehrästhetik – und seine anekdotenhaft erzählte Weitschweifigkeit im Ge-

spräch – und Johann Jacob Bodmers und Johann Jacob Breitingers Einführung des Wunderbaren in die Poetik geht die Reflexion zum Konzept der Fabel bei Gellert und Lessing über. Als Hauptmangel deutscher Poesie wie Poetik aber wird ausgemacht, daß es ihr an »nationellem Gehalt« fehle (FA I, 14. S. 290), eine Forderung, die erst Lessings *Minna von Barnhelm* einzulösen beginne – und, unausgesprochen, *Götz von Berlichingen*. Johann Elias Schlegels *Hermann* wie Klopstocks *Hermannsschlacht* deuteten diese Tendenz nur erst an, der nationale Gehalt würde vor allem durch die nachahmende Adaption antiker Formen wie etwa der der Idylle hintertrieben. Die ästhetikgeschichtlichen Betrachtungen werden, über den Besuch mit Johann Georg Schlosser bei Gottsched und die neue, literarisch räsonnierende Tischgesellschaft geschickt in den autobiographischen Erzählfluß eingebunden, ausgeweitet auf Überlegungen zu einem spezifisch deutschen poetischen Stil. Dieser sei nämlich nötig, »um aus der wäßrigen, weitschweifigen, nullen Epoche sich herauszuretten«. Durch »Bestimmtheit, Präzision und Kürze« solle er sich auszeichnen (FA I, 14, S. 295). Albrecht von Haller, Lessing, Wieland und Klopstock hätten erste Schritte auf dieses Ziel hin getan, Heinrich Wilhelm von Gerstenberg, Karl Wilhelm Ramler und Johann Wilhelm Ludwig Gleim werden scharf kritisiert. Die Überlegungen vor allem Wielands zu einer Metrik des deutschen Gedichts werden gewürdigt, ebenso die Beiträge einer Stilkunde in Predigt und Bibelauslegung und Rechtsgelehrsamkeit (vgl. FA I, 14. S. 302f.). Nationaler Gehalt und sprachliche Behandlung sind also Epochenkriterien, negativ auf die überlebte Literatur der Aufklärung, positiv auf die kommende Literatur zu übertragen (vgl. Schanze, S. 51). Die Konstruktion dieser »nullen« Epoche aber, die sich durch das Fehlen eines »inneren Begriffs von Poesie« (FA I, 14, S. 298), durch Weitschweifigkeit und Mittelmäßigkeit und schließlich durch das Fehlen eines »nationellen Gehalts« auszeichnet, wird absichtsvoll durchgeführt: Es sollte »eben jene Periode, aus der das verändernde Genie hervorging, so grau und flach erscheinen [...] als möglich«

(Barner, S. 296), die literarisch prägenden Gestalten Klopstock, Wieland und Lessing werden deswegen nur schemenhaft konturiert.

Die nicht gerade schmeichelhafte Skizze einer aporetisch weitgehend stillstehenden Literatur weist der autobiographische Erzähler nachträglich als Bewußtseinszustand seines Helden aus: »Habe ich durch diese kursorischen und desultorischen Bemerkungen über deutsche Literatur meine Leser in einige Verwirrung gesetzt, so ist es mir geglückt, eine Vorstellung von jenem chaotischen Zustande zu geben, in welchem sich mein armes Gehirn befand [...]. Welchen Weg ich einschlug, mich aus dieser Not, wenn auch nur Schritt vor Schritt zu retten, will ich gegenwärtig möglichst zu überliefern suchen« (FA I, 14, S. 308 f.). Geschickt wird der eigene Weg aus der angeblich inneren Verwirrung des jungen G. als der literarhistorische Weg der deutschen Literatur aus ihrer Aporie geschildert, das junge Dichter-Genie schon hier zum Wegweiser einer neuen, bis in die Weltliteratur hineinreichenden literarischen Kultur Deutschlands stilisiert, deren Bezug auf die literarische Überlieferung der eines »Traditionsbruchs« ist (Barner, S. 305).

Und dieser Weg ist ein individueller. Die Poetik, die G. der skizzierten historischen zwischen Gottsched und Wieland entgegensetzt, ist sich, radikal individualisiert, ihrer naturhaften Folgerichtigkeit gewiß: »Und so begann diejenige Richtung, von der ich mein ganzes Leben über nicht abweichen konnte, nämlich dasjenige was mich erfreute oder quälte, oder sonst beschäftigte, in ein Bild, ein Gedicht zu verwandeln und darüber mit mir selbst abzuschließen, um sowohl meine Begriffe von den äußeren Dingen zu berichtigen, als mich im Innern deshalb zu beruhigen. Die Gabe hierzu war wohl Niemand nötiger als mir, den seine Natur immerfort aus einem Extreme in das andere warf« (FA I, 14, S. 309 f.). Der individuelle Bezug der dichterischen Arbeit wird von hier aus der gesamten schriftstellerischen Produktion G.s eingeschrieben – die poetischen Werke werden, gleichrangig mit dem autobiographischen Text, bezeichnet als »Bruchstücke einer großen Konfession, welche

vollständig zu machen dieses Büchlein ein gewagter Versuch ist« (FA I, 14, S. 310).

Der Bezug aller literarischen Arbeit auf »dasjenige was mich erfreute oder quälte, oder sonst beschäftigte«, wird im Laufe des Buches auf mehrfache Weise demonstriert und reflektiert: Die eigentümlich zwiespältige Freundschaft zu Annette Schönkopf, die »so jung, hübsch, munter, liebevoll und so angenehm war, daß sie wohl verdiente, in dem Schrein des Herzens eine Zeit lang als eine kleine Heilige aufgestellt zu werden« (ebd.), wird schuldbewußt »zu einer quälenden und belehrenden Buße, dramatisch zu behandeln« versucht (FA I, 14, S. 311), *Die Laune des Verliebten* entsteht. Schreiben ist also Selbsttherapie und kompensatorisches Handeln, »das poetische Talent mit seinen Heilkräften« erweist sich als »besonders hülfreich« (ebd.).

Der radikalisierte Verweis auf das eigene Selbst wird auch über den langen sakramental-theologisch-historischen Exkurs begründet, insofern hier die Loslösung von der kirchlichen wie auch jedweder anderen Autorität erzählerisch illustriert – und somit als Erfahrungskern, der etwa dem *Prometheus* zugrundeliegt, gedeutet wird. Die fortgetriebene dichterische Sozialisation, vom Freunde Ernst Wolfgang Behrisch nach Kräften unterstützt und in Bahnen gehalten, »neigte sich nunmehr gänzlich zum Natürlichen, zum Wahren« (FA I, 14, S. 327). Die geselligen Mystifikationen in Figaro-Rollen, die Gelegenheitsgedichte und die anekdotisch eingebundenen Versuche an der Odenform sind der autobiographischen Chronologie und der angelegentlichen Schilderung des Studentendaseins geschuldet; der Kern des Buches, die Neubestimmung der Poesie aus dem, was das empfindende Subjekt unmittelbar betrifft und beschäftigt, wird in der Schlußpassage wieder aufgegriffen, in der der für G. zentrale Begriff der Erfahrung auf spezifische Weise umspielt und gefüllt wird. »Der Begriff von Erfahrung war beinah fix in meinem Gehirne geworden, und das Bedürfnis, mir ihn klar zu machen, leidenschaftlich« (FA I, 14, S. 335). Die von Behrisch nur unbefriedigend beantwortete Frage wird von einem befreundeten Offizier zwar nicht weniger rätselhaft, für die Bestimmung dessen, aus dem die G.sche Poesie sich ableitet, aber bedeutsam erörtert: »Wenn Sie mir erlauben, indem ich Ihren Freund kommentiere und suppliere, in seiner Art fortzufahren, so dünkt mich, er habe sagen wollen, daß die Erfahrung nichts anderes sei, als daß man erfährt, was man nicht zu erfahren wünscht, worauf es wenigstens in dieser Welt meistens hinausläuft« (FA I, 14, S. 337). Erfahrung, als Kern dessen, worauf Erzählen und poetische Behandlung referieren, wird nicht im Sinne der Empirie, sondern vielmehr im Sinne des Erleidens begriffen, Erleiden, über das die Poesie spricht und von dem sie gegebenenfalls heilt: Sowohl die Ästhetik des *Werther* als auch die von Tasso im Schlußgespräch mit Antonio extemporierte dichterische Konzeption werden hier, aus dem Rückblick des Autobiographen, ›keimhaft‹ grundgelegt.

Achtes Buch

Das langsam ›zu sich selbst‹ kommende dichterische Selbstbewußtsein G.s wird im Achten Buch, seinen scheinbar fremden Ausgang in der Kunstausbildung bei Adam Friedrich Oeser nehmend, schließlich im hermetischen Schöpfungsmythos, der in der Luzifer-Gestalt schon den Prometheus mitmeint, mit der quasi-mythologischen, hypostasierenden Selbstverortung des schreibenden wie erinnerten Ich fortgesetzt. Selbst über die Anschauung und Reflexion der bildenden Kunst in Adam Friedrich Oesers Sälen setzt sich die Herausbildung des Selbstbewußtseins als Dichter fort: »Aber auch diese Übungen brachten bei mir eine andere Wirkung hervor, als er im Sinn haben mochte. Die mancherlei Gegenstände, welche ich von den Künstlern behandelt sah, erweckten das poetische Talent in mir, und wie man ja wohl ein Kupfer zu einem Gedicht macht, so machte ich nun Gedichte zu den Kupfern und Zeichnungen, indem ich mir die darauf vorgestellten Personen in ihrem vorhergehendem und nachfolgenden Zu-

stande zu vergegenwärtigen, bald auch ein kleines Lied, das ihnen wohl geziemt hätte, zu dichten wußte, und so mich gewöhnte, die Künste in Verbindung miteinander zu betrachten. Ja selbst die Fehlgriffe, die ich tat, daß meine Gedichte manchmal beschreibend wurden, waren mir in der Folge, als ich zu mehrerer Besinnung kam, nützlich, indem sie mich auf den Unterschied der Künste aufmerksam machten« (FA I, 14, S. 342f.). In Erinnerung an die poetologisch-historische Skizze zu Beginn des Siebten Buches wird hier einerseits auf die von Bodmer und Breitinger vertretene Präferenz für ›poetische Bilder‹ rekurriert, gleichzeitig die mißlingende Bildhaftigkeit Geßnerscher Idyllen angesprochen und vor allem, in Vorausdeutung auf die Rezeption von Lessings *Laokoon*, gerade der Unterschied zwischen bildender und literarischer Kunst angedeutet.

Ebendieses Thema greift der Text – zwischengeschaltet sind lediglich skizzenhaft Namen und Projekte verschiedener Kunstgelehrter, unter die auch Johann Joachim Winckelmann zählt – sofort wieder auf. Nicht der bei Lessing herausgearbeitete elementare Unterschied zwischen bildender Kunst und Literatur aber hinterläßt den größten Eindruck, sondern die damit ausgesprochene Ermächtigung des Dichters, seine Lösung von der Fessel des »so lange mißverstandenen: ut pictura poesis« (FA I, 14, S. 346), die ihn »aus der Region eines kümmerlichen Anschauens in die freien Gefilde des Gedankens hinriß« (FA I, 14, S. 345f.) und ihm statt der Enge schöner Körperlichkeit die unendliche Freiheit der Einbildungskraft eröffnete.

Der jugendliche Dichter beweist sein Talent in der von Breitkopf auskomponierten und gedruckten Liedersammlung. Biographische Skizzen über Leipziger Figuren führen über den Freund Ernst Theodor Langer, der hierzu anregt, zur Hinwendung zur Literatur der Antike, die nunmehr, nach der Pflichtlektüre der Kindheit, so stark in den Vordergrund tritt, daß sie vorläufig den Blick auf die gegenwärtige deutsche Literatur verstellt. Die eigene Erkrankung, selbstbewußt verschränkt mit dem beklagten Tode Winckelmanns, führt schließlich zur Rückkehr nach Frankfurt, die unter der Metapher des »Schiffbrüchigen« begriffen wird (FA I, 14, S. 367), dem die Schwester und die pietistische Glaubenshaltung der Frau von Klettenberg zum rettenden Felsen werden. Die Anregung durch den Pietismus führt etwa zur Lektüre seiner nach Frankfurt geschriebenen Briefe, die das eigene, schnell historisch gewordene Ich vor Augen führen, mithin Selbstreflexion und -erkenntnis befördern: »Nichts gibt uns mehr Aufschluß über uns selbst, als wenn wir das, was vor einigen Jahren von uns ausgegangen ist, wieder vor uns sehen, so daß wir uns selbst nunmehr als Gegenstand betrachten können« (FA I, 14, S. 376). Die erfolgte Selbsterkenntnis führt zum zweiten Autodafé, dem neben der *Laune des Verliebten* und den *Mitschuldigen* nur wenige Dokumente entgehen. Die magisch-mystische Lektüre, die Gespräche mit der bedeutenden Freundin, die magische Heilung durch ein Wundersalz münden in den Schöpfungs- und Luzifermythos, der das Achte Buch abschließt (vgl. FA I, 14, S. 382ff.). In diesem hermetischen Mythos werden in der reinen Expansivität der göttlichen Schöpfung und der dieser entgegenwirkenden Konzentration der luziferischen Schöpfungsanmaßung die wesentlichen Existenzbedingungen allen menschlichen und irdischen Seins erkannt: Expansion, d.h. Teilhabe am Göttlichen etwa im Aufgehen in der Natur, und Konzentration, d.h. Teilhabe am Luziferischen etwa in der (kunst-)schöpfenden Tat, machen erst gemeinsam den Menschen aus – und dienen mithin zur mythologischen, sakralisierenden Ableitung des Künstlerbildes, dem G. sich hier zuordnet (vgl. dazu Hippe u. bes. Zimmermann 1969, S. 176ff.).

Neuntes Buch

Die schon mehrfach zum Ausdruck gekommene Artikulation eines neuartigen, auf Erfahrung und Empfindung rekurrierenden Dichterbewußtseins wird an den Beginn des Neunten Buches gestellt. Sie erscheint hier insofern objektiviert, als G. eine Rezension des Göttinger Altphilologen Christian Gottlob Heyne, bei dem er selber gerne die Schönen Wissenschaften studiert hätte, ausführlich zitiert. In ihr wird gefordert, mit Einbildungskraft »das Schöne überall und in der Natur selbst« zu suchen und darstellerisch umzusetzen und so »Empfindungen, Neigungen, Leidenschaften« zu entwickeln (FA I, 14, S. 386). Das Zitat aus der Rezension eines Werks über Ovids *Metamorphosen* fungiert als selbstbewußter Auftakt dieses Buches, das den Beginn des Straßburger Aufenthalts zum Gegenstand hat, insofern, als der dortige Mentor und Anreger Herder eine polemisch-kritische Position zu G.s Ovid-Begeisterung bezieht (vgl. FA I, 14, S. 450; Müller, Komm. in FA I, 14, S. 1169). Das Selbstbewußtsein des Frankfurter Rekonvaleszenten setzt sich deutlich gegen die »Philosophie mit ihren abstrusen Forderungen« (FA I, 14, S. 387), die mechanische Reproduktion der alten Sprache und das gelehrte Kompendienwissen aufklärerischer Provenienz ab. Dagegen wird die erfahrungsseelenkundliche Forderung erhoben, »die Kenntnis der Leidenschaften, die wir in unserem Busen teils empfanden, teils ahndeten, und die, wenn man sie sonst gescholten hatte, uns nunmehr als etwas Wichtiges und Würdiges vorkommen mußten«, als den »Hauptgegenstand unserer Studien« und »als das vorzüglichste Bildungsmittel unserer Geisteskräfte« aufzufassen (ebd.). Der Erzähler schließt diese allgemeinere Strömung gelassen mit der schon mehrfach exponierten neuen poetischen Selbstbestimmung des jungen G. kurz: »Überdies war eine solche Denkweise meiner eigenen Überzeugung, ja meinem poetischen Tun und Treiben ganz angemessen« (ebd.).

Ankunft und Aufenthalt in Straßburg, durch den Streit mit dem ungeduldig-pedantischen Vater befördert und eigentlich zur Vollendung des Studiums unternommen, sind der Hauptgegenstand des Buches; Kunsterfahrung und beginnende Genie-Begeisterung, pietistische und künstlerisch-studentische Geselligkeit, ästhetische Selbsterziehung und pädagogisch-helfende Aufweisung hohen Selbstbewußt-

seins bestimmen die durch anekdotische Ein-
schaltungen angereicherte Darstellung. Gegenüber Johann Heinrich Jung-Stilling, den
G. zunächst biographisch zeichnet, betätigt er
sich als literarischer Maieut, indem er dessen
Niederschrift seiner Autobiographie anregt.

Die Kunsterfahrung des Münsters, das im
Straßburger Aufsatz *Von deutscher Baukunst*
zum Sinnbild des genialen Kunstwerks, sein
Baumeister Erwin Steinbach zum genialen
Schöpfer stilisiert wird, ist gewissermaßen in
ihrer Emphase herabgemildert, die Beschrei-
bungskategorien des Bauwerks entstammen
eher der klassizistischen Ästhetik G.s, verdanken sich den Arbeiten Sulpiz Boisserées, mit
dem G. auch im Zusammenhang mit der pro-
jektierten Vollendung des Kölner Doms in
Kontakt war. Aus dem Blick des Autobiographen verbindet sich am Münster »das Erhabene mit dem Gefälligen« (FA I, 14, S. 417),
die komplexen Zahlenverhältnisse gotischer
Ästhetik werden unter der Maßgabe geordneter Symmetrie interpretiert, das Gesamt des
Bauwerks tendiert zur Darstellung einer Totalität: »Denn ein Kunstwerk, dessen Ganzes
in großen, einfachen, harmonischen Teilen begriffen wird, macht wohl einen edlen und würdigen Eindruck, aber der eigentliche Genuß,
den das Gefallen erzeugt, kann nur bei Übereinstimmung aller entwickelten Einzelnheiten
stattfinden« (FA I, 14, S. 418).

Die poetische Funktion des Neunten Buches
in der Gesamtkomposition von *Dichtung und
Wahrheit* läßt sich als eine der Vorausdeutung
bestimmen. Schon der Auftakt des Straßburger
Aufenthalts nimmt e negatione die Sesenheim-
Episode des Zehnten und Elften Buches vorweg: Der Blick des frisch Angekommenen vom
Münster herab wird gedeutet: »Ein solcher fri-
scher Anblick in ein neues Land, in welchem
wir uns eine Zeit lang aufhalten sollen, hat
noch das Eigne, so angenehme als ahndungs-
volle, daß das Ganze wie eine unbeschriebene
Tafel vor uns liegt. Noch sind keine Leiden
und Freuden, die sich auf uns beziehen, darauf
verzeichnet; diese heitre, bunte, belebte Fläche ist noch stumm für uns« (FA I, 14, S. 390).
Die schlechten Auspizien und negativ vorbe-
deutenden kleinen Vorfälle bei der Durchreise

der frisch vermählten Marie-Antoinette durch
Straßburg nach Paris kann der Biograph mit
sicherem historischen Wissen als Vorzeichen
eines bösen Endes deuten.

Die letzte Vorausdeutung des Buches betrifft
wiederum den jugendlichen Helden selbst.
Die leidenschaftliche Episode um die beiden
Töchter des G.schen Tanzlehrers endet romanhaft mit einem schicksalhaften Fluch der
Zurückgewiesenen, die der Erzähler mit dem
Roman-Namen Lucinde versieht und die, G.s
Lippen leidenschaftlich küssend, jener Unglück wünscht, die als nächste diese Lippen
küsse. Eines der Leitmotive des Sesenheim-
Romans ist damit exponiert. Vorab wird gewissermaßen schon die dortige Schuld des jugendlichen Helden, der seine Geliebte aus
lang genährter Hoffnung in Verlassenheit und
Trauer stürzt, zum Teil von ihm auf die unbe-
stimmbare Macht des Schicksals abgewälzt.

Zehntes Buch

Das Zehnte Buch ist zunächst ganz bestimmt
von der selbstbewußten Darstellung des Eintritts G.s in die literarische Welt. Nach Gele-
genheitsgedichten und den beiden Leipziger
Dramen, mit der neuen, aufs eigene Selbst
einzig verweisenden Poetik im Rücken, kommt
nun die biographische Epoche zur Sprache, in
der die ersten Originalproduktionen des jungen G. verfaßt und publiziert oder zumindest
konzipiert werden. Der Beginn des Buches liefert eine Einschätzung des Dichterstandes um
1770, der »in der bürgerlichen Welt nicht der
mindesten Vorteile« genossen habe (FA I, 14,
S. 433) und niemals Brotberuf habe werden
können. In dieser Hinsicht schon spielte Klopstock eine Vorreiterrolle, seine Poesie machte
schließlich Epoche: »Nun aber sollte die Zeit
kommen, wo das Dichtergenie sich selbst gewahr würde, sich seine eignen Verhältnisse
selbst schüfe und den Grund zu einer unabhängigen Würde zu legen verstünde. Alles traf
in K l o p s t o c k zusammen« (FA I, 14, S. 434).
Geniebegriff und beginnende Autonomie-

ästhetik fallen hier zusammen mit der auch ökonomischen Perspektive aufs noch kommende Berufsschriftstellertum.

Die Defizite, die der Erzähler im literaturgeschichtlich breiten Rückblick an Klopstock und Gleim festmacht, sind eng mit dem Lobenswürdigen an ihnen verquickt: »Jener hohe Begriff nun, den sich beide Männer von ihrem Wert bilden durften, und wodurch Andere veranlaßt wurden, sich auch für etwas zu halten, hat im Öffentlichen und Geheimen sehr große und schöne Wirkungen hervorgebracht. Allein dieses Bewußtsein, so ehrwürdig es ist, führte für sie selbst, für ihre Umgebungen, ihre Zeit ein eignes Übel herbei. Darf man beide Männer, nach ihren geistigen Wirkungen, unbedenklich groß nennen, so blieben sie gegen die Welt doch nur klein, und gegen ein bewegteres Leben betrachtet, waren ihre äußeren Verhältnisse nichtig« (FA I, 14, S. 436). Die Disproportion der literarischen Wirkung mit der gesellschaftlichen Position ist der Mangel, der dem bewunderten Dichtergenie noch anhaftet – ein Mangel, den erst G. aufhebt, erst der in Weimar zu gesellschaftlichem Ansehen aufgestiegene Dichter.

Nichtsdestoweniger setzt G. sich mit jenen Dichterkreisen in Beziehung: »Die Tätigkeit jener Männer stand in ihrer schönsten Blüte, als wir jungen Leute uns auch in unserem Kreise zu regen anfingen, und ich war so ziemlich auf dem Wege, mit jüngeren Freunden, wo nicht auch mit älteren Personen, in ein solches wechselseitiges Schönetun, Geltenlassen, Heben und Tragen zu geraten« (FA I, 14, S. 437). Vor allem die Hinzukunft Herders öffnete den bisher auf Poetik und vorgängige Gelegenheitspoesie beschränkten Blick in Richtung auf moderne Sprachphilosophie, Anthropologie und Geschichte, machte »mit allem neuen Streben und mit allen den Richtungen bekannt, welche dasselbe zu nehmen schien« (FA I, 14, S. 442). Vor allem dessen Schrift *Über den Ursprung der Sprache* beförderte eine bestimmende Ausrichtung des dichterischen Selbstbewußtseins des jungen G.: »Herders Abhandlung ging darauf hinaus, zu zeigen, wie der Mensch als Mensch wohl aus eignen Kräften zu einer Sprache gelangen

könne und müsse« (FA I, 14, S. 443). Herder verdankt G. ebenso die Kenntnisnahme der Volkspoesie, die ja immerhin eine neue, eigene Sprache für die Lyrik bedeutete (vgl. FA I, 14, S. 445f.). Die Vertraulichkeit gegenüber dem Mentor – vor allem auf dem Hintergrund von dessen stets schärfster und rigidester Kritik und Polemik – geht ›undankbarerweise‹, wie der Erzähler räsonniert, allerdings nicht soweit, daß die poetischen Geheimprojekte *Götz* und *Faust* verraten werden (vgl. FA I, 14, S. 450).

Zur erzählerischen Vorbereitung der Friederiken-Episode dienen die Reisen ins Elsaß, die neben Volksliedern eine Fülle Möglichkeiten boten, »um mich vielseitig zu unterrichten« (FA I, 14, S. 457). Gegenstände der ›Selbstbildung‹ sind Architektur, Mineralogie, Geologie, Naturwissenschaften, Bergbau, Glashüttentechnik und Ökonomie. Die autobiographische Chronologie wird zugunsten einer romanhaft-erzählenden verlassen. Die idyllische Gebirgsnatur erregt im jugendlichen Helden ein sehnsüchtiges Bild – auf die noch nicht eingeführte Figur des Mädchens wird andeutend verwiesen: »Wie lieblich überraschte mich daher aus der Ferne der Ton von ein Paar Waldhörnern, der auf einmal wie ein Balsamduft die ruhige Atmosphäre belebte. Da erwachte in mir das Bild eines holden Wesens, das vor den bunten Gestalten dieser Reisetage in den Hintergrund gewichen war, es enthüllte sich immer mehr und mehr, und trieb mich von meinem Platze nach der Herberge, wo ich Anstalten traf, mit dem frühsten abzureisen« (FA I, 14, S. 461).

Bevor die Erzählung aber endlich nach Sesenheim gelangen kann, muß sie ausdrücklich die literarische Darstellungs- und Deutungsfolie der dort spielenden Episode bezeichnen. Der *Vicar of Wakefield* (1766) von Oliver Goldsmith wird als unbedingte Verständnisvoraussetzung für die Verfassung, in der der jugendliche Held sich in der Sesenheimer Pfarrersfamilie befindet, beschrieben, womit G. wohl abweicht von der tatsächlichen Chronologie. Gelesen hatte er den Roman damals noch nicht (vgl. Bracht, S. 262). »Gedachtes Werk hatte bei mir einen großen Eindruck zurückgelassen, von dem ich mir selbst nicht Rechenschaft geben konnte; eigentlich fühlte ich mich aber in Übereinstimmung mit jener ironischen Gesinnung, die sich über die Gegenstände, über Glück und Unglück, Gutes und Böses, Tod und Leben, erhebt, und so zum Besitz einer wahrhaft poetischen Welt gelangt. Freilich konnte dieses nur später bei mir zum Bewußtsein kommen, genug, es machte mir für den Augenblick viel zu schaffen; keineswegs aber hätte ich erwartet, alsobald aus dieser fingierten Welt in eine ähnliche wirkliche versetzt zu werden« (FA I, 14, S. 467f.).

Die romanhaft-fiktionalisierende Stilisierung der Episode wird noch gesteigert durch die zweimalige theatralische Täuschung, mit der der autobiographische Held in Sesenheim auftritt. Im einzelnen wird dann der erste Blick auf den Pfarrhof der Brions mit der malerischen Genredarstellung niederländischer Schule verglichen (vgl. FA I, 14, S. 469), Friederike ist von ihrem ersten Auftreten an »an diesem ländlichen Himmel ein allerliebster Stern« (FA I, 14, S. 471), die ältere Schwester wird, nach Wakefieldschem Vorbild, Olivie, der Bruder Moses genannt (vgl. FA I, 14, S. 473). Die Geschehnisse werden lyrisch bzw. romanhaft überhöht: das »schönste Rosenrot«, mit dem die Wangen des Mädchens auf die zweite Maskerade des jungen Liebhabers hin sich überziehen, ist angelehnt an die poetische Erschreibung des Erlebnisses in *Mir schlug das Herz*, die Komödie kulminiert schließlich ganz romanhaft darin, daß die Schwester exaltiert überreagiert: »Sie fuhr zurück, tat einen lauten Schrei und wurde rot über und über; dann warf sie sich auf's Gras, lachte überlaut und wollte sich gar nicht zufrieden geben« (FA I, 14, S. 482).

Schon von hier aus erweist sich die Darstellung der Sesenheimer Erlebnisse bei genauerem Hinsehen als Literarisierung und Fiktionalisierung sowohl der eigenen Rolle als auch der erlebten Welt. Die überlieferten Tatsachen über den Pfarrhaushalt in Sesenheim widersprechen in vielen wesentlichen Details der Darstellung in *Dichtung und Wahrheit* (vgl. Grappin, S. 105; Weber, S. 30ff.), sowohl die Anzahl der dortigen Geschwister als auch

die Chronologie oder einzelne Situationen werden nicht historisch erinnert, sondern als Postfiguration der idyllischen Darstellung des *Vicar of Wakefield*, das eigene Erleben wird als literarisches zur Idylle stilisiert. Damit bietet die Episode »das Musterbeispiel einer bewußten Bearbeitung des Stofflichen im Sinne einer empfindsamen Romanhandlung« (Grappin, S. 112), wird »der Biograph [...] zum Romancier der eigenen Lebensgeschichte« (Grappin, S. 113).

Innerhalb dieser fiktionalisierten Episode wird der junge G. selber wieder zum erfolgreichen Dichter, zum Erzähler. Wie den Kameraden der Kindheit erzählt er hier den Schwestern Brion ein Märchen: *Die neue Melusine*. Die Nähe zur Herderschen Volkspoesie wird auch deutlich in der Apologie der mündlichen Überlieferung, »Schreiben ist ein Mißbrauch der Sprache, stille für sich lesen ein trauriges Surrogat der Rede« (FA I, 14, S. 486). Der Text wird allerdings hier gerade nicht eingeschaltet – der beredte Ausweis dichterischen Vermögens ist nicht mehr notwendig, ist längst evident. Selbstbewußt berichtet der Erzähler über die Wirkung seines Märchens: »Genug, mir gelang, was den Erfinder und Erzähler solcher Produktionen belohnt, die Neugierde zu erregen, die Aufmerksamkeit zu fesseln, zu voreiliger Auflösung undurchdringlicher Rätsel zu reizen, die Erwartungen zu täuschen, durch das Seltsamere, das an die Stelle des Seltsamen tritt, zu verwirren, Mitleid und Furcht zu erregen, besorgt zu machen, zu rühren und endlich durch Umwendung eines scheinbaren Ernstes in geistreichen und heitern Scherz das Gemüt zu befriedigen, der Einbildungskraft Stoff zu neuen Bildern und dem Verstande zu fernerm Nachdenken zu hinterlassen« (FA I, 14, S. 485f.). Die die Wirkung auf den Zuhörer oder Leser mit einbedenkende Poetik einer bürgerlich-rührenden, die Sinnlichkeit anregenden, die Einbildungskraft bereichernden wie intellektuell lehrreichen Kunst wird lakonisch mit der Naturhaftigkeit der eigenen Befähigung zu dieser Kunstform verknüpft: »Mir war von meinem Vater eine gewisse lehrhafte Redseligkeit angeerbt; von meiner Mutter die Gabe, alles, was die Einbildungskraft hervorbringen, fassen kann, heiter und kräftig darzustellen, bekannte Märchen aufzufrischen, andere zu erfinden und zu erzählen, ja im Erzählen zu erfinden« (FA I, 14, S. 486). Beide »elterlichen Gaben« werden schließlich ergänzt durch das eigene »Bedürfnis, mich figürlich und gleichnisweise auszudrücken« (FA I, 14, S. 487), womit der Text endlich beim D i c h t e r G. angelangt wäre.

Elftes Buch

Stellte die *Neue Melusine* gewissermaßen den Höhepunkt des Sesenheimer Romans dar, wird im Elften Buch, mitten im höchsten Zustande, leise der Bruch des Verhältnisses vorbereitet. Deutlich wendet der Autor sich wieder der Stadt Straßburg zu; die von Herder beförderte weitergehende literarische Sozialisation geht nun weit über »die Armut der deutschen Literatur« hinaus, er »machte mich aufmerksam auf seine Lieblingsschriftsteller, unter denen Swift und Hamann obenanstanden« (FA I, 14, S. 493).

In Nachempfindung des berühmten Sesenheimer Liedes *Mir schlug das Herz* schildert der Erzähler die vorläufige Fortsetzung des Liebesromans mit der Pfarrerstochter. Der Ritt durch die dunkle Nacht, »windig und schauerlich« (FA I, 14, S. 494), und der strahlende Anblick des Mädchens im Morgenlicht sind Motive, die aus der lyrischen Erschreibung des Erlebnisses stammen. Der bis dahin heitere Roman wird von nun an allerdings ahnungsvoll von der Erinnerung an den leidenschaftlichen Fluch der Lucinde zum Ende des Neunten Buches durchzogen. Die gegenseitige Zärtlichkeit macht immer vor dem Kusse halt, der leidenschaftliche Kuß schließlich leitet den inneren Umschwung im Helden ein: »Meine Einbildungskraft stellte mir zugleich die lebhaftesten Bilder dar; [...] ich wünschte über alle Berge zu sein. [...] Nunmehr aber war alles verloren und unwiederbringlich; ich war in einen gemeinen Zustand zurückgekehrt, ich glaubte das geliebte Wesen verletzt, ihr un-

wiederbringlich geschadet zu haben; und so war jene Verwünschung, anstatt daß ich sie hätte los werden sollen, von meinen Lippen in mein eignes Herz zurückgeschlagen« (FA I, 14, S. 503).

Ein Gespräch übers Romane-Lesen läßt Friederike ungeahnt die eigene Ähnlichkeit mit Romanfiguren thematisieren: »Ich lese sehr gern Romane, sagte sie, man findet darin so hübsche Leute, denen man wohl ähnlich sehen möchte« (FA I, 14, S. 500). Der *Vicar of Wakefield*, im Sesenheimer Kreise vorgelesen, entzaubert zusehends das seiner selbst unbewußte Idyll – »Hatten sie zu Raymond und Melusine komische Gegenbilder gefunden, so erblickten sie hier sich selbst in einem Spiegel, der keineswegs verhäßlichte. Man gestand sich's nicht ausdrücklich, aber man verleugnete es nicht, daß man sich unter Geistes- und Gefühlsverwandten bewege« (FA I, 14, S. 505). Noch aber hält die der literarischen Vorlage nachgebildete idyllische Fiktion, noch wirkt sie gleichsam dichterisch produktiv: »Unter diesen Umgebungen trat unversehens die Lust zu dichten, die ich lange nicht gefühlt hatte, wieder hervor. Ich legte für Friederiken manche Lieder bekannten Melodien unter. Sie hätten ein artiges Bändchen gegeben« (FA I, 14, S. 509).

Vollends entzaubert wird die Illusion beim Eintritt der Sesenheimer Schwestern in die Stadt Straßburg. Die ländliche Kulisse verhalf ihnen erst zu der an Goldsmith orientierten idyllischen Identität: »Und so fand ich nun meine Freundinnen, die ich nur auf ländlicher Szene zu sehen gewohnt war, deren Bild mir nur auf einem Hintergrunde von schwankenden Baumzweigen, beweglichen Bächen, nikkenden Blumenwiesen und einem meilenweit freien Horizonte bisher erschien – ich sah sie nun zum ersten Mal in städtischen zwar weiten Zimmern, aber doch in der Enge, in Bezug auf Tapeten, Spiegel, Stand-Uhren und Porzellanpuppen« (FA I, 14, S. 511). Konsequent ändert sich auch der literarische Referenztext, der bisher idyllisierend in den autobiographischen Darstellungszusammenhang hineinragte – auf einer städtischen Abendgesellschaft liest G. Shakespeares *Hamlet* »ununterbrochen, in den

Sinn des Stückes eindringend wie ich es nur vermochte, mit Lebhaftigkeit und Leidenschaft mich ausdrückend, wie es der Jugend gegeben ist. Ich erntete großen Beifall. Friederike hatte von Zeit zu Zeit tief geatmet und ihre Wangen eine fliegende Röte überzogen« (FA I, 14, S. 513). Die Motive von Fluch, dämonischen Mächten, Mord und Tod dringen jäh in die Idylle ein – die Erfahrung der Inkongruenz der Geliebten mit den städtischen, den eigenen bürgerlichen Verhältnissen tut ein Übriges.

Nach langer Unterbrechung kommt erst der Schluß des Buches wieder auf Sesenheim zu sprechen: Der Abschied von Straßburg bedeutet auch den Abschied von Friederike. Die Schilderung der Abschiedsszenen versagt sich der Erzähler: »Es waren peinliche Tage, deren Erinnerung mir nicht geblieben ist« (FA I, 14, S. 545). Einzig die Tränen des Mädchens werden berichtet und eine Vision, die der davonreitende jugendliche Held erlebt, in der er die eigene Gestalt sich entgegenreiten sieht und in der der Erzähler den acht Jahre später erfolgenden Besuch in Sesenheim antizipiert sieht. Insgesamt darf die Sesenheim-Episode als ausdrückliches Bekenntnis zur grundsätzlichen Fiktionalität der autobiographisch erschriebenen Ich-Identität gedeutet werden: Das ländliche Idyll ermöglicht dem jungen G. die fiktive Rolle des jungen Liebhabers, bei dessen Übertreten in Richtung Straßburg machen die Schwestern Brion diese Fiktion zunichte und setzen das Idyll gesellschaftlichen Ansprüchen aus, die gewissermaßen seine literarische Autonomie unterlaufen (vgl. Weber, S. 34–36).

Der abrupte Abbruch des Sesenheim-Romans nach dem Aufenthalt der Pfarrerstöchter in der Stadt wird erzählerisch durch die Hinwendung zu Studium, Promotion und Lebensplanung geleistet. Der Bericht über den nicht unproblematischen Promotionsvorgang, der G. den Titel des Lizentiaten der Rechte einträgt, geht über in biographische Skizzen einiger »vorzüglicher, mitlebender Männer« (Johann Daniel Schöpflin, Christoph Wilhelm von Koch, Jeremias Jacob Oberlin). Eingeschaltet wird nun – um die Abkehr von der vorübergehenden Absicht, in Frankreich eine Kanzlei zu begründen, zu erläutern – ein ausführlicher Exkurs über die Wahrnehmung und Rezeption der französischen Philosophie und Literatur. Betrachtungen zu Sprache, Theaterkultur, Literatur, Naturwissenschaft und Philosophie, zu Voltaire, Rousseau, Diderot und die Enzyklopädisten sollen die schließliche Abwendung von der französischen Lebenswelt begründen. Der Erzähler räumt ein, daß zwar vor allem Rousseau und Voltaire die junge deutsche Generation »zur Natur« gedrängt hätten (FA I, 14, S. 532), im Rückblick erscheinen jedoch erst die eigenen Leistungen im literarischen Sturm und Drang als ›Revolution‹: »Und so ward von vielen Seiten auch jene deutsche literarische Revolution vorbereitet, von der wir Zeugen waren, und wozu wir, bewußt und unbewußt, willig oder unwillig, unaufhaltsam mitwirkten« (FA I, 14, S. 534). Shakespeare wird, gegen die Franzosen, als neues Vorbild eingesetzt, Herder – und auch Jakob Michael Reinhold Lenz – zu Mitbegründern einer auf Luther verweisenden deutschen Sprachkultur und Textproduktion stilisiert.

Das Ende des Friederiken-Romans wird also selbstbewußt verknüpft mit der nach der Promotion zu erfolgenden beruflichen Orientierung und vor allem mit der poetisch-literarischen Selbstbestimmung, die sich abwendet von der französisch geprägten Theaterlandschaft, von der klassizistisch dominierten Literatur, die auf dem Theater wie in Lyrik und Prosa sich an Racine und Corneille, Aristoteles, Theokrit und Vergil orientiert. Shakespeare-Rezeption – »Nun erschien Wielands Übersetzung. Sie ward verschlungen [...]. Ich ehre den Rhythmus wie den Reim, wodurch Poesie erst zur Poesie wird, aber das eigentlich tief und gründlich Wirksame, das wahrhaft Ausbildende und Fördernde ist dasjenige, was vom Dichter übrig bleibt, wenn er in Prose übersetzt wird« (FA I, 14, S. 537) – und die Würdigung Luthers als Sprach-Stifter – der »ein in dem verschiedensten Stile verfaßtes Werk und dessen dichterischen, geschichtlichen, gebietenden, lehrenden Ton uns in der Muttersprache wie aus einem Gusse überlieferte« (FA I, 14, S. 538) – werden zu Kronzeugen einer neuartigen, nicht-klassizistischen und nationalsprachlichen Orientierung der Literatur.

Obwohl der Erzähler hier zunächst die Vorgänge schildert, die den literarischen Sturm und Drang vorbereiten, legt er am Ende des Buches schon Keime für die spätere eigene klassizistische oder nachklassizistische Periode: Das Ottilien-Motiv aus den *Wahlverwandtschaften* wird vorausgebildet im Besuch der Odilien-Kapelle (vgl. FA I, 14, S. 544), der Antiken-Saal zu Mannheim, auf der Rückreise nach Frankfurt besucht, läßt das klassizistische Schauen und die Projekte um die Jahrhundertwende antizipieren: »Ich aber war glücklich genug, jenen Gedanken festzuhalten und bei mir mehrere Jahre ruhen zu lassen, bis er sich zuletzt an meine sämtlichen Erfahrungen und Überzeugungen anschloß, in welchem Sinne ich ihn sodann bei Herausgabe der Propyläen mitteilte. [...] Ich fand den Abguß eines Kapitels der Rotonde und ich leugne nicht, daß beim Anblick jener so ungeheuren als eleganten Arkanth-Blätter mein Glaube an die nordische Baukunst etwas zu wanken anfing. Dieses große und bei mir durchs ganze Leben wirksame frühzeitige Schauen war dennoch für die nächste Zeit von geringen Folgen« (FA I, 14, S. 547).

Zehntes und Elftes Buch bilden das kompositorische Zentrum von *Dichtung und Wahrheit*. Die durch die Fortsetzung der Friederiken-Episode scheinbar übersprungene Grenze zwischen beiden Büchern darf als »kompositionelle Fuge« bezeichnet werden, die »die Haltung des jungen Goethe, der Dichtung und Leben verwechselt, dichterisch zu leben versucht und sich daher Täuschungen hingibt, von der des herangereiften, der die realen Verhältnisse durchschaut und anerkennt«, scheidet (Witte, S. 396). Gerade in der Sesenheim-Erzählung mit ihren Orten, der ländlichen Pfarrhausidylle und der realistischen, desillusionierenden Stadt, wird dieser radikal veränderte Bezug der Dichtung aufs Leben deutlich – und in der *Wakefield*-Illusion thematisiert. Zwar bekommt auch der Lili-Roman des vierten Teils wiederum idyllische Züge, die Täuschung existiert also partiell

noch, insgesamt aber wird vom Elften Buch an Dichtung zum »Instrument der Erkenntnis der Realität und zugleich der Bewältigung der Lebenskrisen« (ebd.). Die poetische Verkleidung des Lebens in den ersten beiden Teilen weicht einer realistischeren Darstellung der eigenen Dichtung »in ihren biographisch-historischen, [...] rezeptionsgeschichtlichen und soziologischen Bezügen« (ebd.). Die ›kompositionelle Fuge‹ markiert damit tendenziell auch schon den konzeptionellen Bruch, den das ungedruckte Vorwort zum dritten Teil verkündet: Die poetische Überformung des autobiographischen Textes als Metamorphose weicht unter dem Druck der nicht mehr sinnhaft zu ordnenden Fakten dem Begriff des Dämonischen.

Zwölftes Buch

Im Zwölften Buch stellt sich der aus Straßburg zurückkehrende jugendliche Held der Autobiographie als Dichter dar: Als Dichter kehrt er ins Vaterhaus zurück; zwar ist der Sohn promoviert, der Vater aber schätzt vor allem die kleinen Gedichte, Reiseblätter und sonstigen poetischen Produktionen. Neue Bekanntschaften, die sich zum Darmstädter Kreis zusammenschließen, fördern den literarischen Werdegang: die Gebrüder Schlosser, Johann Heinrich Merck, Herders Braut Karoline Flachsland. Dies ist das erste Publikum für die neuen dichterischen Produktionen, »*Faust* war schon vorgeruckt, *Götz von Berlichingen* baute sich nach und nach in meinem Geiste zusammen, das Studium des funfzehnten und sechzehnten Jahrhunderts beschäftigte mich« (FA I, 14, S. 552f.). Selbstkritisch charakterisiert der Erzähler den eigenen Sturm und Drang-Stil als »eine Staubwolke von seltsamen Worten und Phrasen«, selbstbewußt aber leitet er im Zusammenhang mit intensiven Bibelstudien den eigenen Stil als »Körper eines jeden geistigen Werks« ab (FA I, 14, S. 553), der in komplexer Vermittlung des Werkinnern mit dem Innern des schreibenden oder lesenden Subjekts stünde. Bibelstudien, nach der Wert-

Straßburg. Vue des Environs des Strasbourg.
Radierung von J.D. Heimlich

schätzung Luthers im vorigen Buch konsequent und als Referenztext eigenen stilistischen Selbstbewußtseins höchst prominent, werden unter Anleitung von Hamanns Schriften, Herders kritischer Anregung und Mercks Polemik zu eigenen Stilüberlegungen.

Am Beispiel Klopstocks sieht G. die eigene spätere Position in Weimar vorgebildet: »Die Epoche, worin dieses geschah, gab einer solchen Anstellung doppelten Glanz und Wert; denn mehrere deutsche Fürsten folgten schon dem Beispiel des *Grafen von der Lippe*, daß sie nicht bloß gelehrte und eigentlich geschäftsfähige, sondern auch geistreiche und Vielfalt versprechende Männer in ihre Dienste aufnahmen« (FA I, 14, S. 562). Neben der adligen Bestallung von Dichtern wird die Entwicklung der literarischen Öffentlichkeit, die Situation des Buchhandels und der literarischen Autoren dargestellt: »Der Buchhandel nämlich bezog sich in früherer Zeit mehr auf bedeutende, wissenschaftliche Fakultätswerke, auf stehende Verlagsartikel, welche mäßig honoriert wurden. Die Produktion von poetischen Schriften aber wurde als etwas Heiliges angesehen, und man hielt es beinahe für Simonie, ein Honorar zu nehmen oder zu steigern. Autoren und Verleger standen in dem wunderlichsten Wechselverhältnis. Beide erschienen, wie man es nehmen wollte, als Patrone und als Klienten« (FA I, 14, S. 563). G. referiert sodann die ersten Bemühungen im Buchhandel der zweiten Hälfte des 18. Jhs., vor allem Klopstocks Subskriptionsofferte hinsichtlich seiner *Gelehrtenrepublik*, und nennt die Musenalmanache und Journale, in denen die junge Schriftstellergeneration nunmehr zu publizieren in die Lage versetzt wurde: »Dieses wechselseitige, bis zur Ausschweifung gehende Hetzen und Treiben gab Jedem nach seiner Art einen fröhlichen Einfluß, und aus diesem Quirlen und Schaffen, aus diesem Leben und Lebenlassen, aus diesem Nehmen und Geben, welches mit freier Brust, ohne irgendeinen theoretischen Leitstern, von so vielen Jünglingen, nach eines jeden angebornem Charakter, ohne Rücksichten getrieben wurde, entsprang jene berühmte, berufene und verrufene Literaturepoche, in welcher eine Masse

junger genialer Männer, mit aller Mutigkeit und aller Anmaßung, wie sie nur einer solchen Jahreszeit eigen sein mag, hervorbrachten, durch Anwendung ihrer Kräfte manche Freude, manches Gute, durch den Mißbrauch derselben manchen Verdruß und manches Übel stifteten« (FA I, 14, S. 565 f.).

Die eigene literarische Produktion wird allerdings zunächst gar nicht auf die sich bietenden Publikationsmöglichkeiten hin dargestellt, sondern vielmehr in Hinsicht auf ihren Gegenstand und ihre subjektive, individuelle Funktion für den Autor selbst: Dichtung wird wiederum zum Autotherapeutikum stilisiert, das das selbstverschuldete Leiden an der unglücklichen Liebe kompensieren hilft: »Aber zu der Zeit, als der Schmerz über Friederikens Lage mich beängstigte, suchte ich, nach meiner alten Art, abermals Hülfe bei der Dichtkunst. Ich setzte die hergebrachte poetische Beichte wieder fort, um durch diese selbstquälerische Büßung einer innern Absolution würdig zu werden. Die beiden Marieen in Götz von Berlichingen und Clavigo, und die beiden schlechten Figuren, die ihre Liebhaber spielen, möchten wohl Resultate solcher reuigen Betrachtungen gewesen sein« (FA I, 14, S. 568). Als Abbild der eigenen Orientierungsunsicherheit, die den Helden schon zu Beginn des Buches als »Wanderer« erscheinen läßt (FA I, 14, S. 548), als der er immer noch durch die umliegenden Wälder streift, benennt G. *Wandrers Sturmlied* – das aber an sich weniger Unsicherheit als vielmehr große Bestimmtheit des neuen, genialischen Gestus dichterischen Handelns darstellt.

In auffälliger Vermischung der vorbereitenden Arbeiten zum *Götz* mit dem Pflichtaufenthalt in Wetzlar wird ausführlich die lange Geschichte des dortigen Reichskammergerichts referiert – die Beschäftigung mit den mittelalterlichen Jahrhunderten und der die Agonie des Heiligen Römischen Reichs spiegelnden Institution bringt den autobiographischen Helden seiner nächsten Station nahe. Die Wetzlarer akademische Gesellschaft zelebriert sich selbst im Gewand eines quasi-mythologischen Ritterordens – in dem G. ›Götz von Berlichingen‹ genannt wurde –, über dessen Mitglied Friedrich Wilhelm Gotter sich der Kontakt zu den Göttingern herstellte, zu den Stolbergs, Gottfried August Bürger, Ludwig Heinrich Christoph Hölty und Johann Heinrich Voß. Die ›ritterliche‹ Stimmung in Wetzlar spiegelt die nationalen Tendenzen zu Beginn der 70er Jahre wieder, denen vor allem Klopstocks *Hermannsschlacht* Ausdruck verliehen habe: »Die Deutschen, die sich vom Druck der Römer befreiten, waren herrlich und mächtig dargestellt, und dieses Bild gar wohl geeignet, das Selbstgefühl der Nation zu erwecken. Weil aber im Frieden der Patriotismus eigentlich nur darin besteht, daß jeder vor seiner Türe kehre, seines Amts warte, auch seine Lektion lerne, damit es wohl im Hause stehe; so fand das von Klopstock erregte Vaterlandsgefühl keinen Gegenstand, an dem es sich hätte üben können« (FA I, 14, S. 582f.). Das Manko, das Klopstocks Drama defizitär machte, füllte erst der *Götz*, »indem ich schilderte, wie in wüsten Zeiten der wohldenkende brave Mann allenfalls an die Stelle des Gesetzes und der ausübenden Gewalt zu treten sich entschließt, aber in Verzweiflung ist, wenn er dem anerkannten verehrten Oberhaupt zweideutig, ja abtrünnig erscheint« (FA I, 14, S. 583).

Germanische Mythologie, ossianische Gesänge, indische Fabeln und immer wieder Homer als Lesestoffe bilden schon den Stimmungshintergrund aus, auf dem sich die vorgebliche Erlebnisgrundlage des *Werther* abspielt. Gerade die Beschäftigung mit der Literatur der Alten befördert jenen »alten Vorsatz, die innere und äußere Natur zu erforschen, und in liebevoller Nachahmung sie eben selbst walten zu lassen« (FA I, 14, S. 588). Psychologie, Naturbetrachtung und Poesie als Nachahmung eines naturhaften Schöpfungsprozesses sind hier Bestandteile des Arguments, dem *Götz* und *Werther* gleichermaßen zugeordnet werden. Der autobiographische Held wird nunmehr zur Werther-Antizipation: »Ich suchte mich innerlich von allem Fremden zu entbinden, das Äußere liebevoll zu betrachten, und alle Wesen, vom menschlichen an, so tief hinab, als sie nur faßlich sein möchten, jedes in seiner Art auf mich wirken zu las-

sen. Dadurch entstand eine wundersame Verwandtschaft mit den einzelnen Gegenständen der Natur, und ein inniges Anklingen, ein Mitstimmen ins Ganze, so daß ein jeder Wechsel, es sei der Ortschaften und Gegenden, oder der Tags- und Jahreszeiten, oder was sonst sich ereignen konnte, mich auf innigste berührte. Der malerische Blick gesellte sich zu dem dichterischen, die schöne ländliche, durch den freundlichen Fluß belebte Landschaft vermehrte meine Neigung zur Einsamkeit und begünstigte meine stillen, nach allen Seiten hin sich ausbreitenden Betrachtungen« (FA I, 14, S. 588). Die »Leere im Busen« (FA I, 14, S. 589), die der Held verspürt, wird in der Folge gefüllt: Durch die distanziert dargebotene novellistische Erzählung über einen Bräutigam und seine Braut, denen »der neue Ankömmling« (FA I, 14, S. 591) sich zu verbinden weiß, um dortselbst eine neue »echt deutsche Idylle« zu erleben, die er sowohl mit Geßner als auch mit Goldsmith vergleicht (ebd.). In diese Idylle eingefügt aber wird einerseits schon der Fall Jerusalem, andererseits aber der Hinweis, daß die vorliegende Autobiographie hier erst zu ihrem eigentlichen Ziel komme – insofern sie die Erlebenslücken zwischen den literarischen *Confessiones* des Autors ausfülle (vgl. FA I, 14, S. 589). Gerade dies muß aber als ironische Selbstreflexion der Gattung interpretiert werden, da *Dichtung und Wahrheit* die ›Erlebnishintergründe‹ des *Werther* lediglich auf das distanzierteste darstellt.

Dreizehntes Buch

Wo das Zwölfte Buch die Abfassung von *Götz* und *Werther* erst vorbereitete, also gewissermaßen erst die Stimmungen und Arbeitsvorbereitungen einfing, die schließlich zum öffentlichen Auftritt des Dichters G. als *Autor* führten, erzählt das Dreizehnte genau diesen Auftritt. Schon zu Beginn – auf der von Merck begleiteten Reise an den Rhein zum Hause Sophie La Roches – inszeniert der autobiographische Held ein göttliches Auspicium: Ein Messer wird in die Lahn geworfen; sieht er es eintauchen, wird sein »künstlerischer Wunsch erfüllt werden« (FA I, 14, S. 605); das Götterzeichen gerät, wie jedes apollinische Orakel, doppeldeutig: Das Eintauchen selbst verbergen zwar tiefhängende Zweige, das spritzende Wasser hingegen sieht der Held als ein günstiges Zeichen.

Im Hause Sophie La Roches – deren Tochter Maximiliane der Held schnell und ebenfalls vergeblich an die Stelle der begehrten und in Wetzlar verlassenen Lotte setzt – führt G. seinen autobiographischen Helden in intensiven Kontakt mit der empfindsamen Briefkultur, die die spätere Form des *Werther*-Romans mit vorbereitet. Auch das dilettierende Zeichnen nach der Natur, das er auf der Rückreise übt, bildet ein Romanmotiv voraus. In biographisch-chronologischer Rücksicht skizziert der autobiographische Erzähler die Rückkehr nach Frankfurt zunächst in Hinsicht auf das Engagement des Juristen in der Rechtspflege, um dann aber, eingeschaltet über die reichlich ermöglichten Theaterbesuche, auf das zeitgenössische Theater und den englischen Roman, vor allem Richardson zu sprechen zu kommen, die beide die literaturgeschichtliche Situation umreißen, in die zunächst *Götz*, dann *Werther* treten sollen. Die negativen Effekte einer rigiden Aufklärungspoetik auf die Komödie werden ebenso referiert wie das Zusammenspiel aus englischem empfindsamen Briefroman und bürgerlichem Trauerspiel bei Lessing – und seinen unbedeutenden Epigonen – mitsamt ihrer Aufweichung der Ständeklausel.

Dieser literaturgeschichtliche Exkurs leitet unter Rückgriff auf die eigene Shakespeare-Rezeption unmittelbar in die Arbeit am *Götz* über: »Das Leben des biedern Götz von Berlichingen, von ihm selbst geschrieben, trieb mich in die historische Behandlungsart, und meine Einbildungskraft dehnte sich dergestalt aus, daß auch meine dramatische Form alle Theatergrenzen überschritt, und sich den lebendigen Ereignissen mehr und mehr zu nähern suchte« (FA I, 14, S. 620). Dem angeblich in sechs Wochen verfaßten Stück wird die Sprengkraft attestiert, die traditionellen drei

Einheiten aufzulösen – gleichzeitig wird schon Selbstkritik an einiger Ausführung laut, die sofort in eine Neubearbeitung mündet. Die wichtige Kritik u.a. Herders, die faktisch erst die Umarbeitung provozierte, wird hier ebenso verschwiegen wie die zwei Jahre, die zwischen beiden Fassungen lagen. Private Drucklegung mit Hilfe Mercks und die erste Rezeption – »Nun dauerte es nicht lange, so entstand überall eine große Bewegung; das Aufsehen, das es machte, ward allgemein« (FA I, 14, S. 623) – werden berichtet, nicht ohne detailliertere Kritik des begeisterten bzw. beckmesserisch-kritisierenden Publikums: »Da der größte Teil des Publikums mehr durch den Stoff als durch die Behandlung angeregt wird, so war die Teilnahme junger Männer an meinen Stücken meistens stoffartig« (FA I, 14, S. 625).

Wieder unter Loslösung von der faktischen Chronologie bindet der autobiographische Erzähler schon die Entstehung des *Werther* in die Zeit der *Götz*-Fertigstellung und -Publikation ein (vgl. FA I, 14, S. 626f.). Die spezifische literarische Form des Erstlingsromans wird eigentümlich abgeleitet aus einer persönlichen Eigenart seines Verfassers: dem Selbstgespräch. Dieses sei nichts als der fiktionalisierte Ersatz eines echten Dialogs und somit nichts als eine Spezialform des Briefwechsels: Literarische Form hat also ihren wahren Grund in der besonderen psychischen Disposition des Autors. Eine weitere psychische Disposition, diesmal aber eine inhaltliche und gleichermaßen gesellschaftsgeschichtlich verallgemeinerbare ist aber das *taedium vitae* des literarischen Helden Werther, das dieser mit seinem Autor – und durchaus mit einigen jugendlichen Zeitgenossen – teile. Weltekel, herrührend aus der Erfahrung ewiger Wiederholung des Gleichen, vor allem der Wiederkehr enttäuschter Liebe, den G. sowohl für die englische Literatur als auch für die deutsche Seele als zentrales zeitgenössisches Motiv deutet und bis zur psychologischen Erklärung des Selbstmords vorantreibt und den er in den Schriften von Young, Shakespeare und Ossian literarisch repräsentiert sieht, interpretiert der *Werther*-Autor im Rückblick als überindividuell-bewußtseinsgeschichtliche, öffentliche Prädisposition zu Abfassung und literarischem Erfolg des Romans. Der eigene Umgang mit diesem *taedium vitae*, mit den sich wiederholenden Entäuschungserfahrungen in Liebe und einengender bürgerlicher Gesellschaft, gerät unter die Zeichen autotherapeutischer Kompensation der Leiden durch die Produktion von Literatur: »So lachte ich mich zuletzt selbst aus, warf alle hypochondrische Fratzen hinweg, und beschloß zu leben. Um dies aber mit Heiterkeit tun zu können, mußte ich eine dichterische Aufgabe zur Ausführung bringen, wo alles, was ich über diesen wichtigen Punkt empfunden, gedacht und gewähnt, zur Sprache kommen sollte« (FA I, 14, S. 636). Die poetische Versammlung aller möglichen Erfahrungen aber bleibt noch erfolglos, erst der Selbstmord des Wetzlarer Bekannten Jerusalem katalysiert den Schreibprozeß: »In diesem Augenblick war der Plan zu Werthern gefunden, das Ganze schoß von allen Seiten zusammen und ward eine solide Masse, wie das Wasser im Gefäß, das eben auf dem Punkte des Gefrierens steht, durch die geringste Erschütterung sogleich in ein festes Eis verwandelt wird« (ebd.). Die Produktion eines literarischen Werkes wird selbststilisierend unter der Metapher eines Naturprozesses begriffen – wie auch die Prädispositionen, die im Autor und seiner Umwelt zu diesem Werk führten, als naturhafte Anlagen wirksam wurden.

»Einem Nachtwandler ähnlich [...] schrieb ich den Werther in vier Wochen, ohne daß ein Schema des Ganzen, oder die Behandlung eines Teils irgend vorher wäre zu Papier gebracht gewesen« (FA I, 14, S. 639). Entsprechend der zuvor postulierten Naturhaftigkeit des literarischen Schreibens geschieht die Abfassung des Romans wie von selbst. Pointierter noch als im Zusammenhang mit früheren Werken verweist der autobiographische Erzähler auf den kompensatorischen Charakter des Schreibens hin, der sein literarisches Werk insgesamt als ›Konfession‹ erscheinen lassen soll, deren Lücken *Dichtung und Wahrheit* ja bloß schließen will: »Ich hatte mich durch diese Komposition, mehr als durch jede andere, aus einem stürmischen Elemente geret-

tet, auf dem ich durch eigne und fremde Schuld, durch zufällige und gewählte Lebensweise, durch Vorsatz und Übereilung, durch Hartnäckigkeit und Nachgeben auf die gewaltsamste Art hin und wider getrieben worden. Ich fühlte mich, wie nach einer Generalbeichte, wieder froh und frei, und zu einem neuen Leben berechtigt. Das alte Hausmittel war mir diesmal vortrefflich zustatten gekommen« (FA I, 14, S. 639). Höchst selbstbewußt berichtet der Erzähler von der ersten Rezeption: »Die Wirkung dieses Büchleins war groß, ja ungeheuer, und vorzüglich deshalb, weil es genau in die rechte Zeit traf. Denn wie es nur eines geringen Zündkrauts bedarf, um eine gewaltige Mine zu entschleudern, so war auch die Explosion welche sich hierauf im Publikum ereignete, deshalb so mächtig, weil die junge Welt sich schon selbst untergraben hatte« (FA I, 14, S. 641). Das bloße Interesse des zwar begeisterten Teils des Publikums am Stofflichen, an der angeblichen Wirklichkeit hinter der Poesie wird hier ebenso als falsche Tendenz der Rezeption kritisiert wie die altbakken-moralische Kritik von Aufklärern wie Nicolai, die lächerlich gemacht wird. Distanziert berichtend heißt es: »Auf diese Weise bedrängt, ward er nur allzu sehr gewahr, daß Autoren und Publikum durch eine ungeheure Kluft getrennt sind, wovon sie, zu ihrem Glück, beiderseits keinen Begriff haben« (FA I, 14, S. 645).

Die einseitig stofflich ausgerichtete Rezeption, deren Effekte G. sowohl am *Götz* als auch am *Werther* zu spüren bekam – und die hinter der Fiktionalität des Literarischen das Faktische, Wirkliche aufspüren will – zeigt einen prinzipiellen Umschwung der autobiographischen Darstellung an: An die Stelle der Poetisierung der biographischen ›Wirklichkeit‹ – wie in der Gretchen-, Lucinde- oder Friederiken-Episode tritt mehr und mehr die etablierte Wirklichkeit des selbsterzeugten Fiktionalen, dessen ›Wahrheit‹ auf keinen Fall im Faktenhaften liegt. In der Darstellung der *Werther*-Wirkung bezieht sich der Erzähler selbstkritisch-reflexiv noch auf den Umgang des autobiographischen Ichs mit Literatur und Wirklichkeit etwa in Sesenheim: »Wie ich mich nun aber dadurch erleichtert und aufgeklärt fühlte, die Wirklichkeit in Poesie verwandelt zu haben, so verwirrten sich meine Freunde daran, indem sie glaubten, man müsse die Poesie in Wirklichkeit verwandeln, einen solchen Roman nachspielen und sich allenfalls selbst erschießen« (FA I, 14, S. 639f.).

Mit dem Ende des Dreizehnten Buches ist der Erzähler endlich bei seinem Ziel angelangt: Beim spektakulären öffentlichen Auftritt des A u t o r s G., der aus naturhaften Anlagen und individueller Erfahrung in wiederum naturhaft-prozessualer Weise Literatur produziert. Diese ist, nach der Lyrik der Sesenheimer Periode, imstande, die Aporien der deutschen Dichtkunst in Dramatik und Epik aufzulösen mit der Etablierung einer neuen Literatur, die sich gleichermaßen löst aus den Zweckbestimmungen didaktischer Absichten oder prophetisch-quasi-religiöser Verkündigung; ihre einzige Wahrheit liegt nämlich im Subjekt selber, im Subjekt des Helden ebenso wie in dem des Autors – der mit der literarischen Schöpfung seine Natur einlöst.

Vierzehntes Buch

Gegenstand des Vierzehnten Buches ist zunächst weiterhin die Wirkung der ersten Erfolge – allerdings nicht diejenige aufs Publikum, sondern die literaturgeschichtliche Wirkung. Der Darstellung der Bekanntschaft mit Lenz, die von dessen begeisterter *Götz*-Rezension befördert wird, folgt ein Überblick über Lenzens literarische Produktionen und dramentheoretische Überlegungen, die der Autor hier eindeutig als Folgeerscheinungen der eigenen Werke auffaßt. Heinrich Leopold Wagners *Kindesmörderin* beschreibt der Erzähler als Motivraub aus den eigenen, den Freunden mitgeteilten Vorstudien zum *Faust*; das Bild Friedrich Maximilian von Klingers wird deutlich am sympathischsten gezeichnet, sein literarisches Werk aber kann auch am distanziertesten und ohne Bezug auf das eigene gewürdigt werden.

Eine bedeutende Folge des literarischen Erfolgs sind – wie der Kontakt zu Justus Möser (Ende 13. Buch) – die Bekanntschaften mit Johann Kaspar Lavater und Johann Bernhard Basedow, mit denen G. zusammen eine Lahnreise unternahm. Beide werden in einem Vers als Propheten, G. selber aber als »Weltkind in der Mitten« stilisiert (FA I, 14, S. 676). Der Bekanntenkreis wird bald um die Gebrüder Jacobi erweitert; Fritz, mit dem G. eine langjährige Freundschaft verbinden wird, bringt ihm Baruch de Spinoza näher, in dem der Erzähler eine produktive Komplementärgestalt zum eigenen autobiographischen Ich sieht: »Die alles ausgleichende Ruhe Spinoza's kontrastierte mit meinem alles aufregendem Streben, seine mathematische Methode war das Widerspiel meiner poetischen Sinnes- und Darstellungsweise, und eben jene geregelte Behandlungsart, die man sittlichen Gegenständen nicht angemessen finden wollte, machte mich zu seinem leidenschaftlichen Schüler, zu seinem entschiedensten Verehrer« (FA I, 14, S. 681). Der Spinozismus als neue weltanschauliche Errungenschaft stellt die konsequente Fortsetzung der im Ersten Buch schon exponierten und etwa durch den hermetischen Mythos am Ende des Achten Buches spezifisch interpretierten Naturreligion dar. Das naturhaft dem Einzelnen Einwohnende wird nunmehr als das in allem präsente Göttliche auffaßbar, das der Dichter nur noch in Sprache aus sich herausbringen muß: »So wurde der Gedanke rege, daß freilich der vorzügliche Mensch das Göttliche was in ihm ist, auch außer sich verbreiten möchte« (FA I, 14, S. 685). Der Gedanke, eigentlich eher resignativ in Ansehung der Bemühungen Lavaters und Basedows entworfen, mündet in die Konzeption des *Mahomet*, dessen Eingangshymne das Göttliche als Höhepunkt und oberstes Prinzip der Natur besingt, an dessen Figur aber zugleich gezeigt werden sollte, »was das Genie durch Charakter und Geist über die Menschen vermag« (FA I, 14, S. 687). Damit gelangt G. in seiner Autobiographie von den literarischen Erstlingserfolgen zu der für die Periode bestimmenden Genieästhetik, die jetzt allerdings über die Spinoza-Erwähnung in der Linie der Naturreligion interpretiert werden kann.

Fünfzehntes Buch

Hatte das Vierzehnte Buch, neben den detaillierten biographischen Skizzen, den eigenen Naturbegriff wie die Selbstauffassung als Genie in die spinozistische Tradition gestellt, leistet das Fünfzehnte, den dritten Teil von *Dichtung und Wahrheit* abschließend, die weitergehende quasi-religiöse, selbstsakralisierende Begründung der in der autobiographischen Chronologie mittlerweile auf dem Dichtertum sich gründenden Identität. Das Buch beginnt anekdotisch mit G.s Freundschaft zu Frau von Klettenberg. Die beobachtete Entfernung aber von deren Bekenntnis geht über in allgemeine Betrachtungen zur pietistischen Glaubensrichtung und dem in der Erbsündevorstellung des Christentums repräsentierten Sündhaftigkeitsvorbehalt gegen den Menschen generell. Die eigene Position wird scharf dagegen abgegrenzt: Selbsthelfertum, auch in moralischen Belangen – »mich hatte der Lauf der vergangenen Jahre unablässig zu Übung eigner Kraft aufgefordert, in mir arbeitete eine rastlose Tätigkeit, mit dem besten Willen, zu moralischer Ausbildung« (FA I, 14, S. 691) – und das Bewußtsein der Erwählung durch die spinozistisch gefärbte Erfahrung des göttlichen Kosmos: »Nach allen Seiten hin war ich an die Natur gewiesen, sie war mir in ihrer Herrlichkeit erschienen« (ebd.). Erwählung wird sogar noch prägnanter und selbstbewußter bestimmt: Der Künstler wird zum Gattungsparadigma. Seine Fähigkeiten werden als naturhaft-göttliche Gabe gefeiert, denn »als die sicherste Base« der Selbständigkeit der eigenen moralischen Existenz gilt ihm sein »produktives Talent« (FA I, 14, S. 695). Die »Naturgabe« der poetischen Produktivität, die selbst im Unbewußten, in Träumen noch tätig sei, ermögliche ihm, »hierauf mein ganzes Dasein in Gedanken [zu] gründen« (ebd.). Sie wird mithin zum Konstitutionszentrum der ganzen Exi-

stenz. Mit dieser säkularisierten Dichter-Religion ist die Grundlage für den *Prometheus* gelegt, die Rezeption der Hymne wird wie die des *Werther* mit einer Explosion verglichen (vgl. FA I, 14, S. 696).

Unmittelbar anschließend schildert der Text den Besuch Karl Ludwig Knebels in Frankfurt, über den sich der erste, schnell intensiver werdende Kontakt zum Weimarer Hof einstellt, da der Erbprinz Carl August und sein Bruder Constantin gerade die Stadt besuchen. Am Weimarer Hof steht zu dieser Zeit Wieland in Gunst, Anlaß für den Autobiographen, auf die eigene Satire *Götter, Helden und Wieland* zu sprechen zu kommen, die, vormals verfaßt, bei Wieland eine gelassen wohlwollende Reaktion ausgelöst habe. Der engere Kontakt zu den Weimarern aber führt schnell zu einem sich verschärfenden Streit mit dem reichsstädtisch gesinnten Vater, dem jeder Bezug eines Bürgerlichen zu einem Hof als Verrat erscheint (vgl. dazu insgesamt Kiesel, bes. S. 406f.). Die nachgeschobenen biographischen Miniaturen – in die auch der beklagenswerte Tod der Frau von Klettenberg eingeflochten wird – führen Besucher des nunmehr berühmten Jungautors vor, Klopstock einesteils und den Arzt und empfindsamen Autor Johann Georg Zimmermann, eine Figur, die zu einer ausholenden Reflexion über Empirie, Natur, Erfahrung und Genie Anlaß gibt. Naturbegeisterung aus medizinischer Hinsicht, Wahrnehmung der Natur und ihrer ›Diätetik‹ waren einerseits Forderungen der Zeit, andererseits so schwer mit dem Instrumentarium des Verstandes zu vermitteln, daß es nötig wurde, daß »man das Genie zu Hülfe riefe, das durch seine magische Gabe den Streit schlichten und die Forderungen leisten würde« (FA I, 14, S. 715). Der Kontakt zu Zimmermann habe ihn nicht in jenen wissenschaftlichen Streit hineingezogen, vielmehr habe sich die Dichtung wiederum als Schonraum gegenüber solchen Auseinandersetzungen bewährt: »Ich zog mich [...] gar bald wieder in mein eigentümliches Fach zurück und suchte die von der Natur mir verliehenen Gaben mit mäßiger Anstrengung anzuwenden, und in heiterem Widerstreit gegen das was ich mißbilligte, mir einigen Raum zu verschaffen« (FA I, 14, S. 716). Der produktive Umgang mit der eigenen und der äußeren Natur schafft so den Rückzugsraum künstlerischer Autonomie.

Sechzehntes Buch

Das Sechzehnte Buch nimmt ganz zu Beginn wieder das Motiv der Spinoza-Begeisterung auf – die Stilisierungsebene der eigenen als sakral erachteten naturhaften Dichteridentität wird weiter ausgestaltet. Die tiefere Beschäftigung mit dem niederländischen Philosophen verstärkt das Selbstbewußtsein des Dichters. Die Kenntnisnahme der spinozistischen Tradition in der pietistischen Mystik, in Philosophie und Naturwissenschaft bestärkt die eigene Ausrichtung, die lebenslange Auswirkung des Pantheismus Spinozas spricht sich sentenzenhaft sicher aus: »Die Natur wirkt nach ewigen, notwendigen dergestalt göttlichen Gesetzen, daß die Gottheit selbst daran nichts ändern könnte« (FA I, 14, S. 731). Auf diesem Hintergrund erscheint das eigene poetische Talent als naturhafte Göttlichkeit: »Ich war dazu gelangt das mir inwohnende dichterische Talent ganz als Natur zu betrachten, um so mehr als ich darauf gewiesen war, die äußere Natur als den Gegenstand desselben anzusehen. Die Ausübung dieser Dichtergabe konnte zwar durch Veranlassung erregt und bestimmt werden; aber am freudigsten und reichlichsten trat sie unwillkürlich, ja wider Willen hervor« (FA I, 14, S. 733). Mit höchstem Selbstbewußtsein wird die bei der Produktion etwa des *Werther* beobachtbare Naturhaftigkeit des Schöpfungsvorgangs wie auch die schlafwandlerische Sicherheit des Schreibenden nunmehr auf ihre philosophischen, säkularisiert-theologischen Grundlagen gestellt: Dichterisches Sprechen ist nicht mehr das von oben inspirierte Aussagen göttlicher Wahrheit im prophetischen Sinne – wie etwa bei Klopstock –, sondern vielmehr das vom eigenen Genie bewirkte Aussprechen der göttlichen Wahrheit des eigenen Herzens, der eigenen Subjektivität und Innerlichkeit – in ihrem jeweils besonderen Bezug auf die äußere Natur. Das Genie kommt ganz zu sich selbst.

Der Naturzustand des Dichters G. erweist sich ebenso in seiner alltäglichen Lebenswirklichkeit – sowohl die anekdotisch erzählte helfende Spontaneität bei einem Brand in der Judenstadt oder die auf Etikette keine Rücksicht nehmende Bekleidung der Mutter mit einem großen roten Pelz beim Eislauf sollen dies anzeigen. Da naturhaftes Dichtertum aber kein Brotberuf ist, wird das Motiv der bürgerlichen Etablierung in Frankfurt weitergesponnen, ein Motivstrang, in den sich die entstehende Neigung zu Lili Schönemann genau einpaßt, die im Falle einer Heirat den Eintritt in glänzendste bürgerliche Kreise des Finanzadels eröffnen würde. Mit dem Eintritt Lilis in die autobiographische Erzählung beginnt allerdings wiederum ein novellistischer oder romanhafter Erzählstrang – mit dem Motiv der vergeblichen Liebe – der bis ins Zwanzigste Buch hinein den autobiographischen Helden begleitet und nicht unbeträchtlich zu der zum Ende forciert extemporierten Erfahrung des Dämonischen beiträgt.

Siebzehntes Buch

Die Erzählung der Freundschaft G.s zu Lili Schönemann wird in doppelter Weise literarisiert. Einerseits wird sie von Beginn des Siebzehnten Buches an vom dichterischen Selbstbewußtsein getragen: »Man traute mir aus meinen Schriften Kenntnis des menschlichen Herzens [...] zu, und in diesem Sinne waren unsre Gespräche sittlich interessant auf jede Weise« (FA I, 14, S. 748), andererseits weist sie immer wieder Züge poetischer Stilisierung auf. Ihren Höhepunkt bildet die von G. angeblich erdachte und inszenierte Real-Komödie zu Lilis Geburtstag. Zu dem angegebenen Zeitpunkt befand sich G. allerdings schon in der Schweiz. Die Komödie sollte faktisch auf die zunehmenden Gerüchte um die beiden Liebenden reagieren und Lilis Eintreffen auf der

zu ihren Ehren veranstalteten Feier zur Auflösung eines geschickt geschnürten dramatischen Knotens machen (vgl. FA I, 14,
S. 757ff.), sie mündet schließlich romanhaft in
die vorläufige Verlobung. Die landschaftliche
bzw. architektonische Szenerie der Handlung
erscheint stilistisch oft idyllisiert, etwa als
»eine sanft hingleitende lebendige Welt, mit
liebevollen zarten Empfindungen im Einklang« (FA I, 14, S. 754). Die episch-sinnhafte
Welt dieser biographischen Liebesvergangen-
heit vergleicht der Erzähler explizit mit der
Welt der »alten Ritter-Romane« (FA I, 14,
S. 762; vgl. S. 765). Der Übergang der Lili-
Handlung in Poesie wird evident durch die
wiederholte Einschaltung lyrischer Gedichte,
die aus jener Zeit stammen und sich auf die
Geliebte beziehen.

Die auf dem Höhepunkt angelangte Handlung des Lili-Romans schlägt aber peripetisch
um in die Erfahrung der ›Inkongruenz‹ der
eigenen bürgerlichen Verhältnisse mit jenen
des Finanz-Großbürgertums, aus denen die
Freundin stammt (vgl. FA I, 14, S. 766f.). Der
Erzähler bereitet in der Mitte des Buches die
Rückwendung einerseits auf die vorläufige
Planung der bürgerlichen Existenz in Frankfurt, andererseits aber auf die weitere und genauere Bestimmung der eigenen Dichter-
Identität vor: Dieser nämlich ist die Verbindung zu Lili Schönemann in höchstem Maße
unangemessen. Die Teilnahme des Bürgers an
den Weltnachrichten, an Reformbestrebungen
gegen das verfallende aristokratische System
(etwa in Norwegen, Korsika und v. a. Amerika)
leiten die Erzählung über zur Reflexion des
Adelsstandes und -begriffes im Allgemeinen.
Die bürgerlichen Aversionen gegen jedwede
formelle Nobilitierung werden ebenso referiert wie die angebliche eigene günstige »Stellung gegen die oberen Stände« (FA I, 14,
S. 772). Der Erzähler schaltet, nur notdürftig
eingeleitet, eine lange Passage eines Briefes
von Ulrich von Hutten an Billibald Pyrkheimer
ein, die, gegen die formelle Erhebung des Bürgerlichen in den Adelsstand Einspruch erhe-
bend, ein bürgerliches Nobilitierungsmodell
artikuliert, das G. durch dieses Zitat zum Vorbild seines eigenen Selbstbewußtseins als Bür-

gerlicher und als Dichter nimmt. Humanistische *nobilitas literaria* wird als zumindest vir-
tueller Handlungsspielraum bürgerlicher Intellektueller gekoppelt mit dem eigenen
Selbstbild G.s, wobei alle genealogisch und
feudal ererbten Adelsrechte ersetzt werden
durch die im Subjekt des künstlerischen Genies genetisch angelegten Fähigkeiten, den
»freien und gebilligten Gebrauch unsrer von
der Natur verliehenen Talente« (FA I, 14,
S. 776).

Achtzehntes Buch

Das Achtzehnte Buch leitet zunächst wieder
auf die Reflexion der eigenen Position G.s in
der deutschen Literaturgeschichte zurück. Die
Formgeschichte der Sturm und Drang-Lyrik
wird in Hinsicht auf Reim und Metrik auf
Klopstock, Geßner und vor allem Hans Sachs
zurückverweisend referiert, die literarischen
Auseinandersetzungen der Zeit – bis zum an
den Stolbergs illustrierten »Tyrannenhaß« – in
den Organen literarischer Öffentlichkeit werden distanziert berichtet, nicht ohne allerdings einzuräumen, »daß allen solchen Exzen-
trizitäten ein redliches Bemühen zu Grund
lag« und »der Kampf« in den mittlerweile ver-
flossenen »funfzig Jahren noch nicht ausge-
kämpft« sei (FA I, 14, S. 780). Montageartig
schaltet der Erzähler die Skizze seines *Hans-
wurst*-Projektes ein, mitsamt einer eingeleg-
ten differenzierten Figuren- und Szencha-
rakteristik.

Unmittelbar in den Zusammenhang des
Lili-Romans stellt der Erzähler den Antritt der
ersten Reise in die Schweiz als einen Versuch,
»ob man Lili entbehren könne« (FA I, 14,
S. 785) – ein Symptom also einer virulenten
Krise –, eine Reise, die G. einerseits wieder
mit Klopstock und Lavater und auch mit dem
verehrten Bodmer zusammenführt und einen
Besuch der mittlerweile verheirateten Schwester Cornelia in Emmendingen ermöglicht, andererseits aber auch ein Treffen mit dem jungen Weimarer Herzogspaar in Karlsruhe ein-

schließt, bei dem die Einladung ausgesprochen wird, doch einmal Weimar zu besuchen. Die Schweizerreise, auf der Basis des Reisetagebuchs erzählerisch nur locker umgearbeitet und montiert, ermöglicht gewissermaßen eine Erneuerung des in die Krise geratenen Gefühls zu der Frankfurter Verlobten. Die Liebe wird hier aber zur Dichter-Liebe, ist aus der Entfernung möglich in Form eingeschalteter lyrischer Gedichte, poetisch-imaginativ läßt sich die längst krisenhaft gewordene Liebe zu Lili wieder beschwören. Hier realisiert der reisende junge Dichter die Selbst-Zuschreibung einer spezifisch G.schen dichterischen Identität, die allerdings dem Freunde Merck in den Mund gelegt wird (vgl. Hettche, S. 146) und die wiederum deutlich auf das schon öfter thematisierte Verhältnis von Poesie und Wirklichkeit anspielt: »Dein Bestreben, sagte er, deine unablenkbare Richtung ist, dem Wirklichen eine poetische Gestalt zu geben; die andern suchen das sogenannte Poetische, das Imaginative, zu verwirklichen und das gibt nichts wie dummes Zeug« (FA I, 14, S. 787).

Neunzehntes Buch

Zur weiteren Reflexion der Beziehung zu Lili schaltet auch hier der Erzähler eines der auf sie gedichteten Lieder ein; dieses Motiv wird also ähnlich fortgeführt wie die literarische Faktur, die sich auch im Neunzehnten Buch zunächst wiederum als lockere Montage und erzählerisch oft nur angedeutete Einarbeitung etwa des Tagebuchmaterials darstellt. Die Wanderung, die geologische und mineralogische Interessen anspricht oder weckt, exponiert mit dem möglich werdenden Blick nach Italien das Thema der Italiensehnsucht der Klassik. Die Grenze wird jetzt aber noch nicht überschritten. Der Weg des autobiographischen Wanderers führt zurück nach Frankfurt. Die Anekdote um die Ausweisung der Stolberg-Brüder aus der Eidgenossenschaft und eine nähere Charakteristik Lavaters werden

als Material montiert, ohne erzählerisch eingebunden zu sein. Sogar große Passagen aus Lavaters physiognomischem Werk über die beiden Stolberg-Brüder werden, um der möglicherweise negativ erscheinenden Charakterisierung durch die Ausweisungs-Anekdote vorzubeugen, seitenlang zitiert.

Locker ins Umfeld des Aufenthalts bei Lavater eingebunden erscheint die ausführliche Polemik des zurückblickenden Erzählers über den am eigenen historischen Ich wie auch an den Stolbergs sichtbaren Geniekult: »Wenn einer zu Fuße, ohne recht zu wissen warum und wohin, in die Welt lief, so hieß dies eine Geniereise, und wenn einer etwas Verkehrtes ohne Zweck und Nutzen unternahm, ein Geniestreich. [...] Worte, Beiworte, Phrasen zu Ungunsten der höchsten Geistesgaben verbreiteten sich unter der geistlos-nachsprechenden Menge dergestalt, daß man sie noch jetzt im gemeinen Leben hie und da von Ungebildeten vernimmt, ja daß sie sogar in die Wörterbücher eindrangen und das Wort Genie eine solche Mißdeutung erlitt, aus der man die Notwendigkeit ableiten wollte es gänzlich aus der deutschen Sprache verbannen zu müssen« (FA I, 14, S. 823). Wie schon im Achtzehnten Buch wird die eigene Periode des Sturm und Drang historisiert und kritisch nach ihren (negativen) Wirkungen befragt – eine große Distanz des erzählten Helden zum autobiographischen Erzähler, der auf die, philosophiegeschichtlich schon wieder historische, moderatere Definition des Geniebegriffes bei Kant anspielt: »daß Genie diejenige Kraft des Menschen sei, welche durch Handeln und Tun, Gesetze und Regel gibt« (ebd.).

Die direkt an das ausführliche Lavater-Zitat sich anschließende Schilderung der Rückkehr nach Frankfurt führt zurück zur Lili-Erzählung, wobei die beiderseits empfundene Trennungsnotwendigkeit unausgesprochen bleibt, »einige Monate gingen hin in dieser unseligsten aller Lagen« (FA I, 14, S. 830). Geschickt leitet der Erzähler aber über zu der dem Autor G. eigenen Fähigkeit, empfundene Qual kompensatorisch in Literatur umzusetzen: »Doch! Wenden wir uns von dieser noch in der Erinnerung beinahe unerträglichen Qual zur Poesie, wodurch einige geistreiche Linderung in den Zustand eingeleitet wurde« (FA I, 14, S. 832). *Ihr verblühet süße Rosen* wird eingeschaltet, *Lilis Park* und *Erwin und Elmire* als weitere Texte benannt, schließlicher Zielpunkt des Katalogs kompensatorischer Produktionen aber ist der *Egmont*: »Hatt' ich in den früheren Zeiten, da ich noch hoffte Lili mir anzuzeigen, meine ganze Tätigkeit auf Einsicht und Ausübung bürgerlicher Geschäfte gewendet, so traf es gerade jetzt, daß ich die fürchterliche Lücke die mich von ihr trennte durch Geistreiches und Seelenvolles auszufüllen hatte. Ich fing also wirklich Egmont zu schreiben an« (FA I, 14, S. 834).

Zwanzigstes Buch

Mit dem *Egmont* am Ende des Neunzehnten Buches ist bereits das Motiv des Dämonischen angespielt, das im Laufe des Zwanzigsten Buches eine zentrale Rolle bei der Neuinterpretation der eigenen Biographie spielen wird, die ja hier in die überhastete Flucht nach Weimar umschlägt. Auf diese schließliche Abreise sind auch schon die verschiedenen Anteile des Buches hin orientiert: Die neue Bekanntschaft mit dem Maler Georg Melchior Kraus wird zwar auch insofern wichtig, als dieser, in Paris an den französischen Klassizisten der Malerei geschult, G. wichtige Anregung zu eigener bildnerisch-künstlerischer Darstellung gibt. Vor allem aber befanden sich in Kraus' Mappe Abbildungen der bedeutendsten Mitglieder des Weimarischen Kreises. Die autobiographische Erzählung setzt hier die genaue Kenntnis einzelner Weimarer Verhältnisse um Wieland etwa oder um Friedrich Justin Bertuch und das Ilmenauer Bergwerk voraus. Die bald angetretene eigene Rolle am dortigen Hof wird selbstbewußt ins Auge gefaßt: »Man blickte nach Persönlichkeiten umher, die in dem aufstrebenden Deutschland so mannigfaches Gute zu fördern berufen sein könnten, und so zeigte sich durchaus eine frische Aussicht wie eine kräftige und lebhafte

Jugend sie nur wünschen konnte« (FA I, 14, S. 839). Der eigene Platz am Weimarer Hof ist damit antizipierend umrissen.

Selbstreflexiv auf die deutenden Konstitutionsprämissen der vorliegenden Autobiographie verweisend, führt der Erzähler nunmehr ausführlich die Kategorie des ›Dämonischen‹ ein. Sie stellt das im Verlauf der Lili-Handlung sowie im antizipierenden Verweis auf die sich anschließende Flucht nach Weimar sichtbar werdende neue Deutungsparadigma der autobiographischen Erzählung dar. G. verweist zurück auf die biographisch unterschiedlichen Stationen versuchter kindlicher und jugendlicher, philosophischer und immer wieder dichterischer Sinnstiftung in Konzepten »einer natürlichen Religion« (ebd.), die aber immer wieder durch die Erfahrung des Disparaten oder des Inkommensurablen desillusioniert worden seien. Die konstitutiven wie komplementären Antagonismen dessen, was »sich nur in Widersprüchen manifestierte und deshalb unter keinen Begriff noch viel weniger unter ein Wort gefaßt werden könnte« (ebd.) und das weder göttlich noch menschlich noch teuflisch noch englisch sei, werden nunmehr einerseits unter den Begriffen des Zufalls und der Vorsehung aufgefaßt. Die Transzendierung der menschlichen bzw. irdischen Dimensionen werden als Charakteristika dieses Wesens ausgemacht: »Es schien mit den notwendigen Elementen unsres Daseins willkürlich zu schalten, es zog die Zeit zusammen und dehnte den Raum aus«, das Unmögliche sei seine ureigene Dimension. »Dieses Wesen, das zwischen alle übrigen hineinzutreten, sie zu sondern, sie zu verbinden schien, nannte ich dämonisch nach dem Beispiel der Alten und derer die etwas Ähnliches gewahrt hatten« (FA I, 14, S. 840).

Entgegen den Sinnhaftigkeitsentwürfen etwa noch des hermetischen Mythos bildet das Dämonische »eine der moralischen Weltordnung wo nicht entgegengesetzte, doch sie durchkreuzende Macht, so daß man die eine für den Zettel, die andere für den Einschlag könnte gelten lassen« (FA I, 14, S. 841). Historische Ereignisgeschichte und Biographie werden also genau so vom ›Dämonischen‹ betroffen wie die zu Anstalten und Institutionen oder gesellschaftlichen Beziehungen geronnenen sittlichen Antriebe. Im Zufall, in dem jeder Vernunft sich Entziehenden, tritt es hervor. Der Einsicht ins eigentliche ›dämonische‹ Wesen von Geschichte und Welt, die die vorgängigen Sinnentwürfe des jüngeren biographischen Ich ersetzt, »diesem furchtbaren Wesen« habe er, so der autobiographische Erzähler, sich nur entziehen können, »indem ich mich, nach meiner Gewohnheit, hinter ein Bild flüchtete« (FA I, 14, S. 840). Zur psychologisch-kompensatorischen Funktionsbestimmung der eigenen literarischen Produktion, die in *Dichtung und Wahrheit* bisher vorherrschend war und auch für den *Egmont* noch gilt, kommt nun eine eigentümlich mythisch-erkenntnistheoretische hinzu: Im Bilde soll das Dämonische repräsentiert (oder nachgeahmt?) werden – und erlaubt so scheinbar, daß der Dichter sich seiner Macht entziehe. Dieses Bild aber ist die Figur Egmonts, dessen Charakterisierung der Text nun skizziert – »am furchtbarsten aber erscheint das Dämonische, wenn es an irgend einem Menschen überwiegend hervortritt« (FA I, 14, S. 841).

Scheinbar ohne Zusammenhang geht die Erzählung wieder zur Fortsetzung des Lili-Romans über, der unmittelbar mit den Fluchtwünschen nach Weimar verknüpft wird. Die erzählerische Logik hinter dieser Engführung von dämonologischer Reflexion, *Egmont*-Deutung, Lili-Roman und Fluchtplänen aber besteht in der Stiftung einer Nähe, eines inneren Zusammenhangs zwischen der dämonischen Verfaßtheit des dramatischen Helden und der des biographischen Ich. In einer verdoppelten romanhaften Schlußcoda wird der Lili-Roman zu Ende geführt: Der Held steht vor dem Fenster der Geliebten, zum Abschied geneigt, hört sie ein Lied singen, dessen Text er gedichtet hat und sieht, schließlich, nur noch schemenhaft ihren Schatten auf dem Rouleau; längst schon auf der Reise, wird der Held in eine Heirats-Intrige verstrickt, durch die Hand der schon die Verlobung mit Lili stiftenden Kupplerin, aus der er sich durch die überhastete Abreise nach Weimar befreit. Hier, beim Abbruch der eigentlich geplanten Italienreise, fällt der autobiographische Held schließlich

völlig mit dem dramatischen zusammen, indem der Erzähler ihn Egmonts Anrufung des Dämonischen als des schlechthin biographiekonstituierenden Prinzips zitieren läßt: »Kind, Kind! nicht weiter! Wie von unsichtbaren Geistern gepeitscht, gehen die Sonnenpferde der Zeit mit unsers Schicksals leichtem Wagen durch, und uns bleibt nichts, als mutig gefaßt, die Zügel festzuhalten und bald rechts, bald links, vom Steine hier, vom Sturze da, die Räder abzulenken. Wohin es geht, wer weiß es? Erinnert er sich doch kaum, woher er kam« (FA I, 14, S. 852).

Ringkompositorisch ganz konsequent kommt hier der Schluß von *Dichtung und Wahrheit* wieder auf das Sonnenbild zurück, mit dem zu Beginn des Ersten Buches die glückbegünstigte Geburt des Dichter-Ichs ausgedrückt werden konnte. Geändert hat sich aber grundsätzlich die Deutungsperspektive des Bildes: An die Stelle der Glücksbegünstigung der eigenen Existenz ist die dämonische Verunsicherung getreten: Die Antriebskraft von Geschichte und Biographie bleibt unsichtbar, dem Verstand wie dem Begriffe inkommensurabel, Verlauf und Fortgang des Lebens entziehen sich nachgerade der Kontrolle, die Handlungsmöglichkeiten des Subjekts bleiben auf die Verhinderung immer wieder drohender Katastrophen eingeschränkt. Die radikale, da durch keine symbolische Konstellation mehr vorausbezeichnete Ungewißheit der Zukunft mündet sogar in die Relativierung biographischen Wissens und individueller Erfahrung – eine Relativierung, gegen die *Dichtung und Wahrheit* selbst, als historisches Werk wie auch als Versuch biographischer Sinnkonstitution und Identitätsstiftung, zum Gegenbeweis angetreten war.

Positivistische Kommentierung und heroisierende Werkdeutung

Die im Titel von *Dichtung und Wahrheit* nicht unbedingt konträr, sondern eher nebeneinander gestellten Begriffe kommentierend, hatte

G. aus der Perspektive des Achtzigjährigen gegenüber König Ludwig I. von Bayern die Notwendigkeit begründet, durch erzählerisch-fiktionale Beigaben hinter den Fakten eines Lebens »das eigentliche Grundwahre« zur Anschauung zu bringen (an Ludwig I. von Bayern, 11.1.1830). In gleichem Sinne äußerte er sich gegenüber Eckermann ein gutes Jahr später, die Literarizität des autobiographisch Erzählten gegen den biographistisch-positivistischen Stumpfsinn des Publikums verteidigend: »Es sind lauter Resultate meines Lebens, [...] und die erzählten einzelnen Fakta dienen bloß, um eine allgemeine Beobachtung, eine höhere Wahrheit, zu bestätigen [...]. Ich dächte [...], es steckten darin einige Symbole des Menschenlebens. [...] Ein Faktum unseres Lebens gilt nicht, insofern es wahr ist, sondern insofern es etwas zu bedeuten hatte« (30.3.1831).

Diese nicht nur nachträglich geäußerte, sondern schon mit der Titelwahl deutlich angesprochene Relativierung des Faktischen im Werk hat allerdings in der Geschichte der G.-Forschung nicht davon abhalten können, den ›Wahrheits‹-Charakter einer jeden einzelnen erzählten Begebenheit zu überprüfen, ja die Erzählung von *Dichtung und Wahrheit* mit einer fast unüberschaubaren Fülle von sekundären Daten anzureichern; umgekehrt diente der Text fast unkommentiert als zentrale Quelle der Kindheits- und Jugenddarstellung fast jeder älteren G.-Biographie – wiewohl schon in der Mitte des vorigen Jahrhundert die von der historischen Faktizität abweichende Erzählung der Sesenheim-Episode vermerkt wurde (vgl. etwa Lewes' *The Life and Works of Goethe*. London 1855).

Die materialreichen Erträge der akribischen G.-Philologie vor allem in den letzten drei Jahrzehnten des 19. Jhs. haben zur Vorgeschichte der Familie G. in Frankfurt und andernorts, zum familiären Alltagsleben in G.s Kindheit und Jugend anhand der Ausgabenvermerke in Johann Caspar G.s Haushaltsbuch, aus dem sich z.B. Informationen zu Geschenken an die Kinder, zu Honoraren an Hauslehrer oder zu häuslichen Festivitäten eruieren lassen, oder zu mehr oder weniger marginalen Figuren aus dem weitesten Umfeld des Dichters eine Unmenge an Daten versammelt. Die vollständigen Tagebücher, Briefe, Lesartenapparate und Paralipomena der Weimarer Ausgabe (1887ff.), das sichtbare Ergebnis der philologischen Bemühungen des 19. Jhs., wurden erstmals von Carl Alt zu einer Zusammenstellung des Quellenmaterials und der Entstehungszeugnisse von *Dichtung und Wahrheit* ausgewertet: Seine *Studien zur Entstehungsgeschichte von Goethes Dichtung und Wahrheit* (1898), die das umfangreiche Quellen- und Dokumentenmaterial auf knappem Raum anbieten, gelangen bezeichnenderweise zu der Auffassung, daß der Text tatsächlich die »Quelle für Goethes Jugend« (S. 79) darstelle, daß die Abweichungen der erzählerischen Darstellung von historisch nachweisbaren Fakten auf Irrtümern des Autors beruhe, die der Philologe im Kommentar korrigieren könne, und daß schließlich die eigentümlich erscheinende sprunghafte Erzählweise G.s nicht etwa auf erzählerisch-künstlerischen Entscheidungen beruhe, sondern lediglich auf der durch Zeitumstände begründeten Diskontinuität der Niederschrift. *Dichtung und Wahrheit* wird damit nicht mehr als literarischer Text wahrgenommen, sondern als historisches und überprüfbares Dokument.

In systematischer Übersicht bietet der zweite Band von Momme Mommsens monumentalem, aber unvollendetem Projekt *Die Entstehung von Goethes Werken in Dokumenten* (1958) alle verfügbaren Daten zur Entstehungszeit einzelner Schemata, Paralipomena und Textabschnitte, die Erscheinungsdaten sowie die exakt chronologische Aufstellung aller Entstehungsdokumente, d.h. Tagebuchnotizen, Briefe, Gesprächssequenzen u.a.; dort erwähnte Quellenwerke werden jeweils mit Ausleihdatum angegeben.

Die zunächst von Alt, vor allem aber von Mommsen detailreich dokumentierten biographischen sowie entstehungs- und quellengeschichtlichen Daten fließen in die Textkommentare späterer Ausgaben ein. Die Einführung Ernst Beutlers in Band zehn der Gedenkausgabe (1948) stellt, ohne jeden detaillierten Stellenkommentar, eine ausführliche, positivistisch begründete Erläuterung der Entstehung von *Dichtung und Wahrheit* dar, Beutler übernimmt die angeblich von G. grundgelegte ›organologische Zielperspektive‹ der biographischen Darstellung. Die Einführung, die zwar zunächst auf literarische Vorbilder G.s eingeht, holt weiter aus als der Text selbst, beginnt historisch detailreich bei der ältesten Familienüberlieferung der G.s und Textors. Im Durchgang durch die einzelnen Bücher häuft Beutler eine Vielzahl von Personennamen, Fakten und Daten an, die G. eben nicht ausführlicher behandelt – etwa die führenden Patrizierfamilien Frankfurts, die dort den Ton angegeben hätten (vgl. Beutler, S. 904f.) oder die Frankfurterin Susanna Münch, die am Schluß des Fünfzehnten Buches eine marginale Rolle spielt (vgl. Beutler, S. 934). Mit Blick auf die reichhaltige Dokumentation des Siebenjährigen Krieges in den Frankfurter Annalen sieht Beutler die Gelegenheit »und damit die Verpflichtung, einmal nachzuprüfen, wie Goethes Bericht vor deren Urkunden standhält, was Wahrheit ist, was Irrtum, was Dichtung« (Beutler, S. 908). »Das Ergebnis ist, Goethe hat wirklichkeitsgetreu erzählt, nichts hinzuersonnen, kaum und nur im Unwesentlichen hat sein Gedächtnis ihn getäuscht« (ebd.). G.s Bericht erscheint insgesamt als historisch und biographisch korrekt, einzelne Abweichungen sind auf eine Täuschung der Erinnerung zurückzuführen. Gleichwohl entgehen Beutler die Spuren einer literarischen Faktur des Ganzen nicht völlig: Die konzeptionelle Mittelposition der Sesenheim-Episode hebt er hervor (vgl. Beutler, S. 930), die Lili-Episode erscheint ihm ›novellenhaft‹ gestaltet (vgl. Beutler, S. 937ff.). Die disparatere Gestalt des vierten Teils insgesamt wird dem Alter des Autors gutgeschrieben: »Goethe war inzwischen über achtzig Jahre alt geworden. Er hatte ein Recht darauf, es sich leichter zu machen« (Beutler, S. 939). Ganz im Zeichen einer nacherlebenden Lesart fragt Beutler schließlich: »Ist es eine glückliche Jugend gewesen?« (Beutler, S. 944). Die G.sche Darstellung der Glücksmomente und schwermütigen Anteile sei, so interpretiert er, durch »die Frage nach Religion, nach christlichem Glau-

ben, nach Gott« als »Hauptanliegen« strukturiert (Beutler, S. 882), auf die *Dichtung und Wahrheit* resümierend die ernsteste Antwort eines »Christentums zu meinem Privatgebrauch« gebe (Beutler, S. 954; vgl. die ähnliche Deutung von Plenderleith, S. 308–310), womit G.s Autobiographie unmittelbar in die augustinische Tradition der *Confessiones* zu rücken sei.

Ganz anders als Beutler verfährt Erich Trunz bei der Kommentierung des Textes in der Hamburger Ausgabe (1955/59). Einerseits begleitet er den Text mit einem genauen Stellenkommentar, der gegebenenfalls jeweils den Bezug auf ein Entstehungsdokument oder eine Quelle angibt oder die im Text erwähnten historischen Figuren knapp biographisch skizziert und im Einzelfall in ihrem Bezug zu G. darstellt. Darüber hinaus liefert der Kommentar eine ausführliche, positivistisch begründete Darstellung von Planung und Entstehung des Werks, welches schließlich mit Bezug auf das Alterswerk gedeutet und hinsichtlich seines kompositorischen Umgangs mit den verschiedenen Motivkreisen skizziert wird. Im Gegensatz zu Beutler nimmt Trunz die literarische Faktur einzelner Abschnitte durchaus wahr. *Dichtung und Wahrheit* ist für ihn nicht nur erzählender historischer Bericht und somit Quelle für G.s Jugend, sondern unter Vorbehalt auch literarisches Kunstwerk (vgl. Trunz, Komm. in HA 9, S. 620; vgl. dazu auch Böckmann, S. 385). Gleichwohl bleibt eine genauere Kennzeichnung eben dieses Literarischen aus, die Werkdeutung zielt ab auf die uneingeschränkte Hypostasierung des Werks als höchster Erscheinungsform seiner Gattung: »Es gibt in der Weltliteratur keine größere Autobiographie« (Trunz, Komm. in HA 9, S. 639). Bei dieser hohen Wertschätzung bleibt es auch vielfach in der neueren, methodisch weitaus reflektierteren Forschung (vgl. Mayer, S. 108; Niggl, S. 153ff. u.a.).

Die vereinseitigende, positivistische Rezeption des Werks aber steht in offenem Widerspruch einerseits zu der künstlerisch-komplexen Umgangsweise G.s mit den verschiedenen Traditionen der Geschichte der Autobiographie, die hier zu einer neuen Erzählgattung verschmolzen werden, andererseits zu der Eingebundenheit von *Dichtung und Wahrheit* in die zeitgenössische Literaturgeschichte – und ihre Aporien – und die unterschiedlichen Phasen der Werkgeschichte des späten G. Darüber hinaus übersieht die positivistisch begründete, biographisch oder historiographisch ausgerichtete Werkdeutung, die bei ihren älteren Vertretern stets in die Heroisierung der ›alles überragenden Gestalt‹ G.s mündet, die die gesamte autobiographische Erzählung überformende literarische Faktur, die *Dichtung und Wahrheit* zu einem erzählerischen Kunstwerk macht.

Zur Geschichte der Autobiographie

Für die literarische Gattung der Autobiographie war seit Augustinus' *Confessiones* der Charakter der Konfessions-, der Bekenntnisschrift bestimmend, eine Tendenz, die der aufkommende Pietismus des 18. Jhs. noch einmal radikal verschärfen sollte. Wie bei Augustinus war die Gattung hier seit dem Ende des 17. Jhs. grundsätzlich eine religiöse Bekehrungsgeschichte, die die eigene Lebenszeit und -erfahrung in ein sinnhaftes Verhältnis zur göttlichen Heilsordnung zu setzen versuchte. Eine ähnliche Rolle wie die Autobiographien der pietistischen Gemeindemitglieder – deren etwa das Herrnhuter Archiv bis zu 20000 Einzelschriften aufweist – spielten auch Briefe und Tagebücher als Lese- und Erbauungsstoff. Diese Bekenntnisliteratur des zunächst inneren Kreises des Pietismus spielte eine nicht zu unterschätzende Rolle bei der Ausprägung empfindsam-psychologischer Selbstbeobachtung, die sowohl in ihre literarische Aufarbeitung (etwa im *Werther*) mündete wie in ihre beginnende wissenschaftliche Analyse (psychologische Zeitschriften). Die stark subjektivierende Tendenz der dargestellten individuellen Glaubenserfahrung wird allerdings dadurch unterlaufen, daß das Aufgehen des eigenen Lebens im transzendentalen Heilsplan grundsätzlich auch eine Entsubjektivie-

rung bedeutet – die für die säkularisierten Formen der Autobiographie, so sehr sie dieser Tradition verpflichtet sein mögen, kein Muster mehr darstellen konnte (vgl. Müller 1976, S. 38 ff.; Niggl, S. 62 ff.). Die pietistische Tradition der Selbstbeobachtung und -archivierung in Briefen und Tagebüchern und vor allem im autobiographischen Text war G. spätestens seit dem Kontakt zu Susanne von Klettenberg 1769 geläufig.

Die von den chronikalischen Berufs- und Gelehrtenautobiographien des 17. und 18. Jhs. abweichende (vgl. Niggl, S. 14 ff.), stark psychologisierende Tendenz der pietistischen Selbstbeobachtung blieb nicht ohne Folgen für das autobiographische Genre vor *Dichtung und Wahrheit*: Rousseaus *Confessions* versuchen – natürlich unabhängig von der deutsch-pietistischen Linie –, jenseits einer chronologischen Fakten- und Ereignisanhäufung, die Geschichte des eigenen Ich erzählerisch zu konstruieren, die eben aus einer Kette von Empfindungen sich ableitete. Karl Philipp Moritz' *Anton Reiser* als auch ›autobiographischer‹ Roman oder Jung-Stillings Lebensgeschichte, deren Druck von G. selbst befördert wurde, gehen in die nämliche Richtung. Neben dieser bekenntnishaften und später psychologischen Texttradition sind in der Geschichte der Gattung einerseits die radikal diesseitige, anekdotenhafte Renaissanceautobiographie – etwa von Girolamo Cardano und Benvenuto Cellini, deren letztere G. übersetzt und kommentiert herausgegeben hat –, andererseits die historisch-chronikalischen Selbstlebensbeschreibungen vor allem aus dem 16. Jh. (Götz von Berlichingen, Hans von Schweinichen u.a.) für die Genretradition, in der *Dichtung und Wahrheit* steht, von Bedeutung.

Kritik vor allem an der pietistisch gefärbten Autobiographie übte zunächst Herder. »Seine Kritik richtet sich gegen das zweifelhafte Ethos solcher Bekenntnisse« (Becker, S. 16), gleichzeitig gegen die Ausstellung des Intimen und gegen die moralisch-heilstiftende Funktion der Texte: Er spricht dem einzelnen die Kompetenz ab, über eigene Handlungen urteilen zu können; allenfalls könne man erzählen. Gleichwohl bestimmt Herder den autobiographischen Text grundsätzlich positiv: Nicht allerdings auf die Darstellung individueller Glaubensumkehr und -erfahrung ziele er ab, sondern auf Geschichte, geschichtliche Erfahrung und Bildung und damit letztendlich auf gesellschaftliche Veränderung, ethisch in Richtung auf Gerechtigkeit durch die Kenntnis bedeutender Handlungen und politisch in Richtung auf nationales Bewußtsein durch die Kenntnis bedeutender nationaler Personen (vgl. Goodman, S. 264f.). Der bis zur Selbstauflösung im göttlichen Allgemeinen gehenden, radikal subjektivierenden religiösen Emphase setzt Herder also einen eminent historischen Schwerpunkt entgegen, der für die literarische Gestalt der Autobiographie bei G. von größter Bedeutung wird.

Noch vor aller pietistischen Bekenntnis-Tradition, auch noch vor der Herderschen Kritik an deren Konzepten liegt G.s lebenslanges und grundsätzliches Interesse an Biographien und Autobiographien. Von früher Kindheit an liest G. derartige Texte, viele seiner Werke wären ohne die unmittelbare Benutzung solcher ›Quellen‹ nicht denkbar (etwa *Götz*, *Tasso* u.a.m.). Das Individuelle scheint der Zentralpunkt von G.s Interesse an biographischen Texten gewesen zu sein, »die Wirkung, das Persönlichkeitsbildende, Vorbildhafte in der Beziehung der Menschen untereinander« (Wertheim, S. 96f.). Individuelle (Selbst-) Darstellung mündet also in erzieherische Wirkung. G.s 1795 geäußerte Vorstellung, autobiographische Texte dienten damit dem Verständnis für die eigene – auch nationale – Geschichte, kommt dem Konzept Herders zunächst sehr nahe.

Das Interesse am Individuellen bleibt aber nicht das alleinige Zentrum des G.schen Biographiekonzepts. Mit Herders Kritik an der pietistischen Tradition entwickelt auch er ein weit über das Individuelle hinausgehendes Verständnis dieser Textgattung, ja er weist das rein Selbstbezügliche der Bekenntnisliteratur weit von sich: In einem Aphorismus aus *Makariens Archiv* am Schluß der *Wanderjahre* reflektiert der Text jenes »Erkenne dich selbst« polemisch eben nicht als idiosynkratische Selbstbezüglichkeit, »die Heautognosie unserer modernen Hypochondristen, Humoristen und Heautontimorumenen«, sondern pragmatisch als Wahrnehmung »von dir selbst, damit du gewahr werdest, wie du zu deines Gleichen und der Welt zu stehen kommst« (WA I, 42.1, S. 189f.). Nicht psychologische Quälereien seien nötig, sondern Verortung der eigenen Identität in Geschichte und Gesellschaft. G.s Autobiographie definiert sich also als unbedingt verwiesen auf Geschichtsschreibung. Seine biographischen Schriften vollziehen ebenfalls diesen Schritt: Der »historische Teil« der *Farbenlehre* etwa basiert weitgehend auf den Biographien einer Fülle von Naturforschern zwischen der Antike und dem 18. Jh. »Vom genetischen Standpunkt her gesehen wurzelt also Goethes Autobiographik in seiner Historiographie, und die Geschichtsauffassung im dritten Teil der *Farbenlehre* ist in die ausdrücklich als autobiographisch bezeichneten Schriften hinübergewandert und dort weiterentwickelt worden« (Boyle, S. 163). Autobiographische Darstellung ist unmittelbar auf die historischen und gesellschaftlichen Kontexte verwiesen, »denn dieses scheint die Hauptaufgabe der Biographie zu sein, den Menschen in seinen Zeitverhältnissen darzustellen, und zu zeigen, in wiefern ihm das Ganze widerstrebt, in wiefern es ihn begünstigt, wie er sich eine Welt- und Menschenansicht daraus gebildet« (FA I, 14, S. 13). Mit der Historisierung der Biographie ist umgekehrt die Verlebendigung des Historischen – insofern es nämlich in Bezug auf die eigene Individualität dargestellt werden kann – verbunden. Zum unterdrückten Vorwort des dritten Teils existiert eine Diktatnotiz von Riemers Hand: »Soll aber und muß Geschichte seyn, so kann der Biograph sich um sie ein großes Verdienst erwerben, daß er ihr das Lebendige, das sich ihren Augen entzieht, aufbewahren und mittheilen mag« (WA I, 28, S. 358).

Während jedoch Herder sein Biographie-Konzept demokratisierte – und damit den Gleichheitsgrundsatz der pietistischen Gemeinden, deren Bekenntnisschrifttum er ablehnte, fortsetzte – und die Biographie eines jeden Bürgers für lehrreich und virtuell nationbildend erklärte, ist G.s Verständnis eher elitär: (Auto-) Biographien fordert er von Gelehrten, Künstlern, bedeutenden Persönlichkeiten – denen er dann allerdings ähnlich historisch-bildende Verständnisvermittlung zuweist wie Herder. G.s Abbildungsvorstellung des Allgemeinen im Besonderen läßt dann aus dem dargestellten eigenen oder fremden Leben etwas für die jeweilige historische, politische oder kunstgeschichtliche Epoche Repräsentatives werden: In seiner Autobiographie stilisiert er sich selbst zum Repräsentanten seiner Zeit insofern zumindest, als seiner autobiographischen Schrift die großen zeitgeschichtlichen und literar- wie kulturhistorischen Bewegungen eingeschrieben sind.

Der literaturgeschichtliche Kontext

Die Konzeption von *Dichtung und Wahrheit* ab Oktober 1809 – und die Ausführung auch zumindest der ersten Teile des Werkes – stehen ganz im Zeichen einer Krise, die für G. sowohl biographische, ästhetisch-konzeptionelle als auch dichterische Anteile hat. Die Erfahrung des eigenen fortgeschrittenen Alters wird durch den Tod der Mutter ebenso sinnfällig wie durch den Untergang des alten Reiches aufgrund der napoleonischen Eroberungen: Das Ich wird sich selbst historisch. Mit Schillers Tod endet abrupt – und auch für G. praktisch endgültig – die optimistische wie utopische Vision einer vom klassischen Geist beseelten ästhetischen Erziehung des Menschen, die den großen Versuch darstellte, zunächst für den deutschen Bereich die gesellschaftlichen Bedingungen, die in Frankreich die Revolution mit ihren mörderischen und inhumanen Folgeerscheinungen historisch gewissermaßen unabwendbar hervorgebracht hatten, reformistisch zu verändern. Der Autor G. hatte zwar, mit Blick auf zwei seiner wichtigsten Werke in unmittelbarer Folge der französischen Revolution, *Wilhelm Meisters Lehrjahre* und *Herrmann und Dorothea*, große literarische Erfolge verbuchen können, die zwar nicht

an den Aufruhr bei Erscheinen von *Götz* und *Werther* heranreichen konnten, die aber beide seinen vorläufigen Aufstieg zum »Mittelpunkt des geistigen Lebens im Deutschland um 1800« beförderten (Schulz, Bd. 1, S. 36) und breite Wirkung in Literatur, Kritik und Lesepublikum erfuhren. Doch auch diese Texte gehörten in den weiteren Bereich des mittlerweile gescheiterten Klassikprojektes.

Trotz der breiten Wirkung des nationalen Gehalts von *Herrmann und Dorothea*, trotz der initiierenden Kraft der *Lehrjahre* für die Entstehung eines Romangenres, das dann verstärkt die Autoren der Frühromantik bedienten, waren es nicht mehr die Texte G.s, die im Publikum Breitenwirkung erzielten. Die Romantisierungen des Bildungsroman-Musters in Ludwig Tiecks *Sternbald* wie auch in Novalis' *Heinrich von Ofterdingen* und die viel breiter, geographisch mannigfacher und personell vielgestaltiger sich darstellenden Bewegungen und Zirkel der Frühromantik mit ihren Tendenzen zu neuer Mythologie und Irrationalem, zu Volkspoesie und Märchen, begannen, die literarische Wirkung G.s zu überlagern.

Vor allem aber die sowohl im letzten Jahrzehnt des 18. Jhs. an der Französischen Revolution sich entzündende politische Literatur als auch die Texte, in denen sich nach den napoleonischen Eroberungen nationale Empörung und patriotische Erhebung artikulierten, ließen G.s Werke weiter in den Hintergrund rücken. Zwar blieb die kulturelle, vor allem aber sprachlich-literarisch gestiftete nationale Identität der Deutschen noch auf längere Sicht die einzig sich abzeichnende ›Einheit‹, die auch nach außen wirkte vermittels der als Literatur von europäischem Rang geltenden Texte eines Klopstock, Lessing, Wieland, G. und Schiller. Mit dem sich formierenden Widerstand gegen die napoleonischen Eroberungen wurde Literatur jedoch verstärkt zum »Medium politischer Machtgewinnung und Machtausübung« (Schulz, Bd. 2, S. 14). An die Stelle der ›allgemeinmenschlichen‹ und gewissermaßen kosmopolitischen Intentionen sowohl der Aufklärung als auch der Weimarer Klassik traten partikularere Standes- und vor allem Nationalinteressen und -inhalte. Zu patriotischen Helden aus der deutschen Geschichte wurden vor allem Arminius und Luther – der eine als Römerbezwinger Vorbild eines kommenden und erwünschten Siegs über die Franzosen, der andere als Wegbereiter der einheitlichen deutschen Sprache. Die unmittelbar patriotisch-agitatorische Literatur etwa von Ernst Moritz Arndt, Theodor Körner und auch Friedrich Schlegel bildete zwar aufs Ganze gesehen nur einen kleinen Teil der literarischen Produktion der Zeit, gewiß aber einen von höchster Beliebtheit. Vor allem das patriotische Lied, das auf dem Hintergrund einer fortgeschrittenen Alphabetisierung schnelle und weite Verbreitung fand, machte den Erfolg dieser Literatur aus. Patriotische Texte auch vormals romantischer Schriftsteller verdrängten die Universalpoesie, wie sie noch Novalis vertreten hatte: nationalisierte Mittelalterbegeisterung, patriotische Traktate, Reden (Friedrich Schlegel, Johann Gottlieb Fichte) und Kantaten (Achim von Arnim, Clemens Brentano), Lutherkult, Rheinromantik und literarischer Antisemitismus, Volksbüchereditionen, Volksliedsammlungen und volksliedhafte Lieder etwa Ludwig Uhlands und Friedrich Rückerts, Heinrich von Kleists *Hermannsschlacht* und Körners zum nationalen Helden erhobenes Dichter- und Kämpfertum. Diese durch den Widerstand gegen Napoleon gebündelte schriftstellerische Energie traf auf die entschieden reservierte Haltung G.s, der neben literarischen und ästhetischen Vorbehalten gerade im französischen Feldherrn »einen sich selbst verwandten Ordnungsstifter sah, der seine Nation aus dem Chaos der Revolution herausführte« (Schulz, Bd. 2, S. 77). Napoleons Niederlage vor Moskau mag einen der wesentlichen Gründe für den konzeptionellen Bruch von *Dichtung und Wahrheit* zwischen Zehntem und Elftem Buch darstellen (vgl. Schnur, S. 61–65).

Die überragende Rezeption aber der an der tagespolitischen Aktualität orientierten Literatur, zudem auch die der tatsächlich erfolgreichen Theaterschriftsteller August von Kotzebue und August Wilhelm Iffland mit ihren unterhaltsamen Stücken überlagerten schnell die literarische Wirkung G.s. Sowohl dessen programmatische Schriften aus der Zeit der intensivsten Kooperation mit Schiller als auch die *Sonette* (1807/08), *Faust* (1808) und der *Wahlverwandtschaften*-Roman (1809) erfuhren die zunehmende Abwendung des lesenden Publikums vom Weimarer Dichter, mit welcher dessen Abwendung vom Publikum korrespondiert. G. wurde nicht als deutscher Dichter im neuen, patriotischen Sinne aufgefaßt, nicht als einer, der in den aktuellen Diskussionen noch eine größere Rolle spielte. So wurde er sein eigenes Denkmal, zu dem man aus ganz Europa pilgerte – gewissermaßen eine Historisierung von außen.

Gleichzeitig hatte Weimar aufgehört, kulturelles Zentrum der deutschen Länder zu sein. Viele Weggefährten der G.schen literarischen Entwicklung und Projekte starben oder wanderten ab. Die jungen Intellektuellen und Künstler der auf G. folgenden übernächsten Generationen sammelten sich zum einen in der preußischen Residenz Berlin, deren neugegründete Universität schnell die niedergehende in Jena überflügelte, in Heidelberg, Tübingen und andernorts. Der Universalismus etwa Schillers und G.s, die Schriftsteller, Historiker, Philosoph, Naturwissenschaftler und ästhetischer Theoretiker in einem sein wollten – und diese Universalität mehr oder weniger auch repräsentierten – machte in den ersten Jahrzehnten des 19. Jhs. der wissenschaftlichen und schriftstellerischen Arbeitsteilung Platz, die sowohl mit der Partikularisierung der Darstellungsinteressen und Wirkungsabsichten der Literatur nach 1806 als auch mit der beruflichen Hauptexistenz der meisten Schriftsteller in Beamtentum und Universität korrespondierte.

Natürlich stellen die historischen und naturwissenschaftlichen Studien G.s vor allem zur *Farbenlehre* ein Dokument des beharrlichsten Einspruchs gegen die sich durchsetzende Arbeitsteilung und Partikularisierung dar, ebenso wie der 1827 geprägte Ausdruck der Weltliteratur sich gegen jede Nationalisierung der Literatur wendet. In denselben Zusammenhang gehört aber auch *Dichtung und Wahrheit*: einerseits, indem die Autobiographie in ihrer enzyklopädischen Breite, mit der sie die Kultur-, Literatur- und Zeitgeschichte in bezug auf das große Individuum umfaßt, über alle wissenschaftlich-fachliche Spezialisierung hinausgreift, andererseits aber, indem sie vor dem Hintergrund der Krise, die sich als die der eigenen schriftstellerischen Identität in Weimar und die der biographischen Identität in einem nicht mehr als sinnhaft erfahrbaren historischen Verlauf erwies, den Versuch machte, eben diese Identitäten symbolisch zu rekonstruieren: im Bildungsroman vom Dichtergenie G.

Der gescheiterte symbolische Bildungsroman

Die breite literarische Wirkung der *Lehrjahre* läßt sich vor allem daran ablesen, daß ihnen eine ganze Reihe vor allem romantischer Erziehungs- und Bildungsromane folgte, wenn auch, wie am radikalsten in Novalis' Fragment gebliebenem *Heinrich von Ofterdingen*, gerade nicht die Integration des Helden in die bürgerliche Gesellschaft, sondern seine Vollendung als Dichter den Zielpunkt ihrer Erzählhandlung ausmacht. Angesichts dieses anhaltenden Erfolgs ist es überraschend, daß gerade dieses Romangenre aus der Perspektive G.s schon bald in seine tiefste Krise gerät: Die optimistische Sinnhaftigkeit, mit der sich im ›Bildungsroman‹ individuelles Streben und geschichtlich-gesellschaftlicher Gang miteinander vermitteln sollen, erscheint schon im ersten Jahrzehnt des 19. Jhs. tendenziell obsolet; daß eine der Erzählungen, die in die Fortsetzung des *Wilhelm Meister* eingelegt werden sollte, sich zu den ahndungsvollen *Wahlverwandtschaften* ausweitet, wo alle lebensplanerisch-aufgeklärte Autonomie des Subjekts von dunklen Naturmächten unterminiert erscheint, spricht deutlich für den behaupteten konzeptionellen Bruch im *Wilhelm-Meister*-Projekt.

Angesichts dieser Krise der Gattung erscheint es nur konsequent, wenn G. auf dem Hintergrund der biographischen Beschäfti-

gung mit Winckelmann, Cellini und Diderot sowie des historischen Teils der *Farbenlehre* die eigene Autobiographie als idealen Bildungsroman des dichterischen Subjekts in allen seinen Bezügen auf Zeit-, Kunst-, Kultur- und Literaturgeschichte entwirft. Die symbolische Struktur dieses Bildungsromans, das leitende wie zentrale Deutungsmuster biographischer Entwicklung spricht deutlich aus dem 1813 entstandenen und später nicht verwendeten Vorwort zum dritten Teil: »Ehe ich diese nunmehr vorliegenden drei Bände zu schreiben anfing, dachte ich sie nach jenen Gesetzen zu bilden, wovon uns die Metamorphose der Pflanzen belehrt. In dem ersten sollte das Kind nach allen Seiten zarte Wurzeln treiben und nur wenig Keimblätter entwickeln. In zweiten der Knabe mit lebhafterem Grün stufenweis mannigfaltiger gebildete Zweige treiben, und dieser belebte Stengel sollte nun im dritten Bande ähren- und rispenweis zur Blüte hineilen und den hoffnungsvollen Jüngling darstellen« (Paralipomenon 78; FA I, 14, S. 971). Das organologische Selbstinterpretationsmodell der Metamorphose, das nachträglich als symbolische und in seiner zeitlichen Disposition als narrative Konzeption der ersten drei Teile von *Dichtung und Wahrheit* behauptet wird, erscheint am Ende unangemessen oder dysfunktional in Hinsicht sowohl auf die erzählerischen Darstellungsmöglichkeiten als auch auf das zu Erzählende. Tendenziell entzieht sich die eigene Biographie den Möglichkeiten narrativer und symbolischer Sinnstiftung. Konsequent im Bilde der Pflanze fortfahrend wird diese Erfahrung artikuliert: Boden und Jahreszeit seien es nämlich, die das Wachstum begünstigten oder unterdrückten – aus der Pflanze des eigenen Lebens wird hier aber schon die Pflanze der eigenen Autobiographie: »So hätte denn auch diese Darstellung, mehrere Jahre früher, oder zu einer günstigern Zeit unternommen, eine frischere und frohere Gestalt gewinnen mögen« (FA I, 14, S. 972). Die Metamorphosevorstellung bezieht sich also gerade nicht oder nicht nur auf das biographische Wachstum, sondern auf dessen erzählerische Umsetzung in *Dichtung und Wahrheit* selbst. Das implizit optimistisch-teleologische Modell der Pflanzenentwicklung wird angesichts der zunehmenden Disparatheit biographischer Erfahrung obsolet – im Bilde heißt das: »In der nächsten Epoche zu der ich schreiten müßte fallen die Blüten ab, nicht alle Kronen setzen Frucht an und diese selbst, wo sie sich findet, ist unscheinbar, schwillt langsam und die Reife zaudert. Ja wie viele Früchte fallen schon vor der Reife durch mancherlei Zufälligkeiten, und der Genuß, den man schon in der Hand zu haben glaubte, wird vereitelt« (ebd.).

Im Zusammenhang mit der Abfassung dieses unterdrückten Vorworts spricht G. gegenüber Riemer (etwa im Brief vom 24.7. 1813) öfter die Absicht aus, die autobiographische Darstellung mit dem Ende des Frankfurter Aufenthalts 1775 schließen zu lassen. Die ursprüngliche Absicht, die das Vorwort des ersten Teils optimistisch ausgesprochen hatte und von der auch das »Biographische Schema« von 1808/10 (vgl. FA I, 14, S. 855ff.) Zeugnis ablegt, das gesamte eigene Leben im Kontext der Zeitverhältnisse und mit Blick auf deren literarisch-künstlerische ›Abspiegelung‹ unter der Maßgabe des organologischen Vorstellungsmusters zu erzählen, hat sich erledigt. Einerseits versagt das Narrations- und Interpretationsmodell der Metamorphose schon vor den biographischen Ereignissen der eigenen späten Jugend, andererseits aber verweigert sich die Flucht nach Weimar, die alle Frankfurter Verhältnisse, zu Lili, zum Vater, zur bürgerlichen wie juristischen Existenz, abbrechen läßt und damit Symptom einer radikalen existentiellen Krise ist, der biographischen Sinnstiftung, der narrativen Konstruktion sinnhafter Kontinuität und Identität.

Gleichwohl ist es in den ersten Büchern gerade die Metamorphose-Vorstellung, die in ganz unterschiedlicher Weise sinnstiftend wirksam wird. Die Nähe der Kindheits- und Jugenddarstellung zum Bild des Pflanzenwachstums spricht allein schon aus der Setzung der Naturhaftigkeit der eigenen Identität, des eigenen Lebensganges. Am Beginn steht der astrologische Auftakt, der in der überindividuelle und übergeschichtlich gültige Naturgesetzmäßigkeiten ausdrückenden Konstellation den glückhaften Moment der Geburt herausstellt. Naturhaft Ererbtes, gleichsam genetisch Angelegtes, wird an dem autobiographisch erzählten Kindheits-Ich als Charaktereigenschaft, Talent und Fähigkeit sichtbar: »Ernstes und Ahndungsvolles« ist von der Natur in das Kind gelegt (FA I, 14, S. 18), Gedächtnis, Kombinationslust und Einbildungskraft sind naturgegebene Dispositionen (vgl. FA I, 14, S. 45), die »Redseligkeit« des Vaters und die »Einbildungskraft« der Mutter als ererbte »elterliche Gaben« werden schließlich ergänzt durch das eigene »Bedürfnis, mich figürlich und gleichnisweise auszudrücken« (FA I, 14, S. 486f.). Das Naturell des kindlichen Helden läßt ihn »Luftgestalten und Windbeuteleien zu kunstmäßigen Darstellungen [...] verarbeiten lernen« (FA I, 14, S. 58). Naturwissenschaftliches Interesse wird als früh sich äußernder ›Trieb‹ gedeutet (vgl. FA I, 14, S. 131). Literarische Produktion als »poetische Nachbildung dessen was ich an mir selbst, an Anderen und an der Natur gewahr geworden«, entspringt der Naturhaftigkeit des jugendlichen Helden »mit immer wachsender Leichtigkeit, weil es aus Instinkt geschah« (FA I, 14, S. 264), aus naturgegebenem Zwang, »dasjenige was mich erfreute oder quälte, oder sonst beschäftigte, in ein Bild, ein Gedicht zu verwandeln« (FA I, 14, S. 309). Der naturhaften Zwanghaftigkeit poetischer Produktivität entspricht die Naturhaftigkeit der Entstehung literarischer Werke: Der *Werther* sei durch den Bericht vom Selbstmord Jerusalems katalytisch befördert worden, so wie »das Wasser im Gefäß, das eben auf dem Punkte des Gefrierens steht, durch die geringste Erschütterung sogleich in ein festes Eis verwandelt wird« (FA I, 14, S. 636). So wird die Produktion eines literarischen Werkes selbststilisierend unter der Metapher eines Naturprozesses begriffen, es ist »die Natur, die dergleichen größere und kleinere Werke unaufgefordert in mir hervorbrachte« (FA I, 14, S. 734).

Über die Zuschreibung des Naturhaften ans eigene Ich, seine literarische Produktivität und Produktion hinaus deutet der Erzähler in kleinen Begebenheiten früherer Phasen immer wieder die ›keim‹-hafte Anlage zu späteren Fertigkeiten, Interessen und Werken an: die problematische Beziehung G.s zum Publikum im Familienstreit um Friedrich II., den *Werther*-Schluß in den Anekdoten um einen der Ochsenstein-Brüder, die *Joseph*-Novelle der *Wanderjahre* im Josephsroman des Knaben, den Widerstand gegen die Regelpoetik im Widerstand gegen die Regelhaftigkeit der Grammatik, prominent vor allem »das Bewußtsein seiner [G.s; d. Vf.] Sendung als Wiederbringer des griechischen Geistes« im Märchen vom ›Neuen Paris‹ (Schadewaldt, S. 273) u.a.m. – Der Bedeutungsraum der Metamorphose-Vorstellung wird auch durch die Motti zum zweiten und dritten Teil nicht verlassen: Ersteres reflektiert das antizipative Muster der vorliegenden Biographie-Deutung – »Was man in der Jugend wünscht, hat man im Alter die Fülle« (FA I, 14, S. 237) –, letzteres aber verweist im Bilde des Pflanzenwachstums entweder selbstkritisch oder selbstironisch auf die begrenzte Gültigkeit eben dieses Bildes und die Begrenzung optimistisch-teleologisch aufgefaßter individueller Entwicklung bis zur Vollendung: »Es ist dafür gesorgt, daß die Bäume nicht in den Himmel wachsen« (FA I, 14, S. 489). – Die ›keim‹-haften Anlagen oder frühen Antizipationen späterer Zustände, Erfahrungen und Werke, die G. deutend in die eigene Kindheit legt, werden insgesamt als Vermögen der Einbildungskraft gedeutet – »So verwandelt ein leidenschaftliches Vorausergreifen das wahrhaft Mögliche in ein erträumtes Wirkliche« (FA I, 14, S. 421) –, mithin als dichterisches Vermögen, das allerdings der Erzähler Sinn stiftend in die eigene Vergangenheit projiziert (vgl. Adamzik, S. 271f.).

Andererseits aber unterzieht G. schon im zweiten Buch den offenkundig zugrundeliegenden Gedanken der organologischen Entwicklung des Einzelnen einer grundlegenden Reflexion, die die Entwicklungsidee aller naturhaften Providentialität entkleidet, die Ausbildung verschiedener Anlagen der jeweils historischen Zufälligkeit unterstellt: »Wachstum ist nicht bloß Entwicklung; die verschiednen organischen Systeme, die den Einen Menschen ausmachen, entspringen aus einander, folgen einander, verwandlen sich in einander,

verdrängen einander, ja zehren einander auf, so daß von manchen Fähigkeiten, von manchen Kraftäußerungen, nach einer gewissen Zeit, kaum eine Spur mehr zu finden ist. Wenn auch die menschlichen Anlagen im Ganzen eine entschiedene Richtung haben, so wird es doch dem größten und erfahrensten Kenner schwer sein, sie mit Zuverlässigkeit vorauszuverkünden; doch kann man hinterdrein wohl bemerken was auch ein Künftiges hingedeutet hat« (FA I, 14, S. 81). Im Schlußsatz der Passage legt G. damit ein wesentliches poetisches Verfahren von *Dichtung und Wahrheit* offen: Im Rückblick des Alters erst können die frühen Andeutungen späterer Fertigkeiten und Charaktereigenschaften kenntlich gemacht werden, die antizipierende Qualität früherer Erscheinungen erweisen sich grundsätzlich als Setzung post festum.

Gerade der enge Zusammenhang mit dem Bereich der Natur und des Naturhaften, der über die Metamorphosevorstellung zuinnerst mit dem deutenden und Sinn stiftenden Konzept der autobiographischen Erzählung verknüpft ist, gibt Religion und Religiösem in der Konstruktion von *Dichtung und Wahrheit* eine tragende Rolle, die aber ganz und gar nichts mit einem ›Ruf G.s nach Gott‹, wie Beutler es wollte, zu tun hat. Natur und Religion werden schon im ersten Buch gegeneinander und, in neuer Gestalt, wieder aufeinander zugeführt: Die Berichte vom Erdbeben in Lissabon erschüttern die Fundamente einer christlichen Religion, der Natur wird ihre zerstörerisch-dämonische Seite eingeschrieben: »So behauptet von allen Seiten die Natur ihre schrankenlose Willkür« (FA I, 14, S. 36). Das desillusionierte Kind wendet sich schließlich einer selbstgemachten Naturreligion zu, deren Priester es im komplizierten Ritual wird. Damit wird die Natur – biographisch-chronologisch weit vor jeder Begegnung mit dem Spinozismus – an die Stelle Gottes gesetzt, oder richtiger: Die Natur erhält alle Qualitäten des christlichen Gottes bis auf die der personalen Einheit, die Naturhaftigkeit des poetischen Talents und der dichterischen Schöpfung hat also Teil an diesem Göttlichen.

Die weitergehende Sakralisierung der Natur

spricht auch aus der wertherhaften Wendung des jugendlichen Helden im Gefolge der Gretchen-Episode: »Gewiß, es ist keine schönere Gottesverehrung als die, zu der man kein Bild bedarf, die bloß aus dem Wechselgespräch mit der Natur in unserem Busen entspringt!« (FA I, 14, S. 245). Die äußere Natur wird innerstes Heiligtum. Die Übertragung göttlicher Qualitäten auf die Natur wird differenzierter durchgeführt und begründet durch den kosmologischen Mythos am Ende des Achten Buches, der der Natur göttlich-expansive und luziferisch-konzentrativ-schöpferische Momente zuschreibt, und schließlich durch den ausführlichen Verweis auf Spinoza (vgl. FA I, 14, S. 681), dessen pantheistische Philosophie neben dem hermetischen Mythos die Grundlage der Weltanschauung des jungen G. darstellte.

Komplementär dazu wird das Innere des empfindenden Menschen sakralisiert: Im langen sakramentaltheologisch-historischen Exkurs des Siebenten Buches wird »die innere Religion des Herzens und die der äußeren Kirche als vollkommen Eins« behauptet (FA I, 14, S. 316), d.h. Erfahrung, Empfindung und Leiden des Subjekts sind nicht nur heiligmäßig, sondern verweisen, wie die Sakramente, auf ein Höheres – das anzudeuten oder auszusprechen nun die Dichtung berufen ist (vgl. Witte, S. 387). Die Teilhabe des empfindenden Subjekts am Göttlichen wird, vom so sakralisierten Dichtertypus aus gesehen, auf das poetische Werk übertragen: Es komme »auf den Grund, auf das Innere, den Sinn, die Richtung des Werks an; hier liege das Ursprüngliche, Göttliche, Wirksame, Unantastbare, Unverwüstliche, und keine Zeit, keine äußere Einwirkung noch Bedingung können diesem innern Urwesen etwas anhaben« (FA I, 14, S. 554f.).

Der Dichter G. bekommt in diesem naturreligiös fundierten, quasi-sakramentalen Dichtungskonzept eine zentrale Rolle; als auf exzeptionelle Weise leidendes und genießendes Subjekt ist der Dichter ›erwählt‹: »Das gemeine Menschenschicksal, an welchem wir alle zu tragen haben, muß denjenigen am schwersten aufliegen, deren Geisteskräfte sich früher und breiter entwickeln« (FA I, 14,

S. 694). In diesem verallgemeinerten Resultat eines Exkurses über die Erbsünde erscheint diese als die notwendige Beschwernis der irdischen Existenz des Menschen, der besonders Begabte allerdings, der Künstler, wird zum Gattungsparadigma, auf dem die Last am schwersten liegt. G. stilisiert hier die eigene dichterische Existenz mit den biblischen Anlehnungen ›Arzt hilf dir selber‹ und ›Ich trete die Kelter allein‹ zur säkularisierten Christusnachfolge. Das Dichter-Ich G., dem die Natur sich »in ihrer Herrlichkeit« offenbart hat (FA I, 14, S. 691), tritt an die Stelle des Erlösers.

Selbst die Aufhebung der optimistischen Selbstdeutungsqualität von Metamorphose-Vorstellung und Naturreligion im Begriff des Dämonischen wird ganz eng in die Durchführung des Religionsthemas eingebunden. Der Erzähler reflektiert im Zwanzigsten Buch die biographisch unterschiedlichen Stationen versuchter kindlicher und jugendlicher, philosophischer und immer wieder dichterischer Sinnstiftung in Konzepten »einer natürlichen Religion« (FA I, 14, S. 839), die aber immer wieder durch die Erfahrung des Disparaten oder Inkommensurablen desillusioniert worden seien – das schließlich den Namen des ›Dämonischen‹ bekommt.

Säkularisierte Religion wird damit zum Welt- und Selbstdeutungsmuster in *Dichtung und Wahrheit*, wird in ihren Bildern wie in ihren symbolischen Verfahren für die poetische Produktion und die dichterische Selbstauffassung disponibel. Damit stellt G.s Autobiographie »die neue Funktion und Würde der Literatur dar, die sie in Goethes Werk gefunden hat. Indem sie als universales Zeichensystem an die Stelle von Religion und Politik [etwa in der theatralischen Literarisierung der Kaiserkrönung; d. Vf.] tritt, übernimmt sie deren Funktion der Welterklärung und Handlungsanweisung. Allerdings ist diese neue Welt der Symbole nicht mehr eine objektiv vorgegebene, sie gründet vielmehr in der produktiven Kraft des einzelnen« (Witte, S. 394).

Weit unterhalb der großen kompositorischen Strukturebenen der Metamorphose-Vorstellung und der Natur- und Dichter-Religion agiert der Erzähler, der nicht, wie die positivistischen Kommentatoren wollen, mit G. identisch ist und sich dann und wann in der Erinnerung vergreift. Vielmehr konstruiert er mit einer Vielzahl auch minimaler Eingriffe den autobiographischen als einen literarischen Text, in welchem die Sinnkonstitution eben eine poetische, erzählerische ist und sich nicht mehr durch die Übereinstimmung mit äußerlichen Fakten legitimieren muß.

So nutzt der Erzähler die durch den Hausumbau in Frankfurt eintretende unangenehme Lücke auf der Ebene der erzählten Zeit, um die kindliche Wahrnehmung der Vaterstadt einzuschieben (vgl. FA I, 14, S. 22). Die gesamte, komplex erinnerte, recherchierte und erzählte Passage ist ein geschickter Erzählereinschub, um die Zeit bis zur Fertigstellung des neuen elterlichen Hauses zu überbrücken: »Die Ammen und Mägde, welche sich selbst immer gern einen Spaziergang bereiten, verfehlten nicht, von den frühsten Zeiten, uns an dergleichen Orte zu tragen und zu führen, so daß diese ländlichen Feste wohl mit zu den ersten Eindrücken gehören, deren ich mich erinnern kann. Das Haus war indessen fertig geworden, und zwar in ziemlich kurzer Zeit« (FA I, 14, S. 33). Gleichzeitig stellt der Einschub ein gutes Beispiel für die erzählerische Einbindung von historischem Quellenmaterial dar (Pfeffergericht) und demonstriert die immer wieder zu beobachtende Verschiebung des erzählten autobiographischen Ichs in die unbestimmte Subjektkategorie ›man‹ oder gar in die dritte Person: So heißt er später etwa der »zutrauliche Jüngling« (FA I, 14, S. 717).

Begebenheiten aus der Kindheit G.s werden unter Anmaßung der Rechte des epischen Erzählers mit Hilfe von Imagination und Einbildungskraft plastischer vor Augen geführt. Der Bericht vom Erdbeben von Lissabon etwa geht sogleich in den Duktus erzählerischer Vergegenwärtigung über, die epische Distanz wird gänzlich getilgt: »Die Erde bebt und schwankt, das Meer braust auf, die Schiffe schlagen zusammen, die Häuser stürzen ein, Kirchen und Türme darüber her, der königliche Palast zum Teil wird vom Meere verschlungen, die geborstene Erde scheint Flammen zu speien: denn überall meldet sich Rauch

und Brand in den Ruinen« (FA I, 14, S. 36). Ebenso füllt die erzählerische Imagination Lücken biographischer Erfahrung: Der Streit zwischen dem Vater und dem Grafen Thoranc, bei dem der Knabe abwesend war, wird im Gestus narrativer Vergegenwärtigung geschildert (vgl. FA I, 14, S. 113ff.).

Der Erzähler von *Dichtung und Wahrheit* nimmt sich, ebenso wie der auktoriale der *Wahlverwandtschaften*, die Freiheit, seine Figuren willkürlich mit fiktiven Namen zu versehen: So ist der Freund der Kindheit ein »Knabe, den ich Pylades nennen will« (FA I, 14, S. 58), das autobiographische Ich imaginiert und mythologisiert sich implizit als Orest; später heißen Figuren Derones (FA I, 14, S. 104) oder Spangenberg (FA I, 14, S. 118). Diese kleinen Andeutungen der Tätigkeit des Erzählers im Text stiften das Bewußtsein vom Erzählten als Fiktion, als vom Erzähler erst Erzeugten. Dies verstärkt sich in der überlegenen Selbst-Präsentation des auktorialen Erzählers während der kunstvollen Vermischung der Schilderung der Kaiserkrönung mit der Gretchen-Episode – »Wir lassen also für diesmal den Kurfürsten Emmerich Joseph so zu sagen inkognito im Compostell eintreffen, und wenden uns zu Gretchen, die ich, eben als die Volksmenge sich verlief, von Pylades und seiner Schönen begleitet [...] im Getümmel erblickte« (FA I, 14, S. 204). Beide Anteile des Fünften Buches zeigen somit deutliche Spuren poetischer Faktur, die sie als literarischen Text markieren.

Der Erzähler präsentiert sich als weitblickender und überlegener Planer seines Textes: Er will »noch späterhin manchen Faden aufnehmen und fortleiten, der sich unbemerkt durch die ersten Jahre schon hindurchzog« (FA I, 14, S. 81). Er simuliert den Schreibprozeß als Erinnerungsvorgang: »Indem ich nun aber darauf sinne, was wohl zunächst weiter mitzuteilen wäre, so kommt mir, durch ein seltsames Spiel der Erinnerung, das ehrwürdige Münstergebäude wieder in die Gedanken« (FA I, 14, S. 416f.). Anläßlich eines im Erzählfortgang eintretenden Einschnitts will er beiläufig »die Gelegenheit benutzen, um das dem gegenwärtigen Bande vorgesetzte Motto bei demjenigen zu rechtfertigen, welche einigen Zweifel daran hegen sollten« (FA I, 14, S. 421) – womit natürlich der Text seine selbstgesetzten Sinngebungsmuster reflektiert. Vorgreifend und textplanerisch notiert er: »Wie nun aus allem diesem nichts geworden, und wie es gekommen, daß ich wieder von der französischen Seite auf die deutsche herübergetreten, gedenk' ich hier zu entwickeln. Man erlaube mir, wie bisher, zum Übergange einige allgemeine Betrachtungen« (FA I, 14, S. 522).

Der Erzähler, dessen Souveränität schon im Verlaufe des dritten Teils abnimmt, schaltet schon vor dessen Ende einiges aus anderen Papieren ein – so etwa den halb scherzhaften, theatralischen Dialog über Sinn und Unsinn der Hofexistenz, der sich auf den Widerstand des Vaters gegen die Kontakte zu den Weimarern bezieht (vgl. FA I, 14, S. 702 ff.). Endgültig mit dem Vorwort zum vierten Teil wird aus dem selbstgewissen, quasi-auktorialen Erzähler tendenziell ein Herausgeber und Kompilator, der explizit auf seine eher ›montierende‹ als narrativ Kontinuität stiftende Funktion abhebt und den Leser darauf hinweist, »daß sich diese hier fortgesetzte Erzählung nicht gerade ans Ende des vorigen Buches anschließt sondern daß sie die Hauptfäden sämtlich nach und nach wieder aufzunehmen und sowohl Personen als Gesinnungen und Handlungen in einer redlich gründlichen Folge vorzuführen beabsichtigt« (FA I, 14, S. 727). Die literarische Faktur des vierten Teils nähert sich damit deutlich der montagehaften Verfaßtheit der *Wanderjahre* wie auch der genauere Blick in den Text erweist.

Die Erzählung wird etwa durch die unverbundene Einschaltung zweier Anekdoten aus dem Frankfurter Leben unterbrochen. Die moderierende Überleitung zum »eigentlichen Faden unsrer Erzählung« (HA 10, S. 85) ist eine Hinzufügung der späteren Bearbeiter (vgl. FA I, 14, S. 738). Der Erzähler scheint im vierten Teil nur in der novellenhaften Erzählung des Verhältnisses zu Lili noch durch (vgl. FA I, 14, S. 748 u. ö.). Die Schilderung des jugendlich-emotionalen Zustands versagt er sich allerdings und schaltet stellvertretend einige der Lieder für Lili ein (vgl. FA I, 14,

S. 749), deren Erläuterung und Auslegung er dann wiederum breiten Raum gewährt (vgl. FA I, 14, S. 751). Er bündelt die längerwierige Geschichte um Lili, »des Vortrags halben wie im Zusammenhange geschildert« (FA I, 14, S. 754), verweist also explizit auf die erzählerische Bearbeitung des Stoffs. Zwischen den einzelnen Begebenheiten der ›Novelle‹ schaltet er sich mit moderierenden Leseransprachen ein: »In Hoffnung meine ernsten Leser durch das Vorgetragene einigermaßen befriedigt zu haben darf ich mich wohl wieder zu denen glänzenden Tagespunkten hinwenden, wo Freundschaft und Liebe sich in ihrem schönsten Lichte zeigten« (FA I, 14, S. 756).

Die Unterbrechungen der Lili-Erzählung sind jeweils durch mehr oder weniger schroff montierte Textteile markiert: Unvermittelt schwenkt der Text zur allgemeinen Reflexion des Verhältnisses von Aristokratie und Bürgertum über, eine Darstellung, die wiederum durch die Einschaltung des langen Briefs von Ulrich von Hutten scheinbar unterbrochen wird. Der Gedanke bürgerlicher Selbstnobilitierung wird allerdings fortgesetzt. Die Fortsetzung der literaturgeschichtlichen Betrachtung, Anmerkungen zur literarischen Öffentlichkeit, Projektplanung und Skizzenblatt für *Hanswursts Hochzeit* und schließlich eine Anekdote über den Besuch der Stolberg-Brüder im Hause Goethe werden unverbunden hintereinander geschaltet. Der fiktionale Herausgeber reflektiert die nunmehr andersartige literarische Gestalt von *Dichtung und Wahrheit*: »Wenn ich hier, wie die besten Historiker getan, eine fingierte Rede jener Unterhaltung einzuschieben in Verdacht geraten könnte, so darf ich den Wunsch aussprechen es möchte gleich ein Geschwindschreiber diese Peroration aufgefaßt und uns überliefert haben. Man würde die Motive genau dieselbigen und den Fluß der Rede vielleicht anmutiger und einladender finden. Überhaupt fehlt der gegenwärtigen Darstellung im Ganzen die weitläufige Redseligkeit und Fülle einer Jugend, die sich fühlt und nicht weiß wo sie mit Kraft und Vermögen hinaus soll« (FA I, 14, S. 785). Das lockere, erzählerisch gestiftete Verhältnis zwischen biographischem Erleben und autobiographischer Narration tritt hier in den Blick des Textes, ebenso wie die nunmehr mangelnde Kraft, zwischen den Einzelheiten des Erlebten Zusammenhang zu stiften.

Die das Achtzehnte und Neunzehnte Buch bestimmende Schweizer Reise beginnt noch episch: Erinnerung und im Tagebuch Dokumentiertes werden zu einem erzählten Kontinuum verarbeitet, die Begegnungen etwa mit Klopstock, Lavater und Bodmer anekdotenhaft eingeflochten, Lieder für Lili und ein Zitat aus den *Physiognomischen Fragmenten* inhaltlich motiviert eingeschaltet. Bald aber wird die Erzählung vom einmontierten Tagebuchtext ästhetisch dominiert: »Am 16 Juni 1775, denn hier find ich zuerst das Datum verzeichnet« (FA I, 14, S. 803). Die stichwortartigen Notizen aus der Quelle werden scheinbar unbearbeitet in den Text übernommen – der autobiographische Erzähler-Kompilator merkt allenfalls die scharfe Differenz zwischen Erinnerung und Tagebuch-Notiz an: Die Erinnerung trügt (vgl. FA I, 14, S. 804). Der genaue Vergleich des autobiographischen Textes mit dem Tagebuch der Schweizer Reise zeigt allerdings, daß hier sehr wohl eine Bearbeitung der Vorlage stattgefunden hat: Die viel impulsivere Ausdrucksweise des Tagebuchs, die deutlich in engem Zusammenhang mit der Sturm und Drang-Phase steht, wird mehrfach deutlich abgemildert (vgl. Hettche, S. 144f.). Allein der stichwortartige Notizen-Duktus bleibt erhalten, der Charakter des Montierten, nicht erzählerisch Überformten und Eingearbeiteten soll anscheinend gewahrt werden.

Wie die locker erzählerisch eingebundene Tagebuch-Einschaltung erscheint auch die Charakteristik Lavaters im Neunzehnten Buch unverbunden eingeschaltet, ebenso wie die kritisch-polemische Reflexion über den Geniekult, die wiederum von den ausführlichen Passagen über die Brüder Stolberg aus Lavaters *Fragmenten* abgelöst wird. Erst die Rückkunft nach Frankfurt erlaubt dem Herausgeber wieder die konsequent erzählerische, d.h. narrativ Kontinuität und Zusammenhänge stiftende Haltung. Die Auflösung des Verhältnisses zu Lili wird kunstvoll verflochten einerseits mit der kompensatorischen Arbeit am *Eg-*

mont und den grundsätzlichen Überlegungen zum Wesen des Dämonischen, andererseits aber mit den Vorbereitungen zur Flucht nach Weimar, die wiederum mit den Worten Egmonts, das Dämonische ansprechend, angetreten wird.

Die deutliche, immer wieder sich präsent haltende erzählerische Bearbeitung des autobiographischen Stoffes – mit Ziel auf den Bildungsroman der eigenen dichterischen Identität – tritt also spätestens mit Beginn des vierten Teils hinter die den Erzähler verdrängende Funktion des Herausgebers zurück, der z.T. nur noch die vorliegenden Dokumente und bruchstückhaften Betrachtungen ›montieren‹ kann. Daß dies weder ›berechtigte Altersbequemlichkeit‹ (vgl. Beutler) noch »Greisenavantgardismus« (Thomas Mann zu den *Wanderjahren*) ist, zeigt ein Blick auf das übrige erzählerische Spätwerk G.s, eben die *Wanderjahre*, nach denen der vierte Teil von *Dichtung und Wahrheit* entstanden ist. Hier ist die Herausgeberfiktion vollends an die Stelle der Fiktion eines wie auch immer auktorialen Erzählers getreten. Der Bearbeiter des Textes arbeitet nur noch ansatzweise die ihm vorliegenden Dokumente, wie etwa Wilhelms oder Lenardos Tagebuch, in Erzählung um. Die *Wanderjahre* markieren so in ihrer ästhetischen Gestalt den Abschied G.s von der optimistischen Fiktion, erzählerisch einen kohärenten Sinn stiften zu können, und damit den Abschied vom Bildungsroman generell. Übrig bleibt die teils narrativ-überarbeitende, teils montierend einschaltende Zusammenstellung von textlichem Material, zwischen dem ein emanzipierter Leser eine je eigene Sinnkonstitution versuchen muß (vgl. den Brief an Rochlitz vom 28.7. 1829; zu den *Wanderjahren* vgl. Jeßing, S. 104ff.). – Damit erweist sich an der ästhetischen Struktur des vierten Teils der Autobiographie, wie die Erfahrung des ›Dämonischen‹ die organologische Sinnkonstruktion, wie sie die ersten drei Teile beabsichtigten, unterläuft: »Eine der moralischen Weltordnung wo nicht entgegensetzte, doch sie durchkreuzende Macht« (FA I, 14, S. 841), die der Absicht auf kohärente Sinnstiftung gegenläufige Erfahrung des Zufalls, des Inkommensurablen und nicht Einsichtigen in Geschichte und Biographie, schlägt in der tendenziellen Suspendierung des Erzählers durch. Narrative Sinnstiftung erscheint obsolet – vor allem gegenüber der Krise, die die Flucht nach Weimar symptomatisch markiert.

Der Entwurf eines Bildungsromans des eigenen Lebens, der symbolisch über das Modell der Pflanzenmetamorphose als sinnhafte Entwicklung zur Genie-Identität konstruiert werden sollte, gerät im Laufe der Entstehung des dritten Teils in eine Krise – sei es dadurch, daß die von G. gesetzte Entsprechung seines Genies mit dem Napoleons nach dessen Scheitern vor Moskau nicht mehr aufrechterhalten werden kann (vgl. Schnur, S. 61–65; Boyle, S. 171), sei es dadurch, daß die autobiographische Darstellung derart unter den auch quantitativen Druck der ›biographisch-historischen, rezeptionsgeschichtlichen und soziologischen Bezüge‹ der G.schen Werk- und Wirkungsgeschichte gerät (vgl. Witte, S. 396), daß eine Zuordnung dieser Fülle zum organologischen Modell unmöglich wird. »Es sind wenig Biographieen«, so räsonniert der Erzähler ausgerechnet im Elften Buch, »welche einen reinen, ruhigen, steten Fortschritt des Individuums darstellen können. Unser Leben ist, wie das Ganze in dem wir enthalten sind, auf eine unbegreifliche Weise aus Freiheit und Notwendigkeit zusammengesetzt« (FA I, 14, S. 522). Die Sinnhaftigkeit der Biographie – oder genauer: deren Erkenntnis und narrative Ausbreitung – wird schon hier, argumentativ analog zum nicht gedruckten Vorwort des dritten Teils, in Zweifel gezogen. Radikal verschärft taucht dieser Zweifel in der zitierten Passage zum ›Dämonischen‹ aus dem Zwanzigsten Buch wieder auf, wo die »moralische Weltordnung« und das »Dämonische« als ›Zettel und Einschlag‹ des Gewebes dieser Welt figurieren. Das Unbegreifliche der Konstitution von Welt und Leben wird gesteigert zum Wesen des Dämonischen, das jede unterlegte und menschengemachte Sinnhaftigkeit durchkreuzt oder sogar unterminiert. Der symbolische Bildungsroman der eigenen Dichteridentität scheitert konzeptionell an dieser Erfahrung. Er muß daher mit der ersten großen Krise abbrechen, deren Sinn gar nicht mehr zu stiften ist; erzählerisch bildet dies sich ab im tendenziellen Verzicht auf den literarischen Gestus der Sinnstiftung: die Erzählung einer kontinuierlichen und ›organischen‹ Entwicklung.

Literatur:

Adamzik, Sylvelie: Subversion und Substruktion. Zu einer Phänomenologie des Todes im Werk Goethes. Berlin, New York 1985. – Aichinger, Ingrid: Künstlerische Selbstdarstellung: Goethes *Dichtung und Wahrheit* und die Autobiographie der Folgezeit. Bern 1977. – Alt, Carl: Studien zur Entstehungsgeschichte von Goethes *Dichtung und Wahrheit* [1898]. Hildesheim 1976. – Barner, Wilfried: Goethes Bild von der deutschen Literatur der Aufklärung. Zum 7. Buch von *Dichtung und Wahrheit*. In: Frühwald, Wolfgang u.a. (Hg.): Zwischen Restauration und Aufklärung. Sozialer Wandel in der deutschen Literatur. Fs. Wolfgang Martens. Tübingen 1989, S. 283–305. – Becker, Karl Wolfgang: Denn man lebt mit Lebendigen. Über Goethes *Dichtung und Wahrheit*. In: Holtzhauer, Helmut u.a. (Hg.): Studien zur Goethezeit. Fs. Lieselotte Blumenthal. Weimar 1968, S. 9–29. – Beetz, Manfred: Überlebtes Welttheater. Goethes autobiographische Darstellung der Wahl und Krönung Josephs II. in Frankfurt/M. 1764. In: Berns, Jörg Jochen u.a. (Hg.): Zeremoniell als höfische Ästhetik in Spätmittelalter und Früher Neuzeit. Tübingen 1995, S. 572–599. – Beutler, Komm. in GA 10, S. 881–955. – Blumenberg, Hans: Gegen einen Gott nur ein Gott. In: ders.: Arbeit am Mythos. Frankfurt/M. ⁵1990, S. 433–604. – Böckmann, Paul: Goethes Dichtertum in seiner Bedeutung für das Lebensverständnis. In: DVjs. 23 (1949), S. 380–408. – Boyle, Nicholas: Geschichtsschreibung und Autobiographik bei Goethe (1810–1817). In: GoetheJb. 110 (1993), S. 163–172. – Bracht, Edgar: Wakefield in Sesenheim. Zur Interpretation des 10. und 11. Buches von Goethes *Aus meinem Leben. Dichtung und Wahrheit*. In: Euphorion. 83 (1989), S. 261–280. – Brude-Firnau, Gisela: *Aus meinem Leben. Dichtung und Wahrheit* (1811–21). In: Lützeler, Paul-Michael u.a. (Hg.): Goethes Erzählwerk. Interpretationen. Stuttgart 1991, S. 319–344. – Craemer-Schroeder, Susanne: Die Deklination des Autobiographischen. Goethe, Stendhal, Kierkegaard. Berlin 1993. – Gerhard, Melitta: Goethes Sturm-und-Drang-Epoche aus der Sicht des alten Goethe. Zu *Dichtung und Wahrheit*. In: JbFDtHochst. (1970), S. 190–202. – Goodman, Kay: Autobiographie und deutsche Nation. Goethe und Herder. In: Wittkowski, Wolfgang (Hg.): Goethe im Kontext. Tübingen 1984, S. 260–282. – Grappin,

Pierre: Goethe und Napoleon. In: GoetheJb. 107 (1990), S. 71–80. – Ders.: *Dichtung und Wahrheit* – 10. und 11. Buch: Verfahren und Ziele autobiographischer Stilisierung. In: GoetheJb. 97 (1980), S. 103–113. – Hettche, Walter: Die Autobiographie als Sonderfall für die Kommentierung am Beispiel von Goethes *Dichtung und Wahrheit*. In: Martens, Gunter (Hg.): Kommentierungsverfahren und Kommentarform. Tübingen 1993, S. 141–149. – Ders.: Kommentar und Nachwort zu: Johann Wolfgang Goethe. *Aus meinem Leben. Dichtung und Wahrheit.* Bd. 2. Stuttgart 1991. – Hiebel, Friedrich: Goethe. Die Erhöhung des Menschen. Perspektiven einer morphologischen Lebensschau. Bern, München 1961. – Hippe, Robert: Der kosmologische Mythos am Ende des 8. Buches von *Dichtung und Wahrheit*. In: GoetheJb. 96 (1979), S. 75–83. – Jahn, Kurt: Goethes *Dichtung und Wahrheit*. Vorgeschichte – Entstehung – Kritik – Analyse. Halle 1908. – Jeßing, Benedikt: Konstruktion und Eingedenken. Zur Vermittlung von gesellschaftlicher Praxis und literarischer Form in Goethes *Wilhelm Meisters Wanderjahre* und Johnsons *Mutmassungen über Jakob*. Wiesbaden 1991. – Ders: *Johann Wolfgang Goethe*. Stuttgart, Weimar 1995. – Kayser, Wolfgang: Die Wahrheit der Dichter. Hamburg 1959. – Kiesel, Helmuth: Legitimationsprobleme eines ›Hofpoeten‹: Zu den ›Versen für und gegen den Hof‹ in Goethes Autobiographie. In: GRM. 29 (1979), H. 4, S. 390–415. – Kronsbein, Joachim: Autobiographisches Erzählen. Die narrativen Strukturen der Autobiographie. München 1984. – Leisegang, Hans: Goethes Denken. Leipzig 1932. – Leistner, Bernd: Johann Wolfgang Goethe – Lebensanspruch und poetische Konzeption. In: WB. 28 (1982), H. 10, S. 28–44. – Lüders, Detlev: Goethes *Dichtung und Wahrheit*. In: JbFDtHochst. (1977), S. 401–411. – Mayer, Hans: Goethe. Ein Versuch über den Erfolg. Frankfurt/M. 1973. – Michel, Christoph: ›Eine Ausgeburt mehr der Nothwendigkeit als der Wahl‹. Goethes Autobiographie und die *Metamorphose der Pflanzen*. In: Philosophia Naturalis. 20 (1983), S. 339–364. – Mommsen, Momme: Die Entstehung von Goethes Werken in Dokumenten. Bd. 2: *Cäcilia* bis *Dichtung und Wahrheit*. Berlin 1958. – Müller, Klaus-Detlef: Autobiographie und Roman. Studien zur literarischen Autobiographie der Goethezeit. Tübingen 1976. – Ders.: Komm. in FA I, 14, S. 993–1311. – Neumann, Bernd: Identität und Rollenzwang. Zur Theorie der Autobiographie. Frankfurt/M. 1970. – Niggl, Günter: Geschichte der deutschen Autobiographie im 18. Jahrhundert. Theoretische Grundlagen und literarische Entfaltung. Stuttgart 1977. – Pascal, Roy: Die Autobiographie. Gehalt und Gestalt. Stuttgart, Berlin, Köln, Mainz 1965. – Plenderleith, H. Jane: An Approach to Goethe's Treatment of Religion in *Dichtung und Wahrheit*. In:

GLL. 46 (1993), S. 297–310. – Rotermund, H.-M.: Zur Kosmogonie des jungen Goethe. In: DVjs. 28 (1954), S. 472–486. – Schadewaldt, Wolfgang: Goethestudien. Natur und Altertum. Zürich, Stuttgart 1963. – Schanze, Helmut: Goethe. *Dichtung und Wahrheit*, 7. Buch. Prinzipien und Probleme einer Literaturgeschichte des 20. Jahrhunderts. In: GRM. 24 (1974), S. 50ff. – Scheibe, Siegfried: Das Vorwort zum dritten Teil von Goethes *Dichtung und Wahrheit*. In: Forschungen und Fortschritte. 41 (1967), S. 307–310. – Ders.: Der vierte Teil von *Dichtung und Wahrheit*. In: GoetheJb. N.F. 30 (1968), S. 87–115. – Ders.: ›Un sac, rempli de petits chiffons de papier‹. Zu den Papiertaschen von *Dichtung und Wahrheit* und dem frühen *Faust*. In: GoetheJb. N.F. (1967), S. 166–190. – Schnur, Harald: Identität und autobiographische Darstellung in Goethes *Dichtung und Wahrheit*. In: JbFDtHochst. (1990), S. 28–93. – Schulz, Gerhard: Die deutsche Literatur zwischen Französischer Revolution und Restauration 1789–1830. 2 Bde. München 1989. – Spranger, Eduard: Goethe über sich selbst. In: DVjs. 23 (1949), S. 357–379. – Sprengel, Komm. in MA 16, S. 881–1075. – Trunz, Komm. in HA 9, S. 601–840; HA 10, S. 571–660. – Wachsmuth, Andreas B.: ›Sich verselbsten‹ und ›entselbstigen‹ Goethes Altersformel für die rechte Lebensführung. In: GoetheJb. N.F. 11 (1949), S. 263–292. – Weber, Heinz-Dieter: Ästhetische Identität. Über das Fiktive in *Dichtung und Wahrheit*. In: DU. 41 (1989), H. 2, S. 21–36. – Wertheim, Ursula: Zu den Problemen von Biographie und Autobiographie in Goethes Ästhetik. In: dies.: Goethe-Studien. Berlin 1968, 89–126. – Wiese, Benno von: Das Dämonische in Goethes Weltbild und Dichtung. In: ders.: Der Mensch in der Dichtung. Studien zur deutschen und europäischen Literatur. Düsseldorf 1958, S. 72–91. – Witte, Bernd: Autobiographie und Poetik. Zur Kunstgestalt von Goethes *Dichtung und Wahrheit*. In: Neue Rundschau. 89 (1978), S. 384–401. – ZIMMERMANN, Bd. 1.

Benedikt Jeßing

Italienische Reise

G.s ›Flucht‹ nach Italien 1786: Motive und Absichten

Am 3.9. 1786, morgens um drei Uhr, verließ G. Karlsbad. Er hatte sich dort seit Ende Juli aufgehalten und noch am 28. August im Beisein des Herzogs Carl August, der an diesem Tag Karlsbad wieder verließ, und mit Angehörigen des Weimarer Hofes seinen 37. Geburtstag gefeiert. In der *Italienischen Reise* stilisiert er die Abreise zur Flucht; in Karlsbad, stellt er fest, »war nicht länger zu säumen«: »Ich warf mich, ganz allein, nur einen Mantelsack und Dachsranzen aufpackend, in eine Post-Chaise« (FA I, 15.1, S. 11). Noch 1829 spricht er, im Gespräch mit Eckermann, von der »Flucht nach Italien« (10.2. 1829). Im *Tagebuch der italienischen Reise*, das G. während der Fahrt nach Rom für Charlotte von Stein schrieb, wird jedoch deutlich, daß die Abreise keineswegs so überstürzt war, wie er es nahezu dreißig Jahre später darstellte; so schreibt er, daß er »schon den 28ten« habe abfahren wollen: »Das ging aber nicht, weil an meinen Sachen noch viel zu thun war« (FA I, 15.1, S. 604). G. hat die Reise nach Italien durchaus vorbereitet; seine Absicht dazu hat er allerdings verborgen und darüber ebenso geschwiegen, wie er nach seinem Aufbruch aus Karlsbad das Ziel der Reise bis zur Ankunft in Rom für sich behielt. Selbst Charlotte von Stein, die er Mitte August auf ihrer Rückreise von Karlsbad nach Weimar ein Stück weit begleitet hatte, und ebenso den Herzog ließ G. im Ungewissen. Carl August bat er am 2. September, einen Tag vor der Abreise, brieflich lediglich »um einen unbestimmten Urlaub«. Allein G.s Diener Philipp Seidel war eingeweiht. Über ihn hielt G. während der Reise nach Rom den Kontakt mit Weimar.

Für G.s ›Flucht‹ aus Weimar gab es eine Reihe von Motiven. Er hatte sich seit 1775 sehr bewußt auf die Tätigkeiten eingelassen, welche die verschiedenen Ämter, die er in Weimar

nach und nach übernahm, von ihm verlangten; er hatte dies nicht zuletzt in der Hoffnung auf Möglichkeiten der Veränderung im Herzogtum, auf Reformen im bürgerlichen Sinne getan und dabei auch manches auf den Weg gebracht. Zunehmend jedoch zeigte sich, daß Wunsch und Wirklichkeit nicht übereinstimmten, daß die Erwartungen sich nicht erfüllten und die schmale ökonomische Basis des Herzogtums, aber ebenso die beharrenden Kräfte am Hof weitreichende Veränderungen nicht zuließen. Seit der Mitte der 80er Jahre nehmen die Äußerungen des Selbstzweifels und der Resignation zu. So schreibt G. am 9.7. 1786, wenige Wochen also vor der Abreise nach Italien, an Charlotte von Stein: »Denn ich sage immer wer sich mit der Administration abgiebt, ohne regierender Herr zu seyn, der muß entweder ein Philister oder ein Schelm oder ein Narr seyn«.

Resignation und das Gefühl des Scheiterns gelten jedoch nicht nur der amtlichen, der politischen Tätigkeit. Sie gelten auch auf dem Feld der Dichtung. Im ersten Weimarer Jahrzehnt hat G. vieles begonnen, keines seiner großen Werke jedoch vollendet; von den Auftragsarbeiten etwa für das Theater und von der Lyrik abgesehen, waren die ersten Jahre in Weimar eine Zeit der Fragmente; von den teilweise herausragenden Gedichten der Zeit wurden nur sehr wenige damals auch veröffentlicht. Nicht zuletzt bei der Vorbereitung der ersten von ihm selbst veranstalteten Gesamtausgabe seiner Werke, der *Schriften*, deren erster Band 1787 erschien, wurde G. dieses Scheitern schmerzlich bewußt. Im späteren Rückblick hat er in der Überwindung dieser Schaffenskrise geradezu das Ziel seiner Italien-Reise gesehen; er sei, sagt er 1829 zu Eckermann, dazu genötigt gewesen, »um sich zu poetischer Produktivität wieder herzustellen« (10. 2. 1829).

Die Ambivalenz von Wunsch und Wirklichkeit sowie anwachsende, wenngleich kaum ausgesprochene Spannungen bestimmten in den späteren 80er Jahren auch G.s Beziehung zu Charlotte von Stein und damit die neben der zum Herzog wichtigste seiner Beziehungen in den ersten Weimarer Jahren. Es wurde zunehmend deutlich, daß sie in der bisherigen Weise kaum noch fortzusetzen war. So ist G.s Abreise nach Italien Reaktion auf die sich verstärkende Erfahrung von Einschränkung und Beengung. In einem Brief an Heinrich Carl Abraham Eichstädt vom 29.1. 1815, der während der Arbeit am Text der *Italienischen Reise* geschrieben wurde, sieht sich G. 1786 als »das bisher beengte und beängstigte Natur-Kind«, das »wieder nach Luft schnappt, im September 1786 auf der Reise nach Italien«. G. war im Sommer 1786 in einer tiefgehenden Krise, die alle seine Lebensbereiche betraf. Wie ernst diese Identitätskrise war, läßt eine Bemerkung G.s in einem Brief an Charlotte von Stein erkennen, geschrieben in Rom am 20.1. 1787: »Ich habe nur E i n e Existenz, diese hab ich diesmal g a n z gespielt und spiele sie noch. [...] Komm ich um, so komme ich um, ich war ohne dies zu nichts mehr nütze«. Italien, so hoffte G., sollte die Lösung der Krise, sollte Heilung bringen.

So sehr die aktuelle Lebenskrise Anlaß für die Abreise aus Karlsbad im Sommer 1786 war, so sehr hatte die Wahl des Ziels der Reise weiterreichende Gründe und tiefersitzende Motive. Die Reise nach Italien gehörte zur traditionellen Bildungsreise, die sich für die Söhne der sozialen Schichten, denen G. angehörte, üblicherweise an das Studium anschloß. So war es für G. geradezu selbstverständlich, in der Reise nach Italien den Abschluß des eigenen Bildungsganges zu sehen. 1770 schrieb er aus Straßburg an Ernst Theodor Langer: »Nach Italien Langer! Nach Italien! Nur nicht über's Jahr. Das ist mir zu früh; ich habe die Kenntnisse noch nicht die ich brauche, es fehlt mir noch viel. Paris soll meine Schule seyn, Rom meine Universität« (29.4. 1770). Auch G.s Vater, Johann Kaspar Goethe, hatte 1739 bis 1741 eine solche Bildungsreise nach Italien unternommen und darüber eine in italienischer Sprache verfaßte und der Tradition des enzyklopädischen Reiseberichts verpflichtete Darstellung *Viaggio per l'Italia* geschrieben, die erst 1932/33 und in deutscher Übersetzung vollständig erst 1986 gedruckt wurde. Und er hat, wie der Sohn in *Dichtung und Wahrheit* berichtet, seine Fami-

lie an den ihn tief prägenden Eindrücken, die er in Italien erhalten hatte, teilnehmen lassen. Die vom Vater aus Italien mitgebrachten Kunst- und Naturgegenstände und insbesondere eine Reihe von Radierungen römischer Ansichten, die im väterlichen Hause hingen, gehören zu den frühen und prägenden Erfahrungen G.s, der selbstverständlich auch Italienisch lernte und dem der Vater, wie in *Dichtung und Wahrheit* erzählt wird (vgl. FA I, 14, S. 40), bei der Planung des »künftigen Jugendganges« die Reise nach Italien als Abschluß der Ausbildung geradezu vorschrieb. G. selbst erinnert sich 1786 der kindlichen Erfahrungen und Eindrücke und sieht in der nun realisierten Reise die Erfüllung früher Wünsche. So heißt es im *Tagebuch der italienischen Reise für Frau von Stein 1786* am 24.9. 1786: »Die Hauptsache ist daß alle diese Gegenstände, die nun schon über 30 Jahre auf meine Imagination abwesend gewürckt haben und also alle zu hoch stehn, nun in den ordentlichen C a m - m e r und H a u s Ton der Coexistenz herunter gestimmt werden« (FA I, 15.1, S. 665). In der *Italienischen Reise* schreibt G. zu seiner Ankunft in Rom am 1.11. 1786, daß er »alle Träume« seiner Jugend nun »lebendig« sehe (FA I, 15.1, S. 135); an eben diesem Tag hatte er an seine Mutter geschrieben: »Wie wohl mir's ist daß sich soviele Träume und Wünsche meines Lebens auflösen, daß ich nun die Gegenstände in der Natur sehe die ich von Jugend auf in Kupfer sah, und von denen ich den Vater so oft erzählen hörte, kann ich Ihnen nicht ausdrücken«. In ihrem Antwortbrief vom 17.11. 1786 schreibt Katharina Elisabeth G. dazu: »Jubeliren hätte ich vor Freude mögen daß der Wunsch der von frühester Jugend an in deiner Seele lag, nun in Erfüllung gegangen ist«.

Trotz der prägenden kindlichen Eindrücke und trotz des väterlichen Drängens hat G. den Wunsch, Italien zu sehen, lange Zeit nicht verwirklicht. Am 22.6. 1775 war er, während der ersten Reise in die Schweiz, erstmals auf dem Gotthard; den Blick nach Süden hat er in der Tuschzeichnung *Scheide Blick nach Italien vom Gotthard* festgehalten. Sein Begleiter Jakob Ludwig Passavant schlug vor, weiter nach

Italien zu reisen; doch G. lehnte ab und kehrte um. Der Bericht in *Dichtung und Wahrheit*, in dem G. ausdrücklich darauf hinweist, daß seine Entscheidung wohl »von früheren Eindrücken regiert und bestimmt« worden sei (FA I, 14, S. 811), läßt deutlich erkennen, daß seine Vorstellung von Italien auch mit Abwehr besetzt und von Furcht bestimmt war; er nennt Italien ein »ganz Fremdes«, während Deutschland als ein »Bekanntes Liebwertes« erscheint, aus »dessen Grenzen zu treten« er sich, nicht zuletzt wegen der Beziehung zu Lili Schönemann, »nicht getraute« (ebd.). Wenige Monate nach dem ›Scheide Blick nach Italien‹, im Oktober des gleichen Jahres, schien die Italien-Reise Wirklichkeit zu werden. Als August von Kalb, der G. nach Weimar begleiten sollte, zunächst ausblieb, verließ er auf Drängen des Vaters, der auch »einen gar hübschen Reiseplan aufgesetzt« hatte (FA I, 14, S. 851), Frankfurt, um »nach Italien zu gehn« (FA I, 14, S. 847). In Heidelberg allerdings klärte sich das Mißverständnis auf; G. ging nach Weimar. Vier Jahre später, auf der zweiten, mit dem Herzog Carl August unternommenen Reise in die Schweiz, war G. erneut auf dem Gotthard. Doch auch dieses Mal blieb es beim Blick nach Italien. Am 13. 11. 1779 schrieb er an Charlotte von Stein: »Zum zweitenmal bin ich nun in dieser Stube, auf dieser Höhe, ich sage nicht mit was für Gedancken. Auch iezt reizt mich Italien nicht.«

Die Vorstellungen, die G. mit Italien verband, und sein Wunsch, dorthin zu kommen, waren offensichtlich überaus komplex. Der Bildungswunsch, Italien zu sehen, war untrennbar mit persönlich-intimen und in sich widersprüchlichen Motiven verknüpft. So war Italien ein väterlicher Ort und zugleich ein Ort des Entkommens, des Freiwerdens von Bindungen und Pflichten, ein gleichermaßen gewünschtes wie, jedenfalls für eine lange Zeit, abgewehrtes Ziel, ein Ort, der Befreiung versprach und zugleich oder gerade deshalb erschreckte. Kurt R. Eissler hat in seiner großen psychoanalytischen Studie zu G. nachdrücklich herausgearbeitet, wie sehr die Reise nach Italien und der Aufenthalt dort von G.s ambivalenter Beziehung zu seinem Vater, von iden-

tifikatorischer Nachfolge des Vaters und dem Wunsch, ihn zu übertreffen, bestimmt waren. In dieser Perspektive zeigt die Reise von 1786 deutliche Momente der Regression. Indem sich G. frühe, aus der Kindheit stammende Wünsche erfüllt und sich dabei zugleich väterlichen Anforderungen unterstellt, kehrt er in den kindlichen Status zurück. Und mehr noch: G. reist unter einem angenommenen Namen – als Johann Philipp Moeller aus Leipzig hat er sich in einem Regensburger Fremdenbuch eingetragen, als Signore Filippo Miller Pittore Tedesco erscheint er in einem römischen Einwohnerregister. Er verbirgt sich also und entkleidet sich gewissermaßen der eigenen Person; er reist allein, ohne Diener und begibt sich damit des sozialen Ranges, den er sich erarbeitet hat. Er hält seine Abreise geheim und verschweigt sein Ziel. So inszeniert er die Reise nach Italien als einen ›sozialen Tod‹, als ein Ablegen aller oder jedenfalls nahezu aller bisherigen sozialen Bindungen, auch wenn dies als nur vorläufig gedacht war; und zweifellos mischt sich in dieser Inszenierung bewußte Entscheidung untrennbar mit vor- und unbewußten Antrieben. G. reagiert damit in durchaus radikaler Weise und mit bemerkenswerter Konsequenz auf seine Lebenskrise. Die Abkehr von dem, was er seit der Abreise aus Frankfurt 1775 erreicht hatte, die sich mit der Erfüllung eines Kindheitswunsches verbindet, wird zur Voraussetzung der Heilung, die sich G. in und von Italien erhofft.

G. reiste über Eger, Regensburg und München. Am 8. September war er auf dem Brenner, am 10. September in Trient. Am Gardasee entlang ging es über Verona, Vicenca und Padua, wo G. jeweils nur wenige Tage verweilte, nach Venedig. Dort kam er am 28. September an und blieb bis zum 14. Oktober. Die Weiterreise nach Rom über Ferrara, Bologna, Florenz und Perugia absolvierte er relativ rasch und hielt sich nur kurz in den dabei berührten Städten auf, selbst in Florenz, was er später bedauerte. Im Brief an den Freundeskreis in Weimar vom 1. 11. 1786, der dann auch in die *Italienische Reise* aufgenommen wurde, heißt es: »Die Begierde nach Rom zu kommen war so groß, wuchs so sehr mit jedem Augenblicke, daß kein Bleibens mehr war«. Am 29.10. 1786 schließlich traf er in Rom ein. In dem Brief an die Freunde in Weimar schreibt er: »Endlich bin ich in dieser Hauptstadt der alten Welt angelangt!«

Italien und Weimar

Erst von Rom aus hat G. für die in Weimar Zurückgebliebenen das Geheimnis gelüftet und das Ziel seiner Reise, an dem er nun angekommen war, genannt. In den wenigen früheren Briefen nach Weimar, die über Seidel vermittelt wurden, schweigt er darüber und nennt auch nicht seine Aufenthaltsorte. Doch zeigen bereits diese Briefe, daß G. an den Beziehungen nach Weimar festhielt und selbstverständlich von der Rückkehr dorthin ausging. Im Brief an den Herzog vom 18.9. 1786 schreibt er, er habe »Hofnung einen wohl ausgewaschnen, wohl ausstaffirten Menschen wieder zurück zu bringen«; im Brief an Caroline und Johann Gottfried Herder vom gleichen Tag ist von der Hoffnung auf »eine glückliche Wiederkehr zu Euch« die Rede. Vom ersten Tag der Reise an bis zur Ankunft in Rom führte G. ein Tagebuch, dessen Adressatin Charlotte von Stein war. Die Rückbindung an Weimar ist der ›Flucht‹ aus Karlsbad und dem Verschweigen des Reiseziels komplementär. Sie bildet gewissermaßen die andere Seite des immerhin radikalen Heraustretens aus den bisherigen Bindungen, das G. riskiert. Diese Rückbindung hat zunächst durchaus ökonomisch-materielle Gründe. G. konnte sich der Reaktion seines Fürsten auf seine Abreise, die schließlich als Untreue und Pflichtverletzung verstanden werden konnte, nicht unbedingt sicher sein. Auch in dieser Hinsicht hat er im Sommer 1786 einiges aufs Spiel gesetzt. Immerhin erhielt er erst im Januar 1787, etwas mehr als vier Monate nach seiner Abreise, den ersten Brief des Herzogs, in dem ihm Carl August den Urlaub bewilligte. G. dankte sofort: »Wie sehr danck ich Ihnen, daß Sie mir so freundlich entgegen kommen, mir die Hand

reichen und mich über meine Flucht, mein Aussenbleiben und meine Rückkehr beruhigen«. Der Herzog wurde für G. während des Aufenthalts in Italien ein wichtiger Briefpartner. Seine Briefe sind allerdings nicht erhalten. G. berichtete ausführlich von sich und seinen italienischen Erfahrungen, er nahm aber auch weiterhin Anteil an der Verwaltung und an der Politik des Herzogtums und gab gelegentlich Ratschläge. Einige seiner Briefe haben den Charakter von Rechenschaftsberichten, und mitunter ist auch von finanziellen Dingen die Rede. Die Bewilligung des Urlaubs war mit der Fortzahlung der Bezüge als Mitglied des Geheimen Rates verbunden. Mit ihnen und mit weiteren Zahlungen der herzoglichen Kammer sowie mit einem immerhin beträchtlichen Anteil eigener Mittel finanzierte G. den italienischen Aufenthalt: Von den rund 7000 Talern, die er in den anderthalb Jahren ausgab, kamen etwa 4000 aus der herzoglichen Kasse, die weiteren 3000 bestritt er aus dem Honorar für die *Schriften* und aus dem väterlichen Vermögen.

G.s Rückbindung an Weimar hat jedoch weitere, vorrangig persönliche und sicher mindestens gleich bedeutsame Gründe. Das gilt insbesondere auch für die Beziehung zu Carl August. Vor allem ist sie eine Rückversicherung in der Lebenskrise, welche die Möglichkeit der Rückkehr in vertraute Beziehungen offen hält – und dies gleichermaßen im Falle des Scheiterns bei der Bewältigung der Krise wie ihrer Überwindung, wobei G. allerdings von vornherein auf einen glücklichen Ausgang setzt: »Schon fühl ich in meinem Gemüth, in meiner Vorstellungsart gar mercklichen Unterschied«, schreibt er bereits am 18.9. 1786 an den Herzog. Besonders deutlich wird diese Rückversicherung in der Beziehung zu Charlotte von Stein, im Tagebuch, das er für sie schreibt, und in den Briefen an sie während der Reise nach Rom und in der ersten Zeit des römischen Aufenthalts. Die Briefe Charlotte von Steins an G. sind im übrigen nicht erhalten. G. sieht in seiner ›Flucht‹ keineswegs eine Trennung von Charlotte von Stein, er unterschätzt bei weitem die Kränkung, die er ihr damit zugefügt hat, und er hegt die doch einigermaßen naive Erwartung, die Beziehung könne nach der Rückkehr wie zuvor, ja vertiefter und reicher fortgesetzt werden: »Laß dich's nicht verdrießen meine Beste daß dein Geliebter in die Ferne gegangen ist, er wird dir beßer und glücklicher wiedergegeben werden«, schreibt er ihr am 7.11.1786. Und als sie ihrer Kränkung Ausdruck gibt und ihm als Antwort auf seine Briefe nur ein »Zettelgen« zukommen läßt, das er am 9.12.1786 erhält, reagiert G. mit Unverständnis. Die Hoffnung auf Fortdauer der Verbindung diente wohl dazu, die tiefer liegenden und wenig bewußten Motive für die Italien-Reise zu verdecken, nicht zuletzt die Schuldgefühle, die seine ›Flucht‹ gerade auch vor Charlotte von Stein in ihm erweckt haben mochte.

Allerdings hat G. die Rückversicherung nach Weimar auch als Verpflichtung gegenüber den in Weimar Zurückgebliebenen verstanden. Immer wieder ist in den Briefen davon die Rede, daß er sie an seinen Erfahrungen teilhaben lassen wolle und nach der Rückkehr entschädigen werde. Ein aufschlußreiches Zeugnis für G.s Verknüpfung des italienischen Aufenthaltes mit Weimar ist ein Traum, den er etwa ein Jahr vor der Abfahrt nach Italien hatte, von dem er in Weimar erzählte und an den er nun im Tagebuch an Charlotte von Stein und in Briefen nach Weimar erinnert. In der *Italienischen Reise* wird der Traum ausführlich erzählt (19.10.1786): Er sei, träumte G., mit einem »großen Kahn« zu einer »fruchtbaren, reich bewachsenen Insel« gefahren, wo es die »schönsten Fasanen« gab, die dann auch sogleich von den »Einwohnern« getötet, herbeigebracht und ins Schiff gelegt wurden, »so zierlich gehäuft, daß die langen bunten Federschweife, nach außen hängend, im Sonnenglanz den herrlichsten Schober bildeten«; reich, ja überreich beladen fährt das Schiff zurück, und der Träumer benennt »schon die Freunde«, denen er »von diesen bunten Schätzen mitteilen« will, hat dann allerdings Schwierigkeiten, einen »sichern Landungsplatz« zu finden (FA I, 15.1, S. 116). Deutlich genug läßt dieser Traum den Wunsch erkennen, die auf der Ausfahrt erworbenen Schätze mit nach Hause zu nehmen und so die Zurück-

gebliebenen an der eigenen Bereicherung teilhaben zu lassen. Wohl dieser Bedeutung wegen hat G. die »Freunde« an den Traum erinnert, auf den er auch in späteren Briefen aus Italien anspielt und der ebenso in der *Italienischen Reise* noch mehrfach genannt wird. Psychoanalytischem Blick sind die sexuellen Konnotationen des Traums offensichtlich, der Wunsch auch nach sexueller ›Bereicherung‹. Er läßt damit, wie vor allem Eissler dargelegt hat, ein tiefsitzendes Motiv von G.s Italien-Reise sichtbar werden. Unverkennbar ist aber auch der Aspekt der Gewalt im Traum. Getötetwerden ist Voraussetzung dafür, daß die Schätze nach Hause gebracht werden können. Es liegt nahe, solchen Tod nicht allein auf die Objekte, sondern ebenso auf das Subjekt, den Träumer selbst zu beziehen. Der Traum läßt damit die Ambivalenz der Beziehung des Träumers zu den zu Hause gebliebenen Freunden, den Zwiespalt G.s zwischen Flucht aus und Rückbindung an Weimar erkennen.

Solche Beziehung auf den Träumer selbst ist vor allem deshalb legitim, weil dem Traum auch eine poetologische Dimension, ein Moment der Selbstreflexion des Dichters G. zukommt. So läßt ihn G. in der *Italienischen Reise* auf eine ausführliche Darlegung zur *Iphigenie* und zum Plan eines weiteren Iphigeniendramas folgen; und der den Traum tragenden Schiffahrtsmetapher, die G. in der *Italienischen Reise* öfter verwendet, kommt seit alters poetologische Bedeutung zu. Die »Schätze«, die G. auf der fruchtbaren Insel erwartet und mit denen er die Freunde beglücken will, sind so auch die eigenen Werke. Der Traum gestaltet den Wunsch nach dem Wiedergewinn der poetischen Produktivität. Gerade in seiner Vieldeutigkeit kann der Fasanentraum, den G. mit einer der Lieblingswendungen seines Alters »bedeutend« nennt, gewissermaßen als eine Schlüsselmetapher der *Italienischen Reise* bezeichnet werden. Für G. war Italien von vornherein nicht nur eine persönliche, ihn allein betreffende Erfahrung; vielmehr geschieht deren Verarbeitung, so sehr sie eigenen und sehr persönlichen Motiven folgt, stets auch im Blick auf die in Weimar Zurückgebliebenen und ist insofern auf Sozialität bezogen.

Veduta del Campidoglio sul Monte Capitolino.
Kupferstich von F. Morel 1796

Darin ist auch begründet, daß sich Verarbeitung und Reflexion der Erfahrungen mit dem Bedürfnis nach Mitteilung verknüpfen, daß sie zur Mitteilung werden – im *Tagebuch der italienischen Reise für Frau von Stein 1786* bis zur Ankunft in Rom und danach in den Briefen nach Weimar. Neben dem Herzog und Charlotte von Stein wurde insbesondere Johann Gottfried Herder zum wichtigen Briefpartner während des italienischen Aufenthalts. Herder besorgte die Druckvorlagen für die von Italien aus bearbeiteten Bände der *Schriften*, was einigen Anlaß zu intensivem Austausch gab. Weiter hat G. gerade Herder eingehend an den in Italien initiierten Lernprozessen teilhaben lassen, so etwa an der Ausbildung seiner Vorstellung von der Urpflanze. Und G. las mit großer Anteilnahme die aktuellen Schriften Herders, die dieser ihm zuschickte, so insbesondere den dritten Teil der *Ideen zur Philosophie der Geschichte der Menschheit* von 1787 oder die im gleichen Jahr erschienene religionsphilosophische Schrift *Gott. Einige Gespräche*. G. wiederholt damit in Italien ein psychisches Muster, das sich in Krisensituationen öfter bei ihm beobachten läßt: Er schließt sich an einen Mentor an, dessen Bedeutung insbesondere eine katalysatorische, eine die Ausbildung und Erarbeitung von Neuem sachlich wie vor allem psychisch unterstützende ist. Indem G. aus dem Weimarer Kreis gerade Herder für diese Rolle wählt, wiederholt er in Italien in gewisser Weise die Situation in Straßburg, auch wenn er dann, deutlicher noch und rascher als dies in Straßburg der Fall gewesen war, in der eigenen Entwicklung den Mentor hinter sich läßt.

Der italienische Aufenthalt 1786 bis 1788: Rom – Neapel und Sizilien – Rom

Unmittelbar nach der Ankunft in Rom nahm G. Kontakt mit dem Maler Johann Heinrich Wilhelm Tischbein auf, der sich seit 1783, unterstützt durch ein von G. vermitteltes Stipendium des Herzogs von Gotha, in Rom aufhielt. Vor allem in den ersten Wochen nach der Ankunft in Rom war die Beziehung zu Tischbein, den G. schon seit längerem kannte, sehr eng und für G. überaus hilfreich. Er zog in Tischbeins Wohnung. In dem Haus Via del Corso 18, in dem heute das römische G.-Museum untergebracht ist, konnte er während des gesamten römischen Aufenthalts wohnen. Tischbein, von dem das berühmte Gemälde *Goethe in der Campagna* und das gleichfalls berühmte Aquarell der Rückenansicht des aus dem Fenster seiner römischen Wohnung schauenden G. stammen, vermittelte die Bekanntschaft mit den deutschen Malern in Rom. Zu ihnen gehörten neben anderen der Schweizer Maler und Kupferstecher Johann Heinrich Lips, den G. schon seit den 70er Jahren kannte und der später Professor an der Zeichenschule in Weimar wurde, und der Hanauer Historienmaler Friedrich Bury, der – wie übrigens auch der Frankfurter Landschaftsmaler Johann Georg Schütz – im gleichen Haus wie Tischbein und G. wohnte. Sehr eng war auch der Kontakt mit der aus Chur stammenden, von den Zeitgenossen insbesondere wegen ihrer Porträts und ihrer Historienbilder hoch geschätzten Malerin Angelika Kauffmann; ihr G.-Porträt allerdings wollte ihr auch nach ihrem eigenen Bekunden, wie G. berichtet (vgl. FA I, 15.1, S. 378), nicht gelingen. Zum Kreis um Angelika Kauffmann gehörte auch der gothaische und russische Hofrat Johann Friedrich Reiffenstein, ein Freund Winckelmanns, der G. als Kunstsachverständiger half und ihm auch einige gesellschaftliche Kontakte vermittelte.

Zwei Bekanntschaften, die G. in Rom machte, waren von besonderer Bedeutung. Bereits in den ersten Tagen nach der Ankunft lernte er den Schweizer Maler und Kunstkenner Johann Heinrich Meyer kennen. Aus der Bekanntschaft entwickelten sich tiefe Freundschaft und lebenslange Zusammenarbeit. 1791 kam Meyer, der seit 1784 in Rom war, auf G.s Wunsch nach Weimar. Er wohnte bis 1802 in G.s Haus am Frauenplan, wurde 1795 Lehrer an der Weimarer Zeichenschule und 1807 deren Direktor. Meyer, der zeitlebens einem strengen Klassizismus verpflichtet blieb, war

G.s wichtigster, von ihm sehr hoch geschätzter, sicher auch überschätzter Berater in Fragen der bildenden Kunst. Vor allem bei den Unternehmungen der ›Weimarischen Kunstfreunde‹ haben beide eng zusammengearbeitet, und viele der Veröffentlichungen G.s zur bildenden Kunst entstanden in enger Zusammenarbeit mit Meyer.

Gleichfalls in Rom, nur wenige Wochen nach der Ankunft lernte G. Karl Philipp Moritz kennen, der wie G. zwischen 1786 und 1788 Italien bereiste und darüber gleichfalls einen Reisebericht *Reisen eines Deutschen in Italien in den Jahren 1786–1788* schrieb, der allerdings bereits 1792/93 erschien. Zwischen Moritz und G. entwickelte sich rasch eine enge Freundschaft. Als Moritz sich im Dezember 1786 den Arm brach, pflegte ihn G., hielt über Wochen die Krankenwache an seinem Bett und organisierte in der Künstlerkolonie die Nachtwache für Moritz. An Charlotte von Stein schrieb er am 14.12.1786: »Moritz [...] ist wie ein jüngerer Bruder von mir, von derselben Art, nur da vom Schicksal verwahrlost und beschädigt, wo ich begünstigt und vorgezogen bin«. Und Moritz vermerkt in seinen *Reisen eines Deutschen*: »Der Umgang mit ihm [G.; d. Vf.] bringt die schönsten Träume meiner Jugend in Erfüllung, und seine Erscheinung, gleich einem wohltätigen Genius, in dieser Sphäre der Kunst, ist mir, so wie mehreren, ein unverhofftes Glück« (S. 196). Bedeutsam waren vor allem die kunsttheoretischen Gespräche zwischen beiden; sie waren wichtig für G.s Selbstverständigung, und zu ihrem Ertrag gehört die 1788 veröffentlichte kunsttheoretische Schrift *Über die bildende Nachahmung des Schönen* von Moritz, die einen wichtigen Beitrag zur klassischen Ästhetik, insbesondere zur Ausbildung der Vorstellung von der Autonomie der Kunst darstellt und aus der G. ein wichtiges Kapitel in die *Italienische Reise* aufnahm.

Den Winter 1786/87 über blieb G. in Rom. Er arbeitete an den Vorlagen für die *Schriften* und an der Fertigstellung seiner bisher nicht vollendeten Werke, vorrangig der *Iphigenie*, deren Prosafassung er in Blankverse umschrieb. Er beschäftigte sich mit Zeichnen,

und er nahm, wenn auch eingeschränkt, am gesellschaftlichen Leben der deutschen Künstlerkolonie in Rom und deren Umkreis teil, wobei er übrigens sein Inkognito noch einigermaßen zu wahren versuchte. Die Kenntnis seiner Identität blieb auf einen kleinen Kreis von Vertrauten beschränkt. Hauptbeschäftigung jedoch war das Studium der Kunst der Antike und der Renaissance; wie schon auf der Reise nach Rom bildeten die Betrachtung, die Wahrnehmung und sinnliche Aufnahme der Baulichkeiten und der antiken baulichen Überreste, der Statuen und Gemälde das Zentrum seiner römischen Erfahrungen.

Am 22.2.1787 verließ G. Rom, um, begleitet von Tischbein, in den Süden zu reisen. Am 25. Februar trafen beide in Neapel ein. Dort lernte G. den bedeutenden und erfolgreichen Landschaftsmaler Philipp Hackert kennen, dessen Bilder G., der einige davon schon vor Italien kannte, sehr beeindruckten. Er ließ sich von Hackert im Malen und Zeichnen unterrichten, was später, bei einem Aufenthalt Hackerts in Rom, wiederholt wurde. Hackert hat vor allem G.s bildnerische Naturauffassung nachhaltig geprägt. Auf Wunsch Hackerts hat G. später dessen autobiographische Aufzeichnungen bearbeitet und dann 1811 herausgegeben. Die Erfahrung von Natur und Kunst, vornehmlich der antiken, prägten auch den Aufenthalt in Neapel. So hat G. dreimal den Vesuv bestiegen und unter anderem die Ausgrabungen in Pompeji besichtigt. Am 23.3.1787 sah er in den dorischen Tempeln von Paestum erstmals authentische Überreste der griechischen Antike. G., dessen Blick auf die Antike wie der seiner Zeitgenossen durch die römische Antike, nicht zuletzt die römischen Kopien griechischer Werke bestimmt war, reagierte zunächst mit großem Befremden und mit Abwehr. In der *Italienischen Reise* schreibt er dazu, daß er sich in »einer völlig fremden Welt« befunden habe und ihm die »stumpfen, kegelförmigen, enggedrängten Säulenmassen lästig ja furchtbar« erschienen (FA I, 15.1, S. 236f.). Nur mit Mühe und Anstrengung gelang es ihm, Zugang zur archaischen Strenge und Mächtigkeit der baulichen Überreste Großgriechenlands zu finden.

Wesentlich dazu beigetragen hat die Reise durch Sizilien, die G. am 29.3. 1787 antrat, begleitet von dem Maler und Zeichner Christoph Heinrich Kniep, einem Schüler Tischbeins, der selbst in Neapel blieb. Palermo, wo sich G. etwa vierzehn Tage aufhielt, Segesta und Girgenti, das antike Agrigent, schließlich – nach einer Reise durchs Innere Siziliens – Catania, Taormina und Messina bildeten die herausragenden Stationen. Die Anschauung südlich-mediterraner Landschaft, die Auseinandersetzung mit den Überresten griechischantiker Tempel und die erneute Lektüre Homers verbanden sich zu einer G. tief beeindruckenden Erfahrung. Sizilien, schrieb er am 18.4. 1787 aus Palermo an Charlotte von Stein, sei »ein unsäglich schönes Land«; einen Tag zuvor hatte er an Friedrich von Stein geschrieben: »Ich befinde mich wohl und bin vielleicht in meinem Leben nicht 16 Tage hinter einander so heiter und vergnügt gewesen als hier. [...] Ich habe viel, viel Neues gesehen, erst h i e r lernt man Italien kennen«. Im Brief an Seidel, den G. am 15.5. 1787 bereits nach der Rückkehr nach Neapel schrieb, heißt es: »Die Reise durch Sicilien ist denn auch glücklich vollbracht und wird mir ein unzerstörlicher Schatz auf mein ganzes Leben bleiben«.

Nicht zuletzt hat die Erfahrung Siziliens G. zu eigener Produktivität motiviert. Er arbeitete an der Tragödie *Nausikaa*, die allerdings Fragment blieb und mit der er bereits früher in Italien begonnen hatte, was in der *Italienischen Reise* freilich verschwiegen wird, in der allein während des Sizilienaufenthalts von *Nausikaa* die Rede ist. Auf Sizilien hat G. nach seinem eigenen Bekunden den Kerngedanken seiner Vorstellung von der Urpflanze gefaßt. Dort, dem »letzten Ziel« seiner Reise, habe ihm, schreibt er in einem 1817 entstandenen Aufsatz, »die u r s p r ü n g l i c h e I d e n t i t ä t aller Pflanzenteile vollkommen« eingeleuchtet (*Der Verfasser teilt die Geschichte seiner botanischen Studien mit*; WA II, 6, S. 121). In der *Italienischen Reise* wird die Suche nach der Urpflanze mit der Arbeit am *Nausikaa*-Fragment verknüpft und beides vor allem mit dem Aufenthalt im Garten der Villa Giulia in Palermo verbunden. In einem zum *Nausikaa*-

Fragment gehörenden Verspaar hat G. seine Erfahrung südlicher Landschaft und Natur mit poetischer Prägnanz ausgesprochen: »Ein weißer Glanz ruht über Land und Meer / Und duftend schwebt der Äther ohne Wolken« (MA 3.1, S. 232).

Nach einem weiteren, längeren Aufenthalt in Neapel, der den erneuten Besuch von Paestum einschloß und bei dem G. auch einen Ausbruch des Vesuv erlebte, kehrte er nach Rom zurück, wo er am 6.6. 1787 wieder eintraf. Damit begann G.s zweiter, noch mehr als zehn Monate dauernder römischer Aufenthalt. Im Brief an den Herzog vom 11.8. 1787, in dem er auch darum bittet, ihn »noch biß Ostern in Italien zu laßen«, entwarf G. ein Programm für die kommenden Monate, das er dann auch in hohem Maße eingehalten hat. Dazu gehörte erneut die Fertigstellung der noch unvollendeten Werke für die *Schriften*. Dazu heißt es im Brief: »Egmont ist fertig, und ich hoffe biß Neujahr den Tasso, biß Ostern Faust ausgearbeitet zu haben«. Weiter sollen auch die »kleinen Sachen«, womit vor allem die Singspiele gemeint sind, »fertig werden«. G. hofft gar darauf, daß er noch »mit Ernst an Wilhelm gehn« könne, an den *Meister*-Roman also. Am 16.2. 1788 kann G. dem Herzog die Erfüllung jedenfalls eines größeren Teils seiner Absichten mitteilen; die Singspiele seien, schreibt er, »in bester Ordnung« und die Gedichte »so ziemlich«, und so stehe »fast nichts als der Hügel Tasso und der Berg Faustus vor der Nase«. Beide Dramen wurden dann allerdings in Italien nicht vollendet.

Im Brief vom 11.8. 1787 an den Herzog nennt G. als eine weitere Absicht, daß er sich im Zeichnen weiter ausbilden und »vollkommner« machen wolle, zunächst im Landschaftszeichnen, dann im Zeichnen der menschlichen Figur und des menschlichen Gesichts. Er beschäftigte sich intensiv mit Zeichnen, Malen und auch mit Modellieren; zum zweiten römischen Aufenthalt gehört die für ihn durchaus schmerzliche Einsicht, daß er, wie er am 10.4. 1829 zu Eckermann im Rückblick auf die italienische Zeit sagt, »kein Talent zur bildenden Kunst habe«. In der *Italienischen Reise* schreibt er unter dem 22.2. 1788, es werde ihm

»täglich [...] deutlicher«, daß er »eigentlich zur Dichtkunst geboren« sei, und es gehöre zu den Ergebnissen des Aufenthalts in Rom, daß er »auf das Ausüben der bildenden Kunst Verzicht tue« (FA I, 15.1, S. 556).

Stärker als im Winter 1786/87, allerdings noch immer sehr verhalten, nahm G. nun am geselligen Leben der Künstler in Rom und ihrem Umkreis teil, verbrachte auch einige Wochen als Villeggiatura, als ›Sommerfrische‹ also, in Castel Gandolfo. In die Zeit des zweiten römischen Aufenthalts fällt vermutlich auch die Liebesgeschichte mit einer Römerin, über die es in den Briefen einige Andeutungen gibt, Näheres und Genaueres sich jedoch nicht ausmachen läßt. Deutungen, welche die poetische Inszenierung der erst nach der Rückkehr aus Italien in Weimar geschriebenen *Römischen Elegien* für biographische Wirklichkeit nehmen, sind jedenfalls mit großer Skepsis zu betrachten. Gleichwohl ist von einer erotischen Erfahrung G.s in Rom auszugehen, die für seinen Aufenthalt in Italien, dessen Bedeutung und Wirkung von einigem Belang war, die als ein Befreiungserlebnis verstanden werden muß und die auch, wenngleich in poetisch reflektierter Weise, in die *Römischen Elegien* einging.

Am 23.4. 1788 verließ G. Rom und trat die Heimreise an. Er wurde begleitet von dem Frankfurter Komponisten Philipp Christoph Kayser, den er seit längerem kannte. Kayser war seit November 1787 in Rom; er hat die Musik zu Singspielen G.s geschrieben und auch einige seiner Gedichte vertont. Die Reise führte, mit etwas längeren Aufenthalten in Florenz und Mailand, über den Splügenpaß, über Konstanz, Augsburg und Nürnberg. Sie dauerte knapp zwei Monate: Am 18.6. 1788 war G. wieder in Weimar. 653 Tage war er unterwegs gewesen, 73 davon waren Reisetage; und er hatte dabei etwa 5000 Kilometer zurückgelegt.

Die ersten Jahre nach Italien: Enttäuschung – Isolierung – Revolution

Von Anfang an hat G. die Italien-Reise als Chance zu einem Neubeginn verstanden. Der Wunsch, neu anfangen zu können, gehörte zu den Motiven seiner ›Flucht‹ im September 1786. Bereits in den ersten Briefen auf der Reise wurde dieser Wunsch in die Metapher der Wiedergeburt gefaßt, etwa im Brief an die Herders vom 18.9. 1786, in dem G. schreibt, er wünsche eine »glückliche Wiederkehr« und »hoffe wiedergebohren zurückzukommen«. Gegen Ende des italienischen Aufenthalts, im Brief an den Herzog vom 25.1. 1788, in dem G. umfänglich Rechenschaft ablegt, stellt er fest: »Die Hauptabsicht meiner Reise war: mich von den phisisch moralischen Übeln zu heilen die mich in Deutschland quälten und mich zuletzt unbrauchbar machten; sodann den heisen Durst nach wahrer Kunst zu stillen, das erste ist mir ziemlich das letzte ganz geglückt«. Zwei Monate später, am 17.3. 1788, schreibt er gleichfalls an den Herzog: »Ich darf wohl sagen: ich habe mich in dieser anderthalbjährigen Einsamkeit selbst wiedergefunden; aber als was? – Als Künstler!« Der italienische Aufenthalt erscheint so als ein Neubeginn, zu dem vorrangig der Gewinn einer neuen Identität als Dichter gehört. Auffällig ist allerdings, daß die in Italien wiedergewonnene poetische Produktivität sich wesentlich in der Fähigkeit zum Abschluß des im ersten Weimarer Jahrzehnt nicht Vollendeten äußerte und nicht etwa in der Produktion neuer Werke; da blieb es bei Absichten und bestenfalls ersten Entwürfen. Überhaupt ist zu bedenken, daß die Erfahrung ›Italien‹ mit der Rückkehr keineswegs abgeschlossen war, daß im Gegenteil das in Italien Erfahrene und Erlebte noch der Verarbeitung bedurfte, in der die ›neue Identität‹ erst ausgebildet und entfaltet werden konnte. Gleichwohl gilt, daß G. als ein Anderer aus Italien zurückkehrte; dies wurde in Weimar auch deutlich bemerkt und registriert. Zu den ersten Erfahrungen G.s nach der Rückkehr gehörte die der Entfremdung von den Freunden und Bekannten der voritalienischen Zeit.

Zweifellos bedeutete die Rückkehr nach Weimar in mehrfacher Hinsicht einen Neubeginn. Das gilt zunächst für die amtliche Tätigkeit, über deren Fortführung G. sich bereits von Italien aus mit dem Herzog hatte verständigen können. Er war fortan von den alltäglichen Routinegeschäften weitgehend befreit, blieb jedoch Mitglied des Geheimen Rats, war in mehreren Funktionen, vorrangig im kulturellen Bereich, weiterhin tätig und blieb vor allem der wichtigste Berater des Herzogs.

Einen Neubeginn gab es aber insbesondere im privaten Bereich. Wenige Wochen nach der Rückkehr lernte G. Christiane Vulpius kennen. Im Zusammenleben mit ihr wurde für G. die in Italien erfahrene Befreiung der Sinnlichkeit auch in Weimar zur gelebten Wirklichkeit. Die Reaktion auf diese Beziehung war Unverständnis, Ablehnung, ja Häme. Nicht zuletzt zerbrach daran endgültig die Beziehung zu Charlotte von Stein. Diese Reaktion machte G. in besonderer Weise deutlich, welche Distanz ihn nunmehr nicht allein im Privat-Persönlichen, sondern vor allem in den literarischen, künstlerischen und wissenschaftlichen Anschauungen von den früheren Freunden trennte. Sie waren nicht bereit, ihm auf dem Weg zu folgen, den er in Italien eingeschlagen hatte. So blieb G. bei der Anstrengung, die italienischen Erfahrungen zu verarbeiten, weitgehend allein. Enttäuschung und das Gefühl der Isolierung bestimmten deshalb die ersten Jahre nach Italien. »Man kann sich keinen isoliertern Menschen denken als ich damals war und lange Zeit blieb«, schrieb G. dreißig Jahre später im Rückblick auf die 90er Jahre in der *Campagne in Frankreich* (MA 14, S. 468); in dem 1817 entstandenen, sich auf die Abhandlung *Die Metamorphose der Pflanzen* beziehenden Aufsatz *Schicksal der Handschrift* heißt es: »Aus Italien dem formreichen war ich in das gestaltlose Deutschland zurückgewiesen, heitern Himmel mit einem düsteren zu vertauschen; die Freunde, statt mich zu trösten und wieder an sich zu ziehen, brachten mich zur Verzweiflung. Mein Entzücken über entfernteste, kaum bekannte Gegenstände,

mein Leiden, meine Klagen über das Verlorne schien sie zu beleidigen, ich vermißte jede Teilnahme, niemand verstand meine Sprache« (MA 12, S. 69).

G. hat im autobiographischen Rückblick die Gefühle der Isolierung und Enttäuschung zweifellos pointiert; sie sind jedoch auch in den Zeugnissen aus der Zeit nach Italien deutlich genug bemerkbar. Besonders drastisch äußern sie sich in einem Brief an Herder Ende Juli oder Anfang August 1788, der G. vor der eigenen Italien-Reise um die Überlassung seiner Aufzeichnungen gebeten hatte; G. lehnte ab: »Die Abschrift meines Reise Journals gäbe ich höchst ungerne aus Händen, meine Absicht war sie ins Feuer zu werfen. Ich weiß schon wie es geht. So was sieht immer noch einer und wieder einer, es wird noch einmal abgeschrieben und endlich habe ich den Verdruß diese Pudenda irgendwo gedruckt zu sehn. Denn es ist im Grunde sehr dummes Zeug, das mich jetzt anstinckt. [...] Es ist nicht Knauserey sondern redliche Schaam daß ich die Blätter nicht hergeben mag«.

Enttäuschung bestimmte dann G.s zweiten Aufenthalt in Italien, zu dem er am 13.3. 1790 aufbrach, um die Herzoginmutter Anna Amalia auf ihrer Rückreise aus Italien zu begleiten. Am 31.3. 1790 traf er in Venedig ein, wo er sich einige Wochen bis zum Eintreffen der Herzoginmutter aufhielt. Keineswegs jedoch brachte dieser Aufenthalt, den G. vorrangig dazu nützte, sich ausführlich mit den Kunstwerken der Stadt zu beschäftigen, eine Wiederholung der ersten Italien-Erfahrung. An den Herzog schreibt G. am 3.4. 1790 aus Venedig, zwar werde ihm die Reise »an Leib und Seele wohlthun«, aber er müsse auch »gestehen«, daß seiner »Liebe für Italien durch diese Reise ein tödlicher Stos versetzt« werde: »Nicht daß mirs in irgend einem Sinne übel gegangen wäre, wie wollt es auch? aber die erste Blüte der Neigung und Neugierde ist abgefallen«. Und eines der *Venezianischen Epigramme*, die zum größten Teil während des Aufenthalts in Venedig entstanden sind, schließt mit der Zeile: »Dies ist Italien nicht mehr das ich mit Schmerzen verließ« (MA 3.2, S. 85). G. hat diese zweite Italien-Reise wohl bereits widerstrebend angetreten, möglicherweise wegen der damit verbundenen Trennung von Christiane und von dem etwa ein Vierteljahr zuvor, am 25.12. 1789, geborenen Sohn August. Ein Indiz für solchen Widerstand ist, daß er, wie er einigermaßen über sich selbst verwundert am 3.4. 1790 aus Venedig an Herder schreibt, »das Tagebuch [s]einer vorigen Reise mitzunehmen vergessen habe«. Jedenfalls brachte der Aufenthalt in Venedig die durchaus schmerzliche Einsicht, daß die Italien-Erfahrung der ersten Reise nicht wiederholbar war und sie unwiederbringlich der Vergangenheit angehörte.

In den *Venezianischen Epigrammen* sind auch die ersten literarischen Äußerungen G.s zur Französischen Revolution zu finden und damit zu dem historischen Ereignis, dessen Erfahrung und Verarbeitung für G. mit der Bearbeitung der Italien-Erfahrung nicht nur zeitlich zusammenging. Die Erfahrung der Französischen Revolution, die G., auch wenn er deren Bedeutung sehr früh erkannte, von vornherein ablehnte, hat zu der Situation der Krise, in der sich G. nach der Rückkehr aus Italien wiederfand, wesentlich beigetragen. Persönliches und Allgemeines gehen so in eins. Deutlich zeigt sich dies in seiner literarischen Produktion. Von einem poetischen Neubeginn in den ersten Jahren nach der Rückkehr aus Italien, wo G. sich nach eigenem Zeugnis als Künstler wiedergefunden haben wollte, kann kaum gesprochen werden. Vielmehr geriet die poetische Produktion rasch ins Stocken. G. konnte noch den *Tasso* vollenden; doch dies war eher ein Nachtrag zur literarischen Arbeit in Italien selbst. Und die mit den *Römischen Elegien* und auch den *Venezianischen Epigrammen* erreichten neuen Möglichkeiten lyrischen Sprechens blieben zunächst für einige Jahre ohne Fortsetzung. Beide Werke wurden auch vorerst nicht veröffentlicht.

Im Zentrum der poetischen Produktion standen die Versuche der literarischen Verarbeitung der Revolution, vorrangig in den sogenannten Revolutionsdramen, in politischer, ja durchaus agitatorisch-eingreifender Literatur also, wobei nicht wenige der unternommenen

Versuche Fragment blieben. G. geriet erneut in eine poetische Krise, wozu auch das eher geringe Interesse des Publikums an seinen Werken beitrug, das sich im schlechten Verkauf der *Schriften* äußerte. Erst Mitte der 90er Jahre konnte G. in der Zusammenarbeit mit Schiller, im Kontext politischer Beruhigung und auf der Basis der literarischen Erfahrungen bei der Verarbeitung der Revolution diese Schaffenskrise endgültig überwinden, womit es ihm zugleich möglich wurde, nunmehr wieder an die Italien-Erfahrung, an das in Italien Erlebte und Erarbeitete anzuknüpfen. Die Möglichkeit solcher Anknüpfung mag eines der Motive für den Plan einer weiteren Reise nach Italien gewesen sein, den G. seit 1795 verfolgte. Sie wurde in Zusammenarbeit mit Meyer, der G. begleiten sollte, überaus gründlich vorbereitet. Die politischen Verhältnisse und militärischen Vorgänge erzwangen mehrfach die Verschiebung des Reisebeginns; erst im Sommer 1797 konnte G. die Reise antreten, die ihn zunächst nach Zürich führte, wo er mit Meyer, der bereits in Italien gewesen war, zusammentraf. Die kriegerischen Ereignisse in Oberitalien verhinderten jedoch die Einreise nach Italien. Aus der geplanten Italien-Reise wurde G.s dritte Reise in die Schweiz. Am 17. 11. 1797 war er wieder in Weimar. Sein Bedauern über das Scheitern des Reiseplans war bemerkenswert gering. Italien hat G. nicht wiedergesehen.

Die krisenhafte Situation nach der Rückkehr aus Italien mag mit dazu beigetragen haben, daß G. im Rückblick den italienischen Aufenthalt stets als eine Zeit des Glücks erinnerte. Noch während der Rückfahrt hatte er in einem Brief, den er am 5.6. 1787 aus Konstanz an Herder schrieb, Italien den Ort genannt, »wo ich in meinem Leben das erstemal unbedingt glücklich war«. Immer wieder hat G. die Zeit des italienischen Aufenthalts als eine besondere hervorgehoben und in der Glückserfahrung seinem übrigen Leben gegenübergestellt. So heißt es in einem wiederum an Herder gerichteten Brief, den G. am 27.12. 1788, ein halbes Jahr nach der Rückkehr aus Italien schrieb, in Verwendung des Zitats aus Ovids *Tristia*, das dann auch am Ende der *Italieni-*

sche Reise stehen wird: »Mit welcher Rührung ich des Ovids Verse oft wiederhole, kann ich dir nicht sagen: Cum subit illius tristissima noctis imago, / Quae mihi supremum tempus in urbe fuit. Ich fühle nur zu sehr, was ich verloren habe, seit ich mich aus jenem Elemente wieder hieher versetzt sehe; ich suche mir es nicht zu verbergen, aber mich so viel als möglich auch hier wieder einzurichten«. Kanzler von Müller berichtet, daß G. ihm am 30.5. 1814 gesagt habe: »Seit ich über den Ponte molle heimwärts fuhr, habe ich keinen glücklichen Tag mehr gehabt«. Noch gegen Ende seines Lebens sah G. im Aufenthalt in Rom den Höhepunkt seines Lebens; zu Eckermann sagte er am 9.10. 1828: »Ja ich kann sagen, daß ich nur in R o m empfunden habe, was eigentlich ein Mensch sei. – Zu dieser Höhe, zu diesem Glück der Empfindung bin ich später nie wieder gekommen; ich bin, mit meinem Zustande in Rom verglichen, eigentlich nachher nie wieder froh geworden«. Nicht zuletzt diese Selbsteinschätzung hat die literarische Verarbeitung des italienischen Aufenthalts bestimmt.

Die literarische Verarbeitung der italienischen Erfahrung bis 1814

Von Beginn der Reise nach Italien an hat G. seine Erfahrungen schriftlich fixiert; bereits am ersten Tag begann er mit Aufzeichnungen, die er zwar zunächst, wie er im Brief vom 14.10. 1786 an Charlotte von Stein schrieb, »allgemein« halten wollte, die dann jedoch »allein« für Charlotte von Stein gedacht waren; sie erhielt dieses *Tagebuch* in mehreren Etappen aus Italien zugeschickt. Allerdings dachte G. auch sogleich an die Möglichkeit eines zu veröffentlichenden Reiseberichts, für den das *Tagebuch* die Grundlage sein sollte. So schlug er Charlotte von Stein im Brief vom 14.10. 1786 vor, sie möge doch das Tagebuch abschreiben, dabei das ›Du‹ in ›Sie‹ verwandeln und weglassen, was sie allein angehe: »So fänd ich wenn ich wiederkomme gleich ein

Exemplar in das ich hinein korrigieren und das Ganze in Ordnung bringen könnte«. Dieses *Tagebuch der italienischen Reise für Frau von Stein 1786* ist, jedenfalls anfangs, in einem berichtenden und eher schlichten Briefton gehalten und enthält präzise, zugleich nüchterne Angaben über die Reisestationen. Das *Tagebuch* zeigt, daß G.s Reise nach Italien zunächst durchaus in der Tradition der enzyklopädischen Bildungsreise und damit zudem in der Nachfolge des Vaters steht. Dazu paßt auch, daß er sich bei seiner Erfahrung Italiens des damals gängigen ›Reiseführers‹, der dreibändigen *Historisch-kritischen Nachrichten von Italien* von Johann Jacob Volkmann, bediente und sich davon leiten ließ, wobei er übrigens die erste Auflage von 1770/71, nicht die erweiterte und weitaus mehr verbreitete zweite Auflage von 1777 benützte. G. zeichnete im *Tagebuch der italienischen Reise* auf, was er, angeleitet durch Volkmann und durch einige weitere Bücher, die er im Laufe der Reise erwarb, wahrnahm, wobei er oft nur andeutend verfuhr. Explizit erwartete er von der Adressatin, daß sie sich solche Andeutungen durch die Konsultation Volkmanns ergänzte.

Bereits in diesem *Tagebuch* verfährt G. bei der Darstellung seiner Reise selektiv. Nicht Vollständigkeit ist Ziel der Reise und – mehr noch – der Aufzeichnungen ihrer Darstellung im Tagebuch. Vielmehr sind beide bestimmt vom durchaus eigenständigen und individuellen, ja subjektiven Sich-Einlassen auf Italien, vom Anspruch auf Selbsterfahrung in der Wahrnehmung der italienischen Kunst und Natur. Darin weichen gleichfalls von Beginn an G.s Reise und bereits sein Bericht im *Tagebuch* von dem Typ der enzyklopädischen Reise ab, so sehr durch das Vorbild des Vaters diese Art der Reise und der schriftlichen Fixierung zunächst das Muster abgab. Diese Tendenz verstärkt sich im Verlauf der Reise; und so zeigt das *Tagebuch* deutlich die Ambivalenz zwischen dem Wunsch G.s nach einer gleichsam objektiv gegründeten Bildungserfahrung in Italien und seiner sich verstärkenden Einsicht, wie sehr Italien zur individuellen Herausforderung werden sollte. Es ist bezeichnend, daß nach dem ambivalenten und krisenhaften Aufenthalt in Bologna die Eintragungen flüchtiger werden, so wie die Weiterreise nach Rom von da an überaus rasch voranging, und durchaus folgerichtig endet das *Tagebuch* mit der Ankunft in Rom. Die Unstimmigkeiten im *Tagebuch*, das er im Brief an Herder von Ende Juli oder Anfang August 1788 als »sehr dummes Zeug« bezeichnet, mögen mit dazu beigetragen haben, daß G. von einer Veröffentlichung, selbst in bearbeiteter Gestalt, absah; allerdings war ihm bereits in Italien klar geworden, daß eine Darstellung seiner Reise in der Tradition enzyklopädischer Bildungsreisen den eigenen Eindrücken und Erfahrungen nicht angemessen sein konnte. Bei der Abfassung der *Italienischen Reise* hat G. das *Tagebuch* dann benützt; es blieb in seinem Nachlaß erhalten und wurde erstmals 1886 vollständig veröffentlicht.

Trotz des Verzichts auf eine umfassende Darstellung seiner Reise veröffentlichte G. unmittelbar nach seiner Rückkehr aus Italien eine Reihe von kleineren Aufsätzen, die jedenfalls teilweise auf seine italienischen Aufzeichnungen zurückgehen. Sie erschienen unter der Überschrift *Auszüge aus einem Reisejournal* zwischen Oktober 1788 und März 1789 in Wielands *Teutschem Merkur*; in der ersten und der zweiten Werkausgabe bei Cotta hat sie G. unter die Überschrift *Über Italien. Fragmente eines Reisejournals* gestellt. Die Artikel beziehen sich auf Einzelheiten, wie etwa der Aufsatz zum *Stundenmaß der Italiener*, oder auf naturwissenschaftliche und ästhetische Fragen, wie beispielsweise der Aufsatz *Einfache Nachahmung der Natur, Manier, Styl*, der im übrigen erst nach der Rückkehr aus Italien entstand. Gleichfalls 1789 erschien, ausgestattet mit zwanzig Radierungen von Georg Melchior Krause nach bereits in Italien entstandenen Aquarellen von Johann Georg Schütz, *Das Römische Carneval*, G.s eindringliche und zugleich skeptisch-distanzierte Schilderung des römischen Volksfestes, die einigen Erfolg beim Publikum hatte und die G. dann in den *Zweiten römischen Aufenthalt* der *Italienischen Reise* aufnahm. Als einen Versuch objektiver Darstellung hat G. später in den *Tag- und Jahresheften 1789* das *Römische Carneval*

charakterisiert: »Ich [...] hatte die Maxime ergriffen, mich soviel als möglich zu verläugnen und das Object so rein als nur zu thun wäre in mich aufzunehmen«. Von dieser Intention objektiver Darstellung sind auch die Artikel im *Teutschen Merkur* bestimmt und ebenso der 1792 entstandene Aufsatz *Des Joseph Balsamo, genannt Cagliostro, Stammbaum*, der im gleichen Jahr im ersten Band der *Neuen Schriften* veröffentlicht wurde und den G. später in die *Italienische Reise* integrierte. Und wenngleich konstatiert werden muß, daß die Darstellungsweise gerade im *Römischen Carneval* von G.s eigener, ›subjektiver‹ Sicht auf das Geschehen bestimmt ist, von ›reiner‹ Wiedergabe des Objekts also nicht gesprochen werden kann, so zeigt seine Selbstcharakterisierung doch, wie sehr er in den ersten Jahren nach der Rückkehr aus Italien darum bemüht war, die persönlich-subjektive Dimension seiner Italien-Erfahrung aus den Veröffentlichungen auszuschließen.

Solche Distanzierung vom eigenen Beteiligtsein kennzeichnet auch die sorgfältige und umfassende, in umfänglichem Material dokumentierte Vorbereitung der dritten Italien-Reise mit Meyer. Als 1796, in der Zusammenarbeit mit Schiller und der gemeinsamen Publikationstätigkeit in Schillers Zeitschriften, der Gedanke auftaucht, das *Tagebuch der italienischen Reise* und andere Zeugnisse des italienischen Aufenthalts doch zu veröffentlichen, wehrt G. ab; im Brief an Schiller vom 26.10. 1796 charakterisiert er diese »Aktenstücke« als »gar zu *naiv*«. Er sieht sie als allzu unmittelbare Dokumente eines Reifungsprozesses, als Zeugnisse mithin auch des Unfertigen, die »einigen Wert« erst nach der Umarbeitung zu einer »absichtlichen Komposition« (MA 8.1, S. 262), in der Ausrichtung also hin zu einem in diesem Reifungsprozeß erreichten Ziel erlangen könnten. Damit ist zugleich angedeutet, daß solche Bearbeitung weniger zu einem Reisebericht über das in Italien Erfahrene als vielmehr zur autobiographischen Darstellung der Erfahrung des Reisenden und ihrer Folgen für ihn führen würde. Zu solcher Bearbeitung allerdings sah sich G. Mitte der 90er Jahre noch nicht in der Lage. Erst im nun folgenden Jahrzehnt, in der Zusammenarbeit mit Schiller, konnte er an die Italien-Erfahrung wieder anknüpfen und sie, insbesondere in poetischer Hinsicht, fruchtbar werden lassen.

Die *Italienische Reise*: Entstehung – Überlieferung – Struktur

Italien blieb für G. gerade im Jahrzehnt der Klassik zwischen 1795 und 1805, aber auch darüber hinaus eine bestimmende und prägende Erfahrung. Dies gilt in einem umfassenden Sinne, insofern die Ausbildung der klassischen Positionen, in der poetischen Praxis wie in der ästhetischen Theorie oder im Bereich der bildenden Kunst in den Bemühungen der ›Weimarer Kunstfreunde‹, ohne die italienischen Erfahrungen kaum denkbar sind. Dies gilt aber auch im konkreten Sinne des eigenen Schreibens. Dazu gehört eine Reihe von Aufsätzen zu italienischen Gegenständen. Vor allem aber beschäftigte sich G. mit Biographien, in denen in unterschiedlicher Weise Italien eine zentrale Bedeutung zukommt. 1796 übersetzte er die Autobiographie des Florentiner Goldschmieds und Bildhauers Benvenuto Cellini; die Übersetzung erschien 1796/97 als Vorabdruck in Schillers *Horen* und 1803 als Buch. 1805 gab er den Sammelband *Winckelmann und sein Jahrhundert* heraus, in dem Italien selbstverständlich eine große Rolle spielt. Neben ungedruckten Briefen Winckelmanns und Beiträgen von Meyer, Wilhelm von Humboldt und Friedrich August Wolf enthält der Band von G. u.a. eine Charakteristik Winckelmanns. Nach 1807, vor allem 1810 und 1811 redigierte G. die autobiographischen Aufzeichnungen Philipp Hackerts; die Bearbeitung erschien 1811 unter dem Titel *Philipp Hackert. Biographische Skizze, meist nach seinen Aufsätzen entworfen.* Diese biographischen Arbeiten wurden für G. zum Medium, in dem er sich indirekt und mithin auch distanziert mit der eigenen Italien-Erfahrung auseinandersetzte. Die Beschäftigung damit war

zudem eine Vorübung sowohl für die Autobiographie wie für die Niederschrift der *Italienischen Reise*. In besonderer Weise gilt dies für die Beschäftigung mit Hackert. Bei der Redaktion hatte G. die eigenen Aufzeichnungen aus Italien benützt. Im November 1810 begann er, angeregt durch die Arbeit an den Aufzeichnungen Hackerts, den Aufsatz *Philipp Neri, der humoristische Heilige* zu schreiben, der in seiner Konzentration auf den einzelnen Heiligen allerdings noch stark an die im *Teutschen Merkur* veröffentlichten Artikel erinnert, den G. dann auch liegen ließ und erst 1829 vollendete, um ihn in den dritten Teil der *Italienischen Reise*, den *Zweiten römischen Aufenthalt*, aufzunehmen.

Vor allem aber hat die Beschäftigung mit Hackerts Biographie zu G.s Entschluß beigetragen, seine Autobiographie zu schreiben. In den *Tag- und Jahresheften* heißt es zum Jahr 1811: »Das Leben Philipp Hackerts ward abgedruckt und die vorliegenden Papiere nach jedesmaligem Bedürfniß sorgfältig redigirt. Durch diese Arbeit wurd' ich nun abermals nach Süden gelockt; die Ereignisse die ich jener Zeit in Hackerts Gegenwart oder doch in seiner Nähe erfahren hatte, wurden in der Einbildungskraft lebendig; ich hatte Ursache mich zu fragen, warum ich dasjenige was ich für einen andern thue nicht für mich selbst zu leisten unternehme? Ich wandte mich daher noch vor Vollendung jenes Bandes an meine eigene frühste Lebensgeschichte«. 1809 entstanden die ersten biographischen Schemata, zwischen 1811 und 1813 schrieb G. die ersten drei Teile von *Dichtung und Wahrheit*. 1814 allerdings brach G. die Arbeit an *Dichtung und Wahrheit* ab; den vierten Teil schrieb er erst 1831. Mit diesem Abbruch ist die Zuwendung zu den Aufzeichnungen aus Italien und also der Beginn der Niederschrift seiner Darstellung des italienischen Aufenthalts verbunden. Er habe, schrieb G. am 29.1. 1815 an Heinrich Carl Abraham Eichstädt, »den vierten Band [von *Dichtung und Wahrheit*; d. Vf.] [...] plötzlich liegen lassen und, um nicht völlig zu stocken, zehen Jahre übersprungen«. Die *Italienische Reise* ist also ein autobiographisches Werk, dessen primäre Intention die Darstel-

Goethe: Federzeichnung mit Bildmotiven seiner Italienischen Reise

lung der Erfahrung des Reisenden, nicht der Bericht über das bereiste Land ist. Darin unterscheidet sich die *Italienische Reise* von G.s früheren Veröffentlichungen über seine Italien-Erfahrung im *Teutschen Merkur* und auch vom *Römischen Carneval*, was deren Integration keineswegs ausschloß. Bei der Erstveröffentlichung ist deshalb die *Italienische Reise* auch durch den gemeinsamen Titel *Aus meinem Leben* mit *Dichtung und Wahrheit* verbunden. In der Ausgabe letzter Hand allerdings hat G. diese Verbindung gelöst; der Titel *Aus meinem Leben* ist allein *Dichtung und Wahrheit* vorbehalten, und die nunmehr drei Teile der Darstellung des italienischen Aufenthalts stehen gemeinsam unter dem Titel *Italienische Reise*.

Die vorrangig autobiographische Orientierung der *Italienischen Reise* ist auch daran zu erkennen, daß G. sich zunächst seinem Aufenthalt in Sizilien zuwandte. »Sicilianische Reise« lautet der erste, auf die Arbeit an der *Italienischen Reise* bezogene Eintrag im *Tagebuch* am 6.12.1813. An den folgenden Tagen ist mehrfach »Sicilien« vermerkt. G. beginnt mit der für ihn zentralen Erfahrung des italienischen Aufenthalts; sie gibt die Perspektive vor, unter der er die Italien-Erfahrung nunmehr schriftlich fassen kann. Sehr rasch allerdings wandte sich G. den früheren Abschnitten der Reise zu. Bereits am 17.12.1813 notierte er im Tagebuch »Schema erster Röm. Aufenthalt«; in den ersten Monaten des Jahres 1814 überarbeitete er das *Tagebuch der italienischen Reise für Frau von Stein*. Die Arbeit kam zunächst zügig voran; am 19.7.1814 schrieb G. an Cotta, daß die »italiänische Reise [...] weit vorgerückt« sei: »Ich werde ihr den Rest dieses Sommers widmen, und sobald ich im September wieder nach Hause komme, kann der Druck angefangen werden und ununterbrochen fortgehen«.

Die Erwartung erfüllte sich nicht; die Reise nach Frankfurt im Sommer 1814, die Begegnung mit Marianne von Willemer und vor allem die literarische Begegnung mit Hafis und der orientalischen Poesie, die G. zu neuer Produktivität führten, deren Frucht der *West-östliche Divan* ist, bedeuteten auch die Unterbrechung der Arbeit an der *Italienischen Reise*. Gleichwohl konnte G. nach der Rückkehr nach Weimar die Arbeit fortsetzen; im Winter 1814/15 arbeitete er an der Darstellung des ersten römischen Aufenthalts. Der Sommer 1815 brachte mit der erneuten Reise nach Frankfurt abermals eine Unterbrechung. Seit Oktober 1815 schrieb G. am späteren zweiten Teil, an der Darstellung der Reise nach Neapel und Sizilien, während er gleichzeitig an der Schlußredaktion des späteren ersten Teils arbeitete.

Im März 1816 wurde das Manuskript des ersten Teils an die Druckerei gegeben; bei der Drucklegung gab es allerdings einige Komplikationen, so daß der Druckvorgang relativ lange dauerte. Am 19.10.1816 notierte G. im Tagebuch: »Ankunft des 1. Bandes der Italiänischen Reise«. Die Arbeit am zweiten Teil erstreckte sich bis ins Frühjahr 1817; im Mai wurde das Druckmanuskript abgeschickt. Während des Korrekturvorgangs fügte G. noch den Bericht über seinen Besuch bei der Familie Cagliostros in Palermo ein, den er bereits 1792 in den *Schriften* veröffentlicht hatte. Im Oktober 1817 erschien der zweite Teil. Zuvor hatte es in Cottas *Morgenblatt für gebildete Stände* Vorabdrucke einiger Abschnitte gegeben.

Die beiden Teile der *Italienischen Reise* erschienen beim Erstdruck als die Bände vier und fünf der Autobiographie G.s. Sie sind gekennzeichnet als der erste und zweite Teil der zweiten Abteilung von *Aus meinem Leben*, dessen erste Abteilung von den damals vollendeten drei Teilen von *Dichtung und Wahrheit* gebildet wird. Von Anfang an war G. klar, daß in der *Italienischen Reise* auch der fast ein Jahr dauernde zweite Aufenthalt in Rom dargestellt werden mußte. Dazu hat es vermutlich einige Ansätze während der Niederschrift der ersten beiden Teile gegeben. Dennoch geriet die Arbeit ins Stocken und machte auch in den folgenden Jahren trotz gelegentlicher Anläufe keine Fortschritte. Bei der Vorbereitung der Ausgabe letzter Hand allerdings wurde wie für andere, noch nicht abgeschlossene Werke auch für die *Italienische Reise* der Abschluß zur unausweichlichen Notwendigkeit. Im Frühjahr 1829 begann G. mit der Arbeit am *Zweiten römischen Aufenthalt*; die Niederschrift kam rasch voran. Bereits im Oktober 1829 erschien der *Zweite römische Aufenthalt* als 29. Band der Ausgabe letzter Hand; die beiden vorangehenden Bände enthielten die ersten beiden Teile der *Italienischen Reise*.

Zu den beiden ersten Teilen der *Italienischen Reise* gibt es nur eine spärliche handschriftliche Überlieferung. Erhalten sind lediglich einige fragmentarische, zumeist von G.s Sekretären geschriebene Stücke, die teilweise bereits in den 90er Jahren im Zusammenhang der Veröffentlichungen im *Teutschen Merkur* entstanden. Überliefert ist hingegen in G.s Handschrift das *Tagebuch der italienischen Reise für Frau von Stein 1786*. Erhalten ist weiter die Druckvorlage für den *Zweiten römischen Aufenthalt*; sie besteht aus einer von G.s Sekretären geschriebenen, von G. gemeinsam mit Riemer durchgesehenen Handschrift, in welche die gleichfalls durchgesehenen Druckbogen des *Römischen Carnevals* aus der zweiten bei Cotta erschienenen Werkausgabe integriert sind. Beim *Zweiten römischen Aufenthalt* gibt es zudem einige, zumeist von G.s Sekretären geschriebene Manuskripte. Während die älteren G.-Ausgaben und ebenso die Hamburger und die Berliner Ausgabe durchweg die Ausgabe letzter Hand zur Textgrundlage machen, wird in der Münchner und der Frankfurter Ausgabe differenziert. Beide Ausgaben folgen bei den beiden ersten Teilen den Erstdrucken von 1816 und 1817, beim *Zweiten römischen Aufenthalt* folgt die Münchner Ausgabe der Druckvorlage, die Frankfurter Ausgabe hingegen wiederum der Ausgabe letzter Hand als dem Erstdruck, dabei allerdings die Druckvorlage berücksichtigend. In der Hamburger Ausgabe ist allein die *Italienische Reise* abgedruckt; dagegen bieten die drei anderen Ausgaben neben der *Italienischen Reise* auch das *Tagebuch der italienischen Reise für Frau von Stein 1786* sowie – lediglich in Auszügen in der Berliner Ausgabe oder mit einiger Vollständigkeit in der Münchner und der Frankfurter Ausgabe – die Veröffentlichungen von 1789/90 und die erhaltenen Zeugnisse und Materialien zur zweiten und dritten Reise G.s nach Italien. Dabei versammeln die Berliner und die Frankfurter Ausgabe die Texte zu Italien jeweils in einem Band, in Band 14 in der Berliner und im Doppelband 15.1 und 15.2 in der Frankfurter Ausgabe. Dagegen sind sie in der Münchner Ausgabe, dem Epochenprinzip der Ausgabe folgend, verteilt und in den Bänden 3.1 und 3.2, 4.2 und 15 zu finden. Hier werden die *Italienische Reise* und die zu ihr gehörigen Texte G.s nach der Frankfurter Ausgabe zitiert.

Mit der primär autobiographischen Ausrichtung der *Italienischen Reise* hat G. ein früheres Dilemma der Darstellung seiner Italien-Erfahrung gelöst, das im Brief an Schiller vom 26.10.1796 angedeutet ist. Die dort verlangte »absichtliche Komposition« der italienischen »Aktenstücke« (MA 8.1, S. 262) hat nunmehr, in der Orientierung auf die eigene und individuelle Erfahrung Italiens und auf deren Bedeutung für den eigenen Lebensgang ihr Fundament erhalten. Zugleich jedoch brachte diese in der Beschäftigung mit der Biographie Hackerts und vor allem bei der Arbeit an der eigenen Lebensbeschreibung gewonnene Perspektive neue Darstellungsprobleme, die in der Differenz der *Italienischen Reise* zu *Dichtung und Wahrheit* erkennbar werden. So war jetzt im Unterschied zu dem immerhin 25 Jahre umfassenden Zeitraum zwischen 1749 und 1775 der vergleichsweise kurze Zeitabschnitt von insgesamt nicht ganz zwei Jahren zu beschreiben. Zudem konnte G. in weitaus höherem Maße, als dies je bei *Dichtung und Wahrheit* der Fall gewesen war, auf authentische Zeugnisse aus der Zeit des italienischen Aufenthalts zurückgreifen, auf das *Tagebuch der italienischen Reise für Frau von Stein 1786*, auf seine Briefe nach Weimar, auf seine Aufzeichnungen und Materialien aus Italien. Deren Bedeutung hat G. während der Niederschrift der *Italienischen Reise* immer wieder herausgestellt. So schrieb er am 27.12.1814 an Zelter, er habe für die *Italienische Reise* die »Tagebücher von Carlsbad bis Rom redigirt«; weiter heißt es: »Dieses Büchlein erhält dadurch einen eigenen Charakter, daß Papiere zum Grunde liegen die im Augenblick geschrieben worden«. Zwei Jahre später, am 16.12.1816, schrieb G. an Sulpiz Boisserée:

»Besäß ich nicht die getreuen Tagebücher und beinah sämmtliche aus Italien geschriebene Briefe, so könnte das Werkchen diese Unmittelbarkeit und Frische nicht haben«.

Die *Italienische Reise* basiert wesentlich auf diesen Materialien. Sie ist nicht so sehr eine im Rückblick erzählte Darstellung früherer Erfahrungen wie *Dichtung und Wahrheit*; sie bietet vielmehr die – allerdings gleichfalls im Rückblick bearbeitete – Präsentation authentischer Zeugnisse. Damit erhält die für Autobiographien grundlegende Spannung von erzählendem und erzählten Ich eine zusätzliche Komplexität. Das erzählende Ich, also der Autobiograph G., ›erzählt‹ in der Bearbeitung der Zeugnisse von einem Ich, das seinerseits als ein erzählendes oder jedenfalls berichtendes, sich in Tagebuch, Briefen und Aufzeichnungen äußerndes Ich erscheint. Die Darstellung in der *Italienischen Reise* oszilliert zwischen »Unmittelbarkeit und Frische« der authentischen Zeugnisse, von denen G. im Brief an Boisserée schreibt, und deutendem Zugriff des Autobiographen.

Das darstellerische Problem, die Stimme des erlebenden Ichs mit der des Autobiographen zusammenzufügen, wurde dadurch noch verschärft, daß die in den Zeugnissen dokumentierten italienischen Erfahrungen in einem gleichermaßen elementaren wie umfassenden Sinn Epoche in G.s Leben gemacht hatten. Die Ergebnisse der Italien-Erfahrung waren von fortwirkender und bei der Niederschrift noch immer gültiger Bedeutung. Darin unterschied sich der Aufenthalt in Italien von dem in *Dichtung und Wahrheit* dargestellten Zeitabschnitt, der für den Autobiographen G. in einem weitaus höheren Maße abgeschlossen war. Im Brief an Boisserée vom 16.12. 1816 reflektiert G. dieses Problem, wenn er zum italienischen Aufenthalt schreibt: »Die früheren Eindrücke verlöschen, die Resultate bleiben freilich, das ist denn auch wohl der Zweck, aber früher war das Leben«. Die Zeugnisse des italienischen Aufenthalts sind Dokumente der momentanen »Eindrücke«, »im Augenblick geschrieben«, wie es im Brief an Zelter vom 27.12. 1814 heißt. Sie zeigen aber nicht die »Resultate«, welche das Ergebnis des Erfah-

rungsprozesses in Italien und von dessen Verarbeitung in den Jahren danach sind. Sie sind authentische Dokumente der einzelnen Stationen dieses Prozesses, die sich im Moment ihrer Erfahrung noch keineswegs zu einem geordneten Ganzen, gar zu einem Bildungsprozeß formieren lassen. Dies zu leisten, war die Aufgabe des Autobiographen bei der Bearbeitung der italienischen Papiere.

Die Spannung zwischen einem in der autobiographischen Deutung des eigenen Lebens erkannten »Zweck« und dem früheren »Leben« in seiner Gegenwärtigkeit, das in den Zeugnissen gleichsam unmittelbar präsent zu sein scheint, prägt auch G.s Umgang mit den Quellen des italienischen Aufenthalts. Allerdings läßt sich seine Bearbeitung nur noch für den ersten Teil der *Italienischen Reise* überprüfen; hier sind die von ihm benützten Quellen noch weitgehend erhalten. Die Materialien zum zweiten und dritten Teil hat G. nach der Fertigstellung der Druckvorlagen 1817 und 1829 vernichtet; nur weniges blieb aus durchweg zufälligen Gründen erhalten. Im Brief an Zelter vom 27.12. 1814 heißt es zur Arbeit an den italienischen »Papieren«: »Ich hüte mich, so wenig als möglich daran zu ändern, ich lösche das Unbedeutende des Tages nur weg, so wie manche Wiederholung; auch läßt sich vieles, ohne dem Ganzen die Naivetät zu nehmen, besser ordnen und ausführlicher darstellen«. G. formuliert damit einige der Prinzipien, von denen er sich bei der Bearbeitung leiten ließ und die sich beim Vergleich der Quellen, soweit sie erhalten sind, mit der Darstellung in der *Italienischen Reise* auch bestätigen lassen. Er bewahrt in einem hohem Maße die Formulierungen der Zeugnisse, konzentriert jedoch die Darstellung, tilgt Redundanzen und streicht allzu Alltägliches, wozu auch das Persönliche gehört. Im Gegenzug wird, was in den Quellen nur angedeutet ist, erzählerisch ausgeweitet. Ein Beispiel dafür bietet der Fasanentraum, auf den G. im *Tagebuch der italienischen Reise für Frau von Stein* und in den Briefen an die Freunde in Weimar nur zu verweisen brauchte, der dann aber in der *Italienischen Reise* ausführlich erzählt wird. Schließlich werden einzelne Bemerkungen oder Wiedergaben von Eindrücken und Wahrnehmungen, die im *Tagebuch* oder in den Briefen unverbunden hintereinanderstehen oder auch verstreut sind, miteinander verknüpft.

G.s Bemerkung im Brief an Zelter signalisiert eine behutsame Bearbeitung, die sich im Grunde auf redaktionelle Änderungen beschränkt. Dies gilt jedoch nur sehr bedingt. Der Blick in die erhaltenen Materialien läßt andererseits einen durchaus rücksichtslosen Umgang mit den Quellen erkennen. Zwar blieb das Manuskript des *Tagebuchs der italienischen Reise* von redaktionellen Eingriffen weitgehend verschont, mit dem Übrigen, mit den Briefen und Aufzeichnungen, verfuhr G. jedoch ganz anders. Erich Schmidt, der 1886 erstmals das *Tagebuch der italienischen Reise für Frau von Stein* und G.s Briefe aus Rom an Charlotte von Stein und an die Herders herausgab, beschreibt drastisch den Zustand, im dem sich diese Materialien nach G.s Redaktion befanden: »Das alte Reisejournal trägt kaum eine Spur von der Redaction her; um so stärkere, ja ich möchte sagen: um so grausamere Spuren tragen die Briefe. Mit einer Objectivirung des Vergangenen, die beim ersten Anblick etwas Erschreckendes hat [...], hat er diese Blätter, zum größten Theil Botschaften der Liebe, als Rohmaterial für ein zu schreibendes Buch behandelt, sie auseinandergerissen und manchmal in Streifen zerschnitten, über der Zeile mit Stift oder Feder Änderungen eingetragen, fast alle Seiten diagonal durchstrichen und, mit diesem Zeichen der Erledigung oder Ausscheidung nicht zufrieden, sehr oft Zeile für Zeile ausgemerzt« (S. XXIIf.).

Dieser Umgang mit den Quellen ist ein deutliches Indiz für G.s Stilisierungswillen. Er äußert sich zunächst in der Anordnung, in der G. einzelne Episoden, Ereignisse oder Begegnungen darbietet, wobei er gelegentlich auch gegen die Chronologie der Vorgänge verstößt, so etwa bei seiner drohenden Verhaftung als Spion in Malcesine, die unter dem 14.9. 1786 erzählt wird, bei seinem Besuch in Assisi und der abendlichen Begegnung mit den Sbirren am 25.10. 1786, beim ersten Auftreten von Meyer, von dem G. am 3.11. 1776 berichtet,

oder – im *Zweiten römischen Aufenthalt* – bei der Erzählung der Begegnung mit Maddalena Riggi, der ›schönen Mailänderin‹, deren über den Text verteilte Stationen G. nach dem Prinzip der Steigerung arrangiert hat, wodurch die Erzählung für sich genommen den Charakter einer kleinen Novelle erhält. Weiter hat G. bei der Redaktion neu geschriebene und also fingierte Briefe in die *Italienische Reise* integriert, so beispielsweise den Brief vom 3.12. 1786, an dessen Ende er erstmals Meyer auftreten läßt.

Unauffälliger als solche immerhin deutlichen Eingriffe des Autobiographen ist das Arrangement, mit dem G. das authentische Material des italienischen Aufenthalts und die späteren Zufügungen miteinander verknüpft. Dabei zeigen sich deutliche Unterschiede der drei Teile. Der erste Teil beruht weitgehend auf den bei der Redaktion bearbeiteten und eher zurückhaltend erweiterten Tagebuchaufzeichnungen und Briefen des italienischen Aufenthalts und erscheint so als ein fortlaufendes Reisejournal, wobei in der Bearbeitung die allerdings in den Quellen bereits vorhandenen unterschiedlichen Darstellungsformen wie Notiz, Kommentar, Bericht oder Anekdote und Erzählung deutlicher hervortreten. Für den zweiten Teil gilt ähnliches; er enthält jedoch zugleich bei der Redaktion geschriebene Briefe und Einfügungen, wie etwa den »Aus der Erinnerung« überschriebenen ›Bericht‹ zum 7.5. 1787. In ihm erzählt G. von seiner Homer-Lektüre und stellt ausführlich den Plan des *Nausikaa*-Dramas vor, den er damit nachdrücklich mit der Sizilien-Erfahrung verknüpft. Frühere Überlegungen zu *Nausikaa*, die im *Tagebuch der italienischen Reise für Frau von Stein* vermerkt sind, hat er in die *Italienische Reise* nicht aufgenommen. Im dritten Teil, dem *Zweiten römischen Aufenthalt*, unterscheidet G. durch die Monat für Monat wiederkehrenden Überschriften zwischen »Korrespondenz«, worunter die wiederum bearbeiteten authentischen Zeugnisse erscheinen, und »Bericht«, worunter er, dabei Wiederholungen nicht scheuend, später geschriebene Ergänzungen und Erweiterungen faßt, die bei manchen Monaten beträchtlich umfangreicher sind als die präsentierte ›Korrespondenz‹. Weiter fügt G. im dritten Teil essayistische Formen wie den Aufsatz *Philipp Neri, der humoristische Heilige* oder die zwischen Bericht, Essay und Erzählung changierende Darstellung des *Römischen Carnevals* ein und schließlich auch fremde Texte wie Briefe von Tischbein oder einen Auszug aus Karl Philipp Moritz' Schrift *Über die bildende Nachahmung des Schönen*.

Im Arrangement der unterschiedlichen Textsorten werden diese in eine Beziehung wechselseitiger Kommentierung gebracht. In einer Bemerkung zu Eckermann am 10.4. 1829, also während der Arbeit am *Zweiten römischen Aufenthalt*, hat G. den Effekt solcher Anordnung benannt: Seine während des zweiten römischen Aufenthalts nach Weimar geschriebenen Briefe zeigten zwar einerseits »wenig von [s]einem italienischen Leben«; aber, so fährt er fort, »es finden sich darin manche Äußerungen, die meinen damaligen i n n e r e n Zustand ausdrücken. Nun habe ich den Plan, solche Stellen auszuziehen und einzeln über einander zu setzen, und sie so meiner Erzählung einzuschalten, auf welche dadurch eine Art von Ton und Stimmung übergehen wird«. Die montageartige Anordnung unterschiedlicher Textsorten ist ein Kennzeichen des G.schen Alterstils, das gleichermaßen *Wilhelm Meisters Wanderjahre*, den vierten Teil von *Dichtung und Wahrheit* oder auch *Faust II* prägt. Die *Italienische Reise* zeigt diese Darstellungsweise von Anfang an. Was im dritten Teil deutlich als Montage unterschiedlicher Textsorten erscheint, ist in den beiden ersten Teilen vor allem in den arrangierenden Eingriffen des Autobiographen wirksam; die beiden ersten Teile der *Italienischen Reise* können somit als erste Beispiele des G.schen Alterstils gelten.

Im Arrangement der verschiedenen Textsorten wird der Konstruktionscharakter des Textes erkennbar, damit aber auch die autobiographische Stilisierung, die im Rückblick gestaltete ›Konstruktion‹ des eigenen Lebensganges. Durchaus konsequent finden diese Gestaltetheit und die ihr zugehörige Autoreflexivität des Textes ihren Höhepunkt im drit-

ten Teil, in der Darstellung des zweiten römischen Aufenthalts nach der Rückkehr aus Sizilien. Die Unterschiedlichkeit der drei Teile der *Italienischen Reise* ist nicht allein entstehungsgeschichtlich begründet; sie entspricht vielmehr G.s autobiographischer Stilisierung, in der die in Italien erfahrene Veränderung vornehmlich der Reise durch Sizilien und den Monaten des zweiten römischen Aufenthalts zugesprochen wird.

Mit dem im dritten Teil kulminierenden Arrangement erreicht es G., in der *Italienischen Reise* gleichsam mit zwei Stimmen zu sprechen, mit der aus den Quellen des italienischen Aufenthalts sprechenden Stimme des erlebenden Ichs, das zugleich ein erzählendes und das erzählte Ich ist, und der Stimme des Autobiographen, des im eigentlichen Sinne erzählenden Ichs. Im Mit- und Gegeneinander dieser beiden Stimmen wird die *Italienische Reise* zur Darstellung eines Prozesses, die aus der Spannung zwischen erinnerter, auf die authentischen Quellen gestützter Gegenwärtigkeit Italiens und rückblickender Deutung lebt. Die Italien-Erfahrung wird als ein Bildungsvorgang präsentiert, in dem die einzelnen Erfahrungen und Einsichten des Reisenden als zwar jeweils vorläufige erscheinen, zugleich jedoch Stationen des Bildungsprozesses mit seinen fortwirkenden, den Autobiographen noch immer prägenden Resultaten sind. G. erreicht diese Spannung nicht zuletzt dadurch, daß er den Mitteilungscharakter und damit den dialogischen Charakter der Quellen weitgehend bewahrt, in dem er sich in den Aufzeichnungen an Charlotte von Stein und in den Briefen nach Weimar Italien zunächst erschlossen hatte. Die *Italienische Reise* bewahrt so die Authentizität des Aufenthalts in Italien, dessen »Unmittelbarkeit und Frische«, von der G. im Briefe vom 16.12.1816 an Sulpiz Boisserée schreibt, und hebt diese zugleich auf im kommentierenden Arrangement des Rückblicks eines Autobiographen, der sich mit seinem Wissen und seiner Erfahrung jedoch nie vordrängt oder vor das Erzählte stellt.

Die Integration der beiden Aspekte dieses subtilen Spiels wird dadurch erreicht, daß beide dem einen Ich zugehören, das hier auf eine höchst reflektierte Weise eine wichtige, vielleicht die wichtigste Station des eigenen Bildungsganges gestaltet. Das »Ganze« der *Italienischen Reise*, schrieb G. am 2. 9. 1829 an Sulpiz Boisserée, »erhält vielleicht nur dadurch eine Einheit daß es aus einer Individualität, obgleich in sehr verschiedenen Jahren, lange gehegt, auch wohl Jahre lang beseitigt, endlich hervorgetreten«. In der Darstellung dieser »Individualität« und eines entscheidenden Moments ihrer Ausbildung ist die *Italienische Reise* wie die anderen autobiographischen Schriften G.s auch eine Rechtfertigungsschrift, in der vornehmlich seine klassische Wendung dargelegt und legitimiert werden sollte. Durchaus konsequent ist damit auch die weitgehende Vernichtung der Quellen; durch sie entzieht G. die eigene autobiographische Konstruktion der Überprüfung.

In ihrer primär autobiographischen Ausrichtung ist die *Italienische Reise* weder ein Reiseführer noch bietet sie eine Kunstgeschichte Italiens, auch wenn es derartige Erwartungen an G.s Text und entsprechende Rezeptionshaltungen vornehmlich im 19. Jh. gegeben hat. Vor allem aber bestimmt die autobiographische Orientierung die Auswahl des in der *Italienischen Reise* Dargestellten. Die immer wieder festgestellten, gelegentlich auch monierten Lücken in der Darstellung Italiens, vor allem in der Präsentation der italienischen Kunst sind nicht notwendigerweise Lücken des reisenden G., der sicher weitaus mehr gesehen hat, als er darstellt oder auch nur erwähnt; sie sind vielmehr Auslassungen des schreibenden G., mithin Teil der Komposition des Textes und der Selbststilisierung des Autors. Diese Differenz wird in der *Italienischen Reise* mehrfach angesprochen; so begnügt sich G. immer wieder mit bloßen Hinweisen auf Volkmann und dessen Kunstbeschreibungen, oder er kann auch wie am 6. 5. 1787 zu Taormina lapidar vermerken: »Gott sei Dank, daß alles was wir heute gesehen, schon genugsam beschrieben ist« (FA I, 15.1, S. 317).

G.s autobiographisches Schreiben ist zudem von der Erfahrung historischer Distanz bestimmt, die er gegen Ende seines Lebens, im Brief vom 7. 10. 1829 an Johann Friedrich Karl Hecker, in die Formel faßte, er sei in »einem Alter wo man sich selbst historisch wird«. Für die Darstellung seines italienischen Aufenthaltes gilt dies in besonderer Weise. G. beschrieb, als er die *Italienische Reise* verfaßte, ein Italien, das es so, wie er es erlebt hatte, nicht mehr gab und das deshalb nicht nur für ihn selbst eine vergangene und nicht mehr wiederholbare Erfahrung war. G. hatte das vorrevolutionäre Italien bereist. Als die ersten beiden Teile der *Italienischen Reise* erschienen, war mit dem Wiener Kongreß die Epoche der Revolution und Napoleons mit ihren für Italien, insbesondere für Norditalien gravierenden Veränderungen bereits abgeschlossen. Nicht wenige der Kunstwerke, die G. gesehen hatte und die er beschreibt oder erwähnt, waren jetzt in Frankreich. Verändert aber hatte sich nicht zuletzt die bildende Kunst, voran die Malerei, und mithin ein Kernbereich von G.s Erfahrungen in Italien. Waren in den 80er Jahren, gerade auch in der deutschen Künstlerkolonie in Rom, die aufgeklärt-klassische Malerei und die zugehörigen ästhetischen Positionen noch nahezu unangefochten, so herrschten jetzt, im zweiten Jahrzehnt des 19. Jhs., romantische Kunstvorstellungen und romantische Malerei vor, nicht zuletzt auch solche religiös-christlicher Prägung, Auffassungen und Tendenzen also, die G. stets abgewehrt hatte und auf die er in der *Italienischen Reise* reagierte. Gerade im Bereich der bildenden Kunst ist die *Italienische Reise* auch eine Auseinandersetzung G.s mit Erfahrungen der nachitalienischen Zeit.

›Wiedergeburt‹

Schon in den ersten Briefen nach der Abreise aus Karlsbad hatte G. von seiner Hoffnung auf Wiedergeburt in Italien gesprochen. In der *Italienischen Reise* wird die Vorstellung, wiedergeboren zu werden, zu einem Leitmotiv. ›Wiedergeburt‹ und verwandte Begriffe wie ›Erneuerung‹ oder ›neues Leben‹, überhaupt Verknüpfungen mit ›neu‹ wie etwa ›neue Epoche‹ sind Leitworte der Darstellung. Die italienische Erfahrung erscheint als tiefgehende, ja grundlegende Veränderung. So heißt es unter dem 3.12. 1786 zu Rom: »Denn an diesen Ort knüpft sich die ganze Geschichte der Welt an, und ich zähle einen zweiten Geburtstag, eine wahre Wiedergeburt, von dem Tage, da ich Rom betrat« (FA I, 15.1, S. 158). Unter dem 14.3. 1788, wenige Wochen also vor der Abreise, ist vermerkt: »In Rom hab’ ich mich selbst zuerst gefunden, ich bin zuerst übereinstimmend mit mir selbst glücklich und vernünftig geworden« (FA I, 15.1. S. 568). Im Motiv ›Wiedergeburt und neues Leben‹ sind mehrere Komplexe gebündelt. Säkularisierte Vorstellungen christlicher, insbesondere pietistischer Herkunft von Umkehr und Neuanfang sind mit dem antiken Gedanken der Palingenesie, der wiederkehrenden Erneuerung des Einzelnen wie der Gemeinschaft verknüpft. Als eine um 1800 übliche Eindeutschung von Renaissance meint ›Wiedergeburt‹ zudem eine kulturelle Erneuerung. Schon Winckelmann hatte das Motiv von ›Wiedergeburt und neuem Leben‹ auf Rom und auf seine neue Sicht der Antike bezogen. In ähnlicher Weise gebrauchte Herder das Wort.

Wiedergeburt meint aber auch das Abstreifen des Bisherigen. Die Neugeburt hat zu ihrer Voraussetzung den Tod. Darauf spielt das Motto der *Italienischen Reise* »Et in arcadia ego« an, in dem G. die bildliche Tradition der Integration des Todes in die arkadische Landschaft zitiert. Dazu gehört nicht zuletzt die Darstellung der Reise nach Rom als Flucht, die Inszenierung des sozialen Todes als einer Bedingung des in Italien erreichten Neubeginns. Unter dem 27.10. 1787, während des zweiten Aufenthalts in Rom, heißt es: »Die Individualität eines Menschen ist ein wunderlich Ding, die meine hab’ ich jetzt recht kennen lernen, da ich einerseits dieses Jahr bloß von mir selbst abgehangen habe, und von der andern Seite mit völlig fremden Menschen umzugehen hatte« (FA I, 15.1, S. 450). Zum Motiv der Wiedergeburt gehört schließlich die Spannung von Alt und Neu, von Neuanfang und Wiederkehr. So heißt es unter dem 1.11. 1786, unmittelbar nach der Ankunft in Rom: »Nun bin ich hier und ruhig und wie es scheint auf mein ganzes Leben beruhigt. Denn es geht, man darf wohl sagen, ein neues Leben an, wenn man das Ganze mit Augen sieht, das man teilweise in- und auswendig kennt«. G. spricht dann von den Kupferstichen, die der Vater aus Italien mitgebracht hatte, und fährt fort: »Wohin ich gehe finde ich eine Bekanntschaft in einer neuen Welt, es ist alles wie ich mir’s dachte und alles neu. Eben so kann ich von meinen Beobachtungen, von meinen Ideen sagen. Ich habe keinen ganz neuen Gedanken gehabt, nichts ganz fremd gefunden, aber die alten sind so bestimmt, so lebendig, so zusammenhängend geworden, daß sie für neu gelten können«. Im anschließenden Vergleich zitiert G. den antiken Mythos des Künstlers Pygmalion, dem das selbstgeschaffene Kunstwerk zur lebendigen Erfahrung wird: »Da Pygmalions Elise, die er sich ganz nach seinen Wünschen geformt, und ihr so viel Wahrheit und Dasein gegeben hatte, als der Künstler vermag, endlich auf ihn zukam und sagte: i c h b i n s ! wie anders war die Lebendige, als der gebildete Stein« (FA I, 15.1, S. 135).

Mit dem Motiv der Wiedergeburt ist zunächst die Selbstfindung des Reisenden gemeint. Zwei Momente sind dabei vorrangig. Wiedergeburt bedeutet die Heilung von der Lebenskrise, die allererst zur Reise nach Italien motivierte. Deshalb werden auch Mühe und Anstrengung, welche der Heilungsprozeß dem Reisenden abverlangt, nicht verschwiegen: »Und doch ist das alles mehr Mühe und Sorge als Genuß. Die Wiedergeburt, die mich von innen heraus umarbeitet, wirkt immer fort. Ich dachte wohl hier was rechts zu lernen; daß ich aber so weit in die Schule zurück gehen, daß ich so viel verlernen, ja durchaus umlernen müßte, dachte ich nicht« (20.12. 1786; FA I, 15.1, S. 160). Wiedergeburt bedeutet weiter die Selbstfindung als Künstler. Dazu gehören der gesamte Bereich der Auseinandersetzung mit der Kunst in Italien, vor allem aber der Wiedergewinn der dichterischen Produktivität, der sich in der Fähigkeit zeigt, die bisher nicht vollendeten Werke für die *Schriften* fertigstellen zu können, wovon in der *Italienischen Reise* durchgängig berichtet wird, und ebenso in der Fähigkeit zu neuen, wenngleich dann doch Fragment bleibenden Werken wie dem *Nausikaa*-Drama, das G. pointiert mit dem Aufenthalt auf Sizilien verbindet. Zum Prozeß der künstlerischen Selbstfindung gehört ferner G.s eigene Bemühung um die bildende Kunst, die schließlich zur Einsicht in das eigene Ungenügen und zum schmerzlichen Verzicht »auf das Ausüben der bildenden Kunst« führt, wie es unter dem 22.2. 1788 heißt (FA I, 15.1, S. 556).

Mit diesem Verzicht ist jedoch die endgültige ›Wiedergeburt‹ als Dichter verbunden; unter dem gleichen Datum schreibt G.: »Täglich wird mir's deutlicher daß ich eigentlich zur Dichtkunst geboren bin« (FA I, 15.1, S. 556). In einer frühen, bereits 1817 geschriebenen Fassung des Schlusses der *Italienischen Reise*, der 1837 in der Quartausgabe auch veröffentlicht wurde, hat G. den Wiedergewinn der dichterischen Produktivität ausdrücklich an das Ende seines italienischen Aufenthalts gesetzt. Wie in der endgültigen Fassung wird beim Abschied von Rom die dritte Elegie des ersten Buches aus Ovids *Tristia* erinnert; G. wird durch »jenen fremden Ausdruck eigner Empfindung« zu eigener Produktion angeregt, scheut sich jedoch, »auch nur eine Zeile zu schreiben«. Dann aber heißt es weiter: »Ich ermannte mich zu einer freieren poetischen Tätigkeit; der Gedanke an Tasso ward angeknüpft« (FA I, 15.2, S. 1156). Die Fassung schließt mit dem Bericht über die Fertigstellung des *Tasso* während der Heimreise nach Weimar und in der ersten Zeit nach der Rückkunft. In der endgültigen Fassung des Schlusses der *Italienischen Reise* motiviert die Stimmung des Abschiedes zu eigener Produktion, die jedoch durch die Erinnerung an Ovids Elegie verhindert wird. Von *Tasso* ist nicht die Rede, und die Verse Ovids beschließen das Werk. Die Streichung des Hinweises auf die eigene Produktion in der endgültigen Fassung des Schlusses mag darin begründet sein, daß G. nach der Rückkehr aus Italien außer den *Römischen Elegien* vorerst keine neuen, die Italien-Erfahrung reflektierenden Dichtungen schrieb und daß es insofern, wiederum abgesehen von den *Römischen Elegien*, keinen unmittelbaren poetischen Ertrag der Reise nach Italien gibt.

Der Prozeß der Selbstfindung und der Wiedergeburt ist allerdings von vornherein nicht lediglich ein individueller, sondern in einem doppelten Sinne ein sozialer Vorgang. Zu seinen Bedingungen gehört der Kontakt mit anderen Menschen, zu seinen Ergebnissen die erneuerte Fähigkeit zur Gesellschaftlichkeit. Zu diesem Prozeß gehören die Beziehungen zu den bildenden Künstlern in Italien, zu Tischbein, zu Angelika Kauffmann oder zu Hackert, dazu gehört die Beziehung zu Moritz, was G. nachdrücklich durch die Aufnahme eines Auszugs aus Moritz' Schrift *Über die bildende Nachahmung des Schönen* in den *Zweiten römischen Aufenthalt* deutlich macht, dazu gehört schließlich – aus der Ferne und vermittelt vor allem durch die nach Italien geschickten Schriften – die Beziehung zu Herder. Ebenso ist der Vorgang der Selbstfindung auf Weimar und die Möglichkeit der Wiederkehr bezogen: »Gewiß, es wäre besser ich käme gar nicht wieder, wenn ich nicht wiedergeboren zurückkommen kann« (22.3. 1787) (FA I, 15.1, S. 234). Mit der Rückkehr nach Weimar wird so die wiedergewonnene Gesellschaftlichkeit zum Moment der in der Wiedergeburt erreichten Heilung. Auch die im *Zweiten römischen Aufenthalt* erzählte Liebesgeschichte mit Maddalena Riggi, der ›schönen Mailänderin‹, signalisiert die erneuerte Fähigkeit des wiedergeborenen Reisenden, sich anderen Menschen zuzuwenden.

Solche das Individuelle übersteigenden und ins Allgemeine reichenden Momente erhält die in der *Italienischen Reise* dargestellte Wiedergeburt vor allem aber in der Rezeption der Kunst Italiens, insbesondere der antiken. Überhaupt macht die *Italienische Reise* deutlich, daß der innere Vorgang der Wiedergeburt zutiefst mit Wahrnehmung und Beobachtung, mit Anschauung verbunden und also in einem hohen Maße von der Erfahrung Italiens, seiner Kunst, seiner Natur und seiner Menschen bestimmt ist. »Ich mache diese wunderbare Reise«, schreibt G. unter dem 17.9. 1786, »um mich an den Gegenständen kennen zu lernen« (FA I, 15.1, S. 49). ›Sehen‹, ›Wahrnehmen‹

und ›Anschauung‹, auch ›Beobachtung‹ sind Leitworte der *Italienischen Reise*, mit denen die Erfahrung Italien immer wieder als Erfahrung mit den Sinnen und durch die Sinne charakterisiert wird, gerade darin aber auch als Neubeginn erscheint: »Mir ist jetzt nur um die sinnlichen Eindrücke zu tun, die kein Buch, kein Bild gibt. Die Sache ist, daß ich wieder Interesse an der Welt nehme, meinen Beobachtungsgeist versuche und prüfe, wie weit es mit meinen Wissenschaften und Kenntnissen geht, ob mein Auge licht, rein und hell ist, wie viel ich […] fassen kann, und ob die Falten, die sich in mein Gemüt geschlagen und gedrückt haben, wieder auszutilgen sind?« (11.9. 1786; FA I, 15.1, S. 28). Der Kern des in der *Italienischen Reise* erzählten Erfahrungsprozesses läßt sich als Befreiung der Sinnlichkeit in einer durchaus umfassenden Weise bezeichnen; die neue Wahrnehmung der Kunst Italiens, die G. immer wieder ›anschauende Kenntnis‹ nennt, der neu gewonnene Zugang zur Natur, den er später mit dem Begriff der ›reinen Erfahrung‹ zu fassen sucht, gehören dazu ebenso wie die Erfahrung der sinnlichen Liebe, die in der *Italienischen Reise* allerdings weitgehend verschwiegen, in der Erzählung von der ›schönen Mailänderin‹ und mehr noch im Gedicht *Cupido, loser eigensinniger Knabe*, das G. in den »Bericht« vom Januar 1788 aufgenommen hat, immerhin angedeutet wird.

Natur: Die Urpflanze

In seinem Aufsatz *Schicksal der Handschrift* von 1817 spricht G. von den drei »Regionen« oder den »drei großen Weltgegenden«, die ihn in Italien beschäftigt hätten: die Kunst, insbesondere die antike, um zu erkennen, wie »die begünstigte griechische Nation verfahren um die höchste Kunst im eignen Nationalkreise zu entwickeln«; die Natur, um zu erfahren, »wie sie gesetzlich zu Werke gehe, um lebendiges Gebild, als Muster alles künstlichen, hervorzubringen«; schließlich die »Sitten der Völker« oder, wie es auch heißt, die »menschliche Ge-

sellschaft« als ein Drittes, »was weder Kunst noch Natur, sondern beides zugleich ist, notwendig und zufällig, absichtlich und blind« (MA 12, S. 69).

Naturbeobachtungen sind in der *Italienischen Reise* bereits auf den ersten Seiten zu finden; der Reisende verzeichnet akkurat die Witterungsverhältnisse, gibt genaue Auskünfte über die landwirtschaftlichen und die geologischen Verhältnisse der Gegenden, die er durchreist. In der genauen Beobachtung und in der Hinwendung zu den Phänomenen der Natur in ihrer Einzelheit und Besonderheit schließt G. an Erfahrungen des ersten Weimarer Jahrzehnts an und setzt seine vornehmlich durch die Beschäftigung mit den technischen und den wissenschaftlichen Fragen des Bergbaus initiierte konkret-empirische Auseinandersetzung mit Natur fort, in der sein wissenschaftliches Naturverständnis gründet. Zugleich bleibt ›Natur‹ für G., vornehmlich in der Tradition Spinozas, ein Ganzheitsbegriff und bezeichnet ein Umfassendes. Die Spannung zwischen den konkreten, der Beobachtung zugänglichen und sinnlich erfahrbaren Einzelphänomenen und der Vorstellung einer umfassenden, das Mannigfaltige vereinenden Natur bestimmt die in der *Italienischen Reise* dargestellte Naturerfahrung.

In einer Episode am Strand von Venedig, die unter dem 9.10. 1786 erzählt wird, ist diese Spannung reflektiert. G. erzählt, daß er am Strand »Seeschnecken, Patellen und Taschenkrebse gesehen« und sich »herzlich darüber gefreut« habe; es folgt der oft zitierte Ausruf: »Was ist doch ein Lebendiges für ein köstliches, herrliches Ding! Wie abgemessen zu seinem Zustande, wie wahr, wie seiend!« Ästhetische Naturerfahrung wird mit Wahrheit und Ganzheit verknüpft. Das Ergötzen am köstlichen und herrlichen Einzelnen ist zugleich Freude an dessen Einordnung in eine Einheit, an seiner ›Abgemessenheit‹ im Ganzen der Natur (FA I, 15.1, S. 99). Im Widerstreit von Natur als Inbegriff der einzelnen Erscheinungen in ihrer Mannigfaltigkeit und Natur als Einheitsbegriff wird in der *Italienischen Reise* der das 18. Jh. zutiefst bewegende, mit der Ausbildung der modernen Naturwissenschaft sich verschärfende Problemkomplex reflektiert, wie angesichts des modernen naturwissenschaftlichen Zugriffs die im Naturbegriff seit alters gedachte und im 18. Jh. erneuerte Einheitsvorstellung noch zu denken möglich sei. G.s spätere, vor allem in der Auseinandersetzung mit Isaac Newton ausgebildete Ablehnung spezifischer Momente des modernen naturwissenschaftlichen Vorgehens gründet nicht zuletzt in seinen italienischen Erfahrungen.

Botanik und Geologie bilden die Schwerpunkte von G.s Naturstudien in Italien. Im Zentrum der botanischen Studien steht die Ausbildung der Vorstellung von der Urpflanze, die in der *Italienischen Reise* als Ergebnis eines Prozesses erscheint, dessen einzelne Stationen genau beschrieben werden. Ein erster Hinweis, bei dem das Wort ›Urpflanze‹ noch nicht fällt, wird am 27.9. 1786 in Padua gegeben. Der Vergleich mit der Quelle zeigt die Stilisierung. Im *Tagebuch der italienischen Reise für Frau von Stein* schrieb G. lediglich: »Schöne Bestätigungen meiner botanischen Ideen hab ich wieder gefunden. Es wird gewiß kommen und ich dringe noch weiter« (FA I, 15.1, S. 674). In der *Italienischen Reise* hingegen wird zunächst der botanische Garten Paduas mit der Erfahrung bisher fremder »Vegetation« beschrieben; dann heißt es weiter: »Hier in dieser neu mir entgegen tretenden Mannigfaltigkeit, wird jener Gedanke immer lebendiger: daß man sich alle Pflanzengestalten vielleicht aus Einer entwickeln könne. Hiedurch würde es allein möglich werden, Geschlechter und Arten wahrhaft zu bestimmen, welches, wie mich dünkt, bisher sehr willkürlich geschieht«. Ausdrücklich aber werden die Ausführungen als unabgeschlossen markiert: »Auf diesem Punkte bin ich in meiner botanischen Philosophie stecken geblieben und ich sehe noch nicht, wie ich mich entwirren will. Die Tiefe und Breite dieses Geschäfts scheint mir völlig gleich« (FA I, 15.1, S. 65f.). Am 19.2. 1787, fast am Ende des ersten Teils der *Italienischen Reise*, wird der beginnende Frühling beschrieben: »Nun kommen mir Blumen aus der Erde, die ich noch nicht kenne, und neue Blüten von den Bäumen«. Vorausweisend auf die bevorstehende Reise in den Süden – »Wie wird es erst in Neapel sein!« – heißt es weiter: »Meine botanischen Grillen bekräftigen sich an allem diesen, und ich bin auf dem Wege neue schöne Verhältnisse zu entdecken, wie die Natur, solch ein Ungeheures, das wie nichts aussieht, aus dem Einfachen das Mannigfaltigste entwickelt« (FA I, 15.1, S. 186).

Der Aufenthalt in Neapel und auf Sizilien bringt den Durchbruch. Unter dem 25.3. 1787 berichtet G. von einem Spaziergang am Meer: »Da kam mir eine gute Erleuchtung über botanische Gegenstände. Herdern bitte ich zu sagen, daß ich mit der Urpflanze bald zu Stande bin, nur fürchte ich, daß niemand die übrige Pflanzenwelt darin wird erkennen wollen« (FA I, 15.1, S. 239). Am 17. April in Palermo ist erneut von der Urpflanze die Rede; G. erzählt von seinen Aufenthalten im Garten der Villa Giulia: »Im Angesicht so vielerlei neuen und erneuten Gebildes fiel mir die alte Grille wieder ein: ob ich nicht unter dieser Schar die Urpflanze entdecken könnte? Eine solche muß es denn doch geben! Woran würde ich sonst erkennen, daß dieses oder jenes Gebilde eine Pflanze sei, wenn sie nicht alle nach einem Muster gebildet wären. Ich bemühte mich zu untersuchen, worin denn die vielen abweichenden Gestalten von einander unterschieden seien. Und ich fand sie immer mehr ähnlich als verschieden« (FA I, 15.1, S. 286). Wieder ist die Ausbildung der Urpflanzen-Vorstellung mit der Erfahrung des Neuen verknüpft. Zugleich jedoch verbindet G. die Vorstellung der Urpflanze mit Dichtung. Denn seine botanische »Grille« stört ihn bei der Lektüre Homers, zu der ihn der Garten der Villa Giulia, den er mit dem Garten des Alkinoos in der Odyssee vergleicht, motiviert hatte. Sie stört ihn weiter bei seinen eigenen poetischen Plänen zum *Nausikaa*-Drama, von denen am Tag zuvor die Rede ist. Erfahrung der Antike, eigene poetische Produktion und die ›Urpflanze‹ sind so miteinander verknüpft.

Noch deutlicher wird diese Verknüpfung in der nächsten und zugleich abschließenden Bemerkung zur Urpflanze. Unter dem 17.5. 1787 zieht G. in einem mit »An Herder« überschriebenen Abschnitt das Fazit seines sizilianischen

Aufenthalts. Er spricht vom Glück dieser Reise, berichtet von seinem zweiten Besuch in Paestum und erzählt von seiner Homer-Lektüre, die ihm die sizilianische Landschaft erschlossen hatte. In einem Postskriptum, das auf eine Passage in einem Brief an Charlotte von Stein zurückgeht, der zwischen dem 1. und dem 9.6. 1787 geschrieben wurde, wird von der Urpflanze gesprochen: »Ferner muß ich Dir vertrauen daß ich dem Geheimnis der Pflanzenzeugung und Organisation ganz nahe bin und daß es das einfachste ist was nur gedacht werden kann. [...] Die Urpflanze wird das wunderlichste Geschöpf von der Welt, um welches mich die Natur selbst beneiden soll. Mit diesem Modell und dem Schlüssel dazu kann man alsdann noch Pflanzen in's Unendliche erfinden, die konsequent sein müssen, das heißt: die, wenn sie auch nicht existieren, doch existieren könnten und nicht etwa malerische oder dichterische Schatten und Scheine sind, sondern eine innerliche Wahrheit und Notwendigkeit haben« (FA I, 15.1. S. 346). Erschien in der Notiz in Palermo die Urpflanze noch als eine konkrete und reale Pflanze, so gilt sie jetzt als »Modell«, als Vorstellung. Im berühmten Gespräch in Jena im Sommer 1795 wird Schiller sie eine ›Idee‹ nennen.

Zugleich wird die Funktion dieser Vorstellung in G.s Naturverständnis deutlich: Die Urpflanze ist als ein »Schlüssel« für alle denkbaren Pflanzen ein generatives Prinzip, und sie ist, insofern ihr »innerliche Wahrheit und Notwendigkeit« zukommt, Ausdruck von Gesetzmäßigkeit. G. beharrt darauf, daß diese Urpflanze auf Erfahrung beruhe und selbst eine Erfahrungstatsache sei. Ausdrücklich wird in dem Postkriptum von »Beobachtungen« gesprochen. Auch während des zweiten römischen Aufenthalts wurden die botanischen Studien fortgesetzt. Im ›Bericht‹ vom Juli 1787 wiederholt G. die beiden Erwähnungen der Urpflanze vom 17.4. 1787 in Palermo und vom 17.5. 1787 in Neapel. Danach ist von der Urpflanze explizit allerdings kaum mehr die Rede. Vielmehr spricht G. nun vom »Pflanzensystem« (28.9. 1787; FA I, 15.1, S. 429), von der »Gesetzlichkeit der Pflanzenorganisation«

(›Bericht‹ April 1788; FA I, 15.1, S. 588) und mehrfach, wie im ›Bericht‹ vom 8.9. 1787, von der »Metamorphose der Pflanzen« (FA I, 15.1, S. 434). Er dynamisiert das in der Urpflanze gedachte generative Prinzip und integriert damit in seine Naturvorstellung den in den Begriff der Metamorphose gefaßten Gedanken der Entwicklung. Wie in anderen Bereichen hat er allerdings auch hier bei der Redaktion der *Italienischen Reise* manches in die Zeit des italienischen Aufenthalts zurück verlagert, was er als Ertrag des in Italien Erfahrenen erst nach der Rückkehr ausgearbeitet hatte. In der ausführlichen Darstellung der einzelnen Entwicklungsstationen, in der Verknüpfung mit dem Sizilien-Aufenthalt und in der Wiederholung zentraler Passagen im Bericht vom Juli 1787 erhält die Ausbildung der Urpflanzen-Vorstellung in der *Italienischen Reise* eine herausragende Bedeutung, wird in gewisser Hinsicht ihr Hauptthema. Die Urpflanze erhält so eine Bedeutsamkeit, die weit über die Botanik hinausreicht. In der »Gesetzlichkeit«, deren Ausdruck sie ist, wird sie zum »Modell« und »Schlüssel« auch für andere Bereiche, für die Kunst und für die menschliche Gesellschaft. Der Schlußsatz des Postskriptums zum 17.5. 1787 spricht dies deutlich aus: »Dasselbe Gesetz wird sich auf alles übrige Lebendige anwenden lassen« (FA I, 15.1, S. 346).

Kunst: Renaissance – Antike – Klassik

Von Anfang an erscheint Italien in der *Italienischen Reise* als Land der Kunst. Nicht zuletzt durch den Vater war diese Vorstellung zutiefst in G. verankert und hatte nachdrücklich seine Italien-Sehnsucht geprägt. Zugleich folgte G. damit in seiner Darstellung dem Topos der Kavalierstouren und traditionellen Bildungsreisen. Ebenso hatte er sich bei der Reise nach Rom durchaus in den Bahnen gängiger Italien-Reisen gehalten, was sich unter anderem im selbstverständlichen Gebrauch des zeitüblichen Reiseführers von Volkmann zeigt. Doch trotz der Nennung zahlreicher Namen bietet die *Italienische Reise* bemerkenswert wenige ausführliche Kunstbeschreibungen. Auch folgt G., wenn er nähere Hinweise zu Kunstwerken gibt oder gar Wertungen ausspricht, den gängigen Mustern aufgeklärt-klassizistischer Kunstbetrachtung. Bestimmend sind neben Volkmann und dessen *Historisch-kritischen Nachrichten von Italien* Winckelmann und, für Sizilien, der Winckelmann-Schüler Johann Hermann von Riedesel. Dessen 1771 erschienene *Reise durch Sicilien und Großgriechenland*, die er aus der Bibliothek seines Vaters kannte, trägt G., wie er während der Reise durch Sizilien unter dem 26.4. 1787 schreibt, »wie ein Brevier oder Talisman am Busen« (FA I, 15.1, S. 297).

So konnte es während der italienischen Reise auch genügen, in den Briefen oder im *Tagebuch der italienischen Reise für Frau von Stein* auf Volkmann oder andere zu verweisen, statt das Gesehene selbst zu beschreiben. Auf diesen Verzicht wird mehrfach aufmerksam gemacht; so heißt es während der Reise in Sizilien unter dem 7.5. 1787: »Gott sei Dank, daß alles was wir heute gesehen, schon genugsam beschrieben ist« (FA I, 15.1, S. 317). Er gewinnt jedoch in der *Italienischen Reise* eine zusätzliche Bedeutung. Als G. im *Zweiten römischen Aufenthalt* zum zweiten Mal die ihn sehr beeindruckende Medusenmaske aus dem Pallazo Rondanini erwähnt (29.7. 1787), die er später, im ›Bericht‹ zum April 1788, ein »wundersames Werk« nennt, schreibt er: »Wie gern sagt' ich etwas drüber, wenn nicht alles was man über so ein Werk sagen kann, leerer Windhauch wäre«. Apodiktisch fährt er fort: »Die Kunst ist deshalb da, daß man sie sehe, nicht davon spreche« (FA I, 15.1, S. 399). Nicht die Präsentation der gesehenen Kunstwerke, sondern die Darstellung der Erfahrung mit ihnen, mehr noch: der in ihnen und durch sie gewonnenen Erkenntnis ist Ziel der *Italienischen Reise*. Darüber hinaus ist die so nachdrücklich betonte Forderung des Schweigens über die Kunstwerke als eine Kritik romantischer Kunstbetrachtung zu verstehen. Sehr bewußt setzte G. bei der Abfassung der *Italienischen Reise* gegen das subjektiv-romantische

›Sicheinlassen‹ auf Kunstwerke, wie es seit Wilhelm Heinrich Wackenroders und Ludwig Tiecks *Herzensergießungen* gängig geworden war, eine zwar gleichermaßen subjektbestimmte, zugleich jedoch distanzierte und vorrangig an Formprinzipien orientierte Auseinandersetzung mit Kunst.

Die primäre Intention, die eigene Erfahrung mit der Kunst Italiens darzustellen, bestimmt die Auswahl der in der *Italienischen Reise* genannten Kunstwerke. Von zeitüblichen ›Auslassungen‹ wie der Nichtbeachtung der mittelalterlich-staufischen Architektur Palermos abgesehen, ist diese Auswahl bewußte, auf den dargestellten Bildungsgang bezogene Selektion, von der aus nicht unvermittelt auf die Wahrnehmung G.s während des italienischen Aufenthalts geschlossen werden kann. Deshalb geht auch die von Zeitgenossen und in der Rezeption im 19. Jh. immer wieder geäußerte Kritik an G.s Auslassungen, an den Lücken seiner Präsentation italienischer Kunst fehl. Solche ›Lücken‹ betreffen die Kunst des Barock und, vor allem, die christliche Kunst des Mittelalters und der Frührenaissance. Beim Besuch in Assisi am 25.10. 1787 werden die Gründe solcher ›Auslassungen‹ deutlich. Ausführlich wird der aus der Zeit des Augustus stammende Minerva-Tempel vorgestellt, die frühgotische Grabeskirche mit den Fresken von Cimabue und Giotto wird hingegen lediglich erwähnt, um festzustellen, daß der Reisende sie »links, mit Abneigung« liegen ließ (FA I, 15.1, S. 124). Die bei der Redaktion der *Italienischen Reise* eingefügte Erzählung von der nächtlichen Begegnung mit den Sbirren, die es dem Reisenden »sehr übel« nehmen, daß er »dem Heiligen [s]eine Aufwartung nicht gemacht« (FA I, 15.1, S. 127) habe, betont diese Entscheidung. Dem Besuch in Assisi vorangestellt ist das Gespräch mit dem päpstlichen Offizier, der reichlich abstruse Meinungen über den Protestantismus äußert. G. hat dieses Gespräch, dessen Details auch im *Tagebuch der italienischen Reise* angeführt sind, in der *Italienischen Reise* zu einer in sich abgerundeten Episode gestaltet, und er verweist bei seiner »Abneigung«, die Grabeskirche zu besuchen, ausdrücklich auf den Hauptmann:

»Denn ich dachte mir daß darin die Köpfe so wie mein Hauptmanns-Kopf gestempelt würden« (FA I, 15.1, S. 124).

Ebenso deutlich ist eine gleichfalls bei der Redaktion eingefügte Bemerkung zur Differenz von antiker und mittelalterlich-gotischer Architektur: »Das ist freilich etwas anderes, als unsere kauzenden, auf Kragsteinlein über einander geschichteten Heiligen der gotischen Zierweisen, etwas anders als unsere Tabakspfeifen-Säulen, spitze Türmlein und Blumenzacken, diese bin nun, Gott sei Dank, auf ewig los!« (8. 10. 1786; FA I, 15.1, S. 94). Zu dem in der *Italienischen Reise* dargestellten Bildungsgang gehört die Kunst der Antike und der Renaissance; die christliche Kunst des Mittelalters, der Frührenaissance wie des Barock spielt dafür keine Rolle. Sie bleibt aus formalen wie inhaltlichen Gründen jenseits dieses Bildungsganges, wobei die teilweise sehr harten kritischen Bemerkungen zudem auf die Zeit der Abfassung der *Italienischen Reise* bezogen sind und G.s Abwehr der romantischen Kunst, insbesondere der nazarenischen Malerei signalisieren.

Im ersten Teil der *Italienischen Reise*, während der Fahrt nach Rom, steht die Wahrnehmung der Kunstwerke Italiens, das intensive Kennenlernen im Zentrum des Bildungsganges. Leitfiguren sind Palladio und Raffael. Andrea Palladio, von dem es unter dem 19.9. 1786 heißt, er sei »ein recht innerlich und von innen heraus großer Mensch gewesen« (FA I, 15.1, S. 57), war G. seit seiner Jugend bekannt. Die Begegnung mit Palladios Bauwerken in Venetien, insbesondere mit der Rotonda in Vincenza, und die Lektüre seiner *Quattro Libri dell'Architettura*, die sich G. in Padua in einer 1770 erschienenen Ausgabe kaufte, werden gleichsam zu Initiationserfahrungen. Palladio hat G., wie er am 8. 10. 1786 anläßlich der Antikensammlung im Palazzo Farsetti in Venedig notiert, den »Weg« hin zu den »alten herrlichen Zeiten«, den Weg zu »aller Kunst und Leben« geöffnet (FA I, 15.1, S. 94). Raffaels Kunst, den G. gleichfalls seit langem kannte, erscheint in der *Italienischen Reise* in durchaus zeitüblicher Weise als Inbegriff formvollendeter, klarer und in sich harmoni-

scher Darstellung von Menschen. Darin gilt Raffael, in Absehung von den christlichen Sujets seiner Bilder, als Erneuerer der Antike. So heißt es am 18. 10. 1786 zu Raffaels berühmtem Gemälde der Heiligen Cäcilie: »Fünf Heilige neben einander, die uns alle nichts angehen, deren Existenz aber so vollkommen dasteht, daß man dem Bilde eine Dauer für die Ewigkeit wünscht«. Wenige Zeilen später wird die Bedeutung Raffaels in das Bild der Pyramide gefaßt, an der seine Vorgänger gearbeitet haben, bis er an der Spitze der Pyramide »den letzten Stein des Gipfels aufsetzte, über und neben dem kein anderer stehen kann« (FA I, 15.1, S. 110f.). Die gleiche Einschätzung findet sich in der ausführlichsten Kunstbeschreibung der *Italienischen Reise*, in der Beschreibung des Apostelzyklus von Marc Antonio Raimondi im *Zweiten römischen Aufenthalt*, der nach Meinung der Zeitgenossen auf Zeichnungen Raffaels beruhte. Diese Beschreibung, für die G. auf einen der bereits 1789 im *Teutschen Merkur* veröffentlichten Aufsätze zurückgriff, ist vom Schönheitsideal und von den Begriffen Winckelmanns bestimmt; »Mannichfaltigkeit« und »Einfalt«, »Ruhe«, »Harmonie« und »innere Größe« sind die ästhetischen Leitworte (FA I, 15.1, S. 481ff.). Die Hochschätzung Raffaels wird schließlich auch darin sichtbar, daß G. die »heilige Agatha« eines nicht erhaltenen, Raffael zugeschriebenen Bildes in Bologna mit der Iphigenie seines Dramas verbindet: »Ich habe mir die Gestalt wohl gemerkt, und werde ihr im Geist meine Iphigenie vorlesen, und meine Heldin nichts sagen lassen, was diese Heilige nicht aussprechen möchte« (19. 10. 1786; FA I, 15.1, S. 114f.).

Bereits auf dem Weg nach Rom begegnet G. authentischen Zeugnissen der antiken Kunst, antiker Plastik, wie etwa in der Sammlung des Pallazzo Farsetti in Venedig, und den Überresten antiker Architektur. Das Amphitheater in Verona, immerhin einer der besterhaltenen Theaterbauten der römischen Antike, ist das erste antike Bauwerk, das G. sieht. Er setzt diese Erfahrung an den Beginn eines neuen Abschnitts seiner Darstellung: »Verona, den 16.9.[1786.] Das Amphitheater ist also das erste bedeutende Momument der alten Zeit, das

Christoph Heinrich Kniep: Die Tempel von Paestum.
Aquarellierte Feder- und Pinselzeichnung

ich sehe, und so gut erhalten!« (FA I, 15.1, S. 44). In Rom wird die intensive Auseinandersetzung mit der Kunst der Renaissance fortgesetzt, etwa beim Besuch der Sixtinischen Kapelle am 22.11. 1786, der zu einer Neueinschätzung Michelangelos führt. In den Vordergrund rückt jedoch die Beschäftigung mit der antiken Kunst: »Ich mache mir die Plane des alten und neuen Roms bekannt, betrachte die Ruinen, die Gebäude, besuche ein und die andere Villa«, heißt es unter dem 7.11. 1786 (FA I, 15.1, S. 139). Das Studium der antiken Kunst ist umfassend. G. beschäftigt sich mit den antiken Baulichkeiten und der Plastik ebenso wie mit antiken Münzen, Medaillen oder Gemmen. Die Bedeutung Winckelmanns, insbesondere seiner *Geschichte der Kunst des Altertums* mit ihrer Unterscheidung verschiedener Stile und Epochen in der Kunst der Antike wird deutlich herausgestellt. »Wie viel tat Winckelmann nicht«, heißt es unter dem 13.1. 1787 (FA I, 15.1, S. 171).

Winckelmanns Orientierung an der Kunst der Griechen führt zudem während des ersten Aufenthalts in Rom im Winter 1786/87 zu einem sich steigernden Ungenügen an der in Rom vorhandenen antiken Kunst, voran an den römischen Kopien griechischer Plastik. Gerade die »Kunst der Griechen« aber wird zur zentralen Herausforderung. An ihr, so heißt es in einer unter dem 28.1. 1787 formulierten »Betrachtung«, gelte es »zu erforschen, wie jene unvergleichlichen Künstler [Griechenlands; d. Vf.] verfuhren, um aus der menschlichen Gestalt den Kreis göttlicher Bildung zu entwickeln, welcher vollkommen abgeschlossen ist und worin kein Hauptcharakter so wenig als die Übergänge und Vermittlungen fehlen« (FA I, 15.1, S. 179). Die Erwartung, eine Antwort auf diese Frage zu finden, ist ein wesentliches Motiv für die Reise in den Süden Italiens. Die Begegnung mit der Kunst Großgriechenlands, mit authentischen Zeugnissen der griechischen Antike wird zur entscheidenden Probe für das Verständnis von Kunst und Antike, ja für das Gelingen des italienischen Aufenthalts überhaupt.

Die Schilderung der Reise durch Sizilien, die von den Berichten vom zweifachen Aufenthalt in Neapel, vom doppelten Besuch von Paestum und von der zweimaligen Überfahrt eingerahmt ist, bildet das Zentrum der *Italienischen Reise*. Sizilien wird zur Schlüsselerfahrung, in der sich bisher noch Ungelöstes und Widerstreitendes zu einer Einheit zusammenfügen. Als Voraussetzung dafür aber erscheinen die Erfahrung der Fremdheit authentisch griechischer Antike und die Verarbeitung dieser Erfahrung. In der ersten Begegnung mit den Überresten griechischer Architektur in Paestum am 23.3. 1787 werden Fremdheitserfahrung und die Bemühung, sie zu verarbeiten, eindrucksvoll erzählt. Der »erste Eindruck«, so heißt es zunächst, »konnte nur Erstaunen erregen«: »Ich befand mich in einer völlig fremden Welt«. Massigkeit und Schwere der dorischen Architektur erschreckten G., die »stumpfen, kegelförmigen, enggedrängten Säulenmassen« erschienen ihm »lästig ja furchtbar«. Dann jedoch setzt die gedankliche Bemühung ein, in der sich intensive Wahrnehmung mit kunstwissenschaftlicher und historischer Durchdringung verbindet: »Doch nahm ich mich bald zusammen, erinnerte mich der Kunstgeschichte, gedachte der Zeit deren Geist solche Bauart gemäß fand, vergegenwärtigte mir den strengen Styl der Plastik und in weniger als einer Stunde fühlte ich mich befreundet, ja ich pries den Genius daß er mich diese so wohl erhaltenen Reste mit Augen sehen ließ [...] nur wenn man sich um sie her, durch sie durch bewegt, teilt man ihnen das eigentliche Leben mit [...] Und so verbrachte ich den ganzen Tag« (FA I, 15.1, S. 236f.).

Solche Bemühung bestimmt dann den Aufenthalt in Sizilien. Nach dem zweiten Besuch in Paestum kann G. in dem »An Herder« überschriebenen, auf den 17.5. 1787 datierten Fazit des Sizilien-Aufenthalts sagen, die jetzt gewonnene Erfahrung oder Einsicht sei »die letzte und fast möcht' ich sagen herrlichste Idee, die ich nun nordwärts vollständig mitnehme« (FA I, 15.1, S. 345). Die Erfahrung der Überreste griechischer Architektur auf Sizilien, der in scharfer Kontrastierung und durchaus zeitüblicher Abwehr die manieristische Architektur der Villa Palagonia in der Nähe Palermos entgegengesetzt wird, verbindet sich mit dem Erlebnis südlicher Landschaft: »Mit keinen Worten ist die dunstige Klarheit auszudrücken die um die Küsten schwebte als wir am schönsten Nachmittage gegen Palermo anfuhren. Die Reinheit der Konture, die Weichheit des Ganzen, das Auseinanderweichen der Töne, die Harmonie von Himmel, Meer und Erde. Wer es gesehen hat der hat es auf sein ganzes Leben« (3.4. 1787; FA I, 15.1, S. 249). Hinzu kommt die erneute Lektüre Homers; Sizilien erscheint wie die »Insel der seligen Phäaken« der *Odyssee*: »Ich eilte sogleich einen Homer zu kaufen, jenen Gesang mit großer Erbauung zu lesen« (7.4. 1787; FA I, 15.1, S. 259). In wechselseitiger Erhellung erschließen sich südliche Landschaft, griechische Architektur und griechische Literatur, verbinden sich Natur und Kunst.

Diese Erfahrung motiviert G. zu eigener Produktion; in Palermo – so die Stilisierung der *Italienischen Reise* – faßt der Reisende den Plan zum *Nausikaa*-Drama. In den Abschnitten über den Aufenthalt im Garten der Villa Giulia in Palermo hat die Sizilien-Erfahrung ihren konzentrierten Ausdruck gefunden. Dreimal wird in der *Italienischen Reise* davon berichtet: in der fortlaufenden chronologischen Erzählung zwischen dem 7. und dem 17.4. 1787, in dem Abschnitt »Aus der Erinnerung« nach dem 7.5. 1787, in dem insbesondere der *Nausikaa*-Plan ausführlich vorgestellt wird, und im ›Bericht‹ vom Juli 1787 im *Zweiten römischen Aufenthalt*. Auch im Fazit »An Herder« vom 17.5. 1787 wird, wenn auch ohne ausdrückliche Nennung, auf den Garten der Villa Giulia verwiesen. Dieser Garten, der »wunderbarste Ort von der Welt«, erscheint als Inbild südlicher, die Antike evozierender Landschaft: »Vor nicht gar langer Zeit gepflanzt, versetzt er ins Altertum« (7.4. 1787; FA I, 15.1, S. 258). Er wird zum Ort poetischer wie wissenschaftlicher Inspiration; in ihm schreibt G. am *Nausikaa*-Drama, hier wird die Vorstellung der Urpflanze entscheidend vorangetrieben. Im Garten der Villa Giulia kommen Natur und Kunst zusammen. In der Erfahrung dieser Einheit, die insgesamt das Sizilien-Erlebnis prägt, gewinnt G. seine Antwort auf die

Frage nach den Gründen für die herausragende Qualität der Kunstwerke der Antike; an späterer Stelle, unter dem 6.9. 1787, wird sie in oft zitierten Sätzen prägnant formuliert: »Diese hohen Kunstwerke sind zugleich als die höchsten Naturwerke von Menschen nach wahren und natürlichen Gesetzen hervorgebracht worden. Alles Willkürliche, Eingebildete fällt zusammen, da ist Notwendigkeit, da ist Gott« (FA I, 15.1, S. 424).

Natur und Kunst erscheinen als Einheit, wobei Natur zum einheitsstiftenden Prinzip schlechthin wird. In ihm erhalten das Mannigfaltige und das Vielfältige ihre Einheit, die als eine Einheit von Gesetzmäßigkeiten gedacht ist. Indem G. Natur und Kunst durch die Gemeinsamkeit von Gesetzmäßigkeiten, die ihm ihrerseits als natürliche gelten, verbindet, gewinnt er einen komplexen Begriff dieser Zusammengehörigkeit, in dem Problemstellungen, Spannungen und Widersprüche, die ihn seit längerem beschäftigen, aufgehoben sind und in dem Einheit und Differenz von Natur und Kunst gleichermaßen gedacht werden können. Kunst erscheint als Schaffung einer ›zweiten‹ Natur, welche allerdings den gleichen Gesetzmäßigkeiten wie die ›erste‹ folgt. So leistet dieser Begriff für G. nicht zuletzt die Verknüpfung von künstlerischem und naturwissenschaftlichem Bemühen. Die Integration von Kunst in Natur, wodurch Kunst gleichsam zur höchsten Natur wird, meint durchaus Ästhetisierung von Natur, darin aber auch deren Humanisierung. G. gewinnt seine Einsicht in einem Garten, also in von Menschen bearbeiteter, in ›künstlicher‹ Natur. Zur Natur, in deren Erfahrung die *Odyssee* »ein lebendiges Wort« wird, gehören neben »Küsten und Vorgebirgen«, neben »Ebnen, Klippen« und dem »Meer« ebenso »sanfte Weiden, fruchtbare Felder, geschmückte Gärten, gepflegte Bäume, hängende Reben« (FA I, 15.1, S. 345).

Die Verknüpfung von Natur und Kunst bildet auch in der Geologie, im anderen wichtigen naturwissenschaftlichen Bereich der *Italienischen Reise*, die leitende Vorstellung. Für G. war die Erfahrung der beiden Vulkane Vesuv und Ätna eine Bekräftigung der neptunistischen Position, der er in der zeitgenössischen wissenschaftlichen Kontroverse über die Ausbildung der Erdkruste ohnehin zuneigte; daß am Fuße des Ätna Kalkstein zu finden ist, wird ihm zur Bestätigung neptunistischer Annahmen. Dreimal, am 2., am 6. und am 20.3.1787, hat G., bevor er Sizilien bereiste, den Vesuv bestiegen. Der dritte Aufstieg war durch die »Kunde einer so eben ausbrechenden Lava« motiviert (FA I, 15.1, S. 231). Der Blick auf den Vulkan ist auf genaue Beobachtung ausgerichtet, ist ein wissenschaftlicher Blick. Gleichwohl gehen in die Beschreibung ästhetische Wertungen ein, die deutlich Abwertungen sind. Vom »Ungetüm« ist die Rede, das »nicht zufrieden häßlich zu sein, auch noch gefährlich werden wollte«, vom »ungeheuren Abgrund« und vom »seltsamen Anblick« (6.3. 1787; FA I, 15.1, S. 209f.). Das Fazit am Ende des dritten Aufstiegs ist zwiespältig: »Der herrlichste Sonnenuntergang, ein himmlischer Abend, erquickten mich auf meiner Rückkehr; doch konnte ich empfinden wie sinneverwirrend ein ungeheurer Gegensatz sich erweise. Das Schreckliche zum Schönen, das Schöne zum Schrecklichen, beides hebt einander auf und bringt eine gleichgültige Empfindung hervor« (20.3. 1787; FA I, 15.1, S. 233).

Ganz anders erscheint dann jedoch die Erfahrung des Vesuv nach der Rückkehr aus Sizilien, am Vorabend der Abreise aus Neapel am 2.6. 1787, als G. von einem Schloß aus erneut einen Lavaausbruch beobachten kann. Wiederum bietet er eine genaue Beschreibung, auch bleibt der Aspekt des Ungeheuren und Gewalttätigen erhalten, und der Berg wird als »gewaltsam tobend« wahrgenommen. Zugleich jedoch wird das Naturereignis zur ästhetischen Erfahrung, zum »wunderbarsten« Bild, zum »Schauspiel« und zum »Eindruck des großen Ganzen«: »Je mehr die Nacht wuchs desto mehr schien die Gegend an Klarheit zu gewinnen, der Mond leuchtete wie eine zweite Sonne, die Säulen des Rauchs, dessen Streifen und Massen durchleuchtet bis ins einzelne deutlich, ja man glaubte mit halbweg bewaffnetem Auge die glühend ausgeworfenen Felsklumpen auf der Nacht des Kegelberges zu unterscheiden« (FA I, 15.1, S. 369). Ästheti-

scher und naturwissenschaftlicher Blick sind vereint; die Schilderung ist zudem eingebettet in die Erzählung vom abendlichen Abschiedsbesuch bei der Herzogin von Giovane, einer deutschen Adligen, von der ausdrücklich gesagt wird, daß sie sich durch Literatur, an den Schriften Herders und Garves, »zu einer freieren, weit umherblickenden Humanität gebildet« habe. Ästhetisierung und Humanisierung der Natur und damit in eins die Vorstellung von Kunst, gerade der antiken, als höchster Natur, bilden die Kerngedanken der sizilianischen Erfahrungen G.s, die darin zur Schlüsselerfahrung der *Italienischen Reise* werden.

Damit sind Grundgedanken der Weimarer Klassik bezeichnet, wie sie dann in Ansätzen bereits im *Zweiten römischen Aufenthalt* im Gespräch mit Moritz und, nach 1795, vor allem in der Zusammenarbeit mit Schiller entfaltet wurden. Zu den Ergebnissen der sizilianischen Erfahrungen gehört aber insbesondere ein spezifisches Verhältnis zur antiken Kunst. G.s ›klassische‹ Beziehung zur Antike basiert auf der Erfahrung von Fremdheit und Distanz, die ihm in einem ästhetisch fundierten Naturbegriff aufhebbar erschien. Das klassische Programm meint deshalb nicht Nachahmung der Antike oder gar deren Kopie, sondern zielt vielmehr auf die Wiedergewinnung der Möglichkeit einer humanen Kunst, die in der Beachtung der ›natürlichen‹ Gesetzmäßigkeiten, wie sie musterhaft in der Kunst der Antike wirksam sind, erreichbar scheint. Aus heutiger Perspektive allerdings, die von fortgeschrittener Naturbewältigung und ihren Folgen ebenso bestimmt ist wie von den sozialen und politischen Erfahrungen des 19. und vor allem des 20. Jhs., wird darin neben der Größe des klassischen Programms und seiner humanen Qualität auch die Vergeblichkeit dieser Anstrengung sichtbar. Die historische Entwicklung hat zu diesem Programm, hat nicht zuletzt zu G.s Naturbegriff eine Distanz gesetzt, die der vergleichbar erscheint, durch die sich G. von der Antike getrennt sah.

Volk und Gesellschaft

Neben Natur und Kunst spielt in der *Italienischen Reise* die dritte der drei »Regionen« oder
»Weltgegenden«, von denen G. im Aufsatz
Schicksal der Handschrift spricht, spielen also
»Sitten der Völker« und »menschliche Gesellschaft« zweifellos eine geringere Rolle; gleichwohl bilden auch sie ein wichtiges Thema.
Durchgängig wird von den Menschen in Italien berichtet. Es wird von ihren Festen und
ihren alltäglichen Bräuchen erzählt. Der Blick
des Reisenden richtet sich auf öffentliche Ereignisse wie etwa die Gerichtsverhandlung in
Venedig (3.10. 1786), auf die Formen der Geselligkeit wie die Villegiatur im Oktober 1787
und auf das Theater, von dem immer wieder
gerade auch als einem geselligen Ereignis erzählt wird. In der Tradition der Reisebeschreibungen gibt der Blick auf die »Sitten« Anlaß
zum Vergleich zwischen dem neu erfahrenen
Fremden und dem Eigenen, zwischen südli-
chem Italien und nördlichem Deutschland.
Dabei sind in der Beschreibung der Bewohner
Italiens auch manche Stereotypen wirksam,
wenn etwa von der besonderen italienischen
Lebensfreude, dem »Übergefühl des Daseins«
(17.9. 1786; FA I, 15.1, S. 53), von »leiden-
schaftlichem Sprechen« und der »entschiedenen Gebärdensprache, mit welcher sie die
Ausdrücke ihrer Intentionen, Gesinnungen
und Empfindungen begleiten« (4.10. 1786; FA
I, 15.1, S. 84), oder auch von der »sehr auffallenden Unreinlichkeit« der Häuser Veronas
gesprochen wird (17.9. 1786; FA I, 15.1,
S. 55).

Von vornherein aber ist das Thema der
»menschlichen Gesellschaft« mit den beiden
anderen großen Themen der *Italienischen
Reise*, mit Natur und Kunst verknüpft. Schon
bei der ersten Begegnung mit antiker Architektur, mit dem Amphitheater in Verona am
16.9. 1786, wird diese Verbindung angesprochen. Der Reisende denkt sich das Amphitheater »ganz voll von Menschen« und fügt
eine längere Betrachtung zu der Überlegung
an, daß »so ein Amphitheater recht gemacht
[sei], dem Volk mit sich selbst zu imponieren«.

Im Theater, so heißt es weiter, »sieht das viel-
köpfige, vielsinnige, schwankende hin und her
irrende Tier, sich zu einem edlen Körper vereinigt, zu einer Einheit bestimmt, in eine
Masse verbunden und befestigt, als Eine Gestalt, von Einem Geiste belebt« (FA I, 15.1,
S. 44f.). Das von G. in der Urpflanze gesehene
»Gesetz«, von dem er sagt, daß es sich »auf
alles übrige Lebendige anwenden« lasse (17.5.
1787; FA I, 15.1, S. 346), gilt auch für die
menschliche Gesellschaft. Auch menschliches
Zusammenleben folgt den Gesetzmäßigkeiten,
die G. in der Natur, mithin als natürliche erkannt haben will und deren höchstes Produkt
die Kunst ist. Nicht zuletzt gehört zu ihnen die
Idee der Entwicklung, der ›neptunischen‹
Evolution in Entgegensetzung zu jeder gewaltsamen, eruptiven oder revolutionären
›vulkanischen‹ Veränderung.

Die Möglichkeit der Verknüpfung von Volk
und Gesellschaft mit Natur war unter anderem
in der im 18. Jh. gängigen Klimatheorie begründet, die eine Erklärung der Unterschiede
zwischen Regionen und Völkern bot. Durch sie
war es möglich, die Erfahrung des Südens als
Erfahrung der Antike zu verstehen und im südlichen Himmel den Himmel der Griechen zu
sehen. Konkrete Aussagen über die politischen
Verhältnisse und die sozialen Gegebenheiten
in Italien sind in der *Italienischen Reise* allerdings kaum zu finden. Es gibt einige eher beiläufig erscheinende kritische Bemerkungen
über die schlechte Verwaltung im Kirchenstaat
und über den Despotismus im Königreich von
Neapel und Sizilien. Gelegentlich nützt G. das
Stilmittel der indirekten Schreibweise, das er
auch in anderen autobiographischen Schriften
anwendet, indem er andere Personen Kritisches sagen läßt und so seiner Darstellung
durch Figurenrede eine kritische Dimension
gibt. Solcher indirekten Kritik dient auch die
Aufnahme des bereits 1792 entstandenen und
veröffentlichten Aufsatzes über Cagliostro. In
Cagliostros europäischer Wirkung und im besonderen in seiner Verwicklung in die Hals-
bandaffäre hat G. schon früh ein Symptom der
Krise des Ancien Régime gesehen.

Gewinnt die *Italienische Reise* auf diese
Weise immerhin eine politische Dimension, so

wird über die sozialen Zustände Italiens weitgehend geschwiegen. Die sozialen Ungerechtigkeiten und Mißstände etwa auf Sizilien, die andere Reisende der Zeit durchaus registriert und beschrieben haben, kommen nicht in den Blick. Wo von der Armut der italienischen Bevölkerung gesprochen wird, führt die Verknüpfung von Natur, Kunst und Gesellschaft tendenziell zur sozialen Harmonisierung, so etwa bei der in ihrem Blick auf die verschiedenen sozialen Gruppierungen und deren Gefüge bemerkenswert genauen Beschreibung der Lazzaroni von Neapel unter dem 28.5. 1787 (FA I, 15.1, S. 355–362). In diesem ›Bild‹ vom »geringen Volke in Neapel« wird ausdrücklich die Klimatheorie bemüht, um den Unterschied zwischen dem »Charakter« der »südlichen Völker, mit welchen der Himmel so gelinde umgegangen ist,« und dem der »nordischen Nationen« zu erklären. Damit werden zugleich die sozialen Gegebenheiten, nicht zuletzt die Armut der »ganz niedern Klasse« Neapels begründet und mithin legitimiert. Zugleich wird die Begegnung des Reisenden mit den armen »Müßiggängern« zur ästhetischen Erfahrung. Die Skizze schließt mit dem Hinweis auf Schauspiel und Theater. Ihr folgt ein ausführliches Zitat aus der *Historia naturalis* des Plinius, in dem die Schönheit und Fruchtbarkeit campanischer Landschaft gepriesen wird, und am folgenden Tag wird einprägsam die bunte Heiterkeit neapolitanischen Lebens erzählt.

Der ästhetische Blick bestimmt auch *Das Römische Carneval*, die ausführliche, bereits 1789 als Beschreibung von Kupferstichen erschienene und für den dritten Teil der *Italienischen Reise* überarbeitete Schilderung des römischen Volksfestes, die als eine allegorische Darstellung von Gesellschaft verstanden werden kann. Das karnevalistische Treiben wird aus der Distanz eines Beobachters und auktorialen Erzählers präsentiert, der dem Ganzen eine klare, dem Prinzip der Steigerung folgende Gliederung gibt, die von der Dichotomie von Chaos und Ordnung bestimmt ist. Das *Römische Carneval* führt ein saturnalisches Fest der Aufhebung jeglicher Ordnung vor, das deshalb nur »wie ein Traum, wie ein

Märchen« erscheinen kann. Es zeigt einen Ausbruch des Chaos, das in der ordnenden Beschreibung gebannt werden muß. Zu dem am Schluß, am »Aschermittwoch« formulierten Fazit gehört eine eindeutig politische Aussage: daß nämlich »Freiheit und Gleichheit nur in dem Taumel des Wahnsinns genossen werden kann« (FA I, 15.1, S. 552). Sie stand so schon in der ersten, im Frühjahr 1789 und also vor dem Beginn der Französischen Revolution erschienenen Ausgabe des *Römischen Carnevals*. In der *Italienischen Reise* erscheint sie, nach der Revolution und ihren Folgen, als prophetischer Satz. Auch in politischer und sozialer Hinsicht, auch in der ›Weltgegend‹ der menschlichen Gesellschaft zeigt die *Italienische Reise* wie in den ›Regionen‹ der Natur und der Kunst die Ausbildung der ›klassischen‹ Positionen G.s.

Unter dem 13.4. 1787 in Palermo, also bereits am Beginn der Reise durch Sizilien heißt es: »Italien ohne Sicilien macht gar kein Bild in der Seele: hier ist erst der Schlüssel zu Allem« (FA I, 15.1, S. 271). Damit wird die Bedeutung der Sizilien-Erfahrung präludiert und, indem Erwartungen geweckt werden, nachdrücklich herausgestellt. Dennoch folgt der Darstellung dieser Erfahrung die ausführliche Schilderung des *Zweiten römischen Aufenthalts*. Immerhin unterscheidet sich dieser dritte Teil der *Italienischen Reise* deutlich von den ersten beiden Teilen. Werden darin vorrangig die Wahrnehmung Italiens, das Aufnehmen von Neuem und das Sicheinlassen auf diese Erfahrungen vorgestellt, so erzählt der dritte Teil vornehmlich von der eigenen Betätigung G.s, von der Verarbeitung und Entfaltung des zuvor Erfahrenen. Nicht zuletzt wird im dritten Teil ausführlich von G.s bildkünstlerischen Bemühungen und von seinem schließlichen Verzicht darauf berichtet, der zugleich die endgültige Entscheidung für die Dichtung bedeutet und damit die ›Wiedergeburt‹ als Dichter.

Der *Zweite römische Aufenthalt* gewinnt so den Charakter einer Synthese, was durch die Merkmale des Altersstils in diesem erst später entstandenen Teil, durch die bewußt gesetzten Wiederholungen von zuvor schon Erzähltem,

DAS

RÖMISCHE CARNEVAL.

Berlin, gedruckt bey Johann Friedrich Unger.

Weimar und Gotha.
In Commission bey Carl Wilhelm Ettinger.
1789.

Titelkupfer von Johann Heinrich Lips

durch die objektivierenden ›Berichte‹ und nicht zuletzt durch die Integration fremder Texte noch verstärkt wird. Mit der im *Zweiten römischen Aufenthalt* dargestellten Bearbeitung gerade auch der sizilianischen Erfahrungen erhält das in der *Italienischen Reise* erzählte Bildungserlebnis seine Abrundung. Zugleich wird auf die nachitalienische Entwicklung G.s vorausgewiesen. So macht etwa die Aufnahme des Auszugs aus Karl Philipp Moritz' Schrift *Über die bildende Nachahmung des Schönen* deutlich, daß Grundsätze der klassischen Ästhetik in Italien ausgebildet wurden. In der umfassenden, die drei ›Weltgegenden‹ der Natur, der Kunst und der Gesellschaft gleichermaßen abschreitenden Darstellung der italienischen Bildungserfahrungen wird in der *Italienischen Reise* der Prozeß der Ausbildung klassischer Positionen erzählt; sie bietet damit die Legitimation der klassischen Periode.

Zur Rezeption der *Italienischen Reise* und zur Forschungslage

Die Aufnahme der beiden ersten Teile der *Italienischen Reise* bei ihrer Veröffentlichung 1816 und 1817 war verhalten. Der Bericht über eine dreißig Jahre zurückliegende Reise, der ein Italien schilderte, das es so nicht mehr gab, in dem nachdrücklich an den Positionen klassischer Ästhetik festhalten wurde, die mittelalterlich-christliche Kunst nicht beachtet, ja mit deutlicher Abwehr beiseite geschoben wurde, paßte wenig in den politischen, ideologischen und künstlerischen Zeitkontext. Entsprechend deutlich war die Ablehnung bei den Romantikern, insbesondere bei den deutschen Künstlern in Rom. Als Beispiel wird immer wieder ein Brief des preußischen Gesandten in Rom Barthold Georg Niebuhr an Friedrich Karl von Savigny vom 16.2. 1817 zitiert. Niebuhr berichtet ausführlich von der Reaktion der deutschen Künstler in Rom auf die *Italienische Reise* und läßt schließlich den nazarenischen Maler Peter Cornelius sagen,

»wie tief es ihn bekümmere, daß Goethe Italien so gesehen habe. Entweder habe ihm das Herz damals nie geschlagen, das reiche, warme Herz, es sei erstarrt gewesen; oder er habe es gleich festgekniffen« (MA 15, S. 721). In einem früheren Briefe an Dorothea Hensler vom 7.2. 1817 schrieb Niebuhr: »Es ist unbegreiflich, wie Goethe dergleichen hat drucken lassen. Es ist fast unbegreiflich, wie er eine Menge von dem, was hier vorkommt, auch im Rausch dieser seltsamen Reise, in ihrer Stimmung, hat schreiben können. Viele Urteile, namentlich über Kunstwerke, würde er zurücknehmen müssen. Es ist sehr schlimm, daß er sie bekanntgemacht hat, da gegenwärtig ein weit gesunderer Sinn über die Kunst herrscht [...]. Unsre Kunst scheint auf einem sehr schönen Wege zu sein, und unsre Künstler übersehen Goethens damaligen Standpunkt bei weitem und verwerfen ihn mit Recht als falsch« (MA 15, S. 719). Auch bei den Jüngeren stieß die *Italienische Reise* auf Skepsis und Ablehnung. Heines Parodie in der 1830 erschienenen *Reise von München nach Genua* ist dafür exemplarisch. Allerdings hatte Heine 1826 in *Die Nordsee* vom »klaren Griechenauge« G.s geschrieben, mit dem er in Italien »Alles sieht, das Dunkle und das Helle, nirgends die Dinge mit seiner Gemüthsstimmung kolorirt, und uns Land und Menschen schildert, in den wahren Umrissen und wahren Farben« (DHA 6, S. 147). Rückhaltlose Zustimmung zur *Italienischen Reise* fand G. nur im eigenen engeren Kreis, bei Carl Friedrich Zelter etwa oder bei Wilhelm von Humboldt, der 1829 eine ausführliche, durchweg zustimmende Rezension der *Italienischen Reise* veröffentlichte.

Eine umfassende Darstellung der Rezeptions- und Wirkungsgeschichte der *Italienischen Reise* gibt es bisher nicht. Gleichwohl lassen sich die wesentlichen Momente der Wirkung im 19. und bis ins 20. Jh. hinein festmachen. Auf der einen Seite wird die *Italienische Reise* durch kulturelle und politische Entwicklungen im 19. Jh. gewissermaßen überholt und erscheint so immer mehr als ein Zeugnis der Vergangenheit. Zu diesen Entwicklungen gehören die Aufwertung der Kunst des Mittelalters und des Barock im Gefolge von Romantik und Historismus, die Aufwertung des Mittelalters, nicht zuletzt der Stauferzeit, im Kontext der nationalen Bestrebungen, schließlich die politischen Veränderungen als Folge des Risorgimento und der italienischen Einigung. Auf der anderen Seite gibt es im 19. Jh. eine stetig zunehmende Rezeption der *Italienischen Reise*, die zeitweise als das meistgelesene Buch G.s gilt. Sie wird dabei vorrangig als Reisebericht rezipiert; und sie wird in spezifischer Weise zum Reiseführer. G.s Reise wird in ihrem Verlauf gleichsam zum Reiseziel. Es wird auf seinen ›Spuren‹ gereist, und zugleich wird der Reisende G. zum Vorbild für die Kenntnisnahme Italiens, seiner Kunst, seiner Natur und des italienischen Volkes. Entsprechende ›Reiseführer‹ wie etwa das 1904 erschienene Buch *Goethe unser Reisebegleiter in Italien* von Georg von Graevenitz bieten für solches ›Nachreisen‹ die Anleitung. Darin prägt die *Italienische Reise* nachhaltig das deutsche Italien-Bild. Sie hat Teil an der Fortdauer und Fortentwicklung des deutschen Italien-Mythos, zu dem auch die Ausbildung eines zeitenthobenen ästhetischen Bildes von Italien gehört. Dieser Mythos wirkte bis weit ins 20. Jh. hinein. Die kritische Auseinandersetzung mit ihm und damit auch mit G.s Italien-Darstellung bestimmt die deutsche Italien-Literatur bis hin zum bisher letzten literarisch bedeutsamen Italien-Buch *Rom, Blicke* von Rolf Dieter Brinkmann von 1979.

Auch in der Forschung hat das Verständnis der *Italienischen Reise* als Reisebericht eine zentrale Rolle gespielt. In zahlreichen Untersuchungen wurde den Details der *Italienischen Reise*, insbesondere im kunstgeschichtlichen Bereich, nachgefragt. Der Ertrag dieser Forschungen ist in den Kommentaren der neueren G.-Ausgaben versammelt, im epochemachenden Kommentar von Herbert von Einem in der Hamburger Ausgabe und jetzt in den vorzüglichen Kommentaren von Andreas Beyer in der Münchner Ausgabe und von Hans-Georg Dewitz in der Frankfurter Ausgabe.

Für die G.-Forschung war die *Italienische Reise* stets auch als eine autobiographische Schrift von großer Bedeutung. Sie wurde als autobiographisches Dokument analysiert und als Quelle benutzt. Dabei folgten die Deutungen bis in die Gegenwart weitgehend der Selbststilisierung G.s, insbesondere seiner auch außerhalb der *Italienischen Reise* geäußerten Darstellung des italienischen Aufenthalts als einer ungetrübten Glückserfahrung. Erst in jüngster Zeit wurde in einigen Aufsätzen, so etwa von Peter Boerner, auf die Spannungen und Widersprüche, die Risse in der Darstellung der *Italienischen Reise* aufmerksam gemacht. Zugleich wurde, so von Wilfried Barner oder von Norbert Miller im fünfzehnten Band der Münchner Ausgabe, mehr als bisher der Kunstcharakter des Textes betont und seine formale Gestaltung stärker als früher beachtet. Die Bearbeitung solcher Fragestellungen könnte durch die Integration der *Italienischen Reise* in den historischen Zusammenhang der Reiseliteratur noch verstärkt werden. Erstaunlicherweise ist die seit einiger Zeit intensiv betriebene Erforschung dieser Gattung von der G.-Forschung bisher kaum zur Kenntnis genommen worden, während andererseits in der Reiseliteraturforschung die *Italienische Reise* bisher bemerkenswert wenig beachtet wurde. Hier kann für die Zukunft noch einiger Aufschluß, kann auch die Revision mancher tradierter Urteile erwartet werden.

Literatur:

Barner, Wilfried: Altertum, Überlieferung, Natur. Über Klassizität und autobiographische Konstruktion in Goethes *Italienischer Reise*. In: GoetheJb. 105 (1988), S. 64–92. – Boerner, Peter: Italienische Reise (1816–1829). In: Lützeler, Paul Michael u.a. (Hg.): Goethes Erzählwerk. Interpretationen. Stuttgart 1985, S. 344–362. – Brenner, Peter: Der Reisebericht in der deutschen Literatur. Ein Forschungsüberblick als Vorstudie zu einer Gattungsgeschichte. Tübingen 1990, bes. S. 275–319. – Busch, Werner: Die ›große simple Linie‹ und die ›allgemeine Harmonie‹ der Farben. Zum Konflikt zwischen Goethes Kunstbegriff, seiner Naturerfahrung und seiner künstlerischen Praxis auf der italienischen Reise. In: GoetheJb. 105 (1988), S. 144–164. – DHA 6. – Einem, Herbert von: Goethe-Studien. München 1972. – Gerhard, Melitta: Die Redaktion der *Italienischen*

Reise im Lichte von Goethes autobiographischem Gesamtwerk. In: JbFDtHochst. (1930), S. 131–150. – Göres, Jörn (Hg.): ›... auf classischem Boden begeistert‹. Goethe in Italien. Katalog der Ausstellung des Goethe-Museums Düsseldorf. Mainz 1986. – Graham, Ilse: Der Bildner als Vollstrecker der Natur. Goethes *Italienische Reise* und ihre Nachwehen. In: GoetheJb. 105 (1988), S. 42–63. – Kiefer, Klaus H.: Wiedergeburt und Neues Leben. Aspekte des Strukturwandels in Goethes *Italienischer Reise*. Bonn 1978. - Mayer, Hans: *Italienische Reise*. In: ders.: Zur deutschen Klassik und Romantik. Pfullingen 1963, S. 51–81. – Meier, Albert (Hg.): Ein unsäglich schönes Land. Goethes *Italienische Reise* und der Mythos Siziliens / Un paese indicibilmente bello. Il *Viaggio in Italia* di Goethe e il mito della Sicilia. Palermo 1987. – Ders.: Von der enzyklopädischen Studienreise zur ästhetischen Bildungsreise. Italien-Reisen im 18. Jahrhundert. In: Brenner, Peter J. (Hg.): Der Reisebericht. Die Entwicklung einer Gattung in der deutschen Literatur. Frankfurt 1989, S. 284–305. – Miller, Norbert: Die Insel der Nausikaa. Spiegelungen des Sizilianischen Abenteuers. Stuttgart 1994. – Moritz, Karl Philipp: Werke. Hg. von Horst Günther. Bd. 2. Frankfurt 1981. – Oswald, Stefan: Reisebilder. Beiträge zur Wandlung der deutschen Italienauffassung. Heidelberg 1985. – Schmidt, Erich (Hg.): Tagebücher und Briefe Goethes aus Italien an Frau von Stein und Herder. Weimar 1886. – Sprengel, Peter: Deutsche Geselligkeit in Rom als konstitutives Element des deutschen Rom-Erlebnisses – nicht nur bei Goethe. In: Wiedemann, Conrad (Hg.): Rom – Paris – London. Erfahrung und Selbsterfahrung deutscher Schriftsteller und Künstler in den fremden Metropolen. Ein Symposion. Stuttgart 1988, S. 247–259. – Uhlig, Ludwig: Goethes *Römisches Carneval* im Wandel des Kontexts. In: Euphorion. 72 (1978) S. 84–95. – Werner, Hans-Georg: Goethes Reise durch Italien als soziale Erfahrung. In: GoetheJb. 105 (1988), S. 27–41. – Wolff, Helmuth: Wie Goethe reiste. In: Wissenschaftliche Zeitschrift der Martin-Luther-Universität Halle-Wittenberg. Gesellschafts- u. sprachwissenschaftliche Reihe. 5 (1955/56), S. 967ff.

Reiner Wild

Campagne in Frankreich 1792 / Belagerung von Mainz

Ein merkwürdiges Jahr

Die *Campagne in Frankreich* und die *Belagerung von Mainz* sind die beiden ungleichartigen Teile eines autobiographischen Werkes, das 1822 unter dem Titel *Aus meinem Leben. Zweyter Abtheilung Fünfter Theil* bei Cotta erschien. Der erste, viel längere Teil führte damals noch keinen Titel, der zweite hieß schon *Belagerung von Mainz*. Erst im 30. Band der Ausgabe letzter Hand (1829) bekam der erste Teil den Titel *Campagne in Frankreich 1792*. Es handelt sich um ein Bruchstück des großen Autobiographieprojektes, das nach dem ursprünglichen Plan die Epochen von G.s Leben bis zum Jahre 1794, also bis zum Beginn der Freundschaft mit Schiller, erzählen sollte, jedoch in der geplanten Form nicht mehr durchgeführt werden konnte. Von diesem Projekt lagen bis 1822 die drei ersten Teile von *Dichtung und Wahrheit* und die beiden ersten Teile der *Italienischen Reise* vor. Außer der *Campagne* wurden auch nur *Dichtung und Wahrheit* und die *Italienische Reise* vollendet. Diese drei autobiographischen Werke scheinen auf den ersten Blick sehr disparat zu sein, aber trotz aller Verschiedenheit haben sie ein großes Hauptthema gemeinsam: G.s Entwicklung als Künstler und Mensch sowie die Herausarbeitung seiner Auffassung von der eigenen Stellung innerhalb seiner Zeit. *Dichtung und Wahrheit* endet mit der Abreise des früh berühmt gewordenen Dichters nach Weimar; die *Italienische Reise* handelt davon, wie G. aus Weimar flieht und in Italien als Dichter und als Mensch neu auflebt. Die *Campagne* hat das Jahr zwischen August 1792 und August 1793 zum Gegenstand, eine einsame und doch sehr bewegte Periode in G.s Leben, die vermutlich in starkem Kontrast zu der Schilderung der Freundschaft mit Schiller stehen sollte, zu deren Darstellung G. nicht mehr gekommen ist. Um das Werk zu verstehen, muß man zunächst bei den weltbewegenden Ereignissen dieses Jahres anfangen und versuchen, auch aus den zeitgenössischen Quellen, G.s Leben, Bewegungen und Empfindungen in diesem Zeitraum wenigstens skizzenhaft zu umreißen.

Am 20. 4. 1792 hatte das revolutionäre Frankreich dem König von Ungarn und Böhmen, dem noch nicht zum Kaiser gekrönten Franz II., und damit Österreich den Krieg erklärt. Preußen eilte, seinen Pflichten als Verbündeter Österreichs nachzukommen. Eine französische Frühjahrsoffensive gegen die österreichischen Niederlande war ein völliger Mißerfolg und schien zu beweisen, daß die durch Auswanderung vieler adliger Offiziere geschwächten französischen Streitkräfte einer deutschen Offensive keinen ernsthaften Widerstand bieten könnten. Die französischen Emigranten versicherten, und die Preußen und Österreicher glaubten es ihnen gern, daß die Verteidiger schon beim ersten Schuß überlaufen und ihre Festungen übergeben würden. Die beiden deutschen Großmächte, optimistisch gestimmt durch diese Prognose, unternahmen mit der Unterstützung einer bunten Armee von französischen Emigranten und kleineren Detachements von Hessen-Kasseler und Kurmainzischen Hilfstruppen eine Sommeroffensive gegen Frankreich. Insgesamt 80.0000 bis 90.0000 Mann sollten durch diesen »militärischen Spaziergang« Ludwig XVI. wieder in seine königlichen Rechte einsetzen. Karl Wilhelm Ferdinand, regierender Herzog von Braunschweig-Wolfenbüttel und preußischer Feldmarschall, war der Generalissimus. Der preußische König Friedrich Wilhelm II. und mehrere preußische Prinzen begleiteten das Heer. Herzog Carl August von Sachsen-Weimar, Neffe des Herzogs von Braunschweig, Vetter und Schwager des preußischen Königs, nahm in seiner Eigenschaft als preußischer Generalmajor am Feldzug teil und verlangte von G., seinem Freund und Geheimen Rat, daß er ihn begleiten solle.

Eine österreichische Armee unter dem Grafen François-Sébastien-Josephe de Croix Clerfait marschierte von den Niederlanden her in Richtung Verdun. Die preußischen Regimenter mußten dagegen erst in Koblenz nach langen Märschen von ihren Garnisonen her zusammengezogen werden. Am 25. Juli erließ der Herzog von Braunschweig ein von französischen Emigranten verfaßtes Manifest, in dem er die Franzosen überhaupt und die Stadt Paris insbesondere mit unerhörten Vergeltungsmaßnahmen bedrohte, falls der König oder die königliche Familie mißhandelt würden. Dieses Manifest, das in der ersten Augustwoche nach Paris gelangte, trug erheblich zu der Volksstimmung bei, die zum Sturz der Monarchie am 10. August führte. Die preußische Armee setzte sich am 30. Juli in Richtung Trier in Bewegung. Sie machte vom 5. bis zum 12. August in Trier Halt, um ihre Zufuhr einzurichten, Brot zu backen und Männer und Pferde ausruhen zu lassen. Am 14. August erreichte die Armee Luxemburg, ruhte wieder bis zum 18. und überschritt erst am 19. August die französische Grenze. Die Lebensmittel waren so knapp, daß die Soldaten schon in Luxemburg – also in Freundesland – angefangen hatten zu plündern. In Frankreich fing das offizielle Requirieren erst recht in großem Ausmaß an, das in Plündern ausartete, obwohl die Offiziere versuchten, das Schlimmste zu verhindern, und einige Soldaten bestraft wurden. Am 23. August kapitulierte die kleine Festungsstadt Longwy nach einer kurzen Beschießung. Die Preußen genossen ihren Sieg und sahen ihre Erwartung bestätigt, daß die Franzosen nicht hart kämpfen würden, aber sie marschierten erst am 29. August in Richtung Verdun weiter. Es war nötig, erst die Feldbäckerei nachzuholen und die Zufuhr zu sichern. In vier Wochen hatten die Preußen von Koblenz bis Longwy eine Strecke von etwa 175 Kilometern zurückgelegt. Der Marsch wurde außer durch die Schwierigkeiten mit der Zufuhr noch durch andauernden Regen und durch eine katastrophale Ruhrepidemie erschwert. Es hatte schon in Trier Ruhrkranke gegeben, und die Krankheit griff von da an immer weiter um sich. Bei jeder Station des Marsches mußten Feldlazarette errichtet werden.

G. holte die Armee erst bei Longwy ein. Er

war so lange wie möglich in Weimar zurückge-blieben, zum Teil weil seine Kollegen im Ge-heimen Consilium seine Mitarbeit bei der Krise brauchten, die im Juli durch den Protest-Auszug der Jenaer Studenten ausgelöst wor-den war. Er war auch nicht glücklich darüber, Christiane Vulpius und seinen jungen Sohn gerade jetzt verlassen zu müssen, während sein neues Haus am Frauenplan, ein Geschenk seines Fürsten, wie er in der *Campagne* mehr-mals erwähnt, umgebaut und eingerichtet wurde. Am 8. August reiste er in seiner leich-ten böhmischen Chaise, auch diese ein Ge-schenk seines Fürsten, in Begleitung eines Dieners, Johann Georg Paul Goetze, ab. Am 12. August in Frankfurt angekommen, reiste er erst am 20. nach Mainz weiter, wo er zwei Tage blieb. Von Frankfurt aus machte G. in einem Brief vom 18.8. 1792 an Friedrich Heinrich Jacobi klar, daß ihm »weder am Todte der Ari-stocratischen noch Democratischen Sünder im mindesten etwas gelegen« sei. In Mainz ver-brachte er, trotz deutlich verschiedener poli-tischer Ansichten, zwei gesellige Abende mit den republikanisch gesinnten Freunden Georg Forster und Samuel Thomas Sömmerring. Wie er später in der *Campagne* schreibt, habe er sich auch bei anderen, z.B. dem Postmeister von Grevenmacher, »nicht so wütend« erwie-sen, »wie andere die nach Frankreich hin-stürmten« (FA I, 16, S. 392). Von Mainz ging es, der Armee nach, über Trier und Luxemburg weiter, bis G. am 27. August ins verschlammte Lager bei Praucourt, in der Nähe von Longwy, gelangte. Von da an machte er, manchmal in seiner böhmischen Chaise, manchmal mit be-freundeten Offizieren zu Pferde, den Feldzug mit. Trotz seines politischen Desinteresses war er im Sommer 1792 über den Ausgang des Feldzugs so optimistisch wie alle anderen. Seine Briefe an Christiane versprechen mehr-mals Geschenke aus Paris und eine baldige Heimkehr. Er ließ sich in Verdun Empfeh-lungsbriefe nach Paris geben und meinte, er würde sie sicher verwenden können. Späte-stens in Verdun wurde ihm jedoch klar, daß alles nicht so leicht ging, wie man erwartet hatte; trotzdem schrieb er am 10.9. 1792 an seinen Amtskollegen Christian Friedrich

Schnauß, als die ersten Nachrichten von den Septembermorden die Koalitionsarmee er-reicht hatten: »Es wird immer toller und toller, daß zuletzt beyde Partheyen die Mächte seg-nen werden die ihnen Ruh, es sey um welchen Preis, verschaffen werden«. Hierin hat sich G., wie so mancher andere, gewaltig geirrt.

Die preußische Armee marschierte am 29. August von Longwy auf Verdun. Am 31. wurde die Stadt vergeblich zur Kapitulation aufge-rufen, am 1. September wurde sie bombar-diert, und am 2. ergab sie sich. Die Bürger hatten den Kommandanten, Nicolas Joseph de Beaurepaire, gezwungen, die Stadt zu über-geben. Beaurepaire erschoß sich und wurde dafür später zum Nationalhelden ernannt. Mehrere Bürger der beiden Städte und der Kommandant von Longwy wurden dagegen später guillotiniert. Die Bürger von Verdun zeigten sich den Preußen gegenüber freund-lich und royalistisch gesonnen, wenigstens be-richtete G. an Schnauß am 10. September: »Um uns sehen wir unzählige weiße Cokarden und viele wenigstens werden mit gutem Wil-len und mit Freude des Herzens getragen«. Der französische Oberkommandierende Mar-quis de Lafayette hatte am 19. August seine Armee bei Sedan verlassen und war zu den Österreichern übergelaufen. Sein Nachfolger, Charles François Dumouriez, hatte bisher noch keine Armee kommandiert. Man hoffte also, die desorganisierten französischen Ar-meen schnell in einer einzigen Schlacht be-siegen zu können. Die Preußen konnten aber erst am 11. September weitermarschieren und gaben so den Franzosen die Gelegenheit, den westlich von Verdun liegenden Paß Les Islettes zu besetzen. Sie wurden dadurch gezwungen, nach Norden auszuweichen, statt auf der kür-zesten Strecke auf Paris loszueilen. Das alles kostete viel Zeit und Mühe und einen weiteren Ausbau des Kommunikationsnetzes. Am 17. September nahmen die Preußen endlich den Paß von Grandpré, mußten aber wieder halten und auf Brot warten. Am Morgen des 20. Sep-tember befanden sie sich, nach einem vom preußischen König selber befohlenen Nacht-marsch, um die Truppen Demouriez' abzu-schneiden, westlich von Ste. Menehould, während die gerade angekommene französische Hilfsarmee von Franz Christoph Kellermann die Höhen von Valmy besetzt hatte. Die beiden Armeen beschossen einander mit aller Macht. Das war die später berühmt gewordene Kanonade von Valmy. Der Herzog von Braunschweig wollte anfangs angreifen, sah aber bald ein, daß die französische Position zu stark und eine Attacke sinnlos war. Clerfaits Österreicher kamen gegen Abend an, ohne den Ausgang beeinflussen zu können. Den Tag über hatten die beiden Armeen 10.000 Kanonenkugeln verschossen, ohne daß eine der anderen bedeutende Verluste verursacht hätte: Jede Seite hatte etwa 200 Tote zu beklagen. Während der Nacht zum 21. nahmen die französischen Armeen bessere Positionen ein, und die Preußen fanden sich am Morgen in einer schwachen Stellung. Jetzt war ein Angriff auf die Franzosen überhaupt unmöglich geworden, und der Marsch auf Paris war zu Ende.

Statt weiterzukämpfen, wurde jetzt zwischen beiden Seiten verhandelt. Die Alliierten hofften, Dumouriez für die Befreiung des französischen Königs zu gewinnen. Wenn Dumouriez das überhaupt ernsthaft erwogen hat, so wurde diese Alternative durch den republikanischen Enthusiasmus seiner Truppen und durch die Ausrufung der Republik am 21. September unmöglich gemacht. Dumouriez scheint seinerseits gehofft zu haben, die Preußen von ihrem Bündnis mit Österreich abzubringen, was ihm aber nicht gelang. Die Alliierten erließen am Ende ein neues Manifest und verlangten, daß der König mit seiner ganzen Familie befreit werden sollte. Hierauf brach Dumouriez die Verhandlungen ab, und die Alliierten sahen sich gezwungen, ihren Rückzug anzutreten. Clerfaits Truppen marschierten nach den Niederlanden zurück, um das Land gegen eine neue französische Offensive zu decken. Die Hessen, die sowieso nicht über Clermont hinausgekommen waren und sich durch ihr Plündern und sonstige Mißhandlungen der französischen Bevölkerung besonders ausgezeichnet hatten, eilten den Preußen voraus. Die Preußen brachen am 30. September auf und mußten genau so zurückmarschieren, wie sie gekommen waren: über

Grandpré nach Verdun, Longwy, Luxemburg, Trier, Koblenz.

Auf dem Hinmarsch hatten sie in Frankreich schon alles geplündert, jetzt waren fast keine Lebensmittel mehr zu finden. Soldaten und Pferde waren erschöpft und blieben auf dem Weg liegen. Friedrich Wilhelm von Schütz berichtete in seinem *Niedersächsischen Merkur* (2. Bd., 10. St.): »In Verdun haben die Preußen mehr als 6000 Kranke gehabt [das ist vielleicht übertrieben; d. Vf.]. Von den Grenzen an bis auf die Felder von Chalons siehet man auf allen Wegen eine Menge nicht getödteter sondern von Hunger und Krankheiten gestorbener Preußen und gefallener Pferde. Wer auf dem Wege stirbt, wird auf dem Wege hingeworfen, wenn er nicht einen gutmütigen Waffenbruder hat, der für ihn die Erde ein wenig aushöhlt und damit bedeckt«. Es war den Zeitgenossen ein Rätsel, warum die Franzosen die Preußen auf dem Rückzug nicht stärker angriffen. Mancher hegte den Verdacht, die preußischen Heerführer hätten dem Feind beschämende Zugeständnisse machen müssen, um einen ungehinderten Rückzug zu erkaufen. Auf jeden Fall wurde Verdun am 14. Oktober den Franzosen zurückgegeben, wenige Tage nachher wurde auch Longwy geräumt, und am 21. Oktober waren die Preußen endlich wieder in Luxemburg.

Mittlerweile waren die deutschen Rheingebiete von aller Bedeckung entblößt gewesen. Eine frische französische Armee unter Adam-Philippe de Custine marschierte aus dem Elsaß ein und nahm schon in der ersten Oktoberwoche, während die preußische Armee sich noch auf dem Rückzug befand, Speyer und das dort liegende österreichische Magazin ein. Am 21. Oktober mußte die Festung Mainz kapitulieren, zwei Tage später fiel auch Frankfurt. Rheinische Fürsten, vor allem die Kurfürsten von Mainz, Köln und Trier, waren geflohen, während französische Emigranten Mitteldeutschland überschwemmten. Custine drang noch über Frankfurt hinaus ins Hessische vor und drohte mit Rache für die Plünderungen der Hessen in Frankreich; man befürchtete, daß auch Koblenz bedroht sein würde. Mittlerweile entstand, von Custine befördert, in

Mainz ein politischer Klub, die sogenannte »Gesellschaft der Freunde der Freiheit und Gleichheit«, der die Bevölkerung der besetzten linksrheinischen Gebiete für die Revolution begeistern sollte. Die aus Frankreich sich zurückziehende preußische Armee mußte sich jetzt beeilen, um weiteres Unglück zu verhüten (über den Feldzug vgl. Ziekursch; Andreas 1955; Saine 1988).

G. hat beim Rückzug alles miterlebt. Erst in der Nähe von Verdun konnte er sich einigermaßen von der Armee und ihrem Schicksal trennen, als Carl August zwei ruhrkranke Offiziere in Begleitung seines Kammerdieners, Johann Conrad Wagner, in seinem eigenen Schlafwagen vorausschickte. G. nahm das Angebot mitzufahren an. Auf dem Wege nach Verdun wurde er wie zufällig mit dem Diener Goetze und seiner böhmischen Chaise wieder vereint, die er während des Rückzugs aus den Augen verloren hatte. In Verdun durften sich G. und seine Gefährten aber nicht ausruhen, da sie vom Kommandanten informiert wurden, daß die Stadt bald geräumt werden sollte. Ohne einmal richtig übernachtet zu haben, mußten sie weiterziehen und erreichten Luxemburg endlich am 14. Oktober. Hier machte G. eine Woche Pause, um seine Sachen und Papiere zu ordnen und sich für die Weiterreise zu erholen. Am Anfang des Feldzugs war er, wie schon bemerkt, über den Ausgang sehr optimistisch gewesen. Erhaltene Briefe G.s aus dem Hauptquartier in der Woche nach Valmy zeigen, daß er zwar durch die Ereignisse ernüchtert war, trotzdem aber die Bedeutung des geschichtlichen Augenblicks noch nicht voll erfaßt hatte. In einem Brief an Karl Ludwig von Knebel vom 27.9. 1792 schreibt er, vielleicht nicht ganz ohne Ironie: »In diesen vier Wochen habe ich manches erfahren und dieses Musterstück von Feldzug giebt mir auf viele Zeit zu dencken. Es ist mir sehr lieb daß ich das alles mit Augen gesehen habe und daß ich, wenn von dieser wichtigen Epoche die Rede ist sagen kann: et quorum pars minima fui«. Auf jeden Fall ist es sehr zweifelhaft, ob er damals, vor dem Rückzug, die Kanonade von Valmy wirklich für den Anfang einer neuen Epoche der Weltgeschichte erklärt hat, wie er

30 Jahre später in der *Campagne* behauptete. Ein am 10.10. 1792 in Verdun angefangener Brief an den Amtskollegen Christian Gottlob Voigt zeugt allerdings von einem veränderten Bewußtsein: »Es läßt sich viel über das alles sagen, es wird viel gesagt werden, und doch wird ein großer Theil dieser sonderbaren Geschichte ein Geheimniß bleiben. Von den Hindernissen die durch Wittrung und Wege entstanden sind hat niemand einen Begriff als wer mit gelitten hat. Wir haben in diesen sechs Wochen mehr Mühseligkeit, Noth, Sorge, Elend, Gefahr ausgestanden und gesehen als in unserm ganzen Leben«. Die Schrecknisse des Rückzugs und die Nachrichten von Custines Vordringen ins Rheinland haben ihn endlich über die zeitgeschichtliche Lage aufgeklärt. In Luxemburg beendete er am 15.10. 1792 den in Verdun angefangenen Brief an Voigt und fügte als Postscriptum hinzu: »Ich habe mit Betrübniß gesehen daß das Geheime Conseil unbewunden diesen Krieg für einen Reichskrieg erklärt hat. Wir werden also auch mit der Heerde ins Verderben rennen -- Europa braucht einen 30jährigen Krieg um einzusehen was 1792 vernünftig gewesen wäre«.

Vorerst mußte G. sich bemühen, nach Hause zu kommen. In den Briefen vom 15. Oktober heißt es, er würde bis Ende des Monats in Frankfurt ankommen und von da weiter nach Weimar fahren. Am 22. Oktober waren G. und Goetze in Trier, wo sie bis Ende des Monats blieben. Am 1. November ließ G. seine böhmische Chaise zurück, um mit Goetze im Kahn die Mosel nach Koblenz hinunter zu fahren. Jetzt wußte man von Custines Einnahme von Mainz und Frankfurt: der Weg über Frankfurt nach Weimar war dadurch abgeschnitten. Nach einigen Tagen entschloß er sich zu einer Heimreise durch Westfalen. Daraus wurde jedoch keine Schnellreise. G. nutzte die Reise vielmehr zu einer Reihe von Besuchen bei Freunden und Bekannten. Am 5. November fuhr er mit Goetze auf dem Rhein von Koblenz bis Düsseldorf, wo er am 6. November ankam. Bis zum 4. Dezember blieb er bei Jacobi in Pempelfort. Jacobi lieh G. einen Reisewagen für die Weiterfahrt, da die böhmische Chaise noch nicht aus Trier nachgekommen war. Von

Düsseldorf ging die Reise über Duisburg, wo G. übernachtete, nach Münster, wo er in der Nacht vom 6. Dezember ankam und im Hause der Fürstin Adelheid Amalia von Gallitzin freundlich aufgenommen wurde. Er blieb bis zum 10. Dezember in Münster und gelangte endlich über Kassel am 16. Dezember nach Hause.

Während G. den Winter 1792/93 in Weimar mit Schreiben, Studieren und Amtsgeschäften verbrachte, blieb Carl August bei der Armee. Frankfurt wurde in der ersten Dezemberwoche zurückerobert und wurde das Winterhauptquartier für Friedrich Wilhelm und die Armeeführung. Die Hauptabsicht der Preußen im erneuten Feldzug des Jahres 1793 mußte unbedingt die Rückeroberung von Mainz sein. Im März begannen preußische und österreichische Einheiten schon mit Angriffen auf die verhältnismäßig schwachen französischen Besatzungstruppen auf dem linken Rheinufer. Bis Ende März kontrollierten die Alliierten das ganze linke Rheinufer bis auf die Stadt Mainz, die umzingelt und effektiv blockiert, aber nicht leicht zu nehmen war, weil sie von etwa 20.000 französischen Truppen und deutschen Klubbisten verteidigt wurde, die auch ausreichend mit Lebensmitteln und Munition versorgt waren. Waren Longwy und Verdun im Sommer 1792 schnell in preußische Hände gefallen, so sollte sich in Mainz zeigen, wie lang eine entschlossene französische Besatzung den Feind aufhalten konnte. Carl August verlangte, daß G. wieder dabei sein sollte. Obwohl die preußischen Truppen und Offiziere natürlich vor Mainz nicht unaufhörlich litten, wie 1792 in der Champagne, so war der Aufenthalt dort auch nicht unbedingt attraktiv. G. zögerte seine Abreise von Weimar so lange wie möglich hinaus, konnte aber nicht umhin, dem Willen seines Fürsten nachzukommen. Nach einem zehntägigen Aufenthalt in Frankfurt kam er am 27.5. 1793 im preußischen Quartier bei Marienborn auf der linken Rheinseite an. Die eigentliche Belagerung begann erst Mitte Juni, am 27. Juni fing nach langen Vorbereitungen das Bombardement an, nachdem die Preußen endlich genug schwere Artillerie zusammengezogen hatten. G. mußte bei der Zerstörung einer reichen alten Stadt zusehen und schrieb am 3.7. 1793 an Voigt: »Mich wandelt in meiner jetzigen Lage eine Art Stupor an und ich finde den trivialen Ausdruck: d e r V e r - s t a n d s t e h t m i r s t i l l, trefflich um die Lage meines Geistes auszudrucken. Die Hälfte der schönen und wohlgelegnen Stadt mag nun wohl schon verbrannt seyn der Erfolg muß diesen grimmigen Entschluß rechtfertigen«.

Wohl zum Teil aus politischen Gründen – durch den Sturz der Gironde, der eigentlichen Kriegspartei, war in Frankreich eine neue politische Lage geschaffen worden, und die Konventskommissäre in Mainz gehörten zu der siegreichen Bergpartei – entschloß sich die französische Besatzung zu einer ehrenvollen Kapitulation und übergab die Stadt am 23. Juli, obwohl sie noch keinen schweren Mangel gelitten hatte. Die französischen Kommissäre und Truppen durften mit ihren Gewehren frei abziehen gegen das Versprechen, binnen eines Jahres nicht gegen Preußen oder Österreich zu dienen. Die Truppen wurden kurz darauf in der Vendée gegen die Royalisten eingesetzt. Die Mainzer Klubbisten waren nicht in die Kapitulation eingeschlossen. Einigen gelang es zu entkommen, viele wurden mißhandelt und eingesperrt, jedoch geschah ihnen am Ende nichts Schlimmeres: Sie wurden später gegen französische Geiseln ausgetauscht und freigesetzt. Nach der Kapitulation sahen sich G. und seine Freunde die eroberte Stadt an. Am 27.7. 1793 schrieb er an Voigt: »Man ist so zerstört und zerstreut von den Scenen dieser letzten Tage daß man vor einer Menge Ideen kaum einige zusammenbringt. [...] Das Elend das die Bürger ausgestanden ist unbeschreiblich. Doch hat an Gebäuden die Stadt nicht soviel gelitten als man glaubte«. G. wurde nicht mehr gebraucht und blieb nicht mehr lange in der Mainzer Gegend. Er fuhr am 2. August nach Mannheim und Heidelberg, wo er im Hause seiner alten Freundin Helena Dorothea Delph seinem Schwager Johann Georg Schlosser begegnete, und anschließend wieder nach Frankfurt, wo er über zehn Tage bis zum 21. August blieb. Aus Frankfurt schrieb er an Jacobi am 19.8. 1793: »Mein herumschweifendes Leben und die politische Stimmung aller Menschen treibt mich nach Hause, wo ich einen Kreis um mich ziehen kann, in welchen ausser Lieb und Freundschaft, Kunst und Wissenschaft nichts herein kann«. Am 23.8. 1793 war er endlich wieder zu Hause und seine »wunderliche Militairlaufbahn« war zu Ende.

Entstehung und Rezeption

Die *Campagne* und die *Belagerung* machen zusammen ein Werk, das aus vier nach Stil und Behandlungsweise unterschiedlichen Teilen besteht: auf die Behandlung des Feldzugs von 1792 in mehr oder weniger tagebuchartiger Form, wobei öfter auch längere Reflexionen eingeschaltet werden, läßt G. die der Heimreise von Koblenz nach Weimar folgen, dann schließt sich die Schilderung des Winters 1792/93 und Frühjahrs 1793 in Weimar und die Beschreibung der Belagerung von Mainz, wieder in tagebuchartiger Form, an. Im Unterschied aber zur Beschreibung des Feldzugs wird die Schilderung der Belagerung zum größten Teil viel knapper und stichwortartiger gehalten. Im Gegensatz zu dem ersten und vierten Abschnitt des Werks werden der zweite und dritte Abschnitt zusammenhängend erzählt. Als Bindeglied zwischen den beiden ersten Abschnitten steht eine »Zwischen-Rede«, in der G. über seine Wandlung seit Italien reflektiert und über die daraus entstandenen Interessen und Absichten, die ihn von dieser Zeit an, wohl deutlicher aus der zeitlichen Rückschau als schon damals 1792/93 feststellbar, den alten Freunden wie Jacobi entfremdet hätten. Die Beschreibung der Heimreise von Koblenz nach Weimar enthält wiederum einzelne Abschnitte über Pempelfort, Duisburg und Münster. Obwohl der Aufenthalt bei Friedrich Viktor Lebrecht Plessing in Duisburg nur kurz gedauert hatte, nahm G. die Gelegenheit wahr, hier über die Entstehung des Gedichtes *Harzreise im Winter*, das 1820 durch einen Aufsatz von Karl Friedrich Ludwig Kannegießer für G. wieder aktuell geworden war, d.h. über seine damalige Reise in den

Harz und seine erste Begegnung mit Plessing zu schreiben. Dadurch wird der Duisburg-Abschnitt genauso gewichtig für das Verständnis von G.s Lage und seiner Auseinandersetzung mit den Mitmenschen wie die Abschnitte über Düsseldorf und Münster.

Die Entstehung des Werks wird bei Mommsen (Bd. 2, S. 23–57) ausführlich dokumentiert. Dort sind auch Äußerungen G.s und anderer zu dem Werk gesammelt. Im folgenden werden deshalb alle Zeugnisse nach Mommsen zitiert. Pläne zur eigentlichen Arbeit am Werk werden zum ersten Mal im Jahre der Karlsbader Entschlüsse in G.s Tagebuch für den 24.10. 1819 erwähnt: Auf dem Rückweg von Jena, wo er sich längere Zeit aufgehalten hatte, nach Weimar habe er »unterwegs an Ausführung biographischer Einzelheiten gedacht, besonders die erste französische Campagne 1792«. Während des Jenaer Aufenthalts hatten ihn die Lage und die Aussichten der Universität in dem neuen, durch die Karlsbader Beschlüsse geschaffenen restriktiven politischen Klima viel beschäftigt, und er hatte es unmittelbar vor der Abreise in Verhandlungen mit Carl August abgelehnt, sich zum Kurator der Universität ernennen zu lassen. Die betreffenden Dokumente stehen ganz am Schluß von Band 2.2 der Ausgabe der *Amtlichen Schriften*, markieren also das Ende von G.s amtlicher Tätigkeit. Somit ist das Werk u.a. ohne Zweifel eine Auseinandersetzung mit dem neuen deutschen Illiberalismus, unter dem das Großherzogtum und die Universität in der Folge schwer zu leiden hatten, obwohl G. in seinen Äußerungen niemals eine Verbindung zwischen dem Werk und den politischen Zuständen zur Zeit seiner Abfassung hergestellt hat.

Das Werk ist in zwei Phasen entstanden: Zwischen Januar und März 1820 bearbeitete G. die *Belagerung* und die *Campagne* bis zum Aufenthalt in Münster. Dann ruhte die Arbeit, abgesehen von Revisionen. Erst im Winter 1821/22 wurde sie ernsthaft wiederaufgenommen, beendet und revidiert, nachdem es G. nicht gelungen war, mit dem vierten Teil von *Dichtung und Wahrheit* weiterzukommen. An Christoph Friedrich Ludwig Schultz schrieb er am 12.6. 1822: »Ich bedurfte einer Arbeit die mich den Winter über beschäftigte; die Darstellung reiner gefühlvoller Tage meines Lebens, wie der ersten Abteilung vierter Band fordert, wollte nicht gelingen, obgleich die Hälfte schon geschrieben ist; da griff ich zum Widerwärtigsten, das durch milde Behandlung wenigstens erträglich werden kann«. Die ersten Manuskriptlieferungen gingen schon Ende Dezember 1821 in die Druckerei; bis Ende April 1822 war die Fahnenkorrektur beendet, und G. kündigte den Freunden die baldige Auslieferung des Werkes an, z.B. an Johann Friedrich Rochlitz am 22.4. 1822: »Sie erhalten [...] nächstens einen treuen Abriß meiner wunderlichen Militairlaufbahn; auch durch diese Erbkrankheit der Welt mußt ich einmal durch, damals ging ich der Weltgeschichte entgegen, nachher hat sie uns am eigenen Herde aufgesucht«. Damit wird auf den Schluß der *Belagerung* sowie auf die Ereignisse nach der Schlacht bei Jena im Oktober 1806 angespielt, als plündernde französische Soldaten in G.s Haus in Weimar einfielen. Das Werk ist Ende Mai 1822 erschienen.

Die Textlage ist verhältnismäßig unproblematisch, da Erstdruck und Ausgabe letzter Hand weitgehend übereinstimmen und keine Handschrift bzw. Reinschrift erhalten ist. Abgesehen von einem 1793 für Carl August verfaßten Bericht über den französischen Ausfall auf Marienborn am 31. Mai, den G. in die *Belagerung* aufnahm, existieren an Vorlagen nur eine Handvoll Einzelblätter. Unter den Paralipomena, zuerst im Apparat zur Weimarer Ausgabe (WA I, 33) zusammengestellt, sind am wichtigsten die Notizen, die G. während des Feldzugs auf den Rückseiten von Landkarten aus Johann Wilhelm Abraham Jägers *Grand Atlas d'Allemagne en LXXXI feuilles* schrieb; Aufzeichnungen, die er Ende Mai 1793 in ein Notizbuch eintrug; verschiedene Schemata, ein Auszug aus dem Tagebuch Wagners, und der Entwurf einer später verworfenen Einleitung, die die Ereignisse von 1792–1793 in einen historischen Kontext gestellt hätte (WA I, 33 enthält auch sämtliche Lesarten). Die Weimarer Ausgabe druckte den Text nach der Ausgabe letzter Hand, die Ände-

rungen in Orthographie und Interpunktion einführt und zahlreiche kürzere Absätze zu längeren kombiniert. Da aber G. selbst an der Revision nicht mitgearbeitet zu haben scheint, ist wohl der Erstdruck von 1822 als Textgrundlage vorzuziehen. Deshalb werden im folgenden die *Campagne* und die *Belagerung* nach der Frankfurter Ausgabe (FA I, 16) zitiert, die auf den Erstdruck zurückgeht.

Von einer eigentlichen zeitgenössischen Rezeption des Werkes ist wenig zu berichten. Äußerungen von G.s Korrespondenten darüber, etwa Schultz, Sulpiz Boisserée, Carl Friedrich Zelter und Carl Friedrich Graf Reinhard im Jahre 1822 sind ausnahmslos positiv. Therese Huber hat in einem Brief an Karoline Pichler vom 31.7. 1822 G.s Lebensbeschreibungskunst sehr bewundert, zugleich aber auf zwei Lesergruppen hingewiesen, die von G.s Schrift nicht erbaut sein würden, die Preußen und die katholisierenden Romantiker: »Die Preußen werden seine Erzählung der Campagne 1792, der er beiwohnte, nicht gern lesen, – die Wenigsten ihm für seine hellen Ansichten Dank wissen – ein Mann der nicht schmeichelt, nicht deklamirt, nicht durch unverständliche Phrasen die Fantasie in unnatürliche Vermischung mit der Vernunft, das Sinnliche in erniedrigende Gemeinschaft mit dem Überirdischen bringt, gefällt nicht mehr«. Äußerungen von Cajus Graf von Reventlow und Georg Heinrich Ludwig Nicolovius an Friedrich Perthes (Juli/August 1822) schlagen in einer damals aktuellen kulturpolitischen Kontroverse eine andere Linie der Kritik ein. Sie nehmen nämlich Partei gegen G. und für Jacobi und den Kreis von Münster, von denen sich G. in der *Campagne* so deutlich distanziert. Reventlow findet Jacobi und die Fürstin Gallitzin in G.s Darstellung unkenntlich und das Ganze dürftig: »An Größe hat Goethe, wie mir scheint, durch die Bekanntmachung dieses Lebensabschnittes nicht gewonnen« (zitiert nach Mommsen, S. 52). Nicolovius findet G.s Behandlung seines Aufenthalts in Pempelfort »ungerecht« und »kühl« (ebd.). In den von Karl Robert Mandelkow gesammelten Dokumenten zur Wirkung G.s in Deutschland findet sich sonst für das 19. Jahrhundert keine nennenswerte Erwähnung oder Auseinandersetzung mit dem Werk. Diesem Teil von G.s Autobiographie wurde viel weniger Interesse im Publikum und unter Gelehrten entgegengebracht als *Dichtung und Wahrheit* und der *Italienischen Reise*, was kaum verwunderlich ist: *Dichtung und Wahrheit* und die *Italienische Reise* sind viel erbaulicher und für den damals beginnenden G.-Kult geeigneter als die *Campagne*.

Die *Campagne* und die *Belagerung*, noch in viel stärkerem Maße als *Dichtung und Wahrheit* und die *Italienische Reise*, sind ohne ausführlichen Kommentar nicht zu verstehen, und die gelehrte Hauptbeschäftigung bestand eigentlich bis in die jüngste Zeit darin, den Text immer ausführlicher zu kommentieren. Ein erster Höhepunkt wurde in dieser Beziehung von Alfred Dove im 28. Band der Cotta'schen Jubiläumsausgabe erreicht. Wie sich leicht feststellen läßt, ist das Kommentieren, obwohl es gewiß eine Art von Textverstehen repräsentiert, allerdings nicht mit Text-Interpretation gleichzusetzen. Das Interpretieren des Textes im eigentlichen Sinne hat erst in letzter Zeit begonnen (vgl. etwa die Arbeiten von Fisher und Kruse). Von den gelehrten Fachleuten wurde der Text bisher oft auf verhängnisvolle Weise mißverstanden: Seit dem Ende des 19. Jhs. fingen nämlich die Historiker an, die *Campagne* als ein wertvolles Quellenwerk für das Studium der Revolutionsepoche zu schätzen, allen voran Arthur Chuquet, der das Werk ins Französische übersetzte und mehrere Bände über die Revolutionskriege veröffentlichte, und Karl Theodor Heigel, Verfasser einer immer noch lesenswerten *Deutschen Geschichte vom Tode Friedrichs d. Gr. bis zur Auflösung des alten Reiches*. Der G.-Patriotismus spielte eine Rolle, als Heigel 1911 Chuquet lobte: »Mit Genugthuung gewahrt der Deutsche, daß sich Arthur Chuquet mit Vorliebe auf Goethes Aufzeichnungen stützt. Während manche deutsche Historiker darin mehr Dichtung als Wahrheit erblicken wollen und dem ›Schlachtenbummler‹ nur Mißtrauen und Spott entgegenbrachten, erklärt Chuquet den anmutigen Bericht des Dichters für den ›zuverläßigsten von allen‹« (zitiert nach

Mommsen, S. 21). Solches Mißverständnis von G.s Text setzte sich bis weit in die Zeit nach dem Zweiten Weltkrieg fort. Die Arbeiten z.B. von Willy Andreas über Carl August und G. während der Kampagne und der Belagerung von Mainz sind immer noch diesem Irrtum verfallen und verlieren dadurch an Wert. Übrigens darf man vermuten, daß der Glaube an den Quellenwert von G.s Werk die Geschichtswissenschaft von der eingehenden Beschäftigung mit anderen und besseren Quellen lange Zeit abgehalten hat. Die G.-Forschung ihrerseits hat kaum richtig angefangen, die schon in den 30er Jahren von Joseph Hansen gesammelten Quellen zur Geschichte des Rheinlandes sowie die von Heinrich Scheel und anderen in den letzten Jahrzehnten erarbeiteten Dokumente und Zeugnisse über die Verhältnisse in den besetzten Rheingebieten und über die Revolution in Mainz auszuwerten. Obwohl es kein lesbareres und informationsreicheres Einzelwerk über den Feldzug von 1792 als die *Campagne* und keine bessere Darstellung der Belagerung als die G.s gibt, darf das Werk weder ohne weiteres als historische Primärquelle aufgefaßt noch für sich als eine ganz vertrauenswürdige Quelle für das Studium von G.s Biographie in Anspruch genommen werden.

G.s Umgang mit seinen Quellen

Als G. 1820 die Arbeit an der *Campagne* begann, hatte er so gut wie keine eigenen Vorlagen, etwa Tagebücher, Briefe oder sonstige Aufzeichnungen, an die er sich hätte halten können. In der *Campagne* erwähnt er ein Kriegstagebuch, das er schon in Pempelfort verbrannt habe. Um die Arbeit vorzubereiten, war er genötigt, selbst ein intensives Quellenstudium zu unternehmen. Gustav Roethe hat 1919 auf die wichtigsten Quellen hingewiesen: An gedruckten Quellen benutzte G. vor allem die Memoiren von Dumouriez, Custine und Christian Karl August Ludwig von Massenbach, Anton Hoffmanns *Darstellung der Main-*

zer Revolution (1793/94), Christoph Girtanners *Historische Nachrichten und politische Betrachtungen über die französische Revolution* (1792ff.) und Friedrich Christian Laukhards *Leben und Schicksale, von ihm selbst beschrieben* (1792ff.) sowie *Briefe eines preussischen Augenzeugen über den Feldzug des Herzogs von Braunschweig gegen die Neufranken im Jahre 1792* (vier Teile, 1793–1796). Roethe selbst hat erstmalig ein von Goetze geführtes »Ausgabenbuch« veröffentlicht, aus dem man viele Daten und G.s Reisestrecken ziemlich genau rekonstruieren kann. Die G. wohl nützlichste Quelle war das umfangreiche, handschriftlich erhaltene Tagebuch von Carl Augusts Diener und Faktotum Johann Conrad Wagner, das ihm in der herzoglichen Bibliothek zur Verfügung stand. Roethe hat Exzerpte von den Teilen veröffentlicht, die G. besonders interessiert haben werden; eine vollständige Edition des Werkes wird zur Zeit von Edith Zehm vorbereitet. In Wagners Tagebuch konnte G. unzählige Details über Vorgänge in der Nähe Carl Augusts vorfinden. Insoweit G. solche Vorgänge selbst miterlebt hat, konnte Wagners Schrift auch sein Gedächtnis auffrischen. G. fand aber auch Details über Vorgänge, bei denen er selbst gar nicht anwesend gewesen war, und berichtet dennoch in der *Campagne* darüber. Außerdem hat G. noch verschiedene Bekannte gebeten, ihm ihre Reminiszenzen über die Kampagne mitzuteilen. So hat z.B. der ehemalige Diener Goetze am 24.1. und am 7.3. 1822 zwei Briefe geschrieben, von denen der erste weitgehend in die Erzählung der Kahnfahrt auf Mosel und Rhein bis nach Düsseldorf eingearbeitet wurde, der andere zu G.s Schilderung der Reise von Münster nach Kassel beigetragen hat. Es ist also äußerste Vorsicht geboten, wenn man aus der *Campagne* zuverlässige Berichte über G.s Erlebnisse erwartet. Das, was G. – in der *Campagne* wohl noch stärker als in der *Belagerung* – zum besten gibt, ist nicht die Geschichte, »wie sie eigentlich gewesen«, sondern G.s Version der Ereignisse, bei deren Abfassung sein Gedächtnis durch äußere Hilfsmittel sowohl angeregt als auch ergänzt, und das heißt auch wohl manchmal irregeleitet wurde.

Die Herausarbeitung von Quellen allein führt nicht automatisch weiter, solange die Quellen selbst nicht erforscht und auf ihren Wert für G. befragt werden. Das ist bisher noch nicht in ausreichendem Maße geschehen. Deshalb hat die Erschließung neuer Quellen bisher nur eine neue Schicht der Kommentierung hervorgebracht. Die viel interessantere Frage ist die, wie G. seine Quellen verwendet hat bzw. was er daraus gemacht hat. Ein geradezu frappierendes Beispiel für die Art, in der G. sich von einem Quellendokument in der Gestaltung seiner Erzählung hat bestimmen lassen, bietet am Anfang des Werks die Beschreibung von zwei Abenden in Mainz. G.s Vorlage war ein Brief von Ludwig Ferdinand Huber an Christian Gottfried Körner, datiert vom 24.8. 1792, gleich nach G.s Abreise. Der Brief wurde nach Hubers Tode 1806 in der von Therese Huber betreuten Ausgabe seiner Werke veröffentlicht und war G. vertraut. Mehrere Themen in G.s Beschreibung der beiden Abende gehen auf Hubers Brief zurück und hängen sogar so sehr von Huber ab, daß G. in der *Campagne* weit über die »Wahrheit« hinausschießt. Da bezeichnet er die Gesellschaft als »meist schon frühere Bekannte, Studien-Genossen, in dem benachbarten Frankfurt wie zu Hause [...], sämtlich mit meiner Mutter vertraut, ihre genialen Eigenschaften schätzend, manches ihrer glücklichen Worte wiederholend, meine große Ähnlichkeit mit ihr in heiterem Betragen und lebhaften Reden mehr als einmal beteuernd« (FA I, 16, S. 387). Es muß, nach dem zu urteilen, sehr viel von G.s Mutter die Rede gewesen sein! Wir sind nicht ganz darüber informiert, wer an diesen Abenden dabei war, können also die Behauptung nicht genau überprüfen, es seien »meist schon frühere Bekannte, Studien-Genossen« dabei gewesen. G.s Aufreihung der Anwesenden ist sehr interessant; er schreibt: »Sodann verbracht' ich mit Sömmerrings, Huber, Forsters und andern Freunden zwei muntere Abende« (ebd.). G. war zwar tatsächlich mit Sömmerring und Forster bekannt und hatte mit ihnen Briefe gewechselt, aber die Reihung »Sömmerring, Huber, Forster« ist irreführend, denn dadurch gewinnt Huber einen Status, der ihm gar nicht zukam. Das geht auch aus dem Huber-Brief vom 24.8. 1792 hervor: »E n d - l i c h [Hv. v. Vf.] habe ich Göthe kennen gelernt«. Besonders suspekt in G.s Schilderung dieser Gespräche ist alles, was sich auf seine Mutter bezieht. Es ist kaum anzunehmen, daß die Gesprächspartner dieser Abende »sämtlich« mit der Frau Rat eigentlich »vertraut« waren. Huber selbst hatte sie 1788 einmal kurz besucht. Was G.s Äußerung über die ständigen Hinweise auf seine Mutter ausgelöst hat, ist zweifellos ein Satz in Hubers Brief: »In Augenblicken machte es mir vielen Spaß, seine Mutter ganz in ihm wieder zu finden, und das war dann, wenn er launig kräftig etwas auseinander setzte, worin eben ihre Originalität vorzüglich liegt«. Offensichtlich war Huber im August 1792 darum bemüht gewesen, Körner durch seine Fähigkeit zu imponieren, einen Vergleich zwischen G. und seiner Mutter zu ziehen, also eine Vertrautheit mit dem Umkreis des Dichters anzudeuten. G. nahm aber den Huber-Satz zum Anlaß, sämtliche Mitglieder des Mainzer Kreises zu Verehrern seiner Mutter zu stilisieren, wobei es, streng genommen, durchaus möglich ist, daß an den beiden Abenden in Mainz von G.s Mutter überhaupt gar nicht die Rede gewesen war.

Schwierigkeiten der Darstellung

Die preußische Armee wurde auf ihrem Rückzug im Herbst 1792 knapp vor der Vernichtung bewahrt. Wut und Verzweiflung über den entehrenden Mißerfolg werden auch in der *Campagne* reflektiert, wenn zwischen Luxemburg und Trier das gerade Geschehene überdacht wird: »Als das schmerzlichste jedoch was einen jeden, mehr oder weniger resigniert wie er war, mit einer Art von Furienwut ergriff, empfand man die Kunde, die sich nicht verbergen ließ, daß unsere höchsten Heerführer mit den vermaledeiten, durch das Manifest dem Untergang gewidmeten, durch die schrecklichsten Taten abscheulich dargestellten Aufrührern doch übereinkommen, ihnen die Fe-

stungen übergeben mußten, um nur sich und den ihrigen eine mögliche Rückkehr zu gewinnen. Ich habe von den unsrigen gesehen für welche der Wahnsinn zu fürchten war« (FA I, 16, S. 486f.). Als sich G. daranmachte, das 1792 Geschehene zu erzählen, war die Erinnerung daran gewiß etwas Peinliches, denn es war insgesamt eine Geschichte, die deutsche Heerführer nur in tiefste Verlegenheit versetzen konnte und die nicht in allen Zügen erzählt werden konnte oder durfte. G. hatte schon im Oktober 1792 an Voigt geschrieben: »Doch wird ein großer Theil dieser sonderbaren Geschichte ein Geheimniß bleiben«. In der *Campagne* wird zwar dieses »Geheimniß« nicht direkt zitiert, aber an einer bedeutenden Stelle wird die Schwierigkeit thematisiert, eine befriedigende »Darstellung und Aufklärung« des Geschehenen zu vermitteln. An der Wirtstafel in Trier, wo G. auf dem Rückzug einige Tage verbrachte, sei er einem alten Husarenoffizier begegnet, der, nachdem G. ihm einiges vom Feldzug erzählt hatte, »mit Enthusiasmus und warmem Anteil zu sprechen an[fing], Worte die ich nachzuschreiben kaum wage, des Inhalts: es sei schon unverantwortlich daß man sie, deren Metier und Schuldigkeit es bleibe der gleichen Zustände zu erdulden und ihr Leben dabei zuzusetzen, in solche Not geführt die vielleicht kaum jemals erhört worden« (FA I, 16, S. 492). Ein Zivilist an der Tafel habe die Hoffnung ausgesprochen, G. werde eines Tages darüber schreiben. »Der alte Degen wollte davon auch nichts wissen und rief: glaubt es nicht, er ist viel zu klug! was er schreiben dürfte mag er nicht schreiben, und was er schreiben möchte wird er nicht schreiben!« (FA I, 16, S. 493).

Die Frage, wie eine solche Geschichte erzählt werden könne, steht bei G.s Arbeit an der *Campagne* von Anfang an im Vordergrund. Die *Campagne* ist zwar vor allem ein autobiographisches Werk, aber ihr Inhalt handelt auch von einem wichtigen Stück der zeitgenössischen europäischen Geschichte. G. mußte auf noch lebende Personen Rücksicht nehmen und durfte auch von den Toten nicht zu viel Böses sagen. So schuldete er auch seinem Fürsten, Carl August, Respekt, und an mehreren Stellen in der *Campagne* wird diesem wegen seiner Freigiebigkeit, seiner Tapferkeit und seines noblen Fürstensinns gehuldigt. An prominenter Stelle berichtet G. auch von seinem damaligen endgültigen Entschluß, bei diesem gnädigen Herrn in Weimar zu bleiben, als sich ihm im Jahre 1792 die Möglichkeit bot, Ratsherr in Frankfurt zu werden. Der Schluß der *Belagerung*, der auf den ersten Blick der Kameradschaft mit den Offizieren des Regiments nachzutrauern scheint, die Ende des Jahres 1793 durch Carl Augusts Austritt aus dem Dienst zerrissen worden war, hat noch einen anderen und verborgenen Sinn: Der Austritt aus dem Dienst ermöglichte es auch Carl August, sich endlich dem Wohl seines Landes und seinen Regierungsgeschäften ohne politische Ablenkungen zu widmen. Das gehört mit zu G.s Huldigungen an seinen Fürsten. Zuletzt wären noch die politischen Zustände der Restaurationszeit zu erwähnen, zugleich die Angst vor der Möglichkeit erneuter Revolutionen in Europa und die Lehre, die aus der *Campagne* herauszulesen ist, daß der Versuch, durch repressive militärische Mittel das Aufbegehren eines Volkes zu unterdrücken, von vornherein zum Scheitern verurteilt sei. Das ist auch der Sinn jener berühmten, aber wohl fingierten Aussage G.s nach der Kanonade von Valmy, daß hier eine »neue Epoche der Weltgeschichte« angefangen habe: Im September 1792 war es eben nicht möglich vorauszusehen, daß durch diesen gescheiterten Feldzug ein Zeitalter der europäischen Kriege und Umwälzungen eingeleitet werden würde; 1822 mußte man rückblickend feststellen, daß es so gekommen war. Das hatten verständlicherweise viele ältere Zeitgenossen wohl vergessen und jüngere nie gewußt.

In den *Tag- und Jahresheften 1821* heißt es: »Die Sonderung und Verknüpfung des Vorliegenden erforderte alle Aufmerksamkeit; man wollte durchaus wahr bleiben und zugleich den gebührenden Euphemismus nicht versäumen«. In seiner Schilderung des Zustands der Armee nach Valmy und eines »ratlosen Rats« unter Freunden und Bekannten am 27.9. 1792 berichtet G., er habe zur Ermutigung der Gesellschaft von historischen Personen erzählt,

die in ähnlichen Lagen gewesen und davon gekommen seien, und den Grafen von Soissons zitiert, der mitten in der heißen Schlacht zum Ritter Joinville gesagt habe: »Laßt das Hundepack bellen und blöcken; bei Gottesthron! (so pflegte er zu schwören) von diesem Tage sprechen wir noch im Zimmer vor den Damen« (FA I, 16, S. 447). Auch G.s Geschichte sollte in guter Gesellschaft erzählt werden können; es mußte aber erst viel daran gemildert werden, um sie salonfähig zu machen. Nach Abschluß der Arbeit schreibt er am 10.6. 1822 an Graf Reinhard: »Es ward mir manchmal wirklich schwindlich, indem ich das Einzelne jener Tage und Stunden in der Einbildungskraft wieder hervorrief und dabey die Gespenster, die sich dreyßig Jahre her dazwischen bewegt, nicht wegbannen konnte; sie liefen ein- und das anderemal wie ein böser Einschlag über jenen garstigen Zettel«. Trotzdem hatte er – wie oben zitiert, am 12.6. 1822 an Staatsrat Schultz – das »Widerwärtigste« einigermaßen »durch Behandlung wenigstens erträglich« zu machen versucht. Er hatte das Gefühl, daß ihm das gelungen sei; wenigstens schrieb er Schultz drei Monate später, am 5.9. 1822: »Die Campagne gefällt mir selbst jetzt besser bey'm Lesen als im Schreiben; das Unheil geht denn doch so leicht hinter einander weg, es ist verdrießlich, aber lastet nicht«. Am kennzeichnendsten für G.s Absichten ist wohl eine Bemerkung gegenüber Sulpiz Boisserée vom 14.4. 1822: »Indessen denk ich, soll es noch hinreichend unterhaltend, hie und da belehrend seyn«. Hier sind wir überraschenderweise bei der Horazischen Formel vom »prodesse aut delectare« angelangt, die im Grunde nicht von der Geschichtsschreibung, sondern von der Dichtung gelten soll. Der Stoff ist wohl an sich schon belehrend, von Nutzen für den Leser; was bei der Bearbeitung erstrebt werden mußte, um die Geschichte »vor den Damen« erzählen zu können, war, den Stoff nun auch unterhaltend zu machen. Dazu gehört die Fülle der Bilder, Euphemismen, Sentenzen, Leitmotive und Untertreibungen, die wir besonders in der *Campagne* antreffen. Manchmal bedarf es auch der Ausflucht ins Naturwissenschaftliche oder ins

Ästhetische, um das erlittene Schicksal dadurch erträglich zu machen, daß er wenigstens auf diesen Gebieten etwas Gesetzmäßiges aufsucht.

Wie G. mit seinem Stoff umgegangen ist, kann an Beispielen leicht überprüft werden. Die Krankheit, die die preußische Armee dezimiert hat, war eine besonders virulente Ruhr, der bei den vorherrschenden Bedingungen im Felde nicht beizukommen war. G. nennt die Krankheit kein einziges Mal beim Namen. Stattdessen werden Euphemismen verwendet: »die eingerissene Krankheit«, »das allgemeine Übel«, »die allgemeine Krankheit«, »die unglückliche Krankheit«. Bei der Schilderung des Rückzugs werden Lazarette in Grandpré und Verdun erwähnt, ohne die mindeste Aufklärung darüber, wie es dazu gekommen ist, daß sie voll kranker Soldaten stecken oder woran diese leiden. Beim Rückmarsch an Grandpré vorbei heißt es aber: »Man zog mit Scheu vorüber und mußte sie [die Kranken; d. Vf.] der Menschlichkeit des Feindes überlassen« (FA I, 16, S. 457). Man hatte nichts anderes im Sinn, als endlich an dem Ort vorbei zu sein: »Grandpree, das nun als ein Ort der Pest und des Todes geschildert war, ließen wir gern hinter uns« (FA I, 16, S. 458). Die Beschreibung von Grandpré und Umgebung beim Rückzug kontrastiert stark mit der Stimmung und den Aussichten, die in der Nähe von Grandpré beim Einmarsch in die Champagne vorherrschten: »Diese Reitermassen machten zu der angenehmen Landschaft eine reiche Staffage, man hätte einen van der Meulen gewünscht um solchen Zug zu verewigen; alles war heiter, munter, voller Zuversicht und heldenhaft. Einige Dörfer brannten zwar vor uns auf, allein der Rauch tut in einem Kriegsbilde auch nicht übel« (FA I, 16, S. 423). Die gehobene Stimmung beim Einmarsch und das Elend der Niedergeschlagenheit beim Rückzug werden beide distanziert wiedergegeben: beim Einmarsch, indem das Ganze in den Rahmen eines Gemäldes gesetzt wird; beim Rückzug, indem vieles ausgelassen wird und eben nicht zur Sprache kommt. Die Ruhr selbst wird als gestaltendes Mittel verwendet, um die Klimax der Katastrophe zu bezeichnen. Obwohl wir aus allen Quellen wissen, daß die Krankheit vom Anfang des Feldzugs an gewütet hat, wird sie in der *Campagne* zum ersten Mal nach der Kanonade von Valmy erwähnt, wo sie als »die eingerissene Krankheit« in Erscheinung tritt, durch die die Lage der schon verzweifelten und ratlosen Soldaten noch um vieles verschlimmert worden sei. Erst von dem Punkt an ist das wirklich Bösartige präsent: Statt zu erzählen, wie schlimm es von Anfang an gewesen ist, baut G. vom Wendepunkt bei Valmy über die Steigerung des Rückmarsches bis zur luxemburgischen Grenze ein Spektakel von toten Menschen und Pferden auf, das erst auf der Strecke hinter Verdun sein volles Grauen entfaltet. Die Geschichte wird nicht einfach erzählt, sie wird literarisch gestaltet.

Wer erzählt?

Bei der Beschreibung der Westfalen-Reise im Herbst 1792 und des Winters in Weimar ist der Erzähler eindeutig der seine Autobiographie schreibende G. Der Erzähler der *Belagerung* ist gleichfalls verhältnismäßig unproblematisch. Bei der Behandlung des Feldzugs von 1792, der eigentlichen *Campagne*, liegt aber eine deutlich andere Erzählhaltung vor. Wir haben schon gesehen, daß es aus vielerlei Gründen problematisch war, die unverblümte ›Wahrheit‹ vorzutragen, und das hätte ein allwissender Erzähler tun müssen. Ein solcher Erzähler hätte die historische Einleitung zur *Campagne* gebrauchen können, die G. verworfen hat (vgl. FA I, 16, S. 666f.). Wir haben es bei der *Campagne* stattdessen mit einer ›Persona‹ zu tun, die sich in medias res begeben hat und nicht unbedingt mit G. gleichzusetzen ist (ausführlicher zum Thema der Erzählhaltung vgl. Saine 1984). Es lohnt sich, den Charakter des Erzählers der *Campagne* auf sein Verständnis und seine Interpretation der Ereignisse hin zu überprüfen.

Was hat G. auf einer solchen Expedition zu suchen gehabt? Er hatte keine militärische Erfahrung und konnte hier abgesehen von seiner

Funktion als Gesellschafter seines Fürsten überhaupt nichts nützen. Er agierte nur in Nebensachen, sonst pendelte er zwischen seiner leichten Chaise, Fahrzeug des Privatmannes, dem herzoglichen Schlafwagen und der Gesellschaft der Diplomaten und Offiziere. Merkwürdigerweise ist die Erzählerfigur so schlecht informiert wie alle anderen und darum gezwungen, sich Spekulationen über das Gegenwärtige und Zukünftige hinzugeben. Dabei wissen wir, daß G. und Carl August immer im Hauptquartier oder in dessen Nähe gewesen sind, daß G. also unmöglich so ganz unwissend gewesen sein kann wie die Person, die die *Campagne* erzählt. Trotzdem stellt er sich in der *Campagne* und teilweise auch in der *Belagerung* als Außenseiter bzw. distanzierter Beobachter dar. Gerade an vielen Stellen, an denen wir G.s Erzählung mit Wagners Tagebuch vergleichen können, läßt sich darauf schließen, daß diese Distanzierung intendiert ist.

Die uninformierte Erzählerfigur kann nur beobachten, räsonnieren und feststellen; sie deutet nur an, zeigt sich auch nie polemisch, z.B. in ihrer Behandlung der Emigranten, die in den Augen vieler Zeitgenossen an allem schuld gewesen waren. Die Emigranten werden in der *Campagne*, abgesehen davon, daß sie eine Flut von falschen Assignaten überall ausstreuen, eher von der komischen Seite gezeigt. Ebensowenig äußert sich G. in der *Campagne* explizit zu der Frage, warum der Feldzug gescheitert war, obwohl er an einigen Stellen den Herzog von Braunschweig in einem ironischen Licht zeigt. Der Abbruch der Verhandlungen mit Dumouriez nach der Kanonade wird dadurch erklärt, daß der Herzog »sein früheres Manifest an Dumouriez geschickt [habe], welcher darüber ganz verwundert und entrüstet sogleich den Stillstand aufgekündigt und den Anfang der Feindseligkeiten befohlen habe« (FA I, 16, S. 449; es war nicht das Manifest vom Juli, sondern ein neues). Darüber hätten G. und seine Kameraden, »so groß das Unheil war in welchem wir staken«, nicht unterlassen können, »zu scherzen und zu spotten, wir sagten: da sähe man was für Unheil die Autorschaft nach sich

ziehe!« (ebd.). Während des Rückzugs erzählt G. noch von einer Begegnung mit dem Herzog von Braunschweig, bei welcher Gelegenheit der Generalissimus die Hoffnung ausgesprochen habe, daß G. einmal als fairer Geschichtsschreiber auftreten werde. »Wir [...] begrüßten ihn ehrerbietig; er hielt auch ganz nahe vor uns stille und sagte zu mir: ›Es tut mir zwar Leid daß ich Sie in dieser unangenehmen Lage sehe, jedoch darf es mir in dem Sinne erwünscht sein daß ich einen einsichtigen, glaubwürdigen Mann mehr weiß, der bezeugen kann daß wir nicht vom Feinde, sondern von den Elementen überwunden worden‹« (FA I, 16, S. 467).

Mitnichten! Es wurde in den Jahren nach 1792 um die Gründe für den mißlungenen Feldzug viel gestritten, und am Ende war es ziemlich ausgemacht, daß die vielen Fehler der Heeresführung vor allem auf die Uneinigkeit zwischen dem Herzog von Braunschweig und dem König von Preußen zurückzuführen waren. Dementsprechend weist G. an zwei Stellen, einmal bei dem Einmarsch in der Nähe von Verdun, einmal auf dem Rückzug, in Bildern auf diese Uneinigkeit hin. Das erste Bild ist vielsagend: Herzog und König sind wie gegeneinander laufende Kometen, die nicht als Führer einer Armee, sondern als für sich existierende Naturmächte erscheinen: »Nun aber sahen wir über Hügel und Tal des Königs Majestät sich eilig zu Pferde bewegend, wie den Kern eines Kometen von einem langen schweifartigen Gefolge begleitet. Kaum war jedoch dieses Phänomen mit Blitzesschnelle vor uns vorbei geschwunden, als ein zweites, von einer andern Seite, den Hügel krönte oder das Tal erfüllte. Es war der Herzog von Braunschweig, der Elemente gleicher Art an und nach sich zog. Wir nun, obgleich mehr zum Beobachten als zum Beurteilen geneigt, konnten doch der Betrachtung nicht ausweichen, welche von beiden Gewalten denn eigentlich die obere sei?« (FA I, 16, S. 398).

Beim Einmarsch erscheinen die zwei Kometen als gleichartige und gleichrangige Naturkräfte. Beim Rückzug ist das nicht mehr der Fall, denn der Herzog scheint um sein »schweifartiges Gefolge« gekommen zu sein;

auf jeden Fall treten König und Herzog wieder nicht zusammen, sondern getrennt in Erscheinung. Es sind zwei Brücken über die Aisne geschlagen worden; G. verweilt dort mit Carl Augusts Leuten, die Linsen und Schinken gekocht haben und an alle Bedürftigen austeilen, und schaut zu: »Und so ward mir der Rückzug nicht etwa nur durch Beispiel und Gleichnis, nein, in seiner völligen Wirklichkeit dargestellt und der Schmerz durch jede neue Uniform erneuert und vervielfältigt. Ein so grauenvolles Schauspiel sollte denn auch seiner würdig schließen; der König und sein Generalstab ritt von weiten her, hielt an der Brücke eine Zeitlang stille, als wenn er sich's noch einmal übersehen und überdenken wollte; zog dann aber am Ende den Weg aller der Seinen. Eben so erschien der Herzog von Braunschweig an der andern Brücke, zauderte und ritt herüber« (FA I, 16, S. 456). Daß G. bei der Beschreibung des Aufenthalts an der Brücke bewußt eine gewisse pathetisch-tragische Größe in die Szene hineingelegt hat, ist anhand von Wagners Tagebuch mit einiger Sicherheit festzustellen. Nach der Darstellung in der *Campagne* tauchen König und Herzog nacheinander auf, zaudern, und reiten vorüber, jeder seinen eigenen Weg. In Wagners Darstellung blieb aber der König über eine Stunde, sprach mit Carl August und aß von den Linsen und dem Schinken, bevor er endlich über die Brücke zog. Wagner erwähnt den Herzog von Braunschweig überhaupt nicht. Sein Bericht ist ein Dokument des historischen Geschehens, G. hingegen gestaltet ein dichterisches Bild. Wer wollte aber bestreiten, daß in G.s Bild trotzdem eine höhere ›Wahrheit‹ aufgehoben ist? In der von G. ausgemalten Szene sollen wir übrigens sicher nicht eine Konstellation von nur zwei, sondern von drei deutschen Fürsten sehen: Nicht nur die gescheiterten Führer der Expedition, die über die beiden Brücken reiten, sondern auch seinen eigenen Fürsten, Carl August, dem nichts von dem Debakel anhaftet, der vielmehr während des Feldzugs einige Lorbeeren erworben hat und auch mitten in der Katastrophe Linsen und Schinken spendend, eben menschlich und liebenswürdig, in Erinnerung bleibt.

Pessimistischer Ausblick

Trotz der Disparatheit der verschiedenen Teile zieht sich ein Thema durch *Campagne* und *Belagerung* wie ein roter Faden: die von G. seit seiner Rückkehr aus Italien und vor Beginn der Freundschaft mit Schiller als quälend erlebte Isolierung. Der Ich-Erzähler in der *Campagne* und der *Belagerung* kann nur zuschauen, wie Menschen ihresgleichen unmenschlich behandeln und selbst dabei leiden. Er erlebt Tod und Zerstörung in übergroßem Maße, ohne etwas dagegen tun zu können, außer der zeichenhaften Aufrechterhaltung der Ordnung, als er nach der Mainzer Kapitulation einen Klubbisten vor dem Pöbel rettet, indem er Ordnungsliebe über ›Gerechtigkeit‹ stellt und darauf besteht, den Platz vor seines Herzogs Quartier rein zu halten. Bei der Schilderung der Besuche in Pempelfort, Duisburg und Münster und der Begegnung mit Schlosser am Ende der *Belagerung* liegt G. gerade daran, das Erlebnis der Distanz zu betonen, die zwischen ihm und den alten Freunden eingetreten war. Das Gefühl der Kluft, des Unverstandenseins thematisiert er schon in der »Zwischen-Rede«, dann wird es noch einmal in der Schilderung des Aufenthalts bei Jacobi artikuliert und am Ende der *Belagerung* bei der Schlosser-Begegnung sogar wiederholt. Jacobi und seine Familie meinten in G. noch den Dichter der *Iphigenie* zu erblicken. Aber dieser konnte es unter keinen Umständen über sich bringen, nach seinen Kriegserlebnissen in diesem Kreis aus dem »verteufelt humanen« Drama vorzulesen. Andererseits hatte Jacobi, nach G.s Darstellung in der *Campagne*, auch G.s naturwissenschaftlichen Schriften kein Verständnis entgegengebracht, und als G. aus dem Manuskript der *Reise der Söhne Megaprazons* vorlesen wollte, war niemand davon erbaut.

Der Briefwechsel zwischen G. und Jacobi von 1792 zeugt von keiner derartigen Distanz. Aber zur Zeit der Abfassung der *Campagne* lag G. daran, nachträglich die inzwischen eingetretene Entfremdung zu betonen. Waren G. und Jacobi einander ferner gerückt, so berichten die Beschreibung des Besuchs bei Plessing und die Erzählung der ersten Begegnung mit diesem Sturm und Drang-Melancholiker von einer anderen Art von ehemaligen Bewunderern, die G. mißverstanden und ihn ungebeten um seine Freundschaft bestürmt hatten. G. berichtet, er habe damals, inkognito reisend, Plessing dringend geraten, sich der Natur zuzuwenden, aber auch der reife Plessing sei einer geblieben, der »nach wie vor immer nur mit sich selbst beschäftigt« war (FA I, 16, S. 542). Bei der Begegnung mit der Fürstin Gallitzin und ihrem Kreis wird eine weitere von G. nunmehr als verfehlt angesehene Lebensart dargestellt: die einfache, durch neuplatonische Philosophie untermauerte katholische Frömmigkeit, die G. schätzen, aber sich nicht aneignen konnte. Hier hat er sich »milder als seit langer Zeit« gefühlt (FA I, 16, S. 553), aber er wußte genau, daß er hier eigentlich nur toleriert wurde und den Mitgliedern des Kreises suspekt blieb. Der Reise durch Westfalen folgte ein arbeitsamer, aber im großen und ganzen unproduktiver Winter in Weimar. G. berichtet aus dieser Zeit, abgesehen von einigen Lichtblicken, etwa der Zusammenarbeit mit dem Hausfreund und Kunstkenner Johann Heinrich Meyer, vor allem über seine unzulänglichen dramatischen Versuche, mit der Revolutionsthematik zu Rande zu kommen, und über die Sorgen um das Schicksal des französischen Königs. »Man denke sich, welchen Dezember und Januar diejenigen verlebten die den König zu retten ausgezogen waren, und nun in seinen Prozeß nicht eingreifen, die Vollstreckung des Todesurteils nicht hindern konnten« (FA I, 16, S. 571).

Die *Belagerung von Mainz* ist dementsprechend auch als Kreuzzug gegen die »Königsmörder« angelegt. Aber auch die Wiedereinnahme von Mainz ist kein Anlaß zu einem abschließenden freudigen Ausblick, denn die Mühen und Leiden der Belagerer und der Belagerten brachten keine endgültige Entscheidung. G. und seine Leser wußten, daß die Franzosen bald nach Mainz zurückgekehrt waren. G. läßt sogar Merlin de Thionville am Ende der *Belagerung* seine Rückkehr und seine Rache androhen. Was im Juli 1793 wie

ein deutscher Sieg aussah, war bis Ende 1793/Anfang 1794 ohne Folgen geblieben, denn die Konzentration der Kriegsmittel auf die lange Belagerung hatte die deutschen Reichstruppen davon abgehalten, eine zweite Kampagne in Frankreich zu unternehmen. Statt dessen siegten im Jahre 1794 die französischen Revolutionsheere und erzielten im Baseler Frieden vom April 1795 den preußischen Austritt aus der Koalition. Die am Ende folgenlosen Siege des Jahres 1793 markierten den Höhepunkt der deutschen Alliance gegen das revolutionäre Frankreich. Der Baseler Frieden kam den preußischen Interessen insofern entgegen, als die neuen durch die zweite und dritte polnische Teilung gewonnenen Gebiete in Ruhe konsolidiert werden konnten, führte aber auch mehr oder weniger direkt zu der preußischen Isolierung und Schwäche, die 1806 in der Katastrophe von Jena und Auerstedt gipfelten. Bei jener Doppelschlacht war es wieder der Herzog von Braunschweig, der das preußische Heer anführte. Diesmal kostete ihn die Niederlage das Leben. Mit Recht endet G. in der *Belagerung* mit der düsteren Aussicht auf jene Katastrophe, durch die der Krieg ihn dann schließlich selbst heimgesucht hatte. Von den drei Fürsten der *Campagne* war nur sein verehrter Carl August am Leben und verehrenswert geblieben.

Literatur:

Andreas, Willy: Carl August von Weimar in und nach der Kampagne gegen Frankreich. Sitzungsberichte der Bayerischen Akademie der Wissenschaften, Philosophisch-historische Klasse. (1954), H. 5. – Ders.: Goethe und Carl August während der Belagerung von Mainz (1793). Sitzungsberichte der Bayerischen Akademie der Wissenschaften, Philosophisch-historische Klasse. (1955), H. 9. – Borst, Arno: Valmy 1792 – ein historisches Ereignis? In: DU. 26 (1974), S. 88–104. – Fisher, Richard: »Dichter« and »Geschichte«. Goethe's *Campagne in Frankreich*. In: GoetheYb. 4 (1988), S. 235–274. – Hansen, Joseph (Hg.): Quellen zur Geschichte des Rheinlandes im Zeitalter der Französischen Revolution 1780–1801. 4 Bde. Bonn 1931 ff. – Kruse, Jens: Flamme im Wasser, Schimmel im Kalk: Französische Revolution und Naturwissenschaft im Werk Goethes. In: GoetheYb. 4 (1988), S. 209–234. – Lahnstein, Peter: Die Kampagne in Frankreich. Eine Studie über die Aufzeichnungen Goethes und Laukhards. In: Neue Rundschau. 4 (1963), S. 417–430. – Mannack, Eberhard: Goethes *Belagerung von Mainz* – eine Korrektur von Mißverständnissen. In: EG. 38 (1983), S. 102–117. – Mommsen, Momme unter Mitwirkung von Katharina Mommsen: Die Entstehung von Goethes Werken in Dokumenten. Bd. 2. Berlin 1958. – Müller, Joachim: Goethes *Campagne in Frankreich.* Epochenkritik, Umweltanalyse und Kontraststruktur. Sitzungsberichte der Sächsischen Akademie der Wissenschaften zu Leipzig, Philologisch-historische Klasse. 117 (1974), H. 3. – Müller, Klaus-Detlef: Goethes *Campagne in Frankreich* – Innenansicht eines Krieges. In: GoetheJb. 107 (1990), S. 115–126. – Reiss, Hans: Goethe on War: Some Reflections on *Campagne in Frankreich.* In: PEGS. N.S. 53 (1984), S. 98–123. – Roethe, Gustav: Goethes *Campagne in Frankreich 1792.* Eine philologische Untersuchung aus dem Weltkriege. Berlin 1919. – Saine, Thomas P.: Black Bread – White Bread. German Intellectuals and the French Revolution. Columbia, SC. 1988. – Ders.: Goethes Roman *Campagne in Frankreich 1792.* In: Barner, Wilfried u.a. (Hg.): Unser Commercium. Goethes und Schillers Literaturpolitik. Stuttgart 1984, S. 529–558. – Ders.: *Campagne in Frankreich / Belagerung von Mainz* (1822). In: Lützeler, Paul Michael u.a. (Hg.): Goethes Erzählwerk. Interpretationen. Stuttgart 1985, S. 396–428. – Steer, Alfred G. Jr.: Goethe's Social Philosophy as Revealed in *Campagne in Frankreich* and *Belagerung von Mainz.* Chapel Hill 1955. – Tümmler, Hans: Carl August von Weimar, Goethes Freund. Eine vorwiegend politische Biographie. Stuttgart 1978. – Zehm, Edith: Der Frankreichfeldzug von 1792. Formen seiner Literarisierung im Tagebuch Johann Conrad Wagners und in Goethes *Campagne in Frankreich.* Frankfurt/M., Bern, New York 1985. – Ziekursch, Johannes: Zur Geschichte des Feldzuges in der Campagne von 1792. In: Forschungen zur Brandenburgischen und Preußischen Geschichte. 47 (1935), S. 20–77.

Thomas P. Saine

Tag- und Jahreshefte

Entstehungsgeschichte

Im Alter von 67 Jahren begann G. mit der Arbeit an seinem zweiten großen autobiographischen Werk, den *Tag- und Jahresheften.* Von 1816 bis 1825 beschäftigte er sich mit unterschiedlicher Intensität mit dieser Lebenschronik, die zuletzt den Lebenszeitraum zwischen den Jahren 1749 und 1822 umfaßte. Mit dem Jahr 1822 brechen die *Tag- und Jahreshefte* abrupt ab.

G. bearbeitete die einzelnen Jahrgänge nicht in chronologischer Reihenfolge, sondern begann 1817, wie seine Tagebücher belegen, zunächst mit den Jahren 1800, 1801 und 1805–1807 und arbeitete in den folgenden Jahren parallel an verschiedenen Jahrgängen (vgl. die Übersicht in WA I, 35, S. 279f., und Wackerl, S. 141ff.) Eine zweite konzentrierte Arbeitsphase an den *Tag- und Jahresheften* setzte mit dem Jahr 1822 ein, indem ein »junger Bibliothek- und Archivsverwandter [...] ein Repertorium über meine sämtlichen Werke und ungedruckte Schriften [machte], nachdem er alles sortiert und geordnet hatte. Bey dieser Gelegenheit fand sich auch ein vorläufiger Versuch die Chronik meines Lebens zu redigiren, der bisher vermißt war, wodurch ich mich ganz besonders gefördert sah« (FA I, 17, S. 348). Die *Tag- und Jahreshefte* entstanden also nicht, wie die Annalen-Konzeption zunächst vermuten läßt, als aktuell verfaßter jährlicher Bericht, sondern mit einem Abstand von 67 bis zu ein bzw. zwei Jahren, zumeist im Abstand von ein bis zwei Jahrzehnten.

Zunächst wandte sich G. seinem letzten Lebensabschnitt zu, den Jahren nach Schillers Tod. Wenn die Entstehung der *Tag- und Jahreshefte* immer wieder mit der *Summarischen Jahresfolge Goethescher Schriften* im zwanzigsten Band der Werke aus dem Jahr 1816 in Zusammenhang gebracht wird, so markiert diese Aufstellung einer Werkchronologie sicherlich nur den äußeren Schreibanlaß. Zuverlässiger scheint vielmehr der Themenkomplex, den G. als Ausgangspunkt für seinen biographischen Bericht wählt, über das Schreibmotiv Auskunft zu geben. Daß G. seine Chronik mit Schillers Tod beginnt, legt nahe, daß er den Zeitraum nach 1805 als Einheit und damit als unmittelbare Gegenwart erfahren hat. Schillers Tod setzte für G. in verschiedener Hinsicht, wie bereits Georg Wackerl ausgeführt hat, eine lebensgeschichtliche Zäsur, die nach einer autobiographischen Reflexion zu verlangen schien: Seit Schillers Tod erfuhr sich G. zunehmend als Überlebender und Zeitzeuge einer abgeschlossenen Epoche (vgl. Wackerl, S. 16). Dies galt sowohl für die literarische wie bereits schon vorher für die politische Entwicklung. Ab diesem Zeitpunkt wurde sich G. nicht nur selbst zur historischen Figur, er war es auch objektiv. In den folgenden Jahrzehnten verringerte sich der Kreis seiner Weggefährten: Herder, Wieland, seine Frau, die Herzogin Anna Amalia, und sein Sohn starben. Die isolierte Position drängte G. in die Rolle des unbeteiligten, genauen Beobachters und zwang zur Sicherung und Wahrung des Vergangenen, machte ihn zum Chronisten seiner Zeit und Biographen seiner Zeitgenossen (vgl. Hackert).

Über den Beginn seiner biographischen Arbeiten bei der Konzeption von *Dichtung und Wahrheit* notiert G.: »Ich hatte Ursache mich zu fragen, warum ich dasjenige was ich für einen andern thue nicht für mich selbst zu leisten unternehme?« (FA I, 17, S. 239) Die *Tag- und Jahreshefte* werden so zu Selbstgesprächen angesichts verlorener Gesprächspartner, zur Selbstdarstellung angesichts der aufgezwungenen Randexistenz an der Peripherie gesellschaftlicher Entwicklung. Sie folgen dem Bedürfnis, das eigene Leben zu objektivieren und abzuschließen. Wenn G., wie der Entstehungsprozeß der *Tag- und Jahreshefte* belegt, sein Leben in einzelne Rubriken aufteilt und ordnet – er selbst spricht von der »Fähigkeit des Gewahrwerdens, Auffassens, Ordnens und Verbindens« (FA I, 17, S. 25) –, so versucht er mit dieser Arbeit nicht nur Bilanz über sein Leben zu ziehen und öffentlich Rechenschaft abzulegen, sondern vielmehr auch

den unaufhörlichen Prozeß der Selbstinterpretation zu beenden, um ein abschließendes, autorisiertes Selbstbild zu installieren, das sich mit seinem Anspruch auf Objektivität jeder weiteren Diskussion seiner Person verschließt. Das System einer archivarischen Ordnung, das G. nachträglich seinem Leben aufprägt, ist auf Selbstaussöhnung, Selbstbefriedung, auf Identität hin angelegt, indem es alles nicht ins System Passende, das Chaotische, Widersprüchliche ausgrenzt. Was am Ende übrigbleibt, ist die widerspruchsfreie, mit sich selbst identische, positive Persönlichkeit, zu der sich G. mit den *Tag- und Jahresheften* selbst erschafft. Daß jede autobiographische Anstrengung auf aktueller, dem Vergangenen nachträglich zugeschriebener Sinnproduktion beruht, reflektiert G. angesichts seiner Arbeiten an *Dichtung und Wahrheit*, wenn er sich »innigst überzeugt [weiß] daß der Mensch in der Gegenwart ja vielmehr noch in der Erinnerung die Außenwelt nach seinen Eigenheiten bildend modele« (FA I, 17, S. 239).

Die *Tag- und Jahreshefte* arbeitete G. auf der Basis umfangreichen Quellenmaterials aus seinem persönlichen Archiv, den Tagebüchern und dem Briefwechsel, aus. Zunächst exzerpierte er aus den Tagebüchern, ordnete das vorhandene Material in verschiedenen thematischen Rubriken unter Stichpunkten wie »Poesie«, »Bildende Kunst«, »Personen«, »Teilnahme«, »Naturwissenschaft«, »Eigene Prosa« und diktierte dann den Text seinen Schreibern. Eckermann und Riemer begleiteten den Entstehungsprozeß. Riemer redigierte den Text nach stilistischen Gesichtspunkten, Eckermann machte inhaltliche Anmerkungen, die von G. nur in Ausnahmefällen berücksichtigt wurden. Während des langen Entstehungsprozesses wurde der Text immer weiter komplettiert und revidiert. 1829 wurde das Manuskript des ersten Teils der Jahre 1749 bis 1806 für den 31. Band der Ausgabe letzter Hand fertiggestellt, 1830 der zweite Teil mit den Jahren 1807 bis 1822 für den 32. Band. Sie erschienen unter dem Titel *Tag- und Jahreshefte als Ergänzung meiner sonstigen Bekenntnisse*.

Überlieferung

Die *Tag- und Jahreshefte* sind in zwei vollständigen Handschriften überliefert: H² und H³, beide Abschriften von der Hand Johann August Friedrich Johns, H³ enthält Korrekturen G.s und Eckermanns. Darüber hinaus sind 53 Blatt »Vorarbeiten zu den Annalen von 1749–1798« (H¹) und weitere Handschriften zu einzelnen Jahrgängen erhalten, sowie eine korrigierte Fassung von H² (H²a). H³ stellt die Druckvorlage für die Ausgabe letzter Hand (ALH 31 u. 32) dar. Die Weimarer Ausgabe ist die erste wissenschaftliche Ausgabe des Werks, sie folgt dem Erstdruck in der Ausgabe letzter Hand und bietet Varianten der Handschriften sowie der handschriftlichen Korrekturen in einer Auswahl (WA I, 35 u. 36). Die Münchner Ausgabe (MA 14) druckt den Text ebenfalls nach der Ausgabe letzter Hand und bietet darüber hinaus einen gründlichen und hilfreichen Kommentar von Reiner Wild sowie ein Personen- und Werkregister. Zuletzt hat die Frankfurter Ausgabe 1994 die *Tag- und Jahreshefte* nach H³ gedruckt: »Damit wird erstmals ein Text dargeboten, der frei von nicht autorisierten Eingriffen Eckermanns ist und deshalb von C¹ abweicht« (FA I, 17, S. 510f.). Irmtraud Schmid hat den Text mit einem ausführlichen Kommentar sowie einem Namens- und Werkregister versehen. Nach der Frankfurter Ausgabe werden die *Tag- und Jahreshefte* im folgenden zitiert.

Forschungsstand

Die *Tag- und Jahreshefte* haben in der G.-Forschung bisher kaum Beachtung gefunden. Interesse konnten sie bislang nur als zusätzliche Quelle biographischer Daten erwecken. Doch auch hier blieben sie gegenüber den großen autobiographischen Texten wie *Dichtung und Wahrheit*, den umfangreichen Tagebüchern, dem Briefwechsel und den Gesprächen mit Eckermann von sekundärer Bedeutung. Daß die *Tag- und Jahreshefte* nicht als eigenständiges Werk in das Bewußtsein der Forschung rücken konnten, hat zwei Ursachen: Zum einen verweigern sie sich mit ihrer Nähe zu literarischen Gebrauchsformen einem von G. selbst ausgeprägten ästhetischen Kunst- und Literaturverständnis, zum anderen präsentieren sie eine Textform, die sich weder von einer wirkmächtigen Tradition herschreibt noch eine gesicherte Zuordnung ins literarische Formengefüge ermöglicht.

Wackerl hat im Jahr 1967 die erste detaillierte wissenschaftliche Studie zu den *Tag- und Jahresheften* vorgelegt, die zum ersten Mal umfassend über die Entstehung informiert, eine textnahe, nach Themenschwerpunkten (z.B. Theater, Naturwissenschaft, Französische Revolution, Individuum und Gesellschaft) geordnete inhaltliche und eine umfangreiche formale Analyse (typisierende Aussage, objektiver Sprachgestus, antithetische Wendung, Disparatheit) bietet. Wackerl rückt die *Tag- und Jahreshefte* in seiner Analyse in die Nähe der *Wanderjahre* und versteht den Text als freilich andersgeartete Fortsetzung von *Dichtung und Wahrheit*, die er mit den *Lehrjahren* vergleicht, und kommt zu folgendem Ergebnis: »Der entwickelnden Darstellung des Individuums folgt die zyklische des Menschen in der Gesellschaft und in der Welt. So erweisen sich die *Tag- und Jahreshefte* als eine konsequente Fortführung von *Dichtung und Wahrheit*, wenn man unter Konsequenz nicht eine Wiederholung und Gleichartigkeit mit dem Vorangegangenen versteht, sondern dessen folgerichtige Weiterführung« (S. 123).

Hermann Böschenstein hat als erster auf die Eigenständigkeit und Originalität der *Tag- und Jahreshefte* innerhalb der autobiographischen Literaturtradition hingewiesen. In seinem kurzen Aufsatz *Tag- und Jahreshefte: A New Type of Autobiography* sieht er in den *Tag- und Jahresheften* »a model for the composition of biography and even more so for the conduct of life« (Böschenstein, S. 55) und betont die Geschlossenheit des Werks aus seiner aufklärerisch-didaktischen Intention und Vorbildfunktion: »Part of the unity the Annalen possess as an autobiography system from Goe-

the's ability to make all honest striving sub-
servient to a progressively advancing civilizing
process« (Böschenstein, S. 59).

Wild akzentuiert in seinem Kommentar der
Münchner Ausgabe dagegen noch einmal die
»Uneinheitlichkeit« (Wild, S. 616) der *Tag-
und Jahreshefte* und vertritt die Auffassung, G.
habe die Arbeit an den *Tag- und Jahresheften*
»nicht als eine künstlerische Aufgabe verstanden; er folgte keiner durchgängigen, das
Ganze der Schrift umfassenden Konzeption«
(Wild, Komm. in MA 14, S. 617). Wild versteht die *Tag- und Jahreshefte* als »Rechenschaftsbericht« des »öffentlichen Wirkens«
(ebd.). Auch Irmtraut Schmid unterstellt G.
»keine poetische, sondern eine historiographi-
sche Verfahrensweise« und weist insbesondere
auf die Beziehungen zwischen G.s Quellen
(Briefe, Tagebücher) und den *Tag- und Jahresheften* hin (vgl. Schmid, Komm. in FA I, 17,
S. 508).

Die *Tag- und Jahreshefte* als Teil des autobiographischen Werks

In seiner Ankündigung der *Tag- und Jahreshefte* im 31. und 32. Band der Ausgabe letzter
Hand thematisiert G. die Eigenheit der annali-
stischen Form und weist auf ihre Bedeutung
für den Text hin: »daß die Darstellung einen
ganz verschiedenen Charakter gewinne: bald
als Tagebuch, bald als Chronik, dann die Gestalt von Memoiren, zuletzt aber durch Eingreifen ins Öffentliche die Bedeutung von Annalen annehme« (WA I, 35, S. 280).

Die offene, originäre Form autobiographi-
schen Schreibens, die G. mit den *Tag- und
Jahresheften* wählt, problematisiert der
Schreiber auch durch die Diskussion alterna-
tiver Titel. Zur Wahl stehen bei G. folgende
Titel als Zuschreibungen zu einer Textform:
»Schriftstellerische Epochen«, »Theater- und
Lebensgeschichte«, »Lebenserinnerungen«,
»Lebensgeschichte«, »Biographie«, »Chronik
meines Lebens«, »Jahrbücher«, »Tages- und
Jahrbücher«, »Tag- und Jahreshefte«. Ecker-

mann fügt den Vorschlag der »Annalen« hinzu.
Daß G. schließlich in seiner Ausgabe letzter
Hand den Titel *Tag- und Jahreshefte* favorisierte und die durch Traditionsbezüge festgelegten Titel der »Chronik« oder »Annalen«
verwarf, belegt die formale Eigenständigkeit
des entstandenen Textes, die kein Vorbild in
der Tradition biographischen Schreibens hat,
vielmehr an die Entwicklung des eigenen (autobiographischen) Schreibens anknüpft und
mit den *Tag- und Jahresheften* so etwas wie ein
konzentriertes Substrat liefert.

Die *Tag- und Jahreshefte* nehmen unter den
autobiographischen Schriften, die G. hinterlassen hat, eine wichtige Stellung ein. Als
Fortsetzung von *Dichtung und Wahrheit* und
Ergänzung zu den übrigen autobiographischen
Einzelschriften, der *Italienischen Reise*, der
Campagne in Frankreich und der *Belagerung
von Mainz* u.a. sollten sie nach den Erwartungen des Publikums die Lücke innerhalb von
G.s Lebensnachrichten seit der Weimarer Zeit
bis ins hohe Alter schließen. Schon mit *Dichtung und Wahrheit* hatte G. ein Werk geschaffen, das über die literarischen Vorbilder auto-
biograpischen Schreibens weit hinauswies.
Mit den *Tag- und Jahresheften* schien er hinter
diesen Erwartungen zurückzubleiben. Keinen
annähernd vollständigen, einheitlich durchkomponierten Lebensbericht lieferte er seinem Publikum, sondern eine durch ein Gerüst
von Jahreszahlen notdürftig und äußerlich zu-
sammengehaltene Sammlung heterogensten
Materials, aufs unterschiedlichste präsentiert.
Es finden sich neben – eher seltenen – an-
ekdotischen Schilderungen, knappe, kaum
ausformulierte Notizen, verschleierte Andeutungen und stilistisch ungelenke Nachrichten
im Kanzleistil, schließlich sentenzenhafte
oder aphoristische Bemerkungen. Während
der erste, knapp gehaltene Teil fast ausschließlich die künstlerische Entwicklung G.s schildert, präsentiert sich der Mittelteil des Textes
bis zu Schillers Todesjahr als inhaltlich und
formal vielfältigster. Hier bietet der Autor erzählende Einschübe wie z.B. die Inszenierung
der Johannisfeuer als Ehrung der Herzogin in
revolutionären Zeiten, die Kußgeschichte eines in ein Bild verliebten jungen Kunstfreun-

des, die berühmte Beireis/von Hagen-Episode und den umfangreichen Reisebericht über seinen Aufenthalt in Bad Pyrmont und Göttingen im Jahr 1801, der auch als eigenständiger Text gleichberechtigt neben G.s kleineren Reiseberichten stehen könnte. Diese Reihe der erzählerischen Textpassagen wird durch die detaillierte Schilderung der Vernichtung des seltenen, alten Wacholderbaums in G.s Garten durch einen Sturm im Jahr 1809 abgeschlossen, deren symbolischer Unterton als Hinweis auf den einsetzenden Prozeß des Abschiednehmens kaum zu verkennen ist und die stellvertretend für den unerwähnt bleibenden Verlust der vielen Freunde und Weggefährten steht.

Die *Tag- und Jahreshefte* liefern kein Journal intime der individuellen Entwicklungsgeschichte in G.s zweiter Lebenshälfte als Fortsetzung von *Dichtung und Wahrheit*, sondern kombinieren eine nahezu lückenlose Künstler- und universelle Gelehrten- und Forscherbiographie mit der Biographie der öffentlichen Person G.s. Sie stehen damit in einem direkten Gegensatz zu *Dichtung und Wahrheit*, sind reine Biographie des äußeren Lebens. Dies machen die *Tag- und Jahreshefte* bereits am Anfang unmißverständlich deutlich. Daß es hier zunächst nur um die Ausbildung zum Schriftsteller geht, wird mit dem ersten Satz bereits für den Leser zweifelsfrei demonstriert: »Bei zeitig erwachendem Talente, nach vorhandenen poetischen und prosaischen Mustern, mancherley Eindrücke kindlich bearbeitet, meistens nachahmend, wie es gerade jedes Muster andeutete« (FA I, 17, S. 11). Dieser spröde, abweisende Texteingang voller Partizipialkonstruktionen ist programmatisch zu verstehen. Er weist in aller Deutlichkeit jede an der literarischen Tradition des autobiographischen Schreibens geschulte Lesererwartung zurück und irritiert durch ein Paradox: Dem autobiographischen Sprechen fehlt das Subjekt. G. objektiviert insbesondere im ersten Teil der *Tag- und Jahreshefte* konsequent den Gegenstand des autobiographischen Diskurses, indem er das schreibende Subjekt zum unpersönlichen Gegenstand der Darstellung werden läßt. Wo das handelnde Subjekt nicht ganz in seinem Werk verschwindet, seine Präsenz zugunsten seines Produkts aufgibt, dort wird es zum unpersönlichen, verallgemeinernden »man« stilisiert.

Das Neue an dieser Form des autobiographischen Schreibens ist, daß sie eine Umwertung von in der literarischen Tradition verankerten Bedeutungs- und Sinnhierarchien vornimmt. Das bisher Periphere wird ins Zentrum gerückt: der normale, unspektakuläre Alltag gegenüber den einzigartigen, herausragenden Ereignissen aufgewertet. Dies gelingt über den Begriff der Arbeit, des tätigen, gestaltenden Lebens, der kontinuierlichen Anstrengung in der Auseinandersetzung mit den vorgefundenen Bedingungen der konkreten Realität. Die Modernität der *Tag- und Jahreshefte* liegt in dieser neuen Wertsetzung, der Definition von Leben und Person über die unausgesetzte Tätigkeit. In ihrer Konstruktion der Tagebuchliteratur verwandt, präsentieren die *Tag- und Jahreshefte* so eine Chronik des alltäglichen Lebens, machen das bisher Marginale, im außerliterarischen Bereich der mündlichen Alltagskommunikation Angesiedelte literaturfähig.

Ausführlich bis in kleinste Details schildert G. in seiner Biographie immer wieder das, was die »Mühen des Alltags« genannt werden kann, so z.B. seine von Erfolg und Mißerfolg gezeichneten Anstrengungen um den Auf- und Ausbau der Jenaer Universität oder seine kontinuierliche Aufbauarbeit des Weimarer Theaters. Daneben schildert er mit äußerster Präzision die Bedingungen, Konstellationen und Voraussetzungen (Gespräche, Lektüre, Studien, Amtshandlungen), in die seine Tätigkeit eingebunden ist. Einen bedeutenden Anteil haben dabei G.s Zeitgenossen, die auf unterschiedlichste Weise mit seiner Biographie verknüpft sind. Zufällige, flüchtige Bekanntschaften, merkwürdige Charaktere und Sonderlinge würdigt er in seiner Lebenschronik ebenso wie engste Mitarbeiter oder bedeutende Persönlichkeiten der Zeitgeschichte (Madame de Staël u.a.), so daß die *Tag- und Jahreshefte* über die Dokumentation des eigenen Lebens hinaus auch zu einer psychosozialen Chronik seiner Zeit, zu einem Beitrag zur

Geschichte der Charaktere im Revolutionszeitalter werden. Dieses Nebeninteresse der *Tag- und Jahreshefte* thematisiert G. selbst an verschiedenen Stellen des Textes, wenn er von seiner Intention spricht, »die Kenntniß seltsamer Charaktere« zu erweitern (FA I, 17, S. 170). Die *Tag- und Jahreshefte* werden so zum Archiv menschlicher Existenzformen und Individualitäten, wenn sie neben den unzähligen Beschreibungen von Künstlern, Gelehrten und Wissenschaftlern, Charakterstudien über Außenseiter der Gesellschaft wie die Emigranten während der Französischen Revolution oder sonderbarer Individuen wie des Mediziners Gottfried Christoph Beireis und des Landrats Karl Ernst von Hagen sammeln.

Als exemplarische Biographie einer umfassenden vita activa sind diese späten Aufzeichnungen G.s Bekenntnis und sinnfällige Demonstration seines Selbstverständnisses und Subjektbegriffs seit der Weimarer Zeit nach der Italienischen Reise. Nicht über das Erleben der eigenen Person, die Erfahrung des eigenen Lebens, sondern über die Produkte seiner Tätigkeit definiert sich G. als Person, dies veranschaulicht er am Beispiel einer Gegenüberstellung. G.s Freundschaft mit Karl Friedrich Graf von Reinhard beginnt mit einer Selbstdarstellung der beiden, diametral entgegengesetzten Persönlichkeiten: G. trägt Reinhard als persönliche Investition in die entstehende Freundschaft »eines Morgens aus dem Stegreif« seine Farbenlehre vor, während Reinhard »dagegen seine Lebensgeschichte am andern Tage gleichfalls summarisch erzählte« (FA I, 17, S. 206). Nicht das persönliche Erleben und Leben konstituiert für G. die Person, sondern die Ergebnisse seiner Arbeit als Selbstobjektivierung der Person.

G. beschreibt in den *Tag- und Jahresheften* sein Leben als einen unausgesetzten Prozeß der tätigen Auseinandersetzung, indem sich der einzelne als Person durch die interaktive Einbindung und konstruktive Gestaltung der jeweils vorgefundenen Bedingungen immer wieder aufs Neue konstituieren muß. Die kreative Leistung des einzelnen liegt damit in der Ordnung und individuellen Gestaltung einer zunächst fremden und chaotischen Reali-

tät. Individuelle Sinnproduktion und Selbsterfahrung als Person gelingt nur über ständige tätige Beschäftigung mit der Welt. G. führt dies exemplarisch in seiner Biographie vor: Je mehr die Realität ins Chaotische zu driften scheint und Ordnungsstrukturen vermissen läßt, um so entschiedener zeigt sich der Ordnungswille, die gestaltende, sinnstiftende Tätigkeit des Individuums. So dienen die vielfältigen Tätigkeiten G.s, wie durch ihre isolierte Darstellung zunächst vermutet werden könnte, nicht einem Selbstzweck, sondern folgen einem höheren Ziel, dem Aufbau von Ordnung, der individuellen Sinnstiftung. Ihnen allen ist ein metaphorischer Charakter eigen, wie ihn G. mehrfach am Beispiel seiner naturwissenschaftlichen Studien beschreibt: »Auf meiner Reise nach Carlsbad nahm ich den Weg über Wunsiedel nach Alexandersbad, wo ich die seltsamen Trümmer eines Granitgebirges nach vielen Jahren seit 1785 zum erstenmal wieder beobachtete. Mein Abscheu vor gewaltsamen Erklärungen, die man auch hier mit reichlichen Erdbeben, Vulkanen, Wasserfluthen und andern Titanischen Ereignissen geltend zu machen suchte, ward auf der Stelle vermehrt, da mit einem ruhigen Blick sich gar wohl erkennen ließ, daß durch theilweise Auflösung wie theilweise Beharrlichkeit des Urgesteins, durch ein daraus erfolgendes Stehenbleiben, Sinken, Stürzen, und zwar in ungeheuern Massen, diese staunenswürdige Erscheinung ganz naturgemäß sich ergeben habe. Auch dieser Gegenstand ward in meinen wissenschaftlichen Heften wörtlich und bildlich entwickelt; ich zweifle jedoch daß eine so ruhige Ansicht dem turbulenten Zeitalter genügen werde« (FA I, 17, S. 304). Demselben Ziel folgt G.s verstärkte Auseinandersetzung mit der Literatur, Kunst und Architektur der Antike in den letzten Jahrgangsbeiträgen der *Tag- und Jahreshefte*. Metaphorisch vollzieht er an der Kunst eines zum Ideal erhobenen Zeitalters die sinnstiftende Arbeit, die ihm bei den Bemühungen in seiner konkreten Lebensrealität versagt bleibt: »Zwischen allem diesen, [...] verfolgte ich einen alten Lieblingsgedanken, daß Myrons Kuh auf den Münzen Dyrrhachiums dem Hauptsinne nach aufbehalten sey: denn was kann erwünschter seyn als entschiedenes Andenken des Höchsten aus einer Zeit die nicht wieder kommt. Eben dieser Sinn ließ mich auch Philostrats Gemälde wieder aufnehmen, mit dem Vorsatz das trümmerhaft Vergangene durch einen Sinn der sich ihm gleichzubilden trachtet wieder zu beleben« (FA I, 17, S. 291).

Neben dem Künstler und Wissenschaftler präsentiert sich in den *Tag- und Jahresheften* vor allen Dingen die Standesperson G., die sich über ihre Tätigkeit im Fürstendienst definiert und als integrales Mitglied der oberen Schicht einer geschlossenen, ständisch gegliederten Gesellschaft begreift. Dies belegen unmißverständlich sowohl seine restaurative Einstellung zu den gesellschaftlichen Umwälzungen seiner Zeit, die sich einzig und allein aus den Erfahrungen und der Anschauung seiner eigenen Schicht nährt, seine unbedingte Loyalität gegenüber seinem Dienstherrn wie seine an vielen Stellen der *Tag- und Jahreshefte* festgehaltene Suche nach der Gesellschaft und dem Dialog mit Persönlichkeiten des Adels.

Persönliche Nachrichten, d.h. Ereignisse und Befindlichkeiten aus dem privaten oder gar intimen Bereich klammert G. konsequent aus seiner Darstellung aus. Privatheit bleibt vielmehr bei ihm auf den Typus öffentlich-höfischer Repräsentation begrenzt, wenn er, sich mit der Familiengeschichte seines Dienstherrn identifizierend, z.B. unter der Rubrik »persönliche Ereignisse« verzeichnet: »Des persönlich Erfreulichen begegnete mir in diesem Jahre manches: Unsern jungen Herrschaften ward Prinzeß Marie geboren, Allen zur Freude, und besonders auch mir, der ich einen neuen Zweig des fürstlichen Baumes, dem ich mein ganzes Leben gewidmet hatte, hervorsprossen sah« (FA I, 17, S. 224). An anderer Stelle vermerkt er unter derselben Kategorie der »persönlichen Verhältnisse« zu Beginn des Jahres 1819 die Todesfälle des Jahres, der Königin von Württemberg, des Erbgroßherzogs von Mecklenburg, des Staatsminister Christian Gottlob von Voigt und die Ermordung August von Kotzebues (vgl. FA I, 17, S. 298). Auch hier decken sich die Sphären des Priva-

ten und Öffentlichen, die persönliche Betroffenheit über den Verlust von Freunden oder Bekannten mit dem öffentlichen Interesse an der Person. Dagegen erwähnt er den Tod seiner Frau Christiane im Jahre 1816 mit keinem Wort, den Tod der Mutter im Jahr 1808 deutet er nur an. Die Unmöglichkeit über die Bedeutung des Todes zu kommunizieren, reflektiert G. angesichts seiner Betroffenheit über den Tod der Schauspielerin Christiane Neumann: »Eine solche Ableitung und Zerstreuung [Arbeit am *Tell*; d. Vf.] war nöthig, da mich die traurigste Nachricht mitten in den Gebirgen erreichte. Christiane Neumann, verehlichte Becker, war von uns geschieden; ich widmete ihr die Elegie Euphrosyne. Liebreiches ehrenvolles Andenken ist alles was wir den Todten zu geben vermögen« (FA I, 17, S. 61).

Freilich unterliegt auch dieses Persönlichkeitsmodell einem eigenen Wandlungsprozeß, den die *Tag- und Jahreshefte* in seiner Entwicklung nachzeichnen. Seine Tendenz verläuft innerhalb der letzten Lebensjahrzehnte von der aktiven Teilnahme an den gesellschaftlichen und künstlerischen Entwicklungen zum genauen passiven Beobachten und individuellen Verarbeiten. G.s aktive Auseinandersetzung mit den politischen Veränderungen nahm mit seiner Teilnahme an der *Campagne in Frankreich* und der *Belagerung von Mainz* rapide ab, sein öffentlich künstlerisches Engagement mit dem Tode Schillers. In den *Tag- und Jahresheften* registrierte G. die politische Entwicklung seit den Befreiungskriegen und die literarische seit dem Ende der Jenaer Romantik in Deutschland kaum noch. Zu Beginn des Jahres 1809 erhob er diese komtemplative Haltung konsequent zum Programm und einzigen Ziel seines persönlichen Lebens, das er mit den Begriffen »Einheit und Geschlossenheit« als Opposition gegenüber der Realität benennt. Demonstrativ wie selten in den *Tag- und Jahresheften* rückt er die Interessen seiner eigenen Person in den Vordergrund und begründet seine Ignoranz gegenüber den politischen Ereignissen in den folgenden Jahren: »Ich aber längst, und besonders schon seit den letzten Jahren, gewohnt mich von der Außenwelt völlig abzuschließen, meinen Geschäften

nachzuhangen, Geistesproductionen zu fördern, begab mich schon am 29. April [1809; d.
Vf.] nach Jena. Dort bearbeitete ich die Geschichte der Farbenlehre« (FA I, 17, S. 226).
Dagegen intensivierte er in den Jahren ab
1805/09 seine universellen Studien, baute begonnene Arbeitsprojekte aus und gewann neue
Interessensgebiete hinzu. Die letzten Jahrzehnte zeigen G. in den *Tag- und Jahresheften*
ausschließlich mit der Wahrnehmung seiner
eigenen, vielfältigen Interessen beschäftigt,
als Kunstsammler und -förderer vornehmlich
des Altertums, als kenntnisreicher Beobachter
historischer und zeitgenössischer Architektur,
als Musikliebhaber, als Leser und Übersetzer
europäischer Literatur, als Naturforscher auf
den Gebieten der Geologie, Botanik, Optik,
Physiologie, Metereologie u. a.

Das Zeitalter der Französischen Revolution

G.s Lebensentwurf einer vita activa wurde
aber zum ersten Mal bereits 1789 nachhaltig
erschüttert. Das Ereignis der Französischen
Revolution stürzte den Autor in eine tiefe
Krise, stellte nicht nur sein politisches Weltbild, sondern auch sein Persönlichkeitsbild in
Frage. G.s Einstellung zur Französischen Revolution bleibt über die Jahre unverändert,
bereits mit dem Ausbruch der ersten Unruhen
steht sein Urteil fest: »Ich aber, die greulichen
unaufhaltsamen Folgen solcher gewaltthätig
aufgelösten Zustände mit Augen schauend und
zugleich ein ähnliches Geheimtreiben im Vaterlande durch und durchblickend, hielt ein
für allemal am Bestehenden fest, an dessen
Verbesserung, Belebung und Richtung zum
Sinnigen, Verständigen, ich mein Lebenlang
bewußt und unbewußt gewirkt hatte, und
konnte und wollte diese Gesinnung nicht verhehlen« (FA I, 17, S. 42). Auf die erste Nachricht vom Ausbruch der Revolution reagierte
G. in der Wahrnehmung von Freunden unkon-
trolliert und extrem. Er selbst berichtet: »Wobey ich mich so seltsam benahm, daß Freunde,

unter denen ich mich eben auf dem Lande
aufhielt, als die erste Nachricht hievon zu uns
gelangte, mir nur spät, als die Revolution
längst ausgebrochen war, gestanden, daß ich
ihnen damals wie wahnsinnig vorgekommen
sey« (FA I, 17, S. 16).

Dieser kurze Verlust der Selbstkontrolle
blieb ein einmaliges, isoliertes Ereignis. Vielmehr versuchte G. während der Revolutions-
jahre mit äußerster Disziplin seine bisherigen
Aktivitäten kontinuierlich fortzusetzen, ja zu
intensivieren, d. h. ohne Rücksicht auf die politischen Ereignisse und ihre Einwirkungen
auf sein unmittelbares Lebensumfeld die Normalität des Alltagsgeschäfts aufrechtzuerhalten. Stabilität in instabiler politischer Lage
hieß sein Gegenkonzept, Ruhe contra Aufruhr,
Kontinuität contra Diskontinuität, Ordnung
contra Chaos; mit diesem konservativen Konzept versuchte er die Irritationen und Erschütterungen der Realität zu bewältigen. Unmittelbar nach G.s unkontrolliertem Ausbruch, der
ungewöhnlichen, distanzlos affektiven Reaktion, ging er zur Tagesordnung über, setzte in
der retrospektiven Konstruktion des individuellen Erlebens der Französischen Revolution die reflektierte, (literarische) Verarbeitung des politischen Ereignisses ein. Lapidar
versucht der Autobiograph das Ereignis bereits
im Jahr 1789 »nach gewohnter Weise« literarisch zu erledigen: »Und verwandelte zuletzt,
[...] um alle Betrachtungen los zu werden, das
ganze Ereigniß unter dem Titel: der Groß-
Cophta in eine Oper« (FA I, 17, S. 17). Unmittelbar nach Ausbruch der Revolution leistete G. durch gesteigerte Aktivitäten Widerstand gegen den Zusammenbruch der alten
Welt. Er intensivierte seine naturwissenschaftlichen Studien (*Metamorphose der Pflanzen,
Farbenlehre*), 1791 übernahm er die Leitung
des Theaters, bereits 1792 gelangen mit der
Aufführung von Mozarts *Don Juan* und Schillers *Don Carlos* erste spektakuläre Erfolge. Als
Zeuge der politischen Auseinandersetzungen
zwischen Preußen und Österreich betrieb G. in
Breslau angesichts der versammelten Soldaten, »so wunderlich es auch klingen mag, die
vergleichende Anatomie, weshalb, mitten in
der bewegtesten Welt, ich als Einsiedler in mir

selbst abgeschlossen lebte« (FA I, 17, S. 19). »Abermals ins Feld berufen, diesmal zu ernsteren Scenen« (FA I, 17, S. 23), konzentriert er seine Aufmerksamkeit auf Naturbeobachtungen: »Mancherley Naturerfahrungen schlangen sich, für den Aufmerksamen, durch die bewegten Kriegsereignisse« (FA I, 17, S. 24). Seine Arbeit an der *Farbenlehre* bezeichnet G. 1793 als »Balken im Schiffbruch denn ich hatte nun zwey Jahre unmittelbar und persönlich das fürchterliche Zusammenbrechen aller Verhältnisse erlebt« (FA I, 17, S. 25).

Unversöhnlich wurde zuletzt der Widerspruch zwischen der Bedrohung durch die Realität und dem Versuch ihrer Bewältigung durch gesteigerte praktische Tätigkeit oder symbolische literarische Verarbeitung. Die Jahre 1794 und 1795 werden in G.s autobiographischer Lebenserschreibung zum Kristallisationspunkt der Krise. In diesen Jahren, die G. als erste einer eingehenderen Schilderung unterzieht, bewegte sich die Erfahrung der persönlichen Bedrohung durch die politischen Ereignisse auf ihren Höhe- und Umschlagspunkt zu. Wenn es G. auch gelingt, während all der Jahre des revolutionären Umbruchs seine persönliche Stabilität im Rückzug auf seine literarische Tätigkeit zu behaupten, so wird doch zunehmend, spätestens aber im Jahr 1794, sein anderer, nicht weniger bedeutender Selbstentwurf als »thätiger productiver Geist« in Frage gestellt: »Einem wahrhaft vaterländisch gesinnten, und einheimische Literatur befördernden Manne, wird man es zu Gute halten, wenn ihn der Umsturz alles vorhandenen schreckt, ohne daß die mindeste Ahnung zu ihm spräche was denn Besseres ja nur Anderes daraus erfolgen solle. Man wird ihm beistimmen wenn es ihn verdrießt, daß dergleichen Influenzen sich nach Deutschland erstrecken, und verrückte ja unwürdige Personen das Heft ergreifen« (FA I, 17, S. 25 f.). G. war als gesellschaftlich Wirkender, innovativ Tätiger auf stabile, konstruktive Kommunikationsstrukturen angewiesen. Mit der Auflösung staatlicher Ordnungsstrukturen brach auch das soziale Gefüge bis in seine kleinsten Funktionseinheiten auseinander.

G. erfuhr in diesen Jahren der andauernden gesellschaftlichen Umbruchsituation den Verlust seines festgefügten, konsolidierten Freundeskreises und Einflußbereichs. Bereits 1792 bemerkt er in den *Tag- und Jahresheften* die Entfremdung zwischen alten Freunden, das Auseinanderbrechen gewachsener Beziehungen: »Bey meinem Besuch in Maynz, Düsseldorf und Münster konnte ich bemerken daß meine alten Freunde mich nicht recht wieder erkennen wollten« (FA I, 17, S. 24). Obwohl zwischen Friedrich Heinrich Jacobi, Amalie von Gallitzin und G. über die politische Lage in Europa kaum Dissens geherrscht haben mag, brachen dennoch an dem zentralen Ereignis der Revolution alte Gegensätze auf. Der liberale, keine Grenzen des freien Denkens duldende G. mag den alten Freunden angesichts der umfassenden Verunsicherungen der Zeit suspekt geworden sein. Seine freiheitliche Gesinnung machte ihn in ihren Augen möglicherweise zum passiv Mitschuldigen an der Zerstörung der alten Ordnung. Kritisch rechnet G. mit dem Jugendfreund trotz seiner ungeteilten Sympathie für die Emigranten ab, wenn er Jacobis konservative Wendung als Hinderungsgrund für weitere freundliche Beziehungen beschreibt. G. wehrt sich gegen jede Einschränkung seiner »menschlichen und dichterischen Freiheit durch gewisse conventionelle Sittlichkeiten« und lehnt es angesichts einer kleingeistigen Kritik Jacobis am *Wilhelm Meister* ab, »solche Lectionen persönlich einzunehmen und sich zwischen eine wohlwollende liebenswürdige Pedanterie und den Theetisch geklemmt zu sehen« (FA I, 17, S. 43). In G.s direkten Wirkungsbereich, das Weimarer Theater, reichte die Auseinandersetzung mit dem Kapellmeister Johann Friedrich Reichardt, dem Komponisten der Lieder im *Wilhelm Meister*. Als Reichardt Partei für die Französische Revolution ergriff, erschien die Fortsetzung der Zusammenarbeit nicht mehr möglich. Die politischen Verhältnisse, so sieht es G. in seiner Lebensbeschreibung, zerstören die produktive Gemeinschaft künstlerischen Austauschs: »Und so war er von der musikalischen Seite unser Freund, von der politischen unser Widersacher, daher sich im

Stillen ein Bruch vorbereitete der zuletzt unaufhaltsam an den Tag kam« (FA I, 17, S. 42).
Die Französische Revolution, dies legt G.s
Darstellung der Ereignisse nahe, wirkte als
Katalysator innerhalb der sozialen Gemeinschaft. Für viele nahm sie den Charakter einer
absoluten Macht an, die ihr Leben völlig veränderte, sie wurde zur Grenzlinie zwischen
den einzelnen und definierte das Verhältnis
der einzelnen zueinander neu.

Die Bedrohung, die G. und seine Familie am
eigenen Leib erfuhr, registrierte er zugleich
mit großer Aufmerksamkeit in seinem sozialen
Umfeld. Die Krise zwang die einzelnen zur
Stellungnahme, prägte Extreme aus, unter-
drückte alles Ausgleichende, Differenzie-
rende. G. sammelte in den Jahren 1794/95
Einzelschicksale in seinem Archiv menschlicher Charaktere. In der extremen Belastungs-
situation offenbaren sich dem genauen Beobachter menschlichen Verhaltens »manche
Charaktere« (FA I, 17, S. 48). Als Opfer der
Verhältnisse beschreibt G. die unterschiedlichsten Individuen. Die Revolution beraubt
sie ihrer Persönlichkeit, macht sie zu blind
Agierenden oder instinkthaft Reagierenden
wie den Bauer, »den ich bei der Belagerung
von Maynz, im Bereich der Kanonen, hinter
einem auf Rädern vor sich hingeschobenen
Schanzkorbe seine Feldarbeit verrichten sah«
(FA I, 17, S. 44 f.). Am Weimarer Hof hatte G.
Gelegenheit, die Lebensgeschichte und das
Schicksal einzelner Emigranten aus unmittelbarer Nähe zu verfolgen. Er beobachtet die
umfassende Desorientierung der Entwurzelten, den Verlust einer konsensfähigen Reali-
tätswahrnehmung im Fall des Grafen Duma-
noix: »Er begegnete mir in Eisenach vergnügt
auf der Straße und erzählte was in der Frankfurter Zeitung Günstiges für ihre Angelegenheiten stehe. Da ich doch auch den Gang des
Weltwesens ziemlich vor mir im Sinne hatte,
so stutzte ich und es schien mir unbegreiflich
wie dergleichen sich sollte ereignet haben. Ich
eilte daher mir das Blatt zu verschaffen und
konnte beym Lesen und Wiederlesen nichts
Ähnliches darin finden, bis ich zuletzt eine
Stelle gewahrte die man allenfalls auf diese
Angelegenheit beziehen konnte, da sie denn

aber gerade das Gegentheil würde bedeutet
haben« (FA I, 17, S. 39 f.). Als unmenschlich
erweist sich die Revolution auch am Beispiel
des Grafen von Wendel, dessen Persönlichkeit
durch den Verlust seiner gesellschaftlichen
Funktion irreparabel zerstört wurde, so daß er
nach erfolglosen Versuchen, sich tätig in die
Weimarer Gesellschaft zu integrieren, seinem
Leben selbst ein Ende setzte. An seinem Beispiel beschreibt G. eindringlich und mit für
die *Tag- und Jahreshefte* seltenem emotionalen Engagement die destruktive Kraft und die
inhumane Wirkung der Revolution: »Weit entfernt von seinem Vaterlande, in einem stillen
Winkel des Thüringer Waldes fiel auch er ein
Opfer der gränzenlosen Umwälzung« (FA I, 17,
S. 50).

G. erlebte die Auswirkungen der Revolution
auf das Einzelschicksal in der Weimarer Gesellschaft immer wieder als zwanghafte Begrenzung individueller Freiheit, ja Zerstörung
der Persönlichkeit. Wie in der Kunst suchte er
auch in der Realität nach Unabhängigkeit, der
Freisetzung von den realen Verhältnissen, d. h.
konkret nach der anderen Gemeinschaft, der
idealen Gesellschaft jenseits des revolutionären Freiheitsbegriffs. Er fand sie in der
Freundschaft mit Schiller, deren Beginn das
»traurige« Jahr 1794 als hoffnungsvoller Ausblick beschloß. Als »neuen Frühling« (FA I, 17,
S. 38) begrüßt er die Verbindung mit Schiller.
Als Gegenstand diskursiver Auseinandersetzung war die Französische Revolution freilich
präsent, nicht aber als Prüfstein und Bewährungsprobe der Freundschaft. Das Freundespaar wurde zum Vorbild jener realen Künstler-
und Intellektuellengesellschaft, die G. in den
nächsten Jahren um sich scharte und bewußt
als Gegengesellschaft, als Realisation der
Schillerschen Idee vom ästhetischen Staat, zu
dem chaotischen Gesellschaftszustand der Re-
volutionsära zu etablieren versuchte. 1796 hat
sich die andere »Societät« (FA I, 17, S. 57), die
neue gesellschaftliche Elite, um G. formiert:
»Eine Gesellschaft hochgebildeter Männer,
welche sich jeden Freytag bey mir versammelten, bestätigte sich mehr und mehr. [...] Ein
jedes Mitglied gab von seinen Geschäften, Arbeiten, Liebhabereyen, beliebige Kenntniß,

mit freymüthigen Antheil aufgenommen. [...] Nichts war ausgeschlossen, und das Gefühl der Theilhaber, welches Fremde sogar in sich aufnahmen, hielt von selbst alles ab, was einigermassen hätte lästig seyn können« (FA I, 17, S. 56f.).

1805: Schillers Tod

Dieser produktiven Gemeinschaft der Freunde und Gleichgesinnten waren natürliche Grenzen gesetzt. Der zweite entscheidende Einschnitt in G.s Biographie der zweiten Lebenshälfte fällt in das Jahr 1805. Die letzten Begegnungen mit Schiller vor seinem Tod am 9.5. 1805 leiten den Jahresbericht ein. Welche tiefe, einschneidende Bedeutung sein Tod für G. hat, bleibt in der aktuellen Situation so gut wie zwanzig Jahre später unaussprechlich: »Meine Tagebücher melden nichts von jener Zeit; die weißen Blätter deuten auf den hohlen Zustand, und was sonst noch an Nachrichten sich findet zeugt nur, daß ich den laufenden Geschäften ohne weitern Antheil zur Seite ging, und mich von ihnen leiten ließ, anstatt sie zu leiten« (FA I, 17, S. 143). G. versucht zunächst der durch Schillers Tod ausgelösten Krise nach bewährtem Muster Herr zu werden: »Als ich mich ermannt hatte, blickt' ich nach einer entschiedenen großen Thätigkeit umher; mein erster Gedanke war den Demetrius zu vollenden« (FA I, 17, S. 141). In diesem Falle geht es um die Überwindung des Todes, die Bewältigung eines endgültigen Verlustes. In der Literatur versucht G. den Tod aufzuheben, ihn ungeschehen zu machen, im fiktiven literarischen Diskurs die utopische Gemeinschaft fortzusetzen: »Nun brannt' ich vor Begierde unsere Unterhaltung, dem Tode zu Trutz, fortzusetzen, seine Gedanken, Ansichten und Absichten bis ins Einzelne zu bewahren und ein herkömmliches Zusammenarbeiten bey Redaction eigener und fremder Stücke hier zum letztenmal auf ihrem höchsten Gipfel zu zeigen. Sein Verlust schien mir ersetzt indem ich sein Daseyn fortsetzte« (FA I,

17, S. 142). Das Scheitern dieses Projekts hat schwerwiegende Folgen: »Nun war mir Schiller eigentlich erst entrissen, sein Umgang erst versagt. Meiner künstlerischen Einbildungskraft war verboten sich mit dem Katafalk zu beschäftigen, den ich ihm aufzurichten gedachte, der länger, als jener zu Messina, das Begräbniß überdauern sollte; sie wendete sich nun und folgte dem Leichnam in die Gruft, die ihn geprängls eingeschlossen hatte« (ebd.). G. rief hier nicht nur das Ende einer literarischen Epoche aus, sondern diagnostizierte zugleich auch den Verlust seiner künstlerischen Produktivität. Am Ende des Jahresberichts 1805 kehrt er noch einmal zu diesem entscheidenden Umschlagpunkt in seiner Biographie zurück, wenn er von dem Verlöschen seines künstlerischen »Sinns« zugunsten der Entwicklung seines emprisch-wissenschaftlichen Sinns spricht (vgl. FA I, 17, S. 178f.).

Die *Tag- und Jahreshefte* scheinen das von G. angezeigte Ende der Kunstperiode wie seines eigenen literarischen Schaffens zu belegen. Sie präsentieren sich bewußt als antikünstlerischer Text, der eher seine Nähe zur empirisch-wissenschaftlichen Betrachtung als zur literarischen Gestaltung sucht. Mit der fragmentarischen Form, die die Geschlossenheit und Einheit des Textes negiert, und der stilistischen Nachlässigkeit stellt G. den Text in direkte Opposition zu seinem literarischen Werk. Die *Tag- und Jahreshefte* dokumentieren die entscheidende Erfahrung, die sich für G. mit Schillers Tod verband, daß die Kunst an ihre Grenzen gelangt, wo ihre Macht gegenüber dem Tod versagt. Kunst und Leben waren nun von einander geschieden. Die Kunst war nach Schillers Tod nicht mehr in der Lage, die Widersprüche der Realität zu versöhnen, das Unzusammenhängende, Absurde, Destruktive einer kohärenten Sinnstruktur einzufügen. Das Jahr 1805 in den *Tag- und Jahresheften* macht dies exemplarisch deutlich: Die Schilderung dieses Jahres gerät in G.s retrospektiver Gestaltung zum Akkumulationspunkt disparater, unzusammenhängender, diametral entgegengesetzter Begebenheiten. Ihr Kennzeichen ist die Abwesenheit von Sinn. Den Beginn des Jahres markiert die Katastrophe von Schillers Tod, ihm folgen isolierte Ereignisse, denen die Abwesenheit eines gestaltend eingreifenden Subjekts eigen ist. Sie finden ihren Höhepunkt im Absurden, der breiten Schilderung der Begegnung mit den sonderlichen Charakteren Gottfried Christoph Beireis und Friedrich Heinrich von Hagen, von denen der eine als genialisch verrückter Wirrkopf und der andere als komische Gestalt aus vergangenen sinnlich-anarchischen Vorzeiten für die Verkehrung von Sinn stehen. G. thematisiert selbst diese Verschiebung des Textes ins Absurde, den Verlust von Sinn im Jahresbericht 1805: »Was hilft es die Sinnlichkeit zu zähmen, den Verstand zu bilden, der Vernunft ihre Herrschaft zu sichern, die Einbildungskraft lauert als der mächtigste Feind, sie hat von Natur einen unwiderstehlichen Trieb zum Absurden, der selbst in gebildeten Menschen mächtig wirkt und gegen alle Kultur die angestammte Rohheit frazzenliebender Wilden mitten in der anständigsten Welt wieder zum Vorschein bringt« (FA I, 17, S. 178). Diesem desillusionierenden Fazit, dem Eingeständnis des Scheiterns im Kampf gegen den Verlust von Sinn und Vernunft begegnen die *Tag- und Jahreshefte* im weiteren mit ihrem reduzierten, auf die Bilanz des eigenen tätigen Lebens beschränkten Anspruch.

Literatur:

Böschenstein, Hermann: *Tag- und Jahreshefte*. A New Type of Autobiography. In: ders.: Selected Essays on German Literature. Hg. von Rodney Symington. New York, Bern, Frankfurt/M. 1986. – Matthes, Dieter: Goethes Reise nach Helmstedt und seine Begegnung mit Gottfried Christoph Beireis. Eine Untersuchung zum Bildstil der *Tag- und Jahreshefte*. In: Braunschweigisches Jahrbuch. 49 (1968), S. 121–201. – Schmid, Komm. in FA I, 17, S. 498–510. – Wackerl, Georg: Goethes *Tag- und Jahreshefte*. Berlin 1970. – Wild, Komm. in MA 14, S. 615–622.

Sibylle Schönborn

Tagebücher

Handschriftliche Überlieferung

G.s Tagebuchführung erstreckt sich über einen Zeitraum von insgesamt 57 Jahren; rund zehn Prozent seines literarischen Nachlasses machen die Tagebücher aus. Als diaristische Vorformen sind Aufzeichnungen anzusehen, die als *Ephemerides* zwischen Januar 1770 und Ende 1771 entstanden sind. Die insgesamt 34 Seiten umfassende Handschrift kam in mehreren Etappen zustande. In Frankfurt entstanden zwischen Januar und März 1770 die Seiten 1 bis 27 (bis zu einem Doppelstrich in der Mitte der Seite); ab September 1770 entstanden die Seiten 27 Mitte bis 30, und die Seiten 31 bis 34 wurden zwischen Ende August und Ende Dezember 1771 wieder in Frankfurt niedergeschrieben. Mit einiger Wahrscheinlichkeit hat G. auf der Reise nach Lothringen im Juni 1770 Tagebuch geführt, doch sind diese Aufzeichnungen, die ihm noch bei der Arbeit an *Dichtung und Wahrheit* vorgelegen haben müssen, nicht mehr erhalten.

Wirkliche Tagebuchaufzeichnungen enthält dann erstmals das auf der Reise in die Schweiz im Juni 1775 angelegte, eilig niedergeschriebene Notizbuch. Im gleichen Jahr hält G. auf jener Reise, die ihn am 30. Oktober von Frankfurt aus nach Italien führen soll, diaristische Notizen fest. Erst im Frühjahr 1776 beginnt G. mit kontinuierlichen Aufzeichnungen. Seine Tagebücher setzen mit dem 11.3. 1776 – bis zum 20. April zunächst von der Hand Philipp Seidels – ein und enden am 16.3. 1832. Innerhalb dieser Zeitspanne weisen sie beträchtliche chronologische Lücken auf. So fehlen Aufzeichnungen aus dem Zeitraum Juli 1782 bis 1786 völlig, und für die Jahre 1790 bis 1795 liegen nur wenige Notizen vor. Doch auch die Aufzeichnungen aus den Jahren 1775 bis 1782 besitzen keine lückenlose Chronologie, und nach 1795 sind ebenfalls nicht für jeden Tag Aufzeichnungen überliefert. So weisen insbesondere die Jahrgänge 1800 und 1802 bis 1805 beträchtliche Lücken auf. Vom 21.3. 1817 bis zum 16.3. 1832 ist dann jeder Tag im Tagebuch dokumentiert.

Zunächst trug G. seine Notizen eigenhändig in gedruckte und gebundene »Schreib-Calender« ein, nur gelegentlich bediente er sich der Hilfe Seidels; eigenhändig notierte er auch das Tagesdatum. Von 1782 an verwendete er den »Gothaischen verbesserten Schreib-Calender«, der nun auch ein vorgedrucktes Kalendarium besaß. Für seine Aufzeichnungen nutzte G. den gesamten vorhandenen Schreibraum. Gelegentlich beschrieb er auch den Rand oder schrieb quer zur Schreibrichtung, was die chronologische Einordnung solcher Notizen schwierig macht. Für die häufig eilig, am Abend des jeweiligen Tages niedergeschriebenen Notizen verwendete G. zahlreiche Abkürzungen und Abbreviaturen, und das in den Kalendern befindliche gedruckte Verzeichnis astronomischer Zeichen diente ihm seit Sommer 1776 als Wegweiser für die Chiffrierung häufig vorkommender Namen. So steht das Sonnenzeichen für Frau von Stein, das Jupiterzeichen für Carl August, die zu- oder abnehmende Mondsichel für Anna Amalia, ein Stern für Herzogin Luise.

Die Handschrift des 1786 während der Italienreise entstandenen Tagebuchs für Charlotte von Stein besteht aus fünf Einzelstücken, die G. eigenhändig durchpaginiert hat; sie weist rechts den fortlaufenden Text, links Ergänzungen und Korrekturen – auch von der Hand Seidels – auf. Vom weiteren Verlauf der Reise sind nur wenige Tagebuchbruchstücke überliefert; vieles hat G. vermutlich nach Abschluß der *Italienischen Reise* vernichtet. Nach der Rückkehr aus Italien setzt das Tagebuch aus; überliefert sind danach als geschlosssene Aufzeichnungen Notizen von der zweiten italienischen Reise – das Tagebuch des Dieners Paul Götze eingeschlossen – und das Notizbuch von der schlesischen Reise 1790. Seit 1796 wird wieder der »Gothaische Schreib-Calender« für diaristische Aufzeichnungen benutzt; sie stammen zunächst noch von G.s Hand. Von 1797 an sind die Tagebücher in der Regel von Schreibern geschrieben, zumeist nach G.s Diktat oder, seltener, nach dessen

handschriftlichen Entwürfen, wie sie gelegentlich überliefert sind.

Die innere Disposition der Aufzeichnungen orientiert sich am äußeren Aufbau des »Schreib-Calenders«. Dieser besitzt auf der linken Seite ein fortlaufendes gedrucktes Kalendarium (für jeweils zwei Wochentage), die rechte Seite ist für die Eintragung von Einnahmen und Ausgaben vorgesehen. Verwendet werden zumeist durchschossene Exemplare. Die linke Seite nimmt hinfort die Tagesnotizen auf; vom 12.2. 1799 an erhält das Tagebuch einen stärker geschäftsmäßigen Charakter, denn auf der rechten Seite werden nun »Expeditionen« verzeichnet, vor allem ausgehende Briefe, in der Folge dann aber auch Buchtitel, Vers- und Prosazitate unterschiedlicher Herkunft, Maximen und Reflexionen, naturwissenschaftliche Notizen, auch Anekdoten. Des öfteren erscheinen solche Notizen unter der Überschrift »Notanda«. Gelegentlich wird auch der Tagebuchtext auf der rechten Seite fortgeführt. Die Vorsatzblätter vorn und hinten sowie die Durchschußblätter zwischen den Monaten sind häufig ebenfalls beschrieben, und zwar dann mit Preisvergleichstabellen und anderen Wirtschaftsnotizen. Die Aufzeichnungen der Schreiber sind je nach ihrem Bildungsgrad unterschiedlich korrekt im Hinblick auf Orthographie, Interpunktion und Fremdwortgebrauch, sie weisen charakteristische, oft auf Hörfehlern beruhende Schreibfehler auf und sind gelegentlich lückenhaft, vor allem im Hinblick auf Eigennamen. G. hat diese Aufzeichnungen im allgemeinen durchgesehen. Er korrigierte dabei vor allem inhaltliche Irrtümer und ließ manchen orthographischen Fehler unbeachtet.

Vom 21.3. 1817 an ließ G. ein eigenes Tagebuchjournal anlegen. Zu diesem Zweck wurden Foliobogen in der Hälfte längs gebrochen; die rechte Kolumne nahm die Notizen zum Tage auf, die linke »Expeditionen« und »Notanda« unterschiedlicher Art. Das Kalendarium mußte nunmehr von Hand eingetragen werden. Vierteljährlich wurden die Bogen zwischen starken graublauen Karton geheftet und wahrscheinlich erst nach G.s Tod jahrgangsweise zusammengebunden. Auch hier trug G. nur dann noch eigenhändig ein, wenn ihm kein Schreiber zur Verfügung stand. Die Tagebücher werden nunmehr sorgfältig und systematisch abgefaßt und revidiert.

Von 1789 an sind auch »Agenda« überliefert, schematische Notizen zu geplanten Arbeitsschritten, die durchstrichen wurden, nachdem sie erledigt waren. Was davon überliefert ist, hat ebenso in die Abteilung III der Weimarer Ausgabe Eingang gefunden wie die handschriftlichen Vorarbeiten für die Tagebücher, wie sie aus den Jahren 1796 bis 1825 überliefert sind. Ebenfalls sind dort die »Bücher-Vermehrungs-Listen« aufgenommen, die G. in den Jahren 1822 bis 1825 anlegen ließ und die den entsprechenden Tagebuchjahrgängen vorgeheftet sind.

Dem Tagebuch-Corpus im weiteren Sinne hinzuzurechnen sind Notizbücher G.s. Aus unterschiedlichen Anlässen (meist auf Reisen) entstanden, enthalten sie Beobachtungen, Aperçus, Werkschemata, Fragmente oder ausgearbeitete Werkteile, bibliographische, naturwissenschaftliche oder kunsthistorische Notizen, indes keine Aufzeichnungen, die ein tagebuchführendes Subjekt kenntlich werden lassen. Davon abzuheben sind die eigentlichen Reiseakten, in denen G. Korrespondenzen, sachbezogene Notizen, Sammlungsstücke, indes auch umfangreiche Tagebuchaufzeichnungen zusammenordnen ließ, auf die dann im Tagebuch selbst verwiesen wird, z.B.: »Das Tagebuch bis den 16. May ist in den Acten befindl.« (WA III, 2, S. 288) oder: »NB. Die Lücke des Tagbuchs wird durch ein vollständiges Tagebuch ausgefüllt. S. ein besondres Fascikel Ackten« (WA III, 3, S. 15). Im einzelnen wären zu nennen: »Reisetagebuch zur Leipziger Ostermesse 1800«; »Acta der Reise nach Pyrmont 1801«; »Niederschrift und Material zur Reise nach Helmstedt und Halberstadt 1805«; »Actenstück über die Reise nach Karlsbad 1807«; »Actenstück über die Reise nach Tennstedt 1816«.

Unterschiedlich intensiv sind die Tagebücher für G.s autobiographische Schriften herangezogen worden. Während sie für die *Campagne in Frankreich*, die *Belagerung von Mainz, Dichtung und Wahrheit* und die *Tag-*

und Jahreshefte im wesentlichen Quellenwert besitzen, ist das Tagebuch der italienischen Reise für Charlotte von Stein für die Publikation in der *Italienischen Reise* wohl redigiert, im Hinblick auf Substanz und Struktur aber im wesentlichen übernommen worden. Ähnliches gilt für die durch Eckermann aus dem Nachlaß publizierte *Reise in die Schweiz 1797*.

Bis auf die *Ephemerides* (in der Landes- und Universitätsbibliothek Straßburg) und die Aufzeichnungen von der schlesischen Reise 1790 (in der Universitätsbibliothek Leipzig) befindet sich das gesamte erwähnte handschriftliche Material im G.- und Schiller-Archiv in Weimar. Vollständig ediert wurden die Tagebücher in der Weimarer Ausgabe (WA III, 1–15.2; 1887–1919), nach der im folgenden zitiert wird. Textlich vollständig ist auch die Gedenk-Ausgabe des Cotta-Verlages (Abt. II, Bd. 1–3; 1956/57); der vorgesehene Registerband ist nicht erschienen. Tagebücher in Auswahl enthalten die Gedenkausgabe des Artemis-Verlages (2. Ergänzungsband: Tagebücher; 1964) sowie verschiedene Bände der Frankfurter Ausgabe. Vorbereitet wird an der Stiftung Weimarer Klassik eine neue historisch-kritische Ausgabe der Tagebücher (ab 1997 in 20 Bänden), die strikt auf den Handschriften beruht – die Weimarer Ausgabe hatte den edierten Text normiert – alle innerhandschriftlichen Varianten in einem textkritischen Apparat erfaßt und insbesondere durch Stellenkommentare und verschiedene Register den Text für den Benutzer erschließen wird.

Form und Gehalt. Das Tagebuch als Medium der Selbstreflexion: 1775–1782

G.s Diaristik nimmt in der Geschichte des europäischen Tagebuchs einen besonderen Platz ein und ist ohne deren form- und geistesgeschichtliche Traditionen nicht hinreichend zu erklären. Als diaristische Grundformen hat man das Bekenntnis-Tagebuch und das Journal, nach anderer Terminologie das kontemplative Tagebuch und das Tagebuch des äußeren Lebens – differenziert nach dessen Inhalten – bestimmt. Beruht das Bekenntnis-Tagebuch letztlich auf dem Impuls spätantik-stoischer oder frühchristlicher Seelenerforschung, so hat das Journal, überliefert schon aus den Hochkulturen des Alten Orients und der klassischen Antike, einen wesentlich lebenspraktischen Zweck und verdankt seine neuerliche Belebung der Frühen Neuzeit, in der Welterkundung, Wissenschaft und Handel den gesellschaftlichen Aufstieg des Bürgertums konstituierten: Offenheit, Intimität und Authentizität zeichnen die eine Form, Rechenschaftslegung über den Lebensalltag, Nüchternheit und Faktizität die andere aus.

Gemeinsam ist beiden Tagebuchformen, daß in der Regel das schreibende Individuum seine Aufzeichnungen nur für sich selbst, nicht aber für eine Öffentlichkeit bestimmt. An der Entwicklung und Ausformung einer bürgerlichen Individualkultur ist das Tagebuch wesentlich beteiligt. Während aber das Journal als nichtliterarische Zweckform bis auf den heutigen Tag im Alltag zahlreicher Berufsgruppen eine wichtige, nicht-öffentliche Funktion besitzt, trat das Bekenntnis-Tagebuch relativ früh aus dem Bereich des Privaten heraus. In Deutschland geschah dies vornehmlich im 18. Jh., als der Pietismus individuelle Lebenserforschung öffentlich machte in der Absicht, durch solche Lebensbeichten Beispiele zu geben und geistige Nachfolge im Lebensvollzug zu vermitteln. Johann Kaspar Lavaters *Geheimes Tagebuch. Von einem Beobachter seiner Selbst* kann in diesem Zusammenhang als exemplarisches Zeugnis gelten. Auch Johann Gottfried Herders *Journal meiner Reise im Jahr 1769* und Johann Georg Hamanns *Tagebuch eines Christen* gehören in diesen Kontext.

G. war mit beiden Traditionssträngen vertraut und innerlich wohldisponiert, als er sich selbst in der Form des Tagebuchs zu artikulieren begann. Vornehmlich die Lebensführung des Vaters, die sich auch in der Gestalt von dessen Itinerar aus Italien dokumentiert, wird ihn dabei geprägt haben. Eine Vorform

diaristischen Schreibens stellen die *Ephemerides* dar, die zwischen Januar 1770 und Ende 1771 in Frankfurt und Straßburg entstanden sind. In einem Quartheft notierte G. Büchertitel, Lektüreauszüge, Reflexionen über Gelesenes; auch einzelne aphoristische Notizen und poetische Fragmente, u.a. zu einem Cäsar-Drama, finden sich darunter. Unter den erwähnten Autoren sind Sokrates, Platon, Livius, Paracelsus, Thomas a Kempis, Rousseau und Friedrich Karl von Moser. G.s Auswahl nennt »Bücher zur Skaldischen Literatur«, Titel aus den Bereichen Jura, Geschichte, Philosophie, Theologie und Naturwissenschaft. Über seine Absichten hat er sich im Brief an Ernst Theodor Langer vom 11.5. 1770 ausgesprochen: »Und dann, such ich unter der Hand, mir eine kleine Literarische Kenntniss d e r grosen Bücher zu verschaffen, die der gelehrte Pöbel theils bewundert, theils verlacht, und beydes weil er sie nicht versteht; deren Geheimnisse aber zu ergründen nur ein Pekulium für den empfindsamen Weisen ist. Lieber Langer, es ist doch würcklich eine Freude wenn man iung ist und die Insuffizienz des grössten Theils der Gelehrsamkeit eingesehen hat, noch auf so einen Schatz zu stosen. O es ist eine gar lange Reihe, von Hermes Tafel, biss auf Wielands Musarion«.

Partiell nur hat das im Juni 1775 anläßlich der Reise in die Schweiz angelegte gefaltete »Gedenckheftchen« den Charakter des Tagebuches. Es finden sich darin eigenhändige Gedichteintragungen (»Und frische Nahrung ...«) im Zusammenhang mit einer Fahrt über den Zürcher See gemeinsam mit Lavater, den Brüdern Christian Graf zu Stolberg und Friedrich Leopold Graf zu Stolberg, Christian August Heinrich Graf von Haugwitz und Jakob Ludwig Passavant, aber auch Reimspiele von der Hand der Mitreisenden. Die Reise von Einsiedeln nach Altdorf und die Besteigung des Gotthard sind in wenigen Notizen festgehalten; beschrieben wird die eigene Befindlichkeit, aber auch, in knappen, bildhaften Wendungen, der Natureindruck.

Als G. am 30.10. 1775 von Frankfurt aus eine Reise nach Italien antreten wollte, begann er ein Reisetagebuch zu führen. Dessen biographischer Bezugspunkt ist die Trennung von Lili Schönemann und damit auch die Entscheidung, sich beruflich und privat nicht an die Vaterstadt zu binden. Augenblicklicher Eingebung entsprungen, spiegeln diese Aufzeichnungen G.s innere Situation authentisch wider, teilen sie in gedanklicher und sprachlicher Prägnanz Reflexionen über Vergangnes und Künftiges der eigenen Lebensbahn mit; indes besitzen sie dann, wenn der prägnante Punkt des Lebensschicksals zu bestimmen ist, hermetischen Charakter – eine Beobachtung, die sich an zentralen Punkten des Tagebuchs in den ersten Weimarer Jahren immer wieder einstellt.

Fünf Monate nach der Ankunft in Weimar, im März 1776, setzen G.s Tagebuchnotizen ein, die mit chronologischen Lücken, im Prinzip aber kontinuierlich zunächst bis zum Juni 1782 ausgeführt worden sind. Darin vereinigen sich Grundzüge des Bekenntnis-Tagebuchs mit denen des Journals, und gerade in dieser Doppelheit stellen die Tagebücher, neben Briefen, das wichtigste Zeugnis G.scher Lebensproblematik in den ersten Weimarer Jahren dar. Freilich spiegelt sich der Journalcharakter noch nicht in einer chronologisch lückenlosen Bilanz der einzelnen Tagesläufe, vielmehr besitzen die Aufzeichnungen stark selektiven Charakter. Notiert wird, aus der Nahperspektive des Abends oder des darauffolgenden Tages, was sich für das eigene Lebensgesetz, die eigene Entelechie, als bedeutsam erweist. So vermittelt das Tagebuch ein authentisches Bild von den mannigfaltigen Aspekten der »Weltrolle«, die G. im Herzogtum Sachsen-Weimar zu spielen gedenkt. Dabei bildet die refugiale Existenz im Gartenhaus einen Bezugs- und Fluchtpunkt, von dem aus G. sich die Welt praktisch aneignet, beginnend mit der Kultivierung des eigenen Hausgartens und des Parks an der Ilm. Doch auch die politische Welt des Herzogtums, in die sich G. als Minister hineingestellt sieht, wird heraufgerufen. Entscheidungen über Bergbau und Wegebau, Rekrutenaushebungen in Apolda, außenpolitische Erwägungen, Unglücksfälle (Feuersbrünste, Überschwemmungen), all dies wird im Tagebuch in zumeist lakonischen Notizen kenntlich. Extensive Schilderungen solcher Vorgänge finden sich kaum. Erzählerische Elemente und damit auch Aspekte literarischer Fiktionalität weist das Tagebuch nur dort auf, wo der Gartenhausbewohner oder der Reisende Eindrücke von Natur und Landschaft festhält.

Das eigentlich Charakteristische des Tagebuchtextes macht dessen spezifische Subjektbezogenheit aus. Nach Maßgabe der eigenen »geprägten Form« werden Lebensaktivitäten notiert, sofern sie für die Entwicklung eben jener Form von Bedeutung sind. Dabei kann das scheinbar belanglose Detail größere Bedeutung beanspruchen als mancher zeitaufwendige politische Vorgang; wie überhaupt auffällt, daß G.s administrative Tätigkeit kaum im Tagebuch erwähnt wird. So erlaubt die punktuelle Perspektive, mit der Realität wahrgenommen wird, einen ersten Zugang auf die G.sche Lebensproblematik. Soweit überhaupt faßbar, wird sie kenntlich in den reflexiven Partien des Tagebuchs, die von intensiver Selbsterforschung Zeugnis ablegen und stilistisch zuweilen einen maximenhaften Duktus besitzen. Formal heben sie sich als zusammenhängend formulierte Sätze aus den ansonsten kargen, nominalzentrierten, stichwortartigen Notizen heraus. In wechselnden Beleuchtungen und Formen erscheint darin der Konflikt von Innen und Außen, Daimon und Tyche gespiegelt. Alle Spielarten seiner Weltrolle nimmt G. als unaufhörlich planendes, ordnendes und tätiges Individuum wahr. Soziale Erfahrungen, insbesondere die des Elends der Landbevölkerung, aber auch der hungernden Strumpfwirker in Apolda, bilden markante Punkte in G.s Weltaneignung. Doch werden solche Erfahrungen nicht einfach nur bilanziert und festgehalten. Ihnen gegenüber erweist sich die Gartenhaus-Existenz als Refugium, in dem sich das G.sche Ich »rein« zu behaupten gewillt ist. Dagegen aber stehen Reflexionen über die Armut und »Schiefheit« der Sozietät. Kontrapunktisch verhalten sich zueinander »Dumpfheit« – ein Hauptwort der frühen Tagebücher, unklare, drängende Produktivität bezeichnend – und »Reinheit« als Signum G.scher Bewußtwerdung über die eigene Weltrolle. Er notiert: »fortdauernde reine Entfremdung von den Menschen. Stille und Bestimmtheit im Leben und handeln« (WA III, 1, S. 62).

Indes stellt es sich für G. zunehmend als problematisch heraus, innere »Reinheit« und reformerisches Wirken im Weltgetriebe miteinander zu vermitteln. Es stellt sich die Frage nach der conditio humana jener Menschen, ohne deren Mitwirkung alle G.sche Reformpolitik Stückwerk bleiben mußte – und diese Frage wird je länger je mehr skeptisch beantwortet: »Man thut unrecht an dem Empfindens und Erkennens Vermögen der Menschen zu zweifeln, da kan man ihnen viel zu trauen, nur auf ihre Handlungen muss man nicht hoffen« (WA III, 1, S. 84f.). Befragt werden muß aber auch die eigene Individualität auf ihre Welttauglichkeit hin. Der Weg zur Bewahrung der inneren »Reinheit« erweist sich schließlich als nicht gangbar. Nicht nur die verrätselten Reflexionen des Tagebuchs geben darüber Auskunft, Zeugnis einer krisenhaften Verfassung ist auch die 1779 entstandene Prosafassung der *Iphigenie*. G. sucht nach Wegen, der ihn bedrängenden Fülle der Realität innerlich Herr zu werden. Eine Möglichkeit ist das Prinzip des Bedenkens, Bilanzierens und Ordnens, und Ausdruck dieses Lebensprinzips ist auch das Tagebuchführen selbst; zahlreiche Eintragungen, die zugleich G.s produktive Verwendung von Lebenszeit dokumentieren, geben darüber Auskunft. Als Mittel der Selbstkontrolle und Selbsterziehung wächst dem Tagebuch eine wichtige Aufgabe zu. Daneben aber bleibt als Aufgabe die Vermittlung von Innen und Außen. Empfindet er einerseits die selbstauferlegte Verpflichtung zu rastloser Tätigkeit als »schwere Hand der Götter« (WA III, 1, S. 37), die auf ihm liegt, so ist ansonsten das Vertrauen in die eigene Entelechie stark und ungebrochen. Augenblicke des Zweifels, ja der Verzweiflung, über die das Tagebuch auch Auskunft gibt, werden immer wieder abgelöst von Aufzeichnungen wie dieser: »Das beste ist die tiefe Stille in der ich gegen die Welt lebe und wachse, und gewinne was sie mir mit Feuer und Schwert nicht nehmen können« (WA III, 1, S. 119). Nicht vergessen werden darf in sol-

chen Zusammenhängen, daß G. selbst im intimen, der Selbsterforschung dienenden Tagebuch sein Inneres nicht rückhaltlos nach außen gekehrt hat. Charakteristisch die Aufzeichnung anläßlich der Nachricht, daß ihm der Geheimratstitel verliehen worden ist: »Es ziemt sich nicht diese innern Bewegungen aufzuschreiben« (WA III, 1, S. 98). Sich von zeitgenössischen Reisebeschreibungen abgrenzend, hat G. einmal formuliert: »Ich dagegen hatte die Maxime ergriffen, mich so viel als möglich zu verläugnen und das Object so rein als nur zu thun wäre in mich aufzunehmen« (WA I, 35, S. 12).

Ungeachtet solcher Einschränkung erlaubt das Tagebuch bedeutsame Einblicke in des Dichters Seelenverfassung, und deren tiefe Ambivalenz wird immer wieder in Tagebuchreflexionen kenntlich. Glaubt er sich einmal mit dem Weltganzen eins (»Mir schwindelte vor dem Gipfel des Glücks ...«; WA III, 1, S. 114), so reflektiert er andernorts sehr skeptisch sein Verhältnis zum tätigen Leben, zum »Regieren«: »Hier hab ich weit weniger gelitten als ich gedacht habe, bin aber in viel Entfremdung bestimmt, wo ich doch noch Band glaubte. [...] Regen und rauher wind rückt die Schaafe zusammen. – – Regieren!!« (WA III, 1, S. 51). Intensives Reflektieren im Tagebuch muß bei G. auch als Krisensymptom verstanden werden. Doch wird diese Krise nicht im Tagebuch ausgetragen, sondern zunächst ins ästhetische Medium transponiert und dort sublimiert: »Wenn nichts gehn wollte gezeichnet« (WA III, 1, S. 125). Noch einmal erweist sich das diaristische Schreiben als Mittel, Ordnung und Folge im Lebensalltag zu stiften: »Dies halbe Jahr war mir sehr merckwürdig. von heut an will ich wieder fortfahren« (WA III, 1, S. 128). Bald danach aber, im Juni 1782, brechen die Aufzeichnungen ab. Lebensbewältigung vollzieht sich in den folgenden Jahren, wenn überhaupt, im Medium der Poesie. Freilich erweisen sich in einer Reihe nicht weiter geführter dichterischer Projekte erst recht Symptome einer Lebenskrise, aus der sich G. durch die Flucht nach Italien zu befreien suchte.

Zwischen diaristischer Enthaltsamkeit und täglicher Bilanz: Von der Italienreise bis zum Arbeitsbündnis mit Schiller

Das im September und Oktober 1786 zwischen Karlsbad und Rom geführte Tagebuch für Charlotte von Stein unterscheidet sich strukturell wesentlich von den Aufzeichnungen der voritalienischen Zeit. Reproduziert werden Formen des tradierten Reisejournals, was sich u.a. im Aufbau nach einzelnen Stücken und im Hinzufügen von Verzeichnissen der Poststationen, von Skizzen von Bauwerken und Pflanzen und von Beilagen dokumentiert; die Aufzeichnungen weisen auch keine strikte Selbstbezüglichkeit mehr auf. Das Tagebuch ist mit der Absicht geschrieben, in direkter Fortführung der Korrespondenz der abwesenden Geliebten Italien zu imaginieren und damit gleichermaßen die Flucht reflektierend zu begründen und zu rechtfertigen. Das Tagebuch erhält insgeheim dialogischen Charakter, es besitzt Intimität und Offenheit. Die partnerbezogene Diktion verleiht dem Text eine literarische Kultur, wie sie sonst in den diaristischen Aufzeichnungen nicht häufig anzutreffen ist. Gleichwohl ist das imaginierte kein idealisches Italien. Was im voritalienischen Tagebuch nur ansatzweise zu beobachten war – Aufzeichnungen zur Geologie, Botanik, Zoologie, Morphologie, Meteorologie, auch zum Volksleben –, macht nunmehr den Kern der Notizen aus. Kenntlich wird ein objektiver Darstellungsstil, der von G.s Intention Zeugnis ablegt, »Gegenstände mit Augen zu sehen« (WA III, 1, S. 290). Zugleich ist das Tagebuch ein Dokument ungestörten inneren Werdens. Darüber hinaus besitzt der Text dann, wenn Landschaften geschildert werden, narrative Elemente, wie sie auch G.s späteren Reiseberichten im Tagebuch eigen sind.

Aus der Zeit der Italienreise sind ansonsten nur wenige Tagebuchnotizen – und zwar aus Sizilien – überliefert, darüber hinaus ein Notizbuch mit Aufzeichnungen unterschiedlicher Art, das auf der Rückreise von Rom entstanden

ist. Die Jahre 1790 bis 1794 sind im Tagebuch nur sehr knapp dokumentiert. Vom Juli 1795 sind einige Notizen überliefert, die auf dem Weg nach Karlsbad niedergeschrieben wurden. 1796 fallen die Aufzeichnungen zu den einzelnen Monaten noch recht knapp aus, 1797 dann werden sie regelmäßiger, und es bildet sich eine diaristische Struktur heraus, an der prinzipiell bis zum Lebensende festgehalten wird.

Das Fehlen von Tagebuchaufzeichnungen signalisiert eine Lebenskrise, wie sie die Forschung generell für die frühen 90er Jahre bei G. diagnostiziert hat. Überdies ist eine Lebensphase, in der sich in vielfältiger Weise die Elemente einer neuen Auffassung von Wissenschaft, Kunst, Geschichte und Natur zusammenfügen, vermutlich weniger für diaristische Aufzeichnungen disponiert. Denn hinzu tritt, daß G., in der nachitalienischen Zeit menschlich, wissenschaftlich und künstlerisch weitgehend isoliert und auf sich verwiesen, noch weniger als vordem geneigt ist, im Tagebuch extensiv über sich selbst zu reflektieren. In der objektivierenden wissenschaftlichen oder künstlerischen Äußerung sein Inneres nach außen abzuspiegeln erweist sich mehr und mehr als Maxime seines Handelns, Forschens und Schreibens.

Unter einem anderen Aspekt sollte sich die Wahl der Tagebuchform neuerlich als notwendig erweisen. Die G. bedrängende »Hydra der Empire« (an Schiller, 17.8. 1797) verlangte ihm ab, Erfahrungen zu ordnen und zu systematisieren, das Getane und Geleistete festzuhalten. Als ein Mittel dazu, als Mittel auch zur produktiven Nutzung der Zeit und deren Kontrolle, sind die Tagebuchaufzeichnungen anzusehen. So läßt sich aus G.s Aufzeichnungen allmählich sein Weimarer und Jenaer Tagesrhythmus rekonstruieren: Die Morgenstunden sind der poetischen oder wissenschaftlichen Arbeit vorbehalten, der spätere Vormittag häufig dienstlichen Erörterungen mit Beamten oder Mitarbeitern, vornehmlich zur Oberaufsicht über die Anstalten für Wissenschaft und Kunst im Herzogtum, die G. auch nach Abgabe seiner übrigen Ämter bis ans Lebensende wahrnahm. Das Mittagessen wird gewöhnlich mit Angehörigen oder Freunden eingenommen, ein Spaziergang oder eine Spazierfahrt schließen sich häufig an, Lektüre kann bei schlechtem Wetter an deren Stelle treten. Am Nachmittag werden oft weitere Besucher empfangen oder Geschäfte der verschiedensten Art erledigt. Die Abende gehören der Geselligkeit, dem Theaterbesuch, wo G. auch Intendantenpflichten wahrzunehmen hatte, oder der intensiven Lektüre. Des öfteren werden dann auch poetische oder wissenschaftliche Texte schematisiert und zum Diktat am kommenden Morgen vorbereitet. An diesem flexiblen Grundrhythmus, der im wesentlichen für die Hauptarbeitsorte Weimar und Jena zutrifft, hat G. ungeachtet aller altersbedingten Veränderungen prinzipiell festgehalten.

In mancherlei Hinsicht davon abzuheben ist ein Lebensrhythmus, wie er sich auf Reisen, zumal bei den häufigen Aufenthalten in Böhmen, Geltung verschafft. Wohl hält G. an bestimmten Grundgewohnheiten fest – der konzentrierten Arbeit in den Morgenstunden, der abendlichen Lektüre –, doch verfährt er mit dem Tagesablauf insgesamt moderater und freier. Gespräche und Begegnungen nehmen im Tagesablauf mehr Raum als gewöhnlich ein, und entsprechend vielfältig, die Wiedergabe von Bonmots, Aperçus und Anekdoten der Partner einschließend, ist deren Reflex im Tagebuch. Zudem ist bemerkenswert, daß G. auf Reisen Facetten der Wirklichkeit, den Zustand der Welt generell beobachtend wahrnimmt und ihn ungleich intensiver als im Weimarer Alltag im Tagebuch nicht nur sinnlichfaßlich abspiegelt, sondern ihn kommentierend und reflektierend an wesentlichen Punkten suppliert – diese Einschränkung ist nötig, denn der sachlich-registrierende Tagebuchstil wird auch hier nicht ganz verlassen, wenngleich der Anteil an ausformulierten Sätzen gegenüber der ansonsten vorherrschenden nominalzentrierten, allenfalls sich des Perfektpartizips bedienenden Stichwortnotiz insgesamt erheblich größer ist.

Es ist auffällig, daß G.s Tagebuchaufzeichnungen Mitte der 90er Jahre wieder einsetzen, nachdem sich seine Welthaltung konsolidiert

hat und insbesondere die Beziehung zu Schiller zustande gekommen ist. Offensichtlich existiert hier ein Zusammenhang. In Anlage und Komposition des Tagebuchs bereitet sich zum Jahrhundertende hin eine Wendung vor, deren Resultate dann im Jahrgang 1799 deutlich zutage treten. Die »tägliche Buchführung mit sich selbst« (zu Friedrich von Müller, 23.8. 1827) nimmt strukturelle Gestalt an. Seit 1791 gelegentlich, seit 1797 aber regelmäßig werden am Rande »Expeditionen« verzeichnet, wird die Menge der Besucher genauer registriert, werden »Notanda« unterschiedlicher Natur auf der Soll- und Haben- Seite der Kalender oder auf Durchschußblättern eingetragen. Das selektive Prinzip und damit auch das Private treten im Tagebuch zurück. Diese Wandlung korrespondiert mit dem Prozeß des sich selbst historisch Werdens beim mittleren G., korrespondiert mit dem Verlangen, angesichts eines rascher und unübersichtlicher verlaufenden historischen Prozesses sich selbst stärker gewiß zu werden und in solchem Zusammenhang auch dem Tagebuch als objektivierender Ordnungs- und Ausdrucksform des Faktischen mehr Aufmerksamkeit zuzuwenden. Bei alledem spielt auch das Bewußtsein von der Kostbarkeit der eigenen Lebenszeit hinein, wie es G. in besonderem Maße zu eigen war. Der Neueinsatz der Tagebücher Mitte der 90er Jahre legt davon Zeugnis ab, wie sehr bei G. Schätzung der Gegenwart, Anspruch an sich selbst und Selbstkontrolle miteinander korrespondieren. Das Arbeitsbündnis mit Schiller, in dem dieser fordernd und drängend den in sich unschlüssigen Freund zu neuen Projekten hinlenkt oder ihn zur Weiterarbeit an alten, vor allem am *Faust*, neu motiviert, verstärkt diesen Aspekt noch. Genauer werden nunmehr im Tagebuch die Arbeitsprozesse an poetischen Texten verzeichnet.

Selbsthistorisierung im Tagebuch: 1800–1817

In den Jahren 1801 bis 1804 dokumentiert sich eine neuerliche G.sche Lebenskrise auch in den spärlichen Tagebuchaufzeichnungen, die dann 1805, im Todesjahr Schillers, monatelang ganz aussetzen. Danach, in einem Prozeß staunenswerter Regeneration, tritt die Auseinandersetzung mit dem Problem der Autobiographie und deren allmähliche Literarisierung auch im Tagebuch in den Vordergrund. Dort ist nachzuvollziehen, aus welchen Quellen sich G.s biographisches Erinnern speist. Die Lektüre von Autobiographien und dokumentarischen Schriften wird verzeichnet, es finden sich Anekdoten und Begebenheiten, und für G.s Leben bedeutsame Persönlichkeiten werden erinnert. In solchen Zusammenhängen wird G. auch zusehends bewußt, wie lückenhaft und unvollständig seine eigenen Aufzeichnungen als Quelle für eine Lebensdarstellung sind. Nicht zuletzt aus solchen Erwägungen erwächst das Bemühen, nach Möglichkeit Tag für Tag Buch zu führen, das dann im Frühjahr 1817 in den konsequent bis ans Lebensende realisierten Entschluß mündet, nunmehr ein eigenes Tagebuchjournal anzulegen und jeden Lebenstag darin zu verzeichnen. Gegenüber dem Kanzler von Müller hat sich G. am 23.8. 1827 bündig über den Nutzen von Tagebüchern ausgesprochen: »Wir schätzen ohnehin die Gegenwart zu wenig, tun die meisten Dinge fronweise ab, um ihrer los zu werden. Eine tägliche Übersicht des Geleisteten und Erlebten macht erst, daß man seines Tuns gewahr und froh wird, führt zur Gewissenhaftigkeit. Was ist die Tugend anderes als das wahrhaft Passende in jedem Zustande? Fehler und Irrtümer treten bei solcher täglichen Buchführung mit sich selbst hervor, die Beleuchtung des Vergangnen wuchert für die Zukunft. Wir lernen den Moment würdigen, wenn wir ihn alsobald zu einem historischen machen«.

Reichtum und Vielfalt G.scher Weltaneignung und Rechenschaftslegung werden seit Mitte der 90er Jahre auch im Tagebuch faßbar.

Besonders gehaltvoll sind in dieser Beziehung die Aufzeichnungen aus Jena, wohin sich G. oft zu längeren Arbeitsaufenthalten zurückzog. Für die von ihm wahrgenommene Oberaufsicht über die Anstalten für Kunst und Wissenschaft im Herzogtum stellen die Tagebücher im Sinne eines summarischen Überblicks die wichtigste Quelle dar. Insbesondere seine Bemühungen um die wissenschaftlichen Einrichtungen der Jenaer Universität, botanischer Garten, Universitätsbibliothek und Sternwarte eingeschlossen, werden in ihrer ganzen Fülle und Verzweigtheit faßlich. Und der Kontakt mit herausragenden Gelehrten dient nicht nur der Verbesserung der Universitätsverfassung selbst, sondern auch der eigenen Belehrung und vor allem der Qualifizierung eigener wissenschaftlicher Tätigkeit. G.s Maxime von der Kollektivität subjektiven Strebens erfährt in den Aufzeichnungen des Tagebuchs ihre Bestätigung. G.s optische und botanische Beobachtungen und Experimente sowie die daraus erwachsenden wissenschaftlichen Schriften sind, wie das Tagebuch bezeugt, ohne den Kontakt zu Wissenschaftlern und wissenschaftlichen Einrichtungen in Jena nicht möglich gewesen. Die Entstehung der *Farbenlehre*, eines G.schen Hauptwerks, ist im Tagebuch bis ins einzelne dokumentiert.

Soviel man auch vom Reichtum der G.schen Lebensgestaltung im Tagebuch erfährt und dadurch auch auf die innere Verfaßtheit des tätigen Subjekts zurückschließen kann, über die eigentliche Lebensproblematik geben die Aufzeichnungen der nachitalienischen Zeit noch weniger Aufschluß als vorher. Gegenüber den vor 1782 erfolgten Notizen ist die Verschleierung eine andere, undurchdringlichere geworden. Stärker als vordem schirmt sich G. hinter einem Schwall alltäglicher Verrichtungen vor der Neugier der Außenwelt ab. Ganz selten nur führt er sich als »ich« ins Tagebuch ein. Innere Verstörtheit gibt sich nur selten zu erkennen, so in den hastigen Bleistiftnotizen vom 14.10. 1806, die von der Einnahme des Hauses am Frauenplan und von der unmittelbaren Bedrohung für seine Bewohner Zeugnis ablegen. Geschichtliche Vorgänge, die Schlacht bei Jena sowie andere Siege und Niederlagen Napoleons, werden knapp und gleichmütig registriert. Eine karge Notiz nur verweist auf G.s Visite bei Napoleon in Erfurt, von der wir wissen, daß ihr der Dichter große Bedeutung beigemessen hat. Gleichwohl nahm G. – insbesondere durch Unterhaltungen während der böhmischen Badeaufenthalte – am politischen Geschehen lebhaften Anteil. Eine aus solchen Gesprächen im August 1812 erwachsene Notiz – »Mischmasch der verschiedenen Stände, Religionen und Sitten in Berlin. Verhältniß der Juden« (WA III, 4, S. 315) – bezeugt den Grad der Informiertheit des Dichters. Bemerkenswert auch, daß in jenen Gesprächen die jüdische Problematik – gespiegelt auch im Verweis auf jüdische Geschichte und Anekdoten – eine nicht unwichtige Rolle spielt.

Es fällt auf, daß im Tagebuch kaum noch literarische Urteile abgegeben werden – auch dies, so kann man mutmaßen, Ausdruck von G.s Absicht, sein Inneres verborgen zu halten. Um so aufschlußreicher der Umstand, daß Kleists *Amphitryon* den Dichter im Juli 1807 zu relativ ausführlichen Reflexionen veranlaßt hat, Beweis auch dafür, wie tief Kleist den Autor G. verstört und gleichermaßen, wie die Notizen bezeugen, dessen Abwehrmechanismen mobilisiert hat. Überhaupt ist die Regeneration von G.s produktivem Vermögen nach Krankheit, innerer Verstörtheit oder schlimmen persönlichen Verlusten – dem Tod des Freundes Schiller, dem Verlust Christianes, dem Tod Carl Augusts und auch noch des Sohnes August – immer aufs neue an den Tagebuchnotizen abzulesen. Nachhaltig dokumentiert sich hier G.s starke Natur.

Tägliche Buchführung: 1817–1832

Der Entschluß, vom 21.3. 1817 an, also im laufenden Kalenderjahr, ein eigenes Tagebuchjournal zu eröffnen, markiert nicht nur eine äußerliche Zäsur, sondern korrespondiert mit tiefgreifenden Wandlungen in G.s Weltverhältnis. In dem Maße, wie G. sich selbst

historisch wird, wächst ihm auch das Bewußtsein zu, nicht nur durch autobiographische Schriften für Mit- und Nachwelt von einem exemplarischen Leben Zeugnis abzulegen, sondern dieses Leben auch für sich selbst – und als Rohstoff für die noch zu schreibenden *Tag- und Jahreshefte* – umfänglicher als bisher zu archivieren. War in den frühen Tagebüchern stark selektiert worden, hatte sich G. seit den 90er Jahren auch im Tagebuch stärker der Welt geöffnet, so wird nunmehr auch das scheinbar Ephemere ins Tagebuch hineingeholt und erhält seine Bedeutung durch die Stellung, die ihm vom Tagebuchschreiber im Lebenszusammenhang zugewiesen wird. Verständlich wird dies auch dadurch, daß der alternde Dichter – nach einer letzten aufwühlenden Begegnung mit Ulrike von Levetzow im Sommer 1823 in Karlsbad – von den Sommerreisen Abschied nimmt. Vom Dornburger Aufenthalt im August/September 1828 und einer kurzen Reise nach Ilmenau im August 1829 abgesehen, verläßt G. Weimar (und Jena) nicht mehr. Dieses Weimar bildet fortan mehr denn je die Mitte seines Lebens.

Freilich bleibt G. durch Besucher und vielfältige andere Kommunikationsformen mit der Welt verbunden, ist er doch nach und nach zu einer europäischen Institution geworden. Stärker als vordem erhält das Tagebuch die Funktion, die Vielfalt der Eindrücke und Erfahrungen zu filtern und zu ordnen, Besucher und ausgehende »Expeditionen« zu verzeichnen, dem Leben Konsistenz zu geben. So hoch auch der »buchhalterische« Aspekt des Tagebuchs für die Rekonstruktion des G.schen Alltags im Alter zu bewerten ist, erhellender noch sind die zahlreichen Reflexionen, die G. vornehmlich nach 1825 den verschiedensten Realien anzuschließen pflegt. Damit wird das Tagebuch zu einem zentralen Aussagemedium für die Lebensproblematik des späten G.

Sein Verhältnis zu Politik und Zeitgeschichte artikuliert sich im Tagebuch in charakteristischer Weise. Als politisch Handelnder stellt sich G. exemplarisch im Frühjahr 1817 dar, als er vor allem von Jena aus die Reform der dortigen Universität durch eine lebhafte Verhandlungstätigkeit betreibt. Die moderate Reformpolitik des Großherzogs begleitet er, soweit die Tagebücher Auskunft geben, mit tolerantem Verständnis. Eingangs der 20er Jahre kann G. noch, wie die Tagebücher bezeugen, auf der böhmischen Reise zwanglos und weltläufig politisieren, in Weimar hingegen läßt er sich politische Ereignisse gern von kompetenten Besuchern darstellen (Hegel, Kanzler von Müller) oder nimmt von ihnen im Spiegel deutscher und ausländischer Zeitschriften Kenntnis. Seit 1826 erlangt die Lektüre von *Le Globe* für seine Weltorientierung zentrale Bedeutung: »Späterhin L e G l o b e. Schöne Bemerkungen und wichtige Aufschlüsse über den gegenwärtigen Zustand von Frankreich, aufklärend und belehrend« (WA III, 10, S. 156). 1831 gesteht G. im Tagebuch eigene Zeitungslektüre ein: »Ich ward mit den Weltbegebenheiten bekannt, mehr als mir lieb war, da ich bißher das Zeitungslesen streng unterlassen habe« (WA III, 13, S. 49). Die im Tagebuch festgehaltenen Reaktionen auf politische Nachrichten sind durchaus ambivalent; es mehren sich Zeichen befremdlicher Distanz und Abwehr. Korrespondierend damit G.s Urteile über die geschichtliche Vergangenheit, z.B. über die Reformation (26. 11. 1826): »Trauriger Anblick einer gränzenlosen Verwirrung, Irrthum kämpfend mit Irrthum, Eigennutz mit Eigennutz, das Wahre hie und da nur aufseufzend« (WA III, 10, S. 273). Doch finden sich auch Äußerungen wie die folgende: »Herr Canzler von Müller, politische Neuigkeiten durchgesprochen, sogar durchgescherzt. Immer das Beste, was man bey so großer Differenz der Ansichten und Meynungen thun kann« (WA III, 10, S. 163). Ähnlich eine Äußerung von 1823: »Betrachtungen und Scherze über die inneren und äußeren neusten Politica« (WA III, 9, S. 31). Damit ist eine höhere Form intellektueller Reflexion des Politischen, ja der Realität überhaupt bezeichnet, der eine formelhaft bilanzierende und abstrahierende Zuordnung des Einzelnen vorausgeht. In G.s Äußerungen gibt sich eine ironische Souveränität zu erkennen, durch welche Widersprüche nicht vermittelt, jedoch auf der Ebene intellektueller Reflexion ausgehalten und bewältigt, im günstigen Falle auch ver-

söhnt werden können. Diese Grundhaltung verschafft sich in den späten Tagebüchern an den verschiedensten Punkten Geltung und gibt ihnen wesentlich ihre biographische Relevanz.

Künstlerische Entwicklungstendenzen in Europa und Nordamerika hat G. im allgemeinen aufmerksam registriert. Über einschlägige Begegnungen des Dichters und seine Lektüre gibt das Tagebuch hinlänglich Auskunft, und dort reflektiert G. auch über sein Lektüreverfahren: »Manche für mich wichtige Stellen aufgesucht, gelesen und darüber nachgedacht« (WA III, 12, S. 144). Verdankt G. einen Gutteil seiner ästhetisch-ideellen Erfahrungen dieser selektiven, thematisch außerordentlich weitreichenden Lektüre, so vermitteln ihm Gespräche mit Zeitgenossen notwendige Hintergrundinformationen, wenn ihn Hegel z.B. über den Zusammenhang der sittlichen, künstlerischen und wissenschaftlichen Verhältnisse in Paris belehrt. Die daraus erwachsenden formelhaften, sentenziösen Eintragungen im Tagebuch vermitteln ein durchaus ambivalentes Bild. Zu beobachten ist einerseits ein gelassenes, tolerantes Registrieren geistiger Entwicklungen, wie es sich z.B. in folgendem Urteil dokumentiert: »Betrachtungen über National-Literaturen gegen sich selbst und gegen benachbarte Völkerschaften. Stokkende National-Literaturen durch Fremde angefrischt« (WA III, 11, S. 109). Häufiger aber verschaffen sich Skepsis und Distanz, zuweilen auch unverhohlene Abwehr Geltung.

Polarisierend fallen insbesondere Urteile über zeitgenössische Literatur und bildende Kunst aus. Während Romane von James Fenimore Cooper und Walter Scott – vielleicht aus Mangel an Besserem – goutiert werden, wird die zeitgenössische (romantische) deutsche Kunst mit einem Verdikt belegt. Von »frömmelndem Kunstwahnsinn« ist die Rede und davon, daß durch »frömmelnde Bilder« die Menschen »immer tiefer in Absurdität« (WA III, 13, S. 11f.) versänken. Als »trauriges Geles« (WA III, 11, S. 301) wird Immermanns Drama *Schule der Frommen* apostrophiert. Wie Kleist erscheint auch Immermann als »Kranker«. »Wie wohltätig«, so heißt es im

Tagebuch, »ist die Erscheinung einer gesunden Natur nach den Gespenstern dieser Kranken« (WA III, 11, S. 83). Welche Erscheinungen des geistigen Lebens immer G. in Augenschein nimmt, er gelangt meist zu einem bitteren Resümee. Im März 1832 notiert er, zeitgenössische Urteile über *Macbeth* bilanzierend: »Schrecklich ist es, wie das Jahrhundert seine Schwächen aufsteift und aufstutzt« (WA III, 13, S. 230). Literatur und Theater als »das einzig eigentlich Lebendige im bürgerlichen Leben« (WA III, 13, S. 185) waren ihm ferngerückt.

Allenfalls die Entwicklung der bildenden Kunst glaubte er kunstpädagogisch beeinflussen zu können. 1827 notierte er: »Wir gratulirten uns zur Publication solcher Kunstwerke und hofften von den Pompejanischen Ausgrabungen eine Reform der seit dreißig Jahren thörig retrograden deutschen Kunst« (WA III, 11, S. 108). 1831 weicht auch diese Hoffnung skeptischer Einsicht. Über einen Besucher, einen jungen Maler, heißt es im Tagebuch: »Ich sagte ihm gute Wahrheiten. Das junge Volk hört aber nicht mehr. Zum Hören gehört freylich auch eine besondere Bildung« (WA III, 13, S. 55). Gegenüber solcher Gegenwartsskepsis ruft G. das Vergegenwärtigen kultureller Vergangenheit zu Hilfe. Im Tagebuch ist dies besonders anhand seiner Lektüre der Briefwechsel mit Schiller und Zelter dokumentiert, die er seit 1824 zur Edition vorbereitet. Im Kontext beider Projekte notierte G. die Lektüre weiterer den Arbeitsprozeß begleitender Quellenwerke. Relativ oft wird im Tagebuch das Entstehen eigener größerer Werke summarisch verzeichnet; seit Mai 1827 häufen sich Notizen zur Arbeit am »Hauptgeschäft«. Gelegentlich lösen sich G.s Aufzeichnungen von ihrem konkreten Bezug, mag es sich um poetische Texte, wissenschaftliche Werke oder Lebensereignisse handeln, und nehmen den Charakter selbständiger Maximen an. In ihrer Dezidiertheit, zuweilen auch Schroffheit artikuliert sich die Einsamkeit des Künstlers G.

Detaillierte Auskunft geben die späten Tagebücher über G.s Bemühungen um die Naturwissenschaft, und dies in mannigfaltigen Abstufungen. Als exemplarisch können die Aufzeichnungen von einem längeren Arbeitsaufenthalt des Dichters in Jena vom Frühjahr 1817 gelten. Damals war G. nicht nur mit der Reorganisation der Universität Jena beschäftigt, sondern nahm auch lebhaften Anteil an den Experimenten und Theorieversuchen ihrer herausragenden Gelehrten. So war er Augenzeuge von Johann Wolfgang Döbereiners Versuchen mit erhitzten Glasplatten, wie sie für die Theorie der entoptischen Farben von Bedeutung waren, begleitete dessen Versuche zur Gasbeleuchtung zusammen mit dem Großherzog Carl August mit lebhaftem Interesse und reflektierte im Tagebuch ansatzweise auch Döbereiners damals durchaus innovative Theorie der Stöchiometrie. Dem frisch berufenen Tiermediziner Theobald Renner war eine eigene Versuchsanstalt eingerichtet worden, für deren baulichen Zustand sich G. verantwortlich zeigte; überdies nahm er an Renners tieranatomischen Sektionen teil und schirmte dessen Tätigkeit vor dem Mißwollen der Jenaer Bürger ab. Dank großzügiger Zuwendungen der Großherzogin Maria Pawlowna konnte die Universitätssternwarte Zug um Zug mit neuen Instrumenten ausgestattet werden, deren technische Instandsetzung und anschließende Aufstellung G. überwachte. Mit dem Bergrat Johann Georg Lenz, der im Auftrag der Jenaer Mineralogischen Gesellschaft ständig bemüht war, neue Gesteinskollektionen zu erwerben, stand G. in ständigem Austausch. Der botanische Garten bot G. ein ideales Beobachtungsfeld für seine Studien zur Pflanzenmorphologie. Regelmäßig ließ er im Frühjahr 1817 tägliche Wetterbeobachtungen notieren: nicht selten sprachliche Miniaturen von großer Ausdruckskraft. Solche Wetterbeobachtungen hat G. vornehmlich auf Reisen mit großer Intensität festgehalten. Namentlich die Aufzeichnungen aus den böhmischen Bädern weiten sich gelegentlich zu knappen meteorologischen Studien aus, und hier markieren die Tagebuchnotizen, noch stärker aber die meteorologischen Journale, die G. ebenfalls führte, den Übergang von der sprachlichen Augenblicksimprovisation zu der durch Erfahrung und Reflexion gefilterten wissenschaftlichen Studie, wie sie uns z.B. in G.s Aufsatz *Wolkengestalt nach Howard* (WA II, 12, S. 5–38) vorliegt.

Nicht nur im Frühjahr 1817 bildet G.s naturwissenschaftliche Tätigkeit einen Fixpunkt seiner Existenz, wenngleich nur die Einrichtungen der Universität Jena ihm eine solche Fülle von Erfahrungen und Experimentiermöglichkeiten boten. Bemerkungen zu naturwissenschaftlicher Tätigkeit finden sich regelmäßig auch in den Notizen von den böhmischen Badereisen, dort vor allem zu Meteorologie und Geologie, sowie in den Weimarer Aufzeichnungen. Detailliert wird im Tagebuch auch die Arbeit an naturwissenschaftlichen Studien verzeichnet. Mit großem Interesse nimmt G. von technischen Innovationen (Schreibmaschine für Blinde, Dampfmaschine) Kenntnis. Daneben aber gibt das Tagebuch punktuell auch Auskunft über die G. im Alter mehr denn je beschäftigende Vermittlung von Wissenschaft und Kunst. 1817 notiert er im Tagebuch: »Über Fiction und Wissenschaft gedacht« (WA III, 6, S. 59), ohne Genaueres über den Inhalt solcher Reflexionen mitzuteilen. Aufschluß zu diesem Problembereich gewähren dann im besonderen die Aufzeichnungen vom Aufenthalt in Dornburg im August/September 1828. Dorthin hatte sich G. nach dem Tod des Großherzogs Carl August zurückgezogen, wo ihm Kunst und Wissenschaft Halt in einer tiefen Lebenskrise gewährten. Setzt man die Wetterbeobachtungen des Tagebuchs zum Gedicht *Dornburg, September 1828* ins Verhältnis, so erweist sich das Gedicht als das Bleibende, die sprachliche Fixierung des meteorologischen Geschehens als ephemer. Zugleich sind damit auch die Grenzen der Aussagefähigkeit des Tagebuchs bezeichnet. Es gewährt Aufschluß über die Faktizität des gelebten Lebens und kann punktuell dessen Problematik kenntlich machen. Die dadurch gewährte Zusammenschau allein ist schon aufschlußreich genug. Indem aber von »Reflexion« als solcher häufig Zeugnis abgelegt, diese selbst aber nur selten expliziert wird, läßt das Tagebuch nur gelegentlich einen Blick in das Innere seines Autors tun. Durch diese seine interne Komposition, sprechendes Zeugnis von G.s Lebensgestaltung generell, bildet das Tagebuch des Dichters in der Geschichte der europäischen Diaristik ein singuläres Phänomen.

Forschungslage

Die Rezeption der G.schen Tagebücher ist eng mit der Geschichte ihrer Edition verknüpft. Soweit G. nicht selbst Teile des Tagebuchs redigiert und gekürzt für seine autobiographischen Schriften (*Dichtung und Wahrheit, Italienische Reise* und *Tag- und Jahreshefte*) herangezogen hatte oder das Tagebuch zum Zwecke der späteren Publikation führen ließ, wie bei der *Reise in die Schweiz 1797*, blieben die Tagebuchhandschriften selbst der Öffentlichkeit unbekannt. Von der Publikation, etwa in der Ausgabe letzter Hand, waren sie ausgenommen, und nach G.s Tod widersetzten sich die Nachlaßverwalter und später die Enkel einer Veröffentlichung der Tagebücher. Lediglich Friedrich Wilhelm Riemer konnte 1841 in seinen *Mitteilungen über Goethe* einige kleine Textpartien nach Abschriften veröffentlichen. Abschriften der Tagebücher lagen auch den Auswahleditionen von Carl August Burkhardt (1874) und Robert Keil (1875) zugrunde. Nachdem 1885 G.s literarischer Nachlaß in den Besitz der Großherzogin Sophie von Sachsen-Weimar-Eisenach übergegangen war, publizierte Erich Schmidt in den *Schriften der Goethe-Gesellschaft* das Tagebuch der italienischen Reise für Charlotte von Stein sowie jene Tagebuchnotizen und Briefe, die der italienischen Reise zugrunde gelegen haben. Vollständig zugänglich und damit der Wissenschaft verfügbar wurden die Tagebücher erst durch die Edition in Abteilung III der Weimarer Ausgabe.

Erst nach Vorliegen dieser Edition konnte wissenschaftliche Beschäftigung mit den Tagebüchern ernsthaft statthaben. Daß sie weithin ausblieb, hängt mit dem Charakter dieser Texte zusammen. Die Tagebücher wurden vor allem von ihrem Material- und Quellenwert her erschlossen, dienten den G.-Philologen als

Objekt für Untersuchungen des Verhältnisses von Vorlage und autobiographischer Schrift oder lieferten Belege für die Argumentation der G.-Biographen.

Von selbständigen Ansätzen zur Erforschung der G.schen Tagebücher kann man erst für die Zeit nach dem Zweiten Weltkrieg sprechen, und auch diese hängen wiederum mit philologisch-editorischen Unternehmungen zusammen. Das gilt für die Studie von Gerhart Baumann, der G.s Tagebücher in der Cotta-Ausgabe neu herausbrachte, für Gertrud Hagers aus dem Kontext der Arbeit am G.-Wörterbuch erwachsenen Aufsatz sowie insbesondere für Peter Boerners Nachwort zum Tagebuchband der Gedenkausgabe, das auf Boerners Dissertation zu G.s Tagebüchern beruht, der einzigen selbständigen wissenschaftlichen Untersuchung zu diesem Text. Eine umfangreiche Abhandlung von Hans-Heinrich Reuter erwuchs aus der Vorbereitung einer historisch-kritischen Edition der Tagebücher, wie sie in den 60er Jahren an den Nationalen Forschungs- und Gedenkstätten der klassischen deutschen Literatur in Weimar projektiert worden war. Unter den wenigen Untersuchungen, die in jüngerer Zeit die Tagebücher einbezogen haben, ist die von Klaus H. Kiefer insofern herauszuheben, als dieser den Versuch unternimmt, jenseits eines minutiösen philologischen Vergleichs von Tagebuch der italienischen Reise und Text des autobiographischen Werks, wie er schon 1903 von Gustav Adolf Wauer durchgeführt worden war, beide Textsorten auf ihre strukturellen Unterschiede hin zu befragen, was Aussagen zur ästhetischen Qualität des Tagebuchs notwendigerweise einschließt.

Die zuletzt genannte Untersuchung weist auch die Richtung, in die weitergearbeitet werden sollte. Für die bisherige Literatur zu G.s Tagebüchern lassen sich drei wesentliche Deutungsaspekte ausmachen. Wer historisch-genetische Fragen untersucht, kommt nahezu zwangsläufig dazu, seiner Darstellung den Charakter einer G.-Monographie in nuce zu geben – so geschehen bei Reuter und Boerner, wenngleich Boerner auch strukturellen Fragen gebührende Aufmerksamkeit widmet und da-

mit ebensogut auch einer zweiten Richtung zugerechnet werden kann, wie sie durch Baumann repräsentiert wird. Baumanns Herangehen wäre ein eher phänomenologisches zu nennen. Der historisch-genetische Aspekt tritt bei ihm zurück zugunsten des Versuchs, das Wesen von G.s Lebensgestaltung anhand der Tagebücher zu verifizieren. Demgegenüber ist, drittens, für die Arbeiten von Hager und Kiefer kennzeichnend, daß sie die strukturelle Eigenart von G.s Tagebüchern vor dem Hintergrund der deutschen und europäischen Tagebuchliteratur herauszuarbeiten suchen. Kenntlich wird so, daß G.s Tagebuch sowohl Merkmale des auf Faktizität angelegten Journals, der Gebrauchsform Tagebuch, wie des Bekenntnistagebuchs – oder des Journal intime –, der Kunstform Tagebuch, vereinigt und auch insofern ein Phänomen sui generis darstellt. Von einer Fortführung und Vertiefung dieser Fragestellung wären insgesamt weitere Aufschlüsse zu erwarten.

Literatur:

Baumann, Gerhart: Die Tagebücher Goethes. Der »Geist« der »Gegenwart«. In: Euphorion. 50 (1956), S. 27–54. – Boerner, Peter: Goethes Tagebuch der Jahre 1776–1782. Mit einem Rückblick auf die Entwicklung des Tagebuchs vor Goethe. Frankfurt/M. 1954. – Fischer-Lamberg, Hanna: Zur Entstehungsgeschichte der *Ephemerides*. In: Grumach, Ernst (Hg.): Beiträge zur Goetheforschung. Berlin 1959, S. 91–103. – Görner, Rüdiger: Das Tagebuch. München, Zürich 1986. – Hager, Gertrud: Grundform und Eigenart von Goethes Tagebüchern. In: DVjs. 25 (1951), S. 351–371. – Kiefer, Klaus H.: Wiedergeburt und Neues Leben. Aspekte des Strukturwandels in Goethes *Italienischer Reise*. Bonn 1978. – Reuter, Hans-Heinrich: Goethe im Spiegel seiner Tagebücher. In: GoetheJb. N.F. 23 (1961), S. 99–140. – Wakkerl, Georg: Goethes *Tag- und Jahreshefte*. Berlin 1970. – Wauer, Gustav Adolf: Die Redaktion von Goethes *Italienischer Reise*. Leipzig 1904. – Wuthenow, Ralph-Rainer: Goethes Tagebücher als Lektüre. In: Das Bild und der Spiegel. Europäische Literatur im 18. Jahrhundert. München 1984, S. 190–205.

Jochen Golz

Biographische Einzelnheiten (Autobiographische Einzelheiten)

Unter dem Titel *Biographische Einzelnheiten* wurden bis zum Erscheinen der Hamburger Ausgabe jene einzeln publizierten Texte und handschriftlichen Fragmente aus dem Nachlaß G.s verstanden, die Eckermann für die postume Quartausgabe der Werke redaktionell bearbeitete und erstmals in dieser Zusammenstellung dort publizierte. Dieses von Eckermann geschaffene Textkorpus wurde ohne Änderungen in den 60. Band der Ausgabe letzter Hand und die Weimarer Ausgabe, allerdings mit Textvarianten, übernommen. Unter Berücksichtigung der Tatsache, daß die von Eckermann unter dem Titel *Biographische Einzelnheiten* versammelten Texte nicht vom Autor als Textensemble konzipiert waren und daher auch nicht als geschlossener Gesamttext rezipiert werden können, hat Eckermanns Textkorpus allen späteren Editionen eins voraus: Mit seiner Textzusammenstellung folgt er dem Darstellungsprinzip der *Tag- und Jahreshefte*, indem er heterogenstes Material in Inhalt und Form nacheinander ordnet, um die Singularität der Einzeltexte zu betonen, die das Fehlen einer auktorialen Gesamtkonstruktion noch deutlicher werden läßt.

Es ist das Verdienst neuerer Ausgaben, insbesondere durch ihre kritischen Kommentare auf die ungesicherte Textlage in bezug auf die *Biographischen Einzelnheiten* hingewiesen zu haben. Die Auseinandersetzung mit der Eckermannschen Vorlage macht die Problematik seiner Edition von seiner willkürlichen Textauswahl und Textabfolge bis zu seinen schwerwiegenden Texteingriffen deutlich. Außer Zweifel steht für wissenschaftliche Editionsverfahren heute, daß Eckermanns ungesicherte Texte nicht mehr ohne kritische Revision durch das Zurückgehen auf die Handschriften oder Erstdrucke übernommen werden können. Die Entstehungs- und Überlieferungsgeschichte einzelner Texte hat zuerst die

Hamburger Ausgabe mit ihrem konsequenten Rückgriff auf die Handschriften und Erstdrucke transparent gemacht. Unter dem Titel *Autobiographische Einzelheiten* vereinigt sie Texte aus dem entstehungsgeschichtlichen Umfeld von *Dichtung und Wahrheit* sowie den *Tag- und Jahresheften* und bietet damit sowohl in der Textauswahl als auch in der Textgestalt eine neue, von den *Biographischen Einzelnheiten* abweichende Textsammlung an. Allerdings druckt sie von den insgesamt 23 Texten der Eckermannschen Edition nur eine kleine Auswahl von sechs Texten mit überwiegend autobiographischen Reflexionen.

Wie schon die Hamburger Ausgabe stellen auch alle anderen neueren Ausgaben die Einzeltexte neu zusammen: die Münchner Ausgabe nach entstehungsgeschichtlichen Gesichtspunkten unter den Titeln *Aus dem Zusammenhang der Tag- und Jahreshefte* und *Kleinere autobiographische Texte* (insgesamt neun Texte) verteilt auf verschiedene Bände, die Frankfurter Ausgabe reduziert das Eckermannsche Textcorpus um acht an anderer Stelle aufgenommene Texte. Die Berliner Ausgabe faßt unter dem Titel der *Biographischen Einzelnheiten* die meisten Texte zusammen, deshalb bezieht sich dieser Artikel auf diese Ausgabe. Sie enthält alle von Eckermann edierten Texte und fügt sieben weitere hinzu. Gleichzeitig ordnet sie die Einzeltexte unter zwei thematischen Schwerpunkten, *Betrachtungen und Bekenntnisse* und *Erlebnisse und Begegnungen*, neu (BA 16, S. 367–436).

In den *Biographischen Einzelnheiten* finden sich Texte mit unterschiedlichstem Ausarbeitungsgrad. Neben eindeutig fragmentarischen finden sich endgültig ausgearbeitete Texte, die G. bereits an anderen Stellen selbst publiziert hat (*Entstehung der biographischen Annalen*, *Dankbare Gegenwart* in: *Ueber Kunst und Alterthum*; *Erste Bekanntschaft mit Schiller* in: *Zur Naturwissenschaft überhaupt, besonders zur Morphologie*). Selbst die in Zeitschriften publizierten Texte wie auch alle anderen lassen darauf schließen, daß G. sie nicht zu seinem literarischen Werk zählte, sondern ihnen den Charakter persönlicher Mitteilungen mit eingeschränktem Gebrauchswert oder den der persönlichen Skizze oder Notiz zumaß. Die meisten Texte entstanden denn auch im Kontext der Arbeiten an den *Tag- und Jahresheften*, einzelne auch im Umfeld von *Dichtung und Wahrheit*, ohne in sie aufgenommen worden zu sein. Alle Texte lassen sich durch ihren gemeinsamen Entstehungskontext als eigenständige Bruchstücke zu G.s späten autobiographischen Arbeiten lesen. Sie folgen im weitesten Sinne der in den *Tag- und Jahresheften* entwickelten autobiographischen Konstruktion einer Historisierung der eigenen Person im Kontext erlebter Zeitgeschichte. So lassen sich denn auch die Einzeltexte unter ähnlichen Gesichtspunkten wie den Themenrubriken für die Vorarbeiten zu den *Tag- und Jahresheften* ordnen. Neben den autobiographischen Fragmenten und Reflexionen stehen Texte zur Theatergeschichte, Porträts von Personen der Zeitgeschichte und Charakterstudien von ehemaligen Schriftstellerfreunden und Weggefährten.

Entscheidendes Merkmal der Texte ist aber, daß sie alle den Charakter des Individuellen und Besonderen behaupten, dem G. in einem Schlüsseltext der *Biographischen Einzelnheiten* eine zentrale Rolle zumißt: »Wir sind überhaupt von einer Seite viel zu leichtsinnig, das individuelle Andenken in seinen wahrhaften Besonderheiten als ein Ganzes zu erhalten, und von der andern Seite viel zu begierig, das Einzelne, besonders das Heruntersetzende zu erfahren« (BA 16, S. 368). Als Einzelnes, das nicht ins Ganze integrierbar ist, erhalten die Texte ihre Bedeutung. Die Dialektik von Allgemeinem und Besonderem, die die großen autobiographischen Arbeiten in der Person des Autors auflöst, bricht in diesen Texten noch einmal auf der Seite des Besonderen auf: So ist einigen das Eingeständnis des Scheiterns von G.s Ziel der Integration und des harmonischen Ausgleichs von Gegensätzen im autobiographischen Text beigegeben. Sie sind als Neben- oder auch Gegentexte zu dem homogenisierten Lebenstext in den großen autobiographischen Texten zu lesen, indem sie konsequent und programmatisch Individuelles, Ephemeres, sogar Widersprüchliches zur Sprache bringen, das als nicht Integrierbares, Unferti-

ges neben dem geschlossenen Gesamtzusammenhang der Autobiographie steht. Als ausgegrenzte sind die Texte Zeugen des Individuellen und Besonderen. In ihnen behauptet sich die Individualität ihres Autors ebenso wie sie die Individualität anderer ernst nehmen und überliefern. Allen diesen Skizzen und Versuchen liegt Erinnerungsarbeit mit dem Ziel der Rettung des Besonderen im Text zugrunde, die der späte G. als die bedeutendste Aufgabe des Schreibens kennzeichnet: »Das Individuum geht verloren; das Andenken desselben verschwindet, und doch ist ihm und andern daran gelegen, daß es erhalten werde. Jeder ist selbst nur ein Individuum und kann sich auch eigentlich nur fürs Individuelle interessieren. Das Allgemeine findet sich von selbst, dringt sich auf, erhält sich, vermehrt sich. Wir benutzen's, aber wir lieben es nicht« (BA 16, S. 367). Gegen das Verlöschen von gelebter Individualität in der Geschichte arbeitet G. mit diesem Textarchiv, dem alles, auch das scheinbar Unbedeutendste willkommen ist.

Individuelle Geschichtsschreibung, in der im Andenken an die Einzelperson die allgemeine Geschichte aufgehoben erscheint und transparent wird, macht G. zum Ziel seiner Erinnerungsarbeit. Seine Textfragmente des Andenkens an Freunde stellt er der Porträtkunst (Lavater) und dem Münzen- und Medaillenprägen (Aretin) an die Seite. Wie die einzelne Lebensgeschichte im Porträt dauerhaft konserviert und überliefert wird, so bringt G. Individualgeschichte in seinen Texten zur Sprache. Dieses Darstellungsprinzip demonstriert G. am Beispiel der Präsentation seiner eigenen Medaillensammlung in Gesellschaft der Madame de Staël, indem »die Gesellschaft sich dadurch veranlaßt sah, aus dem Bedenklich-Politischen, aus dem Allgemein-Philosophischen in das Besondere, Historisch-Menschliche hinüberzugehen. Hier war nun Johannes Müller an seiner Stelle, indem er die Geschichte eines jeden mehr oder weniger bedeutenden vor unsern Augen in Erz abgebildeten Mannes vollkommen gegenwärtig hatte und dabei gar manches Biographisch-Erheiternde zur Sprache brachte« (BA, S. 414f.).

Die Schriftstellerporträts der *Biographi-*

schen Einzelheiten sind daher minutiöse Verhaltensstudien, Archive menschlicher Unzulänglichkeiten, Schwächen und Fehler. Sie folgen dem Ziel, aus der Distanz des Alters auf die wechselhafte Entwicklung von Freundschaftsbeziehungen zurückzublicken und zu einem abschließenden Urteil über einen biographisch bedeutenden Zeitgenossen zu kommen, der der Individualität des anderen Gerechtigkeit widerfahren läßt. Das kurze Fragment zu Johann Kaspar Lavater, das nicht in die abschließende Charakteristik des eigenwilligen Gefährten während der Sturm und Drang-Zeit im Neunzehnten Buch von *Dichtung und Wahrheit* eingegangen ist, ergänzt die zu »verschiedenen Zeiten« entstandenen Gedanken über Lavater, von dem G. in *Dichtung und Wahrheit* einleitend feststellt, daß er »unter die Vorzüglichsten gehört, mit denen ich zu einem so vertrauten Verhältnis gelangte« (FA I, 14, S. 818). Die Entfremdung zwischen dem ungleichen Freundespaar nach der Sturm und Drang-Phase, in der G. maßgeblich an der Entstehung der *Physiognomischen Fragmente* Lavaters mit ihrer berühmten auf G. bezogenen Definition des Genie-Begriffs teilhatte, versucht G. mit dem historisierenden Blick auf eine abgeschlossene Phase der Literaturgeschichte zu objektivieren. In dem kurzen Fragment beschreibt er Lavater als Opfer einer ungerechtfertigen Verurteilung durch die kenntnislose Masse. Sein Scheitern an dem selbstgesetzten Anspruch »auf die Masse [zu] wirken« (BA 16, S. 394), macht den zeitlebens von der kirchlichen Orthodoxie verfolgten Lavater zum Märtyrer der Geschichte. Diese späte Verherrlichung Lavaters läßt darauf schließen, daß G. sich in diesem Fragment auch unausgesprochen über seinen eigenen Anteil an der Verurteilung Lavaters Rechenschaft ablegt.

Ähnlich verläuft die Entwicklung von G.s Beziehung zu Friedrich Jacobi. In der Jacobi-Skizze, die vermutlich als Ergänzung zu der Schilderung des letzten Zusammentreffens der ehemals Gleichgesinnten während der Französischen Revolution in den *Tag- und Jahresheften* gedacht war, versucht G. einfühlsam die Auswirkungen der Entfremdung zwischen den Freunden auszuloten. Als seltene Erfahrung hält er in seinem Andenken das außersprachliche Verstehen trotz des gedanklich Trennenden fest und vermerkt mit Trauer die Unfähigkeit beider zu einer diskursiven Verständigung, die zuletzt den Verlust der Freundschaft fordert: »Hätten sie sich auf diese oder auf jede andere Weise verständigt, so konnten sie Hand in Hand durchs Leben gehn, anstatt daß sie nun, am Ende der Laufbahn, die getrennt zurückgelegten Wege mit Bewußtsein betrachtend, sich zwar freundlich und herzlich, aber doch mit Bedauern begrüßten« (BA 16, S. 417f.).

Über die Unfähigkeit, Gegensätze wahrzunehmen und das Auseinanderlaufen gemeinsam begonnener Entwicklungen zu respektieren, handelt das Beispiel von *Voss und Stolberg*. Die Geschichte dieser gescheiterten Freundschaftsbeziehung bildet den Gegenpart zu G.s Verhältnis zu Lavater und Jacobi. Ironisch analysiert G. die Wandlung einer Freundschaft in Feindschaft durch den Vergleich mit dem Prozeß einer Ehescheidung. Selbsttäuschung, Verletzbarkeit und mangelnde Selbstdistanz kritisiert er in der Beziehung zwischen Voß und Stolberg.

Charakterfehler als Hinderungsgründe für produktive Gemeinsamkeit macht G. zuletzt in seinem Porträt Herders aus. Der vollständig ausgearbeitete Text, der nach Herders Tod entstand, wird für die *Tag- und Jahreshefte* verfaßt worden sein und aus Rücksicht auf noch lebende Angehörige und Freunde nicht darin Aufnahme gefunden haben. Der verallgemeinernde Stil (vgl. auch *Jacobi*), der auch den *Tag- und Jahresheften* eigen ist, macht deutlich, daß G. mit der Störung seines Verhältnisses zu Herder die schädliche Wirkung fehlender philanthropischer Grundhaltungen innerhalb zwischenmenschlicher Interaktion kritisiert: »Wie leicht ist es, irgend jemand zu kränken oder zu betrüben, wenn man ihn in heiteren, offenen Augenblicken an eigene Mängel, an die Mängel seiner Gattin, seiner Kinder, seiner Zustände, seiner Wohnung mit einem scharfen, treffenden, geistreichen Wort erinnert!« (BA 16, S. 412). Bereits in der Schilderung der ersten Begegnung in *Dichtung und*

Wahrheit belasten Herders Charaktereigenschaften die Beziehung: »Indem nun also auf der einen Seite meine große Neigung und Verehrung für ihn und auf der andern das Mißbehagen, das er in mir erweckte, beständig mit einander im Streit lagen so entstand ein Zwiespalt in mir, der erste in seiner Art, den ich in meinem Leben empfunden hatte« (FA I, 14, S. 441). In dem ungleichen Verhältnis der frühen Straßburger Zeit ist aber der Jüngere noch in der Lage, die Invektiven des Älteren zu dulden und durch Herders schmerzhaftes Augenleiden zu entschuldigen. Am Ende haben sich die Rollen verkehrt, und der alte G. ist nicht mehr bereit, die Fehler des anderen zu tolerieren. Der späte G.-Text macht dem langjährigen Weggefährten den Vorwurf, in der Statik seiner Charakterfehler zu verharren: »Fehler der Jugend sind erträglich, denn man betrachtet sie als Übergänge, als die Säure einer unreifen Frucht; am Alter bringen sie zur Verzweiflung« (BA 16, S. 412). Die Episode, die G. unausgesprochen als Anlaß seines Bruchs mit Herder zitiert, Herders herabwürdigende, beleidigende Bemerkung zu G.s *Natürlicher Tochter*, läßt im Gegensatz zu allen anderen Porträts der *Biographischen Einzelnheiten* kein versöhnliches Andenken zu, das die Person des anderen respektiert und bewahrt.

Eine Ausnahme innerhalb dieser Sammlung menschlicher Unzulänglichkeiten bildet das Verhältnis zwischen Schiller und G. In ihm vereinigt sich produktiv diametral Entgegengesetztes zu einer harmonischen Einheit. Natur und Geist, Erfahrung und Idee fügen sich in den Personen Schiller und G. zu einem höheren Ganzen zusammen: »Selten ist es aber, daß Personen gleichsam die Hälften voneinander ausmachen, sich nicht abstoßen, sondern sich anschließen und einander ergänzen« (BA 16, S. 407). In den zwei Texten, die G.s Beziehung zu Schiller thematisieren, schildert er den schwierigen Prozeß der Annäherung der beiden Antipoden und die unausgesetzte Anstrengung kommunikativer Verständigung als Ideal menschlicher Beziehungen: »Nun aber ist zu bedenken, daß ich sowenig als Schiller einer vollendeten Reife genoß, wie sie der Mann wohl wünschen sollte; deshalb denn zu der Differenz unserer Individualitäten die Gärung sich gesellte, die ein jeder mit sich selbst zu verarbeiten hatte; weswegen große Liebe und Zutrauen, Bedürfnis und Treue im hohen Grad gefordert wurden, um ein freundschaftliches Verhältnis ohne Störung immerfort zusammenwirken zu lassen« (BA 16, S. 408). Im Bewußtsein der Einmaligkeit dieses Zusammenwirkens mißt G. seine anderen Freundschaftsbeziehungen an diesem Ideal. Angesichts der gestörten Kommunikation in der Beziehung zu Jacobi wünscht er sich Schiller als ausgleichenden Vermittler: »Wie sehr hätt ich gewünscht, hier Schillern als dritten Mann zu sehen, der als Denker mit ihm, als Dichter mit mir in Verbindung gestanden und gewiß auch da eine schöne Vereinigung vermittelt hätte, die sich zwischen den beiden Überlebenden nicht mehr bilden konnte« (BA 16, S. 417).

Die Porträts der *Biographischen Einzelnheiten* sind aber nicht nur dem individuellen Andenken gewidmet, sondern sie dienen zugleich der Selbstvergewisserung ihres Autors. An allen einzelnen Texten wird deutlich, daß G.s Selbstverständnis sich in einem unausgesetzten, dynamischen Prozeß kommunikativer Auseinandersetzung realisiert, wie er es selbst am Beispiel des optischen Phänomens der *Wiederholten Spiegelungen* (BA 16, S. 389) beschrieben hat. Am Ende eines langen Lebensprozesses vergewissert sich G. noch einmal im Spiegel seiner Weggefährten: »Ich habe daher in reiferen Jahren große Aufmerksamkeit gehegt, inwiefern andere mich wohl erkennen möchten, damit ich in und an ihnen, wie an so viel Spiegeln, über mich selbst und über mein Inneres deutlicher werden könnte« (BA 16, S. 386). In das letzte Spiegelbild geht die Geschichte eines kontinuierlichen wechselseitigen Bildungsprozesses ein, es umfaßt alle Facetten historischer Spiegelungen und formt aus ihnen ein komplexes, qualitativ neues: »Bedenkt man nun, daß wiederholte sittliche Spiegelungen das Vergangene nicht allein lebendig erhalten, sondern sogar zu einem höheren Leben emporsteigern, so wird man der entoptischen Erscheinungen gedenken, welche gleichfalls von Spiegel zu Spiegel nicht etwa verbleichen, sondern sich erst recht entzünden« (BA 16, S. 390).

An anderer Stelle formuliert G. das Ziel seiner autobiographischen Auseinandersetzungen als Heilungsprozeß. Hier wird die Aussöhnung der Gegenwart mit der Vergangenheit zum Motiv des Erinnerns. Der Beschäftigung mit der Vergangenheit wird die letzte Chance zugemessen, korrigierend auf die Gegenwart einzuwirken, die Versäumnisse und Defizite der Vergangenheit in der Gegenwart auszugleichen, die eigene Biographie noch einmal neu zu schreiben: »So muß man den Anteil an der Vergangenheit wieder in sich heraufrufen und sich wieder dahin stellen, wo man noch hofft, ein Mangel lasse sich ausfüllen, Fehler vermeiden, Übereilung sei zu bändigen und Versäumtes nachzuholen« (BA 16, S. 370). So reflektiert G. sein Leben als Anstrengung eines stetigen Bildungsprozesses, dem Streben nach individueller Autonomie als harmonischem Ausgleich zwischen innerer Unabhängigkeit und Öffnung für das Fremde. Zwischen den Extremen des Sichverlierens an den Einfluß stärkerer Persönlichkeiten in der *Jugendepoche* und des Zurückgeworfenseins auf sich selbst, der Einsamkeit in *Späterer Zeit* erfährt G. die Aussöhnung in der Gegenwart des Todes während seiner schweren Krankheit im Jahr 1823. Als Möglichkeit des erneuten Aufbruchs in eine erfüllte *Dankbare Gegenwart* interpretiert er diesen utopischen Moment in seiner Hommage an die Freunde: »Freunde, nach langem Schweigen, belebten das Verhältnis aufs neue; gar manche Schriftzüge erinnerten mich an würdige vorige Zeiten und Verhältnisse; ja, was von der größten Bedeutung zu sein scheint, Personen, die einigen Widerwillen gegen mich hegten (denn wie manchen Freund verletzt man nicht im Leben, das uns zwischen Pflicht und Leichtsinn, zwischen Zerstreuung und Sorge, zwischen Beschäftigung und Zeitverderb hin und her bewegt), wandten sich wieder zu mir, die alte Neigung trat hervor, das Gefühl des Zusammenseins auf Erden und des daraus entspringenden Glücks behielt die Oberhand, und ich sehe die schönsten Verhältnisse wiederhergestellt, deren Entbehrung mir oft empfindlich fiel« (BA 16, S. 433).

Literatur:

Schmid, Komm. in FA I, 17, S. 686–739. – Seidel, Komm. in BA 16, S. 691–721.

Sibylle Schönborn

Maximen und Reflexionen

Textgeschichte

So wie sich G.s Aphorismen heute in den verschiedenen Ausgaben präsentieren, hat sie der Autor nicht selbst als fertiges Werk aus der Hand gegeben. Vielmehr sind die großen Sammlungen mit den Titeln *Maximen und Reflexionen* oder *Sprüche in Prosa* erst nach G.s Tod zusammengestellt worden. Dabei haben die Herausgeber das umfangreiche Textmaterial in sehr unterschiedlicher Anordnung drucken lassen. Selbst die Frage, welche Texte überhaupt in die Sammlung der *Maximen und Reflexionen* einbezogen werden sollten, ist nicht einheitlich beantwortet worden. Eine editorische Schwierigkeit ergab sich auch daraus, daß keineswegs alle Aphorismen von G. selbst stammen, sondern daß sie in vielen Fällen fremde Formulierungen und Gedanken aufnehmen. Bis heute haben die gelehrten Kommentatoren G.s Quellen noch nicht vollständig ermitteln können.

Einen großen Teil seiner *Maximen und Reflexionen* hat G. selbst in verschiedenen Zusammenhängen publiziert. Er hat beispielsweise umfangreiche Gruppen in Romane oder wissenschaftliche Arbeiten eingeschoben, so daß man sie aus diesen vom Autor selbst hergestellten Bezügen herauslösen muß, wenn man sein aphoristisches Werk als eigenständigen Komplex vorstellen will. Die zu G.s Lebzeiten erschienenen Aphorismen finden sich an folgenden Stellen: 1) in den *Wahlverwandtschaften* (1809, als Einschübe *Aus Ottiliens Tagebuche*); 2) in den *Materialien zur Geschichte der Farbenlehre* (1810, unter dem Titel *Lücke*); 3) in G.s Zeitschrift *Ueber Kunst und Alterthum* (in den Jahrgängen 1818 bis 1827); 4) in den *Heften zur Morphologie* (1822); 5) in den *Heften zur Naturwissenschaft* (1823); 6) in *Wilhelm Meisters Wanderjahren* (2. Fassung von 1829 unter den Titeln *Betrachtungen im Sinne der Wanderer* und *Aus Makariens Archiv*).

Zu diesen mehr als 800 Aphorismen kommen noch umfangreiche Bestände aus dem Nachlaß, die schon für die Ausgabe letzter Hand beigezogen wurden und die dann spätere Herausgeber in weiterem Umfang erschlossen haben.

Um die Probleme hinsichtlich des Umfangs und der Anordnung einer Sammlung von G.s Aphoristik zu klären, ist ein kursorischer Überblick über die Editionsgeschichte nötig. Den Anfang bildet die von Johann Peter Eckermann und Friedrich Wilhelm Riemer in der Ausgabe letzter Hand erarbeitete Redaktion unter dem Titel *Maximen und Reflexionen* (1833, Bd. 49). Schon wenige Jahre später brachten die beiden Verwalter des G.schen Nachlasses eine erweiterte Fassung unter dem neuen Titel *Sprüche in Prosa* heraus (1840, Bd. 3 der »Vierzigbändigen Ausgabe«). Wichtigstes Charakteristikum dieser frühen Editionen war, daß die zu G.s Lebzeiten publizierten Aphorismengruppen aufgelöst und in große, auf bestimmte Themen orientierte Komplexe eingebracht wurden. Bei diesem Verfahren glaubte man sich auf eine Äußerung G.s gegenüber Eckermann vom 15.5. 1831 berufen zu können. Allerdings haben spätestens die Argumente Max Wundts deutlich gemacht, daß G.s Bemerkungen von Eckermann wohl mißverstanden worden sind. Es entsprach offenbar nicht G.s Absicht, den Text der *Wanderjahre* um die beiden umfangreichen Aphorismensammlungen zu kürzen und diese wieder in ihre Bestandteile zu zerlegen. Es handelt sich vielmehr um im Werkplan bereits vorgesehene und sorgfältig komponierte Textgruppen (vgl. das Schema in WA I, 25.2, S. 221), die wohl nicht ohne Zerstörung bedeutsamer Sinnzusammenhänge aufgelöst werden können.

Die Weimarer Ausgabe folgte jedoch noch dem Vorbild Eckermanns und Riemers: Sie gliederte die Masse der G.schen Aphorismen in mehrere große thematische Komplexe auf (»Literatur und Ethik«, »Kunst« sowie »Ferneres über Mathematik und Mathematiker« und »Über Naturwissenschaft im Allgemeinen«) und verteilte sie auf verschiedene Bände (WA I, 42.2, S. 109–260; WA I, 48, S. 177–214, mit Nachtrag in WA I, 49.2, S. 201; WA II, 11,

S. 15–163, mit Nachtrag in WA II,13, S. 441–445). Einen einheitlichen, als Ganzes überblickbaren Textbestand der *Maximen und Reflexionen* gibt es hier also nicht, zumal auch die Aphorismen aus den *Wahlverwandtschaften* unberücksichtigt blieben. Diese Editionspraxis wurde von anderen Herausgebern übernommen, etwa in der Cottaschen Jubiläumsausgabe.

Eine entscheidende Veränderung in der Textpräsentation der G.schen Aphoristik brachte erst die Edition der *Maximen und Reflexionen*, die Max Hecker 1907 vorlegte (*Schriften der Goethe-Gesellschaft*, Bd. 21). Hier blieben die von G. selbst zum Druck gegebenen Aphorismenreihen grundsätzlich unangetastet und wurden in der chronologischen Folge ihres Erscheinens angeordnet. Das Nachlaßmaterial dagegen wurde entsprechend der von Eckermann überlieferten Anweisung G.s thematisch gegliedert.

Max Heckers Redaktion der *Maximen und Reflexionen* hat den meisten späteren Ausgaben zum Muster gedient, und die wissenschaftliche Literatur verwendet beim Zitieren einzelner Aphorismen durchweg seine Zählweise. Allerdings gibt es bis in die neueste Zeit immer wieder Bestrebungen, über die Heckersche Sammlung hinauszugehen. Das gilt einmal hinsichtlich des Umfangs des Textcorpus. Seit Günther Müllers Ausgabe von 1943 bezieht man mit guten Gründen die Aphorismenreihe *Lücke* aus der *Farbenlehre* (WA II, 3, S. 130–137) ein. Gerhard Neumann in seinen *Ideenparadiesen* folgt dieser Anregung, und er begreift darüber hinaus alle sechs Auszüge aus Ottiliens Tagebuch in den *Wahlverwandschaften* als wesentlichen Bestandteil der G.schen Aphoristik, während Hecker nur den dritten und vierten Einschub (WA I, 20, S. 239–241 u. S. 259–263) unter die *Maximen und Reflexionen* aufgenommen hatte. Die Münchner G.-Ausgabe geht noch weiter: Sie ergänzt den Heckerschen Textbestand durch den »Lehrbrief« aus dem Siebten Buch von *Wilhelm Meisters Lehrjahren*, sie schließt auch die Aphorismenreihe *Lücke* ein und ergänzt die Textgruppe *Einzelnes* aus *Ueber Kunst und Alterthum* um die von Hecker ausgesonderten

kritischen Kurzkommentare zu einzelnen Büchern (MA 17).

Man hat sich jedoch nicht nur im Umfang, sondern auch in der Textanordnung von Heckers Ausgabe wieder zu lösen versucht. Einige neuere Editoren glaubten, zu dem Prinzip einer thematischen Aufgliederung des Materials zurückkehren zu sollen. Die wichtigsten dieser Versuche stammen von Günther Müller und Hans Joachim Schrimpf. Sie sind aus dem durchaus begreiflichen Bedürfnis hervorgegangen, »das Ganze des Goetheschen Maximenwerks in einer überschaubaren Gruppierung nach Sachgebieten vor sich zu haben« (Schrimpf, S. 707) und »ein Buch für den lebendigen Umgang« zu schaffen, in dem man das inhaltlich Zusammengehörige nicht erst zusammensuchen müsse (Müller, S. XII). Bei diesen Unternehmen erwiesen sich den Herausgebern die von Eckermann genannten drei großen Themenkreise als nicht ausreichend, was zur Einführung einer ganzen Reihe weiterer Rubriken führte. So sehr nun diese Ausgaben in mancher Hinsicht den Überblick über G.s Aphorismen erleichtern, so sehr setzen sie sich doch Bedenken aus: Einmal werden durch die Aufhebung der von G. selbst getroffenen Textanordnung manche wichtigen Bezüge unsichtbar; und zum andern droht die Zuweisung zu einem bestimmten thematischen Komplex die Mehrdeutigkeit und Vielbezüglichkeit der einzelnen Aphorismen zu verdecken. Hinzu kommt die Schwierigkeit, einen bestimmten Aphorismus auf überzeugende Weise entweder bei »Denken und Tun« oder bei »Erfahrung und Leben« zu rubrizieren (vgl. Schrimpf).

Einen grundsätzlich neuen Weg bei der Edition der *Maximen und Reflexionen* hat Harald Fricke in der Frankfurter Ausgabe von G.s Werken beschritten. Er ordnet den Textbestand aufgrund formaler Kriterien nach Textsorten. Die Titel der einzelnen Gruppen lauten: »Aphorismen«, »Thesengruppen«, »Angeeignete Sprüche«, »Sprüche in Übersetzungen«, »Sprüche in Miszellen«, »Sprüche in Rollenprosa«. Das Problem einer solchen Anordnung des Materials, die schon Charles Philip Magill angeregt hatte, liegt darin, daß G. in den von ihm selbst arrangierten aphoristischen Textreihen mit bewußter Zwanglosigkeit die unterschiedlichsten formalen Möglichkeiten nebeneinander benutzt hat. Das gilt auch für die bei Fricke streng gesonderten eigenen und »angeeigneten« Gedanken, die G. bewußt nebeneinanderstellte, wobei sich das Vorgedachte durch die Aufnahme in seinen Gedankenkosmos und durch die Eingliederung in seine Aphorismenreihen mit neuen Bedeutungen anreicherte.

Der Titel *Maximen und Reflexionen* steht spätestens seit Heckers Ausgabe fest und hat den im 19. Jh. vielfach verwendeten *Sprüche in Prosa* verdrängt, den allerdings Fricke wieder zur Geltung bringen möchte. G. selbst hat für seine aphoristischen Texte die Begriffe »Maximen« und »Reflexionen« verwendet, allerdings neben einer ganzen Reihe anderer Bezeichnungen wie etwa »Einzelnes« oder »Einzelnheiten«, »Aphorismen«, »Sprüche«, »Bemerkungen«, »Späne«, »Sentenzen« und »Gnomen«.

Die Zitierungen in diesem Artikel beziehen sich auf folgende Ausgabe, die in Umfang und Zählung Max Hecker folgt und deren Texte an den Erstdrucken bzw. Handschriften überprüft sind: *Maximen und Reflexionen*. Textrevision und Anmerkungen von Irmtraut Schmid. Leipzig 1988.

Entstehung. Verhältnis zur Tradition der Aphoristik

G. hat seine *Maximen und Reflexionen* spontan und eilig auf Rechnungen, Briefumschlägen, Visitenkarten, Theaterzetteln oder auf der Rückseite bedruckter Blätter notiert und diese Aufzeichnungen zunächst ungeordnet gesammelt. Es handelt sich nicht selten um Sätze, die er aus Büchern entnahm oder mit denen er auf Lektüreeindrücke reagierte. Es sind bald Bemerkungen aus Gesprächen und Briefen, bald spontane Einfälle, bald auch konzis und abgewogen formulierte Resultate längerer Denkbewegungen. Sie beschränken sich nicht auf ein bestimmtes thematisch abgegrenztes Feld, sondern sie umspannen den gesamten weiten Kreis von G.s Erkenntnisbemühungen und Lebenserfahrungen.

Die meisten der G.schen Aphorismen sind erst nach 1800 entstanden, die frühesten allerdings gehen bis in die 1780er Jahre zurück. Einen ersten Ansatz zur Bildung einer Aphorismenreihe macht der »Lehrbrief« in *Wilhelm Meisters Lehrjahren*. Im wesentlichen gilt jedoch, daß die *Maximen und Reflexionen* ein Alterswerk sind und sich erst in den letzten Lebensjahrzehnten des Autors anhäuften.

In diesen späteren Jahren tritt bei G. immer deutlicher die Neigung hervor, die Resultate seines Denkens und seiner Erfahrungen in sentenziöser und prägnanter Form auszusprechen. In einem Brief aus dem Jahre 1828 schreibt er, er wolle auf die Betrachtung und Würdigung des Mannigfaltigen Verzicht leisten, »indem in meinen Jahren die Resultate sich immer mehr ins Enge ziehen müssen« (an Christian Gottfried Nees von Esenbeck, 2.4.1828). Schon etliche Jahre früher hatte G. erklärt, daß erst der reife und erfahrene Mensch die bündig formulierten Lebensweisheiten und Erkenntnisse zu schätzen lerne: »Man weiß aber nicht eher als nach einem längeren Lebenslauf was ächte Maximen, die uns über das Gemeine heben, für einen hohen Wert haben, der so selten anerkannt wird« (an Johann Friedrich Rochlitz, 29.3.1801).

G. schließt sich mit seinen Aphorismen in mehrfacher Hinsicht an die Traditionen der Gattung an. Für einen guten Teil der *Maximen und Reflexionen* gilt, daß in ihnen jenes moralisch-psychologische Interesse wirksam ist, das die französische Moralistik beherrscht hatte. Auch deren Neigung zu apodiktischer und zugespitzter Formulierung findet bei G. ein Echo in Sätzen wie den folgenden: »Die größten Menschen hängen immer mit ihrem Jahrhundert durch eine Schwachheit zusammen« (MuR, 49); oder: »Wer sich nicht zu viel dünkt ist viel mehr als er glaubt« (MuR, 152).

Eine andere Tradition, an die G. anknüpft, ist die der wissenschaftlichen Aphoristik. Seit den Zeiten des Hippokrates bis ins 18. Jh. hinein war es weithin üblich, Erfahrungssätze, methodische Maximen oder einzelne Beobachtungen und Lehren in prägnanten Formulierungen zu überliefern, ohne sie in eine systematische Ordnung zu bringen. G. bediente sich dieser Darstellungsweise bei den Aphorismen, die er in seinen naturwissenschaftlichen *Heften* publizierte (MuR, 391–440), und hinterließ späteren Herausgebern noch einen umfangreichen Bestand solcher Texte (MuR, 1135–1302).

Dieses Anknüpfen an die ältere moralistische und wissenschaftliche Aphoristik bedeutet jedoch keineswegs, daß G.s *Maximen und Reflexionen* sich auf konventionellen Bahnen bewegten und bestimmte historische Muster als verbindlich betrachteten. Vielmehr paßt G. die überkommenen Formen dem Bedürfnis an, seine Erfahrungen und Erkenntnisse so auszusprechen, daß sie umfassende Ordnungszusammenhänge spüren lassen, ohne sich zu rigiden Systemen oder abstrakten Theorien zu verfestigen.

Typologie der G.schen Aphorismen

In den *Maximen und Reflexionen* finden sich Texte ganz verschiedenen Typs. Skizzenhafte Notate stehen neben sorgfältig ausformulierten Gedanken, einprägsame Leitsätze zur Lebenspraxis neben Thesen zu wissenschaftlichen Problemen und definitionsartigen Formeln. Da gibt es prägnante Aphorismen im Stil der moralistischen Tradition, bilanzierende Erfahrungssätze, sprichwortartige Dikta, praktische Empfehlungen, orakelhafte Sprüche. Im ganzen zeigt sich eine große formale Vielfalt, so daß sich ein Idealtyp des G.schen Aphorismus nicht auf die Weise beschreiben läßt, wie das bei François de La Rochefoucauld durchaus möglich wäre.

Mit den Aphorismen anderer Autoren haben die G.schen *Maximen und Reflexionen* gemeinsam, daß sie ihrem Leser gedankliche Anstrengungen besonderer Art abverlangen. Das ergibt sich schon aus der Kürze, der Gedrängtheit und Vielbezüglichkeit ihrer Formulierungen, auch aus der Vorliebe für sprachliche und gedankliche Pointierung. Besonders spürbar wird das in der auch von G. immer wieder verwendeten Form des Paradoxons: Es soll den Leser irritieren und dazu bringen, den Widerspruch, der ihm zugemutet wird, aufzulösen.

Da der Aphorismus zur Kürze verpflichtet ist und die Lebenstatsachen, aus denen er hervorgegangen ist, nicht explizit darstellt, bleibt es dem Leser überlassen, der Genese und der Tragweite des Gedankens nachzuspüren, indem er die lakonisch formulierten Maximen und Reflexionen mit der eigenen Erfahrung in Zusammenhang bringt und sie in einen bestimmten gedanklichen Kontext stellt. Daß nur durch eine solche aktive Rezeption der Sinn der G.schen Aphorismen zu erfassen ist, verdeutlichen die *Wanderjahre* in einem kurzen Kommentar zu den Aufzeichnungen aus *Makariens Archiv*: »Resultate waren es, die, wenn wir nicht ihre Veranlassung wissen, als paradox erscheinen, uns aber nöthigen, vermittelst eines umgekehrten Findens und Erfindens, rückwärts zu gehen und uns die Filiation solcher Gedanken von weit her, von unten herauf, wo möglich zu vergegenwärtigen« (WA I, 24, S. 190).

Gebundenheit in den Kontext

Die Interpretation der G.schen Aphorismen hat im Auge zu behalten, daß ihr Gegenstand in mehrere Kontexte eingebunden ist. Im Anschluß an Max Wundt (1932, S. 456) lassen sich vier Ebenen der Betrachtung unterscheiden: Zunächst einmal präsentiert sich der einzelne aphoristische Text im Horizont von G.s Weltanschauung überhaupt und gewinnt in diesem weiten Rahmen seine spezifische Bedeutung; zweitens ist der Aphorismus an seiner besonderen Stelle innerhalb der von G. selbst arrangierten Textreihe zu betrachten; drittens wären die vielfältigen Sinnbezüge in der Aphorismenfolge als ganzer zu berücksichtigen; und viertens müßte – wenn die Aphorismenreihen in Romane oder wissenschaftliche Werke eingeschaltet sind – die Funktion der einzelnen Texte in diesem epischen oder diskursiven Rahmen geklärt werden. Dieser zuletzt genannte Aspekt bleibt im hier verfolgten Zusammenhang außer Betracht und wird den Artikeln über die *Wahlverwandtschaften*, die *Wanderjahre* und die *Farbenlehre* überlassen.

Bedeutsam für die Deutung der *Maximen und Reflexionen* ist vor allem, daß in dem umfänglichen Textbestand ein innerer Zusammenhang spürbar ist, der eine wechselseitige Erhellung der einzelnen Aphorismen bewirkt. Zu beachten ist ferner, daß in den zu G.s Lebzeiten gedruckten Aphorismenreihen die Texte oft so stark miteinander verknüpft und aufeinander bezogen sind, daß sie für sich allein gar nicht interpretiert werden können. Das gilt etwa dann, wenn aufeinanderfolgende Texte durch Konjunktionen wie »Aber« oder »Denn« eingeleitet sind (vgl. MuR, 620ff.), ferner wenn die Anfangswörter demonstrativ aufeinander Bezug nehmen (vgl. MuR, 697ff.: »Die Menge«, – »Die wahren Weisen«, – »Die Afterweisen«). Gar nicht selten ist die schrittweise Entfaltung eines Gedankengangs in einer Folge von Aphorismen (vgl. MuR, 633–641) oder die Betrachtung eines bestimmten Themas von verschiedenen Seiten (so etwa zur Mystik in MuR, 336–339, oder zu Kunst und Künstlertum in den *Betrachtungen im Sinne der Wanderer*).

Aus der bei Georg Christoph Lichtenberg, Novalis, Friedrich Schlegel und G. gemachten Beobachtung, daß die einzelnen Aphorismen in die bewegliche Ordnung übergreifender Sinnzusammenhänge integriert sind, hat Neumann (S. 829) gefolgert, man müsse die aphoristischen Texte immer im Verband der Reihe sehen und es lasse sich in diesen Reihen »kein einziger blinder Fleck« finden. Diese These überspannt jedoch eine richtige Erkenntnis. Der Augenschein lehrt nämlich, daß die Bezüge unter den Aphorismen einer bestimmten Gruppe von sehr unterschiedlicher Dichte sein können. Die mit *Naivität und Humor* überschriebene Reihe aus *Ueber Kunst und Alterthum* von 1818 (MuR, 58–66) ist thematisch um einige zentrale Begriffe angeordnet und

präsentiert sich daher als relativ eng verknüpfter Zusammenhang. Dagegen ist die Reihe *Eigenes und Angeeignetes in Sprüchen* aus *Ueber Kunst und Alterthum* von 1821 (MuR, 69–165) sehr locker aus heterogenen Materialien komponiert, was allerdings nicht ausschließt, daß einzelne Folgen näher zusammengehören (vgl. etwa MuR, 86–89, oder MuR, 115–121).

Eigenes und Angeeignetes

Daß viele der *Maximen und Reflexionen* Zitate sind und sich mit Überliefertem auseinandersetzen, ist ein Anzeichen dafür, daß es G. weniger um frappierende Originalität und Neuheit zu tun ist als um die Wiederholung, Belebung und Weiterführung alter Wahrheiten. Der erste Aphorismus in den *Betrachtungen im Sinne der Wanderer* sagt es ausdrücklich: »Alles Gescheite ist schon gedacht worden, man muß nur versuchen es noch einmal zu denken« (MuR, 441).

Allerdings darf man diesen Satz nicht als Aufforderung verstehen, sich dem Vorgedachten fügsam und unselbständig anzuschließen. Denn Aneignung des Überlieferten heißt immer schöpferische Entfaltung und Applikation auf neue Erkenntnissituationen. Daß diese Aufgabe verfehlt werden kann, verdeutlicht folgender Satz: »Nicht jeder dem man Prägnantes überliefert, wird produktiv; es fällt ihm wohl etwas ganz Bekanntes dabei ein« (MuR, 107). In diesem Zusammenhang erweist es sich als notwendig, den Begriff der Originalität neu zu bestimmen. Er kann nicht meinen, alle Tradition zu verachten und alles aus sich selbst haben zu wollen, denn das wäre etwas höchst Fragwürdiges. Er soll vielmehr gerade die Fähigkeit zu produktiver Aufnahme und Umsetzung des Überkommenen bezeichnen: »Daher ist es das schönste Zeichen von Originalität, wenn man einen empfangenen Gedanken dergestalt fruchtbar zu entwickeln weiß, daß niemand leicht, wie viel in ihm verborgen liege, gefunden hätte« (MuR, 792).

Bei seinen Anknüpfungen und Übernahmen

bezieht sich G. auf viele Quellen: auf die Bibel, auf antike Autoren wie Hippokrates, Plotin, Seneca oder Plutarch, auf Sammlungen von Anekdoten und Apophthegmen, aber auch auf wissenschaftliche Werke und für ihn zeitgenössische Autoren wie Hamann und Schiller, Sterne und Byron. Oft werden die übernommenen Gedanken abgewandelt oder durch Zusätze eingeschränkt, oft auch sind sie in einen übergreifenden Zusammenhang integriert.

Für G. war es eine elementare Notwendigkeit, sich an die Tradition anzuschließen und ihren Wahrheitsgehalt fruchtbar zu machen. Ein Aphorismus aus der *Farbenlehre* begründet das mit der Begrenztheit der individuellen Existenz und der einzelnen historischen Epochen: »Überlieferung fremder Erfahrung, fremden Urtheils sind bei so großen Bedürfnissen der eingeschränkten Menschheit höchst willkommen, besonders wenn von hohen Dingen, von allgemeinen Anstalten die Rede ist« (WA II, 3, S. 135).

Solche Überlegungen mußten den Ehrgeiz, um jeden Preis originell und gedanklich autark zu sein, als verbohrte Eitelkeit erscheinen lassen: »Der törigste von allen Irrtümern ist, wenn junge gute Köpfe glauben ihre Originalität zu verlieren, indem sie das Wahre anerkennen was von andern schon anerkannt worden« (MuR, 254).

Allerdings sehen die *Maximen und Reflexionen* bei allem Respekt vor dem alten Wahren der Überlieferung auch die Grenzen von dessen Anspruch. Insbesondere am Beispiel der Newtonschen Optik glaubte G. den verhängnisvollen Einfluß einer auf Schulautorität gegründeten Tradition zu erkennen (vgl. z.B. MuR, 1173f.). So darf denn die Anerkennung des Überlieferten und die Anknüpfung an frühere Denker nicht neue Ansätze des Fragens blockieren und der Erkenntnisbemühung Grenzen setzen: »Altes Fundament ehrt man, darf aber das Recht nicht aufgeben, irgendwo wieder einmal von vorn zu gründen« (MuR, 548).

Aphoristische Denkform

Welche Denkweise und welche Ausdrucksbedürfnisse G. nach der Form des Aphorismus greifen ließen, geben die *Maximen und Reflexionen* selbst zu erkennen. Der wichtigste Grund liegt offenbar in skeptischen Vorbehalten gegenüber der Abstraktheit begrifflicher Konstruktionen und in einem Mißtrauen gegen alle rigide Systematik des Denkens. G. besteht darauf, daß die konkrete Erfahrung nie in den Ansätzen zu begrifflicher Bewältigung aufgeht: »Theorien sind gewöhnlich Übereilungen eines ungeduldigen Verstandes, der die Phänomene gern los sein möchte und an ihrer Stelle deswegen Bilder, Begriffe, ja oft nur Worte einschiebt« (MuR, 428). Systematisierende Erklärungsversuche und Hypothesen werden leicht zu Barrieren für die Erkenntnis, indem sie den Blick einengen und das »Wiederbeschauen, das Betrachten der Gegenstände der fraglichen Erscheinungen von allen Seiten« behindern (MuR, 1221). Von diesem Mangel kann sich ein Denken in Aphorismen frei halten: Denn das immer neue Ansetzen der Beobachtung und der Denkbewegung in den Lücken zwischen den einzelnen Aphorismen läßt es zu einer Erstarrung der Begriffe nicht kommen, verhindert die Fixierung des Blicks auf nur eine einzige Perspektive und sichert dem Denken Offenheit und Beweglichkeit.

Die Forderung nach Offenheit des Denkens bedeutet für G. auch, daß sich die Erkenntnisbemühung nicht von der lebensweltlichen Erfahrung abtrennen darf. So soll die wissenschaftliche Untersuchung der Phänomene – etwa die des Lichts und der Farben – immer von der sinnlichen Anschauung ausgehen (vgl. MuR, 706). Andererseits soll die theoretische Bemühung nie den Bezug zur Sphäre der lebendigen Praxis verlieren, um nicht steril und selbstgenügsam zu werden. Dieser Gedanke ist in den *Wanderjahren* mit Nachdruck ausgesprochen: »Denken und Thun, Thun und Denken, das ist die Summe aller Weisheit, von jeher anerkannt, von jeher geübt, nicht eingesehen von einem jeden. Beides muß wie Aus-

und Einathmen sich im Leben ewig fort hin und wieder bewegen; wie Frage und Antwort sollte eins ohne das andere nicht statt finden« (WA I, 25.1, S. 30).

In der Abfolge immer neu ansetzender Aphorismen läßt sich zwanglos eine Vielfalt von Perspektiven offenhalten, hier ist Raum für die Erprobung unterschiedlicher gedanklicher Ordnungsentwürfe, und hier bleibt der Blick offen für die unabschließbare Erfahrung. Gleichwohl ist das Denken, das sich in aphoristischer Form manifestiert, nicht ohne inneren Zusammenhang. Es kann jedoch nur eine spannungsvolle, fluktuierende Ordnung sein, zu der sich die Elemente einer Aphorismenreihe zusammenfügen. Sie nimmt auch Widersprüchliches in sich auf, das sich hier nicht im Sinn einer planen Logik wechselseitig ausschließt, sondern komplementär aufeinander bezogen ist, so daß sich die Vorstellung einer die Gegensätze übergreifenden Totalität ergibt.

G.s Bild von »lebendiger Einheit« ist geradezu durch das Nebeneinander widersprüchlicher Tendenzen und gegenläufiger Bewegungen konstituiert (MuR, 571). Offensichtlich würden einseitige, statische Bestimmungen diese in sich bewegte und vielfach differenzierte Einheit verfehlen. Aber auch der Versuch, die Gegensätze durch Kompromisse auf einer mittleren Linie, durch ein flaues Vermitteln auszugleichen, könnte dem inneren Spannungsreichtum der »lebendigen Einheit« nicht gerecht werden. Bezeichnend dafür ist folgende Reflexion: »Man sagt: zwischen zwei entgegengesetzten Meinungen liege die Wahrheit mitten inne. Keineswegs! Das Problem liegt dazwischen, das Unschaubare, das ewig tätige Leben in Ruhe gedacht« (MuR, 616). Auch dieser Gedanke macht verständlich, warum beim späten G. die Neigung hervortritt, sich in Aphorismen auszudrücken: Hier fand er die Form für eine pulsierende, immer neue Ansätze erprobende Denkbewegung, die Widersprüchliches aufnimmt und ihre einzelnen Beobachtungen und Gedanken in eine kaum ausschöpfbare Fülle von Beziehungen stellt. In deren Spannungsfeld zeigt sich »das Unschaubare, das ewig tätige Leben«.

Aus den Vorbehalten gegen das abstrakte und systematische Denken erklärt sich, daß in G.s Aphoristik häufig Bilder, Vergleiche und Analogien auftreten. Sie dienen der Verdeutlichung von komplexen »organischen« Ordnungsbeziehungen, die sich begrifflich nicht fixieren lassen. Über die Leistung eines solchen Denkens in erhellenden Entsprechungen äußert sich folgende Reflexion: »Mitteilung durch Analogieen halt ich für so nützlich als angenehm; der Analoge Fall will sich nicht aufdringen, nichts beweisen, er stellt sich einem andern entgegen ohne sich mit ihm zu verbinden. Mehrere analoge Fälle vereinigen sich nicht zu geschlossenen Reihen [...] sie sind wie gute Gesellschaft die immer mehr anregt als gibt« (MuR, 1247).

Daß sich nicht eine »geschlossene Reihe« herstellt, sondern eher eine durch den Reichtum ihrer inneren Bezüge anregende »gute Gesellschaft«, kann auch für eine Gruppe von Aphorismen gelten. Diese Darstellungsform gewinnt für G.s Denken eine bedeutsame Funktion, die Neumann mit folgender Formulierung umschrieben hat: »Die Denkform des Aphorismus erschließt Möglichkeiten zur sprachlichen Gestaltung widersprüchlicher, durch keine formallogische Bestimmung faßbarer, ins Unendliche differenzierbarer und zugleich auf wenige lakonische Formeln reduzierbarer Gesetze des Lebendigen« (S. 736).

Themen von G.s Aphoristik: Natur

Aus dem umfänglichen Material der *Maximen und Reflexionen* könnte man durch eindringende Interpretation und durch Verknüpfung der einzelnen Gedanken die Anschauungen G.s auf den Feldern der Erkenntnistheorie und Naturwissenschaft, der Ästhetik, Religion, Geschichte und Ethik ziemlich vollständig herausarbeiten. Dies kann an dieser Stelle nicht geschehen, doch soll ein kurzer Überblick auf die wichtigsten Formulierungen und gedanklichen Zusammenhänge hinweisen.

G.s Naturforschung stellt sich bewußt und

demonstrativ in Gegensatz zu den Verfahren der modernen, sich exakt nennenden Naturwissenschaft. Dieser hält er kritisch vor, sie zerstöre mit ihrer Tendenz auf die mathematische Formel die in der sinnlichen Anschauung gegebene Komplexität der Erscheinungen: Es sei eben eine »falsche Vorstellung daß man ein Phänomen durch Kalkül oder durch Worte abtun und beseitigen könne« (MuR, 1278; vgl. auch MuR, 707). G. geht es darum, die konkrete Anschauung und ihre Evidenzerfahrung zur Grundlage der Erkenntnis zu machen, weshalb er Newtons Versuche zur Optik als künstliche Zurichtung und Verzerrung des untersuchten Phänomens ablehnt (vgl. MuR, 1288). Deren Resultate, die jenseits der unmittelbaren sinnlichen Einsehbarkeit liegen, etwa die These, daß das weiße Sonnenlicht aus den Spektralfarben gemischt sei, attackiert G. unerbittlich: »Diejenigen die das einzige grundklare Licht aus farbigen Lichtern zusammensetzen, sind die eigentlichen Obskuranten« (MuR, 1296).

G. will die Farben nicht quantifizierend (durch ihren Brechungsexponenten) definieren, sondern er will sie von der Wahrnehmung durch das menschliche Auge her erfassen. Dieser Absicht liegt die Vorstellung zugrunde, der »Mensch an sich selbst, insofern er sich seiner gesunden Sinne bedient, [sei] der größte und genaueste physikalische Apparat, den es geben kann« (MuR, 706). Das bedeutet auch, daß die Phänomene nicht abgetrennt vom wahrnehmenden Subjekt gedacht werden sollen, ja daß dies gar nicht möglich sei: »Die Erscheinung ist vom Beobachter nicht losgelöst, vielmehr in die Individualität desselben verschlungen und verwickelt« (MuR, 1224).

Dieser Umstand erweist sich keineswegs als Hindernis für eine objektive Erkenntnis, sondern gerade als deren Bedingung. Denn zwischen Mensch und Welt, zwischen Innen und Außen besteht eine enge Affinität, durch die es möglich wird, die in der Natur geltenden Gesetzlichkeiten bereits ahnungsweise zu erfassen, bevor ihre empirische Verifizierung und deutliche Formulierung gelingt. Dieser Gedanke ist am deutlichsten in der folgenden Reflexion ausgesprochen: »Mein ganzes inne-

res Wirken erwies sich als eine lebendige Heuristik, welche eine unbekannte geahnete Regel anerkennend, solche in der Außenwelt zu finden und in die Außenwelt einzuführen trachtet« (MuR, 328; vgl. auch MuR, 1344). Diese intuitive Erkenntnisweise ist in einem Aphorismus aus den *Wanderjahren* näher umschrieben: »Alles was wir Erfinden, Entdecken im höheren Sinne nennen, ist die bedeutende Ausübung, Betätigung eines originalen Wahrheitsgefühles, das, im stillen längst ausgebildet, unversehens mit Blitzesschnelle zu einer fruchtbaren Erkenntnis führt. Es ist eine aus dem Innern am Äußern sich entwickelnde Offenbarung, die den Menschen seine Gottähnlichkeit vorahnen läßt. Es ist eine Synthese von Welt und Geist, welche von der ewigen Harmonie des Daseins die seligste Versicherung gibt« (MuR, 562). Diese spontan sich erschließende Erkenntnis nennt G. »Aperçu« (vgl. dazu MuR, 416 u. 696). Es erfaßt, wie es in der *Farbenlehre* heißt, »was eigentlich den Erscheinungen zum Grunde liegt« (WA II, 3, S. 247).

Die Erkenntnisbemühung kann sich nun nicht nur auf die Affinität zwischen Subjekt und Welt, sondern auch auf eine in den Dingen wirksame kohärente Ordnung stützen: »Jedes Existierende ist ein Analogon alles Existierenden; daher erscheint uns das Dasein immer zu gleicher Zeit gesondert und verknüpft« (MuR, 554). Ein Beispiel für Erkenntnisgewinnung durch Analogie bietet die vergleichende Anatomie der Wirbeltiere: »Wenn ich ein zerstreutes Gerippe finde, so kann ich es zusammenlesen und aufstellen; denn hier spricht die ewige Vernunft durch ein Analogon zu mir, und wenn es das Riesenfaultier wäre« (MuR, 600).

Die *Maximen und Reflexionen* fassen die Naturgesetzlichkeiten, die für G. zentrale Bedeutung hatten, immer wieder in bündigen Formulierungen zusammen. So wird als Prinzip der individuellen Existenz »die rotierende Bewegung der Monas um sich selbst« bezeichnet (MuR, 391). Mehrere Aphorismen sehen das wesentliche Charakteristikum der Entelechie darin, daß sie immer in Tätigkeit ist (MuR, 1365 u. 1368). Ein lebendiges Wesen, das nicht aus seiner Umwelt Impulse aufnähme und auf diese mit seiner Spontaneität reagierte, ist für G. nicht vorstellbar. In dem permanenten Austausch mit der Außenwelt sieht er die Tendenzen zur Anpassung und zur Selbstbehauptung verbunden: »Das Lebendige hat die Gabe sich nach den vielfältigsten Bedingungen äußerer Einflüsse zu bequemen und doch eine gewisse errungene entschiedene Selbständigkeit nicht aufzugeben« (MuR, 1253).

Für das pulsierende Wechselverhältnis zwischen einem Lebewesen und seiner Umwelt verwendet G. das Begriffspaar von Systole und Diastole. Als allgemeines Gesetz zeigt es sich in den verschiedensten Bereichen, etwa bei den Funktionen des Auges (vgl. MuR, 1079 und *Farbenlehre*, Didaktischer Teil, § 38) oder in der Psychologie, wie folgender Aphorismus zeigen will: »Die große Schwierigkeit bei psychologischen Reflexionen ist, daß man immer das Innere und Äußere parallel, oder vielmehr verflochten betrachten muß. Es ist immerfort Systole und Diastole, Einatmen und Ausatmen des lebendigen Wesens« (MuR, 278).

Das in G.s Aphoristik und in seinen naturwissenschaftlichen Schriften hervortretende Bild der Natur und sein Konzept der Naturerkenntnis beruhen offensichtlich auf spekulativen Voraussetzungen und Glaubensgewißheiten, die dem Geist der modernen Wissenschaft und deren rationalem und »entzaubertem« Weltverhältnis entgegengesetzt sind. G. kehrt diesen Gegensatz demonstrativ hervor, wie seine Polemik gegen die Newtonsche Optik zeigt, und wie er zu verstehen gibt, wenn er es als die Aufgabe der Physik bezeichnet, »mit allen liebenden, verehrenden, frommen Kräften in die Natur und das heilige Leben derselben einzudringen« (MuR, 573). Die vom Fortschrittspathos getragene exakte Wissenschaft des 19. Jhs. hat gegenüber G.s naturkundlichen Erkenntnisbemühungen nur herablassende Kritik oder kopfschüttelndes Unverständnis an den Tag gelegt. Eine fundierte Neueinschätzung, die dem G.schen Ansatz sein Recht zubilligt, ist erst durch Ernst Cassirer (1921) und Werner Heisenberg (1941) eingeleitet worden.

Kunst und Künstler

Seine naturwissenschaftlichen Arbeiten sah G. nicht abgetrennt von der schöpferischen Tätigkeit des Künstlers. Denn in beiden Bereichen geht es um die Erfassung der gleichen allgemeinen Gesetzlichkeiten. Die Kunst erscheint ihm als die »würdigste Auslegerin« der Natur (MuR, 201), und das Schöne ist nichts anderes als »eine Manifestation geheimer Natur-Gesetze« (MuR, 183).

Die Kunst erfüllt indessen ihre Aufgabe nicht durch eine möglichst exakte Reproduktion der in der Wirklichkeit begegnenden Objekte und Zusammenhänge. Immer wieder deuten G.s Aphorismen darauf hin, daß es einer Klärung, Verarbeitung, Steigerung der primären Erfahrung bedarf, damit die höheren Ordnungsbeziehungen erkennbar werden. In diese Richtung deutet der Satz: »Man sagt: studiere, Künstler die Natur! Es ist aber keine Kleinigkeit, aus dem Gemeinen das Edle, aus der Unform das Schöne zu entwickeln« (MuR, 191).

Da nun in den Kunstwerken nur die allgemeinen natürlichen Gesetzlichkeiten anschaulich werden, lassen sie sich selbst auch als Manifestationen der Natur betrachten: »Jedes gute und schlechte Kunstwerk sobald es entstanden ist gehört zur Natur. Die Antike gehört zur Natur und zwar wenn sie anspricht zur natürlichsten Natur« (MuR, 1103).

Die *Maximen und Reflexionen* behandeln nicht nur allgemeine Probleme aus dem Umkreis von Kunst und Literatur, sondern versuchen auch zu einzelnen Begriffen klärende Bestimmungen zu liefern, wobei häufig Gegenüberstellungen zur schärferen Profilierung verwandt sind. Dies ist der Fall hinsichtlich der Begriffe des Naiven und des Gemeinen (MuR, 59 u. 60) oder der Laune und des Humors (MuR, 1005 u. 1006), ferner bei der Abgrenzung von Roman und Märchen (MuR, 1046 u. 1047).

Von höchster Bedeutung sind die vielzitierten Bemerkungen zu den Begriffen der Allegorie und des Symbols, die das Verhältnis des Allgemeinen zum Besonderen ins Zentrum stellen. Die entscheidende Formulierung gibt der Aphorismus 314: »Das ist die wahre Symbolik wo das Besondere das Allgemeinere repräsentiert, nicht als Traum und Schatten, sondern als lebendig augenblickliche Offenbarung des Unerforschlichen«. Demgegenüber gilt in der Allegorie »das Besondere nur als Beispiel, als Exempel des Allgemeinen« (MuR, 279, vgl. MuR, 434, 1112 f. u. 1369).

Dem Begriff der Originalität sind eine ganze Reihe von Reflexionen gewidmet. Eine Kritik G.s an der eigenen Sturm und Drang-Vergangenheit klingt an, wenn es heißt: »Shakespeare ist für aufkeimende Talente gefährlich zu lesen; er nötigt sie, ihn zu reproduzieren, und sie bilden sich ein, sich selbst zu produzieren« (MuR, 516). Mehrfach sprechen die *Maximen und Reflexionen* die Auffassung des reifen G. aus, daß wahre Originalität sich in der Entfaltung und Fortbildung von Überliefertem zeigt (vgl. MuR, 791 f., 470 u. 254). Dagegen führt der Anspruch, nur aus sich selbst zu schaffen, auf bedenkliche Wege: »Das sogenannte aus sich schöpfen macht gewöhnlich falsche Originale und Manieristen« (MuR, 1119).

Lebensweisheit

Psychologisch-moralische Reflexionen und Beobachtungen zu Lebensart und Weltlauf sind traditioneller Bestandteil der Aphoristik, namentlich der in Frankreich seit La Rochefoucauld entstandenen. Auch bei G. spielt dieser Themenkreis eine bedeutende Rolle. In den *Maximen und Reflexionen* finden sich beispielsweise scharfsichtige Beobachtungen zu den Affekten des Hasses und des Neides (MuR, 247) oder nüchterne Feststellungen über die Neigung zu sentimentalen Selbsttäuschungen, etwa in folgendem Satz: »Der liebt nicht der die Fehler des Geliebten nicht für Tugenden hält« (MuR, 843).

Zahlreiche Aphorismen G.s formulieren allgemeine Lebensweisheiten und aus breiter Er-

fahrung abgeleitete Erkenntnisse über das menschliche Zusammenleben. Es gibt Bemerkungen über die Rolle der gesellschaftlichen Konventionen (MuR, 30–33) und über die produktive Rolle des Irrtums in der Entwicklung des einzelnen (MuR, 67 f.). Man stößt auf sprichwortartige Sätze, aber auch auf effektvolle Umkehrungen eingelebter Redensarten: »Der Wolf im Schafpelze ist weniger gefährlich als das Schöps in irgend einem Pelze wo man es für mehr als einen Schöps nimmt« (MuR, 850). Nicht selten sind sehr desillusionierte Feststellungen zum Weltlauf. Da heißt es lakonisch: »Die empirisch-sittliche Welt besteht größtenteils nur aus bösem Willen und Neid« (MuR, 170). Die Undankbarkeit erscheint als verbreitete Haltung (MuR, 1320), »Mißreden« und Verdächtigungen werden allenthalben registriert (MuR, 866 u. 870).

Daneben stehen allerdings auch moralische Postulate. Die Pflicht des Menschen wird als die »Forderung des Tages« definiert (MuR, 443), und es erfolgen bedeutsame Klarstellungen wie die zum Begriff der Toleranz: Sie sollte »eigentlich nur eine vorübergehende Gesinnung sein; sie muß zur Anerkennung führen. Dulden heißt beleidigen« (MuR, 875). Grundsätzliche Fragen des menschlichen Daseins werden in lapidaren Formulierungen behandelt. Den Gedanken des »Stirb und werde« faßt G. in folgenden, mit der Paradoxie spielenden Aphorismus: »Unser ganzes Kunststück besteht darin, daß wir unsere Existenz aufgeben um zu existieren« (MuR, 302).

Eine Reihe von Reflexionen verfolgen die Absicht, den alten Imperativ des »Erkenne dich selbst« zu präzisieren und vor Mißverständnissen zu bewahren. Daß G. von Introversion und hypochondrischer Selbstbetrachtung nicht viel hielt, zeigt der Satz: »Wenn der Mensch über sein Physisches oder Moralisches nachdenkt findet er sich gewöhnlich krank« (MuR, 98). Selbstquälerisches Abhorchen der eigenen Seele führt nicht zu förderlicher Selbsterkenntnis, sondern allein die Bewährung in der Praxis des Lebens: »Wie kann man sich selbst kennen lernen? Durch Betrachten niemals, wohl aber durch Handeln. Versuche deine Pflicht zu tun und du weißt gleich was an dir ist« (MuR, 442, vgl. MuR, 657f.).

Hier zeigt sich G.s hohe Schätzung der Tätigkeit gegenüber aller abstrakten und selbstgenügsamen Spekulation. Allerdings führt dies nicht zu einer pauschalen Reflexionsfeindlichkeit, sondern zur Forderung nach einem lebendigen Wechselverhältnis zwischen Denken und Handeln, das sich in folgendem Aphorismus andeutet: »Mit Gedanken die nicht aus der tätigen Natur entsprungen sind, und nicht wieder aufs tätige Leben wohltätig hinwirken und so in einem mit dem jedesmaligen Lebenszustand übereinstimmenden mannigfaltigen Wechsel unaufhörlich entstehen und sich auflösen, ist der Welt wenig geholfen« (MuR, 921).

Geschichte

G. hat sich den Verlauf der Geschichte nicht nach dem Schema linearen Fortschreitens denken können. Angemessener schien ihm offenbar die Vorstellung eines zyklisch verlaufenden Prozesses, der sich in permanentem Wechsel zwischen polar entgegengesetzten Positionen hin- und herbewegt: »Der Kampf des Alten, Bestehenden, Beharrenden mit Entwicklung, Aus- und Umbildung ist immer derselbe. Aus aller Ordnung entsteht zuletzt Pedanterie, um diese los zu werden zerstört man jene, und es geht eine Zeit hin bis man gewahr wird daß man wieder Ordnung machen müsse. Klassizismus und Romantizismus, Innungszwang und Gewerbsfreiheit, Festhalten und Zersplittern des Grundbodens, es ist immer derselbe Konflikt der zuletzt wieder einen neuen erzeugt« (MuR, 346). Die geschichtliche Entwicklung menschlicher Gesellschaften ist in diesen Sätzen offensichtlich wie ein Naturvorgang aufgefaßt, der durch gezieltes Handeln nur in sehr beschränktem Maß zu beeinflussen ist.

Gleichwohl spiegelt sich in den *Maximen und Reflexionen* ein deutliches Empfinden für die Unwiederholbarkeit des einzelnen histori-

schen Moments. So heißt es etwa zu der Erfindung der Luftballone und zu der dadurch in den 80er Jahren des 18. Jhs. veranlaßten Erregung: »Dies ist unmöglich selbst in der Erinnerung wieder herzustellen, so wenig als wie lebhaft man sich für einen vor dreißig Jahren ausgebrochenen höchst bedeutenden Krieg interessierte« (MuR, 402). Wenn dem einfühlenden Verständnis in vergangene Zustände solche Hindernisse entgegenstehen, dann heißt das auch, daß der Mensch nur von seinen Zeitgenossen, nämlich aus der gleichen historischen Erfahrung heraus beurteilt werden kann (MuR, 399 u. 371). Denn der einzelne ist in seinen persönlichen Charakteristika nicht nur durch seine angeborenen Anlagen bestimmt, sondern ebenso durch das, was er sich aus seiner historisch-sozialen Umwelt angeeignet hat (MuR, 837). Auf diese Weise wird er zum »Organ« seines Jahrhunderts, ohne daß ihm dies bewußt sein müßte (MuR, 957).

Im Gegensatz zu solchen Überlegungen scheint folgende, im Zusammenhang mit *Dichtung und Wahrheit* entstandene Reflexion zu stehen: »Innerhalb einer Epoche gibt es keinen Standpunkt eine Epoche zu betrachten« (MuR, 1023). Der Satz deutet an, daß es neben dem Blick auf die Einmaligkeit des erlebten historischen Augenblicks auch die Bemühung gibt, die Phänomene als Moment einer epochenübergreifenden Bewegung zu verstehen und sie in den Kategorien einer allgemeinen Typologie zu erfassen. Dies letztere aber ist nur von außen, nicht unter dem Einfluß der Blickzwänge und Befangenheiten der Epoche selbst möglich. Insofern setzt das historische Urteil Distanz voraus. Es ist dazu allerdings nicht ein großer zeitlicher Abstand nötig, sondern schon innerhalb eines individuellen Lebensgangs kann es geschehen, »daß jemand im höchsten Alter sich selbst historisch wird, und daß ihm die Mitlebenden historisch werden, so daß er mit niemandem mehr kontrovertieren mag« (MuR, 652).

So wenig G. an ein zielgerichtetes Fortschreiten des historischen Prozesses glaubte, so wenig stürzte ihn der Blick auf die geschichtlichen Zustände der Menschheit in düsteren Pessimismus. Zwar fehlt es nicht an desillusionierten Kommentaren zum Weltlauf, aber G. findet doch Trost in dem Gedanken, daß sich die besseren Möglichkeiten des Menschen immer wieder verwirklicht haben: »Betrachtet man die einzelne frühere Ausbildung der Zeiten, Gegenden, Ortschaften, so kommen uns aus der dunklen Vergangenheit überall tüchtige und vortreffliche Menschen, tapfere, schöne, gute in herrlicher Gestalt entgegen. Der Lobgesang der Menschheit, dem die Gottheit so gerne zuhören mag, ist niemals verstummt, und wir selbst fühlen ein göttliches Glück, wenn wir die durch alle Zeiten und Gegenden vertheilten harmonischen Ausströmungen, bald in einzelnen Stimmen, in einzelnen Chören, bald fugenweise, bald in einem herrlichen Vollgesang vernehmen« (WA II, 3, S. 132).

Allerdings begegnet in der Geschichte auch viel Unvernunft und Schlechtigkeit, und im ganzen produziert das Zusammenwirken von Notwendigkeit und Zufall »das Incalculable, das Inkommensurable der Weltgeschichte« (WA II, 3, S. 134). Aber darauf verweilt der Blick nicht mit Gewinn. Denn: »Das Beste was wir von der Geschichte haben ist der Enthusiasmus den sie erregt« (MuR, 495).

Die Bemerkungen G.s zu seiner eigenen Epoche sind von starker Skepsis geprägt. Da gibt es polemische Bemerkungen zur Literatur der Romantik (MuR, 311, 1031f. u. 1333) und Klagen über die zunehmende Verwirrung des geistigen Lebens in Deutschland (MuR, 1013). Mit Besorgnis registrierte G. die Beschleunigung aller Lebensprozesse in der modernen Welt, »die nichts reif werden läßt« (MuR, 479). Das »veloziferische« Zeitalter verhindert mit seiner wirbelnden Bewegtheit und seiner einreißenden Unsolidität, daß junge Menschen noch zu sich selbst und zu einem gesicherten Weltverhältnis finden: »So wenig nun die Dampfmaschinen zu dämpfen sind, so wenig ist dies auch im Sittlichen möglich; die Lebhaftigkeit des Handelns, das Durchrauschen des Papiergelds, das Anschwellen der Schulden, um Schulden zu bezahlen, das alles sind die ungeheuern Elemente, auf die gegenwärtig ein junger Mann gesetzt ist. Wohl ihm, wenn er von der Natur mit mäßigem, ruhigem Sinn

begabt ist, um weder unverhältnismäßige Forderungen an die Welt zu machen, noch auch von ihr sich bestimmen zu lassen« (MuR, 480).

Mit Skepsis äußern sich die *Maximen und Reflexionen* auch zu den politischen Zeitläuften. Die Parolen der Französischen Revolution verfallen scharfer Kritik: »Gesetzgeber oder Revolutionärs die Gleichsein und Freiheit zugleich versprechen sind Phantasten oder Scharlatans« (MuR, 953). Warnend wird auf die Gefahr des Orientierungsverlusts gedeutet, der sich bei allen emanzipatorischen Bestrebungen einstellen kann: »Alles was unsern Geist befreit, ohne uns die Herrschaft über uns selbst zu geben, ist verderblich« (MuR, 504; vgl. MuR, 958). Daß G. gewaltsame politische Umbrüche für illusionäre Unternehmungen hielt, zeigt folgende Bemerkung zur Juli-Revolution in Frankreich: »Es ist nichts trauriger anzusehn als das unvermittelte Streben ins Unbedingte in dieser durchaus bedingten Welt; es erscheint im Jahre 1830 vielleicht ungehöriger als je« (MuR, 961).

Erkenntnis

Eine ganze Reihe von Aphorismen gibt zu verstehen, daß Erkenntnis für G. nichts Objektives, ein für allemal Fixierbares ist. Sie muß vielmehr als unauflöslich in den Lebensprozeß verflochten aufgefaßt werden, ja sie ist dessen Funktion: »Kenne ich mein Verhältnis zu mir selbst und zur Außenwelt, so heiß' ich's Wahrheit. Und so kann jeder seine eigene Wahrheit haben, und es ist doch immer dieselbige« (MuR, 198). Dieses überall identische Wahre ist nach Georg Simmels Formulierung das »funktionell Richtige, in die Lebenstotalität förderlich Eingefügte, das sich über die gewöhnliche Relation: wahr und falsch, erhebt« (S. 28).

Mit der Existenz des Individuums ist eine bestimmte Perspektive auf die Welt unabtrennbar vorgegeben, die als elementarer Lebenstatbestand hingenommen werden muß. Man sollte daher, so empfiehlt ein G.scher Aphorismus, »mit niemandem streiten, sondern nur die Vorstellungsart eines andern wie seine eigene als ein Phänomen betrachten« (MuR, 594). Ein und derselbe Mensch neigt auf verschiedenen Altersstufen zu jeweils neuen philosophischen Grundhaltungen (MuR, 806), und die religiösen Vorstellungen verschieben sich je nach dem Lebenszusammenhang (MuR, 807):

	»Wir sind	
Naturforschend	Dichtend	Sittlich
Pantheisten	Polytheisten	Monotheisten«.

Wenn die Wahrheiten so unauflöslich an die Individualität und an konkrete Lebenskontexte des Erkennenden gebunden sind, muß deren Mitteilung schwierig oder gar unmöglich sein. G.s Aphorismen lassen daran keinen Zweifel: »Was ich recht weiß, weiß ich nur mir selbst; ein ausgesprochenes Wort fördert selten, es erregt meistens Widerspruch, Stocken und Stillstehen« (MuR, 720; vgl. MuR, 595). Die praktische Folgerung daraus kann sich nur darauf richten, die eigene Wahrheit gelassen festzuhalten und andere Wahrheiten in ihrem Recht anzuerkennen. Das gilt G. zufolge auch für die Wissenschaften: »In Neu York sind neunzig verschiedene, christliche Konfessionen, von welchen jede auf ihre Art Gott und den Herrn bekennt, ohne weiter an einander irre zu werden. In der Naturforschung, ja in jeder Forschung, müssen wir es so weit bringen; denn was will das heißen daß jedermann von Liberalität spricht und den andern hindern will nach seiner Weise zu denken und sich auszusprechen?« (MuR, 1181; vgl. MuR, 1183 u. 1401).

Auch wenn die menschliche Erkenntnisbemühung die mit der individuellen Existenz gesetzten Schranken nicht durchbrechen kann, so ist sie doch ein unverzichtbares Mittel zur Orientierung in der Welt. Möglich ist es immerhin, sich die besonderen Voraussetzungen der eigenen Vorstellungsweise bewußt zu machen. So deutet G. an, daß seine naturwissenschaftlichen Arbeiten nur aus dem forschungsgeschichtlichen Zusammenhang des späteren

18. Jhs. zu verstehen sind (MuR, 401). Ihm steht außer Zweifel, daß alle methodischen Festlegungen im Fortgang des »redlichen Forschens« verändert werden müssen (MuR, 1215) und daß alle Entwürfe zur systematischen Ordnung des Wissens nur vorläufig sein können (MuR, 1268). Ferner ist im Bewußtsein zu halten, daß jeder erkennende Zugriff auf die Phänomene deren Komplexität beschneidet, sobald er sich in diskursiver Sprache niederschlägt: »Der Mensch, indem er spricht, muß für den Augenblick einseitig werden; es gibt keine Mittheilung, keine Lehre ohne Sonderung« (WA I, 28, S. 109). Aus diesem Grund ist auch der Streit zwischen den »Universalisten«, die den Akzent aufs Allgemeine legen, und den »Singularisten«, die auf der Nicht-Rubrizierbarkeit des Einzelnen bestehen, ebenso unvermeidlich wie unentscheidbar: »Da nun beide Vorstellungs-Weisen ursprünglich sind und sich einander ewig gegenüberstehen werden, ohne sich zu vereinigen oder aufzuheben; so hüte man ja sich vor aller Kontrovers und stelle seine Überzeugung klar und nackt hin« (MuR, 419). Als Maxime für das Streben nach Erkenntnis kann da nur gelten: »Eine tätige Skepsis, welche unablässig bemüht ist sich selbst zu überwinden um, durch geregelte Erfahrung, zu einer Art von bedingter Zuverlässigkeit zu gelangen« (MuR, 1203). Als höchstes Ziel des »denkenden Menschen« bezeichnen es die *Maximen und Reflexionen* in einer vielzitierten Wendung, »das Erforschliche erforscht zu haben und das Unerforschliche ruhig zu verehren« (MuR, 1207; vgl. MuR, 577).

Wirkungsgeschichte

Die *Maximen und Reflexionen* sind bis ins 20. Jh. hinein häufig nicht als eigenständiger und gewichtiger Teil von G.s Werk gewürdigt worden. Man benutzte die Aphorismensammlungen zwar als Steinbruch für Zitate, interessierte sich aber kaum für ihren inneren Zusammenhang und für ihre Funktion als Ausdrucksmedium des G.schen Denkens. Nicht zu Unrecht konnte daher Giulia Cantarutti in ihrem 1984 erschienenen Überblick über die deutsche Aphorismusforschung feststellen, die *Maximen und Reflexionen* seien »in der Tat eines der am wenigsten erforschten Werke des größten Autors der deutschen Literatur« (S. 56).

Selbst Hecker hatte im Vorwort zu seiner bahnbrechenden Ausgabe der *Maximen und Reflexionen* noch Vorbehalte gegen die Form des Aphorismus spüren lassen. Zwar sprach er von den »sinnschweren Worten, in denen die Erfahrungen eines wunderbar begabten Daseins ihren Ausdruck finden«. Zugleich aber glaubte er ein »negatives Element« betonen zu müssen: »Ist ja doch der Hang zur Meditation, die Lust, sich in ›Einzelnheiten‹ zu ergehen, immer nur das Merkmal absinkender Gestaltungskraft« (S. XXXIII).

Immerhin hatte schon Gustav von Loeper in seiner einflußreichen, 1870 im Rahmen der Hempelschen G.-Ausgabe erschienenen Edition der *Sprüche in Prosa* eine Reihe positiver Urteile über G.s Aphoristik anführen können und dezidiert festgestellt: »Verglichen mit andern ähnlichen Sammlungen, muß die unsrige weitaus den ersten Platz erhalten, sei es, daß man ihren fast alle Gebiete des Denkens und Lebens umfassenden Inhalt, sei es, daß man den Geist, der sie beseelt, sei es, daß man ihre Form berücksichtigt« (Vorbemerkung, S. 10). Auch Otto Harnack erkannte 1899 den *Maximen und Reflexionen* höchsten Rang innerhalb des G.schen Gesamtwerks zu: »Sie sind das vollständigste und untrüglichste Document für die Erkenntniß seiner Lebensweisheit in ihrer vollendetsten abgeschlossenen Form« (S. 238).

Diese Einschätzung hat dann im Lauf der folgenden Jahrzehnte zunehmend an Anhängern gewonnen. Josef Hofmiller wollte gar in den *Maximen und Reflexionen* »das großartigste Aphorismenbuch der Weltliteratur« sehen. Und die Kommentatoren neuerer Ausgaben wie Müller, Schrimpf oder Walther Killy stellten die G.sche Aphoristik neben den *Faust* und die *Wilhelm-Meister*-Romane. Gleichwohl bleibt es auffällig, daß die auf repräsentative

Wirkung angelegten großen Gesamtdarstellungen von G.s Leben und Werk in der Regel keine eigenen Kapitel zu den *Maximen und Reflexionen* enthalten. Das gilt für die älteren Werke von Albert Bielschowsky und Friedrich Gundolf, aber auch für neuere wie die Emil Staigers und Karl Otto Conradys.

Wo sich die Literaturwissenschaft der G.schen Aphoristik intensiver zuwandte, richtete sich das Interesse meist auf die Frage, wie die einzelnen Texte miteinander durch vielfältige Bezüge verknüpft sind, und insbesondere auf das Problem, wie sich die beiden großen Sammlungen, die zuerst in den *Wanderjahren* erschienen sind, in den Roman eingliedern. Hier haben die Forschungen Wundts schon früh Grundlegendes geleistet. In späteren Jahren haben Wilhelm Flitner, Erich Trunz (Komm. in HA 8) und Johannes John wertvolle Beiträge zur Klärung dieser Fragen geliefert.

Die wichtigste neuere Untersuchung zu G.s aphoristischem Werk sind die einschlägigen Kapitel in Gerhard Neumanns *Ideenparadiesen* von 1976. Hier wird versucht, die *Maximen und Reflexionen* als Ausprägung einer »transzendentalen Moralistik« zu interpretieren. Das bedeutet, daß Neumann in den Aphorismen G.s einmal das moralistische Anliegen sichtbar macht, »den Menschen in seinen Kräften und Vermögen zu erkennen, seine Reaktionen in bestimmten Situationen zu überprüfen«; daneben ist jedoch die Bemühung zu registrieren, »aus diesen menschenkundlichen Einsichten das menschliche Erkenntnisvermögen selbst in seinen Grenzen und Möglichkeiten zu bestimmen« (S. 644). Darüber hinaus versucht Neumann die spezifische Erkenntnisleistung der G.schen Aphoristik sichtbar zu machen. Dazu dient der Nachweis, daß die *Maximen und Reflexionen* streng komponierte, Widersprüche umgreifende, sich wechselseitig erhellende »organische« Gedankenordnungen bilden.

Quer zu den bisherigen Deutungsbemühungen stellen sich die 1984 und 1990 ans Licht gekommenen Beiträge Harald Frickes. Er hält es für ein »Fehlurteil der Gattungsgeschichte«, daß man die *Maximen und Reflexionen* als Aphorismen bezeichnet hat (Fricke, S. 105).

Grundlage für diese Einschätzung ist ein formaler, enger Gattungsbegriff, dem die meisten der G.schen Texte nicht entsprechen. Fricke fordert, das ihm heterogen erscheinende Textcorpus grundlegend neu zu ordnen und auf dieser Grundlage zu einer Neuinterpretation anzusetzen. Es melden sich indessen Zweifel, ob ein solches Verfahren der formalen Liberalität gerecht wird, die in den *Maximen und Reflexionen* herrscht, und ob sich auf diese Weise die spätestens seit Heckers Ausgabe sich kontinuierlich entwickelnde Wirkungsgeschichte revidieren läßt.

Literatur:

Baumann, Gerhart: Maxime und Reflexion als Stilform bei Goethe. Phil. Diss. Freiburg 1949. – Bianquis, Geneviève: Les *Maximes et Réflexions*. In: dies.: Etudes sur Goethe. Paris 1951, S. 81–89. – Cantarutti, Giulia: Aphoristikforschung im deutschen Sprachraum. Frankfurt, Bern, New York, Nancy 1984, S. 50–57. – Cases, Cesare: Goethe e Lichtenberg, ovvero massima e aforismo. In: Quaderni di retorica e poetica. 2 (1986), S. 131–136. – Flitner, Wilhelm: Aus *Makariens Archiv*. Ein Beispiel Goethescher Spruchkomposition. In: Goethe-Kalender auf das Jahr 1943. Hg. vom Frankfurter Goethe-Museum. Leipzig 1943, S. 116–163. – Ders.: Goethe im Spätwerk. Glaube. Weltsicht. Ethos. Bremen 1957, S. 380–396. – Fricke, Harald: Aphorismus. Stuttgart 1984, S. 105–113. – Ders.: Gattungstheorie und Textedition. Probleme ihres Zusammenhangs am Beispiel von Goethes *Maximen und Reflexionen*. In: Lamping, Dieter u.a. (Hg.): Gattungstheorie und Gattungsgeschichte. In: Wuppertaler Broschüren zur Allgemeinen Literaturwissenschaft. 4 (1990), S. 157–182. – Grappin, Pierre: Réflexions sur quelques Maximes de Goethe. In: Un dialogue des nations. Fs. Albert Fuchs. München, Paris 1967, S. 107–120. – Harnack, Otto: Bemerkungen über die Normen einer Ausgabe von Goethe's *Maximen und Reflexionen*. In: ders.: Essais und Studien zur Literaturgeschichte. Braunschweig 1899, S. 238–247. – Hofmiller, Josef: Die *Sprüche in Prosa*. In: ders.: Wege zu Goethe. Hamburg 1949, S. 45–59. – Jacobs, Jürgen: *Sprüche in Prosa* oder *Maximen und Reflexionen*? In: WW. 45 (1995), S. 199–202. – John, Johannes: Aphoristik und Romankunst. Eine Studie zu Goethes Romanwerk. Rheinfelden 1987. – Magill, C. P: The Dark Sayings of the Wise. Some Observations on Goethe's *Maximen und Reflexionen*. In: PEGS. 36 (1966), S. 60–82. – Müller, Günther: Vorwort. In: Goethe: *Maximen und Reflexionen*. Stuttgart 1973. – Müller-Seidel, Walter: Goethes *Maximen und Reflexionen*. Denkformen und Bewußtseinskritik. In: GoetheJb. 97 (1980, S. 114–123). – Neumann, Gerhard: Ideenparadiese. Untersuchungen zur Aphoristik von Lichtenberg, Novalis, Friedrich Schlegel und Goethe. München 1976, S. 604–736. – Stephenson, R. H.: Goethe's Wisdom Literature. A Study in Aesthetic Transformation. Bern, Frankfurt/M., New York 1983. – Stöcklein, Paul: Wege zum späten Goethe. Hamburg ²1960, S. 157–163. – Wundt, Max: Goethes Wilhelm Meister und die Entstehung des modernen Lebensideals. Leipzig ²1932, S. 493–509. – Ders.: Aus *Makariens Archiv*. Zur Entstehung der Aphorismensammlungen in den *Wanderjahren*. In: GRM. 7 (1915–1919), S. 177–184.

Jürgen Jacobs

Goethe als Briefschreiber

Die Editionsgeschichte der Briefe

Wenn G. in einem Brief an Christian Gottfried Körner schreibt: »Nichts wird mir saurer als Briefe zu schreiben und mehr als einmal versäume ich darüber Pflicht und Schicklichkeit« (21.10. 1790; vgl. an Johann Friedrich Reichardt, 17.11. 1791; an den Herzog Carl August, 12.6. 1797), wirkt das eher wie Koketterie angesichts der mehr als 14.000 bekannten und veröffentlichten Briefe, die von ihm vorliegen. Das Corpus der hinterlassenen Briefe G.s, das immerhin die 53 Bände der IV. Abteilung der Weimarer Ausgabe füllt und gewissermaßen sein umfangreichstes ›Werk‹ darstellt, ist einerseits eine reichhaltige biographische und historische Dokumentation, andererseits ergänzt es in Teilen die Kommentierung von Entstehung und Wirkung eigener literarischer Texte. Darüber hinaus weist es aber in so hohem Maße Merkmale eines literarischen Textes auf, daß es auch als ein solcher interpretiert werden kann. Die Perspektivierung der biographischen, historischen, werk- und wirkungs- sowie literaturgeschichtlichen Bezüge, die Konstituierung einer Fülle von Sozialbeziehungen und die Entwürfe personaler und dichterischer Identität werden sprachlich oft in einer Form realisiert, die die Grenze zum dichterischen Text überschreitet. Diese gleichsam doppelte Erscheinungsweise der G.schen Briefe verbietet eine Deutung des Corpus als eines rein biographisch-dokumentarischen Textes und damit authentischen ›Lebensabdrucks‹, als der sie gemeinhin gelesen werden. Vielmehr müssen auch die scheinbar ›unmittelbarsten‹ dieser ›Lebensäußerungen‹ als auch künstlerische Verfertigungen, d.h. als ästhetische und ästhetisierende Überformungen des Biographischen und Historischen betrachtet werden. G.s Briefe sind nicht »sein Leben«, wie Ernst Beutler zu Beginn seiner Einführung zum ersten Band der Briefe in der Gedenkausgabe sagt (GA 18, S. 951). Vielfach sind sie, ähnlich wie die autobiographischen Hauptschriften, literarische Texte mit einem über ästhetische Transformationen vermittelten Verhältnis zur Schicht biographischen Erlebens.

Die Veröffentlichungsgeschichte der Briefe G.s ist langwierig und verschlungen, der Disparatheit des Gesamtcorpus und der zunächst bestehenden räumlichen Zerstreutheit der Originale entsprechend. Schon zu G.s Lebzeiten wurden vereinzelt und ohne sein Einverständnis Briefe veröffentlicht, meist zufällig entstandene kleine Korrespondenzen oder Einzelbriefe zu bestimmten Sachfragen, mit deren Publikation sich die Empfänger der Briefe schmücken wollten. Unmittelbar nach G.s Tod aber entstand schnell das Interesse, neben den für die Ausgabe letzter Hand vorgesehenen literarischen, naturwissenschaftlichen und kunsttheoretischen Schriften und den von G. selbst zur Publikation gebrachten bzw. vorbereiteten Briefwechseln mit Schiller und Carl Friedrich Zelter alle nur greifbaren Lebenszeugnisse, alles jemals schriftlich Hinterlassene zu sammeln und einem Lesepublikum zugänglich zu machen. Noch im selben Jahr erschien Karl Wilhelm Müllers Sammlung *Goethe's letzte literarische Thätigkeit*, mit Briefen an die Naturwissenschaftler Heinrich Wilhelm Wackenroder und Leopold Christian Friedrich Dagobert Georg Baron Cuvier und den französischen Bildhauer Claude David; ebenso die Darstellung des Kanzlers Friedrich von Müller *Goethe in seiner praktischen Wirksamkeit*, mit Fragmenten von Briefen an den Herzog Carl August, die Großherzogin Louise und Zelter. Schon in den folgenden fünf Jahren wurden etwa die Briefe an Friedrich Gottlieb Klopstock, Eugen Napoleon Neureuther, Jenny von Voigts, Carl August Varnhagen von Ense, Karl Ludwig von Woltmann, Georg Wilhelm Friedrich Hegel, Christoph Friedrich Schultz und Friedrich August Wolf bekannt, die aber gewissermaßen nur zufällig in Publikationen erwähnt oder vorgeführt wurden. Problematische bis mangelhafte Editionen einzelner Briefwechsel folgten: die *Briefe an Lavater* (1833), der *Briefwechsel mit Zelter*

(1833–1834), die *Theaterbriefe an Kirms* (1835), Bettina von Arnims halbfiktiver *Briefwechsel Goethe's mit einem Kinde* (1835). 1837 legte Heinrich Döring *Goethe's Briefe in den Jahren 1786–1832* vor, eine Sammlung von 1092 Briefen, allerdings unter Weglassung vieler schon damals bekannter Texte und textkritisch höchst bedenklich. Döring zog Briefe ähnlichen Inhalts zusammen, Datums- und Adressatenangaben sind oft zweifelhaft, in mehreren Fällen sind ihm sogar Fälschungen nachzuweisen: Döring fügte der Nennung des eigenen Namens in G.s Briefen lobende Passagen hinzu (etwa an Christian Ernst Friedrich Weller, 4. 11. 1829).

Im folgenden Jahrzehnt wurde eine Unzahl weiterer Briefe bekannt, unter anderen die wichtigen Briefe an Auguste zu Stolberg, Friedrich Heinrich Jacobi, den Freiherrn Heinrich Friedrich Carl von Stein und August Wilhelm Schlegel sowie Friedrich Wilhelm Riemers von ihm selbst edierter Briefwechsel mit G., deren Publikationen trotz editorischer Mängel die Kenntnis dieser Briefe zu verdanken ist. Den ersten Schritt zu einer wissenschaftlichen Textkritik machte Schölls Sammlung *Briefe und Aufsätze aus Goethe's Jugendzeit* (1846). Den Stellenwert der genaueren Erforschung G.s läßt einerseits die in den 50er Jahren allmählich erfolgende Gründung von »Goethe-Gesellschaften« erahnen, andererseits aber vor allem sein zunehmender Klassiker-Status: Orientiert an der altphilologischen Textkritik und Quellenbehandlung bildeten sich die Maßstäbe der G.-Philologie heraus; nunmehr werden die ›Lebensdokumente‹ mit nahezu unbegrenzter Genauigkeit einer Überprüfung unterzogen. 1848 ist der Beginn der Herausgabe der Briefe an Charlotte von Stein zu vermerken, die oft gravierende Probleme der genauen Datierung machen. Otto Jahns *Goethe's Briefe an Leipziger Freunde* (1848) folgte erstmals strengen philologischen Kriterien. – Alle Versuche zu Gesamtausgaben der Briefe wurden dadurch behindert, daß die Rechte an den Briefen in vielen Fällen bei Privatleuten, bei G.s Enkeln oder den Erben einzelner Korrespondenten lagen – auch die 1856–1865 in Berlin veranstaltete zweite Gesamtausgabe *Goethe's Briefe, worunter viele bisher ungedruckte. Mit geschichtlichen Einleitungen und Erläuterungen* blieb aus diesen Gründen unvollständig.

Das 1861 nach Berlin einberufene G.-Kolloquium und die damit beginnende Professionalisierung der G.-Forschung bewirkte eine große Belebung: Die Briefwechsel mit Sulpiz Boisserée (1862), mit dem Herzog Carl August (1863) und eine Unzahl weiterer Korrespondenzen oder Briefgruppen (Briefe an die Gebrüder Humboldt, die Naturwissenschaftliche Korrespondenz o. ä.) konnten in den Jahren bis 1881 publiziert werden. Die Gründung des *Goethe-Jahrbuchs* 1880 bedeutete die Einrichtung eines Periodikums, das der schnellen Publikation neuer Brieffunde diente. Allein in den ersten beiden Jahrgängen konnten 74 bis dahin ungedruckte Briefe vorgelegt werden.

Noch zu Beginn der 80er Jahre des vorigen Jahrhunderts war das G.-Archiv in Weimar den Forschern nicht zugänglich, die sonstigen Weimarer Archive jedoch gestatteten den Einblick in die dortigen Corpora, vor allem auch die private Sammlung von G.-Briefen und -Texten, die der Leipziger Verleger Salomon Hirzel als sein Lebenswerk hinterlassen hatte, bildeten einen wichtigen Ausgangspunkt der wissenschaftlichen und vollständigen Erfassung der Briefe. Die noch von Hirzel und Michael Bernays veranstaltete erste Ausgabe von *Der junge Goethe* (1875), in der literarische Texte und Briefe jeweils aus knappen Zeitabschnitten einander zugeordnet wurden, ist der unmittelbare Effekt der Hirzelschen Sammlung. Die neue Zielrichtung aber für die Sammlung und Publikation der G.-Briefe hatte Herman Grimm vorgegeben, indem er in der letzten seiner G.-Vorlesungen 1875 mahnte, »daß die Sammlung und Edition der Briefe als eine bereits fast unaufschiebbare nationale Aufgabe in Angriff zu nehmen sei« (Grimm, S. 489): Nach der Reichsgründung 1871 waren G. und Schiller als die Säulenheiligen nationaler kultureller Identität neben die politischen Dioskuren Bismarck und den Kaiser gesetzt worden, die G.-Philologie insgesamt wurde nationale Aufgabe.

Bevor jedoch die große Gesamtausgabe des

brieflichen Werks begonnen wurde, legte Friedrich Strehlke 1882 seine dreibändige Ausgabe *Goethes Briefe* vor, die nicht den vollständigen Text bieten wollte, sondern vielmehr den Status »eines Hilfsmittels« haben sollte, das »in den Stand setze, alles für die einzelne Frage oder einen bestimmten Zeitraum Vorhandene ohne Mühe zu übersehen, um das Gleichzeitige sofort an einander reihen zu können« (Strehlke Bd. 1, S. 2). Eine Ausgabe also für den Forscher, der die Verweisquellen Strehlkes zur Hand hat und der hier eine Dokumentation über den bis dahin bekannten und z.T. noch ungedruckten Briefwechsel G.s, insgesamt 7.500 Briefe, nach alphabetisch sortierten Sachzusammenhängen an die Hand bekommt.

Erst die von 1887 bis 1912 publizierte IV. Abtheilung der Weimarer Ausgabe von G.s Werken lieferte in ihren 50 Bänden eine nahezu vollständige Ausgabe der G.schen Briefe. Nach Quellen aus öffentlichem und privatem Besitz, aus den Originalen des G.- und Schiller-Archivs in Weimar und anderer Archive, nach Entwürfen, Abschriften, frühen und vereinzelten Drucken wurden mit akribischer Genauigkeit insgesamt 13.362 Brieftexte ediert, fehlende Adressaten-, Orts- und Datumsangaben wenn möglich ergänzt – natürlich liegt hier im Einzelfall die Schwachstelle der Edition, da sich im nachhinein, nach Hinzukunft weiterer Briefe und Sekundärquellen, Korrekturen oder Änderungen etwa in der Datierung ergaben. Außer einem Lesartenverzeichnis, einem Verweisregister auf Tagebucherwähnungen einzelner Briefe und einem Orts- und Personenregister existieren für die Weimarer Ausgabe weder Anmerkungs- noch Kommentarteil. Die von Paul Raabe 1990 vorgelegten Ergänzungsbände IV. 51–53 liefern die 1.020 nach 1912 bekannt gewordenen Briefe nach, mit einem ausführlichen Register in Band 52 und einem chronologischen und einem nach Adressaten geordneten Gesamtregister für die Bände IV.1–IV.52 in Band 53.

Auf die Vielzahl der Auswahlausgaben seit der Weimarer Ausgabe und die Ausgaben einzelner Briefwechsel oder der Briefe an einzelne Adressaten soll an dieser Stelle nicht eingegangen werden – editionsgeschichtlich erscheint es als überflüssig, da alle nachfolgenden Ausgaben sich mehr oder weniger streng an der Weimarer Ausgabe orientieren. Vielmehr sollen diese Auswahleditionen als Rezeptionsdokumente betrachtet werden – die jeweiligen Vorworte oder Einführungen lassen sich sehr gut im Kontext des jeweils historischen G.-Bildes verorten – und gegen Ende dieses Beitrags genauer vorgestellt werden.

Briefliche Kommunikation im Kontext der zeitgenössischen Briefkultur

G. steht als Briefschreiber im Kontext einer ebenso differenzierten wie kulturhistorisch bedeutsamen Briefkultur in Deutschland, deren Höhepunkt man möglicherweise sogar mit seinem Briefwerk ansetzen darf. Der Brief als Mittel des »intensiven [...] Austauschs gleich empfindender Seelen« (Nickisch, S. 45) wurde zum idealen Medium bürgerlicher Selbstverständigung über die emotionale Befindlichkeit, die, über den intimen Briefverkehr intersubjektiv vermittelt, zu einer zentralen Konstituente bürgerlicher Standesidentität avancierte. Die neuartige Auffassung außerfamilialer, nichtständischer und nichtgeschlechtlicher Sozialbeziehungen unter dem empfindsamen Etikett der Freundschaft gehört unmittelbar in den Kontext dieser Briefkultur, in der die emotionalen wie intellektuellen Selbstunterscheidungskriterien des Bürgertums den Gegenstand der Korrespondenzen bildeten. Im Gegensatz zu der stark regelgeleiteten und etikette-orientierten Briefkultur etwa des 17. und noch des frühen 18. Jhs. waren es Christian Fürchtegott Gellert sowie briefschreibende Frauen wie die Gottschedin, die Karschin, Meta Klopstock und Sophie von La Roche, die den empfindsamen Briefstil allgemein verbreiteten.

In den Kontext dieser Briefschreibekultur gehörte ebenfalls eine Lese-, ja eine Vorlesekultur. Auch die intimen Briefe von Verwandten und Freunden waren zunächst nicht für die beschränkte Rezeption nur eines Adressaten geschrieben. Man sammelte vielmehr Brieffolgen oder Briefwechsel zweier oder mehrerer Korrespondenten und las einander daraus vor: im empfindsamen Zirkel, in dem miterlebt und mitgelitten wurde und in dem sich so bürgerliche Empfindsamkeit auch über das Gemeinschaftserlebnis als identitätskonstituierend erwies. Genau auf dieser Briefkultur basieren die Briefromane des 18. Jhs. aus Frankreich, England und Deutschland – und gewinnen daraus ihren Anschein des Authentischen und ihre hohe identifikatorische Qualität.

Auf diese Briefkultur spielen G.s Briefe öfter an. Die ›öffentliche‹ Mitteilung privater Briefe ist auch im Weimar der G.-Zeit gängig – sie ist ein Mittel der Information über die Verhältnisse Dritter, über die man sonst umständlich berichten müßte. G. schreibt etwa an Herder, als dieser sich auf seiner Italienreise befindet, am 4.9. 1788: »Nun, lieber Bruder [...]. Ich habe mich der Briefe an deine Frau sehr gefreut« – Frau Herder hatte ihm die Briefe ihres Mannes gegeben, um ihn über die Fortschritte von dessen Reise zu unterrichten (an Herder, 27.12. 1788). Auch das über das briefliche Zwiegespräch hinausgehende ästhetisch-philosophische Räsonnieren erlaubte oftmals die Weitergabe von Privatbriefen: so etwa G. an Wilhelm von Humboldt am 16.7. 1798: »Sie haben, wie ich aus einem Briefe an Schiller sehe [...]«.

Im Gegensatz zu dieser öffentlicheren Variante brieflicher Kommunikation aber steht G.s häufiger geäußertes Beharren auf dem ausschließlich ›intimen‹ Status der Mitteilung, auf dem Briefgeheimnis. So folgt dem Brief an Auguste zu Stolberg vom 3.8. 1775 der dringliche Nachsatz: »Lassen Sie um Gottes Willen meine Briefe niemand sehn«. Die eigentümliche Selbstinszenierung in den Briefen an diese Adressatin verbot jeden weiteren Leser. Gegenüber Johann Kaspar Lavater werden Informationen zurückgehalten, weil der Schreiber um die Weitergabe der Briefe weiß: »[Ich] hätte vielerley zu sagen, wenn du nicht iedermann meine Briefe wiesest« (Ende September

1775). Mit Herder wie mit Herzog Carl August wird explizit eine exklusiv dialogische Briefbeziehung aufgebaut; so heißt es an Herder am 2.1. 1776: »Zerreiss meine Zettel wie ich gewissenhafft die deinigen« (vgl. an Herzog Carl August, 24.12. 1775). Gegenüber dem Herzog wird sogar der unbefangenere Schreibprozeß selbst ans Bewußtsein des Briefgeheimnisses gebunden: »Verbrennen Sie doch ja meine Briefe gleich daß sie von niemanden gesehen werden, ich kann in dieser Hoffnung desto freyer schreiben« (17.11. 1787). – In einem gewissen Sinne dürfte also hier eine Entwicklung angesetzt werden, die von den G.schen Briefen über sechzig Jahre hin ›protokolliert‹ wird: Neben ein bürgerliches Briefkonzept, das die intime Mitteilung zur bedingten Veröffentlichung im Freundes- und Verwandtenkreis empfindsamer Gleichgestimmtheit vorsieht, tritt der ausschließlich intim, d.h. exklusiv dialogisch aufgefaßte Brief an die jeweils besondere Individualität des einen Adressaten.

Wie G.s Briefe hier ingesamt auf die zeitgenössische Briefkultur Bezug nehmen, so reflektieren sie auch wiederholt den Status brieflicher Kommunikation. Im Zentrum dieser Reflexion steht zunächst das Ungenügen an der mittelbaren Kommunikation, ein Ungenügen im Zeichen programmatischer Unmittelbarkeit, das etwa aus der Anrufung des Jugendfreundes Ernst Wolfgang Behrisch vom 10.11. 1767 spricht: »Ha Behrisch [...] Du bist weg, und das Papier ist nur eine kalte Zuflucht, gegen deine Arme« – die unmittelbare körperliche Nähe in der Freundschaftsbeziehung wird gegen die mediale Distanz des brieflichen Kontakts gesetzt. Mit ähnlicher Motivation wird gegenüber der Familie Schönkopf, bei der G. in Leipzig oft verkehrte, ein kokettes Spiel mit der Unmöglichkeit unmittelbarer Kommunikation nach der Rückkehr ins heimatliche Frankfurt getrieben: »Ihr Diener Hr Schönkopf, wie befinden Sie sich Madame, Guten Abend Mamsell, Petergen guten Abend. NB. Sie müssen sich vorstellen daß ich zur kleinen Stubentühre hereinkomme« (an Schönkopfs, 1.10. 1768). Der Briefeingang simuliert fiktiv den Eintritt seines Verfassers in

Carl August von Sachsen-Weimar-Eisenach.
Portraitbüste von Martin Gottlieb Klauer von 1780.
Gebrannter Ton mit grün-schwarzer Lasur

die Schönkopfsche Stube, wie er es lange gewohnt war.

In einem Brief an Friederike Brion wird das einsame Schreiben als Ersatz unmittelbarer Kommunikation positiv bewertet: »Und in dem Falle ist ein Stückgen Papier so ein wahrer Trost, so ein geflügeltes Pferd, für mich, hier, mitten in dem lärmenden Strasburg, als es Ihnen, in Ihrer Ruhe nur seyn kann, wenn Sie die Entfernung von Ihren Freunden recht lebhafft fühlen« (15.10. 1770). Die Trennung von der Geliebten ist aus der Entfernung immerhin schriftlich, mit Hilfe des geflügelten Dichterpferdes kompensierbar. Und das bleibt nicht ohne Auswirkungen auf den Briefstil: Der Wunsch nach möglichst unmittelbarer Kommunikation bedingt eine radikale Orientierung des Briefstils an der ›natürlichen‹, alltäglichen Dialogrede. Im Brief an Friederike Oeser vom 13.2. 1769 wird eine authentizitätsverbürgende sprachliche Natürlichkeit als Voraussetzung für den Anschein unmittelbarer Kommunikation gedacht, den die Briefe erzeugen wollen. Dieses Zutrauen in eine unmittelbarkeitsstiftende Briefsprache spricht noch einige Male aus den frühen Briefen: Die bisher nur literarische gegenseitige Kenntnisnahme zwischen G. und Bürger wird etwa im Schreiben vom 12.2. 1774 zur brieflichen erweitert: »Ich thue mir was drauf zu gute, dass ich's binn der die Papierne Scheidewand zwischen uns einschlägt. Unsre Stimmen sind sich offt begegnet und unsre Herzen auch. [...] Sollen die sich nicht anfassen deren Weeg mit einander geht?«

Insgesamt aber überwiegt in den Briefen G.s, entgegen dem frühen Zutrauen in eine neue Briefsprache, die Erfahrung des Mangels an Unmittelbarkeit, des Defizits schriftlicher Kommunikation gegenüber mündlicher. Dieser Mangel liegt einesteils darin begründet, daß das Briefliche ein mögliches Verständnis behindert: »Wenn ich vor dir stünde, so würden wir in einer Viertelstunde einander verständlich seyn« (an Lavater, 9.8. 1782, vgl. an Jacobi am 9.6. 1785). Wie hier ein gegenüber den Adressaten entstandenes Mißverständnis in der Sache gewissermaßen rhetorisch als auf der Behinderung durch die schriftliche Kommunikation beruhend heruntergespielt wird, so wird öfter über den schriftlichen Kontakt hinaus der unmittelbare erwünscht, um sich mehr sagen zu können als im Briefe möglich: »Wenn man so lange auseinander gewesen ist gehört eine mündliche Unterhaltung dazu, um sich wechselsweise über die gegenwärtigen Zustände klar zu machen« (an Wilhelm von Humboldt, 29.11. 1801, vgl. an Johann Jacob von Willemer, 5.12. 1808). Das Briefeschreiben wird zunehmend als Steigerung der Schwierigkeiten menschlicher Kommunikation aufgefaßt: »Es ist schwer, ja fast unmöglich, in persönlicher Gegenwart mündlich, geschweige abwesend und schriftlich einen Zustand darzustellen« (an Boisserée, 19.[13.]8.1825; vgl. an dens., 3.2. 1826; vgl. an Schultz, 10.1. 1829; an Wilhelm von Humboldt, 19.10. 1830 u.ö.).

Gerade aber mit zunehmender Vereinsamung im Alter werden die brieflichen Kontakte wieder positiv aufgewertet. So gewährt der Briefkontakt mit Carl Friedrich von Reinhard »ein günstiges, mentales Zusammenseyn in der Ferne« (26.12. 1825), Briefe an Willemers stellen einen »schriftlichen Besuch« dar (12.1. 1829), die Nichtpräsenz des brieflichen Gesprächspartners soll sogar durch die Vorstellungskraft kompensiert werden: G. bittet am 25.6. 1829 Thomas Carlyle um eine Skizze seiner Wohnung, um sich dessen Brieflektüre vorstellen zu können. Auch in engem Zusammenhang mit der brieflich berichteten Rezeption der literarischen Werke bekommt der Briefwechsel mit den Freunden zunehmend eine wichtige Funktion: Literarische und briefliche Kommunikation werden zueinander komplementär. In der Antwort auf Friedrich Rochlitz' differenzierten Kommentar zu den gerade erschienenen *Wanderjahren* etwa heißt es am 28.7. 1829: »Wenn ich daher die von Ihnen [...] angedeuteten Stellen wieder aufschlug, war es eine angenehme Unterhaltung mit einem abwesenden Freunde, wo ich, in Spiegelung und Wiederschein, gleiche Gesinnung, gleiches Bestreben, zu eigner Bestärkung gewahrte«.

Neben die skizzierten Verfahren zur Kompensation kommunikativer Distanz tritt schon früh ein weiteres, das zunächst den Anschein weiterer Distanzierung im briefschreiberischen Prozeß erwecken könnte: das Briefdiktat. Von Anfang an aber wird das Diktat als der unmittelbarere Abdruck der eigenen Gedanken interpretiert: »Der Vorwurf meiner Schreibefaulheit [...] ist leider nicht unverdient, meine Dinten und Papierscheue nimmt gleichsam mit jedem Tage zu, umsomehr als ich einen Geist zur rechten Hand habe, der, mit der größten Leichtigkeit, meine Gesinnungen und Einfälle zu Papier bringt« (an Herzog Carl August, 12.6. 1797) – G. spielt hier nebenbei mit dem Namen seines Schreibers Ludwig Geist. Die Gräfin Josephine O'Donell erhält eine differenzierte Begründung für das Diktieren privater Briefe: »Ich bin niemals zerstreuter als wenn ich mit eigner Hand schreibe: denn weil die Feder nicht so geschwind läuft als ich denke, so schreibe ich oft den Schlußbuchstaben des folgenden Worts ehe das erste noch zu Ende ist, und mitten in einem Comma, fange ich den folgenden Perioden an« (24.11. 1812); darüber hinaus erhält gerade der diktierte Brief den Status unmittelbarer, gesprächshafter Kommunikation mit dem Gegenüber: »Wenn ich im Zimmer auf und abgehe, mich mit entfernten Freunden laut unterhalten kann und eine vertraute Feder meine Worte auffängt; so kann etwas in die Ferne gelangen« (an Dorothea von Knabenau, 14.10. 1808; vgl. an Margaretha Schlosser, 30.12. 1814).

Der hohe Stellenwert, den G. der brieflichen Kommunikation beimaß, läßt sich auch ermessen in Anbetracht des privaten Projektes seiner Autographensammlung, die natürlich in einem gewissen ironischen Kontrast zu seiner Neigung steht, Briefe fast ausschließlich noch zu diktieren. Erstmals im Brief an Johann Friedrich Cotta vom 27.4. 1806 erwähnt G. das schon im Aufbau befindliche Projekt, daß er »nemlich suche und wünsche, von bedeutenden Männern der gegenwärtigen und vergangenen Zeit ein eigenhändig Geschriebenes zu erhalten und zu besitzen«. Neben Cotta werden viele Freunde und Korrespondenten um Zusendungen gebeten, für deren Erhalt stets ausführlich gedankt wird (an Friedrich Maxi-

milian von Klinger, 8.12. 1811; an Reinhard, 13.2. 1812; an Jacobi, 10.5. 1812; an Johann Heinrich Meyer, 21.7. 1813 u.ö.). Der Status der Autographen war viel bedeutender als der einer »unschuldigen Liebhaberey« (an Reinhard, 13.8. 1812), sie treten vielmehr an die Stelle der Schattenrisse, die noch in den 70er und frühen 80er Jahren das Abbild der Individualität eines Menschen vermittelten: »Da mir die sinnliche Anschauung durchaus unentbehrlich ist, so werden mir vorzügliche Menschen durch ihre Handschrift auf eine magische Weise vergegenwärtigt« (an Jacobi, 10.5. 1812; vgl. an Karl Ludwig von Knebel, 17.3. 1817). An die Stelle der Physiognomik ist hier in einem gewissen Sinne die Handschriftenkunde getreten (vgl. den Kommentar zur Deutung der Autographen an Carl Bernhard Preusker, 3.4. 1820; vgl. an Reinhard, 28.1. 1828).

Die Briefsprache G.s

In direktem Zusammenhang mit der Reflexion brieflicher Kommunikation steht die Briefsprache G.s. Der Drang nach unmittelbarer, nahezu gesprächshafter Verständigung vor allem in den Briefen des jungen G. prägt unübersehbar die Leipziger Briefe an die Schwester Cornelia: »Ha! Ha! Ha! – Schwestergen du bist erz närrisch. ich habe gelacht [...] An die liebe Jfr Meixnern, mache das schönste Compliment das du in deinem Köpfgen gedencken kanst« (13.10. 1765). Die geschwisterliche Vertraulichkeit unterscheidet nicht zwischen mündlichem und schriftlichem ›Gespräch‹: Ausrufe und Anrufungen der Korrespondentin, Halbsätze und Gedankenstriche charakterisieren diesen Stil. Auch die Briefe an Friederike Oeser, an Behrisch und Johann Jacob Riese gehören in diese Kategorie, auch wenn sie denen an die Schwester nicht gleichkommen.

Gleichzeitig bildet sich in den Briefen des jungen G. das stilistische Inventar der frühen Prosa aus: Eine naturbeschreibende Passage im Brief an eine Freundin Cornelias, Anna

Catharina Fabricius, nimmt die »Satzperiode der Empfindsamkeit« vorweg, »eine Fülle sich steigernder, übereinander türmender Vorsätze, wie ein Anstieg in immer neuen Aufbrüchen; dann oben auf dem Gipfel das Halt der tiefen Atempause, schließlich die Gegenbewegung, die Kadenz des Abstieges« (Beutler, Komm. in GA 18, S. 975f.): »Wie ich so rechter Hand über die grüne Tiefe hinaussah und der Fluß in der Dämmerung so graulich und still floß, und lincker Hand die schweere Finsterniß des Buchenwaldes vom Berg über mich herabhing, wie um die dunckeln Felsen durchs Gebüsch die leuchtenden Vögelgen still und geheimnißvoll zogen; da wurds in meinem Herzen so still wie in der Gegend und die ganze Beschweerlichkeit des Tags war vergessen wie ein Traum« (27.6. 1770; vgl. Werthers Brief vom 10. May 1771). – Ebenfalls an *Werther* erinnern viele Briefe an Auguste zu Stolberg, musterhafte *Werther*-Briefe sind etwa der Brief vom 3.8. 1775 oder der Tagebuchbrief vom 14. bis 19.9. 1775. Der Briefwechsel ist insofern ein Spezifikum, als beide Briefschreiber sich niemals begegneten: Nicht die ›historische Person‹ G.s spricht hier, sondern der literarische Selbstentwurf als Dichter – Auguste war an ihn erst als an den *Werther*-Verfasser herangetreten, was nahelegt, daß G. hier wie dieser Verfasser schreibt.

Die Entwicklung des Briefstils läßt sich anschaulich illustrieren am Beispiel der Naturdarstellung. War noch im obigen Brief an Fabricius die Natur emphatisch belebt und auf das empfindende Ich hingeordnet worden, so läßt sich an den Landschafts-›Berichten‹ von der Schweizer Reise 1779/80 ein bedeutender Unterschied festmachen: In tagebuchartig-chronologischer Ordnung vorgetragen, berichtet ein schon distanzierteres Ich fast in telegrammhafter Kürze die Eindrücke der durchwanderten Natur: »Es war eben ein schöner Mittagsblik der Sonne aus dem Gewölk als wir ankamen, wir freuten uns des und genossens recht sehr assen zu Mittag« (an Charlotte von Stein, 9.10. 1779). Etabliert sich hier der ›Briefstil der Klassik‹ (vgl. Mandelkow, Komm. in HAB 1, S. 673f.), so läßt sich der Altersstil etwa im Brief an Knebel vom 9.11.

1814 festmachen. Die gerade absolvierte Rheinreise wird auf höchstem Abstraktionsniveau zur allgemeineren Erfahrung verdichtet: »Wenn man mehrere Hunderte näher, Tausende ferne beobachtet, so muß man sich gestehen, daß am Ende jeder genug zu thun hat, sich einen Zustand einzuleiten, zu erhalten, und zu fördern; man kann niemanden meistern, wie er dabey zu Werke gehen soll, denn am Ende bleibt es ihm doch allein überlassen wie er sich im Unglück helfen und im Glücke finden kann«. Die Summe der Natur- und Gesellschaftserfahrung läuft zur unbedingten Toleranz- oder ›Duldsamkeits‹-Forderung zusammen, stilistisch gesprochen: zur Sentenz. War Sentenziosität zwar schon zufälliges Versatzstück der Briefe des jüngeren G. (vgl. z.B. an Behrisch, 3.11. 1767; an Hetzler jun., 14.7. 1770), wird sie in den späten Briefen zu einem wesentlichen Stilmerkmal. Sie ist allerdings alles andere als altersweise Manier, vielmehr bleibt sie immer gekoppelt an die konkrete Erfahrung, aus der sie sich speist (vgl. z.B. an Reinhard, 28.8. 1807; an Caroline Pichler, 31.3. 1812; an Carl Friedrich Moritz Paul von Brühl, 23.10. 1828; an Rochlitz, 23.11. 1829; an Heinrich Gustav Hotho am 19.4. 1830 u.ö.).

Neben Briefen mit einer stark individuell geprägten Sprache existiert eine Reihe von Dokumenten, die den geläufigen, für das amtliche oder devote Schreiben charakteristischen Offizial- oder Curialstil aufweisen. Schon der erste vom jugendlichen G. überlieferte Brief an Ludwig Ysenburg von Bury vom 23.5. 1764, in dem der Junge die Aufnahme in die Gesellschaft »Arkadia« zu Frankfurt beantragt, ist ganz in diesem am Briefsteller orientierten Stil gehalten: »Wohlgebohrner, Insonders Hochzuehrender Herr, Ew. Wohlgebhrn werden Sich wundern, wenn ein unbekannter sich unterstehet, bey Ihnen eine Bitte vorzubringen«. Auch Briefe, die G. in seiner juristischen Funktion (an das Schöffengericht in Frankfurt am Main, 28.8. 1771), im Rahmen seiner amtlichen Tätigkeit in Weimar (vgl. etwa an Herzog Carl August, 22.4. 1815 u. 20.7. 1815) oder an andere hohe Adlige schrieb, stehen im Curialstil (vgl. an den Fürsten Clemens Wenzel Ne-

pomuk Lothar Metternich, 4.8. 1815; an Heinrich Friedrich Carl vom und zum Stein, 10.8.
1815; an Ludwig I. von Bayern, 6.7. 1825 u.ö.).

Wie die jugendlich-geschwisterliche Rede
an Cornelia, die dichterisch transformierte
Sprache der Briefe an Auguste zu Stolberg, die
freundschaftliche Rede gegenüber Behrisch
und Riese, später gegen Knebel, Zelter und
Boisserée, die offizielle etwa gegenüber Metternich oder Ludwig I., die Mischung aus Curialstil und Freundschaftsdiskurs der Briefe an
Herzog Carl August, die Sprache der Liebesbriefe an Charlotte von Stein oder Christiane
Vulpius, die naturwissenschaftlich, philosophisch oder ästhetisch-theoretisch professionelle Rede an Fachkollegen unterschiedlicher
Herkunft oder auch gegenüber Verlegern – alle
diese Briefe zeichnet eine stark individuali-
sierte Adressatenbezogenheit aus. Eine besondere Form der Adressatenbezogenheit äußert
sich in den vielfältigen Variationen der Brief-
schlußformeln, die je nach Inhalt des Briefes,
Verfaßtheit des Briefschreibers oder Empfängers, je nach Beziehung zwischen beiden entweder ironisch-heiter oder ernst gestimmt in
die Nennung des eigenen Namens überleiten.
Ergeben ist der Nachsatz des Schülers an
Adam Friedrich Oeser: »Meine Eltern emp-
felen sich Ihnen. Und ich binn, mit der zärt-
lichsten Hochachtung, Ihr ergebenster Schüler
und Diener« (24.11. 1768); gegenüber Auguste
zu Stolberg spielt G. mit einem Pseudonym auf
die *Werther*-hafte Verfaßtheit des angenommenen Ichs an: »Der unruhige. Lassen Sie um
Gottes Willen meine Briefe niemand sehn«
(3.8. 1775); das rokokohafte Briefspiel mit
Maria von Branconi wird bis in die Nachsätze
fortgesetzt: »Das Versprochne ist bestellt, und
zum Theil in der Arbeit. Weimar d. 28. Aug.
80. di Vossignoria ++++issima il servo ++++is-
simo Goethe. Ich überlasse Ihrer grösseren
Kenntniss der italienischen Sprache, statt der
Kreuze die schicklichsten Epithets einzusez-
zen, es passt eine ganze Litaney hinein« (28.8.
1780). Dem Freunde Boisserée wird höchstes
Lob zuteil: »Soviel für heute. Dem Urquell
alles Schönen und Guten zum frömmsten und
allertreusten empfelend angehörig« (3.2.
1826); Zelter bekommt häufig ein lakonisch-

weltmännisches »and so for ever« nachgerufen
(z.B. am 27.3. 1830), Knebel ganz ähnlich auf
Deutsch: »Und so fort an! / treu verbunden«
(21.10. 1831).

Die mehr als 14.000 bekannten Briefe G.s
sind an ungefähr 1.300–1.400 Adressaten gerichtet, die bekannten an G. gerichteten Briefe
belaufen sich auf 20.500 und wurden von etwa
3.500 Schreibern verfaßt. Die Adressaten der
G.schen Briefe verteilen sich weit über die
Grenzen der deutschsprachigen Länder hinaus: Briefe gingen nach Italien, Frankreich,
England, Dänemark, nach Polen und Rußland,
sogar nach Amerika. Natürlich gingen die meisten an Adressaten in deutschen Ländern. Die
Empfänger der Briefe kommen aus den unterschiedlichsten gesellschaftlichen bzw. beruflichen Gruppierungen, stehen in vielfältigsten
Beziehungen zum Schreiber: Mitglieder der
weimarischen, sächsischen, berlinisch-preu-
ßischen oder etwa bayerischen Hofgesell-
schaft, Diplomaten, Minister und Offiziere,
Fürstenerzieher, Juristen und andere Beamte
finden sich ebenso unter ihnen wie Diener und
Schreiber, Hofdamen, Freundinnen, Geliebte
und die Ehefrau, engste, ein Leben lang bewahrte, vorübergehende oder ehemalige
Freunde und Familienangehörige; Briefe gehen natürlich an Künstler: Bildhauer, Maler,
Schriftsteller und Übersetzer, Schauspieler,
Sänger, Musiker und Komponisten, ebenso an
Verleger und Theaterdirektoren, an Zeitschriften und verschiedene Collegia und Kommissionen; gleichzeitig gibt es Briefe an Beamte
und Kollegen im Forst-, Wegebau und Berg-
bauwesen, an Ingenieure und Mechaniker, an
Professoren und Dozenten verschiedenster
Universitäten und Fachwissenschaftler aus na-
turwissenschaftlichen, historischen, philoso-
phischen oder philologischen Disziplinen, an
Ärzte und Apotheker, an Liebhaber und Spe-
zialisten bestimmter Kunstwerke und Kunst-
epochen, Briefe an Theologen, Geistliche und
Lehrer, Archivare und Bibliotheksbeamte, an
Kaufleute, Bankiers und Fabrikanten. Der
Adressatenkreis der Briefe darf mit einigem
Recht als repräsentativ für einen bedeutenden
Teil des damaligen politischen, wissenschaftli-
chen und literarischen Lebens gelten.

Berichtende Briefe

Ein bedeutender Anteil der Briefe kann, zunächst ungeachtet der fast durchgängigen auch dichterischen Bearbeitung der jeweiligen Erlebnisse, als reichhaltige biographische und historisch-lebensweltliche Dokumentation betrachtet werden, die in dieser Fülle und Erfahrungsdichte ein facettenreiches Bild sowohl der privaten wie künstlerischen Lebensumstände G.s als auch der Gesellschaftsgeschichte seiner Zeit liefert. Es finden sich zahlreiche Briefe mit durchgängigem Berichtscharakter oder solche, in die große berichtende Passagen eingeschaltet werden. Schon die frühen Briefe des Leipziger Studenten an die Schwester und einige Frankfurter Freunde berichten über studentisches Treiben und Leipziger Klatsch: »Gottscheden hab ich noch nicht gesehen. Er hat wieder geheurathet. Eine Jfr. Obristleutnantin. Ihr wißt es doch. Sie ist 19 und er 65 Jahr. [...] Ich mache hier große Figur! [...] In Gesellschaften, Concert, Comoedie, bei Gastereyen, Abendessen, Spazierfahrten so viel es um diese Zeit angeht. Ha! das geht köstlich. Aber auch köstlich, kostspielig. Zum Henker das fühlt mein Beutel« (an Riese, 21.10. 1765).

Gegenstand solcher Berichte des jungen G. sind natürlich die jeweiligen Verliebtheiten. So heißt es im Brief an Fabricius vom 14.10. 1770, die Freundschaft zu Friederike Brion zusammenfassend: »Genung mein ietziges Leben ist vollkommen wie eine Schlittenfahrt, prächtig und klinglend, aber eben so wenig fürs Herz, als es für Augen und Ohren viel ist«. Der ambivalente, auch von Gewissensbissen geprägte Gemütszustand des wieder nach Frankfurt zurückgekehrten Schreibers ist Gegenstand der fünf Berichte an Johann Daniel Salzmann zwischen dem 17.5. und 19.6. 1771 wie die emphatisch eingeleitete und schließlich gescheiterte Verlobung mit Lili Schönemann gegenüber Auguste zu Stolberg (13.2. 1775) und Johanna Fahlmer (März 1775; vgl. an Auguste zu Stolberg, 3.8. und 14.–19.9. 1775).

Später steht Häuslich-Familiäres im Vordergrund der Briefberichte. Im Brief an die Mutter beruhigt G. diese am 1.2. 1801 über die mittlerweile abgeheilte Gesichtsrose und gesellt dem vielfältige häusliche Nachrichten bei. Der abwesenden Schwiegertochter wird am 18.1. 1824 der Stand des Weimarer Hauswesens mitgeteilt; die Freundin der Familie Ulrike von Pogwisch bekommt am 18.6. 1831 »einen wahren großväterlichen Brief«: »Walther [...] componirt Arien [...]. Wölfchen hält sich wie immer ganz nah an dem Großvater, wir frühstücken zusammen, und von da an zieht sich's durch den ganzen Tag durch. [...] Das Mädchen ist allerliebst und, als ein ächt gebornes Frauenzimmerchen, schon jetzt incalculabel« (vgl. an Reinhard, 7.9. 1831).

In großen erzählenden Passagen werden das Frankfurter, Weimarer und Leipziger Stadt- bzw. Hofleben den jeweiligen Adressaten mitgeteilt: Die großen Erzählbriefe an Georg August Christian Kestner vom 25.12. 1772 und 28.1. 1773, die ein differenziertes Bild des Frankfurter Stadtlebens vermitteln, gehören ebenso dazu wie die Berichte an Herzog Carl August (24.–26.12. 1775) und an Johann Heinrich Merck (22.1. 1776) über das Hofleben in Weimar, die bissige Polemik über Leipzig an den Herzog (25.3. 1776), die Briefe an Charlotte von Stein über die Unannehmlichkeiten von Hofbesuchen (1.1. 1780) oder über Weimarer Hofklatsch (5.9. 1785; vgl. an Herzog Carl August, 26.11. 1784), an Jacobi über Weimarer Entwicklungen (23.11. 1801), an Knebel über die Jenenser Verhältnisse (28.3. 1797) und an Christian Gottlob Voigt über spätere Frankfurter Verhältnisse (17.8. 1797) – Gesellschaftsberichte, die nicht selten in die resignative Sentenz münden: »Die Welt ist voll Thorheit, Dumpfheit, Inconsequenz und Ungerechtigkeit, es gehört viel Muth dazu diesen nicht das Feld zu räumen, und sich beyseite zu begeben« (an Herzog Carl August, 5.7. 1781).

Die Briefe aus Italien 1786–1788 stellen den komplexen Höhepunkt der brieflichen Reiseberichte dar. Haben sie einerseits die Klärung des Verhältnisses zu Charlotte von Stein und zum Weimarer Herzog und Hof zum Gegenstand, teilen sie andererseits die Fülle der für die ästhetische Neuorientierung wesentlichen

Erlebnisse und Begebenheiten mit. Die Begegnung mit der italienischen, ›arkadischen‹ Landschaft und mit antiker und Renaissance-Kunst und Architektur gerät schließlich zu einer Sakralisierung der Stadt Rom: Knebel erhält vom 17.11. 1786 einen Brief »aus Abrahams Schooße«. Im Zusammenhang damit verdichten sich die Erfahrungen in der deutschen Künstlerkolonie, die beginnende Freundschaft zu Karl Philipp Moritz und Meyer, Winckelmann-Lektüre und anfänglich ästhetisch motiviertes naturwissenschaftliches Interesse an Anatomie, Botanik und Mineralogie zur Auffassung des italienischen Aufenthalts als eigener ästhetischer »Wiedergeburt« (vgl. z.B. an Charlotte von Stein, 20.12. 1786). Natürlich enthalten die Berichte aus Italien auch ›touristische‹ Eindrücke: So wird Charlotte von Stein das Spektakel um die Weihe verschiedener Haustiere an einem Heiligenfest mitgeteilt (19.1. 1788) und dem jungen Fritz von Stein die Selbstinszenierung des römischen Papstes (4.1. 1787).

Die Berichte über die militärischen ›Reisen‹, die Campagne in Frankreich 1792 und die Belagerung von Mainz 1793, schildern sowohl den Fortgang der militärischen Ereignisse (vgl. z.B. an Voigt, 10.9. 1792; an Knebel, 27.9. 1792; an Voigt am 10. u. 15.10. 1792) als auch die jeweilige Befindlichkeit des Verfassers. Neben der Bedrückung durch die allgemeine politisch-militärische Lage stehen die Unbilden des soldatischen Lagerlebens im Vordergrund: »Gestern bin ich im Lager bey dem Herzoge angelangt [...] und schreibe dir in seinem Zelte mitten unter dem Geräusch der Menschen die an einer Seite Holz fällen und es an der andern verbrennen. Es ist fast anhaltender Regen, die Menschen werden weder Tag noch Nacht trocken« (an Christiane Vulpius, 28.8. 1792), – wobei G. als Privilegierter gewiß nicht unter den schlimmsten Bedingungen zu biwakieren hatte.

Der Status der berichtenden Briefe als historische Dokumente wird vor allem im Zusammenhang mit den Ereignissen der Französischen Revolution relevant. Früh nimmt einer der Briefe aus Italien die explosive Situation in Frankreich vorweg (an Herzog Carl August,

17.11. 1787). Der Ausbruch der Revolution wird dann zunächst äußerst lakonisch behandelt: »Daß die Französche Revolution auch für mich eine Revolution war kannst du dencken« (an Jacobi, 3.3. 1790; vgl. an Herder, Mai 1794). Als aber die Folgen der Revolution näherrücken, körperlich spürbar werden, wird die Perspektivierung direkter, die Beurteilung unmittelbarer: »Der Krieg und die allgemeine Unsicherheit hält mich zu Hause und nimmt mir die Lust nahe und ferne Freunde einmal wieder zu besuchen« (an Georg Christoph Lichtenberg, 26.12. 1796). Das Projekt einer erneuten Italienreise hatte aufgegeben werden müssen. Durchzug der Franzosen und Plünderungen im Weimarischen werden an Friedrich Wilhelm Schelling als schreckliche Ereignisse berichtet (31.10. 1806), gegenüber Wolf metaphorisch als Sintflut gedeutet (28.11. 1806); der Herzog erhält mit den Briefen aus dem November 1806 einen ausführlichsten Bericht über die Plünderungen in seiner Residenzstadt. Rückt das Kriegsgeschehen dagegen wieder ab, wird die Haltung erneut lakonisch: »Daß Moskau verbrannt ist, thut mir gar nichts. Die Weltgeschichte will künftig auch was zu erzählen haben« (an Reinhard, 14.11. 1812; zur distanzierten Wahrnehmung der Julirevolution 1830 vgl. an Knebel, 12.9. 1830; an Wilhelm von Humboldt, 19.10. 1830).

Dienstliche Schreiben

Das weitere Umfeld der dienstlichen Einbindung G.s in die politischen Gremien des Weimarer Hofes, seine dortigen Tätigkeitsbereiche, die Flucht nach Italien im Anschluß an das erste Weimarer Jahrzehnt, die Wiederaufnahme dienstlicher Geschäfte unter neuen Bedingungen und vor allem die jeweilige Perspektivierung dieser Weimarer Verhältnisse bilden eine eigene große Gruppe von Briefen, die immerhin aus fast sechs Jahrzehnten stammen.

Schon nach einem knappen Vierteljahr in Weimar meldet G. an Merck: »Ich bin nun ganz in alle Hof- und politische Händel verwickelt und werde fast nicht wieder weg können« (22.1. 1776). Neben Berichten über den anfangs neuartigen Alltag in der kleinen Residenzstadt (vgl. etwa an Johanna Fahlmer, 14./19.2. 1776; an Merck, 24.7. 1776; an die Großmutter Textor, 6.11. 1776) steht die unglaublich schnelle Einbindung in eine Vielzahl von Regierungsgeschäften im Vordergrund: Immer wieder auftauchende Dorfbrände im Weimarer Umfeld mahnen zur Einrichtung verbesserter Brandbekämpfungseinrichtungen (vgl. an Herzog Carl August, 4.5. 1776; an Charlotte von Stein, 24./26.6. 1780). Zu verschiedenen juristischen Fragen sollen Rechtsgutachten erstellt werden (vgl. an Herzog Carl August, 9.2. 1779); in allerlei wirtschafts- und finanzpolitischen Funktionen wollen Erfolge erzielt werden: Hinsichtlich der gravierenden Arbeitslosigkeit um das aufgelassene Bergwerk in Ilmenau heißt es z.B. an Charlotte von Stein: »Könnten wir nur auch bald den armen Maulwurfen von hier Beschäfftigung und Brod geben« (7.9. 1780; zum Bergwerkswesen vgl. auch an Herzog Carl August, 18.10. 1784; an Knebel, 16.2. 1784). Neben der Übertragung »einiger Wasser und Weegebau Geschäffte« (an Jacob Friedrich Freiherr von Fritsch, 6.5. 1783) und dem Engagement in Theaterfragen (vgl. an Charlotte von Stein, 26.1. 1786) und Universitätspolitik (vgl. an Herzog Carl August, 30.4. 1786) wird G. noch mit der unerwünschten Leitung des Finanzministeriums beauftragt: »Nun hab' ich von Johanni an zwey volle Jahre aufzuopfern, biss die Fäden nur so gesammelt sind daß ich mit Ehren bleiben oder abdancken kann« (an Knebel, 27.7. 1782). Der tiefe Einblick in die ökonomische Organisation des Kleinfürstentums erlaubt zumindest gegenüber dem Freunde Knebel eine scharfe und bilderreiche Kritik am parasitären Feudalismus: »So steig ich durch alle Stände aufwärts, sehe den Bauersman der Erde das Nothdürftige abfordern, das doch auch ein behäglich auskommen wäre, wenn er nur für sich schwizte. Du weißt aber wenn die Blattläuse auf den Rosenzweigen sitzen [...], dann kommen die Ameisen und saugen ihnen den filtrirten Safft aus den Leibern. Und so gehts

weiter, und wir habens so weit gebracht, daß oben immer in einem Tage mehr verzehrt wird, als unten in einem organisirt/beygebracht werden kann« (17.4. 1782).

Ursprünglich war der junge Verfasser des *Werther* und des *Götz* als Fürstenerzieher an den Weimarer Hof geholt worden. Aus dieser Perspektive wird vor allem das Verhältnis zum Herzog immer wieder thematisiert. Die resignative Einschätzung der Fürstenerziehung als schier unmögliche Aufgabe drückt sich im Brief an Merck vom 5.1. 1777 aus: »Es ist ein wunderbar Ding ums Regiment dieser Welt, so einen politisch moralischen Grindkopf nur halbe weege zu säubern und in Ordnung zu halten«. Gegenüber Charlotte von Stein wird Herzog Carl August einerseits vom gewöhnlichen Adel – »toll, dumm, und albern« – abgesetzt, die Mühseligkeit der Erziehungsanstrengung jedoch wird ganz deutlich: »Und doch wills nicht nach Proportion vom Flecke, und das Kind und der Fischschwanz gucken eh man sich's versieht wieder hervor« (10.3. 1781). Scharfe Kritik des Lehrers am Schüler, des Bürgers am Hof äußert sich schließlich im pädagogischen Brief an den Herzog selbst (26.12. 1784) und wieder gegenüber Charlotte von Stein (10.12. 1781) am Jagd- und Wildschweinwesen des Weimarer Hofes, an den »schmarutzenden Edelleuten«, die als undankbare Gäste auftreten.

Relativ früh werden in den Briefen Ermüdungserscheinungen und Resignation sichtbar: »Mir mögten manchmal die Knie zusammenbrechen so schweer wird das Kreuz das man fast ganz allein trägt« (an Charlotte von Stein, 30.6. 1780; vgl. an dies., 11.4. 1782 u. 24.4. 1783; an Lavater, 20.9. 1780 u.v.m.). Notwendig erscheint die Abkehr von »dem Wuste des Städgens, den Klagen, den Verlangen, der Unverbesserlichen Verworrenheit der Menschen« (an Charlotte von Stein, 6.9. 1780). Obgleich noch am 26.7. 1782 gegenüber Victor Leberecht Plessing ein gewisses Einverständnis artikuliert wird damit, »daß ich mitten im Glück in einem anhaltenden Entsagen lebe, und täglich bey aller Mühe und Arbeit sehe daß nicht mein Wille, sondern der Wille einer höhern Macht geschieht, deren

Gedancken nicht meine Gedancken sind«, macht sich schon fünf Jahre vor der tatsächlichen Flucht aus Weimar »ein böser Genius« bemerkbar, »schildert mir die lästigste Seite meines Zustandes und räth mir mich mit der Flucht zu retten« (an Charlotte von Stein, 8.7. 1781); Anzeichen einer Krise, aus der nur die völlige Loslösung aus den Weimarer Bindungen helfen kann: »Wieviel wohler wäre mir's wenn ich von dem Streit der politischen Elemente abgesondert, [...] den Wissenschafften und Künsten wozu ich gebohren bin, meinen Geist zuwenden könnte« (an Charlotte von Stein, 4.6. 1782).

Der schon mit Beginn der 80er Jahre aufkommende Fluchtgedanke verdichtet sich im Sommer 1786 zum konkreten Vorhaben. In einer bedeutsamen Parallele wird mehrfach gleichzeitig von der sich verzögernden Niederkunft der Herzogin und der selbst in Aussicht genommenen Wiedergeburt gesprochen: »So geht ein Tag nach dem andern hin und Geburt stockt mit der Wiedergeburt. Diese Tage sind noch an Begebenheiten schwanger, der Himmel weis ob es gute Hoffnungen sind« (an Charlotte von Stein, 14.7. 1786). Die Weimarer Dienstobliegenheiten werden abschließend geregelt: »Meine Geschäffte sind geschlossen und wenn ich nicht wieder von vorne anfangen will muß ich gehen« (an Charlotte von Stein, 9.7. 1786). Der Herzog wird erst vom Reisewagen aus eingeweiht: »Dieses alles und noch viele zusammentreffende Umstände dringen und zwingen mich in Gegenden der Welt mich zu verlieren, wo ich ganz unbekannt bin, ich gehe ganz allein unter einem fremden Nahmen« (2.9. 1786). Das Ziel Italien allerdings bleibt gegenüber allen geheim (vgl. an das Ehepaar Herder, 2.9. 1786; an Charlotte von Stein, 18.9. 1786; an Herzog Carl August, 18.9. 1786). Schon bald aber wird das Rätsel aufgelöst – und explizit die eigene krisenhafte Situation in Weimar reflektiert: »Ja die letzten Jahre wurd es eine Art von Kranckheit, von der mich nur der Anblick und die Gegenwart heilen konnte. Jetzt darf ich es gestehen Zuletzt durft ich kein Lateinisch Buch mehr ansehn, keine Zeichnung einer italiänischen Gegend. Die Begierde dieses Land

zu sehn war überreif, da sie befriedigt ist, werden mir Freunde und Vaterland erst wieder recht aus dem Grunde lieb, und die Rückkehr wünschenswerth« (an Herzog Carl August, 3.11. 1786; vgl. an dens., 25.1. 1788).

Von Italien aus geraten die Weimarer Verhältnisse nicht aus dem Blick. Die persönlichen Beziehungen sollen erhalten bleiben: »Versöhnt mir Fr. v. Stein und den Herzog, ich habe niemand kräncken wollen und kann nun auch nichts sagen um mich zu rechtfertigen« (an Herders, 13.12. 1786); die eigene dienstliche Position soll sich stark verändern: Im Schreiben an den Herzog vom 27. bis 29.5. 1787 schlägt G. einerseits einen Nachfolger für die Leitung der »Cameral Geschäfte« vor und bereitet damit den Weg für den eigenen Austritt aus den politischen Pflichten – am 17.3. 1788 schließlich werden, wiederum gegenüber Carl August, die letzten Regelungen für die neue Existenz in Weimar als Künstler getroffen.

Neben dieser ergeben sich bekanntermaßen schnell verschiedene, vor allem kultur- und bildungspolitische Aufgabenbereiche, denen G. nicht fernbleiben will: Der Antrag vom 9.12. 1788, Schiller an die Universität zu Jena zu berufen, zeigt das früh an. Ebenso zählen zu diesen Pflichten die Akquisition Schellings (an Voigt, 29.5. 1798) sowie dessen Berufung nach Jena (an Voigt, 27.2. 1816). G. gutachtet hinsichtlich der geplanten Universitätsgründung in der preußischen Rheinprovinz über die jeweiligen Vor- und Nachteile der Standorte Köln und Bonn (an Johann August Sack, 15.1. 1816), gibt wissenschaftspolitische Ratschläge (an Christian Gottfried Nees von Esenbeck, 17.2. 1819), nimmt Stellung zum Presserecht in einem scharfen Gutachten gegen Lorenz Okens *Isis* (an Herzog Carl August, 5.10. 1816), stellt Überlegungen zur Errichtung eines Schiller-Denkmals in Weimar an (an Voigt 24.3. 1817) und schlägt die Berufung Frédéric Sorets zum Fürstenerzieher in Weimar vor (an die Erbgroßherzogin Maria Paulowna, 6.9. 1822).

Wichtigstes öffentliches Amt G.s nach der Rückkehr aus Italien aber war die Leitung des Weimarischen Theaters, der eine Fülle von

Briefen zuzuordnen sind. Da werden dem fürstlichen Hofmarschallamt disziplinarische Maßnahmen gegen das Tumultieren des Publikums im Theatersaale dringend empfohlen (9.6. 1797; vgl. an Franz Kirms, 24.2. 1798; an Franz Ludwig Albrecht von Hendrich, 21.3. 1803), Maßregelungen der Theater-Mitarbeiter werden der Hoftheaterkommission abverlangt (18.2. 1816), Engagementverträge für Schauspielerinnen und Schauspieler werden ausgehandelt und abgeschlossen (vgl. an Friederike Unzelmann, 12.4. 1798; an Kirms am 18.6. 1798; an Sabine Wolff, 1.9. 1803 u.ö.). Viele Briefe gelten der Ablehnung unaufgefordert zugesandter Stücke: »Das Lustspiel [...] wage ich nicht auf das hiesige Theater zu bringen« (an Johannes Daniel Falk, 16.3. 1798; vgl. an Johann Jakob Willemer, 24.1. 1803); Inszenierungen werden diskutiert und kommentiert: mit Kirms die Inszenierung des Schillerschen *Wallenstein* (2.4. 1799), mit Reinhard Shakespeares *Romeo und Julia* (13.2. 1812). August von Kotzebues Kritik an G.s Streichungen in seinen *Kleinstädtern* wird zurückgewiesen (an Kirms, 28.2. 1802), an Körner wird über eine Calderón-Inszenierung berichtet (23.4. 1812), an Knebel über die eines Kotzebue-Stückes (17.3. 1817).

Persönliche Schreiben

Die große Anzahl der persönlichen Beziehungen, die sich für G. am Weimarer Hof, in Frankfurt, Berlin, Leipzig, Rom und andernorts ergaben, und die Fülle der sich auch daraus ergebenden Korrespondenzen erlaubten ihm einerseits, schon früh diese Beziehungen zur Beförderung der Interessen bestimmter Personen zu benutzen. Hierzu zählen die Bittschriften an den Herzog zugunsten des Malers Tischbein (vgl. 19.4. 1784 u.ö.), der Einsatz für Christianes Bruder Christian August Vulpius gegenüber dem Verleger Georg Joachim Göschen (22.6. 1789) und Jacobi (9.9. 1788) und natürlich auch der im vollendeten Curialstil abgefaßte Bittbrief, die Stellung des eige-

nen Sohnes in Weimar betreffend, an Herzog Carl August am 8.10. 1810.

Vor allem aber die nach und nach zahlreicher werdenden Geschenksendungen und Widmungen an G. machten eine Fülle von Danksagungen notwendig – das Spektrum der Adressaten dieser Schreiben illustriert anschaulich das Ausmaß der brieflichen Kontakte. So dankt er etwa Alexander von Humboldt »für den ersten Band Ihrer Reise [...]. Zu dem großen Geschenk des innern Gehalts kommt noch die freundliche Gabe Ihrer Zuschrift« (3.4. 1807). Achim von Arnim wird für das *Wunderhorn* gedankt (14.11. 1808), Rochlitz für eine *Wahlverwandtschaften*-Rezension (15.11. 1809), Beethoven für eine Musik (25.6. 1811); an Woltmann geht am 18.8. 1811 ein Dank für dessen Tacitus-Übersetzung, an Friedrich von der Hagen für ein Exemplar der *Nibelungen* (11.9. 1811), an Franz Passow für die Longos-Übersetzung (20.10. 1811), an Barthold Georg Niebuhr für dessen historiographisches Werk (27.11. 1811 u. 15.4. 1827) und an Friedrich Karl Ludwig Sickler der Dank für die Schrift über ein aufgefundenes römisches Grab (28.4. 1812). Freundschaft, Dank und gemeinsames geologisches Interesse sprechen aus den Schreiben an Friedrich Wilhelm Trebra vom 27.10. 1812. Reinhard (25.1. 1813) und Woltmann (5.2. 1813) wird für die positive Aufnahme des zweiten Bandes von *Dichtung und Wahrheit* gedankt, Carl Gustav Carus für eine naturwissenschaftliche Sendung (23.3. 1818) und Karl Ernst Schubarth für seine Anteilnahme (8.7. 1818). Der Brief an Joseph Green Cogswell vom 29.6. 1819 stellt den Kontakt nach Amerika (Harvard) her, Johann Diederich Gries erhält Dank für den übersandten Calderón (20.5. 1821) und Boisserée für überbrachte Stiche und Münzen (22.12. 1822 u. 27.1. 1823). Carl Friedrich Philipp von Martius wird für eine botanische Schrift gedankt (3.12. 1823), dem Historiker Heinrich Luden für seine *Geschichte der Völker und Staaten* (2.4. 1825) und dem jungen Felix Mendelssohn-Bartholdy für die Widmung eines Streichquartetts (18.6. 1825). Dankbar und ehrerbietig nimmt G. die Beziehung zu König Ludwig I. von Bayern auf (6.7. 1825 u.ö.), nimmt ebenso dankend die Bürgerwürde der Stadt Weimar für die ganze Familie entgegen (an den Stadtrath zu Weimar, 26.12. 1825). Für Übersendung seiner Kirchengeschichte geht Dank an den Historiker Johann Traugott Leberecht Danz (14.6. 1826) und für die Übersendung einer Jupiter-Statue an den Kronprinzen Friedrich Wilhelm von Preußen (14.8. 1827). Lob, differenzierte Kritik und Dank ernten die Maler Peter Cornelius (26.9. 1828) und Eugen Napoleon Neureuther (23.9. 1828) für übersandte Arbeiten sowie der Orientalist Antoine Leonard de Chézy für die Übersetzung der *Sakuntula* des indischen Dichters Kalidasa (9.10. 1830).

Einige der zahlreichen Briefe an Familienmitglieder und Freunde zeichnet ein pädagogischer Gestus aus. Schon der Leipziger Student gibt sich gegenüber der Schwester altklug, bestimmt ihre Lektüre und betätigt sich als ihr Briefsteller: »Aber mercke dirs, du sollst keine Romanen mehr lesen, als die ich erlaube. [...] Schreib deine Briefe auf ein gebrochenes Blat und ich will dir die Antwort und die Critick darneben schreiben. [...] Mercke diß: schreibe nur wie du reden würdest, und so wirst du einen guten Brief schreiben« (6.12. 1765; vgl. an dies., 12.10. 1767; vgl. an Friederike Oeser, 13.2. 1769). An Cornelia werden Briefe in englischer oder französischer Sprache abgefaßt, um die Schwester im Gebrauch der Sprachen zu üben (vgl. 30.3. 1766 u.ö.). – Später gilt dieser pädagogische Gestus etwa Fritz von Stein (vgl. 5.9. 1785), Jacobis Sohn Max (vgl. 16.8. 1799) und vor allem dem eigenen Sohn, dem z.B. am 3.6. und 17.8. 1808 vielerlei Anweisungen und Empfehlungen zum neu begonnenen Studium gegeben werden, sehr spät dann ausführliche Hinweise zur richtigen Nutzung des Aufenthalts in Italien (vgl. 29.6., 9. u. 19.8., 3., 17. u. 30.9. 1830). Auch in den Briefen an Christiane fehlt der belehrende Ton nicht: »Richte nur alles wohl ein und bereite dich eine liebe kleine Köchinn zu werden« (8.9. 1792).

»Einen treuen Freund gefunden haben, heißt einen ehrlichen Mann gefunden haben, und die giebts, sage der Misantrope was er will« (an Behrisch, 2.11. 1767) – die Emphase, mit der schon der junge G. über die Freundschaftsbeziehung spricht, durchzieht, ungeachtet des Abbruchs so mancher seiner frühen Freundschaften, das gesamte Briefwerk. So heißt es am 13./14.8. 1774 an Fritz Jacobi: »Ich träume lieber Fritz den Augenblick, habe deinen Brief und schwebe um dich. Du hast gefühlt daß es mir Wonne war, Gegenstand deiner Liebe zu seyn«. Gegenüber irgendwann abgebrochenen Freundschaften etwa zu Jacobi (vgl. an Knebel, 8.4. 1812), Lavater und auch Herder und denen, die später neu angeknüpft werden müssen (vgl. an Reichardt, 5.2. 1801; an Johann Christian Kestner, 16.7. 1798), erweisen sich einige Beziehungen als lang andauernd und ungebrochen, etwa die zu Knebel, Boisserée, Trebra und schließlich auch zum Herzog Carl August. Die innigste Freundschaft verband G. mit Knebel, den er schon 1775 in Frankfurt kennengelernt hatte und der von da an sein ganzes Leben begleitete: »Die Züge deiner Hand, mein theuerster, herzlich geliebter und verehrter Freund, waren mir höchst erbaulich« (14.12. 1822) – die emotionale Emphase aus den frühen Briefen an Behrisch oder Jacobi hat sich durchaus erhalten. Die Wertschätzung der auf gemeinschaftlichem geologischen Interesse schon seit 1776 sich gründenden Freundschaft zu Trebra bringt ein Brief vom 5.1. 1814 in einem Bilde zum Ausdruck: »Man bedient sich als Symbol der Ewigkeit der Schlange, die sich in einen Reif abschließt, ich betrachte dieß hingegen gern als Gleichniß einer glücklichen Zeitlichkeit. Was kann der Mensch mehr wünschen, als daß ihm erlaubt sey das Ende an den Anfang anzuschließen, und wodurch kann dieß geschehen, als durch die Dauer der Zuneigung, des Vertrauens, der Liebe, der Freundschaft«. Freundschaft erweist sich somit als identitätskonstitutiv. Ein ähnliches mythologisches Bild für die Freundesbeziehung gebraucht G. Boisserée gegenüber am 3.2. 1826.

Nicht wenige Briefe G.s müssen Trauer äußern über den Verlust eines Verwandten oder Freundes. Die Sprachlosigkeit angesichts des frühen Kindsbett-Todes der Schwester erscheint authentisch: »Um neune kriegt ich Briefe dass meine Schwester todt sey. – Ich kann nun weiter nichts sagen« (an Charlotte von Stein, 16.6. 1777), gegenüber der Mutter wird distanzierter berichtet, »dass mir der todt der Schwester nur desto schmerzlicher ist da er mich in so glücklichen Zeiten überrascht« (28.6. 1777), ausdrücklich trauern kann lediglich der Dichter G., der in den Briefen an Auguste zu Stolberg spricht und dichtet: »Alles geben Götter die unendlichen / Ihren Lieblingen ganz / Alle Freuden die unendlichen / Alle Schmerzen die unendlichen ganz« (17.7. 1777) – die Trauer wird in der poetischen Distanzierung aufgehoben.

Lakonisch reagiert G. auf den zufälligen Tod Unbekannter, was auf eine affektive Abwehr des Todesgedankens schließen lassen kann: »Heut haben wir unser Vogelschiesen dum geendigt. ohngefähr auf den funfzigsten Schuß lag ein Bursche, von den Zuschauern, auf der Erde, so todt als ie einer« (an Charlotte von Stein, 15.9. 1777), auch die Reaktion auf Lessings Tod klingt distanziert: »Mir hätte nicht leicht etwas fatalers begegnen können als daß Lessing gestorben ist. Keine viertelstunde vorher eh die Nachricht kam macht ich einen Plan ihn zu besuchen. Wir verliehren viel viel an ihm, mehr als wir glauben. Adieu beste. Heut ist Conseil, ich will zu Hause essen, und Sie nach der Comödie sehn. Ich habe gar nicht Lust hineinzugehen« (an Charlotte von Stein, 20.2. 1781). Nach der Geburt des Sohns Karl am 1.11. 1795 muß G. schon am 16. November an Meyer melden: »Ein kleiner Ankömmling hat uns schon wieder verlassen. Sonst ist alles wohl in meinem Hause und grüßt«. Die Erfahrung des Kindstodes ist im 18. Jh. Familien-Normalität. Zum Tod seiner Mutter heißt es gegenüber Silvie von Ziegesar lediglich: »Der Tod meiner theuren Mutter hat den Eintritt nach Weimar mir sehr getrübt« (21.9. 1808).

Der Tod Schillers allerdings wird, trotz aller Kompensations- und Distanzierungsversuche – etwa die frühe Überlegung zur Errichtung eines Schillerdenkmals (vgl. an Cotta, 1.6. 1805) –, als Identitätsverlust interpretiert: »Ich dachte mich selbst zu verlieren, und verliere nun einen Freund und in demselben die Hälfte meines Daseyns« (an Zelter, 1.6. 1805; vgl. an Hackert, 4.4. 1806). Erst langsam greift

die Trauerarbeit: »Zelter hat mich auf einige Tage besucht und mir durch seine Gegenwart große Freude gemacht. Man fängt wieder an, ans Leben zu glauben, wenn man solche Menschen sieht, die so tüchtig und redlich wirken, gegen so viele, die nur wie das Rohr vom Winde hin und her geweht werden« (an Charlotte von Stein, 12.8. 1805; vgl. auch an dies., 24.5. 1807). – Nach Christianes Tod am 6.6. 1816 heißt es zunächst nur in der Nachbemerkung eines langen Briefes an Boisserée: »Füge ich hinzu: daß meine liebe, kleine Frau uns in diesen Tagen verlassen; so nehmen liebe Freunde gewiß theil an meinem Zustande« (8.6. 1816). Der Beiläufigkeit dieser Mitteilung steht die Trauer entgegen, die aus dem Schreiben vom 24. Juni an Boisserée spricht: »Leugnen will ich Ihnen nicht [...], daß mein Zustand an die Verzweiflung gränzt«. Das distanziertere Verhältnis zu Wilhelm von Humboldt verbietet das Eingeständnis zu tiefer Trauer: »Mit dem Gefühl des Verlustes, in das mich das Abscheiden meiner guten kleinen Frau versetzt, weiß ich nichts tröstlicher, als umherzuschauen, wie viel Gutes und Liebes mir noch übrig bleibe« (26.6. 1816). Auf den Tod des Sohnes in Rom reagiert G. schließlich mit pragmatischem Lakonismus: »Denn daß die großen Unbilden, die mich in Umgebung und Persönlichkeit zu Ende des vorigen Jahrs überfielen, meine Bezüge gegen die Außenwelt gar sehr verändern mußten, werden Sie denken. Wenn ich auch innerlich mir gleich blieb, so war es doch eine schwere Aufgabe, in Bezügen zu wirken, die ich längst andern übertragen hatte. Aus der Stellung des Großvaters zum Hausvater, aus dem Herrn zum Verwalter überzugehen, war eine bedeutende Forderung. Sie ist gelöst« (an Boisserée, 20.3. 1831).

Worte des Trostes, wie sie etwa an Jacobi (3.3. 1784) oder Kestner (4.12. 1785) gehen und hier entweder die Sprachlosigkeit vor dem Leid der Freunde oder aufrichtige Anteilnahme mitteilen, geraten schon nach der Italienreise zur poetischen Abstraktion – wie z.B. in der feinsinnigen Mischung aus Trost und dezidiertem Nicht-Christentum im Brief an Fritz Stolberg nach dem Tode von dessen Frau: »Wenn ich auch gleich für meine Person an der

Charlotte Ernestina Bernhardina von Stein.
Getuschte Silhouette um 1775

Lehre des Lucrez mehr oder weniger hänge und alle meine Prätensionen in den Kreis des Lebens einschließe; so erfreut und erquickt es mich doch immer sehr, wenn ich sehe daß die allmütterliche Natur für zärtliche Seelen auch zartere Laute und Anklänge in den Undulationen ihrer Harmonien leise tönen läßt und dem endlichen Menschen auf so manche Weise ein Mitgefühl des Ewigen und Unendlichen gönnt« (2.2. 1789). – Nach Herzog Carl Augusts Tod ist neben dem ganz im Curialstil gehaltenen Trostschreiben an die Großherzogin der Brief an Friedrich August Beulwitz vom 18.7. 1828 exemplarisch für die Abwehr des Todesgedankens: An dessen Stelle tritt hier die Darstellung von Schloß und schöner blühender Landschaft in Dornburg, in der der Schreiber den Verstorbenen repräsentiert sieht – ein poetisches Verfahren der Kompensation oder Abstraktion der Trauer.

Liebesbriefe

Neben den drei Briefen an Charlotte Buff vom 10. und 11.9. und 8.10. 1772 – die eigentlich schon Briefe der Trennung sind – können nur die an Charlotte von Stein und an Christiane Vulpius als Liebesbriefe gelten, so unterschiedlich die beiden Gruppen auch sind. Die Korrespondenz mit Charlotte von Stein umfaßt alleine ungefähr 1.800 Briefe, Blätter und Zettel von G.s Hand und begleitet das erste Weimarer Jahrzehnt fast lückenlos. Neben Berichten über Ereignisse am Hof, Reiseschilderungen und Klagen über höfische und politische Pflichten ist es vor allem die Beziehung G.s zu Frau von Stein, die in den Briefen thematisiert wird, über die in Bildern und Vergleichen gesprochen, die in Wünschen und Bitten beschworen wird.

Neben dem spielerischen Kokettieren mit der Echtheit der eigenen Liebe – »Gestern von Ihnen gehend hab ich noch wunderliche Gedancken gehabt, unter andern ob ich Sie auch wircklich liebe oder ob mich Ihre Nähe nur wie die Gegenwart eines so reinen Glases freut,

darin sichs so gut sich bespiegeln lässt« (an Charlotte von Stein, 8.11. 1777; vgl. auch an dies., 6.9. 1777) – finden sich unmittelbare Geständnisse, »wie ich Sie liebe« (24./26.6. 1780): »Lebe wohl du theure Hausfrau, du süse Liebhaberinn, du treue Freundinn du Innbegriff alles Guten und du Meine« (5./6.10. 1784); die Geliebte wird zur Existenzbedingung erhöht: »Lebe wohl du liebes a und o du Innbegriff meiner Freuden und Schmerzen, da ich dich nicht habe was kann ich besitzen, da du mein bist was kann mir fehlen« (27.6. 1785).

Oft werden Geliebte und Liebe mit Hilfe eines poetischen Bildes oder Vergleiches ausgedrückt: »Ich habe mein Herz einem Raubschlosse verglichen das Sie nun in Besiz genommen haben« (8.3. 1781); »Deine Liebe ist mir wie der Morgen und Abendstern, er geht nach der Sonne unter und vor der Sonne wieder auf« (22.3. 1781). Gegenüber Knebel bezeichnet G. »die Stein« als »Korckwamms«, das ihn über Wasser halte (3.2. 1782), sie selber bittet er: »Bleibe mir l. Lotte du bist mein Ancker zwischen diesen Klippen« (17.11. 1782), ihre Liebe wird ihm zur transzendentalen Heimstatt (vgl. an Charlotte von Stein, 10.2. 1782) und zur notwendigen Existenzbedingung: »Ja liebe Lotte ietzt wird es mir erst deutlich wie du meine eigne Hälfte bist und bleibst. Ich bin kein einzelnes kein selbstständiges Wesen. Alle meine Schwächen habe ich an dich angelehnt, meine weichen Seiten durch dich beschützt, meine Lücken durch dich ausgefüllt« (an Charlotte von Stein, 28.6. 1784; vgl. auch an dies., 23.7. 1784).

In letzter Konsequenz werden die Geliebte und die Beziehung zu ihr sakralisiert. So heißt es etwa im Kontext der Abreise Charlottes nach Kochberg schon am 7.10. 1776: »Sie kommen mir eine Zeither vor wie Madonna die gen Himmel fährt, vergebens dass ein rückbleibender seine Arme nach ihr ausstreckt, vergebens dass sein scheidender trähnenvoller Blick den ihrigen noch einmal niederwünscht, sie ist nur in den Glanz versuncken der sie umgiebt, nur voll Sehnsucht nach der Krone die ihr überm Haupt schwebt«. Die Suche nach einer geistlichen Sanktionierung der Liebe – »Ich wollte daß es irgend ein Gelübde oder Sakrament gäbe, das mich dir auch sichtlich und gesezlich zu eigen machte [...] mein Noviziat war doch lang genug um sich zu bedencken« (12.3.1781) – mündet in die ambivalente Feststellung: »Wir sind wohl verheurathet, das heist: durch ein Band verbunden wovon der Zettel aus Liebe und Freude, der Eintrag aus Kreuz Kummer und Elend besteht« (an Charlotte von Stein, 8.7.1781). Frau von Stein wird dem Briefschreiber eine »liebe Beichtigerinn« (12.12.1781), wird zum Ziel einer morgendlichen »Wallfahrt« (17.11.1782), sie wird sogar an die Stelle Gottes gesetzt, wenn der Brief vom 14.5.1781 den Psalmisten indirekt zitiert: »Aus allerley beschweerlicher Arbeit ruf ich dir zu daß ich dich liebe«.

Es ist u.a. die lange Zeit uneingestandene Unzufriedenheit mit dem Verhältnis zu Charlotte von Stein, die G. nach Italien gehen läßt: »Ich habe bisher im Stillen gar mancherley getragen, und nichts so sehnlich gewünscht als daß unser Verhältniß sich so herstellen möge, daß keine Gewalt ihm was anhaben könne. Sonst mag ich nicht in deiner Nähe wohnen und ich will lieber in der Einsamkeit der Welt bleiben, in die ich iezt hinaus gehe« (an Charlotte von Stein, 1.9.1786). Trotz der Bitten an die Herders, Frau von Stein zu versöhnen (13.12.1786), trotz späterer, wiederholter Versuche (vgl. an Charlotte von Stein, 13. u. 20.12.1786) ist die Kränkung Charlottes nicht auszugleichen (vgl. an Charlotte von Stein, 17.1.1787).

Noch in den Kontext der einseitigen Versuche, nach der Rückkehr aus Italien ins alte Verhältnis zurückzukehren, fällt die erste Erwähnung von Christiane Vulpius (an Charlotte von Stein, 1.6.1789) – mit der scheinheiligen Bitte: »Hilf mir selbst, daß das Verhältniß das dir zuwider ist, nicht ausarte, sondern stehen bleibe wie es steht« (an Charlotte von Stein, 8.6.1789). Der Brief vom 1.6.1789 hatte nämlich bitter mit der langen Beziehung abgerechnet: »Aber das gestehe ich gern, die Art wie du mich bißher behandelt hast, kann ich nicht erdulden. [...] Jede meiner Minen hast du kontrollirt, meine Bewegungen, meine Art zu seyn getadelt und mich immer mal à mon aise

gesetzt. Wo sollte da Vertrauen und Offenheit gedeihen, wenn du mich mit vorsätzlicher Laune von dir stießest«. Besonders kalt erscheint dieser Brief gegen Schluß, wo G. von oben herab einen pädagogischen Ratschlag beifügt: »Unglücklicher Weise hast du schon lange meinen Rath in Absicht des Caffees verachtet und eine Diät eingeführt, die deiner Gesundheit höchst schädlich ist [...] du verstärckst die Hypochondrische quälende Kraft der traurigen Vorstellungen durch ein physisches Mittel«.

Christiane Vulpius, die ein Brief an Herder als »ein gewisses kleines Eroticon« (10.8.1789), ein Brief an Herzog Carl August aus Venedig als »zurückgelaßnen Erotio« bezeichnet (3.4.1790), spielt eine ganz andere Rolle als Charlotte von Stein. Das Geständnis gegenüber Herder, »daß ich das Mädchen leidenschaftlich liebe« (28.5.1790), wird erst komplettiert durch eine Bemerkung an Charlotte von Kalb, »daß ich auf keine Weise mehr allein seyn [...] kann« (30.4.1790; vgl. auch an Herder, 11.9.1790). Das Häuslich-Gesellige der Liebe als Zweisamkeit tritt in den Vordergrund. Die Briefe, die er 1792 vom Feldzug gegen Frankreich nach Hause schickt, tragen die deutlichsten Spuren davon. Die ihnen anvertrauten ›Liebesgeständnisse‹ klingen im Vergleich fast sachlich-kühl: »Von hier schicke ich dir nichts als den schönsten Gruß und die Versicherung daß ich dich sehr liebe« (an Christiane Vulpius, 9.8.1792), der Aspekt des Häuslichen und Familiären tritt immer hinzu: »Ich dencke immer an dich und den Kleinen und besuche dich im Hauße und im Garten [...]. Du mußt mich aber nur lieb behalten [...]. Richte nur alles wohl ein und bereite dich eine liebe kleine Köchinn zu werden. Es ist doch nichts besser als wenn man sich liebt und zusammen ist« (an Christiane Vulpius, 8.9.1792; vgl. an dies., 21., 25. u. 28.8. u. 10.9.1792).

Briefe der Liebe, der familiären Vorsorge, Berichte und Landschaftschilderungen gelangen von der Schweizer Reise 1797 nach Weimar (vgl. an Christiane Vulpius, 24.8.1797 u. 11., 12., 23.9.1797). Sie werden übrigens zum Großteil diktiert. So verbietet sich die emphatische Rede in den Briefen an Christiane Vulpius gänzlich, nur in Nachsätzen kann noch liebevoll gesprochen werden: »Nun muß ich zum Schluß auch noch mit eigener Hand sagen: wie sehr ich dich liebe, und wie sehr ich wünsche bald wieder an deiner Seite zu seyn. Behalte mich lieb, wie ich dich, damit wir uns herzlich mit Freuden wieder umarmen können« (an Christiane Vulpius, 12.9. 1797). Die Briefe von den oft monatelangen Aufenthalten in Jena oder in Karlsbad sind zwar vereinzelt auch noch Liebesbriefe (vgl. an Christiane Vulpius, 20.11. 1798), zumeist enthalten sie jedoch neben Bitten und Hinweisen zu privaten und häuslichen Regelungen lakonische Berichte aus der Kur, von Reisen nach Teplitz oder Dresden. Ausführliche Schilderungen enthalten die Briefe von den Reisen an Rhein, Main und Neckar 1814 und 1815. Das häuslich-pragmatischere Verhältnis mündet schließlich in die Heirat, die Christiane vornehmlich bürgerlich wie ökonomisch absichern sollte: »Ich will meine kleine Freundinn, die so viel an mir gethan und auch diese Stunden der Prüfung mit mir durchlebte völlig und bürgerlich anerkennen, als die Meine« (an Wilhelm Christian Günther, 17.10. 1806).

Philosophisches und Weltanschauliches

G. verhandelt in seinen Briefen eine Fülle von Themen, die entweder allgemein in den geistesgeschichtlichen Rahmen der Korrespondenz gehören oder aber direkt mit der eigenen literarischen und naturwissenschaftlichen Textproduktion bzw. der Selbstauffassung als Dichter zu tun haben.

Die Reflexion zeitgenössischer philosophischer Strömungen – zu der im weiteren Umfeld auch G.s Verhältnis zum Christentum zu rechnen ist – findet sich schon in den frühesten Briefen. Zunächst ist es der Kontakt mit der pietistischen Frömmigkeit nach der Rückkehr aus Leipzig: »Meine Herzensangelegenheiten! [...] So kalt ruhig, wie man nur am

Morgen beym Erwachen nach einer wohldurchschlaffnen Nacht seyn kann, ist jetzo meine Seele, still, ohne Verlangen, ohne Schmerz, ohne Freude, und ohne Erinnerung« (an Ernst Theodor Langer, 8.9. 1768). Zwar wird die pietistische Kritik an der eigenen Weltverfangenheit noch als berechtigt reflektiert (vgl. an Langer, 24.11. 1768), wenige Monate später aber kann an denselben Briefpartner die – vorläufige – pietistische Erweckung der immer wieder angesprochenen ›stillen Seele‹ gemeldet werden: »Mich hat der Heiland endlich erhascht, ich lief ihm zu lang und zu geschwind, da kriegt er mich bey den Haaren« (an Langer, 17.1. 1769). Dank gegenüber dem Heiland – »wenn ich stille ganz stille binn, und alles Gute fühle was aus der ewigen Quelle auf mich geflossen ist« (ebd.) – und Kritik an schwächeren Glaubensbrüdern (vgl. an Susanna Katharina von Klettenberg, 26.8. 1770) resultieren zunächst aus dem Erweckungserlebnis; im Kontext des Weimarer Hofes jedoch setzen sich schnell scharfe Kritik und innere Abkehr von der frömmelnden Selbstbezüglichkeit pietistischer Zirkel durch: »Das was der Mensch an sich bemerkt und fühlt, scheint mir der geringste Theil seines Daseyns. Es fällt ihm mehr auf was ihm fehlt, als das was er besizt, er bemerkt mehr was ihn ängstiget, als das was ihn ergözt und seine Seele erweitert [...], dadurch denn eine Person [...] zusammenschrumpft« (an Lavater, 4.10. 1782).

Der im Brief an Ludwig Julius Friedrich Höpfner (7.5. 1773) erstmals erwähnte Pantheismus Spinozas wird schnell zum Hauptargument gegen das Christentum traditioneller Prägung. »Wenn nur die ganze Lehre Von Christo nicht so ein Scheisding wäre, das mich als Mensch als eingeschränktes bedürftiges Ding rasend macht so wär mir auch das Objeckt lieb« heißt es scharf und ablehnend an Herder (12.5. 1775; hier wird wegen der Schönung der Passage in der WA die HAB zitiert); gegenüber Lavater gesteht G. (29.7. 1782) zunächst, daß er »zwar kein Widerkrist, kein Unkrist aber doch ein dezidirter Nichtkrist« sei, nur zehn Tage später wird die naturorientierte Göttlichkeitsauffassung des Pantheis-

mus explizit gegen die theistische gesetzt: »Du
hältst das Evangelium wie es steht für die gött-
lichste Wahrheit, mich würde eine vernehm-
liche Stimme vom Himmel nicht überzeugen,
daß das Wasser brennt und das Feuer löscht,
daß ein Weib ohne Mann gebiert, und daß ein
Todter aufersteht; vielmehr halte ich dieses für
Lästerungen gegen den großen Gott und seine
Offenbarung in der Natur« (an Lavater, 9.8.
1782; zu G.s Spinoza-Rezeption vgl. die Briefe
an Knebel, 11.11.1784; an Jacobi, 12.1., 9.6. u.
21.10.1785).

Für das Christentum hat G. vielfach nur
Spott übrig (vgl. die Briefe an Charlotte und
Fritz von Stein über die katholischen Spektakel in Rom vom 19.1.1788 u. 4.1.1787; vgl.
auch an das Ehepaar Herder, 15.8.1790). Herder gegenüber stellt er fest, daß es auch ästhetisch wenig herzugeben habe: »Ich habe nun
auch Gelegenheit, von der Kunstseite es näher
anzusehen, und da wirds auch recht erbärm-
lich« (4.9.1788). Mit dem Vorwurf der Intoleranz an Jacobi und seine Gottesvorstellung
setzt G. dem Christentum die dezidierte Auffassung von einer Göttlichkeit der Natur entgegen: »Ich bin nun einmal einer der Ephesi-
schen Goldschmiede, der sein ganzes Leben
im Anschauen und Anstaunen und Verehrung
des wunderwürdigen Tempels der Göttin [d.i.
die Natur; d. Vf.] und in Nachbildung ihrer
geheimnisvollen Gestalten zugebracht hat,
und dem es unmöglich eine angenehme Empfindung erregen kann, wenn irgend ein Apostel seinen Mitbürgern einen anderen und
noch dazu formlosen Gott aufdringen will«
(10.5.1812; vgl. auch den Bericht über den
Bruch mit Jacobi an Knebel, 8.4.1812; an Lavater, 28.10.1779).

Über Spinoza hinaus war es vor allem die
Kantische Philosophie, die von G. durchaus
produktiv wahrgenommen wurde. Erste Aufmerksamkeit erregte die *Kritik der Urteilskraft*
– »Kants Buch hat mich sehr gefreut und mich
zu seinen früheren Sachen gelockt« (an Reichardt, 25.10.1790) –, die Anthropologie
Kants wird aufmerksam gelesen und kritisch
referiert (vgl. an Voigt, 19.12.1798; später und
umfassender an Maria Paulowna, 3.1.1817).
Dem analytischen Verfahren der zeitgenössi-

schen Philosophie setzte G. eine andere Vorstellung entgegen: »Wenn sie [die Philosophie; d. Vf.] aber vereint, oder vielmehr wenn
sie unsere ursprüngliche Empfindung als
seyen wir mit der Natur eins, erhöht, sichert
und in ein tiefes, ruhiges Anschauen verwandelt [...], dann ist sie mir willkommen« (an
Jacobi, 23.11.1801).

Naturwissenschaftliche Korrespondenz

»An dir ist überhaupt vieles zu beneiden!
Haus, Hof und Pempelfort [...] pppp. Dagegen
hat dich aber auch Gott mit der Metaphisick
gestraft und dir einen Pfal ins Fleisch gesezt,
mich dagegen mit der Phisick geseegnet, damit mir es im Anschauen seiner Wercke wohl
werde, deren er mir nur wenige zu eigen hat
geben wollen. [...] Wenn du sagst man könne
an Gott nur g l a u b e n [...] so sage ich dir, ich
halte viel aufs s c h a u e n« (an Jacobi, 5.5.
1786). Spätestens während des Aufenthalts in
Italien bildet G. eine intensive Anteilnahme
am Naturwissenschaftlichen aus (vgl. an Herder, 29./30.12.1786), die zeitweilig sogar das
literarische Schaffen in den Hintergrund
drängt: »Es scheint nach und nach diese Ader
bey mir ganz auszutrocknen. Sie würden sich
aber auch darüber nicht wundern, wenn Sie
meine neue Camera obscura und alle die Ma-
schinen sähen, welche von Zeit zu Zeit bey mir
entstehen« (an Reichardt, 29.7.1792).

G.s spezifische Auffassung von der Verfaßtheit naturwissenschaftlicher Anschauung darf
als eigenes Konzept der Naturwissenschaften
als Erfahrungswissenschaften bezeichnet werden. Dieses steht sehr im Gegensatz zur Newtonschen Tradition eines physiko-mathematischen Wissenschaftsbegriffs und wird in vielen Briefen entwickelt und breit diskutiert.
Das sinnliche Erfassen des Naturgegenstandes
ist schon weit vor der italienischen Reise gekoppelt an ein diffuseres ›Ahnden‹, das dem
sinnlich Erfahrbaren erst seine Tiefe, seine
›Wahrheit‹ gebe. So schreibt G. schon am

27.12. 1780 an Herzog Ernst II. von Sachsen-Gotha – im Zusammenhang mit geologischen Bemerkungen, die wiederum in den Kontext der Bergwerksbemühungen des Weimarer Ministers gehören: »Wenn ich auf, vor oder in einem Berge stehe, die Gestalt, die Art, die Mächtigkeit seiner Schichten und Gänge betrachte und mir Bestandtheile und Form in ihrer natürlichen Gestalt und Lage gleichsam noch lebendig entgegenrufe, und man mit dem lebhaften Anschauen s o i s t ' s einen dunkeln Wink in der Seele fühlt s o i s t ' s e r s t a n - d e n!« Nur der in der Natur gegebene und zu ahndende Gesamtzusammenhang des Naturdings macht es in seiner spezifischen Form und Bildung erfahrbar.

Der zunächst ›stille‹ Wahrnehmungsprozeß stellt einen wesentlichen Bestandteil von G.s Konzept der Naturerfahrung dar – die ›Stille‹ wird gewissermaßen vom Konzept pietistischer Gotteserfahrung auf das der Naturwahrnehmung übertragen: »Meine Übung alle Dinge wie sie sind zu sehen und zu lesen, meine Treue das Auge Licht seyn zu laßen [...], machen mich hier höchst im Stillen glücklich. Alle Tage ein neuer merckwürdiger Gegenstand, täglich neue, grose, seltsame Bilder und ein Ganzes, das man sich lange denckt und träumt, nie mit der Einbildungskrafft erreicht« (an das Ehepaar Herder, 10.11. 1786). Stille, Geduld und ein Anteil ›Einbildungskraft‹ sind wichtige Merkmale dieses Erfahrungskonzepts: »Ich will so lang ich hier bin die Augen aufthun, bescheiden sehen und erwarten was sich mir in der Seele bildet« (an das Ehepaar Herder, 2.12. 1786).

Die Methode des wartenden Anschauens wird vor allem in den 1790er Jahren feiner ausgebildet. Sie bleibt aber, trotz der Einbindung kategorialer Ordnungs- und klassisch-naturwissenschaftlich erscheinender Experimentalkomponenten, immer auch an die Selbstreflexion des Beobachters und der Vorgehensweisen selbst gekoppelt (vgl. an Jacobi, 29.12. 1794). Anschauung, gegebenenfalls Experiment und ordnende Aufzeichnung werden in der Selbstreflexion notwendig relativiert: »Da bei meinen physikalischen und naturhistorischen Arbeiten alles darauf ankommt: daß ich das sinnliche Anschauen von der Meinung, insofern es möglich ist, reinige und sondere, [...] um so mehr, als das A n s c h a u e n, insofern es diesen Namen verdient [...], selbst wieder subjectiv und manchen Gefahren unterworfen ist« (an Wilhelm von Humboldt, 3.12. 1795). Das unbedingte Beharren auf dem eigentlich Unteilbaren der Natur, das nur gedanklich, hypothetisch, geteilt werden könne, gehört ebenso zum G.schen Naturdenken (vgl. an Max Jacobi, 16.8. 1799) wie das Unzureichende des menschlichen Verstandes, das Ganze der Natur irgend zu erfassen, oder umgekehrt: die grundsätzliche Transzendierung naturwissenschaftlicher Erkenntnis durch die Natur selbst: »a. In der Natur ist alles was im Subject ist. / y. und etwas drüber. / b. Im Subject ist alles was in der Natur ist. / z. und etwas drüber. / b kann a erkennen, aber y nur durch z geahndet werden« (an Christian Heinrich Schlosser, 5.5. 1815). Die Wahrnehmung des Naturdings und seines transzendentalen Überschusses außer und im Subjekt schießt zusammen in G.s Begriff des »Urphänomens«, wie er ihn etwa in dem Schreiben an den begeisterten *Farbenlehre*-Leser Christian-Dietrich von Buttel vom 3.5. 1827 formuliert: »Ferner ist ein Urphänomen nicht einem Grundsatz gleichzuachten, a u s dem sich mannichfaltige Folgen ergeben, sondern anzusehen als eine G r u n d e r s c h e i n u n g, i n n e r h a l b deren das Mannichfaltige anzuschauen ist. Schauen, wissen, ahnen, glauben und wie die Fühlhörner alle heißen, mit denen der Mensch in's Universum tastet, müssen denn doch eigentlich zusammenwirken, wenn wir unsern wichtigen, obgleich schweren Beruf erfüllen wollen«.

Die methodischen Überlegungen G.s sind nicht ohne ihre Kritik an den physiko-mathematischen Lehrmeinungen denkbar: »Einem Gelehrten von Profession traue ich zu daß er seine fünf Sinnen abläugnet. Es ist ihnen selten um den lebendigen Begriff der Sache zu thun, sondern um das was man davon gesagt hat« (an Merck, 8.4. 1785; vgl. an Schlosser, 5.5. 1815; vgl. auch die schärfste Ablehnung der mathematisch-tabellarischen Erscheinungsform der naturwissenschaftlichen

Erkenntnis an den Mineralogen Carl Friedrich Naumann, 24.1.1826; an den Maler Josef Carl Stieler, 26.1.1829). Im Zusammenhang differenzierter Überlegungen zur Akustik formuliert G.s Beilage zum Brief an Zelter vom 22.6.1808 die Polemik gegen die Zurichtung der Natur im Experiment und ihre Entstellung in der Formel zusammen mit den Hauptpositionen seines naturwissenschaftlichen ›Credos‹: »Der Mensch an sich selbst, insofern er sich seiner gesunden Sinne bedient, ist der größte und genaueste physicalische Apparat den es geben kann. Und das ist eben das größte Unheil der neuern Physik daß man die Experimente gleichsam vom Menschen abgesondert hat, und blos in dem was künstliche Instrumente zeigen die Natur erkennen, ja was sie leisten kann dadurch beschränken und beweisen will. Eben so ist es mit dem Berechnen. Es ist vieles wahr was sich nicht berechnen läßt, so wie sehr vieles, was sich nicht bis zum entschiedenen Experiment bringen läßt. Dafür steht ja aber der Mensch so hoch, daß sich das sonst Undarstellbare in ihm darstellt«.

Dieses »sonst Undarstellbare«, das nur zu ›ahndende‹ Inkommensurable bleibt, so eine Äußerung im Brief an Riemer vom 28.10.1821, möglicherweise exklusiv der künstlerischen Darstellung vorbehalten: »Ich werde selbst fast des Glaubens, daß es der Dichtkunst vielleicht allein gelingen könne, solche Geheimnisse gewissermaßen auszudrücken, die in Prosa gewöhnlich absurd erscheinen, weil sie sich nur in Widersprüchen ausdrücken lassen, welche dem Menschenverstand nicht einwollen«.

Neben diesen zentralen methodischen Überlegungen gehört eine Vielzahl naturwissenschaftlicher Einzeldisziplinen zum Gegenstandsbereich der Korrespondenz, von denen einige nur zufällig berührt und nicht unbedingt in eigenen Forschungen vertieft werden: Das Interesse für das ›galvanische Fluidum‹ wird lediglich geäußert (an Alexander von Humboldt, 18.6.1795), gegenüber dem Anatom Samuel Thomas Sömmerring wird dessen Schrift *Über das Organ der Seele* differenziert kritisiert (28.8.1796), selbst die Meteorologie wird nur gelegentlich als Interessengebiet ge-

streift (z.B. an Schultz, 8.7. u. 9.8.1823; an den Sohn August, 30.8.1823).

Demgegenüber nimmt die Geologie schon seit der Zeit der Ministertätigkeit für das Weimarische Herzogtum einen breiten Raum ein. Im Brief an Charlotte von Stein vom 3.10.1779 werden erste Überlegungen zur Gebirgsentstehung geäußert, Sophie von La Roche erhält das Geständnis: »Ich gebe, seit ich mit Bergwercks Sachen zu thun habe, mit ganzer Seele in die Mineralogie« (1.9.1780). Die Gebirgsentstehung – das Werden des sichtbaren Naturdings also – wird Hauptinteresse: »Wir sind auf die hohen Gipfel gestiegen und in die Tiefen der Erde eingekrochen, und mögten gar zu gern der grosen formenden Hand nächste Spuren entdecken« (an Charlotte von Stein, 7.9.1780; vgl. dazu auch an Merck, 11.10.1780; an Herzog Ernst II. von Sachsen-Gotha, 27.12.1780; an Merck, 14.11.1781 u.ö.). Gegenüber Merck werden im November 1782 Hypothesen zur Erdgeschichte und der Plan einer »mineralogischen Charte von ganz Europa« geäußert, an Herder geht der Bericht über die Zusammenstellung eines mineralogischen Kabinetts (6.9.1784; vgl. zu dieser Sammlung z.B. an Zelter, 27.7.1807, u. noch an Siegmund August Wolfgang Herder, 7.6.1831). Das ausdauernde Interesse auch des alten G. (vgl. an August von Goethe, 15.8.1821) gilt einerseits der Diskussion aktueller Gebirgsentstehungshypothesen (zur Vulkanismusdebatte vgl. u.a. an August von Goethe, 17.8.1808; an Nees von Esenbeck, 13.6.1823) und der Bedeutung einzelner Gesteinsformen (zum Granit vgl. etwa an Carl Joseph Hieronymus Windischmann, 20.4.1815) wie auch der Geologie Chinas (vgl. an Knebel, 10.11.1813).

G.s Interesse an der Tiergestalt und seine anatomischen Forschungen gehen einerseits in eine historische, paläontologische Richtung (vgl. z.B. an Merck, 27.10.1782; an Knebel, 3.3.1783); andererseits steht auch hier der Prozeß der Entstehung dieser Gestalt im Vordergrund: »Sagen Sie Herdern daß ich der Thiergestalt und ihren mancherley Umbildungen um eine ganze Formel näher gerückt bin« (an Charlotte von Kalb, 30.4.1790; vgl. an Caroline Herder, 4.5.1790). Der Plan, die Metamorphose der Tiere genauso ausführlich und differenziert zu erarbeiten wie die der Pflanzen, wird trotz anfänglicher Hoffnungen (vgl. an Knebel, 17.10. 1790; an Jacobi, 3.3. 1789; an Reichardt, 25.10. 1790; an Jacobi, 20.3. 1791) nicht realisiert. Der Anteil, den G. an der Entwicklung der vergleichenden Anatomie nimmt, bleibt allerdings unverändert groß (vgl. an Sömmerring, 31.5. 1791; an Carus, 16.8. 1827; an Kaspar Graf von Sternberg, 10.6. 1828). – Eine Sonderstellung in den anatomischen Studien hat die Osteologie inne. Erscheint sie im Brief an Merck vom 27.10. 1782 noch ganz im Dienst der Paläontologie, wird sie mit der Entdeckung des Zwischenkieferknochens beim Menschen, die G. am 27.3. 1784 an Herder meldet, zum wichtigsten Bestandteil seiner Evolutionstheorie (vgl. an August Michael Tauscher, 30.9. 1817; zum Stellenwert des ›os intermaxillare‹ vgl. an Knebel, 17.11. 1784; an Merck, 19.12. 1784; ebenso an Herzog Ernst II. von Sachsen-Gotha, 20.12. 1784; an Jacobi, 12.1. 1785; an Merck, 13.2. u. 8.4. 1785).

G.s botanische Studien werden Knebel zuerst am 2.4. 1785 angekündigt: »Gerne schickt ich dir eine kleine Botanische Lecktion wenn sie nur schon geschrieben wäre«. Kurz vor der Abreise nach Italien ist es ein Brief an Charlotte von Stein, der die Vorstufe zur Entdekkung des morphologischen Typus verkündet: »Das Pflanzenreich raßt einmal wieder in meinem Gemüthe, [...] es kommt mir alles entgegen und das ungeheure Reich simplificirt sich mir in der Seele, [...] es ist ein Gewahrwerden der wesentlichen Form, mit der die Natur gleichsam nur immer spielt und spielend das manigfaltige Leben hervorbringt« (9.7. 1786). Im Brief vom 8.6. 1787 fühlt G. sich »dem Geheimniß der Pflanzenzeugung und Organisation ganz nah [...]. Dasselbe Gesetz wird sich auf alles übrige lebendige anwenden laßen«. In diesem Brief fällt der Begriff der »Urpflanze« erstmalig (vgl. an Knebel, 18.8. 1787 u. 3.10. 1787). Die Schrift über die Entdeckungen wird am 3.3. 1790 an Jacobi gemeldet: »Ostern betret ich auch die Bahn der Naturgeschichte als Schriftsteller; ich bin neugierig was das gelehrte und ungelehrte Publi-

kum mit einem Schriftchen machen wird, das über *die Metamorphose der Pflanzen* einen Versuch enthält«. Die weitere Arbeit an dem Projekt wird im folgenden Jahrzehnt immer wieder erwähnt (vgl. an Knebel, 9.7. 1790; an August Johann Georg Carl Batsch, 26.2. 1794; an Schlosser, 30.8. 1799). Die Metamorphose-Vorstellung wird z.B. mit Nees von Esenbeck (18.6. 1816 u. 23.7. 1820), mit Carl Franz Anton v. Schreibers (7.1. 1821) und noch mit Carl Friedrich Philipp v. Martius (28.3. 1829) diskutiert. Gegenüber dem Chemiker Heinrich Wilhelm Ferdinand Wackenroder äußert G. noch am 21.1. 1832 Interesse an den pflanzenhormonellen Grundlagen der Metamorphose: »Es interessirt mich höchlich, inwiefern es möglich sey, der organisch-chemischen Operation des Lebens beyzukommen, durch welche die Metamorphose der Pflanzen nach einem und demselben Gesetz auf die mannichfaltigste Weise bewirkt wird«.

Neben die Botanik tritt bald die Beschäftigung mit der *Farbenlehre*. Die erste Erwähnung findet sich in einem Schreiben an Reichardt: »Unter den Arbeiten die mich jetzt am meisten interessiren, ist eine neue Theorie des Lichts, des Schattens und der Farben« (30.5. 1791; vgl. an Jacobi, 1.6. 1791). An Knebel und Reichardt wird die Fertigstellung des historischen Teils gemeldet (8.10. 1791 u. 17.11. 1791). Gegenüber dem Herzog wird das aktuelle Übergewicht dieser Forschung gegenüber allem anderen eingeräumt: »Das Licht und Farbenwesen verschlingt immer mehr meine Gedankensfähigkeit und ich darf mich wohl von dieser Seite ein Kind des Lichts nennen« (18.4. 1792). Die Darstellung der Versuche, Erscheinungen und Ergebnisse der optischen Studien (vgl. an Georg Forster, 25.6. 1792) zielen darauf ab, »die Farbenphänomene unter allgemeinere Gesichtspunkte zu vereinigen« (an Sömmerring, 2.7. 1792). – Die Veröffentlichung der *Farbenlehre* wird zwar selbstbewußt – parallel zur Erfahrung der Belagerung von Mainz – unter der Metapher des Bombardements angekündigt (vgl. an Jacobi, 24.7. 1793), die Fertigstellung zieht sich aber noch über Jahre hin (vgl. an Sömmerring, 16.7. 1794; an Jacobi, 29.12. 1794; an Knebel, 3.1.

1807; an Alexander von Humboldt, 3.4. 1807; an August von Goethe, 17.8. 1808; an Reinhard, 31.12. 1809; an Knebel, 10.1. 1810; an Reinhard, 21.2. 1810; an Georg Sartorius, 23.3. 1810). Noch kurz vor seinem Tod berichtet G. über abermalige Bemühungen, die *Farbenlehre* »so zu redigiren, zu stellen und zu ordnen, daß sie sich dereinst an die Ausgabe meiner Werke schicklich anschließen« möge (an Boisserée, 24.11. 1831).

Die lang ausbleibende Anerkennung der *Farbenlehre* durch naturwissenschaftliche Fachkreise (vgl. an Sartorius, 19.7. 1810) wird durch die Zustimmung persönlicher Bekannter und Freunde scheinbar aufgewogen: »Nicht wenig Freude war mir's zu sehen, daß Ihre Ansichten der Farben völlig mit den meinigen übereintreffen« (an Philipp Otto Runge, 22.8. 1806; vgl. an Sartorius, 4.2. 1811). Während G. zwar schon am 22.7. 1810 gegenüber Reinhard die Produktion von Anschauungsmaterial in einer Glashütte anspricht (vgl. an Knebel, 23.8. 1822), bleibt die öffentliche Reaktion auf die *Farbenlehre* doch auf einen engeren Bekanntenkreis von Nichtphysikern beschränkt (vgl. an Windischmann, 28.12. 1812; an Schlosser, 21.9. 1813; an Schopenhauer, 23.10. 1815 u. 28.1. 1816; an Schultz, 11.3. 1816; an Hegel, 7.10. 1820, 8.7. 1817 u. 13.4. 1821). Am 10.6. 1822 erstattet G. an Reinhard Bericht über das *Farbenlehre*-Kabinett des Hegel-Schülers Leopold Dorotheus von Henning an der Berlinischen Akademie, ebenso an Boisserée (6.9. 1822; vgl. dazu auch an Cotta, 11.6. 1823; an Nees von Esenbeck, 13.6. 1823; an Hegel, 3.5. 1824). Hegel bekommt am 17.8. 1827 Nachricht über eine »Gesellschaft junger Männer« im ostfriesischen Jever, die sich mit seiner *Farbenlehre* beschäftigen (vgl. dazu auch an Boisserée, 25.9. 1827; an Knebel, 14.11. 1827).

Ästhetische Reflexion in den Briefen

Neben der naturwissenschaftlichen Theoriebildung stellt natürlich die Reflexion eigener und fremder ästhetischer Konzepte einen wesentlichen Gegenstand der Briefe dar. Bei der Ausbildung der frühesten künstlerischen Begriffe ist der junge G. vor allem seinem Leipziger Lehrer Oeser Dank schuldig: »Wenn Sie meiner Liebe zu den Musen nicht aufgeholfen hätten ich wäre verzweifelt« (9.11. 1768; vgl. an Philipp Erasmus Reich, 20.2. 1770). Die im selben Brief artikulierte Selbstauffassung als Künstler ist gewiß noch jugendliche Koketterie. Die Wertschätzung künstlerischer Anschauung aber darf ebenso als früher Vorgriff auf G.s Sturm und Drang-Ästhetik aufgefaßt werden wie die Präferenz des ›ächten‹ Gefühls, die in einem Brief an Friederike Oeser als Beurteilungskriterium literarischer Werke in Anschlag gebracht wird: »Macht mich was empfinden, was ich nicht gefühlt, was dencken was ich nicht gedacht habe, und ich will euch loben. Aber Lärm und Geschrey statt dem Pathos, das thuts nicht« (13.2. 1769). – Aufklärungskritik am Beispiel der »Freudenfeindlichen Erfahrungssucht, die Sommervögel tödtet und Blumen anatomirt« (an Hetzler jun., 14.7. 1770), Volksliedbegeisterung (vgl. an Herder, September 1771) und Geniekult (vgl. an Gottfried Röderer, 21.9. 1771) machen die Eckpunkte der in den Straßburger Briefen dünn gesäten ästhetischen Reflexion aus.

Als scharfe Abgrenzung von dieser Ästhetik darf der Brief G.s an Maler Friedrich Müller vom 21.6. 1781 gewertet werden: »Ich finde Ihre Gemälde und Zeichnungen doch eigentlich nur noch gestammelt, und es macht dieses einen so übleren Eindruck, da man sieht, es ist ein erwachsener Mensch, der vielerlei zu sagen hat und zu dessen Jahrszeit ein so unvollkommener Ausdruck nicht recht kleidet«. Die Kritik trifft implizit auch die ›stammelnde‹ Literatur des jungen G. selbst, wenngleich sie als ›jugendliche‹ Werke ein gewisses Recht auf diesen unvollkommenen Ausdruck zugesprochen bekommen. Müller wird – und hier formuliert der Brief erstmals eine klassizistische Ästhetik – Orientierung an Renaissancekunst und Antike anempfohlen: »Nach meinem Rath müßten Sie eine Zeit lang sich ganz an Raphaeln, die Antiken und die Natur wenden«. Hier werden schon die für die (nach-)italienische Ästhetik G.s zentralen Merkmale der genauen Naturbeobachtung wie auch der Orientierung an der ›klassischen‹ Kunst von Antike und Renaissance angesprochen.

Die neuartige Reflexion von Naturbetrachtung und Kunsterfahrung bildet folgerichtig einen wesentlichen Anteil der Berichte von der Italienischen Reise. Die Natur wird in den Rang ästhetischer Idealität erhoben – die Prinzipien ihrer Bildung und die Merkmale ihrer Formgebung sind es, die künstlerisch nachzuahmen sind: »Das geringste Product der Natur hat den Kreis seiner Vollkommenheit in sich und ich darf nur Augen haben um zu sehen, so kann ich die Verhältniße entdecken, ich bin sicher daß innerhalb eines kleinen Cirkels eine ganze wahre Existenz beschloßen ist. [...] die Naturwercke sind immer wie ein erstausgesprochnes Wort Gottes« (an die Herzogin Louise von Sachsen-Weimar-Eisenach, 12.–23.12. 1786; vgl. auch an Charlotte von Stein, 20.12. 1786; an Knebel, 3.10. 1787). Das Prinzip der Naturbetrachtung wird aber sofort auf die Kunsterfahrung übertragen: »Wie ich die Natur betrachte, betrachte ich nun die Kunst« (an Charlotte von Stein, 20.12. 1786). Vor allem die als klassisch erfahrene Architektur Italiens wird zum neuen Vorbild ästhetischer Produktion: »In Vicenz hab ich mich an den Gebäuden des Palladio höchlich geweidet und mein Auge geübt [...], hier werd ich in Gesellschafft eines guten Architeckten, die Reste der alten, die Gebäude der neuen Zeit besehen und nicht allein meinen Geschmack bilden« (an Herzog Carl August, 3.11. 1786; vgl. den Rechenschaftsbericht des Künstlers an den Herzog, 25.1. 1788).

Die Briefe aus den ersten anderthalb Jahrzehnten nach der Rückkehr aus Italien enthalten immer wieder Versatzstücke einer aus den dortigen ästhetischen Erfahrungen und Überlegungen gewonnenen Kunstauffassung. So fallen – in Anlehnung an Moritz' *Die Si-*

gnatur des Schönen – in dem Brief an den Freund Meyer vom 27.2. 1789 das naturwissenschaftliche Metamorphosenkonzept und die Vorstellung von ästhetischer Form zusammen: »Man soll nicht Composition sagen, denn solch ein Werck ist nicht von a u s s e n z u s a m m e n g e s e t z t, es ist von i n n e n e n t f a l t e t. Ein Gedancke in mehreren Figuren verkörpert«. Die Anschauung der Kunst als sinnliche Erfahrung dieses Selbstentfaltungsprozesses thematisiert schon dieser Brief, die Beispiele aus der italienischen Renaissance nennt der Brief an Meyer vom 27.4. 1789. Die ausführliche Diskussion der nachitalienischen Ästhetik gerade mit Meyer gehört in den Kontext einer geplanten großen Italien-Enzyklopädie (vgl. dazu die Briefe an Meyer, 16.10. u. 30.12. 1795; 8.2., 9.3. u. 20.6. 1796). Wegen der Behinderung des Projekts durch die nachrevolutionären Kriege und Unsicherheiten in Europa (vgl. an Meyer, 1.7. 1796) schlägt G. im Juli 1797 vor, von der Enzyklopädie-Idee Abstand zu nehmen; Italien-Erfahrungen, klassizistisch-ästhetische Programmatik und entsprechende künstlerische Ausbildung Dritter sollen im Rahmen einer periodisch erscheinenden Zeitschrift, den *Propyläen*, realisiert werden (vgl. an Meyer, 14.7. 1797). – Neben der Korrespondenz mit Meyer ist natürlich besonders der Briefwechsel mit Schiller der Ort, an dem G. die Ästhetik der klassizistischen Periode diskutiert.

Dem ästhetisch-programmatischen und kunsterzieherischen Rigorismus, den G. bis 1805 an den Tag legte, stehen die Äußerungen nachklassizistischer ästhetischer Toleranz entgegen – auch und vor allem im Kontakt mit der Frühromantik. So heißt es z.B. gegenüber Runge: »Denn wie nur dadurch eine sichre Schiffahrt nach allen Weltgegenden möglich ist, wenn man sich über die Weltgegenden selbst und über die andeutenden Nadeln vereinigt hat; so ist es auch in der Kunst. Ein jeder nehme die Richtung, die ihm der Geist eingiebt; aber er wisse wohin, und mit was für Mitteln er seine Fahrt einrichtet« (22.8. 1806), und gegen Jacobis kompromißlose Ablehnung der zeitgenössischen Mittelalter-Begeisterung behauptet G., »von den sogenannten dunklen

Jahrhunderten besser zu denken als du. In meines Vaters Hause, sage ich mir, sind viel Appartementer« (7.3. 1808). Die Anlehnung an ein Christus-Zitat betont die souverän-duldende Perspektive über die unterschiedlichen Weltgegenden. Die zunehmend historische Perspektive G.s auf eigene, hinter sich gelassene ästhetische Positionen befördert die Duldsamkeit gegenüber künstlerischen Konzepten und Werken anderer (vgl. z.B. an Boisserée, 19.11. 1814).

Neben pragmatischen Überlegungen zur Dramen-Inszenierung (vgl. an Sartorius, 4.2. 1811), Kommentaren zu den zeitgenössischen Sprachreinigungstendenzen (z.B. an Riemer, 30.6. 1813) und zu sprachhistorischen und sprachgeographischen Forschungen (vgl. z.B. an Wilhelm von Humboldt, 31.8. 1812; an Adolph Oswald Blumenthal, 28.5. 1819; wiederum an Wilhelm von Humboldt, 24.12. 1821), Äußerungen zum Symbolbegriff (etwa an Schubarth, 2.4. 1818) und zum Konzept literarischer Wirkung (z.B. an Friedrich Wilhelm von Preußen, 14.8. 1827) gelten die ästhetischen Überlegungen in den Briefen des späten G. vor allem dem Konzept der Weltliteratur. Gegenüber Johann Heinrich Voß d. J. würdigt G. die Übersetzungsarbeit an antiken und neueren fremdsprachlichen Texten als wichtige Vermittlungsarbeit (22.7. 1821). Im Brief an den Ariost- und Tasso-Übersetzer Adolph Friedrich Carl Streckfuß vom 27.1. 1827 heißt es schließlich: »Ich bin überzeugt daß eine Weltliteratur sich bilde, daß alle Nationen dazu geneigt sind und deshalb freundliche Schritte thun. Der Deutsche kann und soll hier am meisten wirken, er wird eine schöne Rolle bey diesem großen Zusammentreten zu spielen haben«. Das Programm dieser Weltliteratur, dessen Bedeutsamkeit noch vielfach betont wird (vgl. z.B. an Sternberg, 10.6. 1828; an Carlyle, 15.6. 1828; an Reinhard, 18.6. 1829; an Julius Eduard Hitzig, 11.11. 1829; an Pierre Jean David d'Angers, 20.8. 1831) und in dessen Kontext auch die intensive Lektüre internationaler Zeitungen gehört (vgl. etwa an Hitzig, 11.11. 1828; an Zelter, 29.4. 1830), zielt ab auf die Ausbildung einer nationenunabhängigen-kosmopoli-

tischen und doch je besonders ausgeprägten Toleranz- und Humanitätskultur: »Offenbar ist das Bestreben der besten Dichter und ästhetischen Schriftsteller aller Nationen schon seit geraumer Zeit auf das allgemein Menschliche gerichtet. In jedem Besondern, es sey nun historisch, mythologisch, fabelhaft, mehr oder weniger willkürlich ersonnen, wird man durch Nationalität und Persönlichkeit hindurch jenes Allgemeine immer mehr durchleuchten und durchschimmern sehn. [...] Eine wahrhaft allgemeine Duldung wird am sichersten erreicht, wenn man das Besondere der einzelnen Menschen und Völkerschaften auf sich beruhen läßt, bey der Überzeugung jedoch festhält, daß das wahrhaft Verdienstliche sich dadurch auszeichnet, daß es der ganzen Menschheit angehört« (an den Schriftsteller, Übersetzer und Schillerbiographen Thomas Carlyle, 20.7. 1827).

Die Beschäftigung mit der Literatur der griechischen und römischen Antike durchzieht die gesamte G.sche Korrespondenz. Schon Anfang 1772 berichtet er Herder über ein Sokrates-Projekt. Denselben Adressaten erreicht vom 10.7. 1772 ein vollends begeistertes Schreiben über die Rezeption von Homer, Sokrates, Xenophon, Plato, Theokrit und Anakreon, schließlich wird aus Pindar der genialische Gestus des Stürmers und Drängers abgeleitet. Mit den Komödien des Plautus wird auch ein lateinischer Dichter zum Vorbild für eigene Texte (an Salzmann, 6.3. 1773), dann ist es Aristophanes (an Charlotte von Stein, 14.6. 1780). Wenig später hilft Euripides über unangenehme Dienststunden hinweg: »Ich hingegen kriegte meinen Euripides hervor und würzte diese unschmackhaffte Viertelstunde« (an Charlotte von Stein, 12.9. 1780). Gegenüber Knebel lobt G. am 6.1. 1785 dessen Übersetzung des Sallust ebenso wie Wilhelm von Humboldts Übertragung des *Agamemnon* von Aischylos (1.9. 1816). G. ermuntert Knebel zur Weiterarbeit an der Übersetzung des Lukrez (14.2. 1821), die er nur eine Woche später mit einem ausführlichen poetologischen Kommentar versieht (an Knebel, 21.2. 1821; vgl. auch 28.2. 1821 u. 16.1. 1822). Noch am 27.2. 1830 lobt G. Knebels Verdienste für die Übersetzung lateinischer Klassiker (vgl. ebenso an Knebel, 21.10. 1831). Dem Übersetzer des Sophokles, Ernst Christian August Gersdorff, wird am 20.4. 1822 Dank für Übersendung des Textes zuteil und der Ariost- und Tasso-Übersetzer Streckfuß erhält eine differenzierte stilistische Kritik (27.1. 1827). Selbst im Kontext einer Würdigung von Karl Simrocks *Nibelungen*-Ausgabe wird nochmals die griechische Poesie positiv der altdeutschen gegenübergestellt: »Das ist dagegen das Eigne der griechischen Dichtkunst, daß sie sich einer löblichen menschlichen Fassungskraft hingibt und gleichstellt; das Erhabene verkörpert sich im Schönen« (an Boisserée, 11.11. 1827).

G.s Briefe sind – gegenüber der Literatur seiner unmittelbaren Gegenwart – gleichsam auch Rezensionsorgan, indem den Freunden die Meinung über frisch Gelesenes mitgeteilt wird. So heißt es schon am 14.2. 1769 an Oeser: »Lessing! Lessing! wenn er nicht Lessing wäre, ich möchte was sagen. Schreiben mag ich nicht wider ihn«. Käthchen Schönkopf gegenüber wird Hagedorn gewürdigt (12.12. 1769), Oeser wird neben »Schäckespearen« und Wieland als Vorbildfigur genannt (an Philipp Erasmus Reich, 20.2. 1770). Schon mit dem Erfolg des *Götz* im Rücken zieht G. über Gottsched her: »Unser Theater [...] hat sich aus dem Gottschedianismus noch nicht losreißen können. Wir haben Sittlichkeit und lange Weile« (an Salzmann, 6.3. 1773). Wieland, kurz zuvor noch Vorbild, wird böse angegriffen: »Und zum Merkur um uns abzukühlen. Ich weiß nicht ob Viel Grossprecherey dem Zeug mehr Schaden tuht, oder das Zeug der Großsprecherey. Das ist ein Wind und Gewäsch dass eine Schand ist« (an Kestner, 15.9. 1773; vgl. an Sophie von La Roche, Ende Mai 1774; an Merck, 5.8. 1778). Demgegenüber werden Herder (vgl. an Gottlob Friedrich Schönborn, 8.6. 1774) und Klopstock gefeiert: »Klopstocks herrliches Werck [*Die Gelehrtenrepublik*; d. Vf.] hat mir neues Leben in die Adern gegossen. Die Einzige Poetick aller Zeiten und Völcker. Die einzige Regeln die möglich sind! Das heisst Geschichte des Gefühls wie es sich nach und nach festiget und läutert und wie mit ihm Ausdruck und Sprache sich bildet« (10.6. 1774).

In Weimar entwickelt G. schnell Wertschätzung und Sympathie für Wieland: »Den Oberon wirst du nun gelesen und dich dran erfreut haben. Ich habe Wielanden davor einen Lorbeerkranz geschickt, der ihn sehr gefreut hat« (an Merck, 3.4. 1780; zum *Oberon* auch an Kestner, 14.5. 1780), im Brief an Merck vom 14.11. 1781 läßt G. sich lakonisch über die Polemik Friedrichs d. Gr. gegen die deutschsprachige Literatur aus. Lavater, den G. noch 1774 zustimmend aufnahm und mit dem er freundschaftlichen Umgang pflegte (vgl. an Schönborn, 4.7. 1774), wird im ersten Weimarer Jahrzehnt scharf angegriffen (vgl. an Charlotte von Stein, 6.4. 1782). Die endgültige Trennung von Lavater verkündet der Brief vom 21.7. 1786 wiederum an Charlotte von Stein. Von Italien aus bekundet G. die Wertschätzung von Winckelmanns *Geschichte der Kunst des Alterthums* (an das Ehepaar Herder, 2.12. 1786) und empfiehlt Charlotte von Stein: »Ließ doch *Anton Reiser* ein psychologischer Roman von *Moritz*, das Buch ist mir in vielem Sinne werth« (23.12. 1786). Generell bezieht er aber eine kritische Position gegenüber der deutschen Literatur nach dem Sturm und Drang: »Ritter, Räuber, Wohlthätige, Danckbare, ein redlicher biederer Tiers Etat, ein infamer Adel pp. und durchaus eine wohlsoutenirte Mittelmäßigkeit, aus der man nur allenfalls abwärts ins Platte, aufwärts in den Unsinn einige Schritte wagt, das sind nun schon zehen Jahre die Ingredienzien und der Charackter unsrer Romane und Schauspiele« (an Reichardt, 28.2. 1790). Die Brauchbarkeit der Stücke Ifflands für die Bühne wird betont (an Meyer, 18.4. 1796); Jean Paul ausführlich gelobt: »Richter aus Hof, der allzubekannte Verfasser des Hesperus ist hier. Er ist ein sehr guter und vorzüglicher Mensch, dem eine frühere Ausbildung wäre zu gönnen gewesen, ich müßte mich sehr irren, wenn er nicht noch könnte zu den unsrigen gerechnet werden« (an Meyer, 20.6. 1796; vgl. an Cotta, 1.10. 1809). Heinrich von Kleists Theater wird gegenüber dem romantischen Publizisten Adam Heinrich Müller (28.8. 1807) und Kleist selber (1.2. 1808) einer differenzierten Kritik und Würdigung unterzogen.

G.s Verhältnis zur Literatur der Romantik ist vielgestaltig: Zunächst bedankt er sich für August Wilhelm Schlegels Zusendung des *Athenäum* und mehrerer Gedichte (18.6. 1798). Ludwig Tieck wird hier noch gelobt, Mitte Juli 1798 wird ihm aber differenzierte Kritik zuteil: »Mit Freund Sternbald bin ich so wie mit dem Klosterbruder in allgemeiner Übereinstimmung so wie wegen des besondern im Gegensatz«. Arnim wird für das *Wunderhorn* beglückwünscht (9.3. 1806) und gegenüber der modischen Mittelaltertümelei etwa Zacharias Werners äußert G. heiter gelassene Wertschätzung der »Männer mit ineinander geschachtelten Mönchs- und Rittergraden« (an Jacobi, 7.3. 1808; vgl. an Reinhard, 7.10. 1810). Die Mittelalterbegeisterung wird als Wiederholung einer ähnlichen Tendenz im eigenen Sturm und Drang interpretiert. Dieser Konzilianz entgegen steht die scharfe Polemik gegen die Mittelaltertümelei »der Herren Görres und Consorten« (an Knebel, 25.11. 1808). Polemisch wird der Ton gegenüber einigen Romantikern spätestens im Brief an Reinhard vom 7.10. 1810: »So muß ich mich z.B. zurückhalten, gegen Achim von Arnim [...] nicht grob zu werden. Wenn ich einen verlorenen Sohn hätte, so wollte ich lieber, er hätte sich von den Bordellen bis zum Schweinkoben verirrt, als daß er in den Narrenwust dieser letzten Tage sich verfinge«. Der scharfe Angriff gegen Wackenroder, den das Konzept des Briefes an Varnhagen von Ense am 8.11. 1827 noch beinhaltete, wird im schließlich abgesandten Schreiben abgemildert: »Infektion eines schwindsüchtigen Pfaffenfreundes«, »Frömmelei und Altdeutschlei« (vgl. HAB 4, S. 256).

Über die deutschsprachige Literatur hinaus nimmt G. aktuelle Strömungen in England, Frankreich und Italien genau wahr. Alessandro Manzoni wird in einem Brief an Gaëtano Cattaneo ausführlich gewürdigt (5.3. 1820; vgl. an Knebel, 14.12. 1822, u. das differenzierte Lob an Streckfuß, 14.8. 1827; an Boisserée, 11.11. 1827). Eine besondere Stellung nehmen Lord Byron und Thomas Carlyle ein – nicht zuletzt, weil ihr Werk sich entweder aufs G.s eigenes oder auf Schiller bezog. Gegenüber Heinrich Carl Abraham Eichstädt bittet G. am 4.6. 1816 um nähere Auskunft über Byrons »Lebensgeschichte«. Dessen *Manfred* wird interessiert als *Faust*-Adaption interpretiert: »Dieser seltsame geistreiche Dichter hat meinen Faust in sich aufgenommen und für seine Hypochondrie die seltsamste Nahrung daraus gesogen« (an Knebel, 13.10. 1817; vgl. an Boisserée, 1.5. 1818). G. begeistert »jenes charakter-gegründete, gränzenlos productive, kräftig unaufhaltsame, zart-liebliche Wesen« (an Georg Friedrich Benecke, 12.11. 1822; vgl. an Ottilie von Goethe, 18.8. 1823; an Benecke, 3.4. u. 27.7. 1826). Noch aus der Trauer über Byrons frühen Tod (an Walter Scott, 16.1. 1827) und aus der hymnischen Lobrede auf die Byron-Übersetzung Reinhards (an Reinhard, 30.3. 1827) spricht diese Anteilnahme. – Ähnlichen Anteil nimmt G. an der schriftstellerischen Produktion Carlyles. Dem ersten Kontakt am 30.10. 1824 folgt der Dank für dessen Schiller-Biographie, sein *German Romance* und große Anteilnahme an seinen literarischen Werken (an Carlyle, 20.7. 1827; vgl. an Boisserée, 25.9. 1827; an Carlyle, 14.3. 1828, 25.6. 1829 u. 19.8. 1831).

Reflexion der eigenen Identität

G.s Briefe weisen ein hohes Maß an biographischer Reflexion auf – oder genauer: selbstreflexive Passagen konstituieren immer wieder G.s Perspektive auf die eigene Biographie. Die aus den Briefen der Straßburger und Frankfurter Zeit und noch aus denen der ersten Weimarer Jahre sprechende Gegenwartsbezüglichkeit der Selbstreflexion – »Ich bin nun seit einem Jahr in ganz dezidirten moralisch politischen augenblicks Verhältnissen und mein Herz ist mir so treu« (an Lavater, 16.9. 1776) – wird schon im Gefolge der Schweizer Reise 1779 gebrochen: Zum ersten Mal reflektiert G. die eigene Identität als historische, angesichts des jüngeren und naturbegeisterten Johann Georg Christoph Tobler: »Aber leider fühl ich meine 30 Jahr und Weltwesen!! schon einige Ferne von dem w e r -

d e n d e n , sich e n t f a l t e n d e n, ich erkenns noch mit Vergnügen, mein Geist ist ihm nah aber mein Herz ist fremd. Grose Gedancken, die dem Jüngling ganz fremd sind, füllen iezt meine Seele« (an Lavater, 2.11. 1779). Selbstreflexive Passagen, die die Flüchtigkeit der Gegenwart – zunächst unter der Erfahrung der ewig drängenden Dienstgeschäfte in Weimar – und schon früh die Wahrnehmung des eigenen Alters betreffen, finden sich vielfach in den Briefen an Charlotte von Stein: »Der Tag lauft weg wie das Leben, man thut nichts und weis doch nicht wo die Zeit hinkommt« (8.3. 1781; vgl. 7.11. 1780; 9.10. 1781) oder an Jacobi: »Wenn man älter und die Welt enger wird« (an Jacobi, 2.10. 1782).

Vor allem der Bruch, den die Abreise nach Italien bedeutet, bekommt den Status einer ›Alters‹-Erfahrung: »Nur zu sehr spüre ich in diesem fremden Lande daß ich älter bin. Alle Verhältniße knüpfen sich langsamer und loser« (an Herzog Carl August, 23.10. 1787). Das Leben wird schon bald als ein abgeschlossenes gedacht, dessen Resümee sich ziehen lasse: »Der achte Band [der Ausgabe der Werke 1789; d. Vf.] ist indess auf dem Sprunge. Ein Summa Summarum so mancher Empfindungen eines ganzen Lebens ist ein wunderlich Ding« (an Knebel, 25.10. 1788). Die Fertigstellung von *Herrmann und Dorothea* wird als »epischer Eckstein« bereits als das »Ende der Laufbahn« gedeutet (vgl. an Jacobi, 17.10. 1796). Das Altern wird G. entweder durch eigene schwerste Erkrankungen (vgl. etwa an Jacobi, 19.4. 1805; vgl. an Herzog Carl August, im November 1806) oder aber durch den Tod zumeist jüngerer Freunde und Verwandte immer deutlicher erfahrbar (vgl. nach Schillers Tod den Brief an Zelter, 1.6. 1805; vgl. später an Johann Friedrich Heinrich Schlosser, 17.5. 1819; an Auguste von Bernstorff, geb. zu Stolberg, 17.4. 1823; an Marianne von Willemer, 3.1. 1828).

Die Resignation angesichts der Behinderungen des Alters (vgl. an Reinhard, 22.6. 1808) und die wachsende Alterseinsamkeit machen zentrale Erfahrungen des späten G. aus. Gegenüber Knebel heißt es am 14.12. 1822: »Auch ich [...] lebe sehr einsam, bringe aber meine Stunden immer thätig zu« (vgl. an Knebel, 1.12. 1821, oder an Joseph Stanislaus Zauper, 2.2. 1823: »meine Zelle [...], die einsamer ist als die Ihrige«). Diese Erfahrungen sind jedoch komplementär zu immer weitergreifenden Altersrückblicken: Geschichte erscheint als schon distanziertes Erlebnis dort, wo im Brief an Knebel der Tod Schillers und die Invasion der Franzosen als Epochenschwelle innerhalb des überblickten fünfzigjährigen Zeitraums interpretiert werden (24.12. 1824; ähnlich an Klinger, 7.10. 1824; an Boisserée, 2.3. 1828). Historische Betrachtung wird zur Modernekritik angesichts der neuartigen Zeitungskultur, der Dampfwagen und Telegraphensysteme, des neuartigen Lebenstempos nach dem ersten Viertel des 19. Jhs. (an Georg Heinrich Ludwig Nicolovius, Ende November 1825). – Die Länge aber des zu überblickenden Zeitraums und die Masse der Erfahrungen führen zu einer eigentümlichen Distanzierung des biographisch Erlebten: »Ich bin so alt, daß ich alles was begegnet nur historisch betrachten mag« (an Amadeus Gottfried Adolph Müllner, 6.4. 1818; vgl. an Justus Friedrich Carl Hecker, 7.10. 1829). Das Eigene wird derart distanziert betrachtet, daß G. sich »wirklich schon als Redacteur fremder Hinterlassenschaft« betrachtet (an Reinhard, 24.12. 1819; vgl. an Boisserée, 27.1. 1823).

Diese Distanz bestimmt auch G.s Reflexion der Fremdwahrnehmung der eigenen dichterischen Identität – gewissermaßen die Außenwirkung des Biographischen. Kokettierend stellt er etwa gegenüber der patriotisch gesinnten Mainzer Lesegesellschaft, die G.s 70. Geburtstag gefeiert hatte, die eigene Person gegen den humanistischen Gehalt seiner Werke zurück: »Meine Persönlichkeit war verschwunden; ihre geistige frohe Theilnahme an dem Reinen, Natürlichen, allgemein Menschlichen, was ich immer darzustellen bemüht gewesen, trat hervor« (10.10. 1819; vgl. an Nees von Esenbeck, 11.9. 1826; zu weiteren G.-Feierlichkeiten vgl. z.B. die Briefe an den Senat der Universität Jena, 24.11. 1825; an die dortige juristische und philosophische Fakultät, 7.12. 1825; an Felix Ferdinand Heinrich

Küstner, 24.12. 1825). Die philologischen wie verehrenden Bemühungen von Karl Ernst Schubarth und Zauper, den ersten G.-Auslegern und -Biographen, werden gewürdigt und befördert (vgl. an Schubarth, 9.7. 1820; an Zauper, 7.9. 1821). Dagegen wird die anfänglich als angenehm empfundene Verehrung durch Bettina Brentano (vgl. an Schultz, 3.7. 1824) schnell als Belästigung empfunden: »Diese leidige Bremse ist mir als Erbstück von Meiner guten Mutter schon viele Jahre sehr unbequem. Sie wiederholt das selbe Spiel das ihr in der Jugend allenfalls kleidete wieder, spricht von Nachtigallen und zwitschert wie ein Zeisig« (an Herzog Carl August, 13.9. 1826). Gegenüber seinem Großneffen Alfred Nicolovius, der eine Sammlung positiver Urteile über G. herausgegeben hatte (*Ueber Goethe. Literarische und artistische Nachrichten*. 1. Theil 1828), mahnt G. am 2.10. 1827 eine ebensolche Sammlung dessen an, »was *gegen* mich gesagt ist [...]. Die Menschen haben viel, mit Recht und Unrecht, an mir getadelt, und da es ja hier darauf ankommt, mich und das Jahrhundert kennen zu lernen, so ist eben so gut als das pro auch das contra nöthig«.

Die ästhetische Seite der biographischen Selbstreflexion wird im wesentlichen durch eine große Zahl von Gleichnissen oder Identitätsmetaphern konstituiert. Zunächst sind Metaphern zu nennen, die ›nur‹ spielerisch in einem einzigen oder ganz wenigen Briefen auftauchen oder sich gleichsam zufällig in die briefliche Sprache eingeschlichen haben. Gegenüber Oeser spielt G. mit dem Selbstbild des »irrenden Ritters, der von den Abentteuern Rechnung zu geben kömmt, die er bestanden hat« (14.2. 1769). Der Brief an Langer vom 29.4. 1770 weist das Bild des immerzu um die Felge wandernden Rades für das menschliche Leben auf, die Zwanghaftigkeit der Beziehung zu Lili wird zu den »Zwirnsfädgen, an denen mein Schicksaal hängt« (an Herder, 25.3. 1775). An die Mutter heißt es am 16.11. 1777: »Mein Herz und Sinn ist zeither so gewohnt dass das Schicksaal Ball mit ihm spielt dass es für's n e u e es sey Glück oder Unglück fast gar kein Gefühl mehr hat« (vgl. an Knebel, 21.10. 1815). Die Komplexität der mensch-

lichen Natur sowie ihre ständigen Entfaltungsprozesse werden mit einer Zwiebel verglichen (vgl. an Charlotte von Stein, 9.10. 1781; an Plessing, 26.7. 1782; an Charlotte von Stein, 6.1. 1787).

Die erste enger zusammengehörende Metapherngruppe bilden die sprachlichen Bilder, die der Darstellung der Beziehung zu einer anderen Person dienen. Die in Straßburg als Schüler-Lehrer Verhältnis beginnende Beziehung zu Herder faßt G. mit einem kosmologischen Gleichnis: »Bin ich bestimmt, Ihr Planet zu sein so will ichs sein, es gern, es treu sein. Ein freundlicher Mond der Erde« (an Herder, Oktober 1771). Nach dem Tod der Schwester Cornelia deutet ein Brief an Charlotte von Stein das Gleichnis des verpflanzten Baumes für die eigene nach Weimar umgepflanzte Identität an (8.11. 1777), ein Bild, das im Trauerbrief an die Mutter die Beziehung zur Schwester darstellt: »Mit meiner Schwester ist mir so eine starcke Wurzel die mich an der Erde hielt abgehauen worden, dass die Äste, von oben, die davon Nahrung hatten auch absterben müssen« (16.11. 1777). In einem ästhetischen Gleichnis gestaltet G. die Erfahrung seiner Weimarer Verhältnisse zu Charlotte von Stein und dem Herzog: »Gestern Abend dacht ich dass mich die Götter wohl für ein schön Gemähld halten mögen weil sie so eine überkostbare Rahm drum machen wollten. [...] Sie und der Herzog wohnen über mir wie Nagel und Schleife daran Rahm und Gemählde hängt« (an Charlotte von Stein, 2.6. 1778).

Die Bildersprache der Religionen stellt ein reichhaltiges Metaphernspektrum zur Verfügung. Der Blick aus den Herrschaftsregionen der Weimarer Gesellschaft wird stark an die Verführung Jesu durch den Teufel angelehnt: »Kam der Herzog, und wir stiegen, ohne Teufel oder Söhne Gottes zu seyn, auf hohe Berge, und die Zinne des Tempels, da zu schauen die Reiche der Welt und ihre Mühseeligkeit« (an Charlotte von Stein, 21.9. 1780). Die Teufelsposition schreibt G. sich spielerisch vollends zu, indem er Charlotte von Stein von einer Dienstreise aus bittet: »Erlaube wenn ich zurückkomme daß ich dich nach meiner Art auf den Gipfel des Felsens führe und dir die Rei-

che der Welt und ihre Herrlichkeit zeige«
(12.4.1782). Die Flucht nach Italien vergleicht
er mit der Heiligen Flucht des Propheten Mo-
hammed: »Und daß ich meine Hegire just von
Ihrem Geburtstag datire« (an Herzog Carl August, 14.10.1786, vgl. dazu auch an Knebel,
8.2.1815).

Die ›Wagenlenker‹-Metapher ist in den
Briefen zwar nicht häufig repräsentiert, ist
aber insofern wichtig, als sie zentrales Dar-
stellungsmittel der Auffassung von Individuum und Geschichte im *Egmont* ist, eine Passage, mit der G. schließlich den vierten Teil
von *Dichtung und Wahrheit* schließen läßt und
damit die eigene Identität spezifisch interpretiert. Erregt durch die Pindarlektüre, aus der
das Bild stammt, faßt sich der Wetzlarer G. auf
als Wagenlenker, der Herr ist der Richtung, die
sein Gespann nimmt: »Wenn du kühn im Wagen stehst, und vier neue Pferde wild unordentlich sich an deinen Zügeln bäumen, du
ihre Kraft lenkst, den austretenden herbei,
den aufbäumenden hinabpeitschest, und jagst
und lenkst, und wendest, peitschest, hältst,
und wieder ausjagst, bis alle sechzehn Füße in
einem Takt ans Ziel tragen« (an Herder, Mitte
Juli 1772). Variiert taucht die Metapher im
Brief an Johanna Fahlmer vom 22.11.1775 als
»Schlittenfahrt« auf. Die Fahrt des Lebens
wird schließlich zur Irrfahrt: »Ich weis nun
noch nicht wie sich diese Irrfahrt endigen
wird, so gewohnt bin ich mich vom Schicksale
leiten zu lassen« (an Charlotte von Stein, 4.12.
1777). Gegen das geschichtsmächtige Subjekt
im Wagenlenker-Bild steht hier die Ergeben-
heit in die schicksalhafte Fremdbestimmung.

Eine Fortführung der metaphorischen Reflexion der Autonomie des Subjekts im Determi-
nantenfeld von Schicksal und Geschichte stellt
der Bildbereich von ›Schiff, Schiffbruch und
Ruderer‹ dar. Schon die Zerschlagung der Hei-
ratspläne mit Lili wird unter diesem Bilde an
Herder gemeldet: »Dem Hafen häuslicher
Glückseligkeit und festem Fuse in wahrem
Leid' und Freud der Erde wähnt ich vor kurzem näher zu kommen, bin aber auf eine leidige Weise wieder hinaus in's weite Meer geworfen« (Mai 1775). Wenig später erscheint
das Schiff als das eines Entdeckers: »Ich bin

nun ganz eingeschifft auf der Woge der Welt –
voll entschlossen: zu entdecken, gewinnen,
streiten, scheitern, oder mich mit aller La-
dung in die Lufft zu sprengen« (an Lavater,
6.3.1776). Die frühe Weimarer Entwicklung
scheint diese Hoffnungen zu bestätigen (vgl.
an Merck, 5.8.1778), kurz vor der Abreise
nach Italien aber ist diese positive Deutung
den Weimarer Erfahrungen nicht mehr angemessen: »Es ist eine verfluchte Art von Schiff-
fahrt, wo man oft bey seichten Flecken aus-
steigen und den Kahn der einen tragen soll
ziehen muß« (an Jacobi, 26.9.1785). Die Italien-Reise verschafft vorübergehend neue nau-
tische Sicherheit: »Meine Existenz hat nun einen Ballast bekommen, der ihr die gehörige
Schweere giebt« (an Charlotte von Stein, 27.1.
1787). Noch kurz vor der dann doch durch die
nachrevolutionären Kriege verhinderten Italienreise heißt es an Meyer: »Übrigens habe
ich fast alle meine Fäden losgeknüpft und
mein Haus bestellt, so daß ich wie ein Schiff
im Hafen nur auf einen günstigen Wind warte«
(18.3.1797).

In einem Konzept vom Ende November 1825
an Nicolovius schreibt G., »daß dem Menschen
in seinem zerbrechlichen Kahn eben deshalb
das Ruder in die Hand gegeben ist, damit er
nicht der Willkür der Wellen, sondern dem
Willen seiner Einsicht Folge leiste« (HAB 4,
S.159) – das Bild von Schiff und Schiffbruch
wird individualisiert, wird zugespitzt auf den
Ruderer: Der Autonomie des menschlichen
Willens wird im Bilde allerdings die Übermacht der nicht einsehbaren oder beeinflußba-
ren Geschichts- und Schicksalsmächte gegenübergestellt. »Übrigens ist das Weltwesen so
groß und erstaunlich, daß ich mir auf meinem
kleinen Boote durch die große Kriegsflotte wie
mich durchwindend erscheine. Schwimmt
doch alles neben mir, aber dem Auge nicht
meßbar und dem Sinne nicht faßlich« (an
Reinhard, 20.9.1826). G., der sich selbst als
»alten Schiffer« interpretiert, »der sein ganzes
Leben auf dem Ocean« zugebracht habe (an
Sternberg, 10.6.1828) und der selbst im Alter
noch bedingt seetauglich sei (vgl. an Wilhelm
von Humboldt, 22.10.1826), faßt schließlich
die befürchtete unangemessene Rezeption des

Zweiten *Faust* in das Bild des gestrandeten und zerbrochenen Schiffs und begründet so dessen Nicht-Veröffentlichung (vgl. an Wilhelm von Humboldt, 15.3. 1832).

Die Selbstreflexion der eigenen Identität als dichterischer zieht sich gerade aufgrund der Krisen, in die diese immer wieder gerät, durch das gesamte briefliche Werk. Spielerisch und kokett klingen die Selbstbehauptungen dichterischer Identität von dem Leipziger Studenten. An Cornelia heißt es selbstbewußt: »Ihr andern kleinen Mädgen könnt nicht so weit sehen, wie wir P o e t e n« (12.10. 1765), ähnlich an den Freund Riese: »Du weißt, wie sehr ich mich zur Dichtkunst neigte« (28.4. 1766; vgl. auch 30.10. 1765). Schon 1767 werden eigene Verse aus der Kinderzeit scharfer Kritik unterworfen. Die Möglichkeit, tatsächlich Schriftsteller zu werden, wird hier erstmals ernsthaft in Betracht gezogen: »Man lasse doch mich gehen, habe ich Genie; so werde ich Poete werden, und wenn mich kein Mensch verbessert, habe ich keins; so helfen alle Criticken nichts« (an Cornelia, 11.5. 1767; vgl. an dies., 13.10. 1766). Noch im selben Jahr reflektiert er die Arbeit an der *Laune des Verliebten* im Sinne des Boileau-Gottschedschen Natur-Nachahmungskonzeptes gegenüber der Schwester (12.10. 1767). Gegen die Ansprüche der pietistischen Brüdergemeine auf eine demutsvolle Selbstkorrektur nach der Rückkehr nach Frankfurt setzt G. die selbstbewußt erwartete Autorschaft (vgl. an Langer, 24.11. 1768), *Die Mitschuldigen*, »ein Nachspiel, von Einem Acte in Versen« (ebd.) sind bereits fertiggestellt.

In Briefen aus der Straßburger Zeit, aus Frankfurt und aus Wetzlar zu Anfang der 1770er Jahre gibt es praktisch keine Äußerungen G.s zum Selbstbild als Dichter. Jedoch einmal als Autor bedeutend in Erscheinung getreten, kann G. mit dieser Autor-Identität spielen. In den Briefen an Auguste zu Stolberg ist es ausschließlich der Autor, der spricht, die eigene Person dahinter wird ausgeblendet gegenüber der unbekannten, gewissermaßen nur erschriebenen Adressatin. Dieses Spiel bestimmt auch den Brief vom 13.2. 1775: »Wenn Sie sich, meine liebe, einen Goethe vorstellen

können, der im galonirten Rock [...] einer niedlichen Blondine den Hof macht; so haben Sie den gegenwärtigen Fassnachts Goethe [...]. Aber nun giebts noch einen, den im grauen Biber-Frack [...], der immer in sich lebend, strebend und arbeitend, bald die unschuldigen Gefühle der Jugend in kleinen Gedichten, das kräfftige Gewürze des Lebens in mancherley Dramas, die Gestalten seiner Freunde und seiner Gegenden und seines geliebten Hausraths mit Kreide auf grauem Papier, nach seiner Maase auszudrücken sucht«. Wiederum gegenüber Auguste zu Stolberg wird die umfassende Existentialität der eigenen dichterischen Existenz evident: »O wenn ich jetzt nicht Dramas schriebe ich ging zu Grund« (7.–10.3. 1775).

Die selbstreflexiven Passagen der Briefe aus dem ersten Weimarer Jahrzehnt zielen einerseits auf die stärkere Abtrennung der künstlerischen Arbeit von der Alltags- und Lebenswirklichkeit ab (vgl. etwa an Charlotte von Stein, 14.5. 1778). Andererseits gerät aber der Entwurf dichterischer Identität im Zusammenhang der Weimarer Amtspflichten immer stärker unter Druck: »Meine Schriftstellerey subordinirt sich dem Leben« (an Kestner, 14.5. 1780; vgl. an Lavater, 19.2. 1781). Gegen die Last der Amtsgeschäfte behauptet sich in der Vorbereitung der Flucht nach Italien die Selbstauffassung, »zum Schriftsteller gebohren« zu sein (an Charlotte von Stein, 10.8. 1782; vgl. an dies., 4.6. u. 17.9. 1782). Die Lösung aus dieser Krise wird zu Beginn der Italienreise unspezifisch reflektiert: »Selbst ietzt weiß ich noch nicht was aus mir werden soll. [...] ich wünsche meine Existenz ganzer zu machen« (an Herzog Carl August, 2.9. 1786; vgl. an dens., 18.9. 1786 u. an Charlotte von Stein, 6.1. 1787). Unter dem Bilde der Wiedergeburt (z.B. an das Ehepaar Herder, 18.9. 1786, an Charlotte von Stein, 20.12. 1786) und mit religiös besetzter Bildersprache wird die Neubegründung eigener künstlerischer Existenz nach Weimar berichtet. In Italien wird »eine Rekapitulation meines Lebens und meiner Kunst« vorgenommen (an Herzog Carl August, 11.8. 1787). Die neue dichterische Identität leitet sich aus der Durcharbeitung und dem endlichen Abschluß der früheren »Schriftsteller-Epoche« ab (ebd.) und mündet schließlich in das Bekenntnis: »Ich darf wohl sagen: ich habe mich in dieser anderthalbjährigen Einsamkeit selbst wiedergefunden; aber als was? – Als Künstler!« (an Herzog Carl August, 17.3. 1788; vgl. an Jacobi, 21.7. 1788).

G.s Bild der eigenen dichterischen Identität gerät später nicht mehr in eine ähnliche Krise. Die Komplexität der vielfachen schriftstellerischen Tätigkeiten wird immer, wenn auch manchmal mit Mühe, zusammengehalten: »Die vielen Fäden der Wissenschaften, Künste und Geschäfte [...] laufen nun immer enger zusammen, kreuzen und drängen sich, so daß es meiner ganzen Ordnungsgewohnheit bedarf, damit kein Gewirre entstehe« (an August von Gotha, 3.1. 1800). Nicht mehr programmatisch wird die künstlerische Existenz reflektiert, vielmehr werden von einer relativ gesicherten Position aus eher sentenzenhaft Reflexionen über Dichtung und Dichtertum eingeflochten. So heißt es etwa gegenüber Charlotte von Schiller am 27.4. 1810: »Denken Sie einmal, daß mir seit einiger Zeit nichts mehr Vergnügen macht, als Gedichte zu schreiben, die man nicht vorlesen kann! Das ist denn doch, wenn man's genau besieht, ein pathologischer Zustand, von dem man sich je eher je lieber befreyen soll« (vgl. zum psychopathologischen Status des dichterischen Schreibens auch an Nees von Esenbeck, 23.7. 1820; an Johann Jacob v. Willemer, 22.12. 1820).

Die Individualperspektive, die die Werke des Schriftstellers auf das Historische haben, ist einerseits Signatur seines Individuums im Text (vgl. etwa an Reinhard, 22.7. 1810), andererseits aber werden Text-Welt und Text-Geschichte als autonom von der historischen gedacht: Die dichterischen »Behandlungsarten äußern große Wirkung; sie bemächtigen sich der Einbildungskraft, des Gefühls, sie füllen das Gemüth aus, bestärken den Charakter und erregen die That. Es ist eine zweite Welt, welche die erste verschlungen hat« (an Barthold Georg Niebuhr, 23.11. 1812). Eine ausführliche theoretische Reflexion über die eigene dichterische Identität oder allgemeiner:

über den anthropologischen Status von Kunst und Handwerk, über die Rolle von Unbewußtem und Bewußtem in einer expliziten Theorie der menschlichen Phantasie und der künstlerischen Produktion sowie – im Zusammenhang mit den abschließenden Arbeiten am *Faust II* – über den exemplarischen Status der eigenen literarischen Produktion findet sich ausgerechnet im letzten überlieferten Brief G.s. Es ist gewissermaßen ein poetologisches ›Vermächtnis‹ des späten G. sowie gleichermaßen Dokument höchsten dichterischen Selbstbewußtseins – deswegen soll es auch in voller Länge zitiert werden: »Die Thiere werden durch ihre Organe belehrt, sagten die Alten; ich setze hinzu: die Menschen gleichfalls, sie haben jedoch den Vorzug, ihre Organe dagegen wieder zu belehren. Zu jedem Thun, daher zu jedem Talent, wird ein Angebornes gefordert, das von selbst wirkt und die nöthigen Anlagen unbewußt mit sich führt, deswegen auch so geradehin fortwirkt, daß, ob es gleich die Regel in sich hat, es doch zuletzt ziel- und zwecklos ablaufen kann. Je früher der Mensch gewahr wird daß es ein Handwerk, daß es eine Kunst gibt, die ihm zur geregelten Steigerung seiner natürlichen Anlagen verhelfen, desto glücklicher ist er; was er auch von außen empfange, schadet seiner eingebornen Individualität nichts. Das beste Genie ist das, welches alles in sich aufnimmt, sich alles zuzueignen weiß, ohne daß es der eigentlichen Grundbestimmung, demjenigen was man Charakter nennt, im mindesten Eintrag thue, vielmehr solches noch erst recht erhebe und durchaus nach Möglichkeit befähige. Hier treten nun die mannichfaltigen Bezüge ein zwischen dem Bewußten und Unbewußten; denke man sich ein musikalisches Talent, das eine bedeutende Partitur aufstellen soll: Bewußtseyn und Bewußtlosigkeit werden sich verhalten wie Zettel und Einschlag, ein Gleichniß das ich so gerne brauche. Die Organe des Menschen durch Übung, Lehre, Nachdenken, Gelingen, Mißlingen, Förderniß und Widerstand und immer wieder Nachdenken verknüpfen ohne Bewußtseyn in einer freyen Thätigkeit das Erworbene mit dem Angebornen, so daß es eine Einheit hervorbringt welche die Welt in Erstaunen setzt« (an Wilhelm von Humboldt, 17.3. 1832).

Kommentierung des eigenen Werks

In den Zusammenhang der Reflexion über die eigene dichterische Identität gehören die unzähligen Hinweise auf die schriftstellerische Arbeit, Bemerkungen zu Fortschritten, Kommentare einzelner Stellen oder ganzer Konzepte und Reaktionen auf frühe Wirkungen. Schon die Arbeit an der *Laune des Verliebten* wird quasi-professionell an die Schwester gemeldet (12.10. 1767), an Käthchen Schönkopf wird eine Reihe Lieder abgesandt (12.12. 1769), ebenso an Langer Anfang 1770. *Die Geschichte Gottfriedens* wird Salzmann mitgeteilt: »Mein ganzer Genius liegt auf einem Unternehmen worüber Homer und Schäkespear und alles vergessen worden. Ich dramatisire die Geschichte eines der edelsten Deutschen« (28.11. 1771), mit Herder wird die Umarbeitung zum *Götz* diskutiert (10.7. 1772), so daß der Text im Brief vom 12.6. 1773 an Kestner gesendet werden kann (vgl. dazu auch an dens., Mitte bis 21.8. 1773). In Briefen an Charlotte Buff und Kestner wird auf die vorbereitenden Arbeiten zum *Werther* verwiesen (an Charlotte Buff, 10., 11.9. u. 8.10. 1772; an Kestner, Anfang November 1772), die Fertigstellung des Romans wird an Lotte gemeldet (März 1774), ebenso an Sophie von La Roche (Ende Mai 1774) und an Schönborn, der neben einer kurzen Skizze des Romans auch die Ankündigung des *Clavigo* und der Farce *Götter, Helden und Wieland* erhält (1.6. u. 4.7. 1774). *Stella* und erste Arbeiten am *Faust* werden Auguste zu Stolberg mitgeteilt (7.–10.3. 1775, 17.9. 1775; vgl. an Johanna Fahlmer, März 1775; an Knebel, 14.4. 1775). Gerade die Arbeit des Weimarer Politikers an der *Iphigenie* wird deutlich als Abtrennung der künstlerischen Produktion von der Alltäglichkeit der Welt, als Autonomisierung der Kunstsphäre, reflektiert: »Meine Seele löst sich nach und nach durch die lieblichen Töne aus den Banden der Protokolle und Ackten. Ein Quatro neben in der grünen Stube, sizz ich und rufe die fernen Gestalten leise herüber« (an Charlotte von Stein, 22.2. 1779), die Fortschritte der dramatischen Arbeit werden Frau von Stein und dem Herzog gemeldet (vgl. 14.2., 2., 4., 6. u. 8.3. 1779). Die erste Erwähnung der *Theatralischen Sendung* findet sich in einem Brief an Merck (5.8. 1778), die Fertigstellung des Singspiels *Jery und Bäteli* meldet G. an Charlotte von Stein am 1.1. 1780, später die Arbeit am *Tasso*: »Mein Tasso dauert mich selbst er liegt auf dem Pult und sieht mich so freundlich an, aber wie will ich zureichen, ich muss auch alle meinen Waizen unter das Commissbrod backen« (31.12. 1780). *Egmont* und *Wilhelm Meister* werden trotz der Behinderung durch die Weimarer Ämter fortgeführt (vgl. z.B. an Charlotte von Stein, 12.12. 1781, 20.3. u. 24.6. 1782; vgl. an Knebel, 21.11. 1782, dort auch zur 2. Fassung des *Werther*; vgl. an Kestner, 2.5. 1782; an Charlotte von Stein, 25.6. 1786).

Die Umarbeitung der *Iphigenie* zur Versfassung wird in den Briefen kurz vor der Italienreise immer wieder thematisiert, Wieland und Herder sollen bei der Findung der Versform helfen: »Ich bin in große Noth geraten, die ich dir sogleich anzeigen und klagen muß. Nach deinem Abschied las ich noch in der Elecktra des Sophokles. Die langen Jamben ohne Abschnitt und das sonderbare Wälzen und Rollen des Periods, haben sich mir so eingeprägt daß mir nun die kurzen Zeilen der Iphigenie ganz höckerig, übelklingend und unlesbar werden« (an Herder, 1.9. 1786; vgl. an Charlotte von Stein, 15.6. 1786). Über die Fertigstellung der Endfassung kann nach und nach berichtet werden (vgl. an Herzog Carl August, 18.9. 1786; an Herder, 14.10. 1786; an das Ehepaar Herder, 10.11. 1786 u. 2.12. 1786). Die Nachricht über den Abschluß der Arbeit ergeht an Charlotte von Stein: »Meine Iphigenie ist fertig und ich kann mich noch von ihr nicht scheiden« (6.1. 1787; vgl. an Herder, 13.1. 1787). Aus Italien berichtet G. über die Arbeit an *Egmont, Tasso, Lila, Jery und Bäteli* und *Faust* (vgl. an Philipp Christoph Kayser, 14.7. 1787; an Herzog Carl August, 28.3. 1788; an Knebel, 24.5.

1788; an Jacobi, 21.7. 1788), ohne bei den großen Vorhaben die Fertigstellung melden zu können: »Tasso ist noch immer nicht fertig« (an Herder, 27.12. 1788; vgl. an Knebel, 25.10. 1788 und an Reichardt, 15.6. 1789). Erst am 2.3. 1789 heißt es an Herder: »Vom Tasso, der nun seiner Verklärung sich nähert, habe ich die erste Scene im Kreis der Freunde publicirt«. – Die Arbeit an den *Römischen Elegien* (vgl. an Herder, 10.8. 1789) wird schon nach der Dienstreise nach Venedig wieder verdrängt: »Ich fürchte meine *Elegien* haben ihre höchste Summe erreicht und das Büchlein möchte geschloßen seyn. Dagegen bring ich einen Libellum *Epigrammatum* mit zurück« (an Herzog Carl August, 3.4. 1790; zu den *Venetianischen Epigrammen* vgl. an Charlotte von Kalb, 30.4. 1790; an Caroline Herder, 4.5. 1790; an Knebel, 9.7. 1790; an Körner, 21.10. 1790).

Buch für Buch werden die *Lehrjahre* zur intensiven Korrektur an Schiller übersandt, die meisten Briefe von 1794 bis 1796 betreffen den Roman. Die Fortschritte werden an die Freunde gemeldet (vgl. an Herder, Mai 1794; an Meyer, 17.7. 1794; an Jacobi, 27.12. 1794 u. 17.10. 1796). Nach der Fertigstellung der *Lehrjahre* tritt die epische Arbeit in den Vordergrund: »Denn erstlich ist der Roman nun fertig [...]; dann habe ich mich mit allen meinen Kräften auf das e p i s c h e geworfen« (an Jacobi, 17.10. 1796; vgl. an Knebel, Oktober 1796). Gegenüber Meyer wird die Textanlage von *Herrmann und Dorothea* differenziert erläutert (5.12. 1796), mit dem Altphilologen Wolf die dortige Versform mit dem Homerischen Epenvers verglichen (26.12. 1796). Für die Herzogin Louise schreibt G. am 13.6. 1797 einen knappen Kommentar zu *Herrmann und Dorothea*, Wilhelm von Humboldt erhält überraschten Dank für die positive Reaktion ebenso wie die Autoren der vielfältigen Übersetzungen des Textes in den folgenden Jahrzehnten (vgl. an Paul Jeremias Bitaubé, 19.11. 1800; an Thomas Holcroft, 29.5. 1801; für die lateinische (!) Übersetzung etwa an Schultz, 8.7. 1823). Sowohl im Zusammenhang mit dem *Achilleis*-Vorhaben als auch im Kontext des *Propyläen*-Projekts bleibt die Epikdiskussion Gegenstand der Briefe (an Knebel, 15.5. 1798, 15. u. 22.3. 1799).

Nach der Arbeit an den Sonetten 1807/08 (vgl. an Bettina Brentano, 9.1. 1808) berichtet G. Charlotte von Stein über einen neuen Roman: *Die Wahlverwandtschaften* (6.6. 1809; vgl. an Christiane, 20.9. 1809; an Voigt, 26.9. 1809), dessen Fertigstellung dem Verleger Cotta schnell gemeldet werden kann: »Es ist so manches hineingelegt, das wie ich hoffe den Leser zu wiederholter Betrachtung auffordern wird« (1.10. 1809). Bettina Brentano wird in Vorbereitung von *Dichtung und Wahrheit* um Recherche zu Nachrichten aus G.s Kindheit gebeten: »Ich will Dir nämlich bekennen daß ich im Begriff bin meine Bekenntnisse zu schreiben, daraus mag nun ein Roman oder eine Geschichte werden« (25.10. 1810), die Abfassung der Autobiographie wird durch vielfältige Hinweise auf die Fortschritte der Arbeit begleitet (vgl. z.B. an Cotta, 16.11. 1810; an Reinhard, 13.2. u. 13.8. 1812; an Trebra, 27.10. 1812; an Reinhard, 1.7. 1813; an Meyer, 21.7. 1813). Die Schreibblockade, die die Fertigstellung des vierten Bandes betrifft, ist Gegenstand des Schreibens an Heinrich Carl Abraham Eichstädt vom 29.1. 1815: »Und so bin ich auf einen Differenz-Punct gerathen, von welchem ich mich bald wieder zu ermuthigen hoffe«. Der Abbruch der Arbeit wird durch den Beginn der *Italienischen Reise* scheinbar kompensiert (vgl. an Boisserée, 16.12. 1816). Den wohlwollenden Freunden kann G. für die positive Aufnahme einzelner Teile der Autobiographie danken (vgl. etwa an Rochlitz, 30.1. 1812 u. an Reinhard, 13.2. 1812).

Die Lektüre des persischen Dichters Hafis sowie die beiden Rheinreisen 1814 und 1815 (vgl. an Christiane, 28.7. 1814, oder an Boisserée, 2.1. 1815) reizen zu Studien in der Orientalistik und eigenen Versuchen: »So habe ich mich die Zeit her meist im Orient aufgehalten, wo denn freylich eine reiche Erndte zu finden ist« (an Knebel, 11.1. 1815; vgl. an Schlosser, 23.1. 1815). Die Fortschritte am *West-östlichen Diwan* werden immer wieder an die Freunde gemeldet: »Meine Schatzkammer füllt sich täglich mehr mit Reichthümern aus Osten; wie ich sie ordnen und aufstutzen kann, muß die Zeit lehren. Ich segne meinen Entschluß zu dieser Hegire, denn ich bin dadurch der Zeit und dem lieben Mittel-Europa entrückt, welches für eine große Gunst des Himmels anzusehen ist, die nicht einem jeden widerfährt« (an Knebel, 8.2. 1815; vgl. an Knebel, 21.10. 1815; an Schultz, 8.6. 1818; an Boisserée, 16.7. 1818; an Ottilie von Goethe, 1.8. 1818). – Nach dem in lockerer Folge erscheinenden Periodikum *Kunst und Alterthum in den Rhein- und Maingegenden* (vgl. z.B. an Knebel, 21.10. 1815; an Boisserée, 16.12. 1816; an Knebel, 17.3. 1817; an Boisserée, 27.5. 1817; an Schultz, 8.6. 1818) und der *Campagne in Frankreich 1792* (vgl. etwa an Rochlitz, 22.4. 1822; an Reinhard, 10.6. 1822) beschäftigt G. vor allem die Herausgabe seines Briefwechsels mit Schiller. Gegenüber Cotta bezeichnet G. diese Briefe »als den größten Schatz, den ich vielleicht besitze« (11.6. 1823; vgl. an Wilhelm von Humboldt, 22.6. 1823). Der Stand der anspruchsvollen philologischen Arbeit wird an Cotta berichtet (30.5. 1824; vgl. an Schultz, 3.7. 1824), und im Brief an Ernst von Schiller vom 26.1. 1827 wird der Briefwechsel auch in Hinsicht auf das eigene Werk gewürdigt: »Die Masse Manuscript, wie sie daliegt, macht einen tüchtigen Schlußstein, meine und Schillers Werke zusammenzuhalten und zu stützen« (zu Vorarbeiten an der Herausgabe des Zelter-Briefwechsels vgl. an Boisserée, 22. 10. u. 3.11. 1826).

Schon vom 27.7. 1807 hatte Zelter einen Brief erhalten, der »kleine Geschichten und Märchen, die ich lang im Kopf herumgetragen«, ankündigte (vgl. an August von Goethe, 17.8. 1808; an Cotta, 1.10. 1809). An Charlotte von Schiller geht am 5.5. 1810 die Meldung: »Und zu Michael werden sie genöthigt seyn, mit dem alten Wilhelm die Wanderschaft anzutreten«. Die Arbeit an den *Wanderjahren* zieht sich jedoch noch lange hin (vgl. an Charlotte von Stein, 11.5. 1810; an Sartorius, 19.7. 1810; dann erst wieder am 9.12. 1820 an Boisserée). Die Hoffnung auf schnelle Fortschritte äußert G. gegenüber Alexander von Humboldt (16.5. 1821), Knebel wird am 13.6. 1821 die erste Fassung angekündigt (vgl. an Zauper, 7.9. 1821). Diese frühe Fassung ist jedoch, »in ihren alten und neuen Theilen, als zwey Bände

zusammenzufassen und zu vereinigen« (an Wilhelm von Humboldt, 22.10. 1826). Erst 1829 kann der Roman in seiner letzten Fassung erscheinen. In den kommentierenden Briefen zu den gerade erschienenen *Wanderjahren* liegen wichtige Versatzstücke der Altersästhetik G.s vor, die gleichermaßen Abschied nimmt von der Idee des geschlossenen Kunstwerks wie sie den Werkbegriff einer expliziten rezeptionstheoretischen Öffnung unterzieht: »Eine Arbeit wie diese, die sich selbst als collectiv ankündigt, indem sie gewissermaßen nur zum Verband der disparatesten Einzelnheiten unternommen zu seyn scheint, erlaubt, ja fordert mehr als eine andere daß jeder sich zueigne was ihm gemäß ist, was in seiner Lage zur Beherzigung aufrief und sich harmonisch wohlthätig erweisen mochte« (an Rochlitz, 28.7. 1829; vgl. an Boisserée, 2.9. 1829; an Rochlitz, 2.9. u. 23.11. 1829).

Das *Helena*-Fragment von 1800 wird erst spät explizit im Zusammenhang mit der Fortsetzung des *Faust* genannt (vgl. z.B. an Wilhelm von Humboldt, 22.10. 1826; an Boisserée, 22.10. 1826; an Frédéric Albert Alexandre Stapfer, 4.4. 1827). Gegenüber Carl Jacob Ludwig Iken (27.9. 1827) kommentiert G. die Helena-Handlung als Versöhnungsphantasmagorie des »leidenschaftlichen Zwiespalts zwischen Classikern und Romantikern« (vgl. unspezifischer an Knebel, 14.11. 1827); Nees von Esenbeck (24.5. 1827) und Meyer (20.7. 1831) erhalten Nachrichten über die Fortschritte der dramatischen Arbeit, Reinhard (7.9. 1831) und Boisserée (8.9. 1831) bekommen den Abschluß und die Einsiegelung des Manuskripts mitgeteilt. Gegenüber Wilhelm von Humboldt faßt G. die Arbeit am gesamten *Faust* zusammen und schließt: »Das Ausfüllen gewisser Lücken war sowohl für historische als ästhetische Stätigkeit nöthig, welches ich so lange fortsetzte, bis ich endlich für räthlich hielt auszurufen: Schließet den Wäss'rungskanal, genugsam tranken die Wiesen« (1.12. 1831).

Briefe an Verleger

Ein größerer Anteil der Korrespondenz G.s geht an die unterschiedlichsten Verleger seiner Werke. So ergeht etwa an Göschen am 4.7. 1791 ein Bericht über allerlei Veröffentlichungsprojekte, wobei der schon einsetzende fehlende Publikumserfolg thematisiert wird. Dem Verleger Johann Friedrich Unger wird am 7.3. 1796 der letzte Band der *Lehrjahre* angekündigt, mit Friedrich Vieweg aus Berlin handelt G. die Publikation von *Herrmann und Dorothea* in dessen Almanach aus: »Ich bin geneigt Herrn Vieweg in Berlin ein episches Gedicht Herrmann und Dorothea das ohngefähr 2000 Hexameter stark seyn wird zum Verlag zu überlassen« (16.1. 1797).

Die wichtigste Rolle aber spielt hier der Tübinger bzw. ab 1810 Stuttgarter Verleger Cotta, dem G. am 27.5. 1798 die Ankündigung der *Propyläen* zugeschickt hatte, woraus eine lebenslange Geschäftspartnerschaft entstand. Mit ihm diskutiert G. z.B. das Drucklayout der Werkausgabe in dreizehn Bänden: »Die übersendete Probe des Drucks möchte wohl im Ganzen für lesbar und annehmlich zu halten seyn, ob sie gleich nicht so modern und lustig aussieht, als wir es im nördlichen Deutschland gewohnt sind« (25.11. 1805). Immer wieder wird der Stand der Arbeit an den Werkausgaben durchgegeben (vgl. an Cotta, 24.10. 1806, 19.7. 1814 u.ö.). Cotta wird mit kleinen kommentierenden Hinweisen zu den literarischen Texten versorgt, Geplantes wird ihm breit angekündigt (z.B. der *Divan* im Brief vom 16.5. 1815). Der Verleger spielt eine große Rolle im Blick auf G.s Regelungen, seinen literarischen Nachlaß und die weitere Versorgung seiner Familie betreffend (vgl. an Cotta, 19.4. 1822 und öfter; an Reinhard, 10.4. 1823). Cotta wird immer wieder über potentielle Nachlaßverwalter informiert (vgl. z.B. 11.6. 1823, 30.5. 1824), ein Amt, für das vor allen Eckermann sich qualifiziert zeigt (vgl. an Schultz, 3.7. 1824). – Aus Gründen der geringeren räumlichen Distanz schaltet G. seinen mittlerweile in Stuttgart ansässigen Freund Boisserée ein, der die gesamten Verhandlungen über die Konditionen für die Ausgabe letzter Hand im Sinne G.s führt (vgl. an Boisserée, 20.5. 1825; genaueste Hinweise für Verhandlungen 19.[13.]8.1825; zum Vertragsabschluß 14.9. 1825; vgl. noch die Briefe an Boisserée, 12.1. 1826; an Reinhard, 7.2. 1826, u. den Subskriptionsvorschlag G.s an Boisserée, 29.9. 1826).

Im Kontext der Verlegerbriefe G.s spielt das ausdrückliche Privilegium, das G. von der Deutschen Bundesversammlung beantragt und schließlich von den Preußen, den Österreichern und den Franzosen gewährt bekommt und das die Ausgabe letzter Hand vor unberechtigtem Nachdruck schützen soll – eine Vorreiterinstitution des Urheberrechts also –, eine ganz besondere Rolle. Schon am 1.10. 1809 hatte G. gegenüber Cotta Klage geführt über »das Nachdrucks-Unwesen«, das »mit der lieben Preßfreiheit im östreichischen erst recht überhand nimmt«. Am 16.10. 1810 bittet er Cotta um Kenntnis über einen Wiener Nachdruck seiner bisherigen Schriften, der gegenüber der Cottaschen Ausgabe einige zusätzliche Bände enthielt (vgl. zu der Diskussion auch an Cotta, 21.9. 1823). Mit dem Schreiben an den preußischen Staatsmann und Gesandten beim Deutschen Bundestag Carl Ferdinand Friedrich von Nagler vom 2.11. 1824 reicht G. ein ausführliches Gesuch um Gewährung eines außerordentlichen Urheberrechtsprivilegiums ein (vgl. an die Deutsche Bundesversammlung, 11.1. 1825). Obwohl die Bundesversammlung lediglich eine befürwortende Verwendung bei den einzelnen Bundesstaaten zusichert, darf G. schon am 14.9. 1825 in einem Brief an Boisserée triumphierend aus dem Privilegienerlaß Metternichs für die österreichischen Provinzen zitieren (vgl. auch das Dankesschreiben an den schriftstellernden Vertrauten Metternichs, Friedrich von Gentz, 16.9. 1825). Mit Hilfe der Bemühungen des Freundes Reinhard gelingt es ebenfalls, von der französischen Regierung ein Privilegium für die deutschsprachigen Gebiete Frankreichs zu erlangen (vgl. an Reinhard, 7.2. u. 5.5. 1826).

Schon in der Korrespondenz mit dem Verleger Göschen aus dem Sommer 1791 hatte G.

wiederholt auf das mangelnde Interesse des deutschen Publikums an seinen neueren Produktionen hingewiesen. Nach der Begeisterung für *Götz* und *Werther* war den klassizistischen Texten aus der Zeit nach der Italienreise kaum ein breiteres Publikumsinteresse entgegengebracht worden. Diese Wahrnehmung mündet auf Seiten G.s in z.T. scharfe Publikumskritik: »Von Kunst hat unser Publikum keinen Begriff [...]. Die Deutschen sind im Durchschnitt rechtliche, biedere Menschen aber von Originalität, Erfindung, Charackter, Einheit, und Ausführung eines Kunstwercks haben sie nicht den mindesten Begriff. Das heißt mit Einem Worte sie haben keinen Geschmack« (an Reichardt, 28.2.1790). Die deutsche Leserschaft wird polemisch angegriffen: »Das Publicum, besonders das deutsche, ist eine närrische Karricatur des δημος« (an Reinhard, 31.12.1809). Hier, im Kontext der meist ablehnenden Rezeption der *Wahlverwandtschaften*, werden die Kompensationsmechanismen, die G. gegen diese Mißachtung setzt, deutlich: »Dagegen ist kein Mittel als ein stilles Ausharren« (ebd.). G. denkt das eigene literarische Werk einerseits als autonom von einer zufälligen Wirkung bei seinem Erscheinen, andererseits nimmt er selbstbewußt eine lange Wirkungsgeschichte des Textes vorweg: »Wie ich mich denn auf die Wirkung freue, welche dieser Roman in ein paar Jahren auf manchen beym Wiederlesen machen wird« (ebd.). Die Mißachtung durch das Publikum wird mit Mißachtung des deutschen Publikums beantwortet (vgl. an Eichstädt, 1.2.1808; an Passow, 20.10.1811; an Woltmann, 5.2.1812).

Der wichtigste Kompensationsmechanismus, den G. gegen die mangelnde Aufmerksamkeit des großen Publikums setzt, besteht in der allmählichen Konstituierung eines kleinen Freundeskreises als Idealpublikum. Wilhelm von Humboldt gehört schon früh dazu: »Schiller sagt mir, daß Ihnen mein Märchen nicht misfallen hat, worüber ich mich sehr freue, denn, wie Sie wissen, weit darf man nicht ins deutsche Publikum hineinhorchen, wenn man Muth zu arbeiten behalten will« (3.12.1795). Was zunächst eher als notgedrungene Be-

schränkung auf wenige Leser erscheint, wird bald zur Strategie. Die Briefe aus der Publikationszeit des *Wahlverwandtschaften*-Mißerfolgs belegen deutlich die Konstitution eines Rezeptionszirkels quasi-privater Art, der lediglich formal über die Institution des modernen Buchmarktes vermittelt wird – insofern der Text tatsächlich von einem Verleger in größerer Zahl gedruckt wird –, der aber tatsächlich die Züge einer unmittelbaren literarischen Kommunikation trägt, wie es etwa die des höfischen Dichters war, der im lauschenden Hof sein anwesendes Publikum fand. So heißt es an Reinhard am 31.12.1809: »Die Wahlverwandtschaften schickte ich eigentlich als ein Circular an meine Freunde, damit sie meiner wieder einmal an manchen Orten und Enden gedächten. Wenn die Menge dieses Werkchen nebenher auch liest, so kann es mir ganz recht seyn. Ich weiß zu wem ich eigentlich gesprochen habe, und wo ich nicht mißverstanden werde«.

Die exklusive Gruppe teilnehmender Freunde wird sogar in Betriebsgeheimnisse des Schriftstellers eingeweiht (vgl. z.B. an Reinhard, 21.2.1810), die literarische wird zu einer Verlängerung der brieflichen Kommunikation (vgl. an Reinhard, 13.8.1812: »daß ich mich mit entfernten Freunden unterhalte«; vgl. an Körner, 26.11.1812; an Schultz, 8.6.1818; an Rochlitz, 21.6.1821 u. 28.7.1829; an Boisserée, 3.7.1830). Den Lesern wird jeweils persönlich gedankt für Anteilnahme, Lob und Kritik (vgl. z.B. an Rochlitz, 30.1.1812). G. reflektiert differenziert den Abstand zwischen seinen Lesern, »für die ich eigentlich schrieb« (an Iken, 27.9.1827), und dem Publikum: »Es giebt dreierley Arten Leser: eine, die ohne Urtheil genießt, eine dritte, die ohne zu genießen urtheilt, die mittlere die genießend urtheilt und urtheilend genießt; diese reproducirt eigentlich ein Kunstwerk auf's neue. Die Mitglieder dieser Classe, wozu Sie gehören, sind nicht zahlreich, deshalb sie uns auch werther und würdiger erscheinen« (an Rochlitz, 13.6.1819; vgl. an Schultz, 8.6.1818). Einzig bei der Einsiegelung des Manuskripts von *Faust II* wird auch das exklusive Publikum teilnehmender Freunde vorerst ausgeschlossen von der Rezeption. Der Text soll der Wirkung nach dem Tode des Autors vorbehalten bleiben: »wobey ich freylich bedaure, daß ich es – was der Dichter doch so gern thut – meinen werthesten Freunden nicht mittheilen kann« (an Wilhelm von Humboldt, 1.12. 1831).

Die Rezeption des Briefwerks

Die Rezeption der Briefe G.s in der germanistischen Forschung wird fast ausschließlich von ihrer Deutung als sekundärer Quellen entweder zu den literarischen Werken oder zur ›Dichterbiographie‹ dominiert, ihre differenziertere Wahrnehmung als literarische Texte ist praktisch ausgeblieben. Natürlich gibt es eine Fülle von Publikationen etwa aus den ersten Jahren des *Goethe-Jahrbuchs* zu neu aufgefundenen einzelnen Briefen. Bis weit ins 20. Jh. hinein gehen Diskussionen um die korrekten Angaben zu Abfassungsdatum, -ort und Adressaten (vgl. z.B. Fischer-Lamberg, Scheibe). Unzählig sind die biographischen Veröffentlichungen zu einzelnen Adressaten und Briefpartnern G.s, zu persönlichen wie brieflichen Beziehungen zwischen den Korrespondenten (z.B. Harnack, Herre, Menzer, Bräuning-Oktavio, Kippenberg, Tümmler, Redslob, Mommsen, Schneider-Carius, Wahl, Irmscher). Der große Briefwechsel mit Schiller ist natürlich längst ein Gegenstand literaturgeschichtlicher Forschung. Gervinus' schon 1836 publiziertes Bändchen *Über den Göthischen Briefwechsel* kann lediglich auf den »Briefwechsel Göthes mit Lavater, Schiller, Zelter und Bettina, die Briefe an Merck, Knebels Nachlaß, das verdächtige Buch von Falk und sehr weniges anderswo Zerstreute« zurückgreifen (S. II). Die Briefe werden in kurzen Skizzen als autobiographisches Hilfsmittel interpretiert, G.s jeweilige Beziehung zum Adressaten destilliert. Hinter dem umfassend klingenden Titel *Goethe's Letters* (Wilkinson) verbirgt sich nicht mehr als ein fünfseitiger Kommentar zur Briefausgabe Beutlers

(GA 18–21). Die wenigen übergreifenden Publikationen wählen entweder einen kleinen Abschnitt des Briefschaffens zur Kommentierung aus (vgl. Hugo von Hofmannsthal, Hans Ullrich, Stuart P. Atkins) oder behandeln nur einen sehr speziellen inhaltlichen Anteil der Briefe: Ernst Schraders Greifswalder Dissertation *Die Schlußformel in Goethes Briefen* (1911) liefert immerhin eine differenzierte wie geordnete Zusammenstellung der Briefausgänge, die nicht mehr greifbare Dissertation von Maria Traxler (1948) behandelt den Briefstil G.s bis 1775, Schmidt (1957) denjenigen der Briefe von 1805–1814, und Werner Kahles Arbeit (1963) versucht, im Dienste eines marxistisch-leninistischen G.-Bildes dessen ideologische Entwicklung anhand der Briefe nachzuvollziehen. Schließlich betrifft eine kleine Anzahl literaturwissenschaftlicher Aufsätze jeweils einen einzigen Brief (vgl. Schöne, Scheibe).

Weitaus wichtigere Rezeptionsdokumente als das schmale Corpus wissenschaftlicher Arbeiten zu G.s Briefen stellen die jeweiligen Einführungsteile, Vorberichte und Kommentare zu Auswahlausgaben der Briefe dar, sei es eine Auswahl aus dem gesamten brieflichen Werk oder die Edition einer einzelnen Korrespondenz. Hier werden jeweils eine spezifische Lesart der Briefe sowie die Auswahlwahlkriterien für die Briefe vorgegeben. Noch relativ neutral gibt sich das Vorwort Strehlkes (*Goethe's Briefe* 1882), zwar weiß er um die nationale Aufgabe der Briefedition (Bd. 1, S. 2), zwar ist sein Stil vom Pathos des frühen Kaiserreichs getragen – »Die Saat, die er in Worten und Thaten gestreut hat, keimt oft langsam; das Verständniß für das, was er gewollt, kann sich meistens nicht so früh Bahn brechen« (Bd. 1, S. 1) –, die Absicht jedoch, zu umfassender G.-Kenntnis die Briefe systematisch anzuordnen, bleibt wissenschaftlich kühl formuliert. Ähnlich sachlich stellt sich Theodor Vogels *Führer durch Goethes Briefwechsel* (1908) vor, der sich an »die große Masse der Goetheverehrer« (S. 609) richtet.

Im Gegensatz zu dieser gleichsam noch sachlichen Stillage steht die Einführung Philipp Steins in seine Auswahl *Goethe-Briefe*

(8 Bde., 1902). Die ›Goetheverehrer‹ sind hier schon zur anbetenden »Goethe-Gemeinde« (Bd. 1, S. V) avanciert, die einfühlungsästhetische Absicht der Briefauswahl ist biographisch-dokumentarisch: »Man kennt Goethe nicht, wenn man seine Briefe nicht kennt – man versteht ohne sie nicht den Dichter und nicht den Menschen Goethe« (Bd. 1, S. VII), gleichzeitig sakralisiert die Vorrede den Dichter, »wie er sich durchgerungen hat zu olympischen Höhen« (Bd. 1, S. V), und will darüber hinaus – im Kontext der nationalen Begeisterung der Jahrhundertwende – »den Goetheschen Briefschatz zum Gemeingut des deutschen Volkes zu machen bestrebt sein« (Bd. 1, S. VII). – Viel stärker einfühlungsästhetisch geprägt ist Eduard von der Hellens sechsbändige Supplementausgabe zur Jubiläumsausgabe (1901–1913): »In unvergänglicher Frische zaubern die Briefe Goethes uns seine Gestalt vor Augen: den Wachsenden, der alle geistige und stoffliche Natur zu umfassen und zu genießen, zu durchschauen und darzustellen strebt; den Mann, der sie beherrscht; den Weisen, der sie betrachtet« (Bd. 1, S. III). G.s Briefe gelten als einer der »wertvollsten Schätze unserer nationalen wie der ganzen Weltlitteratur« (ebd.).

Zunächst rein biographisch ist die Perspektive, die Ernst Beutler in der Gedenkausgabe auf G.s Briefe wirft: »Goethes Briefe sind sein Leben« (Komm. in GA 18, S. 951), darüber hinaus werden gerade diese Briefe aber zum Paradigma menschlicher Erfahrung schlechthin stilisiert – und G. zum Paradigma des Menschlichen: »Ja, daß diese Briefe den im schönsten Sinne Menschlichsten der Menschen uns so unmittelbar und so anschaulich, so überzeugend, so gewinnend vor Augen stellen, ist eine große Bereicherung unseres Wissens um das Leben« (ebd.). Die exemplarische Humanität G.s wird interpretiert aus der erschütternden Erfahrung von Kriegs- und Nachkriegszeit: »Wie warm ein Herz schlagen kann, beglückt darf es eine ärmere Zeit nachempfinden« (ebd.). Neben diese Stilisierung G.s zum Gattungsparadigma, das rein aus seinen Briefen spreche, tritt bei Beutler allerdings eine in weiten Teilen unübertroffene stilistische Beschreibung zu einzelnen Briefen (vgl. z.B. Komm. in GA 18, S. 967ff.). – Einfühlungsästhetisch bleiben auch die weiteren Briefbände der Gedenkausgabe: Hansjörg Ostertag (Komm. in GA 19, S. 740) will die Briefe »wie eine Lebenbeschreibung lesen [...], um dabei die stetige geistige und menschliche Weiterentwicklung Goethes mitzuerleben«. Christian Beutler (GA 21, S. 1099) faßt die Altersbriefe in dem seine gesamte Einführung kennzeichnenden blumigen Stil zusammen: »So entfaltet sich breit und auslandend der unabsehbare Gehalt Goethescher Altersweisheit, wie er sie nur seinen Freunden mitteilen mochte. Etwas Ungeheures rührt einen dabei an. Es gibt in deutscher Sprache nichts Vergleichbares. Es mutet an wie das schimmernde Gestein eines Urgebirges, dessen einzelne Kristalle man sinnend in den Händen dreht. So gewaltig und reich, so vielseitig und funkelnd«.

Die Briefe des jungen Goethe, die Gustav Roethe in den Jahren 1901–1910 herausgab, sieht er zu Beginn seiner Einführung neben drei andere »dichterische Lebensoffenbarungen« gestellt, den *Faust*, den *Wilhelm Meister* und die Lyrik G.s (S. V). Das briefliche Werk wird einer biographischen Lesart unterzogen, der in seinen Briefen aufscheinende junge G. wird das Objekt lesender Einfühlung in den »unwiderstehlichen Jugendzauber, der diese Blätter und Zettel durchwebt und [...] die Ursprünglichkeit des Bekenntnisses. Der junge Goethe wühlt hin, was er empfindet und denkt, und er sieht die Adressaten mit prachtvoller Deutlichkeit vor sich« (S. XXVII). – Roethes Einführung erscheint allerdings als sachlich und kühl, vergleicht man sie mit Ernst Hartungs Vorbemerkungen zu seiner Auswahl: *Alles um Liebe. Goethes Briefe aus der ersten Hälfte seines Lebens*, die 1907 in einem Schmuckband erschien. Auf dem Vorsatzblatt heißt es dort nämlich: »Dieses Buch kommt wie ein Schiff, befrachtet mit den Kostbarkeiten einer reichen Ferne. Wo es landet, werden Hände voll und Herzen fröhlich. Und manchen lockts dann hinaus, selber da zu schürfen und zu pflücken, wo die unermeßlichen Reichtümer warten. So wird dieses Buch viele beschenken und einigen ein Führer werden zu d e m Goethe, der durchaus mehr war und auch uns mehr sein kann als ›der größte deutsche Dichter‹. Denn nirgend begegnet er uns lebendiger als in seinen Briefen, diesen intimsten Dokumenten seines Lebens, seiner Lebenskunst. Zugleich sind Goethes Briefe, in denen sich die glänzendste Epoche des deutschen Geisteslebens und seltsam reizvolle Bilder aus der guten alten Zeit lebendig widerspiegeln, auch sachlich von höchstem Interesse«. G.s Briefe werden gleichermaßen als unermeßliche Schätze, als Führer zu seiner überragenden menschlichen Gestalt und als Beschwörung einer besseren Vergangenheit dem Leser angeboten. Auch der zweite Band dieser Briefauswahl, *Vom tätigen Leben. Goethes Briefe aus der zweiten Hälfte seines Lebens* (1909), wird eingeleitet in pathetischer Diktion übertriebener G.-Nachahmung: »Die schöne Arbeit, Goethe zu gewinnen, muß ja schließlich jeder für sich selber leisten, indem er aus allen Äußerungen dieses einzigen Lebens das gerade seiner Natur gemäße zu nehmen anhaltend bemüht bleibt«. Die Verherrlichung G.s als (nationaler) mythischer Gestalt bestimmt die Vorbemerkung: »Als ein von Gott Geliebter, mit unendlichen Freuden und unendlichen Schmerzen begabt, hatte Goethe die ersten vier Jahrzehnte seines Lebens vollendet. [Mit Schillers Hinzukunft; d. Vf.] aber begann [...] dies Herz [...] sich mit einem heiterätigen Leben von ganz beispielloser Vielseitigkeit zu füllen, das ohne Rast und ohne Hast, den Augenblick nutzend und das Einzelne zum Allgemeinen, das Vergängliche zum Ewigen erweiternd, den höchsten Stil vollendeten Menschentums vorbildlich darstellt: Das Unbeschreibliche, hier ist's getan« (S. 5f.). G. wird Gegenstand einer Verklärung mit Tendenz zum Biblischen: Die Erfüllung eines säkularen Evangeliums dritter Art erscheint in Goethes Briefwechsel authentisch dokumentiert.

In Julius Petersens Ausgabe *Goethes Briefe an Frau von Stein* (1909) werden die ausgewählten Briefe als Ersatz der ungeschriebenen Autobiographie über das erste Weimarer Jahrzehnt interpretiert. Die Gestalt Charlottes von Stein, in den Frauengestalten in *Iphigenie* und *Tasso* ästhetisch umgestaltet, erscheine am authentischsten in diesen Briefen. »Sie bilden das reichhaltigste Lebensdokument der ersten Weimarer Jahre, Dichtung und Wahrheit in sich vereinend, ein treues Tagebuch des reichsten Dichterlebens, durchklungen von dem hohen Lied der Liebe. Keiner andern Frau hat Goethe sich jemals so ganz zu eigen gegeben, daß kein Gedanke bei ihm aus- und einkonnte, ›ohne ihr Zoll und Akzise zu zahlen‹« (S. I). – Im Gegensatz zu Petersens noch relativ sachlicher Argumentation ist die Ausgabe der Briefe an Charlotte von Stein, die Richard Müller-Freienfels 1923 vorlegt, eindeutig von stark mythologisierender Absicht getragen. Die Briefe werden interpretiert als »ein Roman von einer Tragik, die um so erschütternder wirkt, als aus ihrer Verhaltenheit nur selten die offene Glut der Leidenschaft hervorbricht; und darüber hinaus ists die Selbstoffenbarung einer ringenden, kämpfenden Menschenseele« (Bd. 1, S. V). Charlotte von Stein wird stilisiert »zu einer Verkörperung des Ewig-Weiblichen, zu einem Frauenideal von reinstem Seelenadel, selbst dann und gerade dann müßten wir das Schicksal ehren, das dieses geschehen ließ und unserm Volke, das seine ererbten Mythen vergessen und für fremdes Blut dahingegeben hat, einen neuen Mythos geschenkt hat, den Mythos der vergeistigten Weiblichkeit, göttlicher, weil menschlicher noch als Dantes Beatrice oder Petrarcas Laura, die auch nur als Mythen leben« (Müller-Freienfels, Bd. 1, S. VII f.). Der radikalen Nationalisierung dieses neuen Mythos nach der ›Schmach‹ der Niederlage im Weltkrieg folgt ein ans Peinliche grenzender einfühlsamer biographischer Bericht über G. und Charlotte von Stein. Die Beziehung wird in verschiedenen Phasen vorgestellt, der Zusammenbruch der Liebe wird gedeutet als »tragische Notwendigkeit« (Müller-Freienfels, Bd. 1, S. XXXIX) – mit dem Tragischen, das aus den Briefen spreche, wird eben das Mythische wieder begründet, das mit Charlotte von Stein dargestellt ist.

Durchaus noch eng am mythologischen G.-Bild der Vorkriegszeit orientiert bleibt das

Nachwort Hans Heinrich Borcherdts in Rudolf Bachs Auswahl *Johann Wolfgang Goethe: Briefe* (1958). Im Sinne eines Gattungsparadigmas, für das G. steht, gelten die Briefe als »eine der reichsten und ergiebigsten Dokumentensammlungen eines großen menschlichen Daseins« (S. 1165), die späten unter ihnen offenbaren »die ungeheure Universalität dieses modernsten aller Geister« (S. 1175). In den Augen Borcherdts bilden »die Briefe Goethes [...] eine unerhörte Ganzheit, spiegelnd die Größe der Goetheschen Existenz« (S. 1179). – Friedhelm Kemps Auswahl *Goethe. Leben und Welt in Briefen* (1978) verrät schon im Titel das biographische Verständnis der Texte. Dementsprechend gliedert sich die Anthologie in drei Hauptteile, die »die Jugend, die reifen Mannesjahre und das Alter Goethes umfassen« (S. 7). Die Darstellungsabsicht wird durch immer wieder eingefügte biographische Notizen und Ausschnitte aus zeitgleichen literarischen Texten gestützt. Nach einer durchaus kritischen Einschätzung sowohl der traditionellen G.-Verherrlichung als auch der mäkelnden Polemik Unvermögender gibt Kemp die Intention seiner Auswahl an: G.s Briefe sollen »einfach sprechen, – für sich und für den Menschen, der sie geschrieben hat. Sie sollen einen Lebensmoment, eine Entwicklungsstufe festhalten, Verstörungen, Verstrickungen zeigen, – wie er in sie hineingerät, wie er sich ihnen entwindet: die Erhellungen und Verdunklungen, die ein Schicksal ausmachen« (S. 11 f.). Trotz der distanzierteren Stellung zur traditionellen G.-Philologie bleibt eine Spur von Schicksalsmythologie auch hier. »Unter allen geschichtlichen Erscheinungen von verwandter Mächtigkeit scheint Goethe und seiner Existenz etwas bis zuletzt unverblichen Naturhaftes einzuwohnen, das ihn uns entrückt und doch in der Entrückung zugleich vertraulich näherbringt. Daß dieses ›Natürliche‹ ein eminent Geistiges ist, kein rein Gegebenes, sondern ein Ausgebildetes, Heraufgeläutertes, mehr Äther zuletzt als Element, verleiht seinem Wort ein Aroma fast unverderblicher Frische. Eine solche ›Natur‹ der höchsten künstlerisch-sittlichen, dichterisch-menschlichen Vollkommenheit kennen wir allein durch ihn« (S. 828).

Im Gegensatz zu den überladenen Vorworten etwa der weiter oben vorgestellten Auswahlausgaben zeichnet sich Dorothea Kuhns Ausgabe *Goethe und Cotta. Briefwechsel 1797–1832* (1979ff.) durch eine absolut sachliche Einführung aus. Die buchhandels- und verlagsgeschichtlichen Bemerkungen zur G.-Zeit wie auch die Notizen zum Verhältnis zwischen G. und Cotta, zu Honorarfragen, Werbung, Finanzierung u.v.m. sowie die ausführlichsten Anmerkungen zu den Briefen in den beiden Teilbänden des dritten Bandes weisen ausschließlich sachlich getragenes Interesse am Editionsgegenstand auf, jegliche Instrumentalisierung oder Mythologisierung G.s unterbleibt. – Ähnlich sind auch die Editionskriterien Mandelkows in der Hamburger Ausgabe zu charakterisieren: *Goethes Briefe* (4 Bde.) werden in einer ausgezeichneten Auswahl und z.T. mit behutsam korrigierter Orthographie herausgegeben, eine grundsätzliche Einführung unterbleibt ganz, ausführliche Kommentare gelten wichtigen Korrespondenten G.s und den entsprechenden Briefwechseln, die Anmerkungen sind getragen von einer sachlich orientierten Informationsabsicht zu einzelnen Stellen oder Briefen – lediglich in einer ›methodischen Nachbemerkung‹ in Band drei der Ausgabe wird auf das grundsätzliche Desiderat einer fundierten germanistischen Erarbeitung der Briefe selbst hingewiesen (HAB 3, S. 697f.). Mit Mandelkows Ausgabe liegt der Briefwechsel – zwei Bände *Briefe an Goethe* ergänzen die vierbändige Auswahl von G.s Briefen – in einer übersichtlichen, gut lesbaren und umfassend informierenden Form vor. Die vollständigste und sehr ausführlich kommentierte Ausgabe entsteht derzeit mit den Bänden 28–40 der Frankfurter Ausgabe, in denen die Briefe, Tagebücher und Gespräche G.s versammelt werden. Von den geplanten Bänden liegen allerdings erst fünf vor. An die Textauswahl schließt sich jeweils eine ausführliche biographische Skizze zur entsprechenden Periode von G.s Leben an, gegebenenfalls werden wichtige Briefpartner vorgestellt, der Darstellung der Auswahl- und Textgestalt-Kriterien folgt der immense Einzelkommentar zu den Briefen. Die Darstellungsabsicht ist stärker biographisch motiviert als in der Hamburger Ausgabe. Die Edition, auf der Grundlage der Weimarer Ausgabe bzw. in Einzelfällen neuerer Lesarten textkritischer Ausgaben veranstaltet, stellt zur Zeit die umfangreichste Sammlung und gründlichste Kommentierung der Briefe dar.

Literatur:

Atkins, Stuart P.: The apprentice novelist. Goethe's letters 1765–1767. In: MLQ. 10 (1949), S. 290–306. – Beutler, Christian: Komm. in GA 21, S. 1045–1112. – Beutler, Ernst: Komm. in GA 18, S. 951–985. – Bach, Rudolf (Hg.): Goethe: Briefe. Nachwort von Hans Heinrich Borcherdt. München 1958. – Hermann Bräuning-Octavio: Goethe und Joh. Heinrich Merck. Die Geschichte einer Freundschaft. In: GoetheJb. N.F. 12 (1950), S. 177–217; GoetheJb. N.F. 14/15 (1952/53), S. 209–244. – Fischer-Lamberg, Renate: Neue Quellen zu Goethes Briefwechsel. In: GoetheJb. N.F. 23 (1961), S. 253–257. – Gervinus, Georg Gottfried: Über den Göthischen Briefwechsel. Leipzig 1836. – Grimm, Hermann: Goethe. Vorlesungen. Berlin [1873–75]. Hg. von Wilhelm Hansen. Detmold u.a. 1948. – Harnack, Otto: Goethe und Heinrich Meyer [1889]. In: ders.: Essays und Studien zur Literaturgeschichte. Braunschweig 1899, S. 151–169. – Ders.: Goethe und Wilhelm von Humboldt [1888]. In: ders.: Essays und Studien zur Literaturgeschichte. Braunschweig 1899, S. 133–150. – Hartung, Ernst (Hg.): Alles um Liebe. Goethes Briefe aus der ersten Hälfte seines Lebens. Düsseldorf, Leipzig 1907. – Ders. (Hg.): Vom tätigen Leben. Goethes Briefe aus der zweiten Hälfte seines Lebens. Ebenhausen bei München 1909. – Hellen, Eduard von der (Hg.): Goethes Briefe. Ausgewählt und in chronologischer Folge mit Anmerkungen. In sechs Bänden. Stuttgart, Berlin 1901–1913. – Herre, Paul: Goethe und Friedrich der Große. In: JbGG. 21 (1935), S. 26–62. – Hofmannsthal, Hugo von: Die Briefe des jungen Goethe. In: Neue Rundschau. 2 (1904), S. 1269–1271. – Irmscher, Hans Dietrich: Goethe und Herder im Wechselspiel von Attraktion und Repulsion. In: GoetheJb. 106 (1989), S. 22–52. – Kahle, Werner: Die Grundlinien der ideologischen Entwicklungen Goethes im Spiegel seiner Briefe. Phil. Diss. Jena 1964. – Kemp, Friedhelm (Hg.): Goethe. Leben und Welt in Briefen. München 1978. – Kippenberg, Anton: Goethe, Dittmar und Lavater. In: ders.: Reden und Schriften. Wiesbaden 1952, S. 220–242. – Kuhn, Dorothea (Hg.): Goethe und Cotta. Briefwechsel 1797–1832. Textkritische und kommentierte Ausgabe in drei Bänden. Stuttgart 1979 ff. – Mandelkow, Komm. in HAB 1–4. – Menzer, Paul: Goethe, Moritz, Kant. Viermonatsschrift der Goethe-Gesellschaft. 7 (1942), S. 169–198. – Mommsen, Momme: Goethes Freundschaft zu Zelter. In: GoetheJb. N.F. 20 (1958), S. 1–5. – Müller-Freienfels, Richard (Hg.): Goethes Briefe an Frau von Stein. Mit dem Tagebuch aus Italien und Briefen der Frau von Stein. 4. Bde. Berlin 1923. – Nickisch, Reinhard M.G.: Brief. Stuttgart 1991. – Ostertag, Komm. in GA 19, S. 739–778. – Petersen, Julius (Hg.): Goethes Briefe an Frau von Stein. Leipzig 1909. – Redslob, Edwin: Louise von Weimar und ihr Verhältnis zu Goethe. In: GoetheJb. N.F. 19 (1957), S. 110–121. – Roethe, Gustav: Einführung zu Die Briefe des jungen Goethe. Bd. 1. Leipzig 1901, S. V–XXIX. – Scheibe, Siegfried: Die goldene Hochzeit des Ehepaares Allesina. Zur Datierung eines Goethe-Briefes. In: GoetheJb. 105 (1988), S. 270–276. – Schmidt, Jürgen: Goethes Briefstil in den Jahren 1805–1814. Phil. Diss. Hamburg 1957. – Schneider-Carius, Karl: Goethe und Alexander von Humboldt. In: GoetheJb. N.F. 21 (1959), S. 163–182. – Schöne, Albrecht: Über einen Kondolenzbrief Goethes. In: Schrimpf, Hans Joachim (Hg.): Literatur und Gesellschaft vom neunzehnten ins zwanzigste Jahrhundert. Bonn 1963, S. 83–112. – Ders.: Versuch über Goethesche Humanität Oder Zum Gebrauch des Konjunktivs Plusquamperfekt in einem Brief an Johann Friedrich Krafft. In: Gillespie, Gerald u.a. (Hg.): Herkommen und Erneuerung. Fs. Oskar Seidlin. Tübingen 1976, S. 103–126. – Schrader, Ernst: Die Schlußformel in Goethes Briefen. Phil. Diss. Greifswald 1911. – Stein, Philipp (Hg.): Goethe-Briefe. Mit Einleitungen und Erläuterungen. 8 Bde. Berlin 1902. – Strehlke, Fr. von (Hg.): Goethe's Briefe. Verzeichnis unter Angabe von Quelle, Ort, Datum und Anfangsworten. – Darstellung der Beziehungen zu den Empfängern. – Inhaltsangaben. – Mittheilung von vielen bisher ungedruckten Briefen. In drei Theilen. Berlin 1882. – Traxler, Maria: Der Briefstil des jungen Goethe (1765–1775). Phil. Diss. Wien 1948. – Tümmler, Hans: Knebeliana. In: GoetheJb. N.F. 16 (1954), S. 182–197. – Ullrich, Hans: Goethes Leipziger Briefe und die Gellertsche Brieflehre. Phil. Diss. Göttingen 1924. – Vogel, Theodor: Führer durch Goethes Briefwechsel. In: ZfdU. 22 (1908), S. 609–623, S. 689–706 u. S. 737–751. – Wahl, Hans: Wieland und Goethe. In: ders.: Alles um Goethe. Weimar 1962, S. 29–40. – Wilkinson, Elizabeth M.: Goethe's Letters. In: PEGS. 23 (1954), S. 121–125.

Benedikt Jeßing

Der Briefwechsel zwischen Schiller und Goethe

Entstehungsgeschichte und Überlieferung

Der Briefwechsel beginnt mit Schillers Bitte am 13.6. 1794, G. möge die geplante »Unternehmung« der *Horen* durch seinen »Beytritt« »unterstützen«. In seiner Antwort vom 24. Juni versichert G., er »werde mit Freuden und von ganzem Herzen von der Gesellschaft seyn«. Undatierte Briefe von Ende April 1805 bilden den Abschluß: G. schickt »ein Pack Schauspiele«, die für das Theater eingeschickt worden waren, zur Durchsicht; Schiller äußert sich kritisch über G.s Anmerkungen zu *Rameaus Neffe*.

In den fast elf Jahren der Korrespondenz wurden über 1000 Briefe und Billetts gewechselt. Von den gegenwärtig bekannten stammen 542 von G. und 473 von Schiller. Die Zahl der darüber hinaus geschriebenen, aber nicht überlieferten könnte etwa 50 betragen. Mit Ausnahme von 22 Briefen wird die gesamte Korrespondenz im G.- und Schiller-Archiv in Weimar aufbewahrt.

Am 11.6. 1823 schrieb G. an Cotta, er habe »in den letzten Wochen die sämtlichen Schillerschen Briefe [...], als den größten Schatz, den ich vielleicht besitze zusammengebracht und geordnet«. Am 3.7. 1824 heißt es in einem Brief an Christoph Ludwig Friedrich Schultz, »daß die Schillerische Familie mir meine Briefe an diesen hohen Freund bis auf das letzte Billetchen übergeben hat, die ich nun mit seinen, gleichfalls heilig aufgehobenen Briefen und Blättern in einander arbeite und dem gewiß allgemeinen Wunsch, von einem solchen Verhalten Kenntniß zu nehmen, entgegen arbeite«. Nach mancherlei Verzögerungen erschien der Briefwechsel, von Cotta verlegt, 1828 (Bände 1–2) und 1829 (Bände 3–6) mit

insgesamt 971 ›Stücken‹. Die Eingriffe G.s in die Texte sind nicht erheblich; sie beschränken sich im wesentlichen auf die Veränderung der Namen von Personen, die nicht unmittelbar ›betroffen‹ werden sollten. So wurden in G.s Formulierung im Brief vom 2.5. 1798, daß »Herr Posselt täglich den blosen Hintern zum Fenster hinaus reckt« und daß »Herr Gentz mit der liberalsten Zudringlichkeit einem neuen Könige eine unbedingte Preßfreyheit abtrutzt« die Namen zu »P.« und »G.« verkürzt.

Die zweite Auflage der Korrespondenz, 999 Briefe enthaltend, wurde von Hermann Hauff besorgt; sie erschien 1856 in zwei Bänden. 1881 veröffentlichte Wilhelm Vollmer die erste textkritische Ausgabe »auf Grundlage der Originalmanuscripte«, ebenfalls in zwei Bänden. Die wichtigsten der im 20. Jh. veröffentlichten Ausgaben, die sämtlich die Orthographie (z.T. auch die Interpunktion) ›modernisiert‹ präsentieren, gaben heraus: Hans Gerhard Gräf und Albert Leitzmann (3 Bde., 1912 [1911]; weitere Auflagen 1955 u. 1964); Karl G. Schmid (1950 [=GA 20]); Emil Staiger (1966); Siegfried Seidel (3 Bde., 1984); Manfred Beetz (2 Bde., 1990 [=MA 8.1 u. 8.2]). Die zuverlässigsten Texte bietet die Schiller-Nationalausgabe: die Briefe Schillers in den Bänden 27–32 (1958–1985); die Briefe G.s in den Bänden 35–40 (1964–1988). Nach dieser Ausgabe wird im folgenden aus der Korrespondenz zitiert.

Die Vorgeschichte

Zur Geschichte des Briefwechsels gehört die Vorgeschichte des Verhältnisses zwischen G. und Schiller, ohne die das erste intensive Zusammensein der beiden im Juli 1794 kein *Glückliches Ereigniß* geworden wäre, von dem G. zwölf Jahre nach Schillers Tod gesprochen hat (vgl. WA II, 11, S. 13–20). Dabei ist G.s Haltung gegenüber dem ein Jahrzehnt Jüngeren schnell zu skizzieren: Sie war bis 1788 von Ablehnung, danach von Gleichgültigkeit und leichtem Mißtrauen bestimmt. Schon vor seinem Weggang nach Italien hatte G. gegen das Jugendwerk Schillers, von dem er wenigstens *Die Räuber* kannte, erhebliche Vorbehalte. Diese wurden nicht geringer, nachdem sich G. im Juni 1788 wieder in Weimar eingefunden hatte, wo Schiller ihn seit seiner im Juli 1787 erfolgten Übersiedlung ungeduldig erwartet hatte und wo die beiden Dichter nun bis zu Schillers Umzug nach Jena im Mai 1789 zusammenlebten, ohne zusammenzukommen. Denn G. mied Schiller. Die Motive, die G. bestimmten, sich Ende 1788 für eine Professur Schillers in Jena zu verwenden, waren vermutlich nicht ausschließlich altruistischer Art. In den folgenden Jahren ging G. während seiner häufigen längeren Besuche in Jena Schiller offenbar planmäßig aus dem Weg. Dieser gab allmählich seine jahrelang gehegte Hoffnung auf, er könne G.s Aufmerksamkeit gewinnen. Seit 1791 nannte er ihn nicht einmal mehr in Briefen – auch dies planmäßig.

Schiller hatte schon als Carlsschüler die Werke G.s bewundert und bereits 1782 gehofft, die Bekanntschaft des *Götz*- und *Werther*-Dichters zu machen. Nun wartete er in Weimar nicht nur mit Ungeduld auf G.s Rückkehr aus Italien, sondern auch mit wachsendem Unmut, der besonders in den Briefen an Körner Ausdruck fand. »Göthes Zurückkunft ist ungewiß«, schrieb er am 19.12. 1787. »Während er in Italien mahlt, müssen die Vogts und Schmidts für ihn wie Lastthiere schwitzen. Er verzehrt in Italien für nichtsthun eine Besoldung von 18000 thal.«. Daß hier eine Null zuviel geschrieben wurde, kann als Zeugnis des Unmuts, vielleicht auch des Neids verstanden werden. – Im September 1788 trafen sich G. und Schiller im Hause Luise von Lengefelds. Dabei nutzte G. die Gunst der größeren Gesellschaft und nahm von Schiller keine besondere Notiz. Doch noch war für diesen das Maß der Enttäuschung nicht voll. Nach der *Egmont*-Rezension, die zwei Wochen nach der Rudolstädter Begegnung in der *Allgemeinen Literatur-Zeitung* erschien und mit der er auch um G. warb, arbeitete Schiller im Januar 1789 den ersten Teil einer schon im März 1788 entworfenen *Iphigenie*-Rezension aus, die zwar nicht kritiklos ist, aber mit Lob nicht

spart; dieses allerdings gilt dem Dichter, den Schiller unverändert hochschätzte, während ihm der Mensch G. immer suspekter wurde – weil er nicht in seiner Nähe sein durfte. »Oefters um Goethe zu sein, würde mich unglücklich machen: er hat auch gegen seine nächsten Freunde kein Moment der Ergießung, er ist an nichts zu fassen; ich glaube in der That, er ist ein Egoist in ungewöhnlichem Grade. [...] Ein solches Wesen sollten die Menschen nicht um sich herum aufkommen lassen. Mir ist er dadurch verhaßt, ob ich gleich seinen Geist von ganzem Herzen liebe und groß von ihm denke« (Schiller an Körner, 2.2. 1789). Daß trotz allen Distanzierungsversuchen Schiller von G. nicht loskam, zeigt seine 1793 erschienene Abhandlung *Ueber Anmuth und Würde*. Nicht ohne Grund mutmaßte G. (vgl. WA I, 36, S. 249), daß die Fußnote, in der die Genies als » G ü n s t l i n g e   d e r   N a t u r« mit »ihren Unarten (wodurch sie nicht selten ein Gegenstand verdienter Verachtung sind)« beschrieben werden (SNA 20, S. 275f.), auch auf ihn gemünzt sein könnte. Schiller unternahm noch einen – er mochte gedacht haben: den letzten – Versuch, G. an sich heranzuführen, und lud ihn zur Mitarbeit an den *Horen* ein.

Einen knappen Monat nach G.s Zusage, sich an den *Horen* zu beteiligen, kam es am Sonntag, dem 20.7. 1794, in Jena zu jener ›schicksalhaften‹ Begegnung, über die G. 23 Jahre später in seinem Aufsatz *Glückliches Ereigniß* berichtet hat; es sei um Probleme der Metamorphose der Pflanzen gegangen, die G. ›anzuschauen‹ glaubte, während sie für Schiller eine ›Idee‹ war. Zwei Tage später kam es zu einem erneuten Zusammentreffen bei einem Abendessen, zu dem – vermutlich auf Schillers Anregung – Caroline und Wilhelm von Humboldt geladen hatten. Über das bei dieser Gelegenheit geführte Gespräch, das Schiller offenbar wichtiger war als das frühere, hat er am 1. September an Körner geschrieben: »Wir hatten vor sechs Wochen über Kunst und Kunsttheorie ein langes und breites gesprochen [...]. Seit dieser Zeit haben diese ausgesprochenen Ideen bei Goethe Wurzel gefaßt, und er fühlt jetzt ein Bedürfniß, sich an mich anzuschließen, und den Weg, den er bisher allein und ohne Aufmunterung betrat, in Gemeinschaft mit mir fortzusetzen«. Die beiden Gespräche legten den Grund zu einem schnell sich freundschaftlich entwickelnden Verhältnis, das nach der beklemmenden Vorgeschichte der Beziehung beider Dichter zueinander kaum erwartet werden konnte. G. hat dann auch im Rückblick eine ursprüngliche Formulierung, dieses Verhältnis habe sich »nach und nach« entwickelt, geändert. Nun wird an »das auf einmal sich entwickelnde Verhältniß zu S c h i l l e r« erinnert (vgl. WA I, 35, S. 41 u. S. 287).

Charakteristik des Briefwechsels

Den ›eigentlichen‹ Briefwechsel begann Schiller mit jenem großartigen Brief vom 23.8. 1794, in dem er G.s Existenz zu beschreiben und zu deuten unternahm: den griechischen Geist, der, in eine »nordische Schöpfung geworfen«, seiner »Imagination« durch »Denkkraft« aufhelfen mußte, um »auf einem rationalen Wege ein Griechenland zu gebähren«. G. reagierte staunend, ja bewundernd, auch zustimmend und ermunternd: »Haben wir uns wechselseitig die Puncte klar gemacht wohin wir gegenwärtig gelangt; so werden wir desto ununterbrochener gemeinschaftlich arbeiten können« (an Schiller, 27.8. 1794). Schiller ließ im folgenden Brief vom 31. August ein Selbstporträt folgen, damit von seiner Seite »die Puncte klar gemacht« seien: »Und so schwebe ich als eine ZwitterArt, zwischen dem Begriff und der Anschauung, zwischen der Regel und der Empfindung, zwischen dem technischen Kopf und dem Genie. [...] gewöhnlich übereilte mich der Poet, wo ich philosophieren sollte, und der philosophische Geist, wo ich dichten wollte«. In der Charakterisierung, die Schiller von G. und sich selbst entwarf, steuerte er bereits auf die Beschreibung der Dichter-Typen zu, die er in der ein Jahr später geschriebenen Abhandlung *Ueber naive und sentimentalische Dichtung* entwarf.

G. erkannte, daß ihm Schiller sehr wichtig

werden könne. Er lud ihn für vierzehn Tage in sein Haus ein, und dieser nahm die »gütige Einladung« an, doch »mit der ernstlichen Bitte, daß Sie in keinem einzigen Stück Ihrer häußlichen Ordnung auf mich rechnen mögen, denn leider nöthigen mich meine Krämpfe gewöhnlich, den ganzen Morgen dem Schlaf zu widmen, weil sie mir des Nachts keine Ruhe laßen« (an G., 7.9. 1794). Schiller quartierte sich also für die Zeit vom 14. bis zum 27. September bei G. ein; in dieser Zeit finden sie zueinander »im Bunde des Ernstes und der Liebe« (an Schiller, 31.10. 1798), der trotz manchen Anfechtungen nie gefährdet war. »Wir wissen nun, mein werthester, aus unsrer vierzehntägigen Conferenz: daß wir in Principien einig sind und daß die Kreise unsers Empfindens, Denckens und Wirckens theils coincidiren, theils sich berühren, daraus wird sich für beyde gar mancherley Gutes ergeben« (an Schiller, 1.10. 1794).

Immer wieder hat G. in den folgenden Jahren Schiller gedrängt, er möge ihn für längere Zeit besuchen. Und dieser folgte den Einladungen, wenn ihn nicht Unpäßlichkeiten und dringende Geschäfte in Jena zurückhielten, was freilich die Regel war; die Aufenthalte in der Residenzstadt, die zuweilen mehrere Wochen dauerten – die längsten: 23.3. bis 20.4. 1796 und 4.1. bis 7.2. 1799 – galten der gemeinsamen Beschäftigung mit den eigenen Werken, dem literarischen und literaturpolitischen »Commercio« (vgl. Schiller an G., 21.7. 1797), der Förderung der weimarischen Theaterangelegenheiten, nebenbei auch der Geselligkeit, die nicht zuletzt vom Hof bestimmt wurde. Fast immer wurde nach den Zusammentreffen Bilanz gezogen wie in Schillers Brief vom 21.7. 1797: »Ich kann nie von Ihnen gehen, ohne daß etwas in mir gepflanzt worden wäre«, oder in dem G.s vom 29.5. 1799: »Bey unserer Trennung, die auch mir immer sehr empfindlich fällt, finde ich Ursache Sie zu beneiden«.

Solange Schiller in Jena lebte, also bis Ende 1799, trafen sich die beiden Dichter sehr viel häufiger dort als in Weimar; denn G. verbrachte, um den lästigen Geschäften in Weimar zu entgehen, Jahr für Jahr etwa drei bis vier Monate in Jena. In diesen Zeiten gehörten seine Besuche bei Schiller, gelegentlich zweimal am Tag, zu den Selbstverständlichkeiten wie Essen, Trinken und Spazierengehen. Die vielen Gespräche setzten den Briefwechsel fort wie dieser jene. So reflektieren die Briefe des Jahres 1794 nicht nur die in Weimar geführten Gespräche, sondern auch die Unterhaltungen in Jena, wo sich G. im November und Dezember dreimal für jeweils einige Tage aufhielt. Fehlende schriftliche Antworten auf Briefe des einen oder des anderen lassen sich fast immer aufs einfachste erklären: Die Antworten wurden mündlich gegeben.

Daß sich das Verhältnis zwischen G. und Schiller »auf einmal« – im Sinne von ›plötzlich‹ – entwickelte, belegen die Briefe des Jahres 1794 zur Genüge. Vor allem G. suchte fast ungeduldig die Freundschaft des anderen, der ihm so lange fremd gewesen war. Bereits ein dem Brief vom 30. August beigelegtes Manuskript ist »nur einem Freunde« zugedacht, »von dem ich hoffen kann daß er mir entgegen kommt«. Und bald häufen sich die Grußformeln wie »Leben Sie recht wohl und gedenken mein« oder »lassen mich nicht ferne von Sich und den Ihrigen seyn« – nicht selten mit eigener Hand dem diktierten Brief angefügt. Bald wird auch die Anrede »Freund« variiert: »werthester Freund« heißt es, »mein Bester«, »mein Lieber«; und Schillers »Liebe« wird noch und noch erbeten, etwa in der sowohl bittenden wie versprechenden Grußformel: »Leben Sie wohl und lieben mich, es ist nicht einseitig« (an Schiller, 18.3. 1795).

Das Versprechen war nicht leer: G. hat Schiller geachtet, geliebt und bewundert wie vielleicht keinen anderen Menschen; er hat dessen Urteile als »Stimmen aus einer anderen Welt« (an Schiller, 5.7. 1796) empfangen und versichert, er sei es »immer gewohnt [...] daß Sie mir meine Träume erzählen und auslegen« (an Schiller, 26.4. 1797; ähnlich an Schiller, 22.6. 1797). Schillers miserabler Gesundheitszustand nötigte G. immer wieder das Bekenntnis tiefgefühlter Anteilnahme ab; freilich hütete er sich aus wohlgeordneter Selbstliebe vor ihn selbst gefährdendem Mitleid, das Schiller auch nicht erwartete. Denn dieser bedurfte des

Mitleidenden nicht, weil es ihm im Umgang mit G. in erster Linie um die Förderung seiner Ideen, seines Werkes, seines unablässigen Fortschreitens ging. Dem Liebesbedürfnis G.s begegnete Schiller vor allem mit Bewunderung, die er dem poetischen Genie zollte. Nur selten finden sich in Schillers Briefen Wendungen der Zutraulichkeit oder gar Intimität. »Wir umarmen Sie alle herzlich«, mag es dann wohl einmal heißen (an G., 11.1. 1797), oder es findet sich nach der Lektüre von *Wilhelm Meisters Lehrjahren* die schöne Einsicht schön ausgesprochen, »daß das Vortrefliche eine Macht ist, daß es auf selbstsüchtige Gemüther auch nur als eine Macht wirken kann, daß es, dem Vortreflichen gegenüber keine Freyheit giebt als die Liebe« (an G., 2.7. 1796). Diesen Satz hat G. später, nur leicht variiert, in seine *Wahlverwandtschaften* aufgenommen. Schiller warb um den Dichter G., weil er selbst als Dichter anerkannt werden wollte; G. warb um den Menschen Schiller, weil er sich von ihm die Förderung seiner Lebens- und Kunstansichten erhoffte.

Zu den wichtigsten Themen des Briefwechsels im Jahr 1794 gehört Schillers *Horen*-Projekt, das für Schiller der Anlaß, für G. der Grund des Zusammenfindens gewesen war. Mit dem ersten Stück im Januar 1795 sollte dem Publikum gezeigt werden, woher und wie der Wind der ›neuen‹ deutschen Kultur – nämlich der Literatur und Philosophie – wehte. Mit G.s *Epistel* (»Jetzt da jeglicher liest«) wurde der Anfang gemacht. Es schlossen sich der Anfang von Schillers Abhandlung *Ueber die ästhetische Erziehung des Menschen in einer Reyhe von Briefen* (Brief 1–9) und der erste Teil von G.s *Unterhaltungen deutscher Ausgewanderten* an. Den Abschluß bildete Fichtes Abhandlung *Ueber Belebung und Erhöhung des reinen Interesse für Wahrheit.* – In der Folge wurden die für die *Horen* bestimmten Beiträge wechselseitig ausgetauscht und beurteilt, wobei es auf beiden Seiten nicht an vorsichtigen Einwänden fehlte. Auch Schillers Plan der Herausgabe eines *Musen-Almanachs* wurde ab 1795 erörtert. Und schon bald wünschte Schiller, G.s ungedruckte *Faust*-Fragmente zu sehen, zunächst vergeblich:

»Von Faust kann ich jetzt nichts mittheilen, ich wage nicht das Packet aufzuschnüren das ihn gefangen hält« (an Schiller, 2.12.1794). Doch die Druckbogen des ersten *Wilhelm Meister*-Buchs bekam Schiller, wenig später auch die des zweiten Buchs, und konnte beginnen, den Roman zu analysieren. Von Januar 1795 bis Juni 1796 erhielt er dann die handschriftlichen Fassungen der folgenden sechs Bücher, die ihn zu intensiven Betrachtungen über den poetischen Wert prosaischer Literatur führten. Schon am 7.1.1795, nach der Lektüre des dritten Buchs, war sein Urteil entschieden: »So viel ist indeß gewiß, der Dichter ist der einzige wahre M e n s c h, und der beßte Philosoph ist nur eine Carricatur gegen ihn«.

Unter den Glückwünschen zum Neuen Jahr 1795 war G. dieser der wichtigste: »Lassen Sie uns dieses zubringen, wie wir das vorige geendigt haben, mit wechselseitiger Theilnahme an dem was wir lieben und treiben«. Dieser Wunsch sollte sich erfüllen. Es wurde selbstverständlich, sich über alle im Entstehen begriffenen Werke wenigstens zu informieren; und nicht selten wurde der Arbeitsprozeß begleitet von Diskussionen und Konsultationen. Darüber hinaus wurden Ansichten ausgetauscht über alle Ereignisse, die von mehr als nur beschränkter privater Bedeutung zu sein schienen – also über Literatur, Wissenschaft, Begegnungen, Gespräche mit Besuchern u.a. An Schillers Herausgeber-Geschäften nahm G. soviel Anteil wie jener an dessen fortgesetzter *Wilhelm Meister*-Arbeit. Die Rückkehr Schillers zur Poesie, die den *Horen* und dem *Musen-Almanach* zugute kommen sollte, erfährt nachdrücklichen Zuspruch und aufmunternde Kritik des Freundes, der seinerseits für sein *Märchen* mit Lob und Anerkennung bedacht wird. Über Schillers Hauptwerk dieses Jahres, die Abhandlung *Ueber naive und sentimentalische Dichtung*, ließ sich G. auf keine längere Diskussion ein. Die Kargheit seiner unverbindlich freundlichen Bemerkungen mag dazu beigetragen haben, Schiller in seinem Beschluß zu bestärken, »für eine Weile die philosophische Bude« zu schließen (an G., 17.12. 1795).

Im Jahr 1796, dem einzigen, in dem Schiller nach dem gegenwärtigen Überlieferungsstand mehr Briefe, nämlich 66, an G. geschrieben hat als dieser an ihn (62), wird der Briefwechsel bestimmt von der Abfassung des Gemeinschaftswerks der *Xenien* und der *Tabulae votivae*, die das ›Kernstück‹ des *Musen-Almanachs für das Jahr 1797* bilden, von Schillers Ausführungen über den *Wallenstein*, zu dem er sich im März entschlossen hatte, vor allem aber von seiner *Wilhelm Meister*-Kritik, die in sechs großen Briefen vom 28. Juni bis zum 11. Juli sukzessive entfaltet wird. Im Oktober nahm G. sein Epos *Herrmann und Dorothea* vor und berichtete gelegentlich über den Fortgang des Unternehmens. Doch war ihm dieses nicht wichtiger als die Beobachtung von mancherlei Naturphänomenen, mit denen er Schiller bekanntmachte, um ihn auch auf diesem Felde zum Miterleben und Mitdenken anzuregen. Daß im Juli die Franzosen nach Württemberg eindrangen und zur gleichen Zeit Frankfurt besetzten, berührte auch Schiller und G.; deshalb schrieben sie einander, was sie über die Vorgänge erfahren hatten.

In den Jahren 1797 und 1798 kam es zum intensivsten Austausch zwischen den Briefpartnern. Aus diesen Jahren sind 60 bzw. 83 Briefe Schillers und 72 bzw. 83 Briefe G.s überliefert. Dabei ist unter literarischen Aspekten das Jahr 1797 besonders gehaltreich. Die wechselseitige Teilnahme an den in dieser Zeit entstehenden Hauptwerken, dem Epos *Herrmann und Dorothea*, das im Oktober erschien, und der Tragödie *Wallenstein*, an der Schiller noch bis zum Frühjahr 1799 zu tun hatte, leiteten über zu grundsätzlichen Überlegungen zu poetologischen Problemen, die vor allem im April und Dezember angestellt wurden und deren Ergebnisse in die fragmentarische Abhandlung *Ueber epische und dramatische Dichtung* Eingang gefunden haben. Im Zusammenhang mit diesen Erörterungen und unter dem Zeitdruck, der vom Erscheinungstermin des nächsten *Musen-Almanachs* ausging, entstanden Mitte des Jahres eine Reihe von Balladen, deren Imprimatur erst erfolgte, wenn beide Dichter – für sich und den anderen – positiv votierten. Dabei wurde noch einmal deutlich, daß die poetischen Vermögen wie die poetischen Verfahren der Freunde höchst unterschiedlich waren. Das veranlaßte G., den Wunsch auszusprechen: »Lassen Sie uns, so lange wir beysammen bleiben, auch unsere Zweyheit immer mehr in Einklang bringen« (an Schiller, 17.5. 1797). Am 22. Juni teilte G. mit, er habe sich »entschlossen an meinen Faust zu gehen und ihn, wo nicht zu vollenden, doch wenigstens um ein gutes Theil weiter zu bringen«; »das Ganze« wurde bis zum 5. Juli »als Schema und Uebersicht sehr umständlich durchgeführt«, dann »zurückgelegt« – bis zum nächsten Jahr. Die politischen Ereignisse hinderten G. daran, noch einmal nach Italien zu reisen. Aber er machte sich Ende Juli auf den Weg in den Süden, verweilte fast einen Monat in Frankfurt, über zwei Wochen in Stuttgart und Umgebung, danach von Mitte September bis Ende Oktober in der Schweiz. Am 20. November kehrte er nach Weimar zurück. In den ausführlichen Berichten über seine Reise werden Menschen, Naturerscheinungen und Kunstgegenstände charakterisiert, beschrieben oder wenigstens erwähnt – Hölderlin zum Beispiel, mit dem G. am 22. August zusammentraf: »Ich habe ihm besonders gerathen kleine Gedichte zu machen und sich zu jedem einen menschlich interessanten Gegenstand zu wählen«, heißt es im Brief vom 23.8. 1797; oder vom Rheinfall bei Schaffhausen wird berichtet; oder von den Kunstsammlungen, die Heinrich Meyer, aus Italien kommend, nach Zürich mitgebracht hatte. Gegen Ende des so ereignisreichen Jahres konnte Schiller zu G. von »der Macht Ihrer unmittelbaren Einwirkungen« (1.12. 1797) sprechen, und G. zog den Kreis um sich und Schiller immer enger: »Auf alle Fälle sind wir genöthigt unser Jahrhundert zu vergessen wenn wir nach unsrer Ueberzeugung arbeiten wollen« (25.11. 1797).

1798 demonstrierte Schiller seine Überzeugung, zu G. ›aufgeschlossen‹, sich endgültig emanzipiert zu haben; und seiner Art entsprechend übernahm er nun die Leitung des Gesprächs, besonders, da er G.s nach einer Lektüre Schellings gegebene Anregung, gemeinsam über Natur und Kunst zu philosophieren, aufgreifen konnte. »Es wird Ihnen interessant und belehrend seyn, wenn Sie Ihre Gedanken,

die in jenem ältern und in Ihrem neuesten Aufsatz [*Der Versuch als Vermittler von Object und Subject* und *Erfahrung und Wissenschaft*; d. Vf.] aufgestellt sind, nach den K a t e g o - r i e n durchgehen«. So beginnt der Brief vom 19. Januar, und danach wird Kants Kategorienlehre dargestellt und auf Schillers dialektische Weise variiert. Und obwohl G. in seiner Antwort vom 20.1. 1798 »zum schönsten« dankte und versprach, er werde die Kategorien »bey meiner Arbeit immer vor Augen haben«, fuhr Schiller fort zu dozieren (etwa in den Briefen vom 16. und 20.2. 1798) und nutzte jede Gelegenheit – wie das Erscheinen einer Schrift Schlossers – zu Ausflügen ins Gebiet der Philosophie, das ihn nach seiner »ziemlich langen poetischen Praxis« wieder anzog (an G., 6.3. 1798). Es scheint, daß Schiller nach seinem Entschluß, *Die Horen* 1798 nicht fortzusetzen und auch den *Musen-Almanach* bald aufzugeben, an die Möglichkeit dachte, die so gewonnene Zeit für philosophische Arbeiten zu nutzen. Doch bald schon wurde diese Absicht durch die poetische Praxis, die G. ratend und drängend förderte, in den Hintergrund gerückt. *Wallenstein* näherte sich der Vollendung, am 12. Oktober wurde das *Lager*, zu dem G. Ideen und Verse geliefert hatte, in Weimar uraufgeführt; *Die Piccolomini* und *Wallensteins Tod* folgten am 30.1. bzw. am 20.4. 1799. Am 15.5. 1798 bemerkte G.: »Es wird nun bald ein Jahr daß ich nichts gethan habe und das kommt mir gar wunderlich vor«. Der Plan zu einem *Achilleis*-Epos wurde nun ernstlich erwogen. Doch bis zum Frühjahr des nächsten Jahres entstand nur ein Gesang. Mit einigem Eifer betrieb G. die Arbeiten für die von ihm herausgegebene Zeitschrift *Propyläen*, deren erstes Stück im Oktober erschien und die es bis 1800 auf drei Bände mit jeweils zwei Stücken brachte. Schiller versagte sich die Mitarbeit. Schroff begegnete er einem anderen periodischen Unternehmen, dem *Athenäum* der Brüder August Wilhelm und Friedrich Schlegel: »Mir macht diese naseweise, entscheidende, schneidende und einseitige Manier physisch wehe«, schrieb er am 23.7. 1798, während G. – auch in späteren Jahren – sehr viel zurückhaltender, wohl auch anerkennend über das

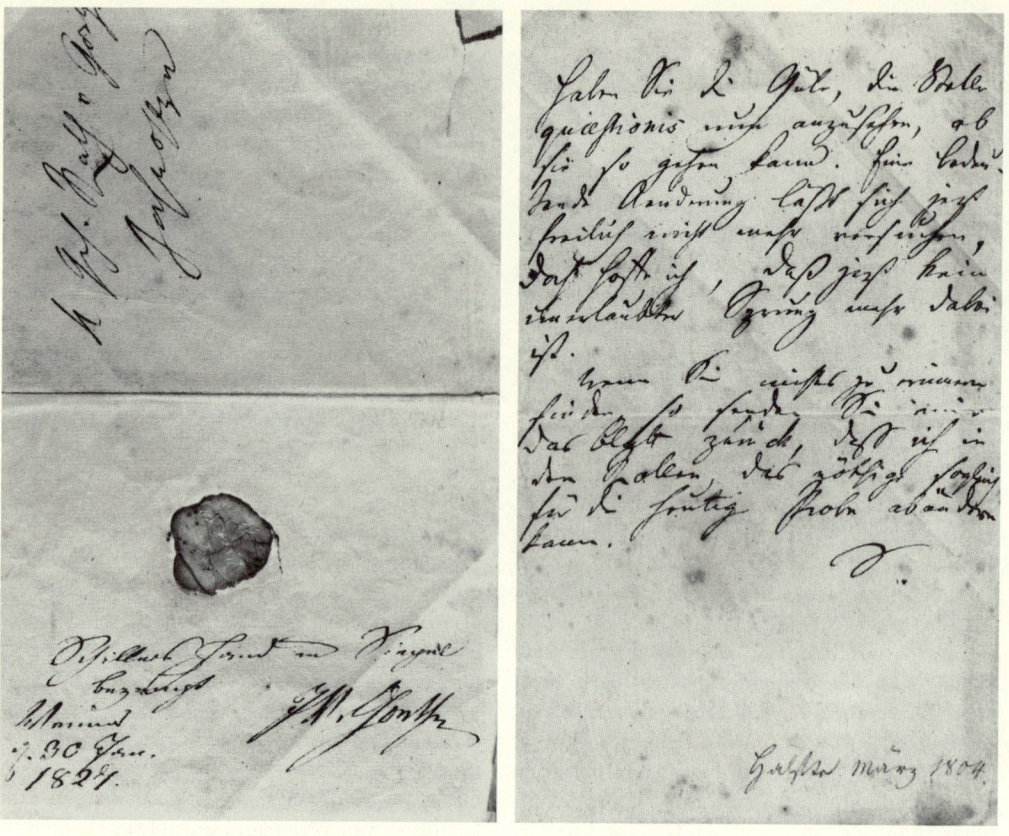

Brief Schillers an Goethe. März 1804

sich vordrängende romantische Wesen urteilte.

Da Schiller die Erfahrung machte, daß G. sich nicht bestimmen ließ zu tun, was er, Schiller, von ihm erwartete – nämlich ohne Rast poetisch produktiv zu sein –, und dem auftrumpfenden Freund mit spürbarer Reserviertheit begegnete, wurde der Briefwechsel ab 1799 sowohl in Umfang wie Gehalt deutlich reduziert. Die Freundschaft war nicht gefährdet, und die Arbeitsgemeinschaft bestand weiter. Aber die Verschränkungen lösten sich, die Spannung, die sich aus dem Bemühen um Einheit in der Zweiheit ergeben hatte, ließ nach. Aus dem Miteinander wurde mehr und mehr ein Nebeneinander. Schiller mahnte und forderte noch einmal: »Die Natur hat Sie einmal bestimmt, hervorzubringen [...]. Eine so lange Pause, als sie dasmal in der Poesie gemacht haben, darf nicht mehr vorkommen, und Sie müssen darin ein Machtwort aussprechen und ernstlich wollen« (an G., 5.3. 1799). G. antwortete am nächsten Tag mit einem Bild: Er sehe sich »als eine Zwiebel« an, »die in der Erde unter dem Schnee liegt«; er hoffe »auf Blätter und Blüthen in den nächsten Wochen«. Einstweilen reichte es nur zur Fertigstellung des Aufsatzes *Der Sammler und die Seinigen*, später wurden Materialien für eine geplante Abhandlung *Über den Dilettantismus* zusammengetragen, schließlich wurde die Bearbeitung von Voltaires *Mahomet* in Angriff genommen. Schillers Hauptgeschäft des Jahres war, nach Beendigung des *Wallenstein*, die Arbeit an der *Maria Stuart*-Tragödie, die nach weniger als einem Jahr im Mai 1800 fertig wurde. Unlustig besorgte er auch noch die Herausgabe seines letzten *Musen-Almanachs*, an dessen Ende er *Das Lied von der Glocke* setzte. Während es so scheint, als hätten G. und Schiller ihre literarischen Felder wieder mehr und mehr voneinander abgegrenzt – denn an die Stelle der Konsultation und Diskussion war die Information getreten –, bewies sich das persönliche Freundschaftsverhältnis aufs schönste in den Wochen der lebensgefährlichen Krankheit, die Schillers Frau nach der Geburt der Tochter Caroline (am 11.10. 1799) befiel. G. schrieb auf die Nachricht von dem eingetretenen »Nervenfieber« am 26. Oktober: »Unsere Zustände sind so innig verwebt daß ich das, was Ihnen begegnet, an mir selbst fühle. Möge das Uebel sich bald ins bessere wenden und wir wollen die unvermeidlichen Folgen zu übertragen suchen«. Wenig später ging er nach Jena, um dem Freund nahe zu sein. Nach der Genesung seiner Frau zog Schiller mit seiner Familie am 3.12. 1799 nach Weimar um. Schon seit längerer Zeit hatte er gewünscht, in G.s unmittelbarer Nachbarschaft zu leben. Der erste Brief vom folgenden Tag ist an ihn gerichtet: »Kommen Sie nur bald«.

Die Zeit der freundschaftlichen Beziehung G.s mit Schiller wird durch dessen Umzug nach Weimar ziemlich genau halbiert. Der Briefwechsel nimmt in der zweiten Hälfte der Beziehung erheblich ab und beträgt nur noch etwas mehr als 20% des Umfangs der gesamten Korrespondenz. Da die Gelegenheit zu direkten Gesprächen bestand, die vor allem durch häufige Besuche G.s bei dem durch Krankheit oft ans Haus gefesselten Freund genutzt wurde, kam es innerhalb Weimars kaum noch zum Austausch längerer Briefe. Zwar werden fast alle Arbeiten erwähnt und einige auch diskutiert, die in diesen Jahren entstanden – Schillers Dramen von *Maria Stuart* bis *Demetrius*, einschließlich der Übersetzungen und Bearbeitungen aus dem Englischen, Französischen und Italienischen; G.s *Faust*, *Die natürliche Tochter*, die *Tancred*- und *Rameaus Neffe*-Bearbeitungen –, aber zu grundsätzlichen Erörterungen über ästhetische Probleme und persönliche Verhältnisse kommt es kaum noch. Diese und jene mögen in den vielen mündlichen Gesprächen verhandelt worden sein. Doch wird dabei auch gegolten haben, was Schiller am 23.9. 1800 dem Freund anriet: »Wir wollen uns übrigens beide in unserm Arbeiten nicht stören, wenn Sie die absolute Einsamkeit lieber haben«. Selten werden die qualifizierenden Urteile über literarische Werke; und dann handelt es sich meistens um die jeweils eigenen. Am 20.1. 1800 bezweifelte G., daß seine *Iphigenie* »zu palingenisiren seyn möchte«, zwei Jahre später, am 19.1. 1802, nannte er das Drama »ganz verteufelt

human«; und Schiller – stets konzentriert auf
das Gegenwärtige – meldete am 19. 11. 1800,
wie es mit der *Jungfrau von Orleans* stand:
»Ich war in diesen Tagen ziemlich bei meiner
Arbeit, und habe die Scenen mit den Trimeters
beendigt«. Oder am 13. [richtig: 11.; d. Vf.]
1.1804: »Unter allen widerstreitenden Zuständen, die sich in diesem Monat häufen, geht
doch die Arbeit [an *Wilhelm Tell*; d. Vf.] leidlich vorwärts und ich habe Hofnung mit Ende
des kommenden Monats ganz fertig zu seyn«.
Schiller gab auch eine andere Hoffnung nicht
auf: daß sich sein Fleiß auf G. übertragen
lasse. Dieser möge »erfahren [. . .] daß sich die
poetische Musc im Nothfall auch commandie-
ren läßt«, heißt es zum Beispiel im Brief vom
17. 12. 1800, eine Ansicht, die G. im *Faust*-
Vorspiel, mit deutlicher Anspielung auf Schiller, die »lustige Person« sagen läßt. Und G.,
der sich nicht genug wundern konnte über
Schillers rasches Arbeiten und der überzeugt
war, daß dieser als Dramatiker in Deutschland unerreicht sei und wohl auch bleibe,
wünschte, »daß es Ihnen möglich seyn könnte,
gleich anfangs concentrirter zu arbeiten, damit
Sie mehr Productionen und, ich darf wohl sagen, theatralisch wirksamere lieferten« (an
Schiller, 5.7. 1802). Schiller hat auf diesen
sonderbaren Wunsch nicht geantwortet.

1805 erkrankten G. und Schiller; dieser
schwerer als jener. G. erholte sich, weil er sich
immer zu schonen wußte; Schiller starb, weil
er nach vierzehn Jahren des Leidens zu Tode
erschöpft war. Der Briefwechsel bricht ab, aber
er ist kein Fragment. Sein letzter Teil könnte,
als Epilog, länger oder kürzer sein, würde
dann aber das Ganze als literarisches Werk
kaum berühren. Dieses erscheint als ein in
sich geschlossenes Dokument, auch als Testament der Weimarer Klassik, die am 9.5. 1805
ihren empfindlichsten Verlust erlitt. Dessen
war sich keiner so bewußt wie G., der am 1.6.
1805 an Zelter schrieb: »Ich dachte mich selbst
zu verlieren, und verliere nun einen Freund
und in demselben die Hälfte meines Daseyns«.
Und er fügte hinzu: »Eigentlich sollte ich eine
neue Lebensweise anfangen; aber dazu ist in
meinen Jahren auch kein Weg mehr«.

Rezeption

Die Reaktion auf die Veröffentlichung des
Briefwechsels war sehr lebhaft. Die Beurteilungen reichten von heftiger, oft hämischer
Kritik bis zu hohem Respekt und ungeteilter
Bewunderung. Umstritten war vor allem, ob
G. gut daran getan habe, die Briefe vollständig
zu veröffentlichen und damit dem Leser einen
– wie es in der *Allgemeinen Literatur-Zeitung*
formuliert wurde – Einblick »in die rein
menschlichen Verhältnisse, in das häusliche
Thun und Treiben« der Partner zu erlauben
(zitiert nach Oellers, S. 284). Die entschiedenste Ablehnung stammt von dem Glogauer
Gymnasialdirektor Christian David Klopsch,
dessen anonym in der *Evangelischen Kirchen-
Zeitung* erschienene Rezension gegen die Un-
christlichkeit G.s und Schillers polemisiert
und ihnen für die Zukunft nichts Gutes verheißt; denn: »Sie haben ihren Lohn dahin«
(zitiert nach Oellers, S. 285). Die zahlreichen
Besprechungen in öffentlichen Blättern bestehen zum größten Teil aus einem »Gang durch
den Briefwechsel«, also einer durch viele Zitate geschmückten Inhaltswiedergabe der
sechs Bände; eingestreut werden dann viele
lobende, gelegentlich auch tadelnde Urteile
der Rezensenten. Große Sympathie für die
Briefschreiber, vor allem für G., bezeugt Carl
August Varnhagen von Ense in einer Besprechung, die in den *Jahrbüchern für wissenschaftliche Kritik* erschien: »Schiller legt
Strecken zurück, Goethe erfüllt Kreise, und
deren viele vereinigt derselbe Mittelpunkt
[. . .]. Hauptsächlich aber ist es Goethe, welcher dichtend und schreibend in einer Größe
und in einem Glanz erscheint, denen nirgends
etwas Aehnliches nahe kommt« (zitiert nach
Oellers, S. 287). Die verständnisvollste, also
auch gründlichste und gerechteste aller *Briefwechsel*-Rezensionen stammt von einem Anonymus, bei dem an Christian August Heinrich
Clodius oder Heinrich Eberhard Gottlob Paulus gedacht werden kann. Sie erschien in der
Leipziger Zeitschrift *Hermes*. Der Rezensent
skizziert die Entwicklung der beiden Dichter
bis zum Beginn ihrer Freundschaft, liefert

dann eine Übersicht über den Inhalt der Korrespondenz, kommentiert ihn sachlich und genau und charakterisiert dabei die beiden Dichter so eindringlich, wie das bis zu dieser Zeit nicht geschehen war. Der eine wird dem anderen nicht vorgezogen, jede kleinliche Kritik ist unterlassen, jede kunstrichterliche Überheblichkeit ausgeschlossen. Und stets werden die Zeitverhältnisse beleuchtet, vor deren Hintergrund die Eigenarten der Dichter erkennbar werden.

Zu den dauerhaft nützlichen Veröffentlichungen über den Briefwechsel gehört Heinrich Düntzers 1859 erschienene Schrift *Schiller und Goethe. Uebersichten und Erläuterungen zum Briefwechsel zwischen Schiller und Goethe*, in der einleitend beschrieben wird, welche Wege die Dichter gingen, bis sie zueinander kamen. Im Hauptteil werden die Jahre von 1794 bis 1805 einzeln durchgegangen. Dabei werden den Einzelstellenerläuterungen jeweils Berichte vorangestellt, in denen nicht nur der Inhalt des Briefwechsels referiert ist, sondern in denen auch die Lebensumstände der Dichter, soweit sie durch biographische Zeugnisse bekannt waren, dargestellt werden. Düntzers positivistisch sachliches Buch war für Gräf und Leitzmann eine hilfreiche Vorarbeit bei der Herausgabe ihrer kommentierten Briefwechsel-Ausgabe, die erst durch die neuesten Ausgaben, vor allem die Münchner Ausgabe, deutlich überboten worden ist.

Die interessantesten und zugleich wichtigsten Abhandlungen über den Briefwechsel sind von Georg Lukács, Karl G. Schmid, Ilse Graham und Michael Böhler. Lukács hat, basierend auf seiner marxistischen Literaturtheorie, versucht, die Besonderheit der im Briefwechsel sich manifestierenden klassischen – oder klassizistischen – Positionen aus den sozio-ökonomischen Verhältnissen der Zeit nach 1789 zu bestimmen, und ist zur Annahme gelangt, daß die »Widersprüchlichkeit« der Kunsttheorie G.s und Schillers sowie der anscheinende Widerspruch zwischen poetischer Theorie und Praxis, zwischen Formen und Inhalten, zwischen Zeitentrücktheit und Zeitgebundenheit aus den Widersprüchlichkeiten der in Deutschland noch nicht sonder-

lich entwickelten bürgerlichen Gesellschaft resultierten. – Karl G. Schmid ist es gelungen, die Verschiedenheiten und Gemeinsamkeiten der beiden Dichter gleichsam phänomenologisch im besten Sinne geistesgeschichtlich zu fassen und aus ihren Lebensbedingungen und -umständen begreifbar zu machen. Dabei geht es zwar nicht ohne Psychologisierung ab, diese erscheint aber nie willkürlich oder gewaltsam, sondern erfüllt ihren Zweck, die Deutung von oft schwierigen Texten plausibel zu machen, deren bloße Begrifflichkeit leer bleibt, wenn sie nicht intensiv angeschaut werden, wenn das Angeschaute nicht durch Begriffe zur Erscheinung gebracht wird. – Auch Ilse Graham konzentriert ihre Untersuchung auf das Verständnis der Eigentümlichkeiten G.s und Schillers, wie sie sich in einzelnen Briefen und Briefkomplexen zu erkennen geben oder nur andeuten. Vor allem wird den sich verändernden Kunstanschauungen der beiden Dichter nachgegangen. In diesem Zusammenhang wird »die tiefe Umwandlung«, die sich im Herbst 1797 in G. »anbahnt« (Graham, S. 46), mit besonderer Sorgfalt beschrieben und analysiert, um »Goethes Weg zu Schiller, den Weg von der Empirie zur Idee nachzuvollziehen« (Graham, S. 51). Nach Ilse Grahams Darstellung und Deutung sind sich zwar die beiden Dichter in ihren Kunstauffassungen immer näher gekommen, doch sei die Kluft unüberbrückbar geblieben, die hinsichtlich der Art und Weise ihres Produzierens zwischen ihnen bestand. Auch über dieses Thema wird in der Abhandlung, clare et distincte, sachlich und einfühlend viel Gründliches gesagt. – Michael Böhlers literatursoziologische Studie zeigt, daß die Freundschaft zwischen G. und Schiller nicht zuletzt aus dem beiderseitigen Bemühen erklärbar ist, sich gegenüber einer die poetische Produktion hindernden Gesellschaft zu behaupten, sich also sozial zu stabilisieren, ein Bemühen, das nur »gruppenintern zu der Wir-Identität geführt werden [konnte], die ihrer Dichterfreundschaft den ihr eigenen Charakter und ihren Rollen ein je eigenes spezifisches Profil verleiht« (Böhler, S. 57). Das Verhältnis zeuge »nicht nur von Persönlich-Individuellem, von privater Zuneigung, Verbundenheit, vielleicht gar Liebe«; es zeuge »ebenso unabsehbar vom Kampf um einen Wirkungsraum für eine allgemein verbindliche literarische Tätigkeit gegen die Ungunst der realen Verhältnisse« (Böhler, S. 67).

Der *Briefwechsel zwischen Schiller und Goethe* ist der wichtigste Kommentar zur Weimarer Klassik. Kein poetisches Werk der beiden Dichter während der Zeit ihrer Freundschaft wäre ohne den wechselseitigen Einfluß so entstanden, wie es überliefert ist. Unübersehbar ist das Bemühen um Annäherung von beiden Seiten. Es ist allerdings nicht fraglich, daß in dichterischer Hinsicht Schiller von G. mehr gewonnen hat als dieser von jenem. Doch auf der anderen Seite hat die menschliche Größe Schillers entscheidend dazu beigetragen, daß G. es geradezu als Verpflichtung ansah, sich als Poet zu bewähren und sich, wenn auch widerstrebend, dem poetologischen Diktat des Freundes gelegentlich zu fügen.

Literatur:

Beetz, Komm. in MA 8.2, S. 7–34. – Böhler, Michael: Die Freundschaft von Schiller und Goethe als literatursoziologisches Paradigma. In: IASL. 5 (1980), S. 33–67. – Düntzer, Heinrich: Schiller und Goethe. Uebersichten und Erläuterungen zum Briefwechsel zwischen Schiller und Goethe. Stuttgart 1859. – Gerhard, Melitta: Wahrheit und Dichtung in der Überlieferung des Zusammentreffens von Goethe und Schiller im Juli 1794. In: JbFDtHochst. (1974), S. 17–24. – Gille, Klaus Friedrich: Schillers Briefwechsel mit Goethe. In: ders.: *Wilhelm Meister* im Urteil der Zeitgenossen. Assen 1971, S. 9–32. – Graham, Ilse: »Zweiheit im Einklang«. Der Briefwechsel zwischen Schiller und Goethe. In: GoetheJb. 95 (1978), S. 29–64. – Hofmann, Irmgard: Studien zum Goethe-Schillerschen Briefwechsel. Frankfurt/M. 1937 (Nachdruck Ann Arbor, London 1980). – Lüders, Detlev: Briefwechsel zwischen Goethe und Schiller. In: JbFDtHochst. (1977), S. 411–425. – Lukács, Georg: Der Briefwechsel zwischen Schiller und Goethe. In: Internationale Literatur. 3 (1938), S. 99–125 (u.ö.). – Oellers, Norbert: Schiller. Geschichte seiner Wirkung bis zu Goethes Tod 1805–1832. Bonn 1967, S. 281–289 und S. 413–415. – Schmid, Komm. in GA 20, S. 995–1055. – SNA 20. – Träger, Christine: Historische und ästhetische Aspekte des Briefwechsels zwischen Schiller und Goethe. In: Brandt, Helmut u.a. (Hg.): Ansichten der deutschen Klassik. Berlin, Weimar 1981, S. 313–327. – Unseld, Siegfried: Das Briefgespräch zwischen Goethe und Schiller. In: Insel-Almanach auf das Jahr 1992, S. 133–141.

Norbert Oellers

Briefwechsel mit Carl Friedrich Zelter

»Ein seltsames Schicksal hat diese beiden Verfasser der Briefe verbunden, daß einer immer des andern gegenseitige Hülfe zu Verfolgung eines schönen Zweckes seyn mußte«. Mit diesen Worten wandte sich Karl Ludwig von Knebel am 25.1. 1834 an Friedrich Wilhelm Riemer, den ersten Herausgeber der G.-Zelter-Korrespondenz. Sie charakterisieren treffend einen über mehr als drei Jahrzehnte hinweg geführten Briefwechsel, in dem die »gegenseitige Hülfe« sich in vielerlei Gestalt äußerte: als Stimulans für Dichtungen auf der einen, für Kompositionen auf der anderen Seite, als Gespräch über das Entstehen eigener Werke, als Diskussion über Literatur, Kunst und Musik, als Information über das gesellschaftliche, künstlerische und öffentliche Leben in Weimar und Berlin, als persönliches Mitteilen von Lebenserfahrungen und nicht zuletzt als Trost in leidvollen Tagen. Die geographische Entfernung der Briefpartner und ihre relativ wenigen persönlichen Begegnungen, aber auch die Langjährigkeit des brieflichen Austausches und die von vielen menschlichen Lebensbereichen geprägte Art ihres Freundschaftsverhältnisses haben gewiß auch dazu beigetragen, daß diese Korrespondenz im Vergleich zu derjenigen mit Schiller eine Fülle von Themen, Begebenheiten, Meinungen und Bekenntnissen entfaltet; in ihrem Facettenreichtum und in der Unmittelbarkeit der Präsentation ist sie ein einzigartiges Dokument einer aus Distanz und Zuneigung, aus Diskretion und Offenheit in gleicher Weise erwachsenen Freundschaft.

G. selbst hat die Korrespondenzen mit Schiller und mit Zelter vor allen anderen durch seine Entscheidung ausgezeichnet, sie als quasi selbständige Werke zum Druck zu befördern. Im Falle Schillers ein Entschluß, der erst lange nach dessen Tod gefaßt wurde, im Falle Zelters ein Vorhaben, das spätestens seit Mitte der 20er Jahre im Bewußtsein beider Briefschreiber war. Daß der Wunsch nach einer geordneten Sammlung der Zelterschen und seiner eigenen Briefe und die Absicht einer späteren Veröffentlichung sich in der Zeit von G.s erneuter Arbeit an seinen autobiographischen Schriften herausgebildet hat, macht deutlich, in welchem Sinn er der Gemeinschaftsarbeit Werkcharakter zugemessen hat: als Teil und Fortsetzung seines autobiographischen Œuvres.

Entstehungsgeschichte und Überlieferung

Den Auftakt der Korrespondenz bildet der Brief Zelters an G. vom 11.8. 1799, der jedoch dem Adressaten nicht direkt übersandt, sondern als Beilage zu einem Brief von Friederike Helene Unger, der Frau des Berliner Verlegers Johann Friedrich Unger, ihm übermittelt wurde. Diesem Zelterschen Schreiben war eine mehrjährige Phase der indirekten Kontaktaufnahme vorausgegangen: Zahlreiche Zeugnisse aus der Zeit von 1795 bis 1799 belegen das gegenseitige Interesse aneinander und den Wunsch, miteinander in Verbindung zu treten und sich kennenzulernen. Ausgangspunkt war vermutlich ein geselliger Kreis im Haus des Justizrats Gottlieb Hufeland in Jena, in dem G. im Frühjahr 1795 – er hielt sich vom 29. März bis 2. Mai in Jena auf – häufig verkehrte. Die dort gebotenen musikalischen Unterhaltungen wurden von dem mit Zelter befreundeten Medizinstudenten und Musiker Johann Friedrich Bonneval de La Trobe organisiert, der oft, zusammen mit Konradine Luise Wilhelmine Hufeland, Liedkompositionen Zelters zum Vortrag brachte. Hier lernte

G. die »trefflichen Compositionen des Herrn Zelter« kennen, wie er ein Jahr später im Brief vom 13.6. 1796 an Friederike Unger mitteilte. Besonders beeindruckt hatte ihn ein gerade im *IV. Musikalischen Blumenstrauß* von Johann Friedrich Reichardt erschienenes, von Zelter vertontes Gedicht von Friederike Brun: »Seine Melodie des Liedes: *ich denke dein* hatte einen unglaublichen Reitz für mich, und ich konnte nicht unterlassen selbst das Lied dazu zu dichten, das in dem Schillerschen Musenalmanach steht« (ebd.). Dieses musikalische Erlebnis löste eine Wirkung aus, die ein charakteristisches Kennzeichen des späteren Briefwechsels mit Zelter werden sollte: den Antrieb, ein neues Werk zu schaffen. G. hat die Verse von Friederike Brun, die ihrerseits auf ein Vorbild von Matthisson zurückgingen, gänzlich umgearbeitet und ihnen eine der Komposition Zelters adäquate Gestalt unter der Überschrift *Nähe des Geliebten* gegeben.

Als weitere Station auf dem Weg der ›mittelbaren‹ Annäherung zwischen G. und Zelter ist ein Brief von Zelter an Friederike Unger vom 1.5. 1796 zu nennen, in dem er sie bittet, ein für G. bestimmtes Exemplar seiner eben erschienenen *Zwölf Lieder am Klavier zu singen* an diesen weiterzuleiten: »Ich wünschte daß ihm meine Lieder nicht so fremd seyn möchten als ihm mein Name seyn muß«. Ferner ein Brief von Friederike Unger an G. vom 3.5. 1796, in dem sie diesen Auftrag ausführte und ihrem Brief Zelters »Billet« beilegte, sowie der bereits erwähnte Brief G.s an Friederike Unger vom 13.6. 1796, in dem er um Übermittlung seines Dankes an Zelter bittet: »Danken Sie ihm vielmals und sagen Sie ihm daß ich sehr wünschte ihn persönlich zu kennen, um mich mit ihm über manches zu unterhalten«. Zugleich kündigt er die Übersendung von Gedichten an, deren Vertonung er Zelter anvertrauen möchte. Schließlich wäre eine Reihe von Briefen zwischen Schiller und Zelter einerseits und Schiller und G. andererseits zu berücksichtigen, welche die für Schillers *Musen-Almanach* gewünschten Vertonungen von Gedichten beider durch Zelter zum Gegenstand haben (Juni bis Oktober 1796, Juli und November 1797), ohne daß G. darüber – obwohl von Schiller mehrmals dazu aufgefordert – den direkten Briefkontakt mit Zelter aufgenommen hätte. Des weiteren ein Brief von Abraham Mendelssohn an Zelter vom 1.9. 1797, der von seinem Besuch bei Schiller und vom zufälligen Zusammentreffen mit G. in Frankfurt berichtet, G.s Interesse für Zelter übermittelt – »er frug mich ob ich nicht wüste was Sie componirt haben«, – dessen Wunsch formuliert, Zelter persönlich kennenzulernen, und mit der Aufforderung schließt: »Reisen Sie nach Jena«. Dann ein weiterer Brief Zelters an Schiller vom 15.11. 1797, in dem er sich nach der Aufnahme seiner Kompositionen erkundigt: »Wenn Sie es wißen wie d e r H e r r G e h e i m e R a t h von Göthe die beiden Melodieen zur *Bajadere* und *An Mignon* aufgenommen hat; so schreiben Sie mir etwas darüber. Ich will nicht gelobt seyn, das kann ich von hiesigen Freunden auch werden, aber die Wahrheit und das Gefühl eines so feinen Kenners als Göthe ist, mögte ich gern wißen«. Diese Frage gibt Schiller im Brief an G. vom 24.11. 1797 weiter: »Zelter wünscht zu wissen, wie Sie mit seinen Melodien zur Bajadere und dem Lied an Mignon zufrieden sind«. G.s Antwort an Schiller vom 25.11. 1797 fällt sehr zufrieden aus: »Seine Indische Legende ist mir sehr wert«.

Am 7.5. 1798 kündigte Johann Friedrich Unger in einem Brief an G. den baldigen Besuch Zelters bei G. an: »um den Mann selbst zu sehen, der ihn zu seinen Compositionen so oft begeistert hat, u. den er so sehr verehrt«. Ein Brief G.s vom 18.6. 1798 an August Wilhelm Schlegel zeigt den lebhaften Wunsch, Zelter kennenzulernen: »Wenn ich irgend jemals neugierig auf die Bekanntschaft eines Individuums war, so bin ichs auf Herrn Zelter. Gerade diese Verbindung zweyer Künste ist so wichtig und ich habe manches über beyde im Sinne, das nur durch den Umgang mit einem solchen Manne entwickelt werden könnte. Das originale seiner Compositionen ist, so viel ich beurtheilen kann, niemals ein Einfall, sondern es ist eine radicale Reproduction der poetischen Intentionen. Grüßen Sie ihn gelegentlich aufs beste. Wie sehr wünsche ich daß er endlich einmal sein Versprechen, uns zu besu-

chen realisiren möge«. Das erwünschte Echo erfolgte im Brief August Wilhelm Schlegels an Zelter vom März 1799, in dem er wiederum Zelter zur Reise nach Jena ermunterte: »Wenn Sie Goethe sehen und sprechen wollen, was er selbst sehr wünscht, so werden Sie doch schon einmal unsre Gegend besuchen müssen«.

In einem Brief an den Verleger Unger vom 5.8. 1799 fand G. anerkennende Worte über Zelter: »Empfehlen Sie mich Gönnern und Freunden, besonders Herrn Zelter aufs beste. Es würde gewiß der kleinen Liedersammlung […] zum großen Vortheil gereichen, wenn dieser fürtreffliche Künstler einige neue Melodien dazu stiften wollte«, und mit Ungers Antwort vom 13.8. 1799 gelangte schließlich der erste Brief Zelters an G. in dessen Hände: »Herrn Zelter theilte ich die ihn betreffende Stelle Ihres mir so höchst erfreulichen Briefes mit, und bat ihn, daß er lieber schriftlich darauf antworten möge. Dies hat er denn in beiliegendem Brief gethan; er ist ein sehr braver guter und ganz origineller Mann«. Mittelbar, aber in durchaus berechneten Bahnen über befreundete Männer und Frauen, haben G. und Zelter zueinander gefunden.

Damit begann ein Briefwechsel, der ohne nennenswerte Unterbrechung bis zu G.s Tod fortgeführt wurde und an Dauer sowie Umfang alle anderen Korrespondenzen G.s weit überragt. Die Gesamtzahl der erhaltenen Briefe kann mit ca. 875 aus verschiedenen Gründen nur unpräzise angegeben werden, weil z.B. bei den in Fortsetzungen geschriebenen Reisebriefen Zelters die Aufteilung in einzelne Postsendungen nicht mehr eindeutig rekonstruierbar ist; bei den – vermutlich – ohne Begleitbrief übersandten Gedichten und bei zwei Briefen, die August von Goethe im Auftrag seines erkrankten Vaters geschrieben hat, stellen sich zudem Fragen der ›Brief‹-Definition; keine ›Briefe‹, aber dennoch ein Bestandteil der Brieffreundschaft sind die zahlreichen Paketsendungen zwischen Berlin und Weimar, mit denen Bücher, Notendrucke, Theaterzettel, aber auch die berühmten Märkischen Rübchen und im Winter gefrorene Fische und Fasanen ihren Besitzer wechselten.

Das Korpus der überlieferten Originalbriefe

befindet sich heute bis auf wenige Ausnahmen im G.- und Schiller-Archiv in Weimar, zum größten Teil jahrgangsweise geordnet und nach den beiden Verfassern getrennt in den Beständen ›Goethe. Ausgegangene Briefe‹ und ›Goethe. Eingegangene Briefe‹, einige wenige in anderen Beständen dieses Archivs. Die Briefe Zelters sind ausnahmslos eigenhändig geschrieben; diejenigen G.s stammen überwiegend von Schreiberhand, oft mit eigenhändigem Schluß, immer mit eigenhändiger Unterschrift; nur wenige hat G. mit eigener Hand geschrieben. Zu den meisten Briefen G.s sowie zu zahlreichen von Zelter sind Konzepte überliefert; außerdem haben sich vier der von G. veranlaßten Kopien von Zelters Reisebriefen erhalten; die 1825 hergestellte und von da an kontinuierlich fortgeführte Abschrift der gesamten Korrespondenz – vermutlich das Druckmanuskript für die erste Ausgabe – muß jedoch als verloren gelten.

Die Vorgeschichte des ersten Drucks ist im Fall des G.-Zelter-Briefwechsels ein Teil seiner Entstehungsgeschichte. Stufenweise wurde der Kreis der ›Öffentlichkeit‹ erweitert: vom ›Vorzeigen‹ einzelner besonders gut formulierter Stücke über die Kopien der Reisebriefe bis zur Abschrift der gesamten Korrespondenz ist der Plan zur Publikation gereift. Die ›Präsentation‹ ausgewählter Dokumente im Kreis von Vertrauten und Freunden bezeugt die eigenhändige Notiz G.s »Im engsten Vertrauen« vom 18.4. 1817 auf einem Umschlagblatt, mit dem er drei tags zuvor erhaltene Briefe Zelters dem Freund Karl Ludwig von Knebel »zum Durchlesen« überließ, so die Bemerkung auf der Rückseite des Blatts von der Hand Carl Wilhelm von Knebels (vgl. JbFDtHochst. (1989), S. 374f.; die dort gezogenen Schlüsse in bezug auf G.s Editionspläne sind allerdings unzutreffend). Einen weiteren Schritt heraus aus der Privatsphäre des Briefempfängers bedeutete der Plan zur Reproduktion eines Unikats, nämlich G.s Entschluß, die drei langen, tagebuchartigen Briefe Zelters von seiner Reise nach Wien (Juli bis September 1819) zusammenhängend kopieren zu lassen. Am 23.3. 1820 übersandte er Zelter die Abschrift mit den Worten: »Die Memorabilien

Deiner Sommerreise waren mir so wert, daß ich dachte, sie müßten Dich auch wieder erfreuen; denn wenn Du auch ein recht ordentliches Tagebuch hieltest, so würde solches doch gerade in dem Augenblick nicht so reflexiv und mitteilend gewesen sein. Deswegen nimm es hier wieder«. Weitere ›Briefprosa‹ in der Gestalt von Kopien der Zelterschen Reiseberichte folgte im selben Jahr, nach der Reise an die Ostsee, dann im Jahr 1822 von Zelters Reise nach Herrnhut und Dresden. Bereits Ludwig Geiger, der zweite Herausgeber der G.-Zelter-Korrespondenz (1902–1904), hat in diesen Abschriften den »Keim zur Publikation des Briefwechsels« (Geiger, Bd. 2, S. 50) gesehen. Die erste überlieferte Andeutung einer möglichen Drucklegung entstammt der Aufzeichnung eines Gesprächs zwischen G. und dem Polizeirat Joseph Sebastian Grüner in Eger, dem G. am 6.8. 1822 einen Brief Zelters – dessen Bericht von der Reise nach Herrnhut – vorgelesen hatte. Auf die Frage »Nun, was sagen Sie dazu?« habe Grüner geantwortet, »daß der Brief verdiente, in Druck zu erscheinen« (Gespräche, Bd. 3.1, S. 399). G.s Reaktion zeigt, daß ihm dieser Gedanke nicht mehr fremd war: »Wir wollen sehen [...] es müßte natürlich vieles kassiert werden« (ebd.).

Im darauffolgenden Jahr ließ G., im Zusammenhang mit der Fortsetzung seiner autobiographischen Arbeiten, die Briefe Zelters – wie auch diejenigen von Schiller – aus den Faszikeln, in denen er seit 1792 in chronologischer Ordnung alle eingegangenen Briefe aufbewahrte, herausnehmen und in eigene Konvolute heften (vgl. die Tagebuchnotizen vom 25., 27. u. 28.5. 1823). Diese Tätigkeit – »auszusondern und sodann wieder zu versammeln was zusammen gehört« (an Christoph Friedrich Cotta, 11.6. 1823) – diente zunächst der Vergegenwärtigung vergangener Zeiten, vor allem der Jahre 1801 bis 1805; Briefauszüge, die z.T. erhalten sind, belegen dies. Im Wieder-Lesen der so »versammelten« Briefe mag sich auch der Eindruck einer ›Lebens-Chronik‹ herausgebildet haben, denn am 9.1. 1824 schrieb G. an Zelter: »Um mich über die Zustände von 1802 aufzuklären durchsuchte ich meine Briefhefte jener Tage, und da fand ich von Dir gar schöne, gute, freundlich-gründliche Worte, die sich denn immer noch bis auf die letzte Zeit bewähren. Und so mochte denn auch die Prüfung der bedenklichen Wochen die wir zusammen zugebracht, dem vieljährigem Gewebe noch einige tüchtige Spannen zufügen«. Doch erst im Mai 1825, bei erneuter Arbeit an den *Tag- und Jahresheften*, wurden die Briefe Zelters wieder hervorgeholt, und nun zeigte sich auch G.s Interesse an den zugehörigen Gegenbriefen. Am 21.5. 1825 schrieb G. an Zelter: »Nun find ich daß unser Verhältnis von 1800 an sich durch alles durchschlingt [...]. So eben studiere ich Deine Briefe, welche sauber geheftet vorliegen und nun äußere ich den Wunsch: daß Du mir die Meinigen, von fünf zu fünf Jahren, auf kurze Zeit mögest zukommen lassen. [...] sie kommen schnell zurück, und wie ich vorschreite bitt ich Dich um die andern. Ich möchte diesen edlen Faden gern zart und sorgfältig durch- und ausspinnen [...]. Die Briefe sollen ohne Deine ausdrückliche Erlaubnis nicht abgeschrieben werden«. Zelter willigte ein: »Dazu sei es Dir auch erlaubt sie ihrem ganzen Inhalte nach abschreiben zu lassen indem ich wünschen darf daß sie aller Welt werden mögen was sie mir geworden sind« (Zelter an G., 28.5. 1825). Spätestens von diesem Zeitpunkt an war beiden Schreibern eine künftige Öffentlichkeit bewußt, wenn auch vielleicht noch nicht in der Gestalt eines selbständigen ›Werks‹, sondern als Niederschlag ihrer Korrespondenz in G.s autobiographischen Schriften. Deutlicher sprach sich G. ein Jahr später aus, als er Zelter den Abschluß der gesamten Kopier-Arbeiten mitteilte: »Nächster Tage liegt unsre Korrespondenz, aufs reinlichste abgeschrieben, in mehrere Bände geheftet, vor mir; da kannst Du nun wohl einmal eine Wallfahrt antreten um einem solchen Werke die gebührende Ehre zu erzeigen. Ich werde sie nun an ruhigen Abenden mit treulichem Bedacht durchstudieren und bemerken, wie es allenfalls künftig damit zu halten sein möchte« (an Zelter, 3.6. 1826).

Mit dem vorläufigen Abschluß der Abschrift im Frühsommer 1826 war der Wandel vom privaten Briefwechsel über das autobiographische Erinnerungsstück zu einem »für jede Zukunft« (an Zelter, 5.8. 1826) weiterverwendbaren Manuskript vollzogen; über den Plan einer späteren Veröffentlichung hatten sich die beiden Briefpartner wohl während Zelters Weimar-Besuch im Juli 1826 verständigt. Von August 1826 bis Juni 1827 war G. regelmäßig zusammen mit Riemer mit der Durchsicht des Manuskripts beschäftigt: »Wir gehen sie durch, revidieren, korrigieren, interpungieren« (an Zelter, 5.8. 1826). Die Briefe der darauffolgenden Jahre wurden in gleicher Weise behandelt: Zelter sandte die G.-Briefe jeweils jahrgangsweise zurück, diese wurden bei G. »mit den meinigen durchschossen, sorgfältig abgeschrieben« (an Zelter, 26.1. 1830), anschließend übernahmen G. und Riemer die redaktionelle Durchsicht. Im Dezember 1830 und Januar 1831 trafen G. und Zelter testamentarische Verfügungen über »die nach unserm beiderseitigen Ableben zu besorgende Ausgabe« (WA I, 53, S. 338), ebenso über die Verwendung ihres Erlöses; in einem Kodizill zum Testament vom 22.1. 1831 (WA I, 53, S. 339) wurde Riemer zum Herausgeber der künftigen Edition bestimmt. In den Jahren 1833 und 1834 ist der Briefwechsel zwischen G. und Zelter in sechs Bänden im Druck erschienen. G.s Editionspläne und die Druckgeschichte werden ausführlich dokumentiert bei Momme und Katharina Mommsen (vgl. Mommsen, S. 444–470).

Charakteristik

Im Verlauf des Briefwechsels lassen sich – zunächst ausschließlich von der Frequenz der Sendungen her betrachtet – drei Phasen unterscheiden: Nach einem zögernden Anfang – in den ersten zweieinhalb Jahren wurden insgesamt nur sechs Briefe gewechselt – setzte im Frühjahr 1802 – wohl als Folge der ersten persönlichen Begegnung im Februar dieses Jahres – ein lebhafter und regelmäßiger Austausch von Briefen ein. Fortan wurden ohne größere Unterbrechung jährlich zwischen zehn und zwanzig Briefe gewechselt. Lediglich das Jahr 1816 fällt mit 46 Sendungen signifikant aus diesem Gesamtbild heraus: Es war eine Zeit der »gehäuften Übel« (an Zelter, 9.8. 1816), durch den Tod von Zelters jüngstem Sohn Adolf, von G.s Frau Christiane und Zelters jüngster Tochter Clara ein Schicksalsjahr für beide Briefpartner. Nichtsdestoweniger war es mit *Ueber Kunst und Alterthum in den Rhein und Mayn Gegenden*, zahlreichen literaturkritischen Aufsätzen im *Morgenblatt für gebildete Stände* und dem Erscheinen der ersten Bände von G.s neuer Gesamtausgabe ein literarisch produktives Jahr. Ein für dieses Jahr geplantes Treffen der Freunde am Rhein kam nicht zustande; dafür besuchte Zelter zweimal G. in Weimar. Dieser hatte im Jahr 1816 mit der Reorganisation der Oberaufsicht über die unmittelbaren Anstalten für Wissenschaft und Kunst eine neue Aufgabe zu bewältigen, und nicht zuletzt waren es die in diesem Jahr überaus zahlreichen Berichte Zelters aus dem Berliner Theaterleben, die zu der bemerkenswerten Vermehrung der Briefe beigetragen haben.

Mit dem Jahr 1825, in dem die Zahl der zwischen G. und Zelter gewechselten Briefe sprunghaft anstieg, begann eine dritte Phase, in der sich die gesteigerte Brief-Produktion fortsetzte und der Übergang vom privaten Austausch persönlicher Briefe zu mehr und mehr »ostensiblen« Schriftstücken vollzogen wurde. Nach Anzahl und Umfang machen die in den Jahren von 1825 bis 1832 geschriebenen Briefe fast die Hälfte der gesamten Korrespondenz zwischen G. und Zelter aus. Vor allem in den Briefen Zelters ist von 1825 an ein Trend zur Themenvielfalt und Stilisierung nicht zu übersehen. Der Hauptgrund für diese auffällige Veränderung dürfte in G.s Schreiben vom 21.5. 1825 zu suchen sein: der Bitte um die zeitweise Überlassung seiner Briefe an Zelter. Zelters Einverständnis mit einer Abschrift von G.s Briefen an ihn wurde ausdrücklich im Gedanken daran erteilt, »daß sie aller Welt werden mögen was sie mir geworden sind« (Zelter an G., 28.5. 1825). Unter dieser Öffentlichkeit mußte er jedoch damals noch die künftigen Leser von G.s Annalen verstehen, denn G. hatte ihm von seiner Arbeit an diesem Werk

berichtet und geschrieben: »Ich freue mich schon die große Kluft vom Anfang des Jahrhunderts bis heute stetig ausgefüllt zu sehen« (an Zelter, 21.5. 1825). Diese Vorstellung von einer Reproduktion dürfte bereits Zelters künftiges Schreiben beeinflußt haben; um so mehr muß dann der Entschluß zur Drucklegung des Briefwechsels selbst die Sprache und den Duktus der folgenden Briefe geprägt haben.

Die Anteile der beiden Briefschreiber am Gesamtkorpus sind verschieden groß: der größere Teil der Briefe, etwa 60 Prozent, stammt von Zelter, der zahlenmäßig kleinere von G., wobei sich dieses quantitative Übergewicht noch vergrößert, wenn man zusätzlich den Umfang des Geschriebenen berücksichtigt, da Zelters Briefe – und zwar nicht nur seine Reisebriefe – mitunter ein die Gattung fast sprengendes Ausmaß aufweisen. Diese ungleichen Proportionen sind nicht zuletzt das Ergebnis von G.s wiederholten Appellen an Zelter, doch ja seine »Feder laufen« zu lassen und »von alten und neuen Dingen« zu schreiben (an Zelter, 3.6. 1826), damit der Briefwechsel »hübsch reich werde« (an Zelter, 27.3. 1830): »Schreibe viel und eilig, wenn Du auch manchmal übereilte Stellen wieder auslöschen solltest, und sende jedes Blatt einzeln wie es trocknet« (29.9. 1827); »Schreibe fleißig, so wird gar manches mitzuteilen sein« (16.2. 1828). »Schreibe von Zeit zu Zeit wie es vor den Schnabel Deiner Feder kommt« (27.7. 1828). Die größere Anzahl der Briefe Zelters und die Tatsache, daß dessen Briefe oft über Wochen hinweg in Etappen geschrieben wurden und sie gelegentlich lange liegen blieben, führte zu zahlreichen Überschneidungen; dennoch blieb das Briefgespräch, auch wenn es nicht durch eine regelmäßige Folge von Bezugs- und Antwortbriefen unterstützt wurde, stets in Gang.

Ausgangspunkt und zentrales Thema war zunächst die Musik: Zelters Liedkompositionen zu G.s Gedichten, das Verhältnis von Musik und Sprache, der angemessene Vortrag. Später nahmen auch Musikgeschichte und Musiktheorie, vor allem G.s Bemühungen um ein zur Farbenlehre analoges System der Ton-

Carl Friedrich Zelter. 1823

lehre einen bedeutenden Raum ein. Doch war die Musik keineswegs das tragende Fundament. Überhaupt zeichnet diese Korrespondenz weniger die Dominanz *eines* Themas aus als die über die Jahre hinweg gleichbleibende Vielfalt der Interessensgebiete und Gesprächsgegenstände. Zelter lieferte unermüdlich Nachrichten über das Berliner Theaterleben, über Konzertveranstaltungen und Kunstausstellungen. G. berichtete im Gegenzug über Oper und Schauspiel in Weimar, über das Kommen und Gehen der Künstler. Mitteilungen von und über Bekannte und Freunde gehörten ebenso dazu wie Klatsch und Anekdoten aus beiden Städten. Zelters kulturpolitische Aktivitäten und Schriften, wie z.B. die Eingabe an den Minister von Hardenberg mit Vorschlägen zur Förderung der Künste, wurden mit dem Freund diskutiert: »Es ist mir überaus wichtig Ihre Meinung darüber zu erfahren und Ihre Worte sollten mir goldne Worte sein, denn hier ist kein Mensch mit dem sich darüber etwas Ernsthaftes traktieren ließe« (Zelter an G., 1.5. 1804). G. wiederum äußerte sich unverblümt über Zeitströmungen wie das »Legenden- und Heiligenfieber« der Romantiker (an Zelter, 15.1. 1813).

Als »edler Faden« (an Zelter, 21.5. 1825) durchzieht fast alle Briefe das Gespräch über die eigenen Werke und die des Briefpartners, über deren Entstehung, Gestaltung und Vollendung, über ihre Aufnahme beim Publikum und über Fragen der Werkinterpretation. Auch die Unterhaltung über bildende Kunst brach nie ab: Man diskutierte Bildthemen und ihre Realisation, tauschte und besprach Reproduktionsgraphik der großen Meister, man unterhielt sich über Architektur, Nachbildungen antiker Skulpturen, Münzen- und Medaillenkunst, über Portraitmalerei und Buchillustration, wobei die weit ausgreifende Fülle ebenso wie die höchst subjektive Beschränkung den klassizistischen Geschmack der Briefpartner offenbaren. Eigene Lektüreerlebnisse, gelegentlich sogar der gleichen Bücher, und Lesefrüchte aus Zeitungen oder Almanachen wurden mitgeteilt. Daneben stehen Bilder aus dem familiären Alltag, aus dem privaten Umgang, genrehafte Szenen aus der eigenen Le-

benswelt – diese durchaus von beiden Seiten erwünschten Skizzen wiederum sind oft umgeben von sehr persönlichen Bekenntnissen über die Höhen und Tiefen des eigenen Lebens: Die anteilnehmenden und bestärkenden Worte, mit denen sich G. und Zelter nach zahlreichen Schicksalsschlägen »gegenseitige Hülfe« leisteten, sind – neben aller Universalität der Gesprächsgegenstände – Zeugnisse tiefer freundschaftlicher Verbundenheit und unerschütterlichen Vertrauens.

Publikationsgeschichte und Rezeption

Bis in seine letzten Lebenstage hat G. die Redaktionsarbeit am Manuskript des Briefwechsels fortgeführt, dabei aber die Entscheidung über die Präsentation des Textes, Streichungen und Veränderungen aus Rücksicht gegenüber noch lebenden Personen, stets dem späteren Herausgeber anheimgestellt: »Dem guten Riemer bleibt nunmehr Erwägung und Beurteilung wegen auszulassender oder zu modifizierender Stellen; er wird hoffentlich, bei überströmendem Schwall der allmächtigen Preßfreiheit, nicht allzugenau und knapp zu Werke gehn. Den künftigen sei dies überlassen!« (an Zelter, 2.1. 1832). Gemäß den testamentarischen Verfügungen hat Riemer nach dem Tod von G. und Zelter die Herausgabe des Briefwechsels übernommen und das Manuskript zum Druck befördert. Nach erfolglosen Verlagsverhandlungen u.a. mit Brockhaus und Cotta erschien bei Duncker und Humblot am 28.8. 1833 eine vierseitige Ankündigung der Edition mit jeweils zwei Proben aus den Briefen. Kurz darauf lagen bereits die ersten beiden Bände vor, im Dezember 1833 der dritte, der vierte im Februar 1834; die übrigen beiden folgten im Laufe dieses Jahres.

In einer über 30seitigen Vorrede, die gleichzeitig auch als Separatdruck publiziert wurde, hat Riemer im ersten Band die Grundsätze seines Vorgehens dargelegt. Er sei G.s Weisung vom 19.2. 1831 gefolgt: »Alles Auffallende und Beleidigende möchte getilgt sehen, ohne daß dadurch der Derbheit und Tüchtigkeit Eintrag geschehe«. Er habe aber diese Rücksicht »hauptsächlich nur auf die Anständigkeit im Ausdruck« bezogen; dagegen habe er »ein freymüthiges Geständniß einer Meinungsverschiedenheit oder sonstigen Differenz mit übrigens werthgeschätzten, ja verehrten Personen« nicht unterdrückt, zumal ja die meisten von ihnen nicht mehr am Leben seien. Selbst die Äußerungen über noch Lebende gehörten seiner Meinung nach »zur allgemeinen Freyheit in Geschmackssachen« und seien daher unangetastet geblieben. Ein Vergleich mit den Originalbriefen bestätigt dies, wobei immer die Frage offen bleiben muß, ob Änderungen im Text auf die gemeinsame Redaktion von G. und Riemer zurückgehen oder auf Riemers spätere Entscheidung. Außer typographischen Auszeichnungen – Namen und Werktitel sind generell gesperrt – und einer, gemessen an den Vorlagen, überreichen Interpunktion hat Riemer im allgemeinen an den Texten wenig verändert. Grobheiten im sprachlichen Ausdruck und Indezenzen wurden beseitigt oder abgemildert, einige kränkende Bemerkungen über noch lebende Personen weggelassen. Allerdings wurden dort, wo es ihm aus Gründen der Moral geboten schien, ganze Passagen gestrichen, wie z.B. die Skandalgeschichte, die Zelter mit kräftigem Vokabular im Brief vom 7.11. 1827 erzählt. Auch alle Bemerkungen, die das hohe Ansehen der beiden Briefschreiber hätten mindern können, wurden unterdrückt, wie Zelters Sorgen um die uneheliche Tochter seines Stiefsohnes Carl (28.–30.10. 1827). Diese Streichungen wurden allerdings nicht immer konsequent durchgeführt, so daß häufig in den Antwortbriefen bezugslose Teile stehengeblieben sind, z.B. G.s Bemerkung über den »verrückten Ehestandsflüchtling« am 4.12. 1827, dessen Geschichte Zelter im vorausgegangenen Brief erzählt hatte, die in Riemers Ausgabe jedoch fehlt.

Das Publikumsurteil war zwiespältig: Karl August Böttiger rühmte in seinen Rezensionen der ersten drei Bände im *Literarischen Notizenblatt* (21.12. 1833 u. 29.1. 1834) den Brief-

wechsel als »eine der unterhaltendsten Erscheinungen in unserer Literatur für den, der sich recht hineinzudenken und aus leichtem Umrisse sich ein Bild zu malen verstehe«, zumal sich in jedem Briefe »ein wahrhaft inniges Seelenleben kund« tue. Sein Gesamturteil: »Kurz es läßt diese Wechselwirkung, dieser Ideenaustausch dem Verständigen nirgends etwas zu wünschen übrig«. – Auch Carl Leberecht Immermann, der in der Berliner Zeitung *Der Freimüthige* am 9.8. 1834 die bisher erschienenen Bände rezensierte, war voll des Lobes: »Mir haben diese Briefe das allergrößte Vergnügen gemacht. Zuvörderst freue ich mich über die Liebe zweier Alten zu einander, die sieben und dreißig Jahre hindurch in Sprechen, Schreiben, Besuchen, in Leid und Freud vorhält«. Allerdings – und damit leitete er seine Besprechung ein – seien ihm durchaus schon mißwollende Stimmen zu Ohren gekommen: »Dieses Buch hat, wie ich aus mündlichen und schriftlichen Mittheilungen schließe, eigentlich allen Leuten in's Gesicht geschlagen, und nur die alte Recensir-Garde stirbt, aber sie ergiebt sich nicht, wenigstens keiner ostensiblen Entrüstung«.

Eine vernichtende Kritik des Briefwechsels hatte Carl Borromäus von Miltitz in der *Allgemeinen musikalischen Zeitung* vom 9.7. 1834 vorgelegt: »Es werden darin Lebende und Verstorbene auf's Unverschämteste an den Pranger der Öffentlichkeit gestellt«. Zelter, »weit berühmter durch seine Grobheit, als durch sein Talent«, habe G. nur blind angebetet, der Herausgeber mit der Publikation lediglich G.s Eitelkeit nachgegeben; der Briefwechsel hätte »füglich unbekannt bleiben« sollen, »da interessantere Correspondenzen nicht gedruckt werden«.

Kritik und Empörung kamen vor allem aus dem Kreis der im Briefwechsel erwähnten Personen, die sich durch Indiskretionen und angebliche Taktlosigkeiten verunglimpft fühlten. So schrieb Fanny Hensel am 1.12. 1833 an ihren Bruder Felix Mendelssohn Bartholdy, sie und mit ihr die ganze Familie Mendelssohn, mit der Zelter ein Leben lang freundschaftlich verbunden war, sei über diese Publikation »in einer fortwährenden stillen Empörung«: »Eigennutz, Selbstsucht, eine ekelhafte Vergötterung Goethes, ohne eigentliche verständige Würdigung, die indiscreteste Blosstellung aller Andern, die zwar in einem vertraulichen Briefwechsel zu entschuldigen ist, aber die Bekanntmachung hätte unmöglich machen müssen, alles dies u. noch manches Andre macht mir dies Buch ordentlich verächtlich«.

Die schnelle Verbreitung der ersten Bände bestätigt ein Dokument ganz anderer Art: »Der Briefwechsel zwischen *Goethe und Zelter* [...] gehört zur Lectüre des Tages«, befand das preußische Censur-Collegium in einem Schreiben vom 22.1. 1834 an den Minister des Innern, worin die Arbeit des zuständigen Zensors August Friedrich Ernst Langbein gerügt wird. Ihm wird vorgeworfen, er habe in den bislang erschienenen drei Bänden zu viel Anstößiges »in Bezug auf Religiosität und Sittlichkeit« passieren lassen. Die von der Zensurbehörde angeführten »Belege zu diesen Bemerkungen« beweisen, daß diese nachträglich beanstandeten Stellen entweder harmlos oder nicht verstanden worden sind. Im Jahr 1901 staunte Ludwig Geiger über die »sittliche und politische Zimperlichkeit der Censoren« und über deren »unglaubliche Prüderie« (Geiger 1901 A, S. 107–109).

In der literarischen Öffentlichkeit herrschte weithin Unverständnis darüber, daß G. mit einem ungleichwertigen Partner ein so langanhaltendes Briefgespräch geführt habe. Folgerichtig wurden G.s gehaltvollen und poetischen Briefen die angeblich geschwätzigen, oft von Grobheiten und Anekdotischem durchsetzten Mitteilungen Zelters gegenübergestellt. Varnhagen von Ense notierte am 25.7. 1851 in seinem Tagebuch: »In Goethes und Zelters Briefen gelesen; der letztere hat doch keinen guten Einfluß auf Goethe gehabt; ohne eignes sichres Urteil horchte er schlau die Meinung und Neigung Goethes aus, und schmeichelte dann dieser [...]. Das ganze Verhältnis ist für Goethe ein Mißverhältnis«.

Das Interesse der Leser indes scheint schnell erlahmt zu sein, denn es dauerte fast 70 Jahre, bis eine zweite Ausgabe des Briefwechsels vorgelegt wurde (1902–1904). Die Sammlung habe nicht »den verdienten Beifall« gefunden, schreibt deren Herausgeber Ludwig Geiger im Vorwort: »Vielen war sie zu dick, manchen nicht geistvoll genug, die geistreichen Männer nahmen Anstoß an den vorkommenden Trivialitäten, die prüden Damen an den nicht seltenen Derbheiten«. Der Text der dreibändigen Edition beruht, da die Handschriften noch nicht zugänglich waren, auf Riemers Erstdruck, lediglich die beiden ersten Briefe (Zelter an Friederike Unger, 1.5. 1796, und G. an dies., 13.6. 1796) sowie ein Teil der Beilagentexte wurden weggelassen, Korrekturen von Druck- und Datumsfehlern – soweit aus dem Kontext und anderen Zeugnissen erkennbar – vorgenommen und einige zur gleichen Sendung gehörige, bei Riemer getrennt abgedruckte, Briefe zusammengezogen, wodurch sich die ursprünglichen 855 Nummern auf 840 reduzierten. Dem Text wurden, wenn auch in knappster Form, erläuternde Anmerkungen beigegeben.

Max Hecker veranstaltete 1913 bis 1918 die erste Ausgabe auf der Grundlage der Handschriften, d.h. nach dem Wortlaut der originalen Briefe G.s und Zelters, nicht nach der von G. und Riemer redigierten Abschrift. Außerdem wurden die Briefe nach ihrem teils bekannten, teils erschlossenen Absendedatum angeordnet; die früheren Ausgaben hatten das Datum des Briefbeginns berücksichtigt, was vor allem bei den oft wochenlang liegengebliebenen Briefen Zelters dazu führte, daß die Reihenfolge von Bezugs- und Antwortbriefen schwer zu rekonstruieren war. Der Text folgt zwar im Wortlaut genau den Originalbriefen, jedoch wurden Orthographie und Interpunktion den zur Zeit der Publikation gültigen Normen angepaßt, Abkürzungen aufgelöst und die Schreibung der Eigennamen normalisiert. Der geplante vierte Band mit Erläuterungen und Registern ist nie erschienen. Trotzdem bedeutete diese Ausgabe für die G.-Forschung einen nicht zu unterschätzenden Gewinn: Mit den authentischen Brieftexten stellte sie eine schier unerschöpfliche Quelle für autobiographische, werkgeschichtliche und zeitkritische Äußerungen G.s zur Verfügung.

Der überaus materialreiche Briefwechsel mit seiner Fülle an Namen, Werktiteln und den oft nur für die Briefpartner verständlichen Andeutungen ist jedoch in hohem Maß erläuterungsbedürftig. Die kurzen Annotationen in der Geigerschen Edition sind dafür unzureichend, die übrigen Gesamtausgaben gänzlich unkommentiert. Für einen Teil der Briefe G.s liegen im Rahmen anderer G.-Ausgaben (HAB, FA) Erläuterungen vor. Im Gegensatz zu allen anderen größeren Korrespondenzen G.s wurde jedoch dem Briefwechsel mit Zelter bislang keine durchgängig kommentierte Gesamtausgabe zuteil. Im Rahmen der Münchner G.-Ausgabe erscheint er erstmalig mit einem vollständigen Kommentar. Nach dieser Ausgabe wird der Briefwechsel im vorliegenden Artikel zitiert (MA 20.1 u. 2).

Der Briefwechsel als autobiographisches Werk

So vielfach wie die Themen und Gegenstände im G.-Zelter-Briefwechsel sind die Aspekte seiner Deutung; er ist »ein wunderliches Dokument, das an wahrem Gehalt und barockem Wesen wohl kaum seines Gleichen finden möchte« (an Zelter, 3.6. 1826). Neben der Bedeutung als vielzitierte biographische und werkgeschichtliche Quelle für G.s ›klassisches‹ Oeuvre und sein Spätwerk gibt der Briefwechsel tiefe Einblicke in die Innenwelt beider Autoren. Die offene, unbekümmerte und ungeschminkte Art von Zelters Formulierungen scheint bei G. ein ähnliches Schreibverhalten provoziert zu haben: Kaum irgendwo sonst gibt er so unverstellt seine Gefühle, seine politische Meinung und seine persönlichsten Lebensansichten preis. Zelter war sich seines Anteils daran durchaus bewußt: »Wenigstens haben meine Briefe das Verdienst die Deinigen veranlaßt zu haben, was mir kein schlechter Trost ist« (Zelter an G., 17.12. 1830).

Gewiß steht im Vordergrund das, was jedem privaten Briefwechsel Substanz verleiht: der persönliche und freundschaftliche Austausch über Leben, Denken und Schaffen. Zweifellos

war dies ein Geschenk für den ehemaligen Maurermeister Zelter, der sich mit Talent, aber ohne Genie, als Dilettant im besten Sinne des Wortes, die Musik erobert hatte; für ihn waren die Briefe G.s sein »Eigenstes indem ich sie mir Gott weiß wie, verdient habe« (Zelter an G., 28.5. 1825). Daß es gerade die persönlichen Schicksalsschläge der beiden Briefpartner waren, die in anteilnehmenden und kraftspendenden Worten zu einer stetigen Steigerung und Verdichtung des Briefgesprächs führten, zeigt der berühmte Brief G.s vom 3.12. 1812, mit dem er auf die Nachricht vom Selbstmord von Zelters Stiefsohn Carl Ludwig Flöricke reagierte. Um ein »heilendes Wort« hatte Zelter gebeten, G. antwortete unvermittelt im brüderlichen »Du« und voller Bewunderung für Zelters männlich festen Charakter, der sich in dieser Prüfung wie »echtes, geläutertes Gold« erwiesen habe, sowie mit einer Reminiszenz an eigene Selbstmordgedanken, wie sie sich im *Werther* Ausdruck verschafft hatten; er fuhr fort mit der Bitte: »Habe ja die Güte, Deine Betrachtungen fortzusetzen«.

Zelters Briefe fungierten für G. immer auch als ein willkommenes Medium für Mitteilungen aus dem gesellschaftlichen, wissenschaftlichen und kulturellen Leben Berlins, dessen großstädtisches Wesen und Treiben für ihn im kleinen Weimar von größtem Interesse war. Die farbenreichen Bilder Zelters aus dieser Stadt und seine Urteile über deren Bewohner waren G. ein vollgültiger Ersatz für die sonst so hochgeschätzte eigene Anschauung; denn außer einem kurzen Aufenthalt im Gefolge des Herzogs Carl August im Jahr 1778 hat er Berlin nie wieder besucht, selbst den wiederholten Einladungen Zelters ist er nicht nachgekommen. Was immer die Gründe dafür gewesen sein mögen – offensichtlich hat G. es vorgezogen, an der »kreiselnden Bewegung einer volkreichen Königstadt« (an Zelter, 14.12. 1830) nur in den Spiegelungen der Zelterschen Berichte teilzunehmen.

Die langjährige Korrespondenz hatte für beide Partner von Anfang an neben dem Austausch von Privatem und ›Öffentlichem‹ einen im G.schen Sinne »aufregenden« Aspekt, nämlich den Wunsch nach gemeinsamer Produktion: »Es ist das Schöne einer tätigen Teilnahme daß sie wieder hervorbringend ist; denn wenn meine Lieder Sie zu Melodien veranlaßten, so kann ich wohl sagen daß Ihre Melodieen mich zu manchem Liede aufgeweckt haben und ich würde gewiß wenn wir näher zusammen lebten ofter als jetzt mich zur lyrischen Stimmung erhoben fühlen«. Mit diesen Worten reagierte G. auf die erste Sendung von Zelters Kompositionen (an Zelter, 26.8. 1799), und fortan durchziehen die Bitten um »singbare« Texte und passende Vertonungen den gesamten Briefwechsel. Wie sehr diese gegenseitige Motivation auch beiden Partnern bewußt war, zeigt Zelters Bitte um Nachsendung des Blatts mit G.s noch unfertiger »neuen Romanze«, das er bei seiner Abreise in Weimar liegengelassen hatte: »Ich bitte Sie auf das Inständigste, mir solche zukommen zu lassen. Vielleicht animiert Sie die Komposition zu deren Vollendung« (Zelter an G., 7.4. 1802).

Die »tätige Teilnahme« hat etwa einhundert Vertonungen von G.s Gedichten durch Zelter hervorgebracht (vgl. Verzeichnis von Willi Schuh; GA 2, S. 759). Zelters oft geäußerter Wunsch nach einem gemeinsam zu erarbeitenden größeren Werk ist jedoch nie in Erfüllung gegangen. Opernpläne wie die Fortsetzung der *Zauberflöte* oder den Entwurf zu einem Singstück *Die Danaiden* hat G. selbst wieder aufgegeben. Einen von Zelter vorgeschlagenen Plan für eine Kantate zum dreihundertjährigen Reformationsjubiläum hat G. zwar zunächst als einen »schönen Anlaß, sowohl zu dichterischer als musikalischer Behandlung« (an Zelter, 14.11. 1816) begrüßt, aber nach mehreren Anläufen blieb auch dieses Projekt unverwirklicht. Die größeren Formen erwiesen sich als ungeeignet für eine fruchtbare poetisch-musikalische Zusammenarbeit.

Der Briefwechsel mit dem vertrauten Freund war für G. darüber hinaus auch der Ort persönlichster Andeutungen und Hinweise auf eigene Arbeiten. So finden sich in den Briefen an Zelter oft die ersten Spuren von Werkplänen und entstehungsgeschichtliche Zeugnisse. Die frühen Gedichte des *West-östlichen Divans* hatte Zelter bereits aus der gemeinsam in Wiesbaden verbrachten Zeit gekannt, als G. ihm am 28.8. 1814 zwei Zeilen aus dem Gedicht *So lang man nüchtern ist* auf ein Blatt schrieb. Die verschlüsselten Andeutungen über den Fortgang der Arbeit am *Divan* im November und Dezember desselben Jahres waren für ihn dann leicht zu verstehen: »M o - h a m m e d S c h e m s e d - d i n hat sich auch wieder vernehmen lassen« (an Zelter, 21.11. 1814), und » H a f i s hat mich fleißig besucht« (an Zelter, 27.12. 1814). Die Nachricht von der Wiederaufnahme der Arbeit am *Faust* wird ebenfalls als geheime, nur dem Freund verständliche Botschaft übermittelt: »Sodann darf ich Dir wohl vertrauen: daß, um der ersten Sendung meiner neuen Ausgabe ein volles Gewicht zu geben, ich die Vorarbeiten eines bedeutenden Werks, nicht in der Ausdehnung, sondern in der Eindichtung, wieder vorgenommen habe, das seit Schillers Tod nicht wieder angesehen worden, auch wohl ohne den jetzigen Anstoß in limbo patrum geblieben wäre« (an Zelter, 3.6. 1826). Im Spiel mit Andeutungen und Chiffrierungen zwischen den Briefpartnern, in der Verflechtung von Lebens- und Schaffenspartikeln zeigt sich eine »dialogische Autobiographik« (Hey'l, S. 2), die über den Mitteilungscharakter der Briefe hinaus der Korrespondenz den Rang eines literarischen Werks verleiht. Daß G. selbst den Briefwechsel zum Druck bestimmt hat, ist nur die äußere Bestätigung für diese Einschätzung.

Nach der vom Protest der vermeintlich Betroffenen geprägten unmittelbaren Rezeptionsphase, nach einer Zeit der eher verständnislosen Kritik am Austausch zwischen zwei ungleichen Briefpartnern und nach Jahrzehnten der Ausbeutung der Korrespondenz als stets ertragreiches Reservoir für griffige, aphorismenartige Zitate bahnt sich im Zuge der neueren Autobiographikforschung ein neues Verständnis dieses Briefwechsels an: als eigenständiges Zeugnis literarischer Selbstdarstellung.

Literatur:

Birnbaum, Max: Zum Briefwechsel zwischen Goethe und Zelter. In: GoetheJb. 27 (1906), S. 245f. – Carl Friedrich Zelters Darstellungen seines Lebens. Zum ersten Male vollständig nach den Handschriften hg. von Johann-Wolfgang Schottländer. Weimar 1931. – Deetjen, Werner: Immermann über den Briefwechsel zwischen Goethe und Zelter. In: JbGG. (1915), S. 246–249. – Geiger, Ludwig: Aus den Zelterschen Concepten. In: GoetheJb. 22 (1901), S. 92–106. – Ders.: Der Zeltersche Briefwechsel und die preußische Censur. In: Jb.GG. 22 (1901), S. 107–109. – Hecker, Max: Zelters Tod. Ungedruckte Briefe. Hg. und erläutert von Max Hecker. In: JbSK. 7 (1927/28), S. 136–142. – Hermann, Rudolf: Die Bedeutung der Bibel in Goethes Briefen an Zelter. Berlin 1948. – Ders.: Goethes und Zelters Plan einer Reformations-Kantate. In: Zeitschrift für systematische Theologie. 18 (1941), S. 213–223. – Hey'l, Bettina: Der Briefwechsel zwischen Goethe und Zelter. Lebenskunst und literarisches Projekt. Tübingen 1996. – Mommsen, Katharina: Goethes Gedicht *Nähe des Geliebten*. Ausdruck der Liebe für Schiller, Auftakt der Freundschaft mit Zelter. In: GoetheJb. 109 (1992), S. 31–44. – Mommsen, Momme: Die Entstehung von Goethes Werken in Dokumenten. Bd. 1. Berlin 1958, S. 444–470. – Müller, Joachim: Taedium vitae und fortdauerndes Leben. Drei Briefe Goethes an Zelter. Eine Kommentierung im Kontext von beider Briefwechsel. In: Zeitschrift für Germanistik. 1 (1980), S. 166–182. – Schöne, Albrecht: ›Regenbogen auf schwarzgrauem Grunde‹. Goethes Dornburger Brief an Zelter zum Tod seines Großherzogs. Rede anläßlich des Symposions zu Ehren von Professor Dr. med. Gerhard Joppich am 5.11. 1978. Göttingen 1979. – Wahl, Dora: Goethe und Zelter »damals zu Wiesbaden«. In: JbSK. N.F. 1 (1963), S. 101–138.

Edith Zehm

Goethe als Übersetzer

»Übersetzer sind als geschäftige Kuppler anzusehen, die uns eine halbverschleierte Schöne als höchst liebenswürdig anpreisen, sie erregen eine unwiderstehliche Neigung nach dem Original« (MuR, 299). Ein ›unwiderstehliches‹ Interesse an fremden Literaturen war G. von frühen Jugendjahren bis ins hohe Alter Anlaß, Übertragungen ins Deutsche zu unternehmen. Der frivole Unterton des Eingangszitats charakterisiert seinen kreativ-spielerischen Umgang mit fremden Literaturen und Sprachen, die er – so die von Selbststilisierung durchaus nicht freie Darstellung in *Dichtung und Wahrheit* (vgl. WA I, 26, S. 46 f.; WA I, 28, S. 50 f.) – im lebendigen Sprachgebrauch, ohne alle Grammatik, gelernt haben will. Französisch, Italienisch und Englisch sowie Latein und Griechisch waren die Sprachen, die G. für seriöse Übersetzungsversuche grundsätzlich ausreichend beherrschte. Verdeutschungen aus anderen Sprachen, etwa aus dem Serbischen, Lusitanischen, Finnischen oder Chinesischen, sind mittels deutscher, französischer, lateinischer oder englischer Übersetzungen entstanden (vgl. WA I, 2, S. 49–52; WA I, 4, S. 320; WA I, 1, S. 155; WA I, 41.2, S. 272–75 u. WA I, 5.1, S. 50 f.).

Die Gesamtheit der G.schen Übersetzungen ist kaum systematisierbar, sie umfaßt die abendländische Literatur von Homer bis zu G.s Zeitgenossen, etwa Alessandro Manzoni. Alle literarischen Hauptgattungen sind vertreten. Von ihrer Entstehungszeit her umfassen die Übersetzungen das ganze Leben G.s. Sie alle stehen jedoch in engstem Zusammenhang mit der jeweiligen Schaffensphase und Lebenssituation des Autors. Eine angemessene Erschließung ist deshalb immer nur aus diesem größeren Kontext heraus möglich und sinnvoll – eine isolierte Gegenüberstellung mit dem jeweiligen Originaltext etwa würde der Bedeutung der Übersetzungen nicht gerecht.

G.s Übersetzungen sind im wesentlichen vollständig in einem Band in der Artemis-Gedenkausgabe zusammengestellt (GA 15: »Übertragungen«, hg. von Fritz Ernst, 1953). Es fehlen *Diderots Versuch über die Malerei* sowie die italienischen Opernlibretti. Für die großen Übersetzungen bietet die Münchner Ausgabe (MA 4, 6 u. 7) eine bessere Einbettung in den jeweiligen Werkkontext und eine vorzügliche Kommentierung auch mit Blick auf das jeweilige Original.

Bis in die Mitte der 1790er Jahre hinein dienten alle übersetzten Texte Übungs- und Aneignungszwecken; sie sind Stationen des kreativen Prozesses und eben nicht einfach Reproduktion eines fremdsprachigen Werkes für ein deutsches Publikum. Es handelt sich fast ausschließlich um literarische Texte in metrisch gebundener Sprache, Gedichte und fragmentarische Dramenübersetzungen, im wesentlichen aus dem Französischen, Italienischen und Griechischen, z.B. Corneille, Racine, Pindar, Homer. Hinzu kommen Abschnitte aus dem *Ossian* nach einer englischen Übersetzung (MA 1.1, S. 185 ff.), sowie das *Hohe Lied*, das G. 1775 unter Zuhilfenahme deutscher Übersetzungen nach der *Vulgata* übertrug (MA 1.2, S. 449 ff.; vgl. S. 856 ff.). Das Gros dieser Übersetzungen war nicht für die Publikation bestimmt und ist postum gedruckt worden; einige wenige Gedichte wurden in Anthologien und Periodika eingerückt (z.B. WA I, 1, S. 53; WA I, 2, S. 49–52; WA I, 4, S. 317–320), *Ossian*-Stücke fanden Eingang in den *Werther* (MA 1.2, S. 264 u. S. 290; vgl. MA 1.1, S. 844), einzelnes wurde in spätere Werkausgaben (etwa WA I, 2, S. 110) aufgenommen.

In das Jahrzehnt 1795–1805, also in die Zeit der ›Weimarer Klassik‹, fallen sämtliche umfangreichen, integralen und selbständig publizierten Übersetzungen, die ohne Ausnahme auf französische und italienische Vorlagen zurückgehen: Als Weimarer Theaterdirektor übertrug G. die beiden Voltaire-Dramen *Le Fanatisme ou Mahomet le Prophète* und *Tancrède* (*Mahomet*, 1799; MA 6.1, S. 127–180; *Tancred*, 1800/01; MA 6.1, S. 181–240). Beide wurden 1802 als Einzelpublikationen bei Cotta veröffentlicht. Einige Jahre vorher hatte G. schon in gleicher Funktion drei italienische

Opernlibretti (1791 u. 1794; MA 4.1, S. 204–262) bearbeitet. Für die poetologische Diskussion in Schillers *Horen* erstellte er 1795 eine deutsche Version von Mme de Staëls *Essai sur les Fictions* (*Versuch über die Dichtungen*; MA 4.2, S. 23–47). Im Rahmen der kunstgeschichtlichen Vorbereitung zu seiner geplanten zweiten Italienreise stieß er auf Benvenuto Cellinis *Vita* und übertrug diese, zunächst von 1796 bis 1803 ebenfalls für die *Horen* (MA 7, S. 7–516), um sie dann als ganze 1803 bei Cotta zu publizieren. Den Abschluß und Höhepunkt dieser Arbeitsphase bildete schließlich 1804/1805 die Übersetzung des gerade wiederentdeckten *Neveu de Rameau*-Manuskripts von Denis Diderot, die ebenfalls zuerst 1805 bei Cotta publiziert wurde (*Rameaus Neffe*; MA 7, S. 567–691). Aufgrund der Qualität der Vorlage und der besonderen Publikationssituation ist diese sicherlich die bedeutendste der großen Übersetzungen. Diderots *Essais sur la Peinture* hatte G. schon 1798/99 kommentierend übertragen und in die *Propyläen* eingerückt (*Diderots Versuch über die Malerei*; MA 7, S. 517–565). Alle diese Übersetzungen entstanden im Kontext des intensiven Austauschs mit Schiller.

In den folgenden Jahren bis 1820 spielten dann Übersetzungen eine untergeordnete Rolle. Abgesehen von Gedichtübertragungen und fragmentarischen Übersetzungen dramatischer Texte, die eine Konstante in G.s Schaffen sind, ist die Beschäftigung mit wissenschaftlichen Autoren der Antike zu verzeichnen: In den Zusammenhang von Farbenlehre und Kunstkritik gehören Exzerpt-Übertragungen, namentlich von Theophrast, Pausanias und Philostratos, die in die eigenen Schriften aufgenommen wurden (vgl. den Index in WA I, 55).

Die Jahre nach 1820 schließlich standen im Bereich der Übersetzungsarbeit ganz im Zeichen des Weltliteratur-Konzepts und ihres Mediums, der Zeitschrift *Ueber Kunst und Alterthum*. Hier erschienen deutsche Kostproben fremdsprachiger Dichter. Die prominentesten Fälle sind Manzoni, besonders die Erstübersetzung von dessen Ode auf Napoleons Tod *Il Cinque Maggio* (MA 13.1, S. 66–

69), und Byron sowie Euripides (WA I, 3, S. 201–203; WA I, 41.2, S. 32–47). Außerdem wurden z.B. Briefe von ausländischen Schriftsteller-Kollegen in Übersetzung mitgeteilt (Manzoni, WA I, 41.2, S. 11–13; Carlyle, WA I, 42.1, S. 191–193) oder Auszüge aus literarischen Zeitschriften Englands, Frankreichs und Italiens wiedergegeben (vgl. etwa WA I, 41.2, S. 304–307; WA I, 42.2, S. 86–90), sowie Rezeption und Übersetzungen der eigenen Werke im Ausland kritisch verfolgt.

Auch wenn G. sich während seines ganzen Lebens immer wieder zum Problem der Übersetzung geäußert, seinerseits Übersetzungen angeregt und kritisch begleitet hat (vgl. Tgahrt, S. 343–440), sind konsistente Stellungnahmen übersetzungstheoretischer Natur von ihm nicht vorhanden. Auch dies spricht für die enge Einbindung der Übersetzung in übergreifende Zusammenhänge. Immerhin finden sich einige umfangreichere Passagen zur Übersetzungstheorie; drei Stücke sind vor allem zu nennen, die allesamt aus den Jahren 1813–1819 stammen, als alle großen Übersetzungen mehr als ein Jahrzehnt zurücklagen. Die ersten beiden der drei vielzitierten Texte stehen in engem inhaltlichen und entstehungschronologischen Zusammenhang. In der Rede zum Tode Wielands (*Zu brüderlichem Andenken Wielands*, 1813; WA I, 36, S. 311–346) unterscheidet G. zwei »Übersetzungsmaximen« die eine »verlangt, daß der Autor zu uns herüber gebracht werde«, die andere, »daß wir uns zu dem Fremden hinüber begeben« (WA I, 36, S. 955) – prosaische Inhaltswiedergabe, der im Zweifelsfall der Vorzug gegeben wird, versus Imitation der fremden Form. Im elften Kapitel des Zweiten Buchs von *Dichtung und Wahrheit* (zuerst publiziert 1814) kehrt diese Zweiteilung wieder: G. legt hier im Zusammenhang der Schilderung von Straßburger Shakespeare-Lektüren in Wielandscher Übersetzung dar, daß er im Hinblick auf die Wirkung einer Übersetzung der Prosaauflösung den Vorzug vor einer »poetischen« Übersetzung gibt (MA 16, S. 526f.).

Die Unterscheidung zwischen »herüber« und »hinüber« steht letztlich in der Tradition Johann Jakob Bodmers, der – aus übersetzungstheoretischer Perspektive – die Ablösung vom rationalistischen Sprach- und Übersetzungskonzept der Frühaufklärung markiert. G.s Option für die »prosaische« Übersetzung wird erst 1819 im Abschnitt »Übersetzungen« der *Noten und Abhandlungen* zum *West-östlichen Divan* (FA I, 3.1, S. 280–283) relativiert. Die zweigeteilte Übersetzungssystematik wird zu einer dreiteiligen erweitert. Neben die »schlicht-prosaische« und die »parodistische« (FA I, 3.1, S. 280) – hier im Sinne von: fremde Formen durch eigene imitierende – Übersetzung tritt eine dritte, höchste Stufe, »wo man die Übersetzung dem Original identisch machen möchte, so daß eins nicht anstatt des anderen, sondern an Stelle des andern gelten solle«. Die drei Übersetzungstypen werden identifiziert mit aufeinander folgenden historischen Epochen einer Literatursprache; als Paradigmen für die drei Typen werden Luthers Bibelübersetzung, Wielands Übersetzungen und schließlich die Homerübersetzungen von Voß angeführt.

Eine chronologische Abfolge stellen die drei Übersetzungsepochen aber nur insofern dar, als sie verschiedene Perfektionsstufen in einem nie ans Ende kommenden, idealen Prozeß der Ausbildung der Zielsprache darstellen. Insofern sind sie auch nur Idealtypen, die zu einem historisch gegebenen Zeitpunkt durchaus nebeneinander bestehen, ja sich sogar innerhalb einer Übersetzung mischen können. Übersetzungen generell, vor allem jedoch der dritte, höchste Übersetzungstyp, fördern die Entwicklung der Ausdrucksfähigkeit der deutschen Sprache, erweitern ihre ›Weltansicht‹, um mit Wilhelm von Humboldt zu sprechen, dessen Übersetzung von Aeschylos' *Agamemnon* mit übersetzungstheoretischem Vorwort G. 1816 druckfrisch erhalten hatte (vgl. Humboldt an G., 19.7. 1816; G. an Humboldt, 1.9. 1816; vgl. zu diesem Gedanken weiter WA I, 7, S. 237; WA I, 42.1, S. 253; WA I, 42.2, S. 39).

G.s Konzeption von der Interaktion zweier – und letztendlich aller – Sprachen, Literaturen, Nationen und Kulturen mündet in die Idee der »Weltliteratur«. Zur Veranschaulichung zieht G. vorzugsweise Bilder und Metaphern aus der Welt des geschäftlichen Austauschs heran:

»Wer die deutsche Sprache versteht und studirt, befindet sich auf dem Markte, wo alle Nationen ihre Waaren anbieten, er spielt den Dolmetscher, indem er sich selbst bereichert. Und so ist jeder Übersetzer anzusehen, daß er sich als Vermittler dieses allgemein-geistigen Handels bemüht und den Wechseltausch zu befördern sich zum Geschäft macht. Denn was man auch von der Unzulänglichkeit des Übersetzens sagen mag, so ist und bleibt es doch eines der wichtigsten und würdigsten Geschäfte in dem allgemeinen Weltverkehr« (WA I, 41.2, S. 306f.). Ein Grundpfeiler der Weltliteratur ist also die Übersetzungsliteratur. Damit steht und fällt der Austausch zwischen den Nationen aber mit den Schwierigkeiten der Übersetzung, dem »Unübersetzbaren«. Dies ist jedoch kein grundsätzlicher Einwand gegen das Konzept der Weltliteratur, denn diese wird von G. wie die Übersetzung in die »Bildung« eines Individuums oder einer Nation als ein Prozeß angesehen (vgl. WA I, 41.2, S. 361f.), ein Prozeß der – nie abschließbaren – Vervollkommnung des gegenseitigen Verstehens: »Bei'm Übersetzen muß man bis an's Unübersetzliche herangehen; alsdann wird man aber erst die fremde Nation und die fremde Sprache gewahr« (MuR, 1056).

Konkrete Konsequenz aus der Rolle der Übersetzung im »allgemeinen Weltverkehr« für die Übersetzungstheorie ist die Forderung an den Übersetzer, seine Arbeit zu dokumentieren und mit Materialien für den Leser anzureichern. Dieser Forderung ist G. für seine eigenen Arbeiten nachgekommen. Man denke etwa an die »Anmerkungen über Personen und Gegenstände, deren in dem Dialog ›Rameaus Neffe‹ erwähnt wird« (MA 17, S. 651–691); an *Diderots Versuch über die Malerei*, wo die Übersetzung in eine Interpretation eingebettet ist; an die *Noten und Abhandlungen* zum *Divan*, der zwar keine Übersetzung im engeren Sinne darstellt, aber auch Auseinandersetzung mit fremder Literatur ist.

G.s Übersetzungen sind alles andere als frei von Fehlern und können strengen Maßstäben einer philologisch korrekten Wiedergabe nicht durchgehend genügen. Die Übersetzungsfehler sind teils auf mangelnde Sprachkenntnisse, teils auf Flüchtigkeit oder Zeitdruck zurückzuführen. Mit beckmesserischem Ankreiden von Fehlern allein jedoch wird man der Bedeutung der G.schen Übersetzungen nicht gerecht. Nach G.s eigenem Schema wären seine Übertragungen als »schlicht prosaische« und »parodistische«, die Fremdes auflösen bzw. durch ein Surrogat eigenen Sinns ersetzen, zu kennzeichnen. Allenfalls die Manzoni-Übersetzung von *Der fünfte Mai* kann – trotz der auch hier zu verzeichnenden Übertragungsfehler – als ein Versuch der dritten Übersetzungsart gelten, die einen dezidiert innovatorischen Umgang mit den Ausdrucksmöglichkeiten der eigenen Sprache fordert.

Die Verschränkung der Übersetzungen mit dem Gesamtschaffen G.s ist denkbar intensiv. Protagonisten, die sich als Übersetzer betätigen, finden sich übrigens nicht selten in G.s Dichtungen – man denke an *Werther*, *Clavigo*, *Wilhelm Meister* und insbesondere *Faust*. Die Grenzen zwischen Übersetzung, Bearbeitung und schöpferischer Anverwandlung sind bei ihm fließend. Dies hat seine Ursachen einmal in seinem Arbeitsstil des kreativen Sich-zu-eigen-Machens – »er spielt den Dolmetscher, indem er sich selbst bereichert« –, zum anderen aber auch in den Umständen der Zeit, die Autorenrechte nur in Ansätzen kennt.

G.s aktivstes Übersetzungsjahrzehnt 1795–1805 ist als ein Krisenjahrzehnt seiner eigenen produktiven Kräfte interpretiert worden (vgl. Richards), die ›zweitrangige‹ Arbeit an Übersetzungen als Symptom und Heilmittel dieser Krise. Eine solche Interpretation hat das große Verdienst, die Analyse der Übersetzungen im größeren Kontext des Gesamtschaffens vorzunehmen, läuft aber Gefahr, den kreativen Wert von Übersetzungen zu niedrig anzusetzen: Gerade für die G.-Zeit, das Jahrhundert von 1750 bis 1850, gilt, daß die Übersetzungsliteratur die Formung der deutschen Literatursprache stark beeinflußt hat. Sie ist integraler Bestandteil der deutschen Literatur und hat deren Entwicklung maßgeblich mitbestimmt (vgl. WA I, 42.2, S. 420).

Literatur:

Berman, Antoine: Goethe: Traduction et littérature mondiale. In: Poétique. 13 (1982), S. 453–469. – Butzlaff, Wolfgang: Goethe als Übersetzer. In: JbWGV. 92/93 (1988/89), S. 33–66. – Goethes und Schillers Übertragungen antiker Dichtungen. Mit dem Urtext hg. von Horst Rüdiger. München 1944. – Radó, György: Goethe und die Übersetzung. In: Babel. 28 (1982), S. 198–224. – Richards, David B.: Goethe's search for the muses. Translation and creativity. Amsterdam 1979. – Tgahrt, Reinhard u.a. (Hg.): Weltliteratur. Die Lust am Übersetzen im Jahrhundert Goethes. Eine Ausstellung des Deutschen Literaturarchivs im Schiller-Nationalmuseum Marbach am Neckar. Marbach, München 1982.

Peter Zingraf

Benvenuto Cellini

Von 1558 bis 1566 arbeitete der florentinische Goldschmied, Bildhauer und Bronzegießer Benvenuto Cellini (1500–1571) an seiner *Vita*, die eine der bedeutendsten Autobiographien der italienischen Renaissance ist, über deren literarischen Stellenwert jedoch bis heute gestritten wird. Cellini diktierte große Teile des Manuskripts, und zwar dem dreizehnjährigen Sohn seines Mitarbeiters Michele Vestri di Goro da Pieve a Groppine, dessen Vorname unbekannt ist (bis einschließlich Buch II, S. 62; danach folgt ein kurzes Stück von unbekannter Hand); den Rest (ab Buch II, S. 65) vollendete er mit eigener Hand. Das Originalmanuskript, einst im Besitz des Crusca-Mitglieds Andrea di Lorenzo Cavalcanti, befindet sich heute in der Biblioteca Mediceo-Laurenziana zu Florenz (Codice Mediceo-Palatino 234^2) und besteht aus 520 Blättern. Giorgio Vasari, dem es Cellini vermutlich vorlegte und den er hinsichtlich Inhalt und Stil um Rat fragte, erwähnte die *Vita* in seinen eigenen *Vite de' più eccellenti architetti, pittori et sculptori italiani da Cimabue insino a' tempi nostri* (Fassung von 1568), danach geriet die

Autobiographie Cellinis in Vergessenheit, bis 1728 Auszüge im dritten Band von Felice Baldinuccis postum veröffentlichten *Notizie de' professori del disegno da Cimabue in qua* erschienen, einem bedeutenden prosopographischen Werk in der Nachfolge Vasaris. Im gleichen Jahr brachte der Arzt und Bibliophile Antonio Cocchi in Neapel nach einer heute verschollenen Abschrift des Originals die erste gedruckte Fassung der *Vita di Benvenuto Cellini orefice e scultore fiorentino, da lui medesimo scritta, nella quale molte curiose particolarità si toccano appartenenti alle arti ed all'istoria del suo tempo, tratta da un ottimo manoscritto, e dedicata all'Eccelenza di Mylord Boyle* heraus, gab aber als Ort der Publikation den fiktiven Druckort Köln mit dem nicht minder fiktiven Drucker Pietro Martello an. Pierre Marteau, wie der Verleger meist genannt wird, hat fast zweihundert Jahre als Drucker für politisch und moralisch »anrüchige« Werke herhalten müssen. Auch diese Ausgabe blieb ohne Echo, anders als die beiden Traktate über die Goldschmiedekunst und die Bildhauerei, *Due Trattati uno intorno alle otto principali arti dell'orificeria. L'altro in materia dell'arte della scultura; dove si veggono infiniti segreti nel lavorar le figure di marmo, & nel gettarle di bronzo* (Firenze: V. Panizzi e M. Peri, 1568), die im Lauf der Jahrhunderte immer wieder Beachtung fanden.

Cocchis Ausgabe ist die Vorlage für die englische Übersetzung (2 Bde., London 1771) von Thomas Nugent, die dieser dem bekannten Porträtmaler Sir Joshua Reynolds widmete. Auf Nugent geht die in der Folgezeit vielfach übernommene Einteilung in vier Bücher und in zwölf, dreizehn, vierzehn und elf Kapitel zurück, die er mit Inhaltsangaben versah, womit er nicht das innere Gesetz von Cellinis *Vita* erfaßte, die einen zweiteiligen Aufbau verlangt, wie er sich auch in den modernen Ausgaben wiederfindet. Da G.s Übersetzung ebenfalls vier Bücher umfaßt, wurde verschiedentlich fälschlich behauptet (z.B. Eppelsheimer: *Handbuch der Weltliteratur; Kindlers Literatur Lexikon*), er habe nicht das italienische Original, sondern die englische Version Nugents übersetzt. Vermutlich hat der in Weimar ansässige Engländer Charles Gore G. im Sommer 1795 zuerst mit Cellinis Autobiographie und vielleicht auch der englischen Übersetzung Nugents bekannt gemacht, denn G.s Exemplar trägt noch heute auf dem Titelblatt den ursprünglichen handschriftlichen Besitzvermerk »Charles Gore 1774«, da G. das entliehene Exemplar zu sehr strapaziert hatte und dem Eigentümer ein neuwertiges an seiner Statt zurückgab. G. könnte aber durch eine vorangegangene Lektüre Vasaris und den seit dem Spätsommer 1795 gehegten Wunsch, seine Rückkehr nach Rom sorgfältig vorzubereiten, auf eine Beschäftigung mit Cellini eingestimmt worden sein. Gore, der aus wohlhabendem bürgerlichen Haus stammte und durch Heirat und Familie mit dem whigistischen Adel verbunden war, war im Geist Alexander Popes und Lord Burlingtons erzogen worden, beides herausragende Aufklärer und Förderer der neopalladianischen Bewegung in der englischen und europäischen Architektur.

Wenngleich es müßig wäre, in Cellinis *Vita* ein System zu suchen, war er doch offenkundig mit der autobiographischen Tradition seiner Heimat vertraut, zu der so unterschiedliche Schriften wie Dantes *Vita nuova* und *Convivio*, Petrarcas *Secretum*, Ludovico Ariostos *Satire*, Francesco Guicciardinis *Memorie di famiglia*, des gleichen Autors *Ricordanze* usw., Cardanos *De propria vita* u.a. mehr gehören; aber auch die Biographien berühmter Männer, Frauen und Künstler, z.B. Petrarcas *De viris illustribus*, Boccaccios *De casibus virorum illustrium* bzw. *De claris mulieribus*, Vespasiano da Bisticcis *Vite di uomini illustri del secolo XV*, Paolo Giovios *Elogia veris clarorum virorum imaginibus apposita*, um von dem bereits zuvor genannten Vasari zu schweigen, waren Teil des gemeinitalienischen Bildungsgutes. Die Auffassung vom Leben als Reise und geistlichem Vervollkommnungsprozeß bzw. dem Leben als Bildungsprozeß einer Künstlerpersönlichkeit findet sich in den meisten der vorgenannten Biographien, und diese beiden Tendenzen lassen sich auch in Cellinis *Vita* wiederfinden.

Cellini wurde in Florenz geboren, vervollkommnete seine handwerkliche Ausbildung als Goldschmied in Siena, Bologna, Pisa und Rom bei unterschiedlichen Meistern, und zwar in einer Epoche, die man gemeinhin die Hoch-Renaissance nennt, weil Kunst, Literatur und Bildung in Italien eine weder vor- noch nachher erreichte Blüte verzeichneten. Ihr idealer Menschentyp war der »uomo universale«, der in vielen Bereichen glänzte, und Cellini ordnete sich im Lauf seines Lebens immer mehr diesem Menschentyp zu. Dabei war ihm der aus dem Mittelalter überkommene Gegensatz von »arma et litterae«, dem Waffenhandwerk (»miles«) und dem Literatentum (»clericus«), der »Vita activa« und der »Vita contemplativa«, nicht fremd, erfuhr aber durch sein Künstlertum eine spezifische Wende: Er erlebte persönlich den »Sacco di Roma« (1527) und behauptete, er habe bei der Belagerung der Engelsburg Charles de Bourbon getötet, den Prinzen von Oranien verletzt und die Kapitulation der päpstlichen Festung verhindert. Nach seiner definitiven Rückkehr nach Florenz (1545) war er zudem in die innerflorentinischen Wirren verwickelt, die seit der Rückkehr der Medici (1512 und abermals 1530) die Stadt erschütterten. Auch die Intrigen am französischen Hof Franz I., meist in Fontainebleau, für den er ab September 1540 gearbeitet hatte, hatten ihn nicht gleichgültig gelassen. Sein ganzes Leben lang arbeitete er für die Mächtigen, die Päpste Clemens VII. und Paul III., Kardinal Ippolito d'Este von Ferrara, König Franz I. und vor allem für Großherzog Cosimo I. Aber auch Dirnen, Abenteurer und Verbrecher kreuzten seinen Weg, und mehrfach (1516, 1523, 1530 und 1534) war er selber in Totschlagsaffären verstrickt oder der Sodomie angeklagt, wurde zweimal in der Engelsburg eingekerkert (1538 und 1539), so daß er die Höhen und Tiefen des Lebens kannte. Eine schwere Krankheit brachte ihn 1535 an den Rand des Todes. Zu seinen Lebzeiten geriet Italien unter das Joch fremder Herren, zerriß die Reformation die Einheit der Kirche und vertiefte das Konzil von Trient diesen Zwiespalt, und Cellinis Leben wurde von allen diesen kriegerischen Wirren und sozialen und politischen Umschichtungen geprägt.

Seine höchst farbigen Schilderungen, die durchaus romaneske Züge tragen und, jedenfalls in Teilen, als literarische Stilisierung oder Selbstrechtfertigungen zu deuten sind, bilden jedoch nur den Hintergrund der künstlerischen Entwicklung, die im Bronzeguß des Perseus (Florenz, Museo del Bargello) und dem Meißeln eines marmornen Kruzifixes (El Escorial) gipfelten (Buch II, S. 57, S. 61, S. 73, S. 75–78 u. S. 100): Der Goldschmied und Handwerker Cellini war endlich ein anerkannter Künstler geworden, der einem Michelangelo Buonarroti ebenbürtig war. Den Wendepunkt in seinem Leben bildete die Inhaftierung in der Engelsburg, die den ersten Teil seiner Autobiographie abschloß. In einer zweimaligen Vision (Buch I, S. 119 u. S. 122) erschien ihm ein Engel, der ihm die baldige Befreiung ankündigte und neuen Lebensmut gab. Kardinal Ippolito d'Este erwirkte seine Freilassung, und Cellini ging nach Frankreich, wo er für den König u. a. das berühmte Salzfaß (Kunsthistorisches Museum Wien) herstellte. Mit einiger Vorsicht kann man sagen, daß der erste Teil der Biographie dem sündigen Menschen und dem Kunsthandwerker, der zweite dem geläuterten Menschen und wahren Künstler gilt. Einige Interpreten bezeichneten den ersten Abschnitt als eine »carriera demoniaca«, ein Leben im Banne satanischer Mächte, die zweite als »ritorno del protagonista a Dio«, als Rückkehr zu Gott. Für Cellini waren Gott, das Fatum und die menschliche Virtus die treibenden Kräfte der Geschichte, und insbesondere in den in die Autobiographie eingeblendeten Sonetten und Capitoli, die in G.s Übersetzung teilweise fehlen (z. B. Vorrede; Buch I, S. 127), wandte er sich Gott zu. Aber seit Petrarca vermochte die Virtus des selbstmächtigen Individuums die Fortuna oder das Fatum zu besiegen, und so wuchs auch Cellinis »virtù«, je weiter sein Leben voranschritt, allerdings geschah dies nicht ohne Gottes Willen.

Cellini bediente sich als Ausdrucksmittel der toskanischen Mundart mit ihren Archaismen und syntaktischen Eigenheiten, die durch das Diktat und die hastige Niederschrift erhalten blieben. Ein besonderes Kennzeichen ist die Episodenhaftigkeit der Lebensbeschreibung, die an die italienische Novellistik oder zeitgleiche und spätere Pícaro-Romane erinnert. Die Überleitungen sind abrupt, doch wird das Ganze durch den Protagonisten zusammengehalten, zumal Cellini schnörkellos berichtet und sich auf das Wesentliche konzentriert. G.s Übersetzung, und dieses Urteil stützt sich auf die kritischen Untersuchungen des Münchener Romanisten Karl Vossler, wurde diesem Sprachstand nicht gerecht: »Es ist nicht bloß das dialektische Kolorit, das wir vermissen. Wo bleibt die unerhörte sinnliche Kraft und Plastik, wo das Temperament, die Leidenschaft, die Roheit, die Verwirrtheit, die Hast und der Schwulst? Und ganz besonders: wo jener bizarre Zwiespalt von naiv und rhetorisch, von natürlich und gesucht, von geschwätzig und schlagend, von volkstümlich und maniert, der für den emporgekommenen Sohn des Volkes so außerordentlich charakteristisch ist. [...] Die Goethesche Nachlässigkeit ist die des vielgewandten Erzählers, der den Stoff und seine Formen so vollkommen beherrscht, daß er sich gehen lassen darf. Die Cellinische Nachlässigkeit dagegen entspringt aus einer allzugroßen Befangenheit im Stoff. Cellini wird mit seinen Gedanken nicht fertig; während er noch mit dem ersten ringt, hat er schon einen zweiten und dritten im Auge. Gerade hier zeigt es sich am klarsten, daß Goethes Stil von dem des Originals ebensoweit entfernt ist wie Goethes Natur von derjenigen Cellinis. Der fundamentale Gegensatz zwischen beiden liegt darin, daß der erstere in heiterer Objektivität und Reflexion sich über sich selbst hinaus zum Allgemeinen erhebt, während Cellini in starrer Subjektivität sich in Einzelheiten verrennt und an lauter Kleinigkeiten sich wund stößt und verblutet« (S. 11f.). Spätere Kritiker urteilten positiver. Marianne Bockelkamp schrieb: »Erst Goethe erhob die *Vita* in die Sphäre der Kunst, der großen Literatur. Ohne sie eigentlich verfälscht zu haben, hat er sie geläutert [...] er verlieh dem Werk eine reinere Form, er übersetzte so, wie der Autor hat schreiben wollen, aber nicht hat schreiben können« (S. 94). Wesentlich differenzierter argumentierte Erwin Koppen, der die Lücken, Flüchtigkeiten, Fehler – er sprach von etwa 1000 in der Gesamtübersetzung –, stilistischen Korrekturen des erotischen und skatologischen Vokabulars usw. monierte, das Ergebnis selber als Surrogat des Originals bezeichnete und zur Charakterisierung den von Leo Spitzer auf Racine bezogenen Terminus der »klassischen Dämpfung« verwandte, weil G. Cellini im wahren Sinn des Wortes habe Mores lehren wollen.

Der Unterschied zwischen Original und Übersetzung liegt also nicht so sehr in der epochalen Distanz, dem Abstand zwischen Renaissance und Klassizismus, sondern in der Verwendung der deutschen Schriftsprache um 1800, die keine mundartlichen oder umgangssprachlichen Einsprengsel kannte. Zudem war G.s Temperament ein anderes: Wo Cellini die Vergangenheit heraufbeschwor und einzelne Episoden in lebhafter Abfolge schilderte, sich stets in den Mittelpunkt stellte, kürzte und straffte G. die Satzperioden, ordnete sie durch Interpunktionszeichen, brach dadurch ihren schnellen Fluß und verlangsamte ihn. Der akkumulierenden, additiven erzählerischen Hast Cellinis setzte G. gliedernde Ruhe und Kausalität entgegen. Auch deutschte er die Welt Cellinis ein und glich sie der heimischen Vorstellungswelt an, so daß beispielsweise aus einem »uomo all'anticaccia« ein »altfränkischer Mann« wurde. So ist G.s *Leben des Benvenuto Cellini* eigentlich ein anderes Werk als *La Vita di Benvenuto Cellini, scritta (per lui medesimo) in Firenze*, ist mit Koppen »nach Diktion, Vokabular, Stil und überhaupt in ihrem ganzen literarischen Erscheinungsbild Dokument der zeitgenössischen Literatur« (S. 261).

Vosslers Verdikt hat dazu geführt, daß Heinrich Conrad etwa hundert Jahre später als G. eine vollständige Neuübersetzung versuchte (*Das Leben des Benvenuto Cellini von ihm selbst geschrieben*. 2 Bde., Stuttgart 1908 [1909]) und sich dabei auf einen anderen Übersetzer und Renaissancespezialisten, Hanns Floerke, stützte, der schrieb: »Das eminent Persönliche gerade dieser Autobiographie erlaubt keine Glättung, keine Verhüllung stilistischer Ungezogenheiten. Der Übersetzer muß mit über Stock und Stein, wenn anders er sich keiner Verwässerung des Wertes schuldig machen, nicht sein eigenes Temperament und seinen eigenen Stil an Stelle der Besonderheiten des Autors setzen und Mangel an historischem Sinn bekunden will. Je treuer er seinen Autor wiedergibt, desto künstlerischer übersetzt er, eine Nachdichtung, mag sie an sich noch so künstlerisch sein, ist es der Vorlage gegenüber nicht, weil sie an Stelle ihres Geistes, ihres besonderen Lebens, einen andern Geist, ein anderes Leben setzt, weil sie ›unbekümmert den Flügelstaub des Schmetterlings Augenblick‹ verwischt« (Vorwort Bd. 1, S. V ff.). So nützlich Conrads Gegenentwurf auch gewesen sein mag, der den noch späteren Versuch Alfred Semeraus (*Das Leben des Benvenuto Cellini*, Berlin 1925) übertraf, weil sich Conrad intensiver mit Cellini auseinandergesetzt und besser in ihn vertieft hatte, konnte er doch G.s Leistung nur unwesentlich beeinträchtigen. Allerdings galt dies nicht im Hinblick auf philologisch getreues Übersetzen, das man von G. nicht erwarten durfte, sondern auf künstlerisch angemessenes Übertragen, denn wir erfahren aus G.s Übersetzung mindestens genauso viel über ihn selber wie über Cellini. Auch ging es G. um das Allgemeine in Cellinis Autobiographie, das der Menschheit insgesamt gehört, nicht um das Spezifische.

Immer wieder hat man sich die Frage gestellt, was G. an dieser Künstlervita so anzog, daß er fast anderthalb Jahre seines Lebens auf ihre Übersetzung verwandte, die zu den umfangreichsten Teilen seines Œuvres zählt. Mehrere Gesichtspunkte sind hier zu nennen: Während er das 15. Jh. (Quattrocento) noch als ein barbarisches Jahrhundert ansah, das mit der Kunst nichts anzufangen wußte (vgl. Hecker Bd. 1, S. 188 f.), erreichte diese für ihn im Cinquecento eine Hochblüte. G. hatte sich für diese Epoche bereits im *Götz* interessiert, und sie sollte ihn lange nicht loslassen. Besonders faszinierte ihn die Stellung des Künstlers in der Gesellschaft, des Künstlers in seiner Zeit. Das komplizierte Verhältnis des Künstlers zur Herrschaft war ihm aus zehn Weimarer Jahren vertraut, und so fesselte ihn Cellini persönlich, da er den Herrschenden mit ungebrochenem Selbstvertrauen gegenübertrat, das eigene Leben mit den Mächtigen und den politischen Ereignissen in Relation setzte. Cellini war im Guten wie im Schlechten ein »uomo universale«, ein begnadeter Künstler und Tatmensch, aber auch ein Abenteurer, der oft strauchelte. Eigenartig ist die Parallele mit Moses, die G. in einem Brief vom 27.5. 1797 an Schiller zog: »Die beyden handfesten Pursche Moses und Cellini haben sich heute zusammen eingestellt wenn man sie neben einander sieht, so haben sie eine wundersame Aehnlichkeit«. Cellinis Leben wurde zum Spiegel der eigenen Existenz, die *Vita* zum Vorbild der eigenen Rechtfertigung vor der Geschichte, aber auch zum stellvertretenden Lebenslauf. Auffällig ist allerdings, daß G. sich seines Urteils über die künstlerische Leistung Cellinis nicht sicher war und immer wieder Freunde und Bekannte nach ihrer Meinung fragte. Wie ein Stachel saß ihm im Fleisch, daß er den Perseus beim ersten Durchflug durch Italien nicht beachtet und auch während der vierzehn Tage in Florenz auf der Rückreise nicht wahrgenommen hatte. G. stützte sich bei seinem Urteil zu sehr auf Vasari, der aber im Streit zwischen Baccio Bandinelli, Bartolommeo Ammanati und Cellini auf Dauer Unrecht behalten hat. Auch die Zweigliedrigkeit der Biographie, die Entwicklung vom Handwerker zum Künstler und vom gestrauchelten zum Gott wohlgefälligen Menschen, ist G. verborgen geblieben.

G. war aber bereits ein früher Vertreter des sog. ›Renaissancismus‹, jener literarischen Richtung, die die Kulturgeschichte und Literatur des 19. Jhs. von Balzac über Jacob Burckhardt und den Grafen Gobineau bis hin zum frühen Thomas Mann prägen sollte: Immer wieder wurde der Ausnahmemensch, der sich an keine Regeln hält und seinen unbändigen Individualismus mit allem Glanz, aber auch allen Schattenseiten auslebt, zum Gegenstand von Novellen, Erzählungen, Theaterstücken, Romanen oder Dialogen. Aber erst die Historiographie hat unter Einschluß der Kunstgeschichtsschreibung nach der Mitte des 19. Jhs. die Renaissance als eine aus dem Mittelalter herauszulösende eigenständige Epoche erkannt und ihre Besonderheiten dargestellt. Dies verbindet sich mit den Namen Karl Hagen, Jules Michelet, Georg Voigt und vor allem Jacob Burckhardt. Wie man inzwischen weiß, war Burckhardts Bild dieser Epoche (*Die Cultur der Renaissance in Italien*, 1859 [recte 1860]) ganz wesentlich durch Cellinis Leben in der Übersetzung G.s beeinflußt worden, so daß eine sichtbare Brücke von G. zum Renaissancismus des 19. Jhs. geschlagen war. Abermals war G., den man diesbezüglich nicht historistisch vereinnahmen mußte, seiner Zeit voraus, wenngleich schon Voltaire und der Abbé Galiani die Bedeutung der Renaissance für die Kulturgeschichte erkannt hatten. Die Konzentration auf die Biographie exemplarischer Einzelpersonen, seien sie nun Künstler, Kirchenfürsten oder Militärs, fand sich bei ihnen noch nicht, da z.B. Voltaire (*Le Siècle de Louis XIV*) in unangemessener Überbietung in Ludwig XIV. und Frankreich die Vollender der italienischen Renaissance erblicken wollte und alles von der Herrscherleistung des Königs abhängig machte.

Auf seiner ersten Italienreise kümmerte sich G., wie erwähnt, noch nicht um die Meisterwerke der Florentiner Renaissance, blieben ihm Cellinis und Michelangelos Skulpturen unbekannt. Erst bei der Vorbereitung der zweiten Reise stieß G. auf Cellinis Autobiographie, der ihm aber noch genauso fremd war wie seinem Ratgeber in Kunstfragen Johann Heinrich Meyer. Doch schon bald erwärmte er sich dafür, denn bereits im August 1795 sandte er Schiller eine Aufstellung seiner Beiträge für die *Horen*, die für den November und Dezember Teile von *Cellini* ankündigte. Während sich G. in den freien Stunden des Herbstes, die ihm die Umarbeitung des *Wilhelm Meister* ließ, lesend oder schon übersetzend mit Cellinis *Vita* beschäftigte, war Meyer bereits nach Italien geeilt, um Material für ein mit G. gemeinsam herauszugebendes Italien-Werk, das vorzugsweise die Renaissance-Malerei behandeln sollte, aber später nicht zustande kam, zu sammeln. Vielleicht drängte auch Schiller, der im vierten Stück des Jahrgangs 1796 der *Horen*

die erste der zwölf Lieferungen der Übersetzung erscheinen ließ, deren letzte am 13.6. 1797 beendet war. Jetzt konnte G. nicht mehr zurück, und die Korrespondenz mit Meyer belegt die Intensität seiner Übersetzertätigkeit. In einem längeren Brief vom 3. und 9.3. 1796 heißt es: »Es geht mit der Übersetzung eines Buchs wie Sie von dem Copiren eines Gemäldes sagen, man lernt beyde durch die Nachbildung erst recht kennen. Cellini, mit seiner Kunst und mit seinem Lebenswandel, ist für uns ein trefflicher Standpunct, von dem man, in Absicht auf neue Kunst, vorwärts und rückwärts sehen kann. So wie uns das Leben eines einzelnen Menschen zu einem zwar beschränkten aber desto lebhaftern Mitgenossen vergangener Zeiten macht«. In den Schreiben vom 24. und 27.6. 1796 äußerte sich dann auch Meyer ausführlich über Cellinis Werke, den Perseus, die Meduse und den Ganymed.

Die Hoffnung Schillers und G.s, durch die Publikation dieser farbigen Autobiographie die Leser der *Horen* zu erfreuen, erfüllte sich nur zum Teil, da sich die Publikation der Auszüge, zu denen G. verbindende Texte schrieb, über anderthalb Jahrgänge hinzog und das Publikum schon bald Ermüdungserscheinungen zeigte. Dennoch erschien bei Bauer in Braunschweig 1798 (?) ein Raubdruck der *Horen*-Beiträge. Eine im Prinzip positive Rezension von Friedrich Schlegel oder Ludwig Tieck in Johann Friedrich Reinhards Zeitschrift *Deutschland* bewog G. vermutlich, seine Übersetzung zu vervollständigen. Die briefliche Zustimmung Wilhelm von Humboldts, der Brüder Schlegel, Theodor Körners und vor allem Georg Christoph Lichtenbergs, der G. aus der Göttinger Universitätsbibliothek das Exemplar der *Due trattati* besorgt hatte, erweckten den Gedanken einer Buchausgabe. Schiller trat mit einem entsprechenden Plan an den Verleger Cotta heran (28.3. 1798), der jedoch zunächst ablehnte, weil die Übersetzung des *Benvenuto Cellini* »noch zu neu in dem Angedenken der ›Horen‹-Leser und -Besitzer« sei. Doch G. ließ sich nicht entmutigen, begann am 6.9. 1802 mit der Ergänzung und Umarbeitung des *Horen*-Textes, der am 4.3. 1803 in Reinschrift vorlag. Insbesondere die Ausarbeitung der Tabellen und kleinen Abhandlungen des »Anhangs« wurden sehr aufwendig vorbereitet, denn G. konsultierte zahlreiche Quellen und Untersuchungen zum Gegenstand aus der Weimarer Bibliothek. Wieder schaltete sich Schiller ein (8.10. 1802), und im Mai 1803 wurde die Buchausgabe des *Benvenuto Cellini* ausgeliefert.

Mehrere andere Projekte wurden durch die Arbeit am *Cellini* angeregt, präzisiert oder dienten G. als Schulung: Bereits im ersten Schema zu *Dichtung und Wahrheit* erkannte G. den Vorbildcharakter von Cellinis Autobiographie, an der er sich stilistisch vervollkommnetc. Meyers Italienreise (1795–1797) regte ihn an, sich intensiv mit Johann Joachim Winckelmann zu beschäftigen, und wenn auch die *Skizzen zu einer Schilderung Winckelmanns* erst 1804 als *Winckelmann und sein Jahrhundert* definitive Gestalt annahmen, war die darin vollzogene Verknüpfung der Biographie mit dem Gang des Jahrhunderts im Cellini vorgeformt. Die dritte Schrift, die von der Cellini-Übersetzung angeregt wurde, war die Biographie des Malerfreundes Jakob Philipp Hackert, dem er einst am neapolitanischen Hof begegnet war und der ihm testamentarisch seine autobiographischen Materialien zur Auswertung hinterließ: An ihr bildete sich G. erst wirklich zum Autobiographen aus.

Nur dreimal wurde der *Benvenuto Cellini* rezensiert, und zwar von Ludwig Ferdinand Huber für August von Kotzebues Journal *Der Freimüthige*, von Karl Ludwig Fernow in der *Jenaischen Allgemeinen Literatur-Zeitung* und einem Anonymus in den *Göttingischen Gelehrten Anzeigen*. Diese im Prinzip verständigen und einfühlsamen Besprechungen konnten dem Werk jedoch den Publikumserfolg nicht sichern. Dies dürfte G. geschmerzt haben, denn wenn auch in der Folgezeit in seiner Korrespondenz die Erwähnungen der Übersetzung seltener werden, hören sie nie ganz auf. Dankbar war er, als ihm Karl Friedrich Zelter am 15.7. 1803 schrieb: »Ich habe das Buch mit unnennbarem Anteil gelesen und bin davon durch und durch erschüttert«. Dies gab G. Gelegenheit, ein eigenes Urteil über Original und Übersetzung vorzutragen: »Daß Cel-

lini auf Sie wirken sollte hoffte ich voraus denn welch eine Welt kommt nicht aus diesem Werk entgegen. Die Zeit, welche ich auf die Bearbeitung verwendet gehört unter die glücklichsten meines Lebens und ich werde fortfahren noch manches dafür zu tun. Hat Sie diese Lektüre in einem gewissen Sinne traurig gemacht wie ich recht gut begreife so wünsche ich daß der heitere Effekt nachkommen möge« (an Zelter, 29.8. 1803).

Literatur:

Bockelkamp, Marianne: Goethes Cellini-Übersetzung. Phil. Diss. Freiburg/Br. 1960 (Masch.). – Cellini, Benvenuto: Vita a cura di Ettore Camesasca. Milano 1985, bes. S. 65–73. – Hecker, Max (Hg.): Goethes Briefwechsel mit Heinrich Meyer. 4 Bde., Weimar 1917–1932. – Koppen, Erwin: Goethes Benvenuto Cellini: Glanz und Elend einer Übersetzung. In: JbWGV. 81/82/83 (1977/1978/1979), S. 247–262. – Löhneysen, Wolfgang von: Cellini. In: Zastrau, Bd. 1, Sp. 1589–1604. – Miller u.a., Komm. in MA 7, S. 721–1030. – Vossler, Karl: Goethes Cellini-Übersetzung. In: Beilage zur Münchener Allgemeinen Zeitung. 253 (1900). Erweitert in: Heinemann, Karl (Hg.): Goethes Werke. Bd. 27. Leipzig, Wien o.J., S. 1–14.

Frank-Rutger Hausmann

Diderots Versuch über die Malerei

Zwischen 1759 und 1781 hat Denis Diderot die jedes zweite Jahr im Salon Carré des Louvre veranstalteten Gemäldeausstellungen für Melchior Grimms *Correspondance Littéraire* regelmäßig besprochen. Dem *Salon von 1765* fügte er allgemeine theoretische Kunstbetrachtungen in loser aphoristischer Form unter dem Titel *Essais sur la peinture* bei, und beide Schriften wurden in der zweiten Hälfte des Jahres 1766 in der *Correspondance* veröffentlicht. In Buchform wurden sie aber erst 1795 durch den Verleger Buisson einem breiteren

Publikum zugänglich gemacht, wahrscheinlich nach einem Manuskript, das Grimm in seiner Wohnung hinterlassen hatte, als er während der Französischen Revolution emigrieren mußte. Eine zweite vollständigere Ausgabe, diesmal durch den Diderot-Schüler Jacques-André Naigeon besorgt, erschien 1798. Schon Ende 1796 hatte Carl Friedrich Cramer das Buch übersetzt, aber den Diderot-Text entdeckte G. im Sommer 1796 durch die Erstausgabe von 1795.

Der Brief an Johann Heinrich Meyer vom 5./8.8. 1796 enthält nicht nur das ausgewogene Urteil über den Kunsttheoretiker Diderot, an dem G. im wesentlichen festhalten wird, er kündigt schon Inhalt und Methode der späteren Übersetzung an: »Beide Schriften sind dieses seltsamen, genialischen Sophisten würdig. Paradoxen, schiefe und abgeschmackte Behauptungen wechseln mit den luminosesten Ideen ab, die tiefsten Blicke in das Wesen der Kunst, in die höchste Pflicht und die eigenste Würde des Künstlers, stehen zwischen trivialen, sentimentalen Anforderungen, so daß man nicht weiß wo einem der Kopf steht. Das Pariser gesellschaftliche Gewäsch, die falschen, lügenhaften Wendungen verführen ihn oft, wider besser Wissen und Gewissen, und auf einmal dringt seine bessere Natur, sein großer Geist wieder durch und er trifft, Schlag auf Schlag, wieder den rechten Fleck. Es wäre eine gar artige und lustige Arbeit wenn man Mut genug hätte das Werk zu übersetzen, und immer mit seinem Texte zu kontrovertieren, ohne ihm Beifall zu geben, ihn zu erläutern oder erweitern«.

Schiller seinerseits, dem G. das Buch am 10.12. 1796 zukommen ließ, ließ sich zunächst durch die anregende Lebhaftigkeit und den Gedankenreichtum des Werkes bestechen (an G., 12.12. 1796; vgl. auch an Körner, 27.12. 1796), bevor eine zweite Lektüre ihn davon überzeugte, daß Diderot die von der »neueren Philosophie« (Kant) entdeckte Autonomie der Kunst noch verkannt habe, da er weiterhin ihre Wirkung in ihrem Inhalt und »in einem bestimmten Resultat für den Verstand oder für die moralische Empfindung« suche, während doch das »wahrhaftig Schö-

ne und Vollkommene« in ihr schon den »Menschen notwendig verbessert« (an G., 7.8. 1797). Dieser Meinung schloß sich G. in seinem Antwortbrief an, indem er ebenfalls betonte, daß die Kunst als autonomer Bereich ihren eigenen Gang zu gehen habe und keinem anderen »subordinieret« sein dürfe. Es sei sogar erstaunlich, daß Diderot »bey einem so hohen Genie, bey so tiefem Gefühl und klärem Verstand« diesen wesentlichen Punkt habe übersehen können (an Schiller, 12.8. 1797). Diese Kritik bezieht sich aller Wahrscheinlichkeit nach insbesondere auf die Stelle im fünften Kapitel, an der Diderot an den entgegengesetzten Beispielen François Bouchers und Jean-Baptiste Greuzes demonstriert, daß den Werken des Malers und des Bildhauers wie denen des Dichters eine ethisch-gesellschaftliche Intention zugrunde liegen müsse (Diderot 1984, S. 391–393).

Erst im nächsten Jahr verwirklichte G. sein Projekt einer kommentierten Übersetzung der *Essais* als Beitrag für die neugegründete Zeitschrift *Die Propyläen*. Er beschränkte sich dabei aber auf die ersten beiden Kapitel. Am ersten Kapitel arbeitete er dann am 11. und 12. August und Ende September in Jena, am zweiten vom 16. bis zum 21. November ebenfalls in Jena. Gespräche mit Schiller über den *Versuch* sind anzunehmen. Die Einleitung (»Geständnis des Übersetzers«) und das erste Kapitel erschienen 1799 im zweiten Heft des ersten Bandes (S. 1–44) der Revue, das zweite im ersten Heft des zweiten Bandes (S. 4–47). Drei im G.- und Schiller-Archiv aufbewahrte Handschriften (vgl. WA I, 45, S. 354ff.) gewähren uns einen Einblick in den Entstehungsprozeß des Aufsatzes, die Druckvorlage selbst ist allerdings nicht erhalten geblieben. Ein kurzer Abschnitt aus dem Manuskript wurde für den Druck nicht übernommen (vgl. Paralipomenon; WA I, 45, S. 370f.). Der Erstdruck, wie er dem Neudruck in der Münchner Ausgabe zugrunde liegt, bietet die beste Textgrundlage für die Edition des Werks.

Die Übersetzung fällt in die Zeit, da G. seine kunsttheoretischen Auffassungen entwickelt und insbesondere gegen »die ewige Lüge von Verbindung der Natur und Kunst« (an Meyer,

20.5. 1796) zu Felde zieht. Dies erklärt die Wahl des ersten Kapitels *Meine wunderlichen Gedanken über die Zeichnung*, in dem Diderot nach G. »dem halbwahren Evangelium der Nachahmung der Natur« (MA 7, S. 658) zu sehr verhaftet geblieben ist. Der Kommentar dient also dazu, »das Scheinbare von dem Wahren zu sondern« (MA 7, S. 542) und Diderots »Sophismen« zu entlarven. Die Übersetzung des zweiten Kapitels *Meine kleine Ideen über die Farbe* schließt unmittelbar an eine der Farbentheorie gewidmete Arbeitsperiode an (vgl. Tagebuch, 12. u. 16. 11. 1798). Die Anmerkungen sind weniger kritisch, sie versuchen vor allem, Diderots allzu unsystematisch vorgetragene Gedanken durch die Darlegung der eigenen Farbenlehre zu ergänzen und zu erweitern, wiederholen aber auch gelegentlich allgemeinere Kunstprinzipien. G.s partielle Übersetzung vermittelt ein etwas einseitiges Bild von Diderots Kunstauffassung, die sich keineswegs auf eine naive Mimesis-Lehre reduzieren läßt. Diderot heißt nämlich auch eine expressiv-pathetische Darstellung der Leidenschaften gut und verleiht der starken emotionalen Wirkung auf den Zuschauer den Primat über den schönen Schein: »Touche-moi, étonne-moi, déchire-moi, fais-moi trésaillir, pleurer, frémir, m'indigner d'abord; tu récréeras mes yeux après, si tu peux« (Diderot 1984, S. 389). Die berühmte Formel »Il faut aux arts d'imitation quelque chose de sauvage, de brut, de frappant et d'énorme« (Diderot 1984, S. 388) formuliert eine anti-klassizistische Kunstauffassung, mit der G. schwerlich einverstanden gewesen sein konnte, die er aber unkommentiert ließ. Umgekehrt drückt Diderot seine Bewunderung für die antike Kunstwelt aus und beschreibt ihre Götterdarstellungen im Sinne einer idealisierten Menschheit in Worten, die mit G.s eigenen Formulierungen durchaus vergleichbar sind.

Die geistreiche Einleitung erklärt die Vorzüge des lebendigen Gesprächs der systematischen Abhandlung gegenüber und präsentiert infolgedessen den darauffolgenden Text als ein Streitgespräch »mit einem abgeschiedenen Gegner«, sie betont aber auch dessen hohen programmatischen Wert, da er nämlich als »eine allgemeine Einleitung in die bildende Kunst« zu verstehen sei (MA 7, S. 520). G. erkennt die Absicht der Diderotschen Essays sowie ihren historischen Standort: Sie waren für ihn »gegen pedantische Manieristen der französischen Schule gerichtet« und wollten zu einem Übergang »zum Gefühlten, Begründeten, Wohlgeübten und Liberalen einladen« (ebd.). Doch habe Diderot dabei halbrichtige Maximen entworfen, die heute noch »fortspuken, und sehr willkommen sind, indem sie eine leichtsinnige Praktik begünstigen« (ebd.). Bei aller Rücksichtnahme auf die Historizität der Schrift wird also die schonungslose Auseinandersetzung mit ihr als notwendig betrachtet, da noch immer viele sich auf gewisse darin formulierte Grundsätze stützen, die der Realisierung der wahren Diderotschen Intention eigentlich im Wege stehen, »indem sie sich auf der breiten Fläche des Dilettantismus und der Pfuscherei, zwischen Natur und Kunst hinschleifen, und eben so wenig geneigt sind eine gründliche Kenntnis der Natur, als eine gegründete Tätigkeit der Kunst zu befördern« (MA 7, S. 520f.). Das erste Kapitel enthält die Reflexionen Diderots in der ursprünglichen Reihenfolge, begleitet von zahlreichen recht kritischen Einwänden und Berichtigungen, während das zweite Kapitel sie in sechs Rubriken systematisch ordnet und kommentiert. In beiden Teilen überwiegt der Text G.s quantitativ dem übersetzten Originaltext.

Die Übersetzung bemüht sich um Exaktheit, auch wenn sie etwas freier als die von Cramer ist. Die wenigen Abweichungen, Auslassungen, Lese- und Schreibfehler wurden schon von Ludwig Geiger registriert. Zweimal muß sich G., vor die Unmöglichkeit gestellt, für einen französischen Ausdruck eine befriedigende deutsche Formulierung zu finden, mit einem Kommentar behelfen (vgl. MA 7, S. 563 über das Verb »haleter«, u. MA 7, S. 537 über den Fachausdruck »attitude«). G. dämpft aber auch die eigenartige Dynamik des Diderotschen Textes, seine pulsierende Sprachbewegung. Er schwächt den pathetisch-rhetorischen Ton ab, vermeidet auch die bei Diderot häufig auftretenden rhetorischen Wiederholungen. Die Sprache ist gleitender und abgerundeter, der Rhythmus des Satzes harmonisch wechselnd.

Die unmittelbare Resonanz des *Versuchs* war gering. Da es sich um einen Zeitschriftenaufsatz handelte, gab es keine Rezensionen. Die Freunde, Meyer (an G., 28.11. 1798) und Knebel (an G., 19.3. 1799), begrüßten das Werk mit einigen lobenden, aber eher nichtssagenden Worten. Wilhelm von Humboldt dagegen fand ein besonderes Interesse an dieser Übersetzung, da er gerade in Paris, wo er sich aufhielt, den ganzen Diderot in der Naigeon-Ausgabe gelesen hatte. Er lobte G. dafür, daß er sich gegen »Diderots wirklich anarchistische Grundsätze in der Kunst« erhoben habe. Diderot wurde von ihm zur Verkörperung der französischen Verstandeskultur stilisiert. Es fehle ihm eigentlich »die höhere Anschauungsgabe, die bildende Einbildungskraft«, er bleibe »immer nur räsonnierend und vergleichend« (an G., 18.3. 1799). Im Briefwechsel zwischen G. und Schiller blieb der *Versuch* merkwürdigerweise unerwähnt. Wenn auch zwei Bemerkungen Hegels über die Farbe unmittelbar auf G.s Übersetzung zurückgriffen – vgl. das Zitat in der *Ästhetik*, dritter Teil – (Hegel, Bd. 15, S. 79), so bezog man sich später gewöhnlich doch eher auf die Originaltexte Diderots, so Friedrich Schlegel in seinen *Fragmenten* (vgl. Fragmente 177, 182, 189, 201; *Athenäum*, 1798, I, 2, S. 222f., S. 225 u. S. 229), August Wilhelm Schlegel in *Die Gemälde* (*Athenäum*, 1799, II, 1, S. 39 u. S. 151) oder Friedrich Maximilian Klinger in seinen *Betrachtungen und Gedanken über verschiedene Gegenstände der Welt und der Literatur* (1. T., Nr. 68). Im 19. Jh. dagegen beeinflußte G.s Kommentar nachhaltig die Beurteilung Diderots als Ästhetiker in Deutschland (vgl. Mortier, S. 324).

G.s Anmerkungen müssen im Kontext der neo-klassischen Kunsttheorie, wie sie insbesondere im Programm der *Propyläen* (vgl. Einleitung; MA, 6.2, S. 9–26) formuliert ist, interpretiert werden. Beide Texte kreisen nämlich um das Problem des Verhältnisses zwischen Kunst und Natur. Wenn auch G. vom Künstler verlangt, er solle sich »an die Natur halten, sie studieren, sie nachbilden«, so liegt dennoch für ihn immer eine »ungeheure Kluft«

zwischen beiden Bereichen, die die Mimesis-Lehre Diderots nur ungenügend berücksichtigt habe (MA 6.2, S. 13). Deswegen verändert er die Bemerkung Diderots, die Natur mache »nichts inkorrektes«, in »nichts inkonsequentes«. Korrektur impliziert nämlich die Existenz von durch den Menschen festgelegten Regeln, die die Erzeugung des äußeren schönen Scheins zum Zweck haben, während die Natur nur um die Erhaltung und Fortpflanzung des Geschöpfes besorgt ist, »unbekümmert ob es schön oder häßlich erscheine« (MA 7, S. 521). In G.s Augen hatte Diderot voreilig den Schluß gezogen, der Künstler habe nichts Besseres zu tun, als »die Geschöpfe darzustellen, wie sie sind« (MA 7, S. 523), eine vollkommene Nachahmung anzustreben, was den Unterschied zwischen der Sphäre der Natur und der der Kunst verwischen, die Aktivität des Wissenschaftlers mit der des Künstlers »amalgamieren« hieße. Der Naturwirklichkeit wird der schöne Schein der Kunst entgegengehalten. Wenn aber G. dann behauptet, der Künstler sei »nur zur Darstellung der Oberfläche einer Erscheinung berufen« (ebd.), während der Naturforscher ins Innere der Organisation der lebendigen Wesen dringe, so darf diese Behauptung nicht mißverstanden werden. Der Künstler, um das Äußere richtig darzustellen, benötige nämlich eine tiefe Kenntnis der inneren Organisation des dargestellten Wesens (vgl. MA 7, S. 533). Das genaue Studium der Natur und insbesondere der menschlichen Anatomie, dessen Nutzen von Diderot in Zweifel gezogen worden war (vgl. MA 7, S. 532f.), wird auf diese Weise von G. gerechtfertigt, wie er es zuvor schon in der Einleitung der *Propyläen* getan hatte (vgl. MA 6.2, S. 14f.). Denn wenn es auch für den Künstler vor allem auf das Anschauen ankomme, so stellt G. doch fest: »was man weiß, sieht man erst!« In der Kenntnis liegt also für ihn eigentlich »die Vollendung des Anschauens«. Der Stil beruht bekanntlich für G. »auf den tiefsten Grundfesten der Erkenntnis, auf dem Wesen der Dinge, insofern es uns erlaubt ist es in sichtbaren und greiflichen Gestalten zu erkennen« (*Einfache Nachahmung der Natur, Manier, Styl*; MA 7, S. 188).

Das Kunstwerk ist aber ein Produkt des menschlichen Geistes und der menschlichen Aktivität. »Der Künstler muß den Kreis seiner Kräfte kennen, er muß innerhalb der Natur sich ein Reich bilden; er hört aber auf ein Künstler zu sein, wenn er mit in die Natur verfließen, sich in ihr auflösen will« (MA 7, S. 529). Am Beispiel der Oper hatte G. schon früher gezeigt, daß das »Naturwahre« nicht mit dem »Kunstwahren« identisch sei: denn es komme auf die »innere Wahrheit« des Kunstwerks an, das eine »kleine Welt« bilde, die »nach ihren eignen Gesetzen beurteilt« werden müsse (MA 4.2, S. 92). Diderot gegenüber betont er deswegen, die Kunst »hat ihre eigne Tiefe, ihre eigne Gewalt; sie fixiert die höchsten Momente dieser oberflächlichen Erscheinungen, indem sie das Gesetzliche darin anerkennt, die Vollkommenheit der zweckmäßigen Proportion, den Gipfel der Schönheit, die Würde der Bedeutung, die Höhe der Leidenschaft« (MA 7, S. 527). Der Künstler ahmt die Natur nicht nach, er schafft eine »zweite Natur, aber eine gefühlte, eine gedachte, eine menschlich vollendete« (ebd.). Diese zweite Natur, die in anderen Texten als »natürlich zugleich und übernatürlich« (MA 6.2, S. 13), als »übernatürlich, aber nicht außernatürlich« (MA 4.2, S. 94) bezeichnet wird, ist universeller und »bedeutender« als die empirische Wirklichkeit, weil sie als individuelle Erscheinung zugleich symbolhaft auf das Allgemeine hinweist.

Die Berufung auf die Autonomie der Kunst bringt G. dazu, die Kunstregeln gegen Diderot in Schutz zu nehmen, der in ihnen lediglich willkürliche Konventionen sehen wollte, über die sich der der Natur treu folgende Künstler hinwegsetzen darf und soll. Sie sind dagegen für G. wahre Gesetze, weil »sie in der Natur des bildenden Genius liegen« (MA 7, S. 525). Es ist ihm deshalb auch unmöglich, der grundsätzlichen Infragestellung des Kunstunterrichts durch Diderot beizustimmen, denn es genügt nicht, den Lehrling an die Natur zu verweisen, »der Lehrling muß erst wissen, was er zu suchen hat, was der Künstler aus der Natur brauchen kann, wie er es zu Kunstzwecken brauchen soll. Sind ihm diese Vorübungen

fremd, so helfen ihm alle Erfahrungen nichts, und er wird nur, wie viele unsere Zeitgenossen, das Gewöhnliche, Halbinteressante, oder das, auf sentimentalen Abwegen, falsch Interessante darstellen« (MA 7, S. 537). Das technische Können, wie es die Tradition bewahrt und es die Kunstakademien vermitteln, bietet allein Schutz gegen den überhandnehmenden »Dilettantismus«. Die Schemata zum Dilettantismus wurden gemeinsam mit Schiller 1799 entworfen. Diese Einstellung entspricht recht eigentlich der Absicht der *Propyläen* und der damit verbundenen Unternehmungen der Weimarer Kunstfreunde (Kunstausstellungen, Preisausschreiben), die das Bekanntmachen der wahren Grundsätze, nach denen der Künstler sich richten kann, bezweckten (vgl. MA 6.2, S. 136). Der Verzicht auf solche durch den Unterricht vermittelten Grundsätze und Kenntnisse käme der subjektiven »Manier«, in die die Jugend nur allzu leicht in ihrem blinden Glauben an den individuellen Weg zur Kunst verfällt, und der sentimentalen Genremalerei zugute, nicht der echten Kunst. Denn die höchste Stufe der Kunst, der Stil, lasse sich nur mit Hilfe einer strengen Methode erreichen (vgl. MA 7, S. 551 u. S. 556f.). Auch wenn Diderot den Jüngling mit Recht vor der »Afterschule« warnte, solle er sich dennoch wohl hüten, ihm die »echte Schule« verdächtig zu machen (MA 7, S. 562). Dies gilt sowohl für die Zeichnung als auch für die Farbe. Voller Ironie wendet sich G. in diesem Bereich gegen die »fratzenhafte Genialität« (ebd.) und Diderots Kult der »tumultuarischen« Spontaneität (MA 7, S. 564).

Auch scheinen Diderots oft paradoxe Formulierungen einem verderblichen Naturalismus Tür und Tor zu öffnen, der das »Charakteristische« über das Idealschöne erhebt. Wenn auch G. nichts gegen die »charakteristische Gestalt«, die durch Alter und Beruf determinierte Figur, einzuwenden hat (MA 7, S. 530) und nur die »Fratze und völlige Disharmonie«, die »Karikatur« (MA 7, S. 559), verurteilt, so ist er doch andererseits nicht bereit, die Gestalt eines Menschen, die keine Spur von einer solchen Determination trägt, wie Diderot als »Chimäre« zu bezeichnen. Für ihn ist sie vielmehr ein »Ideal«. G. verlangt nämlich, »daß man die Gesetzlichkeit des Organischen auf dem Höhepunkt seiner Bildung, in dem harmonischen, reifen, vollendet gestalteten Körper erfasse« (Dieckmann, S. 485). Die vollkommenen Proportionen des menschlichen Körpers, wie sie in der idealen Schönheit der griechischen Götterbilder zum Vorschein kommen, bieten deshalb den schönsten Gegenstand für die Kunst. Diese Götterbilder, in denen dem vorübergehenden Zustand der Jugend ewige Dauer verliehen wurde, zeigen zudem noch einen der größten Vorteile der Kunst, »daß sie dasjenige dichterisch bilden darf, was der Natur unmöglich ist, wirklich aufzustellen« (MA 7, S. 532).

Die kommentierte Übersetzung des Diderotschen Textes bildet einen wichtigen Bestandteil der neo-klassischen Kunstauffassung G.s, wie sie in dem *Propyläen*-Projekt zum Ausdruck kommt. Die zahlreichen kritischen Stellungnahmen, die sie enthält, geben ihm nämlich die Möglichkeit, – wie in seinen anderen Beiträgen für die Zeitschrift – die ästhetischen Hauptpositionen der »Weimarer Kunstfreunde« zu formulieren. Die Nähe zur Einleitung in die *Propyläen*, in der er ebenfalls gegen eine falsch verstandene Mimesis-Lehre polemisch zu Felde zieht, ist besonders auffallend. Die Undeutlichkeit und Verworrenheit der Diderotschen Gedanken über das Verhältnis zwischen Kunst und Natur und die essayistische paradoxe Schreibweise provozieren eine klärende Stellungnahme. So führt das bei Diderot konstatierte »Amalgamieren« von Kunst und Natur G. dazu, die Autonomie des Kunstwerks und seine Eigenständigkeit der Wissenschaft und der Moral gegenüber zu behaupten, die »Kunstwahrheit« als »schönen Schein« der »Naturwahrheit« gegenüberzustellen und den »Stil« als höchste Stufe der Kunst zu definieren. Indem G. gegen Diderots Mißachtung der Kunstregeln und des Kunstunterrichts, die er als eine Ermutigung zum verhaßten Dilettantismus auffaßt, die Notwendigkeit der theoretischen und praktischen Ausbildung für die jungen Künstler und die Kenntnis der Kunstgesetze verteidigt, stützt er sich ebenfalls auf das in den *Propyläen* entworfene Programm.

»Die höchste Wirkung des Geistes ist, den Geist hervorzurufen« (MA 7, S. 541), so endet der Kommentar zum ersten Kapitel des *Essais*. Wenn auch G. manchmal streng mit Diderot ins Gericht zu gehen scheint – fünfmal wird das Wort »Sophist« auf ihn angewandt –, so wird er doch auch als »unser Freund und Gegner« (MA 7, S. 534) oder einfach als »unser Freund« (MA 7, S. 536) apostrophiert. Die Diskussion, bei der G. naturgemäß »das letzte Wort« behält, hat sich für ihn als fruchtbar erwiesen, gab sie ihm doch die Möglichkeit, Grundmaximen seiner klassischen Kunsttheorie in einer Epoche zu entwickeln, die ihm zwischen den beiden Übeln des »Naturalismus« und der »neukatholischen Sentimentalität«, dem ihm ebenfalls verhaßten »klosterbrudrisierenden, sternbaldisierenden Unwesen« der Romantik (MA 6.2, S. 537), zu schwanken schien.

Literatur:

Athenäum. Eine Zeischrift von August Wilhelm Schlegel und Friedrich Schlegel. 3 Bde., Berlin 1798–1800. – Correspondance littéraire. Jg. 1766. – Diderot, Denis: Essais sur la peinture. Paris 1795. – Ders.: Salon de 1765. Essais sur la peinture. In: ders.: Œuvres complètes. Bd. 14. Paris 1984. – Ders.: Versuche über die Malerei. Übersetzung von Carl Friedrich Cramer. Riga, Leipzig 1797. – Dieckmann, Herbert: Goethe und Diderot. In: DVjs. 10 (1932), S. 478–503. – Döring, Oskar: Goethe und Diderot über die Malerei. In: PreußJbb. 81 (1888), S. 393–404. – Geiger, Ludwig: Zu Goethes Übertragungen. In: GoetheJb. 10 (1889), S. 250–252. – Hegel, Georg Wilhelm Friedrich: Werke in zwanzig Bänden. Bd. 15: Vorlesungen über die Ästhetik III. Frankfurt/M. 1970. – Klinger, Friedrich Maximilian: Sämtliche Werke in zwölf Bänden. Bd. 2. Stuttgart, Tübingen 1842. – Mortier, Roland: Diderot en Allemagne (1750–1850). Paris 1954. – Müller, Herta: Stilistische Untersuchungen zu Diderot: *Essai sur la Peinture* anhand der Übersetzung von Goethe und Carl Friedrich Cramer. Phil. Diss. Tübingen 1954 (Masch.). – Propyläen. 2 Bde. Tübingen 1798–1799. – Rouge: Goethe et *L'Essai sur la Peinture* de Diderot. In: EG. 4 (1949), S. 227–236.

Roland Krebs

Rameaus Neffe

G.s Übersetzung von Denis Diderots Dialog *Le Neveu de Rameau* stellt einen höchst merkwürdigen Fall in der ohnehin einzigartigen Rezeptionsgeschichte des Diderotschen Spätwerks dar. Sie machte nämlich einen Text zugänglich, der in Frankreich selbst unbekannt geblieben war, und stellte deswegen als Rückübersetzung die Grundlage der ersten französischen Edition dar. Sie bildete aber auch den Höhepunkt der Beschäftigung G.s mit dem französischen Aufklärer und zählt zu den berühmtesten Übersetzungen der Weltliteratur.

Man hat mit Recht die Überlieferungsgeschichte des Diderotschen Textes als einen »bibliographischen Roman« (Tourneux) bezeichnet. Der Dialog, der zunächst im Jahre 1762 unter dem Eindruck einer Begegnung mit dem verkommenen Neffen des großen Komponisten Jean-Philippe Rameau und als Antwort auf das Stück Palissots *Les Philosophes* (1760) niedergeschrieben wurde, ist von Diderot ab 1773 bis 1774 überarbeitet und ergänzt worden. Diese Entstehungsgeschichte hat schon G. dazu veranlaßt, einen ursprünglichen »in der ersten Hitze« (MA 7, S. 688) der Polemik verfaßten Textkern von den späteren Episoden zu unterscheiden. Schon die zahlreichen im Dialog enthaltenen persönlichen Angriffe schienen eine Veröffentlichung von vornherein unmöglich zu machen. Da Diderot aber schon zu Lebzeiten seine Bibliothek an Katharina II. von Rußland verkauft hatte, gelangte nach seinem Tod 1784 eine Kopie der Satire unter anderen Manuskripten nach Sankt-Petersburg. Man nimmt an, daß der in russischen Dienst getretene Friedrich Maximilian Klinger seinerseits eine Abschrift dieser Kopie verfertigen ließ, mit der Absicht, sie zu veröffentlichen. Sicher ist jedenfalls, daß er schon 1799 mit dem Rigaer Verleger Johann Friedrich Hartknoch Verhandlungen über eine Veröffentlichung aufnahm, die allerdings erfolglos blieben. Er vertraute dann das Manuskript dem mit ihm befreundeten Weimarer Kammerherrn Wilhelm von Wolzogen an. Letzterer ließ es nach einem neuen Versuch, es in Paris zu verkaufen, bei einer Durchreise in Weimar bei seinem Schwager Schiller zurück. Schiller, der sich sofort dafür begeisterte, überzeugte 1804 den Leipziger Verleger Georg Joachim Göschen, zunächst eine deutsche Übersetzung des Dialogs als Vorbereitung für die Veröffentlichung der französischen Originalfassung zu publizieren, und gewann G. für dieses Projekt. Der geringe Absatz der deutschen Übertragung vereitelte aber das verlegerische Kalkül. Die Kopie ging Ende 1805 wieder nach Sankt-Petersburg zurück, wo sie seither verschollen ist. Nach dem heutigen Stand der Forschung ist die jetzt in der Bibliothek Saltykow-Stschedrin aufbewahrte Kopie (Manuskript L) diejenige, die der von G. benutzten am nächsten kommt. Sie wurde übrigens im 19. Jh. gelegentlich für Textausgaben verwendet (Isambert, Tourneux), bis 1891 die zufällige Entdeckung eines eigenhändigen Manuskripts von Diderot durch Georges Monval das editorische Problem endgültig löste. Seither fußen alle Editionen auf diesem Manuskript.

Schiller vermittelte nicht nur zwischen Friedrich Maximilian von Klinger, G. und Göschen, er wurde von Anfang an eng in die Arbeit eingebunden. Der Briefwechsel bezeugt, daß diese Übersetzung zu den wichtigen gemeinsamen literarischen Unternehmungen der beiden Autoren gehört. G. begann die Übersetzung Ende November 1804 (vgl. Tagebuch, 26.11.1804) und hoffte, schon Ende Januar damit fertig zu werden. Doch entdeckte er bald die Notwendigkeit, den historischen und kulturellen Kontext des Gesprächs durch Anmerkungen zu erhellen, was die Arbeit wesentlich verlängern sollte (an Schiller, 21.12.1804). Dies veranlaßte ihn, im Winter 1805 das französische Literatur- und Kulturleben des vergangenen Jahrhunderts eingehend zu studieren. Am 24.1.1805 ließ G. das Manuskript der Übersetzung Schiller zur Überprüfung zukommen. Die Arbeit an den Anmerkungen, durch Krankheit mehrmals unterbrochen, wurde erst am 25.4.1805 abgeschlossen. G. war sich der Mängel seiner Arbeit wie der Brisanz gewisser darin enthaltener Bemerkungen voll bewußt: »Wäre nicht alles, was man tut und schreibt, am Ende extemporiert, so würde ich bei den sehr extemporierten Anmerkungen manches Bedenken haben. Mein größter Trost ist dabei, daß ich sagen kann: sine me ibis liber, denn ich möcht nicht gern überall gegenwärtig sein, wohin es gelangen wird« (an Schiller, 25.4. 1805). Das Buch erschien im Mai 1805 in einer Auflage von 1500 Exemplaren. Das Manuskript der Übersetzung ist uns so wenig wie die benutzte Kopie erhalten geblieben. Wir verfügen lediglich über ein Halbblatt mit Notizen und den handschriftlichen Text des in letzter Minute ausgeschalteten Artikels »Le Mierre« (vgl. Paralipomena; WA I, 45, S. 337f.). Die beste Textgrundlage bietet der Erstdruck, wie er dem Neudruck in der Münchner Ausgabe zugrundeliegt.

Auf G.s Veröffentlichung folgte ein Nachspiel, das eine neue Episode in der bewegten Rezeptionsgeschichte des Werkes darstellt. In Frankreich, wo Diderots Satire unbekannt geblieben war, übersetzten nämlich 1821 zwei junge Adlige, Joseph-Henri de Saur und Léonce de Saint-Geniès die G.sche Fassung, die sie für einen Diderotschen Originaltext ausgaben, ins Französische. G.s Ausgabe von 1805 enthielt neben der Übersetzung selbst dreißig Anmerkungen in alphabetischer Reihenfolge von unterschiedlicher Länge und Wichtigkeit. Einige unter ihnen gehen über das Faktische hinaus und enthalten grundsätzliche Stellungnahmen, so die Artikel »Geschmack«, »Musik«, »Rameaus Neffe« und »Voltaire«. Die Anmerkungen wurden ihrerseits 1823 als eine eigenständige Studie G.s über die französische Literatur getrennt publiziert (*Des hommes célèbres de France au dix-huitième siècle et de l'état de la littérature et des arts à la même époque par M. Goëthe*). G., der dieses literarische Verwirrspiel zunächst mit auffallender Nachsicht aufgenommen hatte (vgl. seine Rezension in *Kunst und Alterthum* IV, 1; MA 7, S. 695f.), wurde später zu einer deutlicheren Stellungnahme bewegt, als Brière, der erste Herausgeber einer authentischen Fassung des Werkes, sich 1823 brieflich an ihn wandte mit der Bitte, die Echtheit des von ihm publizierten Textes zu bezeugen. Dies tat er dann in weiteren Artikeln, in denen er

»den großen und unersetzlichen Schaden, welche falsche ganz oder halb erlogene Schriften im Publikum anrichten« (MA 7, S. 703), beklagte. Die Nachsicht, mit der G. das doch recht unbekümmerte Verfahren der beiden »geistreichen jungen Männer« (MA 7, S. 704) anfänglich beurteilt hatte, erklärt sich zweifelsohne durch den Wert, den er auf all das legte, was »die Einwirkungen der Literaturen in einander« begünstigte, wozu de Saur und Saint-Geniès auf ihre Weise beigetragen hatten. Sie hatten ja immerhin den Franzosen die Übersetzung G.s bekannt gemacht und ihnen in *Des hommes célèbres* eine wenn auch recht fehlerhafte Einführung in sein Leben und in sein Werk geboten. Allerdings wird er sich etwas später auf die Bearbeitung seiner Anmerkungen zu *Rameaus Neffen* beziehen, um die Tatsache zu beklagen, daß die Franzosen weiterhin unfähig seien, sich das Fremde anzueignen, ohne es zu verunstalten (an Zelter, 11.4. 1825).

G.s Kenntnis der französischen Sprache ist unterschiedlich beurteilt worden. So hat Rudolf Schlösser behauptet, daß G., wenn auch seit Kindheit mit dem Französischen vertraut, doch ein systematisches Erlernen der Fremdsprache stets vernachlässigt habe und infolgedessen nicht über die »unbedingte Sicherheit des Einzelverständnisses, die man von dem Übersetzer eines schwierigen Werkes fordern sollte«, verfügt habe (S. 125), während Albert Fuchs ihm im Gegenteil eine gründliche Kenntnis der französischen Sprache bescheinigt hat. Der Text stellt ohnehin jeden Übersetzer vor eine schwierige Aufgabe, da der glänzend geschriebene Dialog die verschiedensten Sprachregister umfaßt. Ohne Zweifel hat G. gewisse idiomatische Redewendungen nicht richtig verstanden. Andere Fehler lassen sich durch offensichtliche Verlesungen erklären, ohne daß man heute diejenigen, die sich schon in der benutzten Kopie befanden, von denen, deren sich G. selbst schuldig machte, zu unterscheiden weiß. Die Übersetzung genügt auch nicht immer der heute geforderten Exaktheit. Kleinere Auslassungen oder Verwechslungen zeugen von einer gewissen Flüchtigkeit der Arbeit.

Die zynischen Reden des Neffen und die manchmal anstößigen Anekdoten, die er zum Besten gibt, warfen das Problem der Dezenz auf. Was war eigentlich dem deutschen Publikum auf diesem Gebiet zumutbar? Der zu Rate gezogene Schiller empfahl, »sich bei den unanständigen Worten mit den Anfangsbuchstaben [zu] begnügen und dadurch dem Wohlstand seine Verbeugung [zu] machen ohne die Sache aufzuopfern« (an G., 24.1. 1805), ein Ratschlag, dem G. auch an einigen Stellen folgte. Milderungen sind auch hie und da bei einigen besonders derben Ausdrücken bemerkbar, so wenn G. »se rouler sur de jolies femmes« durch »hübsche Weiber zu besitzen« (MA 7, S. 599) oder »et coucherait avec sa mère« in »und entehrte seine Mutter« (MA 7, S. 644) abschwächt. An drei Stellen hat G. darauf verzichtet, eine genaue Übersetzung zu geben. Einmal tut er es sicherlich aus Rücksicht auf den vielleicht noch lebenden Palissot (an Schiller, 21.12. 1804). Desweiteren werden die genauen Titel zweier erotischer bzw. pornographischer Werke verschwiegen. Schließlich verzichtet er auf die Übertragung der skandalösen Anekdote »des Hämmerchens« und des »schweren Amboßes« (Diderot 1984, S. 141f.), die Rameau über seine ›Wohltäter‹ erzählt, aber nicht ohne die fehlende Stelle in seinem Text zu markieren (MA 7, S. 623f.). Wenn man bedenkt, daß die Tochter Diderots ihrerseits die Manuskripte ihres Vaters von allen anstößigen Worten sorgfältig säuberte, hat G. der Prüderie seines Jahrhunderts nur wenige Zugeständnisse gemacht. Die Vorzüge der Übersetzung liegen auf der Hand. Trotz einiger Gallizismen oder zu wörtlicher Übertragungen ist der Text G.s ein Meisterwerk deutscher Prosa.

Der Erfolg des Buchs war gering, und der Absatz der ersten Auflage zog sich schleppend hin, was sowohl eine zweite Auflage als auch die Veröffentlichung des Originals verhinderte. Später hat G. die schwache Resonanz mehrmals mit den politischen Ereignissen in Beziehung gesetzt: Der neu entbrannte Krieg mit Frankreich und die darauffolgende Invasion durch die napoleonischen Truppen hätten in Deutschland jedes Interesse an einem fran-

zösischen Werk erstickt (vgl. MA 7, S. 696f., S. 704 u. S. 708). Die Erklärung ist chronologisch nicht völlig überzeugend, da Norddeutschland erst Ende 1806 in die Kriegsereignisse hineingezogen wurde (vgl. Mortier, S. 269f.). Dagegen betont G. gleichzeitig mit Recht die Inaktualität des Werkes: Nicht nur schien die darin dargestellte gesellschaftliche und geistige Welt wegen der durch die revolutionären Ereignisse bewirkten Zäsur einer weit entrückten Vergangenheit anzugehören, auch die in Deutschland herrschende Stimmung war einer positiven Aufnahme äußerst ungünstig. Die Rezeption offenbart deshalb einmal mehr die relative Isoliertheit der Weimarer Klassiker und erhellt die damalige Frontstellung im literarischen Feld.

Eindeutig positive Urteile über das Werk sind einzig in brieflichen Äußerungen aus dem nahen Freundeskreis des Übersetzers zu finden. Schiller bekundet seine Anteilnahme noch im letzten seiner geschriebenen Briefe, in dem er übrigens eine treffende Charakterisierung des Werkes bietet (an Körner, 24.4. 1805). Auch Zelter (an G., 8./11.6. 1805) und Wilhelm von Humboldt (an G., 12.4. 1806) äußern sich lobend. Daß August Wilhelm Schlegel dagegen von »einer steifen, ganz französisch lautenden Übersetzung« spricht (an Friedrich de la Motte Fouqué, 12.3. 1806), überrascht zunächst. Als er aber in der Folge Anstoß daran nimmt, daß G. von den »barbarischen Avantagen« (MA 7, S. 666), die die Werke Calderóns und Shakespeares den Zeitgenossen bieten, gesprochen hat und seine angeblich geheime Feindschaft gegen die »neue Schule« erwähnt, zeigt sich, daß das Werk ins Kreuzfeuer der literarischen Streitigkeiten geraten ist. Daß bei diesen negativen Urteilen den ideologischen Positionen eine grundsätzliche Bedeutung zukommt, beweist auch die feindliche Stellungnahme von Friedrich von Gentz: »Die Noten [...] sind bloß trivial und platt; und über Voltaire und d'Alembert heute noch s o zu faseln, ist doch wirklich einem Goethe nicht erlaubt« (an Adam Müller, 13.7. 1805). Die neuen Tendenzen der Zeit – Romantik, Nationalismus und politischer Konservatismus – verbünden sich, um den Aufklärer Diderot und seinen Übersetzer zu disqualifizieren.

Diese Strömungen manifestieren sich auch in den beiden uns bekannten Zeitschriftenrezensionen. Garlieb Merkel in der von August von Kotzebue herausgegebenen Zeitschrift *Der Freimütige* (Nr. 104, 25.5. 1805) behandelt G.s Arbeit eher schonend, macht aber keinen Hehl daraus, daß die Wahl des Dialogs ein Fehlgriff war. Vor allem sei die Hauptgestalt, die Merkel nicht mit Unrecht als einen Vertreter der »literarischen Canaille« bezeichnet, ein zu unwürdiger Gegenstand, um nicht dem ganzen Werk einen unedlen und »zurückstoßenden« Charakter zu verleihen. Auch wenn Merkel dem Dialog einige Verdienste zuerkennt, bestimmt seinen Abscheu vor der Unsittlichkeit im Betragen und in den Grundsätzen der Hauptgestalt die Verurteilung eines Werks, in dessen Geist einzudringen, er sich als völlig unfähig erweist. Die anonyme in der *Allgemeinen Literatur-Zeitung* (Nr. 326, 14.12. 1805) publizierte Rezension, die gewöhnlich dem politischen Schriftsteller August Wilhelm Rehberg zugeschrieben wird, geht noch einen Schritt weiter. Rameau wird als ein Mensch bezeichnet, dessen Erfahrungen »in dem verdorbensten Kreise der üppigen Hauptstadt des leichtsinnigsten Volkes« ihn dazu verleitet habe, »alle Tugend für Hirngespinst, und sittliches Gefühl für Albernheit zu erklären«. Hauptsache in seinen skandalösen Reden sei nämlich nicht die witzige Satire der Reichen und Vornehmen, sie hätten es vielmehr »auf die ganze Moralität in der bürgerlichen Welt abgesehen« (zitiert nach MA 7, S. 1095). Die Gefahr sei umso größer, als der Neffe, wie Rehberg mit Recht bemerkt, oft seinen ehrlichen Gesprächspartner in den Schatten stellt, da Diderot ihm nur allzu oft seinen eigenen Verstand geliehen hat. Die Polemik gegen Palissot und die anderen Gegner der Enzyklopädisten richte sich gegen Männer, deren einziges Verbrechen darin bestanden habe, »etwas früher als das betörte Publikum« die »gefährlichen Narrheiten« einer Scheinphilosophie entdeckt zu haben (MA 7, S. 1096). Zwar ist es dem Rezensenten verständlich, daß man, »wenn man Diderot ist«,

ein solches Buch schreiben kann, daß man sich aber, »wenn man G o e t h e ist, wochenlang mit einem solchen Werke beschäftigen mag, das ist in der Tat nicht einzusehen« (MA 7, S. 1098). Die Verteidigung der gefährdeten sittlichen und gesellschaftlichen Ordnung, zu einer Zeit, als die Aufklärung von konservativen Publizisten weitgehend für den Ausbruch der Französischen Revolution verantwortlich gemacht wurde, erklärt zum größten Teil den gehässigen Ton der Kritik.

In der *Phänomenologie des Geistes* hat kurz darauf Hegel *Rameaus Neffen* im Rahmen seines Systems philosophisch gedeutet. Im Teil B, »Der sich entfremdete Geist. Die Bildung« des Kapitels »Der Geist«, analysiert er den Dialog zwischen »Ich« und »Er« als den zwischen dem »zerrissenen« und dem »ehrlichen« oder »einfachen Bewußtsein«. Ersteres, das in seiner vollkommenen Selbstentfremdung die Welt der Bildung des französischen Geistes des 18. Jhs. vertritt, bleibt der überlegene Sieger, weil der Inhalt seiner Rede, »von und über sich selbst [...] die Verkehrung aller Begriffe und Realitäten, der allgemeine Betrug seiner Selbst und der anderen« ist, aber »die Schamlosigkeit, diesen Betrug zu sagen, ist eben darum die größte Wahrheit« (Hegel, S. 387). Die Gestalt des Neffen wird als ein Augenblick des geschichtlichen Werdens des Geistes, als Zeugnis einer weltgeschichtlichen Veränderung des Bewußtseins, interpretiert, die die Französische Revolution antizipiert. In einem Brief an Friedrich Engels vom 5.4. 1869 wird sich Karl Marx später dieser Interpretation von »old Hegel« anschließen. Michel Foucault hat seinerseits in *Wahnsinn und Gesellschaft. Eine Geschichte des Wahns im Zeitalter der Vernunft* den »Wahnsinn« des Neffen gegen die kartesianische Vernunft ausgespielt. Für ihn drükken seine Reden, wie später der Traum in der Romantik, eine Wahrheit aus, die dem rationalen Diskurs ewig unzugänglich bleiben wird.

Der Neffe erlebte eine literarische Wiedergeburt in E.T.A. Hoffmanns phantastischer Erzählung *Ritter Gluck* (1809). Die Darstellung des darin auftretenden Sonderlings erinnert nämlich in der äußeren Erscheinung wie in dem extravaganten Betragen und der mimischen Begabung an den Helden Diderots. Auch er entwickelt musikästhetische Anschauungen, die sich aber diesmal zeitgemäß auf die romantische Musiktheorie beziehen. Es finden sich im Werk Hoffmanns zusätzliche Hinweise auf den berühmten Dialog, manchmal sogar in der Form von Zitaten, so in der *Nachricht von den neuesten Schicksalen des Hundes Berganza* (1813), in *Johannes Kreislers, des Kapellmeisters, musikalische Leiden* (1810), in einem Artikel über Musik *Zufällige Gedanken bei dem Erscheinen dieser Blätter* (1820) und in den *Lebensansichten des Katers Murr* (1822). Allgemeiner gesehen, verbinden Hoffmann und Diderot die Verwendung des Dialogs in der Erzählung und die Behandlung der Künstler- bzw. der Dilettantenthematik.

Welche Gründe mögen wohl G. zur Übersetzung von *Rameaus Neffen* bewogen haben? Bekanntlich war G. zeitlebens »nicht für Diderot's Gesinnungen und Denkweise, aber für seine Art der Darstellung als Autor« stark eingenommen (*Tag- und Jahreshefte 1804*). Er hatte *Jacques le Fataliste* mit Begeisterung verschlungen und die *Essais sur la Peinture* übersetzt und kommentiert. *Rameaus Neffe* mußte ihn also fesseln: »Frecher und gehaltener, geistreicher und verwegener, unsittlich-sittlicher war mir kaum etwas vorgekommen« (ebd.). Die Anmerkung »Rameaus Neffe« bezeichnet den Dialog als »Meisterwerk« und unterscheidet darin drei Hauptthemen: die satirische Darstellung der Welt der Schmarotzer, »wobei denn ihre Patrone keineswegs geschont werden«, die Polemik gegen die literarischen Feinde (Palissot und die Anti-Enzyklopädisten), die Gedanken über die Musik, in denen Diderot für die neue italienische Musik und gegen die französische Schule Partei ergreift (vgl. MA 7, S. 685f.). Es wäre aber erstaunlich, wenn der Erfinder des Mephistopheles-Faust-Paares nicht auch die zwiespältige Natur der Hauptgestalt und die komplizierte Beziehung zwischen »Er« und »Ich« gespürt hätte, auch wenn er sich wohl hütete, seine Leser darauf aufmerksam zu machen. Man kann auch annehmen, daß in G.s Augen der Dialog eine gewisse literarische Exemplarität besaß und wie die anderen Übersetzun-

gen aus dem Französischen ein kulturpolitisches Ziel verfolgte. Aber konnte einem anscheinend völlig »regellosen« Werk eine erzieherische Rolle zuerkannt werden? In G.s Augen war der Diderotsche Dialog alles andere als formlos, denn, indem es G. gelungen war, »die heterogensten Elemente der Wirklichkeit in ein ideales Ganze zu verbinden« (MA 7, S. 685), hatte er ein echtes Kunstwerk geschaffen, das man wohl der in Deutschland überhandnehmenden »naturalistischen« Mittelmäßigkeit entgegensetzen konnte. Andererseits galt G.s Feindschaft auch der spiritualistischen Tendenz, die er in der neuen Kunstrichtung der Romantik erblickte. Die zornigen Worte, mit denen er das gerade im Jahre 1805 eingetretene Ende der Weimarer Kunstausstellungen kommentierte und dabei das Überhandnehmen einer frömmelnden und beschönigenden Kunstauffassung anprangerte, sowie die unüberhörbare Distanzierung vom Christentum in dem 1805 erschienenen Winckelmann-Aufsatz (vgl. insbesondere die Absätze »Heidnisches«, »Katholizismus«) machen ebenfalls G.s Publikation des kühnen Dialogs verständlich. Die Veröffentlichung eines so charakteristischen Werkes der französischen Aufklärung in einem Augenblick, da sowohl die Aufklärung selbst als auch die französische Kultur als solche so oft verleumdet wurden, ist als eine offene Stellungnahme, wenn nicht gar als eine gezielte Provokation zu betrachten. Andererseits könnte die zeitliche Nähe zwischen der Diderot-Übersetzung und dem Winckelmann-Aufsatz verwundern, wüßte man nicht, daß die Weimarer Klassiker nie das »Charakteristische« für das Idealschöne aufgeopfert haben (vgl. Schiller an G., 7.7. 1797, u. die Antwort G.s am 8.7. über Alois Hirts *Laokoon*-Aufsatz). *Rameaus Neffe* kann in dieser Hinsicht auch als ein Pendant zur Winckelmann-Würdigung und als ein Gegengewicht zu einer einseitigen Betonung des Idealschönen gelten.

Die Anmerkungen enthalten ihrerseits grundsätzliche programmatische Äußerungen G.s und beziehen sich mehr oder weniger offen auf die deutsche Gegenwart. Sie lassen sich auch zum Teil in G.s und Schillers Kampf gegen Zeitgenossen und Publikum einreihen. Beide waren sich übrigens der Aktualität und der Agressivität gewisser Bemerkungen bewußt (vgl. G. an Schiller, 20.2. 1805; Schiller an G., 24.4. 1805). So gibt der Artikel »Geschmack« G. nicht nur Gelegenheit, der französischen »Verstandeskultur« gegen die unter Zeitgenossen gängig gewordene Verurteilung Gerechtigkeit widerfahren zu lassen (vgl. auch den Artikel »Voltaire«), er betont gleichzeitig, daß dem Genie »der Geschmack angeboren« sei und weist somit die »verneinende beengende« Auffassung des Geschmacks »der nicht hervorbringenden Naturen« zurück (MA 7, S. 665f.). G. wehrt sich auf diese Weise gegen die philiströse Kritik, der seine eigenen Produktionen seit Jahren ausgesetzt gewesen waren. Indem er am Beispiel von d'Alembert (Artikel »d'Alembert«) beklagt, daß die Mißgünstigen »jeden trefflichen Mann in sein Verdienst einsperren und ihm eine vielseitige Bildung, die allein Genuß gewährt, verkümmern« (MA 7, S. 656f.), denkt er an die ihm oft versagte Anerkennung seiner wissenschaftlichen Verdienste. Den gehässigen Angriffen Kotzebues nicht zuletzt gegen sein Privatleben begegnet er, indem er Palissots Stück *Les Philosophes* (Artikel »Die Philosophen«) als »einen Appell an die Gemeinheit, jenen Hauptkunstgriff derer, die sich dem Vorzüglichen widersetzen« charakterisiert und diesen als »unerträglich und verächtlich« (MA 7, S. 676) bezeichnet. Noch deutlicher bezieht sich G.

auf die kleinliche Kritik, der er ständig ausgesetzt war, wenn er eine klare Trennungslinie zwischen den Sphären des literarischen und des sittlichen Urteils zieht: »Niemand gehört als sittlicher Mensch der Welt an«. Diese oft mißverstandene Äußerung entzieht das künstlerische Werk nicht jeglicher moralischen Beurteilung, sondern wehrt sich gegen jede Verwechslung der künstlerischen Qualität eines Werks mit dem persönlichen und menschlichen Wert seines Schöpfers.

Literatur:

Butzlaff, Wolfgang: Goethe als Übersetzer. In: JbWGV. 92/93 (1988/89), S. 33–66. – Diderot, Denis: Le Neveu de Rameau. In: Oeuvres complètes. Bd. 4. Paris 1989. – Ders.: Rameaus Neffe. Übersetzt von Goethe. Zweisprachige Gesamtausgabe. Hg. von Horst Günther. Frankfurt/M. 1984. – Dieckmann, Herbert: Goethe und Diderot. In: DVjs. 10 (1932), S. 478–503. – Grappin, Pierre: Goethe et les philosophes français du XVIIIe siècle. In: Goethe et l' esprit français. Actes du colloque international de Strasbourg. Paris 1959, S. 211–218. – Hegel, Georg Wilhelm Friedrich: Phänomenologie des Geistes. Frankfurt/M. 1973. – Kolb, Jocelyne: Presenting the Unpresentable: Goethe's Translation of *Le Neveu de Rameau*. In: GoetheYb. 3 (1986), S. 149–163. – Mortier, Roland: Diderot en Allemagne (1750–1850). Paris 1954. – Schlösser, Rudolf: *Rameaus Neffe*. Studien und Untersuchungen zur Einführung in Goethes Übersetzung des Diderotschen Dialogs. Berlin 1900.

Roland Krebs

Zum Schäkespears Tag

G.s Aufsatz ist für den 14.10. 1771 verfaßt worden. Dieser Tag war der protestantische Namenstag für »Wilhelm«. Wir finden einen ersten Hinweis auf die geplante Rede in einem Brief an Johann Gottfried Röderer, der, gleich alt wie G., in Straßburg Theologie studierte und mit Jakob Michael Reinhold Lenz und Johann Kaspar Lavater befreundet war. G. war im August 1771 nach Frankfurt zurückgekehrt und berichtet in diesem Brief an Röderer von sich nicht sehr viel, nimmt aber die Gelegenheit wahr, etwas über die von ihm in Straßburg wahrgenommene »deutsche Baukunst« zu schreiben, und in einem Nachsatz heißt es: »Wenn Sie es als Theolog übers Herz bringen können, so versagen Sie mir Ihre Stimme nicht, da ich bey der Gesellschaft durch Hrn. Jung um einen Ehrentag des edlen Schakspears ansuche« (an Röderer, 21.9. 1772). Johann Heinrich Jung war damals Student der Medizin in Straßburg; die Gesellschaft, von der in G.s Brief die Rede ist, ist Johann Daniel Salzmanns »Gelehrte Übungsgesellschaft« in Straßburg, der auch G. angehört hatte. G.s Aufsatz, vielleicht für Straßburg gedacht – darauf deuten Stellen wie »Erwarten Sie nicht, das ich viel und ordentlich schreibe« (WA I, 37, S. 130) und: »Ich will abbrechen, meine Herren, und morgen weiter schreiben« (WA I, 37, S. 132) – wurde allerdings dann dort nicht verlesen, da Franz Christian Lerse die Festrede auf der Straßburger Shakespeare-Feier hielt. Aber sie kam am gleichen Tag, dem Wilhelms-Tag, bei einer Veranstaltung im väterlichen Haus in Frankfurt zum Vortrag. Im Haushaltungsbuch von Rat G. ist für jenen Tag ein »Dies onomasticus Schackspear« vermerkt. Eigentlich sollte in Frankfurt Johann Gottfried Herders Shakespeare-Aufsatz zu Gehör kommen; G. hatte in einem Brief an Herder vom September 1771 geschrieben: »Ich soll [...] Sie auf den 14. October invitiren, da Shakespeares Namenstag mit großem Pomp hier gefeiert werden wird. Wenigstens sollen Sie im Geiste gegenwärtig sein, und wenn es möglich ist, Ihre Abhandlung auf den Tag einsenden, damit sie einen Theil unsrer Liturgie ausmache«. Aber Herders Aufsatz lag am 14. Oktober nicht vor. So wurde G.s Rede verlesen. Die Handschrift von G.s Rede fand sich im Nachlaß von Friedrich Jacobi und liegt heute im Freien Deutschen Hochstift in Frankfurt. Sie wurde erstmals von Otto Jahn in der *Allgemeinen Monatsschrift für Wissenschaft und Literatur* (Braunschweig, April 1854, S. 247ff.) gedruckt. Die Handschrift ist möglicherweise für den Salzmannischen Kreis in Straßburg als »Andacht liturgischer Lection« zum Williams-Tag am 14.10. 1771 gedacht gewesen, aber es bleibt unsicher, ob sie dort neben der Festrede von Lerse vorgetragen wurde. Der genaue Weg der Handschrift, bis sie in den Besitz der Familie Jacobi gelangte, ist unklar. Im folgenden wird die Rede nach der Weimarer Ausgabe (WA I, 37, S. 129–135) zitiert, die auf G.s Reinschrift zurückgeht.

Die Rede hat ausdrücklich Vortragscharakter; die mehrfache Anrede »Meine Herren« macht das ebenso deutlich wie der wiederholte Einbezug der Zuhörer in die Überlegungen des Verfassers. Dennoch mischen sich auch andere Stilelemente mit hinein. Wir finden vor allem zu Beginn der Rede etliche Charakteristika einer säkularen Predigt, wenn G. Lebensbetrachtungen anstellt, Shakespeare mit Prometheus vergleicht und ihm einen quasi göttlichen Rang zuerkennt. Auf der anderen Seite ist diese Rede *Zum Schäkespears Tag* auch Autobiographie; das wird vor allem dort deutlich, wo G. über seine eigenen Leseerfahrungen und über seine Reaktionen auf die Lektüre Shakespeares spricht. Dann ist die Rede *Zum Schäkespears Tag* in einigen Teilen Literaturkritik, etwa dort, wo G. versucht, die Vielgestaltigkeit Shakespeares auf eine entscheidende Qualität hin zu reduzieren und den »geheimen Punckt« (WA I, 37, S. 133) zu finden, der alle Werke Shakespeares bestimmt. Am Schluß ist diese Schrift G.s Aufruf und Manifest, da er seine Zuhörer auffordert, sich seiner Bewertung Shakespeares anzuschließen. Dabei überspringt er durchaus die Grenzen dieser verschiedenen Literaturformen, und Grenzen überspringt er auch dort, wo Shakespeare ausdrücklich als »mein Freund« adressiert wird und auf diese Weise in den Kreis der Zuhörer miteinbezogen ist. Schließlich ist G.s Rede *Zum Schäkespears Tag* eine Streitschrift – gegen die Franzosen und gegen deren Nachahmer. Trotz der relativ großen Freizügigkeit, mit der andere literarische Formen der Rede eingepaßt wurden, bleibt jedoch der rhetorische Grundcharakter des Textes erhalten. Nicht zuletzt spricht der exklamatorische Ton der Rede für sich; G.s eigentliche Absicht ist es, den Zuhörer für sein Thema zu gewinnen und mitzureißen. Dabei nimmt er durchaus nicht die Rolle eines Präzeptors ein, sondern richtet seine Aufrufe, Shakespeare nachzufolgen, gewissermaßen auch an sich selbst.

Die Rede ist insofern Ausdruck des Sturm und Drang, als sich hier ein Ich ungehindert ausspricht. Es ist der eigene Erfahrungshorizont, der zur Schau gestellt und vermittelt werden soll. G. will mehr seine Empfindungen als seine Ideen mitteilen, und der Bereich der Gefühle ist hier allemal höher gestellt als der einer nüchternen Erkenntnis. Die Lektüre Shakespeares, so bekennt er, war eine Art Initialereignis für ihn, und bereits die erste Seite, die er gelesen habe, habe ihn »auf Zeitlebens« verpflichtet (WA I, 37, S. 130). Man ginge zu weit, wollte man feststellen, daß sich hier das Ich verabsolutiert habe – aber es sind die Einsichten und Bekenntnisse eines Einzelnen, die G. präsentiert. Anders gesagt: das Gefühl eines Individuums ist das Vermittlungsmedium, und da G. Shakespeare gewissermaßen mit den Augen der Seele gelesen hat, kann das, was er zu sagen hat, wiederum auch nur durch die Mitteilung von Empfindungen auf den Leser oder Hörer übertragen werden. Er macht dabei keinen Hehl aus den Erlebnismodi, die seine Begegnung mit Shakespeare bestimmt haben: Er »erkannte«, er »fühlte auf's lebhaffteste«, er fühlte »noch immer lebhafft« (ebd.) – diese Wendungen charakterisieren nicht nur die Erfahrungsweisen bei der Lektüre Shakespeares, sondern sein Aneignungsverfahren beim Lesen überhaupt. Auch sein Zugang zum »Griechischen« geht nicht über den Verstand, sondern über das »ich fühls«. Und: Homer und Sophokles und Theo-krit »habens mich fühlen gelehrt« (WA I, 37, S. 131).

G. hat die Eigentümlichkeit seiner Shakespeare-Erfahrung in ein zentrales Bild gebracht, das als Verdeutlichungsäquivalent mystischer Erfahrungen eine lange Tradition hat: er beschreibt die Lektüre Shakespeares als das Erlebnis eines »ungewohnten Lichtes« (WA I, 37, S. 130), und die Erkenntnis, die er dadurch gewann, hat er als unmittelbare visuelle Erfahrung dargestellt, als plötzliche Einsicht und nicht als über den Verstand vermitteltes Wissen. »Nach und nach lernt ich sehen« (ebd.): das Erlebnis Shakespeares ist also ein quasi sinnliches Erlebnis gewesen, und das »nach und nach« darf nicht darüber hinwegtäuschen, daß die ursprüngliche Erfahrung die einer eruptiv hervorbrechenden Einsicht war, nicht die eines langsamen Überzeugtwerdens. Der Blinde ist sehend geworden: Das Erlebnis Shakespeares ließe sich nicht besser beschreiben, und G.s Absicht geht dahin, diese Erfahrung des neuen Sehens an seine Zuhörer und Leser weiterzugeben.

Das geht auch diesen gegenüber nicht über abstrakt formulierte Erkenntnisse und nicht über allgemeine Lebensweisheiten, selbst wenn solche hier und da begegnen – etwa schon zu Beginn der Rede, wo G. die Allerweltsweisheit ausspricht, daß dieses Leben für unsere Seele »viel zu kurz« sei (WA I, 37, S. 129). Weil es sich eben bei der Lektüre Shakespeares um ein seelisches Erlebnis ersten Ranges mit der Kraft einer starken visuellen Erfahrung handelt, kann es auch nur über das erfahrende Ich und dessen Erlebnisweisen vermittelt werden. Unversehens wird die kleine Rede sogar zu einem Theaterstück, das der Verfasser verbaliter aufführt. Er berichtet, daß er »in die freye Lufft« gesprungen sei (WA I, 37, S. 131), nachdem er vorher »wie ein blindgebohrner« gestanden habe (WA I, 37, S. 130). Dann sagt er »geschwind« etwas »hinten drein« (WA I, 37, S. 132), redet darauf Shakespeare an wie einen tatsächlich existenten Menschen, der neben ihm steht, bricht jedoch ab, ruft schließlich exaltiert ein Formelwort aus, in dem sich die ganze Shakespeare-Erfahrung zusammendrängt, hat sie

»alle überm Hals« – und bittet um »Lufft dass ich reden kann!« (WA I, 37, S. 133). G., der über Shakespeares Theater spricht, baut also seine Rede, auch wenn sie anfangs nur als geschriebenes Bekenntnis formuliert gewesen sein mochte, zu einer kleinen Vorstellung aus, um auf diese Weise adäquat seine Zuschauer und Zuhörer zu erreichen: durch eine Inszenierung und nicht durch eine gedankliche Deduktion; durch Gesten und Ausrufe, durch die phantasievoll herbeigezauberte Gegenwart dessen, den er preist, und nicht durch den Versuch, historisch weit Entferntes gedanklich nahebringen zu wollen.

Wie stark die visuellen Erfahrungen und Erkenntnisse, die G. vermitteln will, das Ganze tragen sollen, wird auch noch dort deutlich, wo vom »verdorbnen Geschmack« die Rede ist (WA I, 37, S. 133), also von einer Tradition ästhetischer Empfindungsweisen und Grundsätze, die eigentlich in eine Geschichte literarischer Maßstäbe gehören. Aber alles Historische ist bei G. hinweggeschwemmt. Stattdessen ist davon die Rede, daß der verdorbene Geschmack »dergestalt unsere Augen« umnebelt, »dass wir fast eine neue Schöpfung nötig haben, uns aus dieser Finsternis zu entwickeln« (ebd.) – das Bild von der Initialerkenntnis durch ein neues Sehen ist hier wiederholt. Es geht erneut nicht um negative oder positive Einsichten und Erfahrungen, auch nicht um rational nachvollziehbare Ableitungen, sondern um visuelle Elementareindrücke, um Licht und Finsternis – und im Zeitalter der Aufklärung ist von vornherein klar, daß dem Licht die höhere Qualität als der Finsternis zukommt. So handelt es sich also um »Einsichten« im unmittelbaren und ursprünglichen Sinne des Wortes, die hier beschrieben und vermittelt werden sollen, und so, wie G. seine Erkenntnis als sinnliche, visuelle Erfahrung beschreibt, so gebraucht er seinerseits die Instrumente einer argumentatorischen Unmittelbarkeit, also die Form einer geradezu leidenschaftlichen sprachlichen Vermittlung, die immer wieder zu gestischen Mitteln greift, um überzeugend zu sein. Der Aufbau der Rede in kleinen Gesprächsszenen verstärkt den Eindruck einer theatralischen Aufführung.

Es ist bei alledem mehr als nur eine bildhafte Sprache, die G. nutzt: Er scheut sich nicht, eine Sprache zu sprechen, die gelegentlich in die Nähe religiöser Botschaften gerät. Seele und Herz werden wiederholt apostrophiert. Nicht nur, daß vom »Intermezzo des Gottesdiensts« die Rede ist (WA I, 37, S. 131), wenn G. von der Geschichte des Dramas handelt, es geht auch um »Vollkommenheit« (ebd.), darum, daß Shakespeare mit »Prometheus« wetteiferte (WA I, 37, S. 133). Der Hinweis auf das Pneuma, auf den »Hauch s e i n e s Geistes« (WA I, 37, S. 134) ist ein weiterer Beleg für die göttliche Natur Shakespeares – es ist nur konsequent, daß G. Shakespeare hier fast in Form eines Gottesdienstes feiert; das Frankfurter Wort von der »Liturgie« ist kein verbaler Fehlgriff. Bei der wahren Einsicht in Shakespeares Tun erkennt G., »dass ich ein armer Sünder binn« (WA I, 37, S. 134), und wenn auch das »Herr, er will uns fressen« (ebd.) ein etwas burschikos eingebrachtes Bibelzitat ist, so schließt die Rede doch mit einem: »Auf, meine Herren! trompeten Sie mir alle edle Seelen, aus dem Elysium, des sogenannten guten Geschmacks« (WA I, 37, S. 134f.). Hier wird noch einmal verbaliter das Initiationserlebnis wiederholt und als Aufforderung an seine Zuhörer verstanden, alle anderen aus einem falschen Elysium aufzuwecken: dem visuellen Elementarerlebnis, der Erfahrung des »ungewohnten Lichtes«, entspricht hier ein akustisches Erlebnis gleichen Ranges, das freilich nicht als erfahrene Wirklichkeit, sondern als Wunsch vorgestellt wird. Die Trompetenstöße sind nicht nur verbale Kraftmeierei, sondern müssen verstanden werden im Kontext der etwas verborgenen und doch deutlich genug sichtbaren Bibelanspielungen, und so endet die Rede denn mit der Hoffnung, daß auch anderen das widerfahren möge, was ihm, G., schon widerfahren sei. Seine Zuhörer werden gleichsam zu Missionaren ernannt, die die dunkel dahindämmernden Seelen aufwecken sollen, und da diese müde »ruhen« und ihr Leben »Schatten« ist (WA I, 37, S. 135), sollen die Trompetenstöße der Zuhörer, so hofft G., die »edlen Seelen« – eine Lieblingsvorstellung des 18. Jhs. – aus

dem Schattenreich des schlechten Geschmacks, der nur angeblich ein guter Geschmack ist, aufwecken, sie aus der »langwei-
ligen Dämmerung« befreien (ebd.): die Rede
zielt auf nichts Geringeres ab als auf eine Forderung nach Auferstehung, und zwar einer solchen aus dem Bereich eines unzuträglichen,
falschen, schlechten Geschmacks. Es sind also
im Grunde genommen die Trompeten eines
ästhetischen Jüngsten Gerichtes, die hier indirekt und doch deutlich genug ertönen, um
die Menschheit, um die »edlen Seelen« aus
ihrer fahlen Unterwelt zu befreien. Es geht
demnach um eine Erlösung in aestheticis, eine
Erweckung derer, die »schlaftruncken« sind
(ebd.), und so endet die Rede, die schon zu
Beginn theologisch unterlegt ist, da sie von der
Hoffnung handelt, »auch dann zu bleiben,
wenn das Schicksaal uns zur allgemeinen Non-
existenz zurückgeführt zu haben scheint«
(WA I, 37, S. 129), mit einem Weltuntergang,
der zugleich Befreiung ist, dem Ende des
schlechten Geschmacks und der Auferstehung
der »edlen Seelen« aus dem Gefängnis einer
finsteren traditionellen Ästhetik.

Dennoch läse man den kleinen Aufsatz
falsch, sähe man hier nur ein etwas wildes und
aphoristisch zusammengesetztes Gedankenge-
bäude, dem jeder Zusammenhang jenseits der
Notate über die eigenen Empfindungen fehlt.
Wenn G. über das Erweckungserlebnis berichtet, das ihm die Lektüre Shakespeares bereitet
habe, so mag das für ihn zutreffen – aber er
steht zugleich in einem Strom der Shake-
speare-Interpretation, der relativ weit ins 18.
Jahrhundert zurückreicht. Seine Vorläufer
sind ohne Schwierigkeiten zu benennen. Wenn
G. sich entschließt, »dem regelmäsigen Theater zu entsagen« (WA I, 37, S. 131), so setzt er
eine Linie fort, die spätestens mit Lessing und
dessen Hochschätzung Shakespeares begonnen hat. Die Konfrontation des »regelmäsigen
Theaters« mit Shakespeare findet sich in dem
berühmten Siebzehnten Brief der Lessing-
schen *Briefe, die neueste Literatur betreffend*
vom 16.2. 1759. Dort wird Shakespeare gegen
Corneille und Racine gehalten, und mit Shakespeare steht das »Genie« gegen die »mechanische Einrichtung« (Lessing, Bd. 8, S. 43).

Shakespeares Dramen erscheinen als Stücke,
die »mehr Gewalt über unsere Leidenschaften
haben«, während Corneilles Drama zwar »die
gebahnten Wege der Alten betritt«, aber eben
nicht zu rühren vermag, das heißt: ohne Wirkung auf das Empfinden, auf das Herz und die
Leidenschaftlichkeit des Zuschauers bleibt.
Bei G. sind das die »lästigen Fesseln unserer
Einbildungskrafft«, die das »regelmäsige
Theater« mit sich bringt. Shakespeare erscheint bei Lessing aber nicht nur als »Genie«,
sondern zugleich als derjenige, der »alles bloß
der Natur zu danken zu haben scheinet«
(ebd.), und damit ist nicht nur die Einzigartigkeit Shakespeares benannt, sondern auch das,
was diese Einzigartigkeit ausmacht: das Sprechen der Natur durch seine dramatischen
Werke.

Corneille und Racine sind nicht ausdrücklich Themen in G.s Schrift. Um so deutlicher
wendet er sich gegen denjenigen, der sie in
Deutschland populär gemacht hat, nämlich gegen Johann Christoph Gottsched, und auch
darin geht Lessing ihm voran: seine Kritik an
den Franzosen verbindet sich mit der Kritik an
Gottsched, der diese Franzosen in Deutschland zu etablieren versuchte. Was in Lessings
Augen dagegen spricht, ist vor allem, daß »dieses französirende Theater der deutschen
Denkungsart« (Lessing, Bd. 8, S. 42) nicht angemessen sei. In diesem Urteil verbinden sich
Nationalisierungstendenzen, wie sie im
18. Jh. überall aufflammen, mit der Kritik an
der mangelnden Natürlichkeit jedes an den
Franzosen orientierten Theaters. Mit Lessing
war noch zu Lebzeiten Gottscheds, der wenige
Jahre zuvor noch die vierte Auflage seiner *Critischen Dichtkunst* herausgebracht hatte, ein
Kritiker hochgekommen, der weit davon entfernt war, Gottsched eine »Verbesserung« der
deutschen Schaubühne zuzugestehen. Lessing
entlarvte diese Verbesserungen vielmehr als
»entweder entbehrliche Kleinigkeiten« oder
als »wahre Verschlimmerungen« und läutete
mit dem *Siebzehnten Literaturbrief* das Ende
der Gottschedschen Ära ein.

G. hat Lessings Urteil sicherlich gekannt,
und obwohl er Gottsched mit keinem Wort
erwähnt, ist der Hinweis auf das »regelmäsige

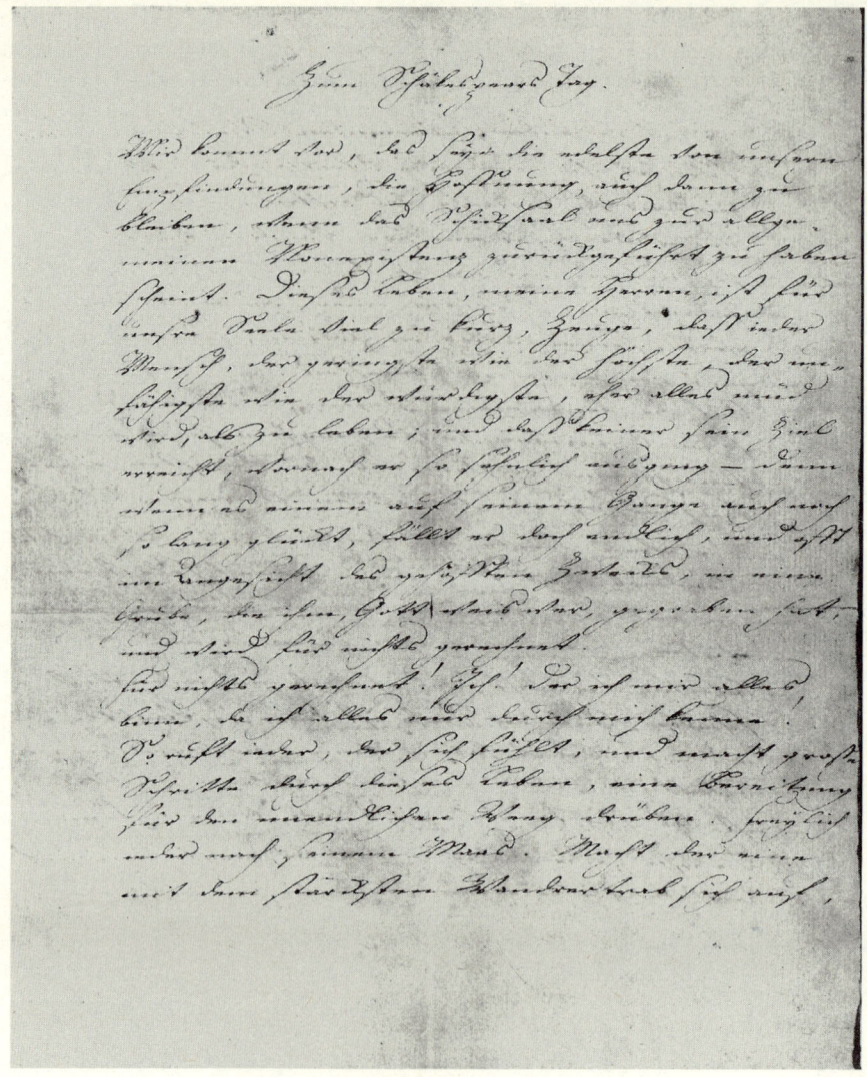

»Zum Schäkespears Tag« – erste Seite – Handschrift Goethes

Theater« entlarvend und gleichzeitig vernichtend. Gottscheds Theater und damit das Theater der Franzosen liefern nichts anderes als »lästige Fessel unsrer Einbildungskrafft« (WA I, 37, S. 131), und auf Gottsched im besonderen ist der Hinweis auf »die Einheit des Orts« bezogen (ebd.), an der dieser in der Tat eisern festgehalten hat und die hier, in G.s Aufsatz, als »so kerckermäsig ängstlich« erscheint (ebd.). Das gleiche gilt für »die Einheiten der Handlung und der Zeit« (ebd.). Das Regelwerk, so G., ist Unnatur und dazu angetan, »freye Seelen« sich krümmen zu lassen (ebd.). Aber im folgenden erscheint auch das französische Theater als wahre Verirrung des Geschmacks und als Vergehen gegen die Theatertradition des griechischen Theaters, genauer: gegen Sophokles. Das griechische Theater vermochte »ganze grose Empfindungen in den Seelen« (ebd.) zu erregen, es war also von eben der Unmittelbarkeit, von der G. angesichts des Shakespeareschen Dramas spricht. Und so endet er zunächst mit der gleichermaßen gegen Gottsched wie gegen Corneille und Racine gerichteten spöttischen Bemerkung: »Französgen, was willst du mit der griechischen Rüstung, sie ist dir zu gros und zu schweer« (WA I, 37, S. 132). Im 18. Jh. ist ein solcher Nachweis einer falschen Überlieferungslinie ein besonders schwerwiegender Vorwurf: Die Franzosen, so G., haben die Tradition des griechischen Theaters nicht fortgesetzt, sondern diese durchbrochen und verfälscht, und da sich im 18. Jh. alles am großen Beispiel und an der Tradition legitimierte, wird Gottscheds und der Franzosen Theater hier gleichsam der Illegitimität bezichtigt, und das in einem doppelten Sinne: Beide haben nicht nur die Traditionslinie verfälscht, sondern damit auch zu erkennen gegeben, daß sie das griechische Theater, das »erst Intermezzo des Gottesdiensts, dann feyerlich politisch« war (WA I, 37, S. 131), nie verstanden haben.

An dieser Stelle wird G.s Aufsatz zu jener »kritischen Abhandlung«, die er sich für den »Liebhaber« (WA I, 37, S. 132), also für den Kunstkenner und Dilettanten im Sinne des 18. Jhs., eigentlich wünscht. G. schreibt sie hier selbst. Und gegen die fragwürdigen

Schatten des griechischen Theaters, gegen die Verhunzung der »Empfindungen« und der Einbildungskraft im Theater der Franzosen und Gottscheds zitiert G. dann in eine imaginäre Anwesenheit hinein Shakespeare, den »Freund« (ebd.), und würdigt ihn damit einer Gegenwärtigkeit, die den Franzosen und gleichermaßen Gottsched gerade ermangelt.

Das alles ist in sich sehr folgerichtig gedacht und ausgesprochen, und G. setzt mit gleicher Folgerichtigkeit seine Überlegungen fort. Shakespeare erscheint als Historiograph sui generis, die Geschichte der Welt wird in seinen Dramen sichtbar. Aber nicht das ist entscheidend. Es gelingt G., den »geheimen Punckt« zu benennen, der die Eigentümlichkeit des Shakespeareschen Dramas ausmacht: Seine Stücke, so G., beschreiben, wie »das Eigenthümliche unsres Ich's, die prätendirte Freyheit unsres Willens, mit dem nothwendigen Gang des Ganzen zusammenstösst« (WA I, 37, S. 133). Dabei wird nicht nur der Gegensatz von Freiheit und Notwendigkeit deutlich, der in den philosophischen Diskussionen des 18. Jhs. eine so große Rolle spielte, sondern auch das Verhältnis des Einzelnen zum Ganzen, also die Beziehung des Subjekts zur Objektivität der Welt. Mit dieser Definition ist vielleicht nicht das Wesen der Shakespeareschen Komödien erfaßt, sicherlich aber das seiner Tragödien. G. spricht hier durchaus als Aufklärer, wenn er die »Freyheit unsres Willens« als gegeben annimmt und diese Freiheit nicht vom »Ganzen« bedroht oder zerstört sieht. Der Einzelne ist vielmehr als Teil des Ganzen zu verstehen, der eigengesetzlich handeln kann, dessen Handeln aber immer in Beziehung zum Ganzen, zur Welt, oder, in der Sprache des 18. Jhs., zum Universum zu sehen ist. In einer scheinbaren Abweichung vom Gedankengang kommt G. dann auf das zu sprechen, was beim Verständnis der Shakespeareschen Dramen damals die größten Schwierigkeiten machte: seine Charaktere. Aber tatsächlich folgt er der Linie seiner Überlegungen konsequent, wenn er nähere Erläuterungen zum »Eigenthümlichen unsres Ich's« gibt. Seine Argumente zielen darauf ab, dieses Ich nicht allein auf die rationale Seite des menschlichen Daseins zu beziehen, sondern in der Individualität der Shakespeareschen Charaktere nichts anderes zu sehen als »Natur« (WA I, 37, S. 133). Mit diesen Überlegungen zur Natürlichkeit des Menschen schließt sich der Kreis der G.schen Erwägungen: Sie enden in einem erneuten Angriff auf die Regelhaftigkeit des französischen bzw. Gottschedschen Theaters, das den Menschen alles andere, nur nicht Natur zubilligte. Mehr als das: Shakespeare hat, so G., fern aller Regelhaftigkeit die Menschen nicht nur als Naturwesen dargestellt, sondern sie, Prometheus gleich, erst geschaffen, und erneut kommen hier religiöse Überlegungen in seinen Gedankengang hinein: Da Shakespeare die von ihm erzeugten kolossalischen Menschen auch noch mit dem »Hauch s e i n e s Geistes« belebt hat, ist er nichts geringeres als dramatischer Schöpfergott. Shakespeares Menschen also als personifizierte Natur, er selbst als alter deus – G. legt hier bereits den Grund zu einer Naturtheologie, die sich später in seinen naturwissenschaftlichen Schriften ebenso abzeichnen wird wie in seinen philosophischen und poetischen Werken.

Im Lobpreis der Natur konzentriert sich noch einmal die Absage an alles Französische. Shakespeare gilt als persongewordene Offenbarung der Natur, kurzum: als Genie. Genie und Natur sind die beiden Zentralbegriffe dieser Schrift, die freilich am Ende ein und dasselbe bezeichnen: Das Genie ist Natur, die Natur kann adäquat nur vom Genie erfaßt werden. Und da Shakespeare die Natur darstellt, stellt er in ihr und mit ihr alles dar: ein universalistischer Zug ist, so G., allen seinen Werken eigen, und es ist unschwer zu erkennen, daß hinter diesen Überlegungen auch Gedanken der *Hamburgischen Dramaturgie* stehen: etwa die Lessingsche Vorstellung, daß »das Ganze dieses sterblichen Schöpfers [...] ein Schattenriß von dem Ganzen des ewigen Schöpfers seyn« soll (Lessing, Bd. 10, S. 120). Das Genie als Doppelgänger Gottes: diese Idee ist nicht nur bei Lessing vorgeprägt, sondern ist Teil der Kunstanschauung des Sturm und Drang überhaupt.

G. dürfte freilich nicht nur von Lessing und seinen Literaturbriefen beeinflußt worden sein, sondern gleichermaßen auch von Herder. Herder wiederum war von Heinrich Wilhelm von Gerstenbergs *Briefen über Merkwürdigkeiten der Literatur*, die 1766 zu erscheinen begonnen, angeregt worden, über die Rolle Shakespeares als Geschichtsschreiber nachzudenken, und hatte sich darüber auch Gerstenberg gegenüber in einem Brief vom Juni 1771 geäußert. G. hat Shakespeare ebenfalls als Geschichtsschreiber gewürdigt. Aber der Einfluß Herders läßt sich zugleich anhand seiner *Fragmente über die neuere deutsche Literatur* belegen. Deren erste Sammlung erschien im Herbst 1766, und dort war bereits von den »Gottschedianern« die Rede (HSW 1, S. 163). Ihnen warf Herder bereits »eine Gedankenlose Schreibart« vor und dazu »schlechte Uebersezungen Französischer Bücher« (ebd.). Zwar waren Herders Bemerkungen vor allem sprachorientiert, aber das Urteil über Gottsched und die Seinen war, auch was dieses Thema betraf, eindeutig. In den *Fragmenten* ist schon von der »Sprache der Empfindungen« die Rede (HSW 1, S. 395), vom ganzen »Verfall der Dichterei«, als »man sie der Mutter Natur entführte, in das Land der Kunst brachte, und als eine Tochter der Künstelei ansah« (HSW 1, S. 54). Wieweit die Anschauungen G.s über Shakespeare zugleich die Anschauungen Herders über Shakespeare sind, wieweit Herder während der Straßburger Zeit G. beeinflußt hat, ist für Einzelheiten nicht mehr zu rekonstruieren. Die Parallelen zu Herders Shakespeare-Aufsatz in *Von deutscher Art und Kunst* sind allerdings nur zu auffällig. Dazu gehören der Hinweis auf Griechenland, besonders auf Sophokles und Euripides, und der auf die französischen »Theaterregeln« (HSW 5, S. 213), ferner die Kritik an Racine, dessen »Empfindung von dritter fremder Hand« (HSW 5, S. 215) sei, außerdem der zentrale Vorwurf: »Das Ganze ihrer Kunst ist ohne Natur« (HSW 5, S. 216). Natur ist auch bei Herder der Zentralbegriff seiner Shakespeare-Charakteristik, und ähnlich wie bei G. ist Shakespeare bei Herder insofern ein Universaldichter, als alles in seinen Dramen enthalten ist – »Stände und Menschen, Völker und Spracharten, König und Narren, Narren und König«, alles »zu dem herrlichen Ganzen« gebildet (HSW 5, S. 218). Die Auftritte der Weltgegebenheiten im Drama, die Zusammenordnung der disparatesten Szenen zu einem »Ganzen«, »zu einem Vater- und Kinder-, Königs- und Narren- und Bettler- und Elend-Ganzen« (HSW 5, S. 221), alle diese Überlegungen stehen in unmittelbarer Nähe zur G.schen Schrift. Nicht weniger verwandt sind die Vorstellungen, was das Prometheische des Dichters betrifft. Wo G. Shakespeare als »Prometheus« bezeichnet, da ist er für Herder »Schöpfer! Dichter! dramatischer Gott!« (HSW 5, S. 227). Man darf wohl davon ausgehen, daß Shakespeare in Straßburg wiederholt Gegenstand gemeinsamer Gespräche war. Daß auch Herders Shakespeare-Aufsatz spontan niedergeschrieben zu sein scheint, mag ihn mit dem G.s verbinden, täuscht aber über die Entstehungsgeschichte der Herderschen Shakespeare-Arbeit hinweg: es kann kein Zweifel sein, daß die dritte Fassung Herders frühestens im Januar 1773 in Bückeburg abgeschlossen wurde. Herder wird Shakespeare aus der Sicht der Zeit natürlich in ganz anderer Weise gerecht, als das G.s Schrift vermag.

Dennoch bleibt G.s Rede *Zum Schäkespears Tag* seine eigene Leistung. Sie ist auch in dem Sinne sein eigener Erkenntnisgewinn, als er damit Auffassungen berichtigt, denen er früher durchaus zugetan war, was etwa die Bedeutung Corneilles und des französischen Theaters betrifft. In *Dichtung und Wahrheit* (1. Teil, 3. Buch) berichtet G. über seine frühe Bekanntschaft mit Corneille und Racine; Racine sei nichts weniger als sein »Abgott« gewesen (FA I, 14, S. 121). Dem entsprach G.s »Leidenschaft zu dem französischen Theater« (FA I, 14, S. 118). Aber die Begegnung mit Corneilles *Abhandlung über die drei Einheiten* war damals schon für G. sehr heilsam und bewog ihn, »mit dieser theoretischen Salbaderei des vorigen Jahrhunderts« aufzuräumen und »den ganzen Plunder« (FA I, 14, S. 121) entschieden von sich zu werfen. Unterstellt man, daß G. in *Dichtung und Wahrheit* richtig berichtet habe, so erscheint seine Rede *Zum Schäkespears Tag* als späte Bestätigung seiner damals beginnen-

den Revolte. Die Einsichten in das Wesen der Shakespeareschen Dramatik mußten G. in seiner damals einsetzenden Ablehnung der französischen regelrechten Bühne und ihrer Vorschriften nur zu willkommen sein. Die Überwindung der Lehre von den drei Einheiten ist, wenn G. die zeitlichen Zusammenhänge recht berichtet hat, also schon vor der Begegnung mit Herder anzusetzen; aber diese brachte ihm die Erkenntnis, was an die Stelle dessen kommen sollte, das er schon so früh kritisiert hatte. G. wird die Ideen seiner Shakespeare-Rede später im *Götz von Berlichingen* produktiv umsetzen. Zeugnis der Shakespeare-Verehrung sind weiterhin *Wilhelm Meisters Lehrjahre* (3., 4. u. 5. Buch); daß der Einfluß bis in die Spätzeit reicht, zeigt der Aufsatz *Shakespeare und kein Ende*. Für G. konzentrieren sich in Shakespeare auch später noch Ideen des 18. Jhs. über Natur und Genie, über den »second maker« (Shaftesbury) und die »inward form«. Insofern ist G.s kleine Schrift mehr als nur ein Manifest des Geniedenkens und der Naturverherrlichung in der Zeit des Sturm und Drang.

G.s Shakespeare-Rede hat bis in unser Jahrhundert hinein eine erhebliche Wirkung gehabt; in ihr sah man Shakespeare auf kongeniale Weise erfaßt, sie wurde aber auch zur Keimzelle einer ›deutschen‹ Ideologie, in der sich geradezu die Nationalidentität des Deutschen auszukristallisieren schien. Die Rede G.s spielte schon eine zentrale Rolle in Friedrich Gundolfs *Shakespeare und der deutsche Geist*. In Gundolfs großem *Goethe*-Buch von 1916 war aus der »Huldigung« ein »jubelndes Bekenntnis« geworden: Erst durch Shakespeare habe G. den »Mut zu seiner Natur« bekommen. Aber Shakespeare, das war hier auch: »Menschwerdung des Kosmos und Erweiterung des Menschen zum All« (GUNDOLF, S. 96). Hier sind bereits die Keime des »deutschen« Nationalmythos sichtbar. Im ersten Band von Hermann August Korffs vielgelesenem *Geist der Goethezeit* aus dem Jahr 1923 wiederholt sich eine ebenso ungehemmte wie unkritische Darstellung der Bedeutung Shakespeares für G. und die Menschheit schlechthin. Die Wertung Shakespeares in G.s Rede beruhe »ganz und gar auf dem glühenden Gefühl für die Unendlichkeit des Lebens und für die Unendlichkeit des Lebensdranges« (Korff, T. I, S. 145). So unerträglich eine solche Wertung heute auch erscheinen will, sie hat ihre Wirkung bis in unsere Tage. In Rolf Christian Zimmermanns groß angelegter Untersuchung *Das Weltbild des jungen Goethe. Studien zur hermetischen Tradition des deutschen 18. Jahrhunderts* ist diese Rede eine »Shakespeare-Huldigung«, in der sich »Goethes Privatreligion« ausspricht: »Sie wird, wo immer sie auftaucht, mit dem inspirierenden Geist des Lebendigen in Verbindung gebracht, der das Feuer der Seele auflodern läßt oder doch unterhält: so zu Beginn der Shakespearetagsrede« (ZIMMERMANN, Bd. 1, S. 233). In dieser Rede stießen, so Zimmermann, »zwei einander entgegengesetzte Kräfte des Lebens immoralistisch« aufeinander (ZIMMERMANN, Bd. 2, S. 69).

Den größeren Anteil an einer ›deutschen‹ Ideologie hatte zwar Schiller, aber gerade der junge G. wurde oft nur zu schnell zum Inbegriff des »nationalen Goethe«, seine Shakespeare-Rede zum Inbegriff einer Lebenshuldigung schlechthin. Wie sehr damit die Rede *Zum Shäkespears Tag* mißverstanden war, zeigt diese selbst.

Literatur:

Böckmann, Paul: Der dramatische Perspektivismus in der deutschen Shakespeare-Deutung des 18. Jahrhunderts. In: Vom Geist der Dichtung. Fs. Robert Petsch. Hamburg 1949, S. 60–119. – GUNDOLF, S. 96. – HSW 1 u. 5. – Korff, Hermann August: Geist der Goethezeit. Versuch einer ideellen Entwicklung der klassisch-romantischen Literaturgeschichte. Teil I.: Sturm und Drang. Leipzig ⁹1974. – Lessing, Gotthold Ephraim: Lessing's sämmtliche Schriften. Hg. von Karl Lachmann. Bd. 8 u. 10. Leipzig 1855. – Oppel, Horst: Das Shakespeare-Bild Goethes. Mainz 1949. – Schöffler, Herbert: Shakespeare und der junge Goethe. In: Shakespeare-Jahrbuch. 76 (1940), S. 11–33. – Viëtor, Karl: Der junge Goethe. Leipzig 1930. – Walzel, Oskar: Das Prometheus-Symbol von Shaftesbury zu Goethe. München ²1932. – ZIMMERMANN, Bd. 1 u. Bd. 2.

Helmut Koopmann

Brief des Pastors zu *** an den neuen Pastor zu ***. Aus dem Französischen

Der fingierte Brief, der durchaus nicht aus dem Französischen stammt, sondern G.s eigenes Werk ist, wurde als separater Druck 1773 von der Eichenbergischen Buchhandlung veröffentlicht. Er erschien in zwei Nachdrucken 1773 und 1775 sowie in einer *Auswahl der besten zerstreuten prosaischen Aufsätze der Deutschen* in Leipzig 1779. Außerdem wurde er im unautorisierten Druck des vierten Bandes von *J. W. Goethens Schriften* (Berlin, Hamburg 1779, S. 3–28) nach einer Abschrift von fremder Hand veröffentlicht. Später wurde er im vierzehnten Band der Cottaschen Ausgabe von 1840 publiziert, danach 1842 im 56. Band der Ausgabe letzter Hand. Einzelheiten der Druckgeschichte sind im Lesartenapparat der Weimarer Ausgabe (WA I, 38, S. 291–294) erläutert. Wir folgen dem Druck in der Weimarer Ausgabe (WA I, 37, S. 155–173) und damit dem Text des Erstdrucks von 1773. Es existiert eine Abschrift von Schreiberhand, die Druckvorlage für den Text in *J. W. Goethens Schriften* war. Es handelt sich dabei wohl um eine Sekretärsarbeit; Spuren G.s sind auch im Vergleich mit den späteren Drucken (1840, 1842) nicht erkennbar.

Der Brief ist ein außerordentlich wichtiges Zeugnis für die Beschäftigung G.s mit religiösen Fragen in den frühen 70er Jahren. In unmittelbarem Zusammenhang mit diesem Brief ist auch die kleine Schrift *Zwo wichtige bisher unerörterte Biblische Fragen* zu sehen.

G. hat über die Voraussetzungen dieser Texte ausführlich in *Dichtung und Wahrheit*, und zwar im Zwölften Buch, berichtet. Er erwähnt, daß er nach seiner Rückkehr nach Frankfurt sich nicht nur mit »dichterischen« und »vaterländischen Alterthümern« sehr gern beschäftigt habe, sondern von diesen »durch religiöse Anklänge von Zeit zu Zeit wieder abgelenkt« worden sei und biblische Studien betrieben habe. Im Zentrum dieser Beschäftigung stand G.s Einsicht, daß die Bibel nicht ein Ganzes sei, sondern »als ein zusammengetragenes, nach und nach entstandenes, zu verschiedenen Zeiten überarbeitetes Werk« angesehen werden müsse (WA I, 28, S. 99 f.). G. befaßte sich mit den Widersprüchen in der Bibel und wollte herausfinden, »welche Stelle den Sinn der Sache am meisten aussprüche«. Er hat in *Dichtung und Wahrheit* ausführlicher dargestellt, was als »Grundmeinung« allen seinen Überlegungen zugrunde gelegen habe, »nämlich die: bei allem was uns überliefert, besonders aber schriftlich überliefert werde, komme es auf den Grund, auf das Innere, den Sinn, die Richtung des Werks an; hier liege das Ursprüngliche, Göttliche, Wirksame, Unantastbare, Unverwüstliche, und keine Zeit, keine äußere Einwirkung noch Bedingung könne diesem innern Urwesen etwas anhaben, wenigstens nicht mehr als die Krankheit des Körpers einer wohlgebildeten Seele. So sei nun Sprache, Dialekt, Eigenthümlichkeit, Stil und zuletzt die Schrift als Körper eines jeden geistigen Werks anzusehn: dieser, zwar nah genug mit dem Innern verwandt, sei jedoch der Verschlimmerung, dem Verderbniß ausgesetzt: wie denn überhaupt keine Überlieferung ihrer Natur nach ganz rein gegeben« (WA I, 28, S. 100 f.). Aus alledem erklärt sich die Neigung, ja geradezu Leidenschaft, mit der G. dann die Bibel zu erforschen gedachte. Zugleich wollte er feststellen, wie sich »das Innere, Eigentliche einer Schrift [...] zu unserm eignen Innern verhalte, und in wie fern durch jene Lebenskraft die unsrige erregt und befruchtet werde«. Der Kritik, die sich bloß mit Äußerlichkeiten befasse, werde es nicht gelingen, »uns den eigentlichen Grund, an dem wir festhalten, zu rauben, ja uns nicht einen Augenblick an der einmal gefaßten Zuversicht irre zu machen«. G. hat zugleich bekannt, daß diese Überzeugung Grund für seinen »sittlichen sowohl als literarischen Lebensbau« (WA I, 28, S. 102) gewesen sei – und von eben diesen Voraussetzungen her hat er sich damals mit der Bibel beschäftigt.

G.s Auseinandersetzung mit der Bibel war sehr gründlich, und am Ende schlug sie in eigene Produktivität um. So entstand der *Brief*

des Pastors zu ***. Darüber berichtet G. in *Dichtung und Wahrheit*: »In eine der Hauptlehren des Lutherthums, welche die Brüdergemeine noch geschärft hatte, das Sündhafte im Menschen als vorwaltend anzusehn, versuchte ich mich zu schicken, obgleich nicht mit sonderlichem Glück. Doch hatte ich mir die Terminologie dieser Lehre so ziemlich zu eigen gemacht, und bediente mich derselben in einem Briefe, den ich unter der Maske eines Landgeistlichen an einen neuen Amtsbruder zu erlassen beliebte. Das Hauptthema desselbigen Schreibens war jedoch die Loosung der damaligen Zeit, sie hieß Toleranz, und galt unter den besseren Köpfen und Geistern« (WA I, 28, S. 104 f.).

G.s Beschäftigung mit der Bibel kam freilich nicht von ungefähr. Er war in seiner Frankfurter Zeit, in den Jahren von 1769 bis 1775, mit dem Pietismus und den Herrnhutern genauer bekannt geworden, und seine Briefe an Ernst Theodor Langer, die erst 1922 von Paul Zimmermann herausgegeben wurden, lassen erkennen, wie tief er sich mit dem Pietismus damals eingelassen hatte. Langer, sechs Jahre älter als G., war seit 1767 Hofmeister beim Grafen von Lindenau in Leipzig. Ende 1767/Anfang 1768 hat G. seine Bekanntschaft gemacht. Damals sind sicherlich religiöse Fragen im Gespräch berührt worden. Der erste Brief G.s an Langer vom 8.9. 1768 zeigt, daß G. damals beabsichtigte, Kontakt mit der Brüdergemeinde aufzunehmen. Er schreibt – und das wirft auch einen bezeichnenden Blick auf die familiäre Situation in religiösen Fragen: »Meine M[utter] ist offentlich declarirt für die Gesellschafft mein Vater weiß es und ist damit zufrieden; meine Sch[wester] ist mit in den Erbauungsstunden gewesen die sie bey dem Vorgänger Ihres Freundes halten, ich werde wohl auch hinkommen« (an Langer, 8.9. 1768). G. bezieht sich damit auf eine Brüdergemeinde in Frankfurt, zu der G.s Familie Zugang durch Fräulein von Klettenberg erhalten hatte. Hier wurden Gedanken des Grafen Zinzendorf vertreten, und die Gemeinde übte sich in pietistischer Frömmigkeit. Über Susanne von Klettenberg hat G. im Fünfzehnten Buch von *Dichtung und Wahrheit* berichtet und da-

bei bekannt: »Seit meiner Annäherung an die
Brüdergemeine hatte meine Neigung zu dieser
Gesellschaft, die sich unter der Siegesfahne
Christi versammelte, immer zugenommen«
(WA I, 28, S. 303). Wie der erste Brief an Langer vom 8. 9. 1768 zeigt, hat G. dann Annähe-
rungsversuche an die Herrenhuter Brüdergemeinde in Frankfurt unternommen, denn, so
schreibt er, »ich habe itzt Musse und Gelegenheit genung die Sache practisch zu studieren«.

Dennoch war das Verhältnis zur Brüdergemeinde offenbar nicht ganz unproblematisch.
An Langer berichtet G. am 24. 11. 1768: »Man
sieht mich von Seiten der Brüder, als einen
Menschen an, der einen guten Willen, und
einige Rührung hat, der aber noch zu sehr
durch die Anhänglichkeit an die Welt zerflat-
tert ist, und man betrügt sich nicht«. Und er
fügt hinzu: »Für eine Seele wie meine, war es
allen Priestern der Welt unmöglich sie zu rühren, besonders bey dem unevangelischen Gewäsche unsrer jetzigen Kantzeln«. Zwar gehe
er noch in die Versammlungen der Brüdergemeinde, findet auch »würcklich Geschmack«
daran, – doch das sei einstweilen genug. Am
17. 1. 1769 berichtet er an Langer von einer
Zusammenkunft im väterlichen Hause; »ein
etwas freyeres Exercitium Religionis« sei jetzt
üblich, doch zugleich bekennt er in diesem
Brief: »Immer Schwäche im Glauben«. Er
schreibt auch aus Straßburg noch an Langer,
allerdings hat sein religiöses Interesse nach-
gelassen.

Es blieb offenbar, was die Begegnung mit
dem Pietismus angeht, bei Annäherungen, und
wenn man die Bemerkungen über Schwankun-
gen in seinen religiösen Erlebnissen auch noch
als Ausdruck pietistischer Selbstbeobachtung
deuten kann, so zeigen sie auf der anderen
Seite doch, daß es ein eigentliches Erwek-
kungserlebnis offenbar nicht gegeben hat. G.
versucht vielmehr, sich über die Eigentümlichkeit seiner Gefühle klar zu werden und seine
religiösen Erlebnisse als eigene Erfahrungen
zu begreifen. Er bedient sich in diesen Briefen
an Langer zwar einer pietistischen Suada,
doch letztlich zielt alles auf Selbstbeobachtung
ab. Wenn er von »Rührung« und »Stille«

spricht, von »Calcination« und vom »Mittel-
punckt« (ebd.), so ist das die Sprache des Pietismus, aber bezogen auf die eigenen inneren
Erlebnisse. Zweifellos haben diese ihre
sprachlichen Spuren bei G. hinterlassen – sie
finden sich wieder im Sechsten Buch von *Wilhelm Meisters Lehrjahre*, den *Bekenntnissen
einer schönen Seele*. Pietismus und Subjektivismus hängen bei G. eng miteinander zusammen, so wie sich auf der anderen Seite irratio-
nale Erfahrungen und die rationale Analyse
dieser Erfahrungen ebenfalls eng nebeneinander finden. Im ganzen wird man sagen dürfen, daß diese Jahre der religiösen Beschäftigung Jahre des Suchens waren, die zu keiner
festen religiösen Bindung geführt haben und
die eher dazu angetan waren, Zweifel am Sinn
religiöser Erfahrungen zu wecken. G.s Liebäu-
geln mit dem Pietismus war am Ende ein Zwi-
schenstadium, das er schon zu überwinden begann, als er sich dem Pietismus noch anzunähern meinte.

Ebenso wichtig wie das religiöse Bekenntnis
in dem *Brief des Pastors zu ****ist der sprachliche Gewinn, den G. gleichsam spielerisch
aus seinem fiktiven Text gewinnt. Nicht nur,
daß er den Ton von Briefen, den Amtsbrüder
damals gewechselt haben mochten, vorzüglich
trifft; er verwandelt sich gleichsam spielerisch
Formeln und Floskeln aus der Bibelsprache
an. So gesehen ist dieser Text auch ein Stück
Sprachexperiment. Gelegentlich hat der Brief
sogar den Tonfall einer Predigt. Auf der anderen Seite ist dieser Predigerton so geschickt
imitiert, daß die innere Distanz des Autors zu
dieser Sprache gleichsam zwischen den Zeilen
immer wieder deutlich wird. Was G. hier
schreibt, ist die Sprache einer etwas naiv-land-
läufigen Bibelexegese. So hat er den Tonfall
einer nachsichtig-belehrenden Darstellung einer imaginären Gemeinde gegenüber angenommen, wenn er den Pastor an seinen Amtsbruder schreiben läßt. Dazu gehören allgemeine Bemerkungen, die auf ein etwas lar-
moyantes Sündenbekenntnis hinauslaufen:
»Wir sind elend!« (WA I, 37, S. 170), aber auch
kirchliche Formeln: »Gott gebe Eurem Amte
Segen« (WA I, 37, S. 172). Von der biblischen
Gleichnissprache ist ebenfalls einiges in die-

sen Brief eingegangen: »Diese nichtswürdige Schmeichler nennen sich Christen, und unter ihrem Schafspelz sind sie reißende Wölfe« (WA I, 37, S. 169). Manche Formulierungen sind bewußt simpel und volksnah: »Kaum war der Herr von der Erde weg« (WA I, 37, S. 166), andere sind gleichnishaft: »Wie würde es uns freuen, den göttlichen Samen auf so vielerlei Weise Frucht bringen zu sehen« (WA I, 37, S. 165). Dabei unterlaufen auch reichlich respektlose Bemerkungen wie: »Peter thate schon Sachen die Paulen nicht gefielen« (WA I, 37, S. 166). Das schwärmerische Wesen und die Empfindelei werden in solchen Formulierungen sehr schnell entlarvt, und es mag die sprachliche Mystifikation gewesen sein, die G. das Reden der Pietisten verdächtig machte. So spielt er geradezu mit dem Wortmaterial und Bilderreichtum der pietistischen Erweckungsredner, mit den Derbheiten der Sprache von Dorfpfarrern und ihrem gewollten Überzeugungsgestus, und damit distanziert er sich auch sprachlich von einer Welt, die ihn anfangs so sehr interessiert hatte.

Der *Brief des Pastors zu *** an den neuen Pastor zu **** ist mit seiner Forderung nach »Toleranz« dezidiert gegen die Orthodoxie gerichtet. Doch zugleich deutet sich in ihm der Wunsch an, die eigenen religiösen Erlebnisse nicht nach den Lehren und Ansichten des Pietismus zu bewerten. G. wendet sich hier wie später in der *Iphigenie* gegen die Lehre von der »Verdammung der Heiden« (WA I, 37, S. 156). Toleranz, so die Ermahnung, dürfe aber nicht mit Indifferenz gleichgesetzt werden. So beginnt denn der Brief auch nicht zufällig mit dem Bekenntnis, daß sein Herz »vor Liebe und Neigung gegen meine Zuhörer überfließt« (WA I, 37, S. 155). Die Forderung nach Toleranz verbindet sich bruchlos mit der, die eigene Subjektivität als Maßstab des eigenen Handelns und der eigenen Gewißheit zu nehmen. G. lehnt in seiner Pastorenrolle die christliche Vorstellung von der Erbsünde ab und kritisiert die Allmacht des Glaubens am Beispiel der Kinder, stellt indirekt auch die Existenz der Hölle in Frage, soweit ihm das in seiner Rolle als Geistlicher möglich ist. Er warnt davor, Gott, der Mensch geworden sei,

»wieder zu Gott zu machen« (WA I, 37, S. 160). Der Pfarrer spricht sich auch gegen das Missionieren der »Ungläubigen« aus, die er statt dessen der »ewigen wiederbringenden Liebe« überlassen will (WA I, 37, S. 161), und rügt die Streitereien und »Uneinigkeiten der Christen selbst« (WA I, 37, S. 162): ein Anlaß, ihn in seiner Toleranzüberzeugung zu bestärken.

Die Kritik an der Intoleranz verbindet sich bei G. mit einer Kritik an jener Haltung, die den »Kopf« über das »Herz« dominieren läßt (WA I, 37, S. 164). Schließlich kulminiert sein Brief in der Feststellung: »Denn wenn man's bei'm Lichte besieht, so hat jeder seine eigene Religion« (ebd.). Wichtig sind »Herz« und »Empfindung« (WA I, 37, S. 167), aber das kann nicht bedeuten, daß jemand empfinden müsse, »was er nicht empfinden kann« (WA I, 37, S. 168). An die Stelle doktrinärer Exegesen setzt G. den Satz: »Genung, die Wahrheit sei uns lieb wo wir sie finden« (WA I, 37, S. 169). So ist die Forderung nach Toleranz, im Grunde genommen, zugleich die Forderung nach dem Geltenlassen der Subjektivität, der eigenen Erlebnisse und Empfindungen. Darin drückt sich für G. die eigentliche Freiheit des Glaubens aus. Die Ethik, die aus diesem Brief spricht, konzentriert sich auf »Liebe« und »Mitleid«, also auf ein unmittelbares Verhalten dem Menschen gegenüber. Im *Brief des Pastors zu *** werden Grundzüge eines etwas verschwommenen Pantheismus sichtbar, der nicht definiert, sondern nur erlebt werden kann. Zwischen den Zeilen wird freilich indirekt auch deutlich, daß G. hier Kritik an der Selbstgerechtigkeit der Brüdergemeinde übt, an ihrer Unduldsamkeit. Toleranz ist nicht nur eine abstrakte Forderung des 18. Jhs., sondern enthält auch einen Angriff auf die doktrinäre Haltung der Brüdergemeinde. So versucht G. hier sein Verhältnis zum Christentum zu klären, indem er sich auf seine eigenen Glaubens- und Erkenntnisüberzeugungen zurückbesinnt.

Teilweise wurde der Brief denn auch als direktes Bekenntnis G.s verstanden – so von Johann Kaspar Lavater in Briefen an G. vom 19.11. und 28.12. 1773, in denen er G.s Schrift sehr positiv beurteilt. Die zustimmendste Kritik fand sich in Christian Friedrich Daniel

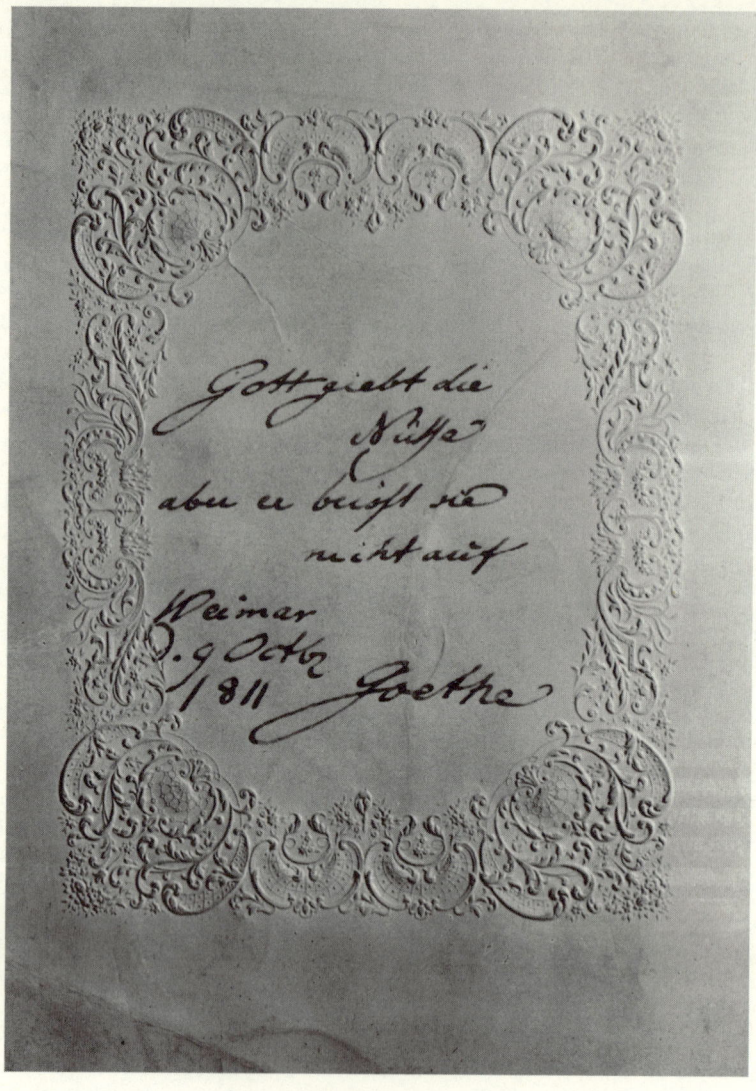

»Gott giebt die Nüsse…« – eigenhändige Niederschrift Goethes vom 9. Oktober 1811

Schubarts *Deutscher Chronik* vom 21. 11. 1774: »Diese 2 Bogen sind schwerer an Inhalt, reicher an gemeinnützigen großen Gedanken, als ganze große Werke über die Pastoraltheologie. Was er vom Systemdrechseln, von der Seligkeit der Heiden und der Verträglichkeit schreibt, ist besonders vortrefflich und denjenigen Leuten sehr zu empfehlen, die von diesen 3 wichtigen Artikeln nichts wissen wollen« (S. 543).

G.s Glauben an die Kraft der Offenbarung, seine Überzeugung von der Notwendigkeit der Toleranz und seine Kritik an der Verteufelung der Heiden finden sich auch in seinen späteren Werken. Die deutlichsten Spuren haben seine Ideen wohl in der *Iphigenie* hinterlassen, nicht zuletzt dort, wo die Forderung nach Autonomie erhoben wird. G. hat sich wiederholt zur Bibel bekannt, etwa zum Johannesevangelium im Brief an Carl Friedrich Zelter vom 7.11. 1816, wo sich die Lehre des Pastors konzentriert wiederholt: »Denn ich habe ja nur das Testament Johannis gepredigt: K i n d l e i n l i e b t e u c h, und wenn das nicht gehen will: l a ß t w e n i g s t e n s e i n a n d e r g e l t e n«. In den *Wanderjahren* und in der *Novelle* finden sich ebenfalls positive Äußerungen zum Christentum. Allerdings hat G. an Lavater am 29.7. 1782 auch geschrieben, er sei »zwar kein Widerkrist, kein Unkrist aber doch ein dezidierter Nichtkrist«. Das ist allerdings wohl mehr gegen die Kirche als gegen das Christentum selbst gerichtet.

G.s *Zwo wichtige bisher unerörterte Biblische Fragen zum erstenmal gründlich beantwortet, von einem Landgeistlichen in Schwaben* gehört in den gleichen Zusammenhang. Die kleine Schrift erschien mit dem fingierten Druckort »Lindau am Bodensee« 1773. G. hat im Zwölften Buch von *Dichtung und Wahrheit* im Zusammenhang mit dem *Brief des Pastors zu* *** darüber berichtet, daß auch die beiden *Biblischen Fragen* zum Umkreis seiner Bibelstudien gehörten. G. schreibt: »Ich arbeitete mich mit unsäglicher Mühe, mit unzulänglichen Hülfsmitteln und Kräften durch die fünf Bücher und gerieth dabei auf die wunderlichsten Einfälle. Ich glaubte gefunden zu haben, daß nicht unsere Zehn Gebote auf den Tafeln

gestanden, daß die Israeliten keine vierzig Jahre, sondern nur kurze Zeit durch die Wüste gewandert, und eben so bildete ich mir ein, über den Charakter Mosis ganz neue Aufschlüsse geben zu können« (WA I, 28, S. 104). Die erste Frage, die lautet: »W a s s t a n d a u f d e n T a f e l n d e s B u n d e s ?« (WA I, 37, S. 181) scheint im Zusammenhang mit G.s erster, von der Straßburger Fakultät zurückgewiesenen Dissertation gestanden zu haben: Karl August Böttiger berichtet, daß G.s Straßburger Freund Franz Christian Lerse mitgeteilt habe, G. habe in dieser Dissertation behauptet, die Zehn Gebote seien nicht eigentlich die Bundesgesetze der Israeliten gewesen (Böttiger, S. 60). Ähnliche Ideen finden sich bei Spinoza in seinem *Theologisch-politischen Traktat*, der die These vertritt, daß die Zehn Gebote nicht die eigentlichen Gebote Gottes gewesen seien, sondern nur ihren Sinn enthalten hätten und daß erst ein späterer Bearbeiter die Gesetze aufgestellt habe (vgl. JA 36, S. 330). G. könnte das aufgegriffen haben. Die Tafeln Mosis, so G. in *Zwo biblische Fragen*, hätten den Vertrag Gottes mit Israel enthalten, sie seien »Zeugniß des B u n d s mit dem sich Gott ganz besonders Israel verpflichtete« (WA I, 37, S. 184). Die Tafeln seien dann samt der Bundeslade verlorengegangen, die zehn Gesetze »wurden vergessen, die Lebensregeln hatte jeder im Herzen, wenigstens im Gedächtniß« (WA I, 37, S. 185).

G.s Überlegungen sind bloße Spekulation, wenngleich er mit der Frage nach der wirklichen Überlieferung der Mosaischen Gesetze ein Problem behandelt hat, das später in der Theologie Beachtung finden sollte. Zur zweiten Frage: »Was heißt mit Zungen reden?« (WA I, 37, S. 186) hat G. im Zwölften Buch von *Dichtung und Wahrheit* festgestellt: »Auch das Neue Testament war vor meinen Untersuchungen nicht sicher; ich verschonte es nicht mit meiner Sonderungslust, aber aus Liebe und Neigung stimmte ich doch in jenes heilsame Wort mit ein: ›Die Evangelisten mögen sich widersprechen, wenn sich nur das Evangelium nicht widerspricht.‹ – Auch in dieser Region glaubte ich allerhand Entdeckungen zu machen. Jene Gabe der Sprachen, am Pfingstfeste in Glanz und Klarheit ertheilt, deutete ich mir auf eine etwas abstruse Weise, nicht geeignet sich viele Theilnehmer zu verschaffen« (WA I, 28, S. 104). In *Zwo biblische Fragen* deutet er das »Zungenreden« als »Geistssprache« (WA I, 37, S. 189), die nur zum schon bewegten Herzen spricht. Diese Überlegungen hat G. später abgewertet. Offenbar hat es damals aber Gespräche mit Herder gegeben, die sich in dessen Schrift *Von der Gabe der Sprachen am ersten christlichen Pfingstfest* (HSW 19, S. 1 ff.) niedergeschlagen haben; denn G. schrieb Mitte Oktober 1793 an Herder: »Wie sehr ich deiner Meynung wegen der G l o s - s e n im allgemeinen bin, weißt du von Alters, da ich etwas ähnliches als Posse vortrug«. Mit der Posse ist offenbar diese kleine Schrift über *Zwo biblische Fragen* gemeint.

Literatur:

Althaus, Paul: Goethe und das Evangelium. München 1951. – Aner, Karl: Goethes Religiosität. Tübingen 1910. – Barner, Hans: Zwei ›theologische‹ Schriften Goethes. Phil. Diss. Leipzig 1930 (Masch.). – Bienert, Walter: Goethes pietistisch-humanistisches Privatchristentum. Halle 1935. – Böttiger, Karl August: Literarische Zustände und Zeitgenossen. Bd. 1. Leipzig 1838. – Grosser, Alfred: Le jeune Goethe et le Piétisme. In: EG. 4 (1949), S. 203–212. – Grützmacher, Richard H.: Die Religionen in der Anschauung Goethes. Baden Baden 1950. – Harcourt, Robert de: La Religion de Goethe. Straßburg, Paris 1949. – Kahle, Wilhelm: Goethe und das Christentum. Dülmen 1946. – Köppe, Else: Das Verhältnis des jungen Goethe zum Christentum. Phil. Diss. Marburg 1939 (Masch.). – Langen, August: Der Wortschatz des deutschen Pietismus. Tübingen 1954. – Schubart, Christian Friedrich Daniel: Deutsche Chronik. Augsburg 1774. – Schubert, Hans von: Goethes religiöse Jugendentwicklung. Leipzig 1925.

Helmut Koopmann

Litterarischer Sanscülottismus

G.s Aufsatz wurde anonym unter dem Titel *Litterarischer Sanscülottismus* im fünften Stück von Schillers *Horen* (S. 50–56) veröffentlicht, dessen Erscheinungsdatum der 28.5. 1795 ist. Er war eine polemische Replik auf Daniel Jenischs ebenfalls anonym publizierten Beitrag *Ueber Prose und Beredsamkeit der Deutschen*, der in zwei Teilen im März und April 1795 im *Berlinischen Archiv der Zeit und ihres Geschmacks* (Bd. 1, S. 249–254 u. S. 373–377), herausgegeben von Friedrich Wilhelm Meyer und Friedrich Eberhard Rambach, erschien (vgl. MA 4.2, S. 930 ff.). G.s Text wurde 1833 mit redaktionellen Änderungen von Eckermanns Hand wieder abgedruckt in der Ausgabe letzter Hand (ALH 45, S. 127–134). Im folgenden wird er zitiert nach der Münchner Ausgabe, die den Text des Erstdrucks wiedergibt (MA 4.2, S. 15–20).

Jenisch, ein Berliner Geistlicher, ging in seinem Aufsatz eine Reihe von deutschen Schriftstellern durch – deren Namen ihm allerdings die Redaktion gestrichen hatte –, um seine Behauptung von der »entschiedensten Dürftigkeit oder vielmehr Armseligkeit der Deutschen an vortreflichen c l a s s i s c h - p r o s a i - s c h e n W e r k e n« zu bestätigen. Es fehle an »classischem Geschmack«, an »feinem classischen Stil« oder an »praktischer Brauchbarkeit«. Schließlich habe »die alleinseligmachende Philosophie, nachdem sie unsere Vernunft durch Speculation [...] erstickt, und in einen gaukelnden Dunst verwandelt, alle sinnliche Schönheit des Ausdrucks, als unter der Würde ihrer unbegreiflichen Erhabenheit, verschmäht« und habe fast nur dazu gedient, »den geringen Sinn der deutschen Philosophen für schöne und classische Darstellung zu vernichten«.

Im Gegensatz zur Naturhaftigkeit des Dichters setze Prosa »einen natürlichen leichten und immer gleichen Ideengang, feiner Nüanzen der Begriffe« und insgesamt einen höheren Zustand literarischer Kultur voraus, der den Deutschen noch fehle. Wer sich nicht mit einer »höchst unvollkommenen Prose« begnügen wolle, der müsse solche »Erfordernisse einer guten Prose erst s c h a f f e n«. Jenischs Argumentation schließt daran ein Lob der französischen Literatur an, in der jenes »gesellige Ebenmaß und harmonische Spiel der [...] Seelenkräfte« vorhanden sei, das den Deutschen noch fehle. Bei anderen deutschen Schriftstellern dominiere die »Einförmigkeit«, was insgesamt dazu geführt habe, daß die Autoren ihrer Nation »kein großes Ganze geliefert« hätten. In der Herausstellung des Französischen als des Klassischen aber liegt bereits der »Sansculottismus«, gegen den sich G. wendet und den er als den Versuch sieht, mit »roher Zudringlichkeit« »Bessere zu verdrängen und sich an ihre Stelle zu setzen« (MA 4.2, S. 16), was sich zugleich als Kommentar G.s zum politischen »Sansculottismus« der Französischen Revolution verstehen läßt, in der die Revolutionäre »pantalons«, also lange Hosen anstelle der »culottes«, der Kniehosen des Adels, trugen.

Selbst bei einer Namensnennung der von Jenisch attackierten Autoren – mit einiger Wahrscheinlichkeit identifizierbar sind lediglich G., Moses Mendelssohn, Johann August Eberhard, Johann Jacob Engel, Christian Garve und Johann Georg von Zimmermann – wäre sein Aufsatz eine allzu allgemeine, schon in der Auswahl anfechtbare, kaum begründete, aber auch wenig bedeutende und ebensowenig beachtete Polemik geblieben. Wenn G. dennoch sogleich und energisch darauf reagierte, so tat er das, weil er sich persönlich getroffen fühlte. Anfang 1795 war der erste Band von *Wilhelm Meisters Lehrjahren* erschienen, im Mai kam der zweite mit den Büchern drei und vier heraus. G.s Verteidigung der gegenwärtigen deutschen Prosa war also eine Verteidigung in eigener Sache und zugleich eine Rechtfertigung des eigenen Romans wie des eigenen Werks überhaupt als ein Produkt deutscher Verhältnisse. Denn daß sich »nirgends in Deutschland [...] ein Mittelpunkt gesellschaftlicher Lebensbildung befand, wo sich Schriftsteller zusammen fänden und nach Ei-

ner Art, in Einem Sinne, jeder in seinem Fache sich ausbilden könnten« (MA 4.2, S. 17), daß die Kunst dort auf »ein großes Publikum ohne Geschmack« und lediglich eine kleinere, gebildete, »aber durch alle Teile des großen Reichs zerstreute Menge« traf (MA 4.2, S. 18), das waren Erkenntnisse, die gerade der *Wilhelm Meister* reflektierte und die in den Grenzen des Möglichen zu überwinden sein Held ausgezogen war, dabei vom Gebiete der Kunst in das des gesellschaftlichen Lebens im großen übergehend. G. widersprach also nicht der Kritik an den Verhältnissen, wohl aber Jenischs oberflächlichen Schlußfolgerungen. Denn auch aus der besonderen deutschen Situation glaubte G., künstlerische Inspiration zu einer eigenen Nationalliteratur entwickeln zu können, wofür sein Roman ein Beispiel sein sollte.

Über eine solche Verteidigung seiner Arbeit hinaus aber ist G.s Aufsatz eine bündige, autoritative Darstellung der historischen Situation der deutschen Literatur am Ausgang des 18. Jhs. Die Aspekte, unter denen G. seine Betrachtungen anstellt, sind die der Bedeutung des Klassischen als Wertbegriff, der Einschätzung der politischen Situation Deutschlands, des Sinnes und Wertes einer Revolution für sein Land, und es ist schließlich die Beurteilung der gegenwärtigen Literatur und Kunst.

In der Abwehr von Jenischs Polemik versucht G. zunächst den Begriffen »klassisch« und »klassischer Nationalautor« genauer nachzugehen. Ein solcher Nationalautor entstehe, »wenn er in der Geschichte seiner Nation große Begebenheiten und ihre Folgen in einer glücklichen und bedeutenden Einheit vorfindet; wenn er in den Gesinnungen seiner Landsleute Größe, in ihren Empfindungen Tiefe und in ihren Handlungen Stärke und Konsequenz nicht vermißt; wenn er selbst, vom Nationalgeiste durchdrungen, durch ein einwohnendes Genie sich fähig fühlt, mit dem Vergangnen wie mit dem Gegenwärtigen zu sympathisieren« und »wenn er seine Nation auf einem hohen Grade der Kultur findet, so daß ihm seine eigene Bildung leicht wird« (MA 4.2, S. 16).

Dergleichen trifft nun nach G.s Urteil offen-sichtlich auf das Deutschland seiner Zeit nicht zu – kein deutscher Autor werde »sich selbst für klassisch« halten. G. warnt aber auch all-gemein vor dem allzu freigebigen Gebrauch der »Ausdrücke: klassischer Autor, klassisches Werk« (ebd.), womit Je-nischs Bestimmung der französischen Litera-tur als klassisch gemeint ist, denn das Ideal des »klassischen Nationalautors« ließ sich für G. in reiner Form nur an der antiken Kultur bilden, von der die gegenwärtigen europäi-schen Kulturen in jeweils verschiedenem Maße entfernt waren. Am nächsten war ihr in G.s Vorstellung noch die italienische Gegen-wart, die er während seiner italienischen Reise 1786/88 kennengelernt hatte. Daß Ita-lien für ihn ein Land glücklicherer Verhält-nisse zwischen Vergangenheit und Gegenwart, zwischen Enge und Weite, Volk und Kultur darstellte, spricht überall aus der *Italienischen Reise* (1816) und nicht etwa nur aus der Be-merkung, daß man hier »in der Welt zu Hause, und nicht wie geborgt, oder im Exil« (MA 15, S. 26) sei oder daß die venezianischen Gondo-lieri den Tasso und Ariost »auf ihre eignen Melodien singen« (MA 15, S. 99).

G.s Beschreibung der deutschen Verhält-nisse in diesem Aufsatz ist die bündigste, kon-densierteste Darstellung dieser Verhältnisse aus dem Munde eines Zeitgenossen. Zer-streute Existenz in den deutschen Kleinstaaten und der Mangel einer gebildeten Öffentlich-keit – »ein großes Publikum ohne Geschmack« – prägen die Existenz der deutschen Schrift-steller und bedeuten nicht nur begrenzte Le-serkreise, sondern auch eine ebenso begrenzte Zahl von Buchkäufern in einer Zeit, da der adlige Mäzen mehr und mehr durch den Buch-markt ersetzt wird und die freien Schriftsteller von diesem abhängig werden.

Solche nüchterne, kritische Analyse der ei-genen Verhältnisse führt jedoch zu zwei sehr verschiedenartigen Schlüssen. Einmal stellt G. fest: »Einen vortrefflichen Nationalschrift-steller kann man nur von der Nation fordern« (MA 4.2, S. 17), die für die Deutschen eben nicht als politisches Ganzes existiert. Zum an-deren aber folgt der zweite Schluß: »Wir wol-len die Umwälzungen nicht wünschen, die in Deutschland klassische Werke vorbereiten könnten« (ebd.). Man hat G. diesen Satz im-mer wieder als eine Art literarischen Landes-verrats und borniert-egoistischer Rückstän-digkeit angekreidet, das heißt, als Verbeugung vor der sogenannten »deutschen Misere« (Franz Mehring). Tatsächlich spricht daraus G.s tiefe innere Abneigung gegen gewaltsa-me Veränderungen in der Gesellschaft wie in der Natur. Er hat das später in die Bemer-kung zusammengefaßt: »Jedes Gewaltsame, Sprunghafte, ist mir in der Seele zuwider, denn es ist nicht naturgemäß« (zu Eckermann, 27.4. 1825). Seine Metamorpho-senlehre in der Natur hat G. aus solchen Vor-aussetzungen entwickelt. Im Politischen galt seine Skepsis dem Ringen nach Macht aus wie auch immer gearteten Motiven: »Alle Frei-heits-Apostel, sie waren mir immer zuwider; / Willkür suchte doch nur Jeder am Ende für sich« (FA I, 2, S. 220).

Aber auch die Bedenken gegen ein durch revolutionäre Aktion geeintes Deutschland – wie gegen dieses überhaupt – sind, zumindest unter der Voraussetzung des gesellschaftli-chen Bildungsstandes seiner zeitgenössischen Staatsbürger, realistisch und nur zu verständ-lich. Die kritische Analyse der Deutschen durchzieht als ein Leitthema G.s ganzes späte-res Werk; Mittelmäßigkeit, Philisterei, pro-vinzielle Enge und Mangel an einer gemein-samen Kultur kennzeichnen seine Landsleute, so sein Urteil. Die Furcht, dergleichen mas-siert als große Nation zu sehen, war nicht un-begründet. Solchen Mangel an gesellschaftli-cher Bildung in dem Lande seiner Sprache zu beheben, hat G., der von allen deutschen Schriftstellern seiner Zeit die größte prakti-sche politische Erfahrung besaß, stets als seine Aufgabe angesehen.

G.s Polemik ist letztlich, wenn auch nicht allein, dadurch motiviert, daß er selbst im Be-griffe stand, auf andere Art ein deutscher Na-tionalautor zu werden. Gewiß konnte er nicht auf jene Dichterpopularität hoffen, die er in Italien erlebt hatte. Gewiß gab es in seiner Nation nicht jene »großen Begebenheiten«, die mit ihren Folgen »in einer glücklichen und bedeutenden Einheit« standen (MA 4.2, S. 16), und gewiß versagte ihm der Zustand seiner Nation alles das, was er als Konsequenzen einer solchen Situation für die Literatur beschrieben hatte. Aber gerade er wurde in diesen Jahren weit über eine schmale Schicht von Gebildeten hinaus zum »klassischen«, das heißt vortrefflichen Repräsentanten einer eigentümlich deutschen Kulturnation, die er selbst gegen alle widrigen äußeren Umstände, teils aber auch erst durch sie an prominenter Stelle zu schaffen half. Denn so wenig schon die bedeutendere Literatur dieser Jahre breite Kreise erreichte, äußere Symptome für das Wachsen eines nationalen Kulturbewußtseins und eines kulturellen Nationalbewußtseins gab es durchaus. Wenn auch die politischen Bedingungen für den klassischen Nationalautor in G.s Definition unerfüllt blieben und er sie nicht einmal erfüllt sehen wollte, so konnte er doch hoffnungsvoll gegen die kleinen Lichter der »Halb-Kritiker« am Ende seines Aufsatzes sagen: »Der Tag ist angebrochen, und wir werden die Läden nicht wieder zumachen« (MA 4.2, S. 19). Die Kraft aufklärerischen Denkens habe »junge Männer von Talent« in Bewegung gesetzt, »fast jedermann« schreibe jetzt gut, und »so sieht ein heiterer billiger Deutscher die Schriftsteller seiner Nation auf einer schönen Stufe« (MA 4.2, S. 20).

G.s Aufsatz wurde an einem entscheidenden Punkt seines Lebens wie der europäischen Geschichte geschrieben und ist nicht nur Resümee, sondern auch Programm. Die Französische Revolution war aus dem Stadium des jakobinischen Radikalismus herausgetreten. Für G. aber hatten der geistige Austausch und die gemeinsame Arbeit mit Schiller begonnen, aus der sie in der Tat das Programm einer kulturellen Nationalbildung der Deutschen zu entwickeln versuchten. Die gedankliche Nähe Schillers zu G.s Aufsatz zeigt sich insbesondere im neunten Brief *Ueber die aesthetische Erziehung des Menschen*, der im Januar 1795 erschien und in dem das Verhältnis von Kunst und Künstler zur Zeit im Mittelpunkt steht mit Erkenntnissen wie: »Gieb der Welt, auf die du wirkst, die R i c h t u n g zum Guten, so wird der ruhige Rhythmus der Zeit die Entwicklung

bringen« (SNA 20.1, S. 335). G.s Sympathie konnte Schiller auch gewiß sein mit dem Satz: »Lebe mit deinem Jahrhundert, aber sey nicht sein Geschöpf; leiste deinen Zeitgenossen, aber was sie bedürfen, nicht was sie loben« (ebd.). Im selben Jahr hatte Jenisch noch einen Aufsatz *Ueb[er] Schill[ers] Genie und seine ästhet[ischen] Br[iefe]* verfaßt und Friedrich Gentz für seine *Neue Deutsche Monatsschrift* eingereicht, der ihn Wilhelm von Humboldt zur Begutachtung übergab. Humboldt riet ab, berichtete auch Schiller von diesem Versuch, der wiederum an G. schrieb: »Der närrische Mensch, der Jenisch in Berlin, der sich in alles mischen muß, hat auch eine Recension der Horen gelesen, und in dem ersten Feuer einen Aufsatz über mich und meinen schriftstellerischen Charakter geschrieben«, den er als »Apologie« Schillers angelegt habe (an G., 23. 11. 1795). Der Aufsatz blieb ungedruckt.

Jenisch fühlte sich von G. mißverstanden und replizierte mit seiner *Berichtigung eines auffallenden Mißverständnisses in den Horen* im *Berlinischen Archiv der Zeit und ihres Geschmacks* (Bd. 2, S. 239–244; Sept. 1795), damit auch seine Verfasserschaft des Beitrags *Ueber Prose und Beredsamkeit der Deutschen* anerkennend. Dabei gibt er seine ursprüngliche kritische Position nicht völlig auf und macht mit der Betonung des philosophischen Akzentes der deutschen Literatur dieser Zeit eine durchaus ernstzunehmende Beobachtung. Der Druck der »äußern Umstände«, den der Verfasser des *Litterarischen Sansculottismus* selbst zugebe, hätte »dem Ganzen der deutschen Litteratur einen gewissen Character aufgeprägt, wodurch sie sich m e h r d e m k r i t i s c h e n K u n s t r i c h t e r, als dem l i - b e r a l e n [...] K u n s t k e n n e r« empfehle. Die tiefe Kluft zwischen »hoher« und trivialer Literatur hat eine Geschichte, die tatsächlich bis in die Aufklärung und ihre besonderen Bedingungen in Deutschland zurückreicht. In dem von G. und Schiller gemeinsam ausgefochtenen *Xenien*-Kampf wurde Jenisch noch einmal Objekt von beider Kritik. Jenisch hatte zwar versucht, mit seiner verständnisvollen Interpretation *Über die hervorstechendsten Eigentümlichkeiten von Meisters Lehrjahren*

(Berlin 1797) G. freundlich zu stimmen, blieb aber von ihm unbeachtet. Nur in zwei *Xenien* (*A[rchiv] d[er] Z[eit]*, *Gottesurtheil*) nahmen die Weimarer noch einmal satirisch auf ihn Bezug.

Literatur:

Borchmeyer, Dieter: Höfische Gesellschaft und Französische Revolution bei Goethe. Adliges und bürgerliches Wertsystem im Urteil der Weimarer Klassik. Kronberg 1977. – Conrady, Karl Otto (Hg.): Deutsche Literatur zur Zeit der Klassik. Stuttgart 1977. – David, Claude: Goethe und die Französische Revolution. In: Deutsche Literatur und Französische Revolution. Göttingen 1974, S. 63–86. Fambach, Oscar: Ein Jahrhundert deutscher Literaturkritik (1750–1850). Bd. 3: Der Aufstieg zur Klassik in der Kritik der Zeit. Berlin 1959, S. 619–663. – Müller-Seidel, Walter: Deutsche Klassik und Französische Revolution. Zur Entstehung einer Denkform. In: Deutsche Literatur und Französische Revolution. Göttingen 1974, S. 39–62. – Schulz, Gerhard: Die deutsche Literatur zwischen Französischer Revolution und Restauration. 1. Teil. München 1983, S. 39f. u. S. 128–136. – SNA 20.1.

Gerhard Schulz

Regeln für Schauspieler

Die in Band 44 der Ausgabe letzter Hand erstmals gedruckten *Regeln für Schauspieler* verdanken ihre Entstehung eher einem Zufall. G., der das Weimarische Theater von 1791 bis 1817 leitete, hatte natürlich auch mit Schauspielern und mit Schauspielanwärtern zu tun. 1803, als er sich eigentlich für einige Zeit »das Theaterwesen ziemlich aus dem Sinne geschlagen hatte«, sprachen zwei Eleven bei ihm vor, und die *Tag- und Jahreshefte* berichten darüber: »Es meldeten sich, mit entschiedener Neigung für die Bühne, zwei junge Männer, die sich Wolff und Grüner nannten, von Augsburg kommend, jener bisher zum Handelsstande, dieser zum Militär zu rechnen.

Nach einiger Prüfung fand ich bald, daß beide dem Theater zur besondern Zierde gereichen würden und daß, bei unserer schon wohlbestellten Bühne, ein paar frische Subjecte von diesem Werth sich schnell heranbilden würden. Ich beschloß sie fest zu halten, und weil ich eben Zeit hatte, auch einer heitern Ruhe genoß, begann ich mit ihnen gründliche Didaskalien, indem ich auch mir die Kunst aus ihren einfachsten Elementen entwickelte und an den Fortschritten beider Lehrlinge mich nach und nach emporstudirte, so daß ich selbst klärer über ein Geschäft ward, dem ich mich bisher instinctmäßig hingegeben hatte. Die Grammatik, die ich mir ausbildete, verfolgte ich nachher mit mehreren jungen Schauspielern, einiges davon ist schriftlich übrig geblieben« (WA I, 35, S. 148). Es handelt sich um Pius Alexander Wolff und Karl Franz Grüner, die von G. auch in seinem Tagebuch am 22.7. 1803 und an den folgenden Tagen erwähnt werden. Am 22.7. 1803 ist eingetragen: »Grüner und Geselle«. »Grüner und Consort« sind auch am 24. Juli, am 25., am 27. und am 29. Juli erwähnt. In einem Brief an Zelter vom 3.5. 1816 berichtet G. nachträglich, daß er »die ersten Elemente« der Schauspielkunst den beiden Eleven »dictirt« habe. Als am 12. August dann allerdings die Schauspieler wieder nach Weimar kamen – im Tagebuch ist unter dem 12. August notiert: »Kamen die Schauspieler von Lauchstädt zurück« –, wurde die Zeit, die G. für den Unterricht aufwenden konnte, knapper. Das Tagebuch vermerkt am 14.8. 1803 noch einmal »Grüner und Consort« (ebd.); möglicherweise bezieht sich auch die Eintragung vom 3.9. 1803, »auf dem Theater mit den neuen Schauspielern«, auf die beiden Eleven. Der Unterricht dürfte noch einige Zeit fortgesetzt worden sein; darauf deutet auch der Hinweis in den *Tag- und Jahresheften*, daß G. »die Grammatik, die ich mir ausbildete«, »nachher mit mehreren jungen Schauspielern« weiterverfolgt habe (WA I, 35, S. 148).

Von einem »Diktat«, wie G. das rückschauend am 3.5. 1816 berichtet hatte, kann aber nicht die Rede sein. Vermutlich hat G. seinen Eleven die Grundregeln mündlich erläutert, und diese dürften einiges mitgeschrieben haben. Im Brief an Zelter ist erwähnt, daß Grüner ein »Heft« besessen habe, in das er die Regeln notiert haben dürfte (vgl. WA I, 40, S. 421); wir wissen, daß auch Wolff einiges »zu Papier« brachte. Vermutlich haben die beiden Schüler auf Veranlassung G.s die Regeln niedergeschrieben. Sie haben dann seinem Schreiber Johann Ludwig Geist vorgelegen, der sie wiederum auf G.s Veranlassung abgeschrieben hat. Von Geists Hand sind drei Manuskripte erhalten. In einem von ihnen finden sich Korrekturen von G.s und auch von Eckermanns Hand. Der Weimarische Bibliothekssekretär Friedrich Theodor Kräuter hat die drei Handschriften, die sich zusammen in einem Umschlag fanden, überschrieben mit »Dramatische Übungen mit Wolf und Grüner. Im Jahr 1803« (WA I, 40, S. 421). Hans Devrient nimmt an, daß die Handschriften, die sich teilweise ergänzen, teilweise aber auch überschneiden, von den beiden Schauspielschülern unmittelbar nach dem Unterricht niedergeschrieben worden sind (vgl. ebd.). Dafür spricht, daß in zwei Handschriften die Aufzeichnungen so gefaßt sind, daß sie sich für den Verfasser zum Memorieren eignen. So finden sich Bemerkungen wie »Ich habe zu beobachten, daß ich« oder auch »wenn ich meinen Arm« oder auch »fast möcht ich sagen« (WA I, 40, S. 422). Vermutlich hat Geist diese aus der Erinnerung niedergeschriebenen Regeln dann kopiert und dabei auch redigiert. Dafür sprechen charakteristische Lesefehler Geists (»geführt« statt »gestört«). Eine der drei Handschriften hat G. damals durchgesehen; das geht aus einer kleinen Korrektur hervor, die er angebracht hat. Eine andere Handschrift von Geist scheint nach G.s Diktat niedergeschrieben worden zu sein. Möglicherweise hat G. diese Handschrift seinen Vorträgen zugrunde gelegt, sich aber im Unterricht nicht streng daran gehalten, sondern manches hinzugefügt, das sich dann in den Nachschriften der beiden Schauspielschüler findet. Um diese Zusätze zu sichern, dürfte sich G. darum bemüht haben, die beiden Hefte seiner Schüler kopieren zu lassen.

In seinem retrospektiven Bericht über die Begegnung mit Grüner und Wolff, den G. Zel-

ter in seinem Brief vom 3.5. 1816 gibt, erklärt er nachträglich, wie es damals mit dem Schauspielunterricht bestellt war. Er schreibt an Zelter: »Ao. 1803, im August, kamen zwey junge Leute, Grüner und Wolff, hieher, die Gesellschaft war in Lauchstädt, ich hatte Zeit und Humor und wollte einen Versuch machen diese beyden, eh jene zurückkämen, auf einen gewissen Punct zu bringen. Ich dictirte die ersten Elemente, auf welche noch niemand hingedrungen ist. Beyde ergriffen sie sorgfältig und Wolff ist davon nie gewankt noch gewichen, deswegen er auch zeitlebens die schönste Sicherheit behalten wird. Daß Grüner in Wien sich zum mächtigen Schauspieler, ja zum Director aufgeschwungen, zeigt, daß auch er an einem gewissen Fundamente gehalten habe. Beyde waren mit Glauben und Neigung zu mir gekommen, der eine den Militär-, der andere den Kaufmannstand verlassend, und beyde haben es nicht übel getroffen. Vor einigen Tagen, als ich alte Papiere ausklopfte, fand ich noch das Concept eines Briefs an Wolffs Mutter, der sich auch jetzt noch recht artig ausnimmt. Zugleich das Concept von jenem Katechismus oder a b, ab; vornehmer könnte man es auch euklidische Elemente nennen. Vielleicht verführen mich diese Bogen, daß ich die Sache nochmals durchdenke. Sie gehen nicht weit hinein, denn die Gesellschaft kam zurück und nun mußte alles practisch werden.« Diese Hinweise deuten darauf hin, daß G. sich von seinen Regeln für Schauspieler tatsächlich ein »Concept« gemacht hat; das dürfte die eine Handschrift sein, nach der G. seinen Unterricht erteilte und die er dann eben mit mündlichen Zusätzen versah, die wiederum in die Abschriften der beiden Schauspielschüler eingingen.

Alle drei Handschriften sind also selbständig und nicht in Abhängigkeit von einer anderen verfaßt worden. G.s Ankündigung, daß er »die Sache nochmals durchdenke«, wurde jedoch nicht in die Tat umgesetzt. G. hat sich offenbar erst wieder 1824 mit dem Konvolut beschäftigt. Am 2.5. 1824 bekam Eckermann von G. »ein Convolut Papiere in Bezug auf das Theater zugesendet« (WA I, 40, S. 423), und darin fand er »zerstreute einzelne Bemerkungen, die Regeln und Studien enthaltend, die G. mit Wolff und Grüner durchgemacht« (ebd.) hatte. Das dürften die drei Handschriften gewesen sein, die sich von G., Grüner und Wolff erhalten hatten. Eckermann wollte sie »zusammenstellen« und daraus »eine Art von Theaterkatechismus […] bilden«. G. hat dieses Vorhaben offenbar gebilligt und mit Eckermann durchgesprochen. Am 2.5. 1824 ist auch im Tagebuch davon die Rede: »manches was zur Redaction der Papiere nothwendig besprochen« (WA III, 9, S. 213). Eckermann hat offenbar einzelnes aus den zwei Handschriften von Wolff und Grüner übernommen, aber alles stark überarbeitet, auch G.s eigene Handschrift dazugenommen und ursprünglich als Überschrift hinzugefügt: »Hundert Regeln für Schauspieler« – aber weil er sich verzählt hatte, hat er die Zahl gestrichen; tatsächlich handelt es sich nur um 91 Paragraphen. Wir wissen nicht, ob G. diese Zusammenfassung, die zugleich eine neue Ordnung und Überarbeitung darstellte, gesehen hat. Die Bearbeitung Eckermanns war jedoch mit G.s Einverständnis erfolgt, und so gilt sie heute als grundlegender Text der *Regeln für Schauspieler*. Sie wird im folgenden nach der Weimarer Ausgabe (WA I, 40, S. 139–168) zitiert.

Der Schauspielunterricht bezieht sich auf Elementares: auf die rechte Sprache, was Rezitation und Deklamation angeht, und auf »Stellung« und »Bewegung« des Körpers auf der Bühne (WA I, 40, S. 153ff.). G. bekämpft den »Provincialismus« und fordert für die Bühne: »Dort herrsche nur die reine deutsche Mundart, wie sie durch Geschmack, Kunst und Wissenschaft ausgebildet und verfeinert worden« (WA I, 40, S. 139). In einer der Handschriften ist erläutert, was unter der »reinen deutschen Mundart« zu verstehen sei: »Unter dieser wird jene Oberdeutsche, durch den sächsischen Dialekt gemilderte, und durch Geschmack, Künste und Wissenschaften ausgebildete und verfeinerte Mundart verstanden« (WA I, 40, S. 424). Das ist noch ganz im Sinne Gottscheds gesagt. Für Rezitation und Deklamation gilt, daß ein Vortrag »ohne leidenschaftliche Tonerhebung« geschehe (WA I, 40, S. 144) – und das ist wiederum ganz gegen den

Sprachgebrauch und die Deklamationskunst des Sturm und Drang gerichtet. »Declamation« versteht er als »gesteigerte Recitation« (WA I, 40, S. 146). In dem Abschnitt über »Stellung und Bewegung des Körpers auf der Bühne« huldigt G. einem klassizistischen Ideal: »Zunächst bedenke der Schauspieler, daß er nicht allein die Natur nachahmen, sondern sie auch idealisch vorstellen solle, und er also in seiner Darstellung das Wahre mit dem Schönen zu vereinigen habe« (WA I, 40, S. 153). Er wendet sich gegen jene, die »aus mißverstandener Natürlichkeit unter einander spielen, als wenn kein Dritter dabei wäre« (WA I, 40, S. 154). Zentrale Regel ist für ihn, daß der Schauspieler nur das verkörpere, was zu seiner »Rolle paßt« (WA I, 40, S. 163). Für G. ist das Theater alles andere als ein Mittel, Natürliches darzustellen; das Schauspiel ist für ihn ein Kunstprodukt, und er stellt fest: »Es ist schrecklich, innerhalb eines Kunstproducts an […] Natürlichkeiten erinnert zu werden« (WA I, 40, S. 164). Das Kunstprodukt sei eo ipso auch ein schönes Kunstprodukt, da man »nicht nur alles wahr sondern auch schön dargestellt haben will« (WA I, 40, S. 166).

Auch G. folgt, was seine Anschauungen von der Praxis des Theaters betrifft, Johann Georg Sulzers *Allgemeiner Theorie der Schönen Künste*, dem ästhetischen Gesetzbuch der Zeit, und zwar dem Artikel »Schauspieler; Schauspielkunst« im vierten Band. Daß er – wie Sulzer – die französische Theaterpraxis ablehnt, versteht sich von selbst; die unbedingte Regelhaftigkeit, das unnatürliche Deklamieren der Schauspieler, die Beschränkung auf einige angelernte Gesten und einstudierte Bewegungen, das alles wird von G. gar nicht mehr diskutiert, weil das ausführlich genug bei Sulzer bereits geschehen ist. Ausdrücklich folgt er hingegen Sulzers Ansicht, daß das Sich-Hineinfinden in eine fremde Rolle das wahre Kriterium des Schauspielers sei. »Man muß so zu sagen in die Seelen andrer Menschen hineinschauen können«, heißt es in Sulzers Artikel. Um seiner Rolle gerecht zu werden, müsse der Schauspieler also alle Sorge auf den »Vortrag der Rolen« wenden. Sulzer setzt hinzu: »Dieses allein aber erfodert eine ausnehmende Urtheilskraft, weil es ohne diese unmöglich ist, sich so vollkommen, als hier nöthig ist, in die Gedanken und Empfindungen eines andern zu setzen, und seinen Worten allen Nachdruk und jeden Ton zu geben, den sie in seinem Munde haben würden«. Sulzer wendet sich gegen Ansichten des damals sehr bekannten Luigi Riccoboni und dessen *Dell'arte rappresentativa* (London 1728), worin dieser vor einer zu großen Identifikation mit der Rolle gewarnt hatte, »aus Furcht, die Regeln darüber zu vergessen«. Sulzers Forderung zielt auf das Gegenteil, wenn er feststellt: »Je mehr also der Schauspieler von dem wahren Gefühl seiner Role in sich erweken kann, je sicherer wird er sie auch ausdrüken, und Zuschauer, denen es um würkliche Rührung zu thun ist, werden es ihm sehr gerne vergeben, wenn der Schmerz oder die Freude ihn verleiten, die Arme höher auszustreken, oder die Füße weiter auseinander zu setzen, als der Tanzmeister es vorschreibt«.

Das alles deckt sich mit G.s Anschauungen. Wenn es in den *Regeln für Schauspieler* in § 77 heißt: »Es ist daher unumgänglich nothwendig, daß der Schauspieler von allen Angewöhnungen gänzlich frei sei, damit er sich bei der Vorstellung ganz in seine Rolle denken und sein Geist sich bloß mit seiner angenommenen Gestalt beschäftigen könne« (WA I, 40, S. 164f.), dann wirkt das wie eine Wiederaufnahme einer Feststellung Sulzers: »Hier ist es also nicht genug, daß der Schauspieler alles dieses mit den Worten übereinstimmend mache, es muß mit dem ganzen Charakter der Person übereinstimmen, der bald groß und edel, bald vornehm, aber dabey niederträchtig; bald gemein, aber höchst ehrlich u. s. f. ist. Ich gestehe es, daß ich von den Talenten der Künstler keines mehr bewundere, als dieses, sein ganzes äußerliches Betragen nach jedem Charakter völlig schiklich abzuändern«.

Sulzers Vorstellungen sind also bruchlos in G.s Überlegungen eingegangen. Aber vermutlich haben auch andere Schriften seine Überlegungen beeinflußt. Natürlich hat er von Louis-Sébastien Mercier dessen von Heinrich Leopold Wagner übersetzten *Neuen Versuch über die Schauspielkunst* (Leipzig 1776) ge-

kannt. Dort handelt ein letztes Kapitel »Von den Schauspielern«. Mercier beklagt die schlechte Schulung der Schauspieler, die nicht einmal »ihre Personen oder Rollen fassen« können (S. 457). Bei ihm ist auch schon indirekt die Forderung nach der Konzentration auf die Rolle und nach Verzicht auf die eigene Darstellung erhoben, wenn es heißt: »Der Schauspieler ist nur der Kopist seines Originals« (Mercier, S. 482). Noch stärker aber dürften G. die *Ideen zu einer Mimik* von Johann Jakob Engel beeinflußt haben, die 1785 und 1786 erschienen; dieses Buch war ein bekanntes Lehrbuch für Schauspieler mit Bildbeigaben, aus denen typische oder auch stereotype Haltungen gelernt werden konnten. Engel rühmt Konrad Ekhof und dessen Spiel, seine Deklamation und seine Rollendarstellung, und er bemerkt: »Er wußte nichts von feierlich abgemessenen Schritten, vom Tragen des Körpers nach Tanzmeistermanier, vom kunstmäßigen Erheben und Sinken-Lassen des Arms. Wahrheit war bei ihm, wie sie soll, das Erste« (Engel, Bd. 7, S. 85). Schon bei Engel findet sich auch die Unterscheidung der Schauspielkunst in das »Gebehrdenspiel« und die »Declamation« (Engel, Bd. 8, S. 139). Desgleichen ist bei ihm schon von den Tonlagen bei der Deklamation die Rede, die G. in den Paragraphen über »Recitation und Declamation« erwähnt (vor allem § 22).

G. folgt jedoch zugleich Lessings *Hamburgischer Dramaturgie*, wenn es dort etwa im dritten Stück heißt: »Die Seele muß ganz gegenwärtig seyn; sie muß ihre Aufmerksamkeit einzig und allein auf ihre Reden richten« (Bd. 7, S. 16) – dann entspricht dem der Rollenbezug, den G. fordert. In seinem eigenen Werk läßt G. die Figuren so auftreten, wie er es in den Regeln für Schauspieler von seinen Schülern fordert: So rühmt er schon im »Urmeister« an Serlo: »Eine außerordentliche Übung seiner Kunst hatte ihn geschickt gemacht, die feinsten Schattirungen der Rollen mit der größten Leichtigkeit auszudrücken« (WA I, 52, S. 243). In *Wilhelm Meisters Lehrjahre* stellt Serlo fest: »Wer nur sich selbst spielt, ist kein Schauspieler« und »Der Schauspieler schickt sich in die Rolle wie er kann« (WA I, 22,

S. 175). An Caroline Jagemann hat G. vor allem gerühmt, »daß sie die Charaktere sondere und ihre Individualität danach umformte« (Jagemann, S. 276). Ähnlich heißt es im *Weimarischen Hoftheater*: »Unter den Grundsätzen, welche man bei dem hiesigen Theater immer vor Augen gehabt, ist einer der vornehmsten: der Schauspieler müsse seine Persönlichkeit verläugnen und dergestalt umbilden lernen, daß es von ihm abhange, in gewissen Rollen seine Individualität unkenntlich zu machen« (WA I, 40, S. 74).

Das alles ist gegen schauspielerische Subjektivität gesagt, und darin drückt sich ebenso der neue klassische Stil aus wie etwa in den Schemata über den Dilettantismus aus dem Jahre 1799, wo von den »ächt objektiven Regeln« der Kunst die Rede ist. Der Schauspieler, so sagt G. in den *Regeln für Schauspieler*, habe immer zu bedenken, »daß es eine nachahmende Erscheinung und keine platte Wirklichkeit sein« soll, die er darstelle (WA I, 40, S. 168). Das Theater sei ein »Kunstproduct« (WA I, 40, S. 164), und auf der Bühne müsse »nicht nur alles wahr, sondern auch schön dargestellt« werden (WA I, 40, S. 166): Die klassizistischen Vorstellungen, wie sie dann später bei der Inszenierung des *Faust* praktiziert wurden, prägen sich hier schon deutlich genug aus. Die Natur soll nicht allein nachgeahmt, sondern »auch idealisch« vorgestellt werden, und in der Darstellung habe sich »das Wahre mit dem Schönen« zu vereinigen (WA I, 40, S. 153). In solchen Vorschriften wird etwas sichtbar vom späteren Theaterstil und von den Theaterauffassungen der eigenen Praxis. In dem Schema *Schauspielkunst* der von G. und Schiller gemeinsam erarbeiteten Schemata zum Dilettantismus ist von der »Idealität der Kunst« die Rede und andererseits vom Schaden, den der Dilettantismus anrichte, wenn er nur die »Karrikatur der eigenen fehlerhaften Individualität« auf die Bühne bringe. Insofern setzen die *Regeln für Schauspieler* Überlegungen fort, die G. schon seit Jahren angestellt hatte. Man wird jedoch kritisch anmerken dürfen, daß die sehr detaillierten Anweisungen an die Schüler der Schauspielkunst noch keine neue Klassizität garantieren; es sind nur die äußerlichen Kennzeichen eines neuen Theaterstils, der später mit dem *Faust* seinen Höhepunkt erreicht.

Literatur:

Bruford, Walter H.: Kultur und Gesellschaft im klassischen Weimar 1775–1806. Göttingen 1966. – Colleville, Maurice: Goethe et le Théâtre: L'esthétique du poète à l'époque classique. In: EG. 4 (1949), S. 148–161. – Engel, Johann Jakob: Ideen zu einer Mimik, 1785 u. 1786. In: J. J. Engel's Schriften, Bd. 7 (Mimik. 1. Theil). Berlin 1804; Bd. 8 (Mimik. 2. Theil). Berlin 1804. – Flemming, Willi: Goethes Gestaltung des klassischen Theaters. Köln 1949. – Ders.: Goethe und das Theater seiner Zeit. Stuttgart 1968. – Hinck, Walter: Goethe – Mann des Theaters. Göttingen 1982. – Jagemann, Karoline: Die Erinnerungen. Dresden. 1926. – Knudsen, Hans: G.s Welt des Theaters. Berlin 1949. – Kunze, Walter: Goethes Theaterleitung im Urteil der Zeitgenossen. München 1942. – Lessing, Gotthold Ephraim: Hamburgische Dramaturgie. In: ders.: Sämmtliche Schriften. Hg. von Karl Lachmann. Bd. 7. Leipzig 1855. – Mercier, Louis-Sébastien: Neuer Versuch über die Schauspielkunst. Leipzig 1776. – Petersen, Julius: Schiller und die Bühne. Berlin 1904. – Scheithauer, Lothar: Zu Goethes Auffassung von der Schauspielkunst. In: Fs. Hermann August Korff. Leipzig 1957, S. 108–117. – Sulzer, Johann Georg: Artikel *Schauspieler; Schauspielkunst*. In: ders.: Allgemeine Theorie der Schönen Künste [...]. Bd. 4. Leipzig ²1794, S. 253 u. S. 262ff.

Helmut Koopmann

Deutsches Theater / Über das deutsche Theater

G. hat zweimal ausführlicher zum deutschen Theater, zu seiner Geschichte und seiner Bedeutung, Stellung genommen, in allerdings nicht sehr umfangreichen Arbeiten. Die Schrift *Deutsches Theater* ist zuerst in die »Nachgelassenen Werke« der Ausgabe letzter Hand (ALH 49, S. 168–172; 1833) aufgenommen worden; dem lag eine Abschrift Riemers zugrunde. Die Überschrift stammt von Eckermanns Hand (vgl. WA I, 40, S. 430). Im folgenden wird der Text zitiert nach der Weimarer Ausgabe (WA I, 40, S. 174–177).

Der Aufsatz ist entstanden im Zusammenhang mit den Skizzen zum Dreizehnten Buch von *Dichtung und Wahrheit*, in denen die Hauptgedanken schon niedergelegt sind (WA I, 28, S. 369f.). Dort heißt es etwa: »Theater. Conflict des Wässrigen Gleichgültigen Kalten mit dem Burlesken und Übertriebenen. Gottsched und die Neuberinn. Der Teufel ist los. Rostens Epistel. – Die Geistlichkeit und die Moralisten bedrängen das Theater von einer andern Seite. Um gegen diese Face zu machen, müssen die Vertheidiger des Theaters zu viel nachgeben, um es nicht allein unschädlich sondern auch zur Sittenschule zu machen. Wirkung dieses Conflictes. – Noch eine Ursache das Theater sittlicher und gleichgültiger zu machen: Die Schauspieler wollen sich aus ihrem verächtlichen Zustande erheben und sich mit einer gewissen Würde produciren«. Im folgenden werden dann noch Schauspieler genannt: Konrad Ekhof und Friedrich Ludwig Schröder.

Im Tagebuch ist unter dem 17.5. 1813 vermerkt: »Deutsches Theater schematisirt«. Aus dieser Skizze geht allerdings nur die Ansicht G.s darüber hervor, welche Stellung das Theater in Deutschland einnehmen sollte: Zwischen dem Burlesken und dem allzu Moralischen, dem bloßen Lustspiel und dem bloß belehrenden Theater sollte es angesiedelt sein. In der ausgearbeiteten Fassung bemüht sich G. aber um mehr als um eine bloße Ortsbestimmung des Theaters, da auch eine Geschichte des deutschen Theaters eingeblendet ist. Das Theater erscheint hier als Ort der Freiheit, als »eine merkwürdige und gewissermaßen sonderbare Anstalt« (WA I, 40, S. 174), die die engen Grenzen des Menschen, der durch »Religion, Gesetze, Sittlichkeit, Sitte, Gewohnheit, Verschämtheit und so fort« eingeschränkt sei, immer wieder aufzusprengen sucht. Es habe »drei Hauptgegner, die es immer einzuschränken suchen: die Polizei, die Religion und einen durch höhere sittliche Ansichten gereinigten Geschmack«. Für die Geschichte des deutschen Theaters sei nachteilig gewesen, daß es sich aus puppenspielartigen Anfängen zwar gut entwickelt, aber daß die »sogenannte Verbesserung« des Theaters in Norddeutschland dazu geführt habe, daß sich ein seichter Geschmack durchgesetzt habe, der die deutschen Schauspieler gezähmt und »die privilegirten Spaßmacher von den Brettern« verbannt habe (WA I, 40, S. 175).

Die eigentliche Attacke kam dann aber 1769, so G., von seiten des Theologen Johann Melchior Goeze als »Krieg gegen das Theater überhaupt«. Das Theater sei mit der Geistlichkeit in Konflikt geraten, und das habe dazu geführt, daß die Bühne, die eigentlich der »höhern Sinnlichkeit« gedient habe, nun »für eine sittliche« Anstalt ausgegeben wurde (WA I, 40, S. 176): Besserung und Belehrung waren, so G., die Maximen, und darin habe sich die »Gottschedische Mittelmäßigkeit« fortgesetzt (ebd.). Die »vielleicht nie zu zerstörende Mittelmäßigkeit des deutschen Theaters« sei dann noch von drei Schauspielern perpetuiert worden, die »das Gefühl ihrer Würde auch auf dem Theater nicht aufgeben konnten und deßhalb mehr oder weniger die dramatische Kunst nach dem Sittlichen, Anständigen, Gebilligten und wenigstens scheinbar Guten hinzogen« (WA I, 40, S. 177): Ekhof, Schröder, August Wilhelm Iffland. Damit aber habe »die Sentimentalität, die Würde des Alters und des Menschenverstandes, das Vermitteln durch vortreffliche Väter und weise Männer« auf dem deutschen Theater überhand genommen (ebd.). G. stimmt zwar nicht in den Ruf ein,

»daß es kein deutsches Theater gebe«, stellt aber fest, daß es von dieser Vorgeschichte her eigentlich »gar kein deutsches Theater geben werde, noch geben könne« (ebd.).

G. scheint hier für ein Theater zu sprechen, das nicht in den Dienst einer ästhetischen, religiösen oder sittlichen Erziehung zu nehmen sei, und er scheint gleichzeitig zu bedauern, daß die Geschichte des deutschen Theaters mit seinen Verbesserungsideen das Burleske daraus vertrieben habe. G. versucht, mit anderen Worten, die Mittelmäßigkeit des deutschen Theaters zu erklären, entwickelt aber kein Gegenrezept, sondern beklagt nur, daß die Freiheit des Theaters immer wieder eingeschränkt worden sei, was sich besonders im bürgerlichen Zeitalter deutlich gezeigt habe. Er sieht das deutsche Theater dabei im Gleichtakt mit der Entwicklung in Frankreich und England: Die Puritaner einerseits, Kardinal Richelieu andererseits hätten auch dort das Theater »gezähmt und in seine gegenwärtige Form gedrängt« (WA I, 40, S. 174). Das alles ist kritisch gesagt und zeigt, daß G. weniger einen Tiefstand als vielmehr die Mittelmäßigkeit des deutschen Theaters beklagt, ohne allerdings deutliche Auswege nennen zu können. Es ist auffällig, daß diese Ansichten G.s den Anschauungen Schillers, der auf das Belehrende und Bessernde des Theaters wiederholt hingewiesen hat, grundsätzlich widersprechen.

G. selbst hat 1815 zum gleichen Gegenstandsbereich seinen Artikel *Über das deutsche Theater* veröffentlicht; er erschien im *Morgenblatt für gebildete Stände* am 10. und 11.4.1815. Die Handschrift, von Johns Hand, ist mit eigenen Korrekturen G.s versehen. Der Aufsatz wurde 1833 wieder gedruckt in der Ausgabe letzter Hand (ALH 45, S. 17–37). Im folgenden wird er zitiert nach der Weimarer Ausgabe (WA I, 40, S. 86–105). G. stellt hier Überlegungen zu einem »Repertorium« an, auf die eine »Nationalbühne« gegründet werden müsse (WA I, 40, S. 86). G.s Betrachtungen sollen gleichzeitig dazu dienen, das deutsche Theater »aus trauriger Beschränkung und Verkümmerung wieder zu Freiheit und Leben« zu führen. Er schreibt damit zugleich ein Stück

zeitgenössischer Theatergeschichte. In diesem Zusammenhang bespricht er eine Reihe von Werken Schillers, berichtet auch über Veränderungspläne Schillers, die sich vor allem auf seine »Productionen genialer jugendlicher Ungeduld und Unwillens über einen schweren Erziehungsdruck« bezogen hätten, also auf »Die Räuber«, »Cabale und Liebe«, »Fiesco« (WA I, 40, S. 88). Schiller habe sich, so G., Gedanken über eine Bearbeitung gemacht, um sie »einem mehr geläuterten Geschmack [...] anzuähnlichen« (ebd.). Auf Schiller geht offenbar auch der Plan zu einem *Deutschen Theater* zurück, also zu einer Sammlung von Stücken, die, ähnlich der *Deutschen Schaubühne* von Gottsched, als Repertorium dienen könnte. G. berichtet, daß Schiller an Klopstocks *Hermannsschlacht* gedacht, aber das Stück dann doch verworfen habe, Lessings Dramen hingegen, die er nicht besonders geliebt habe, redaktionell bearbeitet habe. Ähnliches geschah auch Dramen G.s, etwa *Egmont*, und G. berichtet, daß »Schiller bei seiner Redaction grausam verfahren« sei (WA I, 40, S. 91). Einige Bühnenbearbeitungen Schillers sind überliefert; er hat dort in der Tat Erhebliches verändert, hat etwa versucht, ein Stück zur reinen Tragödie oder zur reinen Komödie hochzustilisieren. So wird G.s Aufsatz zugleich zu einem Bericht über die gemeinsame Redaktionsarbeit für die Weimarische Bühne. Es handelte sich dabei um relativ starke Eingriffe auch in die Szenenfolge, um den Stücken zu »einer echten Theatergestalt« zu verhelfen (WA I, 40, S. 104). Im ganzen ist das kleine Werk ein Dokument der gemeinsamen Theaterarbeit in Weimar, und der Aufsatz läßt erkennen, wie wenig sich Schiller und auch G. an eine einmal existierende Textgestalt gebunden wußten. Letztlich räumt das Theater, das G. und Schiller hier vorschwebt, einer klassischen Stilisierung viel Raum ein. G. hat allerdings ausdrücklich betont, daß es sich um Theaterbearbeitungen handle und »der Leser sich vom Zuschauer und Zuhörer trennen müsse; jeder hat seine Rechte, und keiner darf sie dem andern verkümmern« (WA I, 40, 105). Besonderes Gewicht wird man dieser kleinen Arbeit G.s nicht zusprechen können, es ist eher eine Rechtfertigungsschrift in eigener Sache und eine Erläuterung der Weimarischen Theatertätigkeit und nicht so sehr der Versuch, Grundsätzliches über das Theater zu sagen. Es sind Überlegungen eines Theaterpraktikers, der freilich am Ideal seines Theaters unbeirrbar festhielt: nicht die Wirklichkeit, sondern allenfalls eine stilisierte Wirklichkeit zu geben.

Literatur:

Bruford, Walter H.: Goethe and the theatre. In: Rose, William (Hg.): Essays on Goethe. London 1949, S. 75–95. – Colleville, Maurice: Goethe et le théâtre. L'esthétique dramatique du poète à l'époque classique. In: EG. 4 (1949), S. 148–161. – Flemming, Willi: Goethe und das Theater seiner Zeit. Stuttgart u.a. 1968. – Hinck, Walter: Goethe – Mann des Theaters. Göttingen 1982. – Prudhoe, J.: The Theatre of Goethe and Schiller. Oxford 1973. – Sichardt, Gisela: Das Weimarer Liebhabertheater unter Goethes Leitung. Weimar 1957.

Helmut Koopmann

Anzeigen und Rezensionen

Begriff und Funktion der Rezension im 18. Jh.

G. hat sich zeit seines Lebens auch als Rezensent betätigt – eine in seiner Zeit nicht ungewöhnliche Nebentätigkeit. Dichter und Schriftsteller sind immer wieder als »Kunstrichter« aufgetreten, zumal literarische Kritik im 18. Jh. nicht eine Sache des Geschmacks oder der Empfindung war, sondern eine der Ästhetik. Der Kritiker war nicht ein Gelegenheitsrezensent, sondern vertrat eine gleichsam philosophische Position, und seit der Definition des Rezensenten als »Criticus« durch Gottsched in seiner *Critischen Dichtkunst* war es der Rezensent, der gleichsam die Rolle der

Vernunft bei der Beurteilung literarischer Erzeugnisse zu vertreten hatte. Seit Gottsched hatte er die Frage zu beantworten, »woher es komme, daß dieses schön und jenes häßlich ist« (Gottsched, S. 96). Die Grundlagen zu einer so verstandenen literarischen Kritik hatte freilich bereits Shaftesbury in seinen *Characteristics of Men, Manners, Opinions, Times* (1727) zu Beginn des 18. Jhs. gelegt. Die Rolle des Kunstrichters war aber auch von anderer Seite her klar umgrenzt worden; so etwa in Johann Jacob Breitingers Vorrede zu Johann Jacob Bodmers *Critischen Betrachtungen über die Poetischen Gemählde der Dichter*, 1741. Dort wird zur Charakteristik des Kunstrichters erwähnt, daß er nicht nur zu fragen habe, »wie ihm die Sachen vorkommen, sondern warum sie ihm so vorkommen und nicht anderst vorkommen können« (Breitinger, [S. 5]). Breitinger betont, daß sich der Kunstrichter immer nach den »Grundregeln der Künste« zu richten habe, und daß es seine Aufgabe sei, »nur dasjenige zu loben, was er als lobenswürdig erkennt, und niemahls was zu tadeln, als was von den Grundregeln des Schönen abweichet« (Breitinger, [S. 3]). Breitinger hat seine Anschauungen, die im Grunde genommen die Gottscheds fortsetzen, zusammenfassend in die Feststellung gebracht: »Ein Kunstrichter muß denn erstlich das Lobenswürdige und Tadelhafte genau kennen, das ist, er muß in die Grundregeln der Künste, die den Grund alles dessen, was gefallen muß, aus der menschlichen Natur herleiten, eine tiefe Einsicht haben, und den Verdienst eines Scribenten alleine darnach abmessen« (Breitinger, [S. 2]).

Diese Ansicht blieb über Jahrzehnte hinweg unverändert, zumal Lessing sie noch einmal bekräftigt hatte, als er schrieb: »Was sind die Gründe des Kunstrichters? Schlüsse, die er aus seinen Empfindungen, unter sich selbst und mit fremden Empfindungen verglichen, gezogen und auf die Grundbegriffe des Vollkommenen und Schönen zurückgeführt hat« (Lessing, S. 63). Der Rezensent ist also gleichsam die Personifikation der Grundregeln des Vollkommenen und Schönen, und so steht er auf keinen Fall unter dem Dichter, sondern in seiner Rolle als Kritiker eher noch über ihm. Kritik

Theaterakte – Wochenplan vom 5. März 1815

soll den Rezensierten anleiten, »wie er seine Fehler verbessern könne, oder dafern ein solcher unverbesserlich seyn sollte, andere durch dieses Exempel zu warnen, daß sie sich nicht durch desselben Ansehen blenden lassen, und ihre Schriften durch eine knechtische Nachahmung mit gleichen Fehlern beflecken, und sie zu unterrichten, wie sie es anzugreifen haben, wenn sie von dergleichen Tadel gesichert seyn, und sich eines gerechten Lobs würdig und theilhaft machen wollen«. So hatte es schon Breitinger formuliert. Dabei ist Kritik auf Bewahrung und nicht auf Zerstörung aus. Überzeugende Kritik ist im 18. Jh. immer konstruktive Kritik. Schon Bodmer hatte geschrieben: »Die reinen und aufrichtigen Absichten eines solchen Critici kann man daraus erkennen, wenn er zeiget, daß er an der Entdeckung der Fehler mehr Verdruß als Lust und Vergnügen schöpfe«. Kritik setzt dabei gleichsam ein höheres Verständnis der Regeln und des Kunstschönen voraus. Subjektive Empfindungen haben in der Literaturkritik des 18. Jhs. keinen Raum.

Erziehung und Aufklärung sind Leitideen einer recht verstandenen literarischen Kritik, die auf die Besserung des »gemeinen Lesers« abzielt. Dieser gemeine Leser, also das generelle Publikum, bedarf der Aufklärung, und das um so mehr, als die »elenden Scribenten« dazu neigen, alles nur subjektiv zu verstehen und die eigene Empfindung zum Maß aller Dinge zu machen. Der rechte Leser, der »Kenner«, hat freilich Belehrungen nicht nötig; aber die große Schar der gemeinen Leser, »welche die Regeln der Kunst gar nicht, und die Natur des Schönen nicht weiter« kennen (Breitinger, [S. 5]), sind, wenn sie Literatur recht verstehen wollen, auf den Kunstrichter, den Rezensenten, angewiesen. Nur der kann ihnen sagen, was gut oder schlecht ist, und vor allem hat er vor einer Literatur zu warnen, die nur auf »Ergötzung« oder Belustigung ausgeht, weil auch dem Leser nicht erlaubt ist, sich dieser hinzugeben und von der Literatur nur Annehmlichkeiten zu erwarten. Der Kunstrichter hat alles Gemeine und Niedrige zu verurteilen – und wie weit diese Haltung reicht, zeigt noch Schillers große Schrift *Über naive*

und sentimentalische Dichtung, in der der komische Roman so scharf kritisiert wird, weil er den Zuschauer herabziehe und das Lesen gleichsam zum kulinarischen Ereignis mache. Das zu verhindern, ist der Rezensent, ist der Kunstrichter da; er ist nicht der Gesetzgeber, aber er allein kann dafür sorgen, daß die Gesetze der Kunst beachtet und eingehalten werden. Indem der Kritiker urteilt, schreibt er gleichsam die ästhetischen Gesetze fort und bekommt indirekt damit auch legislative Macht.

Von dieser Aufgabe des Rezensenten her ist verständlich, daß größere Rezensionen im 18. Jh. häufig mit grundsätzlichen Feststellungen einsetzen, um dann den eigentlichen Gegenstand der Rezension daraufhin zu prüfen, ob er den grundsätzlichen Ansprüchen der Kunst genügt. Von daher erklärt sich auch der oft sehr scharfe Ton in Rezensionen dieses Jahrhunderts, erklärt sich die häufig schrankenlose Verdammung eines Werkes. Schillers Rezension über Gottfried August Bürgers Gedichte liefert dafür ein eindrucksvolles Beispiel. Allerdings: mit dem Aufkommen des Subjektivismus in den 70er Jahren des 18. Jhs., mit der Hochachtung vor der Individualität des Dichters, mit der Anerkennung seiner eigenen unverwechselbaren Ansprüche und der Forderung, diese auch durchzusetzen, kommt das alte Gebäude der Literaturkritik ein wenig ins Wanken: Die Grundsätze des Schönen verlieren ihre fraglose Selbstverständlichkeit, die Urteile der Rezensenten werden schärfer, der Rezensent beruft sich nachdrücklicher als zuvor auf sein Richteramt. G.s frühe Rezensententätigkeit fällt in diese Zeit des Umbruchs. Grundsätzliches wird durchaus noch geltend gemacht, das »Schöne« ist noch ein oberster Wert – aber gleichzeitig mehren sich die Versuche, das Individuelle eines literarischen Werkes herauszupräparieren und darin seinen Wert zu sehen. In der Zeit, in der G. zu rezensieren beginnt, läuft eine lange literarkritische Tradition aus; neue Prinzipien sind hingegen noch nicht recht sichtbar. Man muß die Eigentümlichkeit dieser historischen Situation verstehen, um G.s Rezensionstätigkeit gerecht werden zu können.

Anzeigen und Rezensionen aus den *Frankfurter Gelehrten Anzeigen*

Seit dem 6.7. 1736 waren in Frankfurt, von verschiedenen Verlegern herausgegeben, die *Franckfurtischen gelehrten Zeitungen* erschienen; diese wurden gegen Ende des Jahres 1771 von Hofrat Johann Konrad Deinet erworben und kamen Anfang 1772 unter dem neuen Titel *Frankfurter Gelehrte Anzeigen* heraus. Sie wurden jetzt vor allem von G.s Freund Johann Heinrich Merck betreut. G. hat im Zwölften Buch von *Dichtung und Wahrheit* darüber berichtet: »Merck, bald ästhetisch, bald literarisch, bald kaufmännisch thätig, hatte den wohldenkenden, unterrichteten, in so vielen Fächern kenntnißreichen Schlosser angeregt, die Frankfurter gelehrten Anzeigen in diesem Jahr herauszugeben« (WA I, 28, 163f.). Johann Georg Schlosser wurde später G.s Schwager. Von Anfang 1772 bis zum Juni 1772 war der leitende Redakteur Johann Heinrich Merck, vom Juli bis November 1772 Schlosser. Die *Frankfurter Gelehrten Anzeigen* waren aber weniger das Werk dieser beiden als vielmehr ein Publikationsorgan für zahlreiche Rezensenten. Wenn man Deinet glauben will, so kannte Merck, der das »Direktorium« führte, durchaus nicht immer die Verfasser der »Richtersprüche und Anzeigen«, die ihm von Deinet zugingen; umgekehrt blieb Deinet die Identität der Rezensenten verborgen, deren Arbeiten Merck ihm zusandte (vgl. JA 36, S. 307). Über dieses Gemeinschaftsunternehmen hat G. ebenfalls in *Dichtung und Wahrheit* mit Bezug auf die Tätigkeit Mercks und Schlossers berichtet: »Sie hatten sich Höpfnern und andere Akademiker in Gießen, in Darmstadt einen verdienten Schulmann, den Rector Wenck, und sonst manchen wackeren Mann zugesellt. Jeder hatte in seinem Fach historische und theoretische Kenntnisse genug, und der Zeitsinn ließ diese Männer nach Einem Sinne wirken. Die zwei ersten Jahrgänge dieser Zeitung (denn nachher kam sie in andere Hände) geben ein wundersames Zeugniß, wie ausgebreitet die Einsicht, wie rein die Übersicht, wie redlich der Wille der Mitarbeiter gewesen.

Das Humane und Weltbürgerliche wird befördert; wackere und mit Recht berühmte Männer werden gegen Zudringlichkeit aller Art geschützt; man nimmt sich ihrer an gegen Feinde, besonders auch gegen Schüler, die das Überlieferte nun zum Schaden ihrer Lehrer mißbrauchen. Am interessantesten sind beinah die Recensionen über andere Zeitschriften, die Berliner Bibliothek, den Deutschen Merkur, wo man die Gewandtheit in so vielen Fächern, die Einsicht so wie die Billigkeit mit Recht bewundert« (WA I, 28, S. 164).

In den Rezensionen ist freilich von der alten kunstrichterlichen Tätigkeit nicht mehr viel zu spüren. Aber der konstruktive Zug des Rezensionswesens in der Mitte des 18. Jhs. ist doch noch zu erkennen, dort etwa, wo »das Humane und Weltbürgerliche« »befördert« werden soll. »Einsicht« und »Übersicht« verraten noch etwas von der hohen Position der literarischen Kritik in diesen Jahrzehnten.

G. hat bekannt, daß er für das Rezensentenamt im Grunde genommen überhaupt nicht geeignet gewesen sei. Er berichtet in *Dichtung und Wahrheit*: »Was mich betrifft, so sahen sie wohl ein, daß mir nicht mehr als alles zum eigentlichen Recensenten fehle. Mein historisches Wissen hing nicht zusammen, die Geschichte der Welt, der Wissenschaften, der Literatur hatte mich nur epochenweis, die Gegenstände selbst aber nur theil- und massenweis angezogen« (WA I, 28, S. 164f.). Von »Grundsätzen des Schönen« ist bezeichnenderweise nicht mehr die Rede, nur noch von historischen Zusammenhängen – der Rezensent ist nicht mehr der Criticus der Bodmer-Ära, sein philosophisches Urteilsvermögen spielt offenbar keine Rolle mehr. G. selbst hat versucht – und das ist auch Teil seiner späteren Rechtfertigung –, seine fehlenden universalhistorischen Kenntnisse durch sein eigenes Talent wettzumachen. Er bemerkt dazu in *Dichtung und Wahrheit*: »Die Möglichkeit, mir die Dinge auch außer ihrem Zusammenhange lebendig zu machen und zu vergegenwärtigen, setzte mich in den Fall, in einem Jahrhundert, in einer Abtheilung der Wissenschaft völlig zu Hause zu sein, ohne daß ich weder von dem Vorhergehenden noch von dem Nachfolgenden irgend unterrichtet gewesen wäre. Eben so war ein gewisser theoretisch praktischer Sinn in mir aufgegangen, daß ich von den Dingen, mehr wie sie sein sollten als wie sie waren, Rechenschaft geben konnte, ohne eigentlichen philosophischen Zusammenhang, aber sprungweise treffend. Hiezu kam eine sehr leichte Fassungskraft und ein freundliches Aufnehmen der Meinungen anderer, wenn sie nur nicht mit meinen Überzeugungen in geradem Widerspruch standen« (WA I, 28, S. 165). Auch hier spiegelt sich noch einmal flüchtig das alte Ideal des philosophisch gebildeten Rezensenten – dort, wo G. an sich selbst bemängelt, daß er einen »eigentlichen philosophischen Zusammenhang« nicht habe. Und: die Vorstellung G.s von den Dingen, »mehr wie sie sein sollten als wie sie waren«, deutet auf das theoretische Fundament der Literaturkritik im 18. Jh., auch auf den konstruktiv aufklärerischen Sinn, auf die Ausrichtung auf ein Telos hin, nicht auf die Realität. Alles in allem wird man sagen dürfen, daß G. sich, zumindest in seiner nachträglichen Beurteilung, von den Prinzipien und Idealen des aufklärerischen Rezensierens etwa noch der 50er und 60er Jahre des 18. Jhs. relativ weit entfernt hatte.

Die eigentlichen Schwierigkeiten liegen aber nicht darin, daß eine theoretische Ortsbestimmung des G.schen Standpunktes, des G.schen Rezensier-Fundamentes kaum möglich ist. Sehr viel problematischer ist die Frage, welche Rolle G. denn nun im Rezensentenwesen um Merck und Schlosser in Wirklichkeit gespielt hat. Auch hier lassen G.s spätere Bemerkungen für die Zuordnung der verschiedenen Rezensionen zu den einzelnen Rezensenten kaum eindeutige Festlegungen zu. Jedenfalls hat G. über die Wirkungsweise der Rezensionstätigkeit ein sehr anschauliches Bild gegeben, als er schrieb: »Jener literarische Verein ward überdieß durch eine lebhafte Correspondenz und, bei der Nähe der Ortschaften, durch öftere persönliche Unterhandlungen begünstigt. Wer das Buch zuerst gelesen hatte, der referirte, manchmal fand sich ein Correferent; die Angelegenheit ward besprochen, an verwandte angeknüpft, und hatte

sich zuletzt ein gewisses Resultat ergeben, so übernahm Einer die Redaction. Dadurch sind mehrere Recensionen so tüchtig als lebhaft, so angenehm als befriedigend. Mir fiel sehr oft die Rolle des Protokollführers zu; meine Freunde erlaubten mir auch innerhalb ihrer Arbeiten zu scherzen, und sodann bei Gegenständen denen ich mich gewachsen fühlte, die mir besonders am Herzen lagen, selbstständig aufzutreten« (WA I, 28, S. 165f.).

Die Bemerkungen deuten an, wo die eigentlichen Schwierigkeiten liegen: es ist so gut wie nicht mehr zu klären, was in den Rezensionen der *Frankfurter Gelehrten Anzeigen* von G. stammt und was nicht. Selbst wenn wir unterstellen, daß G.s Autobiographie mehr als 40 Jahre nach seiner Tätigkeit für die *Frankfurter Gelehrten Anzeigen* verfaßt wurde, also unter Umständen nicht mehr historisch zuverlässig ist, so steht doch fest, daß ihn in einem Punkt wenigstens die Rückerinnerung nicht getäuscht hat: die Rezensententätigkeit war das, was die Frühromantiker später »Symphilosophieren« genannt haben, also eine Art kollektiver Literaturkritik, in der die Rolle des Einzelnen bei der Abfassung der Rezensionen eigentlich nur eine sehr untergeordnete Rolle spielte. Die *Frankfurter Gelehrten Anzeigen* lassen von sich aus nicht erkennen, wer was verfaßt hat. Sicher ist nur, daß G. auf mehrfache Weise mitgearbeitet hat: Einige Rezensionen stammen nur von ihm, in anderen hat er einzelne Passagen geschrieben, und schließlich hat er redigiert und beraten, also indirekt mitgewirkt. Das Problem der Zuordnung wird noch dadurch erschwert, daß diese aufgrund sprachlicher Kriterien kaum möglich ist. G.s Sprache ist noch nicht so ausgebildet, daß sie unverkennbar wäre, und zum anderen ist die Nähe zu Herders Sprache zu groß, als daß man aufgrund sprachlicher Überlegungen die Frage der Verfasserschaft mit letzter Sicherheit entscheiden könnte.

G. selbst hat am Ende nicht mehr genau gewußt, was von ihm stammte und was fremden Federn zuzuordnen war. Er hat zum erstenmal anläßlich der Vorbereitung für den dritten Teil von *Dichtung und Wahrheit* im Februar 1812 versucht, nachträglich genaueren

Aufschluß über seinen Anteil an den *Frankfurter Gelehrten Anzeigen* zu bekommen. Damals schrieb er an den Neffen Schlossers: »Wäre es möglich mir ein Exemplar der ersten Jahrgänge der Frankfurter gelehrten Anzeigen, woran ich und Ihr Oheim vielen Antheil gehabt, zu verschaffen? Sie sind 1772 herausgekommen und ich habe sie seit jenen Jahren nicht wiedergesehen« (an Johann Friedrich Heinrich Schlosser, 1.2. 1812). Dieser sandte ihm die beiden verlangten Bände, und G. dankte ihm in einem Brief vom 31.3. 1812: »An den zwey mir übersendeten Bänden Frankfurter gelehrter Zeitungen erkenne ich wieder, wie nöthig mir sey, bey dem Unternehmen von meinen früheren Jahren zu sprechen, eine Sammlung von Documenten aus jener Epoche [...]. Es war überhaupt jenes eine wundersame Epoche, selbst nur, wie uns diese zwey Bände einen Begriff davon geben« (an Johann Friedrich Heinrich Schlosser, 31.3. 1812). Die Redaktion des dritten Teils von *Dichtung und Wahrheit* begann im September 1812 und dauerte bis zum Juni 1813. Am 22.3. 1813 sind die Rezensionen im Tagebuch erwähnt: »Frankfurter gelehrte Anzeigen von 1772 und 73. [...] Fortsetzung jener Lectüre und Bezeichnung der auszuziehenden Recensionen«. Auch am 17. März sind »Frankfurter gelehrte Anzeigen« noch einmal vermerkt, ebenfalls am 21. März – G. scheint sich also ausführlicher mit ihnen beschäftigt zu haben. In den *Tag- und Jahresheften* sind ähnliche Eintragungen zu finden. Er schreibt unter dem Jahr 1813: »Zum Behuf meiner eigenen Biographie zog ich aus den Frankfurter gelehrten Zeitungen vom Jahr 1772 und 1773 die Recensionen aus, welche ganz oder zum Theil mir gehörten«. Genau wußte G. also wohl nicht mehr, was von ihm verfaßt worden war. Offenbar gab es keine formalen Kriterien, denen zufolge er die früher einmal verfaßten Rezensionen sich zuordnen konnte, und so blieb es letztlich bei Vermutungen. Der spätere Bericht in *Dichtung und Wahrheit* täuscht ein wenig über den Sachverhalt hinweg, wenn er die Wiedererkennungs- und Zuordnungsprobleme mit leichter Hand abtut. G. schrieb dort: »Vergebens würde ich unternehmen, darstellend oder betrachtend, den eigentlichen Geist und Sinn jener Tage wieder hervorzurufen, wenn nicht die beiden Jahrgänge gedachter Zeitung mir die entschiedensten Documente selbst anböten. Auszüge von Stellen, an denen ich mich wieder erkenne, mögen mit ähnlichen Aufsätzen künftig am schicklichen Orte erscheinen« (WA I, 28, S. 166). Immerhin wußte G. 1813 noch gut, daß manche Rezensionen nur zum Teil ihm zuzuschreiben waren.

Möglicherweise hat G. die Arbeit an seiner Autobiographie zum Anlaß genommen, Abschriften von den Rezensionen herstellen zu lassen. Jedenfalls könnte sich eine Bemerkung in G.s Gesprächen mit Eckermann darauf beziehen. G. dachte damals an eine Ausgabe seiner Werke, und deswegen bekam Eckermann den Auftrag, sich mit den Rezensionen der *Frankfurter Gelehrten Anzeigen* zu beschäftigen. Eckermann berichtet über das Gespräch mit G. am 11.6. 1823: »Er brachte zwei dicke Bücher als er zu mir hereintrat. ›Es ist nicht gut, sagte er, daß Sie so rasch vorübergehen, vielmehr wird es besser sein daß wir einander etwas näher kommen. Ich wünsche Sie mehr zu sehen und zu sprechen. Da aber das Allgemeine so groß ist, so habe ich sogleich auf etwas Besonderes gedacht, das als ein Tertium einen Verbindungs- und Besprechungspunkt abgebe. Sie finden in diesen beiden Bänden die Frankfurter gelehrten Anzeigen der Jahre 1772 und 1773, und zwar sind auch darin fast alle meine damals geschriebenen kleinen Rezensionen. Diese sind nicht gezeichnet; doch da Sie meine Art und Denkungsweise kennen, so werden Sie sie schon aus den übrigen herausfinden. Ich möchte nun, daß Sie diese Jugendarbeiten etwas näher betrachteten und mir sagten was Sie davon denken. Ich möchte wissen, ob sie wert sind in eine künftige Ausgabe meiner Werke aufgenommen zu werden. Mir selber stehen diese Sachen viel zu weit ab, ich habe darüber kein Urteil. Ihr Jüngeren aber müßt wissen, ob sie für euch Wert haben und inwiefern sie bei dem jetzigen Standpunkte der Literatur noch zu gebrauchen. Ich habe bereits Abschriften nehmen lassen, die Sie dann später haben sollen um sie mit dem Original zu vergleichen. Demnächst, bei einer sorgfältigen Redaktion, würde sich denn auch finden, ob man nicht gut tue, hie und da eine Kleinigkeit auszulassen, oder nachzuhelfen, ohne im ganzen dem Charakter zu schaden« (Eckermann, 11.6. 1823). Am 16.6. 1823 ist noch einmal von dem Unternehmen die Rede; Eckermann berichtet: »Ich äußerte mich auch über seine Frankfurter Rezensionen, die ich Nachklänge seiner akademischen Jahre nannte, welcher Ausspruch ihm zu gefallen schien, indem er den Standpunkt bezeichne, aus welchem man jene jugendlichen Arbeiten zu betrachten habe« (Eckermann, 16.6. 1823). Eckermann wurde dann mit der weiteren Redaktionsarbeit betraut; die Tagebücher vermerken am 16.6. 1823: »Der junge Eckermann; ich übergab ihm die Frankfurter Recensionen im Manuscript«. Aus Marienbad schrieb G. ihm am 14.8. 1823: »Lassen Sie mich die Frankfurter Zeitungsblätter bey meiner Rückkehr auf gleiche Weise redigirt finden, so zolle den besten Dank, welchen ich vorläufig schon im Stillen entrichte«. Nach seiner Rückkehr sah G. mit Eckermann dann die Rezensionen durch; das Tagebuch vermerkt am 15.9. 1823: »Früh mit Eckermann die Recensionen, sowohl die älteren als die jenaischen, durchgegangen«. Und auch am folgenden Tage heißt es: »Früh mit Eckermann das gestrige Geschäft fortgesetzt, den Abschluß vorbereitet, den er zu beschleunigen versprach, seine Arbeit war durchaus gelungen«. Eckermann hat dann über die Frankfurter Rezensionen einen kleinen Aufsatz geschrieben, der in *Ueber Kunst und Alterthum* 1826 veröffentlicht wurde. Dort spricht G. in seinem Vorwort zu diesem Aufsatz noch einmal über die »Auswahl dessen, was ich von manchem Vorräthigen in die angezeigte Ausgabe aufzunehmen hätte« (WA I, 41.2, S. 199). Er hat darin auch noch einmal Eckermanns Rolle beschrieben, als er sagte: »Solchen jungen Freunden pflege ich zu übergeben, was mir zweifelhaft ist, mit dem Ersuchen, ihre Ansichten mitzuteilen« (ebd.). Das bezieht sich auf die Redaktionstätigkeit Eckermanns. Die 35 ausgewählten Rezensionen wurden dann 1830 in der Ausgabe letzter Hand (ALH 33, S. 1–121) unter dem Titel *Recensionen in die*

Frankfurter gelehrte Anzeigen. Die Jahre 1772 und 1773 veröffentlicht. Im folgenden werden sie nach der Weimarer Ausgabe zitiert (WA I, 37, S. 191–292), die auf die Ausgabe letzter Hand zurückgeht.

Was aber nun tatsächlich von G. stammte, war eher zweifelhaft als sicher geworden. Darüber berichtet auch der Brief G.s an Sulpiz Boisserée vom 3.7. 1830; dort empfiehlt er ihm die Lektüre des Bandes mit den Rezensionen und schreibt: »Ich komme mir selbst darin oft wunderbar vor, denn ich erinnere mich ja nicht mehr daß ich diesem oder jenem Werke, dieser oder jener Person zu seiner Zeit eine solche Aufmerksamkeit geschenkt; ich erfahr es nunmehr als eine entschiedene Neuigkeit und freue mich nur über die honette, treue Weise womit ich früher oder später dergleichen Dinge genommen«. Das aber bestätigt nur, daß nicht mit Sicherheit gesagt werden kann, welche Rezension tatsächlich von G. stammt. Was im 33. Band der Ausgabe letzter Hand versammelt ist, kann nicht als beweiskräftig gelten. Oskar Walzel hat deutlich gemacht, daß von den 35 ausgewählten Artikeln nur drei mit Sicherheit G. zugeschrieben werden können, neun mit Sicherheit nicht; 23 Rezensionen seien nicht sicher zuzuordnen, und denkbar sei, daß auch von G. und Eckermann nicht in die Auswahl aufgenommene Rezensionen von G. stammten (vgl. Walzel, S. 308).

Man darf davon ausgehen, daß G. nicht etwa in den Jahrgängen 1772 und 1773 rezensiert hat, sondern nur im Jahrgang 1772. G.s wiederholte Hinweise auf die Jahre 1772 und 1773 sind irrtümlich. Die *Frankfurter Gelehrten Anzeigen* des Jahres 1772 waren das Werk Schlossers und Mercks. Ende 1772 übernahm Karl Friedrich Bahrdt die Redaktion – und damit war die Mitarbeit G.s nahezu automatisch beendet. Er hat zwar in den 33. Band der Ausgabe letzter Hand auch acht Rezensionen aus dem Jahrgang 1773 aufgenommen – aber diese Rezensionen dürften dennoch nicht von ihm stammen. Der Verleger, Deinet, hatte zwar an den neuen Verleger Bahrdt geschrieben: »Herr Schlosser wird nach Musse mit arbeiten, desgleichen Herr Dr. Göthe« (vgl. WA I, 38, S. 302). Aber das war mehr Hoffnung des Verlegers als Realität. Briefe G.s vom Ende des Jahres 1772 sprechen eine eindeutige Sprache. In einem Brief an Johann Christian Kestner vom 15.12. 1772 schreibt G.: »NB. mit Ende dieses Jahrs hören wir samt und sonders auf die Zeitung zu schreiben, dann wird's ein recht honettes Stück Arbeit geben. Macht das bekannt soweit eure Leute an uns teil nehmen«. Mit der »Zeitung« sind die *Frankfurter Gelehrten Anzeigen* gemeint, und hinter dem »wir« verbergen sich Merck, Schlosser, Herder und G. selbst. Eine ähnlich eindeutige Feststellung trifft der Brief an Kestner vom 25.12. 1772: »Leider muß ich nun die schönen Stunden mit Rezensiren verderben ich tuhs aber mit gutem Muth denn es ist fürs letzte Blat«. Und ein weiterer Brief an Kestner von Ende Dezember 1772 hält noch einmal fest: »Da ists denn zu Ende unser kritisches Streifen. In einer Nachrede hab ich das Publikum und den Verleger turlupinirt lasst euch aber nichts merken. Sie mögens für Balsam nehmen«. Daß die Mitarbeit an den *Frankfurter Gelehrten Anzeigen* tatsächlich beendet war, zeigt ein weiterer Brief an Kestner vom 19.1. 1773: »Wir sind eben von Tisch aufgestanden und mir fällt ein euch eine gesegnete Mahlzeit zu wünschen, und eine Zeitung zu schicken, dass ihr sehet wie das geworden ist. Das Publikum hier meynt der Ton habe sich nicht sehr geändert«. Leser, die damals genau hinsahen, haben gemerkt, daß sich Ton und Niveau der *Frankfurter Gelehrten Anzeigen* aber doch entschieden geändert hatten. Auch Zeugnisse Dritter bestätigen, daß G.s Mitarbeit an den *Frankfurter Gelehrten Anzeigen* Ende 1772 beendet war (vgl. WA I, 38, S. 303f.).

Wenn G. dennoch Rezensionen des Jahrgangs 1773 in seiner Ausgabe letzter Hand aufnahm, so erklärt sich das sehr einfach aus einem Mißverständnis heraus. Als er, wie oben dargestellt, am 1.2. 1812 von Fritz Schlosser die ersten Jahrgänge der *Frankfurter Gelehrten Anzeigen* erbat und hinzusetzte, sie seien 1772 herausgekommen, schickte Schlosser ihm die Bände der Jahre 1772 und 1773 – ohne daß G. damals bemerkte, daß die Rezensionen von 1773 nicht von ihm stammten. Der gleiche Irrtum liegt der Bemerkung G.s in *Dichtung und Wahrheit* zugrunde, als er wiederum von den zwei ersten Jahrgängen sprach und hinzusetzte: »Denn nachher kam sie in andere Hände« (WA I, 28, S. 164). Tatsächlich ist der Wechsel in der Redaktion Ende 1772 und nicht etwa erst Ende 1773 eingetreten. G. ist über sein Versehen auch von anderen nicht aufgeklärt worden. So kommt für G.s Rezensionen nur der Band des Jahres 1772 der *Frankfurter Gelehrten Anzeigen* in Frage.

In den großen G.-Ausgaben, etwa der Weimarer Ausgabe oder der Jubiläumsausgabe, sind alle Rezensionen abgedruckt, die G. im 33. Band der Ausgabe letzter Hand zusammengestellt hat, und zusätzlich noch Nachträge, die G. zugeordnet werden können. Die Rezension über »Franken zur griechischen Literatur« (WA I, 37, S. 202–204) stammt aller Wahrscheinlichkeit nach von G.; eindeutig von ihm ist auch die Besprechung von Sulzers *Die schönen Künste in ihrem Ursprung, ihrer wahren Natur und besten Anwendung* (WA I, 37, S. 206–214). Vermutlich ist er auch der Autor der Rezension zu *Empfindsame Reisen durch Deutschland von S. Zweiter Theil* (WA I, 37, S. 214f.), wahrscheinlich ebenso der Rezension über *Die Jägerin, ein Gedicht* (WA I, 37, S. 216f.). Möglicherweise von ihm stammt die Besprechung über *Lyrische Gedichte von Blum* (WA I, 37, S. 217f.). Unsicher bleibt die Verfasserfrage bei der Rezension von Heinrich Brauns *Versuch in prosaischen Fabeln und Erzählungen* (WA I, 37, S. 219–221). Eindeutig ist G.s Autorschaft bezeugt für die Rezension von *Gedichte von einem Polnischen Juden* (WA I, 37, S. 221–225). Unstreitig von ihm ist auch die Besprechung von Lavaters *Aussichten in die Ewigkeit, in Briefen an Zimmermann* (WA I, 37, S. 256–261). Bezeugt ist G.s Autorschaft ferner für die Besprechung *Leben und Charakter Herrn Christian Adolph Klotzens* von Carl Renatus Hausen (WA I, 37, S. 279–281), sowie für die Besprechung des Bandes *Moralische Erzählungen und Idyllen von Diderot und S. Geßner* (WA I, 37, S. 284–288). G. zuzuschreiben ist schließlich die Rezension von *Über das von dem Herrn Prof. Hausen entworfne Leben des H. G. R. Klotz* (WA I, 37, S. 288f.) und die *Nachrede statt der versprochenen Vorrede* (WA I, 37, S. 290–292).

G.s Rezensionsstil unterscheidet sich nicht grundsätzlich von dem seiner Zeitgenossen. Die kunstrichterliche Haltung ist auch bei ihm noch gut zu erkennen, und das heißt: Der Rezensent urteilt sehr von oben herab, legitimiert durch seine Rolle als philosophischer Criticus. Die Frage nach dem, was der Verfasser eines Werkes eigentlich gewollt habe, wird im Grunde genommen überhaupt nicht gestellt. Inhalte werden kritisch referiert, wobei die Akzentuierung durch den Rezensenten wichtiger ist als die Vollständigkeit des Referates. Es gibt auch keine Klärung grundsätzlicher Begriffe; Vorstellungskomplexe wie »Natur« oder »Kunst«, »Genie« und »Erfahrung« werden undifferenziert in das kritische Gefecht geworfen. Die Grundsätze des Verfassers werden in der Regel in Frage gestellt, die des Rezensenten nie. Gegen einzelne Feststellungen der Rezensierten werden allgemeine Einsichten und Überzeugungen gehalten, etwa, was das Verhältnis des Menschen zur Natur bestimmt. Theorien und deren Begründung werden den Verfassern in der Regel nicht zugestanden, der Criticus urteilt aufgrund von Selbstverständlichkeiten, die er seinerseits nicht zu beweisen braucht, sondern deren Anwendung von ihm demonstriert wird.

Alles das wird in durchaus aggressivem Ton vorgebracht. Die Schärfe der Auseinandersetzung mit einem Gegner, der lächerlich gemacht und verhöhnt wird, ist dabei kaum zu überbieten. Aber das ist Rezensierpraxis des späteren 18. Jhs. Die Kritik war nicht zimperlich, und zur Streitkultur der Zeit gehörte es durchaus, daß man versuchte, den Gegner rhetorisch überzeugend und möglichst vernichtend zu treffen. Schillers Rezension über Bürgers oder Friedrich von Matthissons Gedichte sprechen eine sehr ähnliche Sprache. Vor allem in der Zeit zwischen 1770 und 1790 ist kritische Schärfe der herrschende Stil im Rezensentenwesen.

Diese allgemeine Tendenz darf man aber nicht als ungehemmte Streitlust interpretieren. Aufklärung und Besserung sind immer noch Ziele auch im Rezensionswesen, und wenn ein Leser durch Bücher schon nicht gebessert werden kann, dann soll er wenigstens vor der Lektüre schlechter oder mittelmäßiger Erzeugnisse gewarnt werden. Dieses ist Absicht nahezu aller Rezensionen G.s und auch seiner Mitrezensenten in den *Frankfurter Gelehrten Anzeigen*. Dabei unterscheidet G. dem Gebrauch der Zeit nach durchaus zwischen den »Schülern und Kennerchen« und dem »wahren Künstler und Liebhaber« (WA I, 37, S. 212). Letzteren weiß er auf seiner Seite – so gut wie Schiller später in seiner Rezension über Bürgers Gedichte. Die Rezensionen sollen eine abschreckende Wirkung haben, Zustimmung und Einstimmung des Lesers sind nicht Sache der Rezensenten. Und so kommt es beim jungen G. zu den überaus scharfen Verurteilungen, die den Ruf der *Frankfurter Gelehrten Anzeigen* zumindest im Jahre 1772 ausmachten.

Auch G.s Rezensionen atmen noch den Geist der Aufklärung. Aber sie unterscheiden sich fast unmerklich etwa von den Rezensionen Lessings. Denn sie stellen die eigene Empfindung, das eigene Urteilsvermögen sehr hoch. Wenn dieses sich auch immer noch im Bündnis mit der Vernunft befindet, so liefert es doch letztlich das kritische Regulativ. Der Rezensent hält sich durchaus nicht expressis verbis an Gesetze, Regeln und philosophische Wahrheiten, sondern läßt seine praktische Vernunft sprechen, und er empört sich nach Kräften, wo diese verletzt ist. Eine gewisse Theoriefeindlichkeit ist in den G.schen Rezensionen dieses Jahres unverkennbar, und die Rezension über Salomon Geßners moralische Erzählungen und Idyllen zeigt, daß ihm auch alles Schäfermäßige verdächtig und verhaßt ist. Alles Künstliche wird attackiert, alles Mittelmäßige angegriffen. Auch die Rezensenten sind zu Genies geworden und fordern vom Leser wie vom Publikum einen Respekt ein, der nur dem Genie zukommt. Vox critica ist nicht vox populi, dem Volk soll vielmehr aufgeholfen werden durch Warnungen vor Mediokrität und Nachahmerei, vor modischem Dilettantenwesen und falscher Zärtlichkeit und Empfindelei.

In der *Nachrede* verteidigt G. sich und seine

Mitrezensenten gegen »Unzufriedenheit«, die verschiedentlich bezeugt worden sei (WA I, 37, S. 290). Es ist eine Verteidigung in eigener Sache. G. kritisiert die »Mitbrüder an der kritischen Innung«, die nur »Handwerksneid« gezeigt hätten, und schreibt selbsterklärend und selbstentschuldigend: »Wir trieben das Handwerk ein bißchen freier als sie, und mit mehr Eifer« (ebd.). Zugleich aber ist die *Nachrede* auch eine Verteidigung der eigenen freien Sprache: »Unsre Sprache, wir gestehen's gerne, ist nicht die ausgebildetste, wir haben uns über den Unfleiß, unsre Empfindungen und Gedanken auseinander zu wickeln, uns noch mancher Nachlässigkeit im Stil schuldig gemacht, und das gibt manchen Recensionen ein so wälsches Ansehn« (WA I, 37, S. 291). Die G.schen Rezensionen stehen wie die seiner Mitrezensenten an der Wasserscheide zwischen Aufklärung und Sturm und Drang, sie lassen die alte Tradition der Rezensierkunst des 18. Jhs. erkennen und sind doch schon Dokumente eines Aufbruchs in eine Rezensierpraxis, die vom Individuum und nicht mehr von philosophischen Grundsätzen ausgeht. G. wußte sehr wohl um das Prekäre seiner rezensorischen Tätigkeit. In seiner *Nachrede* erklärt er die Tätigkeit aber als abgeschlossen und stellt fest, daß »diejenigen Recensenten, über deren Arbeit die meiste Klage gewesen, ein Ende ihres kritischen Lebens machen wollen« (WA I, 37, S. 292). So formuliert er in der Nachrede am 29.12. 1772 und bestätigt damit noch einmal, daß mit diesem Jahrgang seine Tätigkeit für die *Frankfurter Gelehrten Anzeigen* abgeschlossen war.

G. selbst hat seine Rezensionen für die *Frankfurter Gelehrten Anzeigen* später als Arbeiten eines jugendlichen Sturm und Drang-Interesses ausgegeben, die eigentlich nicht Rezensionen im strengen Sinne des Wortes gewesen seien; sie seien vielmehr Zeugnisse seiner damaligen Ansichten und bestenfalls ein Spiegel der damaligen Literatur. So urteilte er, als er 1824 Materialien zu einer Ausgabe seiner Werke zusammensuchte. Er äußerte sich darüber in einem kleinen Artikel *Sicherung meines literarischen Nachlasses und Vorbereitung zu einer echten vollständigen Ausgabe meiner Werke*, der im dritten Heft des vierten Bandes von *Ueber Kunst und Alterthum* erschien: »Die Recensionen für die Frankfurter gelehrten Anzeigen haben einen eigenen Charakter. Wild, aufgeregt und flüchtig hingeworfen, wie sie sind, möchte ich sie lieber Ergießungen meines jugendlichen Gemüths nennen als eigentliche Recensionen. Es ist auch in ihnen so wenig ein Eingehen in die Gegenstände als ein gegebener, in der Literatur begründeter Standpunct, von wo aus diese wären zu betrachten gewesen, sondern alles beruhet durchaus auf persönlichen Ansichten und Gefühlen. Die dem Urtheile sich anbietenden Gegenstände sind mannichfaltiger Art und geben, obgleich nur flüchtig berührt, ein treues Bild vom Charakter der damaligen Literatur. Und da nun ferner meine ganze jugendliche Gesinnungs- und Denkungsweise sich überall ohne Rückhalt leidenschaftlich ausläßt, so liegen die anfänglichen Richtungen meiner Natur in diesen Recensionen offen vor Augen, und demnach möchten sie auch für alle diejenigen, die mir und meinen Leistungen einen näheren Antheil schenken, nicht ohne einiges Interesse sein« (WA I, 41.2, S. 90). Damit hat G. freilich seine frühen rezensorischen Arbeiten über Gebühr abgewertet. Er tat das allerdings nicht zuletzt aus dem Versuch heraus, die folgende Rezensionsperiode dagegen abzusetzen. Es waren die Besprechungen, die in der *Jenaer Literaturzeitung* erschienen, und als er an die Sicherung seines literarischen Nachlasses dachte, lag ihm offensichtlich mehr an diesen Rezensionen als an jenen für die *Frankfurter Gelehrten Anzeigen*. Er schrieb: »Die hier sich anschließenden Recensionen für die Jenaer Literaturzeitung sind von den eben erwähnten in mancher Hinsicht sehr verschieden. Die Gegenstände sind bedeutender, das Urtheil ist befestigt, die Art und Weise der Ansicht und Behandlung, alles ist anders, wie denn eine Reihe von dreißig Jahren vieles verändert und erweitert hatte« (WA I, 41.2, S. 90f.).

Rezensionen für die *Jenaische Allgemeine Literatur-Zeitung*

Zwischen den frühen Rezensionen und den Arbeiten in der *Jenaischen Allgemeinen Literatur-Zeitung* war von G. nichts Rezensorisches in eigener Form erschienen. Daß er nun wiederholt für die *Jenaische Allgemeine Literatur-Zeitung* rezensierte, hatte seine spezifischen Gründe. Die Zeitschrift war 1785 gegründet worden und schon bald unter den Herausgebern Christian Gottfried Schütz und Friedrich Justin Bertuch die wichtigste Literaturzeitung Deutschlands geworden. 1803 drohte sie nach Halle abzuwandern, zumal eine Reihe von Professoren die Universität Jena verlassen hatte und G. nicht hinnehmen mochte, daß die Jenaer Universität an Reputation verlor. So übernahm er zusammen mit Geheimrat Christian Gottlob von Voigt die Literaturzeitung und schrieb in den Jahren von 1804 bis 1807 eine Reihe von Rezensionen, zusammen mit Ankündigungen und Notizen. Er hat die damals veröffentlichten Rezensionen fast alle in Band 33 der Ausgabe letzter Hand übernommen; sie finden sich dort unter dem Titel *Recensionen in die Jenaische allgemeine Literatur-Zeitung der Jahre 1804, 1805 und 1806* und schließen an die Rezensionen der *Frankfurter gelehrten Anzeigen* an. G. selbst traf die Auswahl; John stellte das Manuskript her, von Eckermann stammt das Inhaltsverzeichnis. Zuvor hat G. offenbar seine Texte noch einmal durchkorrigiert (vgl. WA I, 40, S. 446f.).

G. hat neben anderen Beiträgen für seine Ausgabe letzter Hand insgesamt sechzehn Rezensionen der Aufnahme für würdig befunden; neben Ankündigungen eigener Werke sind damals aber achtzehn Rezensionen erschienen. Man muß diese Rezensionen vor dem Hintergrund zweier grundsätzlicher Artikel sehen, einmal des Beitrags *Literarischer Sansculottismus* und des umfangreichen Essays *Versuch über die Dichtungen*, eine kritische Auseinandersetzung der eine, eine freie Übersetzung eines Essays der Madame de Staël der andere Artikel. Daß zwei Artikel in der Ausgabe letzter Hand fehlen, hat seine Gründe: Nicht aufgenommen ist eine Rezension *Grübels Gedichte in Nürnberger Mundart* aus dem Jahre 1798, wohl deswegen, weil G. später noch einmal einen Gedichtband von Johann Konrad Grübel besprochen hat. Auch eine kurze Anzeige *Paläophron und Neoterpe* (WA I, 40, S. 251f.) fehlt, wohl deswegen, weil es sich eigentlich nur um eine Vorankündigung eines später veröffentlichten Textes handelt.

Manche Rezensionen sind nicht viel mehr als Anzeigen. Das betrifft etwa Johann Friedrich Reichardts *Vertraute Briefe aus Paris, geschrieben in den Jahren 1802 und 1803* – auffällig, weil von manchem, aber nicht vom nachrevolutionären Paris die Rede ist. Die Besprechung der *Vorlesungen über die Mahlerei, von Heinrich Füeßli* enthält mehr Übersetzungskritik als eine kritische Darstellung des Besprochenen, und andere Rezensionen sind zuweilen nur Inhaltsdarstellungen. Das gilt für *Ungedruckte Winckelmannische Briefe*, weitgehend auch für Achim von Arnims und Clemens Brentanos *Des Knaben Wunderhorn und alte deutsche Lieder*. G. nennt das zuweilen »Charakterisirung aus dem Stegreife« (WA I, 40, S. 355). Ausführlichere Würdigungen finden sich nur in den beiden Rezensionen über Grübels *Gedichte in Nürnberger Mundart*, in der über *Lyrische Gedichte von Johann Heinrich Voß* und über *Alemannische Gedichte. Für Freunde ländlicher Natur und Sitten, von J.P. Hebel*. Das heißt: Lyrisches hat ihn besonders interessiert, aber seine Rezensionstätigkeit ist nicht auf das literarische Feld beschränkt geblieben.

Über seine rezensorischen Kriterien gibt G. an keiner Stelle ausführlicher Auskunft; die Rezensionen lassen jedoch einiges von den inhärenten Maßstäben und Wertvorstellungen erkennen, denen G. in dieser Zeit folgte. Eine der wichtigsten Aufgaben der Literatur ist es demnach, das »deutsche Volk« »nach und nach einer höhern Cultur theilhaftig zu machen« (WA I, 40, S. 242). Das ist für G. weitgehend identisch mit Aufklärung, die allerdings niemals im politischen Sinne verstanden wird, sondern eben »Bildung« sein soll. Eigentlich richtet sich die Literatur nur an »die Empfänglichkeit gebildeter Zuschauer« (WA I, 40, S. 251), und dazu gehört auch »Bildung der untern deutschen Volksclasse« (WA I, 40, S. 268). Der Rezensent argumentiert als »Beobachter deutscher Bildungsstufen« für jeden »Freund deutscher Art und Kunst« (WA I, 40, S. 243) aus der Sicht des »wohldenkenden und ruhigen deutschen Bürgers« (WA I, 40, S. 248). Das »Deutsche« darf freilich nicht im nationalistischen Sinne verstanden werden, sondern ist hier fast noch im Sinne des Sturm und Drang gemeint. Es kann geradezu als Synonym für das Bürgerliche gelten, wie G. denn auch an Johann Peter Hebels Gedichten rühmt, daß vieles »auf Sittlichkeit hin« angelegt ist – charakteristisch sei für ihn »Fleiß, Thätigkeit, Ordnung, Mäßigkeit, Zufriedenheit überall das Wünschenswerthe« (WA I, 40, S. 300). Es ist sicher kein Zufall, daß bis zur Jahrhundertwende hin das »Deutsche« auch ein Gegengewicht zum »französischen Freiheitskreise« ist (WA I, 40, S. 272), und G. stellt zu Gedichten von Johann Heinrich Voß fest: »Bald wird unser Dichter durch die Resultate des unglücklichen Versuchs abgestoßen und kehrt ohne Harm in den Schoß sittlicher und bürgerlicher Freiheit zurück« (WA I, 40, 272 f.). So ist die Betonung alles Deutschen und Nationalen am Ende ein stiller Protest gegen das, was in Frankreich seit 1789 geschehen ist.

Die indirekten kritischen Untertöne politischer Natur lassen dann nach, und wenngleich kaum zu entscheiden ist, ob das an der Art der von G. besprochenen Literatur liegt oder an einem noch entschlosseneren Rückzug auf eine unpolitische Literatur, so ist doch festzustellen, daß seine rezensorischen Kriterien vornehmlich darauf abzielen, ob ein Buch »mannichfaltige Belehrung und Bildung« zu bieten habe (WA I, 40, S. 264). G. lobt jene Gedichte von Voß, in denen er es »bis zum Anschauen« bringt (WA I, 40, S. 281). Anschauung ist in den Rezensionen auch sonst ein wichtiges Kriterium für Wert oder Unwert einer Literatur. Er rühmt gelegentlich »eine wahrhaft naive Poesie« (WA I, 40, S. 299), rühmt eine »behagliche naive Sprache« (WA I, 40, S. 303). An Grübels *Gedichten in Nürnberger Mundart* stellt er in seiner zweiten Rezen-

sion heraus, daß »alles klar, heiter und rein« sei (WA I, 40, S. 309) – und er bedient sich hier derselben Charakterisierungen, die Schiller für die Komödie als höchste Dichtungsart reklamiert hatte: »Unser Zustand in der Comödie ist ruhig, klar, frei, heiter« (SNA 21, S. 92). Einflüsse von Shaftesbury werden sichtbar, wenn G. in der Besprechung von *Des Knaben Wunderhorn* feststellt: »Das wahre dichterische Genie, wo es auftritt, ist in sich vollendet; mag ihm Unvollkommenheit der Sprache, der äußeren Technik, oder was sonst will, entgegenstehen, es besitzt die höhere innere Form, der doch am Ende alles zu Gebote steht, und wirkt selbst im dunkeln und trüben Elemente oft herrlicher, als es später im klaren vermag« (WA I, 40, S. 356). An dieser Stelle ist auch vom Repräsentationsanspruch wahrer Literatur die Rede: »Das lebhafte poetische Anschauen eines beschränkten Zustandes erhebt ein Einzelnes zum zwar begränzten, doch unumschränkten All, so daß wir im kleinen Raume die ganze Welt zu sehen glauben« (ebd.). So muß vom Einzelnen aufs Ganze zu schließen sein, von der Wirklichkeit auf die Wahrheit, vom gesonderten Phänomen auf die Natur an sich. Das schließt wohltemperierte Empfindungen ein, aber sie sind nicht das eigentliche Ziel der Darstellung. Im Idealfall verbindet sich der Appell an Empfänglichkeit und Empfindlichkeit mit Wahrheitsanspruch, den der Gegenstand, den die Natur hat: »In alle freien schriftlichen Darstellungen gehört Wahrheit, entweder in Bezug auf den Gegenstand, oder in Bezug auf das Gefühl des Darstellenden, und, so Gott will, auf beides. Wer einen Schriftsteller, der sich und die Sache fühlt, nicht lesen mag, der darf überhaupt das Beste ungelesen lassen« (WA I, 40, S. 364). Darüber darf das Einzelne freilich nicht untergehen: selbst dort, wo »eine große Einheit« dargestellt werden soll, muß »das Einzelne unnachläßlich« überliefert werden (WA I, 40, S. 361). G. appelliert dabei nicht an eine undifferenzierte Masse von Lesern, sondern spricht den »gebildeten Zuschauer« an (WA I, 40, S. 251), spricht vom »denkenden Künstler«, vom »einsichtsvollen Kenner« und vom »theilnehmenden Liebhaber« (WA I, 40, S.

253f.). Bei aller Behaglichkeit, die er an Dichtungen in deutscher Sprache zuweilen rühmt, sieht er doch auch, »wie es für eine Nation ein Hauptschritt zur Cultur ist, wenn sie fremde Werke in ihre Sprache übersetzt« (WA I, 40, S. 304).

Im Grunde wendet G. sich an den gebildeten und weiterzubildenden »Liebhaber«, der seinen Bildungsideen ebenso aufgeschlossen ist wie seinen weltliterarischen Ansprüchen. Das Rühmen des Außergewöhnlichen ist nicht seine Sache, Dichtung muß dem Liebhaber zugänglich bleiben. Bei alledem ist ein affirmatives Element sichtbar, das Vorhandenes (Behaglichkeit, Sittlichkeit, Sinn für das Naive) nicht in Frage stellen, sondern eher bestätigen soll. Dabei ist G. jedoch nicht frei von kritischen Bemerkungen. Heinrich Heine hat später in seiner *Romantischen Schule* an G. kritisiert, daß er alles Mittelmäßige gelobt habe, hat aber dabei dessen kritische Rezensionen völlig übersehen. In der *Jenaischen Allgemeinen Literatur-Zeitung* finden sich durchaus negative Urteile, und sie nehmen im Laufe der Jahre eher noch zu als ab. Den Verfasser einer Tragödie mit dem Titel *Regulus* kritisiert er sowohl wegen der »Wahl des Gegenstandes« wie auch wegen der »Bearbeitung desselben« (WA I, 40, S. 316). Zu einem anderen Stück, *Ugolina Gherardesca*, bemerkt er: »Man darf kühnlich behaupten, daß man im ganzen Stück auf keine poetische Idee treffe« (WA I, 40, S. 322). Allerdings finden sich in dieser Zeit bei G. keine ausschließlich negativen Urteile, bestenfalls sieht er sich veranlaßt, »ein ruhiges kritisches Wort [...] auszusprechen« (WA I, 40, S. 313). Seine Kritik ist auch dort, wo sie verwirft, immer noch konstruktive Kritik. Das spricht nicht für besondere rezensorische Milde, sondern gehört zu den Regeln der Rezensierkunst des späten 18. Jhs., die darauf hinauslaufen, Kritik als produktiven Anreiz für den Kritisierten zu verstehen. Auch für die Rezensionen in der *Jenaischen Allgemeinen Literatur-Zeitung* gilt das, was G. in einer Besprechung von Manzonis *Carmagnola* 1820 festgestellt hat: »Es gibt eine zerstörende Kritik und eine productive. Jene ist sehr leicht, denn man darf sich nur irgend einen Maßstab,

irgend ein Musterbild, so bornirt sie auch seien, in Gedanken aufstellen, sodann aber kühnlich versichern: vorliegendes Kunstwerk passe nicht dazu [...]. Die productive Kritik ist um ein gutes Theil schwerer« (WA I, 41.1, S. 345). Zumindest in Ansätzen hat G. auch in der *Jenaischen Allgemeinen Literatur-Zeitung* in diesem Sinne »produktive Kritik« geübt, auf den Spuren jenes Besserungswillen, der seit Gottscheds Zeiten die Literaturrezensionen mitbestimmt hatte. Nur von daher ist eigentlich verständlich, daß G. über die Tragödie *Regulus* am Ende feststellen kann: »Wir wünschen daher, wenn das Stück noch eine Weile in dieser Form gegangen ist, daß der Theil, der dramatisch darstellbar und wirksam ist, für das deutsche Theater, das ohnehin auf sein Repertorium nicht pochen kann, gerettet werde, und zwar so, daß der Verfasser oder sonst ein guter Kopf aus dem zweiten und fünften Acte ein Stück in Einem Acte componirte, das man mit Überzeugung und Glück auf den deutschen Theatern geben und wieder geben könnte« (WA I, 40, S. 318). Kaum etwas anderes könnte G.s konstruktive Kritik besser verdeutlichen als diese Schlußbemerkung in einer Rezension, die über weite Partien hin negativ ist. Mit der Schärfe der Rezensionen in den *Frankfurter Gelehrten Anzeigen* ist der Ton dieser Besprechungen nicht mehr zu vergleichen.

Rezensionen in *Ueber Kunst und Alterthum*

G. hat zwischen 1807, dem Jahr, mit dem er seine Mitarbeiter an der *Jenaischen Allgemeinen Literatur-Zeitung* beendete, und 1816 relativ wenig Rezensorisches geschrieben. Im *Morgenblatt für gebildete Stände* erschienen vor allem Selbstanzeigen von ihm. Sie dienten der Verständigung des Autors mit seinen Lesern, hatten oft wenig explikativen Charakter, was die eigenen Werke anging, sondern warben eher um Verständigung mit seinem Publikum und waren auch Bemühungen, das Interesse für Literatur nicht einschlafen zu lassen. Was er etwa zu *Don Ciccio* zu sagen hat, ist eher eine Charakteristik des Verfassers jener 410 Spott- und Schmähgedichte, mit denen Francesco Lazzarelli seinen Widersacher überschüttete. Durch sie erklärt er mehr eine Eigentümlichkeit der italienischen Literatur, als daß er das Werk selbst bespräche.

G. hat erst wieder Rezensionen in größerem Ausmaß geschrieben, als er *Ueber Kunst und Alterthum* gegründet hatte. Die dort veröffentlichten Rezensionen bekunden nicht nur sein Interesse für andere Literaturen bis in seine letzten Lebensjahre, sondern lassen auch etwas von seinem späten Literaturverständnis erkennen. Darüber hinaus aber auch einiges von einem gewandelten Rezensierstil, der in auffälliger Übereinstimmung mit der Rezensierpraxis etwa der Romantiker steht. Das ist um so bemerkenswerter, als seine Zeitschrift sich ja als Kampfansage an die romantische Subjektivität und deren Innerlichkeitsbezug verstand. Die Rezensionen G.s in *Ueber Kunst und Alterthum* spiegeln deutlich das paradoxe Verhältnis, das G. zur Romantik hatte: Er teilt mit den Romantikern das Interesse für Volksdichtung, für Nationalpoesie, für Naturpoesie, für fremde Nationalliteraturen, andererseits bespricht er hier so gut wie keinen der romantischen Zeitgenossen. Heinrich Heine hat das Verhältnis G.s zu den Romantikern in seiner *Romantischen Schule* ausführlich charakterisiert und vom »Verdammnißurtheil über die Herren Schlegel, über dieselben Oberpriester, die ihn mit so viel Weihrauch umduftet«, gesprochen (DHA 8.1, S. 148). Heine bezog sich dabei auf einen Aufsatz von Heinrich Meyer im zweiten Heft von *Ueber Kunst und Alterthum*, der noch 1817 erschienen war und scharf die nazarenische Malerei und auch die romantische Mittelalter-Verherrlichung kritisierte. Die Zeitgenossen nahmen allgemein an, daß G. der Verfasser dieses Artikels gewesen sei und daß er darin seine Absage an die Romantik niedergelegt habe. Heine schrieb: »Mit diesem Artikel machte G. gleichsam seinen 18ten Brümaire in der deutschen Literatur; denn, indem er so barsch die Schlegel aus dem Tempel jagte und viele ihrer eifrigsten Jünger

an seine eigne Person heranzog, und von dem Publikum, dem das Schlegelsche Direktorium schon lange ein Greul war, akklamirt wurde, begründete er seine Alleinherrschaft in der deutschen Literatur« (DHA 8.1, S. 149). Über die Wirkung dieses Aufsatzes bemerkte er: »Von jener Stunde an war von den Herren Schlegel nicht mehr die Rede; nur dann und wann sprach man noch von ihnen, wie man jetzt noch manchmal von Barras oder Gohier spricht; man sprach nicht mehr von Romantik oder klassischer Poesie, sondern von Goethe und wieder von Goethe« (ebd.). Heine hatte ebenfalls die Wirkung der G.schen Rezensionstätigkeit in *Ueber Kunst und Alterthum* gesehen und kritisiert: »Das war widerwärtig, G. hatte Angst vor jedem selbstständigen Originalschriftsteller und lobte und pries alle unbedeutende Kleingeister; ja er trieb dieses so weit, daß es endlich für ein B r e v e t der Mittelmäßigkeit galt, von G. gelobt worden zu seyn« (DHA 8.1, S. 150). Daß G.s Rezensionstätigkeit in *Ueber Kunst und Alterthum* gegen die Romantik gerichtet war, hat Heine also erkannt, freilich nichts über deren Grundsätze gesagt.

Die Variationsbreite der G.schen Rezensierkunst ist in *Ueber Kunst und Alterthum*, gemessen an seiner früheren Rezensionstätigkeit, nicht etwa enger, sondern weiter geworden. Der wichtigste Grundsatz ist von G. in einer Besprechung von Manzonis *Il conte di Carmagnola* niedergelegt worden. Dort stellt er fest, »daß ein echtes Kunstwerk sich selbst schon ankündigen, auslegen und vermitteln soll, welches keine verständige Prosa nachzuthun vermag« (WA I, 41.1, S. 211). Das Kunstwerk also spricht für sich selbst, weshalb der Rezensent im Grunde genommen wenig hinzuzufügen hat. Belege für dieses Verfahren finden sich im gesamten Bereich der Altersrezensionen. So bespricht G. das Lustspiel *Der Pfingstmontag*, das in Straßburg 1816 erschienen war. Dabei rühmt er zunächst einmal die »Volksmundart«, also etwas originär Poetisches. Die Rezension besteht aus Charakteristiken der dramatischen Personen und aus Inhaltsangaben der fünf Akte. Dann finden sich noch einige Bemerkungen zum »Gemein-

Täglichen« (WA I, 41.1, S. 164). G.s Lob am Ende seiner Besprechung erscheint ebenso unbegründet wie grenzenlos: »Wie überlegt, treu und gewissenhaft die Ausführung und Vollendung sei, davon kann der wohl das beste Zeugniß geben, der gleicher Art und Kunst sich beflissen; und so sagen wir beherzt, daß im ganzen Stück kein leeres, zufälliges oder nothdürftig eingeschaltetes Flickwort zu finden sei« (WA I, 41.1, S. 167). G. hat später noch einen Nachtrag zu dieser Rezension geliefert, der aber eher auf die Sprache als auf den poetischen Gehalt eingeht (WA I, 41.1, S. 242ff.). Es ist unverkennbar, daß sich in diesen späten Rezensionen das Lob des Mittelmäßigen mit der Charakteristik eigener Empfindungen mischt. So schreibt er über das 1817 in London erschienene dramatische Gedicht *Manfred* von Byron: »Eine wunderbare, mich nah berührende Erscheinung war mir das Trauerspiel M a n f r e d von Byron. Dieser seltsame geistreiche Dichter hat meinen Faust in sich aufgenommen und hypochondrisch die seltsamste Nahrung herausgesogen« (WA I, 41.1, S. 189). Viele G.sche Alters-Rezensionen beginnen mit der Schilderung eigener Empfindungen beim Lesen eines fremden Literaturwerkes. Auch in ihnen finden sich häufig Inhaltswiedergaben mit langen Zitaten.

Im Hintergrund steht freilich ein anderer Grundsatz, der für den Spätstil der Rezensionstätigkeit G.s nicht weniger charakteristisch ist wie die Feststellung von der Selbstauslegungsfähigkeit eines echten Kunstwerkes: G. stellt fest, daß »ein echtes Kunstwerk so wie ein gesundes Naturproduct aus sich selbst beurtheilt werden soll« (WA I, 41.1, S. 195). Damit werden übergeordnete kritische Grundsätze geleugnet, und das ist um so bemerkenswerter, wenn man bedenkt, daß diese Grundsätze das gesamt 18. Jh. hindurch die Rezensionstätigkeit der Kritiker bestimmten. Eigentlich spricht sich darin eine höchst moderne Anschauung aus, wenn G. sagt: »Zuerst solle man untersuchen und einsehen, was denn eigentlich der Dichter sich vorgesetzt, sodann scharf beurtheilen, ob dieses Vornehmen auch vernünftig und zu billigen sei, um endlich zu entscheiden, ob er diesem Vorsatze

denn auch wirklich nachgekommen« (WA I, 41.1, S. 195). Ein Kunstwerk will also, mit anderen Worten, aus sich selbst heraus beurteilt werden, und das macht verständlich, was mißverstanden werden könnte: daß G. ein literarisches Werk auch inhaltlich so ausführlich vorstellt. Das Maß der Beurteilung liefert das Kunstwerk selbst: an diesem Standpunkt hält die ernsthafte Literaturkritik selbst heute noch fest. So geht G. in der schon zitierten Rezension der Manzoni-Tragödie *Il conte di Carmagnola* wiederum weit ausholend auf den Inhalt ein, unter ausführlicher Charakterisierung der handelnden Personen. Der Preis, den G. zahlt, ist relativ hoch: allgemeine Lobreden finden sich gehäuft. So heißt es zu Byrons *Don Juan*: »Don Juan ist ein gränzenlos-geniales Werk, menschenfeindlich bis zur herbsten Grausamkeit, menschenfreundlich in die Tiefen süßester Neigung sich versenkend« (WA I, 41.1, S. 247). »Darstellung« ist ohne Frage eines der Rezensionsprinzipien, denen G. folgt. Diese Form der Vergegenwärtigung ist nicht nur Grundlage zum Verständnis dessen, was er dazu zu sagen hat, sondern zugleich ein Sich-Aussprechen des Kunstwerkes, also seine ihm mögliche Selbstdarstellung.

Hinter G.s später Rezensententätigkeit steht schon die Idee der Weltliteratur. Er bespricht Übersetzungen, zitiert einen »englischen Kunstrichter« aus Anlaß einer Würdigung von Manzonis *Graf Carmagnola* und stellt bei dieser Gelegenheit noch weitere Prinzipien der Kritik vor, natürlich auch in Verteidigung der eigenen Besprechungstätigkeit. G. schreibt: »Die productive Kritik [...] fragt: Was hat sich der Autor vorgesetzt? ist dieser Vorsatz vernünftig und verständig? und in wie fern ist es gelungen, ihn auszuführen? Werden diese Fragen einsichtig und liebevoll beantwortet, so helfen wir dem Verfasser nach, welcher bei seinen ersten Arbeiten gewiß schon Vorschritte gethan und sich unserer Kritik entgegen gehoben hat« (WA I, 41.1, S. 345f.). Diese Betrachtung kulminiert in dem Satz: »Machen wir aufmerksam auf noch einen Punct, den man nicht genug beobachtet, daß man mehr um des Autors als des Publicums willen urtheilen müsse« (ebd.).

G. macht damit Front gegen die aus seiner Sicht falsche subjektive Literaturkritik, die im Werturteil abhängig ist von Zufall, Stimmung und Vorwissen des Rezensenten. Die objektiven Maßstäbe der Kritik können seiner Meinung nach nicht im Rezensenten liegen, auch nicht in unabhängig davon existierenden Prinzipien, sondern müssen aus dem Kunstwerk selbst herausgelesen werden. Nur so lassen sich subjektiv begründete Fehlurteile ausschließen, nur so läßt sich verhindern, daß ein und das gleiche Werk von diesem so und von jenem völlig anders beurteilt wird. G.s Rezensionsprinzipien erweisen sich damit als Versuch, dem Kunstwerk seine Eigengesetzlichkeit zuzuerkennen und es von den willkürlichen Urteilen einzelner Leser zu schützen. So schließt er seine Betrachtung denn auch mit einem Hinweis auf die Problematik individueller Kunstbewertungen: »Tagtäglich sehen wir, daß ein Theaterstück, ein Roman ohne die mindeste Rücksicht auf Recensionen von Lesern und Leserinnen nach individuell eigenster Weise aufgenommen, gelobt, gescholten, an's Herz geschlossen oder vom Herzen ausgeschlossen werde, je nachdem das Kunstwerk mit irgend einer Persönlichkeit zufällig zusammentreffen mag« (WA I, 41.1, S. 346).

G. hat seine Rezensionstätigkeit nach 1823 vor allem als Vermittlungstätigkeit verstanden; so nehmen Übersetzungen einen gewissen Raum in seinen Rezensionen ein. Er spricht über »Volksgesänge«, die nicht nur ihren poetischen Wert haben, sondern Rückschlüsse zulassen auf das Leben der »Völkerschaften« (WA I, 41.2, S. 21). Die Grenzen zwischen Dichterporträt und Werkcharakteristik werden durchlässig; das gilt für den Artikel *Deutscher Naturdichter* (WA I, 41.2, S. 48ff.) wie für den über Justus Möser (WA I, 41.2, S. 52ff.). Nur sehr selten ist einmal von Romantikern die Rede; so wird in wenigen Sätzen *Die Verlobung*, eine Novelle von Ludwig Tieck, besprochen (WA I, 41.2, S. 84), mit deutlichen Hinweisen auf die »leidigen Nebel«, »welche die sinnig-geistigen Regionen Deutschlands zu obscuriren bei dem niedrigsten Barometerstand sich anmaßen« (ebd.) – ein Hieb auf das in seinen Augen fatale Dunkelmännertum der Romantik. Manche Rezensionen geben sich nur als Mitteilungen, wodurch der Vermittlungscharakter der Literaturkritik gerade in diesen Jahren immer stärker betont wird. G. liest etwas ihm merkwürdig Erscheinendes und schreibt darüber in der Hoffnung, dem gebildeten Publikum damit einen Hinweis auf literarische Schätze zu geben. Über *Serbische Lieder* spricht er, weil es sich um »Nationalgedichte« handelt, die er dem Publikum bekanntmachen will (WA I, 41.2, S. 136ff.). Manches gehört freilich nur unter die Rubrik »Kurze Anzeigen«. Ausführliche Rezensionen finden sich im Spätwerk nur sehr selten, dem Vermittler reichen oft zwei oder drei Seiten, um das Publikum für ein fremdes Werk zu interessieren. So hat er gelegentlich in seine Rezensionen auch Betrachtungen eingeschaltet, die zum Teil schon früher formuliert worden waren.

Die späten Rezensionen G.s könnten den Eindruck ständig zunehmender Subjektivität erwecken – zu häufig finden sich Bemerkungen über die persönlichen Eindrücke, die ein Werk auf ihn macht, als daß man hier noch von literaturinhärenten Maßstäben sprechen könnte. In der Tat: Die Ära der »Grundbegriffe des Vollkommenen und Schönen« ist zu Ende gegangen, und wenn es noch Maßstäbe gibt, so setzt jedes Kunstwerk sie selbst. Dabei scheint G. fest darauf zu vertrauen, daß diese inhärenten Kriterien sichtbar und für jeden gleichmäßig bewertbar sein können. Daß sich damit eine andere Art der Subjektivität einschleichen könnte als die von ihm bekämpfte, hat G. nicht gesehen oder nicht sehen wollen: Vorstellungen von einer Mehrdeutigkeit und Mehrwertigkeit eines Kunstwerks sind ihm weitgehend fremd. Um so wichtiger ist für ihn, daß er sich selbst als Vermittler versteht und das, was er als »Weltliteratur« begreift, auszubreiten versucht. Damit sprengt er auch die üblichen Grenzen dessen, was eine Rezension im 18. Jh. noch zu sein hatte.

Rezensionen im Altersstil G.s: das sind Bemerkungen, Mitteilungen, Hinweise, Kurzcharakteristiken, Inhaltsangaben, Würdigungen und Übersetzungen. Ihn leitet ganz allgemein ein literarisches Interesse, und so können sich Notizen und Reden, Anmerkungen und Erklärungsversuche bruchlos verbinden. Auffällig bleibt freilich, wie stark er sprachlich interessiert ist. Er bringt ein außerordentliches Verständnis für fremde Sprachen auf, selbst wenn er sie nicht zureichend spricht.

G. hat dabei durchaus für die »Individualpoesie« plädiert (WA I, 42.2, S. 61ff.) – aus der Überzeugung heraus, daß jedes Werk individuellen Charakters sei und also jeder Dichter eigentlich für sich schreibe, also auch für sich und an sich selbst gemessen werden wolle. Im Grunde genommen, will er diese Individualpoesie vermitteln, und wo sie ihn berührt hat, da folgert er, daß sie auch andere berühren müsse. So ist denn sein Rat an junge Dichter: »Der junge Dichter spreche nur aus was lebt und fortwirkt, unter welcherlei Gestalt es auch sein möge; er beseitige streng allen Widergeist, alles Mißwollen, Mißreden und was nur verneinen kann: denn dabei kommt nichts heraus« (WA I, 42.2, S. 107). Und er bemerkt auch: »Poetischer Gehalt aber ist Gehalt des eigenen Lebens; den kann uns niemand geben, vielleicht verdüstern, aber nicht verkümmern« (ebd.).

Gelegentlich hat G. noch in anderen Zeitschriften rezensiert, so in den *Jahrbüchern für wissenschaftliche Kritik* oder im *Archiv der Gesellschaft für ältere deutsche Geschichtkunde*. Diese Rezensionen unterscheiden sich aber weder im Stil noch im Umfang von denen aus *Ueber Kunst und Alterthum*.

Anzeigen eigener Werke

G. hat, dem Stil der Zeit folgend, verschiedentlich auch auf eigene Werke in Selbstrezensionen oder Ankündigungen hingewiesen. Diese Anzeigen reichen von einer kurzen Notiz über das Erscheinen der *Wahlverwandtschaften* bis hin zu einer längeren Charakteristik von *Des Epimenides Erwachen* (WA I, 41.1, S. 34 bzw. S. 35ff.). Einige dieser Anzeigen sind nichts anderes als Werbeschriften, die das Publikum auf seine Werke aufmerksam ma-

chen sollen. G. hat damit durchaus Literaturpolitik in eigener Sache betrieben. Zuweilen findet sich freilich auch eine Kurzformel, auf die etwa ein Roman zurückgeführt werden kann – so, wenn er im Falle der Ankündigung seiner *Wahlverwandtschaften* davon spricht, daß hier »eine chemische Gleichnißrede zu ihrem geistigen Ursprunge zurückführen möge, um so mehr, als doch überall nur Eine Natur ist, und auch durch das Reich der heitern Vernunftfreiheit die Spuren trüber leidenschaftlicher Nothwendigkeit sich unaufhaltsam hindurchziehen, die nur durch eine höhere Hand, und vielleicht auch nicht in diesem Leben, völlig auszulöschen sind« (WA I, 41.1, S. 34). Das ist Erklärung und Interpretation in einem. Zuweilen geht es aber nur um Hinweise auf künftige Publikationen – so, wenn G. eine Antwort auf eine Anfrage über *Wilhelm Meisters Wanderjahre* gibt (WA I, 41.1, S. 79). Verständlicherweise lag ihm offenbar besonders an seinen Werkausgaben, und so findet sich unter diesen Anzeigen eine *Ankündigung einer neuen Ausgabe von Goethe's Werken* (WA I, 41.1, S. 80ff.). Der Autor betreibt hier Eigenwerbung, nicht ohne den Hinweis darauf, daß in dieser Ausgabe noch manches mitgeteilt werde, das sich in den bisher erschienenen Drucken nicht finde, und unter freimütiger Nennung der Kaufpreise. Am 31.3. 1816 hat er noch einmal einen Werbeprospekt in eigener Sache verschickt: *Über die neue Ausgabe der Goethe'schen Werke* (WA I, 41.1, S. 96ff.). G. scheint hier nichts Geringeres als seinen Nachruhm zu organisieren, weiß um seine Beliebtheit beim lesenden Publikum, gibt auch zu verstehen, daß mancher Leser »die stufenweise Entwicklung seiner geistigen Bildung zu entdecken bemüht ist«. G. nutzt die Gelegenheit, ein Selbstporträt in Kurzform zu liefern: »Die Goethe'schen Arbeiten [...] sind Erzeugnisse eines Talents, das sich nicht stufenweis entwickelt und auch nicht umherschwärmt, sondern gleichzeitig aus einem gewissen Mittelpuncte sich nach allen Seiten hin versucht und in der Nähe sowohl als in der Ferne zu wirken strebt, manchen eingeschlagnen Weg für immer verläßt, auf andern lange beharrt. Wer sieht nicht, daß hier das wunder-

lichste Gemisch entspringen würde, wenn
man das, was den Verfasser gleichzeitig beschäftigte, in Einen Band zusammenbringen
wollte, wenn es auch möglich wäre, die verschiedensten Productionen dergestalt zu sondern, daß sie sich alsdann wieder der Zeit
ihres Ursprungs nach neben einander stellen
ließen. Dieses ist aber deßhalb nicht thulich,
weil zwischen Entwurf, Beginnen und Vollendung größerer, ja selbst kleiner Arbeiten oft
viele Zeit hinging, sogar bei der Herausgabe
der Productionen theilweise umgearbeitet,
Lücken derselben ausgefüllt, durch Redaction
und Revision erst eine Gestalt entschieden
wurde, wie sie der Augenblick gewährte, in
welchem sie den Weg einer öffentlichen Erscheinung betraten. Diese Verfahrungsart, die
theils aus einem unruhigen Naturell, theils aus
einem sehr bewegten Leben hervorgeht, kann
auf keinem andern als dem angefangenen
Wege deutlich gemacht werden, wenn dem
Verfasser nämlich gewährt ist, seine Bekenntnisse fortzusetzen« (WA I, 41.1, S. 97 f.). So
wenig konkret diese Aussagen zu sein scheinen, so liefern sie doch Einblicke in G.s
Selbstverständnis zu dieser Zeit. In erster Linie freilich sind diese Sätze als Verteidigung
der neuen zwanzigbändigen Ausgabe gedacht.
Der Verfasser scheut sich nicht, darauf hinzuweisen, daß die »erste Ausgabe vollkommen
brauchbar bleiben« werde, die neue Ausgabe
andererseits einen Aufsatz enthalte, der freilich »dasjenige, was in den Bekenntnissen
schon gesagt worden, im Kurzen wiederholen
und das, was noch zu sagen übrig bleibt,
gleichfalls kurz, jedoch wesentlich darlegen
wird« (WA I, 41.1, S. 99). G. beläßt es jedoch
nicht dabei, sondern weist zusätzlich noch auf
eine künftige Ausgabe hin, die freilich nur pro-
spektiert werden könne. Auch das ist ge-
schickte Verlagspolitik.

Auch die Ausgabe letzter Hand hat er mit
einer »Anzeige« begleitet (WA I, 42.1,
S. 109 ff.). Die ausführliche Inhaltsangabe soll
nicht zuletzt einem sehr praktischen Zweck
dienen: G. bittet um rechtliche Sicherung seiner Werke »gegen den Nachdruck und dessen
Verkauf« (WA I, 42.1, S. 115) bei der Bundesversammlung in Frankfurt. Er erläutert aus-

führlich die Eigentümlichkeit dieser Ausgabe,
um Käufer auch unter jenen zu finden, die
bereits das »früher zu Bändereihen Vereinigte«
besitzen (WA I, 42.1, S. 116). Auch hier soll –
nach der Aussage des Autors – die Ausgabe
Dokument der Bildung und Selbstbildung
sein. G. ist sich bewußt, daß er schon längst zu
einer öffentlichen Person, daß er zum Nationalautor geworden war.

Theaterberichte

Eine besondere Rolle spielen die Anzeigen
und Veröffentlichungen, die das Weimarische
Theater betreffen. Sie gehören insofern in den
Bereich der Anzeigen und Rezensionen, als G.
sich hier auch als Theaterrezensent versucht.
Es sind Stellungnahmen in eigener Sache.
1798 war in Weimar der Wunsch entstanden,
»ein besseres Local für die Bühne einzurichten. Schauspieler und Publikum fühlten sich
eines anständigern Raumes würdig; die Nothwendigkeit einer solchen Veränderung ward
von jedermann anerkannt, und es bedurfte nur
eines geistreichen Anstoßes, um die Ausführung zu bestimmen und zu beschleunigen«
(WA I, 35, S. 77). Die Bauarbeiten gingen zügig voran, und am 12. 10. 1798 konnten schon
»Hof und Publicum zur Eröffnung des neuen
Hauses eingeladen werden«. G. bemerkt in
seinen *Tag- und Jahresheften*: »Ein Prolog von
Schiller und Wallensteins Lager gaben dieser
Feierlichkeit Werth und Würde« (WA I, 35,
S. 78).

Aus Anlaß der Neueröffnung schrieb G. am
26. und 27. 9. 1798 (vgl. Tagebuch) einen Aufsatz mit dem Titel *Weimarischer neudecorirter
Theatersaal. Dramatische Bearbeitung der
Wallensteinischen Geschichte durch Schiller*
(WA I, 40, S. 3 ff.). Der Aufsatz trug als Untertitel: *Auszug eines Briefes aus Weimar* und erschien in der *Allgemeinen Zeitung* am 12. 10.
1798.

Der Aufsatz bewegt sich zwischen Anzeige
und Rezension, baugeschichtlicher Skizze und
Theaterbericht. Die Beschreibung der neuen

Inneneinrichtung läßt viel vom klassizistischen Geschmack G.s erkennen, aber die kleine Arbeit ist auch eine Werbeschrift für das Theater und eine Vorankündigung von Schillers *Wallenstein*-Aufführung. Wie auch sonst in G.s Rezensionen läßt er das Schillersche Drama für sich sprechen, indem er eine grobe Übersicht über das gibt, was den Zuschauer erwartet. Auffällig an dieser Besprechung ist, daß *Wallensteins Lager* von G. als »Lust- und Lärmspiel« angekündigt wird (WA I, 40, S. 5), nicht weniger, daß in den Augen des Schauspieldirektors Schillers dramatisches Großunternehmen als »Wagestück« erscheint (WA I, 40, S. 8). Vor allem aber gibt diese Theaternotiz Hinweise auf die Weimarer Theaterkultur. G. betont, daß man »in Weimar vor einer gebildeten und gleichsam geschlossenen Gesellschaft spielt, die nicht bloß von der Mode des Augenblicks bestimmt wird, die nicht allzu fest am Gewohnten hängt, sondern sich schon öfters an mannichfaltigen originalen Darstellungen ergötzt hat« (ebd.). Es ist eine kurze Charakteristik des Weimarer Musentempels und zugleich ein Innenporträt der Weimarer literarischen Gesellschaft mit all ihren Grenzen und ihren Möglichkeiten.

Am 12. Oktober ist *Wallenstein* dann gespielt worden; G. hat das zum Anlaß genommen, noch einmal einen ausführlichen Artikel in der Beilage zur *Allgemeinen Zeitung* am 7. 11. 1798 erscheinen zu lassen. Diese *Eröffnung des Weimarischen Theaters* trug wieder einen Untertitel: *Aus einem Briefe* (WA I, 40, S. 9ff.). G. gibt eine detaillierte, mit vielen Zitaten belegte Inhaltsangabe, nennt die Schauspieler, berichtet vom glücklichen Ausgang des Abends und wirbt somit für das Weimarische Hoftheater.

Zugleich setzt sich G. für Schiller ein. Am 29. 9. 1798 schreibt er an Cotta: »Ich glaubte Ihnen nichts angenehmeres erzeigen zu können als wenn ich einige Nachricht vom Wallenstein ins Publikum brächte«. Wie sorgfältig er im übrigen die Aufführung von Schillers *Wallenstein* vorbereitet hatte, zeigen weitere Briefe; schon am 6. 10. 1798 schrieb er an Schiller: »Übrigens ist eine Vorrecension der Aufführung, so wie des Effects, den das Stück

gemacht hat, schematisirt und kann in einigen guten Stunden fertig werden. Da ich mich einmal auf das Element der Unverschämtheit begeben habe, so wollen wir sehen wer es mit uns aufnimmt«. Schiller selbst war, wie sein Brief an Körner vom 29. 10. 1798 zeigt, mit alledem sehr einverstanden und schrieb: »Göthe hat sich den Spaß gemacht, diese Relationen selbst zu machen, daß er sie Böttichern aus den Zähnen reisse«. G.s Briefkonzept an Böttiger (etwa 20. 10. 1798) ist ein weiterer Beleg für die kluge Literaturpolitik, die er auch im einzelnen getrieben hat. In seinem Tagebuch ist freilich nur das Faktum der Theatereröffnung und der Aufführung von *Wallensteins Lager* genannt (12./13. 10. 1798). Schiller selbst hat auf die Theatereröffnung in seinem Prolog angespielt, und zwar auf den durch Nicolaus Friedrich Thouret umgestalteten Theaterraum: »Und sieh! er hat sich neu verjüngt, ihn hat / Die Kunst zum heitern Tempel ausgeschmückt, / Und ein harmonisch hoher Geist spricht uns / Aus dieser edeln Säulenordnung an, / Und regt den Sinn zu festlichen Gefühlen« (SNA 8, S. 3).

Mehr Rückblick und Resümee als Anzeige und Stellungnahme ist G.s Schrift *Weimarisches Hoftheater*. Am 19. 1. 1802 schreibt er an Schiller: »Eine Schnurre über das Weimarische Theater habe ich zu dictiren angefangen und mache dabey, wie billig, ein erstaunt ernsthaft Gesicht; da wir die reelle Leistung im Rücken haben, so ist es gut ein wenig dämisch auszusehen und sich auf jede Weise alle Wege frey zu halten«. »Die reelle Leistung im Rücken«: G. konnte nicht nur auf erfolgreiche Jahre als Leiter des Hoftheaters zurückblicken, sondern auch auf ein anspruchsvolles Repertoire. Aus dem Aufsatz spricht zugleich Stolz über die Weimarische Gesellschaft. Er unterscheidet scharf zwischen dem »Pöbel«, der »sich unvorbereitet zum Schauspielhause« drängt und »verlangt, was ihm unmittelbar genießbar ist«, der »schauen, staunen, lachen, weinen« will und die Direktion, die von ihm abhängt, sich herabzulassen nötigt (WA I, 40, S. 78), und »unsern Zuschauern«, bei denen er voraussetzt, »daß sie mehr als ihr Legegeld mitbringen«; er apostrophiert die Zuschauer

Das alte Theater in Weimar

als »ein erwähltes Publicum«, das es erlaubt, Aufführungen zu geben, die seiner hohen Kultur entsprechen (WA I, 40, S. 78 f.). Dieser Ausdruck ist um so auffallender, als G. genau weiß, daß das Theater wie die übrige Welt »durch herrschende Moden geplagt« wird, »die es von Zeit zu Zeit überströmen und dann wieder seicht lassen. Die Mode bewirkt eine augenblickliche Gewöhnung an irgend eine Art und Weise, der wir lebhaft nachhängen, um sie alsdann auf ewig zu verbannen. Mehr als irgend ein Theater ist das deutsche diesem Unglücke ausgesetzt, und das wohl daher, weil wir bis jetzt mehr strebten und versuchten als errangen und erreichten. Unsere Literatur hatte, Gott sei Dank, noch kein goldenes Zeitalter, und wie das Übrige so ist unser Theater noch erst im Werden« (WA I, 40, S. 81). Der Hinweis auf das noch nicht erreichte goldene Zeitalter ist eine Attacke auf die Kreise um Herder und Wieland, die in der Zeit von 1750 bis 1780 das goldene Zeitalter ansetzten. Herders »Adrastea« wollte denn auch »Früchte aus den sogenannt-goldenen Zeiten des achtzehnten Jahrhunderts« sammeln (vgl. JA 36, S. 346). Das war zweifellos gegen G. und Schiller gerichtet, und G.s Hinweis in dieser Skizze über das »Weimarische Hoftheater« ist offensichtlich eine Reaktion darauf. Auffällig

ist andererseits, wie sehr Wilhelm Schlegels *Ion* gelobt wird. Daraus spricht G.s Hochschätzung für die Frühromantik, und das um so mehr, als Schlegels *Ion* damals durchaus umstritten war.

Die wichtigsten Errungenschaften des Weimarer Theaters sind aber nicht einmal so sehr in der Wahl der Stücke und in der Qualität der Schauspieler zu suchen. Sie liegen vielmehr in der gewandelten Auffassung vom Theaterspielen überhaupt. G. schreibt: »Unter den Grundsätzen, welche man bei dem hiesigen Theater immer vor Augen gehabt, ist einer der vornehmsten: der Schauspieler müsse seine Persönlichkeit verläugnen und dergestalt umbilden lernen, daß es von ihm abhange, in gewissen Rollen seine Individualität unkenntlich zu machen« (WA I, 40, S. 74). Damit geht er gegen die damals gängige Natürlichkeitstheorie an, gegen den unrichtigen »Begriff von Natürlichkeit«. Für den Schauspieler gilt, daß er sich »zu maskiren versteht«, denn nur so kann er eine »Vielseitigkeit [...] geben, welche einem dramatischen Künstler immer zur Ehre gereicht« (WA I, 40, S. 74). Das läuft auf Stilisierungskunst hinaus. Ein weiteres Feld, auf dem das Weimarische Theater neue Maßstäbe setzen wollte, war die Sprache, genauer: »die sehr vernachlässigte, ja von unsern vaterländischen Bühnen fast verbannte rhythmische Declamation« (WA I, 40, S. 74). Auch das Theater war also idealisiert und »veredelt« worden, es hatte klassisches Gepräge bekommen. Offenbar ist das die eigentliche »reelle Leistung«, von der G. im Brief an Schiller spricht.

Der Aufsatz über das *Weimarische Hoftheater* erschien im *Journal des Luxus und der Moden* am 3.3. 1802. Erhalten hat sich von Riemers Hand ein Schema, in dem G. den Gang seiner Abhandlung in Stichworten skizziert (abgedruckt in: WA I, 40, S. 402f.). In Weimar wurde jedoch dieser Bericht nicht unbedingt als vorläufige Krönung des Weimarer Theaters gesehen; man sprach vom »Theateredikt« und auch von der Mißstimmung der Schauspieler (vgl. JA 36, S. 345). G. hatte freilich durchaus nicht als Prinzipienkatalog verstanden, was er über die Ergebnisse des Weimarischen Theaters zu Papier gebracht hatte. Das bezeugt der Brief an Schiller vom 12.2. 1802: »Ich habe diese Tage nichts vor mich gebracht, als einen kleinen Aufsatz übers weimarische Theater, den ich schon an Bertuch abgegeben habe. Es ist ein Wurf, den ich so hinthue, man muß sehen was sich weiter daran und daraus bilden läßt«. G.s Stellung war in dieser Zeit so dominant, daß selbst ein »Wurf« wie dieser, der gar nicht auf ein Theaterreglement aus war, dennoch rasch in den Ruf geriet, gesetzgeberische Ansichten mitteilen zu wollen. Dabei hatte er nur von den »Grundsätzen« gesprochen, »welche man bei dem hiesigen Theater immer vor Augen gehabt«. Freilich plädierte er für solche Stücke, »durch welche der Zuschauer erinnert wird, daß das ganze theatralische Wesen nur ein Spiel sei, über das er, wenn es ihm ästhetisch, ja moralisch nutzen soll, erhoben stehen muß, ohne deßhalb weniger Genuß daran zu finden« (WA I, 40, S. 83). Das könnte zurückdeuten auf ähnliche Vorstellungen, die Schiller in den Briefen über die ästhetische Erziehung geäußert hatte. Der moralische Nutzen war freilich auch ohne dieses für G. eine Forderung, von der er nicht abging – selbst wenn er den Genuß am Theater und am Theaterspiel deutlich genug betonte.

Literatur:

Bräuning-Octavio, Hermann: Goethe und Johann Heinrich Merck. 1970. – Curtius, Ernst Robert: Goethe als Kritiker. In: ders.: Kritische Essays zur europäischen Literatur. Bern 1950, S. 28–58. – DHA 8.1, S. 148–150. – Gottsched, Johann Christoph: Versuch einer Critischen Dichtkunst. 4., vermehrte Auflage. Leipzig 1751. (Nachdruck Darmstadt [5]1962). – Koopmann, Helmut: Dichter, Kritiker, Publikum. Schillers und Goethes Rezensionen als Indikatoren einer sich wandelnden Literaturkritik. In: Barner, Wilfried u.a. (Hg.): Unser Commercium. Goethes und Schillers Literaturpolitik. Stuttgart 1984, S. 79–106. – Lessing, Gotthold Ephraim: Allgemeine Bemerkungen zur *Hamburgischen Dramaturgie*. In: Gotthold Ephraim Lessings sämtliche Schriften. Hg. von Karl Lachmann. Bd. 15. Leipzig [3]1900, S. 62–65. – Prang, Helmut: Johann Heinrich Merck. Ein Leben für Andere, Wiesbaden 1949. – SNA 8 u. 21. – Walzel, Komm. in JA 36.

Helmut Koopmann

Von deutscher Baukunst

Entstehung und Druckgeschichte

Am 4.4. 1770 traf G. von Frankfurt kommend in Straßburg ein, um seine juristische Dissertation anzufertigen. Dem Neunten Buch von *Dichtung und Wahrheit* läßt sich entnehmen, daß ihn gleich sein erster Gang zum Straßburger Münster führte. Die Niederschrift des Textes begann erst über ein Jahr später, was angesichts des starken Eindrucks der Kathedrale, den G. in *Von deutscher Baukunst* dokumentiert, einigermaßen verwunderlich erscheint. In den Briefen aus dieser Zeit findet sich kein einziger Hinweis auf sein »gotisches« Schlüsselerlebnis. Statt dessen beteuert er in einem Brief vom 29.4. 1770 gegenüber seinem Freund Ernst Theodor Langer, daß eine Reihe von Tapisserien nach Originalen von Raffael, die zu Ehren der Dauphine Marie Antoinette von Paris nach Straßburg gebracht wurden, in seiner ästhetischen Geschmacksentwicklung »eine neue Epoche« eingeläutet haben. In der Retrospektive von *Dichtung und Wahrheit* berichtet G. nur von einer flüchtigen Betrachtung des »Kolosses« und der »eiligen« Besteigung des Turms (FA I, 14, S. 389), um sich eines panoramatischen Überblicks zu vergewissern.

Die Niederschrift der fünf Abschnitte des Textes umfaßt einen Zeitraum von zweieinhalb Jahren. Den ersten Abschnitt schrieb G. vermutlich zwischen dem 18.5. und 23.6. 1770 in Sesenheim. Im Zusammenhang mit der Rede *Zum Schäkespears-Tag* entstand der zweite Abschnitt im Herbst 1771 in Frankfurt. Beinahe ein weiteres Jahr verging, ehe G., neben seiner Arbeit am *Götz von Berlichingen* und *Faust*, im Sommer 1772 in Wetzlar den dritten Abschnitt und schließlich von Ende September bis Anfang Oktober in Frankfurt den vierten und fünften Abschnitt verfaßte.

Für die Entstehung dieser wichtigen Programmschrift des Sturm und Drang müssen an erster Stelle die frühen Schriften Johann Gott-

fried Herders und die persönlichen Gespräche zwischen G. und ihm in Straßburg genannt werden. Unter anderem hatte Herder sein *Viertes Kritisches Wäldchen* als Manuskript mit nach Straßburg gebracht, das sich mit dem für *Von deutscher Baukunst* zentralen Thema des Erhabenen beschäftigt. Bei allen Differenzen zu Herder fand G. die wichtigen Figuren seiner ästhetischen Selbstvergewisserung bei diesem vorgegeben: Subjektemphase, Genie als Naturereignis, erhabene Freiheit gegenüber kleinlichen Regularien, der Begriff der ›charakteristischen‹ Kunst, freilich auch die national-chauvinistisch eingefärbte Kontrastierung von nordischer Schlichtheit und französisch gekünstelter »Rokoko-Kultur«. Bis hin zum rhapsodischen Stil läßt sich Herders Einfluß verfolgen. Allerdings darf man nicht übersehen, daß Herder selbst, nach Johann Georg Hamann und Moses Mendelssohn, eine Vermittlerfunktion für philosophische und speziell ästhetische Diskurse französischer, vor allem aber englischer Herkunft ausübte.

Die ästhetische Figur des Künstler-Genies als produktiver Natur (›natura naturans‹) läßt sich u.a. auf den Earl of Shaftesbury, dessen *Characteristics* 1711 erschienen, und Edward Youngs *Conjectures on Original Composition* aus dem Jahre 1759 zurückführen. Die Bedeutung des Erhabenen gegenüber der im engeren Sinne schönen Kunst haben in der Tradition des spätantiken Pseudo-Longin für das 18. Jh. der Abbé Dubos (*Réflexions critiques*, 1719) und Edmund Burke (*A philosophical enquiry into the origin of our ideas of the sublime and beautiful*, 1759) hervorgehoben. Für eine Stilisierung des Subjekts zum Naturereignis gegenüber zivilisierter Künstlichkeit darf hier die Bedeutung von Shakespeares Dramen und Rousseaus Akademie-Abhandlungen wenigstens nicht unerwähnt bleiben. Die ästhetischen Kriterien, mit denen G. die gotische Fassade des Straßburger Münsters beschreibt, sind stark vom neoklassizistischen Instrumentarium beeinflußt, das Johann Joachim Winkkelmann und Adam Friedrich Oeser entwikkelt haben. Der organische Ausgleich des Ganzen und seiner Teile sowie die gegen das »Schnörkel- und Muschelwesen« (FA I, 14,

S. 339) des Barock und Rokoko gewendete ästhetische Option auf Schlichtheit stammen von hier. Im Brief vom 20.2. 1770 an Philipp Erasmus Reich hebt G. die Bedeutung seines Zeichenlehrers Oeser hervor, indem er implizit Winckelmanns epochemachende Formulierung von der »edlen Einfalt und stillen Größe« zitiert: »Er lehrte mich, das Ideal der Schönheit sey Einfalt und Stille«. Unter den speziell architekturgeschichtlichen Quellen für *Von deutscher Baukunst* muß an erster Stelle der Abbé Marc Antoine Laugier genannt werden, den G. in seinem Text als »lieben Abt« und »neufranzösischen philosophierenden Kenner« (MA 1.2, S. 417) vorführt. Laugiers *Essai sur l'architecture* (1753) und seine *Observations sur l'architecture* waren nachweislich in der Bibliothek von G.s Vater präsent. Der deutschen Ausgabe der *Observations* war zudem ein Traktat beigegeben, den G. wahrscheinlich ebenfalls kannte: Julien David Le Rois *Geschichte der Einrichtung und Gestalt der christlichen Kirchen von Kaiser Konstantin dem Großen bis auf unsere Zeit*. Ein weiterer für G. wichtiger architekturgeschichtlicher Traktat stammt von Jean Francois Félibien. Dessen *Dissertation touchant l'architecture antique et l'architecture gothique* aus dem Jahre 1699 nimmt die Urhütten-Hypothese, die sich über die sogenannte Castiglione-Denkschrift Donato Bramantes von 1510 bis hin zum antiken Bautheoretiker Vitruv (*De architectura*, ca. 25 v. Chr.) verfolgen läßt, zum Ausgangspunkt einer differenzierten Beschreibung und Genese gotischer Architektur. Zu Geschichte und Architektur des Straßburger Münsters muß als Quelle endlich noch Georg Heinrich Behrs *Straßburger Münster- und Thurnbüchlein* genannt werden, das erstmals 1731 und dann in vielen Auflagen während des 18. Jhs. erschien.

Der Text ist erstmals im November 1772 bei Deinet in Frankfurt am Main als sechzehnseitige Flugschrift anonym im Druck erschienen: *Von Deutscher Baukunst. D.M. Ervini a Steinbach* mit der Jahreszahl 1773 (E). Ein Jahr später übernahm Herder ihn in seine Sammlung *Von Deutscher Art und Kunst. Einige fliegende Blätter*, Hamburg 1773. Er versah ihn allerdings mit einem kritischen Kommentar und fügte den *Versuch über die gotische Baukunst* (1766) von Paolo Frisi an, der G.s Text in allen wichtigen Punkten widerspricht. Er findet sich im vierten Band der von Christian Friedrich Himburg veranstalteten, nicht autorisierten Ausgabe von G.s *Schriften* (Berlin 1779). G. veröffentlicht den Text später noch in *Ueber Kunst und Althertum* (Bd. 4, Stuttgart 1824) (J²). In einer autorisierten Fassung der Schriften erscheint der Text erstmals im 39. Band der Ausgabe letzter Hand (C¹). Die Weimarer Ausgabe erstellt aus den Lesarten E, J² und C¹ einen kritischen Text (WA I, 37, S. 137–151), dem die Hamburger Ausgabe mit leichten Modernisierungen der Interpunktion und Orthographie entspricht. Zitiert wird hier nach der Münchner Ausgabe (MA 1.2, S. 415–423), da sie sich eng an E anlehnt und auf Modernisierungen weitgehend verzichtet.

Formales

Stilistisch hat G. seine erste Prosaveröffentlichung in der Weise rhythmisch und lyrisch durchgeformt, daß sich in der Forschung das Gattungsetikett »Hymnus« durchgesetzt hat. Die Syntax wechselt fortwährend zwischen asyndetischen, assoziativ fortschreitenden Perioden und kurzen Phrasierungen, die zum Teil noch elliptisch verknappt sind: »Was brauchts dir Denkmal! und von mir!« (MA 1.2, S. 415). Eine musikalische, leitmotivische Modulation des Textes ergibt sich durch häufige leicht variierte oder wörtliche Wiederholungen von Sätzen und Satzgliedern, die freirhythmisch komponiert sind und alliterative und assonante Reimformen verwenden. Verschiebungen und Inversionen in der Wortstellung unterstehen ebenso dem gewollten Effekt der Emphase wie die Elisionen von Vokalen, die Häufung von adjektivischen Komparativen bzw. Superlativen und die krasse, auf scharfe und farbige Kontraste gestimmte Semantik einer radikalisierten Empfindsamkeit insgesamt, die das Straßburger Münster als

»mißgeformtes krausborstiges Ungeheuer« (MA 1.2, S. 418) dramatisiert. *Von deutscher Baukunst* erfüllt in allen Punkten das semantische Formular des Sturm und Drang. Seine Argumentstruktur verliert sich in assoziativen Sprüngen und rhapsodischen Anspielungen und ist überlagert von szenischen Vergegenwärtigungen und subjektivem Erlebnisbericht, so daß sich G. in *Dichtung und Wahrheit* distanziert: »Hätte ich diese Ansichten, denen ich ihren Wert nicht absprechen will, klar und deutlich, in vernehmlichem Stil abzufassen beliebt, so hätte der Druckbogen *von deutscher Baukunst* D.M. Ervini a Steinbach schon damals als ich ihn herausgab, mehr Wirkung getan und die vaterländischen Freunde der Kunst früher aufmerksam gemacht; so aber verhüllte ich, durch Hamans und Herders Beispiel verführt, diese ganz einfachen Gedanken und Betrachtungen in eine Staubwolke von seltsamen Worten und Phrasen, und verfinsterte das Licht das mir aufgegangen war, für mich und andere« (FA I, 14, S. 553). G.s späte Distanzierung verfehlt – ähnlich wie im Fall des *Werther* – seine frühe ästhetische Kampfschrift notwendigerweise, da die stürmerisch-drängerische »Staubwolke« der genialischen Selbstinszenierung mindestens ebenso wichtig ist wie die solchermaßen vernebelten kunsttheoretischen Urteile.

Das Drama des Künstler-Genius

Die fünf Abschnitte des Textes entwickeln in gleichsam fünf Akten das Drama des prometheischen Sturm und Drang-Genies. Held dieses Dramas ist weniger das Straßburger Münster oder die gotische Baukunst, auch weniger der hymnisch beschworene Erwin von Steinbach, der vermeintliche architektonische Genius der Kathedrale, der in Wirklichkeit nur für die unteren Teile der Fassade verantwortlich zeichnet: Der eigentliche Held ist der aus sich selbst bildende, sich selbst als Naturereignis zelebrierende Künstler-Genius, hinter dem sich der junge G. nur höchst unzureichend

verbirgt. Der erste Abschnitt führt den gotischen »Koloß« und den Götter herausfordernden »Babelgedanken« Erwin von Steinbachs hymnisch ein, um die »schwachen Geschmäckler«, die »Welschen«, von den »ganzen Seelen« zu trennen (MA 1.2, S. 415f.). Als Streitschrift variiert *Von deutscher Baukunst* diese grundlegende Opposition in verschiedenen Begriffspaaren: Sie spielt den messenden Verstand gegen das Gefühl aus, künstlich verzärtelte gegen echte Menschen, Prinzipien gegen Kraft und Tätigkeit und endlich abstrakte Systeme gegen konkrete Wahrheit.

Mit der Diskussion der ästhetischen und praktischen Funktion der Säule und der Kritik der Urhüttentheorie wendet sich G. im zweiten Teil architekturtheoretischen Fragen zu, die er im dritten Abschnitt mit der klassizistischen Vorstellung einer organischen, naturhaften Vermittlung des Ganzen und seiner Teile ausführt. G. variiert die polemische Opposition hier im Zusammenhang einer ästhetischen Erkenntnis, die nicht über »tote« Begriffe läuft, sondern sich als erhabene ahnungsvolle Offenbarung im »lebendigen« Zwiegespräch der Genien einstellt. Im vierten Abschnitt macht G. mit dem Titel seiner Schrift ernst. Er weist das Etikett »gotisch« zurück und möchte statt dessen lieber von einer deutschen Baukunst sprechen, die sich in ihrer »starken, rauhen, deutschen Seele« nicht nur von der »welschen« Unnatur, sondern auch vom »düstern Pfaffenschauplatz des medii aevi« (MA 1.2, S. 422), mittelalterlichem Dunkelmännertum, abhebt. Gegen die historische Wirklichkeit löst G. die gotische Kathedrale von ihren sakralen Entstehungsbedingungen im 12. und 13. Jh.

Von der Schönheit im engeren Sinn grenzt G. die Kunst ab und macht sie über den Begriff des Erhabenen anthropologisch begreifbar als einen menschlichen Gestaltungsdrang, der sich in einer »charakteristischen Kunst« (MA 1.2, S. 421) vergegenständlicht. Er interpretiert den Menschen als Künstler, in dem eine geniale bildende Natur, eine natura naturans, zugrundeliegende Empfindungen in künstlerischen Gegenständen entäußert, die charakteristisch heißen, da sie Ausdruck eines authentischen Lebenszusammenhangs sind. Von der sogenannten primitiven Kunst bis hin zu Formen der fortgeschrittenen Schönheit entwickelt er so einen Begriff der Kunst, der Anspruch darauf erhebt, Natur zu sein.

Im fünften und letzten »Akt« erfüllt sich der polemische Grundzug von G.s Schrift, wenn sie zu einer vernichtenden Kritik an der zeitgenössischen deutschen Kunst ausholt. Sie verfüge über kein eigenständiges Profil, sondern bestehe nur aus kraftlosen Nachahmungen »welscher« Vorgaben. Anstatt sich auf »fremde Flügel« zu verlassen, empfiehlt G., sich der »eigenen Kräfte« zu besinnen und in Anknüpfung an die eigene Tradition ernst zu machen mit deutscher Kunst (MA 1.2, S. 422). Der deutsche Baumeister Erwin von Steinbach, der deutsche Ritter Götz von Berlichingen, der deutsche Wahrheitssucher Faust neben dem alles überragenden Shakespeare figurieren so als Erben des Prometheus und Vorläufer des literarischen Genius des Sturm und Drang.

Wirkungsgeschichte

Nach seinem anonymen Erscheinen im Jahre 1772 erfuhr *Von deutscher Baukunst* nur wenige Rezensionen, die mit Ausnahme der *Frankfurter gelehrten Anzeigen* kritisch ausfallen. Auch Herders Nachdruck in *Von deutscher Art und Kunst* ein Jahr später vergrößert die Wirkung von G.s Schrift nicht wesentlich. Gottfried Huth nimmt sie 1789 in sein *Allgemeines Magazin für die bürgerliche Baukunst* auf und versieht sie mit einem sehr wohlwollenden Nachwort. G. selbst zeigt sich an einer Verbreitung seines »im ersten Enthusiasmus verfaßten Druckbogens« (WA I, 49.2, S. 166) nicht interessiert. Als er ihn 1824 erstmals selbst wieder herausgibt, geschieht dies mit einer kritischen Beigabe, die den gleichen Titel wie die Frühschrift trägt: *Von deutscher Baukunst* (1823). G.s Vorschlag, die Gotik als deutsche Baukunst zu führen, hat sich aus naheliegenden Gründen nicht durchgesetzt. Bereits Wilhelm Heinse (1780) und Georg Forster (1790) bleiben in ihren hymnischen Äußerungen zum Straßburger bzw. Kölner Dom bei dem Etikett ›gotisch‹. Friedrich Schlegel begründet dies in seinen Grundzügen gotischer Baukunst (1804/05): »Wir können unmöglich eine Bauart die deutsche nennen, welche über alle jene einst von den Goten beherrschten Länder vom äußersten Osten bis zum fernen Westen des christlichen Abendlandes geblüht hat!« (KA 6, S. 181). Dennoch ist G.s Schrift Anlaß für die Aufmerksamkeit der Romantiker auf das Straßburger Münster und das Gotische insgesamt. Allerdings taucht es bei Wilhelm Heinrich Wackenroder, Ludwig Tieck, Clemens Brentano und Achim von Arnim in völlig gegenläufigem Sinn als Gegenstand einer sakralen bzw. ästhetisch-rituellen Inspiration des deutschen Mittelalters auf. Ein ›Gothic Revival‹, das sich neben der englischen auch für die deutsche Romantik feststellen läßt, ist kaum von G.s Schrift beeinflußt, kanzelt sie doch das, was die Romantiker verklären, als »düstern Pfaffenschauplatz des medii aevi« ab.

Als frühes Beispiel einer positiven Umbewertung des gotischen Stils hat *Von deutscher Baukunst* in der Kunstgeschichte starke Beachtung gefunden (vgl. Keller, S. 82f.). Die wissenschaftliche Forschung setzt etwa mit der Reichsgründung Anfang der 1870er Jahre ein. Die starke Exposition eines typisch deutschen Profils in der Kunst, das bei G. sonst eher selten zu finden ist, erweist sich für eine deutschnationale Germanistik bis in die Zeit des Nationalsozialismus als äußerst attraktiv (vgl. Götting). Auch Ernst Beutlers Beiträge, die erstmals einen genauen philologischen Kommentar von G.s Text erarbeiten (Datierung, Einfluß und Wirkung), entgehen dem nationalsozialistischen Dispositiv nicht, wenn sie ihn als »Fanal der Deutschheit« und »deutscher Sehnsucht« rühmen, die 1871 und 1940 endlich befriedigt wird (Beutler 1941, S. 262). Abgesehen davon gibt Beutler die Grundzüge der neueren germanistischen Forschung zu G.s Schrift vor. Seine Untersuchung von G.s Quellen lassen ihn vermuten, daß G. den Essay des Abbé Laugier kaum über die Einleitung hinaus

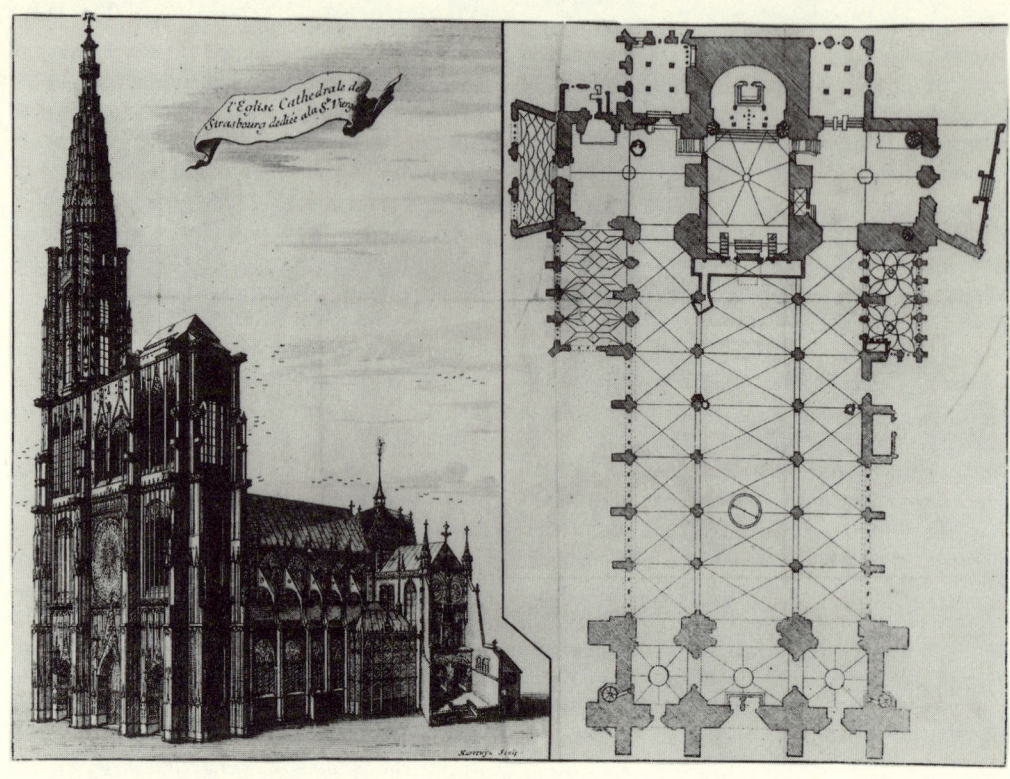

Straßburger Münster

gelesen haben könne, da dieser im weiteren Verlauf ein sehr differenziertes und vor allem positives Urteil über die Gotik abgibt. William Douglas Robson Scott und Harald Keller folgen ihm in diesem Urteil und relativieren von hier aus die architekturtheoretische Bedeutung von G.s Text. Man könne ihn, so beide gleichlautend, nicht an ein ›Gothic Revival‹ anbinden, sondern müsse ihn als Programmschrift des Sturm und Drang, als Entwurf einer Genieästhetik verstehen, die das Straßburger Münster und Erwin von Steinbach lediglich zum Anlaß nimmt: »Das Straßburger Münster bewunderte er [G.; d. Vf.] ja nicht als mittelalterliche Architektur, sondern als Werk des Genius. Infolgedessen konnte der Dichter sehr leicht der Gotik den Rücken kehren, sobald aus Raffael oder Palladio der Genius mächtiger zu ihm zu sprechen begann« (Keller, S. 81). Robson Scott baut diese z.T. auf Adolf Feulner zurückgehende Einsicht zu der These aus, daß *Von deutscher Baukunst* gegen absolutistische Barock- und Rokokoarchitektur gerichtet sei und dabei durchaus schon neoklassizistische Regeln verwende.

Norbert Knopp folgt beiden im wesentlichen, korrigiert aber die Vorstellung, G. habe nur unzureichende Kenntnis der architekturtheoretischen Literatur gehabt. Er weist nicht nur G.s genaue Kenntnis des Abbé Laugier, sondern noch einer ganzen Reihe weiterer Autoren nach. Entschiedener als seine Vorgänger besteht Knopp darauf, daß G. bereits mit seiner ersten ästhetischen Schrift den Boden einer Nachahmungsästhetik verlassen habe, daß sein naturmetaphorischer Blick auf das Straßburger Münster darauf ziele, Kunstwerke als naturanaloge, organische Imaginationen eines genialen Schöpfers zu begreifen (vgl. Knopp, S. 630).

Die Schrift des Genies

G.s Programmschrift *Von deutscher Baukunst* verbindet die Subjektemphase der Geniezeit mit neoklassizistischen Regeln, Regeln, die seine Ästhetik bis in das Spätwerk bestimmen: harmonische Vermittlung der Teile zum Ganzen, naturhafte Klarheit und Notwendigkeit der Form usw. Der Akzent der Streitschrift liegt auf der polemischen Abgrenzung vom Gegner und der scharfen Kontrastierung des eigenen Programms, das von der strahlenden Figur des poietischen, prometheischen Kraftgenies, der erhabenen Freiheit gegenüber Regeln, einem vitalistischen Naturbegriff und der Kunst als Wirkungszusammenhang von Subjektivität handelt. Angesichts des emphatischen Vortrags von poietischer Energie und Vitalität, also Lebendigkeit, muß irritieren, daß G.s Hymnus auf den Sturm und den Drang des Lebens, ähnlich wie im *Werther*, vom Tod überlagert ist. Was sich einerseits als erhabene Feier des Lebens und der Natur gibt, ist andererseits Auseinandersetzung mit dem Tod und rituelles Naturopfer. Der erste Abschnitt baut eine für G.s Poetik wichtige Analogie zwischen dem praktizierten Opferkult, der auf Paulus und die Apostelgeschichte (10,11ff.) (Beutler 1941, S. 235) anspielt, und dem Akt der Beschriftung auf, den G. in einem doppelten Sinne auf Verewigung verpflichtet: »Also nur, trefflicher Mann, eh ich mein geflicktes Schiffchen wieder auf den Ozean wage, wahrscheinlicher dem Tod als dem Gewinst entgegen, siehe hier in diesem Hain, wo ringsum die Namen meiner Geliebten grünen, schneid ich den deinigen in eine deinem Turm gleich schlank aufsteigende Buche, hänge an seinen vier Zipfeln dies Schnupftuch mit Gaben dabei auf« (MA 1.2, S. 415). G.s Schrift ist als Epitaph auf den toten Genius angelegt, der in der »lebendigen Schönheit« (MA 1.2, S. 416) seines Kunstwerks weiterlebt.

Die im Text mehrfach verwendete Metapher der »Bäume Gottes« (MA 1.2, S. 415) erlaubt es, den Turm der Straßburger Kathedrale durch die erhabene Gestalt eines Baumes auszutauschen, in dessen Rinde der Name Erwins ebenso eingeritzt wird wie der der Geliebten. Wenn G. als Gegenstand seiner erotisch-rettenden Beschriftung eine »Buche« auswählt (ebd.), von wo sich etymologisch die Buch-staben und das Buch herleiten, dann beinhal-tet das auch einen selbstreferentiellen Kom-mentar auf diesen Text und auf die Literatur insgesamt. Den Namen in eine Buche einzu-gravieren oder in »Felsengrund zu g r a b e n« (ebd.; Hv. v. Vf.) (gr. ›graphein‹ für »schrei-ben«), die Kathedrale mit einer Buche zu ver-gleichen, heißt nichts anderes, als sie mit Lite-ratur in Beziehung zu setzen. In beiden, der Kathedrale aus Stein und dem geschriebenen Text, überlebt die ansonsten vergängliche Na-tur in einer organischen künstlerischen Form, die letztlich der »Verwesung« (MA 1.2, S. 416) und dem »Tanz des Schnitters« (MA 1.2, S. 422) trotzt.

Literatur:

Beutler, Ernst: *Von Deutscher Baukunst.* In: Goethe. Viermonatsschrift der Goethe-Gesellschaft. 6 (1941), S. 232–263. – Ders.: *Von Deutscher Bau-kunst.* Goethes Hymnus auf Erwin von Steinbach. Seine Entstehung und Wirkung. In: FDtHochst. Reihe der Vorträge und Schriften. 4 (1943). – Feul-ner, Adolf: Der junge Goethe und die Frankfurter Kunst. In: FDtHochst. Festgabe zum Goethejahr 1932, S. 3–88. – Götting, Franz: Goethes Straßbur-ger Credo. In: Frankfurter Hefte. 2 (1947), S. 490–504. – Gross, Werner: Überlegungen zum Raumcharakter der mittelalterlichen Architektur. In: Gosebruch, Martin u.a. (Hg.): Argo. Fs. Kurt Badt. Köln 1970, S. 96–127. – Keller, Harald: Goethes Hymnus auf das Straßburger Münster und die Wie-dererweckung der Gotik im 18. Jahrhundert. 1772/1972. In: Bayerische Akademie der Wissen-schaften. Philosophisch-Historische Klasse. Sit-zungsberichte. (1974), H. 4, S. 3–83. – Knopp, Nor-bert: Zu Goethes Hymnus *Von Deutscher Baukunst. D.M. Ervini a Steinbach.* In: DVjs. 53 (1979), S. 617–650. – Korff, Hermann August: Goethe und die bildende Kunst. In: ZfDkde. 41 (1927), S. 657–673. – Robson Scott, William Douglas: Goe-the and the Gothic Revival. In: PEGS. 25 (1955/56), S. 86–113. – Scherer, Wilhelm: Deutsche Baukunst. In: ders.: Aus Goethes Frühzeit. Straßburg 1879, S. 13–14.

Detlef Kremer

Einfache Nachahmung der Natur, Manier, Styl

Entstehung und Textgeschichte

Der Aufsatz erschien im Februar 1789 inner-halb der *Auszüge aus einem Reise-Journal*, die G. zwischen Oktober 1788 und März 1789 als erstes Ergebnis seiner Italienreise in Wielands *Teutschem Merkur* anonym publizierte. Aus den Gesprächen, die G. und Karl Philipp Mo-ritz in Rom über bildende Kunst geführt hat-ten, entstand neben G.s Aufsatz auch die Schrift von Moritz *Über die bildende Nachah-mung des Schönen* (Braunschweig 1788). Auf seiner Rückreise von Rom nach Berlin hielt sich Moritz vom 4. 12. 1788 bis zum 1. 2. 1789 als Gast G.s in Weimar auf. Während dieser Zeit dürfte G. seine Rezension der Abhand-lung von Moritz konzipiert haben, die im Juli-Heft des *Teutschen Merkur* erschien und eben-falls in den Diskussionszusammenhang ge-hört.

1817 stellte G. den Aufsatz neben den *Ver-such, die Metamorphose der Pflanzen zu er-klären* und *Das Römische Karneval* und be-tonte damit den systematischen Wert dieses Textes für sein in Italien gewonnenes Ver-ständnis von Kunst, Natur und Gesellschaft (vgl. *Schicksal der Handschrift*). 1829, im *Zweiten römischen Aufenthalt*, blickte G. auf seine Zusammenarbeit mit Moritz zurück und druckte aus dessen Schrift einen umfangrei-chen Auszug ab.

Die Handschrift ist nicht erhalten. Zu G.s Lebzeiten erschien der Aufsatz mit den mei-sten anderen Stücken der Folge aus dem *Teut-schen Merkur* unter dem veränderten Titel *Über Italien, Fragmente eines Reisejournals* erst wieder 1808 im 12. Band der 1806 bis 1810 bei Cotta in Tübingen gedruckten Werkaus-gabe, anschließend ebenso in der Ausgabe von 1815–1819 sowie im 38. Band der Ausgabe letzter Hand (1830 u. 1831). Im folgenden wird er zitiert nach der Münchner Ausgabe

(MA 3.2, S. 186–191), die den Text in der Fassung des Erstdrucks wiedergibt (*Teutscher Merkur*, 1789, Erstes Vierteljahr, S. 113–120).

Die Begriffsarchitektur

In dem bescheidenen Gewand einer Begriffsbestimmung formuliert G. ein prägnantes Kunstprogramm. Die altbekannten Begriffe »Nachahmung der Natur«, »Manier« und »Styl« werden von einem neuen Natur- und Kunstverständnis her gedeutet und zu einem Ganzen verbunden. Während Moritz dies Verständnis in einer spekulativen Konstruktion darstellt, abstrakt, äußerst konzentriert und deshalb in einer schwer nachvollziehbaren Schlußfolge, geht G. von der nächstliegenden Empirie aus. Doch täuscht die lockere und bequeme Art, auch sein Text gibt eine weitgespannte Systematik und unterscheidet sich damit sehr von den anderen Beiträgen über bildende Kunst innerhalb der *Auszüge aus einem Reise-Journal*.

Bis ins 18. Jh. bleibt die »Nachahmung der Natur« unbestrittenes Grundprinzip der Künste, wobei freilich der Reichtum des Aristotelischen Mimesispostulats längst auf eine vor allem der Malerei entsprechende Theorie reduziert worden ist; nachgeahmt wird nicht mehr d e r Natur als dem Inbegriff selbsteigener Schöpfungskraft, sondern d i e Natur im Sinne ihrer unmittelbaren Erscheinung (vgl. Fontius). Und die Akzentuierungsmöglichkeiten dieser Nachahmung werden schon früh trichotomisch gegliedert. So folgt bei Giorgio Vasari einer ängstlichen und unbeholfenen Nachahmung die wirklichkeitsgetreue und dieser eine idealisierende Erhebung über die Wirklichkeit. In diesem Rahmen verwendet Vasari »maniera« einerseits wertneutral als das jedem bildenden Künstler, jeder Nation oder Zeit eigentümliche Gestaltungs- und Darstellungsverfahren, andererseits hebt er sie wertmäßig heraus: Die »gran maniera« ist das Resultat genialer Schöpfung, einer geistigen Vision, die an den platonischen Ideen teilhat. Hieraus

entwickelt sich im 17. Jh. die zweite Bedeutung des Begriffs: »Dipingere di maniera« meint das Malen aus dem Kopf, nicht nach der Natur; »Stil« schließlich wird im 17. Jh. für die Charakterisierung bildkünstlerischer Gestaltung aus der neoaristotelischen Poetik und Rhetorik übernommen, um den inzwischen vorwiegend pejorativ, im Sinne von Manieriertheit verstandenen »maniera«-Begriff zu ersetzen. Entsprechend wird dem vollendeten Kunstwerk jetzt der »große Stil« zugeschrieben.

G. übernimmt die traditionelle Dreiteilung und kennzeichnet ihre unterste Stufe als »einfache«, also möglichst direkte, sich ins Einzelne vertiefende und erscheinungsgetreue Nachahmung. »Manier« hebt die Darstellungsleistung des Künstlers hervor. Und »Styl« wird zu einem nur annäherungsweise zu erreichenden Grenzbegriff. Die drei Begriffe fügen sich zu einer Typologie, deren strenge Architektonik auf Allseitigkeit und Vollständigkeit zielt. Der Steigerung der künstlerischen Fähigkeiten entspricht die Stufung von der Erscheinung zum Wesen. Zugleich führt diese Entwicklung auf eine Synthese von Subjekt und Objekt: Bescheidene Repräsentation des Objekts (einfache Nachahmung) und vom Subjekt gesetzte Darstellungsform (Manier) verbinden sich zur höheren Synthese von Natur und Kunst (Stil). Zugleich führt die Typologie von der Mannigfaltigkeit zur Einheit; der Mannigfaltigkeit der Natur (einfache Nachahmung) wird die Mannigfaltigkeit der künstlerischen Auffassungsweisen (Manier) gegenübergestellt, um dann aus dem Gegensatz die höhere gesetzmäßige Einheit zu gewinnen. Der abschließende Hinweis auf die vielfältigen Beziehungen, Überlagerungen und Übergänge der Begriffe deutet die universelle Fassungskraft der Typologie an.

In der Stufung der Begriffe ist zwar noch der neuplatonische Aufschwung zur Welt der Ideen erkennbar, doch überlagert sich diesem das seit Aristoteles geläufige Denkmuster von der Stufenleiter oder Kette der Wesen, das der Naturforschung des 18. Jhs. eine selbstverständliche Voraussetzung ihres Ordnungsdenkens bildet. Während bei Moritz der Zusammenhang mit entsprechenden Vorstellungen in Leibniz' *Nouveaux essais* deutlich greifbar ist, tritt dies Muster bei G. einzig im Wort von der »Reihe der Gestalten« (MA 3.2, S. 188) an die Oberfläche. G. war die »scala rerum« von Carl von Linné und Charles Bonnet her, aber auch aus Herders *Ideen zur Philosophie der Geschichte der Menschheit* vertraut. Wie Johann Gottfried Herder und Johann Heinrich Merck kannte G. schon vor der Italienreise die Lehre des holländischen Anatomen Pieter Camper vom »Gesichtswinkel«. Camper hatte Profilköpfe der Menschenrassen nach dem Neigungsgrad der Stirn in eine Reihe gebracht und diese auf der einen Seite durch Verringerung des Winkels zum Affen hin, auf der anderen durch Vergrößerung des Winkels zum Apoll hin verlängert. Damit hatte Camper nicht nur ein anschauliches Beispiel gegeben, wie eine Mannigfaltigkeit durch Einordnung in eine Stufenfolge als naturgesetzlicher Zusammenhang begriffen werden kann, sondern darüber hinaus sogar das griechische Profil, die naturübertreffende Idealform der griechischen Skulptur, als eine in der Natur selbst liegende Konsequenz demonstriert (vgl. Pieter Camper: *Über den natürlichen Unterschied der Gesichtszüge*. Hg. von Adrian Gilles Camper. Berlin 1792).

Das Denkmodell von der Stufenleiter der Wesen zeigt sich in G.s Begriffsarchitektur vor allem in der überwältigenden Assimilation der niederen durch die höheren Formen der Naturnachahmung. Die Vielgestaltigkeit der Kunst wird durch die Typologie der aufeinander aufbauenden Verfahrensweisen auf eine gesetzmäßige Grundstruktur der Natur- und Wirklichkeitsaneignung hin durchsichtig. Diese Aneignung steht zwischen maßstabloser Empirie und vorgegebener starrer Norm, sie findet ihren verbindlichen Maßstab in der Prozeßgestalt eines vergleichenden Voranschreitens vom Einzelnen zum Allgemeinen, von der Erscheinung zum Wesen – und zugleich im versichernden Rückgriff auf die Ausgangspunkte, gleichsam im Oszillieren der drei Stufen.

Das Vergleichen entwickelt G. aus voraussetzungsloser Empirie. Wer eine Rose malen will, hat von ihr zunächst keinen »allgemeinen bestimmten Begriff« (MA 3.2, S. 189), doch hebt sich ihm aus der Mannigfaltigkeit der Rosen bald die ausgezeichnete Mitte der zu ihrem Entwicklungshöhepunkt gelangten Pflanze heraus, und dies »ohne mühsame Abstraktion« (ebd.), als das unwillkürliche Ergebnis betrachtender Vertiefung. So schreitet die komparative Wahl unvermerkt vom anschaulichen zum denkenden Vergleichen voran, und dies Vergleichen überwindet die bloß relative Allgemeinheit, gewinnt endgültige Einsicht in die genetische Grundstruktur, die Bildung, den Zusammenhang von Wachstum und Gestalt der Rose. Erst eine hierauf beruhende Darstellung kann als vollendet bezeichnet werden.

Ein wichtiger Aspekt dieser Verallgemeinerung ist ihre mit der Manier verbundene Seite. Die Möglichkeit und Notwendigkeit der vom Darstellungsprozeß selbst erforderten Verallgemeinerung zeigt sich besonders deutlich beim Zeichnen von Landschaften, »wo man ganz die Absicht verfehlen würde, wenn man sich ängstlich beim Einzelnen aufhalten und den Begriff des Ganzen nicht vielmehr fest halten wollte« (MA 3.2, S. 188). Die dahinterstehende Erfahrung ist G.s eigene zeichnerische Praxis in Italien, vor allem seine von Jakob Philipp Hackert unterstützte Bemühung um den »Baumschlag«, jene formelhafte Repräsentation des auf dem Papier überhaupt nicht im einzelnen nachzubildenden Laubes. G. steht hier ganz in der Kunstpraxis seiner Zeit. Bereits Salomon Geßner verweist in seinem G. wohlbekannten *Brief über die Landschaftsmahlerey* (1770) auf das Problem des Zeichners, »eine ausdrückende Manier zu finden, da wo die Kunst nicht hinreicht« (S. 177). Auch Georg Forster erläutert diese Besonderheit der Landschaftsmalerei in seinem Aufsatz *Geschichte der Kunst in England. Vom Jahre 1789* (1790): »Der Landschaftsmahler schildert nur unbestimmte formlose Gegenstände oder solche, deren bestimmtere Form durch die täuschende Ferne verloren gieng. An ihre Stelle setzt er Zeichen«, deshalb sei in der Landschaftsmalerei »alles Manier, oder künstlerische Zeichenschrift« (S. 175 f.).

G.s Beschreibung der für den Künstler erwünschten Kenntnis pflanzlichen Wachstums
weist auf seine Studien zur *Metamorphose der
Pflanzen*. Der Künstler werde sicherer, »wenn
er zu seinen Talente noch ein unterrichteter
Botaniker ist: wenn er von der Wurzel an den
Einfluß der verschiedenen Teile auf das Gedeihen und den Wachstum der Pflanze, ihre
Bestimmung und wechselseitige Wirkungen
erkennt, wenn er die sukzessive Entwicklung
der Blätter, Blumen, Befruchtung, Frucht, und
des neuen Keimes einsieht und überdenkt«
(MA 3.2, S. 189f.). Resultat solchen Überden-
kens ist der Typus, dessen Darstellung weder
die einfache Nachahmung noch die Manier
vollbringen kann. Dies reine Herausheben der
gesetzmäßigen Gestalt ist vielmehr die Leistung des Stils. In ihm gewinnt die künstlerische Darstellungsform höchste Objektivität,
wird sie eins mit der Wesensform der Natur.

Im Stil können Natur und Kunst verschmel-
zen, weil die Gesetzmäßigkeiten der Natur
sich auch im Künstler durchsetzen: »So ruht
der S t y l auf den tiefsten Grundfesten der Erkenntnis« (MA 3.2, S. 188). Diese Verbindung
von Natur und Kunst, die Auffassung der Kunst
als zweiter Natur, als »geistisch-organisches«
(Einleitung in die *Propyläen*; MA 6.2, S. 13)
bildet den Mittelpunkt der G.schen Ästhetik.
In diesem Sinne schreibt G. am 11.8. 1787 aus
Rom an Herder, die Kunst sei »wie eine zweite
Natur, die gleich der Minerva aus dem Haupte
Jupiters, so aus dem Haupte der größten Menschen geboren worden«. Ähnlich heißt es 1796
in dem Vortrag *Über einen aufzustellenden Typus zu Erleichterung der vergleichenden Anatomie*, daß der »Komplex von Geisteskräften,
den man Genie zu nennen pflegt«, dazu befähige, »dem gewissen und unzweideutigen
Genie der hervorbringenden Natur entgegen
zu dringen« (FA I, 24, S. 271). Damit ist also
keineswegs gesagt, daß die Gesetze schon bekannt wären, nach denen, wie es in einem
späteren Aphorismus heißt, »die allgemeine
Natur unter der besondern Form der menschlichen Natur produktiv handeln will und handelt« (MA 17, S. 943).

Durch die morphologische Fundierung von
G.s Kunstprogramm erreichten die seit dem
Sturm und Drang energisch hervortretenden
Bestrebungen nach größerer Naturnähe und
Naturrichtigkeit ein neues Niveau. G.s anschauliches Denken löste ein, worauf schon
Merck mit seinem Aufsatz *Ueber die Land-
schaft-Mahlerey* (1777) gezielt hatte. Kunstlehre und Morphologie sind jetzt in einem
Begriff der Gestalt vereint, der eine übersum-
mative Ganzheit hoher Prägnanz bezeichnet und in den Typus übergeht. Für das verallgemeinernde, ratiomorphe Sehen, das
den Durchblick auf Gestalt und Typus gewinnt, verwendete G. in den morphologischen
Schriften den Topos von den »Augen des Geistes« (FA I, 24, S. 248). In diesem Sinne begründete er 1820 die Forderung, daß der
Künstler etwas von Botanik verstehen solle,
noch genauer und mit deutlicherem Bezug auf
den Gestaltwandel: »Muß doch derjenige der
nachbilden, wieder hervorbringen will, die
Sache verstehen, tief einsehen, sonst kommt ja
nur ein Schein und nicht das Naturprodukt ins
Bild. Solche Männer aber sind notwendig,
wenn Pinsel, Radiernadel, Grabstichel Rechenschaft geben soll von den zarten Über-
gängen, wie Gestalt in Gestalt sich wandelt,
sie, vorzüglich, müssen erst, mit geistigen Augen, in dem vorbereitenden Organe das Erwartete, das notwendig Folgende, in dem Abweichenden die Regel erblicken« (FA I, 24,
S. 461).

G.s Verständnis von Gestalt und Typus als
anschaulichem Inbegriff der Naturgesetzlichkeit liegt auch seiner Auffassung vom Symbol
und damit seiner Dichtung zugrunde (vgl. Sørensen). Auf diese Bedeutungsdimension
weist schon die dreifache Verwendung des na-
turmystischen Topos von der »Sprache der Natur«. Die einfache Nachahmung gelangt bloß
dazu, »der Natur ihre Buchstaben im Zeichnen
nur gleichsam nachzubuchstabieren« (MA 3.2,
S. 187), dagegen bildet die Manier selbst »eine
Sprache, in welcher sich der Geist des Sprechenden unmittelbar ausdrückt und bezeichnet« (MA 3.2, S. 188). Der Stil schließlich ist
»eine allgemeine Sprache«, die das »Wesen der
Dinge« erfaßt (ebd.). Doch dies mit einer
grundsätzlichen Einschränkung: nämlich »in
so fern uns erlaubt ist es in sichtbaren und

greiflichen Gestalten zu erkennen« (ebd.). Diese Zugänglichkeit, die doch nie völlige Erschlossenheit sein kann, wird G. später mehrfach als »offenbares Geheimnis« (z.B.: MA 17, S. 751) bezeichnen, mit der Lehre vom Urphänomen verbinden und schließlich als das Wesen der Symbolik mit Formulierungen bestimmen, die den inhärenten Widerspruch hervorheben, etwa als »lebendig augenblickliche Offenbarung des Unerforschlichen« (MA 17, S. 775) oder als die Idee, die »im Bild immer unendlich wirksam und unerreichbar bleibt« (MA 17, S. 904).

Die Erhöhung zum Stil hat schließlich eine ethische Bedeutung. Die individuellen Auffassungsweisen der Manier stehen in Analogie zu der Art, »wie die Meinungen über sittliche Gegenstände sich in der Seele eines jeden der selbst denkt, anders reihen und gestalten« (MA 3.2, S. 188), folglich ist dem über die einzelnen Ansichten hinausgehenden Stil auch eine Verständigung über das Sittliche inhärent. In der *Farbenlehre* erläutert G. daher die »Übereinstimmung« in der Wissenschaft mit dem, »was man in der Kunst Stil zu nennen pflegt, wodurch die Individualitäten im Rechten und Guten immer näher aneinander gerückt und eben dadurch mehr herausgehoben, mehr begünstigt werden« (FA I, 23.1, S. 606).

Die Ambivalenz zwischen Morphologie und Idealität

Aus der Logik der Stufenfolge, mehr noch aus ihrem so vieles aussparenden Schluß erwächst die Suggestion zur Fortsetzung der Denkbewegung. Ist anfangs von Mannigfaltigkeiten die Rede, einmal sogar von der Farbe, die im Unterschied zur Form aller zusammenfassenden Verallgemeinerung widersteht und deshalb der klassizistischen Theorie in den Hintergrund rückt, so zum Schluß einzig von der Gestalt. Die Feier der typischen Gestalt nennt aber noch nicht den Menschen – obgleich für G. in Italien die menschliche Figur zum »A und O. aller uns bekannten Dinge« wird (MA 15,

S. 469). So ist der Aufsatz zwar zum Klassizismus hin offen, doch ohne sich endgültig festzulegen. Diese strengere Fortsetzung wurde für G. unvermeidlich, sobald er die Reihe der Motive bis zur menschlichen Gestalt weiterführen wollte. Denn G. war dem übermächtigen Paradigma der antiken Figuralkunst verhaftet, in dem morphologischer Typus und Ideal fast ununterscheidbar miteinander verquickt sind. Die aller Typenbildung eigene erkenntnistheoretische Ambivalenz macht es grundsätzlich schwer, den Typus eindeutig als ein der Natur immanentes Muster oder als der Materie aufgeprägte platonische Idee oder aber als souveräne Konstruktionsleistung des Subjekts zu verstehen. Da G. die antike Skulptur zudem als exemplarischen Ausdruck der sich im Künstler offenbarenden Naturgesetzlichkeit begriff, identifizierte er die antiken Werke mit der natürlichen Wesensform der menschlichen Gestalt und konnte sogar die naturübertreffenden Züge als im höheren Sinne naturgegeben anerkennen. Und G. bestand auch deshalb auf der Idealisierung, weil nur sie dem neutralen Allgemeinbild menschlicher Gestalt den angestrebten Ausdruck freier Selbstbestimmung geben konnte: Die in der Allgemeinheit des Stils gegebene ethische Übereinstimmung erhält durch dessen Idealität eine utopisch-fordernde Spitze.

Kant hatte in der *Kritik der Urteilskraft*, von G. bereits im Erscheinungsjahr 1790 gelesen, den Typus der menschlichen Gestalt als »Normalidee« (§ 17) bezeichnet und gezeigt, daß eine solche Darstellung nur schulgerecht, nur die Voraussetzung der eigentlichen, im sichtbaren Ausdruck sittlicher Ideen bestehenden Kunstleistung sein könne. Damit war die Unentbehrlichkeit des organischen Typus für die Kunst erwiesen, aber zugleich auch relativiert worden. Deutlicher noch als in der Einleitung in die *Propyläen* erörterte G. die für den Klassizismus grundlegende Beziehung zwischen organischer Gestalt und Idealisierung in *Diderots Versuch über die Malerei*. Die »bildende Natur« reicht nur den Stoff, die Künstler »bilden zuletzt die Regeln aus sich selbst, nach Kunstgesetzen, die ebenso wahr in der Natur des bildenden Genius liegen, als die große allgemeine Natur die organischen Gesetze ewig tätig bewahrt« (BA 21, S. 738).

Die Wendung zur idealisierenden Überformung des morphologischen Typus ist in der Begriffstriade auch dadurch vorbereitet, daß der Weg vom Vielgestaltigen zur Einheit führt und damit auf neue Art der alten Definition entspricht, Schönheit sei Einheit in der Mannigfaltigkeit. Dem arbeitet auch die eklatante Ungeschichtlichkeit von G.s Begriffen zu, die in scharfem Kontrast zur historisch charakterisierenden Verwendung der Begriffe »Manier« und »Stil« von Vasari bis Winckelmann – und darüber hinaus – steht.

Fortbildungen im späteren Werk

Der normative Weg der Begriffstypologie liegt noch G.s kritischer Darstellung der häufigsten Abwege der Kunst in *Der Sammler und die Seinigen* zugrunde. Zu diesen Abwegen komme es, sobald eine einzelne Stufe der Begriffstriade das Ganze der Kunst ausmachen solle. Dann nämlich verenge sich die einfache Nachahmung zur täuschenden Nachbildung, welche »die Abbildung womöglich an die Stelle des Abgebildeten setzt« (BA 19, S. 230). Und die Manier verkümmert zu den einseitig-beschränkten Darstellungsfloskeln der »Punktierer«, »Skizzisten« (BA 19, S. 231) und »Weichlichen« (BA 19, S. 232). Schließlich darf sich auch der mit dem Charakteristischen eng verwandte morphologische »Gattungsbegriff« (BA 19, S. 244) nicht verselbständigen, er muß der Idealisierung dienen, in der sich die nunmehr streng klassizistische Kunstauffassung vollendet.

Das Bekenntnis zur vorgegebenen Gestaltungsnorm dokumentiert sich besonders deutlich in der Einleitung in die *Propyläen* und in den gegen den Berliner Bildhauer Johann Gottfried Schadow gerichteten *Aphorismen. Freunden und Gegnern zur Beherzigung.* G. nimmt jetzt den bisher von ihm vermiedenen, der akademischen Kunsttheorie geläufigen Begriff der »gemeinen Natur« auf. Dieser

Natur, »die in ihrer großen Breite leicht in Häßlichkeit ausartet und sich ins Gleichgültige verliert« – auffallend unfreundliche Worte, die sonst bei G. nicht vorkommen –, müssen die »edlern Formen« der Idealität »gleichsam erst aufgedrungen« werden (BA 19, S. 183). Vor allem aber kommt er zu einer neuen Bestimmung des Vergleichens; es dient jetzt nicht nur dem Voranschreiten vom Einzelnen zum Allgemeinen, sondern folgt ausdrücklich einer vorgegebenen »Norm« (BA 18, S. 633), nach der sich die Wahl des Schönen aus der Natur bestimmt. Konnten Gestalt und Typus 1789 noch als Resultat einer gleichsam absichtslosen Vertiefung in die Natur erscheinen, so betont G. jetzt die bewußte Aktivität, die das Subjekt zu ganzheitlicher Wahrnehmung befähigt. Und diese Aktivität kann von den vorgegebenen Kunstleistungen, von der Skulptur der Griechen nicht absehen. Bestärkt wurde G. in seiner Überzeugung von der synthetisierenden Aktivität des Subjekts durch Kant. In der *Kritik der Urteilskraft* stellte Kant nicht nur Kunst und Natur als organische Ganzheiten nebeneinander, sondern zeigte auch, daß allein ein intuitiver Verstand, ein »intellectus archetypus«, der vom »Synthetisch-Allgemeinen [...] zum Besonderen geht« (§ 77), diese Strukturen durchschauen und begreifen könne. Was für Kant eine reine Denkmöglichkeit blieb, begriff G. als das tatsächliche Fundament seiner Natur- und Kunstauffassung (vgl. *Anschauende Urteilskraft*, 1820).

Wirkung

Nach der klassizistischen Doktrin läßt sich die außermenschliche Natur nicht gleichermaßen konsequent idealisieren wie die menschliche Gestalt, da der Mensch die Idee der Vollkommenheit nur für sich selbst zu fassen vermag. So mußte die Landschaftskunst bei dem bescheideneren Programm der auf den morphologischen Typus gerichteten Naturnachahmung bleiben. Diese Kunst und Wissenschaft übereinanderblendende Auffassung wirkte in der Naturforschung Alexander von Humboldts weiter, etwa in den *Ideen zu einer Physiognomik der Gewächse* (in: *Ansichten der Natur*, 1807), aber auch in dem Programm der auf geognostische Physiognomien gerichteten Landschaftsmalerei von Carl Gustav Carus.

G.s Bemühung, das Nachahmungskonzept durch den Bezug auf ein differenziertes, weiterschreitender Forschung anheimgegebenes Naturverständnis zu explizieren – und damit aktuelle Grundfragen der bildenden Kunst zu klären –, sind August Wilhelm Schlegel und Friedrich Wilhelm Joseph von Schelling gefolgt. Schlegels Vorlesung *Über das Verhältniß der schönen Kunst zur Natur; über Täuschung und Wahrscheinlichkeit, über Stil und Manier*, gehalten 1802 in Berlin, gedruckt 1808 in der Wiener Zeitschrift *Prometheus*, läßt schon im Titel die Nähe zu G.s Aufsatz erkennen. Für Schlegel ist Natur nicht die Mannigfaltigkeit der Hervorbringungen, vielmehr das Hervorbringende selbst. Das aristotelische Nachahmungsprinzip bleibt gültig, insofern es sich auf die schaffende Natur richtet und deren Entelechien rein herauszuheben, ja zu vollenden sucht. Diese schaffende Natur ist dem Künstler, dem Genie primär »in seinem eigenen Innern« gegeben, als antizipatorische Synthese, als »geistige Anschauung« (Schlegel, S. 307). Die Manier bleibt in einer individuellen Ansicht der Dinge befangen, der Stil überwindet solche Beschränktheit und gewinnt Objektivität. »Stil wäre also ein System der Kunst, aus einem wahren Grundsatze abgeleitet; Manier im Gegentheil eine subjektive Meinung, ein Vorurtheil, praktisch ausgedrückt« (Schlegel, S. 313). Wie G. behauptet Schlegel eine allgemeingültige Menschengestalt, in der organisches Naturgesetz und klassische Skulptur übereinkommen, doch faßt er die Annäherung an dies Ideal anders. Die »Idee der Natur« (Schlegel, S. 311) ist zwar zu allen Zeiten gegeben, ihre Darstellung aber folgt der fortschreitenden, nie zu erschöpfenden Erkenntnis; die von G. resignativ akzeptierte Schranke wird jetzt ansatzweise geschichtlich verstanden.

Auch Schelling bestimmt in der *Philosophie der Kunst* (1802) Stil und Manier wie G. Die Kunst bildet das Allgemeine und Besondere, Stil und Manier in eins, wobei der Ausgangspunkt in der Antike beim Allgemeinen, in der Neuzeit beim Besonderen liegt. Stil ist daher »die absolute Manier« (Schelling, S. 969). Manier »im verwerflichen Sinne« ist »Manieriertheit« (Schelling, S. 971), das unberechtigte Geltendmachen der besonderen Form gegenüber der allgemeinen. Noch enger verwandt mit G.s Aufsatz zeigt sich Schellings Rede *Über das Verhältnis der bildenden Künste zu der Natur* (1807), da Schelling hier das naturübertreffende Ideal ablehnt und das charakteristische Urbild, über das G.s Aufsatz 1789 noch nicht hinausging, wieder zum endgültigen Kunstziel erhebt. So mündet G.s Aufsatz in die Ästhetik Schellings, später auch Hegels.

G.s grundlegende Intention, ästhetische Gestaltwahrnehmung und naturwissenschaftliche Morphologie zu verbinden, wurde erst in der zweiten Hälfte des 19. Jhs. aufgenommen und fortgeführt: Der italienische Kunstkenner Giovanni Morelli übertrug G.s Begriff der Morphologie von der Anatomie auf die Analyse der bildkünstlerischen Form (vgl. Anderson) und begründete damit eine kunstgeschichtliche Arbeitsrichtung, die zu einem tieferen Verständnis der Formstrukturen und ihrer immanenten Entwicklungslogik führen sollte.

Forschungsdiskussion

Oskar Walzel skizzierte 1914 die Wirkung von G.s Aufsatz auf Friedrich und August Wilhelm Schlegel sowie Schelling. Wie deutlich G. auf Anton Raphael Mengs – und damit auf die gängige akademische Doktrin – rekurriert, zeigte 1915 Georg Rosenthal, wenngleich im einzelnen nicht immer zuverlässig. Seit Walzels Hinweis auf die weitaus wichtigeren Beziehungen zwischen Moritz und G. hat die Forschung die Selbständigkeit von Moritz eindeutig nachgewiesen. Die Stellung des Aufsatzes in G.s nachitalienischer Kunsttheorie wurde von Wanda Kampmann und Hans Pyritz untersucht. Eine Situierung innerhalb von G.s Kunstschriften insgesamt unternahm Matthijs Jolles 1957, doch blieb auch er bei einer Nachzeichnung innerhalb von G.s Terminologie stehen, die er zudem noch zu einer zeitlos-statischen Kunstanschauung stilisierte.

Als weitaus konkreter, konturschärfer und inhaltsreicher erweisen sich die neueren Bemühungen von Ursula Link-Heer und Claudia Kestenholz, G.s Begriffe geschichtlich einzuordnen. Die Beobachtung von Kestenholz, daß G.s im Grunde dialektisches Modell »die Grundkategorie und Grundoperation aller Dialektik, die Negation systematisch ausspart« (S. 43), führt endgültig über die historistische Rekonstruktion hinaus. Denn das Verständnis von G.s Aufsatz hängt letztlich davon ab, ob die darin vorausgesetzte hierarchisch-homogene Struktur der Wirklichkeit überhaupt noch akzeptiert werden kann. Immerhin hat Bonnet schon 1770 der eindeutigen Stufung der Natur den Gedanken nichtlinearer Verzweigungen entgegengestellt. Spätestens mit der Einsicht in die fraktale Geometrie der Naturformen, in die Chaos und Ordnung verbindenden Formbildungsprozesse dynamischer Systeme ist das Denkmodell hierarchisch geordneter Formen, die von der Mannigfaltigkeit zu einer alles überwölbenden Wesensform, einem singulären Ideal streben, endgültig überwunden. Mit Recht hob Victor Lange hervor, daß bildende Kunst und Literatur für G. verschiedenen Sphären angehören: Bildende Kunst als Verkörperung der Vollkommenheit beziehe G. auf eine Wirklichkeitsstruktur, deren selbstverständlicher, aufzeigbarer Sinn inzwischen zur »schlechterdings nicht mehr annehmbaren Prämisse« (Lange, S. 76) geworden ist, Literatur dagegen habe es für G. immer mit widerspruchsvollster Lebenswirklichkeit zu tun, sei ihm »das Medium des Indeterminablen« (Lange, S. 80).

Literatur:

Anderson, Jaynie: Giovanni Morelli et sa définition de la »scienza dell'arte«. In: Revue de l'Art. 75 (1987), S. 49–55. – Beutler, Komm. in GA 13, S. 1114f. – Einem, Komm. in HA 12, S. 576f. – Fontius, Martin: Das Ende einer Denkform. Zur Ablösung des Nachahmungsprinzips im 18. Jahrhundert. In: Schlenstedt, Dieter (Hg.): Literarische Widerspiegelung. Geschichtliche und theoretische Dimensionen eines Problems. Berlin, Weimar 1981, S. 189–238. – Forster, Georg: Werke in vier Bänden. Hg. von Gerhard Steiner. Bd. 3. Leipzig 1971. – Geßner, Salomon: Idyllen. Hg. von Ernst Theodor Voß. Stuttgart ³1988. – Gombrich, Ernst H.: A Primitive Simplicity. *Einfache Nachahmung der Natur, Manier, Styl* in englischer Sicht. In: Beutler, Christian u.a. (Hg.): Kunst um 1800 und die Folgen. Fs. Werner Hofmann. München 1988, S. 95–97. – Jolles, Matthijs: Goethes Kunstanschauung. Bern 1957. – Kampmann, Wanda: Goethes Kunsttheorie nach der italienischen Reise. In: JbGG. 15 (1929), S. 203–217. – Kestenholz, Claudia: Emphase des Stils. Begriffsgeschichtliche Erläuterungen zu Goethes Aufsatz über *Einfache Nachahmung der Natur, Manier, Stil*. In: Comparatio. Revue Internationale de Littérature Comparée. 2 (1990), S. 36–56. – Lange, Victor: Das Schöne und die Fantasie. Zu Goethes ästhetischer Theorie. In: ders.: Bilder, Ideen, Begriffe: Goethe-Studien. Würzburg 1991, S. 71–82. – Link-Heer, Ursula: Maniera. Überlegungen zur Konkurrenz von Manier und Stil (Vasari, Diderot, Goethe). In: Gumbrecht, Hans Ulrich u.a. (Hg.): Stil. Geschichten und Funktionen eines kulturwissenschaftlichen Diskurselements. Frankfurt/M. 1986, S. 93–114. – Pyritz, Hans: Goethes römische Ästhetik. In: ders.: Goethe-Studien. Hg. von Ilse Pyritz. Köln, Graz 1962, S. 17–33. – Rosenthal, Georg: Eine literarische Quelle zu Goethes Aufsatz: *Einfache Nachahmung der Natur, Manier, Stil*. In: Sokrates. N.F. 3 (1915), S. 481–487. – Schelling, Friedrich Wilhelm Joseph von: Frühschriften. Bd. 2. Hg. von Helmut Seidel u.a. Berlin 1971. – Schlegel, August Wilhelm: Vorlesungen über schöne Litteratur und Kunst. Bd. 1. Die Kunstlehre. Heilbronn 1884. – Sørensen, Bengt Algot: Symbol und Symbolismus in den ästhetischen Theorien des 18. Jahrhunderts und der deutschen Romantik. Kopenhagen 1963. – Walzel, Oskar: Die Sprache der Kunst. In: JbGG. 1 (1914), S. 3–62.

Hilmar Frank

Propyläen

Von 1798 bis 1800 gab G. unter dem Titel *Propyläen. Eine periodische Schrift* im Verlag der Cottaschen Buchhandlung in Tübingen eine Kunstzeitschrift in drei Bänden zu je zwei Stücken heraus. Das von ihm auch redigierte Periodikum enthält Beiträge von ihm selbst, außerdem von Johann Heinrich Meyer, Wilhelm von Humboldt, Karoline von Humboldt und Schiller. Textgrundlage der folgenden Darstellung ist die von Wolfgang Freiherr von Löhneysen herausgegebene Reprintausgabe (Stuttgart 1965), nach deren fortlaufender Paginierung die Zitate im folgenden nachgewiesen werden.

Entstehungsgeschichte

Die Anfänge des in die *Propyläen* einmündenden kunsttheoretischen, -geschichtlichen und -didaktischen Interesses liegen in G.s Kunsterfahrungen und Reflexionen während der ersten italienischen Reise begründet. In der täglichen, unmittelbaren Auseinandersetzung mit Werken der bildenden Kunst sah er sich »bei jedem Kunstgegenstande aufgefordert, nach der Zeit zu fragen, die ihm das Dasein gegeben. [...] und jeder, dem es Ernst ist, sieht wohl ein, daß auch in diesem Felde kein Urtheil möglich ist, als wenn man es historisch entwickeln kann« (WA I, 30, S. 264). Aus der Retrospektive siedelt G. auch entscheidende Impulse für das kunstdidaktische Anliegen der *Propyläen* im Erfahrungszusammenhang des Italienerlebnisses an, wenn er im letzten Stück der *Propyläen* bekennt, gerade die »unauflöslichen Misverständnisse« (S. 996), wie man sie beim Gang durch die Kunstsammlungen Roms zwischen Künstlern, Kennern und Liebhabern obwalten sähe, hätten ihn zu dieser Sammlung von »Confessionen des Künstlers und Kunstfreundes« (S. 995) und insonderheit zur Aus-

setzung von Preisaufgaben veranlaßt. Seinen ersten Niederschlag fand das in Italien verstärkte Interesse an der Theorie und Geschichte der Kunst in einer Reihe von Beiträgen zu Wielands *Teutschem Merkur* der Jahre 1788 (*Zur Theorie der bildenden Künste; Baukunst; Material der bildenden Kunst*) und 1789 (*Einfache Nachahmung der Natur, Manier, Styl; Von Arabesken; Ueber die bildende Nachahmung des Schönen von Carl Philipp Moritz; Ueber Christus und die zwölf Apostel nach Raphael von Marc Anton gestochen, und von Herrn Prof. Langer in Düsseldorf kopirt*). Wesentlich vertieft und erweitert wurde es seit 1794 im persönlichen und brieflichen Verkehr mit Schiller.

Entscheidend für das Aufblühen und die weitere Entwicklung der kunsthistorischen Studien war jedoch zunächst die in Italien geknüpfte Verbindung mit dem Maler und Kunstgelehrten Johann Heinrich Meyer, G.s Hausgenossen der Jahre 1791 bis 1802, dessen Bedeutung als Ratgeber und Förderer in allen Kunstangelegenheiten er in der *Italienischen Reise* unter dem 25.12. 1787 ein Denkmal setzte. Gemeinsam mit Meyer entwickelte G. den Plan zu einer umfassenden italienischen Kunstgeschichte im Rahmen eines breit angelegten Werks über Italien, einer »Darstellung der physicalischen Lage, im allgemeinen und besondern, des Bodens und der Cultur, von der ältesten bis zur neuesten Zeit, und des Menschen in seinem nächsten Verhältnisse zu diesen Naturumgebungen« (an Meyer, 16.11. 1795). Zur Materialsammlung für dieses Projekt bereiste Meyer vom Oktober 1795 bis Juni 1797 Rom, Florenz und Oberitalien, während G. sein Material in einer Sammlung »Meyers Reise nach Italien betreffend 1795 [bis 1797]« (WA I, 34.2, S. 57) und in den »Italiänischen Collectaneen« (an Schiller, 25.10. 1795; WA I, 34.2, S. 149–245) zusammentrug. Zu einer Realisierung des geplanten Gemeinschaftsunternehmens kam es nach Meyers Rückkehr zwar nicht, doch drängte die insbesondere von Meyer gewonnene Materialsammlung bei beiderseitig ungebrochenem kunsthistorischen wie -theoretischen Interesse zumindest nach kleineren Umsetzungsformen.

Mit diesen durch Italien forcierten kunstgeschichtlichen Studien vereinen sich in den *Propyläen* G.s. naturwissenschaftliche Interessen, die den zweiten werkgeschichtlichen Entstehungsstrang der Zeitschrift bilden. Nachdem der Untersuchung *Über den Zwischenkiefer des Menschen und der Thiere* (1786), dem *Versuch die Metamorphose der Pflanzen zu erklären* (1790) und den *Beyträgen zur Optik* (1791/92) die Resonanz der gelehrten Fachwelt weitgehend versagt geblieben waren (MA 6.2, 1205), bot das Unternehmen einer Kunstzeitschrift die doppelte Chance, die Relevanz solcher Arbeiten durch ihre Applikation auf die bildenden Künste in neuem Lichte erscheinen zu lassen und sie zugleich als Bestandteil eines an Künstler wie Liebhaber gerichteten Kunsterziehungsprogramms zu popularisieren. Dem in Italien Material sammelnden Meyer schrieb G. am 3.3. 1796 in diesem Sinne: »Ihre neue Versicherung daß unsere Farbenstudien nachhaltig sind, und zum Schlüssel der alten Werke dienen werden, ist mir aufs neue tröstlich und erfreulich, und muntert mich auf, in dieser und andern Elementarlehren recht sorgfältig und fleißig zu seyn«. Auch wenn die angekündigten Beiträge zur Anatomie, Mineralogie und Farbenlehre nicht in der Zeitschrift erschienen, blieben die gewonnenen naturwissenschaftlichen Erkenntnisse als bestätigender Hintergrund auch in den Studien zur – seit Italien als »andre Natur« (an Herzog Carl August, 25.1. 1788) verstandenen – Kunst stets präsent.

Im Entstehungs- und Erscheinungszeitraum der Jahre 1797 bis 1800 schneiden sich diese werkgeschichtlichen Entwicklungslinien vor dem Hintergrund entscheidender politischer und ästhetischer Umwälzungen. In seiner Selbstanzeige der ersten drei Hefte für Cottas *Allgemeine Zeitung* hebt G. hervor, die *Propyläen* hätten »in einer andern Gestalt und zu einem erfreulichern Ganzen« ausgearbeitet werden können, »wenn nicht am Ende des Jahrhunderts der alles bewegende Genius [Napoleon; d. Vf.] seine zerstörende Lust besonders auch an Kunst und Kunstverhältnissen ausgeübt hätte« (WA I, 47, S. 36). Die Überführung der italienischen Kunstschätze nach Paris und die damit einhergehende Zerstörung des italienischen »Kunstkörpers« (S. 41), dessen Unversehrtheit G. das Bildungserlebnis der italienischen Jahre erst möglich gemacht hatte, erscheinen ihm als Signum einer »allgemeinen Auflösung« (WA I, 47, S. 36), der die *Propyläen* als orientierende, Verbindlichkeit stiftende Instanz entgegentreten sollen. Vor diesem Hintergrund erweist sich die kunsterzieherische Absicht der *Propyläen* als Teil eines allgemeinen didaktischen Programms, das auf dem Wege der ästhetischen Vervollkommnung Künstler und Kunstfreunde auch »dem Guten überhaupt näher bringen« (S. 542) soll, »da die Kunst ein Theil der sittlichen Kultur des Menschen und unstreitig eine der höchsten Stufen seiner Ausbildung ist« (S. 549). Auf ästhetischem Gebiet mochten die einsetzenden Schriften der Frühromantiker als Zeichen »allgemeiner Auflösung« erscheinen. Seit Ende 1796 lagen Wackenroders und Tiecks *Herzensergießungen eines kunstliebenden Klosterbruders* vor, 1798 ließ Tieck *Franz Sternbalds Wanderungen* folgen. Der hier vollzogene paradigmatische Wechsel in der Zugangsweise zur Kunst, die Schwerpunktverlagerung von der Kunst- zur Künstlergeschichte, von den Gegenständen der bildenden Künste zu Produktions- und Rezeptionsvorgängen wie Inspiration und Enthusiasmus konnten geeignet erscheinen, klassizistische Positionen in ihrem normativen Geltungsanspruch zu unterhöhlen. Solchen Tendenzen ein didaktisches Regulativ entgegenzusetzen, bildete sicher ein Antriebsmoment für die Entstehung der Zeitschrift, ohne daß die *Propyläen* – wie bei Richard Benz – auf eine klassizistische Abwehr frühromantischer Positionen reduziert werden dürften. Tatsächlich standen der *Klosterbruder* und *Sternbald* nach Ausweis verschiedener Entwürfe zur Rezension in der Zeitschrift an, doch sollten die Autoren dieser Werke vor der Jahrhundertwende eher für die Position der *Propyläen* gewonnen als von dort aus bekämpft werden.

Hinweise auf eine Modifikation des geplanten kunsthistorischen Gemeinschaftswerks mit Meyer in Richtung auf eine Schriftenfolge oder Zeitschrift finden sich erstmals im Som-

Johann Heinrich Meyer

mer 1797, als G. dem in die Schweiz zurückgekehrten Meyer seinen *Laokoon*-Aufsatz mit dem Hinweis übersendet, man könne diesen wie andere Gegenstände auch »in einer gewissen Folge« (an Meyer, 14.7. 1797) behandeln, und wenig später konkretisieren sich diese Überlegungen während eines Besuchs G.s bei Meyer in Stäfa zu der »Absicht [...], ein paar allgemein lesbare Oktavbände zusammen zu stellen« (an Karl August Böttiger, 25.10. 1797). Bereits im März 1798 bietet Schiller das Projekt als »Suite von kleinen Bändchen« (an Cotta, 28.3. 1798) der Cottaschen Verlagsbuchhandlung an, der gegenüber G. sein Vorhaben als »Betrachtungen harmonirender Freunde über Natur und Kunst« (an Cotta, 27.5. 1798) anzeigt, die sich mit Rücksicht auf die Beliebtheit beim Publikum der Form einer Zeitschrift annähern sollten. Das erste Stück der als Vierteljahrsschrift geplanten Zeitschrift (an Karl Ludwig Knebel, 28.11. 1798), für die Schiller den Titel »Der Künstler« (an Cotta, 29.5. 1798), Meyer hingegen den unbestimmteren der »Propyläen« (an Schiller, 28.6. 1798) vorgeschlagen hatte, war im Oktober 1798 gedruckt, die nächsten drei folgten relativ rasch darauf im Januar, April und Juli des folgenden Jahres, III. 1 erschien im Dezember und III. 2 schließlich – nach einer abwartenden Beobachtung des schleppenden Absatzes, zu dem auch der relativ hohe Verkaufspreis (1 Rhtlr. bzw. 1 fl. 30 kr.) beigetragen haben dürfte – erst im November 1800.

Um dem Unternehmen stärkere Beachtung zu sichern, verfaßte G. für Cottas *Allgemeine Zeitung* eine ausführliche Anzeige der ersten drei Stücke (Nr. 119, 29.4. 1799; der Entwurf für eine Anzeige von III. 1 in WA I, 47, S. 289f.), ließ ferner in das *Intelligenzblatt der Allgemeinen Literatur-Zeitung* zumeist unkommentierte Inhaltsübersichten für fünf der sechs Stücke einrücken (zu I. 1: Nr. 183 vom 15.12. 1798; zu II. 1: Nr. 59 vom 8.5. 1799; zu II. 2: Nr. 82 vom 3.7. 1799; zu III. 1: Nr. 163 vom 21.12. 1799; zu III. 2: Nr. 205 vom 6.12. 1800), doch mußte Cotta trotz dieser flankierenden Maßnahmen im Juni 1799 an Schiller melden, daß von den gedruckten Exemplaren des zweiten Bandes (Startauflage von 1500–

2000 Exemplaren, vom 5. Stück an auf 750 herabgesetzt) kaum 450 verkauft worden seien. In Anerkennung dieser Schwierigkeiten machte G. zwar Konzessionen hinsichtlich der Auflage, Honorare und Erscheinungstermine, hielt aber noch lange am Projekt der *Propyläen* fest, bis ihm Schiller am 28./29.6. 1801 den Vorschlag unterbreitete, »die Lit[eratur] Zeitung zum Kanal zu machen, die Kunstbegriffe worauf es ankommt ins Publikum zu bringen« (MA 8.1, S. 863). Auch wenn damit den *Propyläen* ihre wesentliche Funktion als kunstgeschichtliches und kunsttheoretisches Organ der – ab 1801 so genannten – Weimarischen Kunstfreunde entzogen war, arbeitete G. nach Ausweis des Tagebuches noch im November/ Dezember 1801 an den *Propyläen* und sprach im Januar 1802 gegenüber Cotta von einem Pausieren des Unternehmens. 1805 stellte G. in der Vorrede zu *Winckelmann und sein Jahrhundert* die *Propyläen*, die sechs Kunstausstellungen nebst Programmen, die Kunstbeiträge zur (*Jenaischen*) *Allgemeinen Literatur-Zeitung*, das *Leben des Benvenuto Cellini* und den Winckelmann-Band in eine durch ihr »heiteres Bewußtsein« (WA I, 46, S. 9) gestiftete Kontinuitätslinie.

Neben G. und Meyer, der allein zwei Drittel des Gesamtumfangs der *Propyläen* bestritt, sollte auch Schiller, mit dem G. noch vor Meyers Rückkehr aus Italien einige später in den *Propyläen* behandelte Themen besprach und sich dabei dessen »Theilnahme und Einwirkung« (an Schiller, 22.11. 1797) zu versichern suchte, in die Arbeit an der Zeitschrift einbezogen werden, doch begnügte dieser sich trotz wiederholter Werbungen G.s lange mit der Rolle des indirekt auf das Unternehmen einwirkenden Diskussionspartners. G. war von dieser Haltung des Freundes enttäuscht: »Von Schillern hoffe ich lieber gar nichts. Er ist herrlich, in so fern von Erfindung und Durcharbeitung des Plans [...] die Rede ist [...] aber Beystand zu einem bestimmten Zwecke muß man von ihm nicht erwarten« (an Meyer, 10.5. 1799). Erst zum letzten Heft lieferte Schiller zwei kleine Beiträge *An den Herausgeber der Propyläen* und *Dramatische Preisaufgabe*. Ebenfalls erst sehr spät setzte die Mitarbeit

Wilhelm und Karoline von Humboldts ein, die von Paris aus Beiträge für den letzten Band einsandten und auf ihrer Reise nach Spanien 1799 auf G.s Bitte hin etwas über den »Spanischen Kunstkörper« (an Wilhelm von Humboldt, 26.5. 1799) für die *Propyläen* zusammenstellen sollten. Infolge der intensiven Zusammenarbeit des Beiträgerkreises und G.s redaktionellen Eingriffen tragen viele Aufsätze den Charakter von Gemeinschaftswerken, so daß die im folgenden vorgenommenen Verfasserzuweisungen in diesem eingeschränkten Sinne zu verstehen sind.

Das Programm der Zeitschrift

Größte Sorgfalt verwandte G. auf die programmatische *Einleitung* (S. 7–42), in der er grundlegende Auffassungen zu den thematischen Leitbegriffen »Natur« und »Kunst« entwickelt, seine kritische Analyse des zeitgenössischen Kunstverständnisses in einen klassizistischen Entwurf des historischen Entwicklungsgangs der Kunst einbettet und daraus schließlich ein Bildungsprogramm für Künstler und Kunstinteressierte ableitet. Programmatische Qualität kommt darüber hinaus auch dem Ton zu, in dem einleitend Entstehungsgeschichte und Wirkungsabsicht der neuen Zeitschrift vorgestellt werden, deren Gründung vor dem Hintergrund des Scheiterns der *Horen* und des *Xenien*-Feldzugs gegen das deutsche Zeitschriftenwesen ein diffiziles Unterfangen war. Als Kristallisationspunkt für das den *Propyläen* zugrunde liegende Kunstinteresse wird die geschärfte Beobachtungsgabe des zum Künstler Berufenen herausgestellt, dessen Erfahrungen sich im praktischen Gebrauch weiterentwickeln und schließlich ein schärferes Bewußtsein für Probleme der Kunst zeitigen. Auf dieser neuen Reflexionsstufe reift das Bewußtsein dafür, daß sowohl die einfache Beobachtung als auch die daraus abgeleiteten und darüber hinausgehenden Betrachtungen der Subjektivität unterliegen und daher eines bestätigenden Kriteriums bedürfen, das in der auf »Natur und Ausbildung« (S. 9f.) beruhenden Verläßlichkeit des Geistes liegt. Als Hilfsmittel dieser Selbst- oder Fremdausbildung gelten die in den *Propyläen* zu pflegenden dialogischen Formen des Gesprächs, des Briefwechsels und schließlich des kurzen Aufsatzes. Wenn sich die Autoren resümierend als in diesem Sinne verbundener Kreis von Kunstfreunden vorstellen, hat G. damit das Erscheinen der *Propyläen* als organisches Ergebnis eines Bildungsprozesses begründet, der dem Künstler aus der Anschauung antiker Kunst gewonnene Maximen, dem Kunstfreund empirisch gegründete Analyse- und Urteilskriterien an die Hand gibt, ohne daß dabei ein deduktives kunsttheoretisches System entstünde. In diesem Sinne wird auch der Titel gedeutet: Einerseits korrespondiert das in die »Vorhöfe« (S. 7) des Tempels plazierte Kunstgespräch mit dem mehrfach vorgetragenen Verzicht auf eine mit Absolutheitsanspruch einhergehende Verkündung des Allerheiligsten der Kunst, andererseits soll der Bezug auf das Eingangstor der Akropolis zu Athen an das klassizistische Credo gemahnen, sich »so wenig als möglich vom klassischen Boden [zu] entfernen« (S. 8).

Aus wenigen Grundsätzen zur Natur und Kunst entwickelt G. methodische und inhaltliche Schwerpunkte der *Propyläen* zur Einlösung dieses didaktischen Programms. Nicht die Imitatio der konkreten und mannigfaltigen Erscheinungsformen der Natur wird dem Künstler aufgegeben, sondern die Nachahmung ihrer eigenen Schaffensweise, durch die der Künstler »wetteifernd mit der Natur, etwas geistisch-organisches«, das »natürlich zugleich und übernatürlich erscheint« (S. 16), hervorzubringen imstande ist. Dazu gelangt er allerdings weniger durch die bloße Beobachtung als vielmehr durch das intensive und allgemeine Studium der organischen wie anorganischen Natur. Dieses dem Künstler zu erleichtern, aus der Fülle des naturwissenschaftlichen Wissens das seinen Bedürfnissen Gemäße auszuwählen und aufzuarbeiten, sollen die *Propyläen* mit Beiträgen zur vergleichenden Anatomie, zur Mineralogie und Farbenlehre unternehmen. Ist die Natur als

»Schatzkammer der Stoffe« (S. 22) auf diese Weise geistig durchdrungen, suchen Beiträge zur Kunst, insbesondere zur Wahl des Gegenstandes sowie zu seiner »geistigen«, »sinnlichen« und »mechanischen« (S. 24) Behandlung, dazu anzuleiten, im Akt der künstlerischen Produktion der Natur das »Bedeutende, Characteristische, Interessante«, den »höhern Werth« (S. 22) abzugewinnen bzw. beizulegen.

In der Abhängigkeit des Künstlers von den Wert- und Geschmacksvorstellungen seiner Zeit, die ihm auch für schlechte Werke und falsche Grundsätze Beifall spendet, erkennt G. ein Hemmnis für die Annahme seines Konzepts, das ihn zu einer zweiten Begründung seines Bildungsprogramms veranlaßt, in der die kunsthistorische Perspektive der *Propyläen* skizziert wird. Zwar erkennen auch die Neueren die Werke der Antike und Renaissance als unübertroffene Vorbilder an, doch mißachten sie, vom falschen Beifall der Zeit verleitet, die von den Alten befolgten Maximen in der Theorie wie in der Praxis. Um ihre Kunst von der Stufe der gesetzlosen »Naturwirklichkeit« auf die angestrebte Ebene der »Kunstwahrheit« (S. 29) zu heben, verfolgen die *Propyläen* ein Bildungskonzept, dem der »psychologisch-chronologische Gang« der »Kunstgeschichte« (S. 35) als Paradigma dient: So, wie sich die Kunst von der bloß äußerlichen Naturnachahmung über ein verfeinertes Naturgefühl zu ihrer von »Kenntniß, Regelmäßigkeit, Ernst und Strenge« (S. 36) geleiteten Höhe bei den Griechen entwickelt habe, soll auch der in der Verfallsphase lebende neuere Künstler wieder zu den – als unveränderlich vorausgesetzten – wahren Maximen der Kunst zurückgeführt werden, wobei ihm die *Propyläen* Hilfsmittel und kritisches Regulativ sein wollen. Neben Beiträgen zu Kunst und Natur, zu »Theorie und Critik der Dichtkunst« sollen dazu auch – in deutlichem konzeptionellen Unterschied zu den *Horen* – Erörterungen von »Begebenheiten des Tags« (S. 40) dienen.

Nicht alle in der Vorrede angesprochenen Themenbereiche haben auch in die sechs erschienenen Stücke Eingang gefunden. Sowohl nach Zahl wie Gewichtung bilden die Aufsätze

zur Kunst den eigentlichen Kernbereich der Zeitschrift, während Beiträge zu naturwissenschaftlichen Aspekten und tagespolitischen Fragen überhaupt nicht, zur Literatur nur in sehr bescheidenem Umfang realisiert wurden. Die erschienenen Artikel lassen sich im folgenden den Rubriken Kunsttheorie, Kunstgeschichte, Kunstbeschreibungen, Kunstdidaktik, Kunstpraxis, Kunstnachrichten und dem Bereich der Literatur zuordnen.

Kunsttheorie

Mit einem kunsttheoretischen Artikel *Ueber Laokoon* (S. 53–71; engl. Übers.: *Monthly Magazine*, Juni 1799, S. 349–352, S. 399–401; franz. Übers.: *Magazin encyclopédique*, 1799, VI, S. 512–529) eröffnet G. das erste Heft, indem er am Beispiel eines »trefflichen« Einzelstücks »das Allgemeine [der Kunst; d. Vf.] aus einem solchen besondern Fall« (S. 53 f.) zu entwickeln sucht und dabei in strenger Konzentration auf dieses Ziel die gesamte Laokoon-Diskussion der Zeit, die mit Aloys Ludwig Hirts *Laokoon*-Aufsatz in den *Horen* 1797 den konkreten Anlaß für G.s Studie bot, bewußt ausklammert. Die anhand der spätantiken Laokoon-Gruppe explizierten Kriterien für hohe Kunst betreffen vor allem den Gegenstand, der seiner Wahl nach eine lebendige, hochorganisierte Natur darstellen, durch den gewählten Moment der Darstellung eine Vorstellung des Ideals vermitteln und »sinnliche« (Anmut) wie »geistige Schönheit« (S. 55 f.) ermöglichen muß, seiner Ausführung nach ausdrucksvoll in der Darstellung von Ruhe oder Bewegung sowie charakterisierend durch die Betonung einzelner Eigenschaften sein soll. Vorbildlichkeit erlangt die Gruppe vor allem dadurch, daß in ihr jeweils das Zentrum des gesamten Spektrums an Darstellungsmöglichkeiten getroffen ist, von dem der Künstler nur in harmonischen und ausgewogenen Nuancen abweicht. Das gilt sowohl von der symmetrischen Grundanordnung der Teile mit ihren »leisen Abweichungen« (S. 56) als auch von der abgestuften Ausschöpfung des situativen Darstellungsspektrums, in der die verzweifelte Wehrhaftigkeit des Vaters – G. beschreibt die Gruppe unter Ausblendung des mythologischen Zusammenhangs als »Vater mit zwei Söhnen, in Gefahr zwey gefährlichen Thieren unterzuliegen« (S. 59) – von der Wehrlosigkeit des einen Sohnes und der noch Hoffnung auf Flucht zulassenden Bewegungsfreiheit des anderen kontrastiert wird.

Was G. hier in der Auseinandersetzung mit einem konkreten Kunstwerk entwickelt, wird von Meyer – in einer für die *Propyläen* charakteristischen Rollenverteilung – in seinem Beitrag *Ueber die Gegenstände der bildenden Kunst* (S. 72–106; S. 231–267) in extenso expliziert und systematisiert. Bereits in der ersten intensiven Planungsphase der *Propyläen* im Oktober 1797 bei Meyer in Stäfa konzipierte G. einen gleichnamigen Aufsatz (WA I, 47, S. 91–95), doch überließ er nach intensiven Gesprächen mit Schiller und Meyer letzterem die Ausarbeitung des Themas für die *Propyläen*. Ausgehend von der Forderung, ein jedes Kunstwerk müsse »ein Ganzes für sich ausmachen« und »sich selbst ganz aussprechen« (S. 73), unterscheidet Meyer drei Arten von Gegenständen, je nachdem sie sich gegenüber diesem »Gesetze« (S. 246) der Kunst als »vorteilhaft«, »gleichgültig« oder »widerstrebend« erweisen. Als Idealfall eines »vorteilhaften« Gegenstandes gilt die »einfache Darstellung rein menschlicher Handlungen« (S. 74) etwa einer Madonna mit Kind, die sich ohne zusätzliche Erläuterung ihrer religiösen Bedeutung als Darstellung reiner Mutterliebe verstehen läßt. Oberhalb dieses Idealfalles sind solche Gegenstände anzusetzen, die, gleichwohl noch aus sich selbst heraus verständlich, abstraktere Bedeutung erlangen: die historische Darstellung durch die Wirkung ihres Stoffes, das Charakterbild durch die Versinnlichung einzelner Charakterzüge, die erfundene, poetische Darstellung durch den Einbezug mythischer oder allegorischer Figuren sowie die symbolische Darstellung, in der die Madonna beispielsweise die Idee der Mutterliebe symbolisiert. Tiefer als das formulierte Ideal stehen Darstellungen des Alltagslebens, Tierstücke und Landschaften. »Gleichgültige« Gegenstände finden sich in mystischen und pomphaften Darstellungen, Porträts, Panoramaansichten und Stilleben, die, da stofflich ohne eigenen Wert, allein durch die Ausführung noch gewinnen können, während den »widerstrebenden« Gegenständen diejenigen zugeschlagen werden, die ihre Bedeutung nicht aus sich heraus vollständig zu erkennen geben. Signifikant für Meyers kunsttheoretische Beiträge erscheint der Anspruch uneingeschränkter Normativität (»Wir dürfen kein Haar breit vom geraden Wege abweichen«; S. 246), mit der die Gattungszugehörigkeit des Gegenstandes zum wesentlichen Kriterium des Kunsturteils gemacht wird, dem sich auch die Kunst der Antike zu unterwerfen hat.

Wie der gewählte Gegenstand zu behandeln, welches Verhältnis von Natur und Kunst dabei zu berücksichtigen ist, erläutert G. in zwei dialogischen Beiträgen zum ersten Jahrgang, dem damit das Schwergewicht der kunsttheoretischen Arbeiten zufällt. Das Gespräch *Ueber Wahrheit und Wahrscheinlichkeit der Kunstwerke* (S. 107–117) führt zunächst die grundlegende Unterscheidung des »Kunstwahren« vom »Naturwahren« (S. 112) ein. Das echte Kunstwerk unterliegt demnach nicht der Forderung nach Wahrscheinlichkeit und Wahrheit im Sinne äußerer Naturnachahmung, sondern der Eigengesetzlichkeit seiner »inneren Wahrheit« (S. 112), durch die auch die Rezeptionshaltung des echten Kunstkenners gesteuert wird. Detaillierter steht das Problem der Naturnachahmung und damit das zahlreiche Beiträge leitmotivisch durchziehende Verhältnis von Natur und Kunst in *Diderots Versuch über die Malerei* (S. 187–230; S. 366–409) an, der, als Dialog von Zitaten aus den *Essais sur la peinture* und G.s kommentierenden Entgegnungen angelegt, die Darstellungsmethode der *Propyläen* noch einmal programmatisch vom systematisch-monologischen Lehrvortrag abgrenzt. Den Kern der Auseinandersetzung bildet die Frage, in welcher Weise denn Natur dem Künstler zur Nachahmung anempfohlen sei. Diderots Versuch, die Natur in der ganzen Mannigfaltigkeit ihrer Erscheinungen als Gegenstandsbereich der Kunst zu definieren und damit jeder zufälligen, vom Ideal weit abweichenden Ausprägung Normativität zu verleihen, setzt G. seine schon in der Einleitung formulierte These: »Die Natur ist von der Kunst durch eine ungeheure Kluft getrennt, welche das Genie selbst, ohne äussere Hülfsmittel, zu überschreiten nicht vermag« (S. 15), entgegen. Während die Natur ein »lebendiges«, gegenüber dem Ideal jedoch »gleichgültiges« und seiner Daseinsweise nach »wirkliches« Wesen bildet, erzeugt die Kunst ein »todtes, aber ein bedeutendes« und »scheinbares« Wesen (S. 196), das als Ergebnis einer eigenen, der Kunst spezifischen Zugangsweise zur Natur zu verstehen ist. Sucht der Naturforscher mit dem Ziel der Erkenntniserweiterung nach innerer Funktionalität, liegt dem Künstler an der Erhöhung des Genusses an seinem Werk durch die Berücksichtigung innerer Bildungsgesetze, deren Erkenntnis es ihm erlaube, »die Vollkommenheit der zweckmäßigen Proportion, den Gipfel der Schönheit, die Würde der Bedeutung, die Höhe der Leidenschafft« des Gegenstandes zu treffen (S. 203). Nicht die Imitatio der bloßen Erscheinung, sondern die Bildung einer »zweyten Natur« (ebd.) durch eine idealisierende Nachahmung der in der Natur wirksamen Bildungsgesetze konstituiert ein Kunstwerk. Dazu befähigen den Künstler auch akademische Studien, die G. gegen Diderots pauschalisierende Kritik in Schutz nimmt, insbesondere aber Bemühungen um die Anatomie, die ihn in der äußeren Natur »die ewig veränderte Erscheinung des Innern« sehen lehre (S. 214): »Der Künstler der sich ums Innere bekümmert, wird freylich auch das sehen, was er weißt [!], er wird, wenn man will, sein Wissen auf die Oberfläche übertragen« (S. 215). In der Auseinandersetzung mit Diderots zweitem Kapitel, seiner *Kleinen Idee über die Farbe*, stellt G. unter systematischen Gesichtspunkten Überlegungen zur Bedeutung des Kolorits in der Malerei sowie zur allgemeinen Farbenlehre zusammen, ohne daß diese jedoch dem mehrfach in Aussicht gestellten umfassenden Werk vorgreifen sollen oder können.

G.s kunsttheoretische Reflexionen zum Gegenstandsbereich und zu Produktionsaspekten der Kunst findet in dem aus intensiven Diskussionen mit Schiller hervorgegangenen Beitrag *Der Sammler und die Seinigen* (S. 564–660) ihre Ergänzung im Hinblick auf unterschiedliche Zugangsweisen zur Kunst. Seine Überlegungen zu verschiedenen Formen des Kunstinteresses im Rahmen eines »kleinen, auf die Kunst sich beziehenden Romans« (Schiller an Cotta, 5.7. 1799), in dem ein Kunstsammler mit den Herausgebern der *Propyläen* korrespondiert und damit auch Gelegenheit zu beiläufigen Reflexionen über die *Propyläen* gibt, münden ein in eine Typologie, der Künstler wie Kunstliebhaber unterworfen werden. Neigen die Typen des »Nachahmers«, »Charakteristikers« und »Kleinkünstlers« zur Vereinseitigung eines allzu großen Ernstes, zeichnet sich der Typus des »Phantomisten« oder »Imaginanten«, des »Undulisten« und des »Skitzisten« durch einen einseitigen Hang zum Spiel aus, während Kunstwahrheit, Schönheit sowie Vollendung und damit auch echter »Styl« (S. 659) nur in der alle Vereinseitigungen aufhebenden Verbindung von Ernst und Spiel entstehen.

Kunstgeschichte

Die im engeren Sinne kunstgeschichtlichen Beiträge in den *Propyläen* stammen sämtlich von Johann Heinrich Meyer. In zwei Briefen *Ueber Etrurische Monumente* (S. 118–152), dem einzigen Stück zur Kunstgeschichte der Antike, würdigt Meyer aus klassizistischem Blickwinkel »Styl und Werth der bildenden Kunst« (S. 118) eines Volkes, das zwar gemeinsamen Ursprungs mit den Griechen sei, jedoch wegen seines »schwerfälligen und traurigen Characters« (S. 136f.) niemals deren Höhe der Kunst erreichen konnte. Strikt einem an der griechischen Klassik orientierten kunstgeschichtlichen Konstruktionsmuster verpflichtet, dient die Beschäftigung mit den in Etrurien gefundenen Kunstwerken vor allem der Aussonderung griechischer oder durch die griechische Kunst beeinflußter Stücke, die, als solche erkannt, Bausteine für die naturgesetzlich voranschreitende und dann wieder verfallende Kunst der Griechen liefern sollen.

Den thematischen Schwerpunkt der kunstgeschichtlichen Beiträge bildet die Malerei der Renaissance, deren Höhepunkt in einer dreiteiligen Arbeit über *Rafaels Werke besonders im Vatikan* (S. 153–179, S. 268–349, S. 973–994) gewürdigt wird. Den einleitend aufgezeigten Entwicklungsgang Raffaels – erste Manier: Ausbildung bei Pietro Perugino, entscheidende Wendung zu »Wahrheit und Simplicität« (S. 159) durch das Studium des Masaccio; zweite Manier: Vervollkommnung in der Phase kurz vor seiner Ankunft in Rom 1508 und der ersten römischen Jahre; dritte Manier: Stufe der Vollendung; Übergang von der »Unschuld und Einfalt«, »Treue und Wahrheit« der Naturnachahmung zum »höheren Geist«, zur »verborgneren Weisheit« (S. 311) – parallelisiert Meyer mit dem globalen Entwicklungsgesetz der Kunst, das »im allgemeinen sowohl als im besondern, ja im individuellen immer eben dieselben Wege fortgeht« (S. 168), und gewinnt so ein Kriterium zur Chronologisierung der Arbeiten in den Stanzen des Vatikan. Die Deckengemälde in der Stanza della Segnatura werden von ihm jünger eingestuft als die großen Wandgemälde der Disputà, des Parnaß und der Schule von Athen; in der Stanza di Eliodoro, der Stanza dell'Incendio und in den Loggien sieht er nur noch eine Weiterentwicklung im Einzelnen, nicht mehr im Gesamtcharakter. Der zweite Teil der Arbeit ergänzt die chronologische Analyse um eine systematische, in der zugleich ein – stark von Anton Raphael Mengs beeinflußter – allgemeiner Kriterienkatalog von »Eigenschafften und Erfordernissen eines Bildes« (S. 285) zu dessen Analyse und Beurteilung entwickelt wird: Erfindung, Anordnung, Ausdruck, Zeichnung bzw. Form, Pinselführung, Kolorit, Wirkung durch Massen und Beleuchtung und schließlich Gestaltung der Gewänder. Obwohl Raffael in Hinsicht etlicher dieser Kriterien als das unerreichte Vorbild aller neueren Maler Anerkennung findet, wird die Frage nach seiner Gleichrangigkeit mit der antiken Malerei nachdrücklich verneint (S. 312).

Die genauere historische Explikation der Zentralstellung Raffaels in der Malerei der Renaissance und der Bedeutung dieser Epoche innerhalb der nachantiken Kunstgeschichte wird in zwei späteren Aufsätzen nachgeliefert. Im Rahmen einer Würdigung *Masaccios* (S. 715–764), der vor allem wegen seines Einflusses auf Raffael bedeutsam wird, nimmt Meyer Gelegenheit zu einem Abriß der Geschichte der Malerei seit ihrem Wiederaufleben in der Renaissance, in der die wegen ihrer breiten Nachahmungsmöglichkeiten der Antike hoch geschätzte Bildhauerei zum eigentlichen Movens der Fortschrittsentwicklung wird. Schon Giottos bildhauerische Arbeiten seien seinen Gemälden überlegen gewesen, wesentliche Impulse »im Geist der Alten« (S. 721) verdanke die Malerei danach Brunelleschi, Donatello und Ghiberti, später vor allem Rossellino, bis schließlich mit Michelangelo, Correggio, Tizian und Raffael der allgemeine Höhepunkt der Renaissancekunst erreicht worden sei. Warum gerade in dieser Epoche ein Wiederaufleben der antiken Kunst möglich gewesen sei, erläutert Meyer innerhalb eines Exkurses zu seinen Betrachtungen *Ueber Lehranstalten, zu Gunsten der bildenden Künste*. Ausgehend von einer Erklärung für die Blütezeit der griechischen Kunst, die Meyer weniger auf Staatsverfassung, Kultur, Mythologie oder Klima als vielmehr auf den hohen Stellenwert der Kunst im öffentlichen Leben, der die Kunst zu einer Lenkerin des Volkes gemacht habe, zurückführt, stellt sich ihm die Renaissance als Epoche der Wiedereinsetzung der Kunst in eine zentrale öffentliche Funktion durch die vermehrte Präsenz ihrer Werke in Kirchen und öffentlichen Gebäuden dar. Von nicht zu unterschätzender Bedeutung sei dabei »der christlich-religiöse Antrieb auf die bildenden Künste« (S. 550) gewesen, deren Wiederaufblühen auch auf dem »Enthusiasmus des Christenthums« (S. 549) gründe. Als Verfallssymptom der eigenen Gegenwart wird in diesem Zusammenhang der Rückzug der Kunst ins Häuslich-Private angezeigt, dem die *Propyläen* durch die Aussetzung öffentlicher Preisaufgaben entgegenzuwirken suchen.

Kunstbeschreibungen

Die Kunstbeschreibungen in den *Propyläen* beginnen bezeichnenderweise mit der antiken Plastik. Trotz des theoretischen Übergewichts darf G.s *Laokoon*-Aufsatz als Eröffnung dieser Rubrik gelten, gefolgt von *Einigen Bemerkungen über die Gruppe Laokoons und seiner Söhne* (S. 361f.), welche die Knabenfiguren und den Restaurationszustand betreffen, und Meyers ausführlicher Beschreibung der *Niobe mit ihren Kindern* (S. 410–453; S. 661–678). Meyers Versuch der Datierung dieses »Haupt- und Meisterstückes der alten Kunst« (S. 411) verdeutlicht exemplarisch seine kunstgeschichtliche Methode: Ausgehend von der »Prämisse«, »es sey die bildende Kunst zuerst vom Harten, Steifen, Aengstlichen, zum Strengen und Großen, und von diesem alsdann zum Weichen und Gefälligen übergegangen« (S. 424) – die Trias des strengen, hohen und gefälligen Stils hatte er bereits in seinen *Ideen zu einer künftigen Geschichte der Kunst* 1795 in den *Horen* entwickelt –, ermittelt er in der Beschreibung Elemente des hohen Stils der Perikles-Zeit in Verbindung mit solchen aus der weicheren und freieren Stilphase Alexanders des Großen, um die Gruppe sodann als Ergebnis dieser Deduktion (»deducirt«; S. 427) als Werk des Skopas von Paros auf das 4. Jh. v. Chr. zu datieren. Ihren Abschluß finden die Beschreibungen griechischer Plastik im vorletzten Heft der *Propyläen* mit Meyers Ausführungen über *Die capitolinische Venus* (S. 869–878), deren Vorzüge er, damit das kunstdidaktische Programm der Zeitschrift unterstreichend, als Ergebnis der strengen Beachtung von »Regeln oder vielmehr Maximen« rühmt (S. 874). Bildbeschreibungen finden sich erst im dritten Heft, und zwar zunächst als Würdigung der Kupferstich editionen der *Chalkographischen Gesellschaft zu Dessau* (S. 486–523). In Rahmenteilen zu Meyers Be-

schreibungen der Stiche nach Domenichino, Correggio, Poussin, Mengs, Claude, Roos, Hackert, Birrmann und Wocher stellt G. die Kupferstichedition als Medium der ästhetischen Bildung heraus, mit dessen Hilfe der Geschmack des Publikums zwar nicht gewaltsam gebessert, jedoch allmählich geleitet und entwickelt werden könne. Dem Kupferstich gelten auch Meyers knappe Betrachtungen über *Zwey Italiänische Landschaften von Gmelin* (S. 862–864) im fünften Heft, wo sich auch kurze, kunsttheoretisch und -geschichtlich unambitionierte Gemäldebeschreibungen von Wilhelm von Humboldt (vgl. *Der hülflose Blinde. Gemählde von Gerard*; S. 835f.) und Karoline von Humboldt (*Versöhnung der Römer und Sabiner. Gemählde von David*; S. 829–834) finden. Ohne programmatische Einschübe bleibt schließlich auch Meyers Aufsatz *Mantua im Jahre 1795* (S. 901–964) im letzten Heft, der eine ausführliche Beschreibung der Kunstwerke vor allem im Palast del Tè unter besonderer Berücksichtigung der Werke von Giulio Romano, Andrea Mantegna und Leon Battista Alberti bietet. Am ehesten den Kunstbeschreibungen zuzurechnen ist schließlich Schillers Beitrag über die zur Preisaufgabe von 1800 eingegangenen Bilder unter dem Titel *An den Herausgeber der Propyläen* (S. 1044–1061) im letzten Heft, auch wenn Schiller hier, sich »nur an den bloßen Gedanken des Bildes« (an G., 1. 10. 1800) haltend, eher eine philosophische Bildanalyse – »Kunstwerke der Phantasie« versus »Kunstwerke der Empfindung« u. a. (S. 1045) – denn eine Deskription anstrebt.

Kunstdidaktik und Kunstpraxis

Das kunstdidaktische Grundanliegen der *Propyläen*, wie es programmatisch in der Vorrede, indirekt aber auch in zahlreichen wirkungsästhetischen Reflexionen innerhalb der Aufsätze G.s und Meyers formuliert wird, schlägt sich auch in einigen, die Künstlerausbildung direkt thematisierenden Beiträgen nieder, unter denen Meyers vierteilige Abhandlung *Ueber Lehranstalten, zu Gunsten der bildenden Künste* (S. 542–563; S. 679–709; S. 765–777; S. 965–972) herausragt, die durch – später nicht realisierte – Pläne der Schweizer Regierung zur Gründung einer Kunstakademie unter Meyers Leitung veranlaßt war. Die »allgemeine [...] Einleitung« bettet das kunsterzieherische Programm der *Propyläen* in das umfassende Konzept der ästhetisch-sittlichen Erziehung des Menschen ein: »Innerlich fühlen wir uns überzeugt, daß Sinn und Liebe für das Schöne dem Menschen die höchste Ausbildung gewähren, sein Gemüth sanfter und heiterer stimmen, das Herz zarten Genüssen aufschließen und ihn dem Guten überhaupt näher bringen« (S. 542). Da »die Kunst ein Theil der sittlichen Kultur des Menschen und unstreitig eine der höchsten Stufen seiner Ausbildung ist« (S. 549), konfrontiert die Beschäftigung mit den Blütephasen der Kunst den Menschen zugleich mit dem Bilde seiner selbst im Zustande seiner schönsten Ausbildung und zeitigt dadurch zugleich eine allgemein veredelnde Wirkung auf das Individuum. Getragen von diesem hohen Ernst, der für den rhetorischen Duktus weiter Teile der *Propyläen* bezeichnend ist, unterbreitet Meyer konkrete Vorschläge zur Einrichtung oder Reform von Akademien, Zeichenschulen und Privatunterricht, die dem Verfall der Kunst in der eigenen Zeit durch die Vermittlung fester Grundsätze entgegenwirken sollen.

Unter negativem Vorzeichen findet Meyers Abhandlung ihr Pendant in dem kurzen Beitrag über eine *Neue Art die Mahlerey zu lehren* (S. 822–828), in der die rationalistische Lehrmethode Jean Baptiste Forestiers, die dieser, ohne sie schriftlich zu fixieren, seit Jahren in seiner Malerschule anwandte, zunächst ohne Stellungnahme des Herausgebers knapp referiert wird. Unter Verzicht auf Naturnachmung zugunsten reiner Konstruktion nach theoretischer Einsicht lehrte Forestier die theoriegeleitete Konstruktion aus der »Verknüpfung weniger mathematischer Figuren«, »einfachster mathematischer Körper« und »praktisch-optischer Sätze« (S. 824f.), eine Auffassung, die dem Grundansatz der *Propyläen* diametral zuwider läuft.

Ihren deutlichsten Ausdruck finden die kunstdidaktischen Bemühungen der *Propyläen* schließlich in der Ausschreibung von *Preisaufgaben* im dritten, fünften und sechsten Heft (S. 524–536; S. 842–861; S. 879f.; S. 995–1067). Als Resultat des großen Echos auf seine Studie *Ueber die Gegenstände der bildenden Kunst* schlägt Meyer erstmals 1799 als Wettbewerbsgegenstand eine Stelle aus dem Homer vor, in dessen Welt »sich jeder ächte moderne Künstler so gern versetzt, wo alle seine Muster, seine höchsten Ziele sich befinden« (S. 526). Während Meyers Aufgabenformulierungen eher die Normativität der griechischen Antike und die stilistische Mahnung zu »größter Einfachheit und Oekonomie in der Darstellung« (S. 530) hervorheben, stellt G. in seiner *Preisertheilung 1800* (S. 995–1000) in einem einleitenden Rückblick auf die ersten beiden Wettbewerbe die Aussetzung von Preisaufgaben als Kumulationspunkt der kunstdidaktischen Bemühungen der die *Propyläen* tragenden Autoren heraus, so daß es konsequent erscheint, wenn gerade dieses didaktische Kernstück auch nach der Einstellung der *Propyläen* in der *(Jenaischen) Allgemeinen Literatur-Zeitung* bis 1805 fortgeführt wurde.

Eine konsequente Ergänzung der didaktischen Bemühungen bilden die Hinweise zur Kunstpraxis. Das Aufkommen einer neuen, in England weiterentwickelten Form des Holzschnitts, in der nicht mehr nur schwarze Linien auf Weiß gesetzt, sondern auch schwarze Flächen durch weiße Linien gehöht werden, bildet den Anlaß zu Meyers Überlegungen *Ueber den Hochschnitt* (S. 350–360), in denen zwar diese neue, bei Dürer vorgebildete Technik begrüßt wird, ihr bloß dekorativer Einsatz zur Befriedigung des Zeitgeschmacks aber warnend mit dem ernsten Streben nach Bedeutung und Form bei den alten Meistern verglichen wird. Sehr detaillierte, praktische Anweisungen zur Restaurierung von Statuen und Gemälden liefern Meyers Ausführungen *Ueber Restauration von Kunstwerken* (S. 454–485), in denen einleitend die Interdependenzen zwischen Restauration und kunstgeschichtlicher Interpretation reflektiert werden. Von G.s und Meyers Hand stammt die knappe Bemerkung *Etwas über Staffage landschaftlicher Darstellungen* (S. 865–868), die auch für Nebenfiguren einen organischen Einbezug in die Gesamtkomposition fordert. Eher dem Fach der *Kunstnachrichten* zuzuschlagen sind Meyers *Nachruf auf Oeser* (S. 837–841), G.s *Flüchtige Uebersicht über die Kunst in Deutschland* (S. 1063–1067) sowie die *Kurzgefaßten Miscellen* (S. 1070–1073) am Ende des letzten Heftes.

Zur Literatur

Relativ schwach besetzt bleibt der angekündigte Themenbereich der Literatur. G. selbst stellt den beiden Stücken des zweiten Bandes je ein Gedicht voran: *Phöbos und Hermes* (S. 365) und *Spiegel der Muse* (S. 541). Die Miszellen am Ende des letzten Bandes nutzt er zur Ankündigung von *Paläophron und Neoterpe* (S. 1072f.), eines Festspiels zum Geburtstag der Herzogin am 24. 10. 1800. Doch findet sich von der gleichzeitigen Arbeit an den ersten Gesängen der *Ilias* und dem geplanten Epos *Achilleis*, zwei Projekten mit unverkennbarem Bezug zum klassizistischen Programm der *Propyläen*, keine Spur. Den umfangreichsten Beitrag zu diesem Gebiet legt Wilhelm von Humboldt mit seinem G. unter dem 18.–26.8. 1799 brieflich mitgeteilten Bericht *Ueber die gegenwärtige französische tragische Bühne* (S. 778–821) vor, in dem Beobachtungen zur französischen Schauspielkunst Anlaß bieten einerseits zur Reflexion des Verhältnisses zwischen der Mimik und anderen Künsten, andererseits zur Herausstellung französischer und deutscher Eigenarten und Besonderheiten auf dem Gebiet der Kunst. Die Leitbegriffe Natur und Kunst aufgreifend, erklärt Humboldt unterschiedliche Ausprägungen der Kunst beider Nationen als Resultat kulturell bedingter Differenzen der jeweiligen Naturauffassung. Im Anschluß an die von Humboldt aufgezeigten Vorzüge der französischen Bühne unterstreicht G. in seinen einleitenden Bemerkungen zu *Einigen Scenen aus Mahomet, nach Voltaire* (S. 881–891: Abdruck der Szenen II, 1 und II, 5; vollständige Übersetzung: Tübingen [Cotta] 1802) die Notwendigkeit zur Versifikation der Tragödie in Abgrenzung vom Drama und Lustspiel. Eine konzeptionelle Aufwertung des literarischen Bereichs durch den Einbezug in das didaktische Programm der *Propyläen* deutet Schillers Aussetzung einer *Dramatischen Preisaufgabe* im letzten Heft an (S. 1067–1069), auf deren Aussetzung jedoch trotz der Einsendung von dreizehn Intrigenstücken keine Preisverleihung erfolgte.

Entwicklungslinien

Trotz des relativ kurzen Erscheinungszeitraums lassen sich – zumal unter Einbezug verschiedener Planungsentwürfe – Entwicklungslinien der Zeitschrift aufzeigen. Die Offenheit des Unternehmens für Veränderungen resultiert vor allem daraus, daß in den *Propyläen* kein vorgängig definiertes kunsttheoretisches oder -kunstgeschichtliches System expliziert wird, sondern solche Positionen erst sukzessive, in einem kumulativen Verfahren um einige wenige Grundannahmen herum – Normativität der Antike und daraus abgeleitet der Renaissance; Bedeutung des Gegenstandes; Naturnachahmung vs. Kunstwahrheit bzw. Stil – aufgebaut werden. G. genoß gerade die Freiheit, im Medium kürzerer Aufsätze eigene Erfahrungen auch theoretisch aufarbeiten zu können, »ohne an strenge Verknüpfung [...] denken« zu müssen (an Schiller, 18.7. 1798), und betonte gegenüber Friedrich Müller: »Unsere Absicht dabey ist aufzuregen und zu wirken, nicht fest zu setzen und zu bauen« (19.11. 1800). Mit diesem Verzicht auf einen monologischen Systementwurf zugunsten eher dialogischer Aufarbeitung begrenzter Themen geht jedoch keineswegs der Verzicht auf ein übergreifendes, sachlogisches wie didaktisches Konzept einher. Im Gegenteil verdeutlichen die wichtigsten Dokumente zur Planung des

Gesamtinhalts der Zeitschrift – in der Beilage zum Brief an Cotta vom 27.5. 1798 sowie in drei handschriftlichen Entwürfen vom 23. und 24.9. 1798 und einer undatierten Fortsetzung (WA I, 47, S. 278–283; dort auch Vorarbeiten und Bruchstücke zu den *Propyläen*, S. 277–388) – die Zielvorstellung einer umfassenden Kunstlehre, bestehend aus Beiträgen zu den Rubriken »Antike Kunstwerke«, »Neuere Kunst«, »Neueste Kunst«, »Allgemeine Kunstbetrachtungen«, »Besondere Betrachtungen«, »Über einzelne Mahler und sonstige Künstler«, »Über Bücher«, »Allgemeine Betrachtungen«, »Naturgeschichte und Naturlehre«, »Geographische Kunstbetrachtungen« und »Fremdartige Dinge« (WA I, 47, S. 278–281).

Vor der Folie dieses Planungsentwurfs zeichnen sich Entwicklungslinien der *Propyläen* ab, deren wichtigste das Nichtzustandekommen der programmatisch angekündigten Verknüpfung von Kunstlehre und Naturwissenschaften betrifft. Den gegenüber Cotta entworfenen Plänen zufolge sollten auf die Einleitung zwei Schemata »über das Studium der organischen Natur« und »über das Studium der bildenden Kunst« (WA I, 47, S. 293 f.) folgen, an deren Stelle jedoch dann – in einer signifikanten Ersetzung dieses eher deduktiven Ansatzes durch einen induktiven – G.s *Laokoon*-Aufsatz trat. Eine zweite Entwicklungstendenz liegt im Zurückdrängen des thematischen Aspekts der Kunstliteratur, die sowohl als Vermittlungsmedium der eigenen Kunstlehre – geplant waren »Briefe eines Reisenden und seines Zöglings, unter romantischen Nahmen, sich an Wilhelm Meister anschließend« – wie auch als dialogischer Gegenpart fungieren sollten. Neben den tatsächlich behandelten *Essais sur la peinture* Diderots standen auch Tiecks *Sternbald*, Wackenroder/Tiecks *Herzensergießungen* sowie Philostrats d. Ä. *eikónes/imagines* zur Diskussion an. Drittens entfiel der angekündigte Gegenwartsbezug, die Auseinandersetzung mit dem italienischen »Kunstkörper« und den »großen Dislocationen« der Kunstwerke, die Cotta gegenüber noch als fünfteilige Aufsatzfolge angekündigt war, sowie sich viertens auch die Spuren jenes

mit Meyer gemeinsam geplanten großen Werks über Italien in der konkreten Realisation der Zeitschrift verloren. Cotta waren noch »Bemerkungen und Betrachtungen über sittliche, politische und militärische Gegenstände, während eines Aufenthaltes in Italien 1795, 96 und 97« avisiert worden.

Daneben ändert sich innerhalb der sechs erschienenen Hefte der *Propyläen* auch deren didaktisches Konzept: Während in den ersten Heften trotz der stets am Konkreten anknüpfenden Vermittlungsformen die Kunsttheorie dominiert und auch kunstbeschreibende oder -geschichtliche Beiträge lange theoretische Exkurse bieten, nimmt dieses Übergewicht im dritten Band zugunsten der reinen Kunstbeschreibung deutlich ab, wobei allerdings auch Konzessionen an den Publikumsgeschmack angesichts des stockenden Absatzes nicht ganz auszuschließen sind. Parallel zu dieser Zurücknahme der Theorie gewinnen die Versuche einer didaktischen Einflußnahme auf die Praxis deutlich an Gewicht, und zwar einerseits auf die Organisationsformen der Kunstausbildung (Meyers *Ueber Lehranstalten, zu Gunsten der bildenden Künste*), andererseits vermittels der *Preisaufgaben* auf die aktuelle Kunstproduktion.

Rezeption

Die Rezeption der *Propyläen* war von Anfang an geteilt. Trotz des vielfältigen persönlichen Zuspruchs für den Herausgeber und etlicher positiver Rezensionen (*Allgemeine Literatur-Zeitung*. Jena 1799, Nr. 1 vom 1. Jan., Sp. 1–8; 1800, Nr. 331/332 vom 20./21. Nov., Sp. 409–420; *Neue allgemeine deutsche Bibliothek*. 55/2, 1800, S. 302–304; 64/1, 1801, S. 97 f.; *Litteratur-Zeitung*. Erlangen vom 9. Jan. 1799, Sp. 41–45), trotz der praktischen Relevanz, die Meyers *Ueber Lehranstalten, zu Gunsten der bildenden Künste* bei Schellings Gründung der Münchener Akademie der bildenden Künste zuteil wurde, war dem Unternehmen weder der gewünschte Publikumserfolg noch die beabsichtigte Wirkung auf den Kunstbetrieb beschieden. So sehr auch das in der Einleitung formulierte Programm allgemein begrüßt wurde, stieß man sich, wie beispielsweise der Rezensent des ersten Heftes in den *Neuen Würzburger gelehrten Anzeigen* (1799, Nr. 17. vom 27. Febr., S. 185–192), am unbedingten Normativitätsanspruch der Antike, durch die man den zeitgenössischen Künstler nicht nur formal, sondern auch inhaltlich auf eine inzwischen sinnentleerte Mythenwelt festgelegt glaubte. Hinzu kam ein gewisser Widerstand gegen das hohe und ernste Pathos des Vortrags, das Friedrich Schlegel als Mischung aus »Väterlichkeit, auch Würdanmuth und etwas Unterhaltungs-Popularität« (an Caroline Schlegel, ca. 20.11. 1798) ironisierte, der Rezensent der *Neuen Bibliothek der schönen Wissenschaften und der freyen Künste* (63/1, 1800, S. 61–96) aber bissig mit den Vorwürfen des »Schwerfälligen, Anmaßenden, Geschrobenen« belegte, mit dessen Hilfe »nur eine Menge oberflächlicher, bekannter und bloß vermöge der Einkleidung neu erscheinender Bemerkungen« bemäntelt werden sollten.

Von solchen Ausfällen ermutigt, mehrten sich auch inkompetente und polemisierende Seitenhiebe auf die *Propyläen*. Mit plumpem Unverständnis gegenüber G.s Argumentation zog Christian August Michaelis gegen *Ueber Wahrheit und Wahrscheinlichkeit* zu Felde (in: Christian Friedrich [!] Michaelis: Mittheilungen zur Beförderung der Humanität und des guten Geschmacks. Leipzig 1800, S. 175–181). August von Kotzebue erlaubte sich im dritten Akt seines Lustspiels *Der Besuch oder die Sucht zu glänzen* (Leipzig 1801, S. 135) Spott über die »Vorhöfe des Tempels«, und August Klingemann verpönte den Anspruch der *Propyläen*, über die ästhetische Bildung des Menschen auch seine sittliche befördern zu wollen (*Gespräch über die Kunst*, in: *Memnon* 1800/1, S. 65–77). In den *Tag- und Jahresheften* spricht G. zusammenfassend vom Widerstand »bösartiger Menschen« (WA I, 35, S. 86), der zur Einstellung der *Propyläen* geführt habe.

Widerspruch kam auch von den Künstlern selbst. Als Reaktion auf G.s Polemik gegen den Kunstbetrieb in Berlin (vgl. S. 1065) nahm der dortige Akademiedirektor Johann Gottfried Schadow 1801 in der Zeitschrift *Eunomia* (1801/1, S. 487–519) das Wort, um über den konkreten Anlaß hinaus Kernpositionen der *Propyläen* wie dem Normativitätsanspruch der griechischen Antike und dem idealisierenden Konzept der Kunstwahrheit aus der Sicht des bildenden Künstlers entgegenzutreten.

Aus resignativer Retrospektive bietet G. in einem Brief an Zelter vom 15.1. 1813 einen zweiten Erklärungsansatz für das Scheitern des Kunsterziehungsprogramms der *Propyläen*-Phase, »da wir noch in dem Wahn stunden, es sei auf die Menschen genetisch zu wirken [...]; dies ist aber alles vergebens gewesen, da gerade seit der Zeit das Legenden- und Heiligenfieber um sich gegriffen und alles wahre Lebenslustige aus der bildenden Kunst verdrängt hat«.

Die *Propyläen* haben das Aufblühen der (früh-)romantischen Ästhetik in keiner Weise eindämmen können, ja sie sind, gemessen an der zeitgenössischen Wirkung, im Vergleich mit dem *Athenäum* und der Zeitschrift *Europa* relativ bedeutungslos geblieben. Die direkte Auseinandersetzung mit der Romantik blieb in den *Propyläen* jedoch noch aufgeschoben, und auch in der Zeit der Preisaufgaben bis 1805 fiel die öffentliche Kritik mit Rücksicht auf die Versuche kunsterzieherischer Einflußnahme relativ verhalten aus. Erst 1805, nach dem Scheitern des Ausstellungsprojekts in Schillers Todesjahr, verdrängte die offene Polemik gegen die Romantik diese didaktisch motivierte Zurückhaltung. Auch auf Seiten der Romantiker blieb in der *Propyläen*-Phase der offene Bruch noch aus. Während August Wilhelm Schlegel im zweiten Band des *Athenäums* (1799, S. 181–192) den ästhetisch auf die Antike fixierten G. mit der Elegie *Die Kunst der Griechen. An Goethe* ehrte, argumentierte Friedrich Schlegel erst ab 1803 in der *Europa* unmißverständlich gegen zentrale Positionen und einzelne Beiträge der *Propyläen*.

Forschung

In der ersten größeren Studie zu den *Horen* und *Propyläen* suchte Otto Harnack 1892 die Beiträge aus beiden Zeitschriften in einer »klassischen Ästhetik der Deutschen« zu systematisieren. In seiner Apologie der normativen Ästhetik gegenüber der zeitgenössisch dominanten historischen Kritik löst er G.s in den *Propyläen* formulierte ästhetische Positionen aus ihrem werkgeschichtlichen wie aus ihrem historischen Kontext, um ihnen »gesetzgebende« (S. III) und überzeitliche Gültigkeit zu verleihen. Von dieser, den hinter der Zeitschrift stehenden Normativitätsanspruch in der Forschung reproduzierenden und verabsolutierenden Position ist die Forschung sukzessiv abgerückt. Aus kunsthistorischer Perspektive wurde das Scheitern des Weimarer Kunsterziehungsprogramms zwar häufig bedauert, doch nie bestritten. An die Stelle kunsthistorisch-ästhetischer Fragestellungen traten daher bald solche nach dem inneren Zusammenhang der *Propyläen*-Beiträge mit G.s naturwissenschaftlichem und dichterischem Werk. So führt Wanda Kampmann 1931 die schon zeitgenössisch antiquierte Position der *Propyläen* auf ihre »geheime Verwandtschaft mit der doktrinären, alles Technische und Lehrbare überschätzenden Theorie der Antike und Renaissance« (S. 31) zurück und deutet sie aus »Goethes naturwissenschaftlichen Gedanken und aus der lebendigen Verwurzelung im Weltbild der Renaissance« (S. 48). Ähnlich sucht Helga Stübler-Schweyer 1956 die Bedeutung der klassischen Kunstanschauung in den *Propyläen* für G.s dichterische Praxis zu klären, ohne dabei jedoch bis zum Nachweis in Form konkreter Werkanalysen vorzustoßen.

Die jüngste monographische Darstellung von Michael Gross bietet hingegen eher eine Analyse des Scheiterns der »Publizistik der Weimarer Klassik« (*Horen, Xenien, Propyläen*), das er in dem Versuch, den strikt normativen Standpunkt des »ästhetischen Idealismus« in der prinzipiell auf Pluralität hin angelegten bürgerlichen Öffentlichkeit durchzu-

setzen, begründet sieht. Die Geschichte der gesamten Zeitschrift einschließlich der Beiträge von Meyer und anderen nahm erstmals Ernst Boehlich 1914 in den Blick. Seiner Prämisse, die *Propyläen* bildeten nach Anlage und Ausführung eine geschlossene Einheit, wird in der neueren Forschung vor allem mit Hinweis auf Unvereinbarkeiten zwischen den Beiträgen G.s und Meyers widersprochen (vgl. Scheidig, S. 12 ff.; Osterkamp, S. 113 ff.). Einen Überblick zur Zeitschrift im ganzen bieten »Einführung« und »Anhang« in Löhneysens Reprint.

Literatur:

Benz, Richard: Goethe und die romantische Kunst. München 1940, S. 67–71. – Boehlich, Ernst: Goethes *Propyläen*. Phil. Diss. Breslau 1914 (Masch.). – Brunn, H.: Die Söhne in der Laokoon-Gruppe. In: Deutsche Rundschau. 31 (1881), S. 204–216. – Gross, Michael: Ästhetik und Öffentlichkeit. Die Publizistik der Weimarer Klassik. Hildesheim u.a. 1994. – Hagen, Benno von: Goethes Beitrag zur Deutung des *Laokoon*. In: GoetheJb. N.F. 14/15 (1952/53), S. 302–307. – Harnack, Otto: Die klassische Ästhetik der Deutschen. Würdigung der kunsttheoretischen Arbeiten Schiller's, Goethe's und ihrer Freunde. Leipzig 1892, S. 157–234. – Ders.: Zu Goethes *Laokoon*aufsatz. In: Vierteljahrsschrift für Litteraturgeschichte. 6 (1893), S. 156–158. – Howard, William Guild: Goethes Essay *Über Laokoon*. In: PMLA. 21 (1906), S. 930–944. – Jolles, Matthijs: Goethes Kunstanschauung. Bern 1957. – Lücken, Gottfried von: Goethe und der *Laokoon*. In: Natalicium. Fs. Johannes Geffcken. Heidelberg 1931, S. 85–99. – Kampmann, Wanda: Goethes *Propyläen* in ihrer theoretischen und didaktischen Grundlage. In: Zeitschrift für Ästhetik und allgemeine Kunstwissenschaft. 25 (1931), S. 31–48. – Keller, Heinrich: Goethe und das *Laokoon*-Problem. Frauenfeld, Leipzig 1935. – Lüders, Detlev: Goethes *Propyläen*. In: Muttersprache. 76 (1966), S. 10–15. – Osterkamp, Ernst: Im Buchstabenbilde. Studien zum Verfahren Goethescher Bildbeschreibungen. Stuttgart 1991, S. 113–116. – Propyläen. Eine periodische Schrift. Hg. von Johann Wolfgang von Goethe. Einführung und Anhang von Wolfgang Frhr. von Löhneysen. Stuttgart 1965. – Scheidig, Walther: Goethes Preisaufgaben für bildende Künstler 1799–1805. In: SchrGG. 57 (1958), S. 5–23. – Schulz, Eberhard Wilhelm: Die Wahrheit der Kunstwerke und das Kunsturteil. Anmerkungen zu Goethes Schrift *Der Sammler und die Seinigen*. In: Eroms, Hans-Werner u.a.

(Hg.): Vielfalt der Perspektiven. Wissenschaft und Kunst in der Auseinandersetzung mit Goethes Werk. Passau 1984, S. 17–38. – Schulz-Uellenberg, Gisela: Goethe und die Bedeutung des Gegenstandes für die bildende Kunst. München 1947, S. 192–280. – Stübler-Schweyer, Helga: Goethes klassische Kunstanschauung in seinen *Propyläen*aufsätzen und deren Bedeutung für seine dichterische Praxis. Phil. Diss. Stuttgart 1956 (Masch.). – Thalheim, Hans Günther: Zu den kunsttheoretischen Schriften Goethes an der Wende vom 18. zum 19. Jahrhundert. In: WB. 23 (1977), S. 5–45. – Weinhandl, Ferdinand: Die Metaphysik Goethes. Berlin 1932 (Nachdruck Darmstadt 1965), S. 322–338.

Dirk Kemper

Philipp Hackert

Entstehung und Textgeschichte

Das Lebensbild *Philipp Hackert. Biographische Skizze, meist nach dessen eigenen Aufsätzen entworfen von Goethe* beruht auf autobiographischen Notizen des Landschaftsmalers, die dieser zunächst aus eigenem Antrieb, dann auch auf G.s Rat hin aufgezeichnet hat. Nach Hackerts Tod am 28.4. 1807 in San Piero di Careggio bei Florenz übersandte der junge Maler Wilhelm Titel diese Papiere an G., der sofort ihre Publikation ins Auge faßte. G. las die am 5. Juni erhaltenen Materialien am 7. und 8. Juni und stellte einen kurzen Auszug her, der unter der Überschrift *Jakob Philipp Hackert* im *Morgenblatt für gebildete Stände* (1. Jg., 1807, Nr. 154 u. 155, 29. u. 30. Juni) veröffentlicht wurde (MA 9, S. 657–664). G.s Brief an Johann Friedrich Cotta vom 21.9. 1807 zeigt, daß er das Buch schnell fertigstellen wollte: »Wenn ich mich diesen Winter leidlich befinde, so kann ich Ihnen das Manuscript bald senden, so daß das Werkchen zu Ostern erscheinen kann. Ich wünschte, daß es gedruckt würde wie Cellini, an den es erin-

nert«. Auch über die Beilagen war sich G. bereits im klaren.

Zunächst war die weitere Arbeit jedoch blockiert, da Hackerts Schwager, der Hofrat Friedrich Christian Behrendt in Berlin, G. im Namen der Erben das Recht der Bearbeitung und Publikation der Papiere streitig machte. Erst am 13.5. 1810, nachdem eine gütliche Übereinkunft zustandegekommen war, konnte G. endgültig über die Papiere verfügen (ausführliche Darstellung: MA 9, S. 1292–1294).

Auch in der Zwischenzeit hatte G. sein Vorhaben nicht aus den Augen gelassen. So diktierte er am 23. und 24.8. 1808 das Schema zur Biographie. Mit der planmäßigen Ausarbeitung begann er am 18.11. 1810, am 3.4. 1811 wurde die Arbeit abgeschlossen. Die Redaktion der Materialien erwies sich als zeitraubend und mühselig, wie G. in der *Vorerinnerung* bekennt. Entsprechend heißt es auch in den *Tag- und Jahresheften 1807*: »Es war eine schwierige Aufgabe; denn die mir überlieferten Papiere waren weder ganz als Stoff noch ganz als Bearbeitung anzusehen. Das Gegebene war nicht ganz aufzulösen, und wie es lag nicht völlig zu gebrauchen. Es verlangte daher diese Arbeit mehr Sorgfalt und Mühe als ein eigenes aus mir selbst entsprungenes Werk, und es gehörte einige Beharrlichkeit und die ganze, dem abgeschiedenen Freunde gewidmete Liebe und Hochachtung dazu, um nicht die Unternehmung aufzugeben« (MA 14, S. 199f.). Ähnlich äußert sich G. in den *Tag- und Jahresheften 1810* (vgl. MA 14, S. 219).

Der Biographie Hackerts fügte G. mit geringfügigen Kürzungen das Tagebuch des englischen Kunstkenners und Ästhetikers Richard Payne Knight von dessen Reise nach Sizilien im Jahre 1777 in eigener Übersetzung ein. Knight war von Hackert und dem englischen Kunstfreund und Landschaftszeichner Charles Gore begleitet worden. Sein Tagebuch sollte ursprünglich zusammen mit Zeichnungen von Hackert und Gore publiziert werden, doch wurde diese Absicht aufgegeben, weil andere, von G. in der *Vorerinnerung* genannte Werke diesem Projekt zuvorgekommen waren, vor allem die *Voyage pittoresque des Isles de Sicile, de Malte et de Lipari* von Jean-Pierre-Louis-

Laurent Houël (4 Bde., 1782–1789), aber auch die unerwähnte *Voyage pittoresque ou description des Royaumes de Naples et de Sicile* des Abbé de Saint Non (5 Bde., 1781–1786). Gore lebte von 1791 bis zu seinem Tod in Weimar. G. hatte ihn bereits in dem von Hackert begründeten Kreis der Zeichendilettanten in Rom kennengelernt. Seinen künstlerischen Nachlaß stiftete Gore der Weimarer Bibliothek (insgesamt 1350 Aquarelle und Zeichnungen, dazu 27 Blätter von Hackert und zwei von unbekannter Hand). Diese Zeichnungen zog G. während der Bearbeitung von Knights Tagebuch mehrmals zu Rate, so am 17. und 20.12. 1810. Das von Gore aufbewahrte Tagebuch hat sich G. 1808 aus dem Nachlaß von Georg Melchior Kraus besorgt.

Für die Nachträge übersetzte G. die biographische Skizze *Charles Gore* nach Aufzeichnungen von Gores Tochter Emilie aus dem Englischen und die *Ausführliche Beschreibung der sechs Gemälde, die zwei Treffen bei Tschesme vorstellend* aus Hackerts französischer Handschrift. Schließlich übergab Johann Heinrich Meyer am 20.3. 1811 seinen Aufsatz *Hackerts Kunstcharakter und Würdigung seiner Werke*.

Von der Biographie sind weder die aus Hackerts Nachlaß stammenden Materialien noch G.s Bearbeitung in der Handschrift erhalten. Alle anderen Texte befinden sich im G.- und Schiller-Archiv in Weimar (detaillierte Beschreibung: MA 9, S. 1295f.). Einige davon sind inzwischen in der Originalfassung publiziert worden: Knights Tagebuch (Stumpf), die *Ausführliche Beschreibung* [...] (Reinhard Wegner, in: Krönig u.a., S. 140–143) und die aus zwei Briefen bestehende Hackertsche Handschrift der *Fragmente über Landschaftsmalerei* (Gisela Maul und Norbert Miller, in: Chiarini, S. 310–319). Der Vergleich des unbeholfenen Originals dieser Fragmente mit G.s Fassung läßt die Schwierigkeit der Bearbeitung ermessen und erweist zugleich deren inhaltliche Treue.

G.s Versicherung, daß die Biographie »größtenteils von Hackerts eigener Hand« stamme (MA 9, S. 828), entspricht der Mitteilung Titels an G., Hackerts Materialien seien »theils

von ihm selbst theils von einem seiner Freunde aufgesetzt« (zitiert nach Lohse, S. 34). Der hier nicht genannte Name findet sich erst in einem Aufsatz späterer Zeit, der auf Erinnerungen Titels beruht: »Hr. Titel war es eben, durch dessen Hände einst Goethe die rohen Lineamente zu der Lebensgeschichte des Künstlers, wie sie ein gewisser Baron Haus in Briefform entworfen hatte, überschickt erhielt« (Meinhold, S. 113). Balthasar von Haus war als der jüngere Bruder und Mitarbeiter des seit 1784 in Neapel tätigen Erziehers des Kronprinzen Franz, des Würzburger Juristen Jakob Joseph von Haus, vom König zum Baron erhoben worden und wird als »feiner, ganz für die Literatur und die Künste lebender Mann« geschildert (Carl August Böttiger, in: von der Recke, S. XXII). Noch in seiner späten Florentiner Zeit stand Hackert mit Haus in Verbindung.

Das Werk erschien zunächst als Einzeldruck: *Philipp Hackert. Biographische Skizze, meist nach dessen eigenen Aufsätzen entworfen von Goethe* (Tübingen, in der J. G. Cottaischen Buchhandlung. 1811). Es wurde zu G.s Lebzeiten in folgende Gesamtausgaben aufgenommen: in G.s *Sämtliche Schriften* (Wien 1810–1817) als Band 18 (1812) und in die Ausgabe letzter Hand als Band 37 (1830). 1973 bot Siegfried Seidel einen ersten ausführlichen Kommentar (BA 19, S. 965–1030). 1987 folgte die Edition von Norbert Miller (MA 9, S. 665–869), in deren Erläuterungen die Ergebnisse der inzwischen in Deutschland, Rußland und Italien in Bewegung geratenen Hackert-Forschung einfließen konnten (MA 9, S. 1283–1374), weshalb dieser Ausgabe der Vorzug zu geben ist. Daneben bleibt der Kommentar unentbehrlich, den Magda Novelli Radice der italienischen Ausgabe *Philipp Hackert: la vita* (Edizione italiana a cura di Magda Novelli Radice. Traduzione di Silvana Novelli. Napoli 1988) beigegeben hat. Die für die Lebensgeschichte eines Malers so wichtigen Abbildungen (BA, Supplementband, Abbildungen 72–90, z.T. farbig; MA 9, 15 Abbildungen im Text) können freilich in beiden deutschsprachigen Editionen nur zu einer ersten Information dienen, während die italienische immerhin 70 Abbildungen bringt. Eine Ausgabe, die allen kunsthistorischen Details nachgeht, steht noch aus; sie dürfte erst mit der Publikation der in Arbeit befindlichen Biographie Hackerts von Thomas Weidner möglich werden, die auf einem umfangreichen Werkverzeichnis beruht. Das 1994 gedruckte Werkverzeichnis von Claudia Nordhoff (Nordhoff, Bd. 2) erfaßt nur einen Bruchteil der Gemälde, auch fehlt die Druckgraphik.

G. und Hackert

Jakob Philipp Hackert (Prenzlau 1737 – San Piero di Careggio bei Florenz 1807) war als Meister der italienischen Landschaftsvedute früh zu europäischem Ruhm gelangt. 1786 wurde er Hofmaler Ferdinands IV. von Neapel und blieb in dieser herausragenden Stellung, bis ihn 1799 der Einmarsch der Franzosen zur Flucht nach Florenz zwang. G. lernte Hackert am 28.2. 1787 in Neapel kennen, Mitte März traf er ihn in der königlichen Residenz Caserta wieder und ließ sich im Landschaftszeichnen unterweisen. Nach Sizilien nahm G. Hackerts Schüler Christoph Heinrich Kniep mit. Während des zweiten römischen Aufenthalts machte G. mit Hackert, der wegen der Übernahme der Farnesischen Sammlungen durch Neapel ebenfalls in Rom weilte, einen mehrtägigen Ausflug nach Tivoli. Hier wurde wiederum zusammen gezeichnet. Den Abschluß der Begegnung bildete der gemeinsame Besuch der Galerie Colonna in Rom, die einverständige Betrachtung der idealen Landschaften von Nicolas Poussin und Claude Lorrain.

Die ideale Landschaftsmalerei war für Hackert eine wohl respektierte Traditionsmacht, der er seit den 80er Jahren mit einzelnen Gemälden Tribut zollte, während der größte Teil seiner überreichen Produktion nach wie vor aus detailgetreuen Ansichten – »Prospekten« oder »Veduten« – bestand. Für G. jedoch war die ideale Landschaftsauffassung aufs engste mit Grundüberzeugungen verbunden, sie be-

deutete ihm die Erhöhung der Natur zum Freientfalteten und Ewiglebendigen und stellte somit die notwendige Entsprechung zum klassischen Figuralstil dar. Freilich steht auch bei G. dieser idealen Auffassung ein sachliches Interesse an den Naturphänomenen gegenüber, das sich keiner vorgegebenen Norm fügen kann. So bekennt sich G. in Italien sowohl zum Wahrnehmungsmodell der idealen Landschaft, das »den höchsten anschauenden Begriff von Natur und Kunst« gibt (MA 15, S. 427), als auch zum längst geübten »geologischen und landschaftlichen Blick«, um »Einbildungskraft und Empfindung zu unterdrücken« und sich »ein freies klares Anschauen der Lokalität zu erhalten« (MA 15, S. 141). Da Landschaft nicht in derselben Weise wie die menschliche Gestalt ein Ideal kennt, vielmehr nur dessen Analogon und Abglanz, bleibt ihr grundsätzlich ein weites Möglichkeitsfeld zwischen Naturnähe und Idealität offen. Einzig vor dem Hintergrund dieser gleitenden Skala mit ihren vielen Zwischenformen werden G.s abwechselnde Anerkennung und Kritik Hackerts als einzelne kontextabhängige Teilaspekte einer widerspruchsfreien Anschauung verständlich.

Eine lockere Verbindung zwischen G. und Hackert blieb auch nach der Italienreise erhalten. G.s Kunstsammlung umfaßte schließlich etwa zwanzig großformatige Sepia-Blätter Hackerts, und Meyer lobte Hackerts Stichwerk *Theoretisch-praktische Anleitung zum richtigen und geschmackvollen Landschaftszeichnen nach der Natur* (Nürnberg 1803) in dem von G. und ihm verfaßten Aufsatz *Weimarische Kunstausstellung vom Jahre 1802 und Preisaufgaben für das Jahr 1803* (*Allgemeine Literatur-Zeitung*, Januar 1803, S. IX). Nachdem am 13.1. 1804 zwei von G. für Herzog Carl August bestellte Gemälde Hackerts in Weimar eingetroffen waren, besprach sich G. mit Schiller und Meyer über die Werke und schrieb den Aufsatz *Zwei Landschaften von Philipp Hackert* (*Jenaische Allgemeine Literatur-Zeitung*, 1804, *Intelligenzblatt*, Nr. 19 u. 20; MA 6.2, S. 179–182), der freilich das Lob der Veduten (*Blick auf den Tiber und die Milvische Brücke* und *Das Arnotal bei Florenz*, ehe-

Philipp Hackert: Ansicht von Terni 1776.
Sepia-Aquarell über Bleistift und Federzeichnung

mals Weimar, seit 1945 verschollen; Werkverzeichnis Nordhoff, Nr. 314 u. 315) durch den Hinweis auf die ihnen übergeordnete ideale Landschaft relativierte. G. sah auch, daß Hackerts allzu bestimmt festgelegte Verfahrensweise ein dialogisches Naturverhältnis unmöglich machte; als Friedrich August Schulze (d.i. Friedrich Laun) am 3.4. 1804 die ungemeine Fertigkeit und sichere Hand einer der beiden Weimarer Landschaften lobte, antwortete G.: »Hackert hat es sehr weit hierin gebracht. Z u weit, könnte man vielleicht sagen! denn er wird dadurch zu dem Irrtume verleitet, die Natur ganz auswendig zu wissen und ihr ferneres Studium entbehren zu können. Gleichwohl ist in der Malerkunst, wie in allen Künsten, die Natur die ewige Quelle, aus der auch der Vollendetste nie aufhören darf, fortdauernd zu schöpfen. Denn sie ist u n e r - s c h ö p f l i c h und nur auf diesem Wege das wahrhaft Lebendige zu ergreifen und wiederzugeben« (Gespräche, Bd. 1, S. 933).

Auch Meyer kritisierte den Maler in seinem *Entwurf einer Kunstgeschichte des achtzehnten Jahrhunderts*, der G.s *Winckelmann und sein Jahrhundert* (1805) beigegeben war (MA 6.2, S. 201–348). Hackert habe das Publikum »von dem Idealen zum Realen« abgelenkt, mit »mehr Wahrheit« sei auch »mehr prosaischer Geschmack« in die Landschaftsmalerei gekommen: »Als Aussichtenmaler verdient Hackert unsers Erachtens den ersten Rang; keiner hat mit gewissenhafter Treue soviel Kunst verbunden, man findet an seinen Bildern bloß einige etwas harte Stellen und zuweilen grelle Farbentöne zu tadeln, allein die Lüfte sind leicht und hell, der Baumschlag durchaus meisterhaft, charakteristisch abwechselnd, die Pflanzen des Vordergrundes gewöhnlich sehr schön ausgeführt, und die mehr zurückliegenden Gegenstände, besonders Berge, in nicht großer Entfernung unübertrefflich wahrhaft« (zitiert nach MA 6.2, S. 309f.).

Da Meyer nicht als Autor genannt war, hielt Hackert die Kritik für ein Wort von G. selbst. Offenbar haben dieses Urteil und die ebenfalls in Meyers Entwurf enthaltenen Erwägungen über die unausgeschöpften Möglichkeiten der idealen Landschaftsmalerei den Maler veran-

laßt, in dem Schreiben an G. vom 4.3. 1806 als neuen Vorsatz auszusprechen, was er längst schon in seinen idealen Landschaften geleistet und auch brieflich in ähnlicher Weise formuliert hatte, nämlich »mit dem großen idealischen Styl Wahrheit der Natur sowohl in Ton als Formen zu verbinden« (zitiert nach MA 9, S. 866). Für die direkte Nachahmung Lorrains, wie sie vor allem von englischen Landschaftern betrieben wurde, hatte Hackert nur Spott übrig; glaubhaft realisierbar erschien ihm landschaftliche Idealität nur als Steigerung einer diesem Kunstziel schon von sich aus entgegenkommenden Wirklichkeit: »Wenn ich nun meine neuen Versuche ins Werk richte, gelingt es mir vielleicht, einen großen verschönten Styl, den Silberton der schönen Natur, die neblichten Dünste, die schönen Formen der Bäume, ohne den Charakter zu vernachlässigen, kurz alles mögliche Idealschöne, was die Natur einer Landschaft darbietet, in einem Gemälde darzustellen, was den Eindruck einer vollkommenen Landschaft gebe. / Um nun aber nicht in das Manierierte zu fallen, und die großen Meister zu bestehlen, oder schwach nachzuspotten, wie es leicht den Nachahmern geschieht; so habe ich in meinem Portefeuille Gegenden gewählt, die wirklich schon den Stempel des großen Styls an sich tragen. Wenn ich nun diese idealisch verschönere, so hoffe ich, daß meine Werke die Originalität behalten werden, und man darin die Wahrheit der Natur verschönert wieder finden wird« (zitiert nach MA 9, S. 866f.).

Genau dies war das Programm der Weimarischen Kunstfreunde. Carl Ludwig Fernow, seit September 1803 in Jena und mit der *Bemerkung eines Freundes* in *Winckelmann und sein Jahrhundert* vertreten, hatte es in der Abhandlung *Über die Landschaftmalerei* (*Neuer Teutscher Merkur*, November u. Dezember 1803) in aller Ausführlichkeit begründet und in der zweiten, ergänzten Fassung auch Hackerts Veduten einen achtbaren Platz angewiesen (Fernow, S. 117f. Anm.). Den Hintergrund der Weimarer Ansprüche, die allzuleicht mit dem akademisch-klassizistischen Doktrinarismus identifiziert werden, den sie freilich nicht immer vermeiden, offenbart der 1794 verfaßte

Aufsatz G.s *In wiefern die Idee: Schönheit sei Vollkommenheit mit Freiheit, auf organische Naturen angewendet werden könne* (MA 4.2, S. 185–188). Von solcherart Bemühungen ausgehend, hatte Meyer sogar die Behauptung aufgestellt, daß ideale Proportionen auch für die Bäume und sogar die Geländeformen zu finden sein müßten (vgl. MA 6.2, S. 344).

In seiner brieflichen Antwort vom 4.4. 1806 an Hackert bekannte G. nicht nur seine Freude über dessen Entschluß, »die auserwähltesten Schönheiten der Natur zu einem idealen Ganzen zu verbinden«, er legte ihm auch nahe, eine Autobiographie zu verfassen: »Da Sie Ihr Leben so wie Ihre Kunst in der Deutlichkeit vor sich sehen, da ein so seltner Mann nicht allein in seinen Werken, sondern auch in seinen Handlungen, Begebenheiten, Ueberzeugungen und theoretischen Einsichten der Nachwelt bleiben sollte, da Ihnen das Schreiben, wie manchem andern Künstler, nicht unbequem ist; so wollte ich S i e   v e r a n l a s s e n, eine Selbstbiographie aufzusetzen, so kurz, oder so umständlich, als es Ihnen belieben möchte, und mir solche anzuvertrauen. Indem wir auf unser Leben zurücksehen und es in Gedanken recapituliren; so genießen wir es zum zweyten male, und indem wir es aufzeichnen bereiten wir uns ein neues Leben in und mit andern. Wie belehrend und aufmunternd überhaupt die Geschichte eines Mannes seyn müsse, der, von der Natur mit außerordentlichen Talenten begabt sich durch ununterbrochnen Fleiß sein Schiksal in mehr als einem Sinne selbst gemacht hat, brauche ich kaum zu erwähnen«. Auf diesen Vorschlag antwortete Hackert am 27.5. 1806, daß er bereits in Neapel verschiedene Fragmente verfaßt habe, deren Publikation 1804 der Berliner Philosoph Johann Gottfried Karl Christian Kiesewetter übernehmen wollte, doch ohne Hackerts Vertrauen zu gewinnen, und daß er nun fortfahren und die Texte G. schicken werde. Hackert erwähnt auch seine in Form zweier Briefe niedergelegten »Ideen über die Landschaft Mahlerey« (zitiert nach Fischer-Lamberg, S. 256). Es entspricht dieser Selbstbesinnung, daß er noch auf ein »Groß Bild« (ebd.) zu sprechen kommt, von dem er sogar

einen Konturstich für seine Freunde anzufertigen erwägt. Dies Bild ist die *Flußlandschaft* (1806), heute in den Städtischen Kunstsammlungen Görlitz (Werkverzeichnis Nordhoff, Nr. 341), eine Allegorie auf Hackerts Leben.

Für G. leitete die Beschäftigung mit Hackerts Biographie zur *Italienischen Reise* und zu *Dichtung und Wahrheit* über. Ein autobiographisches Moment wird schon in dem Brief an Hackert vom 4.4. 1806 deutlich: »Seit der großen Lücke, die durch Schillers Tod in mein Daseyn gefallen ist, bin ich lebhafter auf das Andenken der Vergangenheit hingewiesen, und empfinde gewissermaßen leidenschaftlich, welche Pflicht es ist, das was für ewig verschwunden scheint, in der Erinnerung aufzubewahren«.

Hackert beeindruckte vor allem den Zeichner G., und zwar durch seine ungewöhnliche Produktionssicherheit. So heißt es über den gemeinsamen Ausflug nach Tivoli während des zweiten römischen Aufenthalts: »Ich war mit H. Hackert draußen, der eine unglaubliche Meisterschaft hat die Natur abzuschreiben und der Zeichnung gleich eine Gestalt zu geben« (MA 15, S. 426). Schon in Caserta hatte G. erkannt, wie weit er mit seinen Landschaftsskizzen gegenüber den eigenen Ansprüchen auf Abrundung und Vollendung zurück war. Unter dem 15.3. 1787 schrieb er über Hackert: »Auch mich hat er ganz gewonnen, indem er mit meiner Schwäche Geduld hat, vor allen Dingen auf Bestimmtheit der Zeichnung, sodann auf Sicherheit und Klarheit der Haltung dringt. Drei Tinten stehen, wenn er tuscht, immer bereit und, indem er von hinten hervor arbeitet und eine nach der andern braucht, so entsteht ein Bild man weiß nicht, woher es kommt. Wenn es nur so leicht auszuführen wäre als es aussieht« (MA 15, S. 253). Hackerts Methode, die Landschaft in ihrer »Haltung«, also in der wohlabgestuften Gliederung der Gründe und der Verbindung aller Einzelheiten zur harmonischen Einheit aus der Tiefe heraus zu entwickeln – auch dies ein Echo der Idealität –, blieb G. noch im hohen Alter gegenwärtig: als Muster einer sich selbst durchsichtigen Darstellungskunst und zugleich des ökonomischen Umgangs mit ihr. An Hackerts Darstellungsvermögen wurden G. die eigenen Grenzen deutlich. Gegenüber Eckermann äußert er sich am 10.4.1829: »Was ich aber sagen wollte ist dieses, daß ich in Italien in meinem vierzigsten Jahre klug genug war, um mich selber insoweit zu kennen, daß ich kein Talent zur bildenden Kunst habe, und daß diese meine Tendenz eine falsche sei. Wenn ich etwas zeichnete, so fehlte es mir an genugsamem Trieb für das Körperliche; ich hatte eine gewisse Furcht, die Gegenstände auf mich eindringend zu machen, vielmehr war das Schwächere, das Mäßige nach meinem Sinn. Machte ich eine Landschaft und kam ich aus den schwachen Fernen durch die Mittelgründe heran, so fürchtete ich immer dem Vordergrund die gehörige Kraft zu geben, und so tat denn mein Bild nie die rechte Wirkung«. Trotz einigen Ausnahmen, etwa dem Urteil gegenüber Friedrich August Schulze, blieb G. nach der Italienreise diesem Kriterium bestimmtester Zeichnung so sehr verhaftet, daß er die Offenheit und Kühnheit seiner eigenen frühen Blätter verkennen mußte.

Das Werk

Allem Anschein nach ist G. bei seiner Bearbeitung sehr zurückhaltend verfahren. Die objektive Darbietung von Hackerts Lebensgang muß daher als von G. lediglich redigierte und gegliederte Autobiographie des Malers verstanden werden. Das erklärt auch die auffallenden Inkohärenzen. Bis zur Anstellung in Neapel wird Hackerts Leben kontinuierlich erzählt. Diese Chronik umfaßt Herkunft, künstlerische Anfänge in Berlin, den frühen Entschluß, sich der Landschaftsmalerei zuzuwenden, erste Erfolge, die Reise nach Stralsund, Rügen und Stockholm, die ausführlicher behandelte Zeit in Paris 1765 bis 1768 und die anschließende Übersiedlung nach Italien. Dann jedoch wandelt sich die Darstellung zu einem Zustandsbild des Künstlerlebens in Rom und am Hof von Neapel. Der Auftrag, den russischen Seesieg über die türkische Flotte

bei Tschesme (1770) zu malen, kommt ausführlich zur Sprache. Viel Raum nimmt die Schilderung der Beziehungen Hackerts zu seinen hochgestellten Auftraggebern ein, vor allem zu Ferdinand IV., König von Neapel, dessen Hofmaler er 1786 wurde. Das anekdotische Mosaik des Hoflebens erstreckt sich bis auf »Hofintrige und Fasaneneier« (MA 9, S. 778). Erst mit den kriegerischen Auswirkungen der Französischen Revolution, die den Hof vertreiben und auch Hackert zur Flucht zwingen, gerät die Lebensbeschreibung wieder in Bewegung.

Da Hackert von April bis Juni 1777 Knight und Gore auf ihrer sizilianischen Reise begleitet hatte, fügte G. das Tagebuch Knights in die Biographie ein. Das Interesse der Reisenden war gleichermaßen auf die griechischen Architekturdenkmale wie auf Sizilien als topographisch-historisches Ganzes gerichtet. Höhepunkte bildeten die Aufenthalte in Paestum, Segesta, Agrigent (»Girgenti«), Syrakus und Taormina sowie die Besteigung des Ätna. Der anschauungsgesättigte Bericht, dessen Landschaftsschilderungen G. besonders hervorhebt, macht freilich Hackerts Trockenheit um so fühlbarer.

G.s *Vorerinnerung*, mit der die Nachträge beginnen, erläutert die Editionsabsicht, begründet den Druck von Knights Tagebuch und stellt es in den Zusammenhang der Reiseliteratur über Sizilien. Der biographische Aufsatz *Charles Gore* zeichnet den Lebenszuschnitt eines wohlhabenden englischen Kaufmanns, der frei seinen Interessen folgen kann: Schiffbau, Reisen und Zeichnen. Die *Ausführliche Beschreibung der sechs Gemälde, die zwei Treffen bei Tschesme vorstellend* schildert nur die militärischen Vorgänge und schweigt über die Kunstleistung. Diese behandelt der anschließende Aufsatz *Hackerts Kunstcharakter und Würdigung seiner Werke von Herrn Hofrat Meyer*: In Hackert »erreichte das Fach der Prospektmalerei die höchste Vollkommenheit, indem es unmöglich scheint, den realistischen Forderungen, mit geringerem Nachteil für die wahre Kunst, besser Genüge zu leisten, als in seinen Bildern geschieht« (MA 9, S. 843). Den Maßstab bilden Claude Lorrain, Gaspard Dug-

het und Salvator Rosa, und Meyer billigt Hak-
kert zu, die Prospektmalerei dieser Norm so
weit angenähert zu haben, wie es ihr spröder
Gegenstand überhaupt erlaube. Dieser Kompromiß wird anhand der Kategorien Erfindung, Anordnung, Zeichnung, Kolorit, Beleuchtung und Ausführung im einzelnen gewürdigt. Höchstes Lob erhält die zeichnerische Erfassung des Charakteristischen von
Vegetation und geologischer Struktur. Auch
Hackerts anschließende Fragmente *Über
Landschaftsmalerei* bekennen sich zur schönen Natur und zum Ideal, doch sind es eher
einzelne Bemerkungen, in denen sich der erfahrene Künstler zeigt, wie etwa die wohl-
begründete Ablehnung der Camera obscura
(vgl. MA 9, S. 850), die Beschreibung der drei
Arten des »Baumschlags«, der zeichnerischen
Formeln für die Laubmassen, der Hinweis,
daß beim Zeichnen von Felsen auf den »Charakter der Brüche« (MA 9, S. 854) achtzugeben
sei, oder wenn er von dem »Takt« spricht, »um
mit Fertigkeit und Richtigkeit das Undeutliche
was in der Fernung herrscht zu zeichnen«
(ebd.). Am Ende stehen Bemerkungen über
die klassischen und die zeitgenössischen
Landschaftsmaler in Rom. Es folgen noch Hakkerts Aufzeichnungen *Sittliche Wirkung* und
Über Ölmalerei, sein Brief an G. vom 4.3. 1806
und eine Notiz *Hinterlassenes*.

Als das innere Thema des Buches erscheint
die Karriere eines Mannes, der mit Talent und
Fleiß große Fähigkeiten im Umgang mit Menschen verbindet. Hackert gehört zu denjenigen, »die auf eine entschiedene Weise ihres
eignen Glücks Schmiede sind« (MA 9, S. 827).
Sein Leben ist die Geschichte eines gesellschaftlichen Aufstiegs zum international ge-
suchten Hofkünstler, nicht das Drama von Erlebnis und Gestaltung, die Kunst behält handwerksmäßige Züge, und G. wird nicht müde,
die Wünschbarkeit eines solchen fleißigen und
erfolgreichen Lebens zu betonen.

Mit dem Cellini- und Winckelmann-Buch
bildet die Biographie Hackerts eine eigene
Werkgruppe. Alle drei Lebensbilder sind lok-
ker komponiert und werden durch Material-
und Erläuterungstexte verschiedenster Art ergänzt.

Rezeption

Das Buch wurde bei seinem Erscheinen wenig
beachtet. Die *Zeitung für die elegante Welt* (11.
Jg., 1811, Nr. 125, 24. Juni) beschränkte sich
auf eine knappe Notiz und druckte aus Knights
Tagebuch die Besteigung des Ätna. Die *Göttingischen Gelehrten Anzeigen* (1811, 168. St.,
21. Oktober) brachten eine trockene Inhaltsangabe, verfaßt von Johann Dominik Fiorillo.
Die Leipziger *Bibliothek der redenden und bildenden Künste* (1811, Bd. VIII, 2. Stück,
S. 255–261) lobte zwar die Art, wie G. die Papiere Hackerts zu einem »classischen Werke«
(ebd., S. 255) verarbeitete, doch nur, um Hakkerts Malerei desto freier zu kritisieren. Keineswegs könnten Hackerts Gouache-Land-
schaften neben denen des von ihm abschätzig
genannten Dresdners Johann Georg Wagner
bestehen, auch hätten in Meyers Würdigung
von Hackerts Kunstcharakter unbedingt die
bedeutenderen Landschafter Johann Alexander Thiele, Michael Wutky, Johann Samuel
Bach (richtig: Johann Sebastian Bach d. J.,
1770–1772, ein Schüler Adam Friedrich Oesers), Jacob Wilhelm Mechau, Johann Christian Klengel und Johann Christian Reinhart
erwähnt werden müssen. Der anonyme Rezensent sagt von sich selbst, er habe G. in dessen
Leipziger Zeit gut gekannt, mit ihm bei Erne-
sti gehört und bei Oeser gezeichnet (vgl. die
einleitende Bemerkung zu G.s Radierkunst
mit dem Schluß der nachfolgenden Kritik zum
ersten Teil von *Dichtung und Wahrheit*; ebd.,
S. 268), er dürfte daher mit Christian Gottfried
Hermann identisch sein. Hermann hat G. zum
Zeichnen in freier Natur angeregt, und G. hat
Hermann eine seiner beiden *Radierungen
nach Landschaften Johann Alexander Thieles*
gewidmet.

In der einschränkenden Beurteilung Hakkerts waren sich Künstler und Literaten seit
langem einig. Auf seiner Rückreise nach
Deutschland besuchte Fernow den Maler in
Florenz, als dieser gerade an den Bildern für
Weimar arbeitete, und kam zu dem Urteil: »Ich
kann es nicht läugnen, daß mir Hackerts ganzes Kunstwesen, so wie man es ihn treiben

sieht, etwas fabrickmäßig vorkommt« (*Neuer Teutscher Merkur*, Oktober 1803, S. 474) Ähnlich urteilten die *Fragmente über Jakob Philipp Hackert, als Mensch und als Künstler. Von zwey seiner Freunde in Hamburg*, die wie G.s Skizze *Jakob Philipp Hackert* im *Morgenblatt* (1. Jg., 1807, Nr. 202 u. 203, 24. u. 25. August) erschienen: »Er stellte die Sachen blos hin, und blieb dabey stehen, hörte da auf, wo des Künstlers Begeisterung zur Ausführung erst anfangen sollte. Das il non so che, das Magische der Kunst, jenes Geistige, das vom Körper gelöset ein Bild umschwebt, nicht mit Ueberlegung zu machen ist, sondern von der Eingebung des begeisterten Moments erzeugt wird: das ist es, was Hackert nicht in seine Bilder brachte« (ebd., S. 810).

Zu dem Buch gab es selbst aus G.s Freundes- und Bekanntenkreis kaum Stimmen. Carl Friedrich Graf von Reinhard dankte für das ihm übersandte Exemplar am 7.9. 1811 mit den klugen Worten: »Was immer von Ihrer Hand kommt, ist mir lieb und wert, das Wunderliche vor allem«. Friedrich Maximilian Klinger diente das Buch zur Erinnerung an den eigenen Besuch bei Hackert (an G., 18.10. 1811). Carl Friedrich Zelter schrieb am 9.8. 1819: »Die Art, wie Du das Werkchen aus Fragmenten aufgefädelt hast, ist so eigen und leicht, daß ich meine Herzensfreude daran erlebt habe«. Auch für Zelter war das Buch von persönlichem Interesse, da er mit Hackerts jüngstem Bruder die Berliner Zeichenakademie besucht hatte. G. antwortete am 14.4. 1820: »Du hast dem Büchlein Sorgfalt und Sinn abgefühlt, die ich ihm gewidmet und verliehen habe; es ist in dem lieben Deutschland verschollen und mit vielem andern, Gutem und Nützlichen von den Sandweben des Tags zugedeckt, wird aber immer doch wieder einmal wie der Bernstein ausgeschwemmt oder -gegraben«.

Von den deutsch-römischen Malern kam nur Ablehnung. Das vom Geniebegriff geprägte Selbstverständnis der nachrückenden Generation, vor allem der Landschafter Reinhart und Joseph Anton Koch, übertrieb den Gegensatz zu dem Hofkünstler Hackert, über dessen Geschäftstüchtigkeit viele gutbezeugte Anekdo-

ten umliefen. Das Wuchern mit dem Talent, 1796 von Asmus Jakob Carstens in einem bedeutenden Absagebrief als bürgerlich-autonomes Lebensverständnis dem adligen Gönner programmatisch entgegengehalten, betreibt Hackert noch im Rahmen des Ancien régime – und zwar mit solcher Selbstzufriedenheit und von G. so schlichtweg gutgeheißen, daß sich die Klassizisten und Romantiker zu spöttischen Entgegnungen provoziert fühlen mußten.

Von Reinhart stammt das Distichon *Hakkerts Leben von Goethe*: »Hackert's Leben schrieb Goethe. Ich las es und rief mit Erstaunen // ›Wahrlich Goethe, du warst nie mehr Dichter als hier‹« (Baisch, S. 340). Und Koch, in *Winckelmann und sein Jahrhundert* von Meyer ein »wildes und ungeregeltes Talent« genannt (zitiert nach MA 6.2, S. 320), nahm G.s Winckelmann- und Hackertbuch zum Anlaß einer Satire, die sich schließlich gegen das gesamte Kunstleben seiner Zeit richtete, gegen Mäzenatentum, wohlfeile Kunst und Kunstkritik: *Moderne Kunstchronik. Briefe zweier Freunde in Rom und der Tartarei über das moderne Kunstleben und Treiben, oder die Rumfordische Suppe* (Karlsruhe 1834; Neuausgabe von Hilmar Frank, Leipzig, Weimar 1984). In Kochs Augen verdankt Hackert seinen Ruf zunächst der Tatsache, daß Graf Orlow auf der Reede von Livorno eine alte Fregatte abbrennen ließ, um dem Maler für die Bilder des russischen Seesiegs von Tschesme die nötige Anschauung zu bieten. »Eine noch größere Ursache seines Rufs aber war die berühmteste Feder unserer Zeit, in andern Dingen eine gute Feder, hier aber nur eine berühmte Feder; diese Feder beschrieb das Leben des berühmten Hackert, wer also mehr von ihm zu wissen verlangt, der lese sein Leben, geschrieben von der berühmten Feder« (Neuausgabe, S. 29). Daß G.s Bücher den ersten Anstoß zu dieser Satire boten, zeigen die ungedruckten Frühfassungen. Etwa 1812 bis 1815 entstand im Kreis Friedrich Schlegels in Wien *Die Rumfordische Suppe oder Das Jahrhundert Winckelmanns, ein Vergleich mit der goldenen Zeit der Kunst bei Gelegenheit der Lebensbeschreibung des Philipp Hackert nebst verschiedenem aus Rom* (1940 bei F. Wittmer, Berlin-Frohnau, inzwischen verschollen, vgl. Otto R. von Lutterotti: Joseph Anton Koch 1768–1839. Berlin 1940, S. 314). Um 1820 folgte in Rom das Manuskript *Vorbericht oder Einleitung zu einem nicht gar leckeren Gastmahl für gute Freunde der schönen Künste in und außer Rom* (55 Seiten, Innsbruck, Tiroler Landesmuseum Ferdinandeum). In der Einleitung entschuldigt sich Koch, als Nachtisch zur »Rumfordischen Schleimsuppe« nur »mit dem Winckelmannischen Jahrhundert nebst einigen innigen Ergießungen über die Lebensbeschreibung des berühmten Philipp Hackert« dienen zu können (ebd.). 1825 urteilte Koch über G.: »Dieser Mensch hat der wahren Kunst den empfindlichsten Abbruch gethan. Vor seinem Werther und Götz hab' ich Respect; wenn er mir aber den Hackert als Meister der Landschaftsmalerei anpreist, so lach' ich ihm ins Gesicht« (zitiert nach Weber, S. 155)

Selbst Carl Gustav Carus konnte der Hackert-Biographie nichts abgewinnen, sie wird in seinen *Neun Briefen über Landschaftsmalerei* (1831) nicht erwähnt. In Carus' Nachruf auf Caspar David Friedrich heißt es über die deutsche Landschaftskunst um 1800: »Man wundert sich allerdings, wenn man jetzt die Bilder eines Philipp Hackert, gewiß noch eines der talentvollsten jener Zeit, eines Künstlers, welcher selbst Goethe noch dergestalt beschäftigte, daß er so Vieles über ihn gesammelt hat, mit prüfendem Blicke betrachtet!« (Kunstblatt, 21. Jg., 1840, Nr. 86, 27. Oktober).

Erst in den letzten Jahrzehnten, mit dem wachsenden Interesse für die Geschichte des Klassizismus wie der Landschaftsmalerei überhaupt wurde dem Werk Hackerts und damit auch G.s Biographie größere Aufmerksamkeit zuteil. Von den grundlegenden Arbeiten Wolfgang Krönigs zu Hackert sei wenigstens der Aufsatz genannt, der die von Hackert verloren geglaubten (vgl. MA 9, S. 749), doch 1982 wieder aufgetauchten *Zehn Aussichten von dem Landhause des Horaz* (1780) vorstellt (Göres, S. 4–21). Diese Gouachen gehören zweifellos zu den besten Leistungen des Künstlers. Einen Vergleich der Hackert-Zeichnungen aus G.s Besitz mit Zeichnungen G.s

von der italienischen Reise bot 1982 eine Ausstellung in Hackerts Geburtsstadt Prenzlau (vgl. Seiler). Auch Hackerts Reise nach Sizilien 1777 ist inzwischen dokumentiert (vgl. Krönig u. a.). Vor allem aber hat Hackerts Naturnähe und geologisches Interesse eine positive Neubewertung erfahren (vgl. Busch, S. 364–375).

Der kunsttheoretische Kontext: Ansätze zu einer Deutung

Wie schon in der einzigen nennenswerten Rezension bemerkt, enthält sich G. jedes Bezugs auf andere Landschafter und die zeitgenössischen Theorien der Landschaftsmalerei. Immerhin war die Landschaft in Deutschland schon mit Christian Ludwig von Hagedorns *Betrachtungen über die Malerei* (2 Bde., 1762) zu einem eigenen Gegenstand der Kunsttheorie geworden. Im letzten Jahrhundertdrittel trat die Landschaft vollends aus ihrer untergeordneten Stellung im Gattungsgefüge der bildenden Kunst heraus und entwickelte sich zum weltanschaulichen Reflexionsmedium, zum Spiegel subjektiver Stimmungen und ethischer Orientierungen. Es zeigte sich, daß sie das ersprießlichste Feld künstlerischen Neuerungswillens und der Auffächerung der stilistischen Möglichkeiten bot. Von all dem findet sich in dem Buch nichts. Wie Hackert bleiben G. und Meyer in der traditionsgegebenen, inzwischen zu einer Auffassung neben anderen herabgesetzten Polarität von Naturnähe und Ideal befangen – und dies nicht einmal auf dem Niveau, das von Fernow durch den Bezug auf Kants *Kritik der Urteilskraft* und Schillers Matthisson-Rezension erreicht worden war. Zudem war die Entwicklung stürmisch weitergegangen, wie vor allem der auch von G. zur Kenntnis genommene Streit um Caspar David Friedrichs *Kreuz im Gebirge* ab Anfang 1809 zeigte. Gleichzeitig trat Otto August Rühle von Lilienstern in seinem Werk *Gelegentliche Gedanken über das Wesen der Kunst in Bezug auf die Landschaftsmalerei* (in: *Reise mit der Ar-*

mee im Jahre 1809, T. 1, Rudolstadt 1810, S. 271–451) für die Gleichberechtigung von realistischer Prospektmalerei, geognostischer, idealer und romantischer Landschaft ein. Rühle war 1807 bis 1811 Erzieher des Prinzen Bernhard von Sachsen-Weimar in Dresden und G. wohlbekannt. G. war sogar das erste, sehr zu Unrecht vergessene Manifest des Landschaftsrealismus in Deutschland vom Autor zugesandt worden, Johann Paesters *Theatik. Ideen zur Uebung des Blickes in bildender Kunst* (Mannheim 1807), wie der Brief Paesters an G. vom 11. 1. 1808 belegt. Und schließlich kannte und schätzte G. Alexander von Humboldts *Ansichten der Natur* (1807), in denen die Vorarbeit der Maler zur Erkenntnis des typischen Totaleindrucks der Landschaften ausdrücklich gewürdigt und darüber hinaus gezeigt wird, wie es, ganz im Sinne des Baum-Liebhabers Hackert, vor allem die »Physiognomik der Gewächse« ist, die das Bild der Landschaft prägt. Humboldt hat sogar seine grundlegenden Begriffe des »Totaleindrucks« und der »Physiognomie« der Natur aus der Theorie der Landschaftsmalerei übernommen (vgl. Hard).

Gegenüber all diesen prägnanten Positionen muß die Landschaftsauffassung des Hackert-Buchs matt und veraltet wirken. Die *Theoretischen Fragmente* kombinieren größtenteils landläufige Versatzstücke. Selbst wo Hackert auf den entscheidenden, von seinem Schüler Balthasar Anton Duncker so prägnant dargestellten Rangstreit zwischen Historie und Landschaft kommt (vgl. Duncker, Bd. 2, S. 26–34), bleibt er im Ungefähren. Die sittliche Wirkung der Landschaft, für die Empfindsamkeit ein Effekt der Stimmung, für Schiller das Ergebnis der veranschaulichten Naturfreiheit, wird in kalter und gezwungener Weise aus dem Nebenbegriff der Erinnerung hergeleitet. Und Meyers Würdigung bedient sich sogar der alten akademischen Rubriken, obwohl das Unorganische einer solchen Betrachtung längst von Friedrich Schlegel in den *Gemäldebriefen* (1803/05) – und nicht ohne Spitze gegen die Weimarischen Kunstfreunde – dargetan worden war. G. hat sogar die gute Gelegenheit vorbeigehen lassen, Hackerts

Überzeugung vom Wert des Charakteristischen vornehmlich der Felsformationen und Bäume im Lichte seines morphologischen Denkens zu interpretieren. So müssen auch ältere Techniken, wie die drei Arten des »Baumschlags«, von denen sich in diesen Jahren Realisten wie Romantiker lösen, noch als aktuelle Empfehlungen erscheinen. Auch auf Hackerts Ablehnung der im 18. Jh. häufig benutzten Camera obscura (und deren Anwendung durch Gore) geht G. nicht ein, obgleich Hackerts Werkstatterfahrung, daß »die wahre Illusion des Gegenstandes« nicht durch blinde Mechanik zu gewinnen sei (MA 9, S. 850), seine Einsicht aufs handgreiflichste bestätigte, daß lebensvolle Naturnachahmung nur als aktive Formungsleistung denkbar sei. Immerhin wagt G. in *Der Sammler und die Seinigen* das Paradox: »Kein Portrait kann etwas taugen als wenn es der Maler im eigentlichsten Sinne erschafft« (MA 6.2, S. 110).

Sollte G. auf die theoretische Vertiefung verzichtet haben, weil er glaubte, mit einer »naiven« Darstellung, ähnlich dem *Cellini*, beim Publikum eher Eingang zu finden? G. war mehrmals von den Gegnern seines Klassizismus energisch, ja grob auf den Wert naturnaher Landschaftskunst verwiesen worden, so von Johann Gottfried Schadow in *Ueber einige, in den Propyläen abgedruckte Sätze, die Ausübung der Kunst in Berlin betreffend* (Eunomia, 1. Jg., 1801, H. 6, S. 487–519, vgl. S. 495f.) und von dem Bremer Landschafter Johann Heinrich Menken in seinem Brief an G. vom 15. 12. 1805. Es scheint, daß G. diesem Standpunkt mit dem Hackert-Buch so weit wie nur irgend möglich entgegenkommen wollte, um wenigstens die Landschaft der Romantik zu entziehen. Sollte mit Hackert ein erreichbares Vorbild aufgestellt werden? Von romantischer Transzendenz abgesehen, war G. in späteren Jahren zunehmend bereit, hier verschiedenste Auffassungen gelten zu lassen. »Gemeine Natur«, von G. in den Diskussionen über Skulptur und Historienmalerei im herkömmlichen Sinne als abwertender Kontrastbegriff zum Ideal gebraucht, kommt in seinen Äußerungen zur Landschaftskunst ohnehin nicht vor. In der fiktiven Kunstkritik, die er in

Wilhelm Meisters Wanderjahre (1821) einfügt, wird der morphologische Landschaftstypus hervorgehoben, und daneben stehen die ideale Landschaft und das seelenspiegelnde Stimmungsbild. Im hohen Alter an die Spitze der kunstgeschichtlichen Besinnung tretend, faßte G. schließlich in den Entwürfen *Künstlerische Behandlung landschaftlicher Gegenstände* und *Landschaftliche Malerei* (MA 18.2, S. 281–287) die Vielfalt der Landschaftsmalerei in der Einheit ihrer Gattungsgeschichte zusammen (vgl. Trunz, S. 156–202).

Literatur:

Baisch, Otto: Johann Christian Reinhart und seine Kreise. Leipzig 1882. – Busch, Werner: Das sentimentalische Bild. Die Krise der Kunst im 18. Jahrhundert und die Geburt der Moderne. München 1993. – Chiarini, Paolo (Hg.): Il paesaggio secondo natura. Jacob Philipp Hackert e la sua cerchia. Ausstellungskatalog Palazzo delle Esposizioni. Rom 1994. – Duncker, Balthasar Anton: Schriften. Bd. 2. Bern 1785. – Ehrlich, Willi: ›… wegen Kunstverwandtschaft und freundlicher Lebensteilnahme‹. Goethes Beziehungen zu Charles Gore. In: GoetheJb. 91 (1974), S. 117–135. – Fernow, Carl Ludwig: Römische Studien. 2. T. Zürich 1806. – Fischer-Lamberg, Renate: Zu Goethes Briefwechsel. Erstveröffentlichungen und Textkorrekturen. In: GoetheJb. N.F. 23 (1961), S. 253–264. – Göres, Jörn (Hg.): Philipp Hackert *Zehn Aussichten von dem Landhause des Horaz* 1780. Ausstellungskatalog Goethe-Museum. Düsseldorf 1983. – Hard, Gerhard: Der »Totalcharakter der Landschaft«. Re-Interpretation einiger Textstellen bei Alexander von Humboldt. In: Alexander von Humboldt. Eigene und neue Wertungen der Reisen, Arbeit und Gedankenwelt. Wiesbaden 1970, S. 49–73. – Krönig, Wolfgang u.a.: Jakob Philipp Hackert. Der Landschaftsmaler der Goethezeit. Mit einem Beitrag von Verena Krieger. Köln, Weimar, Wien 1994. – Ders.: Vedute di luoghi classici della Sicilia. Il viaggio di Philipp Hackert del 1777. Palermo 1987. – Lohse, Bruno: Jakob Philipp Hackert. Leben und Anfänge seiner Kunst. Emsdetten 1936. – Miller, Norbert: Goethes Begegnung mit Jakob Philipp Hackert. Der Jahreszeiten-Zyklus des Malers und die »Landschaft nach der Natur« als klassizistisches Programm. In: Die vier Jahreszeiten im 18. Jahrhundert. Colloquium der Arbeitsstelle 18. Jahrhundert. Gesamthochschule Wuppertal. Heidelberg 1986, S. 185–224. – Meinhold, Wilhelm: Philipp Hackert. Zur Ergänzung seiner Lebensgeschichte von Goethe. In: Kunst-Blatt. 19 (1838), H. 29, S. 113 f.; H. 30, S. 117f.; H. 31, S. 121–123. – Nordhoff, Claudia: Jakob Philipp Hackert 1737–1807. Verzeichnis seiner Werke. 2 Bde. Berlin 1994. – Recke, Elisa von der: Tagebuch einer Reise durch einen Theil Deutschlands und durch Italien, in den Jahren 1804–1806. Bd. 3. Berlin 1815. – Seiler, Rolf H. (Hg.): Johann Wolfgang von Goethe und Jacob Philipp Hackert. Der Dichter und der Maler als Zeichner. Ausstellungskatalog Kulturhistorisches Museum. Prenzlau 1982. – Stumpf, Claudia (Hg.): Richard Payne Knight. Expedition into Sicily (1777). London 1986. – Trunz, Erich: Goethes Entwurf Landschaftliche Malerei. In: ders.: Weimarer Goethe-Studien. Weimar 1980, S. 156–202. – Weber, Beda: Charakterbilder. Frankfurt/M. 1853.

Hilmar Frank

Polygnots Gemählde

Der Aufsatz *Polygnots Gemählde in der Lesche zu Delphi* wurde in der *Jenaischen Allgemeinen Litteratur-Zeitung* 1804 (Bd. 1, S. IX–XIII) zuerst gedruckt. Gegenstand sind die Gemälde des griechischen Malers Polygnotos von Thasos (zwischen 480 u. 440 v. Chr. tätig) in der Lesche (»Versammlungshalle«) der Knidier in Delphi, die die Göttinger Malerbrüder Fritz und Johann Christian Riepenhausen – seit ihrer Konversion zum Katholizismus 1804 nannten sie sich Franz und Johannes – auf der Grundlage der bei Pausanias überlieferten Beschreibung (Paus. 10, 25–31) 1802/03 zu rekonstruieren unternommen hatten. Textgrundlage der folgenden Analyse ist die Weimarer Ausgabe (WA I, 48, S. 84–120), die auf den Erstdruck zurückgeht.

Entstehung

G.s Interesse an den Rekonstruktionsversuchen wichtiger Werke der griechischen Malerei stand im Zusammenhang der gemeinsam mit Johann Heinrich Meyer von 1798 bis 1805 unternommenen Anstrengungen, mit Hilfe der Zeitschrift *Propyläen* und jährlicher Preisaufgaben didaktisch auf bildende Künstler und Kunstfreunde in Deutschland einzuwirken. Die »Einleitung« in die *Propyläen* skizziert dazu ein Bildungsprogramm, das den durch den falschen Beifall der Zeit irregeleiteten Künstler von der »Naturwirklichkeit« zur »Kunstwahrheit« (WA I, 47, S. 23) geleiten, ihn noch einmal den Entwicklungsprozeß von der bloß äußerlichen Naturnachahmung über ein verfeinertes Naturgefühl zu einer von »Kenntniß, Regelmäßigkeit, Ernst und Strenge« (WA I, 47, S. 28) getragenen Kunst durchlaufen lassen möchte, der auch die Blütezeit der Kunst des klassischen Griechenlands hervorgebracht habe. Zentrales didaktisches Teilziel dieses Programms bildete die Sensibilisierung für die außerordentliche Bedeutung der Wahl des Gegenstandes, der geeignet sein sollte, in der Erscheinung sein Wesen zu offenbaren und so Anmut für das Auge mit geistiger Schönheit zu vereinen. In Ermangelung überlieferter Hauptwerke der griechischen Malerei, die man den Künstlern zur unmittelbaren Nachahmung hätte empfehlen können, griff man statt dessen für die Preisaufgaben von 1799 bis 1803 und 1805 auf Episoden aus dem Stoffkreis der Homerischen Epen und griechischen Mythologie zurück, da zum einen aus diesem Reservoir auch die Alten ihre Themen geschöpft hätten, zum anderen die Stoffe hier, wie Meyer und G. anläßlich der ersten Preisaufgabe in den *Propyläen* schrieben, »schon so lebendig, so einfach und wahr dargestellt« (WA I, 48, S. 4) seien, daß der Künstler bei der Suche nach einem »idealischen« Gegenstand (WA I, 47, S. 91) bereits halb getane Arbeit finde. Dennoch war dieses Verfahren vor dem Hintergrund des seit Lessings *Laokoon* geschärften Bewußtseins für die unterschiedlichen Darstellungsmöglichkeiten von bildender Kunst und Dichtung, die G. in seinem eigenen *Laokoon*-Aufsatz in den *Propyläen* selber thematisiert (vgl. WA I, 47, S. 115), nicht ganz unproblematisch. Der Rekonstruktionsversuch der Brüder Riepenhausen hingegen ermöglichte dem Künstler, wenn auch nur auf

dem indirekten Wege der Erschließung über eine literarische Beschreibung, die Schulung an einer Gegenstandsgestaltung, die tatsächlich einem der Hauptwerke der griechischen Malerei entstammte. Darin mag ein Erklärungsansatz für G.s spontane Begeisterung über dieses Unternehmen – »muß künftig unserm Institut eine ganz neue Wendung geben«, schrieb er am 2.12. 1803 an Schiller – liegen, die sich auch in der – später allerdings nicht realisierten – Ankündigung niederschlug, die »successive Bearbeitung des Pausanias und Plinius, besonders auch der Philostrate« (WA I, 48, S. 119; zu letzterem vgl. *Philostrats Gemählde* 1818 in *Ueber Kunst und Alterthum*; WA I, 49.1, S. 63–135) zum Gegenstand künftiger Preisaufgaben zu machen.

Am 5.9. 1803 übersandten die Göttinger Malerbrüder Riepenhausen gemeinsam mit ihren Wettbewerbsstücken für die Preisaufgaben des Jahres zwölf Umrißzeichnungen mit den Rekonstruktionsversuchen von Polygnots Gemälden auf der rechten Seite der Lesche zu Delphi mit einem Begleitschreiben (Scheidig, S. 372) in der Hoffnung an G., die geplante Herausgabe des Werks als Kupfermappe durch dessen »günstige Beurteilung« befördert zu sehen. Trotz ihres jugendlichen Alters von sechzehn und siebzehn Jahren waren die Brüder Riepenhausen durch ihre Mitarbeit in der Kupferstichwerkstatt des Vaters, Ernst Ludwig Riepenhausens, auf die unternommene Aufgabe gut vorbereitet. Dort hatten sie 1799 Johann Heinrich Wilhelm Tischbein kennengelernt, für dessen an antiken Vasenbildern orientierten *Homer nach Antiken gezeichnet von Heinrich Wilhelm Tischbein* [...] *mit Erläuterungen von Christian Gottlob Heyne* (Hefte 1–6, Göttingen 1801–1805, H. 7–9 mit Erläuterungen von Ludwig Schorn, Stuttgart 1821–1823; prägend vor allem die Reproduktion der *Tabula Iliaca* im 7. Heft, S. 13) der Vater einen Teil der Kupferstiche ausführte und von dem die Anregung zur Rekonstruktion des Polygnot ausgegangen sein könnte (Pickert, S. 8). Ebenfalls dort waren die Nachstiche von John Flaxmans *Die Odyssee des Homer* (Göttingen 1803) entstanden, die die Malerbrüder so beeindruckten, daß sie G. gegenüber die auch von ihm präferierte »Flaxmannische Manier« der Umrißzeichnung als die »passende« für ihre Rekonstruktionsversuche auswiesen. Unmittelbar nach Erhalt der Sendung beschäftigte sich G. intensiv mit den Rekonstruktionsversuchen (vgl. Tagebuch, 13./14.9. 1803) und entwickelte dieses Unternehmen seinerseits weiter, indem er die entsprechenden Pausanias-Stellen zusammenstellte, übersetzte und die Gesamtkomposition der von den Brüdern Riepenhausen nur isoliert behandelten Gruppenbilder in Form eines die Figuren durch die senkrecht geschriebenen Namen ersetzenden Schemas veranschaulichte. Beides ließ er als Faltblatt mit der Überschrift recto: *Nachricht des Pausanias von Polygnots Gemählde* und verso: *Wahrscheinliche Zusammenstellung der Gruppen des Gemähldes in der Lesche zu Delphi, von Polygnot* (GSA 25/XLVI,1,1d) drukken, in der am 1. Oktober eröffneten Ausstellung vertreiben und übersandte es am 4.10. 1803 (Scheidig, S. 372f.) mit der Anregung an die Malerbrüder, die etwaigen Diskrepanzen zu ihren Zeichnungen für die spätere Ausführung im Kupferstich zu überdenken (Scheidig, S. 372f.). Detaillierter wurde G.s Kritik in einer anläßlich der Rücksendung der Zeichnungen verfaßten Beilage zum Brief vom 21.11. 1803 an die Brüder Riepenhausen (Beilage WA I, 53, S. 397–399), in der er mit Bezug auf die am 4. Oktober übersandten Faltblätter die Zeichnungen einzeln durchging und Korrekturvorschläge zumeist hinsichtlich der Stellung der Figuren zueinander unterbreitete, denen die Brüder Riepenhausen in ihrer von dem Göttinger Philosophieprofessor Georg Sartorius übermittelten Antwort vom Dezember 1803 (Sartorius an G., 10.10. 1803, bei Pickert, S. 16; Antwort der Riepenhausens bei Scheidig, S. 375f.) in vier Punkten widersprachen, dabei jedoch nur auf eine Pausanias-Übersetzung (Johann Eustachius Goldhagen. Berlin, Leipzig 1766, ²1798) rekurrieren konnten.

Im Brief vom 21.11. 1803 wurde gegenüber den Riepenhausens bereits eine »weitere Abhandlung über Polygnotische Kunst, welche zu Neujahr mit der jenaischen allgemeinen Litt. Zeitung ausgegeben wird«, angekündigt, mit der G. auch gezielt die geplante Publikation

fördern wollte (an Böttiger, 15.10. 1803). Nach Ausweis der Ausleihregister der Weimarer Bibliothek begann die Hauptarbeitsphase an dieser Abhandlung im September, als G. verschiedene Ausgaben (Ed. princ., Venedig 1516; ferner hg. von Johann Friedrich Facius, Leipzig 1794–1796) und eine französische Übersetzung (hg. von Abbé Gedoyn, Amsterdam 1733) des Pausanias in Verbindung mit Anne-Claude-Philippe de Tibières Comte de Caylus' *Recueil d'antiquités, égyptiennes, étrusques, grecques, romaines et gauloises* (7 Bde., Paris 1752–1767) und Johann Georg Meusels Übersetzung von Caylus' *Abhandlungen zur Geschichte und zur Kunst* (2 Bde., Altenburg 1768/69) entlieh. Am 13.10. 1803 konnte er bereits »einige Exemplare von der Anzeige unserer diesjährigen Kunstausstellung sowie dergleichen die polygnotischen Gemälde in der Lesche zu Delphi betr.«, also des oben beschriebenen Faltblatts, Heinrich Carl Abraham Eichstädt in Jena zur Verteilung übersenden, während die eigentliche Abhandlung in den ersten Dezembertagen abgeschlossen wurde (an Schiller, 27.11. u. 2.12. 1803; an Meyer, 6.12. 1803).

Der Text der Faltblätter bildet eine unmittelbare Vorstufe der Abhandlung, in die er ohne wesentliche Änderungen übernommen wurde. An der Übersetzung selbst scheint der klassische Philologe Friedrich Wilhelm Riemer beteiligt gewesen zu sein, der am 22.9. 1803 dem Verleger Karl Friedrich Ernst Frommann in Jena meldete, er sitze »über dem Pausanias [...], weil Goethe zu einer Zeichnung, die in der Ausstellung künftige Woche vorkommt, die Erklärung gibt« (zitiert nach Deneke, S. 13; vgl. auch Tagebuch, 25.11. 1803). Zwei von G. als Einleitung konzipierte Absätze wurden vor der Drucklegung ausgeschieden (WA I, 48, S. 83); daneben existieren noch von G.s Hand ein frühes Gliederungskonzept mit Ergänzungen (MA 6.2, S. 1118f.) sowie eine zweiseitige Tabelle mythologischer Namen, ferner von Meyer ein stark bearbeitetes fünfseitiges Konzept mit der Überschrift »Anmerkungen zu Polygnots Gemählden in der Lesche«, das Vorarbeiten enthält (GSA 25/XLVI,1,6a).

Gliederung des Aufsatzes

Der Erstdruck des Aufsatzes *Polygnots Ge-mählde in der Lesche zu Delphi* erschien in der *Jenaischen Allgemeinen Literatur-Zeitung* (1804, Bd. 1, S. IX-XXIII), eingeschoben zwischen den dritten und vierten Teil des vorwiegend von Meyer verfaßten Programms *Weimarische Kunstausstellung vom Jahre 1803 und Preisaufgabe für das Jahr 1804* (JALZ, S. I-VIII u. S. XXIII-XXIV). Inhaltlich gliedert sich G.s Abhandlung in vier Teile, eine kurze Einleitung, zwei Buchstabenschemata zur Verdeutlichung der Figurenanordnungen und Gruppenbildungen mit den entsprechenden Textauszügen des Pausanias, einen in sechs Unterkapitel gegliederten analytisch-kunsthistorischen Hauptteil sowie einen Nachtrag. Die Einleitung (WA I, 48, S. 84f.) stellt die Lesche zunächst – den relativ vagen Angaben der Quelle folgend – als »Versammlungsort« und »Porticus« vor – nach heutiger Kenntnis ein rechteckiger, 18,70 x 9,70 m großer, geschlossener Raum, dessen Decke von acht hölzernen Stützen getragen wurde –, der dem vom Süden her eintretenden Betrachter nach G. auf der rechten Innenseite in einer ersten Abteilung Figurengruppen zur Eroberung Trojas, in einer zweiten solche zur Verherrlichung Helenas und auf der gegenüberliegenden linken Seite in einem einzigen großen Bild den Besuch des Odysseus in der Unterwelt darbot. Gleich zu Anfang zeigt sich G. bemüht, die Autorität seiner Quelle zu stützen, indem er den »wohl erhaltenen« Zustand der Gemälde zum Zeitpunkt der Beschreibung durch Pausanias (111/115 n. Chr. geboren; Fertigstellung des zehnten Buches seiner Reisebeschreibung um 180 n. Chr.) gut 600 Jahre nach ihrer Entstehung hervorhebt. Dieser einzigen Quelle folgt G. konsequent in seinem Rekonstruktionsversuch, indem er in der Durchnumerierung der Figurengruppen exakt die Beschreibungsabfolge bei Pausanias reproduziert, obwohl diese der Chronologie der mythologischen Darstellungen zuwiderläuft, so daß die Helena-Szenen nach dem Sieg der Griechen und deren Zurüstung zur Abfahrt nach Troja

zur Sprache kommen. Dann aber stellt er die chronologische Ordnung der beiden großen Bildkomplexe in der Abfolge der Pausanias-Auszüge wieder her: X.-XVI. »Eroberung von Troja« (WA I, 48, S. 85–90), danach I.-IX. »Verherrlichung der Helena« (WA I, 48, S. 90–92). In der späteren Bildanalyse (WA I, 48, S. 107–110) wird dann auch die Bildabfolge innerhalb der zweiten Sektion umgekehrt.

Im zweiten Teil (WA I, 48, S. 85–100) übernimmt G. zunächst für die rechte Wand das Figurenschema und die Pausanias-Auszüge des oben beschriebenen Faltblattes und ergänzt sie sodann um Pendants zum Besuch des Odysseus in der Unterwelt auf der linken Wandseite. Zu Beginn des dritten (WA I, 48, S. 100–116) werden die frühen kunstgeschichtlichen Entwicklungsstufen der griechischen Malerei sowie der Epochen- und der Individualstil Polygnots charakterisiert. In dessen Schaffensperiode »vor der neunzigsten Olympiade [420 v. Chr.; d. Vf.]« (WA I, 48, S. 100) habe sich die Plastik unmittelbar vor ihrer Vollendung befunden, während ihr die Malerei noch weit nachgestanden habe. Komposition, Lichtgestaltung und Farbgebung, vor allem aber Perspektivität, deren Fehlen schon Lessing im neunzehnten Kapitel des *Laokoon* wie im neunten *Brief antiquarischen Inhalts* nachweist, waren noch gänzlich unentwickelt. Die Ausdrucksqualitäten der Werke dieser Epoche sieht G. in der würdevollen und mannigfaltigen Gestaltung der Figuren wie in ihrer »geistreichen, fast dürfte man sagen witzigen Zusammenstellung« (WA I, 48, S. 101). Zu dieser Epochensituation einer in ihrem Ausdruckswillen zwar würdevollen, in ihren Ausdrucksmitteln jedoch noch eng beschränkten Kunst, charakterisiert durch »Naivetät, mit Zartheit und Strenge verbunden« (ebd.), zieht G. eine Parallele zu »den ältern Meistern der in unserm Mittelalter auflebenden Kunst, besonders den Florentinischen« (ebd.).

Als signifikant für den Epochenstil bis auf Polygnot gilt neben dem Fehlen von Räumlichkeit und Perspektivität vor allem die »monochromatische« (ebd.) Ausführung der Gemälde, die G. anhand roter Vasenmalerei auf schwarzem Grund erläutert. Demgegenüber liege Polygnots herausragende Leistung und kunsthistorische Bedeutung in der Einführung ornamentaler Farbigkeit für Kleider, Kopfschmuck und ähnliche Gegenstände, was G. 1810 im historischen Teil der *Farbenlehre* (vgl. WA II, 3, S. 74f.) genauer ausführte. Daneben zeichnet Polygnot die Fähigkeit zur Schaffung von Bezügen innerhalb seiner Figurengruppen wie zwischen seinen Gemälden aus, wodurch ihm »das Ganze seiner Werke, das für die sinnliche Anschauung zu keiner Einheit gelangen konnte, für den Verstand, für das Gefühl zu verbinden« gelungen sei (WA I, 48, S. 104). In vier Unterkapiteln zu den Wandgemälden geht G. diesem Aspekt intensiv nach, indem er nach einer einleitenden Verbindung der drei mythologischen Themenkomplexe in aufsteigender Linie im ersten Bilde das Historische (Eroberung Trojas), im zweiten das Symbolische (Einheit von Schönheit und Sittlichkeit in der Gestalt Helenas), schließlich im dritten – »den Pausanias auf einige Zeit vergessend, nach unsern eignen Einsichten« urteilend – einen »hohen poetischen Sinne« als charakteristische Dominanten bestimmt (WA I, 48, S. 110).

Der abschließende »Nachtrag« (WA I, 48, S. 117–120) thematisiert die immense Bedeutung von Rekonstruktionsversuchen in der Art des Riepenhausenschen für Kunstgeschichte und ausübende Kunst. In einer Situation, in der insbesondere die deutsche Kunst sich den »wahren Sinn des Alterthums« (WA I, 48, S. 118) zu erschließen beginne, werde der Künstler auf »die einfach-hohen und profundnaiven Gegenstände« (ebd.) der antiken Malerei gelenkt und könne so den Weg zur »geistreichen Composition« finden (WA I, 48, S. 119), der Voraussetzung für jedes wahre Kunstwerk. Dem »Kunstfreund« (WA I, 48, S. 118) hingegen falle es zu, vermittelnd zwischen die Altertumskunde und die bildende Kunst zu treten, und in Erfüllung dieser Aufgaben werden von den Weimarer Kunstfreunden für künftige Preisaufgaben Rekonstruktionsvorgaben nach den Werken des Pausanias, Plinius und Philostratos angekündigt, später jedoch nicht realisiert; ferner ein Vergleich der Hadesszenen bei Homer, Vergil und Polygnot sowie, von G. besonders eingehend

vorgestellt, eine Gegenüberstellung der Eroberung Trojas bei Polygnot und auf antiken Vasen, wie sie von Sir William Hamilton in seiner *Collection of Engravings from ancient vases [. . .] discovered in Sepulchres in the kingdom of the two Sicilies . . . during . . . the years 1789 and 1790 . . . with remarks on each vase [. . .]* (Bd. 1–3, Neapel 1791–95) gesammelt und von Tischbein unter dem Titel *Umrisse griechischer Vasen auf antiken [. . .] Vasen* (3 Hefte, Weimar 1797–1800) herausgegeben worden waren.

Zeitgenössische Wirkung

Von G.s Interesse ermutigt, beteiligten sich die Brüder im Herbst 1804 erneut am Weimarer Preisausschreiben zum Thema »Die Menschen, vom Element des Wassers bedroht« und machten im Oktober/November 1804 auf ihrem Rückweg von Dresden nach Göttingen in Weimar Station, wo es möglicherweise zu einer Begegnung mit G. kam (vgl. Pickert, S. 27 u. S. 31; Deneke, S. 36f.). Unmittelbar nach ihrer Rückkehr begannen sie mit der Bearbeitung der Polygnot-Zeichnungen für den Druck, die bis zum Frühjahr 1805 abgeschlossen war. Entscheidend für das Verhältnis zu G. in den folgenden Jahren wurde ihre gleichzeitige Hinwendung und Konversion zum Katholizismus während ihres Aufenthaltes in Dresden vom Mai bis Oktober/November 1804, die mit einem programmatischen Bekenntnis zur Aufgabe des »griechischen Stils« zugunsten des »romantischen« (vgl. Friedrich August von Klinkowström an Philipp Otto Runge, 27.6. 1804) einherging. Unter diesen veränderten Vorzeichen rezipierte G. das im März 1805 bei Dieterich in Göttingen herauskommende Kupferwerk *Gemählde des Polygnotos in der Lesche zu Delphi nach der Beschreibung des Pausanias gezeichnet v. F. u. I. Riepenhausen* und den begleitenden Textband *Erläuterung des polygnotischen Gemähldes auf der rechten Seite der Lesche zu Delphi von Fr. und Joh. Riepenhausen* (1. Teil, Göttingen

1805). Das Kupferwerk war gegenüber den 1803 ausgestellten Zeichnungen, wie die Einleitung zum Erläuterungsband versichert, gänzlich überarbeitet und von zwölf auf vierzehn Zeichnungen erweitert, die nunmehr die sechzehn von G. in seinem Buchstabenschema unterschiedenen Gruppen darstellen, wobei seine Änderungsvorschläge in der Beilage zum Brief vom 21.11. 1803 überwiegend keine Berücksichtigung gefunden hatten. Dennoch ließen die Malerbrüder dem Kupferstichband ein Großfolioblatt einlegen, das unter der Überschrift *Einleitendes über Polygnots Gemälde in der Lesche zu Delphi (nach Goethe)* die konkreten Bildbeschreibungen aus dessen Aufsatz vom Januar 1804 (WA I, 48, S. 85–92) mit zahlreichen Varianten und Änderungen wiedergibt. Auch die von den Malerbrüdern verfaßte »Vorrede« zum Erläuterungsband stellt die »gütige und ehrenvolle Aufnahme« durch die Weimarer Kunstfreunde und das in G.s Aufsatz zum Ausdruck kommende »Wohlwollen« (Riepenhausen, S. 7 u. S. 9) eigens heraus.

Um so empfindlicher mußte G. auf die in der *Erläuterung* enthaltene Herabsetzung der griechischen Kunst gegenüber der romantischen reagieren, zumal die Brüder in der »Vorrede« die Autorschaft daran für sich reklamierten (Riepenhausen, S. 8), woran die Zeitgenossen allerdings zu Recht zweifelten. Der Göttinger Altphilologe Christian Gottlob Heyne ging zunächst von Karl August Böttiger als Verfasser aus, der sich gegenüber der Familie Riepenhausen wie gegenüber G. (an Böttiger, 15.10. 1803) als Verfasser angeboten hatte, vermutete dann Carl Friedrich Rumohr (vgl. Deneke, S. 23); Achim von Arnim nennt in einem Brief an Bettina vom 30.8. 1806 den tatsächlichen Verfasser, Christian Friedrich Schlosser. Obwohl die Brüder in der »Vorrede« versichern, in ihrer Auseinandersetzung mit Polygnot »überall nur aus echt griechischen Quellen« (Riepenhausen, S. 10) schöpfen zu wollen, wird die griechische Kunst ihrem Wesen nach von der romantischen unterschieden und in einem mit dem Programm der *Propyläen* wie der Preisausschreiben unvereinbaren kunsttheoretischen Paradigmenwechsel dieser sogar untergeordnet: »Niemahls war

der Grieche zu der Erfindung eines solchen Kunstwerkes gelangt, in welcher sich der Geist der ganzen Welt, mit allen seinem Glanze, allen seinen Verborgenheiten, und seiner entzückenden, herrlichen Hoheit offenbart; diese lag ausserhalb des Umfangs seiner Möglichkeit, und war späteren Zeiten vorbehalten, in welchen eine andere göttlichere, geheimnissvollere Religion, eine andere durch sie wiedergeborene Welt mit neuer Vortrefflichkeit überströmen sollte« (Riepenhausen, S. 20). Für G., der die Riepenhausenschen Bände wenige Tage nach Schillers Tod in die Hand bekam, wurden sie vor dem Hintergrund des sich abzeichnenden Scheiterns des didaktischen Programms der *Propyläen* und Preisaufgaben zum Anlaß, die seit dem Erscheinen von Wilhelm Heinrich Wackenroders *Herzensergießungen* 1796 geübte Zurückhaltung gegenüber den Romantikern zu beenden und zu offener Polemik überzugehen. Eine Kurzbesprechung der Stiche und des Erläuterungsbandes unter dem Signum der »W[eimarer]. K[unst]. F[reunde]«. in der *Jenaischen Allgemeinen Literatur-Zeitung* vom 18.6. 1805 war noch freundlich ausgefallen. In Meyers Rezensionsmanuskript zu den Riepenhausenschen Bänden fügte er, obwohl er auch hier »das schöne Talent der Verfasser« hervorzuheben nicht vergißt, nach dem Zitat der oben angeführten Stelle aus der *Erläuterung* den Passus ein: »Wem ist in diesen Phrasen die neukatholische Sentimentalität nicht bemerklich, das klosterbrudrisirende, sternbaldisirende Unwesen, von welchem der bildenden Kunst mehr Gefahr bevorsteht als von allen Wirklichkeit fodernden Calibanen?« (WA I, 48, S. 121f.) und sandte das Manuskript am 22.7. 1805 mit der Bemerkung an Meyer zurück: »Es ist Zeit, daß man sich erklärt, wie man über diese Narrenspossen denkt, denn bey einem Frieden mit solchen Leuten kommt doch nichts heraus, sie greifen nur desto unverschämter um sich«. Es wurde dann in der *Jenaischen Allgemeinen Literatur-Zeitung* unter dem Titel *Über Polygnots Gemälde auf der rechten Seite der Lesche zu Delphi, mit Beziehungen auf die von Fr. und Joh. Riepenhausen entworfenen Umrisse und Erläuterung derselben* mit einem von Meyer entworfenen und gestochenen Rekonstruktionsversuch der rechten Seite als Frontispiz publiziert.

Daß damit weniger sie als vielmehr Ludwig Tieck, dessen *Leben und Tod der heiligen Genoveva* (Frankfurt/M. 1806) die Brüder in vierzehn Kupferstichen illustriert hatten, und die Schlegels als »Stifter und Großmeister« der romantischen »Herrnhutersecte« (Karl Ludwig Fernow an Johann Christian Reinhart, 22.5. 1805) gemeint waren, wußten nicht nur die inzwischen in Rom weilenden Malerbrüder (vgl. Franz und Johannes Riepenhausen an Ernst Ludwig Riepenhausen, 26.9. 1805), sondern auch ferner stehende Beobachter wie Clemens Brentano (vgl. Brentano an Achim von Arnim, 1.1. 1806). Daraus erklärt sich die relativ unbelastete Art der späteren Kontakte und G.s andauerndes Interesse an den Malerbrüdern. Zunächst hielt ihn das Ärgernis des Erläuterungsbandes nicht davon ab, den Stichen in der Kunstausstellung im Herbst 1805 »einen hübschen Raum« (an Meyer, 12.8. 1805) zu widmen, während die Brüder Riepenhausen im August/September 1805 in Rom an einundzwanzig Blättern zum zweiten Teil der Lesche arbeiteten. 1810 äußerte G. sich gegenüber Cotta (Konzept vom 16.11. 1805) sehr wohlmeinend über ihre *Geschichte der Mahlerei in Italien nach ihrer Entwiklung Ausbildung und Vollendung anschaulich dargestellt* (2 Hefte [von 12 geplanten], Tübingen 1810). Im Jahr darauf unterstützte er die Subskription einer (nie erschienenen) Kupferstichfolge zum Leben Karls des Großen (an Johann Friedrich Heinrich Schlosser, 10.7. 1811; an Eichstädt, 17.7. 1811) und erfuhr in einem Brief Christian Friedrich Schlossers aus Castello bei Rom vom 2.9. 1811 von ihrer Arbeit an einem vierzehn Blätter umfassenden Faust-Zyklus (nie erschienen; Faust und Gretchen als Einzelblatt um 1827/28 von Eberhard Emminger lithographiert), zu dem sie in einem undatierten, vermutlich 1811 geschriebenen Brief an den Archäologen Friedrich Gottlieb Welcker erklärten: »Wir wollen damit dem alten Herrn eine innige Danksagung für die herrlichen Gefühle, die uns seine Schriften verschafften, darbringen« (Pickert, S. 74). Über den Bruder Christian Schlossers, den Frankfurter Juristen Johann Friedrich Heinrich Schlosser, bat G. am 22.2. 1814 ausdrücklich um Zusendungen von Werken der Riepenhausens. Im November und Dezember sandte er Zeichnungen der Brüder an Cotta (vgl. WA III, 5, S. 304 f.) und signalisierte damit ein solches Wohlwollen, daß die Brüder am 18.7. 1814 (vgl. Pickert, S. 82–84) mit Bitten um Unterstützung bei ihm vorstellig wurden, die ihnen unter anderem die Vollendung des zweiten Teils des *Polygnot* sowie die Überarbeitung des ersten, »der zu unserem Leidwesen zu früh und in keiner vorzüglichen Gestalt öffentlich erschienen ist«, ermöglichen sollte. Als Meyer in Zusammenarbeit mit G. 1817 die *Neu-deutsche religios-patriotische Kunst* der Nazarener und ihrer Vorläufer kritisch resümierte, ließ G. allerdings die Zuschreibung der Riepenhausens zu dieser bekämpften Richtung passieren (vgl. WA I, 49.1, S. 42 f.) und bedauerte ihren Abfall zur romantischen Strömung in der Retrospektive der späten Jahre auch selber wiederholt, ohne daß damit ein generelles Verdikt verbunden gewesen wäre (vgl. WA I, 35, S. 249; WA I, 36, S. 265 f.; WA I, 48, S. 174; WA I, 49.1, S. 179; WA I, 49.2, S. 213).

Obwohl ein Brief der Riepenhausens an Welcker vom 24.5. 1826 (vgl. Pickert, S. 31) zeigt, daß ihnen nicht an der Berücksichtigung der Kritik der Weimarer Kunstfreunde gelegen war, erregte 1826 das Erscheinen des zweiten Teils der Polygnot-Rekonstruktionen mit der linken Seite der Lesche, *Peintures de Polygnote à Delphes. Dessinées et gravées d'après la description de Pausanias par. F. & I. Riepenhausen* (Rom 1826, [2]1829; überarb. 1. Teil, ebd. 1829), der G. vom Vater der Riepenhausens aus Göttingen übersandt worden war, sofort seine volle Zustimmung: »Ein Unternehmen, welches Goethe nicht genug anzuerkennen wußte«, berichtet Eckermann unter dem Datum des 27.9. 1827. Anfang November 1827 wurde der Band mehrfach mit Meyer besprochen (vgl. Tagebuch, 1. u. 5.11. 1827), der das Werk 1828 in *Ueber Kunst und Alterthum* (6/2, S. 287–294) trotz kritischer Einwände gegen Details und den Versuch der Gesamtkomposition der Wand eher wohlwollend besprach.

Rezeption

Auch wenn G.s Rekonstruktionsversuche zu seinen Lebzeiten in der klassischen Philologie noch Beachtung fanden – Ernst Wiedasch nimmt G.s Buchstabenschemata 1830 in den vierten Band seiner Pausanias-Übersetzung *Beschreibung von Hellas* auf (S. 544–549 u. S. 565–572) –, gelten in der neueren Kunstgeschichte und Altertumswissenschaft die Rekonstruktionsversuche G.s, Meyers und der Brüder Riepenhausen ebenso wie diejenigen ihres Vorläufers, des Duc de Caylus, und von Nachfolgern wie Carl Robert und anderen (synoptische Zusammenstellung in den *Wiener Vorlageblättern für archaeologische Übungen.* Wien [um 1888]; und zuletzt Mark D. Stansbury-O'Donnell im ganzen als aussichtsloses Unterfangen (vgl. Scheidig, S. 376; Weickert, S. 3), auch wenn einzelne Beobachtungen und Urteile aus G.s Abhandlung nach wie vor Bestätigung finden. Gesichertes läßt sich nicht einmal über die Verteilung der Bilder auf zwei oder drei Wände sowie über ihre Reihenfolge sagen. So nimmt G. an, Pausanias habe »das Ganze von der Rechten zur Linken, so wie die Gruppen dem Hereintretenden und an dem Bilde Hergehenden vor die Augen kamen« (WA I, 48, S. 84), also von rechts nach links beschrieben. Nach heutiger Auffassung ging Pausanias jedoch umgekehrt von links nach rechts vor, wahrscheinlich beginnend in der Mitte der Stirnwand und dann auf die rechte Wand überlaufend, während sich dem Eintretenden auf der rechten Seite von rechts nach links die chronologisch korrekte Reihenfolge darbot. Von hoher Bedeutsamkeit bleibt die Abhandlung jedoch unter werkgeschichtlichem Aspekt, zum einen als zentrales Dokument für das kunstdidaktische Programm in der Phase der *Propyläen* und Preisaufgaben, zum anderen wegen der Verbindungslinien von G.s Analyse der »Verherrlichung der Helena« zum Helena-Akt in *Faust II* (Szanto; von ihm angeregt Nahler, S. 100).

Literatur:

Benz, Richard: Goethe und die romantische Kunst. München 1940, S. 110–123. – Caylus, Duc de: Description de deux tableaux de Polygnote; donnée par Pausanias. In: Histoire de l'Académie Royale des inscriptions belles-lettres. 27 (1755/57), S. 34–55. – Deneke, Otto: Die Brüder Riepenhausen. Göttingen 1936. – Kemper, Dirk: Goethe, Wackenroder und das ›klosterbrudrisirende, sternbaldisirende Unwesen‹. In: JbFDtHochst. (1993), S. 148–168. – Nahler, Horst: Goethes Aufsatz über Polygnot. In: GoetheJb. N.F. 28 (1966), S. 93–105. – Osterkamp, Ernst: Im Buchstabenbilde. Studien zum Verfahren Goethescher Bildbeschreibungen. Stuttgart 1991, S. 142–184. – Pickert, Luise Charlotte: Die Brüder Riepenhausen. Darstellung ihres Lebens bis zum Jahre 1820. Versuch einer Einordnung in die künstlerischen Strömungen der Zeit. Diss. Leipzig 1950. – Riepenhausen, Fritz/Riepenhausen, Johann Christian: Gemählde des Polygnotos in der Lesche zu Delphi nach der Beschreibung des Pausanias gezeichnet v. F. u. I. Riepenhausen. Göttingen 1805. – Dies.: Erläuterung des polygnotischen Gemähldes auf der rechten Seite der Lesche zu Delphi von Fr. und Joh. Riepenhausen. 1. Teil. Göttingen 1805. – Robert, Carl: Die Nekyia des Polygnot. [Sechszehntes Hallisches Winckelmannsprogramm]. Halle 1892. – Ders.: Die Iliupersis des Polygnot. [Siebzehntes Hallisches Winckelmannsprogramm]. Halle 1893. – Scheidig, Walther: Goethes Preisaufgaben für bildende Künstler 1799–1805. Weimar 1958. – Stansbury-O'Donnell, Mark D.: Polygnotos's Iliupersis: A New Reconstruction. In: American Journal of Archaeology. 93 (1989), S. 203–215. – Szanto, Emil: Zur Helena im *Faust*. In: ders.: Ausgewählte Abhandlungen. Hg. von Heinrich Swoboda. Tübingen 1906, S. 361–366. – Weickert, Carl: Studien zur Kunstgeschichte des 5. Jahrhunderts v. Chr. I. Polygnot. Abhandlungen der deutschen Akademie der Wissenschaften zu Berlin. Philologisch-historische Klasse. 8 (1947). Berlin 1950. – Wiener Vorlageblätter für archaeologische Übungen. Wien 1888.

Dirk Kemper

Skizzen zu einer Schilderung Winckelmanns

Entstehung und Kontext des Werks

G.s *Skizzen zu einer Schilderung Winckelmanns* sind 1805 in einem umfassenden und von G. selbst herausgegebenen Sammelwerk *Winckelmann und sein Jahrhundert. In Briefen und Aufsätzen* bei Cotta in Tübingen erschienen. Den Anlaß für die Publikation bildete ein Briefkonvolut Johann Joachim Winckelmanns, das dessen Jugendfreund, Hieronymus Dietrich Berendis, der Herzogin Anna Amalia testamentarisch übereignet hatte. Berendis, ein Jurist aus Seehausen in der Altmark, war auf Empfehlung des Grafen von Bünau Kammerrat und Schatullier der Herzogin in Weimar geworden. G. wurden die Berendis-Briefe mit der Bitte übergeben, sie in angemessener Weise zu veröffentlichen.

G. hat sich im Zusammenhang mit der Vorbereitung der Edition der Briefe von Berendis in den 90er Jahren intensiv mit Winckelmanns Schriften beschäftigt und während der Redaktion der herauszugebenden Briefe auch andere Sammlungen von Winckelmann-Briefen berücksichtigt. Ein Verzeichnis dieser Sammlungen wurde als Appendix dem Winckelmann-Sammelwerk beigefügt.

Parallel zur Vorbereitung der Veröffentlichung der Briefe entstand bei G. der Plan, die Bedeutung und das Wirken Winckelmanns in einem umfangreicheren Werk darzustellen. Dafür versuchte er, sich der Mitarbeit des Hallenser Altphilologen Friedrich August Wolf, des Kunsthistorikers Johann Heinrich Meyer und des Kunstwissenschaftlers Karl Ludwig Fernow, der als Professor für Philosophie in Jena lehrte und Bibliothekar der Herzogin Anna Amalia in Weimar war, zu vergewissern. Der Beitrag von Johann Heinrich Meyer, *Ent-wurf einer Kunstgeschichte des achtzehnten Jahrhunderts*, lag G. 1804 vor. Die Mitarbeit Wolfs gestaltete sich indes schwierig. Erst auf Drängen G.s und unter dem Druck des vorgesehenen Publikationstermins lieferte Wolf den erbetenen Beitrag. Fernow steuerte zu Meyers Kunstgeschichte ästhetische *Bemerkungen eines Freundes* bei.

Selbst wenn das Ganze seinen Vorstellungen nicht in allem entsprach, so konnte der Band doch 1805 mit einer Widmung G.s an Anna Amalia, in der auf die Beziehung zu Berendis hingewiesen wurde, erscheinen. In der auf die Widmung folgenden Vorrede wird das Sammelwerk als gemeinsame Manifestation der »Weimarischen Kunstfreunde« herausgestellt und auf den kunst- und kulturpolitischen Zusammenhang hingewiesen, in dem das Werk steht. Dabei spielen die Edition der Kunstzeitschrift *Propyläen*, in Weimar initiierte Preisausschreiben und Kunstausstellungen eine ebenso wichtige Rolle wie die Bearbeitung der Lebensbeschreibung von Benvenuto Cellini, der G. einen *Anhang zur Lebensbeschreibung des Benvenuto Cellini bezüglich auf Sitten, Kunst und Technik* (1803) hinzugefügt hatte. G. macht sich zum Sprachrohr der »Weimarer Kunstfreunde«, um deren ästhetische Programme im Zeichen einer Verteidigung von Konzeptionen der Weimarer Klassik gegenüber frühromantischen Positionen zu formulieren.

Im Anschluß an die G.sche Vorrede folgt dann die Edition der 27 Briefe Winckelmanns an Berendis, die zwischen 1752 und 1767 wichtige Stationen im Leben Winckelmanns betreffen. Der zweite Teil des Winckelmann-Sammelwerks enthält Johann Heinrich Meyers *Entwurf einer Kunstgeschichte des achtzehnten Jahrhunderts*, die durch die *Bemerkung eines Freundes* ergänzt wird. Die Darstellung Meyers, die mehr als ein Drittel des Winckelmann-Bandes umfaßt, liefert einen kunsthistorischen Abriß über die Entwicklung im 16. und 17. Jh. und dann im Hauptteil eine historische Überblicksdarstellung bis 1800.

Der dritte Teil des Sammelwerks enthält schließlich die *Skizzen zu einer Schilderung*

Winckelmanns, wobei der erste, umfangreichere Teil von G. selbst stammt; dann folgen ohne Hinweis auf die Autoren und ohne Überschriften noch Johann Heinrich Meyers Würdigung des Kunsthistorikers Winckelmann und der Beitrag Wolfs über Winckelmann als Philologe. Den Band beschließt ein *Verzeichnis sämtlicher Winckelmannischen Briefe in chronologischer Ordnung*. Dieses Verzeichnis enthält 425 Dokumente und schließlich noch ein Namensverzeichnis, um den unterschiedlichen Teilen des Bandes auch dadurch eine gewisse Einheit zu verleihen.

Neben der Originalausgabe und der Edition in der Weimarer Ausgabe (WA I, 46, S. 1–101; zu den Handschriften und Lesarten WA I, 46, S. 394–399) sind zwei separate Neuausgaben des Winckelmann-Sammelwerks erschienen (Howald, Holtzhauer). Zugrundegelegt wird diesem Artikel die Neuausgabe in der Münchner Ausgabe (MA 6.2, S. 195–401). Mit Ausnahme der Berendis-Briefe ist dies die gegenwärtig vollständigste und zugänglichste Neuausgabe des Sammelwerks *Winckelmann und sein Jahrhundert*. Nach ihr wird im folgenden zitiert.

Struktur und Anlage

Bedenkt man den Kontext, in dem die *Skizzen zu einer Schilderung Winckelmanns* erschienen sind, liegt es nahe, daß G. keine Winckelmann-Biographie schreiben wollte, sondern sich für eine Mischstruktur seines Textes entschied. Er liefert Elemente zu einer nicht-kontinuierlich erzählten Werkbiographie, die den Charakter einer Programmschrift mit aphoristischen Zügen nicht verleugnet. Wie der Renaissance-Künstler Cellini in *Anhang zur Lebensbeschreibung des Benvenuto Cellini*, so dient auch Winckelmann als Exempel, an dem G. etwas beispielhaft zeigen möchte. Im Unterschied zu der »biographischen Skizze«, die G. 1811 über den Landschaftsmaler Philipp Hackert anfertigte, und im Unterschied zu *Dichtung und Wahrheit* (ab 1809) entbehren

die Winckelmann-Skizzen eines teleologischen Charakters. Vielmehr bildet der Anfang des Textes eine Art musikalischen Kopfsatz, in dem bestimmte Motive vorweggenommen sind, die im weiteren Verlauf des Textes entfaltet werden. Der Text selbst ist durch 24 Zwischentitel und eine Einleitung gegliedert. Diese Zwischentitel liefern jeweils Stichworte zu unterschiedlichen Themen und Texten. So wechseln ästhetische Reflexion, biographische Notizen, Personen-und Ortsnamen mit Kommentaren zu den Werken und zum Charakter Winckelmanns ab. Nicht selten finden sich Hinweise und Anspielungen auf andere Autoren und literarhistorische Kontexte; auch ein wörtliches Zitat von Wilhelm von Humboldt ist eingeblendet.

Versucht man innerhalb der Mannigfaltigkeit dieser Texte eine Struktur zu ermitteln, so lassen sich einzelne thematische Gruppen, wie die Einheit von Leben und Werk, die Bedeutung der Antike, die historischen Konzepte und die Art des Schreibens bei Winckelmann ausmachen und zugleich die Neigung, von einem postulierten Ideal zur geschichtlichen Konkretisierung und Anwendung auf die Person Winckelmanns zu kommen. Die Verknüpfung der einzelnen Textstücke erreicht G. über das strukturbildende Merkmal der Einheit von Leben und Werk Winckelmanns. Der Charakter und das von ihm Geleistete lassen nach G. jene durchgehende Einheit entstehen, die Winckelmann zu einer exemplarischen Figur des 18. Jhs. macht. Darüber hinaus soll Winckelmann nicht nur als Repräsentant seiner Zeit, sondern zugleich als ein solcher der Menschheit gewürdigt werden. Die von G. hervorgehobenen Spannungen und Antithesen – antik versus modern, Immanenz versus Transzendenz – werden dabei nicht eliminiert, sie sind vielmehr konstitutiv für die gesamte Anlage der *Skizzen*. Erst die diskontinuierliche und aphoristische Form des Textes ermöglicht die adäquate Darstellung jener Spannungen und zugleich ihre literarische Bannung. Nicht übersehen werden darf schließlich, daß G.s Text jene Fragmentstruktur aufweist, die den Leser zu einer permanenten Reflexion einlädt. Dies nicht nur im Blick auf

Johann Winckelmanns,

Präsidentens der Alterthümer zu Rom, und Scrittore der Vaticanischen Bibliothek,
Mitglieds der Königl. Englischen Societät der Alterthümer zu London, der Maleracademie
von St. Luca zu Rom, und der Hetrurischen zu Cortona,

Geschichte der Kunst
des Alterthums.

Erster Theil.

Mit Königl. Pohlnisch- und Churfürstl. Sächs. allergnädigsten Privilegio.

Dresden, 1764.
In der Waltherischen Hof-Buchhandlung.

das letzte Kapitel über den Tod Winckelmanns, sondern von Beginn an (*Eintritt*), so daß von daher auch eine zyklische Struktur angedeutet wird, ohne sie zum Hauptmerkmal des ganzen Textes zu machen.

Analyse und Beschreibung

In der Anlage der *Skizzen* lassen sich sieben umfassende und abgrenzbare Themenbereiche unterscheiden. Den Ausgangspunkt bildet – mit dem Eröffnungskapitel – G.s These von der Einheit von Leben und Werk Winckelmanns. Unterschieden werden dabei »gewöhnliche Menschen« von »vorzüglichen Geistern« und »besonders begabten Menschen« im Blick auf ihr Verhältnis zur Außenwelt. Die Innen-Außen-Differenz erlaubt eine Typologisierung unter drei Aspekten. Während sich die erste Gruppe von Menschen durch den »lebhaften Trieb« auszeichnet, die »äußere Welt [...] zu ergreifen«, ist die zweite Gruppe nach G. häufig geneigt, »sich [...] in sich selbst eine eigene Welt zu erschaffen« (MA 6.2, S. 349). Lediglich den »besonders begabten Menschen« gelingt jene produktive Verbindung von Innen und Außen dadurch, daß das Innere in eine Korrespondenz zum Außen gebracht wird. Indem die »in der äußeren Welt [...] antwortenden Gegenbilder« aufgesucht werden und das »Innere völlig zum Ganzen und Gewissen« (ebd.) gesteigert werden kann, läßt sich die höchste Stufe des Daseins ausbilden. Winckelmann habe nach einer schwierigen Kindheit und Jugend in seinem Entschluß, nach Rom zu wechseln, jenen Schritt getan, der ihm »gemäß« sei, also darin die »antwortenden Gegenbilder« für sich aufgenommen und produktiv gemacht (MA 6.2, S. 350).

Der anthropologischen Typologisierung im ›Kopfsatz‹ der *Skizzen* folgt die zentrale ästhetische Deduktion in der Bestimmung des kategorialen Unterschieds zwischen Antike und Moderne. In vier für die gesamte Darstellung G.s konstitutiven Abschnitten (»Antikes«, »Heidnisches«, »Freundschaft«, »Schönheit«) wird die Differenz der »neueren Zeit« zum Paradigma der griechischen Antike bestimmt und zugleich die Hypothese entwickelt, daß in der Person und im Werk Winckelmanns eine produktive Rückkehr zum griechischen Altertum erfolgt sei.

Ausgangspunkt der antithetischen Gegenüberstellung von Antike und Moderne ist eine im Deutschland des 18. Jhs. vertraute Hypostasierung der »Einheit« im griechischen Altertum, die den »Genuß des Daseins innerhalb der lieblichen Grenzen der schönen Welt« (MA 6.2, S. 351) erlaubt habe. Demgegenüber ist die Welt der Gegenwart durch ihre Zerstückelung charakterisiert und eine Neigung zur Reflexion »ins Unendliche«, die zu einer »kaum heilbaren Trennung in der gesunden Menschenkraft« führe (ebd.). Diese prinzipiell unauflösbare Dichotomie läßt sich nach G. nur in jenen Individuen aufheben, in denen eine »antike Natur« wiederkehrt. Vergleichbar mit Raffael erblickt G. in Winckelmann ein solches Individuum, weil in ihm die Einheit von Leben und Werk im »altertümlichen Geist« (MA 6.2, S. 352) beobachtbar sei. Das Ganze der Persönlichkeit Winckelmanns korrespondiere mit der Ganzheit der Welt im antiken Sinne, und deshalb seien sowohl der Charakter als das Geleistete bei Winckelmann auch nur im »heidnischen Sinn« möglich (MA 6.2, S. 353). Die Affinität Winckelmanns zum »Heidnischen« wird sowohl in seinem Vertrauen auf sich selbst, dem Wirken in der Gegenwart und der Verehrung der griechischen Götter, die in den Kunstwerken gegenwärtig sind, gesehen, als auch in seiner Schicksalsergebenheit und ausgeprägten Ruhmsucht. Hinzu komme seine bewundernswerte Begabung für Freundschaft, die nur aus der antiken Gesinnung abgeleitet werden könne. In der »Verbindung ähnlicher Naturen« (ebd.) gleichen Geschlechts liege die Quelle für jene Selbstempfindung, die allein die Intensität der Freundschaft ermögliche.

G. beschränkt sich bei dieser Charakterisierung der antiken Natur Winckelmanns aber nicht auf das Persönliche. Er verknüpft das Moment des Individuellen unmittelbar mit dem antiken Schönheitsideal. Im Unterschied zur Selbstempfindung im Medium der Freundschaft sei Selbsterkenntnis nur »unter dem Bilde des durch einen Dritten zu vollendenden Ganzen« möglich (MA 6.2, S. 354). Es wird so eine Verbindung zwischen dem Bedürfnis nach Freundschaft und dem Bedürfnis nach dem Schönen hergestellt. »Beide Bedürfnisse der Freundschaft und der Schönheit zugleich« (MA 6.2, S. 356) zielen auf das Ideal des schönen Menschen, der im griechischen Kunstwerk ästhetisch hergestellt und damit über die Zeiten hinweg immer wieder erblickt werden kann. So augenblickhaft deshalb auch das Ideal des schönen Menschen bleiben muß, so ist doch im Medium der Kunst eine dauernde Wirkung möglich. Die Kunst ist es, die den »Menschen über sich selbst« erhebt und ihm dauernde Gegenwart verschafft (MA 6.2, S. 355). Diese Gegenwärtigkeit und Wirkungsmächtigkeit des Kunstwerks schließt deshalb auch Vergangenheit und Zukunft ein.

Nachdem sowohl der anthropologische als auch der ästhetisch-kategoriale Rahmen vorgezeichnet sind, wendet G. sich den einzelnen biographischen Stationen Winckelmanns zu. Dies geschieht zunächst über ein Zwischenkapitel, in dem Winckelmanns Übertritt zum Katholizismus behandelt und gerechtfertigt wird. Gerechtfertigt ist Winckelmanns Konversion für G. deshalb, weil sie für die »Erhaltung und Förderung« seiner »Existenz unausweichlich scheint« (MA 6.2, S. 357). Winkkelmanns Wechsel vom evangelischen Glauben zum »Katholizismus«, so machte G. unmißverständlich deutlich, erfolgt nicht aus religiösen Motiven, sondern aus solchen der Bewahrung und Steigerung der individuellen Existenz, selbst wenn damit gewisse Vorbehalte nicht ausgeräumt werden könnten.

Daß das Motiv der typologischen Steigerung und wechselseitigen Spiegelung von Innen- und Außenperspektive dem biographischen Schema G.s zugrundeliegt, läßt sich an den beiden folgenden Kapiteln im einzelnen ablesen. Die beiden Pole bilden Dresden und Rom. Dem ersteren wird das »Gewahrwerden der griechischen Kunst« (MA 6.2, S. 358) zugeschrieben, »Rom« bildet den Gipfel des Glücks und der Erfüllung. Wiedererkennbar ist jenes typologische Schema, das Winckelmanns Biographie im Sinne eines Vorwärtsschreitens interpretiert, wobei die Schwierigkeiten in der ersten Lebensphase Winckelmanns dem Glück in Rom gegenübergestellt werden. Das Entdecken der griechischen Kunstschätze aufgrund der »Freude des Genusses« (ebd.) läßt sich als Vorstufe einer Selbstfindung auf der höchsten Stufe in Rom verstehen. Winckelmanns *Über die Nachahmung der griechischen Werke in der Malerei und Bildhauerkunst* wird deshalb auch von G. noch kritisch als »barock und wunderlich« eingestuft, dessen »Maximen einseitig« seien (MA 6.2, S. 359). Demgegenüber werden Winckelmanns Hoffnungen in Rom »überbefriedigt. Verkörpert stehn seine Ideen um ihn her« (MA 6.2, S. 360). Rom bedeutet das Glück für Winckelmann, weil hier jene Koinzidenz von Ich und Welt gegeben ist, die im Sinne der »antwortenden Gegenbilder« die Voraussetzung für die Erfüllung eines individuellen Schicksals darstellt. Es geht deshalb nicht nur darum, daß Winckelmann im Sinne des traditionalen alteuropäischen Schemas von Virtus und Fortuna sein Glück nutzt, sondern darum, daß jene wechselseitige Spiegelung von Innen und Außen produktiv gemacht werden kann. G. verdeutlicht die Rolle Roms mit einem Zitat aus einem Brief von Wilhelm von Humboldt vom 23.8. 1804, in dem die Funktion Roms vor allem darin gesehen wird, daß es das Altertum vollständig repräsentiert. Folgerichtig schildert G. nun einzelne »Glücksfälle«, die Winckelmann in Rom zuteil geworden sind. Dazu gehört die Begegnung mit dem Maler Raffael Mengs ebenso wie die Freundschaft mit dem Kardinal Albani oder die Bekanntschaft mit den Erben des Barons Stosch, für dessen Sammlung antiker Gemmen Winckelmann einen Katalog erstellt. Entscheidend für die Thematisierung und Problematisierung des Winckelmannschen Schaffens ist der Hinweis G.s darauf, daß Winckelmann die Bewunderung und das Verabsolutieren der griechischen Kunstwerke mit ihrer Geschichte zu verknüpfen gezwungen gewesen sei. Dabei habe er sich »zuerst an das Höchste« im Sinne der »Zeiten des Phidias« gehalten, um dann »als ein neuer Kolumbus [...] ein früher schon gekanntes und wieder verlorenes Land« zu entdecken (MA 6.2, S. 362).

G. kommt damit auf den wichtigsten Punkt in seinen Winckelmann-Skizzen überhaupt. Es geht um die Beurteilung des Schriftstellers und Wissenschaftlers Winckelmann, dessen »Glücksfälle« in Rom die vorbereitende Folie für die Analyse der Winckelmannschen Arbeiten und ihres Entstehungsprozesses bilden. G. bereitet diesen Aspekt seiner Winckelmann-Interpretation dadurch vor, daß er – im Unterschied zu anderen Bewunderern und Kritikern, wie etwa dem Philologen Christian Gottlob Heyne – Winckelmanns »literarisches Metier« hoch einschätzt. Er habe früh einen eigenen Stil entwickelt und Schritt für Schritt jeweils den einzelnen Augenblick ergriffen und festgehalten, sich dann aber zugleich auch »vom nächsten Augenblicke belehren lassen« (MA 6.2, S. 370). Winckelmanns schriftstellerische Tätigkeit wird insgesamt im Zeichen eines fortschreitenden Schaffens und Lernprozesses interpretiert, wobei im Gestalten und Umgestalten das Charakteristische der Werke Winckelmanns liege. Deshalb seien die Texte auch immer überarbeitet worden und im Zusammenhang mit der eigenen Lebensgeschichte zu verstehen. Im Schreiben und im Schreibprozeß wird daher wiederum jene Einheit von Werk und Leben erblickt, die für G. das Grundmuster der Existenz Winckelmanns bildet. Die Poesie und das Schreiben sind deshalb auch für Winckelmann, so betont G., zentral, während seine Abneigung und Kritik der zeitgenössischen Philosophie nur zu verständlich seien. Auch in seiner wissenschaftlichen und schriftstellerischen Tätigkeit erblickt G. eine Steigerung, die in Winckelmanns »fortschreitenden, immer neue Gegenstände fassenden und bearbeitenden Natur« (MA 6.2, S. 373) ihren Grund habe. Mit Vollendung seines Hauptwerks, den *Monumenti antiqui inediti spiegati et illustrati da Winckelmann*, habe Winckelmann dann auch jene öffentliche Anerkennung gefunden, die wiederum auf das Spiegelverhältnis von Individuum und antwortenden Gegenbildern verweise.

Den Schluß der G.schen Winckelmann-Darstellung bildet jene zusammenfassende biographische Schilderung, die unter dem Stichwort »Charakter« einzelne Punkte des bisher bereits Ausgeführten aufnimmt, um dies dann in einer zugespitzten Pointe abzuschließen. Wichtig ist G. dabei noch einmal die Charakterisierung jener »antiken Anlage« (MA 6.2, S. 376), die er in Winckelmann beobachtet. Dessen Interesse für sich selber, ohne sich mit sich selbst zu beschäftigen, oder dessen Mangel »ausgesprochener Grundsätze« setzt aber einen Leitfaden im Sittlichen und Ästhetischen voraus und damit die »Sicherheit des Punktes von dem man ausgeht« (ebd.). Diese Sicherheit erlaubt auch die »Unsicherheit des Zieles wohin man gelangen will« (ebd.). Den Gegenpol bildet deshalb auch jene »Unruhe« (MA 6.2, S. 378), die – im Kontrast zum erreichten Glück – Winckelmanns Suche nach materieller Sicherheit erkläre und jene Reiselust aus Begierde, immer Neues zu schauen.

Im Abschlußkapitel über Winckelmanns Tod (»Hingang«) wird ein antiker Topos aufgenommen, der jene glücklich schätzt, die auf der höchsten Stufe ihres Glücks abberufen werden. Im Andenken der Nachwelt gilt dies, auch für G., als Vorteil, denn so sei der Ruhm gesichert und der Drang bei den Nachlebenden erregt, das Werk des Verstorbenen fortzusetzen.

Die *Skizzen zu einer Schilderung Winckelmanns* liefern nicht nur eine Form der verweiskräftigen, symbolischen Monographie, sondern einen Spiegel G.s selbst. Die Betonung der Einheit von Leben und Werk, die Koinzidenz von Innen und Außen im Sinne einer antwortenden Gegenbildlichkeit und insbesondere die Interpretation des Schaffensprozesses als eines Fortschreitens über Irrtümer im lebenslangen Lernprozeß bilden zentrale Momente der Biographie und des Werks von G. selbst. Winckelmanns Leben und Werk liefern das Modell jener Hoffnung auf individuelle Bildung als Selbstvervollkommnung und Vervollkommnungsmöglichkeit des einzelnen.

Im Rückblick auf das Ideal der Antike als Norm ergeben sich zwischen G. und Winckelmann vergleichbare Spannungen im Blick auf die Interpretation der Geschichtlichkeit klassischer Kunstwerke. Beide, G. und Winckelmann, blicken zurück auf ein Verlorenes im Sinne idealer Projektion des antiken Paradigmas. Wenn G. in seinem Winckelmann-Aufsatz das Programm und die Konzepte der *Propyläen* fortschreibt, geschieht dies immer im Horizont der zeitgenössischen Kritik und Auseinandersetzung mit den Schriftstellern und Schriftstellerinnen der Frühromantik. Insofern ist auch G.s *Winckelmann* Teil der klassizistischen Kunstpolitik, die bereits ein Moment des Resignativen enthält. Im Erscheinungsjahr des Sammelwerks *Winckelmann und sein Jahrhundert* wurden die Preisaufgaben für die bildenden Künstler eingestellt: »Das Entgegengesetzte von unsern Wünschen und Bestrebungen thut sich hervor«, heißt es bei G. (WA I, 36, S. 266).

Was als klassizistisches Manifest so am Beginn des neuen Jahrhunderts nur noch von bedingter Aktualität war, zeigt sich in der Form der *Skizzen* von ausgeprägter Modernität. Die Art der literarischen Darstellung als Mischung von Beschreibung und Erzählung, Aphorismus und ästhetischer Reflexion, Selbstdarstellung und Kunstkritik macht auf Probleme jeder literarischen Autobiographie und Biographie aufmerksam. Die Kontingenz des menschlichen Lebens und Schaffens soll in der literarischen Form eingeholt werden. Dafür ist *Winckelmann* ein exemplarisches Modell. Ein Vorbild ist Winckelmann für G. auch insofern, als – über alle wissenschaftlichen Erkenntnisse hinaus – in seiner Lebensgeschichte sich jener Bildungsprozeß als stete Steigerungsmöglichkeit des einzelnen ablesen läßt, die auf die menschheitsgeschichtliche Perspektive hinweist. »Man l e r n t nichts, wenn man ihn lieset, aber man w i r d etwas«, bemerkt G. im Gespräch mit Eckermann am 16. 2. 1827.

Wirkung

Sowohl das Sammelwerk *Winckelmann und sein Jahrhundert* als auch G.s *Skizzen* haben bei ihrem Erscheinen ein kontroverses Echo gefunden. Jean Paul äußert sich begeistert: »Göthe's Winckelmann ist göttlich« (an Thiérot, 27. 8. 1805); G.s Freunde Karl Ludwig von Knebel und Carl Friedrich Zelter stimmen G. zu: »Die intime Kennerschaft des Höchsten, Wahren, verbunden mit ihrer absolut truglosen historischen und praktischen Kenntnis des g e s a m t e n Kunstwesens, hat noch niemals so brüderlich neben einander gestanden. Wie würde sich der edle Winkelmann freuen, wenn er sähe, welch einen königlich prächtigen Grundriß Sie hier niedergelegt haben die Geschichte der Kunst eines ganzen Jahrhunderts zu sichern, worin das Fundament jeder Säule so aus einem Stücke gelegt ist, daß nur ein solcher Arm es von seiner Stelle rücken könnte der zugleich fähig wäre ein ganz neues Gebäude auf seine Art zu konstruieren« (Zelter an G., 2. 7. 1805).

Dem Enthusiasmus der G.schen Freunde korrespondiert auf der anderen Seite die heftige Kritik der Romantiker. Achim von Arnim, August Wilhelm Schlegel oder die Gräfin Auguste Luise von Stolberg aus dem Emkendorfer Kreis kritisieren insbesondere G.s Bekenntnis zum griechischen »Heidentum« und dessen ›antichristliche‹ Interpretation. Friedrich Schlegels Brief an seinen Bruder August Wilhelm vom 15. 7. 1805 gibt diesen Eindruck anschaulich wieder: »Suche ja Goethes Buch über Winckelmann zu bekommen. Es ist sehr lustig und auch in seiner Art merkwürdig. Der alte Fratz hat sich darin ganz öffentlich zum Heidentum bekannt; er hat sich noch nie so in seiner inneren Ruhelosigkeit überlassen. Er tritt aber schrecklich gepanzert auf; vorn die alte Herzogin, hinten der Wolf, ja selbst Schiller hat noch einen Notpfennig über das Kunstideal gegen das Christentum eingelegt, desgleichen Humboldt ein ganz klein wenig Ruchlosigkeit, die es am wenigsten sein soll. Eigentlich ist dies Werk wohl die Rache für die damalige Satire gegen seine Weimarsche

Kunstschule; in dieser Beziehung mag ihn auch die ›Europa‹ [Friedrich Schlegels Zeitschrift, 1803–1805; d. Vf.] sehr verdrossen haben, wo jene Ketzereien über Malerei so stark gesagt sind. Doch nirgends auch nur entfernte eigentliche Anspielungen, bei allem Grimm, den er gegen uns zu haben scheint« (zitiert nach Lange, Komm. in MA 6.2, S. 1054).

Daß bei allem zeitgenössischen Streit zwischen den »Weimarer Kunstfreunden« und der jungen Generation der Romantikerinnen und Romantiker die Bewunderung für Winckelmann selbst und dessen Wahrnehmung der griechischen Antike aus dem Geist der Moderne nicht aus den Augen verloren wurde, läßt die damaligen Kombattanten aus heutiger Perspektive wieder näher zusammenrücken.

Literatur:

Althaus, Horst: Ästhetik, Ökonomie und Gesellschaft. Bern, München 1971, S. 163–181. – Fuhrmann, Manfred: Winckelmann, ein deutsches Symbol. In: ders.: Brechungen. Wirkungsgeschichte. Studien zur antik-europäischen Bildungstradition. Stuttgart 1982, S. 150–170. – Holtzhauer, Helmut: Einleitung. In: ders. (Hg.): Johann Wolfgang Goethe: Winckelmann und sein Jahrhundert in Briefen und Aufsätzen. Leipzig 1969, S. 9–42. – Irmscher, Johannes: Antikebild und Antikeverständnis in Goethes Winckelmann-Schrift. In: GoetheJb. 95 (1978), S. 85–111. – Lange u.a., Komm. in MA 6.2, S. 1049–1079. – Lepenies, Wolf: Der andere Fanatiker. Historisierung und Verwissenschaftlichung der Kunstauffassung bei Johann Joachim Winckelmann. In: Beck, Herbert u.a. (Hg.): Ideal und Wirklichkeit der bildenden Kunst im späten 18. Jahrhundert. Berlin 1984, S. 19–29. – Scheuer, Helmut: Biographie. Studien zur Funktion und zum Wandel einer literarischen Gattung vom 18. Jahrhundert bis zur Gegenwart. Stuttgart 1979, S. 43–53. – Schuler, Reinhard: Das Exemplarische bei Goethe. Die biographische Skizze zwischen 1803 und 1809. München 1973, S. 93–174. – Uhlig, Ludwig: Klassik und Geschichtsbewußtsein in Goethes Winckelmann-Schrift. In: GRM. 62 (1981), S. 143–155. – Winckelmann, Johann Joachim: Werke. Hg. mit einer Einleitung von Ernst Howald. Erlenbach-Zürich 1943.

Wilhelm Voßkamp

Ueber Kunst und Alterthum

Im Juni 1816 druckte G. seine für die preußische Regierung abgefaßte Denkschrift *Ueber Kunst und Alterthum in den Rhein und Mayn Gegenden* als erstes Heft einer neu gegründeten Zeitschrift gleichen Namens, die bis 1828 von ihm betreut wurde. Insgesamt erschienen sechs Bände zu je drei Heften, deren letztes 1832 nach G.s Tod von den »W.K.F.« (Weimarer Kunstfreunde) herausgegeben wurde. Im folgenden wird die Zeitschrift nach der Originalausgabe zitiert (Bandnummer mit römischen, Heftnummer mit arabischen Ziffern). Die von G. verfaßten Beiträge finden sich auch in der Weimarer Ausgabe, die kunsthistorischen in den Bänden 49.1 und 49.2, die literarischen und literaturkritischen in den Bänden 41.1 und 41.2.

Daß er mit dieser neuerlichen Herausgabe eines Kunstmagazins sowohl bei den ihm nahestehenden Lesern als auch bei seinen Widersachern für einige Aufregung sorgen würde, dessen war sich G. wohl bewußt. Immerhin würdigte der Weimarer Klassizist in seinem offiziellen Gutachten eingehend die Kunstsammlung der Brüder Melchior und Sulpiz Boisserée, die bei den Romantikern in hohem Ansehen stand, weil sich an ihr der »Hergang der Kunst durch das Mittelalter« studieren lasse (an Carl Friedrich Zelter, 26.3. 1816). Doch die Freude im Kreis der Schlegels, die gespannt G.s romantische Wende erwarteten, blieb gedämpft, denn fast zeitgleich mit dem Memorandum wurde die *Italienische Reise* als Programmschrift der Weimarer Klassik publiziert.

Auch die weitere Geschichte der Zeitschrift, die seit dem zweiten Band den kürzeren Titel *Ueber Kunst und Alterthum* trug, blieb von ähnlichen ästhetiktheoretischen und kunstpolitischen Gegensätzen geprägt. Darauf wies als erster Heinrich Heine hin, der G. in der *Romantischen Schule* ausdrücklich lobte, das »Schlegelsche Direktorium« endgültig beendet zu haben, um wieder seine »Alleinherrschaft in der deutschen Literatur« zu sichern

(DHA 8.1, S. 149). Kritisch fügte Heine allerdings hinzu, die intellektuelle Schärfe, mit der einige Mitarbeiter der Zeitschrift noch immer die deutschen Romantiker zu desavouieren versuchten, lasse einiges zu wünschen übrig: »Goethe hatte Angst vor jedem selbständigen Originalschriftsteller und lobte und pries alle unbedeutende Kleingeister; ja er trieb dieses so weit, daß es endlich für ein Brevet der Mittelmäßigkeit galt, von Goethe gelobt worden zu seyn« (DHA 8.1, S. 150). Diese ambivalente Einschätzung hat auch die wissenschaftliche Beschäftigung mit G.s Zeitschrift bis heute bestimmt. Während Georg Gottfried Gervinus von einem »Magazin der Unbedeutendheit« (S. 792) spricht, regt Hermann Hettner dazu an, die »Einwirkungen der Romantiker auf Goethe's Kunstanschauungen« näher zu untersuchen (S. 520). Auch Konrad Burdach übernimmt später die umstrittene These, G. leite nach 1816 das Ende der »Epoche des einseitigen Klassizismus« ein (MA 11.2, S. 647). Um demgegenüber die Intoleranz des Dichters im Umgang mit den romantischen Kunstbestrebungen dokumentieren zu können, spricht die jüngere Forschung meist von einer Hauspostille, die allein der »Aktivierung der Gesinnungsfreunde« diene. (Hahn, S. 133; vgl. John, MA 11.2, S. 659) Als Argument für diese These muß nicht selten der relative Mißerfolg des herausgeberischen Unternehmens herhalten, sank doch die Auflagenhöhe binnen weniger Jahre von zweitausend Exemplaren auf mehr als die Hälfte (Hübner, S. 75). Eher spärlich findet sich heute noch der Hinweis, G. habe mit seinen in *Ueber Kunst und Alterthum* veröffentlichten Schriften zu Kunst und Literatur eine »›Ausgleichung‹ zwischen Klassizismus und Romantik vorgeschlagen« (Sengle, S. 209).

Nicht wenige Gründe sprechen allerdings gegen solch eine Vermutung. Weitaus die meisten der für *Ueber Kunst und Alterthum* verfaßten Aufsätze und Rezensionen stammen von G. und Johann Heinrich Meyer. Auch das Gros der weiteren Beiträger setzt sich mit Johann Peter Eckermann, Friedrich Wilhelm Riemer oder Friedrich von Müller im wesentlichen aus Weimarer Kunstfreunden zusammen, die es sich als Gleichgesinnte nicht nehmen lassen, den Herausgeber gelegentlich zu feiern; so untersucht Wilhelm von Humboldt die *Eigentümlichkeit von Goethes Einwirkung auf Kunst und Wissenschaft.* G. selbst gewährt seinen Lesern mehrfach Einblicke ins eigene Schaffen und bietet ihnen Deutungshilfen an zum besseren Verständnis seiner Werke (*Urworte. Orphisch; Ballade. Betrachtung und Auslegung*). Nicht zuletzt bestärken auch die in *Ueber Kunst und Alterthum* erscheinenden autobiographischen Skizzen (*Lebensbekenntnisse im Auszug*) und Dichtungen (*Zahme Xenien*) den Eindruck, der alternde G. habe nur noch den Kontakt mit jenen pflegen wollen, die ihm seit langem schon wohlwollend begegneten. Und zumindest innerhalb dieses privaten Kreises verkündete G. diese Absicht auch mehrfach. In einem Brief an Zelter vom 5.2. 1822 schrieb er: »Hören und reden mag ich nicht mehr sondern vertraue wie des König Mydas Barbier, meine Geheimnisse den verräterischen Blättern«.

Nun entbehren G.s Zeilen nicht einer guten Portion Humor, mit der er vordergründig den alten Berliner Freund hinsichtlich der bewährten Zusammenarbeit auf dem Gebiet klassizistischer Kunstpolitik in Sicherheit wiegen wollte. Zelter aber blieb mißtrauisch wie schon sechs Jahre zuvor, als ihn G. davon unterrichtete, daß er die oft genug ausgesprochene Einladung der Brüder Boisserée zu einer Besichtigung ihrer Kunstgalerie endgültig angenommen habe: »Dagegen muß ich dankbar erkennen, daß ich ohne diese dringende Nötigung niemals weder dem wichtigen Punkt der Kunsterhaltung durch die barbarische Zeit hindurch, noch auch den Eigentümlichkeiten nationeller und provinzieller Wiederherstellung Aufmerksamkeit hätte schenken können« (an Zelter, 11.3. 1816). Freier äußerte sich G. vor Sulpiz Boisserée. In einem längeren Schreiben spottete er unverhohlen über das christlich-humanistisch geschulte Publikum, das ihn für seine Bildungsziele einspannen möchte. Als er schließlich auf einige der in Heidelberg ausgestellten Heiligenbilder zu sprechen kommt, heißt es: »Indessen muß ich manchmal lächeln, wenn, in meiner heid-

nisch-mahometanischen Umgebung, v e r a
i c o n auch als Panier weht« (an Sulpiz Boisserée, 2.1. 1815).

Jahre später erklärte G., sein zweites Zeit-
schriftenprojekt diene ihm dazu, »mancherlei
vergangene Arbeiten« neuerlich aufzugreifen.
Meist werden diese Worte als Anspielung auf
all jene Schriften interpretiert, die G. nach
1816 vollendete und dann in *Ueber Kunst und
Alterthum* abdruckte. Doch G. ergänzte seine
Äußerung mit dem vieldeutigen Nachsatz, es
handle sich um »eine ganz besondere Rückkehr in vergangene Zustände« (an Sulpiz Boisserée, 18.6. 1819). Auf welche literarischen
Projekte hier angespielt wird, darüber
schweigt G. jedoch. Nur in Andeutungen verrät er Zelter in einem ähnlich lautenden
Schreiben, daß er an sein berühmtes Frankfurter Erlebnis denke, an jene »alte Maxime
des Symbolisierens, wo der Raum keine Wirklichkeit erlaubt« (an Zelter, 11.3. 1816). Und
eben von diesem 1797 von Schiller gerügten
Interesse an der künstlerischen Vermittlung
zwischen empirischer Wirklichkeit und möglichen metaphysischen Begründungszusam-
menhängen behauptet G. nun, es helfe ihm
maßgeblich, die altdeutsche Malerei ebenso
wie die europäische Volkspoesie als Symbole
eines allumfassenden Glaubens zu interpretieren. Sollte G. also doch in *Ueber Kunst und
Alterthum* ein ästhetisches Projekt weiterführen, dessen Nähe zur frühromantischen Uni-
versalphilosophie Schiller sogleich sah? In seinem Brief vom 16.8. 1797 hatte G. ja angedeutet, ihn fasziniere es, »eminente Fälle«
oder Kunstwerke in ihrer »charakteristischen
Mannigfaltigkeit« als »Repräsentanten« aufzufassen, die über sich hinaus auf eine »Allheit«
hinweisen und den Rezipienten in eine eigenartige »poetische Stimmung« versetzen (an
Schiller, 16.8. 1797).

Auf die Malerei und Literatur übertragen,
impliziert die Mitteilung an Zelter bedeutende
Konsequenzen für G.s Ästhetik. Denn zum einen setzt die Annahme, auch die Malerei
könne das Unendliche symbolisch aufzeigen,
einen Bruch mit der damals populären Unterscheidung zwischen allegorisierender Malerei
und symbolisierender Literatur voraus. Zum

anderen verlangt der Begriff des Unendlichen,
das sich im Endlichen zur Erscheinung bringt,
auf seiten des ›heidnisch-klassizistischen‹
Empirikers eine genauere Bestimmung. – In
der Kunstphilosophie Hegels, Schellings und
Karl Wilhelm Ferdinand Solgers wird die Malerei der Literatur weitestgehend nachgeordnet. Damit bleibt die von Ludwig Tieck und
Friedrich Schlegel in der Frühromantik entwickelte Bildästhetik unberücksichtigt, derzufolge die Kunst das Rätselhafte mittels ›hiero-
glyphischer‹ Ausdrucksmittel darstellt, welche denen der Literatur ebenbürtig sind. Mit
dieser Gleichsetzung beider Formen künstlerischer Mitteilung brachen Tieck und Schlegel
mit der landläufigen Einschätzung, die Malerei erziele nur dann die wirkungsästhetische
Qualität eines Sprachkunstwerks, wenn sie
sich konventionalisierter Bildzeichen bedient.
Im Rückgriff auf sein Frankfurter Erlebnis
spricht auch G. nach 1816 der Malerei die
Möglichkeit zu, völlig autonom im Besonderen
das Allgemeine zur Anschauung bringen zu
können. Ähnlich wie das literarische Kunstwerk gibt das Bild für G. jetzt nicht nur ein
»Phänomen der faßlichen Welt« wieder, sondern auch das sich hinter den Dingen mitteilende Geheimnis allen Seins: »Das Wahre,
mit dem Göttlichen identisch, läßt sich niemals von uns direkt erkennen, wir schauen es
nur im Abglanz, im Beispiel, Symbol [...]; wir
werden es gewahr als unbegreifliches Leben
und können dem Wunsch nicht entsagen, es
dennoch zu begreifen« (vgl. HA 13, S. 305).
Trotz ihrer intellektuell gleich hohen Wirkung
auf den Rezipienten lassen sich Malerei und
Literatur aber nur bedingt miteinander vergleichen. Ausdrücklich distanziert sich G. in
einem der frühesten Aufsätze für *Ueber Kunst
und Alterthum* von jeder vorschnellen wechselseitigen Erhellung der Künste. Unter dem
Titel *Gemälde* wirft er dem zeitgenössischen
Publikum vor, es schenke den »Nebendingen«
eines Bildes zuviel Beachtung, um es wie eine
»Allegorie« betrachten und somit auch wie einen Text lesen zu können (KuA I, 2. 1817,
S. 180).

Die Denkschrift

In den Sommermonaten der Jahre 1814 und 1815 reiste G. in die Rhein- und Maingegenden, um sich über die Zerstörungen bedeutender Kunstschätze durch die napoleonischen Kriege zu unterrichten. Während der zweiten längeren Reise begleitete ihn für einige Zeit Freiherr Carl von Stein, der G. bald schon nahelegte, für die preußische Regierung ein Memorandum abzufassen, das auf kulturfördernde Maßnahmen in den rheinischen Provinzen dränge. Großen Einfluß nahm auch Sulpiz Boisserée, der später die Ausarbeitung der Denkschrift tatkräftig unterstützte. Rasch knüpfte von Stein Kontakte zum preußischen Innenminster Friedrich von Schuckmann und dem Oberpräsidenten der Rheinprovinzen. Zunächst zögerte G. jedoch, den Auftrag anzunehmen. Zwar war er sich der Dringlichkeit des Unternehmens bewußt, denn, wie er sagte: »Die besten Dinge stehn am Rande des Verderbens und der gute Wille der neuen Behörden ist groß« (an August von Goethe, 1.8. 1815). Dennoch scheute er sich davor, als Dichter ins politische Geschehen einzugreifen. Als dann doch die ersten Seiten niedergeschrieben waren, wandte er sich an den Innenminister mit der Bitte, den »exoterischen Text« streng geheim zu halten (an Schuckmann, 4.11. 1815). Wenige Tage zuvor entschuldigte er sich in einem Brief an Zelter: »Es ist zwar meine Art nicht auf den Tag zu wirken, diesmal aber hat man mich so treulich und ernsthaft zu solcher Pflicht aufgefordert, daß ich mich nicht entziehen kann. Eigentlich spiele ich auch nur den Redakteur, indem ich die Gesinnungen, Wünsche und Hoffnungen verständiger und guter Menschen ausspreche« (29.10. 1815).

Es ist wohl einerseits zutreffend, wenn sich G. hier als Vermittler einführt, der bestimmte politische Erwartungen erfüllen muß. Andererseits verschweigt G. in seinem Schreiben, daß sich die Regierungsstellen nicht nur an den Weimarer Staatsminister wenden, dessen sachkundige »Mittheilung« die »Einleitung richtiger Maaßregeln« zur Restaurierung be-schädigter Baudenkmäler und die Erhaltung zahlreicher Kunstsammlungen beschleunigen soll. Insbesondere Oberpräsident Johann August Sack appellierte in einem offiziellen Brief an den renommierten Dichter, der »Sinn des Volkes für vaterländische Besitzthümer im Gebiete der Kunst« müsse wieder tüchtig angeregt werden. Soviel derber Patriotismus, unterstützt von einer mitunter verwegenen Logik, hilft nun auch die Schwierigkeiten verstehen, die sich für G. mit der Konzeption der Denkschrift verbanden. Schließlich deklarierte Sack die Erhaltung einiger Bauten als eine Angelegenheit von nationaler Bedeutung. Nicht minder befremdete G., daß man von ihm eine kulturpolitische Programmschrift erwartete, die für die Einsicht werben sollte, die Zukunft Preußens hänge vom öffentlichen Bewußtsein ab, im Rheinland auf »klassischem Boden« zu stehen. Um diesen Beweis führen zu können, schlug der Oberpräsident dem bekannten Verfechter klassizistischer Kunstideale vor, einen »Centralpunkt« zu finden, mit dessen Hilfe die »altdeutsche« und die »antike oder auf dem Studium der Antiken beruhende moderne Kunst« der Region in ihrer reichspolitischen Bedeutsamkeit plausibel dargelegt werden könne (vgl. Hübner, S. 31 ff.).

Welche Probleme solch eine Aufgabe für G. nach sich zog, der jahrelang die Kunst des Mittelalters verspottet hatte, entging Sack freilich ebenso wie G.s Stellung zum Nationalismus. Ob der Oberpräsident seine ehrgeizigen Ziele im Memorandum wiederfand, ist nicht bekannt. G. jedenfalls beließ es in der Denkschrift dabei, im Sinne Herders einige »patriotische Feuerchen« zu entfachen, deren Licht weniger das Germanenreich als die »Berge und Hügel des Rheins und Mayns« (an Sulpiz Boisserée, 23.10. 1815) zu erhellen vermöchte: »Die Hauptrichtung meines kleinen Aufsatzes geht deshalb dahin, einem jeden Orte das Seinige zu lassen [...], damit man leichter beurtheile, wie es erhalten und belebt und von Einheimischen und Fremden benutzt werden könne« (an Johann August Sack, 15.1. 1816).

Diesem Tenor entspricht auch der Aufbau der Denkschrift. In jedem Kapitel, das sich mit den kulturellen Zuständen in den einzelnen Städten der Rheinprovinz beschäftigt, rät G. der preußischen Regierung, die Eingliederung der zum Teil bedeutenden privaten Kunstgalerien und naturkundlichen Sammlungen in öffentlich zugängliche Museen zu unterstützen. Eine von Sack geforderte Errichtung staatlicher Lehranstalten, welche die Verwaltung und wissenschaftliche Betreuung dieser Ausstellungen übernehmen sollten, lehnt G. hingegen entschieden ab. Vor allem der Gründung von Kunstakademien steht er ausgesprochen skeptisch gegenüber. Diese Abkehr von der Prämisse der Weimarer Kunstfreunde, der Staat sei im Interesse allgemeiner und humanistischer Wohlfahrt zur Förderung junger Künstler verpflichtet, rechtfertigt G., indem er sich auf den Kunstbetrieb der alten freien Reichsstädte beruft, in denen der begabte Nachwuchs unter der Obhut erfahrener Meister stand. So ermuntert er die Frankfurter Bürgerschaft, sie solle sich wieder auf ihre lokale »Geschichte« besinnen, »wo so viele Künstler neben einander und kurz nach einander blühten, ohne daß man sie irgend einem academischen Zwange unterworfen hätte« (KuA I, 1. 1816, S. 74). An diese mittelalterliche Tradition erinnert G. auch die Bewohner all der Städte, in denen erhaltenswerte Bauwerke noch von einer Epoche zeugen, in der Künstler und Handwerker gemeinsam ein ›Gesamtkunstwerk‹ schufen und dabei von tatkräftigen Mäzenen gefördert wurden. Als eines der herausragenden Beispiele für solch eine Kunstbeflissenheit nennt er den Kölner Dom, der in seiner Schilderung zu einem Denkmal altdeutscher Kultur avanciert. Weiterleben sieht er diese Zeit im Selbstverständnis eines Sammlers wie Ferdinand Franz Wallraf, der Uneigennützigkeit und Heimatverbundenheit in sich vereint, ohne gleich noch lokalpatriotischen Gesinnungseifer unter dem Deckmantel einer föderativen Kulturpolitik zu propagieren. Weil Dünkel aber meist dort wuchert, wo staatlicherseits das Engagement des einzelnen im Dienst nationalen Vorwärtsstrebens verordnet wird, empfiehlt G.: »In Cöln jedoch an eine förmliche Kunstakademie zu denken, möchte nicht nöthig noch räthlich

seyn. [...] Einsichtige Kunstliebe und Gönnerschaft setzt sich überall an die Stelle der Direction« (KuA I, 1. 1816, S. 14f.).

Was G. in der Denkschrift öffentlich zu fördern vorschlägt, ist ein nicht länger pragmatisch orientierter, sondern unverstellter und auch wieder emphatischer Umgang mit den Werken der Kunst. Solche eine ästhetische Begeisterungsfähigkeit hatte er zuletzt während des Sturm und Drang propagiert, sich in den folgenden Jahren aber vermehrt der Kunstwissenschaft zugewendet. In der Denkschrift sucht er nun nach einem Ausgleich zwischen der mit Meyer entwickelten Ikonographie und dem Recht auf bewundernden Kunstgenuß. Und sowohl auf dem Gebiet der Wahrnehmungstheorie als auch hinsichtlich der Wirkungsästhetik schlägt er dafür eine Brücke zur frühromantischen Hermeneutik.

Daß die begeisterte Anbetung ein Gemälde oder Bauwerk ebenso in Beschlag nimmt wie eine systematisch betriebene Kunstgeschichtsschreibung, die sich mit vermeintlicher Objektivität den Werken der Vergangenheit nähert, ließ Tieck schon seinen Franz Sternbald erfahren: »Vielleicht kommt bald oder irgendeinmal die Zeit, wo man viel Aufhebens von der Kunst macht, viel davon spricht und schreibt, Schulen errichtet und alles ins Geleise und gehörige Ordnung bringen will, und dann ist es wahrscheinlich mit der Kunst selbst zu Ende« (Tieck 1988, S. 219). Solche Erwägungen gipfelten jedoch nicht in einem Bekenntnis zur Kunstreligion, wie sie Heinrich Wilhelm Ferdinand Wackenroder vor dem Erscheinen von Tiecks Roman und den von ihm mitverfaßten *Phantasien über die Kunst* eingefordert hatte. Nachdrücklich lehnte Tieck die von Wackenroder in seinen *Betrachtungen eines kunstliebenden Klosterbruders* ausgesprochene Hoffnung ab, das zeitgenössische Publikum müsse wieder das schweigende Bewundern vor den Werken der gottesfürchtigen Meister erlernen. Keineswegs leugnete er damit die frühromantische Begeisterung für die ältere deutsche Malerei, deren Bildhieroglyphen Gottes Beistand für das Diesseits verkünden sollen. Tieck meldete nur seine Bedenken an, ob die moderne »Seele« vor den spätmittelalterlichen Tafelbildern »unmittelbar zu den goldenen Ätherbildern emporsteigen kann«. Als wesentliche Gründe werden das anthropologisch bedingte Kommunikationsbedürfnis des Menschen und ferner die Schwierigkeit genannt, ein nicht mehr geläufiges ›Zeichensystem‹ schweigend zu reaktivieren. Soll sich daher dem Betrachter das ohnehin stumme, im Mittelalter aber zudem noch mit Schriftzügen und festgeschriebenen Attributen versehene Gemälde erschließen, so muß Tieck zufolge an die Stelle des isolierenden stillen Gedenkens oder »Lobpreisens des fremden Geistes« ein »schönes Bekenntnis unsrer eignen Größe« treten, »weil wir dermalen noch durch Organe uns kundgeben müssen« (vgl. Tieck 1984, S. 291f.). Nun lesen sich Tiecks *Phantasien* wie ein Bekenntnis zu dem Projekt der Aufklärung, eine diskussionsfähige Öffentlichkeit heranzubilden. Tatsächlich aber versteckt sich hinter seinen Worten eine schneidende Kritik an der rationalistischen Bildästhetik, die gemeinsam mit der romantischen Kunstlehre auf der Annahme beruht, alle in der Malerei verwendeten Zeichen müßten nur wiedererkannt und in die Wortsprache übersetzt werden. Was also auf den ersten Blick Objektivität verheißt, entpuppt sich aus Tiecks Perspektive als eine logozentristische Interpretationspraxis, welche jede Form der Kunstaneignung auf die mehr oder minder andächtige Entzifferung einer semiologisch verbürgten Bildaussage reduziert.

Das von Tieck als notwendig ausgewiesene Sprechen über die Erfahrung reiner Augenlust am Schönen entwickelt G. in seiner Denkschrift zu einer ›Museumspädagogik‹ weiter, in der die Ausstellungshallen die Aufgabe des Forums einer kritischen Meinungsbildung übernehmen: »Jede methodische Zusammenstellung zerstreuter Elemente bewirkt eine Art von geistiger Geselligkeit« (KuA I, 1. 1816, S. 67). In diesem Vorschlag klingt nun keineswegs das enttäuschte Selbstverständnis des Bildungsbürgers an, dem der organisierte Kunstgenuß die abhandengekommene politische Mitsprache ersetzt. Mehrfach unterstreicht G. im Memorandum, ein stummes, regelloses Kunsterleben löse eine ganz eigenartige Reaktion aus. Zurückgehen dürfte dieser Gedanke auf ein persönliches Erlebnis in jenen Wochen des Jahres 1814, in denen er die Kunstsammlung der Brüder Boisserée kennenlernt. Seiner Frau schreibt er am 27.9. 1814: »Begann die Betrachtung der alten Meisterwercke des Niederlandes und da muss man bekennen daß sie wohl eine Wallfahrt werth sind. [...] Um diese zu begreifen werden auch die Vorgänger in Betracht gezogen und da tritt ein neues Unbegreifliches ein«. Der Zusatz, daß sich »der Gang dieser Kunst auf Begriffe bringen« lasse, deutet die intensiven kunstgeschichtlichen Gespräche an, die G. im Hause der beiden Heidelberger Romantiker führte. Im Mittelpunkt ihrer Diskussionen stand dabei die »ruhige, philosophisch-kritische Betrachtung der Kunstgeschichte«, wie sie besonders Sulpiz Boisserée pflegt (vgl. Boisserée an J. G. Schmitz, 24.9. 1814). Sowohl die Erfahrung des bewundernden Sehens als auch die sich daran anschließende Theorie einer transzendentalen Geschichtsauffassung flossen später in den Abschnitt über die Stadt Heidelberg ein. Freimütig berichtet G. dort, die ausgestellten Werke der altdeutschen Meister hätten ihm zunächst die Sprache verschlagen, doch unter dem Beistand Sulpiz Boisserées sei es ihm schließlich möglich gewesen, den Werken »vollkommnes Recht wiederfahren« zu lassen: »Weil aller Vorzug der bildenden Kunst darin besteht, daß man ihre Darstellungen mit Worten zwar andeuten, aber nicht ausdrucken kann, so weiß der Einsichtige [...], daß auf historischem Wege hier das Reinste und Nützlichste zu wirken ist« (KuA I, 1. 1816, S. 133f.).

Nun lesen sich diese Zeilen auf den ersten Blick wie ein halbherziger Kompromiß, auf den sich der gestrenge Weimarer Kunsthistoriker aus Höflichkeit einläßt. Aber G. präzisiert im weiteren, seine geschichtliche Betrachtung von Kunstwerken tendiere inzwischen nicht mehr durchgängig zur Analyse des Einzelbildes, sondern verpflichte sich vermehrt auch der ›metaphysischen‹ Erkundung der Malerei. Nicht »sowohl von den Bildern selbst« gedenkt er also »Rechenschaft« abzulegen, »als von ihrem Bezug untereinander«

(KuA I, 1. 1816, S. 133). Vorgeführt wird sein hermeneutischer Neuansatz in einem längeren Exkurs über die spätantike Bildallegorie und die christlich-symbolische Kunst: »Wenn daher die hellenische Kunst vom Allgemeinen begann und sich ganz spät in's Besondere verlor, so hatte die christliche den Vortheil, von einer Unzahl Individualitäten ausgehen zu können, um sich nach und nach ins Allgemeine zu erheben« (KuA I, 1. 1816, S. 141). Erst in den Bildern aus dem 13. Jh. sieht G. »ein frohes Naturgefühl« und die Bereitschaft der Künstler erwachen, nicht länger am Postulat der »Nachahmung des einzelnen Wirklichen« festzuhalten. Dieser Wandel im Selbstverständnis der Maler und ihre kritische Haltung dem ›naturalistischen‹ Mimesisprinzip gegenüber bereitet nach G.s Worten einen symbolischen Realismus vor, der »sich im allgemeinen über die sinnliche Welt« erhebt (KuA I, 1. 1816, S. 154).

Von dieser Unterscheidung zwischen einer allegorischen und einer symbolischen Perspektive innerhalb der Bildkunst ausgehend, beschreibt G. im letzten Teil seiner Denkschrift einige der im Haus Boisserée aufbewahrten Gemälde. Handelt es sich um ein Bild, das noch in der älteren Maltradition steht, so entschlüsselt G. das Bildthema als Illustration einer bekannten literarischen Vorlage. Da die altdeutschen Meister aber nicht mehr kritiklos ihren kirchlichen Auftraggebern folgen, läßt G. dieser ikonographischen Interpretation eine umfassendere ikonologische Auseinandersetzung mit dem Einzelbild folgen: »Unsere Absicht fördert es mehr, der Legende näher zu treten und in ihr oder hinter ihr einen welthistorischen Sinn auszuspähen« (KuA I, 1. 1816, S. 150). Weitaus verhaltener nähert sich G. solchen Bildern, an deren durchgängig symbolischer Darstellung »nichts zu erinnern übrig bleibt« (KuA I, 1. 1816, S. 157). Vor einem Porträt der Heiligen Veronika verzichtet G. daher auf eine ausführliche Beschreibung aller Motive und beschränkt sich darauf, die kontrastreiche Bildwirkung herauszuarbeiten. Abschließend folgt dann das Geständnis, eine verbindliche Deutung des Gemäldes scheine ihm unmöglich: »Es übt daher, weil es das doppelte Element eines strengen Gedankens und einer gefälligen Ausführung in sich vereinigt, eine unglaubliche Gewalt auf die Beschauenden aus« (KuA I, 1. 1816, S. 158).

G. beschließt das Heidelberg-Kapitel mit einer komprimierten kunstgeschichtlichen Herleitung des symbolischen Realismus, der sich aus seiner Sicht seit dem Mittelalter neben der weniger illusionsstiftenden naturalistischen Malerei findet. So kennzeichne es den Realisten, daß er als »originaler Künstler« die »Gegenstände um sich her nach individueller, nationeller und zunächst überlieferter Weise behandelt, und zu einem gefugten Ganzen zusammenbildet«. Solch ein Bemühen um eine eigenständige Bildlichkeit findet G. auf zahlreichen Gemälden im Hause Boisserée, vor allem aber bei van Eyck, Cranach oder Memling, deren »göttlicher Kraft« es vorbehalten sei, »eine zweyte Welt in die Welt« zu erschaffen (KuA I, 1. 1816, S. 178). Alle drei Maler variieren folglich nicht nur hergebrachte Bildthemen, vielmehr gebührt ihnen nach G. das Verdienst, allegorisch-anschauliche und symbolische Bildelemente miteinander verbunden zu haben. Kunstgeschichtlich betrachtet, liegt es für G. nahe, diese Innovation als Entdeckung der ureigensten malerischen Gestaltungsmittel zu würdigen, von denen er die »Macht der Farbe«, »Licht Schatten« sowie die »perspectivische Kunst« nennt (KuA I, 1. 1816, S. 169). Aber solch eine Erklärung hilft nach G. nicht zu verstehen, warum diese Kunstwerke auch g e s e h e n werden müssen. Über die Anschauung der dargestellten Gegenstände hinaus weisen die Gemälde van Eycks oder Cranachs nämlich eine Bedeutungstiefe auf, die sich mit den Mitteln der Sprache kaum wiedergeben läßt. Insofern vermag G. die symbolischen Bilder historisch zu verorten, weil sie im Unterschied zur je zeitgenössischen Malerei gleichzeitig das rein kunstimmanent Schöne visualisieren: »Dieß sind gerade die schönsten Symbole, die eine vielfache Deutung zulassen, indeß das dargestellte Bildliche immer dasselbe bleibt« (KuA III, 3. 1822, S. 123).

G.s synergetisches Interpretationsmodell

hat ihm den Vorwurf eingehandelt, es diene wie auch die zahlreichen kunstgeschichtlichen Vergleiche der polemischen Abrechnung mit der romantischen Malerei und deren Vorliebe für christliche Sujets. Es darf aber nicht übersehen werden, daß zumindest in den nach 1814 publizierten Schriften zur Kunst der Inhalt eines Gemäldes für G. nur eine untergeordnete Rolle spielt: »Nun bemerken wir bey einigem Nachdenken, daß hier eigentlich nur von der Behandlung die Rede sey, Stoff und Gehalt kommt nicht in Betracht« (KuA II, 1. 1818, S. 149). Solche Äußerungen sind daher hinsichtlich der sich wandelnden Bildästhetik G.s nicht zu unterschätzen, schließlich ermöglicht es ihm erst die Konzentration auf die künstlerischen Fertigkeiten und die illusionistischen Bildmittel, am Entwicklungsgang des symbolischen Realismus die fortschreitende Autonomie der Malerei abzulesen. Allein um diesen Weg der Kunst nachskizzieren zu können, mißt G. am Ende seines Memorandums die in Heidelberg bewunderten altdeutschen Meister an weiteren, ihm bedeutsam erscheinenden Realisten. Dabei interessiert ihn nicht der qualitative Unterschied zwischen den einzelnen Künstlern, vielmehr sucht er nach Anhaltspunkten, die ihm Rückschlüsse darauf erlauben, wie sich der Realist von der je nationalen und regionalen Bildkunst löst und sich mittels einer immer freieren Formgebung einen »Zauberkreis« schafft, in dessen Mitte sich die verschiedensten Künstler aller Zeiten begegnen (KuA I, 1. 1816, S. 180). Diese einzige, dafür aber jeden stilgeschichtlichen Vergleich sprengende Regel des magisch anziehenden Realismus verbindet folglich aus G.s Sicht auch van Eyck mit Tizian oder Rembrandt: »So hat R e m - b r a n d t das höchste Künstlertalent bethätigt, wozu ihm Stoff und Anlaß in der unmittelbarsten Umgebung genügte, ohne daß er je die mindeste Kenntniß genommen hätte, ob jemals Griechen und Römer in der Welt gewesen« (KuA I, 1. 1816, S. 182).

Angesichts dieser an G.s Begriff der Weltliteratur erinnernden Ausführungen wird fraglich, ob seine »Historisierung« der gesehenen Gemälde zugleich eine »Distanzierung« von der gotischen Kunst intendiert. Die letzten Sätze seiner Denkschrift mahnen eindringlich vor jeder allzu pathetischen und einseitigen Beschäftigung mit der Kunst. Im Gegenzug setzt sich G. für einen freieren, kosmopolitisch geschulten Blick ein, »um zu bewirken, daß eine Schule die andere schätze, die außerordentlichen Männer beyderseitig anerkenne, die Fortschritte einander nicht abläugne und was alles für Gutes und Edles aus gemeinsamen Gesinnungen hervortritt. [...] Mit Sicherheit können wir alsdann immer weiter ost- und südwärts blicken und uns mit Wohlwollen an Genossen und Nachbarn anreihen« (KuA, I, 1. 1816, S. 182f.).

Neudeutsche religios-patriotische Kunst

Aus Sicht der Romantiker unterläuft der im nächsten Heft von *Ueber Kunst und Alterthum* publizierte Aufsatz über *Neudeutsche religios-patriotische Kunst* G.s Vermittlungsangebot. Empört meldete sich Jacob Grimm bei G. und hielt ihm vor, die mit »W.K.F.«, dem Kürzel der Weimarer Kunstfreunde, signierte Studie bedeute einen Rückschritt zum strengen Klassizismus. Besonders erboste Grimm die »feindliche Schärfe«, mit der die Verfasser die »historische Erkenntnis der altdeutschen Kunst« attackieren (vgl. Hübner, S. 204). Nun wählen die Autoren in der Tat einen nicht eben diplomatischen Umgangston, wenn sie einem Teil der romantischen Maler vorwerfen, sie bevorzugten »abstruse, trübsinnige Allegorien« (KuA I, 2. 1817, S. 8). Nicht minder plump mußte den Romantikern der Versuch erscheinen, ausgerechnet den Erzklassizisten Anton Raphael Mengs und Johann Heinrich Wilhelm Tischbein das Verdienst zuzusprechen, die »vor Raphaels Zeit blühenden Maler« wiederentdeckt zu haben (KuA I, 2. 1817, S. 16).

Bei aller schneidenden Kritik wendet sich G.s und Meyers Studie aber keineswegs gegen die gesamte romantische Kunstrichtung. Nirgends machen die Autoren einen Hehl daraus, daß ihnen insbesondere die Malerei der in Rom lebenden Nazarener mißfällt, die ihre Gemälde wieder streng tektonisch gliedern und eine harte, ›bezeichnende‹ Linienführung bevorzugen. Mit ebensoviel Verve kritisieren die Kunstfreunde die Berufung der meist jungen Deutschrömer auf die seit Johann Joachim Winckelmann populäre These, mit Raffaels Tod schreite die Kunst ihrem Niedergang entgegen. Es geht im Aufsatz also weniger darum, »die rührende Unschuld in den alten Gemälden« abzustreiten, die sich die romantischen Maler zum Vorbild auserkoren haben. Lediglich die Behauptung, die bildliche Wiedergabe des »anziehend Einfachen« sei einer einzigen Epoche vorbehalten, wird energisch und nicht ohne Sarkasmus zurückgewiesen (KuA I, 2. 1817, S. 29). Zu welchen teils tragikomischen Verständigungsschwierigkeiten das allzu laute Pochen auf das Recht autonomer Bildgestaltung führen konnte, zeigt ein mit »Raphael« signierter Brief, in dem der Nazarener Peter von Cornelius G. vorwirft, er wolle, »daß ein Bild sich selbst ausspricht, so daß jeder Unbefangene, wenn er auch die Geschichte nicht kennt, den Sinn des Bildes gleich erkennt« (Künstlerbriefe, S. 303). Nicht minder befremdlich wirkt heute der Eifer, mit dem die antikisierenden Kunstpuristen übersehen, daß die scheinbar streng religiös gesinnten Gemälde der deutschrömischen Maler vielfach in verschlüsselter Form den von allen irdischen Zwängen befreiten, engelgleichen Künstler vergegenwärtigen. Ein wesentlicher Grund für diese Verkennungsarbeit dürfte in der Absicht G.s und Meyers zu suchen sein, im Anschluß an Lessing, Diderot und vor allem Tieck die Maler für einen symbolisierenden Gebrauch der Farben und den Verzicht auf die Verwendung aller konventionellen Bildschriftzeichen zu gewinnen. Lobend erwähnen die Kunstfreunde die *Phantasien über die Kunst*, in denen Tieck das Kolorit mit einem »Seelentraum« verglichen hatte, der »feiner als die Sprache« ist (vgl. Tieck 1984, S. 298). Mit Blick auf G.s Kritik am semiotischen Bildbegriff richtet sich diese Berufung auf Tieck insofern gegen ein als elitär und esoterisch beschriebenes Kunstverständnis, das ein Großteil des Publikums weiterhin zur bequemen Wahrnehmung altvertrauter Zeichen und Attribute animiert.

Persönlicher Glaube und künstlerische Originalität müssen aber einander nicht ausschließen, wie G. und Meyer am Beispiel Philipp Otto Runges und Caspar David Friedrichs darlegen. Obwohl beide Maler in ihren Arbeiten »religiose Begriffe« visualisieren, anerkennen die Weimarer Kunstfreunde, daß Runges und Friedrichs effektvolle Farben die anschaulichen Bildobjekte zu »wahren Hieroglyphen« verwischen, die nicht einfach wie Illustrationen biblischer Geschichten ›gelesen‹, sondern als Gemälde »geschauet« werden müssen. Dieses Ziel erreicht vor allem Friedrich mit seinen Landschaften: »Er unterscheidet sich übrigens von denen so ähnliches mit Figuren beabsichtigen darin, daß er nicht alte Meister, sondern unmittelbar die Natur nachzuahmen beflissen ist« (vgl. KuA I, 2. 1817, S. 35ff. u. S. 49f.).

Der gelegentlich unglückliche Ton, den die Kunstfreunde wählten, mag G. später bewogen haben, in seiner Abhandlung *Antik und modern*, die 1818 in *Ueber Kunst und Alterthum* abgedruckt wurde, nochmals zu den Mißverständnissen Stellung zu nehmen. Ohne Umschweife wendet sich G. sogleich an das zeitgenössische Publikum, dem er nahelegt, nicht länger jenem »Gegensatz« nachzuspüren, der Klassizisten und Romantiker voneinander trennen soll. Mit unmißverständlichen Worten fordert er den Leser auf, »daß er zu einer billigen Ausgleichung sich geneigt fände«. Um nun im gespaltenen Lager des an leicht handhabbaren Klassifizierungen interessierten Publikums die Einsicht zu wecken, daß zumindest er nicht länger die gelegentlich trivialgewaltsame Polarisierung der zeitgenössischen Kunst akzeptiert, bricht G. jetzt offziell mit der Forderung nach einer strengen Nachahmung antiker Kunst und Literatur: »Und, was reden wir von den Alten? Ein jedes Talent, dessen Entwickelung von Zeit und Umständen nicht begünstigt wird [...], steht unendlich im Nachtheil gegen ein gleichzeitiges, welches Gelegenheit findet sich mit Leichtigkeit auszubilden«. Energisch sucht G. auf den folgenden Seiten die Auseinandersetzung mit Winckelmanns Darstellung der antiken Kultur. Zwar übernimmt er die Vorstellung, eine kulturbeflissene Öffentlichkeit, wie es sie in Athen ehedem gegeben habe, erleichtere gerade jungen Künstlern die Entscheidung, mit ihren Werken hervorzutreten. In diesem Sinne will er auch seine Maxime verstanden wissen: »Jeder sey auf seine Art ein Grieche! Aber er sey's«. Deutlicher jedoch als in der Denkschrift führt G. jetzt aus, daß sich der Begriff einer ›klassischen‹ Kunst nicht länger an bestimmten geographischen Voraussetzungen, künstlerischen Stilrichtungen oder Epochen festmachen lasse. Als bedeutsam oder eben klassisch bezeichnet G. deshalb im folgenden all jene realistischen Kunstwerke, die »das ewig fortdauernde Leben des menschlichen Thuns und Handelns« thematisieren – und dies »unter dem Symbol der Kunst« (KuA II, 1. 1818, S. 145ff. u. S. 156).

Im Anschluß an seine ersten umfassenderen Ausführungen über die symbolisch-realistische Kunst entwickelt G. in *Ueber Kunst und Alterthum* sukzessive eine Bildhermeneutik, die der Zeichenfunktion in der Malerei ebenso gerecht zu werden versucht wie dem interpretationsbedürftigen künstlerischen Entwurf einer sinnstiftenden metaphysischen Seinsordnung. So stellt er in *Antik und modern* fest: »Jedes künstlerisch Hervorgebrachte versetzt uns in die Stimmung, in welcher sich der Verfasser befand« (KuA, II, 1. 1818, S. 149). In der kleinen Abhandlung über die *Blumen-Malerey* wird diese hermeneutische Prämisse jedoch durch den Hinweis ergänzt, das Einfühlen in die Künstlerwelt allein verleite den einzelnen, jedes Bildmotiv oder jeden Pinselstrich wie ein Schriftfragment wahrzunehmen, aus dem sich die Botschaft des Malers rekonstruieren lasse. Entgegenwirken könne diesem sprachgeschulten Sehen nur der Maler, dessen betörende Farbgebung den Betrachter vorübergehend von der vermeintlich logischen Ordnung der Alltagswelt ablenkt und ihm erkennen hilft, was mit Worten nur simuliert werden kann. Selbst ein sprachgewaltiger Rationalist wie der Botaniker Carl von Linné scheitere infolgedessen vor einem Blumenstil-

leben, wenn er sich mit der Benennung der im Gemälde wiedergegebenen Pflanzen begnüge und diese Fachbegriffe »an die Stelle des Bildes« setze. Dann entgeht ihm nämlich, so ergänzt G., daß nur der Bildinhalt die zweckgerichteten Verstandeskräfte des Zuschauers verlangt, während die Farben eine einzigartige synästhetische Wirkung auf den ganzen Menschen ausüben: »Wie nur Licht und Schatten, Farbenwechsel und Wiederschein irgend spielen wollten, ließ sich hier kunstreich und unerschöpflich nachbilden. [...] Blumen und Blüthen sprechen dem Auge zu, Früchte dem Gaumen, und das beiderseitige Behagen scheint sich im Geruch aufzulösen« (KuA I, 3. 1817, S. 85 u. S. 87).

Auch auf seiten des bilderbeschreibenden Literaten setzt dieser Aufruf, der einzelne Betrachter möge sich wieder auf eine primär sinnliche Bildwahrnehmung einlassen, zwei grundsätzliche Entscheidungen hinsichtlich des Verhältnisses von Bild und Sprache voraus. Da es G. widerstrebt, den von Denis Diderot und Wilhelm Heinse entwickelten euphorisch-erotischen Beschreibungsstil zu übernehmen, wird zu fragen sein, wie der Dichter das Farbenspektakel der von ihm beschriebenen Gemälde in Worte faßt. Darüber hinaus bietet das empfohlene unbefangene Sehen dem Laienbetrachter keinerlei Handhabe, um zwischen farbenprächtigen Allegorien und Symbolen zu unterscheiden. Wie es sich bereits in der Denkschrift andeutet, mißt G. diesem formalästhetischen Gesichtspunkt eine nur marginale Bedeutung zu, weil sowohl allegorische als auch symbolische Darstellungen aus seiner Sicht die transzendente ›Sinnhaftigkeit‹ oder Idealität der einzelnen Bildobjekte farbig veranschaulichen können. Allerdings zweifelt er daran, ob beigefügte Attribute, die das Wiedererkennen etwa eines Heiligen erleichtern, im Prozeß der Wahrnehmung eine ähnlich intensive und die Phantasie anregende Wahrnehmung motivieren wie die Bildsymbole, bei denen die dargestellten Objekte nur Träger verschiedener Farbwerte sind. An diese Annahme wird die These geknüpft, daß der Zeichencharakter einer Allegorie eine normierte Assoziation evoziert. Demgegenüber bezeichne ein Bildganzes, als Symbol betrachtet, nicht nur einzelne Gegenstände, sondern setzt ein Denken in »Analogien« frei, welches gegenüber aller »Induktion« den »Vorteil« habe, daß es »nicht abschließt und eigentlich nichts Letztes will« (BA 18, S. 559).

Aus Sicht der modernen analytischen Philosophie vergleicht G. in dieser noch einmal überarbeiteten Fassung seiner Kunsthermeneutik die strukturale Verknüpfung der Bildobjekte mit einer Metapher, die eine bekannte Wirklichkeitssicht ad absurdum führt und ihr dadurch eine neuartige perspektivische Qualität anverwandelt. Solch eine metaphorische Bedeutungsebene enthält eine »intensionale Struktur«, die vom Zuschauer intellektuell erschlossen wird: Aber auf ein Gemälde »antworten zu können, heißt beträchtlich mehr, als es nur identifizieren« und die Übertragungsleistung der Metapher nachvollziehen zu können (Danto, S. 266 u. S. 272). Ähnlich wie in der idealistischen Ästhetik unterscheidet G. deshalb auch zwischen metaphorischem Inhalt und symbolhafter Form, d.h. er trennt gewissermaßen zwischen der Intentionalität der Bildstruktur und der Farbgebung, welche die Differenz zwischen der realen Anschaulichkeit des einzelnen Bildgegenstandes und der vom Betrachter herzustellenden »idealen Einheit« allen Seins überhaupt erst sichtbar macht (vgl. Schelling, S. 150). Folgt man G., dann läßt sich diese Wirkung der Farbsymbole auch als eine je subjektive Sensibilisierung der alltagsbewährten Wahrnehmungsraster beschreiben, wodurch der Blick auf das »erste Wesen« oder die »immer schaffende Natur« gelenkt wird (vgl. MA 12, S. 99).

Mit Hilfe dieser ›Dekonstruktion‹ des objektiven Beobachters liefert G. zugleich auch die Begründung, warum er vor symbolischen Kunstwerken nahezu durchgängig auf eine Erwähnung des Kolorits verzichtet: »Wo will man Einzelnes finden wenn die Theile zum Allgemeinen erweitert sind?« (KuA I, 3. 1817, S. 165). Sein Schweigen dokumentiert demnach das »räumliche Verhältnis« zwischen Bild und Leser, mithin die Abwesenheit des Bildes im Beschreibungstext. Trotzdem hält G. daran fest, das »Produktive« im Bildsymbol »mit dem

Historischen« zu verbinden, was für ihn eine »konsequente Bildung des Subjekts zum Objekt« impliziert. In seiner Wahrnehmungslehre entspricht dieses Sicheinlassen auf das Gemälde der metaphorischen Bildlogik: Wie das Sujet in den Hintergrund tritt und nicht länger an das kulturkonservierende Gedächtnis appelliert, gibt sich der Zuschauer vorübergehend selbst auf. Allerdings kulminiert dieser Wahrnehmungsakt nicht in einer wechselweisen Beschränkung des bildhaften ›Zeigens‹ und des freien ›Sehens‹, vielmehr entstehen im »Eigenleben des Auges« subjektive und keineswegs komplementäre »Nachbilder«, die in der Beschreibung wieder zu »wahrhaft gegenständlichen Wesen« generiert werden und nur von fern an das Kunstwerk erinnern sollen (vgl. MA 12, S. 346ff.). Diese »Ironie« allen Sprechens über das abwesende Kunstwerk charakterisiert nach G.s Worten jede sprachliche Wiedergabe eines Gemäldes als ein fragmentarisches Symbol eines metaphysischen Diskurses, an dessen »Erfahrungsresultaten« in *Ueber Kunst und Alterthum* verschiedene wissenschaftliche Werkanalysen überprüft werden (vgl. MA 10, S. 11). Darauf weist G. schon im Ankündigungsschreiben seiner Zeitschrift hin, in dem er seine Leser bittet, keiner seiner Beschreibungen allzuviel Vertrauen zu schenken. Denn die »erzählende Darstellung« verfolge eben nur das Ziel in »Jedermann« den Wunsch zu erregen, das Kunstwerk »vor Augen zu haben« (MA 11.2, S. 309).

Schriften zur Kunst

Für die Übersetzung der Bildschriftzeichen interessiert sich seit dem frühen 19. Jh. die Ikonographie. Mit der Arbeitsweise dieser jungen Disziplin setzt sich G. erstmals kritisch in seinem 1812 konzipierten und sechs Jahre später in *Ueber Kunst und Alterthum* veröffentlichten Aufsatz über *Myrons Kuh* auseinander. Gleich in der Einleitung stellt er die These auf, die Plastik sei wie ein Symbol zu interpretieren, da es schon im 4. Jh. vor Christus Ansätze zu einer individuell-realistischen Gestaltung mythischer Themen gegeben habe: »Der Sinn und das Bestreben der Griechen ist, den Menschen zu vergöttern, nicht die Gottheit zu vermenschen« (KuA II, 1. 1818, S. 23). Deckt sich diese eher klassizistische Position aber noch mit der Einschätzung des alten G., die »älteste Mythologie personifiziere die wichtigsten Ereignisse des Himmels und der Erde?« (vgl. MA 11.2, S. 449).

Wie ironisch sich G. mit der Plastik auseinandersetzt, zeigt schon seine kritische Einschätzung einiger Epigramme aus der Zeit des Künstlers. Durchgängig preisen die antiken Dichter Myrons Werk als gelungene Allegorie eines manchmal seligen, manchmal gefahrvollen Hirtendaseins. Mit dem Ernst des Fachgelehrten wirft G. den »poetisierenden Kunstbeschauern« vor, sie lobten allein die »Wahrheit und Natürlichkeit« des dargestellten Tieres, anstatt der Frage nachzugehen, weshalb die besungene Kuh noch »über tausend Jahre« später in Rom »die Aufmerksamkeit der Menschen auf sich gezogen« (KuA II, 1. 1818, S. 9ff.). Behutsam leitet dieser skurrile Vorwurf die Beschäftigung mit jener Beharrlichkeit ein, mit der bis ins frühe 19. Jh. hinein an der Vorbildlichkeit der griechischen Kunstideale festgehalten wurde. Als wolle er sich noch einmal auf die Tage der Weimarer Preisaufgaben einschwören, folgert G. mit Verve, Myron habe einen »hohen Kunstbegriff« besessen, »auf den man bei Beurtheilung alter Arbeiten wohl zu merken hat« (KuA II, 1. 1818, S. 25f.). Entnommen wird diese Schlußfolgerung allerdings Gilles Ménage, einem französischen Schriftsteller und Lexikographen des 17. Jhs., der als einer der ersten modernen Literaten Epigramme auf den antiken Bildhauer verfaßte und die längst verschollene Plastik als bildhafte Umschreibung des göttlichen Neides auf die irdische Kunstfertigkeit interpretierte.

Auf welch weit hergeholte Vergleiche sich die Ikonographie gelegentlich stützen muß, zeigt G.s erste Analyse des Kunstwerks. Da ihm eine Abbildung der Plastik fehlt, zieht er zum Vergleich eine hellenistische Münze heran, die nach dem Vorbild des Originals gefertigt sein soll. Nun zeigt das Geldstück eine säugende und keine von Löwen oder Hirten umringte Kuh, wie die früheren Interpreten behaupteten. Voller Erinnerungen an die ›ewigen‹ Weisheitsmaximen der »großen Alten« beschreibt G. deshalb die Plastik wie eine Allegorie auf die nie versiegende, lebenspendende Milch der Kuh (KuA II, 1. 1818, S. 22). Selbst seine Berufung auf einige erhaltene Geldstücke kann aber nicht darüber hinwegtäuschen, daß der Versuch, ein nur noch bedingt verständliches Zeichensystem nachzubuchstabieren, wenig plausibel ausfällt. Um seine mühevoll abgeleiteten Thesen dennoch glaubhaft zu machen, besinnt sich G. schließlich auf jenes Verfahren poetischer Vergegenwärtigung, das Winckelmann inauguriert hatte. In seinen Beschreibungen antiker Plastiken interpretierte dieser mit Hilfe seiner umfassenden Kenntnis der griechischen Sagenwelt selbst das, was an den meist nur bruchstückhaft erhaltenen Kunstwerken gar nicht zu sehen war. So zeugte nach Winckelmann jedes fehlende Körperglied des Herkulestorso für eine der Heldentaten des Götterschützlings. Mit ironischem Unterton gesteht G., erst diese Sichtweise habe ihm, dem »Städtebewohner«, den Sinn der Plastik vollständig erschlossen (KuA II, 1. 1818, S. 18). Und so fühlt er sich plötzlich in eine Welt heiterster antiker Bukolik entrückt, in der naturkundlicher Sachverstand und phantasiebegabtes Sentiment einander noch nicht ausschließen: » E s w a r e i n e s ä u g e n d e K u h : denn nur in so fern sie säugt ist es erst eine Kuh, die uns, als Herdenbesitzern, bloß durch Fortpflanzung und Nahrung, durch Milch und Kalb bedeutend wird« (KuA II, 1. 1818, S. 13f.).

Nachdem auf diesem Weg gelungen ist, was G. zuvor bei den Epigrammatikern rügte, wird in einem umfangreichen stilkritischen Vergleich das »plastische Beywerk«, das die Kuh umgeben haben könnte, vom »poetischen« getrennt (KuA II, 1. 1818, S. 15). Rasch legen all jene von G. herangezogenen Plastiken, die »Heroinen, Nymphen, Faunen« (KuA II, 1. 1818, S. 20f.), den schon einmal formulierten Schluß nahe, die Antike habe naive und liebliche Szenerien bevorzugt und eine um ihr Leben ringende Kuh strikt abgelehnt: »Das Säugen ist eine thierische Function und bey vierfüßigen Thieren von großer Anmuth« (KuA II, 1. 1818, S. 18). Überträgt G. diese »großen Conceptionen« (KuA II, 1. 1818, S. 23) jedoch auf die Frage, wie die freistehende Plastik ausgesehen haben könnte, so bleibt ihm nur eine höchst vage Vermutung: In Anbetracht der schönen erhaltenen Geldstücke eignet sich die Kuh als Sujet eher »zu Nischen- und Wandbildern so wie zum Basrelief, und gerade dadurch konnte uns Myrons Kuh, auch flach erhoben, so vollkommen überliefert werden« (KuA II, 1.1818, S. 19). Erleichtert über den Verlust des Originals, beendet der Stilkritiker seinen zweiten Deutungsversuch mit der Versicherung, »als unmittelbarer Nachfolger von Phidias und Polyclet« habe auch Myron »nicht das sogenannte Natürliche zu gemeiner Täuschung gesucht«, sondern den »Sinn der Natur aufzufassen und auszudrücken gewußt« (KuA II, 1. 1818, S. 10 u. S. 24).

Was jetzt noch fehlt, ist die symbolische Deutung der Plastik, die G. dem Publikum in einem Epigramm unterbreitet. Wohlwollend unterrichten die ersten Zeilen, nichts spreche gegen die Tatsache, Myron habe mit seiner Kuh einen Ausblick auf den antiken Götterhimmel eröffnet: »Daß du die Herrlichste bist, Admetos' Herden ein Schmuck wärst«. Doch nur den in Sachen griechischer Mythologie unbefangenen Leser wird diese kecke Interpretation zufriedenstellen, denn Admetos war weder Heros noch Gott, sondern König von Pherai und der zeitweilige Geliebte Apollons – möglicherweise zu der Zeit, als der Musengott an den königlichen Hof strafversetzt wurde und dort die herrschaftlichen Kuhherden hüten mußte. Welche Weihen Myrons Kuh allerdings von diesem göttlichen Hirten und dessen Tête-à-Tête empfing, darüber schweigt G.s Gedicht geflissentlich. – Mit solchen Spottversen mag G. seine Untersuchung nicht beenden. Allen späteren Interpreten der Plastik, die etwas über den Künstler und dessen Zeit erfahren möchten, schlägt er daher einen Kompromiß vor: Wer den bezeichnenden Sinnzusammenhang zwischen der Plastik und der in verschiedenen Versionen überlieferten

Apollonmythe nicht kenne, dem bleibe noch jene recht diesseitige Gepflogenheit mancher Kunstfreunde, die ohne hinzuschauen jedem Einzelwerk gleich eine prophetische oder prometheische Größe anmerken: »Alles reißet zum Staunen mich hin, zum Preise des Künstlers«. Erfüllt vom Glauben an Myrons Griechengröße, schließt G. seinen Aufsatz, indem er der nie gesehenen Kuh zuraunt: »Doch daß du mütterlich auch fühlest, es ziehet mich an« (KuA II, 1. 1818, S. 26).

Als strenger Stilist, der seine Arbeiten naturgetreu ausführte, gehörte Myron einer Epoche an, in der die griechischen Maler allmählich illusionsstiftende Gestaltungsmittel wie die Tiefenperspektive entdeckten und sich deshalb Platons Zorn zuzogen. Gar so streng geht G. mit dem Künstler nicht ins Gericht. Und doch fällt auf, daß er sich in *Ueber Kunst und Alterthum* neben dem symbolischen Realismus für all jene Stilrichtungen interessiert, in denen sich künstlerische Tradition mit formaltechnischer Innovation durchmischt. Für eine harmonische Transformation des überlieferten Kulturguts hatte der Dichter schon zuvor geworben. Jetzt aber vergleicht sich G. mit einem Sophisten aus der Zeit der zweiten griechischen Aufklärung, die Platons Ideenlehre in die frühchristliche Diskussion über die Abbildbarkeit des Göttlichen einbrachte. Im Verlauf dieses Bilderstreites entwickeln die Sophisten eine solipsistische Wahrnehmungsästhetik, zu deren Kennzeichen ein ironischer Skeptizismus gehört. Ganz ähnlich gibt sich auch G. in *Philostrats Gemälde, Wilhelm Tischbeins Idyllen* oder *Vorbilder für Fabrikanten und Handwerker* als Kunstliebhaber einer Wendezeit zu erkennen, der seine eignen ästhetischen Reflexionen ständig konterkariert: »An historisch-politischen Gegenständen seine Kunst zu üben war schon längst dem Sophisten untersagt; moralische Probleme waren bis zum Ueberdruß durchgearbeitet und erschöpft; nun blieb das Gebiet der Kunst noch übrig, wohin man sich mit seinen Schülern flüchtete« (KuA II, 1. 1818, S. 30).

In der sogenannten zweiten Sophistik war es Plotin, der Platons Künstlerschelte widerlegte und den zeitgenössischen Bilderstürmern empfohlen hatte: »Du mußt [...] nicht blicken, sondern nur gleichsam die Augen schließen und ein anderes Gesicht statt des alten in dir erwecken [...], dann bist du selber Sehkraft« (*Enneaden* 1, 40ff.). Dieser auf den ersten Blick zum allzu selbstsicheren Umgang mit Kunstwerken ermunternde Ratschlag, wird von G. zu einem ästhetischen Imperativ umformuliert, der sich gegen die bilderfeindlichen Aufklärer des 18. Jhs. richtet. Anders als der antike Mystiker, der aus prämoderner Angst vor einer Überflutung der mythisch gedeuteten Wirklichkeit durch freizügige Bilder warnte und zu einer »unfarbigen Selbstzucht« aufrief, beschwört G. wieder das »A b e n - t e u e r d e r V e r n u n f t« herauf, gerade vor den schweigenden Gemälden die Freude an »Gestalt und Farbe« wiederzuerlernen (vgl. *Enneaden* 1, S. 22, u. MA 12, S. 99). Während sich der mönchische Bildbetrachter Plotins zum ewigen Lesen der Bildschriftzeichen verdammt, die ihn vor jedem Kontakt mit dem Alltagsleben warnen, verfaßt G. deshalb auch Bildbeschreibungen, die mit erzählerischem Gestus den Blick des Lesers »auf eine Mitte« oder einen Bildpunkt lenken, der dem aus Neugier stets einfühlungsbereiten Publikum Rückschlüsse auf die persönlichen Kunstansichten des beschreibenden Autors gestattet. Unter Berufung auf die sophistischen *Eikones* des Philostrat obliegt es demgegenüber der »Prose«, daß »man die Einbildungskraft« des Lesers »entzügelt und ihr vergönnt gesetzlos umherzuschweifen« (KuA II, 1. 1818, S. 74ff.).

Mit diesem Verwirrspiel, in dem die individuelle Bildaneignung poetisch ›verobjektiviert‹ und der Glaube des Lesers an die kongeniale Sehleistung eines Dichters prosaisch relativiert wird, beschäftigt sich nachdrücklich der Aufsatz *Von deutscher Baukunst 1823*. Gleichsam generös führt sich G., der vor 50 Jahren schon einmal das Straßburger Münster beschrieb, als ein inzwischen »in die Hüttengeheimnisse Eingeweihter« ein, der im reifen Alter »das Vorhandene betrachten und das Vermißte in Gedanken ersetzen wird«. Zudem eignet er sich noch die Anspruchshaltung des eher bequemen und leicht zu irritierenden Ge-

schmäcklers zu: »Jetzt hat der wahre Kunstfreund auch in der Ferne Gelegenheit, sich von dem höchsten Gipfel, wozu sich diese Bauweise erhoben, völlig zu überzeugen«. Angesichts solch eines Versprechens muß sich kein Laie mehr einer mühevollen Reise oder gar der Gefahr aussetzen, der »persönlichen Empfindung, dem trüben Vorurteil« zu erliegen. Schließlich gewähren doch der Text und die beigelegten Kupferstiche genügend spannungsgeladene Einblicke, wie beide Autoren ihre Begegnung mit dem »Ungeheuren« meisterten (vgl. KuA IV, 2. 1823, S. 147ff.). Über diese Verspottung hinaus wird im weiteren Fortgang der Abhandlung deutlich, daß G. dem Vorhaben, öffentlich für die Fertigstellung des Kölner Doms zu werben, insofern skeptisch gegenübersteht, als Text und Bild in den rezensierten Abhandlungen eine Verbindung eingehen, in der die Werke der bildenden Kunst in einen aus seiner Sicht außerästhetischen, weil semantischen Kontext gestellt werden. Damit aber hält G. vor allem dem in *Von deutscher Baukunst 1823* besprochenen Buch Sulpiz Boisserées unmißverständlich vor, in ihm werde die der Romantik zunächst eigene Kunstästhetik unversehens durch ein streng klassizistisches und zudem deutschtümelndes Programm ersetzt. Die Beschäftigung mit der Kunst erstarre bei Sulpiz Boisserée zu einer einseitigen Hochschätzung des Logos, vor welchem die semantische Vagheit der bildenden Kunst keinen Bestand habe. Zugleich werde der dem Kunstwerk ferne Leser genötigt, neuerlich von der Poetizität aller künstlerischen Ausdrucksformen auszugehen.

Eine »solche Wiederholung würde sich Leonard nie erlaubt haben« (KuA I, 3. 1817, S. 173f.). Mit diesen Worten leitet G. in der Studie *Joseph Bossi über Leonard da Vincis Abendmahl zu Mayland* seine eigene Betrachtung des berühmten Gemäldes als eines Bildsymbols ein, das alle irdischen »Begriffe, die analog jenen Uranfängen sein möchten«, hinter sich läßt und im Betrachter die Ahnung weckt, »daß dem Ganzen eine Idee zum Grunde liege, wornach Gott in der Natur, die Natur in Gott, von Ewigkeit zu Ewigkeit, schaffen und wirken möge« (MA 12, S. 99).

Auf der primär wahrzunehmenden Anschauungsebene des Bildes läßt sich dieser symbolische Bezug aber noch nicht erkennen. Wie vor jeder ›semantischen‹ Struktur stellt sich dem Interpreten auch vor dem Fresko vorab die Aufgabe, die Verbindung aller Elemente untereinander zu erschließen. Indem G. nun jeden einzelnen Jünger beschreibt, würdigt er »die Verschiedenheit menschlicher Gesichtsbildung«. Ebenso erwähnt er die Fähigkeit Leonardos, den Eindruck zu erwecken, als solle Christus »sein Abendmahl bey den Dominikanern zu Mayland einnehmen«. – Fortsetzen läßt sich diese stilkritische Beschäftigung mit dem Gemälde aber nicht, denn Leonardo hintertreibt die Absicht des Zuschauers, im *Abendmahl* die bekannte biblische Geschichte wiederzuerkennen oder dem Bild einen bestimmten Gedanken zu entnehmen. Darauf weist für G. schon die Gestik Christi hin, »die Worte des Meisters: E i n e r i s t u n t e r e u c h d e r   m i c h   v e r r ä t h! Ausgesprochen sind sie« (KuA I, 3. 1817, S. 120 u. S. 126). Unter Hinzuziehung der entsprechenden Bibelstelle wird der von Leonardo gewählte Augenblick meist als Einsetzung des Abendmahls oder als Verratsankündigung interpretiert (vgl. Einem, S. 648). G.s Deutung zufolge zeigt Leonardo allerdings jenen kurzen Moment, welcher der Prophezeiung unmittelbar folgte: »Die ganze Gesellschaft kommt darüber in Unruhe«. Mit der Darstellung dieser Szene erzielt Leonardo somit eine für G. einzigartige Bildwirkung, denn jener Sekundenbruchteil äußerster psychischer und physischer Anspannung drückt sich nicht nur in der Mimik und Haltung der Jünger aus. Sie versetzt auch den Betrachter in einen der Zeit enthobenen Zustand, der »das Schweigen selbst bekräftigt« (KuA I, 3. 1817, S. 126.).

Unterstützt sieht G. dieses schockartige Bilderlebnis durch die allen Jüngern gemeinsame »leidenschaftliche Bewegung«, welche zusammen mit der Darstellung je individueller Reaktionen die Anwesenden in den Rang von Dingsymbolen erhebt (KuA I, 3. 1817, S. 125 f.). Diese stehen ferner in einer bildimmanenten Beziehung zueinander und bieten dem Betrachter ein vielschichtiges Identifikationspotential an: »Das Innere nun im Aeußern gewissenhaft darzustellen, war nur der größten Meister höchster und einziger Wunsch, sie trachteten nicht nur den Begriff des Gegenstandes treffend wahr nachzubilden, sondern die Abbildung sollte sich an die Stelle der Natur selbst setzen« (KuA I, 3. 1817, S. 134). Bei elf der Jünger stelle diese Veranschaulichung allgemeinmenschlicher Verhaltensweisen im Augenblick der Unsicherheit den Maler vor kein größeres Problem. Judas jedoch und vor allem Christus, die ›Personifikationen‹ aller menschlichen Sünde und Güte, gebe Leonardo nur fragmentarisch wieder, »und zwar weil beides nur Begriffe sind, die nicht mit Augen geschaut werden«. Über den Christus heißt es bei G., ihm habe der Maler nicht die gewohnte »Sensibilität« im Gesichtsausdruck verliehen, weshalb ihm zudem noch die sich mimisch mitteilende Innerlichkeit des weiteren Bildpersonals fehlt, die der Verschiedenheit der menschlichen Natur gerecht wird. Im Unterschied zu den anderen Figuren lenkte der Christus folglich den Blick nicht auf das Bild zurück, sondern über Leonardos »Kunstwunder« hinaus (KuA I, 3. 1817, S. 170 u. S. 182).

Da Leonardo den Gottessohn wie eine ›Leerstelle‹ anlege, umgehe er einerseits die kultursichernde Verbindung zwischen Malerei und heiliger Legende. Dadurch wirke die nur »angelegte Physiognomie« solchermaßen beunruhigend auf den Betrachter, »daß wir beinahe nicht wüßten, zu welcher Geschichte des neuen Testaments dieser Kopf willkommen seyn könnte« (KuA I, 3. 1817, S. 170 u. S. 181 f.). Kunstgeschichtlich wagt Leonardo andererseits erstmals jenen »Verlust der Mitte« (Sedlmayr), mit dem G. die moderne Malerei beginnen läßt: »Die Mitte darf nicht streng bezeichnet sein und bei einer vollkommenen guten Komposition [...] muß die Mitte leer sein oder unbedeutend damit man sich mit den Seiten beschäftige ohne zu denken daß ihre Wirksamkeit irgend woher entspringe« (MA 11.2, S. 448).

Mit diesem in der Beschreibung nachvollzogenen Verlust der Zeichen lenkt G. noch einmal den Blick des Lesers auf den, der in

Texten und Bildern traditionell wie eine sakrosankte Ikone verehrt wird. Welche hermeneutische Zielsetzung sich hinter dieser abschließenden Betrachtung verbirgt, kann erst ein Vergleich mit Schellings idealistischer Bestimmung der symbolischen Malerei zeigen: Für den Philosophen muß der Betrachter eines Bildsymbols »eine Idee als vorausgehend« annehmen. Erst dann kann jedes »Bild Christi« als ein Symbol beschrieben werden, das die »ganz einzige Identität der göttlichen und menschlichen Natur« des Heilands vermittelnd erschließt (Schelling, S. 199). Solch eine Designation, die der Anschaulichkeit der Bildfigur eine biblisch bezeugte, ›unsichtbar-jenseitige‹ Wirklichkeit zuschreibt, nimmt nach G. dem Bild all seine Deutungsaspekte und weckt nur jene illusionslose »Ruhe« beim Betrachter, von der Schelling spricht (Schelling, S. 178 u. S. 199). Im Unterschied zu dieser anagogischen Bildwahrnehmung interpretiert G. das Verschwinden Christi aus dem »Centralpunkt« des *Abendmahls* als ein auf das Diesseits zurückweisendes Symbol der »Unabhängigkeit, Kraft, Macht der Gottheit«, das den autonomen Betrachter förmlich zu einer eigenen Sinnfindung zwingt (KuA I, 3. 1817, S. 184). Solch eine subjektive und gleichermaßen aktive ›Divination‹ widersetzt sich zwar dem wissenschaftlichen Postulat, demzufolge das »strikt methodische Verfahren« der Hermeneutik alle »Empfehlungen für die Lebenspraxis« verbietet (Frank, S. 39). Aber der Mut zu sehen und zu urteilen zeugt von einem Betrachter, der sich »das Recht auf kritische Beurteilung« nimmt und vom »Dienst eines dogmatischen Glaubens« lossagt (Apel, S. 47). Soll »aus dem Bekannten das Unbekannte« entwickelt werden, so heißt es im Lehrbrief Wilhelm Meisters, dann bedarf es keines mythologischen Scharfsinns, denn: »Wer bloß mit Zeichen wirkt, ist ein Pedant, ein Heuchler oder Pfuscher. [...] Des echten Künstlers Lehre schließt den Sinn auf; denn wo die Worte fehlen, spricht die Tat«.

Literarische Abhandlungen

Ueber Kunst und Alterthum ist auch der Ort, an dem G. seinen Begriff der Weltliteratur entfaltet, wie er im Gespräch mit Eckermann am 31.1. 1827 gefallen war: »Nationalliteratur will jetzt nicht viel sagen, die Epoche der Weltliteratur ist an der Zeit, und jeder muß dazu wirken, diese Epoche zu beschleunigen«. In dieser Zeit häufen sich in den Gesprächen und Briefen analoge Bildungen wie Weltpoesie, Weltgeschichte, Welthandel, Weltbildung, Weltkultur, Weltumlauf, Weltverkehr oder Weltfrömmigkeit (vgl. Schrimpf, S. 12ff.). Diese Analogien bestätigen die Auffassung, daß ›Weltliteratur‹ von G. nicht als kanonischer Begriff gebraucht wird, sondern ein symbolisch generalisierendes Kommunikationsmedium bezeichnet, an dem nicht nur Übersetzung, Kritik, literarische Zeitschriften und andere Formen literarischen Lebens beteiligt sind, sondern das auch in enger Verbindung mit der fortschreitenden Globalisierung des Handels, des Verkehrs und der Politik im 19. Jh. zu sehen ist.

Hinsichtlich der geschichtsphilosophischanthropologischen Dimension künstlerischer Phänomene scheint G. wie schon bei der Betrachtung der bildenden Kunst auch für die Literatur auf Herdersche und frühromantische universalistische Gedankengänge zurückzukommen (vgl. z.B. Kelletat, S. 114ff.). So hatte Herder bei Gelegenheit seiner romanischen Studien in den »Humanitätsbriefen« formuliert, man werde hierbei »darauf geleitet, zu untersuchen, was jeder gegen jeden Aehnlichen in und außer seiner Nation, was seine Nation gegen andere vor- und rückwärts sei« (HSW 18, S. 57). Deshalb soll uns die Kritik »ins Universum sämmtlicher gebildeter Nationen versetzen, und auf unserm einsamen Gange von ihnen uns Licht und Hülfe zufördern« (HSW 18, S. 132). Was jedoch G.s Konzeption der Weltliteratur, abgesehen davon, daß der Rückbezug auf die Nationalliteratur nicht mehr sein Problem ist, von der frühromantischen Vision universeller literarischer Kommunikation unterscheidet, ist ein sonderbar programmatisches Vertrauen in den technischen Fortschritt, das G. zu den rückwärts gewandten Ganzheits- und auch Langsamkeitsvorstellungen der Romantiker in Distanz setzt. Konnte sich etwa Novalis in *Die Christenheit oder Europa* einen friedlich geeinigten Kontinent nur im geistig-geistlichen Widerstand gegen die Mechanisierung und Merkantilisierung der Welt vorstellen, so bindet G. die Notwendigkeit des Friedens und zugleich der Weltliteratur nicht an die Restitution einer Reichsidee – was nach 1806 allerdings auch völlig illusorisch gewesen wäre –, sondern an das Fortschreiten technisch-ökonomischer Globalisierungsprozesse in der postnapoleonischen Epoche. Weltliteratur ist für ihn vor allem angesichts »der sich immer vermehrenden Schnelligkeit des Verkehrs unausbleiblich«, umgekehrt soll sie selber »zu der immer mehr umgreifenden Gewerks- und Handelsthätigkeit auf das wirksamste beytragen« (WA I, 42.2, S. 505). G.s Weltliteraturidee ist darin »moderner als die romantische Konzeption, daß sie Dichtung und Kunst nicht zum Maß aller Dinge macht, sondern diesen Bereich weit übergreift und der nüchternen Einsicht in die gesellschaftliche und politische Wirklichkeit der modernen Welt entspringt: die fortschreitende Weltkommunikation in Technik Handel, Verkehr und Weltpolitik fordert auch die Weltkommunikation, den ›Weltumlauf‹ der Literatur« (Schrimpf, S. 46).

Es wäre allerdings zu fragen, welcher Begriff von Modernität und auch von Wirklichkeit hier zugrundeliegt, denn auf der anderen Seite entwickelt G. im Umkreis seiner Gedanken zur Weltliteratur eine nicht wenig schwärmerische Begeisterung für Handel und Technik, z.B. für die drei großen Kanalvisionen der Zeit (Panama, Suez, Donau-Rhein-Verbindung), die im Gespräch mit Eckermann (21.2. 1827) in eine Reflexion über das Verhältnis von Globalzeit und eigener Lebenszeit mündet: »Diese drei großen Dinge möchte ich erleben, und es wäre wohl der Mühe wert, ihnen zuliebe es noch einige fünfzig Jahre auszuhalten«. Hier wird G.s Motivation situativ deutlich; angesichts der Weimarer Enge und oft auch Einsamkeit und des Gefühls der

schwindenden Lebensspanne entwickelt er räumliche wie zeitliche Öffnungsvorstellungen, die ihn die von Herder und den Romantikern schon erkannten Gefahren der Beschleunigung und der Globalisierung übersehen lassen. So wird man darin vielleicht weniger einen »realistischen Zukunftsblick« (Schrimpf, S. 10) erkennen, als vielmehr jene Imagination eines grenzüberschreitenden Kommunikationsraums und einer idealen Kommunikationsgemeinschaft weitblickender Geister, welche die konkreten zeitgeschichtlichen Umstände häufig ignoriert oder souverän übergeht. Hans Mayer hat das so ausgedrückt, daß G. für sich »eine singuläre Allianz herzustellen bemüht war zwischen der Vergangenheit und der Zukunft: unter Aussparung der jeweiligen Gegenwart« (Mayer, S. 87).

Dennoch kann aus geschichtlicher Perspektive gar nicht genug hervorgehoben werden, daß G. gerade in *Ueber Kunst und Alterthum* und in den Gesprächen und Briefen im Umkreis allen nationalistischen, patriotisch frömmelnden und macht- und polizeistaatlichen Tendenzen entschiedene Skepsis entgegensetzt. Mag die Besprechung ausländischer Dichter oft vor allem der Selbstvergewisserung G.s dienen, so wird dennoch gerade in der praktischen Umsetzung in den transnationalen literarischen Diskurs deutlich, daß G.s Konzeption der Weltliteratur entschieden Position zum Verhältnis von Individuum und Gesellschaft bezieht. Die Erinnerung an *Lorenz Sterne*, den G. in den Ursprung des raschen Vorschreitens »der litterarischen sowohl als humanen Bildung« stellt, gerät zur Verteidigung des Eigensinns und der Eigenheiten. »Sie sind das was das Individuum constituirt, das Allgemeine wird dadurch specificirt und in dem Allerwunderlichsten blickt immer noch etwas Verstand, Vernunft und Wohlwollen hindurch, das uns anzieht und fesselt« (KuA VI, 1. 1827, S. 91 u. S. 93). Derart plädiert G. für eine Gesellschaftsform, in der das Individuum eigen sein kann, ohne der Rückbindung an ein Ganzes zu entbehren. Auch hier scheint G. romantischen Vorstellungen wieder näherzukommen, was freilich dort seine Grenze findet, wo er, wie etwa bei E.T.A. Hoffmann, eine

Preisgabe der vernunftgegründeten Weltsicht vermutet. In dieser Hinsicht gilt für G. nach wie vor, daß das Klassische das Gesunde und das Romantische das Kranke, zur Orientierung Untaugliche ist, wie es sich in der fast schon berüchtigten Kommentierung von Walter Scotts Artikel über Hoffmann in *Foreign Quarterly Review* ausdrückt: »Denn welcher treue, für National-Bildung besorgte Teilnehmer hat nicht mit Trauer gesehen daß die krankhaften Werke des leidenden Mannes lange Jahre in Deutschland wirksam gewesen und solche Verirrungen als bedeutend fördernde Neuigkeiten gesunden Gemütern eingeimpft worden« (MA 18.2, S. 96). Wo die einheimischen Querelen und Abneigungen aber nicht betroffen sind, erscheint G. der Streit zwischen Klassikern und Romantikern aus der Perspektive eines weltliterarischen Systems obsolet. Beide Haltungen haben ihre Berechtigung, beide sind in der prekären Balance des Besonderen und des Allgemeinen zu sehen, in der beide Gefahr laufen: »und zwar die Klassiker, daß die Götter zur Phrase werden; die Romantiker, daß ihre Produktionen zuletzt charakterlos erscheinen; wodurch sie sich denn beide im Nichtigen begegnen« (KuA VI, 1. 1827, S. 166).

Andererseits aber liegt es in der Natur eines transnationalen Diskurses, daß auf der Eigenheit nicht beharrt werden soll, und daß es zuletzt auf das Gemeinsame ankommt. G. hat das in Würdigung der Verdienste Thomas Carlyles als Vermittler der deutschen Literatur in England ausgesprochen: »Eine wahrhaft allgemeine Duldung wird am sichersten erreicht, wenn man das Besondere der einzelnen Menschen und Völkerschaften auf sich beruhen läßt, bei der Überzeugung jedoch festhält, daß das wahrhaft Verdienstliche sich dadurch auszeichnet, daß es der ganzen Menschheit angehört«. Die Problematik von G.s Argumentation liegt aber auch hier wieder darin, daß die Ökonomie zum Modell erhoben wird, so wenn G. den Übersetzer dafür lobt, »daß er sich als Vermittler dieses allgemein geistigen Handels bemüht, und den Wechseltausch zu befördern sich zum Geschäft macht« (MA 18.2, S. 86). Von einem heutigen realistischen Standpunkt

ist freilich schwer zu leugnen, daß das Geld »die bare Münze jedes a priori« darstellt. Das Unrealistische daran ist eher die Hoffnung, daß mit der Globalisierung des Warenverkehrs auch die Literatur als Form des besonderen Allgemeinen an Wert und Bedeutung gewinnt.

Als wesentlichen Aspekt seiner Konzeption der Weltliteratur hat G. 1828 hervorgehoben, »daß die lebendigen und strebenden Literatoren einander kennen lernen und durch Neigung und Gemeinsinn sich veranlaßt finden gesellschaftlich zu wirken« (MA 18.2, S. 357). Dies scheint jedoch aus jener Einsamkeit gesprochen, »die keinen Gesprächspartner mehr hatte oder zuließ, da so viele ins Gespräch gezogen werden konnten« (Mayer, S. 87). So wird noch einmal deutlich, daß ›Weltliteratur‹ für G. auch eine Strategie der symbolischen Manifestation der eigenen Gegenwärtigkeit war. Die Herstellung, wenn nicht Imagination solchen Gemeinsinns ist daher vielfach nicht frei von listigen Zügen, wie insbesondere G.s Verhältnis zu George Gordon Byron zeigt. In der Darstellung in *Ueber Kunst und Alterthum* führt G. dem einheimischen Publikum die grenzüberschreitende Kommunikation erhabener Geister vor, die ihre Befangenheit im Eigenen hinter sich lassen können. Dabei ist die zunehmende gegenseitige Wertschätzung weitgehend eine Konstruktion G.s, die der Zyniker Byron möglicherweise durchschaute. Im ersten Beitrag zu Byrons *Manfred* 1820 in *Ueber Kunst und Alterthum* erscheint der Romantiker zwar von vornherein als G.s eigene Vergegenwärtigung, die schwarzromantischen Elemente werden aber noch in die gehörige Distanz gesetzt: »Wobey ich freylich nicht läugne, daß uns die düstere Gluth einer grenzenlosen, reichen Verzweiflung am Ende lästig wird« (KuA II, 2. 1820, S. 186). 1821 nimmt G. bei Gelegenheit des *Don Juan* diese Distanzierung schon merklich zurück und demonstriert die eigene Toleranz gegenüber dem Abweichenden und Fremden: »Und, da wir den Verfasser nun einmal kennen und schätzen, ihn auch nicht anders wollen als er ist, so genießen wir dankbar was er uns mit übermäßiger Freyheit, ja mit Frechheit vorzuführen wagt« (KuA III, 1. 1821, S. 79). Hier wird das Fremde als

Widerspruch schon ins Eigene genommen und als solches uneingeschränkt genießbar. In der Besprechung des *Cain* 1824 und in *Goethes Beitrag zum Andenken Lord Byrons* wird Byron dann in einer Linie mit den antiken Tragikern, Corneille und implizit natürlich G. selbst präsentiert, wenngleich unter Herbeiziehung französischer Stimmen. Im Nachruf erscheint schließlich Byrons prophezeite Wirkungsgeschichte fast unverhohlen als Pendant der eigenen Entwicklung und Ruhmeshoffnung: »Nun aber erhebt uns die Überzeugung, daß seine Nation, aus dem teilweise gegen ihn aufbrausenden, tadelnden, scheltenden Taumel plötzlich zur Nüchternheit erwachen und allgemein begreifen werde, daß alle Schalen und Schlacken der Zeit und des Individuums, durch welche sich auch der Beste hindurch und herauszuarbeiten hat, nur augenblicklich, vergänglich und hinfällig gewesen, wogegen der staunungswürdige Ruhm, zu dem er sein Vaterland für jetzt und künftig erhebt, in seiner Herrlichkeit grenzenlos und in seinen Folgen unberechenbar bleibt« (MA 13.1, S. 407). Das soll freilich nicht heißen, daß G.s Verhältnis zu Byron rein strategisch zu sehen ist, nicht zuletzt zeigt die *Trilogie der Leidenschaft* eine unverstellte Nähe. Die Begriffsrochaden des Klassischen und Romantischen, die sich in den Beiträgen zu Alessandro Manzoni ganz analog beobachten lassen, folgen aber zweifellos einer Kulturationsabsicht.

So läßt sich an der Enfaltung des Begriffs der Weltliteratur noch einmal die widersprüchlich-widerständige Funktion der Zeitschrift innerhalb eines späten Projekts erkennen, das Mayer »Utopie der Praxis« (S. 86ff.) genannt hat. Das vielgerühmte klaglose Akzeptieren des Gegenwärtigen hat auch in *Ueber Kunst und Alterthum* sein imaginäres Moment. Die Diskrepanz zwischen Ideal und Wirklichkeit, ihre notwendige oder zwangsläufige Differenz, war freilich gerade G. wohlbekannt.

Daß er mit dieser Bejahung des Widersprüchlichen in der zeitgenössischen Kultur Friedrich Schlegels frühromantischer Position, wie dieser sie in *Über das Studium der griechischen Poesie* entwickelte, in vielen Punkten nahestand, entging G. indes ebensowenig. Doch die durchaus zu ziehende Parallele zwischen Schlegels Thesen über die ›Moderne‹ als einer keineswegs edel-einfältigen Übergangszeit und G.s vor allem in Texten wie der *Denkschrift* oder *Myrons Kuh* dargelegte sophistische Ästhetik hat in der Literaturwissenschaft der zweiten Hälfte des 19. und des 20. Jhs. kaum Anerkennung gefunden. In den wenigen Arbeiten, die sich mit *Ueber Kunst und Alterthum* auseinandersetzen, dominiert die Beschäftigung mit dem Erzweimaraner G., derweil dessen ›gegenklassische Wendung‹ (Burdach) weitestgehend übergangen wird. Als Autor, Kunsttheoretiker und Herausgeber, so heißt es immer wieder, habe G. eine für ihn »einst eindrucksvolle Gegenwart« (Hübner, S. 87) zu bewahren versucht und an den aus dieser Zeit stammenden Forderungen nach antikisierenden Idealen festgehalten, was sich vorzüglich am Begriff der Weltliteratur und G.s Hochschätzung einer ›zeitlos‹ realistischen Malerei aufzeigen lasse: »Im Ganzen dominiert aber ein durch und durch historischer Blick, der [...] immer auch Distanzierung und Abstand bedeutet« (MA 11.2, S. 659). Nun kann nicht geleugnet werden, daß G. und seine Mitarbeiter – ähnlich wie auch der junge Friedrich Schlegel – weiterhin bestimmten Erscheinungen der antiken Kunst Vorbildcharakter für die eigene Gegenwart beimessen. Gleichwohl zeigen G.s bislang weniger beachtete Aufsätze zur Kunst, daß er sich nicht nur um einen Ausgleich mit den Romantikern bemühte, sondern deren Verständnis des Individuellen und ›Häßlichen‹ in der Kunst teilte. Dabei ging es ihm allerdings nicht um eine Relativierung der zeitgenössischen Malerei und Literatur, vielmehr akzeptierte er nachdrücklich das Vergangene wie auch das Gegenwärtige als unverzichtbaren Bestandteil der eigenen und der werdenden Zeit, in der die Besonderheit des einzelnen Kunstwerks einen ›ironischen‹ und kunstbegabten Kritiker voraussetzt.

Setzt sich G. aber sowohl für die Präsenz des Ästhetischen als auch die Autonomie einer jeden Kunstgattung ein, so kann es nicht sein Anliegen sein, die in *Ueber Kunst und Al-*

terthum besprochenen Kunstwerke mit kanonischer Strenge in ihre jeweilige Entstehungsepoche ›zurückzuversetzen‹ (vgl. MA 11.2, S. 659). Als produktiver und ›kunstmäßiger‹ (Schleiermacher) Rezensent orientiert er sich vielmehr an einer Hermeneutik, die im Fortgang der Zeiten ihre Aktualität sowie die Vielschichtigkeit der künstlerischen Mitteilung dokumentiert. Aus dieser Perspektive betrachtet, offenbart sich G.s zweite Zeitschrift denn auch als ein Organ, in welchem das Eintreten für die farbsymbolische, autochthone Malerei und das, was G. unter dem Begriff der Weltliteratur subsumiert, für eine kosmopolitische wie palingenetische Weitsicht wirbt, die ohne kämpferisches Pathos und die provinzielle Enge des Patriotisch-Nationalen auskommt. Was ihr allerdings zum Fixpunkt dient, ist die Kunst selbst, es möge sich um die Werke Byrons und Rubens' oder die verschiedenen Formen des Volkslieds handeln. Ihr Dasein und immer neues Gestaltwerden im Blick zu behalten, dies heißt im Duktus von *Ueber Kunst und Alterthum*, für die Moderne zu begreifen, wohin man »schwebt und wirkt«, anstatt deren möglichen »Fazilitäten der Kommunikation« kritiklos zu erliegen, von welchen »die gebildete Welt ausgeht«, um »sich zu überbieten, zu überbilden und dadurch in der Mittelmäßigkeit zu verharren«. Denn, so heißt es in einem Brief vom 6.6. 1825 an Zelter, wer sich das Recht auf Humanitas und ästhetische Toleranz nimmt, der hält auch an jener konstitutiven Prämisse der gerade erst heranbrechenden Neuzeit fest, welche es dem einzelnen erlaubt, sich als etwas notwendig Individuelles zu verstehen, ohne sogleich in »Superiorität« zu verfallen. Was G. daher in *Ueber Kunst und Alterthum* zuallererst zu ›bewahren‹ trachtet, ist das gleichsam klassische Bewußtsein dafür, daß der romantische Individualist die ihn umgebende »mittlere Kultur« akzeptiert, zugleich aber sich dem schnellebigen und gleichmacherischen »Zeitstrudel« verweigert. Und so schließt G. seinen Brief an Zelter mit den Worten: »Laß uns soviel als möglich an der Gesinnung halten in der wir herankamen, wir werden, mit vielleicht noch Wenigen, die Letzten sein einer Epoche die sobald nicht wieder kehrt«.

Literatur:

Apel, Karl-Otto: Transformation der Sprache. Bd. 1. Frankfurt/M. ⁴1991. – Danto, Arthur C.: Die Verklärung des Gewöhnlichen. Eine Philosophie der Kunst. Frankfurt/M. ²1993. – DHA 8.1. – Einem, Komm. in HA 12. – Frank, Manfred: Das individuelle Allgemeine. Textstrukturierung und Textinterpretation nach Schleiermacher. Frankfurt/M. 1985. – Gervinus, Georg Gottfried: Geschichte der deutschen Dichtung. Bd. 5. Leipzig ⁵1874. – Hagen, Erich von der: Goethe als Herausgeber von *Kunst und Alterthum* und seine Mitarbeiter. Berlin 1912. – Hahn, Karl-Heinz: Goethes Zeitschrift *Ueber Kunst und Alterthum*. In: GoetheJb. 92 (1975), S. 128–139. – HSW 18. – Hettner, Hermann: Geschichte der deutschen Literatur im achtzehnten Jahrhundert. T. 3.2. Braunschweig ⁶1913. – Hölscher-Lohmeyer, Dorothea: Johann Wolfgang Goethe. München 1991. – Hübner, Rolf: Goethes Zeitschrift *Ueber Kunst und Alterthum*. Untersuchung und Erschließung. Phil. Diss. Jena 1968 (Masch.). – Kelletat, Andreas F.: Herder und die Weltliteratur: Zur Geschichte des Übersetzens im 18. Jahrhundert. Frankfurt/M. 1984. – Mayer, Hans: Goethe. Ein Versuch über den Erfolg. Frankfurt/M. 1973. – Lüdecke, Heinz: Goethe, Delacroix und die Weltliteratur. In: GoetheJB. 33 (1971), S. 54–74. – Plotin: Enneaden. In: Plotins Schriften. Übers. von R. Harder. Bd. 1. Hamburg 1956. – Schadewaldt, Wolfgang: Goethes Begriff der Realität. In: GoetheJb. N.F. 18 (1956), S. 44–88. – Schelling, Friedrich Wilhelm Joseph von: Philosophie der Kunst. Darmstadt 1966. – Schrimpf, Hans Joachim: Goethes Begriff der Weltliteratur. Essay. Stuttgart 1968. – Sengle, Friedrich: Die politisch-religiösen Voraussetzungen der nazarenischen Bewegung und Goethes vergebliches Friedensangebot. In: ders.: Neues zu Goethe. Essays und Vorträge. Stuttgart 1989, S. 194–210. – Ders.: Goethes historischer Ort zwischen Klassik und Romantik. In: GoetheJb. N.F. 18 (1956), S. 211–234. – Tieck, Ludwig: Franz Sternbalds Wanderungen. Hg. von A. Anger. Stuttgart 1988. – Ders.: Phantasien über die Kunst für Freunde der Kunst. In: Wackenroder, Heinrich Wilhelm Ferdinand: Werke und Briefe. Hg. von G. Heinrich. München 1984. – Uhde-Bernays (Hg.): Künstlerbriefe über Kunst. Bekenntnisse von Malern, Architekten und Bildhauern aus fünf Jahrhunderten. Dresden ²1956.

Friedmar Apel/Stefan Greif

Anzeigen, Kritiken, Rezensionen zur bildenden Kunst

Der Kunstschriftsteller

Aus G.s Nähe zur bildenden Kunst als Zeichner, Sammler und Kulturpolitiker erwuchs eine Vielzahl von Texten, die sich nicht nur in seinen eigenen Zeitschriften und Sammelwerken finden, sondern an verschiedenster Stelle publiziert worden sind, in einigen Fällen auch als Einzeldrucke.

Die wachsende Wertschätzung dieser Schriften als eines integralen Teils seines Werks wird an den neueren Editionen deutlich. Die Hamburger Ausgabe beläßt es noch bei einer Auswahl (Einem, Komm. in HA 12). Alle Texte bringen die Gedenkausgabe des Artemis-Verlags (Beutler, Komm. in GA 13, mit Abb.) und die Berliner Ausgabe (Seidel, Komm. in BA 19 u. 20; Abb.: Ergänzungsband). Auch für die Münchner und Frankfurter Ausgabe ist Vollständigkeit bei noch reicherer Kommentierung vorgesehen.

In seine Bestrebungen, auf das deutsche Kunstleben prägend einzuwirken, bezog G. ab 1791 Johann Heinrich Meyer ein und publizierte gemeinsam mit ihm unter der Chiffre »W.K.F.« (Weimarische Kunstfreunde). In einigen Fällen versicherte er sich der Mitarbeit anderer Autoren. Diesem Vorgehen kann die Forschung nur entsprechen, indem sie den ursprünglichen Diskussionszusammenhang wiederherzustellen sucht. Es wird dann klar, wie situationsbezogen viele Texte sind, wie eng einige bisher kaum beachtete Beiträge aus G.s Umkreis seinen Intentionen folgen, diese sogar erst ins rechte Licht setzen. Da die Forschung zur Geschichte der deutschen Kunstliteratur, vor allem der Kunstkritik, in den Anfängen steckt, ist hier noch mit Entdeckungen zu rechnen.

Charakteristische Kunst

Die Texte für die *Frankfurter Gelehrten Anzeigen* von 1772 zeigen G. als Autor des Sturm und Drang. In den Besprechungen von Kupferstichen, deutlicher noch in den Rezensionen von Johann Georg Sulzers erstem Abriß seiner *Theorie der schönen Künste* und von Salomo Geßners *Idyllen* tritt als wichtigstes Kriterium ein die Polarität von Wachstum und Zerstörung umfassender, dynamischer Naturbegriff hervor. Dessen künstlerische Entsprechung ist die charakteristische Landschaft, der gegenüber alle Idealisierung als beschönigende Einseitigkeit erscheint: als künstlerische Konvention, in der sich die gleichermaßen abgelehnte gesellschaftliche ausspricht. Selbst an Claude Lorrain würdigt G. längst noch nicht Maß und Gesetz anthropomorpher Gestaltung. Seiner enthusiastischen Einfühlung wandelt sich vielmehr die dargestellte Handlung zu einer Episode des Naturgeschehens. Dahinter steht die in der unendlichen Schöpfungskraft gegebene Gemeinsamkeit von Natur und Genie. *Von deutscher Baukunst* feiert 1772 das Straßburger Münster als Menschenwerk und zugleich Naturgewächs, die *Dritte Wallfahrt nach Erwins Grabe im Jahr 1775* verbindet Pantheismus und Genieglaube noch deutlicher zu einem naturreligiösen Prosahymnus.

Auch in *Nach Falconet und über Falconet* kommt die polemische Wendung dieser Naturhingabe gegenüber den rationalistisch-klassizistischen Bestrebungen zum Ausdruck. Der Lehre vom Decorum der Historienmalerei wird die intensive Empfindung entgegengesetzt, den »akademischen Pranggebäuden« die »Hütte« (WA I, 37, S. 318), der Harmonie der Kunst die reichere der Natur. Aus der Natur allein könne der Künstler den wahren Zusammenklang schöpfen: »Er mag die Werkstätte eines Schusters betreten, oder einen Stall, er mag das Gesicht seiner Geliebten, seine Stiefel, oder die Antike ansehn, überall sieht er die heiligen Schwingungen und leise Töne, womit die Natur alle Gegenstände verbindet« (WA I, 37, S. 316). Diese Beschreibung meint die malerische Stimmungsmagie des holländischen

Realismus und bejaht mit der Standortgebundenheit der Kunst die unmittelbare Selbstaussprache des Künstlers. So kann G. Rembrandt ehren und sich, wie Johann Heinrich Merck, neben ihm Dürer zuwenden.

Klassizistische Kunstkritik

Relativiert G. zunächst die Antike, so anderthalb Jahrzehnte später, nach der Italienischen Reise, die naturnahe, charakteristische Kunst. Nicht die »individuelle Keimkraft« (WA I, 37, S. 325) mit ihren chaotisch-überbordenden und aufsässigen Tendenzen kennzeichnet jetzt das Wesen von Natur und Kunst, sondern die gesetzliche Gestalt. *Einfache Nachahmung der Natur, Manier, Styl* (1789) steht am Anfang von G.s Übergang zum Klassizismus. Natur- und Kunstverständnis sind dabei gleichermaßen in jenem für G. so charakteristischen Sehen begründet, das der Prägnanztendenz der Wahrnehmung folgt, von der Mannigfaltigkeit aufs Typische dringt, Anschauung und Denken aufs innigste verbindet und seinen Fluchtpunkt im Idealbild des Menschen hat. Die Stufenfolge der Natur gipfelt im Menschen. Der entgöttlichten Welt ist das Bild des vollkommenen Menschen eine unentbehrliche, von der Vernunft geforderte Idee. Das Formgesetz der Idealität, exemplarisch realisiert in der antiken Skulptur und in Raffaels Malerei, ist G. so teuer, weil aus ihm die alle Zustandsvergötzung überwindende Hochsinnigkeit strahlt, das emanzipatorische Ethos, dem er sich verpflichtet weiß. In späteren Jahren, unter dem Druck der Romantik, ist er bereit, Abweichungen von dieser Form hin zu größerer Naturnähe anzuerkennen, sofern nur das Ethos erhalten bleibt (*Antik und modern*, 1818).

G. brachte sein klassizistisches Programm neben den *Propyläen* vor allem mit den Weimarischen Preisaufgaben zur Geltung (Scheidig). Dieser Wettbewerb fand von 1799 bis 1805 statt. G. bestimmte die Themen, Meyer verfaßte den Großteil der Ausstellungsberichte. Diese Programme erschienen zunächst in den *Propyläen*, dann in der *Allgemeinen Literatur Zeitung* und schließlich in deren Nachfolgerin, der *Jenaischen Allgemeinen Literatur-Zeitung*. Beteiligung und öffentliches Interesse hielten sich in Grenzen. Die meisten eingereichten Arbeiten stammten von unbekannten jungen Künstlern und waren bildmäßige Sepien oder Skizzen, Ölbilder bildeten die Ausnahme. Im einzelnen ergibt sich für die Themen folgendes Bild: 1799: Venus dem Paris die Helena zuführend; 1800: Hektors Abschied von Andromache; 1801: Die Entdeckung des Achill unter den Töchtern des Lykomedes. Der Kampf Achills mit den Flüssen; 1802: Die Befreiung der Andromeda durch Perseus. Ein freigestelltes Thema aus Geschichte oder Fabel. Außerdem werden die Künstler von diesem Jahr an eingeladen, weitere Werke außerhalb der Konkurrenz auszustellen; 1803: Odysseus und Polyphem. Die Küste der Zyklopen, nach Homerischen Anlässen; 1804: Das Menschengeschlecht, vom Element des Wassers bedrängt; 1805: Ein frei wählbares Motiv aus dem Leben des Herkules.

G. sah die Isolation der bildenden Künstler in Deutschland und bemühte sich um den Aufbau eines lokalen Kunstzentrums in Weimar. Ihm ging es um die Erziehung zu einer ästhetischen Kultur und um eine die Autonomie des Menschen behauptende Kunst. Freilich konnte er sich die angestrebte anschauliche Verallgemeinerung und symbolische Vertiefung nur nach dem Muster der Antike denken. Zudem war die Übernahme der antiken Skulptur in die Malerei mit dem um 1800 ausgiebig reflektierten Problem belastet, das Malerische als Einheit von Erfahrungsnähe und Farbe einer hochgradigen Stilisierung opfern zu müssen, die ohnehin allzuleicht in einen leblosen Formalismus umzuschlagen drohte. So hatte das Unternehmen von Anfang an gegen die anwachsenden realistischen und romantischen Strömungen einen schweren Stand. Selbst der Künstler, dem die humanistische Utopie des Klassizismus innerstes Anliegen gewesen war, der 1798 in Rom gestorbene Asmus Jakob Carstens, hatte den großen Stil nur deshalb glaubhaft aufnehmen können, weil er die vorgegebene Form ins persönlich Bekenntnishafte umzuschmelzen vermochte. Von diesem Gestaltungsproblem war in den von Meyer stammenden, von G. wohlwollend akzeptierten Kritiken nicht die Rede, selbst angesichts der 22 Zeichnungen von Carstens nicht, die 1804 ausgestellt und angekauft wurden (vgl. Carstens). So mußten die Preisaufgaben als anachronistische Behauptung akademischer Regelhaftigkeit erscheinen.

Die Schwächen der Weimarer Position kamen in mehreren offenen und versteckten Entgegnungen zur Sprache. Einige der knappen, scharfen Urteile G.s, hinter denen seine Autorität als Dichter stand, wurden zu Keimen weitreichender und fruchtbarer Auseinandersetzungen.

Die *Flüchtige Übersicht über die Kunst in Deutschland* (1800) verurteilte den Berliner Realismus: »Poesie wird durch Geschichte, Charakter und Ideal durch Porträt, symbolische Behandlung durch Allegorie, Landschaft durch Aussicht, das allgemein Menschliche durch's Vaterländische verdrängt« (WA I, 48, S. 23). Darauf antwortete der Berliner Bildhauer Johann Gottfried Schadow mit dem Aufsatz *Ueber einige, in den Propyläen abgedruckte Sätze, die Ausübung der Kunst in Berlin betreffend* (Eunomia. 1 [1801], H. 6, S. 487–519). Dieser klarsinnige Text stellt G.s Festhalten am naturübertreffenden Ideal der griechischen Skulptur, wie es vor allem in der Einleitung in die *Propyläen* zum Ausdruck gekommen war, die Überzeugung entgegen, daß die antiken Meisterwerke nur die naturgesetzliche Proportion kennen und daher einzig der Künstler den Griechen nachfolgt, der die Natur nachahmt. Schadows Aufsatz bildet den Mittelpunkt einer wohlorganisierten Berliner Pressekampagne von 1801 bis 1803 gegen die klassische Idealität. Johann Gottlieb Rhodes *Bemerkungen über einige Behauptungen neuerer Schriftsteller, die Kunst betreffend* (Eunomia. 1 [1801], H. 5) bestreiten mit den Argumenten eines historischen Relativismus sogar die Erkennbarkeit jener »Normalidee des Schönen«, die nach Kants *Kritik der Urteilskraft* (§ 17) den aller Idealisierung vorausgesetzten Kanon darstellt. Auf diesen Kanon, diesen Typus richtet sich das Hauptinteresse G.s, wie aus der Einleitung in die *Propyläen* und deutlicher noch aus den Kommentaren zu *Diderots Versuch über die Malerei* zu erkennen ist.

G. hat seine Antwort an Schadow, die *Aphorismen. Freunden und Gegnern zur Beherzigung*, zurückgehalten und sich in der Preisschrift für 1802 versöhnlich gezeigt: »Mag der eine sich mehr gegen das Natürliche, der andere mehr gegen das Ideale neigen, bedenke man doch, daß Natur und Ideal nicht mit einander im Streit liegen, daß sie vielmehr beide in der großen lebendigen Einheit innig verbunden sind, nach der wir so wunderbar streben, indem wir sie vielleicht schon besitzen« (WA I, 48, S. 56). Nachgegeben aber hat G. mit dieser konzilianten Formel keineswegs. Das zeigen vor allem die durch Schadows Aufsatz veranlaßten Aphorismen (Erste Niederschrift GSA, H 101). Beide Aphorismengruppen sind erstmals in der Frankfurter Ausgabe unter dem Titel *Gegen Schadows Kunst-Polemik* zusammengefaßt (FA I, 13, S. 387–393). In der strikten Nachbildung zeitgenössischer Uniformen, etwa in Schadows *Zieten-Denkmal* oder in der gemalten Geschichtsanekdote, dem »König, der auf einer Brunnenröhre sitzt und denkt« (WA I, 48, S. 252; gemeint ist die Zeichnung Johann Christoph Frischs *Friedrich II. in Nimburg nach der Schlacht bei Colin*, Berliner Akademie-Ausstellung 1800; Abb. des Reproduktionsstichs von Daniel Berger: Frank, S. 142), erkannte G. die Pervertierung des Nachahmungsprinzips durch einen der klassischen Humanitätsidee feindselig gegenüberstehenden Pragmatismus.

Als Schadow 1803 seine aller Idealität abwendige *Wieland-Büste* auf die Weimarer Ausstellung gab, eine Demonstration, der die Aufstellung der idealen *Goethe-Büste* Friedrich Tiecks während einer Vorlesung August Wilhelm Schlegels in Berlin vorangegangen war, kam es mit Johannes Daniel Falks Satire *Neue Märkische Ästhetik* doch noch zur Publikation der Weimarer Vorbehalte: »Ein wohlgetroffnes Bild, von ächtem Korn und Schrot: / So zeigt man in der Kunst sich auch als Patriot. / Des

Zirkels Fuß ermißt die schönsten Proporzionen, / Und so wird groß ein Staat durch – Büsten und Kanonen« (*Zeitung für die elegante Welt.* 3 [1803], Nr. 87, Sp. 687–690, hier Sp. 688).

Auch Philipp Otto Runge, der 1801 am Wettbewerb teilgenommen hatte, erschien die Wiederanknüpfung an die ideale Figuralkunst von vornherein zum Scheitern verurteilt. »Ich glaube schwerlich«, schreibt er seinem Bruder Daniel am 9.3. 1802, »daß so etwas Schönes, wie der höchste Punkt der historischen Kunst war, wieder entstehen wird, bis alle verderblichen neueren Kunstwerke einmal zugrunde gegangen sind, es müßte denn auf einem ganz neuen Wege geschehen, und dieser liegt auch schon ziemlich klar da, und vielleicht käme bald die Zeit, wo eine recht schöne Kunst wieder erstehen könnte, das ist in der Landschaft«. Dies Wort Runges zielt auf eine entscheidende Entgegensetzung. Landschaft, in der hergebrachten Gattungshierarchie auf einem der untersten Plätze, wird im Laufe des 18. Jhs. als die Gattung erkannt, die dem Künstler den größten Freiheitsraum bietet. Im Bekenntnis zur Landschaft steckt daher oft nicht bloß eine Abweisung der Idealität, sondern auch eine Hinwendung zu kühnem Erproben neuer Ausdrucksmittel. So schrieb der Bremer Landschaftsrealist Johann Heinrich Menken am 15.12. 1805 an G.: »Jenen Stil, den E. E. vorziehen, möchte ich einer Operndame vergleichen und den anderen einem Landmädchen, ohne Anmaßung und Prunk«. Keinesfalls sei nur »Einer Form« nachzustreben: »Möchte doch dem Genie die Bahn weder beengt noch vorgeschrieben werden!« Gegen die Bevormundung aus Weimar wandte sich auch die Persiflage, die am 7.10. 1802 in der Leipziger *Zeitung für die elegante Welt* anonym erschienen war und G. aufs äußerste reizte. Die Charakterisierung fiktiver Werke von mittelmäßigen Künstlern, die gar nicht ausgestellt hatten, traf das matte Akademiewesen der Zeit und war in einer Sprache verfaßt, die G.s typische Wendungen und damit sein pädagogisches Anliegen geschickt ins Lächerliche zog. Das Aufsehen war beträchtlich, die verstohlene Zustimmung allgemein. Von Friedrich

Schlegel und anderen Zeitgenossen ist Ferdinand Hartmann als Autor vermutet worden. Bald sollte eine zweite Persiflage folgen. Als Meyer dem Maler Christian Johann Oldendorp riet, für seine nächtlichen Brandstücke statt ländlicher Wohnungen lieber »bedeutende Gegenstände« (ALZ. 19 [1803], S. VI) auszuwählen, war das die rechte Gelegenheit zur ironischen Unterscheidung zwischen einem Feuer, das »von der niedrigsten Art« bleibt, weil es in einer niedrigen Sphäre wütet, und einem, das »idealisch« ist, weil es die Wohnungen der Götter verzehrt (*Ueber die neuste Preisaufgaben zu Weimar, fürs Jahr 1803*. In: *Zeitung für die elegante Welt.* 3 [1803], Nr. 18, 9. Februar, Sp. 141–144, hier Sp. 143). Damit wurde die Idealitätsforderung einer reductio ad absurdum unterworfen, typischerweise an einem landschaftlichen Beispiel.

Eine ausgiebige Kritik an dem Bericht *Kunstausstellung von 1804* enthalten Joseph Anton Kochs *Gedanken eines in Rom lebenden deutschen Künstlers über die Kunst in den letzten Dezennien des vorigen und dem ersten des laufenden Jahrhunderts*. Rom 1810 (Berlin, Nationalgalerie, Autographen-Sammlung; fol. 59 r.–70 v.). Besonders der Umrißstich nach einer belobten Zeichnung von Vinzenz Grüner (JALZ, Extra-Beilage Januar 1805; Scheidig, Abb. 33) machte auf den deutschrömischen Maler »einen so pudelnärrischen Eindruck«, daß sich ihm der Verdacht aufdrängte, »man wolle den Künsten in Weimar eine ganz andere Richtung geben, als solche je gehabt haben, solange Kunst existiert hat« (fol. 68 r.). Und Koch bekennt: »Ich würde es gar nicht der Mühe wert gefunden haben, über so etwas so sehr außer aller vernünftigen Kunstansicht liegendes, so viele Worte verloren zu haben, wenn solche Urteile nicht von einem Mann herkämen, der durch die geistvollen Produktionen seiner früheren Jahre alle Menschen von seiner Gesinnung des Geschmacks mit Recht für sich hatte« (fol. 69 r.–69 v.).

Bis ins hohe Alter versuchte G., auf das deutsche Kunstleben im klassizistischen Sinne einzuwirken. Mit dem zu seinen Lebzeiten nicht publizierten Vorschlag *Verein der deut-*

schen Bildhauer (1817) hat er offenbar erwogen, dort Fuß zu fassen, wo die Romantiker am schwersten Einfluß gewinnen konnten. Kurz zuvor, in der Kampfschrift *Neudeutsche religios-patriotische Kunst*, hatten G. und Meyer frohlockt, daß die Bildhauerei den von Winkkelmann gewiesenen Weg ohne jegliche Abirrung gehe. Jetzt sollte das klassische Normbewußtsein der Plastik auf die Malerei ausgedehnt werden. Neu ist der Vorschlag eines obligatorischen Aufenthalts in London, um die höchsten Muster zu studieren: die Skulpturen des Parthenon und des Apollotempels von Bassae bei Phigalia.

Charon. Neugriechisch (1825), von G. und Meyer verfaßt und im Stuttgarter *Kunstblatt* vom 6.2. 1826 gedruckt, geht auf G.s Übertragung einer neugriechischen Versdichtung zurück, die 1823 in *Ueber Kunst und Alterthum* mit dem Hinweis publiziert worden war, daß dieses Gedicht sich für eine malerische Komposition eigne. Dem Nachdruck von Gedicht und Erläuterung im *Kunstblatt* vom 19.1. 1824 war von Cotta ein Wettbewerbsaufruf hinzugefügt worden, so daß es gewissermaßen zu einer neuen Weimarischen Preisaufgabe kam. Honoriert und mit einem Umrißlitho geehrt wurde von den sechs eingegangenen Zeichnungen das Blatt von Karl Jacob Theodor Leybold (BA, Supplementbd., Abb.159). An der Beurteilung der Arbeiten fällt auf, wie stark die Malerei auf die Dichtung als Mutter der Künste bezogen wird: Das Poetische garantiert im Bunde mit der Idealität die humane Weltbeziehung.

Dichtungen als Vorwurf für bildkünstlerische Zyklen empfiehlt G. auch in dem *Vorschlag* betitelten Aufsatz von 1830, dem sich offenbar *Christus nebst zwölf alt- und neutestamentlichen Figuren, den Bildhauern vorgeschlagen* anschließen sollte. Anlaß war G.s Kritik an Thorvaldsens Skulpturen für die Frauenkirche in Kopenhagen. G. sah in der Darstellung der Apostel eine unfruchtbare Aufgabe, da sie nicht genügend zu differenzieren, nicht als Exempla der Humanität zu verstehen seien.

Studien zur antiken Kunst

G.s Bemühungen um den Klassizismus schließen auch historische Untersuchungen ein. Gelegenheitsschriften zur antiken Kunst sind *Der Tänzerin Grab* und *Das Igeler Monument*. Eine eigene Gruppe bilden die zu Lebzeiten ungedruckten Notizen *Elgin Marbles* und *Elginische Marmore* (beide 1817), die im Zusammenhang mit der Beurteilung von Kupferwerken und dem Erwerb von Zeichnungen nach den Parthenonskulpturen stehen, sowie der unvollendete Aufsatz *Relief von Phigalia* (1818). 1827 folgt noch der Aufsatz *Beispiele symbolischer Behandlung*, der sich auf Durchzeichnungen pompejanischer Kompositionen bezieht, sowie *Homers Apotheose*, veranlaßt durch an G. gesandte Gipsabgüsse der Figuren eines von Archelaos von Priene um 125 v. Chr. geschaffenen Basreliefs, das G. seinerzeit in Rom gesehen hatte.

Das aus heutiger Perspektive mikrologisch anmutende Interesse G.s verdeutlicht die große Intensität, mit der er um anschauliche Vergegenwärtigung der Antike bemüht war. *Der Tänzerin Grab* zeigt, daß ihm die rein antiquarische Erhellung nicht genügte, daß er eine synthetische Anschauung antiken Menschentums gewinnen und dem eigenen Lebensverständnis assimilieren wollte. Der Philologe und Schulmann Friedrich Sickler hatte im Februar 1809 bei Cumae ein vermutlich aus dem 1. Jh. stammendes antikes Grab entdeckt, dessen Basreliefs nachgezeichnet und diesen Fund in einem lateinischen Schulprogramm dokumentiert und erläutert. G. stieß sich an dem gelehrten Apparat, mit dem Sickler nachzuweisen suchte, daß die Reliefs eine dionysische Mysterienfeier darstellten, und setzte dem die ganz aus der Anschauung der drei beigegebenen Stiche gewonnene Deutung entgegen, daß es sich um das Grab einer Tänzerin handle, die in ihrem Erdendasein, im Tartarus und im Schattenreich gezeigt werde. In einem Brief an Meyer vom 29.4. 1812 spricht G. von der »antiquarischen Wortmenge« Sicklers, während es ihm darum gehe, »eine natürliche Ansicht diesem schönen Kunstwerke zu eröffnen«. Als Paradigma seiner Deutung ist unschwer die in den *Propyläen* formulierte Lehre von den sich selbst aussprechenden Gegenständen der bildenden Kunst zu erkennen. Hier freilich mit einem wichtigen Zusatz; dem möglichen Vorwurf, daß er »zu viel aus diesen Bildern herauslese«, hält G. entgegen, daß man den Aufsatz »als ein Gedicht zu einem Gedicht ansehen möge, durch deren Wechselbetrachtung wohl ein neuer Genuß entspringen könnte« (WA I, 48, S. 149). G. definiert damit eine der bildenden Kunst in besonderem Maße zukommende, freilich sonst nur von den Romantikern kultivierte Rezeptionsweise. Darin steckt die Einsicht und das Eingeständnis, daß auch die Voraussetzungslosigkeit und Objektivität reiner Anschauung, um die es G. zu tun ist, einen Spielraum subjektiver Deutung kennt, ja mehr noch: daß diese Voraussetzungslosigkeit selbst die kunsthistorisch keineswegs gerechtfertigte voluntaristische Setzung einer Bedeutungsrelation darstellt.

Auch *Das Igeler Monument*, 1829 als Broschüre publiziert, ist eine Gelegenheitsschrift. Das römische Grabdenkmal in dem Moseldorf Igel bei Trier, errichtet um 250 n. Chr. und etwa 22 m hoch, hatte G. 1792 während des Feldzugs nach Frankreich kennengelernt. An den erzählenden Reliefs fesselte ihn die antike Lebenseinstellung, das vollkommene Aufgehen in einem gedeihlichen Dasein. Als er 1829 eine kleine Bronze-Nachbildung erhielt, griff er auf die entsprechenden Passagen der *Campagne in Frankreich 1792* zurück und schloß, nach Konferenzen mit Meyer und Riemer, eine ausführliche Beschreibung und Deutung der einzelnen Szenen an. In der plastischen Nachbildung findet G., was ihm die graphischen Darstellungen nicht vermitteln, den am Einzelnen gar nicht festzumachenden, wohl aber aus dem Ganzen zwingend hervortretenden Eindruck des antiken Ethos. Diesen Eindruck »vor der Seele zu erneuern« (WA I, 49.2, S. 37f.) ist sein wichtigstes Anliegen.

Stilistische Grundfragen der antiken Skulptur erörtert der unvollendete Aufsatz über das *Relief von Phigalia* (1818). Die gedrungenen Körperformen des um 400 v. Chr. entstandenen Werks weichen vom klassischen Kanon und sogar von der Naturrichtigkeit ab. Auf diese beiden ungewöhnlichen Aspekte verweist Luise Seidler in dem Begleitbrief zu ihrer großformatigen Kohlezeichnung nach einem Abguß des Reliefs (BA, Supplementbd. Abb. 134). G. bemüht sich, diese Einwände zu widerlegen. Die Plastik sei Dienerin der Architektur, ihre Gedrungenheit werde von der schweren dorischen Ordnung des Tempels gefordert, die G. 1787, in Paestum, so befremdlich vorgekommen war. Bestimmte Disproportionen seien unumgänglich, um die »Eurhythmie des Ganzen« (WA I, 49.2, S. 17) zu wahren. Erst die Abweichungen im Einzelnen ermöglichten die unübertreffliche Komposition, die sich bei den Griechen in ähnlicher Form immer wieder finde, weil mit ihr ein Höchstes der Gestaltung erreicht sei. G. erkennt in der Abweichung von der bloßen Richtigkeit ein allgemeines Kunstgesetz. Daß der Meister »zu höhern Zwecken mit Vorsatz einen Fehler begeht« (WA I, 49.2, S. 18), zeigt er an Leonardos *Abendmahl*, und dies ist ihm auch Grundsatz des Theaters wie der Musik. Allerdings gebe es für die bildende Kunst eine besondere Schwierigkeit. Im Unterschied etwa zum Ohr, das »nicht richten, sondern genießen und Genuß mittheilen« wolle, habe das Auge »einen anmaßlichen Verstand hinter sich, der wunder meint wie hoch er stehe, wenn er beweist, ein Sichtbares sei zu lang oder zu kurz« (WA I, 49.2, S. 19). Diese Einsicht wird auch durch die Erwägung des Gegenteils bestätigt: »Wollte man das ins gleiche bringen, so entstünde ein nettes, aber würkungsloses Getreibe« (an Meyer, 26. 3. 1818).

Es ist wahrscheinlich, daß G. vor den Konsequenzen zurückschreckte, die eine grundsätzliche Anerkennung der von ihm für das Relief von Phigalia akzeptierten Variationsfreiheit mit sich gebracht hätte, und daß er deshalb das Aufsatzfragment, ein erstaunliches Beispiel vorurteilslos-investigativen Schreibens, beiseite legte. Der Text zielt ja nicht mehr auf jene vom Naturvorbild abweichende Gestaltungsfreiheit, die der Idealisierung zukommt, sondern auf eine weit allgemeinere, auf jene nämlich, die Wilhelm Worringer 1908 als »expressive Abstraktion« be-

Laokoon-Gruppe im 1. Band, 1. Stück der Propyläen.
Kupferstich von Johann Christian Ernst Müller

zeichnen wird – und zwar im Zusammenhang mit der architektonisch dominierten, in ein System gesteigerter Bewegung einbezogenen gotischen Skulptur (S. 98). Eine Parallele zu G.s Bestimmungen ist Hegels Wort, daß »absichtliches Verändern, welches vom Inhalt, der im Bewußtsein ist, ausgeht, und von demselben gefordert wird«, kein Verstoß gegen die Kunstgesetze sei (S. 81). Noch 1937 werden Ernst Bloch und Hanns Eisler dies Wort Hegels als eine jeglichen Klassizismus sprengende, den Expressionismus legitimierende Einsicht würdigen (S. 1569).

Zur altdeutschen Kunst

Von den Texten zur altdeutschen Kunst, verfaßt vor Gründung von *Ueber Kunst und Alterthum*, sind zwei rein aufzählenden Charakters. Die nicht zur Publikation bestimmten Notizen *Über Magdeburger Kunstsachen* (1805) und die *Nachricht von altdeutschen, in Leipzig entdeckten Kunstschätzen* (1815), Gemälden größtenteils von Lucas Cranach d. Ä. und d. J., dokumentieren G.s Wahrnehmung deutscher Kunst des Mittelalters und der Renaissance. Der Aufsatz *Zwei deutsche Alterthümer* (entstanden 1809/10, gedruckt 1812) erläutert bronzezeitliche Gegenstände, die 1809 bei Köstritz und 1811 bei Dornburg gefunden worden sind. Weitaus wichtiger ist die Würdigung der von Johann Nepomuk Strixner in der neuen lithographischen Technik reproduzierten *Handzeichnungen Albrecht Dürers zum Gebetbuch des Kaisers Maximilian*. Obwohl nach wie vor die Anteile G.s und Meyers an der Niederschrift umstritten sind, darf die Rezension *Albrecht Dürers christlich-mythologische Handzeichnungen* (1808) als G.s Meinungsäußerung gelten. Der frühen Vorliebe für Dürers energievolle Holzschnitte folgt hier das Lob seiner freispielenden Phantasie. Nicht ohne immanente Polemik gegen die Romantiker wird die Heiterkeit und gelöste Form des reifen Dürer hervorgehoben.

Kampf gegen die Romantik

G. schätzte die altdeutsche Kunst als historisches Phänomen, ein Vorbild für die Gegenwart konnte sie ihm aus ethisch-weltanschaulichen, aufs engste mit dem klassischen Formgefühl verbundenen Gründen nicht werden. Ab 1805 steht die Zurückweisung der Romantik im Mittelpunkt einiger Texte, die dem von G. inspirierten und verantworteten, von Meyer verfaßten Aufsatz *Neudeutsche religiospatriotische Kunst* (1817) mit ungewöhnlich scharfen Formulierungen präludieren. 1804 empfiehlt G. das Zeichenbuch Johann Christian von Mannlichs nach Raffael, weil es geeignet sei, die ersten Schritte »zu den Werken der Natur und der Griechen zu erleichtern«, und kontrastiert der Bemühung, »einen reinen Geschmack einzuprägen« (WA I, 48, S. 130), die »Halbcultur die uns gern die altflorentinisch-deutschen mönchischen Holzschnittanfänge als das letzte Ziel der Kunst aufstellen möchte« (WA I, 48, S. 131). Besonders erbittert reagierte G. auf das Werk der Brüder Riepenhausen *Über Polygnots Gemälde auf der rechten Seite der Lesche zu Delphi* (Göttingen 1805). Den 1803 in Weimar ausgestellten und von G. gelobten Umrissen hatten die inzwischen zum Katholizismus konvertierten Brüder eine Einleitung vorangestellt, in der sie die griechische Kunst als spezifischen Ausdruck der griechischen Religion werteten und gegenüber der christlichen Religion und Kunst relativierten. Diese Herabsetzung veranlaßte G. zu der in Meyers Rezension eingeschobenen Frage: »Wem ist in diesen Phrasen die neukatholische Sentimentalität nicht bemerklich, das klosterbrudrisirende, sternbaldisirende Unwesen, von welchem der bildenden Kunst mehr Gefahr bevorsteht als von allen Wirklichkeit fodernden Calibanen?« (WA I, 48, S. 122). Wilhelm Heinrich Wackenroders *Herzensergießungen eines kunstliebenden Klosterbruders* (1797) und Ludwig Tiecks Roman *Franz Sternbalds Wanderungen* (1798) waren G. wohlbekannt; jetzt wurde ihm klar, daß es nicht um eine episodische Erscheinung, sondern um eine initiativreich verfochtene, immer weiter um sich greifende Konzeption ging, die seinen Grundüberzeugungen aufs feindseligste gegenüberstand. Der Entschluß zur entschiedenen öffentlichen »Opposition« gegen den »christlich-moralisch-ästhetischen Jammer« war längst gefaßt (an Meyer, 30.10. 1796). Jetzt wurde er erneuert: »Sobald ich nur einigermaßen Zeit und Humor finde, so will ich das neukatholische Künstlerwesen ein für allemal darstellen; man kann es immer indessen noch reif werden lassen und abwarten, ob sich nicht altheidnisch Gesinnte hie und da hören lassen« (an Meyer, 22.7. 1805). Damit war ein Gegensatz der Weltanschauungen und Mentalitäten klar ausgesprochen, der das deutsche Kunst- und Geistesleben auf Jahrzehnte hin prägen sollte. Wenn auch die polemische Bezeichnung »Nazarener« erst später in Rom aufkam, so war doch der zugehörige Begriffsinhalt bereits 1805 von den Weimarer Kunstfreunden klar definiert worden. G. spricht von »Frömmelei« (WA I, 36, S. 266), Carl Ludwig Fernow, seit 1803 Professor in Jena, zählt die Brüder Riepenhausen in einem Brief vom 22.5. 1805 an Johann Christian Reinhart zu einer »Art von Herrnhutersecte« (Baisch, S. 183).

In der abschließenden, wahrscheinlich 1806 notierten Passage des Aufsatzes *Letzte Kunstausstellung 1805* kritisiert G. den romantischen Kunstbegriff, dem es um die religiöse Erbauung geht: »Eine Ahnung des S i t t l i c h - H ö c h s t e n will sich durch Kunst ausdrükken, und man bedenkt nicht, daß nur das S i n n l i c h - H ö c h s t e das Element ist, worin sich jenes verkörpern kann« (WA I, 36, S. 267).

Diese knappen Abweisungen der romantischen, religiös bestimmten Kunst stehen vor dem Hintergrund zweier ausführlicherer Texte Fernows. Die *Bemerkung eines Freundes* in G.s Sammelwerk *Winckelmann und sein Jahrhundert* (Tübingen 1805) ist in dem ganz auf positive Entwicklung konzentrierten Werk die einzige polemische Betrachtung. Für die Kunst komme alles darauf an, welcher Art der Geist der Religion sei, der sie beschäftigt: »Je nachdem dieser natürlich oder phantastisch, heiter oder düster, sinnlich oder sittlich, charakteristisch oder unbestimmt, plastisch oder form-

los in seinen Objecten ist, wird auch der Charakter der Kunst sich bilden, und das Maaß der für sie erreichbaren Vollkommenheit wird durch das Maaß der plastischen Schönheit oder Idealität bestimmt, dessen jene Gegenstände ihrer Natur nach fähig sind« (Fernow 1805, S. 207 f.). Zweifellos komme die griechische Mythologie mit ihren anschaulichen Gestalten diesen Forderungen in einer Weise entgegen, die der christlichen Religion versagt bleiben müsse. Denn diese gehe »bloß den moralischen Menschen an, und ist ganz unabhängig von der äußern physischen Bildung, Wohlgestalt und Schönheit desselben. Ihre Ideale sind praktischer Art, nicht durch Bilder darstellbar, sondern durch Thun und Handeln; fruchtbarer für das Leben als für die Kunst« (Fernow 1805, S. 210). Noch energischer wird die religiöse Bindung in Fernows für den autonomen Kunstbegriff höchst aufschlußreichem *Leben des Künstlers Asmus Jakob Carstens* (Leipzig 1806) zurückgewiesen. Das Samenkorn der Kunst, obwohl genährt von den »Volksreligionen alter und neuer Zeit« (Fernow 1806, S. 252), »stammt von den edelsten Kräften der Humanität, und reift nur da, wo diese sich harmonisch entfalten« (ebd.). Die christliche Mythologie habe der heidnischen nichts voraus: »so wie der seit gestern Todte, so todt ist wie der, welcher vor Jahrhunderten starb« (Fernow 1806, S. 250). Die Schlußfolgerung könne daher nur sein: »So soll denn auch der Künstler [...] seine Kunst hinfort nicht in der Religion, sondern seine Religion, d.i. den Gegenstand seiner reinsten Liebe, seines eifrigsten Strebens, seiner seligsten Gefühle, in seiner Kunst finden« (Fernow 1806, S. 254). Das war eine klare Bestimmung der Kunstreligion, wie man sie in Weimar verstand, das Gegenteil dessen, wofür sich die Romantiker begeisterten.

Die weitere Ausbreitung der Romantik veranlaßte G. etwa 1813/14 zum Entwurf eines Aufsatzes über neuere deutsche Kunst (WA I, 53, S. 403 f.), der bereits auf das Pamphlet von 1817 vorausweist. G.s Kritik an der Romantik fand zunächst wenig Zustimmung, in Rom wurde sie von den meisten Künstlern abgelehnt. Die historische Tiefenwirkung aber war beträchtlich. Geschult an G. ist bereits der Aufsatz *Ueber die Kunstausstellung im Pallaste Caffarelli zu Rom im April 1819* (Augsburger Allgemeine Zeitung 1819, Beilage 124, 23. Juli, S. 493–496). Mit ihm distanzierte sich Jacob Salomo Bartholdy von den Romantikern, deren Auftraggeber er noch einige Jahre zuvor gewesen war (Fresken der Casa Bartholdy, Rom, jetzt Berlin, Nationalgalerie). Die ästhetisch-politische Parteiung, von Heine in den *Elementargeistern* (1836) auf den Gegensatz von Nazarenern und Hellenen gebracht, prägt noch Georg Gottfried Gervinus' *Venezianische Briefe über neudeutsche und altitalienische Malerei* (*Blätter für literarische Unterhaltung*, 1839) und Friedrich Theodor Vischers Verriß von Friedrich Overbecks *Triumph der Religion in den Künsten* (*Deutsche Jahrbücher für Wissenschaft und Kunst*, 1841). Daß G. in diesen Kämpfen gegenwärtig blieb, bezeugt neben Heines *Ludwig Börne* (1840) das spätnazarenische Triptychon Konrad Eberhards für Emilie Linder (1833, Basel, Spitalkapelle St. Clara). Dessen rechter Flügel zeigt den lorbeerbekränzten G., die *Propyläen* in den Händen, inmitten heidnischer Philosophen, die sich von der Predigt Pauli in Athen abkehren.

Das »Sinnlich-Höchste« ist für G. die durchklärte klassische Form, deren Plastizität die Immanenz und Selbstbestimmung der organischen Gestalt und in dieser die Souveränität des Menschen ausdrückt: das »Sittlich-Höchste«. Wie G. klar erkannte, waren die Romantiker gesonnen, diese Harmonie von Anschauung und Erkenntnis durch den Rückgriff auf die Formen der präraffaelitischen Kunst, daneben auch durch »Chiffren« und »Hieroglyphen« (Wackenroder, Friedrich Schlegel, Joseph Görres) absichtlich zu verdunkeln. Freilich erschwerte es G.s Position und machte sie sogar zweideutig, daß er die klassische Form nicht immer vom akademischen Formalismus zu unterscheiden vermochte. Klare Einsicht in diese Problematik hatte einzig Fernow, von Carstens belehrt. So darf es nicht verwundern, daß die Romantiker sich an den Anschein hielten und G.s Position mit eben diesem Formalismus identifizierten.

Joseph Anton Koch zitiert in seinen *Gedanken* von 1810 G.s Ablehnung der »altflorentinisch-deutschen mönchischen Holzschnitt-Anfänge« (Berlin, Nationalgalerie, Autographen-Sammlung; fol. 70 v.) und bemerkt, es sei tatsächlich leichter, die »oft hagern Körper, steifen Falten« usw. nachzuzeichnen, »als den Geist, der in diesen in vieler Rücksicht mangelhaften Werken herrscht« (ebd., fol. 72 v.). Doch finde sich solch Haften an den Äußerlichkeiten bei aller abhängigen Nachahmung: »Bey geistlosen, für die Kunst unfähigen Köpfen ist der nemliche Fall bey dem unverdauten Studium der Antike« (ebd.). Aus dieser Einsicht ergibt sich der Vorrang des Naturstudiums, dieses allein könne die sichere Basis der Idealisierung bilden. Beeinflußt durch Schellings Rede *Über das Verhältnis der bildenden Künste zu der Natur* (1807), trifft August Kestners Abhandlung *Über die Nachahmung in der Malerei* (1818), die erste der bedeutenden Entgegnungen auf G.s Angriff von 1817, die Unterscheidung zwischen dem Idealitätsformalismus der Akademien in der Nachfolge von Anton Raphael Mengs und der aus der Vertiefung in die Natur gewonnenen Idealform mit einer solchen Klarheit, daß sich die zurückhaltende Zustimmung in der von Meyer verfaßten Rezension (JALZ. 16 (1819), Nr. 199f.) nur dadurch erklären läßt, daß man in Weimar dies zentrale Formproblem nicht so präzis auf den Begriff zu bringen wußte.

Trotz seiner grundsätzlichen Ablehnung der Romantik blieb G. an einzelnen romantischen Künstlern interessiert und bemühte sich um Kontakte. Die publizierten Urteile über Runge und Caspar David Friedrich – die allerdings von Meyer formuliert worden sind – zeigen, daß diese Kunst nach G.s Kriterien nur teilweise anerkannt werden konnte. Der Gegensatz von Klassik und Romantik, von Bestimmtheit und Ahnung, Immanenz und Transzendenz wird nun in den Werken selbst gefunden. Runges Radierungszyklus *Die Zeiten* wird dem »Geschlecht der Arabesken« zugeordnet (JALZ. 4 [1807], S. VIII), und es ist schon ein Entgegenkommen, daß die spielerischen Strukturen, die in der klassizistischen Rangordnung nur als Rahmen und Nebenwerk gelten, hier als selbständige Werke anerkannt werden. Die dürren Formeln aber, daß die Betrachtung »durchs Allegorische ins Mystische« hinübergehe, daß die Blätter »aufregend für den innern Sinn« seien (ebd.), grenzen mit der ganzen Härte des klassizistischen Kunstrichters gerade das aus, worum es Runge zu tun war: das Schweifen der Einbildungskraft. Meyers Charakteristik, die für einen Text G.s gehalten wurde – selbst noch von David Runge in der Ausgabe der Briefe seines Bruders von 1840/41 –, trat Joseph Görres 1808 mit einer romantischen Deutung entgegen, die den assoziativen Gehalt der Kompositionen so recht ausspielt. Mit deutlicher Spitze gegen G. will Görres die Blätter nicht als »Arabesken« bezeichnet wissen, sondern als »Hieroglyphik der Kunst« (S. 273).

Ambivalent ist auch G.s Urteil über Friedrich, dessen Natursinn belobt, dessen Bestreben, »mystisch religiöse Begriffe anzudeuten«, getadelt wird (WA I, 49.1, S. 42).

Zur Landschaftsmalerei

Unter G.s Äußerungen zur Landschaftsmalerei steht *Ruysdael als Dichter* (1816) obenan. Dieser Aufsatz ist ein »Zeugnis für Goethes klassische Ästhetik« (Osterkamp, S. 327) und – immanent – eine zielsichere Polemik gegen die Romantik, die Landschaftsauffassung Friedrichs. Die drei besprochenen Bilder (BA, Supplementbd., Abb. 91-93) gehören zur Dresdner Gemäldegalerie, die G. 1768 und bei weiteren Aufenthalten in Dresden, vor allem 1790, 1794 und 1813 besucht hat. Der Aufsatz entstand 1813 und wurde wahrscheinlich 1816, kurz vor der Publikation im Cottaschen *Morgenblatt*, überarbeitet. G. tritt für eine Landschaftskunst ein, die über das Faktische der realistischen Auffassung hinausgeht, jedoch romantische Transzendenz ausschließt. Jacob van Ruisdael galt dem 18. Jh. als naturnah-malerischer Gegenpol zur idealen und dichterischen Landschaft Lorrains. Indem G. Ruisdael als Dichter versteht, spricht er auch

ihm jene »vollkommene Symbolik« zu (WA I, 48, S. 168), die ein Grundanliegen seiner Kunstlehre darstellt. In unausgesprochener, doch deutlicher Wendung gegen die Horizontjenseitigkeit Friedrichs soll Landschaft als innerweltliches Verweisungsgefüge verstanden werden; daher die Hervorhebung der malerisch-sensualistischen Motive von Wildwuchs und schäumendem Wasser, die ruhig-eingehende Erschließung der gegenständlich ablesbaren Zusammenhänge, des Schicksals der Bauten, Gräber und Bäume, um schließlich, und dies vor allem in Ruisdaels *Judenfriedhof*, die »anschaulichste Verbindung« (WA I, 48, S. 164) des Abgestorbenen mit dem Lebendigen zu erkennen, die Versöhntheit mit dem Naturgesetz. Der entlaubten und ihre Rinde verlierenden Buche, die an Friedrichs kahle Eichen erinnert, sind daher »volllebendige Bäume zugesellt« (WA I, 48, S. 167). Noch eindrucksvoller vollzieht sich die Intensivierung des Gegenständlichen zum Symbolischen in den Gräbern. Diese sind »Grabmäler von sich selbst« (WA I, 48, S. 167) – ein selbstbezüglicher Ausdruck, der die Nachdrücklichkeit der Gestaltung, die Vertiefung der Anschauung zum Symbolischen sehr genau bezeichnet. Und doch hat nicht diese Vergänglichkeitssymbolik das letzte Wort, sondern das im regsamen Wasser anschaulich werdende Leben der Natur. Auch der Betrachter in einem der anderen Bilder »als Repräsentant von allen, welche das Bild künftig beschauen werden« (WA I, 48, S. 166), ist Gegenstück zu einem wichtigen Motiv Friedrichs. Während dessen Rückenfiguren zum Horizont und damit gleichsam in die Transzendenz blicken, vertieft sich Ruisdaels Zeichner ins immanente Naturleben, den eigentlichen Gegenstand dieser Malerei. Dieser Naturvertiefung ist es zu verdanken, daß Ruisdaels Bilder einen »Begriff« aussprechen, »ohne sich darin aufzulösen oder zu verkühlen« (WA I, 48, S. 163). Diese zentrale Bestimmung grenzt das G.sche Symbol klar von der Allegorie ab. Ungewiß bleibt nur, ob in dieser Bestimmung mit ihrer auffälligen Abstraktionshöhe eine Anspielung auf Kants »ästhetische Idee« zu sehen ist, jene Anschauung also, »der niemals ein Begriff adäquat gefunden werden kann« (*Kritik der Urteilskraft*, § 57, Anm. 1) und der in der zeitgenössischen Interpretation Friedrichs durch Christian August Semler eine Schlüsselrolle zukam.

G.s Kontrastierung findet sich bei Carl Gustav Carus wieder, wenn dieser 1835 dem Dresdner *Großen Wasserfall* von Ruisdaels Lehrer Allart van Everdingen die moderne, und das heißt die romantische Landschaftskunst entgegenstellt: »Klagelaute einer unbefriedigten Existenz« (Carus, S. 128). In seinen *Betrachtungen und Gedanken vor auserwählten Landschaftsgemälden der Dresdner Galerie* (1867) erinnert Carus auch an G.s Aufsatz, lehnt aber, symptomatisch für die realistische Zeitstimmung, eine symbolische Deutung ab: »Wenn man bei Ruysdael von Symbolik sprechen will, so kann man dabei eigentlich nur an das geheimnisvoll Bedeutsame, wie es die Natur selbst in sich hegt und trägt, denken« (Carus, S. 178). Nach Carus greift jede andere Symbolik »für einen so tief naiven Künstlergeist allemal zu flach und erscheint zu konventionell, während man dagegen diese Natursymbolik in Ruysdael überall fast in gleicher Weise zur Hand hat wie in der offnen freien Natur selbst« (ebd.). Ruisdael gebe »die innerste Idee der Natur« (Carus, S. 179), während die Symbolik besonderer Inhalte, wie sie Carus der Interpretation G.s zuschreibt, »bei vielen modernen Künstlern, zum Beispiel bei Friedrich« (Carus, S. 178), besser zu finden sei.

G. hat seine Erwartungen an die Landschaftsmalerei in *Wilhelm Meisters Wanderjahren* (1821) in Form einer fiktiven, vom Text als Zitat deutlich abgesetzten Kunstkritik noch einmal ausgesprochen. Vedute und ideale Landschaft verbinden sich zu typischen Landschaftsphysiognomien, die den morphologischen Totalcharakter der einzelnen Regionen treffen. Alexander von Humboldt, seit den Jenenser Gesprächen im Frühjahr 1797 von G.s morphologischem Denken beeinflußt, hatte 1807 von der »Naturphysiognomie, welche jedem Himmelsstriche ausschließlich zukommt« (Alexander von Humboldt, S. 74) gesprochen und die bedeutende Vorarbeit der Landschaftsmalerei für die Erkenntnis dieser Typen

gewürdigt. Die fiktive Kritik ist von G. mit Hilfe Meyers und Riemers verfaßt worden, Anregungen gaben Ansichten der oberitalienischen Seenlandschaft von Georg Melchior Kraus und Charles Gore sowie Gabriel Lory d. J. (Weitz). G. kannte das von Lory d. J. und dessen Vater Gabriel Lory d. Ä. publizierte Stichwerk *Voyage pittoresque de Genève à Milan par le Simplon* (Paris 1811), wahrscheinlich auch die bisher übersehene *Malerische Reise in die Italienische Schweiz*, die ein Namensvetter von G.s Freund, der Landschaftsradierer Johann Heinrich Meyer, bereits 1793 in Zürich publiziert hatte. Schon hier wird, wie später in den *Wanderjahren*, die gefahrvolle Arbeit der »Wildheuer« beschrieben (Neudruck Zürich 1982, S. 98; vgl. WA I, 24, S. 369).

G.s Vision einer über die Vedute zu typischen Naturbildern erhobenen Landschaftsmalerei hat Carus entsprochen, als Maler, aber auch als Autor der *Neun Briefe über Landschaftsmalerei, geschrieben in den Jahren 1815–1824* (Leipzig 1831; 2., erweiterte Aufl.: *Zehn Briefe über Landschaftsmalerei mit zwölf Beilagen und einem Brief von Goethe als Einleitung. 1815–1835*, Leipzig 1835). Während die ersten fünf Briefe dem landschaftlichen Stimmungsanklang nachspüren und deutlich von Friedrich abhängig sind, mit dem Carus befreundet war, arbeiten die späteren, erst nach 1821, also nach dem Besuch von Carus in Weimar, dem Erscheinen der *Wanderjahre* und von *Howards Ehrengedächtnis* verfaßten Briefe die Konzeption einer geognostisch-morphologischen Landschaftsmalerei heraus. In diesem Zusammenhang von der »orphischen Landschaft« zu sprechen (FA I, 6, S. 1130), ist irreführend, weil damit ein einzelner Zug für das Ganze ausgegeben wird. Carus' Wort, daß diese Malerei »mystisch, orphisch« sei (Carus, S. 88), bezeichnet einzig den höchsten, der Analyse nicht mehr zugänglichen Punkt einer Vereinigung von Seele und Natur, die aus der Entsprechung von »geistigem Auge« (Carus, S. 64) und »Urphänomen« (Carus, S. 126) im landschaftlichen Typensehen erwächst. Das überschwengliche Wort bekräftigt also nur, daß allein der Durchblick auf die Bildungsgesetze von Gebirge und Flußlauf, Wolkenzug und Pflanzenwuchs der rechte Weg zu den Geheimnissen des Naturlebens sei.

Kunst, Handwerk, Maschinenwesen

Eine letzte Textgruppe bezieht sich auf den Zusammenhang von Kunst, Handwerk, Ornamentik und Maschinenwesen; G. beunruhigten die Möglichkeiten und Abwege einer auf den Geschmack des breiten Publikums berechneten und im kommerziellen Interesse vorangetriebenen technischen Vervielfältigung.

Der 1799 in Jena zu Papier gebrachte Aufsatz *Über die Flaxmanischen Werke* behandelt die Umrißstiche des englischen Bildhauers und Graphikers John Flaxman zu Dante (1793), Aischylos (1795) und Homer (1793). Die klassizistische Umrißradierung war eine Schöpfung Flaxmans, deren hochgradige Stilisierung Reproduktionen aller Art entgegenkam. G. gibt eine Aufstellung der behandelten Motive, z.T. ergänzt durch knappe Urteile über Komposition und Gesamteindruck. Dahinter stehen Überlegungen zur Themenwahl der Preisaufgaben. Anerkennung findet Flaxmans Geschick, sich den vorgegebenen Stilen anzupassen und dabei Reminiszenzen zu vermeiden. Trotzdem ist das Gesamturteil eher negativ, Flaxman, der »Abgott aller Dilettanten« (WA I, 47, S. 245), habe nur einen »Anschein von Ernst und Gründlichkeit« (WA I, 47, S. 246). 1798 hatte im *Neuen Teutschen Merkur* eine Kontroverse über den Wert der stilistischen Angleichung der Stiche an altitalienische und griechische Vorbilder stattgefunden, der 1799 im *Athenäum* August Wilhelm Schlegels Aufsatz *Über Zeichnungen zu Gedichten und John Flaxman's Umrisse* folgte.

Von grundsätzlicher Bedeutung ist der Aufsatz *Kunst und Handwerk*, der das Existenzproblem der bildenden Kunst im technischen Zeitalter behandelt. G. ist überzeugt, daß »der hochgetriebene Mechanismus, das verfeinerte Handwerk und Fabrikenwesen der Kunst ihren völligen Untergang« (WA I, 47, S. 58) bereiten

werde. Abhilfe könne nur »das wahr erregte Kunstgefühl« (ebd.) schaffen. Es ist noch ungeklärt, ob der erst in der Weimarer Ausgabe publizierte Text bald nach der Italienreise entstanden ist oder mit G.s Bemühungen um den Neubau des Weimarer Schlosses um 1797 zusammenhängt, wofür eine Tagebucheintragung vom 15.9. 1797 zu sprechen scheint. Denkbar wäre aber auch, daß der Hinweis auf die »große Gemählde-Fabrik« (WA I, 47, S. 59) den englischen Unternehmer Joseph Booth meint. Georg Forster beschreibt in seinem Aufsatz *Geschichte der Kunst in England* (1790) die »Gemählde-Fabrik« von Booth, in der Ölbilder zu einem niedrigen Preis vervielfältigt werden, als eine jener Erfindungen, die dem »Kunstgefühl Vernichtung drohen« (Forster, S. 185). Diese »sogenannte polygraphische Societät« (ebd.) habe bereits zum dritten Mal öffentlich Proben ausgestellt. Booth hatte seine Erfindung in zwei Schriften bekanntgemacht: *A Treatise explanatory of the Nature and Properties of Pollaplasiasmos; or, the original invention of multiplying pictures in oil colours* (London 1784) und *An Address to the Public, on the Polygraphic Art, or the copying or multiplying pictures, in oil colours, by a chymical and mechanical process, the invention of Mr. J. Booth* (London, um 1787). Der Inhalt dieser zweiten Schrift wurde von dem Göttinger Universitätszeichenlehrer und Kunsthistoriker Johann Dominik Fiorillo, der aus London sogar ein »polygraphisches Gemälde« erhalten hatte, in den *Göttingischen Gelehrten Anzeigen* vom 1.7. 1790 referiert, wobei er auch die dreiste Entgegensetzung von »Vortrefflichkeit (excellence)« und »Geschwindigkeit der Fertigung (Expedition)« kommentarlos übernahm (S. 1047). Wie die Buchdruckerkunst die Zahl der Schriftsteller vermehrt habe, werde die neue Erfindung den Malern helfen. 1808 stellt Fiorillo aber fest, daß »zur größten Freude aller Kunstkenner die Gemählde-Fabrik von Meister Booth wieder eingegangen« sei (Fiorillo, S. 859f.).

Daß G. von der englischen Firma Kenntnis hatte, geht aus dem Brief an Schiller vom 22.4. 1797 hervor. Der Maler Johann Peter Langer und der Kaufmann Johann Böninger hatten

1794 in Duisburg eine Fabrik zur Herstellung von Gemälden in Tapetenform gegründet und an G., wie auch an Schiller, ein Musterbild gesandt. Diese, wie es im Begleitbrief vom 20.3. 1797 heißt, »Probe von den Erstlingen unseres Versuchs einer mechanischen Vervielfältigung von Malereien« erinnerte G. an den »Kunstgriff«, »diese Arbeiten für mechanisch auszugeben, den die Engländer auch schon einmal mit ihrer polygraphischen Gesellschaft versucht haben«. Über die zur Zimmerdekoration bestimmten Produkte dieser Firma informierte dann Karl August Böttigers Aufsatz *Mechanografische Gemälde* im *Neuen Teutschen Merkur* (1798, 6. St., S. 155–167).

Es war G.s Überzeugung, daß »mechanische Reproduktionen« (WA I, 47, S. 58) der Kunst den Untergang bringen müssen, weil sie durch eine »scheinbare Befriedigung« (WA I, 47, S. 59) bestechen. Auf diese Täuschung zielen die skulpturalen Produkte der Firma Wedgwood wie die in Manufakturarbeit kolorierten Stiche. Auch hierzu war die Diskussion längst im Gange.

Um die Ansprüche der Kunst gegenüber der unaufhaltsam platzgreifenden Technik aufrechtzuerhalten, formuliert G. schließlich in den *Wanderjahren* ein Minimalprogramm: »Die Künste sind das Salz der Erde; wie dieses zu den Speisen, so verhalten sich jene zu der Technik. Wir nehmen von der Kunst nicht mehr auf als nur daß das Handwerk nicht abgeschmackt werde« (WA I, 24, S. 377).

Einen kultivierenden Einfluß dieser Art versprach sich G. von der Erforschung und Publikation der pompejanischen Ornamentik, wie sie Johann Wilhelm Zahn betrieben hat. Zugleich sollte damit dem »gothischen Spitzen- und Schnörkelwesen, welches bis in die Wohnungen, auf das Hausgeräth und selbst die Kleidung sich erstreckte« (WA I, 49.1, S. 38f.), gesteuert werden. Daß G. seine zweite, auf neue Lieferungen von Zahns Tafelwerk eingehende Kritik nicht wie die erste von 1828 in *Ueber Kunst und Alterthum*, vielmehr in den Wiener *Jahrbüchern der Literatur* publizierte, geht auf eine Bitte um Mitarbeit zurück, der G. sich nicht verschließen mochte. Galt es doch, dort Terrain zu gewinnen, wo Friedrich Schle-

gel und Bernhard Joseph Docen gegen die Weimarischen Kunstfreunde aufgetreten waren. Freilich mußte die Empfehlung antiker Muster, an sich schon ein historistischer Behelf und wenig besser als die Empfehlung gotischer Vorbilder, auf ein wenig kunstgemäßes Kopieren hinauslaufen.

Literatur:

Baisch, Otto: Johann Christian Reinhart und seine Kreise. Leipzig 1882. – Benz, Richard: Goethe und die romantische Kunst. München 1940. – Bloch, Ernst/Eisler, Hanns: Avantgarde-Kunst und Volksfront. In: Die neue Weltbühne. 33 (1937), Nr. 50, S. 1568–1573. – Carstens, Asmus Jakob: Goethes Erwerbungen für Weimar. Ausstellungskatalog Schleswig-Holsteinisches Landesmuseum Schloß Gottorf. Schleswig 1992. – Carus, Carl Gustav: Briefe und Aufsätze über Landschaftsmalerei. Hg. von Gertrud Heider. Leipzig, Weimar 1982. – Fernow, Carl Ludwig: Bemerkung eines Freundes. In: Goethe, Johann Wolfgang von (Hg.): Winckelmann und sein Jahrhundert. Tübingen 1805. – Ders.: Leben des Künstlers Asmus Jakob Carstens. Leipzig 1806. – Fiorillo, Johann Dominik: Geschichte der Mahlerey in Großbritannien. Göttingen 1808. – Forster, Georg: Werke in vier Bänden. Bd. 3. Leipzig 1971. – Frank, Hilmar: Goethe, Schadow und das Formgesetz der Plastik. In: Maaz, Bernhard (Hg.): Johann Gottfried Schadow und die Kunst seiner Zeit. Köln 1994, S. 141–147. – Görres, Joseph: Die Zeiten. Vier Blätter nach Zeichnungen von Ph. O. Runge. In: Heidelbergische Jahrbücher der Literatur. 1 (1808), S. 261–277. – Hegel, Georg Wilhelm Friedrich: Ästhetik. Nach H. G. Hotho hg. von Friedrich Bassenge. Bd. 1. Berlin, Weimar 1965. – Hofmann, Werner: Spiel und Ernst – Goethe und die Kunst seiner Zeit. In: Vitali, Christoph (Hg.): Ernste Spiele. Der Geist der Romantik in der deutschen Kunst 1790–1990. Ausstellungskatalog Haus der Kunst München 1995, S. 38–46. – Humboldt, Alexander von: Ansichten der Natur. Stuttgart 1981. – Jolles, Matthijs: Goethes Kunstanschauung. Bern 1957. – Lange, Victor: Goethe im Glashaus. Klassizistische Kunstmaßstäbe, Altdeutsche Kunst und Neudeutsches Künstlerwesen. In: Strack, Friedrich (Hg.): Heidelberg im säkularen Umbruch. Traditionsbewußtsein und Kulturpolitik um 1800. Stuttgart 1987, S. 337–353. – Osterkamp, Ernst: Im Buchstabenbilde. Studien zum Verfahren Goethescher Bildbeschreibungen. Stuttgart 1991. – Scheidig, Walther: Goethes Preisaufgaben für bildende Künstler 1799–1805. Weimar 1958. – Schulze, Sabine (Hg.): Goethe und die Kunst. Ausstellungskatalog Schirn

Kunsthalle Frankfurt am Main, Kunstsammlungen zu Weimar 1994. – Weichert, Karl-Heinz: Goethe und die Igeler Säule. In: Goethe in Trier und Luxemburg. 200 Jahre *Campagne in Frankreich 1792*. Ausstellungskatalog Stadtbibliothek Trier, Nationalbibliothek Luxemburg 1992, S. 102–119. – Weitz, Hans-Joachim: Ein Schweizer Maler bei Goethe.

Vortrag gehalten im Kunsthaus Zürich am 11.11. 1976, im Kunstmuseum Bern am 28.2. 1977. Zürich, Bern 1978. – Worringer, Wilhelm: Abstraktion und Einfühlung. Ein Beitrag zur Stilpsychologie. Leipzig, Weimar 1981.

Hilmar Frank

Physiognomische Fragmente

»Peuschels Abhandl. der Phisiognomie, Meto-[po]skopie, und Chiromantie. Leipz. 1769« (MA 1.2, S. 519). Dieser zweite Eintrag in den *Ephemerides* (1770) ist der früheste Beleg für G.s Interesse an der Physiognomik. Rolf Christian Zimmermann bringt es in Verbindung mit den Elementen der hermetischen Tradition im Weltbild des jungen G., verweist aber auch auf die allgemeine Bedeutung der Physiognomik für die Frage nach der Beziehung zwischen Leib und Seele im 18. Jh., so etwa bei Christian Thomasius, Antoine-Joseph Pernety, Christian Wolff, Johann Jakob Bodmer, Johann Georg Zimmermann. Auf Johann Kaspar Lavaters Physiognomik wurde G. wohl erstmals durch seine Mitarbeit an den *Frankfurter Gelehrten Anzeigen* aufmerksam. Darin wurden die beiden Teile von Lavaters Schrift *Von der Physiognomik* (1772) besprochen, von Johann Georg Schlosser und einem Unbekannten. Er selbst rezensierte den dritten Band von Lavaters *Aussichten in die Ewigkeit*, in deren sechzehntem Brief es »Von der Sprache im Himmel« heißt: »Diese unmittelbare Sprache ist physionomisch, pantomimisch, musicalisch« (Lavater 1768–1773, S. 108).

Lavater suchte die auf Antike (Pseudo-Aristoteles) und Renaissance (Giambattista della Porta) zurückgehende Physiognomik, welche die *Encyclopédie* als »science imaginaire« bezeichnete, zu einer beweisbaren Wissenschaft zu machen, indem er ihr eine neue Ausrichtung gab. Zeichen für die innere Beschaffenheit eines Menschen waren ihm nicht alle Teile des Gesichts, sondern nur die unbeweglichen, deren Konturen die Silhouette festhielt, und dieses Äußere offenbarte nicht das Temperament, sondern den intellektuellen und moralischen Charakter. Das verleitete Lavater zur Gleichsetzung von äußerer Häßlichkeit mit Dummheit und Bosheit, äußerer Schönheit mit Klugheit und Güte, was ihm Georg Christoph Lichtenbergs sarkastische Kritik eintrug. Der Gefahr der Überheblich-

keit suchte Lavater dadurch zu steuern, daß er die Selbstbeobachtung, die Bescheidenheit lehre, zur Voraussetzung der Physiognomik erklärte. Dann könne diese zur »Beförderung der Menschenkenntniß und der Menschenliebe« beitragen. Damit sollte die Physiognomik der Vorbereitung eines Zustandes dienen, in dem wie dereinst in der Ewigkeit die trügerische, weil willkürliche Symbolsprache der Worte überflüssig würde. Lavater selbst besaß, wie viele Zeitgenossen bezeugen, eine erstaunliche physiognomische Begabung. Eine solche sprach er auch Christus und den Aposteln zu. So gründete seine Physiognomik letztlich in seiner Christologie, derzufolge jeder Mensch den Christus in sich selbst auszubilden habe. Der Christus nach Raffael war das Ideal, an dem er die individuellen Gesichter maß.

Schon bald, nachdem Lavater im August 1773 mit G. in Verbindung getreten war, suchte er ihn für die Mitwirkung beim Sammeln physiognomischer Beobachtungen zu gewinnen. Bei der ersten persönlichen Begegnung im Sommer 1774 wurde der gemeinsame Plan der *Physiognomischen Fragmente* vereinbart. Von da an blieb die Arbeit daran ein ständiges Thema ihrer Korrespondenz. G. sandte Silhouetten, Stiche und Texte nach Zürich, Lavater integrierte sie in sein Manuskript, das G. wieder zur Durchsicht erhielt und an den Verleger Philipp Erasmus Reich in Leipzig weiterbeförderte. Das tat er auch noch für die Bände drei und vier, an denen er sonst keinen Anteil mehr hatte.

G. steuerte drei »Zugaben« theoretischer Art bei, die jeweils auf allgemeine Überlegungen Lavaters folgen, von dem wohl auch die Überschriften stammen, und sich implizit kritisch darauf beziehen (Lavater 1775/78, Bd. 1, S. 13). *Von der Physiognomik* stellt verschiedene Arten von Physiognomik vor, noch ohne daß Lavater hervorhebt, daß es ihm darauf ankomme, aus körperlichen Zeichen den moralischen und intellektuellen Charakter eines Menschen zu erkennen. G. wünscht das Konzept erweitert, er bezieht »Stand, Gewohnheit, Besitzthümer, Kleider« (Lavater 1775/78, Bd. 1, S. 15) in das Äußere ein. Und er sieht darin etwas, was der Mensch prägt und das auf ihn zurückwirkt: »Die Natur bildet den Menschen, er bildet sich um, und diese Umbildung ist doch wieder natürlich« (Lavater 1775/78, Bd. 1, S. 154). – Über Lavaters »Gründe der Verachtung und Verspottung der Physiognomik« (Lavater 1775/78, Bd. 1, S. 17) setzt G. die »Gleichgültigkeit« (Lavater 1775/78, Bd. 1, S. 21), die er darauf zurückführt, daß jeder ohnehin seine physiognomischen Erfahrungen mache gemäß seinem »eigenen Kreis von Wirksamkeit« (ebd.), deshalb gar kein Interesse an objektiver physiognomischer Erkenntnis habe. Diese Relativierung radikalisiert die dritte »Zugabe«. Während Lavater zuvor die »Fehlschlüsse der Physiognomisten« als »oft nur scheinbar« (Lavater 1775/78, Bd. 1, S. 136) bagatellisiert, insistiert G. auf den Grundsätzen: »Keinem Menschen kann Allgemeinheit zugestanden werden. [...] Alles wirkt verhältnismässig in der Welt. [...] Das allgemeine Verhältnis erkennt nur Gott« (Lavater 1775/78, Bd. 1, S. 140f.). Exemplifiziert wird das an der altersmäßig unterschiedlichen Beurteilung eines Buches, »das die Freuden und das Elend der Liebe mit den lebhaftesten Farben schildert« (Lavater 1775/78, Bd. 1, S. 140), ohne daß *Werther* genannt wird. Während also Lavater bestrebt war, aus der Physiognomik eine Wissenschaft zu machen, und die Hindernisse in überwindbaren – zumal in seinen eigenen – Mängeln sah, band G. die physiognomische Erkenntnis an die Individualität des Erkennenden und behielt Gott allein die objektive Erkenntnis vor. Am ehesten schloß G.s *Lied eines physiognomischen Zeichners* am Schluß des ersten Bandes der *Physiognomischen Fragmente* an Lavaters Auffassung an.

G.s physiognomische Analysen einzelner Gesichter (Klopstock, Homer, Rameau, Newton, Scipio, Titus, Tiberius, Brutus, Orest und Pylades, anonyme weibliche und männliche Silhouetten) folgen Lavater in der Führung des Blicks von der Stirne abwärts. Besonders achtete G. auf die Nasen, über die er eine eigene Betrachtung verfaßt hatte. Zusätzlich stellt er die Frage »Wo concentrirt sich alles?« (Lavater 1775/78, Bd. 1, S. 200) und lokalisiert jeweils ein charakteristisches Merkmal. Dabei beschränkt er sich nicht wie Lavater auf den unveränderlichen knochigen Teil des Schädels, sondern bezieht außer der »Anlage« das in der individuellen Biographie oder der Generationenfolge »Erworbene« mit ein. Von Lavater konnte G. lernen, wie man sich sprachlich bei der Beschreibung durch die Reihung begriffsverwandter Wörter an die Einmaligkeit eines Gesichts herantastet. Schlüsselwörter wie »Selbstigkeit«, »Wohnen in sich selbst« (ZIMMERMANN, Bd. 2, S. 230f.) sind unverkennbar goethisch. Oft bringt G. sich selbst als Schauenden zur Sprache. Porträts beurteilt er nicht nur wie Lavater danach, wie das »Urbild« getroffen sei, sondern auch als Ausdruck der Wirkungsabsicht des Künstlers (ebd., S. 200). Der berühmte Satz »Individuum est ineffabile« (an Lavater, 20.9. 1780), von dem ungeklärt ist, ob es sich um ein Zitat oder G.s Eigenprägung handelt, ist auch von den Versuchen her, Physiognomien in Worten wiederzugeben, zu verstehen.

Die Norm, die nach Rolf Christian Zimmermann bei G.s physiognomischen Beschreibungen im Hintergrund steht, orientiert sich am Ausgleich der Pole Individualität und Welt, ohne daß sie je als isolierte faßbar würden. Die Individualität, nicht die Norm steht im Vordergrund von G.s Interesse. – Typologisch ausgerichtet sind dagegen der Vergleich des »Knochenbaus« von Mensch und Tier (Lavater 1775/78, Bd. 2, S. 137) und der Vergleich verschiedener Tierschädel (Lavater 1775/78, Bd. 2, S. 139f.). Diese an Aristoteles und della Porta anschließenden Gegenüberstellungen erscheinen ex post als Vorklänge von G.s osteologischen Studien. Auch sonst enthalten diese Texte für uns manche Vorausdeutungen auf die späteren Naturwissenschaftlichen Schriften, etwa im Verfahren der Reihen oder im Begriff der »Umbildung« (Metamorphose). In der *Campagne in Frankreich* berichtet G., welches Erstaunen er ausgelöst habe, als er Lavaters Physiognomik als eine wichtige Anregung seiner Naturforschung bezeichnete. Anders als in seinen physiognomischen Beiträgen legte er nun das Gewicht darauf, daß das Bewegliche eines Gesichts »als ein wichtiges, bedeutendes Resultat eines innern, entschiedenen Lebens betrachtet werden müsse«, nämlich des Knochenbaus (WA I, 33, S. 240). Damit näherte sich G. der Position Lavaters an.

In *Dichtung und Wahrheit* charakterisiert G. Lavaters Methode auf widersprüchliche Weise. Er preist Lavaters »physiognomisches Genie«, seine »scharfzarte Bemerkungsgabe« und sagt von ihm: »Wer eine Synthese recht prägnant in sich fühlt, der hat eigentlich das Recht zu analysieren, weil er am äussern Einzelnen ein inneres Ganze prüft und legitimiert« (WA I, 29, S. 138). Das stimmt fast wörtlich überein mit G.s eigenen methodischen Überlegungen im Anschluß an Kant im Aufsatz *Anschauende Urteilskraft* (WA II, 11, S. 54) und *Analyse und Synthese* (WA II, 11, S. 68f.). Den »intellectus archetypus« kann man im Satz »Das allgemeine Verhältnis erkennt nur Gott« (Lavater 1775/78, Bd. 1, S. 140f.) vorbereitet sehen. Aber G. kritisiert auch das Ungeordnete von Lavaters Versuchen, auch deutet er an, zu welchen Mißbräuchen Lavaters Lehre habe Anlaß geben können (WA I, 29, S. 45). Die Distanzierung davon ist unüberhörbar: »Denn eigentlich war die Art, womit Lavater die Physiognomien zergliederte, nicht in meinem Wesen« (WA I, 29, S. 137). Seine Mitwirkung an den *Physiognomischen Fragmenten* reduziert G. zur »Theilnahme« (ebd.). – Immerhin zitiert G. aus den *Physiognomischen Fragmenten*, in denen er im Hinblick auf *Dichtung und Wahrheit* wieder gelesen hatte, wörtlich Lavaters ausführliche Charakterisierung der Brüder Stolberg (WA I, 29, S. 148–165).

Wie selbstverständlich G. der physiognomische Blick zu Gebote stand, zeigen die Porträts von Zeitgenossen und Freunden in *Dichtung und Wahrheit*. Peter von Matt hat daran herausgearbeitet, wie es G. dabei auf die Einkreisung einer individuellen Eigenart ankam, die nirgendwoher abgeleitet werden kann, als ob ihn die Frage »Wo concentrirt sich alles?« noch immer geleitet hätte. Seit *Urfaust* und *Werther* finden sich in G.s dichterischen Werken physiognomische Details als Mittel der Darstellung von Personen respektive ihrer

Wirkung auf andere, allerdings noch nicht zu Porträts verselbständigt wie im realistischen Roman des 19. und 20. Jhs. Die späteren Bildbeschreibungen registrieren Physiognomisches und Pathognomisches, zum Beispiel in der Beschreibung von Leonardos *Abendmahl* (WA I, 49.1, S. 208f.). Die Aufmerksamkeit auf die Haltung der Hände findet sich auch in G.s *Regeln für Schauspieler* (WA I, 40, S. 156ff.). In den Reiseberichten gehören physiognomische Beobachtungen zum festen Bestand.

Auf G.s Wunsch tilgte Lavater die Hinweise auf G.s Autorschaft. Die genaue Rekonstruktion ihrer Zusammenarbeit, vor allem die Identifikation von G.s Anteil an den *Physiognomischen Fragmenten*, gelang Eduard von der Hellen 1888 aufgrund expliziter Zeugnisse, sprachlich-stilistischer Kriterien und einer differenzierten Interpretation. Auf von der Hellen basieren Max Morris' *Der junge Goethe* und die seitherigen Ausgaben, die jedoch alle G.s Anteile isolieren und in der Chronologie ihrer Entstehung wiedergeben (JG Morris 3, S. 275–279; 4, S. 366–376). Für das Verständnis von G.s Beiträgen jedoch ist der Kontext der *Physiognomischen Fragmente* unerläßlich. Die eingehendste Deutung von G.s Beiträgen zu den *Physiognomischen Fragmenten* gibt Rolf Christian Zimmermann im Licht seiner These vom hermetischen *Weltbild des jungen Goethe*.

Literatur:

Funck, Heinrich (Hg.): Goethe und Lavater, Briefe und Tagebücher. Weimar 1901. – Lavater, Johann Caspar: Physiognomische Fragmente zur Beförderung der Menschenkenntniß und Menschenliebe. Gott schuf den Menschen sich zum Bilde. 4 Bde. Leipzig und Winterthur 1775/78. (Neudruck Zürich 1968). – Ders: Von der Physiognomik. Leipzig 1772. (Neudruck von Teil 1 hg. von Karl Riha und Carsten Zelle. Frankfurt/M. 1991). – Ders.: Aussichten in die Ewigkeit. 3 Bde. Zürich 1768–1773. – Matt, Peter von: ...fertig ist das Angesicht. Zur Literaturgeschichte des menschlichen Gesichts. München, Wien 1983. – Mattenklott, Gert: Goethe als Physiognomiker. Vorträge aus Anlaß seines 150. Todestages. In: Clasen, Thomas u.a. (Hg.): Goethe. Frankfurt/M. 1984, S. 125–141. – Pestalozzi, Karl: Physiognomische Methodik. In: Finck, Adrien u.a. (Hg.): Germanistik aus interkultureller Perspektive. Fs. Gonthier-Louis Fink. Strasbourg 1988, S. 137–153. – Von der Hellen, Eduard: Goethes Antheil an Lavaters physiognomischen Fragmenten. Frankfurt/ M. 1888. – ZIMMERMANN, Bd. 2.

Karl Pestalozzi

Bergbau in Ilmenau und Ansichten über Gebirgsbildung

Relatives Alter und Entstehungsbedingungen der Gesteine

Die Geologen, die G. über den Ilmenauer Bergbau berieten – namentlich Friedrich Wilhelm Heinrich von Trebra und Johann Carl Wilhelm Voigt – hatten ihre Ausbildung auf der neu begründeten Bergakademie zu Freiberg in Sachsen erhalten, wo Abraham Gottlob Werner als überzeugender Lehrer die Ansicht verfocht, daß die Felsen der ganzen Welt in vier Hauptperioden der Sedimentation abgelagert worden seien. Ein weltweiter Urozean habe zuerst Kristalle von Quarz, Feldspat und Glimmer als Granit gefällt und auch anderes ›Urgebirge‹ (Quarzporphyr, Gneis und kristalline Schiefer). Das sollte alle anderen Gesteine unterlagern und auch die höchsten Spitzen von heutigen Landschaften bilden, also nach G.s zustimmendem Wort »das Höchste und das Tiefste« sein (LA I, 2, S. 151f.). Dann zogen sich die Gewässer etwas zurück, und die auf diese Weise entblößten Urgebirgsspitzen wurden abgetragen und als ›Übergangsgebirge‹ (mit weiteren chemischen Niederschlägen) an den Rändern des Urgebirges z.T. ganz steil abgelagert. Nach weiterer Senkung des Meeresspiegels folgten die meist flach gelagerten ›Flözschichten‹; und zuletzt kamen rezente, wenig konsolidierte Kiesel usw. als ›Aufgeschwemmtes‹. G. konnte also schreiben: »Alles Geologische liegt zwischen einem Ältesten und Jüngsten; zwischen dem Granite [...] und den letzten aufgeschwemmten Gebirgen« (LA I, 1, S. 378). Vulkane paßten nicht in diese ganz durch Wasser bedingte Abfolge und wurden als rezente Oberflächenerscheinungen hingestellt, die nicht zur Bildung der Erdkruste beigetragen hätten.

Nach Ansicht anderer Wissenschaftler sollten sich Granit und sonstiges kristallines Gebirge als erste Erstarrung eines anfangs glutflüssigen Erdballs gebildet haben (vgl. Hinweise des Herausgebers, LA II, 7, S. 583f.). G. waren beide Theorien bekannt, und in einem frühen Aufsatz (1784/85) fand er beide ungenügend (LA I, 11, S. 11). Nach einigen gedanklich nicht gerade klaren Versuchen, beide zu kombinieren (vgl. Zusammenfassung des Herausgebers, LA II, 7, S. 549, S. 586 u. S. 588), entschied er sich für die chemische Entstehung sämtlicher Urgebirge als Abscheidungen aus dem Wasser, waren doch die im 18. Jh. bekanntesten Kristalle die, die sich in Reagenzgläsern in Wasser bildeten.

Fossilien zogen natürlich Aufmerksamkeit auf sich. Man erkannte, daß sie im ›Urgebirge‹ fehlten, im Übergangsgebirge spärlich und im ›Flöz‹ reichlich vertreten waren. Gegen Ende des 18. Jhs. beobachtete Abbé Jean Louis Giraud Soulavie drei Kalksteinhorizonte in Südfrankreich und hielt den topographisch höchsten für den zuerst abgelagerten, wonach der Ozean sich stufenweise zurückgezogen habe, während sich die zwei anderen tiefer in der Landschaft absetzten. Dieser Schluß auf das relative Alter der drei Kalksteinhorizonte ist zutreffend (sie sind jeweils aus dem Jura, der Kreide und dem Pliozän), obwohl die Prämisse eines progressiv sich senkenden Wasserspiegels falsch ist. Zunächst konnte Soulavie zu seiner Überraschung feststellen, daß der älteste der Kalke eine ausgestorbene Fauna von Ammoniten und Belemniten, der mittlere eine Fauna, die zum Teil noch im Mittelmeer lebt, und der jüngste eine ausschließlich rezente enthält. Als G. von dieser Entdeckung hörte, fragte er sofort, ob man auch in Deutschland das relative Alter der Gesteine auf Grund der in ihnen enthaltenen Fossilien bestimmen könne, fand es aber unmöglich, da sowohl das Übergangsgebirge bei Blankenburg wie der Flöz (Muschelkalk) zu Weimar Ammoniten enthält (LA II, 7, S. 312). Zwar erklärte er in bezug auf Säugetierreste in rezentem Kies: »Es wird nun bald die Zeit kommen, wo man Versteinerungen nicht mehr durch einander werfen, sondern verhältnismäßig zu den Epochen der Welt rangieren wird« (LA II, 7, S. 310). Er hat aber verständlicherweise diesen Gedanken nicht weiter ausgeführt; denn Fossilbänke in ungestörter Lagerung waren ihm nur vom Muschelkalk her bekannt, der selbstverständlich nur eine einzige Fauna führt. Andere Faunen sah er nur in aufgewühlten Schichten, deren Entschlüsselung noch nicht möglich war. Gleichheit der Fauna als Kriterium für Altersgleichheit der Gesteine wurde als allgemeingültiges Prinzip zuerst in England und Frankreich im frühen 19. Jh. anerkannt, anhand von eindeutigen Serien von fossilreichen Gesteinen, die auch lithologisch leicht zu unterscheiden sind.

Die Ilmenauer Bergwerksverhältnisse

Die Stillegung des Bergbaus im Jahr 1739 hatte in Ilmenau Armut hervorgerufen, der Carl August, der ab 1775 in Weimar regierte, entgegenwirken wollte. Ab 1781 schrieben G. und Voigt, die der vom Herzog eingesetzten Bergwerkskommission angehörten, folgende Serie von Berichten über die Geschichte des dortigen Bergbaus, über die Probleme, die eine Wiedereröffnung stellte und über die Fortschritte bei deren Bemeisterung: *Nachricht von dem Ilmenauischen Bergwesen. Aufgesetzt im Mai 1781* (LA I, 1, S. 15–28); *Nachricht von dem ehmaligen Bergbau bei Ilmenau in der Grafschaft Henneberg und Vorschläge ihn durch eine neue Gewerkschaft wieder in Aufnahme zu bringen. Mit einer Charte. Wei-*

mar 1783 (LA I, 1, S. 32–55); *Nachricht von dem am 24sten Februar 1784 geschehenen feierlichen Wiederangriff des Bergwerks zu Ilmenau* (LA I, 1, S. 63–67); *Erste Nachricht von dem Fortgang des neuen Bergbaues zu Ilmenau. Mit einem Kupfer. Weimar, den 24. Februar 1785* (LA I, 1, S. 85–94); *Nachricht den Ilmenauer Bergbau betreffend* [Weimar, den 3. April 1786] (LA I, 1, S. 115f.); *Zweite Nachricht von dem Fortgang des neuen Bergbaues zu Ilmenau, Weimar, den 1. Februar 1787* (LA I, 1, S. 168–178); *Dritte Nachricht von dem Fortgang des neuen Bergbaues zu Ilmenau. Weimar, den 18. März 1788* (LA I, 1, S. 178–187); *Vierte Nachricht von dem Fortgang des neuen Bergbaues zu Ilmenau [...]. Weimar, den 24. Februar 1791* (LA I, 1, S. 196–207); *Fünfte Nachricht von dem neuen Bergbau zu Ilmenau [...]. Weimar, den 1. Julius 1791* (LA I, 1, S. 207–217); *Sechste Nachricht von dem Bergbaue zu Ilmenau. Weimar, den 12. April 1793* (LA I, 1, S. 219–225); *Ansprache auf dem Gewerkentag zu Ilmenau am 9. Dezember 1793* (LA I, 1, S. 219–225); *Siebente Nachricht von dem Bergbaue zu Ilmenau. Weimar, den 20. Februar 1794* (LA I, 1, S. 230–240); *Ilmenauer Bergwerkssessionen. Vortrag am 6. Juli 1796*; *Bericht über die Session* [15.7. 1796]; *Zur Bergwerkssession* [13.9. 1796]; *Zum Bruch des Martinröder Stollens* [8.11. 1796] (LA I, 1, S. 250–254). Da ausschließlich die Leopoldina-Ausgabe die Texte vollständig darbietet, folgt die Darstellung dieser Ausgabe. Diese Berichte sind immer von G. und Voigt gezeichnet. Ihre Sprache ist allerdings sehr steif, so daß man fast vermuten könnte, daß sie von Voigt verfaßt und von G. nur durchgesehen und verantwortet wurden. Da G. sie jedoch unterzeichnet hat, werde ich sie als seine Berichte ansehen.

Dem Bericht des Jahres 1785 fügte G. einen »Profilriß« bei (im Artikel *Bergbau* im vierten Band dieses Handbuches wiedergegeben nach dem Bild in LA I, 1, S. 81 gegenüber), der seine Auffassung von der Schichtenfolge im Ilmenauer Bergwerk veranschaulicht. Nach seiner Numerierung ist hier Porphyr (1) die Grundlage, gegen die sich die anderen Felsen anlehnen. Dann kommt (2) »das rote tote Liegende« (LA I, 1, S. 93) – rot, da die darin enthaltenen porphyritischen und sonstigen Geschiebe mit Eisenoxyd verkittet sind; ›tot‹ weil ohne Erz, und ›liegend‹ weil unmittelbar unter der Schicht, auf die es dem Bergbau ankam, nämlich (3) dem dünnen Kupferschiefer. Man wußte schon damals, daß diese marine Ablagerung über dem größten Teil Deutschlands ausgebreitet war und eine abrupte Änderung in der Beschaffenheit des sie ablagernden Meeres darstellte. Im Profilriß liegen diese Schicht und die unmittelbar darauf folgenden zumeist fast horizontal, lagern sich aber steil an das porphyritische ›Urgebirge‹. Der Profilriß stellt auch den »neuen Johannes-Schacht« dar, der hinunter zum flach liegenden Kupferschiefer getrieben werden und ihn nahe am Winkel, wo er sich steil aufrichtet, erreichen sollte. Auch angegeben ist (b) ein langer Stollen, der sanft gegen den neuen Schacht ansteigt. Solche Stollen trieb man von Tälern in der Nähe, damit Grundwasser durch sie ablaufen konnte; so ersparte man sich die mühselige und kostspielige Arbeit, es durch die Betriebsschächte bis oben an die Erdoberfläche zu pumpen. Der Stollen im Profil ist der großartigste von allen und wurde im 16. Jh. von seinem Mundloch im Dorfe Martinroda angesetzt. Zum Anschluß mit dem neuen Schacht mußte er verlängert werden. Über dieser Verlängerung verläuft etwa zwanzig Meter höher ein weiterer Stollen (c), das sogenannte »nasse Ort« (ebd.). Ein zwei-dimensionales Profil kann nicht, wie G. zugibt, die letzten Strecken dieser beiden Stollen wiedergeben; denn beim Erreichen des Kupferschiefers wenden sie sich scharf, um in ihm zu bleiben, und treten infolgedessen aus der Fläche des Papiers in die Richtung des Lesers. Der ›neue Johannes‹ liegt auch nicht in der Papierfläche, sondern in einer dem Leser näheren parallelen Fläche, und konnte also mit dem Martinröder Stollen erst durch Querschläge verbunden werden. Die Blockbilder von Wagenbreth ermöglichen eine viel klarere Einsicht (1983, S. 27 u. S. 46).

Bei der Festigkeit des Gesteins konnte der 1784 angesetzte ›neue Johannes‹ wöchentlich höchstens »1/2 Lachter« (etwa einen Meter)

vordringen (LA I, 1, S. 177), hatte aber 1787 das mächtige Gipslager (5 im Profil) passiert, ohne daß sich Probleme vom Grundwasser her einstellten (LA I, 1, S. 179 u. S. 196). Der darunter liegende Zechsteinkalk war jedoch so zerklüftet, daß das Wasser aus den Rissen den Schacht bis zur Höhe des Martinröder Stollens füllte, wo es ablaufen konnte. Es dauerte einige Jahre, bis man mit einem komplizierten und geschickten System von durch Wasserräder angetriebenen Pumpen der Sache Herr werden konnte. Man mußte natürlich genug Platz im Schacht frei lassen für die Hebung des erhofften Erzes und für die Leitern, auf denen die Arbeiter auf und ab gingen, und konnte nicht den ganzen Raum für die Wasserhebungsmaschinerie beanspruchen. Die einzelnen Stadien in der Bewältigung dieser Probleme sind in G.s Berichten ausführlich dokumentiert. ›Aufschlagswasser‹ von Teichen und langen Kunstgräben schlug auf die Räder und drehte sie, die ihrerseits die Kolbenpumpen betrieben, um das Grundwasser bis zur Höhe des Martinröder Stollens zu heben, wo sowohl dieses wie auch nach getaner Arbeit das Aufschlagswasser selbst abfließen konnte. Dieser Stollen war also völlig unentbehrlich. G. nannte ihn »das unschätzbarste Kleinod des Ilmenauer Bergbaues« (LA I, 1, S. 35). Gerade seine Blockierung durch Steinschlag im Oktober 1796 setzte dem ganzen Bergbau ein Ende.

Im September 1792 erreichte der neue Schacht den Kupferschiefer. Die ersten Ausgrabungen waren ›taub‹. Unverdrossen bearbeitete man das Gestein weiter in der Richtung, wo es sich an der Stelle seines Aufsteigens »veredlen« sollte (LA I, 1, S. 233). Diese Stelle aber war, wie sich erwies, erheblich weiter von dem tiefsten Punkt des Schachtes entfernt, als G.s Profil vermuten ließ, und bevor man sie erreichte, geschah der fatale Steinschlag.

Während der Verlängerung des Martinröder Stollens, die ihn durchschlägig mit dem ›neuen Johannes‹ machen sollte, wurde für die Frischluftversorgung auch das ›nasse Ort‹ verlängert. Kurze vertikale Gesenke, die nicht in G.s Profil angegeben sind, mußten von ihm hinunter bis zum Stollen getrieben werden, um den dort Arbeitenden Luft zuzuführen. Sobald »der Wetterwechsel« (LA I, 1, S. 88), d. h. der Luftaustausch, dort unten zu stocken anfing, wurde ein weiteres solches Gesenke gemacht und das vorherige, nachdem es unten mit einem Gewölbe versiegelt worden war, mit den dabei ausgegrabenen Gesteinsmassen ausgefüllt. Nach zustande gebrachtem Durchschlag würde die Luft vom Eingang des Johannesschachtes bis zum Mundloch des Stollens in Martinroda durchziehen, und man wollte dann das schon etwas verfallene ›nasse Ort‹ gänzlich aufgeben. Dazu kam es auch, aber der Steinschlag aus gerade einem der ausgefüllten Gesenke auf den Martinröder Stollen blockierte ihn dann 1796. Das Aufschlagswasser staute sich sofort gegen die Geröllmassen, und nachdem man dies abgestellt hatte, kam das Grundwasser hoch und staute sich gleichfalls dort, so daß man vom Johannesschacht aus nicht an die Trümmer herankommen konnte. Man mußte von der anderen Seite vordringen, und zwar durch einen alten Schacht, der in den Stollen näher bei seinem Mundloch führte. Der Steinschlag hatte hier aber den Luftdurchzug abgeschnitten und dadurch das Wegräumen des Gesteins auch von dieser Seite aus unmöglich gemacht. Daher mußte man sich von dem alten Schacht her Zugang in das ›nasse Ort‹ erzwingen und von dort aus in das Gesenke, wodurch das Geröll in den Stollen gestürzt war. Fast zwei Jahre nahmen die Aufräumungsarbeiten in Anspruch, und bis dahin waren nur noch wenige bereit, ihr Geld in den Bergbau zu investieren. Voigt schrieb verbittert zum Schließen der Grube: »Ärzte, Maulwürfe und Bergleute haben vieles miteinander gemein. Sie tappen allesamt im Finstern, und das Ende ihrer Arbeiten sind Erdhaufen« (1821, S. 74).

Theoretisches zur Erklärung der Gesteinsverhältnisse im Bergwerk

In seinen Berichten betonte G. die Unzulänglichkeiten, die in früheren Zeiten den Ilmenauer Bergbau behindert hatten. Das Bergwesen verlange, wie die Kriegsführung, ein einheitliches Kommando, und das habe eben gefehlt (LA I, 1, S. 16 u. S. 33). Viel schlimmer waren allerdings die auf geologischen Unkenntnissen beruhenden Fehler: »Man hatte keine Begriffe vom Flözbaue und dessen großer Verschiedenheit vom Bergbaue in Ganggebirgen, teufte deswegen auf blindes Ohngefähr da und dort an Orten, wo nichts zu suchen war, Schächte ab und trieb in denselben Örter und Gegenörter nach allen Gegenden und hoffte im toten Liegenden selbst Erze zu finden« (LA I, 1, S. 34). Verwechslung von Erzgängen mit erzführenden Schichten hatte tatsächlich zu Mißgriffen geführt. Ein Gang ist eine Kluft, ausgefüllt mit Material, das von der Gesteinsbeschaffenheit der Schichten, die er oft schräg durchquert, ganz verschieden ist. Eine Flözschicht, wie z. B. der Kupferschiefer, ist ein einzelner Horizont, konkordant mit anderen Schichten in einer abgelagerten Serie. Eine solche Schicht kann an Stellen steil aufgebogen sein, wie in G.s Profil, so daß Verwechslung mit einem Gang dann naheliegt. Daher konnte G. sagen, daß man das aufsteigende Flöz »ehmals unrichtig einen Gang [...] benennte« (LA I, 1, S. 93). Erzführende Schichten sollten ihre Erze gleich bei ihrer Ablagerung bekommen haben, Gänge aber sollten später ausgefüllt worden sein. Werner rechnete mit Ausfüllung von oben, eine Ansicht, der auch G. zuneigte. Johann Gottlob Lehmann aber trat für die nach heutiger Auffassung eher zutreffende Ansicht ein, daß Erzgänge sich wie Äste »von einem sehr großen Stock, welcher vermutlich ganz in dem Tiefsten der Erde steckt«, ausbreiten (zitiert nach von Freyberg, S. 98). Solange nun der aufgebogene Teil des Kupferschiefers für einen Gang gehalten wurde, suchte man bei Bergleuten aus dem Harz und dem Erzgebirge Rat, denen der Flözbergbau völlig unbekannt war. Wenn es sich hier um einen Gang handelte, der sich bloß zufällig aufs Flöz aufsetzte – so verstand man den flach gelagerten Teil des Kupferschiefers –, dann wäre es sinnvoll, mit einem langen Schacht die Fortsetzung dieses Ganges in der Tiefe zu suchen. Stollen als Querschläge von einem solchen Schacht aus könnten vielleicht auf parallele Gänge stoßen. Man denke an Lehmanns Bild von den Ästen eines Baumes, das ganz zutreffend ist, sofern es sich auf Gänge bezieht. Solche kostspieligen Ansätze wurden tatsächlich gemacht: alle liefen, wie G. sagt, in erzleeres Gestein.

Wenn der Kupferschiefer eine Flözschicht ist, wie konnte es zu ihrer steilen Aufbiegung kommen? Voigt ging davon aus, daß diese Steilheit von Anfang an da gewesen sei. Die Niederschläge, aus denen die Schicht in ihrer ganzen Länge besteht, hätten sich nicht ausschließlich abwärts bewegt, sondern teilweise auch seitwärts, wie etwa Kesselstein, der auch nicht nur den Boden, sondern auch die Seiten eines Gefäßes beschlägt (1786, S. 21). Das erklärt, warum G.s Profil, das auf Voigts Arbeit zurückging, dem Horizont Nr. 2, dem Rotliegenden, keine steile Aufbiegung zuteilte, sondern es abschneidet, wo es auf den Porphyr traf. Voigt nämlich hielt das Rotliegende ganz richtig für von der Abtragung des Porphyrs her stammendes Geschiebe, das im Wasser nur senkrecht fallen konnte. Es hätte sich eventuell an einer schräg gestellten Urgebirgswand ansammeln können, nicht aber an einer fast vertikalen. Der Kupferschiefer hingegen und der Kalk und Gips unmittelbar darüber sind chemische Abscheidungen, nicht Erosionsgeschiebe, und die Kesselsteinanalogie darf auf alle drei bezogen werden. Später mußte Voigt jedoch feststellen, daß große rotliegende Porphyrgeschiebe auch unter dem steil aufgerichteten Kupferschiefer vorhanden waren. Das konnte, so meinte er zutreffend, unmöglich ihre ursprüngliche Lage sein, und er fragte ganz vorsichtig: »Sollte es eine Folge von der Emporhebung der Gebirge sein?« (1821, S. 84). Es wurde ihm letzten Endes klar, daß sekundäre (nach der Ablagerung erfolgte) Bewegungen ganz erheblichen Ausmaßes hier stattgefunden hatten, daß der Porphyr in die Höhe gedrängt worden war und dabei die benachbarten Enden der Flözschichten hochgeschleppt hatte.

Solches Denken war G. höchst unwillkommen. Geologische Theorien, die gewaltige tektonische Störungen postulierten, lehnte er ab: Er war »schon längst der Überzeugung, daß man bey Erklärung der verschiedenen Erdbildungen nur alsdann gewaltsame Revolutionen zu Hülfe rufen muß, wenn man mit ruhigen Wirkungen, die denn doch der Natur am allergemäßesten sind, nicht mehr auskommen kann« (an Karl Cäsar von Leonhard, 9.3. 1814). Voigt hätte dagegen einwenden können, daß er wirklich alles aufgeboten hatte, diesen Ansprüchen gerecht zu werden, indem er sich lange bemühte, nur ruhige Wirkungen in Betracht zu ziehen. G. aber beklagte sich nach Voigts Tod, daß dessen Eintreten für Hypothesen von Gebirgserhebungen in der Ilmenauer Vorzeit »einen besonders schädlichen Einfluß« gehabt habe (LA I, 2, S. 389). G. schloß jede Implizierung von Bewegungen mit einem Argument aus, nach dem der Thüringer Porphyr unbedingt zum ›Urgebirge‹ gerechnet werden mußte und nicht, wie wir jetzt wissen, aus Laven aus der Zeit des Rotliegenden besteht. In jener frühen Zeit der Erdgeschichte war nach seiner Auffassung die Schwerkraft schwächer als jetzt, der Porphyr konnte infolgedessen eine seitliche Anziehung auf fallende Teilchen ausüben, ob chemischen oder klastischen Ursprungs: »In frühster Zeit jener Entstehungen [...] senkten sich die niedergehenden Elemente des Flözes zwar nieder und belegten die Fläche, aber in gleicher Masse wurden sie angezogen von den Seitenwänden der nahestehenden Berge [...]. Die Anziehungskraft einzelner Felsmassen [...] war damals so stark, daß sie die in dem allgemeinen Auflösungsmittel schwimmenden metallischen und irdischen Teile, die sich in ihrer Nähe fanden, an sich zog, indessen das übrige in Masse niederging, wodurch also ein steil aufgerichtetes, ja ein überhängendes Flöz zugleich mit dem horizontalen gebildet wurde« (LA I, 2, S. 387 u. S. 389). Man dürfe also in diesem Zusammenhang sowohl von »Seitenschlag« als auch von »Niederschlag« sprechen (LA I, 2, S. 357).

An anderer Stelle unterschied er zwischen Kristallisationskraft und Schwerkraft und meinte, jene sei in der Zeit der frühsten Erdbildung viel stärker als diese gewesen: »Der Granit ist durch Kristallisation entstanden. An ihm ist keine Gravitation zu bemerken. So auch die nächsten Gebirge an ihm. Je weiter es von ihm weg kommt, je mehr nimmt die Schwere überhand, bis zuletzt bei den Flözen nur eine Spur von Kristallisation übrig bleibt« (LA I, 1, S. 97f.). Diese in der Urzeit so gewaltige Naturkraft hat also ihre Wirkungsfähigkeit fast ganz verloren. Was aber unmittelbar an dem Urgebirge angelagert ist, als Übergangsgebirge oder frühestes Flöz (Lücken in der Abfolge mußten zugegeben werden), verdankt ihr – nach G.s Auffassung – immer noch zu einem guten Teil seinen Ursprung.

Schon in den Jahren seiner Ilmenauer Tätigkeit sah G. in der Schweiz Felsen, deren Lage nicht leicht ohne Postulierung von massiver Zerreißung erklärt werden konnte. Zwar deutete er »geschwungene Lager« (LA I, 1, S. 125f.) in den Kalkalpen auf dem Brenner als an einen Granitstock angelehnt, der, obwohl nicht sichtbar, in der Nähe sein müsse. Aber eine ganze Serie von teilweise zerbrochenen Falten in mächtigen Kalkbänken wie in der Schlucht bei Moutier ließ sich nicht so erklären, und er mußte, sehr ungern, zugeben, daß »Revolutionen« sie nach ihrer Ablagerung »bewegt, getrennt, gespalten haben«. Immerhin sollte es sich bloß um »einzelne Erschütterungen« handeln, die den Gedanken von »ewiger Festigkeit« kaum beeinträchtigten (LA I, 1, S. 8). Natürlich hatte er auch Schwierigkeiten, mit seinen Grundprinzipien über die Erdgeschichte Verwerfungen zu verstehen. Solche kamen im Thüringer Kupferschiefer häufig vor, jedoch mit geringer Sprunghöhe. Das hat es ihm wohl später ermöglicht, Verwerfungen nicht als sekundäre, sondern als primäre Erscheinungen zu verstehen: »Solideszenz ist mit Erschütterung verbunden« (LA I, 2, S. 348). Er führte hier als Beispiel an, daß man bei dem Versuch, Quecksilber zum Gefrieren zu bringen, eine plötzliche Erschütterung im Reagenzglas in der Hand fühlt, wenn das Metall fest wird (LA I, 2, S. 348).

Max Semper bemerkte zutreffend, daß er mit dieser Theorie »tektonische Störungen jeder Art, die nun einmal nicht mehr zu bestreiten waren, ohne [...] Tumult seinen geologischen Vorstellungen einordnen« konnte (S. 196).

Tektonik nicht mehr zu leugnen: aber durch plötzliche Katastrophen oder durch langsame Erhebung über lange Perioden?

Im Laufe der Jahre wurde die Wernerische Theorie von vier Ablagerungsepochen, wovon jede einzelne universell gewesen sein sollte, zunehmend angefochten. Ein »lebhafter Streit« darüber kommt in einem Kreis von Bergleuten in *Wilhelm Meisters Wanderjahren* vor (WA I, 25.1, S. 26). Werners Vorstellung hatte sich überhaupt nur durchsetzen und jahrzehntelang halten können dank der Tatsache, daß sie ziemlich gut auf die Geländeverhältnisse in Mitteleuropa paßte und so den Geologen das Vertrauen einflößte, nicht mehr ratlos vor unzähligen unzusammenhängenden Einzelheiten zu stehen. Aber man fing an, sich weiter umzusehen. In Norwegen fand man große Granitmassen, die fossilführendes Flöz überlagerten und also jüngeren Ursprungs waren. G. mußte deswegen die Möglichkeit zulassen, »daß Granit mehrmals vorkommt. Ebenso Porphyr, Kalk und alle Formationen« (LA I, 2, S. 111). Das bedeutete, daß man nicht mehr einfach von der mineralogischen Komposition eines Gesteins auf sein Alter und auf seine Reihenstellung in einem universellen Sedimentationsablauf schließen konnte. G. blieb aber bei seiner Ablehnung der Gebirgserhebungen und wurde deshalb zunehmend isoliert. Geländearbeiten wiesen immer mehr in die Richtung der heutigen Auffassung, daß infolge sukzessiver räumlich begrenzter Orogenesen (Vorgänge, die zur Bildung von Gebirgen führten) Ablagerungen, die als ›Übergangsgebirge‹ verstanden worden waren, in Schottland mit dem Silur, in Sachsen mit dem

Goethe: »Höhen der alten und der neuen Welt bildlich verglichen«.
Aquantinta-Tafel, gegenüber dem Titelblatt in: Allgemeine Geographische Ephemeriden.
16. Jahrgang, Mai 1813

Karbon und in den Glarusalpen mit dem Eozän endeten. Das jeweils darauf liegende ›Flöz‹ ist also in diesen Gebieten von sehr unterschiedlichem Alter, und nach dem heutigen Verständnis handelt es sich um Zeitunterschiede, die Hunderte von Millionen Jahren betragen. G. schrieb 1823, er habe jahrzehntelang zuversichtlich gemeint, daß ein Überqueren jeder Landschaft von den höchsten Granitbergen in das Vorgebirge und dann in die Ebene – man darf z.B. an eine Reise vom Brocken südwärts in die Thüringer Mulde oder nordwärts in Richtung Ostsee denken – den Reisenden durch Gebiete führte, die ein für allemal durch ein sich stufenweise zurückziehendes Meer geformt worden waren und keine nachträglichen Störungen erlitten hatten, außer wo Vulkane wirkten als »noch immer fortdauernde, aber oberflächliche Spätlingswirkung der Natur« (LA I, 2, S. 257). Jetzt aber finde er das alles in Frage gestellt. Schweden und Norwegen sollten sich »wohl gelegentlich aus dem Meere eine gute Strecke emporgehoben haben«. Leopold von Buch hatte dort schräg zum heutigen Meeresspiegel liegende frühere Strandlinien gesehen und sie als eine Hebung des Festlandes bei konstant bleibendem Meeresspiegel gedeutet. Die »ungarischen Bergwerke sollten ihre Schätze von untenauf einströmenden Wirkungen verdanken, und der Porphyr Tirols solle den Alpenkalk durchbrochen und den Dolomit mit sich in die Höhe genommen haben« (ebd.). Solch gewaltsames Geschehen war für G. einfach unvorstellbar. Später zog er gegen Alexander von Humboldt zu Felde, der, wie er meinte, dafür eintrat, daß »die Himalaja Gebirge auf 25,000' aus dem Boden gehoben« worden waren und »doch so starr und stolz als wäre nichts geschehen in den Himmel ragen« (an Carl Friedrich Zelter, 5.10. 1831). G. wußte ganz gut, daß diese Höhe verglichen mit dem Erddurchmesser sehr gering ist, fand aber solches Denken »außer den Grenzen« seines Kopfes und verwies es »in die düsteren Regionen, wo die Transsubstantiation pp. hauset« (ebd.; vgl. auch an Heinrich Ludwig Friedrich Schrön, 1.7. 1826). Er konnte solche Gedankengänge nicht nachvollziehen, da sie keineswegs Erfahrungen widerspiegeln, die man in der Wirklichkeit unseres irdischen Geschehens erleben kann, und deshalb so unrealistisch erschienen, daß man sie als »bloß Worte« hinstellen durfte (LA I, 2, S. 409). Insofern sich dieser Protest gegen plötzliche Gebirgserhebungen richtete, war er nicht unbegründet. Die Erhöhung des Himalajas z.B. kann langsam erfolgt sein, denn die Flüsse, die das Gebirge in südlicher Richtung durchqueren, entspringen nicht auf den höchsten Spitzen, sondern viel weiter gegen Norden. Die Annahme liegt also nahe, daß sie schon vor der Orogenese existierten und wie gewaltige Sägen das sich allmählich emporhebende Gebirge durchschnitten. Ein katastrophales Emporheben hätte ein solches vorher existierendes Entwässerungssystem zerstört. G. aber wollte, indem er gegen schnelle und gewaltsame Erhebung protestierte, jegliche Störung ablehnen. Seine Betonung der gewaltfreien Entwicklung der Erdgeschichte entspricht seinem Widerwillen gegen Gewalt in anderen Sphären, ersichtlich in seiner Stellung zur Reformation und zur französischen Revolution in dem bekannten Epigramm: »Was das Lutherthum war, ist jetzt das Franzthum in diesen Letzten Tagen, es drängt ruhige Bildung zurück« (*Xenien*; WA I, 5.1, S. 218).

Karl Ernst Adolf von Hoff hatte 1801 die gute Erhaltung von leicht zerbrechlichen, unter der Last schwerer Felsmassen begrabenen Fossilien als Argument gegen gewaltsame Gebirgserhebungen angeführt (zitiert bei Reich, S. 110f.). 1814 bemerkte er, daß zur Entstehung von Gesteinsschichten durch Erosion schon vorhandener Schichten eher »große Zeiträume« als große Kräfte erforderlich seien: »Mit den Zeiträumen hat man durchaus nicht nötig, haushälterisch umzugehen [...], aber wohl mit den Kräften« (zitiert nach Hölder, S. 481). G. sprach sich über manches in von Hoffs geologischem Werk anerkennend aus (LA I, 11, S. 223) und wurde von ihm zu seinen besten geologischen Ideen angeregt. G. war sich aber dessen nicht bewußt, daß gerade von Hoffs Betonung der Zeit eine mächtige Waffe gegen Katastrophentheorien lieferte.

G. gab zuletzt zu, daß Werners einfaches

Schema von einer sehr begrenzten Anzahl von universellen Ablagerungen »eigentlich Dogmatismus« war, »der ungeklärte Probleme zurückließ«. Er wußte aber auch, daß es die Aufmerksamkeit auf gerade diese Probleme lenkte: »Die Skepsis fängt mit den Ausnahmen an, das Dogma zu befeinden« (LA I, 11, S. 305). Alle Hypothesen sind provisorisch, jedoch wertvoll, weil sie »die Lücken einer Erkenntnis« ins Licht rücken. Es finden sich nämlich »gewisse Verhältnisse, die sich aus ihnen nicht erklären lassen. Eben dadurch wird man aufmerksam gemacht, geht diesen Punkten nach, die eben deswegen die interessantesten sind, eben weil sie auf ganz neue Seiten führen« (LA I, 11, S. 35). Zweifellos haben G.s Ilmenauer Erfahrungen dazu beigetragen, ihm zu so einer methodologischen Einsicht zu verhelfen. Im Gespräch mit Kanzler Friedrich von Müller vom 16.3. 1824 faßte er diese Erfahrungen so zusammen: Er sei »höchst unwissend in allen Naturstudien nach Weimar [gekommen] und erst durch das Bedürfnis, dem Herzog bei seinen mancherlei Unternehmungen, Bauten, Anlagen, praktische Ratschläge geben zu können, zum Studium der Natur getrieben worden [...]. Ilmenau habe ihm viel Zeit, Mühe und Geld gekostet, dafür habe er aber auch etwas dabei gelernt und sich eine A n s c h a u u n g der Natur erworben, die er um keinen Preis umtauschen möge«.

Literatur:

Böhme, Hartmut: Lebendige Natur. Wissenschaftskritik, Naturforschung und allegorische Hermetik bei Goethe. In: ders.: Natur und Subjekt. Frankfurt/M. 1988, bes. S. 165–171. – Freyberg, Bruno von: J. C. Lehmann (1719–1767). Erlangen 1955. – Hölder, Helmut: Geologie und Paläntologie in Texten und ihrer Geschichte. Freiburg, München 1960. – Reich, Otto: Karl Ernst Adolf von Hoff. Der Bahnbrecher der modernen Geologie. Leipzig 1905. – Semper, Max: Die geologischen Studien Goethes. Leipzig 1914. – Voigt, Johann Carl Wilhelm: Drei Briefe über Gebirgslehre für Anfänger und Unkundige. Weimar 1786. – Ders.: Geschichte des Ilmenauischen Bergbaus. Sonderhausen, Nordhausen 1821. – Wagenbreth, Otfried: Der Ilmenauer Bergrat Johann Carl Wilhelm Voigt und seine Bedeutung für die Geschichte der Geologie. In: Prescher, Hans (Hg.): Geologen der Goethezeit. Leipzig 1979, S. 59–93. – Ders.: Goethe und der Ilmenauer Bergbau. Weimar 1983.

George Albert Wells

Über den Granit – Schriften zur Gestaltung der Erdrinde

Entgegen der bisherigen Forschung datierte Wolf von Engelhardt den Aufsatz *Über den Granit* auf den 18.1. 1784. Der Aufsatz *Granit II* entstand erst im Sommer 1785 (Engelhardt/Wenzel, S. 1093 u. S. 1095). Wie alle gegenwärtigen G.-Ausgaben folgt auch diese Darstellung der zuverlässigen Wiedergabe der Leopoldina-Ausgabe. Schon in diesen beiden Aufsätzen sprach G. die Überzeugung aus, der Granit sei »das Höchste und das Tiefste [...], die Grundfeste unserer Erde [...], worauf sich alle übrigen mannigfaltigen Gebirge hinauf gebildet« (LA I, 1, S. 58). Wenn er von einem Granitgipfel aus eine »weite Gegend« (LA I, 1, S. 59) überschaute, meinte er, die Stufen der gesamten auf die Entstehung des Granits folgenden Erdgeschichte zu sehen; denn nach damaliger Auffassung hatte sich der Urozean nach Ablagerung des Granits in drei Hauptetappen von dem granitischen Urgebirge zurückgezogen und dabei die bei dem jeweiligen Wasserstand an dem Urgebirge angelagerten Gesteine entblößt. Die Landschaft, die man jetzt von den Höhen überblickt, wäre also die ursprüngliche, seit ihrer Entstehung in der Urzeit kaum gestörte. Gebirgserhebungen kamen für G. nicht in Frage.

G. bemerkte, daß Granitmassen oft durch Spalten und Klüfte in rhomboide Blöcke zerlegt sind. Nach heutiger Auffassung haben Spannungen in den erstarrenden Massen und tektonische Bewegungen die Trennungslinien verursacht. G. aber verstand die »Risse und

Spaltungen« als »durch Kristallisation, nicht durch Erkältung« (LA I, 1, S. 96) entstanden. Das Gestein sei nicht ursprünglich eine solide, ungeteilte Masse, sondern jeder Block ein abgeschiedener Kristall gewesen. Nach G. ist also der Granit nicht nur intern kristallin, aus Quarz, Feldspat und Glimmer bestehend, sondern auch extern, »denn er zeigt sich in regelmässigen Formen«, nämlich in diesen Rhomben (ebd.). G. kannte keine physikalische, geschweige denn eine mathematische Auffassung des Kristallbegriffes; für ihn war der Begriff rein morphologisch.

Im Harz und auch anderswo findet man Granit in solch engem Kontakt mit anderem Gestein, daß die zwei nicht zu trennen sind. Am Rehberger Graben bei St. Andreasberg sah G. Granit und Hornfels wie zusammengeschweißt »aufeinander zusammengewachsen« (LA I, 1, S. 56). Beim Zerschlagen der Stücke läuft der Sprung immer durch beide Gesteinsarten, nie die Trennungslinie zwischen den beiden entlang. Nach heutiger Deutung hat sich der Granit hier als heiße Schmelze an Tongestein herangedrängt und es durch hohe Temperatur in Hornfels umgewandelt. G. aber hielt die zwei so innig verbundenen Felstypen für fast gleichzeitige Abscheidungen aus derselben Flüssigkeit: »Beide Massen [haben] vor der Solideszenz eine wechselseitige Anziehung aufeinander ausgeübt« (LA I, 2, S. 78f.). Beim allerältesten Granit sind, so meint er, die drei Mineralien noch gleichmäßig vertreten und harmonisch verbunden, bald aber versuchte das eine oder das andere ein Übergewicht zu erlangen, und auf diese Weise entstanden porphyritische Granite und Porphyre: die Bestandteile waren dieselben geblieben, die Herrschaftsverhältnisse unter ihnen hatten sich aber geändert. Das kann so weit gehen, daß eines der Mineralien die anderen ganz verdrängt, so daß z.B. Quarz vorkommt, mit nur wenigen Glimmerflecken (vgl. LA I, 2, S. 152). Mit solchen Argumenten konnte G. Hornfelsen, viele (nicht alle) Sandsteine und Quarzite, sogar auch Breccien als chemische Ablagerungen, als nur »scheinbare« Konglomerate, »wirklich aber auf Porphyrart erzeugt« hinstellen (LA I, 1, S. 385). Ihr brecchienhaftes

Aussehen rühre daher, daß sie »gleich im Werden durch irgendeine chemische Ursache gestört« wurden und deshalb »nicht in Masse solideszieren können, sondern schon halb entstanden bröcklig, in einem halbweichen Zustande gegen- und umeinander bewegt, niedergehen« (LA I, 1, S. 386). Als relevante Analogien meinte er, das Gerinnen von Milch anführen zu können (LA I, 2, S. 96) und eine zuerst aufgetaute und also zertrümmerte Eiskruste eines Flusses, die von eintretendem Frost wieder verkittet wird (LA I, 2, S. 353).

Heute führt man den Hornfels auf Kontaktmetamorphose und Sandsteine usw. auf Erosionsergebnisse zurück. Granitmineralien werden durch Verwitterung zum Teil in unlösliche Reste umgewandelt, die chemisch stabilen Quarze aber einfach freigelegt, unverändert ins Meer oder in Seen transportiert, unter späteren Ablagerungen begraben, verkittet und eventuell später gehoben, um an der Erdoberfläche Sandstein zu bilden. Diese Deutung war schon zu G.s Lebzeiten geläufig, setzte aber Gebirgserhebungen voraus, die er ablehnte, und nimmt auch ungeheure Zeitabschnitte für die ganze Abfolge in Anspruch. In G.s geologischem Denken spielte die Zeit eine sehr geringe Rolle. Daß in solchen auf derartige Weise zustande gekommenen Schichten manchmal Spuren der kristallinen Gesteine, aus denen sie entstanden waren, noch vorkommen (etwa als Glimmerflecken), ließ seine Ansicht einigermaßen plausibel erscheinen. Man muß auch berücksichtigen, daß es nicht gerade leicht war, bevor man Dünnschliffe von Gesteinen unter dem Mikroskop prüfen konnte, die Grundmasse eines kristallinen Gesteins von der Verkittung eines klastischen zu unterscheiden.

Zu den bloß scheinbaren Breccien zählt nach G. nicht nur das Thüringer Rotliegende mit seinen Porphyrgeschieben, sondern auch die schweizerische Nagelfluh, die Geschiebe von damals unbekannter Herkunft enthält. G. hätte unmöglich wissen können, daß sie von einer ›Vindelizischen Schwelle‹ herrühren, die nur in wenigen Überresten vorhanden ist, die fast völlig unter späteren über sie geschobenen Gesteinsmassen begraben sind. Eine solche Hypothese wäre ihm auch sehr unsympathisch gewesen.

G.s Ansichten über Kristallisation beeinflußten seine Beobachtungen nach 1806 in Karlsbad. Dort im Tal liegen große, von den zirkulierenden Wassern der warmen Quellen mit Hornstein (Kieselsinter) verkittete eckige Granitstücke. Nach G. sind die zwei Gesteinsarten »verwachsen« (LA I, 1, S. 335), und wie am Rehberger Graben im Harz war er deshalb »geneigt, unsere simultane Erklärungsart hier anzuwenden« (LA I, 1, S. 351) – also gleichzeitige Kristallisation der beiden, nicht Zertrümmerung und nachträgliche Verkittung des Granits. Nicht weit entfernt sah er in einer Schichtenfolge mit Pflanzenresten einen Quarzit mit »Granitpunkten«, auch mit den »Bestandteilen des Granits einzeln« (LA I, 1, S. 340). Heute werden diese als Erosionsreste eines Granits aufgefaßt, für G. aber lieferten sie den Beweis, daß das ganze Gestein eine Variante des granitischen Archetypus ist, wo eins der Mineralien die anderen fast verdrängt hat. Deshalb fand er es mit dem gewiß chemisch aufzufassenden Hornstein verwandt. Daß die hier vorhandenen Pflanzenreste auf etwas viel Jüngeres als ›Urgebirge‹ hinweisen, war damals kein stichhaltiger Einwand, da man meinte, Pflanzen wüchsen auf dem Urgebirge, sobald seine Spitzen entblößt worden wären.

Daß G. oft in den Gesteinen »simultane Wirkungen« erblickt, wo »andere schon eine sukzessive sehen«, spiegelte nach seinen eigenen Worten seine ganze Einstellung zur Natur wider; denn er ging auf diese Weise »von dem Ganzen zu dem Einzelnen, vom Totaleindruck zur Beobachtung der Teile« (LA I, 1, S. 347f.). Er lobte Etienne Geoffroy St. Hilaire, der in seinem zoologischen Denken »das Ganze im innern Sinne« hegte und in der Überzeugung fortlebte, »das Einzelne könne daraus nach und nach entwickelt werden« (LA I, 10, S. 374) – im Gegensatz zu dem Analytiker Georges Cuvier, der beschrieb, was vorlag. ›Das Ganze‹ war offenbar eine Idee, von der man »ausgeht« (LA I, 10, S. 375) – in der Zoologie etwa eine Idee vom Wirbeltier, die es ermöglichte, vorhandene Wirbeltiere als Abwandlungen dieses Urbildes zu verstehen: in der Geologie die Idee eines Gesteinstypus, von dem andere Gesteine Abweichungen sind. In der Zoologie konnte der postulierte Typus später zur Abstammungslehre führen: Verschiedene Gattungen schienen Abwandlungen dieses Typus zu sein, da sie gemeinsame Ahnen haben. In der Geologie dagegen war G.s Typusidee unfruchtbar; sie brachte Gesteine in Beziehung zueinander, die genetisch gar nicht zusammengehören. Er konstruierte allerlei »Übergänge« (LA I, 2, S. 165) von einer Gesteinsart in eine andere, die Unzusammenhängendes vermengten.

Obwohl diese ›Übergänge‹ eher in der Vorstellung gesehene Abwandlungen als zeitliche Abfolgen waren, konnte G. natürlich in der Betrachtung der Erdgeschichte sich nicht ganz vom historischen Aspekt freimachen. Er konnte nicht umhin, die »Weltbildung« in drei Epochen zu gliedern. Nach der Granitepoche kam »die Epoche des Isolierens«, wo die Steigerung der Kristallisationstendenz einzelner Bestandteile des Granits das vorherige Gleichgewicht unter ihnen aufhob. In der dritten Epoche erfolgte Ablagerung eher durch Schwerkraft als durch Kristallisationskraft: die Gesteinselemente wurden bloß »nebeneinander« abgelagert und sind einander »gleichgiltig« (LA I, 2, S. 102f.). Trotzdem waren für G. geologische Erklärungen, die sukzessive Geschehnisse postulierten, bloß »atomistisch« oder »mechanisch«; er zog ihnen das »Dynamische« vor, nämlich ein »gesetzmäßig-bedingtes Entstehen«, ein »Entwickeln und Umgestalten«. Die atomistische Erklärungsart »sieht ein bereits Gewordenes hin und her treiben, ablagern und erstarren«, die dynamische dagegen »führt in den Moment des Entstehens das lebendige Spiel der Elemente und ihrer Anziehungen ein« und kann »sehr vieles noch aus ruhiger Vollstreckung innerer Gesetze« herleiten, ohne Herbeiziehung von »einem Aufwand vieler Fluten und äußerer Gewalten« (LA I, 1, S. 378f.). Hier wurden nicht nur ahistorische Hypothesen – besonders solche, die nichts Gewaltsames an sich haben – vorgezogen: Auch diejenigen, die interne Vorgänge eher als den Einfluß der Umgebung betonen, fanden an dieser Stelle Beifall. Sogar heute begegnet man noch der Meinung, daß allen Versuchen, ein Verhalten durch Einwirkungen der Umgebung zu erklären, etwas Materialistisches anhaftet. G.s Idee der »geprägten Form die lebend sich entwickelt« (in dem Gedicht *Urworte. Orphisch*; FA I, 2, S. 501, V. 8), findet als etwas Vergeistigtes eher Anklang.

Der Basaltstreit

G.s Ablehnung von Gewalt im Erdgeschehen beeinflußte seine Ansichten über Laven und Vulkane, die er für lokale und ephemere Paroxismen ohne »tiefe Ursachen« hielt, wobei hier ›tief‹ »unter dem Niveau des Meers« bedeutete (LA I, 1, S. 165). Die Vulkane, die er während seiner italienischen Reise gesehen hatte, lagen alle am Meer. 1780 hatte er noch Johann Carl Wilhelm Voigt zugestimmt, der die Basalte der Rhön als Laven deutete. Nachdem G. aber Abraham Gottlob Werner 1789 in Jena getroffen hatte, übernahm er – nach einigem Zögern mit »Vergleichsvorschlägen« – dessen Theorie, daß alle Basalte wie auch alle Granite Niederschläge aus wässriger Lösung wären (LA II, 7, S. 407, und Engelhardt/Kuhn, Komm. in LA II, 7, S. 597ff.). Voigt hatte sich zu Werners Hauptgegner in einem berühmten, langwierigen und erbitterten Basaltstreit entwickelt. G. schätzte ihn als ausgezeichneten Geländegeologen, den vorgefaßte Meinungen nicht in die Irre führten, »wenn es nur die Vulkanität nicht betraf« (LA I, 2, S. 256). Erfahrungen in Italien hatten G. zu der Überzeugung geführt, Vulkane hätten Kegel oder Krater, zu denen lokal begrenzte erstarrte Lavaflüsse noch hinaufverfolgt werden können. Spaltenergüsse von der Art der isländischen Basalte wurden erst später gut bekannt. Die furchtbare Eruption in Island von 1783 wird von G. nirgends erwähnt. Von einer solchen Prämisse aus konnten die deutschen Basalte nicht als solche erkannt werden, da sie entweder Lager in einer Schichtfolge bilden oder als malerische Kuppen auf Bergeshöhen vorkommen, in jedem Fall ohne Krater. Die vereinzelten Kuppen versteht man heute als durch Erosion herauspräpariert, als Reststücke einer größeren Basaltdecke. Schon Voigt (in seiner *Mineralogischen Reise von Weimar über den Thüringer Wald*, Leipzig 1787, S. 28 u. S. 43f.) hatte erkannt, daß die Flüsse, die die heutigen Täler gebildet haben, den Basalt nicht so leicht hatten zernagen können wie den sie oben und unten umgebenden Sand und Kalk, so daß der widerstandsfähige feste Basalt als das Höchste in der Landschaft stehen blieb und die unter ihm liegenden weichen Gesteine vor Erosion schützte. Das Fehlen von Kratern meinte er dadurch zu erklären, daß manche Lava unter der Erdoberfläche erstarrte, unter Schichten, die erst nachher weggewaschen wurden.

Die sächsischen Basaltkuppen bestehen oft aus Säulen. Heute glaubt man, daß sich diese durch Schrumpfung infolge von Volumenabnahme bei der Abkühlung gebildet haben. Der Lehm in einem ausgetrockneten, der Sonne ausgesetzten Flußbett zeigt Risse in einem fast regelmäßigen Muster von Vier- und Fünfecken, die sich, wenn der Schlamm in seiner ganzen Tiefe heiß wäre, zu mehrkantigen Säulen entwickeln würden. G. sah polygonale Risse in austrocknendem Ton und verglich sie sogar mit den Kanten der Basaltsäulen (LA I, 1, S. 369; vgl. LA I, 2, S. 175). Da aber nach seinem morphologischen Kristallbegriff ein regelmäßig geformtes Gestein als Kristall gelten konnte, hielt er jede Säule für einen einzelnen abgeschiedenen Kristall, im Einklang mit seiner Interpretation der von Klüften begrenzten Granitrhomben. In beiden Fällen erschienen ihm die Risse als ursprünglich, nicht als Abkühlungsfolgen: Die Granitkristalle schieden sich als Rhomben, die Basaltkristalle als Säulen aus dem Wasser ab. Werners Beobachtungen am Scheibenberg im oberen Erzgebirge schienen ihm diese Deutung zu bestätigen. Dort liegt auf ›Urgebirge‹ (Gneis und Glimmerschiefer) zunächst (obermiozäner) Kies, Sand und Ton; dann kommt die »Wacke«, welche gegen oben in säulenförmig abgesonderten Basalt übergeht. Heute deutet man die »Wacke« als den vom Basaltkontakt angebrannten obersten Teil des Tonlagers oder als die über dem wasserstauenden Ton verwitternde Basis des Basalts (Hölder, S. 148). Werner meinte aber, hier eine kontinuierliche Serie zu sehen, mit dem Grobkörnigsten unten bis zu den feinkörnigen Säulen oben, alles also Wasserablagerungen. Wenn diese Deutung bestehen sollte, mußte das Meer nach Ablagerung der Flözschichten die Landschaft wieder überflutet haben, um diese Basaltkuppen zu bilden. Es mußte auch seine inzwischen fast verlorengegangene Kristallisationskraft wieder zurückgewonnen haben. Außerdem war auffallend, daß die Basaltkuppen nicht immer auf denselben Gesteinsarten lagen, sondern ganz verschiedene überlagern konnten. G. kannte diese Einwände und wollte deshalb Werners Theorie modifizieren. Er meinte, alle Basalte seien ähnlich, nicht weil sie gleichen Alters seien, sondern – hier nimmt er den modernen Faziesbegriff vorweg – weil sie gleiche Entstehungsbedingungen hätten (LA I, 2, S. 111), die er mit seiner Skizze (LA I, 2, S. 101) illustriert: »Eine und dieselbe chemische Infusion« kam (wohl in den Flüssen) von Zeit zu Zeit in seichtes, landnahes Wasser und schied während des einmaligen Sich-Zurückziehens des Meeres (was nicht in Frage gestellt war) diese »Trapp-Formation« als ganz neuen Niederschlag ab (LA I, 2, S. 102 u. S. 112). Indem G. hier – mit Vorbehalten – Werner folgt, beseitigt er in seinem System »die letzte Stelle [...] durch welche sich tumultuarische Vorstellungen einschleichen konnten, und das Ganze rundete sich zur Harmonie« (Semper, S. 88).

Da der Basalt leichtflüssig im Feuer und sehr verglasbar ist, meinten die ›Neptunisten‹, daß er unmöglich durch große Hitze und einen heftigen Schmelzprozeß hervorgebracht werden konnte. Deshalb konnte G. 1796 zuversichtlich in den *Xenien* schreiben: »Arme basaltische Säulen! Ihr solltet dem Feuer gehören, / Und doch sah euch kein Mensch je aus dem Feuer entstehn« (LA I, 1, S. 249). Diese Zuversicht mußte ins Wanken geraten, als er 1819 in Scipio Breislaks *Lehrbuch der Geologie* las, daß der von Gregory Watt in einer Esse geschmolzene Basalt bei langsamem Abkühlen schöne Kristalle gebildet hatte, und zwar auf eine Weise, die nach Watt die Bildung von Säulen verständlich macht. Watts Arbeit *Observations on Basalt* erschien 1804 in den *Philosophical Transactions of the Royal Society of London*. Er meinte aber, daß eine solche Kristallentwicklung ebensogut durch Austrocknen der Masse wie durch Wärmeentzug erfolgen könne, und daß die Ergebnisse seiner Experimente die Frage der Entstehung des Basalts aus Wasser oder Feuer unentschieden lasse. G. konnte also betonen, daß damit nicht etwa bewiesen worden sei, daß alle Basalte Laven waren (Briefentwurf an Carl Cäsar von Leonhard, 8. 1. 1819), denn »eins der größten Rechte und Befugnisse der Natur ist: dieselben Zwecke durch verschiedene Mittel erreichen zu können« (LA I, 2, S. 336). In der Auvergne hatten Nicolas Desmarest und andere schon längst Basaltergüsse bergauf bis zu Strukturen verfolgen können, die augenscheinlich Krater von erloschenen Vulkanen waren. G. gab zu, daß diese Beobachtungen ausschlaggebend waren – aber nur für die Zustände in der Auvergne: »Eine Erfahrung [...] beweist sich nur selbst« (LA I, 2, S. 132). In anderen geologischen Zusammenhängen gab er bereitwillig zu, daß »ein wohl beachteter Fall viele andere erläutert« (LA I, 1, S. 373). Er hatte aber recht, daß die Verhältnisse in der Auvergne und in Sachsen völlig verschieden sind, was Desmarest mit der Feststellung bestätigte, daß er bei ausschließlich in Sachsen gemachten Beobachtungen am Basalt diesen nicht als Lava erkannt hätte (vgl. Geikie, S. 157). G. gab seinerseits zu, daß er sich wohl auch »im völligen Einklang mit der jetzt gangbaren [vulkanischen; d. Vf.] Lehre« befunden hätte, wenn er von jeher aus der Auvergne oder von den Anden seine Anschauungen gewonnen hätte (WA II, 9, S. 265). Er war sich in diesem Zusammenhang der »wunderlichen Bedingtheit des Menschen auf seine Vorstellungsart« wohl bewußt (LA I, 2, S. 75). Hier begegnen wir einer psychologischen Beschaffenheit des Menschen, die oft für seine geistige Entwicklung ausschlaggebend ist. Jeder hat aufgrund seiner eigenen Erfahrung und Erziehung ein gedankliches Gerüst, einen Rahmen, worin neue Erfahrungen eingeordnet werden, und wenige sind bereit, Elemente, woraus dieser Rahmen besteht, in Frage zu stellen. Neue Erfahrungen und Ideen werden also mit Hilfe dieses Gerüstes beurteilt und sind unannehmbar, wenn sie überhaupt nicht hineinpassen.

Der Basaltstreit wird im dritten Akt von *Faust II* angedeutet, wo anachronistisch Thales als Sprecher für die ›Neptunisten‹ und Anaxagoras als Befürworter des Vulkanismus eingeführt werden.

Stichhaltige Erklärungen aus dem Standpunkt der gewaltfreien Entwicklung

G. war schon im vorgerückten Alter, als Carl Ernst Adolf von Hoff für den Aktualismus in der Geologie eintrat, d.h. für die Methode, welche aus den Erscheinungen der Gegenwart die Rätsel der Vergangenheit zu lösen sucht (vgl. Zitate bei Hölder, S. 481f.). Es überrascht nicht, daß G.s Aufsätze, die auf von Hoffs Anregungen zurückgehen, zu seinen gediegensten geologischen Veröffentlichungen gehören. Im ersten Band von *Zur Naturwissenschaft überhaupt* erschien 1822 sein Aufsatz *Die Luisenburg bei Alexandersbad* (Fichtelgebirge). Dort liegen »zahllose, alle Beschreibung und Einbildungskraft überragende, in sich zusammengestürzte und getürmte« Granitmassen. G. beklagte, daß man zur Erklärung »Fluten und Wolkenbrüche, Sturm und Erdbeben, Vulkane, und was nur sonst die Natur gewaltsam aufregen mag« angeführt habe. Er wolle sich dagegen auf »gründliche Kenntnis dessen was die Natur, ruhig und langsam wirkend, auch wohl Außerordentliches vermag« verlassen (LA I, 8, S. 171). Nach ihm war der ursprüngliche Zustand aufeinandergelegte ›Kristalle‹ oder Blöcke von Granit, die aber unterschiedlich verwitterten, so daß viele der verhältnismäßig unfesten, die höher gelegene stützten, abgetragen wurden und so das Ganze zum Einsturz brachten. Diese einfache Deutung wird immer noch als richtig akzeptiert (Wagenbreth 1984, S. 66f.).

Ein Jahr später erschien G.s Aufsatz über den Serapistempel zu Puzzuol bei Neapel, der einen Tagebucheintrag vom 19.5. 1787 erweiterte. Die drei zentralen Säulen des Tempels sind unten an der Basis völlig rein, dann kommt eine breite Zone, wo sie von Muscheln angebohrt wurden, deren Schalen noch in den Bohrlöchern zu sehen sind (LA I, 8, S. 335). Der Tempel ist gewiß nicht unter Wasser gebaut worden, also müssen sich die relativen Höhen von Land und Meer seit seiner Konstruktion im 2. oder 3. Jh. verändert haben. Daß hier überhaupt noch Säulen stehen, deutet auf sanfte Änderung. G. bestand mit vollem Recht auf einer lokalen Ursache zur Erklärung dieses »winzigen« Phänomens und fand es also abwegig, eine Sperrung der Straße von Gibraltar anzunehmen und so das ganze Mittelmeer um Meter anzuheben (LA I, 8, S. 337 u. S. 339). Warum, fragte er, ruft man »die gewaltsamsten Mittel zu Hülfe [...], anstatt daß man bei ruhiger Umsicht das nächste Natürliche bei der Hand gehabt hätte« (LA I, 2, S. 267). Nach seiner Auffassung wurde der unterste Teil der Säulen durch einen Aschenanfall verschüttet – Vulkane, z.B. die Solfatara, sind in der Nähe –, so daß der durch den Tempelbezirk fließende Bach zu einem Teich angestaut wurde, in dem sich Muscheln ansiedelten. Hier wäre einzuwenden, daß es sich um Tiere handelt, die nur im Salzwasser leben können; und heute gilt noch die 1830 von Charles Lyell gegebene Lösung: Das Erdbeben vom Jahre 1198 habe die unten schon von Schutt bedeckten Säulen einige Meter gesenkt, und die Störungen im September 1538, als der Monte Nuovo in der Nähe emporwuchs, hätten sie wieder in die Höhe gebracht.

Das eindrucksvollste Beispiel von G.s Vorliebe für Hypothesen, die ohne Gewalt auskommen – auch hier wirkte von Hoff anregend auf ihn – ist seine Ansicht über die erratischen Blöcke in der Schweiz und in Norddeutschland (südlich bis Thüringen). Die schweizerischen Blöcke sind auffällig scharfkantig, können also nicht über weite Strecken von Flüssen transportiert worden sein, die sie abgerundet hätten. Deshalb kam man auf »Schiebe- und Schleudertheorien« (LA I, 2, S. 385), wonach die Blöcke etwa wie Kanonenbälle durch die Luft geschossen worden wären. G. aber wollte eine Erklärung ohne »Tumult« und »entsetzliches Getöse« (LA I, 2, S. 377). Er meinte, die Schweizer Gletscher hätten sich mit Granitblöcken auf ihren Oberflächen in vorheriger Zeit bis zum Genfersee und zum Vierwaldstättersee erstreckt, das Eis sei im Sommer geschmolzen und habe die Blöcke abgelagert, »unabgerundet, weil sie ganz gelinde und keineswegs gewaltsam« (ebd.) transportiert wurden. Zu dieser Zeit der großen Kälte habe das Meeresniveau in der Höhe dieser Seen gestanden; viele der norddeutschen Blöcke könnten von einem jetzt unter rezenten Ablagerungen dort begrabenen Urgebirge abgebrochen und auf den Gewässern treibenden Eisschollen in südliche Richtung gebracht worden sein (vgl. LA I, 2, S. 386). G. bestritt nicht, daß viele der Blöcke doch wohl über die Ostsee gekommen sind, denn ihre Ähnlichkeit mit skandinavischen Felstypen ist frappant. Voigt, sagte er, »geriet auf den Gedanken, diese Blöcke durch große Eistafeln herantragen zu lassen«, als »die Ostsee bis ans sächsische Erzgebirg und an den Harz herangegangen sei« (LA I, 2, S. 256). Zuerst fand G. das bloß belustigend, fing aber an, es ernst zu nehmen, als er hörte, daß bei eintretendem Frühling große mit Granit beladene Eismassen immer noch durch den Sund ziehen (vgl. LA I, 2, S. 390). Bei großer Kälte und hohem Meereswasserstand wäre »ein großer Teil des nördlichen Deutschlands durch eine Eisfläche« verbunden gewesen; beim Auftauen mußten »die durcheinandergetriebenen Eisschollen [...] Zerstörung anrichten und bei [...] Stürmen, die auf die Schollen niedergestürzten Granitblöcke weiter gegen Süden führen« (LA I, 2, S. 386). Eine drastische Erhöhung des Meeres in rezenter Zeit – zu erklären sind ja Blöcke, die alle auf der Oberfläche liegen – kommt unerwartet als Postulat von einem, der Werners Ideen über die Basaltkuppen revidiert hatte, um auf Meeresschwankungen verzichten zu können. Daß aber die Findlinge von Eistransporten herrühren, ist noch die heutige Ansicht, obwohl man jetzt dabei an Inlandeis denkt, das sich früher viel weiter erstreckte als jetzt.

Wie wir sahen, hat G. seine Ansichten über die Eiszeit nicht als originelle Ideen vorgetragen. Relevante Stellen bei James Hutton (1795) und John Playfair (1802 und 1822) waren ihm wohl nicht bekannt, aber der junge Genfer Frédéric Soret (ab 1822 Hauslehrer von Carl Augusts Enkel) kann ihm, wie Semper vermutet (S. 206), von den zum Thema noch unveröffentlichten Gedanken des Walliser Ingenieurs Ignace Venetz berichtet haben. Jedenfalls zeigte er hier große Aufgeschlossenheit Ideen gegenüber, die nichts weniger als orthodox waren. Als Jean de Charpentier 1841 seinen *Essai sur les glaciers* veröffentlichte, erwähnte er in der Vorrede Playfair und »le grand Goethe« unter seinen Vorgängern.

G.s Stellung zur weiteren Entwicklung geologischer Theorien

G. selbst hat verhältnismäßig wenige von seinen geologischen Schriften veröffentlicht. Seine oft flüchtigen Notizen mußten von Herausgebern seiner Werke zusammengestellt werden. Auch seine bekannteste geologische Arbeit, nämlich stark emotional gefärbte Notizen über den Granit, basierend auf Erlebnissen im Harz (LA I, 1, S. 57–61), ist Fragment geblieben. Er war aber jahrzehntelang intensiv geologisch engagiert, nicht nur wegen seiner Verpflichtungen in Ilmenau, sondern auch weil während seines langen Lebens große Kontroversen über Grundfragen der Geologie ausgefochten wurden. Fast jede Wissenschaft muß eine Stufe durchmachen, wo man sich über die Elemente, aus denen eine vorwärtsführende Erklärung der Tatsachen bestehen muß, nicht einig ist. Die Chemie hat lange an solcher Unklarheit gelitten, die Psychologie leidet auch heute noch daran. In der Geologie hat G. in dieser Hinsicht oft Unfruchtbares gewählt, wie z.B. seine abwegigen Kristall- und Kristallisationsbegriffe und seine irrealen Gesteins-›Urtypen‹ und ihre Abwandlungen. Das soll ihm nicht zum Vorwurf gereichen. Sogar in der Biologie, wo der Typusgedanke offenbar am Platz ist, hat er seine besten Früchte erst nach G.s Ableben getragen.

G.s Leistungen in der Geologie hat Max Semper schon 1914 sehr ausführlich und klar dargestellt. Spätere kurze, aber gute Arbeiten haben seine Ausführungen hinreichend bestätigt und konnten wenig Neues hinzufügen. Man muß natürlich Rudolf Trümpy rechtgeben, wenn er abschließend meint: »Das quietistische und ahistorische Weltbild Goethes stimmt nicht mit der Wirklichkeit der geologischen Geschichte überein. Nicht mit ihren 4 1/2 Milliarden Jahren, nicht mit der beständigen Unruhe des Planeten, dem Aufreißen von Ozeanen, dem Wandern von Kontinentalblöcken, den wilden Strudeleien der Tektonik in den Deckengebirgen« (S. 36).

Literatur:

Breislak, Scipio: Lehrbuch der Geologie. 2 Bde. Braunschweig 1819. – Cameron, Dorothy: Goethe. Discoverer of the Ice Age. In: Journal of Glaciology. 5 (1965), S. 751–754. – Charpentier, Jean de: Essai sur les glaciers. Lausanne 1841. – Engelhardt, Wolf von: Goethes Geologie. In: Die Naturwissenschaften. 37 (1950), S. 205–210. – Engelhardt/Kuhn, Komm. in LA II, 7, S. 537–605. – Engelhardt/Wenzel, Komm. in FA I, 25, S. 1093–1103. – Freyberg, Bruno von: Die geologische Erforschung Thüringens in älterer Zeit. Berlin 1932. – Geikie, Archibald: The Founders of Geology. London ²1905. – Lyell, Charles: Principles of Geology. Vol. 1. London 1830. – Raft, Thomas: Die Sprache der Materialien. Anleitung zu einer Ikonologie der Werkstoffe. München 1994, bes. S. 122–125. – Semper, Max: Die geologischen Studien Goethes. Leipzig 1914. – Trümpy, Rudolf: Goethes geognostisches Weltbild. Zürich 1968. – Wagenbreth, Otfried: Abraham Gottlob Werner und der Höhepunkt des Neptunistenstreits um 1790. In: Freiberger Forschungshefte. 11 (1955), S. 183–241. – Ders.: Goethes Stellung in der Geschichte der Geologie. In: Wilhelmi, Bernd (Hg.): Goethe und die Wissenschaften. Jena 1984. – Wells, George Albert: Goethe and the Development of Science, 1750–1900. Alphen an den Rijn 1978.

George Albert Wells

Versuch aus der vergleichenden Knochenlehre daß der Zwischenknochen der obern Kinnlade dem Menschen mit den übrigen Tieren gemein sei – Osteologische Schriften

1781 bis 1784: Anatomische Studien; die Abhandlung über den Zwischenkiefer

Obwohl bereits 1776 in seinem naturkundlichen Beitrag zu Johann Kaspar Lavaters *Physiognomischen Fragmenten* G.s Interesse an der Wirbeltieranatomie angeklungen war, begann G. ein systematisches Studium der Anatomie erst im Herbst 1781 in Jena unter Justus Christian Loder, der 1778 als 25jähriger den Lehrstuhl für Anatomie, Chirurgie und Hebammenwesen an der Universität Jena erhalten hatte. G. ging es zunächst darum, Kenntnisse der menschlichen Anatomie als Zeichner umzusetzen, und konsequenterweise vermittelte G. das erworbene Wissen als Lehrer an der Zeichenakademie in Weimar (7. 11. 1781–16. 1. 1782). Loder war bereits 1780 mehrfach an den Weimarer Hof geladen worden, um anatomische Demonstrationen und Sektionen (so am 19. 7. 1780 an einer Kindesleiche) vorzuführen. Angehörige des Hofes und Staatsbeamte besuchten, zum Teil in G.s Begleitung, Loder zu ähnlichen Veranstaltungen in Jena. G. berichtete wiederholt von seinen anatomischen Studien: »Heute Abend habe ich Anatomie gezeichnet und bin fleisig« (an Charlotte von Stein, 19.10. 1781). – »Loder erklärt mir alle Beine und Musklen und ich werde in wenig Tagen vieles fassen« (an dieselbe, 29.10. 1781). – »Mir hat er [Loder; d.

Vf.] in diesen 8 Tagen [...] Osteologie und Müologie durch demonstrirt. Zwey Unglückliche waren uns eben zum Glück gestorben die wir denn auch ziemlich abgeschält und ihnen von dem sündigen Fleische geholfen haben« (an Carl August, 4. 11. 1781).

Der anatomisch geschulte G. nahm sich keineswegs gezielt der Thematik des menschlichen Zwischenkieferknochens an. Vielmehr war G. seit 1780 mehrfach auf diesen Knochen und sein angebliches Fehlen beim Menschen hingewiesen worden, so beispielsweise durch Johann Heinrich Merck (in seinem Beitrag *Ueber einige Merkwürdigkeiten von Cassel* im *Teutschen Merkur*, 1780), ohne daß sein Interesse geweckt worden wäre. Konkreter Anlaß, sich dem Zwischenkieferknochen zuzuwenden, war G.s gemeinsame Arbeit mit Johann Gottfried Herder in den Wintermonaten 1783/84. Herder schrieb an den ersten Büchern seiner *Ideen zur Philosophie der Geschichte der Menschheit*, deren viertes Buch Mensch und Orang-Utan und damit die Zwischenkieferproblematik im engeren Sinne behandelt. G. erhielt zu dieser Zeit zunehmend Einblick in die Fachliteratur (vgl. Bräuning-Oktavio 1956; Wenzel 1988A) und erfuhr immer wieder, daß viele Anatomen, darunter die führenden Gelehrten Pieter Camper in Holland sowie Samuel Thomas Soemmerring und Johann Friedrich Blumenbach in Deutschland, das anatomische Unterscheidungsmerkmal zwischen Mensch und Tier im Zwischenkieferknochen sahen, der einzig dem Menschen fehlen sollte.

Der paarige Zwischenkieferknochen (Os intermaxillare, Os praemaxillare, Os incisivum) schließt den Oberkiefer nach vorne ab und trägt stets die oberen Schneidezähne. Auch bei Tieren, denen letztere fehlen, ist er vorhanden. Aufgrund der beim Menschen unterschiedlichen Sichtbarkeit der verschiedenen Trennungsnähte zum Oberkiefer durchzieht die Medizingeschichte eine jahrhundertelange Kontroverse um die Existenz eines menschlichen Zwischenkiefers, an der sich namhafte Anatomen beteiligten (Claudius Galenus, Andreas Vesal, Volcher Coiter u. v. a.; vgl. Wenzel 1988A). In der Goethezeit sprach sich die

Mehrheit der Gelehrten, darunter die oben genannten Fachgrößen, gegen die Existenz eines menschlichen Zwischenkiefers aus, obwohl der französische Anatom Félix Vicq d'Azyr 1780 (im Druck 1784) das Vorhandensein erneut bestätigt hatte. G. mußte das Ableugnen des menschlichen Zwischenkiefers, dessen Fehlen auch als Voraussetzung für die Sprachfähigkeit des Menschen angesehen wurde, als Bruch im biologischen System erscheinen, zumal die Gedankenwelt Spinozas, aber auch das von Herder vermittelte Weltbild auf eine Einheit und Harmonie der Natur zielten. Herder sollte im zweiten Buch seiner *Ideen* feststellen, daß in der gesamten belebten Natur, die sich in einer Stufenfolge mit steigender Vollkommenheit ordnen lasse, das Analogon e i n e r Organisation herrsche. Dennoch postulierte G. den Zwischenkieferknochen beim Menschen nicht allein theoretisch, sondern er wies ihn empirisch durch Schädeluntersuchungen nach. Der Vergleich von Tierschädeln untereinander sowie von Tier- und Menschenschädeln ist ein durchgehendes Thema in der Korrespondenz G.s in dieser Zeit. Ständig wurde neues Material von geeigneten Personen erbeten (zur Überlassung eines Elefantenschädels durch Soemmerring s. u.).

Durch »Nachdenken und Zufall« (LA I, 10, S. 6) war G. nach seinen eigenen Worten auf den beim Menschen umstrittenen Knochen gestoßen. Die Umstände des entscheidenden Fundes lassen sich nicht genau festlegen, auch wenn es an Hypothesen dazu nicht gefehlt hat (vgl. Bräuning-Oktavio 1956). Vermutlich am 27. 3. 1784 teilte G. Charlotte von Stein seine Entdeckung mit: »Es ist mir ein köstliches Vergnügen geworden, ich habe eine anatomische Entdeckung gemacht die wichtig und schön ist. Du sollst auch dein Theil dran haben. Sage aber niemand ein Wort. [...] Ich habe eine solche Freude, daß sich mir alle Eingeweide bewegen«. Unter dem gleichen Datum an Herder: »Nach Anleitung des Evangelii muß ich dich auf das eiligste mit einem Glücke bekannt machen, das mir zugestoßen ist. Ich habe gefunden – weder Gold noch Silber, aber was mir eine unsägliche Freude macht – das o s i n -

t e r m a x i l l a r e am Menschen! Ich verglich mit Lodern Menschen- und Thierschädel, kam auf die Spur und siehe da ist es. Nur bitt' ich dich, laß dich nichts merken, denn es muß geheim behandelt werden. Es soll dich auch recht herzlich freuen, denn es ist wie der Schlußstein zum Menschen, fehlt nicht, ist auch da! Aber wie! Ich habe mirs auch in Verbindung mit deinem Ganzen [*Ideen zur Philosophie der Geschichte der Menschheit*; d. Vf.] gedacht, wie schön es da wird«.

Im April und Mai 1784 wurde in enger Zusammenarbeit mit Loder das Kernstück des Manuskripts der Zwischenkieferabhandlung ausgearbeitet, bis Mitte August wurden weitere Einzelheiten ergänzt. Dieses von G.s Diener Philipp Seidel geschriebene und mehrfach umgearbeitete und korrigierte Konzept, das keinen Titel hat, ist im G.- und Schiller-Archiv in Weimar erhalten. Es wird in einem Umschlag aufbewahrt, dem G. später die Aufschrift »Wahrscheinlich Concept der Abhandlung« gab. Wohl im September 1784, als Reaktion auf das Bekanntwerden von Soemmerrings Wechsel von Kassel nach Mainz, entschloß sich G., die Abhandlung in die Form eines Briefes an Soemmerring zu kleiden, offenbar als Dank dafür, daß dieser ihn reichlich mit Tierschädeln versorgt hatte. Nach einer weiteren Bearbeitung ging eine Abschrift des nun als Brief konzipierten Manuskriptes Ende Oktober 1784 an Loder, der über die Form, nämlich die Anrede an seinen Intimfeind Soemmerring, verstimmt war. G. wollte seinen Lehrer Loder nicht unnötig verärgern und gab der Abhandlung eine neutrale Form, indem er das ursprüngliche Konzept im Oktober 1784 überarbeitete. Loder fügte noch einige Anmerkungen an und beaufsichtigte die Ende November/Anfang Dezember 1784 angefertigte lateinische Übersetzung. Die Vorlage für diese Übersetzung stellt eine weitere Abschrift dar, die G. am 17. 11. 1784 zunächst an Karl Ludwig von Knebel gesandt hatte; dieser reichte das Exemplar an Loder weiter. Diese bezeugten Handschriften (Brieform an Soemmerring, mit Loders Anmerkungen; Reinschrift als Vorlage für die Übersetzung) sind verschollen. Nächstes greifbares und wichtigstes Stadium

der Entstehungsgeschichte ist die von G.s Schreiber Christian Georg Karl Vogel angefertigte sogenannte Prachthandschrift, die im Großfolioformat und in Halbleder gebunden, ohne Angabe des Verfassers, unter dem Titel *Versuch aus der vergleichenden Knochenlehre daß der Zwischenknochen der obern Kinnlade dem Menschen mit den übrigen Tieren gemein sei* mit dem Datum 19. 12. 1784 über Merck an Soemmerring gesandt wurde und die auf G.s Wunsch von dort an Camper weiterging, der sie allerdings aufgrund von Verzögerungen durch Merck erst am 15. 9. 1785 erhielt. In dieser Form, in der Prachthandschrift mit deutschem und lateinischem Text sowie zehn Tafeln nach Zeichnungen von Wilhelm Waitz, wurden G.s Thesen der Fachwelt bekannt. Das Exemplar gelangte nach dem Tode Campers im Jahr 1789 zusammen mit dem Camper-Nachlaß in die Nederlandsche Maatschappij tot Bevordering der Genees-Kunst in Amsterdam, die es 1894 der Großherzogin Sophie von Sachsen als Leihgabe überließ. 1937 ging es in den Besitz des G.- und Schiller-Archivs über. Darüber hinaus existieren dort noch ein Entwurf zur lateinischen Übersetzung sowie eine Liste mit Schädelpräparaten, beide von der Hand Loders. Eine weitere Reinschrift mit Tafeln sandte G. am 20. 12. 1784 an Herzog Ernst II. von Sachsen-Gotha. Vom Prinzen August von Sachsen-Gotha soll sie 1785 an die Pariser Académie des Sciences weitergegeben und dort Adriaan Gilles Camper (dem Sohn von Pieter Camper) sowie Vicq d'Azyr bekannt geworden sein. Dieses Exemplar ist verschollen. Die komplizierte und lückenhafte Überlieferung der Handschriften ist hier nur in den wesentlichen Zügen genannt; weitere Einzelheiten finden sich in der Leopoldina-Ausgabe (LA II, 9A, S. 470 u. S. 479–481).

G.s Pläne, den Aufsatz in einem Werk Loders und in einer eigenen Aufsatzsammlung mit dem Titel *Ideen über organische Bildung* zu publizieren, ließen sich nicht realisieren. Gedruckt wurde die Abhandlung erstmals 1820 in G.s Zeitschrift *Zur Morphologie* unter dem Titel *Dem Menschen wie den Tieren ist ein Zwischenknochen der obern Kinnlade zuzuschreiben* (Bd. 1, H. 2, S. 199–211), hier jedoch

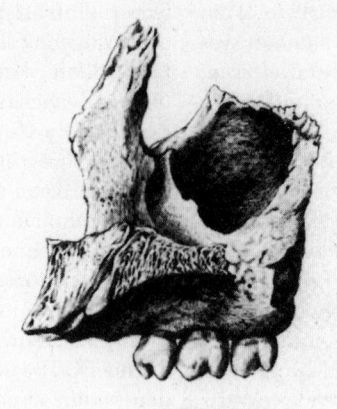

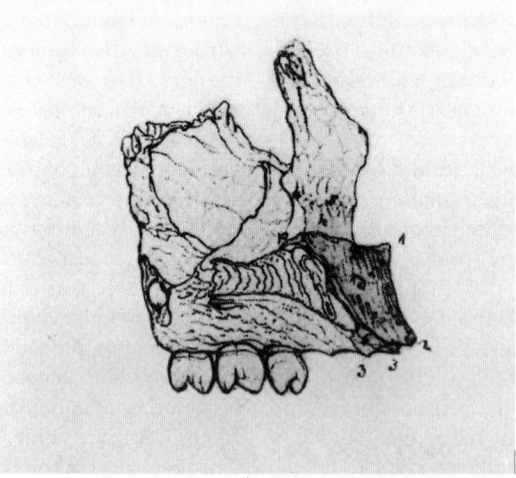

Aus dem »Versuch der vergleichenden Knochenlehre« von 1784

beträchtlich erweitert durch *Auszüge aus alten und neuen Schriften* und *Nachträge* (S. 212–251), allerdings ohne Tafeln. Nur an einer wesentlichen Stelle (Lesart *Formen* statt *Wesen*; vgl. LA I, 9, S. 161) weicht die erste Druckfassung von der Prachthandschrift ab. Ein weiterer Abdruck zu G.s Lebzeiten erschien 1831 unter dem Titel *Über den Zwischenkiefer des Menschen und der Tiere* in der Zeitschrift *Nova Acta physico-medica Academiae Caesareae Leopoldino-Carolinae naturae curiosorum* (15, 1831, Abt. 1, S. 1–48). Dieser Druck fußt auf der Publikation von 1820, mußte aber im Text modifiziert werden, da die von Casimir van de Velde nach Zeichnungen von Waitz gestochenen fünf Tafeln nicht mit denen der Prachthandschrift übereinstimmten (vgl. Bräuning-Oktavio 1954). Die Änderung des Textes überließ G. der Redaktion der *Nova Acta* (vgl. an Johannes Müller, 24. 11. 1829); sie wurde schließlich von Johannes Müller, dem Bonner Anatomen, durchgeführt. Dieser fügte noch eine Einleitung und Anmerkungen hinzu.

Die Ausgabe letzter Hand (ALH 55, S. 135–147, hier und im folgenden nach der sog. Taschenausgabe), die Leopoldina-Ausgabe (LA I, 9, S. 154–161) und die Münchner Ausgabe (MA 2.2, S. 530–545) drucken nach der Fassung von 1820, die beiden letzten fügen die Tafeln der Prachthandschrift bei. Die Weimarer Ausgabe (WA II, 8, S. 91–103) vermischt die Drucke von 1820 und 1831 und liefert die Tafeln von 1831. Damit wird in der Weimarer Ausgabe ein Text dargeboten, der teilweise (S. 98 f.) nicht von G. stammt, der aber dennoch Eingang in viele G.-Editionen gefunden hat. Die Frankfurter Ausgabe (FA I, 24, S. 16–24) richtet sich in Text und Tafeln nach der Prachthandschrift.

G. beschreibt in seiner Abhandlung zunächst den Zwischenkieferknochen und macht auf seinen wichtigen Stellenwert in der anatomischen Diskussion seit der Antike aufmerksam. In einer Tabelle stellt er anschließend die einzelnen Teile in der fachwissenschaftlichen (lateinischen) Terminologie vor. Es folgt die Charakterisierung des Zwischenkieferknochens verschiedener Tiere anhand

der beigegebenen Tafeln: Pferd (Tafel 1, 3, 4), Ochse (Tafel 2), Fuchs (Tafel 5), Löwe (Tafel 6), Walroß (Tafel 7) und Affe (Tafel 8). Schließlich wird der nur schwer zu erkennende Zwischenkiefer des Menschen diskutiert (Tafeln 9 und 10) und sein weitgehendes Verwachsen mit dem Oberkiefer begründet. Der geäußerte Plan, noch weitere Tafeln zu veröffentlichen, scheiterte zunächst am frühen Tod des Zeichners Waitz sowie an G.s Verbitterung über die mangelnde Zustimmung zu seiner Abhandlung seitens der Fachgelehrten. Erst Christian Gottfried Daniel Nees von Esenbeck, Präsident der Deutschen Akademie der Naturforscher Leopoldina, der von G. mehrere Originalzeichnungen erhalten hatte, sorgte für die Publikation im Jahre 1831. Bereits 1824 waren drei Tafeln zum Zwischenkieferknochen des Elefanten erschienen (*Zur vergleichenden Osteologie von Goethe, mit Zusätzen und Bemerkungen von Dr. Ed. d'Alton. In: Nova Acta physico-medica Academiae Caesareae Leopoldino-Carolinae naturae curiosorum* 12, 1824, S. 323–332; faksimiliert und kommentiert bei Wenzel 1994).

Gegenüber Knebel bestimmte G. am 17. 11. 1784 die Intention seiner Abhandlung genauer: »Hier schicke ich dir endlich die Abhandlung aus dem Knochenreiche, und bitte um deine Gedancken drüber. Ich habe mich enthalten das Resultat, worauf schon Herder in seinen Ideen deutet, schon ietzo mercken zu lassen, daß man nämlich den Unterschied des Menschen vom Thier in nichts einzelnem finden könne. Vielmehr ist der Mensch aufs nächste mit den Thieren verwandt. Die Übereinstimmung des Ganzen macht ein iedes Geschöpf zu dem was es ist, und der Mensch ist Mensch sogut durch die Gestalt und Natur seiner obern Kinlade, als durch Gestalt und Natur des letzten Gliedes seiner kleinen Zehe M e n s c h. Und so ist wieder iede Creatur nur ein Ton eine Schattirung einer grosen Harmonie, die man auch im ganzen und grosen studiren muß sonst ist iedes Einzelne ein todter Buchstabe. Aus diesem Gesichtspuncte ist diese kleine Schrifft geschrieben, und das ist eigentlich das Interesse das darinne verborgen liegt«.

G.s Zwischenkieferabhandlung lieferte in ihrem Ausblick bereits eine frühe Antizipation zu dem erst in den 1790er Jahren entwickelten Typus-Begriff, der auf stufenweiser Vergleichung nicht eines einzelnen Knochens, sondern des gesamten Bauplanes fußt. Schon 1784 wird jedoch deutlich, daß Gesetzmäßigkeiten in der Natur für G. nur im Kontext des Gedankens von Einheit und Harmonie feststellbar sind. Dabei werden die Unterschiede zwischen den einzelnen Tierarten jedoch nicht verwischt, der Mensch seiner Sonderstellung nicht beraubt. Zwar besitzt auch er, wie alle Wirbeltiere, den Zwischenkieferknochen, doch jedes seiner Organe und sämtliche seiner anatomischen Bildungen sind qualitativ einzigartig und charakteristisch. Der Wesensunterschied zwischen den Tieren und dem Menschen ist nach G. entgegen der herrschenden Lehrmeinung nicht an einem einzelnen Merkmal festzumachen.

Zur unmittelbaren Wirkungsgeschichte von G.s Abhandlung liegt ein dichtes Geflecht von Korrespondenzen vor, insbesondere zwischen G., Merck, Soemmerring und Camper. Obwohl G.s Hinweis auf den menschlichen Zwischenkieferknochen keineswegs abwegig war, wie die etwa zeitgleichen Arbeiten von Vicq d'Azyr und Johann Heinrich Ferdinand Autenrieth belegen, lehnten gerade die führenden Anatomen, an deren Urteil G. besonders gelegen war, seine These mit Nachdruck ab. Camper lobte gegenüber Merck die schönen Zeichnungen, bezweifelte aber die entscheidende Aussage und antwortete G. erst am 12.7. 1786 (Brief nicht erhalten). Merck spielte in der Zwischenkieferfrage vor allem eine Vermittlerrolle zwischen G., Soemmerring und Camper. Über G.s zeitweiliges Geheimhalten der Entdeckung offensichtlich verärgert, wurde die Zwischenkieferfrage zu einer Belastung ihres persönlichen Verhältnisses, und vieles spricht dafür, daß sie entscheidend zum Bruch der Freundschaft beigetragen hat. G.s Hauptgegner war eindeutig Soemmerring, der sich am 27.1. 1785 als erster gegenüber Merck negativ zu G.s Arbeit äußerte und – als anerkannter Gelehrter – das Urteil in hohem Maße prägte. Wohl im Februar 1785 teilte Soemmer-

ring seine Bewertung auch G. mit (Brief nicht erhalten): »Von Sömmring habe ich einen sehr leichten Brief. Er will mir's gar ausreden. O h e!« (an Merck, 13.2. 1785). G. kämpfte weiter um eine Anerkennung, lieferte Material nach, bat um neue Tierschädel. Das Verhältnis zu Merck und Soemmerring kühlte ab; diese rückten zusammen. Wiederholt erbat G. von Merck, dann von Soemmerring einen Schädel des Ameisenbären, um daran den Zwischenkiefer zu demonstrieren. Soemmerring nahm diesen Hinweis sofort auf, besorgte sich selbst von Merck den begehrten Schädel und teilte noch 1785 in der zweiten Auflage seiner Schrift *Ueber die körperliche Verschiedenheit des Negers vom Europäer* (S. 26) mit, daß er den Zwischenkiefer des Ameisenbären entdeckt habe, den andere Autoren wie Blumenbach nicht gefunden hatten. Soemmerring nannte zwar auch G.s Abhandlung, verschwieg aber deren wichtigste Absicht, nämlich den Zwischenkieferknochen beim Menschen nachzuweisen. 1791 lobte Soemmerring G.s Abhandlung in seiner *Knochenlehre*, sprach von »sehr richtigen Abbildungen« (S. 159f.) und empfahl eine Publikation. Er sandte sein Werk an G., und nach mehrjähriger Unterbrechung der Korrespondenz kam es zu einer Annäherung, der nach den persönlichen Begegnungen 1792 und 1793 in Frankfurt am Main und Mainz ein intensiver Briefkontakt folgte. Allerdings hat Soemmerring G.s Entdeckung nie anerkannt, und die lobenden Worte für G. geschahen offensichtlich aus taktischen Gründen. Die zweite Auflage der *Knochenlehre* (1800) enthielt weiterhin den lobenden Hinweis auf G., doch im persönlichen Handexemplar strich Soemmerring diese Textpassage und setzte hinzu: »Daß bisweilen bei der sogenannten Hasenscharte dieses Stück [der Zwischenkiefer; d. Vf.] vom Oberkiefer getrennt erscheint, kann nicht dazu berechtigen, ein Os intermaxillare beim Menschen [...] im normalen Bau anzunehmen«. In der bis 1828 geführten Korrespondenz zwischen G. und Soemmerring spielte die Zwischenkieferfrage ab 1791 keine Rolle mehr. Es hat den Anschein, als habe Soemmerring bewußt vermieden, seine abweichende Ansicht deutlich zu machen, um das Verhältnis nicht zu belasten, während G. der Meinung war, Soemmerring habe sich seiner Position angeschlossen. Gegenüber Eckermann bezeichnete G. ihn ausdrücklich als Gleichgesinnten in der Zwischenkieferdebatte (2.8. 1830). Blumenbach, der schon 1776 in seiner Dissertation die Existenz eines menschlichen Zwischenkiefers geleugnet hatte, hielt sich lange von der Diskussion fern und trat auch nicht gegen G. auf. In der dritten Auflage seines *Handbuchs der vergleichenden Anatomie* (1824) erkannte er G.s Entdeckung an. Loder wies 1788 in seinem *Anatomischen Handbuch* auf G. hin und nannte dessen eigentliches Ziel, den Zwischenkiefer beim Menschen nachzuweisen, zum ersten Mal in der Literatur. Vicq d'Azyr hatte bereits 1780 den menschlichen Zwischenkiefer entdeckt und damit Priorität vor G., was dieser nie ausdrücklich feststellte. Bis heute wird unterschiedlich bewertet, ob es sich um ein bewußtes gegenseitiges Verschweigen gehandelt hat.

G. war über die Reaktionen der Fachwelt enttäuscht und verärgert, stellenweise verbittert. Sein Wunsch, von den Großen des Faches als Anatom ernstgenommen und geachtet zu werden, erfüllte sich nicht. Es dauerte Jahre, bis er sich von dieser Niederlage erholt hatte und sich wieder der Anatomie widmete. Wenn man aus heutiger Sicht G.s Fund auch nur bestätigen kann und die Nachwelt G.s Entdeckung zweifellos als bedeutende Leistung beurteilt, so hat er sie persönlich doch als ein Scheitern empfunden. Erst im hohen Alter, nachdem die Zwischenkieferabhandlung publiziert war, hat G. das Thema mit größerer Gelassenheit betrachtet und selbstkritisch darauf zurückgeblickt: »Aber davon war nicht die geringste Spur, daß er [Camper; d. Vf.] meinen Zweck bemerkt habe: seiner Meinung entgegen zu treten und irgend etwas anderes als ein Programm zu beabsichtigen. Ich erwiderte bescheiden und erhielt noch einige ausführliche wohlwollende Schreiben, genau besehen, nur materiellen Inhalts, die sich aber keineswegs auf meinen Zweck bezogen, dergestalt, daß ich zuletzt, da diese eingeleitete Verbindung nichts fördern konnte, sie ruhig fallen

ließ, ohne jedoch daraus, wie ich hätte sollen, die bedeutende Erfahrung zu schöpfen, daß man einen Meister nicht von seinem Irrtum überzeugen könne, weil er ja in seine Meisterschaft aufgenommen und dadurch legitimiert ward« (LA I, 10, S. 390).

In engem Kontext zu G.s Zwischenkieferabhandlung stehen eine Reihe von Aufzeichnungen, die von der Hand G.s und Philipp Seidels stammen. Sie sind im G.- und Schiller-Archiv erhalten und dort in zwei Umschlägen mit folgenden Aufschriften verwahrt: *Beschreibung des Zwischenknochens mehrerer Tiere bezüglich auf die beliebte Einteilung und Terminologie* sowie *Versuch die Beschreibung Stylo continuo faßlicher und angenehmer darzustellen*. In mehreren G.-Ausgaben sind diese einzelnen Entwürfe, deren Abfolge nicht festzulegen ist, unter dem ersten Titel zusammengefaßt. Der Erstdruck erfolgte in der Weimarer Ausgabe (WA II, 8, S. 140–164; mit Korrekturen in WA II, 13, S. 264). Weitere Drucke folgten in der Leopoldina-Ausgabe (LA I, 10, S. 6–22), der Münchner Ausgabe (MA 2.2, S. 545–562) und der Frankfurter Ausgabe (FA I, 24, S. 25–42).

Die meisten Abschnitte sind im Jahr 1784 entstanden, als G. nach seiner Zwischenkieferentdeckung beim Menschen versuchte, diesen Knochen bei möglichst vielen Tierarten zu untersuchen. So bat er Merck am 19.12. 1784 im Begleitschreiben zur Prachthandschrift der Zwischenkieferabhandlung um die Schädel von Myrmecophaga (Ameisenbär) und Rhinozeros (Nashorn) und fügte eine Liste bei, aus der die bereits gezeichneten Zwischenkiefer bzw. Schädel hervorgehen: Reh, Ochse, Trichechus rosmarus (Walroß), Pferd, Babirussa (Hirscheber), Fuchs, Löwe, weißer nordischer Bär, Affe, Elefant. Im Brief hieß es weiter: »Nun sey aber auch thätig und hülfreich, daß ich bald einen Beytrag von Schädeln erhalte, wenn es auch nur zum Abzeichnen ist. Denn ich möchte gar zu gerne eine vollständige Suite dieses Knochens beysammen haben«. Gegenüber der Zwischenkieferabhandlung kommen in den neuen Entwürfen Reh, Hase, Schwein und Elefant neu hinzu, die insgesamt nach der Tabelle der Zwischenkieferabhandlung vorgestellt werden. In einer Übersicht, in der die Gestalt der Vorderzähne als systematisches Merkmal verwendet wird, listete G. eine Reihe von Arten auf, von denen er aber nur vereinzelt Schädel erhalten konnte. Eine Sonderstellung nahm der Elefantenschädel ein, der G. Anfang Juni 1784 von Soemmerring aus Kassel überlassen worden war. Das gesamte Skelett dieses sogenannten ›Goethe-Elefanten‹ befindet sich heute im Besitz des Naturkundemuseums der Stadt Kassel. G. hatte den Schädel zwischen August und Oktober 1784 von Waitz zeichnen lassen, kam aber zu keiner Klärung, ob die Stoßzähne als Schneidezähne zu betrachten und im Zwischenkiefer anzusiedeln seien. G. neigte zunächst dieser (richtigen) Auffassung zu, ließ sich aber unter dem Einfluß Loders zu der Meinung verleiten, die Stoßzähne des Elefanten säßen im Oberkiefer und seien Eckzähne. Schließlich versuchte er einen Kompromiß und postulierte eine besondere Knochenlamelle, die sich zwischen Zahn und Zwischenkiefer einschieben sollte. So sollte erklärt werden, daß die irrtümlich für Eckzähne gehaltenen Stoßzähne doch im Zwischenkiefer zu sitzen schienen. G. blieb in dieser Frage unsicher, und die Unsicherheit erklärt auch, warum er den Elefanten nicht in der Prachthandschrift berücksichtigt hat. In der Zukunft wurden aber gerade die Tafeln zum Elefantenschädel Gegenstand besonderer Beachtung und der gesonderten Publikation von 1824.

1790 bis 1794:
Wirbelmetamorphose; Schriften im Vorfeld des osteologischen Typus

Erst zu Beginn der 1790er Jahre knüpfte G. erneut an seine osteologischen Untersuchungen an, nachdem die Italienreise (1786–1788) auf naturkundlichem Gebiet vor allem botanischen Studien gewidmet war. Hatte G. in der Zwischenkieferabhandlung den anatomischen Vergleich auf einen Knochen bezogen, so trat nun der gesamte Wirbeltierbauplan ins Blick-

feld. Vorarbeiten zielten darauf, einen Typus für das Tierreich aufzustellen, wobei G. sich jedoch auf die Wirbeltiere und dort speziell auf die Säugetiere beschränkte. Punktueller Anlaß für das neuerliche Interesse an der vergleichenden Anatomie war ein Erlebnis, das G. auf der zweiten Italienreise in Venedig beeindruckte. Am 22.4. 1790 fand er am Lido einen Schafschädel, der offenbar gerade in seinen Nähten gelöst war. Spontan glaubte G. zu erkennen, daß der Schädel aus modifizierten Wirbelknochen bestehe. Über diese Wirbeltheorie des Schädels publizierte er in den 1790er Jahren nichts; erst in den Heften *Zur Morphologie* hat er 1820, 1823 und 1824 (LA I, 9, S. 185 f., S. 309 u. S. 357) kurz darüber berichtet, jedoch mit Zurückhaltung und aus historischer Perspektive. Dennoch hatte die Wirbeltheorie 1790 einen wichtigen Stellenwert für die nun erneut in Angriff genommenen Studien zur Klärung der tierischen Gestalt. Wirbeltheorie und Pflanzenmetamorphose, die G. in seinem 1790 in Gotha erschienenen *Versuch die Metamorphose der Pflanzen zu erklären* behandelt hatte, erweisen sich in wesentlichen Punkten als analoge Vorstellungen, die gesamte Gestalt eines Organismus genetisch aus einem seiner Grundelemente zu entwickeln. Wie bei der Pflanze das Element des Blattes den Bauplan bestimmte, so sollte beim Tier der Wirbel diese Funktion zukommen, wobei G. mit den Extremitäten und dem Unterkiefer die Teile aussonderte, die nicht in dieses Schema paßten. G. hat den Fund am Lido von Venedig als unmittelbaren Anlaß bezeichnet, sich im Sommer 1790 der vergleichenden Anatomie zuzuwenden und anschließend auf seiner Schlesienreise seine Kenntnisse in der Skelettsammlung der Königlichen Naturalienkammer in Dresden zu vertiefen. In den *Tag- und Jahresheften 1790* heißt es dazu: »In Breslau hingegen [...] beschäftigte mich unaufhörlich, so wunderlich es auch klingen mag, die v e r g l e i c h e n d e A n a t o m i e, weßhalb, mitten in der bewegtesten Welt, ich als Einsiedler in mir selbst abgeschlossen lebte. Dieser Theil des Naturstudiums war sonderbarlich angeregt worden. Als ich nämlich auf den Dünen des Lido, welche die venezianischen Lagunen von dem adriatischen Meere sondern, mich oftmals erging, fand ich einen so glücklich geborstenen Schafschädel, der mir nicht allein jene große früher von mir erkannte Wahrheit: die sämmtlichen Schädelknochen seien aus verwandelten Wirbelknochen entstanden, abermals be[s]thätigte, sondern auch den Übergang innerlich ungeformter organischer Massen, durch Aufschluß nach außen, zu fortschreitender Veredelung höchster Bildung und Entwicklung in die vorzüglichsten Sinneswerkzeuge vor Augen stellte, und zugleich meinen alten, durch Erfahrung bestärkten Glauben wieder auffrischte, welcher sich fest darauf begründet, daß die Natur kein Geheimniß habe, was sie nicht irgendwo dem aufmerksamen Beobachter nackt vor die Augen stellt. Da ich nun aber einmal mitten in der bewegtesten Lebensumgebung zum Knochenbau zurückgekehrt war, so mußte meine Vorarbeit, die ich auf den Z w i s c h e n k n o c h e n vor Jahren verwendet, abermals rege werden. [...] ich war völlig überzeugt, ein allgemeiner, durch Metamorphose sich erhebender Typus gehe durch die sämmtlichen organischen Geschöpfe durch, lasse sich in allen seinen Theilen auf gewissen mittlern Stufen gar wohl beobachten, und müsse auch noch da anerkannt werden, wenn er sich auf der höchsten Stufe der Menschheit in's Verborgene bescheiden zurückzieht. Hierauf waren alle meine Arbeiten, auch die in Breslau, gerichtet; die Aufgabe war indessen so groß, daß sie in einem zerstreuten Leben nicht gelös't werden konnte«.

G.s Bemühungen in den Jahren 1791 bis 1796 galten dem Ziel, den Gesetzlichkeiten im Bau des Wirbeltierskeletts nachzugehen, einen allgemeinen Bauplan zu finden, den G. zwar schon früh Typus nannte, aber erst über Jahre hinweg schrittweise entwickelte. Zunächst waren hiermit empirische Untersuchungen ins Auge gefaßt, die an verschiedenen Knochen mit vergleichender Methode durchgeführt wurden. G. betonte in dieser Zeit gegenüber Schiller und Soemmerring seinen Empirismus und Realismus. Doch G.s Typus wurde allmählich auch gleichermaßen die I d e e des Wirbeltierbauplanes, ein gedank-

liches Leitprinzip, das dem Skelett der Wirbeltiere zugrunde lag. Die mehrfach konstatierte Unschärfe von G.s Typus-Begriff wird aufgrund dieser Doppelperspektive plausibel. Hatte G. mit dem Zwischenkiefer einen bestimmten Knochen bei verschiedenen Tieren verglichen und anläßlich der Metamorphose der Pflanzen das Grundelement Blatt im Aufbau eines gesamten Individuums verfolgt, so wurden bei den Untersuchungen zum Typus beide Vorgehensweisen vereinigt, indem Aufbau und Lage der einzelnen Knochen sowohl innerhalb des arttypischen Skeletts als auch im Skelett verschiedener Arten im Mittelpunkt des Interesses standen. Darüber hinaus suchte G. nach einer Erklärung für das Variieren der einzelnen Skelettelemente, denn trotz der Konstanz der Lage können die einzelnen Knochen doch unterschiedlich ausgebildet sein. G. postulierte einen Naturhaushalt, einen Etat des Bildungstriebes, der bei vergrößerter Gestaltung bestimmter Elemente andere nach einem Kompensationsprinzip reduzieren müsse. So wird der Typus zu einer flexiblen Größe; er kann in unterschiedlichsten Variationen in Erscheinung treten, die jeweils durch das Bildungsgesetz der Metamorphose bestimmt werden. Andererseits legt der Typus die Grenzen für Gestaltung und Umgestaltung im einzelnen fest, er setzt der prinzipiell grenzenlosen Metamorphose das verharrende Moment entgegen. Ein Analogon dieser Bedingungen von Rahmenvorgabe und Freiheit sah G. in der menschlichen Existenz, wie ja auch die Leitbegriffe seiner Naturforschung überhaupt, Polarität und Steigerung, viele Entsprechungen im geistigen und sittlichen Bereich des Menschen zeigen. An den Grafen Carl Friedrich Moritz Paul von Brühl schrieb G. am 23.10. 1828: »Betrachten wir uns in jeder Lage des Lebens, so finden wir, daß wir äußerlich bedingt sind, vom ersten Athemzug bis zum letzten; daß uns aber jedoch die höchste Freyheit übrig geblieben ist, uns innerhalb unsrer selbst dergestalt auszubilden, daß wir uns mit der sittlichen Weltordnung in Einklang setzen und, was auch für Hindernisse sich hervorthun, dadurch mit uns selbst zum Frieden gelangen können«.

Der erste Aufsatz, der als unmittelbare Vorarbeit im Kontext von G.s Typusvorstellung angesehen werden kann, ist der *Versuch über die Gestalt der Tiere*, zu dem neben zahlreichen Entwürfen eine Niederschrift von der Hand Johann Georg Paul Goetzes aus G.s Nachlaß im G.-und Schiller-Archiv vorliegt. Den Erstdruck lieferte die Weimarer Ausgabe (WA II, 8, S. 261–276 u. WA II, 13, S. 198–202). Weitere Drucke erfolgten in der Leopoldina-Ausgabe (LA I, 10, S. 74–87), der Münchner Ausgabe (MA 4.2, S. 134–146) und der Frankfurter Ausgabe (FA I, 24, S. 162–175). Wie aus G.s Brief an Knebel vom 3.3. 1790 hervorgeht, hatte er die Abhandlung schon vor dem Schädelfund von Venedig geplant. Dem gleichen Adressaten teilte G. am 1.1. 1791 mit, daß er zwar erhebliche Fortschritte gemacht habe, den Aufsatz aber doch zurücklegen müsse, da »es mit dieser mehr als abstrackten Materie« nicht fortgehen wolle. Schließlich plante G. die Veröffentlichung für Ostern 1791 (an Friedrich Heinrich Jacobi, 20.3. 1791). Doch nun zog G. die *Beiträge zur Optik* vor, auch den *Versuch einer allgemeinen Knochenlehre*, den er zusammen mit dem bisher angesammelten osteologischen Material 1794 zu Vorträgen für die Brüder von Humboldt in Jena verwendete. Die ersten Studien von 1790/91 blieben Fragment und gingen 1795 in den Aufsatz *Erster Entwurf einer allgemeinen Einleitung in die vergleichende Anatomie, ausgehend von der Osteologie* ein.

Im *Versuch über die Gestalt der Tiere* verfolgte G. das bereits in der Zwischenkieferabhandlung von 1784 angewandte Prinzip, mit der vergleichenden Methode die Konsequenz des Bauplanes nachzuweisen. Ihm ging es darum, trotz aller Variation im einzelnen die konstitutiven Gesetzlichkeiten im gesamten Knochenbau der Wirbeltiere aufzuzeigen. Der Typus wurde hier zunächst als Schema definiert, das die einzelnen Teile des Knochengerüstes erfaßt und als Leitfaden für den Vergleich gilt. Praktisch handelte es sich dabei um eine Ausweitung der Tabelle, die G. in der Zwischenkieferabhandlung für nur einen Knochen zugrunde gelegt hatte. Schon hier wird die oben angeführte Doppelperspektive im

Gedankengut der Typusvorstellung deutlich. G. empfahl, nicht allein empirisch vorzugehen, sondern auch »rationell« (LA I, 10, S. 76) zu arbeiten, mit der vergleichenden Analyse des Verstandes also, die dann eingesetzt werden muß, wenn bestimmte Bildungen sich den Sinnen entziehen oder durch sie kaum noch erfaßt werden können. An rudimentäre Erscheinungen wäre hier zu denken, auch an die Nähte des Zwischenkiefers beim Menschen, die G. ein gutes Beispiel für seine Forderung geliefert hatten. G. verwendete bereits den Begriff »Bild« (LA I, 10, S. 84) für den Typus, spricht vom »geistigen Punkt der Vergleichung« (LA I, 10, S. 86). Insgesamt sind in diesem Fragment G.s spätere methodische Prinzipien nur angedeutet. Die Wichtigkeit der Feststellung reduzierter, fehlender oder verwachsener Teile im Knochensystem, die Wirksamkeit des Naturhaushaltes und die Lagekonstanz der einzelnen Knochen kommen teilweise nur in umschriebener Form und mit anderer Begriffsbildung vor.

Der *Versuch einer allgemeinen Knochenlehre*, von G. mit dem Zusatz *1. Abschnitt* versehen, ist einer von drei 1794 entstandenen Aufsätzen, die unmittelbar im Vorfeld der Ausarbeitung des osteologischen Typus stehen. Neben der Handschrift, überwiegend von Goetze, zum kleineren Teil von Herders Sohn August niedergeschrieben und von G. korrigiert, sind im G.- und Schiller-Archiv zahlreiche Materialien und Entwürfe vorhanden, deren Zuordnung zu den einzelnen, thematisch eng verflochtenen Arbeiten nicht immer exakt getroffen werden kann. Im August 1794 hatte G. erneut die Dresdener Naturaliensammlung besucht und entsprechende Aufzeichnungen gemacht, die in den Aufsatz eingeflossen sein dürften. Gedruckt wurde der Text erstmalig in der Weimarer Ausgabe (WA II, 8, S. 173–208). Weitere Drucke folgten in der Leopoldina-Ausgabe (LA I, 10, S. 87–109), der Münchner Ausgabe (MA 4.2, S. 146–168) und der Frankfurter Ausgabe (FA I, 24, S. 176–199).

Während der *Versuch über die Gestalt der Tiere* theoretische und methodologische Andeutungen und Ausblicke zur Konstituierung des Typus enthielt und das geistige Verknüpfen der gewonnenen Beobachtungen zumindest ins Blickfeld rückte, wandte sich G. hier erneut zur empirischen Untersuchung, indem er elf Knochen des Säugerschädels detailliert beschrieb. G. war bemüht um exakte Kenntnis der Formen und treffende Darstellung. Ausgehend vom Zwischenkieferknochen wird der gesamte Knochenschädel abgehandelt, vor allem nach Korrelationen zwischen den einzelnen Schädelteilen gefragt und das Problem der Ursachen für die verschiedene Gestaltbildung angeschnitten. Eine wichtige Rolle spielte der Zusammenhang zwischen der Ernährung der Tiere und der damit verbundenen spezifischen Ausbildung der einzelnen Gesichtsknochen. Jeweils versuchte G., die hervorstechenden Merkmale genau zu kennzeichnen, um so das Allgemeingültige der unterschiedlichen Bildungen in den Griff zu bekommen.

Ein von G. korrigiertes Manuskript von der Hand Friedrich Wilhelm Schumanns, verwahrt im G.- und Schiller-Archiv, behandelt weitere Teile des Skelettes: die Halswirbel, das Brustbein und die untere Kinnlade. Es wird in der Leopoldina-Ausgabe, in der Münchner und in der Frankfurter Ausgabe unter dem Titel *Weitere Beschreibungen zur Ergänzung der Knochenlehre* geführt. Die Weimarer Ausgabe stellt es nicht geschlossen dar, sondern in einzelnen Textpassagen unter den Paralipomena. Eine Rechnung für Schreibarbeiten von Schumann ist auf den 12.9. 1794 datiert. Das Stück wurde gedruckt in der Weimarer Ausgabe (WA II, 8, S. 335f., S. 338–342 u. S. 354–357, in anderer Reihenfolge der Textpassagen als in den nachfolgenden Drucken), in der Leopoldina-Ausgabe (LA I, 10, S. 109–118), der Münchner Ausgabe (MA 4.2, S. 168–179) und der Frankfurter Ausgabe (FA I, 24, S. 200–209).

Der Zusammenhang mit dem *Versuch einer allgemeinen Knochenlehre* ist offensichtlich. Neu hinzu kommen hier Fragen der osteologischen Begründung der Kopfhaltung. Die Thematisierung von Zähnen, Hörnern, Klauen und Geweihen steht im Zusammenhang mit G.s Vorstellung eines Etats der Natur, der hier als »geben« und »nehmen« (LA I, 10, S. 116)

erscheint. Vieles ist noch angedeutet und fand erst mit der endgültigen Aufstellung des Wirbeltier-Typus 1795 seine geschliffene Darstellung.

Dem dritten Text von 1794, dem *Versuch einer allgemeinen Vergleichungslehre*, ist von G. der Zusatz *2. Abschnitt* vorangestellt, so daß auch hier die Zuordnung zum *Versuch einer allgemeinen Knochenlehre* auf der Hand liegt. Schreiber des im G.- und Schiller-Archiv befindlichen Manuskripts ist Goetze, von G. sind Korrekturen und Ergänzungen eingetragen. Gedruckt wurde der Text in der Weimarer Ausgabe (WA II, 7, S. 217–224; Erstdruck), in der Leopoldina-Ausgabe (LA I, 10, S. 118–122), in der Münchner Ausgabe (MA 4.2, S. 179–184) und in der Frankfurter Ausgabe (FA I, 24, S. 209–214).

Wie G. seinen Typus zwischen den Polen der empirischen Untersuchung am Skelett und der gedanklichen Abstrahierung zum Bildhaften schwanken ließ, so manifestieren sich diese beiden Seiten auch in der schrittweisen Entwicklung des Typus-Begriffes. Hatte G. in den letztgenannten Arbeiten am Knochenmaterial empirisch gearbeitet, so widmete sich der *Versuch einer allgemeinen Vergleichungslehre* wieder der theoretischen Seite, indem wissenschaftshistorische und philosophische Aspekte einfließen. So wandte sich G. gegen die teleologische Vorstellungsart, daß ein Lebewesen zu bestimmten, meist dem Menschen nützlichen Zwecken gebildet sei und seine spezifische Gestaltung einer schöpferischen Urkraft zu verdanken habe. Dagegen hielt G. die inneren Gestaltungsbedingungen des Organismus selbst für primär, was 1795 in der Weise formuliert wird, daß »jedes Geschöpf Zweck seiner selbst« sei (LA I, 9, S. 125). Dabei wird das Lebewesen nicht nur gemäß seinem Typus, einem inneren Gesetz also, gebildet, sondern auch die Umgebung, Lebenselemente wie Wasser, Luft und Land, sind für die Ausprägung spezifischer Gestalten mitverantwortlich. Die wichtige Rolle der Umwelt, die G. hier betont, darf allerdings noch nicht im Kontext von Selektionsgedanken gesehen werden, wie sie im darwinistischen Denken der zweiten Hälfte des 19. Jhs. bestimmend wurden.

1795/96: Die Abhandlung zum osteologischen Typus und die Ausarbeitung der ersten drei Kapitel

Der *Erste Entwurf einer allgemeinen Einleitung in die vergleichende Anatomie, ausgehend von der Osteologie* lieferte die Zusammenfassung von G.s anatomischen Untersuchungen und Erfahrungen und kann – neben der Zwischenkieferabhandlung – wohl als wichtigste osteologische Schrift G.s angesehen werden. Das Manuskript, das G. Maximilian Jacobi, dem Sohn von Friedrich Heinrich Jacobi, diktierte, ist nicht erhalten. Nach der üblichen Praxis ist zu vermuten, daß es 1820 als Druckvorlage für den Erstdruck in den Heften *Zur Morphologie* (Bd. 1, H. 2, S. 145–196) verwendet und anschließend vernichtet wurde. Datiert ist die in Jena entstandene Abhandlung auf den Januar 1795. Weitere Drucke erfolgten in der Ausgabe letzter Hand (ALH 55, S. 196–248), in der Weimarer Ausgabe (WA II, 8, S. 5–58), in der Leopoldina-Ausgabe (LA I, 9, S. 119–151), in der Münchner Ausgabe (MA 12, S. 120–153) und in der Frankfurter Ausgabe (FA I, 24, S. 227–262).

In den *Tag- und Jahresheften 1795* hat G. die Entstehung der Abhandlung beschrieben: »Ganz abgelenkt und zur Naturbetrachtung zurückgeführt ward ich, als gegen Ende des Jahrs [1794] die beiden Gebrüder v o n   H u m - b o l d t in Jena erschienen. Sie nahmen beiderseits in diesem Augenblick an Naturwissenschaften großen Antheil, und ich konnte mich nicht enthalten, meine Ideen über vergleichende Anatomie und deren methodische Behandlung im Gespräch mitzutheilen. Da man meine Darstellungen zusammenhängend und ziemlich vollständig erachtete, ward ich dringend aufgefordert sie zu Papier zu bringen, welches ich auch sogleich befolgte, indem ich an Max Jacobi das Grundschema einer vergleichenden Knochenlehre, gegenwärtig wie es mir war, dictirte, den Freunden Gnüge that und mir selbst einen Anhaltepunct gewann, woran ich meine weiteren Betrachtungen

knüpfen konnte«. Neben den Brüdern von Humboldt zählten auch Johann Heinrich Meyer und Schiller zu G.s Zuhörern. Der Plan, die Arbeit zusammen mit Abhandlungen zur Metamorphose der Pflanzen, geologischen Studien sowie Texten zur Farbenlehre unter dem Titel *Beobachtungen und Betrachtungen über Gegenstände aus der Naturgeschichte und Naturlehre* bei Johann Friedrich Gottlieb Unger in Berlin drucken zu lassen, wurde nicht ausgeführt, so daß erst 1820 im Rahmen der Hefte *Zur Morphologie* die Publikation zustande kam. Obwohl der auf die Vorarbeiten von 1790 und 1794 zurückgreifende *Entwurf* nicht abgeschlossen war und bereits 1796 in seinen ersten drei Kapiteln überarbeitet wurde, brachte er eine weitgehende Klärung von G.s zoologisch-osteologischer Methode, indem die Gesetzmäßigkeiten, die für den Bauplan des Wirbeltieres gelten, ebenso aufgezeigt werden wie die Wege zu ihrer Erforschung.

G. nannte zwar auch in der Zwischenkieferabhandlung von 1784 bereits andere Autoren wie Galen, Camper, Blumenbach, auch Vesal, Bernhard Siegfried Albinus, William Chselden und John Hunter, seine eigentliche Auseinandersetzung mit der Wissenschaftsgeschichte lieferte er hinsichtlich dieser Thematik aber erst in den 1819 entstandenen *Auszügen aus alten und neuen Schriften*, die er der Publikation 1820 beigab. Die aus persönlichem Umgang und Literaturstudium sich ergebende anatomische Basis des *Entwurfs* ist jedoch ungleich breiter. Zunächst mit Herder, dann mit Loder und stellenweise mit Soemmerring hatte G. die Thematik intensiv persönlich diskutiert. Blumenbachs und Campers Anschauungen kannte er aus ihren Schriften. Darüber hinaus nannte G. im *Entwurf* noch Georges Louis Leclerc de Buffon, Coiter, Louis Jean Marie Daubenton, Guichard Joseph Duverney und Johann Wilhelm Josephi, in deren Werken zahlreiche weitere Literatur verarbeitet ist, die G. indirekt kennenlernte. Ohne Zweifel war G. ein ausgezeichneter Kenner der zeitgenössischen Anatomie, was bei seiner Einordnung als naturwissenschaftlicher Dilettant oft übersehen wird.

Dem *Entwurf* liegt in strenger Durchführung die vergleichende Methode zugrunde, die hier speziell den Elementen des Skeletts gewidmet ist. G. deshalb zum Begründer der vergleichenden Anatomie zu machen, wie dies wiederholt in der Literatur geschehen ist, greift jedoch zu weit. G. stellte fest, daß bei unterschiedlichster Ausprägung der organischen Gestalten doch die einzelnen Knochen harmonisch aufeinander abgestimmt sind und damit die Voraussetzung für die zweckmäßige Anpassung der Lebewesen an ihre Umwelt geben. Dabei wurde erneut dem lange bestimmenden teleologischen Denken widersprochen und der Charakter der verschiedenen Lebewesen aus ihrem spezifischen Aufbau und ihrer Umwelt gefolgert. In der Aufstellung des Typus sprach G. nun mehrere regulierende Gesetze klar aus, die er schon früher hatte anklingen lassen. Das Gesetz der Lagekonstanz besagt, daß jeder Knochen bei den verschiedenen Arten in Größe und Form zwar unterschiedlich gestaltet sein kann, daß er aber im Bauplan stets einen konstanten Platz einnimmt und die gleichen Nachbarknochen hat. Auf diese Weise wurde es möglich, auch unscheinbare oder besonders vom Durchschnitt abweichende Bildungen noch zu identifizieren. Mit dem Prinzip des Naturetats suchte G. das Phänomen zu erfassen, daß bei einigen Arten besonders ausgeprägte Organe stets zu Lasten anderer ausgebildet sind, daß also zwischen den Teilen eines Organismus eine Korrelation besteht. Später hat man diese Erscheinung, in der Goethezeit als Ausdruck eines Bildungstriebes gedeutet, Kompensationsprinzip genannt. Die empirische Untersuchung hat die Einzelheiten jeweils am konkreten Knochenmaterial zu ermitteln, doch der Typus wird erst dadurch konstituiert, daß hinter den in der Natur vorkommenden mannigfaltigen Möglichkeiten ein einheitlicher Plan durchscheint und zu erkennen ist. Der Einheit des Bauplans liegt ein abstrahiertes, gedanklich faßbares, festes Grundmuster zugrunde, während in der Fülle der konkret zu beobachtenden Naturerscheinungen das Schwankende, Werdende und Bewegliche im Vordergrund steht. Der Typus kann demnach nicht durch die Sinnesorgane im real existierenden Lebewesen gesehen, sondern nur gedanklich erfaßt werden. G. drückte diesen Tatbestand aus, indem er auf die »Idee« hinwies, die »über dem Ganzen walten und auf eine genetische Weise das allgemeine Bild abziehen« müsse (LA I, 9, S. 121).

Der *Entwurf* ist in acht Abschnitte gegliedert. Der erste (*Von den Vorteilen der vergleichenden Anatomie und von den Hindernissen die ihr entgegen stehen*) besteht aus fünfzehn Aphorismen zur Anatomie, die erst in den *Vorträgen über die drei ersten Kapitel* von 1796 ausgearbeitet wurden. Der zweite Abschnitt handelt *Über einen aufzustellenden Typus zu Erleichterung der vergleichenden Anatomie*, wobei G. den Typus bestimmt und über seine Anwendung reflektiert. Im dritten Kapitel (*Allgemeinste Darstellung des Typus*) versucht G., den Körperbau in erster Annäherung aus drei Hauptabschnitten zu erklären, wobei neben Wirbeltieren auch Insekten herangezogen werden. In der *Anwendung der allgemeinen Darstellung des Typus auf das Besondere* (Vierter Abschnitt) werden die Variabilität der Arten und ihre Anpassung an die Umwelt beschrieben, die Absage an die teleologische Denkweise formuliert und das Prinzip des Naturetats aus einem in Grenzen frei verfügbaren Bildungstrieb des Organismus abgeleitet. Der fünfte Abschnitt (*Vom osteologischen Typus insbesondere*) leitet eine zunächst grobe Bestandsaufnahme der einzelnen Knochen des Wirbeltierskeletts ein, die dann im sechsten Kapitel (*Der osteologische Typus in seiner Einteilung zusammengestellt*) geliefert wird. Im siebenten Abschnitt (*Was bei der Beschreibung der einzelnen Knochen vorläufig zu bemerken sei*) wendet sich G. dem Vergleich der Knochen bei verschiedenen Tieren zu und weist auf Kriterien hin, mit denen dieser durchgeführt werden könnte. Hier haben die Erörterung der Lagekonstanz, Größe, Zahl, Form, Verwachsungen usw. ihren Ort; nach moderner Diktion diskutiert G. an dieser Stelle Homologiekriterien. Den achten Abschnitt schließlich (*Nach welcher Ordnung das Skelett zu betrachten und was bei den verschiedenen Teilen desselben zu bemerken sei*) widmet er einer ausführlichen Beschreibung des Skeletts.

Es ist immer wieder kontrovers diskutiert worden, ob G.s Typus ein in der Realität zu schauendes Phänomen oder ein Leitprinzip, eine Idee, ein Gedankengebilde sei. Nach heutigem Forschungsstand, insbesondere durch die Arbeiten von Dorothea Kuhn in der Leopoldina-Ausgabe und in der Frankfurter Ausgabe, dürfte deutlich werden, daß die Frage in dieser Form gar nicht gestellt werden kann. Vielmehr ist der Typus von G. ganz bewußt nicht exakt definiert worden, da ihm eine Anschauungsweise zugrunde liegt, die selbst durch ein Schwanken charakterisiert ist, nämlich durch einen ständigen Blickwechsel zwischen empirischem und rationalem bzw. ideellem Vorgehen. Hatten die Vorstudien noch Schwerpunkte auf den einen oder anderen Aspekt gelegt, so erweisen sich in G.s *Entwurf* beide Vorgehensweisen gerade in ihrem Zusammenwirken als konstitutiv.

In der zweiten Jahreshälfte 1796 hat G. den Anfang seines *Entwurfs* als *Vorträge über die drei ersten Kapitel des Entwurfs einer allgemeinen Einleitung in die vergleichende Anatomie, ausgehend von der Osteologie* überarbeitet. Auf die Entstehung gibt es nur wenige Hinweise, die dafür sprechen, daß G. diesen Text parallel zu den *Entomologischen Studien* und der Schrift *Wirkung des Lichts auf organische Körper* bearbeitet hat. Die Überlieferungslage ist identisch mit der des *Entwurfs*; auch hier fehlt eine Handschrift, die 1820 als Vorlage für den Erstdruck in den Heften *Zur Morphologie* (Bd. 1, H. 2, S. 257–284) gedient haben und anschließend vernichtet worden sein dürfte. In einem erhaltenen Konzept äußerte G., daß die Druckfassung nur unwesentlich mit dem Ziel einer besseren Lesbarkeit vom Manuskript abweiche. Weitere Drucke erfolgten in der Ausgabe letzter Hand (ALH 55, S. 253–279), in der Weimarer Ausgabe (WA II, 8, S. 61–89), in der Leopoldina-Ausgabe (LA I, 9, S. 193–209), in der Münchner Ausgabe (MA 12, S. 195–212) und in der Frankfurter Ausgabe (FA I, 24, S. 263–281).

Die beiden ersten Kapitel entsprechen denen des *Entwurfs* und arbeiten dessen Inhalt weiter aus. Das dritte Kapitel dagegen führt eine Reihe neuer Aspekte ein und greift auf die Naturgeschichte insgesamt über, indem zunächst das Mineralreich in die Darstellung einbezogen wird und anschließend Pflanzenmetamorphose und Insektenmetamorphose verglichen werden. G. unterschied hier sukzessive (epigenetische) und simultane (evolutionäre) Metamorphose. Die sukzessive Metamorphose entspricht einer zeitlichen Abfolge von Bildungen, wie sie in der Entwicklung der Insekten vom Ei zur Imago ebenso auftritt wie bei den höheren Pflanzen, bei denen nacheinander an einem Organismus kontinuierlich Blätter produziert werden. Bei der simultanen Metamorphose dagegen wird die parallele Entwicklung der verschiedenen Organe durch das differenzierte Wachstum aus der Keimzelle heraus bestimmt. Vom Beginn des Wachstums an werden die einzelnen Elemente des Organismus in bestimmte Richtungen zu ihren endgültigen Funktionen hin spezialisiert; sie treten nebeneinander, nicht sukzessiv in Erscheinung. Daß diese Form der Metamorphose auch als e v o l u t i o n ä r e bezeichnet wird, geht auf den Evolutionsbegriff der Goethezeit zurück. Dieser ist noch nicht im Kontext der Darwinschen Evolutionstheorie zu sehen und geht von einer Entwicklung durch Wachstum eines im Keimling in Miniaturform vorgeprägten Wesens aus, ist also primär auf die Ontogenese anzuwenden. Bei der Pflanze sah G. beide Formen der Metamorphose kombiniert, je nachdem, ob die Pflanze unter dem Blickwinkel des Werdens und der sukzessiven Entstehung der Stengelabschnitte gesehen wird oder als fertige Bildung, an der verschiedene Modifikationen des Blattes nebeneinander vorkommen.

Weitere osteologische Schriften

Zwei kleine osteologische Texte gehören nur indirekt in den Kontext der Zwischenkieferschrift und der Arbeiten zum Typus. Am 6.9. 1797 sah G. auf seiner Reise in die Schweiz in Stuttgart bei dem Kaufmann Gottlob Heinrich Rapp ein *Pathologisches Präparat*. Am gleichen Tag oder kurz darauf diktierte er seinem Schreiber Johann Ludwig Geist einige Zeilen, die er einer Korrektur unterzog. Unter den Papieren und Reisenotizen der Schweizreise von 1797 ist die Handschrift im G.- und Schiller-Archiv erhalten. Sie ist erstmals gedruckt in der Ausgabe letzter Hand (ALH 43, S. 116–118), innerhalb der *Reise in die Schweiz* in der Bearbeitung von Johann Peter Eckermann. Weitere Drucke finden sich in der Weimarer Ausgabe (WA I, 34.1, S. 312f.; WA II, 12, S. 246f.), in der Leopoldina-Ausgabe (LA I, 10, S. 197f.) und in der Frankfurter Ausgabe (FA I, 24, S. 344f.).

Bei dem pathologischen Präparat handelte es sich um einen mißgebildeten Oberkiefer einer mit neunzehn Jahren gestorbenen Frau. An einem sonderbar nach oben verschobenen Zahn war offenbar eine irreguläre Lage des Zwischenkieferknochens beteiligt. Nach seiner Rückkehr aus der Schweiz, am 27.11.1797, bat G. Rapp um die Übersendung des Präparats, ohne Erfolg, denn Rapp teilte am 18.12. 1797 mit, daß der Leib- und Stadtchirurgus Klein das Stück nicht veräußern wollte. So bat G. am 15.1.1798 zumindest um eine Zeichnung. Gleichzeitig wurde der Plan geäußert, diese Zeichnung zusammen mit der Krankengeschichte der Frau und einer Beschreibung des Präparats in einer Zeitschrift Loders zu veröffentlichen. G. ließ sein Projekt fallen, nachdem ihm Rapp am 27.3.1798 mitgeteilt hatte, daß ein Stuttgarter Arzt bereits eine Publikation zu dem merkwürdigen anatomischen Präparat vorbereite.

Ein *Kraniologie* überschriebenes Manuskript hat G. am 26.7.1820 dem Jenaer Schreiber Johann David Gottlob Compter diktiert. Es ist im G.- und Schiller-Archiv erhalten und wurde in der Weimarer Ausgabe (WA II, 8, S. 333f.) erstmalig gedruckt. Weitere Drucke erfolgten in der Leopoldina-Ausgabe (LA I, 9, S. 208) und in der Frankfurter Ausgabe (FA I, 24, S. 647f.).

Der Text setzt sich kritisch mit dem Werk *Cephalogenesis sive capitis ossei structura, formatio et significatio* von Johann Baptist Spix (München 1815) auseinander, der im Sommer 1820 kurz vor der Rückkehr von einer For-schungsreise nach Brasilien stand. G. hat in den *Tag- und Jahresheften 1817* darüber geschrieben: »S p i x Cephalogenesis erscheint: bei mannichfaltiger Benutzung derselben stößt man auf unangenehme Hindernisse. Methode der allgemeinen Darstellung, Nomenclatur der einzelnen Theile, beides ist nicht zur Reife gediehen; auch sieht man dem Text an, daß mehr Überliefertes als Eigengedachtes vorgetragen werde«. In gleicherweise negativem Sinn äußerte sich G. auch in Briefen gegenüber Carl Gustav Carus (13.1.1822) und Karl Friedrich Burdach (21.7.1821), wogegen in den Heften *Zur Morphologie* die Hinweise auf Spix moderat gehalten sind (vgl. LA I, 9, S. 174 u. S. 357). Spix zählte – wie auch Oken, der 1807 in Jena seine Antrittsvorlesung *Über die Bedeutung der Schädelknochen* gehalten hatte und mit G. um die Priorität in der Wirbeltheorie des Schädels stritt – zu den Vertretern der Naturphilosophie. Obwohl diese sich in der Terminologie oft an G. anlehnten und diesen für ihre Anschauungen vereinnahmen wollten, lehnte G. insbesondere ihr hemmungsloses Analogisieren sowie übertriebenes Bestreben, für G. getrennte Phänomene als Modifikationen eines einheitlichen Grundmusters zu sehen, ab. Im speziellen Fall richtete sich G.s Unmut gegen Spix' Ausführungen zu den Knochen des Gesichtsschädels, deren korrekte Ableitung aus dem Element des Wirbels eingefordert wird.

Neben den bereits genannten Abhandlungen zum Zwischenkiefer, zur Wirbeltheorie des Schädels und zum Typus enthält G.s Zeitschrift *Zur Morphologie* (1817–1824), der im vorliegenden Band ein eigener Beitrag gewidmet ist, weitere osteologische Texte. Hierzu zählen die Stücke *Fossiler Stier, Zweiter Urstier, Vergleichende Knochenlehre (Knochen die Gehörwerkzeuge betreffend, Ulna und Radius, Tibia und Fibula), Betrachtungen über eine Sammlung krankhaften Elfenbeins*, die Rezensionen der Werke von Eduard Joseph d'Alton, der Hinweis auf eine Schrift von Constantin Nicati (*Specimen anatomico-pathologicum*...) sowie Beiträge, die von Carus und d'Alton verfaßt wurden.

Zur Wirkung von G.s osteologischen Schriften

Sieht man einmal von dem Widerspruch ab, den die Zwischenkieferabhandlung von 1784 in der Fachwelt gefunden hat, so wurden G.s osteologische Schriften zu seinen Lebzeiten wenig beachtet. Die unveröffentlichten Entwürfe von 1791 und 1794 hatten ohnehin nur für G. und seinen engsten Kreis Bedeutung. Sie waren Zwischenschritte im Fortgang der Erkenntnisse und dienten empirisch und methodisch der Entwicklung des Typus-Konzeptes von 1795.

Aber auch was G. 1820 in den Heften *Zur Morphologie* publizierte, den um die *Auszüge* und die *Nachträge* erweiterten Zwischenkieferaufsatz sowie die Abhandlung zum Typus und die Ausarbeitung der ersten drei Kapitel, hinterließ wenig Wirkung, da G.s Zeitschrift generell nur im Freundeskreis und bei einigen Gleichgesinnten Resonanz erfuhr. Nach G.s Tod haben sich zwar immer wieder Autoren mit seiner Naturforschung beschäftigt, beispielsweise Ernst von Feuchtersleben, Hermann von Helmholtz oder Oscar Schmidt, eine neue Qualität erhielt die Diskussion aber erst, nachdem Charles Darwin 1859 seine Evolutionstheorie vorgelegt hatte. Ernst Haeckel hat, ausgehend von seiner *Generellen Morphologie der Organismen* (1866), G.s Naturanschauung als wesentliche Voraussetzung zur Evolutionstheorie angesehen und G. immer wieder irrigerweise als den großen Vorläufer Darwins gefeiert. Dabei bemühte sich Haeckel nicht nur darum, G.s Typus als phylogenetische Stammform nachzuweisen, sondern er sah G.s morphologische und osteologische Schriften in ihrer Gesamtheit voller Belegstellen für eine evolutionistische Auffassung, für Stammesentwicklung und Artenwandel. Über Jahrzehnte kam es zu einer meist polemisch geführten Diskussion über Haeckels Thesen, die sich erst im 20. Jh. allmählich beruhigte (vgl. Wenzel 1982).

Eine komplexe, hier nur im Ansatz zu behandelnde Problematik verbirgt sich hinter der Tatsache, daß viele Morphologen unserer Zeit sich durchaus in der Tradition G.s sehen und dies auch deutlich herausstellen. Insbesondere gilt der Rückgriff auf G. für die Homologienforschung und die Relevanz der vergleichenden Methode überhaupt. Über G. und Haeckel wird vielfach eine Linie bis in die Gegenwart hinein gezogen. In letzter Konsequenz bedeutet dies, daß mit der Darwinschen Evolutionstheorie gar nicht der oftmals konstatierte Paradigmawechsel in der Biologie stattgefunden hat, sondern daß auch in der heutigen Evolutionsforschung noch Konzepte des 18. und 19. Jhs. maßgeblich wirken, die man lediglich um den Anspruch erweitert hat, phylogenetisch angewendet zu werden.

Ausblick: Die osteologischen Schriften im Rahmen von G.s Naturforschung und seines Morphologiekonzepts

G.s osteologische Schriften, die im vorliegenden Artikel gesondert zu thematisieren waren, dürfen nicht als isolierter Teil im Rahmen von G.s Naturforschung betrachtet werden. Einerseits berühren sie sich mit weiteren zoologischen Studien, bei denen knochenkundliche Aspekte keine Rolle spielen (*Infusionstiere, Muskeln eines Ziegenkopfes, Punkte zur Beobachtung der Metamorphose der Raupe, Eingeweide des Frosches, Anatomie der Schnecke*).

Darüber hinaus besteht eine enge Wechselwirkung zu G.s Arbeiten zur Pflanzenmetamorphose. Metamorphose und Typus sind Begriffe, die nur gemeinsam verwendet werden können, wenn es darum geht, G.s Grundgedanken über die Natur auszusprechen. Im Tier- und im Pflanzenreich bestimmen der Typus als zwar flexible, aber doch im Grundmuster verharrende Größe sowie die Metamorphose als stets die Einzelerscheinung modifizierender Antrieb die grandiose Artenvielfalt.

Schließlich ist zu beachten, daß G. mit seinen osteologischen Schriften, die bis 1796 vorlagen, die Voraussetzung schuf für eine spezifische Theorie, eine Methodenlehre der organischen Gestalten, in der Typus und Metamorphose als konstitutive Elemente wirken. Für diese Lehre verwendete G. (erstmals am 25.9. 1796 im Tagebuch) den Begriff »Morphologie«, womit er die Lehre von der Gestalt umschrieb. Dieses durch mehrere um 1798 entstandene Texte erläuterte Konzept ist vielschichtig und geht weit über die Annahme einer Harmonia mundi hinaus, wie sie G. am Ende der Zwischenkieferschrift 1784 konstatiert hatte. Es trägt den Einwürfen Schillers Rechnung, der einen Übergang von der empirischen zur rational-ideellen Behandlung gefordert hatte, und es bezieht ebenso, auch hier entscheidend von Schiller beeinflußt, ästhetische Überlegungen ein, indem Vollkommenheit und Schönheit in der Natur untersucht werden.

Am 23.8. 1794, zu Beginn der gemeinsamen Arbeit, hatte Schiller an G. geschrieben: »In Ihrer richtigen Intuition ligt alles und weit vollständiger, was die Analysis mühsam sucht, und nur weil es als ein Ganzes in Ihnen ligt, ist Ihnen Ihr eigener Reichthum verborgen; denn leider wißen wir nur das, was wir scheiden. Geister Ihrer Art wißen daher selten, wie weit sie gedrungen sind, und wie wenig Ursache sie haben, von der Philosophie zu borgen, die nur von Ihnen lernen kann. Diese kann bloß zergliedern, was ihr gegeben wird, aber das Geben selbst ist nicht die Sache des Analytikers sondern des Genies, welches unter dem dunkeln aber sichern Einfluß reiner Vernunft nach objektiven Gesetzen verbindet. Lange schon habe ich, obgleich aus ziemlicher Ferne, dem Gang Ihres Geistes zugesehen, und den Weg, den Sie Sich vorgezeichnet haben, mit immer erneuerter Bewunderung bemerkt. Sie suchen das Nothwendige der Natur, aber Sie suchen es auf dem schwersten Wege, vor welchem jede schwächere Kraft sich wohl hüten wird. Sie nehmen die ganze Natur zusammen, um über das Einzelne Licht zu bekommen, in der Allheit ihrer Erscheinungsarten suchen Sie den Erklärungsgrund für das Individuum auf. Von der einfachen Organisation steigen Sie, Schritt vor Schritt, zu den mehr verwickelten hinauf, um endlich die verwickeltste von allen, den

Menschen, genetisch aus den Materialien des ganzen Naturgebäudes zu erbauen. Dadurch, daß Sie ihn der Natur gleichsam nacherschaffen, suchen Sie in seine verborgene Technik einzudringen. Eine große und wahrhaft heldenmäßige Idee, die zur Genüge zeigt, wie sehr Ihr Geist das reiche Ganze seiner Vorstellungen in einer schönen Einheit zusammenhält«.

Eine einheitliche Grundlage, eine Konzentration der Phänomene auf wesentliche Leitbegriffe als Voraussetzung für weiteres Forschen, hatte G. im Grunde schon um 1800 erreicht. Zu diesem Zeitpunkt waren im biologischen Bereich die Prinzipien von Typus und Metamorphose im Morphologiekonzept aufgehoben. In der *Farbenlehre* richtete G. seine Gedanken mehr auf die Wirksamkeit von Polarität und Steigerung aus, Begriffe, die trotz ihres wesentlichen Stellenwertes in der Naturforschung über diese hinausreichen und zu konstitutiven Elementen von G.s Welt- und Menschenbild wurden.

Literatur:

Bardeleben, Karl von: Goethe als Anatom. In: GoetheJb. 13 (1892), S. 163–180. – Becker, Komm. in MA 2.2, S. 900–912; MA 4.2, S. 1027–1042; MA 12, S. 962–998 u. S. 1031f. – Bräuning-Oktavio, Hermann: Die Zeichnungen und Tafeln (1784–1831) zu Goethes Abhandlung über den Zwischenknochen und die Textredaktion der Nova Acta 1831. In: GoetheJb. N.F. 16 (1954), S. 289–311. – Ders.: Vom Zwischenkieferknochen zur Idee des Typus. Goethe als Naturforscher in den Jahren 1780–1786. Leipzig 1956. – Franz, Victor: Goethes Zwischenkieferpublikation nach Anlaß, Inhalt und Wirkung. In: Ergebnisse der Anatomie und Entwicklungsgeschichte. 30 (1933), S. 469–543. – Haecker, Valentin: Goethes morphologische Arbeiten und die neuere Forschung. Jena 1927. – Hassenstein, Bernhard: Goethes Morphologie als selbstkritische Wissenschaft und die heutige Gültigkeit ihrer Ergebnisse. In: GoetheJb. N.F. 12 (1950), S. 333–357. – Kuhn, Dorothea: Empirische und ideelle Wirklichkeit. Studien über Goethes Kritik des französischen Akademiestreites. Graz, Wien, Köln 1967. – Dies., Komm. in LA II, 9A, S. 470–499, S. 561–584 u. S. 593–605; LA 9B, S. 457–463 u. S. 467; LA 10A, S. 799f., S. 802–814, S. 820f., S. 824 u. S. 943f. – Dies., Komm. in FA I, 24, S. 884–902, S. 957–968, S. 978–994, S. 1011f.,

S. 1134–1137 u. S. 1147. – Lubosch, Wilhelm: Was verdankt die vergleichend-anatomische Wissenschaft den Arbeiten Goethes? In: JbGG. 6 (1919), S. 157–191. – Peyer, Bernhard: Goethes Wirbeltheorie des Schädels. Zürich 1950. – Schad, Wolfgang (Hg.): Goetheanistische Naturwissenschaft. Bd. 3: Zoologie. Stuttgart 1983. – Spinner, Heinrich: Goethes Typusbegriff. Zürich, Leipzig 1933. – Troll, Wilhelm: Die Urbildlichkeit der organischen Gestaltung. In: Neue Hefte zur Morphologie. 2 (1956), S. 64–76. – Wenzel, Manfred: Goethe und Darwin. Goethes morphologische Schriften in ihrem naturwissenschaftshistorischen Kontext. Phil. Diss. Bochum 1982. – Ders.: Goethe und Darwin. Der Streit um Goethes Stellung zum Darwinismus in der Rezeptionsgeschichte der morphologischen Schriften. In: GoetheJb. 100 (1983), S. 145–158. – Ders.: Der gescheiterte Dilettant. Goethe, Soemmerring und das Os intermaxillare beim Menschen. In: Mann, Gunter u.a. (Hg.): Gehirn – Nerven – Seele. Anatomie und Physiologie im Umfeld S. Th. Soemmerrings. Stuttgart, New York 1988, S. 289–329. – Ders.: Die Emanzipation des Schülers. Goethe und sein Anatomie-Lehrer Justus Christian Loder. In: Mann (Hg.), S. 239–257. – Ders.: Der »Goethe-Elefant« in Kassel, 1773–1993. In: ders. (Hg.): Samuel Thomas Soemmerring in Kassel (1779–1784). Beiträge zur Wissenschaftsgeschichte der Goethezeit. Stuttgart, Jena, New York 1994, S. 267–328.

Manfred Wenzel

Über die Metamorphose der Pflanzen – Morphologische Schriften

Die Entstehung der Schrift

Zwei Jahre nach der Rückkehr aus Italien erschien *J. W. von Goethe Herzoglich Sachsen-Weimarischen Geheimenraths Versuch die Metamorphose der Pflanzen zu erklären. Gotha, bey Carl Wilhelm Ettinger. 1790.* Das war G.s erste biologische Publikation. Der Aufsatz wurde ein zweites Mal abgedruckt in der Zeit-

schrift *Zur Naturwissenschaft überhaupt, besonders zur Morphologie. Ersten Bandes, erstes Heft. Stuttgard und Tübingen, in der J. G. Cotta'schen Buchhandlung. 1817* und ein drittes Mal in dem deutsch-französischen Paralleldruck von 1831, gleichfalls bei Cotta; die französische Übersetzung stammt von Frédéric Soret. In der Ausgabe letzter Hand erschien der Aufsatz im Band 58 aus dem Jahre 1842. – Die Abweichungen im Text zwischen den verschiedenen Drucken wie auch zwischen diesen und der gleichfalls vorliegenden Handschrift sind unbedeutend; sie sind aufgeführt in der Münchner Ausgabe (MA 3.2, S. 619). Nach dieser Ausgabe wird im folgenden zitiert.

Aufschluß über die Vorgeschichte zu dieser Schrift gibt G. in zwei Aufsätzen aus dem Jahre 1817: *Geschichte meines botanischen Studiums* und *Entstehen des Aufsatzes über Metamorphose der Pflanzen* (MA 12, S. 20–27). Sie gehen dem Metamorphose-Aufsatz im oben genannten Zeitschriftenheft unmittelbar voran. Später hat G. den Inhalt jener beiden Aufsätze zusammengefaßt, modifiziert und erweitert zu *Der Verfasser teilt die Geschichte seiner botanischen Studien mit* (MA 18.2, S. 438–457). Diese Arbeit hat er dem Metamorphose-Aufsatz im deutsch-französischen Paralleldruck von 1831 beigefügt. Aus ihr erfahren wir, »wie ein Mann von mittlerem Alter, der als Dichter etwas galt und außerdem von mannigfaltigen Neigungen und Pflichten bedingt erschien, sich habe können in das grenzenloseste Naturreich begeben und dasselbe in der Maße studieren, daß er fähig geworden eine Maxime zu fassen, welche, zur Anwendung auf die mannigfaltigsten Gestalten bequem, die Gesetzlichkeit aussprach, der zu gehorchen tausende von Einzelheiten genötigt sind« (MA 18.2, S. 438). Über die Anfänge wird hier gesagt: »Von dem [...] was eigentlich äußere Natur heißt, hatte ich keinen Begriff, und von ihren sogenannten drei Reichen nicht die geringste Kenntnis. [...] in die Sphäre der Wissenschaft trat ich eigentlich zuerst als der edle Weimarische Kreis mich günstig aufnahm« (MA 18.2, S. 439). Dies gilt für den engeren Bereich der botanischen Interessen. Erste Anregungen, die die Aufmerksamkeit auf biologische Fragen im allgemeinen lenkten, kamen indessen schon früher. In Leipzig, am Mittagstisch bei Hofrat Christian Friedrich Ludwig, bestand die Gesellschaft »in lauter angehenden oder der Vollendung näheren Ärzten. Ich hörte nun in diesen Stunden gar kein ander Gespräch als von Medizin oder Naturhistorie, [...] Die Namen Haller, Linné, Büffon hörte ich mit großer Verehrung nennen« (*Dichtung und Wahrheit*; MA 16, S. 280), die Namen der bedeutendsten Biologen aus der Mitte des 18. Jhs. Albrecht von Haller war Evolutionist; er gehörte also der Biologenschule an, die der Auffassung war, im befruchteten Ei sei jeweils der daraus hervorgehende Organismus bereits in allen Teilen präformiert; eine Vorstellung, die sich G. zunächst zueigen machte, die er aber später verwarf. George Louis Leclerc Comte de Buffon aus Montbard (Burgund) war ab 1739 Intendant des Jardin du Roi in Paris und wurde vor allem bekannt durch seine 36-bändige *Histoire naturelle, générale et particulière, 1749–1788*. Größten Einfluß auf G. übte der schwedische Mediziner und Naturforscher Carl von Linné aus: »*Linnes Terminologie*, die *Fundamenta* worauf das Kunstgebäude sich erheben sollte, *Johann Geßners* Dissertationen zur Erklärung Linneischer *Elemente*, alles in Einem schmächtigen Hefte vereinigt, begleiteten mich auf Wegen und Stegen, und noch heute erinnert mich eben dasselbe Heft an die frischen, glücklichen Tage, in welchen jene gehaltreichen Blätter mir zuerst eine neue Welt aufschlossen. Linnes *Philosophie der Botanik* war mein tägliches Studium, und so rückte ich immer weiter vor in Kenntnis und Umsicht, indem ich mir das Überlieferte möglichst anzueignen suchte« (*Geschichte meines botanischen Studiums*; MA 12, S. 21 f.). Im gleichen Zusammenhang bezeichnet G. auch den noch entscheidenderen Anstoß, der von Linné ausging, »und zwar gerade durch den Widerstreit zu welchem er mich aufforderte. Denn indem ich sein scharfes, geistreiches Absondern, seine treffenden, zweckmäßigen, oft aber willkürlichen Gesetze in mich aufzunehmen versuchte, ging in meinem Innern ein Zwiespalt vor: das was er mit Gewalt auseinander zu

halten suchte, mußte, nach dem innersten Bedürfnis meines Wesens, zur Vereinigung anstreben« (MA 12, S. 22).

Damit bezeichnet G. seine generelle Neigung zu synthetischer Denk- und Arbeitsweise. Gleichzeitig bringt er denjenigen Widerstand gegen das strenge Systematisieren zum Ausdruck, der ihn hinleitet zum anderen Extrem, nämlich zur Frage nach der Grundorganisation der Pflanze.

In einem ersten Ansatz taucht hier der Begriff der Urpflanze auf, über die es bei Gelegenheit des Besuchs im Botanischen Garten von Padua heißt: »Hier in dieser neu mir entgegen tretenden Mannigfaltigkeit, wird jener Gedanke immer lebendiger: daß man sich alle Pflanzengestalten vielleicht aus Einer entwickeln könne« (*Italienische Reise*; MA 15, S. 69). Und dann in Palermo: »Im Angesicht so vielerlei neuen und erneuten Gebildes fiel mir die alte Grille wieder ein: ob ich nicht unter dieser Schar die Urpflanze entdecken könnte? Eine solche muß es denn doch geben! Woran würde ich sonst erkennen, daß dieses oder jenes Gebilde eine Pflanze sei, wenn sie nicht alle nach einem Muster gebildet wären« (MA 15, S. 327). – Mit »Urpflanze entdecken« ist – wenn nicht schon von vornherein, dann aber doch sehr bald – das gemeint, was G. bei den Wirbeltieren als Typus bezeichnet und wovon es in den osteologischen Vorträgen heißt: »Wie nun aber ein solcher Typus aufzufinden, zeigt uns der Begriff desselben schon selbst an: die Erfahrung muß uns die Teile lehren die allen Tieren gemein und worin diese Teile bei verschiedenen Tieren verschieden sind; alsdann tritt die Abstraktion ein sie zu ordnen und ein allgemeines Bild aufzustellen« (MA 12, S. 202). Noch deutlicher wird die Annäherung der beiden Begriffe Urpflanze und Typus in den Worten: »Hiebei fühlte ich bald die Notwendigkeit einen Typus aufzustellen, an welchem alle Säugetiere nach Übereinstimmung und Verschiedenheit zu prüfen wären, und wie ich früher die Urpflanze aufgesucht, so trachtete ich nunmehr das Urtier zu finden, das heißt denn doch zuletzt: den Begriff, die Idee des Tiers« (*Der Inhalt bevorwortet*; MA 12, S. 19). Die Urpflanze soll aus allen lebenden

Formen zu abstrahieren sein. Insofern bereitet sie methodologisch den Begriff des Typus vor.

Im Zusammenhang hiermit verdichtete sich bei G. der Begriff der ›Morphologie‹. Er sah ein, daß das Wechselhafte organischer Gestalten in die Betrachtung einbezogen werden müsse, und zwar sowohl der Formenwandel im Laufe des individuellen Wachstums als auch die Entstehung verschiedener Wuchsformen innerhalb einer Art infolge modifikatorischer Einflüsse: »Wollen wir also eine Morphologie einleiten, so dürfen wir nicht von Gestalt sprechen; sondern wenn wir das Wort brauchen, uns allenfalls dabei nur die Idee, den Begriff oder ein in der Erfahrung nur für den Augenblick Festgehaltenes denken. Das Gebildete wird sogleich wieder umgebildet, und wir haben uns, wenn wir einigermaßen zum lebendigen Anschaun der Natur gelangen wollen, selbst so beweglich und bildsam zu erhalten, nach dem Beispiele mit dem sie uns vorgeht« (MA 12, S. 13). Mit dieser Einsicht in das Bewegliche, in ständiger Umbildung Begriffene ist der Übergang von der starren Urpflanze zum Begriff der ›Metamorphose‹ schon bezeichnet: »Wenn ich eine entstandne Sache vor mir sehe nach der Entstehung frage und den Gang zurück messe so weit ich ihn verfolgen kann, so werde ich eine Reihe Stufen gewahr die ich zwar nicht neben einander sehen kann sondern mir in der Erinnrung zu einem gewissen idealen Ganzen vergegenwärtigen muß. Erst bin ich geneigt mir gewisse Stufen zu denken, weil aber die Natur keinen Sprung macht, bin ich zuletzt genötigt mir die Folge einer ununterbrochenen Tätigkeit als ein Ganzes anzuschauen indem ich das Einzelne aufhebe ohne den Eindruck zu zerstören. [...] Wenn man sich die Resultate dieser Versuche denkt, so sieht man daß zuletzt die Erfahrung aufhören das Anschauen eines Werdenden eintreten und die Idee zuletzt ausgesprochen werden muß. [...] Lehre von der Metamorphose der Pflanzen in ihrer ganzen Bedeutung« (*Ordnung des Unternehmens*; MA 4.2, S. 191f.).

Diesen großen Gedankenlinien liegen zahlreiche Detailstudien zugrunde. Sie sind alle als Vorarbeiten zum Metamorphose-Aufsatz

von 1790 anzusehen. Aus den Jahren 1785/86 stammt eine Niederschrift *Von den Kotyledonen* (MA 2.2, S. 580–591). G. berichtet: »Ich bin fleisig und habe nun ein Tischgen mit Erde worinn allerley Saamens liegen. Ich habe recht schöne Offenbaarungen über dies Geschlecht« (an Charlotte von Stein, 1.4. 1785). Im Juni 1785 nahm er den jungen Pflanzenkenner Friedrich Gottlieb Dietrich mit auf die Reise nach Karlsbad. Er schreibt: »In der Botanick bin ich ziemlich vorgeruckt« (an Karl Ludwig von Knebel, 18.11. 1785), und: »Das Pflanzenreich raßt einmal wieder in meinem Gemüthe, ich kann es nicht einen Augenblick loswerden, mache aber auch schöne Fortschritte« (an Charlotte von Stein, 9.7. 1786).

Bedeutsame Beobachtungen machte G. vor allem in Italien. Dazu gehört die Unterscheidung verschiedener Arten der Variation. Auf dem Brenner notiert er unter dem 8.9. 1786: »Wenn in der tiefern Gegend Zweige und Stengel stärker und mastiger waren, die Augen näher an einander standen, und die Blätter breit waren, so wurden höher ins Gebirg hinauf Zweige und Stengel zarter, die Augen rückten aus einander, so daß von Knoten zu Knoten ein größerer Zwischenraum statt fand, und die Blätter sich lanzenförmiger bildeten. Ich bemerkte dies bei einer Weide und einer Gentiana und überzeugte mich, daß es nicht etwa verschiedene Arten wären« (*Italienische Reise*; MA 15, S. 19f.). Hier kommt die Modifikation bereits bekannter Arten unter verschiedenen und ihm bis dahin noch unbekannten Wachstumsbedingungen zur Sprache.

Bei einer zweiten Art der Variation handelt es sich um erblich festgelegte, stabile Anpassungen, welche bei Arten ganz verschiedener verwandtschaftlicher Herkunft unter Umständen zu sehr ähnlichen Anpassungen an den Standort führen: »Am Meere hab ich heut verschiedne Pflanzen gefunden, deren ähnlicher Charakter mir ihre Eigenschaften näher hat kennen lassen. Sie sind alle zugleich mastig und streng, saftig und zäh und es ist offenbar daß das alte Salz des Sandbodens, mehr aber die Salzige Luft ihnen diese Eigenschaft gibt. Sie strotzen von Säften wie Wasserpflanzen, sie sind fest, zäh, wie Bergpflanzen« (*Tage-*

buch der Italienischen Reise für Frau von Stein 1786; MA 3.1, S. 112). Diese Konvergenzen beschrieb G. hier, noch ehe Alexander von Humboldt im Jahre 1806 seine Physiognomik der Gewächse entwickelte.

Bald nach der Rückkehr aus Italien faßte G. die gesammelten Erfahrungen und die daran angeschlossenen Überlegungen, wahrscheinlich auf der Grundlage von Notizen und Formulierungsversuchen, zu zwei Aufsätzen zusammen (*Einleitung*; MA 3.2, S. 303–307; und *Gesetze der Pflanzenbildung*; MA 3.2, S. 308–317), die ihrerseits als Vorarbeiten zum *Versuch die Metamorphose der Pflanzen zu erklären* (MA 3.2, S. 318–366) zu gelten haben. In jenen beiden Aufsätzen werden nämlich bereits entscheidende Aspekte der Pflanzenmetamorphose genannt und entwickelt. Es ist vom Typus die Rede, er sei ein Proteus, der »immer in Bewegung ist« und »sich ewig verändert und sich vor unsern Beobachtungen bald unter diese bald unter jene Gestalt verbirgt« (MA 3.2, S. 307); ferner vom »doppelten Leben der Pflanze« (MA 3.2, S. 304), von der sukzessiven Hervorbringung entwicklungsgleicher Abschnitte: »Von Knoten zu Knoten ist der ganze Kreis der Pflanze im Wesentlichen geendigt« (MA 3.2, S. 310). Diese Einsicht hat G. im Jahre 1796 zu der Vorstellung erweitert, die Pflanze sei ein zusammengesetztes Wesen, eine Art Kolonie aus identischen Teilen: »Die Pflanze erscheint fast nur einen Augenblick als Individuum und zwar da, wenn sie sich als Samenkorn von der Mutterpflanze loslöst. In dem Verfolg des Keimens erscheint sie schon als Vielfaches, an welchem nicht allein ein identischer Teil aus identischen Teilen entspringt, sondern auch diese Teile durch Sukzession verschieden ausgebildet werden, so daß ein mannigfaltiges, scheinbar verbundenes Ganze zuletzt vor unsern Augen dasteht« (MA 12, S. 207). – Dieser Satz spricht den Kern der Pflanzenmetamorphose aus.

Über den unmittelbaren Anstoß zur Niederschrift schreibt G.: »Indessen bin ich auch angespornt worden meine botanischen Ideen zu schreiben. Es hat den Schein daß ein auf Ostern angekündigtes Buch mir zuvorkommen könnte. So will ich wenigstens zugleich kom-

men« (an Herzog Carl August, 20.11. 1789). Und an August Johann Georg Carl Batsch: »Ew. Wohlgeb. sende ich den botanischen Versuch, über welchen ich mich Morgen mit Ihnen vorzüglich zu unterhalten wünschte. Ich habe ihn weder völlig endigen, noch genugsam ausarbeiten können, indeß wird er auch wie er da liegt Stoff zum Gespräch geben. Ich wünschte ihre Meinung: 1) Über die Idee im Ganzen und wiefern sie damit einstimmen. 2) Über den Vortrag ob Sie ihn einleuchtend halten. 3) Wünschte ich daß Sie mir mehrere Beyspiele anzeigten welche meine vorgelegte Theorie entweder einschräncken oder bestätigen« (18.12. 1789). Am 22.12. 1789 informiert er Knebel: »Ich melde dir m.l. daß es mir wohl geht und daß Batsch die Sache sehr gut aufgenommen hat«. Und wenig später: »Hier schicke ich Dir endlich das mühsam ausgearbeitete Werckchen. [...] Wenn ich es nun könnte ein Jahr liegen lassen und es dann wieder vornähme, sollte es doch noch eine reinere Gestalt kriegen. Ich habe indeß mein möglichstes gethan und was abgeht hoffe ich durch eine Fortsetzung, durch einen Commentar nachzuhohlen« (an Knebel, Ende Januar 1790). Eine solche Fortsetzung ist Fragment geblieben: *Metamorphose der Pflanzen Zweiter Versuch* (MA 3.2, S. 367–371).

Die Publikation der Schrift wurde von dem Leipziger Verleger Georg Joachim Göschen abgelehnt; sie erschien Ostern 1790 bei Carl Wilhelm Ettinger in Gotha. Darüber berichtet G. ausführlich in *Schicksal der Handschrift* (MA 12, S. 70f.).

Der Inhalt der Schrift

Metamorphose bezeichnet – im Bereiche der Biologie – die Verwandlung, die Umgestaltung von einer Lebensform in eine andere, wie etwa bei den Insekten die Umwandlung der Larve über die Puppe zur Imago. Im 18. Jh. war der Terminus noch weniger streng festgelegt; mit ihm bezeichnete man mindestens ein halbes Dutzend verschiedener biologischer Phäno-

J. W. von Goethe

Herzoglich Sachsen-Weimarischen Geheimenraths

Verfuch

die Metamorphofe

der Pflanzen

zu erklären.

Gotha,

bey Carl Wilhelm Ettinger.

1790.

mene. G. verbindet mit Metamorphose die Vorstellung, daß die entwicklungsgleichen Grundbauelemente der Pflanzen, speziell der von ihm genauer untersuchten Kräuter – Stengelabschnitt mit Knoten, Blatt und Achselknospe – »sich nach einander und gleichsam auseinander entwickeln, [...] wodurch ein und dasselbe Organ sich uns mannigfaltig verändert sehen läßt« (MA 3.2, S. 319). Während der Entwicklung einer Pflanze werden, von unten beginnend, die Keimblätter, die primären Laubblätter, die Folgeblätter, Hochblätter, Kelchblätter, Blumenkronblätter, Staubblätter und schließlich die Fruchtblätter an den nacheinander erscheinenden Stengelabschnitten ausgebildet. Die Summe der Besonderheiten aller Abschnitte gibt jeder Pflanzenart ihr charakteristisches Gepräge.

Der Aufsatz besteht aus einer Folge von achtzehn Kapiteln, jedes untergliedert in eine Anzahl von Paragraphen; insgesamt 123 Paragraphen. Im Einleitungskapitel wird das Wesen der Metamorphose vorgestellt: »Wir lernen die Gesetze der Umwandlung kennen, nach welchen sie [die Natur; d. Vf.] Einen Teil durch den andern hervorbringt, und die verschiedensten Gestalten durch Modifikation eines einzigen Organs darstellt« (ebd.). Das »einzige Organ« ist das oben genannte Bauelement; »die verschiedensten Gestalten« werden hervorgebracht vor allem durch die Verschiedenartigkeit der Blätter am Stengel und durch die unterschiedliche Länge der Stengelabschnitte.

Die folgenden Kapitel behandeln die Stengelabschnitte in der gleichen Reihenfolge, in der sie im Laufe des Wachstums entstehen, von unten nach oben: I Von den Samenblättern, II Ausbildung der Stengelblätter von Knoten zu Knoten, III Übergang zum Blütenstande, IV Bildung des Kelches, V Bildung der Krone, VI Bildung der Staubwerkzeuge, VII Nektarien, VIII Noch einiges von den Staub-Werkzeugen, IX Bildung des Griffels, X Von den Früchten, XI Von den unmittelbaren Hüllen des Samens. Einige weitere Kapitel – in denen besonders durchgewachsene Blüten von Rose (MA 3.2, S. 359) und Nelke (MA 3.2, S. 360) sowie Linnés Antizipation behandelt werden – runden das Bild ab.

Im ganzen versucht G., die entwicklungsgeschichtliche Gleichartigkeit, die Homonomie der Stengelabschnitte mit ihren Anhängen nachzuweisen. Umwandlungen, wie etwa die eines Kelchblattkreises in einen Kronblattkreis bei gefüllten Primeln (MA 3.2, S. 333); Zwischenstufen, wie etwa zwischen Kron- und Staubblättern in den Blüten der Seerose (MA 12, S. 934), und Mißbildungen, wie etwa eine Verschmelzung von Laub- und Blütenblatt bei der Tulpe (MA 3.2; S. 337) liefern entscheidendes Material: Sie sind nur zu verstehen, wenn es sich bei allen Stengelanhängen um unterschiedliche Ausprägungsformen des einen Organs Blatt handelt.

Die diesem Homonomie-Nachweis am nächsten kommende Untersuchung aus dem Bereich der vergleichenden Anatomie der Wirbeltiere ist die zur Wirbeltheorie des Schädels (*Bedeutende Fördernis durch ein einziges geistreiches Wort*; MA 12, S. 306; *Das Schädelgerüst aus sechs Wirbelknochen auferbaut*; MA 12, S. 359), weil dort ebenfalls eine Entwicklungsgleichheit postuliert wird, nämlich die von den Wirbeln der Wirbelsäule und den – von G. gesehenen – sechs Regionen des Hirnschädels.

Die Metamorphose der Pflanzen erklärt G. mit einer inzwischen veralteten Säftelehre. Auch seine Deutung der Samenschale als Blattderivat war nicht aufrechtzuerhalten. Die Samenschale wird in Wahrheit aus Teilen der Samenanlage, den Integumenten, gebildet. Die den Fruchtknoten (oder Stempel) bildenden Fruchtblätter, deren Blattcharakter noch längere Zeit bezweifelt wurde, sind jedoch nach Art ihrer Entwicklung und ihres Nervenverlaufs tatsächlich im Sinne G.s als Blätter anzusehen.

Eine weitere Vorstellung, mit der G. in Italien umgegangen ist, findet sich in der *Metamorphose der Pflanzen* nur noch verborgen wieder. In einer Notiz hatte er festgehalten: »Hypothese / Alles ist Blatt, und durch diese Einfachheit wird die größte Mannigfaltigkeit möglich« (LA II, 9A, S. 58). In der *Italienischen Reise* wurde das, im Bericht vom Juli unter dem fingierten Datum vom 17.5. 1787, beschrieben: »Es war mir nämlich aufgegangen daß in demjenigen Organ der Pflanze, welches wir als Blatt gewöhnlich anzusprechen pflegen, der wahre Proteus verborgen liege, der sich in allen Gestaltungen verstecken und offenbaren könne. Vorwärts und rückwärts ist die Pflanze immer nur Blatt« (MA 15, S. 456).

Zu dieser, über unsere heutige hinausgehenden Vorstellung gelangt G. wohl aufgrund von Beobachtungen, die in § 22 der Metamorphose-Schrift beschrieben sind: »Daß dieser für sich bestehende Blattstiel gleichfalls eine Neigung habe sich in Blättergestalt zu verwandeln, sehen wir bei verschiedenen Gewächsen Zb. an den Agrumen [d. i. die Gattung Citrus; d. Vf.], und es wird uns seine Organisation in der Folge noch zu einigen Betrachtungen auffordern, welchen wir gegenwärtig ausweichen« (MA 3.2, S. 326). Bei den Citrus-Arten ist der Blattstiel sehr häufig zur Blattgestalt (zum Phyllodium) verbreitert. G. kommt in dieser Schrift nicht noch einmal darauf zurück; er erwähnt jedoch eine verwandte Erscheinung, nämlich die blattartig abgeflachten Sprosse (Phyllokladien) beim Mäusedorn: »Bei dem Ruscus ist die Art wie Blüten und Früchte auf den Blättern aufsitzen noch merkwürdiger« (MA 3.2, S. 348). – In diesem letzten Fall wußte G. zwar nicht, daß es sich bei den »Blättern« in Wahrheit um Flachsprosse handelte. Jener erste Fall mag ihm jedoch den Verdacht nahegelegt haben, selbst Blattstiel – und am Ende auch Stengelabschnitt – seien nichts als Blattderivate. Auch die Formulierung des § 119 der Metamorphosenschrift: »So wie wir nun die verschieden-scheinenden Organe der sprossenden und blühenden Pflanze alle aus einem einzigen nämlich d e m B l a t t e, welches sich gewöhnlich an jedem Knoten entwickelt, zu erklären gesucht haben« (MA 3.2, S. 365), ist gelegentlich so interpretiert worden (MA 3.2, S. 617). Mit »Organ« dürfte hier jedoch lediglich das »an jedem Knoten« sich entwickelnde Blatt gemeint sein. – Wenn also G. in Italien den Gedanken unterhalten haben sollte, alles an einer Pflanze sei Blattderivat: in der Metamorphoseschrift ist er gewiß aufgegeben.

Methodisch ist entscheidend, daß G. in Entwicklungsanomalien Naturexperimente sieht, welche einen Einblick in die der Normalentwicklung zugrunde liegenden Gesetzlichkeiten gewähren. Dies ist eine seiner fruchtbarsten Grundideen in der Morphologie; er hat sich zu diesem Problem mehrfach geäußert: »Im Pflanzenreiche nennt man zwar das Normale in seiner Vollständigkeit mit Recht ein Gesundes, ein physiologisch Reines; aber das Abnorme ist nicht gleich als krank, oder pathologisch zu betrachten. Nur allenfalls das Monstrose könnte man auf diese Seite zählen. Daher ist es in vielen Fällen nicht wohl getan daß man von Fehlern spricht, so wie auch das Wort M a n g e l andeutet es gehe hier etwas ab: denn es kann ja auch ein Zuviel vorhanden sein, oder eine Ausbildung ohne, oder gegen das Gleichgewicht. Auch die Worte Mißentwickelung, Mißbildung, Verkrüppelung, Verkümmerung sollte man mit Vorsicht brauchen, weil in diesem Reiche die Natur, zwar mit höchster Freiheit wirkend, sich doch von ihren Grundgesetzen nicht entfernen kann. Die Natur bildet normal, wenn sie unzähligen Einzelnheiten die Regel gibt, sie bestimmt und bedingt; abnorm aber sind die Erscheinungen, wenn die Einzelnheiten obsiegen und auf eine willkürliche, ja zufällig scheinende Weise sich hervortun. Weil aber beides nah zusammen verwandt und, sowohl das Geregelte als Regellose, von Einem Geiste belebt ist, so entsteht ein Schwanken zwischen Normalem und Abnormen, weil immer Bildung und Umbildung wechselt, so daß das Abnorme normal und das Normale abnorm zu werden scheint« (*Nacharbeiten und Sammlungen*; MA 12, S. 110f.). Diese Gedanken entstehen im Anschluß an eine Tagebucheintragung vom 1.7.1816: »Jäger Mißbildung der Gewächse 1814«. Jener Besprechung des Jägerschen Werkes schickt G. Gedanken voran, mit denen er an seine *Metamorphose der Pflanzen* anknüpft. Er sieht sie als Auftakt und Basis für eine umfassende Morphologie, Entwicklungsgeschichte und Entwicklungsphysiologie der Pflanzen, »ein die Welt überschattender Baum der Pflanzenkunde« (MA 12, S. 109). Ein solches umfassendes Werk müsse nach einem ersten Abschnitt, der die Normalentwicklung behandelt, einen zweiten Abschnitt über die Mißbildungen enthalten. Daran, selber ein solches Werk auszuarbeiten, hat G. wohl zeitweise gedacht. »Daß ein solches Werk mir aber nicht gelingen wollen betrübt mich in diesem Augenblicke keineswegs, da seit jener Zeit die Wissenschaft sich höher herangebildet und fähigen Männern alle Mittel sie zu fördern weit reichlicher und näher an der Hand liegen« (ebd.). In Georg Friedrich Jäger mochte G. solch einen fähigen Mann sehen.

Dieser methodische Ansatz war für G. nicht neu; er spielt bereits bei seinen osteologischen Studien eine Rolle. Im zweiten der *Morphologischen Hefte* gibt G. Auszüge zweier Briefe des Göttinger Anatomen Johann Friedrich Blumenbach wieder: »Selbst an den Schädeln ungeborner oder junger Kinder findet sich doch eine Spur, quasi rudimentum, des ossis intermaxillaris; je unreifer die Embryonen desto deutlicher. An einem hydrocephalo sah ich zwei völlig abgesonderte kleine Knochenkerne, und bei erwachsenen jugendlichen Köpfen ist doch oft noch vorn am Gaum eine Sutura spuria zu merken, welche die vier incisores gleichsam vom übrigen limbus dentium absondert« (Blumenbach an Soemmerring, 24.3.1781; MA 12, S. 167). Und am 5.5. 1781 kommt Blumenbach noch einmal auf den gleichen Befund zurück: »Über die vel quasi Spur eines rudimenti ossis intermaxillaris bei Foetibus habe ich mich wohl nicht deutlich genug ausgedrückt. Auf der Außenseite (im Gesicht) ist sie nicht leicht merklich. Aber unten am Gaum und bei einzelnen ossib. maxill., auch an der einen Nasenfläche bald mehr bald minder kenntlich. Zuweilen erhalten sich die Vestigia am Gaum auch noch bei Adolescentibus und in einem schönen Hydrocephalo ist es von der einen Seite (aber freilich praeter naturam) ganz separat, als ein einzelnes Knöchelchen. [...] Aber wie gesagt, es ist noch himmelweit vom wahren osse intermaxillari verschieden« (MA 12, S. 168). – Was Blumenbach als Artefakt ansah, beurteilte G. korrekt; er sah in Mißbildungen Phänomene, die vom ganzen Umfang der Entwicklungsmöglichkeiten, von denen in der Normalentwicklung nur ein Teil realisiert wird, ein Bild liefern.

Selbst in den Jahren 1830/31 kommt G.

noch einmal auf diese Problematik zurück. In seiner Besprechung des Pariser Akademiestreits im Jahre 1830 zitiert er zunächst Etienne Geoffroy de St. Hilaires Urteil über Petrus Camper: »›Ein weitumfassender Geist; hochgebildet und immerfort nachdenkend; er hatte von der Übereinstimmung organischer Systeme so ein lebhaftes und tiefes Gefühl, daß er, mit Vorliebe, alle außerordentlichen Fälle aufsuchte, wo er einen Anlaß fände, sich mit Problemen zu beschäftigen, eine Gelegenheit Scharfsinn zu üben, um sogenannte Anomalien auf die Regel zurückzuführen‹«. Und G. fügt hinzu: »Hier möchte nun der Ort sein zu bemerken: daß der Naturforscher auf diesem Wege am ersten und leichtesten den Wert, die Würde des Gesetzes, der Regel erkennen lernt. Sehen wir immerfort nur das Geregelte, so denken wir, es müsse so sein, von jeher sei es also bestimmt und deswegen stationär. Sehen wir aber die Abweichungen, Mißbildungen, ungeheure Mißgestalten, so erkennen wir: daß die Regel zwar fest und ewig, aber zugleich lebendig sei, daß die Wesen, zwar nicht aus derselben heraus, aber doch innerhalb derselben sich ins unförmliche umbilden können, jederzeit aber, wie mit Zügeln zurückgehalten, die unausweichliche Herrschaft des Gesetzes anerkennen müssen« (MA 18.2, S. 522).

Die Rezeption der Schrift

G.s großes Interesse an der Rezeption seiner morphologischen Arbeiten hängt gewiß zusammen mit dem Wert, den er ihnen im Rahmen seinen Gesamtwerks einräumte. Zur Rezeption der Metamorphoseschrift hat er sich mehrfach schriftlich geäußert, vor allem in den *Morphologischen Heften* (MA 12, S. 7– 384) und 1831 noch einmal in einem Beitrag zur deutsch-französischen Parallel-Ausgabe der Pflanzenmetamorphose: *Wirkung dieser Schrift und weitere Entfaltung der darin vorgetragenen Idee 1830* (MA 18.2, S. 457– 479). Den Auftakt gibt *Schicksal der Handschrift*

(MA 12, S. 69–72): »Mit meinem neuen Hefte wohl zufrieden schmeichelte ich mir, auch im wissenschaftlichen Felde, schriftstellerisch eine glückliche Laufbahn zu eröffnen, allein hier sollte mir ebenfalls begegnen, was ich an meinen ersten dichterischen Arbeiten erlebt, ich ward gleich Anfangs auf mich selbst zurückgewiesen; doch hier deuteten die ersten Hindernisse, leider gleich auf die spätern, und noch bis auf den heutigen Tag lebe ich in einer Welt aus der ich wenigen etwas mitteilen kann. Dem Manuskript aber erging es folgendermaßen« (es folgt die Geschichte von der Ablehnung durch Göschen und der Publikation bei Ettinger; MA 12, S. 70f.). »Das Publikum stutzte: denn nach seinem Wunsch sich gut und gleichförmig bedient zu sehen, verlangt es an jeden daß er in seinem Fache bleibe [...] aus seinem Kreise sich nicht entferne, oder wohl gar in einen weit abgelegenen hinüberspringe. Wagt es einer, so weiß man ihm keinen Dank, ja man gewährt ihm, wenn er es auch recht macht, keinen besondern Beifall« (MA 12, S. 71). Dieser Tenor des Enttäuschtseins über Quantität und Qualität der Resonanz herrscht zunächst vor und wird später abgelöst von der Genugtuung über breitere Anerkennung. In *Schicksal der Druckschrift* (MA 12, S. 72–79) führt der Autor zunächst noch Klage: »Einer meiner römischen Kunstfreunde [wahrscheinlich Johann Heinrich Wilhelm Tischbein; d. Vf.] [...] gab dem Vorgetragenen eine zwar wunderliche aber doch geistreiche Bedeutung« (MA 12, S. 73); »Freundinnen [...] waren auch mit meiner abstrakten Gärtnerei keineswegs zufrieden« (MA 12, S. 74); andere »parodierten meine Verwandlungen durch märchenhafte Gebilde neckischer, neckender Anspielungen« (MA 12, S. 77). »Überdies waren die Äußerungen meiner Freunde keineswegs von schonender Art« (ebd.): »Eine günstige Rezension in den Göttinger Anzeigen, Februar 1791, konnte mir nur halb genügen« (MA 12, S. 78).

Immerhin wird diese Rezension als positiv bewertet; denn wenn in der Notiz *Drei günstige Rezensionen* (MA 12, S. 102f.) nur zwei erwähnt werden, ist jene vorgenannte als die dritte anzusehen.

Es wird außerdem angenommen, G. habe die eine oder andere Besprechung bald nach ihrem Erscheinen gelesen, habe sich jedoch später nicht an die Lektüre erinnert. So hänge z.B. die Hilfsbereitschaft G.s gegenüber dem Philosophen Salomon Maimon damit zusammen, daß dieser 1791 im Juniheft der *Deutschen Monatsschrift* eine sehr einfühlsame, sowohl ins Detail wie ins Prinzipielle gehende und über die Bedeutung der Schrift für die Pflanzenkunde hinausweisende Besprechung geschrieben hatte (MA 12, S. 945–947).

Die umfassendste Würdigung wird indessen in der *Jenaischen Allgemeinen Literatur-Zeitung* im Jahre 1823 versucht, hier im Rahmen einer Gesamtbesprechung der Zeitschrift *Zur Naturwissenschaft überhaupt, besonders zur Morphologie* (MA 12, S. 842–900). Der botanische Teil dieser Besprechung – von Christian Gottfried Daniel Nees von Esenbeck (MA 12, S. 842–863) – behandelt den Gegenstand mit derart blumenreichem Überschwang, daß G. schreiben konnte, in der Rezension sei »mit Neigung das Gute, mit Schonung das Bedenkliche dargestellt« (MA 12, S. 735f.).

Die Wirkung der Schrift in der Wissenschaftsgeschichte. Ihr Bezug zur Morphologie generell

Die Wirkung der Metamorphose-Schrift in der Wissenschaftsgeschichte ist bescheiden. Sie hat aktuelle Bedeutung lediglich in der sogenannten Goetheanistischen Naturwissenschaft (vgl. Schad, dort besonders die Arbeiten von Jochen Bockemühl).

Im ersten der *Morphologischen Hefte* (1817) berichtet G. über die *Entdeckung eines trefflichen Vorarbeiters* (MA 12, S. 80–86). Gemeint ist Caspar Friedrich Wolff, der in seinem Werk *De formatione intestinorum* (Petersburg, 1768) die Grundgedanken G.s bereits ausspricht. G. lernte sie erst in der Übersetzung von Johann Friedrich Meckel dem Jüngeren kennen: *Über die Bildung des Darmkanals im bebrüteten Hühnchen. Halle, 1812.* Daraus zitiert G.:

»›Wenn nun die Kelchblätter wahre Blätter, die Blumenblätter aber nichts als Kelchblätter sind: so ist es wohl keinem Zweifel unterworfen, daß auch die Blumenblätter modifizierte wahre Blätter sind [...] daß auch die Staubgefäße ihrem Wesen nach eigentlich Blätter sind. Mit einem Worte, in der ganzen Pflanze, deren Teile auf den ersten Anblick so außerordentlich von einander abweichen, sieht man, wenn man alles reiflich erwägt, nichts als Blätter und Stengel‹« (MA 12, S. 83). Für Wolff sind, ebenso wie für G., Zwischenformen zwischen den regulären Blatt-Typen sowie Umwandlungen des einen Typs in einen anderen die entscheidenden Indizien für seine Aussage.

In der Beurteilung des intellektuellen Anspruchs, die Zusammenhänge zu erkennen, ist Wolff zwar sehr bescheiden: »Da bestätigte sich denn, daß die verschiedenen Teile, woraus die Pflanzen bestehen, einander außerordentlich ähnlich sind, und deshalb ihrem Wesen und ihrer Entstehungsweise nach leicht erkannt werden. In der Tat bedarf es keines großen Scharfsinns, um [...] zu bemerken, daß der Kelch sich von den Blättern nur wenig unterscheidet« (MA 12, S. 82). Aber er bezeichnet damit einen wesentlichen Punkt; denn da die Verhältnisse relativ klar zutage liegen, waren G.s Folgerungen eine Art Antiklimax: Sie waren nicht so durchschlagskräftig und in ihrem Erkenntnisgewinn nicht so bedeutsam, wie er wohl annahm. Tatsächlich gab es neben Wolff noch weitere Botaniker, die auf die besagten Verhältnisse aufmerksam geworden waren, wie Jacob Hermann Friedrich Kohlbrugge nachgewiesen hat.

Ein wesentliches Licht auf die Stellung der Metamorphose-Schrift, sowohl im Gesamtrahmen von G.s morphologischen Bemühungen als auch in ihrer wissenschaftshistorischen Bedeutung, kann ein Vergleich dieser Schrift mit den osteologischen Arbeiten werfen.

G. hatte zwar 1784 einen Aufsatz aus der vergleichenden Anatomie der Wirbeltiere abgeschlossen: *Versuch aus der vergleichenden Knochenlehre daß der Zwischenknochen der oberen Kinnlade dem Menschen mit den übrigen Tieren gemein sei* (MA 2.2, S. 530–545). Sein großer Wurf auf diesem Gebiete der Morphologie entstand jedoch erst nach dem Abschluß der Pflanzenmetamorphose. Er wurde vorbereitet in einer Reihe von Niederschriften aus der ersten Hälfte der 90er Jahre (*Versuch über die Gestalt der Tiere, Versuch einer allgemeinen Knochenlehre, Weitere Beschreibungen zur Ergänzung der Knochenlehre* und *Versuch einer allgemeinen Vergleichungslehre*; MA 4.2, S. 134–184), und er gipfelte in dem in den *Morphologischen Heften* publizierten Aufsatz *Erster Entwurf einer allgemeinen Einleitung in die vergleichende Anatomie, ausgehend von der Osteologie* (MA 12, S. 120–153). Dieser Aufsatz ist das Pendant zur *Metamorphose der Pflanzen*. Hier wird der Bauplan der Blütenpflanzen, dort der Bauplan der Wirbeltiere gesucht. Der Bau einer Blütenpflanze ist überschaubarer, leichter analysierbar als der eines Wirbeltiers. Bei der Blütenpflanze sind, im Gegensatz zum Wirbeltier, die Organe nach außen gekehrt. Deswegen ist auch ihre Entwicklung leichter als die eines Wirbeltieres zu verfolgen. Tatsächlich hat G. die Entwicklung der Pflanzen in seine Metamorphose-Betrachtung einbezogen.

Infolgedessen war es ihm möglich, seine pflanzen-morphologische Arbeit zu einem gewissen Ganzen abzurunden. Das konnte beim *Ersten Entwurf* noch nicht gelingen. Man ist versucht, die Pflanzenmetamorphose als G.s Gesellenstück in der Morphologie anzusehen. Die Schwierigkeit der Arbeit am Meisterstück – der vergleichenden Anatomie der Wirbeltiere – ist an der Häufigkeit und am Umfang der Formulierungsversuche abzulesen. Und noch im *Ersten Versuch* ist die Behandlung des Gegenstandes weit weniger systematisch, die Darstellung weit weniger straff als in der Pflanzenmetamorphose. Ebenso deutlich drückt sich die Unsicherheit des Autors im Titel der Arbeit aus, in dessen erstem Teil er das Vorhaben, eine vergleichende Anatomie zu erarbeiten, mehrfach einschränkt.

Schließlich ist der intellektuelle Anspruch und die aktuelle Bedeutung der vergleichend-anatomischen Bemühungen G.s ebenso wie ihr Fortwirken in der Wissenschaftsgeschichte höher zu bewerten als die der Pflanzenmetamorphose. In beiden Gebieten behandelt G. die

Frage nach der serialen, der entwicklungsgeschichtlichen Gleichheit – wir nennen es heute Homonomie – der Bausteine seiner Objekte. Homonom sind bei den Pflanzen – das weist er nach – die Stengelabschnitte, jeder mit Knoten, Blatt- und Achselknospe. Homonomie fordert er auch für die sechs von ihm gesehenen Schädelregionen und die sich daran anschließenden Wirbel der Wirbelsäule. Diese Wirbeltheorie des Schädels war zwar nicht in der von G. gedachten einfachen Form zu halten, war indessen von großem heuristischen Wert.

Da G. darüber hinaus auch bei den Tieren – wie bei den Pflanzen – den Bauplan, den Typus, ermitteln wollte, geriet er bei ihnen in die hier noch vielgestaltigere Welt der Homologien. Für ihn war gewiß Homologie noch nicht gleichbedeutend mit Abstammungsgleichheit; dieser Begriff war übrigens zu seiner Zeit auch noch nicht in die Biologie eingeführt. Aber er erarbeitete im *Ersten Entwurf* eine Liste der entscheidenden Homologiekriterien, mit denen bis heute in der Evolutionsbiologie gearbeitet wird.

Ein weiterer bedeutsamer Unterschied kommt hinzu. In beiden Fällen, in der Pflanzenmetamorphose und in der vergleichenden Anatomie der Wirbeltiere, versucht G., die Variabilität des Bauplans und seiner Elemente zu erklären. Bei den Pflanzen führt er die Unterschiede zwischen den Stengelabschnitten samt Blättern auf den Zutritt und die Wirkung roherer oder feinerer Säfte zurück. Gewiß sind »Säfte« irgendeiner Art, d.h. gelöste Substanzen, im Spiel. Solange jedoch ihre Beteiligung und ihre Natur so vage bleiben mußten, leistete diese Säftelehre nicht viel mehr zur Erklärung, als nehme man einen Allwaltenden in Anspruch.

Anders in der vergleichenden Anatomie; hier schließt sich G. zunächst der Vorstellung Blumenbachs an: Dem Ei jeder Tierart werde eine bestimmte Menge an Bildungstrieb (nisus formativus) zugemessen, viel beim Elefanten, wenig bei der Maus. Neben den Größenunterschieden wird der Grundtypus »Wirbeltier« aber noch hinsichtlich seiner Körperproportionen variiert: dem Rumpf gegenüber langer Hals und lange Extremitäten bei der Giraffe;

kurzer Hals und kurze Extremitäten beim Maulwurf. G. postuliert einen »Etat« an Bildungstrieb, »daß nämlich die haushältische Natur sich einen Etat, ein Budget vorgeschrieben, [...] indem, wenn an der einen Seite zuviel ausgegeben worden, sie es an der andern abzieht und auf die entschiedenste Weise sich ins Gleiche stellt« (*Principes de Philosophie Zoologique*; MA 18.2, S. 532f.). Die Formenmannigfaltigkeit entsteht also im Zusammenspiel von Typus und Etat des Bildungstriebs – als dem Maß, den Schranken, dem Gesetz – auf der einen Seite, und von der freien Verfügbarkeit des Bildungstriebs innerhalb der Schranken seines Etats – als dem Element der Freiheit, der Willkür – auf der anderen Seite.

Das sind die Begriffe, die G. in der dichterischen Behandlung im Lehrgedicht AΘΡΟΙΣΜΟΣ (MA 12, S. 153–155) verwendet. Das Zusammenspiel von Gesetz und Freiheit bezeichnet er dort als »bewegliche Ordnung«. Er expliziert in diesem Gedicht die Wirksamkeit dieses entwicklungsphysiologischen Prinzips an der Tatsache, daß Wirbeltiere entweder Schneidezähne im Oberkiefer oder einen Kopfschmuck (Geweih, Hörner, Höcker) ausbilden, niemals beides gemeinsam. Das Wirksamwerden eines heute sogenannten Kompensationsprinzips, d.h. eines ursächlichen Zusammenhanges zwischen der Bildung von oberen Schneidezähnen einerseits und Kopfschmuck andererseits, ist durchaus wahrscheinlich. Ein experimenteller Nachweis wäre möglich; er steht indes noch aus.

Jenem Hexameter-Gedicht hat G. später den Titel *Metamorphose der Tiere* gegeben und hat es damit dem in Distichen gesetzten Gedicht *Die Metamorphose der Pflanzen* (MA 12, S. 74– 77) an die Seite gestellt. Das unterschiedliche Gewicht der pflanzen- und der tiermorphologischen Arbeiten G.s drückt sich auch in diesen beiden Lehrgedichten aus. Das Pflanzengedicht ist abgeschlossen, leicht verständlich; es mag »der weichere Vortrag an eine Freundin [Christiane; d. Vf.] den elegischen Vers entschuldigen«, urteilt Knebel (an G., 18.7. 1798). Demgegenüber richtet sich das Tiergedicht nicht an eine bestimmte

Person; es ist Fragment geblieben; es setzt beim Leser voraus, er sei »also bereitet, die letzte Stufe zu steigen«; der Titel (ΑΘΡΟΙΣΜΟΣ, gr. Anhäufung, Ansammlung) weist auf die Gedrängtheit der Darstellung des anspruchsvollen Stoffes hin. Und schließlich wird in den letzten zwölf Versen das erarbeitete Naturgesetz ins Allgemeine erhoben, es wird die Brücke geschlagen zwischen Kunst und Wissenschaft, zwischen Menschen- und Weltwesen.

Bezug der Morphologie zum Gesamtwerk

Im vorangehenden Absatz kommt bereits ein Bezug von den morphologischen Arbeiten G.s zu seinem Gesamtwerk zur Sprache. Die beiden Begriffsfelder – Maß, Schranken, Regel, Ordnung, Bedingung, Notwendigkeit und Gesetz auf der einen; Chaos, Regellosigkeit, Willkür, Unbedingtheit, Zufall und Freiheit auf der anderen Seite – sowie deren als »bewegliche Ordnung« bezeichnetes Zusammenspiel spielen bei G. in vielen Zusammenhängen eine Rolle: »Das Gewebe dieser Welt ist aus Notwendigkeit und Zufall gebildet, die Vernunft des Menschen stellt sich zwischen beide, und weiß sie zu beherrschen, sie behandelt das Notwendige als den Grund ihres Daseins, das Zufällige weiß sie zu lenken, zu leiten und zu nutzen« (*Wilhelm Meisters Lehrjahre*; MA 5, S. 70).

Auch zur Kunst ist die Verbindung sehr eng: »Glücklicherweise hab ich auch eine Combination der Kunst mit meiner Vorstellungs-Art der Natur gefunden und so werden mir beyde doppelt lieb« (an Knebel, 3.10. 1787). Aufklärung über diese Kombination geben zwei weitere, aus der gleichen Zeit stammende Äußerungen. Zunächst heißt es im Brief vom 9.6. 1787 an Charlotte von Stein, mit dem Modell der Urpflanze und dem Schlüssel dazu wolle er »noch Pflanzen ins Unendliche erfinden, die konsequent sein müssen, das heißt: die [...] eine innerliche Wahrheit und Notwendigkeit ha-

ben« (WA IV, 8, S. 232f.). Und in der *Italienischen Reise* erscheint unter dem 6.9. 1787: »Diese hohen Kunstwerke sind zugleich als die höchsten Naturwerke von Menschen nach wahren und natürlichen Gesetzen hervorgebracht worden« (MA 15, S. 478). Ganz ähnlich später noch einmal: »Ein vollkommenes Kunstwerk ist ein Werk des menschlichen Geistes, und in diesem Sinne auch ein Werk der Natur« (*Über Wahrheit und Wahrscheinlichkeit der Kunstwerke*; MA 4.2, S. 94).

Da für G. demnach Kunstwerke auch Naturwerke sind, gewissermaßen solche zweiter Ordnung, ist es interessant, wie er seine in der Morphologie bewährte Methode des Vergleichens für seine Kunstbetrachtung anzuwenden gedenkt. Am 29.12. 1786 schreibt er an Herder: »Die Fähigkeit ähnliche Verhältniße zu entdecken, wenn sie auch noch soweit auseinander liegen, und die Genesen der Dinge aufzuspüren hilft mir auch hier außerordentlich, und wenn ich Zeit hätte alle Kunstwercke mir recht zu vergegenwärtigen und sie alsdann miteinander zu vergleichen, wollte ich ohne große Gelehrsamkeit der Geschichte der Kunst manchen Vorteil bringen«.

Wenn er hier, wie es scheint, die »wahren und natürlichen Gesetze« glaubt suchen zu können, dann sieht es aus, als denke er an eine Entwicklung der Kunst, die sich mindestens teilweise aufgrund innerer, vom Subjekt des Künstlers unabhängiger Gesetze vollzieht. Auf jeden Fall bekommt seine Beschäftigung mit lebenden Geschöpfen dadurch eine neue Dimension: Das Auffinden der Gesetzlichkeiten ihres Seins und Werdens ist für ihn das Fundament für das Verständnis der Gesetzlichkeiten im Wesen und in der Entwicklung menschlicher Schöpfungen.

G. ist wohl nie ernsthaft mit Gedanken an eine stammesgeschichtliche Entwicklung der Organismen umgegangen. Er und seine Zeit, etwa Herder in seinen *Ideen zur Philosophie der Geschichte der Menschheit. 1784–1791*, sahen eine Kontinuität in der Entwicklung in allen anderen Bereichen, und nur wenige, wie Jean Baptist Lamarck, erwogen sie auch im Bereich der Organismen. Selbst Charles Darwin fiel es schwer, sich von der Überzeugung, die Arten seien unveränderlich – mit der er noch seine Weltreise 1831 angetreten hatte – zu lösen. G. scheint jedoch nach dem oben Gesagten evolutionistische Gedanken im Bereich der Kunstgeschichte unterhalten zu haben. Es hat den Anschein, als hätten die Biologen, hätten sie noch länger mit ihrer Einsicht in die Veränderlichkeit der Arten auf sich warten lassen, von verschiedenen anderen Seiten – und eben auch von der Seite der Kunstgeschichte – am Ende genötigt werden können, sich zur Kontinuität bei der Entstehung der Pflanzen- und Tierwelt zu bekennen.

Die historische Entwicklung der Wissenschaft angehend, glaubte G. den Akzent anders setzen zu müssen. Er hat nicht geleugnet, daß dem Gang der Entwicklung gewiß auch eine Eigengesetzlichkeit zugrunde liegt, etwa nach dem Schema: Ein Problem wird mittels geeigneter Methoden behandelt und gelöst; sekundäre Probleme tauchen auf und werden entsprechend behandelt, usf. Zum Ausdruck gebracht hat er sein Interesse an der Individualität der Wissenschaftler – und damit gewiß an deren Bedeutung für den Gang der Wissenschaftsgeschichte: »Eine Geschichte der Wissenschaften, insofern diese durch Menschen behandelt worden, zeigt ein ganz anderes und höchst belehrendes Ansehen, als wenn bloß Entdeckungen und Meinungen an einander gereiht werden« (*Geschichte der Farbenlehre, Einleitung;* MA 10, S. 477). Unter diesem Gesichtspunkt muß man gewiß auch die Tatsache ansehen, daß G. eine Vielzahl autobiographischer Aufsätze in die *Morphologischen Hefte* (MA 12, S. 7–384) eingereiht hat.

Eine weitere Besonderheit der morphologischen Arbeiten G.s liegt darin, daß er innerhalb dieses doch eigentlich ganz auf die Gestalt- und Gestaltbildungsprobleme der Organismen ausgerichteten Gebietes die Behandlung dreidimensionaler Probleme ausgespart hat. Die Wirbeltheorie des Schädels behandelt die lineare Anordnung der Wirbel in der Wirbelsäule und deren Fortsetzung in die Schädelregionen hinein. In der *Metamorphose der Pflanzen* richtet G. sein Augenmerk auf die lineare Abfolge der Stengelabschnitte und der Blätter am Stengel. Der dreidimensionalen Anordnung der Blätter um den Stengel herum weicht er aus, selbst dann noch, als er von Carl Friedrich Philipp von Martius auf die Problematik aufmerksam gemacht worden war. In den beiden Notizen *Über die Spiraltendenz* und *Weitere Studien zur Spiraltendenz* (LA I, 10, S. 339–365) bleibt sie unbehandelt. Ein ähnliches Ausweichen vor kristallographischen Problemen, zu deren Bewältigung räumliches Vorstellungsvermögen gefordert gewesen wäre, ist Emil Fischer an dem Aufsatz *Joseph Müllerische Sammlung* (MA 12, S. 414–430) aufgefallen. Daß man auf diese Eigenschaft G.s bei der Analyse seiner naturwissenschaftlichen Schriften aufmerksam wurde, ist verständlich; wenn sie sich nicht auch auf sein fiktionales Werk ausgewirkt hätte, wäre dies verwunderlich.

Literatur:

Becker, Hans Joachim: Goethe – seine Biologie und seine räumliche Wahrnehmung. Sitzungsbericht der Bayerischen Akademie der Wissenschaften. Mathematisch-naturwissenschaftliche Klasse 1994, S. 1–15. – Becker, Komm. in MA 12, S. 906–1037. – Benn, Gottfried: Goethe und die Naturwissenschaften. In: Die Neue Rundschau. 43 (1932), S. 463–490. – Fischer, Emil: Goethe und die Müllersche Steinsammlung. In: Forschung und Fortschritt. 33 (1959), S. 257–260. – Goethes Morphologische Schriften. Ausgew. u. eingel. von Wilhelm Troll. Jena 1926. – Haecker, Valentin: Goethes morphologische Arbeiten und die neuere Deszendenz. Jena 1927. – Hansen, Adolph: Goethes *Metamorphose der Pflanzen*. Gießen 1907. – Hassenstein, Bernhard: Goethes Morphologie als selbstkritische Wissenschaft und die heutige Gültigkeit ihrer Ergebnisse. In: GoetheJb. N.F. 12 (1950), S. 333–357. – Kohlbrugge, Jacob Hermann Friedrich: Historisch-kritische Studien über Goethe als Naturforscher. Würzburg 1913. – Magnus, Rudolf: Goethe als Naturforscher. Leipzig 1906. – Schad, Wolfgang (Hg.): Botanik. Goetheanistische Naturwissenschaft. Bd. 2. Stuttgart 1982. – Schmid, Günther: Goethe und die Naturwissenschaften. Eine Bibliographie. Halle/S. 1940.

Hans Joachim Becker

Beiträge zur Optik und Schriften zur Farbenlehre vor 1810

Einführung und Übersicht

G. hat sein Werk *Zur Farbenlehre* von 1810 als Vermächtnis an die Nachwelt verstanden. Es beschäftigte ihn, ähnlich wie die Arbeit am *Faust* oder am *Wilhelm Meister*, über Jahrzehnte seines Lebens, mit dem Unterschied, daß er hinsichtlich seiner Dichtungen gleichrangige oder bessere Arbeiten anderer ohne weiteres zugestand – nicht dagegen bei der *Farbenlehre*. Die textlich belegbare Entstehungsgeschichte im engeren Sinne beginnt im Jahr 1790. Aus der Zeit davor liegen einzelne Anklänge und Antizipationen vor, angefangen mit den Beobachtungen des Regenbogens im Kindesalter, dem Brief an Friederike Oeser über Licht, Nacht und Dämmerung (13.2. 1769), der frühen Lektüre optischer Schriften (Jean Antoine Nollet, Nicolas de Béguelin), über die Betrachtung der farbigen Schatten beim Brockenabstieg (10.12. 1777) und der Wetterphänomene in der Schweiz (vor allem 1779), bis hin zur ersten Italienreise 1786 bis 1788, auf der sich die Hinweise für G.s Interesse verdichten. Hier stand schließlich die Frage im Mittelpunkt, wie man ein Gemälde zu kolorieren habe, um eine bestimmte ästhetische Wirkung zu erzielen. Zurück in Weimar kam es wohl im Februar oder März 1790 zu einem Schlüsselerlebnis, bei dem G. deutlich zu werden schien, daß nicht nur die Maler, sondern auch die Physiker keine befriedigende Erklärung für die Farben geben konnten. Beim Blick durch ein Prisma auf eine weiße Wand faßte G. spontan den Gedanken, daß Newtons allgemein anerkannte Lehre, nach der die verschiedenen Farben im weißen Lichtstrahl enthalten sein sollten, falsch sein müsse. G. glaubte nämlich irrigerweise, das Weiß der Wand nun in die einzelnen Spektralfarben zerlegt zu sehen, während tatsächlich nur an den Grenzen der Wand schmale Farbränder auftreten.

Die im vorliegenden Beitrag behandelten Texte bilden gleichsam das dokumentarische Gerüst der Entstehungsgeschichte der *Farbenlehre*. Nur drei der Arbeiten sind von G. selbst 1791/92 veröffentlicht worden, nämlich die ersten beiden Stücke der *Beiträge zur Optik* sowie die diesen vorgeschaltete *Ankündigung eines Werks über die Farben*. Allein diese Tatsache zeigt G.s zunächst tastendes Bemühen. Nach forschem Beginn bemerkte er schnell neue Aspekte und auftretende Probleme, die ihn zwar weiter an der Materie arbeiten ließen, doch das Niedergeschriebene war ab 1792 zunächst nicht mehr für die Öffentlichkeit bestimmt.

Eine ausführliche Kommentierung der insgesamt über 40 zu berücksichtigenden Texte würde den Rahmen des Artikels sprengen. In der folgenden chronologisch geordneten Tabelle sind zunächst die Beiträge zusammengestellt, auf die im folgenden näher eingegangen wird und die, bei aller Subjektivität der Auswahl, sicherlich zu den bedeutenderen für die Entstehungsgeschichte der *Farbenlehre* zählen. Hier werden jeweils der Standort der Handschrift (HS) sowie der Erstdruck (ED) nachgewiesen. Die unter dem Druckort (D) genannten Seitenzahlen beziehen sich durchweg auf die Frankfurter Ausgabe (FA I, 23.2). Der dort publizierte Kommentar enthält detaillierte Angaben zu den Handschriften und Schreibern, weiteren Drucken (unter Berücksichtigung der Ausgabe letzter Hand, der Weimarer Ausgabe und der Leopoldina-Ausgabe) sowie ausführliche inhaltliche Erläuterungen.

1. *Ankündigung eines Werks über die Farben* (1791); HS: Nicht überliefert; ED: Journal des Luxus und der Moden. 9 (1791), S. 101–103; D: S. 12–14. – 2. *Beiträge zur Optik, erstes Stück* (1791); HS: Nicht überliefert; ED: Weimar (Industrie-Comptoir) 1791; D: S. 15–50. – 3. *Beiträge zur Optik, zweites Stück* (1792); HS: Nicht überliefert; ED: Weimar (Industrie-Comptoir) 1792; D: S. 51–67. – 4. *Versuche mit Leuchtsteinen* (1792); HS: GSA; ED: WA II, 5.2, S. 165–170; D: S. 71–75. – 5. *Geplante Versuche* (1792); HS: GSA; ED: WA II, 5.2,

S. 93–98; D: S. 76–83. – 6. *Von den farbigen Schatten* (1792/93); HS: GSA (Abschrift); ED: WA II, 5.1, S. 101–125; D: S. 84–102. – 7. *Betrachtungen über die Farben* (1793); HS: GSA; ED: WA II, 5.2, S. 174–178; D: S. 103–105. – 8. *Neutonische Lehre. Maratische Lehre. Resultate meiner Erfahrungen* (1793); HS: FDH; ED: Max Jacobi (Hg.): Briefwechsel zwischen Goethe und F. H. Jacobi. Leipzig 1846, S. 167–169; D: S. 106f. – 9. *Einige allgemeine chromatische Sätze* (1793); HS: GSA; ED: WA II, 5.1, S. 83–92; D: S. 109–115. – 10. *Über die Einteilung der Farben und ihr Verhältnis gegen einander* (1793); HS: GSA; ED: WA II, 5.1, S. 93–98; D: S. 116–119. – 11. *Von den achromatischen Gläsern* (1793); HS: GSA; ED: WA II, 5.2, S. 72–75; D: S. 120–123. – 12. *Versuche mit der Berlinerblau-Lauge und den Metallkalken* (1793); HS: GSA; ED: WA II, 5.2, S. 106–111; D: S. 124–127. – 13. *Über Newtons Hypothese der diversen Refrangibilität* (1793); HS: GSA; ED: WA II, 5.1, S. 161–179; D: S. 128–140. – 14. *Über die Farbenerscheinungen, die wir bei Gelegenheit der Refraktion gewahr werden* (1793); HS: GSA; ED: WA II, 5.1, S. 183–219; D: S. 141–167. – 15. *Versuch die Elemente der Farbenlehre zu entdecken* (1793); HS: GSA, StUB Göttingen, Haag; ED: Goethes Werke. Hg. von Gustav Hempel. Tl. 35. Berlin 1878, S. 49–68; D: S. 168–187. – 16. *Blendendes Bild* (1794); HS: GSA; ED: WA II, 5.2, S. 24–26; D: S. 194–196. – 17. *Harmonie der Farben – Symbolische Annäherung zum Magneten* (1798); HS: GSA; ED: LA I, 3, S. 386f.; D: S. 199f. – 18. *Von Personen, welche gewisse Farben nicht unterscheiden können* (1798/99); HS: GSA; ED: WA II, 5.2, S. 29–35 (mit falscher Reihenfolge der Textabschnitte; korrekt in: Neue Hefte zur Morphologie. 2 [1956], S. 20–32); D: S. 201–207. – 19. *Temperamentenrose* (1799); HS: Goethe-National-museum, Weimar; ED: Neue Hefte zur Morphologie. 2 (1952), nach S. 40; D: S. 208. – 20. *Geschichte der Farbenlehre* (1799); HS: GSA; ED: WA II, 4 und 5.2 (in 30 Textstücke zerlegt; im Zusammenhang in LA I, 3, S. 396–405); D: S. 212–223. – 21. *Schema der Farbenlehre. Göttingen 1801* (1801); HS: GSA; ED: WA II, 5.2, S. 1–6; D: S. 254–257. – 22. *Schema der*

ganzen Farbenlehre (1806); HS: GSA; ED: WA II, 5.2, S. 205f.; D: S. 292f.

Die folgenden, im vorliegenden Beitrag nicht gesondert thematisierten oder lediglich beiläufig genannten Schriften aus dem Vorfeld der *Farbenlehre* stammen überwiegend aus der Zeit zwischen 1800 und 1810, als G.s Positionen weitgehend geklärt waren. Sie werden hier der Vollständigkeit halber nach dem gleichen Schema genannt. Auch hier wird auf die ausführliche Kommentierung in der Frankfurter Ausgabe (FA I, 23.2) verwiesen.

23. *Die Kraft, Farben hervorzubringen …* (1790/92); HS: Veste Coburg; ED: WA II, 5.2, S. 354; D: S. 9. – 24. *Über das Blau* (1791); HS: GSA; ED: WA II, 5.2, S. 44f.; D: S. 10f. – 25. *Warnung* (1792); HS: GSA; ED: WA II, 5.2, S. 328f.; D: S. 67f. – 26. *Der Versuch als Vermittler von Objekt und Subjekt 1793* (1792); HS: GSA; ED (Überarbeitung der HS): Zur Naturwissenschaft überhaupt. 2 (1823), H. 1, S. 39–53; D (nach ED): FA I, 25, S. 26–36; D (nach HS): LA I, 3, S. 285–295. – 27. *Reine Begriffe* (1792); HS: GSA; ED: WA II, 5.2, S. 329f.; D: S. 69f. – 28. *Physik* (1793); HS: GSA; ED: LA I, 3, S. 462; D: S. 108. – 29. *Grundversuche über Farbenerscheinungen bei der Refraktion* (1794); HS: GSA; ED: WA II, 5.2, S. 54–58; D: S. 188–193. – 30. *Der Descartische Versuch mit der Glaskugel* (1795); HS: GSA; ED: WA II, 5.2, S. 272f.; D: S. 197f. – 31. *Zur Einleitung* (1799); HS: GSA; ED: WA II, 5.2, S. 12–15; D: S. 209–211. – 32. *Ausdehnung des Schemas* (1799/1800); HS: GSA; ED: WA II, 4 und 5.2 (auf 22 Stücke verteilt; vgl. dazu im Detail LA II, 3, S. 334); D: S. 224–248. – 33. *Bedenken* (1800/07); HS: GSA; ED: WA II, 5.2 und 11 (vgl. dazu im Detail LA I, 3, S. 318–320); D: S. 249–253. – 34. *Refraktion im allgemeinen* (1803/04); HS: GSA; ED: WA II, 5.2, S. 46–48; D: S. 258–262. – 35. *Refraktion ohne Farbenerscheinung* (1803/04); HS: GSA; ED: WA II, 5.2, S. 51f.; D: 263f. – 36. *Pläne zu Versuchen* (1804); HS: GSA; ED: WA II, 5.2, S. 418–420; D: S. 265–267. – 37. *Das Auge* (1805/06); HS: GSA; ED: WA II, 5.2, S. 11f.; D: S. 268f. – 38. *Farbe als Erscheinung (Zur Einleitung)* (1805/06); HS: GSA; ED: WA II, 5.2, S. 10f.; D: S. 270. – 39. *Zahl der Farben*

(1805/06); HS: GSA; ED: WA II, 5.2, S. 16f.; D: S. 271f. – 40. *Das Allgemeinste über Farben* (1805/06); HS: GSA; ED: WA II, 5.2, S. 9, S. 15f. u. S. 421; D: S. 273f. – 41. *Farben bei der Refraktion* (1805/06); HS: GSA; ED: WA II, 5.2, S. 12f., S. 14f., S. 82f., S. 214 u. S. 304f.; D: S. 275f. – 42. *Physikalische Vorträge schematisiert* (1805/06); HS: GSA; ED: WA II, 11, S. 221–239 u. S. 354–356; D: S. 277–291. [Der Nachweis bezieht sich nur auf die Vorträge zur Farbenlehre.] – 43. *Wirkung der Farben auf den Menschen* (1805/06); HS: GSA; ED (unvollständig): Rupprecht Matthaei: Die Farbenlehre im Goethe-Nationalmuseum. Jena 1941, S. 133; ED (vollständig): LA I, 3, S. 281; D: S. 294.

Die Beiträge zur Optik

In die Zeit von 1791 bis 1793 fällt die erste Phase von G.s intensiver Beschäftigung mit dem Farbenwesen. Mit der auf den 28.8. 1791, seinen 42. Geburtstag, datierten *Ankündigung eines Werks über die Farben* machte G. auf den Beginn des Erscheinens der auf sechs Stücke geplanten *Beiträge zur Optik* aufmerksam. Er wandte sich ausdrücklich an ein Laienpublikum, nannte Damen, Künstler und Lehrer als Zielgruppe, wohl auch vor dem Hintergrund, daß sein *Versuch die Metamorphose der Pflanzen zu erklären* von 1790 vom Fachpublikum teilweise mißverstanden und für eine Anleitung für Maler gehalten worden war. G. formulierte seine Opposition zur geltenden physikalischen Lehre Newtons zunächst nur sehr zurückhaltend und ohne namentliche Nennung seines großen Kontrahenten.

Am 12.10. 1791 konnte G. die ersten Exemplare des ersten Stücks seiner *Beiträge zur Optik* an Samuel Thomas Soemmerring und Karl Ludwig von Knebel senden. Am 30.5. 1791 hatte er die Arbeit am Manuskript begonnen, unter dem 8. Juli über die Arbeiten an den 27 lose beigelegten, zum Teil kolorierten Karten berichtet, am 8. Oktober die letzten Korrekturen ausgeführt. Zur Entstehungs- und Wirkungsgeschichte des ersten Stücks der *Beiträge zur Optik* liegen zahlreiche Äußerungen G.s und der Zeitgenossen vor. Im Brief an Johann Friedrich Reichardt vom 30.5. 1791 sprach G. von einer neuen »Theorie des Lichts, des Schattens und der Farben« und glaubte, daß sie »mancherlei Revolutionen sowohl in der Naturlehre als in der Kunst hervorbringen« werde. An Carl August berichtete G. am 1.7. 1791, daß er »wunderbare Versuche erdacht und kombinirt« habe. »An Bogen nicht starck geworden, möge der Inhalt desto specifisch schwerer seyn«, hieß es gegenüber Knebel am 12.10. 1791 beim Erscheinen der Abhandlung. Weitere Zeugnisse liefern die Briefe an Friedrich Heinrich Jacobi (1.6. 1791), Georg Joachim Göschen (4.7. 1791), Christian Gottfried Körner (12.9. 1791), Knebel (8.10. 1791), Soemmerring (12.10. 1791), Reichardt (17.11. 1791) und Georg Christoph Lichtenberg (11.5. 1792).

Die *Beiträge zur Optik* rissen in ihrem ersten Stück eine Fülle von Aspekten an, die dann zwanzig Jahre später im Hauptwerk *Zur Farbenlehre* vollendet dargeboten wurden. Julius Schuster hat 1928 im Nachwort seines Faksimiledruckes diese erste publizierte Vorstufe mit einer Fibel verglichen, der gegenüber das Hauptwerk als Bibel zu gelten habe. Doch übersah G. 1791 das gesamte Gebiet der Farbenlehre noch nicht. Da ihm die physiologischen Farben noch nicht bekannt waren, auf die er später erheblichen Wert legte, konzentrierte er sich auf Phänomene, die später den physischen Farben zugeordnet wurden. G. beobachtete das Entstehen von Farben unter der Voraussetzung, daß die geraden oder gezackten Grenzen aneinanderliegender schwarzer und weißer Flächen durch ein Prisma gesehen wurden (sogenannte Kantenspektren). Dabei ging G. didaktisch sehr geschickt vor, indem er behutsam in die Erscheinungsweisen von Farben einführte, den Leser zu interessieren wußte und ihn schließlich in die Lage versetzte, das Beschriebene selbst anhand der mitgelieferten Karten nachzuvollziehen. Besaß der Leser ein Prisma, so konnte er selbst die Farbenerscheinungen an den Grenzen feststellen; fehlte es ihm, so lieferte G. die zu erwartende Erscheinung auf einem der Kärtchen mit. Der Buchhandel kam jedoch mit der getrennten Lieferung der Karten nicht zurecht, so daß sich G.s Idee praktisch kaum umsetzen ließ.

Bezeichnenderweise läßt G. den Beobachter immer direkt durchs Prisma schauen, das Phänomen eröffnet sich unmittelbar dem Auge. G. nannte derartige Experimente später subjektive Versuche; sie standen im Gegensatz zu den objektiven, bei denen das Bild zunächst auf einen Schirm, eine Wand o.ä. geworfen und auf diesem Umweg dem Beobachter zugänglich wird (wie beispielsweise in Newtons klassischem Versuch, der Spaltung des weißen Lichtstrahls in das Farbenspektrum). In vielen Paragraphen klangen Begriffe und Sachverhalte an, die später im Hauptwerk *Zur Farbenlehre* ausgebreitet und präzisiert wurden. Historische Verweise (§ 8–10) zählten ebenso dazu wie das Bild einer alten Burg für die Newtonsche Lehre (§ 10). Auch Fragen der Farbenharmonie, Farben als Mittel für den Maler, wurden thematisiert. Farbe war für G. zunächst ein sinnliches Phänomen, das den Menschen erfreut. Im Gegensatz dazu stand die Sicht des Physikers, der in seinen »negativen Bemühungen« (FA I, 23.2, S. 21) Farben ausschließlich als mathematisch faßbare Größen betrachtete. G. deutete bereits seine Grundfarben Blau und Gelb an (§ 30) und nannte (in § 37) die sechs Farben, mit denen er 1793 seinen Farbenkreis aufbauen sollte. Die Frage nach einem allgemeingültigen Gesetz für das Farbenwesen (§ 8) wurde gestellt, und die Formel der Polarität, die später konstitutive Regel wurde, erschien im Anklang als »Begriff von dem Gegensatze« (§ 50, FA I, 23.2., S. 31). Daß G. sich in Opposition zur herrschenden Lehre befand, wurde zwar deutlich, doch vermied er auch hier noch direkte Angriffe und nannte nur wenige Male den Namen Newton.

In den *Tag- und Jahresheften 1791* hat G. die Reaktionen auf seine Schrift dahingehend charakterisiert, daß die *Beiträge zur Optik* »mit schlechtem Dank und hohlen Redensarten der Schule bei Seite geschoben wurden« (vgl. die anonymen Rezensionen in der *Allgemeinen Li-*

teratur-Zeitung, Nr. 31 vom 28.1. 1792, Sp. 241–245, und den *Gothaischen Gelehrten Zeitungen*, 27. Stück vom 26.9. 1792, S. 713–718; abgedruckt in LA I, 3, S. 54–59, S. 453–457; wohlwollender ist die Besprechung im *Magazin für das Neueste aus der Physik und Naturgeschichte.* 8 [1792], S. 119–126; Auszug in LA II, 3, S. 60). Mit Ausnahme weniger positiver Stimmen aus dem persönlichen Umfeld war die Aufnahme der Schrift, mit der der Farbenforscher G. erstmals an die Öffentlichkeit trat, ablehnend. Karl August Böttiger notierte in seinen Aufzeichnungen: »Seine [G.s; d. Vf.] Versuche über Farben und Lichtbrechung, wovon er jetzt die ersten Sätze in einer Schrift, die im Industriecomptoir diese Messe herauskommt, bekannt macht, erregen bei Kennern, z.B. bei dem Herrn [Franz Xaver; d. Vf.] v. Zach in Gotha viel Achselzucken, und bei den Spöttern b o n - m o t s« (S. 48). Für die Fachwelt aber war das Urteil von Friedrich Albert Carl Gren maßgebend, der 1793, das zweite Stück der *Beiträge zur Optik* eingeschlossen, in dem von ihm herausgegebenen *Journal der Physik* (Bd. 7, S. 3–21) unter dem Titel *Einige Bemerkungen über des Herrn von Göthe Beyträge zur Optik* bilanzierte, »daß die Erklärung ganz und gar in *Newtons* Theorie der Farben und der Brechbarkeit des Lichts gegründet ist, ja daß der unsterbliche Urheber dieser Theorie, in dessen Händen das Prisma als Fackel zur Erleuchtung so vieler bis dahin dunkeler Regionen der Naturlehre diente, auch die Erklärung davon schon gegeben habe« (Bd. 7, S. 4). Dieses Negativurteil über die »Fibel« wurde dann 1813 von Christoph Heinrich Pfaff über die »Bibel«, das Hauptwerk *Zur Farbenlehre*, ausführlich wiederholt und begründet. Einer der wenigen, die sich schon in den 1790er Jahren nicht der Kritik anschlossen, war Schiller, der kurz nach der Annäherung an G. gegenüber Christian Gottfried Körner (9.10. 1794) sowie später gegenüber Charlotte Gräfin von Schimmelmann (23.11. 1800) G. zustimmte und darüber hinaus glaubte, daß Newtons Lehre durch G. tatsächlich widerlegt werden könnte.

Am zweiten Stück der *Beiträge zur Optik* hat G. von Oktober 1791 (an Knebel, 5.10. 1791) bis April 1792 gearbeitet. Am 20.2. 1792 wurde die Schrift vom Verleger angezeigt, am 11.5. 1792 konnte G. die Neuerscheinung an Lichtenberg senden – zusammen mit dem ersten Stück der *Beiträge*. Weitere Zeugnisse finden sich in Briefen an Johann Georg Forster (15.6. 1792), an Friedrich Heinrich Jacobi (2.4., 16.4. und 15.6. 1792) und an Soemmerring (2.7. 1792). Begleitet wurde die Abhandlung von einer losen, doppelseitig kolorierten Tafel im Format 55 cm x 38,2 cm.

G. erweiterte im zweiten Stück der *Beiträge* seine Beobachtungen. Zum einen beschränkte er sich in der Darstellung der Hell-Dunkel-Grenzen nicht mehr auf Schwarz und Weiß und nahm Grau und bunte Farben hinzu, wobei die neu einbezogenen Farben jeweils gegen Weiß, gegen Schwarz oder auch gegeneinander gesetzt wurden. Hintergrund war die Ablehnung von Newtons These einer nach Wellenlängen verschiedenen Brechbarkeit der Lichtstrahlen, einer diversen Refrangibilität. Darüber hinaus bemühte sich G. um verschiedene Grade der Farbsättigung und Beschattung. Am Ende der Darstellung wurde eine Anleitung zum Bau eines Wasserprismas geliefert.

Eine gesonderte Rezension des zweiten Stücks erschien in der *Allgemeinen Literatur-Zeitung* (Nr. 316 vom 3.12. 1792, Sp. 457f.), während die anderen oben genannten Zeitschriften jeweils die ersten beiden Stücke gemeinsam abgehandelt hatten. Auch hier erfuhr G. Widerspruch, indem festgestellt wurde, »daß das farbige Licht [...] bloß von der Zerstreuung des weißen Lichts herrührt« (Sp. 458), also nach Newtons Theorie zu erklären sei.

Später glaubte G. den Mißerfolg seiner *Beiträge zur Optik* entscheidend durch den gewählten Titel bedingt, da die Optik, eine mit mathematischen Verfahren arbeitende Teildisziplin der Physik, gar nicht im Mittelpunkt seiner Interessen stand und bei der Fachwelt offenbar falsche Erwartungen geweckt worden waren. Ganz im Gegensatz zur Wirkung nach außen stand schon zu dieser Zeit G.s intensives Bemühen um das Farbenwesen, wie es in zahlreichen weiteren Entwürfen, Versuchsauf-

zeichnungen, Skizzen und Protokollen überliefert ist.

Zunehmende Opposition gegenüber Newton in G.s Arbeiten über Refraktionsphänomene; Physische Farben; Farbenkreis

Mehrere Aufsätze liefern – nach zunächst nur zögerlichem Widerspruch gegen Newton – eine Klärung über G.s Deutung von Lichtbrechungs- (Refraktions-) Phänomenen. Sie nahmen ihren Ausgang von der Zusammenstellung *Geplante Versuche* und wurden fortgesetzt in zahlreichen Entwürfen und Abhandlungen, die G. während des Frankreichfeldzuges der Koalitionsmächte 1792 und während der Belagerung von Mainz 1793 zu Papier gebracht hatte. G. hat die an Brechungs-, Beugungs- oder Spiegelungsvorgänge gekoppelten Farben später als physische (d.i. physikalische) Farben bezeichnet.

Die *Geplanten Versuche* wurden zum kleinen Teil (18. bis 20. Versuch) von G. selbst niedergeschrieben, überwiegend aber am 12.9. 1792 vor Verdun seinem Schreiber Christian Georg Karl Vogel diktiert und mit Zeichnungen G.s versehen. G. führte auf dem Frankreichfeldzug mehrere Werke zur Farbenlehre mit sich. Wenn es die Zeit erlaubte, widmete er sich der Lektüre, entwarf Abhandlungen, plante Versuche oder führte sie gar selbst aus, so am 31.8. 1792, als er weiße Steingutscherben in einen mit Wasser gefüllten Erdtrichter warf und die unter Wasser erscheinenden Farbränder beobachtete. Die Versuche kamen G.s Idealvorstellung nahe: Sie wurden im Freien durchgeführt, vermieden jeden apparativen Aufwand und zeigten ihr Ergebnis unmittelbar dem Auge des Beobachters. Während rings um ihn her Kriegstreiben, Krankheit und Not herrschten, konnte G. unter dem 12.9. 1792 in der *Campagne in Frankreich* schreiben: »Glückselig aber der, dem eine höhere Leidenschaft den Busen füllte; die Farbenerscheinung der Quelle [des mit Quellwasser gefüllten Erdtrichters; d. Vf.] hatte mich dieser Tage her nicht einen Augenblick verlassen, ich überdachte sie hin und wieder um sie zu bequemen Versuchen zu erheben. Da diktierte ich an Vogel [...] ins gebrochene Konzept und zeichnete nachher die Figuren darneben« (FA I, 16, S. 419).

Inhaltlich befaßten sich die *Geplanten Versuche* mit Fragen der diversen Refrangibilität des Lichtes, der zu bekämpfenden These Newtons also, daß das Licht aus mehreren Komponenten bestehe, deren Aufspaltung aus dem weißen Lichtstrahl das Farbenspektrum erzeuge. Wie G. in der Geologie den Vulkanismus ablehnte, der die Entstehung der Gebirgsformationen durch gewaltsame, feurige Eruptionen aus dem Erdinnern heraus erklärte, so erschien ihm auch Newtons Spaltung des weißen Lichtes als ein gewaltsamer, Naturphänomenen nicht angemessener Akt. Dies kann man durchaus im Kontext der Französischen Revolution sehen. Zwar hatte G. keine Berührungsängste mit ihren Befürwortern, wie es die Begegnung mit dem Jakobiner Georg Forster in Mainz, freilich im Kreise Gleichgesinnter wie Soemmerring, und das ausgiebige Studium der optischen Schriften des Revolutionärs Jean Paul Marat zeigen, doch G. setzte auf ein evolutionistisches Prinzip für die Entstehung der Farben. An die Stelle der gewaltsamen Spaltung Newtons trat ein harmonisches Zusammenwirken von Licht, Finsternis und trübem Mittel. Die Beobachtungen am Wassertrichter gingen zwar nicht unmittelbar in die *Geplanten Versuche* ein, doch lieferte G. in der sechsten Figur, als Illustration zum »Haupt-Subjektiven Versuch« (FA I, 23.2, S. 77) das Prinzip des Vorgehens, indem das Auge aus drei verschiedenen Positionen – entsprechend dem Herumgehen um den Wassertrichter – auf den Gegenstand sah. Ähnliche Farberscheinungen unter Wasser hat G. 1816 in einem Mühlteich bei Bad Tennstedt beobachtet und in den Nachträgen zur *Farbenlehre* behandelt (FA I, 25, S. 752–755).

In der Übersicht *Neutonische Lehre. Maratische Lehre. Resultate meiner Erfahrungen* verglich G. Newtons und Marats Vorstellungen

vom Licht mit seinen eigenen. Der Text lag einem Brief an Friedrich Heinrich Jacobi vom 19.7. 1793 bei, in dem G. geschrieben hatte: »Ich lege ein Gedicht bey [...]. Auch eine Zusammenstellung der Neutonischen Lehre, der Maratischen und der Resultate meiner Erfahrungen. Ich habe mit Mühe und Anstrengung diese Tage die zwar ästimable, aber doch nach einer hypothetischen, captiosen Methode geschriebne Abhandlung Marats gelesen und mir die Hauptpuncte ausgezogen. Gieb das Blat nicht weg es enthält Lästerungen«. Bei der Schrift von Marat handelte es sich um die *Découvertes sur la lumière* (London 1780), von der G. auch die deutsche Übersetzung von Christian Ehrenfried Weigel (*Entdeckungen über das Licht, durch eine Reihe neuer Versuche bestätigt*, Leipzig 1783) besaß. G. hat seine Übersicht vermutlich 1794 um die Thesen von Christian Ernst Wünsch erweitert, nachdem er am 31.3. 1794 einen Auszug aus Wünschs Werk *Versuche und Beobachtungen über die Farben des Lichtes* (Leipzig 1792) angefertigt hatte. Die Übersicht lieferte die erste prägnante Zusammenstellung von G.s Vorstellungen über die Farben v o r Einbeziehung der physiologischen Komponente. Das Licht erschien als homogene, nicht aus Komponenten zusammengesetzte Einheit. Hatte Newton die Farben als Bestandteile des weißen Lichtstrahls postuliert, so widersprach G. mit dem Argument, daß jede einzelne Farbe dunkler als Weiß sei und eine Ansammlung von (mehr oder weniger) dunklen Farben nichts Helles ergeben könne. Bereits hier wird durcheinandergeworfen, was nach heutiger Diktion additive und subtraktive Mischung heißt und daher gar nicht vergleichbar ist. Die Newtonschen Bedingungen für die Farbenentstehung, wie Refraktion, Reflexion und Inflexion (Brechung, Spiegelung, Beugung), konnten nach G. mit Farben einhergehen, sie mußten es aber nicht. Folglich waren andere, höhere Gesetze für die Farbenentstehung zwingend, die in einer Mäßigung des Lichtes und einer Wechselwirkung des Lichtes mit dem Schatten gesehen wurden. Auch wenn die farbigen Schatten später aus der Argumentation herausgenommen und physiologisch erklärt wurden, so hat

G. doch an dem Prinzip einer Wechselwirkung von Helligkeit und Finsternis, an der These der Schattenhaftigkeit der Farben festgehalten. Gelb und Blau wurden als Grundfarben herausgestellt, aus denen sich durch Mischung alle anderen ergeben können, wobei Rot hier zunächst noch als inhärenter Bestandteil des Gelben und Blauen, als deren »Eigenschaft« (FA I, 23.2, S. 118) betrachtet wurde. Der wichtige Begriff der Steigerung jedoch fiel noch nicht.

Wohl im August 1793 entstand die Abhandlung *Von den achromatischen Gläsern*, die man durchaus als frühe Vorarbeit zum polemischen Teil der *Farbenlehre* ansehen kann, zumal die behandelte Achromasie später immer wieder herangezogen wird, um Newtons Irrtum in dieser Detailfrage auf die Haltlosigkeit seiner gesamten optischen Lehre auszudehnen. Lange Zeit hatte man angenommen, daß das Auftreten störender farbiger Ränder beim Betrachten von Gegenständen durch Fernrohr oder Mikroskop, die sogenannte chromatische Aberration, ein unvermeidliches Phänomen sei. Newton war von dieser Tatsache, die ihn nach einem Spiegelteleskop suchen ließ, überzeugt. Daß achromatische Gläser ohne die unerwünschten Farbenerscheinungen möglich seien, wurde von Leonhard Euler vorausgesagt und schließlich 1757 von John und Peter Dollond praktisch bewiesen, paradoxerweise beim Versuch einer Rechtfertigung Newtons. Vater und Sohn Dollond erzielten die Wirkung durch eine Kombination von Linsen aus verschiedenen Glasarten (Flint- und Crownglas). G. sah durch diese Entdeckung seine These von der prinzipiellen Unabhängigkeit der Farbenentstehung von der Lichtbrechung und damit seine Gegenposition zu Newton bestätigt, denn in den Linsenkombinationen der Dollonds fanden Lichtbrechungen statt, die nicht zum Auftreten farbiger Ränder führten. Noch am 7.7. 1825 kam G. in einem Brief an Carl August auf die »höchst wichtige Achromasie« zurück. Die Beobachtungen der Achromasie erschienen nun als »Facta die wir wohl schauen, darstellen, berechnen aber nicht begreifen können«.

Vermutlich zwischen der ersten Oktober-hälfte 1793 und Anfang 1794 entstanden weitere Aufsätze, die die polemische Auseinandersetzung mit Newton und seinen Anhängern weiter vorbereiteten. Der erste, auf den möglicherweise ein Brief an Lichtenberg um den 20.10. 1793 hindeutet, hat später den Titel *Über Newtons Hypothese der diversen Refrangibilität* erhalten. Hierzu existiert ein Entwurf, der bereits im Kriegslager vor Mainz entstanden ist. Die breit angelegte Einführung, die die Geschichte der Naturwissenschaften in den Mittelpunkt stellte und sich dann in einer längeren Textpassage Newton zuwandte, könnte als Einleitung zu einem größeren Werk verstanden werden. Erst in der zweiten Hälfte wurde die durch den Titel bezeichnete Thematik, die unterschiedliche Brechbarkeit der einzelnen Komponenten des Lichtstrahls, näher aufgegriffen. Sie war für G. »kein Faktum« (FA I, 23.2, S. 131), sondern eine voreilig gefaßte Hypothese. Auch hier wird die Entdeckung der achromatischen Gläser genannt, die – wäre sie früher gelungen – Newtons Irrtum schon im Ansatz erwiesen hätte. Gegen Newtons mathematische Verfahren setzte G. die Beobachtungen in freier Natur. Der abschließend mitgeteilte Plan für die Gliederung des Werks zur Farbenlehre wurde im Aufsatz *Über die Farbenerscheinungen, die wir bei Gelegenheit der Refraktion gewahr werden* teilweise wieder aufgegriffen. Dieses Fragment, vermutlich im Oktober 1793 entstanden, behandelte jedoch nicht die punktuelle Auseinandersetzung mit den Versuchen Newtons und die historischen Aspekte, die Gebiete also, die später den polemischen und historischen Teil der *Farbenlehre* bestimmen sollten. Auch wenn G. sich hier nur auf die Darstellung von Versuchen beschränkte und insgesamt noch weit hinter seinem späteren universalen Konzept und der Ableitung der Phänomene nach einen allgemeinen Gesetz zurückblieb, griff er doch über ältere Ansätze wie beispielsweise in den *Geplanten Versuchen* hinaus. Im Mittelpunkt standen subjektive Versuche, solche also, in denen sich ein brechendes Mittel wie Prisma oder Wasserkörper zwischen dem Phänomen und dem Auge des Beobachters befand. Davon abgegrenzt wur-

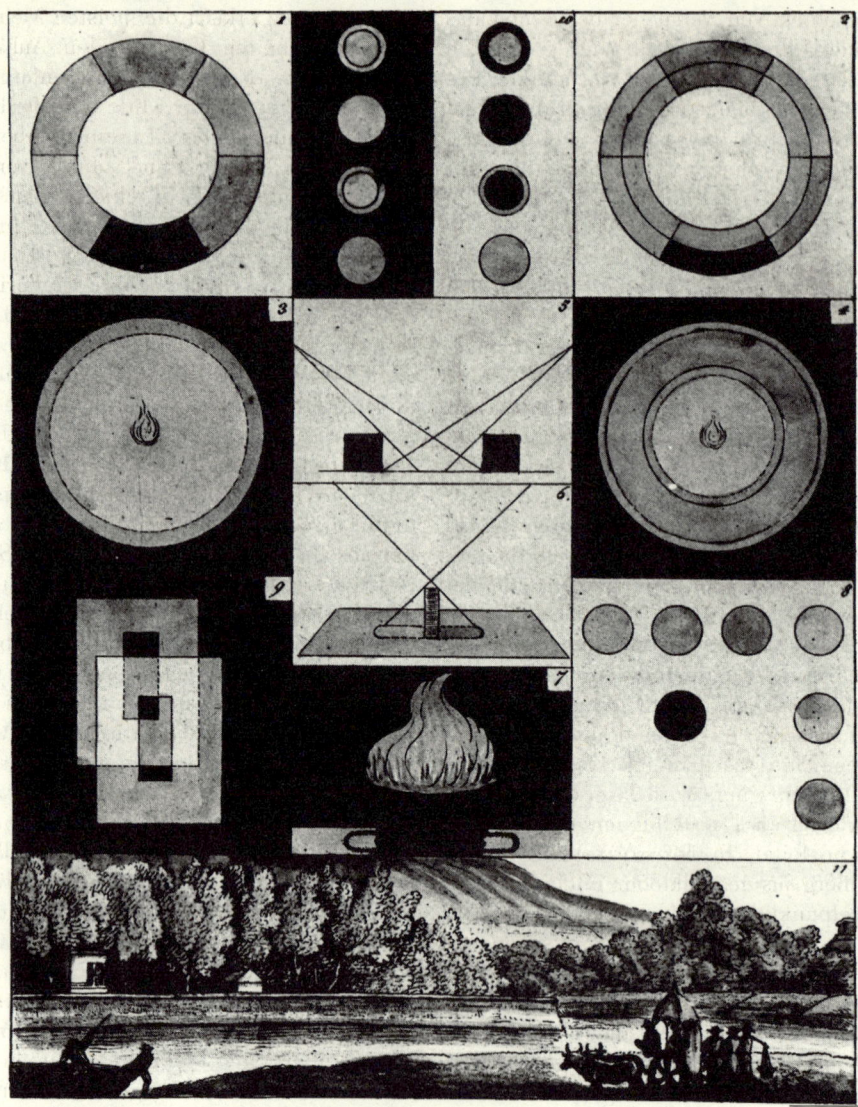

»Erklärung der zu Goethes Farbenlehre gehörigen Tafeln«. (Tafel I) von 1810

den die objektiven Versuche, bei denen das brechende Mittel außerhalb dieses direkten Weges zum Auge angesiedelt war und der Beobachter die Farbenerscheinung in der Regel auf einem Schirm betrachtete, auf den das Lichtspektrum oder die Farberscheinung geworfen wurden. Den objektiven Versuchen wurde jedoch wenig Raum gegeben, und die angekündigten vermischten oder verbundenen Versuche fehlten ganz. Die Grundthese kam trotz allem Fragmentarischen deutlich zum Vorschein: Refraktion ist keineswegs die ausschlaggebende Bedingung für die Entstehung der Farben. Zum Fragment gehörten drei Tafeln mit 39 Figuren, die die im Text beschriebenen Versuche illustrierten.

Der *Versuch die Elemente der Farbenlehre zu entdecken* verwendete erstmals den Begriff »Farbenlehre« und dürfte von G. als das geplante vierte Stück der *Beiträge zur Optik* betrachtet worden sein, mit dem sich – so an Forster am 25.6. 1792 – »der Ballon in die Luft heben«, d.h. die Lehre von den Farben abgerundet und erfolgreich sein sollte. Die Datierung ist zwischen August und Dezember 1793 zu setzen. Eine Abschrift, die am 29.12. 1793 an Lichtenberg ging, wurde von einer der ersten kolorierten Darstellungen des Farbenkreises begleitet. In der Korrespondenz mit Lichtenberg aus dem Oktober 1793 wurde die im Mittelpunkt des Textes stehende Thematik bereits gestreift: die Entstehung des Newtonschen »Weiß«. Lichtenberg, der Newtons Theorie nicht anzweifelte, antwortete auf G.s Sendung erst am 18.4. 1794, nahm aber später, im Gegensatz zu seiner Ankündigung, nicht mehr ausführlich dazu Stellung, auch nicht auf G.s Nachfrage vom 9.6. 1794. Damit brach der Kontakt zu Lichtenberg in Fragen der Farbenlehre völlig ab. Karl Theodor von Dalberg hat eine ihm zugesandte Abschrift durchgehend mit Randbemerkungen versehen (abgedruckt in LA I, 3, S. 464–474), wofür G. ihm am 19.3. 1794 dankte. In der Auseinandersetzung mit dem Verhältnis des Weißen zu den bunten Farben ging G. im Kontext seiner Überlegungen zum Farbenkreis von auf Flächen aufgetragenen Pigmenten aus, nicht jedoch von Mischungen, die sich im prismatischen Bild ergeben.

Dieser Ansatz erklärt die meisten Meinungsverschiedenheiten G.s mit den Anhängern Newtons, die in der Regel Prismenfarben beobachteten. Erst in der Mitte des 19. Jhs. hat Hermann von Helmholtz in seiner Farbentheorie zwischen additiver und subtraktiver Farbmischung unterschieden, eine Trennung, die aus Sicht der Sinnesphysiologie prinzipiell notwendig und durch sie exakt zu erklären ist. G. versuchte Newtons These von der prismatischen Zusammensetzung der farbigen Lichter zum Weißen dadurch zu widerlegen, daß er annähernd gleiche Farben als Pigmente vermischte und als Ergebnis eine diffuse Graufarbe erhielt. So ging G. davon aus, daß die Mischung farbiger Pigmente immer dunkler als Weiß und heller als Schwarz ausfallen mußte. Das Newtonsche Weiß nannte er daher abschätzig »Kotweiß« (FA I, 23.2, S. 182). Newton erhielt die weiße Farbe jedoch durch additive Farbmischung im prismatischen Bild, während mit Malerfarben, die der subtraktiven Mischung unterliegen, ein solches Ergebnis nicht zu erzielen ist. G. mußte so ein Fehler unterlaufen, da er zeitbedingt additive und subtraktive Farbmischungen nicht unterscheiden konnte. Für seine Unklarheiten sprach neben anderem die Tatsache, daß er (in § 22) Purpur aus der Pigmentmischung von Blaurot und Gelbrot entstehen ließ, was ausschließlich durch additive Mischung im prismatischen Bild gelingt. Das Mittelstück des Textes (§ 17–25) war aus dem vermutlich im Juli 1793 entstandenen Fragment *Über die Einteilung der Farben und ihr Verhältnis gegen einander* hierher übertragen. Hatte G. die Farben seines Farbenkreises schon 1791 genannt, so trat dieser hier selbst hervor und wurde durch ein entsprechendes Schema verdeutlicht. G. wiederholte seine Vorstellung von Blau und Gelb als Grundfarben, aus denen sich alle anderen Farben ableiten lassen. Die direkte Mischung ergibt das Grün. Da das Rot im Gelben und Blauen enthalten sei, kann durch »Verdichtung« (FA I, 23.2, S. 118) aus dem Gelben das Gelbrote, aus dem Blauen das Blaurote entstehen. Dieser Vorgang, von G. später Steigerung genannt, liegt neben dem Gesetz der Polarität dem Farbenkreis zugrunde. Die Mischung der verdichteten oder gesteigerten Farben Gelbrot und Blaurot ergibt den Purpur, die besonders prachtvolle Farbe, durch die der Farbenkreis harmonisch vollendet wird.

Chemische Farben

Die *Versuche mit Leuchtsteinen* waren G.s erste Vorarbeit zu den chemischen Farben, mit denen die dauerhaften, fest einem Körper oder einer Substanz verbundenen Farben bezeichnet werden. Die Datierung ist unsicher, dürfte aber in das Jahr 1792 fallen, nicht zuletzt wegen der großen Übereinstimmung mit den Korrespondenzen mit Johann Friedrich August Göttling (vor allem Göttling an G., 17.6. 1792), Lichtenberg und Soemmerring aus dieser Zeit.

Leuchtsteine, phosphoreszierende und daher im Dunkeln leuchtende Mineralien aus Schwefelbarium oder Calciumsulfid, hat G. auf der ersten Italienreise kennengelernt. Er berichtete über den sogenannten Bologneser Schwerspat in der *Italienischen Reise* unter dem Datum »Bologna, den 20.10. 1786«. Später hat G. die Thematik sowohl in der Literatur verfolgt als auch mit Naturforschern darüber korrespondiert. So erbat er von Lichtenberg Ende Juni 1792 den sechsten Band der *Commentarien* der Bologneser Akademie mit der einschlägigen Abhandlung von Francesco Maria Zanotti und fuhr fort: »Es scheint mir dieser Versuch [mit Leuchtsteinen; d. Vf.] von großer Wichtigkeit, ich habe auch schon angefangen so viel als möglich ihn zu vermannichfaltigen«. Letztere Bemerkung verweist eindrucksvoll auf G.s Anschauung vom wissenschaftlichen Experiment, das ihm isoliert nicht aussagekräftig erschien. Ausführlicher erörterte G. das Thema im Brief an Soemmerring vom 2.7. 1792, der insgesamt einen guten Einblick in G.s Vorstellungen vom Farbenwesen zu dieser Zeit gibt und zahlreiche Gesichtspunkte aussprach, die in den *Beiträgen zur Optik* nur angerissen waren. Refraktion und Reflexion des Lichtes wurde eine dominie-

rende Rolle zur Erklärung der Farben abgesprochen, beide erschienen als untergeordnete Phänomene. Dagegen wurde Polarität als übergreifendes Ordnungsmuster betont und speziell in der Formel »a c t i v und p a s s i v« ausgesprochen, wobei G. den roten und gelbroten Farben die aktive, den blauen und blauroten Farben die passive Seite zuwies. Schließlich wurden die Säuren an die aktiven, die Alkalien an die passiven Farben angeschlossen. G. hat zu den Versuchen mit Leuchtsteinen später längere Ausführungen von Thomas Johann Seebeck in *Statt des versprochenen supplementaren Teils* abgedruckt.

Die auf den 4.10., 6.10. und 7.10. 1793 datierten *Versuche mit der Berlinerblau-Lauge und den Metallkalken* gehören ebenfalls zu den frühen Zeugnissen für die Beschäftigung G.s mit den chemischen Farben. Schon bei der Belagerung von Mainz hatte G. in einem Notizbuch auf metallische Farberscheinungen hingewiesen (vgl. LA I, 3, S. 147–149) und sich Gedanken zu Experimenten mit der Berlinerblau-Lauge gemacht, die er nun, nach der Rückkehr nach Weimar, ausbaute. Der Text geht auf praktische, von G. vermutlich selbst durchgeführte Versuche in Jena zurück. Er zog dazu vor allem den *Grundriß der Experimentalchemie zum Gebrauch bey dem Vortrage derselben* von Karl Gottfried Hagen (2. Aufl. Königsberg 1790) und die *Anfangsgründe der Chemie* von Johann Christian Polykarp Erxleben (mit Zusätzen von Wiegleb, Göttingen 1784) heran. Für Säuren und Metalloxide (in der Goethezeit: Metallkalke) verwendete G. noch die alchimistischen Zeichen. Die Versuche bestanden in der Beobachtung gefärbter Niederschläge über einen Zeitraum von vier Tagen. Dabei wurden zunächst verschiedene Metalle, Metalloxide und Metallsalze mit Säuren zur Reaktion gebracht. Wenige Tropfen der dabei entstehenden Metallsalz-Lösungen wurden jeweils in eine verdünnte Berlinerblau-Lauge (Blutlauge) gegeben, wobei ein gefärbter Niederschlag ausfiel. Das chemische Prinzip dieser Versuche besteht in der Reaktion des Metallions mit einer Komplexverbindung der Blutlauge, dem sogenannten Hexacyanoferrat-Komplex.

Wichtiger indes als die chemischen Grundlagen, die zur Goethezeit erst in Ansätzen bekannt waren, erscheinen im Kontext der *Farbenlehre* G.s grundlegende Bemühungen um eine Zuordnung der farbigen Metallverbindungen zu einer bestimmten Farbenfolge, angefangen vom Schwarzweiß-Gegensatz über die aktiven Farben, Gelb und Gelbrot, und die passiven, Blau und Blaurot, bis zur Polarität des Grünen und des Purpurs. G. führte diese Untersuchungen aber nicht zu einem Abschluß, denn noch in der *Farbenlehre* von 1810 begnügte er sich (in § 510 des didaktischen Teils) mit dem Verweis auf eine künftige Tabelle, die er aber auch in seinen Nachträgen zur Farbenlehre nicht mehr lieferte.

Die farbigen Schatten.
Physiologische Farben.
Die Mitwirkung des Auges
als Fundament der Lehre

Die 1793 abgeschlossene Abhandlung *Von den farbigen Schatten* markiert G.s Übergang von den physischen zu den physiologischen Farben und damit einen wesentlichen Schritt in der Entstehungsgeschichte der *Farbenlehre*. Weniger der Text selbst als G.s Umgang damit und die nachgeschobenen Erläuterungen zeigen den Wandel. Wie Briefe an Forster (25.6. 1792) und Lichtenberg (Ende Juni 1792) belegen, sollte die Abhandlung *Von den farbigen Schatten* als drittes Stück der *Beiträge zur Optik* erscheinen. Daß sie in mehrere Teile zerfällt und auch hinsichtlich der Entstehung kein homogenes Ganzes ist, zeigt ihren Charakter als unfertiges, vorläufiges Produkt. Im Juni 1792 arbeitete G. bereits daran und stellte den Teil über die Versuche vor seiner Abreise zum Frankreichfeldzug (8.8. 1792) fertig. Die historischen Ausführungen, einschließlich der Anmerkungen und der Betrachtungen zu Horace Bénédict de Saussure, sind offenbar erst in der zweiten Julihälfte 1793 im Lager von Marienborn bei Mainz entstanden. Hand-

schriften gingen am 24.7. 1793 an Jacobi, am 11.8. 1793 an Lichtenberg und am 25.5. 1795 an Soemmerring.

G.s Plan der Publikation scheiterte; der ins Auge gefaßte Verleger Johann Friedrich Gottlieb Unger in Berlin antwortete im Januar 1793 negativ. Wichtiger indes scheint, daß für G. inzwischen die physiologischen Farben in die Betrachtung einfließen und damit eine völlig andere Erklärung der farbigen Schatten notwendig wird, als er sie selbst noch im fertiggestellten Text geliefert hat. Der unmittelbare Anlaß für G.s Wendung zu den physiologischen Farben wird in der Forschungsliteratur sowohl Lichtenberg, mit dem G. in dieser Zeit intensiv korrespondierte, als auch Soemmerring, ebenfalls Briefpartner und 1792/93 mit zahlreichen persönlichen Kontakten zu G. in Frankfurt am Main und Mainz, zugeschrieben; sicherlich haben beide entsprechend gewirkt. Im August 1794 ist dieser Prozeß abgeschlossen, denn nun sollte die Abhandlung »in einer ganz andern Gestalt erscheinen« (Briefentwurf an Soemmerring, nach dem 12.8. 1794), die der Mitwirkung des Auges an den Farbphänomenen Rechnung trug. Eine Korrektur ist aber zu dieser Zeit nicht erfolgt, und erst im Hauptwerk *Zur Farbenlehre* von 1810 hat G. den farbigen Schatten ihren Platz unter den physiologischen Farben zugewiesen (§ 62–80 des didaktischen Teils).

G. beobachtete die farbigen Schatten bereits am 10.12. 1777 beim Abstieg vom Brocken und »glaubte sich in einer Feenwelt zu befinden« (*Zur Farbenlehre*, Didaktischer Teil, § 75; FA I, 23.1, S. 55). Zu dieser Zeit war der Plan einer systematischen Arbeit über die Farben im allgemeinen ebenso wenig gefaßt wie der über die farbigen Schatten im speziellen. Als sich G. im Kontext der *Beiträge zur Optik* 1792 erneut damit beschäftigte, betrachtete er die Erscheinung der farbigen Schatten zunächst als Problem der physischen Farben. Er erklärte sie durch das Auftreten zweier verschieden starker Lichtquellen. Dadurch entstand ein Doppelschatten, der durch das Zusammenwirken der beiden unterschiedlichen Lichtintensitäten bzw. von Licht und (relativer) Finsternis farbig werden sollte. Mit dieser Vorstellung verfaßte G. seine Abhandlung. Im Kontakt mit Lichtenberg und Soemmerring wurde er erneut auf das Phänomen gestoßen, ließ nun seine bisherige Deutung fallen und ordnete die farbigen Schatten den physiologischen, d.h. unter Mitwirkung des Auges entstehenden Farben zu. Diese sind rein subjektiver Natur und beruhen darauf, daß das Auge bei extremen Graden von Helligkeit, Dunkelheit oder auf Farben mit der Produktion von Nachbildern reagiert, was sinnesphysiologisch erklärbar ist. Bis in die jüngste Zeit hinein wird der Charakter der farbigen Schatten als physikalisch-objektives oder physiologisch-subjektives Phänomen kontrovers diskutiert.

In seiner historischen Bemerkung zu Athanasius Kircher nahm G. in der Bezeichnung des wirkenden und leidenden Charakters der gelben und blauen Schatten die im Hauptwerk von 1810 verwendete Formel von den Taten und Leiden des Lichts vorweg.

Unter dem Titel *Blendendes Bild* führen neuere G.-Ausgaben die auf den 5.7. 1794 datierten Versuchsnotizen G.s zu den physiologischen Farben, die Aufschluß über vier selbst durchgeführte Experimente geben. Später sollte G. die physiologischen Farben als »Fundament der ganzen Lehre« (FA I, 23.1, S. 31) bezeichnen. G. ging es um den Nachweis der aktiven Mitwirkung des Auges an Farbenempfindungen, die er als natürliche Reaktion des Sinnesorgans, das nach Harmonie strebt und sich daher eine »Gegenfarbe« schafft, einstufte. Nachbilder in der Komplementärfarbe oder gleichzeitig auftretende Kontrast- oder Komplementärränder sahen die Zeitgenossen entgegen der Auffassung G.s noch vielfach als pathologische Erscheinung an. Kurz nach seinen Versuchen, in der zweiten Augusthälfte 1794, hieß es dagegen in einem Briefentwurf an Soemmerring: »Es ist weit mehr physiologisches [und nicht Pathologisches!; d. Vf.] bey den Farbenerscheinungen als man denkt«.

Erst am 19.11. 1798 und zwischen dem 12. und 14.2. 1799 erweiterte G. seine Untersuchungen zu den physiologischen Farben, indem er dem farbenblinden Johann Karl Friedrich Gildemeister (HS: Güldemeister), damals Student der Rechtswissenschaft in Jena, in

vier Sitzungen Farbtafeln und Gegenstände vorlegte, um dessen Farbempfindungen zu testen. Dabei entstand das Manuskript *Von Personen, welche gewisse Farben nicht unterscheiden können*. Über Schiller, der ab 1798 intensiv mit G. über die Farbenlehre diskutierte, notierte G. in den *Tag- und Jahresheften 1798*: »Er war es der den Zweifel lös'te, der mich lange Zeit aufhielt: worauf denn eigentlich das wunderliche Schwanken beruhe, daß gewisse Menschen die Farben verwechseln, wobei man auf die Vermuthung kam, daß sie einige Farben sehen, andere nicht sehen, da er denn zuletzt entschied, daß ihnen die Erkenntniß des Blauen fehle. Ein junger G i l d e m e i s t e r , der eben in Jena studirte, war in solchem Falle, und bot sich freundlich zu allem Hin- und Wiederversuchen, woraus sich denn zuletzt für uns jenes Resultat ergab«.

Den Begriff der Blaublindheit oder Akyanoblepsie verwandte G. erst 1801 im Göttinger *Schema der Farbenlehre* sowie im Tagebuch ab Juli 1804. Das Manuskript mit den Versuchsprotokollen deutet noch nicht auf die Annahme einer Blaublindheit. Möglicherweise hat erst das im Tagebuch notierte Gespräch mit Schiller vom 27.11. 1799 zu dieser Annahme geführt. Aus den Versuchen ergibt sich jedoch die schon von der Wahrscheinlichkeit her anzunehmende Tatsache, daß Gildemeister nicht unter der extrem seltenen Blaublindheit litt, sondern rotblind (protanop) war. Trotz dieser Fehldeutung enthalten G.s Aufzeichnungen zukunftsweisende Aspekte, vor allem durch die Verwendung eines Farbfleckverfahrens, das erst um 1940 zu Testzwecken wieder aufgenommen wurde.

G. dürfte Gildemeister vor allem unter Zuhilfenahme der großen Doppeltafel untersucht haben, die er dem zweiten Stück der *Beiträge zur Optik* beigegeben hatte. Damit war die Verwechslung der Farben Grün und Gelbrot nachzuweisen, während er für das fehlende Unterscheidungsvermögen von Blau und der Rosenfarbe » K a r m i n , in einer weißen Porzellantasse aufgestrichen« (FA I, 23.2, S. 201) sowie rosenfarbenes Papier verwendete.

Dialog mit Schiller. Ordnung der Phänomene unter ein allgemeines Gesetz. Harmonielehre der Farben

In G.s Beschäftigung mit der *Farbenlehre* war von Ende 1794 bis Anfang 1798 eine längere Pause eingetreten. Die Arbeit am *Wilhelm Meister*, aber auch Probleme der morphologischen Methodik hatten Vorrang. In den ersten Monaten des Jahres 1798 kam es zum intensiven Gedankenaustausch mit Schiller anläßlich des Aufsatzes *Der Versuch als Vermittler von Objekt und Subjekt*, womit auch der Gegenstand der *Farbenlehre* erneut angesprochen wurde. Am Abend des 14.11. 1798 entstanden in Schillers Wohnung in Jena in gemeinsamer Arbeit zwei Skizzen: *Harmonie der Farben* und *Symbolische Annäherung zum Magneten*. G. wurde sich nun darüber klar, wie er den gewaltigen Stoff ordnen konnte, ebenso, wie er das Problem der Gemälde-Kolorierung, die kunsttheoretische Ausgangsfrage also, an die Naturforschung und an die Naturgesetze anschließen konnte, für deren Wirkungsweise stellvertretend der Magnet stand. Die locker hingeworfenen Skizzen sind nicht nur Zeugnis der ersten Niederschrift einer systematischen Harmonielehre der Farben, sie beweisen überdies, wie sich Naturwissenschaften, Poesie und Kunst zur Einheit formen, die von nur wenigen Grundgesetzen bestimmt wird.

Ein Blick in G.s Tagebücher für die Monate Mai bis November 1798 deutet diese Entwicklung an. Am 18.6. 1798 wurde mit Schiller »über die Möglichkeit einer Darstellung der Naturlehre durch einen Poeten« gesprochen. Der Magnet wurde – teilweise gemeinsam mit Friedrich Wilhelm Schelling und Martin van Marum – untersucht, parallel liefen die Arbeiten an der *Einleitung in die Propyläen* und *Diderots Versuch über die Malerei*. Farben erschienen G. immer wieder aus der Perspektive des Malers *und* des Naturforschers. Darüber hinaus versuchte G. seine Farbenforschungen einzubringen in eine schematische Darstellung der gesamten Naturlehre, wie sie in der Tabelle *Physische Wirkungen* vom 30.7. 1798,

mit erläuterndem Text vom Folgetag, zum Ausdruck kam (vgl. FA I, 25, S. 128–135). Am 14.11. 1798 schließlich war G. »abends bey Schiller, wo die Lehre von den verschiednen Graden der Harmonien der Farben und die Art des bequemsten Vortrags derselben durchgesprochen wurde«. Hierbei entstanden, jeweils auf einer Seite eines zusammenhängenden Doppelblattes, die beiden beschrifteten Skizzen. Am 15.11. 1798 hat G. das Gespräch mit Schiller zum Anlaß für die Anfertigung einer Farbtafel genommen, welche die Skizze zum Magneten weiter ausführte.

Im Hauptwerk von 1810 sollte G. in der *Konfession des Verfassers* rückblickend schreiben: »Aber als ich lange genug in diesen fremden Regionen [der Naturforschung; d. Vf.] verweilt hatte, fand ich den glücklichen Rückweg zur Kunst durch die physiologischen Farben und durch die sittliche und ästhetische Wirkung derselben überhaupt« (FA I, 23.1, S. 985). Das Gespräch mit Schiller vom 14.11. 1798 brachte eben hierbei den entscheidenden Durchbruch, indem anhand der Skizzen die physikalische Begründung einer Harmonielehre gegeben und deren Gültigkeit auch auf den physiologischen Bereich ausgedehnt wurde. In diesem Zusammenhang verwandte Schiller für den Übergang des Gelben zum Gelbroten sowie des Blauen zum Blauroten den Begriff der Intension, der bei G. erstmalig in deutlicher Form 1801 im Göttinger *Schema zur Farbenlehre* als »Steigerung« (FA I, 23.2, S. 255) erscheint. Damit ist eine entscheidende Größe bezeichnet, die dem Farbenkreis bzw. der Farbenlehre zugrunde liegt. G. konnte nun die Gesetze der Farbenlehre allgemeinen Prinzipien unterwerfen, die er in allen Naturerscheinungen ebenso wahrnahm wie im Sittlichen. Für Auge, Licht und Farben gelten die gleichen Grundprinzipien, die auch die menschliche Existenz im Körperlichen, Geistigen und Sittlichen bestimmen: Harmonie und Totalität, Polarität und Steigerung. Der Physiker stört dieses Gleichgewicht, indem er in seiner Erklärung von Licht und Farben die Phänomene aus ihrer natürlichen Erscheinungswelt isoliert und somit unsinnige Zugänge eröffnet.

Wie das Tagebuch vom 15.11. 1798 vermerkt, faßte G. auch eine »neue Idee wegen des Rothen«, das zukünftig nicht mehr als »Eigenschaft« (FA I, 23.2, S. 118) der blauen und gelben Farbe, sondern als eigenständige Farbe angesehen wurde, die durch Steigerung bzw. (hier noch) Intension aus Blau und Gelb über die Zwischenstufen des Blauroten und Gelbroten entsteht. In diesem Zusammenhang wurden die im Farbenkreis gegenüberliegenden (Komplementär-) Farben als »harmonisch fordernde« (FA I, 23.2, S. 199) an die erste Stelle einer Harmonie-Rangfolge gesetzt (Purpur/Grün, Gelbrot/Blau, Blaurot/Gelb). »Charakteristisch« (ebd.) hieß der zweite Grad der Harmonie. Er umfaßte alle Farben, die durch Sehnen im Farbenkreis bei Überspringen einer Zwischenfarbe verbunden werden: Gelbrot/Blaurot, Purpur/Gelb, Purpur/Blau, Gelbrot/Grün und Blaurot/Grün. Nur das Farbpaar Gelb/Blau, für das die Kriterien der vorgenannten Kombinationen auch gelten würde, wurde von G. abgetrennt und als einziges unter die Rubrik der »gemeinen« (ebd.) Harmonie gestellt. Die unterste Stufe, die »negative« (ebd.) Harmonie, bildeten Kombinationen aus Farben, die im Farbenkreis benachbart waren: Purpur/Gelbrot, Purpur/Blaurot, Gelbrot/Gelb, Blaurot/Blau, Gelb/Grün, Blau/Grün.

Psychologische Wirkung der Farben

Mit der Harmonielehre eng verbunden sind Fragen zur psychologischen Wirkung von Farben. G. hatte sich damit erstmals ausdrücklich in seinen im Quartier von Carl August in Marienborn bei Mainz entstandenen *Betrachtungen über die Farben* im Sommer 1793 beschäftigt, wobei er Eindrücke verzeichnete, die sich bei der Durchsicht durch farbige Gläser einstellten. Im Hauptwerk waren derartige Fragen in die sechste Abteilung des didaktischen Teils (*Sinnlich-sittliche Wirkung der Farbe*) aufgenommen. Anknüpfungspunkt waren die mit zweifarbigen Brillen durchgeführten Ver-

suche des Berliner Anatomen Johann Gottlieb Walter, über die dieser bereits 1788 in der Berliner Akademie referiert hatte und die 1794 auch in seiner Schrift *Von der Einsaugung und der Durchkreuzung der Sehnerven* behandelt wurden. Auf einen entsprechenden Aufsatz Walters in den *Mémoires de l'Académie Royale des Sciences et Belles-Lettres* von 1794 wurde G. in einer Briefbeilage Soemmerrings vom 19.1. 1794 aufmerksam gemacht. Weiterhin erneuerte G. seine Absage an die Erklärung der Farben durch Lichtbrechung und wies hier zum ersten Mal auf seinen Farbenkreis hin, den er dann Ende 1793 im *Versuch die Elemente der Farbenlehre zu entdecken* näher beschrieb.

Der *Temperamentenrose* lag eine farbige Darstellung auf einer Pappscheibe von 153 mm Durchmesser zugrunde. Da diese von Schiller beschriftet wurde, fand sie sich zunächst unter den Schiller-Akten im G.- und Schiller-Archiv. G.s Tagebuch nannte den 20.1., 22.1., 5.2. und 7.2. 1799 als Daten der Entstehung. Aus den *Tag- und Jahresheften 1798* und *1799* wird deutlich, daß es offenbar mehrere Schemata in der Art der *Temperamentenrose* gegeben hat, mit denen sich G. und Schiller Klarheit über »Natur, Kunst und Sitten« verschaffen wollten. Im engen Kontext entstand die tabellarische Darstellung zum Dilettantismus. »Überhaupt«, so G., »wurden solche methodische Entwürfe durch Schillers philosophischen Ordnungsgeist, zu welchem ich mich symbolisirend hinneigte, zur angenehmsten Unterhaltung«.

Die *Temperamentenrose* besteht aus drei konzentrischen Ringen. Der äußere Ring bezeichnet, zurückgehend auf Kants *Anthropologie in pragmatischer Hinsicht* (Königsberg 1798), die vier Temperamente: cholerisches, sanguinisches, phlegmatisches und melancholisches. Jedem Temperament sind im mittleren Ring drei typische Vertreter (z.B. Helden, Poeten, Philosophen) zugewiesen. Der innere Ring versucht, die Temperamente mit den Farben des Farbenkreises in Beziehung zu setzen. Der Aufbau der drei Kreise bringt es mit sich, daß eindeutige Zuordnungen zwischen Personengruppen und Farben in sechs Fällen vorkommen: Gelb – Bonvivants, Blaurot – Philosophen, Grün – Poeten, Purpur – Herrscher, Blau – Geschichtsschreiber, Gelbrot – Helden. Nur in den letzten beiden Fällen ist auch ein Temperament klar festgelegt: Blau – Geschichtsschreiber – Phlegmatisch; Gelbrot – Helden – Cholerisch. Hier treffen die Hauptvertreter der passiven und der aktiven Seite, der kältesten und der wärmsten Farbe aufeinander.

Auch im Kapitel über die *Sinnlich-sittliche Wirkung der Farbe* (im didaktischen Teil der *Farbenlehre*) werden Farben Temperamenten und Charakteren zugeordnet. Vereinzelt finden sich Beispiele aus dem Alltag dafür, beispielsweise wenn G. am 2.12. 1799 an Christoph Wilhelm Hufeland schreibt: »Der blaue Autor nimmt das Leben freylich etwas ernsthafter als der gelbe. Sie sehen aus dieser Farbvergleichung daß mir diese Phänomene einmal wieder sehr nahe liegen«.

Historisches

Am 10.2. 1799 entstand in Jena der älteste bekannte Entwurf zur *Geschichte der Farbenlehre*. Einen Tag zuvor hatte G. im Tagebuch notiert: »Das Schema zur Geschichte der Farbenlehre weiter bearbeitet und geheftet. Sodann den Character einzelner Naturforscher aus dem Gedächtniß summarisch aufgezeichnet«. Obwohl G. in dieser Übersicht bereits wesentliche Namen nannte, sollte die mühsame Arbeit am historischen Teil bis zum Erscheinen des Hauptwerkes im Jahr 1810 anhalten. Nimmt man die ersten Anklänge hinzu, so steht der Text in der Mitte der Entstehungsgeschichte des historischen Teils. Schon 1791 hatte G. sich mit Leonardo da Vinci, Joseph Priestley, Johannes Kepler, Franciscus Maria Grimaldi u.a. beschäftigt, am 26.6. 1792 kam erstmals Newtons *Opticks* in der lateinischen Fassung hinzu. Vor allem die Arbeiten an der Biographie des Benvenuto Cellini (Beginn im Februar 1796) ließen G. den einzelnen Menschen in das Zentrum der Wissenschaftsgeschichte rücken. Nicht eine Geschichte des

Wissens und der Theorien wollte er fortan liefern, sondern eine Sammlung der Lebensgeschichten von Forschern, deren persönlicher Charakter das Werk bestimmte. Wissenschaft und ihre historische Beurteilung haben vom einzelnen Menschen auszugehen. Dieser Zugang wird bereits im ältesten Entwurf zur *Geschichte der Farbenlehre* sichtbar. Erst ab 1800 hat sich G. dann zunehmend systematisch mit den einzelnen historischen Aspekten seines Werks beschäftigt.

Zur Ordnung und Gliederung des Gesamtwerks

Erste Gedanken, wie eine umfassende Farbenlehre zu konzipieren sei, zeichnete G. bereits in dem am 21.7. 1793 vor Mainz entstandenen Aufsatz *Einige allgemeine chromatische Sätze* auf, wobei ein Arbeitsplan vorgestellt wurde, der sich mit dem möglichen Beitrag von Wissenschaftlern aus verschiedenen Disziplinen zu einer weitgefaßten Farbenlehre beschäftigt. Unter den Naturforschern treten Physiker, Chemiker und Biologen (Naturhistoriker) auf, daneben werden Mathematiker, Mechaniker (als Praktiker) und Maler behandelt. Schließlich werden Historiker genannt und die Geschichte der Farbenlehre erstmals in dieser Deutlichkeit zum Desiderat für eine Behandlung des gesamten Gegenstandes gemacht. Der Historiker, dessen Rolle G. schließlich selbst übernehmen muß, soll unparteiisch die verschiedenen Hypothesen und Theorien vorstellen, während der Kritiker Richtiges und Falsches zu bezeichnen hat. G.s Plan, die *Farbenlehre* zum Gemeinschaftswerk zu machen, scheiterte. Zwar bekam er später Hilfe von dem Maler und Kunsthistoriker Johann Heinrich Meyer, dem Altphilologen Friedrich Wilhelm Riemer und dem Physiker Thomas Johann Seebeck, doch ging es dabei durchweg um die Bearbeitung einzelner Kapitel. Schon 1793 hatte G.s Schwager, Johann Georg Schlosser, G.s Bemühung um Mitarbeiter skeptisch beurteilt, worüber G. in den *Tag-*

und Jahresheften für dieses Jahr berichtete: »Ich ward aber gar unangenehm überrascht, als dieser alte Practikus mich herzlich auslachte und versicherte: In der Welt überhaupt, besonders aber in dem lieben deutschen Vaterlande, sei an eine reine gemeinsame Behandlung irgend einer wissenschaftlichen Aufgabe nicht zu denken«.

Nachdem im Dialog mit Schiller eigenständige Kapitel über die physiologischen, physischen und chemischen Farben festgelegt worden waren, machte sich G. im November 1799 weitere Gedanken zum Aufbau seines Werks, in erster Linie des didaktischen Teils, und schrieb dazu zahlreiche Entwürfe, die immer wieder neu geordnet wurden. Diese *Ausdehnung des Schemas* genannten Materialien, die auch jeweils eine Keimzelle des polemischen und historischen Teils enthalten, verwendete G. 1801 zur Ausarbeitung einer weiteren Gliederung. Nach seiner schweren Erkrankung im Januar dieses Jahres begab er sich zur Kur nach Bad Pyrmont, wo er am 13.6. 1801 eintraf. Bereits vom 6.6. bis 12.6. hatte er in Göttingen Station gemacht, die Rückreise jedoch nutzte er ausgiebig (18.7.–14.8. 1801), um ältere Werke zur Farbenlehre in der Göttinger Universitätsbibliothek zu studieren. Einzelheiten sowie die freundliche Mithilfe von Jeremias David Reuss hat G. in den *Tag- und Jahresheften 1801* beschrieben. Während dieser Tage, am 2.8. 1801, ordnete G. laut Tagebuch »die bisherigen Excerpte und Aufsätze« (die unter *Ausdehnung des Schemas* gefaßten Texte) und diktierte seinem Schreiber Johann Jakob Ludwig Geist ein Inhaltsverzeichnis, das als *Schema der Farbenlehre. Göttingen 1801* oder *Inhalt der Abhandlung über die Farbenlehre* einen wichtigen Abschnitt in der Entstehungsgeschichte der *Farbenlehre* markiert. G. stellte das Inhaltsverzeichnis den 22 einzelnen Texten der *Ausdehnung des Schemas* voran und legte auf diese Weise einen 40 Blätter umfassenden Faszikel an, dessen Umschlag er mit *Schema der Farbenlehre. Göttingen 1801* beschriftete.

Ein weiteres *Schema der ganzen Farbenlehre* wurde von G. am 17.3. und 18.3. 1806 niedergeschrieben. Da die ersten Teile des Hauptwerkes zum Entstehungszeitpunkt bereits in Druck gegangen waren, ist es unwahrscheinlich, daß es sich bei diesem Schema um einen Arbeitsplan handelte. Vielmehr dürfte G. das *Schema* in der zweiten Märzhälfte 1806 im Rahmen seiner physikalischen Vorträge vor einer Gruppe Weimarer Damen präsentiert haben. Zunächst wird die grundsätzliche Einteilung in physiologische, physische und chemische Farben geliefert. Diese Rubriken werden charakterisiert nach den Kriterien des Vorkommens, dem Grad des Verbundenseins mit dem Erscheinungsort, den Wirkungsprinzipien und der Totalität. Anschließend werden die vier Arten der physischen Farben vorgestellt: katoptrische, paroptrische, dioptrische und diamesoptrische (später epoptische) Farben. Insbesondere dem trüben Mittel wird am Beispiel der opalischen und der prismatischen Erscheinung seine Stellung im Prozeß der Farbenentstehung zugewiesen. Der untere, allein den dioptrischen Farben gewidmete Teil des Schemas enthält G.s Urphänomen der Farbenlehre, die Ableitung der atmosphärischen Farben, von Himmelblau und Morgenröte, aus dem Licht der Sonne, der Finsternis des Weltalls und dem trüben Mittel. Bezeichnenderweise sind die dioptrischen Farben eingerahmt von der »Region der Philosophie« und der »Region des Staunens« (FA I, 23.2, S. 293), ein Hinweis auf G.s Maxime, daß der Mensch nur in eingeschränktem Maße in der Lage ist, Erscheinungen wahrzunehmen und zu untersuchen, ohne sich über eine Grenze des Schauens hinwegsetzen zu können.

Überblickt man G.s sämtliche Vorarbeiten zur *Farbenlehre* von 1810, so hat man es mit Ausnahme der ersten beiden Stücke der *Beiträge zur Optik* sowie der diesen vorgeschalteten *Ankündigung* ausschließlich mit nicht veröffentlichten Aufsätzen, Entwürfen, Skizzen und Schemata zu tun, die nur im Kreise der Freunde (Carl August, Johann Heinrich Meyer, Schiller, Jacobi, Riemer), teilweise auch im Rahmen einzelner Korrespondenzen (Lichtenberg, Soemmerring, Dalberg) diskutiert wurden. Eine Wirkung nach außen konnte von diesen Arbeiten daher nicht ausgehen. Offenbar war das aufgrund der 1791/92 gemachten negativen Erfahrungen mit den Reaktionen auf die beiden veröffentlichten Stücke der *Beiträge zur Optik* ganz im Sinne G.s. Sieht man von den wenigen gescheiterten Publikationsversuchen ab, so wollte G. wohl erst wieder vor das Publikum treten, als seine Lehre ausgebreitet und abgerundet vorgetragen werden konnte. Die Positionen hierzu waren um 1800 geklärt. Die Entwürfe, Aufsätze und Skizzen aus dem ersten Jahrzehnt des 19. Jhs., die sich in vorwiegend knapper Form noch einmal verschiedenen Aspekten der breiten Thematik widmeten, brachten nichts prinzipiell Neues mehr. G. wiederholte und verdeutlichte lediglich seine Standpunkte und überlegte Versuche zu eindrucksvoller Demonstration, verstand diese Arbeiten jedoch als ein Zusammentragen von Materialien und kam zu dem Ergebnis, daß ein endgültiger Abschluß kaum möglich sei. Und auch, als 1810 die *Farbenlehre* erschien, hielt G. sein Werk für unvollendet und verwies auf einen noch zu liefernden supplementaren Teil, der zwar ein Desiderat blieb, durch die Beiträge in seiner Zeitschrift *Zur Naturwissenschaft überhaupt* (1817–1824) jedoch zumindest teilweise ersetzt wurde.

Literatur:

Böttiger, Karl August: Literarische Zustände und Zeitgenossen. Hg. von K. W. Böttiger. Bd. 1. Leipzig 1838. – Ebstein, Erich: Lichtenberg und Goethe über die Theorie der Farben. Mit einem vergessenen Aufsatz Lichtenbergs. In: Archiv für die Geschichte der Naturwissenschaften und der Technik. 3 (1910), S. 71–78. – Falta, Wolfang: Die farbigen Schatten – Goethe und Rumford. In: GoetheJb. 104 (1987), S. 318–331. – Heissenbüttel, Helmut: Farbige Schatten. Goethe gelesen mit Hilfe von Lichtenberg. In: Arnold, Heinz Ludwig (Hg.): Johann Wolfgang von Goethe. München 1982, S. 258–266. – Jaeger, Wolfgang: Goethes Untersuchungen an Farbenblinden: ›Eine sehr enge Pforte, um in das Allerheiligste der Farbenlehre zu dringen‹. In: Jahrbuch der Heidelberger Akademie der Wissenschaften für 1989. Heidelberg 1990, S. 102–112. – Ders.: Der Begriff des ›Werdens der Farben‹ als Leitidee für Goethes Untersuchungen des Farbensinnes. In: Mann, Gunter u. a. (Hg.): In der Mitte zwischen Natur und Subjekt. Johann Wolfgang von Goethes Versuch, die Metamorphose der Pflanze zu erklären 1790–1990. Frankfurt/M. 1992, S. 81–91. – Kanajew, Iwan Iwanowitsch: Goethes Arbeiten zum Problem der Physiologie des Farbsehens. In: GoetheJb. 94 (1977), S. 113–126. – König, Arthur: Über Goethes Bezeichnung der von ihm beobachteten Fälle von Farbenblindheit als »Akyanoblepsie«. In: Zentralblatt für praktische Augenheilkunde. 7 (1883), S. 497. – Lang, Heinwig: Goethe, Lichtenberg und die Farbenlehre. In: Photorin. 6 (1983), S. 12–31. – Matthaei, Rupprecht: Wie Goethe Farbenblinde untersuchte. In: Klinische Monatsblätter für Augenheilkunde. 115 (1949), H. 2, S. 97–108. – Ders.: Die Temperamentenrose aus gemeinsamer Betrachtung Goethes mit Schiller. In: Neue Hefte zur Morphologie. 2 (1956), S. 33–46. – Ders.: Wiederherstellung von Goethes Versuchen mit Gildemeister wegen des Nichtunterscheidens der Farben. In: Neue Hefte zur Morphologie. 2 (1956), S. 7–32. – Ders.: Neue Funde zu Schillers Anteil an Goethes Farbenlehre. In: GoetheJb. N.F. 20 (1958), S. 155–177. – Matthaei/Kuhn, Komm. in LA II, 3. – Ott, Gerhard/Proskauer, Heinrich Oskar: Das Rätsel des farbigen Schattens. Versuch einer Lösung. Basel 1979. – Schmidt, Komm. in MA 4.2, S. 1062–1093; MA 6.2, S. 1236–1265. – Wenzel, Manfred: ›Die Abstraktion, vor der wir uns fürchten‹. Goethe und die Physik. In: Freiburger Universitätsblätter. 133 (1996), S. 55–79. – Ders.: Komm. in FA I, 23.2., S. 299–454.

Manfred Wenzel

Zur Farbenlehre

Zur Gliederung und Textlage

Im Frühjahr 1810 erschien das dreiteilige Werk *Zur Farbenlehre*, das die Ergebnisse der mit großer Intensität betriebenen Forschungen G.s zur Chromatik in einer breit angelegten und durchkomponierten Darstellung enthielt. Nachdem seine *Beiträge zur Optik* aus den Jahren 1791 und 1792 keine günstige Aufnahme in der Fachwelt gefunden hatten, war von ihm zunächst nichts Gedrucktes mehr über Farben erschienen.

Die Entstehungsgeschichte der Farbenlehre

wird anhand der früheren Texte im Artikel *Beiträge zur Optik und Schriften zur Farbenlehre vor 1810* dargestellt. Darin wird deutlich, wie das Gliederungskonzept sich allmählich herauskristallisierte. So fiel erst nach dem sogenannten *Göttinger Schema* vom 2.8. 1801 der wichtige Entschluß, die Geschichte der Farbenlehre als selbständige Abhandlung herauszugeben, dem wir eines der interessantesten und umfangreichsten Werke G.s verdanken. Zugleich ist die zuletzt gefundene dreiteilige Form, wie am Schluß angedeutet werden soll, im Einklang mit dem Inhalt der Farbenlehre, die sich nämlich nicht nur mit den Gesetzen der Farberscheinungen befaßt, sondern vor allem auch mit deren Verhältnis zum Menschen als sinnlich Wahrnehmendem, seelisch Betroffenem, ästhetisch Gestaltendem und sich Entwickelndem.

Der Erstdruck der *Farbenlehre* erschien in der Cottaschen Buchhandlung zu Tübingen in zwei Bänden und einem Zusatzband mit der *Erklärung der zu Goethes Farbenlehre gehörigen Tafeln* nebst beigefügten siebzehn z.T. kolorierten Tafeln. Gleichzeitig kam dort die ebenfalls von G. verfaßte *Anzeige und Übersicht des Goetheschen Werkes zur Farbenlehre* als Heft mit beigefügten Tafeln im selben Verlag heraus. Der erste Band der Farbenlehre umfaßt den ersten, didaktischen Teil – *Entwurf einer Farbenlehre* – mit seinen sechs Abteilungen *Physiologische Farben, Physische Farben, Chemische Farben, Allgemeine Ansichten nach innen, Nachbarliche Verhältnisse* und *Sinnlich-sittliche Wirkung der Farben* und den zweiten, polemischen Teil – *Enthüllung der Theorie Newtons* – worin G. das von ihm zum größten Teil übersetzte erste Buch der *Optik* Isaak Newtons in allen Einzelheiten durch dagegengestellte Erwägungen und Experimente zu widerlegen versucht. Der zweite Band enthält den dritten, historischen Teil – *Materialien zur Geschichte der Farbenlehre* – mit seinen sechs Abteilungen *Griechen, Römer, Zwischenzeit, 16. Jahrhundert, 17. Jahrhundert* und *18. Jahrhundert* und dem Anhang *Statt des versprochenen supplementaren Teils*.

Die Abgabe der letzten korrigierten Druckbögen am 16.5. 1810 empfand G. als Befreiung von einer schweren Last. Bis zuletzt hatte er parallel am Manuskript vor allem des dritten Teils gearbeitet. Die Beschäftigung mit dem Thema ließ aber auch nach dem Erscheinen des Werkes nicht nach. Noch bis in seine letzten Lebenstage dachte G. über die Farben nach, korrespondierte, beobachtete und führte Experimente durch. In den Heften *Zur Naturwissenschaft überhaupt* veröffentlichte er zahlreiche Ergänzungen zu einzelnen Kapiteln seiner Farbenlehre (vgl. LA I, 8).

G. hat einen großen Teil seiner Notizen und Manuskripte zur Farbenlehre vernichtet. Eine zusammenhängende handschriftliche Druckvorlage existiert nicht. Einen Überblick über das trotzdem noch umfangreiche im G.- und Schiller-Archiv zugängliche Material geben die Ergänzungsbände zur Farbenlehre, die von der Deutschen Akademie der Naturforscher Leopoldina herausgegeben werden (LA II, 3, 4, LA II, 5a u. LA II, 6). Der vollständige G.sche Text findet sich in der Leopoldina (LA I, 4–7), in der Münchner Ausgabe (MA 10) und der Frankfurter Ausgabe (FA I, 23.1).

Der Kreis als Gestaltungsprinzip der Farbenlehre

Das Gestaltungsprinzip der ganzen Farbenlehre ist die Ordnung ihrer Erscheinungen in einem Kreis. Den Farbkreis findet man in G.s Entwürfen schon im Laufe des Jahres 1793. Aber erst in dem für die Wiederaufnahme der Farbstudien so wichtigen Jahr 1798 erschließen sich im intensiven Dialog mit Schiller alle Dimensionen dieses Schemas.

In den *Tag- und Jahresheften 1799* blickt G. auf die gemeinsamen Besprechungen der vielen methodischen Entwürfe zurück und lobt Schillers »philosophischen Ordnungsgeist«, zu welchem er, G., sich »symbolisierend hinneigte« (LA I, 3, S. 387). In einem Brief vom 15.11. 1798 an Johann Heinrich Meyer befindet·sich die Skizze einer auf dem Farbkreis beruhenden Harmonielehre, die schon die wesentlichen Züge des Harmonieschemas der

Farbzusammenstellungen in der sechsten Abteilung des Entwurfs enthält.

Am Abend zuvor hatte G. gemeinsam mit Schiller ein Schema erarbeitet, das die Farben des Farbkreises in Analogie zum Magnetismus behandelte. Dieser Analogie lag G.s Auffassung zugrunde, daß alles Erscheinen der Natur auf der Wirkung von Gegensätzen beruhe, die sich wieder vereinigen. In einer Einleitung zu physikalischen Vorträgen schrieb er dazu am 2.10.1805: »Was in die Erscheinung tritt, muß sich trennen, um nur zu erscheinen. Das Getrennte sucht sich wieder, und es kann sich wieder finden und vereinigen; im niedern Sinne, indem es sich nur mit seinem Entgegengestellten vermischt, mit demselben zusammentritt, wobei die Erscheinung Null oder wenigstens gleichgültig wird. Die Vereinigung kann aber auch im höhern Sinne geschehen, indem das Getrennte sich zuerst steigert und durch die Verbindung der gesteigerten Seiten ein Drittes, Neues, Höheres, Unerwartetes hervorbringt« (LA I, 3, S. 417). Die Art der Vereinigung der Gegensätze hängt demnach von der Art ihres Erscheinens ab. In Bezug auf Elektrizität und Magnetismus im Vergleich zu den Farben schrieb G. am 17.1.1798 an Schiller: »Soviel ich jetzt übersehen kann, wird die Farbenlehre, wenn man sie recht angreift, in Absicht auf ihren Vortrag einen Vorzug vor der elektrischen und magnetischen haben, weil wir bei ihr mit keinen Zeichen, sondern mit den Verhältnissen und Wirkungen sichtbarer Naturverschiedenheiten zu tun haben«. Elektrizität und Magnetismus nehmen wir nicht als solche wahr. Für ihre Gegensätze haben wir daher, wie G. sagte, nur Zeichen, und ihre Verbindung ist ein Verschwinden, ein Gleichgültigwerden. Die wahrnehmbaren Farbgegensätze erzeugen dagegen eine Mannigfaltigkeit von Beziehungen. Diese waren Gegenstand der Skizzen vom 14.11.1798 (vgl. LA I, 3, Tafel XXIII). Deren Besprechung in Schillers Jenaer Wohnung kann als Geburt des Systems der Farbenlehre betrachtet werden.

Zum ersten Mal tauchten dabei im Zusammenhang die Begriffe ›gemeine Mischung‹ für Grün und ›edle Mischung‹ für Purpur auf. Die Neigung von Gelb und Blau zum Roten nannte

Schiller ›Intension‹, woraus G. später ›Steigerung‹ machte. Die Gegenüberstellung Gelb – Blau wurde als ›gemeiner Kontrast‹, die Gegenüberstellung Gelbrot – Blaurot als ›edler Kontrast‹ und die Gegenüberstellung von Komplementärfarben als vollkommene Harmonie bezeichnet.

Mit diesen Begriffen wurden alle wesentlichen Bestimmungen des Farbkreises vorweggenommen, die in der vierten Abteilung des Entwurfs die Zusammenfassung der gesamten Farbenlehre zum Farbkreis ergaben. Dort hieß es dann: »Der Farbenkreis ist vor unsern Augen entstanden, die mannigfaltigen Verhältnisse des Werdens sind uns deutlich. Zwei reine ursprüngliche Gegensätze sind das Fundament des Ganzen. Es zeigt sich sodann eine Steigerung, wodurch sie sich beide einem dritten nähern; dadurch entsteht auf jeder Seite ein Tiefstes und ein Höchstes, ein Einfachstes und Bedingtestes, ein Gemeinstes und ein Edelstes. Sodann kommen zwei Vereinungen (Vermischungen, Verbindungen, wie man es nennen will) zur Sprache; einmal der einfachen anfänglichen, und sodann der gesteigerten Gegensätze« (LA I, 4, S. 208).

Es fällt auf, daß G. den Begriff des Kreises häufig verwandte, um überhaupt auf Zusammenhang, d.h. auf das Verhältnis einzelner Erscheinungen zueinander hinzuweisen. Zunächst mag das an der anschaulichen und gegenständlichen Denk- und Ausdrucksweise G.s gelegen haben. Peter Schmidt schrieb dazu in seiner Einführung zur Farbenlehre: »In der Tat fällt uns in einer frappanten Weise auf, daß es bei Goethe kaum einen Satz, kaum einen Gedanken gibt, den man nicht als Bild vor Augen haben kann; seine Beschreibungen scheinen stets visuell übertragbar. Es gibt wohl kaum einen anderen Schriftsteller, der mit solchem Bedacht vermeidet, abstrakt zu schreiben« (Komm. in MA 10, S. 996f.).

Offenkundig war für G. das Kreisbild aber mehr als eine bloß visuelle Metapher. Über die fünfte Abteilung des Entwurfs schrieb G. in Anzeige und Übersicht: »Den Philosophen, den Arzt, den Physiker, den Chemiker, den Mathematiker, den Techniker laden wir ein, an unserer Arbeit teilzunehmen und unser Be-

»Erklärung der zu Goethes Farbenlehre gehörigen Tafeln«. (Tafel IIa) von 1810

mühen, die Farbenlehre dem Kreis der übrigen Naturerscheinungen einzuverleiben, von ihrer Seite zu begünstigen« (LA I, 7, S. 7). Der Gang durch alle Abteilungen bildete selbst wiederum einen Kreis, denn mit den Erkenntnissen der letzten Abteilung »schließt sich das Farbenreich in sich selbst ab, indem wir wieder auf die physiologischen Farben und auf die naturgemäße Harmonie der sich einander fordernden, der sich gegenseitig entsprechenden Farben gewiesen werden« (ebd.). Und zu Beginn der vierten Abteilung, heißt es nach dem Durchgang durch die Reihe aller Farberscheinungen: »Jetzt, da wir nicht mehr fürchten, sie zu vermischen, oder zu verwirren, können wir unternehmen, erstlich das Allgemeine, was sich von diesen Erscheinungen innerhalb des geschlossenen Kreises prädizieren läßt, anzugeben, zweitens, anzudeuten, wie sich dieser besondre Kreis an die übrigen Glieder verwandter Naturerscheinungen anschließt und sich mit ihnen verkettet« (LA I, 4, S. 203). Das Durchlaufen eines Kreises von Erscheinungen ist also der Weg einer geordneten Empirie zum Erfassen von allgemeinen Gesetzmäßigkeiten.

Der tiefere Sinn dieser Kreismetapher läßt sich anhand des Aufsatzes *Der Versuch als Vermittler von Objekt und Subjekt* aus dem Jahre 1792 verdeutlichen, den G. am 10.1. 1798 an Schiller schickte. Darin werden drei Verhaltensweisen des Menschen zu den ihn umgebenden Gegenständen beschrieben: erstens das sinnliche Gewahrwerden, zweitens die Betrachtung nach Gefallen und Mißfallen oder nach Nutzen und Schaden, die man persönlich nennen kann, und eine dritte Verhaltensweise, die der Wissenschaftler anzustreben habe. Die Erkennenden sollen nämlich »als gleichgültige und gleichsam göttliche Wesen suchen und untersuchen was ist, und nicht was behagt« (LA I, 3, S. 285). So soll z.B. den Botaniker weder die Schönheit noch die Nutzbarkeit der Pflanzen rühren, sondern er soll, »mit einem gleichen ruhigen Blicke sie alle ansehen und übersehen, und den Maßstab zu dieser Erkenntnis, die Data der Beurteilung nicht aus sich, sondern aus dem Kreise der Dinge nehmen, die er beobachtet« (ebd.).

Der Übergang vom sinnlichen Gewahrwerden zum Betrachten der Welt als gleichsam göttliches Wesen ist mit einem radikalen Standpunktwechsel verbunden. Der Bezugspunkt jeder sinnlichen Erfahrung ist der momentane leibliche Standort des Menschen. Von der Festlegung darauf soll man sich befreien. Es gibt dann keine isolierte Einzelperspektive mehr, sondern die Erkenntnis kommt gleichsam von der Peripherie her, vom »Kreise der Dinge«, die den sinnlich Wahrnehmenden umgeben. So aufgefaßt erinnert der Gedanke an die aristotelische Kosmologie. Der Mensch steht danach als leibliches Wesen auf der Erde, dem Mittelpunkt des Kosmos, und nimmt das Wirken der Elemente in sich und um sich herum wahr. Er unterliegt aber nicht bloß diesem Wirken, sondern hat durch das Denken teil am Ursprung aller Prozesse. Deren erstes bewegendes Agens ist nämlich der aktive Geist (nus poetikos), an dem der Mensch zuweilen Anteil hat, dessen »Ort« primär nicht die menschliche Seele, sondern der Umkreis des ganzen Kosmos ist. Es ist Gott, der unbewegte Beweger, dessen unausgesetzte Tätigkeit das Denken des Denkens ist, aus dem alles hervorgeht: als Erstes und Oberstes die kreisförmige Himmelsbewegung, die alles umschließt, und dann davon ausgehend alle planetarischen und irdischen Bewegungen (vgl. Aristoteles). G. forderte also vom Wissenschaftler, daß er erkennend den Zustand anstrebe, den Aristoteles als Ursprungszustand des Kosmos im unbewegten Beweger annimmt. Gott wirkt vom Umkreis zum Zentrum der Erde, der Wissenschaftler strebt von seinem eingeschränkten irdischen Standpunkt aus zur Betrachtung der Dinge aus göttlicher Perspektive.

Die Dreiheit von sinnlichem, persönlichem und göttlichem oder geistigem Bezug zu den Gegenständen war für G. der Ausgangspunkt für ein Verständnis der Beziehung von Versuch und Theorie. Ein einzelner Versuch konnte für G. niemals dazu dienen, eine Theorie zu beweisen – hier wäre eine Verbindung zu Poppers Falsifikationismus zu sehen –, sondern hatte seinen Wert nur in der Vereinigung und Verbindung mit anderen. Eine Theorie, die sich nur auf einige wenige Versuche stützt, wäre seiner Auffassung nach zu sehr von den persönlichen Vorurteilen und Fehlern des Forschers bestimmt.

Der beste Schutz vor den »inneren Feinden« der Erkenntnis sei das Bestreben, die isolierten Versuche zu vermannigfaltigen und so die Erfahrung der vereinheitlichenden Kraft des Geistes anzunähern. Da in der Natur alles mit allem zusammenhängt, hebt – so G. – die Vermannigfaltigung der Versuche, ihre Ordnung in auseinander hervorgehende Versuchsreihen den Menschen auf eine neue Ebene der Erfahrung: »Eine solche Erfahrung, die aus mehreren andern besteht, ist offenbar von einer h ö h e r n Art. Sie stellt die Formel vor, unter welcher unzählige einzelne Rechnungsexempel ausgedrückt werden. [...] nur das Nächste ans Nächste zu reihen oder vielmehr das Nächste aus dem Nächsten zu folgern, haben wir von den Mathematikern zu lernen, und selbst da, wo wir uns an keine Rechnung wagen, müssen wir immer so zu Werke gehen, als wenn wir dem strengsten Geometer Rechenschaft zu geben schuldig wären« (LA I, 3, S. 293).

Der Inhalt dieser höheren Erfahrung, am 17.1.1798 auch als reines Phänomen bezeichnet, steht also im gleichen Verhältnis zu den einzelnen empirischen Tatsachen oder Phänomenen, wie die Gesetze der Geometrie zu den einzelnen geometrischen Figuren. Nur ist dieses Verhältnis allgemeiner als das arithmetische oder geometrische. G. suchte nach einer Wissenschaft der Phänomene nach dem Muster der Mathematik, ohne quantitative Begriffe dabei anzuwenden. Darin lag eine wesentliche Differenz zur Physik seiner Zeit.

Die Kreismetapher bestimmt auch manchen Gedanken im Vorwort und in den Einleitungen zur *Farbenlehre* von 1810, wenn dies auch nicht immer ausgesprochen wird. Gleich zu Beginn ist davon die Rede, daß man das Wesen eines Dinges nicht unmittelbar ausdrücken könne. »Wirkungen werden wir gewahr, und eine vollständige Geschichte dieser Wirkungen umfaßte wohl allenfalls das Wesen jenes Dinges« (LA I, 4, S. 3). Man muß eben den Kreis der Dinge abschreiten, um die Geschichte der Wirkungen zu kennen. Wie sich

der Charakter eines Menschen an seinen Taten und Leiden zeige, so seien auch die Farben »Taten und Leiden« des Lichtes (ebd.).

Farben und Licht sind Teile der ganzen Natur, insofern sie sich dem Sinn des Auges offenbart. Den anderen Sinnen zeigt sie sich ebenfalls ganz, aber auf andere Weise. Und »so spricht sie mit sich selbst und zu uns durch tausend Erscheinungen« (ebd.). Erkennen bedeutet also, das Selbstgespräch der Natur, in das wir einbezogen sind, zu entschlüsseln. Jedes einzelne Farbphänomen kann man im Sinne G.s als einzelne Aussage der Natur betrachten, die man im Zusammenhang mit anderen, die zum selben Kreise gehören, verstehen kann. Es wird dabei nicht nach ursächlichen Erklärungen für das Erscheinen der Farben gesucht, sondern nach ihren gesetzmäßigen Relationen zueinander. G. erkannte Farbe als eine elementare, nicht hinterfragbare Erscheinung für das Auge an. Daher definierte er sie lediglich als »die gesetzmäßige Natur in Bezug auf den Sinn des Auges« (LA I, 4, S. 19).

Betreiben wir Wissenschaft, so sprechen wir die Erscheinungen und ihre Zusammenhänge aus. Aber alle »Erscheinungen sind unaussprechlich, denn die Sprache ist auch eine Erscheinung für sich, die nur ein Verhältnis zu den übrigen hat, aber sie nicht herstellen (identisch ausdrücken) kann«, schrieb G. um das Jahr 1800 (LA I, 3, S. 301). Zu dieser prinzipiellen Unaussprechlichkeit der Erscheinungen kommt hinzu, daß die Darstellung wissenschaftlicher Erkenntnis immer an die Sprachfähigkeit des Einzelnen und des Zeitalters gebunden bleibt. Wissenschaft erscheint daher in mit der Zeit sich wandelnden Formen, die alle einen Teilaspekt des Forschungsgegenstandes umfassen. Die Geschichte einer Wissenschaft ist nicht bloß die Aneinanderreihung von Entdeckungen und Meinungen, sondern »die Wissenschaft selbst« (LA I, 4, S. 7).

Wie G. sich den Gang der Geschichte vorstellt, sagte er in der Einleitung zum historischen Teil seiner Farbenlehre: »Nichts ist stillstehend. Bei allen scheinbaren Rückschritten müssen Menschheit und Wissenschaft immer vorschreiten, und wenn beide sich zuletzt auch wieder in sich selbst abschließen sollten. [...] Der Kreis, den die Menschheit auszulaufen hat, ist bestimmt genug, und ungeachtet des großen Stillstandes, den die Barbarei machte, hat sie ihre Laufbahn schon mehr als einmal zurückgelegt. Will man ihr auch eine Spiralbewegung zuschreiben, so kehrt sie doch immer wieder in jene Gegend, wo sie schon einmal durchgegangen. Auf diesem Wege wiederholen sich alle wahren Ansichten und alle Irrtümer« (LA I, 6, S. VII). In das Bild fortschreitender Kreisgänge, einer Spirale, faßt G. den Gedanken, daß die Menschheit einer Geschichtsepoche den ganzen Kreis der Erscheinungen einer Wissenschaft wohl durchlaufen haben kann, und später dennoch von neuem anfangen muß, da sie sich inzwischen auf ein neues geistiges Niveau begeben hat.

Die folgende Beschreibung der drei Teile der Farbenlehre wird im einzelnen auch die Entwicklung des Farbkreises in seinen verschiedenen Bedeutungsebenen verfolgen.

Wahrnehmung, Entstehung und Erscheinung der Farbe

Der *Entwurf einer Farbenlehre* beginnt mit der Untersuchung der physiologischen Farben. Für G. waren sie keine pathologischen Erscheinungen, sondern die gesunde Reaktion des Auges auf einen natürlichen Reiz, d.h. ein intimer Vorgang im Dialog der farbigen Natur mit sich selbst. Zunächst wurde die Wirkung von Licht und Finsternis auf das Auge behandelt. In völliger Finsternis zieht sich das Auge »in sich selbst zurück« (LA I, 4, S. 26), in zu starkem Licht wird es geblendet. Gutes Sehen setzt daher mäßig beleuchtete Gegenstände voraus. Diese sind Bilder für das Auge. So ging also die Untersuchung zunächst von farblosen, hellen und dunklen Bildern aus. G. fand, wie das Auge durch das Nachbild einen einseitigen Eindruck immer ausgleicht. Ein heller Eindruck ergibt ein dunkles Nachbild und umgekehrt. Bei der Beobachtung von farbigen Bildern zeigt sich die ausgleichende Harmonisie-

rungstendenz des Auges auf höherer Stufe. Zum Hell oder Dunkel des Nachbildes kommt die Komplementärfarbe oder, wie G. sagte, die zur Bildfarbe geforderte Farbe hinzu. Rot und Grün fordern sich wechselseitig, ebenso Gelb und Violett, Blau und Orange.

Nach dem Durchgang durch den ganzen Kreis der Nachbildphänomene zeigte G., wie darin im Grunde schon die ganze Farbenlehre enthalten sei, weil »sie uns auf die G e s e t z e d e s   S e h e n s hindeuten, und zu künftiger Betrachtung der Farben eine notwendige Vorbereitung sind. Das Auge verlangt dabei ganz eigentlich T o t a l i t ä t und schließt in sich selbst den Farbenkreis ab« (LA I, 4, S. 42). Man könnte auch sagen: Das Auge als an der Natur gebildetes Organ hat am Ganzen der Natur teil und schließt daher in sich den Kreis der Erscheinungen harmonisch ab, wenn er von außen nur stückweise geboten wird.

Anschließend wandte sich G. den farbigen Schatten und subjektiven Höfen zu. Die Nachbilder sind noch rein subjektive Erscheinungen im Auge. Sie bleiben auch ohne Gegenstand sichtbar, bis sie abklingen. Dagegen werden die farbigen Schatten und Höfe zwar an den Gegenständen oder um diese herum gesehen, insofern sind sie objektiv. Sie sind aber abhängig von dem Verhältnis, das das Auge zu ihnen hat, und insofern noch subjektiv.

Farbige Schatten entstehen, wenn ein Gegenstand gleichzeitig von einer farblosen und einer farbigen Lichtquelle beleuchtet wird. Der im farblosen Licht geworfene Schatten wird von der farbigen Lichtquelle aufgehellt und erscheint in ihrem Farbton. Der andere zeigt dagegen den zur farbigen Lichtquelle geforderten Farbton, obwohl er nur durch farbloses Licht aufgehellt wird. Im Unterschied zur Nachbildfarbe erscheint die geforderte Schattenfarbe nicht erst nach einer gewissen Zeit und ist räumlich auch nicht an das Auge, sondern an den Ort des Schattens gebunden. Dennoch ist die letztere nicht vergleichbar mit einer Gegenstandsfarbe. Ändert man den Ton der farbigen Lichtquelle, ändert sich auch die geforderte Schattenfarbe. Blendet man aber die helle Umgebung des Schattens in der Gegenfarbe vollständig aus, indem man ihn durch ein schwarzes Rohr betrachtet, erscheint er in der Farblosigkeit der ihn aufhellenden Lichtquelle und ändert sich nicht beim Wechsel der farbigen Beleuchtung.

Die physischen Farben werden durch farblose Körper hervorgebracht, G. klassifizierte sie nach ihren Erscheinungsbedingungen: Katoptrische Farben entstehen durch Spiegelung an Kanten, Oberflächenrauigkeiten usw. (physikalisch: Interferenzerscheinungen an Spiegelreflexen); paroptische Farben entstehen durch vorbeistrahlendes Licht an Rändern farbloser, undurchsichtiger Körper (physikalisch: Beugungserscheinungen); dioptrische Farben der ersten Klasse treten an durchscheinenden Gegenständen auf (physikalisch: Streuung); die anläßlich der Lichtbrechung auftretenden Farben nannte G. die dioptrischen Farben der zweiten Klasse; zuletzt erwähnte G. die sog. epoptischen Farben, die an dünnen Schichten, Bruchstellen von Kristallen, Seifenlamellen usw. auftreten (physikalisch: Interferenzerscheinungen).

Diese Reihe wird später durch die entoptischen Farben (physikalisch: Polarisationsfarben) ergänzt, von denen G. durch den in Jena lebenden Physiker Thomas Seebeck zum ersten Mal im Jahre 1806 erfuhr, als ein großer Teil des *Entwurfs* schon beim Drucker lag. Der didaktische Teil war schon am 17.2.1807 fertig gedruckt. Die Polarisationsfarben hängen mit inneren Strukturverhältnissen durchsichtiger Körper zusammen. Sie sind heute im Bereich der Materialprüfung von erheblicher technischer Bedeutung.

G. sah in dieser Reihe der physischen Farben den Übergang von den rein subjektiven physiologischen Farben, die das Auge selbst als Erscheinungsbedingung haben, zu den chemischen Farben, die als objektivste den materiellen Körpern selbst angehören. Die physischen Farben erscheinen zwar an den Körpern, ohne jedoch Eigenschaften von ihnen zu sein. Bei ihren Entstehungsarten zeigt sich eine immer stärkere Beteiligung der Materie. Zuerst ist sie nur Bildträger, dann dient sie der Erzeugung von Schattengrenzen oder Reflektionskanten, schließlich wird sie vom Licht durchdrungen und färbt die leuchtenden Bilder.

In den Abschnitten über die dioptrischen Farben entwickelte G. seine Theorie der Farbentstehung, die er im polemischen Teil der Newtonschen Theorie entgegenstellte. Gleich zu Beginn führte er das Urphänomen über die einfachen atmosphärischen Farberscheinungen ein: Den Blau-Violett-Abstufungen des durch die erhellte Lufthülle gesehenen dunklen Himmels und den Gelb-Rot-Abstufungen der untergehenden oder aufgehenden, durch die Lufthülle scheinenden hell leuchtenden Sonne. »Ein solches Urphänomen ist dasjenige, das wir bisher dargestellt haben. Wir sehen auf der einen Seite das Licht, das Helle, auf der andern die Finsternis, das Dunkle, wir bringen die Trübe zwischen beide, und aus diesen Gegensätzen, mit Hülfe gedachter Vermittlung, entwickeln sich, gleichfalls in einem Gegensatz, die Farben, deuten aber alsbald, durch einen Wechselbezug, unmittelbar auf ein Gemeinsames wieder zurück« (LA I, 4, S. 71).

So wie G. Schiller gegenüber im Gespräch über die Urpflanze bekannte, er sähe seine Ideen mit Augen, so faßt er auch das Urphänomen oder das reine Phänomen zugleich sinnlich und geistig auf. Wenn also die Entstehung der atmosphärischen Farben das Erscheinen des Urphänomens sein soll, dann nur deshalb, weil in diesem empirischen Einzelfall, der immer erneut auftreten kann, die allgemeinen Bedingungen des Farbenwerdens besonders elementar anschaulich realisiert sind. Und das allgemeinste, was man im Sinne G.s über die physische Farbentstehung sagen kann, ist, daß Licht und Finsternis für sich nicht sichtbar zusammenwirken könnten, wenn es nicht ein Drittes gäbe, das sie miteinander ins Spiel bringt, sie ineinanderwirken läßt. Und dieses Dritte, die vermittelnde Materie, nannte G. die Trübe.

Bildet man wie G. seine Begriffe innerhalb der Lebenswelt und nicht in isolierten Laborsituationen, die G. immer als abgeleitet, kompliziert und sekundär behandelte, wenn er sie auch nicht vollständig ablehnte, dann liegt es nahe, in der durchsichtigen Luft die feinste und elementarste Erscheinung der Materie zu sehen. In den Wettererscheinungen, die zwischen klarem Himmel, Dunst, Nebel, oder den Wolken spielen, die weiß, grau, ja fast schwarz werden können, kann man eine elementare Eigenschaft der Materie entdecken, die auf Licht und Finsternis wirkt. G. nannte sie Trübe und beschrieb sie wie folgt: Wenn sich der leere, durchsichtige Raum »dergestalt füllt, daß unser Auge die Ausfüllung nicht gewahr wird; so entsteht ein materielles, mehr oder weniger körperliches, durchsichtiges Mittel, das luft- und gasartig, flüssig oder auch fest sein kann. [...] Die reine durchscheinende Trübe leitet sich aus dem Durchsichtigen her. [...] Die vollendete Trübe ist das Weiße, die gleichgültigste, hellste, erste, undurchsichtige Raumerfüllung. [...] Das Durchsichtige selbst, empirisch betrachtet, ist schon der erste Grad des Trüben« (LA I, 4, S. 63 f.).

Die Vermittlung von Licht und Finsternis durch die Trübe hat als Urphänomen der Farbentstehung seinem ideellen Gehalt nach den Charakter eines Naturgesetzes, von dem aus der Zusammenhang der Einzelerscheinungen deduziert werden kann. »Wir nennen sie Urphänomene, weil nichts in der Erscheinung über ihnen liegt, sie aber dagegen völlig geeignet sind, daß man stufenweise, wie wir vorhin hinaufgestiegen, von ihnen herab bis zu dem gemeinsten Falle der täglichen Erfahrung niedersteigen kann« (LA I, 4, S. 71).

Bei den dioptrischen Farben zweiter Klasse beschränkte G. sich im wesentlichen auf die prismatischen Farben. Im Gegensatz zu Newton zog er dabei die subjektiven Versuche, »bei welchen nämlich der Gegenstand durch ein brechendes Mittel von dem Beobachter gesehen wird« (LA I, 4, S. 76), den sogenannten objektiven Versuchen vor. Bei diesen wird das Farbphänomen auf einem Schirm erzeugt, der die z.B. am Sonnenlicht bewirkten prismatischen Farberscheinungen auffängt. Sie führen, wie G. zeigte, prinzipiell zu denselben Ergebnissen wie die subjektiven Versuche. Die letzteren entsprachen aber noch mehr G.s Auffassung von der sinnlichen Erkenntnis als Teilnahme am Selbstgespräch der Natur.

Für G. war die Trennung von Subjekt und Objekt in der Welt, d.h., das Subjekt steht dem Objekt, aber nicht der Welt gegenüber. »In der ganzen sinnlichen Welt kommt alles überhaupt auf das Verhältnis der Gegenstände untereinander an, vorzüglich aber auf das Verhältnis des bedeutendsten irdischen Gegenstandes, des Menschen, zu den übrigen. Hierdurch trennt sich die Welt in zwei Teile, und der Mensch stellt sich als Subjekt dem Objekt entgegen« (LA I, 4, S. 73).

Zur Entstehung prismatischer Farben müssen nun einerseits materielle Bedingungen erfüllt sein. Der durchsichtige Körper muß eine Gestalt haben, die bewirkt, daß das durch ihn betrachtete Bild räumlich nach Lage und Größe maßgeblich verändert wird. Außerdem bedarf es chemischer Bedingungen (vgl. LA I, 4, S. 80 u. S. 111). Darauf legte G. Wert, da er fälschlicherweise annahm, daß die Möglichkeit, achromatische Linsen durch Kombination von Gläsern unterschiedlicher Farbzerstreuung (Folge ihrer chemischen Beschaffenheit) herzustellen, schon die ganze Newtonsche Theorie widerlege (vgl. LA I, 6, S. 361–365). Anderseits müssen für das Auge, das durch ein Prisma sieht, Gegenstände mit Helligkeitskontrasten, d.h. sichtbaren Rändern, vorhanden sein. An einer homogenen Fläche entstehen keine neuen Farben. G.s Optik war also eine Optik der Bilder. »Durch Verbindung von Rand und Fläche entstehen Bilder. Wir sprechen daher die Haupterfahrung dergestalt aus: es müssen Bilder verrückt werden, wenn eine Farbenerscheinung sich zeigen soll« (LA I, 4, S. 77). Wurden die physiologischen Farben als Reaktion des Auges auf Bilder beschrieben, so geht es jetzt um die Einwirkung materieller Mittel auf Bilder.

Die elementarste Grenze ist die Schwarz-Weiß-Grenze. Sie wird unscharf und farbig, wenn sie für das Auge durch ein Prisma in Richtung senkrecht zu ihrem Verlauf verschoben wird. Bei einer Verschiebung in die Schwarz-weiß-Richtung erscheinen die aktiven Farben Rot bis Gelb, bei entgegengesetzter Verschiebung zeigen sich die passiven Farben Blau bis Violett. Die Verschiebung der Bildgrenze im subjektiven Sehraum ist also mit den polaren Farberscheinungen des Urphänomens verknüpft.

Ein weißer Streifen auf schwarzem Grund und ein schwarzer Streifen auf weißem Grund zeigen durch ein Prisma betrachtet immer beide Farbränder gleichzeitig. Je nach Breite der Streifen und Farbränder ergeben sich entweder die Farbfolgen Schwarz, Rot, Gelb, W e i ß, Blau, Violett, Schwarz bzw. Weiß, Blau, Violett, S c h w a r z, Rot, Gelb, Weiß, oder die Folgen Schwarz, Rot, Gelb, G r ü n, Blau, Violett, Schwarz (wie beim Newtonschen Spektrum) bzw. Weiß, Blau, Violett, P u r p u r, Rot, Gelb, Weiß. Je größer der brechende Winkel des Prismas, je schmaler die Streifen, je größer die Entfernung der Bilder vom Prisma und je größer die Dispersionskraft des durchsichtigen Mittels sind, umso mehr wachsen die Farbränder zusammen, bis weiß und schwarz zugunsten von grün und Purpur in der Mitte der Farbfolgen verschwinden. Diese Spektren sind polar zueinander, denn jede Farbfolge erhält man aus der anderen durch Ersetzen ihrer Farben durch die Komplementärfarben.

Vor seiner Erklärung der beschriebenen Phänomene stellte G. noch einmal klar, daß wir es beim Sehen ausschließlich mit Bildern zu tun haben. Er unterschied die Gegenstände als primäre Bilder von den sekundären Bildern, die er nach ihren Entstehungsbedingungen klassifizierte. Abgeleitete Bilder sind die im Auge verbleibenden physiologischen Nachbilder. Indirekte Bilder sind Spiegelbilder, die häufig als Doppelbilder auftreten, wenn sowohl die vordere als auch die hintere Fläche eines Spiegels reflektiert. Eine dritte Klasse sekundärer Bilder sind die sogenannten Nebenbilder, die an durch Refraktion verschobenen primären Bildern (Hauptbildern) auftreten. »Ein solches Nebenbild ist eine Art von Doppelbild, nur daß es sich von dem Hauptbilde nicht trennen läßt, ob es sich gleich immer von demselben zu entfernen strebt« (LA I, 4, S. 85).

G. meinte nun, die farbigen Unschärfebereiche als erzeugt durch solche Nebenbilder auffassen zu dürfen, »welche zwar von dem Hauptbilde nicht ab-, aber auch als halbierte Bilder aus demselben hervortreten, und daher so schnell, so leicht und so energisch gefärbt

erscheinen können« (LA I, 4, S. 87). Nebenbilder nannte G. sie auch deshalb, weil sie die Konturen der Hauptbilder beibehalten. Dabei erschien es ihm, »daß das wahre Bild einigermaßen zurückbleibe und sich dem Verrükken gleichsam widersetze. Ein Nebenbild aber in der Richtung, wie das Bild durch Refraktion über sich selbst und über den Grund hin bewegt wird, eilt vor und zwar schmäler oder breiter« (LA I, 4, S. 86).

Die Färbung der Nebenbilder erklärte G., indem er sie als eine Art Trübe auffaßte, die mit zunehmender Entfernung vom Hauptbild schwächer wird. Eilt z.B. vom Schwarzen her ein dunkles Nebenbild über einen weißen Teil des Hauptbildes hinweg als dunkle Trübe, so erscheint durch deren dichteren Teil in der Nähe des Schwarzen der weiße Grund rot, und durch deren dünneren Teil gelb. Dies wäre ganz im Sinne des Urphänomens, bei dem die dunkle Trübe das Licht gelb oder rot färbt. Im umgekehrten Fall gleitet ein helles Nebenbild als helle Trübe über den dunklen Teil des Hauptbildes und bringt so die blau-violetten Farben hervor, wie die helle Himmelstrübe das Blau an der Finsternis des Weltalls.

Diese im Grunde leicht faßbare Idee hat aber problematische Voraussetzungen. Es ist sehr schwer, das Übereinandergleiten der Bilder aufgrund von Beobachtungen nachzuvollziehen. Die Hauptschwierigkeit besteht darin, daß Bilder hier plötzlich materielle Wirkungen haben sollen. Nun kommt es, wie G. sagte, in der sinnlichen Welt auf das Verhältnis der Gegenstände zueinander an. Wenn wir es im Reich des Sehens nur mit Bildern zu tun haben, dann ist auch das Verhältnis der Gegenstände ein Verhältnis von Bildern zueinander. Und insofern Gegenstände aufeinanderwirken, wirken auch Bilder aufeinander. So könnte man G.s Erklärung als Versuch ansehen, in der Farbenlehre auch dann nicht den Bereich des Sehens zu verlassen, wenn das Entstehen und Vergehen der Farben untersucht wird, streng der Idee gemäß, die »Farbe sei die gesetzmäßige Natur in Bezug auf den Sinn des Auges«. Aber dann bleibt die Frage dennoch offen, was denn unter den physikalischen und chemischen Eigenschaften der durchsichtigen Mittel und unter dem Materiellen der raumerfüllenden Trübe zu verstehen sei, die zwar Bedingungen für die Farberscheinungen sind, aber als solche nie zum Bild für das Auge werden.

Damit verliert die ganze Nebenbildtheorie an Boden. Wir werden aber bei der Besprechung des polemischen Teils sehen, daß Newtons Erklärung der Spektralfarben ebenfalls auf nicht ganz geklärten Voraussetzungen beruht. Erst die Quantenphysik läßt den Gegensatz G. - Newton in einem neuen Licht erscheinen, ohne ihn jedoch aufheben zu können.

Die chemischen Farben sind objektiver als die physischen Farben, da sie den Gegenständen anhaften und durch stoffliche Einwirkungen ihnen mitgeteilt und von ihnen entfernt werden können. Die polar wirkenden Mittel sind dabei Säuren und Laugen. Zunächst behandelte G. auf der Grundlage von Färbetechniken und der Chemie seiner Zeit die Beweglichkeit der chemischen Farben, die an den Körpern, z.B. Metallen, hin- und hergeführt werden können, »und obgleich dieses und jenes Metall zu dieser oder jener Farbe eine besondre Bestimmbarkeit zu haben scheint, so wissen wir doch von einigen, daß sie den ganzen Farbenkreis durchlaufen können« (LA I, 4, S. 160).

Ausführlich ist von den Farben der Naturreiche die Rede, und G. legte Wert auf die Feststellung, daß bei den höheren Säugetieren und dem Menschen sich die in der übrigen Natur so große Farbenvielfalt mit zunehmender Verinnerlichung der Wesen aus der Erscheinung zurückzieht. Beim nackten Menschen sind die elementaren Farben ganz verschwunden. Vielleicht als Ergänzung der gemeinsamen Arbeiten mit Johann Kaspar Lavater zur Physiognomik in den 1770er Jahren deutete G. den Farbton der Haut als Charakterbild des Menschen. Schließlich erwähnte er noch die zu seiner Zeit mit großem Interesse erforschten Wärme- und chemischen Wirkungen farbiger Beleuchtung (IR- und UV-Strahlung).

Farbe als Idee, Erlebnis und Symbol

In der vierten Abteilung *Allgemeine Ansichten nach innen*, laut G. der Entwurf einer künftigen Farbenlehre, wird die Vielfalt der Farbphänomene unter allgemeine, grundlegende Begriffe geordnet. G. hob die Beweglichkeit der Farbe nach ihren physischen und chemischen Bedingungen hervor und ihre entschiedene Polarisierung in die aktiven gelb-roten und die passiven, blau-violetten Farben.

Ein weiterer wichtiger Punkt ist die zweifache Bedeutung des Roten. Reines Rot oder Purpur als Farbe ist die Verbindung des roten (gelbroten) mit dem violetten (blauroten) Ende des Farbgegensatzes und steht im Farbkreis dem Grün, der Mischung der einfachen Gegensätze Gelb und Blau gegenüber. Als Eigenschaft kommt Rot den elementaren Farben Gelb und Blau je nach dem Grade ihrer Steigerung mehr oder weniger zu. Dies ist auch der eigentliche Grund dafür, warum G. drei Grundfarben, nämlich Gelb, Blau und Rot annimmt. »Das Blaue und Gelbe läßt sich nicht verdichten, ohne daß zugleich eine andre Erscheinung mit eintrete. Die Farbe ist in ihrem lichtesten Zustand ein Dunkles, wird sie verdichtet, so muß sie dunkler werden; aber zugleich erhält sie einen Schein, den wir mit dem Worte rötlich bezeichnen« (LA I, 4, S. 206). Der rötliche Schein ist die mit den farbsteigernden physikalischen Wirkungen (z.B. Verdichtung der Trübe) korrespondierende ästhetische Kategorie.

Die Zusammenstellung der Farbenpolarität zu einem Kreis mit der grünen Farbe unten als Mischung und dem reinen Rot oben als Verdichtungs- bzw. Steigerungsziel ergab ein anschauliches und zugleich allgemeines, ideelles Bild der Totalität des Farbwesens oder der Wirkungsgeschichte des Lichtes im Sinne des Vorwortes.

Das Denken in Polaritäten war der Naturphilosophie der Goethezeit geläufig. G. hat sich aber gegenüber naturphilosophischen Spekulationen sehr distanziert verhalten, da ihm die Anknüpfung der Begriffe an die Erscheinungen immer das Wesentlichste war.

Trotzdem beginnt die fünfte Abteilung über nachbarliche Verhältnisse mit Überlegungen zum Verhältnis der Farbenlehre zur Philosophie. G. sprach darin seine Erwartung aus, daß der Physiker sich bemühen solle, »die Phänomene bis an die philosophische Region hinanzuführen« (LA I, 4, S. 210).

Eine erfreuliche Bestätigung dieser Meinung erhielt G. von Georg Friedrich Wilhelm Hegel. Für Hegel ist die Logik Beobachtung der Selbstbewegung der Begriffe nach denkimmanenten Gesetzen. Und so wie jeder Gang durch die Farben letztlich an seinen Ausgangspunkt zurückkehrt, weil jeder Teil des Kreises einen Bezug zum Ganzen hat, so ist dies auch für den Fortgang der Philosophie im Sinne Hegels der Fall. Ist einmal der Anfang der Philosophie gefunden, so ist er in allen folgenden Entwicklungen gegenwärtig, und »die Linie der wissenschaftlichen Fortbewegung macht sich damit zu einem Kreise« (Hegel, S. 71).

Der Anfang der Hegelschen Philosophie ist der Begriff des reinen Seins. Er fordert seiner Natur gemäß den Gegenbegriff, das Nichts. Sein und Nichts sind gewissermaßen dasselbe, obwohl sie nur in ihrer Gegensätzlichkeit gedacht werden können. Das Sein verschwindet in das Nichts, wie das Nichts in das Sein. »Ihre Wahrheit ist also diese Bewegung des unmittelbaren Verschwindens des einen in dem anderen: das Werden; eine Bewegung, worin beide unterschieden sind, aber durch einen Unterschied, der sich ebenso unmittelbar aufgelöst hat« (Hegel, S. 83). Und so fordert jeder weitere Begriff seinen Gegenbegriff und bringt mit ihm zusammen auf höherer Ebene die Synthese als ihre gemeinsame Wahrheit hervor, wie das reine Rot gewissermaßen die gemeinsame Wahrheit der aktiven und passiven Farben ist.

In der Selbstbewegung der Begriffe kam für Hegel das Absolute zur Erscheinung. Und so schrieb er am 20.2.1821 an G.: »Haben wir nämlich endlich unser zunächst austernhaftes, graues, oder ganz schwarzes [...] Absolutes, doch gegen Luft und Licht hingearbeitet, daß es desselben begehrlich geworden, so brauchen wir Fensterstellen, um es vollends an das Licht des Tages herauszuführen [...]. Hier kommen uns nun Ew. etc. Urphänomene vortrefflich zu statten; in diesem Zwielichte, geistig und begreiflich durch seine Einfachheit, sichtlich oder greiflich durch seine Sinnlichkeit – begrüßen sich die beiden Welten, unser Abstruses, und das Erscheinende Dasein, einander«.

Der Abschnitt über das Verhältnis zur Mathematik enthält die Warnung, die Farbenlehre nicht zu früh mit der Meßkunst der Optik zu vermengen. G. überließ es den Mathematikern, seine Farbenlehre, die zunächst abseits mathematischer Begriffe entwickelt wurde, zu vollenden. G. fehlte, wie er selbst bekannte, die mathematische Ausbildung, wenn er auch die mathematische Denkdisziplin sehr zu schätzen wußte. Vermutlich hat dieser Mangel auch dazu beigetragen, daß er die Bedeutung des Begriffes ›Lichtstrahl‹ für die Beschreibung optischer Erscheinungen nicht richtig einschätzen konnte.

Das Verhältnis der Farbenlehre zur Physik wird am Vergleich der einfachen quantitativen, sich neutralisierenden Polaritäten von Elektrizität und Magnetismus mit der qualitativen, mannigfaltige Erscheinungen hervorbringenden Farbenpolarität behandelt. Außerdem kommen noch Färbetechnik, Physiologie und Pathologie, Naturgeschichte und Tonlehre zur Sprache.

Verfolgte G. in den drei ersten Abteilungen des Entwurfs die Farberscheinungen nach ihren subjektiven und objektiven Bedingungen, so stellen die Abteilungen vier bis sechs die einzelnen Erkenntnisse in größere Zusammenhänge: Zunächst begrifflich nach Polarität und Steigerung in das Bild des Farbkreises, dann von da ausgehend in den Kreis anderer Betätigungsfelder des menschlichen Geistes. Die sechste Abteilung schließt den Kreisgang des Entwurfs ab, indem dort die Farbe zwar nicht auf physiologischer, sondern auf psychologischer Ebene wieder als Erfahrung des Subjekts behandelt wird.

Die psychologische Dimension der Farbe ergibt sich aus der Tatsache, daß jede Wahrnehmung nicht bloß das Auftreten einer von außen angeregten Sinnesempfindung im Bewußtsein ist, sondern immer zugleich auch ein Gefühl oder wie G. sagte, ein sinnlich-sittliches Erlebnis. Die künstliche Trennung dieser im unreflektierten Leben verbundenen Komponenten der Wahrnehmung ermöglicht, von den am Umgang mit den Sinnesempfindungen gewonnenen Naturgesetzen Licht in das Dunkel seelischer Vorgänge zu werfen.

Um die Wirkungen der Farben in ihrer ganzen Kraft zu erleben, empfahl G., das Auge ganz mit einer Farbe zu umgeben, z.B. durch den Aufenthalt in einem einfarbigen Zimmer oder durch den Blick durch farbige Gläser. Die Klassifikation einzelner Farbstimmungen des Farbkreises erfolgt in den bekannten Gruppen: die gelb-roten Farben »stimmen regsam, lebhaft, strebend« (LA I, 4, S. 225), die blau-violetten Farben »stimmen zu einer unruhigen, weichen und sehnenden Empfindung« (LA I, 4, S. 228), Purpur »gibt einen Eindruck sowohl von Ernst und Würde, als von Huld und Anmut« (LA I, 4, S. 231), und am Grün findet unser Auge »eine reale Befriedigung. [...] Man will nicht weiter und man kann nicht weiter« (LA I, 4, S. 232).

Die eigentliche Harmonielehre der Farbe resultiert aber nicht aus einzelnen Farben, sondern aus den Farbzusammenstellungen. G. kennt drei Grundtypen: die harmonischen, die charakteristischen und die charakterlosen. Die harmonischen Farbzusammenstellungen ergeben sich aus den Nachbildphänomenen. Stellt man neben eine beliebige Farbe die geforderte Gegenfarbe als Objekt von außen vor das Auge hin, so ist ihm dies »erfreulich, weil ihm die Summe seiner eignen Tätigkeit als Realität entgegen kommt« (LA I, 4, S. 233). G. nannte solche Zusammenstellungen deshalb harmonisch, weil in ihnen die Totalität des Farbkreises aus Polarität und Steigerung immer gegenwärtig ist.

Im Gegensatz zur beschränkten Empfindung einer einzelnen Farbe wirkt die Empfindung der harmonischen Zusammenstellungen befreiend auf den Menschen, denn schon durch das Nachbild »führt uns das Bedürfnis nach Totalität, welches unserm Organ eingeboren ist, aus dieser Beschränkung heraus; es setzt sich selbst in Freiheit, indem es den Gegensatz

des ihm aufgedrungenen Einzelnen und somit eine befriedigende Ganzheit hervorbringt« (LA I, 4, S. 234). Und wenn uns dann diese befriedigende Ganzheit von außen entgegenkommt, wird uns das zum Wink, »daß uns die Natur durch Totalität zur Freiheit heraufzuheben angelegt ist, und daß wir diesmal eine Naturerscheinung zum ästhetischen Gebrauch unmittelbar überliefert erhalten« (ebd.).

Die charakteristischen Farbzusammenstellungen ergeben sich aus Farben, die weder Gegensätze sind, noch direkt im Farbkreis nebeneinander liegen. Entweder klingen also zusammen die einfachen Gegensätze Gelb und Blau, oder die gesteigerten Gegensätze Gelbrot und Blaurot, oder eine einfache Farbe mit Purpur, dem Ziel der Steigerung, bzw. eine gesteigerte Farbe mit Grün, der einfachen Mischung der Gegensätze. »Wir nennen diese Zusammenstellungen charakteristisch, weil sie sämtlich etwas Bedeutendes haben, das sich uns mit einem gewissen Ausdruck aufdringt, aber uns nicht befriedigt, indem jedes Charakteristische nur dadurch entsteht, daß es als ein Teil aus einem Ganzen heraustritt, mit welchem es ein Verhältnis hat, ohne sich darin aufzulösen« (LA I, 4, S. 235).

Das Heraustreten aus dem Ganzen ist immer ein Individualisierungsprozeß. Deshalb stehen die charakteristischen Farbzusammenstellungen in ihrer Einseitigkeit immer im Konflikt mit dem Ganzen. Die Totalität kommt nicht zum Tragen, aber auch das Werden von einer Farbe zur anderen ist nicht mehr erfahrbar. Gerade diese unbewegliche Isoliertheit gibt ihnen die charakteristische Bedeutung.

Ganz anders sind wiederum die charakterlosen Zusammenstellungen, die im Farbkreis nebeneinander liegen. Sie stehen entweder im Verhältnis der allmählichen Steigerung zueinander (z.B. Blau und Rotblau) oder bewegen sich auf den Ausgleich oder den Höhepunkt der Verbindung der Gegensätze zu (z.B. Gelb und Grün bzw. Gelbrot und Purpur). »Man kann diese Zusammenstellungen wohl die charakterlosen nennen, indem sie zu nahe aneinanderliegen, als daß ihr Eindruck bedeutsam werden könnte. Doch behaupten die meisten immer noch ein gewisses Recht, da sie ein

Fortschreiten andeuten, dessen Verhältnis aber kaum fühlbar werden kann« (LA I, 4, S. 237). Dieses Fortschreiten ist zugleich innere Bewegung und qualitative Wandlung (z.B. Steigerung).

Die Betrachtung der drei beschriebenen Farbzusammenstellungen führt also letztlich zu Begriffen der Humanwissenschaft: Freiheit, Individualität und Beweglichkeit, oder Wandlungsfähigkeit. Dies sei an folgender Überlegung verdeutlicht. Wenn wir als Erwachsene einer neuen Erfahrung ausgesetzt werden, fühlen wir uns mehr oder weniger in unserem individuellen Sein in Frage gestellt. Wir wollen die Erfahrung verstehen, weil uns der sich aufdrängende Konflikt nicht befriedigt. Zum Verständnis müssen wir uns auf die neue Erfahrung wirklich einlassen, wir müssen innerlich beweglich, verwandlungsfähig sein, d.h. innerlich fortschreiten können, um den Ort zu erreichen, von dem aus das Alte mit dem Neuen zu einem Ganzen verbunden werden kann. Haben wir dann die Erfahrung verstanden, sind wir ihr gegenüber frei, weil wir ahnen, welches Verhältnis sie zum Ganzen hat.

G. beschreibt abschließend die Konsequenzen seiner Harmonielehre für das Kolorit und den Ton in der Malerei. Er schließt seine Ausführungen mit einem Ausblick auf den symbolischen Gebrauch der Farbe, indem er den »einander entgegengesetzten Wesen« (LA I, 4, S. 256) Gelb und Blau eine geistige Bedeutung unterlegt. Und »man wird sich kaum enthalten, wenn man sie unterwärts das Grün, und oberwärts das Rot hervorbringen sieht, dort an die irdischen, hier an die himmlischen Ausgeburten der Elohim zu gedenken« (ebd.). Hier nähert sich die Wissenschaft und Ästhetik der Farben symbolisch dem absoluten Geist der Hegelschen Philosophie und dem Gott des Aristoteles.

Polemik gegen Newton

G. war offenbar der Auffassung, daß es nicht ausreicht, seine eigene Farbenlehre einfach neben die Newtonsche Theorie zu stellen. Er machte sich daher die Mühe, das erste Buch von Newtons *Optik* – G. besaß ein Exemplar der vierten Auflage von 1730 und die lateinische Übersetzung – in großen Teilen selbst zu übersetzen und Abschnitt für Abschnitt, z.T. Satz für Satz zu kommentieren.

Der Angelpunkt der Kritik an Newton war G.s felsenfeste Überzeugung von der Reinheit und Unteilbarkeit des weißen Lichtes. G. suchte daher überall nach Stellen im Argumentationsgang, die seiner Meinung nach deutlich auf falsche Beobachtungen, willkürliche Entstellung der Tatsachen, spezielle, durch Vorurteil gewählte Bedingungen hindeuten. Wer jedoch einen wirklichen Dialog mit dem Gegner erwartet, wird von dem Text der Polemik enttäuscht. G. ließ sich kaum auf den Standpunkt Newtons ein. Wenn Newton meinte, daß seine Beobachtungsergebnisse und theoretischen Erwägungen die diverse Refrangibilität des Lichtes beweisen, so waren diese nach G.s Ansicht von vornherein unwahr.

G.s scharfe Polemik veranlaßte den Kieler Physiker Christoph Heinrich Pfaff die G.sche Farbenlehre gründlich vom Newtonschen Standpunkte aus durchzuarbeiten. Er schickte G. am 13.12.1812 seine diesbezügliche Schrift zu (vgl. Pfaff). Darin deckte er auch Nachlässigkeiten, Verstellungen und Mißverständnisse G.s auf und erläuterte noch verbleibende Unklarheiten an weiteren, die Newtonschen Darstellungen ergänzenden Experimenten. Am Schluß appellierte er »an den Wahrheitssinn des genialischen Verfassers der Farbenlehre«, und bat ihn, »nach ruhiger Prüfung des bisherigen den Manen des unsterblichen Erfinders der Farbentheorie das Opfer [zu bringen], durch das sie nach einem bitteren und heftigen Angriffe allein versöhnt werden können« (zitiert nach LA II, 5.1, S. 234).

G. scheint die Schrift gar nicht wirklich zur Kenntnis genommen zu haben. Er dichtete lediglich auf Pfaff einige Zeilen, die den Stimmungshintergrund der Polemik widerspiegeln. »Absurder Pfaffe! wärst Du nicht / In Unnatur verschlämmet, / Wer hätte dir eignes Augenlicht / Vom Urlicht abgedämmet? / Du Esel! willst zur Demuth mich / Demüthigsten ermahnen, / Höre doch den Narrenstolz und dich / Und Pfäfferei yahnen!« (WA I, 5.1, S. 199).

Den entscheidenden Fehler Newtons sah G. darin, daß er immer von Strahlen des Lichts statt von Bildern für das Auge sprach. Dabei hob G. mit Recht hervor, daß Strahlen bloße theoretische Konstrukte seien. »Niemals findet man Strahlen, man erklärt nur die Erscheinungen durch Strahlen; nicht eine ungleiche, sondern eine nicht ganz reine, nicht scharf abgeschnittene Brechung eines Bildes findet man, deren Ursprung und Anlaß wir genugsam entwickelt haben« (LA I, 5, S. 83).

Bilder sind Sehdinge. Die Vorstellung von Strahlen verleitet dagegen, das Licht als Tastding zu behandeln. In der Tat schien Newton die Eigenschaften des Lichtes auf kleine Korpuskeln zurückzuführen, die sich entlang der Lichtstrahlen bewegen. Im Anhang der *Optik* schrieb er unter Frage 29: »Um alle Verschiedenheiten in den Farben und den Graden der Brechbarkeit hervorzubringen, ist nichts weiter erforderlich, als, daß die Lichtstrahlen aus Körperchen von verschiedener Größe bestehen« (Newton, S. 246).

Demnach sind Farben keine Eigenschaften des Lichtes, oder schärfer, keine physischen Gegenstände. Die Physik fragt vielmehr nach den eigentlichen Ursachen des Erscheinens von Farbe für den Beobachter. Schon vorher hatte Newton im ersten Buch der *Optik* klargestellt, daß die Rede von farbigen Strahlen im Lichte nur uneigentlich gemeint sei: »Denn streng genommen sind die Strahlen nicht gefärbt; in ihnen liegt nichts, als eine gewisse Kraft und Fähigkeit, die Empfindung dieser oder jener Farbe zu erregen« (ebd., S. 81).

Man erkennt hier deutlich den Standpunkt des Physiologismus, der im 19. Jh. unter Hermann von Helmholtz seinen Höhepunkt erreichte und behauptete, daß alle Sinnesempfindungen nur Zeichen für die eigentliche phy-

sikalische, aber der Wahrnehmung unzugängliche Realität seien (Helmholtz, 1878).

Dieser Physiologismus ist natürlich völlig ungoethisch. Für G. war Farbe ein physischer Gegenstand, eben die gesetzmäßige Natur in Bezug auf den Sinn des Auges. Die Lehre von den Farben hatte daher nur die Aufgabe, die Bedingungen ihres Entstehens und Vergehens zu untersuchen. Die Vorstellung, Farben seien schon fertig im weißen Licht enthalten, eigentlich oder uneigentlich, war für G. verständlicherweise ein Greuel. Trübe Mittel, Prismen usw. wirken nicht auf das Licht als ein materielles Tastding, sondern sind Vermittler des Zusammenwirkens von Licht und Finsternis, wodurch Farbe als ein Neues an ihnen entsteht. Für Newton war die unterschiedliche Brechbarkeit die Ursache für das Hervortreten der Farben aus dem Licht. Die G.sche Lehre gestand aber »Bedingungen Wert und Würde zu, sie bildet sich nicht ein, Farben aus dem Licht zu entwickeln, sie sucht uns vielmehr zu überzeugen, daß die Farbe zugleich von dem Lichte und von dem, was sich ihm entgegenstellt, hervorgebracht werde« (LA I, 5, S. 7).

Wie G. seinen Gegensatz zu Newton im einzelnen begründete, sei an einigen Beispielen demonstriert. Im ersten Versuch der Optik beschrieb Newton, wie eine dunkelblaue Pappe auf schwarzem Grunde durch ein Prisma betrachtet stärker verschoben erscheint, als eine rote Pappe. Newton schloß daraus auf die stärkere Refraktion des Blau. G. machte demgegenüber seine Beobachtungen an farbigen Bildern geltend, die er im *Entwurf* ausführlich beschrieben hat (vgl. LA I, 4, S. 93 ff.). Dort hatte sich gezeigt, daß an den Grenzen farbiger Bilder die gleichen Farbränder und Farbsäume erscheinen, wie bei der Betrachtung von Hell-Dunkel-Grenzen. Nur mischen sich dabei die prismatischen Farben mit den Farben des Untergrundes, so daß sie mitunter die Farben des Bildes begünstigen oder abschwächen. G. warf Newton vor, er habe für sein Experiment gerade solche Farben gewählt, bei denen die Randspektren besonders stark in den Hintergrund treten. Daher ergänzt der rot-gelbe Rand die rote Farbe und löscht die blaue aus, während der blau-violette Rand auf der gegenüberliegenden Seite die rote Farbe auslöscht und die blaue ergänzt. Deshalb scheint es nur so, daß die blaue Fläche zu der Seite hin, wo das blau-violette Randspektrum erscheinen müßte, weiter vorrücke. Auf den Figuren, die Newton zu diesem Versuch hat anfertigen lassen, entdeckte G. mit Genugtuung Andeutungen dieser Randerscheinungen. Er schrieb dazu: »Warum erwähnt er denn im Texte dieser Erscheinung nicht, die er doch sorgfältig, obgleich nicht ganz richtig, in Kupfer stechen läßt? Wahrscheinlich wird ein Newtonianer darauf antworten: das ist eben noch von dem undekomponierten Lichte, das wir niemals ganz loswerden können und das hier sein Unwesen treibt« (LA I, 5, S. 19).

G. kannte also die Einschränkung, die man bei diesem Versuch machen kann, aber gestand ihr keine Berechtigung zu. Der Farbton einer Pappe kann nie identisch sein mit einfarbigem Licht. Deshalb ging Newton auch im folgenden zu Versuchen mit Sonnenlicht über.

An G.s Kritik des dritten und vierten Versuches der Optik zeigte sich der Mangel an Fähigkeit, oder an Wille, sich auf die rein geometrischen Abbildungsverhältnisse bei prismatischen Experimenten einzulassen. Im dritten Versuch ließ Newton das Licht aus einer kleinen Öffnung im Fensterladen einer dunklen Kammer derart durch ein Prisma strahlen, daß das Sonnenbild auf dem Schirm gegenüber seiner Lage ohne Prisma nach oben verschoben, verlängert, und in den Farben des bekannten Spektrums erschien (von unten nach oben: Rot, Gelb, Grün, Blau, Violett).

Dieser objektive Versuch wird im vierten Versuch subjektiv ergänzt. Newton betrachtete jetzt selbst das Sonnenbild durch ein Prisma und sah dasselbe ebenfalls derart verschoben und verlängert, daß in dem Farbspektrum Violett am meisten und Rot am wenigsten von der ursprünglichen Stelle des Sonnenbildes entfernt lag. Beide Versuche erklärte Newton durch die diverse Refrangibilität farbiger Lichter.

G. monierte zunächst, daß Newton das Spektrum nicht auf seinen Ursprung zurückführe, d.h. auf das Stadium, in dem das vom Prisma verrückte Sonnenbild in seiner Mitte zwischen den beiden elementaren Farbrändern noch weiß erscheint. Am meisten störte ihn aber, daß Newton den Unterschied des subjektiven Versuchs zum objektiven nicht erwähnte. Würde man nämlich beim Aufbau des dritten Versuches das Auge an die Stelle des Schirmes setzten, dann erschiene das Bild der Fensterladenöffnung nach unten verschoben und die Farbfolge wäre umgekehrt, d.h. mit Rot oben und Violett unten.

G. glaubte Newtons Theorie in Bedrängnis zu bringen, wenn er die Koexistenz beider Bilder nachwies. Er schlug vor, in einen transparenten Schirm eine kleine Öffnung an dem Ort zu machen, wohin sich das gebrochene und gefärbte Bild des objektiven Versuchs abbildet. Man schaue nun von hinten hindurch, »und man wird wie vorher das Sonnenbild hinabgerückt sehen. Nun kann man, wenn die in das Papier gemachte Öffnung groß genug ist, etwas zurücktreten, und zugleich das objektive durchscheinende aufwärts gefärbte Bild und das subjektive, das sich im Auge darstellt, erblicken« (LA I, 5, S. 37).

Wäre G. nun bereit gewesen, geometrisch zu konstruieren, hätte er leicht bemerkt, daß die Koexistenz der beiden Spektren problemlos in Einklang mit der diversen Refrangibilität der Lichtstrahlen zu bringen ist. Man muß nur bei der Rekonstruktion des subjektiven Versuchs das Auge zum Bezugspunkt der Abbilder machen. Fällt nun der Blick auf den unteren Rand des subjektiv verschobenen Bildes, dann ist dies die steilste Blickrichtung nach unten, in der noch Helligkeit gesehen wird. In dieser Richtung können nur die objektiv am steilsten nach oben abgelenkten Strahlen das Auge treffen, alle nichtvioletten Strahlen, die vom unteren Rand der Fensterladenöffnung ausgehen, werden schwächer gebrochen und gehen deshalb unterhalb des Auges an ihm vorbei. Fällt der Blick dagegen auf die Mitte des Bildes, so können bei genügender Nähe von Prisma und Auge zur Ladenöffnung von verschiedenen benachbarten Bildpunkten verschiedenfarbige Strahlen das Auge erreichen und sich zu Weiß ergänzen. Beim Blick auf den oberen Rand des subjektiven Bildes erreichen dagegen nur noch die flach objektiv nach unten abgelenkten roten Strahlen das Auge, während die anderen oberhalb desselben vorbeigehen.

Es ist übrigens bei der Rede von Lichtstrahlen gar nicht nötig, sie als Wege materieller Teilchen oder als Ausbreitungsrichtung von Wellen zu deuten. In erster Linie sind sie lediglich Konstruktionshilfen für Bildbeziehungen. Man könnte dadurch sogar die Konzeption einer Optik der Bilder, wie sie G. für seinen *Entwurf* vorschwebte, beibehalten, ohne dabei ständig gegen die Ergebnisse der physikalischen Optik argumentieren zu müssen (vgl. Maier). Allerdings wäre manche Einzelheit der G.schen Farbenlehre dabei zu korrigieren. Seine Theorie der Nebenbilder läßt sich, wie schon erwähnt wurde, in der gegebenen Gestalt nicht aufrecht erhalten. Dabei verfuhr G. nämlich in gewisser Weise ähnlich wie Newton und seine Nachfolger. Ohne empirischen Rückhalt gab er einem Sehding, dem Bild, die materielle Eigenschaft Trübe, so wie Newton dem Strahl als geometrischem Gebilde, die Eigenschaft unterstellte, Weg von materiellen Teilchen zu sein.

Die Strahlentheorie festigte sich für Newton durch einen weiteren interessanten Versuch, dem G. nur noch mit einer falschen Behauptung entgegnen konnte. Es handelte sich um den dritten Versuch aus dem zweiten Teil des ersten Buches der *Optik*. Newton ließ ein breites Lichtbündel durch ein Prisma mit großem brechenden Winkel, oder durch zwei Prismen hintereinander, strahlen, um eine starke Streuung für die Richtungen der gebrochenen Lichtstrahlen zu erreichen. Gleich hinter den Prismen, in die weiße Zone des gebrochenen Lichtbündels, hielt er eine weiße Pappe. Senkrecht zum Lichtbündel stehend erschien sie weiß. Dreht man sie, so bekommt sie ab einem gewissen Winkel einen rötlich-gelben Schein. Dreht man sie von der Mittellage entsprechend weit in die andere Richtung, so bekommt sie einen bläulich-violetten Schein. Dies erklärte Newton dadurch, daß in den gedrehten Stellungen der Pappe einmal die violetten Strahlen und einmal die roten Strahlen nur noch flachstreifend die Pappe beleuchten, und dadurch schwächer reflektiert werden, als die steiler auftreffenden andersfarbigen Strah-

len. Die steiler auffallenden Strahlen bestimmen dann den Farbton. Dieser Versuch schien also zu belegen, daß hinter dem Prisma auch dort die »verschiedenfarbigen« Strahlen schon in unterschiedliche Richtungen verlaufen, wo sie im Lichtbündel noch den Gesamteindruck weiß erzeugen, weil sie noch nicht vollständig entmischt sind (zur genaueren Erläuterung vgl. LA II, 5.1, S. 329 f.).

Gegen die Aussage Newtons, bei diesem Versuch erscheine die Farbe auf der weißen Pappe ohne Beteiligung einer Grenze, wandte G. nur ein: »Wir haben oben gezeigt, daß der Rand der Pappe hier selbst die Grenze mache und seinen gefärbten Halbschatten über das Papier hinwerfe« (LA I, 5, S. 124). Das ist aber falsch, da die Stellungen der Pappe immer so sind, daß die Ränder gerade noch keine Schatten auf die weiße Fläche werfen können. Um dennoch den Einfluß der Ränder zu demonstrieren, veränderte G. den Versuch unter zusätzlicher Verwendung von Stiften und Kugelsegmenten um deutlichere Randerscheinungen zu erhalten. Damit taugten sie aber nicht mehr zur Erläuterung des in Frage stehenden Sachverhalts.

Die Anschauung Newtons und der Physiker, die bis zum Anfang des 20. Jhs. Gültigkeit hatte, das weiße Licht sei nichts als ein Gemisch von farbigen Lichtern, beruhte auf einer Denkweise mit zwei paradigmatischen Voraussetzungen: Erstens, das Ganze ist nicht mehr als die Summe seiner Teile und zweitens, die Mathematik ist das geeignete Werkzeug, die Wechselwirkung der Teile zu beschreiben, die das Ganze ausmachen. G. ging dagegen immer vom Ganzen aus. Und die Mathematik diente ihm als Vorbild für diszipliniertes Denken und Ordnen von Phänomenen, aber nicht als Mittel der Beschreibung von Eigenschaften und Bewegungen physikalischer Objekte, die hinter den wahrgenommenen Phänomenen liegen sollen. Was die Phänomene erklärt, sind die Urphänomene als höhere Erfahrung in der Erfahrung. »Wäre denn aber ein solches Urphänomen gefunden, so bleibt immer noch das Übel, daß man es nicht als ein solches anerkennen will, daß wir hinter ihm und über ihm noch etwas Weiteres aufsuchen, da wir doch hier die Grenze des Schauens eingestehen sollten« (LA I, 4, S. 71 f.).

G. hatte zu seiner Zeit keine Möglichkeit, seinen Standpunkt mit dem Newtonschen zu vermitteln. Er glaubte ihn daher nur durch Angriff verteidigen zu können, und schoß dabei meist über das Ziel hinaus.

Es wurde schon erwähnt, daß keine Notwendigkeit bestehe, die »Lichtstrahlen« außer als Hilfsmittel zur Rekonstruktion von optischen Bildbeziehungen auch noch als Wege oder Ausbreitungsrichtungen materieller oder energetischer Wirkungen aufzufassen. Diesen Weg ist die Physik allerdings gegangen. Zunächst schien die Korpuskulartheorie des Lichtes die geeignetere zu sein, bis man schließlich aufgrund der schlüssigen Deutungen von Interferenz- und Beugungserscheinungen Anfang des 19. Jhs. die Lichtwellentheorie von Christian Huygens, einem Zeitgenossen und Gegner Newtons, in modifizierter Form bevorzugte. Erst als Albert Einstein im Jahre 1905 den photoelektrischen Effekt durch Lichtteilchen erklärte, deren quantitative Eigenschaften durch Wellengrößen wie Frequenz und Wellenlänge bestimmt waren, kam die ganze Lichtvorstellung wieder ins Wanken. Im Kontext der Anfang unseres Jahrhunderts entwickelten Quantentheorie muß ganz neu über das Verhältnis physikalischer Objekte zu ihren »Bestandteilen« nachgedacht werden. Licht besteht demnach weder aus Wellen noch aus Teilchen. Nur unter bestimmten Versuchsbedingungen zeigt es sich als das Eine oder das Andere. Deshalb gibt es auch eigentlich keine Lichtstrahlen, entlang derer sich Teilchen oder Wellen bewegen, sondern es gibt nur experimentelle Umstände, die es erlauben, Phänomene (Bildbeziehungen) mit Hilfe von Strahlen zu rekonstruieren. Der Meßvorgang ist in der Quantenphysik nicht mehr unabhängig vom gemessenen Objekt. D.h. man hat begonnen, den Versuchsbedingungen »Wert und Würde« zuzugestehen.

Man muß G. also zugute halten, daß er Ungeklärtes in den Voraussetzungen der Newtonschen Optik erspürte. Eine Vorahnung der Quantenphysik darf man ihm dabei natürlich nicht unterstellen, auch wenn seine methodische Vorgehensweise durch sie in einem anderen Licht erscheinen könnte.

Erkenntnisentwicklung, Biographik und Geschichte der Farbenlehre

»Nichts aber ist nötiger, als daß man lerne, eigenes Tun und Vollbringen an das anzuschließen, was andere getan und vollbracht haben: das Produktive mit dem Historischen zu verbinden« (LA I, 9, S. 344). Aus dieser Bemerkung G.s wird ersichtlich, daß er Geschichte nicht bloß vergangenheitsorientiert auffaßte. Demnach setzt Produktivität in einer Wissenschaft die Kenntnis ihrer Geschichte voraus.

Oben wurde schon auf das Bild der Spirale für den Gang der Geschichte hingewiesen, und wie G. in den fortschreitenden Kreisgängen eine stetige Wiederholung von Wahrheiten und Irrtümern sieht. Einerseits ist das Durchlaufen des Kreises der Weg zum geistigen Verständnis der Dinge. Er kann aber auch zu Beschränkungen führen, nämlich dann, wenn dabei lediglich alte Denkschemata immer von Neuem hervorgeholt werden. Erfahrung und Wissen können fortschreiten und sich bereichern, das Denken und die eigentliche Einsicht werden jedoch keineswegs in gleichem Maße vollkommen »und zwar aus der ganz natürlichen Ursache, weil das Wissen unendlich und jedem neugierig Umherstehenden zugänglich, das Überlegen, Denken und Verknüpfen aber innerhalb eines gewissen Kreises der menschlichen Fähigkeiten eingeschlossen ist« (LA II, 6, S. 321). Dieser eingeschränkte Kreis menschlicher Fähigkeiten macht, daß sich Theorien und Meinungen immer wiederholen müssen.

Erkenntnis ist aber die Verbindung von Theorie und Empirie. G. wollte also wohl sagen, daß vom theoretischen Denken her alleine der Erkenntnisfortschritt nicht zu erwarten ist, sondern daß dieser immer die Erweiterung des Wissens braucht. Wie nun Theorie und Empirie zusammenhängen, war eine von

Schiller und G. gemeinsam intensiv bewegte Frage. Am 16.2. 1798 schrieb Schiller bezüglich des von G. bisher erarbeiteten Materials zur Farbenlehre: »Es ist eine mißliche Unternehmung einen so vermischten empirischen Stoff nach einer Form zu behandeln, die den Anspruch auf eine erschöpfende Vollständigkeit mit sich führt«. Er empfahl, die Farbenlehre an die zwölf Kategorien Kants heranzubringen. G. antwortete am folgenden Tag: »Was mich aber eigentlich zu jenem Schema nach den Kategorien geführt hat ja was mich genötigt auf dessen Ausführung zu bestehen ist die Geschichte der Farbenlehre. Sie teilt sich in zwei Teile in die Geschichte der Erfahrungen und in die Geschichte der Meinungen, und die letztern müssen doch alle unter den Kategorien stehen«.

Die Unterscheidung der Geschichte der Erfahrungen von der Geschichte der Meinungen war G. sehr wichtig, da er fand, daß schon die neuen Aristoteliker alle möglichen Vorstellungsarten erschöpft hätten, während die Erfahrungen unerschöpflich seien. In dieser Zeit des Gedankenaustausches mit Schiller beschäftigte sich G. gerade mit Francis Bacon, der das allseitige Sammeln von Erfahrungen in das Zentrum seines Wissenschaftsprogramms aufgenommen hatte. Die theoretischen Ideen lassen sich nicht auf einfache Weise mit der Fülle des empirischen Materials in Einklang bringen, denn »sie passen auch nur auf Einen Teil der Phänomene, und ich möchte sagen, die Natur ist deswegen unergründlich weil sie nicht Ein Mensch begreifen kann, obgleich die ganze Menschheit sie wohl begreifen könnte« (LA II, 6, S. 304).

Entwicklung der Erkenntnis ist also Sache der Menschheit. Deshalb kann man Wissenschaft eigentlich nicht alleine betreiben und muß die Gemeinschaft über die Vergangenheit hin auf die wissenschaftlichen Vorgänger ausweiten. Für diese Haltung, Wissenschaft als Menschheitsaufgabe zu betreiben, war Johannes Kepler das große Vorbild: »Jedes klare Verdienst klärt ihn selbst auf; durch freie Beistimmung eilt er es sich zuzueignen. [...] Wie fleißig deutet er auf das einzig schöne Aperçu, was uns die Geschichte noch ganz allgemein

erfreulich machen kann, daß die echten Menschen aller Zeiten einander voraus verkünden, auf einander hinweisen, einander vorarbeiten. [...] Eben so verhält er sich zu seinen Zeitgenossen« (LA I, 6, S. 156).

G. war diese wissenschaftliche Gemeinschaft mit den Zeitgenossen bei seinen Farbforschungen nicht vergönnt. Er fühlte sich einsam gegenüber der Macht der Gemeinschaft der Newtonianer mit einer Tradition, die nicht auf Wahrheit, sondern auf dem durch Newton gedeckten Irrtum beruhte. »Die Tradition hat das eigene dass sie nicht allein Gesinnungen und Meynungen fortpflanzt sondern auch den Ton angiebt« (LA II, 6, S. 33) schrieb G. in einer Notiz zum 13. Jh., das ebenso unter der Autorität des Aristoteles stand, wie das 18. Jh. unter der Autorität Newtons.

Dieser Begriff von Tradition war verwandt mit dem in der modernen Wissenschaftstheorie üblich gewordenen Begriff des Paradigma, wie auch die wissenschaftliche Gemeinschaft nichts anderes meint als »scientific community«. Der Bezug zur Wissenschaftstheorie kann aber noch vertieft werden. G. unterschied nämlich drei Epochen der Wissenschaftsgeschichte, die sich in den Kreisläufen aufeinanderfolgend wiederholen. Die erste ist die Epoche der Erfahrung, wo »dem menschlichen Geist das aufgehäufte Vergangene höchst lästig wird zu einer Zeit, wo das Neue, das Gegenwärtige gleichfalls gewaltsam einzudringen anfängt« und er glaubt, das Neue »durch bloße Erfahrung in seine Gewalt [zu] bekommen« (LA I, 6, S. 94). In der zweiten Epoche, der der Theorie, wird man bald wieder genötigt, »Räsonnement und Methode, Hypothese und Theorie zu Hülfe zu rufen« (ebd.). Schließlich beginnt die Epoche der Autorität damit, daß die Wirrnis der verschiedenen Meinungen und Kontroversen der theoretischen Epoche »aus der eingebildeten Freiheit wieder unter den ehernen Szepter einer aufgedrungenen Autorität fällt« (ebd.).

Dieses Drei-Phasen-Modell der Wissenschaftsgeschichte findet man ähnlich bei Böhme (1977) u.a. Dort ist von der vorparadigmatischen, explorativen Phase, der Phase der Theoriendynamik oder der Autonomie der

Wissenschaft und von der Finalisierungsphase, in der Wissenschaft anwendungsorientiert und autoritativ erscheint, die Rede.

Die Geschichte der Farbenlehre läßt sich in drei Kreisläufe einteilen (vgl. Groth, S. 134 ff.). Der erste begann mit der Urzeit: »Stark in die Sinne fallende Phänomene werden lebhaft aufgefaßt« (LA I, 6, S. XV). Seine Mitte fiel mit der Blütezeit der griechischen Naturphilosophie zusammen. Mit der römischen Zeit begann die Epoche der Autorität und dauerte bis zum Mittelalter.

Der zweite Kreislauf begann mit der Neuzeit und ihrem Vorläufer Roger Bacon im 13. Jh. Bacon befreite sich von der Autorität der Überlieferung durch Anerkenntnis der Sinne. Zweitens fragte er nach dem tiefer in der Natur Verborgenen. Er bemerkte »daß er die Kräfte und Mittel hiezu in seinem eigenen Geiste suchen muß. Hier begegnet seinem kindlichen Sinne die Mathematik als ein einfaches, eingebornes, aus ihm selbst hervorspringendes Werkzeug, welches er um so mehr ergreift, als man schon so lange alles Eigene vernachlässigt, die Überlieferung auf eine seltsame Weise übereinander gehäuft und sie dadurch gewissermaßen in sich selbst zerstört hatte« (LA I, 6, S. 96).

Zunächst herrschte die Erweiterung der Empirie vor und erreichte in Francis Bacon an der Wende zum 17. Jh. ihren Höhepunkt. Das groß angelegte Charakterbild Bacons leitete zugleich den Übergang zur mittleren Epoche ein, wofür Galileo Galilei und Kepler die wichtigsten Repräsentanten waren. Die mittlere Epoche war eine Epoche der Konzentration, der Verbindung der Empirie mit dem Menschen. »Schien durch die Verulamische Zerstreuungsmethode die Naturwissenschaft auf ewig zersplittert, so ward sie durch Galilei sogleich wieder zur Sammlung gebracht; er führte die Naturlehre wieder in den Menschen zurück und zeigte schon in früher Jugend, daß dem Genie Ein Fall für tausend gelte, indem er sich aus schwingenden Kirchenlampen die Lehre des Pendels und des Falles der Körper entwickelte« (LA I, 6, S. 154). Schließlich endete der zweite Kreislauf mit der Epoche der Autorität von Newton und seinen ersten Be

kennern. Ihre Darstellung gipfelte in dem ausführlichen Abschnitt über Newtons Persönlichkeit, das die Wirkung des Newtonschen Irrtums aus moralisch-politischen und charakterlichen Umständen verständlich machen sollte.

Mit der Entdeckung der Achromasie ließ G. den dritten Kreislauf beginnen. »In der gegenwärtigen Epoche [Mitte des 18. Jh.; d. Vf.] der Farbenlehre erhielten nunmehr jüngere, geistreichere, ernst und treu gesinnte Menschen eine gewisse Halbfreiheit, die weil sie keinen Punkt der Vereinigung vor sich sah, einen jeden auf sich selbst zurückwies, eines jeden eigne Ansichten, Lieblingsmeinungen, Grillen hervorrief, und so zwar manchem Guten förderlich war, dagegen aber auch eine Art von Anarchie weissagte und vorbereitete, welche in unsern Tagen völlig erschienen ist« (LA I, 6, S. 368). Es versteht sich fast von selbst, daß G.s Farbenlehre die zweite Epoche des dritten Kreislaufs einleitete, denn auch sie führte die Wissenschaft, wie es G. für Galilei beschrieben hat, in den Menschen zurück.

Die zahlreichen biographischen Skizzen und Persönlichkeitsbilder in den Materialien waren nicht bloß als interessante Zugabe gedacht, denn der »Konflikt des Individuums mit der unmittelbaren Erfahrung und der mittelbaren Überlieferung, ist eigentlich die Geschichte der Wissenschaften« (LA I, 6, S. 87). Also bestimmte die Art, wie der einzelne Wissenschaftler zu seiner Zeit als Persönlichkeit stand, auch seine Erkenntnis. Deshalb zeigte »eine Geschichte der Wissenschaften, insofern diese durch Menschen behandelt worden, [...] ein ganz anderes und höchst belehrendes Ansehen, als wenn bloß Entdeckungen und Meinungen an einander gereiht werden« (LA I, 6, S. IX f.) Schließlich war es nur das Individuum, in dem Theorie und Empirie zusammenkommen. G. dachte deshalb das große Ideal der Erkenntnisgemeinschaft der Individuen, das in der Naturerkenntnis umfassend angestrebt werden könne.

Wirklich individuell wurden G.s Charakterbilder erst für die Neuzeit. Das Problem des modernen Menschen ist ja gerade, daß seine Persönlichkeit zu stark ist, um auf natürliche, selbstverständliche Weise in Einklang mit seiner Umgebung zu sein. Über Hieronymus Cardanus als Repräsentanten des beginnenden 16. Jhs. schrieb G. daher: »Er kannte sein eigenes Naturell bis auf einen gewissen Grad, doch konnte er bis ins höchste Alter nicht darüber Herr werden« (LA I, 6, S. 136). Cardanus betrachtete Wissenschaft immer in Verbindung mit seiner Persönlichkeit: »Er ist nicht der Doktor im langen Kleide, der uns vom Katheder herab belehrt; es ist der Mensch, der umherwandelt, aufmerkt, erstaunt, von Freude und Schmerz ergriffen wird und uns davon eine leidenschaftliche Mitteilung aufdringt« (LA I, 6, S. 137 f.).

Eine »objektive« Geschichtsschreibung, die nur Dokumente sammelt und ordnet, gab es für G. nicht, denn der Einbezug der Biographie in die Geschichtsschreibung setzt Einfühlungsvermögen und gestalterische Phantasie im Nachschaffen individueller Lebensläufe voraus, aber auch die Kenntnis biographischer Epochen und zugleich der Bedingungen des jeweiligen Zeitgeistes. Darüber fügte nun G. zwischen der Darstellung Bacons und Galileis eine Betrachtung in den Text der Materialien ein (vgl. LA I, 6, S. 152–154). Danach ließ sich das Leben jedes bedeutenden Menschen in drei Epochen gliedern. Nur von der ersten könne man sagen, »daß die Zeit Ehre von ihr habe« (LA I, 6, S. 152). Als entwicklungsfähiges Kind wird der Mensch vom Zeitalter erzogen. Allmählich kommt er zu sich selbst. Es beginnt dann die Epoche des Konflikts, wo er sich und seine ihm eigentümlichen Ansichten und Fähigkeiten gegenüber der ihn einschränkenden Umwelt durchzusetzen lernt. Was er da erwirbt, hat er nur sich selbst zu verdanken. Ist dieses Streben gelungen, sind die im Kinde geförderten Anlagen entfaltet und ausgebildet, dann wird der Mensch in einer dritten Epoche zum Lehrer und Ratgeber der Jüngeren. Er bestimmt jetzt das Zeitalter mit.

Der Bezug der drei Lebensepochen zu den drei Begriffen Wandlungsfähigkeit, Individualität und Freiheit aus der sinnlich-sittlichen Wirkung der Farbe ist leicht zu erkennen. Das Kind ist beweglich, wandlungsfähig und auf dem Wege, seinen individuellen Charakter zu entfalten. Dieser stärkt sich im Konflikt, er ist bestimmt und stellt sich in einen Gegensatz zum Ganzen, so wie die charakteristischen Farbzusammenstellungen ein bestimmtes, einseitiges Verhältnis zum Farbganzen haben. Behält der Mensch aber etwas von der kindlichen Wandlungsfähigkeit, so gewinnt er allmählich die innere Freiheit, seinen Teil zum Ganzen beizutragen, sich mit der Totalität zu verbinden, wie dies bei den harmonischen Farbzusammenstellungen der Fall ist. Die psychologische Dimension der Farbe wird zum Symbol der Lebensepochen des einzelnen Menschen und dieser ist wiederum Bild seines Zeitalters.

G. beschrieb Newton als einen starken, gesunden, aber unbiegsamen Charakter. Newton wurde in England in einer Zeit größter politischer und geistiger Umbrüche im Jahr 1643 geboren. »Wie muß nicht durch eine solche Zeit ein jeder sich angeregt, sich aufgefordert fühlen!« (LA I, 6, S. 296). Ein weit entwickelter Charakter hat mehr Möglichkeiten, seinen Irrtum zu verteidigen als andere. G. unterschied nun den guten Willen, »der seiner Natur nach nur aufs Rechte gerichtet sein kann«, von dem entschiedenen Wollen, »das Hauptfundament des Charakters« (LA I, 6, S. 298). Und Newton hatte G. zufolge das entschiedene Wollen, das dem Irrtum verfiel. Damit war ihm keineswegs der gute Wille abgesprochen. Vielmehr sah G. in dieser Diskrepanz gerade das ethische Rätsel: »Wir haben in der Heftigkeit des Polemisierens Newtonen sogar einige Unredlichkeit vorgeworfen; wir sprechen gegenwärtig wieder von nicht geachteten inneren Warnungen, und wie wäre dies mit der übrigens anerkannten Moralität eines solchen Mannes zu verbinden?« (LA I, 6, S. 299).

Nicht Newtons Persönlichkeit wurde bekämpft, sondern sein Irrtum. G. gestand Newton im Gegensatz zu seinen Nachfolgern sogar das Recht auf Irrtum zu. Er wußte sehr genau, wie schwierig es ist, sich die innere Beweglichkeit zu erhalten, um auf dem Weg zur inneren Freiheit sich selbst und seiner Zeit gegenüber nicht stehen zu bleiben. Dazu bedarf es aber einer »Art von Ironie in und mit uns selbst, so daß wir unsere Fehler und Irrtümer, wie ungezogene Kinder, spielend behandeln, die uns vielleicht nicht so lieb sein würden, wenn sie nicht eben mit solchen Unarten behaftet wären« (LA I, 6, S. 300).

Ob G. allerdings bei seinen Farbstudien immer dieser Ironie sich selbst gegenüber fähig war, mag man bezweifeln. Jedenfalls ist er von der instinktiven Einsicht beim ersten Blick durch ein Prisma auf eine weiße Wand, daß die Newtonsche Lehre falsch sei, nie abgerückt und hat sie auch nicht relativiert. Er beschrieb dieses Aperçu aus dem Jahre 1790 in der Konfession des Verfassers, mit der er den historischen Teil seiner *Farbenlehre* beschloß. Es war für ihn die blitzartige Einsicht in Zusammenhänge, die sich ihm im Detail durch mühsame zwanzigjährige Arbeit erschlossen hatten. »Alles kommt in der Wissenschaft auf das an, was man ein Aperçu nennt, auf ein Gewahrwerden dessen, was eigentlich den Erscheinungen zum Grunde liegt. Und ein solches Gewahrwerden ist bis ins Unendliche fruchtbar« (LA I, 6, S. 154).

Diskussion und Wirkung

Am 19.2. 1829 sagte G. zu Eckermann: »Auf alles, was ich als Poet geleistet habe [...], bilde ich mir gar nichts ein. [...] Daß ich aber in meinem Jahrhundert in der schwierigen Wissenschaft der Farbenlehre der einzige bin, der das Rechte weiß, darauf tue ich mir etwas zugute, und ich habe daher ein Bewußtsein der Superiorität über viele«.

Diese für viele anstößige Bemerkung nahm Albrecht Schöne in seinem Buch *Goethes Farbentheologie* zum Anlaß, im kulturellen Umfeld von G.s Farbforschungen nach den Ursachen zu suchen, die dessen Eifer gegen Newton erklären sollten. Für Schöne wurde der *Entwurf einer Farbenlehre* zur Dogmatik, die *Materialien zur Geschichte der Farbenlehre* wurden zu einer Kirchen- und Ketzergeschichte.

Dieser Interpretation Schönes steht die Auffassung Gernot Böhmes entgegen, der G.s naturwissenschaftliches Anliegen voll anerkannte und sagte: »Ein Interesse an einer Wissenschaft dieses Typs [G.s Farbenlehre als Wahrnehmungswissenschaft; d. Vf.] könnte sich immer dort ergeben, wo nicht nur die Natur als Bereich möglicher Manipulation, sondern zugleich die Wirkung des Menschen in der Natur, wo nicht nur die Erfahrungen des Menschen mit der Natur, sondern zugleich seine Selbsterfahrungen im Umgang mit der Natur, thematisiert werden« (Böhme, S. 150).

Ähnlich äußerte sich auch Eckhard Heimendahl. Es ging G. »um nichts geringeres als um die ganze Lebenswahrheit, die er gegen den physikalischen Allgemeinbegriff setzte« (Heimendahl, S. 23). Auch die gründliche Studie *Zu Goethes Begriff von Wissenschaft auf dem Wege der Methodik seiner Farbstudien* von Christoph Gögelein zeigte auf, welche wissenschaftlichen Entwicklungsmöglichkeiten in G.s Farbenlehre verborgen sind. Der Anhang enthält einen Überblick über verschiedene Interpretationsversuche.

Die ablehnende Haltung gegen G. als Naturwissenschaftler im 19. Jh. ging mit der höchsten Wertschätzung des Dichters einher. Aber die Verbindung von Kunst und Wissenschaft wurde zumindest von wissenschaftlicher Seite nicht in Erwägung gezogen. Helmholtz (1892) gestand G. zwar Vorahnungen kommender naturwissenschaftlicher Ideen zu, hielt dessen Methode aber nicht für geeignet, ebenso exakte Vorhersagen zu machen, wie dies die Methoden Newtons für die Physik leisteten. Er fand beim Begriff des Urphänomens eine gewisse Verwandtschaft zu dem Verständnis des Begriffes Naturgesetz bei Michael Faraday und Gustav Robert Kirchhoff. Emil Du Bois-Reymond nannte G.s Farbenlehre dagegen lediglich »die totgeborene Spielerei eines autodidakten Dilettanten« (Du Bois-Reymond, S. 436).

Rudolf Steiner, von 1890 bis 1897 Mitarbeiter an der Weimarer Ausgabe, dürfte zu seiner Zeit wohl der einzige gewesen sein, der die Forschungs m e t h o d e der Farbenlehre als legitime Alternative zur herrschenden physikalischen Methode gelten ließ. Er warf den

Kritikern G.s fehlende Einsicht in den Zusammenhang von Wahrnehmung und Idee vor. Er lehnte den Physiologismus und die damit verbundene Anschauung ab, daß alle Erscheinungen am Licht auf mechanische Ursachen zurückzuführen seien. Mechanik sei nichts anderes als die Beschreibung ideeller Zusammenhänge von Kräften und Bewegungen. Entsprechendes gelte für die Farbenlehre in Bezug auf Bilder. »D.h., eine vollständige Darstellung der Wirkungen eines Erfahrbaren umfaßt alle Erscheinungen, die in ihm ideell veranlagt sind« (Steiner 1990, S. 180). G. suche die Ideen, die das Ganze der Farbphänomene darstellen. Fände man außerdem einen Zusammenhang zwischen mechanischen und optischen Gegebenheiten, sei das wiederum ein Ganzes auf höherer Stufe, aber nicht die kausale Erklärung der Farben aus der Mechanik.

Steiners Anknüpfung an G.s Farbenlehre geht noch weiter. 1921 trug er Malern (vgl. Steiner 1991) eine Ästhetik der Farben vor und wählte dabei die harmonischen, charakteristischen und charakterlosen Farbzusammenstellungen als Ausgangspunkt. Diese Ästhetik ist noch heute Arbeitsgrundlage für manchen Maler und Farbgestalter. Das Erlebnis der sinnlich-sittlichen Wirkung der Farben beschrieb Steiner zudem als Vorstufe einer die Sinneserkenntnis erweiternden, synthetischen Erkenntnisart, der Imagination (vgl. Steiner 1981).

Die Farbästhetik G.s wurde auch von anderer Seite positiv aufgegriffen. Einen Brief des Malers Philipp Otto Runge vom 3.7. 1806 druckt G. selbst als Zugabe zur sechsten Abteilung des Entwurfs ab (vgl. LA I, 4, S. 257–264). Viele Maler des beginnenden 20. Jahrhunderts haben sich mit G. auseinandergesetzt. Adolf Hoelzel stützt sich in seiner Farbenlehre in wesentlichen Aspekten sogar explizit auf G. (vgl. Hess). Eine Ausarbeitung der sinnlich-sittlichen Wirkung der Farben als psychologische Farbenlehre stammt von Walter Koch. Heinrich Frieling schreibt in seinem Handbuch *Das Gesetz der Farbe*, in dem eine »Farbwesenerkenntnis« zur sachgerechten Verwendung der Farbe im alltäglichen Leben

entwickelt wird, auf G.s Spuren müsse »auch die moderne Farbenlehre wandeln, wenn sie sich sinnvoll in unserem kulturellen Leben verankern will« (S. 9).

Einige Physiker des 20. Jhs. haben versucht ein positiveres Verhältnis zur Farbenlehre G.s zu gewinnen. Werner Heisenberg anerkennt das Bemühen, alles Naturverständnis auf den unmittelbaren sinnlichen Eindruck aufbauen zu wollen, und hebt auch G.s Anliegen hervor, die Ethik der Forschung in deren Methode selbst zu finden. Er unterscheidet die »Richtigkeit« der naturwissenschaftlichen Erkenntnisse von den »Wertvorstellungen«, die die Ziele der Forschung bestimmen, und sagt dann: »Wahrheit war für Goethe vom Wertbegriff nicht zu trennen« (Heisenberg, S. 401).

Carl Friedrich von Weizsäcker sieht in der Beschreibung des Verhältnisses von Teil und Ganzem durch die Quantentheorie eine Annäherung der Physik an G. Quantenphysikalisch kann man von der Zusammensetzung eines Objektes aus Teilobjekten nur im uneigentlichen Sinne sprechen. Ein Atom besteht nur potentiell aus Elementarteilchen. Aktuell erscheinen die letzteren nur unter Bedingungen, unter denen das Atom als solches nicht existieren kann. Ebenso könne man, so Weizsäcker, die Farben als potentielle Teile des Lichtes ansehen. In Bezug auf G. heißt es bei ihm: »Die Farben sind für Goethe nicht Teile, aus denen das weiße Licht zusammengesetzt wäre, sondern sie sind ›Taten und Leiden‹ des Lichts. Das Verhältnis von Teil und Ganzem in der Quantentheorie ließe sich sehr wohl so aussprechen, daß die isolierbaren Teile stets ›Taten und Leiden des Ganzen‹ sind« (Weizsäcker, S. 985).

Dieser Gedanke überbrückt allerdings noch nicht die wesentliche Differenz der quantifizierenden physikalischen Methode zu G.s Vorgehensweise. Dessen Farbenlehre ist eine Wahrnehmungswissenschaft. Deshalb betont Walter Heitler, daß man G.s Ausgangspunkt, die Sinnesqualitäten auch der Außenwelt zuzurechnen, nicht am Reduktionismus der Newtonschen Wissenschaften messen dürfe. Vielmehr führten die unterschiedlichen Ergebnisse über die Gesetzmäßigkeiten der Farbe überhaupt erst zu der Frage nach ihrem Zusammenhang (Heitler, S. 13 f.).

Bedeutung und künstlerische Gestalt

In unserer Gegenwart, in der die Folgen des Reduktionismus überdeutlich sind, wird G.s Forschungsart zwar wieder ernst genommen, aber es gibt bisher keinen etablierten Zweig der Physik, der auf der weiterentwickelten Methode G.s beruht. Auch entgegen aller philosophischen Kritik der Naturwissenschaften, von Edmund Husserl, Martin Heidegger bis Paul Feyerabend, hat sich die Praxis der naturwissenschaftlichen Forschung nicht wesentlich geändert. Wahrheit und Wert fallen immer noch auseinander. Ihre Verbindung und damit auch die Überwindung der Kluft zwischen Wissenschaft und Kunst hat G. in seiner Farbenlehre versucht. Darin liegt deren Bedeutung für die Zukunft.

In G.s Leben ist die Wechselwirkung von Wissenschaft und Kunst unübersehbar. In seinen Dichtungen finden sich immer wieder wesentliche Spuren der Verwendung einer Farbensymbolik (vgl. Schmidt 1965), und die Texte der Farbenlehre, zumindest des *Entwurfs* und vieler Teile der *Materialien*, sind von hoher künstlerischer Qualität (vgl. Kuhn). Die poetische Sprache hat gegenüber der analytischen naturwissenschaftlichen Sprache den Vorteil der Lebensnähe. Und die Komposition der *Farbenlehre* dient offenbar nicht bloß der ästhetischen Befriedigung, sondern bringt etwas vom dargestellten Inhalt zum Ausdruck, was in Worten allein nicht sagbar ist.

Das wohl eindruckvollste Farbsymbol in G.s dichterischem Werk findet sich am Beginn von *Faust II.* Der Luftgeist Ariel und seine Helfer begleiten Faust durch einen tiefen Heilschlaf hindurch. Die Tragödie des ersten Teiles ist zu Ende. Faust ist nach seinem Pakt mit dem Teufel zutiefst an Menschen schuldig geworden.

Er hat gemordet und Gretchen im Wahnsinn und Tod zurückgelassen. Wie lange diese Ereignisse vergangenen sind, erfahren wir nicht. Fausts Biographie bekommt ab jetzt einen überhöhten, symbolischen Charakter. Er zeigt sich nicht mehr so persönlich wie im ersten Teil des Dramas. Sein geistiges Streben, das dort bis an den Rand des Selbstmordes führte, erscheint im zweiten Teil des Dramas überpersönlicher, wenn auch nicht weniger schuldbehaftet. Fausts Befinden beim Erwachen kurz vor Aufgang der Sonne, vor der Ariel und seine Geister fliehen müssen, schildert G. selbst so: »Er wacht auf, fühlt sich gestärkt, verschwunden alle vorhergehende Abhängigkeit von Sinnlichkeit und Leidenschaft. Der Geist, gereinigt und frisch, nach dem Höchsten strebend« (zitiert nach HA 3, S. 431).

Die Unabhängigkeit von Sinnlichkeit und Leidenschaft ermöglicht aber gerade eine neue, bewußtere Zuwendung zur Sinneswelt. Diese bedrängt nicht mehr den menschlichen Geist, sondern wird zum Spiegel seines Bestrebens. Der von Sinnlichkeit und Leidenschaft geprägte Faust wird im ersten Teil des Dramas noch von der überwältigenden Erscheinung des Erdgeistes niedergeschmettert. Dem geläuterten Faust gelingt nun im Anblick der aufgehenden, blendenden Sonne die gelassene Resignation gegenüber dem Wunsch, den Geist in seiner Unmittelbarkeit erfahren zu wollen. »So bleibe denn die Sonne mir im Rücken! / Der Wassersturz, das Felsenriff durchbrausend, / Ihn schau ich an mit wachsendem Entzücken. / Von Sturz zu Sturzen wälzt er jetzt in tausend / Dann abertausend Strömen sich ergießend, / Hoch in die Lüfte Schaum an Schäume sausend. / Allein wie herrlich diesem Sturm ersprießend / Wölbt sich des bunten Bogens Wechsel-Dauer / Bald rein gezeichnet, bald in Luft zerfließend, / Umher verbreitend duftig kühle Schauer. / D e r spiegelt ab das menschliche Bestreben. / Ihm sinne nach und du begreiffst genauer: / Am farbigen Abglanz haben wir das Leben« (FA I, 7.1, S. 206; V. 4715–4727).

Der Regenbogen als großartigste Erscheinung der Farbgesetzmäßigkeit in der Natur wird zum Bild des Lebens in der Sinneswelt, aber als Taten und Leiden des Geistes (Lichtes), der im Verborgenen (gleichsam von hinten) wirksam ist. In diesen Worten des *Faust* ist die Quintessenz der Farbenlehre enthalten, wie sie durch das Symbol des Farbkreises zusammengefaßt wird. Dieser wird unter den Kategorien Polarität und Steigerung in der vierten Abteilung des Entwurfs beschrieben. Er ist ein Bild für den Zusammenhang der Phänomene, die sich dem Menschen zunächst subjektiv am Auge und dann objektiv an den Gegenständen in den Taten und Leiden des Lichtes an der Materie zeigen. Er ist aber auch Symbol für das sinnlich-sittliche Erleben der Farbe, insofern sich aus ihm die drei Farbzusammenstellungen ergeben, die mittels der Begriffe Wandelbarkeit, Individualität und Freiheit charakterisiert werden können. Diese erweisen sich zugleich als Hauptmerkmale der drei Lebensepochen des Menschen, die man nach G. kennen muß, um das Wirken der Individuen in der Geschichte der Wissenschaft sachgerecht verfolgen zu können. Man kann noch weitergehen, indem man den *Entwurf einer Farbenlehre* als Weg versteht, sich von den Phänomenen der Natur belehren zu lassen, d.h. sich selbst der Natur anzuverwandeln. In der *Polemik* gerät G. in Konflikt mit seiner Zeit, er möchte seine Individualität behaupten. In den *Materialien* versucht er sich und seine Zeit in das Ganze der historischen Entwicklung zu stellen, um so den Blick wieder frei zu bekommen. Also erscheint als Gestaltungsprinzip der Dreiheit des ganzen Werkes *Zur Farbenlehre* nochmals die im Farbkreis verborgene Dreiheit der Humana Wandlungsfähigkeit, Individualität und Freiheit.

Die Farbenlehre G.s gewinnt wieder an Aktualität als Vorbild einer Wissenschaft, die Naturerkenntnis und Menschenerkenntnis nach Inhalt und Form zu einem Ganzen vereinigt.

Literatur:

Aristoteles: Metaphysik. Hg. von Hans-Georg Gadamer. Frankfurt ⁴1984. – Amrine, Frederick u.a. (Hg.): Goethe and the Sciences: A Reappraisal. Boston 1987. – Böhme, Gernot: Ist Goethes Farbenlehre Wissenschaft? In: ders.: Alternativen der Wissenschaft. Frankfurt ²1993. – Ders./van den Daele, Wolfgang/Krohn, Wolfgang: Experimentelle Philosophie. Frankfurt 1977. – Du Bois-Reymond, Emil: Goethe und kein Ende. In: Reden von Emil du Bois-Reymond. 1. Folge. Leipzig 1886, S. 436. – Fink, Karl J.: Goethe's history of science. Cambridge, New York, Port Chester, Melbourne, Sydney 1991. – Frieling, Heinrich: Das Gesetz der Farbe. Göttingen 1968. – Gögelein, Christoph: Zu Goethes Begriff von Wissenschaft. Auf dem Wege der Methodik seiner Farbstudien. München 1972. – Groth, Angelika: Goethe als Wissenschaftshistoriker. München 1972. – Hegel, Georg Wilhelm Friedrich: Wissenschaft der Logik. In: ders.: Werke. Bd. 5. Hg. von Eva Moldenhauer und Klaus Markus Michel. Frankfurt 1978. – Heimendahl, Eckard: Licht und Farbe. Ordnung und Funktion der Farbwelt. Berlin 1961. – Heisenberg, Werner: Das Naturbild Goethes und die technisch-naturwissenschaftliche Welt. In: ders.: Gesammelte Werke. Abt. C. Bd. 2. Hg. von Walter Blum, Hans-Peter Dürr und Helmut Rechenberg. München 1984. – Heitler, Walter: Der Mensch und die naturwissenschaftliche Erkenntnis. Braunschweig ²1962. – Helmholtz, Hermann von: Die Tatsachen der Wahrnehmung. In: ders.: Vorträge und Reden. Bd. 2. Braunschweig 1884. – Ders.: Goethes Vorahnungen kommender naturwissenschaftlicher Ideen. In: Deutsche Rundschau. 18 (1892), H. 10, S. 115–132. – Hess, Walter: Das Problem der Farbe in den Selbstzeugnissen der Maler von Cézanne bis Mondrian. Mittenwald 1981. – Koch, Walter: Psychologische Farbenlehre. Die sinnlich-sittliche Wirkung der Farben. Halle/S. 1931. – Kuhn, Dorothea: Goethes *Geschichte der Farbenlehre* als Werk und Form. In: DVjs. 34 (1960), H. 3, S. 356–377. – Maier, Georg: Optik der Bilder. Dürnau 1986. – Matthaei, Rupprecht: Goethes Farbenlehre. Ravensburg ²1988. – Newton, Isaac: Optik oder Abhandlung über Spiegelungen, Brechungen, Beugungen und Farben des Lichts. Eingel. von Markus Fierz, übers. und hg. von William Abendroth. Braunschweig, Wiesbaden 1983. – Pfaff, Christoph Heinrich: Über Newtons Farbentheorie, Herrn von Goethes Farbenlehre und den chemischen Gegensatz der Farben. Leipzig 1813. – Schmidt, Peter: Goethes Farbensymbolik. Untersuchungen zu Verwendung und Bedeutung der Farben in den Dichtungen und Schriften Goethes. Berlin 1965. – Ders.: Komm. in MA 10, S. 993–1310 – Schöne, Albrecht: Goethes Farbentheologie. München 1987. – Steiner, Rudolf: Goethes Weltanschauung. Dornach ⁸1990. – Ders.: Grenzen der Naturerkenntnis. Dornach ⁵1981. – Ders.: Das Wesen der Farben. Dornach ⁴1991. – Weizsäcker, Carl Friedrich von: Zeit und Wissen. München 1992.

Martin Basfeld

Zur Morphologie

Unter dem Sammeltitel *Zur Naturwissenschaft überhaupt, besonders zur Morphologie* hat G. zwischen 1817 und 1824 zwei parallel laufende Reihen naturwissenschaftlicher Hefte herausgegeben: die Hefte *Zur Naturwissenschaft überhaupt* und die hier besprochene Reihe *Zur Morphologie*. Die ersten morphologischen Hefte enthielten hauptsächlich G.s ältere morphologische Schriften zur Botanik, Anatomie und Zoologie mit begleitenden autobiographischen Aufsätzen; nach der Ausschöpfung des älteren Vorrats folgten kürzere neue Abhandlungen, Bemerkungen und Aphorismen von G. und Aufsätze von Mitarbeitern. Die Hefte *Zur Naturwissenschaft überhaupt* enthalten Beiträge zu Wissenschaften, die G. damals am meisten beschäftigten: Optik, Wolkenlehre, Wetterkunde und Geologie. Die zwei Reihen zusammen enthalten demnach nicht nur G.s wichtigste naturwissenschaftliche Schriften aus den Jahren 1817–1824, sondern, mit Ausnahme der *Farbenlehre*, auch seine bedeutendsten früheren Beiträge.

Vorgeschichte

Gleich nach der Schlacht bei Jena am 14.10. 1806 faßte G. den Plan, seine größtenteils unveröffentlichten morphologischen Schriften herauszugeben. In den *Tag- und Jahresheften 1806* schreibt er, Heinrich Cottas *Naturbeobachtungen über die Bewegung und Funktion des Saftes in den Gewächsen* (Weimar 1806) hätten Erinnerungen an seine alten Betrachtungen erregt und seien »die Hauptveranlassung [gewesen], daß ich von neuem zur Morphologie mich wendend den Vorsatz faßte, sowohl die Metamorphose der Pflanzen als sonst sich anschließendes wieder abdrucken zu lassen« (MA 14, S. 172).

Tagebucheintragungen im Spätherbst und Winter 1806/07 berichten über den Fortgang der Arbeit. Es wurden damals bei der mit Cotta zusammenarbeitenden Jenaer Druckerei von Karl Friedrich Ernst Frommann drei Bogen fertig. G. revidierte den Text der 1790 erschienenen *Metamorphose der Pflanzen* und schrieb dazu die einleitenden Aufsätze, *Das Unternehmen wird entschuldigt* und *Die Absicht eingeleitet* (MA 12, S. 11 f. bzw. S. 12–17), die später mit der Datierung »Jena 1807« in die morphologischen Hefte aufgenommen wurden.

Cotta kündigte schon im Messekatalog zu Ostern 1807 G.s *Ideen über die organische Bildung* an, aber der Band wurde damals nicht fertig. Die politisch-militärische Turbulenz brach stets wieder in G.s Privatleben ein, und die prekäre Situation, die am 19.10. 1806 auch zur offiziellen Trauung mit Christiane Vulpius führte, drängte G. zum Abschluß seiner seit Jahren sich hinschleppenden *Farbenlehre*. Die morphologischen Ansichten befanden sich nach dem Tode Schillers und dem intensiven Gedankenaustausch mit Schelling in einer gewissen Gärung (vgl. Kuhn, Komm. in LA II, 9B, S. 499–502), die eine Ausformulierung damals noch nicht zuließ.

Nach der Veröffentlichung der *Farbenlehre* im Jahre 1810 widmete G. den Naturwissenschaften zunächst weniger Aufmerksamkeit. Erst am 2.9. 1816 legte er Cotta unter sechs Projekten auch den Plan einer Sammlung über »o r g a n i s c h e   B i l d u n g   u n d   U m b i l d u n g« mit der Begründung vor: »Diese Dinge sind nun auch an der Zeit. Jüngere Männer, die sich nun mit Vergnügen zu den Ideen bekennen, die ich vor dreyßig Jahren emsigmühsam aus der Natur auszuforschen trachtete, haben auf diesem Wege vieles geleistet und freuen sich meiner Theilnahme, wie ich mich ihrer Arbeiten«.

G. dachte hier vor allem an den Botaniker und Naturphilosophen Christian Gottfried Daniel Nees von Esenbeck, der 1817 Professor der Botanik in Erlangen und 1818 in Bonn wurde und mit dem er am 12.5. 1816 einen bedeutenden Briefwechsel einleitete. Nees bewunderte G. und befürwortete seine morphologischen Theorien. Als er am 3.8. 1818 Präsident der Kaiserlich Leopoldinischen-Carolinischen Akademie der Naturwissenschaftler in

Halle wurde, ließ er G. gleich am 26. August zum Mitglied der Akademie ernennen.

Die Ausgabe der Hefte beanspruchte in den folgenden acht Jahren G.s Zeit und Energie, vor allem während jener längeren Aufenthalte in Jena, die sich nach dem Tod seiner Frau (1816) jährlich mit Aufenthalten in Weimar und in den böhmischen Kurorten abwechselten. Da schrieb er seine Beiträge und redigierte die Hefte in spartanischer Abgeschlossenheit, die nur durch Kontakte mit den Wissenschaftlern an der Universität durchbrochen wurde.

Redaktionsgeschichte

Bereits am 18.3. 1816, mehrere Monate vor dem zitierten Brief an Cotta, vermeldet G.s Tagebuch, er habe die Redaktion der naturhistorischen Papiere eingeleitet. Im Herbst 1816 und Frühjahr 1817 kam es zu Gesprächen mit Frommann über die Form und die Bedingungen der Publikation, und bald wurde beschlossen, neben den morphologischen Heften als zweite Reihe die Hefte *Zur Naturwissenschaft überhaupt* herauszugeben. Denn, wie G. im Vorwort zum ersten Heft *Zur Naturwissenschaft überhaupt* schreibt: »Indem ich die auf Bildung und Umbildung organischer Naturen sich beziehenden älteren Papiere an einander zu reihen und einigermaßen brauchbar zu machen gedenke, kommt gar manches andere zur Hand, welches abzulehnen nicht rätlich scheint. Denn mich belehrte die Erfahrung daß der eifrigste Liebhaber im wissenschaftlichen Felde gerade so wenig vollbringt, weil er erst Ein Fach durchzuarbeiten und abzuschließen gedenkt, um das Geleistete dem Publikum mit Zutrauen vorlegen zu können. Gar manches andere Verwandte jedoch, drängt sich unterdessen heran, auch das ist nicht zu entbehren, es wird aufgefaßt, behandelt, bearbeitet, aber zuletzt auch wieder beseitigt, das Interesse wendet sich wo anders hin, und jeder einzelne Teil des Kreises kommt erst nach Jahren ernstlich wieder an die Reihe« (MA 12,

S. 389). Was sich so »herandrängte«, war zunächst wohl das Problem der »entoptischen Farben«, das durch Thomas Seebecks Entdeckungen G.s Interesse damals fesselte und als Ergänzung zur *Farbenlehre* (MA 12, S. 473–474) seinen Platz in den Heften fand. Weiterhin enthielten die Hefte *Zur Naturwissenschaft überhaupt* auch Aufsätze zur Geologie, zu denen vor allem die böhmischen Aufenthalte Anlaß gaben, und Schriften zur Wolkenlehre, die durch Luke Howards Theorie angeregt wurden. Da die Veröffentlichungen zur Botanik und Zoologie hauptsächlich älteren Ursprungs waren, fand die Weiterentwicklung der Morphologie paradoxer Weise eher in der morphologischen Betrachtung der Wolken und Steine in den Heften *Zur Naturwissenschaft überhaupt* als in den Heften *Zur Morphologie* statt.

Die zwei Zeitschriften erschienen parallel. Jede Lieferung enthielt je ein Heft jeder Reihe, die wegen der geplanten späteren Einbindung in eigene Bände separat paginiert wurde. Insgesamt sind sechs Hefte von jeder Reihe in unregelmäßigen Abständen erschienen. Der erste Band enthielt vier, der zweite nur zwei Hefte.

Die Redaktion des acht Bogen großen ersten Heftes bereitete keine großen Schwierigkeiten. Das vier Bogen lange Kernstück, *Die Metamorphose der Pflanzen*, und die einleitenden Schriften *Das Unternehmen wird entschuldigt* und *Die Absicht eingeleitet* lagen ja bereits vor; die übrigen autobiographischen Schriften schlossen sich eng an das Material der italienischen Reise an, das G. damals bearbeitete. Die ersten Exemplare erhielt er am 17.7. 1817.

Das zweite Heft ließ lange auf sich warten, teilweise wegen seiner Länge – mit zehn Bogen wurde es das größte Heft –, teilweise wohl auch, weil es viele autobiographisch-philosophische Erinnerungen (*Einwirkung der neueren Philosophie, Anschauende Urteilskraft, Bedenken und Ergebung, Bildungstrieb*) enthielt. Die älteren Arbeiten, *Erster Entwurf einer allgemeinen Einleitung in die vergleichende Anatomie, ausgehend von der Osteologie* und *Dem Menschen wie den Tieren ist ein Zwischenknochen der obern Kinnlade zuzu-*

schreiben (MA 12, S. 120–153 u. S. 156–190) kamen auf weniger als fünf Bogen. Nachdem die Redaktion durch die Karlsbader Sommeraufenthalte in den Jahren 1818 und 1819 zweimal unterbrochen wurde, stellte sich Ende 1819 heraus, daß das »aus einzelnen Blättern und alten corrigierten Aufsätzen« bestehende Material nicht ausreichte (an Frommann, 22.12. 1819) und mit kleineren Stücken ergänzt werden mußte. Die ersten Belegexemplare des zweiten Heftes erhielt G. erst am 11.3. 1820, beinah drei Jahre nach der Veröffentlichung des ersten Heftes.

Von nun an wurden die Hefte wesentlich dünner. Das dritte Heft kam nur auf drei Bogen, wovon die ältere Schrift, *Vorträge, über die drei ersten Kapitel des Entwurfs einer allgemeinen Einleitung in die vergleichende Anatomie, ausgehend von der Osteologie*, beinah die Hälfte einnahm. Die erste neue botanische Arbeit der Hefte, die durch Franz Joseph Schelver und August Wilhelm Henschel angeregte *Verstäubung, Verdunstung, Vertropfung* (MA 12, S. 212–224) war kurz, das Heft konnte in einigen Monaten redigiert und noch im Herbst 1820 veröffentlicht werden.

Mit dem dritten Heft war der Vorrat der alten Schriften erschöpft, die Redaktion wurde nun durch die Suche nach neuem Material arbeitsintensiver. Die Vorbereitungen für das vierte Heft wurden im Jahre 1821 durch G.s zweimonatigen Aufenthalt in Marienbad abermals unterbrochen, und es zeigte sich im folgenden Winter, daß das zusammengestoppelte Material von Rezensionen und Anzeigen selbst für drei Bogen nicht ausreichte. Ein wesentlicher Teil des Heftes, darunter die verschiedenen Rezensionen, die Auszüge aus und Kommentare zu Wilhelm von Schütz' Buch über Morphologie (MA 12, S. 227–234) und die Anzeige, daß im nächsten Heft eine Lebensbeschreibung von Luke Howard erscheinen werde, entstand erst im Frühjahr 1822. Am 13. Juni, bei der Abreise nach Marienbad, erhielt G. die ersten Belegexemplare.

Für das fünfte Heft lagen im November 1822 schon mehrere Druckbogen vor, doch die letzte Redaktion und Revision mit Riemers Hilfe gab »viel Pein« (an Christoph Ludwig Friedrich Schultz, 7.5. 1823). Die letzten Druckbogen wurden noch vor G.s Kuraufenthalt korrigiert, aber die Exemplare an die Freunde wurden diesmal erst im September abgeschickt. Das Heft enthielt neben G.s Rezensionen und kurzen Betrachtungen Beiträge von Eduard Joseph d'Alton (MA 12, S. 310–314) und Carl Gustav Carus (MA 12, S. 285–294) sowie *Problem und Erwiederung* (MA 12, S. 294–305), eine Zusammenarbeit G.s mit Ernst Meyer.

Nun tauchten auch Schwierigkeiten finanzieller Art auf. Frommann und Cotta publizierten die Hefte, weil sie Wert auf die Beziehung zu G. legten (so z.B. Frommann an Cotta, 5.11. 1821), aber Cotta wurde wegen des geringen Absatzes schließlich zu Sparmaßnahmen gezwungen. Cotta, der bei einer Auflage von rund 1000 Exemplaren bei jedem der ersten vier Hefte Verluste erlitt, gab Frommann am 22.8. 1822 die Anweisung, mit Eingang des fünften Heftes nur noch 500 Exemplare zu drucken. Frommann fand die Ersparnis gering und verwies auf »Goethes Ableben«: »Unstreitig haben die naturwissenschaftlichen Schriften wie die Farbenlehre einen bleibenden Wert [...] wie Goethe überhaupt seiner Zeit großenteils vorgeeilt, so hinkt sie ihm nach; aber sie bleibt früh oder spät nicht zurück. In beiden Journalen ist viel, was bleibenden Wert behält, was noch mehr nach seinem Tode erkannt werden wird. Sie eignen sich aber nicht zum Wiederabdruck in den Werken, mehrere Besitzer dieser aber werden sie sich nach dem Schluß wünschen. Deshalb behielte ich die izzige Auflage und setzte für komplette Expl. dann einen verminderten Preis« (Frommann an Cotta, 13.6. 1823). Doch Cotta war nicht bereit, auf G.s Tod zu spekulieren, und die letzten Hefte erschienen in kleinerer Auflage.

Die Arbeit am sechsten Heft begann in den Böhmischen Bädern im Juli und August 1823. Diesmal reichte das Material für das Heft *Zur Naturwissenschaft* nicht aus. Die Exemplare der morphologischen Hefte, die am 6.12. 1824 ankamen, enthielten fünf Rezensionen und fünf kleinere Schriften von G. und Beiträge von Nees, Carus, Ignaz Lößl, d'Alton und Karl Friedrich Philipp Martius.

G. durchdachte die folgenden Hefte am 3.11. 1824 und bat Nees von Esenbeck noch am 16.12.1824 um einen neuen Beitrag, hinzufügend: »Das nächste [Heft; d.Vf.] wird auch wohl wieder langsam vor sich gehen, aber am Ende erscheint es denn doch«. Diesmal aber nicht: am 31.5.1825 teilte G. Schultz mit, er müsse die Hefte »wohl einige Zeit aufgeben«, weil die neue Ausgabe seiner Werke alle seine Aufmerksamkeit beanspruche.

Die Ausgabe von G.s gesammelten Werken war aber sicherlich nur ein Grund unter vielen, die zur Einstellung der bereits seit einiger Zeit stockenden Publikation führten. Der geringe Absatz und die mühsame Suche nach neuem Material verzögerte den Fortgang der Zeitschrift, das Endresultat war »zusammengestoppelt« (an Johann Gottfried Langermann, 16.10.1824) und bot eine »fast barocke Mannichfaltigkeit« (an Graf von Sternberg, 14.12.1824).

Zusammenarbeit

Die morphologischen Hefte beschäftigen sich mit der Gestaltenlehre, aber, wie G. in der Zwischenrede zugibt, wurden sie nicht als ein zusammenhängendes Ganzes konzipiert: »Nach abwechselnden Ansichten, unter dem Einfluß entgegengesetzter Gemütsstimmungen verfaßt, zu verschiedenen Zeiten niedergeschrieben, konnten sie nimmermehr zur Einheit gedeihen« (MA 12, S. 93).

Zwischen dem Plan von 1806 für den Band *Ideen über die organische Bildung*, dem Plan von 1816, morphologische Hefte zu veröffentlichen, und den verwirklichten Heften verschoben sich die Akzente. Wurde 1806 nur die Ausgabe von G.s eigenen Schriften erwogen, so kommt in G.s Brief an Cotta vom 2.9.1816 als weiteres Grundmotiv hinzu, die professionellen Naturwissenschaftler auf die morphologischen Ideen des jungen G. aufmerksam zu machen. G. erwähnt in den morphologischen Heften noch nicht, daß seine erste morphologische Arbeit, der Aufsatz *Dem Menschen wie*

den Tieren ist ein Zwischenkieferknochen der obern Kinnlade zuzuschreiben (1786; MA 12, S. 156–190), deshalb unveröffentlicht blieb, weil sie von seinem Freund Johann Heinrich Merck, vom Anatom Samuel Thomas Soemmerring und vom niederländischen Wissenschaftler Pieter Camper abgelehnt wurde, aber er beklagt sich im ersten Heft öfters über den Empfang seiner *Metamorphose der Pflanzen* und seiner morphologischen Ideen überhaupt: »Leider findet man aber auch bei denen die sich dem Erkennen, dem Wissen ergeben, selten eine wünschenswerte Teilnahme« (MA 12, S. 11); die *Metamorphose der Pflanzen* erfuhr eine »kalte, fast unfreundliche Begegnung [...] Mein redliches Bemühen blieb daher ganz ohne Wirkung« (MA 12, S. 17). Die Qual, »nicht verstanden zu werden« (MA 12, S. 77), trug dazu bei, daß die morphologischen Arbeiten der 1790er Jahre, in denen G. den Metamorphose-Gedanken in das Tierreich einzuführen versuchte, unvollendet und unveröffentlicht blieben.

Um 1815 schien G. das wissenschaftliche Klima so viel günstiger, daß er nach der Lektüre von Georg Jägers *Über die Mißbildungen der Gewächse* (Stuttgart 1814; vgl. MA 12, S. 110–118) und Friedrich Siegmund Voigts *Die Farben der organischen Körper wissenschaftlich bearbeitet* (Jena 1816) an Schultz am 19.7. 1816 berichten konnte: »Nun kann ich erst, nach solchen Vorarbeiten, die Bruchstücke meines Gewahrwerdens ohne Not und Qual herausgeben, und zum fernern Gebrauch den Lebendigen überliefern«. Auch die Universität Jena gab auf mehr Erfolg Hoffnung: »Die neue Belebung von Jena, hat auch für mich im Natur-Fache, viel anregendes gebracht, und ich stehe wie Hesekiel verwundert, daß das alte Knochenfeld auf einmal lebendig wird. Vor Johanni, denke ich, soll ein Heft von Zwölf Bogen ausgehen, wo ich, in mehreren Kolonnen, meine alten Garden der Naturbeherrschung werde aufmarschieren lassen« (an Zelter, 29.5. 1817). In weniger streitlustiger Bildsprache hieß es im Brief an Carl Franz Anton von Schreibers am 19.7.1817, die Hefte sollten G. vor Kennern und Liebhabern legitimieren, sie sollten selbst die »Meister« überzeugen.

Sehr ermutigend war der neue Kontakt mit Nees von Esenbeck. Bereits im August 1816 schrieb ihm G., er wolle seine älteren morphologischen Aufsätze »als geschichtliche Dokumente« drucken lassen. Sie sollten aber auch als Mittel dienen, «das Vertrauen jüngerer Mitglieder» der Fachwelt zu gewinnen. Nach der Betrachtung der Tafeln zu Nees' Buch schrieb G. am 15.5. 1817 enthusiastisch, er freue sich, mit Nees «in ein noch näheres geistiges Verhältniß» zu treten: «Dieses ist mir gegenwärtig sehr erwünscht, da ich meine früheren Papiere, die sich auf Bildung und Umbildung organischer Wesen beziehen, um sie dem Druck zu übergeben redigire. Da sie denn mehr als ein historisches Zeugnis meiner Bemühungen gelten mögen, als daß sie, da die Wissenschaft soweit vorgerückt ist, bedeutende Würkung hervorbringen könnten. Das angenehmste jedoch, was mir dabei zu Teil werden kann, ist daß Ew. Wohlgeboren und andere Freunde höherer Naturforschung mit desto mehr Zutrauen mir ihre Entdeckungen mittheilen und ihre Gedanken an den Tag legen werden. Wie wichtig muß es mir seyn, daß ich ein Geschäft, das ich vor dreyßig Jahren einsam anfing, nunmehr in so guter Gesellschaft mit größerer Freiheit rekapituliren und meine frühern Vorsätze durch andere glücklich vollendet sehen kann». In diesem Sinne rief G. Nees im zweiten Heft auf, er solle «mit uns den Triumph der physiologen Metamorphose» feiern (MA 12, S. 118).

G.s zweiter wichtiger Verbündeter wurde Carl Gustav Carus, der 1818 sein *Lehrbuch der Zootonomie* G. zuschickte und damit ihren Briefwechsel eröffnete. G. antwortete am 23.3. 1818: »Ich nehme nun mit desto mehr Zuversicht meine alten Papiere vor, da ich sehe daß alles was ich in meiner stillen Forscher-Grotte für recht und wahr hielt, ohne mein Zuthun, nunmehr an's Tageslicht gelangt. Das Alter kann kein größeres Glück empfinden als daß es sich in die Jugend hineinwachsen fühlt und mit ihr nun fortwächst«. Carus erhielt die Gelegenheit, drei Voranzeigen (MA 12, S. 250–252, S. 285–294 u. S. 333–340) seines erst 1828 erschienen Buches *Von den Ur-Teilen* in den Heften zu veröffentlichen.

Nicht nur die neuen, freundlicheren Beziehungen zu jüngeren Wissenschaftlern verursachten, daß G. sich nun weniger über die Rezeption seiner morphologischen Schriften beklagte. Erst während der erneuten Beschäftigung mit der *Metamorphose der Pflanzen* entdeckte er, daß die Schrift, anders als die *Farbenlehre*, recht freundlich aufgenommen wurde. Er zog eine korrektere Bilanz der Rezeption in *Schicksal der Druckschrift* (MA 12, S. 72–79, bes. S. 78), *Drei günstige Rezensionen* (MA 12, S. 102–103) und *Andere Freundlichkeiten* (MA 12, S. 103–108; vgl. auch die Rezension Salomon Maimons von 1791, MA 12, S. 945f.). So kam es, daß G. am Schluß des dritten Heftes (*Freundlicher Zuruf*) die »wiederholt sich zudringende Freude« nicht verbergen konnte, daß er sich »mit nahen und fernen, ernsten, tätigen Forschern glücklich im Einklang« finde (MA 12, S. 224; vgl. auch S. 106).

G. wollte die jüngeren Wissenschaftler nicht nur mit seinen älteren Arbeiten bekannt machen. Die Hefte mußten, besonders nach der Ausschöpfung von G.s eigenen älteren Aufsätzen, auch neue Beiträge enthalten und G.s Kontakt mit den zeitgenössischen Naturwissenschaftlern dadurch fördern. G. rezensierte deshalb neue Veröffentlichungen von Schütz, d'Alton, Johann Bernhardt Wilbrand und Ferdinand August Ritgen, Schelver, Voigt, Johannes Evangelista Purkinje, Ernst Anton Stiedenroth, Constant Nicati und Karl Friedrich Philipp von Martius. Er lud befreundete Naturwissenschaftler wie Ernst Meyer, Nees von Esenbeck und Johann Wolfgang Döbereiner zur Gemeinschaftsarbeit ein und veröffentlichte, vor allem in den Heften *Zur Naturwissenschaft überhaupt* auch Aufsätze von Mitarbeitern.

Biographie, Autobiographie, Geschichte

Mittels der Hefte suchte G. nicht nur wissenschaftliche Anerkennung zu finden, sondern auch Rechenschaft über sein Leben abzulegen. So gesehen gehören die Hefte in die Reihe autobiographischer Schriften, die mit *Dichtung und Wahrheit* (erste drei Bände 1811, 1812 und 1814) und der *Italienischen Reise* (zwei Teile 1816 und 1817 unter dem Titel *Aus meinem Leben. Zweiter Teil*) einsetzte. Die sich hier anschließenden morphologischen Hefte (1817–1824) begannen mit autobiographisch kommentierten Schriften aus den 1780er und 1790er Jahren; ihre Veröffentlichung lief parallel mit der Redaktion der *Tag- und Jahreshefte* (zwischen 1816 und 1825), der Niederschrift der *Campagne in Frankreich* und der *Belagerung von Mainz* zwischen 1820 und 1822 (1822 veröffentlicht im Band *Aus meinem Leben. Zweiter Abteilung Fünfter Teil*) und die Publikation kleiner autobiographischer Schriften. Größere dichterische Werke verfaßte G. in diesen Jahren nicht.

Der Untertitel der Hefte, *Erfahrung, Betrachtung, Folgerung, durch Lebensereignisse verbunden*, deutet an, was in der *Zwischenrede* noch deutlicher formuliert wird: Die hier veröffentlichten Texte sind nicht als Teile eines »schriftstellerischen Werkes«, sondern »als Teile eines menschlichen Lebens« anzusehen (MA 12, S. 93). Die »Stückwerke« der Vergangenheit werden durch die »Lebensereignisse« verbunden »damit das Ganze nicht allzu verworren und seltsam aussehe« (Begleitbrief zum ersten Heft an Johann Friedrich Rochlitz, 1.6. 1817), und im historisierenden Rückblick stets relativiert.

Die »Natur-Studien« ruhen so, wie G. in einem Aphorismus schreibt, »auf der reinen Basis des Erlebten«, sie betten aber diese Studien auch in die allgemeine Wissenschaftsgeschichte ein: »Wer kann mir nehmen [...] daß ich Schritt für Schritt folgend, die großen Entdeckungen der zweiten Hälfte des achtzehnten Jahrhunderts bis auf den heutigen Tag, wie einen Wunderstern nach dem andern vor mir

aufgehen sehe. Wer kann mir die heimliche Freude nehmen, wenn ich mir bewußt bin, durch fortwährendes, aufmerksames Bestreben, mancher großen, weltüberraschenden Entdeckung selbst so nahe gekommen zu sein, daß ihre Erscheinung gleichsam aus meinem eignen Innern hervorbrach, und ich nun die wenigen Schritte klar vor mir liegen sah, welche zu wagen ich in düsterer Forschung versäumt hatte« (MA 12, S. 264–265). G. begrüßt Caspar Friedrich Wolf, den Begründer der Entwicklungsbiologie, als »Vorarbeiter« seiner eigenen Morphologie (MA 12, S. 80–86) und ordnet seine Studien in die Wissenschaftsgeschichte ein (*Naturwissenschaftlicher Entwicklungsgang*; MA 13, S. 322–324). Diese Verflechtung der eigenen Arbeiten und subjektiven Anschauungen mit den Leistungen anderer legitimiert das Persönliche und veranschaulicht die eigentümliche Verkettung naturwissenschaftlicher Forschung. Mit den Problemen, die so entstehen, beschäftigen sich mehrere Aufsätze in den Heften *Zur Naturwissenschaft überhaupt*, darunter *Vorschlag zur Güte* (MA 12, S. 443–444), *Meteore des literarischen Himmels* (MA 12, S. 445–450) und der bereits 1792 geschriebene *Versuch als Vermittler von Objekt und Subjekt* (MA 12, S. 684–693). Die autobiographische Einbettung der Morphologie geht über das Persönliche hinaus und exemplifiziert auch die Psychologie und Soziologie der Forschung.

Zugespitzt formuliert steht so nicht mehr die »Natur an sich« sondern der Naturbetrachtende, mit ihr umgehende Mensch im Vordergrund der Hefte. Die Morphologie umfaßt hier nicht nur die Naturgeschichte und die Metamorphosen der Lebewesen, sondern auch die Geschichte und die einzelnen Geschichten des Naturstudiums. Nach einer enthusiastischen Aufnahme von Luke Howards Wolkenlehre erbat G. eine Lebensbeschreibung des englischen Naturforschers und schickte dem Abdruck der Übersetzung in den Heften *Zur Naturwissenschaft überhaupt* (*Luke Howard an Goethe*; MA 12, S. 662–670) eine kurze Anzeige in den morphologischen Heften voraus, um den ungewöhnlichen Schritt zu erklären: »Da aber bei wachsender Überzeugung: daß alles was durch den Menschen geschieht in ethischem Sinne betrachtet werden müsse, der sittliche Wert jedoch nur aus dem Lebensgange zu beurteilen sei; ersuchte ich einen [...] Freund, [...] mir wo möglich, und wären es auch nur die einfachsten Linien von Howards Lebenswege zu verschaffen, damit ich erkennte wie ein solcher Geist sich ausgebildet? welche Gelegenheit, welche Umstände ihn auf Pfade geführt die Natur natürlich anzuschauen, sich ihr zu ergeben, ihre Gesetze zu erkennen und ihr solche naturmenschlich wieder vorzuschreiben?« (*Luke Howard to Goethe. A Biographical Scetch*; MA 12, S. 263). Thomas Seebecks *Geschichte der entoptischen Farben* wird in den Heften *Zur Naturwissenschaft* (MA 12, S. 393–98) statt einer ganzen Lebensbeschreibung in eine kleine Forschungsgeschichte eingebettet, die G. im Vorwort zum ersten Heft folgendermaßen motiviert: »Da nun aber in der Naturwissenschaft das historische dem didaktischen, so wie dieses dem dogmatischen vorangehen soll, so habe ich meinen verdienten Freund [Seebeck; d. Vf.] ersucht, selbst Nachricht und Kenntnis zu geben, wie er zu jener Entdeckung gelangt« (MA 12, S. 390). Die Darstellung von Howards Wolkenlehre wird mit G.s Erinnerungen eingeleitet, denn bei der Behandlung aller Gegenstände ist es »wohlgetan zu bedenken und sodann andern mitzuteilen, wie man auf die Betrachtung gerade dieses Gegenstandes gekommen« (MA 12, S. 451).

Daß G. die chronologische Anordnung seiner Werke am 31.3. 1816 ablehnte (*Über die neue Ausgabe der Goethe'schen Werke*; MA 11.2, S. 210–213), steht nur in scheinbarem Widerspruch zu dem hier angedeuteten Biographismus. Er war nicht prinzipiell gegen chronologische Anordnungen, er befürwortete sie z.B. im Falle Schillers, und sein Urteil, »der Mehrzahl der Leser verlangt die Schrift und nicht den Schriftsteller« (MA 11.2, S. 212), betraf eher die Dichtung als die Naturwissenschaft, deren sozialer Entstehungskontext nach seiner Meinung geschichtlich und lebensgeschichtlich gedeutet werden sollte. Die Praxis der Forschung interessierte ihn mehr als das destillierte Wissen.

Sprache und Poesie

Wir dürfen noch einen Schritt weiter gehen, indem wir das Autobiographische, Biographische, Anekdotische und Geschichtliche nicht nur als Niederschlag des Erlebten, sondern auch als sprachlich gestaltete Erzählform deuten. Über neue Naturbeobachtungen und Experimente berichten die morphologischen Hefte, selbst im Vergleich mit den Heften *Zur Naturwissenschaft überhaupt*, nur auffallend selten. Enthalten diese Wetterbeobachtungen, Vorarbeiten zu einer Wetterlehre, geologische Beobachtungen und optische Experimente, so findet man in jenen nur kleinere Gelegenheitsarbeiten wie *Verstäubung, Verdunstung, Vertropfung* (MA 12, S. 212–224), *Merkwürdige Heilung eines schwer verletzten Baumes* (MA 12, S. 237) und *Schema zu einem Aufsatze die Pflanzenkultur im Großherzogtum Weimar darzustellen* (MA 12, S. 238–243). Erst im Jahre 1828 öffneten sich für G. wieder neue Perspektiven und Arbeitsgebiete in der Morphologie der Lebewesen.

Die morphologischen Hefte enthalten statt Berichten über eigene neue Forschungsergebnisse vorwiegend Texte, die nur indirekt, mittels anderer, fremder oder eigener Texte Zugang zur Natur haben. Nicht der naturverbundene Betrachter kommt hier zu Worte, sondern eher der humanistische Faust in seiner Kammer, der Texte über die Natur liest, wiederliest, zusammenstellt, erneut beurteilt und revidiert.

Diese sprachlich vermittelte Beziehung zur Natur erlangt durch die Sprach- und Zeichentheorie des älteren G. eine Bedeutung, die von der bekannten Auffassung in *Glückliches Ereignis* (MA 12, S. 86–90) abweicht. G. beschreibt in diesem Rückblick, wie er während seiner ersten Begegnung mit Schiller die Metamorphose der Pflanzen lebhaft vortrug und »mit manchen charakteristischen Federstrichen, eine symbolische Pflanze vor seinen Augen entstehen« ließ. Als der Kantianer Schiller kopfschüttelnd bemerkte, »das ist keine Erfahrung, das ist eine Idee«, soll er erwidert haben: »Das kann mir sehr lieb sein daß ich Ideen habe ohne es zu wissen, und sie sogar mit Augen sehe« (MA 12, S. 88–89). Die Antwort negiert den Abstand zwischen Idee und Erfahrung.

Glückliches Ereignis vergegenwärtigt eine für G. historisch gewordene Auffassung, die er zur Zeit der morphologischen Hefte nicht mehr teilte. Die neue Ansicht und ihren Abstand zu der früheren verdeutlicht eine Stelle in *Der Inhalt bevorwortet*, die G.s Suchen nach einem tierischen Typus während der 1790er Jahre charakterisiert: »Wie ich früher die Urpflanze aufgesucht, so trachtete ich nunmehr das Urtier zu finden, das heißt denn doch zuletzt: den Begriff, die Idee des Tiers« (MA 12, S. 19). Ähnlich heißt es in einem wahrscheinlich Mitte August 1816 geschriebenen Brief an Nees, er werde in der *Italienischen Reise* »nicht ohne Lächeln« bemerken, »auf welchen seltsamen Wegen« G. die Metamorphose der Pflanzen früher zu finden hoffte: »Ich suchte damals die Urpflanze, bewußtlos, daß ich die Idee, den Begriff suchte wonach wir sie uns ausbilden könnten«.

Urtier und Urpflanze erscheinen also in diesen späteren Texten im Sinne von Kant und Schiller als Idee und Begriff, nicht als Erfahrung, obwohl die Auswechselbarkeit von ›Idee‹ und ›Begriff‹ andeutet, daß G. auch jetzt keine philosophische Präzision sucht. Zentral ist dabei der Gedanke, daß die Erfahrung, auch die naturwissenschaftliche, immer nur mittels Zeichen und Zeichensystemen Gestalt erhält und die Natur nie unmittelbar erfaßt. So notiert G. unter dem Titel *Symbolik* bereits am 30. 10. 1805 im Rahmen seiner *Physikalischen Vorträge*: »Durch Worte sprechen wir weder die Gegenstände noch uns selbst völlig aus. Durch die Sprache entsteht gleichsam eine neue Welt, die aus Notwendigem und Zufälligem besteht« (MA 6.2, S. 842). Als G. die redaktionelle Arbeit an den morphologischen Heften begann, schrieb er am 11. 3. 1816 an Schultz, er habe »auf's deutlichste« begreifen gelernt, »daß die Sprache nur ein Surrogat ist, wir mögen nun das was uns innerlich beschäftigt oder das was uns von außen anregt ausdrücken wollen«. Ähnliche Aussagen finden sich in der *Farbenlehre*, in dem *Versuch*

einer Witterungslehre und am Schluß des ersten Aktes in *Faust II*.

Solche Stellen stehen scheinbar im Widerspruch zu G.s bekannter Definition, daß in der Symbolik »das Besondere das Allgemeinere repräsentiert, nicht als Traum und Schatten, sondern als lebendig-augenblickliche Offenbarung des Unerforschlichen« (MA 17, S. 775), denn hier scheint der Abstand zwischen dem Besonderen und dem Allgemeinen, dem Zeichen und dem Bezeichneten zu verschwinden, so daß eine Einheit von Idee, Wort und Ding entsteht.

Ob G. daran geglaubt hat, daß diese letztlich nur als Sprachfigur verstehbare Einheit sprachlich gestiftet werden kann, ist allerdings zu bezweifeln. Wie S. Heidi Krüger unlängst überzeugend gezeigt hat, verurteilte G. weder die Allegorie in der Dichtung, noch vermied er sie in seiner eigenen Dichtung. Dichterische Darstellungen der Welt galten ihm eher als Sprachfiguren und »Surrogate«, nicht als »lebendig-augenblickliche Offenbarungen«.

Da G. mathematischen Modellen der Natur mißtraute, erhielten die surrogaten Sprachzeichen eine Schlüsselrolle in seiner Naturphilosophie. Er befürwortete zwar das »gegenständliche Denken« (MA 12, S. 306–309), die »zarte Empirie« (an Zelter, 5. 10. 1828, u. MuR, 565) und die unmittelbare Naturanschauung, sah aber die Notwendigkeit der sprachlichen Vermittlung ein und protestierte nur gegen die Verdinglichung der Worte. Die Sprache war für ihn keine ›durchsichtige‹ Darstellung der Naturgegenstände, denn er meinte, daß ihre Struktur, ihre Interpretierbarkeit, ihre verschiedenen Fachdiskurse zu unterschiedlichen Auslegungen der Natur führen. Die bereits in der *Farbenlehre* erreichte Einsicht, daß Fragen über die Natur unvermeidlich Fragen über den naturbeobachtenden Menschen aufwerfen, wird die Grundlage der autobiographischen, biographischen und narrativen Einbettung der Naturforschung und G.s Auseinandersetzung mit Texten in den morphologischen Heften. Naturbetrachtung gleichsam ›aus zweiter Hand‹ blieb kennzeichnend für seinen Umgang mit der Natur bis zum Ende seines Lebens, wenn ihm auch, vor allem in der Dornburger Zurückgezogenheit von 1828, noch unmittelbare Naturerlebnisse vergönnt waren.

Die Frage nach einer Symbolik in den Naturwissenschaften hat G. in den morphologischen Heften im Aufsatz *Problem und Erwiderung* (MA 12, S. 294–305) gestellt, und zwar in der Form von Fragen an Ernst Heinrich Friedrich Meyer, die sich auf die Idee der Metamorphose zuspitzen. Meyer nahm in seiner Erwiderung G.s Ansatz auf, daß die Metamorphosenidee der botanischen Klassifizierung gegenüber »eine höchst ehrwürdige, aber zugleich höchst gefährliche Gabe von oben« sei (MA 12, S. 297), indem sie das System durch eine ›vis centripeta‹ gefährden würde, er deutete aber die Gefahr als eine Tugend. Die Metamorphose sei eine Symbolik, die die starre Trennung der Arten zwar nicht überwinden könne – weder Meyer noch G. glaubten an die Evolution –, aber die Wissenschaft der Kunst annähern könne: »Die Wissenschaft, da sie nun einmal nicht ganz zur Kunst sich veredeln kann, soll wenigstens dieser so weit als möglich durch eine Symbolik sich nähern« (MA 12, S. 301).

In diesem Rahmen erhalten die neun Gedichte der ersten drei Hefte wichtige und vielfältige Rollen im Textgeflecht. Die unter den Titeln *Die Metamorphose der Pflanzen* bzw. *Metamorphose der Tiere* bekannt gewordenen zwei längsten (»Dich verwirret, Geliebte, die tausendfältige Mischung«; MA 12, S. 74 und »Wagt ihr, also bereitet, die letzte Stufe zu steigen«; MA 12, S. 153) stammen aus den Jahren 1798–1799 und vermitteln Hauptideen von G.s Morphologie. Sie sind Lehrgedichte, die allerdings weit über G.s Modelle bei Lukrez, Albrecht von Haller und Erasmus Darwin hinausgehen. In der *Metamorphose der Pflanzen* wird z.B. der belehrende Mittelteil umrahmt von einer einleitenden Ansprache an die Zuhörerin und abschließenden Analogien zwischen der Pflanzen- und Menschenwelt. In *Urworte. Orphisch* (MA 12, S. 91) erscheint die Morphologie des Menschenlebens im Spannungsfeld zwischen Identität und Wandlung, Schweben und Gesetz; die übrigen, meistens kurzen Gedichte enthalten aphoristische allgemeine Naturbetrachtungen oder Maximen über die richtige Naturbetrachtung. In den Gedichten, wie in den Abhandlungen, umrahmen also Reflexionen über das Betrachten und den Betrachter die eigentliche Naturbetrachtung.

G. hat in der Ausgabe letzter Hand diese Höhepunkte seiner Alterslyrik mit den Gedichten der Hefte *Zur Naturwissenschaft überhaupt* unter dem Titel *Gott und Natur* vereinigt. Hier bilden die zwei längeren Lehrgedichte mit drei kürzeren eine Einheit. Sie wird durch das nun *Parabase* betitelte Gedicht »Freudig war vor vielen Jahren« (MA 12, S. 195) eingeleitet und mit *Antepirrhema* (»So schauet mit bescheidnem Blick«; MA 12, S. 100) abgeschlossen; in der Mitte befindet sich *Epirrhema* (»Müsset im Naturbetrachten«; MA 12, S. 92). Die neu hinzugefügten griechischen Titel bezeichnen die umrahmenden kurzen Gedichte als abschweifende Anreden an das Publikum. Im Kontext der morphologischen Hefte spielen a l l e Gedichte solche Rollen. Sie sind Intermezzi lyrischer oder quasi-epischer Art, die die bereits vielfältigen wissenschaftlichen Diskurse unterbrechen, auflockern und relativieren. Die so entstandene Redevielfalt der Hefte entspricht der lokkeren und ebenfalls durch Redevielfalt ausgezeichneten Struktur von *Wilhelm Meisters Wanderjahren*.

Der Amateur und die Wissenschaftsgeschichte

Die dargestellte Sprachauffassung G.s eröffnet neue Zugänge zur kommunikativen Absicht der morphologischen Hefte, ein zweifaches Publikum zu erreichen: die Fachleute, jene ›Gilde‹, die die Einmischung des Dichters und Außenseiters mit Argwohn betrachtete, aber auch die Liebhaber, die Laien. Den dichtenden Dilettanten war G. im gemeinschaftlichen Projekt mit Schiller *Über den Dilettantismus* (MA 6.2, S. 151–176) unfreundlich gesinnt, aber im Schlußwort zum didaktischen Teil der *Farbenlehre* (MA 10, S. 271–272), in *Erfinden* und *Entdecken* (FA I, 25, S. 37–39), in *Vorschlag zur Güte* (MA 12, S. 444) und an anderen Stellen vertritt er die Meinung, daß Naturliebhaber die Naturwissenschaft durch Beobachtung, Sammlung und Aufarbeitung wesentlich fördern können. Die Teilnahme von Amateuren an der Forschung betrachtet er als Schutz gegen die drohende Abstraktion der wissenschaftlichen Sprache und die Isolierung der wissenschaftlichen ›Gilde‹: »Betrachten wir die Naturwissenschaften in ihrer gegenwärtigen Stellung, so werden sie dem Liebhaber immer unzugänglicher. Das erweiterte Feld gehört am Ende nur den Meistern, welche sich darin unterhalten, oder auch bestreiten« (an Carl Friedrich Naumann, 24. 1. 1826). Die Popularisierung der Naturwissenschaft, die G. bereits in seinen Vorträgen vor den Damen des Weimarer Hofes (MA 6.2, S. 834–879, und MA 9, S. 919–922) vorgenommen hatte, wurde so ein Hauptziel der Hefte *Zur Naturwissenschaft überhaupt, besonders zur Morphologie.* Die Veröffentlichungen mußten jargonfrei und jedem gebildeten Menschen zugänglich sein.

G. bemühte sich mehr um die Verbreitung der morphologischen Hefte unter Liebhabern als unter Fachleuten. Er schickte die neuen Lieferungen regelmäßig an Herzog Carl August, Knebel, Zelter, Carl Friedrich Reinhard und andere Freunde, unter denen sich natürlich auch Naturwissenschaftler befanden, aber um die Zeitschriften, Universitäten und andere Einrichtungen der Fachwelt kümmerte er sich wenig. Breitere Kreise der Liebhaber versuchte er mit Anzeigen und Auszügen in Cottas Zeitungen zu erreichen: Über das zweite Heft schrieb er Anzeigen für die Beilage der *Allgemeinen Zeitung* (11. 1. 1820) und für das Intelligenzblatt zum *Morgenblatt* (26. 1. 1820). Das dritte Heft kam in den Meßkatalog von 1821 und die Anzeige für das letzte Heft erschien im Intelligenzblatt zum *Morgenblatt* am 17. 11. 1824. Auch einzelne, teils kommentierte Texte und Fragmente wurden in die Zeitungen gesetzt. Unter dem Titel *Ein Paar Worte aus Goethes Morphologie* erschienen am 4. 5. 1820 Auszüge mit Kommentaren von Therese Huber aus dem Zwischenkieferknochen-Aufsatz (MA 12, S. 156–190) und *Das Schädel-*

gerüst aus sechs Wirbelknochen auferbaut (MA 12, S. 359–360). Die *Allgemeine Betrachtung* (MA 12, S. 316) wurde am 21. 8. 1823 im Morgenblatt veröffentlicht. G.s etwas verspätete Bitte an seine Freunde, Anzeigen von dem sechsten Heft in den Zeitungen und Zeitschriften unterzubringen, hatte wohl nur einen einzigen Erfolg, die Anzeige im Koblenzer *Eil-Boten.* Daß die Auflage reduziert werden mußte, deutete bereits das Scheitern der Strategie an, Liebhaber als Publikum zu gewinnen.

Die Reaktion der Fachwelt war zunächst enttäuschend. Die meisten der in Günther Schmids Bibliographie aufgeführten sechzehn Rezensionen sind nur kurze Anzeigen. Am wichtigsten ist eine allerdings sehr lange und positive, anonym veröffentlichte Rezension der ersten Bänden beider Heftreihen in der G. nahestehenden *Jenaischen Allgemeinen Literatur-Zeitung.* (Neudruck MA 12, S. 842–900). Nees von Esenbeck wollte ursprünglich die Rezension selbst schreiben (an G., 2. 10. 1822 und 9. 1. 1823), überließ aber dann die Besprechung der osteologischen und anatomischen Schriften (MA 12, S. 863–883) seinem Bonner Kollegen, dem Zoologen Georg August Goldfuß, und die Besprechung der geologischen Schriften (MA 12, S. 884–900) dem Bonner Geologen Johann Jakob Nöggerath. Nees' überschwenglich lobender Beitrag (MA 12, S. 842–863) beschränkte sich auf die Botanik. G.s Briefe an Schultz vom 11. 6. und 8. 7. 1823 und sein Dank an Nees vom 13. 6. 1823, den er in *Zur Naturwissenschaft überhaupt* (MA 12, S. 735–736) abdrucken ließ, bezeugen seine Freude über die Rezension.

Andere führende Naturwissenschaftler, darunter die mit G. befreundeten Sœmmerring und Johann Friedrich Blumenbach, ignorierten die morphologischen Hefte, aber in den folgenden Jahren fanden die morphologischen Schriften doch noch einige Anerkennung. Der später bedeutend gewordene Physiologe Johannes Müller schickte G. am 5. 2. 1826 seine Veröffentlichungen und bezeichnete sich als Schüler G.s. Bei der Berliner Tagung der deutschen Ärzte und Naturforscher im Jahre 1828 wurden G.s morphologische Ansichten öfters besprochen.

Wohl wichtiger war G. der Widerhall in Frankreich. François Vincent Raspail verwies bereits am 2.11. 1824 in einer Akademierede auf G.s Metamorphosenlehre. Der berühmte Zoologe Georges Cuvier machte zum Zweck seiner *Histoire des Sciences naturelles* Aufzeichnungen zu den Aufsätzen *Die Absicht eingeleitet, Der Inhalt bevorwortet, Die Metamorphose der Pflanzen, Erster Entwurf einer allgemeinen Einleitung in die vergleichende Anatomie* und zum Gedicht *Metamorphose der Tiere* (vgl. Bräuning-Oktavio, S. 204 ff.). Cuvier war G. freundlich gesonnen, kritisierte aber sein Prinzip der tierischen Ökonomie, demzufolge die Ausbildung eines Körperteils bei einer Tiersorte immer auf Kosten anderer Körperteile gehen muß (MA 12, S. 121, S. 126 u. S. 155; Bräuning-Oktavio, S. 208, S. 209 u. S. 210). Weder diese Kritik, die in Cuviers posthum erschienene *Histoire des sciences naturelles depuis leur origine jusqu'à nos jours* (Bd. 5, S. 318 f.) eingegangen ist, noch G.s Parteinahme für Cuviers Gegner Geoffroy de Saint-Hilaire im sogenannten Akademiestreit (vgl. Kuhn 1967) verhinderte den sporadischen aber freundlichen Briefwechsel zwischen G. und Cuvier.

Noch faszinierender ist die Wechselwirkung zwischen dem Schweizer Botaniker Augustin Pyrame de Candolle und G. Laut de Candolles *Mémoires et souvenirs* (S. 572 ff.) wurde er 1823, wohl aufgrund des Neudrucks im ersten morphologischen Heft, auf G.s *Metamorphose der Pflanzen* aufmerksam gemacht. De Candolles *Organographie végétale* (1827) würdigte dann G. zweimal: im Vorwort als den »illustre poète«, der die Aufmerksamkeit auf die symmetrische Komposition der Pflanzen gerichtet hatte (S. VIII), und im Kapitel *De la symmétrie végétale* als Repräsentanten jener Schule, die die Gesetze organischer Bildung »nach allgemeinen Betrachtungen« anzustellen suchte (Bd. 2, S. 242; vgl. G.s Übersetzung davon, *Von dem gesetzlichen der Pflanzenbildung*; FA I, 24, S. 680–689). G. erscheint hier also als Naturphilosoph: »Sieht man z. B. die wahrhaft bewunderungswürdige Art wie G o e - t h e, mit ganz andern Gedanken gewöhnlich beschäftigt, die Organisation der Pflanzen

gleichsam erraten hat; so ist man versucht zu glauben daß er sie weniger erfunden als einige einzelne glücklich gewählte Vorkommnisse mit Geist ins Allgemeine geführt habe. Auf alle Fälle wird man zugestehen daß die a priori angedeuteten Gesetze nur als mehr oder weniger geniale Hypothesen anzusehen sind, so lange sie nicht durch Beobachtungen gekräftiget worden« (zitiert nach FA I, 24, S. 686). G. entdeckte de Candolles Buch im Mai 1828 und studierte es sorgfältig im folgenden Sommer. De Candolles Hinweis, Joachim Jungius sei ein Vorläufer G.s, führte diesen zu Jungius' Werk und dem Aufsatz *Leben und Verdienste des Doktor Joachim Jungius, Rektors zu Hamburg* (FA I, 24, S. 715–727). Weiterhin verwendete G. de Candolles Terminologie und Ideen bei der französischen Übersetzung der *Metamorphose der Pflanzen*, die er mit Frédéric Jacques Soret, einem Schüler de Candolles, vorbereitete. De Candolle unterschied zwischen verschiedenen methodologischen Schulen und meinte, G.s naturwissenschaftliches Denken würde mit Hypothesen beginnen. Diese Behauptung beschäftigte G. in den folgenden Jahren und lieferte ihm Perspektiven zur Beurteilung des Akademiestreits in *Principes de philosophie zoologique discutés en mars 1830 au sein de l'académie royale des sciences par mr. Geoffroy de Saint-Hilaire Paris 1830* (FA I, 24, S. 810–842). Hier wirkte also ein aus den morphologischen Heften ausgehender Impuls mittels eines fremden Werkes auf G.s eigenes Denken und Schreiben zurück.

Literatur:

Anonymus [Nees von Esenbeck, Georg August Goldfuß, Johann Jakob Nöggerath]: Rezension von Band 1 der Hefte *Zur Naturwissenschaft überhaupt, besonders zur Morphologie.* In: JALZ. 101–108 (1823), Sp. 321–383. Wieder in: MA 12, S. 842–900. – Bräuning-Oktavio, Hermann: Cuvier und Goethe. In: GoetheJb. N.F. 21 (1959), S. 183–212. – Candolle, Augustin Pyrame de: Mémoires et souvenirs écrits par lui même et publiés par son fils Alphonse L. P. P. de Candolle. Genf 1862. – Ders.: Organographie végétale, ou description raisonnée des organes des plantes. 2 Bde. Paris 1827. – Carus, Carl Gustav: Goethe. Zu dessen näherem Verständnis. Leipzig

1843. – Cuvier, Leopold Christian Friedrich Dagobert Georges Baron de: Histoire des sciences naturelles depuis leur origine jusqu'à nos jours. Hg. von Magdeleine de Saint-Agy. 5 Bde. Paris 1841–1845. – Krüger, S. Heidi: Allegory and Symbol in the Goethezeit: A Critical Reassessment. In: Bauer Pickar, Gertrud u.a. (Hg.): The Age of Goethe Today. Critical Reexamination and Literary Reflection. München 1990, S. 50–68. – Kuhn, Dorothea: Empirische und ideelle Wirklichkeit. Studien über Goethes Kritik des französischen Akademiestreites. Graz, Wien, Köln 1967. – Dies.: Das Prinzip der autobiographischen Form in Goethes Schriftenreihe *Zur Naturwissenschaft überhaupt, besonders zur Morphologie*. In: Neue Hefte zur Morphologie. (1962), H. 4, S. 129–149. – Dies., Komm. in LA II, 9B, S. 499–502. – Schmid, Günther: Goethe und die Naturwissenschaften. Halle 1940. – Süvern, Ernst August [?]: Les't! Les't. In: Der Eil-Bote (Koblenz), Nr. 197, 9. 12. 1824, S. 896.

John Neubauer

Zur Naturwissenschaft überhaupt

Entstehung, Form, Wirkung

1816 faßte G. den Entschluß, seine naturwissenschaftlichen Arbeiten in einer Zeitschrift zu veröffentlichen. Sie erhielt den Titel *Zur Naturwissenschaft überhaupt, besonders zur Morphologie* und erschien zwischen 1817 und 1824 in zwei parallelen Reihen (*Zur Naturwissenschaft überhaupt, Zur Morphologie*), die jeweils aus sechs, in unregelmäßiger Folge publizierten Heften bestanden. Die ersten vier Hefte bildeten in fortlaufender, aber für jede Reihe separater Paginierung jeweils den ersten Band. Der zweite Band der beiden Reihen, nur noch aus jeweils zwei Heften (insgesamt dem fünften und sechsten) bestehend, ist mit neuer Paginierung versehen. Mit dem ersten und fünften Heft wurden 1817 und 1823 die Titelblätter für die jeweils zwei Bände *Zur*

Morphologie und *Zur Naturwissenschaft überhaupt* ausgeliefert. Alle Einzelhefte trugen auf dem Umschlag den Haupttitel *Zur Naturwissenschaft überhaupt, besonders zur Morphologie* sowie den auf die autobiographische Form deutenden Untertitel *Erfahrung, Betrachtung, Folgerung, durch Lebensereignisse verbunden*. Auf den weiteren Umschlagseiten wurden die Inhaltsverzeichnisse zu beiden Abteilungen, Berichtigungen, kurze Texte und Notizen abgedruckt.

Neben dem naturwissenschaftlichen Hauptwerk, *Zur Farbenlehre* (1810), und seinen ersten Ansätzen in den *Beiträgen zur Optik* (1791/92) sowie dem *Versuch die Metamorphose der Pflanzen zu erklären* (1790) ist G.s Zeitschrift *Zur Naturwissenschaft überhaupt, besonders zur Morphologie* sein umfangreichster und wichtigster Beitrag zur Naturforschung. Die Entstehungsgeschichte belegt, daß G. zunächst vor allem darauf aus war, seine morphologischen Arbeiten zu veröffentlichen, in erster Linie die bislang ungedruckten Abhandlungen zum Zwischenkiefer und zum osteologischen Typus. Diesen Plan hatte G. mehrfach, schon 1795 und 1798, vor allem aber 1806 nach der Schlacht bei Jena und Auerstedt, gefaßt und mit seinem Verleger Johann Friedrich Cotta bereits die Einzelheiten geklärt. Erste einleitende Aufsätze waren verfaßt worden, der Druck hatte begonnen, doch die Ausführung scheiterte wohl an der intensiven Beschäftigung G.s mit der *Farbenlehre* und den Kriegswirren der Zeit.

Erst am 2. 9. 1816, kurz nach dem Tod seiner Frau Christiane, der eine Flucht in die Arbeit auslöste, nahm G. in dieser Angelegenheit wieder Kontakt mit Cotta auf. Auch jetzt sprach er von Arbeiten über die »organische Bildung und Umbildung«, hatte also vornehmlich die Morphologie im Auge. Doch bei der ersten Redaktion seiner Papiere und in klärenden Gesprächen mit Karl Friedrich Ernst Frommann in Jena, in dessen Druckhaus die Zeitschrift in Kommission für Cotta erscheinen sollte, reifte der Plan, neben einer morphologischen Reihe noch eine weitere, naturwissenschaftlichen Inhalten insgesamt offenstehende Abteilung zu schaffen.

Goethe: »Zur Naturwissenschaft überhaupt«
Schematische Wolkendarstellung, Kupferstich von L. Heß

Diese *Zur Naturwissenschaft überhaupt* genannte Heftfolge gewann dann im Laufe des Erscheinungszeitraumes von 1817 bis 1824 immer mehr an Gewicht gegenüber der Morphologie, zumal G. hier auch seine neueren Arbeiten und Vorstellungen aus den Gebieten der Farbenlehre, der Geologie und der Meteorologie unterbringen konnte, Themen, die ihn zwischen 1813 und 1825 besonders stark ansprachen und die ihm teilweise Nachträge zu bisher Behandeltem lieferten, teilweise auch neue Erkenntnisse veranlaßten. Nicht zuletzt die entmutigende Reaktion auf seine *Farbenlehre* hatte G.s Interesse an der Naturforschung nach 1810 zunächst mehr ins Private gewendet. Vielleicht mag G.s Entscheidung, 1816 mit einer neuen Zeitschrift wieder an die Öffentlichkeit heranzutreten, auch eine Reaktion auf die abstrakter werdende Behandlungsart in den Naturwissenschaften seiner Zeit sowie auf Modeerscheinungen wie den tierischen Magnetismus und den Siderismus, die G. als Randphänomene einer ungeliebten Naturphilosophie ansah, gewesen sein.

Die Manuskripterstellung und -bearbeitung sowie die Redaktion der Hefte *Zur Naturwissenschaft überhaupt, besonders zur Morphologie* beschäftigten G. von 1816 bis 1824 durchgängig. Die Arbeiten wurden zum großen Teil in Jena erledigt, teilweise parallel zur Herausgabe der Zeitschrift *Ueber Kunst und Alterthum*, zur Beschäftigung mit den autobiographischen Werken, dem *West-östlichen Divan* sowie *Wilhelm Meisters Wanderjahren*, unterbrochen von Kuraufenthalten in Karlsbad, Eger und Marienbad. Das erste Heft – wie die anderen mit jeweils einem morphologischen und allgemein naturwissenschaftlichen Teil – lag im Juli 1817 vor. Die Arbeit am zweiten Heft zog sich mit zahlreichen Unterbrechungen bis zum Dezember 1819 hin. G. mußte noch mehrere kleine Stücke nachliefern, damit das Heft im März 1820 erscheinen konnte. Das nächste, dritte Heft wurde bereits im November des gleichen Jahres publiziert, das folgende nach erneuten Unterbrechungen und wegen zunächst mangelnden Umfanges erst im Juni 1822. Die vier nun vorliegenden Hefte wurden zu den jeweils ersten Bänden *Zur*

Morphologie und *Zur Naturwissenschaft überhaupt* zusammengefaßt. Die beiden Hefte, die die zweiten Bände bildeten, erschienen im September 1823 und Dezember 1824. Mit dem fünften Heft (dem ersten des zweiten Bandes also) setzte Cotta die Auflage von 1025 auf 500 Exemplare herab, da sowohl er als auch das Druckhaus Frommann in Jena die Zeitschrift nur mit Verlust herausbringen konnten. Daß G. das Unternehmen mit dem sechsten Heft einstellte, lag jedoch weniger an den geringen Verkaufszahlen als vielmehr an den erschöpften Vorräten an unveröffentlichten Arbeiten. Die älteren Texte waren bearbeitet und publiziert, neueres stand kaum zur Verfügung und eine stärkere Mitarbeit anderer Autoren erwies sich als nicht möglich.

Die einzelnen Beiträge der Zeitschrift bilden weder inhaltlich noch formal eine Einheit und sind oft nur in lockerer Weise miteinander verbunden. Einen systematischen Aufbau, schon gar eine Komposition wie bei einem schriftstellerischen Werk, sucht man vergebens. Einerseits stehen ältere, für den Druck kaum veränderte Arbeiten neben neueren, die teilweise gewandelte Anschauungen zum Ausdruck bringen, andererseits deutete G. im Untertitel auf den autobiographischen Charakter der Zeitschrift hin, wobei er seine Vorstellungen in einen historischen Prozeß einordnete, Wiederholungen und Widersprüche bewußt in Kauf nahm und sich selbst in wissenschaftsgeschichtlicher Perspektive sah. Auf diese Weise entstand eine zwanglose Textfolge aus Rückblick, Überblick, Sammlung und Neubeginn, die sich auf immer wieder abgewandelte Weise, aber mit stark auf die eigene Person oder den behandelten Autor gerichteter Perspektive den verschiedenen Naturphänomenen zuwandte. Ständig wird man bei der Lektüre an G.s Maxime erinnert, daß die Wissenschaft von dem sie betreibenden Menschen nicht zu trennen sei, daß der Mensch sich in seiner forschenden Tätigkeit selbst ausspreche. In diesem Sinne hatte G. in der *Geschichte der Farbenlehre* zahlreiche Biographien von Gelehrten verfaßt und schließlich auch seine Person in der *Konfession des Verfassers* nicht ausgenommen. In den Heften *Zur*

Naturwissenschaft überhaupt gab G. nicht nur ein historisches Zeugnis seiner Bemühungen, das autobiographische Element wurde darüber hinaus zum Prinzip der Darstellung, sein Ziel war es – wie er am 1.6. 1817 an Johann Friedrich Rochlitz schrieb –, »mancherley Stückwerke mit Lebensereignissen in Verbindung zu bringen, damit das Ganze nicht allzu verworren und seltsam aussehe«. Autobiographische und biographische Bezüge, wie sie sich in der Mischung aus Bekenntnissen und Erkenntnissen ergeben, durchziehen die Zeitschrift als konstitutives Element, wobei durchaus Berührungspunkte existieren mit den weiteren autobiographischen Projekten dieser Zeit: *Dichtung und Wahrheit*, der *Italienischen Reise*, der *Campagne in Frankreich* sowie der *Tag- und Jahreshefte*. Hier tritt die autobiographische Erzählung zwar völlig in den Vordergrund, doch G. wollte diese Form der Mitteilung, die Persönliches an Historisches knüpft, auch in den Arbeiten zur Naturforschung berücksichtigen. Immer wieder ging es ihm neben der naturwissenschaftlichen Darstellung um die Entstehungs- und Wirkungsgeschichte seiner Schriften, die hilfreichen Mitarbeiter und in gleichem Sinne wirkende Nachfolger. Der geschichtliche Aspekt (vgl. an Christian Gottfried Daniel Nees von Esenbeck, 15.5. 1817) wurde dabei sicherlich auch deshalb betont, weil G. einen Teil seiner Ansichten mittlerweile als nicht mehr aktuell ansah und nach seinen bisherigen Erfahrungen ohnehin den Widerspruch der Fachgelehrten, insbesondere in der Farbenlehre, fürchten mußte.

Während naturwissenschaftliche Motive in zahlreiche Dichtungen G.s wie *Faust*, *Wilhelm Meister* oder *Die Wahlverwandtschaften* eingegangen sind, näherte sich G. in seiner Zeitschrift – wie schon 1798 mit der Elegie *Die Metamorphose der Pflanzen* – dem Gegenstand seiner Naturforschungen umgekehrt auch in poetischer Weise. Dabei stehen poetische Darstellung und wissenschaftliche Durchdringung des Gegenstandes nicht isoliert nebeneinander, vielmehr berühren und befruchten sie sich in vielfältiger Weise. Die zur Würdigung Luke Howards geschriebenen Gedichte, die gleichsam eine verkürzte Natur-

geschichte der Wolken liefern, sind hier ebenso zu nennen wie die Isaac Newton und seine Anhänger kritisierenden Verse. Hier deuten sich die gemeinsamen Wurzeln von G.s Naturerfahrung und Kunstproduktion an, die die bisweilen postulierte Trennung des Naturforschers G. vom Dichter G. ad absurdum führen.

Schon 1793 hatte G. hinsichtlich seiner *Farbenlehre* den Wunsch geäußert, ein solch umfangreiches Unternehmen auf mehrere Mitarbeiter aufzuteilen, die sich der Thematik aus der Sicht verschiedener Disziplinen nähern sollten. Für die Zeitschrift *Zur Naturwissenschaft überhaupt, besonders zur Morphologie* konnte G. für bestimmte Gebiete derartige Mitarbeiter gewinnen bzw. über deren Werke in Rezensionen berichten, und es erfüllte ihn mit Hoffnung für die Akzeptanz der eigenen Arbeiten, daß diese Gelehrten überwiegend der jüngeren Generation angehörten. So lieferten ihm beispielsweise Johann Thomas Seebeck eine *Geschichte der entoptischen Farben*, Ludwig Heinrich Friedrich Schrön einen Beitrag über *Die meteorologischen Anstalten des Großherzogtums Sachsen-Weimar-Eisenach*, Christoph Friedrich Ludwig Schultz *Über physiologe Farbenerscheinungen* und Kaspar Graf von Sternberg *Über die Gewitterzüge in Böhmen*. G. wiederum konnte auf Carl Caesar von Leonhard, Leopold Dorotheus von Henning, Joseph Müller, Howard oder Jan Evangelista Purkinje verweisen, die Naturforschung in seinem Sinne betrieben. Für die Morphologie, die in diesem Beitrag nicht im Mittelpunkt steht, seien zumindest die Namen Carl Gustav Carus und Eduard Joseph d'Alton genannt. Auf diese Weise konnte G. an seine bereits 1792 im Aufsatz *Der Versuch als Vermittler von Objekt und Subjekt* geäußerte Vorstellung, daß Wissenschaft angesichts der Komplexität der Natur nicht vom isolierten Forscher, sondern von einer Gemeinschaft von Gelehrten in gegenseitigem Austausch betrieben werden müsse, anknüpfen und diese zumindest zum Teil praktisch umsetzen, wobei er jedoch in hohem Maße auf übereinstimmende Anschauungen achtete, auch kleinste Abweichungen kritisierte, den Kontakt mit seinen

Widersachern bewußt vermied und sich darauf beschränkte, den eigenen Standpunkt zu verdeutlichen.

Die Herabsetzung der Auflage nach dem vierten Heft deutet bereits darauf hin, daß G.s Zeitschrift auf nur geringe Resonanz stieß. Daran änderte auch die Tatsache nichts, daß Cotta mehrfach teilweise von G. verfaßte werbende Hinweise in seinen Zeitungen veröffentlichte, so in der Beilage zur *Allgemeinen Zeitung* (11.1. 1820) und im *Intelligenzblatt* zum *Morgenblatt für gebildete Stände* (26.1. 1820, 17.11. 1824). Aus dem naturwissenschaftlichen Teil der Zeitschrift wurden das Gedicht *Eins und Alles* sowie die Aphorismensammlung *Älteres, beinahe Veraltetes* im *Morgenblatt für gebildete Stände* abgedruckt. Auch von rezensierenden Organen wurde G.s Zeitschrift kaum zur Kenntnis genommen. Eine Ausnahme machte lediglich die auf G.s Veranlassung 1804 begründete *Jenaische Allgemeine Literatur-Zeitung*, die 1823 (Nr. 101–108, Sp. 321–383) eine ausführliche Besprechung abdruckte. Diese war jeweils den ersten vier Heften, also dem ersten Band *Zur Morphologie* und *Zur Naturwissenschaft überhaupt* gewidmet. Vom letzteren wurden nur die geologisch-mineralogischen Aufsätze berücksichtigt, die Johann Jakob Nöggerath, stellenweise mit leiser Kritik, vorstellte. Der Plan, G.s Farbenstudien in einer späteren Ausgabe der Zeitung zu rezensieren, scheiterte. Auf Veranlassung von Nees von Esenbeck veröffentlichte Heinrich Eberhard Gottlob Paulus 1824 im Koblenzer *Eil-Boten* ein Inhaltsverzeichnis des zweiten Heftes des zweiten Bandes und empfahl G.s Zeitschrift zur Lektüre, wobei er jedoch hinsichtlich der Einzelheiten auf die Rezension in der *Jenaischen Allgemeinen Literatur-Zeitung* hinwies (vgl. auch Nees von Esenbeck an G., 25.12. 1824).

G. sandte Exemplare seiner naturwissenschaftlichen Hefte lediglich an Freunde wie Herzog Carl August, Karl Ludwig von Knebel oder Carl Friedrich Zelter sowie an gleichgesinnte Naturforscher, die G. zur Mitarbeit gewonnen hatte (Graf von Sternberg, Nöggerath, Nees von Esenbeck) oder deren Werke er wohlwollend vorgestellt hatte (Henning, Karl

Ernst Adolf von Hoff, Johann Bernhard Wilbrand). Darüber hinaus wurden einige wenige berücksichtigt, mit denen G. sich durch teilweise langen Kontakt oder persönliches Zusammenwirken verbunden fühlte (Friedrich Wilhelm Heinrich von Trebra, Johann Wolfgang Döbereiner, Carl Franz Anton von Schreibers). Diese Verfahrensweise des rund 70jährigen G. stand in deutlichem Kontrast zu seinen frühen Bestrebungen um 1785, als es ihm gerade darauf angekommen war, die Fachgelehrten von den Ergebnissen seiner Naturstudien zu überzeugen. So wird im Zusammenhang mit G.s naturwissenschaftlicher Zeitschrift auch ein Stück selbstgewählter Isolation und Resignation deutlich. G. ging es kaum mehr darum, eine Wirkung nach außen zu erzielen. Vielmehr hoffte er auf gewandelte Anschauungen künftiger Generationen.

Mit Ausnahme weniger Aufsätze, die wissenschaftsmethodischen und -historischen Aspekten gewidmet sind – darunter die bedeutende Abhandlung *Der Versuch als Vermittler von Objekt und Subjekt 1793* –, beschäftigen sich G.s Texte, ebenso wie die seiner Mitarbeiter, mit drei Themenbereichen: der Farbenlehre, der Geologie und Mineralogie sowie der Meteorologie. Zu allen drei Gebieten, von denen die beiden ersten G. bereits seit Jahrzehnten beschäftigt hatten, gab es zwischen 1817 und 1824, im Zeitraum der Veröffentlichung der einzelnen Hefte, neue Anknüpfungspunkte. In der Farbenlehre interessierten G. vor allem die entoptischen Farben, die Interferenzfarben des polarisierten Lichtes. Der Geologie wandte sich G. bevorzugt auf seinen Reisen zu, die ihn zwischen 1818 und 1823 mehrfach nach Karlsbad, Marienbad und Eger führten. Die Beschäftigung mit der Wolkenlehre des Engländers Howard hatte G. 1815 an die Meteorologie angenähert, zu der er bisher aufgrund ihrer mathematisch-physikalischen Verfahren kaum eine Beziehung gefunden hatte. So trat neuerliches und erneuertes Interesse neben das unter historischer Perspektive gesehene Zurückliegende und regte vielfältig an. Im folgenden werden die einzelnen Beiträge nach Sachgruppen geordnet vorgestellt.

Überlieferung: Handschriften und Drucke

Die Überlieferung der zahlreichen Texte (je nach den angelegten Kriterien bis maximal 96) im einzelnen nachzuzeichnen, würde den Rahmen des Artikels sprengen. Aus diesem Grund wird hier folgendermaßen verfahren: Fehlen Hinweise auf die Handschrift (HS), so ist diese nicht überliefert. Ansonsten wird der Standort genannt (mit wenigen Ausnahmen das GSA). Auf den Erstdruck (ED) wird nur in wenigen Fällen, und zwar dann ausdrücklich hingewiesen, wenn er n i c h t in den Heften *Zur Naturwissenschaft überhaupt* erfolgt ist.

In späteren Editionen (bereits in ALH, dann WA, HA, FA) wurden die Texte in der Regel aus Gründen der chronologischen, meist aber der sachlichen Anordnung getrennt und tauchen im Zusammenhang mit den Dichtungen, in naturwissenschaftlichen, weltanschaulichen und autobiographischen Abteilungen auf. Die Leopoldina-Ausgabe und die Münchner Ausgabe präsentieren die Zeitschrift getreu dem von G. überwachten Druck. Eine ausführliche Kommentierung der einzelnen Texte liefern die Frankfurter und die Münchner Ausgabe; der entsprechende Kommentarband der Leopoldina-Ausgabe liegt bisher nicht vor. Die unter dem Druckort (D) ohne Nennung der Ausgabe verzeichneten Seitenzahlen beziehen sich jeweils auf die Frankfurter Ausgabe (FA I, 25).

Aufsätze zur Farbenlehre

Gleich im ersten Heft (1817) wandte sich G. mit mehreren Beiträgen der Farbenlehre zu. Im *Vorwort* (D: S. 661f.) wies er auf Seebecks Entdeckung der entoptischen Farben hin, die auch ihn »aufs lebhafteste« beschäftigten und deren Erörterung er als Ergänzung zum Kapitel der physischen Farben in der *Farbenlehre* von 1810 verstanden wissen wollte. Den chromatischen Aufsätzen sind zwei 1817 entstandene Gedichte vorangestellt (*Bringst du die*

Natur heran, Möget ihr das Licht zerstückeln; HS: GSA; D: S. 663), denen G. in der Handschrift die gemeinsame Überschrift *Was es gilt. Dem Chromatiker* hinzugesetzt hat. Der Inhalt des zweiten Gedichts wandte sich gegen die von Étienne Louis Malus vertretene Polarisationstheorie des Lichtes. Malus, der zu den vielen ablehnenden Rezensenten von G.s *Farbenlehre* gehörte, war 1808 am Kalkspat die Entdeckung der Polarisation des Lichtes gelungen. Er sah das Licht als Ansammlung von Teilchen an, denen er Pole zuwies, um bestimmte optische Phänomene erklären zu können. G. hielt diese Vorstellung für eine ähnliche Irrlehre wie die Optik Newtons und polemisierte heftig dagegen. Im *Vorwort* hatte G. herausgestellt, daß das Historische dem Didaktischen und dem Dogmatischen (der eigentlichen Lehre) vorausgehen müsse. Aus diesem Grund bat er den befreundeten Physiker Seebeck, der 1816 zusammen mit David Brewster den Preis des Institut de France für seine Arbeiten zur Polarisation des Lichtes und die in diesem Zusammenhang entstehenden Farben bekommen hatte, am 20.1. 1817 um einen historischen Abriß, den Seebeck am 28.3. 1817 an G. sandte. Dieser redigierte die *Geschichte der entoptischen Farben* (D: S. 664–670) im Mai 1817. Der Aufsatz macht den Anfang einer Reihe von Darstellungen, die von der kurzen Notiz bis zur ausführlichen Abhandlung reichen und in denen G. sich mit den Phänomenen der Polarisationsfarben auseinandersetzt. Diese von ihm ›entoptisch‹ genannten Farben lassen sich auf folgenden Grundversuch zurückführen. Läßt man einen Lichtstrahl nacheinander von zwei in einer Versuchsanordnung gekoppelten Spiegeln reflektieren, so ergeben sich je nach Lage der Spiegel zueinander unterschiedliche Helligkeiten des Gesichtsfeldes. Unter der Voraussetzung, daß ein Lichtstrahl unter einem Einfallswinkel von 57°, dem sogenannten Polarisationswinkel, auf den ersten Spiegel trifft, wird er vom zweiten Spiegel nur dann in voller Stärke reflektiert, wenn die beiden Spiegel parallel zueinander stehen. Dreht man den zweiten Spiegel um 90° gegenüber dem ersten, so wird die Reflexion am zweiten Spiegel vollkommen verhindert. Bei weiterer Drehung des zweiten Spiegels um 90° erreicht man erneut ein Maximum. Diese Erscheinung wiederholt sich bei jeder weiteren Drehung um 90°, in den Zwischenstellungen ergibt sich ein graduell abgestuftes Helligkeitsniveau. Der vom ersten Spiegel reflektierte Lichtstrahl ist polarisiert. Die Extremwerte, maximale bzw. keine Reflexion, umschreibt G. mit den Ausdrücken »das weiße Kreuz« und »das schwarze Kreuz« (FA I, 25, S. 678); in den Zwischenbereichen konstatiert er ein Schwanken. Bringt man nun Glasscheiben oder -würfel, Kristalle oder andere Materialien in den Strahlengang zwischen die beiden Spiegel, so kommt es zur Darstellung von Interferenzfarben des polarisierten Lichtes, die G. und Seebeck entoptische Farben nennen, weil sie im Innern des Versuchsobjektes erscheinen. Je nach verwendeten Substanzen, Versuchsanordnungen und weiteren Umständen werden auf diese Weise eine Fülle von Farbmustern erzeugt, Quadrate mit schwarzen oder weißen Kreuzen und hellen oder dunklen Punkten in den Ecken, durch das Kreuz unterbrochene Ringe, Doppelbilder in den Komplementärfarben usw. Die Bedingungen im einzelnen zu untersuchen und die Fülle der Phänomene schrittweise aus einem einfachen Grundversuch abzuleiten, war G.s zentrales Anliegen bei seinen Arbeiten zu den entoptischen Farben.

Der Aufsatz *Doppelbilder des rhombischen Kalkspats* (HS: GSA, unvollständig; D: S. 671–675) ist auf den 12.1. 1813 datiert und wohl schon einige Wochen zuvor neben der Korrespondenz mit Seebeck vom November und Dezember 1812 entstanden. Seebeck hatte G. am 15.12. 1812 ein Doppelspatprisma zugesandt und dadurch die Veranlassung gegeben, daß G. sich von neuem experimentell der Farbenlehre zuwandte. Der durch einen doppelbrechenden Kalkspat hindurchgehende Lichtstrahl wird polarisiert. Aus diesem Grunde stehen die erörterten Phänomene in engem Zusammenhang mit der Erscheinung der entoptischen Farben, so daß G. 1817 auf den vier Jahre alten Aufsatz zurückgriff. Die Tatsache, daß G. den Begriff ›entoptisch‹ erst ab Februar 1815 benutzte, deutet darauf hin, daß der Text

für den Druck überarbeitet wurde. Bereits am 13.4. 1813 hatte G. laut Tagebuch einen »Aufsatz wegen der Seebeckischen Entdeckung« geschrieben. Seebeck war es am 21.2. 1813 erstmals gelungen, durch schnelle Abkühlung in Gläsern entoptische Eigenschaften hervorzurufen, die G. als Trübung ansah. Im Februar 1815 nahm G. seine Beschäftigung mit den entoptischen Farben wieder auf, die dann über Jahre hinweg, durch zahlreiche Tagebucheintragungen und Briefstellen belegt, bis 1820 anhielt. Erstes greifbares Zeugnis war der Aufsatz *Elemente der entoptischen Farben* (D: S. 676–680), der die im April und Mai 1817 in Jena durchgeführten Versuche auswertete. Am 7.6. 1817 gab G. das Manuskript in die Druckerei. Den Schluß schrieb G. noch zwischen den laufenden Versuchen um und datierte die Abhandlung auf den 8.6. 1817. In die gleiche Zeit, auf den 21.6. 1817 datiert, fällt eine kurze, auf den geänderten Schlußabschnitt bezogene Notiz, die G. auf der vierten Umschlagseite des ersten Heftes seiner Zeitschrift abdruckte. Da die Umschläge beim Zusammenbinden der Hefte entfernt wurden, ging das Stück (*Entoptische Farben*; D: S. 681) in vielen G.-Ausgaben verloren. G. schloß hier die entoptischen Erscheinungen an die Polarisationsmuster des Himmels an und führte sie damit auf atmosphärische Phänomene zurück.

Das Fazit seiner Studien legte G. in der ausführlichen Abhandlung *Entoptische Farben* (D: S. 682–728) nieder, die 1820 im dritten Heft seiner Zeitschrift erschien. Am 15.3. 1816 begonnen, beschäftigte sich G. immer wieder mit dieser Arbeit, die er laut Tagebuch am 29.7. 1820 abschloß. Im Text selbst wird die einleitende Ansprache auf den 20.7. 1820, die Schlußanwendung auf den 1.8. 1820 datiert. 1816 und 1817 waren die Studien besonders intensiv, in den Sommern 1818 und 1819 wurden sie erneut aufgenommen und das bisher Niedergeschriebene überarbeitet. Bereits am 22.3. 1816 hatte G. Seebeck mitgeteilt, daß »der entoptische Apparat nicht von meinem Fenstertische kommt, auch alle Freunde und Fremde in die Spiegel sehen müssen«. Im Brief an Knebel vom 7.11. 1816 wird deutlich, daß G. die Thematik als wesentliche Ergänzung zu seiner *Farbenlehre* von 1810, insbesondere zum Kapitel über die physischen Farben, ansah und die entoptischen Farben als ein »Tüpfchen auf's i« (vgl. auch an Carl Friedrich von Reinhard, 16. 11. 1818) betrachtete, um der Newtonschen Lehre, diesem »Mickmack von Kraut und Rüben«, erneut entgegenzutreten. Von Johann Salomo Christoph Schweigger, dem Herausgeber des *Journals für Chemie und Physik*, erhielt G. 1818 zum Geburtstag einen Polarisationsapparat, den er in seinem Aufsatz (nur aus Höflichkeit?) als bequem und angenehm beschreibt, der ihm aber das Grundphänomen verbarg und so zur Kritik am physikalischen Instrumentarium herausforderte.

In der G.-Zeit wurde die Natur des Lichtes intensiv und kontrovers diskutiert. Neben die grundsätzliche Auseinandersetzung um den Charakter des Lichtes, wie sie zwischen der Korpuskular-, Emissions- oder Emanationstheorie von René Descartes und Newton und der Wellen-, Schwingungs- oder Undulationstheorie von Christian Huygens geführt wurde, traten die Entdeckungen der Interferenz durch Thomas Young (1802) und der Polarisation durch Malus (1808). In den weiteren Arbeiten zwischen 1810 und 1820, vor allem von Dominique François Jean Arago, Brewster, Jean Baptiste Biot und Augustin Jean Fresnel, wurden die Polarisationsphänomene weiter untersucht und schließlich deren Verträglichkeit mit der Wellentheorie des Lichtes nachgewiesen. Insgesamt verlor die Newtonsche Korpuskulartheorie, die im 18. Jh. noch beherrschend gewesen war, zunehmend an Boden. Obwohl G. speziell an den Newton-Anhängern Malus und Biot polemische Kritik übte, läßt er sich nicht in eines der beiden Lager einordnen, zumal sein Augenmerk gar nicht der Natur des Lichtes galt. Vielmehr wollte er auch bei seinen Untersuchungen über die entoptischen Farben diese aus dem Zusammenwirken von Licht und einem trüben Mittel erklären. Die Trübung fand er als durch den Herstellungsprozeß erzeugte Eigenschaft der entoptischen Gläser. Das Licht ist im Zusammenspiel mit dem trüben Material in der Lage, Farben hervorzubringen; keineswegs waren diese für G.

bereits im Licht enthalten, wie Newton in seinem Experimentum crucis, der Spaltung des weißen Lichtstrahls durch das Prisma, postuliert hatte. Diesen grundlegenden Ansatz seiner *Farbenlehre* verfolgte G. auch durchgehend in seinen entoptischen Studien. Dabei ging er gemäß seiner Auffassung vom Versuch vom einfachen zum komplizierten Sachverhalt über, indem er vier Versuchsanordnungen vorstellte, die entoptische Figuren erzeugen. Seine Vorliebe gehörte dem einfachen Experiment im Freien bei Sonnenlicht, wobei die Spiegeldrehungen des entoptischen Apparates durch die Drehbewegung des Beobachters ersetzt werden. Da sich das Polarisationsmuster des Himmels im Tagesablauf ändert, sind zahlreiche, vom Polarisationsgrad abhängige Farbmuster möglich, die darüber hinaus von der Stellung des Beobachters sowie den Jahreszeiten bedingt werden.

G.s entoptische Studien sind auch in seine Dichtungen eingegangen, vor allem im Gedicht *Entoptische Farben*, das er am 17. 5. 1817 der Malerin Julie von Egloffstein widmete. Hier führt G. das Experiment aus dem Bereich naturwissenschaftlicher Zuständigkeit hinaus, faßt es als Weg zur Erkenntnis, daß alles, was dem Menschen scheinbar objektiv in der Natur vor Augen liegt, letzten Endes in ihm selbst angesiedelt ist. Auch der Aufsatz *Wiederholte Spiegelungen* aus dem Januar 1823, der physikalisches und sittliches Betrachten in Parallele setzt, verwendet die entoptischen Erscheinungen, um zu demonstrieren, daß erst das vielfache Spiegeln ein Phänomen deutlich vor Augen führt – in den entoptischen Farbfiguren der Physik ebenso wie im Lebendig-Erhalten des Vergangenen in der geistig-sittlichen Vorstellung.

Nachträge zu den entoptischen Studien liefern eine Bemerkung in dem Aufsatz *Warte-Steine* (viertes Heft, 1822; D: S. 789–797) sowie die beiden im fünften Heft (oder ersten Heft des zweiten Bandes) 1823 erschienenen Stücke *Neuer entoptischer Fall* (D: S. 815) und *Schöne entoptische Entdeckung* (D: S. 816). Im ersten Text beschreibt G. entoptische Farben, die er vermutlich Anfang 1823 beim Tauen von Eisblumen an der Fensterscheibe entdeckt hatte. Auch in Briefen an Döbereiner (18. 2. 1821) und Schultz (9. 1. 1824) setzte sich G. mit der Hervorbringung entoptischer Phänomene durch Kälte auseinander. Der zweite Text schildert eine Versuchsanordnung zur Demonstration entoptischer Farben, die G. von Henning nahegelegt worden war (vgl. an Henning, 4. 11. 1822). Möglicherweise bezieht er sich auf die Experimente, die G. am 30. 10. 1822 in seinem Tagebuch festgehalten hat.

Im vierten Heft seiner Zeitschrift (1822) veröffentlichte G. Nachträge zur *Farbenlehre* von 1810, die im Gegensatz zu den Arbeiten über die entoptischen Farben kein neues Gebiet erschlossen und insgesamt mehr den Charakter von punktuellen Ergänzungen trugen. Wie aus dem Inhaltsverzeichnis hervorgeht, stellte G. die dort *Tabellarische Übersicht der Farbenlehre* genannte Tabelle *Auge empfänglich und gegenwirkend* (HS: GSA; D: S. 730f.) in den Mittelpunkt und bezeichnete die übrigen fünf Texte als *Ausführlichen Nachtrag bei diesem Anlaß*. Der gesamte Komplex ist unter Einschluß zweier vorangestellter Gedichte unter dem Haupttitel *Chromatik* vereinigt. G. legte hier das wesentliche Material vor, das er seit dem Erscheinen seines Werkes *Zur Farbenlehre* von 1810 zu dieser Thematik gesammelt hatte. Im Herbst 1820 begann er seine Unterlagen zu ordnen, zu rekapitulieren und zu diktieren, nachdem er seinen Sohn August am 26.8. 1820 gebeten hatte, ihm »sämmtliche Bündel Acten, Fascikel und Papiere, die Farbenlehre betreffend« nach Jena zu senden. Vor allem im Dezember 1820 sowie im Mai und Juni 1821 war G. intensiv an der Arbeit. Ein Abschluß wird erst durch die Tagebucheintragung vom 2.10. 1822 bezeichnet: »Brachte die sämmtlich geordneten Chromatica in die Schubladen«. Gegenüber Schultz (24.9. 1821) und Cotta (30.9. 1821) hat er auf sein Vorhaben hingewiesen, »ältere Aufsätze, Confessionen, Erläuterungen, Streitfragen« aufzunehmen, und sich »über diese Angelegenheit und ihre Schicksale [...] öffentlich zu erklären«.

Das Gedicht *Priester werden Messe singen* (HS: GSA; D: S. 729) ist vermutlich nicht vor Juli 1817 entstanden und ohne Überschrift wiedergegeben. Ein überliefertes Manuskript von der Hand Johann Peter Eckermanns nennt als Titel *Chromatik*; G. korrigierte die Überschrift zu *Herkömmlich*. Ebenfalls ohne Überschrift wurde das anschließende Gedicht *Die echte Konversation* (HS: GSA; D: S. 729) publiziert, das aufgrund der Druckgeschichte lediglich vor den 7.6. 1821 datiert werden kann. Beide Gedichte haben einleitende Funktion und setzen sich nicht mit dem Inhalt der folgenden Aufsätze auseinander.

Die Übersicht *Auge empfänglich und gegenwirkend* bietet einen Überblick über G.s *Farbenlehre* von 1810 mit ihren Rubriken der physiologischen, physischen und chemischen Farben. Darüber werden der Farbenkreis, die dynamische Erzeugung der Farben im Zusammenwirken von Licht, Finsternis und einem trüben Mittel sowie die atomistische Mengung des Weißen und Schwarzen zum Grauen angeordnet. G. arbeitete an dem Schema am 18.3. 1821 und schrieb die »Farbentabelle« (Tagebuch) am 18.6. 1821 ins Reine. Der Druck zog sich bis zum Januar 1822 hin, da G. mit der ersten Version unzufrieden war.

Auf die *Ältere Einleitung* (D: S. 732–738) weist das Tagebuch vom 26.12. 1820 hin: »Mundum der ältern chromatischen Einleitung durch Kräuter«. Das Stück greift jedoch möglicherweise auf Material von 1811/12 zurück, beachtet die Polarisationsfarben überhaupt nicht und könnte schon in diesen Jahren entstanden sein, so daß G. eine *Neuere Einleitung* (D: S. 739–741) folgen ließ, die von den beendeten entoptischen Studien ausgeht und wohl im Frühjahr 1821 niedergeschrieben worden sein dürfte. Beide Einleitungen lagen im Juni 1821 in den Korrekturfahnen vor. Die *Ältere Einleitung* lieferte eine Bestandsaufnahme der schon erreichten und der noch ins Auge gefaßten Ziele der Farbenlehre. Sie verfährt historisierend, indem G. einen Rückblick auf seine morphologischen Studien wirft und die Beurteilung und Anerkennung einer Lehre als einen historischen Prozeß begreift. Die Auseinandersetzung mit Newton verliert vor dem Hintergrund des Vertrauens auf den Wandel der Anschauungen in der Wissenschaftsgeschichte an Schärfe. Ein Überblick über die *Farbenlehre* von 1810 erläutert die vorangestellte Tabelle *Auge empfänglich und gegen-wirkend*. Abschließend werden Überlegungen zu einem Supplementband vorgetragen. In der *Neueren Einleitung* leitet G. die richtigen und falschen Prinzipien der Farbenuntersuchung aus der Geschichte ab und schlägt einen Bogen von den »ältesten Vorfahren« (S. 739) bis zur Gegenwart.

Die folgenden Texte liefern insgesamt 31 durchgezählte Nachträge zu den *Physiolog(isch)en Farben* (D: S. 741–746) und den *Physischen Farben* (HS: GSA, nur Abschnitte 21 u. 23; D: S. 746–775) sowie zur Geschichte der Farbenlehre (*Geschichtliches*; HS: GSA, nur Teile des Abschnittes 24; D: S. 775–788). Sie wurden »zum vierten Hefte aus früheren Papieren hervorgesucht« (*Tag- und Jahreshefte 1821*). Die Arbeit an den Korrekturbogen fiel in die Monate Juni, Juli und Oktober 1821. Im fünfzehnten Abschnitt brachte G. eine Liste von Rezensionen zu seiner *Farbenlehre* von 1810. Er überließ das Zusammentragen zwar Seebeck und Georg Sartorius, doch belegt die Aufstellung, daß er sehr wohl und im Gegensatz zu seinem eigenen Bekunden die Reaktionen auf sein großes Werk genau verfolgte.

In einem verbindenden Text (D: S. 1378f.) begründete G. am Ende des vierten Heftes die locker zusammengefügten Notizen, die er unter der Überschrift *Warte-Steine* (D: S. 789–797) zusammengestellt hatte, da »der Raum nicht gestattet noch irgend einen bedeutenden Aufsatz einzurücken« (S. 1378). Die aus der Not geborene, im Herbst 1821 entstandene Textsammlung lieferte gleichsam Nachträge zu den Nachträgen, wobei die entoptischen Farben sowie eine Kontroverse zwischen den französischen Physikern Arago und Biot besonderen Raum einnehmen. Darüber hinaus wird die am Anfang des Heftes gebrachte Übersicht (*Auge empfänglich und gegenwirkend*) weiter erläutert. *Warte-Steine* sind die vorragenden Steine eines Gebäudes, die einen späteren Anbau ermöglichen sollen. So schrieb G. am 24.9. 1821 an Schultz: »Gedachtes [viertes; d. Vf.] Heft muß überhaupt wunderlich werden; denn ich denke, nach allen Seiten, aus den Mauern Warte-Steine genug hervorragen zu lassen, die für mich oder andere auf's Fernere deuten«.

Neben Seebeck lieferte auch der Berliner Staatsrat Schultz einen Beitrag zur Farbenlehre. Sein Aufsatz *Über physiologe Farbenerscheinungen* (D: S. 798–812) wurde im fünften von G.s Heften anonym publiziert. Die für die Farbenlehre bedeutende Korrespondenz zwischen G. und Schultz setzte im Sommer 1814 ein. Schultz' Aufsatz, der in einer Thesenreihe die physiologischen Farben auf eine phosphorische Substanz im Auge zurückführt, die vom Sonnenlicht, aber auch von der Wärme des Blutes angeregt werden sollte, erörterte das für G. so wichtige Gebiet der physiologischen Farben, das er als Fundament seiner Farbenlehre verstand. Insbesondere wird dem Auge, ganz nach G.s Vorstellung, eine aktive Rolle beim Erscheinen der Farben zugewiesen. In diesem Sinne sah G. in Schultz einen Gleichgesinnten, dessen Mitarbeit er indes bereits früher gewünscht hätte. Der Aufsatz entstand im Juli 1821 und ist auf den 21.7. 1821 datiert. Zwei Vorstufen dazu – beide mit dem Titel *Ueber physiologe Gesichts- und Farbenerscheinungen* – waren bereits 1814 und 1817 geschrieben worden. Die erste, von Schultz am 27.11. 1814 an G. gesandte Fassung, erschien 1816 im *Journal für Chemie und Physik* (Bd. 16, H. 2, S. 121–157). Die zweite Version hatte G. im August 1817 erhalten, in den ersten Septembertagen intensiv durchgearbeitet und Schultz am 7.9. 1817 mit dem Wunsch zurückgesandt, dieser möge aus beiden vorliegenden Arbeiten eine geschlossene Darstellung für die Hefte *Zur Naturwissenschaft überhaupt* liefern. Das persönliche Zusammentreffen in Weimar im August 1820 ließ G.s Anliegen wieder aktuell werden, aber erst ein Jahr später, am 3.8. 1821, erhielt G. nach mehreren Erinnerungen den gewünschten Aufsatz, der schließlich im September 1823 erschien. Der Kontakt zu Schultz riß nicht ab. Nach den ersten Zusammentreffen, jeweils im August der Jahre 1817 und 1820, fanden weitere persönliche Begegnungen 1821, 1823, 1825 und 1831 statt. G. hatte der Arbeit von Schultz das Motto »Wäre nicht dein Auge sonnenhaft« vorangesetzt, in abgewandelter Form gegenüber den bereits in der Einleitung zur *Farbenlehre* abgedruckten Versen (vgl. hierzu LA II, 3, S. 389–393).

Von Henning (genannt von Schönhoff), dem Juristen, Philosophen und Hegel-Schüler, der zwischen 1822 und 1835 in Berlin Vorlesungen über G.s *Farbenlehre* hielt, hätte G. gern einen eigenen Beitrag für seine Zeitschrift erhalten. Da der Plan, bei Hennings Besuch in Weimar im September 1822 konkret besprochen und neben der Verpflichtung Hennings zu dem lange ins Auge gefaßten Supplementband zur *Farbenlehre* in einer Notiz G.s vom 20.9. 1822 festgehalten, scheiterte, sah sich G. veranlaßt, selbst eine Anzeige von Hennings 1822 in Berlin publizierter *Einleitung zu öffentlichen Vorlesungen über Goethes Farbenlehre* (D: S. 813f.) zu geben. Niederschrift und Druck fielen in die Monate April bis Juni 1823. Henning trat 1821 mit G. in Kontakt und besuchte ihn noch im gleichen Jahr in Weimar. G. war hocherfreut, daß Henning ihm in der Farbenlehre zustimmte und diese zum Gegenstand von Vorlesungen machten wollte (vgl. Henning an G., 19.1. 1822). G. übersandte wiederholt Materialien (30.1., 16.5. u. 19.5. 1822) und machte Henning bereits am 13.6. 1822 das Angebot, die Herausgabe der Schriften zur Farbenlehre in der Ausgabe letzter Hand zu übernehmen. Henning stimmte zu, ohne diese Vereinbarung später einzuhalten. Weitere persönliche Begegnungen fanden im September und Oktober 1822, im September 1827 und im August 1830, jeweils in Weimar, statt. Nach 1823 wurde Henning von G. im Gegensatz zu den Vorjahren (vgl. an Schultz, 31.12. 1821, 12.6. 1822, 5.9. 1822, 18.5. 1823) nur noch vereinzelt erwähnt. Offenbar war G.s Begeisterung, in Henning einen jungen Weggenossen und Verbreiter seiner Anschauungen zu haben, trotz der prinzipiellen Anerkennung von dessen Engagement weitgehend verflogen.

In den Heften *Zur Morphologie* (Bd. 2, H. 2, 1824) rezensierte G. unter dem Titel *Das Sehen in subjektiver Hinsicht, von Purkinje. 1819* (D: S. 817–827) die in Prag erschienene Dissertation von Purkinje, die in den Kontext der physiologischen Farbenerscheinungen gehört, aber aus Platzgründen nicht in die Hefte *Zur Naturwissenschaft überhaupt* aufgenommen wurde.

Aufsätze zur Geologie

Die geologischen Beiträge machen mit über 40 Arbeiten den Hauptanteil an G.s Zeitschrift *Zur Naturwissenschaft überhaupt* aus. Fast alles, was G. zu dieser Thematik beizutragen hatte, ist hier veröffentlicht worden. Darüber hinaus sind geologische Artikel in allen sechs Heften der Zeitschrift vertreten.

Im ersten Heft (1817) lieferte G. mehrere Beiträge zur Geologie des Karlsbader Raumes, die er unter dem Haupttitel *Zur Kenntnis der böhmischen Gebirge* vereinigte. Im Zentrum steht dabei der bereits 1807 in Karlsbad verfaßte Aufsatz *Joseph Müllerische Sammlung*, der die Mineraliensammlung des Karlsbader Händlers Müller anhand eines Kataloges (*Rekapitulation*) beschreibt (HS: GSA, unvollständig; Erstdruck unter dem Titel *Sammlung zur Kenntnis der Gebirge von und um Karlsbad*, Karlsbad 1807; D: S. 346–362). Ein Vorläufer dieses Verzeichnisses war bereits 1806 im *Intelligenzblatt* der *Jenaischen Allgemeinen Literatur-Zeitung* (Nr. 94, 6.10. 1806) publiziert worden. Mit dem gleichen Titel wie im Erstdruck erschien der Aufsatz 1808 in Leonhards *Taschenbuch für die gesamte Mineralogie* (2. Jg., S. 3–32). Für den Abdruck in seiner Zeitschrift (1817) ließ G. den ersten Absatz weg, stellte dem Beitrag ein Motto (*Was ich dort gelebt, genossen…*; HS: G.-Museum, Düsseldorf; GSA; D: S. 344) sowie den auch schon 1807 entstandenen Abschnitt *Karlsbad* (D: S. 344–346) voran und fügte noch *Nachträge* (D: S. 362) an. Ob das Motto aus diesem Anlaß oder bereits 1814/15 bei G.s Aufenthalten an Rhein und Main verfaßt wurde, bleibt unklar. Auf letzteres deutet vielleicht, daß G. die Verse 1827 in der Spruchfolge *Rhein und Main* zum zweiten Mal publizierte. Der einleitende Text, *Karlsbad*, bringt einen Rückblick auf den Beginn von G.s geologischen Studien in Thüringen mit Johann Karl Wilhelm Voigt und den zweiten Karlsbad-Aufenthalt im Jahr 1786, bei dem G. mit Joseph Friedrich von Racknitz der Geologie gewidmete Ausflüge unternahm und auch bereits den in Karlsbad ansässigen Steinschneider Müller kennenlernte. Dieser hatte seine Gesteins-sammlung bis zu G.s vierter Karlsbadreise (1806) erheblich ausgedehnt und dessen Interesse zur Mitarbeit geweckt, die noch 1806 in der für die *Jenaische Allgemeine Literatur-Zeitung* gelieferten Übersicht zum Ausdruck kam. Im Folgejahr, beim fünften Kururlaub in Karlsbad von Ende Mai bis Anfang September 1807, lieferte G. das *Karlsbad* überschriebene Resümee (zu den geologischen Verhältnissen des Karlsbader Raumes und G.s Vorstellungen vgl. Komm. in FA I, 25, S. 1114f.).

Der Aufsatz *Der Kammerberg bei Eger* (HS: GSA; ED: Taschenbuch für die gesamte Mineralogie. 3 (1809), S. 3–24; D: S. 399–412), im zweiten Heft 1820 erschienen, ist zwischen Juli und September 1808 anläßlich G.s Aufenthalt in Franzensbad entstanden, bei dem dieser den Kammerbühl (Kammerberg) viermal besuchte. Er wird von einer *Sammlung* genannten Liste begleitet, die die Mineralienproben vom Kammerberg aufführt, die G. der Mineralogischen Gesellschaft in Jena übergeben hatte. Der Beitrag liefert G.s früheste Deutung dieser nördlich von Eger gelegenen Basaltkuppe als vulkanisch bedingtes Gebirge, dessen Entstehung auf in der Tiefe wirkende, Eruptionen auslösende Kräfte zurückgeführt wird. Gemäß der neptunistischen Überzeugung einer völligen Wasserbedeckung der Gegend in früherer Zeit sah G. den Kammerberg in dem Aufsatz von 1808 als primären Inselvulkan an. Später deutete er den Hügel, der nach heutiger Ansicht ein echter Schichtvulkan ist, als pseudo-vulkanisch, d.h. durch die Wirkung von Kohlelagerbränden nahe der Erdoberfläche entstanden. Im dritten Heft seiner Zeitschrift (1820) teilte G. den Lesern seine Zweifel mit (*Kammerberg bei Eger*); 1823 (im fünften Heft) kommen die schwankenden Ansichten in den Beiträgen *Kammer-Bühl, Wunderbares Ereignis* und 1824 (im sechsten Heft) in dem Aufsatz *Uralte neuentdeckte Naturfeuer- und Glutspuren* zum Ausdruck.

Dem ersten Kammerberg-Aufsatz von 1808 ist ein – bereits in G.s Brief an Leonhard vom 18.11.1808 verwendetes – lateinisches Zitat aus Senecas Werk *Naturalium quaestionum libri septem* (aus Liber II, Kapitel 26, nicht 25,

wie G. schreibt) beigefügt (HS: GSA; ED: Taschenbuch für die gesamte Mineralogie. 3 (1809), S. 367). Hier beschreibt Seneca eine Eruption unter Wasser, die G. offenbar als dem Entstehungsvorgang des Kammerberges ähnlich ansah.

Das dritte Heft (1820) enthält wiederum einen Komplex geologischer Texte, die unter dem Haupttitel *Zur Geologie, besonders der Böhmischen* zusammengefaßt sind. Die einleitenden, nicht gesondert betitelten Abschnitte (D: S. 480–483) gehen möglicherweise auf Reisenotizen von 1813 zurück, die G. in und um Teplitz niedergeschrieben hat, wo das Interesse sich vor allem den Zinnvorkommen im Granit zuwandte und eine erste Arbeit hierzu entstand (*Zinnformation*). 1818 entwarf G. einen weiteren Text zu dieser Thematik (*Bildung des Granits und Zinnvorkommen*), der nun in dem einführenden Teil zusammengefaßt wird. Zwischen Juli und September 1820 wurde der einleitende Text abschließend für den Druck bearbeitet. G. war in diesem Jahr vom 29. April bis 28. Mai in Karlsbad gewesen und hatte dort geologische Studien betrieben. Auf der Hinreise besuchte er die Luisenburg im Fichtelgebirge, auf der Rückreise erneut den Kammerberg bei Eger. In Weimar und Jena plante er nach seiner Rückkehr eine zusammenfassende geologische Darstellung, die aber nicht zustande kam. Stattdessen lieferte das dritte Heft seiner Zeitschrift gleichsam einen Ersatz, indem es zahlreiche geologische Aspekte ansprach. Der Beschreibung der Zinnvorkommen in *Ausflug nach Zinnwalde und Altenberg* (HS: GSA; D: S. 458–467) folgt mit dem Beitrag *Problematisch* (D: S. 384–388) die Überleitung in den Karlsbader Raum. Die weiteren Beiträge, *Karl Wilhelm Nose* (D: S. 572–580), *Der Horn* (D: S. 389f.), *Kammerberg bei Eger* (D: S. 419f.), *Produkte böhmischer Erdbrände* (D: S. 391–393) und *Die Luisenburg bei Alexanders-Bad* (D: S. 332f.) behandeln überwiegend den Basalt sowie Probleme des Vulkanismus und Pseudo-Vulkanismus.

Der Beitrag *Ausflug nach Zinnwalde und Altenberg* wurde zwischen dem 13. und 16.7. 1813 in Teplitz diktiert und geht auf den Besuch dieser Zinnlagerstätten im Erzgebirge zurück, den G. vom 9. bis 11.7. 1813 von Teplitz aus unternahm. Die Zinnerze kommen hier in Granitmassiven vor. G.s Aufsatz verzeichnet lediglich das selbst vor Ort Gesehene sowie das von Bergleuten Erfahrene. Erst in den Folgejahren bis 1820 entwickelten sich allmählich die theoretischen Vorstellungen, die Zinnvorkommen im Granit für Produkte einer auslaufenden Granitepoche ansahen, in der das Granitgestein seine einheitliche Bildung verlieren sollte.

Der Aufsatz *Problematisch* geht auf G.s Karlsbader Aufenthalt von 1820 zurück und gehört in den Kontext der geologischen Studien in und um Karlsbad. Konkreter Anlaß, erneut dort Mineralien zu sammeln, waren mit frischen Anbrüchen im Tepltal verbundene Baumaßnahmen. Insbesondere interessierten G. die Gesteine, aus denen die warmen Quellen des Ortes entspringen.

Am 3.8. 1820 studierte G. das soeben erhaltene Werk *Historische Symbola die Basalt-Genese betreffend . . .* von Karl Wilhelm Nose (Bonn 1820). Er war gerade bei der Redaktion der geologischen Texte für das dritte Heft seiner Zeitschrift und nutzte die Gelegenheit, *Karl Wilhelm Nose* und seinem Werk einen Beitrag zu widmen. Ein Zitat aus Noses Buch stellte G. der Einleitung zu den geologischen Aufsätzen des Heftes voran. In der Besprechung des Werkes verdeutlichte er seine Standpunkte zur Basaltentstehung, zu Vulkanismus und Pseudo-Vulkanismus. In der G.-Zeit sahen die Neptunisten, denen sich Nose anschloß, Basalt als aus dem Wasser abgeschiedenes Sedimentgestein an, während die Vulkanisten ihn als Folge von Aufschmelzungen älterer Gesteine betrachteten und nicht (wie spätere Vulkanisten) als aus dem Erdinnern hervorgebrochenes Material.

In dem Beitrag *Der Horn* beschreibt G. Gesteinsbrocken, die er am Fuße der nahe dem böhmischen Elbogen gelegenen Basaltkuppe gefunden hatte, als er im Mai 1820 während seines Karlsbadaufenthaltes einen Ausflug dorthin unternommen hatte. Anschließend wurde in Karlsbad der Text niedergeschrieben. G. sah in den Brocken Abwandlungen einer

Grundgestalt, die durch ein sechsflächiges Polyeder gebildet wurde, und erörterte in diesem Zusammenhang das grundsätzliche Streben der Natur zur Gestalt.

Der Aufsatz *Kammerberg bei Eger* geht auf G.s Egeraufenthalt am 28. und 29.5. 1820 und den damit verbundenen Besuch des Kammerberges mit Joseph Sebastian Grüner auf der Rückreise von Karlsbad nach Weimar zurück. Er deutet leise Zweifel an der zuvor geäußerten Vorstellung einer vulkanischen Entstehung an, die sich dann später noch verstärkten.

Im Herbst 1820 ist der Beitrag *Produkte böhmischer Erdbrände* entstanden. Er beschreibt Gesteine, die G. im Mai 1820 bei Bauarbeiten an der Straße zwischen Karlsbad und Schlakkenwerth gesehen und einem pseudo-vulkanischen Ursprung zugeordnet hatte. Die offenbar durch große Hitze verursachte Veränderung der Gesteine wird auf den Brand von Kohlelagern nahe der Erdoberfläche zurückgeführt. Die Wirkung hoher Temperaturen auf Gesteine ließ G. mit Hilfe des Chemikers Döbereiner auch im Laborversuch untersuchen.

Den Aufsatz *Die Luisenburg bei Alexanders-Bad* verfaßte G. nach seinem zweiten Besuch der Luisen- oder Luchsburg im Fichtelgebirge am 25.4. 1820 (erster Besuch am 3.7. 1785). Der Text erläutert eine beigegebene Kupfertafel, die die Granitblöcke der Felsengruppe in unverwittertem und verwittertem Zustand zeigt. G.s Absicht war der Nachweis, daß selbst große Gesteinsmassen im Laufe langer Zeiträume zerstört werden können, ohne daß dazu gewaltsame Vorgänge wie Eruptionen oder Erdbeben nötig sind.

Das 1822 erschienene vierte Heft seiner Zeitschrift stattete G. mit acht geologischen Beiträgen aus. Den Schwerpunkt bildet die Auseinandersetzung mit Schriften anderer Autoren wie Christian Keferstein, Andreas Chrysogon Eichler, Andreas Sorriot de l'Host und Jean François d'Aubuisson de Voisins, wobei G. aber auch immer eigene Ansichten einbringt und Gemeinsamkeiten festhält. Dazu treten erneut ein Beitrag über die Karlsbader Mineralien sowie als neue Thematik die Geologie des Marienbader Raumes, der G. sich in den Jahren 1821 bis 1823 anläßlich der drei Marienbad-Besuche widmete.

Der Aufsatz *Bildung* [d.i. Beschaffenheit; d. Vf.] *des Erdkörpers* (D: S. 585–587), dessen Diktat am 4.9. 1822 in Eger begann, stellt die im Juli 1821 in Weimar erschienene erste geologische Karte Deutschlands vor, die der Jurist und autodidaktische Geologe Keferstein im ersten Heft seiner Zeitschrift *Teutschland geognostisch-geologisch dargestellt* veröffentlicht hatte. Auf Wunsch des Autors hatte G. unter Vermittlung des Verlegers, Ludwig Friedrich von Froriep, zur Farbgebung der geologischen Formationen Ratschläge gegeben, die teilweise noch heute befolgt werden.

Mit dem Beitrag *Echte Joseph Müllerische Steinsammlung angeboten von David Knoll zu Karlsbad* (HS: GSA; D: S. 370–372) erfüllte G. einen Wunsch des letzteren. Knoll war Kaufmann in Karlsbad, hatte nach dem Tod Müllers (1817) dessen Steinsammlung und deren Vermarktung übernommen und die Sammlung selbst erweitert. G. kam Knolls Bitte um Unterstützung nach, sandte am 8.3. und 26.5. 1821 jeweils Posten von Exemplaren seines alten Kataloges von 1807 und verfaßte laut Tagebuch am 2.9. 1821 in Eger den Hinweis auf die Übernahme der Müllerschen Sammlung durch Knoll sowie die damit verbundene Ankündigung zur beabsichtigten Publikation der Lebensgeschichte Müllers.

Der Aufsatz *Marienbad überhaupt und besonders in Rücksicht auf Geologie* (HS: GSA; D: S. 487–500) leitete 1822 die geologischen Aufsätze über die Gegend um Marienbad ein, die in den Folgeheften fortgesetzt wurden. G. hatte bei seinem ersten Besuch im erst 1815 als Badeort gegründeten Marienbad, am 27.4. 1820, durch den Brunnenarzt Karl Josef Heidler erste geologische Einzelheiten erfahren und den Plan einer ausführlicheren Beschreibung gefaßt, den er wahrscheinlich schon in einem Entwurf festhielt. Anläßlich G.s Marienbadaufenthalt vom 29.7. bis 25.8. 1821 wurden mit Hilfe seines Dieners Karl Wilhelm Stadelmann Gesteine in und um Marienbad betrachtet und gesammelt. Am 7.8. und 13.8. 1821 arbeitete G. bereits an seinem Aufsatz. Dem Bericht über das Stift Tepl liegt ein Ausflug am 21.8. 1821 zugrunde, den G. auf Einladung des Prälaten des Stiftes Tepl, Karl Kaspar Reitenberger, unternahm. Ähnlich wie bei seinen geologischen Studien in Karlsbad versuchte G. auch hier, anhand einer Beschreibung von typischen Mineralien, die in einem kommentierten Katalog vorgestellt werden, die geologische Situation zu verdeutlichen. Die intensive Bearbeitung wird durch mehrere überlieferte Entwürfe belegt, zu denen ein *Räsonierter Katalog* von der Hand Stadelmanns, zwei weitere (identische) Gesteinsverzeichnisse sowie eine von G. mit dem Titel *Auf der Reise nach Marienbad und daselbst aufgefundene und überkommene Mineralien August 1821* überschriebene Fassung zählen. Am 3. und 4.10. 1821 bearbeitete G. den Beitrag für den Druck in seinen naturwissenschaftlichen Heften. Besonderes Interesse widmete er den Nebengesteinen der Marienquelle, die durch die Einwirkung des Sprudels zersetzt sind (zu den geologischen Verhältnissen von Marienbad und G.s Vorstellungen vgl. Komm. in FA I, 25, S. 1175–1178). Bei seinem Marienbadaufenthalt 1822 beauftragte G. Stadelmann erneut, die im Katalog genannten Gesteine zu sammeln (vgl. Tagebuch, 21.6.–23.7. 1822). Diese Kollektion schenkte G. zusammen mit einer redigierten Fassung des Kataloges seinem Arzt Heidler.

Der Text *Böhmen vor Entdeckung Amerikas ein kleines Peru* (D: S. 425) entstand zusammen mit dem folgenden Beitrag zwischen dem 16.6. und 29.7. 1822 in Marienbad und nimmt im Titel auf eine gleichlautende Broschüre von Andreas Chrysogon Eichler Bezug, die 1820 in Prag erschienen war. Nach einer kurzen, zustimmenden Besprechung geht G. mit dem nicht gesondert überschriebenen Absatz *Wir haben an Kefersteins Unternehmen sehr gebilligt* ... (D: S. 425–429) anhand der geologischen Karte Kefersteins auf verschiedene Gesteinsarten des nordöstlichen Böhmen ein. Die letzte der geschilderten Beobachtungen ist auf den 29.7.[1822] datiert, obwohl G.s Tagebuch einen Besuch der genannten Orte nur unter dem 19.7. 1822 verzeichnet.

Der Beitrag *Brandschiefer* (D: S. 430f.) berichtet von einer Exkursion G.s mit Grüner am 3.8. 1822 an einen nicht genauer bezeichneten Ort zwischen Zwodau und Karlsbad.

Am 6.10. 1821 beschäftigte sich G. laut Tagebuch mit der »orographischen Karte von Sorriot« und verglich sie mit der geologischen Karte von Keferstein. Bereits in den *Tag- und Jahresheften 1817* hatte G. auf die 1816 in Wien erschienene *Carte générale orographique et hydrographique d'Europe* des Freiherrn Sorriot de l'Host zustimmend hingewiesen und Carl August am 23.5. 1817 über dieses Werk berichtet. G. hob in seinem Beitrag für die naturwissenschaftlichen Hefte (D: S. 588f.) vor allem die Wasserscheide zwischen den großen Flußsystemen Mitteleuropas hervor.

Die Anzeige der deutschen Übersetzung des 1819 in Straßburg und Paris erschienenen *Traité de Géognosie* von Jean François d'Aubuisson de Voisins durch Johann Gottlieb Wiemann (Dresden 1821/22) geht auf G.s Lektüre vom 2.10. 1821 zurück (D: S. 590f.). D'Aubuisson de Voisins, ein Schüler Abraham Gottlob Werners in Freiberg, lieferte in seinem Werk eine getreue Darstellung der neptunistischen Geologie, wie G. sie schätzte und als persönliche Bestätigung der eigenen Vorstellungen empfand.

Das erste Heft des zweiten Bandes, insgesamt das fünfte Heft der Zeitschrift (1823), enthält sieben geologische Beiträge. Darin werden die Studien um Eger in zwei Arbeiten zum Kammerberg sowie mit einem paläontologischen Stück wieder aufgenommen. Zwei weitere Texte stellen Rezensionen von Werken Alexander von Humboldts und Leonhards dar. Der Beitrag *Anthrazit mit gediegenem Silber* gilt dem Marienbader Raum. Beobachtungen auf der Italienreise (1786–1788) erörterte G. mit dem im April 1823 für den Druck bearbeiteten Aufsatz *Architektonisch-naturhistorisches Problem* (D: S. 599–605). Er geht auf Tagebuchnotizen zurück, die G. beim Besuch des sogenannten Serapistempels in Pozzuoli am 19.5. 1787 festgehalten hatte. Bereits am 21.10. 1791 berichtete G. über die Thematik vor der Weimarer Freitagsgesellschaft. Das *Architektonisch-naturhistorische Problem* bestand in der Tatsache, daß die drei aufrecht stehenden Säulen des Serapistempels stellenweise von Muscheln angebohrt sind. Anhand

einer beigegebenen Kupfertafel erläuterte G. seine Deutung, daß der Serapistempel durch den Ausbruch des Monte Nuovo im Jahr 1538 größtenteils verschüttet worden sei. Anschließend habe sich um die Säulen ein kleiner, später abgeleiteter See gebildet, der über dem Meeresniveau lag und von Bohrmuscheln bewohnt gewesen sei, die ihre Spuren an den Säulen hinterließen. G. lehnte die zeitgenössische Theorie eines zeitweisen Anstiegs des Meeresspiegels ab, da sie mit der neptunistischen Erklärung im Widerspruch stand. Angeregt zur erneuten Auseinandersetzung mit dieser Thematik wurde G. durch von Hoffs Werk *Geschichte der durch Überlieferung nachgewiesenen natürlichen Veränderungen der Erdoberfläche* (Gotha 1822), in dem das Phänomen durch eine vorübergehende Überflutung des Mittelmeeres erklärt wird. G. teilte Hoff seine abweichende Erklärung mit (an Hoff, 9.2. 1823) und erfuhr von diesem Zustimmung (4.3., 7.6. 1823), da auch Hoff eine lokale Lösung des Problems bevorzugte. Tatsächlich sind örtlich begrenzte Hebungen und Senkungen des Bodens im vulkanischen Gebiet des Monte Nuovo als Erklärung des Phänomens gefunden worden. Interessant ist, daß G. zu einer vulkanistischen Erklärung griff, um der noch gewaltsameren Deutung durch eine massive Überflutung zu entgehen.

In dem Aufsatz *Fossiler Backzahn, wahrscheinlich vom Mammut* (D: S. 432f.) beschreibt G. den Backenzahn eines Mastodon, der in den Kalksteinbrüchen bei Dölitz in der Nähe von Eger gefunden worden war. G. hatte davon im Juli 1822 in Eger erfahren, besuchte daraufhin am 27.7. 1822 mit Grüner den Steinbruch und veranlaßte die Überführung des bei einer Familie Kriegelstein in Dölitz aufbewahrten Zahnes in das Vaterländische Museum in Prag. Von seinem Diener Stadelmann ließ G. einen Gipsabguß anfertigen (vgl. an den Sohn August, 29.7. 1822), der am 2.11. 1822 an d'Alton in Bonn zur Begutachtung ging. Die Expertise d'Altons (vom 5.12. 1822) wird in G.s Aufsatz wiedergegeben.

Der Beitrag *Anthrazit mit gediegenem Silber* (D: S. 504f.) geht auf eine Gesteinsprobe aus dem Silberbergwerk des Freiherrn Clemens von Junker-Bigatto in Sangerberg zurück, die Grüner am 21.9. 1822 an G. gesandt hatte. Die Probe wurde in Jena von dem Chemiker Carl Christoph Göbel analysiert; G. machte Grüner darüber am 12.10. 1822 eine Mitteilung. G. gibt Göbels Analyse am Beginn seines Beitrages wieder und beschreibt die Lage des Silberbergwerkes. Am 18.7. 1823 traf G. mit dem Besitzer, Junker-Bigatto, in Marienbad zusammen und bat diesen um eine Darstellung über sein Bergwerk. Dieser Bericht ging G. am 22.7. 1823 zu und wurde im sechsten und letzten Heft seiner Zeitschrift (im zweiten Heft des zweiten Bandes) 1824 zusammen mit einer *Folgesammlung* (HS: GSA), die 23 Mineralien aus Sangerberg verzeichnete, publiziert. G. bedankte sich bei Junker-Bigatto für seine Mitarbeit am 31.10. 1823.

Die Stücke *Kammer-Bühl* (D: S. 421) und *Wunderbares Ereignis* (D: S. 422f.) greifen erneut die Diskussion um die Entstehung des Kammerberges bei Eger auf. Der erste, auf den 6.8. 1822 datierte Text bezieht sich auf G.s dritten Besuch der Basaltkuppe am 30.7. 1822, an dem neben anderen Graf von Sternberg und der schwedische Chemiker Jöns Jakob Berzelius teilnahmen. Die Diskussion erörterte offenbar Möglichkeiten der Entstehung des Kammerbergs durch eine submarine Eruption (G.s Deutung) oder eines vulkanischen Ausbruchs auf dem Festland (Berzelius). Beide Vorstellungen sind vulkanistisch geprägt und rücken von der 1820 im Beitrag *Kammerberg bei Eger* angedeuteten pseudo-vulkanistischen Interpretation wieder ab. Diese steht jedoch wieder im Beitrag *Wunderbares Ereignis* im Mittelpunkt, der möglicherweise auf März 1823 zu datieren ist. G. läßt hier einen nicht identifizierbaren, vielleicht fiktiven Badegast über die Entstehung des Kammerberges referieren, wobei wiederum die pseudo-vulkanistische Erklärung der Neptunisten, der Brand von Kohlelagern in der Nähe der Erdoberfläche, herangezogen wird. G. hatte diese Deutung 1808 abgelehnt, sie aber 1820 für möglich gehalten. Nun schwankte er erneut, doch mehren sich die Zeugnisse, die eine vulkanistische Erklärung wahrscheinlich machen.

Dies gilt insbesondere für Alexander von Humboldts Werk *Über den Bau und die Wirkungsart der Vulkane in verschiedenen Erdstrichen* (Berlin 1823), das G. in seiner Zeitschrift vorstellte (HS: GSA; D: S. 613). Er bearbeitete die Buchanzeige am 3.4. 1823 und gab dabei seine Bereitschaft zu erkennen, nicht unbedingt an seinen von Werner vermittelten neptunistischen Überzeugungen festzuhalten. Humboldt hatte sein Werk, das auf eine Vorlesung an der Berliner Akademie der Wissenschaften vom 24.1. 1823 zurückgeht, mit persönlicher Widmung an G. gesandt, der am 16.3. 1823 einen ersten Aufsatz darüber verfaßte. G. stimmte der von jüngeren Geologen wie Alexander von Humboldt und Leopold von Buch geäußerten Vorstellung vom großen Einfluß vulkanischer Kräfte auf die Erdgestaltung zwar nicht zu, doch er bewunderte den großen Erfahrungsschatz, den Humboldt insbesondere aus seinen Beobachtungen in Südamerika und Mexiko einbringen konnte. Das machte G. in seinen Überzeugungen schwankend, und die Möglichkeit einer Sinnesänderung wurde in Erwägung gezogen.

Unter dem etwas irreführenden Titel *Von Leonhard: Handbuch der Oryktognosie* (D: S. 615f.) geht G. nur kurz auf den persönlichen Nutzen ein, den er aus diesem 1821 in Heidelberg erschienenen Werk Leonhards gezogen hat. Näher erläutert wird ein anderes Werk von Leonhards, die *Charakteristik der Felsarten* (Heidelberg 1823/24), von dem G. nach und nach die Aushängebogen erhalten hatte (vgl. an Leonhard, 23.4. 1823).

Sieht man von den meteorologischen Beiträgen von Sternberg und Schrön ab, so ist das letzte naturwissenschaftliche Heft (das zweite Heft des zweiten Bandes) von 1824 ausschließlich der Geologie gewidmet. Doch es deutet sich an, daß G. das Material langsam ausgeht, denn neben den genannten meteorologischen Arbeiten sind weitere drei Beiträge nicht von G. verfaßt. Hinzu kommt ein Briefauszug des Barons Wilhelm Ludwig von Eschwege, den G. nur knapp kommentiert. Der einleitende, mit zwei Kupfertafeln versehene Beitrag über *Die Basaltsteinbrüche am Rückersberge bei Oberkassel am Rhein* (HS: GSA) ist dem zweiten Band von Nöggeraths vierbändigem Werk *Das Gebirge in Rheinland-Westphalen* (Bonn 1822–1826) entnommen. Er wurde von Nees von Esenbeck (nach LA) oder von G. (nach WA) mit einer Einleitung versehen. Nöggerath hatte 1823 den geologischen Teil von G.s Zeitschrift in der *Jenaischen Allgemeinen Literatur-Zeitung* rezensiert. Auf eine der beiden Kupfertafeln bezieht sich die Korrespondenz zwischen G. und Nees von Esenbeck vom 22.8., 5.9. und 31.10. 1823. Das Manuskript ging am 10.10. 1823 in die Druckerei.

Der Text *Zur Geognosie und Topographie von Böhmen* (HS: GSA; D: S. 434), in dem G. die Landschaft des Egerlandes beschreibt und die Talsenke zwischen Erz- und Fichtelgebirge nach der neptunistischen Vorstellung als frühere Meeresbucht ansieht, leitet den folgenden Beitrag, *Fahrt nach Pograd* (HS: GSA; D: S. 435–439), ein. Diese wurde am 26.7. 1822 in Begleitung von Grüner unternommen und galt der Besichtigung von Eisenerzvorkommen und einer Tongrube. G.s Texte sind offenbar kurz nach diesem Datum niedergeschrieben worden. Die anschließenden Stücke *Über die Auffindung und den Fortgang des Freiherrlich von Junker-Bigattoischen Bergbaues auf der St. Amalien-Silber-Zeche zu Sangerberg* von Junker-Bigatto und die von G. hinzugefügte *Folgesammlung* sind oben erläutert worden.

Der Brief *An Herrn von Leonhard* (HS: GSA; ED: Taschenbuch für die gesamte Mineralogie. 2 (1808), S. 389–398; D: S. 363–369) vom 25.11. 1807 dankt für den Abdruck der Beiträge *Joseph Müllerische Sammlung* und *Rekapitulation* in Leonhards *Taschenbuch für die gesamte Mineralogie*. Darüber hinaus liefert er, wie G. bereits am 12.10. 1807 Leonhard ankündigte, Erläuterungen und Anmerkungen zu seinen Aufsätzen. Der Brief war ursprünglich als weitere Abhandlung geplant, an der G. im November 1807 arbeitete. G. verdeutlicht hierin die Leitprinzipien seiner Art, die Gesteinswelt anzusehen und zu erforschen. Er hebt seine vom Gesamteindruck auf die Betrachtung der einzelnen Teile voranschreitende Verfahrensweise hervor und führt heterogene Gesteinsmassen primär auf gleichzeitig ablaufende chemische Reaktionen, we-

niger auf eine Folge mechanischer Prozesse zurück. So werden die Karlsbader Gesteine als simultane Differenzierungen aufgefaßt.

Der Text *Freimütiges Bekenntnis* (HS: GSA; D: S. 394) verbindet den Brief an Leonhard mit einer geologischen Fallstudie aus Portugal, die G. als *Auszug eines Schreibens des Herrn Barons v. Eschwege* (HS: GSA; D: S. 395) mitteilt. G. hatte den auf den 2.6. 1824 datierten Brief von Eschwege, dem Leiter des portugiesischen Bergwesens, am 25.6. 1824 erhalten. Darin geht es um einen Wasser- und Dampfausbruch vom 10.1. 1812, dessen mögliche Ursachen diskutiert werden. G. hielt das Phänomen durch abgesunkenes und in der Tiefe erwärmtes Oberflächenwasser verursacht, im Gegensatz zur vulkanistischen Deutung, die das heiße Wasser aus großen Tiefen explosionsartig austreten sah. Wie im Aufsatz *Architektonisch-naturhistorisches Problem* zog G. auch hier eine an die lokale Umgebung gebundene Ursache vor. Wohl noch im April 1824 erbat G. von Eschwege nähere Erläuterungen, die er am 25.6. 1824 erhielt.

Mit *Recht und Pflicht* (HS: GSA; D: S. 506) ist die Einleitung überschrieben, die G. dem Marienbader Gesteinsverzeichnis *Durch das Gas des Marien-Brunnens angegriffenes Grund-Gebirg* (HS: GSA; D: S. 507f.) voranstellte. Die Einleitung entstand am 14. und 15.12. 1823. Sie geht ebenso wie die Gesteinsliste auf einen nicht publizierten Aufsatz zurück, der vermutlich am 8.8. 1823 geschrieben wurde. Ihm liegen zusammen mit Stadelmann erstellte Sammlungen anläßlich des Aufenthaltes in Marienbad im Jahr 1823 zugrunde, ähnlich denen, die G. bereits im Juli 1822 von Sternberg erhalten hatte. Solche Sammlungen, vor allem durch die Kohlensäure der Quelle zersetzte Granite und Gneise, sandte G. an das Museum der Vaterländischen Gesellschaft in Böhmen nach Prag (16.8. 1823), an das Museum des Stiftes Tepl (18.8. 1823) und nach Weimar. Im Mittelpunkt seines Interesses stand die große Ähnlichkeit der durch Quellwasser zersetzten Gesteine mit vulkanisch entstandenen Laven und Bimssteinen, hier als konkrete Fallstudie für die in der Einleitung festgestellte Tatsache, daß die Natur auf verschiedenen Wegen gleiche Produkte hervor-bringen könne.

Die Beiträge *Gestaltung großer anorganischer Massen* (HS: GSA; D: S. 621–627) und (als Fortsetzung) *Gebirgs-Gestaltung im Ganzen und Einzelnen* (HS: GSA; D: S. 628–635) sind während der Drucklegung des letzten Heftes zwischen September und November 1824 entstanden und liefern eine Zusammenfassung von G.s Vorstellung über die Entstehung massiver Gesteinsmassen. Im ersten Text wird eine Analogie zwischen der Strukturierung von Schnee- und Eisvorkommen und dem Gestein im Schweizer Hochgebirge hergestellt, da beide sehr ähnliche Kluftflächen und Parallelepipede bilden. G. griff dabei auf seine Beobachtungen auf den Harzreisen von 1783 und 1784 zurück und betrachtete laut Tagebuch am 21.9. 1824 erneut die Harzer Gebirgszeichnungen, die er selbst und der Maler Georg Melchior Kraus angefertigt hatten. Diese Darstellungen zerklüfteter Gesteine werden, da eine Publikation wie schon 1820 im Rahmen der *Nova Acta* der Leopoldinischen Akademie der Naturforscher erneut nicht möglich schien, im ersten Aufsatz beschrieben. Die Fortsetzung führt die durch ein Gitterwerk von Spalten und Klüften charakterisierte Gestaltung der Gesteinsmassen auf einen Scheidungsprozeß zurück, der beim Übergang vom flüssigen in den festen Aggregatzustand ablaufen soll. Unter dem Begriff der Solideszenz, die mit einer Erschütterung einhergeht, faßte G. alle möglichen Übergangsarten zusammen, die aber hinsichtlich der einzelnen Gesteine variieren sollten.

Auf die Entstehung des in französischer Sprache abgefaßten Gesteinskataloges von Frédéric Jacques Soret, *Catalogue Raisonné des variétés d'Amphibole et de Pyroxène rapportées de Bohème* (übersetzt in MA 12, S. 1173–1183), weist G. in der *Nachschrift* (HS: GSA; D: S. 442) zur Abhandlung *Der Wolfsberg* (HS: GSA; D: S. 440f.) hin. Die Arbeit Sorets geht auf die Sammlungen zurück, die G. mit Hilfe von Stadelmann 1823 am Wolfsberg bei Czerlochin (Tschernosin) angelegt hatte. G. studierte einzelne Kristalle vom Wolfsberg bereits 1821 in der Sammlung des Scharfrichters Karl Huß in Eger, aber erst 1823 wandte er sich selbst dem Wolfsberg zu, indem er Stadelmann am 22.7. und 11.8. 1823 dorthin schickte. Dieser kehrte jeweils mit großen Mengen an Mineralien und Gesteinen zurück, die G. in Marienbad bearbeitete und in einer Auswahl an die Gesellschaft des Vaterländischen Museums in Böhmen nach Prag (16.8. 1823), das Museum des Stiftes Tepl (18.8. 1823) und an Heinrich Christian Gottfried von Struve (16.8. 1823) sandte. Der Aufsatz *Der Wolfsberg* wurde 1823 in Marienbad vorbereitet, aber erst nach der Rückkehr nach Weimar vermutlich im Januar 1824 abgeschlossen (vgl. Tagebuch, 9.12., 23.12. 1823, 3.1. 1824). Soret erhielt zu dieser Zeit Kristalle von Augit (Pyroxen) und Hornblende (Amphibol) und legte G. seine Beschreibung, den *Catalogue*, im Januar 1824 vor. Weitere Kristalle gingen zur Untersuchung an den Chemiker Döbereiner (4.2. 1824). Ähnlich wie bei seinen Studien am Kammerberg versuchte G., die ursprünglichen Gesteine von den durch Feuererscheinungen veränderten zu trennen. Nach heutiger Kenntnis ist der Wolfsberg eine vulkanische Basaltkuppe. G. neigte allerdings, obwohl dies nicht ausdrücklich gesagt wird, der These einer pseudo-vulkanistischen Entstehung zu (vgl. an Sternberg, 10.9. 1823).

Das gleiche gilt für den Rehberg, den G. am 23.8. 1823 zusammen mit Grüner von Eger aus besucht hatte und der ebenfalls im Brief an Sternberg vom 10.9. 1823 angesprochen wird. G. berichtet von diesem Ausflug in seinem Aufsatz *Uralte neuentdeckte Naturfeuer- und Glutspuren* (HS: GSA; D: S. 443–447), dessen Handschrift die durchgestrichene Datierung »17. März 1824« trägt. Erneut wandelte sich G.s Einstellung zu Vulkanismus und Pseudo-Vulkanismus. Hatte er noch in dem im September 1823 publizierten fünften Heft Neigungen gezeigt, sich der vulkanistischen Deutung anzuschließen, so tendiert er bereits zum Erscheinungstermin des genannten Heftes hier wieder zur gegenteiligen Ansicht der Neptunisten, indem abschließend Kammerberg, Wolfsberg und Rehberg behandelt werden und ihre wohl doch pseudo-vulkanistische Entstehung angedeutet wird.

Aufsätze zur Meteorologie

Das dritte Heft des ersten Bandes seiner Zeitschrift (1820) eröffnete G. mit einem meteorologischen Aufsatz, der Zeugnis ablegt von seinen neuen, ab 1815 nachzuweisenden Interessen: *Wolkengestalt nach Howard* (D: S. 214–234). Dabei sind Witterungsphänomene zunächst ausschließlich an die Person und die Wolkenlehre des Engländers Howard geknüpft, die G. auf einen Hinweis von Herzog Carl August am 8. und 9.12. 1815 in einem Überblick von Ludwig Wilhelm Gilbert in dessen *Annalen der Physik* (Bd. 51, N. F. 21, St. 9, S. 1–48) kennengelernt hatte. Howards Original, *On the Modifications of Clouds . . .* , bereits 1803 in Alexander Tillochs *Philosophical Magazine* (Bd. 16 u. 17, Nr. 62, 64, 65) erschienen, las G. erst 1818 (vgl. an Christian Georg Carl Vogel, 23.3. 1818). Im Zentrum der Abhandlung steht ein Wolkentagebuch, das G. anläßlich seiner zwölften Badekur in Karlsbad und zahlreicher Ausflüge in die Umgebung vom 23.4. bis 28.5. 1820 führte. Hier hielt G. die täglichen Wolkenformationen in Anlehnung an Howards Terminologie fest, nach der die verschiedenen Formen von der Federwolke (Zirrus) bis zur Regenwolke (Nimbus) in sieben systematische Gruppen eingeteilt werden. Im Juni 1820 wurde eine Einleitung hinzugefügt, am 13.8. 1820 erhielt Carl August die Schlußabschnitte. G. hatte bereits am 20.1. 1817 dem ersten Direktor der Jenaer Sternwarte, Carl Dietrich von Münchow, eine Übersicht über die Howardische Wolkenlehre zur Verfügung gestellt und am Ende dieses Jahres den Aufsatz *Camarupa* ausgearbeitet, den er am 23.12. 1817 Herzog Carl August zusandte. Diese Arbeit war Teil einer *Instruktion für den Meteorologen des Ettersberges* (an Carl August, 14.12. 1817), die G. anläßlich des Beginns der Wetterbeobachtungen (1815) in Schöndorf, nördlich von Weimar, in Angriff genommen hatte. Während G. in *Camarupa* die Wolkenformationen systematisch nach Howard beschreibt, setzt der Aufsatz *Wolkengestalt nach Howard* die Definitionen der einzelnen Wolkenformen bereits voraus und beschränkt sich

weitgehend auf die Wiedergabe der Beobachtungen, die durch eine Kupfertafel erläutert werden. G. deutet jedoch bereits an, daß er das Wettergeschehen aus einem Konflikt zwischen den oberen und unteren Himmelsregionen ableitet, eine Vorstellung, die 1823 zugunsten einer pulsierenden Schwerkraft der Erde aufgegeben wurde.

An den Aufsatz *Wolkengestalt nach Howard* schließen die ersten vier, 1817 entstandenen Strophen des Gedichtes *Howards Ehrengedächtnis* (HS: GSA) an: *Stratus, Cumulus, Zirrus, Nimbus*. Diese poetische Bearbeitung der Wolkenbeschreibung Howards hat G. 1821 erweitert.

Im vierten Heft (1822) nahm G. die Meteorologie erneut auf, wobei nun ausschließlich die Würdigung Howards im Mittelpunkt stand. Das ohne Überschrift abgedruckte Gedicht *Die Welt sie ist so groß und breit* (HS: GSA; D: S. 237; in ALH mit dem Titel *Atmosphäre*) entstand im Herbst 1821 und dankt »dem Manne der Wolken unterschied [Howard; d. Vf.]«. Es leitet die um drei Eingangsstrophen erweiterte Fassung von *Howards Ehrengedächtnis* (HS: GSA; ED: Gold's London Magazine. 4 (1821), Nr. 19; D: S. 238–241) ein, in denen der Bezug zu Howard verdeutlicht wird. Die ursprüngliche, vierstrophige Fassung war in London von John Bowring übersetzt worden, und Johann Christian Hüttner, G.s und Carl Augusts Korrespondent in London, bemühte sich um eine Publikation. Zu diesem Zweck erbat er am 23.2. 1821 eine klärende, auf Howard zielende Ergänzung, die G. Ende März 1821 fertigstellte und am 3.4. 1821, zusammen mit den nachfolgenden Bemerkungen (*Goethe zu Howards Ehren*; HS: GSA; ED: Gold's London Magazine. 4 (1821), Nr. 19; D: S. 242), nach London sandte. Die neuen Strophen wurden von George Soane, der Nachspann von Hüttner selbst ins Englische übersetzt. Das gesamte Gedicht und der Zusatz erschienen im Erstdruck in deutscher und englischer Fassung. Hüttner sandte am 3.7. 1821 ein Belegexemplar nach Weimar. G. bearbeitete die Vorlage am 19.9. 1821 für seine Zeitschrift, stellte den von ihm gekürzten Begleittext (*Goethe zu Howards Ehren*) nach hinten und verfaßte die beiden umrahmenden Gedichte. Das abschließende, *Und wenn wir unterschieden haben* (HS: GSA; D: S. 244), entstanden am 24. 10. 1821, erhielt in der Ausgabe letzter Hand den Titel *Wohl zu merken*. G.s Wolkengedichte verknüpfen in typischer Weise naturwissenschaftliche Beobachtung und symbolische Betrachtung. Leitende Ideen von G.s Anschauungsweise treten hervor: Metamorphose im Gestaltwandel der Wolken, Polarität im diastolisch-systolischen Zusammenspiel von Stratus-Kumulus-Zirrus-Nimbus, Steigerung vom Stratus zum Zirrus als höhersteigender »edler Drang« (FA I, 25, S. 240), der jedoch nicht haltlos ins Unendliche strebt, sondern durch die Nimbus-Strophe irdisch begrenzt und wiederum von der Polarität eingefangen wird. Die umrahmenden Gedichte weisen auf G.s Verfahren in der Naturforschung hin, das Getrennte, Unterschiedene, analytisch Gesonderte erneut zu vereinen, wobei der Hinweis auf den Poeten und Maler wiederum die Brücke zwischen Poesie und Wissenschaft bildet.

Im vierten Heft des ersten Bandes *Zur Morphologie* (1822) hatte G. eine autobiographische Darstellung von Howard angekündigt, die dann, von G. ins Deutsche übertragen, im ersten Heft des zweiten Bandes der naturwissenschaftlichen Reihe 1823 erschien (*Luke Howard an Goethe*; D: S. 245–254). G. hatte Hüttner am 25. 9. 1821 gebeten, den Kontakt zu Howard herzustellen. Hüttner wandte sich daraufhin zweimal an Howard (13. 12. 1821 und 18. 2. 1822), der einen autobiographischen Abriß verfaßte, den Hüttner am 22. 2. 1822 an G. sandte. Dieser dankte hocherfreut am 7. 3. und 9. 3., meldete am 31. 5. die abgeschlossene Übersetzung und schloß die erneute Durchsicht am 4. 9. 1822 ab. An Schultz schrieb er am 5. 9. 1822: »Wir sehen die allerliebste Erscheinung: ein Quäker, Laborant, Naturmensch und Christ! Bey aller Wahrheit und Aufrichtigkeit ist der kleine Aufsatz doch sehr klug und gut geschrieben«. Mit seiner Lebensbeschreibung hatte Howard G. ein Exemplar seines neuesten Werkes, *The Climate of London*, zugesandt, über das sich G. am 11. 6. 1822 gegenüber Kanzler Friedrich von Müller lobend aus

sprach. Einen Tag später sandte G. das Buch an Johann Friedrich Posselt, den zweiten Direktor der Jenaer Sternwarte, der für G.s Zeitschrift eine wohlwollende Rezension anfertigte. G. gab dieser Besprechung eine (laut Inhaltsverzeichnis) *Meteorologische Nachschrift* (D: S. 255–264) bei, die in der Weimarer Ausgabe und in der Leopoldina-Ausgabe *Über die Ursache der Barometerschwankungen* genannt wird. Die einzelnen Textpassagen dieses Stückes entstanden zwischen Juni und Dezember 1822 und werden von einer graphischen Darstellung (von Schrön) der jeweils parallellaufenden Barometerstände verschiedener Orte aus dem Dezember 1822 begleitet. Hier wird zum ersten Mal G.s im *Versuch einer Witterungslehre* von 1825 näher ausgeführte Hypothese genannt, daß eine pulsierende Schwerkraft der Erde dem Barometerstand und letzten Endes allen Witterungserscheinungen zugrunde liege. Diesen Gedanken eines Ein- und Ausatmens der Erde, einer rein tellurischen Bedingung des Wettergeschehens, hat G. in zahlreichen Äußerungen wieder aufgenommen (vgl. z.B. an Schultz, 9.12. 1822; an Posselt, 25.12. 1822; an Kanzler von Müller, 20.9. 1823; zu Eckermann, 22.3. 1824). Anhand der barometrischen Tabelle, die G. im zweiten Teil des Textes erörtert, wird die irrige Hypothese von den Schwerkraftschwankungen zu belegen versucht (vgl. auch an Posselt, 25.12. 1822 und 31.1. 1823, sowie an Johann Andreas Bischoff, 9.4. 1823).

Das Werk *Versuch einer Naturgeschichte Böhmens . . .*, Teil 1: *Geognosie Böhmens*, von Laurenz Albert Dlask (Prag 1822) erhielt G. als Geschenk des Grafen von Sternberg am 11.7. 1822. Das Tagebuch hält für die folgenden Tage Gespräche darüber mit Sternberg fest. Aus diesen Unterhaltungen dürfte der Text *Über die Gewitterzüge in Böhmen* (D: S. 265f.) hervorgegangen sein. Die ausführlichen, mit dem gleichen Titel überschriebenen Bemerkungen Sternbergs zur Thematik, die dieser G. am 15.11. 1823 übersandte, kamen für das erste Heft des zweiten Bandes zu spät und konnten von G., am 11.12. 1823 für den Druck neu bearbeitet, erst im letzten Heft seiner Zeitschrift berücksichtigt werden. Der Aufsatz von

Schrön über *Die meteorologischen Anstalten des Großherzogtums Sachsen-Weimar-Eisenach*, mit dem die Hefte *Zur Naturwissenschaft überhaupt* schließen, wurde von G. am 7.10. 1824, nur gut einen Monat vor Erscheinen der Zeitschrift, in Auftrag gegeben und stellte möglicherweise eine Verlegenheitslösung dar.

Editorische Notizen, Gedichte, methodologische Aufsätze

Eine Reihe von Beiträgen läßt sich nicht den Themenbereichen Farbenlehre, Geologie und Meteorologie zuweisen. Dazu gehören knappe editorische Angaben und Inhaltsverzeichnisse, kurze verbindende Texte, Vorworte zum ersten und fünften Heft (D: S. 661f., S. 52f.; vgl. Tagebuch 12.5. 1817 und 4.9. 1822), der Auszug eines Briefes G.s an Sulpiz Boisserée vom 27.5. 1817 (HS: UB Bonn) sowie das Motto (»Was ich nicht erlernt hab / Das hab ich erwandert«) und die Gedichte *Weite Welt und breites Leben* (Mai 1817; HS: GSA; D: FA I, 2, S. 489), *Im Namen dessen, der sich selbst erschuf* (*Prooemion*, V. 1–14; vom März 1816; HS: GSA; D: FA I, 2, S. 489) und *Eins und Alles* (vom 6.10. 1821; HS: GSA; D: FA I, 2, S. 494f.). Lediglich zu erwähnen ist hier ebenso eine Danksagung, die G. für die Rezension seiner Hefte in der *Jenaischen Allgemeinen Literatur-Zeitung* aussprach. Sie ist größtenteils einem Brief an Nees von Esenbeck vom 10.6. 1823 entnommen. Darüber hinaus enthalten das zweite Heft des ersten Bandes (1820) sowie das erste Heft des zweiten Bandes (1823) einige Beiträge, die genauerer Betrachtung bedürfen.

Von den 1820 erschienenen Aufsätzen sind dies die Texte *Vorschlag zur Güte* (D: S. 40f.) und *Meteore des literarischen Himmels* (D: S. 42–48), die zusammen konzipiert wurden. Den ersten Aufsatz vermerkt das Tagebuch vom 2.9. 1817, am zweiten arbeitete G. zwischen dem 26.4. 1817 und 24.5. 1818 (vor allem 14./15.8., 3.9. 1817). Das im Tagebuch

genannte Stichwort »Priorität« gibt einen wesentlichen inhaltlichen Aspekt des zweiten Textes wieder, denn G. beschäftigte sich in den einzelnen Abschnitten, wie er am 17.2. 1819 an Nees von Esenbeck schrieb, mit »Priorität, Anticipation, Präoccupation, Plagiat, Posseß, Usurpation, und wie der Greuel alle heißt«. Diese in der Wissenschaftsgeschichte geläufigen Gegenstände haben ihre Entsprechung in G.s Biographie: in der Polemik gegen Newton sowie in der Auseinandersetzung mit Lorenz Oken um die Priorität in der Wirbeltheorie des Schädels.

Der wissenschaftsmethodisch und -theoretisch wichtige Aufsatz *Der Versuch als Vermittler von Objekt und Subjekt 1793* geht auf eine im G.- und Schiller-Archiv verwahrte Handschrift vom 28.4. 1792 zurück. Am 10.1. 1798 sandte G. den Text an Schiller, wobei er kurz darauf (vgl. an Schiller, 18.7. 1798) den Titel mit *Kautelen* [Vorsichtsmaßnahmen, Bedingungen; d. Vf.] *des Beobachters* angab. Am 10.9. 1822 bat G. anläßlich der geplanten Veröffentlichung Friedrich Wilhelm Riemer um »Titel und Überschrift, die ich jetzt so wenig als vormals zu finden wüßte«. So erhielt der für den Druck überarbeitete Aufsatz (D nach ED: S. 26–36; nach HS: LA I, 3, S. 285–295) seinen endgültigen Titel. G. wandte sich darin gegen eine streng kausalanalytische Auslegung des wissenschaftlichen Experiments und gegen die Konstatierung einfacher Ursache-Wirkung-Beziehungen. Vielmehr erschienen G. die Phänomene zu komplex, um sie an e i n e Ursache zu koppeln. So sprach er lieber von Bedingungen, unter denen eine Erscheinung sich zeigt. Im Vorfeld des Aufsatzes hatte G. am 17.11. 1791 an Johann Friedrich Reichardt über seine Farbenexperimente geschrieben, er »werde Versuch an Versuch stellen und die Theorie nicht eher vortragen biß sie jeder aus den Versuchen selbst nehmen kann und muß«. Die Subjektivität des Beobachters, dem alle Phänomene direkt vor Augen geführt werden, sollte in der Objektivität einer strengen wissenschaftlichen Methodologie aufgehoben werden. G. forderte nicht d e n Versuch, wie ihn beispielhaft Newton mit seinem ›entscheidenden Experiment‹ (Experimentum crucis) bei der Zerlegung des weißen Lichtstrahls durch das Prisma durchgeführt hatte, sondern stets eine Reihe von Versuchen, ein Wiederholen, ein Betrachten des Phänomens aus unterschiedlichen Perspektiven und unter verschiedenen Bedingungen. Die möglichst umfassende Erforschung einer Naturerscheinung, wie sie sich aus dem Herangehen von immer neuen Seiten ergab, erfordert das Zusammenwirken vieler, das Zuarbeiten Gleichgesinnter und die Mitteilung an andere. Der Künstler dagegen sollte nach G. isoliert arbeiten und sein Werk erst nach der Vollendung öffentlich vorstellen (vgl. Gespräch mit Veit, 21.10. 1794). In seinem Aufsatz *Bedeutende Fördernis durch ein einziges geistreiches Wort* wies G. auf den wichtigen Stellenwert des *Versuchs als Vermittler* hin, indem diese Abhandlung besonders heranzuziehen sei, um »auszusprechen, wie ich die Natur anschaue, zugleich aber gewissermaßen mich selbst, mein Inneres, meine Art zu sein, in so fern es möglich wäre, zu offenbaren« (FA I, 24, S. 595). Gleicherweise muß die Korrespondenz mit Schiller aus dem Januar 1798 herangezogen werden, um die ganze Tragweite dieser Abhandlung G.s zu erfassen.

Die Betrachtungen über *Johann Kunckel* (D: S. 54–57), der mit seiner *Ars vitraria experimentalis oder vollkommene Glasmacher-Kunst* (Frankfurt/M. und Leipzig 1769) ein wichtiges Standardwerk der Glasmacherkunst geliefert hatte, dokumentieren G.s Interesse für dieses Gewerbe, dem er sich bereits bei den Arbeiten zur *Farbenlehre* gewidmet hatte, vor allem aber zwischen dem 13. und 18.8. 1822 in Redwitz anläßlich der Besichtigung der Glashütte von Wolfgang Kaspar Fikentscher nähergekommen war. G. las Kunckels Werk am 15.8. 1822 und verfaßte zwischen dem 22. und 27.9. 1822 den Aufsatz, der Leben und Werk des bedeutenden Glaskünstlers vorstellt. Der Text *Physisch-chemisch-mechanisches Problem* (D: S. 192–194) geht auf eine mehrschichtige Korrespondenz zwischen dem Physiker Johann Karl Fischer, dem Mineralogen Johann Georg Lenz, dem Chemiker Döbereiner und G. zurück. Fischer hatte das behandelte Phänomen, Kugeln aus verkohlten Holzspänen, die man in der Höhlung einer vom Blitz getroffenen Windmühlen-Welle gefunden hatte, im November 1822 Lenz mitgeteilt, der es am 29.11. 1822 G. bekanntmachte. Döbereiner publizierte dazu in Gilberts *Annalen der Physik* (73, 1823, S. 113f.; vgl. Lenz an G., 6.4. 1823). G.s Aufsatz entstand im April/Mai 1823 parallel zu einer das Problem behandelnden Korrespondenz mit Döbereiner (vgl. an Döbereiner, 30.4. 1823; Döbereiners Antwort, 5.5. 1823; zur Entstehungsgeschichte im einzelnen vgl. Schmid, zur Sachfrage Schuster). *Die Gesellschaft des Vaterländischen Museums in Böhmen* (D: S. 606–609), am 23.12. 1822 vom Grafen von Sternberg begründet, verlieh auf ihrer ersten Sitzung im Februar 1823 G. und Herzog Carl August die Ehrenmitgliedschaft. Die Gesellschaft diente der Förderung des 1818 gegründeten Vaterländischen Museums, das auf dem Prager Hradschin seinen Sitz hatte. G. berichtet in seinem Aufsatz, der im Sommer 1823 entstand, über die Gründung und die Ziele der Gesellschaft (vgl. auch an Sternberg, 26.8. 1822). Über Sternberg blieb G. der Gesellschaft stets verbunden. Der Beitrag *Älteres, beinahe Veraltetes* (HS: GSA, nur ein kleines Textstück; D: S. 358–364) legt eine Sammlung von Aphorismen und Reflexionen zur Wissenschaft vor, die nicht im Zusammenhang konzipiert wurden. Der Text erschien fast parallel zum Erstdruck auch in mehreren Fortsetzungen im *Morgenblatt für gebildete Stände* (25.9., 30.9., 6.–8.10. 1823; Nr. 230, Nr. 234 u. Nr. 239–241). Er umfaßt Überlegungen zur Wissenschaftsgeschichte und -theorie sowie zur Naturphilosophie. Die Auseinandersetzung mit Newton setzt einen autobiographischen Akzent.

Literatur:

Engelhardt/Wenzel, Komm. in FA I, 25. – Freundlich, Herbert: Einige Bemerkungen zu Goethes Aufsatz *Der Versuch als Vermittler von Objekt und Subjekt*. In: Scientia. 52 (1932), S. 374–380. – Kümmel, Werner Friedrich: Alexander von Humboldt als Experimentalphysiologe und Goethes Auffassung vom »Versuch«. In: Sonderschriften der Akademie gemeinnütziger Wissenschaften zu Erfurt. 17 (1992), S. 53–67. – Kuhn, Dorothea: Das Prinzip der autobiographischen Form in Goethes Schriftenreihe *Zur Naturwissenschaft überhaupt, besonders zur Morphologie.* In: Neue Hefte zur Morphologie. 4 (1962), S. 129–149. – Liepe, Gertrud: Luke Howard (1772–1864). In: JbFDtHochst. (1972), S. 59–107. – Müller u.a., Komm. in MA 12, S. 825–905, S. 1038–1185. – Schmid, Günther: Physisch-chemisch-mechanisches Problem. Entstehungsgeschichte des Goetheschen Aufsatzes. In: Archiv für das Studium der neueren Sprachen. 90 (1935), Bd. 168, S. 161–169. – Schuster, Julius: Goethes physisch-chemisch-mechanisches Problem. In: Berichte der Deutschen Botanischen Gesellschaft. 29 (1911), S. 722–728.

Manfred Wenzel

Versuch einer Witterungslehre

Entstehung

Dieser Aufsatz, der ausführlichste und theoretisch anspruchsvollste Beitrag G.s zur Meteorologie, wurde größtenteils im Januar und Februar 1825 geschrieben. Weitere Abschnitte wurden einige Monate später ergänzt, und das Diktat des Werkes wurde im Januar 1826 vollendet. An eine Veröffentlichung zu seinen Lebzeiten hat G. offenbar nicht gedacht (WA IV, 40, S. 412): Seine Hauptabsicht war vielmehr, sich mit seinen eigenen Gedanken über Meteorologie auseinanderzusetzen. Der Text wurde nach G.s Tod von Eckermann und dem Jenaer Meteorologen Heinrich Ludwig Friedrich Schrön redigiert; er erschien erstmalig 1833 in der Ausgabe letzter Hand (ALH 51, S. 247–282). Der Hauptteil des Aufsatzes sind die ersten zwölf mit Überschriften versehenen Abschnitte; die übrigen sechs Abschnitte mit weiteren meteorologischen Betrachtungen G.s wurden wahrscheinlich von den Herausgebern nachträglich hinzugefügt (Wasielewski, S. 37). Die Druckvorlage befindet sich im G.- und

Schiller-Archiv, der Text in der Leopoldina-Ausgabe (LA I, 11, S. 244–268).

G.s Meteorologie vor 1825

Der unmittelbare Anlaß des Aufsatzes war ein Brief des Großherzogs Carl August an G. vom 17.1.1825, in dem er sich über das Verhältnis zwischen Barometerstand und Wetterablauf erkundigte. Der Aufsatz beantwortet diese Frage mit Hilfe der Hypothese von einer regelmäßigen Zu- und Abnahme der Schwerkraft der Erde und bietet zugleich eine systematische Erklärung der für Wetter und Klima verantwortlichen Faktoren mit einer Beschreibung der bekanntesten meteorologischen Instrumente. Da dieser Aufsatz den Höhepunkt von G.s meteorologischer Arbeit darstellt, muß ein kurzer Überblick über seine früheren Gedanken und Schriften zur Meteorologie einer ausführlichen Besprechung des Aufsatzes selbst vorausgeschickt werden.

Die Meteorologie war der letzte Bereich der Naturwissenschaft, dem G. seine Aufmerksamkeit widmete. Bemerkungen über Wetter und atmosphärische Erscheinungen kommen freilich seit seiner Frühzeit häufig in seinen Briefen und Dichtungen vor (Komm. in FA I, 25, S. 1019f.). Die ersten Spuren einer wissenschaftlichen Behandlung solcher Phänomene sind aber erst im *Tagebuch der italienischen Reise für Frau von Stein* zu finden, in dem G. über eine Veränderung der Elastizität der Luft und der Anziehungskraft der Berge als mögliche Ursachen der Veränderung des Wetters spekuliert (WA III, 1, S. 162–166; vgl. die spätere Fassung in der *Italienischen Reise*, WA I, 30, S. 18–20, wo diese Hypothese allerdings als »Grille« beschrieben wird). Eine verwandte Hypothese erscheint in G.s Aufzeichnungen für seine 1805 in Weimar gehaltenen *Physikalischen Vorträge*, wo von »Veränderung der Anziehungskraft der Erde, vorzügliche[r] Ursache der Veränderung der Witterung« die Rede ist (LA I, 11, S. 75). In diesen früheren Hinweisen ist der Keim jener Hypothese enthalten, die erst im *Versuch einer Witterungs-lehre* zur vollen Entwicklung gelangte.

G.s systematische meteorologische Arbeit begann erst im Jahre 1815. Der Großherzog Carl August interessierte sich schon seit einiger Zeit für Meteorologie als Mittel der Wettervorhersage und ließ 1815 eine Beobachtungsstation in Schöndorf auf dem Ettersberg errichten; neben der schon vorhandenen Sternwarte in Jena kam ein Netz von weiteren Stationen in den nächsten Jahren hinzu. Da G. die Oberaufsicht für Künste und Wissenschaften im Großherzogtum hatte, mußte er an diesen Einrichtungen mitwirken (FA I, 25, S. 1027–1030). Den entscheidenden Impuls für seine eigene meteorologische Arbeit lieferten jedoch die Schriften des englischen Meteorologen Luke Howard, auf welche G. gegen Ende des Jahres 1815 durch Carl August aufmerksam gemacht wurde. G.s Gedanken über Meteorologie wurden in den nächsten Jahren von Howards Wolkentypologie beherrscht, die er als Mittel benutzte, um jenes Prinzip der Metamorphose typischer Grundformen, das er vor mehr als zwanzig Jahren in seinen botanischen und zoologischen Schriften entwickelt hatte, auf einen weiteren Bereich der Natur anzuwenden. Im Aufsatz *Wolkengestalt nach Howard* (1820) veranschaulicht G. Howards Wolkenlehre mit seinen eigenen Beobachtungen der Wolkenbildung (LA I, 8, S. 73–92). Zwischen 1818 und 1823 führte er systematische Beobachtungen aus, vor allem auf Badereisen nach Karlsbad und Marienbad. Zeichnungen der verschiedenen Wolkenformen wurden von G. selbst verfertigt oder in Auftrag gegeben (Wasielewski, S. 73, u. FA I, 25, Abb. 1-12).

Fast alle bisher erwähnten Texte sind Beiträge zur Naturgeschichte atmosphärischer Phänomene mit geringem theoretischen Gehalt. Schon 1816 jedoch versucht G. systematisch, die verschiedenen Wolkenarten mit dem jeweiligen Barometerstand zu korrelieren (WA I, 36, S. 111), und im Howard-Aufsatz von 1820 wird ein »Konflikt der obern und untern Region [der Atmosphäre; d. Vf.], der austrocknenden und anfeuchtenden« postuliert, um Veränderungen von Barometerstand und Wol-

kenbildung zu erklären (LA I, 8, S. 75). So beginnt allmählich sein Interesse für Veränderungen des Barometerstandes bzw. des Luftdrucks als meteorologisches Grundproblem – oder Urphänomen, wie er es jetzt zu nennen pflegt – sein früheres Interesse für die Wolkenbildung zu verdrängen, die ihm jetzt als sekundäres Phänomen erscheint. Schließlich wird in einigen Aufzeichnungen von 1822 die frühere Hypothese vom Pulsieren der Anziehungskraft der Erde wieder aufgenommen, um den Wechsel von Hoch- und Tiefdruck und daher von trockenem und feuchtem Wetter zu erklären: »Die Erde verändert ihre Anziehungskraft und zieht also mehr oder weniger den Dunstkreis an; [...] die Anziehungskraft geht aus von der ganzen Erdmasse, [...] sich zugleich durch ein mäßig beschränktes Pulsieren offenbarend« (LA I, 8, S. 322). Damit ist die Zentralhypothese des drei Jahre später geschriebenen *Versuchs einer Witterungslehre* bereits ausgesprochen. Sogar das Bild von einem »Aus- und Einatmen der tellurischen Schwerkraft« wird in denselben Aufzeichnungen verwendet (LA I, 8, S. 329), die somit als unmittelbare Vorstufe von G.s meteorologischen Hauptwerk gelten müssen.

Inhalt des Aufsatzes

Gleich zu Beginn des Aufsatzes *Versuch einer Witterungslehre* unterstreicht G. das Problematische des behandelten Themas und den notwendigerweise provisorischen Charakter aller Versuche, atmosphärische Vorgänge zu verstehen (LA I, 11, S. 244). Diese einleitenden Bemerkungen gipfeln in G.s erster Äußerung seiner eigenen theoretischen Ansicht, nach welcher die Ursachen aller meteorologischen Phänomene nicht etwa beim Mond oder bei den Planeten, sondern auf der Erde selbst zu suchen seien – d.h. sie seien »rein tellurisch« (LA I, 11, S. 246). Die nachfolgenden Abschnitte behandeln verschiedene Aspekte der Atmosphäre unter Hinweis auf die wichtigsten zu G.s Zeit verwendeten Meßgeräte

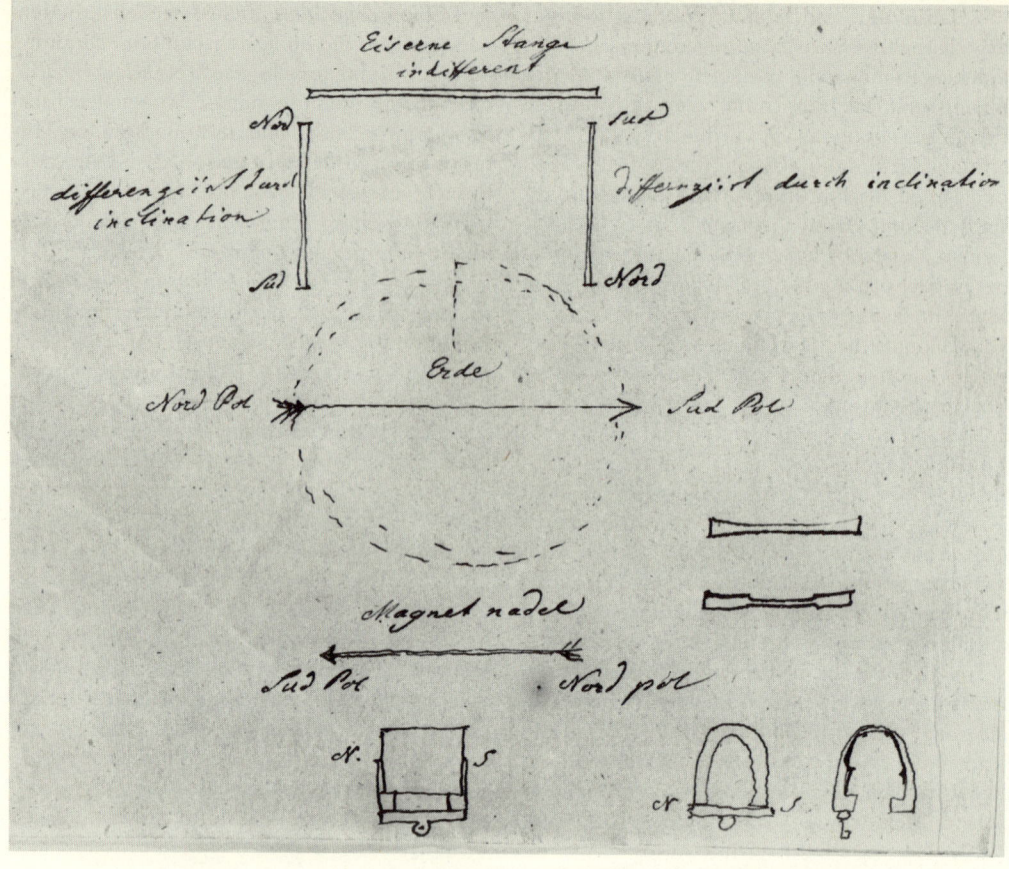

Goethe: Erläuterung des Magnetismus. Federzeichnung undatiert

wie Barometer, Thermometer und Manometer usw. Das Barometer wird besonders ausführlich besprochen, weil es nach G.s Meinung das Beweismaterial für seine Zentralhypothese liefert, indem er aus der vorhandenen Statistik entnehmen zu können glaubt, daß das Steigen und Fallen des Barometerstandes an den verschiedensten Orten »einen fast parallelen Gang habe« (LA I, 11, S. 247). Dabei ist nicht zu übersehen, daß die betreffende Statistik fast gänzlich aus dem kleinen Netz von Beobachtungsstationen im Großherzogtum Weimar herrührt und daß der von G. als Kronzeuge angeführte englische Meteorologe John Frederic Daniell nur behauptet, eine parallele Schwankung des Barometerstandes werde »oft« – d.h. nicht ausnahmslos – an weit auseinanderliegenden Orten registriert. Aus diesen etwas dürftigen Angaben meint G. aber auf »die größte Übereinstimmung« des Barometerstandes in allen Weltgegenden schließen zu können, und behauptet ferner, daß die Ursache dieser Übereinstimmung in einer regelmäßigen Schwankung, einem »Auf- und Absteigen, Aus- und Einatmen« der Anziehungskraft der Erde selbst liege (LA I, 11, S. 248). Diese pulsierende Wirkung ist nach G. das »Grundphänomen« oder »Ur-Phänomen« (LA I, 11, S. 249f.) der Meteorologie, wohingegen alle anderen Faktoren wie Feuchtigkeit, Dichte der Atmosphäre und sogar der relativ wichtige Einfluß von Temperatur von untergeordneter Bedeutung seien.

In mehreren folgenden Abschnitten werden verschiedene Aspekte des Klimas besprochen und auf das Urphänomen des Barometerstandes bezogen. Der Hauptteil des Aufsatzes schließt mit dem Abschnitt *Mittellinie*, in welchem die Relevanz barometrischer Daten zur Wettervorhersage untersucht wird. G. behauptet mit Recht, daß die steigende oder fallende Richtung des Quecksilbers im Verhältnis zum Durchschnittswert für den jeweiligen Ort eine ungefähre Prognose für die nächste Zukunft ermöglicht.

Die letzten sechs Abschnitte enthalten diverse Bemerkungen über barometrische Beobachtungen und naturwissenschaftliche Methoden. Die Abschnitte *Sogenannte Oszillation* und *Wiederaufnahme* befassen sich mit dem vor allem am Äquator beobachteten Phänomen einer zweimal pro Tag auftretenden Oszillation des Barometerstandes, wobei der Luftdruck morgens und abends höher und um Mittag und Mitternacht niedriger wird. Die wahre Ursache dieses Phänomens – nämlich die tägliche Bewegung einer von der Sonne ausgelösten Temperaturwelle um die rotierende Erde – war zu G.s Zeit noch nicht geklärt, und G., dessen »tellurische« Hypothese mit einem bestimmenden Einfluß von seiten der Sonne unvereinbar war, versucht diese Luftdruckschwankungen mit Hilfe einer etwas abstrusen Theorie zu erklären, nach welcher man sich das Gravitationsfeld der Erde »als lebendige Spirale, als belebte Schraube ohne Ende« (LA I, 11, S. 262) vorzustellen habe, die eine regelmäßige Zu- und Abnahme der Anziehungskraft der rotierenden Erde bewirke. Im folgenden Abschnitt, *Bändigen und Entlassen der Elemente*, verwendet G. den alten Begriff der vier Elemente, um seine Theorie der variablen Schwerkraft auf den Wechsel von Ordnung und Chaos in der Natur als Ganzes auszuweiten. G.s Konzept der Gesamtnatur war nämlich nie ein einseitig harmonistisches (vgl. seine Sulzer-Rezension von 1772; WA I, 37, S. 208ff.); er blieb sich immer ihrer chaotischen und gewalttätigen Aspekte bewußt. So wird die Grundtätigkeit der Natur hier als ewiger Kampf dargestellt, die Macht destruktiver Elementarkräfte im Zaum zu halten. G. denkt in erster Linie an Wasser und Luft, obgleich er auch die Möglichkeit erwägt, daß Feuer und Erde an demselben Kampf beteiligt sein könnten; sein geologischer Neptunismus schließt aber eine mehr als örtliche Bedeutung für Vulkane und Erdbeben aus. So scheint das Leben der gesamten Natur dem Leben der Menschen analog zu sein, die auch mit dem Elementarischen zu kämpfen haben: Man denke etwa an die Pläne des alten Faust, dem Meer neues Land abzuringen – aber auch an die Beschäftigung des alten G. mit dem ständigen Kampf zwischen konservativen und revolutionären Impulsen im politischen Bereich. Der nächste Abschnitt, *Analogie*, zieht eine Parallele zwischen G.s meteorologischer Hypothese und

seiner Farbenlehre. Die Entdeckung von Analogien ist ohnehin ein Hauptanliegen von G.
als Naturwissenschaftler, weil diese die Einheit und Beständigkeit der Natur bestätigen.
Schließlich bespricht G. einige grundsätzliche
Probleme der naturwissenschaftlichen Forschung (*Anerkennung des Gesetzlichen*;
Selbstprüfung). Sein Hauptzweck bleibt immer die Entdeckung der allgemeinen Regel
oder Gesetzlichkeit hinter der Komplexität individueller Erscheinungen; und in jenen Bereichen wie Meteorologie, wo der Grad von
Unwissenheit und Ungewißheit noch hoch ist,
spielen Einbildungskraft und Hypothesen, so
ausgefallen sie auch sein mögen, eine besonders wichtige Rolle als Mittel, die Forschung
voranzutreiben.

Wissenschaftliche Bedeutung des Aufsatzes

G.s Verteidigung gewagter Hypothesen ist
durchaus verständlich, weil die Zentralhypothese seines Aufsatzes nicht nur archaisch,
sondern auch widerspruchsvoll ist. Sie enthält
zwei verschiedene, miteinander unvereinbare
Komponenten: einerseits die Vorstellung von
der Erde als Organismus, dessen »Atmen« Veränderungen im Barometerstand hervorbringe,
und andererseits den Gedanken eines regelmäßigen Pulsierens der Schwerkraft. Die Vorstellung von der Erde als Lebewesen mit inne-
wohnender »Seele« – vgl. den Hinweis auf
Elektrizität als »Weltseele« in G.s Aufsatz
(LA I, 11, S. 254) – ist ein neuplatonischer Topos und wird bereits von Plato selbst im *Ti-
maios* (30B-34B) verwendet; solche Ideen erfuhren einen neuen Aufschwung in der romantischen Naturphilosophie (vgl. Schellings
Von der Weltseele). G. begegnete einer verwandten Theorie von der Zirkulation der Atmosphäre als Atmung der Erde in einer 1823
gehaltenen Vorlesung des Halleschen Physikers J. L. G. Meinecke (LA I, 11, S. 271). Die
Anwendung dieses Modells auf die Meteorologie lag G. besonders nahe, weil er das Bild

des Atmens schon längst als Mittel gebraucht
hatte, die Wechselwirkung gegensätzlicher
Kräfte in der Natur auszudrücken, wie z.B.
in der *Farbenlehre* (LA I, 4, S. 217). Leider
schafft dieses Modell mehr Probleme in der
Meteorologie, als es lösen kann; denn selbst
wenn es der Fall wäre (wie G. annimmt), daß
die Veränderung des Barometerstandes in allen Weltgegenden gleich bliebe, folgt diese
Veränderung keinem regelmäßigen Rhythmus,
wie man bei der Respiration erwarten würde.
Obgleich G. den Zusammenhang zwischen
dem Atmungsmodell und der mit ihr verwandten Theorie des Pulsierens der Schwerkraft
nicht näher bestimmt, entspräche das Einatmen vermutlich einer Zunahme und das Ausatmen einer Abnahme der Anziehungskraft der
Erde. G. schreibt jedoch im Aufsatz: »Die er-
höhte Anziehungskraft der Erde [...] ist die
Gewalt die den Zustand der Atmosphäre regelt
und den Elementen ein Ziel setzt; sie widersteht der übermäßigen Wasserbildung [...]
Niederer Barometerstand hingegen entläßt die
Elemente« (LA I, 11, S. 264). Dies scheint dem
Atmungsmodell zu widersprechen, das G. im
Gespräch mit Eckermann (11.4. 1827) folgendermaßen erläutert: »Ich denke mir die Erde
mit ihrem Dunstkreise gleichnisweise als ein
großes lebendiges Wesen, das im ewigen Ein-
und Ausatmen begriffen ist. Atmet die Erde
ein, so zieht sie den Dunstkreis an sich, so daß
er [...] sich verdichtet bis zu Wolken und Regen. [...] sie atmet wieder aus und entläßt die
Wasserdünste nach oben, wo sie sich [...] dergestalt verdünnen, daß [...] die Sonne glänzend herdurchgeht«. Im ersten Fall bewirkt die
Anziehung der Erde Hochdruck und schönes
Wetter; im zweiten Fall bewirkt sie Tiefdruck
und Regen. Auf ähnliche Weise scheint die
Gravitationshypothese im *Versuch einer Witterungslehre* der im Aufsatz *Wolkengestalt nach
Howard* von 1820 geäußerten Hypothese eines
Konflikts von oberen und unteren Luftregio-
nen zu widersprechen, weil letzterer Aufsatz
der Anziehung gerade der unteren, der Erde
näheren Luftregion die Auslösung von Regen
und niedrigem Barometerstand zuschreibt
(LA I, 8, S. 90; Schöne, S. 38). Von der Wirkungsweise der Schwerkraft selbst scheint G.

nur unklare Vorstellungen gehabt zu haben. Seine Theorie des Pulsierens z.B. steht in direktem Widerspruch zu Newtons Entdeckung, daß die Schwerkraft nur mit der Masse und gegenseitigen Entfernung der betreffenden Körper variiert; und in den meteorologischen Aufzeichnungen von 1822 vertritt er die widersprüchliche Auffassung, daß die Atmosphäre kein Gewicht habe, jedoch von der Gravitation angezogen werde (LA I, 8, S. 322). Schließlich wird gegen Ende des Aufsatzes von 1825 die völlig neue Hypothese eingeführt, daß meteorologische Vorgänge nicht durch das Pulsieren der Schwerkraft selbst, sondern durch einen Konflikt zwischen Schwerkraft und Wärme bestimmt werden (LA I, 11, S. 265, Abschnitt *Analogie*).

Es erhellt aus diesen verschiedenen Diskrepanzen, daß G.s meteorologische Theorien eklektisch und einander widersprechend sind. Sie zeichnen sich zudem durch Mißverständnisse und eine Unkenntnis gewisser Naturprozesse aus, die nur zum Teil durch das Entwicklungsstadium der Naturwissenschaft zu G.s Zeit bedingt ist. G. verfügte nur über beschränkte meteorologische Daten, die hauptsächlich aus West- und Mitteleuropa stammten. Er benutzte diese Daten trotzdem nur selektiv und ließ alles, was seinen Theorien nicht entsprach, außer Betracht (Ficker, S. 51f.). Seine ausschließliche Betonung des Barometerstandes bzw. des angeblich dafür verantwortlichen Pulsierens der Schwerkraft führt zur Mißachtung aller anderen für atmosphärische Vorgänge verantwortlichen Faktoren, vor allem der Temperatur. Da die Quelle der Wärme – d.h. die Sonne – außerirdisch ist, ist sie mit G.s »tellurischer« Hypothese unvereinbar, so daß er ihre Wirkung, deren Einfluß auf das Klima er in den Abschnitten *Thermometer* und *Jahreszeiten* allerdings zugibt, für relativ unwichtig hält und jeden Zusammenhang zwischen Temperatur und Barometerstand leugnet (LA I, 11, S. 248). Wir wissen zwar heute, daß dieser Zusammenhang kein direkter ist; aber die Hauptursache der Verschiedenheit des Luftdrucks von Ort zu Ort liegt im Aufsteigen der Luft im Äquatorialbereich und ihrem Fallen in den kühleren Regionen, eine Wirkung, die gleichzeitig durch die Rotation der Erde, den Wechsel der Jahreszeiten und die ungleiche Verteilung von Land und Meer modifiziert wird. Wenn es ein »Urphänomen« in der Meteorologie überhaupt gibt, so ist es nicht die Veränderung des Barometerstandes, sondern die Veränderung der Temperatur auf der Erdoberfläche (Wasielewski, S. 60). Obgleich G. mit dem Phänomen der Verdunstung vertraut war, bleiben seine Versuche, den Zusammenhang zwischen Tiefdruck, Wolkenbildung und Niederschlag zu erklären, im Grunde erfolglos. Er wußte eben nicht, daß Regenfälle dadurch entstehen, daß die Luft in einem Tiefdruckgebiet in kühlere Regionen hinaufsteigt und kühle Luft weniger Wasser halten kann als warme Luft. Schließlich war G.s Hypothese vom Pulsieren der Schwerkraft auch nach dem Maßstab der damaligen Naturwissenschaft unhaltbar. Denn einerseits könnte das Barometer ein derartiges Phänomen überhaupt nicht registrieren, weil das Pulsieren das Gewicht des Quecksilbers im Barometer im selben Grad beeinflussen müßte wie das Gewicht der Atmosphäre, so daß keine Änderung am Barometerstand sichtbar werden könnte; und andererseits würde das Pulsieren entsprechende Störungen in der Mondumlaufbahn verursachen, die schon längst von der Astronomie hätten beobachtet werden müssen.

Kurz, G. nahm im *Versuch einer Witterungslehre* die Aufgabe auf sich, eine umfassende theoretische Erklärung meteorologischer Prozesse zu liefern. Für die erfolgreiche Bewältigung dieses Problems waren die naturwissenschaftlichen Voraussetzungen zu seiner Zeit noch nicht vorhanden, und G. war in dieser Hinsicht ohnehin viel weniger qualifiziert als die professionellen Meteorologen. Es verwundert deshalb nicht, daß der Aufsatz von der Fachwelt nicht beachtet wurde (Komm. in FA I, 25, S. 1078; Wasielewski, S. 69). G.s wertvollste Leistungen als Meteorologe, nämlich seine genauen Beobachtungen der Wolkenbildung und seine Unterstützung meteorologischer Projekte im Großherzogtum Weimar, waren nicht theoretischer, sondern praktischer Art.

Verhältnis der Witterungslehre zu G.s Naturdenken

Dieses negative Urteil über die wissenschaftliche Bedeutung von G.s Aufsatz schmälert aber keineswegs dessen Wert als Dokument seines Denkens und als Beitrag zu seiner Naturphilosophie. Gleich der erste Satz liefert einen Kommentar zu G.s Symbolbegriff und zu Fausts berühmter Bemerkung »Am farbigen Abglanz haben wir das Leben« (*Faust II*; WA I, 15.1, S. 7, V. 4727). Die Zentralhypothese des Aufsatzes stellt einen typischen Ausdruck seines Bestrebens dar, die destruktiven, scheinbar willkürlichen Aspekte der Natur einem gesetzmäßigen, dem organischen Wachstum ähnlichen Prozeß unterzuordnen. Daher das Modell der ein- und ausatmenden Erde als Mittel, die Schwankung des Barometerstandes als regelmäßigen Vorgang zu begreifen. Der Aufsatz enthält ebenfalls eine von G.s wichtigsten Äußerungen zum Begriff des Urphänomens; es stellt sich heraus, daß sich das meteorologische Urphänomen z.B. von dem Urphänomen der Farbentstehung dadurch unterscheidet, daß das Phänomen selbst (das Pulsieren der Schwerkraft) unsichtbar bleibt und nur mit Hilfe eines Instruments wahrgenommen werden kann, dessen Schwankung angeblich als »symbolische Äußerung« des eigentlichen Phänomens zu verstehen ist. G.s Abneigung gegen naturwissenschaftliche Instrumente ist bekannt (Eckermann, 1.2. 1827; auch MuR, 502 u. 706). Gegen meteorologische Instrumente hat er jedoch im allgemeinen nichts einzuwenden, wie der Aufsatz von 1825 zeigt, und in seinen späteren Jahren zieht er Barometer und Thermometer regelmäßig zu Rate (über G.s eigene Instrumentensammlung vgl. Wasielewski, S. 89). Seine meteorologischen Schriften, besonders der *Versuch einer Witterungslehre*, machen der damals geläufigen physikalischen Praxis tatsächlich weit mehr Zugeständnisse als seine früheren Schriften zur Naturwissenschaft. Dies trifft auf seinen häufigen Gebrauch von Kausalerklärungen zu, wenn z.B. das Pulsieren der

Schwerkraft als »Ursache der Veränderung der Witterung« angeführt wird (LA I, 11, S. 75; vgl. LA I, 11, S. 253 u. LA I, 8, S. 322): Solche Formulierungen stehen in scharfem Kontrast zu seiner oft geäußerten Kritik an Kausalerklärungen in seinen allgemeinen Betrachtungen über Wissenschaftstheorie (vgl. LA I, 11, S. 40 u. MuR, 1234 u. 1236). Noch überraschender ist das mechanische Modell einer »Schraube ohne Ende«, das G. im Aufsatz zur Erklärung der »Oszillation« des Barometers im Äquatorialbereich verwendet, denn er verurteilt ähnliche Modelle im Werk von Descartes und den Rationalisten (vgl.LA I, 6, S. 173 u. LA I, 10, S. 399). Diese auf den ersten Blick für G. untypischen Ansichten sind eng mit der Tatsache verbunden, daß Theorien und Hypothesen trotz seiner häufigen Kritik an ihrer Verwendung (vgl. MuR, 1165 u. 428; MuR, 579 u. 727) in seinem meteorologischen Werk eine relativ große Rolle spielen.

Der Grund für diese scheinbare Inkonsequenz liegt zum größten Teil im Kenntnisstand der Meteorologie zu G.s Zeit. Im Gegensatz etwa zur Optik war die Meteorologie damals noch im Anfangsstadium, und systematische Wetterbeobachtungen wurden erst seit kurzer Zeit in einigen europäischen Ländern und an wenigen anderen Orten durchgeführt. G. hatte unter diesen Umständen gegen den Gebrauch von Hypothesen nichts einzuwenden; er hielt sie vielmehr für notwendige Hilfsmittel (vgl. *Über die Notwendigkeit von Hypothesen* in LA I, 11, S. 35f. u. S. 267). Unzulässig sind für ihn nur diejenigen Theorien und Hypothesen, die sich schon zu Dogmen verhärtet haben und den Fortschritt der Wissenschaft aufhalten, was nach seiner Ansicht mit Newtons Theorie der Farbentstehung geschehen war. Dies ist keineswegs der Fall bei der Zentralhypothese des Aufsatzes *Versuch einer Witterungslehre*. So altertümlich und unwahrscheinlich sie uns heute auch vorkommen mag, muß zu G.s Verteidigung zugleich daran erinnert werden, daß er von Anfang bis Ende des Aufsatzes den provisorischen und heuristischen Charakter seiner Ausführungen hervorhebt und das ganze Werk als »Wagestück« bezeichnet (LA I, 11, S. 266). Vorbehalte dieser Art sind zweifellos der Grund, warum er den Aufsatz nicht veröffentlichte.

Nach Vollendung des Aufsatzes schrieb G. wenig mehr über Meteorologie; er wurde immer skeptischer im Hinblick auf die Möglichkeit einer umfassenden Erklärung aller atmosphärischen Vorgänge. Er sagte z.B. zu Eckermann: »Wir steuern dabei auf Hypothesen los, auf imaginäre Inseln, aber die eigentliche Synthese wird wahrscheinlich ein unentdecktes Land bleiben« (Eckermann, 13.2. 1829; vgl. an Zelter, 4.3. 1829). Er wußte selbst, daß sein Beitrag zur Meteorologie nur ein bescheidener war, und sagte voraus, daß die Fachwelt ihn wenig beachten würde (Eckermann, 2.6. 1823). Das wichtigste Produkt seiner meteorologischen Studien sind wohl die Gedichte, die sie inspirierten – vor allem *Howard's Ehrengedächtnis.*

Literatur:

Engelhardt/Wenzel, Komm. in FA I, 25, S. 1019–1086. – Ficker, Heinrich von: Bemerkungen über Goethes *Versuch einer Witterungslehre.* Sitzungsberichte der Preußischen Akademie der Wissenschaften. Physisch-mathematische Klasse 8. (1932), S. 47–52. – Schelling, Friedrich Wilhelm Joseph von: Von der Weltseele. Hamburg 1798. – Schneider-Carius, Karl: Goethes Erlebnis und Erforschung der atmosphärischen Erscheinungen. In: GoetheJb. N.F. 12 (1950), S. 276–309. – Schöne, Albrecht: Über Goethes Wolkenlehre. In: JbAkadWissGöttingen. (1968), S. 26–48. – Wasielewski, Waldemar von: Goethes meteorologische Studien. Leipzig 1910.

Hugh Barr Nisbet

Physikalische Preis-Aufgabe der Petersburger Akademie der Wissenschaften 1827

Entstehung des Aufsatzes

G. erwähnte in der Einleitung seines Aufsatzes, daß diese Preisaufgabe zur hundertjährigen Stiftungsfeier der Petersburger Akademie ausgeschrieben wurde und daß aus diesem Anlaß auch »mehrere Ehren- und korrespondierende Mitglieder ausgerufen« wurden (FA I, 25, S. 828). Er selbst zählte zu den neuen Ehrenmitgliedern und wurde in dieser Eigenschaft über die Preisaufgabe benachrichtigt. Die Initiative, G. als Ehrenmitglied in die Akademie aufzunehmen, kam zweifellos von ihrem Präsident, Graf Sergej Semenowitsch Uwarow, der seit Dezember 1810 sporadisch mit G. korrespondierte.

G. erhielt die Ausschreibung der Preisfrage im Januar 1827. Eine Tagebucheintragung bestätigt die Datierung seiner Einleitung, weitere Tagebucheintragungen vom 29.1., 1.2. und 15.–17.4. 1827 berichten über den Fortgang der Arbeit. Zu einer Antwort an Uwarow kam G. erst am 3. Juni: »Erlauben Sie mir hiebey eine Bemerkung zu der wichtigen Aufgabe, welche die Academie den Physikern vorgelegt hat. Gerade dieser Abtheilung der Naturlehre habe ich viele Jahre her eine große Aufmerksamkeit unablässig gewidmet und fahre fort mich damit zu beschäftigen. Wenn ich also noch Ursachen habe ein längeres Leben zu wünschen, so gehört diese gewiß mit dazu: durch die Lösung jenes Räthsels, durch die Entscheidung einer einsichtigen Academie über manches aufgeklärt zu werden, welches mir so wie andern höher Gestellten bis jetzt ein Problem geblieben ist«.

Die höfliche Antwort verschleierte allerdings G.s Skepsis, die er im Brief an Christoph Ludwig Friedrich Schultz vom 29.6. 1829 preisgab: »Nachdem ich das Programm gelesen, welches mir, als neuernanntem Ehrenmitgliede, alsobald zukam, erklärte ich klar und unumwunden meiner Umgebung: die Akademie wird keine Auflösung erhalten und hätte sie eigentlich nicht erwarten sollen. Sie verlangt: die verschiedenen Hypothesen, die man über die dem Licht, wie man glaubt, abgewonnenen Eigenheiten und Eigenschaften nach und nach ausgesprochen, abschließlich vereinigt, versöhnt, subordinirt, unter Einen Hut gebracht zu sehen. Niemand wurde gewahr, daß sie alle miteinander mit Farbenerscheinungen verknüpft sind, man dachte nicht, daß die Phänomene, worauf jene Hypothesen gegründet sind, nochmals müßten revidirt werden, ihre Reinheit, Congruität, Einfachheit und Mannichfaltigkeit, Ursprüngliches und Abgeleitetes erst noch müßte untersucht werden. Obige meine Weissagung ist eingetroffen; die Akademie erklärte am 29. December 1828: sie habe in diesen zwey Jahren kein einziges M é m o i r e erhalten, prorogirt jedoch den Termin bis in den September d. J., wo gewiß auch keine Beantwortung eingehen kann und wird. Ich setzte vor zwey Jahren im ersten Anlauf eines aufgeregten Interesses mehrere Puncte auf's Papier«.

Die Akademie erhielt allerdings sechs Antworten auf die Preisfrage, sie befriedigten aber die Kommission nicht und der Preis wurde eingezogen.

Vom Aufsatz sind zwei Teilhandschriften von der Hand John Schuchardts im G.- und Schiller-Archiv aufbewahrt. Der Erstdruck erfolgte postum in der Ausgabe letzter Hand (55, S. 70–85). Überliefert sind weiterhin die unter Paralipomena CXVII und CXVIII in der Weimarer Ausgabe (WA II, 5.2, S. 400–406) abgedruckten handschriftlichen Vorarbeiten zu G.s *Kritik vorstehender Preisaufgabe* (FA I, 25, S. 832–838). G.s Kommentar auf die Preisaufgabe in den *Maximen und Reflexionen* (MuR, 1212) deckt sich mit den Bemerkungen im obigen Brief an Schultz. Die Leopoldina-Ausgabe (LA I, 11, S. 286–294; noch ohne Kommentar) und die Frankfurter Ausgabe (FA I, 25, S. 828–838; Kommentar S. 1411–1422) enthalten zuverlässige Neudrucke. Im folgenden wird nach der Frankfurter Ausgabe zitiert.

Die Preisaufgabe

G.s Aufsatz besteht aus einer Einleitung (FA I, 25, S. 828), dem französischen Text der Preisaufgabe, *Prix de Physique* (FA I, 25, S. 828–832), und G.s Kommentar, *Kritik vorstehender Preisaufgabe* (FA I, 25, S. 832–838).

Die Preisaufgabe hebt vier optische Probleme hervor, »die Diffraktion, die farbigen Ringe, die Polarisation und die Doppelbrechung« (zitiert nach FA I, 25, S. 1416), und sie nennt drei Lösungsversuche: die im 18. Jh. dominierende Newtonsche Korpuskeltheorie des Lichtes, die von Christiaan Huygens und Leonhard Euler vertretene Wellentheorie, die am Anfang des 19. Jhs. neue Impulse bekam, und die chemische Lichttheorie eines Georg Friedrich Parrot, Mitglied der Beurteilungskommission.

Die Kommission fand, daß Newton die Diffraktion und die farbigen Ringe befriedigend erklärt und daß Jean Baptiste Biot für die durch Etienne Louis Malus entdeckte Polarisation eine korpuskeltheoretische und mathematische Beschreibung gegeben habe, ohne jedoch ihre physischen Ursachen zu erklären: »Somit sind uns diese Phänomene nur mathematisch bekannt« (FA I, 25, S. 1417). Dementsprechend empfahl die Kommission den Wettbewerbern als eine Lösungsmöglichkeit, die physikalische Grundlage der Newtonschen Betrachtung zu finden.

Für das korpuskeltheoretische Modell gab es allerdings einen ernstzunehmenden Rivalen. Thomas Young entdeckte am Anfang des 19. Jhs. die Interferenzerscheinung, daß zwei homogene Lichtstrahlen sich nicht immer verstärken, sondern, vom abgelaufenen Weg abhängig, sich wechselweise verstärken und abschwächen. Die Wellentheorie lieferte für diese Beobachtung eine ausgezeichnete Erklärung, die aber anfänglich so heftig bekämpft wurde, daß der in Göttingen promovierte Arzt sich entmutigt anderen Forschungsgebieten zuwendete.

Die Preisausschreiber fanden die Wellentheorie noch 1826 so problematisch, daß sie als Alternativen für das korpuskeltheoretische

Modell nur die Möglichkeiten erwähnten, »das optische System der Wellen von allen Einwürfen zu befreien« oder »das chemische System der Optik auf die erforderlichen Berechnungen und Versuche zu gründen« (FA I, 25, S. 1419). Dies war aber bei dem damals erreichten Wissensstand keine ausgewogene Einschätzung der Alternativen. Youngs erste Aufsätze zwischen 1801 und 1807 enthielten zwar tatsächlich nur Ansätze zu einer neuen Lichttheorie, aber die Experimente des Straßenbauingenieurs Augustin Fresnels ab 1815 gaben der Wellentheorie neue Impulse. Dominique François Jean Arago machte Fresnel auf Youngs Aufsätze aufmerksam, beförderte ihn und entwickelte die Wellentheorie mit eigenen Beiträgen weiter. Zunächst mußte Fresnel bei der Erklärung der Diffraktion die Beugung des Lichtes annehmen, was in der Preisaufgabe noch 1826 zum Einwand führte, die Lichtstrahlen pflanzten sich nur in der Richtung ihrer Bewegung fort und nicht wie der Schall nach allen Richtungen. Biot und andere Newtonianer bekämpften die neuen französischen Ergebnisse heftig, aber als Young und Fresnel im Jahre 1817 gleichzeitig zur Einsicht kamen, daß die Lichtwellen nicht longitudinal, wie die Schallwellen, sondern transversal oszillierten, kippte die Waagschale der Evidenz zu Gunsten der Wellentheorie. Am Ende dieses Jahrzehnts hielten nur unbeugsame Newtonianer noch an der Korpuskeltheorie fest; die Skepsis der Petersburger Preisausschreiber war ungerechtfertigt.

G.s Kritik

Über Malus' Entdeckung der Polarisation am Kalkspat und die korpuskeltheoretische Erklärung, die Biot dafür gab, war G. über Thomas Seebeck informiert. Aus Unzufriedenheit über die neuen Theorien begann er Studien und Experimente über die »entoptischen Farben«, aber er verbündete sich nicht mit den Newton-Gegnern Young, Fresnel und Arago.

In der *Farbenlehre* (1810) kommt Youngs

Name nicht vor. Ludwig Wilhelm Gilbert hatte 1811 in einer Anmerkung zu der deutschen Übersetzung von Youngs frühen Aufsätzen G. den Vorwurf gemacht, er hätte Youngs Kritik an Newton nicht zur Kenntnis genommen (*Annalen der Physik*, Bd. 39, S. 220). Wenn G. Young auch in seiner Kritik der Preisaufgabe nicht erwähnt, so könnte man denken, er habe Young seine sehr kritische Rezension der *Farbenlehre* in der *Quarterly Review* (Jg. 10, Januar 1814, S. 427–444) übelgenommen. Dies konnte aber nicht der Grund sein, denn der Verfasser dieser Rezension wurde weder in der auf G.s Bitte von Seebeck zusammengestellten Liste der Rezensionen der *Farbenlehre* (MA 12, S. 580ff.) noch in G.s Erwähnung der Rezension im Brief an Arthur Schopenhauer vom 11.2.1816 genannt. G. kannte den Namen des feindlichen Rezensenten wohl nicht. Seebecks Liste enthielt übrigens auch Parrots Namen, denn dieses Mitglied der Beurteilungskommission hatte in der Vorrede seiner Schrift *Grundriss der theoretischen Physik* (1811) die *Farbenlehre* besprochen.

G.s im Herbst 1821 entstandene Schrift *Warte-Steine* (FA I, 25, S. 789–797) zeigt, daß er von der Kontroverse zwischen den Korpuskel- und Wellentheoretikern wußte. Er las Aragos satirische Kritik auf Biot mit Freude, schloß sich aber den Wellentheoretiker nicht an, wohl deshalb, weil ihm die Methode der Wellentheoretiker ebenso mathematisch und abstrakt vorkam wie die ihrer Gegner, und weil auch die neue Theorie behauptete, das weiße Licht bestehe aus allen Farben.

So entstand statt eines Kommentars eine »Kritik« an der Preisaufgabe, die eher die Fragestellung selbst als die zwei Lösungsversuche des Lichtproblems unter die Lupe nimmt. G. kritisierte Newtons atomistische Vorstellung, mißtraute aber auch der Wellentheorie als einem von der Akustik übernommenen Gleichnis.

Die in der Preisaufgabe aufgeführten vier optischen Phänomene benötigen laut G. »künstlich zusammenbereitete Vorrichtungen« (FA I, 25, S. 832), um überhaupt zu erscheinen. Diffraktion und Polarität galten ihm deshalb nur als Hypothesen, die noch von dem »höhern

Prinzip« der sichtlich wahrnehmbaren Farben abgeleitet werden müssen (FA I, 25, S. 833). Die von der Preisaufgabe gewünschte physikalische Theorie der vier Problembereiche müßte aufgrund einer Farbentheorie gesucht werden. Die Preisaufgabe erwähnte aber die Farben überhaupt nicht, weil sie stillschweigend die Richtigkeit der von G. bestrittenen Newtonschen Farbenhypothese annahm. Dies war für G. ein weiteres Zeichen dafür, daß die Wissenschaft allzu schnell Hypothesen verdinglichte, und daß eine epistemologisch wohlfundierte Untersuchung des Fragenkomplexes auch die Subjektivität der Wissenschaftler einbeziehen müßte: »Hier aber treffen wir auf den wichtigen Punkt wo wir statt vom Beobachteten zu reden, vom Beobachter selbst sprechen müssen« (ebd.).

G. überlegte sich anscheinend, die »seit 40 Jahren durchgearbeitete Materie nochmals zu überdencken zusammenfassen und wo nicht den Preis doch eine ehrenvolle Meldung [?] zu erwarten [?]« (WA II, 5.2, S. 406), aber diesen unausführbaren Plan ließ er bald fallen und beschränkte sich auf Vorschläge zur Lösung des Problems. Das erste wäre »die Verknüpfung jener anzustellenden Untersuchungen mit der Farbenlehre« (FA I, 25, S. 836), das zweite, die Anwendung der schon im Aufsatz *Der Versuch als Vermittler* (MA 12, S. 684–693) vorgetragenen Methode, alle Ansichten, vor allem die These über die Zusammenstellung der weißen Farbe, zu überprüfen: »Eine Revision sämtlicher Versuche wäre anzustellen und nicht allein aller derjenigen auf welche gedachte Hypothesen gegründet sind, sondern auch aller andern, welche noch irgend gefordert werden könnten« (FA I, 25, S. 837). Die Akademie sollte demnach keine Preisaufgabe ausschreiben, sondern die Revision einem vorurteilsfreien Wissenschaftler oder einer Forschergruppe anvertrauen. Sie würde »unwidersprechlich« zeigen, »daß seit hundert und mehr Jahren aus diesem herrlichsten Kapitel der Naturlehre alle Kritik verbannt und jeder sorgfältige Beobachter, so bald er auf das Wahre hingedeutet, sogleich beseitigt und geächtet worden« (FA I, 25, S. 838).

G.s Plädoyer in eigener Sache enthielt Einsicht und Fehlurteil. Seine Fragestellung ging tiefer als die der Akademie, denn sie wollte auch die Faktizität der relevanten Beobachtungen und die dominante wissenschaftliche Methodologie zur Diskussion stellen. Aber er schätzte die damalige Sachlage nicht richtig ein. Newtons Korpuskeltheorie ließ während des 18. Jhs. tatsächlich wenig Kritik aufkommen. Wie G., wurden Young und Fresnel heftig angegriffen, als sie die befestigte Autorität der Newtonschen Theorie in Frage stellten, teils weil sie als Arzt bzw. Ingenieur als Außenseiter in die Angelegenheiten der Physiker sich eingemischt hatten. Die Auseinandersetzung hätte G. wissenschaftssoziologisch interessieren können, aber der Fall paßte nicht ganz in seine Einschätzung der wissenschaftlichen Institutionen, denn der Durchbruch, den er selbst erfolglos suchte, gelang Young und Fresnel schließlich doch. G. nahm den Paradigmawechsel nicht wahr, weil er zu dogmatisch an seiner eigenen Lichttheorie festhielt und weil er der Meinung war, Evidenz und Argument reichten nicht aus, die wissenschaftliche Gemeinschaft von ihrer dogmatischen Anschauung abzubringen. Wenn er jedoch bemerkte, die Wellentheorie benötige ein materielles Substratum, nämlich einen allgegenwärtigen, elastischen Äther, »denn es muß doch etwas da sein was bewegt wird« (FA I, 25, S. 836), so nannte er ahnend jene Achillesferse des neuen Siegers, die etwa hundert Jahre später die Rehabilitierung der besiegten Korpuskeltheorie ermöglichen sollte.

Der Aufsatz hatte keine Wirkung und fand auch in der G.-Forschung kaum Aufmerksamkeit. Er griff die große lichttheoretische Auseinandersetzung der Zeit auf, nahm aber daran doch nicht teil.

Literatur:

Burwick, Frederick: The Damnation of Newton: Goethe's Color Theory and Romantic Perception. Berlin 1986. – Engelhardt/Wenzel, Komm. in FA I, 25, S. 1411–1422. – Ronchi, Vasco: Storia della Luce. Florenz ²1952. – Weinmann, Karl Friedrich: Die Natur des Lichts. Darmstadt 1980.

John Neubauer

Principes de Philosophie Zoologique

Umfeld und Vorgeschichte

Die *Morphologischen Hefte* (MA 12, S. 7–384) waren 1824 mit dem Erscheinen des sechsten Heftes abgeschlossen. G. dachte zunächst daran, diese Zeitschrift weiterzuführen: »Ich wollte fragen: ob Sie nicht [...] einen kleinen Aufsatz für mein morphologisches Heft bei Seite legen könnten; das nächste wird auch wohl wieder langsam vor sich gehen, aber am Ende erscheint es denn doch« (an Christian Gottfried Daniel Nees von Esenbeck, 16.12. 1824). Am 31.5. 1825 schrieb er jedoch an Christoph Ludwig Friedrich Schulz: »Diese Mittheilungen werd ich wohl einige Zeit aufgeben müssen, indem ich der neuen Ausgabe meiner Werke alle Aufmerksamkeit schuldig bin«. G. verfaßte zwar selber noch einige kleine Nachträge zu Aufsätzen der *Morphologischen Hefte* sowie einige kleine Pflanzenmonographien (MA 13.2, S. 304–321), aber im ganzen galt für diese Jahre, was im Brief vom 13.11. 1825 an Nees von Esenbeck stand: »Übrigens bin ich leider, wie schon geklagt, in mehr als einem Sinne von der Naturanschauung getrennt«.

Das Bedauern dieses Zustandes angesichts der immer wieder liebevollen Begegnung mit den Gegenständen der drei Reiche und dem unverändert fortdauernden Interesse an den Problemen, die sie aufgeben, kam in zwei Briefen aus dem Jahre 1828 zum Ausdruck: »Ob ich gleich gegen die liebe Natur, am wenigsten gegen die verführrerische Botanik meine Blicke wenden darf, so hab ich doch immer einige Repräsentanten der Pflanzenwelt neben mir [...]. Damit aber nicht allzu räthselhaft scheine, wie ich mich in der Nähe von den Belvederischen Schätzen so kümmerlich behelfe, muß ich sagen daß ich mich vor den warmen Häusern und vor der Abwechselung der Temperatur fürchte, die mich schon

manchmal übel behandelt haben. [...] Auch das Mikroskop wage ich nicht mehr aufzustellen; [...] Auch die Müllerische Arbeit mikroskopischer Erscheinungen erfolgt zurück; sagen Sie mir doch gelegentlich etwas von dem guten jungen Mann; ich kann der Entwickelung solcher nachgebornen guten und schätzenswerthen Geister nicht mehr folgen; mit meiner eigenen Methode komme ich noch allenfalls durch, aber in fremde Vorstellungsarten kann ich mich nicht mehr versetzen« (an Nees von Esenbeck, 2.4. 1828). Und wenig später: »Ein alter Schiffer, der sein ganzes Leben auf dem Ocean der Natur mit Hin- und Widerfahren von Insel zu Insel zugebracht, die seltsamsten Wundergestalten in allen drey Elementen beobachtet und ihre geheim-gemeinsamen Bildungsgesetze geahnet hat [...]. Wie sehr findet er Ursache, verwundernd sich zu erfreuen, daß seine Sehnsucht verwirklicht und sein Hoffen über allen Wunsch erfüllt worden. Mehr darf ich nicht sagen, denn ich habe kaum einen Blick in das Werk gethan, der aber auch schon auf das Vollkommenste erhebt und befriedigt« (an Carl Gustav Carus, 8.6. 1828). Carus hatte ihm das Werk *Von den Ur-Theilen des Knochen- und Schalengerüstes*, Leipzig 1828, mit Brief vom 21.3. 1828 zugeschickt. Mehrere Voranzeigen auf dieses Werk waren in den *Morphologischen Heften* (MA 12, S. 250ff., S. 285–294 u. S. 340f.) erschienen; über Nees von Esenbeck, Carus und andere sowie über die Bedenklichkeit ihrer Art, Wissenschaft zu betreiben, gibt ebenfalls die Münchner Ausgabe Auskunft (Komm. in MA 12, S. 915–921).

Zwei bedeutende Anregungen in den Jahren 1828 und 1830 gaben jedoch noch einmal den Anstoß zu je einer größeren Publikation. Von der ersten ist im Brief an Carl Friedrich Zelter vom 10.7. 1828 die Rede: »Damit du aber wissest, [...] will ich dir vertrauen: daß ich schon seit einiger Zeit vom Auslande her die Naturwissenschaften wieder aufzunehmen angeregt bin. Das liebe Deutschland hat etwas ganz eigentlich Wunderliches in seiner Art; ich habe redlich aufgepaßt, ob bey denen nun seit drey Jahren eingeleiteten und durchgeführten naturwissenschaftlichen Zusammenkünften mich auch nur etwas berühre, anrühre, anrege, mich, der ich seit funfzig Jahren leidenschaftlich den Naturbetrachtungen ergeben bin; es ist mir aber, außer gewissen Einzelnheiten, die mir aber eigentlich doch auch nur Kenntniß gaben, nichts zu Theil geworden, keine neue Forderung ist an mich gelangt, keine neue Gabe ward mir angeboten; ich mußte daher die Interessen zum Capital schlagen und will nun sehen, wie das Summa Summarum im Auslande fruchtet«. Mit diesem »Summa Summarum« ist die erneute Herausgabe der *Metamorphose der Pflanzen* gemeint. Der unmittelbare Anstoß dazu war von einem Werk des Genfer Botanikers Augustin Pyrame de Candolle, *Organographie végétale* (Paris 1827), gekommen. Darüber steht im Brief vom 28.6. 1828 an Frédéric Jacques Soret: »Lassen Sie mich indessen von dem wohlthätigen Einflusse sprechen, den unser botanisches Vorhaben auf mich ausübt. Bey'm Aufwachen [...] greife ich nach dem Werke des Herrn De Candolle und bewundere ihn, wie er alle die unendlichen Einzelheiten zu behandeln weiß. Auch wird mir immer klärer, wie er die Intentionen ansieht, in denen ich mich fortbewege und die in meinem kurzen Aufsatze über die Metamorphose zwar deutlich genug ausgesprochen sind, deren Bezug aber auf die Erfahrungs-Botanik, wie ich längst weiß, nicht deutlich genug hervorgeht«.

Der Streit: Anlaß, Gegenstand, Ablauf und erste Reaktionen

Die zweite der oben erwähnten Anregungen kam gleichfalls aus dem Ausland: vom Streit zwischen Leopold Christian Friedrich Dagobert Georg Baron Cuvier und Etienne Geoffroy de Saint-Hilaire in der Pariser Académie Royale des Sciences. Dort war es um die Art, vergleichende Anatomie zu betreiben, gegangen: analytisch wie Cuvier oder synthetisch wie Geoffroy. G. sah sich dadurch veranlaßt, zum Streit Stellung zu nehmen und dabei auch

seine eigenen vergleichend-anatomischen Arbeiten noch einmal zur Sprache zu bringen.

Der Streit hatte am Montag, dem 15.2. 1830 mit einem Bericht Geoffroys über einen Aufsatz, den zwei nicht weiter hervorgetretene Autoren der Akademie vorgelegt hatten (*Einige Betrachtungen über die Organisation der Mollusken*), begonnen. Am Beispiel eines Cephalopoden (Tintenfisches) war versucht worden, eine vermeintliche Ähnlichkeit im Bau von Weichtieren und Wirbeltieren aufzuzeigen. Man müsse ein Wirbeltier nur so weit zurückbiegen, daß Halswirbel neben Schwanzwirbeln liegen, um eine Ähnlichkeit in der Lage der inneren Organe feststellen zu können. Am 22. 2. 1830 hatte Cuvier diese Vorstellung zurückgewiesen; der Disput war, jeweils montags, in den darauffolgenden Wochen bis zum 5.4. 1830 fortgeführt worden.

G.s Tagebuch verzeichnet unter dem 7.5. 1830: »Herr Canzler von Müller. Das Gespräch kam auf die Streitigkeiten Cuviers mit St. Hilaire und überhaupt auf den Unterschied der stationären und progressiven Naturbetrachtung« und am 22.7. 1830: »Principes de Philosophie Zoologique par Mr. Geoffroy de St. Hilaire. Streit zwischen den beyden Classen der Naturforscher, der analysirenden und synthesirenden«. Hier wies G. auf den inzwischen eingelangten Bericht über die Auseinandersetzung hin. Den hatte Geoffroy verfaßt; sein voller Titel lautet *Principes de Philosophie Zoologique, discutés en Mars 1830 au sein de l'Académie Royale des Sciences* (Paris 1830).

Kurz darauf, am 26.7. 1830, berichtet G.s Tagebuch über eine erneute Auseinandersetzung: » L e T e m p vom 20. Juli bringt ferneren Dissens zur Sprache, der sich bey der letzten Sitzung der französischen Academie hervorgethan«. Dieser Zwist hatte sich an einem institutspolitischen Detail entzündet. Die Meldung darüber und die wenige Tage später eingegangenen Nachrichten von der neuerlichen Revolution – von der es am 3.8. 1830 im Tagebuch heißt: »Erste Nachricht von dem Aufstand in Paris« – waren es, die zu dem vielzitierten Mißverständnis zwischen G. und Soret führten: »Die Nachrichten von der begonnenen Juli-Revolution gelangten heute nach Weimar und setzten Alles in Aufregung. Ich ging im Laufe des Nachmittags zu Goethe. ›Nun? rief er mir entgegen, was denken Sie von dieser großen Begebenheit? Der Vulkan ist zum Ausbruch gekommen; Alles steht in Flammen, und es ist nicht ferner eine Verhandlung bei geschlossenen Türen!‹ – Eine furchtbare Geschichte! erwiderte ich. Aber was ließ sich bei den bekannten Zuständen und bei einem solchen Ministerium Anderes erwarten, als daß man mit der Vertreibung der bisherigen Königlichen Familie endigen würde. – ›Wir scheinen uns nicht zu verstehen, mein Allerbester, erwiderte Goethe. Ich rede gar nicht von jenen Leuten; es handelt sich bei mir um ganz andere Dinge! Ich rede von dem in der Akademie zum öffentlichen Ausbruch gekommenen, für die Wissenschaft so höchst bedeutenden Streit zwischen C u v i e r und G e o f f r o y d e S a i n t - H i l a i r e !‹« (Eckermann, 2.8. 1830; MA 19, S. 675).

Kein Wunder stellte dieses herausragende Interesse dar; denn bereits unter dem 27.7. 1830 verzeichnet das Tagebuch: »Einen Aufsatz über die Streitigkeiten der französischen Naturforscher zu dictiren angefangen«. Und über den Entschluß, dies zu tun, schreibt G. am 12.9. 1830 an Knebel: »Die Händel in der französischen Akademie zwischen Cuvier und Geoffroy de St. Hilaire haben mich aufgeregt und da ich, wegen der Soretischen Übersetzung meiner Metamorphose, mich ohnehin mit Ernst wieder in's Naturfach einlassen mußte, so fand ich mich auf halbem Weg und bereite einen Aufsatz, der seine Wirkung, den Gegenstand in's Klare zu setzen, nicht verfehlen möge. Geoffroy merkt und ahnet, daß er in den Deutschen Alliirte findet; ihn darüber aufzuklären und uns von der rechten Seite zu zeigen ist eigentlich meine Absicht. Was auch daraus entstehe, man muß immer da beyzutragen suchen, wo man im Augenblicke glaubt nützlich seyn zu können. – Jene im Februar entstandene Akadem. Streitigkeit ward freylich im Juli stark übertäubt, und auch wir kommen in eine Lage, wo es aussieht, als wenn wir auf den Kopf gestellt werden könnten, so daß die K e p h a l o p o d e n [Kopffüßer; d. Vf.],

worüber jener Streit begann, uns zur schlimmen Vorbedeutung werden könnten«.

Zwei Tage vorher, am 10.9. 1830, war der erste Teil des Aufsatzes an Carl August Varnhagen von Ense abgegangen; im Begleitschreiben stand: »Auch hat Herr v. Hennings, wie es wohl durch mündliche Unterhaltung zu geschehen pflegt, mir Muth gemacht Ihren Jahrbüchern wieder einen Beytrag zuzudenken, ja ihm gleich einen angefangenen Aufsatz zu übergeben. Der Fall ist merkwürdig, und ich konnte nicht unterlassen mich selbst darüber aufzuklären, weil er bedeutende Folgen haben wird und muß. – Fänden Sie Bedenken meinen Aufsatz abzudrucken, so haben Sie die Güte mir solchen zurückzusenden. Mögen Sie ihn aufnehmen, so folgt die Fortsetzung mit der Zeit. Diese Bogen waren Anfangs Juli niedergeschrieben, das Ende des Monats machte freilich eine gewaltsame Diversion, man muß ein wenig zusehen bis das Wissenschaftliche sich dort wieder regt; denn, da wir Deutsche bey dieser Gelegenheit im Vortheil sind, dürfen wir die Absicht dorthin zu wirken nicht aufgeben«.

Und dann folgte im gleichen Brief ein Absatz, in dem die Funktion ausgesprochen wurde, die diesem Aufsatz ebenso wie der deutsch-französischen Parallel-Ausgabe der Pflanzenmetamorphose zugedacht war, nämlich die einer ersatzweisen Weiterführung der 1824 abgeschlossenen *Morphologischen Hefte*: »Auch möcht ich, da meine morphologischen Hefte so lange stocken, einiges, nicht didaktisch-anmaßlich, sondern discursiv, als wenn es nichts wäre, ob es mir schon sehr auf dem Herzen liegt, bei dieser Gelegenheit aussprechen«. Tatsächlich breitete G. im zweiten Teil des Aufsatzes noch einmal seine vergleichend-anatomischen Beobachtungen und Gedanken aus; er sandte diesen Teil am 20.2. 1832 ebenfalls an Varnhagen von Ense.

Die beiden Teile des Aufsatzes erschienen in den *Jahrbüchern für wissenschaftliche Kritik*, herausgegeben von der Societät für wissenschaftliche Kritik zu Berlin (September 1930, Nr. 52f., Sp. 413–422, und März 1832, Nr. 51ff., Sp. 401–422). Die handschriftliche Druckvorlage ist nicht erhalten. In der Aus-

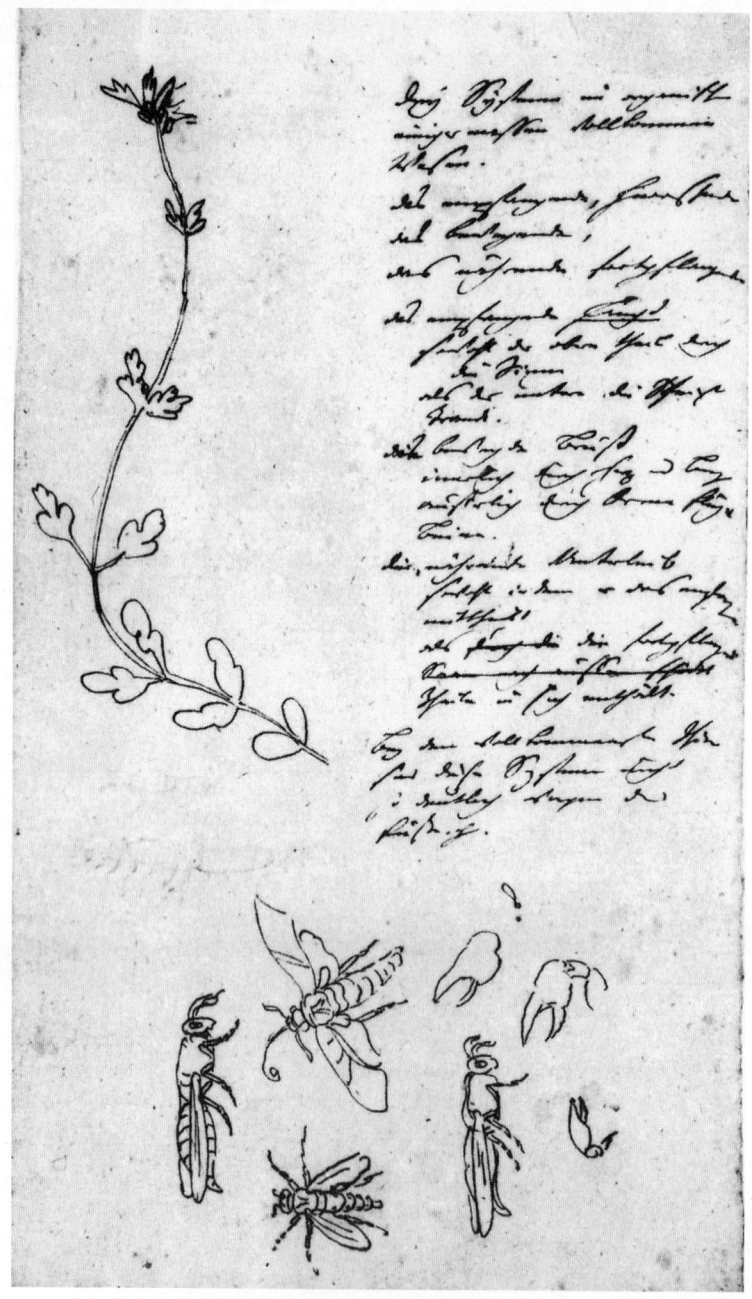

Typus der einjährigen Blütenpflanze/Typus des Insekts.
Eigenhändige Zeichnung Goethes.

gabe letzter Hand wurde der Aufsatz im Band 50 abgedruckt; der letzte Abdruck erfolgte in der Münchner Ausgabe (MA 18.2, S. 508–538), nach der er im folgenden zitiert wird.

Der Inhalt der G.schen Schrift

Der Inhalt des ersten Teiles der Abhandlung besteht in der Präsentation der beiden Protagonisten des Streits; ihrer besonderen Denk- und Arbeitsweise; einer kurzen Chronik der Auseinandersetzungen; und in dem Versuch, die Gegensätze aus den beiden Biographien verständlich zu machen: Geoffroy, geboren in Etampes, wollte – nach dem Studium der Philosophie, der Rechte und der Medizin – 1792 Mineraloge werden, wurde jedoch, bedingt unter anderem durch die Wirren der Revolution, 1793 Professor für Zoologie am Musée d'Histoire Naturelle in Paris. – Cuvier, geboren in Montbéliard (dem damals zu Württemberg gehörenden Mömpelgard) im Doubs, lernte 1784–1788 an der Karlsschule in Stuttgart Recht, Finanzen, Landwirtschaft und Technologie, betrieb nebenher intensiv Biologie, vor allem Taxonomie. Er wurde Privat-Tutor in der Normandie und kam auf Geoffroys Betreiben nach Paris, wo man ihn 1795 bereits als Mitglied in die Académie des Sciences wählte.

Die intensive Zusammenarbeit der beiden wurde 1798 unterbrochen, als Geoffroy in Napoleons Gefolge nach Ägypten ging. Als Mitglied des Institut d'Egypte führte er unter anderem erste vergleichend-anatomische Studien durch. Er kehrte von dort 1802 nach Paris mit reichhaltigem wissenschaftlichen Material zurück, über das er bis 1807 publizierte. Daraufhin wurde er nun auch in die Akademie aufgenommen, in welcher Cuvier schon 1803 zum permanenten Sekretär aufgerückt war. – Cuviers Hauptarbeitsgebiete waren die vergleichende Anatomie (*Leçons d'anatomie comparée*, 5 Bde., Paris 1800–1805), die Paläontologie (*Recherches sur les ossements fossiles*, 4 Bde., Paris 1812) und die Taxonomie (*Le règne animal*, 4 Bde., Paris 1817). Geoffroys Arbeit gipfelte in seiner *Philosophie anatomique* (Paris 1818), in der er die Fülle seiner Homologiestudien ausbreitete.

Die Disharmonie zwischen beiden entwickelte sich vor allem in den 20er Jahren, nachdem Geoffroy 1820 in der Akademie Aufsätze über vermeintliche Homologien zwischen Gliederfüßlern und Wirbeltieren vorgetragen hatte. Die Interpretation seiner seit 1825 betriebenen terratologischen Studien trugen weiteres dazu bei, weil er in nur schwach ausgebildeten Mißbildungen die Grundlage für einen von ihm damals bereits akzeptierten Artenwandel sah. – Cuvier war der weitaus Berühmtere der beiden. Vor allem seine Rekonstruktionen der Lebenswelt vergangener Erdzeitalter hatten ihn weithin bekannt gemacht. Er war anpassungsfähig und bekleidete hohe öffentliche Ämter unter allen aufeinanderfolgenden Regimen. Geoffroy gewann an öffentlichem Ansehen als der Progressivere, der in Politik wie in Wissenschaft Neuerungen gegenüber Aufgeschlossenere. G. gab in seinem Bericht weitere biographische Details.

Die Streitursache resümierte er: »Was aber den Zwiespalt unheilbar macht, dürfte wohl folgendes sein. Da der Unterscheidende [Cuvier; d. Vf.] durchaus sich mit dem Faßlichen abgibt, das was er leistet belegen kann, keine ungewöhnlichen Ansichten fordert, niemals was paradox erscheinen möchte vorträgt, so muß er sich ein größeres, ja ein allgemeines Publikum erwerben; dagegen jener [Geoffroy; d. Vf.] sich, mehr oder weniger, als Eremiten findet, der selbst mit denjenigen, die ihm beipflichten, sich nicht immer zu vereinigen weiß« (MA 18.2, S. 510).

In der Einleitung zum zweiten Teil findet sich der Satz: »Werde mir [...] zugegeben, den Gang der Geschichte jener Wissenschaften, denen ich meine Jahre gewidmet, ohne weitere Anmaßung, synchronistisch mit meinem Leben, freilich nur im Allgemeinsten zu behandeln« (MA 18.2, S. 517). Tatsächlich behandelt G. hier die Geschichte seiner vergleichend-anatomischen Studien, als Seitenstück zu seinem Aufsatz *Der Verfasser teilt die Geschichte seiner botanischen Studien mit*, der

1831 als Teil der deutsch-französischen Parallel-Ausgabe der Pflanzenmetamorphose publiziert wurde.

Eigentümlich ist, daß G. von seinen eigenen Untersuchungen nur die über den Zwischenkieferknochen und über einen Teil der *Vergleichenden Knochenlehre* (MA 12, S. 364–369) einfließen ließ, dagegen kaum etwas aus seiner wichtigsten Arbeit *Erster Entwurf einer allgemeinen Einleitung in die vergleichende Anatomie, ausgehend von der Osteologie* (MA 12, S. 120–153). Das fällt umso mehr auf, als er in dieser Arbeit den Bemühungen Geoffroys um die Homologie-Kriterien am weitesten vorgearbeitet hatte. Vielleicht hat diese Zurückhaltung mit dem zu tun, was im vierten Abschnitt unter dem Stichwort *Metamorphose der Pflanzen; morphologische Schriften* über den hohen Anspruch jener Untersuchungen gesagt wurde. Möglicherweise hatte G. jene diffizilen Gedankengänge nicht mehr in dem Umfange präsent, der dazu gehört hätte, sich jetzt noch einmal darauf einzulassen.

Analyse und Deutung

Die tiefere Ursache für den Streit sieht G. darin, daß »so höchst bedeutende Männer [...] anstatt durch die Einheit der ihnen vorgelegten Aufgabe sich zu einer gemeinsamen Bearbeitung, wenn auch aus verschiedenen Gesichtspunkten, einladen zu lassen, nicht durch den Gegenstand, sondern durch die Art ihn anzusehen, bis zu feindseligem Widerstreit hingerissen gegeneinander auftreten« (MA 18.2, S. 521). Er hält die beiden unterschiedlichen, aber für bestimmte Forscherpersönlichkeiten typischen Herangehensweisen für versöhnbar, eben weil »es unerläßlich ist, man möge wollen oder nicht, aus dem Ganzen ins Einzelne, aus dem Einzelnen ins Ganze zu gehen« (ebd.).

Hätte der Grund tatsächlich allein in der Art gelegen, den Gegenstand anzusehen, wären Cuvier und Geoffroy – ungeachtet ihrer unterschiedlichen Charaktere – wahrscheinlich zu einer Vereinigung ihrer Ansichten gekommen. In Wahrheit konnten sie jedoch beide noch nicht sehen, wie weit ein Homologisieren innerhalb von und zwischen Verwandtschaftsgruppen statthaft war, denn »Verwandtschaft« hatte, in diesem Bereich, vor Darwin noch keine genealogische Bedeutung; sie bedeutete nichts als »morphologisch ähnlich«. – Daher muß noch ein anderer Aspekt in Betracht gezogen werden.

Zu G.s Zeit hatten Morphologie und Anatomie gezeigt, daß einerseits alle Wirbeltiere nach einem Plan gebaut sind, und daß andererseits dieser Bauplan einer großen Variabilität unterliegt, zu erkennen an den Baueigentümlichkeiten der zahlreichen Wirbeltierarten. Diese beiden Phänomene zu interpretieren und auf einen gemeinsamen Nenner zu bringen, darum ging es im Pariser Streit. Ein Jahr später ging Charles Darwin auf die große Reise, deren Erträgnisse ihm erlaubten zu sagen, die Gemeinsamkeit des Baues sei zu erklären aufgrund einer Abstammung von gemeinsamen Vorfahren, und die Verschiedenheit der Arten sei das Resultat natürlicher Selektion. Sowohl die Übereinstimmung im Bau der Tiere, auf die Geoffroy sein Hauptaugenmerk richtete, als auch die mannigfaltigen Unterschiede, die bei Cuvier im Vordergrund standen, erklärte Darwin als Ausfluß eines Grundphänomens, das der Evolution der Organismen.

Anhand dieser Tatsache läßt sich zeigen, wie der folgende Satz G.s zu korrigieren wäre: »Schon oft ist in der Wissenschaft dieser Antagonismus hervorgetreten, und es muß sich das Phänomen immer wieder erneuern, da, wie wir eben gesehen, die Elemente hiezu sich immer getrennt nebeneinander fortbilden und, wo sie sich berühren, jederzeit eine Explosion verursachen« (MA 18.2, S. 510). In dieser allgemeinen Form kann die Behauptung nicht aufrecht erhalten werden. Antagonistische Charaktere wie Geoffroy und Cuvier werden gewiß immer wieder auftreten und aufeinander treffen. Sie werden indes ihre Gegensätze allenfalls in menschlichen Bereichen austragen, wie etwa Tasso und Antonio Montecatino. Im Bereich der Naturwissenschaft führt ein Zusammentreffen dieser Art allenfalls in jenen Teilbereichen zu Kontroversen, in denen der Methodenkanon noch nicht ausgereift ist. In einem solchen vorwissenschaftlichen Stadium befand sich die Biologie in der ersten Hälfte des 19. Jhs.; Schulen bildeten sich, die bei Verteidigung ihrer Hypothesen in heftigen Streit gerieten. Im gleichen Maß, wie die Biologie ihre Methoden entwickelte und, davon abhängig, ihre Probleme deutlicher umreißen konnte, verschwanden diese Schulen und damit auch die Kontroversen der hier vorliegenden Art.

Ob ein anderer Punkt, den G. berührte, die Pariser Diskussion erschwert hat oder nicht, muß dahingestellt bleiben. Einige Begriffe, mit denen die Franzosen arbeiteten, enthielten als Tropen, wie G. meinte, irreführende, nämlich mechanistische Vorstellungen: ›matériaux‹ etwa für die Knochen des Wirbeltierskeletts; ›composition‹ für das Entstehen der Organe im Laufe der Entwicklung; ›embranchement‹ als Bezeichnung für Taxa im System der Tiere; ›plan‹ für das, was G. »Typus« nannte.

Das Verdienst, das bessere Gespür gehabt zu haben, gebührt Geoffroy. Die Möglichkeit eines Artenwandels war nicht das zentrale Thema, wurde jedoch gegen Ende mit in die Debatte hineingetragen. Geoffroy hatte schon vorher, befreundet mit Jean-Baptiste Lamarck und im Grundsätzlichen in Übereinstimmung mit dessen Vorstellungen, an eine Veränderung der Arten gedacht. Diese Möglichkeit kam für Cuvier nicht in Betracht. Für ihn waren die Arten für ihre funktionellen Bedürfnisse erschaffen und ausgestattet worden. Deswegen hatten für ihn die Homologien, um deren Erkennung, Charakterisierung und Beschreibung Geoffroy sich verdient gemacht hatte, kaum eine, jedenfalls keine heuristische Bedeutung.

Wenn dennoch Cuvier in der Debatte die bessere Figur machte, dann vor allem seines kühlen, klaren Ausdrucks, seiner großen Detailkenntnisse und seines sehr guten Gedächtnisses wegen. Jeder Hypothesenbildung abhold, beschränkte er sich darauf, vorweisbare

Fakten vorzustellen. Geoffroy erleichterte es ihm, indem er mit seinen eigenen Vorstellungen über den tierischen Grundbauplan weit übers Ziel hinausschoß. Er tat sich auch keinen Gefallen damit, »mehrere deutsche Männer als mit ihm in gleicher Gesinnung begriffen« (MA 18.2, S. 516) zu nennen. Denn bei denen handelte es sich um die sowohl Cuvier als auch, in besseren Tagen, G. nicht geheuren Naturphilosophen (mit der »frommen Unschuld deutscher Naturdenker«, ebd.; vgl. dazu MA 12, S. 912–921).

Für die Öffentlichkeit in und außerhalb Frankreichs hatte die Debatte nicht nur den besprochenen wissenschaftlichen Aspekt. Tatsächlich trat dieser in den 30er und den 40er Jahren mehr und mehr in den Hintergrund, während persönliche, instituts-, wissenschafts- und staatspolitische Aspekte bei der Beurteilung zunehmend in den Vordergrund rückten (vgl. dazu Appel).

G.s Haltung zum Streit war im ganzen positiv. Er sah eine wissenschaftliche Kontroverse in die Öffentlichkeit getragen. Das kam seinen Wünschen entgegen, weil er seine wissenschaftlichen Arbeiten von Fachvertretern als zu wenig beachtet empfand. Außerdem vertrat Geoffroy mit Nachdruck die von G. favorisierte synthetische, von der Idee ausgehende Methode, mit ausdrücklichem Hinweis auf diese Tendenz unter den Deutschen.

Dieses letzte war der Grund, daß G. seine Sympathie für Geoffroy anfangs deutlich aussprach: »Das Beste aber ist, daß die von Geoffroy in Frankreich eingeführte synthetische Behandlungsweise der Natur jetzt nicht mehr rückgängig zu machen ist. Die Angelegenheit ist durch die freien Diskussionen in der Akademie, und zwar in Gegenwart eines großen Publikums, jetzt öffentlich geworden, sie läßt sich nicht mehr an geheime Ausschüsse verweisen und bei geschlossenen Türen abtun und unterdrücken. [...] Was ist auch im Grunde aller Verkehr mit der Natur, wenn wir auf analytischem Wege bloß mit einzelnen materiellen Teilen uns zu schaffen machen, und wir nicht das Atmen des Geistes empfinden, der jedem Teile die Richtung vorschreibt und jede Ausschweifung durch ein inwohnendes Gesetz bändigt oder sanktioniert! – Ich habe mich seit funfzig Jahren in dieser großen Angelegenheit abgemüht; anfänglich einsam, dann unterstützt, und zuletzt zu meiner großen Freude überragt durch verwandte Geister. [...] Jetzt ist nun auch Geoffroy de Saint-Hilaire entschieden auf unserer Seite und mit ihm alle seine bedeutenden Schüler und Anhänger Frankreichs. Dieses Ergebnis ist für mich von ganz unglaublichem Wert, und ich jubele mit Recht über den endlich erlebten Sieg einer Sache, der ich mein Leben gewidmet habe und die ganz vorzüglich auch die meinige ist« (zu Soret, 2.8. 1830; MA 19, S. 675f.).

Erst in der vorliegenden Rezension des Berichts von Geoffroy lenkte G. ein, ließ auch Cuvier Recht widerfahren und suchte die Gegensätze auszugleichen, zu vermitteln: »Cuvier arbeitet unermüdlich als Unterscheidender« (MA 18.2, S. 509); und dann noch

ausführlicher: »Der Unterscheidende wendet soviel Scharfsichtigkeit an« (MA 18.2, S. 510).

Im ganzen war die wissenschaftliche Bedeutung des Streites bescheiden; er förderte wenig, er retardierte nichts; er gab der Biologie keine neue Richtung, er fixierte nicht einmal die alte. Der Streit erledigte sich mit Entwicklung der Abstammungslehre, die indessen zu ihrer Festigung den überragenden Arbeiten Cuviers und Geoffroys Entscheidendes zu verdanken hatte.

Literatur:

Appel, Toby A.: The Cuvier – Geoffroy Debate. French Biology in the Decades before Darwin. New York, Oxford 1987. – Kuhn, Dorothea: Empirische und ideelle Wirklichkeit. Studien über Goethes Kritik des französischen Akademiestreites. Graz, Wien, Köln 1967.

Hans Joachim Becker

Amtliche Schriften

Amtliche Schriften als Zeugnisse amtlicher Tätigkeit

Als amtliche Schriften G.s sind alle überlieferten schriftlichen und gedruckten Aufzeichnungen anzusehen, die als unmittelbarer Ausfluß und Niederschlag seiner amtlichen Tätigkeit entstanden sind. Diese Tätigkeit war eine wichtige Erfahrung seines Lebens, da er einen wesentlichen Teil seines Schaffens der öffentlichen Wirksamkeit im Dienste des weimarischen Staates gewidmet hatte. In der Ganzheit seines Daseins war seine über ein halbes Jahrhundert fortdauernde Existenz als Beamter, in der er vom Geheimen Legationsrat zum Staatsminister im Fürstentum Sachsen-Weimar-Eisenach aufstieg, eine nicht zu unterschätzende Komponente seiner Lebensbewältigung. Seine Amtstätigkeit als Mitglied des Geheimen Consiliums seit 1776, später in der Leitung und Mitverantwortung von besonderen Kommissionen und Instituten und zuletzt in der Oberaufsicht über die unmittelbaren Anstalten für Wissenschaft und Kunst in Weimar und Jena bis zu seinem Tode 1832 läßt den Beamten G. als personifizierten Bestandteil der weimarischen Behördenorganisation erkennen, wobei sich in seinem amtlichen Denken und Tun immer wieder seine Einstellung zur Realität des täglichen Lebens offenbart.

G.s amtliche Schriften stellen neben dem dichterischen Werk und den Schriften zu Kunst, Literatur und den Naturwissenschaften ein besonderes Korpus dar, von dem im weiteren auch die autobiographischen Schriften, die Privatkorrespondenz und sonstige »Lebenszeugnisse« geschieden sind. Ihre besondere Stellung im Gesamtwerk des Dichters erfordert ein anderes Vorgehen in der Bearbeitung und Veröffentlichung der Überlieferung zur amtlichen Tätigkeit, als es die bei literarischen Werken entwickelte und angewandte germanistische Editionsmethode bietet. Aus der Kenntnis historischer, archivalischer und

verwaltungsmäßiger Zusammenhänge heraus sind die amtlichen Schriftstücke als Zeugnisse der Vergangenheit nach quellenkritischen Maßstäben aufzubereiten. Die Editionsmethoden für amtliche Schriften entsprechen denen der historischen Forschung und der in ihren Hilfswissenschaften entwickelten Formen.

Die Veröffentlichung von G.s amtlichen Schriften zeigt demzufolge nicht das in der G.-Forschung und G.-Edition gewohnte Bild bei der Publizierung literarischer Texte. Als historische Dokumente, überwiegend in der Form archivalischer Quellen, unterliegen sie bei ihrer Edition den Methoden der historischen Quellenkunde. Bei der Bearbeitung und Publizierung des Textmaterials werden deshalb vor allem aktenkundliche Bestimmungen nach quellenkritischen Maßstäben notwendig. Das bedeutet weiterhin, daß zumeist nicht das Einzeldokument als literarischer Text für die Edition wichtig ist, sondern die schriftliche Äußerung G.s immer nur im Zusammenhang mit anderen Dokumenten innerhalb eines aktenkundig gewordenen Vorganges gesehen werden kann. Dieser Methode ist die bisher einzige historisch-kritische Ausgabe *Goethes Amtliche Schriften* (AS) als Veröffentlichung des Staatsarchivs Weimar, heute Thüringisches Hauptstaatsarchiv Weimar, gefolgt, die jedoch noch nicht vollständig vorliegt.

Form und Funktion amtlicher Schriften bei G.

Im Unterschied zu allen anderen schriftlichen Äußerungen G.s, die üblicherweise in Werk- und Briefausgaben veröffentlicht werden, umfassen die amtlichen Schriften nicht nur Texte, für die G. als alleiniger Urheber und Verfasser angesehen werden kann. Im allgemeinen werden als amtliche Schriften alle Dokumente verstanden, die G. in Ausübung eines Amtes autorisiert hat. Demzufolge stehen neben den von ihm eigenhändig verfaßten, korrigierten und unterschriebenen Schriftstücken auch solche, an denen er lediglich durch Beratung und

Signatur mitgewirkt hat. Das gilt für die kollegialische Unterschrift bei allen Schriftstücken von Behörden, Kommissionen und Einrichtungen, in denen G. neben anderen Beamten tätig wurde.

Neben diesen unmittelbar aus der amtlichen Tätigkeit hervorgegangenen Dokumenten gibt es einen hier ebenfalls zu betrachtenden Komplex von schriftlichen Äußerungen und Mitteilungen. Es sind Privatschreiben und andere Schriftstücke privater Form mit amtlichem Inhalt und Charakter, die zumeist außerhalb der behördlichen Überlieferung existieren. Betont man als konstitutives Element und signifikantes äußeres Kennzeichen für amtliches Schriftgut den archivalischen Überlieferungszusammenhang, so werden zu den amtlichen Schriften nur die Dokumente gerechnet, die zusammen mit den ergänzenden Schriftstücken des gleichen amtlichen Entscheidungsvorganges innerhalb einer Akte und in deren Registraturzusammenhang aufbewahrt werden.

Die Bestimmung von Schriftstücken als amtliche Schriften unterliegt also der Bewertung nach inhaltlichen, funktionalen und formalen Kriterien. Die strenge Scheidung zwischen privatem und amtlichem Schriftgut bei G. ist einerseits notwendig, um zu einer eindeutigen Bewertung seiner amtlichen Tätigkeit zu kommen. Sie ist zum anderen wichtig für die Entscheidung über die Editionsform und den Platz, den amtliche Schriften innerhalb einer G.-Ausgabe einnehmen sollen. Persönliche Briefe, Notizen und ähnliche Aufzeichnungen, die nicht in Ausübung eines Amtes verfaßt wurden, können im strengen Sinn nicht als amtliche Schriften verstanden und behandelt werden, auch wenn sie sich mit Vorgängen und Sachverhalten befassen, die amtliches Handeln berühren und als Gegenstände öffentlicher Natur zu kennzeichnen sind. Es sind zusätzliche Zeugnisse über G.s Auffasung zu einer amtlichen Angelegenheit.

Die Erweiterung des Komplexes der amtlichen Schriften durch eine bei G. anzutreffende Privatkorrespondenz vorwiegend amtlichen Inhalts ist vor allem für die Zeit nach 1788, als G. nicht mehr an den Sitzungen des Geheimen Consiliums teilnahm, aber weiterhin formal dessen Mitglied blieb, festzustellen. In wichtigen Einzelfällen war seine Auffassung weiterhin gefragt. Außerhalb des Getriebes alltäglicher Verwaltungsarbeit konnte er sich im vertraulichen Umgang mit dem Herzog und den anderen Ratsmitgliedern sowohl mündlich als auch schriftlich zu Entscheidungsgegenständen des Geheimen Consiliums äußern. In seiner privaten Korrespondenz geschah dies in einer eher distanzierenden Art. Seine fortgesetzte Tätigkeit für das Geheime Ratskollegium erfolgte in Form von eingestreuten Ratschlägen amtlicher Art in Briefen und anderen Schriftstücken, die er mit dem zuständigen Personenkreis wechselte. Deren amtlicher Charakter wird vor allem dann erkennbar, wenn es sich um Anschreiben zu übersandten staatlichen Akten handelt. G.s Korrespondenzpartner sind vor allem der Herzog selbst und sein »Ministerkollege« Christian Gottlob Voigt, der diese Form der Kommunikation schon 1800 »Correspondenzen in öffentlichen Sachen« nannte. Und auch noch nach 1815, als G. infolge der Neuordnung der Zentralverwaltung aus dem obersten Beratungskreis des nunmehrigen Großherzogs Carl August ausschied, fuhr er mit dieser Art der Stellungnahme zu Beratungsthemen des neuen Ministerialorgans fort, obwohl er inzwischen mit der Verantwortung für die unmittelbaren Anstalten für Wissenschaft und Kunst im Großherzogtum zu einer neuen amtlichen Wirksamkeit gelangt war.

Ausgangspunkt für die Betrachtung des amtlichen Schrifttums bei G. ist die Kenntnis der behördlichen Praxis, in deren Tätigkeit er eingebunden war. Dabei ist von der kollegialischen Arbeitsweise einer jeden Behörde dieser Zeit auszugehen. Nicht der einzelne Beamte entschied und verantwortete das Ergebnis, sondern die Behandlung der Materie erfolgte in den Sitzungen des Kollegiums, das die Behörde bildete. Dabei ist freilich zwischen den einzelnen Behörden zu unterscheiden, in denen G. im Laufe von mehr als fünf Jahrzehnten als Beamter tätig wurde. Voll ausgebildet war die kollegialische Arbeitsweise in erster Linie im Geheimen Consilium, dem er von 1776 bis 1786 unmittelbar angehörte. Die Tätigkeit in den verschiedenen Immediatkommissionen bis hin zu den Geschäften in der Oberaufsicht unterlag zwar auch diesem Prinzip, mußte sich aber mit nur einem Mitkommisssar oder zuletzt in Einzelleitung doch verantwortungsvoller und eigenständiger gestalten als seine Arbeit unter den Geheimen Räten.

Organisation und Geschäftsgang im Geheimen Consilium waren auf dessen Funktion als oberstes Staatsorgan im Herzogtum ausgerichtet. Das Beratungsgremium des Fürsten organisierte seine beratende und beschließende Tätigkeit auf Grund von eingehenden Berichten der Fachbehörden des Landes oder von auswärtigen Gesuchen an den Herzog, falls sie nicht selbst von diesem oder den Geheimen Räten selbständig angeregt wurde. Die Ergebnisse der Beratungen und Entscheidungen wurden jeweils schriftlich als Befehle zur Ausführung durch die zuständigen Landesbehörden oder als Antwortschreiben nach außerhalb des Landes gegeben. Der Verkehr von Behörde zu Behörde bestimmte den schriftlichen Niederschlag amtlicher Tätigkeit des Geheimen Consiliums und seiner Mitglieder. Dabei war das Aufgabengebiet sachlich unbegrenzt, so daß neben den für die Staatsleitung wichtigen auch die mehr oder minder belanglosen Tagesfragen zur Behandlung und Entscheidung vor das Kollegium kamen. Seine Weisungen setzte das Geheime Consilium im allgemeinen über die Landeskollegien der beiden Fürstentümer Weimar und Eisenach (Landesregierung, Oberkonsistorium, Kammer und Landschaftskassedirektorium in Weimar und Eisenach) und die Immediatkommissionen durch. Nur in wenigen, ihm selbst vorbehaltenen Verwaltungszweigen, wozu vor allem die Angelegenheiten des Fürstenhauses, der Außenpolitik und der gemeinschaftlichen sächsisch-ernestinischen Universität Jena gehörten, agierte das Geheime Ratskollegium unmittelbar.

Die Arbeit der Geheimen Räte, also auch die von G., vollzog sich in den wöchentlich abgehaltenen Sessionen, an denen zumeist auch der Herzog teilnahm, in den drei Stufen des Referierens (Vortrag), des Votierens (Begutachtung) und des Resolvierens (Beschluß). Der innere Geschäftsgang beruhte auf ihrer kollegialischen Zusammenarbeit, wobei aber nur in Ausnahmefällen Protokolle aufgenommen wurden. Der Anteil des einzelnen Mitgliedes an der geleisteten Arbeit ist aus den überlieferten Dokumenten nur dann erkennbar, wenn der Referent Aufzeichnungen und Auszüge für sein mündlich vorgetragenes Referat zu den Akten gab oder in wichtigen und eiligen Angelegenheiten die Gutachten schriftlich abgegeben wurden. Die Beteiligung der Geheimen Räte an der schriftlichen Fassung der Beschlüsse ist im allgemeinen nicht nachzuweisen, weil die Konzepte für die ausgehenden Schreiben nach den mündlichen Festlegungen in der Sitzung von dem gehobenen Personal der Geheimen Kanzlei (Geheimer Referendar oder die Geheimen Sekretäre) in dem damals üblichen Kanzleistil verfaßt wurden.

Um die Übereinstimmung der schriftlichen Fassungen mit den in den Sessionen gefaßten Beschlüssen zu gewährleisten, wurden die Entwürfe durch die Mitglieder des Geheimen Consiliums und den Herzog revidiert. Bei dieser Revision war es möglich, textliche Korrekturen vorzunehmen, die von kleinen stilistischen Verbesserungen bis zu ganz wesentlichen Zusätzen und Umgestaltungen, gelegentlich sogar bis zur völligen Verwerfung und Neufassung reichen. Die Abzeichnung erfolgte in der Form, daß der Herzog und die Geheimen Räte ihre Paraphen säulenartig links neben dem Text des halbbrüchig geschriebenen Konzepts anbrachten. G. verwendete dabei das Signum JWG. Dieses abschließend gezeichnete Konzept wurde als Beleg zu den Sachakten der Geheimen Registratur genommen.

Nach der Revision und Abzeichnung erfolgten in der Geheimen Kanzlei die Reinschrift auf einem besonderen Bogen, die Kollationierung (Vergleich von Konzept und Reinschrift), die Unterschriftsleistung und die Absendung. Unterschrieben wurden die Beschlüsse des Geheimen Consiliums durch den Herzog. Nur bei dessen Abwesenheit unterschrieben unter dem Vermerk »Ad mandatum Serenissimi speciale« die Geheimen Räte nebeneinander nach ihrer Rangfolge. Lediglich in »Kommunikationsschreiben« an die Ministerien anderer

Staaten wurden unter den Behördennamen die Unterschriften der Geheimen Räte oder des ältesten von ihnen gesetzt.

G.s Unterschrift unter Beschlüssen des Geheimen Consiliums ist also vergleichsweise selten. Sein Anteil an der kollektiven Leistung der Geheimen Räte läßt sich an Hand der überlieferten Dokumente bestimmen, die als seine amtlichen Schriften zu bezeichnen sind. Der in subtiler Kleinarbeit von den Archivaren des Weimarer Staatsarchivs erarbeitete Sitzungskalender des Kollegiums 1776 bis 1786 weist aus, daß er bis zur Italienreise in 518 von insgesamt 752 Sitzungen anwesend war, wobei etwa 11.000 Tagesordnungspunkte verhandelt wurden. Seine Teilnahme an den Beratungsgeschäften hat sich in verschiedenen schriftlichen Fixierungen niedergeschlagen. Aber es gibt auch Schriftstücke aus der Tätigkeit des Geheimen Consiliums, die keine Bearbeitungsspuren von G. zeigen und trotzdem wegen seiner Anwesenheit und Teilnahme an den mündlichen Verhandlungen Zeugnisse für seine amtliche Tätigkeit sind.

Die verschiedenen Formen amtlichen Schrifttums aus der Tätigkeit im Geheimen Consilium lassen sich trotz ihrer Mannigfaltigkeit eindeutig klassifizieren. G.s amtliche Schriften ordnen sich in diese Vielfalt ein. In Vorbereitung auf die mündlich zu erstattenden Referate und Beschlußfassungen in den Consiliumssitzungen entstanden eigenhändige Aktenauszüge, Materialzusammenstellungen, Berechnungen, Tabellen und Ausarbeitungen von seiner Hand. Weiterhin existieren für das Beratungsgeschäft in besonderem Auftrag erstattete Voten und Gutachten. Hinzu kommen die Promemorien als Spezialausarbeitungen für den Herzog, die zur Beratung in das Geheime Consilium eingebracht wurden. Die Beteiligung an der schriftlichen Formulierung der in den Sitzungen gefaßten Consiliumsbeschlüsse schlug sich bei der Revision der vorgelegten Konzepte in Korrekturen, Zusätzen und Einfügungen von seiner Hand nieder. Nicht zuletzt wird sein Anteil auch in gelegentlichen Protokollniederschriften über Vorgänge im Geheimen Consilium deutlich. In den Fällen, in denen G. am schriftlichen Geschäft durch vollständige Konzipierung der Schreiben oder durch Korrekturen, die er an den Schriftsätzen anderer anbrachte, mitgewirkt hat, sind diese ganz in den damaligen behördlichen Formen abgefaßt. Im Ergebnis der Consiliumstätigkeit entstanden Fürstliche Kanzlei- oder Handschreiben, Reskripte, zum Teil mit Postskripten, an nachgeordnete Behörden, Kommunikationsschreiben an gleichgeordnete Behörden sowie spezielle Schriftstücke wie Dekrete (in Beamten- und Gnadensachen), Ordres (an Militärbefehlshaber gerichtete Verfügungen) und Requisitorialschreiben (Ersuchungs- bzw. Anforderungsschreiben).

Für die Zeit nach G.s Rückkehr aus Italien, als er seit 1788 nur noch nominell dem Geheimen Consilium angehörte, liegen als amtliche Schriften sehr unterschiedliche Äußerungen G.s vor. Sie durchliefen nur zum Teil die Kanzlei, stellen aber einen inneramtlichen Schriftverkehr dar, die der Geschäftsgang in diesem speziellen Fall erforderte und veranlaßte. Da G. nicht mehr an den Formulierungen der ausgehenden amtlichen Verlautbarungen beteiligt war, fallen nunmehr bestimmte Formen amtlicher Schriften ganz weg. Dazu gehören die vorbereitenden Schriftsätze für Consiliumssitzungen, aber auch von ihm verfaßte kanzleimäßige Entwürfe oder eigenhändige Korrekturen zu anderen Konzepten. Weitaus zahlreicher sind dagegen die offiziellen Privatschreiben, die an Einzelpersonen gingen und Anfragen, Aufträge oder Auskünfte enthielten.

Der größte Teil der amtlichen Schriften G.s aus der Tätigkeit im Geheimen Consilium nach 1786 – allerdings nun außerhalb der Geheimen Ratsstube – gehört zum inneramtlichen Schriftverkehr, in dem G. wie bisher Voten und Gutachten verfaßte. Als Vorarbeiten dazu existieren auch hier Aktenauszüge, Berechnungen, schematisierte Entwürfe und begonnene Ausarbeitungen. Nachdem G. nicht mehr an den Sessionen teilnahm, sind die schriftlichen Anfragen und Aufträge im Verkehr zwischen ihm, dem Herzog und den Geheimen Räten häufiger als vor der Italienreise. Berichte über amtliche Vorgänge liegen in eigenständiger Form vor oder sind als vertrauliche Äußerungen Bestandteil dieses inneramtlichen Schriftverkehrs.

Für G.s Tätigkeit in den verschiedenen Immediatkommissionen und später in der Oberaufsicht über die unmittelbaren Anstalten für Wissenschaft und Kunst gelten die Arbeitsweise und das Geschäftsverfahren des Geheimen Consiliums nur bedingt. Allerdings sind auch bei den nicht kontinuierlich arbeitenden Sonderbehörden, in denen G. als Dirigent oder auch nur als Mitkommissar agierte, förmliche Sitzungen, kollegiale Verfassung sowie eigene Sekretariate und Akten festzustellen. Auch die Arbeit der Kommissionen, denen G. nicht allein vorstand, hat sich in großem Umfang in Sessionen ihrer Mitglieder abgespielt, so daß auch hier das mündliche Beratungsgeschäft dominierte. Erst danach sind die schriftlichen Formulierungen der Beschlüsse hinausgegangen, wobei G.s Mitwirkung lediglich in seinen Signaturen, mit denen er die Konzepte der Ausgänge abzeichnete, erkennbar ist. Aber auch in den Kommissionen hat er vieles Schriftliche selbst erledigt. Neben großen Ausarbeitungen geschichtlicher und geschäftlicher Art und schriftlich formulierten Reden und Ansprachen stehen Protokolle und Niederschriften, daneben Materialsammlungen in Form von Tabellen, Notizen, Aufstellungen und Schemata, schließlich die Konzepte der ausgehenden Schreiben. Die Kommissionstätigkeit schlägt sich nicht zuletzt in den von ihm erstatteten Berichten, in Prüfungsvermerken und in der Anerkennung von Rechnungen, in Quittungen, ja sogar in der Beschriftung von Aktenumschlägen in der Registratur dieser Behörden nieder. Ergänzend tritt auch hier der Briefwechsel mit seinem häufigen Mitkommissar Voigt hinzu.

Einer fortgeschrittenen staatlichen Leitungstätigkeit entsprach später G.s Wirken in der Oberaufsicht, die sich aus verschiedenen gemeinsam mit Voigt und mit amtlichen und privaten Hilfskräften durchgeführten Tätigkeiten zu einer nach 1819 unter G.s alleiniger Leitung stehende Behörde entwickelte. Da sie als ein dem Großherzog unmittelbar unterstelltes Departement eine Art »Kultusministerium« darstellte, dem wiederum eigenständige

Anstalten für Wissenschaft und Kunst nachgeordnet waren, lag hier eine neue Verwaltungsorganisation vor. Sie bedingte eine zum Teil andere Arbeitsweise und brachte von daher auch andere Formen amtlichen Schriftgutes hervor. Ihre »Vorträge« gingen unmittelbar an den Landesherrn. Insgesamt liegen von G. zahlreiche Schriftstücke als Schreiben der Unterordnung – Berichte an den Großherzog – und Überordnung – Verfügungen als Vorgesetzter an die Leiter der unterstellten Institute in Form von Reskripten – in der nach zwei Seiten geführten behördlichen Korrespondenz der Oberaufsicht vor. Mehr als bei den amtlichen Schriften G.s aus dem Geheimen Consilium lassen sich bei den Kommissions- und Oberaufsichtsschreiben seine Verantwortung und sein persönlicher Anteil an der Verwaltungsarbeit im Hinblick auf den Inhalt des Vorganges bestimmen. Konstitutiv für die Bewertung und Zuordnung ist auch für diese amtlichen Schriftstücke, daß ihr Entstehungszusammenhang aus der behördlichen Registratur erkennbar ist.

G. war in seiner amtlichen Tätigkeit nicht nur in Behörden und deren Arbeitsweise und Geschäftsverfahren eingebunden, sondern blieb auch in seiner Form und im sprachlichen Ausdruck von dem damals üblichen Kanzleistil abhängig. In amtlichen Schriftstücken, zumal in solchen, die von anderen Beamten konzipiert wurden, konnte deshalb G.s eigentlicher literarischer Stil in keiner Weise zum Ausdruck kommen. Auch der Dichter unterlag der beamtenmäßigen Routine eines solchen Amtes und konnte kaum aus dem allgemeinen behördlichen Formalismus ausbrechen. Wenn dieser Amtsstil besondere stilistische Formen, z.B. Perioden, verlangte, so konnte er nicht wesentlich von der damaligen Behörden- und Büropraxis abweichen. G.s Aktendeutsch entsprach also dem seiner Kollegen. Während im Literarischen nur sein eigener Wille und seine künstlerischen Fähigkeiten für Inhalt und Form seiner Werke bestimmend waren, schrieben ihm im amtlichen Bereich Aufgaben und Arbeitsweise der Behörde die Form der schriftlichen Erledigung vor.

Nur in den wenigsten seiner amtlichen

Schriften, insbesondere in den großen Gutachten und Berichten, in denen er u.a. durch klare juristische Darlegungen in einer gehobenen Sprache besticht, wird deutlich, daß der Dichter dem Beamten die Feder geführt hat und in seinen Schriftsätzen menschlich warme und allgemeingültige Worte ausgesprochen werden, so wenn er 1785 in einem Bericht über die Revision der Steuern und Erbzinsen in dem Gebirgsdorf Ruhla resümiert: »Glücklicherweise haben die Einwohner der Gebürge in ihrer Dürftigkeit immer mehr Energie als der Ackerbauer unter bessern Umständen, sie erhalten ein Gefühl von Selbstständigkeit und Freyheit, das offt in eine Art von Truz ausschlägt und ihre Behandlung freylich schweerer macht. Ein leidenschafftlicher Subaltern wie Heiligenstädt, mögte lieber gleich ein solch Gefühl unterdrucken, dessen Äusserungen als Starrsinn und Meuterey verschreyen, und Gewalt brauchen um geschwinder fertig zu werden. Ein Collegium und noch mehr ein Fürst haben diese Phänomene ganz anders anzusehen. Wie ein verständiger Vater die Tugenden und Fehler seiner Kinder anders beurtheilt als das beschränckte Gesinde, das gut heist was ihm angenehm und bequem, dagegen böse was ihm unbequem und lästig ist« (AS I, S, 358f.).

G.s Verhalten als Beamter

Der Veröffentlichung von amtlichen Schriften G.s widmete sich erstmals zwei Jahre nach dessen Ableben der 1830 »zur Assistenz« in der Oberaufsicht über die unmittelbaren Anstalten für Wissenschaft und Kunst herangezogene Dr. Carl Vogel. Seine 1834 in Jena erschienene Publikation *Goethe in amtlichen Verhältnissen* trägt den Untertitel *Aus den Acten, besonders durch Correspondenzen zwischen ihm und August, Geh. Rath v. Voigt u. A. dargestellt von seinem letzten Amts-Gehülfen* und schildert Dienstlaufbahn und Geschäftsbereich G.s noch aus eigenem Erleben und mit bemerkens-

werten Beobachtungen und Aussagen über die berufliche Sphäre des Dichters. Ihm war es in G.s letzten Lebens- und Schaffensjahren vergönnt gewesen, »die Weise zu erkunden, in welcher er in amtlichen Verhältnissen sich bewegte« (Vogel).

G. kam 1776 als »landfremder Außenseiter« in das hohe Amt eines Mitgliedes des Geheimen Ratskollegiums, das von ihm als vertrautem Berater seines Fürsten staatsmännisches Wirken verlangte. Die kollegiale Zusammenarbeit mit den anderen Geheimen Räten entwickelte sich ganz allmählich hin zu der Form, in der er die Kollegen zur Mitwirkung fortriß. Was im ersten Jahrzehnt von G.s Amtstätigkeit an Neuerungen im Herzogtum eingeleitet und durchgeführt wurde, trägt im besonderen auch den Stempel seiner weitschauenden Sicht, aus der eine zutiefst menschenfreundliche Haltung in allen Angelegenheiten des Lebens erkennbar wurde. Daß sich am Ende des ersten Weimarer Dezenniums auch Enttäuschung breit machte und ihm bewußt zu werden schien, daß er beruflich an eine Grenze gekommen war, lag auch an dem unruhigen politischen Treiben seines Landesherrn, der sich zu Beginn der 1780er Jahre über das kleinfürstliche Regionalinteresse hinaus in die größere deutsche Politik gestürzt hatte. G. mußte ihm darin folgen, erkannte aber zunehmend, daß mit Genie allein kein Land zu regieren war.

Nach der Italienreise war in G.s amtlichen Aufgaben vieles anders geworden. Noch immer übte er wichtige Einzelfunktionen aus, aber an den Geschäften der Staatsleitung nahm er nur noch bedingt Anteil, auch nachdem er 1800 der ranghöchste weimarische Beamte geworden war. Die Sonderregelungen des Herzogs Carl August für das weitere Dienstverhältnis seines Geheimen Rates G. waren ungewöhnlich. Ganz allgemein galt die Bestimmung des Anstellungsdekrets von 1776, auf dem »ihm anvertrauten Posten treue und nützliche Dienste zu leisten«, selbstverständlich fort. G. hat seine amtliche Tätigkeit zeitlebens mit Ernst und in strenger Dienstauffassung betrieben. Enge und Weite seines amtlichen Schaffenskreises blieben somit immer die bewegende Mitte seines bürgerlichen Daseins.

Für den Inhalt seiner weiteren Amtstätigkeit wurde aber nun die Kultur ganz allgemein bestimmend, die Fürsorge für Kunst und Wissenschaft in Sachsen-Weimar-Eisenach. Neben der Verantwortung für bestimmte Immediatkommissionen erwartete der Landesherr außerdem seinen Rat in größeren Staatsangelegenheiten und setzte auf G.s Stellung in der Kulturwelt, nicht zuletzt auf seinen freien, weiten Blick in allen Lebenslagen. G. wurde allerdings von Routineangelegenheiten der Staatsverwaltung entlastet, so daß sich um 1790 seine beruflichen Aufgaben überwiegend künstlerischen und wissenschaftlichen Problemfeldern zuwenden konnten. Dazu gehörte auch das Wirken für die Universität Jena, das spezifisch reformerische Züge annahm. Der Kulturpolitiker G. baute sich allmählich auf und mit ihm das neue Dienstverhältnis zu einer Reihe von Personen an der Universität Jena und in den unmittelbaren Anstalten für Wissenschaft und Kunst, deren getrennte Verwaltungen bereits 1809 in einer besonderen Dienststelle zusammengezogen worden waren, für die er seit 1819 die alleinige Oberleitung übernahm. Diese Aufgabe bürdete ihm im hohen Lebensalter ein Maß an Arbeit auf, das einen Verwaltungsmenschen gewöhnlichen Schlages mengenmäßig völlig ausgelastet hätte.

In den letzten Dezennien von G.s amtlicher Tätigkeit wandelten sich seine Dienstgeschäfte und mit ihm der Beamte. Gleichwohl blieb G. das, »was man einen rechten Actenmann zu nennen pflegt« (Vogel). Obwohl ihm das »Mechanische« der Geschäftsbehandlung weniger geläufig war, führte er über alle Vorkommnisse Akten. Für seine im häuslichen Bereich zu erledigenden Dienstgeschäfte – denn die Oberaufsicht besaß kein eigenes Geschäftslokal – hatte sich das Verfahren durchgesetzt, eingehende Informationen auf einem »Agenda« überschriebenen Bogen oft nur in einem Wort zu notieren. Die amtlichen Eingaben wurden außerdem in einer Registrande erfaßt und in dieser auch die Resolutionen vermerkt. Oft hielt zudem sein Tagebuch fest, was an Geschäftsvorfällen wichtig war. Niederschriften als Vermerke begleiteten zudem sein amtliches Handeln, einerseits als Hilfsmittel gegen Vergeßlichkeit, zum anderen aus der Tatsache heraus, daß er sich den fortwährend auf ihn einströmenden verschiedenartigsten Angelegenheiten nicht in jedem Augenblick nach Erfordernis widmen konnte. Daß er zumeist auch selbst konzipierte, was er als Leiter der Oberaufsicht an die ihm unterstehenden Anstalten weitergab, war in diesem Geschäftsbereich nichts Außergewöhnliches. Hier entwickelte er sogar eine »subalterne Vielseitigkeit« als Sekretär, als Botenmeister oder gar als Bauaufseher, wenn es die Ausführung einer für ihn bedeutenden Angelegenheit im Augenblick gebot.

In seinem amtlichen Wirken war G. äußerst diszipliniert, wozu in erster Linie seine absolute Amtsverschwiegenheit gehörte. Er wußte zu verhindern, daß Außenstehende von seinen Dienstobliegenheiten unberechtigt Kenntnis erlangten. Finanzielle Angelegenheiten und Personalsachen wurden von ihm ganz besonders diskret erledigt. Bedenkliche Vorgänge verhandelte er zumeist mündlich. Andererseits glaubte er aus Erfahrung heraus, ein Unternehmen nicht aussprechen zu dürfen, wenn es gelingen solle. Das hielt ihm die Möglichkeit offen, sich korrigieren zu können, ohne sich kompromittieren zu müssen. Daß ihm die strenge Geheimhaltung seines amtlichen Handelns aber auch Verdächtigungen und unberechtigte Verurteilungen einbrachte, mußte er hinnehmen. Langjährige Erfahrungen hatten ihn indessen davon überzeugt, daß nichts geheim bleibe, was seinen Gang durch die Kanzleien nehme. Und so trachtete er stets danach, keinen »Kanzleiklatsch«, wie er es nannte, aufkommen zu lassen.

G. zeigte in seinen amtlichen Verhältnissen eine große Festigkeit und Beharrlichkeit. In dem, was er als Recht erkannt hatte, ließ er sich wenig beirren. Einmal gefaßte Beschlüsse wurden von ihm kaum umgestoßen. Bitten, Vorstellungen und Anschuldigungen, auch höherer Behörden, widerstand er, wenn er sich im Recht sah. Als Beamter unterlag er nicht der Schwäche, drängendem Verlangen sofort nachzugeben und nichts abzuschlagen. Er bewilligte auf der Stelle, was ihm billig erschien, aber er versagte sich auch in gleicher Weise. Rücksicht und Höflichkeit hinderten ihn nicht daran, einmal ausgesprochene und für richtig gehaltene Ansichten sehr entschieden geltend zu machen. Im allgemeinen wußte er meist seine Absicht zu erreichen, zuweilen durch unermüdliches Wiederholen seiner Wünsche und Vorstellungen. Er war dabei zumeist frei von verwerflichem Eigennutz und trug sogar bei dienstlichen Verpflichtungen in Jena aus eigenen Mitteln dazu bei, seine Amtsgeschäfte in bester Weise zu erfüllen.

Da G. seiner Natur nach bedächtig war, kamen Ausbrüche des Übermuts, des Eiferns oder des Zorns in den Dienstgeschäften nur selten vor. Genauigkeit, die bisweilen an Umständlichkeit grenzte, spricht aus manchen seiner Anweisungen. Sein Handeln wurde bedingt durch die für ihn charakteristische Art, alle ihn berührenden Vorkommnisse einem allgemeinen Begriffe unterzuordnen und das Künftige im Gegenwärtigen zu sehen. Für jedes Geschäft entwarf er einen Plan, »schematisierte« zumeist den Gang der Handlung und nahm größten Anteil an der Ausführung der beschlossenen Einrichtungen und Veränderungen. Sein »Geschäftsstil« wandelte sich im Laufe der Jahrzehnte. Die im Kanzleistil gehaltenen und mit seinen Namen verbundenen Behördenschreiben aus dem Geheimen Consilium sind nicht immer vergleichbar mit den amtlichen Schriften aus der Oberaufsicht, in denen er sich weniger an die vorgeschriebenen Formen band und sich manche Eigenheit gestattete. Sein letzter Assistent beobachtete, daß sich G., »zumal in höheren Jahren, und zwar je älter er wurde, desto weniger bestimmt und entschieden ausdrückte. Sein Stil wurde immer gezwungener, rätselhafter und euphemistischer« (Vogel).

G. war das Glück beschieden, daß er in einer ungewöhnlich langen Dienstlaufbahn, die eigentlich erst mit seinem Tode endete, Zeit gewann, das zu vollenden, was vornehmlich er selbst begründet hatte. In seinen Rechenschaftsberichten über seinen Geschäftsbereich betonte er deshalb immer das Werden aus dem

Gewordenen, wie es die Aufsätze über die *Museen zu Jena* von 1817 in den einleitenden Bemerkungen zeigen: »Um die gegenwärtige Lage irgend eines Geschäftes vollkommen einzusehen, auch dessen fernere Behandlung richtig einzuleiten, wird erfordert, daß man seinen Ursprung und bisherigen Gang wohl erkenne; eine Forderung welche besonders bei denen in Jena gestifteten unmittelbaren Anstalten sich hervorthut. Denn sie sind nicht allein ihrer Natur nach äußerst verschieden und mannichfaltig, sondern sie haben sich auch, von kleinen Anfängen, durch viele Jahre hindurch bedeutend erweitert, so daß sie nunmehro sich selbst nicht mehr ähnlich sehen. Ferner sind sie noch immer auf dem Wege des Fortschreitens, so daß die verschiedenen Theile mit jedem Augenblick eine neue Gestalt gewinnen und einer abgeänderten Behandlung bedürfen« (WA I, 53, S. 291f.). Das darf für G.s Amtstätigkeit ganz allgemein gesagt werden.

Weite und inhaltliche Vielfalt in G.s amtlichem Schrifttum

Wenn man die Gesamtheit der G. zuzuordnenden amtlichen Schriften betrachtet, so muß über Inhalt und Gehalt solcher Dokumente hinweg deren Zugehörigkeit zu den behördlichen Ressorts, in denen sie entstanden sind, berücksichtigt werden. Aber auch deren Zweckbestimmung ist zu beachten. Überwiegend gehören diese schriftlichen Äußerungen G.s zu den internen und deshalb nur für den Geschäftsgang bestimmten Schriftsätzen, die demzufolge auch lediglich in den Registraturen der Behörden überliefert und an kein Publikum gerichtet sind. Anders sind die für Adressaten außerhalb der Behörde – für Ämter oder auch Einzelpersonen – bestimmten Schriftstücke zu bewerten. Nur der geringste Teil von G.s amtlichen Schriften ist von vornherein in dem Sinne öffentlich gewesen, daß es für die Publikation geschriebene Texte waren, die dann auch veröffentlicht wurden. Dabei ist G. nicht immer als Verfasser kenntlich gemacht.

Unter inhaltlichen Aspekten erstrecken sich G.s amtliche Schriften aus dem Geheimen Consilium über das weite Feld staatlicher Verwaltung und Regierung in Sachsen-Weimar-Eisenach mit Vorgängen und Angelegenheiten aus allen Teilen des Fürstentums. Sie betreffen die alltäglichen Geschäfte einer hohen Landesbehörde, wobei spektakuläre Beratungsgegenstände wie die im Zusammenhang mit einem Kindsmordprozeß 1783 aufgeworfene Frage nach der Todesstrafe als Strafmaß eher die Ausnahme blieben. Auch die Angelegenheiten der großen Politik, die von G. Gutachten erforderten, 1779 im Zusammenhang mit dem Bayerischen Erbfolgekrieg und 1785 im Hinblick auf den Beitritt zum Fürstenbund, standen selten zur Beratung an. Auswärtige Politik und Angelegenheiten des Fürstenhauses wechselten mit Rechtsfragen, Finanz- und Steuerproblemen sowie verwaltungsorganisatorischen Themen. Hinzu kamen Personalangelegenheiten, zum Teil auch als Gnadensachen, Kirchen- und Schulbelange, Militärfragen sowie nicht zuletzt Wirtschafts- und Gewerbeangelegenheiten. Einen größeren Umfang erreichte die Behandlung von Jenaer Universitätsangelegenheiten im Geheimen Consilium, da der Zwang zur Konformität mit den anderen Erhalterstaaten der sächsisch-ernestinischen Gesamtakademie die Kommunikation zwischen ihnen beträchtlich erweiterte.

Unter den Schriften G.s aus dem Geheimen Consilium von 1776 bis 1786 sind in erster Linie die zu nennen, die seine Verfasserschaft eindeutig ausweisen. Aber auch seine protokollierte Stellungnahme aus der Beratung vom 9.2. 1779 über die Zulassung oder Ablehnung preußischer Truppenwerbungen im Lande gehört hierher. Dem vorbereitenden Geschäft für die Consiliumssitzungen dienten die von ihm gefertigten Aktenauszüge wie die aus den Eisenacher Kammerakten über die Revision und Erhöhung der Steuern und Erbzinsen in Ruhla 1785, die angefertigten Tabellen über verschiedene Akzise-Tarife im Zusammenhang mit Erörterungen über die Einführung einer

Warensteuer 1777 oder über Strumpffabrikanten und Tuchmacher von 1783 zwecks Feststellung der Verhältnisse im Fabrik- und Manufakturwesen des Landes. Zeugnisse seiner amtlichen Tätigkeit sind nicht zuletzt auch die großen Ausarbeitungen für die Ratssitzungen, wie das Beispiel über die Geschichte der Generalrevision für die Beratung im Geheimen Consilium 1783 im Zusammenhang mit Erörterungen über die Steuerrevision im Amt Ilmenau zeigt.

Zahlreiche Voten von G. belegen seine Teilnahme am Beratungsgeschäft mit dezidierter Meinungsäußerung wie beispielsweise im Streit um die Holzabgaben aus den Zillbacher Forsten 1780, bei der Abschaffung der Kirchenbuße 1780, im Zusammenhang mit der Besetzung von Lehrstühlen in Jena 1782, in der sogenannten Redeckerschen Angelegenheit 1783, bei den Erörterungen über den Zustand der Porzellanfabrik in Ilmenau 1785 und bei den Maßnahmen gegen die landsmannschaftlichen Verbindungen an der Universität Jena 1786. In diesen Komplex von schriftlichen Stellungnahmen G.s zu Themen der Sessionen gehören auch die Voten im Zusammenhang mit der Aufforderung Preußens zu gemeinsamen Schritten in der bayerischen Erbfolgefrage 1778/79 und zu den Beratungen über den Beitritt des Herzogs Carl August zum Fürstenbund 1785, nicht zuletzt auch G.s Verlautbarung bei den Erörterungen über die Bestrafung des Kindsmordes 1783. Der anstelle eines Votums eingereichte Aufsatz ist jedoch nicht überliefert. Das Ergebnis seines Nachdenkens läßt ihn den Stellungnahmen der anderen Geheimen Ratsmitglieder zur Beibehaltung der Todesstrafe beitreten.

Zahlreich sind auch G.s Berichte an den Herzog, die als Promemorien abgefaßt sind. Sie gehen auf besondere Aufträge zurück wie bei den Gutachten über den Wasserbau in der Flur des Dorfes Ringleben 1781, dem Vortrag über das Ansuchen eines Vertreters der Vereinigten Niederlande um Überlassung von Soldtruppen 1784 und der Stellungnahme zur Anfertigung einer topographischen Karte des Herzogtums Weimar 1785. Empfänger solcher Berichte konnte auch das Geheime Consilium

sein, wie G.s Promemoria über die Bilanz-
aufstellung der Landschaftskassen zu Weimar,
Eisenach und Jena 1786 belegt. Daß Angelegenheiten des Geheimen Consiliums auch mittels Privatschreiben befördert und erledigt
wurden, zeigen beispielhaft G.s Schreiben an
den Frankfurter Senator Johann Jost Textor
vom 8.8. 1782 wegen des Gesuchs eines Frankfurter Schutzjuden an den Herzog von Sachsen-Weimar, an den Oberappellationsrat Ludwig Julius Friedrich Höpfner in Darmstadt
vom 23.10. 1782 im Zusammenhang mit dem
Angebot einer juristischen Lehrstelle in Jena,
an Caroline Herder vom 11.5. 1784 wegen der
beabsichtigten Ernennung Herders zum Geheimen Kirchenrat oder die Privatschreiben an
den Gothaer Geheimen Rat Sylvius Friedrich
Ludwig von Franckenberg vom September
1785 im Zusammenhang mit den Erkundigun-
gen von Sachsen-Gotha wegen des Beitritts
von Herzog Carl August zum Fürstenbund.

Wie alle anderen Geheimen Räte hat G.
auch selbst Entwürfe für Reskripte und Handschreiben geliefert, wenn auch das Abfassen
der aus der Geheimen Kanzlei ausgehenden
Schriftsätze in erster Linie das Geschäft der
Geheimen Sekretäre war. Als Beispiel für ein
von G. konzipiertes Fürstliches Handschreiben liegt sein Vorschlag für ein Schreiben des
Herzogs an den Statthalter zu Erfurt vom Dezember 1783 im Zusammenhang mit der Be-
leidigung der Mitglieder des Geheimen Consiliums durch den entlassenen Hofrat Christian
Ludwig Redecker vor, das jedoch vom Herzog
nicht gebilligt wurde. Von den von G. angefertigten Konzepten für Reskripte sind zu nennen
das an die Regierung zu Weimar wegen Sicher-
heitsmaßnahmen im Amt Ilmenau nach Aufhebung der Landkompanie von 1779, das an die
Kriegskommission wegen der Beschaffung
wildlederner Hosen für das Husarenkorps von
1779 und das an die Regierung zu Weimar im
Zusammenhang mit dem Amtsvergehen des
Steuereinnehmers Georg Friedrich Gruner in
Ilmenau von 1781. Bei anderen Reskripten hat
G. an der endgültigen Formulierung des Textes durch Korrekturen in den Konzepten mitgewirkt, wie sein Zusatz in dem Reskript an
die Universität Jena von 1781 zeigt, in dem die

verschärfte Bestrafung eines dem Trunke ver-
fallenen Jenaer Studenten angedroht wird. Einen Sonderfall stellt in diesem Zusammenhang die von G. vorgenommene Revision des
von dem preußischen Gesandten Georg Friedrich von Böhmer gefertigten Entwurfs der Akte
über die Aufnahme des Herzogs Carl August in
den Fürstenbund von 1785 dar.

G.s amtliche Schriften aus dem Geschäftsbereich des Geheimen Consiliums beziehen
sich nach seiner Rückkehr aus Italien seit 1788
weiterhin auf das breite Spektrum staatlicher
Verwaltungstätigkeit in der obersten Behörde
von Sachsen-Weimar-Eisenach. Doch wurde er
als Geheimer Rat nicht mehr an allen Angelegenheiten beteiligt, zumal er nicht mehr an
den Sessionen teilnahm und sich seine offizielle Amtstätigkeit in behördlicher Hinsicht
verstärkt auf verschiedene Immediatkommissionen verlagerte. Amtliche Schriftstücke G.s
aus der Zeit nach 1786 entstammen also einerseits dem Geschäftsbereich des Geheimen
Consiliums, wozu auch schriftliche Niederschläge aus begrenzten kommissarischen Auf-
trägen gehörten, und zum anderen aus dem
Behördenschriftgut der von G. geleiteten oder
mitgeleiteten Immediatkommissionen.

Die in der Zuständigkeit des Geheimen
Consiliums liegende Aufsicht über die Universität Jena läßt G. weiterhin an den akademischen Geschäften unmittelbaren Anteil nehmen. Das betrifft zunächst die Personalangelegenheiten, in denen G.s Rat, Vorschlag und
Verhandlungsgeschick gefragt waren. Sein im
Auftrag von Herzog Carl August verfaßtes Promemoria vom 9.12. 1788 zur Berufung von
Schiller nach Jena steht als herausragendes
Ereignis in diesem Zusammenhang. In zahlreichen anderen Berufungsangelegenheiten
existieren Schriftstücke von G.s Hand. Aber
auch in einer Angelegenheit wie der Entlas-
sung Johann Gottlieb Fichtes 1798/99 war G.
in die Personalentscheidungen der Erhalterstaaten involviert.

Maßnahmen zur Verbesserung der Universität, ihrer Verfassung und der akademischen
Disziplin in Jena schlagen sich in G.s Aufzeichnungen zu einem Vortrag von 1788 über
die Zustände an der Universität, in der Aus-

arbeitung zu einem Gutachten oder Vortrag über die Abschaffung der Duelle und die Einführung studentischer Ehrengerichte von 1792, in einem großen als Promemoria für den Herzog erstatteten Gutachten über die akademische Disziplin von 1795 und in einem erneuten Gutachten über die Verbesserung der akademischen Disziplin und Zensur von 1799 nieder. Die fortwährenden Studentenunruhen widerspiegeln G.s Mitwirkung bei der Untersuchung und Beilegung der Vorfälle von 1790 anhand von Berichten über die von ihm ergriffenen Maßnahmen sowie bei den Unruhen und dem Auszug der Studenten nach Nohra 1792 durch die Protokolle der Beratungen im Geheimen Consilium unter G.s Teilnahme, seine Berichte und Privatschreiben in dieser Sache sowie einen von ihm verfaßten Zeitungsartikel für die *Frankfurter Reichspost-amts-Zeitung*. Im Auftrag des Herzogs und in Verbindung mit Herder und dem gothaischen Geheimen Rat von Franckenberg widmete er sich 1791/92 der Verbesserung des Konviktoriums in Jena. Neben verschiedenen Vorarbeiten liegt ein großer Bericht von G. und Herder an Herzog Carl August in dieser Angelegenheit vom 26.5. 1792 vor.

Im Krisenjahr 1803 wandte sich G. im Zusammenhang mit der Verlegung der *Allgemeinen Literatur-Zeitung* aus Jena nach Halle einer Aufgabe zu, die ihn ein knappes Jahr beanspruchte: der Gründung der *Jenaischen Allgemeinen Literatur-Zeitung*. Der kommissarische Auftrag des Herzogs Carl Augusts an Voigt und G. vom 26.8. 1803 zur Errichtung einer »neuen Societät« nach dem Abzug der *Allgemeinen Literatur-Zeitung* aus Jena führte im Rahmen dieser Spezialaufgabe zu amtlichen Schriften, die nicht nur in den Akten der Geheimen Kanzlei über das »Institut der Jenaischen Allgemeinen Literatur-Zeitung«, sondern auch in »acta domestica« in G.s Privatarchiv überliefert sind. Die Vorsorge für Universität und Institute in Jena äußert sich nach der Schlacht von Jena 1806 in der Kommunikation mit den dortigen Professoren und Freunden. In den zeitlichen Zusammenhang dieses Ereignisses gehört auch der Beitrag G.s zum statistischen Bericht an den französischen Militärintendanten Villain mit den Ausarbeitungen für das Geheime Consilium in deutscher und französischer Sprache.

Auch in anderen Angelegenheiten des Geheimen Consiliums wurde G. tätig. 1793 erhielt er den Auftrag zur Erstattung eines Münzgutachtens im Hinblick auf die Verwendung von preußischen Münzsorten im Eisenacher Landesteil. Neben verschiedenen Materialsammlungen, Voten und G.s Vortrag in dieser Angelegenheit sind die Reskripte des Geheimen Consiliums »ad Mandatum Serenissimi speciale« an die Kammer zu Eisenach vom 26.11. und 3.12. 1793 zu nennen, da sie auch G.s Unterschrift neben denen der anderen vier Geheimen Räte tragen. Auch in politischen Angelegenheiten wie bei der Konferenz zwischen Sachsen-Weimar-Eisenach und Sachsen-Gotha zwecks Erklärung des Reichskrieges gegen Frankreich und der Stellung eines Kontingents zur Reichsarmee 1792 war G. an den weimarischen Staatsgeschäften beteiligt. Die Gründung der Freitagsgesellschaft und ihre Tätigkeit 1791 sowie deren Wiederbelebung 1795 wird von seinen Aufzeichnungen begleitet, wozu auch die umfangreiche Ausarbeitung *Über die verschiednen Zweige der hießigen Tätigkeit* von 1795 gehört. Auch für die Gründung eines Erziehungsinstituts für Ausländer in Belvedere 1796 finden sich Voten, Privatschreiben und Ausarbeitungen von G.

Schließlich fiel G. als ältestem Geheimen Rat 1804 zu, das Dankschreiben an Herzog Carl August zu verfassen, nachdem dieser die Geheimen Räte zu Wirklichen Geheimen Räten mit dem Prädikat Exzellenz ernannt hatte. Und auch bei der Umbildung des Geheimen Consiliums zum Staatsministerium im Jahre 1815 begleiteten vertrauliche Voten von G. den Vorgang, seine Stellung im Rahmen der Staatsverwaltung von Sachsen-Weimar-Eisenach in der ihm übertragenen Leitung der »Oberaufsicht über die unmittelbaren Anstalten für Wissenschaft und Kunst in Weimar und Jena« zu bestimmen.

G.s Kommissionstätigkeit seit 1777 erstreckte sich auf die Geschäftsvorfälle, zu deren Bearbeitung und Ausführung die betreffenden Immediatkommissionen gebildet wurden. In der Bergwerkskommission (seit 1777) standen die Bestrebungen zur Wiederingangbringung des Ilmenauer Bergbaus im Mittelpunkt. Beispiele für Schriften G.s aus dieser lediglich den Kupfer- und Silberbergbau zu Ilmenau betreffenden Tätigkeit der Bergwerkskommission sind sein umfassender Bericht vom 1.6. 1781 an den Herzog mit Nachrichten von dem Ilmenauischen Bergwesen oder das mit dem Mitkommissar Voigt unterschriebene Dekret für den Bergrat Johann Carl Wilhelm Voigt vom 7.1. 1790 mit den Instruktionen für dessen Tätigkeit im Ilmenauer Bergbauamt. Hierher gehören auch die zwischen 1785 und 1794 als Separatdrucke erschienenen Nachrichten über den neuen Bergbau zu Ilmenau, die G. und Voigt als Verfasser ausweisen, sowie andere gedruckte Mitteilungen (Avertissements und Publicanda) an die Gewerken.

Für G.s Tätigkeit in der Kriegskommission (seit 1779) gibt es kaum schriftliche Belege, da die Kriegskommissionsakten selbst größtenteils vernichtet sind. Anders sieht es in der Wegebaukommission (seit 1779) aus. Als Beispiele von G.s Tätigkeit sind der Bericht über die Besetzung einer Aufseherstelle vom 4.1. 1781 und sein Bericht über die Tätigkeit der Wegebaukommission in den Jahren 1784/85 vom 9.6. 1786 zu nennen. Umfangreich sind auch die in einer Kammerakte überlieferten Schriften von G. bei der ihm übertragenen Aufgabe der Saaleregulierung in Jena seit 1783, die er zunächst innerhalb der Wegebaudirektion wahrnahm, für die aber seit 1790 eine eigene Wasserbaukommission gebildet wurde. G.s erster Bericht vom 5.4. 1783 mit dem Vorschlag zur Begradigung der Saale sowie spätere Promemorien, Voten und Schreiben an die Kammer widmen sich dieser Angelegenheit bis 1790. Erneut beschäftigte ihn die Saaleregulierung in Jena 1795/96, wie seine Anweisungen und Berichte in diesen Jahren zeigen.

G.s Mitbeteiligung an den Kammergeschäften (seit 1782) läßt sich wegen des Verlustes der Akten nicht ausreichend dokumentieren. Von seiner Tätigkeit in der Ilmenauer Steuerkommission (seit 1784) sind vor allem Berichte der Kommissare an das Geheime Consilium wie die vom 29.4. 1789 oder der Abschlußbericht vom 3.1. 1796 zu nennen, die von G. und Voigt unterschrieben sind. In der Schloßbaukommission (seit 1789) schlug sich G.s Tätigkeit in zahlreichen Schriftstücken nieder, die, wie der Aktenvermerk vom 25.3. 1789 über den Umfang der Kommissionstätigkeit belegt, seine intensive Beteiligung am Wiederaufbau des Schlosses zu Weimar aufzeigen.

Schließlich sind G.s amtliche Schriften aus der Oberaufsicht über die unmittelbaren Anstalten für Wissenschaft und Kunst in Weimar und Jena mit den Vorläufern aus der Leitung verschiedener künstlerischer und wissenschaftlicher Institute, die bis in die Zeit vor der Italienreise zurückreichen, zu betrachten. Aus dieser Behörde sind zahlreiche Schriften für die ihm unterstellten oder mituntergestellten Ressorts hervorgegangen, die in der Registratur aktenmäßig zusammengefaßt wurden und deren Faszikel in einem speziellen Repertorium erfaßt und verzeichnet sind. Zu den umfassenden Jahresberichten über die verschiedenen Institute, die für die Jahre 1811 und 1812 vorliegen, kommen weitere Berichte grundsätzlicher Art wie die zwischen April und Oktober 1817 verfaßten Aufsätze über den Zustand der Museen und Institute in Jena oder das Promemoria für den Erbgroßherzog Carl Friedrich von Sachsen-Weimar-Eisenach vom 24.10. 1822, das den Umfang der der Oberaufsicht unterstehenden Anstalten zu Weimar und Jena darlegt. Daneben sind verschiedene amtliche Korrespondenzen zwischen der Oberaufsicht und den von G. beaufsichtigten Institutionen bekannt, die dem allgemeinen Behördenverkehr dieser Zeit entsprechen.

Zur archivalischen Überlieferung von G.s amtlichen Schriften

Der Geheime Rat und Staatsminister G. nahm seine öffentlichen Aufgaben als Beamter im weimarischen Staatsdienst in einer Vielzahl von Behörden mit unterschiedlicher Intensität wahr. Der schriftliche Niederschlag seines amtlichen Wirkens ist in den Provenienz- und Pertinenzbeständen staatlicher Archive, aber auch in G.s persönlichem Archiv im G.- und Schiller-Archiv Weimar enthalten. Die archivalische Überlieferung seiner Amtstätigkeit konzentriert sich in erster Linie auf das Archiv, in dem das historische Quellenmaterial des weimarischen Staates verwahrt wird. Im heutigen Thüringischen Hauptstaatsarchiv Weimar bilden die älteren Aktenbestände von Sachsen-Weimar-Eisenach den umfangreichsten Quellenfundus für G.s amtliche Schriften. Die Überlieferungslage zu G.s Mitarbeit im Beratungsgeschäft des Geheimen Consiliums ist als überaus gut zu bezeichnen. Die betreffenden Aktenfaszikel befinden sich allerdings nicht mehr im organischen Zusammenhang ihrer Entstehung. Die Akten aus der Zeit des Herzogtums (bis 1815) sind überwiegend in Pertinenzbeständen zusammengefaßt und mit den Akten anderer Behörden (Landesregierung, Kammer, Konsistorium, Immediatkommissionen) vermischt worden. Für die erhaltenen Teile der Registratur des Geheimen Consiliums stellt sich die Überlieferungslage im allgemeinen günstiger als für die nachfolgenden Ministerialbestände dar. Die Archivbestände wichtiger Behörden aus dem 19. Jh., darunter auch die Akten der Oberaufsicht über die unmittelbaren Anstalten für Wissenschaft und Kunst, sind 1945 in einer Zweigstelle des Staatsarchivs Weimar in Bad Sulza durch Brand verlorengegangen und können heute lediglich unvollkommen durch Abschriften und vor 1945 erfolgte Veröffentlichungen rekonstruiert werden.

Von den beim Geheimen Ratskollegium eingegangenen und dort entstandenen Schriftstücken aus der Zeit von 1776 bis 1786 ist etwa die Hälfte als Archivgut vorhanden. Viele tragen G.s Bearbeitungsspuren, wenn auch nur als Paraphen zur Abzeichnung des Konzeptes nach der Revision. Weniger gut sind die »Handakten« der Geheimen Räte und die in der Geheimen Kanzlei gebildeten Geheimakten überliefert, da sie weithin schon durch die Geheimen Räte selbst und die Behörde vernichtet worden sind. Aber gerade von G. sind einige solcher Akten in seinem schriftlichen Nachlaß im G.- und Schiller-Archiv erhalten. Für die amtlichen Schriften G.s, die seine Anteilnahme an der Tätigkeit des Geheimen Consiliums für die Jahre 1788 bis 1815 bzw. 1819 dokumentieren, ist die Privatkorrespondenz amtlichen Inhalts weitaus umfangreicher vorhanden. Vor allem der Briefwechsel zwischen G., Herzog Carl August und dem Geheimen Rat Voigt enthält zahlreiche Sachverhalte und Vorgänge aus der Sphäre amtlichen Handelns.

Von den archivalischen Quellen zu G.s Tätigkeit in den Behörden außerhalb des Geheimen Consiliums ist zum Teil noch weniger überliefert. Dazu gehört der Archivbestand der Kammer, der zu den Verlusten des Thüringischen Hauptstaatsarchivs zählt. Die wenigen Kammerakten aus der G.-Zeit, die in den Pertinenzbeständen auf uns gekommen sind, zeigen keine Berührung G.s mit den Kammergeschäften, so daß seine wirkliche Tätigkeit in der Weimarer Kammer quellenmäßig nicht belegt ist.

Besser erfassen läßt sich seine Tätigkeit in den verschiedenen Immediatkommissionen, wenn auch hier der Zustand der archivalischen Überlieferung keineswegs befriedigen kann. Für keine der Kommissionen, in denen G. seit 1777 Verantwortung oder Mitverantwortung trug, liegt ein Provenienzbestand vor. Alle noch vorhandenen Aktenfaszikel wurden im 19. Jh. auf die Pertinenzbestände im Weimarer Staatsarchiv aufgeteilt. Lediglich von der Kriegskommission sind keine eigenen Akten überliefert. Auch von den Akten der Ilmenauer Steuerkommission sind nur einige im Bestand Steuerwesen vorhanden, die durch wenige Kommissionsakten im G.-Nachlaß ergänzt werden. Am besten gestalten sich die Überlieferungsverhältnisse bei der Ilmenauer

Bergwerkskommission, deren gesamter Aktenbestand in den Pertinenzbestand Bergwerke eingegangen ist. Für die Tätigkeit in der Wegebaukommission liegen die Akten aus G.s Amtszeit im Archivbestand Bausachen vor. Die Akten der Schloßbaukommission sind ebenfalls in diesem Bestand vorhanden. Ergänzend kommen einige Kommissionsakten im G.-Nachlaß hinzu, darunter allerdings auch Privatakten G.s zum Weimarer Schloßbau. Relativ gut überliefert sind die Akten der Theaterkommission, aus der die Hoftheater-Intendanz hervorging. Sie werden überwiegend im Thüringischen Hauptstaatsarchiv in den Archivbeständen Kunst und Wissenschaft und Generalintendanz des Deutschen Nationaltheaters Weimar aufbewahrt.

Von der Institution der Oberaufsicht über die unmittelbaren Anstalten für Wissenschaft und Kunst in Weimar und Jena, die nach G.s Tod als Behörde weitergeführt wurde, gelangte deren Registratur 1849 in das nachfolgende Kultusdepartement des neuen Staatsministeriums von Sachsen-Weimar-Eisenach. Von diesem wurden die Akten der Oberaufsicht nach der Gründung des Landes Thüringen von 1920 dem nunmehrigen Thüringischen Staatsarchiv in Weimar übergeben. Mit der im Archiv vorhandenen Überlieferung der Abteilung Kunst und Wissenschaft des Kultusdepartements wurden auch die bereits früher dem Staatsarchiv zugeführten Oberaufsichtsakten aus dem älteren Pertinenzbestand Kunst und Wissenschaft zu einem Archivbestand zusammengefaßt. Dieser wurde 1945 bei dem Brand der Zweigstelle Bad Sulza vernichtet, so daß dadurch auch die fast vollständige Registratur der Oberaufsicht aus der G.-Zeit verloren gegangen ist. Nur ganz wenige Aktenfaszikel sind als Originalakten der Oberaufsicht noch im älteren Pertinenzbestand Kunst und Wissenschaft vorhanden. Diese Restüberlieferung wird durch einige im G.-Nachlaß enthaltenen Oberaufsichtsakten ergänzt. Bei ihnen handelt es sich allerdings meist um Akten der Vorgängerbehörden (Kommissionen) und Privatakten G.s oder um einzelne Schriftstücke der Oberaufsicht aus anderen Provenienzen als spätere Erwerbungen des G.- und Schiller-Archivs.

Eine wesentliche Ergänzung zu den Archivbeständen im Thüringischen Hauptstaatsarchiv Weimar bildet demzufolge die Überlieferung innerhalb des G.-Nachlasses im G.- und Schiller-Archiv Weimar, die als »Goethesche Repositur« bereits 1822 von dem Bibliothekssekretär Friedrich Theodor Kräuter geordnet und verzeichnet worden war. Einzelne Schriftstücke und formierte Aktenfaszikel, die G.s Amtstätigkeit im weitesten Sinne betreffen, sind heute in dem Bestand »Goethe-Akten« zusammengefaßt. Dazu gehören Unterlagen aus dem Bereich des Geheimen Consiliums und der Kammer, aus der Kommissionstätigkeit und der Theaterintendanz sowie aus der Oberaufsicht über die unmittelbaren Anstalten für Wissenschaft und Kunst. Aber auch die Faszikel, die sich mit der Gründung der *Jenaischen Allgemeinen Literatur-Zeitung* 1803/04 beschäftigen, sind hier zu erwähnen.

Eine Besonderheit neben dem eigentlichen G.-Nachlaß im G.- und Schiller-Archiv Weimar stellt der Bestand »Akten-Kopien« dar. Es handelt sich um Abschriften aus staatlichen Akten, die nach einer persönlichen Entscheidung des Großherzogs Carl Alexander vom 4.12.1888 angefertigt und für die Herausgeber der Weimarer Ausgabe von G.s Werken zur Verfügung gestellt wurden. Kopiert wurde vor allem die Überlieferung von Vorgängen aus dem Geschäftsbereich der Oberaufsicht, an denen G. beteiligt war. Dabei wurden Schriftstücke, zumeist Konzepte, die seine Verfasserschaft auswiesen oder glaubhaft machten, vollständig übertragen, während andere, den Vorgang komplettierende Schreiben lediglich notiert oder als Regest wiedergegeben wurden. Daß diese Abschriften dann nicht nur als Vorarbeiten für die Edition und Kommentierung der Tagebücher und Briefe dienten, zeigt die Übernahme von amtlichen Schriftstücken, sofern sie ausdrücklich von G. unterschrieben waren, in die Briefabteilung der Weimarer Ausgabe. Heute sind die Abschriften und Drucke aus den staatlichen Akten im Bestand »Akten-Kopien« des G.- und Schiller-Archivs durch die Vernichtung der Originale aus dem Staatsarchiv als Sekundärüberlieferung eine wichtige Quelle geworden, zumal die Kopisten sehr sorgfältig vorgegangen sind. Mit ihrer Hilfe können wesentliche Vorgänge aus G.s amtlicher Tätigkeit in der Oberaufsicht und in den vorausgegangenen Kommissionen auch in der schriftlichen Überlieferung rekonstruiert werden.

Als weiterer Quellenfundus für G.s Amtstätigkeit in der Oberaufsicht muß die Gegenüberlieferung in den Akten der Institutionen angesehen werden, die als Anstalten für Wissenschaft und Kunst in Jena und Weimar seiner Oberleitung unterstanden. Solche von den betreffenden Einrichtungen angelegten und geführten Aktenfaszikel existieren für die Bibliotheken in Jena und Weimar. Für einzelne naturwissenschaftliche und medizinische Anstalten und Institute in Jena (Sternwarte, Anatomisches Kabinett, Mineralogische Gesellschaft) sind sie im Archiv der Friedrich-Schiller-Universität Jena überliefert. Der weitaus größte Teil oberaufsichtlicher Vorgänge ist jedoch möglicherweise gar nicht in einen solchen Registraturzusammenhang gelangt. Das Fehlen von Akten der Tierarzneischule in Jena macht allerdings auch andere Verlustgründe glaubhaft.

Die Bearbeitung und Erledigung von amtlichen Vorgängen, die über die betreffende Behörde hinaus die Kommunikation mit anderen amtlichen Stellen, auch außerhalb von Sachsen-Weimar-Eisenach, verlangte, hat üblicherweise Gegenüberlieferungen hervorgebracht. Sie müssen in anderen öffentlichen Archiven gesucht werden. Die Feststellung der korrespondierenden Überlieferung in staatlichen Archiven stellt sich in der Regel einfacher dar als die Suche nach versprengten Stücken, die zum Teil den amtlichen Akten und Registraturen entfremdet und als Handschriften von G. veräußert wurden, so daß sie heute auch in den Sammlungsbeständen von Bibliotheken, Museen und Archiven sowie auch in Privatsammlungen überliefert sein können.

Für den Bereich der Nachlässe sonstiger Kontaktpersonen G.s kommen sowohl das Thüringische Hauptstaatsarchiv Weimar als auch das G.- und Schiller-Archiv in Frage. Die Nachlässe der fürstlichen Personen sind in der Archivabteilung Großherzogliches Hausarchiv

im Thüringischen Hauptstaatsarchiv enthalten. Hier sind auch die Ministernachlässe und Nachlässe von anderen weimarischen Beamten überliefert. Solche Nachlässe von Persönlichkeiten aus dem klassischen Weimar, die mit G.s Amtstätigkeit in Berührung standen, werden allerdings auch im G.- und Schiller-Archiv aufbewahrt.

Schließlich sind auch die Rechtsanwalts-Eingaben aus G.s Advokatentätigkeit zwischen 1771 und 1775 in Frankfurt am Main als geschäftlich-berufliche Unterlagen in den Komplex der amtlichen Schriften G.s und ihrer Überlieferung einzubeziehen. Zunächst im Archiv des reichsstädtischen Schöffengerichts aufbewahrt, wurden 1874 bei der Übernahme der Zivilprozeßakten in das Frankfurter Stadtarchiv 40 Faszikel mit Rechtsstreiten, die G. Vater und Sohn geführt hatten, ausgesondert und der Stadtbibliothek übergeben. Von hier kamen sie 1888 in das Stadtarchiv und wurden vom Magistrat der Stadt Frankfurt am Main bereits 1890 dem Freien Deutschen Hochstift als Depositum übergeben, wo sie heute noch in der Handschriftenabteilung des Frankfurter G.-Museums verwahrt werden.

Kriterien für die Edition von G.s amtlichen Schriften

G.s universelles Wirken als Dichter, Wissenschaftler und Beamter läßt eine in der Äußerung und literarischen Produktion unerreichte Höhe erkennen, obwohl die schriftliche Hinterlassenschaft heute nicht mehr komplett vorliegt. In der Überlieferung seines Gesamtwerkes inbegriffen sind die amtlichen Schriften, die durch ihren Entstehungszusammenhang traditionell als archivalische Quellen in den betreffenden Beständen staatlicher Archive aufbewahrt werden. Allein von daher unterscheiden sich diese Schriften von allen anderen Zeugnissen literarischer Betätigung im »Archiv des Dichters und Schriftstellers«. Deren Überlieferung wurde in der Vergangenheit in unterschiedlichem Maße bei den großen

Werkausgaben berücksichtigt. Das gilt noch viel mehr für den Komplex der amtlichen Schriften G.s, deren Aufnahme in eine Werkausgabe sich immer als ein Problem der Auswahl und der Beschränkung darstellt. Amtliche Schriften in einer G.-Ausgabe abzudrucken, entspricht der Vorstellung, daß diese als Zeugnisse außerhalb des literarischen Schaffensprozesses ein unverzichtbarer Bestandteil der schriftlichen Hinterlassenschaft des Dichters sind.

Als historisch-kritisches Editionsunternehmen hat die Veröffentlichung der amtlichen Schriften klaren Auswahlkriterien zu folgen, die vom Umfang der Quellenüberlieferung unabhängig sind. In der Edition des G.schen Gesamtwerkes ist die Veröffentlichung der Schriftstücke, die ein Ergebnis amtlicher Tätigkeit sind, vor allem deshalb zwingend, weil Editionen auch Inventarisierungscharakter haben. Im Falle G.s ist die amtliche Tätigkeit mit ihrem schriftlichen Niederschlag ein Teil seiner Lebensbewältigung. Amtliche Schriften sind im weiteren deshalb auch »Lebenszeugnisse«, die als eine besondere Quellengruppe neben den Werken und Briefen heutzutage einen selbstverständlichen Bestandteil historisch-kritischer Werkausgaben bilden.

Dabei ist der Komplex der »Lebenszeugnisse« heute nur insofern fest umrissen, als darunter alle auf den Schriftsteller bezogenen Dokumente erfaßt werden, die im weitesten Sinne als geschäftlich-berufliche und persönliche Unterlagen zu bezeichnen sind. Diese Quellengruppe außerhalb von Werken, Briefen, Tagebüchern und Gesprächsaufzeichnungen hat jedoch in einzelnen Bereichen fließende Grenzen, wenn man die Korrespondenz des Dichters untersucht, in der konsequenterweise zwischen privaten Briefen und amtlichen Schreiben unterschieden werden muß. Auch bei den Tagebüchern können Abgrenzungen notwendig werden, wenn inhaltliche und funktionale Kriterien die in chronologischer Form vorliegenden Aufzeichnungen in das geschäftlich-berufliche Aufgabenfeld verweisen. In vergröberter inhaltlicher Kennzeichnung lassen sich »Lebenszeugnisse« auch als Zeugnisse von und über den Schriftsteller aus der Sphäre des Tätigseins außerhalb des literarischen Schaffensprozesses bestimmen.

Aus dem Komplex der zu edierenden »Lebenszeugnisse« eines Schriftstellers fällt die Quellenüberlieferung amtlichen Schaffens heraus, die im Verlauf beruflicher Aufgabenerfüllung außerhalb der als Berufung verstandenen künstlerischen Existenz entstanden ist. Sie setzt in der Regel ein Anstellungsverhältnis mit einem Dienstherrn voraus. Demzufolge gehören die schriftlichen Äußerungen aus der Berufstätigkeit überwiegend nicht zum schriftlichen Nachlaß des Dichters, sondern sind in den Registraturen der Institutionen überliefert, in dessen Diensten der Verfasser stand.

Geht man vom Vollständigkeitsprinzip bei einer historisch-kritischen Ausgabe aus, so ist die Auswahl der zu edierenden amtlichen Schriften unproblematisch. Abgrenzungsprobleme kann es lediglich im Hinblick auf die im weiteren Sinne als »Lebenszeugnisse« überlieferten Dokumente aus der beruflich-geschäftlichen Sphäre geben. Als historisch-kritische Ausgabe wird hierbei im engeren Sinne lediglich die Edition von *Goethes Amtlichen Schriften* verstanden, wie sie bisher als Veröffentlichung des Staatsarchivs Weimar vorliegt. Problematischer ist die Auswahl bei der Aufnahme von amtlichen Schriften in G.-Werkausgaben, die als historisch-kritische oder Studienausgaben veröffentlicht werden. Diese legen sich im doppelten Sinne Beschränkungen auf: zunächst im Hinblick auf die Editionsmethode, da G.s Texte überwiegend isoliert ohne Beachtung des Vorganges, in den seine Äußerung eingebunden ist, abgedruckt werden. Vor allem aber ist die Aufnahme von amtlichen Schriften in Werkausgaben eine Auswahledition, die sich in der Regel zwar auf die bisher bekannten und für G.s amtliche Tätigkeit auch weitgehend repräsentativen Texte konzentriert, jedoch nicht das breite Spektrum amtlicher Schriften abdeckt.

Zur Editionsgeschichte von G.s amtlichen Schriften

Überblickt man die bisherigen Veröffentlichungen zu G.s amtlicher Tätigkeit, so ist zwischen den gelegentlichen Aktenpublikationen und den als Auswahl gebotenen amtlichen Schriften in den G.-Werkausgaben zu unterscheiden. Als historisch-kritische Edition ist lediglich das in Vorbereitung auf den 200. Geburtstag G.s 1949 begonnene Editionsunternehmen *Goethes Amtliche Schriften* des damaligen Staatsarchivs Weimar zu bezeichnen, obwohl diese Ausgabe bisher unvollendet ist.

Amtliche Schriften G.s wurden erstmals 1834 von seinem letzten Assistenten in der Oberaufsicht, Vogel, ediert. Seine Veröffentlichung *Goethe in amtlichen Verhältnissen* griff auf die Akten zurück und machte mit vielen Vorgängen aus der Verwaltung der G. in den letzten Lebensjahrzehnten untergebenen unmittelbaren Anstalten für Wissenschaft und Kunst bekannt. Die erste sytematische Quellenveröffentlichung legte erst mehr als 100 Jahre später Joseph A. von Bradish unter dem Titel *Goethes Beamtenlaufbahn* vor. In ihr werden die Aktenstücke ediert, die zwischen G.s Anstellung in Weimar 1776 und seinem Tod 1832 alle wesentlichen Stationen dienstlichen Wirkens widerspiegeln. Dabei handelt es sich überwiegend nicht um G.sche Texte, sondern um die Dokumente, die fiktiv die Personalakte des Beamten G. bilden. Dazwischen lagen größere und kleinere Veröffentlichungen, die sich aus zufälligen Funden in den Archiven ergaben, aber bereits wesentliche Seiten von G.s amtlicher Tätigkeit vorstellten. Die breitere Erschließung und Edition der archivalischen Quellen blieb Archivaren und Historikern der neueren Zeit vorbehalten.

Einen gewissen Einblick in das Spektrum staatsmännischer, politischer und beamtlicher Wirksamkeit G.s boten bereits die vorausgegangenen Briefveröffentlichungen. Der 1915 bis 1918 von Hans Wahl herausgegebene Briefwechsel des Herzogs Carl August mit G. bildet einen solchen Quellenkomplex mit Bezügen zum beruflichen Wirken des weimarischen Geheimen Rates und Staatsministers, der aber noch durch den seit 1949 erschienenen Briefwechsel zwischen den Amtskollegen G. und Voigt übertroffen wird. In vier Bänden hat Hans Tümmler, zuletzt in Zusammenarbeit mit Wolfgang Huschke, die Korrespondenz zwischen den in vieler Hinsicht im dienstlichen Alltag bei der Bewältigung zahlreicher Amtsgeschäfte verbundenen Partnern ediert und damit die Sonderstellung ihres Briefwechsels zwischen 1784 und 1819 in der Durchmischung von Dienstlichem und Privatem offenkundig gemacht. Ihr Herausgeber hat als Kenner der Materie den Wert dieser geschichtlichen Quelle sowohl für den Einblick in die innere Verwaltungsarbeit des Staatswesens als auch für die Widerspiegelung der Zeitverhältnisse betont.

Betrachtet man die Werkausgaben G.s, so bietet zunächst die im Auftrag der Großherzogin Sophie von Sachsen-Weimar-Eisenach zwischen 1887 und 1919 herausgegebene Weimarer Ausgabe als kritische Gesamtausgabe Ansätze für die Edition amtlicher Schriften. In der in vier Abteilungen gegliederten umfassenden Edition von Werken, Naturwissenschaftlichen Schriften, Tagebüchern und Briefen sind *Zeugnisse amtlicher Thätigkeit* im 1914 erschienenen Band 53 der Werkabteilung enthalten. Die undifferenzierte Veröffentlichung des Briefkorpus bietet überdies auch in der Briefabteilung amtliche Schreiben, die ihrem Inhalt und ihrer Funktion nach zu den amtlichen Schriften gerechnet werden müssen. Daß die Herausgeber 1886 bei der Konzipierung dieses großen Editionsprojektes als Grundsatz formulierten »Von allen rein-amtlichen Actenstücken wird abgesehen«, mag bei der Größe der Aufgabenstellung verständlich sein. Ob ihnen jemals eine fünfte Abteilung mit den amtlichen Schriften vorgeschwebt hat, muß offen bleiben. Auch die an G. gerichteten Briefe wurden vorderhand ausgeschlossen, um den Plan der Ausgabe nicht ins Endlose zu erweitern. Den Bearbeitern aus dem G.- und Schiller-Archiv Weimar war aber die Kenntnis von G.s amtlicher Tätigkeit und der schriftlichen Überlieferung dazu eine Notwendigkeit. Die Sichtung der in Frage kommenden

Aktenfaszikel im damaligen Geheimen Haupt-
und Staatsarchiv Weimar und in den Registraturen des Kultusdepartements von Sachsen-
Weimar-Eisenach führte einerseits zur begrenzten Aufnahme von »Zeugnissen amtlicher Thätigkeit« in die Ausgabe und zum anderen zu zahlreichen »Akten-Kopien« als
Materialsammlung für die Editions- und Kom-
mentierungsarbeiten an der Weimarer Ausgabe. Daraus wurden allerdings auch amtliche
Schreiben, die G.s Unterschrift trugen, in die
Briefabteilung aufgenommen, wobei den Bearbeitern die Inkonsequenz gegenüber ihren
1886 formulierten Grundsätzen offenbar gar
nicht bewußt wurde.

Die Konzipienten der Weimarer Ausgabe
von G.s Werken hatten sich seinerzeit als geschulte Philologen davor gescheut, in den ganz
anders strukturierten historischen Quellenfundus einzudringen und ein Sondergebiet der
G.-Forschung und G.-Edition zu eröffnen. Die
notwendige Erfassung der amtlichen Schreiben G.s in den archivierten Akten der Staatsverwaltung führte zwar in der Folgezeit zu gelegentlichen Veröffentlichungen von zumeist
unbekannten Schriftstücken, aber ihre isolierte Darbietung trug lediglich zur Bereicherung der Einzelkenntnisse bei. Solche
G.-Texte wurden dann als *Urkundliches aus
seiner amtlichen Tätigkeit* (Bernhard Suphan
1893), *Ein Goethesches Aktenstück* (Ludwig
Geiger 1882), *Klassische Findlinge* oder *Ungedruckte Goetheana* (Carl August Hugo Burkhardt 1874, 1878) der G.-Forschung präsentiert.

Die Aufgaben nach der 1885 erfolgten Öffnung des G.-Archivs zielten auf zwei Unternehmungen der neu belebten G.-Forschung.
Dem Verlangen nach einer textkritischen Ausgabe der Werke von G. auf der Grundlage der
Handschriften stellte sich der Wunsch nach
einer umfassenden G.-Biographie zur Seite,
nachdem die wichtigsten biographischen
Zeugnisse, Briefe und Tagebücher des Dichters nun uneingeschränkt zugänglich waren.
Ein Stiefkind von Edition und Forschung sollten allerdings noch längere Zeit G.s amtliches
Schaffen und die Publizierung seiner dokumentarischen Überlieferung bleiben, obwohl

auch an eine Monographie über G.s Amtstätigkeit nach den Akten gedacht worden war.

Zufällige Quellenveröffentlichungen in isolierter Betrachtung bestimmten das künftige
Editionsgeschehen. Die Behandlung der amtlichen Schriftstücke erfolgte zumeist außerhalb des Zusammenhangs, in dem sie erwach-
sen waren. Die besonderen Voraussetzungen
dienstlicher Schreiben G.s, eingebunden in
die behördliche Praxis der Zeit und des Staates, wurden fast immer übersehen. Aber erst
ihre Kenntnis und das tiefere Eindringen in
die verschiedenen in sich geschlossenen
G.schen Amtsbereiche hätten die Gefahren
einseitiger Fixierung auf G.s »Hauptrolle« im
jeweiligen Geschehen bannen können. Alle
seitdem angestellten Untersuchungen über
seine amtliche Tätigkeit im allgemeinen und
sein Wirken in einzelnen Behörden und Kommissionen, über seine Theaterleitung und die
Tätigkeit für die wissenschaftlichen Anstalten
und die Universität Jena sowie im weiteren
über G.s Verhältnis zu Gesellschaft, Staat, Politik, Recht und Wirtschaft, die in vielen Fällen mit Quellenpublikationen verbunden waren, sind als Vorstufen und Bausteine im Hinblick auf die notwendig zu lösende Gesamtauf-
gabe der historisch-kritischen Edition aller
Quellen und der abschließenden Behandlung
von G.s amtlicher Tätigkeit zu betrachten.

Als Max Morris zwischen 1909 und 1911 in
seiner Ausgabe *Der junge Goethe* dessen Jugenddichtungen und Jugendschriften der Weimarer Ausgabe zur Seite und zum Teil entgegen stellte, berücksichtigte er dabei auch die
frühen schriftlichen Äußerungen G.s aus der
beruflich-geschäftlichen Sphäre, darunter die
aus der Studentenzeit stammenden Straßburger Promotionsthesen von 1771 und noch
mehr die »Rechtsanwalts-Eingaben«, die als
Zeugnisse und Resultate von G.s Advokatentätigkeit zwischen 1771 und 1775 in Frankfurt
am Main überliefert sind. In der neu bearbeiteten Ausgabe (erschienen von 1963 bis
1974) von Hanna Fischer-Lamberg wurden sie
weitaus umfangreicher als bei Morris, aber
noch immer nicht vollständig abgedruckt.

Nach der Weimarer Ausgabe unternimmt es
die seit Herbst 1985 erscheinende Münchner

Ausgabe der sämtlichen Werke G.s, erstmalig neben dem dichterischen, theoretischen und naturwissenschaftlichen Werk auch eine größere Auswahl von amtlichen Schriften zu edieren. Sie werden freilich nur in Auswahl geboten und überwiegend als Einzeldokumente ediert. Als Kriterium für die Aufnahme gilt, daß G.s Anteil an den Formulierungen eindeutig erkennbar ist. Die Herausgeber veröffentlichen sie als historische Dokumente für die Zeit und für G.s sachliche oder soziale Verantwortlichkeit, die Einblick in die Vielfalt seiner Tätigkeiten gewähren. Insofern umfaßt die Auswahl von amtlichen Schriften sowohl die frühen Rechtsanwalts-Eingaben aus den Frankfurter Prozessen, hier als »Juristische Schriften« klassifiziert, als auch Texte aus den unterschiedlichen Zweigen amtlicher Tätigkeit während der Weimarer Zeit.

Die G.s amtliche Tätigkeit umfassend dokumentierende Ausgabe ist die 1950 im Verlag Hermann Böhlaus Nachfolger Weimar begonnene Veröffentlichung *Goethes Amtliche Schriften*. Unter der wissenschaftlichen Leitung von Willy Flach trat vor dem 200. Geburtstag G.s das Staatsarchiv Weimar mit der Zielstellung einer historisch-kritischen Ausgabe auf den Plan. Sie war in der Konsequenz fortgeschrittener Forschung über G.s Leben und Werk konzipiert worden, in der die Beschäftigung mit seiner Tätigkeit als Beamter beachtlich angewachsen war. Die Idee einer umfassenden und systematischen Veröffentlichung seiner amtlichen Schriften ging auf Hans Tümmler zurück, der zu dieser Zeit an der Herausgabe des G.-Voigt-Briefwechsels und auch an der Veröffentlichung des politischen Briefwechsels des Herzogs Carl August arbeitete und dadurch die archivalische Überlieferung von G.s amtlicher Tätigkeit kannte. Er schlug Flach die Edition der Amtlichen Schriften als eine neue Abteilung der Weimarer Ausgabe von G.s Werken vor, der sie dann als Veröffentlichung des Staatsarchivs Weimar konzipierte. Seit 1947/49 wurde sie im Jahrbuch der G.-Gesellschaft als »Fünfte Abteilung der großen Weimarer-Goethe-Ausgabe« angekündigt. Der Editionsplan war auf Vollständigkeit ausgerichtet und sah demzufolge G.-Texte

aus allen Amtsbereichen vor. Die bandmäßige Gliederung der Veröffentlichungsreihe folgte den betreffenden Behörden und Einrichtungen des Herzogtums (seit 1815 Großherzogtums) Sachsen-Weimar-Eisenach, in denen G. amtliche Aufgaben erfüllt hatte. Die Anordnung der Teile des Gesamteditionsunternehmens sollte in der Reihenfolge des Eintritts in diese Institutionen vorgenommen werden. So erschien 1950 der erste Band zu G.s Tätigkeit im Geheimen Consilium mit den Schriften der Jahre 1776 bis 1786.

Flach hatte die Notwendigkeit erkannt, das Quellenmaterial in seinem vollen Umfang zusammenzutragen, um es dann in einer breit angelegten Edition als »Corpus seiner Amtsschriften« der Forschung zu erschließen. Dabei legte er der Art des Unternehmens strenge Maßstäbe an: »Es kann sich bei der jetzt in Angriff genommenen Aufgabe also nur darum handeln, die Schriftstücke, die G. in seiner amtlichen Stellung und in unmittelbaren amtlichen Auftrag verfaßte und schrieb oder diktierte, festzustellen und zu veröffentlichen. Privatschreiben amtlichen Inhalts werden dabei nur soweit Berücksichtigung finden, als sie in Ausführung amtlicher Geschäfte nach einem Brauch der damaligen Behördenpraxis in bestimmten ›per privatas‹ zu erledigenden Fällen als unmittelbare amtliche Schreiben zu betrachten sind. Nicht das alleinige, aber ein wesentliches Kriterium für die Beurteilung der Amtlichkeit eines G.schen Schreibens ist dabei die äußere Tatsache, daß die amtlichen Schriftsätze Bestandteile der archivmäßig überlieferten Akten derjenigen Behörden geworden sind, in denen G. als Beamter gewirkt hat« (Flach 1952).

Nach dieser Konzeption sollten die Schriften aus der Tätigkeit im Geheimen Consilium zwei Bände des Gesamtwerks beanspruchen. Im ersten sollten alle von G. eigenhändig geschriebenen, verfaßten oder korrigierten Schreiben im vollen Wortlaut ediert werden, während im zweiten alle die Schriftstücke in Regesten aufgenommen werden sollten, an deren Zustandekommen G. durch Beratung und Signatur mitgewirkt hatte. Die Vorarbeiten dazu liefen bei gleichzeitiger Ergänzung der

Registrandenkartei aus den Akten anderer Provenienzen bis zum Sommer 1952. Unterschiedliche Ansichten im Kreis der Mitarbeiter des Staatsarchivs über die Form der Regesten und ihre Anordnung führten schließlich zu dem Entschluß, durch Vorlage zweier Muster im Druck, über G.s Mitwirkung beim Zillbacher Holzprozeß (vgl. Flach 1954) und über dessen Tätigkeit im Februar 1779 (vgl. Flach 1957), die für die Wissenschaft günstigste Behandlungsart zu finden. Bis zur Lösung dieser entscheidenden grundsätzlichen Fragen sollte der Regestenband ausgesetzt bleiben.

Flach konnte nur den ersten Band edieren, der als unvollendet gelten muß, da er ohne Erläuterungen veröffentlicht wurde. Diese sollten im zweiten Band erscheinen, dessen Konzeption nach Flachs Weggang aus Weimar von der neuen Bearbeiterin Helma Dahl jedoch geändert wurde. Sie konstatierte, daß mit der Veröffentlichung der amtlichen Schriften G.s innerhalb des Geheimen Consiliums von 1776 bis 1786 dessen Amtstätigkeit als Geheimer Rat noch nicht abschließend erfaßt war. Die Durchsicht des Aktenmaterials seit 1786 bis zur Aufhebung des Geheimen Consiliums 1815 ergab auch für diesen Zeitraum, in dem G. zwar noch nominell dem Geheimen Consilium angehörte, aber nicht mehr an den Ratssitzungen teilnahm, Niederschläge amtlicher Betätigungen. Wesentlich für die neue Aufgabenstellung war aber die Abwendung von Flachs eng gefaßter Konzeption, als amtliche Schriften G.s nur schriftliche Zeugnisse gelten zu lassen, die direkt aus seinem amtlichen Handeln und Wirken als amtliche Verlautbarungen hervorgegangen sind und in einem Überlieferungszusammenhang stehen.

Der zweite Band von *Goethes Amtlichen Schriften* enthielt nunmehr, bezogen auf Angelegenheiten des Geheimen Consiliums, mit denen G. direkt oder indirekt befaßt war, die Schriften der Jahre 1788 bis 1819. Damit ging der neue Band zugleich über die Zeit der Umwandlung des Geheimen Rats in das neue Staatsministerium hinweg. Da die Bearbeiterin autorisierte G.-Texte aus dem Geschäftsbereich des Geheimen Consiliums (und des Staatsministeriums) kaum noch oder über-

haupt nicht mehr fand, weil sich G.s Haupttätigkeit im Amt nach der Italienreise außerhalb der Geheimen Ratsstube vollzog, dehnte sie ihre Untersuchung auf die Korrespondenzen des Herzogs mit seinen Geheimen Räten, ihren Schriftwechsel untereinander sowie den Briefwechsel G.s überhaupt aus. Dabei kam dem Schriftwechsel mit seinem »Ministerkollegen« Voigt als »einem typischen Beispiel vertraulicher amtlicher Ministerkorrespondenz« besondere Bedeutung zu. Als »inneramtliche Verlautbarungen« wies sie diesen zumeist privaten und vertraulichen Korrespondenzen im Zusammenhang mit den offiziellen Akten der Geheimen Kanzlei einen besonderen Quellenwert zu. Insofern wurden im zweiten Band der vom Staatsarchiv Weimar herausgegebenen Veröffentlichung nunmehr vor allem »ausgehende Schreiben und inneramtlicher Schriftverkehr« G.s als amtliche Schriften aus dem Geheimen Consilium von 1788 bis 1819 ediert.

Mit dem zweiten Band, dem dazugehörigen Erläuterungsband und einem Gesamtregister für die Schriften aus G.s Tätigkeit im Geheimen Consilium wurde die Ausgabe der Amtlichen Schriften 1987 vorläufig abgeschlossen. Sie blieb jedoch in doppeltem Sinne unvollständig. Das gilt einerseits für die Amtlichen Schriften G.s im Geheimen Consilium, aber noch mehr für die noch fehlenden Schriften aus seiner Tätigkeit in den verschiedenen Kommissionen und in der Oberaufsicht über die unmittelbaren Anstalten für Wissenschaft und Kunst. Hinsichtlich der Tätigkeit im Geheimen Consilium fehlen noch die Erläuterungen zum ersten Band und der angekündigte Regestenband. Sie sind lediglich als Vorarbeiten im Thüringischen Hauptstaatsarchiv Weimar vorhanden: zum ersten Band (1776–1786) die rekonstruierte Geschäftsregistrande des Geheimen Consiliums für die Jahre 1776 bis 1786 und zum zweiten Band (1788–1819) das Kalendarium für die Jahre 1788 bis 1819.

Nach den Vorstellungen der Bearbeiterin aus dem Beginn der 1960er Jahre sollten zwei Ergänzungsbände zu den Haupttextbänden publiziert werden. Zur Ergänzung des ersten Bandes sollte der ursprünglich geplante Regestenband um das Kalendarium für die Jahre 1776 bis 1786 erweitert werden, während der zweite Ergänzungsband das Kalendarium zur amtlichen Tätigkeit G.s im Geheimen Consilium nach 1786 aufnehmen sollte. Demnach sollte der erste Ergänzungsband in Anlehnung an den von Flach entworfenen Plan in der Hauptsache Regesten über die Vorgänge in den Sessionen des Geheimen Consiliums enthalten, an denen G. signierend teilnahm, ohne daß schriftliche Niederschläge von ihm selbst vorlagen. Der Aufbau des Bandes sollte nunmehr als Kalendarium im wesentlichen nach den Sitzungsdaten des Geheimen Rates mit Untergliederung des Stoffes nach dem rekonstruierten Geschäftsverteilungsplan dieser Behörde erfolgen. Dagegen sollte das Kalendarium für die Jahre 1788 bis 1819 in chronologischer Folge Auskunft über die amtlichen Handlungen G.s, Beratungen oder verlorenes Schriftgut, die aus zeitgenössischen Quellen erschlossen werden konnten, geben und zu den einzelnen Vorgängen den Sachbetreff, das Datum, die Art der Tätigkeit und Angaben zu den Quellen umfassen.

Die Weiterführung der Edition von *Goethes Amtlichen Schriften* mit der Publizierung der Erläuterung zum ersten Band und den Ergänzungsbänden sowie der Herausgabe der Schriften aus der Kommissionstätigkeit und aus der Tätigkeit in der Oberaufsicht bleibt als Aufgabe für das Thüringische Hauptstaatsarchiv bestehen und ist in die Forschungsplanung in Vorbereitung auf den 250. Geburtstag G.s 1999 aufgenommen worden.

Forschungen zur amtlichen Tätigkeit und ihren Zeugnissen

Der Bereich der G.-Forschung, der sich mit dem amtlichen G. und den schriftlichen Zeugnissen dazu befaßt, ist klar umrissen. Das Editionsunternehmen, das die Quellen für die Forschung aufbereiten soll, liegt jedoch noch nicht abgeschlossen vor. Die bisher vorliegende Veröffentlichung der Schriften aus dem

Geheimen Consilium läßt aber den Schluß zu, daß die Tätigkeit dieser Landeszentralbehörde von 1776 bis 1815 und G.s Wirksamkeit darin heute weitgehend aufgeklärt sind. Diese Aussage stützt sich nicht allein auf die kritische Ausgabe der Amtlichen Schriften, sondern auch auf die Existenz eines seit 1945 im Staatsarchiv Weimar geschaffenen umfangreichen Erschließungsapparates. Dadurch gehört das Geheime Ratskollegium in Weimar zu den in seiner Geschichte, seinem Geschäftsgang und seiner Wirksamkeit am besten erforschten Behörden dieser Art in Deutschland. Für die Persönlichkeit G.s ist damit eine wichtige Seite seines Daseins im ersten Weimarer Jahrzehnt offen gelegt: seine Mitwirkung am Umfang der gesamten inneren Staatsverwaltung, der Finanzen und der Wirtschaftspolitik im Fürstentum Sachsen-Weimar.

Dabei können die G.schen Texte nur dann richtig verstanden werden, wenn sie als Teil eines amtlichen Vorganges gesehen werden. Das ist durch die vom Staatsarchiv Weimar vorgelegte Veröffentlichung der Amtlichen Schriften G.s und der ihr zugrundeliegenden Methode der Edition historischer Quellen gewährleistet. Die Edition selbst, die jedoch keine Leseausgabe ist, erschließt sich dem Benutzer vor allem auch durch den wissenschaftlichen Apparat. Für die weiterzuführenden Forschungen zu G.s Wirksamkeit als Beamter gilt, daß diese mit einer intensiven Erforschung der Geschichte und Arbeitsweise der Behörden, in denen er tätig war, verbunden bleiben muß.

Die wissenschaftliche Forschung zu G.s amtlicher Tätigkeit wurde eigentlich erst nach dem ersten Weltkrieg begründet, als Fritz Hartung nach Durcharbeitung der gesamten Verwaltungsakten aus der Regierungszeit von Herzog Carl August mit seinem Vortrag *Goethe als Staatsmann* in der Hauptversammlung der G.-Gesellschaft 1922 und dem danach publizierten grundlegenden Geschichtswerk *Das Großherzogtum Sachsen unter der Regierung Carl Augusts 1775–1828* (1923) aus den archivalischen Quellen heraus den Boden für eine umfassende Betrachtung von G.s Tätigkeit als Beamter und Staatsmann bereitete. Bis dahin waren die Quellenveröffentlichung von Vogel *Goethe in amtlichen Verhältnissen* (1834) und die Abhandlung des Weimarer Museumsdirektors Adolf Schöll *Goethe als Staatsmann* (1862) die wichtigsten Gesamtdarstellungen. Die Monographie von Joseph A. von Bradish über *Goethes Beamtenlaufbahn* (1937) systematisierte dann die noch immer schwer durchschaubaren Zusammenhänge von G.s Eingliederung in den Behördenaufbau seiner Zeit.

Das danach von Flach in Angriff genommene Editionsunternehmen von *Goethes Amtlichen Schriften* und seine Ergebnisse bedeuteten einen neuen Anfang in der Erforschung von G.s staatsmännischer, politischer und beamtlicher Wirksamkeit. Die Aktenveröffentlichungen selbst boten zuerst die neuen Forschungsergebnisse dar, von denen aus das Ziel einer vertieften und endgültige Lösungen anstrebenden Beschäftigung mit der amtlichen Seite von G.s Leben und Wirken weiter verfolgt werden konnte und kann. In den Einleitungen arbeiteten Flach (1950) und Helma Dahl (1968) die Spezifik amtlicher Schriften deutlich heraus. Unter dem Titel *Goetheforschung und Verwaltungsgeschichte* erläuterte Flach 1952 noch einmal separat das von ihm vertretene Konzept. Es war von der Erkenntnis getragen, daß G.s amtliche Tätigkeit und der besondere Charakter seiner in diesem Zusammenhang entstandenen Schriften nur auf dem Hintergrund der behördlichen Arbeit seiner Zeit zutreffend beurteilt werden kann.

Obwohl es inzwischen eine stark ausgebreitete Literatur über seine amtliche Tätigkeit gibt, ist uns die Forschung bis heute trotz mancher Ansätze im einzelnen noch die Gesamtwürdigung G.s in seinem amtlichen, politischen und staatsmännischen Wirken schuldig geblieben. Vor allem die höchst reizvolle Frage nach dem Verhältnis des Dichters zu seinem Amt kann vorläufig noch nicht beantwortet werden. Daß sich die Berufsarbeit und die Erfahrung der Geschäfte im dichterischen Werk niedergeschlagen haben, steht außer Zweifel. Ganz allgemein muß gesagt werden, daß die Entwicklung der G. angeborenen Fähigkeit und Neigung zum Realismus der Weltbetrachtung und Weltdarstellung den größten Gewinn darstellte, den das amtliche Leben für sein Werk als Dichter brachte. Andererseits war er sich der Möglichkeiten und Grenzen seiner Amtstätigkeit durchaus bewußt, aber er hat seinem Landesherrn und dem Staat immerhin mehr als ein halbes Jahrhundert unmittelbar »gedient« und somit sein amtliches Wirken auf keinen Fall als untauglichen Gegenstand empfunden. Aber offenbar hat das besondere Spannungsverhältnis Dichter – Beamter den Dichter mehr als den Beamten belastet. Vieles wird sich nicht mehr feststellen lassen, denn alle amtlichen Schriften G.s liegen nicht mehr vor, und von den noch vorhandenen sind noch immer nicht alle ediert und damit bekannt. Andere Vorgänge wiederum sind ohne schriftlichen Niederschlag geblieben. So geht G.s amtliche Wirksamkeit in seiner Zeit nicht zuletzt auch in der Namenlosigkeit unter, die sie allerdings weder vergeblich noch wertlos macht.

Literatur:

Bradish, Joseph A. von: Goethes Beamtenlaufbahn. New York 1937. – Briefwechsel des Großherzogs Carl August mit Goethe. Hg. von Hans Wahl. 3 Bde. Berlin 1915–1918. – Dahl, Helma: Zur Edition von Goethes Amtlichen Schriften 2. Band. In: WB. Sonderheft 1960, S. 1168–1175. – Flach, Willy: Artikel Amtliche Schriften und Amtliche Tätigkeit. In: Zastrau, Sp. 218–234. – Ders.: Goethe im Februar 1797. Ein Beitrag zur Chronik von Goethes Leben. In: Fs. Leopold Magon. Berlin 1957, S. 175–203. – Ders.: Goetheforschung und Verwaltungsgeschichte. Goethe im Geheimen Consilium 1776–1786. Weimar 1952. – Ders.: Goethes amtliche Schriften. Zur Begründung ihrer Veröffentlichung. In: GoetheJb. N.F. 12 (1950), S. 126–143. – Ders.: Goethes amtliche Tätigkeit und seine amtlichen Schriften. In: Wissenschaftliche Annalen. 4 (1955), S. 449–465. – Ders.: Goethes Mitwirkung beim Zillbacher Holzprozeß. Ein Stück aus Goethes amtlicher Tätigkeit. In: GoetheJb. N.F. 16 (1954), S. 57–110. – Goethes Amtliche Schriften. Veröffentlichung des Staatsarchivs Weimar. Goethes Tätigkeit im Geheimen Consilium. 5 Bde. Weimar 1950–1987. I. [Bearb. von Willy Flach]: Die Schriften der Jahre 1776–1786. II. [Bearb. von Helma Dahl]: Die Schriften der Jahre 1788–1819, 1. Halbbd. 1788–1797, 2. Halbbd. 1798–1819. III. [Bearb. von Helma Dahl]: Erläuterungen zu den Schriften der Jahre 1788–1819. IV. [Bearb. von Helma Dahl]: Register. – Goethes Briefwechsel mit Christian Gottlob Voigt. Bearb. und hg. von Hans Tümmler [Bd. 3 u. 4 unter Mitwirkung von Wolfgang Huschke]. 4 Bde. Weimar 1949–1962. – Hartung, Fritz : Goethe als Staatsmann. In: JbGG. 9 (1922), S. 165–182. – Heß, Ulrich: Goethes amtliche Tätigkeit und ihre dokumentarische Überlieferung. In: Archivmitteilungen. 32 (1982), S. 94–100. – Hübener, Erhard: Der Verwaltungsmann Goethe im Amt und dichterischen Werk. In: GoetheJb. N.F. 16 (1954), S. 111–134. – Schöll, Adolf: Goethe als Staatsmann. In: PreußJbb. 10 (1862), S. 423–470 u. S. 585–616; 11 (1862), S. 135–161 u. S. 211–240. – Schubart-Fikentscher, Gertrud: Goethes Amtliche Schriften. Eine rechtsgeschichtliche Untersuchung. Berlin 1977. – Vogel, Carl: Goethe in amtlichen Verhältnissen. Dargestellt von seinem letzten Amts-Gehülfen. Jena 1834.

Volker Wahl

Goethes Reden und Ansprachen

G.s rhetorische Erziehung

Im *Faust* hat G. eine Ansicht der Rhetorik formuliert, die bis heute mit seinem Verhältnis zur Redekunst identifiziert wird. Sie findet sich in der *Nacht* überschriebenen Szene zwischen Faust und Wagner, gehört zu den ältesten, bereits im *Urfaust* dokumentierten Teilen des Stückes und stammt damit ihrer Substanz nach noch aus der Sturm und Drang-Periode ihres Verfassers. »Es trägt Verstand und rechter Sinn / Mit wenig Kunst sich selber vor; / Und wenn's euch Ernst ist was zu sagen, / Ist's nöthig Worten nachzujagen? / Ja, eure Reden, die so blinkend sind, / In denen ihr der Menschheit Schnitzel kräuselt, / Sind unerquicklich wie der Nebelwind, / Der herbstlich durch die dürren Blätter säuselt!« (WA I, 14, S. 34f., V. 550–557). Mit diesen Worten fertigt der an sich und seiner Profession verzweifelnde Faust in geniezeitlicher Manier die schülerhaft beflissenen Bemerkungen seines nächtlichen Besuchers ab. Doch verbietet es sich schon methodisch, das Rollenbekenntnis einer Kunstfigur so pauschal auf ihren Autor zu übertragen, noch dazu, wenn sie auf eine frühe, von ihm selber später höchst zwiespältig betrachtete Phase seiner Entwicklung zurückgeht. Zudem widerspricht Fausts eigene Beredsamkeit dieser sehr zeit- und situationsgebundenen Qualifizierung der Rhetorik. Mit seinem Exodus aus der engen gotischen Stube wird er auch deren kontemplativ-monologisches Sprachgehäuse verlassen und mit Hilfe jener Überredungskunst, von der Wagner spricht, seine Karriere in der kleinen Welt beginnen und später (*Faust II*) in der großen Welt vollenden. Ideengeschichtlich steht die Auseinandersetzung zwischen Faust und Wagner über Macht, Wirkung und Legitimation der Beredsamkeit in der Tradition jener ›rhetorica contra rhetoricam‹, die seit der Antike

(Quintilian, Tacitus) die diskontinuierliche Rezeption der Rhetorik bestimmt. Ein wichtiger rhetorischer Gewährsmann für das 18. Jh. und gerade auch für die literarische Jugendbewegung der 70er Jahre war der unbekannte Verfasser einer rhetorischen Lehrschrift aus dem ersten nachchristlichen Jahrhundert: die lange Zeit dem Dionysios Longinos fälschlich zugeschriebene, daher als Pseudo-Longinos bezeichnete, Schrift *Peri hypsos*, *Über die Größe* (oder *Über das Erhabene*) – sie gehörte auch zu den wichtigen Lektüre-Erlebnissen des jungen G.

Grundkenntnisse sind ihm freilich schon sehr viel früher vermittelt worden. In der Elementarschule Johann Tobias Schellhaffers 1755 ebenso wie ab 1756 von seinen Hauslehrern, denn die Lese- und Schreibübungen der Zeit waren noch ganz dem rhetorisch geprägten exercitatio-Konzept verpflichtet, in dem lectio und scribendo als Einführungen auch schon in den Sprachgebrauch und die Eigenart der Autoren dienten, deren Texte als Vorbilder benutzt wurden. Johann Henrich Thym, als ›Magister artis scribendi‹ vom Vater Goethe für seine Kinder angestellt, verfaßte für seinen Schüler noch 1760, »nach dem Ende des regelmäßigen Unterrichts, [...] in kunstvollster Schrift ein eigenes Buch *Vorschriften*« (CONRADY, S. 33). Sein Unterricht in den alten Sprachen Latein und Griechisch war derart eindringlich, daß der junge G. viel lieber in Göttingen Rhetorik und Poesie studiert hätte als in Leipzig Jura.

Doch blieb ihm auch dort neben den juristischen Vorlesungen genügend Zeit für seine anderen Interessen. Dabei wurde für G. weniger Gottsched wichtig, der für die jungen Studenten schon zu jener Spottfigur geworden war, wie sie im Neunten Buch von *Dichtung und Wahrheit* beschrieben wird, und dessen epochale Bedeutung für die deutsche Sprache, Beredsamkeit und Dichtkunst nur wenige noch zu ermessen vermochten. Sehr viel mehr haben ihn Adam Friedrich Oeser und Christian Fürchtegott Gellert geprägt, der erste eher kunsthistorisch und bildnerisch im Sinne eines Antiken-Ideals, wie es Johann Joachim Winckelmann wirkungsmächtig ausgemacht hat, der zweite jedoch mit Leitvorstellungen vor allem rhetorischer Herkunft und Struktur. Gellert, ursprünglich Gottsched-Schüler, las in Leipzig als ordentlicher Professor seit 1751 über Dichtkunst, Beredsamkeit und Moral, eine Trias, die nur aus heutiger Sicht befremdlich wirkt, deren Zusammenhang aber rhetorisch begründet ist und im oratorischen Ideal des »vir bonus dicendi peritus« seine klassische Ausprägung gefunden hat. In Gellerts *Moralischen Vorlesungen* kamen daher Gegenstände einer vernünftigen Lebensführung, bis hin zur Ernährung, ebenso zur Sprache wie körperliche Beredsamkeit, Mimik und Aussprache, also pronuntiatio und actio in rhetorischer Terminologie. In der Geschichte der Rhetorik spielt Gellert die Rolle eines Vermittlers der rhetorischen Doktrin, wie er sie bei seinem Lehrer Gottsched kennengelernt hatte, mit den Erfordernissen einer neuen Zeit und ihren zunehmend bürgerlichen Interessen: »Wer gut schreiben will, der muß gut von einer Sache denken können. Wer seine Gedanken gut ausdrücken will, muß die Sprache in der Gewalt haben« (Gellert, S. 102). Leitendes Prinzip der Rede, die auf sachlicher Überzeugungskraft beruhen soll, ist für Gellert der natürliche Ausdruck, ein durchaus rhetorischer Grundsatz, der auf der Erfahrung beruht, daß demonstrative Kunstfertigkeit die Glaubwürdigkeit der Rede mindert. Auch praktische Übungen hat G. bei Gellert besucht, doch offenbar ohne besonderen Erfolg. Im Gegenteil scheint er an seiner literarischen Begabung durch die Kritik seines Präzeptors einigermaßen irre geworden zu sein: »Diese Geschmacks- und Urtheilsungewißheit beunruhigte mich täglich mehr, so daß ich zuletzt in Verzweiflung gerieth« (WA I, 27, S. 68). Auch die Stilpraktika bei Christian August Clodius haben ihn nicht sicherer gemacht, so daß er schließlich gar einen großen Teil seiner poetischen Produktionen »auf dem Küchenherd verbrannte« (ebd.). Wurde derart zwar G.s Opposition gegen das Regelwesen der alten rhetorischen Poetik gewiß gestärkt, so war sein Studium der Rhetorik damit nicht etwa folgenlos. *Ephemerides* ist ein erhalten gebliebenes Heft überschrieben, in dem G. 1770/71 seine

Lektüre verzeichnet und in welchem er auch zahlreiche Zitate, Sentenzen und Lesefrüchte unterschiedlicher Art notiert hat. Quintilians *De institutione oratoria*, das klassische Lehrbuch der römischen Rhetorik, nimmt darunter einen besonderen Platz ein, G. wird bei Zweifelsfragen theoretischer und praktischer Natur immer wieder zu ihm zurückkehren und etwa im großen Winckelmann-Essay (1805) auch die geschichtliche Betrachtung der Kunst von Quintilians historischer Parallelisierung der Redner und Künstler im zwölften Buch der *Institutio* inspiriert sehen. Dabei verraten G.s frühe Quintilian-Notate auch schon die Schwerpunkte seiner späteren rhetorischen Interessen, stammen sie doch aus den Büchern I, II und X, also aus denjenigen Teilen des Werkes, die sich nicht mit den Regeln im engeren Sinne beschäftigen und sie lehrbuchartig präsentieren, sondern die theoretischen Voraussetzungen und Konsequenzen der Redekunst und ihrer Lehre behandeln. »Bei den Auszügen handelt es sich um die Rhetorik für den Rhetoriker, den Kern des rhetorischen Verfahrens«, resümiert Helmut Schanze seine Analyse der Quintilian-Zitate G.s: »Buch I handelt bekanntlich von den Grundlagen der Rhetorik, dem ersten Unterricht, der Grammatik als Vorschule, der Notwendigkeit enzyklopädischer Kenntnisse und der ersten Begegnung mit Vortrag und Gebärde. Buch II erörtert den Zeitpunkt des Beginns von Rhetorikunterricht, die Aufgaben und die Qualifikation des Lehrers, die vorausgesetzte Lektüre, die Übungsthemen, das Auswendiglernen, die Rolle der Naturanlagen, den Nutzen der Deklamation, den Nutzen des Rhetorikstudiums und das Verhältnis von Studium und Begabung. Buch X handelt von der ›copia rerum et verborum‹ – der ›Wortfülle‹ also, dem zentralen poetologischen Konzept« (S. 144). Auch die wichtigsten rhetorik-kritischen Positionen G.s finden sich hier bereits vorgebildet – als Kritik Quintilians an einer corrupta eloquentia oder jedenfalls an fehlerhafter rhetorischer Praxis. Insbesondere die Warnung vor Pedanterie und Vielwisserei (Quintilian: *Ausbildung des Redners*, I 6, 27; I 8, 18; I 8, 21), die Empfehlung zündender rednerischer Wirkung

»unmittelbar durch die Dinge« (X 1, 16), die Auszeichnung der zivilisierenden Kraft der Rede (I 10, 32), den Rat zu einem Wechsel der Interessen gegen Abstumpfung und Monotonie (I 12, 7), schließlich die Ablehnung der Künstlichkeit zugunsten einer »Art sicherer Geläufigkeit« (X 1, 1).

Zu Quintilian traten die anderen klassischen Autoren der Redekunst; auch manch indirekter Einfluß, wie die Leipziger Cicero-Vorlesung Ernestis, wirkte zusätzlich und vervollständigte seine rhetorische Bildung. In *Dichtung und Wahrheit* hat G. seine rhetorischen Studien zusammenfassend gewürdigt. Sie waren immer praktisch ausgerichtet, auf der Suche, »Maximen auszufinden, wonach man bei'm Hervorbringen der Werke gehn könnte« (WA I, 28, S. 147): »Was die Alten über diese wichtigen Gegenstände gesagt, hatte ich seit einigen Jahren fleißig, wo nicht in einer Folge studirt, doch sprungweise gelesen. Aristoteles, Cicero, Quintilian, Longin, keiner blieb unbeachtet, aber das half mir nichts: denn alle diese Männer setzten eine Erfahrung voraus, die mir abging. Sie führten mich in eine an Kunstwerken unendlich reiche Welt, sie entwickelten die Verdienste vortrefflicher Dichter und Redner, von deren meisten uns nur die Namen übrig geblieben sind, und überzeugten mich nur allzu lebhaft, daß erst eine große Fülle von Gegenständen vor uns liegen müsse, ehe man darüber denken könne, daß man erst selbst etwas leisten, ja daß man fehlen müsse, um seine eignen Fähigkeiten und die der andern kennen zu lernen« (WA I, 28, S. 148).

G.s Rhetorik-Kritik bezieht sich durchgängig auf die Schultradition, die für ihn besonders durch Gottsched oder seinen eigenen Leipziger Professor Christian August Clodius repräsentiert wurde, also auf die unselbständige imitatio der Muster, auf starre Pedanterie und den schulischen Paukbetrieb im rhetorischen Regelwesen. In seiner Bibliothek wird er einen eigenen Schwerpunkt mit rhetorischen Schriften vorsehen und sie, wo immer nötig, zu Rate ziehen. Johann Christian Gottlieb Ernestis, des Neffen seines Leipziger Lehrers, einschlägige Lexika (*Lexicon technologiae Graecorum rhetoricae*, 1795; *Lexicon technologiae Romanorum rhetoricae*, 1797) gehörten sogar zur Grundausstattung seiner Handbibliothek: »Dadurch erfuhr ich wiederholt, was ich in meiner schriftstellerischen Laufbahn recht und unrecht gemacht hatte« (WA I, 36, S. 109).

G.s Auftreten als Redner

G.s Interesse an der Rhetorik bezog sich vor allem auf die produktionsästhetische Ausrichtung der alten Kunstlehre, die eigene Ausbildung als Redner im engeren Sinne hat er bei seinen Studien allenfalls zusätzlich und nebenbei im Auge gehabt. Man braucht nicht lange nach dem Grund zu suchen, er hat auch andere Rhetoriker unter den großen zeitgenössischen deutschen Schriftstellern daran gehindert, rednerisch hervorzutreten: Was G. bei seinen Studien, »besonders bei den gerühmtesten Rednern, auffiel, daß sie sich durchaus im Leben gebildet hatten« (WA I, 28, S. 148), mußte er im eigenen Zeitalter vermissen. Die Redekunst besaß, mit Ausnahme der Kanzelberedsamkeit, keine öffentliche Funktion, im Gerichtswesen war sie auf den Kanzleistil reduziert, und auch die politische Rede besaß keinen Ort, keine Öffentlichkeit, wo sie sich hätte entwickeln und wirksam werden können. Weshalb, wie Adam Müller schon 1812 meinte, selbst der »größte Redner der deutschen Nation«, der für ihn Friedrich Schiller war, »die dichterische Form nur wählte, weil er gehört werden wollte und weil die Poesie eine Art von Publikum in Deutschland hatte, die Beredsamkeit aber keines« (S. 11). Dies gilt mutatis mutandis auch für G., obwohl er in seinen staatsmännischen Funktionen im Herzogtum Weimar mehr Gelegenheiten zu rednerischer Wirkung hätte nutzen können als die meisten seiner Kollegen von Lessing bis Schiller oder Kleist. Doch kam bei ihm noch eine persönliche, vielfach dokumentierte Hemmung hinzu, die zuletzt gewiß ihre Wurzeln auch in jener von ihm selber hellsichtig geklärten sozialen und kulturellen Funktionslosigkeit der Redekunst hatte. Das große Auditorium lag ihm nicht, er bevorzugte den kleinen Kreis, entfaltete erst in ihm seine Rednergabe, sein Konversationstalent. Dennoch haben Reden seine Laufbahn begleitet. Es ist keine große politische Rede darunter, auch keine kulturpolitische Manifestation, die mit Schillers Mannheimer Theaterrede zu vergleichen wäre. Was er dann wirklich an kleinen und großen Reden, Ansprachen, Vorträgen gehalten hat, ist nur lückenhaft überliefert. Seine Stellungnahmen im Geheimen Staatsrat, seine Beiträge zu den Verhandlungen im Mai 1778 in Berlin und Potsdam über Truppenaushebungen oder im August 1784 in Braunschweig über die Bildung eines Fürstenbundes sind nicht aktenkundig geworden. Doch schrieb er schon am 22.1. 1776 dem Freunde Johann Heinrich Merck unmißverständlich: »Ich bin nun ganz in alle Hof- und politische Händel verwickelt und werde fast nicht wieder weg können. Meine Lage ist vortheilhaft genug, und die Herzogthümer Weimar und Eisenach immer ein Schauplatz, um zu versuchen, wie einem die Weltrolle zu Gesichte stünde«.

Dazu gehörte auch rhetorisches Auftreten, und die erhalten gebliebenen Zeugnisse genügen, um uns ein klares Bild vom Redner G. zu machen. Es sind vor allem Festreden und Fachvorträge, die seine oratorische Begabung unter Beweis stellen. Er verstand es, wie Charlotte von Stein feststellte, »die geistreichsten Dinge sehr angenehm auseinanderzuwickeln« (an Fritz von Stein), ob es sich um wissenschaftliche oder kulturelle Themen in der »Freitagsgesellschaft« handelte oder ob er in der »Mittwochsgesellschaft« bei der Herzogin Louise seine dichterischen Arbeiten vorstellte, das Nibelungenlied aus dem Stegreif übersetzte und erläuterte und sich »nordischer und überhaupt romantischer Vorzeit« (WA I, 36, S. 45) zuwandte. »Er sprach [...] so reich, reif und mild, daß ich wirklich noch nie so habe sprechen hören«, bemerkte Henriette von Knebel über G.s Mittwochsvorträge (an ihren Bruder Karl Ludwig von Knebel, 27.1. 1806). Der Redner selber hat über seine Produktionen wesentlich geringer gedacht, sie gehörten für ihn zu den Geschäften oder Geselligkeiten

des Tages, er gestand ihnen keine darüber hinausreichende Funktion zu. G. hat sie in keine der drei von ihm selber veranstalteten Werkausgaben aufgenommen, die Textüberlieferung ist daher von Fall zu Fall höchst unterschiedlich. Die folgende Aufstellung der vollständig überlieferten Redentexte richtet sich nach dem Datum ihrer Entstehung, das in der Klammer zuerst genannt wird. Es folgen sodann Angaben über das Manuskript, die erste Druckfassung sowie die benutzte Ausgabe:

Zum Schäkespears Tag (vermutlich für den 14.10. 1771, den Namenstag Shakespeares geschrieben und gehalten; Erstdruck: Allgemeine Monatsschrift für Wissenschaft und Literatur. Hg. von Otto Jahn. Braunschweig, April 1854, S. 247ff.; WA I, 37, S. 127–135.) – *Rede bei Eröffnung des neuen Bergbaues zu Ilmenau, den 24. Februar 1784* (Erstdruck: Heft von vier Blättern im Quart, das unter den außen aufgestellten Bergleuten zur Verteilung kam, während G. im Amtsgebäude die Rede hielt; WA I, 36, S. 365–372). – *Zur Eröffnung des Gewerkentages, den 7. Juni 1791* (Erstdruck zusammen mit *Zum Beschlusse des Gewerkentages, den 11. Juni 1791*: Fünfte Nachricht von dem neuen Bergbau zu Ilmenau. Weimar, den 1. Julius 1791. S. 3–8; in WA und BA separat als Rede abgedruckt; WA I, 53, S. 161–167). – *Zum Beschlusse des Gewerkentages, den 11. Juni 1791* (Erstdruck zusammen mit *Zur Eröffnung des Gewerkentages, den 7. Juni 1791*: Fünfte Nachricht von dem neuen Bergbau zu Ilmenau. Weimar, den 1. Julius 1791. S. 9–15; in WA u. BA separat als Rede abgedruckt; WA I, 53, S. 168–174). – *Ansprache auf dem Gewerkentag zu Ilmenau am 9. Dezember 1793* (Textgrundlage ist LA I, 1, S. 250f., da der entsprechende Kommentarband zur Leopoldina noch fehlt, kann hier keine Textbeschreibung gegeben werden). – *Rede bei Eröffnung der Freitagsgesellschaft* (am 9.9. 1791 gehalten; Erstdruck: Goethes Briefe an Christian Gottlob von Voigt. Hg. von Otto Jahn. Leipzig 1868, S. 446–449; dieser Druck geht auf eine Abschrift zurück, die dem Protokoll über die erste Sitzung beigelegt war; WA I, 42.2, S. 13–16). – *Ansprache in der Freitagsgesellschaft* (gehalten am 21.10. 1791;

Erstdruck: Goethes Briefe an Christian Gottlob von Voigt. Hg. von Otto Jahn. Leipzig 1868, S. 451f.; WA I, 42.2, S. 17). – *Über die verschiedenen Zweige der hiesigen Thätigkeit* (für die Freitagsgesellschaft bestimmter Vortrag, vermutlich November 1795 gehalten; Erstdruck: GoetheJb. 14 (1893), S. 3–26; WA I, 53, S. 175–194). – *Vorträge, über die drei ersten Capitel des Entwurfs einer allgemeinen Einleitung in die vergleichende Anatomie, ausgehend von der Osteologie* (vermutlich Herbst 1796 als Reihe von Reden vor dem Publikum des *Ersten Entwurfs einer allgemeinen Einleitung in die vergleichende Anatomie, ausgehend von der Osteologie* geplant und gehalten; Erstdruck: Johann Wolfgang von Goethe: *Zur Morphologie.* Bd. 1, H. 2 (1820), S. 257–284; WA II, 8, S. 61–89). – *Zum feierlichen Andenken der Durchlauchtigsten Fürstin und Frau Anna Amalia, verwittweten Herzogin zu Sachsen-Weimar und Eisenach, gebornen Herzogin von Braunschweig und Lüneburg* (nach dem Tod Anna Amalias am 10.4. 1807 von G. vermutlich am 12.4. 1807 geschrieben; als offizieller Text von den Kanzeln des Herzogtums verlesen; Einzeldruck bei Frommann, Jena 1807; WA I, 36, S. 301–310). – *Zum brüderlichen Andenken Wielands* (nach Wielands Tod am 20. Januar 1813 bis zum 13.2. 1813 von G. erarbeitet, am 18. Februar in einer Trauerfeier der Weimarer Freimaurerloge verlesen; Erstdruck: Wieland's Andenken in der Loge Amalia zu Weimar gefeiert den 18. Februar 1813 von Goethe. Als Manuscript. Weimar 1813; WA I, 36, S. 311–346). – *Rede bei Feierlichkeit der Stiftung des weißen Falkenordens* (Rede zu der Ordensfeier am 30.1. 1816, bei dem G. das Großkreuz des 1732 gestifteten Falkenordens verliehen wurde; Erstdruck: Goethes Leben von J.W. Schäfer. Bd. 2. Bremen 1851; WA I, 36, S. 373–378). – *Ansprache bei Einführung Augusts von Goethe in die Hoftheaterintendanz* (gehalten am 6.2. 1817; Erstdruck: GoetheJb. 10 (1889), S. 114–116; WA I, 37, S. 35–37). – *Kleine Biographien zur Trauerloge am 15. Juni 1821* (Vier Brüder) (Erstdruck: Ridel's und der früher heimgegangenen Brüder Kästner, Krumbholz, Slevoigt und Jagemann Todtenfeyer in der Loge Amalia zu Wei-

mar am 15. Juni 1821. Gedruckt als Manuscript für Brüder, S. 3–16; WA I, 36, S. 347–363). – *Zusatz zur Logenrede von C.W. v. Fritsch* (Beilage eines Briefes an Carl Wilhelm v. Fritsch vom 7.1. 1826 als Vorschlag zur Ergänzung des Redetexts von Fritsch, den dieser am 13.9. 1825 in der Loge Amalia aus Anlaß des 50. Jahrestages von Carl Augusts Regierungsantritts gehalten hatte; Erstdruck: Freimaurer-Analecten. H. 3. Gedruckt als Manuskript für Brüder. Weimar 1826. S. 30f.; WA I, 53, S. 193f.). – *August von Goethe's Rede bei Niederlegung des Schiller'schen Schädels auf der Großherzoglichen Bibliothek in Weimar* (am 17.9. 1826 gehalten; Erstdruck: Julius Schwabe: Schiller's Beerdigung und die Aufsuchung und Beisetzung seiner Gebeine. (1805, 1826, 1827). Nach Actenstücken und authentischen Mittheilungen aus dem Nachlasse des Hofraths und ehemaligen Bürgermeisters von Weimar Carl Leberecht Schwabe. Leipzig 1852, S. 85–101; GoetheJb. 25 (1904), S. 46–49; WA I, 37, S. 75–77).

Nur ein kleiner Teil der von G. gehaltenen Reden ist auch im Manuskript überliefert, das gilt insbesondere für seine wissenschaftlichen Vorträge und die Reden, die er in einem der geselligen Weimarer Zirkel gehalten hat. Über sie und meist auch ihr Thema sind wir aus G.s Notizen und Dispositionsaufzeichnungen, seinen Tagebüchern und Briefen sowie aus Aufzeichnungen seiner Hörer unterrichtet, sprach er doch, soweit wir wissen, in der Regel frei, auf einige Aufzeichnungen oder Schemata gestützt, Experimente erläuterte er in freier Improvisation. Das Stadium der ›memoria‹, das Auswendiglernen der Rede, gehörte zum Kanon des rhetorischen Unterrichts, den G. absolviert hatte, und auch die solche Übung relativierenden Bemerkungen im zweiten Buch von Quintilians *Institutio oratoria* haben ihn nicht etwa irre gemacht. Nur so konnte es zu jenem Vorfalle bei der Eröffnung des Bergbaues zu Ilmenau kommen, über den es mehrere Berichte gibt. Während Ackermann ohne Umstände schildert, wie G. mitten in seiner Ansprache steckenblieb und, »da er das Manuscript nicht aus der Tasche holen wollte, [...] die Zuhörer wenigstens zehn Minuten lang in einer peinlichen Stille warten [ließ], bis er den verlornen Faden wieder gefunden hatte« (24.2. 1784; GRUMACH, Bd. 2, S. 446), erinnerte sich ein anderer Teilnehmer der Veranstaltung noch daran, wie es G. gelang, mit dieser Schwierigkeit fertig zu werden: »Dies hätte jeden Andern in große Verlegenheit gesetzt; ihn aber keineswegs. Er blickte vielmehr, wenigstens zehn Minuten lang, fest und ruhig in dem Kreise seiner zahlreichen Zuhörer umher, die durch die Macht seiner Persönlichkeit wie gebannt waren, so daß während der sehr langen, ja fast lächerlichen Pause Jeder vollkommen ruhig blieb. Endlich schien er wieder Herr seines Gegenstandes geworden zu sein, er fuhr in seiner Rede fort und führte sie sehr geschickt ohne Anstoß bis zu Ende, und zwar so frei und heiter, als ob gar nichts passiert wäre« (Eckermann, 14.4. 1831).

Festreden und Nekrologe

G.s Wirksamkeit als Redner wird erstmals faßbar mit dem Panegyrikus auf Shakespeare, den er für die Namenstagsfeiern am 14.10. 1771 in Straßburg und Frankfurt geschrieben und wahrscheinlich im väterlichen Hause am »Dies onomasticus Schakspear« – so der Vater im Ausgabenbuch der Familie – auch vorgetragen hat, wobei der Charakter eines Sendschreibens an die fernen Freunde in Salzmanns *Deutscher Gesellschaft* mit dem aktuellen Rededuktus kontrastiert. Trotz des hymnischen, ruhmredig preisenden hohen Tons, der ganz auf leidenschaftliche Gefühlswirkung gestellten Syntax und der vorgeblichen Spontaneität – »Erwarten Sie nicht, das ich viel und ordentlich schreibe« (WA I, 37, S. 130), »Ich will abbrechen, meine Herren, und morgen weiter schreiben« (WA I, 37, S. 132) – richtet sich der innere Aufbau der Rede nach der rhetorischen Doktrin. Der Einleitung, die das Verhältnis des Genies zu seinen Gefolgsleuten thematisiert, folgt – »Auf die Reise, meine Herren!« (WA I, 37, S. 130) – als narratio ein Kursus

durch Shakespeares Werk, der freilich nur dessen herausragende Merkmale, zudem ausgewählt aus der Perspektive der poetologischen Sturm und Drang-Maximen, berührt. G. reklamiert Shakespeare als Kronzeugen der eigenen dramatischen Ambitionen gegen die französische Regeldramatik, für Natur und Weltfülle, Genialität und schöpferische Kraft, und diese offen parteiliche Schilderung des literarischen Sachverhalts mündet schließlich in eine peroratio, die die Gefühlswirkungen abermals steigert und, ringkompositorisch den Gedanken der Einleitung aufnehmend, im Gegensatz von Shakespeares Größe und der Kleinheit und Verzagtheit des eigenen Zeitalters die Quintessenz der ganzen Rede den Zuhörern abschließend einprägt.

Nur einen, freilich gewichtigen Verstoß gegen die rhetorische Kunstlehre leistet sich der Redner – und das natürlich ganz bewußt. Er benutzt durchgängig die leidenschaftserregende pathetische Stillage, das genus vehemens, und mißachtet damit den rhetorischen Leitsatz vom Wechsel der Stile, der der Ermüdung des Zuhörers vorbeugen und die Wirkung der Rede gegen Abstumpfung und Monotonie sichern soll. In G.s einseitig auf Pathoserregung zielender rhetorischer Strategie spricht sich das Selbstverständnis des Sturm und Drang aus, einer literarischen Jugendbewegung, die ihre revolutionären Impulse in die Konzeption eines dynamischen Selbsthelfertums verwandelt hatte und Leidenschaftserregung als wichtigste Wirkungsintention begriff. G. hätte sich zur rhetorischen Rechtfertigung auch wirklich auf Pseudo-Longinos berufen können: »Das Übergewaltige nämlich führt die Hörer nicht zur Überzeugung, sondern zur Ekstase; überall wirkt, was uns erstaunt und erschüttert, jederzeit stärker als das Überredende und Gefällige, denn ob wir uns überzeugen lassen, hängt meist von uns selber ab, jenes aber übt eine unwiderstehliche Macht und Gewalt auf jeden Zuhörer aus und beherrscht ihn vollkommen« (*Vom Erhabenen*; I, 4, S. 29ff.).

Unter den späteren Fest- und Gedenkreden G.s, es sind allesamt Logenreden, nimmt der Nekrolog *Zum feierlichen Andenken der*

Durchlauchtigsten Fürstin und Frau Anna Amalia, den G. nach dem Tode der Herzoginmutter (10.4.1807) geschrieben hat, eine Sonderstellung ein. Er selber spricht immer von einem »Aufsatz«, den er allerdings auch »zum Ablesen von den Canzeln« (an Christian Gottlob Voigt, 10.4.1807) bestimmt hatte, von wo er wirklich als offizieller Text verlesen wurde. Die Rücksicht auf diese Form der mündlichen Veröffentlichung ist überall spürbar und besonders in der peroratio leitend: »Ja! – wir kehren zu unserer ersten Betrachtung zurück« (WA I, 36, S. 309). Der Autor hat sich der Mithilfe des Ministers Voigt versichert und den »Aufsatz« mehrmals nach dessen Ratschlägen revidiert. Der Text fügt sich vollkommen in die rhetorische Tradition der ›laudatio funebris‹, deren Gegenstandsbereiche das Leben des Verstorbenen, die Darstellung seines Sterbens und dessen Wirkung auf die Hinterbliebenen umfaßt. Officia oratoris sind in diesem Falle Trauer, Lob, Trost und Dank, die rednerischen Mittel richten sich nach dem pathoshaltigen Affektregister. Auch die Topik der Personenbeschreibung, die Herkunft, Geschlecht, Erziehung und Ausbildung, Schicksal, soziale Stellung, Wesensart, Beruf und Neigung umfaßt, wird vom Autor meisterhaft ausgeschöpft. Die vier Tugenden, die seit dem Mittelalter das Grundgerüst des Personenlobs in der Funeralrhetorik bilden, also Klugheit, Gerechtigkeit, Tapferkeit und Freundlichkeit oder Güte, durchziehen leitmotivisch auch das Lob Anna Amalias. Die eigene Teilnahme, die im 18. Jh. sonst die formalisierten und kollektiven Trauerbekundungen ablöst, tritt dem offiziellen Zweck entsprechend völlig zurück: »allen zur Trauer, mir zum besonderen Kummer«, hatte G. in den *Tag-und Jahresheften 1807* notiert. In einem kennzeichnenden Grundzug verrät sich freilich die individuelle Einstellung des Autors: Wo immer es ihm möglich erscheint, setzt er an die Stelle der Affekte Schmerz und Trauer diejenigen der Bewunderung und der Freude über das vorbildliche und den Tod überdauernde Wirken der Verstorbenen.

Im Zentrum aller Festreden G.s steht die knapp sechs Jahre nach dem Nekrolog auf Anna Amalia geschriebene Rede *Zum brüder-lichen Andenken Wielands*, an der er vom 20.1. bis zum 13.2.1813 arbeitete. Gehalten wurde die Rede während einer Trauerloge, einer Logenveranstaltung also, die mit eigenen Ritualen dem Andenken verstorbener Brüder gewidmet ist. Wobei in diesem Falle auf Geheiß des Herzogs und gegen den Willen G.s auch der ganze Hof anwesend war. Der Redner hat sich auch hier am Muster der Funeralrhetorik orientiert. Er benutzt die Gelegenheit zu einem Glanzstück repräsentativer Beredsamkeit, setzt Wieland ein literarisches Denkmal, das ebenso seine künftige Rezeption bestimmen soll, und durchläuft auch diesmal die Topik der Personenbeschreibung. Das Lob des toten Kollegen schließt allerdings sehr viel genauer dessen private Lebenserfahrungen und das gleichsam familiäre Verhältnis zu ihm mit ein, als es im Falle Anna Amalias möglich und gestattet war. Indem die Gedenkrede derart zum freundschaftlichen Zeichen der Anteilnahme wird und zur Inszenierung einer feierlichen Stimmung beiträgt, schließt sie sich an die neuzeitlich-bürgerliche Funeralrhetorik an. Sie beginnt mit der schon aus dem Nekrolog auf Anna Amalia vertrauten Wendung des Affekts der Trauer in sein Gegenteil: Die »düstere Umgebung [...] in eine heitere [zu] verwandeln« (WA I, 36, S. 313), nennt der Redner seine Hauptaufgabe. Er betont an Wielands Charakter und Leben die lichten Seiten, er, der »in so heiterer Umgebung gelebt, und dieser Heiterkeit gemäß auch von uns geschieden« (ebd.), sei ein glücklicher Mensch gewesen, dem nicht mit Klage, sondern mit Freude und Jubel zu gedenken sei (WA I, 36, S. 314).

Diesem rhetorischen Programm, das viel von G.s Einstellung zu Unglück, Krankheit und Tod sowie von der Meisterung dieser Lebenserfahrungen verrät, folgt die Schilderung von Wielands Charakter und Geschichte, seiner Tätigkeit als Schriftsteller, Prinzenerzieher, politischer Zeitgenosse, Haus- und Familienvater, schließlich des geselligen Hofmanns und Logenbruders. Die dunklen Seiten werden zwar nicht ganz ausgespart, dienen dem Redner aber hauptsächlich dazu, Wielands Geschick, auch den Widrigkeiten des Lebens zu begegnen, lobend hervorzuheben (»Wer kann dem Conflict mit der Außenwelt entgehen?«; WA I, 36, S. 320). Bis in scheinbar fernliegende Vorgänge hinein verfolgt G. diese Lebensstrategie; wenn er etwa die Shakespeare-Übersetzung würdigt und in der Methode des Übersetzers, alles ihm Widersprechende zu übergehen oder auszulassen, die gleiche Regel walten sieht wie in seiner ausgleichenden Liberalität, dem weltbürgerlichen Sinn, die den politischen Publizisten Wieland auszeichneten. Selbst der Unfall, der ihn am 11.9. 1811 durch den Sturz seines Wagens traf und für mehr als einen Monat aufs Krankenbett zwang, dient als kleines Exempel für den »größten Gleichmuth« (WA I, 36, S. 342) und die Regenerationskraft des Freundes. Der Unbill gar, die ihm von der zeitgenössischen Kritik angetan wurde, gedenkt G. nur mit einigen Worten, sei doch der Geschmähte wenig »davon gerührt« (WA I, 36, S. 340) gewesen; im übrigen werde die Rede zu seinem Gedenken die Maßstäbe für seine Bewertung in der Zukunft setzen. Versteht G. seine Worte insgesamt schon als literarisches Denkmal, so schlägt er in der peroratio nun ein wirkliches Monument vor: die Einrichtung eines Wieland-Archivs unter Logenpatronat, »um mit standhafter Neigung ein so würdiges Andenken immerfort zu beschützen, zu erhalten und zu verklären« (WA I, 36, S. 346).

Am 15.6. 1821 hielt G. abermals im Rahmen einer Trauerloge eine Gedenkrede, die vier verstorbenen Logenbrüdern gewidmet war: dem Kantor und Gymnasiallehrer Christoph Wilhelm Kästner; dem Kastellan der Herzogin Anna Amalie, Johann Michael Krumbholz; dem ehemaligen Jenaer Stadtrichter und späteren Polizeisekretär Christian Anton August Slevoigt; schließlich dem Maler Ferdinand Jagemann, dem er, man merkt es schon der Ausführlichkeit seiner Erläuterungen und der persönlichen Teilnahme an, besonders verbunden war: Von ihm sind auch eine Kreidezeichnung (1817) und zwei Gemälde G.s (1806, 1818) überliefert.

Die »Betrachtungen«, die G. über das Leben dieser vier Logenbrüder formulierte, sind mit der Wieland-Gedächtnisrede nur weitläufig in

Vorgehen und Absicht vergleichbar. Auch diesmal sind es nicht Trauer, Rührung, Schmerz über den Tod der Verstorbenen, die der Redner zu wecken sucht. »Betrachten wir also die von uns abgeschiedenen Brüder, als wenn sie noch unter uns wären!« (WA I, 36, S. 349) heißt es gleich zu Anfang sehr bestimmt. Die vier kurzen Lebensläufe folgen sachlich der Topik der Personenbeschreibung und werden von »allgemeinen Betrachtungen über die uns dargestellten Lebensereignisse« (WA I, 36, S. 360) abgeschlossen, in denen das Personenlob in dem traditionellen Tugendkanon gipfelt, wobei bürgerliche Werte dominieren. Entschiedener Wille, für die Gesellschaft nützliche Tätigkeit, auch Dienstfertigkeit und »Vielthätigkeit« (WA I, 36, S. 362) werden hervorgehoben. Allein in die Würdigung des frühverstorbenen Künstlerfreundes, der die höchste Stufe seiner Laufbahn nicht mehr erreichen konnte, mischen sich Töne der Vergeblichkeit und Trauer: »Ja, man kann überzeugt sein, daß, wäre er früher in unsere Verbindung getreten, ihm dasjenige geworden wäre, was man an ihm zu vermissen hatte« (WA I, 36, S. 363).

Gelegenheitsreden

Neben ausgesprochenen Festreden hat G. zu verschiedenen Anlässen Reden verfaßt und gehalten, die mitunter auch festlichen Charakter besaßen, deren Hauptzweck aber nicht das epideiktische Lob war. Eine eigene Abteilung bilden darunter die Ilmenau-Reden, Ansprachen also, die G. in seiner Funktion als Staatsmann und im Zusammenhang mit der zuletzt glücklosen Wiedereröffnung des Silberbergbaus in dem Städtchen am Fuße des Thüringer Waldes gehalten hat. Die Reihe dieser vier Reden beginnt mit der Eröffnungsansprache am 24.2. 1784, und sie zeigt uns schon einen Redner, der sich dem Ethos seines Amtes ganz verpflichtet weiß. »Ich lade fast zu viel auf mich, und wieder kan ich nicht anders. Staatssachen sollte der Mensch der drein versetzt ist, sich ganz wiedmen« (an Johann Kaspar Lavater, 19.2. 1781), bekannte er in einem Brief an Lavater. Und wirklich sprengen diese Reden den demonstrativen Rahmen des Anlasses, haben Teil am Genus der politischen Rede. G. hatte sich schon in der 1777 eingesetzten »Bergwerkskommission« leidenschaftlich für die Wiederbelebung des seit mehr als vier Jahrzehnten verfallenden Bergbaus eingesetzt, die Entscheidung war inzwischen gefallen, aber die Betriebsaufnahme aus finanziellen und politischen Gründen noch längst nicht abgesichert. So hat die Rede einerseits den Zweck, das »Fest, das wir heute feiern« (WA I, 36, S. 367), würdig einzuleiten, andererseits aber die politische Absicht, für das Unternehmen bei dieser Gelegenheit, da »sich früh 1/2 9 Uhr die allhier wohnhaften Standespersonen und Honoratioren geistlichen und weltlichen Standes« (an Johann Carl Wilhelm Voigt, 24.2. 1784; GRUMACH, Bd. 2, S. 444) versammelten, energisch zu werben und seine Stabilisierung zu betreiben. Dieser doppelten Zielsetzung entsprechend folgt die Argumentation. Der Feiertag wird in die Bergbau-Tradition des Ortes eingebettet, alsdann gedenkt der Redner der Hindernisse, die zu überwinden, der alten Fehler, die zu vermeiden sind, doch zugleich öffnet er die Perspektive der Zukunft, warnt davor, die Feier »als eine unbedeutende Ceremonie« (WA I, 36, S. 369) zu betrachten, denn der gleich zu eröffnende Schacht »soll die Thüre werden, durch die man zu den verborgenen Schätzen der Erde hinabsteigt« (WA I, 36, S. 370). Doch wenn das Werk gelingen soll, zum Wohle der Stadt und der ganzen Gegend, bedarf es der Vereinigung »aller Kräfte«, der Solidarität des »ganzen Publikums« (WA I, 36, S. 371). Der Appell an den bürgerlichen Gemeinsinn, den ›sensus communis‹ der klassischen Rhetorik, steht bei G. im Kontext einer Politik, deren Leitlinien bürgerliche Ordnung und Wirtschaftlichkeit waren: Das Ilmenau-Projekt versprach beides, die staatlichen Finanzen zu verbessern, damit Steuererhöhungen zu vermeiden, und die Arbeitslosigkeit in der Ilmenauer Gegend zu vermindern. Daher die Wichtigkeit einer breiten Unterstützung, die auch noch deshalb verstärkt werden mußte, weil das Unternehmen durch eine so genannte »Gewerkschaft« finanziert wurde: deren Teilhaber sollten in ihrem Engagement versichert, ihre Zahl möglichst vermehrt werden. Diese politisch-pragmatische Zielsetzung wird in den beiden Reden zur Eröffnung und zum Beschlusse des Gewerkentages 1791 noch deutlicher. Geht es doch jetzt darum, Rechenschaft über das schon Geleistete abzulegen, einen Plan für die Fortsetzung der Arbeiten vorzustellen und einen vernünftigen Finanzierungsvorschlag zu unterbreiten. Das Ergebnis der an diese Rede anschließenden »Deliberationen« (WA I, 53, S. 168) wird von G. dann am 11.6. 1791 zusammengefaßt, abermals in einer Rede, die Rechenschaftsbericht und Werbung in einem ist, also den inzwischen beschlossenen Finanzierungsplan vorstellt wie auch für die Erhöhung der Anteile und eine erneute, möglicherweise breitere Kapitalzufuhr plädieren soll.

Eine gewisse Ergänzung zu diesen G.s wirtschafts- und industriepolitische Vorstellungen illustrierenden Reden bildet ein Vortrag, den G. ursprünglich für die Freitagsgesellschaft verfaßt, aber nur teilweise ausgearbeitet hat: *Über die verschiedenen Zweige der hiesigen Thätigkeit* (1795). Ob er diese Rede jemals gehalten hat, ist unsicher, ausgeführt wurden nur die Teile, die wissenschaftliche und künstlerische Tätigkeiten beschreiben, während die Einrichtungen der Industrie und des Staates »für unsere nächste Zusammenkunft« (WA I, 53, S. 192) aufgespart werden. Der Vortrag gibt nicht allein ein solides Bild der Institutionen, Künste, Handwerke, wissenschaftlichen und geselligen Einrichtungen Weimars, die Bestandsaufnahme hat auch in diesem Fall einen politischen Sinn und Zweck. Der Redner beginnt mit dem Zeicheninstitut, geht über zu Baukunst, Musik, Theater, Tanz-, Fecht- und Reitkunst, wendet sich der Botanik, dem Forstwesen, der Sprachpflege, den Erziehungs- und Lehranstalten bis hin zur »Jenaischen Akademie« (WA I, 53, S. 187) zu, lenkt den Blick auf deren Bibliothek und Museum, läßt dann Physik, Chemie, Mathematik, Mechanik Revue passieren und schließt mit der Würdigung des Observatoriums und der topographischen Errungenschaften. Das ist ein beeindruckender Katalog, mit dem der Redner aber eine wirtschaftspolitische Absicht verfolgt. Jeder einzelne Künstler, Handwerker, Wissenschaftler »hängt mit dem Lande, worin er lebt, mit dem Publico seiner Nation, mit dem Jahrhundert zusammen« (WA I, 53, S. 177); um zu wirken, produktiv sein zu können, muß er über den Stand der Entwicklung, die Bedürfnisse unterrichtet sein; von der »Ausbreitung der Kenntnisse« (WA I, 53, S. 178) des einzelnen hängt also die Prosperität des Ganzen ab, und G. läßt die »hiesigen Thätigkeiten« Revue passieren, um der praktischen Konsequenzen willen, die eine Veröffentlichung des Geleisteten haben kann; und sie beschränkte sich natürlich nicht nur auf die Kunstwerke, von denen hier zunächst nur die Rede ist: »Eine allgemeine Übersicht würde ihren Nutzen und ihre zweckmäßige Vermehrung befördern« (WA I, 53, S. 179). Das sind bürgerlich-ökonomische Grundsätze einer Marktpolitik, die G., denkt man an seine Begründung der Weltliteratur als Folge des Welthandels, auch anderweitig verfolgte.

Sein Vortrag vor der an Zahl kleinen, an einflußreichen Mitgliedern aber bedeutsamen Freitagsgesellschaft entspricht damit deren Gründungsabsicht, die G. vier Jahre zuvor in einer Rede zur Eröffnung der Gesellschaft am 9.9. 1791 formuliert hatte. Deren Zweck sollte es sein, die »schnelle Circulation aller Kenntnisse« (WA I, 42.2, S. 14), wie sie der Bücherdruck erreicht habe, zu ergänzen durch persönlichen Kontakt, lebendigen Austausch der Meinungen und Projekte; auch eine unerwünschte Abkapselung und Isolation der Künstler und Wissenschaftler solle durch das lebendige Gespräch verhindert werden. »Der Gewinnst der Gesellschaft, die sich heute zum erstenmal versammelt, wird die Mittheilung desjenigen sein, was man von Zeit zu Zeit hier erfährt, denkt und hervorbringt« (WA I, 42.2, S. 16).

Wie die Ilmenau-Reden sind auch diese beiden Vorträge mit praktischer politischer Absicht verbunden, wobei G. vor allem auf die Überzeugungskraft der Realien, der wirtschaftlichen Bedürfnisse und politischen Argumente setzt, Gefühlsgründe werden selten ins Feld geführt, allenfalls an das »Gefühl der größten Allgemeinheit« (WA I, 42.2, S. 14), also abermals an den sensus communis, an Verantwortung und Solidarität, appelliert.

Was G. im übrigen an Gelegenheitsreden verfaßte wie die Rede zur Stiftung des weißen Falkenordens am 30.1. 1816 (WA I, 36, S. 373–378), die Ansprache bei der Einführung Augusts von Goethe in die Hoftheaterintendanz am 6.2. 1817 (WA I, 37, S. 35–37), den Zusatz zur Logenrede des Staatsministers von Fritsch zum fünfzigjährigen Regierungsjubiläum Carl Augusts am 13.9. 1825 (WA I, 53, S. 193f.) oder die Rede bei *Niederlegung des Schiller'schen Schädels auf der Großherzoglichen Bibliothek in Weimar* am 17.9. 1826 (WA I, 37, S. 75–77), die August von Goethe in Vertretung des Vaters las – diese Reden bleiben alle sehr viel enger im Rahmen einer dem Anlaß wohlangemessenen epideiktischen Beredsamkeit; auch die Toasts und Widmungsgedichte zu anderen Fest- und Trauerlogen gehören in diesen Zusammenhang: *Dem Herzog Bernhard von Sachsen Weimar,* 1826 (WA I, 4, S. 309); *Gegentoast der Schwestern. Zum 24. October 1820, dem Stiftungs- und Amalienfeste* (WA I, 3, S. 64); *Der unvergeßlichen Prinzessin Caroline von Weimar Eisenach vermählten Erbprinzessin von Mecklenburg Schwerin gewidmet,* anläßlich der Trauerloge 1816 (WA I, 3, S. 65); *Zur Logenfeier des 3. September 1825* (WA I, 3, S. 67–70) und *Dem würdigen Bruderfeste 1830* (WA I, 4, S. 311). Doch nutzte G., wenn es möglich war, selbst bei solchen Gelegenheiten den Anlaß, seine politischen Vorstellungen doch wenigstens nebenbei zur Sprache zu bringen. Die Stiftung und erstmalige Verleihung des Falkenordens würdigt der Redner mit dem politischen Argument, daß »Ihro Königl. Hoheit nach langem Dulden und Kämpfen sich neubelebten Ruhmes, erhöhter Würde, vermehrten Besitzes« (WA I, 36, S. 376) erfreuen könne und »Ihro erste Handlung« nun darin bestehe, »einem jeden der Ihrigen daran freigebig seinen Theil zu gönnen« (ebd.). Auch die allegorische Deutung des Falken-Emblems richtet sich nach dem Konzept einer vernünftigen bürgerlichen

Ordnung: der weiße Falke werde deshalb »der Edle« genannt, weil er dem »kunstreichen Menschen gehorcht, der nach dem Ebenbilde Gottes alles zu Zweck und Nutzen hinleitet« (WA I, 36, S. 377). Sogar die wenigen Zeilen, mit denen G. die Rede von Fritschs zur Festloge für Carl August ergänzte, verraten seine politische Hauptmaxime des Ausgleichs der Interessen, ob es sich um solche des Standes, des Berufes oder der politischen Parteiungen handelt: Nach den durch das Wartburgfest verursachten Verwirrungen und Feindseligkeiten könne »nur ein allgemeines Vergeben und Vergessen [...] das verlorne Gleichgewicht sowohl, als das gestörte wechselseitige Vertrauen nach und nach wieder herstellen« (WA, I, 53, S. 194).

Wissenschaftliche Vorträge

G.s naturwissenschaftliche Vorträge werden, den tradierten editorischen Gewohnheiten entsprechend, von seinem Reden-Werk getrennt und erscheinen im Kontext seiner naturwissenschaftlichen Arbeiten als Œuvre sui generis. Eine solche Trennung hat G. selber niemals vollzogen, weder in seiner Arbeit und Wirkungsabsicht, noch dem Forum nach, vor dem er redete. In der Freitagsgesellschaft redete er ebenso über die *Farbenlehre* wie über Vossens Übertragung der *Ilias*, und in der Mittwochsgesellschaft, die sich in seinem Hause traf und aus wenigen Damen wie der Herzogin Luise, ihrer Tochter, der Frau von Stein oder dem Fräulein von Göchhausen bestand, hin und wieder auch Knebel oder Wieland sah, sprach er meist über naturwissenschaftliche Themen, las aber auch aus dem *Faust*, den *Wanderjahren* oder kommentierte das Nibelungenlied. Gewiß veränderte sich beim Wechsel der Themen auch die äußere rhetorische Form des Vortrags gelegentlich, was oft allein schon durch die Versuche bedingt war, die er dabei erläuterte. »Goethe machte ein eignes Experiment in dem er einen Eisernen Würfel mit dem Compaß berührte.

Der Mangnet bewegte sich nicht, aber sobald er noch mehr Würfel auf einander legte, daß eine Länge entstand, so dreht sich schnell die Nadel u. zog den freundlichen Pol ab, um den ungleichen hinzuwenden«, notierte Charlotte von Schiller am 2.10.1805 nach der ersten von G.s Vorlesungen über den Magneten (GRUMACH, Bd. 5, S. 654). Die rhetorische Methode des Vortrags bleibt ungeachtet des Themas von erstaunlicher Kontinuität, die sowohl G.s Überzeugung vom inneren Zusammenhang allen Wissens wie auch das aufklärerische Wissenschaftsverständnis widerspiegelt, das das ganze gebildete Publikum, nicht nur den Gelehrten und Spezialisten zu seinem Adressaten gemacht hatte. Henriette von Knebel nennt seinen Vortrag »schön und frisch« (an ihren Bruder, 14.12.1805), Charlotte von Schiller findet die Vorlesungen »sehr interessant« (an Frau von Stein, 13.1.1806), und Luise von Göchhausen benutzt gar die den populären Vortrag bezeichnende rhetorische Terminologie von docere und delectare, um den Eindruck von G.s Erläuterungen zu formulieren: sie seien »sehr lehrreich und unterhaltend« (an Karl August Böttiger, 2.11.1805). Darüber hinaus dienten die Vorlesungen noch zu dem durchaus eigenen Zweck der Selbstklärung: »Ich werde bey dieser Gelegenheit erst selbst gewahr, was ich besitze und nicht besitze« (an Carl Friedrich Zelter, 18.11.1805), schrieb er an Zelter über die Mittwochsvorträge, und der Herzogin Luise teilte er mit, daß er sich ohne diese Zusammentreffen »schwerlich im Stande gefunden [hätte], mir selbst manches klar zu machen« (WA II, 1, S. VIII).

Der größte Teil von G.s naturwissenschaftlichen Vorträgen, die physikalische, botanische und medizinisch-anatomische Gegenstände behandeln und mit seinen entsprechenden Forschungen und Schriften thematisch zusammenhängen, sind uns, wenn überhaupt, nur in Form von Stoffsammlungen und Dispositionen, von G. so genannten »Schemata«, überliefert. Ferner existiert eine Reihe von Teilmitschriften und Berichten, die von Hörerinnen und Hörern angefertigt wurden: von Böttiger aus der Freitagsgesellschaft, der auch G.s didaktisches Geschick als »Demonstrator an der

Tafel« (S. 23) und Erläuterer seiner Experimente beschreibt; von Charlotte von Schiller und Sophie von Schardt aus der Mittwochsgesellschaft. Selbst die wenigen ausgearbeiteten Folgen, wie die Vorträge *Über die drei ersten Kapitel des Entwurfs einer allgemeinen Einleitung in die vergleichende Anatomie, ausgehend von der Osteologie* aus dem Jahre 1796, sind zum Teil fragmentarisch geblieben, da der Redner einige Passagen der freien improvisierenden Erläuterung vorbehalten hat, wie zum Beispiel: »Anführung verschiedener Schriftsteller und Beurtheilung derselben« (WA II, 8, S. 76) oder: »Hierbei abermals Autoren und Bemerkungen« (ebd.). Der Vergleich mit den weniger ausführlichen, manchmal sentenziös verknappten drei ersten Kapiteln des *Entwurfs* vom Januar 1795 zeigt G.s didaktisches Vorgehen besonders deutlich. Im Vortrag gibt er Beispiele, verweist auf Johann Georg Forster und Carl von Linné und thematisiert immer wieder das Verhältnis des Forschers zu seinem Gegenstand, der Suche nach einem Tiertypus, aus welchem durch Metamorphose die Vielfalt tierischer Bildung bis hinauf zum Menschen erklärbar wird und der der Urpflanze entspricht. So erläutert der Redner die lapidare Feststellung des Aufsatzes: »Die Einsicht in den Körperbau und in die Physiologie des Menschen ist durch Entdeckungen, die man an Tieren gemacht, sehr erweitert worden« (WA II, 8, S. 65) im Vortrag durch das Beispiel der Entdeckung der Lymphgefäße, und er begnügt sich nicht etwa nur mit der Aufstellung der Hindernisse wie in seiner Vorlage, sondern entwickelt sie als ein Programm dessen, »was wir zu thun haben« (WA II, 8, S. 67).

Im Vortrag *Über Symbolik*, mit dem G. am 30.10. 1805 seine Ausführungen über Elektrizität vor der Mittwochsgesellschaft einleitete und dessen Inhalt durch die Disposition und einige Notizen überliefert ist, hat der Redner auch grundsätzliche Bemerkungen über seine Vorlesungs-Rhetorik gemacht. Ausgangspunkt ist die Unzulänglichkeit der Sprache, die Gegenstände oder die menschliche Subjektivität richtig auszudrücken. »Durch die Sprache entsteht gleichsam eine neue Welt, die aus Nothwendigem und Zufälligem besteht« (WA II, 11, S. 167). Während im »gemeinen Leben« die Sprache ausreicht, muß bei »tiefern Verhältnissen« eine andere, die poetische Sprache eintreten, die ihre Gegenstände symbolisch, also durch Übertragung, beschreibt (ebd.). Woraus sich ergibt, daß die neue Welt der Sprache ihre natürlichen Gegenstände selber erzeugt wie die erste, die Natur, daß beider Bezug uneigentlich ist und auf bloßer Analogie beruht. Die rhetorische Kunst besteht darin, einen sprachlichen Diskurs zu entwickeln, der dem Diskurs der Natur, ihrer Real-Rhetorik, entspricht. Im Vortrag *Über einen aufzustellenden Typus zu Erleichterung der vergleichenden Anatomie* (dem zweiten der *Vorträge über die drei ersten Kapitel des Entwurfs einer allgemeinen Einleitung in die vergleichende Anatomie, ausgehend von der Osteologie*) wird das Verfahren G.s, die Natur auf Sinn und Bedeutung hin zu dechiffrieren, terminologisch besonders klar faßbar. So erläutert er, wie die Natur nach einem Vorbilde mit einem »allgemeinen Schema die vollkommneren organischen Naturen erzeugt und entwickelt« (WA II, 8, S. 73) und derart Ähnlichkeit und Unterscheidung konstituiert: »Die Classen, Gattungen, Arten und Individuen verhalten sich wie die Fälle zum Gesetz; sie sind darin enthalten, aber sie enthalten und geben es nicht« (WA II, 8, S. 73). Bei der »Vergleichung der beiden Geschlechter« spricht er gar von einem »natürlichen Parallelismus« (WA II, 8, S. 76), der das Vorgehen der Natur besonders anschaulich mache, »identische Organe dergestalt [zu] modificiren und verändern, daß dieselben nicht nur in Gestalt und Bestimmung völlig andere zu sein scheinen, sondern sogar, in gewissem Sinne, einen Gegensatz darstellen« (WA II, 8, S. 76f.). Das ist eine in G.s Terminologie symbolische Ausdrucksweise, die zur Rede der Natur in einem Verhältnis der Ähnlichkeit steht. Die Überzeugung vom analogen Parallelismus der sprachlichen und natürlichen Phänomene begründet G.s Rhetorik in ihrer naturwissenschaftlichen Praxis und spielt damit dieselbe strukturbildende Rolle wie die Vorstellung von der ausgleichenden Wirksamkeit des sensus communis in seinen kulturellen und gesellschaftspolitischen Anschauungen: beide erzeugen eine Redekunst, die auf dem Prinzip des Parallelismus beruht. Er ist das auffälligste Kennzeichen von G.s Rhetorik, in welcher die Worte – durch Analogie – auf der Überzeugungskraft der Sachen gründen, sie ihrem eigenen Zusammenhang folgend präsentieren. Das Prinzip anatomischer Vergleichung: »Man hat also nicht bloß auf das Nebeneinandersein der Theile zu sehen, sondern auf ihren lebendigen wechselseitigen Einfluß, auf ihre Abhängigkeit und Wirkung« (WA II, 8, S. 75), ist auch die rhetorische Hauptmaxime G.s, erzeugt den Takt, die »unerhörte Harmonie« (Ernst, S. 18) seiner Beredsamkeit und bringt sie in unübersehbaren Gegensatz zur konstruktiven und antithetischen Rhetorik Friedrich Schillers.

Literatur:

Böttiger, Karl August: Literarische Zustände und Zeitgenossen. 2 Bde. Hg. von K. W. Böttiger. Bd. 1. Faksimiledruck der Ausgabe von 1838. Frankfurt/M. 1972. – Conrady, Bd. 1, S. 23–46. – Ermann, Kurt: Goethes Shakespeare-Bild. Tübingen 1983. – Gellert, Christian Fürchtegott: Gedenken von einem guten deutschen Briefe, an den Herrn F. H. v. W. In: ders.: Gesammelte Schriften. Krit., komm. Ausgabe. Hg. von Bernd Witte. Bd. 4. Berlin, New York 1988. – Goethe, Johann Wolfgang von: Reden. Ausgew. u. eingel. von Fritz Ernst. Klosterberg, Basel 1943. – Ders.: Reden und Ansprachen. Hg. von Gert Ueding. Frankfurt/M. 1994. – Müller, Adam: Zwölf Reden über die Beredsamkeit und deren Verfall in Deutschland. Hg. von Jürgen Wilke. Stuttgart 1983. – Pseudo-Longinos: Vom Erhabenen. Griechisch und deutsch. Hg. von Reinhard Brandt. Darmstadt 1966. – Quintilianus, Marcus Fabius: Institutio oratoria. Ausbildung des Redners. Lateinisch und deutsch. Hg. u. übers. von Helmut Rahn. 2 Bde. 2., durchges. Aufl. Darmstadt 1988. – Schanze, Helmut: Goethes Rhetorik. In: Ueding, Gert (Hg.): Rhetorik zwischen den Wissenschaften. Geschichte, System, Praxis als Probleme des Historischen Wörterbuchs der Rhetorik. Tübingen 1991, S. 139–147. – Sengle, Friedrich: Goethes Nekrolog *Zu brüderlichem Andenken Wielands*. Die gesellschaftliche und historische Situation. In: ders.: Neues zu Goethe. Essays und Vorträge. Stuttgart 1989, S. 157–172. – Voigt, Julius: Goethe und Ilmenau. Unter Benutzung zahlreichen unveröffentlichten Materials dargestellt. Leipzig 1912.

Gert Ueding

Register der Prosaschriften Goethes

Namenregister

Für das Erstellen der Register ist Dieter Fuchs verantwortlich.